2024年《节能与新能源汽车年鉴》

顾问单位

（排名不分先后）

 中国第一汽车集团有限公司

 东风汽车集团有限公司

 上海汽车集团股份有限公司

 北京汽车集团有限公司

 长城汽车股份有限公司

 比亚迪汽车工业有限公司

 郑州宇通集团有限公司

 中国汽车工程研究院股份有限公司

理事单位

（排名不分先后）

 小米汽车科技有限公司

 北京蓝谷极狐汽车科技有限公司

 广汽埃安新能源汽车股份有限公司

 东风商用车有限公司

 中国电科汽车芯片技术发展研究中心

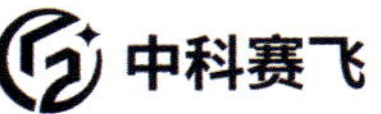 中科赛飞（广州）半导体有限公司

 华为数字能源技术有限公司

 中天钢铁集团有限公司

协办单位

（排名不分先后）

 中国石油天然气股份有限公司润滑油分公司

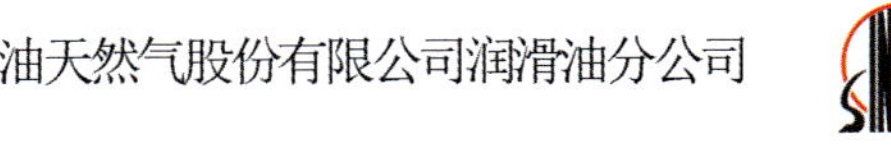

 中国石化润滑油有限公司

 智马达汽车有限公司

 浙江翼真新能源汽车有限公司

 赛力斯汽车有限公司

 广汽丰田汽车有限公司

 一汽奔腾汽车股份有限公司

 一汽解放集团股份有限公司

 东风汽车股份有限公司

 北汽福田汽车股份有限公司

 江铃汽车股份有限公司

 重庆长安跨越车辆有限公司

  浙江新吉奥控股集团有限公司

贵州长江汽车有限公司

 恩斯克投资有限公司

 上海剑平动平衡机制造有限公司

支持单位

（排名不分先后）

蔚来汽车科技（安徽）有限公司	江西江铃集团新能源汽车有限公司	上汽通用五菱汽车股份有限公司
东风柳州汽车有限公司	江西五十铃汽车有限公司	德力新能源汽车有限公司
北京汽车制造厂（青岛）有限公司	北汽福田汽车股份有限公司时代事业部	柳州五菱新能源汽车有限公司
三一汽车制造有限公司	北奔重型汽车集团有限公司	载合汽车科技（苏州）有限公司
奇瑞万达贵州客车股份有限公司	江西江铃集团晶马汽车有限公司	重庆恒通客车有限公司
上海华虹（集团）有限公司	华润微电子控股有限公司	锐泰微（北京）电子科技有限公司
杰平方半导体（上海）有限公司	深圳市星卡科技股份有限公司	深圳佰维存储科技股份有限公司
北京智芯微电子科技有限公司	珠海极海半导体有限公司	启明信息技术股份有限公司
联通智网科技股份有限公司	中认车联网技术服务（深圳）有限公司	厦门宏发电声股份有限公司
欣旺达动力科技股份有限公司	广州巨湾技研有限公司	辉能科技股份有限公司
上海奥威科技开发有限公司	赣州市豪鹏科技有限公司	天津荣程新能科技集团有限公司
德燃（浙江）动力科技有限公司	武汉海亿新能源科技有限公司	北京科泰克科技有限责任公司
柳州赛克科技发展有限公司	特百佳动力科技股份有限公司	陕西法士特齿轮有限责任公司
苏州绿控传动科技股份有限公司	玉柴芯蓝新能源动力科技有限公司	重庆青山工业有限责任公司
坤泰车辆系统（常州）股份有限公司	海力达汽车科技有限公司	奥特佳新能源科技股份有限公司
浙江银轮新能源热管理系统有限公司	上海加冷松芝汽车空调股份有限公司	上海海立新能源技术有限公司
江苏嘉和热系统股份有限公司	重庆超力电器有限责任公司	绵阳市维博电子有限责任公司
奥动新能源汽车科技有限公司	易易互联科技（重庆）有限公司	泰科电子（上海）有限公司
南京康尼新能源汽车零部件有限公司	北京理工大学机械与车辆学院	智能绿色车辆与交通全国重点实验室
天津大学先进动力与智能车辆控制团队	安徽理工大学新能源与智能网联汽车学院	北京理工大学重庆创新中心
库卡机器人（上海）有限公司	上海ABB工程有限公司	本特勒投资(中国)有限公司
儒拉玛特自动化技术（苏州）有限公司	宝山钢铁股份有限公司	北京首钢股份有限公司
攀钢集团有限公司	太原钢铁（集团）有限公司	鞍钢钢材加工配送(长春)有限公司
本钢板材股份有限公司	中信泰富特钢集团股份有限公司	鞍钢联众（广州）不锈钢有限公司
山东钢铁集团日照有限公司	航宇智造（北京）工程技术有限公司	精诚工科汽车系统有限公司
北京机科国创轻量化科学研究院有限公司	长春汽车检测中心有限责任公司	襄阳达安汽车检测中心有限公司
招商局检测车辆技术研究院有限公司	广东汽车检测中心有限公司	中汽研汽车检验中心（武汉）有限公司
上海电器设备检测所有限公司	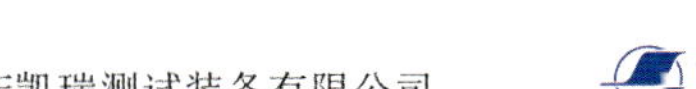信息产业化学物理电源产品质量监督检验中心	中公高远(北京)汽车检测技术有限公司
中路慧能检测认证科技有限公司	重庆凯瑞测试装备有限公司	苏州苏试试验集团股份有限公司
凯迈（洛阳）机电有限公司	北京机械工业自动化研究所有限公司	嘉兴市汽联新能源汽车零部件技术研究院

中国一汽
FAW GROUP
红旗 EH7
F1

检验资质

中国合格评定国家认可委员会实验室认可(CNAS) (No:L0591);
国防科技工业实验室认可(No:DL014);
中国国家认证认可监督管理委员会资质认定实验室(CMA)(160017010593)
具有光伏计量基准标定资格的实验室之一;
电动汽车用动力蓄电池上公告强检测试单位;
原铁道部机车和客车用蓄电池的专检和发证单位;
德国TUV-SUD公司、美国UL试验室、美国CEC签约实验室;
中国质量认证中心CQC认证检测签约实验室。

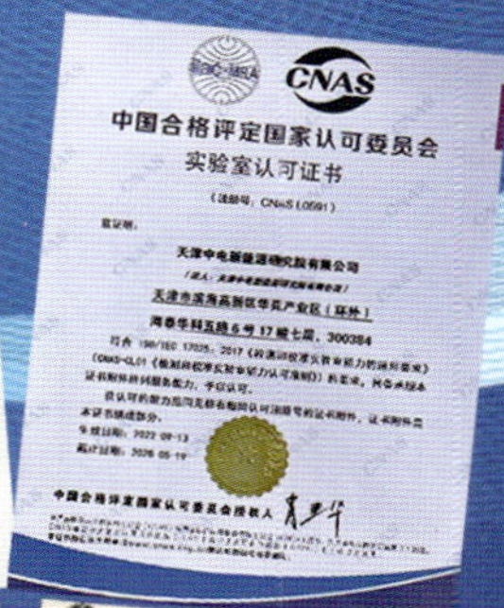

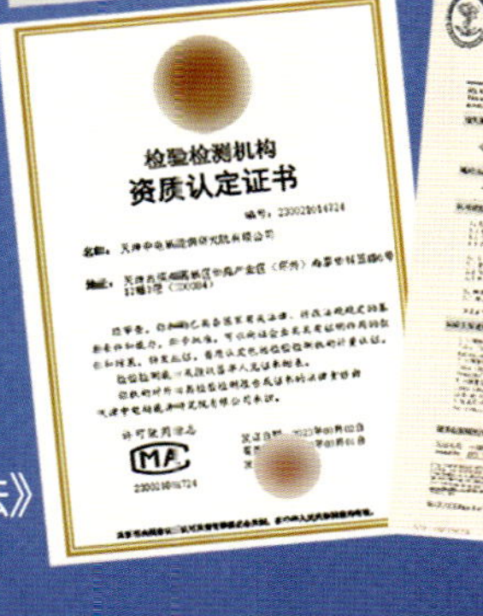

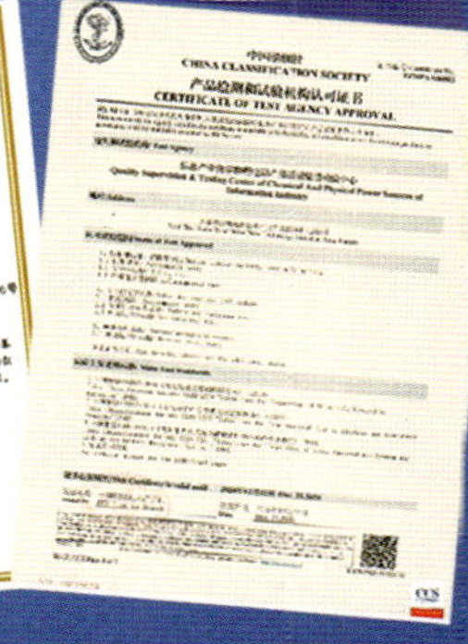

测试能力涉及的相关标准

GB/T 31484—2015 《电动汽车用动力蓄电池循环寿命要求及试验方法》
GB 38031—2020 《电动汽车用动力蓄电池安全要求》
GB/T 31486—2015 《电动汽车用动力蓄电池电性能要求及试验方法》
T/CIAPS 0031—2023《钠离子电池通用规范》
GB/T 36276—2023《电力储能用锂离子电池》
QC/T 741—2014 《车用超级电容器》
GB 31241—2022 《便携式电子产品用锂离子电池和电池组安全技术规范》
GB/T 34870.1—2017 《超级电容器 第1部分：总则》
UL 810A—2017 《电化学电容器安全标准》
NB/T 31149—2018 《风力发电机组变桨系统用超级电容器技术规范》
GB/T 8897.2—2021 《原电池 第2部分：外形尺寸和电性能》
UL 1642—2020 《锂电池安全标准》
UL 2580—2020 《电动汽车用电池安全标准》
AQYQ-ALA—2021-01 《矿用产品安全标志通用安全技术要求 矿用锂离子蓄电池》
QC/T 897—2011 《电动汽车用电池管理系统技术条件》
GB/T 34131—2017 《电化学储能电站用锂离子电池管理系统技术规范》
CQC 1126—2017 《太阳能路灯用锂离子电池组技术规范》
GB/T 36972—2018 《电动自行车用锂离子电池》
IEC 61730-2：2023《光伏组件安全性评价 第2部分：试验要求》
IEC 61730-1：2023《光伏组件安全性评价 第1部分：结构要求》
UL 61730-1：2017《光伏组件安全认证 第1部分：结构要求》

中国汽车工程研究院股份有限公司

中国汽车工程研究院股份有限公司始建于1965年3月，原名重庆重型汽车研究所，系国家一类科研院所。2023年1月，通过央企专业化整合正式重组并入中国检验认证（集团）有限公司。

公司聚焦“安全”“绿色”“体验”三大技术领域，提供解决方案、软件数据、装备产业三类产品，为汽车行业高质量持续发展提供科技支撑、为汽车企业品牌与品质提升提供技术服务、为消费者公正合理消费提供顾问支持，致力成为以标准为核心，集成技术服务、数据应用、装备推广的科技平台公司。

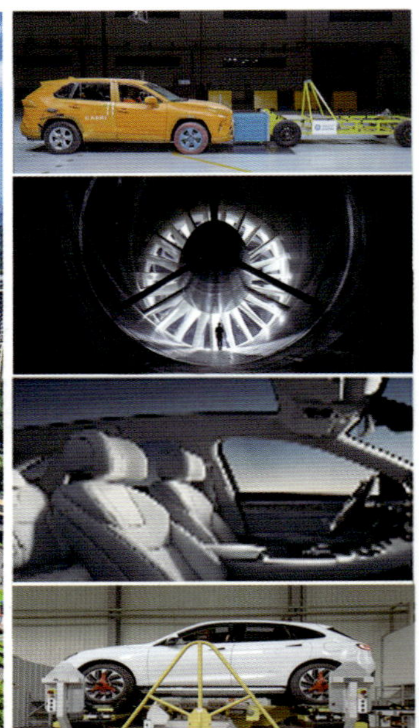

企业精神

创新、拼搏
担当、快乐

企业使命

为汽车工业发展
注入强劲科技动力

企业愿景

致力成为具有全球影响力的
汽车技术服务商

企业荣誉

国家级、省部级项目

完成300+项

国家、行业、地方团体标准制定

市级以上科研奖项

发明专利、实用新型专利、外观设计专利

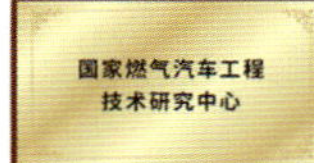

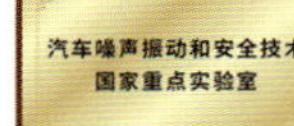

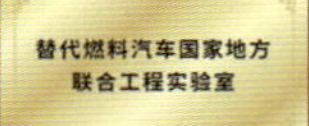

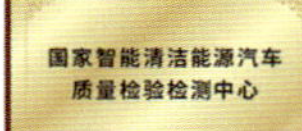

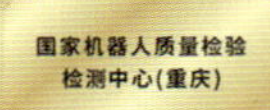

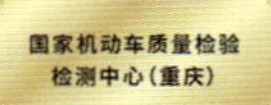

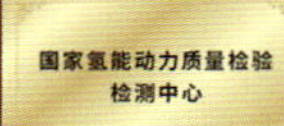

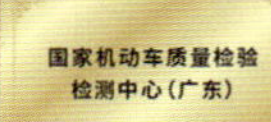

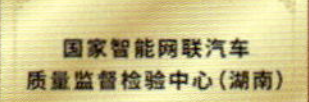

CORE TECHNOLOGIES

核心技术

超快充

SUPER-FAST CHARGING

充电10分钟达80% SOC

采用超低欧姆电阻、CPE电极技术、全生命周期自适应超充策略，使电动车快充多跑。

超安全

HIGH SAFETY

五级安全，不惧撞击热失控

从原材料选用，到在线监测系统、电芯间高效阻隔、模组级安全设计、PACK人身防护等，确保安全可靠。

超低温

LOW TEMPERATURE RESISTANT

不惧低温，北方冬天轻松用车

智能热管理系统较大程度保证各电芯一致性，提升电池系统放电能力。

超耐用

EXTRA DURABILITY

使用寿命百万公里

对电池阴极、阳极、电解液、极片等关键部件进行改造，减缓电池容量衰减，延长电池寿命。

方案应用 APPLICATIONS OF SOLUTIONS

动力电池装机量排名

POWER BATTERY INSTALLED CAPACITY RANKING

数据来源：SNE Research

TOP 1	TOP 3	TOP 5
中国HEV混动汽车电池装机量	高端汽车电池装机量	中国总装机量

市场应用 MARKET APPLICATIONS

汽车电池

AUTOMOTIVE BATTERIES

储能电池

ENERGY STORAGE BATTERIES

奥特佳新能源科技股份有限公司作为国内汽车热管理行业内自主品牌的龙头企业之一，有别于该行业供应链条上主营非终端产品的非关键零部件厂商，建立20多年来，公司始终专精于汽车热管理系统的各类终端核心产品及高附加值关键零部件业务。近年来，奥特佳依赖在新能源汽车热管理技术领域的连续突破，以乘用车为主要市场，兼顾商用车及储能热管理新兴业务，总体业绩快速攀升，体现出汽车热管理终端产品全产业链综合整体优势，深化巩固了奥特佳作为汽车热管理终端产品核心系统及重要部件的大型专业化制造商的地位。

奥特佳的主要产品和技术

PRODUCTS AND TECHNOLOGIES

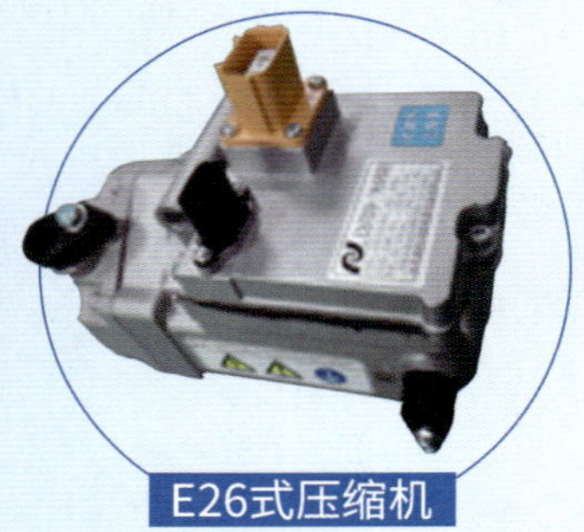
E26式压缩机

E34式压缩机

E45式压缩机

E70式压缩机

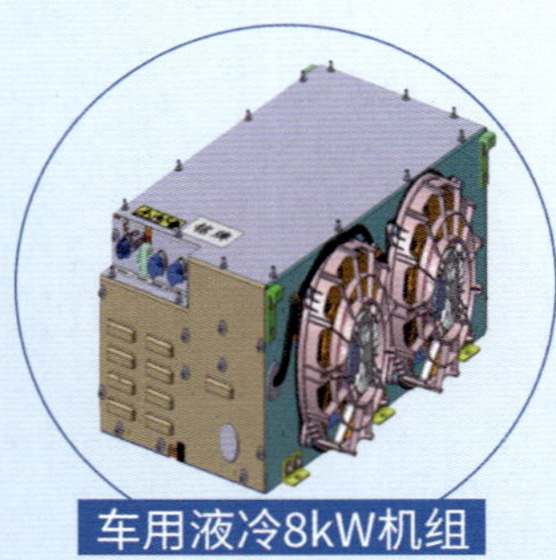
车用液冷8kW机组

车用水冷13kW机组

储能液冷15kW机组

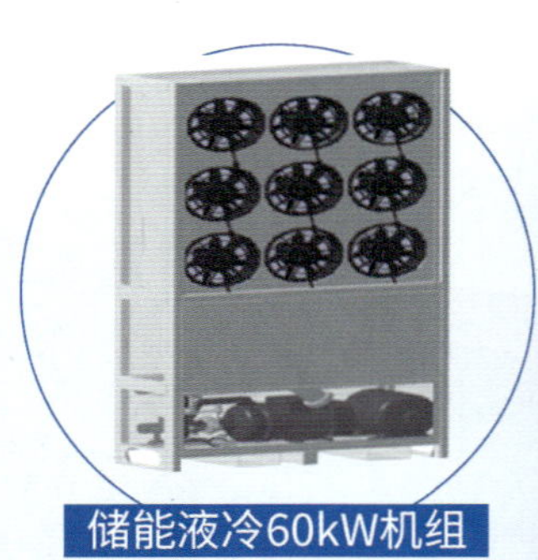
储能液冷60kW机组

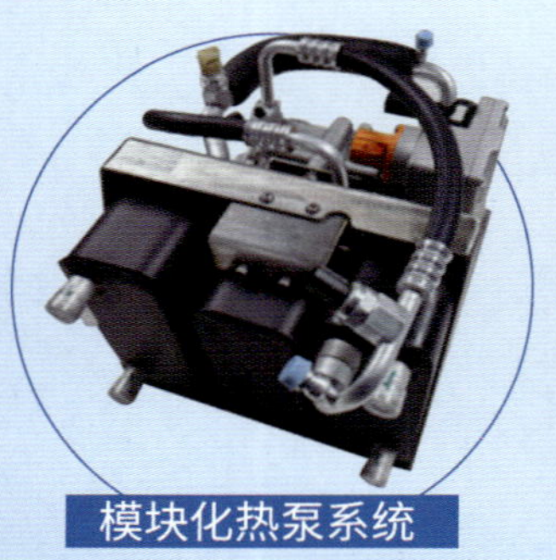
模块化热泵系统

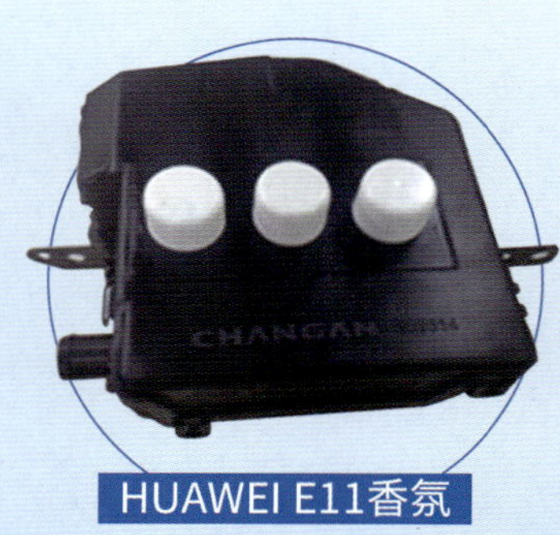
HUAWEI E11香氛

A+F HVAC

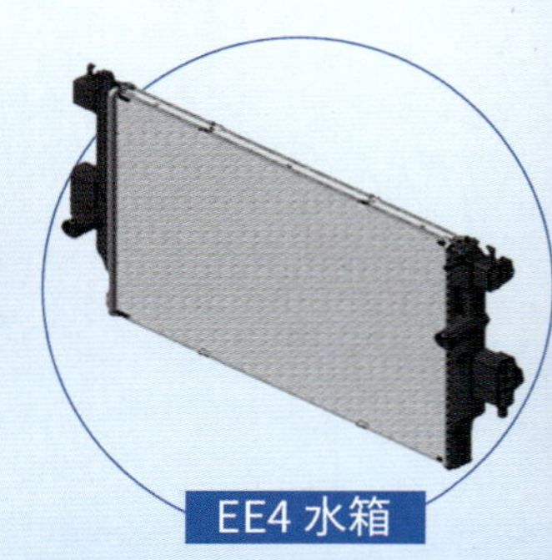
EE4 水箱

业界先进的生产和实验设备设施

PRODUCTION AND EXPERIMENTAL EQUIPMENT

空调国际气候风洞

能够模拟车辆空调和动力总成冷却所要求的完整、准确的测试道路和环境条件

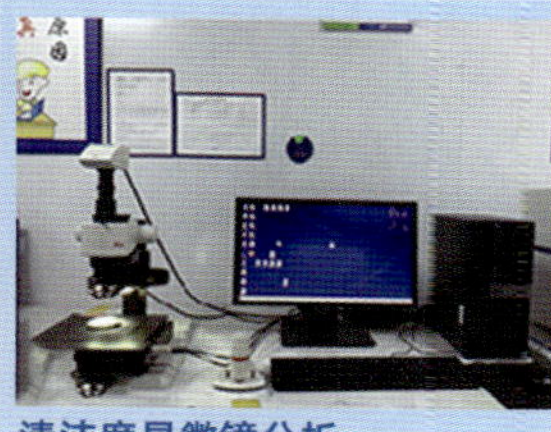

清洁度显微镜分析

莱卡显微分析系统
可分辨金属和非金属颗粒

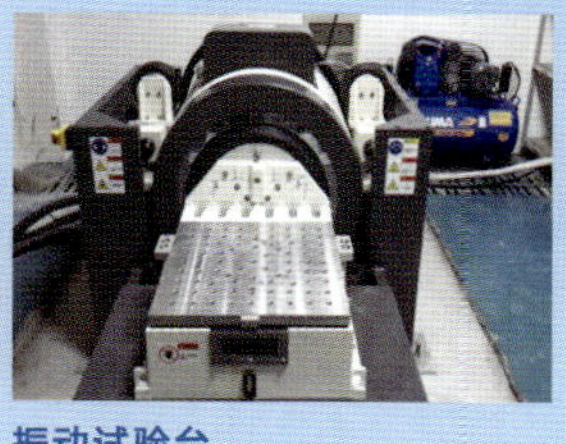

振动试验台

可进行正弦振动和随机振动
频率:5~2500Hz、最大加速度:980m/s

电机测功机

额定功率：15kW，额定扭矩100Nm，最高转速18000r/min

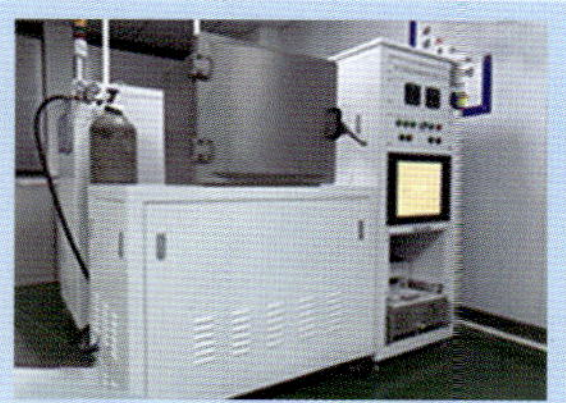

氦检试验台

测量范围：$1\sim1.01\times10^5$Pa
最大测试压力：50bar

性能试验台

可进行制冷、制热工况测试
测量范围：500~14000W

耐久试验台

可进行温度和转速交变试验
可进行高温高湿试验

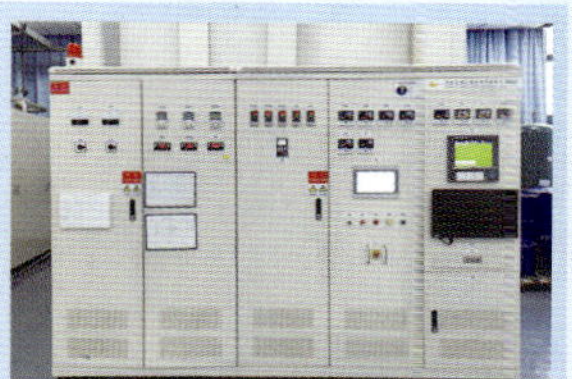

耐久试验台

供应商：上海天菡空气处理设备有限公司
使用制冷剂：134a
测量范围：压缩机转速、排气压力、吸气压力、吸气温度和压缩机环境温度

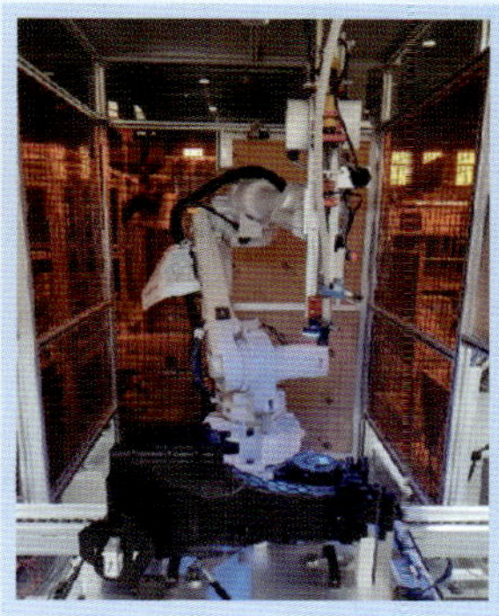

自动打钉

机器人自动拧紧，轨迹定位，自动铆钉设备，多重控制手段，有效的降低不良

半消音室

背景噪声小于25dB（A）
可满足大众MQB平台要求

性能试验台

供应商：上海佐竹
适用R134a /1234yf/R410a/R407c等制冷剂
制冷量范围：0.6~22kW

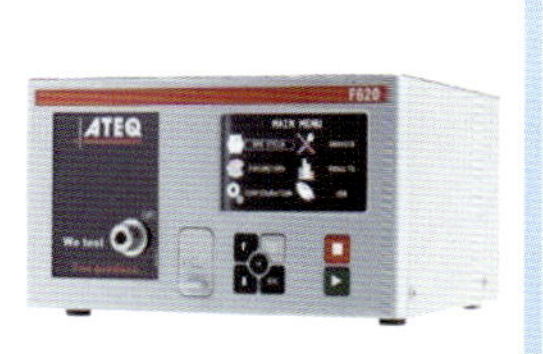

ATEQ气密检漏仪

可有效检测产品管路是否存在泄漏，并计算出泄漏率

爆破压力试验台

最大输出压力：160bar

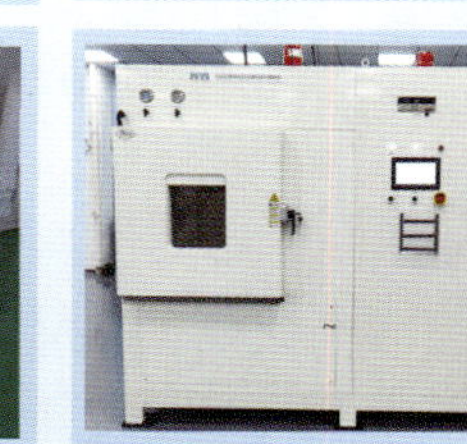

耐久试验台

供应商：合肥天时流体技术有限公司
使用制冷剂：R134a、R1234yf、R407C、R410A
测量范围：压缩机转速、排气压力、吸气压力、补气压力和吸气温度

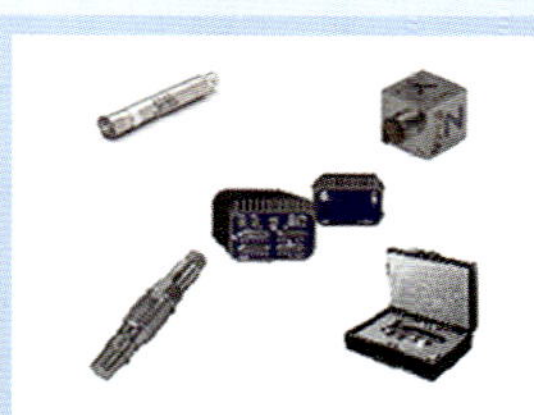

NVH数据采集

图中所示分别为：数采、麦克风、压力脉动、力锤和振动加速度传感器

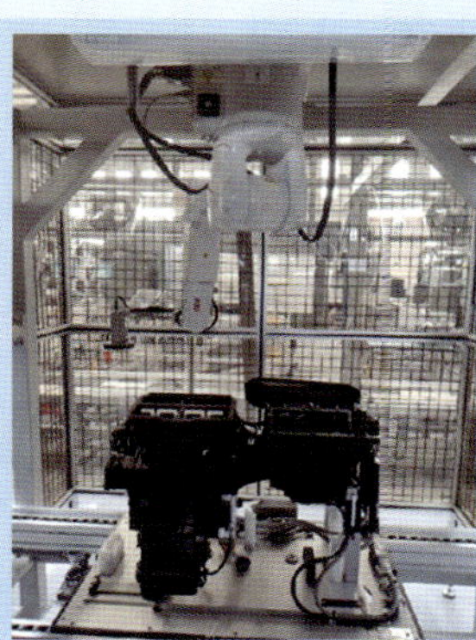

新产线机器人

在线自动拍照检测，PLC程序控制，100%检测，不良品从NG通道流出，拍照检测无接触，产品在检测过程不会产生不良

高性能耐久试验台

供应商：千野测控设备公司，适用制冷剂R134a/1234yf三厢式耐久试验台，可搭载原车蒸发器和冷凝器进行试验，蒸发器、冷凝器、压缩机环境温度进行独立控制；可实现OCR的实时测量

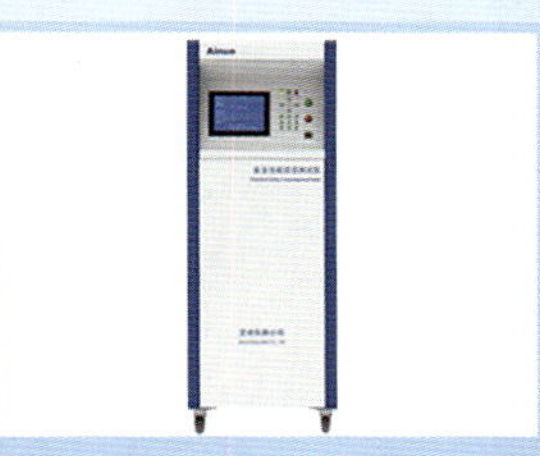

安规测试仪

集成了多种安全性能和电气性能的综合测试仪，能快速完成全功能检测

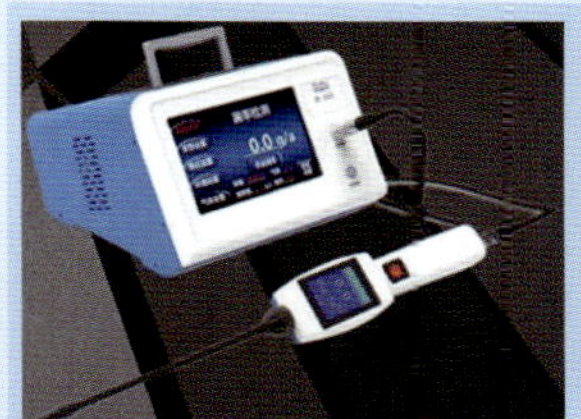

卤素检漏仪

可有效检测出产品充媒后制冷管路是否存在泄漏

自动涂油设备

代替传统的人工涂油，实现更精确的涂油方式

北京理工大学机械与车辆学院

由1940年延安自然科学院的机械工程科发展而来，拥有机械工程、动力机械及工程2个国家级重点学科点，有机械工程、动力工程及工程热物理2个一级学科点，3个博士后流动站，3个一级学科博士授权点，3个二级新兴与交叉学科博士授权点，2个专业学位博士授权类别/5个专业学位博士授权领域，6个本科专业。

现有教师302人，其中，中国科学院院士2人、中国工程院院士2人（含兼职博导2人），教授92人，副教授133人，国家高层次领军人才39人次，高层次青年人才40人次，教学名师1人，全国模范教师1人，北京市教学名师8人，国家及省部级教学团队13个。

近年来，主持承担国家重点研发计划项目、973基础研究项目、军委科技委基础加强、国家自然科学基金重大研究计划/重点/杰青/仪器专项/优青项目等70余项。牵头获国家技术发明奖一等奖、国家自然科学奖二等奖等国家科学技术奖励9项，获教育部自然科学一等奖、教育部技术发明一等奖、国防技术发明一等奖、国防科学技术进步一等奖等省部级奖励50余项。近5年，总计授权国家或国防发明专利1370项（含国际专利16余项），在国内外学术刊物及学术会议上共发表论文2000多篇，其中SCI收录论文1900余篇。

智能绿色车辆与交通全国重点实验室

智能绿色车辆与交通全国重点实验室在原汽车安全与节能国家重点实验室基础上优化重组成立。原汽车安全与节能国家重点实验室1989年经国家计委批准立项，是国家计委利用世界银行贷款建设的75个国家重点实验室之一，也是我国汽车领域批复较早的国家重点实验室，由车辆与运载学院作为支撑院系建设。

2022年11月国家科技部批准了智能绿色车辆与交通全国重点实验室的组建方案，2023年3月学校党委常委会批准了实验室更名为智能绿色车辆与交通全国重点实验室。

实验室成立后，研究方向由30余年来坚持的5个经典方向“汽车主动安全性、汽车被动安全性、汽车电子控制、发动机与排放控制、新型动力与电动汽车”聚焦到面向国家重大需求的瓶颈问题“高安全长寿命高效率电动化、高安全高可靠智能网联驾驶”开展科研攻关，为巩固和保持我国在智能车辆与绿色交通领域的优势地位，实现战略性支柱产业的可持续发展提供科技支撑。

原汽车安全与节能国家重点实验室于1997年、2003年、2008年、2013年和2018年先后顺利通过了由教育部或科技部组织的国家重点实验室评估。

2023年实验室固定人员88人，其中研究人员80人，技术人员7人，管理人员1人。研究人员中，正高级35人、副高级29人、中级16人，包括两院院士4人、欧洲科学院院士1人、长江特聘教授（含青年）5人、长江讲席教授2人、国家海外高层次引进人才（含青年）2人、国家高层次人才特殊支持计划（含青年）11人、北京高等学校卓越青年科学家计划1人、国家杰出青年科学基金获得者3人、国家优秀青年科学基金获得者8人。2023年，实验室研究人员李萌获得国家杰出青年科学基金项目支持，李升波获得高等学校科学研究优秀成果奖（科学技术）青年科学奖，王凯获得国家优秀青年科学基金项目支持。

2023年，新增科研项目160余项，实到科研经费3.4亿元，其中国家及省部级经费6928万元，国防经费10936万元，国内合作经费10841万元，国际合作经费5660万元。组织动员青年教师和博士后参与国家自然学科基金申报，获批13项。其中重大项目1项、优青项目1项、面上项目4项、青年基金项目7项。组织国家重点研发计划申报，获批项目2项，课题3项。加强与龙头企业合作，与一汽解放、纵目科技和玉柴新建3个校企联合研究中心。

2023年，发表SCI收录论文468篇,其中第一完成单位161篇，截至目前ESI高被引论文共88篇，其中第一完成单位共40篇。欧阳明高院士，卢兰光、冯旭宁老师入选科睿唯安2023全球高被引科学家，其中欧阳明高院士是第六次入选，彰显了实验室在新能源汽车领域的国际学术影响力。

2023年，授权发明专利157项，转化成果9项，转化金额1585万元。获国际奖励2项，北京市奖1项，行业奖励2项。其中：欧阳明高院士团队的“电池系统热安全防护的复合相变材料”项目获日内瓦国际发明展金奖，李骏院士团队的“智能网联汽车预期功能安全车载防护系统”项目获德国纽伦堡国际发明展金奖，张俊智老师团队的“电动汽车底盘运动控制与能量管理关键技术及应用”项目获北京市科学技术一等奖，李克强老师团队的“汽车智能避碰与泊车辅助驾驶系统关键技术及产业化”项目获中国智能交通协会科技进步一等奖，杨殿阁老师团队的“智能汽车环境感知关键技术及应用”项目获中国汽车工程学会科学技术一等奖。

2019—2023年，共获国家奖2项，省部级特等奖2项，一等奖11项、二等奖7项。

2023清华大学成果转化项目路演（汽车专场）合影

鞍钢集团有限公司来访

李克强院士在2023中国（亦庄）智能网联汽车科技周暨第十届智能网联汽车技术年会上进行汇报

清华大学-滴滴未来出行联合研究中心2023年度技术交流会成功举办

清华大学智能绿色车辆与交通全国重点实验室与中海庭签署战略合作意向书

索尼集团公司高级副总裁玉井久视一行来访交流

张扬军教授荣获“亚洲流体机械杰出工程师奖”

张扬军、王志、季学武当选2023年度中国汽车工程学会会士

杨殿阁教授团队获2023年度中国汽车工程学会科技进步一等奖

中关村发展集团董事长潘金峰一行来访调研

赵福全教授荣获FISITA终身名誉主席称号

智慧车辆与出行国际研讨暨国家自然科学基金委重点国合开题交流会顺利召开

超力电器有限责任公司

CHONGQING CHAOLI ELECTRIC APPLIANCE CO,. LTD.

重庆超力电器有限责任公司始建于2003年，为重庆超力高科技股份有限公司全资子公司；于2021年8月由重庆超力高科技股份有限公司与电装（中国）投资有限公司合资组建了专注汽车热管理系统研发和生产的合资公司，注册资金3.338亿元，员工1200余名，其中研发人员近200名，国内外资深专家10余名，高级专家20余名，并与清华大学、重庆大学等学术研究单位在多项碳中和技术领域进行合作研发。在中国上海、南京、柳州、重庆涪陵等地设有研发中心和制造基地。

超力电器是集研发、制造、销售于一体，致力于研发低碳化、低排放、轻量化的高科技、智能产品的企业；我们的愿景是【用碳中和技术造福世人】，我们的行动指南是以智能用电“使用绿色可再生能源，使我们工厂的制造能源成为绿色能源的引领者”。能源创造、使用绿色可再生能源、获取绿色工厂认证、革新生产供给模式以及冷热能发电的五大方向构建模范式碳中和智能工厂，注力产业上中下游，在材料、制造、汽车行驶、汽车报废的整个产业链过程中实现汽车全生命周期的低碳排放，力求通过新技术、新产品、以及智能化的制造过程来支持全产业链达成碳中和目标。我们现在拥有专利技术200余项，其中发明专利22项；在智能制造过程中已实现SAP、MES、PLM、WMS等信息化管理系统，现已成为西南地区较大的整车热管理系统企业。

超力热管理路线

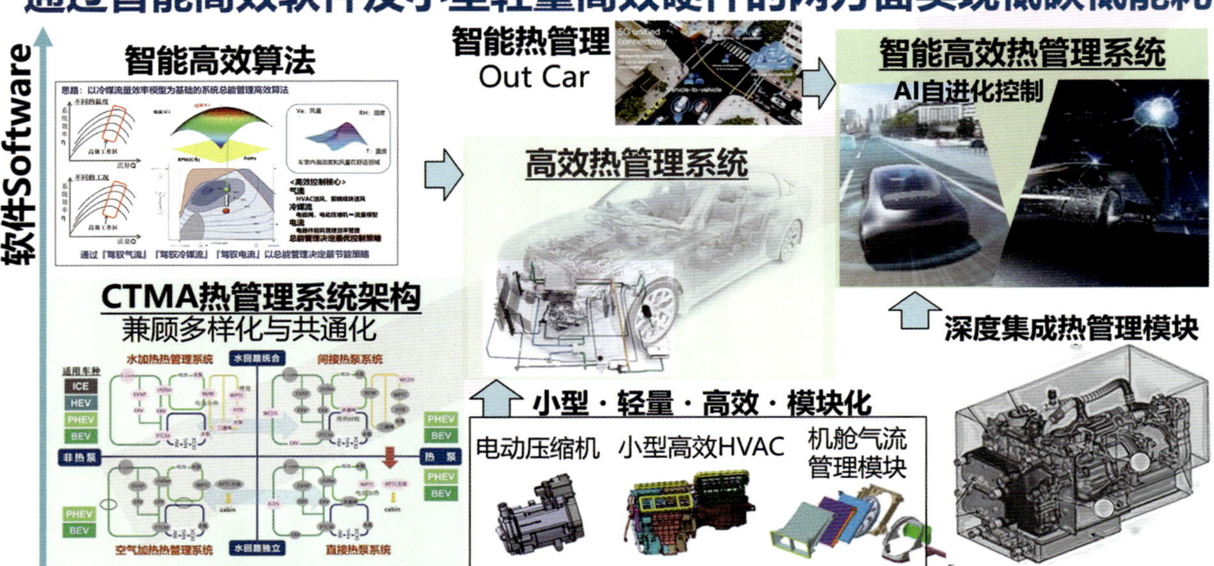

超力热管理产品规划

1. 热管理系统

通过智能高效软件、小型轻量高效硬件的双核驱动实现低碳低能耗

2. HV水加热器

400V，800V双平台
专利技术的换热器结构
实现行业最小最轻量

3. 电动压缩机

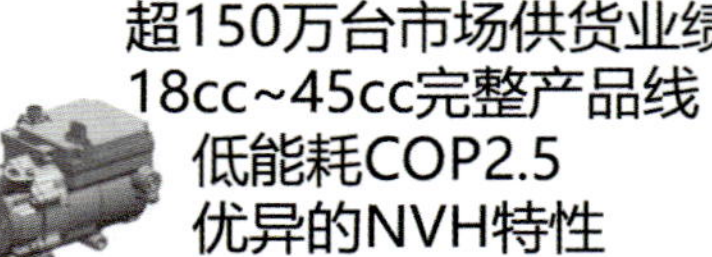

超150万台市场供货业绩
18cc~45cc完整产品线
低能耗COP2.5
优异的NVH特性

4.HVAC

20年以上市场供货业绩
具有完善的产品线
并推出聚焦新能源车的超小型中置式平台

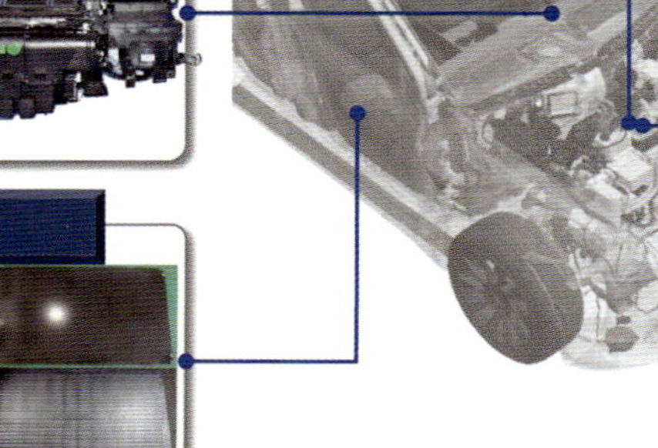

5. 热管理集成模块

具有热交换器等核心零件的专利技术，实现行业最小最轻量

6. 水冷电池冷却板

基于丰富的热交换器开发经验和生产技术，提供高品质产品

7.前端冷却模块

20年以上市场供货业绩
多项自主知识产权
具有行业顶尖水平的性能及市场品质

昆仑润滑

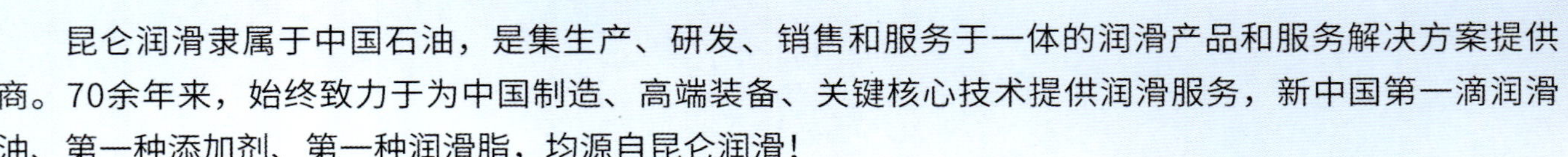

昆仑润滑隶属于中国石油，是集生产、研发、销售和服务于一体的润滑产品和服务解决方案提供商。70余年来，始终致力于为中国制造、高端装备、关键核心技术提供润滑服务，新中国第一滴润滑油、第一种添加剂、第一种润滑脂，均源自昆仑润滑！

作为中国润滑领域的"国家队"，昆仑润滑拥有国家工信部授予的"工业产品质量控制和技术评价"的润滑剂实验室，润滑油行业的企业博士后工作站，代表国家润滑行业自主研发高水平，产品覆盖内燃机油、齿轮油、液压油、润滑脂、车辅、金属加工液、船用油及添加剂等19大类润滑产品的700多个品种。凭借精良的工艺设备，得到全球标准组织和欧美行业协会的认可，以及通过戴姆勒-克莱斯勒、大众、奔驰、沃尔沃、MAN等制造商的技术认证，成为一汽集团、上汽集团、东风汽车、中国重汽、徐工集团、龙工集团、宝山钢铁等多家汽车及设备OEM生产厂商的装车与服务用油。

昆仑润滑坚持自主创新，不断在新领域、新技术、新渠道、新应用等方面取得突破，获得润滑行业各项奖项，解决了润滑技术领域在高速下的抗擦伤性能、极压下的抗微点蚀性能、高温下的抗氧化性能等世界性难题，打破多项国际垄断，填补了国内市场空白，成为北京2022年冬奥会官方润滑油、历届国庆阅兵指定用油，为风电、核电、航母、高铁、特高压、机器人等国之重器全行业、全领域提供润滑服务。

昆仑润滑将坚持"做强科技、做优特色、做大规模"三大定位，着力高水平科技自立自强，坚持守正创新、打造强大引擎，发展中国润滑油事业，推动国产润滑跨越式发展，打造有担当、有温度、有形象的高科技品牌公司。

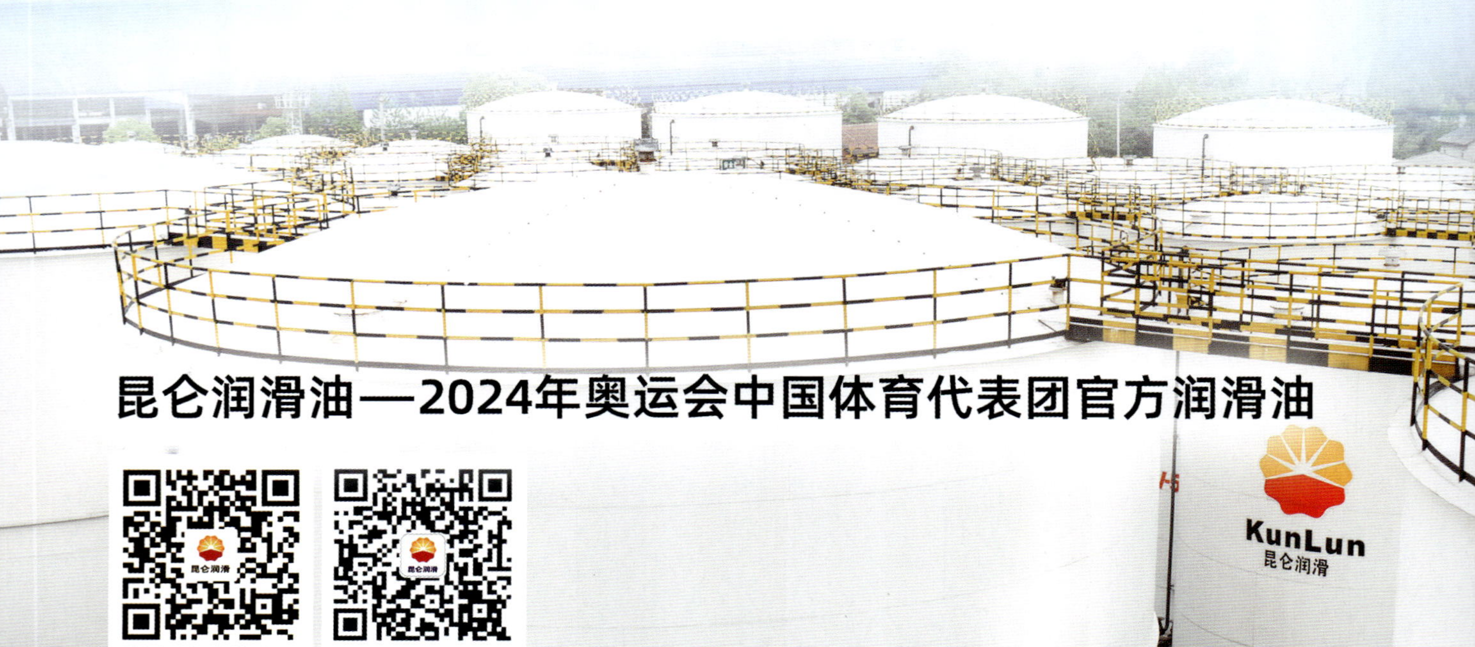

2024
节能与新能源汽车年鉴

工业和信息化部装备工业发展中心
北京国能赢创能源信息技术有限公司　编
《节能与新能源汽车年鉴》编制办公室

中国铁道出版社有限公司
CHINA RAILWAY PUBLISHING HOUSE CO., LTD.

图书在版编目(CIP)数据

节能与新能源汽车年鉴. 2024 / 工业和信息化部装备工业发展中心, 北京国能赢创能源信息技术有限公司, 《节能与新能源汽车年鉴》编制办公室编. -- 北京 : 中国铁道出版社有限公司, 2024. 11. -- ISBN 978-7-113-31659-4

Ⅰ. U469. 7-54

中国国家版本馆 CIP 数据核字第 2024LB5875 号

书　　名：**节能与新能源汽车年鉴 2024**
JIENENG YU XINNENGYUAN QICHE NIANJIAN 2024
作　　者：工业和信息化部装备工业发展中心　北京国能赢创能源信息技术有限公司　《节能与新能源汽车年鉴》编制办公室

策划编辑： 罗桂英
责任编辑： 周雨晨　张　彤　田银香　　**编辑部电话：** (010)51873659　　**电子邮箱：** 550800654@qq.com
封面设计： 崔丽芳
责任校对： 安海燕
责任印制： 高春晓

出版发行： 中国铁道出版社有限公司(100054,北京市西城区右安门西街 8 号)
网　　址： https://www.tdpress.com
印　　刷： 北京盛通印刷股份有限公司
版　　次： 2024 年 11 月第 1 版　2024 年 11 月第 1 次印刷
开　　本： 889 mm×1 194 mm　1/16　**印张：** 47.5　**插页：** 82　**字数：** 2011 千
书　　号： ISBN 978-7-113-31659-4
定　　价： 980.00 元

2024年《节能与新能源汽车年鉴》编制委员会

一、顾　　问

姓　名	单　　位	职务/职称
欧阳明高	中国科学院	院士
孙逢春	中国工程院	院士
李　骏	中国工程院	院士
李克强	中国工程院	院士
衣宝廉	中国工程院	院士
付炳锋	中国汽车工业协会	常务副会长、秘书长
付于武	中国汽车工程学会	名誉理事长
张进华	中国汽车工程学会	常务副理事长、秘书长
周玉林	中国汽车工程研究院股份有限公司	党委书记、董事长
吴志新	中国汽车技术研究中心有限公司	党委书记、副总经理
安庆衡	中国汽车工业咨询委员会	主任
董　扬	中国汽车动力电池产业创新联盟	理事长
李万里	工业和信息化部	原产业政策司副巡视员

二、主　　任

姓　名	单　　位	职务/职称
瞿国春	工业和信息化部装备工业发展中心	主任、党委副书记
柳新岩	工业和信息化部装备工业发展中心	党委书记、副主任

三、副 主 任

姓　名	单　　位	职务/职称
姚振智	工业和信息化部装备工业发展中心	副主任
刘法旺	工业和信息化部装备工业发展中心	副主任
左世全	工业和信息化部装备工业发展中心	总工程师
邱　彬	工业和信息化部装备工业发展中心综合处兼计划财务处	处长
刘志锋	工业和信息化部装备工业发展中心技术审查二处	处长
关　朋	工业和信息化部装备工业发展中心技术审查一处	副处长
李国俊	工业和信息化部装备工业发展中心系统数据处	副处长
赵世佳	工业和信息化部装备工业发展中心装备研究四处	副处长

四、特邀副主任（以姓氏笔画为序）

姓　名	单　　位	职务/职称
丁　涛	奥特佳新能源科技股份有限公司	董事长
马宗立	中国石油天然气股份有限公司润滑油分公司	执行董事、党委书记
王　云	广东省大湾区集成电路与系统应用研究院	常务副院长
王　芳	中国汽车技术研究中心有限公司	首席专家、博士
王　郢	中天钢铁集团有限公司	特钢总经理
王　锐	中国汽车工程研究院股份有限公司	总监

王　新	国家汽车质量监督检验中心(襄阳) 国家智能网联汽车质量监督检验中心(湖北) 国家燃料电池汽车质量监督检验中心 襄阳达安汽车检测中心有限公司	总经理、党委书记
王子冬	中国汽车动力电池产业创新联盟	副秘书长、研究员
王远力	长城汽车股份有限公司	副总裁
王昆鹏	特来电新能源股份有限公司	副总裁
王明旺	欣旺达动力科技股份有限公司	董事长、总裁
王贺武	清华大学车辆与运载学院	副研究员
尤　峥	东风汽车集团有限公司	副总经理
方海峰	中国汽车技术研究中心有限公司 中国汽车战略与政策研究中心	首席专家 副主任
邓承浩	深蓝汽车科技有限公司	总经理
仝宗旗	中国汽车工业协会充换电分会 中国电动汽车充电基础设施促进联盟	副秘书长
代康伟	北京汽车集团有限公司 北京新能源汽车股份有限公司	副总工程师 董事长
任广辉	中科意创(广州)科技有限公司	总经理
华　黎	上海奥威科技开发有限公司 国家车用超级电容器系统工程技术研究中心	董事长、总经理 名誉主任
刘　斌	中国汽车技术研究中心有限公司 中国汽车战略与政策研究中心	首席专家 副主任
刘　媛	上海电器设备检测所有限公司 国家汽车电气化产品及系统质量检验检测中心	总经理
刘大伟	华为数字能源技术有限公司	充电网络业务部总裁
刘永东	中国电力企业联合会标准化管理中心	主任
刘伦才	中电科汽车芯片技术发展研究中心	主任
刘金良	易易互联科技有限公司	CEO
羊　军	智马达汽车有限公司	CTO
安聪慧	浙江极氪智能科技有限公司	CEO
孙晓光	泰科电子(上海)有限公司	汽车事业部中国区副总裁、总经理
贡　俊	电动汽车电驱动系统全产业链技术创新战略联盟	理事长、研究员级高工
严　刚	国汽(北京)智能网联汽车研究院有限公司	总经理
苏　亮	厦门金龙联合汽车工业有限公司	副总经理、工程研究院院长
杜　强	东软睿驰汽车技术(上海)有限公司	总裁、CTO
李　力	中国工业节能与清洁生产协会 新能源汽车动力电池回收利用专业委员会	副会长 主任
李　泓	中国科学院物理研究所	研究员
李　胜	一汽解放集团股份有限公司	总经理
李　想	北京理想汽车有限公司	董事长、CEO
李建秋	清华大学车辆与运载学院	院长
李高鹏	宇通客车股份有限公司	集团新能源研究院院长
杨　烨	奥动新能源汽车科技有限公司	副董事长
杨　媫	一汽奔腾汽车股份有限公司	董事长
肖成伟	中国电子科技集团公司第十八研究所	研究员
肖佐楠	苏州国芯科技股份有限公司	总经理
吴　洁	蔚来汽车科技(安徽)有限公司	副总裁
吴传洋	南方(韶关)智能网联新能源汽车试验检测中心有限公司	总经理
吴怀主	东风商用车有限公司	研发副总经理

吴松泉	中国汽车技术研究中心有限公司 中国汽车战略与政策研究中心	资深首席专家 总工程师
闵照源	招商局检测车辆技术研究院有限公司	总经理
沈剑平	上海机动车检测认证技术研究中心有限公司	党委书记、总经理
张义国	宇通商用车有限公司	董事长、总经理
张代中	杰平方半导体(上海)有限公司	总经理
张立华	天津荣程新能科技集团有限公司	董事长
张坚俊	上海汽车集团股份有限公司	质量和技术管理部总经理
张国祥	中国汽车工程学会瑞安协同创新中心	主任
张国富	北京新能源汽车股份有限公司	党委书记、总经理
张建华	中科赛飞(广州)半导体有限公司	总经理
张建勇	北京汽车集团有限公司	党委书记、董事长
张俊智	清华大学车辆与运载学院 中国汽车工程学会线控制动与底盘智能控制工作组	教授 主任
张晓宇	重庆长安汽车股份有限公司	副总裁
陈　勇	广西大学机械工程学院	新能源汽车研究中心主任 俄罗斯工程院外籍院士
陈苏红	重庆超力电器有限责任公司	总经理
武锡斌	北汽福田汽车股份有限公司	总经理
林　琦	上海重塑能源集团股份有限公司	董事长、CEO
林长波	东风柳州汽车有限公司	总经理
郁国平	恩斯克投资有限公司	总裁
周　红	贵州长江汽车有限公司	董事长
周　林	赛力斯汽车有限公司	CTO
孟宪明	中国汽车技术研究中心有限公司	集团首席专家、中央研究院副院长
赵　侃	中公高远(北京)汽车检测技术有限公司	副总经理、总工
赵　涛	北京汽车制造厂(青岛)有限公司	常务副总裁、青岛基地总经理
赵肖斌	上汽通用五菱汽车股份有限公司	采购及供应链管理中心总经理
赵福全	清华大学车辆与运载学院	教授
赵嘉林	锐泰微(北京)电子科技有限公司	创始人
胡金玲	中信科智联科技有限公司	首席专家、正高
南圣良	浙江翼真新能源汽车有限公司	CEO
钟玉伟	玉柴芯蓝新能源动力科技有限公司	董事长
段　军	华润微电子有限公司	副总裁
侯　明	中国科学院大连化物所	研究员
袁小林	沃尔沃汽车集团 沃尔沃汽车亚太投资控股有限公司	全球高级副总裁 总裁、CEO
夏　添	白犀牛智达(北京)科技有限公司	CTO
原义栋	北京智芯微电子科技有限公司	模拟芯片设计中心总经理
钱得柱	德力新能源汽车有限公司	董事长
徐　俊	西安交通大学机械工程学院	研究院院长
徐铮铮	浙江银轮新能源热管理系统有限公司	董事长
凌和平	比亚迪汽车工业有限公司	工程研究院副院长
高　毅	鞍钢集团有限公司高新汽车材料营销服务中心	总经理、党委书记
郭满金	厦门宏发电声股份有限公司	总裁
黄国强	上海加冷松芝汽车空调股份有限公司	副总裁、博士
黄学杰	中国科学院物理研究所	研究员
黄晓光	苏州苏试广博环境可靠性实验室有限公司	总经理

章　桐	同济大学	教授
梁贵友	中国第一汽车集团有限公司	党委常委、副总经理
韩　庆	重庆长安跨越商用车有限公司	总经理
曾　豪	珠海极海半导体有限公司	副总经理
雷　军	小米汽车科技有限公司	董事长、总裁
廉玉波	比亚迪集团	首席科学家、总工程师、汽车工程研究院院长
裴　锋	广州巨湾技研有限公司	总裁
阚华东	启明信息技术股份有限公司	总经理
廖建光	北京保险服务中心	总经理
谭　斌	深圳市星卡科技股份有限公司	总裁

五、特邀委员

1. 各地方政府部门(以姓氏笔画为序)

王秀好　海南省工业和信息化厅
王茂庆　山东省工业和信息化厅
王学峰　黑龙江省工业和信息化厅
白布刚　河南省工业和信息化厅
冯　猛　辽宁省工业和信息化厅
朱小建　佛山市发展和改革局
朱洪波　宁波市经济和信息化局
仲思卿　青岛市工业和信息化局
刘　珂　四川省经济和信息化厅
刘卫东　湖南省工业和信息化厅
刘志洲　河北省工业和信息化厅
苏国斌　北京市经济和信息化局
杜军国　陕西省工业和信息化厅
杜雷军　湖北省机械行业联合会
湖北省汽车产业技术创新联盟
李　军　浙江省发展和改革委员会
李亦军　甘肃省工业和信息化厅
李志松　山西省工业和信息化厅
李林清　武汉市经济和信息化局
李明松　杭州市经济和信息化局
杨　斌　福建省工业和信息化厅
吴忠阳　郑州市工业和信息化局
张成珂　新乡市工业和信息化局
张晓辉　襄阳市经济和信息化局
陆科杰　苏州市工业和信息化局
陈　军　江西省工业和信息化厅
陈　曦　贵州省工业和信息化厅
陈可乐　上海市经济和信息化委员会
陈鑫伟　金华市发展和改革委员会
郑荣东　盐城市工业和信息化局
胡瑞芬　内蒙古自治区工业和信息化厅
柯　梅　广西壮族自治区工业和信息化厅
段洪涛　大连市工业和信息化局
耿江波　扬州市工业和信息化局
顾才群　南通市交通运输局
高千峻　南京市工业和信息化局
涂兴永　重庆市经济和信息化委员会
黄　剑　成都市经济和信息化局
董　玥　沈阳市工业和信息化局
程多福　新疆维吾尔自治区工业和信息化厅
程英春　安徽省工业和信息化厅
熊斌谦　江苏省工业和信息化厅

2. 企事业单位(以姓氏笔画为序)

丁　炎　江苏嘉和热系统股份有限公司
丁文敏　江铃汽车股份有限公司
于　童　浙江翼真新能源汽车有限公司
于立国　小米汽车科技有限公司
卫　璁　卡尔动力(北京)科技有限公司
马天翼　中国汽车技术研究中心有限公司
马东辉　北京理想汽车有限公司
马旭耀　陕西法士特汽车传动集团有限责任公司
马江丰　精诚工科汽车系统有限公司
马晓兰　上汽通用五菱汽车股份有限公司
王　旭　中汽研科技有限公司
王　进　上海剑平动平衡机制造有限公司
王　胜　中电科芯片技术(集团)有限公司
王　浩　锐泰微(北京)电子科技有限公司
王　萌　北京理工大学重庆创新中心
王　银　重庆长安汽车股份有限公司
王　超　北京主线科技有限公司
王礼银　中天钢铁集团有限公司
王华武　东风商用车有限公司
王江东　中认车联网技术服务(深圳)有限公司
王丽鸿　欣旺达动力科技股份有限公司
王林龙　黄埔轮胎(广州)技术有限公司

王建宇	一汽解放集团股份有限公司
王录波	凯迈(洛阳)机电有限公司
王振华	山东东岳未来氢能材料有限公司
王德平	中国第一汽车集团有限公司
卞国胜	坤泰车辆系统(常州)股份有限公司
方艳平	珠海华粤传动科技有限公司
孔德军	一汽奔腾汽车股份有限公司
邓跃跃	特百佳动力科技股份有限公司
占　锐	东风汽车集团有限公司
卢　毅	奥动新能源汽车科技有限公司
田长青	中国科学院理化技术研究所
史英伦	卡尔动力科技有限公司
白彦鹏	精诚工科汽车系统有限公司
冯　逸	本特勒投资(中国)有限公司
边旭东	中国汽车技术研究中心有限公司
边明远	清华大学车辆与运载学院
朴志刚	中路慧能检测认证科技有限公司
朴晓英	鞍钢钢材加工配送(长春)有限公司
曲卫东	长春汽车检测中心有限责任公司
吕　猛	江西江铃集团晶马汽车有限公司
吕振才	北京科泰克科技有限责任公司
朱昊杰	泰科电子(上海)有限公司
朱学武	中国第一汽车集团有限公司
朱浩立	上海海立新能源技术有限公司
华春雷	北京理想汽车有限公司
向文玲	东软睿驰汽车技术(上海)有限公司
向华荣	中国汽车工程研究院股份有限公司
全　琎	武汉海亿新能源科技有限公司
全书海	武汉理工大学自动化学院
刘　波	重庆青山工业有限责任公司
刘　威	赛力斯汽车有限公司
刘　颖	沃尔沃汽车亚太投资控股有限公司
刘君华	重庆恒通客车有限公司
刘振国	北京机械工业自动化研究所有限公司
安仲勋	上海奥威科技开发有限公司
孙　佳	北京新能源汽车股份有限公司
孙　航	中国汽车技术研究中心有限公司
孙　震	山东钢铁集团日照有限公司
孙钰琦	深圳 ABB 电动交通科技有限公司
孙福臻	北京机科国创轻量化科学研究院有限公司
孙碧玉	厦门宏发电声股份有限公司
杜汉斌	智马达汽车有限公司
李　东	绵阳市维博电子有限责任公司
李　青	北京航迹科技有限公司
李　娜	中科赛飞(广州)半导体有限公司
李　浪	南方(韶关)智能网联新能源汽车试验检测中心有限公司
李　康	中国电动汽车充电基础设施促进联盟
李云强	天津大学-先进内燃动力全国重点实验室
李立国	四川智锂智慧能源科技有限公司
李汉斌	新源动力股份有限公司
李庆旭	菲仕绿能科技(宁波)有限公司
李红艳	浙江吉利新能源商用车集团有限公司
李宝民	江苏嘉和热系统股份有限公司
李海涛	新能源汽车国家大数据联盟新能源电池回收利用专业委员会
李韶辉	中国石油天然气股份有限公司润滑油分公司
杨　弋	苏州苏试广博环境可靠性实验室有限公司
杨全凯	易易互联科技有限公司
杨兴龙	一汽奔腾汽车股份有限公司
杨治宇	华润微电子有限公司
杨思枏	辉能科技股份有限公司
杨彦鼎	东风汽车集团有限公司
杨准营	长城汽车股份有限公司
肖文建	国家汽车质量检验检测中心(广东)
肖成诚	重庆凯瑞测试装备有限公司
肖真军	赣州市豪鹏科技有限公司
吴　统	浙江银轮新能源热管理系统有限公司
吴　鹏	襄阳达安汽车检测中心有限公司
吴小林	中信泰富特钢集团股份有限公司
吴含冰	中国汽车技术研究中心有限公司
吴承浩	东风汽车股份有限公司
何　山	重庆长安跨越商用车有限公司
何云堂	中国汽车技术研究中心有限公司
谷红微	攀钢集团国际经济贸易有限公司
汪晓健	上海汽车集团股份有限公司
沈　珺	浙江吉利控股集团有限公司
沈俊豪	海力达汽车科技有限公司
宋　凯	航宇智造(北京)工程技术有限公司
宋　瑞	中国汽车技术研究中心有限公司
张　宁	信息产业化学物理电源产品监督检验中心
张　帆	襄阳达安汽车检测中心有限公司
张　亮	北京首钢股份有限公司营销中心
张天雷	北京主线科技有限公司
张正联	上海梅山钢铁股份有限公司
张亚楠	中国汽车技术研究中心有限公司
张有为	欣旺达动力科技股份有限公司
张华中	上海电器设备检测所有限公司 国家汽车电气化产品及系统质量检验检测中心
张舟云	上海电驱动股份有限公司 电动汽车电驱动系统全产业链技术创新战略
张寿波	弗迪电池有限公司
张珊珊	奇瑞万达贵州客车股份有限公司
张静一	清华大学车辆与运载学院

陈　炜	重庆超力电器有限责任公司
陈　钧	华润微电子有限公司
陈　峰	恩斯克投资有限公司
陈　雄	中汽院(重庆)汽车检测有限公司
陈卓雷	宝山钢铁股份有限公司
陈顺东	安徽安凯汽车股份有限公司
陈冠达	嘉兴市汽联新能源汽车零部件技术研究院
苗小丽	上海奥威科技开发有限公司
范超群	玉柴芯蓝新能源动力科技有限公司
季一志	一汽解放集团股份有限公司
金明杰	浙江翼真新能源汽车有限公司
周卫平	上海华虹宏力半导体制造有限公司
周安健	深蓝汽车科技有限公司
周浩楠	浙江银轮新能源热管理系统有限公司
庞建中	北奔重型汽车集团有限公司
郑　华	交通运输部科学研究院
郑　轲	特来电新能源股份有限公司
郑亚旭	本钢板材股份有限公司
单丰武	江西江铃集团新能源汽车有限公司
赵　岩	北京理工大学重庆创新中心
赵　璐	蔚来汽车科技(安徽)有限公司
赵天挺	北京智芯微电子科技有限公司
赵文武	中国科学院物理研究所
赵兴华	北京航迹科技有限公司
赵慧超	中国第一汽车集团有限公司
胡汉军	北京汽车集团有限公司
胡国民	南京康尼新能源汽车零部件有限公司
胡满江	湖南大学机械与运载工程学院
柳东威	中汽研汽车检验中心(武汉)有限公司
钦　英	德力新能源汽车有限公司
侯立功	北京科泰克科技有限责任公司
俞　伟	北京英创汇智汽车技术有限公司
姜晓来	襄阳达安汽车检测中心有限公司
宫宝利	中国汽车工程研究院股份有限公司
姚　羽	中公高远(北京)汽车检测技术有限公司
姚占辉	中国汽车技术研究中心有限公司
姚安仁	天津大学内燃机燃烧学国家重点实验室
贺劲松	北京理工大学重庆创新中心
秦志东	北汽福田汽车股份有限公司
秦根才	宇通商用车有限公司
袁　泉	启明信息技术股份有限公司
夏　超	苏州国芯科技股份有限公司
顾志宏	北京汽车制造厂(青岛)有限公司
顾雪群	康明斯新能源动力(上海)有限公司
钱德猛	安徽理工大学新能源与智能网联汽车学院
徐向东	鞍钢联众(广州)不锈钢有限公司
徐航宇	北京卫蓝新能源科技有限公司
殷　军	浙江翼真新能源汽车有限公司
高　晖	柳州五菱新能源汽车有限公司
高海宇	德燃(浙江)动力科技有限公司
郭立群	载合汽车科技(苏州)有限公司
席忠民	广汽埃安新能源汽车股份有限公司
唐　梅	比亚迪汽车工业有限公司
黄　焰	东风汽车股份有限公司
黄光继	加特可(广州)自动变速箱有限公司
黄宏留	杰平方半导体(上海)有限公司
曹　飞	招商局检测车辆技术研究院有限公司
曹东璞	清华大学智能绿色车辆与交通全国重点实验室
曹莉莉	北京保险服务中心
曹敬煜	苏州绿控传动科技股份有限公司
康　勇	广州巨湾技研有限公司
章振宇	北京理工大学机械与车辆学院
望　军	广汽丰田汽车有限公司
阎其治	深圳市星卡科技股份有限公司
淮晓利	无锡柯诺威新能源科技有限公司
梁　亮	湖南华菱涟源钢铁有限公司
梁　艳	华为数字能源技术有限公司
梁　超	儒拉玛特自动化技术(苏州)有限公司
梁　锐	上海 ABB 工程有限公司
谌发坤	重庆凯瑞测试装备有限公司
彭　鹏	华为数字能源技术有限公司
彭　鹏	深圳佰维存储科技股份有限公司
葛　鹏	中国汽车技术研究中心有限公司
蒋和全	中科芯集成电路有限公司
蒋雪生	贵州长江汽车有限公司
韩　杨	东风汽车集团有限公司
韩　恺	北京理工大学重庆创新中心
韩昌亮	福田汽车集团时代事业部
覃桂林	国家汽车质量检验检测中心(广西)
焦娜永	精诚工科汽车系统有限公司
谢　辉	天津大学内燃机燃烧学国家重点实验室
鲍欢欢	中汽院新能源科技有限公司
廖珍爱	珠海极海半导体有限公司
缪雪中	浙江新吉奥控股集团有限公司
潘杨玲	上汽通用五菱汽车股份有限公司
燕昭阳	凯迈(洛阳)机电有限公司
薛国星	中石油昆仑网联电能科技有限公司
薛傅龙	南湖路空协同立体交通产业研究院
戴一凡	清华大学苏州汽车研究院
戴建侠	张家港友诚新能源科技股份有限公司
魏长河	三一汽车制造有限公司
魏跃远	北京新能源汽车股份有限公司
魏敏华	奥动新能源汽车科技有限公司

2024 年《节能与新能源汽车年鉴》特约编辑

1. 各地方政府部门(以姓氏笔画为序)

王　乐　辽宁省工业和信息化厅
王　晶　武汉市经济和信息化局
王少翔　大连市工业和信息化局
王海国　甘肃省工业和信息化厅
王雪东　盐城市工业和信息化局
韦　扬　扬州市工业和信息化局
艾宇达　上海市经济和信息化委员会
石　沙　安徽省工业和信息化厅
卢云峰　青岛市工业和信息化局
卢志理　湖南省工业和信息化厅
白　晔　襄阳市经济和信息化局
曲　波　江西省工业和信息化厅
吕凌盟　沈阳市工业和信息化局
朱佳佳　新乡市工业和信息化局
朱海波　南京市工业和信息化局
乔　洋　内蒙古自治区工业和信息化厅
向　武　新疆维吾尔自治区工业和信息化厅
刘书栋　郑州市工业和信息化局
李　妍　四川省经济和信息化厅
李　辉　苏州市工业和信息化局
李新涛　吉林省工业和信息化厅
杨成刚　贵州省工业和信息化厅
杨晓春　河北省工业和信息化厅
杨鸿旭　天津市工业和信息化局
吴志全　北京市经济和信息化局
邹海鹏　江苏省工业和信息化厅
张玉栋　河南省工业和信息化厅
张松苍　黑龙江省工业和信息化厅
张培书　贵州省工业和信息化厅
陈　宏　长春市工业和信息化局
陈丹虹　海南省工业和信息化厅
陈昕儒　杭州市经济和信息化局
武瑞松　山东省工业和信息化厅
罗惟贵　福建省工业和信息化厅
罗滕飞　重庆市经济和信息化委员会
周伟蒙　广西壮族自治区工业和信息化厅
贺晋伟　山西省工业和信息化厅
夏立斌　湖南省工业和信息化厅
倪　坤　金华市发展和改革委员会
徐凯翔　浙江省发展和改革委员会
高　宇　陕西省工业和信息化厅
高　婴　成都市经济和信息化局
高晓军　河北省工业和信息化厅
郭云刚　云南省工业和信息化厅装备工业处
章国光　湖北省机械行业联合会
湖北省汽车产业技术创新联盟
韩韶英　南通市交通运输局
靳鲁泉　宁波市经济和信息化局
谭振宇　佛山市发展和改革局

2. 企事业单位(以姓氏笔画为序)

丁云云　江西江铃集团晶马汽车有限公司
丁素霞　北京新能源汽车股份有限公司
于　飞　清华大学苏州汽车研究院
马自强　三一汽车制造有限公司
马国梁　中国石油天然气股份有限公司润滑油分公司
马俊华　宇通商用车有限公司
马晓宇　国家汽车质量检验检测中心(广东)
王　丹　襄阳达安汽车检测中心有限公司
王　林　浙江翼真新能源汽车有限公司
王　昕　天津大学-先进内燃动力全国重点实验室
王　迪　中国第一汽车集团有限公司
王才振　南京康尼新能源汽车零部件有限公司
王永刚　特百佳动力科技股份有限公司
王永创　长春汽车检测中心有限责任公司
王志阳　康明斯新能源动力(上海)有限公司
王英荻　中国汽车技术研究中心有限公司
王明顺　本钢板材股份有限公司
王佳楠　宇通轻型商用汽车有限公司
王金鑫　广汽丰田汽车有限公司
王智君　上海海立新能源技术有限公司
王新月　中国汽车技术研究中心有限公司
韦惠馨　国家汽车质量检验检测中心(广西)
牛正蕊　菲仕绿能科技(宁波)有限公司
卞忠红　安徽理工大学新能源与智能网联汽车学院
方　健　鞍钢联众(广州)不锈钢有限公司
尹　凯　小米汽车科技有限公司
孔睿婧　清华大学智能绿色车辆与交通全国重点实验室
邓　涛　珠海极海半导体有限公司
邓正维　浙江吉利新能源商用车集团有限公司
邓永辉　中国汽车工程研究院股份有限公司
石则强　中公高远(北京)汽车检测技术有限公司
卢　声　中石油昆仑网联电能科技有限公司
申爱华　北京智芯微电子科技有限公司
史艳彬　一汽解放集团股份有限公司
丘国维　比亚迪汽车工业有限公司
白文岭　中国汽车技术研究中心有限公司

乐中耀　中国汽车工程研究院股份有限公司
冯勇敢　郑州宇通矿用装备有限公司
冯桂连　儒拉玛特自动化技术(苏州)有限公司
冯绵枝　广东省大湾区集成电路与系统应用研究院
宁志敏　赣州市豪鹏科技有限公司
边有钢　湖南大学机械与运载工程学院
吕传新　浙江翼真新能源汽车有限公司
回　春　中汽研汽车检验中心(武汉)有限公司
朱冬伟　嘉兴市汽联新能源汽车零部件技术研究院
任　怡　中国汽车工程研究院股份有限公司
任　倩　精诚工科汽车系统有限公司
任卫群　东风商用车有限公司
刘　义　陕西法士特汽车传动集团有限责任公司
刘　洋　比亚迪汽车工业有限公司
刘　琳　北京新能源汽车股份有限公司
刘伟良　浙江新吉奥控股集团有限公司
刘旭辉　湖南华菱涟源钢铁有限公司
刘江唯　一汽解放集团股份有限公司
刘宏倩　普华基础软件股份有限公司
刘苗苗　北京新能源汽车股份有限公司
刘国亮　一汽奔腾汽车股份有限公司
刘培星　山东钢铁集团日照有限公司
刘超凡　北京理工大学机械与车辆学院
江　隐　厦门宏发电声股份有限公司
许洪珊　奇瑞万达贵州客车股份有限公司
孙宇令　宇通商用车有限公司
孙红丽　中路慧能检测认证科技有限公司
孙园熙　浙江翼真新能源汽车有限公司
纪　倩　上海汽车集团股份有限公司
严　明　白犀牛智达(北京)科技有限公司
苏　琳　攀钢集团国际经济贸易有限公司
杜　丹　江苏嘉和热系统股份有限公司
杜魁善　比亚迪汽车工业有限公司
李　波　宇通客车股份有限公司
李　颖　北京理工大学机械与车辆学院
李　静　奥特佳新能源科技股份有限公司
李　静　宇通客车股份有限公司
李子兮　中国汽车技术研究中心有限公司
李公哲　郑州宇通重工有限公司
李文豪　中电科芯片技术(集团)有限公司
李心妤　辉能科技股份有限公司
李世权　郑州宇通重工有限公司
李永康　中国汽车技术研究中心有限公司
李会仙　宇通轻型商用汽车有限公司
李松松　一汽解放集团股份有限公司
李雨冉　中国汽车技术研究中心有限公司
李俊丽　广东省大湾区集成电路与系统应用研究院
李洪涛　东风汽车集团有限公司
李桂忠　比亚迪汽车工业有限公司
李晓芳　上海机动车检测认证技术研究中心有限公司
李晓鹏　北奔重型汽车集团有限公司
李基源　广东省大湾区集成电路与系统应用研究院
李靖宇　郑州宇通矿用装备有限公司
李群峰　郑州宇通重工有限公司
李德红　上海华虹宏力半导体制造有限公司
李儒龙　东风汽车集团有限公司
杨　琳　普华基础软件股份有限公司
杨开胜　宇通轻型商用汽车有限公司
杨东升　泰科电子(上海)有限公司
杨红霞　宇通客车股份有限公司
杨珂鑫　北京理工大学重庆创新中心
杨重阳　上海奥威科技开发有限公司
杨雪峰　一汽奔腾汽车股份有限公司
杨键刚　中国科学院微电子研究所
连榕榕　易易互联科技有限公司
吴　俊　安徽安凯汽车股份有限公司
吴小岭　宇通客车股份有限公司
吴树建　宝山钢铁股份有限公司
吴奕奕　本特勒投资(中国)有限公司
吴艳新　南方(韶关)智能网联新能源汽车试验检测中心有限公司
吴桂新　泰科电子(上海)有限公司
吴婉玲　张家港友诚新能源科技股份有限公司
何　雷　芜湖雄狮汽车科技有限公司
何　睿　柳州五菱新能源汽车有限公司
位跃辉　宇通商用车有限公司
沈　艳　中天钢铁集团有限公司
沈润杰　新能源汽车国家大数据联盟新能源电池回收利用专业委员会
宋萌萌　锐泰微(北京)电子科技有限公司
张　冬　郑州宇通矿用装备有限公司
张　宁　信息产业化学物理电源产品监督检验中心
张　弘　中科芯集成电路有限公司
张　灿　上海奥威科技开发有限公司
张　桦　中科赛飞(广州)半导体有限公司
张　菁　精诚工科汽车系统有限公司
张　鹏　北京亿华通科技股份有限公司
张一博　北京汽车集团有限公司
张永瑞　宇通客车股份有限公司
张西杰　上海剑平动平衡机制造有限公司
张华树　襄阳达安汽车检测中心有限公司
张园园　浙江翼真新能源汽车有限公司
张怡凡　中国汽车技术研究中心有限公司
张建周　江铃汽车股份有限公司
张泉达　北京机科国创轻量化科学研究院有限公司
张剑锋　中信泰富特钢集团股份有限公司
张钰斌　宇通商用车有限公司
张倩男　新源动力股份有限公司
陈　健　江苏省智能网联汽车创新中心
陈　雄　中国汽车工程研究院股份有限公司
陈　翔　德力新能源汽车有限公司
陈幼兰　北京保险服务中心

陈光考　重庆恒通客车有限公司
陈华东　珠海华粤传动科技有限公司
陈连峰　北京首钢股份有限公司
陈宏昌　北京理工大学机械与车辆学院
陈梓洋　广汽埃安新能源汽车股份有限公司
苟　斌　东风汽车集团有限公司
范　华　中国汽车技术研究中心有限公司
林家旭　北京主线科技有限公司
林嘉杰　深圳市星卡科技股份有限公司
欧艳琼　上海电器设备检测所有限公司
国家汽车电气化产品及系统质量检验检测中心
欧鹏飞　北京理想汽车有限公司
金　亮　贵州长江汽车有限公司
周　明　苏州苏试广博环境可靠性实验室有限公司
周　俊　载合汽车科技(苏州)有限公司
周　梅　中国汽车工程研究院股份有限公司
周　然　浙江翼真新能源汽车有限公司
周学鹏　凯迈(洛阳)机电有限公司
庞竹吟　中国第一汽车集团有限公司
郑　亮　特来电新能源股份有限公司
房党伟　北京亿华通科技股份有限公司
孟　涵　江西江铃集团新能源汽车有限公司
孟晓敏　国创河北氢能产业创新中心有限公司
赵　宁　东风汽车集团有限公司
赵　丽　中信科智联科技有限公司
赵　狄　宇通客车股份有限公司
赵　琳　坤泰车辆系统(常州)股份有限公司
赵永刚　招商局检测车辆技术研究院有限公司
赵永刚　广汽丰田汽车有限公司
赵庆磊　北京英创汇智汽车技术有限公司
赵紫冬　宇通轻型商用汽车有限公司
郝维健　中国汽车技术研究中心有限公司
胡漫莉　深圳 ABB 电动交通科技有限公司
钟华玉　重庆长安跨越商用车有限公司
段　晖　清华大学苏州汽车研究院
施海庆　上海华力集成电路制造有限公司
姜　龙　比亚迪汽车工业有限公司
姜　虎　泰科电子(上海)有限公司
姜志公　鞍钢钢材加工配送(长春)有限公司
姚鑫鑫　宇通客车股份有限公司
秦志嫒　中国汽车技术研究中心有限公司
袁东方　中认车联网技术服务(深圳)有限公司
耿洪涛　中石油昆仑网联电能科技有限公司
贯贝贝　北京新能源汽车股份有限公司
贯龙飞　宇通轻型商用汽车有限公司
夏　雷　重庆超力电器有限责任公司
夏飞武　苏州绿控传动科技股份有限公司
夏恒恒　上海奥威科技开发有限公司
柴高磊　宇通商用车有限公司
徐　伟　福田汽车集团时代事业部
徐　莎　绵阳市维博电子有限责任公司
徐　瑶　赛力斯汽车有限公司
徐　瑾　苏州绿控传动科技股份有限公司
凌　云　中国汽车技术研究中心有限公司
高　妍　中国汽车技术研究中心有限公司
高　铭　湖南大学机械与运载工程学院
高瑞阳　清华大学智能绿色车辆与交通全国重点实验室
郭　瑞　北京机械工业自动化研究所有限公司
郭浩阳　宇通轻型商用汽车有限公司
郭跃宁　沃尔沃汽车亚太投资控股有限公司
郭喆晨　西安交通大学机械工程学院
唐金春　重庆凯瑞测试装备有限公司
涂敬涛　浙江吉利控股集团有限公司
陶　璐　海力达汽车科技有限公司
黄　敏　深圳佰维存储科技股份有限公司
黄宏琬　广州巨湾技研有限公司
黄超智　中汽院(重庆)汽车检测有限公司
曹　政　蔚来汽车科技(安徽)有限公司
曹　琛　北京新能源汽车股份有限公司
戚　娜　上海梅山钢铁股份有限公司
常　幸　泰科电子(上海)有限公司
常明生　一汽解放集团股份有限公司
崔　凯　北汽福田汽车股份有限公司
符　罗　比亚迪汽车工业有限公司
庹汉郧　东风汽车集团有限公司
康　娟　宇通客车股份有限公司
梁　斌　黄埔轮胎(广州)技术有限公司
董成坤　郑州宇通重工有限公司
蒋可馨　中国汽车技术研究中心有限公司
蒋鹏飞　宇通商用车有限公司
韩　晨　上海 ABB 工程有限公司
韩　策　中国汽车技术研究中心有限公司
程振祥　上海剑平动平衡机制造有限公司
曾云川　四川智锂智慧能源科技有限公司
曾利霞　北京科泰克科技有限责任公司
游正强　北京汽车制造厂(青岛)有限公司
雷景蔚　玉柴芯蓝新能源动力科技有限公司
褚　琦　卡尔动力(北京)科技有限公司
蔡旭东　郑州宇通矿用装备有限公司
裴国权　一汽解放集团股份有限公司
管时华　清华大学苏州汽车研究院
熊　枫　杰平方半导体(上海)有限公司
樊　辉　北京亿华通科技股份有限公司
樊汝湖　长城汽车股份有限公司
黎玉珠　广东省大湾区集成电路与系统应用研究院
颜赛利　弗迪电池有限公司
潘文倩　苏州国芯科技股份有限公司
戴　希　清华大学苏州汽车研究院
鞠　昊　中国第一汽车集团有限公司
魏　青　宇通客车股份有限公司
魏　国　中国第一汽车集团有限公司

《节能与新能源汽车年鉴》编制办公室

主　　编： 李方正

副 主 编： 李国俊　尚　勇　王云龙　刘辰璞　王建斌　孟　顺

编　　辑： 王　雅　曾小松　常梦颖　张　路　孟　雪　王　芳　李京泰　刘万祥　常梦颖　张　路　孟　雪　吕钊凤　孙　乐　李光凯　潘春雷　万　亮　王　虎　任丽丽　杨月静　佟　彤　邓　军　郭霄宇　赵乾维

美工设计： 陈　晨

编制说明

《节能与新能源汽车年鉴》（以下简称《年鉴》）是我国第一本专注于节能与新能源汽车领域的实用性工具书，集权威性、指导性、学术性、综合性、实用性于一体的官方权威信息资料，发行一五年来以宏观行业综合概述、中观区域侧面印证、微观典型案例分析的编制架构为政府出台政策法规、行业机构前瞻研究和企业制定战略规划提供了重要参考和有效借鉴，已成为节能与新能源汽车行业不可或缺的信息支撑与交流合作重要平台。2024年《年鉴》由行业篇、政策篇、区域篇、单位篇、海外篇、事记篇、标准篇、成果篇八个部分组成，从管理、政策、研发、技术、产业、市场、应用等多维度展示新能源汽车产业发展历程，通过权威准确的数据归纳和案例分析引导行业发展。

行业篇邀请了140多位行业权威专家、资深人士、代表性企业负责人等，围绕纯电动汽车、燃料电池汽车、智能网联汽车、插电式混合动力汽车、增程式电动汽车、换电式电动汽车、甲醇汽车等领域，涉及：纯电动乘用车、纯电动客车、纯电动重卡、纯电动轻卡、纯电动矿卡、纯电动环卫车、车用动力电池、车用固态锂电池、车用超级电容器、锂离子电池材料、动力电池测试、动力电池回收循环与梯次利用、车用驱动电机及系统、新能源汽车电控、新能源汽车自动变速器、汽车芯片关键技术、新能源整车热管理、新能源汽车轻量化、电动汽车充电基础设施、新能源汽车换电系统、新能源汽车保险、新能源乘用车轮胎；燃料电池乘用车、燃料电池客车、燃料电池物流车、燃料电池重卡、车用燃料电池、氢燃料电池电锥、氢燃料电池发动机、燃料电池质子膜；智能网联汽车、自动驾驶乘用车、自动驾驶客车、自动驾驶货运卡车、无人驾驶物流配送车、车路云协同与网联技术、智能网联汽车通信系统（V2X）技术、智能网联汽车信息安全、智能网联汽车基础软件技术、智能座舱与人机交互技术、智能底盘；插电式混合动力乘用车、插电式混合动力客车；增程式电动乘用车、增程式电动商用车；换电式电动重卡、甲醇汽车等领域焦点问题，进行全面、深入、系统的汇总与梳理，勾勒出行业未来的走向与趋势，并提出下一步发展建议，助力行业持续、健康、高质量发展。

政策篇梳理和汇总2023年我国节能与新能源汽车、燃料电池汽车、智能网联汽车领域的国家及地方政府出台的相关政策，从政策与行业发展趋势结合的视角为汽车产业提供权威政策依据。

区域篇共梳理46个重点地区的节能与新能源汽车、燃料电池汽车、智能网联汽车产业发展、推广应用、基础设施及政策等领域发展情况，透过分析了解区域发展的翔实数据，深入了解和准确把握政府及企业创新发展的需求，推动重点区域创新链、产业链、供应链深度融合，助力区域产业协同创新。

单位篇共收集136家节能与新能源汽车、燃料电池汽车、智能网联汽车领域的重点企事业单位的生产经营、产能建设及技术研发能力进展、合资合作等发展情况，展示产业链上下游整车、关键零部件及科研院所布局情况。更便捷、更直观的反应企业现阶段发展现状，弥补大数据分析具象化的不足。

海外篇共收集13个国家在节能与新能源汽车、燃料电池汽车、智能网联汽车领域的政策、市场、技术进展和产业链布局等信息，全面跟踪和评价全球行业的发展，为行业发展、政府决策、企业战略规划以及学术研究提供国际视角下的信息和数据支撑，搭建国际交流与和合作桥梁。

事记篇共收集了1000余条节能与新能源汽车、燃料电池汽车、智能网联汽车产业在2023年的新增项目、合资合作、重要事件等信息，勾勒出行业发展的轮廓和事物的线索，为行业发展发挥史料积累和文化传播作用。

标准篇共梳理汇总了2023年我国新发布和施行的节能与新能源汽车、燃料电池汽车、智能网联汽车领域国家及行业、地方与团体等相关标准，方便行业单位检索和研究，发挥《年鉴》信息依据和科研顾问的实用价值。

成果篇共收集了43篇节能与新能源汽车、燃料电池汽车、智能网联汽车领域的创新技术和产品在行业中实际应用的典型案例，通过案例分析和剖析引导行业创新科学发展。

2024年《年鉴》在征集资料及编制过程中，得到了国家有关部门、各省、市自治区汽车行业主管部门的关怀、指导，以及各汽车工业集团（公司）、关键零部件厂商、科研院所等相关企事业单位的大力支持和协助，在此表示诚挚的谢意！《年鉴》将一如既往以翔实、权威、科学、严谨的数据，全面、系统、客观、真实的内容，回报编委单位和广大读者的厚爱。

由于时间仓促和水平有限，书中不足之处敬请各位领导、专家、读者批评指正，希望今后各相关单位继续积极参与《年鉴》的编制工作，进一步为行业发展献计献策，拓展技术交流与市场合作，并欢迎对《年鉴》的充实和完善提出宝贵意见和建议，组织编制单位将不胜荣幸与感激。

《节能与新能源汽车年鉴》编制办公室

2024年9月

企业形象专版目录

车用钢与轻量化板块

中天钢铁集团有限公司/C01
宝山钢铁股份有限公司/C02
北京首钢股份有限公司/C03
太原钢铁(集团)有限公司/C04
本钢板材股份有限公司/C05
攀钢集团有限公司/C06
鞍钢钢材加工配送(长春)有限公司/C07、C08
鞍钢联众(广州)不锈钢有限公司/C09
山东钢铁集团日照有限公司/C10
中信泰富特钢集团股份有限公司/C11、C12
精诚工科汽车系统有限公司/C13
航宇智造(北京)工程技术有限公司/C14
本特勒投资(中国)有限公司/C15
儒拉玛特自动化技术(苏州)有限公司/C16
北京机科国创轻量化科学研究院有限公司/C17

前插页

上海汽车集团股份有限公司/Q01
比亚迪汽车工业有限公司/Q02
上汽通用五菱汽车股份有限公司/Q03
江西江铃集团新能源汽车有限公司/Q04
江西五十铃汽车有限公司/Q05、Q06
柳州五菱新能源汽车有限公司/Q07、Q08
北汽福田汽车股份有限公司时代事业部/Q09
德力新能源汽车有限公司/Q10
北京汽车制造厂(青岛)有限公司/Q11、Q12
奇瑞万达贵州客车股份有限公司/Q13
重庆恒通客车有限公司/Q14
江西江铃集团晶马汽车有限公司/Q15
郑州宇通集团有限公司/Q16
三一汽车制造有限公司/Q17
北奔重型汽车集团有限公司/Q18
载合汽车科技(苏州)有限公司/Q19
嘉兴市汽联新能源汽车零部件技术研究院/Q20
天津荣程新能科技集团有限公司/Q21、Q22
中汽研汽车检验中心(武汉)有限公司/Q23
招商局检测车辆技术研究院有限公司/Q24
广东汽车检测中心有限公司/Q25
苏州苏试试验集团股份有限公司/Q26
国家汽车电气化产品及系统质量监督检验中心/Q27、Q28
奥动新能源汽车科技有限公司/Q29
易易互联科技(重庆)有限公司/Q30
泰科电子(上海)有限公司/Q31
赣州市豪鹏科技有限公司/Q32
上海 ABB 工程有限公司/Q33

后插页

苏州绿控传动科技股份有限公司/H01
特百佳动力科技股份有限公司/H02
陕西法士特齿轮有限责任公司/H03
玉柴芯蓝新能源动力科技有限公司/H04
重庆青山工业有限责任公司/H05
坤泰车辆系统(常州)股份有限公司/H06
柳州赛克科技发展有限公司/H07
上海加冷松芝汽车空调股份有限公司/H08
浙江银轮新能源热管理系统有限公司/H09
上海海立新能源技术有限公司/H10
海力达汽车科技有限公司/H11
江苏嘉和热系统股份有限公司/H12
广州巨湾技研有限公司/H13
辉能科技股份有限公司/H14
上海奥威科技开发有限公司/H15
德燃(浙江)动力科技有限公司/H16
武汉海亿新能源科技有限公司/H17
北京科泰克科技有限责任公司/H18
中石油昆仑网联电能科技有限公司/H19
南京康尼新能源汽车零部件有限公司/H20
张家港友诚新能源科技股份有限公司/H21
绵阳市维博电子有限责任公司/H22
北京机械工业自动化研究所有限公司/H23
自贡市江阳磁材有限责任公司/H24
重庆奥兴嘉科技有限公司/H25
深圳市柳溪机械设备有限公司/H26
北油电控燃油喷射系统(天津)有限公司/H27
天津大学先进动力与智能车辆控制团队/H28
安徽理工大学新能源与智能网联汽车学院/H29
凯迈(洛阳)机电有限公司/H30
重庆凯瑞测试装备有限公司/H31
襄阳达安汽车检测中心有限公司/H32
长春汽车检测中心有限责任公司/H33
信息产业化学物理电源产品质量监督检验中心/H34、H35

>>> 目 录 | CONTENTS |

第一篇 行业篇

第二篇 政策篇

第三篇 区域篇

第四篇 单位篇

第五篇 海外篇

第六篇 事记篇

第七篇 标准篇

第八篇 成果篇

芯片与智能网联板块

致力于成为国内领先的车规级数模混合芯片提供商

中科赛飞（广州）半导体有限公司，是广东省大湾区集成电路与系统应用研究院的汽车芯片部门孵化成立的产业化公司, 公司聚焦于高功能安全等级的车规级数模混合芯片研发，重点布局SBC（System Basis Chip，系统基础芯片）及功率半导体智能驱动，核心产品包括车规级驱动系列、电源管理系列及引擎控制芯片等。

核心研发团队来自于国际知名企业和国内科研院所，且由平均15年以上车规芯片设计经验的资深技术专家组成。团队孵化期间曾研发国内首款引擎控制芯片。董事长王云为中科院微电子所工学博士，任广东省大湾区集成电路与系统研究院常务副院长等职。

公司聚焦应用于汽车核心控制系统中的功能安全和可靠性要求极高的车规级数模混合芯片的研发和销售，尤其是高功能安全等级的电源管理芯片、驱动芯片和引擎控制U-chip芯片。已攻克了驱动芯片、电源管理芯片、通信接口和信号处理等方向的关键技术，可配合国产MCU和传感器等器件组成完整的国产汽车电子控制系统解决方案。

同时，中科赛飞也着重关注下游客户的差异化需求。针对本土车企技术路线选择差异，中科赛飞基于自身引擎控制芯片及电机控制芯片开发经验，可结合具体应用需求为下游客户提供定制芯片产品。

车规级四缸引擎控制芯片

双缸引擎控制芯片

功能安全电源系统基础芯片

联系方式:

market@saifei-semi.co

中科赛飞公众号

单通道SiC栅极驱动芯片

SiC/IGBT高压隔离栅极驱动芯片

车用多通道半桥驱动芯片

中电科汽车芯片技术发展研究中心

CETC AUTOMOTIVE SEMICONDUCTOR TECHNOLOGY INNOVATION CENTER

中电科汽车芯片技术发展研究中心（简称汽车芯片中心）于2022年9月28日在北京正式揭牌成立，是中国电子科技集团有限公司（简称中国电科或集团公司）统筹布局汽车芯片战略新兴业务，组建成立的平台型创新组织，立足战略统筹、市场统筹、技术统筹重要职能职责，统筹推进集团公司汽车芯片产业链业务发展和市场开拓，协调推动相关成员单位汽车芯片产业集群式发展，致力于通信、驱动、模拟、控制、计算、功率、电源、存储、传感及定制等十大类汽车芯片，和车身、整车控制、动力、底盘、智能驾驶、座舱网联等六大类汽车电子系统控制器的国产化研发与应用，重点突破车规级芯片、工艺、软件、控制器及其车用软件等“卡脖子”关键技术，为贯通国产汽车芯片自主可控全产业链、实现汽车芯片行业集中度和产业竞争能力快速跃升提供电科智慧和电科方案。

汽车芯片中心聚焦国家所需、行业所趋、电科所能、自身定位，以推动集团公司短期内在汽车芯片与汽车电子领域快速形成领先优势为发展目标，打造汽车电子产业高质量发展新动能，提升关键核心技术创新能力，是集团公司战略新兴领域快速发展、抢占未来发展先机的“先锋军”。聚焦国家所需，围绕国家及民族汽车工业发展过程中遇到的全局性、综合性、战略性重大问题，统筹开展战略研究、政策研究和应用研究，为国家机关和行业主管部门提供决策支撑；聚焦行业所趋，加强用研合作，以市场为牵引，深入研究整车厂商需求，汇聚集团公司汽车芯片和汽车电子领域优势力量，围绕集团公司整体汽车芯片产业链关键环节和价值链高附加值环节优化布局，提升产业基础能力，构建产业生态；聚焦电科所能，统筹推进集团公司汽车芯片及汽车电子产业集群式发展，协同开展车规级芯片、工艺、软件、控制器及其车用软件等关键技术突破和核心产品研发，提供系统化、谱系化解决方案；聚焦自身定位，开展高可靠、高安全汽车芯片共性技术研究，提供芯片验证、可靠性检验等技术服务，统筹集团公司相关成员单位汽车芯片及汽车电子产业高质量发展。2022年至2025年有序推动国产化应用，分级分类推进部分“卡脖子”和量大面广的核心芯片研发，重点布局高端汽车芯片产品研发，形成一批具有竞争力的关键核心技术和产品；2026年至2030年基本实现规模化发展，定义汽车电子技术体系和产品体系，典型高安全芯片具备国产化方案，基于国产芯片自主研发车用控制器并批量上车应用，具有自主特色和国内领先水平的产业生态体系初见成效。

使命	构建中国电科汽车芯片产业链自主创新能力与完整技术产品体系
愿景	打造推动国产汽车芯片技术进步和产业化发展、保障国家汽车工业战略安全和芯片技术高水平自立自强的科技创新领军力量
价值观	忠于使命 勇于创新 善于协同 成于务实

中国电科汽车芯片产业链布局

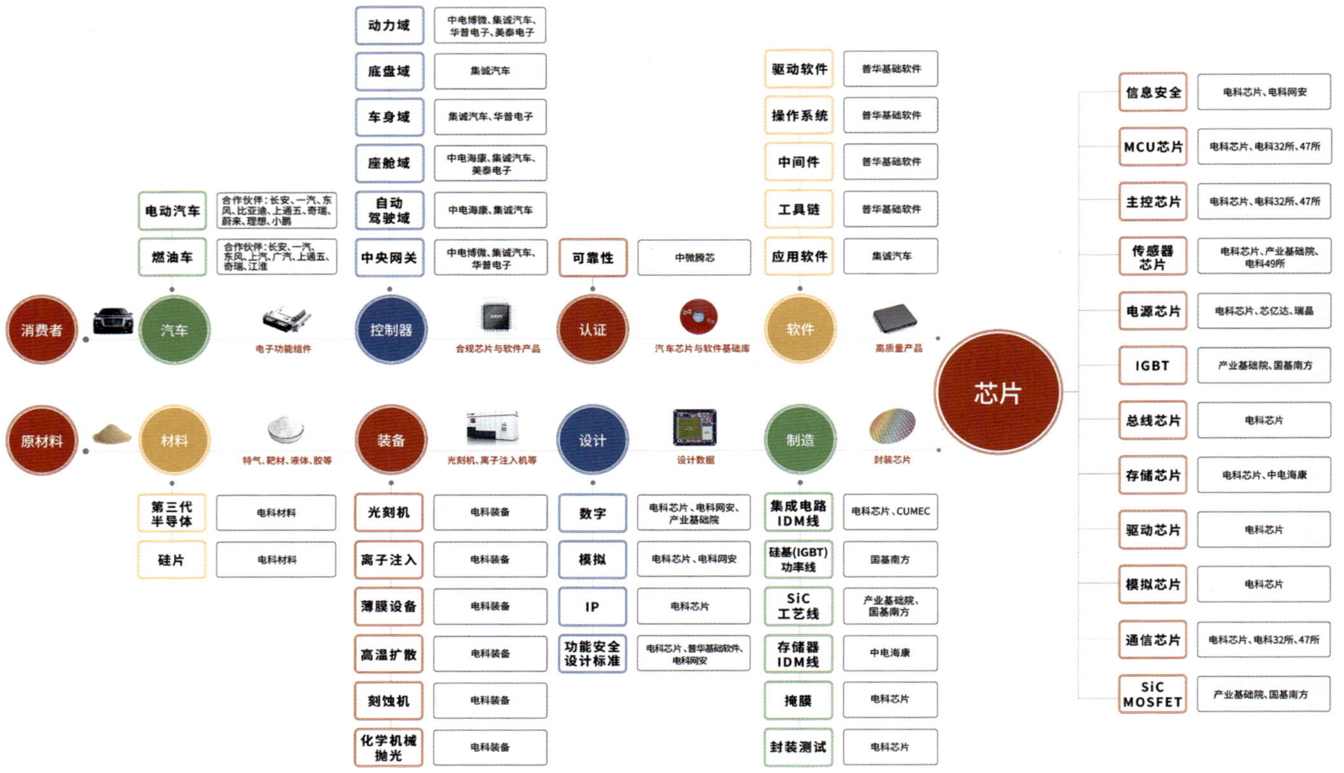
动力域
中电博微、集诚汽车、华普电子、美泰电子
底盘域
集诚汽车
车身域
集诚汽车、华普电子
座舱域
中电海康、集诚汽车、美泰电子
自动驾驶域
中电海康、集诚汽车
中央网关
中电博微、集诚汽车、华普电子
电动汽车
合作伙伴：长安、一汽、东风、比亚迪、上通五、奇瑞、蔚来、理想、小鹏
燃油车
合作伙伴：长安、一汽、东风、上汽、广汽、上通五、奇瑞、江淮
可靠性
中微腾芯
驱动软件
普华基础软件
操作系统
普华基础软件
中间件
普华基础软件
工具链
普华基础软件
应用软件
集诚汽车
消费者
汽车
电子功能组件
控制器
合规芯片与软件产品
认证
汽车芯片与软件基础库
软件
高质量产品
芯片
原材料
材料
特气、靶材、液体、胶等
装备
光刻机、离子注入机等
设计
设计数据
制造
封装芯片
第三代半导体
电科材料
硅片
电科材料
光刻机
电科装备
离子注入
电科装备
薄膜设备
电科装备
高温扩散
电科装备
刻蚀机
电科装备
化学机械抛光
电科装备
数字
电科芯片、电科网安、产业基础院
模拟
电科芯片、电科网安
IP
电科芯片
功能安全设计标准
电科芯片、普华基础软件、电科网安
集成电路IDM线
电科芯片、CUMEC
硅基(IGBT)功率线
国基南方
SiC工艺线
产业基础院、国基南方
存储器IDM线
中电海康
掩膜
电科芯片
封装测试
电科芯片
信息安全
电科芯片、电科网安
MCU芯片
电科芯片、电科32所、47所
主控芯片
电科芯片、电科32所、47所
传感器芯片
电科芯片、产业基础院、电科49所
电源芯片
电科芯片、芯亿达、瑞晶
IGBT
产业基础院、国基南方
总线芯片
电科芯片
存储芯片
电科芯片、中电海康
驱动芯片
电科芯片
模拟芯片
电科芯片
通信芯片
电科芯片、电科32所、47所
SiC MOSFET
产业基础院、国基南方

中电科汽车芯片技术发展研究中心业务组织模式与区域布局

- 中国电科
  - 中电科汽车芯片技术发展研究中心
    - 专家委员会：负责提供战略咨询和指导、审议中心国标任务、重大事项建议、参与重大论证等。
    - 综合管理办公室：负责中心内部资源调度、组织人事、统计分析、绩效考核和服务保障等综合职能。
    - 技术研发部：负责技术布局、产品研发和跨域协同创新，协同项目管理；开展高端芯片技术攻关和车用控制器创新研究；统筹标准研究、质量认证等。（孵化筹建 / 指导管理）
    - 市场开发部：统筹汽车芯片与汽车电子品牌形象；建立汽车芯片销售渠道、打通应用市场、开拓定制需求；扩展控制器品类；协同成员单位市场任务对接及项目落实。
    - 战略发展部：负责发展规划及战略研究，对接国家部委争取项目、资金、政策支持；协同集团内外、产业链上下游单位资源，构建产业生态圈；配合筹建汽车芯片产业基地。（孵化 / 指导）

重庆研究中心 电源、运放、驱动、传感等模拟与数模混合芯片，及车用控制器研发	无锡研究中心 计算、MCU控制、通信、总线、存储等数字类芯片	北京研究中心 自动驾驶芯片、座舱SoC芯片、安全芯片等高端芯片及车用软件研发	南京研究中心 SiC芯片功率器件研发	合肥研究中心 车载电源、多功能T-BOX、中央网关/网联域控制器研发	上海研究中心 基于AUTOSAR标准的国产电子解决方案	★ 重庆基地 6吋工艺线 8吋工艺线	★ 无锡基地 车规封装线 车规封装测试
成都研究中心 密码SOC芯片、安全芯片、随机数芯片的研发	石家庄研究中心 车规传感器、SiC功率器件芯片研发	杭州研究中心 高级辅助驾驶系统(ADAS)控制器等研发	哈尔滨研究中心 温度传感器等的研发	车规芯片检测认证中心 车规芯片的认证及量产测试	青岛研究中心 电子测量仪、自动测试系统的研发和生产	★ 石家庄/北京基地 车规传感器工艺线 SiC功率器件工艺线	★ 南京基地 SiC功率器件工艺线 FRED器件工艺线

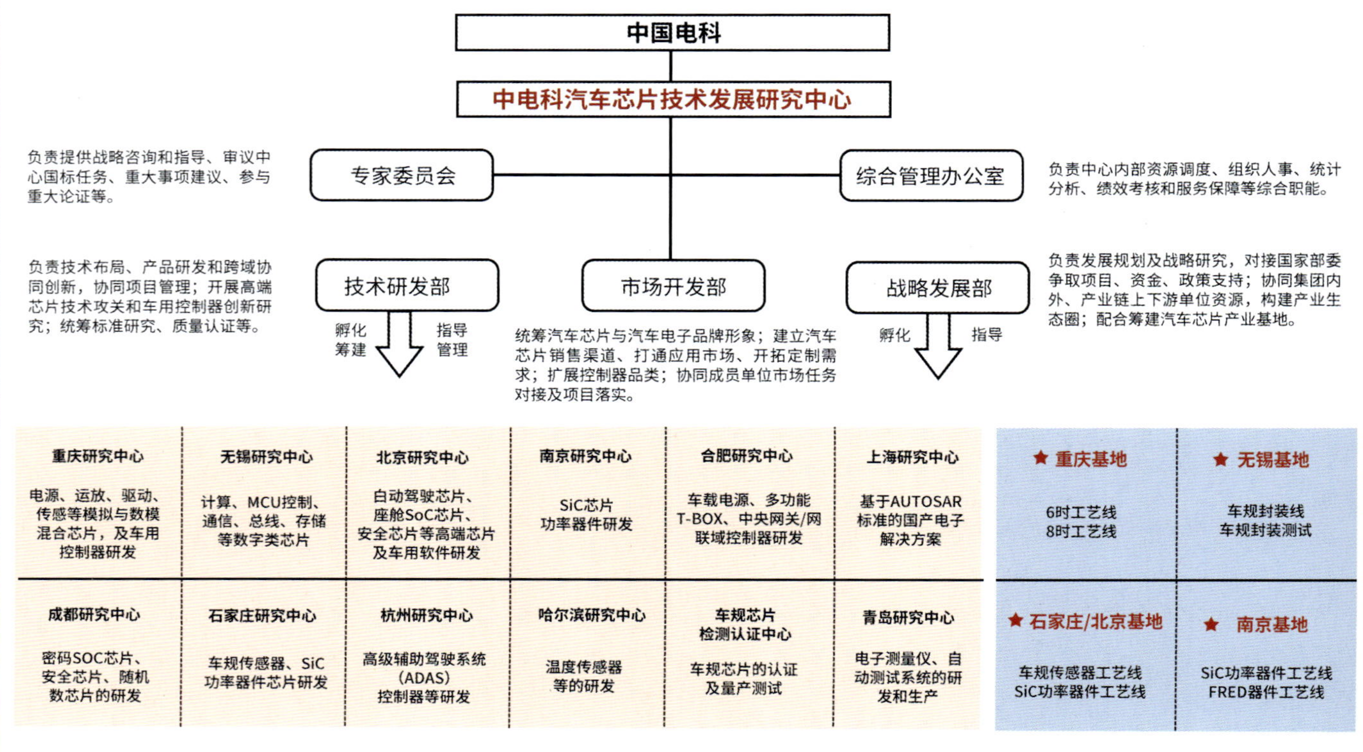

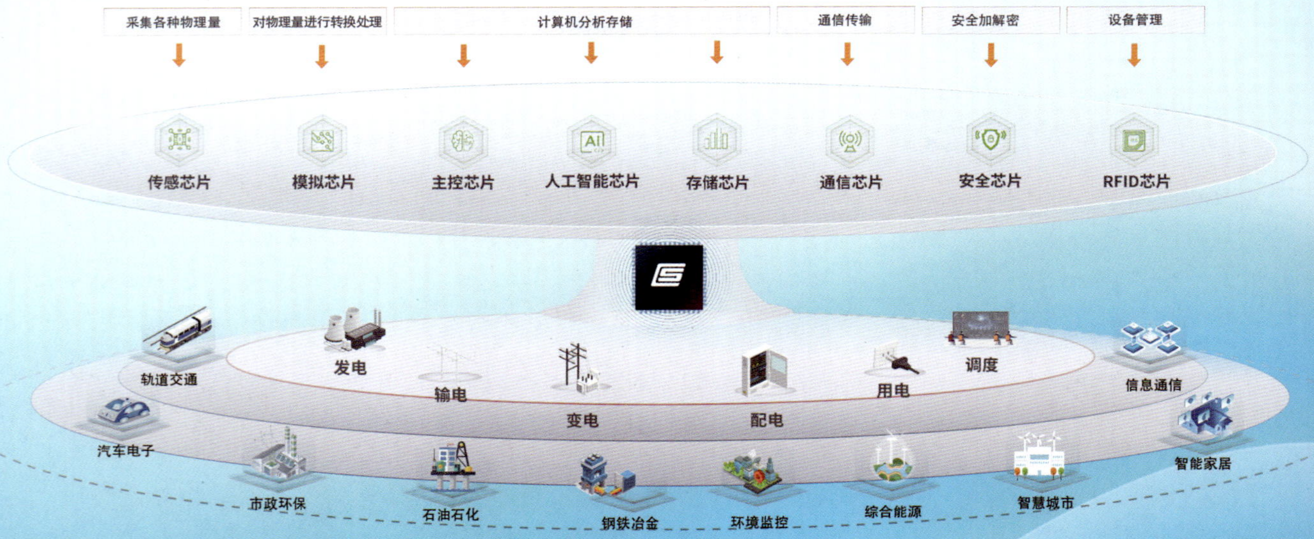

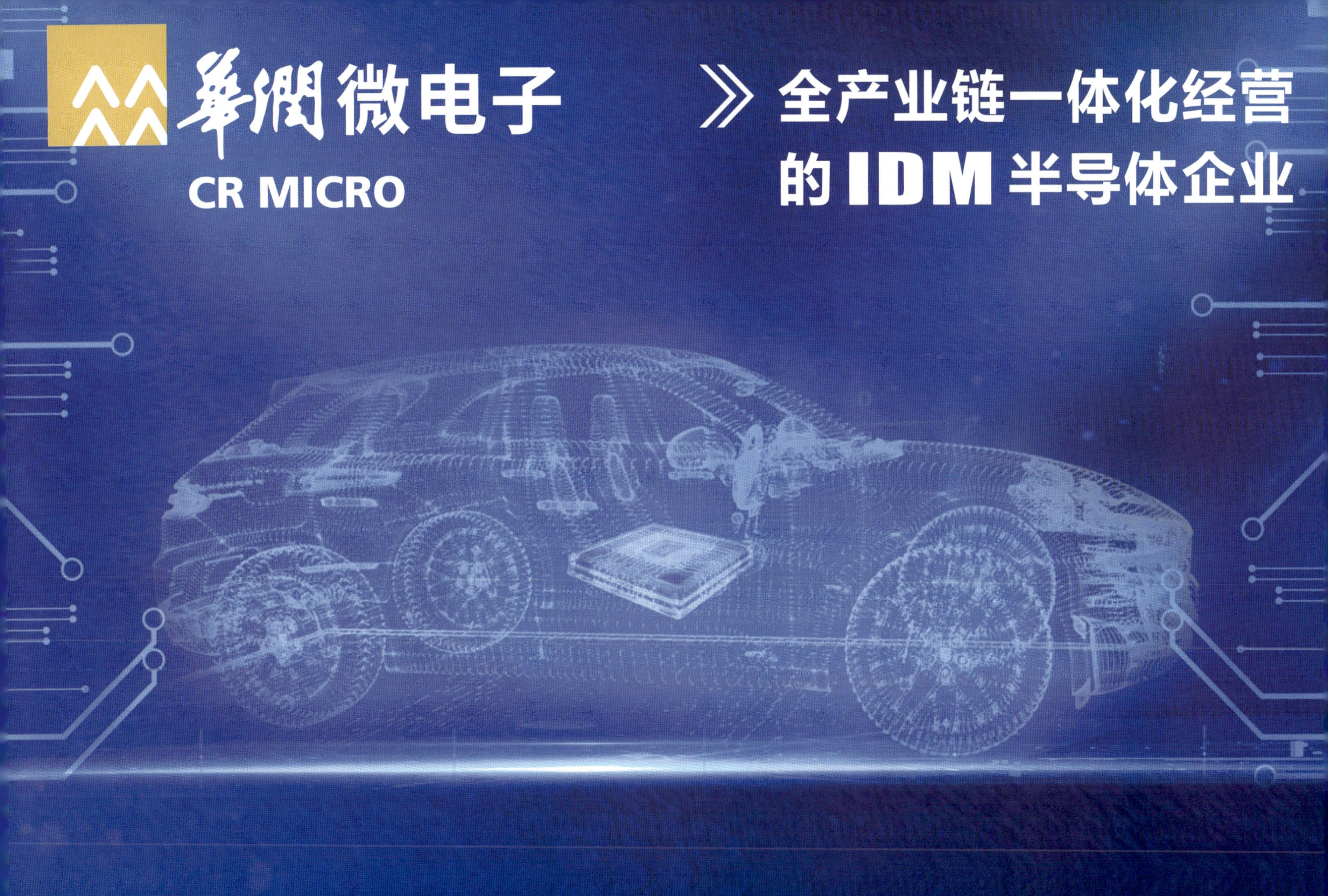
華潤微电子
CR MICRO
全产业链一体化经营
的IDM半导体企业

C3LYNC　C^3 Lync — 创新技术 连接无限

创新·突破

公司简介

锐泰微（北京）电子科技有限公司由归国技术专家创立，创始人及骨干均有超过15年的集成电路芯片产品研发经验，在高端模拟设计领域有深厚的经验积累和突出的技术优势。公司专注于高性能模拟信号链前端芯片、高速接口芯片等产品的研发，聚焦新能源与智能汽车、工业控制、通信等市场领域。公司拥有多项知识产权，并已取得“国家级高新技术企业”“中关村高新技术企业证书”“创新型中小企业”及“专精特新中小企业”等荣誉资质。

产品技术

锐泰微公司在汽车领域着重发力开发具有超高技术壁垒的高速多媒体互联解决方案，致力于开发符合广大客户需求的高质量、高性能、高可靠性且具有性价比产品。目前公司在车载SerDes领域已经取得重大突破，推出基于自研SerDes协议、自研IP、自主可控的车载SerDes产品。

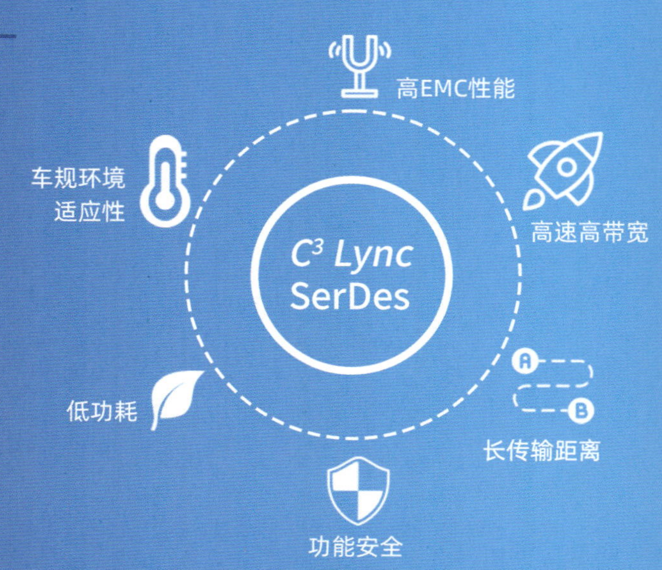

电话：010-53380052
邮箱：james.zhang@meritech-ic.com
网址：http://www.meritech-ic.com

启明信息技术股份有限公司

启明信息技术股份有限公司（简称:启明信息，股票代码[002232.SZ]）是国内数字化服务提供商，启明信息成立于2000年，2008年在深交所上市。公司专注于产品的研发与创新，融合云计算、区块链、大数据、人工智能等前沿技术，在企业数字运营，智慧汽车&智能网联汽车两大领域，面向汽车制造全产业链和集团化企业管理，提供相关数字化解决方案。在企业管理方面，覆盖产品研发、财务、营销、采购、制造、仓储物流、协同办公等多个业务领域，其中核心的ERP产品助力中国一汽数字化转型，产品具备完整的自主知识产权，成为汽车制造行业数字化转型的最佳实践之一。启明信息具备多年的业务经验和一流技术水平，先后承建了国家智能网联汽车应用（北方）示范区、吉林省数据灾备中心，同时为政府提供城市智能化建设方案以及系统集成业务为核心的网络工程设计施工、数据中心建设及其运维服务。成立22年来，启明信息累计为21个行业，10000+家客户提供优质服务，伴随客户成长，帮助伙伴成功。

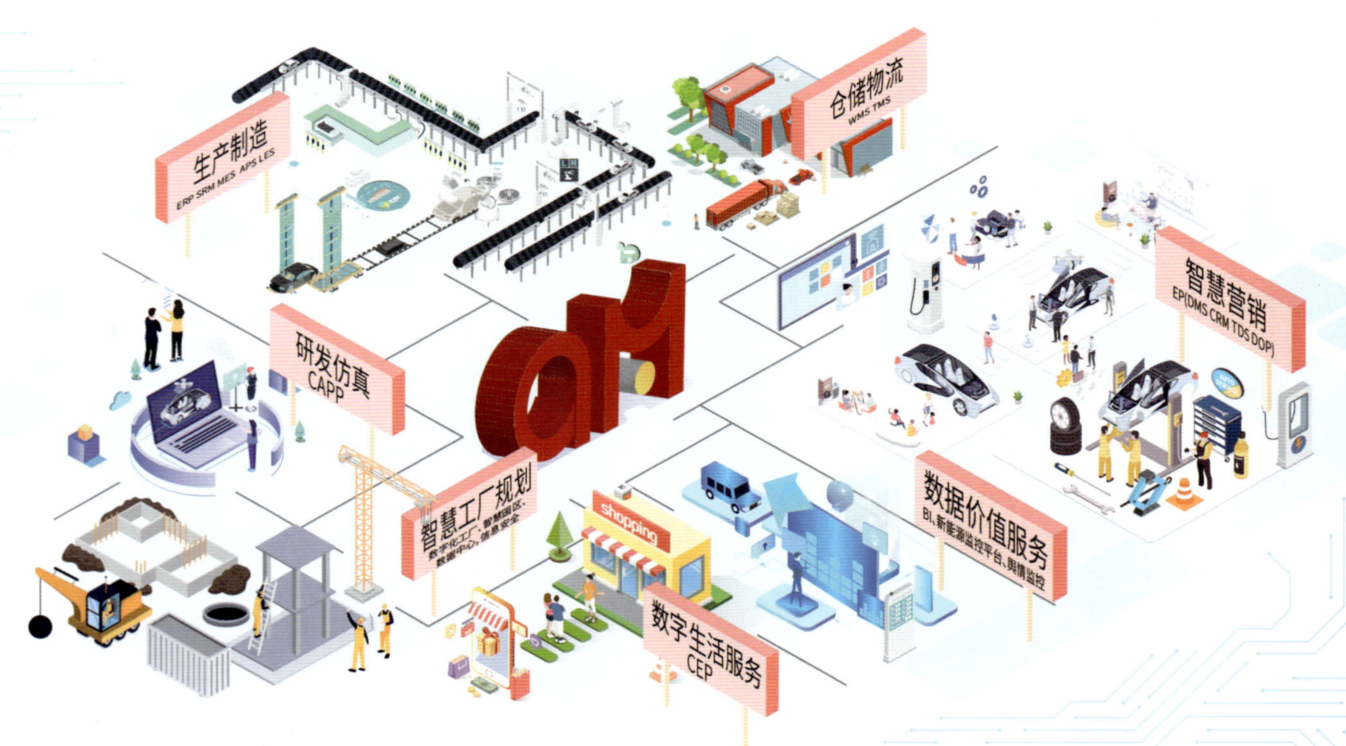

地址：长春净月高新技术产业开发区百合街1009号
电话：0431-85861717/400—1182299
公司网址：www.qm.cn
股票代码：002232
版权所有：启明信息技术股份有限公司

东 北
长春启明菱电车载电子有限公司
启明安信信息安全技术有限公司
大连启明海通信息技术有限公司

华 北
启明信息技术股份有限公司北京分公司
天津启明通海信息技术有限公司

西 南
成都启明春蓉信息技术有限公司

华 南
启明信息技术股份有限公司
广州分公司

华 东
启明信息技术股份有限公
青岛分公司

杰平方产品选型手册

公司简介

杰平方半导体是一家车规芯片研发的设计企业，公司研发总部位于张江核心区。核心团队拥有逾三十年丰富业界经验，产品面向电能转换、通信等领域，提供高性能碳化硅（SiC）晶圆/器件/模块、车规模拟芯片等前沿产品。核心团队芯片设计及半导体工艺造诣精深，车规级产品认证、供应链管理能力扎实，产能保障可靠，具备研-产-用一体化的系统性优势。

公司有效整合国际先进技术经验和本土资源，提供高品质芯片交付方案。

产品型号

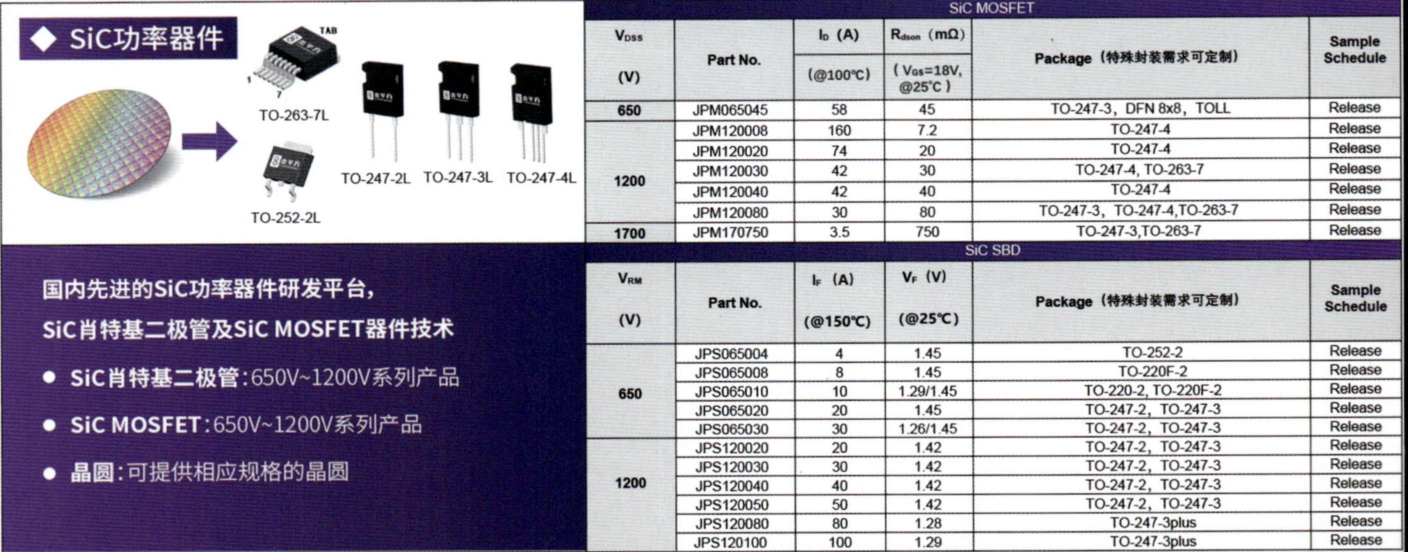

◆ SiC功率器件

SiC MOSFET

V_{DSS} (V)	Part No.	I_D (A) (@100℃)	R_{dson} (mΩ) (V_{GS}=18V, @25℃)	Package（特殊封装需求可定制）	Sample Schedule
650	JPM065045	58	45	TO-247-3，DFN 8x8，TOLL	Release
1200	JPM120008	160	7.2	TO-247-4	Release
	JPM120020	74	20	TO-247-4	Release
	JPM120030	42	30	TO-247-4, TO-263-7	Release
	JPM120040	42	40	TO-247-4	Release
	JPM120080	30	80	TO-247-3，TO-247-4,TO-263-7	Release
1700	JPM170750	3.5	750	TO-247-3,TO-263-7	Release

国内先进的SiC功率器件研发平台，
SiC肖特基二极管及SiC MOSFET器件技术

- **SiC肖特基二极管**：650V~1200V系列产品
- **SiC MOSFET**：650V~1200V系列产品
- **晶圆**：可提供相应规格的晶圆

SiC SBD

V_{RM} (V)	Part No.	I_F (A) (@150℃)	V_F (V) (@25℃)	Package（特殊封装需求可定制）	Sample Schedule
650	JPS065004	4	1.45	TO-252-2	Release
	JPS065008	8	1.45	TO-220F-2	Release
	JPS065010	10	1.29/1.45	TO-220-2, TO-220F-2	Release
	JPS065020	20	1.45	TO-247-2，TO-247-3	Release
	JPS065030	30	1.26/1.45	TO-247-2，TO-247-3	Release
1200	JPS120020	20	1.42	TO-247-2，TO-247-3	Release
	JPS120030	30	1.42	TO-247-2，TO-247-3	Release
	JPS120040	40	1.42	TO-247-2，TO-247-3	Release
	JPS120050	50	1.42	TO-247-2，TO-247-3	Release
	JPS120080	80	1.28	TO-247-3plus	Release
	JPS120100	100	1.29	TO-247-3plus	Release

- **Full SiC模块***：1200V，200A~800A系列产品，卓越的低损耗、低杂散电感、高功率密度、更高工作温度和开关频率，降低系统成本。

◆ SiC功率模块

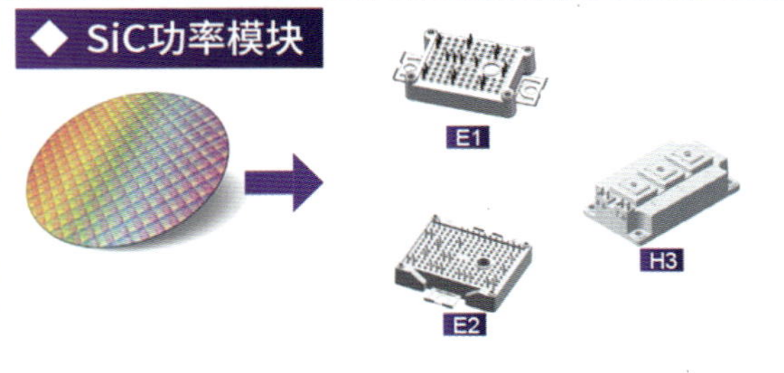

SiC MODULE（特殊封装可定制）

$V_{(BR)DSS}$	Part No.	I_D (A) (@175℃)	R_{dson} (@25℃)	Package	Sample Schedule
1200	JPP120100E10I	100	10.2	E1	Release
	JPP120150E20I	150	8.9	E2	Release
	JPP120200E20I	200	5.6	E2	Release
	JPP120250H30I	250	4.36	H3	Release
	JPP120375H30I	375	2.8	H3	Release

杰平方功率模块的目标：通过提供符合一流碳化硅性能的封装（行业标准封装和优化封装）来满足每个客户的系统设计要求。为此，我们提供多种产品类别，满足客户多种应用场景的定制需求。

杰平方提供从碳化硅（SiC）材料到包装的一条龙服务优势，并在整个供应链中提供走在前列的碳化硅技术

扫二维码关注公众号

Bill Chen(Sales)：13575708319　Ethel Wang(FAE)：18661680913

专注于智能线控底盘技术

英创汇智，成立于2016年，是国家高新技术企业、国家级专精特新“小巨人”企业，已研发出具有国际先进水平的ESC/EPBi、TBS、ADAS、T-RES、T-EPB、T-IBC等线控底盘关键产品，并具备涵盖产品研发、测试、制造、标定匹配的全链条产品开发和生产体系。公司核心团队来自清华大学，在线控底盘领域拥有20多年的技术积累，并拥有完整的自主知识产权。目前，英创汇智以北京亦庄研发中心、天津生产制造基地、湖北英山制造中心及实车测试场为三大战略支点，建成年产300万套的全自动化生产装配车间，并与众多知名汽车企业开展了规模化配套。

20多年 底盘研发经验

200多万套 累计出货量

300余项 核心发明专利

500多人 全球化研发团队

湖北 | 英创精工生产基地

北京 | 新总部 2025年建成

湖北 | 标定匹配中心与实车测试场

北京 | 北京总部 研发中心 销售中心

天津 | 天津公司 一期生产基地

核心产品

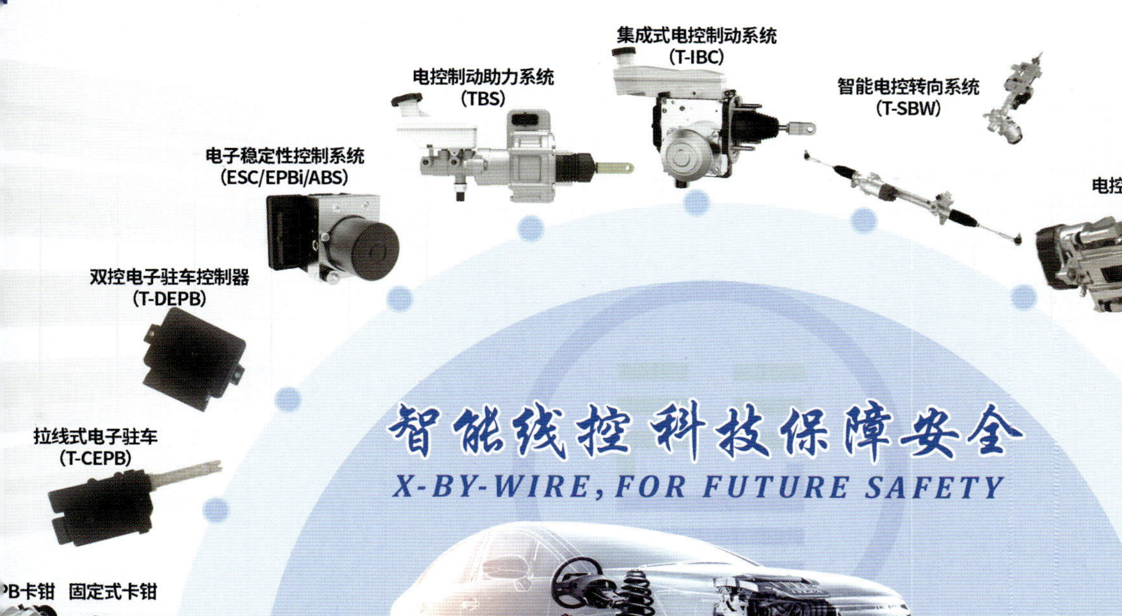

存储赋能智驾未来

eMMC / UFS / BGA SSD / LPDDR / NOR Flash

车规产品介绍

佰维特存车规级系列产品专为车载信息系统（IVI）、中控导航、高级驾驶辅助系统（ADAS）、车联网终端（T-BOX）、车载域控制器等关键场景打造，**均通过严苛的 AEC-Q100 车规可靠性验证，可在 -40°C至105°C极端温度范围内稳定工作**，具备卓越的高可靠性、高稳定性和高品质属性。这类产品特别适应于复杂的汽车环境中严酷的应用场景，成为汽车制造商在车规级存储产品选型时的理想选择。

车规级产品应用场景

车载IVI

ADAS

T-BOX

域控制器

EDR

车载记录仪

数字仪表

流媒体后视镜

深圳佰维存储科技股份有限公司
BIWIN STORAGE TECHNOLOGY CO., LTD.

电话 :189 2527 3911
网址 : www.biwin.com.cn
地址 : 广东省深圳市南山区留仙大道众冠红花岭工业南区二区 4、8 栋

典型产品特性

eMMC

支持 FFU、boot partition 、RPMB、空闲数据加速等特性，支持 HS400 高速模式，容量高达 128GB，是高性能、低功耗、高带宽汽车应用的理想选择。

UFS

支持 write booster、HPB 、FFU 等特性，支持 HS G4 2lane 高速模式。满足高速、低延迟、高容量的需求，可实现更快的设备启动、更迅速的应用更新及响应、更流畅的用户体验。

BGA SSD

可提供 TB 级的存储容量、GB/s 级的读写速率，搭载强大的数据纠错引擎，同时可灵活接入多种外设，满足各类车联网应用场景，是面向未来的高阶汽车存储形态。

LPDDR

支持 4266Mbps 高频传输，VDDQ 电压降至 0.6V，更高速率、更低功耗。支持 ODT、PASR、DQS、DS 等特性。为智能汽车中需要更高带宽和更大容量的应用提供强大支持。

NOR Flash

支持单通道、双通道、四通道 SPI 接口，擦写次数达 10 万次，数据保持可达 20 年，支持安全寄存器与 OTP 锁，可提供高密度、高可靠的代码和数据存储能力及瞬时启动能力。

星卡CE EVD新能源诊断设备

云诊断 / 全诊断 / 车型广 / 扩展多

新能源专诊 就用星卡EVD

3种诊断模式

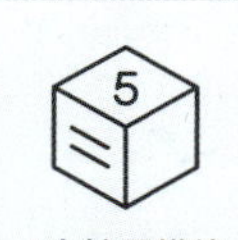
5个扩展模块

在线编程

15条诊断专线

24项保养功能

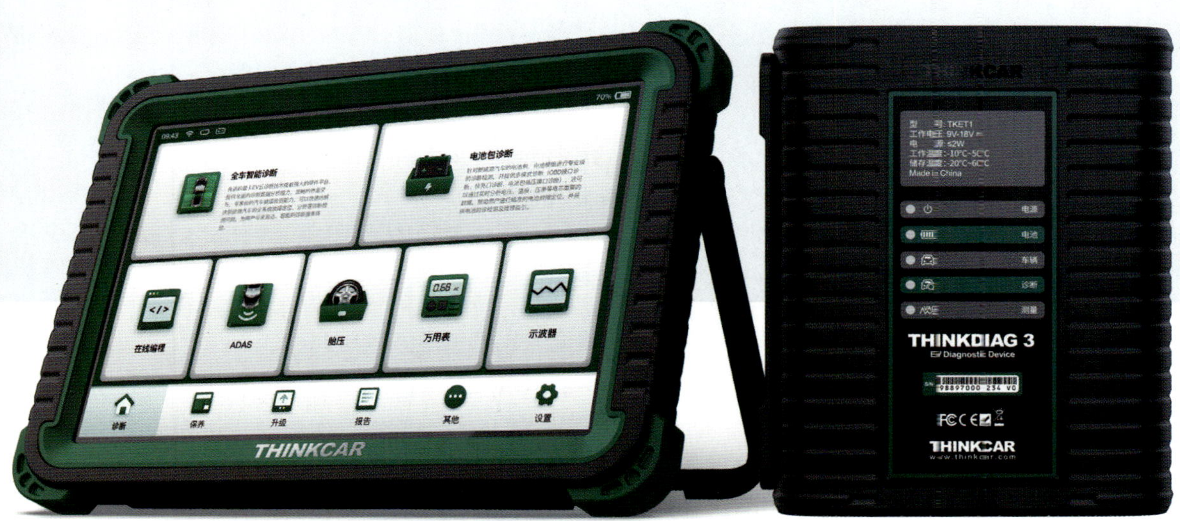

星卡CE
EVC101
电流钳

星卡CE
EVC201
绝缘测试仪

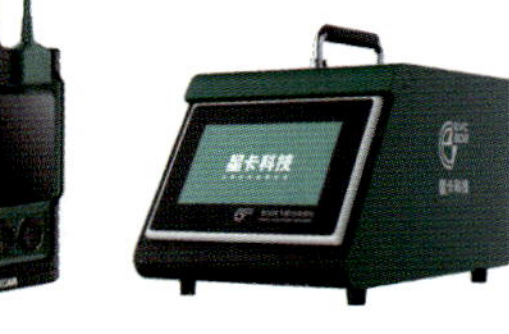
星卡CE
EVC302
电池包气密性检测仪

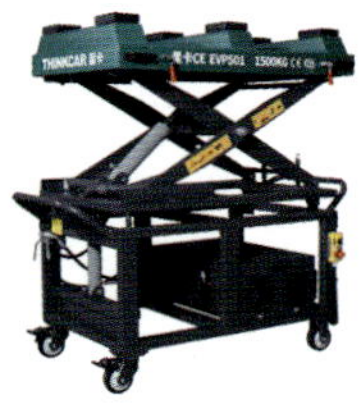
星卡CE
EVP501
电池包拆装举升机

星卡CE
EVP601
智能电源

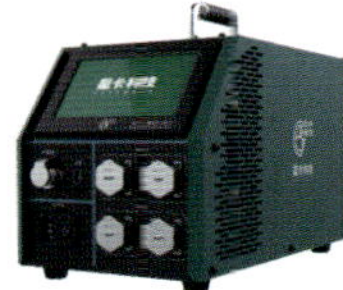
星卡CE
EVP802
电池包模组均衡仪

星卡CE
EVP902
电池包充放电设备

企业概况

中路慧能检测认证科技有限公司成立于2020年8月20日，位于山东省烟台市招远市辛庄镇滨海新区金海路6号，于2022年12月22日正式获得国家认证认可监督管理委员会批准检测认证机构资质认定，2023年8月通过国家认监委CNAS实验室认可，可向社会出具具有公正性的汽车及轮胎、零部件产品的第三方检测认证报告。

试验场地

中亚轮胎试验场 占地2232亩，是目前亚洲较大的室外综合性轮胎试验场，由国际顶尖专业团队IDIADA设计，共建设高速环道、越野路、湿操控路、舒适性测试道路等18条具有全球竞争力的专业试验测试道路，可满足整车及零部件开发测试、车辆主客观评价测试、整车及轮胎法规性检测试验、底盘类技术研发以及媒体试乘试驾、驾驶培训、汽车和轮胎新产品发布推介等场地类市场活动。试验场已获得工信部汽车公告检验场地资质，交通运输部道路运输车辆达标车型检测场地资质，得到中国汽车工业协会、中国橡胶工业协会等国家行业机构认可，并与多家国家质检中心签署协议，达成全方位战略合作，为汽车及零部件企业提供道路试验和测试全方位服务。

智能网联测试场 占地约300亩，是国内首个涵盖148个场景的立体式智能网联研发测试场。涵盖长直线道路测试区、模拟城市工况测试区、模拟山区测试区、实体隧道测试区、高架桥等十大测试区，可实现车，路，云，网，图，高精定位为一体的测试平台。智能网联测试场以智能、新能源汽车和车路云一体化的研发、测试服务为抓手，积极落实国家“双碳”发展战略。依据国际国内智能驾驶测试规范进行 5G 测试区的设计建设，通过 5G 网络的贯穿实现了试验场范围内人、车、物信息高速的互通和共享，为智能汽车、智能交通及汽车高端化新产品新技术提供研发支撑，同时为自主式与网联式测试体系提供充足的应用展示空间，为各车企提供交流平台、大数据技术分析诊断等，打造具有核心竞争力的汽车测试产业。

团队能力

公司拥有一支高素质的智能测试团队，拥有丰富的经验和技术积累，具备扎实的软件和硬件测试技术、先进的技术水平和创新能力，注重技术创新，为无人驾驶汽车的研发和推广提供有力的支持。

性能惯量制动器试验台（林科3000）

智驾模拟室

轻型底盘测功机

目标假人假车

实验室

目前已建成制动零部件实验室、整车动力学实验室、整车能耗实验室，规划建设NVH实验室及整车动态印痕实验室，并配备有国际一流的检测设备如林科台架、蔡司三坐标、VOC舱、高低温环境舱、ABD驾驶机器人、重型转鼓、轻型转鼓、轮胎滚阻试验机、驾驶模拟器等。依托扎实的软硬件测试技术、先进的技术水平和创新能力，能够根据不同的测试场景和需求，设计科学合理的测试计划，并对测试结果进行分析和评估，为客户检验检测保驾护航，为用户提供全程全心的专业服务。

地址：山东省招远市辛庄镇金海路6号　电 话：0535-2608699

RATTC 中公高远（北京）汽车检测技术有限公司

中公高远（北京）汽车检测技术有限公司（以下简称中公汽检）作为交通运输部公路科学研究院所属中路高科交通科技集团有限公司的全资子公司，是国家汽车质量检验检测中心（北京通州）的法人单位，是运输车辆运行安全技术交通运输行业重点实验室的共建单位和自动驾驶技术交通运输行业研发中心的成员单位，通过国家高新技术企业和北京市“专精特新”中小企业认定，通过国家认证认可监督管理委员会（CNCA）资质认定和中国合格评定国家认可委员会（CNAS）实验室认可，取得工业和信息化部、生态环境部、市场监督管理总局、交通运输部、北京市高级别自动驾驶示范区办公室等行业及地方主管部门的授权和认可。中公汽检依托交通运输部公路交通综合试验场，主要从事汽车及相关产品的试验检测技术开发及服务，检测能力涵盖汽车、挂车、汽车化学品、汽保设备、汽车零部件五大类产品近400项标准，拥有先进检验检测仪器设备630余套，是交通运输行业的”汽车测评国家队”。

检测能力建设

1.自动驾驶汽车封闭场地测试技术

依托交通运输部自动驾驶封闭场地测试基地，围绕智能路、长直线和动态广场等场地条件，采用场景搭建技术，建成了双向六车道、缓坡道路、苜蓿叶立交、隧道等近50个典型道路场景，搭建了城市道路、城市快速路、高速公路、物流园区、高速服务区等150个高可控测试场景；采用软体目标物仿真技术，形成了全尺寸仿真目标车、模拟成人、模拟儿童、模拟自行车、模拟电动车、模拟摩托车等10余种常见道路交通参与者的软体仿真目标物；采用气象环境模拟技术，建立了气象环境模拟系统，搭建了白天、夜晚、雨、雾、雪等常见环境的模拟场景，实现了不同光照、雨量、能见度下全天候自动驾驶封闭场地的环境模拟。在此基础上，采用了搭载RTK技术的高精度数据采集装备，记录车辆位置、速度、加速度、制动、转向、灯光等，对车辆适应性、应对能力、安全性能和系统可靠性展开多维评价，形成自动驾驶与车路协同技术测评技术。该技术应用范围目前已涵盖自动驾驶功能和车路通信等14项测试项目、66个典型场景。该技术广泛适用于智能网联汽车产品封闭场地测试验证，可对无人驾驶出租车、自动驾驶小巴、无人接驳车、无人配送车、无人清扫车、无人巡逻车、自动驾驶货运重卡、无人零售车等主要应用场景下的智能网联汽车产品展开自动驾驶汽车封闭场地测试评价和功能验证。该技术荣获2023年第48届日内瓦国际发明展银奖。2023年中公汽检新增了北京市无人配送车封闭测试场地资质，完成了北京市首次干线物流商用车编队行驶功能测试。

2.节能与新能源汽车测试技术

2023年中公汽检完成“重型汽车排放试验室”和“新能源汽车碰撞试验室”一期工程建设。重型汽车排放实验室由底盘测功机、环境舱和排放取样分析系统3部分组成，试验室建成后可开展重型传统汽车和混合动力汽车污染物排放、OBD、冷启动、动力性等试验，重型混合动力和纯电动汽车续驶里程、能量消耗量、动力性等试验，能够满足重型汽车3C、公告、环保和达标车型等试验认证服务要求。新能源汽车碰撞试验室建成后实车碰撞牵引能力可达到55t、65km/h，25t、80km/h，3.5t、120km/h，可开展室外全等级公路护栏实车碰撞测试、室内正面碰撞测试、侧碰/追尾碰撞试验，能够满足国家、行业等标准中碰撞试验的牵引条件，为新能源汽车安全技术的发展提供测试和研究平台。

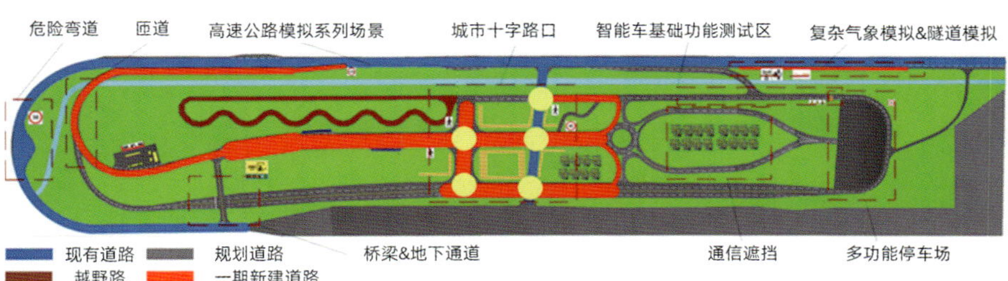

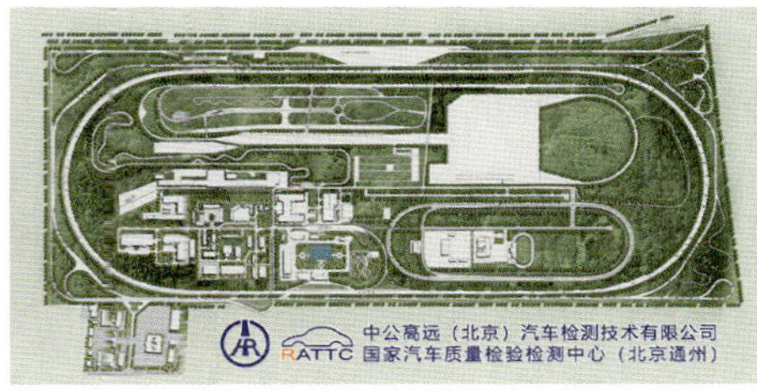

打造 安全的值得信赖的 车联网生态

使每一个驾驶者安心、每一部车辆安全、每一个连接顺畅

国家车联网产品质量检验检测中心由国家主管部门批准，由中国质量认证中心（CQC）投资建设的国家级质检中心，中心将支持以北斗、5G等自主知识产权技术为基础的车联网应用，形成国内具备自主创新技术的车联网检测认证能力，推动汽车电子、汽车工业软件以及智能汽车产业高质量发展。

中认车联网技术服务（深圳）有限公司作为国家车联网质检中心的运营实体，位于深圳市南山区西丽街道TCL国际E城G5栋，实验室总面积6000余m²，将结合汽车电子集群优势的大湾区概念，为智能汽车产业助力地方建设和区域经济发展，有效支撑产业界共同构建有中国特色的车联网质量体系生态。

智能网联

- 车载无线通讯
- ETC
- 毫米波雷达
- 以太网
- 总线

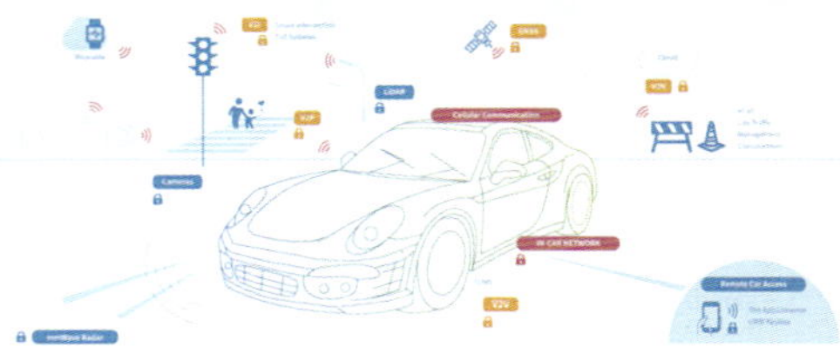

北斗导航

- 北斗三号高精度定位
- 全球卫星导航系统
- Ecall
- ERA-GLONASS

GNSS
卫星信号
移动蜂窝网络
双向语音通话
MSD
PSAP
Public Safety Answering Point
公共安全应答点
车载紧急呼叫系统
MSD
minimum set of data
最小数据集
公共安全应答点(PSAP)
IVS
in-vehicle system
车载紧急呼叫系统

车辆可靠性

- EMC
- 电气安全
- 化学
- 环境可靠性
- 材料测试

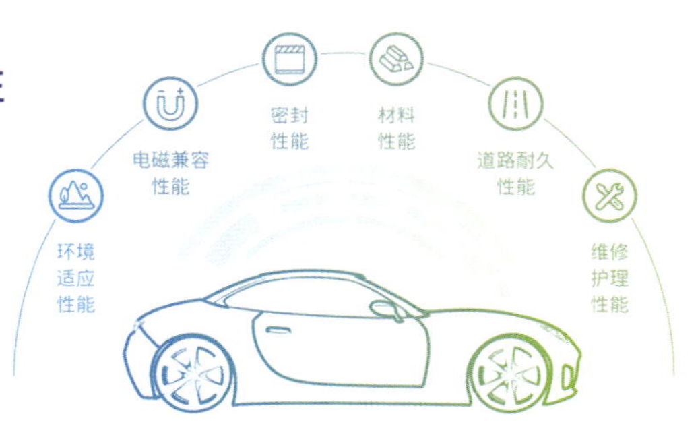

车辆安全

- 功能安全
- 网络安全
- 软件测试
- ASPICE
- 预期功能安全

中认车联网技术服务（深圳）有限公司　国家车联网产品质量检验检测中心

联系人:吴靓茹 15823242933 0755-86189703 wujingru@cqc.com.cn

车用钢与轻量化板块

至精 至诚 至善 至美

北京首钢股份有限公司（简称首钢股份）于1999年在深圳证券交易所上市（股票代码：000959），是世界五百强首钢集团在中国境内的钢铁及上游铁矿资源产业发展、整合的平台。是一家拥有2170万t高端板材产能的技术先进、绿色低碳的科技公司。主营业务为钢铁产品和金属软磁材料（电工钢）的生产和销售。

首钢股份拥有国际较强装备，具备品种齐全、规格配套的冷热系全覆盖板材产品生产能力，为国内外客户提供电工钢、汽车板、镀锡板、家电板、能源用钢等优质产品和先期介入增值服务。

智新电磁是金属软磁材料（电工钢）的研发、制造和销售基地，其中取向电工钢包括高磁感、磁畴细化、低噪声、低励磁、无底层、中频六大类产品；无取向电工钢包括新能源汽车、去应力退火、高效、通用四大类产品，具备所有牌号批量稳定生产能力。新能源汽车全球销量前10车企稳定供应9家，国内销量前10车企实现稳定供货。2022年8月份，建成面向新能源汽车的高牌号无取向电工钢生产线，2023年4月份，建成具备100%薄规格、高磁感取向电工钢专业化生产线。

拥有冷轧汽车板产线10条，酸洗板产线4条，产品覆盖热轧酸洗、冷轧、热镀锌、热镀锌铁、热镀锌铝镁、热镀铝硅全品种，产品等级实现普冷1200MPa、热镀锌1200MPa、酸洗980MPa、热成形钢2000MPa全覆盖。成为2023年汽车销量排名前10企业集团中9家的主要供应商。实现了对德系、日系、美系等合资品牌，自主品牌及新能源头部企业批量稳定供货。

镀锡（铬）板实现DR材产品牌号全覆盖，高抗硫食品罐产品供货拉美市场。

重点产品服务国家重点工程。船用LNG燃料罐用9Ni钢、风电钢420MPa级别产品批量稳定供货；高钢级输氢管线钢产品在国内掺氢管线实现万吨级示范应用；光伏支架用耐候钢实现490~800MPa级别全覆盖；搪瓷钢（SRT550）成功应用于多米尼加2.85万m^3超大型罐体项目。

首钢股份坚持以客户为中心，深化“技术+服务”的营销策略，不断完善服务体系。形成以营销中心为核心，5家区域性钢贸子公司和11家加工中心组合的集中统一的服务网络，服务范围涵盖华东、华南、华北、华中、西南等区域，具备剪切、落料、激光拼焊等高端汽车板年加工能力180万t。

首钢股份坚持创新驱动，推动技术创新成为第一竞争力。2023年研发投入50.22亿元，获得专利授权685项，其中发明专利229项，牵头及参与制定并发布国际、国家、行业、团体各级标准21项：获省部级以上科学技术奖21项，省级管理创新奖8项。

首钢股份坚持绿色低碳的高质量发展路线，围绕国家低碳战略和客户降碳需求，积极推进极致能效与减碳技术实践。2023年发布了首钢股份低碳行动规划。

营销区域分公司及加工中心布局

5家钢贸区域公司	11家加工中心	
上海首钢钢铁贸易有限公司	苏州首钢钢材加工配送有限公司 首钢鹏龙钢材有限公司	• 国内5大区域公司 • 11个加工中心 • 提供全方位服务保障
广州首钢钢铁贸易有限公司	佛山首钢汽车部件有限公司 重庆首钢武中汽车部件有限公司	
山东首钢钢铁贸易有限公司	哈尔滨首钢钢材加工配送有限公司 宁波首钢汽车部件有限公司	• 具备剪切、落料、激光拼焊等高端汽车板年加工能力180万t，其中： 落料加工30万t/年， 激光拼焊80万片/年。
天津首钢钢铁贸易有限公司	宁波首钢浙金钢材有限公司 首钢（青岛）钢业有限公司 株洲首鹏汇隆钢材加工配送有限公司	
武汉首钢钢铁贸易有限公司	天津物产首钢钢材加工配送有限公司 沈阳首钢钢材加工配送有限公司	

太钢简介

- 太原钢铁（集团）有限公司是中国宝武钢铁集团有限公司的控股子公司和不锈钢产业一体化运营的平台公司。
- 太钢集团始建于1934年，是新中国第一炉不锈钢、第一张热轧硅钢片、第一块电磁纯铁的诞生地，在近90年的发展历程中累计填补了上百项中国钢铁工业的空白。
- 太钢集团是集铁矿石采掘、钢铁生产、加工、配送、贸易为一体的特大型钢铁联合企业，全球不锈钢行业引领企业。
- 形成了以不锈钢、冷轧硅钢、高强韧系列钢材为主的高效节能长寿型产品集群。
- **公司定位：**建设全球最具竞争力的不锈钢全产业链高科技企业。
- **公司愿景：**成为全球不锈钢业引领者。
- **公司使命：**支撑先进制造 创造美好生活。

太钢是国内汽车用钢的主要生产厂家之一，我公司在乘用车排气系统用不锈钢、商用车用热轧高强钢板、新能源驱动电机用冷轧硅钢等方面位居国内前列。

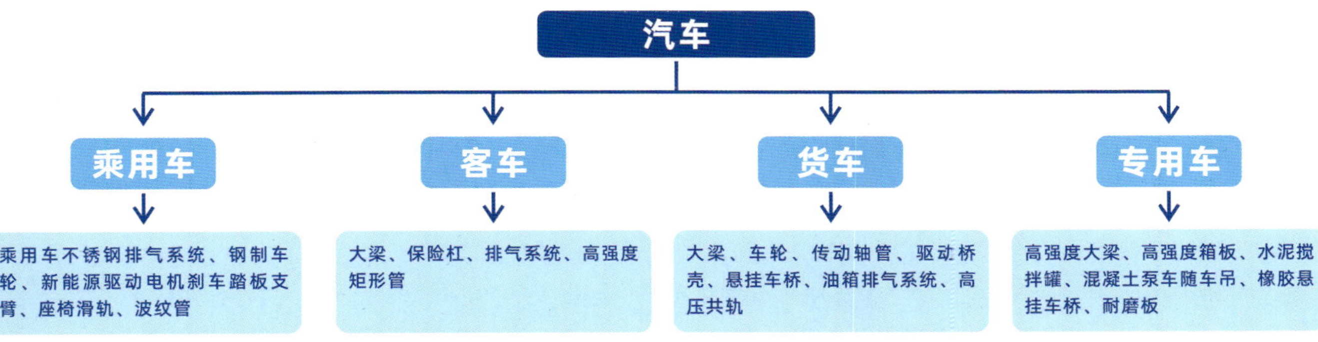

排气系统用不锈钢

汽车排气钢种：409、439M、441、436L、444、1.4828、304、316Ti等

部位：排气热端（催化器、歧管、波纹管）、消声包、吊钩、法兰、支架、连接管、装饰尾管、迎宾脚踏板、头枕管

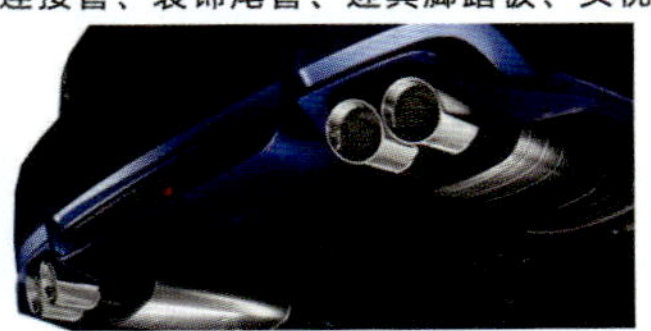

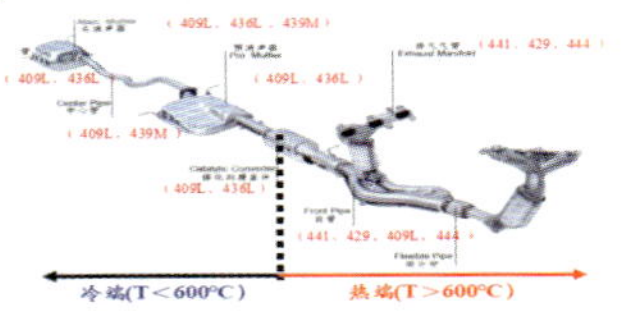

新能源驱动电机用硅钢

新能源电机用硅钢主要合作伙伴

商用车用高强度热轧钢板

联系人：太钢营销中心交通用钢部　　刘晓泉 13303511092

本钢板材股份有限公司

本钢板材股份有限公司（以下简称本钢板材）于1997年6月27日成立，并于同年在深交所主板上市，注册资本41.08亿元，是鞍钢集团有限公司所属的钢铁主业上市公司，是本钢集团汽车板主要生产基地。其中，本钢浦项公司是与世界知名企业韩国POSCO合资组建而成。本钢板材现有在岗员工9932人。本钢板材是集炼铁、炼钢、轧钢等为一体的钢铁企业，拥有东北较大容积4747m^{3}高炉、宽幅2300热连轧机组及先进的冷轧生产线，钢铁整体技术装备达到行业先进水平，具备宽幅、超高强度汽车用冷轧板、高档汽车冷轧面板、超高强度汽车用镀锌板、高档汽车镀锌面板和高档汽车电镀锌面板的生产能力和整车供货能力。本钢板材具备年产生铁1034万t、粗钢1280万t、热轧材1595万t、冷轧材617万t、特钢材140万t的生产能力。

本钢板材产品广泛应用于汽车、家电、石油、化工、航空航天、机械制造、能源交通、建筑装潢和金属制品等领域，并出口美国、欧盟、日本、韩国等80多个国家和地区，出口总量连续多年位居全国钢铁行业前。

本钢板材成立以来，一直致力于提升上市公司治理水平和品牌价值，树立优良的资本市场形象。2021、2022、2023连续三年荣获由上市公司协会和《董事会》杂志社联合举办的“金圆桌奖”之“优秀董事会奖”称号。

本钢板材严格遵循高质量和安全标准，“本钢牌”注册商标曾荣获“中国驰名商标”和辽宁省“省长质量奖”金奖，是国家工信部认定的“国家技术创新示范企业”“中国工业企业品牌竞争力百强企业”“一带一路·国际合作典范企业”。2023年，本钢浦项入选“辽宁省质量标杆企业”，获得高新技术企业认证；本钢板材荣获“国家级知识产权示范企业”荣誉。

本钢板材定位于极具国际竞争力的以汽车板为引领的精品板材基地及优特钢战略基地，将持续发展低碳冶金技术，力争成为我国钢铁行业首批实现碳中和的大型钢铁企业。

板材热连轧厂2300生产线

板材冷轧总厂轧后库

本钢浦项镀锌机组

板材炼铁总厂智造中心

攀钢

公司简介

攀钢集团有限公司(简称攀钢)是依托攀西地区丰富的钒钛磁铁矿资源，依靠自主创新建设发展起来的特大型钒钛钢铁企业集团。经过五十年的建设发展，攀钢在钒钛磁铁矿资源综合利用方面已处于世界高水平，是全球先进的产钒企业，我国最大的钛原料和产业链最为完整的钛加工企业，我国重要的铁路用钢、汽车用钢、家电用钢、特殊钢生产基地，所属企业主要分布在四川省攀枝花市、凉山州、成都市、绵阳市及重庆市等地。

攀钢通过技术引进和创新，已形成攀枝花、西昌、重庆等汽车钢生产基地。具备批量生产热轧汽车大梁用钢、车轮用钢、冷轧汽车结构用钢、深冲用钢、高强IF钢、低合金高强钢、双相钢等系列产品的能力。以西昌钢钒为主的汽车钢生产线已实现产品、厚度、宽度的全覆盖，产品实物质量达到国际先进水平。

汽车用钢产品

▶ 热轧产品

1. 汽车大梁用钢

用途：冲压/辊压成型的汽车纵/横梁；主要产品有P510L、P590L、P610L、P700L、P750L等系列大梁产品，总供货量超过80万t。

车架总成

纵梁

连接板

2. 汽车车轮用钢

低合金车轮钢、载重车轮钢、双相车轮钢主要产品有P380CL、P420CL、P490CL、P510CL、P530CL、P590CL和P650CL等系列产品，用于制作轮辋和轮辐零件，总供货量超过60万t。

轮钢

无内胎钢圈

型钢钢圈

无辐钢圈

3. 汽车车厢用钢

攀钢高强汽车车厢钢系列产品采用低碳含量设计，焊接性能和低温冲击韧性良好；该产品主要用于汽车车厢构件制造，高强减重效果明显。

边门板 前护栏板

4. 汽车桥壳用钢

适用于制造汽车桥壳，目前攀钢产品主要应用于商用车车身桥壳件。

▶ 冷轧产品

1. 冷轧低碳钢

产品主要应用于汽车四门两盖、侧围、地板等零件，攀钢已为东风日产、东风神龙、长安汽车、吉利汽车、上汽通用五菱等用户批量供货约200万t。

侧围外板

翼子板

2. 高强度无间隙原子钢

产品主要应用于汽车顶盖、悬挂加强板等零件，攀钢已为长安汽车、上汽通用五菱、东风小康等用户批量供货约10万t。

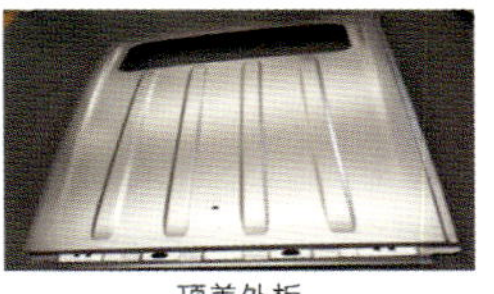
顶盖外板

3. 超低碳烘烤硬化钢

产品主要应用于汽车四门两盖等零件，攀钢已为吉利汽车等用户批量供货约1万t。

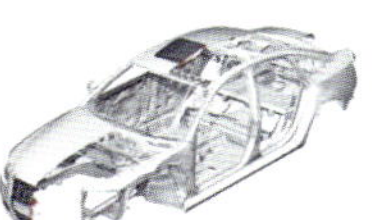

4. 碳素结构钢

产品主要应用于汽车加强件、连接板等零件，攀钢已为东风日产、长安汽车、上汽通用五菱 等用户批量供货约40万t。

5. 双相钢

主要应用于后纵梁、前轮罩加强板等，已累计供货约20万t。

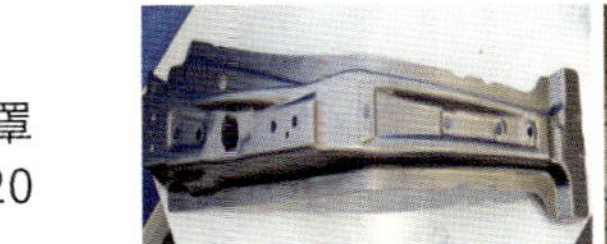
DF590所制（B柱加强版）

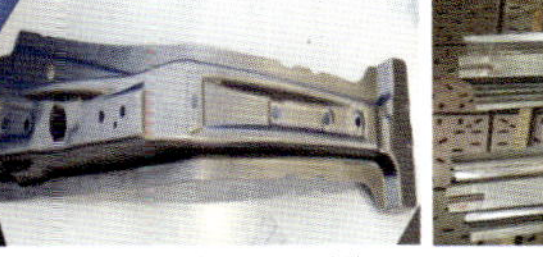

DP780所制（前纵梁）

▶ 特殊结构钢

1. 汽车变速箱齿轮用钢

目前已实现直接或间接为国内多家知名汽车零部件配套生产厂家批量稳定供货达40000t/年。

2. 汽车转向节用钢

目前已实现直接或间接为国内多家知名汽车零部件生产厂家批量稳定供货达3000t/年。

联系人:王先生　电话:028-87708715

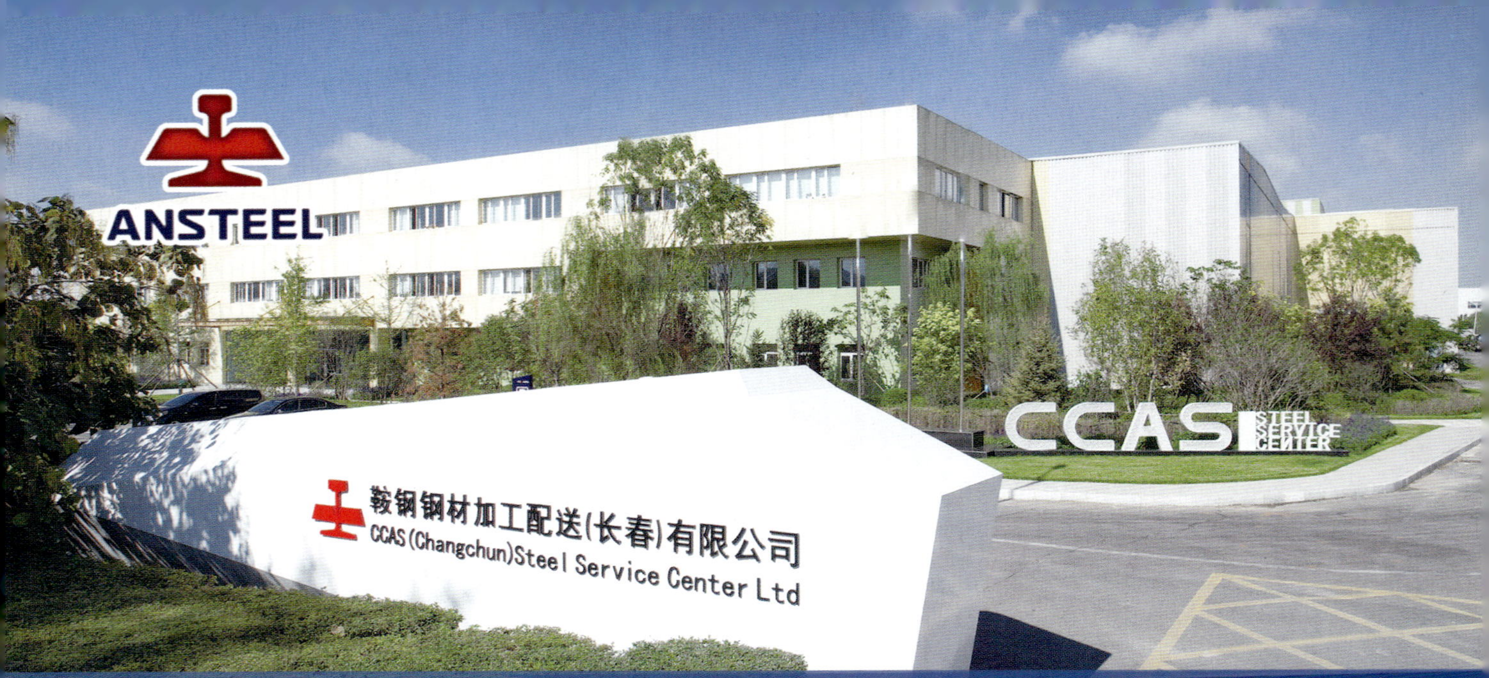
ANSTEEL
鞍钢钢材加工配送(长春)有限公司
CCAS (Changchun)Steel Service Center Ltd
CCAS
STEEL SERVICE CENTER

用心打造精品　真情服务客户

鞍钢钢材加工配送（长春）有限公司（简称长春钢加）成立于2006年7月，公司前身为鞍钢蒂森克虏伯钢材配送(长春)有限公司，是由鞍钢集团与世界钢铁500强蒂森克虏伯集团在中国汽车之都长春共同出资组建的中外合资经营企业。公司于2016年3月成为鞍钢股份有限公司全资子公司，业务范围主要包括：开卷落料、激光拼焊（包括热成型拼焊）、纵剪，仓储配送及技术服务等。

2017年3月长春钢加在天津成立分公司，天津公司地处空港加工区，紧邻京津塘高速，交通便捷，为京津冀地区汽车制造行业提供产品及服务。

2019年9月长春钢加在杭州成立子公司，杭州公司位于杭州富阳区，以杭州为中心，向外辐射300km，为华东地区的汽车生产厂、汽车零部件制造企业提供专业化的产品和服务，同时还为全国范围内的主机厂提供前期车身设计阶段的拼焊产品设计服务，以助力客户在轻量化和安全性方面获得更有价值的方案。

长春钢加通过长春、天津、杭州三地工厂，向东北、华北和华东地区的主机厂及配套厂提供服务。主要客户有一汽大众、一汽红旗、一汽奔腾、一汽丰田、北京奔驰、长城汽车、沃尔沃、零跑汽车、合创汽车、吉利汽车、上汽大众、特斯拉等。

长春钢加在激光拼焊领域的专业技术能力是同行业的核心优势。2018年7月公司与中科院上海光机所、鞍钢集团钢铁研究院联合成立实验室，共同研究开发汽车材料链接技术，推动产品技术共同进步，实现产业链的共同创新。公司管理机制始终鼓励员工自主创新，优化及持续改进。截至2022年末，长春钢加拥有2项已授权发明专利，21项授权实用新型，4项软件著作权。

公司于2019年通过国家高新技术企业认定，2020通过吉林省绿色工厂认定，2023年获得长春市“企业技术中心”和专精特新“小巨人”企业称号，且连续多年被长春市、长春新区、高新区评为“安全生产先进单位”“先进单位”，连续多年荣获“吉林省守合同重信用单位”“吉林省A级纳税人”“经济发展突出贡献奖”“增产增收先进单位”等荣誉称号。

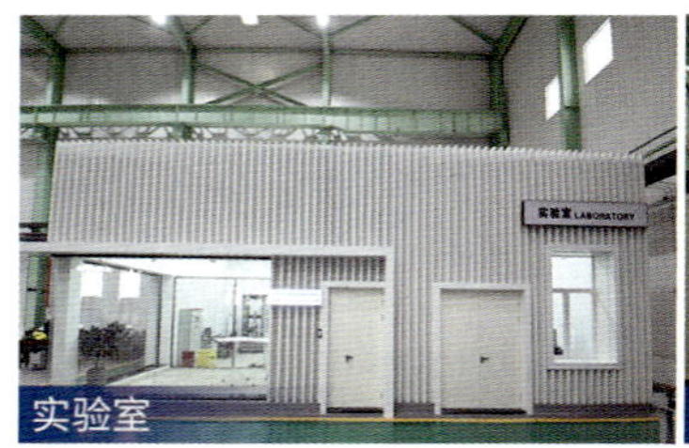

实验室

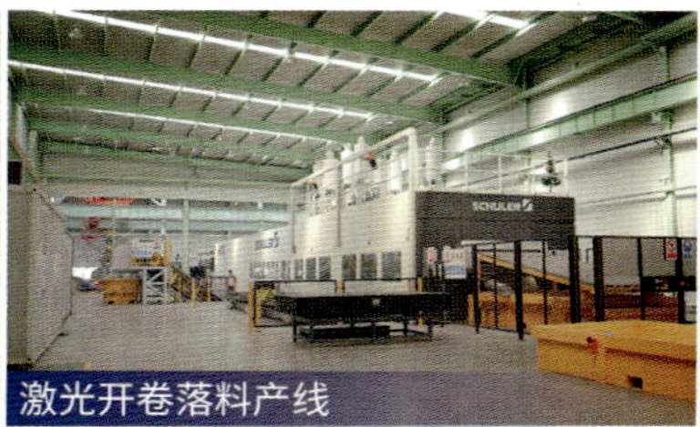

激光开卷落料产线

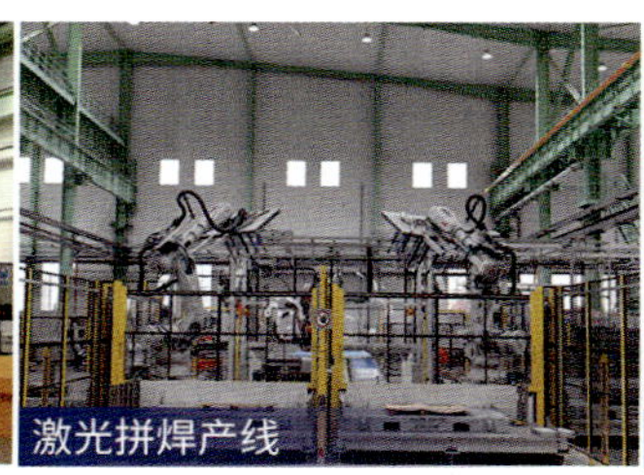

激光拼焊产线

ANSTEEL
ANS·ESDR
热成形直线激光拼焊双门环、单门环产品

联系方式：0431-85511818-1003

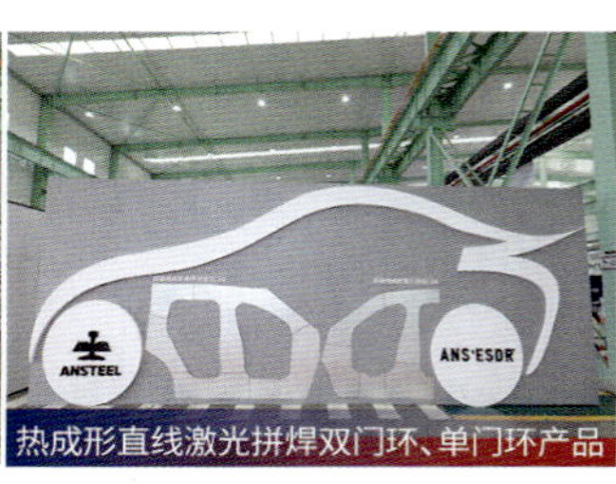

▲ 热成型技术

热成形技术是将板料加热到奥氏体化，之后再成形并冷却的生产技术。通过该技术，钢的组织发生改变，成品部件的强度达到原材料的三倍以上，达到1500~2000MPa。由于其在高温下成形，可有效的控制回弹，提高零件尺寸精度，适用于各种复杂零部件的生产，因此该技术成功解决了高强钢的强度与塑性的矛盾问题，也随之获得了汽车行业的广泛应用。

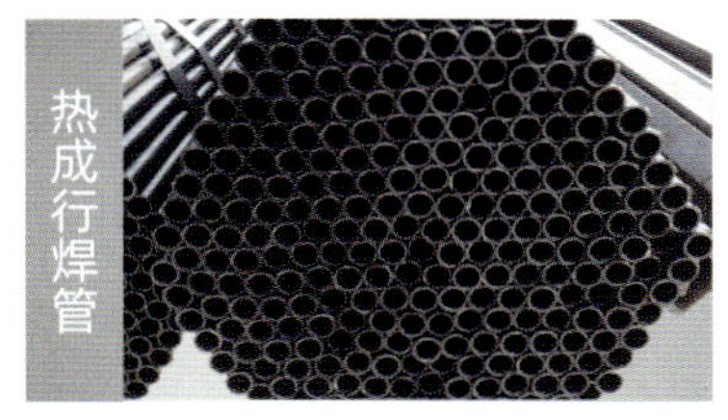

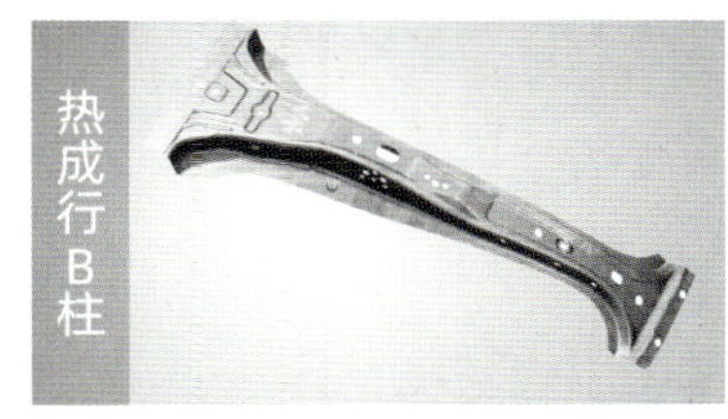

▲ 热浸镀铝硅钢板的应用

热浸镀铝硅钢板在汽车上主要用于B柱、横梁、保险杠、门槛等安全结构件及消音器、客车底层地板等零件。

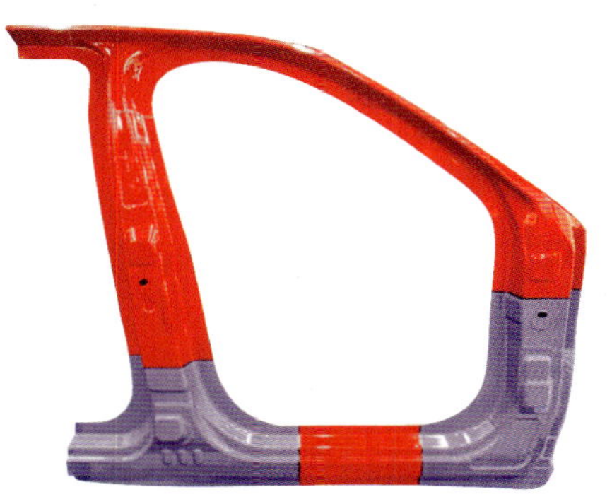

需要激光拼焊的零件，

首推热成形一体化门环。

▲ ANS^{+}ESDR® 一体式门环

ANS^{+}ESDRR®通过直线焊机分步拼焊、封闭成环状结构，不需要焊接夹具，大大提升工艺稳定性和产品经济性。

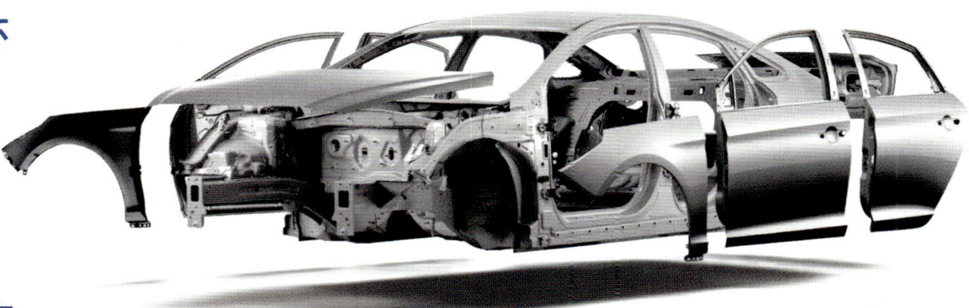

▲ ANS^{+}ESDR® 双门环结构

◎**双门环结构**

- 双门环相较单门环降低5%~10%
- 集成化设计,减少了物流,冲压,焊装成本
- 提升整车侧碰、后碰性能,满足2025年法规要求

◎**双门环结构特征**

- 柔性双直线焊缝设计
- 可用直线式曲线焊机加工
- LEO错边控制技术

鞍钢联众(广州)不锈钢有限公司
Angang Lianzhong Stainless Steel Corporation

企业介绍

鞍钢联众（广州）不锈钢有限公司是鞍钢集团与台湾义联集团合资组建的不锈钢企业。

鞍钢联众前身系台湾义联集团烨联钢铁股份有限公司100%投资的企业，于2002年奠基，十余年中见证了中国不锈钢产业的发展、壮大。2014年12月，鞍钢集团以增资入股方式持有鞍钢联众60%股权。

鞍钢联众投资总额83亿元人民币，占地面积120万m^2，是炼钢、热轧、冷轧一贯作业不锈钢厂，华南地区重量级的专业不锈钢生产基地，主要生产不锈钢扁钢坯、不锈钢钢板、热轧不锈钢黑皮钢卷、热轧不锈钢钢卷（NO.1）、冷轧不锈钢钢卷（2D/2B/BA）等产品。

鞍钢联众的设备、技术和工艺均达到世界引领水平，其中，建设有集传统四大生产线（轧延线、冷轧退火酸洗线、调质轧延线和张力整平线）于一体的不锈钢连续冷轧线和可以处理10mm厚板卷的热轧退火酸洗线，并建设有先进的废酸全回收再生系统、可以处理高浓度硝酸盐氮废水的废水生化脱硝系统等各项资源循环利用和污染防治设施。

鞍钢联众已通过ISO 9001、ISO 14001、OHSAS 18001、PED、CNAS等多项管理体系和产品国际认证，将充分发挥鞍钢集团、烨联钢铁各自优势并继续秉持“创新、成长、责任、永续”的经营理念，努力打造“世界顶尖的不锈钢专业制造企业”。

汽车用钢

汽车排气系统

汽车排气系统应用部位

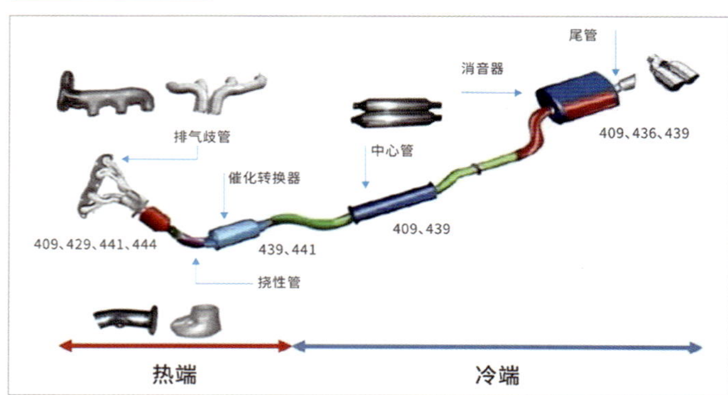

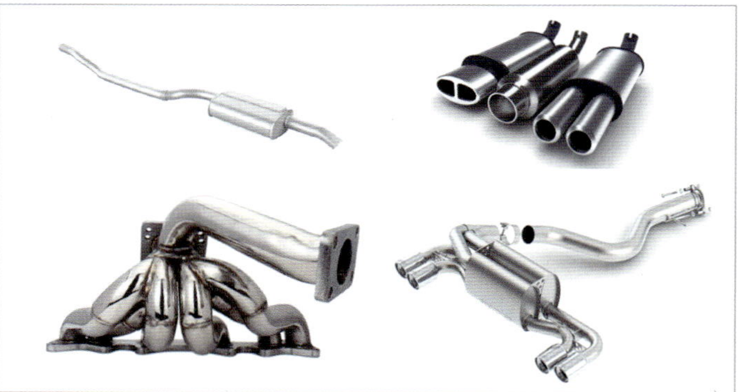

其他领域

电池包

不锈钢应用在汽车电池包绑带、框架以及护板等领域，推荐的钢种有436、430J1L、204C、20LH等。

汽车装饰条

在汽车装饰条方面,推荐442(430J1L)、436Nb等不锈钢产品。

巴士框架

1.4003/T4003材料具有较高的强度,同时兼具良好的耐蚀性、焊接性和成型性,越来越多的应用于巴士框架。

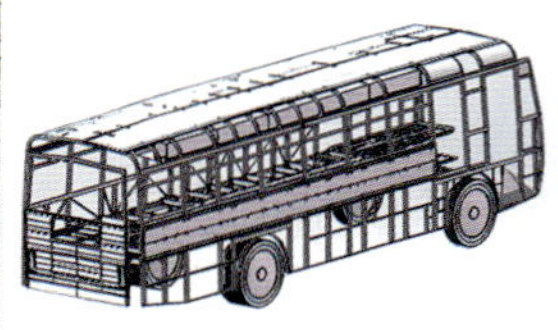

联系电话：020-22208888　地址：广州经济技术开发区东区联广路1号

中信泰富特钢集团股份有限公司（证券代码：000708）是中国中信集团旗下、中信泰富有限公司控股的专业化特殊钢制造企业集团，已成为我国特钢产业引领者、市场主导者和行业标准制定者，是中国钢铁工业协会和中国特钢企业协会双会长单位。集团旗下拥有“九大核心生产基地”，包括：五大特钢制造基地——江阴兴澄特种钢铁有限公司、大冶特殊钢有限公司、青岛特殊钢铁有限公司、天津钢管制造有限公司、靖江特殊钢有限公司；两大原材料供应基地——铜陵泰富特种材料有限公司、扬州泰富特种材料有限公司；两大延伸加工基地——泰富特钢悬架（济南）有限公司、浙江泰富无缝钢管有限公司。

中信泰富特钢集团具备年产2000多万t特殊钢材料的生产能力，其中汽车钢410万t，分别为兴澄厂区180万吨、冶钢厂区80万t、青钢厂区150万t。集团汽车用钢覆盖面大、涵盖品种全、产品类别多，拥有棒、线、管、锻以及调质材、银亮材、钢丝、汽车零部件等深加工产品系列，广泛应用于汽车变速器齿轮、发动机曲轴、连杆、传动轴、前梁、轮毂、转向系统、悬挂（或板簧）系统、减振系统、紧固件、汽车轮胎等汽车的核心总成部件和安全件。产品品质卓越并具有很强的市场竞争优势，畅销全国并远销北美、南美、欧盟、日本、韩国以东南亚等80多个国家和地区，获得了众多高端用户的青睐。

中信泰富特钢集团全面深化质量管理体系建设，通过了ISO 9001、IATF 16949、ISOITS 29001质量管理体系认证，是奔驰、宝马、奥迪、大众、VOLVO、通用、丰田、日产、本田、一汽、东风汽车、上汽、福特、韩国现代、法国标致、特斯拉、长城、比亚迪、吉利、蔚来、小鹏等以及博世、博格华纳、ZF、伊顿、MAGNA、JATCO、Schaeffler、NHK、安国特、卡迈锡、内德史罗夫、慕贝尔、法士特、上汽变速器、万里扬、上海纳铁福、铃木加普腾、上海日泰、贝卡尔特等国内外知名汽车公司或其零部件企业的主要原材料供应商和服务商。

江阴兴澄特种钢铁有限公司

大冶特殊钢有限公司

青岛特殊钢铁有限公司

天津钢管制造有限公司

靖江特殊钢有限公司

地址：江苏省江阴市长山大道1号
总机：0510-86193388
传真：0510-86192800
邮编：214429
网址：www.citicsteel.com

航宇智造

Intelligent Aerospace Manufacturing

航宇智造（北京）工程技术有限公司

INTELLIGENT AEROSPACE MANUFACTURING (BEIJING) TECHNOLOGY CO., LTD.

企业简介

航宇智造(北京)工程技术有限公司于2013年在北京中关村北航科技园成立，是一家为航空航天、汽车制造、轨道交通等行业提供特种工艺装备和高性能结构系统解决方案的“专精特新”企业。公司基于航空特种工艺技术，创新研发出国内较早水胀生产线（2014年）、热气胀产线（2020年）、全自动模具（2012年）......先后获得国家科技重大专项“04专项”和“工业母机"专项的支持。

公司成立十年来，持续深耕“硬科技”攻坚克难。尤其以受PCT专利保护的“新一代热气胀HMGF+FGP技术”为代表，引领全球汽车轻量化技术发展。目前，该技术可实现汽车A柱分总成等产品的“减重+降本”，并有效提升车辆被动安全等性能。该完整解决方案已获得国内外数十家主机厂的高度认可，并成功应用于一汽丰田、一汽大众奥迪、江铃福特、极氪汽车、小鹏汽车等品牌，以及中国商飞、洪都、成发等飞机和航空发动机主机厂。公司也正式进入新能源汽车关键零部件、大飞机核心部件供应商序列，在超高强管梁车身领域不断突破。

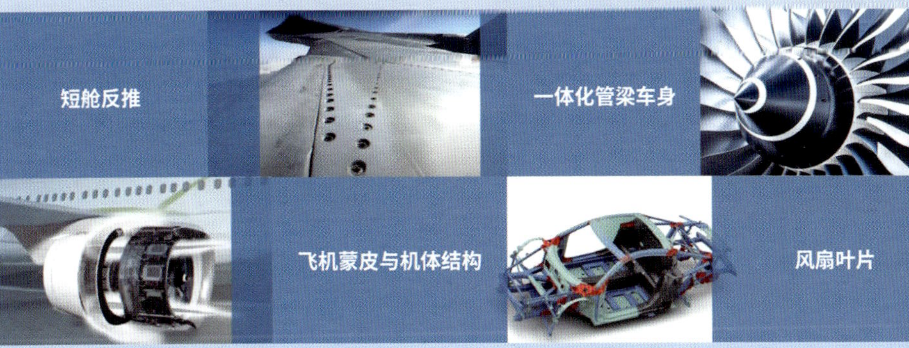

质量第一、信誉第一、顾客至上

真诚服务、互惠互利、共图发展

热气胀技术

新材料、新工艺

常规工艺 conventional process

管状零件 profile → 冷成形（部分多阶段）cold forming (partly as multistage) → 加热（例如感应加热）heating (eg. inductive) → 淬火（水淬）quenching (water) → 退火 annealing

优化工艺 optimised process

管状零件 profile → 加热（炉）heating (furnace) → press hardening 模压淬火 → 余热退火 annealing by residual heat

热气胀&淬火 Hot Metal Gas Forming & Quenching

(a) profile formin 管状零件成形：Initial profile 初始管状零件；Die 模具；Gas 气体介质；Cooling duct 冷却管道；Part 零件

(b) sheet metal forming 板状零件成形：Blank 板状零件；Gas 气体介质；Cooling duct 冷却管道；Die 模具；Part 零件

01	02	03
硼钢22MnB5	空冷钢LH800	硼钢34MnB5
◎外径70mm、壁厚2mm	◎外径59mm、壁厚2mm	◎外径45mm、壁厚1.5mm
◎硬度530 and 460 HV0.5	◎硬度390 and 430 HV0.5	◎硬度630HV0.5
◎抗拉强度1430-1620MPa	◎抗拉强度1150MPa	◎抗拉强度1800-2000MPa

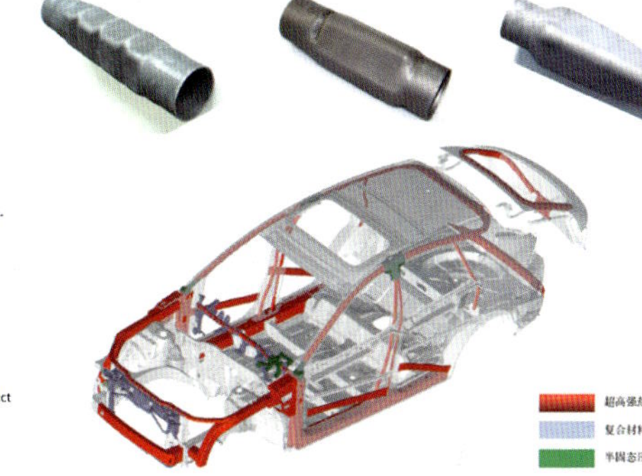

航宇智造技术路线，国际专利布局的创新点：

1.快速加热淬火

2.气体能量回收

3.多工位级进传输

本特勒集团是一家全球性的家族企业，服务于汽车，能源以及机械工程领域。作为金属材料工艺专家，我们在全球范围内研发、生产、配送与安全相关的产品、系统及服务。本特勒集团有无可争议的市场地位，在全球汽车底盘、汽车结构件、碰撞管理系统、安全气囊管材、凸轮轴系统等领域有着较强的市场占有率。

本特勒集团下属四个事业部：汽车零部件事业部、汽车模块事业部、钢管/钢材事业部和HOLON自动驾驶巴士事业部，在全球26个国家拥有23000多名员工。2023年集团销售额约88亿欧元。

勇气、雄心、尊重是本特勒所秉承的价值观，始于1876年卡尔-本特勒先生在德国比列菲尔德开创五金工厂伊始延续至今，在近150年的历程中开创了诸多金属加工制造领域具有重大意义的技术革新，如热冲压成型、U-O卷管成型技术等。

本特勒汽车零部件及模块事业部是全球众多汽车厂商的合作伙伴。我们为客户提供定制化的解决方案，产品覆盖底盘零部件、底盘模块、车身结构、发动机及排气系统以及电动汽车。本特勒的核心工艺涵盖钢材的材料制造、成型、组装、焊接、机加工和表面处理以及铝材的铸造、挤压、成型、焊接、机加工和表面处理。

我们在全球范围内，与业务伙伴一起充分利用规模优势快速响应市场，力求让车辆变得更轻量、更耐用、更环保，为全球客户打造高品质、高性价比的产品，致力于实现更加安全、绿色的出行。

本特勒，专业驱动，始于1876！

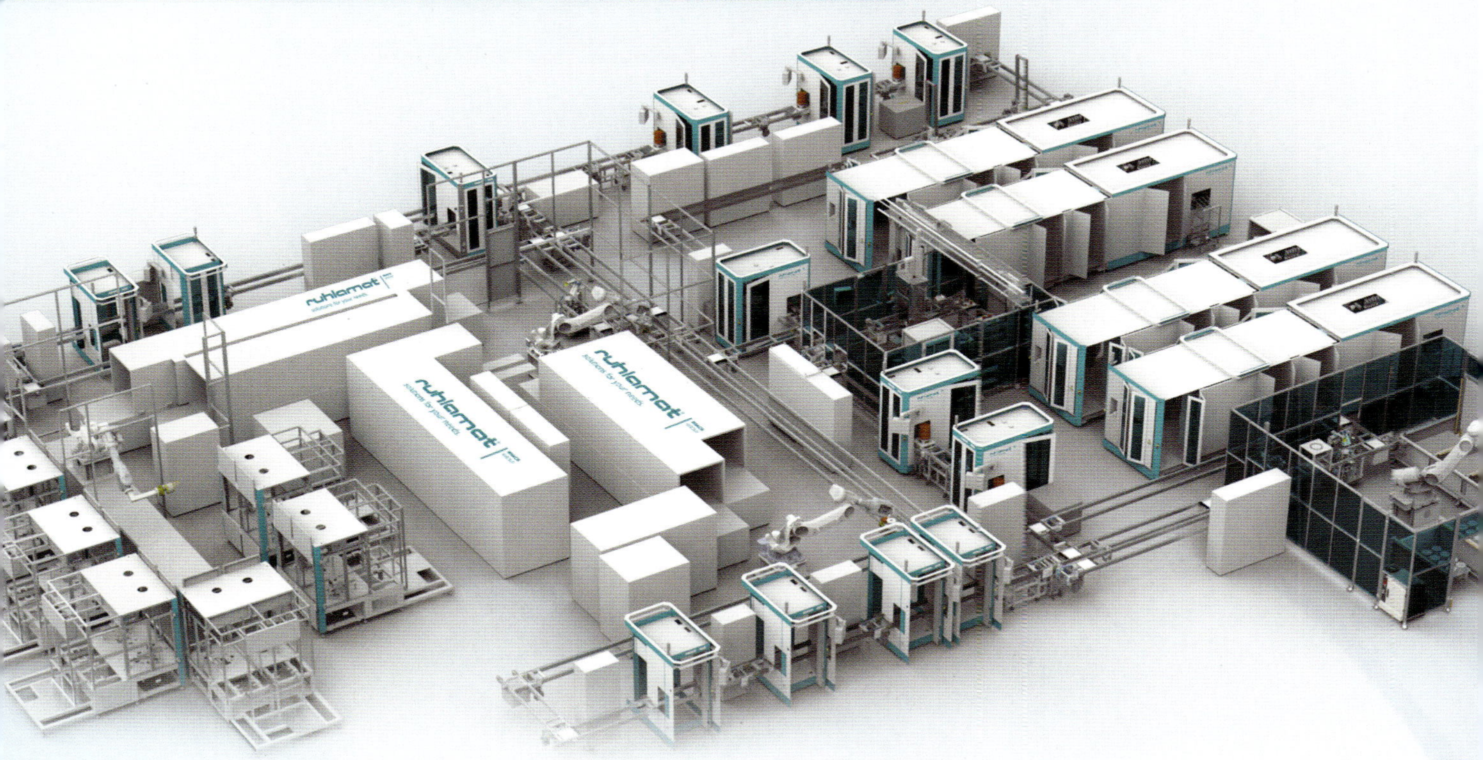

中国机械总院怀柔科学城科技创新基地

北京机科国创轻量化科学研究院有限公司是中国机械总院集团有限公司控股的专业化研究机构，是国家轻量化材料成形技术及装备创新中心、先进成形技术与装备全国重点实验室建设依托单位，前身为机械工业部、机械总院先进制造技术研究中心。公司主要围绕先进成形技术与装备需求，开展数字化成形设计、先进成形工艺、绿色智能成形装备应用基础及关键共性技术研究，坚持“开放、流动、联合、竞争”的运行机制，面向国防军工重大需求和国民经济主战场，以打造国家先进成形装备基础制造技术重要原创策源地为目标。北京机科国创轻量化科学研究院有限公司拥有一支以中国工程院院士为首、年龄结构合理、专业搭配得当的186人科研创新队伍。

成形装备

在金属材料成形方面：现有超高强钢辊底式加热炉生产线、超高强钢箱式加热炉生产线和热成形/超塑成形复合成形机等设备，可实现超高强钢、高强铝合金汽车零部件的批量化生产，以及航空航天难变形材料复杂构件超塑成形/扩散连接、热校形等工艺试验和技术研究。

1200t超高强钢辊底式加热炉生产线

1600t高强铝合金箱式加热炉生产线

8000kN超高温成形机

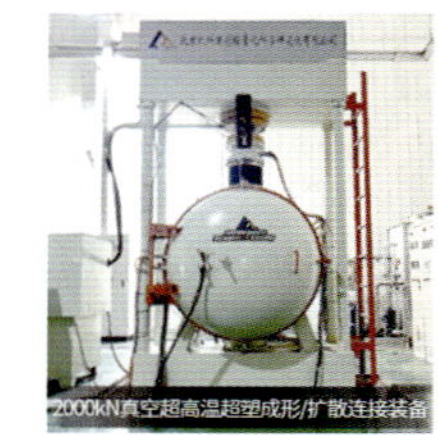
2000kN真空超高温超塑成形/扩散连接装备

在复合材料成形方面：现有复合材料柔性导向多针织造成形机、复合材料零部件精切后加工设备、三维针刺成形机和HP-RTM成形设备等，具备高性能复合材料预制体、树脂基复合材料零部件等研发试制能力。

数字化多束多向织造成形机

HP-RTM成形设备

大尺寸高速压机

在增材制造成形方面：现有激光熔覆精密成形机、超高速激光熔覆设备和微米级3D打印装备等，具备超高速激光熔覆加工技术及装备研发、微米级3D打印工艺技术及装备研发能力。

超高速激光熔覆设备

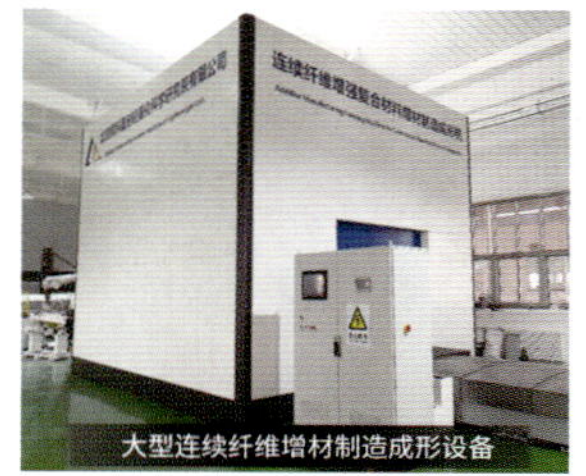

大型连续纤维增材制造成形设备

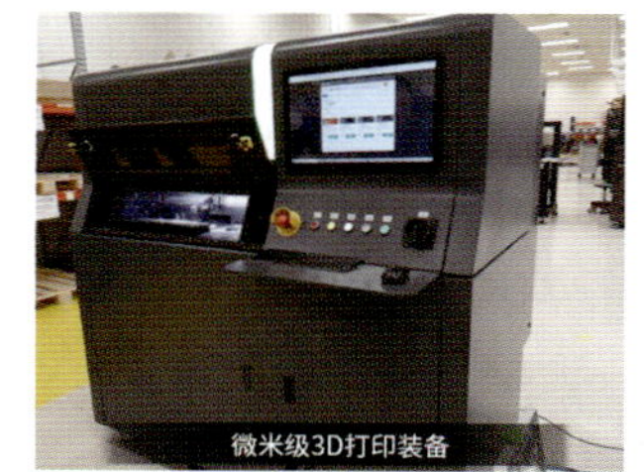
微米级3D打印装备

激光熔覆精密成形机

北京机科国创轻量化科学研究院有限公司
Beijing National Innovation Institute of Lightweight Ltd.
先进成形技术与装备全国重点实验室
State Key Laboratory of Advanced Forming Technology & Equipment

联系人：董琬婷　电话：17383730608/010-80990314
邮箱：847651139@qq.com　地址：北京市怀柔区京密北五街中国机械科学研究总院怀柔基地B4幢

第一篇 行业篇

一、产业发展综述

（一）2023 年节能与新能源汽车发展综述

工业和信息化部装备工业发展中心 赵世佳 刘辰璞

2023 年是全面贯彻落实党的二十大精神的开局之年。在党中央、国务院的坚强领导下，汽车行业凝心聚力、砥砺前行，取得了令人瞩目的成绩，多项指标创历史新高，实现质的有效提升和量的合理增长，展现出强大的发展韧性，为稳定经济增长起到重要作用。

1. 汽车产销突破 3000 万辆创新高

从全球看，2023 年，全球汽车销量 9272.5 万辆，同比增长 13.6%，创近 5 年新高。乘用车销量为 6527.2 万辆，同比增长 13.3%，商用车销量为 2745.2 万辆，同比增长 14.3%。全球汽车产业电动化转型持续深入，新能源汽车市场持续增长。全年新能源汽车销量达到 1463.3 万辆，同比增长 39.1%，渗透率提高至 15.8%，较 2022 年提升 2 个百分点。全年除中国外新能源汽车销量同比增长 30%，远高于传统燃油汽车的同比增速 13.1%。

从我国看，2023 年，我国汽车产销累计完成 3016.1 万辆和 3009.4 万辆，同比分别增长 11.6% 和 12.0%，产销量创历史新高。其中，乘用车销量 2606.3 万辆，同比增长 10.6%，延续良好增长态势，为稳住汽车消费基本盘发挥重要作用；商用车市场企稳回升，产销回归 400 万辆，销量 403.1 万辆，同比增长 22.1%，市场逐渐回暖。随着产业链供应链体系逐步完善、智能网联新能源技术创新和商业模式创新加速、设计水平和产品品质加快提升，自主品牌乘用车市场占有率持续提升。新能源汽车继续保持快速增长，成为引领全球汽车产业转型的重要力量。全年汽车出口 491 万辆，同比增长 57.9%，我国成为全球第一大汽车出口国，汽车产品国际影响力持续提升。

2. 节能技术发展水平显著提高

我国车辆动力技术水平大幅度提升，燃油消耗量大幅下降，轻量化、插电式混合动力等新技术、推动汽车产业加快转型，市场规模优势和产品优势逐步显现，行业进入高质量发展快车道，市场竞争日趋激烈。

动力技术方面，2023 年，涡轮增压搭载率大幅度提升至 82%，同时搭载涡轮增压和缸内直喷技术的车型占比达到 67%。受益于混动车型高搭载率及动力性能和环保节能的平衡性，涡轮增压技术在汽车产品中得到了广泛应用。在轿车、SUV、客车等多种车型中，采用涡轮增压技术的发动机已经成为主流。随着新能源汽车的发展，涡轮增压技术也在插电式混合动力（含增程式）等新能源汽车中得到应用，有效提高了动力性和燃油效率。2023 年，混合动力乘用车产量 8 年来首次出现负增长，主要原因是插电式混合动力乘用车市场规模逐步扩张，形成了一定的替代效应。

轻量化技术方面，材料、结构设计和制造工艺成为汽车轻量化技术的三种主要路径。当前车身材料逐渐呈现多元化，使用强度更高或密度更小的高强度钢、铝合金、镁合金、碳纤维复合材料，对传统普通钢结构进行替代，进一步实现材料轻量化。车企从结构上对车身、底盘、动力总成进行优化，开发全新的汽车架构，优化车身零部件数量、减少零部件尺寸。汽车先进制造技术快速发展，大型结构件的一体化成型正成为汽车智能制造领域的发展趋势。

燃油消耗量方面，传统燃料车型百公里综合油耗降到 8 L/km 以下。随着混合动力技术市场接受度越来越高，各大整车企业加大混合动力技术的研发和新产品发布，2023 年，百公里燃料消耗量低于 6 L/km 的新产品占新产品的近半数，8 L/km 以上的车型占比较少。

3. 新能源汽车形成产业领先优势

在“双碳”目标引领下，新能源汽车进入市场化发展的快车道，产业集群进一步壮大，运行服务持续完善，逐步形成产业领先优势。

市场规模方面，2023 年，新能源汽车产销创历史新高，分别完成 958.7 万辆和 949.5 万辆，同比分别增长 35.8% 和 37.9%，新能源汽车市场渗透率达到 31.6%，连续 9 年保持全球第一，我国新能源汽车产销量占全球比重超过 60%。新能源汽车、锂电池和光伏产品成为出口“新三样”。

技术创新方面，纯电动乘用车平均续驶里程进一步提升至近 500 km，基本满足用户使用需求。激光雷达、大算力芯片、车载通信、电子电气架构等关键技术加速突破，多款车型可实现覆盖高速、城市道路场景的领航辅助驾驶，C-V2X 技术加快实现规模应用。

品牌竞争力方面，2023 年，自主品牌新能源乘用车销量 728.3 万辆，同比增长 32.4%，市场占有率高达 80.6%，有效带动自主品牌整体份额比上年提升 6.1 个百分点，占乘用车总销量的 56.0%；新能源汽车出口 120.3 万辆，同比增长 77.6%。

碳减排方面，新能源汽车保有量快速攀升，对于汽车使用端碳减排的贡献日益凸显。我国新能源汽车推广数量超过 2000 万辆，累计节约燃油超过 5000 万 t，使用环节累计减少二氧化碳排放接近 1.5 亿 t，为汽车产业及道路交通碳达峰碳中和奠定了基础。

基础设施方面，截至 2023 年底，全国累计建成充电桩 859.6 万台、换电站 3567 座。其中，2023 年新增充电桩 338.6 万台、换电站 1594 座。同时，我国累计建立动力电池回收服务网点超过 10056 个，基本实现就近回收。

4. 行业管理体系不断优化

2023 年，各部门齐心协力、主动作为，先后推出多项支持汽车产业发展政策举措，各地方结合自身实际出台配套政策，行业企业创新步伐加快。有为政府与有效市场相结合，我国坚持市场主导、政府引导，推出稳增长、促消费等一系列政策组合拳，为产业发展营造良好环境，有效激发了市场活力。2023 年，工业和信息化部等五部门联合推动智能网联汽车准入试点工作正式落地，以试点形式推动行业夯实基础能力、引导企业加强能力建设、提升产品技术水平，基于实证积累管理经验，不断健全完善智能网联汽车准入管理体系。

顶层设计方面，2023 年 8 月 25 日，工业和信息化部等七部门印发《汽车行业稳增长工作方案（2023—2024 年）的通知》（工信部联通装〔2023〕145 号，简称《工作方案》）。《工作方案》提出，2023 年汽车行业运行保持稳中向好发展态势，汽车制造业增加值同比增长 5% 左右。2024 年，汽车行业运行保持在合理区间，产业发展质量效益进一步提升。

准入管理方面，2023 年 11 月 17 日，工业和信息化部、公安部、住房和城乡建设部、交通运输部联合发布《关于开展智能网联汽车准入和上路通行试点工作的通知》（工信部联通装〔2023〕217 号）。我国对于智能网联汽车的技术研发和测试验证已经逐步进入规模推广、商业探索阶段，基于试点实证，构建包容审慎的智能网联汽车准入和道路交通安全管理体系，是推动智能网联汽车创新发展的重要举措。

技术标准方面，我国汽车标准化及国际标准法规协调对推动产业创新发展发挥了积极作用。2023 年，工业和信息化部全年制定完成并经国家标准化管理委员会批准发布的国家标准 66 项（含 3 项修改单），批准发布汽车行业标准 72 项，涵盖汽车安全、汽车节能、电动汽车、关键部件等方面，组织编制完成并发布第二版《国家车联网产业标准体系建设指南（智能网联汽车）》《国家汽车芯片标准体系建设指南》等重点领域标准化顶层设计文件，持续优化完善汽车安全标准体系。同时，积极组织中国专家参与国际标准法规协调，统筹推进国际标准化工作再上新台阶。

财税政策方面，2023 年 6 月 2 日，国务院常务会议决定将新能源汽车车辆购置税减免政策延长至 2027 年底，减免力度分年度逐步退坡，并对新能源乘用车减免车辆购置税设定减免税限额。初步估算，实行延长政策，2024—2027 年减免车辆购置税规模总额将达到 5200 亿元。

行业监管方面，2023 年，工业和信息化部发布第 367 批至 378 批共 12 批《道路机动车辆生产企业及产品公告》及 12 批《免征车辆购置税的新能源汽车车型目录》和《享受车船税减免优惠的节约能源使用新能源汽车车型目录》，发布了 12 批《新能源汽车推广应用推荐车型目录》。为健全车辆生产管理法治体系，全面落实车辆生产许可管理责任，持续一体化推进“放管服”改革，推动汽车产业高质量发展，工业和信息化部会同有关部门起草了《道路机动车辆生产准入许可管理条例（征求意见稿）》并向社会公开征求意见。

5. 未来展望

2024 年是中华人民共和国成立 75 周年，是全面落实全国新型工业化推进大会部署的重要一年，也是习近平总书记提出“发展新能源汽车是我国从汽车大国迈向汽车强国的必由之路”10 周年。随着全球经济逐步复苏和技术进步不断加速，汽车行业站在了一个新的历史节点上。

一是汽车产业平稳转型成为行业发展的重大关切。一方面，作为我国重要的支柱产业，汽车产业发展将对工业经济稳增长发挥重要的作用，但是国内汽车市场销量增长乏力，需要激发汽车消费需求，预计 2024 年促消费政策有望延续，汽车消费环境进一步改善。另一方面，汽车产业面临从传统内燃机向电动化、智能化、网联化转型的关键期，汽车企业面临传统燃油车收入下降，以及新能源、智能网联研发投入费用大幅提高的两难境地，新能源汽车企业面临进一步提高盈利能力的难题。二是新能源汽车逐步确立行业主导地位。新能源汽车是汽车产业新质生产力的集中体现和主要阵地，随着新产品上市及组合辅助驾驶功能的应用，新能源汽车的市场认可度明显提高，新能源汽车全年销量有望突破 1000 万辆，新能源乘用车渗透率或将超过 50%。汽车行业在坚持纯电驱动发展战略为主线的同时，节能技术有助于加快“双碳”目标实现。对于新能源汽车产业而言，单一能源路线快速实现产业转型或面临较大压力。此时，节能汽车作为新能源汽车的补充，是一个既能稳住汽车产业基盘，又有助于实现“双碳”目标和产业转型升级的选择。三是智能网联汽车成为技术创新和产业变革的前沿阵地。2024 年，组合辅助驾驶功能搭载率将进一步增长，为 L3 及以上级别自动驾驶汽车的发展打下了坚实基础。智能网联汽车准入和上路通行试点及智能网联汽车“车路云一体化”应用试点将进一步推动智能网联汽车发展。四是汽车产业国际化进程加快。2024 年，我国将延续汽车出口向好态势，尤其随着新能源汽车海外产能及产业链体系构建加速落地，新能源汽车出口销量有望接近 200 万辆。一方面，要防止整车企业海外布局的扎堆和恶意竞争现象。另一方面，需要密切关注欧美等产业政策，加大对于国际竞争各项政策的预研力度。

（二）新能源汽车标准化

中国汽车技术研究中心有限公司　郝维健　何云堂

发展新能源汽车是我国从汽车大国迈向汽车强国的必由之路，是应对气候变化、推动绿色发展的战略举措。近年来，我国新能源汽车发展取得明显成效，产销量连续 9 年位居世界第一，出口量大幅提升，成为全球第一新能源汽车出口大国。标准化作为行业发展的技术性基础工作，在支撑产业发展、促进科技进步、规范社会治理等方面发挥了重要作用。

1. 新能源汽车标准体系概况

我国已建立起强制性标准和推荐性标准相互配合，较为科学、完善的新能源汽车标准体系,全面支撑政府管理和产业发展。截至2023年底,我国新能源汽车领域现行标准共有119项(国家标准85项,行业标准34项),贯穿生产设计、产品评价、回收利用等多个环节。

整体上看,我国新能源汽车标准体系分为基础通用、电动汽车整车、关键系统部件、能源补充系统四个领域,贯穿生产设计、产品评价、回收利用等多个环节,如图1-1-1所示。其中,基础通用领域分为基础、通用两个方面;整车领域分为纯电动汽车、混合动力电动汽车和燃料电池电动汽车三个方面;系统部件领域分为车载储能系统、电机驱动系统、燃料电池系统和其他部件系统四个方面;能源补充系统分为充电、换电和加氢三个方面。

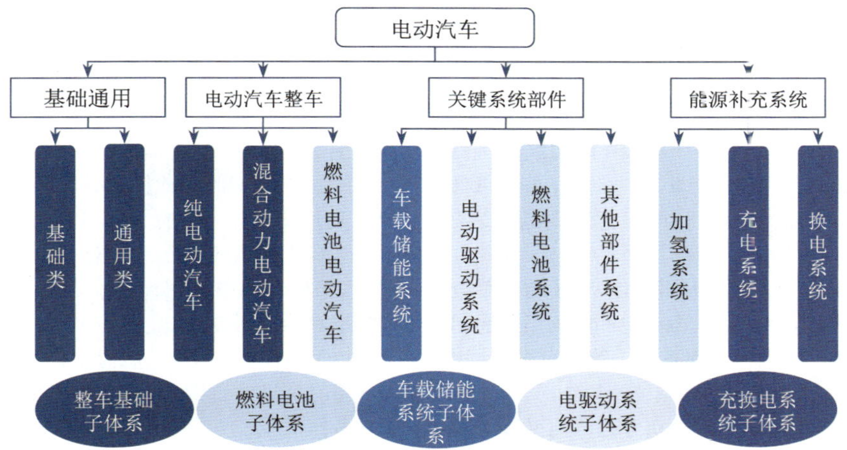

图1-1-1 新能源汽车标准体系

2. 中国新能源汽车标准化工作进展

2023年,新能源汽车标准化工作贯彻落实《新能源汽车产业发展规划(2021—2035年)》相关要求,统筹推进电动汽车整车、动力电池、电驱动系统、充换电、燃料电池汽车等子领域标准体系建设工作,共发布标准18项(详见表1-1-1)。

表1-1-1 2023年度中国新能源汽车领域发布标准清单

序号	标准号	标准名称	标准类型
1	GB/T 20234. 1—2023	电动汽车传导充电用连接装置　第1部分:通用要求	国家标准
2	GB/T 20234. 3—2023	电动汽车传导充电用连接装置　第3部分:直流充电接口	国家标准
3	GB/T 26990—2023	燃料电池电动汽车 车载氢系统技术条件	国家标准
4	GB/T 26991—2023	燃料电池电动汽车动力性能试验方法	国家标准
5	GB/T 31467—2023	电动汽车用锂离子动力电池包和系统电性能试验方法	国家标准
6	GB/T 34425—2023	燃料电池电动汽车加氢枪	国家标准
7	GB/T 38698. 2—2023	车用动力电池回收利用 管理规范　第2部分:回收服务网点	国家标准
8	GB/T 43252—2023	燃料电池电动汽车能量消耗量及续驶里程试验方法	国家标准
9	GB/T 43255—2023	燃料电池电动汽车低温冷起动性能试验方法	国家标准
10	GB/T 43332—2023	电动汽车传导充放电安全要求	国家标准
11	QC/T 1198—2023	带功能盒的电动汽车传导充电用电缆组件	行业标准
12	QC/T 1199—2023	电动汽车传导充电用集成式交流供电标准插座	行业标准
13	QC/T 1200—2023	带充电机的电动汽车传导充电用电缆组件	行业标准
14	QC/T 1201. 1—2023	纯电动商用车车载换电系统互换性　第1部分:换电电气接口	行业标准
15	QC/T 1201. 2—2023	纯电动商用车车载换电系统互换性　第2部分:换电冷却接口	行业标准
16	QC/T 1201. 3—2023	纯电动商用车车载换电系统互换性　第3部分:换电机构	行业标准
17	QC/T 1201. 4—2023	纯电动商用车车载换电系统互换性　第4部分:换电电池系统	行业标准
18	QC/T 1201. 5—2023	纯电动商用车车载换电系统互换性　第5部分:车辆与电池系统的通信	行业标准

(1)电动汽车整车领域标准进展情况

在研标准方面,完成 GB/T 18385《纯电动汽车　动力性能　试验方法》、GB/T 19752《混合动力电动汽车　动力性能试验方法》审查、报批,预计 2024 年正式发布;持续推进《电动汽车远程服务与管理系统技术规范》系列标准研究。

预研标准方面,推进插电式混合动力商用车技术条件、混合动力电动汽车及多电机纯电动汽车动力系统功率测试方法、电动汽车车载动力电池耐久性要求及试验方法,以及电动汽车安全强标修订预研工作。

(2)动力电池领域标准进展情况

发布标准方面,发布 GB/T 31467—2023《电动汽车用锂离子动力电池包和系统电性能试验方法》和 GB/T 38698.2—2023《车用动力电池回收利用　管理规范　第 2 部分:回收服务网点》。

在研标准方面,完成 GB/T 31486《电动汽车用动力蓄电池电性能要求及试验方法》、《车用动力电池回收利用　通用要求》、《电动汽车动力蓄电池热管理系统　第 1 部分:通用要求》和《电动汽车动力蓄电池热管理系统　第 2 部分:液冷系统》报批和 GB/T 31484《电动汽车用动力蓄电池循环寿命要求及试验方法》第 1 号修改单征求意见,推进动力电池峰值功率、排气试验方法、热管理系统系列标准 3~5 部分,以及动力电池制造企业碳排放核算、动力蓄电池产品碳足迹行业标准制定工作。

预研标准方面,开展动力电池安全强标、安全评价指南系列标准、规格尺寸、循环寿命、钠离子电池、固态电池、超级电容器标准以及电池回收设备设施、绿色生产、安全要求、再生利用回收处理报告编制规范等标准预研工作。

(3)燃料电池汽车领域标准进展情况

发布标准方面,发布 GB/T 43252—2023《燃料电池电动汽车能量消耗量及续驶里程试验方法》、GB/T 43255—2023《燃料电池电动汽车低温冷起动性能试验方法》,以及 GB/T 26990—2023《燃料电池电动汽车　车载氢系统　技术条件》、GB/T 34425—2023《燃料电池电动汽车　加氢枪》、GB/T 26991—2023《燃料电池电动汽车动力性能试验方法》五项标准。

在研标准方面,完成《燃料电池电动汽车碰撞后安全要求》、《燃料电池电动汽车发动机耐久性试验方法》,以及《燃料电池发动机用空气压缩机》和《燃料电池发动机用氢气循环泵》两项行标标准报批;持续推进燃料电池发动机故障分类、氢气喷射器、冷却水泵、加氢通信协议、车载氢系统在线监测等标准研究。

预研标准方面,开展燃料电池电动汽车安全要求、车载氢系统修订及氢气泄露检测装置、燃料电池发动机用引射器等标准预研工作。

(4)电驱动领域标准进展情况

在研标准方面,完成 GB/T 18488《燃料电池电动汽车碰撞后安全要求》报批和 GB/T 37133《电动汽车用高压连接系统》征求意见,推动减速器总成、电机控制器、功率驱动芯片和电池管理系统模拟前端芯片标准制定。

预研标准方面,开展电动汽车用驱动电机系统工况效率测试方法标准预研并完成立项审议。

(5)充电领域标准进展情况

发布标准方面,完成 GB/T 20234.1—2023《电动汽车传导充电用连接装置　第 1 部分:通用要求》和 GB/T 20234.3—2023《电动汽车传导充电用连接装置　第 3 部分:直流充电接口》、GB/T 43332—2023《电动汽车传导充放电安全要求》三项国家标准发布,以及 QC/T 1200—2023《带充电机的电动汽车传导充电用电缆组件》、QC/T 1199—2023《电动汽车传导充电用集成式交流供电标准插座》和 QC/T 1198—2023《带功能盒的电动汽车传导充电用电缆组件》三项行业标准发布。

预研标准方面,为推进大功率充电标准(2015+方案)落地实施,完成了 2015+的控制导引和通信协议两项国家标准的立项上报工作。此外,2023 年度完成了 2015+标准所需的车桩互操作性测试规范和协议一致性测试方法标准草案,并基于 2015+开展中重型商用电动汽车专用的兆瓦级充电技术方案和标准研究。

(6)换电领域标准进展情况

发布标准方面,发布 QC/T 1201.1—2023《纯电动商用车车载换电系统互换性　第 1 部分:换电电气接口》、QC/T 1201.2—2023《纯电动商用车车载换电系统互换性　第 2 部分:换电冷却接口》、QC/T 1201.3—2023《纯电动商用车车载换电系统互换性　第 3 部分:换电机构》、QC/T 1201.4—2023《纯电动商用车车载换电系统互换性　第 4 部分:换电电池系统》、QC/T 1201.5—2023《纯电动商用车车载换电系统互换性　第 5 部分:车辆与电池系统的通信》五项行业标准。

在研标准方面,完成乘用车冷却接口、电池包尺寸、换电机构、车辆与电池包通信、电池包与设施通信五项行业标准报批,完成乘用车换电电气接口及车辆、电池包、车辆与设施通信三项换电通用平台标准征求意见,推动电动商用车换电安全、车辆与设施通信、底盘换电、车辆平台四项标准草案完善。

3. 国际新能源汽车标准化工作进展

(1)国际法规进展

作为联合牵头国深度参与电动汽车与环境(EVE)、电动汽车安全法规(EVS)、燃料电池汽车(HFCV)领域法规协调工作。EVE 方面,组织专家参加工作组第 61~66 次会议及重型车耐久性起草组会议,针对可用能量(UBE)测试和电池能量衰减限值做中国的建议提案;针对 GTR21 混动汽车最大功率法规提出试验方法优化的建议提案,对多合一及油冷电驱系统的传动系数确定方法提出中国方案;针对 GTR22 车载电池耐久性法规,提出换电电池耐久性要求及验证的中国建议。EVS 方面,在 EVS 二阶段工作暂停后,中国代表团于 2023 年 10 月线上参加热扩散特别兴趣小组(SIG TP)第 1 次会议并当选副主席国。汽车低碳方面,组织专家参加联合国世界车辆法规协调论坛(UN/WP.29)汽车生命周期评价(A-LCA)非正式工作组,2023 年 6 月,中国当选 SG3(车辆生产阶段小组)、SG5(报废再生阶段小组)联合主席。2023 年 10 月,组织中国专家代表团参加 A-LCA 第 11 次会议,并提出多项技术提案。

(2)国际标准进展

组织国内专家全面参与ISO/TC22/SC37及IEC/TC69相关研究及会议。燃料电池汽车领域,中方担任项目负责人的ISO 17326:2023燃料电池电动汽车低温冷起动项目正式发布,推动ISO 11954《燃料电池电动汽车动力性标准》修订,于2024年1月发布;开展由中国牵头的燃料电池电动汽车耐久性试验方法的预研工作。电动汽车整车领域,中方作为项目负责人在ISO/TC22/SC37/WG2内推动ISO 8715-1《轻型电动车辆道路特性国际标准》立项及起草工作。提出ISO 6469-3《电动道路车辆 安全技术规范 第3部分:人员电气伤害防护国际标准》的修订提案。动力电池领域,作为核心成员参与ISO 18006《电池标签标准》制定,积极推动动力电池电性能、热管理领域新项目提案立项。充电领域,针对IEC 62196-3修订CD草案,完成《2015+充电接口标准方案》的意见提交。

4. 下一步工作计划

随着我国新能源汽车产业化进程的不断推进及新技术、新模式、新平台的不断出现,新能源汽车标准化工作被赋予了新的内涵与要求。下一阶段,新能源汽车标准化工作将深入贯彻落实《新能源汽车产业发展规划(2021—2035年)》《国家标准化发展纲要》等文件要求,根据产业发展和技术进步情况持续开展标准体系研究与标准制修订工作,支撑我国汽车产业高质量发展。

一是凝聚各方力量,持续完善标准体系。充分发挥全国汽车标准化技术委员会等平台作用,凝聚产业链上下游、产学研用各方力量,优化跨行业联合、多方面参与的工作机制,统筹协调推进新能源汽车标准化工作;不断优化并落实《新能源汽车领域"十四五"技术标准体系建设方案》《中国电动汽车标准化工作路线图(第三版)》等体系规划,持续做好标准实施效果评估,完善新能源汽车标准体系。

二是面向行业需求,聚焦重点标准制修订。面向产业发展趋势和行业需求,聚焦新能源汽车各领域重点标准制修订。整车及动力电池方面,加快电动汽车整车、动力电池安全要求及电动汽车远程服务与管理等标准制修订,强化电动汽车安全保障;开展动力电池耐久性、规格尺寸、回收利用等标准制定,以及固态电池、钠离子电池等新一代动力电池标准预研,提升动力电池性能水平。电驱动系统方面,推进电动汽车减速器总成、电机系统工况效率测试等标准研制,规范关键部件产品技术要求。充电方面,加快发布实施大功率充电标准配套的控制导引、通信协议以及电动汽车传导充电系统安全要求等标准,提高电动汽车充电便利性。换电方面,推进商用车换电安全要求、换电兼容性测试、换电电池系统技术要求等标准研制,支撑换电模式商业化发展。

三是加强国际交流合作,促进国际国内协同发展。进一步加强联合国、ISO、IEC等层面国际标准法规协调的范围和力度,助力国内产业融入全球新能源汽车产业发展新格局。立足我国新能源汽车技术与产业领先优势,积极分享我国发展经验,提供中国方案。依托双、多边标准化对话合作机制,深化与德国、日本等国家和地区标准合作,加强与共建"一带一路"国家交流,培育国际"朋友圈",支撑我国新能源汽车产业高质量发展。

(三)智能网联汽车标准化

中国汽车技术研究中心有限公司 孙 航 李子兮 吴含冰 李雨冉

1. 智能网联汽车标准化工作总体情况

智能网联汽车正在推动全球汽车产业发生深刻变革,使汽车逐步演进为具备智能感知、移动互联、协同计算等功能的移动服务载体,带动交通、电子、通信及互联网等相关行业创新发展,并成为促进世界经济持续增长的重要引擎。随着技术水平的不断提升和相关产业的全面融合,我国智能网联汽车产业将进入全新的发展阶段,发展基础更为坚实,发展条件深刻变化,发展将面临着新的机遇和挑战。

在智能网联汽车与我国汽车产业高质量发展形成历史性交汇的背景下,牢牢把握全球汽车产业变革发展大势和机遇,充分发挥标准对产业的基础性、引领性作用,加快新型智能网联汽车标准体系,优化标准供给结构,提升标准国际化水平,对于加快构建我国智能网联汽车产业发展新格局和实现汽车产业高质量发展具有重要战略意义。

在此背景下,为紧贴技术发展趋势,适应行业实际需求,我国持续推进智能网联汽车领域标准化建设。工信部和国标委联合发布的2018版《国家车联网产业标准体系建设指南》,分阶段对我国智能网联汽车标准体系作出了系统规划和部署,指导建立适应我国国情并与国际接轨的智能网联汽车标准体系。截至2023年,智能网联汽车标准体系建设第一阶段目标任务已圆满完成,已经初步建立起能够支撑驾驶辅助及低级别自动驾驶的智能网联汽车标准体系,有效满足了产业发展和管理需求,在国际标准法规协调中作出了积极贡献,在体系规划完善程度和标准数量等方面均处于国际领先水平,标准体系建设指南译文还被联合国、国际标准化组织(ISO)等相关机构列为参考文件,成为全球汽车企业战略布局和产品规划的重要指导。为了适应我国智能网联汽车新发展阶段的新趋势、新特征和新需求,工信部、国标委联合修订形成了2023版《国家车联网产业标准体系建设指南》(简称《指南》)该文件旨在通过构建新型智能网联汽车标准体系,优化标准供给结构,提升标准国际化水平,为加快实现汽车产业高质量发展提供有力支撑。

在先后两版建设指南的指导下,我国智能网联汽车领域国家标准和行业标准建设已取得了重要进展。全国汽车标准化技术委员会智能网联汽车分技术委员会已累计完成发布和报批标准 37 项，已立项标准 13 项，申请立项标准 18 项，开展标准化领航、需求研究项目 58 项，其中完成 47 项；参与国际标准项目 34 项，牵头 14 项，参与联合国法规项目 15 项，提出并牵头联合国自动驾驶框架文件 1 项，担任相关国际组织主席、召集人等职务 7 个。

2. 智能网联汽车标准化助力产业新质生产力发展

2023 年，我国持续强化智能网联汽车标准全生命周期管理工作，充分发挥标准基础性和引领性作用，保证标准高质量建设，加快前沿领域探索，助力产业新质生产力发展。

在标准化活动方面，全国汽车标准化技术委员会智能网联汽车分技术委员会在 2023 年 3 月、6 月和 9 月分别组织标准审查会，在 11 月组织标准函审意见确认会，审查通过了 3 项强制性国家标准、3 项推荐性国家标准和 2 项行业标准，并于 2023 年 12 月召开分委会年会暨审查会，计划审查 2 项推荐性国家标准。

在标准领航项目研究方面，完成量子通信技术及安全应用、基于先进通信技术的车辆网联功能与应用、感知数据训练集、坐标系和云控平台 5 项标准领航项目，通过标准持续引领智能网联汽车新产品新业态新模式快速健康发展，支撑产业新质生产力不断提升。

在标准化需求及路线图研究方面，完成并发布智能座舱、汽车软件、遥控车辆、接口、测试装备及组合驾驶辅助 6 项标准体系研究，发布成熟驾驶员模型、自动驾驶测试场景等 6 项标准化需求研究报告，推进汽车网联化等级划分、汽车数据脱敏等标准需求研究项目，为标准的立项、制定和后续实施奠定坚实基础。

在标准试验验证、试行及示范应用方面，开展自动泊车、主观评价等标准的验证试验；针对软件升级强标涉及的新技术及新型试验方法，组织开展软件升级操作指南技术文件的编写；开展 GB/T 41578—2022《电动汽车充电系统信息安全技术要求及试验方法》、《汽车数据通用要求》标准示范应用活动，编写标准实施规程，保证试验结果的一致性，推动标准的落地实施；统筹开展标准应用数据库建设，启动信息安全测试场景库建设工作。

3. 2023 年国际智能网联汽车标准化

2023 年，我国立足智能网联汽车技术、产业发展和标准研究成果，积极开展国际标准法规协调与交流。在联合国 WP. 29 方面，工信部担任联合国自动驾驶与网联车辆工作组（GRVA）副主席、自动驾驶功能要求非正式工作组（FRAV）联合主席、自动驾驶法规适用性分析任务组（TF-FADS）联合主席等职责，推进完成技术文件编写、协助制定相关工作规划，提出网联功能（车车通信）提案并新担任智能交通（ITS）车载通信任务组（WP. 29/ITS/TF-VC）副主席。我国全面参与《联合国法规及全球技术法规自动驾驶车辆适用性报告》《自动驾驶功能要求文件》第 3 版《新型自动驾驶新评估/测试方法》等重要文件编制工作。2023 年度累计参加国际法规协调会议超 50 次，提交提案 23 项，深入参与自动驾驶通用要求、新型测试评价方法、自动驾驶系统法规适用性审查、自动驾驶数据记录系统等法规和文件制修订工作。

在 ISO/IEC 方面，我国全面参与 ISO/TC22/SC31、SC32、SC33、SC39 下属各相关领域工作。持续履行 ISO/TC22 自动驾驶测试场景工作组召集人职责，推动 ISO 34503 发布，ISO 34504 进入 FDIS 阶段，推动中国牵头的 ISO 34505 标准进入 CD 阶段；牵头提出后部交通穿行系统（RCTA）、开门预警系统（DOW）、数据匿名化、自动驾驶测试场景自然语言描述方法等国际标准提案，牵头推动成立操作系统国际标准预研组并推动该项目进入 PWI 阶段，当前处于申请立项投票过程中。积极参与功能安全、信息安全、传感器数据接口、软件升级等工作组的会议。

4. 2023 年我国智能网联汽车标准化

（1）新版智能网联汽车标准体系建设指南

为了适应智能网联汽车产业发展新形势，加快构建新型智能网联汽车标准体系，分委会支撑工信部、国标委开展新版智能网联汽车标准体系研究，发布《国家车联网产业标准体系建设指南（智能网联汽车）（2023 版）》，分阶段提出今后一段时期智能网联汽车标准体系建设新的原则、目标和体系框架，明确了后续各层级标准制定的重点方向。

智能网联汽车标准体系所遵从的技术逻辑结构，充分考虑智能网联汽车技术深度融合和跨领域协同的发展特点，横向以智能感知与信息通信层、决策控制与执行层、资源管理与应用层 3 个层次为基础，纵向以功能安全和预期功能安全、网络安全和数据安全等通用规范技术为支撑的“三横两纵”核心技术架构，如图 1-1-2 所示，加强与移动终端、基础设施、智慧城市、出行服务及创新技术的关联性。

按照该技术逻辑结构，综合考虑不同功能、产品和技术类型、各子系统之间的交互关系，将智能网联汽车标准体系划分为 3 个层级。其中，第一层级规定了智能网联汽车标准体系的基本分类，即基础、通用规范、产品与技术应用 3 个部分；第二层级根据标准内容范围和技术等级，细分形成 14 个二级分类；第三层级按照技术逻辑，进一步细化形成 23 个三级分类，从而形成了逻辑清晰、内容完整、结构合理、界限分明的标准体系框架，如图 1-1-3 所示。

（2）智能网联汽车各细分领域标准研究与制定

先进驾驶辅助系统（ADAS）领域：2023 年，该领域共有 15 项推荐性国家标准项目在持续推进。GB/T 41630—2022《智能泊车辅助系统性能要求及试验方法》等 6 项已发布标准的宣贯工作，强制性国家标准《重型汽车自动紧急制动系统技术要求及试验方法》和《轻型汽车自动紧急制动系统技术要求及试验方法》及推荐性国家标准《汽车倒车辅助系统技术要求及试验方法》提交立项申请，部分驾驶辅助纵向行驶控制、感知功能评估目标物、主观评价等 6 项标准的制定工作逐步推动。

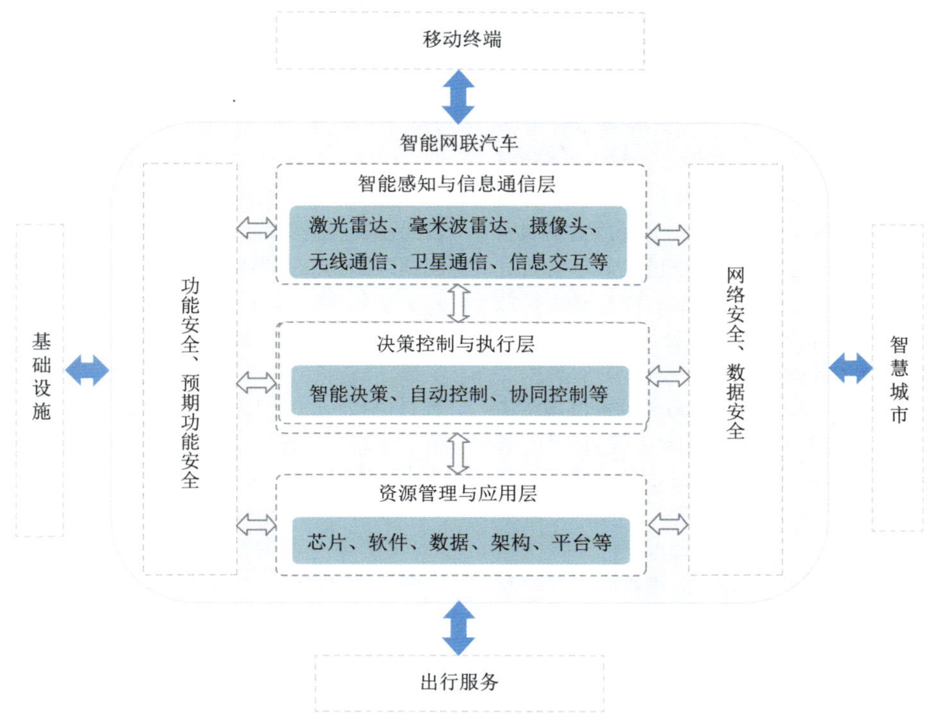

图 1-1-2　智能网联汽车标准体系技术架构

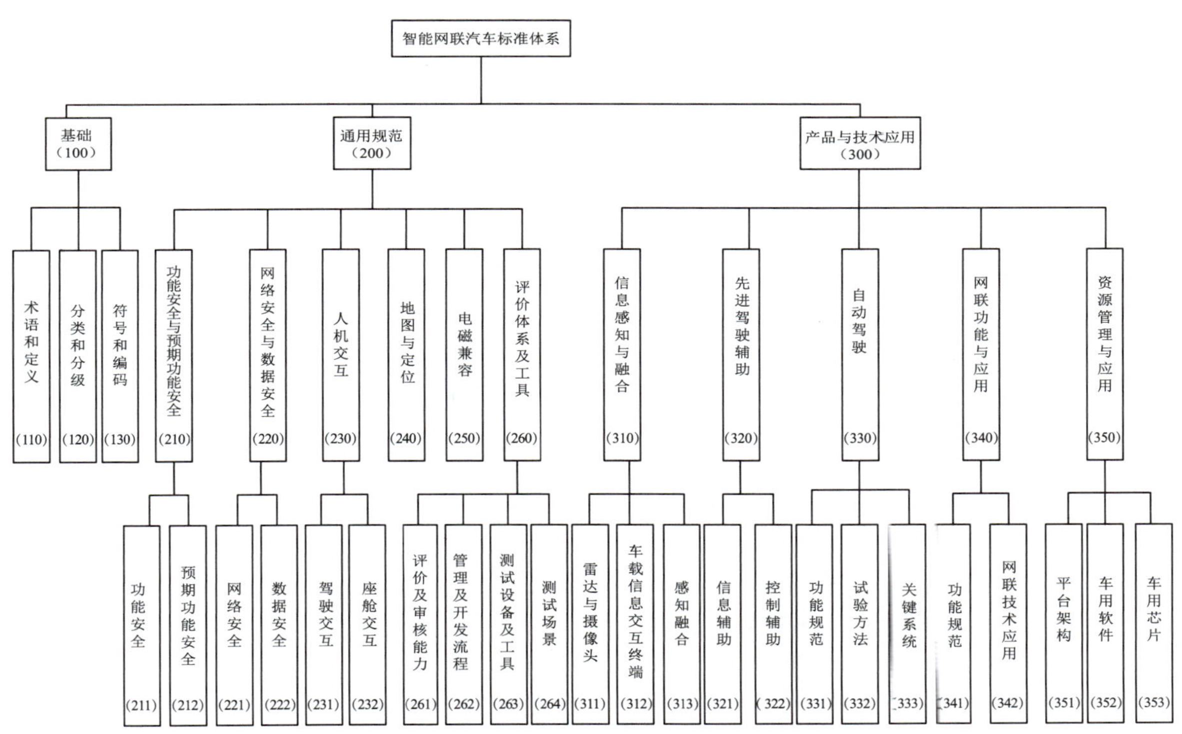

图 1-1-3　智能网联汽车标准体系

自动驾驶领域：2023 年，该领域共有 1 项强制性国家标准、10 项推荐性国家标准、2 项行业标准项目推动研制。GB/T 41798—2022《智能网联汽车　自动驾驶功能场地试验方法及要求》等 2 项已发布标准的宣贯，强制性国家标准《智能网联汽车　自动驾驶数据记录系统》和推荐性国家标准《智能网联汽车　自动驾驶系统通用技术要求》完成审查及报批，推进《智能网联汽车　自动驾驶系统设计运行条件》标准的公开征求意见和审查，《智能网联汽车　自动泊车系统性能要求与试验方法》等 3 项标准下达立项计划，《道路车辆　自动驾驶系统测试场景　术语》等 5 项标准已申请立项。

信息安全领域：2023 年，我国按计划推进该领域 3 项强制性和 7 项推荐性国家标准制定，其中强制性国家标准《汽车软件升级　通用技术要求》《汽车整车信息安全技术要求》和推荐性国家标准《汽车诊断接口信息安全技术要求》完成审查和报批，推进《道路车辆　信息安全工程》标准的制定，强制性国家标准《汽车密码技术要求》和推荐性国家标准《汽车数字证书应用规范》已提交立项申请，启动软件升级工程、信息安全工程审核指南、汽车网络安全入侵检测等 3 项标准的预研。完成量子通信标准领航研究，推进软件升级和整车信息安全两项强标实施指南的编制。

网联功能与应用领域：2023 年，该领域共有 4 项国家标准、2 项行业标准项目在持续推动中，完成《车载专用无线短距传输系统技术要求和试验方法》《车载有线高速媒体传输系统技术要求和试验方法》两项行标的审查，推进《基于 LTE-V2X 直连通信的车载信息交互系统技术要求及试验方法》标准的公开征求意见和审查，安全预警应用场景及数字钥匙标准已申请立项，启动列队跟驰标准的预研。

资源管理与信息服务领域：2023 年，我国该领域共计 7 项国家标准、3 项行业标准项目持续推进，其中《汽车数据通用要求》完成审查和报批，推荐性国家标准车控和车载操作系统，以及行业标准智能驾驶计算芯片下达立项计划，数据安全管理体系、人脸识别、芯片信息安全规范、智能座舱计算芯片、安全芯片等标准处于申请立项阶段，新组建生物滞留标准起草组。

5. 未来几年智能网联汽车标准化工作发展展望

未来智能网联汽车标准体系将紧贴汽车技术发展趋势和行业实际需求，持续完善标准顶层设计，加强统筹协调，优化标准供给结构和水平，积极推进标准全生命周期管理，将有以下重点发展方向：

（1）智能网联汽车标准体系建设进一步完善

智能网联汽车标准体系建设方案将持续完善，加快推进重点急需标准制修订工作。

智能化领域，推进全景影像、智能限速、夜视系统、组合驾驶辅助、自动驾驶道路测试、DSSAD、自动驾驶通用技术要求等已报批标准的发布；推进自动驾驶设计运行条件标准的报批；完成自动泊车、融合单元逻辑接口等标准的审查；视计划下达情况，适时推进两项自动紧急制动系统强标和测试目标物、港口和末端配送自动驾驶系统、纵向行驶控制系统、感知功能评价测试设备、融合定位系统等已申报立项项目的起草、征求意见；完成主观评价、生物滞留监测、商用车行人和自行车移动监测等项目的立项申报工作。完成自动驾驶“多支柱”标准综合应用指南、人机交互安全评估、座舱仿生机器人等标准化需求研究项目。

网联化领域，推进强制性国家标准软件升级、整车信息安全及推荐性国家标准数据通用要求、诊断接口等已报批项目的发布；完成信息安全工程标准的报批工作；完成两项车用操作系统标准审查；按计划推进汽车密码技术要求强标和数字证书、信息安全工程审核指南、漏洞分类分级、车用数字钥匙、数据安全管理体系等推标的研究进程；完成软件升级工程、信息安全工程审核指南、汽车网络安全入侵检测等标准的立项申报工作，启动遥控驾驶、网联化等级划分、列队跟驰等有关标准的制定工作，推进整车信息安全和软件升级操作指南研究。

（2）国内外标准法规合作持续深入

积极参与联合国世界车辆法规协调论坛（WP. 29）、国际标准化组织（ISO）、国际电工技术委员会（IEC）、国际电信联盟（ITU）等国际标准法规协调，持续关注自动驾驶、V2X 通信、车用操作系统等相关国内外技术标准组织动态，通过国际专家咨询组（FEAG）及国际标准法规协调专家组（HEAG）等机制，组织开展双、多边沟通交流。

依托政府间汽车标准对话合作框架及汽车领域各类合作机制，加强与欧盟、德国、美国、法国、日本及共建“一带一路”国家的交流合作，联合推动国际标准法规制定协调，促进全球智能网联汽车技术及产业发展。

（3）标准宣贯实施力度不断加大

调动地方主管部门、行业组织、科研院所、高等院校及行业企业等各方力量，推进智能网联汽车标准技术研讨、标准宣贯、示范应用、人才引育等工作，持续提升公众认知。结合技术创新和产业发展趋势，定期开展行业调研与实施效果评估，持续完善标准体系，为产业发展和行业管理提供有力保障。

（4）重点技术领域创新驱动逐步发力

聚焦前沿技术领域和新兴产业生态，围绕固态电池、电动汽车换电、车用人工智能等新领域，前瞻研究相应标准子体系，支撑新技术、新业态、新模式创新发展。实现技术创新与标准制定相互融合、验证试验与效果评估相互促进，引领智能网联汽车新产品、新业态、新模式快速发展，共同加速智能化网联化技术进步，推动构建智能网联汽车融合创新发展的产业生态。

（5）各领域和各级标准协同配合更加强化

全国汽标委与各相关领域标委会等组织机构的协同配合机制将逐步完善，形成顶层设计科学、层次结构清晰、职责范围明确、合作协调顺畅的工作模式，以智能网联汽车标准体系为主体，推动“国—行—团”标协同配套，协力研制符合产业发展需要的系列技术标准。

（四）新能源汽车产业政策

中国汽车工程研究院股份有限公司 朱云尧

1. 2023年新能源汽车产业总体发展与技术突破

2023年，全球新能源汽车销量创历史新高，突破1300万辆大关，同比增长35.7%。2023年，智能新能源汽车新技术加速涌现与迭代，相关技术成熟度进一步提升，产品安全性与可靠性具有较大幅度进度。

（1）我国新能源汽车市场发展情况

我国新能源汽车市场保持较高增长速度。2023年，我国新能源汽车产销规模呈较快上升态势，连续9年位居全球首位，新能源汽车产销量分别完成958.7万辆和949.5万辆，同比分别增长35.8%和37.9%。新能源汽车新车市场占有率达到31.6%。2023年，我国新能源汽车销量占全球新能源汽车销量70%以上，相比2022年提升约10个百分点，发展韧性进一步增强。

插电式混合动力汽车市场进入高速发展阶段。2023年，我国纯电动汽车销量达到668.5万辆，占新能源汽车总销量超过70%，同比增长24.6%。插电式混合动力（含增程式）汽车由于较好的场景适应性及成本优势，受众面加速拓展，销量达到280.4万辆，占新能源汽车总销量29.5%，同比增长高达84.7%。氢燃料电池汽车由于其成本较高、技术成熟度较低和基础设施限制等因素，处于规模化发展前期。

我国新能源汽车保有量突破2000万辆关口。根据公安部数据，截至2023年底，我国新能源汽车保有量达到2041万辆，占汽车总量的6.07%。我国新能源汽车保有量从2015年的58万辆增加到2023年的2041万辆，由占汽车总量的0.34%提升至6.07%。

（2）我国新能源汽车技术突破情况

2023年，我国智能新能源汽车技术创新较为活跃，有效支撑了智能新能源汽车产业的健康可持续发展。一是半固态电池技术加快突破，产品落地在即。固态电池是我国新能源汽车产业未来竞争制高点，2023年，我国半固态电池技术加快发展，头部电池企业陆续发布半固态电池产品，能量密度可达350~500 Wh/kg，产品安全性进一步提升。二是高压大功率快充技术逐步产业化。随着纯电动汽车续航里程延长，动力电池带电量提升，快速补能预期提高，在充电相关标准修订下，800 V高压大功率快充技术加速涌现，最大充电功率可达600 kW以上。三是领航辅助驾驶技术加速应用。2023年，领航辅助驾驶（NOA）技术已成为智能新能源汽车产品核心竞争力之一。在高精度地图辅助下，高快速路领航辅助驾驶技术已规模化应用落地，城区无高精度地图的领航辅助驾驶技术正在快速推进。

2. 新能源汽车产业政策情况

2023年，新能源汽车是我国汽车产业政策关注重点，国家陆续发布了支持和规范新能源汽车产业发展的相关政策，持续推动我国新能源汽车产业高质量发展。

促进生产类政策方面，2023年12月，工业和信息化部发布《关于2024—2025年度乘用车企业平均燃料消耗量与新能源汽车积分管理有关事项的通知》，要求乘用车企业2024年度、2025年度的新能源汽车积分比例要求分别为28%和38%。

应用试点类政策方面，2023年1月，工业和信息化部等八部委联合发布《关于组织开展公共领域车辆全面电动化先行区试点工作的通知》，在全国范围内启动公共领域车辆全面电动化先行区试点工作，公共领域车辆包括公务用车、城市公交、出租（包括巡游出租车和网络预约出租车）、环卫、邮政快递、城市物流配送、机场等领域用车。2023年11月，工业和信息化部等八部委印发《关于启动第一批公共领域车辆全面电动化先行区试点的通知》，确定北京、深圳、重庆、成都、郑州等15个城市为此次试点城市，鼓励探索形成一批可复制可推广的经验和模式，为新能源汽车全面市场化拓展和绿色低碳交通运输体系建设发挥示范带动作用。

促进消费类政策方面，2023年7月，商务部等17部门联合发布《关于搞活汽车流通扩大汽车消费若干措施的通知》，提出支持新能源汽车购买使用、加快活跃二手车市场、促进汽车更新消费、推动汽车平行进口持续健康发展、优化汽车使用环境、丰富汽车金融服务相关内容。2023年6月，工业和信息化部联合五部门发布《关于开展2023年新能源汽车下乡活动的通知》，将促进引导乡村新能源汽车消费。

税收减免类政策方面，2023年7月，在财政部新闻发布会上提出，新能源汽车车辆购置税减免政策延长4年，即延长至2027年12月31日。其中，对在2024年1月1日至2025年12月31日期间购置的新能源汽车免征车辆购置税，每辆汽车免税额不超过3万元；对在2026年1月1日至2027年12月31日期间购置的新能源汽车减半征收车辆购置税，每辆汽车减税额不超过1.5万元。

3. 产业新质生产力发展情况

新质生产力是先进生产力的代表，2023年，我国汽车产业新质生产力多点开花，供应链强链固链、战新产业崭露头角，持续推动我国智能新能源汽车高质量发展。

一是我国新能源汽车产业优势地位凸显，持续推动绿色低碳产业链供应链优化升级。在《京都议定书》《巴黎协定》等协议和共识推动下，保护生态确保人类可持续发展的理念成为各国低碳转型的重要考虑。我国提出“3060”碳达峰碳中和的战略目标，奠定了我国低碳绿色发展的主基调。我国道路交通碳排放约占全部碳排放的8%，发展新能源汽车，将从能源应用环节大幅降低道路交通碳排放水平。新能源汽车与新能源体系协同，能源从生产到消费将基本实现绿色闭环，逐步构建零碳道路交通体系。2023年，根据相关数据，全球车用动力电池装机量约705 GWh，基本形成中、韩、日三足鼎立态势。我国车用动力电池装机量约 387 GWh,占全球比重约 55%。我国有 6 家电池企业进入全球动力电池装机量前 10。

二是低空经济纳入新质生产力范畴,飞行汽车产业加快推进。2023 年 10 月,工业和信息化部等四部委联合印发《绿色航空制造业发展纲要(2023—2035 年)》,提出到 2025 年,电动通航飞机投入商用,电动垂直起降航空器实现试点运行。到 2035 年,建成具有完整的、先进的、安全性的绿色航空制造体系,新能源航空器成为发展主流。作为新质生产力的代表,低空经济已成为培育发展新动能的重要方向。

4. 我国新能源汽车产业发展趋势

一是智能新能源汽车市场规模持续扩大。我国智能新能源汽车规模发展态势下,相关零部件成本快速下探,智能新能源汽车,尤其是插电式混合动力汽车,已逐步具备和传统燃油车成本看齐的条件。预计 2026 年左右,我国智能新能源汽车产业将实现 3 个"50%"。即新能源汽车新车渗透率将超过 50%,插电式混合动力汽车(含增程式电动汽车)将占新能源汽车约 50% 的市场份额,搭载组合驾驶辅助功能的智能网联汽车新车渗透率将超过 50%。

二是智能新能源汽车行业竞争加剧。当前,我国智能新能源汽车产能已出现过剩现象,伴随产业增速放缓,产业竞争加剧。2024 年 2 月,我国已出现由新能源汽车率先发起的汽车价格战,汽车生产企业将面临前所未有的压力。同时,面临动力电池需求减缓、电池级碳酸锂价格回落等因素,动力电池产业链相关企业面临生存危机。智能网联较多领域尚未找到清晰可持续的商业模式,面临投入多、产出少的困境。未来,缺乏竞争优势的整车和供应链企业将持续淘汰出局。

三是新一轮技术创新迎来发展机遇。经过 10 余年的发展,我国智能新能源汽车技术已到达相对成熟的水平,续航能力、能耗水平、充电技术、辅助驾驶、人机交互等技术逐步完善。未来,人工智能大模型、固态电池和线控技术等将成为汽车产业新一轮技术创新高地。以大模型为例,大模型作为新质生产力与汽车产业加速融合。首先,中国有望抢占大模型与汽车产业融合创新的战略制高点。汽车保有量、场景丰富度、需求多样性,为大模型与汽车产业融合发展,提供数据和市场必要条件。其次,大模型将贯穿汽车产品全生命周期,形成内部互通、外部互联的赋能格局。产品定义模型化、研发生产模型化、精准营销模型化,应用体验模型化,将成为新时期汽车生产企业的核心竞争力。但是,我国大模型与汽车产业结合仍缺乏算力、基础模型等充分条件,需要一步优化完善。

四是智能新能源汽车出口受不确定因素影响加大。在各项政策支持下,我国智能新能源汽车产业加速规模化发展,相比其他国家,我国智能新能源汽车具备大幅领先的成本优势。近年来,智能新能源汽车出口成为我国汽车产业走出国门、走向国际的重要标志。但是,部分国家和地区以维护国家安全、反补贴调查等方式对我国智能新能源汽车出口设置门槛,其本质是其智能新能源汽车产业已基本不具备与我国竞争的条件。长远来看,芯片与科学法案、通胀削减法案、新电池法、碳边境调节机制、防止数据访问行政命令等壁垒将对我国智能新能源汽车出口和本土化布局产生不确定影响。

五是头部企业构建产业生态需求持续加强,以生态体系构建护城河。近年来,随着智能新能源汽车市场规模逐步扩大,智能网联和新能源部件技术壁垒逐步降低,头部企业构建发展生态动作频繁。企业需要构建以数据和大模型为纽带的多产业多层级生态环,以构筑新时期竞争优势。内环生态应是以自我核心竞争力为圆心打造的生态环,以核心供应链、研发、营销体系为着力点;中环生态应是以强相关大产业为依托打造的生态环,以交通、能源、信息、保险、人工智能、二手车等为着力点;外环生态应是以用户为立足点打造的生态环,以用户选车、购车、用车、保养、维修和置换等实际需求为着力点。数据和大模型是穿插在多产业多层级生态环中的"血液"和"神经元"。

六是智能新能源汽车后市场赛道呈加速扩张态势。我国是全球汽车保有量最多的国家,汽车后市场是我国汽车产业的重要组成部分。从保有量来看,截至 2023 年底,我国汽车保有量为 3.19 亿辆,其中新能源汽车保有量为 2041 万辆。传统燃油车后市场以二手车、保险、维修保养、整车报废回收等业务为主,智能新能源汽车后市场业务体系与模式大多不同于传统燃油车,订阅付费、换电补能、电池回收、安全监测、健康养护、数据应用等,将成为智能新能源汽车产业后市场新型赛道。随着智能新能源汽车保有量快速扩大,其后市场也将迎来发展新机遇。

5. 未来几年新能源汽车产业发展建议

(1)巩固和扩大智能新能源汽车产业发展优势

智能新能源汽车是我国汽车产业实现由大变强的最重要赛道,在智能新能源汽车的引领下,我国汽车市场格局,从合资品牌为主导,转变为自主品牌为主导,且自主品牌新车市场占有率持续快速提升。新时期,我们应该继续巩固和扩大智能新能源汽车产业发展优势。一是补链强链,在芯片核心部件和操作系统等方面应持续加大投入,在动力电池等方面应继续扩大产业链优势;二是技术模式创新,围绕辅助驾驶、自动驾驶、固态电池、线控技术、保险保障等开展创新;三是提升安全,进一步推进安全体系建设,提升安全测试评价能力,推进智能新能源汽车及关联系统全生命周期安全管理;四是产业和管理协同,智能新能源汽车关联多个产业,适度超前开展协同机制和管理举措研究,促进"智能新能源汽车产业+"协同发展。

(2)依据场景合理有序推进公共领域全面电动化

2023 年,我国新能源乘用车渗透率已超过 35%,新能源商用车渗透率不足 20%,明显低于新能源乘用车渗透率。商用车是道路交通耗能和碳排放大户,但商用车生产工具的使用性质,使成本与效率是商用车电动化程度的主要因素。当前,在推进公共领域全面电动化工作中,存在政策牵引性强、场景分析不合理等问题,在扶持政策到期后,面临在用车偏离生产工具定位、新车持续推广受阻等局面。建议依据商用汽车运营数据体系,充分考虑其生产工具特性,对应用场景进行分类分级,合理匹配应用场景与新能源商用车技术路线,合理有序提升公共领域全面电动化水平。

(3)加快推进自动驾驶汽车在特定场景推广应用

智能网联是我国汽车产业转型升级、高质量发展的重点领域。我国智能网联汽车产业已由与全球并跑,逐步变为小幅领先,尤其是搭载领航辅助驾驶功能的汽车产品加速渗透。但是,考虑到产品安全性、法律法规许可性等问题,具有自动驾驶功能的汽车应用,在空间、时间、使用主体等方面仍具有一定限制性。建议加快研究非道路特定场景,应用自动驾驶汽车的需求及可行性,进一步扩大自动驾驶汽车应用范围,探索特定经常应用最佳实践,推动我国智能网联汽车产业健康多元化发展。

(4)规范和提升插电式混合动力汽车技术条件

插电式混合动力和增程式电动汽车是我国新能源汽车重要产品组成,近年来在使用便利性优势下,新车销量占比持续攀升。在降本与规模化趋势下,插电式混合动力和增程式电动汽车将呈爆发式增长态势。在坚持纯电为主、持续降低交通运输行业碳排放基调下,建议关注插电式混合动力和增程式电动汽车发展情况,以持续降低道路交通领域碳排放、提升能源效率为出发点,规范和提升插电式混合动力和增程式电动汽车纯电续航里程、增程器和油箱技术要求、燃油消耗率等技术条件。

(5)加快研究制定"车—桩—储—能—网"协同发展战略

传统燃油车与电网体系基本处于解耦形态,新能源汽车与电网体系是强耦合关系。根据预测,2030 年我国新能源汽车保有量约 1 亿辆,充电桩保有量约 4500~6000 万台。预计新能源汽车同时充电功率可达 3 亿 kW 以上,节假日同时充电功率将更高。预计 2030 年我国发电装机容量约为 40 亿 kW,其中新能源 23 亿 kW,传统能源 17 亿 kW。尽管我国发电装机容量在持续增加,但与新能源汽车保有量及大功率快充需求增加相比,具有一定不匹配性,尤其是新能源具有波动性、间歇性、区域性等特点。未来,新能源汽车、充电桩、新型储能、发电装机容量、电网体系需要科学有效协同,才能推动我国新能源汽车可持续发展。建议相关部门加强协同,加快研究制定"车—桩—储—能—网"协同发展战略,明确举措和要求,系统推进。

(五)智能网联汽车产业政策

中国汽车技术研究中心有限公司　葛　鹏　秦志嫒　张怡凡　王新月

智能网联汽车产业正迎来快速发展的黄金时期,政策环境持续优化,技术突破日新月异。通过全面梳理国内外智能网联汽车政策动向,分析产业发展趋势与重点企业动态,针对未来发展提出建设性建议,助力产业健康、可持续发展。

1. 2023 年智能网联汽车产业总体发展与技术突破

国外政策主要集中在半导体领域。欧盟通过了价值 430 亿欧元的《芯片法案》,旨在促进欧盟半导体产业发展,目标是到 2030 年将其在全球芯片产量中的占比从 9% 提高到 20%。日本计划从 2024 年 4 月起对本国产的电动汽车电池和半导体实行税收减免政策,旨在鼓励企业将生产迁回国内。

国内政策涉及数据利用、数据安全、智能驾驶、智能交通等方面。在数据利用方面,国务院发布《数字中国建设整体布局规划》,强调数字技术创新和安全屏障建设。发展改革委提出构建中国特色数据基础制度体系,促进数字经济红利共享。国家数据局成立并发布《"数据要素×"三年行动计划(2024—2026 年)》,旨在打破行业数据壁垒,推动数据融合应用。在数据安全方面,工信部等部门联合发布《关于促进数据安全产业发展的指导意见》,提出四项重点任务,包括提升产业创新能力、壮大数据安全服务等。网信部门细化个人信息出境安全管理,出台《个人信息出境标准合同备案指南》。国务院发文探索数据跨境流动安全管理机制,优化外商投资环境。智能驾驶领域,智能网联汽车商用化加速,监管要求细化。四部委联合发布《关于开展智能网联汽车准入和上路通行试点工作的通知》,推动 L3 及 L4 级别智能网联汽车商业运营。交通部发布《自动驾驶汽车运输安全服务指南》,明确自动驾驶汽车运输监管要求。智能交通方面,路网感知与云控平台紧密结合。交通部印发《关于推进公路数字化转型加快智慧公路建设发展的意见》,提升路网管理服务数字化水平。《公路工程设施支持自动驾驶技术指南》发布,研究和细化公路工程设施支持自动驾驶的能力与范围。

市场方面,2023 年是智能网联汽车产业快速商业量产落地的一年。L2 级驾驶辅助车型市场渗透率快速提升,L3 及以上级别自动驾驶车辆准入和上路通行试点开启,推动智能网联汽车规模化量产落地进入一个新阶段。近年来,我国组合驾驶辅助乘用车产品市场渗透率从 2019 年的 6.8% 提升至 2023 年的 47.3%,2025 年市场渗透率将达到 70%,2030 年这一比例有望达到 90%(见图 1-1-4)。各品牌旗舰自动驾驶车型相继获得 L3 测试牌照。2023 年 12 月,包括比亚迪、长安、上汽、广汽、北汽、宝马、奔驰、赛力斯、理想等在内的众多汽车品牌下的相关车型,均获得了 L3 级别的自动驾驶测试牌照。

技术方面,智能网联汽车软硬件均取得了显著进展。硬件方面,中央集中式电子电气架构加快布局,国产计算芯片产品大量装车,禾赛科技、速腾聚创等激光雷达企业均在 2023 全年销量破 20 万台,产品性能及出货量全球领先。软件方面,领航辅助驾驶系统由高速场景向复杂城市场景过渡,头部车企纷纷跟进特斯拉的先进算法迭代,尤其是 BEV 和 Transformer、Occupancy 占用网络的结合,推动了自动驾驶感知算法的革新。

2. 产业新质生产力发展情况

2023 年 12 月召开的中央经济工作会议指出,"要以科技创新推动产业创新,特别是以颠覆性技术和前沿技术催生新产业、新模式、新动能,发展新质生产力。"2024 年政府工作报告也提出,"大力推进现代化产业体系建设,加快发展新质生产力”。“新质生产力”是指创新起主导作用，摆脱传统经济增长方式、生产力发展路径，依托基础科学、前沿技术尤其是颠覆性科学技术的革命性突破，使生产能力产生质的跃升，具有高科技、高效能、高质量特征。

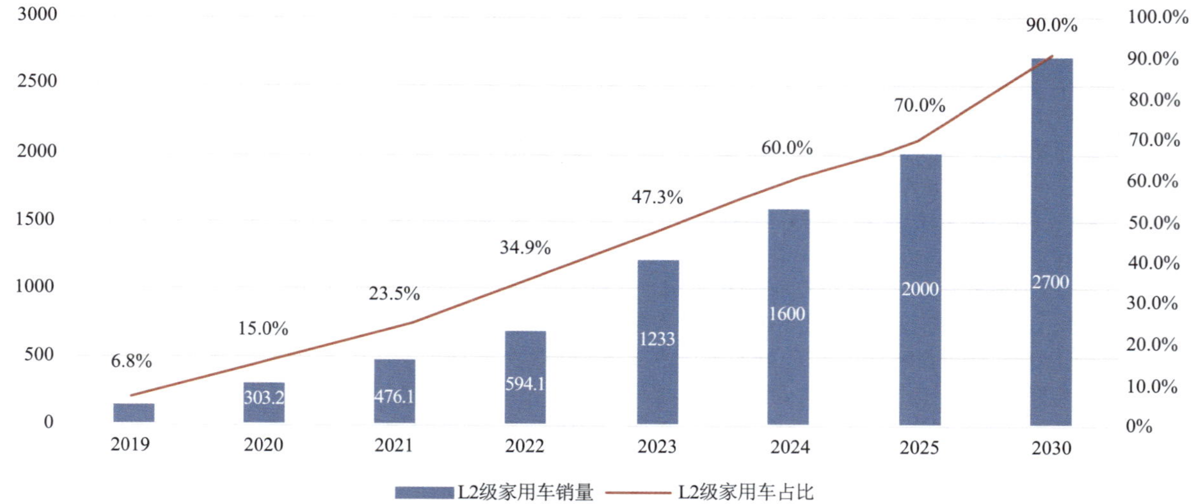

图 1-1-4　2019—2030 年组合驾驶辅助乘用车销量（万辆）

资料来源：2019—2023 年来自工业和信息化部，2024—2030 为中汽政研预测

当前，全球新一轮科技革命和产业变革方兴未艾，我国实施创新驱动发展战略，集中力量推动产业创新升级、打造新质生产力，塑造更多依靠创新驱动、更多发挥先发优势的引领型产业发展。在技术创新方面，随着 AI 大模型的崛起，汽车智能座舱迎来了全新的多模态输入场景，包括视觉、听觉、触觉，推动语音助手、情感互动等应用的创新，端到端大模型也为自动驾驶技术的进化提供了可能，长城旗下毫末智行发布了自动驾驶生成式大模型 DriveGPT，华为也发布了盘古汽车大模型，助力产品形态加速创新。在产业融合方面，智能网联汽车“车路云一体化”作为创新引领的产业转型升级的重要趋势，融合了我国在新一代信息技术、新能源汽车等领域的优势资源，是融合创新的重要应用载体，也是发展新质生产力的重要渠道，各地方积极开展先行先试工作，随着智慧城市基础设施与智能网联汽车协同发展试点、智能网联汽车准入和上路通行试点、智能网联汽车“车路云一体化”应用试点等工作的深入开展，我国智能网联汽车技术创新将进一步加速，转化为强劲的新质生产力。在数字经济方面，汽车智能化网联化转型升级过程中伴随着海量数据释放，行业持续探索汽车数据流通的新模式、新场景，数据分类分级、数据资产入表等工作持续开展，推动数据要素价值的持续释放正成为推动产业高质量发展的新动能。

3. 产业标准体系的建设

在标准体系架构方面，为适应我国智能网联汽车发展新阶段的新需求，我国智能网联汽车相关标准体系架构进一步优化完善。2023 年工业和信息化部、国家标准化管理委员会组织全国汽车标准化技术委员会及相关各方修订形成了《国家车联网产业标准体系建设指南（智能网联汽车）（2023 版）》，涵盖了基础、通用规范、产品与技术应用 3 个大类、14 个二级分类和 23 个三级分类标准内容，已完成发布 43 项、报批 21 项，到 2025 年预计制修订标准达 100 项以上，2030 年达到 140 项。2023 年 3 月，为加强智能汽车基础地图标准规范的顶层设计，推动地理信息在自动驾驶产业的安全应用，自然资源部编制了《智能汽车基础地图标准体系建设指南（2023 版）》，从基础通用、生产更新、应用服务、质量检测和安全管理等方面，对智能汽车基础地图标准化提出原则性指导意见，推动智能汽车基础地图及地理信息与汽车、信息通信、电子、交通运输、信息安全、密码等行业领域协同发展，逐步形成适应我国技术和产业发展需要的智能汽车基础地图标准体系。

在具体标准方面，推荐性国家标准 GB/T 43187—2023《车载无线通信终端》等已正式发布；强制性国家标准《汽车整车信息安全技术要求》《智能网联汽车自动驾驶数据记录系统》已于 2023 年完成公开征求意见，当前正在审查阶段；推荐性国家标准《车载激光雷达性能要求及试验方法》《智能网联汽车自动驾驶系统设计运行条件》《智能网联汽车 车载操作系统技术要求及试验方法》等已顺利立项，各类标准的全面推进为智能网联汽车产业高质量发展奠定了坚实基础。

4. 国内外智能网联汽车产业发展趋势

产业集聚效应明显，智能网联汽车生态逐渐丰富。智能网联汽车正逐渐演变为集出行、娱乐、办公、生活于一体的移动智能终端，整车企业、科技企业、通信运营商等不同领域企业合作开发新技术、新产品。整车和科技企业开展广泛合作，双方分别发挥自身的硬件制造优势和高端技术优势，实现技术和产品的新突破。同时，通信运营商、路侧设备供应商、高精地图等企业提供数据传输、云计算、大数据分析、高精导航等服务，支持智能网联汽车的运行。此外，保险服务和能源行业提供保险服务和能源解决方案，助力智能网联汽车产业健康发展。

国内车企积极布局海外市场，以寻求新的业务增长点。国内车企经过市场高速发展后，面临的竞争和市场饱和压力日益激烈，为拓展发展空间，多家车企通过海外建厂、与当地企业合作等方式布局海外业务。如比亚迪在匈牙利建设新能源汽车整车生产基地；广汽集团深耕东南亚市场，泰国、印尼两大海外制造基地先后动工；长城汽车与奥托立夫深化合作，围绕安全技术研发及应用、可持续发展、海外业务拓展等领域开展深度合作。

不同国家和地区根据自身的发展需求和战略目标，围绕规模化应用、数据产权和安全、基础设施建设等方面开展探索和实践，以支持和规范智能网联汽车产业的健康发展。L3级及以上智能网联汽车短时间内难以大范围普及，主要通过试点方式探索商业化管理路径，预计2027年以后可能大规模商用。数据安全已成为政策关注重点，围绕数据分类分级、加密、跨境，预计未来有更多政策发布。对数据价值的前瞻研究正在不断深化，部分地区已建立数据交易平台，如深圳数据交易所、上海数据交易中心。在智能网联汽车技术推动下，基础设施建设将会进一步加速，我国也在进行基础设施建设以支撑车路云一体化发展。随着配套环境的不断完善，预计将在未来几年内智能网联汽车将实现重要突破。

5. 目前亟须解决的技术难点及解决方案

(1)技术难点

部分企业未建立完整研发体系或未充分利用已有研发体系。一是部分企业尚未建立包括功能安全、预期功能安全、网络安全、数据安全、软件升级安全等在内的全流程研发体系。大多数车企在功能安全、软件升级安全领域已有较好基础，但在预期功能安全方面基本空白，网络安全和数据安全能力也有待进一步提升。二是有些企业虽然建立了研发体系，但在产品开发过程中却没有实际应用相应的体系流程。这可能是由于企业内部对安全研发体系重要性的认识不足，或者执行力度不够。最终导致企业研发体系形同虚设，无法发挥其应有的作用。

行业内尚无明确、一致的智驾产品安全要求。一是针对基础L2功能的单车道、多车道国标还未正式发布，企业在产品开发时暂无通用性技术要求可以遵循。二是针对高速领航、城市领航等高阶L2功能，行业内也没有统一、一致的产品安全要求，无法通过充分合理的测试保障智能网联汽车产品的安全性。三是智能网联汽车准入与上路通行试点中对汽车产品的安全要求，在具体的测试与安全评估实践中也还需要进一步细化。由于没有统一的安全要求，企业在开发智能驾驶功能时往往依据自身理解和技术实力进行，导致市场上的智能驾驶产品在安全性上存在较大差异。

(2)解决方案

完善并落实全流程安全研发体系。企业应加快构建包括功能安全、预期功能安全、网络安全、数据安全和软件升级安全的全流程研发体系，特别是加强在预期功能安全方面的建设，并着力提升网络安全和数据安全能力。其次，企业应深化对安全研发体系重要性的认识，同时强化执行力度，鼓励跨部门协同合作，确保研发体系在产品开发中得到切实应用。

建立统一的智能驾驶产品安全要求。首先，加快L2级智能驾驶相关功能的国家标准制修订，为基础功能的开发提供明确的技术要求指引。其次，针对高阶L2功能，在产品安全设计、产品功能边界、合理的控制策略、人机交互、软件在线升级、数据记录能力、充分的测试验证等方面提出产品技术要求。最后，根据智能网联汽车准入与上路通行试点开展情况，制定具体的产品测试与安全评估指南，不断优化和完善安全评估方法，为正式准入制度建立提供依据。

6. 未来几年智能网联汽车产业发展建议

在法律法规优化方面，建议加快智能网联汽车立法进度，推动产品技术验证与商用化。一是推动组合驾驶辅助监管政策尽快出台，考虑将组合驾驶辅助功能与产品准入管理相结合。二是加快推动智能网联汽车准入与上路通行试点工作进度，及时总结试点经验，动态优化完善评审规则，尽快将更多企业更多车型纳入试点工作中来，积累实证经验，为相关法律法规、技术标准制修订提供参考。

在发展新质生产力方面，建议进一步加强对于新技术创新成果转化的支持，通过建立共性技术创新平台、设立智能网联汽车领域重大专项等形式，进一步引导和鼓励企业加速创新，并继续开展相关先行先试工作，助力智能网联汽车成果转化。

在行业生态建设方面，建议加强行业跨界合作，实现资源共享和技术互补，共同打造智能网联汽车生态系统。积极拓展国际市场，进一步增强品牌和产品的全球竞争力。企业与主管部门间加强沟通，确保技术发展与政策标准同步。不断创新投入研发新技术、新产品，通过技术突破为安全保驾护航。

在企业发展战略方面，坚持合作和自研两条腿走路，通过跨界合作为企业提供多元化视角和资源，通过核心技术研发增强企业的合作资本和市场竞争力。深入洞察用户需求，研发符合用户预期的技术和产品。建立多元供应商体系、应急响应机制和风险管理，提升整车企业供应链稳定性和安全性。

二、纯电动汽车领域

(一)纯电动乘用车

北京新能源汽车股份有限公司　魏跃远

1. 2023年纯电动乘用车产业总体发展与技术突破

根据中汽协数据，2023年，国内新能源汽车实现产量958.7万辆，同比上升35.8%，实现销量949.5万辆，同比上升37.9%，新能源乘用车渗透率达到34.7%。纯电动实现产量670.4万辆，同比上升22.6%，实现销量668.5万辆，同比上升24.6%，占新能源汽车销量的70.4%。相较于2021—

2022 的倍增阶段，从市场增量与存量角度来看，新能源乘用车市场主要份额（约 70%）仍被纯电车型占据。截至 2023 年 12 月，全国新能源汽车保有量已超过 2000 万辆，其中纯电汽车突破 1500 万辆大关。据海关总署数据，2023 年乘用车累计出口 443.5 万，同比上升 66%，其中纯电车型为 154.7 万辆，占比 34.9%。

这一年，纯电动乘用车产品、技术及品牌影响力持续提升，在轿车、SUV 和 MPV 等细分市场逐步建立优势。技术方面，主要有以下几方面进展和突破。

第一，中国动力电池产业以技术创新引领全球，朝着低碳化、高端化、智能化方向发展。2023 年宁德时代发布第三代 CTP—麒麟电池，CTP 相比于传统的电池封装技术（单体—模组—电池包），其通过单体设计和集成形式的优化，取消了模组，直接从大单体到电池包，将横纵梁、水冷板与隔热垫合三为一，集成为多功能弹性夹层，从而提升电池的体积利用率和能量密度，分别达到了 72% 和 255 Wh/kg，均创全球新高。蜂巢能源科技的热电分离动力电池系统高效集成技术，通过热—电分离、防护空间共用、高集成结构三大创新设计，解决了电池系统安全与续航的痛点。该技术采用磷酸铁锂电芯系统，体积成组效率可提升至 76%，续航超 800 km，长续航能力凸显；龙鳞甲电池支持双面水冷，换热能力增加 70%，提升快充场景安全性，支持 2.2C~4C 快充能力，可实现整车充电 5 min，续航 200 km；覆盖全部 300~600 mm 各尺寸电芯，提升车企生产效率。通过蜂云平台的加持，可实现故障提前预警，将被动售后局势扭转为主动防护。

第二，比亚迪 2023 年推出“宽温域热泵空调系统”。该项技术是一种创新的热管理解决方案，旨在提高电动车的能源效率和舒适性。与传统的 PTC（正温度系数）加热系统相比，热泵空调系统能够显著降低能耗，从而提高电动车的续航里程。宽温域工作技术能使车辆在-30~60 ℃的环境温度中仍能正常工作，通过改进热泵系统的设计和控制策略，实现了在极端低温环境下的稳定运行，确保了车辆在各种气候条件下都能提供稳定的冷暖输出。冷媒直冷直热技术通过减少能量传递环节来提高换热效率和速度，不仅可以降低能耗，还有助于提高电池的寿命和性能。

第三，深蓝自研的全球首创微核高频脉冲加热技术，-30 ℃环境下也能快速加热锂电池，电池温度可以每分钟增加 4 ℃，充电时间缩短 15%，动力性提升 50%，让车辆即使在寒冬下也能正常使用。该技术首创了基于宽变频脉冲—电化学阻抗—热耦合机理的动力电池低温快速加热方法。

第四，基础设施技术进步正在加快，包括换电技术和超充技术。超充标准已经发布，350 kW 的超级快充站各厂家都已开始部署，今后几年会持续落地。超级快充可以做到 5 min 补电 200 km。慢充方面，有序充电和双向充电研发已经到位，预计很快开始大规模示范。随着电动车越来越多，正在倒逼城市电网进行车网互动改革。

2. 产业新质生产力发展情况

为实现汽车工业领域的“弯道超车”，我国选择加码发展电动汽车产业新质生产力，不断提升技术水平，增加技术积累，引领汽车行业转型升级发展。纯电动乘用车的核心技术为电能系统，即动力电池、电驱动、电控与充电系统，核心技术的飞速发展为我国汽车产业转型升级发挥了关键支撑和引领作用

（1）动力电池

受益于纯电动乘用车销量快速增长，中国动力电池行业产量与装机量呈现出持续增长的趋势，当前已成为我国领先产业之一，同时推动汽车行业往高附加值行业方向不断升级。

动力电池装机量由 2019 年 34.1 GWh 暴增至 2023 年 322.9 GWh，增长了将近 9 倍。凭借成本和安全等优势，磷酸铁锂电池已经连续两年超过三元锂电池，2023 年市场份额达 61.8%，且在微小型、紧凑型和中型市场全面开花，份额同比增长 20.9%、18.5%、1.6%，而中大型及以上市场，三元锂仍占据主流，市场份额达 74.1%。电池行业头部效应显著，TOP3 厂商市场份额超 7 成，随着比亚迪整车销量增长，其份额不断上涨，2023 年同比增长 2.6%，而宁德时代 2023 年市场份额同比下跌 1.4%。

（2）电驱动系统

电驱动系统是新能源汽车主要性能指标的决定部件，得益于丰富的稀土资源，我国已成为驱动电机最大生产国，且生产的驱动电机技术多项指标已经达到国际先进水平，国内驱动电机产业链完善，自主电机始终占据绝对份额。中国 IGBT 行业技术与产业化发展较晚，国产化进程正在加速，在 SiC 器件研发、制造等领域，与国外先进水平仍存在较大差距。

电机装车量从 2019 年 92.1 万台暴增至 2023 年 832.2 万台，增长了将近 8 倍；依托整车销量优势，主机厂旗下或关联供应商等自研企业占市场大头，2023 年 TOP10 电机厂商中，自研企业占据 5 个席位，其装机量占比将近 5 成，而第三方供应商较为分散，行业集中度不高，尚未出现具备龙头优势的企业。

（3）电控与充电系统

电控系统源于传统汽车的电子电气化，美国、德国和日本起步早，发展优势明显，中国在汽车的电动化发展中才逐步形成电控系统产业能力。现如今电控系统覆盖了新能源汽车大多数零部件，大到电池管理系统、电机控制器、热管理系统，小到车窗、雨刮器的电子控制等。从全要素生产率看，美国、德国和日本稳定处于高位，且美国和德国的优势更突出；中国企业全要素生产率近年来虽然持续提升，但与领先国家仍存在一定差距。由于当前电池、电机和热管理系统已集成了电控功能，电动化模块独立的电控系统主要包括 DC/DC 电压转换器、OBC 充电机和 PDU 高压配电盒，用于实现电压转换、电源传输和分配电源，在国内市场，本土品牌企业凭借较高的产品技术水平和快速响应迭代的优势，占据了大部分市场份额。在本土市场的培育下，中国电控系统创新效能有望进一步提高，逐渐缩小与领先国家间差距。

3. 产业标准体系建设

自 2010 年开始，在工信部、国家标准委的支持和指导下，全国汽车标准化技术委员会开展了包括纯电动汽车在内的我国电动汽车标准体系研究与建设工作，形成了一系列成

果。2023 年度发布的与纯电动乘用车相关的标准（修订或新发布）主要涉及环保与节能、能源补充系统、关键系统及零部件、功能安全、产品及技术类、行业标准等领域（见表 1-2-1）。

表 1-2-1　2023 年度发布的与纯电动乘用车相关的标准（修订或新发布）

标准号	标准名称
GB 22757. 2—2023	轻型汽车能源消耗量标识　第 2 部分：可外接充电式混合动力电动汽车和纯电动汽车
GB/T 20234. 1—2023	电动汽车传导充电用连接装置　第 1 部分：通用要求
GB/T 20234. 3—2023	电动汽车传导充电用连接装置　第 3 部分：直流充电接口
GB/T 31467—2023	电动汽车用锂离子动力电池包和系统电性能试验方法
GB/T 43254—2023	电动汽车用驱动电机系统功能安全要求及试验方法
GB/T 43253. 1—2023	道路车辆功能安全审核及评估方法第 1 部分：通用要求
GB/T 43253. 2—2023	道路车辆功能安全审核及评估方法第 2 部分：概念阶段和系统层面
GB/T 43253. 3—2023	道路车辆功能安全审核及评估方法第 3 部分：软件层面
GB/T 43253. 4—2023	道路车辆 功能安全审核及评估方法第 4 部分：硬件层面
GB/T 43250—2023	汽车用主动红外探测系统
GB/T 43249—2023	汽车用被动红外探测系统
GB/T 43187—2023	车载无线通信终端
QC/T 1198—2023	带功能盒的电动汽车传导充电用电缆组件
QC/T 1199—2023	电动汽车传导充电用集成式交流供电标准插座
QC/T 1200—2023	带充电机的电动汽车传导充电用电缆组件

4. 国内外纯电动乘用车产业发展趋势

中国电动汽车行业发展已逐渐从依赖政策驱动，转变为了市场自由发展。纯电动乘用车产业发展呈现以下几个趋势。

（1）轿车份额持续下滑，紧凑型及以上 SUV 大幅增长

轿车近三年市场份额呈现出持续下滑的趋势。SUV 车型市场占比则不断攀升，当前已占据 38% 的市场空间，展现出强劲的增长势头。MPV 纯电车型未能实现份额突破。从具体细分市场来看，消费升级趋势明显，轿车与 SUV 的低端车型市场均呈现出萎缩态势。此外，在 SUV 市场中，紧凑型及以上车型均处于市场的高速发展阶段。

（2）400 km 以内续航里程车辆占比快速下降，长续航成为市场新宠

从车辆标称续航里程分布上看，由于以五菱为代表的低端市场需求减弱，400 km 以内续航里程的纯电新能源车辆占比快速下降。与此同时，随着电池技术的不断突破和消费者对续航里程需求的提升，500 km 以上续航里程的车辆占比明显增加，成为了市场新宠。特别值得一提的是，400～500 km 续航里程的纯电新能源车辆占比最大，保持上 30% 以上的水平。这一续航里程区间既能够满足消费者日常出行的需求，又能平衡成本与价格，因此受到了市场的广泛青睐。

（3）80 kWh 以下的车型是市场消费的主力，大电池容量的车型占比快速增长

从车辆电池容量分布上看，纯电新能源车辆的产品结构较为稳定，80 kWh 以下电池容量的车型占据市场消费的主力。随着消费者对长续航里程的纯电新能源车辆需求快速增加，大电池容量的车型数量占比也呈现出逐年增长态势。特别是电池容量在 80～100 kWh 区间的车型，其占比增幅超过 5%，显示出市场对更高能量密度电池的强大需求。

（4）电动汽车超充时代开启

经历了从 2010 年到 2022 年的 400 V 平台架构下 1C 到 2C 的快充时代，中国新能源汽车市场已于 2023 年开启 3C 超充时代，多款 800 V 的高压架构平台 B/C 级尺寸车型（含 SUV）已实现量产。2024 年随着更多超充电池的量产上车，市场逐渐进入为期 5～7 年的爆发期。

（5）中国车企市场优势地位稳固，豪华车企销量快速增长

随着各大车企竞相推出纯电新车型，市场竞争愈发白热化。在这样的大背景下，2023 年中国车企在纯电新能源乘用车市场的份额虽然略有下滑，但凭借早期的市场布局和深厚的产业链优势，仍然牢牢占据了 77.9% 的市场份额，优势地位明显。同时，豪华车企在市场中的表现愈发抢眼。在特斯拉、宝马等品牌的引领下，豪华品牌销量持续增长，市场份额明显上升。

5. 目前亟须解决的技术难点及解决方案

当前中国电动汽车产业面临的主要“卡脖子”技术难点有车规级芯片、中高端车用传感器和车载操作系统。

汽车产品进入电动化智能化阶段，越来越多的功能依托于更大数量更高性能的车载芯片。有别于动力电池行业，全球汽车半导体企业，则几乎被国外厂商所垄断，包括英飞凌、NXP、瑞萨、德州仪器、意法半导体等，我国汽车产品用芯片进口占 90% 以上。车用传感器是汽车电子控制系统的信息来源，是车辆电子控制系统的基础关键部件。我国大多数传感器，尤其是高端传感器基本都依赖进口，比如毫米波雷达关键技术被大陆、博世、奥托立夫等外商垄断，集中度较高；其中，77 GHz 毫米波雷达技术基本被博世垄断；而国内车载传感器产商一方面面临缺少资金支持，另一方面研发的产品又无法得到客户的认可等两难困境。车载操作系统，就是为汽车专门设计的，负责管理和控制车载硬件和软件资源，且符合安全需求的基础操作系统。全球市场上主流的车载操作系统主要分为黑莓的 QNX、开源社区的 Linux、谷歌的 Android 三大阵营。国产车载操作系统发展的困难在于基于自主操作系统构建的软件生态和应用规模还比较小。

总体来看,针对电动汽车产业的“卡脖子”领域,核心的解决思路还是要实现自研和自控。芯片方面,比亚迪和中车采用自研自制方式,已经实现一定规模的IGBT开发应用,并且在加码对第三代半导体材料(SiC)的研究;华为通过自研和外部投资两条腿走路,一方面深度参与汽车芯片的研发工作,其提出的智能汽车解决方案中,就有很多华为自研芯片,另一方面投资的山东天岳、鲲游光电和好达电子等企业,也与汽车行业的芯片和材料有关。车用传感器方面,国内已经出现一批出色的企业,如毫米波雷达公司安智杰、森思泰克、智波科技、苏州毫米波等。这些企业中,大部分产品还处于研发状态,少部分如安智杰等公司的24 GHz产品已实现量产。车载操作系统方面,随着鸿蒙系统应用领域和规模的持续扩大,汽车行业的操作系统有望得以突破,但仅仅依靠华为一个厂商的努力还远远不够,尤其是操作系统这一需要更多平台和产品来验证的软件系统,还需要更多的品牌接受和使用才会有更大的发展。

6. 2023年行业重点企事业单位发展情况

2023年,电动汽车行业市场竞争加剧,但集中度进一步提升,头部效应明显,国内纯电动乘用车市场呈现出“两超”竞争格局,比亚迪和特斯拉成为市场的引领者,行业龙头企业在技术实力、产品质量、品牌声誉、市场认可度方面均有明显优势。

比亚迪2023年乘用车销量301万辆,其中出口24万辆,国内销量277万辆,盈利突破300亿元,单车运营利润1万元,创造了多个自主品牌汽车的新纪录。①超越一汽大众成为中国市场第一个自主车企销量冠军。②超越大众,成为自主品牌第一个乘用车销量冠军。③蝉联全球新能源销量冠军,并且2023年Q4成为全球纯电销量冠军。④第一个自主品牌MPV细分市场的销量冠军,打破了合资MPV在细分市场长达24年的垄断地位。⑤第一进入全球车企销量榜TOP10的自主品牌,位列全球车企销量第九名,也是TOP10中唯一份额增长的车企。

特斯拉2023年在全球范围内共计生产纯电动乘用车1845985辆,其中特斯拉上海工厂产量达95万辆,超过总产量的一半,交付1808581辆,产销量分别同比增长约35%、38%,蝉联全球纯电动车交付量榜单冠军。其中,Model Y销量超过120万辆,夺得2023年全球乘用车销量冠军,这也是电动汽车单车销量首次超过燃油汽车。特斯拉全年汽车业务营收达824.19亿美元,同比增长15%,不过出现了自2017年以来的首次年度利润下降,其全年的毛利率为18.2%,同比下降7.35个百分点;调整后的息税前利润为166.31亿美元,同比下降13%。

7. 2023年重点车型技术特点分析

2023年在纯电动乘用车市场表现较好或受关注度高的车型主要有特斯拉Model Y,比亚迪海豚和腾势N7。

Model Y本年度国内销量为45.6多万台,同比增长近50%。不但是中国年度新能源销量汽车排行榜第一,也超越日产轩逸成为中国年度汽车全量榜第一,创造历史。2023年上半年特斯拉上海工厂Model Y/3。两条线扩产均已完成,合并月产能达到10万台;年尾一体化压铸工艺也导入国产,Model Y前地板已变得如后地板一样平整简洁。Model Y的生产效率和产能获得进一步提升,因此年内两度掀起价格战。相比于Model 3,Model Y有相同的底盘、相同的自动驾驶辅助,更大的空间、更强的驱动系统、更好的NVH表现,这些都使它更受欢迎,成为一款真正意义上的“全球车”——2023年度全球预计销售110万台,超越丰田卡罗拉成为全球最畅销车型,且平均售价达后者两倍以上。新能源车型历史第一次成为全球年度销冠,这将是一个影响更广泛的转折。

2023年4月6日,比亚迪搭载全球首款八合一电驱总成的海豚上市,此电驱集成了驱动电机、减速器、驱动电机控制器、高低压直流转换器(DCDC)、双向车载充电器(OBC)、高压配电箱(PDU)、电池管理器(BMS)、整车控制器(VCU)八大模块。系统的功率密度相对于三合一的系统提升了20%,重量和体积分别降低了10%,系统综合效率高达89%。其中,驱动电机采用发卡扁线永磁同步电机、超薄硅钢片,电机功率提升40%,最高效率97.5%,且能够平台化覆盖70~270 kW。减速机械机构应用低摩擦轴承和导油式结构,提升润滑效果且降低搅油损失,齿轮精细设计降低齿轮滑移损耗,同时首次应用低黏度油品,传动最高效率达97.6%。电机控制器实现VCU、BMS、MCU(含DCDC、OBC、PDU)深度集成,电控系统响应时间缩短90%。同时节省大量高压线束,模块体积缩小40%。2023年7月,首搭“天神之眼”高阶智能驾驶辅助系统和“云辇-A”智能空气车身控制系统的豪华猎跑SUV腾势N7推出,实现整车智电融合,为用户带来智能、安全、舒适的新豪华出行体验。

8. 未来几年纯电动乘用车产业发展建议

纯电动乘用车产业经历了技术储备与开发阶段、市场导入与培育阶段和补贴政策驱动阶段,从2023年开始进入市场驱动的快速发展期。未来几年,纯电动乘用车要延续快速增长的良好态势,还需要在以下几个方面进一步改善和提升。

(1)进一步提升电池安全性能

动力电池安全问题是市场关注的重点话题,大部分车企对电池安全技术的设计方向是“不起火、不爆炸”。近期安全改进的两条路线为LiFSI逐步替代LiPF6成为电解液主要材料,高镍三元复配磷酸锰铁锂(LMFP)成为正极新型材料。结构、隔热材料的改进也帮助进一步提升电池安全性能。

仅从技术属性的优势判断,固态电池有望彻底解决动力电池安全问题。但是高成本、高研发要求限制了固态电池在2025年前很难实现批量装车。作为液态电解质到固态电解质的过渡技术,折中方案是半固态电池,其继承了固态电池的部分优点,2023年已实现量产并即将规模化应用。

(2)持续推进高质量充换电等基础设施建设

2023年我国新增充电基础设施同比保持较快增长,其中公共充电桩增速亮眼,同比增长超过42%。未来在纯电动汽车保有量不断增加及政策的推动下,预计充电基础设施高质量发展将更注重合理布局、高使用效率及更高效的充电时长等方面的优化,一方面将带动重点区域的需求释放,另一方面将推进快充等技术更新和应用。

加快国家充电设施测试服务平台建设，完善高速充电设施信息服务，加大重大节假日出行充电服务保障力度。持续完善充电基础设施标准体系，推动制定、修订先进充换电技术标准，强化充电设施质量安全监督。

(3)电动化企业出海竞争全球市场

未来几年，电动化企业应把目光放远至全球，整车和动力电池将是出海趋势最显著的行业。2023年，我国纯电动乘用车出口量达到154万辆，同比增长64%，考虑到国际市场需求有望长期保持增长，未来出口发展仍有巨大空间。中国动力电池行业由宁德时代领头的“一超多强”企业竞争格局将被打破，伴随比亚迪在动力电池领域地位上升，行业将逐渐向“1+1+N”式格局演变。而在全球动力电池行业，将是中韩两国的动力电池企业抢占全球市场，形成二元竞争局面。

(4)持续营造公平竞争市场环境

国家继续通过政策引导、规范监管等方式营造公平竞争的市场环境，充分激发各类经营主体活力，推动汽车产业转型升级和企业优化重组，提升技术创新和产业链配套能力，加强国际合作，持续推动纯电动乘用车产业高质量发展。

(二)纯电动商用车

东风商用车有限公司　陈玉明

1. 2023年纯电动商用车产业总体发展与技术突破

2023年，由于年初柴油、天然气价格持续高位，纯电动中重卡营运成本低的优势凸显。以标载49 t牵引车为例，每公里用电比用柴油和天然气节省1元多能源费用，加上各地政府大力倡导和补贴支持，纯电动产品被行业寄予厚望。后来气价大幅下降，对部分牵引车、自卸车换车场景造成影响，但在强大的政策驱动力下，纯电动车型依然保持了高增长。

全年纯电动中重卡销量达3.2万台，同比增长33%。分品系来看，电动牵引车销量约1.6万台，占纯电动中重卡的一半；同比增长27%，增幅低于牵引车整体58%的增幅；纯电动牵引车渗透率为5%，同比下降1.2%。专用车、自卸车行业整体需求同比小幅下滑，但新能源产品销量逆势上涨。其中纯电动专用车销售约9300台，同比增长29%，渗透率为6.5%，同比增长2.9个百分点。纯电动自卸车销量约6300台，同比增长20%，渗透率达11.5%。纯电动载货车销量不足200台，集中在轻卡领域，未来随着产品性能提升，将会快速向中卡领域城市配送场景扩散。

未来纯电动产品实现高速发展，将主要依赖于政策驱动、产业模式驱动、成本驱动等几个方面。

如东风商用车在业内首创的运营云平台，通过数字化技术，围绕用户“选、购、用、管、换”全生命周期，打造“数字化网联服务+维保协议”为一体的智慧服务方案。通过大数据分析，为客户提供智能保养提醒、预见性维修、远程智能诊断、远程OTA等主动服务；通过对客户运营里程、出勤率、驾驶行为等进行数字化分析，为客户提供专业高效的运维指导，助力客户降本提效。通过聚焦后市场业务创新，提升东风商用车快速响应和核心三电维修能力；通过拓展二手车交易、用车金融、差异化改装等增值服务，为客户创造更大价值。借助数字化、网联化技术，持续开发新业务。不断探索运营、能源、租赁等商业合作模式，打造上下游合作生态，提升全价值链运行效率。

三一推出魔塔1165纯电重卡，采用“滑板底盘”造车理念，续航超800 km，将电池组放置于驾驶室下，实现动力箱与底盘一体化设计。同时在电池技术上精进，搭载三一自研的魔塔电池，能量密度提升40%。

宁德时代的骐骥重卡换电一站式方案，可自由选择1~3块电池数量，总体电量的配置范围为171~513 kWh。相较于传统的“电池包+车架/底盘”的成组方式，重卡底盘换电可将电池模组直接集成到车辆支架/底盘，系统体积利用率能够提升40%，重量减轻10%，提高了空间利用率，增加车辆的载货空间和载货重量。通过平台化、模块化设计，实现不同车辆和不同场景的通用性换电，从而为构建全国换电网络奠定基础，从技术上和系统架构上实现对未来需求的超前布局，应对和加速重卡行业加快电动化的步伐，实现重卡行业的产业升级。

2. 产业新质生产力发展情况

当下，汽车产业正处于一个前所未有的变革期，加快向电动化、智能化、网联化方向转型升级。新一轮的科技革命和产业变革加速演进，新能源、新材料、云计算、人工智能等新技术跨产业深度融合，正对汽车产品，以及整个行业产生巨大的影响。

基于以上行业变化趋势，近3年东风商用车围绕制约产业发展的新能源、智能网联、低碳燃料领域等30项关键共性技术开展攻关，为企业带来经济效益24亿元，已实现每年降碳约330万t。相关成果已应用在公司的新能源牵引车、工程车、专用车、氢燃料车、干线物流、无人集卡等产品上得到了广泛的应用，为公司带来直接经济效益达24亿元，带动上下游产业逾千亿元。在新能源方面，通过纯电、混动、氢燃料三条技术路线同时布局，已实现牵引、工程、专用、载货品系全覆盖新能源中重卡底盘商品累计销售5000余台，产值超过32亿元，其中纯电动中型环卫车底盘在细分市场连续多年保持市场占有率第一。在节能减排方面，每年减碳22.8万t。

3. 产业标准体系的建设

东风商用车构建了具有自主知识产权的企业技术标准体系，将企业目前在用的及未来应有的各种标准，按照标准的类别、性质、适用范围及标准之间的内在关系，形成全面成套的标准体系表，并将其应用于汽车产品开发的各个阶段，在产品的商品特性达成、成本降低、新技术推广应用、开发效率提升、产品竞争力提升等方面发挥了极其重要的作用。

在标准的立项、编写、报批、发布、宣贯、复审、整改等各个环节建立了相应的规则、流程，形成了完备的 PDCA 循环；在汽车行业首个实现标准生命周期过程管控 IT 系统的开发及上线，标准的制修订、多维度查询、标准导航、标准信息向下游传递等功能均可全程在线管控；将标准应用嵌入产品开发流程，实时有效地指导产品开发。

积极争取参与国标与行标的制订，特别是在基础、新能源、智能网联等领域，近 3 年共主持或参与发布 55 项国行标，提升了企业产品竞争力和行业形象。

4. 国内外纯电动商用车产业发展趋势

纯电动商用车面临续驶里程短、电池系统重量/体积大等问题，可行的技术解决方案是不断提升电池能量密度，延长整车续驶里程，降低电池系统的重量和体积。国内外电池厂商都大量投入对这方面的研究和开发，整车厂也非常关注对电池的投入。如奔驰卡车公司在 2019 年与 LG、SKI 以及三星 SDI 等企业达成电池合作，2021 年与宁德时代签署电池供应协议，为奔驰电动卡车供应锂离子电池；沃尔沃卡车公司 2019 年与三星 SDI 签署电池战略联盟；斯堪尼亚在 2023 年投产自建电池工厂。

在充电设施方面，欧洲和美国都在推进充电集成设施网络的建设。2021 年 7 月欧盟提案要求各国到 2025 年在重要道路上安装公共充电站，2030 年和 2050 年将分别建成 350 万、1630 万个充电站，到 2040 年将有 800～1200 亿欧元用于公共和私人充电站建设。美国拜登政府表示卡车运输业将纳入其电动汽车 CV 扩展战略，颁布《电动汽车基础设施指南（EV Infrastructure Guidance）》推进电动汽车基础设施建设，2021 年 8 月通过了 1 万亿美元基础设施投资和就业法案，包括 500 亿美元基础设施的支出，其中 75 亿美元用于电动汽车充电。在此趋势下，欧美卡车厂商也投入充电基础设施的建设，如戴姆勒卡车、TRATON、沃尔沃卡车 2021 年底签署合作协议，在欧洲共建重型卡车公共充电网络；奔驰卡车与西门子在智能基础设施方面建立充电基础设施战略合作等。

针对充电等待时间长等问题，国外重点发展的是超级快充的技术路线。如美国 SAE J1772-CCS 充电标准中涵盖了直流快充 L1-DC（4～40 kW）、L2-DC（20～150 kW）、L2-DC（150～350 kW）等；SAE J3068 充电标准中涵盖了交流快充 AC（20～100 kW）；最新的 SAE J3105 中充电标准中涵盖了超大功率直流快充 L1-L2 DC（150～1200 kW），充电功率达到 1 MW 以上。CCS 是欧美快速充电系统，功率一般最大能达到 500 kW 左右；美国国家可再生能源实验室（NREL）与国际充电标准协会（CharIN）联合推动更大功率的兆瓦充电系统（MCS-Megawatt Charging System），可为重卡提供超级快充，在短时间内为重卡迅速补充电能，减少重卡在长途运输过程中的充电等待时间。

5. 目前亟须解决的技术难点及解决方案

（1）电动商用车自重大

电动卡车普遍要比同类型的柴油卡车重很多，电动卡车无论是牵引车还是轻卡，它们的自重普遍偏重，是因为现在单个电池能量密度有限，为了增加续航里程，只能通过增加电池的数量来提升续航里程。以牵引车为例，通过工信部网站的公告得知，一辆电动 6×4 牵引车自重在 12 t 左右，柴油牵引车在 8.5 t 左右，电动牵引车比传统的柴油牵引车重 3～4 t，当前运输环境下电动牵引车的自重是个硬伤。目前国家层面在计重免费等方面尚未明确关于对电动重卡支持政策，导致各地在制定相关优惠政策时缺乏支撑。

（2）电动商用车充电慢

“双碳”目标下，新能源商用车发展取得长足进步，产销量和市场占有率逐年攀升。与此同时，新能源商用车在补能方面仍面临挑战，尤其是新能源重卡充电慢的技术问题较为凸显。新能源汽车主流的快充模式中，充电电流一般是单枪 250 A、双枪 400 A，整车完全充满电约 1.5～2 h 左右。即使特斯拉 30 min 能充满 80% 的电量，但是和传统的柴油车相比还是较慢。国内的电动卡车，在充电速度上普遍比特斯拉更慢，所以说充电速度是电动卡车的另一大问题。充电时间较长，使纯电重卡无法满足所有客户的使用需求，严重限制纯电重卡的客户群体，影响市场渗透率。

6. 2023 年行业重点企事业单位发展情况

（1）沃尔沃

沃尔沃集团规划到 2030 年，沃尔沃卡车在全球销售卡车的一半是电动车，约 7.5 万辆；到 2040 年成为一个碳中和公司，到 2050 年实现全部运营车辆净零排放。沃尔沃卡车采用 3 条路径实现零排放：电池电动、燃料电池电动和依赖可再生燃料（如沼气、HVO，甚至绿氢）运行的内燃机。

2023 年 9 月，沃尔沃开始在比利时根特工厂量产总重可达 44 t 的沃尔沃 FH、沃尔沃 FM 和沃尔沃 FMX 电动卡车。该厂年产能约为 4.5 万辆，堪称沃尔沃卡车最大的生产基地。电动卡车与柴油、燃气车型柔性化共线生产，其电池组来自于附近的沃尔沃电池组装厂。2019 年沃尔沃已在法国布兰维尔工厂生产用于垃圾处理和城市配送的电动卡车。2020 年在美国新河谷工厂量产用于区域运输的 VNR Electric 电动卡车。2022 年在瑞典 Tuve 工厂，量产重型电动卡车。

（2）特斯拉

2022 年 12 月 1 日，特斯拉正式向百事公司交付第一批电动 Semi 卡车，此时量产活动已启动，然而至今仅有约 60 至 70 辆的发货量，大规模量产可能要推迟到 2024 年下半年。为了实现年产 5 万辆的目标，特斯拉依赖 Nevada 工厂的扩建项目。当前，这个耗资高达 36 亿美元的扩建工程正在全速推进，为生产 4680 电池和 Semi 卡车铺平道路。

特斯拉在内华达州正在建设的工厂负责生产 Semi，预计 2026 年向客户交付，产能目标为年产 5 万辆。Tesla Semi 正在与百事公司的 FritoLay 部门进行测试，后者计划再接收 50 辆卡车用于进一步测试。

（3）东风商用车

作为东风集团旗下中重型商用车核心事业板块，东风商用车在新能源方面现已实现纯电、氢燃料、混动 3 条技术路线全面布局，聚焦钢厂、矿山、港口、渣土、搅拌、环卫、载货等新能源典型场景，实现牵引、工程、专用、载货 4 大品系新能源车型全系覆盖。

东风天龙 KL 纯电牵引车主要针对煤炭、砂石料运输、钢材短驳等短倒运输场景,匹配 450 kW 大功率电机及自动变速箱,动力性、经济性行业领先,并匹配 EBS、ESC、环视、疲劳监测、盲区检测、胎压监测等安全套件,充分保障行车安全,针对港口、环卫等场景,可提供智能驾驶新能源线控底盘解决方案。后续东风商用车还将开发快充/底置换电长续航车型,以满足中长途运输场景需求。

面对新能源市场竞争格局的改变,东风商用车积极响应东风"东方风起、科技跃迁"计划,提出"转型升级三年行动",在新能源与智能领域持续发力,通过科技创新和业务变革,加快产品和产业生态布局,推动东风商用车实现高质量发展。以创新驱动,聚焦新能源 7 大核心总成自主掌控,实现电池系统、电驱桥、EMT、新能源域控等关键技术行业领先。在产业生态方面,坚持"开放、协作、共赢"的理念,联合上下游合作伙伴,加速生态圈构建。面向高速干线物流、封闭港口、矿山等特定场景,提供绿色智慧物流整体解决方案。

7. 2023 年重点车型技术特点分析

(1)沃尔沃 FH electric

沃尔沃 FH Electric 基于第五代 FH 车型打造,搭配使用沃尔沃自有的低风阻挂车,配备完善的导流套件,依然保留驾驶室前翻维护的特性,原来安装发动机的位置被替换为电子系统。I-Shift 变速箱的操作逻辑与柴油卡车不同,通常以 7 挡起步,之后快速升至 12 挡。变速箱输入端安装有 3 台电机,最大功率输出达到 490 kW。沃尔沃已发布用于卡车的集成电驱动桥,但装车仍需时日。第一批配备电动车桥的沃尔沃电动卡车,正在进行测试。在底盘左右两侧安装有多组电池组,根据不同续航里程的需要,可选 2 到 6 组电池组,最大容量可达 540 kWh 时(见图 1-2-1)。

图 1-2-1 沃尔沃 FH electric

(2)特斯拉 Semi

特斯拉 Semi 电动重卡采用 1000 V 架构,空载百公里加速为 5 s,满载 37 t 的百公里加速为 20 s,这与国内电动重卡相比较好,得益于其三电机的设计,在 6×4 的车型结构上,后 2 根驱动轴采用了"2+1"的驱动电机的分配,也就意味着 3 个电机可以单独独立工作实现更多样化的工况满足。

其远程版本车重 10.43 t,续航里程可达 804 km,而标准续航里程版本在空载重量 9.07 t 的情况下能够行驶 482 km。此外,特斯拉在与百事可乐的实际测试中,Semis 成功进行了 402 km 和 836 km 的长距离行驶,整车重量(含货物)达 37.19 t,达到了法律允许的最大重量(见图 1-2-2)。

图 1-2-2 特斯拉 Semi

(3)东风长续航纯电牵引车

东风商用车开发的长续航版本纯电牵引车搭载 800 V 高压架构,采用底置电池平台布置方案,MTB 自主电池包,电量 787 kWh;采用最新能量分配策略,EBS 挂车全解耦,集成热管理,SIC 控制器,以超强的节能效果来缓解续航焦虑。49 t 满载续航里程超过 500 km;实现双枪兆瓦级充电,SOC 20%~80% 快速补能仅需 30 min。这款车正在进行测试,在长达近千公里的汉十高速公路上挑战全程不充电行驶(见图 1-2-3)。

图 1-2-3 东风长续航纯电牵引车

8. 未来几年纯电动商用车产业发展建议

(1)持续加强纯电动商用车推广配套政策

加强针对公交、环卫、市政工程、邮政运输、城市物流等公共领域新能源商用车推广应用的引导和配套政策支持;针对钢铁、电力、焦化等重点污染治理行业,加速运输车队新能源化转型;针对农村地区新能源轻微型物流车推广应用,借鉴汽车下乡经验,给予专项购车补贴和配套设施建设。

(2)加强技术研发,提高场景适用性

围绕纯电动商用车产业发展痛点,加强下一代高性能动力电池(如固态电池)研发投入;开展高安全全气候动力电池技术攻关,提升动力电池热失控技术标准,以进一步增强新能源商用车低温适用性和安全性,满足高寒地区用户需求;

同时,开展兆瓦级超充技术攻关,如高电压平台、高效散热技术等;开展超充项目示范,围绕长途高速运输场景建设兆瓦级超充基础设施,通过示范优化超充技术,降低设备成本。

(3)推动充换电站集约化、共享化发展

开展充换电设施一站式集约化系统、自动充换电连接技术和智能机器人等领域研究,在适用场景开展较大规模的推广应用;同时,推进动力电池、换电接口、换电机构互换标准化,实现多品牌、多车型可兼容的共享换电模式。

(三)纯电动客车

宇通客车股份有限公司　吴小岭　魏　青　张永瑞　李　波　康　娟　赵　狄　姚鑫鑫　李　静　杨红霞

2023年是新能源客车市场备受关注的一年。虽然世界经济企稳回升,前期压抑的客运、旅游、团体等市场需求存在释放趋势,但城市新能源客车运输需求持续减弱,2023年国内客车行业需求整体处于下行的趋势。

1. 2023年纯电动客车产业总体发展与技术突破

(1)2023年纯电动客车产业总体发展情况

从整体数据上看,2023年全年,中国新能源客车的大盘业绩"回暖"并不快。2023全年5.5 m以上纯电动客车销量28129辆,同比减少43.64%,具体数据见表1-2-2,宇通、金龙、福田位列前三,紧随其后的为远程、中车、苏州金龙、比亚迪、中通、安凯、厦门金旅等。

表1-2-2　2020—2022年纯电动客车市场销量(5.5 m以上)(单位:辆)

年份	2021年	2022年	2023年
销量	45756	49906	28129

数据来源:客车行业上险数据

宇通客车2023年共销售5.5 m以上新能源纯电客车5005辆,销量比第二名高出一倍有余,但同比减少50.83%。厦门金龙占据年销量第二的位置,2023年共销售5.5 m以上新能源纯电客车2356辆,同比减少10.49%。福田欧辉占据年销量第三的位置,2023年共销售5.5 m以上新能源纯电客车2318辆,同比增长28.63%,是TOP3中同比唯一正增长的企业。2023年全年新能源客车累计销量实现同比增长的企业有福田欧辉、远程客车、亚星客车,具体数据见表1-2-3。

表1-2-3　2023年纯电动客车市场占有率超过1%的企业销量情况(单位:辆)

排名	企业	2022年	2023年	同比增长	市场占有率
1	宇通客车	10179	5005	-50.83%	17.79%
2	厦门金龙	2632	2356	-10.49%	8.38%
3	福田欧辉	1802	2318	28.63%	8.24%
4	远程客车	1029	2063	100.49%	7.33%
5	中车时代	3546	2010	-43.32%	7.14%
6	苏州金龙	4144	1962	-52.65%	6.98%
7	比亚迪	2510	1441	-42.59%	5.12%
8	中通客车	3267	1388	-57.51%	4.93%
9	安凯客车	1679	1358	-19.12%	4.83%
10	厦门金旅	2339	1356	-42.03%	4.82%
11	广通客车	1227	1259	2.61%	4.48%
12	南京金龙	1794	1248	-30.43%	4.44%
13	蜀都客车	2960	815	-72.47%	2.90%
14	东风客车	917	634	-30.86%	2.25%
15	万达客车	1047	573	-45.27%	2.04%
16	象牌客车	1146	484	-57.77%	1.72%
17	解放客车	1151	354	-69.24%	1.26%
18	亚星客车	214	354	65.42%	1.26%
19	其他	6323	1151	-81.80%	4.09%
行业整体		49906	28129	-43.64%	100%

续上表

数据来源:客车行业上险数据

(2)2023年纯电动客车产业技术突破

①电池系统方面

我国纯电动客车电池系统优于海外竞品。动力电池能量密度、安全性、长寿命是提升重点,2023年量产磷酸铁锂电池标准箱系统能量密度达到175 Wh/kg,整车体积利用率提升25%以上,实现整车配电量提升;PACK安全设计上,电池防水能力突破2 m 72 h泡水不进水,覆盖全球城市内涝场景,安全防护能力大幅提升;比亚迪等部分厂商少数车型开发底置矮电箱系统,磷酸铁锂电池能量密度157 Wh/kg以上,满足低地板公交电池底置布置,但需关注电池碰撞托底、泡水安全性等问题。

②电机及电控方面

高效率、高可靠、轻量化是新能源客车驱动电机的技术发展趋势。2023年的主要进展有:行业内通过多物理场耦合、多目标寻优设计,高性价比永磁材料、导磁材料应用与铁芯工艺优化,进一步提升了电机效率;基于工况大数据,提升了电机高效区与工况的匹配程度;通过密封防护结构优化提升电机系统防水能力,提升了车辆在暴雨等极端天气和城市内涝的环境适应性;开展了扁线绕组、油冷技术、高压技术在商用车驱动电机的研究应用,可提升电机效率、密度,支撑整车快充功能实现,进一步提升驱动电机性能。适用于商用车的扁线电机已研发成功,将在2024年实现在客车领域的批量应用。

SiC多合一控制器已经开始在客车领域量产应用,通过集成化设计将驱动电机控制器、转向电机控制器、空压机控制器、高压配电、整车 DC/DC、直流充电、绝缘检测等功能深度融合，实现高压电控与配电系统一体化集成，电控系统减重 54%、体积减小 52%、高压连接点减少 30%，安全性更高；通过采用新一代功率半导体 SiC 模块，控制器最高效率 99.5%，高效区占比提升 7.4%，相同电量下可实现整车续航里程提高 3%。

③电驱动系统方面

集成化是电驱动系统未来的发展趋势，电驱桥采用电机、减速器与车桥一体化集成设计、斜齿圆柱齿轮替代螺旋伞齿，较中央直驱系统，在底盘空间布置、整车重量、能耗等方面具有明显优势。通过高速扁线电机、三轴两级齿轮传动、高效润滑等新技术开发及应用，客车电驱桥系统最高效率已提升到 93.5%以上。行业以宇通为代表，集成式电驱桥已实现了在 8 m 及以下客车、8 m 以上高端低地板客车等领域的批量推广应用，有效提升了载客量和运营效率。

④整车控制方面

基于域集中式的控制技术是行业发展热点，不同企业陆续推出了搭载域控架构的相关产品。宇通在集成式控制、软硬件平台化和标准化方面处于行业领先水平，已实现了大批量推广应用，其他个别企业也取得了一定突破，并开始小批量应用。未来电控技术将继续朝着高度集成化、平台标准化、软件定义的方向发展，支撑“电动化、信息化、智能化、网联化”的融合控制，助推整车驾乘舒适性、经济性和安全性显著提高。

⑤热管理方面

热管理方面，集成化、低能耗是行业的技术发展趋势。2023 年，依托于多通道电磁阀体及热管理零部件协同控制技术，新能源客车行业实现了空调系统、电池热管理系统、电机电控热管理系统的集成耦合设计及整车热流的智能按需分配，在满足整车需求的前提下，实现热管理系统综合能耗最优。

⑥充电技术方面

大功率充电技术推广加速，通过高电压平台、液冷超充及自然冷却多枪并充等技术，大幅提升补能效率，实现最大充电功率提升至 600 kW 以上、快补速度提升至 10 kWh/m，华为、理想等厂商在全国加快液冷超充站的布局；现行充电标准在 2023 年取得较大升级，ChaoJi 充电标准发布，大功率充电、充电安全、电能互动等方面发展较快；充电设备制造商更加关注可靠性、寿命等性能，独立风道充电模块、全液冷超充系统等产品全面落地。

2. 产业新质生产力发展情况

各企业重点围绕产品及服务变革、生产数字化转型两大维度进行新质生产力的规划、应用和提升。

(1)产品变革

新能源客车行业电动化与智能化、网联化融合发展呈现积极的态势，各车企围绕车辆使用全生命周期，包括管理、使用、保养、维修等场景，均在不同程度开展构建全方位的车联网服务体系，基于信息通信、数字孪生、大数据、云计算、人工智能等新兴技术，打造车辆状态实时监控、车辆远程控制、危险驾驶行为识别评价等功能，帮助客户提升运营管理效率，降低维修维保成本，保障车辆安全。

(2)智能制造

各企业积极推进数字化转型升级，实现生产效率大幅度提升，形成先进生产力。宇通积极探索工业化与信息化深度融合，通过对标全球一流企业，规模化引进激光切割设备、焊接机器人、AGV 等先进自动化装备，同时辅以数字化生产执行系统和能源管理系统，实现企业运营“实时在线、高效协同、科学管理”。苏州金龙携手树根互联打造工业互联网应用，实现能耗、三现及设备数字化监控管理，打通内部生产供应链。比亚迪通过建立先进的自动化生产线，配备数字化管理系统和大数据分析及人工智能技术，实现对生产过程的实时监控和数据分析，为其提供智能化决策支撑。

3. 产业标准体系的建设

汽标委在标准体系研究成果基础上，结合能源行业电动汽车充电设施标准体系规划，借鉴德国、美国电动汽车标准化路线图的工作经验，形成了《中国电动汽车标准化工作路线图》(简称《路线图》)。《路线图》介绍了电动车辆、界面与通信、基础设施、相关产业 4 个方面国内外现有标准、缺失标准及其制定规划等，根据工作规划对标准缺项划分成紧急、短期、中期和长期 4 个阶段，并描绘了电动汽车标准化未来工作重点和方向。随着后续电动车辆领域标准体系建设方案的研究与规划的新需求，《路线图》也将做出动态调整。

电动汽车标准体系主要涉及电动汽车整车、系统及零部件、基础设施等，2023 年发布的电动汽车相关的主要标准见表 1-2-4。

表 1-2-4 2023 年发布的电动汽车相关的主要标准

标准编号	标准名称
GB/T 18487.1—2023	电动汽车传导充电系统 第 1 部分：通用要求
GB/T 20234.1—2023	电动汽车传导充电用连接装置 第 1 部分：通用要求
GB/T 20234.2—2015	电动汽车传导充电用连接装置 第 2 部分：交流充电接口
GB/T 20234.3—2023	电动汽车传导充电用连接装置 第 3 部分：直流充电接口
GB/T 20234.4—2023	电动汽车传导充电用连接装置 第 4 部分：大功率直流充电接口
GB/T 27930—2023	电动汽车非车载传导式充电机与电池管理系统之间的通信协议
GB/T 43248—2023	电动汽车和混合动力汽车 无线电骚扰特性 用于保护 30 MHz 以下车外接收机的限值和测量方法
GB/T 31467—2023	电动汽车用锂离子动力蓄电池包和系统电性能试验方法
GB/T 43254—2023	电动汽车用驱动电机系统功能安全要求及试验方法
GB/T 43332—2023	电动汽车传导充放电安全要求
GB/T 38775.8—2023	电动汽车无线充电系统 第 8 部分：商用车应用特殊要求

续上表

标准编号	标准名称
QC/T 1200—2023	带充电机的电动汽车传导充电用电缆组件
QC/T 1198—2023	带功能盒的电动汽车传导充电用电缆组件
QC/T 1199—2023	电动汽车传导充电用集成式交流供电标准插座
QC/T 1201.1—2023	纯电动商用车车载换电系统互换性 第1部分:换电电气接口
QC/T 1201.2—2023	纯电动商用车车载换电系统互换性 第2部分:换电冷却接口
QC/T 1201.3—2023	纯电动商用车车载换电系统互换性 第3部分:换电机构
QC/T 1201.4—2023	纯电动商用车车载换电系统互换性 第4部分:换电电池系统
QC/T 1201.5—2023	纯电动商用车车载换电系统互换性 第5部分:车辆与电池系统的通信
NB/T 11303—2023	电动汽车顶部接触式充电设备技术规范
NB/T 11304—2023	电动汽车顶部接触式充电站设计规范

4. 国内外纯电动客车产业发展趋势

随着技术的进步和市场规模的扩大,国内外纯电动行业有望加速回暖并保持持续增长态势。同时,纯电动客车行业竞争激烈,技术创新和产品差异化是推动企业持续发展的关键因素。

国内方面客车行业需求整体处于下行的趋势。未来,随着城镇化发展、公交都市建设、农村客运公交化等有利因素对市场需求形成支撑,“双碳”目标、公共领域全面电动化试点加快传统车向新能源车的转化,加上各企业积极布局新能源客车领域,预计新能源客车工业水平将提升,进而赢得消费者青睐,需求逐步回暖,成为推动客车行业发展的强劲动力。

国外方面海外市场发展潜力巨大。伴随世界经济企稳回升,前期压抑的客运、旅游、团体等市场需求将逐步释放。部分国家政府基于重启经济、改善民生的需要,会加大出行基础设施的投入和支持,客车市场需求将呈现复苏态势。

当前,国内客车品牌在国际市场上的份额还比较小,但随着品质和品牌的提升,“一带一路”倡议的推进和国际市场的开拓,以及社会对新能源客车认可度的不断提高、世界环保政策、节能减排政策及新能源技术进步等因素推动下,我国客车行业在海外市场也将迎来更广阔的发展空间。

5. 目前亟须解决的技术难点及解决方案

(1)部分关键总成精细化、高性能设计水平不足,有待提升

客车动力电池寿命目前最长在8年或80万km,尚未实现与整车同寿命,同时,充电速度、环境适应性、全生命周期智能管理等客车电池短板亟待进一步提升,未来需持续开展大功率充电、高适应性及智能化技术攻关,提高电池系统的环境适应性、充电速度和智能化管理水平。

客车行业电驱桥供应商多为车桥企业,其传统车桥研发制造能力强,但需尽快补齐电机电控能力,提升电驱桥集成设计能力。针对电驱桥当前存在的噪声和可靠性问题,电驱桥供应商需加强纯电动客车工况大数据研究,提升系统NVH仿真分析及优化能力,通过电驱桥装配工艺设计及验证规范完善,提升生产过程控制能力。

(2)新一代半导体功率器件SiC国产化进程有待加快

国产SiC在封装技术及产业链方面与国外差距不大,但在芯片设计、芯片制造方面仍存在较大差距,主要是芯片性能、良率及产业化进程方面存在不足,全国产的SiC器件主要处于样片测试或小批量阶段,国内量产的SiC器件多是从国外进口芯片,进行自主封装制造。需要推动整车和关键零部件企业及高校、科研院所等机构紧密合作,共同推动科技成果转化和产业化,加快SiC芯片产业的发展。

(3)充电桩行业市场规范化、标准化管控程度有待加强

充电桩行业准入门槛较低,部分不具备充电桩研发、设计、制造和售后服务能力的厂家通过贴牌进入该行业,甚至承建了部分充电站。由于该类厂家供货的产品性能不达标或安全性不合规,导致充电安全事故时有发生,影响整车充电安全。需要加快落地充电桩3C强检制度,严格按照充电国标要求对充电桩进行强制检测,促进充电桩行业标准化、规范化。

6. 2023年行业重点企事业单位发展情况

(1)宇通客车股份有限公司

宇通客车全年累计实现客车销售36518辆,同比增长20.93%。其中,大型客车销售19390辆,同比增长64.95%;中型客车销售12380辆,同比增长3.36%;小型客车销售4728辆,同比下降26.56%。宇通公司正在从“制造型+销售产品”企业向“制造服务型+解决方案”企业进行转型。独创中国制造出口的“宇通模式”,成为中国汽车工业由“产品输出”走向“技术输出和品牌授权”的业务模式创新典范,帮助部分国家建立本地客车制造能力。公司产品已批量销售至全球40多个国家和地区,在主要目标市场已成为主流客车供应商之一。

(2)厦门金龙集团股份有限公司

厦门金龙全年累计实现大型客车销售16196辆,同比增长26.92%;中型客车销售6481辆,同比下降3.23%;小型客车销售19402辆,同比下降27.37%。厦门金龙集团拥有金龙联合公司、金龙旅行车公司、苏州金龙公司、金龙车身公司等主要子公司,产品涵盖4.5 m至18 m各型客车,除在国内销售,还销往全球170多个国家和地区。通过20余年的海外市场开拓,公司正一步步扩大全球的销售渠道网络,逐步向国际客车主流厂商稳步迈进。

(3)北汽福田汽车有份有限公司

北汽福田全年累计实现大中型客车销售4581辆,同比下降18.1%;轻型客车(含轻型客车、多功能乘用车、运动型多用途乘用车)销售53154辆,同比增长42.1%。福田汽车坚持“成为绿色科技和市场领先的国际化企业”的企业愿景,以高质量发展为主线,坚持“绿色科技驱动能源革命,数字变

革深化价值创造”的经营理念，未来，公司将继续围绕“抓住“双碳”机遇，深化价值创造体系”，持续推进“二次创业”，实现竞争性增长。

(4)中通客车股份有限公司

中通客车全年累计实现客车销售 7531 辆，同比下降 15.92%。其中，大型客车销售 4276 辆，同比下降 14.33%；中型客车销售 2322 辆，同比下降 13.36%；小型客车销售 933 辆，同比下降 27.45%。中通客车聚焦主业，重点推进管理提升，提高管理能力完善市场布局，提升服务能力，提高订单质量和盈利水平。加快技术研发，做好关键技术突破，推进应用落地；深挖国内、海外主流市场需求，做好主推产品推广；加强质量管理、提高工艺水平，完善产品质量；严格全面预算管理，全力实施降本增效，提高企业综合竞争力。

(5)扬州亚星客车股份有限公司

亚星客车全年累计实现客车销售 1988 辆，同比下降 8.13%。其中，大型客车销售 1147 辆，同比下降 0.26%；中型客车销售 504 辆，同比下降 43.56%；小型客车销售 337 辆，同比增长 178.51%。亚星客车以“为全球客户提供一流的大众交通生活”为使命，专注于发展客车主业，立志做强、做大、做优客车与底盘业务，通过战略聚焦、营销与产品双轮驱动及降本增效等三大方面为战略着力点，争取将亚星客车打造成为“以全球化视野，提供客户满意的客运解决方案，成为行业不可或缺的绿色客车供应商。”

7. 2023 年重点车型技术特点分析

(1)宇通宇畅 E7：该车型为新一代宽体巴士，搭载 E 驱系统，降低 50% 重量，提高 50% 能量回收效率；搭载行业售价碳化硅多合一控制器，可靠性提高 25%，支撑整车能耗降低，同时采用高效低温热泵空调技术，能效比提高 30%，-40 ℃～60 ℃均可稳定运行。从能效、载客、重量等多方面综合提高产品性能。

(2)比亚迪 B85：采用集成式单电机驱动系统和空气悬挂系统，搭载中央集成式电驱桥；匹配新一代钢车身，扭转刚度提升 20%，重量降低 10%；搭载“刀片电池”系统，能量密度达 170 Wh/kg，拥有匀速 590 km 的续航里程；采用 92 kW 的直流快充系统，可实现双枪快充功能。

(3)中车时代 C07：搭配中车最新纯电驱动系统和节能技术，以及蠕行和上坡辅助等，综合能耗降低 14%，同时适应 20°坡度，沐浴式风道和高铁级缓震设计，提高乘客体验，配备 140.95 kWh 电池，完全满足城市公交工况 300 km 以下的使用需求。

8. 未来几年纯电动客车产业发展建议

(1)加强电池能量密度、长寿命和智能管理等技术迭代研究

围绕动力电池能量密度提升、长寿命和全生命周期内电池智能管理等持续开展技术研究，通过 PACK 轻量化、集成化设计实现电池体积密度、能量密度的进一步提升；通过电池缓衰减技术研究、PACK 耐久性提升及电池智能管理实现电池全生命周期内高可靠、防腐蚀、耐老化，支撑长寿命电池全生命周期内稳定运行。持续推动磷酸锰铁锂电池、固态电池等先进电池体系技术研究，保持领先优势，支撑纯电动客车的高质量快速发展。

(2)加强扁线电机、电驱桥等关键总成产业链自主能力升级

扁线电机方面：进一步加强电机上下游产业链和国内扁线设备制备能力提升，提升扁线电机产线利用率、电机性能与良品率均衡控制，降低单台制造成本，扩大扁线电机在商用车领域应用范围，提升扁线电机在商用车渗透率。

电驱桥方面：短期重点围绕电驱桥存在的噪声和可靠性问题，快速提升系统 NVH、可靠性等方面的仿真分析及验证能力，同时加强纯电动客车应用工况研究，提升电驱桥客车工况适应性；中长期通过电驱桥共壳体设计、一体式润滑等，进一步提升电驱桥系统的效率和集成化、轻量化水平，支撑纯电动客车产品竞争力持续提升。

(3)推动公共交通智能化、网联化技术开发和应用，提升高端化水平

客车与 5G 的融合将成为重要的发展趋势，利用 5G 实现人车互通，车与车互通，更好推动客车智能化发展。客车的运行路线相对固定，可以充分发挥智能技术的作用，强化客车自动辅助驾驶，在自动辅助驾驶安全性、高效性及准确性方面投入更大力度支持，促进自动辅助驾驶水平的提升，提高驾驶效率，降低驾驶强度，促进客车智能化、高端化发展进程的不断推进。

(四)纯电动重卡

宇通商用车有限公司　张义国　张钰斌　蒋鹏飞　柴高磊　孙宇令　位跃辉　马俊华

2023 年是新能源重卡市场备受关注的一年。在全球变暖和环境保护意识增强的背景下，各家车企的表现及市场信心均得到了极大的提振，同时随着国民经济水平的提升和汽车行业的发展，我国物流及道路运输行业对于纯电动重卡的需求不断增大。2023 年国内纯电动重卡行业展示出强大的增长潜力。相信未来随着技术的不断进步和政策层面的持续支持，中国电动重卡市场有望继续保持快速增长，助力交通运输领域实现绿色转型。

1. 2023 年纯电动重卡产业总体发展与技术突破

(1)2023 年纯电动重卡产业总体发展情况

根据中汽协数据，复苏势头下，商用车智能化、电动化特征明显，并且新能源重卡业务已经成为商用车企业新的市场增量之一。从数据上看，2023 年，国内新能源重卡累计实销 3.45 万辆，同比增长 37.8%，较 2022 年净增长约 9000 辆，近 3 年的销售数据见表 1-2-5。2023 年新能源重卡市场整体表

现较好，但各家企业的表现各有千秋，徐工、三一、远程、宇通、东风、陕汽、解放、重汽等企业实现正增长，其中陕汽、解放和重汽 3 家企业同比增幅破百，分别大增 104.31%、107.27% 和 165.75%，领涨市场，具体数据见表 1-2-5。

表 1-2-5　2021—2023 年纯电动重卡市场销量（单位：辆）

年份	2021 年	2022 年	2023 年
销量	10448	25072	34560

数据来源：商用车行业上险数据

2023 年新能源重卡市场"增量"贡献度表现的较为分散，约 9000 辆的"增量"中，徐工、三一、陕汽、解放和重汽等企业的贡献度均超千辆，远程和宇通的贡献度也在 600 辆以上。所有企业中贡献度最大的是徐工，达到 2396 辆。从市场占有率来看，2023 年新能源重卡市场有 2 家企业市场份额超过 10%，分别是三一 15.34%、徐工 15.18%，排名第三的远程 9.95%，排名第四的宇通 9.91%，排名第五的东风 9.11%。相比 2022 年，2023 年徐工、重汽、解放、陕汽等企业在新能源重卡市场的份额分别提升了 3.81%、2.55%、1.77%、1.56%。由于东风、重汽、解放和陕汽 4 家传统企业的良好表现，2023 年在一定程度上也成为了传统重卡企业在新能源领域集体崭露头角的一年，具体数据见表 1-2-6。

表 1-2-6　2023 年纯电动重卡市场占有率前 top10 企业销量情况（单位：辆）

排名	企业	2022 年	2023 年	同比增长	市场占有率
1	三一集团	4174	5301	27.00%	15.34%
2	徐工重卡	2850	5246	84.07%	15.18%
3	远程新能源	2800	3439	22.82%	9.95%
4	宇通集团	2596	3424	31.90%	9.91%
5	东风公司	2848	3150	10.60%	9.11%
6	中国重汽	689	1831	165.75%	5.30%
7	一汽解放	880	1824	107.27%	5.28%
8	陕汽集团	812	1659	104.31%	4.80%
9	福田汽车	1463	1070	-26.86%	3.10%
10	上汽红岩	1703	888	-47.86%	2.57%
11	其他	4257	6728	58.05%	19.46%
行业整体		25072	34560	37.84%	100%

数据来源：重卡行业上险数据

（2）2023 年纯电动重卡产业技术突破

①电池系统方面

2023 年纯电动重卡领域电池系统发展亮点突出，其中动力电池能量密度、安全性、长寿命等方面的提升是重点，新开发的重卡专用 H 箱长箱体电池，结构强度达到国标的 2 倍，同时电池系统能量密度提升明显，实现整车配置电量的最大化，宇通商用车率先实现该电池在重卡车辆上批量应用，持续引领行业发展。另外针对矿山运输等恶劣工况，宇通商用车在行业首推重卡用矿用电池，工况适应性更强，可覆盖重卡车辆各种复杂的运营场景，且安全性和可靠性更强。

在电池 PACK 安全设计方面，电池防水能力突破 2 m 72 h 泡水极限测试，可覆盖全球城市内涝场景，安全防护能力大幅提升。针对车辆易碰撞区域，电池回路增加 MSD，框架增加防碰撞设计，可实现车辆出现事故时快速断开高压回路，保障人员生命和财产安全。

②电机及电控方面

2023 年电机技术在纯电重卡领域取得了快速进展。通过多物理场耦合和多目标寻优设计，电机的效率和可靠性得到了显著提升。高性价比的永磁材料和导磁材料广泛应用、铁芯工艺的优化，使电机效率大幅提高。基于工况大数据的分析，电机高效区与实际工况的匹配程度进一步优化，提升了不同工况条件下的整体效能。密封防护结构的优化显著增强了电机系统的防水能力，使重卡在极端天气和内涝环境中表现更佳。此外，扁线绕组、油冷技术和高电压平台技术的应用，提升了电机的效率和功率密度，有效支撑技术能力在 2024 年批量应用。

在电机控制技术方面，SiC 多合一控制器已在纯电重卡领域量产。通过集成化设计，耦合多种高低压控制功能，实现高压电控与配电系统的一体化。其电控系统重量减少了 54%，体积减小 52%，高压连接点减少 30%，系统安全性显著提高。采用新一代 SiC 模块后，控制器最高效率达到了 99.5%，高效区的占比提升 7.4%，续航里程提高 3%，宇通商用车推出的八合一集成控制器，集成化、轻量化及精细化控制具有明显优势。技术进步为未来重型商用车的发展奠定了坚实基础。

③电驱动系统方面

纯电重卡行业主流动力构型为"电机+多档 AMT+传统车桥"的中央驱动方案，虽然具备系统成本低、简单可靠及恶劣工况适应性强的优点，但系统总体质量偏重、布置空间利用率低。

当前牵引车对整车轻量化、电池电量（续航里程）提出了更高的要求，集中式电驱动桥降重明显，节省的空间可实现更大电量电池的布置。同时采用集中式电驱桥，可有效增加传动效率和制动能量回收率，提升续航里程。行业内 DeepWay 深向、吉利远程、宇通等为代表的企业，已实现集中式电驱桥在标载牵引车领域的推广应用，有效提升了车辆的载货量和运营效率。

④整车控制方面

2023 年纯电重卡在整车控制技术方面发展迅速，各企业纷纷关注并采用基于域集中式的控制技术，相继推出了搭载域控架构的重卡产品。宇通商用车在集成式控制、软硬件平台化以及标准化等方面处于行业前列，并且已实现批量推广应用。总体来讲，电控技术将持续朝着高度集成化、平台标准化和软件定义化的方向发展，进一步加快"电动化、信息化、智能化、网联化"四化融合，持续提升纯电重卡驾乘舒适性、经济性和安全性，推动整个行业朝着更高效、更智能、更安全的方向发展。

⑤热管理方面

2023 年纯电重卡在热管理技术方面呈现了集成化和低能耗的发展趋势。依托多通道电磁阀体及热管理零部件的协同控制技术，热管理实现了空调、电池及电机电控热管理系统的集成耦合设计，整车热流实现智能按需分配，有效降低了热管理系统的能耗，提升了纯电重卡在各种复杂工况下的性能表现。宇通商用车率先实现应用该技术的一体化热管理系统在重卡上的批量推广，引领行业技术发展。

在空调技术方面，针对冬季采暖能耗高的瓶颈问题，结合重卡应用场景及工况，通过多源热泵空调技术综合利用环境、电机电控及电池余热，提升热品位供给驾驶室采暖，大幅提升了空调制热能效比，制热能耗最高降低30%以上。行业内宇通、徐工等为代表的企业，已实现多源热泵空调技术在搅拌车、牵引车、自卸车的搭载应用，有效降低了重卡的冬季采暖能耗。

⑥充电技术方面

2023年，纯电重卡实现了大功率充电技术的快速推广和应用。通过高电压平台、液冷超充及自然冷却多枪并充技术，充电速度大幅提升，最大充电功率提高至600 kW以上。宇通商用车在行业内首推双枪独立充电技术，显著缩短了充电时间，提升了车辆的运营效率。

2. 产业新质生产力发展情况

在政策和市场需求的共同推动下，新能源重卡行业形成了完整的产业链。

上游产业方面，随着新能源重卡市场的快速增长，上游原材料供应链逐步实现本地化，保障了电池和核心零部件的稳定供应。核心零部件电池研发厂商与重卡制造商深度合作，共同开发适用于重卡的高效电池系统，推动了新能源重卡技术的进步。

中游制造方面，重卡制造企业不断提升生产工艺，采用智能制造技术，显著提升了生产效率和产品质量。同时产业集群效应逐步显现，带动了区域经济的发展，形成了完备的产业链和供应链，提升了整体生产效率和竞争力。

下游应用方面，随着新能源重卡技术的成熟和运营成本的降低，物流企业和矿业公司大规模采购新能源重卡，用于中短途运输，逐步替代传统燃油重卡。新能源重卡在减少碳排放、降低运营成本方面具有显著优势，受到物流和矿业企业的青睐。

3. 产业标准体系的建设

2023年是"十四五"规划承上启下的关键之年，国家层面多措并举促进消费持续恢复和扩大。为贯彻落实《国家标准化发展纲要》《质量强国建设纲要》，促进电动汽车产业高质量发展，2023年汽标委印发了《中国电动汽车标准化工作路线图(2021—2030)》(简称《路线图》)。《路线图》对标准缺项划分成紧急、短期、中期和长期4个阶段，并描绘了电动汽车标准化未来工作重点和方向。电动汽车标准体系主要围绕基础通用、电动汽车整车、关键系统部件、能源补充系统搭建标准体系，如图1-2-4所示。

2023年主要围绕电动汽车整车、动力电池、驱动电机、燃料电池汽车、充换电等开展汽车标准制修订工作，发布主要标准见表1-2-7。

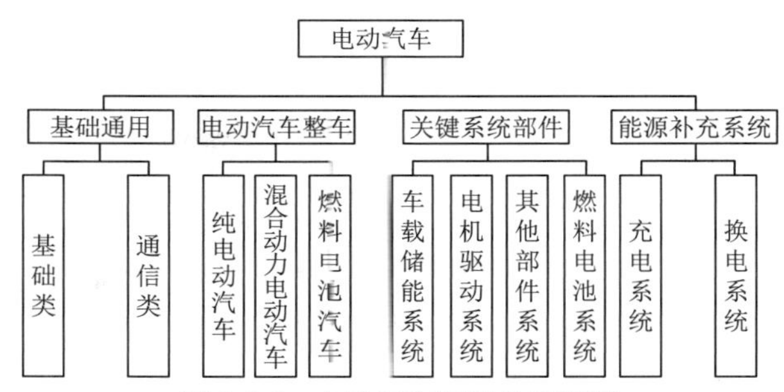

图1-2-4 电动汽车标准体系框架

表1-2-7 2023年发布的电动汽车相关的主要标准

标准编号	标准名称
GB/T 18487.1—2023	电动汽车传导充电系统 第1部分：通用要求
GB/T 20234.1—2023	电动汽车传导充电用连接装置 第1部分：通用要求
GB/T 20234.3—2023	电动汽车传导充电用连接装置 第3部分：直流充电接口
GB/T 20234.4—2023	电动汽车传导充电用连接装置 第4部分：大功率直流充电接口
GB/T 26990—2023	燃料电池电动汽车 车载氢系统技术条件
GB/T 26991—2023	燃料电池电动汽车动力性能试验方法
GB/T 27930—2023	电动汽车非车载传导式充电机与电池管理系统之间的通信协议
GB/T 31467—2023	电动汽车用锂离子动力蓄电池包和系统电性能试验方法
GB/T 34425—2023	燃料电池电动汽车加氢枪
GB/T 43248—2023	电动汽车和混合动力汽车 无线电骚扰特性 用于保护30 MHz以下车外接收机的限值和测量方法
GB/T 43252—2023	燃料电池电动汽车能量消耗量及续驶里程试验方法
GB/T 43255—2023	燃料电池电动汽车低温冷起动性能试验方法
GB/T 43254—2023	电动汽车用驱动电机系统功能安全要求及试验方法
GB/T 43332—2023	电动汽车传导充放电安全要求
GB/T 38775.8—2023	电动汽车无线充电系统 第8部分：商用车应用特殊要求
QC/T 1200—2023	带充电机的电动汽车传导充电用电缆组件
QC/T 1198—2023	带功能盒的电动汽车传导充电用电缆组件
QC/T 1199—2023	电动汽车传导充电用集成式交流供电标准插座
QC/T 1201.1—2023	纯电动商用车车载换电系统互换性 第1部分：换电电气接口
QC/T 1201.2—2023	纯电动商用车车载换电系统互换性 第2部分：换电冷却接口

续上表

标准编号	标准名称
QC/T 1201.3—2023	纯电动商用车车载换电系统互换性　第3部分：换电机构
QC/T 1201.4—2023	纯电动商用车车载换电系统互换性　第4部分：换电电池系统
QC/T 1201.5—2023	纯电动商用车车载换电系统互换性　第5部分：车辆与电池系统的通信
NB/T 11303—2023	电动汽车顶部接触式充电设备技术规范
NB/T 11304—2023	电动汽车顶部接触式充电站设计规范

4. 国内外纯电动重卡产业发展趋势

得益于政府政策支持、技术进步、市场需求增加、产业链完善等因，国内外纯电动重卡产业迎来新的发展机遇。

(1)国内纯电动重卡产业发展趋势

①政策支持力度不断加大

近年来，我国政府在新能源汽车领域出台一系列支持政策，包括财政补贴、税收优惠、购置税减免及充电基础设施建设等。各地方政府也相继出台了支持纯电动重卡发展的政策措施，纯电动重卡产业蓬勃发展及市场快速增长的总趋势不变。

②技术进步带动产品性能提升

电池技术、驱动系统和轻量化材料等方面的技术突破，显著提升了纯电动重卡的性能和可靠性，锂电池技术的成熟和能量密度的提升，使纯电动重卡的续航里程显著提升。此外电池成本的逐步下降，使纯电动重卡的价格更加亲民。同时应用高效的驱动电机和智能控制系统，纯电动重卡的动力输出和能效提升较快。结合轻量化技术的应用使车辆自重减轻，进一步提高了续航能力和载重能力，纯电动重卡产业正朝着更加节能、更加亲民的方向发展。

③市场需求持续增长

环保意识的增强和政策支持力度的加大，市场对纯电动重卡的需求呈现出快速增长的趋势。纯电动重卡低噪声、零排放和运营成本低等优势得到市场认可，逐渐在快递公司、物流企业、港口及大型厂矿应用。纯电动重卡产业正在朝着更加绿色、更加智能的方向加速前进。

④产业链逐步完善

从上游的原材料供应到中游的整车制造，再到下游的销售和服务，整个产业链正在形成一个完整的供应体系。在上游，电池、电机和控制系统等核心部件的供应商不断涌现，技术水平和生产能力不断提升。在中游，整车制造企业纷纷加大研发投入，推出了一系列具有竞争力的纯电动重卡产品。在下游，销售和服务体系逐步健全，充电基础设施建设不断加快。各地政府和企业积极推进充电桩、充电站等基础设施的建设，为纯电动重卡快速发展提供了保障，未来纯电重卡有望实现倍数级增长。

总的来说，国内纯电动重卡产业正处于快速发展的关键时期。在政策支持、技术进步和市场需求的共同推动下，纯电动重卡市场将呈现出蓬勃发展的态势。未来，随着各方面因素的协同发展，纯电动重卡产业必将迎来更加辉煌的前景。

(2)国外纯电动重卡产业发展趋势

纯电动重卡在全球范围内的需求不断增长，欧洲、北美尤为明显。在欧洲，欧盟通过了一系列严格的排放标准和激励政策，推动了续航里程和载重量的提升。总体来看，国外纯电动重卡产业正在快速发展，市场需求和政策推动是其主要驱动力。各大汽车制造商在技术研发和商业模式上不断创新，技术突破重点集中于续航里程、充电时间及电池寿命方面，同时国外纯电动重卡在自动驾驶及智能网联领域发展比较迅速，有望率先在智驾领域实现突破。

5. 目前亟须解决的技术难点及解决方案

(1)高能量密度、高性能电池设计水平不足，成本偏高

纯电重卡需搭载大电量电池，能量密度较低，导致电池体积大、成本高，尚未实现油电同价、油电同质。同时，充电速度、环境适应性、结构可靠性、全生命周期智能管理等电池短板亟待进一步提升，未来需持续开展大功率充电、高适应性及智能化技术攻关，提高电池系统的环境适应性、结构可靠性、充电速度和智能化管理水平。

(2)动力系统效率和可靠性有待进一步提升

纯电动重卡的动力系统，包括电机及控制系统，在长时间高负荷运行下的效率和可靠性仍有待提升。当前电机在高温、高原等恶劣工况下性能表现不佳，影响车辆整体表现，且电控系统的智能化水平不足，难以适应复杂工况。急需通过电机优化设计，采用高效材料和先进冷却技术，提高电机在各种工况下的适应性。同时开发智能电控系统，提升控制算法的响应速度和精度，提高动力系统的整体效率，推进整车系统集成优化，确保各部件的匹配和协同，提升整体运行可靠性。

(3)整车轻量化技术有待加强

纯电动重卡自重大，影响续航里程和载货能力是行业痛点之一，可通过采用轻量化材料，减轻车身和底盘重量。通过整车结构优化设计，提升轻量化水平，确保结构强度和安全性。再者通过材料和工艺的创新，开发适用于重卡的高性能轻量化材料，结合先进制造技术，同时兼顾轻量化设计的可靠性和耐久性，实现整车轻量化目标，达到性能和轻量化的平衡，提升纯电动重卡的续航里程和市场竞争力。

(4)换电技术的互换性及成熟度需进一步提升

不同纯电重卡换电厂家提供的换电系统接口标准不统一，导致车辆互换性差，同时换电站换电流程和时间存在差异，影响了换电站的效率和用户体验。换电技术仍处在发展阶段，电池更换的自动化程度、机械臂的精准度和安全性等方面尚需改进，换电成功率需要进一步提升。推动电池组通讯协议和换电接口的行业标准化，确保不同品牌换电系统互换性，是推动换电技术走向成熟且实现大规模应用的重要途径。加快换电站相关设备研发，提升换电过程的精准度和自动化水平，是实现换电时间缩短，加快换电重卡推广的重要措施。

6. 2023年行业重点企事业单位发展情况

(1)宇通商用车有限公司

宇通商用车2023年累计销售新能源重卡3424辆，其中

牵引车销售 1748 辆，自卸车销售 805 辆搅拌车销售 871 辆。同时宇通商用车持续秉承为客户创造更大价值的初心，依托宇通集团技术实力，深耕新能源重卡核心技术，基于商用车行业首个软硬件一体化的睿控 E 平台，实现了三电系统的行业领先，全系新品科技创新达到 159 项。除此之外，宇通商用车针对实际运营场景自主研发核心零部件，同时与行业一流及国际知名零部件企业深度合作，形成了重卡板块完善的产业链供应体系，已进入新能源重卡领域第一梯队。

（2）三一重工股份有限公司

三一重工 2023 年累计销售新能源重卡 5301 辆，其中牵引车销售 2360 辆，自卸车销售 1123 辆，搅拌车销售 1818 辆。三一重工始终秉承“先做人、后做事”的核心价值观，本着“品质改变世界”的使命，遵循“一切为了客户、一切源自创新”的经营理念，努力实现“创建一流企业、造就一流人才、作出一流贡献”的愿景，逐步成长为新能源重卡领域的主流厂商。

（3）徐工集团工程机械股份有限公司

徐工集团 2023 年累计销售新能源重卡 5246 辆，其中牵引车销售 3094 辆，自卸车销售 974 辆，搅拌车销售 1178 辆。徐工集团始终秉承“探索工程科技、为全球工程建设和可持续发展提供解决方案”的企业使命，本着“成为全球信赖、具有独特价值创造力的世界级企业”的企业愿景，遵循“担大任、行大道、成大器”和“精益、专注、创新、奋斗”的核心价值观和企业精神，朝着新能源重卡领域的一流供应厂商奋力迈进。

（4）陕西汽车控股集团有限公司

陕汽控股集团 2023 年累计销售新能源重卡 1659 辆，其中牵引车销售 1431 辆，自卸车销售 227 辆。陕汽控股集团始终秉承“为社会创造更多财富；为用户生产更好汽车；为股东创造更大利润；为员工提供更多发展机会”的企业使命，本着“将陕汽建成国内一流的、与国际接轨的、现代化的特大型汽车企业集团”的企业愿景，遵循“以人为本、创优报国、追求卓越”和“为用户创造最大价值”的核心价值观和经营理念，朝着新能源重卡领域的主流供应厂商奋力前进。

（5）浙江吉利远程新能源商用车集团有限公司

吉利远程 2023 年累计销售新能源重卡 3439 辆，其中牵引车销售 2091 辆，自卸车销售 632 辆，搅拌车销售 654 辆。吉利商用车致力于实现“创造智慧互联，引领绿色商用”的企业使命，同时遵循“智慧绿色运力科技综合服务商”企业定位，逐步成长为具有一定技术实力的新能源重卡领域的主流供应厂商。

7. 2023 年重点车型技术特点分析

（1）宇通二代底置牵引车：该车型搭载宇通最新睿控 E 平台技术，采用“400 度后背+底置”产品组合，可实现双枪 600 A 快充功能，充电速度提升 30% 以上，自身降重 200～400 kg，配置“IP68+IP6K9K”永磁同步电机，产品适应性更广阔，从充电、续航、适应性、载货量等多维度提升车辆的运营效率。

（2）宇通二代搅拌车：宇通全新开发的二代搅拌车，搭载宇通新一代三电控制技术，电驱动系统效率可实现“双 90”，配置高效驱动桥，全面提升车辆的传动效率，实现 8 方纯电动搅拌车用电 1 kWh/km 以内。

（3）宇通二代大电量自卸车：配置宇通自主开发的 528 kWh 大电量配置，高效电驱动系统总成，搭配 5 挡电缓速功能，充分回收车辆的制动能量，有效降低车辆运营能耗，提升续航里程，单次充电续航里程达到 300 km 以上。

（4）三一江山 SE：搭载“江山 SE 电动化专属驾驶室+MTB 魔塔电池”，体积能量密度提升 26.5%，电池自重较上一代降低 100 kg，支撑双枪 600 A 快充，充电至 80% 时间大幅缩短。

（5）DeepWay 深向星辰：配置子弹头造型驾驶室，风阻系数达到 0.35，高速工况有效降低风阻。通过座舱 SOA 架构、开放的车联网平台及云端算法能力的支持，让车辆成为智能作业终端，实现人车解耦，帮助物流企业提升管理效率、降低物流运输成本。

8. 未来几年纯电动重卡产业发展建议

（1）技术创新驱动，加强电池技术革新，提升车辆轻量化设计能力，引领产业升级

电池是纯电动重卡的核心部件，未来的技术创新首先以提高能量密度为关键目标。研究新型电池材料是提高能量密度的重要途径。同时，优化电池结构设计，提升电池的能量密度和功率密度，也是实现更长续航里程的必要途径。延长电池寿命和提升安全性，防止过热、起火等安全隐患，也是技术研发的重要方向。发展高效的快速充电站网络，采用更先进的充电技术，可以显著缩短充电时间，提高车辆的运营效率。

轻量化设计是提高电动重卡能效的关键因素之一。采用先进材料可以大幅降低车辆自重，提升能效比。同时，推广使用轻质高强度材料，通过车身结构优化设计，实现材料的合理分布和使用，进一步降低整车重量，提高能源利用效率。

（2）智能驾驶和智能网联技术助力交通运输行业的数字化变革

未来几年可进一步通过高级驾驶辅助系统和完全自动驾驶技术的应用，实现纯电动重卡更高效、安全地运输，减少人为操作的不确定性，优化驾驶路线，提高车辆的续航里程，降低事故率。纯电动重卡通过搭载先进的车联网系统，实现实时与管理平台互通，随时调整运输路线，优化车队调度，实现车辆之间的信息共享，有效降低了运营成本，同时提升整体响应速度和灵活性。政府部门也应鼓励企业加大对智能驾驶和智能网联技术的研发投入，实现交通运输行业的数字化变革。

（3）政策支持与引导，打造良好生态

未来几年纯电动重卡产业的发展依然离不开政府政策的有力支持。政策方面的引导和扶持将直接其成长速度和方向。首先，政府应进一步制定明确的产业发展规划和目标，涵盖中长期发展规划，明确产业发展路径和阶段性目标。其次，政策支持聚焦财税优惠和补贴措施，降低企业初期投入成本。同时，加大对研发和技术创新的支持，鼓励企业和科研机构共同攻克电池技术、智能驾驶技术等关键技术难题。再者，政府应加大对充电设施建设的投入，推动高速公路服务区、物流园区等关键节点的充电桩布局，解决纯电动重卡的充电难题。

(五)纯电动轻卡

宇通轻型商用汽车有限公司　李会仙　杨开胜　贾龙飞　王佳楠　郭浩阳　赵紫冬

2023 年,城配市场对轻卡的需求呈现出持续增长态势。同时,在"双碳"目标的持续推动和各类支持新能源物流车发展政策的强力驱动下,2023 年新能源轻卡需求总量稳步提升,不断渗透到更加广泛的应用场景。

1. 2023 年纯电动轻卡产业总体发展与技术突破

(1)2023 年纯电动轻卡产业总体发展情况

从整体数据上看,2023 年全年,中国纯电动轻卡销量持续上涨。2023 全年纯电动轻卡同比增加 6. 14%,远程、东风、福田位列前三,紧随其后的为跃进、重汽、宇通、一汽、陕汽、江淮、燕台等,具体数据见表 1-2-8。

表 1-2-8　2021—2023 年纯电动轻卡市场销量
(单位:辆)

年份	2021 年	2022 年	2023 年
销量	18984	35645	37834

数据来源:行业上险数据

吉利远程 2023 年共销售纯电动轻卡 11368 辆,销量比第二名高出一倍有余,同比增长 47. 35%。东风占据年销量第二的位置,2023 年共销售纯电动轻卡 5376 辆,同比减少 22. 65%。福田占据年销量第三的位置,2023 年共销售纯电动轻卡 4462 辆,同比增长 7. 54%。2023 年纯电动轻卡累计销量 37834 辆,同比增长 6. 14%,具体数据见表 1-2-9。

表 1-2-9　2023 年纯电动轻卡市场上险超过 100 台的企业销量情况(单位:辆)

排名	企业	2022 年	2023 年	同比增长	市场占有率
1	吉利远程	7715	11368	47. 35%	30. 05%
2	东风	6950	5376	−22. 65%	14. 21%
3	福田	4149	4462	7. 54%	11. 79%
4	跃进	2390	3151	31. 84%	8. 33%
5	重汽	2094	2234	6. 69%	5. 90%
6	宇通	1203	2166	80. 05%	5. 73%
7	一汽	1452	1933	33. 13%	5. 11%
8	陕汽	2710	1817	−32. 95%	4. 80%
9	江淮	915	960	4. 92%	2. 54%
10	燕台	—	883	—	2. 33%
11	江铃	1753	846	−51. 74%	2. 24%
12	徐工	13	589	4430. 77%	1. 56%
13	飞碟	268	424	58. 21%	1. 12%
14	庆铃	1143	376	−67. 10%	0. 99%
15	华神	80	237	196. 25%	0. 63%
16	玉柴	877	124	−85. 86%	0. 33%
17	现代	308	106	−65. 58%	0. 28%
行业整体		35645	37834	6. 14%	—

数据来源:行业上险数据

(2)2023 年纯电动轻卡产业技术突破

2023 年行业以"电池、电驱、电桥、电控"等关键技术为切入点,在电池系统、电机及电控、电驱动系统、充电、热管理等多个方面取得多个突破。

①电池系统方面

围绕纯电轻卡长续航的发展趋势,动力电池能量密度显著提高,2023 年量产磷酸铁锂电池标准箱系统能量密度达到 170 Wh/kg,实现轻卡整车配电量显著提升;PACK 安全设计上,电池防水能力突破 2 m 72 h 泡水不进水,覆盖城市严重内涝场景,安全防护能力大幅提升;电池智能化管理系统方面,通过大数据和人工智能技术的应用,使电池状态监控、预警更加精确、及时,电池防盗报警技术也实现应用。

②电机及电控方面

轻量化、高效率、高可靠是新能源驱动电机的技术发展趋势。2023 年的主要进展有:高速电驱桥电机在行业实现大批量推广应用,电机轻量化水平显著提升;通过多物理场耦合、多目标寻优设计,高性价比永磁材料、导磁材料应用与铁芯工艺优化,进一步提升了电机效率;基于工况大数据,提升了电机高效区与工况的匹配程度;通过密封防护结构优化提升电机系统防水能力,提升了车辆在暴雨等极端天气和城市内涝的环境适应性;适用于轻卡的扁线电机已实现批量应用。

多合一控制器已经开始在纯电动轻卡领域量产应用,以宇通为例,通过集成化设计将驱动电机控制器、空压机控制器、高压配电、整车 DC/DC、直流充电、绝缘检测、霍尔检测等功能深度融合,实现高压电控与配电系统一体化集成,电控系统减重 54%、体积减小 52%、高压连接点减少 30%,安全性更高;新一代功率半导体 SiC 模块已在个别车型上应用,SiC 控制器最高效率 99. 5%,高效区占比提升 7. 4%,相同电量下可实现整车续航里程提高 3%。

③电驱动系统方面

集成化电驱桥是电驱动系统的重要发展趋势,电驱桥采用电机、减速器与车桥一体化集成设计、斜齿圆柱齿轮替代螺旋伞齿,较中央直驱系统,在底盘空间布置、整车重量、能耗等方面具有明显优势。2023 年,行业内主流厂商通过高速扁线电机、三轴两级齿轮传动、高效润滑等新技术开发,电驱桥系统最高效率已提升到 93. 5% 以上,有效降低能耗水平,同电量情况下续航更远,并已实现批量推广。

④整车控制方面

硬件方面,基于域集中式的控制技术是行业发展热点,不同企业陆续推出了搭载域控架构的相关零部件产品,未来电控技术将继续朝着高度集成化、平台标准化、软件定义的方向发展。整车控制功能方面,通过与智能网联技术深度融合,节能与安全新技术不断涌现,如基于路径规划和整车预测能量管理技术,关键零部件故障预警及诊断技术,智能化电子围栏及区域限速功能等,助推整车驾乘舒适性、经济性、安全性及售后服务水平持续提升。

⑤热管理方面

热管理方面，集成化、低能耗是行业的技术发展趋势。2023 年，依托于多通道电磁阀体及热管理零部件协同控制技术，新能源轻卡行业实现了空调系统、电池热管理系统、电机电控热管理系统的集成耦合设计及整车热流的智能按需分配，在满足整车需求的前提下，实现了热管理系统综合能耗的进一步降低。

2. 产业新质生产力发展情况

各企业重点围绕产品变革和生产模式创新两大维度进行新质生产力的规划、应用和提升。

(1)产品变革

新能源轻卡行业电动化与智能化、网联化融合发展呈现积极的态势，各车企围绕车辆使用全生命周期，包括管理、使用、保养、维修等场景，均在不同程度开展构建全方位的车联网服务体系。福田创建的商用车车联网平台，为多行业提供数字化解决方案，该平台接入车辆已超 250 万辆，每日接入数据 80 亿条以上。可以为车队、车企、供应商、分销商、金融风控、二手车、政府等服务赋能，提供一体化车联网解决方案。

(2)生产模式创新

各企业积极推进数字化转型升级，实现生产效率大幅度提升，形成先进生产力。东风汽车在制造领域以订单计划、产品数据、制造工艺为主线进行业务流程梳理和理想姿态构想，在襄阳轻型商用车智能制造和绿色工厂升级项目中构建“制造运营中心、数字化工艺平台、高级计划排程、智慧物流、制造执行、数字化质量管理、设备 & 能源管理、数字化现场管理”8 大核心应用系统，3 层级结构及智慧园区和生产控制中心，赋能生产制造数字化、智能化转型升级。

3. 产业标准体系的建设

汽标委在标准体系研究成果基础上，结合能源行业电动汽车充电设施标准体系规划，借鉴德国、美国电动汽车标准化路线图的工作经验，形成了《中国电动汽车标准化工作路线图》(简称《路线图》)。《路线图》介绍了电动车辆、界面与通信、基础设施、相关产业四个方面国内外现有标准、缺失标准及其制定规划等，根据工作规划对标准缺项划分成紧急、短期、中期和长期四个阶段，并描绘了电动汽车标准化未来工作重点和方向。随着后续电动车辆领域标准体系建设方案的研究与规划的新需求，《路线图》也将做出动态调整。

电动汽车标准体系主要涉及电动汽车整车、系统及零部件、基础设施等，2023 年发布的电动汽车相关的主要标准见表 1-2-10。

表 1-2-10 2023 年发布的电动汽车相关的主要标准

标准编号	标准名称
GB/T 18487. 1—2023	电动汽车传导充电系统　第 1 部分:通用要求
GB/T 20234. 1—2023	电动汽车传导充电用连接装置　第 1 部分:通用要求
GB/T 20234. 2—2015	电动汽车传导充电用连接装置　第 2 部分:交流充电接口
GB/T 20234. 3—2023	电动汽车传导充电用连接装置　第 3 部分:直流充电接口
GB/T 20234. 4—2023	电动汽车传导充电用连接装置　第 4 部分:大功率直流充电接口
GB/T 27930—2023	电动汽车非车载传导式充电机与电池管理系统之间的通信协议
GB/T 43248—2023	电动汽车和混合动力汽车 无线电骚扰特性 用于保护 30 MHz 以下车外接收机的限值和测量方法
GB/T 31467—2023	电动汽车用锂离子动力蓄电池包和系统电性能试验方法
GB/T 43254—2023	电动汽车用驱动电机系统功能安全要求及试验方法
GB/T 43332—2023	电动汽车传导充放电安全要求
GB/T 38775. 8—2023	电动汽车无线充电系统　第 8 部分:商用车应用特殊要求
QC/T 1200—2023	带充电机的电动汽车传导充电用电缆组件
QC/T 1198—2023	带功能盒的电动汽车传导充电用电缆组件
QC/T 1199—2023	电动汽车传导充电用集成式交流供电标准插座
QC/T 1201. 1—2023	纯电动商用车车载换电系统互换性　第 1 部分:换电电气接口
QC/T 1201. 2—2023	纯电动商用车车载换电系统互换性　第 2 部分:换电冷却接口
QC/T 1201. 3—2023	纯电动商用车车载换电系统互换性　第 3 部分:换电机构
QC/T 1201. 4—2023	纯电动商用车车载换电系统互换性　第 4 部分:换电电池系统
QC/T 1201. 5—2023	纯电动商用车车载换电系统互换性　第 5 部分:车辆与电池系统的通信
NB/T 11303—2023	电动汽车顶部接触式充电设备技术规范
NB/T 11304—2023	电动汽车顶部接触式充电站设计规范

4. 国内外纯电动轻卡产业发展趋势

随着宏观经济逐渐复苏、消费持续回暖，电商、快递、物流行业的快速发展，城配市场对轻卡需求越来越大，国内外纯电轻卡行业有望继续保持增长态势。同时，纯电动轻卡行业竞争激烈，技术创新和产品差异化是推动企业持续发展的关键因素。

国内：根据最新国家统计局数据，2023 年我国 GDP 增速达到 5. 2%，说明 2023 年我国经济整体处于温和的复苏之中，居民消费增长会拉动对轻卡需求的增加；蓝牌新规的实施，使对不合规的蓝牌轻卡加大了淘汰力度，腾出了部分市场空间;冷链物流运输业的发展,促进轻卡冷藏车的需求增加;再加上国家“双碳”目标的持续推动和各类新能源物流车政策支持的强力驱动下,预计国内新能源轻卡将保持持续高速增长态势。

国外:海外市场发展潜力巨大。伴随世界经济企稳回升,前期压抑的市场需求将逐步释放。部分国家政府基于重启经济、改善民生的需要,会加大出行基础设施的投入和支持,轻卡市场需求将呈现复苏态势。国内新能源轻卡在国际市场上的份额还比较小,但随着品质的提升,“一带一路”倡议的推进和国际市场的开拓,我国新能源轻卡行业在海外市场也将迎来更广阔的发展空间。

5. 目前亟须解决的技术难点及解决方案

(1)整车轻量化水平需持续提升

随着纯电轻卡布局的电量越来越大,对整车轻量化水平提出了更高的要求。当前轻卡采用的多为铁制材料,更轻的铝制材料乃至塑料材料未进行应用,需要轻卡行业借鉴乘用车的先进轻量化经验,提升轻卡的轻量化水平。

(2)动力电池性能需进一步提升

动力电池在能量密度、环境适应性、全生命周期智能管理等电池短板亟待进一步提升,未来需持续开展大功率充电、高功率密度电池、高适应性及智能化技术攻关,提高电池系统的能量密度、环境适应性和智能化管理水平。

(3)电驱桥桥设计制造能力需提升

轻卡行业电驱桥供应商多为车桥企业,其传统车桥研发制造能力强,但需尽快补齐电机电控能力,提升电驱桥集成设计能力。针对电驱桥当前存在的噪声和可靠性问题,电驱桥供应商需加强纯电动轻卡工况大数据研究,提升系统 NVH 仿真分析及优化能力,通过电驱桥装配工艺设计及验证规范完善,提升生产过程控制能力。

(4)充电桩行业市场规范化、标准化管控程度有待加强

纯电动轻卡多在社会公共充电桩进行充电,但充电桩行业准入门槛较低,部分不具备充电桩研发、设计、制造和售后服务能力的厂家通过贴牌进入该行业,甚至承建了部分充电站。由于该类厂家供货的产品性能不达标或安全性不合规,导致无法充电甚至充电安全事故时有发生,影响整车充电安全。需要加快落地充电桩 3C 强检制度,严格按照充电国标要求对充电桩进行强制检测,促进充电桩行业标准化、规范化。

6. 2023 年行业重点企事业单位发展情况

(1)吉利远程新能源商用车集团

吉利远程(含江西吉利新能源、吉利四川商用车、唐骏)全年累计实现纯电动轻卡销售 11368 辆,同比增长 47.35%,市场份额 30.05%;远程创造了“制造中心+商业生态”的产销模式,利用全国五大产品制造基地进行布局,助力产业上下游企业共同发展,从而实现了销售端和生产端的双端增长。同时,正一步步扩大全球的销售渠道网络,逐步向国际主流厂商稳步迈进。

(2)东风汽车股份有限公司

东风汽车全年累计实现纯电动轻卡销售 5376 辆,同比下降 22.65%,市场份额 14.21%。作为集轻型商用车整车及动力总成的研发、生产制造和销售服务于一体的大型企业,公司持续推进轻量化、电动化、智能化、网联化等关键核心技术掌握,建立能源多元化的技术路线,不断深化新能源、智能网联等未来关键技术的布局。近年来,公司紧跟市场趋势不断创新,开展高效电机电控、智能可变等 14 项混动技术研究,具备了新能源整车热管理、能量管理系统仿真、能量流测试分析及优化能力。

(3)北汽福田汽车有份有限公司

北汽福田全年累计实现纯电动轻卡销售 4462 辆,同比增长 7.54%,市场份额 11.79%,公司通过市场化体制机制搭建新能源运营体系,建设营销生态,提升新能源销售能力,完成上游核心零部件产业布局和营销生态建设,快速推广新能源产品。新能源和智能网联领域,通过自研自制和合资合作实现核心模块和核心技术自主可控,确保战略安全,将围绕电动化、智能网联、轻量化等方面统筹布局,重点突破“2+3”技术领域,架构与集成技术、电控技术完全自主掌握,动力电池及电驱动通过“自主+协同”创新掌握核心技术,支撑公司发展。

(4)上汽大通汽车有限公司南京分公司(上汽跃进)

上汽跃进全年累计实现纯电动轻卡销售 3151 辆,同比增长 31.84%,市场份额 8.33%。上汽跃进从事汽车、底盘及其零部件的设计开发、生产制造、市场销售及售后服务等,拥有冲压、焊装、涂装、车桥和整车装配等生产线及与之相配套的公用设施,具备年产 10 万辆轻、中型卡车能力;跃进产品共有 3 个品系 500 余个品种,覆盖高、中、低端市场;跃进产品多次荣获中国机械工业名牌产品、全国用户满意产品等荣誉称号。公司在立足轻卡发展的基础上,加快创新转型,优化产品结构,从过去单一传统的纯生产资料型产品向兼顾生活消费型产品拓展,形成差异化竞争力。

(5)重汽(重庆)轻型汽车有限公司

重汽全年累计实现纯电动轻卡销售 2234 辆,同比增长 6.69%,市场份额 5.9%。公司依托中国重汽集团强大的研发能力,全面构建动力系统核心技术、整车集成技术及新材料新工艺三大核心技术保障能力;在智能智造建设方面,中国重汽智能网联(新能源)项目的落地,成为具备数字化、自动化、模块化与柔性化等特点的新生产基地,全球先进的智能制造生产线、国际一流的产品工艺水平以及行业标杆式的数字化“灯塔工厂”,实现了企业从“制造”向“智造”的转变,能够高效满足客户小批量、多品种、定制化需求,为中国重汽制造水平迈向一流提供了强有力的支撑。

(6)宇通轻型商用汽车有限公司

宇通轻卡全年累计实现客车销售 2166 辆,同比增长 80.05%,市场份额 5.73%。公司立足客户需求及痛点,凭借自身领先行业的前沿商用车新能源技术和创新成果,致力于打造“更商用、更耐用、更好用”的高品质产品,为客户创造更大价值。作为中国新能源轻卡 3.0 时代的开创者,2023 年发布全新轻卡产品 T 系列,依托不断进化的睿控 E 技术平台,实现全系产品焕新升级,为用户带来行业首个全系产品三电全中置的宇通新能源轻卡。

7. 2023 年重点车型技术特点分析

(1)宇通 T5:搭载了 127.74 度电的电池系统,在电池管理技术上的优化,确保了续航的稳定性,官方挑战吉尼斯测试的续航是 520.46 km。搭载 120 kW 驱动电机,达到同级别主流水平,可以以实现动力与续航的完美匹配。采用了"三电"(电池、电机、电控)全中置方案,最大程度实现"三电"安全。

(2)潍柴蓝擎・悦 EH Pro:配置了 131.98 kWh 的电池包,综合续航里程达到 400 km,满足了中短途运输的续航要求。车辆内装设计则侧重于实用与智能化,如配备了驾驶辅助系统和智能导航、大尺寸屏幕等配置,安全性与便利性兼备。

(3)江铃 E 路达:搭载"宁德时代高能量密度中置电池包+博世扁线电机+博世 SiC 电机控制器",电机最大功率 167 kW,最大扭矩 420 Nm,电机效率达 97%。满载最大爬坡 32%,整车 0~50 km/h 加速时间仅需 4.9 s,动力强劲。

8. 未来几年纯电动轻卡产业发展建议

(1)加强电池能量密度、长寿命和智能管理等技术迭代研究

围绕动力电池能量密度提升、长寿命和全生命周期内电池智能管理等持续开展技术研究,通过 PACK 轻量化、集成化设计实现电池体积密度、能量密度的进一步提升;通过电池缓衰减技术研究、PACK 耐久性提升及电池智能管理实现电池全生命周期内高可靠、防腐蚀、耐老化,支撑长寿命电池全生命周期内稳定运行。持续推动磷酸锰铁锂电池、固态电池等先进电池体系技术研究,保持领先优势,支撑纯电动轻卡的高质量快速发展。

(2)加强油冷扁线电机产业链自主能力升级

油冷扁线电机方面:进一步加强扁线设备制备能力提升,提升扁线电机产线利用率、电机性能与良品率均衡控制,降低单台制造成本,扩大扁线电机在纯电动轻卡领域应用范围,提升扁线电机在纯电动轻卡渗透率。

(3)推动纯电动轻卡智能化、网联化技术开发和应用,提升高端化水平

纯电动轻卡在智能化、网联化水平方面明显落后于乘用车,需重点围绕"高效管车、便捷用车、智能体验"等方面,推动电动化、智能化、网联化技术的融合发展,持续提升整车网联化服务水平、智能化程度,促进纯电动轻卡向高端化发展进程的不断推进。

(六)纯电动矿卡

郑州宇通矿用装备有限公司 张 冬 冯勇敢 蔡旭东 李靖宇

矿卡作为矿山运输的重要工具,主要用于砂石骨料、金属矿、煤矿等场景下的剥离层、矿料运输。近年来,随着国内千万吨级以上大型露天矿山的扩建及建设绿色矿山的要求,电动矿用车辆需求持续攀升。总体来看,2023 年国内纯电矿卡行业需求整体处于下行的趋势。

1. 2023 年纯电动矿卡产业总体发展与技术突破

(1)2023 年纯电动矿卡产业总体发展情况

从表 1-2-11 整体数据上看,2023 年全年,中国纯电动矿卡的总体销量有所下降,较 2022 年下滑接近 5%,具体数据见表 1-2-11。

表 1-2-11 2021—2023 年纯电动矿卡市场销量
(单位:辆)

年份	2021 年	2022 年	2023 年
销量	370	913	872

数据来源:因矿卡属于设备,无上牌、上险数据,根据行业主流供应商出库数据、市场调研等综合研判

从表 1-2-12 各企业销量数据看,宇通、徐工、同力位列前三,其后为三一、博雷顿、宏大时代、诺浩、山河智能、临工等。

表 1-2-12 2023 年纯电动矿卡市场占有率超过 2% 的企业销量情况(单位:辆)

排名	企业	2022 年	2023 年	同比增长	市场占有率
1	宇通	371	264	−26%	31.5%
2	徐工	—	117	—	13.6%
3	同力	164	106	−35%	12.3%
4	三一	153	83	−45%	9.6%
5	博雷顿	33	62	88%	7.2%
6	宏大时代	37	43	16.2%	5%
7	山河智能	76	27	−64%	3.1%
8	临工	44	22	−50%	2.6%
9	其他	35	148	322.86%	15.1%
行业整体		913	872	−5%	100%

数据来源:因矿卡属于设备,无上牌、上险数据,根据行业主流供应商出库数据、市场调研等综合研判

(2)2023 年纯电动矿卡产业技术突破

①电池系统方面

针对矿山恶劣工况,动力电池重点在抗振动能力、安全可靠性、长寿命等方面进行提升。2023 年矿卡专用电池已量产,整体采用加强型结构设计,结构强度可以做到普通电池的 4 倍以上,实现动力电池抗振能力提升,国内矿卡已有批量应用;PACK 安全设计上,电池防水能力突破 2 m 72 h 泡水不进水,防腐能力突破耐中性盐雾 720 h 不锈蚀,安全防护能力大幅提升;宇通、同力、三一等厂商的部分车型已搭载有长寿命电池系统,磷酸铁锂电芯的循环次数可达普通电池的 1.5 倍以上,支撑车辆电池系统使用寿命延长。

②电机及电控方面

高可靠、高效率是矿卡新能源电机的技术发展趋势。2023 年的主要进展有:头部企业通过抗凝露、防泥沙等密封防护结构优化设计,提升电机系统防护等级,最高可达"IP68

+IP6K9K”，提升了车辆在矿区恶劣工况的环境适应性；行业内通过多物理场耦合、多目标寻优设计，高性价比永磁材料、导磁材料应用与铁芯工艺优化，进一步提升了电机效率。

2023 年，矿卡新能源电控行业在集成化、可靠性、高电压平台方面取得了一定突破。汇川、常州易控等供应商进行了六合一控制器的尝试，以支撑整车高压控制部件的一体化集成。同时，针对高海拔矿区工况，电控行业在高海拔适应性技术方面取得突破，推出了高海拔专用多合一控制器，能满足最高 5800 m 矿区可靠性需求，进一步提升了新能源矿卡高海拔工况环境适应性水平。宇通、宏威、博雷顿进行了 1000 V 高电压平台新能源系统的尝试，已带动行业完成了 1000 V 高电压平台“三电”系统样机开发。

③电驱动系统方面

2023 年，电驱动系统方面，行业在少挡化 AMT 和多挡无动力中断方向进行尝试，均取得了一定进展，系统可靠性及操作便利性得到进一步提升。

为在重载上市场形成新能源产品突破，行业各头部企业陆续推出了各自的增程系统，因节能、续航无忧的特点，可作为未来 2~3 年煤矿等重载上市场的一个新能源解决方案，与行业已有的大电量纯电矿卡、移动式换电矿卡形成工况互补，助力新能源矿卡在重载上市场的渗透率进一步提升。

④整车控制方面

安全是新能源矿卡整车控制的重要突破方向。2023 年，行业头部企业重点在制动安全策略、制动耦合技术、应急转向控制技术等方面进行研究。制动安全方面，增加了主动安全辅助控制，减少了司机因疲劳驾驶、误操作等引起的安全风险。制动耦合技术方面，通过合理匹配气电比例及耦合时机，提升制动安全的同时，进一步提升了车辆能量回收效率。应急转向方面，引入 CAN 控应急转向技术，解决主转向失效时因人员反应不及时导致的安全风险。这些新技术的应用推广，将推动行业持续提升新能源矿卡安全。

⑤热管理方面

热管理方面，集成化、低能耗是行业的技术发展趋势。2023 年，行业进行了集成化热管理技术的小批量应用尝试，将驾驶室冷却、电池系统冷却进行集成，一定程度上降低了热管理能耗。

⑥充电技术方面

随着大功率充电标准发布，大功率充电技术加速推广应用，液冷超充和多枪独立并充技术大幅提升充电速度，充电功率提升至 600 kW 以上，随着新能源矿用车大吨位化和重载上市场突破，大电量正逐步成为标准配置，充电技术的发展很好地支撑了新能源矿用车的发展。

2. 新能源矿卡产业发展趋势

近年来国家出台了一系列关于推进绿色矿山建设的政策，逐步促进了矿山生产的转型升级，绿色发展成为未来矿业发展的风向标。新能源矿卡因安全、节能的特点，既响应了绿色矿山政策，同时还能为运营方带来巨大的经济效益。从长期看，矿用车的电动化推广预计会发展迅速、新能源渗透率快速增长且市场空间较大。

中长期来看，煤炭在我国能源体系中的主体地位不会改变，煤炭需求相对稳定且露天煤矿开采比例有望增加，预计矿用车市场整体需求将呈现平稳态势。

受矿山资源整合、加强安全管理等政策因素影响，矿山设备大型化、智能化和新能源化趋势凸显，尤其矿山承包转向自营，将全面推动“露天煤矿装备大型化、智能化”且装备由集团公司统一采购，这将对整车企业的产品布局、成本竞争力和车辆安全性能等提出更高要求。同时，也是高安全、高节能的大吨位新能源矿卡的一个推广契机。

矿山内部相对固定的运输线路、封闭无人的环境、点对点且低速的运行状态等场景特点，使露天矿区成为无人驾驶快速落地的最主要场景；无人化将进一步解决矿山招工难、人工成本高以及行车安全事故隐患等问题。随着无人驾驶技术更加成熟，多处无人驾驶示范项目安全员下车，未来几年露天煤矿无人驾驶有望规模落地。

3. 产业标准体系的建设

随着“绿色矿山”“智慧矿山”理念的发展，矿用装备正在加快绿色化、智能化和高端化转型升级，传统燃油矿用装备正逐步被新能源矿用装备取代，对应的标准体系也在逐步完善，标准体系的完善有利于行业的健康持续发展，推动矿用装备产业新能源化，助力国家“双碳”目标实现；新能源矿用装备隶属于工程机械，其涉及的安全、环保、节能、性能等相关标准仍然必须遵循工程机械国家、地方和行业标准，同时新能源矿用装备具备新能源产品的特性，新能源宽体车相关标准主要参考新能源汽车标准，聚焦新能源宽体车的标准《纯电动非公路宽体自卸车技术条件》《纯电动非公路宽体自卸车试验方法》等正在报批阶段，对纯电动非公路宽体自卸车的术语和定义、要求、试验方法、检验规则、标志、包装、运输、贮存及随机文件等做了详细要求。

4. 目前亟须解决的技术难点及解决方案

目前行业的新能源渗透率较低，产品种类丰富度有待进一步提升，新能源矿卡的推广仍处于起步阶段，尚未有企业在技术和市场规模上占据绝对优势。

（1）电驱动系统方面

新能源矿卡主要采用双驱动电机、多挡 AMT 变速箱的集中式中央驱动方案。构型与传统矿卡接近，可以在传统矿卡的基础上快速实现电驱动方案。因矿卡载重量大、矿区运营路况恶劣，必须采用多挡 AMT 传动才能够满足动力性需求，重点需要解决多挡 AMT 变速箱的可靠性、换挡平顺性、操作便利性。随着车辆大型化的发展，为保证车辆动力性好，电机的驱动功率、扭矩等性能需要不断提升。高可靠、少档化的无动力中断系统，会是一个相对合适的解决方案。

（2）电池方面

动力电池作为新能源系统的核心零部件，高能量密度、长循环寿命、大充电倍率、高可靠性及优异的高低温性能仍是电池主要技术难点。此外，电池成本偏高、续航里程短也是制约新能源矿卡快速发展的因素。未来需要围绕电池系统的安全性能、功率性能、循环寿命、环境适应性及低成本开展技术研发。

(3)充电方面

随着新能源矿卡的快速推广,在长距离、重载上坡工况,当前的充电速率和充电操作便利性无法满足客户需求,日充电时间太长,影响整体运输效率,亟待开发大功率、快速充电技术。行业已陆续推出多枪充电、液冷充电、换电等解决方案,方案的有效性、可靠性还需市场进一步验证。

5. 2023年行业重点企事业单位发展情况

(1)郑州宇通矿用装备

宇通矿用装备拥有行业核心竞争力的90 t、105 t、136 t矿用车产品,且2代新能源产品已全系支持无人驾驶线控底盘,广泛应用于矿山运输、港口运输、工程项目建设施工等各类工作场景,得到了广泛认可和好评。率先实现纯电矿卡量产和批量销售,市场占有率和销量行业领先。

(2)陕西同力重工

同力重工主要产品为TL87、TL88等系列非公路宽体自卸车,同时还生产TLD系列非公路矿用自卸车;除了传统的燃油车型以外,还推出了纯电驱动、混合驱动、氢燃料、甲醇燃料等新能源车型。产品覆盖国内多个省份,并已拓展出口至巴基斯坦、印尼、马来西亚、蒙古国、塔吉克斯坦、印度、刚果(金)等多个国家和地区,未来还会有更多的国家和地区布局。2023年,联合凯博易控在大吨位增程矿卡方面做了一些尝试,并研发了180 t级中央驱动(无动力中断系统)增程矿卡样车。

(3)徐工机械

徐工矿山设备模块涵盖宽体矿车MT、CMT、RT、UT四大系列多个品种及大型矿山挖掘机,销售区域已覆盖中国、东南亚、中亚、非洲等国家和地区,传统矿卡方面优势明显。2023年,徐工实现了新能源矿卡的快速增长。

6. 2023年重点车型技术特点分析

(1)宇通YTK136E:136 t纯电动宽体矿卡,推出900 kW双电机驱动、3挡AMT变速箱,动力强,最大爬坡能力达到35%以上;采用宇通自研专用高强度电池包、宁德时代电芯,电池电量700 kWh,匹配四枪充电方案,1 h可充电90%,每天总充电时间缩短40%。

(2)临工RTH136:136 t油电增程宽体矿卡,使用300 kW矿卡专用增程器,平均节油率>10%,特定工况节油率可达15%以上,整车搭载大功率矿卡驱动电机,搭配3挡AMT变速箱,动力强劲,运输效率高,续航能力可做到与油车持平。

(3)同力TLDH180:180 t级多轴驱动增程混动矿卡,搭载凯博易控eDMT-plus四电机驱动系统,总额定功率可达840 kW,多动力源驱动模式、序列式换挡设计,实现了换挡无冲击、动力传输过程不中断,同时提供大功率和大扭矩。样车推出后,一定程度上推动了增程混动系统在大吨位矿卡上的应用。

7. 未来几年纯电动宽体车产业发展建议

(1)电池能量密度、循环寿命、充电倍率、可靠性和成本持续优化

新能源宽体车电池重点围绕高能量密度、长循环寿命、大充电倍率、高可靠性和低成本持续优化;通过电芯材料和工艺研究,提升电池能量密度、循环寿命和充电倍率,通过PACK集成技术研究,提升防护等级和结构强度,确保矿车运营电池可靠性,同时通过电池关键技术突破、生产制造能力提升和产业链协同发展,持续降低电池成本。

(2)加快充电技术研究和充电服务能力建设

围绕快充、智能化等需求,研究新型充电模块技术和新型充电接口技术。通过采用新型电力电子器件、开发新型冷却技术等,提升充电设备输出电压范围、体积功率密度、效率、充电速度、安全性和操作便利性。同时提升充电基础设施服务能力,支撑纯电矿卡大功率和智能化充电需求。

(3)加快电机电控技术研究

电机方面:为满足电动矿卡电机对效率、密度、可靠性、NVH及成本等方面更高的要求,电机的研发和生产需要在新型材料、先进工艺优化、新构型电机、新设计方案等方面进行提升。研发应用高性能材料及先进工艺,提升电机功率密度;通过精细化设计提升电机转矩密度,支撑电动矿卡高质量快速发展。

电机控制器方面:根据行业技术发展趋势,重点进行多合一控制器集成技术、SiC技术研究与开发。SiC具有损耗低、电流密度大、耐高温等优势,能够支撑控制器效率、功率密度提升及重量、体积降低;多合一控制器集成技术,可通过功能集成、硬件电路复用、结构共用等方式实现高压控制系统与配电系统的深度集成,能够支撑控制器功率密度与高压安全性提升、系统成本与重量降低。

(4)推动矿山运输智能化、网联化技术开发和应用,提升智能化管理水平

针对矿区工作环境恶劣,存在司机短缺、人力成本高、安全事故隐患高等难题,纯电化、无人化、大型化是矿用车的发展方向,无人驾驶矿卡在纯电车辆平台基础上,搭载自动驾驶系统,具备巡线行驶、自主避障、紧急制动、精准停靠等功能,可实现矿卡安全、稳定、高效地自动行驶和作业,提升矿区智能化管理水平。

(七)纯电动环卫车

郑州宇通重工有限公司 张 冬 李世权 李公哲 董成冲 李群峰

环卫装备行业水平的发展直接关系到国家城市管理和环保政策的落实效果,是实现城市可持续发展和建设美丽中国的重要保障。近年来,国家有关部门相继出台一系列相关政策,推动环卫车新能源化发展。国家层面密集发布各类政策,促进新能源汽车在环卫等公共领域的发展,纯电动环卫车市场前景广阔,从长期看,随着碳中和目标推进和新能源车渗透率提升,环卫车电动化是大势所趋。2023年国内环卫车行业需求整体处于下行的趋势,纯电动环卫车得益于技术

进步、成本降低和政策推动，行业整体销量逆势增长。

1. 2023年纯电动环卫车产业总体发展与技术突破

（1）2023年纯电动环卫车产业总体发展情况

在国家及地方政策的推动下，我国新能源环卫车的市场占比不断提升。我国新能源环卫车销量逐年增加，2021—2023年中国新能源环卫车销量数据见表1-2-13。

表1-2-13　2021—2023年纯电动环卫车市场销量

（单位：辆）

年份	2021年	2022年	2023年
销量	4052	4877	6227

数据来源：环卫行业上险数据

2023全年纯电动环卫车同比增长27.68%，盈峰、宇通、龙马位列前三，紧随其后的为徐工、福田、奇瑞等。具体数据见表1-2-14。

表1-2-14　2023年纯电动环卫市场占有率超过1%的企业销量情况（单位：辆）

排名	企业	2022年	2023年	同比增长	市场占有率
1	盈峰环境	1425	1988	39.51%	31.93%
2	宇通	1427	1150	-19.41%	18.47%
3	福龙马	351	658	87.46%	10.57%
4	徐州徐工	162	462	185.19%	7.42%
5	北汽福田	290	145	-50%	2.33%
6	奇瑞汽车	135	125	-7.41%	2.01%
7	犀重	8	116	1350%	1.86%
8	爱瑞特	47	114	142.55%	1.83%
9	三力	101	96	-4.95%	1.54%
10	东岳	39	75	92.31%	1.20%
11	亚洁	29	74	155.17%	1.19%
12	程力威	21	65	209.52%	1.04%
13	其他	842	1159	37.65%	18.61%
行业整体		4877	6227	27.68%	100%

数据来源：环卫行业上险数据

（2）2023年纯电动环卫车产业技术突破

纯电动环卫车行业发展趋势为电动化、智能化、网联化、低碳化，围绕“安全、节能、可靠”等方面研发和创新，搭建技术和产品优势，形成核心竞争力，良币驱逐劣币，推动行业健康发展。2023年行业以纯电动环卫设备研发和产业化为主线，以“电池、电机、电驱、电桥、电控”及“线控底盘”等关键技术为切入点，在动力系统、电池系统、电驱动系统、充电、热管理等多个方面取得多个突破。

①动力系统方面

当前，纯电动环卫电驱动系统领域存在多种系统方案。电驱桥应用范围突破至8T，8T及以下电驱桥为主，经济性提升10%以上，8T以上车辆以“电机+变速箱”构型为主。大吨位纯电动环卫车由于变速箱、取力器成本优势原因，仍将是未来几年内的主流动力方案。头部企业开发了大吨位产品4挡AMT动力系统，相较于行业主流6挡AMT系统，能够有效提升车辆动力并改善驾驶感受。

②电池系统方面

电池能量密度显著提高，2023年量产磷酸铁锂电池标准箱系统能量密度突破175 Wh/kg，整车体积利用率提升25%以上，实现整车配电量提升，增加了车辆续航里程，提升了运营效率。通过改进材料和优化管理系统，减少了电池的衰减速度，智能化管理系统的发展使电池状态的监控更加精确，通过大数据和人工智能技术，实时监测电池健康状态并进行预警，有效延长电池使用寿命。此外，电池安全性也得到提升，新技术在电池管理系统中加入了更多安全措施，有效预防过热和过充等问题。PACK安全设计上，电池防水能力突破2 m 72 h泡水不进水，覆盖全球城市内涝场景，安全防护能力大幅提升。

③电驱动系统方面

高效率、高可靠、轻量化是纯电动环卫车驱动电机的技术发展趋势。采用更先进的材料和设计方法，提升电机的功率密度和效率。例如，使用更高性能的永磁材料和优化电机绕组结构，使电机在更小的体积内提供更高的功率输出，同时减少了能量损耗。通过密封防护结构优化提升电机系统防水能力，提升了车辆在暴雨等极端天气和城市内涝的环境适应性。

开发SiC动力域控制器、高效补能等关键技术，高压系统可靠性和稳定性更高、防水防尘等级更高、系统效率更优，控制器最高效率99.5%，高效区占比提升7.4%，相同电量下可实现整车续航里程提高3%，有效支撑车辆运营稳定高效、安全可靠。

④上装新能源系统方面

开发并推广环卫专用高集成上装多合一动力系统，实现上装动力系统集成化设计，提升了系统可靠性，同时增加上装布置空间，储备上装动力与负载深度集成技术。上装节能研究，结合市场车辆多场景使用数据，对不同作业模式进行模拟试验，优化上装作业控制逻辑，实现同工况上装作业电耗相对于行业有明显优势，持续提升产品竞争力。

⑤充电技术方面

大功率充电技术推广加速，通过高电压平台、液冷超充及自然冷却多枪并充等技术，大幅提升补能效率。现行充电标准在2023年取得较大升级，ChaoJi充电标准发布，大功率充电、充电安全、电能互动等方面发展较快。智能充电管理系统通过大数据和人工智能技术，实现了对电池的精确监控和管理，优化了充电过程，延长了电池寿命，同时提高了充电效率。充电站数量和分布的增加，以及充电桩功率的提升，使电动环卫车充电更加便捷和高效。可替换电池技术的发展使电动环卫车可以在电池耗尽时快速更换电池，从而实现不停机作业，提高了工作效率。

2. 产业标准体系的建设

标准依旧是推动产品技术提升、国家政策落地、市场良性发展的基本条件。当前环境卫生领域共有标准16项，其中国家标准2项，行业标准14项。环境卫生类在原有标准基础上，按照GB/T 17350《专用汽车和专用挂车分类、名称及型号编制方法》，对当前没有标准的产品编制团体标准，包括对接式垃圾车、桶装垃圾运输车、污水处理车、挖掘抽洗车、物料处置车、园林绿化作业车共 6 项。规划标准 23 项，其中国家标准 2 项，行业标准 15 项，团体标准 6 项。QC/T 54《洒水车》、QC/T 957《洗扫车》发布了 2023 版，另有《吸污脱水车》等 6 项标准计划修订。

3. 国内外纯电动环卫车产业发展趋势

随着国家和社会对环境保护和环境治理的要求日益提高，环卫行业的前景广阔，发展机遇良好，环卫设备存在持续增长的市场需求。宏观经济和政策驱动因素利好。环卫设备是环卫行业的重要组成部分，与财政收支息息相关，因此，宏观经济、行业政策及城市建设等因素是环卫设备行业发展的主要推动因素。2024 年随着促进经济增长、改善微观主体预期的宏观政策进一步加力显效，经济有望延续稳健复苏走势；行业政策方面，《"十四五"城镇生活垃圾分类和处理设施发展规划》《"十四五"节能减排综合工作方案》《关于深入打好污染防治攻坚战的意见》《2030 年前碳达峰行动方案》《空气质量持续改善行动计划》等对环保和城市精细化治理提出更高要求，预计未来环卫设备行业需求将具有持续增长潜力。

新能源环卫设备仍将高速发展。新能源汽车推广作为国家的重点战略，相关政策在环卫领域也在持续加强；工信部等八部门先后发布《关于组织开展公共领域车辆全面电动化先行区试点工作的通知》和《关于启动第一批公共领域车辆全面电动化先行区试点的通知》，加快推进公共领域车辆全面电动化，鼓励探索形成一批可复制可推广的经验和模式，为新能源汽车全面市场化拓展和绿色低碳交通运输体系建设发挥示范带动作用。中汽数据终端零售数据显示，环卫设备行业新能源 2023 年上险 6227 台，同比增长 27.7%，渗透率达到 8.1%，预计未来将步入增长期。智能化发展加速。环卫智能化在经济性、安全性、效率性、环保性等诸多方面均具备巨大优势，对现代城市环境的管理具有重要意义。近年来，政府工作报告中多次出现高质量发展和现代化，"十四五"规划对智能车发展提出了更高的目标和要求。环卫自动驾驶处于发展初期，行业内产品质量标准不统一，但是主机厂已开始与下游头部企业建立深度合作关系，协同解决环卫场景痛点，根据特定场景需求在产品设计开发上进行适配，共同推进自动驾驶在环卫场景的商业化应用。与此同时，未来环卫行业自动驾驶开发工作中，更加关注网联化、共享化，即加强车路协同，实现真正无人驾驶的安全、高效和价值体现。未来，城市环卫智能化必将是城市数字化转型中的重要板块。

4. 目前亟须解决的技术难点及解决方案

目前行业的新能源渗透率处于低位，且国内纯电动环卫车电驱动与控制依然存在综合能效低、工况适应性差、智能网联化水平低、整备质量大能耗高等行业难题，尚未有企业在技术和市场规模上占据显著优势。

(1)电驱动系统方面

电驱桥匹配高效电机控制器驱动系统方案，以其更高传动效率、能量回收和低成本的优势，逐步提升其在纯电动环卫车的配套占比，纯电动环卫车 4T 新车型已普遍推广应用，8T 平台已逐步开始验证推广，大吨位电驱桥需要解决动力性、平顺性和成本的平衡，暂无可批量推广产品。随着整车能量利用率的提升，纯电动环卫车匹配电量持续减少，叠加动力电池能量密度的提升，整车电压平台越来越低，电压下降带来电驱动系统外特性偏软、噪声、温升等一系列问题，统筹电驱动系统总成与动力电池的匹配开发是一个关键因素。另外，克服电压下降带来电流增大引起的成本上涨、优化改进上装传动构型、摆脱传统局限性开发更适配电动化的上装负载应同时开展，为纯电动环卫车打造更有竞争力的上装作业系统，也是一个当前急需要解决的问题。

(2)底盘、上装一体化控制方面

将上装系统作为整车的一部分，由整车控制系统统一进行能量分配、系统冷却、信息调度等工作，提升整车能量的利用率，降低电池过放的风险，提升驾乘体验。同时，高度集成化、平台标准化的电控技术也是未来的研究方向，可有效地降低零部件的数量，大幅减少线束连接点，从而降低故障点、整车轻量化、降低物料成本，支撑与信息化和网联化融合、整车域控制及软件功能快速迭代的实现，助推整车驾乘舒适性、经济性和安全性显著提高。

(3)整车轻量化与节能关键技术方面

在整车层面上，轻量化与节能关键技术包括：基于上装与底盘一体化集成优化技术，适用于环卫车辆功能、性能最优的整车总成系统优化匹配技术，面向结构刚强度、NVH、碰撞安全等多目标优化技术，建立适应环卫产品特点的结构仿真分析及评价体系。基于气力输送系统核心部件(吸盘、风道、集尘箱和风机)的气力系统耦合的多目标优化技术，基于电动液压助力转向、电动空压机、高压水泵、电动液压泵等电附件工作效率优化匹配技术，形成具有高效节能特征的电动上装系统，研究整车多用电系统集成能量管理方法。

5. 2023 年行业重点企事业单位发展情况

(1)宇通重工：2023 年宇通新能源环卫车辆上险 1150 台，同比降幅-19.41%，市场占有率 18.47%。2023 年公司研发并推出清洗车、抑尘车、洗扫车、自卸车等多款 18T 氢燃料车型，并于 2023 年实现 150 台批量销售。

(2)盈峰环境：2023 年盈峰环境新能源环卫车辆上险 1988 台，同比增长 39.51%，市场占有率达到 31.93%。产品覆盖清扫保洁装备、垃圾收转运装备、垃圾压缩站装备、餐厨厨余垃圾资源化利用装备、市政园林装备、应急除冰雪装备等，研发了一批 5G 智能清洁机器人、无人驾驶环卫车、智能小型清洁机器人、智能工商业储能装备等。

(3)福龙马：2023 年福龙马新能源环卫车辆上险 658 台，同比增长 87.46%，市场占有率达到 10.57%。公司不断优化产品系列，致力于为客户提供多样化的新型智能装备，包括智能扫地机、无人驾驶清扫机器人、纯电动扫路机和智能充电机器人等。同时，公司不断完善无人化运营整体解决方案，助力环卫行业的数智化转型与升级，加快推动智慧城市的建设进程。

(4)徐工：2023 年徐工新能源环卫车辆上险 462 台，同比增长 185.19%，市场占有率达到 7.42%。打造业内产品型谱齐全的四大成套化解决方案，涵盖清扫保洁、垃圾收转运、管网应急、除冰除雪，"地面+地上+地下"全覆盖，实现核心零部件完全自主生产，不断扩大电动、氢能等新能源产品群，用绿色守卫绿色。

6. 2023 年重点车型技术特点分析

宇通 YTZ5180TWQD0BEV 纯电动道路污染清除车，一车两用多功能纯电动低入口深度保洁车，集成深度保洁及常规洗扫功能，搭配双枪快充，1.2 h 内即可充满电。常规洗扫配置大摆幅自适应扫刷技术，实现 4.1 m 超宽作业宽度，“后向风机+电机直驱+风机箱体”集成，吸力提升 10% 以上，风速达到 60 m/s 以上。

宇通 YTZ5188TSLD0BEV 纯电动高速扫路车，填补国内高速公路养护市场纯电动环卫车的空白，整车采用 500 kW 大功率驱动电机，作业速度可达 60 km/h，低速作业洁净率达 97% 以上，高速作业洁净率达 95% 以上。

盈峰环境 ZBH5180TXSSXBEV 纯电洗扫车，搭载陕汽 4 挡 AMT 变速箱底盘，宁德时代 281.91 kWh 磷酸铁锂电池，驱动电机配备 160 kW 和 175 kW 两种规格。

7. 未来几年纯电动环卫车产业发展建议

（1）加强电池能量密度、长寿命和智能管理等技术迭代研究

围绕动力电池能量密度提升、长寿命和全生命周期内电池智能管理等持续开展技术研究，通过 PACK 轻量化、集成化设计实现电池体积密度、能量密度的进一步提升；通过电池缓衰减技术研究、PACK 耐久性提升及电池智能管理实现电池全生命周期内高可靠、防腐蚀、耐老化，支撑长寿命电池全生命周期内稳定运行。持续推动磷酸锰铁锂电池、固态电池等先进电池体系技术研究，保持领先优势，支撑纯电动客车的高质量快速发展。

（2）加强扁线电机、电驱桥等关键总成产业链自主能力升级

扁线电机方面：进一步加强电机上下游产业链和国内扁线设备制备能力提升，提升扁线电机产线利用率、电机性能与良品率均衡控制，降低单台制造成本，扩大扁线电机在商用车领域应用范围，提升扁线电机在商用车渗透率。

电驱桥方面：短期重点围绕电驱桥存在的噪声和可靠性问题，快速提升系统 NVH、可靠性等方面的仿真分析及验证能力，同时加强纯电动环卫车应用工况研究，提升电驱桥环卫车工况适应性；中长期通过电驱桥共壳体设计、一体式润滑等，进一步提升电驱桥系统的效率和集成化、轻量化水平，支撑纯电动客环卫产品竞争力持续提升。

（3）推动智能化、网联化和无人化，提升高端化水平

环卫车与 5G 的融合将成为重要的发展趋势，利用 5G 实现人车互通，车与车互通，更好推动环卫车智能化发展。未来环卫行业自动驾驶开发工作中，更加关注网联化、共享化，即加强车路协同，实现真正无人驾驶的安全、高效和价值体现。未来，城市环卫智能化必将是城市数字化转型中的重要板块。

8. 其他重要的方面

（1）科技创新体系仍需优化完善

当前新能源环卫专用车创新体系仍然面临如下问题：一是基础研究重视程度和投入不够，原创性成果偏少；二是连接基础研究和产业化应用技术的新型研发机构和平台较少，尚无法对产业发展发挥有效支撑作用；三是产业融合创新涉及不同行业、不同学科、不同专业，尚需要进一步打通。

（2）成果推广渠道及体系不健全

高校和研究院有强大的基础理论和技术研究能力，能够开发具有先进性的研究成果，而企业的优势在于有较强的产品批产和推广能力，但目前成果推广渠道和体系不健全，导致很多新能源环卫专用车关键系统研究成果无法得到及时转化和推广，从而导致行业发展受到制约。

（八）车用动力电池

中国汽车技术研究中心有限公司　王　芳　高　妍　马天翼

1. 2023 年车用动力电池产业总体发展

2023 年，新能源汽车产业进入叠加交汇、融合发展的新阶段，面对全球竞争环境和自身不断壮大的发展需求，动力电池产业进入发展新时期，全产业链正在积极主动地进行发展模式的调整，努力朝着确保产业安全、资源可控、产能部署、绿色低碳的方向发展。

在动力电池产销量和装机量方面，2023 年，我国动力电池累计产量 778.1 GWh，同比增长 42.5%；我国动力电池累计销量 616.3 GWh，同比增长 32.4%；我国动力电池累计出口量 127.4 GWh，同比增长 87.1%；我国动力电池累计装机量 387.7 GWh，同比增长 31.6%，其中，磷酸铁锂电池装机量 261 GWh，同比增长 42.1%，占比 67.3%，三元电池装机量 126.2 GWh，同比增长 14.3%，占比 32.6%。

从国内市场角度看，2023 年，我国新能源汽车市场共计 52 家动力电池企业实现装车配套，较去年同期减少 5 家。2023 年我国动力电池装机量 TOP10 的企业分别是：宁德时代、比亚迪、中创新航、亿纬锂能、国轩高科、蜂巢能源、LG 新能源、欣旺达、孚能科技、正力新能。排名前 3、前 5、前 10 的动力电池企业的装机量分别为 305.5 GWh、338.6 GWh 和 375.3 GWh，占总装机量比分别为 78.8%、87.4% 和 96.8%。

从全球角度看，2023 年全球动力电池装机量达 705.5 GWh，同比增长 38.6%，这一增长趋势反映了电动汽车市场的快速发展及消费者对于新能源汽车需求的不断上升。其中，中国企业在全球动力电池市场中占据了主导地位。装机量前 10 名的企业中，有 6 家中国企业，分别是宁德时代、比亚迪、中创新航、国轩高科、亿纬锂能和蜂巢能源。其中，宁德时代以 259.7 GWh 的装机量持续位居全球第一，在全球电池供应商中占据 36.8% 的市场份额；比亚迪以 11.4 GWh 的装机量稳居第二，市占率为 25.8%。同时，值得注意的是，这 6 家中国电池企业的全球市场占有率达到了 63.5%，宁德时代和比亚迪的市占率之和更是超过了半数，高达 52.6%。

这些品牌装机量的强劲增长，表明他们在动力电池领域的竞争优势愈发明显，也显示出了中国在全球动力电池市场的主导地位。

同时，2023年磷酸铁锂电池在装机量上持续领跑，与三元电池装机量的差距不断拉大。特别是在一些热门车型上的搭载，如特斯拉Model 3/Y、比亚迪汉/唐/宋/秦、蔚来ES8/ES6/EC6、理想ONE等，这些车型的热销带动了市场对磷酸铁锂电池的需求，从而推动了装机量的增长。从国际市场看，福特汽车公司在2023年开始装配磷酸铁锂电池，现代汽车也预计将磷酸铁锂电池纳入其电动车型中，福特、现代等传统车企的加入，标志着磷酸铁锂电池开始在全球范围内得到认可；此外，宝马、丰田、奔驰、雷诺等一些海外车企已经导入或准备导入磷酸铁锂电池。

从我国动力电池结构的角度看，方形动力电池的比例持续提升，全年装机量约为338.5 GWh，同比增长23.6%，占比94.1%；软包动力电池装机量约为10.2 GWh，同比下降42.4%，占比2.8%；圆柱动力电池装机量约为11 GWh，同比增长8.9%，占比3.1%。2023年，我国方形动力电池依然占据主导地位，软包和圆柱电池的装机量则相对较少。

随着国内及国外对于环境保护和可持续发展的不断重视，预计未来几年内，动力电池装机量将继续保持高速增长态势。同时，随着电池材料、管理系统、均衡技术等的不断进步，电池的能量密度和安全性也将进一步提升，进而推动新能源汽车市场不断发展和完善。

2. 动力电池产业新质生产力发展情况

2023年全球动力电池有效需求量为1600 GWh，但供给量却达到了4400 GWh，这表明全球动力电池市场的供应过剩现象较为严重。然而，随着新能源汽车市场的快速增长，动力电池的需求量也在持续增加。例如，2023年中国市场的电动汽车销量同比增长36%达到770万辆，市场渗透率超过三分之一。因此，尽管目前存在供应过剩的情况，但随着新能源汽车市场的不断扩大，动力电池的需求也将持续增长。

新质生产力是指以科技创新为主的生产力，是摆脱传统增长路径、符合高质量发展要求的新型生产力。在动力电池产业中，新质生产力的发展主要体现在以下几个方面：

首先，从技术层面看，动力电池产业正在经历一场技术革命。新型电池材料、电池制造工艺及电池管理系统等方面的创新不断涌现，使动力电池的能量密度、安全性、寿命等关键性能指标得到了显著提升。例如，固态电池、锂硫电池等新型电池技术的研发和应用，有望进一步提高动力电池的性能，降低电池成本，推动新能源汽车的普及。

其次，从产业结构看，动力电池产业的新质生产力也在推动着产业结构的优化升级。随着新能源汽车市场的不断扩大，动力电池产业链的上下游企业形成了一个庞大的产业集群。同时，一些具有创新能力的企业也在不断涌现，它们通过技术创新、模式创新等方式，不断提高自身竞争力，成为了产业发展的新动力。

最后，从政策环境看，国家对动力电池产业的支持力度也在不断加大。为了推动新能源汽车产业的发展，国家出台了一系列扶持政策，包括财政补贴、税收优惠、购车指标等，这些政策不仅直接促进了新能源汽车的销售，也间接推动了动力电池产业的发展。同时，国家还在加强对动力电池产业的监管和引导，推动产业向规范化、健康化的方向发展。

综上所述，动力电池产业新质生产力蓬勃发展。未来随着科技的不断进步和产业政策的持续优化，动力电池产业的新质生产力将会得到更加充分的发挥，为新能源汽车产业的发展提供更加强有力的支撑。

3. 2023年行业重点企事业单位发展情况

动力电池行业在2023年继续保持快速发展态势。随着全球对新能源汽车的需求不断增长，以及各国政府对于绿色能源和可持续发展的政策支持，动力电池产业得到了进一步的发展和壮大。

宁德时代作为全球最大的动力电池制造商之一，在2023年继续保持着强劲的增长势头。公司加大了研发投入，推出了多款新型动力电池产品，满足了市场日益增长的需求。同时，公司在全球范围内扩大了生产基地，加强了供应链管理，确保了产品的稳定供应。宁德时代的产品主要包括动力电池、储能电池系统、三元锂离子电池、磷酸铁锂电池等。2023年，宁德时代的动力电池产量为389 GWh，同比增长20%，在全球动力电池市场的份额占到了36.8%，连续7年位列全球第一。

比亚迪在动力电池领域也取得了显著成绩。通过CTB结构创新，在成组时跳过“模组”，使体积能量密度提升50%，最终实现在同样的空间内装入更多电芯的目标。相较传统电池包，“刀片电池”的续航里程可提升50%以上，达到了高能量密度三元锂电池的同等水平。续航里程轻松突破600 km，满足充放电3000次以上，受到了市场的广泛欢迎。此外，比亚迪还加强了与其他汽车制造商的合作，在各地启动了多个动力电池项目，这些项目不仅扩大了公司的产能，还加强了其在动力电池行业的领导地位。例如，一汽弗迪动力电池项目总投资135亿元，总产能45 GWh；温州比亚迪新能源动力电池项目总投资65亿元，规划产能20 GWh；郑州航空港经济综合实验区的动力电池项目，计划投资80亿元，总建筑面积约115万 m^2，项目建成后将形成40 GWh的动力生产规模。

中创新航在2023年动力电池装机量稳居全国前三，单月装机量跻身全球前四。此外，中创新航在储能、船用、工程机械、轨道交通等领域也取得了新的增长，并形成了示范效应：在船用领域，中创新航凭借其先进的动力电池技术和丰富的船舶应用经验，成功打入国内外多个船舶项目，全球已有超过1000条船搭载了中创新航的电池产品；在工程机械领域，中创新航针对不同类型工程机械的需求，量身定制了一系列高效、安全的动力电池解决方案，提高了工程机械的作业效率，降低了运营成本；在轨道交通领域，中创新航与多家知名轨道车辆制造商深入合作，共同研发适用于城市地铁、轻轨等不同场景的动力电池系统。同时，在技术和产品研发方面，中创新航完成了多项重点技术突破，包括发布了6C超充大圆柱电池，推出了高能效、超长寿命的314 Ah储能电池，并实现了量产交付。

未来，动力电池行业将继续保持高速发展态势，朝着更高能量密度、更长续航里程、更快充电速度等方向发展。同时，随着技术的进步和成本的降低，动力电池的应用领域也将更加广泛，不仅限于电动汽车，还将拓展到其他交通工具和非道路移动机械等领域。

4. 国内外车用动力电池技术发展趋势

全球车用动力电池产业正在经历一场前所未有的变革。随着环保意识的提升和新能源汽车市场的快速增长，动力电池的需求量也在不断上升，全球车用动力电池产业的发展将呈现如下趋势。

(1)技术创新

技术创新是推动车用动力电池产业发展的关键因素之一。锂离子电池因其高能量密度、长寿命和低自放电等优点而成为主流动力电池产品。然而，为了满足日益增长的能源需求和环保要求，各企业和技术人员都致力于开发新的电池技术，如固态电池、锂硫电池等。这些新型电池技术有望在提高电池安全性、降低成本和延长电池寿命等方面取得突破。

①动力电池新型材料及新型电解质技术方面：固态电池技术是当前动力电池领域的一大热点。相较于传统的液态电解质电池，固态电池具有更高的安全性和能量密度。固态电池使用固体电解质替代液体电解质，避免了液态电解质可能引发的泄漏和燃烧等问题。此外，固态电池的能量密度更高，有望大幅提升电动汽车的续航里程。国内外多家企业都在积极研发固态电池技术，并取得了一定的进展。

硅负极材料的应用也是动力电池技术的重要突破之一。传统的石墨负极材料已经接近其理论比容量极限，而硅具有极高的理论比容量，是石墨的 10 倍以上。因此，将硅应用于负极材料，可以显著提高电池的能量密度。然而，硅负极材料在充放电过程中容易发生体积膨胀，导致电池性能下降。为了解决这一问题，科研人员正在探索各种方法，如纳米化、复合化等，以提高硅负极材料的稳定性。

②动力电池安全性方面：随着全球对清洁能源需求的不断增长，动力电池作为新能源汽车的核心部件，其安全性一直是行业关注的焦点。在电池热失控预警方面，已经开发出了基于先进算法的热失控早期预警系统。该系统通过实时监测电池内部的温度变化，对发现的异常升温立即发出警报，为驾驶员争取应急时间。此外，此系统还能结合车辆运行的状态数据，精准判断电池的健康状况，提前预防潜在的安全隐患；在电池热失控抑制方面，新型防火材料和冷却技术的应用为电池安全带来了新的解决方案。一种新型的防火隔膜材料能够在电池内部温度升高时迅速膨胀，形成阻隔层，阻止热量传递和火焰蔓延。同时，高效的液冷系统也被引入到电池包中，通过精确控制冷却液的流量和温度，确保电池在最佳工作状态下运行，避免因过热引发的安全事故。

在电池管理系统方面，智能化和精细化管理成为提升电池安全性的关键。先进的 BMS 系统能够实时监测每个单体电池的电压、电流和温度等关键参数，并通过智能算法对电池进行精准调控，确保电池组的整体性能和安全性。此外，BMS 系统还具备自诊断功能，能够及时发现潜在故障并采取相应措施，有效降低安全风险。

在电池结构设计方面，模块化和轻量化成为提升安全性的重要方向。通过优化电池包的结构布局和材料选择，减轻电池重量，提高能量密度，同时增强电池包的抗冲击能力和散热性能，确保电池在各种复杂工况下都能保持稳定的工作状态。

(2)产业链整合

近年来，我国车用动力电池企业的产能加速扩张，为了满足国内市场的巨大需求，许多企业纷纷投资建设新的生产线和生产基地。这种产能扩张不仅有利于提高企业的竞争力，也有助于推动行业的健康发展。

随着电动汽车市场的快速发展，车用动力电池产业链的整合也在加速进行。从原材料采购到电池生产，再到回收利用及梯次利用，整个产业链正在形成更加紧密的合作关系。这种产业链整合有助于提高效率、降低成本，并促进产业可持续发展。

动力电池作为电动汽车的核心部件，其生命周期结束后如何妥善处理，不仅关乎环境保护，也涉及资源的有效利用。随着新能源汽车市场的快速扩张，动力电池的回收利用和梯次利用已成为一个备受关注的话题。回收利用是指将退役的动力电池进行拆解、分类、再加工，使其重新进入市场流通或作为其他用途。动力电池回收利用的主要方式包括湿法冶金、火法冶金及物理法等。湿法冶金是通过化学溶剂将电池中的金属离子溶解，再通过沉淀、萃取等方式分离出有价金属。火法冶金则是通过高温焚烧的方式将电池中的有机物和杂质去除，再进行金属的提取。物理法则是通过机械破碎、磁选、浮选等方式将电池中的各组分分离。我国出台了《新能源汽车动力蓄电池回收利用管理暂行办法》等相关法规，明确了动力电池回收的责任主体和监管要求。同时，还通过补贴、税收优惠等政策鼓励企业参与动力电池回收利用。

动力电池梯次利用是指将退役的动力电池经过检测、修复等工序后，再次应用于储能、低速电动车等领域。这种方式能够延长动力电池的使用寿命，降低成本，同时也减少了废弃物的产生。动力电池梯次利用已经在一些领域得到了应用，如电力储能、通信基站备电等。在技术层面，动力电池梯次利用的关键在于电池的一致性管理和剩余寿命预测。由于不同批次、不同使用状况的电池性能存在差异，如何保证梯次利用电池组的性能稳定是一个挑战，需要开发出有效的电池筛选、配组和监控技术。

(3)政策支持

随着全球气候变化和能源危机的日益严峻，新能源汽车和动力电池产业成为了各国政府重点扶持的战略性新兴产业。为了推动新能源汽车和动力电池产业的发展，各国政府纷纷出台了一系列政策措施，从财政补贴、税收优惠、研发支持等多个方面给予大力支持。

在财政补贴方面，许多国家都采取了直接补贴的方式来降低消费者购买新能源汽车的成本。例如，美国政府推出了“电动汽车普及计划”，为购买电动汽车的消费者提供高达 7500 美元的税收抵免；德国政府则实施了“环境奖金”计划，对购买电动汽车的消费者提供最高达 6000 欧元的补贴。

在税收优惠方面，各国政府给予了新能源汽车和动力电池产业一定的优惠政策。例如，中国政府将新能源汽车列为战略性新兴产业,在财政补贴、税收优惠等方面给予大力支持;日本政府对购买电动汽车的消费者减免车辆购置税和重量税;英国政府则对电动汽车免征增值税和道路税。

除了财政补贴和税收优惠外,各国政府还加大了对新能源汽车和动力电池产业的研发支持力度。政府通过设立专项基金、提供研发资金等方式,鼓励企业加大对新能源汽车和动力电池技术的研发投入。例如,欧盟推出了"地平线2020"计划,旨在支持新能源汽车和动力电池技术的创新和发展;中国政府也设立了新能源汽车产业发展基金,用于支持新能源汽车和动力电池产业的研发和产业化。

此外,各国政府还在基础设施建设方面给予了大力支持。政府通过提供资金支持、制定建设规划等方式,加快充电桩、换电站等基础设施的建设步伐,为新能源汽车的推广和应用创造良好的条件。

(4)市场前景

在全球化背景下,各国车用动力电池企业均在积极开展国际合作。通过与其他国家先进企业和研究机构合作,各动力电池企业广泛引进了先进技术和管理经验,在提高自身创新能力和竞争力的同时,也推动了全球车用动力电池产业的共同发展。

预计未来几年,全球车用动力电池市场规模还将继续扩大。随着新能源汽车技术的成熟和消费者接受度的提高,电动汽车的市场份额还将不断提升,随之将为车用动力电池产业的发展带来机遇。

综上所述,全球车用动力电池产业面临着巨大的发展机遇和挑战。通过技术创新、产业链整合、政策支持和国际合作等多方面努力,车用动力电池行业将在未来迎来更加美好的前景。

(九)车用固态锂电池

北京卫蓝新能源科技有限公司 徐航宇;中国科学院物理研究所 李 泓

1. 产业新质生产力发展情况

固态电池作为下一代锂电池产业创新技术,已进入关键核心技术攻坚和培育产业化应用阶段,是新质生产力的典型代表。固态电池技术契合"积极培育新兴产业和未来产业"的价值观,与此同时,它巩固了现有锂离子电池产业的领先优势,另一方面也加快对前沿新兴产业、新增长引擎发展的要求。

2023年9月,习近平总书记首次提出"新质生产力"的概念。2024年3月5日,李强总理在《政府工作报告》中首次提到锂电池,指出大力推进现代化产业体系建设,加速发展新质生产力。在新形势下,传统液态锂离子电池仍然面临诸多挑战,无论是高比能动力电池还是280 Ah以上大容量LFP储能电池,其安全问题始终难以解决,尤其是电芯老化后,其安全性能将大幅下降。混合固液电池则有望突破性能瓶颈,是新质生产力的典型代表,有望逐步扩大市场份额,尤其是在规模储能领域,基于混合固液电池有望在高安全、长循环、宽温度范围等方面实现用户可感知的性能提升,从而摆脱液态储能电池打价格战的困境。

2. 2023年车用固态锂电池产业总体发展与技术突破

2023年固态电池实现了从量产下线到装车的历史性突破。根据中国汽车动力电池产业创新联盟数据显示,2023年1—12月,固液混合固态电池批量装车,装车量约798 MWh,电池供应商主要有卫蓝新能源、赣锋锂业等企业,其中2023年前10个月仅装机38 MWh,2023年10—12月国内固态电池装车进度明显提快。技术方面,2023年由东京工业大学的Kanno教授发明的硫化物电解质电导率达到32 mS/cm,离子电导率赶上甚至超过液态电解质。2023年6月30日,卫蓝新能源360 Wh/kg混合固液锂电池电芯交付蔚来(见图1-2-5),支持整车续航突破1000 km。2023年12月17日,蔚来CEO李斌驾驶搭载150 kWh混合固液电池的蔚来ET7进行超长续航路试直播。整个行程平均行驶时速83.9 km,在经历了14 h后,这块150 kWh电池共行驶了1044 km,剩余电量3%,写下了新能源汽车续航里程破千的历史一页。由此,"非主流"的固态电池进入更多人的视野。10月25日,美国初创全固态电池公司Quantum Scape更新了其固态电池测试数据,其中整车客户测试的电池是A0样品,正极面容量达3.1 mAh/cm^2,已与高镍液体锂离子电池相关参数接近。在C/3充电以及C/2放电的测试条件,100% DoD下循环1000次容量保持率达95%。技术端的快速发展离不开政策的大力支持,据多家权威媒体报道,工信部和财政部拟牵头60亿元的全固态电池发展计划,提供政府基础研发支持资金,以实现下一代动力电池核心材料及制造的重大突破。国家政策资金的支持极大促进了企业和产业链上下游加码投入全固态电池研发,引发"鲶鱼"效应,为全球绿色转型和世界范围的可持续发展注入新的动力。

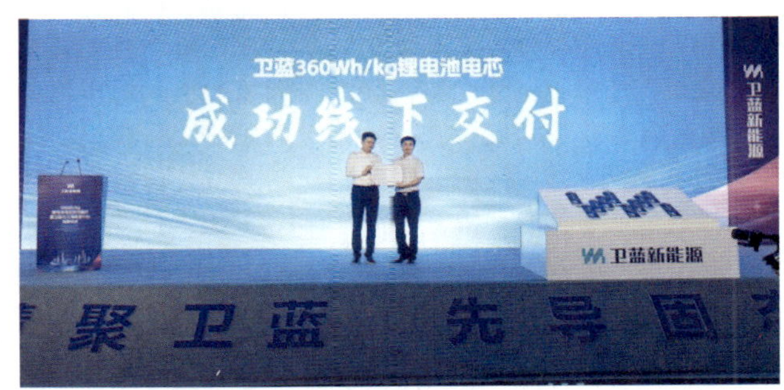

图1-2-5 北京卫蓝360 Wh/kg电芯交付仪式

总体来说,2023年,车用固态电池迎来装车的"里程碑"时刻,随着政策扶持、车企布局、资本涌入,固态电池产业化进程将按下"加速键"。

3. 产业标准体系建设

随着众多电池厂入局固态电池的开发和研究，固态电池相关行业标准及国标的制定势在必行。为持续完善固态锂离子电池标准体系，前瞻布局固态电池产业标准研究，充分发挥标准的行业指导作用，系统提升标准的经济效益、社会效益、生态效益，引领固态电池产业高质量发展，2022 年 6 月 8 日，由清华大学深圳国际研究生院组织的《固态锂电池电性能要求及测试方法 全固态锂电池》《固态锂电池电性能要求及测试方法 固液混合锂电池》2 项团体标准顺利通过审查，推动固态锂电池和固液混合锂电池电性能要求及测试方法有标准可依，满足了相关研发、生产机构等对固态锂电池和固液混合锂电池的标准化需求。2023 年 10 月 24 日上午，中国电子学会第十届理事会标准化工作委员会第二十一次主任办公会在无锡物联网创新促进中心召开。上海屹锂新能源科技有限公司作为牵头单位编制的国内首项硫化物全固态电池产品标准《硫化物全固态锂电池》，经与会专家确认同意报批成为学会团体标准。该标准为硫化物固态电池唯一的团体标准，为相关企业，科研机构和高校院所提供了参考依据。

固态电池标准的实施有助于固态电池产业的发展，对提前做好顶层设计、电池设计制造、电池性能测试等工作具有重大意义，从而推动固态电池产业的规范、健康、快速发展。

4. 国内外车用固态锂电池产业发展趋势

从国际范围内的竞争格局来看，全球固态电池研发可分为中国及日韩、欧美国家三大板块。日韩起步最早，并选择了硫化物固态电解质路线，持有的固态电池专利数量全球领先，主要采取车企、电池和材料企业及高校等科研机构联合研发的开发模式。而欧美以氧化物固态电解质路线居多，主要采取大型车企投资入局、自主开发的模式。我国当前市场较为活跃，布局固态电池的企业既包括老牌电池企业，也有上游原材料企业和背靠大学研究所的科研专门机构。我国制造商选择的路线也非常丰富：硫化物路线的代表企业有宁德时代、蜂巢能源等；氧化物路线代表企业有赣锋锂业、辉能科技等。同时，由于单一的电解质技术路线很难解决所有的问题，很多企业寻求复合路线，如卫蓝新能源采用氧化物和聚合物为主的混合固液技术路线，率先在国内量产并装车。

国内已经形成卫蓝、清陶、赣锋和辉能四小强的市场格局。另外随着政策的倾斜和资本市场的关注，恩力时代、太蓝新能源、马车动力、高能时代等一众创业型公司加入到固态电池的市场竞争中。相关产品覆盖电摩、无人机等小容量量产软包电芯及处于开发阶段的大容量动力电芯，但由于生产制造能力有待提升，电芯性能、良率和一致性需要接受市场检验。固态电解质加速渗透会给电解液和隔膜企业带来难以逆转的利空，随着老牌电解液和隔膜企业进入固态电解质的开发和量产中，固态电解质行业也面临巨大的竞争压力，同时会加速行业技术的迭代。

混合固液电池通过减少液态电解质含量、正极材料包覆和掺混固态电解质等方法改善电芯本征安全的同时，因其使用的固态电解质具有较宽的电化学窗口，可以实现与高比能正极和高含锂负极匹配。混合固液电池在安全性、高能量密度和经济性方面具有一定的优势，随着混合固液电池的规模化生产，其成本也会越来越低，相信在不久的将来，20 万级别的 B 级车将会搭载更多的固态锂离子电池。

5. 目前亟须解决的技术难点及解决方案

对于锂电行业而言，固态电池将促进固态电解质，超高镍三元、富锂锰基正极，高硅负极、金属锂等关键材料和配套技术逐步发展。锂电池的正负极活性材料尚有较大的发展空间，随着混合固液电池技术和工艺的日趋成熟，新一代正负极材料的性能有望得到充分释放。当然这些高比能正负极材料的引入也将为固态锂电池带来一系列挑战，例如正极与电解质间的副反应、正极颗粒粉化、负极体积变化、SEI 和 CEI 持续生长演化等，仍需要综合优化的解决方案推进技术迭代。除此之外，如何保障电芯内固态电解质的均匀分布、如何在循环过程中保持较低的离子传导面电阻、如何抑制锂枝晶析出防止内短路、如何保障电芯的低温性能也是固态锂电池面临的挑战。面对这些问题，仍然需要不断发展新材料、新思路，逐步降低液体含量，改善电池综合性能。

在生产工艺方面和成本方面，固态电池还涉及新技术和新工艺的导入，如干电极技术等，这些新技术、新工艺可能比传统液态锂电池更加复杂，对生产制造工艺提出更高的要求，需要引入数值模拟仿真技术和数字化智能制造技术克服工程放大和生产制造过程中的难题，实现精准可知可控可追溯。

6. 重点单位发展情况

随着固态电池技术的持续突破和产业化取得新进展，锂电池产业链因技术迭代升级迎来了新的投资机遇。国内外企业纷纷布局固态电池领域，推动固态电池的商业化进程。在中国，宁德时代、比亚迪等知名企业已投入固态电池的研发和生产。此外，一些中小型创新型企业也在固态电池领域展现出强大的竞争力。

在技术发展方面，以卫蓝新能源和赣锋锂业等为代表的中国企业已经实现了半固态电池的量产装车。其中卫蓝新能源开发的 280 Ah 超高安全储能固态电芯已于 2023 年下半年量产交付，为三峡、海博思创、国电投等多个储能项目供货。动力方面，2024 年 4 月 22 日，北京卫蓝新能源科技股份有限公司与钇威汽车科技有限公司在合肥签署了战略合作协议，双方将基于江淮钇为全球第二代纯电平台——DI 平台，合作开发 4695 大圆柱半固态电芯应用的车型，该车型将采用原位固态技术，电芯单体容量为 34 Ah，能量密度高达 300 Wh/kg，实现整车 600～1000 km 的续航水平，并计划于 2025 年实现批量生产，双方合作将会加速推动半固态电池的进一步技术升级与产业化。北京太蓝新能源在电池技术领域也取得了显著的进步，他们成功研发出全球首款能量密度高达 720 Wh/kg 的“车规级”全固态锂金属电池。清陶能源的规划产能超过 35 GWh，且预计在 2024 年量产第一代产品，2025 年实现大规模量产落地。领新新能源拟投资 106 亿元推进 20 GWh 大容量凝胶聚合物固态电池项目建设，预计 2024 年实现 3 GWh 产线建成并投产，2026 年实现 10 GWh

量产。辉能科技宣布将投资52亿欧元在敦刻尔克新建固态电池超级工厂，该工厂产能规划48 GWh，将于2024年开始建设，2026年底投入量产。

除了以上创新型公司，传统动力电池厂商也在发力。宁德时代宣布，公司的凝聚态电池能量密度最高可达500 Wh/kg，续航里程可达1500 km。同时还在进行民用电动载人飞机项目的合作开发，执行航空级的标准与测试，以满足航空级的安全与质量要求。国轩高科在第十三届科技大会上发布了全固态电池—金石电池。该电池采用突破性的全固态技术，能量密度350 Wh/kg，循环次数可达3000次以上，拥有80%的质量成组率，280 Wh/kg的系统能量密度，单次充电续航可达1000 km。

车企方面，上汽集团与清陶能源在乌海市共同投建了10 GWh固态电池零碳产业园区。上汽智己发布的最新车型智己L6应用了准900 V超快充固态电池，而广汽集团也表示，全固态电池在能量密度、安全性和制造技术方面已实现阶段性突破，并计划在2026年完成全固态电池开发。中国一汽在2023年12月提交了一项名为全固态电池的发明专利，这一技术突破标志着中国一汽在固态电池领域的自主研发和创新能力达到了新的高度。

综上所述，2023年国内外车用固态锂电池产业呈现出市场规模不断扩大、技术创新不断突破、产业链协同不断完善及企业竞争加剧等发展趋势。

7. 2023年重点车型技术特点分析

2023年6月，赣锋锂业固液混合锂离子电池在纯电动SUV—赛力斯SF5上正式交付装车。据行业信息，该车搭载的电池为赣锋锂业新一代电池产品——半固态“新锋”电池，该电池具有高安全、高性能、高效率三大特点。其首创的软包定向排气技术拥有67%的排气速率，同时采用柔性固态电解质隔膜制备的半固态电芯进行集成，大大提升了电池的本征安全。在高性能方面，因采用更稳定，离子电导率更高的固体电解质材料，整车纯电续航可实现10万km无衰减，同时因采用固态电池技术，电池的低温适用范围可以扩展到−40 ℃。在高效率方面，电池PACK因采用CTP成组技术，电池模组物料减少50%，能量密度提升20%。在极耳直连加持下，电池可实现自动化生产，生产效率提升80%。

2024年3月25日，智已汽车宣布，即将上市的智己L6将率先搭载行业首个量产上车的超快充固态电池，引领新能源汽车进入“固态电池时代”。依托领先的电池科技赋能，智己L6将以“突破1000 km超长续航”“准900 V超快补能”和“整包无热蔓延不起火的超级安全”为新标杆，为用户消除里程焦虑、补能焦虑和电池安全顾虑。据行业信息，智己L6搭载的133 kWh电池包采用清陶能源研发的含有固态电解质和有机隔膜的第一代固态电芯。其半固体电池增加了氧化物电解质涂层的，跟液态电池设计类似，但是能量密度超过300 Wh/kg，在实现千里续航的同时，还能够保证12 min充电续航增加400 km，结合其预售价不超过33万元，考虑到增加的33 kWh的能量及高镍正极、硅碳体系负极及氧化物电解质安全涂层，此车的性价比不言而喻。

8. 未来几年车用固态锂电池产业发展建议

纵观全球固态电池的发展格局，我国的科研机构和相关企业在固态电池领域具备一定的优势，混合固液锂电池的产业化进程在世界范围内处于领先水平得到了绝佳发展机会。然而，相比于日韩和欧美的固态电池研发和产业化进程，我国的全固态锂电池行业也面临着政府引导不足、社会资本精准度不够、产学研链条难以打通的难题。为了抢占全球锂电池的市场高地，建议从以下几个方面推动全固态电池市场化进程。

（1）政策引导：强化政府部门的支持和引导，针对全固态电池的关键材料、电芯开发、系统集成和智能管理，全方位布局相关基础研究、工程化研究和产业化项目。

（2）平台建设：尽快建立全固态电池行业标准，建设国家级、地区级高水平的研发和诊断测试平台，促进产学研合作。支持领先企业和优势科研团队，集中力量攻克技术难题。

（3）产业建设：上下游企业应联合打通关键原材料、电芯制造、装备制造电源管理、电池模块、系统集成、诊断测试等产业各个环节，弥补产业链短板。电池企业应重视工艺工程能力和装备自动化水平的提升。

（4）商用策略：传统液态锂离子电池在综合性能和成本方面仍然具有较强的竞争力，在全固态电池成本仍然较高的当下，固态电池企业应采取差异化竞争策略，找准市场定位，打造产品的核心竞争力。

9. 其他重要的方面

2024年1月21日，由欧阳明高院士发起的中国全固态电池产学研协同创新平台（CASIP）在北京举办了揭牌仪式，平台由欧阳明高院士牵头，汇聚了工信部、能源局、物理与化学电源协会、中国产学研合作促进会等多方力量，标志着中国在全固态电池领域的研发进入了一个新的阶段。中国全固态电池产学研协同创新平台的建立是基于当前全固态电池研究和产业化的良好基础之上，旨在统筹国内全固态电池的发展，解决业界对全固态电池研发认识不统一、力量分散等问题，推动技术创新和产业化进程，最终实现全固态电池技术的商业化和规模化应用。通过建立协同创新平台，有效整合行业内的各方资源，搭建学术交流和技术攻关合作平台，坚持问题导向和应用牵引，推动全固态电池的创新发展，该平台的建设将为中国在2027—2030年间赶上国际竞争对手的量产时间提供有力支持。随着中国全固态电池产学研协同创新平台（CASIP）的成立，我国全固态电池的发展迈入了新的阶段，从之前的单打独斗到后面的产学研协同，有力助推中国在跟日韩欧美的激烈竞争中脱颖而出，在2030年前全面实现商业化，从而在国际竞争中占据有利地位。

(十)车用超级电容器

上海奥威科技开发有限公司　华　黎　安仲勋　夏恒恒　杨重阳　张　灿

1. 2023年车用超级电容器产业总体发展与技术突破

超级电容器是一种介于传统电容器和锂离子电池之间的储能装置,具有功率密度大(可达 $10^2 \sim 10^4$ W/kg)、循环寿命长(50~100 万次)、工作温限宽(温度范围可达-40~+85 ℃)、免维护和绿色环保等优势,已经广泛应用在新能源城市客车、轨道交通、工程车辆、新能源船舶、智能电网、UPS、港口重型机械、国防军工等领域。近年来,我国已将超级电容器产业的发展提升至国家战略层面,使超级电容器的市场规模逐年提升,产业迎来了快速发展时期。2023 年全球超级电容电池市场销售额达到了 10.28 亿美元,预计 2030 年将达到 15.27 亿美元,2024—2030 年复合增长率(CAGR)为 6.03%。中国市场在过去几年变化较快,从地区层面看,2023 年市场规模为 3.39 亿美元,收入份额占全球的 33.01%;从消费层面看,中国地区也是全球最大的消费市场,2023 年占有 33.01%的市场收入份额,之后是日本和韩国,分别占有 16.47%和 13.25%;从生产端看,中国是主要生产地,北美也是两个重要的生产地区,2023 年分别占有 33.78%和 21.70%的市场产值份额,预计未来几年,中国地区将保持最快增速。

(1)总体发展

“十一五”到“十四五”期间,各部委相继出台多项政策以在技术创新、应用拓展、产业培育等方面支持超级电容产业发展。超级电容作为新型储能核心技术,在国家能源局 2022 年 3 月发布的《“十四五”新型储能发展实施方案》中,被作为“十四五”新型储能核心技术装备攻关重点方向列示。超级电容可广泛应用于风电、轨交、储能等领域,2023 年国内市场规模达 38 亿元,全球规模将突破 20 亿美元。超级电容在国民经济的很多细分领域都具有非常广阔的应用前景,应用场景达 150 余个类别。随着新能源汽车、新能源发电、5G 通信、智能制造等新兴领域的爆发性增长,应用场景将越来越广,超级电容行业迎来了新的发展期。

在城市客车领域,采用高能量超级电容系统作为动力源,可实现电动公交车“随充随走”和“一充到底”模式,利用班次之间空闲时间进行充电,可实现 24 h 运营。上海 115 路、981 路、1109 路、航头 4 路、04 路等都陆续上线了超级电容快充公交车,其配备由上海奥威研发生产的高能量车用超级电容系统,零污染、充电快、整车更轻、使用寿命更长、安全更有保障。充电 10 min 可续航 50 km,能利用驾驶员营运中班次间隔时间快速充电,以确保有足够电量满足下个班次的营运,进一步为市民提供舒适、便捷的乘车环境,与下压弓快充桩形成快充公交运行体系,只需在操作台上轻轻一按,智能柔性充电弓就会自动为车辆充电,6~10 min 即可充满。

在轨道交通领域,超级电容储能系统可以实现全线储能无触网供电和局部接触网结合路口储能供电,并实现车辆制动能量快速回收再利用、应急电源保障等功能,作为有轨电车的主电源或辅助电源,具有高可靠性和稳定性。2023 年 5 月,中国中车发布了全球首列氢能源市域列车,采用 4 辆编组,最高时速可达 160 km,内置“氢能动力”系统,采用氢燃料电池和超级电容相结合的能源供应方式,可实现 600 km 超长续航。在国铁集团科研项目支持下,“基于超级电容储能的电气化铁路再生制动能量利用装置”示范工程项目正式投运。该套装置的装机容量为 1.5 MW,超级电容储能系统容量为 11.6 kWh。试运行期间,日均节省有功功率电量占总返送再生制动电量的 15%~25%,同时具备较好的牵引负荷“削峰填谷”和电能质量治理功能。2023 年 9 月,武汉光谷空轨旅游线开通运营,空轨列车顶部安装了由奥威科技生产的高能超级电容系统,系统采用的 UCK42V20000 型超级电容具有超长循环寿命,20 万次 100% DOD 充放电循环后的容量保有率可达 85%以上,能够满足供电设施受限区域的列车行驶用电需求。2023 年 11 月,由上海奥威参建的数字轨道胶轮电车(DRT)在 2023 澳大利亚轨道交通展览会和“净零交通”研讨会亮相,并在斯特灵市进行了试乘活动。

在工程机械领域,超级电容器也具有得天独厚的优势,包括叉车、港口起重机和矿业设备等重型机械的工况功率大,启动、停止比较频繁,采用超级电容的高功率性能可以改善工程机械的能源消耗,此外超级电容器也可作为自动导引运输装置(AGV)等自动化设备的重要电源。2023 年山东港口日照港大宗干散货智慧绿色作业区采用“自动装车系统+电牵智慧”的国内智能化电动火车联合装车楼作业模式,通过“5G+超级电容”与流程化装卸生产工艺有机结合,实现装车作业无人化的快速自动定量装车。采用超级电容作为储能设备,在牵引重载列车起步的大功率牵引时,配合无级变速技术和超级快充技术,可利用作业间隙完成快速充电,使装车作业期间速度调节更加平稳。此外,山东港口日照港大宗干散货智慧绿色示范港口创新优化门机流程化卸船,利用管带机实现动力煤从码头到下游电厂高效绿色安全运输,采用超级电容作为牵车机储能设备,大幅提升装卸效率,减少倒运车燃油消耗,优化港区环境。2023 年 10 月,在亚洲国际物流技术与运输系统展览会上,凯乐士推出了 LASER-V 智能两向车,该款车专为现代智能物流设计,其核心特点是采用了超级电容技术,能够实现快速充电——短短几分钟即可充满电,大幅度提高了设备的持续工作能力和生产效率。超级电容的长寿命和低能耗特性也减轻了环境负担,并显著降低了企业的能源开销。2023 年 11 月,在第 23 届中国国际工业博览会上,行深智能与奥威科技合作推出的“超级电容快充移动充电机器人”亮相,这是行深智能在推出无人物流车、无人小巴、服务机器人等产品后又一种新的无人驾驶技术应用(低速无人车)。

在电动车和智能充电领域,超级电容器作为主电源或备用电源,也具有一些创新应用。2023 年 9 月,法国首创了一款名为 Pi-Pop 的电动自行车,这款车的特殊之处在于,它使用超级电容器来储存能量，而不是依靠电池。据该公司称，骑行者在平地上踩动踏板时，通过使用一小部分骑行者的蹬踏力为超级电容器充电，可以再生出适度的能量。在下坡时，骑行者不需要用力蹬车来保持速度，此时再生的能量比在平地上行驶时更多。踩下 Pi-Pop 的刹车能为超级电容器恢复最大的能量。2023 年 11 月，奥威科技研发生产的快充充电机器人作为欧洲混合动力支线商务飞机配套充电设备起运迪拜。欧洲混合动力支线商务飞机属于混合动力飞机，按机型分类搭载 330～600 kW 的额定功率电动混合推进装置，可搭载 4～12 名乘客，飞行距离可达 1200 km，可满足日益增长的商务飞行公交的欧盟市场。该快充充电机器人配备了 42 kWh 电超级电容储能，具有自主行走，自动充电功能，充电功率 100 kW。

(2)技术突破

2023 年，超级电容产业领域主要的技术发展突破点在电容炭材料、隔膜、锂/钠离子电容器负极、新型器件、失效及工艺方法等方面，为提高超级电容器的稳定性、能量密度和续航里程奠定了技术基础。

电容炭：电容炭材料是超级电容器的关键材料和我国炭材料的“卡脖子”难题之一。阿佩克斯经过前期多年的不断探索实践，解决了电容炭大规模碱活化生产过程中的安全问题，实现了将每条生产线的生产能力提高到 300 t 的重大突破。此外，阿佩克斯在全球首次攻克了耐高电压 3.0 V 电容炭这一技术难题，产品已被 Nesscap 公司应用于其新型超级电容器(单体 3.0 V、3400 F)，与原有产品(2.7 V、3000 F)相比，其能量密度提高 40% 以上，功率密度提高 42% 以上。山西煤炭化学研究所推动淀粉基电容炭料—材—器—用技术，启动了 500 t 电容炭产业化项目，已进入量产阶段。大潮炭能开工年产 3000 t 超级电容炭项目，提升了碳材料自主科研和产业水平。山东圣泉采用“圣泉生物溶剂法”生物质精炼技术，提高了硬碳的可控性和一致性，并将硬碳压实密度提高到 1.1 g/cm^3。佰思格利用生物质材料制备满足快充性能的硬碳，实现了千吨级硬碳生产线投产。上海杉杉实现千吨级树脂基硬炭量产，容量超过 350 mAh/g。

电解液：现阶段超级电容器应用的主要瓶颈在于其较低的能量密度难以满足日益增长的高能量密度需求，而超级电容器的能量密度与其比容量和工作电压的平方成正比，因此，选择具有高工作电压的电解质是解决该类问题的主要途径之一。中国科学院兰州化物所团队采用自由基共聚和阴离子交换法制备了含醚基聚咪唑离子液体(PVEIm. TFSI)，并将其作为超级电容器用 EMIm. TFSI 电解液的添加剂，PVEIm. TFSI 的加入有效调节超级电容器的工作电压，由 2.8 V 提高到 3.2 V，能量密度提高了约 41.5%。循环稳定性得到显著提高。此外，水系超级电容器作为一种无毒、低成本和不易燃的安全储能装置引起研究者的广泛关注。然而，阻碍其实际应用的关键问题是水固有的狭窄电化学稳定窗口 1.23 V。西安交通大学杜显锋教授团队提出了一种新的电极表面处理策略，即在铝基碳电极中引入钝化层。该钝化层可以保护集流体表面不被水分子的侵蚀，使铝集流体表面的 HER 过电位相对于增大至 -1.51 V，从而使铝基底表面分解电压变宽。此外，在活性材料中引入缺陷使碳材料的 OER 过电位扩宽至 1.48 V。对于整个电极来说，电化学稳定窗口可被扩大至 3.07 V，在 3.0 V 高工作电压下，器件循环 5000 圈后库伦效率和容量保持率分别为 97% 和 96%。

隔膜纸：纤维素纸隔膜被广泛用于超级电容器和高倍率电池，但国内无法制备满足此类隔膜要求的微纳米纤维，设备也无法满足低克重、高孔隙、超薄纸隔膜的生产，导致此类隔膜全部依赖日美进口。柔创纳科开展微/纳密纤维可控指标技术、超细纤维定向成型排布技术、纤维微纤化技术攻关等，并实现隔膜产品在一次调频领域混合电容器中的示范性应用。柔创的宁波基地年产 400 万 m^2 隔膜产线，已满负荷生产，年产 3000 万 m^2 纳米纤维隔膜产线于 2024 年投产。中轻特种纤维材料有限公司的超薄型超级电容器隔膜 LF48-25 于 2023 年实现量产，LF48-25 隔膜的平均厚度为 25 μm，是行业内厚度最低、制造难度最大的隔膜材料之一。

硬碳：硬碳制备的核心技术路线包括原材料选取与预处理、交联固化、碳化及纯化等。不同种类的前驱体在硬碳负极材料制备过程中也存在工艺上的差别。中间步骤的温度控制，气体氛围、加热时长等影响了负极材料孔径大小、纯度、氧含量、比表面积等，也间接影响首次效率、能量密度、安全性等。湖南钠科基于先进的纯化技术，通过酸碱洗涤除去金属杂质，改善循环寿命和安全性；采用交联固化和预碳化技术，提升碳化率、调控微孔结构，提升硬碳容量与功率性能；结合球形化技术，降低硬碳材料比表面积、提高首次库伦效率、提升振实密度；采取表面改性技术，利用脱氧、包覆等手段，提高首次库伦效率，研发的第二代硬碳负极材料比容量超过 330 mAh/g，首效 92% 左右；第三代高端定制硬碳负极材料比容量可达 400 mAh/g，首效大于 88%，于 2023 年 2 月公司研发基地投入运行。圣泉集团通过多年技术攻关，攻克了秸秆中纤维素、半纤维素、木质素三大成分难以高效分离并高值化利用的全球性难题，以玉米秸秆、麦秆、稻草、芦苇等廉价的植物秸秆为原料，衍生出上百种产品，其中生物质树脂炭具有生物质和树脂的双重特性，用其制备得到的电池级硬碳负极材料具有高稳定性和一致性，碳化得率高达 45% 以上，经过与武汉大学联合攻关，硬碳克容量达到 330 mAh/g 以上，首效 ≥90%，极片压实密度 ≥1.05。全球首个百万吨级“圣泉法”植物秸秆精炼一体化项目 2023 年在黑龙江大庆市全面投产。杉杉股份在生物质、沥青基、树脂基等硬碳材料制备均有布局，已成功开发出高容量、高首效的硬碳负极材料，并率先实现产业化，于 2023 年量产规模达千吨级。

核心器件：2023 年，麻省理工学院研究人员将具有高导电性的炭黑与水泥粉和水一起放入混凝土混合物中，并让其固化，当水与水泥发生反应时，水在结构中自然形成一个分支网络，碳迁移到这些空间中，在硬化的水泥中形成线状结构。这些结构具有类似分叉的结构，较大的分支会生出较小的分支，而这些分支会生出更小的分支，以此类推，最终在相对较小的体积范围内形成一个非常大的表面积。研究人员发现，由这种材料制成的两个电极，由绝缘层隔开，形成一个非常强大的超级电容器。这项技术可以使能源网络在可再生能源供应波动的情况下保持稳定，从而促进太阳能、风能和潮汐能等可再生能源的使用。2023 年，湘潭大学刘备、阳梅副教授与北京化工大学邱介山教授合作，首次提出全方位地利用禾本科秸秆，构建一体式柔性超级电容器。由于秸秆外皮衍生的纤维隔膜（EBM）具有优异的柔韧性、润湿性和离子导电性，秸秆内髓衍生的 3D 多孔碳泡沫电极（EBC-800）具有高 N/O/S 共掺杂水平和分级多孔结构。制备的柔性器件具有超高的倍率性能（在 1.0~100 A/g 的电流密度下电容保持率高达 82.12%）、高能量密度（40.14 Wh/kg）和优异的柔韧性和长循环寿命。中国科学院山西煤化所陈成猛和苏方远等从气体成分、电极材料、集流体和电解质等关键部件的失效分析入手，揭示了在 3.0 V 下工作的超级电容器中生成气体的来源和演变机制。涉及气体生成的副反应的根源是体系中微量水和电极表面含氧官能团，尤其是羟基和羧基，副反应会导致内部关键部件受损，尤其是电极的孔隙结构，最终都直接地表现为电化学性能衰减。这一研究结果有助于推动超级电容器在高电压下的服役寿命延长和电化学稳定性的提高。2023 年来自清华大学的团队研究了一种利用飞秒激光在时间和空间上成形的多类型微米尺寸（$10\times10\ \mu m^2$）微型超级电容器的无掩模超快制备方法。MXene/1T-MoS_2 可以与激光诱导 MXene 衍生的 TiO_2 和 1T-MoS_2 衍生的 MoO_3 集成，每分钟可生成 6000 多个对称微型超级电容器或 3000 多个高分辨率（200 nm）的非对称微型超级电容器。该非对称微型超级电容器具有超高比电容（220 mF/cm 和 1101 F/cm^3）、串联电压窗（52 V）、能量密度（0.495 Wh/cm^3）和功率密度（28 kW/cm^3），可与其他微型器件集成。该方法实现了多类型微型超级电容器的工业化制造，提高了微型超级电容器在实际应用中的可行性和灵活性，推进微型功能器件的集成化制备，并促进微型超级电容器在片上系统领域的利用。

2. 2023 年产业标准体系建设

我国车用超级电容器标准体系走在世界前列，由国际标准、国家标准、行业标准、地方标准和团体标准等 5 个标准体系组成。另有一些企业标准，也被产业广泛认可。当前超级电容器领域有四个国家标准，见表 1-2-15。

表 1-2-15　超级电容器领域国标

序号	标准名称	标准号
1	超级电容器　第 1 部分：总则	GB/T 34870.1—2017
2	超级电容器用活性炭	GB/T 37386—2019
3	轨道交通 机车车辆设备　电力电子电容器　第 3 部分：双电层电容器	GB/T 25121.3—2018（采标：IEC 61881—3:2013）
4	轨道交通 储能式电车　第 1 部分：电容式储能电源	GB/T 42005.1—2022
5	危险货物检验安全规范 超级电容器	GB/T 43545—2023

车用领域的行业标准中，QC/T 741—2014《车用超级电容器》为工业与信息部准入标准，此标准针对单体和模组的电性能和安全性能检测。车用领域包和系统层级无相应的国家标准或者行业标准，通过借鉴锂离子电池的国家标准进行检测，急需形成包括超级电容器单体、包或系统的国家或者行业标准。此外，QC/T 741—2014 标准修订至今已近 10 年，性能测试和安全性测试的部分条款亟待修正，以适应产业的发展。

3. 国内外车用超级电容器产业发展趋势

随着技术的发展和新能源汽车、轨道交通等领域的需求，超级电容器的各项指标不断提高以满足不同应用场景的需求。近年来，超级电容器逐步朝着低成本、高能量密度、高功率密度、长使用寿命等方向发展，取得较大发展。

我国在超级电容器领域处于并跑阶段，技术路线上双电层和混合型并行。主要代表厂家有上海奥威、南通江海、宁波中车等。国内的超级电容器企业更多偏向于混合型电容器，兼顾高功率和长寿命，提高能量密度，更符合国内市场需求。2023 年，上海奥威科技研制的混合型超级电容器兼具 113 Wh/kg 高比能量和 27 kW/kg 高功率。此外，上海奥威科技在固态电容器方面也有相关技术储备，将液体电解质替换为固态电解质，以提高超级电容器的能量密度和安全性能。南通江海的产品发展方向以双电层电容器为主，小型卷绕结构单体为主，混合型超级电容器能量密度做到 50.53 Wh/kg。宁波中车 3000 F 级双电层电容器能量密度达到 7.5 Wh/kg，并研制出 1.2 万 F 的纯碳基双电层电容器；6.6 万 F 混合型超级电容器能量密度达到 40 Wh/kg。

国外超级电容器产业主要集中在日本、韩国、美国等国家，以美国 Maxwell 公司为代表的欧美超级电容器企业，产品以双电层电容器为主，技术上着力于提高超级电容器的功率密度和可靠性。美国 Maxwell 公司的高功率电容器最大比功率达到 30 kW/kg，循环寿命 100 万次，但能量密度仅为 8.57 Wh/kg。以日本 JM Energy 公司为代表的日系超级电容器企业，更多发展活性炭正极/锂电池负极体系的锂离子电容器，这种产品相对于双电层电容器有更高的工作电压和能量密度、工作温度等系列优点，但生产过程中的高制造成本不易解决，产品价格往往是双电层电容器的 2~3 倍；高价格极大限制了产品的应用推广。日本 JM Energy 公司的 CLE2100S1B 锂离子电容器循环寿命能达到 10 万次，但比能量和比功率仅分别为 24 Wh/kg 和 4 kW/kg。而印度 SPEL 公司研制的混合型电容器正极采用活性炭和锂离子活性材料，负极采用预嵌入锂的石墨，也将能量密度提高到 65 Wh/kg。

4. 目前亟须解决的技术难点及解决方案

超级电容器已经广泛应用在不同的车用市场领域中，如公交车、新能源汽车、轨道交通机车、矿车等。然而在多样化的实际应用领域中，超级电容器未能较好地满足市场的不同需求。车用超级电容器亟须解决的技术问题主要有：①能量密度相对较低，无法与锂离子电池等传统储能设备相媲美；②高温性能也存在一定问题，需要进一步拓宽工作温度范围；③材料进口依赖性较高，需要加速国产化；④成本较高，限制了其规模化应用。针对上述技术难点，可以从材料研发、结构设计、制程工艺等方面推动车用超级电容器产业的进步和发展。

(1)材料研发

对于电极材料,我国的市场长期被国外垄断,成为国内超级电容行业发展的瓶颈问题。我国超级电容炭80%以上市场依赖进口,主要来自日本可乐丽和韩国PCT两家企业,国内超级活性炭产品质量较差,产能利用率不足。因此我们还需要促进国产炭的性能提高,优化炭材料的制备工艺、开发高导电性材料、优化电极结构设计等手段,在保持功率密度的同时提高能量密度,实现高性能的国产炭材料。对炭材料通过改善孔径来增大比表面积或进行元素掺杂以提高导电性,对金属氧化物和氢氧化物与其他金属或碳基材料进行复合来降低电极材料表面阻力,从而提高导电性能。对导电聚合物与碳基材料复合,构建一定结构的复合电极材料,提高其循环稳定性。

对于电解液,主要有水系电解液、有机系电解液和离子液体。为了提高能量密度和高温性能,重点研究和开发宽电位窗口、耐高温、高离子电导率的电解液,将电解液的耐高压和耐高温能力提高。此外,还要考虑电极材料与电解液之间的匹配性。基于研究导电性和稳定性好的电极材料,匹配相应的优质电解质盐,促进电极和电解液的接触和浸润效果,有助于提高超级电容器的循环使用寿命,提高超级电容器的能量密度、充放电速度和工作温度范围。

对于隔膜,亟须开发耐高温隔膜以扩宽超级电容的工作温度窗口。超级电容隔膜主要有纤维素和聚烯烃隔膜。其中纤维素隔膜目前以进口为主,成本较高,通过复合工艺等对隔膜孔结构和一致性进行有效调控并实现批量制备,解决超级电容隔膜"卡脖子"问题。聚烯烃隔膜已国产化、成本低,但存在内阻高、耐温性差问题,通过耐高温涂层改性进一步提高耐温性能,并改善与电解液界面。

(2)结构设计

通过调整超级电容器的结构促进高比能量和高比功率的兼顾。2023年9月,瑞士联邦材料科学与技术研究所研究人员在Communications Chemistry上发表了只需1 min就可以充满电的新型固态堆叠薄膜固态锂电池,比传统锂离子电池更安全、寿命更长,制造过程也更环保。该电池采用薄膜技术,通过物理真空沉积方法将电池材料的薄膜沉积在基板上。在电池中堆叠固态电解质和电极层,可提供更高的能量密度、更高的安全性和更快的充电能力。这一创新技术不仅显著提高了储能能力,还为实现快速充电奠定了基础。若在超级电容器领域中采用材料堆叠技术,将为电动汽车和可再生能源系统等应用提供了高功率储能解决方案。然而该技术还处于实验室阶段,距离产业化进程的实现仍然较远。

(3)制程工艺

超级电容应用干法电极工艺,能够实现循环寿命延长、能量密度提升、成本降低。在传统湿法工艺中,涂布干燥及溶剂回收环节,分别占设备、人工、厂房成本和能源成本的22.76%和53.99%。与原有湿法电极工艺相比,干法电极工艺无需使用溶剂,直接将少量黏合剂与电极粉末混合,通过挤压机形成电极材料薄膜,并压到集流体上形成电极,成本更低,产品性能更好。普兰能源团队研发的干法电极产品,其使用寿命提升了一倍,而且可以在短时间内,释放百倍的能量,有效提高功率密度。欧阳明高团队探索了卷对卷的干法电极等技术,研发了能量密度达到350 Wh/kg的15 Ah电池,热箱耐受温度200 ℃,工作温度从-20 ℃到120 ℃,预计到2025年会达到500 Wh/kg。在干法电极的工艺设备方面,纳科诺尔推出了干法电极设备四辊、五辊、八辊、十辊等系列产品和干法电极成型覆合一体机。Sakuu公司在2023年美国电池电动汽车架构大会上表示,可以将各种干法工艺在一个设备中及在一个层次上打印聚合物、陶瓷和金属。同时可以采用定制的形状和尺寸进行3D打印,开发具有成本效益和安全性的超高能量密度固态产品。与现有的卷对卷制造工艺相比,预计体积将缩小50%,减轻30%。但干法电极技术仍存在电池倍率较低的问题,即大电流放电性能较差,待优化和解决干法工艺的问题。

5. 2023年行业重点企事业单位发展情况

国内外对超级电容的研究主要集中在如何提高超级电容的储能密度、功率密度并降低成本以满足车用领域的需求,其研究内容涉及高容量、低成本新材料的研发,实现材料结构可控化、产业化制备,制作工艺方法的改进。"十四五"以来,主要超级电容生产商逐渐脱离单一生产功率型(双电层)或能量型(混合型)超级电容器的模式,开始同时研发和进行市场布局,2023年重点企事业单位产品和市场情况简要如下。

奥威科技:掌握从超级电容器原材料制备、器件生产到系统设计应用全过程的核心技术及工艺,开发的超级电容器兼具113 Wh/kg高比能量、27 kW/kg高功率、50000次,80% DOD长寿命,广泛应用于轨道交通、城市客车、摆渡船、移动充电车、港口码头、电网调频、产业园光储充等场景。2023年2月,"奥威超级电容器研制改扩建"项目签约,无锡超级电容产品研发与生产基地开工建设。

烯晶碳能:主营产品为车规级高功率超级电容器,采用干法电极技术,实现3 V全极耳激光焊接圆柱单体,拥有超低内阻和全生命周期稳定性,替代国外同类产品。其产品为智能汽车、智能电网等产业链配套,已搭载应用于一汽红旗H5/H9、沃尔沃、吉利领克、捷豹路虎、东风标致、路特斯、奥迪、兰博基尼等数十万辆车,思源电气已对烯晶碳能实现绝对控股。

中车新能源:主打产品仍然是9500 F方型EDLC,3 V高压12000 F产品正在开发之中。致力于为交通运输(有轨电车、地铁、新能源客车、乘用车、应急启动)、电力能源(风力发电、智能电网/微电网、光热发电)、工程机械等行业提供先进的功率型储能器件及储能系统解决方案服务,在地铁能量回收和军工应用方面取得较大进展。2023年联合申报的国家重点研发计划"钠离子混合型电容储能技术"项目获批立项。

江海股份:超级电容器在车辆、医疗仪器、新能源、电网、智能三表、AGV、港口机械已进入批量应用阶段,在发电侧和用户侧调频及大型装备功率补偿进入实质性试运行。2024年1月,参与的"5 MW超级电容+15 MW锂电池"的混合储能系统在华能罗源发电厂正式转入商业运行。

今朝时代:已形成基于活性炭材料的双电层电容、基于"锂电+超容"的混合电容产品系列。不同材料体系之间在功率、能量、寿命、温度及成本等方面互补协同,满足多场景多样化的应用需求,为风电、智能电网、新能源汽车、轨道交通、工程机械等场景提供高功率启停与储能产品的解决方案。

2023 年 4 月,新一代方形混合电容全自动智能化产线完成调试,新一代方形混合电容能量密度可达 50~100 多 Wh/kg,循环寿命在 100% DOD 条件下达到 5 万次,大倍率充放电能力可达到 100C 以上。

中科超容:已开发出石墨烯复合碳基材料和高耐压电解质,基于此形成产品:3.2 V EDLC 圆柱形产品能量密度约 12 Wh/kg,功率密度大于 15 kW/kg,循环寿命大于 50 万次,工作温度-40 ℃~65 ℃,3.5 V 产品正在研制中;正在开发的混合型超级电容器能量密度 30 Wh/kg,功率密度 3 kW/kg,循环寿命大于 10 万次。2023 年 8 月,投资建设的甘肃中超容新能源科技有限公司年产 300 万颗超级电容器及混合储能系统项目开工,主要建设超级电容单体及模组生产线、超级电容电解液生产线、超级电容活性炭生产线。

风华高科:推出了低内阻系列超级电容、高电压系列超级电容、高温系列超级电容等产品,广泛应用于智能仪表、伺服器、充电桩、物联网仪表、智能控制开关等设备中。通过调整极片配方及优化电芯结构等技术手段,实现 0824 规格超级电容器产品在同等体积条件下储能容量提升 40%,在大幅提高产品性能的同时进一步降低成本。

6. 2023 年重点车型技术特点分析

超级电容器在车用领域的应用,除了城市公交、有轨电车,2023 年在钢铁行业应用不断加深,如“南钢 4 号”超级电容新能源轨道机车;与氢能不断融合发展,如上海临港中运量数字轨道胶轮电车;在新型轨道交通无人驾驶技术中取得突破,如武汉空轨“光谷光子号”;在工程车辆上持续发力,走出国门,如超级电容机车编组;拓展在电动自行车上应用。下面对这几种车型技术特征进行详细分析。

(1)空轨列车

2023 年 9 月,搭载高能超级电容系统的武汉光谷空轨旅游线正式开通运营。运营的“光谷光子号”空轨列车采用全自动无人驾驶模式,最高运行时速 60 km,初期采用 2 节编组,最多能容纳 220 余人,同时可在 2~3 节车厢之间灵活编组,适应不同客流运输需求。空轨列车顶部安装高能超级电容系统,能够满足供电设施受限区域的列车行驶用电需求,系统采用的超级电容具有超长循环寿命,20 万次 100% DOD 充放电循环后的容量保有率可达 85% 以上。超级电容系统为列车的可靠运行提供了充分保障,即使外部发生断电,列车的断电自牵引功能也能依靠超级电容系统的供电自行牵引至邻近车站,方便乘客快速疏散(见图 1-2-6)。

图 1-2-6 “光谷光子号”空轨列车

(2)氢能源中运量数字轨道胶轮电车

2023 年 7 月,上海临港中运量 3 号线(草萱路站—飞渡路站)全线开通运营,线路全长 10.2 km,列车采用胶轮氢能源车辆,可载客 300 人,10~15 min 加满氢气,续航里程可达 150 km,清洁无污染。列车采用超级电容及氢能源双源供电技术,即便氢能源供电出现故障,超级电容系统也可以让车辆再行驶 15 min(见图 1-2-7)。

图 1-2-7 上海临港中运量 3 号线

(3)超级电容新能源轨道机车

2023 年 6 月,“南钢 4 号”超级电容新能源轨道机车成功试行。该机车超级电容采用先进智能监控系统:动力电源系统全程使用智能化管理,电池管理系统实时监控蓄电池电压、温度及电流,能够及时发现异常,通过通信上报车辆及手机软件,便于及时发现问题并第一时间解决问题,可以减少燃油消耗,SO_2 和 CO_2 排放,实现降本增效(见图 1-2-8)。

图 1-2-8 “南钢 4 号”超级电容新能源轨道机车

(4)超级电容机车编组

2024 年 1 月,为新加坡地铁定制的 4 列 45 t 超级电容机车编组下线验收。该超级电容机车编组采用新加坡地铁施工安全标准设计,配置了主动安全系统、自动对车装置、自卸式管片运输车、超级电容电池和车载充电机,具有稳定可靠、操作便捷、维护方便,充电快速便捷等特点。运抵现场后,将配合盾构机使用,运输管片和渣土等,助力新加坡跨岛线工程建设。

(5)超级电容电动自行车

2023 年,法国 Pi-Pop 公司推出一款搭载超级电容的电动自行车。该车无需充电,采用超级电容器结合车辆自动能量回收系统，可在平地和下坡时收集能量，在上坡时通过踏板辅助输送能量，提升用户在高低起伏的山路上的骑行体验。随后，法国 Anod 公司推出一款超级电容器与锂离子电池结合的混合动力电动自行车。该车配备 12 个超级电容器和 1 个 80 Wh 的锂离子电池，据估计，纯电池模式能提供大约 5~10 km 的续航能力，当与超级电容器一起工作时，续航能力将达到 30~70 km。

(6)超级电容车客渡船

2023 年 3 月，长江最大车客渡船"江苏路渡 3019"在镇扬汽渡入列运营，该船总吨达 1318 t，比现有运行的最大渡船多 41 总 t，总长 60 m，型宽 15.4 m，型深 3.5 m，持续航速逾 18.5 km/h。一方面采用水冷发电机组，配合滤波器有效减缓发电机温升，提高发电机利用效率，提升节油性能。另一方面，配备了两组超级电容，并采用水冷方式，从根本消除因制冷空调故障导致的电容无法冷却等不利影响。大容量的超级电容拥有大功率放电能力，既可以保证渡船正常航行过程中的削峰填谷，又能满足渡船全船的应急用电，航行安全将得到进一步保障。

7. 超级电容在储能领域的创新应用

(1)能量回收

门座式起重机(简称门机)是散杂货码头装卸作业的关键设备，其灵活的装卸特性深受用户欢迎。在起升下降及主要机构减速过程中，势能和动能会转换为再生电能，而门机设备上所配置的变频驱动系统通常采用制动电阻将再生电能转换成热能消耗，或是通过公共的整流回馈单元将再生电能回馈到供电电网。起重机储能型能量回馈系统不同于上述 2 种技术方案，配置储能型能量回馈系统的门机，整机能效水平提升明显，还能降低门机主电源的峰值负载，实现优化码头配电网络的功能。

南京港机重工制造有限公司使用超级电容作为储能回馈系统在门座式起重机上进行应用，其原理是在变频系统直流母线上外挂储能回馈系统回收势能、制动能，再生电能状态(负载下放)，经直流母线向储能回馈系统充能，电动状态(提升负载)，储能回馈系统向母线输出储存的电能，二次再利用，变频能量回馈系统前置整流逆变电源单元，各机构逆变器共用直流母线，再生电能直接回馈公网。超级电容储能回馈系统的再生电能不反馈至码头电网，不对码头电网产生潮涌、谐振。同时本机消化再生电能，对码头电网起到优化作用。

超级电容适合频繁启动与制动场景，以地铁为例，超级电容会在进站时将能量高效回收并储存，出站时可以使用电容器启动地铁，这样可以有效节约电能。广州地铁应用超级电容系统，场站综合储能电源平均节约电能 1400 kWh/(d·站)，每年减少排放 490 t CO_2，每年节约电费约 51 万元。1 条地铁线按照 20 个站考虑，每年可减少排放 9800 t CO_2，每年节约电费 1020 万元。

(2)港口电能质量改善

宁波港口采用超级电容作为能量回收装置的节能研究应用项目于 2023 年 2 月正式完成并网工作并正式交付开始试运行。该项目的主要设备由浙江大学和杭州思拓瑞吉科技有限公司联合设计制造，思拓瑞吉负责项目总集成以及超级电容能量回收装置的设计及制造。该装置由超级电容储能单元、双向 DC-DC 变换器及控制单元构成，其中 DC-DC(直流储能变流器)由思拓瑞吉自主研发。

洋山港自动化码头是全球规模最大的自动化码头，其供电系统中用电回路多处于供电网络末端，距离电源中心较远，随着码头自动化程度提高，桥吊、轨道吊、AVG 充电设备的不断接入，网侧电抗逐渐增大，弱电网特性体现日趋明显。因网侧滤波器参数的次同步振荡，严重影响码头作业安全。2021 年年中，奥威与国电相关单位联合攻关，经过数月的实地测试和深入分析，提出了基于超级电容器储能的港口次同步振荡治理方案。采用奥威的高比能量超级电容器作为次同步振荡抑制系统中核心器件，发挥其高功率密度、较高能量密度、循环寿命长、安全性高、使用温度范围宽的特点，满足次同步振荡抑制系统所需毫秒级甚至更快的次同步振荡电流响应的需求。

2021 年，力容新能源为江苏连云港 5 MW 混合储能电站项目提供 1 MW×15 s 超级电容储能系统，该系统是全国首个落实"储能在岸电系统中规划配置与协调运行关键技术研究与应用"并在港口落地的示范建设项目，满足总量 10 MW 以上及单个泊位 3 MW 以上岸电接入需求，以及港口航吊、龙门吊等多种随机性、冲击性负荷的接入需求。

(3)电力调频

锂离子电池、超级电容以互补形式组成混合储能系统，支持调峰、调频模式切换。锂离子电池具有能量密度高、储/释能时间长等特点，可用于实现削峰填谷；超级电容具有功率密度高、响应速度快、寿命长等特点，可参与电力系统一次调频，同时延长电池使用寿命。二者以互补形式组成混合储能系统，响应园区能量管理系统下发的削峰填谷或调频调度指令，最大限度发挥储能作用。以三峡乌兰察布"源网荷储"技术研发试验基地的混合储能系统为例，整套系统由 3 个预制舱体组成，分别为 0.5 MW/1 MWh 锂离子电池储能系统舱、1 MW/0.1 MWh 超级电容储能系统舱、1.5 MW 储能变流器舱，各储能系统通过直流汇流柜接入相应的储能变流器，再分别接入功率路由器 ±750 V 直流母线。锂离子电池负责削峰填谷及响应调频持续分量，超级电容负责响应调频随机分量与脉动分量，尽可能减少电池介入调频响应的次数，延长电池使用寿命。

超级电容应用于变电站，将一次调频滞后时间缩短至毫秒级别。以南京江北新区 110 kV 虎桥变电站投运的超级电容微储能装置为例，该装置主要由超级电容模块、电力电子变流器和快速功率控制器三部分组成，快速功率控制器可在 10 ms 内完成频率检测，电力电子变流器可在 2 ms 内实现有功功率的快速、精准支撑，因此若电网发生大波动引起频率跌落时，该微储能装置可以在 12 ms 内进入一次调频模式，对比传统发电机组 10 s 以上的一次调频响应延迟，超级电容微储能装置使一次调频过程明显提速。市场规模方面，根据国网江苏电力测算，江苏省内变电站的可利用空间具有新增 200 万 kW 超级电容微储能装机规模的潜力。

超级电容用作配电终端后备电源，可以提高电网自愈可靠性、降低维护成本。当电力线路发生故障时，超级电容可为配电自动化终端和开关柜提供不间断电源，使配电终端在线路故障情况下仍能维持一段时间的工作，为完成故障检测、保护跳闸、重合闸自愈及状态上报主站等一系列操作争取时间，从而将故障区间隔离，并恢复非故障区间的供电，使故障停电区域最小化。根据山西煤化所，当前广州供电配电网 6242 条公用馈线已实现自愈全覆盖，配网线路故障处理时间由原本的 30 min 下降至 120 s。市场规模方面，根据中科院山西煤化所测算，配电终端用超级电容电源仅广州地区的存量市场就达到约 1 亿元，每年以 16% 的增速增长，南网地区市场规模预计为广州地区的 5 倍以上。

8. 未来车用超级电容器产业发展建议

随着技术的不断发展，超级电容在电动汽车中的应用将不断拓展和优化。未来，随着超级电容器的技术创新与提升，超级电容器的各项性能将不断提升，使其在车用领域中更加高效、便捷，才能更好地满足市场需求，同时推动超级电容器产业的不断发展。

（1）提升能量密度

超级电容器的能量密度较低，还无法完全替代传统电池。要充分发挥超级电容的高功率密度、高寿命、高安全的三高优势，保持产品质量，在不增加成本的前提下，通过新材料、新工艺、新结构逐渐提高比能量，有效提升超级电容器的综合性能。多孔炭、电解液、隔膜等材料是提高超级电容性能、降低成本的基础，也是创新的天地。可以采用高比表面积的多孔碳材料作为电极材料，采用离子液体作为电解质，以提高超级电容器的能量密度。NASA 于 2019 年预测，2030 年超级电容系统能量密度有望达到 100~200 Wh/kg。

（2）改善循环寿命

超级电容器的循环寿命也是需要关注的问题之一。虽然超级电容器具有较长的使用寿命，但仍然需要进一步提高其循环寿命。我们要重点关注那些对器件的能量密度要求较高，但是对功率和循环的要求又远超出电池性能的应用领域。可以通过改善电极材料的稳定性、优化电解质的性能等手段来改善超级电容器的循环寿命。例如，可以采用金属氧化物作为电极材料，提高电极材料的稳定性，同时采用固态电解质代替液态电解质，以减少电解质泄漏和挥发的问题，从而延长超级电容器的使用寿命。此外，超级电容器的循环寿命直接影响其使用寿命和经济效益。因此，加强循环寿命的研究和提升，有助于提高超级电容器的可靠性和经济性。

（3）降低制造成本

超级电容的制造成本较高，限制了其在车用领域的进一步发展。未来，随着规模化生产技术的提高、生产工艺的优化，以及产业链国产化，能够将超级电容的制造成本不断降低，使其在车用领域更具竞争力。超级电容的成本主要包括材料成本、生产工艺成本和研发成本。其中，材料成本是超级电容器行业最为主要的成本，电极、电解液、隔膜占成本比例较高，分别约为 35%、30%、20%。近年来，电极材料国产替代一直在进行中，国产正极材料、负极材料、电解液、隔膜行业得到迅速发展，供给充足。其中电解液国产化配套相对成熟，本土厂商新宙邦占据我国超级电容电解液 50% 以上市场份额，而电极与隔膜则因技术壁垒较高而长期依赖进口，电极材料中用量最大、最经济的电容炭材料 70%～80% 从日本可乐丽进口，隔膜主要从美国、日本等国家进口，日本 NKK 占据全球超级电容隔 60% 以上市场份额。元力股份、北海星石、大潮炭能、柔创科技、中轻、凯恩股份等本土厂商正大力推动电极、隔膜材料国产化，在材料国产替代趋势下，超容材料成本下降成为必然趋势。

（4）拓展应用领域

“十一五”到“十四五”期间，各部委相继出台多项政策以在技术创新、应用拓展、产业培育等方面支持超级电容产业发展。其中，超级电容作为新型储能核心技术，2023 年 7 月，国家发改委发布关于《产业结构调整指导目录（2023 年本，征求意见稿）》（简称《意见》）公开征求意见。《意见》中在新型锂原电池领域，包含锂离子电池、半固态和全固态锂电池、燃料电池、钠离子电池等新型电池和超级电容器。此外，还需要加强市场需求的调研，主动开辟应用场景，解放思想，开发出满足不同应用需求的产品，推动新的应用领域拓展。例如，在新能源领域，可以利用超级电容器的高功率密度和快速充放电特点，来提高太阳能和风能等新能源的利用效率，平抑新能源的周期性和波动性，实现电网平衡。在智能制造领域，可以利用超级电容器的储能特性来提高工业设备的效率和可靠性。

（5）加速成果落地政策配套

为了更好地推动超级电容产业化的发展和应用，可以通过政策扶持、资金投入、人才培养等方式来促进超级电容器的产业化发展。例如，可以制定相关政策，鼓励企业加大对超级电容技术的研发投入，努力提高我国电容材料的技术水平。高校和科研院所研究人员将文章上的科技成果向“可转化性”推进一步，转化为企业便于实施的技术。同时建立完善的人才培养体系，着力加强创新的人力条件，通过高校和科研院所与生产企业的配合，为超级电容技术的发展提供强有力的人才支持。

（十一）锂离子电池材料

中国科学院物理研究所　赵文武　黄学杰

1. 2023 年锂离子电池材料产业总体发展与技术突破

2023 年中国锂电池出货量为 886 GWh，动力电池出货量 630 GWh，支撑新能源汽车销量 949.5 万辆，我国连续 9 年稳居全球最大新能源汽车市场，占全球新能源汽车销量 60%，新能源汽车市场电动化渗透率达到 31.6%。动力电池作为电动化革新的核心技术，正在成为产业变革的助推器。随着技术的不断迭代和政策的持续支持，动力电池产业将继续保持快速发展，为新能源汽车产业的发展提供强大的动力。我国政府也在积极推动这一行业的发展，通过制定产业发展规划、提供政策支持、鼓励技术创新和产业升级等措施，帮助锂离子电池行业克服发展中的困难，抓住机遇，实现可持续发展。随着新能源汽车和储能等产业的快速发展，动力电池行业正经历一个新的增长浪潮，市场规模即将进入太瓦时级别，在全球能源体系中扮演越来越重要的角色。电池材料市场在未来有望保持高速增长，锂离子电池四大主要关键电池材料革新与技术升级助力动力电池性能整体提升，引领绿色创新发展。

（1）正极材料

2023 年中国正极材料出货量为 247.6 万 t。随着 5G 技术推广及新应用领域层出不穷，带动钴酸锂正极材料需求稳步增长。作为目前压实密度最高的正极材料，通过材料形貌控制和提高充电电压等技术提升锂电池的体积比能量，充电截止电压已经提升至 4.7 V（vs Li/Li+）。随着全球电动汽车市场的快速增长，对高性能动力电池材料的需求也在不断增加。企业和研究机构正投入大量资源进行研发，以期在未来的市场竞争中占据有利地位。预计在未来几年，磷酸铁锂和镍钴锰（铝）酸锂三元材料的市场份额和应用范围将继续扩大，同时也会出现新的材料和技术来满足市场的多样化需求。

磷酸铁锂正极材料具有成本低、安全性好的优势，已占动力电池接近 70% 市场份额，高需求下质量提升，磷酸铁锂材料的比容量、压实密度等性能指标持续突破，工艺技术进一步提升，磷酸铁锂/硅负极电池通过材料性能提高与优化和预锂化技术，已超过了常规三元 523 电池的水平，接近三元 622 的能量密度。随着三元材料向高镍、低钴或无钴化方向发展，生产和加工技术也相应地提升，包括更高效稳定的电化学合成技术、更精细的生产管理和质量控制，以及对材料在充放电过程中的结构稳定性和电化学性能的深入理解。此外，超高镍材料的研发和应用还需解决材料加工难度增加、成本上升等问题。

除此外，已着手开发镍钴锰铝四元材料（NCMA）材料旨在结合三元材料的优点，同时提高能量密度和降低成本。铝的加入可以提高材料的结构稳定性，减少钴的用量，从而降低成本。高镍层状正极材料（如 NCM811、NCM9 系列等）能够在保持较高安全性的同时，提供更长续航里程的电动汽车。随着镍含量的增加，材料的热稳定性和循环稳定性可能会下降，需要通过掺杂、表面修饰等手段来改善。5 V 尖晶石镍锰酸锂（NMO）材料在电动汽车和便携式电动工具中具有应用潜力，但它的循环稳定性特别是高温下的循环性能仍然是需要改进的关键问题。富锂层状氧化物（如 Li_2MnO_3、$Li_{1.5}Al_{0.5}Mn_{0.5}O_3$ 等）具有非常高的理论比容量，可以达到 300 mAh/g 以上，但面临着结构和性能稳定性等方面的挑战。这些新材料的研发和应用，需要跨学科的合作和深入的基础研究，以解决材料合成、结构优化、性能测试和成本控制等方面的关键问题。

随着技术的进步，这些新材料有望在未来的电池市场中占据重要地位，为电动汽车和储能系统提供更高效、更安全、更经济的解决方案。

（2）负极材料

2023 年中国负极材料出货量达到 171.1 万 t，全球占比提升到 94.1%。负极材料技术方面，天然石墨/人造石墨仍然是当前动力电池的主流负极材料，两种材料占据了负极材料 97% 的市场，其中人造石墨的市场占有率不断提升，这主要得益于其优越的性能和不断降低的成本。市场上的高端石墨材料已经可以达到 360～365 mAh/g 的容量，性能正在不断提高，有助于满足电动汽车和便携式电子设备对高能量密度和长循环寿命的需求。负极石墨层之间锂离子的脱嵌速度决定了电池的快充性能，通过在负极端使用二次造粒、碳包覆、硅碳负极 3 种技术路线可为加速锂离子迁移脱嵌过程提供良好构造条件、提高储锂性及抑制锂析出效应、稳定 SEI 层和材料结构。导电剂加速电子和锂离子在活性物质之间、活性物质与集流体之间的运动和迁移速率，提高电极的充放电速率，充电倍率可以达到 1.5～3C，极速快充可达到 5C；低硅含量的 Si/C 和 SiO/C 材料已经在新一代动力电池产品中得到应用，通过优化合成方法和采用与碳材料的复合方式，可以在保持性能的同时降低材料成本，使 Si/C 和 SiO/C 材料在经济性上更具竞争力。高比容量的硅碳材料已开始在 3C 电池上得到应用。我国的负极材料生产企业不仅在国内市场占据了主导地位，而且在国际市场上也具有竞争力。企业通过持续的技术创新、材料研发和规模化生产，不断提高产品的性能和降低成本，满足了锂离子电池行业对高性能、低成本负极材料的需求

我国企业在钠离子电池的电极材料、电解液、隔膜等关键材料和技术方面进行了大量的研究和开发，取得了一系列的专利和技术成果。国内企业已经能够熟练掌握钠离子电池正负极材料的制备技术，并且已经实现了规模化生产，供货量达到千吨级。钠离子电池的应用前景广阔，特别是在储能和动力电池领域，其有望成为锂离子电池的重要补充。我国在钠离子电池领域的快速发展和巨大进步，不仅有助于推动国内电池产业的转型升级，也有助于全球电池技术的发展和能源结构的优化。

（3）隔膜

2023 年中国锂电隔膜出货量 171 亿 m^2，以湿法隔膜为主，由于动力电池行业的高速发展，对隔膜的需求大幅增加，导致湿法隔膜供不应求。为了满足市场对更高安全性的需求，通过涂覆无机陶瓷涂层和/或有机涂层来改进隔膜的性能，这些涂层可以提高隔膜的耐温性能、阻燃性能，并改善与电解液的浸润性，从而提高电池的整体性能。正在开发新型隔膜材料芳纶、聚对苯二甲酸乙二酯（PET）、聚偏二氟乙烯（PVDF）和聚酰亚胺（PI），可以满足未来电池技术的发展需求。涂层隔膜的广泛应用，不仅提高了电池的安全性和性能，也推动了隔膜行业的技术创新和市场扩展。

（4）电解液

2023 年中国锂电电解液出货量达到 113.8 万 t。在国内，电解液企业围绕碳酸酯类混合溶剂和六氟磷酸锂电解质盐，开发了多种功能型添加剂，以优化电解液的性能，满足不同动力电池材料体系的需求。高电压电解液、磷酸铁锂快充电解液、阻燃电解液、低温电解液、高镍 NCM 和 NCA 用电解液等是研发的重点方向。国内电解液企业在提高电解液性

能方面不断取得进展，基本满足了国内动力电池企业对电解液的多样化需求。随着电池技术的不断进步，电解液研发也在持续进行，以适应未来更高性能和更高安全性的电池需求。

2. 产业标准体系的建设

（1）正极材料

自2006年以来，我国开始制定和颁布一系列与正极产品、前驱体及其材料分析相关的标准。这些标准的出台旨在规范锂离子电池正极材料的生产、测试和评估，确保产品质量和性能的稳定性。通过这些详尽的标准，可以对锂离子电池的正极材料进行全面的质量控制和性能评估，从而提高产品的整体质量和可靠性，满足不断增长的电池市场需求。同时，这些标准的实施也有助于推动行业的技术进步和可持续发展。GB/T 41704—2022《锂离子电池正极材料检测方法 磁性异物含量和残余碱含量的测定规定了锂离子电池正极材料中磁性异物含量和残余碱含量的测定方法，磁性异物含量测定范围为≥1 μg/kg，残余碱含量测定范围（质量分数）为0.001%～2.500%。GB/T 43092—2023《锂离子电池正极材料电化学性能测试 高温性能测试方法》中规定了锂离子电池正极材料高温电化学性能测试方法，包括高温存储测试和高温循环测试，适用于锂离子电池用钴酸锂、镍钴锰酸锂、镍钴铝酸锂、锰酸锂、磷酸铁锂、富锂锰基正极材料高温电化学性能测试。T/QGCML 306—2022《钠离子电池正极材料》规定了钠离子电池正极材料的术语和定义、分类与命名、要求、试验方法、检验规则、标志、包装、运输及贮存，适用于钠离子电池正极材料的生产及检验。

（2）负极材料

自2009年以来，中国开始制定和颁布一系列与负极产品、针状焦前驱体及其材料分析相关的标准。这些标准的是为了规范锂离子电池负极材料的生产、测试和评估，确保产品的质量和性能符合行业要求。这些标准的实施对于提升锂离子电池负极材料行业的整体水平，满足市场需求，保障消费者权益，以及推动行业的可持续发展都具有重要的作用。GB/T 24533—2019《锂离子电池石墨类负极材料》规定了锂离子电池石墨类负极材料的术语和定义、分类及代号、技术要求、试验方法及检验规则等。T/HEBQIA 197—2023《锂电池石墨负极材料石墨化技术规范》规定了锂电池石墨负极材料石墨化的生产流程、原料检验、过程检验、成品检验、包装、贮存。T/CPCIF 0251—2023《锂离子电池负极材料用沥青》规定了锂离子电池负极材料用沥青的产品分类、技术要求、试验方法、检测规则、包装、贮存、运输和质量证明，适用于以煤沥青、含芳香烃石油类重质油为原料，经适当工艺生产得到的沥青产品。该产品主要用于锂离子电池负极材料的原料，还可用于冷捣糊、镁碳砖、三高石墨用黏结剂沥青。

（3）隔膜

锂离子电池隔膜是电池的关键组成部分之一，它起到隔离正负极材料、防止短路、允许离子通过从而实现充放电等重要作用。随着锂离子电池产业的快速发展，对隔膜材料的需求也在不断增长，对隔膜的性能要求也日益提高。为了确保隔膜材料的质量、性能和安全性，我国制定了一系列隔膜材料的测试和分析方法标准。这些标准不仅适用于聚烯烃隔膜，也适用于陶瓷复合隔膜或其他材质的锂离子电池用隔膜。这些标准的实施有助于提高隔膜材料的质量，保障锂离子电池的安全性和可靠性，同时也为隔膜材料的研发、生产和质量控制提供了明确的指导和要求。GB/T 36363—2018《锂离子电池用聚烯烃隔膜》规定了锂离子电池聚烯烃隔膜（简称隔膜）的术语与定义、分类、要求、试验方法、检验规则、包装、标志、运输及贮存，适用于以聚烯烃树脂为主要原料的锂离子电池用隔膜。

（4）电解液

自2008年以来，我国开始制定和颁布一系列与锂盐、电解液和溶剂相关的标准，这些标准旨在规范锂离子电池用电解液的生产、测试和评估，确保其符合锂离子电池行业的要求。这些标准为电解液的质量提供了明确的衡量标准，有助于生产商确保其产品的质量达到行业要求，从而提高消费者的信心。通过测试和监控这些关键性能指标，生产商可以优化电解液的配方和生产工艺，以提高电池的性能，包括能量密度、循环稳定性和安全性。符合国家标准的产品更容易进入市场，获得消费者的认可，这对于企业的市场竞争力具有重要意义。这些标准的实施鼓励生产商进行技术创新和研究，以满足或超越标准的要求，从而推动整个行业的技术进步。SJ/T 11723—2018《锂离子电池用电解液》规定了锂离子电池用电解液的要求、试验方法、检验规则、标志、包装、运输和储存，技术指标包括色度、密度（25 ℃）、游离酸、电导率（25 ℃）、水分、金属杂质含量、硫酸根离子和氯离子含量等。YS/T 1302—2019《动力电池电解质双氟磺酰亚胺锂盐》规定了动力电池电解质双氟磺酰亚胺锂盐的技术要求、试验方法、检验规则、标志、包装、运输、贮存、质量证明书、订货单（或合同）要求，适用于动力锂电池电解质用双氟磺酰亚胺锂盐。T/ZZAS 004—2019《二次锂电池电解液》规定了以六氟磷酸锂为主要电解质的二次锂离子电池电解液的要求、试验方法、检验规则、标志、标签、使用说明书、包装、贮存和运输。

3. 国内外锂离子电池材料产业发展趋势

（1）正极材料

从锂资源的开发到正极材料的加工，我国已经形成了包括上游原材料供应、中游生产加工、下游产品集成和应用的完整产业链。在有色金属冶炼领域拥有丰富的经验和成熟的技术，尤其是在钴、镍、锰等金属的提炼和加工方面。这为正极材料的制造提供了稳定的原材料供应。我国正极材料产业不仅生产传统的钴酸锂、磷酸铁锂等材料，还积极研发镍钴锰酸锂、镍钴铝酸锂等新型正极材料，这使我国正极材料产业能够满足不同类型锂离子电池的市场需求。我国锂离子电池及其应用市场规模庞大，涵盖了新能源汽车、储能、移动电源等多个领域。这为正极材料产业提供了广阔的市场空间，促进了产业的快速发展。为了继续保持和提升我国在全球锂离子电池市场的竞争地位，仍需关注技术研发、原材料价格波动、产业链上下游的协同合作等方面的问题。

我国正极材料企业在材料合成、结构设计和性能优化等方面不断取得突破，研发出更高性能、更安全、更环保的正极材料产品。这些技术进步不仅满足了我国动力电池企业的需求，也使我国正极材料产品在国际市场上具有竞争力。正极材料企业通过大规模生产线的建设，提高了生产效率和降低了成本，能够大规模、高质量地供应正极材料，满足动力电池企业的需求。随着我国正极材料产品质量的提高和成本的降低，正极材料产品开始批量出口到国际市场，供应给国外的动力电池企业，这表明我国正极材料产品已经得到了国际市场的认可。

我国正极材料企业也在积极寻求与国际企业的合作，通过技术交流、合资合作等方式，进一步提升自身的研发能力和市场竞争力。正极材料产业的国际竞争力正在不断增强，这得益于政府的政策支持、企业的技术创新和市场开拓及整个产业链的协同效应。未来，中国正极材料产业有望继续在全球市场中发挥重要作用，并为全球新能源汽车和可再生能源存储领域的发展作出更大贡献。

国际企业通过股权投资，正在分享我国正极材料企业的增长潜力，同时利用我国企业的生产能力和技术优势，提升自身的市场竞争力。这种合作模式有助于国际企业更好地进入中国市场，同时也为我国正极材料企业提供了与国际接轨的机会，促进了技术的交流和市场的拓展。

锂离子动力电池正极材料的种类和配方对其性能有着重要影响，包括能量密度、循环寿命、安全性、成本等方面。正极材料市场主要集中在磷酸铁锂、镍钴锰酸锂、镍钴铝酸锂三元材料和锰酸锂材料，国外动力电池企业的产品主要以镍钴锰（NMC）和镍钴铝（NCA）类三元材料为主，这是因为这些材料能够提供较高的能量密度，满足高端电动汽车对续航里程的需求。而我国的动力电池企业则在磷酸铁锂材料上占比较大，这与我国的政策导向和市场需求有关。

随着技术的发展和市场需求的变化，正极材料的配方也在不断优化和调整。我国企业也在积极研发和推广具有更高能量密度和更好性能的新型正极材料，以适应市场的需求和国际竞争的压力。

2023 年我国磷酸铁锂材料出货量超过 163 万 t，出货量继续保持增长趋势，但增速明显下滑。随着技术的不断进步，磷酸铁锂材料的比容量已经接近 160 mAh/g，这标志着其在能量密度方面的提升，更接近于一些高端三元材料的表现，技术方面通过材料合成优化、结构改进、表面处理、纳米化技术等解决材料中锂含量偏低和碳包覆分布不均匀的问题。

随着电动汽车（EV）和插电式混合动力汽车（PHEV）对动力电池性能要求的提高，三元材料特别是高镍三元材料，如 811、9 系列等，因其较高的能量密度而成为满足这些要求的关键材料之一。2023 年三元正极材料出货量 65 万 t，在正极材料市场占比下滑至 26%。高镍三元材料在提高电池能量密度方面具有优势，但随着市场对安全性和成本的重视，以及对磷酸铁锂材料的兴趣增加，一些海外汽车制造商开始考虑采用磷酸铁锂电池。这种转变可能会影响高镍三元材料的需求。磷酸铁锂电池因其较高的安全性和较低的成本而受到关注。Stellantis、通用汽车、现代汽车、大众汽车等大型汽车制造商纷纷表示考虑使用磷酸铁锂电池，这可能会改变市场对不同类型电池材料的偏好。

三元材料向高镍化发展，基于能量密度、安全和寿命的考虑，单晶高电压三元材料体现出较为突出的优势，单晶结构相比多晶结构具有更好的稳定性和均匀性，可以提高电池的循环性能和热稳定性。然而，单晶材料的制备工艺更为复杂，对设备要求和控制精度高，这导致成本上升和产业化难度增加。

NCM622 的比容量达到 180 mAh/g，这种材料的比容量较高，但产业化过程中需要解决如何保持其结构和性能稳定性的问题。涉及前驱体合成、烧结过程控制、材料纯度和一致性等方面的技术挑战。

高镍三元材料（NCM811）高镍含量使电池具有更高的能量密度，但同时也带来了更严重的问题，如材料稳定性的下降和成本的增加。通过定制化前驱体技术、纳米梯度掺杂和纳米均匀包覆等先进技术，可以提高材料的性能，但这些技术的产业化仍然面临成本控制、生产效率和规模化生产的挑战。

高电压 5 V 尖晶石镍锰酸锂材料具有较高的比容量和良好的热稳定性，但其产业化可能受到材料合成和电池应用技术的限制。

更高镍低钴的三元正极材料具有潜在的高能量密度和低成本优势，但仍处于研发和产业化前期阶段。产业化过程中的主要挑战可能包括材料合成、前驱体稳定性、材料性能一致性和生产成本控制等方面。

受国际贸易环境和某些国家政策变化的影响，我国锂离子电池及其关键材料海外出口面临一定的挑战。例如，美国《通胀削减法案》（IRA 法案）对外国制造的电池组件和关键矿物产品设置了障碍，影响我国企业的出口业务。受 IRA 法案影响，我国正极材料企业可能会加速在海外市场的布局，以规避贸易壁垒并保持市场竞争力。同时，韩国浦项制铁、SK on、LG 化学等企业也在加快产能释放，这可能会对我国企业在海外市场的份额造成竞争压力。

我国锂离子电池及其关键材料市场正面临多方面的挑战和机遇。为了应对这些变化，企业可能需要加强技术创新、优化产品结构、扩大国际合作。

（2）负极材料

负极材料是锂电池的关键组成部分之一，其性能直接影响电池的性能和寿命。随着锂电池市场的扩大，对负极材料的需求也随之增长。负极材料主要包括石墨、硅基材料、硬碳等，这些材料的生产和技术创新成为行业竞争的关键。

2023 年全年，我国负极材料出货量超过 159 万 t，占全球出货量的 95%。在当前的锂离子电池负极材料市场中，碳材料特别是人造石墨材料占据主导地位，其渗透率超过 84%。

为了进一步提高石墨材料的性能，工业上通常会采用二次造粒及表面改性的方法。二次造粒是通过将细小的石墨颗粒重新组合成较大颗粒的过程，有助于提高材料的振实密度，从而提升其体积能量密度。表面改性则是通过引入特定的官能团来改善石墨材料的电导率和锂离子扩散效率，常用的表面改性方法包括化学气相沉积（CVD）、等离子体处理和涂层处理等。

同时，为了控制成本并优化性能，石墨化工艺的控制也非常关键。石墨化是使碳材料形成石墨结构的过程，可以通过高温处理来实现。石墨化程度的控制直接影响到材料的导电性和膨胀率，进而影响电池的整体性能。

无定形碳材料在锂离子电池负极材料中具有较高的比容量和较低的成本，因此，它们的发展方向主要是通过改性技术来提升其性能。从产品理化参数等指标看，国内外企业相比，产品的性能相当。材料的主要缺陷需要改进，关键工艺技术如表面改性、材料结构调整等需要攻克。下一阶段，要通过包覆和掺杂等方面提高首次效率，并优化生产工艺逐渐降低成本。高比容量硅基、锡基及其复合负极材料的发展是锂离子电池技术进步的重要方向。这些材料之所以受到关注，主要因为它们具有极高的理论比容量，远高于传统石墨负极材料的理论比容量约 372 mAh/g。

为了解决该高比容量负极材料的体积膨胀和低电导率问题，技术上通常通过采取多种策略来提升这些材料的循环寿命和首次库伦效率，并增加其在碳材料中的添加量，主要的技术方式包括：①纳米化，通过将硅或锡材料纳米化，减少体积膨胀对电极结构的影响，并提高电极材料的导电性。②表面改性和包覆，通过对硅或锡材料进行表面改性或包覆一层导电且能够容纳体积膨胀的材料，如碳纳米管、石墨烯或其它聚合物，提高电极的结构稳定性和电化学性能。③复合材料，将硅基或锡基材料与碳材料(如石墨、无定形碳等)复合，结合两者的优点，提高整体材料的电化学性能。④电解液和隔膜的优化，通过使用更稳定的电解液和隔膜，减少电池在循环过程中的性能衰减。

硅基负极材料在锂离子电池中的应用前景广阔，其发展确实主要集中在提高比容量、首效(首次库伦效率)和循环稳定性方面。发展趋势和技术策略包括：①纳米化硅粒度控制，通过精确控制纳米硅的粒度，可以减少体积膨胀带来的影响，同时提高电极的结构稳定性和电化学性能。纳米硅粒子的表面能较高，有助于形成更稳定的电极结构。②氧含量控制，硅基材料中的氧含量对其性能有重要影响。适当的氧含量可以提高材料的电子导电性和结构稳定性，因此，控制氧含量是提升硅基材料性能的关键因素之一。③构建稳固的硅碳复合结构，通过将硅基材料与碳材料(如石墨、无定形碳等)复合，可以形成一个既能够容纳硅体积膨胀又具有良好电子导电性的结构，从而提升材料的循环性能。④预锂化技术，预锂化是一种在硅基材料中预先引入锂离子的技术，这有助于提高首次库伦效率，减少循环过程中的容量衰减。⑤加入第三相复合物，通过引入第三相复合物，如金属氧化物、磷酸盐等，可以进一步提高材料的电化学性能，同时也有助于提高材料的结构稳定性。⑥降低成本，为了推动硅基材料的商业化应用，降低单位容量成本是关键。通过改进合成工艺、提高生产效率、规模化生产等方式实现。

硅基负极材料的发展需要综合考虑材料合成、结构设计、电解液优化和成本控制等多个方面，以实现高比容量、高首效和长循环寿命的目标。随着这些技术的进步，硅基负极材料有望在未来的锂离子电池市场中发挥更大的作用。

(3)隔膜材料

锂离子电池隔膜已经实现了高品质聚乙烯和聚丙烯隔膜的规模化生产。在传统聚烯烃隔膜，包括 PP、PE 单层或者多层隔膜的基础上，开展了技术升级和产业化进程。①表面涂覆隔膜，这种隔膜在传统的聚烯烃基膜上涂覆一层或多层功能性材料，如聚合物、陶瓷、纳米复合材料或离子导体。这可以提高隔膜的机械强度、热稳定性、化学稳定性和电导率，从而提高电池的整体性能和安全性。②陶瓷掺杂隔膜，这种隔膜通过在聚烯烃基膜中掺杂陶瓷颗粒来制备。掺杂的陶瓷可以提供更好的热稳定性和机械强度，同时增加隔膜的孔隙率，优化电解质的渗透和电池的充放电效率。③耐高温材质的聚合物基膜，耐高温的聚合物材料如聚酰亚胺(PI)、聚偏氟乙烯(PVDF)和聚对苯二甲酸乙二醇酯(PET)等，能够制备出在高温环境下仍能保持稳定性能的隔膜。这对于提升电池在高温环境下的安全性至关重要。④无纺布复合隔膜，这种隔膜采用玻璃纤维或耐高温聚合物纤维与纳米陶瓷材料复合的方式制备，旨在结合多种材料的优点，如机械强度、热稳定性和孔隙结构控制，以达到优异的隔膜性能。

我国隔膜设备制造厂家和隔膜制造厂家的紧密合作，通过规模化的验证，显著提升了涂布工艺和装备技术水平，在锂离子电池隔膜的制造技术上取得了重要突破，特别是在成本控制和产品性能方面。

涂布工艺是隔膜制造中的关键步骤，它涉及在隔膜基膜上均匀涂覆一层功能性材料，如聚合物、陶瓷等。通过精确控制涂布过程，可以实现更轻薄、安全的高性能隔膜。轻薄型隔膜有助于提高电池的能量密度，而高性能隔膜则能提升电池的稳定性和安全性。

聚烯烃隔膜基膜 5 μm 隔膜的量产应用是一个重要的里程碑，因为更薄的隔膜通常意味着更高的能量密度和更轻的重量。这对于便携式电子设备和电动汽车等应用尤为重要。

此外，隔膜能够安全使用的温度达到 200 ℃以上，具有极高的热稳定性。这对于提升电池在高温环境下的性能和安全性具有重要意义，尤其是在电动汽车和大型储能系统中的应用。

(4)电解液

我国电解液企业通过不断地技术创新和材料优化，显著提升了电解液的性能，以满足锂电池在高安全性、长循环寿命及宽温度范围等领域的应用需求。研制并量产多种匹配 LFP 及不同 NCM 比例三元材料体系的电解液，电解液的电化学窗口达到 5 V，电导率达到 $9 \sim 12 \times 10^{-3}$ S/cm。电解液企业重点开展了以下几个方面的工作：①高纯度和高稳定性电解液：通过溶剂和锂盐的纯化，可以减少杂质对电池性能的影响，提高电解液的稳定性和电池的循环寿命。高稳定性电解液能够更好地抵抗电解液分解，降低电池的自放电率和衰减率。②高安全性电解液：在电解液中引入新型溶剂、锂盐和添加剂，可以提高电池的安全性，减少热失控和泄漏风险。这些改进有助于防止电池过热和热失控，从而避免潜在的安全问题。③宽温度范围电解液：宽温度范围电解液的开发使锂电池能够在极端温度下正常工作，这对于电动汽车和储能系统在各种气候条件下的稳定运行至关重要。④高电压电解液：高电压电解液的开发使锂电池能够实现更高的电压平台，从而提高电池的能量密度和性能。⑤匹配不同材料体系的电解液：针对不同的正极材料(如 LFP 和不同 NCM 比例的三元材料)，研发与之匹配的电解液，可以优化电池的性能，提高电池的整体效率和稳定性。

开发新型电极材料，具有更高的电化学稳定性和更好的结构稳定性。优化电解液和隔膜的配方，以提高其在高电压、高功率和极端温度下的性能。改进电池设计和制造工艺，以提高电池的均匀性和耐久性。

为了匹配高能量密度的正负极材料，发展相应的高比能型电解液也变得至关重要。高比能型电解液需要具备以下特性：①高电导率，为了确保良好的离子传导性能，电解液需要具有较高的电导率。②良好的热稳定性，高能量密度电池在充放电过程中会产生更多的热量，因此电解液需要有良好的热稳定性，以防止热失控。③良好的化学稳定性，电解液需要与正负极材料保持良好的化学兼容性，防止电解液分解和电池性能下降。④抑制体积膨胀，对于硅基负极材料，电解液应能够抑制硅在充放电过程中的体积膨胀，以提高电池的结构稳定性和循环寿命。

通过不断研究和开发，可以优化电解液的配方和性能，以适应高能量密度锂电池的需求，进一步推动电动汽车和储能系统的发展。

针对不同类型和应用场景的锂离子电池，开发特定性能的电解液是提高电池性能和安全性的关键。①高功率型电解液，用于大电流、高倍率持续充放电的锂离子电池，这种电解液需要具备高电导率和良好的电化学稳定窗口，以支持高电流密度下的快速充放电过程。同时，这种电解液还需要能够承受高倍率充电带来的热和机械应力，以保持电池的长期稳定性和安全性。②宽温型电解液，为了适应环境适用性高的锂离子电池，宽温型电解液需要在宽广的温度范围内（例如-40 ℃至 80 ℃或更宽）保持良好的电解性能和化学稳定性。这对于极端温度条件下使用的电池尤为重要，如电动汽车、可再生能源存储系统和便携式电子设备。③安全型离子液体电解液，离子液体电解液由于其不可燃性和高热稳定性，被认为是提高锂离子电池安全性的有前途的替代品。这些电解液通常由有机阳离子和无机阴离子组成，能够在较高温度下保持稳定，并且不会燃烧或爆炸。④局域高浓度电解液，这种电解液的设计旨在提高电池在特定区域（如电极界面）的离子浓度，从而提高局部电解性能和电池的整体性能。

为了进一步防止锂离子电池电解液发生漏液、燃烧、爆炸等安全性问题，电解质材料的研发正在向不燃化、固态化方向发展。不燃电解液的开发涉及寻找或合成不燃性电解质，而固态电池则通过固态电解质膜来替代传统的液态电解液，以提高电池的安全性和稳定性。固态电解液可以提供更高的机械强度和更好的热稳定性，同时减少泄漏和热失控的风险。随着技术的不断进步，预计未来锂离子电池的电解液将更加安全、高效和适应性强。

4. 目前亟须解决的技术难点及解决方案

（1）在电解液和隔膜材料的生产领域，国内企业在某些关键原材料的供应上存在依赖进口的情况。部分功能添加剂的设计和生产可能涉及较高的技术壁垒，包括特殊的化学合成、纯化工艺和性能优化等。国内企业可能需要时间来研究和掌握这些技术。某些功能性添加剂可能受到国际专利保护，国内企业可能因为专利限制而无法生产或只能支付高额的专利许可费用。在高性能隔膜材料的基层无纺布、界面聚合单体等原材料方面，国内产业链可能尚未完全成熟，导致原材料供应不足，从而依赖进口。为了满足锂离子电池的高性能要求，部分原材料需要具备非常严格的质量和性能标准，国内供应商可能需要进一步提升产品的质量和稳定性。

为了减少对这些进口原材料的依赖，国内企业可能需要采取以下措施：加大研发投入，突破技术壁垒，自主研发功能性添加剂和关键原材料。发展完整的产业链，从基础材料到高级材料的生产，实现自给自足。与国际先进企业建立合作关系，通过技术引进、共同研发等方式提升自身能力。提高国内原材料的质量标准，确保产品能够满足电池制造的高要求。

这些努力将有助于提高国内电解液和隔膜材料产业的自主可控能力，减少对外部供应的依赖，从而提升整个锂电池产业的竞争力。

（2）我国在锂电池高端材料领域仍存在一定的进口依赖，尤其是在一些关键原材料和高端产品的制造上。一些高端材料和技术创新方面，与国际领先企业相比仍存在差距。在基础研究、材料科学和工程技术创新方面的投入不足。高端材料的开发需要长时间的研究和大量的实验经验积累。国内企业可能缺乏足够的技术积累和产品开发经验，导致新产品的推出速度较慢。完整的产业链是实现高端材料自主生产的关键。在某些环节，如高端隔膜材料、功能性添加剂等，国内产业链可能尚不完整，导致原材料供应不足。在某些情况下，国内企业可能更注重市场需求而非基础研究，这可能导致在技术前瞻性和产品创新上的不足。

政府和企业应增加在基础研究和材料科学方面的投入，以提升技术创新能力。加强对材料科学、化学工程等领域专业人才的培养，为锂电池产业提供技术支持。推动产业链的完善，特别是加强对上游原材料企业的支持，实现产业链的自主可控。

政府可以提供激励政策，如税收优惠、研发补贴等，以鼓励企业进行技术创新和高端产品开发。与国际先进企业建立合作关系，通过技术引进、共同研发等方式提升自身能力。

通过这些措施，我国锂电池产业可以逐步减少对进口高端材料的依赖，提高自主创新能力，并加快新产品的开发和升级替代速度。

（3）政府和企业应加大对新能源材料基础研究的投入，鼓励科研机构和企业进行长期的、非功利性的基础研究，以建立坚实的理论和技术基础。搭建产学研用合作平台，促进高校、研究机构与企业之间的紧密合作，通过资源共享、技术转移等方式，将研究成果快速转化为实际应用。鼓励科研人员进行原始创新，通过设立专门的原始创新奖项和基金，激励科研人员提出新的理论、新的方法和新的材料。建立从实验室研究到工艺小试验证、再到中试放大研究的完整研发体系，确保研究成果能够在工业生产中得到有效应用。政府可以通过税收优惠、研发补贴、知识产权保护等政策，为企业提供创新动力，降低创新风险。积极参与国际交流与合作，引进国外先进技术和管理经验，提升自身研发能力。加强人才队伍建设，培养具有创新精神和实践能力的研究人才，同时吸引海外高层次人才。

通过这些措施，可以逐步解决新能源材料领域在原始创新、产学研合作、基础研究等方面的问题，推动中国新能源材料产业的持续健康发展。

5. 2023 年行业重点企事业单位发展情况

三元正极材料生产企业容百科技高镍及超高镍系列产品生产规模方面均处于全球领先地位，其中高镍低钴 8 系、超高镍 9 系及 NCA 系列产品合计销量约 10 万 t，同比增长 11%，全球市场占率超 10%，连续 3 年保持行业首位。公司 9 系以机上产品已在大圆柱电池大规模应用，全年出货近万吨，进一步夯实了公司在高镍领域的领先优势。高镍正极出货占总出货比例达到 90%，在半固态电池适用的改性高镍/超高镍三元正极材料、氧化物固态电解质和钠离子电池正极材料、富锂锰基正极材料等领域不断取得突破。2023 年实现收入 226. 57 亿元。

德方纳米是全球技术领先的液相法磷酸铁锂材料生产企业，市场占有率连续多年位居行业前列。采用独创的自热蒸发液相合成纳米磷酸铁锂技术、纳米化技术、离子掺杂技术、非连续石墨烯包覆技术等工艺，在全国率先将纳米技术应用到制备电池正极材料领域，解决了磷酸铁锂规模化生产中产品性能不佳及批次一致性差等问题，使磷酸铁锂的比容量、倍率性能、循环寿命等性能得到显著提升。另一新产品补锂增强剂，作为一种锂离子电池添加剂，则为锂电池提供了同时实现低温性能提升、续航保持能力提升、电池能量密度提升和循环能力提升的有效解决方案。2023 年实现营业收入 169. 73 亿元。

贝特瑞是全球最大天然石墨负极材料生产商，全球负极材料市场占有率约为 22%，出货量位列全球第一，拥有天然石墨的表面固相包覆、表面气相沉积、二次造粒等技术，硅碳负极材料产量国内第一。从石墨矿开采到天然石墨负极材料产成品的完整产业链；在人造石墨负极材料领域，形成了集原材料、石墨化、碳化、成品加工于一体的产业链布局，同时通过工艺革新降低生产成本。在先进负极材料领域，公司是国内最早量产硅基负极材料的企业之一，出货量行业领先，其中硅碳负极材料已经开发至第五代产品，比容量 2000 mAh/g 以上，硅氧负极材料已完成多款氧化亚硅产品的技术开发和量产工作，比容量达到 1500 mAh/g 以上；公司的钠电正、负极材料已获得客户认可并实现批量出货，2023 年实现营业收入 251. 19 亿元。

杉杉股份是最大的人造石墨负极材料生产企业，2023 年人造石墨市占率提升至 19%，蝉联全球第一，2023 年营业收入主要来源于锂电池材料和偏光片，合计实现营业收入为 190. 7 亿元。

天赐材料 2023 年共交付电解液超 39. 6 万 t，主要产品包括高温电解液、高温安全型电解液、高功率电解液等系列产品。全年实现营业收入 154. 05 亿元。

恩捷股份主要产品是锂电池湿法隔膜，大量应用于新能源汽车动力电池。2023 年实现营收 120. 42 亿元。

6. 未来几年锂离子电池材料产业发展建议

(1)持续推动材料合成、电化学性能、结构稳定性和安全性的技术创新。研发更高效、更安全、更经济的锂离子电池材料。通过扩大生产规模和优化生产流程，降低成本，提高效率，采用自动化和智能制造技术，提高生产率和减少浪费。

(2)确保原材料的稳定供应和质量控制，建立可靠的供应链体系，加强对供应链环节的质量监管。电池材料、电池制造和应用企业之间应加强合作，形成产业链的协同发展，优化资源配置，提高整个产业链的竞争力。在生产过程中采取环保措施，减少对环境的影响，关注循环经济，提高材料的回收利用率。

(3)针对不同应用领域，如电动汽车、储能、便携式电子设备等，开发具有特定性能特点的材料。

(4)与其他国家的研究机构、企业和政府建立合作关系，共享资源和技术，提高国际竞争力。参与制定国际标准和规范，确保产品质量和安全性。通过认证和合规性工作，增强市场信任。

(5)加强对基础研究的支持和对电池材料领域专业人才的培养和引进。

(十二)动力电池测试

中国汽车技术研究中心有限公司　王　芳　韩　策　马天翼

2023 年，我国新能源汽车保有量已突破 2000 万辆，市场占有率高达三成，新能源汽车产业仍然保持高速发展态势。同时，我国新能源汽车市场已由政策驱动转向市场拉动新阶段，这一发展趋势反映了新能源汽车在品质上获得了市场的广泛认可。在全球范围内，电动乘用车销量首次突破 1000 万辆，同比增长 32%，体现了汽车电动化的全球性趋势。作为新能源汽车的关键组件，动力电池的发展将对新能源汽车产业产生直接影响。2023 年，我国动力电池装车量已突破 380 GWh，出口量已突破 120 GWh，同比增长均突破 30%，表明我国的动力电池已经获得了国内外用户的认可。测试评价是确保产品品质提升的关键环节。通过建立完善的测试评价和标准体系，可以筛选出性能优异、安全性高的动力电池产品，并为企业的研发设计提供强有力的支持。因此，在动力电池产业的发展过程中，有必要逐步完善和发展测试评价技术。基于以上背景，本文将从动力电池产业的发展趋势、测试评价技术的进步以及标准体系的建设等方面，概述 2023 年动力电池测试产业和技术的发展情况。

1. 2023 年动力电池测试产业总体发展与技术突破

“CTP、CTC、CTB”等创新集成概念的提出，标志着动力电池进入结构创新发展阶段。在能量密度方面，动力电池单体容量逐步增加，百安时级电池单体已成熟量产；同时，通过优化内部结构设计，取消模组层级，显著减少了电池系统内结构组件,从而提高了系统的能量密度。在热管理方面,采用创新的“大面换热”或“双面散热”设计,通过增大换热面积提升换热效率,同时将散热组件与结构组件整合,优化了系统内部空间的利用效率。提升换热能力也为电池系统适应更高倍率快充提供了条件。截至2023年底,多家电池制造商推出了4C倍率的电池产品,能够在10 min内将电池的SOC从20%充至80%。在安全性方面,通过“热电分离”设计,即将电池卸压阀与极耳分设不同表面,理论上可降低单体失控对电池系统的影响;通过全极耳设计,能够避免充放电过程中的集中发热点,通过热均匀分布提升了电池倍率性能及安全性。在体系创新方面,2023年钠离子电池产业链已基本形成,且高比能动力电池的发展方向已明确指向固态化。钠离子电池和固态电池分别代表了动力电池的高性价比和高能量密度发展路线,它们的发展预示着动力电池行业进入了新一轮的体系创新阶段。

相应地,测试评价技术也在2023年取得一系列新突破。既有测评体系侧重于关注从电池单体到系统的测试技术,在2023年,测评体系在层级上继续向两端延伸,关注材料及整车层级测试,并面向新体系电池开发测评新方法。在材料测评方面,断层扫描(CT)、超声等无损检测技术已经初步应用。其中micro-CT已能实现对电池单体、模组的内部探伤及老化分析,直观地揭示了电池内部的电极断裂、褶皱、极片对齐不良和异物等损伤情况,并实现了失效点的精准定位,且结合循环老化试验,能够反应电池内部结构变化,进而研究电池老化规律。利用超声探测技术,能够探测电池内部析锂、产气等故障,结合断层分析技术能够得到失效点三维信息,辅助分析电池内部老化情况。此外,X射线衍射(XRD)等原位技术已被应用于电池单体层级测试,研究内部材料晶体结构在循环过程中的演变规律,从而推断电池内部的反应机制和锂离子的输运过程,识别材料内部结构损伤对电池容量衰减的影响。结合上述3种无损分析手段,能够实现对电池内部的多维探伤,结合电化学控制设备(电化学工作站、循环充放电控制仪等),有望实现对电池结构演变的在线分析。中汽研新能源检验中心在2023年进一步完善了面向材料层级的理化分析平台,能够实现对电池材料及相关辅材的理化性质分析,结合高还原度电池拆解技术能够实现电池失效分析、对标分析能力,结合材料—单体跨尺度分析能力,能够进一步研究电池性能构效关系,并为电池产品研发提供新指导。2023年,随着产业对电池能量密度与安全性方面的迫切需求,动力电池固态化已成为全球焦点,面向电池固态化的测试评价已开展前期工作,针对固态电解质及固固界面引入的离子传输、外力敏感等新特性开发新型测试方法。前期测试结果表明,固态电池不等同于“零风险电池”,需要分析固态电池的安全边界,对突破边界的失控行为开展防范,并针对固态电池体系失控特点开发风险处置技术。在电池系统测评方面,2023年更关注面向实车场景的测试评价,例如在底部防护方面,发展底部冲击测试项目及模拟井盖、路缘石等实车场景,减少测试工况与实际工况间的差异;同时更多进行整车层级测试评价,如对整车托底、整车热扩散等测试的认可度已显著提升。

2. 产业标准体系的建设

截至2023年底,我国已建立能够支撑产业健康发展的动力电池标准体系,共25项,其中包含国家标准19项、行业标准6项,覆盖动力电池安全性、性能、互换性、回收利用、产品及关键零部件。

国家标准方面,2023年已启动或完成多项动力电池相关标准制修订。GB/T 31467—2023《电动汽车用锂离子动力电池包和系统电性能试验方法》于2023年发布并实施,代替既有GB/T 31467.1—2015和GB/T 31467.2—2015。该标准基于产业对动力电池性能测试方法的深入理解与技术进步修订,完善了功率和内阻、无负载容量损失、存储容量损失、能量效率、高低温启动功率测试方法,并新增充电性能、工况放电和能量密度测试方法。GB 38031—2020《电动汽车用动力蓄电池安全要求》自发布以来,对动力电池安全设计的进步起到了显著推动作用。基于行业发展与对电池安全方面的需求,GB 38031—2020《电动汽车用动力蓄电池安全要求》已开展修订工作,在热扩散、底部防护、快充后安全等方面提出新要求。行业对动力电池安全性一直存在分级需求,即全部电池产品满足强制性安全标准,对高品质产品或企业研发类产品提出更高安全性要求。2023年,中汽中心牵头起草《电动汽车动力蓄电池安全评价指南》,将为动力电池安全性设计提供指导,为动力电池多场景、多工况、多维度安全测试提供新参考。在单体与模块层级,指南涵盖电池内部结构无损检测、电池一致性测试,并在各层级纳入更为严苛的安全性、可靠性测试,如单体边角跌落、重锤跌落,系统四综合振动、六自由度振动等,对动力电池安全性提出更高层级的要求及更全面的测试方法,将成为我国动力电池推荐性国家标准,与GB 38031互为补充。GB/T 31486《电动汽车用动力蓄电池电性能要求及试验方法》修订正在进行中,结合电池系统结构发展,将模组层级测试调整为单体层级,并提升对电池性能的指标要求,同时部分测试条件将与GB/T 31467—2023同步。GB/T 31484《电动汽车用动力蓄电池循环寿命要求及试验方法》将在修订预研中结合中国工况,增加面向新能源汽车实际使用场景的循环寿命测试方法及要求。行业标准方面,对动力电池峰值功率、热特性试验方法及热管理系统系列标准已分别按计划制定中,通过不断完善的标准体系有利于统一测试方法,降低企业开发成本,并为电池设计指明方向。

面向国际标准及法规,我国继续积极参与相关内容制修订工作。国际法规方面,我国在既有EVS-GTR作为“牵头国”或“联合牵头国”主导制修订的基础上,继续作为副主席国参与热扩散特别兴趣小组(SIG TP),修订欧洲法规UN R100《关于电动汽车要求的统一规定》,在修订草案中关注热扩散测试方法,增加了整车热扩散、局部快速外部加热等测试方法。国际标准方面,目前在制修订标准包括ISO 18006《电动道路车辆—电池信息》、ISO 6469—1《电动道路车辆—安全规范　第1部分:可充电储能系统》、IEC 62660《电动道路车辆用锂离子动力电池》,面向动力电池单体性能、安全性、可靠性及系统安全性规定测试方法及相应要求。

3. 目前亟须解决的技术难点及解决方案

经过多年发展，已面向动力电池形成多层级测试评价体系，初步建立跨层级构效关系，并面向多场景应用、全生命周期演变开展测评。然而，对于电池内部损伤累积的过程及外部因素致电池损伤的分析方面仍有进一步发展的空间。对于在役电池内部析锂、局部结构损伤等问题缺乏有效检测方法，往往需要损伤累积至一定程度后才能借助电池外部性质变化得以分析。然而电池单体受损会导致系统内单体一致性变差，在统一调度策略下，受损电池更易突破安全边界，加剧电池失控的风险，因此在单体损伤阶段实现探测并预防至关重要，需要通过对在役电池"体检"等方式评估其内部损伤情况。一方面，需要关注电池受外部因素致损情况，需要对实车场景下电池可能存在的损伤模式进行精准复现，分析电池系统在各层级下的损伤情况，形成"失效树"，进而对电池受损后的内部失效点进行快速精准定位。另一方面，面对电池固态化的发展趋势，需要从固态电池与传统锂离子电池的差异出发，在既有测试评价体系基础上增加新的"关注点"，构建面向固态电池的测评方法及指标。以电解质测评为例，相较于传统液态电解质，固态电解质更需要关注其本征热学、力学性能，关注电极—电解质材料间的匹配关系，同时对于电导率等既有评价指标，存在测试方法不统一、测试结果差异大等难题，需要依据材料在电池中的真实表现制定材料标准化测试方法，利用统一表观参数评价材料在该性质上的表现。

尽管已经具有相对完善的动力电池测试评价体系，但广泛采用的测试技术或方法主要是"离线"式的，即电池需要被转移到专用设备中进行分析，无法实现"在线分析"。电池管理系统(BMS)能够获取的电池状态数据主要包括电压、电流、温度等基本信息，安全风险信号通常通过电压突降或温度突升判定，但仅凭这些信息很难实现高灵敏度和零误报的目标。相应的，电池失控过程往往伴随着应力变化，随着电池固态化进程发展，需要加强对电池系统内力学管理的关注，并基于力学信息的变化来实现电池安全风险的早期预警。此外，随着电池在线传感技术的进步，预计将能够在动力电池中应用内置或外置传感器，以实现对气体泄漏、膨胀力突变等关键指标的快速检测和响应。

4. 未来几年动力电池测试产业发展建议

回顾2023年，高集成度的动力电池系统已成为行业发展趋势。同时，新体系电池将在不久的将来得到应用。体系创新与结构创新的协同发展将促进动力电池在性能、寿命和安全等方面进一步提升。CTC等结构创新设计为电池系统层级测试引入新挑战，即需要制定整车分离方案，或进一步发展整车层级的测试方法，对于新结构下动力电池系统的结构可靠性、安全性，需要结合实验及仿真技术识别系统潜在的薄弱环节，并验证系统各部分能否满足安全性和可靠性要求。此外，还需要验证热管理能力及抗热扩散的能力，以确保在创新结构下的电池系统不向安全性妥协。面向固态电池等新体系电池，需要锁定体系本征问题，开展针对性测评，例如需要研究固态电池性能在温度、外力等多种条件影响下的耦合变化规律，并开发适用于实车场景的新体系电池寿命评估方法。在电池安全性方面，通过对热扩散等测试要求及标准的建立，实现对乘员人身安全的保护，降低了动力电池出现安全风险的概率。未来，测试评价将加强对电池失效预警机制的研究，并关注电池失效后产生的烟气量及其成分，以评估乘员受有毒烟气影响的间接风险，并进一步考虑电池失效对周边环境的影响。因此，未来测试和评价技术的发展，需要关注前沿研究，密切关注可能出现的新体系电池和创新设计，以实现对新型产品的及时评估，并推动行业向高质量发展前进。

(十三)动力电池回收循环与梯次利用

新能源电池回收利用专业委员会　李　力　李海涛　沈润杰

1. 2023年动力电池回收利用产业总体发展

(1)动力电池市场概况

近年来，新能源汽车成为全球汽车产业转型升级的主要方向，我国新能源汽车产业已走在世界前列，2023年新能源汽车产销分别完成了958.7万辆和945.9万辆，连续9年保持全球第一，市场占有率提升至31.6%，这也带动我国动力电池的产量和装车量保持稳定增长。2023年我国动力电池装车量达到387.7 GWh，同比增长31.6%，装机量增速有所降低。从动力电池材料类型来看，2023年三元电池装机量为126.2 GWh，占总装机量32.6%，同比增长14.3%；磷酸铁锂电池装车量为261 GWh，同比增长42.1%。近年来，磷酸铁锂电池装机量占比逐年升高，2021年装机量占比首次超过50%，2023年装机量占比达到67.3%，随着低成本的磷酸铁锂电池技术的不断完善，未来仍将保持较高市场占有率。综合考虑新能源汽车的历年产量、电池质保年限、车辆运行工况等因素，我国即将进入动力电池规模化退役阶段，由此带来的废旧动力电池回收利用问题越来越为人们所关注(见图1-2-9)。

(2)回收利用政策体系建设

近年来，政府不断扎实支撑新能源汽车和动力电池产业可持续发展的工作，在动力电池回收利用领域逐步构建以生产者责任延伸制度为基本原则的政策体系框架，包括制度建设、溯源管理、行业规范、试点示范、财税支持、事中事后监管等方面，并逐步形成、完善常态化行业监管机制，推动行业规范化、规模化发展。

进入2023年，我国充分发挥政府引导作用，继续加强动力电池的制度建设，进一步完善废旧动力电池政策管理体系。一是继续将资源循环利用作为节能降碳重点任务，推动构建回收利用体系。2023年2月，国家发展改革委等九部门发布《关于统筹节能降碳和回收利用加快重点领域产品设备更新改造的指导意见》，提出到2025年废旧产品设备回收利用更加规范畅通，形成一批可复制可推广的回收利用先进模式，推动废钢铁、废有色金属、废塑料等主要再生资源循环利用量达到4.5亿t。工业和信息化部等八部门发布《关于组织开展公共领域车辆全面电动化先行区试点工作的通知》，将建立形成网络完善、规范有序、循环高效的动力电池回收利用和处理体系作为重点任务的具体举措。二是提升废旧动力电池管理政策法律层级，以加大行业管理力度。2023年12月，工业和信息化部发布《新能源汽车动力电池综合利用管理办法（征求意见稿）》（简称《管理办法》），旨在加大废旧动力电池回收利用管理力度，推动新能源汽车产业高质量发展。在《管理办法》发布前，《新能源汽车动力蓄电池回收利用管理暂行办法》已实施5年，在全生命周期溯源管理、促进资源循环利用等方面发挥积极作用，但随着新业态、新模式的出现，动力电池回收利用的复杂性不断提高，行业管理面临强制约束力不足、新主体缺乏针对性要求、监管难度大等新问题。因此，工业和信息化部出台发布《管理办法》，进一步完善、细化了各环节主体责任要求，明确了各有关部门监管职责，加大了管理力度，提升了管理政策法律层级，行业即将迎来正式管理制度。三是实施梯次产品自愿性认证制度，以提升梯次产品质量。2023年3月，市场监管总局、工业和信息化部联合发布《关于开展新能源汽车动力电池梯次利用产品认证工作的公告》，正式启动新能源汽车动力电池梯次利用产品自愿性认证工作。9月，市场监管总局、工业和信息化部联合发布《关于新能源汽车动力电池梯次利用产品认证目录（第一批）和组建新能源汽车动力电池梯次利用产品认证技术委员会的公告》，正式公告首批新能源汽车动力电池梯次利用认证产品为固定式梯次利用电池，包含不间断电源用电池组（UPS）和应急电源用电池组（EPS）。10月，国家认证认可监督管理委员会正式发布《新能源汽车动力电池梯次利用产品认证实施规则 固定式梯次利用电池》的公告，明确固定式梯次利用电池产品认证实施的基本认证模式为“初始工厂检查+型式试验+获证后监督”（见图1-2-9）。

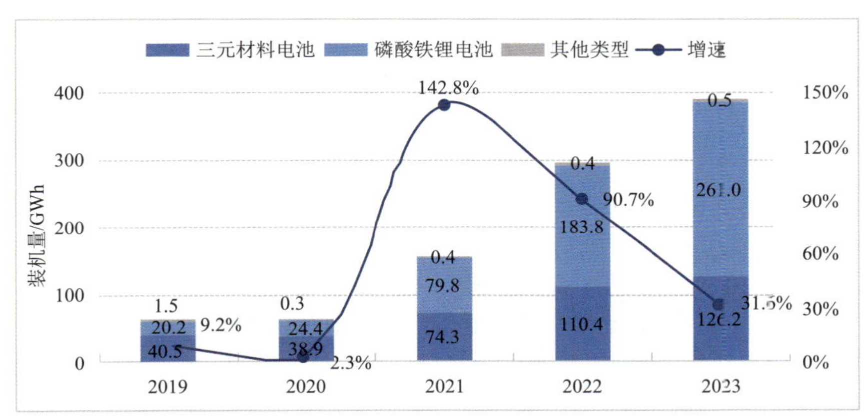

图1-2-9　2019—2023年我国不同类型动力电池装机量及总体增速情况

（3）回收利用标准体系构建

为了引导动力电池回收利用行业规范有序发展，各有关部门和机构加快相关标准研制，我国已发布动力电池回收利用国家标准有12项（见表1-2-16），已覆盖动力电池回收利用过程的包装运输、余能检测、拆卸拆解、放电等多个环节，也对回收服务网点、梯次利用产品标识、再生利用材料回收等方面作出规范，同时为了便于后端回收利用，早期已制定规格尺寸、编码规则等相关标准。结合25项锂电池回收利用行业标准和百余项相关团体标准，我国已逐渐构建以国家标准为主体，行业和团体标准为补充的多层次标准体系，基本覆盖动力电池全生命周期的生产、销售、使用、回收及再利用等多个环节，我国车用动力电池回收利用已逐渐步入全流程标准化管理阶段。

国家标准方面，GB/T 38698.2—2023《车用动力电池回收利用 管理规范　第2部分：回收服务网点》于2023年9月7日发布并实施，由全国汽车标准化技术委员会归口。该标准规定了车用动力电池回收服务网点的建设、作业及安全环保及应急要求，适用于回收废旧动力电池包、模组及单体的回收服务网点建设、管理及运行。本标准结合网点的职能要求，制定了网点的规范作业流程，并明确了网点收集、贮存、信息采集等作业的具体要求，同时重点强调了网点的安全环保要求，指导企业如何建设符合安全、环保要求的回收服务网点。

行业标准方面，WB/T 1136—2023《新能源汽车废旧动力蓄电池 物流追溯信息管理要求》于2023年7月7日发布，并于8月1日开始实施，由中国物流与采购联合会提出，全国物流标准化技术委员会归口。该标准规定了新能源汽车废旧动力蓄电池物流追溯信息管理的基本要求、追溯信息、追溯标签、追溯信息采集、信息管理及追溯信息服务要求，适用于新能源汽车废旧动力电池从收集到交付客户之间的装卸、储存、运输等物流环节。该标准的制定可有效规范、指导废旧动力电池物流信息追溯管理，实现对废旧动力电池物流环节的收集、运输、仓储和装卸等全程跟踪和监督，有助于推动新能源汽车废旧动力电池物流追溯体系的建设与完善，促进新能源汽车废旧动力电池回收市场的发展与成熟。

表 1-2-16 动力电池回收利用现行有效的国家标准

序号	标准编号及名称	实施时间
1	GB/T34013—2017《电动汽车用动力蓄电池产品规格尺寸》	2018/2/1
2	GB/T 34014—2017《汽车动力蓄电池编码规则》	2018/2/1
3	GB/T 44132—2024《车用动力电池回收利用 通用要求》	2024/5/28
4	GB/T 38698. 1—2020《车用动力电池回收利用 管理规范 第 1 部分:包装运输》	2020/10/1
5	GB/T 38698. 2—2023《车用动力电池回收利用 管理规范 第 2 部分:回收服务网点》	2023/9/7
6	GB/T 34015—2017《车用动力电池回收利用 余能检测》	2018/2/1
7	GB/T 34015. 2—2020《车用动力电池回收利用 梯次利用 第 2 部分:拆卸要求》	2020/10/1
8	GB/T 34015. 3—2021《车用动力电池回收利用 梯次利用 第 3 部分:梯次利用要求》	2022/3/1
9	GB/T 34015. 4—2021《车用动力电池回收利用 梯次利用 第 4 部分:梯次利用产品标识》	2022/3/1
10	GB/T 33598—2017《车用动力电池回收利用 拆解规范》	2017/12/1
11	GB/T 33598. 2—2020《车用动力电池回收利用 再生利用 第 2 部分:材料回收要求》	2020/10/1
12	GB/T 33598. 3—2021《车用动力电池回收利用 再生利用 第 3 部分:放电规范》	2022/5/1

注:统计时间截至 2024 年 5 月 31 日。

(4)回收体系建设现状

在相关部门、各地区及产业链上下游企业的共同努力下,我国动力电池回收利用领域逐渐形成了以汽车生产企业、动力电池生产企业、综合利用企业等为主体的回收模式,回收体系不断完善。

回收服务网点方面,截止到 2023 年底,全国范围内回收服务网点共建设 10468 个。从区域分布来看,动力电池回收服务网点分布在 31 个省、市及自治区,有 4 个省市回收服务网点超 700 个,13 个省市回收服务网点超 300 个。其中,广东的回收服务网点数量排名首位,共 1073 个,占比 10%;江苏、山东和浙江位列二到四位,分别占比 8%、7%、7%。河南、河北、四川、湖南、安徽、福建回收服务网点数量进入前十,京津冀回收服务网点数量达到 941 个。全国前十省市回收服务网点共计 6247 个,约占全国总量的 60%。

规范企业方面,截止到 2023 年底,工业和信息化部已正式公告五批符合《新能源汽车废旧动力蓄电池综合利用行业规范条件》企业名单,共 148 家骨干企业,其中梯次利用企业 85 家、再生利用 48 家、综合利用企业 15 家。从前五批梯次利用规范企业累计情况来看,符合《新能源汽车废旧动力蓄电池综合利用行业规范条件》的梯次利用企业分布在全国 21 个省份及直辖市,梯次利用规范企业主要分布在长三角、珠三角地区。广东符合规范条件的梯次利用企业数量全国领先,达到 16 家,其中有 2 家企业为综合利用企业。广东作为国内新能源汽车产销量较大的重点地区,凭借良好的产业基础与便捷的物流渠道,在废旧动力电池回收产业布局中保持领先。湖南符合规范条件的梯次利用企业数量为 9 家,排名第二,湖南废旧动力电池回收利用产业发展快速,动力电池回收利用产业技术水平和产业规模均居行业前列。江西和安徽,均达到 8 家,安徽自 2021 年组织开展新能源汽车动力电池回收利用区域中心企业(站)培育工作以来,持续深化新能源汽车动力电池回收利用试点工作,加速动力电池回收利用产业布局。另外,江苏、浙江、天津、上海均为 6 家,福建、山东、河南均达到了 5 家。从前五批再生利用规范企业累计情况来看,符合《新能源汽车废旧动力蓄电池综合利用行业规范条件》的再生利用企业分布在全国 19 个省份及直辖市,主要分布在长三角及中部地区。江西和湖南符合规范条件的再生利用企业数量全国领先,江西达到了 11 家,湖南达到 9 家。江西因其丰富的锂资源和先进的制造技术而跻身全国锂电池产业链前列,湖南在动力电池回收利用领域也已具备一定的规模效应。广东位居第三的位置,共计 6 家再生利用规范企业,浙江、贵州紧随其后,再生利用规范企业数量也达到 5 家。安徽、湖北达到 4 家,河南达到 3 家,广西、福建、河北、云南、甘肃均有 2 家,其余吉林、江苏、陕西、上海、天津、宁夏地区再生利用规范企业数量仅为 1 家。整体来看,长三角、珠三角及中部地区地处长江开放经济带和沿海开放经济带,交通物流运输优势明显,同时拥有具有丰富的镍、钴、锰、锂、纳等有色金属资源,为锂电产业及回收利用产业发展创造了有利的条件。

(5)先进技术及装备突破

为促进绿色环保技术应用,发挥标杆企业引领作用,相关部委持续组织开展资源综合利用领域先进、绿色技术及装备目录评选工作,并编制供需对接指南,加快推广应用动力电池综合利用先进技术装备,提升资源利用效率。

2023 年 7 月,工业和信息化部、发改委、科技部、生态环境部联合发布《国家工业资源综合利用先进适用工艺技术设备目录(2023 年版)》,其中涉及 6 项废旧动力电池综合利用工艺技术设备,包括浙江新时代中能科技股份有限公司申报的《磷酸铁锂电池拆解利用》、武汉动力电池再生技术有限公司申报的《高兼容性退役电池快速无损检测与分选系统》、天津巴特瑞科技有限公司申报的《动力锂电池再生利用前处理技术》、湖南顶立科技股份有限公司申报的《废旧动力电池全流程高质利用技术与装备》、天津赛德美新能源科技有限公司申报的《新能源汽车动力电池单体自动化拆解及正负极材料修复技术》、广东邦普循环科技有限公司和湖南邦普循环科技有限公司申报的《退役锂电池全组分循环利用关键技术及装备应用》。

2023 年 11 月，工业和信息化部联合水利部发布《国家鼓励的工业节水工艺、技术和装备目录(2023 年)》，其中涉及蓄电池行业的有两项，分别为江苏瑞升华能源科技有限公司申报的《新能源材料 MVR 蒸发提取设备》、苏州新能环境技术股份有限公司申报的《锂电高盐高有机废水高效资源利用设备》。

2023 年 12 月，工业和信息化部发布了《国家鼓励发展的重大环保技术装备目录(2023 年版)》，其中涉及废旧动力电池处理技术装备共 3 项，分别为荆门动力电池再生技术有限公司申报的《废旧动力蓄电池无害化再生利用技术装备》、湖南顶立科技股份有限公司申报的《废旧动力电池预处理全流程高质利用技术与装备》、湖南江冶机电科技股份有限公司申报的《废旧锂电池破碎分选成套装备》。

2. 国外动力电池回收利用产业发展趋势

随着全球新能源汽车渗透率的提升，动力电池退役后的回收利用也受到全球范围的广泛关注，各国在碳中和要求下持续深化动力电池回收政策体系，同时加速布局回收赛道。

欧洲方面，针对动力电池及废旧电池回收利用管理等方面欧洲出台多项法规条例或激励措施，以增强欧洲新能源领域的战略自主性。《电池与废电池法规》和《关键原材料法案》起到至关重要作用。2023 年 8 月 17 日，《电池和废电池法规》(简称“新电池法”)正式落地生效，是首个法规形式的电池全生命周期管理法律文件，涵盖了电池的生产、使用、再利用和回收等各个阶段。其中，为减少对关键原材料的依赖，“新电池法”对电池中钴、铅、锂、镍等再生金属使用比例提出具体限制要求，另外，“新电池法”要求生产商作为生产者责任延伸责任主体，对首次投入市场的电池承担回收管理责任，后市场阶段各责任主体必须将报废电池转交给电池生产者或指定的回收组织。《关键原材料法案》于 2024 年 3 月 18 日通过，确定了两份材料清单(包括 34 种关键材料和 17 中战略原材料)，并且为原材料消耗量设立 3 个标准：到 2030 年 10% 来自本地开采，40% 在欧盟加工，25% 来自回收材料。企业布局方面，2023 年 6 月，瑞典电池制造商北伏和挪威最大铝业公司海德鲁合资创办的欧洲最大动力电池回收工厂 Hydrovolt 在挪威正式启动，将率先在挪威本土推进电动汽车电池商业回收业务。

美国方面，美国已将发展新能源汽车和动力电池产业提升至国家战略，不断出台具有重要影响力的政策，以推动锂电池产业本土化。2021 年 6 月，美国发布《美国锂电池国家蓝图(2021—2030)》，涵盖了从原材料生产、冶炼加工、电池制造、包装制造、下游应用(电动车、储能、军工、航空)到资源回收的完整锂电池供应链，并明确了未来 20 年构建美国本土锂电池制造价值链的行动规划。此外，美国还从联邦、州级和地方三个层面建立相对健全的废旧电池回收利用法律法规框架，但在美国氢镍电池、锂离子电池和聚合物锂离子电池等一般被认为是无害的，是有危险潜在性的废弃物，因此不在美国有关部门的监控范围内。企业布局方面，通用汽车作为国际汽车巨头，已投资废旧电池回收企业 Lithion Recyclin，并与美国废旧电池回收厂商 Cirba Solutions 于 2023 年 11 月延长合作协议，以在 2024 年之前回收电动汽车锂电池和在特定通用汽车工厂的制造和研究中产生的电池废料。通用汽车已回收 100 万磅电池废料。此外，Redwood Materials 于 2022 年年中宣布了价值 35 亿美元工厂的建造计划，预计到 2025 年，该工厂生产的材料可满足 100 万块电动汽车锂离子电池，到 2030 年预计将增加到 500 万块。

日本于 2022 年 8 月发布了《蓄电池产业战略》，提出了到 2030 年建立 150 GWh/a 的国内制造基地，全球生产能力达 600 GWh/a，稳步占领下一代电池市场，实现全固态锂电池的正式商业化应用等目标。日本在废旧电池回收利用方面也起步较早，虽没有制定废旧电池回收专项立法，但在环境保护法领域，已确立了“基本法—综合法—专项法”的循环经济立法体系。基于国民良好的环保意识，许多电池生产商和回收企业都积极参与到废旧电池的回收利用市场中，日本形成以电池企业为主导的逆向物流回收体系。企业方面，具有代表性的是 4R Energy，2010 年，日产汽车与住友商事株式会社成立合资企业 4R Energy 株式会社，专注于电动汽车电池的有效再利用，并通过开发技术和基础设施，以 4R 模式发掘车载电池能量价值为其他设施提供电力。

韩国方面，韩国政府通过《2030 二次电池产业(K-电池)发展战略》《充电电池产业革新战略》等战略措施，加大对电池产业的投资，构建韩国本土电池生态系统并推动电池供应链的本土化，推动本土电池市场内需增长。此外，韩国已取消报废电动汽车返还电池的义务，并将电动汽车废旧电池从“废弃物”划入“循环资源”类别。企业方面，2022 年 12 月，SK Innovation 和韩国电池回收企业 SungEel HiTech 签署谅解备忘录，将在 2023 年在韩国成立一家合资企业，运营一家回收电动车电池的商业工厂。工厂将于 2025 年开始运营，将从废旧电池中提取锂、镍、钴和锰。同时，LG 宣布已同韩国电池回收初创企业 Jae Young Tech 签署协议，将投资 240 亿韩元收购后者股份，并将在 2023 年底前于北美成立一家电池回收合资企业，并将与该地区的本地公司寻求合作机会。2023 年 8 月，LG 与华友钴业旗下两家公司分别在中国的南京、衢州两地成立预处理和再生冶金合资公司。

3. 我国目前亟须解决的技术难点及解决方案

废旧动力电池的回收利用涉及检测、拆解、破碎、分选、冶炼等多个环节，但动力电池品种繁多，电池构造复杂且没有固定标准，回收来源复杂，回收利用各环节的关键技术及所需装备仍需继续突破。

近年来，我国逐渐加大废旧动力电池梯次利用的政策支持力度，推动梯次利用的标准化发展。但我国废旧动力电池的梯次利用处于缓慢发展阶段，主要是受到动力电池原材料价格的波动及梯次利用产品高昂的开发成本所制约，电池检测、拆解、重组等过程自动化程度低，人工成本、时间成本偏高。而且现有废旧动力电池梯次利用开发的技术仍存在多种难点需要克服，主要体现在自动化拆解、高效高精度的残值评估、自适应分选和一致性管理等诸多方面。

因此废旧动力电池梯次利用技术的发展需实现电池包的模块化与标准化设计、自动化技术、先进的测试评价和性能评估技术等。

国内工业大规模回收废旧动力电池主要以湿法冶金回收技术为基础,而且行业内已开始应用废旧动力电池直接修复再生、工艺联用、全组分回收及选择性提锂等技术手段,改善了传统湿法回收和火法回收的弊端,但仍存在为提高有价金属回收率而使用复杂冗长的回收流程或大量排放毒性废弃物的问题,全过程的尾气、粉尘、冶炼残渣、废气净化灰渣、分选残余物都需要进行安全环保处理。另外,我国更多聚焦在价值量高的三元和磷酸铁锂正极材料再生回收,而负极材料和电解液的高效回收工艺技术涉及较少,仅有少数一体化垂直产业布局的企业开展相关工作。因此,仍需不断完善预处理、浸提、纯化等关键步骤出现的短板,加快带电破碎及多级控氧热解、短流程深度提锂、铁磷高效除杂及高质量利用、再生修复等核心技术的安全稳定运行,也要充分挖掘废旧动力电池的全组分价值、电解液等核心材料的回收技术及其产业化还需要深入研究。

4. 重点企业发展情况

格林美股份有限公司(简称格林美)建成五大循环产业链,其中已构建了“废旧电池回收—原料再制造—材料再制造—电池梯级利用”新能源全生命周期价值链。在中国建设6个动力电池回收利用中心,覆盖中国长三角、珠三角、京津冀、华中等核心区域,在韩国和印尼建设2个动力电池回收利用合资工厂,并与全球750余家汽车厂和电池厂签署协议建立废旧动力电池定向回收合作关系。其动力电池包规划年拆解能力21.5万t,梯次利用产品年产能4.1 GWh,电池黑粉再生利用年处理能力20万t。2023年,格林美回收拆解的动力电池达到27454 t(3.05 GWh),占中国报废总量的10%以上。格林美旗下6家企业入选工信部发布的《新能源汽车废旧动力蓄电池综合利用行业规范条件》公告企业,位居全国第一。

浙江华友钴业股份有限公司(简称华友钴业)形成了资源、新材料、新能源三大业务一体化协同发展的产业格局,三大业务在公司内部构成了纵向一体化的产业链条。同时华友钴业还在布局循环回收业务,旗下3家子公司入选工信部发布的《新能源汽车废旧动力蓄电池综合利用行业规范条件》公告企业,并通过回收网络体系建立、梯次利用开发、资源化利用、废料换材料和电池维修维护再制造等商业模式创新,与宝马、大众、丰田、LG新能源、一汽、长安、广汽、上汽、蔚来、理想等国内外主流汽车生产企业及电池生产企业开展广泛合作,为客户提供全球化、无害化且可持续的废旧电池解决方案。

广东邦普循环科技有限公司(简称邦普循环)聚焦回收业务、资源业务与材料业务,为电池全生命周期管理提供一站式闭环解决方案和服务。邦普循环总部位于广东省佛山市,在全球已设立广东佛山、湖南长沙、宁德屏南、宁德福鼎、湖北宜昌、印尼莫罗瓦利、印尼纬达贝七大生产基地。作为宁德时代新能源科技股份有限公司的控股子公司,邦普循环打造了上下游优势互补的电池全产业链循环体系,通过独创的定向循环DRT技术,实现镍钴锰回收率达99.6%,锂回收率达91%。2023年,宁德时代在中国回收电池废料10万t,并用其生产1.3万t碳酸锂。

江西赣锋循环科技有限公司(简称循环科技)是锂电产业链龙头企业赣锋锂业的全资子公司,已入选工信部发布的《新能源汽车废旧动力蓄电池综合利用行业规范条件》公告企业。母公司赣锋锂业已在江西新余、赣州、四川达州等地建成多处拆解及再生基地,退役锂电池及金属废料综合回收处理能力达到20万t,其中锂综合回收率在90%以上,镍钴金属回收率在95%以上。2023年,赣锋锂业牵头,联合高校院所及企业共10家单位,共同承担国家重点研发计划“循环经济关键技术与装备”重点专项2023年度项目《锂产业集聚区循环化升级集成技术及示范》,将循环回收理念由退役锂电池扩充到锂产业链上下游各个生产环节,推动产业绿色高质量发展。

广东光华科技股份有限公司(简称光华科技)是先进的专业化学品服务商,集产品研发、生产、销售和服务于一体。在电池循环领域,光华科技年处理4万t退役锂电池拆解分类利用生产项目已达产,构建了“电池梯级利用—电池拆解—电池回收—原料再造—材料再造”的新能源材料全生命周期循环体系,是首批入选工信部发布的《新能源汽车废旧动力蓄电池综合利用行业规范条件》公告企业,旗下全资子公司——珠海中力新能源科技有限公司也进入第二批企业名单。2023年,光华科技实现营业收入269946.19万元,其中,锂电池材料营业收入58302.6万元,同比下降54.91%;绿环材料营业收入17118.1万元,同比增长100%;梯次利用营业收入2178.94万元,同比下降55.29%。

天奇自动化工程股份有限公司(简称天奇股份)于1984年创办,并于2004年上市,围绕“致力于服务汽车全生命周期”的企业愿景,形成了智能装备、锂电池循环两大产业集群。天奇股份锂电池循环板块子公司——江西天奇金泰阁钴业有限公司和天奇新动力(无锡)有限公司分别入选第三批和第五批工信部《新能源汽车废旧动力蓄电池综合利用行业规范条件》公告企业。2023年度天奇股份营业收入36.16亿元,其中锂电池循环事业部销售商品营业收入10.3亿元,循环装备事业部销售商品营业收入3亿元。

中伟新材料股份有限公司(简称中伟股份)为湖南中伟控股集团有限公司旗下控股子公司、上市主体,是专业的新能源材料综合服务商,并以高镍低钴全系列三元前驱体、高电压四氧化三钴、磷酸铁、钠系前驱体、综合循环回收利用、原材料冶炼、材料装备制造为主要研发方向。在综合循环回收利用方面,中伟股份控股子公司——贵州中伟资源循环产业发展有限公司已入选工信部发布的《新能源汽车废旧动力蓄电池综合利用行业规范条件》公告企业(再生和梯次)。2023年,中伟股份加速布局全球废旧电池回收产业,中伟股份与全球领先的回收企业Cronimet于2023年12月在德国卡尔斯鲁厄签署协议,双方将在德国比特费尔德共同投资建设锂电池回收拆解工厂。

安徽南都华铂新材料科技有限公司(简称华铂新材料)成立于2017年,是浙江南都电源动力股份有限公司(简称南都电源)全资子公司,已入选工信部发布的第四批《新能源汽车废旧动力蓄电池综合利用行业规范条件》公告企业。华铂新材料采用独有的自主知识产权的“选择性提锂技术+双极膜电渗析生产电池级单水氢氧化锂”创新工艺,打造全自动智能化连续性生产线,通过对锂离子电池破碎分选—浸出—萃取—结晶等过程的全自动控制,将镍、钴、锰、锂、铜、铝、石墨等材料精细化高效分离,大幅提高了资源回收利用率。2023年,南都电源进一步拓展回收渠道,有力保障公司锂电产品原材料供应,全面提升公司锂电业务盈利能力。2023年,南都电源营业收入达到146.66亿元,其中资源再生营业收入达到72.76亿元,占比达到49.61%。

浙江新时代中能科技股份有限公司(简称时代中能)成立于2015年,注册资金3.6亿元,专注于提供新能源产业高值服务,开展退役动力锂电池的梯次回收及循环利用等特色业务,促进资源闭路循环,入选工信部发布的第三批《新能源汽车废旧动力蓄电池综合利用行业规范条件》公告企业。时代中能退役锂电池及钴镍资源循环项目已全面建成,现建有绍兴上虞、江西上饶两个生产基地,具备年产12000金属吨钴盐、10000金属吨镍盐、5000 t四氧化三锰、8000 t碳酸锂、3000 t磷酸铁,年拆解5万t退役锂电池的生产能力,工艺技术成熟,自动化程度、环保水平较高成本较优。

赣州市豪鹏科技有限公司(简称赣州豪鹏)是专业从事废旧电池回收服务、退役新能源汽车动力电池梯次利用、废电池无害化处理和高纯金属盐生产的高新技术企业,主要产品包括钴盐、镍盐、锂盐及梯次利用系列产品。其股东主要包括厦门钨业股份有限公司、深圳市豪鹏科技股份有限公司、北汽新能源汽车股份有限公司等。通过股权纽带,赣州豪鹏整合产业资源,形成了“材料—电池—新能源整车制造—动力锂电池回收”的动力电池上下游企业联动的合作模式,探索出一条锂电行业优势互补、资源相互对接、企业共同发展之路。赣州豪鹏是首批入选工信部发布的《新能源汽车废旧动力蓄电池综合利用行业规范条件》公告企业之一。

5. 动力电池回收利用产业发展建议

一是完善综合利用政策法规体系,强化地方监管力度。加快发布《新能源汽车动力电池综合利用管理办法》,同时考虑进一步提升管理政策法律层级,逐步将管理办法从部门规章升级为管理条例或法律文件。鼓励地方出台管理举措,强化奖惩手段提升管理效能,加大对企业的检查及督导力度,及时向社会公布企业履责情况,推动相关主体切实履行责任是推动建立各部委间联动机制,引导形成多方参与、协同推进的长效工作机制。

二是加快科技创新与标准化建设,确保产业竞争优势。推动有关标准化组织,针对薄弱环节,强化标准研制整体规划,聚焦退役动力电池绿色设计、报废判定、残值评估、产品追踪溯源、再退役、再生原料、碳足迹等重点标准,促进国家及行业标准制订,加快团标制定,推动标准示范应用。突出企业科技创新主体地位,培育回收利用产业头部企业,加强产学研联合攻关,大力支持智能拆解、线上评估、带电破碎、正负极材料修复及短程提锂等关键技术研究与应用。

三是创新退役电池交易模式,提升行业信息化水平。推广应用“大数据+回收”的创新商业模式,依托新能源汽车动力电池全生命周期数据基础,支持搭建规范化、透明化、共享化的退役电池回收与交易平台,打通线下全域回收网络,链接仓储物流及供应链金融,实现“线上+线下”的退役电池回收利用体系构建。加强行业监管数字化保障,由工业和信息化部等相关部委牵头,协同地方各相关委办局,提升国家溯源平台各端溯源率及数据质量。

四是加强国际市场规则接轨互认,促进国内外双循环。加快建设国际互认的动力电池全生命周期碳核算机制,国家主管部门或相关行业机构深度参与国际碳核算标准制定,提高国际话语权,并引导企业适应国际规则。由相关部委牵头,联合在国外布局的动力电池生产企业、汽车生产企业及综合利用企业,研制落地可行的废旧动力电池及再生原料进口政策及标准,并鼓励有条件的企业出海构建全球废旧动力电池回收网络,逐渐构建国内国外动力电池“双循环”利用体系。

(十四)车用驱动电机及系统

上海电驱动股份有限公司总工程师,电动汽车电驱动系统全产业链技术创新战略联盟秘书长 张舟云;电动汽车电驱动系统全产业链技术创新战略联盟理事长 贡 俊

1. 车用驱动电机及系统产业发展与技术突破

(1)车用驱动电机及系统总体产业发展情况

随着新能源汽车技术的不断升级及国家政策的大力支持,我国新能源汽车销量及渗透率不断提升,带动电驱动行业快速增长。NE时代根据新能源乘用车终端数据统计,2023年新能源汽车驱动电机、电机控制器、电驱动系统等核心部件前10家企业市场占比达到72%~78%,持续呈现较高的行业集中度。

在我国新能源汽车市场国内外电驱动系统零部件供应企业排名中,弗迪动力、蜂巢电驱动、蔚来驱动科技等国内电机企业市场占比54.2%,特斯拉、联合电子、尼得科等外资/合资企业市场占比18.9%;弗迪动力、汇川联合动力、中车电驱等国内电控企业市场占比61.4%,特斯拉、联合电子、尼得科3家外资/合资电控企业占比17.4%;弗迪动力、蔚来驱动科技、汇川联合动力等国内电驱动总成企业市场占比50.6%,特斯拉、联合电子、尼得科、大众变速器等外资/合资电驱动总成占据28.2%,分别如图1-2-10(a)、(b)、(c)所示。我国新能源汽车自主电驱动总成及核心部件继续保持较强的国产化配套能力。

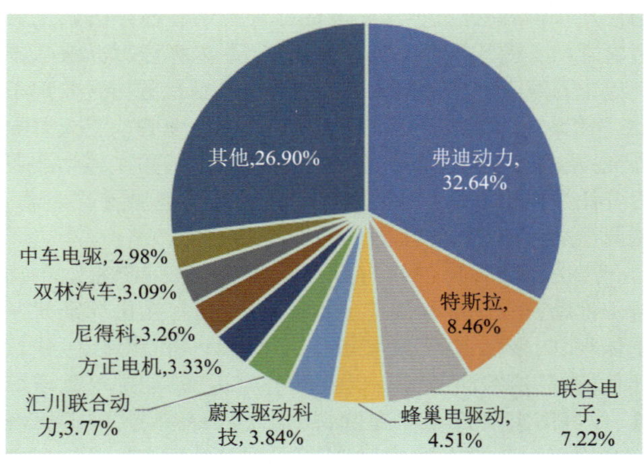

(a)驱动电机市场配套统计

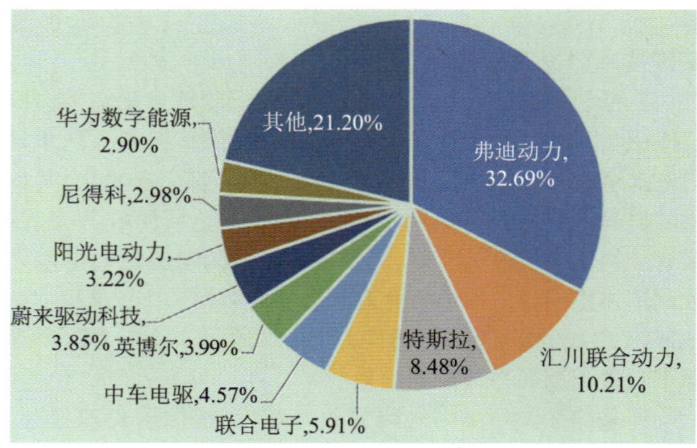

(b)电机控制器市场配套统计

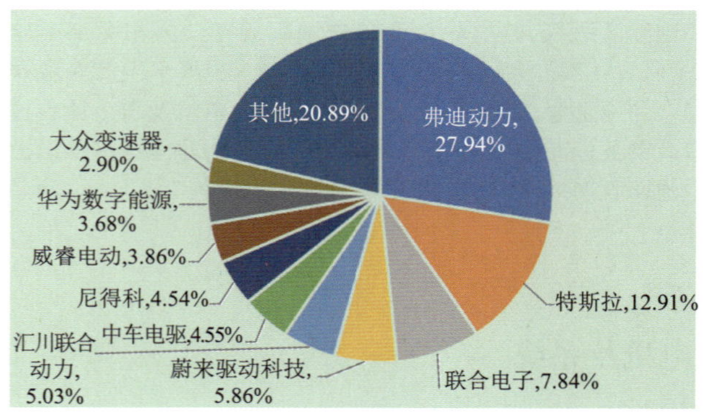

(c)电驱动系统市场配套统计

图 1-2-10　2023 年我国新能源汽车驱动电机及系统市场配套统计

(2)车用驱动电机及其控制系统技术进展

①驱动电机及关键零部件

高密度、高效率、高转速、低噪声的扁线电机发展速度加快,驱动电机在功率密度、峰值效率、最高转速、噪声品质等关键性能指标与国外保持同步。基于扁导线定子技术的驱动电机具有槽满率高、效率高、导热性好、绕组刚度好等优点,可进一步降低电机体积和重量,提升电机工况运行效率与振动噪声品质。扁线绕组线型有 Hairpin、U-pin、X-pin、I-pin 和 W-pin(波绕组)等多种绕组形式,其中 Hairpin 绕组是扁线电机主流线型,扁线电机市场占比达 40%。特斯拉、大众、宝马、通用、福特、克莱斯勒、现代、日产、本田、比亚迪、一汽、东风、长安、上汽、奇瑞、吉利、长城、蔚来、理想、小鹏等国内外新能源汽车企业均采用扁线电机技术,驱动电机产品峰值功率密度达 5.5~7.2 kW/kg、最高效率达 97.5%;大众、博世、大陆等驱动电机最高转速达到 16000~18000 r/min 以上,特斯拉几款纯电动汽车驱动电机最高达 17900~20000 r/min;我国多数量产纯电动汽车驱动电机最高转速 16000~18000 r/min,同时部分汽车企业如一汽、东风、华为、小米汽车等推出的高性能新能源乘用车驱动电机最高转速达到 20000~22000 r/min;在振动噪声品质方面,国内外汽车企业推出的驱动电机噪声全工况(CLTC 与 WLTC)噪声通过电机本体设计与特定阶次噪声抑制技术均控制在 75~78 dB(A)以下,技术水平相当。

我国低损耗硅钢、低无重稀土磁钢、高速轴承、高速密封件、高压绝缘材料和低黏度润滑油等核心材料与零部件开始应用在驱动电机产品中。宝武集团、首钢集团、鞍钢集团等研制了 0.2~0.3 mm 系列化硅钢片,导磁和铁耗、温度特性等性能较同类产品提升,获得了全球汽车客户的认可和量产应用。韵升股份、中科三环、烟台首钢等推出钕铁硼永磁体在国内市场占据主流,同步推出了采用重稀土晶间扩散(GBD)及晶粒边界调节(GBM)技术,大幅减少了重稀土用量,同时提高磁体性能。高耐电晕绝缘材料与高速耐电蚀轴承方面仍以国外产品为主,我国自主绝缘材料与高速轴承仍处于试产验证阶段;苏州巨峰制备出耐电晕绝缘漆、纳米粒子改性耐电晕漆包扁线、纳米粒子改性聚酯亚胺浸渍树脂等绝缘材料,性能达到国际先进水平并逐步开始量产应用;人本集团、八环轴承、哈尔滨轴承等推出多款最高转速 16000 r/min 及以下高速轴承产品,在驱动电机与高速减速器方面量产应用,最高转速 18000 r/min 及以上的高速轴承市场应用较少,需持续增加研发和制造投入,推进高精度批量生产技术进步。

②电机控制器及关键元器件

高集成度、高压化、高效率、高安全等级等关键技术持续提升了电机控制器性能和品质,我国在电机控制器体积功率密度、峰值效率、电磁兼容、功能安全、网络安全等方面与国外保持同步。碳化硅(SiC)器件具有高温、高效、高频的优势,可降低电机控制器损耗,提高集成度与功率密度,在 800 V 高电压平台的电机控制器、车载充电机(OBC)、DCDC 变换器等大规模应用。国外汽车企业如特斯拉、保时捷率先量产应用基于 SiC 器件的电机控制器,近年来多个国外汽车企业推出采用 SiC 功率器件新能源汽车。2021 年比亚迪汽车率先推出“汉”电动汽车采用 SiC 电机驱动系统,一汽、东风、长安、吉利、小鹏、广汽埃安等先后搭载采用 SiC 电机控制器的新能源乘用车。弗迪动力、联合电子、中车时代电动、苏州汇川、精进电动、上海电驱动、阳光电源等加快在 SiC 控制器产品研发和产品应用,推出了功率密度达到 35~45 kW/L、峰值效率 99.0%~99.2% 多种封装 SiC 电机控制器,电磁兼容等级达到带载 Class 3 级,实现功能安全与网络安全认证,产品技术水平与国外同类产品相当。同时,我国集成电机控制器、Boost 升压电路、DCDC 变换器、AC/DC 充电机等多合一电控集成系统在新能源汽车获得广泛应用。随着高性能新能源汽车与碳化硅功率器件产业不断发展,碳化硅电机控制器价格竞争力和市场占比将快速提升。

我国 IGBT 芯片与模块技术持续进步，Si 基电机控制器功率密度指标保持国际先进，斯达半导体、中车半导体、比亚迪微电子等推出我国自主 IGBT 芯片与模块产品性能与国外同类产品相当，国内市场占比达到 60% 以上。英飞凌、安森美、意法半导体、科瑞、罗姆等国际半导体供应商在 SiC 器件占据优势，我国 SiC 芯片产业链整体规模小且衬底、外延和器件的完整产业链不成熟，正在加快发展速度。在 SiC 模块方面，嘉兴斯达、中车微电子、比亚迪微电子、三安半导体、基本半导体、芯聚能等在碳化硅模块开始形成规模，量产推广速度加快；膜电容器企业如厦门法拉、鹰峰电子、比亚迪、中车时代电动等基于国外膜材料研发的 105～125 ℃膜电容器产品纹波电流能力、容积比、产品寿命等关键性能达到国际先进水平，产品市场占有率达到 50% 以上，但耐高温膜电容器仍需要持续研发。同时，高性能 MCU 微处理器、AutoSAR 软件架构及操作系统、开发诊断工具等国外半导体企业均处于绝对优势，我国车规级微处理芯片、操作系统及工具链仍处于开发与验证阶段，正在加快推进产业技术进步。

③电驱动总成系统

我国乘用车三合一和多合一电驱动总成的驱动电机、电机控制器、高速减速器等核心零部件实现自主，功率密度、峰值效率、振动噪声品质等总成关键性能指标达到国际先进水平。扁线电机、油冷与复合冷却、碳化硅器件、高电压平台、功能安全、硬件加密等关键核心技术应用于电驱动总成产品，集成深度由结构物理集成向机、电、热、NVH 深度融合集成。大众、沃尔沃、克莱斯勒等国外汽车企业及博世、纬湃、麦格纳、吉凯恩、博格华纳、采埃孚、日电产等动力总成供应商推出多种规格的三合一电驱动总成和多电机总成产品，功率范围覆盖 250～350 kW，输出转矩 3000～5000 Nm，在国外新能源汽车市场占据优势，国内新能源汽车市场占比同步提升。同时，大众、通用等推出电驱动总成产品系列化、规格化、功率和转速可扩展的平台产品及集成双电机与减速器的多电机动力总成系统、集成同轴减速器的电驱动轴系统、驱动电机与两挡变速器总成系统等多种电驱动总成系统，先后在不同性能和集成形式的新能源汽车实现量产应用。我国多个整车企业与电驱动供应商如比亚迪、一汽、上汽、长安、吉利、长城、北汽、广汽、蔚来汽车、小鹏汽车、联合电子、汇川技术、上海电驱动、精进电动、巨一动力、中车时代电动、华为技术等整车和零部件企业推出了功率范围涵盖 50～300 kW、峰值输出转矩 1500～4800 Nm、驱动电机转速 18000～22000 r/min、电压平台兼容 400 V 和 800 V、集成油冷和水冷系统的多种规格化、系列化、平台化的三合一与多合一电驱动总成产品并实现量产。

多合一电驱动总成系统集成形式由物理集成向机电热声深度集成、多电子电气功能深度融合与域控系统发展，可持续提升系统集成度和功率密度。多合一电驱动总成产品通过在机械、电气、热、控制等领域的深度集成，实现电机控制器与 DCDC&OBC 电气和热集成、整车 VCU 和热管理 TMS 的多域融合电控系统集成，总成体积和重量降低 15%～20%。多合一电驱动总成通过缩短各部件之间高压连接长度，降低动力系统电能传递损耗，减少整车开发周期与成本，多合一总成产品市场占比快速提升。一汽、东风、比亚迪、长安深蓝、华为、吉利、奇瑞等多家整车企业先后推出搭载多合一电驱动总成系统的新能源汽车，在高性能新能源汽车市场占比逐步提升。

2. 国内外车用驱动电机及系统技术发展趋势

（1）新能源汽车驱动电机功率密度、峰值效率、噪声品质等关键性能指标持续提升，驱动电机上游关键材料与零部件的核心产业链技术和产品竞争力是驱动电机重要发展方向。超高效冷却（如集成油冷、复合冷却等）结构设计与热管理、高压化定子绝缘材料与绝缘系统设计、创新电机拓扑与结构（轻稀土/无稀土电机、超高转速/高密度/高效率电机、轴向磁路电机）设计、多层扁线绕组线型设计与制造工艺、智能制造与智能检测系统、多场耦合电机仿真软件及工具链等是驱动电机设计与工艺关键技术方向。低铁损高磁感高强度硅钢片铁心与制造工艺、低重稀土永磁材料及晶界扩散与调控制备工艺、高频 PDIV 漆包扁线与绕组工艺、高温高导热绝缘浸渍树脂与绝缘复合纸与制造工艺、高线速度高耐磨与抗电晕轴高速轴承与高精度制造工艺，以及超级铜线、非晶合金、软磁复合材料等新型材料是核心材料与零部件关键技术方向。

（2）高集成度、高密度、高效率、高可靠、高安全、高电磁兼容等级是电机控制器核心技术方向。充分利用宽禁带半导体器件的高温、高效和高频特性，持续研发功率半导体器件高效冷却与功率部件集成技术，攻关嵌入式功率模块封装技术、新型功率半导体器件集成与智能控制技术等新型集成设计与热管理技术，提升电力电子部件的集成度与功率密度；研发电机控制器高电磁兼容等级（Class 4 级及以上）的正向设计、高功能安全等级和高网络安全设计与验证技术，研发高品质驱动电机控制与运行状态健康管理技术，持续提升电机控制器产品品质。超宽禁带半导体器件的基础材料与超结芯片设计、功率器件封装材料与工艺（如抗氧化高可靠低温烧结铜焊膏材料及工艺方法）、功率模块高效冷却与封装、高温膜电容器与集成电感等无源器件、电流及位置传感器、控制和通讯用集成电路、软件架构与操作系统等核心技术创新和工艺突破是研究重点和关键方向。

（3）面向乘用车电驱动系统构型，持续提升电驱动总成机/电/热/声的集成度、工况效率、振动噪声品质与核心零部件技术水平是关键技术方向，电驱动总成集成技术向电气集成、芯片集成和动力域控集成方向发展。在电驱动总成集成与核心零部件方面，持续研究电力电子深度集成、跨领域功能集成、轻量化材料开发及应用、行星排与同轴减速器、多挡化变速器、脱挡机构等，降低电驱系统总成的重量、体积和成本；同时，持续研发低黏度兼容性润滑油技术，优化电驱动总成能耗与油品兼容性；研究电驱动系统健康预警，提升电驱动系统全生命周期的可靠性；持续研发电驱动总成产品设计与验证方法、关键制造工序控制等制造过程关键工艺，提升汽车零部件产品质量。

（4）面向新能源乘用车多合一系统集成与控制需求，持续推进电控集成系统的深度电气集成与热集成设计、系统级微处理器自主开发、域控软件架构与工具链开发及认证，构建系统级域控软件生态链等是电控集成系统重要技术方向。OBC 车载充电机与 DCDC 变换器电源系统集成设计、基于功率器件和电机绕组电感互用技术、多电平电力电子拓扑设计与新型半导体功率器件应用、高等级系统 EMC 及抗电腐蚀、集成功率半导体器件高效冷却结构设计与热管理技术等电控集成系统集成深度和功率密度提升的关键技术方向;研发系统级微处理器控制芯片,开发符合功能安全 ASIL D 系统级微处理器,研发符合功能安全的软件编译器和工具链,构架系统域控软件生态链。

3. 未来几年车用驱动电机及系统产业发展建议

(1)加大对电驱动系统核心技术和先进材料的持续研发投入,如超宽禁带半导体器件、系统级微处理器和域控软件架构、高可靠绝缘材料、高速轴承等核心器件与关键零部件,研发高效高品质驱动电机、高密度高安全电机控制器、深度集成电力电子总成系统、高集成度高效电驱动总成、新材料和新构型电驱动总成等总成系统,提升系统集成度和技术水平。

(2)建立新能源汽车电驱动系统涵盖电驱动总成、驱动电机、电机控制器、关键材料和核心元器件等全产业链的技术标准和测试评价体系,促进我国新能源汽车电驱动系统全产业链持续健康发展。

(3)加强电驱动系统产业上下游协同创新和资源共享,构建涵盖整车、电驱动总成、核心零部件总成、关键材料与元器件的完整电驱动系统供应链体系,实现电驱动系统资源优势互补与产业协同,打造自主可控的全产业链体系。

(十五)新能源汽车电控

中汽研科技有限公司　王　旭

1. 2023 年新能源汽车电控产业总体发展与技术突破

(1)产业总体发展

①市场规模增长:随着新能源汽车市场不断扩大,2023 年我国新能源汽车产销量均突破 900 万辆,连续 9 年居世界第一,电控系统作为新能源汽车产业链中的核心零部件也随之蓬勃发展,2023 年我国双电控市场总值超过 150 亿元,同比增长 87%。随着新能源汽车市场的不断扩大和电控系统技术的不断进步,投资者的投资机会也逐渐增多。产业链内新技术方向如整车高电压平台、超充、车用芯片国产化替代、安全冗余系统等受到重点关注,为电控产业带来了新的增长点。

②竞争格局:随着新能源汽车渗透率的快速提高,新能源汽车销售价格相继降价,新能源汽车电控系统行业的竞争日益激烈。除了传统汽车制造商之外,越来越多的科技公司和新兴企业也纷纷进入这一领域,竞争压力不断增大。特斯拉作为全球领先的电动汽车制造商,特斯拉在新能源汽车电控领域具有极高的竞争力,其电控产品技术水平、品牌影响力及市场占有率均处于行业领先地位。比亚迪作为我国新能源汽车领域的龙头企业,比亚迪在电控系统方面也拥有很强的实力,其产品覆盖面广,市场占有率较高。蔚来、理想、小鹏等新兴品牌这些品牌在新能源汽车市场上的表现日益突出,尤其在自动驾驶、智能互联等领域有着独特的竞争优势。各大主机厂都在新能源电控领域积累自己的核心能力,挖掘亮点。

③政策支持:各国政府出台了一系列政策以推动新能源汽车产业的发展,包括对新能源汽车电控系统的支持政策。我国政府对新能源汽车产业的支持政策不断加强,包括减税、补贴、购车优惠等。此外,政府还出台了一系列关于新能源汽车电控系统的技术标准和规范,以规范产业发展,保障消费者权益。这些政策为电控产业的快速发展提供了有力保障。政策持续发力,推动新能源汽车电控产业的快速发展。技术进步与需求扩张共同引领产业链新动能。全球视野下,我国电动化供应链快速发展且最为完善,龙头企业已供应海外甚至占据领先地位。

④国际合作与交流加强:在全球化的背景下,国际合作与交流在新能源汽车电控产业发展中也发挥着重要作用。国内企业与国外同行在技术研发、市场拓展等方面加强了合作与交流,共同推动新能源汽车电控技术的进步和产业的发展。

(2)技术突破

①电池管理系统(battery Management System, BMS)技术取得了显著进步。新型电池材料的研发和应用使电动汽车单次充电后的行驶里程大幅延长,极大缓解了消费者的续航焦虑。同时,钠离子电池技术取得重大进展,低成本、高安全性和出色的快充性能使其成为锂离子电池的有力补充和潜在替代方案。其中,BMS 是新能源汽车电控系统的核心组成部分,负责对电池进行监控、管理和保护。2023 年,BMS 技术实现了对电池单元的智能化管理及维护,能够实时监测电池的状态,包括电压、电流、温度等关键参数,从而有效防止电池出现过充电和过放电现象,并延长电池的使用寿命。这种智能化管理不仅提高了电池的安全性能,还优化了电池的使用效率。同时,通过优化 BMS 的算法和硬件设计,实现了更高效的数据处理能力和更快的响应速度。这使 BMS 能够更精确地控制电池的充放电过程,提高电池的能量转换效率,并减少能量损失。BMS 在技术创新方面取得了显著进展,如自适应均衡技术的应用,可以根据电池的实际状态自动调节均衡电流,提高均衡效率和准确性。此外,还有一些创新性的电池监测和诊断技术被应用于 BMS 中,能够更准确地判断电池的健康状况和剩余寿命。

②在电机控制单元(Motor Control Unit, MCU)实现技术上也有新的突破。扁线电机采用扁平铜包线绕组定子,相比传统圆漆包线绕组,扁线绕组在相同体积下具有更高的能量密度和电机效率。这一项技术的应用不仅提高了电机的功率重量密度和功率体积密度,还降低了电机的生产成本。特

斯拉、上汽、丰田等众多车企已采用扁线电机技术，并实现了大规模量产。IGBT 模块作为电机控制器中的关键部件，其性能直接影响电机控制器的效率和可靠性。近年来，IGBT 模块技术不断优化，从第四代技术发展到第七代，针对大功率、高开关频率等需求进行了设计优化。同时，国内企业也在积极追赶，如斯达半导体等国内领军企业已经发展到了等同国际先进水平的 IGBT 技术。SiC 功率模块因其高频率、高效率、小体积等优点，逐渐成为电机控制器领域的新宠。SiC 功率模块的应用可以进一步提高电机控制器的效率和可靠性，降低能耗损失。伴随着整车高电压平台的新产品开发，SiC 的搭载迎来了空前的机遇。虽然 SiC 模块的成本和技术难度仍较高，但已有部分车型开始搭载 SiC 模块，如特斯拉 Model 3 等。此外，随着人工智能和大数据技术的发展，智能控制算法在电机控制领域得到了广泛应用。通过智能控制算法，可以实现对电机状态的实时监测和精准控制，提高电机的性能和稳定性。网络通信技术的应用使电机控制系统能够与整车网络实现无缝连接和数据交换。这不仅提高了整车的智能化水平，还为电机的远程监控和维护提供了可能。

③整车集成控制（Vehicle Control Uint，VCU）技术一直被行业认为是一种综合性的技术，旨在通过集成各种控制策略、算法、硬件和软件，结合整车电子电气架构的平台要求，实现对复杂系统的高效、精准控制。整车集成控制技术通过整合多个独立的控制系统，形成一个统一的控制平台，实现信息的共享、处理与协同控制。它利用先进的控制算法、传感器技术、通信技术和计算机技术，对系统进行实时监测、分析和优化控制。随着人工智能技术的不断发展，集成控制技术正逐步向智能化方向发展，通过引入机器学习、深度学习等智能算法，提高系统的自适应能力和决策能力。业互联网、物联网等技术的兴起，使集成控制技术更加依赖于网络，实现远程监控、远程控制和远程维护等功能。为了提高系统的灵活性和可维护性，集成控制技术正逐步向模块化和标准化方向发展，通过标准化的接口和协议，实现不同系统之间的无缝集成。智能集成管控系统通过兼容各种工业通信协议，实现煤矿智能化相关子系统的数据和控制接口转换并接入，配合视频监控、人员及设备定位等手段，实现对各系统的数据集成监测和智能协同控制。嵌入式系统作为集成控制技术的重要组成部分，正朝着更高效、更智能、更紧密集成的方向发展。通过采用更先进的处理器设计、优化软件算法及提升系统集成技术，嵌入式系统可以在有限的能源和空间条件下完成更复杂的任务，推动现代科技的进步。

2. 产业新质生产力发展情况

在全球低碳转型和碳达峰碳中和目标驱动下，新能源汽车产业作为增长最迅速、前景最广阔的产业之一，正引领着新一轮科技革命和产业变革。新能源汽车电控技术作为新能源汽车的核心技术之一，近年来在自主研发方面取得了显著进展。我国企业在电池管理系统、电机控制器及整车控制器等领域实现了技术突破，提高了系统的集成度和控制精度。近年来，我国新能源汽车电控技术产业在新质生产力的推动下，取得了显著进展，不仅在行业内部形成了强大的创新动力，还通过国家及各省的政策支持，实现了跨越式发展。

（1）行业视角：创新驱动产业升级

新能源汽车电控技术涵盖了电机控制、电池管理系统、整车控制器等多个关键领域，这些技术的持续创新和升级是推动新能源汽车产业高质量发展的核心驱动力。近年来，我国新能源汽车电控技术企业不断加大研发投入，通过引进国际先进技术、加强自主研发和产学研合作，实现了多项技术突破。例如，在电机控制领域，我国企业已经掌握了高效能、高可靠性的电机驱动系统技术，有效提升了新能源汽车的动力性能和能效水平。

（2）产业视角：完整产业链形成竞争优势

我国新能源汽车电控技术产业已经形成了从上游原材料供应、中游零部件生产到下游整车制造的完整产业链。在这一产业链中，各个环节的企业紧密协作，共同推动电控技术的不断进步。特别是在动力电池管理系统方面，我国企业凭借强大的数据分析和算法优化能力，实现了对电池状态的精准监测和高效管理，有效延长了电池使用寿命，提升了新能源汽车的续航能力。为了更好地推动新能源汽车电控技术产业的发展，我国多地建设了新能源汽车产业集群。这些产业集群通过整合区域内的优势资源、优化产业布局、提升产业链协同效率等方式，为新能源汽车电控技术产业的发展提供了有力支撑。

（3）国家政策方向：大力支持与引导

为了促进新能源汽车电控技术产业的发展，我国政府出台了一系列政策措施。从财政补贴、税收减免到研发投入支持，政府通过多种手段激励企业加大在电控技术领域的投入。近年来，随着新能源汽车补贴政策的逐步退坡，政府更加注重通过市场机制引导企业提升技术创新能力。同时，政府还积极推动新能源汽车电控技术的标准化和国际化进程，为我国新能源汽车产业在国际市场上争取更多的话语权。

（4）各省政策方向：区域协同与差异化发展

在国家政策的引导下，各省也根据自身特点和优势制定了差异化的新能源汽车电控技术产业发展政策。例如，长三角地区依托其强大的制造业基础和科技创新能力，形成了新能源汽车电控技术的产业集群。该地区的企业通过区域协同和资源共享，实现了技术创新的快速迭代和产业升级。同时，各地政府还积极建设新能源汽车电控技术的公共服务平台和测试验证中心，为企业提供全方位的技术支持和服务。

（5）最新进展与未来展望

随着新能源汽车市场的不断扩大和技术的不断进步，我国新能源汽车电控技术产业正迎来新的发展机遇。一方面，随着自动驾驶技术、智能网联技术的不断发展，新能源汽车电控技术将面临更多的创新挑战和市场需求。另一方面，随着全球范围内对新能源汽车产业的重视和投入不断增加，我国新能源汽车电控技术产业也将迎来更加广阔的国际市场。

展望未来，我国新能源汽车电控技术产业将继续以新质生产力为核心驱动力，加大在关键核心技术领域的研发投入，推动产业链上下游企业的紧密合作和协同创新。同时，政府和企业还将共同努力，完善相关政策法规和标准体系，为新能源汽车电控技术产业的可持续发展提供有力保障。

3. 产业标准体系的建设

新能源汽车电控产业标准体系的建设对于推动新能源汽车产业的健康发展具有重要意义。首先,它确保了新能源汽车核心零部件和整车系统的技术规范和性能要求的一致性,提高了产品的质量和可靠性;其次,它促进了新能源汽车技术的创新和进步,推动了产业结构的优化和升级;再次,它加强了国内外新能源汽车技术的交流与合作,提升了我国新能源汽车产业的国际竞争力;最后,它规范了新能源汽车市场秩序,保护了消费者权益,促进了新能源汽车产业的可持续发展。

截至 2023 年底,我国新能源汽车领域现行标准共有 119 项,其中国家标准 85 项,行业标准 34 项。在动力蓄电池标准方面,涵盖了动力电池安全、性能、互换性、回收利用等多个方面,现行标准有 24 项,在规范产品安全性能、促进新技术应用及推动产业高质量发展等方面发挥了重要作用。在规范产品安全性能、促进新技术应用及推动产业高质量发展等方面发挥了重要作用。2020 年发布的 GB/T 38031—2020《电动汽车用动力蓄电池安全要求》强制性国家标准强化了电池系统热安全、机械安全、电气安全及功能安全要求,有力维护消费者生命财产安全。针对电动汽车用锂离子动力电池包和系统,我国又制定了 GB/T 31467—2023《电动汽车用锂离子动力电池包和系统电性能试验方法》这一项国家标准。该标准详细规定了锂离子动力电池包和系统的电性能测试方法,包括电池容量、能量密度、充放电性能、热管理性能等多个方面。这些测试方法的实施,有助于全面评估锂离子动力电池包和系统的性能表现,为新能源汽车的研发和生产提供了科学依据。同时,该标准还促进了电池包和系统的标准化生产,降低了生产成本,提高了产品的可靠性和一致性。在电驱动及关键零部件标准方面,重点制定电驱动系统技术条件、可靠性、安全性及关键部件标准,现行标准有 16 项,其中 GB/T 18488—2024《电动汽车用驱动电机系统》系列标准规定了电动汽车用驱动电机的性能要求及试验方法,规范产品质量、引导技术提升,为电动汽车用驱动电机系统的研发、生产和使用提供了全面的技术规范和指导。该标准明确了驱动电机系统的工作制、电压等级、型号命名、要求、检验规则、标志与标识等内容,确保了驱动电机系统的性能稳定和安全可靠。通过该标准的实施,不仅促进了驱动电机系统技术的不断创新和进步,还推动了新能源汽车整车性能的提升。此外,该标准还促进了国内外新能源汽车技术的交流与合作,为我国新能源汽车产业的国际化发展奠定了基础。

新能源汽车电控产业标准体系的建设是一个系统工程,需要政府、企业、行业机构等各方共同努力。根据车辆在市场上的最新功能需求,不断地完善和更新新能源汽车电控标准,为新能源汽车产业的持续健康发展提供有力保障。

4. 新能源汽车电控产业发展趋势

国内外新能源汽车电控产业的发展趋势呈现出多元化和高度一体化的特点。以下是具体的发展趋势分析:

(1)国内方面

国内新能源汽车电控产业在动力电池、驱动电机、电控器等关键技术方面取得了一定进步,但仍存在核心材料、高端芯片等方面的短板和依赖。这需要多种技术路线并行发展,各类主体合力攻克关键核心技术。集成化、模块化、高效化和数字智能化是新能源汽车重要发展方向。

①电驱动系统集成化

电驱动系统集成化优势显著,未来趋势明确。电机、电控和减速器构成的三合一驱动总成,以及 PDU、OBC、DC-DC 构成的三合一电源总成,是当前主要的集成技术路径,相比于独立零部件,三合一总成节省了接插件及壳体等物料的使用,实现了重量和体积上的降低,从而在功率密度以及成本上更具优势。此外,在三合一总成的基础上可以实现进更深层次的集成,将三合一驱动总成和电源总成进一步集成为六合一电驱动总成产品。三合一电源总成较单体零部件可以实现降本 500 元,六合一总成在三合一总成的基础上可以实现降本 1000 元,合计降本 1500 元,电驱动系统集成化产品功率密度和成本优势显著,未来趋势明确。

②电控技术迭代,碳化硅器件有望逐步应用

新能源汽车电控主要由功率组件、控制软件和传感器组成:其中传感器包括温度传感器、电流/电压传感器、转子位臵传感器等,控制软件包括 AUTOSAR 等软件架构,功率组件包括 IGBT 模块、SiC 模块等功率器件。

主机厂主要选择的方案是 IGBT 模块,随着高电压平台的渗透,SiC 模块的渗透率有望逐步提升。IGBT 模块在电控中的成本占 44%左右,而根据 NETIMES,碳化硅价格是 IGBT 模块的 3~5 倍左右,中短期来看,碳化硅模块的成本仍然是阻碍其渗透率提升的重要因素。同时整车电压平台从 400 V 往 800 V 发展,电驱动系统的耐压器件电压随之上升,随着电机高速化,电控的开关频率同样需要增加,在两者共同要求下,耐压等级高、开关频率范围宽的第三代功率半导体碳化硅有望成为主流技术路径。碳化硅可以有效减少导通损耗和开关损耗,整个电控系统效率会得到大幅提升,新能源汽车续航里程得到增加。

③优化电控系统效率已成为研发重点

电控系统作为新能源电动汽车电驱动总成的核心,对整车的动力性、经济性具有重要影响。近年来,我国新能源汽车电控系统行业在关键技术领域快速发展,产品系列化基本可满足 200 kW 以下动力需求。但我国在电控系统关键零部件 IGBT 模块领域仍不完全具备完全自主开发的制造能力,导致我国新能源汽车电控系统产品的功率密度与国际领先产品仍有差距。现阶段,我国新能源汽车市场中主流纯电动乘用车平均续航里程约为 300~400 km,与传统内燃机汽车相比续航里程较短,因此,新能源汽车电控系统的效率提升成为研发重点。

④硬件智能化、软件定义汽车成主流趋势

集成式 EEA 是应对汽车功能和复杂性增加的关键环节,硬件智能化和软件定义汽车将成为两大主流趋势。为适应汽车功能和复杂性的增加,汽车电子电气架构正在发生前所未有的变革,对于车内的计算、网络、电源及车载软件等系统都会产生深刻影响,并从方方面面影响着辅助驾驶、信息娱乐、电池管理、车身控制等各种功能的实现。集成式 EEA 趋势下,ECU 功能将会更加集中,数量减少;芯片集成化程度也会提高,性能不断提升;车载传感器种类更加丰富、数量增加，以构建冗余传感系统全面收集路况数据；同时，布线方式的优化、铝导线的应用也为自动驾驶铺平了道路。软硬件的分离便于促进软件开发效率的提高、实现汽车的OTA升级，软件定义汽车将成为行业新潮流。

（2）国际方面

世界主要汽车大国纷纷加强战略谋划、强化政策支持，跨国汽车企业加大研发投入、完善产业布局，新能源汽车已成为全球汽车产业转型发展的主要方向。在此背景下，国外新能源汽车电控产业也呈现出快速发展的态势，国外新能源汽车电控产业在动力电池、驱动电机、电控器等关键技术方面具有较强的创新能力和竞争优势，尤其是在高端芯片、高压平台、第三代半导体等领域处于领先地位。

跨国合作与技术交流：新能源汽车电控技术的全球化趋势日益明显，跨国合作与技术交流成为重要趋势。国际企业间通过合作研发、技术转让等方式，共同推动电控技术的进步。

标准化与规范化：随着国际市场的扩大，新能源汽车电控系统的标准化和规范化成为重要趋势。通过制定统一的国际标准和认证体系，确保电控系统的安全性、可靠性和兼容性。

绿色可持续发展：在国际社会日益关注环境保护的背景下，新能源汽车电控产业的发展也强调绿色可持续发展。通过采用环保材料、优化生产工艺等方式，降低电控系统的能耗和排放，实现产业的可持续发展。

总的来说，国内外新能源汽车电控产业的发展趋势呈现出技术创新、高度集成化、智能化和网联化等特点。随着全球新能源汽车市场的不断扩大和政策支持的加强，电控产业将迎来更广阔的发展前景。同时，跨国合作与技术交流、标准化与规范化以及绿色可持续发展等趋势也将为产业的发展提供有力支撑。

5. 目前亟须解决的技术难点及解决方案

（1）技术难点

①新能源汽车电控系统能耗较高：新能源汽车电控系统的能耗主要来自处理器、传感器、执行器等组件。高能耗导致新能源汽车的续航里程受到限制，影响了车辆的实用性和市场竞争力。高能耗导致电池电量快速消耗，从而增加了电池的更换频率，降低了电池的寿命。尽管电池管理技术已有显著进步，但在实现高度智能化和精准监测方面仍面临挑战。如何更精确地估算电池状态、预测电池寿命，并优化能量使用，是当前亟待解决的问题。

②电机控制策略的优化：新能源汽车电控系统涉及多种复杂算法，如矢量控制、直接转矩控制等，导致开发难度大、效率低。虽然电机控制算法和硬件设计已有所改进，但如何进一步提高电机控制的精确性和响应速度，降低能耗，仍是一个技术难点。

③整车系统集成与协同控制的复杂性：新能源汽车电控系统需要与车辆其他系统实现深度融合和协同工作，这涉及多个系统的集成和控制策略的优化，其复杂性较高。

（2）解决方案

①节能技术的应用：通过采用低功耗电控芯片，可以降低处理器能耗，从而提高整个电控系统的能效；应用能量回收技术可以将制动能量回收并存储在电池中，从而减少能量的浪费；采用分布式架构可以将多个电控系统模块化，降低系统复杂度，减少能量损失；通过引入先进的算法和传感器技术，提高电池管理系统的精度和可靠性。

②提升电机控制技术水平：合理分配硬件资源，降低电磁干扰，提高硬件可靠性；采用模块化、标准化设计方法，提高软件质量和可维护性；研发更先进的电机控制算法和硬件，提高电机控制的精确性和响应速度。同时，优化电机设计，降低能耗、提高效率，以满足新能源汽车对高效、环保的需求。

③加强整车集成与协同控制技术研发：通过深入研究整车系统架构和控制策略，实现各系统之间的无缝对接和高效协同。利用先进的通信和数据处理技术，实现信息的实时共享和快速处理，提高整车的安全性和稳定性。

从主机厂角度来看，电控系统是非常强的定制化产品，各车企对于自家车型的定位、动力和性能要求各不相同，需要配合整车系统。因此，对于主机厂自制电控系统，能够节省上下游的沟通成本和投资成本，提高车型的迭代速度，集中力量解决上述难点；从第三方供应商角度来看，成本优势较为明显。不管是针对生产领域的降本、降低废品率，还是平台化的产线利用率等，第三方厂商可以通过供应多家车厂，实现成本均摊，拥有规模化的成本优势，可针对单个技术问题进行突破。

此外，还需要加强国际合作与交流，引进和借鉴国际先进技术和经验，推动新能源汽车电控技术的快速发展。同时，政府、企业和科研机构应加大研发投入，培养高素质的研发人才，为新能源汽车电控技术的创新和发展提供有力支持。

6. 2023年行业重点企事业单位发展情况

2023年，新能源汽车电控行业作为新能源汽车产业链的关键环节，取得了显著的发展成果。以下是从技术和销量两个角度，对行业内五家重点企事业单位的发展情况进行概述：

（1）比亚迪

比亚迪在电控系统领域持续深耕，不断突破技术壁垒，其自主研发的电机电控系统以其高效能、低能耗和高可靠性在行业内享有盛誉。特别是其集成式电驱动系统，通过优化电机、电控和减速器的集成设计，显著提升了系统效率，降低了整车能耗。此外，比亚迪还在智能网联和自动驾驶领域加大研发投入，推动电控系统向智能化、集成化方向发展。

比亚迪在新能源汽车市场上的销量持续领跑，搭载其自身知识产权的先进电控系统的新能源车型占据了相当大的比例，为比亚迪的持续增长提供了强有力的支撑。

（2）宁德时代

作为全球领先的动力电池供应商，宁德时代在电控领域也展现出了强大的技术实力。其电控系统通过高度集成化设计，实现了对电池组的精准管理，有效提升了电池系统的安全性和使用寿命。同时，宁德时代还在积极探索电池与电控系统的深度融合，推动新能源汽车向更高能效、更长续航里程的方向发展。

尽管宁德时代主要聚焦于电池业务，但其对新能源汽车电控系统的技术支持也间接推动了多家车企的销量增长。搭载宁德时代电池及管理系统的新能源车型在市场上的销量持续攀升，为整个新能源汽车产业链的健康发展作出了重要贡献。

（3）上汽集团

上汽集团在新能源汽车电控系统方面同样取得了显著进展，其自主研发的电机电控系统具有高效能、低噪声和高可靠性等特点，在行业内具有较高的竞争力。此外，上汽还积极与国内外知名企业和高校合作，共同推动电控技术的创新和发展。多款搭载上汽自主电控系统的新能源车型在市场上获得了广泛认可，为上汽集团的新能源汽车战略增添了强劲动力。

（4）蔚来汽车

蔚来汽车以其先进的智能电动技术为主要亮点，其电控系统同样具有高度的智能化和集成化特点。蔚来自主研发的电机电控系统不仅性能表现好，还具备出色的热管理能力和故障诊断能力，为用户提供了更加安全、可靠的驾驶体验。通过不断提升产品性能和用户服务体验，赢得了消费者的青睐。

（5）广汽埃安

广汽埃安在新能源汽车电控系统领域也取得了重要突破，其自主研发的电机电控系统以其高效能和低能耗在行业内具有较高的知名度。广汽埃安还积极引入先进技术和设计理念，不断提升电控系统的智能化水平，为用户提供更加便捷、舒适的驾驶体验。多款搭载广汽埃安自主电控系统的新能源车型在市场上表现出色，为广汽埃安在新能源汽车领域的持续发展奠定了坚实基础。

综上所述，2023 年新能源汽车电控行业内重点企业在技术和销量方面都取得了显著成果，为推动新能源汽车产业的健康发展作出了重要贡献。

7. 未来几年新能源汽车电控产业发展建议

（1）技术创新与研发深化

核心技术革新路径：鉴于电控技术在新能源汽车领域的核心地位，持续推动关键技术如电池管理系统、电机控制系统及整车控制系统的突破性进展至关重要。伴随着高阶智能底盘、固态电池、新型电子电气架构等颠覆性技术的变革，快速积累与之匹配的电控系统技术能力，继续保持好来之不易的换道超车态势。

智能化与网联化转型策略：面对智能化与网联化的浪潮，新能源汽车电控系统亟须融合人工智能、机器学习等前沿技术，实现自动驾驶能力的飞跃与智能互联功能的全面升级。通过精准算法优化能源分配与利用效率，构建高度智能化的能源管理体系，引领行业向智能化、网联化新纪元迈进。

（2）系统集成与成本控制优化

高度集成化设计策略：为应对成本挑战与效率提升需求，新能源汽车电控产业应致力于推动电机、电控、减速器等关键部件的模块化与集成化设计，通过结构优化实现成本效益最大化与能耗降低。

成本控制与供应链优化框架：在确保产品质量的前提下，构建精细化的成本控制体系，涵盖生产工艺优化、原材料成本控制、生产效率提升等多个维度。同时，强化供应链韧性，确保关键零部件的稳定供应，降低采购成本，提升整体竞争力。

（3）充电基础设施与能源管理体系构建

充电网络智能化布局：政府与企业应携手推动充电基础设施的广泛覆盖与智能化升级，特别是在城市中心、交通枢纽、商业密集区等关键区域增加充电桩和超充桩的数量，提升充电便利性。同时，利用物联网、大数据等技术实现充电设施的智能化管理与优化配置。

能源管理智能化策略：引入先进的能源管理系统，对新能源汽车电量进行精细化监控与预测，通过智能调度与优化充电策略，实现能源利用的最大化，降低新能源汽车的能耗与运营成本。

（4）标准制定与人才培养体系构建

国际标准引领与规范制定：鼓励龙头企业积极参与国际标准的制定与修订工作，推动我国新能源汽车电控技术标准的国际化进程。建立健全的测试与认证体系，确保产品质量与可靠性，促进产业健康发展。

高端人才培养与交流平台建设：加强高校、科研机构与企业间的合作，构建跨学科、多层次的人才培养体系，培养具备电控系统设计与开发能力的复合型人才。同时，搭建行业交流平台，促进知识共享与经验交流，推动人才队伍的持续成长与壮大。

（5）政策环境优化与市场拓展战略

政策扶持与激励机制创新：政府应出台更加精准有力的政策措施，如研发资金补贴、税收优惠、市场推广激励等，为新能源汽车电控产业提供强有力的政策保障。同时，鼓励企业创新商业模式，拓展增值服务领域，提升行业盈利能力。

市场推广与消费者教育深化：加大新能源汽车电控技术的宣传力度，通过举办高端展示活动、提供试驾体验等方式，提升消费者对新能源汽车的认知度与接受度。同时，加强消费者教育，普及新能源汽车知识与技术特点，激发市场潜力。

（6）国际合作与绿色可持续发展路径

国际合作深化与资源共享：积极寻求与国际先进企业的合作机会，引进先进技术与管理经验，推动新能源汽车电控产业的国际化发展。通过跨国合作与交流，实现资源共享与优势互补，提升产业整体竞争力。

绿色设计与可持续发展战略：推动电控系统的绿色设计与可持续发展，降低能耗与排放，促进新能源汽车产业的绿色转型。加强废旧电控系统的回收利用与资源化处理，实现循环经济与资源节约。同时，鼓励企业采用清洁生产技术与绿色供应链管理，提升企业社会责任感与可持续发展能力。

（十六）新能源汽车自动变速器

广西大学机械工程学院 陈 勇

1. 2023年新能源汽车自动变速器产业总体发展与技术突破

2023年，我国汽车产销量分别完成3016.1万辆和3009.4万辆，产销量连续15年稳居全球第一。其中，新能源产销分别完成958.7万辆和949.5万辆，同比分别增长35.8%和37.9%，市场占有率达到31.6%。其中纯电动汽车销量达668.5万辆，同比增长24.6%。混合动力汽车销量达275.4万辆，同比增长85.5%。

2023年，新能源乘用车和商用车市场迎来了快速发展，在乘用车领域，插电式混动车型的销量大幅增长，尤其是双电机混动系统在馈电油耗方面表现出明显优势，在配备长续航里程的电池后优势更加突出。一些制造商如长安和长城推出了配备混动专用变速箱的混动车型，采用双电机串并联构型，例如长城Hi4-T混动架构、奇瑞3DHT、长安深蓝超级增程2.0等。纯电动乘用车方面主要采用减速箱传动，单速变速器因其性能优越、行驶平稳而占据了全球市场的大部分份额，也有少数厂家提供了双挡产品，但并非市场主流。此外，2023年新能源乘用车三合一及多合一电驱动系统全年累计搭载量545.44万台，同比上涨51%。

在纯电商用车领域，以多挡纯电专用自动变速器为主，在自卸车、牵引车领域取得了很好的应用效果，在纯电动矿卡车型上，双输入动力不中断的变速器也开始应用。轻卡或者更小车型的电驱桥以单减为主，而牵引和自卸所采用的电驱桥则具有2至4个挡位。

在混合动力轻卡方面，江淮、福田、远程、比亚迪等均推出了混动车型。动力系统方面采用了多种方案，包括基于6挡自动变速箱的P并联混动、基于行星排的功率分流方案、增程方案以及串并联方案。在混合动力重型车方面，以P并联为代表的方案得到了多个厂家的开发，以双电机混联为代表的方案也在路况较差的车型上开始应用。

2. 产业新质生产力发展情况

自动变速器产业在新质生产力方面呈现出多方面的发展趋势。首先，通过引入人工智能和物联网技术，自动变速器控制系统得以实现实时监测车辆状态、路况和驾驶者行为等功能，从而提升了驾驶安全性、舒适性和智能化水平。其次，为应对节能减排的要求，采用高强度材料和先进制造工艺，使变速器结构更加紧凑、重量更轻，但仍保持足够的强度和耐久性，进而提升了整车的燃油经济性和环保性能。另外，随着混动汽车多速化技术的应用日益普及，多速变速器能够根据不同车速和转速选择最佳传动比，实现更广泛的动力输出范围和更高的燃油经济性，提升整车的性能表现和驾驶体验。与此同时，电动汽车现多采用单速变速器，以其结构简单、成本低廉等优点，为电动汽车提供了可靠的动力输出和高效的能量利用，推动了电动汽车产业的发展。

新能源汽车自动变速器产业在新质生产力方面正朝着智能化、轻量化、多速化（特别是混动汽车）、电动化等方向持续发展，为整车技术进步和产业转型升级提供了有力支撑。

3. 产业标准体系的建设

新能源汽车自动变速器的迭代发展速度较快，相关产业体系已经涵盖了性能标准、通信标准、安全标准、制造测试标准等多个方面。新能源乘用车与电机、电控集成度越来越高，结构形式各异，导致相关标准并不多，纯电动乘用车方面有QC/T 1022—2015《纯电动乘用车用减速器总成技术条件》。而其他类型则缺乏相应的产品标准，只能参考如QC/T 1115—2019《自动变速器（AT）技术要求与试验方法》等传统变速器行业标准或依赖企业自行制定企业标准。随着新能源产品市场占有率不断提升，产品架构趋于稳定，对于建立统一的产品标准体系的需求日益迫切。这样的标准体系有助于规范行业发展，促进技术创新，提高产品质量，增强市场竞争力，推动整个新能源汽车产业的健康发展。

4. 国内外新能源汽车自动变速器产业发展趋势

随着电动化与智能互联不断融合，作为动力系统的电驱总成逐步走向机电融合集成化，多合一电驱动总成已成为行业主流，且逐步由简单的物理集成向深度集成融合发展。未来单挡减速器可能无法兼顾电机在低速起步和高速行驶两大工况的高效运行，电机使用效率偏低，同时对电机转速区间要求较高，增加电机技术开发难度，且高速行驶加速乏力。这些劣势使单挡减速器无法满足中大型或豪华型车型搭载需求，纯电变速器多挡化发展成为主流方向。电动汽车变速器的发展趋势将朝着更智能化、更紧凑化的方向发展。主流的研究方向是采用一个双转子电机来取代两个串联电机。这种新型结构不仅更加紧凑，而且能够实现更高效的能量转换，进一步提高整车的动力性和能效。然而，新结构的复杂性大大增加，对电机本身的设计和控制器精度提出了更严格的要求，也更加考验安全性方面的考虑。这些问题导致基于双转子电机的变速器的研发成本较高，限制了其在大规模应用中的推广。

5. 目前亟须解决的技术难点及解决方案

三合一电驱动系统是主要技术方向，然而系统集成不利于售后维修。因此，行业和企业必须要重视“三合一”，特别是多合一电驱动总成的各子总成和子模块的模式化开发，以便于售后维修。

近年来，驱动电机的转速越做越高，对电机控制器频率、减速器转速等也提出了更高挑战。采用碳纳米管超级铜、石墨烯超级铜来提高电磁线的电导率是一个重要的前沿研究方向。

在减/变速器电机入力转速超过18000 r/min后，轴承电腐蚀、油封密封、齿轮副噪声、齿轮副疲劳强度都遇到了新的挑战和亟待解决的技术问题。

当前国内汽车自动变速器行业标准种类较少，无论是设计标准还是测试标准仍存在较多空白区。完善行业标准体系与国际相关标准接轨是当前推动自动变速器行业发展的一个重要工作，后续的标准化与产品定制化融合也是各家企业所面临的重要挑战。

国产自主品牌自动变速器已经走上了产业化、规模化、量产化、轻量化的道路，但是对于高速轴承、液压控制电磁阀模块、离合器摩擦片与双离合器、钢带、电机泵、双质量飞轮、部分传感器等核心零部件的相关产业配套仍然在依赖进口；样机硬件设计、结构匹配调校、控制软件开发、标定试验数据库等技术储备急需提升。

当前，我国新能源汽车自动变速器行业正处于快速发展阶段，产业链与资源整合模式仍处在探索阶段。我国汽车自动变速器行业在核心技术架构、技术模型、产品样机示范等方面的成熟度较高，但仍需不断增加更多的技术人才，特别是软件开发人才，投入更多资金以满足产品的更新迭代与创新研发。其中，生产线大多数精加工机床和精密检测及主要实验设备是进口设备，国内在这方面亟须稳步发展提高。

6. 2023 年行业重点企事业单位发展情况

针对 2023 年新能源汽车自动变速器应用场景，盘点新能源乘用车混合动力汽车和新能源重型商用车应用自动变速器的情况。

(1)长城汽车股份有限公司

长城汽车给出了从可靠性出发，相比纯燃油硬派越野车型不会降低任何性能和乐趣的新能源技术 Hi4-T(见图 1-2-11)。Hi4-T 是长城汽车面对新能源趋势，基于坦克平台打造的纵置并联混动架构，混动专用发动机配合 9HAT 变速器，电机与液力变矩器一体化紧凑设计，位于发动机和变速器之间，变速器可将电机扭矩进行多档位放大，动力性更强。Hi4-T 已搭载到坦克 500Hi4-T 和坦克 400Hi4-T 车型上。

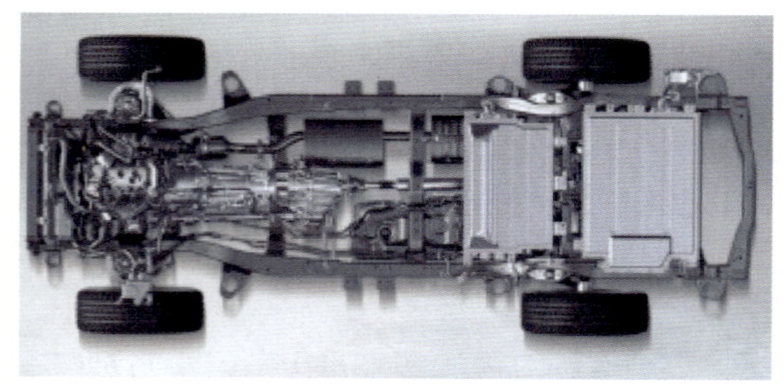

图 1-2-11 长城 Hi4-T 混动架构

(2)奇瑞汽车股份有限公司

奇瑞公司为了满足多平台对混合动力总成的需求，综合考虑整车开发性能要求，开发了用于匹配动力性经济性兼顾的中大型整车平台的 3DHT 构型混合动力专用变速箱(见图 1-2-12)。高性能 3 挡 DHT 具有 9 个模式，11 个挡位，可以适应不同的驾驶场景，纯电模式动力更恒定，混动模式动力更智能。依据 3DHT 的多模多挡特点，能量管理策略实时寻优，中、低速城市工况电机驱动为主，双电机工作时，通过多挡位和扭矩分配，可实现低电耗的同时，提供纯电驾驶感觉，高速发动机驱动为主，与双电机之间可进行扭矩分配，配合多挡位保证正常或激烈驾驶下发动机均运行在最佳经济区间，兼顾动力需求。

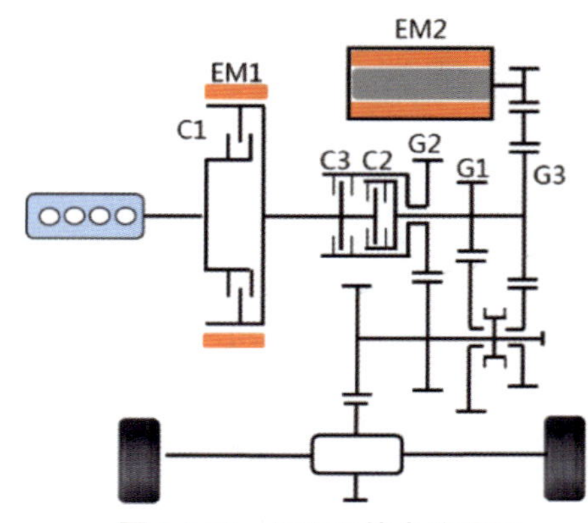

图 1-2-12 3DHT 技术路线图

(3)浙江吉利控股集团有限公司

DHT Evo 采用了高效强电的高性能超级电混架构，这一系统主要由 P1 电机、P3 电机、3 挡变速器、电控系统组成(见图 1-2-13)。P1、P3 的峰值功率分别是 100 kW 和 160 kW，适用于混合动力汽车(HEV)和插电式混合动力汽车(PHEV)。双电机提供强大动力输出，WLTC 驱动效率高达 89.4%，相比单挡混动效率提高 1.5%。在该系统中，P1 电机会根据用电需求与发动机工作状态动态调整发电量，确保发动机以最省油、最安静的方式发电。P3 电机则负责直接驱动车辆，在日常驾驶中，它支持车辆进行纯电驱动；车辆滑行或减速时，则执行动能回收，为动力电池充电。由于 P3 电机无需经过变速器，而是通过减速器直接驱动车辆，功率提升后纯电驱动更高效，能耗更低；发动机启动时或换挡时，P3 电机也会进行补偿，实现无感启动和更流畅的换挡，加速更线性。相比传统增程式结构，馈电动力不减，高速能耗可控，加速能力更强；相比单挡并联结构，覆盖工况更多、馈电下平顺性更强、馈电能耗更低，NVH 表现更优。

图 1-2-13 DHT Evo 主要系统

(4)重庆长安汽车股份有限公司

相于其他家的增程技术，深蓝超级增程 2.0 的最大特点就是极省。深蓝超级增程 2.0 包括超集电驱 2.0、原力智能增程 2.0 和金钟罩电池 2.0(见图 1-2-14)。其中，原力超集电驱 2.0 通过采用 SiCMosfet 技术，磁钢切片绝缘技术、全球量产最薄超薄低损定转子硅钢片 0.2 mm、自适应润滑液面控制技术、油道拓扑优化设计技术等技术，实现了 92.59% 的电驱总成工况效率。深蓝原力智能增程 2.0 增程器启动噪声突变小于 1 dB(A)，怠速时车内噪声小于 35.9 dB(A)，一米的声压级小于 75.1 dB(A)，称得上是无感启动。深蓝以超集电驱为动力核心，打造全新数字平台—EPA0/EPA1/EPA2，得益于超集电驱的优异性能，数字平台生来具备后驱基因，支持双电机拓展，兼容增程、氢能源电池等多动力构型。

图 1-2-14　原力超集电驱 2.0

（5）比亚迪股份有限公司

比亚迪秦 L DM-i 采用了比亚迪第五代 DM 插混技术。由 1.5 L 发动机和驱动电机组成的插电混动系统，发动机最大功率为 74 kW，电动机提供了最大功率分别为 120 kW 和 160 kW 的选择，实现了更低的油耗和更优的续航表现。电池容量分别为 10.08 kWh 和 15.874 kWh 两种磷酸铁锂电池选择，对应的 CLTC 纯电续航里程分别为 80 km 和 120 km，NEDC 工况馈电百公里综合油耗分别为 2.9 L 和 3.08 L，满油满电的情况下综合续航可达 2100 km。比亚迪把电压控制单元、双电机控制单元、直流升压模块、车载充电机、直流转换器、电源分配单元等 7 个部件深度集成，既减少了动力域控体积，也大大缩短通信路径（见图 1-2-15）。

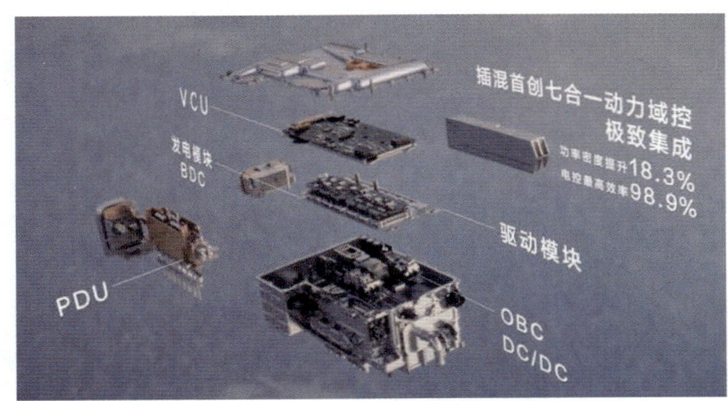

图 1-2-15　比亚迪插混七合一动力域控

（6）陕西法士特汽车传动集团有限责任公司

FS4E200-2 高集成电驱系统是法士特开发的大速比纯电动重卡集成化动力系统总成，主要包含驱动电机、4 挡 AMT 变速器及集成式操纵执行机构等（见图 1-2-16）。该产品采用“高速电机+单减+变速器”集成一体方案，具有轻量化、高效率、低噪声、低故障率等多种优势，广泛适用于 31～70 t 的纯电牵引车、渣土车、混凝土搅拌车等多种车型。混合动力方面，法士特推出集成式 P2 混动中卡解决方案——F8HA95M-2 混合动力 AMT 系列变速器，为客户提供高效省油与强劲动力的体验，可用于 18T 及以下载货、专用、工程等多种车型。

图 1-2-16　法士特 FS4E200-2

（7）一汽解放集团股份有限公司

解放智慧动力域是机箱桥、星地云一体化协同架构平台，自下而上包括动力平台、控制器平台、软件平台和云端大数据平台等四大平台（见图 1-2-17）。总成平台由 14 L 级 CA6DV1 柴油机、CA12TA300A 集成式 AMT 和轻量化 440 桥构成，均为全新换代产品，机箱桥高效融合首次为用户提供综合效率大于 49% 的动力域产品。以此为基础，为用户在智能高效、智能控制、智能动力、智能定制、智能监控、智能服务 6 个维度构建了价值增长点：油耗领先行业 3%～5%；用户无感换挡；3000 m 高原动力不减，让用户享受 15 L 驾驶感觉；200 万 km 性能不衰减；80 km/h 高速安全下坡；实现零计划外停驶，持续为用户提供绿色智能交通运输解决方案。

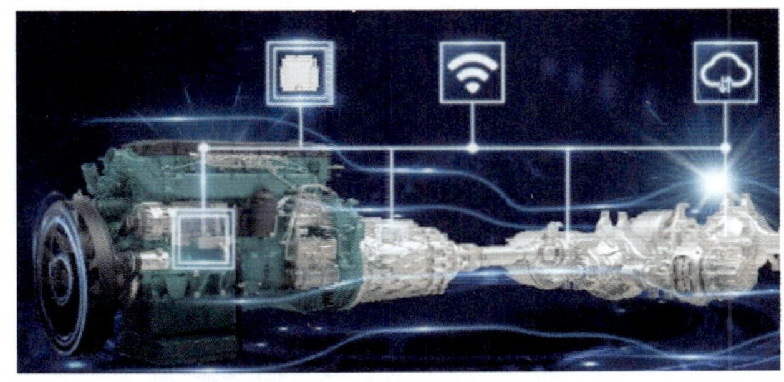

图 1-2-17　解放 GD300-3.0 绿色智慧动力域

（8）玉柴芯蓝新能源动力科技有限公司

玉柴芯蓝新能源动力科技有限公司是广西玉柴机器股份有限公司下属的新能源动力事业部。ECVT 总成应用在 18 t 车上时最大输出扭矩达到 7700 Nm。玉柴 ECVT 混合动力总成相比 AMT 舒适度更高，能做到无级变速，没有换挡顿挫感（见图 1-2-18）。其次，总成的两个电机与变速器和发动机完全耦合，体积小，功率大，能够支持纯电运行模式及 CVT 驱动模式，其中一个电机可专门用作发电，能够与冷链车更好适配。该总成还具备纯电驱动、CVT、超速档运行、行车充电、PTO 动力输出、跛行等多种工作模式，兼容适配公交客车、公路客车、物流卡车、专用车等车型，适用于各种复杂工况。

图 1-2-18　玉柴芯蓝 ECVT

7. 未来几年新能源汽车自动变速器产业发展建议

现有的自动变速器技术，大部分是基于燃油车发展起来的技术，把这些技术简单地挪到电动车上并不能满足电动车的工况要求，还要攻克很多技术难关。

电驱动系统的研发不仅需要通过材料替代、工艺改进、数字转型等实现部件层面的优化，而且也需要从系统层面以集成化来实现多部件融合的系统性升级。未来新能源汽车电驱动系统核心技术的发展趋势：电驱动系统架构创新——多电机分布驱动、面向可重构智能底盘；多合一高集成化设计；采用 SiC 控制器的高电压平台；控制器——高功率密度、高效率和高安全性；电机高速化、扁线化、油冷化；电驱总成两挡化；电驱动系统集成式冷却润滑与一体化热管理。

随着汽车电动化、网联化、低碳化的趋势日益深入，国产新能源汽车自动变速器将继续保持以 DCT 为主、混动专用变速器 DHT 和单档、两档电动汽车多合一变速器并行的多技术路线、多元化发展。变速器相关技术也将朝着以驾驶平顺性、燃油经济性、高可靠耐久等多附加因素的趋势前进。商用车市场中，更高扭矩、高档位、更宽速比、智能化、网联化等特点的商用车 AMT 产品有望出现爆发式增长。

近年来，自主品牌乘用车市场的不断增长、变速器研发能力的提升、变速器及整车实验数据的积累、质量品质管理体系的完善等有目共睹，自主品牌自动变速器的市场占有率也呈现出稳定增长的态势。虽然在核心技术储备、产业链配套、标准化接轨等方面与国外企业仍有差距，但整车企业间协同合作、并购与中外合资等形式的融合，必将促使我国新能源汽车自动变速器产业蓬勃发展。

（十七）汽车芯片关键技术

广东省大湾区集成电路与系统应用研究院　黎玉珠；中科院微电子研究所　杨键刚；广东省大湾区集成电路与系统应用研究院　冯绵枝；广东省大湾区集成电路与系统应用研究院　李基源；广东省大湾区集成电路与系统应用研究院　李俊丽；广东省大湾区集成电路与系统应用研究院　王　云

1. 汽车芯片技术难点

全球汽车产业经历着前所未有的迅猛变迁之际，新能源汽车与智能网联汽车的蓬勃兴起，引领了从传统出行工具向集交通便捷性、娱乐体验、信息交互服务等多元化功能于一体的智慧移动生活空间的深刻转型。汽车芯片作为驱动这场革新的关键技术引擎，其设计与制造的优劣直接影响着汽车的综合性能、智能化程度乃至行车安全的基石。随着汽车被赋予的智能属性与互联功能，诸如自动驾驶辅助系统、实时数据分析处理、高效能源管理及乘客个性化服务等，汽车芯片技术迎来了更为复杂且高标准的要求。这不仅要求芯片具备更高的计算能力、更低的能耗、更快的数据处理速度，还要在极端环境条件下的稳定性、长期运行的可靠性及网络安全防护等方面展现出卓越表现，从而构成了汽车芯片技术前进道路上前所未有的挑战。

安全性与可靠性。汽车智能化和网联化的发展使汽车已成为一个高度互联的智能生态系统，与外部环境的交互更加频繁与深入。这种深度互联虽然极大地丰富了驾乘体验并提升了行车效率，却也不可避免地将汽车芯片暴露于复杂的网络环境之中，使其面临着日益增长的网络攻击威胁与数据完整性挑战。黑客入侵、恶意软件传播、数据篡改等安全风险，都可能对车辆的正常运行乃至乘员安全构成严重威胁。此外，确保汽车芯片在各种极端工况下的性能稳定性和长期可靠性，成为一项至关重要的任务。这不仅要求芯片能够承受从极寒到酷热的极端气温变化、抵御高强度的机械振动与冲击，还要能在电磁干扰强烈的情况下保持稳定运行。

高性能计算需求。随着自动驾驶技术的飞速跃进与车载信息娱乐系统功能的日益丰富，现代汽车已进化为移动的高科技平台，对计算能力的需求达到了前所未有的高度。从精准的环境感知与决策制定，到高分辨率多媒体内容的即时处理与传输，明确了汽车芯片对数据密集型计算和高速信息处理的追求。此外，在支持算法运行的同时，必须在能效优化方面取得突破，确保在车辆有限的能源供给框架内，芯片能够持续高效作业，减少对整体续航能力的影响。

多域融合与跨域计算。现代汽车融合了动力传动、车身控制、信息娱乐、自动驾驶等多个技术领域，形成了一张错综交织的电子系统网络。为了实现各系统间的无缝协同工作，汽车芯片需要具备多域融合和跨域计算的能力。这要求汽车芯片具备处理来自车辆各子系统的多样化数据类型与海量信息的能力，而且还需在数据融合、信息解析、决策制定等环节展现出卓越的计算效率与响应速度。芯片设计需充分考虑如何在保证数据完整性和时效性的前提下，促进不同功能域之间的信息共享与实时通信，确保每一个控制指令都能精确无误地执行，从而维护车辆操作的顺畅性与行驶安全。

软硬一体化能力。在当今汽车智能化与网联化的浪潮中，汽车芯片已不再仅仅是硬件层面的比拼，而是进入了软硬一体化能力构建的关键时期。现代汽车对芯片的需求体现在对复杂软件算法的支持、系统级的优化整合及持续的软件迭代能力上。汽车芯片需要与上层软件系统深度协同，确保从底层硬件到应用软件的无缝衔接，这样才能充分发挥出智能汽车的各项先进功能，如自动驾驶、智能座舱体验、车辆健康管理等。此外，一体化设计还能增强系统的安全性，通过硬件级别的安全措施与软件安全策略相结合，构建起更加坚实的防护壁垒，有效抵御网络攻击。

上述这些难点要求汽车芯片在设计和制造过程中必须不断创新和优化，以满足汽车行业日益增长的智能化和网联化需求。

2. 国内外产业标准体系建设

国外已经建立了相对完善的汽车芯片标准体系，形成IATF 16949汽车质量管理体系、AEC-Q100可靠性测试和ISO 26262功能安全三大标准体系，贯穿车用芯片的设计、生产制造、测试等环节，分别从芯片的质量、可靠性和功能安全3个维度详细定义了标准。除了上述三大标准体系外，还有如信息安全及网络安全、电磁兼容性（EMC）、无线通信等标准体系，它们共同构成了汽车芯片产业标准体系（见表1-2-17）。

表1-2-17　国外汽车芯片标准体系情况表

类别	标准编号	标准名称	标准简介
可靠性	AEC-Q100	汽车电子元器件可靠性测试标准	要求元器件在各种环境和工作条件下具有稳定性和一致性
	AEC-Q101	离散组件应力测试认证规范	针对汽车应用中分立器件的应力测试
	AEC-Q102	车用分立光电半导体元器件可靠性验证测试	针对汽车分立光电器件的应力测试
	AEC-Q103	汽车传感器应力测试的认证规范	针对汽车传感器的应力测试
	AEC-Q104	汽车多芯片模块（MCM）应力测试	针对汽车多芯片模块的应力测试
	AEC-Q200	被动组件应力测试认证规范（无源器件）	针对汽车中无源元件的可靠性测试
质量	IATF 16949	汽车质量管理体系标准	确保汽车产品的质量和可靠性
功能安全	ISO 26262	道路车辆功能安全标准	明确汽车电子电气系统安全生命周期的各个环节
信息安全及网络安全	ISO/SAE 21434	道路车辆信息安全工程	专门针对汽车网络安全的标准，保护汽车免受网络攻击和威胁
电磁兼容性（EMC）	ISO 11451	道路车辆窄带辐射电磁能量所产生的电气干扰—整车测试法	规定了车辆整车的电磁辐射抗扰性要求
	ISO 11452	道路车辆窄带辐射电磁能量所产生的电气干扰—零部件测试法	规定了车辆电子电器组件的电磁辐射抗扰性要求
	ISO 7637	道路车辆由传导和耦合产生的电骚扰	通过导和耦合方式对被测设备造成干扰的测试及评价方法
	ISO 10650	道路车辆静电放电产生的电气干扰	人体与车辆接触时所产生的静电放电对车辆电子器件所造成的影响试验方法
	CISPR 25	保护用在车辆、机动船和装置上车载接收机的无线电骚扰特性的限值和测量方法	规定了车载接收机的无线电骚扰特性限值和测量方法
	ECE R10	车辆电磁兼容性的统一条款	联合国欧洲经济委员会关于车辆电磁兼容性的规定
环保及有害物质限制	RoHS	有害物质限制指令	限制在电子电气设备中使用某些有害物质的指令
	ELV	报废车辆指令	规定了车辆报废时对环境的影响和限制
封装和尺寸	JEDEC	联合电子设备工程委员会标准	联合电子设备工程委员会（JEDEC）标准，包括封装、尺寸等
无线通信	IEEE 802.11p	车辆环境无线访问协议（WAVE）	用于车辆环境的无线接入在5.9 GHz ITS频段的特定要求
	3GPP LTE-V2X	第三代合作伙伴计划长期演进的车联网	基于3GPP的长期演进（LTE）的车辆到车辆（V2X）通信
	5G V2X	第五代移动通信技术—车与万物互联	基于5G的车辆到车辆（V2X）通信

对于国内汽车芯片产业来说，虽然起步较晚，但正在逐步建立和完善自己的标准体系。2023年12月29日，工信部于印发的《国家汽车芯片标准体系建设指南》（简称《指南》）提出，到2025年制定30项以上汽车芯片重点标准，到2030年制定70项以上汽车芯片相关标准。《指南》将汽车芯片标准体系架构定义为基础、通用要求、产品与技术应用、匹配试验等4个部分，细分为17个子类如图1-2-19所示编号。

2024年6月21日，工信部发布的《2024年汽车标准化工作要点》提出，加快关键急需标准研制，持续完善新能源汽车标准，加快电动汽车整车、动力电池安全要求及电动汽车远程服务与管理等标准制修订。表1-2-18为国内汽车芯片标准体系表及各项标准研制状态进展。

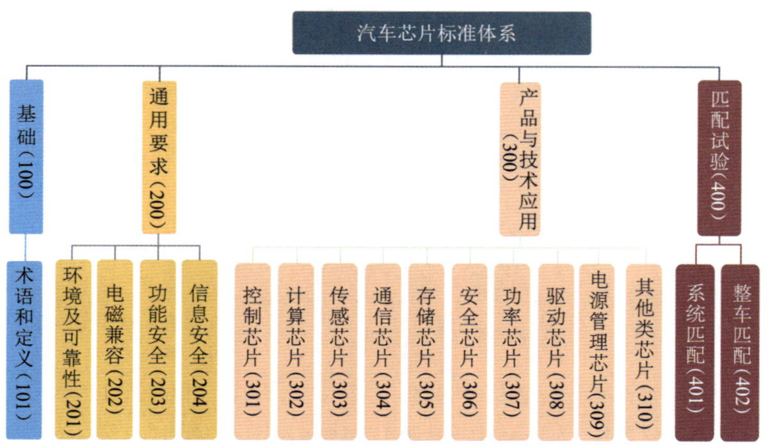

图 1-2-19　国内汽车芯片标准体系架构

图片来源:工信部官网"一图读懂《国家汽车芯片标准体系建设指南》"

表 1-2-18　国内汽车芯片标准体系表

标准项目及分类	标准类型	标准性质	状态	采用的或相应的国内、国际标准号
基础(100)				
术语和定义(101)(101-1 共 1 项)	国标	推荐	预研中	—
通用要求(200)				
环境及可靠性(201)(201-1-17 共 17 项)	国标/行标	推荐	预研中	—
电磁兼容(202)(202-1 共 1 项)	国标	推荐	已立项 20214062-T-339	—
功能安全(203)(203-1 共 1 项)	国标	推荐	已发布 GB/T 34590—2022	ISO 26262. 11
信息安全(204)(204-1 共 1 项)	国标	推荐	预研中	—
产品与技术应用(300)				
控制芯片(301)(301-1-4 共 4 项)	行标	推荐	预研中	—
计算芯片(302)(302-1-2 共 2 项)	行标	推荐	预研中	—
传感芯片(303)(303-1-12 共 12 项)	行标	推荐	预研中	—
通信芯片(304)(304-1-15 共 15 项)	行标	推荐	预研中	—
存储芯片(305)(305-1-5 共 5 项)	行标	推荐	预研中	—
安全芯片(306)(306-1 共 1 项)	行标	推荐	预研中	—
功率芯片(307)(307-1-6 共 6 项)	行标	推荐	已发布 QC/T 1136—2020/预研中	—
驱动芯片(308)(308-1-3 共 3 项)	行标	推荐	预研中	—
电源管理芯片(309)(309-1-3 共 3 项)	行标	推荐	预研中	—
其他类芯片(310)(310-1 共 1 项)	行标	推荐	预研中	—
匹配试验(400)				
系统匹配(401)(401-1 共 1 项)	行标	推荐	预研中	—
整车匹配(402)(402-1-2 共 2 项)	行标	推荐	预研中	—

注:表格根据国家汽车芯片标准体系建设指南(征求意见稿)附件《汽车芯片标准体系表》整理。

3. 汽车芯片关键技术发展

从传统燃油车型平均每车搭载数百枚芯片,到常规新能源汽车的芯片需求量跃升至约 1000 枚,再到智能化新能源汽车的配置,动辄高达 1500 枚芯片乃至更多,汽车行业的芯片需求量随技术进步而显著增长。随着整车电子电气架构不断向多域融合的集成化方向发展，芯片技术在多个维度取得重大进展，以满足现代汽车对高性能、高安全、低功耗及长期可靠性的严格要求：①高性能计算技术。汽车芯片需要具备强大的数据处理和计算能力，包括 GPU（图形处理器）、DSP（数字信号处理器）和专为 AI 设计的加速器，如 NPU（神经网络处理器）等。②低功耗设计。通过工艺优化、动态电压频率调整和电源管理技术，根据芯片的实际工作负载动态调整电压和频率，以在不影响性能的前提下降低能耗。③高可靠性和耐用性。采用特殊材料、封装技术，如低缺陷率的晶圆生产和封装技术和双核或多核处理器备份、关键数据路径的重复等冗余设计来提高耐久性和故障容错能力。④功能安全和信息安全。集成故障检测与诊断机制，在运行中及时发现并隔离故障，防止错误传播。集成入侵检测系统和防御系统，监控网络流量，识别并阻止潜在的攻击行为。⑤多核与异构计算。不同的核心被指定处理特定类型的任务，根据任务特性动态分配计算资源，实现最优能效比。⑥通信与互联技术。支持 5G、V2X 等车外通信技术，确保数据传输的高速、稳定与安全。⑦软件定义硬件。支持 OTA 更新，使芯片功能可以通过软件升级不断优化，提高汽车的灵活性和可维护性。这些创新不仅优化了芯片性能，也为整车电子电气系统的未来发展开辟了新的可能性。

（1）车规 SOC 芯片

汽车算力和处理能力直接决定了汽车在面对日益增长的智能化和网络化需求时，能否高效地处理和分析大量数据，实现自动驾驶、智能座舱等复杂功能，从而提升驾驶体验并确保汽车系统的稳定与安全。车规 SOC（System on a Chip，系统级芯片）芯片为汽车电子系统的核心，集成了处理器、存储器、外设接口等多种功能，为汽车提供强大的计算、控制和处理能力。大算力 AI 芯片和高性能 MCU 芯片作为车规 SOC 芯片中的典型应用，它们的发展不仅推动了汽车智能化水平的提升，也解决了许多传统芯片难以解决的问题。

大算力 AI 芯片的关键技术发展主要体现在以下几个方面：

①适配高性能计算和复杂图像处理的 GPU 架构和 CPU 内核设计。提升流式多处理器中的核心数量，设计为深度学习和矩阵运算优化的计算单元，发展多独立实例的 GPU 技术，提出包括 NVLink 的高性能 GPU 间互连技术，在多个方面实现了显著的性能提升和能效优化。CPU 内核设计上，设计乱序执行引擎和大型缓存体系，能更高效地利用计算资源；采用功耗管理技术和精细粒度的时钟门控技术，根据工作负载动态调整性能和功耗；提供基于内存管理和中断控制器的虚拟化支持，提高系统可靠性。

②多模态处理能力。支持对不同类型的数据进行高效融合处理，支持为加速算法推理的稀疏性方法，配备高速的内存子系统和广泛的 I/O 接口，构建全面的软件支持框架，满足极短的时间内完成对多模态数据的高强度计算任务。

③安全性增强能力。设计信任区或安全岛来保护敏感数据和执行环境。通过签名验证和链式加载机制，防止恶意代码注入。采用随机化技术、噪声注入、均衡执行时间等方法，减少电源分析、电磁辐射分析等侧信道攻击的可能性。集成安全模块以支持硬件级的身份认证和密钥管理，确保只有经过验证的实体才能访问资源。

（2）汽车 MCU 芯片

汽车 MCU 芯片，即微控制单元（Microcontroller Unit）芯片，是一种高度集成的半导体芯片，广泛用于现代汽车中。它是一种小型芯片，集成了处理器的核心功能、内存和输入/输出（I/O）外围设备，能够执行程序代码，控制外部设备，从而管理车辆的多种功能。高性能 MCU 芯片关键技术发展体现在：

①处理能力提升。高性能 MCU 芯片通过提升处理器性能、增加内存和闪存容量等方式，提高了整体处理能力，这使 MCU 能够更高效地处理多任务，并满足实时控制的需求。例如设计对称和非对称处理机制，允许每个核心运行不同操作系统或拥有专用资源，适合异构处理需求，如在汽车中分别处理控制任务和计算密集型任务。

②集成度提高。为了适应汽车内部日益复杂的电子系统，高性能 MCU 芯片不断提高集成度，将更多的外设和功能集成到单一的芯片上。这不仅简化了电路设计，还提高了系统的可靠性和稳定性。例如，使用更复杂的多层布线技术和三维封装，节省模块空间；将 Flash 闪存或 SRAM 静态随机存取存储器直接嵌入到 MCU 中，减少了对外部存储器的需求。在数字后端实现阶段，通过采用独特的布局布线和时钟树设计规则，进一步确保了 MCU 的安全性和可靠性。

③低功耗与高效能。节能环保是现代汽车发展的重要趋势。MCU 芯片通过采用先进的制造工艺和电源管理技术，实现了更低的能耗。例如，采用多电压域设计和智能电源管理单元，根据不同模块的实际需要动态调整供电电压，以适应不同的工作状态，在不牺牲性能的情况下减少能源消耗。

（3）数模混合芯片

传统的汽车电子系统多采用分离的数字芯片和模拟芯片，无法快速处理大量数据。而数模混合芯片通过在同一芯片上集成高性能的数字信号处理器和模拟电路，在结合数字芯片的高性能和模拟芯片的高精度方面展现出独特优势。这一技术使汽车能够快速、准确地处理大量的传感器数据和导航信息，为自动驾驶、智能导航等先进功能提供了强大的计算支持。这不仅提升了汽车的智能化水平，还大大提高了行车的安全性和舒适性。

同时，近年来数模混合芯片在集成度、可靠性和耐久性、微型化和低功耗等方面实现了技术突破：

①采用先进的混合信号工艺。芯片集成双极型晶体管、CMOS 逻辑电路和 DMOS 功率晶体管，适用于汽车的电机控制、电源管理等应用；设计高精度模拟前端，集成高精度 ADC（模数转换器）、DAC（数模转换器）、电压/电流传感器，实现车辆的精确控制。

②整合了高低边驱动和隔离技术。使芯片能够在不同的电压和电流环境下稳定运行，有效防止了电气干扰和损坏，显著提升了汽车电子系统的可靠性和耐久性，为汽车在各种恶劣环境下的安全运行提供了有力保障。

③微型化和低功耗设计。为汽车内部的其他系统提供了更多的空间和能源效率，推动了汽车行业向更加环保、节能的方向发展。

(4)功率芯片

汽车功率芯片,被称为电力电子装置的“大脑”,新能源汽车的电机驱动、电池管理、空调压缩机等核心系统,无一不依赖于功率芯片实现精准的电力调控。功率芯片通过高效地进行电力转换和控制,减少了不必要的能源浪费。例如,在车辆行驶过程中,功率半导体能够精准地调节电机的输出功率,使车辆在不同工况下均能运行在最佳效率区间。同时,在充电过程中,功率半导体也能实现更高效的电能转换,减少充电过程中的能量损失。

功率半导体市场仍由硅基器件主导,包括功率MOSFET、超结功率MOSFET(金属氧化物半导体场效应晶体管)和IGBT(绝缘栅双极型晶体管)等,而随着第三代半导体技术的发展,以碳化硅(SiC)为代表的新型材料因耐高压、耐高温、高频等特点,在新能源汽车领域快速渗透。

近年来,汽车功率芯片关键技术发展主要体现在材料创新、器件进步、封装技术提升等方面:

①碳化硅(SiC)材料的应用。SiC材料相比传统的硅基材料,具有更高的热稳定性、更低的导通损耗和更高的工作频率,这些特性使SiC功率芯片在电动汽车等高功率、高频率应用场合中表现优异。SiC功率芯片的应用不仅提高了电动汽车的驱动效率和续航里程,还降低了整车重量和成本。

②功率半导体器件的进步。IGBT作为汽车功率半导体的核心器件之一,在制造工艺的升级和产品性能的提升取得技术进展。例如,比亚迪半导体推出的IGBT6.0高端车规芯片,采用了90 nm工艺制造,在工艺成熟度、芯片可靠性和耐用性上取得了重大突破;另外,基于SiC材料的MOSFET器件具有高耐压、低损耗和高频特性,广泛应用于电动汽车的主驱动逆变器和车载充电器等领域,有效提升了电动汽车的性能和充电效率。

③车规级封装技术的标准化和小型化。封装技术需要具备优异的耐高温、耐高压和抗冲击能力,确保功率芯片在恶劣环境下仍能稳定可靠地工作。标准化封装技术的推广,有助于减少因不同封装方式导致的性能差异,提高整体可靠性;小型化封装技术通过减少芯片面积和封装体积,降低了寄生电阻、寄生电容和寄生电感,减少了能量损失,提高了功率转换效率。小型化封装还有助于优化散热设计,进一步降低功率损耗,提高系统整体效率。标准化和小型化封装技术通过提高生产效率和降低材料成本,有助于降低功率芯片的整体成本。此外,标准化封装还有助于简化供应链管理,降低采购和库存成本,进一步提高产品的市场竞争力。

(5)传感芯片

汽车传感器是汽车计算机系统的输入装置,主要负责车身状态和外界环境的感知和采集,传统汽车包括压力传感器、位置传感器、温度传感器、加速度传感器、角度传感器、流感传感器、气体传感器和液位传感器。随着“更重视感知”技术路线的推动下,激光雷达、4D成像雷达、8MP CMOS图像传感器(CIS)、视觉传感器芯片等新技术快速应用于车辆,提高了传感器芯片的需求。汽车传感器和芯片技术正进入快速迭代演进和快速降本的新阶段。

近年来汽车功率芯片关键技术发展主要体现在:

①图像传感器芯片(CIS)技术进步。随着自动驾驶技术的提高,对车载摄像头图像传感器的分辨率和性能要求越来越高,高分辨率的8MP(百万像素)CIS逐渐应用于汽车摄像头,以提升成像质量,帮助自动驾驶系统获取更丰富的外部环境数据。

②毫米波雷达芯片技术迭代。毫米波雷达从传统的频率调制连续波(FMCW)雷达向4D成像雷达演进。4D成像雷达不仅能检测目标的距离和速度,还能获取目标的方位角和俯仰角信息,提供更丰富的环境感知数据。

③激光雷达芯片技术创新。随着SoC(片上系统)集成化技术的发展,激光雷达芯片将激光器、探测器、光束导向、数据处理等功能集成到一颗芯片上,既缩小了产品尺寸,又降低了成本,高度的集成化也提高了激光雷达系统的可靠性和稳定性,进一步提升了自动驾驶系统的性能。

④视觉传感器芯片的ISP(图像信号处理器)集成化。ISP负责将CIS传来的图像信号进行分析处理,提升图像的质量和可用性。随着技术的发展,ISP逐渐被集成到CIS或SoC中,形成ISP集成的CIS或ISP集成的SoC,有助于提升车载摄像头的成像质量,使其更能适应复杂多变的交通环境。

(6)存储芯片

汽车存储芯片堪称智能汽车的“记忆库”。随着智能汽车产业的蓬勃发展,对存储器的渴求不断攀升。在后移动计算时代,车用存储设备正崛起为存储芯片领域内的新增长引擎,并逐渐成为左右市场态势的关键因素。

近年来汽车功率芯片关键技术发展主要体现在:

①容量扩展与性能提升一体化发展。随着自动驾驶技术的推进,汽车存储需求从GB级向TB级跃升。DRAM(如LPDDR5、GDDR6)和NAND Flash(如QLC、PLC)的容量不断扩展,同时引入UFS 4.0、PCIe SSD等新型存储技术,不仅满足了高精度地图、实时传感器数据、AI算法模型等大量数据的存储需求,还显著提升了数据传输速度和效率,降低了系统延迟。此外,未来HBM(高带宽内存)等技术的应用潜力,将进一步推动汽车存储向更高带宽、更低延迟方向发展,解决自动驾驶对实时数据处理的高要求问题。

②存储速度与可靠性并重。在提升容量的同时,存储速度的优化也是关键。DRAM技术的迭代(如从LPDDR4到LPDDR5)及CXL(Compute Express Link)技术的应用,旨在实现高速高效的异构计算互联,提升整体算力,解决自动驾驶在高速移动和复杂环境下对实时数据处理的需求。同时,新型存储材料(如MRAM、FRAM)及数据保护与冗余技术(如ECC、RAID)的应用,不仅提高了存储芯片的读写耐久性和可靠性,还确保了关键数据在极端环境下的完整性和安全性。

③能效优化与智能管理。面对汽车电动化趋势,存储芯片的能效问题不容忽视。通过低功耗设计、先进制程工艺及智能电源管理技术,存储芯片的功耗得到有效降低,延长了电动汽车的续航里程。动态电压与频率调节(DVFS)技术的运用,更是实现了性能与功耗的灵活平衡,提升了系统的整体稳定性。

4. 2023年国内重点企事业单位发展情况

目前,国内已经成长出一批在汽车芯片领域具有显著地位的龙头上市企业。这些企业在不同的汽车芯片细分领域拥有较高的市场占有率和技术实力。代表性企业主要包括：SOC芯片的地平线、华为海思、黑芝麻、紫光国微，数模混合芯片的芯海科技、紫光国微、四维图新和圣邦微，功率芯片的华润微、士兰微、比亚迪半导体和斯达半导，传感器芯片的韦尔股份(豪威)、纳芯微和北京君正，存储芯片的北京君正、兆易创新和聚辰股份。企业2023年度营业收入、利润情况表见表1-2-19。

表1-2-19　代表性企业2023年度营业收入和利润情况表

公司名称	营收(亿元)	净利润(亿元)
地平线	15.5	-16.35
黑芝麻	3.12	16.97
紫光国微	75.65	25.31
芯海科技	4.33	-1.43
四维图新	31.22	-13.14
圣邦微	26.16	2.81
华润微	99.01	14.79
士兰微	93.40	-0.36
斯达半导	36.63	9.11
韦尔股份(豪威)	210.21	5.56
纳芯微	13.11	-2.36
北京君正	45.31	5.37
兆易创新	57.61	1.61
聚辰股份	7.03	1.00

注：(1)数据来源于上市公司2023年报或招股说明书；(2)华为海思及比亚迪半导体未上市，无公开披露财务数据。

其中，在SOC芯片领域，地平线智驾芯片国内市场占有率为35.49%，紧随英伟达48.99%之后，第三名华为海思7.99%；其征程系列芯片累计出货达400万片，斩获150多款定点车型，量产车型超50款。在数模混合芯片领域，圣邦股份部分车用高效低功耗驱动芯片已小批量生产，产品综合性能品质达到国际先进水平；中科赛飞SBC芯片已产出原型样件，自2023年7月起陆续在国内部分传统及新能源车厂产品系统中测试，并通过初步功能验证，该芯片预计2024年Q4量产，有望成为国内第一款功能安全ASIL-D车规SBC产品。在功率芯片领域，比亚迪半导体2023年在我国新能源汽车IGBT芯片市场占有率为28.9%，排名第一。在汽车传感器芯片领域，韦尔股份2023年度的市场占率达到了全球市场份额的7%，位居全球第三。在存储芯片领域，兆易创新是全球排名第二的NOR Flash公司，在全球市场占有率为6%，公司车规级GD25/55 SPI NOR Flash和GD5F SPI NAND Flash已广泛运用在如智能座舱、智能驾驶、智能网联、新能源电动车大小三电系统等，并且全球累计出货量已超过1亿颗。

5. 汽车芯片关键技术发展建议及结语

尽管中国政府和企业愈发重视对汽车芯片产业的研发投入，发布多项芯片产业鼓励政策。但由于技术发展水平、人才培养等方面滞后性，以及企业资金实力不足等原因，致使中国汽车芯片产业研发力量薄弱，缺乏自主创新能力。

基于汽车芯片发展存在的问题，建议如下：

一是优先保障28 nm和40 nm成熟制程的产能，技术提升的同时增加芯片产能供给，确保市场的稳定供应。同时，加强与终端需求合作定义芯片制造工艺，集中攻关先进制程14 nm、7 nm、5 nm关键核心技术。

二是政府设立汽车产业创新联合体，由整车企业牵头，结合国产车应用优势，推动芯片架构与产品协同创新，加快形成特色协同创新体系。整车企业联合晶圆代工、封测、芯片设计企业，鼓励系统与应用创新，以弥补芯片短板，实现国产车芯从简单替代到提供系统解决方案的转变。

三是完善知识产权法律援助体系，保障企业利益。政府组建公共服务平台，提供法律咨询、纠纷解决等服务；完善知识产权维权和商业秘密保险，扩大理赔范围；融合法律援助与知识产权保险，为企业提供一站式解决方案。

四是引进并培养高层次复合型人才，制定汽车芯片人才引进及培养方案，并落实保障性政策。对于纳入"汽车芯片创新联合体"的主体，省、市人才管理部门将建立人才跟踪管理数据库，实施连续性管理及服务。

(十八)新能源整车热管理

上海新能源汽车空调工程技术研究中心　黄国强　博士；
中国科学院理化技术研究所　田长青　研究员

1. 2023年新能源汽车热管理产业总体发展与技术突破

2023年中国汽车工业呈现了"传统燃油车高端化、新能源车全面化"的发展特征。根据中国汽车工业协会2024年1月发布的数据，2023年中国汽车产销累计完成3016.1万辆和3009.4万辆，同比分别增长11.6%和12%，全年产销量双双超过3000万辆，创历史新高，实现两位数较高增长。乘用车产销累计完成2612.4万辆和2606.3万辆，同比分别增长9.6%和10.6%，乘用车累计产销量均创历史新高。商用车产销累计完成403.7万辆和403.1万辆，产销重回400万辆，同比分别增长26.8%和22.1%。新车出口491万辆，增长57.9%，其中新能源汽车达到120.39万辆，同比增长77.6%。

2023年中国新能源汽车(NEV)市场再次延续爆发式增长，新能源汽车产销累计完成958.7万辆和949.5万辆，同比分别增长35.8%和37.9%，市场渗透率达到31.6%。从2021年的电动车元年开始，已经进入市场驱动的增长通道。热管理系统是新能源汽车必备部件，其需求也随着新能源汽车市场规模不断扩张而随之增长。据产业在线统计，2023年中国新能源汽车热管理市场规模达565亿元，同比增长31.1%。

新能源汽车热管理技术的最大突破来自热泵技术的进一步普及和集成化模块的应用。热泵系统架构按传热方式可分为空气—空气、空气—冷却液、冷却液—空气、冷却液—冷却液4种类型热泵，不同类型的热泵系统都有热管理系统供应商在进行全面开发。2023年开始许多量产车型已采用热泵系统，如长城闪电猫、好猫、比亚迪海狮07EV、仰望U7蔚来全新ET7/EC7/ES6/EC6/ES8、上汽飞凡R7/F7/MG、上汽智己LS6/L6、极氪001 FR、极氪X、一汽新能源EH7、广汽昊铂GT/HT、江淮钇为3、长安新能源阿维塔12、东风Sky001、小鹏G6/X9、大众ID.6系列、智界S9、问界M7、威马W6、一汽红旗E-QM5PLUS等车型，目前已有72%的电动车采用了热泵技术。

超级水壶和阀岛的导入，集成化模块的应用，也在不断提升零部件的集成度，同时空调ECU也被整合到整车VCU架构中。2023年投产的许多新车型中已使用阀岛，主要以制冷剂侧集成阀岛为主，而一汽EH7采用了制冷剂侧和水侧全集成的阀岛。电池热管理系统主要包括被动式风冷、主动式风冷、主动式液冷、直冷几种主要形式，主动冷却和主动加热技术已经成为电池热管理的主流技术选择，并且在81%的新能源汽车上采用液冷技术，中高级轿车已经全面采用液冷技术。比亚迪的电池热管理系统普遍使用直冷直热技术，这也是少有的电池直冷直热的技术应用，第一个量产车型是宝马i3。预冷和预热、局部加热（如方向盘和座椅）、热负荷预测和前馈控制等技术已经开始得到重视，在中高级轿车和电动汽车上的应用在增加。

2. 产业标准体系的建设

新能源汽车热管理系统及零部件的产业标准主要由两个渠道制修订，一类是汽车车身领域空调子领域，另一类是工业制冷空调领域。GB/T相关标准5个，QC/T基础标准5个，整车空调性能相关标准1个，空调系统及零部件相关标准20个。中国制冷空调工业协会在2022年发布了《汽车乘员舱空调舒适性测试方法》和《汽车乘员舱空调舒适性评价规范》，上汽乘用车公司在2024年发起了《新能源汽车热管理系统耐久试验规范》团体标准的制订，冷标委在2024年发起对电动压缩机和电动空调等4项相关国家标准的修订工作。现有标准的修订和扩充还有以下几个方面需要考虑：（1）现有标准都是针对适用R134a制冷剂的，没有扩展到替代制冷剂HFO1234yf、CO_2、R290等；（2）现有标准主要针对汽车空调及零部件，没有扩展到汽车热管理系统，尤其是新能源汽车热管理系统及电动化零部件范畴，包括电机、电池、电控的热管理子系统及电子膨胀阀、电子加热器等零部件；（3）现有标准没有包括舒适性、能效、碳排放、热系统安全性相关评价指标及测试评价方法。

3. 国内外新能源汽车热管理产业发展趋势

汽车热管理产业规模和增长也是由汽车产量和汽车车型组合来驱动的。传统动力汽车重点关注轻量化、低油耗和智能化，传统汽车空调主要覆盖乘员舱热舒适和发动机舱热管理，包含空调箱（HVAC）、发动机冷却系统（PTC）、压缩机、流体传输及控制等4个细分领域，并由4个细分产品组成包含空调在内的整车热管理系统。从节能和高效制冷制热角度出发，双层空气循环空调箱的开发和应用得到了高度关注。随着电动车快充市场需求的增长，电压平台在做升级，800 V系统开发已成为热点，SiC功率器件开始在热管理系统中应用。新能源汽车则主要关注电动化、续驶里程、安全化和网联化，而新能源汽车热管理的范围也在原来传统动力汽车空调的基础上延伸到了电池、电机电控、ADAS智能系统及充电线充电站桩等周边设备，增加了电池热管理模块、电机电控热管理和智能控制及智能运维保障4个领域的产品，包括电子水泵、电池冷却器、电子膨胀阀、膨胀水壶、温度传感器、PTC水加热器、电池冷板、余热回收器等零部件及水回路集成及控制。空调电动化则要求压缩机从皮带轮驱动向内在电机直流变频驱动演化。随着电池能量密度和装机电池容量的提升，压缩机排量也在不断加大，最高转速也在不断提升，行业内已有800 V/60 cc的压缩机成功开发和投放市场。由于传统内燃机被驱动电机替代，热源不足成了新能源汽车供暖的一个瓶颈，多种形式的制热方式应运而生，包括空气PTC加热、水PTC加热、热泵、电动压缩机低效率发热运行、电机电控电池余热回收等，集成了低温水箱的电机电控和电池冷却水回路设计也开始应用。电池热管理控制精度的要求提高，也催生了分布式电池热管理系统和独立式电池热管理模块，新增了电池冷却模块、加热模块、冷热组合模块、电池冷板及和冷带等零部件。集成模块的开发和应用已经呈现出显著的趋势。

4. 目前亟须解决的技术难点及解决方案

汽车热管理系统仍亟需解决以下几个方面的技术难点：（1）热泵系统需要针对不同应用场景进一步优化与简化。目前提出的热泵系统回路控制元件仍显过多，系统控制仍较复杂，系统可靠性不高；（2）电动零部件集成化和模块化需进一步提高。如电子膨胀阀和电池冷却器的集成化、阀岛技术的导入等；（3）热泵工况下系统性能仍需进一步提升。尤其是在-30 ℃北方冬季使用场景下，R134a/R1234yf热泵系统制热性能急剧降低，制热量不够，功耗增加，同时车室外换热器在低温工况下出现严重结霜和系统性能恶化等问题；（4）热泵系统成本需进一步降低。新能源汽车热泵系统由于其复杂性和更多零部件，使其成本相对于常规热管理系统不具备优势。据上海大众测算，新开发的CO_2系统要增加成本2000元左右。一方面需要进一步加大热泵系统推广力度，以摊薄设计和开发成本，另一方面通过技术改进（如前述系统优化、低成本替代材料等）和集成化设计与制造来降低成本；（5）CO_2热泵系统已有厂商在做研发，但产业链深度不够。CO_2热泵系统虽然具有天然的制热性能优势，但在业界受到重视程度较2022年有下降趋势，仍有很多技术问题亟须解决，如制冷和制热性能的平衡考虑、系统高压安全问题、系统关键零部件设计与匹配、制造系统升级转换和改造、售后维修服务系统改造升级等。

针对以上技术难点，科技部在“十四五”“新能源汽车”重点专项中设置了“纯电动客车/乘用车高效高环境适应动力平台技术”共性关键技术研究项目，研究多阀门多通道、多冷却回路一体化、压缩机低温可靠性、可变制冷剂充注量等空调技术，研发超低温高效热泵空调系统。

5. 2023年行业重点企事业单位发展情况

松芝股份创立于1998年，专业研发、制造各类车辆空调系统及热管理产品。2010年在深交所上市，控股厦门松芝、重庆松芝、柳州松芝、江淮松芝、武汉松芝、南京博士朗等30多家分子公司，员工3000余人。松芝股份业务覆盖大中型客车、乘用车、轨道车、冷冻冷藏车、储能等领域。践行“高效、节能、环保”的产品战略，为客户提供空调及热管理的整体解决方案。松芝股份持续稳健发展，2022年实现销售收入42.25亿元，2023年销售收入达50亿元。

奥特佳公司是深交所主板上市公司，主营汽车热管理系统和储能热管理设备，近年来业务规模持续高速增长，2023年收入超70亿元，总市值100亿元。奥特佳以技术和市场为先导，战略上已实现全面新能源化、产能布局已实现全球化，与全球各主流车厂尤其是新能源车厂有稳固发展的业务联系，是汽车热管理领域的自主创新龙头企业。奥特佳近年来研发并量产了第五代汽车空调电动压缩机、新环保冷媒压缩机及汽车热泵空调系统、集成式热管理模块、热管理控制器等新技术和新产品。

上海海立新能源技术有限公司主要营业新能源车用电动压缩机总成及系统解决方案的研发、生产、销售和服务，同时也是国内最早自主研发车用电动压缩机的厂家。公司始终坚持自主创新，技术领先，经过20多年的积累，已拥有完全自主的知识产权和技术沉淀，其专业化、高性能、高品质的产品已得到了业界客户的广泛认可。公司产品已覆盖乘用车、商用车、工程机械、电池冷却等，拥有业界排量最全、电压最广、冷媒最多的产品线，能为不同客户提供最合适的解决方案。公司近年来不断技术突破，开发了900 V高电压压缩机、新环保冷媒R290、CO_2压缩机、超低温热泵型压缩机等新产品。

浙江三花汽车零部件有限公司于2004年成立，(简称三花汽零)，是上市公司浙江三花智能控制股份有限公司旗下的汽车产业单元，主要致力于汽车热管理系统的零部件研发、生产及销售。公司主要经营汽车热管理系统用各类核心零部件，产品包括膨胀阀、贮液器、电子膨胀阀、水泵、油泵、水阀、电磁阀、球阀、集成组件、车用换热器等，其研发的电子膨胀阀于2017年获得国际PACE创新奖。公司始终坚持“技术领先”战略，专注于汽车领域冷热转换、温度控制的相关产品和技术开发。公司销售额也在逐年攀升，2022年销售额为70.9亿元，2023年销售额达到97亿元。

银轮股份是一家专注于热管理领域的企业，业务涵盖汽车热交换器、汽车空调、汽车热管理系统等产品的研发与生产。公司以整车热管理系统为核心，为新能源汽车提供整车热管理一体化解决方案，四大模块(前端冷却模块、热管理集成模块、空调箱模块、车载电子冷却模块)为主要产品，并由多个核心零部件为支撑，2023年销售突破110亿元。公司坚持国际化战略，客户覆盖全球，包括国内外知名车企和行业龙头企业；为更好地服务全球客户，已经在德国、瑞典、波兰、美国、墨西哥等国建立了制造基地和研发中心。

上海光裕在环保冷媒R744和R290应用上进行深度的研发，同时在热泵方面与国内知名企业及高校合作在-30~40 ℃领域取得突破；在大型商用车(重卡、工程机械)热管理方面获得客户一致认可，成功进行产品拓展；在商用车领域，利用自身在商用车市场份额的领先优势，不断进行市场推广，提高在各个头部企业的市场占有率；加大在产品研发、自动化生产线，以及智能制造方面的投入，扩大在乘用车新能源汽车压缩机的市场份额，实现市场的战略拓展。

华域三电汽车空调有限公司是全国领先的汽车热管理系统开发及智能制造能力的汽车零部件提供商，研发、生产和销售汽车空调压缩机及汽车空调模块、新能源汽车热管理系统集成及元件等系列产品。目前已自主开发了500多种规格的汽车空调压缩机产品，同时拥有75款空调系统、15款冷却装置、60款散热器，与国内整车企业形成了同步开发、装置集成模式。公司配套客户遍布国内主要汽车生产企业，产品出口30多个国家和地区。

苏州中成新能源科技股份有限公司成立于2004年，致力于提供全方位汽车空调压缩机系统解决方案，包括研发、生产、销售和服务等。公司拥有CNAS国家级实验室，长期专注于压缩机结构设计、制冷剂适配性、节能性能和振动与噪声控制等方面的研发，在新能源热管理业务中提供冷泵、热泵、二氧化碳泵等产品为客户提供一站式的服务。客户主要有广汽、比亚迪、理想、红旗、零跑、吉利、奇瑞、长城、解放、福田等知名企业。2023年销售额突破20亿元。

博耐尔汽车电气系统有限公司是一家集汽车空调系统、新能源汽车热管理系统及其零部件开发、设计、生产和销售于一体的高新技术企业。公司为上市公司苏奥传感(股票代码300507)下属子公司，秉持消化吸收行业先进技术、积极推行国际合作、产学研合作和自主创新相结合，致力成为燃油车空调系统和新能源汽车整车热管理系统的技术解决方案提供商。公司以海归创业团队为领军、以专业化管理团队为核心，通过不断提高核心热交换产品的制造加工深度和生产自动化程度，培养企业产品竞争力。公司已具备年产量300万套空调系统及相关热交换器系列产品的生产能力，产品服务于奇瑞、吉利、零跑、合众、振宜、凯翼、大运、吉祥、TK、IR、TRANE、SMP等国内外客户，业务分布美国、南美、东欧、中东、东南亚等十几个国家。2022年销售收入6.65亿元，2023年销售收入9.07亿元，同比增长65%。

弗迪科技有限公司(简称弗迪科技)总部位于深圳坪山，创建于2003年，致力于汽车电子及底盘产品研发与生产，初创为比亚迪第十五事业部及第十六事业部，2019年12月合并重组后成立独立法人主体，隶属比亚迪集团。面积约438万 m^2，拥有深圳、西安两大研发基地及深圳(惠州)、西安(商洛)、合肥(常州)、郑州(济南)、长沙(抚州)五大生产基地圈，是一家集研发、设计、生产与销售于一体的研发型制造企业。弗迪科技空调工厂成立于2007年，拥有深圳和西安研发基地、八大生产基地，近万名员工，其中研发人员800余人。经过十几年的发展，形成了集整车热管理系统设计、开发、匹配、生产制造和服务于一体的整车热管理系统工厂，涵盖电动压缩机、PTC加热器、空调箱体、热管理集成模块、电动水阀、管路总成等多种产品。空调工厂成立至今，热管理系统产品实现了比亚迪全系车型配套供货，并在2021年7

月实现直冷直热热泵热管理系统全球首发。弗迪科技空调工厂致力于为更多客户提供定制化热管理解决方案,以更优质的产品、更高效的服务让客户满意,已成为全球领先的热管理系统供应商,2023 年销售额达 91 亿元。

6. 未来几年新能源汽车热管理产业发展建议

新能源汽车热管理技术发展趋势仍是前述的“六化”,热管理范围已发展延伸到了乘员舱、电池、电机电控、ADAS 智能系统及充电线充电桩等周边设备。未来几年,整车热管理企业的技术研发重点仍集中在热泵空调系统、制冷剂替代、全能量效率优化、客户感知质量提升和电池热失控预警预防的技术开发上。热泵空调系统重点在制冷制热回路架构开发和高效制冷剂的选择,包括从两换热器回路到三换热器回路、带中间换热器的补气回路、双级压缩回路的迭代升级。制冷剂替代技术开发包括 CO_2、R1234yf、R290、R454A 等制冷剂系统。全能量效率优化以电池能量利用率作为全能量效率计算和优化的基准目标,技术开发主要在电机电控余热回收和再利用的水回路架构、制冷剂回路的数字化精确控制回路、冷却液回路和制冷剂回路的组合热交换器应用、方向盘和座椅的局部加热、场景化的分区能量分配和分区温度控制、热量储存和热量释放(蓄冷蓄热技术)、远程标定等。客户感知方面主要是热舒适性、声舒适性和空气质量的提升,尤其是新冠肺炎疫情发生后,个人用户和公众对杀菌消毒、空气异味、污染颗粒物浓度控制等要求明显增强,车辆厂和热管理企业都已经在探讨各种现有空气处理技术的复合应用和产品推广。声舒适性会在新能源汽车领域得到更多的关注,因为热管理系统的气动噪声和振动已经变得更加突出,可能会成为用户的最大抱怨点。电池热失控已经成为电池热管理的安全考虑重点,热失控的监测、预警和防止的系统性架构模型和执行系统会成为电池包及电动车企业的关注焦点和开发重点。

新能源汽车热管理产业面临上述很多困难和挑战,还是需要行业在政府政策的引导下积极行动和应对才能有效突破,有以下几个方面的建议:①借助政府提出的“双碳”目标引导,在整车企业的引领下进行整车热管理系统的集成式核心技术开发。②积极推动核心零部件企业通过产学研用的模式进行技术创新和技术突破,形成自主知识产权和商业化量产能力。③重视对智能化及大数据方面的软件开发投入和热管理的人才培养。④政府在未来一段时间内继续推动研发补贴、能效补贴和专利联盟补贴的方式,稳固新能源汽车热管理的技术进步和产业规模化提升。⑤从产业资本投入和税收方面支持产业链核心企业的发展,优化产业链,提高产业集中度。⑥发挥行业协会作用,促进跨行业的技术交叉和复合创新,加强对核心企业的热管理系统及零部件的技术开发能力和产品质量监督,促进高质量产品应用和高质量维护。⑦发挥行业协会作用,加快产业标准体系建设。

7. 产业政策和市场需求展望

中国汽车行业将进一步加速向电气化转型,从而成为向零排放交通转型的全球领导者。购置税减免延长政策,将会对新能源汽车的销售带来利好。随着新能源汽车细分市场的发展,新能源热管理系统的定制化需求也会不断上升。

根据中国汽车工业协会预测,2024 年中国汽车总销量将超过 3100 万辆,同比增长 3% 以上。其中,乘用车销量 2680 万辆,同比增长 3%;商用车销量 420 万辆,同比增长 4%。新能源汽车销量 1150 万辆,出口 550 万辆,渗透率会达到 35% 以上。在国家“双碳”目标和绿色转型的背景下,产业高质量转型已成为我国新能源汽车下一步的发展重点,新能源汽车热管理技术升级和迭代已是必然。根据产业在线预测,2024 年新能源汽车热管理系统新增产值在 630 亿元左右,同比增长 12%。

(十九)新能源汽车轻量化

中国汽车技术研究中心有限公司　孟宪明

1. 2023 年新能源汽车轻量化产业总体发展与技术突破

随着创新技术的进步和消费者偏好的变化,汽车行业正在经历加速转型。20 世纪有效的设计、制造、销售和服务车辆的商业模式预计将通过智能移动技术的参与而经历根本性的变化。可持续发展、技术进步、电气化、自动驾驶、消费者期望等方向将在未来十年推动汽车行业的变革。据预测,未来的交通将以自动、互联、电动和共享车辆为主,这将改变消费者与车辆互动的方式。汽车制造商将轻量化车辆视为可持续交通的核心,对于电动车,因为电池或添加的电气元件使它们比传统的内燃机车辆更重,电动汽车通常比同等内燃机汽车重 25%,因此更需要减轻重量,以增加单次电池充电的行驶里程。对于电动汽车来说,重量减轻 10% 通常等于续航里程增加 13.7%。此外,轻量化对纯电动汽车的成本有重大影响,在保持相同续航里程的情况下,二次减重和缩小电池和传动系统部件的尺寸都可以节省成本。欧洲相关机构针对轻量化参数对整车成本影响模型的估计,假设电动车续航里程为 400 km,紧凑型汽车每公斤减重总计节约 4 欧元,高端 SUV 每公斤约 7 欧元。通过设计优化、材料选择和零件数量减少,电动汽车到 2025 年减重会达到 10% ~ 15%,到 2035 年达到 20% ~ 30%。

轻量化的核心目标可以通过平衡设计和材料因素的一系列单独策略或组合策略来实现。轻量化设计的目的是以最少的材料使用和材料强度的优化利用来设计结构,基于现有的汽车轻量化发展趋势,采用轻量化材料,包括高强度钢、铝合金、碳纤维复合材料等,是行业内目前最优的轻量化技术。为提高新材料行业的发展,世界各国也在近两年颁发了一系列的扶持法案和计划。欧盟继《2030 材料宣言》后发布《2030 材料路线图》,通过建立一个共同框架,打破现阶段材料产业链中各环节相互隔阂的局面,实现跨部门的工业创新,促进新材料开发的数字化、制造技术的规模化、全生命周期的可评估化等，其中在交通运输领域将轻量化材料的列为重要内容。美国能源部发布2023国家实验室项目征集，设立3580万美元总资助金额用于发展复合材料、动力传动系统材料、轻质合金的发展，旨在推进电动汽车轻量化技术的发展。韩国制定"碳纤维复合材料扶持战略"，旨在推进韩国碳纤维复合材料行业的发展，扶持韩国企业开发出高性能、低成本的碳纤维复合材料，提高本国汽车、航空等领域的轻量化水平。我国也在《汽车产业中长期发展规划》《汽车产业投资管理规定》《新能源汽车产业发展规划（2021—2035年）》等政策中将提高轻质合金及复材在整车中应用比例，提高整车轻量化系数作为发展的目标。

2023年在国家政策和行业趋势的推动下，我国纯电动乘用车整车轻量化系数行业平均为4.62，其中AION-S-2023车型轻量化系数达到3.14，整体相较于2019年降低29%。而在新材料上，1.8 GPa级及以上热成型钢已在多个车型A柱加强板、B柱加强板等关键部位上得到应用，1000～1600 MPa级的热成形钢及马氏体钢也实现了工业试制。免热处理铝合金在一体化压铸技术上在众多国内外车型上得到应用，国产6016、6014铝合金板材在众多车型的覆盖件上得到应用。国产48K、50K大丝束碳纤维工程产线产业化已完成，成本得到显著降低，树脂基碳纤维增强复合材料在覆盖件、车体结构等多部分实现产业化应用。另外，玄武岩纤维复合材料因其便宜的价格，优异的性能（性能与T300碳纤维相当，价格是其1/5），引起了行业内众多企业的研究布局，开始进行应用。镁合金、塑料等轻质材料的应用范围虽然未产生明显扩展，还主要应用于方向盘、仪表板、内饰等部件，但在其他部位的应用研究已经开展。

2. 2023年我国新能源汽车产业新质生产力发展情况

2023年，我国多家汽车企业发布了新材料、新工艺及再生材料使用目标，联合产业链加速低碳材料研究与开发，免热处理铝合金大型复杂一体化压铸技术集中进入量产阶段。"一体化"设计成型理念引发汽车用钢、铝合金和镁合金等领域的技术革新。车身轻量化技术应用超越同级别国外车型，底盘用材向多材料应用方向发展。下面针对我国新能源汽车产业轻量化方向2023年年度标志性新质生产力的技术进展进行介绍。

（1）多家企业一体化压铸集中进入量产阶段

国内多家企业主要包括：蔚来汽车、吉利汽车、小鹏、小米等，采用一体化压铸技术将多个单独、分散的零部件高度集成，压铸一次成型为几个大型铝铸件，替代原来多个零部件先冲压再焊接或铆接组合的方式。现在一体化压铸主要应用于车身的前、后地板，起到很好的轻量化效果。同时"一体化"成型的理念已引发了行业技术的变革，一体化的钢材冲压成型、一体化压铸镁合金、多材料一体化成型等技术也得到显著发展。

（2）超高强车身管梁一体化热气胀成形产线落地

由广西汽车集团牵头，通过联合研发和技术协同创新，在国内率先开发了具有自主知识产权的超高强管材热气胀成形设备，建立了超高强管材热气胀成形生产线及设备应用示范基地。该产线生产节拍可达72 JPH，年产能可达48万件以上，采用超高压气压力密封伺服控制，重复定位精度≤0.2 mm，超高压动密封不泄露，产品合格率和整线仿真率100%，具有节能减重、节拍提升、性能提升、较低成本等优势。这是国内首条超高强度钢管热气胀成形生产线，打破国外技术垄断，填补了国内空白，解决了汽车高性能车身底盘零部件成形的技术瓶颈。

（3）2.0 GPa以上低碳低温烘烤超高强塑性钢技术完成中试

东北大学轧制技术及连轧自动化国家重点实验室基于调控马氏体亚结构的几何有序排列有望进一步提高其塑韧性的思路，研究团队创新提出"马氏体拓扑学结构设计+亚稳相调控"的增塑新机制，突破2.0 GPa级超高强钢的塑韧性的极限。基于上述拓扑学有序排列组织设计原理，东北大学的研究团队进一步提出"低强度成形+超高强度使用"策略来解决2000 MPa级超高强钢的成形难题，并保证超高的服役性能。该项技术已完成系列强度级别和厚度规格钢材的中试试验，将落地应用于多种车型。

3. 目前亟须解决的技术难点及解决方案

近年来，伴随着新能源汽车的发展，轻量化技术得到了广泛重视和显著的发展。然而，要实现更高的能效和更低的排放，新能源汽车轻量化技术面临着多项关键技术难题。以下将探讨当前亟须解决的几个关键技术难点及其可能的解决方案。

（1）轻量化材料性能有待提高

近些年在国家的大力扶持和行业推动下，我国轻量化材料虽然得到了大力发展，但轻量化材料的强度和安全性等方面还需要进一步加强。如：1.8 GPa级别以上超高强钢的强韧性及抗腐蚀性能存在不足；980级别以上冷冲压材料的延迟开裂、冲压性能及焊接性能等方面不佳；我国具有自主知识产权的免热处理铝合金还较少，同时未来也需要开发Fe元素容忍度更高的新型高强韧压铸合金，应对越来越高的碳排放要求。行业内应该联合优势资源，通过先进的设计和模拟分析工具，优化材料使用和结构设计；开发新的材料合金和增强技术，提高材料的强度和耐用性；严格的测试和认证标准，确保新材料的安全性和可靠性。

（2）碳纤维复合材料的应用规模还较小

碳纤维复合材料具有优异的轻量化性能，被认为是优异的新能源汽车轻量化材料。然而现阶段国内厂商虽然已经开发了碳纤维复合材料的样车，但对碳纤维复合材料的结构设计、质量控制等内容，尚属于探索阶段，离碳纤维复合材料在汽车行业的规模化应用还存在一定的距离。主要原因是碳纤维复合材料的制造成本相对较高。以碳纤维为框架的座椅成本是钢材框架的6倍之高，这使碳纤维复合材料在新能源汽车中的广泛应用受到限制。另外由于复材的种类繁多，现阶段还未建立行业普遍认可的具有系统性的评价标准和性能指导手册，供行业内使用。因此，应该在政府层面提出扶持政策，加大对碳纤维原丝生产厂家的补贴，提升碳纤维复合材料的生产技术，降低成本，开发可循环利用的碳纤维材料；加强碳纤维复合材料的设计和工艺优化，提高生产效率和质量稳定性；建立健全的碳纤维复合材料全流程质量评价规范体系，为推广和应用提供坚实的质量保障。

（3）电池轻量化技术需要进一步提升

电池作为新能源汽车的核心部件，其重量占据整车重量比例大，如何在保证性能和安全的前提下减轻电池重量是一大挑战。因此应该注重研发高能量密度的电池材料和技术，如新型锂离子电池、固态电池等；优化电池包的设计和制造工艺，减少不必要的重量和体积；增加电池系统的智能管理和节能技术，提高能源利用效率。

4. 2023 年行业重点企事业单位发展情况

2023 年，我国汽车产销分别实现了 3016.1 万辆和 3009.4 万辆，同比增长 11.6% 和 12%，其中新能源汽车产销分别完成了 958.7 万辆和 949.5 万辆，同比分别增长 35.8% 和 37.9%，新车销量达到汽车新车总销量的 31.6%。2023 年全年汽车整车出口 491 万辆，同比增长 57.9%，有望首次跃居全球第一。其中，新能源汽车出口 120.3 万辆，同比增长 77.6%，为全球消费者提供了多样化的消费选择。下面针对行业内的重点企事业单位的发展情况进行介绍。

（1）比亚迪

2023 年，比亚迪全年累计销售 302 万辆，再次蝉联全球新能源汽车销量冠军。3 月 25 日，比亚迪再次刷新纪录，成为全球首家达成第 700 万辆新能源汽车下线的汽车品牌。2023 年，比亚迪海外新能源乘用车销量突破 24 万辆，同比增长 337%，成为 2023 年新能源汽车出口最多的中国品牌。研发投入方面，比亚迪 2023 年投入近 400 亿元，同比增长 97%。公司相继发布易四方、云辇、DMO 超级混动越野平台等多项技术。值得注意的是，比亚迪发布新能源汽车智能化发展全新战略——整车智能，通过璇玑架构，实现电动化与智能化高效融合，引领新能源汽车智能化变革。

（2）吉利汽车

2023 年，吉利汽车累计销售汽车 168.7 万辆，同比增长 17.7%，其中新能源汽车销量 48.7 万辆，同比增长 48.3%。吉利汽车 2023 年全年累计出口 27.4 万辆，同比增长超 38%。据悉，2023 年，吉利品牌在全球 43 个国家完成 10 款产品上市；截至 2023 年底，在全球 70 个国家布局 533 个销售及服务网点，实现了在欧洲、非洲、拉美、中东、亚太全球五大区域的业务布局。此外，吉利汽车 2023 年完成“全面向新”战略布局，新能源转型成果显著，旗下三大品牌将继续全面发力智能新能源转型。

（3）理想汽车

作为国内造车新势力企业，理想汽车在 2023 年交出了史上最佳成绩单。2023 年理想汽车全年交付量达到达到 37.60 万辆，同比增长 182.2%，成为中国市场 30 万元以上新能源汽车的销量冠军。理想汽车全年实现营收 1238.5 亿元，同比增长 173.5%，成为中国第一家年营收突破千亿元的新势力车企。

（4）宝钢

2023 年，我国钢铁行业经营形势严峻，中钢协重点大中型钢企实现利润 855 亿元，同比下降 12.5%。在钢铁市场整体下行背景下，宝钢以“四化、四有”为发展方向和经营原则，凝聚供产销研合力，充分发挥一公司多基地协同优势，动态优化购销策略和资源配置，稳步提升制造效率。2023 年出口接单量创历史新高，实现利润总额 150.9 亿元，经营业绩保持国内行业第一，全年实现“1+1+N”产品销量 2792 万 t，同比上升 10%。宝钢强化技术研发和“双碳”投入，面向新能源汽车行业的高等级无取向硅钢专业生产线全线投产，也是全国首家在钢材加工中心领域完成“运营碳中和”示范试点企业。

（5）宁德时代

作为中国新能源汽车电池的最大供应商，2023 年，宁德时代实现锂离子电池销量 390 GWh，同比增长 34.95%，其中动力电池系统销量 321 GWh，同比增长 32.56%；储能电池系统销量 69 GWh，同比增长 46.81%。研发方面，宁德时代持续加大研发投入，2023 年研发费用投入达 183.56 亿元，同比增长 18.35%。2023 年，相继发布了高比能高安全的凝聚态电池、超快充的神行电池，第一代钠离子电池、兼具三元和磷酸铁锂优势的 M3P 电池在奇瑞车型上实现量产，峰值 5C 快充的麒麟电池与理想合作实现量产。

5. 2023 年重点车型技术特点分析

2023 年，国内汽车市场共迎来 742 款新车型的上市，其中改款/换代车型占了绝大多数，达到 655 款，占比高达 88.27%，而全新车型也有 87 款，占比 11.73%。中国品牌是 2023 年上市新车的主要组成部分，共有 405 款，占比 54.58%。相比之下合资新车有 208 款，占比 28.03%。在新能源车领域，纯电动车型和混合动力车型表现活跃，分别有 224 款和 98 款新车型上市。以下列出 3 款新能源汽车新车型的代表。

（1）问界 M9

该款车型由华为和赛力斯联合开发，问界 M9 除了配备华为在智驾方面先进技术，在车身上采用玄武架构，配合优秀材质和领先制造工艺，有着业界领先的可靠性和稳定性。采用了全球最大的一体压铸后车体，全车铝合金体积占比高达 80%，轻量化系数低至 2.02，全车 12 处采用 2000 MPa 核潜艇级热成型钢。

（2）仰望 U8

仰望 U8 是比亚迪旗下仰望品牌的一款高端新能源越野汽车，拥有易四方和云辇-P 智能液压车身控制系统两大顶级技术加持，具备四轮独立扭矩矢量控制能力，能够实现极限操稳、爆胎控制、应急浮水、原地掉头、敏捷转向等场景功能。该款车型一经上市就引起了国内外媒体的广泛关注和热烈讨论。

（3）Cybertruck

Cybertruck 作为特斯拉旗下的第一辆电动皮卡，2023 年正式量产交付。Cybertruck 具有科技感十足的外观，采用特制的“超硬冷轧不锈钢”材料，给车做了一个整体的外骨骼，让车身和车架融为一体。另外，Cybertruck 采用车身一体化电池，将电池直接镶嵌在车体下方，不再有单独的电池包，一方面降低整车重量，增加了车身的刚性，另一方面则是最大可能增加了电芯能占据的体积，能够最大程度提升电池容量。

6. 未来几年新能源汽车轻量化产业发展建议

针对未来几年新能源汽车轻量化产业的发展，以下是一些建议，旨在结合当前的轻量化技术的发展趋势，发挥政府、行业、企业间的协同合作的优势，推动该产业的持续健康发展。

（1）政府应加大政策支持与引导

政府应继续出台更加明确的政策，支持新能源汽车轻量化产业的发展。例如，对使用轻量化材料和技术的新能源汽车给予税收优惠、购车补贴等政策支持，提高企业和消费者对新能源汽车轻量化技术的关注；建立高新技术孵化基地，成为衔接研究院所与企业之间的桥梁，降低高新技术应用的成本和风险，加速新技术的产业化应用。

（2）产业链上下游企业的协同发展

汽车行业内应制定和执行严格的轻量化标准和规范体系，搭建全产业链轻量化技术共研平台，打破上下游的技术及信息壁垒，推动整个产业链的协同合作，确保关键核心技术及前瞻技术的布局和发展，实现新能源汽车的轻量化技术往符合安全和环保与可持续要求的方向发展。

（3）加大研发投入，布局未来

针对新能源产业链上下游的企业，应加大对轻量化技术研发的投入，尤其是针对新材料、设计优化和制造工艺的创新；持续跟踪和应用最新的轻量化材料和技术，如碳纤维复合材料、铝镁合金等，以提升产品的性能和竞争力；强化内部质量管理体系，确保轻量化技术应用后产品的安全性和可靠性；积极引进和培养专业人才，提升团队的技术水平和创新能力，形成完备的轻量化技术攻坚团队。

（二十）电动汽车充电基础设施

中国电动汽车充电基础设施促进联盟　仝宗旗　李　康

1. 2023年电动汽车充电基础设施产业建设总体情况

我国公共充电基础设施保有量持续高速增长，充电联盟数据显示，截至2023年12月，全国充电基础设施累计数量达到859.6万台，同比增加65%。全国公共充电桩共有272.6万台，其中直流充电桩120.3万台、交流充电桩152.2万台，月均新增公共充电桩约7.7万台。2023年全年，电动汽车充电基础设施增量为338.6万台，同比上升30.6%。其中，公共充电桩增量为92.9万台，同比上升42.7%，私人充电桩增量为245.8万台，同比上升26.6%。在公共充电桩的建设上，广东、浙江、江苏、上海、湖北、山东、北京、安徽、河南、四川等TOP10地区占比达到70.7%。

（1）各充电运营商公共充电桩建设规模

截止到2023年底，见表1-2-20，排名前5运营商建设规模占比65.2%，排名前10运营商建设规模占比83.6%，排名前15运营商建设规模占比92%。全国建设规模超过1万台的充电运营商达到22家。充电运营市场行业集中度相对较高，但没有出现明显的市场垄断现象，且头部充电运营企业的市场占有率有下降趋势。

表1-2-20　各运营商充电桩建设规模排名

运营商	桩数量	规模占比
特来电	523121	19.19%
星星充电	450978	16.54%
云快充	447857	16.43%
国家电网	196484	7.21%
小桔充电	157628	5.78%
蔚景云	141301	5.18%
达克云	124110	4.55%
深圳车电网	83424	3.06%
南方电网	78604	2.88%
依威能源	74531	2.73%
汇充电	68881	2.53%
万城万充	52612	1.93%
蔚蓝快充	48134	1.77%
万马爱充	31870	1.17%
中国普天	28124	1.03%
上汽安悦	25136	0.92%
均悦充	19435	0.71%
鲸充	17579	0.64%
蔚来	16466	0.60%
任我充	12575	0.46%
开迈斯	12160	0.45%
特斯拉	10722	0.39%
云杉智慧	9167	0.34%
桩到家	9009	0.33%
珠海驿联	8732	0.32%
广汽能源	8194	0.30%
快来充	7268	0.27%
森通智达	7143	0.26%
易充网	6558	0.24%
极氪能源	6001	0.22%
南京能瑞	5809	0.21%
劲桩	4689	0.17%
小鹏	4617	0.17%
思极星能	4187	0.15%
简单充	3934	0.14%
电王快充	3396	0.12%
联合快充	3084	0.11%

续上表

运营商	桩数量	规模占比
深圳巴士	3025	0. 11%
深圳聚电	1718	0. 06%
富电	1534	0. 06%
江苏绿城	1487	0. 05%
融和霆	1277	0. 05%
比亚迪	1210	0. 04%
陕西充电	939	0. 03%
度普	789	0. 03%
奥迪	331	0. 01%
北京智充	173	0. 01%

(2)各运营商建设充电桩类型

当前我国公共充电设施中交流充电桩占比约 60%,主流运营商中大部分还是交流桩较多,具体内容见图 1-2-21。

表 1-2-21　主要运营商充电桩建设类型结构

序号	运营商	交流	直流
1	特来电	210299	312822
2	云快充	264944	182913
3	星星充电	295301	155667
4	小桔充电	9207	148421
5	国家电网	107146	89338

续上表

序号	运营商	交流	直流
6	达克云	44865	79245
7	蔚景云	86559	54702
8	南方电网	48045	30559
9	鲸充	0	17579
10	万马爱充	15708	16161
11	开迈斯	1608	10552
12	特斯拉	444	10278
13	万城万充	42514	10098
14	中国普天	19497	8357
15	任我充	4262	8313
16	深圳车电网	75197	8207
17	广汽能源	1604	6590
18	蔚来	9882	6584
19	极氪能源	153	5848
20	云杉智慧	3843	5324
21	思极星能	135	4052
22	小鹏	602	4015

(3)主要充电运营商充电功率

2023 年底,全国主要运营商装机功率约 8000 万 kW,其中直流桩装机功率占 90%左右,具体内容见图 1-2-20。

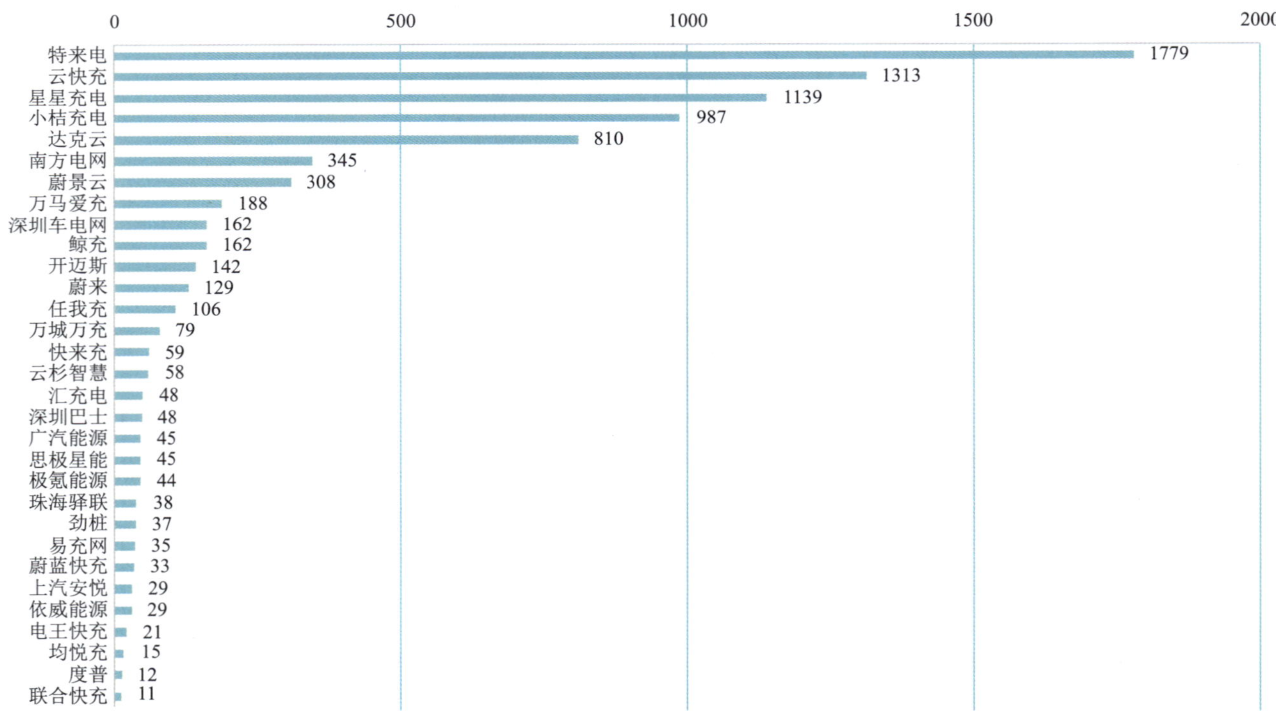

图 1-2-20　主流运营商充电设施装机功率(单位:万 kW)

2. 产业新质生产力发展情况

在充电基础设施领域,新质生产力是指通过科技创新和新的生产要素配置,实现充电设施的高效、便捷、智能和安全,进而推动新能源汽车产业的快速发展。

国务院办公厅印发了《关于进一步构建高质量充电基础设施体系的指导意见》(简称《指导意见》),提出到 2030 年发展目标,包括覆盖广泛、规模适度、结构合理、功能完善的高质量充电基础设施体系的构建。《指导意见》强调车网互动、光储充换一体化和配电系统安全监控等作为创新引领的聚焦点，推动充电设施智能化升级。城市充电网络正在从中心城区向城区边缘、从优先发展区域向其他区域有序延伸，实现全面覆盖。通过信息互通、充电共享，探索创新商业模式，提升充电基础设施的运营服务水平。针对居民区充电难的问题，《指导意见》提出加快固定车位充电基础设施建设，推广智能有序慢充等模式。

公共充电桩主要集中在东部经济发达省份，且充电运营行业集中度较高。各地鼓励快速充换电、大功率充电、智能有序充电、无线充电、光储充协同控制等技术的研究与示范建设。充电基础设施产业的增长得益于政策和市场的双轮驱动，政府发布多项政策以促进行业发展。《指导意见》提出加强行业规范管理，构建评价体系，推进高质量、可持续的充电基础设施网络。预计未来充电桩将向大功率快充、盈利模式多元化方向发展，充电服务将进入高品质发展阶段。

充电基础设施产业正在通过政策引导、技术创新、服务质量提升、市场扩展及安全监管等多方面共同推动，形成新质生产力的发展态势，为新能源汽车产业的持续健康发展提供坚实的支撑。

(1)小功率直流技术应用

随着充电技术的发展，充电桩方案也在不断推陈出新，充电设施的发展方向也在逐步科学和清晰，其中“小直流”产品的发展是一个不容忽视的趋势。这里说的小直流充电桩是相对于交流充电桩和大功率的直流充电桩而言，一般交流桩功率主要功率范围在 2~11 kW；而直流桩默认为快充，功率大于 50 kW；这里的小直流产品特别指功率在 2~40 kW 功率段的直流充电桩产品。

小直流产品较好的解决了以下两个问题：一方面是部分主机厂取消 OBC，整车不再支持交流充电口，所以得补齐交流桩在 2~11 kW 功率段的直流产品；另一方面是小直流产品在提升功率的同时也平衡了功率过高对车的电池寿命的影响，即可以比现有交流桩功率做得大，又不会使用特别大的功率从而给车的电池寿命和整体安装成本带来的不利影响。

针对 20 kW 及以下的小直流产品，由中国电力企业联合会起草了 NB/T 10902—2021《20 kW 及以下非车载充电机技术条件及安装要求》，将小直流产品分为了便携式、移动式、固定式，小功率直流充电桩输出功率较低，安全性更高，而且电能输出可调度，更适应于有序充电，V2G 等技术推广和使用。

(2)公共快充充站液冷超充技术创新应用

充电枪线液冷冷却技术作为提高充电电流的最有效技术，经过近几年发展已经日趋成熟，液冷技术不仅可以提高充电电流，实现超充，同时也能大幅度降低充电枪重量，提高用户体验。液冷超充技术已可以实现 600 A 甚至更大电流充电，真正达到充电 5 min，续航 300 多 km 的充电效果，实现充电近乎加油的用车体验。在部分地方政策支持下，市场上公共快充站已经逐步开始投放液冷超充设备，如广州推进“超充之都”的建设等。为解决液冷枪未及时归位导致的充电枪线损坏的问题，充电设备企业研究探索充电枪自动收缩解决方案，用户充完电拔枪后，枪线自动收缩。例如，杭州奥能电源等。

(3)自动充电技术创新应用

随着汽车电动化的推进，车辆舒适性、驾驶操控性等体验越来越好，但是插枪操作的体验，大大拉低了整体体验，因此在一些需要频繁充电且运行比较规律的领域，可率先采用自动充电。例如公交，自动充电可以解放人工插枪的工作；在一些封闭区域，例如港口，集装箱装卸区域实现人车分离，采用完全无人驾驶的 AGV，也需要实现充电自动化。

上海公交采用的充电弓，路边站台建设，实现首末站自动充电，无需司机下车，实现上下客及充电同时进行，充电功率 360 kW，单次充电 5 min，实现快速运营。

广西北部湾钦州港，采用的自动充电机器人，AGV 通过平台调度到指定充电机器人位置，机器人自动插枪给 AGV 充电，整个区域实现完全无人化作业。

(4)企事业单位园区 V2G 技术创新应用

近年来，电动汽车发展迅速，其无序的移动负荷，给配电网带来严峻挑战，同时充电时空可调节特性及电池的放电能力又为电网运行提供了巨大的灵活性资源潜力。电动汽车是新能源微网系统的重要元素，利用电动汽车动力电池作为分布式移动储能装置，采用 V2G 技术参与企事业单位园区等场景的微电网调节，通过新能源微网系统调控，可实现电动汽车充电及放电，调整园区乃至区域电网的电量和功率的平衡，实现区域配电容量无需增容，既可满足电动汽车充电需求，又能通过 V2G 放电行为为电动汽车车主带来收益，还能提高系统的设备利用率，同时保障电网的运行安全。V2G 和分布式光伏、储能及其他常规负荷一起构成微电网，实现多元源荷互补，可充分发挥电动汽车的灵活性资源价值。

(5)梯次电池储能技术创新应用

从 2015 年开始，新能源汽车行业快速发展，已经超过 1500 万辆，按照电动汽车的电池使用寿命 4~8 年计算，前几年的电动汽车电池逐步进入报废期，将有大量的梯次电池产生。尽管梯次电池不能在车上应用，但是还具备一定剩余容量，具备一定的剩余价值，当前梯次电池主要应用方式有拆解重组利用、材料回收。梯次电池在拆解重组利用或材料回收之前，还可以作为 PACK 梯次电池储能利用，最大限度发挥梯次电池剩余价值。整 PACK 梯次储能应用具有成本低、系统集成方便、回收和溯源容易等优点，是梯次电池利用的重要途径。

在“双碳”的目标及新型电力系统的建设需求下，对储能的需求快速增加，但是新电池储能的成本较高、经济性不好。采用梯次电池储能系统能够有效地利用大量梯次电池，并且成本很低。考虑到应用的安全因素，在完善的安全防护的前提下，小型的分布式储能系统应用梯次电池是最优的选择。在公共充电站、园区等场景已开展梯次电池储能技术推广应用。

3. 2023 年电动汽车充电基础设施产业运营情况

2023 年，中国电动汽车充电基础设施行业呈现出迅猛发展的态势，无论是在充电基础设施的数量、技术革新、政策支持、还是商业模式创新方面，都取得了显著进展。随着新能源汽车市场的拓展，主要矛盾从里程焦虑向补能焦虑转移，服务能力成为行业关注的焦点。

《2022—2023 年度充电基础设施行业报告》系统总结了中国充电基础设施产业的发展情况，包括产业整体发展、政策发展重点、设备产业发展分析等。截至 2023 年底，我国充电基础设施保有量达到 859.6 万台，同比增长 65%，其中公共充电桩增量为 92.9 万台，同比上升 42.7%，私人充电桩增量为 245.8 万台，同比上升 26.6%。全国充电总电量约 38.1 亿 kWh，同比增长 78.1%。

公共充电基础设施运营商运行情况方面，截止到 2023 年 12 月，全国充电运营企业所运营充电桩数量 TOP15，分别为：特来电运营 52.3 万台、星星充电运营 45.1 万台、云快充运营 44.8 万台、国家电网运营 19.6 万台、小桔充电运营 15.8 万台、蔚景云运营 14.1 万台、达克云运营 12.4 万台、深圳车电网运营 8.3 万台、南方电网运营 7.9 万台、依威能源运营 7.5 万台、汇充电运营 6.9 万台、万城万充运营 5.3 万台、蔚蓝快充运营 4.8 万台、万马爱充运营 3.2 万台、中国普天运营 2.8 万台。这 15 家运营商占总量的 92.0%，其余的运营商占总量的 8.0%。

充电基础设施与电动汽车对比情况，2023 年 1—12 月，充电基础设施增量为 338.6 万台，新能源汽车销量 949.5 万辆，充电基础设施与新能源汽车继续快速增长。桩车增量比为 1∶2.8。

2023 年中国电动汽车充电基础设施行业实现了跨越式发展，无论是在充电设施的数量还是服务质量上都有了大幅提升。政策引导与市场需求双重驱动下，行业集中度较高，商业模式不断创新，公共充电基础设施运行良好，整体充电基础设施运行情况优秀。未来，随着技术的进一步革新和商业模式的不断优化，中国电动汽车充电基础设施行业有望继续保持健康、可持续的发展态势。

据充电联盟统计，全国充电电量主要集中在广东、江苏、河北、四川、浙江、上海、山东、福建、陕西、河南等省份，电量流向以公交车和乘用车为主，环卫物流车、出租车等其他类型车辆占比较小。2023 年，全国充电电量约 360 亿 kWh，具体内容见表 1-2-22。

表 1-2-22　2023 年度月度充电量统计表

2023 年度	电量(亿 kWh)	2023 年度	电量(亿 kWh)
1 月	23.1	7 月	32.5
2 月	25.4	8 月	32.6
3 月	24.9	9 月	31.8
4 月	26.8	10 月	32.1
5 月	27.4	11 月	35.4
6 月	29.6	12 月	38.1

4. 高速公路沿线充电基础设施网络建设及运营情况

交通运输部数据显示，截至 2023 年底，全国共有 6328 个高速公路服务区配建充电基础设施，占高速公路服务区总数的 95%，高速公路服务区累计建成充电桩 2.1 万个，北京、上海、河北、安徽等 15 个省市高速公路服务区已全部具备充电能力。交通运输部在《关于加快推进 2024 年公路服务区充电基础设施建设工作的通知》中明确，全国计划新增高速公路服务区充电桩 3000 个、充电停车位 5000 个，持续提升公路沿线充电服务保障能力。

5. 目前亟须解决的技术难点及解决方案

(1)技术难点

①对居民区充电难反映强烈

一是部分有固定车位居民建桩难。据中国电动汽车充电基础设施促进联盟采样统计，全国有私人充电桩 587 万台，大概有 50% 购买新能源汽车的用户可以安装私人充电桩。二是居民区公共充电服务能力不足，大部分小区没有配建公共充电桩；部分小区配建公共充电桩，但利用率低，后期疏于维护管理，导致充电桩损坏无法提供充电服务；燃油车长期占用充电车位，使居民区公共充电桩无法提供充电服务。三是居民区充电桩存在安全隐患。汽车企业在销售电动汽车时会委托第三方安装公司为具备私人充电桩安装条件的用户提供充电桩安装服务，并对充电设施的安全进行评估验收，但是由于充电设施处于室外恶劣环境中使用，在一定时间后(私桩运维保质期一般 2 年)，私人充电桩的使用安全无法继续得到保障。部分规模较小的运营商因无力支撑企业运营而退出运营市场，造成已经建成居民区公共充电桩无人进行维护，也带来了极大的安全隐患。

②公共充电存在无序发展和用户体验不佳问题

一是无序发展，公共充电桩利用率总体偏低，全行业普遍难以盈利；在城市中心区域，充电运营商扎堆建桩，存在恶意竞争的现象，而城郊及偏远区域除部分央企履行社会责任少量投建，社会运营商投建意向不大。二是充电耗时长，用户接受度不高。存量的大部分车型不支持高功率充电(60 kW 以上)，用户充电时长普遍超过 30 min，由于充电场站土地性质等原因，无法配建相关服务设施，用户充电体验感较差。三是运营服务体系不健全，油车占位和设备故障率较高。当前充电桩总量很大，但能够提供有效充电服务的充电桩规模较小，其中以燃油车占位、充满电车辆占位、设备损坏为主要因素，城市停车位资源紧张与占据充电车位是充电设施无法有效利用的主要矛盾。四是当前部分地方存在核心城区充电桩供大于求现象，导致充电服务费价格战频发，严重打击了投资者投资信心。

③高速和县域等保障型充电设施缺乏合理投资回报机制

高速服务区由国网、南网等企业前几年出于社会责任实现了初步覆盖，但缺乏有效投资回报机制，国网、南网等企业的高速快充站亏损严重，持续投资动力不足，节假日高速公路排队问题愈发凸显。乡村充电设施建设还处于起步阶段，更多集中在县城，且当前新能源汽车使用主要集中在城市，县域充电基础设施缺乏有效投资，对电动汽车下乡无法形成有效支撑，也制约了农村地区新能源汽车消费潜力的释放。

(2)解决方案

①持续推进居民区充电桩建设

一是政府相关部门建立“居民区充电网格化”责任机制和部门联席协商机制，将年度居民区充电桩安装数量细化分解到街道、社区，实现多方协同推进，完善居民区充电桩建设任务督导问责机制，加强对各责任主体的指导与督查。二是探索居民区新充电模式。鼓励居民区私人充电桩共享模式，推动私人充电桩智能化改造，提升私人充电桩的资源利用效率，提高居民区充电桩的整体充电服务能力。鼓励储充一体桩等新的技术作为解决居民区充电不足的方案。

②建立充电基础设施行业发展秩序。做好电网规划与充电设施规划的衔接，加大配套电网建设投入。同时合理利用现有电网容量资源，根据电动汽车充电场景科学布局快充站和慢充桩，充分挖掘居民小区、办公楼宇周边电力容量，结合道路两侧停车位资源投建交流慢充桩，提高充电桩布局密度。

③加大保障性设施投建力度。加快高速公路充电网络有效覆盖，鼓励建设超充、光储充一体充电站。鼓励乡镇推广充换电基础设施建设，作为新能源汽车下乡活动的一个环节，加快布局乡镇充换电设施。

6. 2023 年行业重点企业发展情况

截至 2023 年 12 月，全国充电运营企业中，特来电、星星充电、云快充等 15 家运营商运营的充电桩数量占总量的 92%。统计数据显示：

（1）特来电

截至 2023 年底，特来电公共充电桩总数为 523121 台，直流充电桩 312822 台。特来电总充电功率超过 1.7 万 MW，其中直流快充终端（250 A）占比高达 60%。

（2）星星充电

星星充电在 2023 年 12 月运营的充电桩数量为 450978 台，公共桩和共享私桩共计运营 526638 台，公用桩累计运营 343431 台，专用桩累计运营 107547 台，直流桩累计运营 155667 台，交流桩累计运营 295301 台。在充电功率方面，到 2023 年年底，星星充电累计充电功率超过 1.1 万 MW。

（3）云快充

云快充在 2023 年 12 月运营的充电桩数量为 447857 台，公共桩和共享私桩共计运营 447944 台，公用桩累计运营 415727 台，专用桩累计运营 32130 台，直流桩累计运营 182913 台，交流桩累计运营 264944 台。在充电功率方面，到 2023 年底，云快充累计充电功率超过 1.3 万 MW。

（4）国家电网

国家电网在 2023 年 12 月运营的充电桩数量为 196484 台，公共桩和共享私桩共计运营 196484 台，公用桩累计运营 95123 台，专用桩累计运营 101361 台，直流桩累计运营 148421 台，交流桩累计运营 107146 台。

（5）小桔

小桔充电在 2023 年 12 月运营的充电桩数量为 157628 台，公用桩累计运营 157628 台，其中直流桩累计运营 148421 台，交流桩累计运营 9207 台。在充电功率方面，到 2023 年年底，小桔充电累计充电功率约 1 万 MW。

7. 未来几年电动汽车充电基础设施发展趋势及产业发展建议

（1）发展趋势

①超充技术的普及：随着新能源汽车品牌向中高端市场挺进及新充电标准的推广实施，超充技术及其应用的热度将持续升温。超充技术能够大幅度缩短充电时间，提高用户体验，是未来充电设施发展的重要方向。

②“光储充”一体化充电站的发展：“光储充”一体化充电站集成了光伏发电、储能技术、电力输出及电池状态监测等多项功能于一体，实现了新能源汽车使用绿色清洁能源充电的理想模式。这种充电站将成为产业园区及其他公共场所优先考虑的充电设施建设方案，同时也是展现城市绿色发展形象的标志性设施。

③无线充电技术的应用：无线充电技术能够提高用户的使用便利性，减少充电设施的建设成本和对城市空间的占用。尽管无线充电技术还面临一些技术挑战和安全问题，但随着技术的发展，这些问题将逐步得到解决。

④智能充电管理系统的应用：随着物联网和人工智能技术的快速发展，智能充电管理系统的应用将呈现出良好的发展前景。该系统能够实现对充电设施的智能化管理，提高充电效率，降低运营成本。

（2）产业发展建议

①加强规划：制定详细的新能源充电设施建设规划，根据新能源汽车的发展需求和用电需求，确定合理的充电设施布局和建设进度。

建设标准化：制定一套统一的新能源充电设施建设标准，确保充电设施的安全性、稳定性和互操作性，降低建设成本和运营风险。

②加强技术研发：加大对新能源充电设施技术研发的投入，推动充电设施的智能化、高效化和普及化，提高用户体验和充电效率。

建设多样化充电设施：除了传统的公共充电桩，还应建设更多的快充站、超级充电站和充电网点，满足新能源汽车用户的不同需求。

③加强建设管理：建立健全新能源充电设施的建设管理制度，加强充电设施的建设、运营和维护管理，确保充电设施的正常运行和服务质量。

④积极引导充电设施运营：鼓励社会资本参与充电设施的建设和运营，引导企业开展充电设施建设和运营，促进充电设施建设的市场化和商业化。

8. 全国新能源汽车充电站数量统计表（见表 1-2-23）

表 1-2-23 全国新能源汽车充电站数量统计表

省级行政区	充电站		充电桩	
	2023 年新建数量（座）	2023 年底保有量（座）	慢充（个）	快充（个）
广东省	6264	27969	375647	187327
江苏省	5856	15028	111721	106191
浙江省	5594	14390	128438	95345
山东省	3613	10120	62068	76051
上海市	2258	9294	118704	52403
北京市	1062	8358	86005	43107
四川省	2763	7103	37423	69216

续上表

省级行政区	充电站		充电桩	
	2023 年新建数量(座)	2023 年底保有量(座)	慢充(个)	快充(个)
河南省	3067	6755	57280	58789
天津市	1872	5877	54867	22824
河北省	1669	5870	24779	44213
广西壮族自治区	2115	5669	33434	23648
安徽省	2121	5260	82745	39170
福建省	1692	5093	44902	51204
湖北省	1550	5010	96198	43628
陕西省	1155	3863	26974	36233
湖南省	925	3735	24605	31772
云南省	1350	3323	21479	29895
江西省	1018	3252	18037	24664
海南省	917	3107	26666	16943
重庆市	927	2880	31204	26168
山西省	1048	2801	17965	28849
贵州省	1243	2800	10405	26944

续上表

省级行政区	充电站		充电桩	
	2023 年新建数量(座)	2023 年底保有量(座)	慢充(个)	快充(个)
辽宁省	717	1729	7128	14928
内蒙古自治区	844	1503	5580	10508
新疆维吾尔自治区	692	1109	3456	8233
甘肃省	402	855	3831	10957
黑龙江省	212	727	2155	9049
吉林省	244	668	2306	8595
宁夏回族自治区	211	460	1999	2911
青海省	89	216	1360	2283
西藏自治区	80	128	478	721
澳门特别行政区	38	87	2214	299
香港特别行政区	26	28	341	47

注:台湾省数据暂缺。

(二十一)新能源汽车保险

北京保险服务中心　廖建光　曹莉莉　陈幼兰

“借风势,乘风起”,在新能源汽车产业的强劲“东风”推动下,新能源汽车保险实现了“三年三级跳”,新能源汽车保险保费规模从 2021 年 300 亿元,到 2023 年一跃达到千亿规模,成为行业保费增量的重要增长点。2023 年新能源汽车保险保费增量占车险保费增量近“九成”,占财险行业整体保费增量近“四成”。一方面是保险市场的巨大增长潜力,但另一方面行业又面临前所未有的挑战和不确定性,可谓“冰火两重”“踌躇不定”。

1. 2023 年新能源汽车保险行业总体发展现状

2023 年,新能源汽车保险保费(含交强险)规模约 1000 亿元,商业险签单件数 1924 万件,商业险投保率 94. 3%,件均保费 3777 元,较传统燃油车险件均保费高 71%。在理赔方面,2023 年新能源汽车保险报案件数 664 万件,已结案件数 612. 8 万件,结案率 93%,案均赔款 5862 元。

(1)新能源汽车保险已成为车辆保险新的增长极

2023 年车险行业保费规模增长 462 亿元,其中新能源汽车保险保费同比增长约 390 亿元,为车险行业贡献 84% 的市场增量。此外新能源汽车保险在整体车险业务中占比也快速扩大,2021 年新能源汽车保险占车险业务 4. 5%,2023 年业务规模占比已达到 11. 8%,实现了 3 年翻了近 3 倍的显著增长,新能源汽车保险成为拉动车险业务增长的重要引擎。

从车辆使用性质来看,新能源车在营业车中更受欢迎,特别是城市公交和出租租赁业务,2023 年新能源签单保费占比分别达到 86. 14% 和 75. 33%。新能源汽车节能减排的优势,使其在公共交通和租赁市场领域具有较大市场潜力。

(2)新能源汽车保险市场呈“两极分化”态势

面对新能源汽车保险的广阔市场,行业头部大型保险公司在新能源汽车保险赛道上主动进攻,占据了市场的主导地位,而众多中小保险公司却面临着“做则亏,不做则失去机遇”的困境,导致新能源汽车保险市场呈现“两极分化”态势。

行业数据显示,2023 年经营车险公司有 65 家,其中主动开展新能源汽车保险业务的公司不到 50 家。行业“老三家”新能源汽车保险市场规模占比高达 73. 4%;排名前 8 的险企新能源汽车保险市场规模占比达 90%,较非新能源汽车保险市场规模占比高 3. 4 个百分点。其余 57 家中小型险企只有不足 10% 的市场空间,行业“马太效应”进一步凸显(见图 1-2-21)。

图 1-2-21　2023 年全年新能源车商业险机构保单保费 Top 10(单位:万元)

(3)新能源汽车保险区域发展不均衡

受动力电池低温适应性等因素影响,东北和西北地区的新能源汽车推广应用相对滞后,东北三省和西北五省新能源汽车保有量仅占全国总量的 7%。相对而言,在气候条件更适宜新能源汽车使用的华东和华南地区,新能源汽车保险签单量占比则显著提高,分别为 41.3% 和 22.3%。

除气候因素外,新能源汽车区域发展差异与经济发展水平密切相关。如有限购政策或经济发展较好的华东、华南、华北地区,新能源汽车保险签单量在全国占比超过 70%。在一些重点城市,新能源汽车的市场渗透率尤为显著,如上海 2023 年新能源汽车渗透率 55%,深圳新能源汽车渗透率高达 67.9%(见图 1-2-22)。

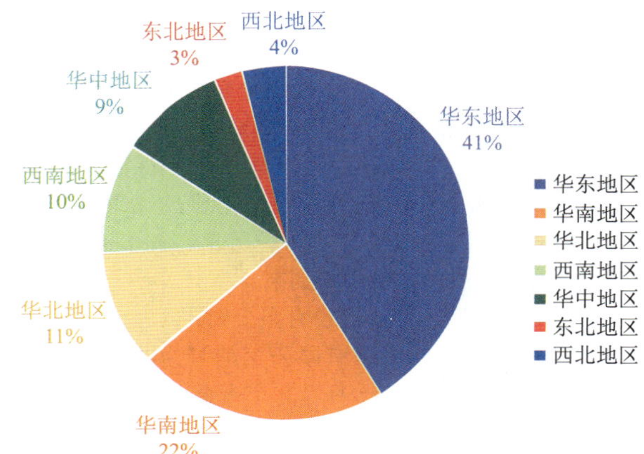

图 1-2-22 2023 年各地区新能源车险承保单量分布

(4)新能源汽车保险面临高成本率,险企经营全面承压

新能源汽车保险面临多重挑战,源于其独特的技术特性、使用特性和驾驶特性。保险费虽然较高,但保险公司综合成本率高达 120%,中小财险公司甚至接近 200%,保险经营亏损严重。主要原因包括:新能源汽车"三电"系统技术复杂,尤其是动力电池故障率高;营运车辆占比高、驾驶特性差异导致出险率高;年轻车主驾驶经验不足,事故风险增加;以及售后维修市场不成熟,保险公司议价能力受限,事故维修费用昂贵。这些因素共同推高了保险公司的赔付成本。

2. 产业新质生产力发展情况

(1)政策引领行业高质量发展

"科技金融"作为连接金融服务、实体经济和科技创新的桥梁,对培育新质生产力、推动社会经济高质量发展至关重要。国家金融监管总局于 2024 年 1 月发布了《科技保险业务统计制度的通知》,强调建立科技保险统计制度的必要性,并提出切实提升科技保险业务经营服务能力,建立科技保险业务的发展战略,加强科技保险专业培训与人才储备等要求。

同时,数字化转型已成为保险行业共识。中国保险行业协会于 2021 年发布《保险科技"十四五"发展规划》,标志着行业对科技发展的长期重视。中国银保监会在 2022 年发布《关于银行业保险业数字化转型的指导意见》,设定了到 2025 年保险行业数字化转型取得显著成效的目标。

在这一过程中,国家政策发挥着重要的引导和推动作用,通过推动数字技术和产业的深度融合,为保险行业的高质量发展注入新动力。

(2)科技创新赋能行业新质生产力培育

保险行业正积极拥抱科技创新,AI、大数据、云计算等先进技术被广泛应用于新能源汽车保险领域。在科技赋能下,保险公司积极探索新的商业模式和产品服务,如基于电池及储能系统的保险产品、基于自动驾驶保险等,以满足市场的多样化需求。从长远的视角审视,保险行业围绕条款设计、精算模型、产品定价、理赔服务等全方位的车险经营重塑计划正在发生。随着科技与业务的深度融合,将有利于行业构建一个更为公正、高效,且能够适应市场变化的保险生态系统。

(3)产业快速发展与保险公司风险管理能力不匹配

大数据技术的广泛应用,不仅为险企提供了精确可靠的风险定价依据,更为定制化产品开发提供了坚实支撑,其能够精准捕捉新能源汽车特有的风险特征,从而协助保险公司进行更为细致、精准的风险管理和预测。

但新能源汽车产业生态中的数据共享机制尚不健全,数据孤岛现象普遍存在,这限制了保险公司获取关键数据的能力,从而影响了风险模型的建立和优化。由于大多新能源汽车尚未经历完整生命周期,长期运行和风险数据的缺乏,进一步制约了保险公司对车辆全生命周期风险的准确评估,也阻碍了定价技术的发展和完善,对保险业务的可持续、高质量发展构成了威胁。

3. 新能源汽车保险体系建设情况

(1)保险监管政策持续加码促高质量发展

2022 年在监管及行业政策的引导下,保险行业主体全面推行保险行业协会发布的《新能源汽车商业保险专属条款(试行)》,针对性地保障了新能源汽车"三电"系统及其相关风险。

在费率调整系数方面,自主定价系数仍是行业主体定价的关键。2024 年两会期间,国家金融监管总局局长李云泽提出优化新能源车险定价机制,进一步放开自主定价系数,助力新能源汽车走进千家万户,助力新质生产力的发展和社会经济高质量发展。

2024 年 1 月,国家金融监管总局下发《关于切实做好新能源车险承保工作的通知》,从 5 个方面对财产险公司、各监管局财险处提出要求。强调商业险应愿保尽保,同时要求各险企全面排查整改,取消不合理承保限制,全面推进新能源车险高质量发展。

(2)打造多元化新能源汽车保险产品供给

2021 年 12 月,中国首份《新能源汽车商业保险专属条款(试行)》(简称《新能源汽车保险》)正式推向市场,这意味着新能源汽车开始真正拥有独立的保险。

随着新能源车市场的快速增长,保险行业也在适应市场需求,提供更加全面和个性化的保险产品和服务。财险企业相继推出包括新能源车辆损失险、第三者责任险、车上人员责任保险等核心保障,以及包括自用充电桩损失保险、外部电网故障损失保险等新能源专属附加险及医保医疗费用责任附加险,全面满足新能源车主客户保障需求。2023 年 9 月,平安产险在行业内首推"新能源汽车三电延保"产品,填补新能源汽车电池、电机和电控系统在产品质量保障方面的空白。

(3)产业加速融合,保险市场迎来新变革

特斯拉、比亚迪、蔚来等车企纷纷进入车险行业,不仅彰显了保险行业正迈向转型升级的新阶段,更是新能源汽车产业与保险行业深度融合的生动写照。相信随着更多新能源汽车厂商的涉足,保险市场将迎来更加激烈的竞争,也将为消费者带来更多样化、更优质的保险服务。

此外,保险公司正积极构建与新能源汽车全生命周期数据紧密相关的协作机制,与汽车制造商、科技公司、监管机构等行业参与者建立紧密的协作关系,共同推进产业生态体系的建设,共同建立更深层次、更长周期的用户关系。

(4)新能源车险发展面临风险定价难、风险识别难、风险控制难等多方面的困境

智能化、网联化、数字化是汽车产业技术发展总体趋势,新能源汽车的智能网联化极大改变了保险业传统车险经营的商业逻辑,传统燃油车的保险风险管理模式经营不了新能源车险。如何有效解决快速增长的新能源汽车风险保障需求与适配型保险产品供给不足和风险管理能力亟待提升之间的矛盾,将是行业的“必答题”。

一是新能源汽车尚处于发展初级阶段,技术处于快速迭代期,车辆质量和安全性尚不稳定,尚无法对车辆整体风险进行可靠评估;二是新能源汽车全面应用期较短,保险公司缺乏足够的数据支持保险定价;三是保险公司理赔专业人员缺乏新能源汽车电气化知识和损失认定能力;四是新能源汽车零配件生产尚不够市场化,相关产业链主要受主机厂掌握,配件成本和维修工时偏高。而新能源汽车零配件生产尚不够市场化,电池维修被专属授权机构垄断等是保险公司无法短期内解决的问题。

4. 国内外新能源汽车保险行业发展趋势

(1)市场规模持续扩大

数据显示,2023 年全球汽车销量 8918 万台,其中新能源汽车销量 1428 万台,新能源汽车渗透率 22%。据预测,2030 年全球新能源汽车销量渗透率将达到 50%,预示着新能源汽车市场的持续增长态势。这种增长不仅将推动全球汽车行业的革新,同时也为车险市场带来庞大的增长动力。

随着国家对新能源汽车产业政策的不断扶持与加强,新能源汽车的产销势头愈发强劲。经预测,到 2025 年,国内新能源汽车保险市场规模将突破 2000 亿元大关,占车险业务比重将超过 20%。而到了 2030 年,新能源汽车保险规模有望达到 4000 亿元,其在车险业务中的比重预计将超过 30%,成为车险市场的重要增长点。

(2)科技成果加快转化

随着人工智能、大数据、云计算等技术的不断发展,科技与保险的融合将进一步加深,这些技术将广泛应用于保险产品设计、定价、承保、理赔等各个环节,如利用人工智能技术来加强财险企业的风险评估和监控能力,有效实现风险减量;利用区块链技术来完善保险体系,提高数据管理、安全性和透明度等。未来,财险企业的新能源车险业务将更加智能化、自动化,迎来更完善的管理体系和生态系统。

5. 2023 年行业重点企事业单位发展情况

(1)中国太平洋财产保险股份有限公司

中国太平洋财产保险股份有限公司(简称中国太保产险)积极响应国家碳达峰碳中和战略,全力助推新能源汽车产业的蓬勃发展,精准把握新能源车险领域的时代机遇,已为超过 310 万辆新能源汽车提供保险保障约 7.7 万亿元。为深化行业融合与创新,公司成立新能源车事业发展中心,致力于创新探索新能源车经营新路径,全面融入并赋能汽车产业生态链。

目前已携手多家新能源车企,构建总对总直营生态合作新模式,实现保险服务入驻车企 App 平台,为用户提供自助投保、一键报案、AI 智能定损、免现场查勘等更加透明、高效的保险服务。

此外,中国太保产险建立了线上化新能源车品牌专属服务团队,365 天全天候在线,及时响应 C 端客户需求,为车主提供全旅程保险服务,不断提升新能源车主保险体验。同时,公司积极与主机厂合作,共同研发与推广绿色出行相关的创新保险产品,精准对接客户对智慧出行的多元化需求,共同推动绿色、智能出行时代的到来。

(2)北京保险服务中心股份有限公司

北京保险服务中心股份有限公司前身为北京保险交易所股份有限公司,2009 年 12 月经北京市金融工作局批准,报备原中国保监会成立,公司依托石景山国有资本运营公司和人济集团雄厚股东实力及产业资源,与相关产业主体建立良好合作,为构建保险服务生态体系,实现产业融合、创新发展奠定坚实基础。

近年来,北京保险服务中心紧随国家发展战略,积极探索和研究大数据产业化应用,通过科技赋能保险产业链重构,推动行业数智化转型。通过推动“产、学、研”合作,与北京理工大学、北京交通大学、保险职业学院,以及保险行业近 50 家公司形成战略合作,积极推进大数据产业发展。基于新能源车险经营难点和痛点,研发了行业首款“新能源汽车保险(EVI)数字化智能反欺诈”产品,为保险企业客户及行业新能源车险风险管理提供了行之有效的全套解决方案,受到市场的积极反响和广泛好评,取得良好产业应用成效和社会价值,推动新质生产力发展。

6. 目前亟须解决的难点及解决方案

(1)新能源汽车保险行业亟须解决的难点

新能源汽车保险对于财产保险公司是块难以抗拒的新“蛋糕”,但众多险企却面临新能源汽车保险业务“涉足不易,经营则亏”的尴尬局面。“件均保费高、营运比例高、出险率高、赔付率高”的“四高”难题困扰各家险企及广大消费者,让新能源汽车保险发展遭遇“成长的烦恼”。

①件均保费高。近年来,消费者对于新能源汽车保险保费高的抱怨不绝于耳,2023 年燃油车商业险件均保费 2209 元,新能源车商业险件均保费达 3777 元,件均保费高出 1568 元。即便如此,新能源汽车保险仍定价不足,赔付率居高不下。

②营运占比高。新能源车登记使用性质与实际用途偏

差大，据统计新能源汽车实际从事营运占比或超50%，但仅有20%车辆按营业性质登记，营运车按私家车投保，造成保费标准不足。

③出险率高。新能源汽车智能化、集成一体化，以及其车身结构特点和驾驶人员年轻化等因素，新能源汽车保险的出险率明显高于燃油车，特别是家用新能源汽车保险出险率高于传统家用燃油车出险率达11个百分点，对财险公司风险评估和保费定价造成极大障碍。

④赔付率高。新能源汽车保险技术迭代快、产品稳定性不足、维修成本高等多重因素，导致新能源汽车保险综合成本率高达120%，处于经营严重亏损状态，行业终极赔付率超100%，很多中小财险公司赔付率达到120%，甚至接近200%，财险公司新能源汽车保险经营面临巨大盈利压力。

(2)新能源汽车保险行业难点解决方案

新能源汽车保险行业作为新兴的细分市场，面临着巨大的发展机遇和挑战。为了应对新能源汽车风险的多样化、复杂化和不确定性，保险行业需要从关注产品到关注解决方案的转变，以数字化和科技化为手段，提升风险管理水平，优化服务体验，增强竞争力。

①加强产品创新及运营标准化研究，打造行业风险管理解决方案

新能源汽车市场蓬勃发展，推动专属车险产品应运而生。但技术迭代也带来新型风险，创新研发车险产品至关重要。强化承保理赔标准化，形成全生命周期风险管理方案，以控制风险并提升客户满意度。保险公司应引入或开发风险解决方案，与新能源汽车产业链合作，建立数据共享平台，并积极参与制定相关标准、政策。同时，加强消费者教育，与其他保险机构合作以分散风险。保险公司需从产品转向行业风险管理，以应对新能源汽车产业链的变革和消费者需求升级。

②激发数据价值，以数字化提升新能源车险经营风险管理水平

数据是新能源车险风控的核心，保险公司应运用数据采集、分析等技术，结合保险专业，全面评估车辆特征与风险，实现精准定价、风险防范和理赔优化。保险公司需构建风险“大模型”，创新服务以满足消费者需求。为此，保险公司需更新观念、加强队伍培训、提升主动风险管理能力和数字化经营能力，以应对新能源汽车带来的新型风险，并利用数据资源提供更优质的保险服务。

③开展跨界融合，将风险管理主动融入新能源汽车全产业链之中

新能源汽车是数据智能化集成，车企掌握关键信息。跨界融合，将保险风险管理融入全产业链，运用科技链接产业和消费者是未来方向。需结合车企成本导向和后市场风险导向，考虑维修成本节约。通过AI、物联网、云计算等技术实现数字化转型和智能化升级，提供实时监测、远程诊断、智慧救援等功能，提升客户体验。同时，促进产业链合作伙伴深度融合，形成共赢生态圈。保险公司应加大科技投入，打造新能源车险科技优势，更好链接产业和消费者。

7. 未来几年新能源汽车保险行业发展建议

(1)认知新生态

新能源汽车作为数字化的移动智能空间，通过数字化、智能化、网联化技术应用，实现了车、路、网、云的互联互通，构成了智能交通和智慧城市网络的关键一环。新能源汽车的创新特性对财产保险行业提出了新挑战。财险公司需打破既有思维模式，用全新的视角多维度重新审视和定位新能源汽车风险特征、保险范畴和经营逻辑，支持新能源汽车产业的健康发展。

(2)开辟新通道

新能源汽车保险作为产业生态体系建设的重要一环。可通过建立和完善新能源汽车数据信息共享机制，打破数据“孤岛”，将传统保险技术与数字化技术相结合，突破传统依靠历史数据和“大数法则”经营逻辑，围绕新能源汽车科技创新、风险特性和使用特征，综合运用车险、质量延保、GAP、RVI等保险产品，开发出适应新能源汽车特性的保险产品，建立适应市场需求的全周期、个性化的综合保险保障服务，丰富产品供给，满足市场需求，开辟新能源汽车保险经营新通道。

(3)重构新模式

一是构建新能源汽车智能动态定价模型。要摆脱财险公司简单依靠评分模型的低维风控模式，甚至对高风险客户简单打标签拒绝承保做法，依托车联网大数据的科技应用，细分风险场景，将新能源汽车动态风险定价因子和传统定价因子相融合，建立使用风险与保险保费相适配的智能动态定价模型；二是重点强化“防重于赔”的风险减量管理模式，构建电池及整车风险评估和监测模型，通过精细化、人性化的保中管理，更好地服务消费者，将事故消灭在故障“萌芽”期；三是构建数智化理赔。推动多平台联动协作，实现数据整合，为消费者真正提供智能化、标准化、实时性的便捷理赔服务，同时建设大数据欺诈风险识别模型，对欺诈风险精准识别，有效提升欺诈风险处置效率。

(4)建设新标准

随着新能源汽车产业快速发展，标准化体系正在持续优化。整合产业，多方共力推动新能源汽车产业标准化建设，形成规范、统一、完善的经营管理规范、故障管理规范、车辆维修规范及定价标准等。财险保险行业作为新能源汽车产业生态链的重要环节，在不断加强行业自身监管和规范力度的同时，也需要推动并积极参与到行业标准化建设进程中，促进新能源汽车保险市场的健康发展。

(二十二)新能源汽车检测

中公高远(北京)汽车检测技术有限公司　曹　宁　石则强　贾运通　朱晓轩　拓万航

在21世纪的全球能源转型与环境保护的大背景下，新能源汽车作为绿色出行的代表，正以前所未有的速度改变着汽车行业的格局。2020年10月20日，国务院办公厅印发的《新能源汽车产业发展规划(2021—2035年)》，不仅为我国

新能源汽车产业的发展绘制了宏伟蓝图，也明确指出了发展新能源汽车是应对气候变化、推动绿色发展的战略举措，是从汽车大国迈向汽车强国的必由之路。然而，在新能源汽车产业蓬勃发展的同时，也面临着核心技术创新能力不足、质量保障体系有待完善、基础设施建设滞后、产业生态不健全以及市场竞争日益加剧等多重挑战。在此背景下，深入研究新能源汽车技术及其相关检测能力，对于保障新能源汽车的安全、稳定、经济环保运行，推动新能源汽车工业的发展，以及助力我国新能源汽车企业走向世界舞台，具有极其重要的意义。

1. 新能源汽车技术发展现状

新能源汽车的关键核心技术主要包括电池技术、电机技术、电控技术和充电技术，这四大技术领域的持续创新与发展，是新能源汽车性能提升与成本降低的关键所在。

（1）电池技术：能量与安全的双重挑战

电池作为新能源汽车的心脏，其性能直接影响着车辆的续航里程、充电时间和安全性能。锂离子电池凭借其高能量密度、长循环寿命和相对成熟的技术体系，成为当前新能源汽车市场的主流选择。然而，锂离子电池在追求更高能量密度的同时，也面临着热失控、电解液泄漏等安全隐患。因此，提高锂离子电池的安全性、延长使用寿命、降低成本及提升快速充电能力，成为当前电池技术发展的主要方向。

在电池材料方面，硅碳负极材料、富锂锰基正极材料、固态电解质等新型材料的研究与应用，为提升电池能量密度和安全性提供了新的可能。同时，电池管理系统的智能化与网络化发展，使电池状态的实时监测、故障预警与远程管理成为可能，进一步提升了新能源汽车的安全性与可靠性。

（2）电机技术：高效与轻量化的追求

电机作为新能源汽车的动力源，其性能直接影响着车辆的加速性能和能量利用效率。永磁同步电机和感应电机是新能源汽车市场的主流选择。永磁同步电机具有高功率密度、高效率和高转矩密度的优点，而感应电机则具有结构简单、可靠性高和成本较低的优势。未来，电机技术的发展将更加注重提高功率密度、降低体积和重量、提高效率和可靠性。

在电机控制技术方面，矢量控制、直接转矩控制等先进控制策略的应用，使电机的动态响应速度和能量转换效率得到显著提升。同时，新型电机拓扑结构的研究，如轮毂电机、轴向磁通电机等，也为新能源汽车的驱动系统提供了更多的选择。

（3）电控技术：智能化与集成化的趋势

电控系统是新能源汽车的核心控制系统，其功能包括电池管理、电机控制、能量回收和驱动控制等。随着汽车电子化、网络化、智能化的发展趋势日益明显，电控技术也在不断创新与升级。提高控制精度、降低功耗、增强系统稳定性和可靠性成为电控技术发展的主要方向。

在电池管理方面，通过精准的电池状态估计和智能的能量管理策略，实现电池的高效利用和延长使用寿命。在电机控制方面，采用先进的控制算法和传感器技术，实现电机的精准控制和高效运行。同时，集成化控制单元的发展，使整车控制系统的体积和重量得到进一步减小，提高了系统的可靠性和维护性。

（4）充电技术：速度与便利性的双重提升

充电设备是新能源汽车的重要基础设施之一，其性能直接影响着新能源汽车的普及程度和使用体验。快速充电和无线充电技术是新能源汽车充电技术的研究重点。快速充电技术通过提高充电功率和优化充电策略，实现了在短时间内为车辆快速补充电能的目标。无线充电技术则通过电磁感应或磁共振等方式实现电能的无线传输，提高了充电的便利性和安全性。

未来，充电技术的发展将更加注重提高充电速度、延长电池寿命、降低充电成本和提高充电安全性。同时，充电网络的布局与优化也将成为充电技术发展的重要方向之一。通过建设覆盖广泛、便捷高效的充电网络，为新能源汽车用户提供更加便捷、可靠的充电服务。

2. 新能源汽车检测行业发展的全面审视

随着新能源汽车产业的快速发展，新能源汽车检测行业也迎来了前所未有的发展机遇。国家级、地方级和第三方检测机构共同构成了新能源汽车检测的三级网络体系，为新能源汽车的质量监管和市场准入提供了有力支撑。

（1）检测机构的建设与布局

国家级新能源汽车检测机构如中国汽车技术研究中心、中国汽车工程研究院等，凭借其强大的技术实力和丰富的检测经验，在全国范围内布局了众多检测中心。这些检测中心不仅覆盖了华北、华南、华东、华中等主要地区，还针对不同地理区域和气候条件进行了适应性设计和布局，以满足不同车型和环境的测试需求。同时，这些国家级检测机构还承担着新能源汽车标准制定、技术研发和人才培养等重要任务，为新能源汽车产业的发展提供了全方位的支持。

地方级新能源汽车检测机构则依托本地汽车产业基础和市场需求，建立了具有地方特色的检测体系。这些检测机构不仅服务于本地新能源汽车企业，还积极参与国家新能源汽车检测标准的制定和推广工作，为提升地方新能源汽车产业的竞争力作出了积极贡献。

第三方检测机构则凭借其灵活性和专业性，在新能源汽车检测市场中占据了一席之地。这些机构通常专注于某一领域或某一车型的检测服务，通过提供高效、精准的检测结果和咨询服务，赢得了客户的信赖和好评。

（2）检测项目与技术标准

新能源汽车的检测项目涵盖了整车性能、安全性能、充电性能等多个方面。整车性能检测包括动力性、经济性、制动性、操稳性等指标的测试；安全性能检测则包括碰撞安全、电池安全、电磁兼容性等方面的测试；充电性能检测则关注充电速度、充电效率、充电安全性等指标的评估。

为了确保新能源汽车产品的质量和安全性，国家制定了一系列新能源汽车检测技术标准。这些标准不仅规范了新能源汽车的设计、生产、检测和使用等环节，还为企业提供了明确的技术指导和市场准入门槛。同时，随着新能源汽车技术的不断发展和市场需求的不断变化，这些标准也在不断更新和完善中。

(3)市场发展与挑战

近年来,新能源汽车检测行业取得了显著进展。市场规模不断扩大,检测机构数量激增,检测技术和设备水平也不断提升。然而,新能源汽车检测行业在快速发展的同时也面临着一些挑战和问题。

行业集中度较低,缺乏明确的行业领导者。当前市场上存在大量的小型检测机构,这些机构在检测技术和设备方面相对落后,难以提供高质量、高效率的检测服务。同时,由于缺乏统一的行业标准和规范,导致市场竞争无序化现象较为突出。

新能源汽车检测技术的创新性和前瞻性不足。随着新能源汽车技术的快速发展和市场需求的不断变化,检测技术也需要不断创新和升级以适应新的要求。然而市场上大部分检测机构仍然采用传统的检测方法和设备,难以满足新能源汽车技术发展的需求。

新能源汽车检测行业的国际化程度有待提高。随着我国新能源汽车产业的快速发展和国际化进程的加速推进,新能源汽车检测行业也需要加强与国际市场的交流与合作提升国际竞争力和影响力。然而我国新能源汽车检测行业在国际市场上的知名度和影响力仍然有限,需要加强品牌建设和市场推广工作。

3. 新能源汽车检测标准的发展动态与趋势

新能源汽车检测标准是保障新能源汽车产品质量和安全性的重要手段之一。随着新能源汽车技术的不断发展和市场需求的不断变化,新能源汽车检测标准也在不断更新和完善中。

(1)国内新能源汽车检测标准体系

国内新能源汽车检测标准体系主要由国家标准、行业标准和企业标准组成。国家标准由国家标准化管理委员会负责制定和发布,具有强制性和普适性;行业标准由相关行业组织负责制定和发布,具有指导性和规范性;企业标准则由新能源汽车企业根据自身产品特点和市场需求自行制定,具有灵活性和针对性。

在新能源汽车检测标准体系中,通用基础标准、安全标准、试验方法标准等是重要组成部分。这些标准不仅规范了新能源汽车的设计、生产、检测和使用等环节,还为企业提供了明确的技术指导和市场准入门槛。

(2)新能源汽车检测标准的更新迭代

新能源汽车检测标准的更新迭代更加频繁。例如,电动汽车能量消耗量和续驶里程试验方法、混合动力电动汽车能量消耗量试验方法等主要新能源汽车检测标准,均进行了多次修订和完善,以适应新的技术要求和市场需求。

新能源汽车智能化、网联化的相关检测标准也在不断拓展和完善中。例如,自动驾驶技术的检测标准正在逐步建立和完善,以确保自动驾驶汽车的安全性和可靠性;智能网联汽车的电磁兼容性测试标准,也正在制定和推广中,以确保智能网联汽车的通信稳定性和信息安全性。

(3)未来新能源汽车检测标准的发展趋势

未来新能源汽车检测标准的发展将呈现以下几种趋势。

技术先进性与前瞻性:新能源汽车检测标准将更加注重技术先进性和前瞻性。例如,针对固态电池、无线充电等新型技术的检测标准将逐渐建立和完善,以确保新技术的安全性和可靠性。

国际化与兼容性:新能源汽车检测标准将更加注重国际化与兼容性,以适应国际市场的需求和规则。要积极参与国际标准化组织的活动,加强与国际同行的交流与合作,推动国内外新能源汽车检测标准的互认与衔接。

个性化与定制化:新能源汽车检测标准将更加注重个性化和定制化,以满足不同车型、不同使用场景和不同客户需求的检测需求。例如针对高端车型的性能和舒适度,检测标准将更加注重细节和品质;针对共享汽车、出租车等高使用频率车辆的安全性和耐久性,检测标准将更加注重实用性和经济性。

4. 新能源汽车检测技术的创新与发展方向

随着新能源汽车技术的不断进步和市场需求的不断变化,新能源汽车检测技术也需要不断创新和发展。

(1)安全性检测技术的精细化与智能化

安全性是新能源汽车检测的核心内容之一。新能源汽车安全性检测技术将更加注重精细化与智能化。例如,针对电池系统的安全性检测,不仅要关注电池本身的性能参数,还应扩展到电池管理系统(BMS)的检测,以确保电池在各种工况下的安全运行;针对自动驾驶技术的安全性检测,不仅要关注传感器性能和算法的有效性,还应评估车辆系统对网络攻击的抵御能力,以确保自动驾驶汽车的安全性。

随着虚拟现实(VR)、增强现实(AR)及人工智能(AI)技术的飞速发展,新能源汽车的安全性检测技术将更加智能化。通过构建高精度的虚拟测试环境,模拟各种极端工况和交通事故场景,可以在不危及人员安全的情况下,全面评估新能源汽车的安全性能。AI算法的应用,则能够自动分析测试数据,识别潜在的安全隐患,为车辆设计和制造提供及时、准确的反馈。

(2)性能检测技术的精准化与高效化

性能检测技术正经历着深刻的变革,朝着更加精准化与高效化的方向迈进。这一趋势紧密契合了新能源汽车对动力性、经济性、舒适性等多方面性能不断提升的需求。

在精准化方面,新能源汽车性能检测将充分利用新一代传感器技术和高精度测量设备。这些先进工具能够实时捕捉车辆运行中的细微变化,对动力输出、能量消耗、驾驶舒适性等关键性能参数进行前所未有的精确测量。这种高精度检测不仅有助于揭示新能源汽车的真实性能表现,还为车企提供了宝贵的优化依据,推动产品性能的不断升级。

高效化成为性能检测技术发展的另一重要方向。面对新能源汽车市场快速迭代与消费者日益增长的需求,测试效率的提升至关重要。通过优化测试流程,采用自动化、智能化测试系统,可以显著缩短测试周期,减少人力成本。先进的数据处理算法能够迅速分析海量测试数据,提取关键信息,为性能评估提供有力支持。这种高效化的测试流程不仅降低了测试成本,还加快了产品上市速度,满足了市场的迫切需求。

(3)环保检测技术的严格化与全面化

新能源汽车作为绿色出行的代表,其全生命周期的环保性能受到了前所未有的关注。尽管新能源汽车在运行过程中实现了零尾气排放,但其环保性能的考量远不止于此。环保检测技术将更趋严格化与全面化,以确保新能源汽车从生产到报废的每一个环节都能达到环保要求。

电池作为新能源汽车的核心部件,其回收处理技术将成为环保检测的重点之一。随着电池技术的不断进步和新能源汽车保有量的快速增长,废旧电池的回收与再利用问题日益凸显。环保检测技术将加强对废旧电池回收流程、处理效率及环境污染控制的监管,推动建立更加完善的电池回收体系,减少环境污染和资源浪费。

电磁兼容性(EMC)问题也是新能源汽车环保检测不可忽视的方面。新能源汽车内部集成了大量的电子设备和控制系统,这些设备在工作过程中可能会产生电磁辐射,对周围环境和其他电子设备造成干扰。环保检测技术将加强对新能源汽车电磁兼容性的检测与评估,确保车辆在使用过程中不会对周围环境和设施造成电磁污染。

(4)智能化与网联化检测技术的融合

智能化与网联化检测技术正逐步成为引领行业变革的关键力量,为车辆安全、性能优化及用户体验带来了前所未有的提升。

智能化检测技术的核心在于深度融合车载传感器、人工智能算法与边缘计算技术。通过遍布车身的高精度传感器网络,实现对车辆运行状态、驾驶行为乃至外部环境变化的全方位感知与精准捕捉。结合先进的 AI 算法,这些数据被实时分析处理,用于预测潜在故障、优化性能参数及提升驾驶辅助系统的智能决策能力。

网联化检测技术的兴起,打破了车辆间的信息孤岛,促进了车与车、车与路、车与云之间的无缝连接。借助云计算平台的强大算力与大数据分析能力,新能源汽车能够实时上传运行数据至云端,与其他车辆共享路况信息、充电资源等关键数据。这不仅为用户提供了更加便捷、个性化的出行服务体验,如智能导航、预约充电等,还为智能交通系统的构建奠定了基础。通过车辆间的信息共享与协同工作,交通拥堵、事故风险等问题得以有效缓解,城市交通效率与安全性得到全面提升。

5. 新能源汽车检测行业的未来发展趋势

(1)市场规模持续扩大

新能源汽车检测行业的市场规模正迎来持续扩大的黄金时期。新能源汽车检测服务将深度融入更广泛的车型与应用场景之中,从纯电动轿车到商用物流车,从乘用车到特种车辆,新能源汽车检测服务的需求日益多元化。检测机构将不断拓宽服务领域,为各类新能源汽车提供定制化、全方位的检测解决方案,确保车辆的安全性与性能表现符合高标准要求。

新能源汽车检测服务的品质与效率将实现显著提升。检测机构将加大技术研发投入,引入更先进的检测设备与智能化技术,提高检测精度与效率。同时,通过优化服务流程、提升服务质量,为客户提供更加高效、便捷、可靠的检测服务体验,增强客户满意度与忠诚度。

(2)行业集中度逐步提升

新能源汽车检测行业正经历着从分散向集中、从同质化向专业化转变的关键阶段,行业集中度逐步提升成为不可逆转的趋势。在这一进程中,大型检测机构凭借其深厚的技术积累、广泛的品牌影响力及稳固的市场份额,展现出强大的竞争力。它们不仅持续投入研发,提升检测技术的先进性与精准度,还通过优化服务流程、拓展服务范围等方式,进一步巩固和扩大市场优势,推动整个行业的标准化、规范化发展。小型检测机构聚焦于特定领域或细分市场,如电池性能专项检测、智能驾驶系统验证等,通过提供专业、深入的检测服务,将为整个行业的多元化、专业化发展注入新的活力。

(3)技术创新成为核心竞争力

在新能源汽车检测行业中,技术创新将成为企业提升核心竞争力的关键所在。未来,检测机构将加大在技术研发和人才培养方面的投入,推动检测技术的不断创新和升级。通过引入新技术、新方法和新设备,提高检测精度和效率,降低检测成本和时间成本,为客户提供更加优质、高效的检测服务。

(4)国际合作与交流不断深化

新能源汽车检测行业的国际合作与交流也将不断深化。国内外检测机构将加强在技术标准、检测方法、人才培养等方面的交流与合作,共同推动新能源汽车检测技术的进步和发展。通过参与国际标准化组织的活动和国际技术交流活动,提升我国新能源汽车检测行业的国际影响力和竞争力。

(5)政策支持与监管力度加强

政府通过制定更加完善的政策法规和标准体系,规范新能源汽车检测市场秩序,保障消费者的合法权益。加强对新能源汽车检测机构的监管力度,确保其检测结果的准确性和公正性。通过政策引导和监管约束相结合的方式,促进新能源汽车检测行业的可持续发展。

6. 结论

新能源汽车检测能力的发展是推动新能源汽车产业健康、可持续发展的重要保障。随着新能源汽车技术的不断进步和市场需求的不断变化,新能源汽车检测技术也将不断创新和发展。未来,新能源汽车检测行业将迎来更加广阔的发展前景和机遇。检测机构需要紧跟技术发展趋势和市场变化需求,加强技术创新和人才培养力度,提升自身核心竞争力,以应对日益激烈的市场竞争挑战。

(二十三)新能源乘用车轮胎

黄埔轮胎(广州)技术有限公司　王林龙　梁　斌

1. 新能源乘用车轮胎市场

新能源乘用车市场的急速扩张,也带动了包括轮胎在内的零部件产业的发展,各家轮胎企业纷纷推出新能源系列。例如,米其林的 E PRIMACY 系列和 PILOT EV 系列、马牌的 eContact 系列、固特异的 e 锐乘系列、倍耐力的 Elect™ 系列、普利司通的泰然者 T005 EV 系列、邓禄普的 e. SPORT MAXX 系列、韩泰的 iON 系列、玛吉斯的 EV1 系列、中策的朝阳 1 号 EV 系列、玲珑的 EV100 和 SPORT MASTER e 系列等。

在新能源汽车发展的大潮中，国内轮胎头部企业有着“近水楼台先得月”的优势。玲珑轮胎较早就进行了布局，凭借与上汽通用五菱的合作开始了在新能源汽车配套领域的迅速扩张，在我国新能源汽车轮胎配套市场整体占有率超过 20%。其 2023 年给比亚迪的配套量就多达 600 多万条，是比亚迪的第一大轮胎供应商；赛轮轮胎虽然在配套业务上的发力不如玲珑轮胎，但其“液体黄金轮胎”的成功推广也让赛轮轮胎在新能源轮胎领域占据了重要的一席之地；其他诸如中策橡胶、万力轮胎、森麒麟轮胎等，也都逐步进入了新能源乘用车轮胎配套领域。

不同于商用车的“生产资料”属性，乘用车更多的是“消费品”特性，科技含量和设计含量是新能源乘用车的主要消费引力。消费者对汽车产品的设计和科技需求也延伸到了轮胎产品上，新能源乘用车的高端化趋势必然也会引领新能源乘用车轮胎的高端化进程。

在庞大的研发费用保障下，国外领先轮胎企业持续进行轮胎技术和产品的更新迭代，每年输出全球顶尖产品，在汽车原配市场占据着绝对优势。虽然国内部分企业抓住了新能源汽车的部分市场红利，在新能源汽车轮胎原配量方面逐步缩小了与国外品牌的差距，甚至实现了部分领域的赶超。见表 1-2-24，2023 年销量前 20 的新能源汽车中，12 个车型选用了国产轮胎品牌，但特斯拉、理想、腾势等。定位高端的车型，高附加值的大尺寸原配乘用车轮胎还是被米其林、马牌、倍耐力等国外大牌所掌控，韩泰等一众“国际二线”品牌也在对其虎视眈眈，中国轮胎品牌向上的道路充满艰难险阻。

表 1-2-24　2023 年新能源汽车销量及轮胎配套排行榜 TOP20

排名	车型	销量（辆）	车型级别	指导价（万元）	轮胎规格	配套品牌
1	特斯拉 Model Y	456394	中型 SUV	25.89～36.39	255/45R19 255/40R20 255/35R21	固特异、韩泰 米其林、倍耐力
2	比亚迪 秦 PLUS	434213	紧凑型车	9.98～17.68	225/60R16 215/55R17	玲珑、佳通、朝阳
3	比亚迪 宋 PLUS	390213	紧凑型 SUV	15.48～21.88	235/50R19	佳通、玲珑、锦湖
4	比亚迪 元 PLUS	309835	紧凑型 SUV	13.58～16.38	215/60R17 215/55R18 235/50R18	朝阳、玲珑、赛轮、马牌
5	比亚迪 海豚	299708	小型车	11.68～13.98	195/60R16 205/50R17	朝阳、玲珑
6	比亚迪 海鸥	239270	小型车	7.38～8.98	165/65R15 175/55R16	朝阳、玲珑
7	五菱宏光 MINI EV	237863	微型车	3.28～9.99	145/70R12	玲珑
8	广汽埃安 AION Y	235717	紧凑型 SUV	11.98～18.98	215/55R17 215/50R18	朝阳、森麒麟
9	比亚迪 汉	227746	中大型车	20.98～29.98	245/50R18 245/45R19	佳通、倍耐力、马牌、 固特异、米其林
10	广汽埃安 AION S	220904	紧凑型车	13.98～20.29	215/55R17 235/45R18	森麒麟、米其林
11	比亚迪 宋 PRO	209690	紧凑型 SUV	12.98～15.98	225/60R18 235/50R19	佳通、玲珑
12	五菱 缤果	167764	小型车	5.98～8.88	185/60R15	玲珑
13	特斯拉 Model 3	147270	中型车	24.59～28.59	235/45R18 235/40R19 265/35R19	米其林 倍耐力、韩泰
14	比亚迪 唐	140861	中型 SUV	20.98～34.28	255/50R20 265/45R21	佳通、邓禄普、米其林、马牌
15	长安 Lumin	136764	微型车	4.99～6.99	165/70R14	赛轮
16	理想 L7	135089	中大型 SUV	31.98～37.98	255/50R20 265/45R21	倍耐力、米其林
17	腾势 D9	118595	中大型 MPV	34.98～46.58	235/60R18	马牌、米其林

续上表

排名	车型	销量(辆)	车型级别	指导价(万元)	轮胎规格	配套品牌
18	理想 L8	117990	中大型 SUV	33.98~39.98	255/50R20 265/45R21	米其林
19	吉利 熊猫	116301	微型车	2.99~5.69	155/70R13 155/65R14	朝阳、双星、三角
20	理想 L9	114377	大型 SUV	42.98~45.98	265/45R21	米其林

＊根据公开资料整理

轮胎行业不同于整车行业,新能源汽车对传统燃油汽车是一个颠覆性的技术突破,完全抛弃了燃油车时代的发动机、变速箱等核心技术,转而着力于电池、电机、电控等新兴技术。不管是新能源汽车,还是燃油汽车,对轮胎的基本技术需求大体上还是相同的,尤其是在其中占据 85% 份额的乘用车轮胎市场,国内的轮胎企业暂时还改变不了全球轮胎行业的竞争格局。

2. 新能源乘用车轮胎的技术特点

对比传统的燃油汽车,当前的新能源乘用车主要有这 4 个显著特性:高载荷、低噪声、大扭矩、续航忧虑。

高载荷:虽然取消了发动机,但由于大容量电池包的存在,新能源乘用车比同级别的燃油乘用车大约重 10%~50%,在电池技术没有取得革命性突破之前,新能源乘用车不得不"负重前行"。

低噪声:由于没有发动机和排气系统,新能源乘用车纯电驱动时的动力传动及排气系统噪声要比传统燃油车低很多,路噪—胎噪(中低速)、风噪(高速)则成为主要的噪声源。

大扭矩:相比于燃油发动机,新能源乘用车的驱动电机瞬时就能达到最大扭矩,更加容易引起轮胎的快速磨损及打滑。

续航忧虑:受限于现有的电池技术、补能方式和补能装置的布局情况,消费者极为关注新能源汽车的续航能力表现,特别是在寒冷的冬天,电动汽车的续航能力大打折扣。

由于新能源汽车的这 4 个特性,新能源乘用车轮胎在相匹配的性能方面有着更突出的要求。比如,更低的轮胎滚动阻力、更低的轮胎噪声、更好的耐磨性能、更好的抓地性能等。对于消费者而言,新能源乘用车轮胎不仅是一个帮助车辆实现移动的零部件,其中的使用体验感会越来越成为促成消费者选择决策的主导因素。

轮胎是一个复杂的系统工程,高性能新能源乘用车轮胎的设计、开发、生产离不开相应技术的发展:①CAE 仿真分析模拟技术;②橡胶配方技术;③骨架材料技术;④轮胎生产工艺技术;⑤轮胎模具设计及加工技术等。

借助仿真分析技术,能够确认轮胎动态状态下的受力和能量分布情况,从而提升耐疲劳度(高承载)、减少振动(低噪声、舒适性)、优化接地面(高抓地、高耐磨)、降低能量损耗(低滚阻);优化橡胶配方,能够降低轮胎的滞后损失(低滚阻)、增强橡胶各分子间的结合(高耐磨)、让轮胎在低温条件下也能正常工作(冬季胎、低温损耗);改进骨架材料,能够提升轮胎的耐疲劳度(高承载)和减轻轮胎重量(低滚阻);高精度的轮胎模具,可以提升轮胎产品的稳定性和光洁度;改进生产工艺技术,能够降低生产能耗、提升轮胎产品的整体品质等。

现阶段,前述第①、②、④项技术基本都是由轮胎企业自行构建的,依托其强大的设计、开发、生产能力及庞大的数据库,国外领先轮胎企业在这方面优势明显;由于豪迈模具等中国企业的迅速发展壮大,国内在第⑤项的模具技术方面有一定优势;而在第③项的骨架材料方面,国内企业具备了强大的生产和开发能力,但在个别的高端材料上与国外先进企业还有一些差距。

3. 新能源乘用车轮胎产业的新质生产力

轮胎行业发展新质生产力,实现产业的高端化、智能化、绿色化,离不开轮胎各项技术的发展创新。一条轮胎,从原材料开始,经过设计、开发,到生产出产品,再交付消费者使用,最后产品达到使用寿命后进行回收。轮胎产业的高端化、智能化、绿色化,贯穿整个轮胎产品生命周期。

原材料端:2023 年底,中央电视台综合频道和新闻频道,同时报道了中国科学院长春应用化学研究所的仿生合成橡胶航空轮胎科研成果。据报道,长春应化所瞄准我国高标号天然橡胶及航空轮胎"卡脖子"问题,先后攻克了仿生橡胶合成、部位胶配方设计、轮胎工业软件算法、航空轮胎高精度制造和高加速试验台设计建造等关键核心技术,实现了仿生合成橡胶和数字轮胎工业软件两项成果从"0"到"1"的原创性技术突破。

航空轮胎和乘用车轮胎,虽然一个"天"一个"地",但同属轮胎行业,大部分技术是相通的。仿生合成橡胶的突破,不仅解决了"天然橡胶断供"这一项潜在风险,也证明了我国在基础材料研究上的强大实力。这一项成果同时也夯实了新能源乘用车轮胎在材料端的技术创新基础,轻量化、高强度、环境友好型的新型材料,可以从源头上来促进新能源乘用车轮胎产业的绿色化进程。

设计端:在轮胎设计领域,大部分企业都是在使用国外公司的软件,而长春应化所在轮胎工业软件上的突破,打破了国外在数字仿真轮胎设计领域的近乎垄断局面,为我国轮胎行业开展正向设计提供了广阔的应用场景。通过对轮胎的轮廓、结构、花纹、空气动力学等的动态仿真分析,达到高效开发高强度、低滚阻、低噪声的新能源乘用车轮胎的目的。结合材料学的数字模型,数字轮胎工业软件在新型轮胎骨架材料的开发、轮胎模具制造技术创新等方面也会有很好的应用前景。随着工业软件的突破,加上 AI 技术的不断发展,新能源乘用车轮胎设计的智能化程度必将越来越高。

生产端：在生产制造层面，国内轮胎行业的“智能工厂”越来越多。随着我国劳动力成本的不断上升，制造企业越来越看重人均效能这个指标，而我国装备制造能力的突飞猛进也能为轮胎制造的智能化、高效化，以及产品品质的稳定化提供有力支撑。同时，轮胎原材料的创新也会推动着轮胎生产工艺和生产设备的不断创新。

产品端：在消费者最为关注的产品端，现阶段新能源乘用车轮胎产业的主要任务是如何在传统的轮胎技术上精益求精，通过与车企紧密合作、加强市场调研等方式，匹配新能源乘用车特点和需求，开发、生产出更高承载、更低能耗、更低噪声、更耐磨的轮胎产品，这就需要在前述的橡胶、骨架材料、橡胶配方、数字设计软件、生产工艺、模具技术等方面不断创新、做强做大。

而突破传统技术和生产条件的约束，发展出类似当年的充气轮胎、子午线轮胎那样的颠覆性技术路径，是新能源乘用车轮胎的未来发展目标。

比如“智能轮胎”。在轮胎里嵌入高精度传感器，对轮胎的温度、气压、载荷等信息进行实时测量，利用特定算法，实时监测轮胎的接地情况、受力情况、磨损状况、热分布和疲劳程度等，并与汽车的智能化系统建立连接，及时准确地掌握轮胎状态、识别道路状况，优化车辆控制方式，实时调整轮胎行驶的角度、速度等，实现更精准的智能安全驾驶。

还有被称为“轮胎二次革命”的非充气轮胎。针对传统充气轮胎过度依赖内压支撑，一旦失压就完全失效（爆胎）的痛点，通过材料学和力学结构的创新，在非充气状态下实现传统轮胎的各项功能，不仅解决了传统充气轮胎的爆胎问题，也节省了备胎，而传统的备胎模式，不仅占用车辆空间、增加整车重量，还存在过早报废、容易污染环境等问题。非充气轮胎同时还具备了轮胎结构简单、生产工艺简单、后期回收利用技术简单等优势。

回收端：我国是轮胎生产和使用大国，废旧轮胎产生量大。废旧轮胎综合利用对于减少天然橡胶和化石能源消耗、保护生态环境，实现“双碳”目标具有重要意义。持续完善废旧轮胎回收体系、加强废旧轮胎回收处理行业规范管理，并通过技术创新来提升再生材料的品质和性能，鼓励轮胎企业在保证轮胎产品性能和品质的前提下增加再生材料的使用，提升废旧轮胎的回收利用率。同时鼓励原材料的技术革新，研发、生产出低污染、易回收、易处理的原材料以供轮胎企业采用。

三、燃料电池汽车领域

（一）燃料电池乘用车

同济大学　章　桐

1. 2023年燃料电池乘用车产业总体发展与技术突破

①2023年燃料电池乘用车销量国内增长，国外总体下降。

根据终端上牌数据，2023年国内燃料电池乘用车销量为538辆，同比增长137%（2022年227辆）。2023年，作为欧洲最大的燃料电池汽车市场，德国注册了263辆燃料电池乘用车，同比下降70%（2022年835辆）；而美国销售了2968辆燃料电池乘用车，同比增加10%；日本销售了422辆燃料电池乘用车，相比2022年（848辆）有所下降；韩国注册了4254辆燃料电池乘用车，相比2022年（10067辆）下降57.7%。

②加氢站建设速度放缓。

2023年，我国新增加氢站70座（2022年新增140座），欧洲新增37座（2022年新增45座），北美新增7座（2022年新增11座），日本新增12座，韩国新增29座，2022年亚洲（不包含中国）新增73座。

③加氢站氢气价格下降幅度不明显。

2021—2023年，我国加氢站氢气价格总体下降较小，例如，京津冀地区加氢站一直处于30元/kg，上海安亭加氢站从70元/kg下降至58元/kg，浙江嘉善加氢站一直处于68元/kg，江苏东华能源张家港公交车加氢站从60元/kg下降至55元/kg，河南宇通加氢站一直处于70元/kg，山东潍柴加氢站一直处于56元/kg。

2023年底，德国氢气价格约为15.54欧元/kg，从2022年10.28欧元/100 km增长至2023年12.43欧元/100 km。2023年底，美国加氢站的氢气平均价格约为32.94美元/kg，韩国氢气价格约为7.18美元/kg，日本氢气价格约为7.71美元/kg。

④燃料电池乘用车在安全性、成本下降方面取得技术进步。

2023年12月27日，中国汽研联合深蓝汽车、中国建研院等单位，完成国内首次氢燃料电池整车极限火烧试验。从氢燃料电池汽车火灾场景下主被动安全措施响应正确性与及时性、燃烧规律及速度、泄露扩散特性、泄放风险等多个维度综合评定氢燃料电池整车火灾安全可靠性。由于氢气的高度易燃性，燃料电池乘用车安全性是影响消费者接受度，及其推广应用的重要因素。这次试验的成功表明中国在燃料电池乘用车安全领域取得了突破。

2023年2月，本田宣布与通用汽车共同开发的新一代燃料电池系统，成本降低至2019年Clarity Fuel Cell所用燃料电池系统的三分之一，预计于2024年开始生产。此外，2023年丰田技术研讨会发布了正在开发的下一代燃料电池，其成本将下降50%，预计于2026年商业化。

Intelligent Energy发布了第一款英国制造的面向燃料电池乘用车使用的燃料电池系统IE-DRIVE™ 100，该系统净峰值功率为110 kW，可满足乘用车的性能和空间约束要求，已搭载于长安的SUV进行测试。

⑤国家“十四五”重点研发项目——新能源汽车1.4专项获得积极进展。

针对产业化乘用车用燃料电池发动机"功率密度低、动力性能弱、低温启动难、耐久性差"等技术难题，科技部于2022年启动了"乘用车用高功率密度燃料电池电堆及发动机技术"的重点研发项目，由国氢科技（电堆及关键材料）牵头，会同德燃（浙江）动力科技（燃料电池发动机系统）和一汽集团（燃料电池乘用车整车）等单位，关注解决动态工况下"气—水—热—电—力"多维物理场耦合演变规律及精准控制等科学问题，重点突破燃料电池发动机先进构型与集成，高效核心部件研发，多维传感器智能故障诊断与主动容错控制技术，无辅热低温快速启动技术等四项关键技术，实现乘用车用高功率密度、强动态响应、快低温启动、长寿命等研究目标。该项目在2023年度进展顺利，在各项技术性能和指标上获得了积极的进展，2024年度将迎来项目中期检查。

2. 产业标准体系的建设

2023年6月，联合国世界车辆法规协调论坛（WP. 29）第190次会议期间，由中国、美国、韩国和日本共同牵头修订的UN GTR No. 13《燃料电池电动汽车安全全球技术法规》（简称燃料电池汽车安全法规）获得全票通过。燃料电池汽车安全法规主要规定了燃料电池电动汽车和储氢系统的安全要求及试验方法，对推动提升燃料电池电动汽车安全技术水平、保障消费者生命财产安全发挥了重要作用。

2023年11月，国内发布了GB/T 43252—2023《燃料电池电动汽车能量消耗量及续驶里程试验方法》、GB/T 43255—2023《燃料电池电动汽车低温冷起动性能试验方法》和GB/T 26990—2023《燃料电池电动汽车 车载氢系统技术条件》。GB/T 43252—2023描述了一种能够覆盖插电式、增程式、全功率型燃料电池电动汽车的能量消耗量以及燃料电池系统在循环工况下贡献率的测量方法。GB/T 43255—2023描述了燃料电池电动汽车在低温（0 ℃以下）环境下的冷起动和起步性能试验方法，适用于使用压缩气态氢气的M类、N类燃料电池电动汽车。GB/T 26990—2023规定了燃料电池电动汽车的车载氢系统的技术要求和试验方法，适用于使用压缩气态氢作为燃料，在环境温度15 ℃时，工作压力不超过70 MPa的燃料电池电动汽车。

2023年11月，国际发布了ISO/TS 19870:2023《氢气技术——确定与氢气生产、调节和运输到消耗口相关的温室气体排放量的方法》。该标准提供了一个全面的框架，用于评估氢技术从油井到交付闸门的碳足迹，涵盖生命周期分析的所有阶段。该规范对于标准化各种制氢途径的温室气体排放评估、帮助可持续氢的认证至关重要。

2023年12月，国内发布了GB/T 26991—2023《燃料电池电动汽车动力性能试验方法》。该标准描述了燃料电池电动汽车的加速性能、最高车速及爬坡能力等动力性能的试验方法，适用于使用压缩氢的M类、N类燃料电池电动汽车的动力性测试。

2023年12月，国际发布了ISO/TR 17326:2023《燃料电池公路车辆——零度以下温度下的冷启动性能——以压缩氢气为燃料的车辆》。该标准描述了燃料电池混合动力汽车（FCHEV）在零下温度条件下的冷启动性能测试方法，适用于以压缩氢气为燃料的最大授权总质量为3500 kg的乘用车和轻型卡车。

3. 国内外燃料电池乘用车产业发展趋势

①国内燃料电池乘用车产业处于起步阶段，国外燃料电池乘用车销量放缓。

虽然国内燃料电池乘用车销量较少，但国内整车企业并未放弃布局燃料电池乘用车，相继发布了上汽大通MAXUS MIFA氢、长安深蓝SL03和启辰大V氢境等商业化车型。国外燃料电池乘用车销量放缓，以Mirai和Nexo两款畅销车型的年总销量之和为例，2022年约为11685辆，2023年降至约7437辆。

②国内外燃料电池乘用车成本将进一步下降。

燃料电池乘用车的关键零部件——燃料电池系统的成本正在快速下降。中汽协数据显示，我国2023年燃料电池系统成本约为3000元/kW，比2020年降低80%。有学者预测，到2025年我国燃料电池系统成本有望降至1000元/kW，2030年降至500元/kW。德国研究人员在《Nature Energy》期刊发布的一项研究预测，到2050年，燃料电池系统成本可能会下降65%至85%。燃料电池系统成本在2020年约为540欧元（2020年汇率）/kW，到2030年或2045年低于100欧元（2020年汇率）/kW，到2050年达到约80~85欧元（2020年汇率）/kW。

③国内外加氢站数量将继续增加。

到2023年底，全世界约有1068个加氢站在运行，Interact Analysis的研究人员预计到2025年将有1562座站点投入运营，到2030年将扩大到6080个座。其中，中国预计到2030年将拥有2879座加氢站。加氢站越来越普及，有利于燃料电池乘用车在出租车、网约车等领域实现商业化。

④制氢成本降低，氢气价格有望下降。

《气候变化研究进展》的一项研究显示，我国现阶段灰氢成本最低，绿氢成本最高；到2030年绿氢成本将下降至20~25元/kg；2050年后，绿氢将成为成本最低的制氢方式（含碳排放成本），"光伏+质子"交换膜电解水制氢成本将下降至12元/kg。美国能源部（氢能和燃料电池技术办公室）在2024年5月发布的多年项目计划，设定目标到2026年，清洁氢气生产成本为每公斤2美元，到2031年为每公斤1美元。

4. 目前亟须解决的技术难点及解决方案

（1）低成本技术

价格高是制约燃料电池乘用车广泛应用的重要原因之一，所以亟须探索降低成本的技术方案。

从整车集成的角度，可探索高经济性动力系统集成与控制技术，通过优化燃料电池系统与锂电池的匹配及功率分配，降低燃料电池乘用车动力系统的成本。

从关键零部件的角度，改进材料和零部件方案，降低燃料电池系统成本。例如，现代使用基于钢的材料替换基于钛的材料作为双极板材料、减少催化剂中铂的使用量，以及将高压阀、高压和温度传感器等部件小型化，实现成本降低。对于车载氢瓶，标准化有利于降低成本。例如，丰田通过统一欧洲、美国和日本的储氢瓶标准并整合数量，将制造成本降低25%。

采用上述技术降低成本、达到最低限度的市场接受度之后，可从逐渐积累的大规模生产规模中建立起经济效益。根据麦肯锡的研究，“如果年产量为150000辆，燃料电池汽车的成本将降低约70%~80%”。

(2)保证可靠性

燃料电池乘用车的动力系统集成了众多零部件，且燃料电池的运行要求一定条件，因此，保证可靠性是一个难点。但为了提高消费者接受度，保证可靠性是燃料电池乘用车必须的。

丰田Mirai和现代Nexo都曾在可靠性上出现问题。丰田Mirai曾发生燃料电池系统产生异常电压、最大里程不准确等问题；2019款现代Nexo因面临某些可靠性问题和安全问题，导致召回，这些问题包括氢气检测传感器问题、进气过滤器脱落隐患等。

为了保证燃料电池乘用车的可靠性，在产品开发的过程中，须要开展可靠性设计及可靠性试验验证。在可靠性设计方面，注意进行可靠性分析(涉及基础材料、关键部件、失效模式和控制方案)，优先使用已得到充分验证的材料及零部件，并进行冗余设计和故障安全保护设计。在可靠性试验验证方面，通过各类试验测试，全面验证零部件、系统和整车的可靠性能，进行失效模式和机理的全面分析，注意多方考察供应商，可委托第三方机构检测供应商的产品质量，确保安全可靠。

(3)提高低温场景性能

在低温使用场景，燃料电池乘用车比纯电动乘用车具有优势。为了巩固这一优势，须要燃料电池乘用车提高低温场景性能，包括缩短冷启动时间和保证燃料电池系统在寒冷地区运行的效率，低温环境中燃料电池效率会降低。

5. 2023年行业重点企事业单位发展情况

(1)中国一汽

2023年11月，中国一汽在第二十二届中国国际内燃机及动力装备博览会展出了全新红旗H5燃料电池乘用车及高比功率燃料电池发动机。中国一汽高比功率燃料电池发动机采用高度集成的设计方案和多合一模块化部件开发，其整机体积功率密度达到715 W/L，其最高效率可达60%。

(2)东风汽车

2023年初，东风公司携手东风日产和联友出行开发的大V-FCV(氢燃料汽车)完成立案。2023年6月，在“东风—花都燃料电池乘用车示范运营项目”中，启辰氢燃料电池乘用车工程样车首次亮相。2023年7月，全功率燃料电池乘用车“东风氢舟”在“佛山南海燃料电池乘用车示范推广项目”中示范运营。2023年11月，东风表示，2024年1月“启辰大V氢境”氢燃料电池乘用车将在广州花都区开启为期36个月的商业化示范运营。

(3)上汽集团

2023年6月，2024款上汽大通MAXUS MIFA氢上市。2023年7月，“氢车出行 佛山南海燃料电池乘用车示范推广项目”启动，9台上汽大通MAXUS EUNIQ7投入运营，一期计划推广200台上汽大通燃料电池乘用车。

(4)长安汽车

2023年4月，深蓝S7氢电版于上海车展发布。2023年11月，长安汽车表示，第二代氢燃料电池发动机成功运行。公司建立健全覆盖“零部件—系统—整车”的氢能研发制造和测试体系，自主掌握系统集成与控制技术，着力打造“低氢耗、高能效、高安全”的燃料电池技术及产品，实现多场景减碳、产业绿色升级。

(5)广汽集团

2023年2月，广州市南沙区政府和广汽丰田合作开展了“南沙氢跑”公共出行服务项目，投入65台进口丰田Mirai及一座70 MPa撬装式加氢站，针对消费者不同出行需求设计了短租车、固定巡游车和网约车三大体验项目，并于2023年3月正式上路。2023年11月，广汽ERA智净旗舰氢电概念车于广州车展发布。

(6)海马汽车

2023年3月，海马汽车与丰田汽车签署战略合作协议，将在海马汽车的第三代氢燃料电池汽车上运用包括丰田第二代Mirai电堆在内的成熟部件及系统，完成整车适应性开发，并结合海马汽车自建的氢能供应体系及出行网络实施测试。2023年4月底，海马汽车与丰田汽车合作打造的海马氢燃料电池汽车7X-H首台功能样车在海南海马汽车下线。

(7)现代汽车

2023年6月，现代汽车董事长Euisun Chung在韩国H2商业峰会上宣布，该公司将于2025年推出新一代Nexo。

2023年10月，ETNews发布的报告显示，现代计划每年生产30000辆新一代Nexo。

Hyundai Mobis尝试通过提高燃料电池产能来支持产品扩张，在韩国投资11亿美元新建2个燃料电池工厂。新工厂满负荷生产后，每年可生产100000个氢燃料电池。

截至2023年10月底，现代Nexo全球累计销量超3.7万辆，该车型也是2023年最畅销的氢燃料电池乘用车，全球销量超过4700辆。

(8)丰田汽车

2023年6月，丰田技术发布会展示了正在开发的“下一代燃料电池”，该燃料电池的成本为当前成本的一半，可使续航里程提高20%，将在2026年实现商业化。此外，丰田正在开发一种易于安装的新概念氢气瓶，该氢气瓶打破传统的圆柱形状，尝试采用像纯电动汽车的锂电池一样放置在车身下方的扁平形状，以及附着在马匹上的“马鞍”形状，以解决传统大型圆柱形氢气瓶在燃料电池乘用车有限空间中的布置难题。丰田计划统一欧洲国家、美国和日本的车载氢气瓶标准——以长度为1800~2200 mm、直径为470~500 mm的氢气瓶为基本单元。同时，该公司还在开发用于重型商用车的液氢瓶。

2023年11月，丰田发布了最新的氢燃料电池汽车皇冠轿车。

(9)本田汽车

2023年2月，本田汽车公布了多项关于Honda氢能源战略的细节。本田与通用汽车共同开发的新一代燃料电池系统，将力争实现耐久性提升1倍，成本降低至(2019年Clarity Fuel Cell所用燃料电池系统的)三分之一。本田计划2024

年在北美和日本推出一款新型燃料电池乘用车——以在北美上市的CR-V为基础，并搭载新一代燃料电池系统。

(10)宝马汽车

2023年，BMW iX5 Hydrogen燃料电池乘用车在全球范围进行了实际使用测试。

宝马为新的燃料电池系统开发了零部件，例如，带涡轮机的高转速空气压缩机、高电压冷却液泵。宝马从丰田采购燃料电池单体，自行将燃料单体和其他零部件集成为一个完整燃料电池系统。

(11)福特汽车

2023年5月，福特启动了一个研究项目——研究氢燃料电池技术是否能为具有能源密集型用例的E-Transit客户提供增强的零排放行驶里程。这个为期3年的试验项目位于英国，一支由8辆氢燃料电池E-Transit汽车组成的测试车队将运行6个月。

6. 2023年重点车型技术特点分析

(1)启辰大V氢境

售价99.88万元，采用氢电"双驱"，搭载东风公司自主研发的60 kW燃料电池系统和比亚迪磷酸铁锂储能电池，驱动电机最大功率为160 kW。该车消耗1 kg氢气可行驶120 km，在满氢满电状态下续驶里程为500 km。该车具备"车—系统—电堆"三级安全保护，碰撞氢安全防护达到了70 MPa，通过了-40~60 ℃极限环境验证。

(2)上汽大通2024款MIFA氢

售价79.38~89.38万元，搭载130 kW燃料电池电堆，宁德时代动力电池(三元锂，容量13 kWh)，驱动电机最大功率150 kW，70 MPa储氢系统(氢瓶中置，全平地板)，加满氢瓶时间3 min。该车可实现-30 ℃冷启动，在NEDC工况下，其氢耗为1.18 kg/100 km，其续驶里程可达605 km。

(3)深蓝S7氢电版

采用自研氢燃料电池系统，氢耗为0.73 kg/100 km。

广汽ERA智净旗舰氢电概念车

基于广汽多能源平台架构，搭载氢燃料电池和前后轴分布式电机(马力540匹)，超800 km长续航。

(4)丰田Crown皇冠FCEV版

售价为830万日元，搭载与第二代Mirai相同的燃料电池系统(最高输出功率为128 kW)，驱动电机最高输出功率超过134 kW，3组高压储氢瓶，3 min可加满氢气。WLTC工况下，该车氢耗为148 km/kg。相比第二代Mirai，Crown皇冠燃料电池汽车轴距延长80 mm，扩大了后排空间，并且功率密度提高了30%，其续驶里程提高到约800 km。

(5)N Vision 74

搭载85 kW氢燃料电池和62.4 kWh储能电池，两台后轮驱动电机(最大功率500 kW相当于680马力)，峰值扭矩900 Nm。该车的百公里加速时间为4 s，最高车速可达250 km/h，续驶里程为600 km。

(6)雷诺Scenic Vision

雷诺概念车，搭载21马力增程器氢燃料电池和40 kWh储能电池，驱动电机功率为215马力，续驶里程为497 mile。

(7)Hyperion XP-1

搭载氢燃料电池、超级电容器和4个驱动电机，总输出功率约为1.5 MW，最高时速达到356 km/h，百公里加速时间为2.2 s，续驶里程超过1000英里。

7. 未来几年燃料电池乘用车产业发展建议

降低燃料电池乘用车购置成本。一方面，通过技术进步降低燃料电池乘用车制造成本；另一方面，借助补贴和税收优惠(例如，"环保汽车减税"和"绿色特殊豁免"等税收优惠)降低消费者购买价格。

提高加氢便利性、可靠性。一方面，扩大氢气供应基础设施，这需要政府和能源公司的合作，也需要促进投资，优化选址。同时，保证加氢站氢气供应充足且营业时间覆盖车辆运营时间，可借助大数据分析等数字化技术，优化氢气供应及加氢站营业时间。

降低氢气价格。一方面，通过技术进步降低制氢成本；另一方面，除了采用补贴的方式，还可结合碳交易、碳税等，增加"绿氢"加氢站运营收益，降低氢气燃料价格。

改善售后服务。组织培训，帮助消费者掌握燃料电池乘用车使用方法；在车辆运营中，减少管理漏洞，对可能出现的车辆故障形成预案。

加强宣传和推广，提高公众对燃料电池汽车的接受度。同时，进一步探索燃料电池乘用车的商业化推广模式以及应用场景，比如与出租车、网约车等公共交通领域合作。

(二)燃料电池客车

北京亿华通科技股份有限公司　张　鹏；国创河北氢能产业创新中心有限公司　孟晓敏

1. 2023年产业总体发展与技术突破

2023年，政策导向与财政补贴仍是现阶段国内燃料汽车推广的关键推动力。国家层面针对燃料电池城市群内的汽车产业实施了一系列鼓励政策，包括购车、运营奖补及基础设施建设支持等措施，降低了燃料电池汽车购置成本和运营成本，为燃料电池汽车大规模市场化推广奠定了基础。燃料电池汽车示范城市群内拥有相对完善的产业链条和集聚优势，从核心零部件制造到整车研发、生产再到氢能供应网络及售后服务体系构建，形成了完整的燃料电池汽车产业生态，带动了全国燃料电池汽车技术进步，优化了资源配置，有效降低车辆成本，从而增强了燃料电池汽车在市场竞争中的优势地位。

2023年，中国燃料电池商用车交强险上牌销量为7177

辆,其中燃料电池客车销量共1339辆,占比为18.7%,销量同比上升12.2%。截至2024年1月,根据工信部第378批《道路机动车辆生产企业及产品公告》显示,氢燃料电池客车共有370款车型取得公告,较2022年增加36款,以氢燃料电池公交车为主,共计297款,占比80.3%。从车辆长度来看,燃料电池客车集中在10~12 m区间段,占比为64%。从燃料电池发动机功率来看,燃料电池客车系统功率集中在50~85 kW,占比为52.6%。从燃料电池客车整车厂公告来看,截至378批公告,宇通汽车共有35款燃料电池客车,位居第一,其次为海格汽车30款公告。

2022年北京冬(残)奥会及燃料电池汽车示范城市群项目的带动作用,2023年全国共有18个省36个市参与燃料电池客车运营。北京(283辆)、济宁(150辆)、济南(120辆)、郑州(102辆)四省市共推广655辆,占全年总推广的48.9%。受燃料电池汽车示范城市群项目影响,燃料电池客车销售主要集中在12月,占到当年销量的34.7%。

2023年,我国燃料电池客车产业技术已经达到商业化运营的要求,车辆可靠性、耐久性、经济性等方面得到持续提升,能效控制技术得到了进一步发展,燃料电池客车车型实现产品系列全覆盖。

2. 产业新质生产力发展情况

绿色发展是高质量发展的底色,新质生产力本身就是绿色生产力。随着"双碳"目标和产业转型升级的推进,我国各地通过设定发展目标并配套有关财政激励政策,开展氢能产业链布局,探索氢能与各产业领域的协同发展应用,大力推进新旧动能转换、开展工业转型升级、优化产业结构,落地形成了一批重大项目和成果,正加快形成、释放新质生产力。

氢能产业作为新质生产力的典型代表,体现在新产业和新生态。随着碳达峰碳中和推进,交通领域基于氢燃料电池发动机,通过燃料电池,探索发展氢燃料电池汽车、船舶、轨道交通、飞机等,并通过氢能高速等模式助力传统交通产业低碳转型,同时催生交通新经济。可再生能源制氢、氢电耦合结合氢储能逐步成为可再生能源为主的新型电力系统建设的重要解决方案之一。工业领域通过风光等可再生能源制取绿氢,协同石化、钢铁冶炼等产业,探索形成新型工业。

3. 氢能产业标准体系建设情况

2023年,我国氢能及燃料电池相关标准制修订加速明显,《燃料电池电动汽车车载氢系统技术条件》《燃料电池电动汽车能量消耗量及续驶里程实验方案》《燃料电池电动汽车低温冷启动性能试验方法》等国家标准重新修订并实施。氢能产业标准范围已经从核心零部件向外围辅助部件、能量测算方法等方向拓展。

2023年8月,国家标准委与国家发展改革委、工业和信息化部、生态环境部、应急管理部、国家能源局六部门联合印发《氢能产业标准体系建设指南(2023版)》,明确了近3年内国内国际氢能标准化工作重点任务,系统构建了氢能制、储、输、用全产业链标准体系,涵盖基础与安全、氢制备、氢储存和运输、氢加注、氢能应用5个子系统,我国氢能"1+N"政策体系持续完善。

截至2023年,我国氢能产业标准涵盖了111项现行国家标准和行业标准,28项正在制定和19项计划制定的国家标准和行业标准,涉及加氢站、氢安全、车载储氢瓶、燃料电池及其零部件、燃料电池汽车等方面。

4. 国内外燃料电池客车产业发展趋势

(1)燃料电池大型客车占绝对比重

2023年,燃料电池大型客车共销售1083辆,占全年燃料电池客车的80.9%,燃料电池客车大型化趋势明显。

(2)燃料电池客车产业区域聚集性增加

2023年,全国共有18个省份实现燃料电池客车运行,较2022年增加1个省份,但燃料电池客车区域聚集性增加。受科技部"氢进万家"示范应用工程及燃料电池汽车示范城市群影响,2023年燃料电池客车销售主要集中在山东、北京、河南和浙江4个省份,占到全国销量的70.2%,区域集中度进一步增加。

此外,甘肃、四川、安徽、内蒙古等非示范城市群内的省份燃料电池客车运行数量增加较快,非示范城市群销量占比超过14.8%,占比较2022年少量增加。

(3)燃料电池客车销售占比减少明显

2023年全年燃料电池客车市场增速不及整个燃料电池汽车市场增速。2022年,燃料电池客车占燃料电池汽车总销量的25.3%,2023年燃料电池客车占比为18.7%,下降明显。特别是燃料电池城市客车领域,因城市客车无需长续航里程,其长距离续航里程及加氢时间短的优势得不到发挥。同时从燃料电池汽车推广政策导向来看,燃料电池汽车推广应用更倾斜于燃料电池货车,尤其更适合重载长途运输的燃料电池重卡市场。

此外,随着近几年燃料电池及整车技术的快速发展,燃料电池客车经济性得到快速提升,其价格将进一步下降,2023年燃料电池客车招标价格大约在150万元左右,较2022年下降16.6%。

5. 目前亟须解决的技术难点及解决方案

(1)燃料电池关键材料的国产化、批量化应用

受益于燃料电池汽车示范城市群项目开展,我国燃料电池技术得到快速发展,八大核心零部件中的电堆、双极板、膜电极、空压机、氢气循环泵均已实现国产化替代,并得到批量化应用。但催化剂、碳纸、质子交换膜3个材料级产品均已实现国产化,但尚未批量化实际应用,影响国产产品的迭代升级。

为推动燃料电池全产业链发展,带动自主可控技术实现突破,建议开展燃料电池汽车专项示范项目,要求采用全部国产零部件及材料,由政府财政或者特定运营商进行采购进行运营示范,给予产品实际应用,积累实际运行数据及经验,加速产品迭代升级。

(2)燃料电池及核心零部件可靠性、一致性的提升

2023年,国内燃料电池系统企业发布的最新产品参数中,可靠性、耐久性基本达到2~3万h,但与传统燃油车相比仍有差距,产品一致性与国际领先企业差距明显。

针对燃料电池可靠性,可通过提高燃料电池核心零部件

间的匹配性，优化整车与燃料电池系统间的控制策略。通过提高燃料电池设计、生产管理、零部件采购等方面提高产品一致性。

6. 2023 年行业重点企事业单位发展情况

（1）中通客车股份有限公司

中通客车股份有限公司（简称中通客车）成立于 1958 年，自 1971 年开始专业生产客车，是国内最早的客车生产企业和客车上市企业之一，是行业内首个获得最新版要求的燃料电池商用车生产资质的企业。中通客车产品种类覆盖 6～18 m 公路客车、公交、旅游、团体等各个细分市场共十六大系列 260 余个品种，具有极强的市场竞争力。其中新能源客车产品和氢燃料电池客车产品市场占有率较高，并取得了良好的社会和经济效益。

中通客车涵盖了 9～12 m 城市/城间氢燃料电池客车，2023 年共销售 280 辆燃料电池客车，占比 20.9%，位列全国第一，山东省是主要销售地。

（2）北汽福田汽车股份有限公司

北汽福田汽车股份有限公司（简称福田汽车）成立于 1996 年，现已成集整车制造、核心零部件、汽车金融、车联网、售后服务于一体的汽车生态体系。福田汽车产品覆盖卡车、客车、商务汽车、微车、多动能汽车、工程机械及环境装备、新能源汽车等七大业务单元。

福田汽车已成立氢燃料电池生产基地，形成涵盖燃料电池系统及氢燃料电池客车研发、制造、燃料供给等完整产业链，产品覆盖 8～12 m 燃料系列氢燃料电池客车。2003 年，福田汽车启动研发氢燃料电池客车，2006 年首次承接国家 863 燃料电池客车整车开发项目，2008 年获得国内首个氢燃料电池客车整车公告并服务北京 2008 年奥运会。2018 年在国内首创采用 150 kW 大功率燃料电池发动机暨 70 MPa 氢系统，自主研发氢—电耦合碰撞技术，技术实力世界领先。2022 年，福田汽车燃料电池客车再次服务北京冬残奥会，成为国内首家服务双奥的氢燃料电池客车商用车品牌。

2023 年，福田汽车共销售 190 辆燃料电池客车，占比 14.2%，位列全国第二，全部销售在北京地区。

（3）郑州宇通客车股份有限公司

郑州宇通客车股份有限公司（简称宇通客车）是一家集客车产品研发、制造与销售为一体的大型现代化制造企业，拥有底盘车架电泳、车身电泳、机器人喷涂等国家先进的客车电泳涂装生产线。

宇通客车自 2009 年开始研发燃料电池客车，是行业内最早研发燃料电池客车的企业之一。2009 年，宇通推出第一代燃料电池客车；2012 年，宇通组建了专职的研发团队，自主研发燃料电池、电—电混合系统；2013 年，宇通第二代燃料电池客车问世；2014 年宇通获得国内商用车领域首个燃料电池客车资质认证；2015 年，宇通成为国内商用车行业首家获得燃料电池客车生产资质的客车企业；2016 年，宇通第三代燃料电池客车亮相；2018 年，宇通氢燃料电池客车正式投入商业化运营。2023 年，宇通客车共销售 141 辆燃料电池客车，占比 10.5%，位列全国第三，主要销售地在河南地区。

（4）扬州亚星客车股份有限公司

扬州亚星客车股份有限公司（简称亚星客车）的前身为中国人民解放军华东空军后勤部汽车修理所，2011 年潍柴集团入股，成为潍柴集团的子公司，借助潍柴集团在技术研发、海内外市场开拓和服务网络等方面的优势，全面提升了亚星客车整体竞争力。

亚星客车现有扬州和厦门两个生产基地，主要生产新能源客车，产品出口多个国家。亚星客车旗下有“亚星”“丰泰”“扬子”等子品牌，产品覆盖 5～18 m 各型号长途客车、校车、高端旅游客车、城市客车、团体客车和特种专用车等环保节能型客车。

2023 年，亚星客车共销售 141 辆燃料电池客车，占比 10.5%，并列全国第三，主要销售地为山东地区。

（5）金龙联合汽车工业（苏州）有限公司

金龙联合汽车工业（苏州）有限公司（简称苏州金龙）成立于 1998 年，是一家集客车产品研发、制造与销售于一体的国有全资大型现代化制造企业，并于 2003 年创立自主品牌“海格客车”。

拥有 50 多类 300 多个品种，海格 H 系、A 系、V 系、W 系、B 系、星系客车及轻型车等产品，涵盖高端商务、公路客运、团体旅游、专用校车、房车/VIP 商务车、公交及清洁能源客车、新能源客车等车型，同时公司整合资源拓展业务类型，推出轻客、皮卡等新产品。2002 年和 2006 年，苏州金龙与上海交大合作试制的混合动力客车获得江苏省高新技术产品称号，研制出了国内第一台氢燃料电池电动公交车。2008 年和 2010 年，苏州金龙再次与清华大学合作，共同承担了国家“863”氢燃料电池动力平台项目建设，研制出第三代、第四代客车氢燃料电池城市客车，获国际氢能组织 CIBC 颁发的新能源绿色客车奖，并成功服务在新加坡举行的“青奥会”。

2023 年，海格客车共销售 139 辆燃料电池客车，占比 10.4%，位列全国第五，销售地主要在北京、上海、内蒙古等地。

7. 未来几年燃料电池客车产业发展建议

（1）持续提高燃料电池客车经济性

燃料电池客车运营成本偏高依然是车辆推广的主要限制因素。一方面可通过提高燃料电池关键材料和组件的国产化率，优化整车集成技术、能量回收等技术降低成本。另一方面可通过规模化实现快速降本，选择产业基础好、氢源丰富、场景适合的地区进行批量化示范，增加燃料电池客车示范应用数量。

（2）规模化示范推广带动零部件国产化、自主化

规模化示范推广应用是验证燃料电池客车技术水平、降低成本的有效途径。通过规模化示范应用加快燃料电池核心零部件国产化、批量化应用，加快国产产品的迭代升级，推动核心技术自主化。

8. 其他重要方面

（1）提高氢气储运效率和经济性

氢气运输主要采用 20 MPa 长管拖车，运输效率和经济性较差，造成氢气加注价格升高，严重影响车辆推广。建议推广 30/52 MPa 长管拖车运氢，开展液氢技术攻关和示范，同时根据可再生能源和绿氢消纳区域分布统筹规划输氢管

道建设，为氢气规模化运输奠定基础。

(2)加强车站协同性

已建设的加氢站空间布局不合理制约了燃料电池客车示范应用的规模。燃料电池客车运营路线相对固定，建议结合当地加氢基础设施规划和土地资源等情况，统筹规划，根据现有加油、加气站，鼓励建设制氢加氢一体站等综合能源补给站，同时据燃料电池汽车运力需求，灵活建设撬装站及内部站。

(三)燃料电池物流车

北京亿华通科技股份有限公司 张 鹏

1. 2023年产业总体发展与技术突破

“双碳”目标下，随着我国能源结构逐步向清洁化和低碳化转型，化石燃料在终端能源需求中的占比将逐渐下降，以氢能为代表的清洁燃料消费占比持续提升。交通领域是氢能应用相对成熟的领域，而氢燃料电池汽车是氢在交通应用最广泛的领域。氢燃料电池汽车具有能量密度高、加氢快、耐低温等优点。更适用于中长途、高载重、冷链运输等商用车型。在五部门燃料电池汽车示范城市群扶持政策及专项奖补等措施的激励下，燃料电池物流车成为中国氢燃料电池的主流应用场景。

2023年，中国燃料电池商用车交强险上牌数量为7177辆，其中燃料电池物流车2482辆，占比34.58%，较去年增加1045辆，同比增长72.72%。截至2024年1月，根据工信部第378批《道路机动车辆生产企业及产品公告》显示，氢燃料电池物流车共209款车型取得公告，其中2023年有56款(燃料电池冷链运输车32款，燃料电池普通载货车24款)。

从销售区域和具体应用场景来看，2023年燃料电池物流车销售区域主要集中在上海(488辆，占比19.66%)、北京(481辆，占比19.38%)、张家口(298辆，占比12.01%)、武汉(153辆，占比6.16%)、郑州(150辆，占比6.04%)，5个城市销量占比为63.26%，销售前五市场集中度较去年下降。主要应用场景为城市冷链运输、日常货物配送、搬家服务等。

从销售车型来看，2023年4.5 t燃料电池物流车为主要车型，共销售1904辆，占比76.71%。18 t燃料电池物流车增长速度较快，共销售483辆，占比19.46%。从销售时间特点来看，受到燃料电池汽车示范城市群项目周期影响，燃料电池物流车销售主要集中在7月和12月，占比为52.01%。

从燃料电池物流车系统功率来看，系统功率主要集中在80~95 kW，占比为70.75%，其中4.5 t燃料电池物流车系统功率主要为80~85 kW，纯氢续驶里程达到450 km以上。

2. 新质生产力发展情况

2024年政府工作报告提出，巩固扩大智能网联新能源汽车等产业优势，加快前沿新兴氢能、新材料等产业发展。作为未来国家能源体系的重要组成部分、用能终端实现绿色低碳发展的重要载体、战略性新兴产业和未来产业重点发展方向，氢能产业技术密集、覆盖面广、带动效益强，对减少CO_2等温室气体排放、实现碳达峰碳中和目标具有重要意义，也将为我国形成新质生产力注入新动能。

氢燃料电池汽车是氢能产业发展的重要一环，燃料电池汽车的发展带动了绿色氢能产业链发展，中国已经形成了涵盖制、储、运、加、用各环节完整的氢能源电池汽车产业链，也带动了以可再生能源制绿氢等氢能产业链，涌现出一批新概念、新模式的氢能新质生产力发展模式，在欧盟碳边界调整机制落地、我国碳市场上线及温室气体资源减排市场(CCER)重启背景下，绿氢与碳市场的协同受到广泛关注。中国氢能联盟牵头的全球首个可再生能源制氢减排方法学已获联合国清洁发展机制(CDM)执行理事会审批通过，填补全球可再生能源制氢碳减排方法学的空白，助力开发氢能绿色化和规模化发展，是新质生产力的典型体现。

3. 产业标准体系建设情况

2023年，国家标准委联合国家发改委等部门联合印发《氢能产业标准体系建设指南(2023年版)》(简称《指南》)，系统构建了氢能制、储、输、用全产业链标准体系，明确了标准体系建设目标，这是首次从国家层面对氢能全产业链标准体系建设给出指导，体现了国家支持氢能产业发展的信心和决心，为产业发展指明方向。《指南》涵盖了氢能5个子体系，按照技术、设备、系统、安全、检测等进一步分解，形成了20个二级子体系、69个三级子体系。重点规划了PEM制氢、管道输氢、加氢站关键设备与监测等重要标准，同时对行业比较关注的液氢、氢能船舶、氢能航空器、氢冶金等技术方向和应用领域都有所涉及，部分标准已经立项或拟制定。

我国氢能标准已经从前期燃料电池等交通领域应用为主逐步向上游氢气制取和储运环节转换，氢能产业标准已进入产业链全面发展新阶段，标准制修订更加注重实际应用和质量。

4. 国内外燃料电池物流车产业发展趋势

(1)燃料电池物流车增速放缓

氢能在物流场景中具有巨大的潜力和应用前景，随着燃料电池汽车在交通领域的持续应用，氢燃料电池物流车在国内的发展速度和数量也在不断扩大，为物流行业实现清洁、高效、可持续的绿色发展提供切实助力。特别是4.5 t燃料电池冷藏车，结合了纯电动和传统冷藏车的优点，2023年市场增速较快。

2024年，随着燃料电池汽车示范城市群示范接近尾声，燃料电池物流车奖补标准下降，以及氢源不足和加氢基础设施车站协同差等因素，燃料电池物流车增速将放缓。

(2)燃料电池物流车车型种类更加多元化

随着燃料电池汽车示范城市群、“氢进万家”科技部示范、“成渝氢走廊”、“氢能高速”等重点示范项目的推广及应用，长途干线物流等场景将得到释放，在多元场景需求下，燃料电池物流车企业需要提供不同类型、功率等级、吨位要求的燃料电池物流车满足终端细分领域的具体场景用车需求，燃料电池物流车车型种类将进一步丰富。

5. 目前亟须解决的技术难点及解决方案

现阶段,我国燃料电池汽车的技术水平与燃油车、纯电动车仍有较大差距,具体体现在寿命、能耗、续驶里程等。需着眼于燃油车、纯电动汽车的技术指标对标,进一步提升燃料电池系统和电堆的控制策略,提升产品效率、系统功率、功率密度和使用寿命,提高终端产品的竞争力。进一步优化各环节生产工艺,降低产品缺陷率,提升规模化生产的产品一致性和稳定性,提高燃料电池寿命。

另一方面,国内燃料电池多项关键材料和零部件还依赖进口,成为制约氢能与燃料电池汽车产业发展的重要因素。需要加快解决质子交换膜、催化剂、碳纸、阀门等关键材料和零部件的技术水平,加大对产业核心关键材料的国产替代应用,给予一定的应用机会,从而推动国产材料和零部件进入良性循环的快速发展通道。

6. 2023 年行业重点企事业单位发展情况

(1)北汽福田汽车股份有限公司

北汽福田汽车股份有限公司(简称福田汽车)成立于1996年,现已成集整车制造、核心零部件、汽车金融、车联网、售后服务一体的汽车生态体系,福田汽车产品覆盖卡车、客车、商务汽车、工程机械、新能源汽车等七大业务单元。

在燃料电池汽车领域,福田汽车已经成了氢燃料电池生产基地,形成涵盖燃料电池系统及氢燃料电池汽车研发、生产、制造、燃料供给等完整产业链。2023 年,福田汽车共销售398 辆燃料电池物流车,占比 16.04%,位列全国第一,主要销售区域在北京地区。

(2)佛山市飞驰汽车科技有限公司

佛山市飞驰汽车科技有限公司(简称飞驰科技)创建于1971 年,是国内首批具备氢燃料电池客车和货车生产资质的企业,是华南地区最具规模的燃料电池汽车生产厂家,现拥有佛山、青岛两大燃料电池汽车基地,拥有客车车身焊接线、卡车驾驶室焊接线、卡车驾驶室电泳和喷漆生产线、卡车底盘等流水线生产车间,年产量达到 10000 辆。同时飞驰科技拥有氢动力研究院、整车研发中心、制造工程中心和实验测试中心四大氢能中心,具备商用车主要系统概念设计、工程设计、零部件需求定义动力系统测试和整车测试验证等技术,形成了网络通信和整车控制器等关键核心零部件的开发能力,具备整车标定和控制器诊断标定能力。

经过团队数年的技术研发创新,飞驰科技拥有各种不同类型及型号的汽车产品累计 30 余款,产品覆盖公路旅游客车、城市客车、房车、特种装备车、冷藏车、环卫车、物流车、牵引车、自卸车等。2023 年,飞驰科技共销售 383 辆燃料电池物流车,占比为 15.43%,位居全国第二,主要销售区域集中在张家口、青岛等地。

(3)厦门金龙旅行车有限公司

厦门金龙旅行车有限公司(简称厦门金旅)成立于 1992年,是集整车研发、制造和销售于一体的国内著名客车制造企业及国家汽车整车出口基地企业。总部位于厦门市,具备年生产大、中型客车 1.5 万辆,轻型客车 5 万辆的能力,产品系列齐全,涵盖 4.5~19 m,2~82 座各类型客车,包括客运、团体、旅游、公交、校车及特种车,覆盖传统动力、CNG、LNG、混合动力及纯电动、氢燃料电池等多种动力平台,满足各个细分市场和场景的用车需求。作为最早研发新能源的企业之一,公司在新能源客车领域创造了多项行业纪录,2019 年氢燃料电池客车在国内实现批量销售。

2023 年,厦门金旅共销售 230 辆燃料电池物流车,占比为 9.27%,位列全国第三,主要销售区域在上海。

(4)金龙联合汽车工业(苏州)有限公司

金龙联合汽车工业(苏州)有限公司(简称苏州金龙)成立于 1998 年,是一家集客车产品研发、制造与销售为一体的国有全资大型现代化制造企业,并于 2003 年创立自主品牌“海格客车”。

苏州金龙具有年产 20000 台商用车整车及底盘的能力,下辖博士后科研工作站、江苏省级企业技术中心、江苏省新型客车工程技术研究中心等多个研究中心。现拥有 50 多类300 多个品种,覆盖客运、重卡、专用车、公交、客运和团体用车等领域。

2023 年,苏州金龙共销售 220 辆燃料电池物流车,占比8.86%,位列全国第四,销售地主要在上海、深圳等地。

(5)东风汽车集团有限公司

东风汽车集团有限公司(简称东风汽车)是以汽车制造、销售、服务和技术研发为主业的商业一类央企,前身是第二汽车制造厂。50 多年来,累计产销汽车近 6000 万辆。东风汽车产业链齐全、产品系列丰富,主要产品覆盖豪华、高档、中档和经济型各区隔,业务涵盖全系列商用车、乘用车、军车、新能源汽车、关键汽车总成和零部件、汽车装备、出行服务、汽车金融等。国内事业主要分布在武汉、十堰、襄阳等全国 20 多个城市。东风汽车完成自主新能源汽车的品牌布局、平台与商品布局、核心资源布局,加快向自主品牌和新能源转型升级。完成电池、电机、电控产业化和近地化布局,掌握了商用车“龙擎”和商用车“马赫”绿色低碳动力品牌、燃料电池全技术链等核心技术和关键资源。

2023 年,东风汽车共销售 153 辆燃料电池物流车,占比为 6.16%,位列全国第五,主要销售区域在武汉。

7. 未来几年燃料电池物流车产业发展建议

(1)提升氢气供给稳定性

氢能作为燃料电池汽车的能源补给,其发展速度将直接影响车辆的推广普及速度。车用氢气主要采用高压气氢长管拖车运输方式运送,易受到各地通行政策、天气等多种因素影响,降低运输时效性。同时,该运输方式受车辆储氢密度影响,单车单次运氢量较低,对于氢能供给服务需求较大的站点,需要短时间内调配多车次运输才能满足站点氢气加注供给需求。

(2)完善奖补政策,及时发放奖补资金

奖补资金发放是国家、地市对产业链上下游各企业完成燃料电池汽车推广、氢能技术创新、车用氢气供给保障等方面任务目标的认可,也是各企业在示范期内的一笔重要资金保障,其下发时效性将对企业投资、生产计划产业一定影响。现阶段,奖补资金呈现出发放周期长、应用灵活性弱、资金占用挪用等现象，较大影响了企业正常的生产经营。建议明确各地奖补政策实施周期与整体排布，缓解产业链上下游企业资金摊付压力。

8. 其他重要方面

(1)探索氢能高速建设

现阶段，各示范城市群内具备氢能供给基础和氢燃料电池汽车运营经验，下一步应探索开展氢能高速规划建设，一方面有利于增进各城市间联动，形成跨城市氢能供给网络，提高产业链上下游企业之间的协同水平，另一方面有助于带动燃料电池系统关键技术突破，并形成规模效应，进一步降低燃料电池成本。

(2)推动产融结合发展

氢能和燃料电池汽车产业仍处于发展早期，研发投入较大，发展离不开金融支持，建议各地政府或产业基金积极参与氢能示范项目建设，明确财政、税收等支持标准和时限，引导后续社会资本投入。鼓励产业链不同环节、不同类型企业对口设计绿色金融产品，注重扶持平衡产业链发展。加快探索建立氢交易所，利用市场机制为绿色技术发展提供支持，增强企业竞争力，逐步降低氢能产业对财政补贴的依赖性。

(四)燃料电池重卡

北京亿华通科技股份有限公司 张 鹏 樊 辉 房党伟

1. 2023年燃料电池重卡产业总体发展与技术突破

加快氢能产业发展，开展燃料电池汽车示范是落实“双碳”目标、发展新质生产力的重要举措。燃料电池汽车是氢能应用先行先试领域，对氢能产业发展起到了重要作用。近年来，随着我国氢能及燃料电池汽车政策环境持续完善，关键核心技术不断取得突破，氢气制储运加用产业链上下游体系基本建成，燃料电池汽车示范应用规模不断壮大，国内燃料电池汽车市场将迎来快速增长期。

2023年，中国燃料电池商用车交强险上牌销量为7177辆，其中燃料电池重卡销量为3653辆，占比50.90%，销量比2022年多1052辆。截至2024年1月，根据工信部第378批《道路机动车辆生产企业及产品公告》显示，氢燃料电池重卡共有412款车型取得公告，其中2023年共取得74款燃料电池重卡公告，以燃料电池牵引车为主。从特性分类来看，燃料电池重卡以49 t牵引车和18 t物流车为主，两类车型占燃料电池重卡公告的69.17%。从燃料电池重卡整车厂公告来看，截至第378批公告，宇通汽车共有47款燃料电池重卡公告，位居第一，其次为中联重科33款燃料电池重卡公告。

从销售区域和具体应用场景来看，2023年燃料电池重卡销售区域主要集中在燃料电池汽车示范城市群内，其中河北省共785辆(主要城市为唐山，688辆)，占比21.49%；河南省共722辆(主要集中在郑州市，497辆)，占比为19.76%；上海市共367辆，占比为10.05%；山东省共289辆(济南市124辆)，占比为7.91%。4个省份燃料电池重卡销量占比为59.21%。应用场景主要为大宗货物及原材料运输。

从销售特点来看，受到燃料电池汽车示范城市群每年结束时间影响，2023年燃料电池重卡销售主要集中在示范结束前两个月，分别是6月、7月和11月、12月，占比为63.92%。从燃料电池重卡系统功率来看，燃料电池系统功率主要集中在100~150 kW，占比为93.05%。

2. 产业新质生产力发展情况

氢能是战略性新兴产业和未来产业重点发展方向，氢能产业以科技创新为抓手，从“新质生产力”出发，将大力推进新旧动能转换、探索工业转型升级，优化产业结构，加快释放生产力，逐步成为助推我国经济产业绿色低碳、高质量可持续发展的重要引擎。

我国在《氢能产业中长期发展规划(2021—2035年)》等政策框架下，通过氢能国家重点研发计划、氢能产业标准化建设、氢能首台(套)、燃料电池汽车示范城市群、氢进万家等方式，推动了氢能全产业链技术发展和关键技术攻关，逐步掌握形成技术装备和产业链、供应链自主化。据中国氢能联盟统计，2023年氢能产业链各环节企业共实现58个首创、首个代表性氢能技术产品或实现首次关键突破，是绿色生产力和新质生产力典型代表。

3. 氢能产业标准体系建设情况

标准对产业发展具有规范和引领作用，自2009年以来，在工业和信息化部、国家标准化管理委员会的支持和指导下，我国先后发布了15项国家、行业标准，涵盖基础通用、整车、关键系统和部件、接口、设施等多个领域，形成了相对完善的燃料电池电动汽车标准体系。

随着燃料电池汽车产业发展和技术提升，一方面新产品、新技术的发展亟须标准规范，另一方面原有标准中部分内容已不符合产业现状。因此，多项燃料电池电动汽车标准正处于制修订状态，《燃料电池电动汽车安全要求》《氢燃料电池电动汽车示范运行配套设施规范》等多项标准正在修订预研中。

下一步我国应继续加快燃料电池电动汽车国家标准和国际标准法规研究，主要推动燃料电池电动汽车加氢通信协议、燃料电池发动机故障分类、空气滤清器、氢气喷射器、车载氢系统在线监测等在研标准制修订进程，以及开展燃料电池电动汽车安全要求等标准的预研工作，持续完善我国燃料电池电动汽车标准体系。

4. 国内外燃料电池重卡产业发展趋势

(1)燃料电池重卡销量将快速上升

燃料电池重卡长续航、载重大、无污染、零碳排放的优点，结合当前城际干线及“氢能高速”的发展，更符合当前氢能及燃料电池政策需求。此外，燃料电池重卡是示范城市群的主要示范车型，在最后两年示范期内，燃料电池重卡销量将迎来快速增长态势。

（2）燃料电池重卡经济性等各项性能持续提升

燃料电池系统的经济性由 2018 年的 10000 元/kW 降低到 2023 年的 4000 元/kW，未来随着燃料电池系统价格的持续降低，加之车载储氢瓶成本大幅降低及国产零部件批量化使用，燃料电池重卡的经济性提升幅度明显。

随着燃料电池系统零部件国产化率提升，燃料电池各零部件匹配性提高，系统集成化程度大幅提升，燃料电池重卡耐久性、可靠性不断完善。

5. 目前亟须解决的技术难点及解决方案

（1）大容量车载氢系统研发及应用

大容量车载氢系统是燃料电池重卡长续航的保障。在车载储氢瓶方面，国内均为三型瓶，且技术较为成熟，但自重和储氢效率受到限制，难以满足低成本和高储氢密度的要求，燃料电池重卡的长续航受到影响。2024 年 6 月 1 日，我国车用四型储氢瓶国标发布并正式实施，将带动车辆储氢量、续驶里程、轻量化水平大幅提升。但国内四型瓶氢气传感器、管阀件还以进口为主，国内已有样件开发完成并装车试用，国产化率还需进一步提升。

（2）进一步延长燃料电池系统寿命

现阶段，国内燃料电池系统寿命基本在 1.8～2 万 h，2025 年能够提高到 2.5 万 h，还不能满足燃料电池重卡行驶里程 120～150 万 h 的商业化运行要求。

未来，应在规模化生产的产品一致性和稳定性方面持续提升，不断优化各环节生产工艺，解决规模化生产中的质量控制问题，降低产品缺陷率，提高燃料电池系统寿命，争取燃料电池系统寿命尽早实现 3.5 万 h，满足燃料电池重卡商业化运营。

（3）高效率大功率燃料电池系统

未来燃料电池重卡将是“氢能高速”的主力军，为满足车辆高速行驶，需要燃料电池系统功率在 180 kW 以上，且为降低车辆氢耗，需要将燃料电池系统额定点效率由 45% 左右提升至 50%。

6. 2023 年行业重点企事业单位发展情况

（1）宇通商用车有限公司

宇通商用车有限公司（简称宇通重卡）是宇通集团的核心企业，总部位于河南省郑州市，是集产品开发、生产制造、销售服务于一体的专业制造企业。宇通重卡致力于成为更可靠的新能源重卡合作伙伴，依托宇通集团强大的新能源技术能力、产业能力、创新能力和先进的智能制造能力，坚持市场导向，为客户提供可靠耐用、节能环保、智能安全的新能源重卡产品及整体解决方案，为客户创造更大价值。宇通重卡已经涵盖氢燃料电池牵引车、自卸车、搅拌车等多个新能源产品系列，广泛应用于中长途运输、短倒运输、城建渣土运输、混凝土运输等多个领域。

2023 年，宇通商用车共销售 831 辆燃料电池重卡，占全部销量的 22.75%，位居全国第一，主要销售地区为郑州、唐山等地。

（2）佛山市飞驰汽车科技有限公司

佛山市飞驰汽车科技有限公司（简称飞驰科技）创建于 1971 年，是国内首批具备氢燃料电池客车和货车生产资质的企业，是华南地区最具规模的燃料电池汽车生产厂家，现拥有佛山、青岛两大燃料电池汽车基地，拥有客车车身焊接线、卡车驾驶室焊接线、卡车驾驶室电泳和喷漆生产线、卡车底盘等流水线生产车间，年产量达到 10000 辆。同时飞驰科技拥有氢动力研究院、整车研发中心、制造工程中心和实验测试中心四大氢能中心，具备商用车主要系统概念设计、工程设计、零部件需求定义动力系统测试和整车测试验证等技术，形成了网络通信和整车控制器等关键核心零部件的开发能力，具备整车标定和控制器诊断标定能力。

经过团队数年的技术研发创新，飞驰科技当前拥有各种不同类型及型号的汽车产品累计 30 余款，产品覆盖公路旅游客车、城市客车、房车、特种装备车、冷藏车、环卫车、物流车、牵引车、自卸车等。2023 年，飞驰科技共销售 636 辆燃料电池重卡，占比为 17.41%，位居全国第二，主要销售区域集中在唐山、徐州等地。

（3）质子汽车科技有限公司

质子汽车科技有限公司（简称质子汽车）成立于 2022 年，位于陕西省西咸新区，是德创未来汽车科技有限公司为进一步加快科技成果转化，成立的新能源智能整车公司。质子汽车重点围绕商用汽车“智能化、电动化、网联化、轻量化”开展研发创新、销售运营。业务涵盖新能源、智能网联、新材料技术研究，新能源整车、零部件研发，汽车零部件（配件）制造，新能源整车、汽车零部件销售等。质子汽车围绕商用车应用的各细分场景，研制注销产品，现有燃料电池牵引车、燃料电池自卸车、燃料电池城市物流运输车等多条成熟产品线，多项产品已取得市场高度认可。

2023 年，质子汽车共销售 273 辆燃料电池重卡，占比为 7.47%，位居全国第三，主要销售地区在上海等地。

（4）金龙联合汽车工业（苏州）有限公司

金龙联合汽车工业（苏州）有限公司（简称苏州金龙）成立于 1998 年，是一家集客车产品研发、制造与销售为一体的国有全资大型现代化制造企业，并于 2003 年创立自主品牌“海格客车”。

苏州金龙具有年产 20000 台商用车整车及底盘的能力，下辖博士后科研工作站、江苏省级企业技术中心、江苏省新型客车工程技术研究中心等多个研究中心。现拥有 50 多类 300 多个品种，覆盖客运、重卡、专用车、公交、客运和团体用车等领域。

2023 年，苏州金龙共销售 240 辆燃料电池重卡，占比 6.57%，位列全国第四，销售地主要在上海、深圳等地。

（5）一汽解放汽车有限公司

一汽解放汽车有限公司（简称一汽解放），属于大型国有控股公司，主营业务包括研发、生产和销售重、中、轻、微、客五大整车平台，汽车总成及零部件、柴油机及配件，汽车租赁，二手车销售等。一汽解放在全国有长春、青岛、成都、佛山、柳州、哈尔滨、曲靖七大整车生产基地，无锡、大连、长春三大总成生产基地，在南京、天津、苏州分别控股和参股车联网、智能车、后市场等三大新业务公司，涵盖重、中、轻、微、客五大整车平台产品开发，拥有技术创新、性能开发、精益设计、试验试制、试验认证五大核心能力，打造了低碳化、电动化、智能化、信息化、高品质即“四化一高”五大技术平台，是掌握世界级整车及三大动力总成核心技术的商用车企业之一。

2023年，一汽解放共销售218辆燃料电池重卡，占比5.97%，位居全国第五，主要销售地在唐山等地。

7. 未来几年燃料电池重卡产业发展建议

（1）完善升级政策，增强政策应用灵活性，推动产业稳定发展

现阶段虽然燃料电池汽车推广有相对应的购置奖补资金，结合了燃料电池系统额定功率、车辆吨位、车辆车长等因素进行综合测算，但设置了燃料电池系统额定功率测算上限。但国内燃料电池研发生产技术完全支持150～240 kW的系统装车配套，特别是“氢能高速”等长途干线物流的应用场景对大功率燃料电池系统的需求，但由于在当前政策下大于110 kW系统拿到的奖补标准无差别，但生产成本差异较大，大部分系统企业有能力研发生产更大功率系统，但不太愿意配套装车，造成高功率燃料电池系统企业基础创新积极性降低、产业链整体技术迭代速度慢，严重影响长途、高速燃料电池重卡示范推广。

建议在延续燃料电池奖补政策的基础上，适当调整燃料电池标准车折算的系统额定功率上限，对更大功率系统给予倾斜支持，更好地发挥长距离、重载运输场景优势，确保燃料电池重卡示范应用效果得到完全发挥。

（2）合理布局加氢基础设施，实现燃料电池重卡车站协同

各城市已发布的加氢站建设相关文件指导性偏弱，氢气的能源属性一直没有明确，导致加氢站建设受制于审批程序制约，规划建设周期偏长、建设难度较大。此外存在既有加氢站点位布局与燃料电池汽车运行热力区域匹配度较低，车辆常常需绕远路加氢，该现象在一定程度上降低了燃料电池汽车运营企业的用车积极性。

建议推动相关政策完善，聚焦优化加氢站建设审批流程，持续完善相关法规标准，推动相关政策制定出台。同时优化加氢站规划布局，充分考虑车辆运行场景与加氢站点建设位置的耦合性与适配性。充分利用现有高速加油站点，布局氢能高速加氢站建设，为以后燃料电池重卡跨区域运输奠定基础。

8. 其他重要方面

（1）扩大燃料电池汽车示范规模，以规模化带动降本

燃料电池汽车示范规模小，难以支撑氢能产业可持续发展，已经获批的五大燃料电池汽车示范城市群41座城市在示范期内共推广约3.5万辆燃料电池汽车，年均推广量不足万台，示范带动效应不足。

建议选择经济基础好、氢源丰富、产业配套基础好的地区纳入燃料电池汽车示范城市群，同时加大财政支持力度，继续扩大燃料电池汽车示范规模，以规模化带动低成本、市场化发展。

（2）开展燃料电池汽车专项示范项目，推进核心技术攻关

燃料电池汽车示范城市群开展以来，电堆、双极板、膜电极、空压机、氢气循环泵（引射器）已经国产化并实现批量化应用。质子交换膜、催化剂、碳纸3项已经实现国产化，但市场使用较少，缺少产品验证，影响产品迭代升级。

为推动燃料电池全产业链发展，带动自主可控技术实现突破，建议开展燃料电池汽车专项示范项目，要求采用全部国产零部件及材料，并由政府财政或者特定运营商进行采购，并进行运营示范，给予产品实际应用，积累实际运行数据及经验，加速国产产品迭代升级。

（五）车用燃料电池

中国科学院大连化学物理研究所　侯　明　衣宝廉

1. 2023年车用燃料电池产业的总体情况

随着全球对环境保护和可持续发展的关注度不断提升，车用燃料电池作为一种清洁能源解决方案，在2023年取得了显著进展。SNE Research数据显示，2023年全球燃料电池汽车销量为14451辆，中国、韩国和美国的氢燃料电池汽车销量占比分别为38.8%、32.0%和20.7%，中国取代韩国成为第一。2023年3月，政府工作报告中多次提及“新能源汽车”，在各方共同努力下，我国新能源汽车产业取得了令人瞩目的发展成就，截至2023年中国燃料电池汽车累计销量2.1万辆。当前我国氢能的发展已经步入新阶段，如何在政策支持和市场促进中，实现核心技术突破与基础设施完善，不断推进氢燃料电池汽车规模化应用示范，已成为当下全产业面临的重要课题。

2. 2023年车用燃料电池技术与产业发展情况

（1）催化剂

氢燃料电池目前“卡脖子”的关键技术之一是催化剂。氢燃料电池分为阳极氢氧化反应（HOR）和阴极氧还原反应（ORR），其中阴极反应比较复杂且速率慢，是影响氢燃料电池工作效率的主要因素。氢燃料电池的催化剂主要分为三大类：铂催化剂、低铂催化剂、非铂催化剂（包括非贵金属催化剂、非金属催化剂等）。当前商业应用还是以铂基催化剂为主，其他催化剂的研究也不断取得进展，但还没有真正实现商业化应用。

Fe-N-C催化剂一直是非贵金属催化剂研究的重点，然而，在过去的几十年里Fe-N-C催化剂的性能和耐久性改进仍然有限，要实现与当前Pt催化剂相当甚至更好的稳定性仍然是一个重大挑战。美国纽约州立布法罗大学的武刚教授研究团队通过改变气氛环境向传统惰性气氛中添加氢气而制备的Fe-N-C催化剂，可以调控FeN_4位点的局部碳和氮配位结构及其位点密度，成功地突破了传统Fe-N-C催化剂在活性与稳定性之间的平衡问题，该工作为设计具有高活性、高稳定的PEMFCs的Fe-N-C催化剂奠定了基础。马里兰大学胡良兵教授团队通过高温脉冲焦耳热技术合成了尺

寸均匀的 Ta-TiOx 纳米颗粒，将其加入 Fe-N-C 催化剂中，Ta-TiOx 纳米颗粒作为自由基淬灭剂，阻止催化剂活性组分的衰减，可以有效提高催化剂的耐久性。在加速耐久性测试中，添加 Ta-TiOx 纳米颗粒的燃料电池展示了较好的稳定性，性能衰减仅为 3%，而未添加纳米颗粒的燃料电池性能衰减为 33%。Seung Yeop Yi 等人通过缺陷工程调整 Fe-N-C 催化剂的局部环境，采用沸石咪唑酯骨架（ZIF）衍生的氮掺杂碳和额外的 CO_2 活化来构建具有受控缺陷数的原子分散的铁位点，具有最佳缺陷位点数量的 Fe-N-C 物质表现出优异的 ORR 性能。

在提高铂基催化剂的耐久性研究中，Sang-Hoon You 等人提出了一种用于氢氧化反应（HOR）的选择性电催化方法，作为一种在启动停车过程中抑制由于阳极氢空界面形成所引发的 ORR 和防止阴极腐蚀方法，负载在二氧化钛（TiO_2）上的铂（Pt）在阳极侧表现出 HOR 选择性电催化作用，这是由于电导率随氢浓度的变化而变化，该催化剂在富氢条件下，氢溢出导致 Pt/TiO_2 表面形成导电通道，促进 HOR 的形成；在富氧条件下，二氧化钛表面的导电性使其恢复到原来的绝缘性质，从而抑制了 ORR。在燃料电池启停模拟测试中，该催化剂的 HOR 在膜电极中的耐久性是商用铂/碳催化剂的 3 倍。

在抗毒催化剂研究方面，大连化物所利用苯胺单体原位聚合的方法成功设计并开发出一种具有双重保护机制的核壳结构催化剂，如图 1-3-1 所示，多孔碳壳层的位阻效应可以有效地阻碍 SO_2 向活性位点 Pt 的传输，同时允许动力学直径更小的 O_2 通过；利用金属间化合物的电子效应显著降低了 SO_2 在活性位点的吸附强度，催化剂表现出优异的抗 SO_2 毒化性能，测试结果表明具有最佳苯胺添加量的 PtFe@FeNC/C-10 催化剂的质量比活性和面积比活性分别是商用 Pt/C 催化剂的 1.84 倍和 4.03 倍。抗毒化性能测试结果表明，PtFe@FeNC/C-10 催化剂经 SO_2 毒化后半波电位仅下降 51.7 mV，低于商用 Pt/C 催化剂的 92.0 mV。此外，加速耐久性试验结果表明碳壳层可以有效地抑制 Pt 纳米颗粒的脱落和团聚，PtFe@FeNC/C-10 展现出比商用 Pt/C 催化剂更为优异的稳定性。

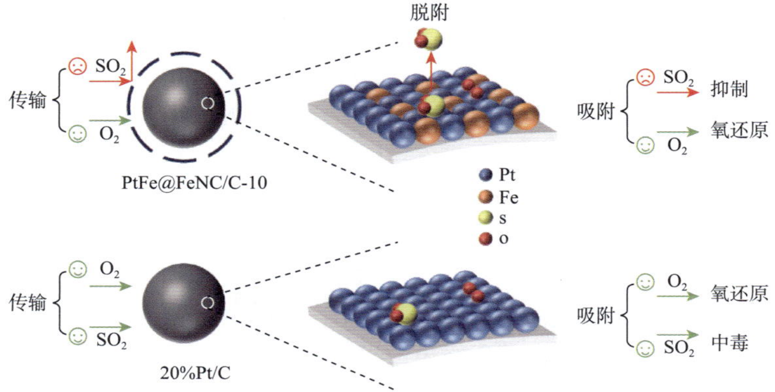

图 1-3-1　抗毒化 ORR 催化剂原理图

在催化剂产品方面，进口商品市场占有率仍然较高，为了补短板，国内企业积极布局催化剂产品研发，代表性企业有中自科技、济平新能源、贵研铂业、龙蟠科技、雄安新动力、西安凯立新材料、宁波中科科创新能源等，此外，高校院所研发工作也在持续开展，如中科院大连化物所、大连理工大学、上海高研院、重庆大学等。其中中自科技已经开发出第一代 SEC100 铂碳催化剂和第二代 SEC200 具有核-壳结构的低铂催化剂，关键参数见表 1-3-1。该公司氢燃料电池用铂碳催化剂公斤级制备线已经建成并具备批量化生产能力，其参与了“十三五”国家重点研发计划“高性能/抗中毒车用燃料电池催化剂的合成技术与批量制备”，已建成 2 kg/批次的铂合金催化剂的制备能力，并实现公斤级销售。大连理工大学精细化工国家重点实验室宋玉江教授带领的研究团队致力于氢燃料电池电催化剂研发 25 年，在国家及省市重点重大项目的支持下，自主研发了低温绿色合金化量产工艺，生产设备全国产化，电催化剂量产能力已达到 100 kg/a，已开发系列电催化剂 Pt/C、PtCo/C、PtPdAu/C 和 PtCuAu/C 的电化学活性比表面积（ECSA）分别为 114.4、110.0、126.3 和 154.0 m^2/g_{Pt}，氧还原质量比活性（MA）MA 分别为 346.8、355.7、528.1 和 495.1 A/g_{Pt}，均优于商品 Pt/C 电催化剂，产品已在主流电堆企业试用，具有替代进口商品的潜力。雄安新动力科技股份有限公司首条公斤级氢燃料电池催化剂生产线已完成试生产。宁波中科科创新能源科技有限公司，已推出了 HiCa 系列纳米贵金属催化剂，该系列催化剂产品具有金属载量高，粒径小且可控、可调、分散度高，组成和结构一致性好，分散性佳等技术特点。

表 1-3-1　SEC 系列催化剂关键参数

型号参数	SEC100-20	SEC100-40	SEC100-60	SEC200-10	SEC200-20
铂含量	20 wt.%	20 wt.%	20 wt.%	20 wt.%	20 wt.%
粒径	~2.5 nm	~2.5 nm	~2.5 nm	~2.5 nm	~2.5 nm
电化学活性表面积	80~110 m^2/g_{Pt}	80~110 m^2/g_{Pt}	80~110 m^2/g_{Pt}	80~110 m^2/g_{Pt}	80~110 m^2/g_{Pt}
质量比活性（MA）	≥0.25 A/mg_{Pt}@0.9V			≥0.4 A/mg_{Pt}@0.9V	
耐久性（MA 损失 *）	<40%			<40%	

催化剂作为燃料电池电堆的重要材料，其市场规模的扩张主要受益于燃料电池汽车的商业化推广与高功率化发展，预计2026年市场规模有望达25亿元，2027年有望突破40亿元，2022—2027年市场规模年均复合增长率为37.1%。催化剂可能占据未来燃料电池电堆的最大部分成本，行业规模也将随着燃料电池的产业化进程持续扩大。建议催化剂研发单位与MEA及电堆生产单位紧密合作，开展电催化剂的稳定性和寿命实验，并把好的结果尽快应用到电堆或短堆进行实际验证，争取早日进入市场。

（2）质子交换膜

质子交换膜是一种固态电解质，其作用主要是传导质子、隔绝电子和反应气。质子交换膜是氢燃料电池的关键材料之一，直接决定了电池的性能、寿命和成本。质子交换膜技术路线包括全氟磺酸膜、部分氟化质子交换膜、无氟化质子交换膜、复合膜等。目前大多采用是全氟磺酸（PFSA）树脂与PFSA膜，代表性产品如Nafion®系列膜、Dow膜、PAIF膜、Gore-Select膜，Aciplex膜、Flemion膜，国内有苏州科润、汉丞科技、山东东岳公司的全氟磺酸等系列产品。

为了满足燃料电池高性能要求，增强复合膜的厚度已经降到8 μm以下，均质膜已经逐渐被增强复合膜所替代，代表性的是用e-PTFE多孔基膜与全氟磺酸树脂复合。近期，重庆大学的王建川教授和魏子栋教授团队提出一种自增强策略，如图1-3-2所示，该策略利用静电纺丝制备PFSA纳米纤维，并将其与PFSA树脂混合而成复合膜，解决了传统复合膜的界面相容性问题。同时，又由于PFSA纳米纤维内的链取向，膜的质子电导率达到1.1 S/cm，与目前商用的PFSA膜（0.29 S/cm）相比实现了一个数量级的提高。

（a）PFSANF

（b）PFSANF/PFSA悬浮液

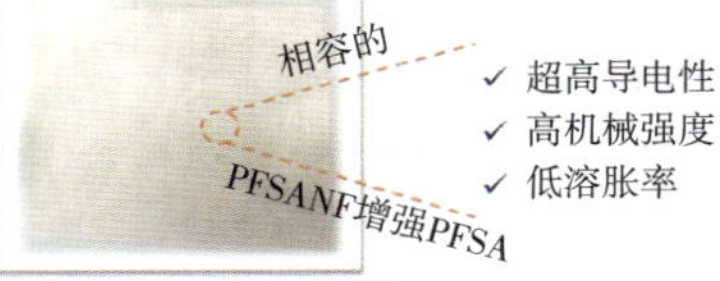

（c）PFSANF/PFSA膜

相容的

（d）自增强模型

图1-3-2 PFSA纳米纤维自增强膜的制备

中高温质子交换膜也一直重要的研究方向，其优点有以下几个方面：①可以提高电化学反应速率，有利于性能的提高；②提高燃料杂质的耐受性，使燃料电池利用低成本的粗氢成为可能；③可以提高废热品质，有利于废热的回收利用，还能实现大部分储氢材料的放氢；④燃料电池流场内为混合气体的单相流，简化了燃料电池内部水管理。高温质子交换膜的研究依然集中在磷酸掺杂的聚苯并咪唑膜，但其保酸能力低，吸酸后机械强度差，使其无法满足高温燃料电池的使用要求，新型的耐高温聚合物膜仍在探索研究中。上海交通大学的张永明团队利用原位同步加速器散射重点研究了短侧链（SSC）PFSA质子交换膜的形态演化，如图1-3-3所示，发现了一种“溪流—水库”形态，并以此指导SSC-PFSA的制造优化，改进的SSC-PFSA PEMFC在110 ℃和25% RH下性能相对于Nafion提高了82.3%，表明SSC-PFSA PEM非常适合高功率密度和重载应用急需的高温低湿燃料电池。北京航空航天大学相艳、卢善富教授团队提出了“双质子导体”的研究思路，以膦酸/磷酸（乙二胺四亚甲基膦酸EDTMPA/磷酸PA）作为双质子导体模型，通过双质子导体的相互协同作用，解决了传统磷酸掺杂型聚合物电解质膜体系中因磷酸易流失而导致的燃料电池衰减，实现了PEM燃料电池在宽温域条件下高效稳定的输出性能。

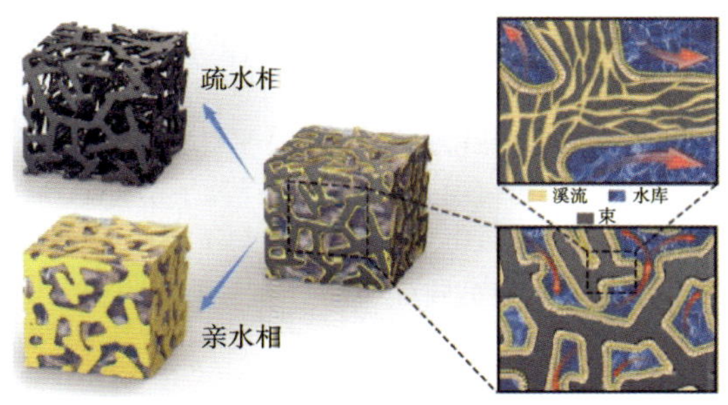

图1-3-3 SSC-PFSA膜结构三维示意图

低成本非氟膜一直是一个重要的研究方向，华南理工大学殷盼超教授团队将商用无氟聚合物聚乙烯醇丁醛（PVB）与超酸性纳米金属氧簇$H_3PW_{12}O_{40}$（PW）络合，两种组分之间的强亲和性使所获得的纳米复合材料具有两亲性，并进一步相分离成具有相互连接的质子传输通道和坚固的聚合物骨架的双连续结构，从而实现了复合材料高的质子电导率、机械/尺寸稳定性，并用此无机—有机杂化纳米复合材料制备的膜进行了燃料电池性能及稳定性测试。北京航空航天大学的卢善富课题组通过点击化学方法制备了侧链型PPO-g-Az-x高温燃料电池聚合物膜，与典型的主链型OPBI相比，PPO-g-Az-x可以在侧链附近吸引更多的磷酸（PA），增强了膜的保酸能力，且减弱了PA对聚合物主链的塑化作用，以保持膜的拉伸应力。所设计的PPO膜在80~180 ℃温度区间、低载流子下也能表现出超快和稳定的质子传导性。

由于质子交换膜制备工艺复杂、技术要求高，美国、日本等国家的少数厂家长期垄断了市场，在关键技术和原料供应上均占绝对优势。我国质子交换膜产业整体处于加速发展阶段，市场开始活跃，企业正在加速布局，国内质子交换膜正逐渐走向小批量商业化生产。2023年，众多企业推进质子交换膜的国产化进程。武汉绿动生产的质子交换膜通过国氢科技这一平台实现全链条测试验证，并与多家下游客户开展送样测试，逐步打开质子交换膜被进口产品垄断的局面。东岳未来作为国内质子交换膜领军企业，基于全产业链优势，通过对树脂和质子膜的结构调控和界面协调，也开发了针对不同应用场景的全氟质子膜。汉丞科技增强型全氟磺酸质子交换膜也正在加快推进与国内主流膜电极、电堆企业的测试验证。此外，清驰科技、江苏源氢、元隽氢能等国内质子交换膜企业正在努力缩短与进口品牌的差距。相信在众多国产品牌的努力下，质子交换膜这一核心材料将会尽早迎来国产化、批量化、规模化生产的未来。

(3)碳纸/扩散层

气体扩散层(GDL)是构成质子交换膜燃料电池(PEMFC)的核心部件之一,一般由炭纸作基底层(GDB)和在其上涂覆的一层微孔层(MPL)组成,承担着传输气体、排除产物水、导电、散热以及支撑催化层、水气再分配等作用,对PEMFC的性能、成本、寿命有着重要的影响。

在GDL内提供单独的疏水和亲水区域,可以为氧气和液态水提供单独的传质途径,从而减少水淹的情况。F. Calili-Cankir等人将聚四氟乙烯(PTFE)溶液通过加工的图案化模具刷到商业炭纸上制造出具有不同模式疏水区域的气体扩散层(GDL),与经过均匀PTFE处理的GDL相比,图案化的GDL在所有情况下都具有卓越的性能。Lin等开发了一种新型气体扩散层(GDL),如图1-3-4所示,其特点是利用四边形图案穿孔以提高质子交换膜燃料电池的排水能力,实验与模拟计算表明,图案化的穿孔降低了水突破压力,便于除水,从而改善了穿孔GDL中的氧扩散,垂直排列的流道穿孔显著增强了对相邻通道的除水能力,从而降低了液态水饱和度,提高了电池性能。

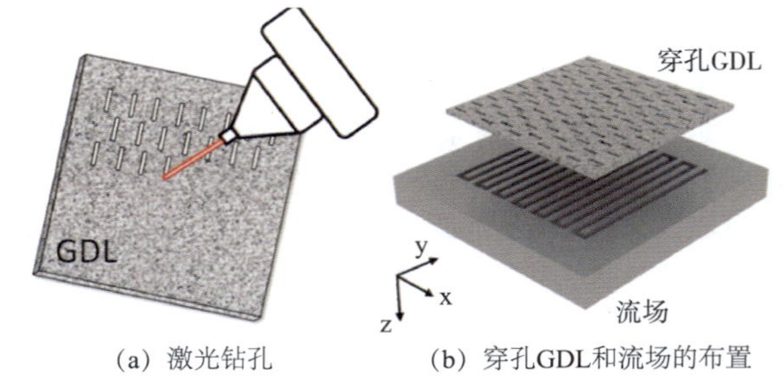

(a) 激光钻孔　　(b) 穿孔GDL和流场的布置

图 1-3-4　穿孔的GDL

此外,在炭纸基底层上刻蚀流道,以实现GDL与流场一体化,这能大大降低传质路径,提高体积功率密度。He等人设计并制备了一种具有波浪形通道和微通道肋的集成气体扩散层(GDL),如图1-3-5所示,通过激光雕刻实现更快、更温和的传质和出色的水管理能力。新型集成式GDL可以利用低至0和50 kPa的空气背压,分别实现80%和90%的纯氧燃料电池性能。主要是由于微隧道肋提供的液态水的波浪通道和快速去除途径引起的湍流。此外,由于这种GDL的厚度较薄,还具有宽湿度及较高的体积功率密度。

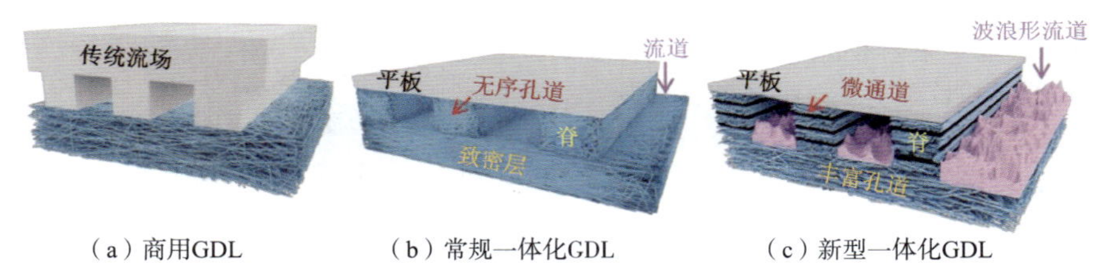

(a) 商用GDL　　(b) 常规一体化GDL　　(c) 新型一体化GDL

图 1-3-5　“传统流场+GDL”和“新集成式流场+GDL”比较

从市场份额及技术专利的角度看,气体扩散层仍处于国外垄断的状态,碳纸/GDL公司主要有德国的SGL、日本Toray、美国Avcarb等。近些年,燃料电池材料的国产化已经进入到“深水区”,作为燃料电池核心材料之一的气体扩散层也加快了国产化替代步伐。上海碳际、国氢科技、通用氢能、嘉资新材等国内企业纷纷在推进气体扩散层产品的研发生产,产品还在不断迭代中,国产气体扩散层化市场占有率远未形成有效比例,以2023年燃料电池装机量测算,气体扩散层国产化率不足10%。此外,国内现有气体扩散层企业多数仍需依赖进口碳纸,仅通过微孔层涂覆进行二次加工制造气体扩散层成品。基底层(碳纸)及原纸是气体扩散层的关键,决定了核心性能参数,因此具备碳纸及原纸自主生产能力是气体扩散层企业最重要的核心竞争力。此外,碳纸的卷材化生产能够极大降低产品成本,但国内厂商大多还处于片材化生产阶段。

上海碳际公司掌握了自主化卷材碳纸/GDL生产工艺与技术,产线设计总产能40万 m^2,已实现产能炭纸30万 m^2,GDL15万 m^2。公司提供炭纸、气体扩散层、碳毡电极等产品和技术服务,包括CPM系列炭纸、面向车用的HP、LF系列以及面向空冷的AC系列GDL,还有面向液流电池的MF系列碳毡电极。产品已经通过国内多家头部电堆企业测试,性能比肩或超过现有进口商品,公司在市场化方面稳步发展,在2024年前5个月,公司累计销售炭纸和GDL4000余 m^2,其中有1000余 m^2 出口海外。此外,上海碳际积极布局上游原纸产品,参与投资的碳宇新材开始自主设计并建造专用于碳纤维湿法薄毡产品的TY1600生产线,产线设计产能为2000万 m^2,产能规模预计可满足全球市场对于高品质碳纤维毡的市场需求。同时,碳宇新材已经打通碳纤维、树脂黏结剂、到碳纤维薄毡等全链条自主化能力。碳宇新材公司的薄毡产品范围从5 g/m^2 到50 g/m^2,这也意味着上海碳际将能够设计开发出厚度更薄(80~100 μm)的炭纸和气体扩散层。

尽管国内具备自主能力的厂商虽然数量仍较少,但已经具备产品批量化生产整体来看,我国气体扩散层技术层面已经可以对标国际先进产品,国内产品有望逐渐进入产业化阶段,但普遍处于送样测试验证阶段,预计未来2年内有望实现气体扩散层产业链国产化供应。

(4)膜电极组件(MEA)

膜电极组件(MEA)作为电学反应发生的场所,其制备方法、组装工艺、物化特性、使用材料和运行条件等都会对PEMFC的性能产生重要影响。PEMFC的产业化进程仍然面临着成本过高、寿命较短等问题。提高PEMFC性能、降低成本主要有以下两种途径:一种是从催化剂本征活性角度出发,通过改变载体、制备合金催化剂等方式降低贵金属Pt使用量,提高催化剂活性和稳定性。然而,这种方式很难全面改善PEMFC性能,因为电化学反应过程还受到三相界面以及电子、质子、气体和水的传质通道等诸多因素的影响;另一种是从膜电极和催化层结构的角度出发,通过探索出新的膜电极制备方法和制备工艺来改善 PEMFC 性能,这种方式涉及因素广,能从整体上协调反应进程,提高燃料电池性能。

在提高催化剂 Pt 的活性和利用率方面,重庆大学魏子栋教授等报道了一种使用环己醇的阻断策略,以精确封闭 Nafion 的磺酸基团以提高 Pt 在 MEA 中的催化性能。结果显示,在环己醇催化剂层中,Pt 表面的磺酸基团覆盖率降低到 7%,远低于仅使用 Nafion 离聚体的催化剂层(21%)。在燃料电池实验中,与单独使用 Nafion 离聚体的 MEA 相比,用环己醇制备的 MEA 动力学活性明显性能提高,并且表现出更好的质量传输性能。此外,第二代 Mirai 通过阴极使用介孔碳载体,实现 80% 的 Pt 颗粒位于载体孔隙内,有效抑制了离聚物的吸附。由此,催化剂活性比第一代提升 50%,载量(g/kW)比第一代 Mirai 降低 58%。阴极催化剂载量 0.17 mg_{Pt}/cm^2,阳极催化剂载量 0.025 mg/cm^2,其催化层结构对比如图 1-3-6 所示。

除此之外,近些年有序膜电极组件(MEA)技术也被广泛研究,因为它可以同时提供丰富和连续的有序电荷、质子和传质通道,然而,有序 MEA 的发展受到有序通道制备的限制。在这项工作中,近期中国科学技术大学 Zhou 等人采用高效(<1 min)、无污染、低消耗的纳米压印方法,以多孔阳极氧化铝(AAO)为模板,通过多次压印制备了大面积(1800 cm^2)的 Nafion 有序阵列复合质子交换膜(PEM),这种纳米压印方法可以通过在不同的商用 PEM 上压印不同的有序 Nafion 阵列结构来制备丰富的复合 PEM。在质子交换膜燃料电池中,上述复合质子交换膜的性能比相应的商业质子交换膜高 1.6 倍,氢渗透低十分之一。

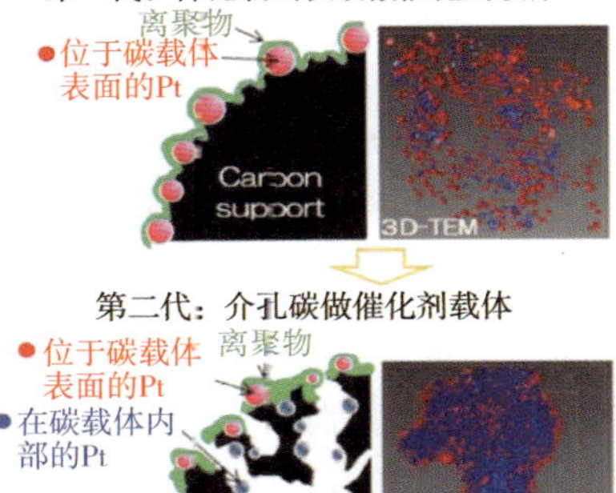

图 1-3-6 第一代、第二代 Mirai 燃料电池催化层结构比较

另外,MEA 生产制造技术也是影响 MEA 性能的关键因素,图 1-3-7 为 MEA 制备技术发展路线图,为了满足批量化生产,催化层制备已从丝网印刷、超声喷涂逐渐地过渡到了卷对卷涂布生产,其中卷对卷涂布工艺及装备是技术核心,国内卷对卷涂布装备生产企业有氢导智能、魔方新能源、浩能科技、航天华阳等,国际上企业有日本 Screen、德国 Coatema 等。MEA 制造过程包括浆料制备、催化层制备及 MEA 封装几个主要步骤,狭缝涂布技术是较多采用的技术,双面卷对卷均匀涂布催化层是其中技术的难点。

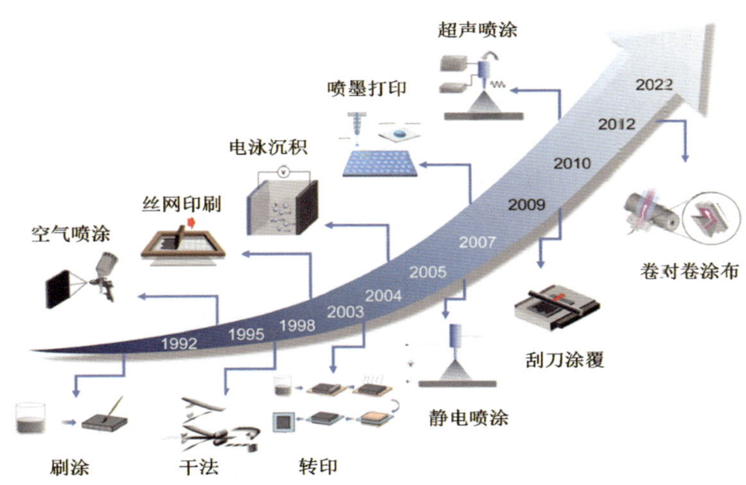

图 1-3-7 MEA 制备技术发展示意图

当前,我国膜电极产业已经进入快速发展阶段,膜电极技术逐渐成熟,企业规模逐步扩大,同时车企、燃料电池企业向膜电极延伸的趋势明显,部分已经实现膜电极自产自用,潜在竞争愈发激烈,国产膜电极已经占据了出货量的主流。由武汉理工大学材料复合新技术国家重点实验室潘牧教授主持完成的项目"低铂、高效燃料电池膜电极组件工程化成套制备技术及应用"荣获 2023 年度国家技术发明二等奖。

代表性企业主要有唐锋能源、鸿基创能、擎动科技、武汉理工氢电、捷氢科技、亿氢科技、未势能源、国氢科技、爱德曼、清能股份和新源动力等,国外膜电极企业主要有 Ballard、Gore、Johnson Matthey 等。我国膜电极主要参数已经与国际先进水平接近,部分参数可以超过国外先进水平。唐峰能源解决了低铂化和高功率密度的矛盾、低铂化和长寿命之间的矛盾及低铂化和宽工况运行的矛盾,膜电极产品功率密度已经达到 1.3 W/cm^2,并通过了 10000 h 寿命验证及车规级工况验证,市场占有率有希望进一步提升。

(5)双极板与电堆

①双极板

双极板材料主要集中在石墨、金属、复合材料等。双极板的成本、机械性能、透气性、防腐性能、导电性能和表面接触电阻等作为双极板核心指标有严格的要求。硬石墨雕刻流场的早期双极板技术已经很少被采用,取而代之的是石墨复合双极板技术,分为两类:一是以膨胀石墨板为基材模压后填充树脂以达到致密性要求;二是石墨粉与树脂混合注塑或模压双极板。这种复合石墨板在成本及厚度方面都优于硬石墨板,与金属板比较在电堆功率密度上还有差距,但是耐腐蚀性方面优于金属板。因此,对于电站及商用车等空间比较充足的应用场景可以选用复合石墨板电堆,代表性企业有国鸿、神力、氢璞等,已经有多款商用车应用实例。

金属双极板以其优异的导电性、较薄的厚度、更好的机械强度、适于低温启动、量产工艺成熟等特点,被认为是最具前景的一类双极板。金属双极板的关键技术包括成型技术、耐腐蚀处理技术、激光焊接技术等。基材以不锈钢、Ti 材为主,不锈钢可加工性优于 Ti 板,但是耐腐蚀性不如 Ti 板,这两种基材在质子交换膜燃料电池的酸性、潮湿及高温环境下都需要涂层处理,由于钛板基材具有一定的耐腐蚀,表面处理技术以降低接触电阻为主要目的,如碳涂层等。金属双极板耐腐蚀技术仍然是技术难点,在制备金属双极板时,主要有含有预涂层的金属带和没有涂层的金属带这两种可选择的原材料。如 SANDVIK 提供的预涂层处理条产品,不需要在极板成型后再涂层,但要关注此类带预涂层材料加工极板可能会出现表面裂痕、粗糙度增加等问题。对没有涂层的双极性板涂上涂层,以提高双极性板的耐蚀性。对燃料电池不锈钢双极板表面耐腐蚀涂层技术,国内外进行了大量的学术研究工作,一般来说,涂层技术有以下几个要求:良好的耐腐蚀性;良好的导电性(较少的接触电阻);与基体具有较好的结合力;致密性(无针孔、裂纹)。

根据上述要求,涂层技术主要由涂层材料技术与涂层制备技术组成。涂层材料要保证耐腐蚀、导电兼备性能;涂层制备要保证涂层与基体通过物理或化学方式较好结合;此外,制备过程中要保证膜层无缺陷,否则,会通过缺陷腐蚀基体。因此,选择合适的涂层材料与适合的制备技术均非常重要。涂层材料可以分为贵金属、金属化合物及碳类涂层等。贵金属涂层,如金、银、铂等,尽管成本高,但由于其优越的耐蚀性以及与石墨相似的接触电阻使其在特殊领域应仍有采用,为了降低成本,涂层的厚度尽量薄,同时要保证涂层致密,无针孔。金属化合物是目前研究较多的涂层材料,主要聚焦于过渡金属氮化物、金属碳化物等,如 Ti-N, Cr-N, Cr-C 等表现出较高的应用价值。纯碳膜涂层的结合力是涂层保持耐久性的关键,为了增加结合力,利用过渡层或金属掺杂可提高纯碳膜的综合性能。

除了涂层材料,涂层制备技术也非常关键,常采用的是物理气相沉积(PVD)技术,如离子镀、溅射镀等。代表性企业有常州翊迈、上海治臻、北京实力源、山东博远等,此外,有些电堆生产企业自己也建立了涂层装备,如明天氢能已经建立了包括冲压、焊接、涂层等完整双极板产线,在双极板模具制造方面三佳机械、大连神通模具有很多成功案例。国创氢能公司大面积钛基材料金属双极板,实现了从设计、材料和生产的全部自主化,在基于钛材的大面积精密薄板冲压技术、双极板表面处理技术和钛材焊接技术等核心工艺上取得突破,解决了钛材批量生产成型难的问题,发挥钛材抗腐蚀的优势结合先进镀层工艺,满足电堆长寿命需求。实现活性面积大于 370 cm^2,双极板厚度低于 0.9 mm,微结构尺寸公差小于±0.02 mm。

②燃料电池电堆

电堆是燃料电池系统的核心,2023 年我国燃料电池电堆的研发呈现良好势头,为了瞄准重卡、工程车等重型车辆的应用,大功率电堆成为主攻方向。企业纷纷推出 300 kW 以上的电堆产品,电堆比功率达到 6.0 kW/L。大功率电堆的突破包含了膜电极面积及性能的提升、双极板厚度的下降、大面积极板成型工艺及材料可加工性能的提升及单电池工艺、电堆一致性的提升等。如骥翀氢能基于 MH170 电堆产品,采用创新结构使单堆功率最大达到 376 kW,同时简化氢气子系统、提高氢气利用率,可匹配 300 kW 系统。国创氢能创新研发成功 300 kW 级钛基双极板电堆,支持-40 ℃低温启动,采用钛基材料,实现低电阻、高耐腐蚀,大幅提升了燃料电池性能和耐久性,满足长途重载运输、储能电站、机车和船舶等场景使用需求。此外,宽温域电堆产品也有产品推出,如亿华通在高温电堆研发取得阶段性进展,能够在 100 ℃以上的高温工况下稳定运行。表 1-3-2 列出了国内部分企业的电堆产品。

随着电堆功率的增大,电堆的一致性是要重点关注的问题,在设计上需要平衡单堆功率与电堆一致性、系统匹配、经济性、可操作性等多方面,确定选择适宜的单堆功率值。

表 1-3-2 国内部分企业燃料电池堆产品

企业名称	产品主要参数	产品图片
氢晨科技	• 不锈钢双极板 • 功率 300 kW • 比功率 6.2 kW/L	
国创氢能	• 钛基双极板 • 功率 300 kW • 比功率 6.0 kW/L	
骥翀氢能	• 不锈钢双极板 • 功率 376 kW • 比功率 6.0 kW/L	
亿创氢能	• 不锈钢双极板 • 功率 200 kW • 比功率 6.2 kW/L	
氢璞创能	• 复合石墨双极板 • 功率 300 kW • 比功率 4.6 kW/L	
未势能源	• 膨胀石墨双极板 • 功率 300 kW • 比功率 4.0 kW/L	

在新型结构电堆研发方面，天津大学焦奎教授等报道了一种由石墨烯涂层镍泡沫和超薄(9.1 mm)碳纳米纤维膜组成的无 GDL 电极流场一体化设计，如图 1-3-8 所示，这种结构大大减少了膜电极组件的体积、传质距离及浓差阻抗，估计采用无 GDL 设计的流场电极一体化设计 PEMFC 电堆峰值体积功率密度可达 9.8 kW/L。将沟槽流场改为兼顾气体扩散层的泡沫或多孔流场，可以简化加工、降低成本，是未来电堆可以探索的方向。建议这种多孔流场要关注流体阻力带来的寄生内耗以及在流场内实现有效的水管理问题。

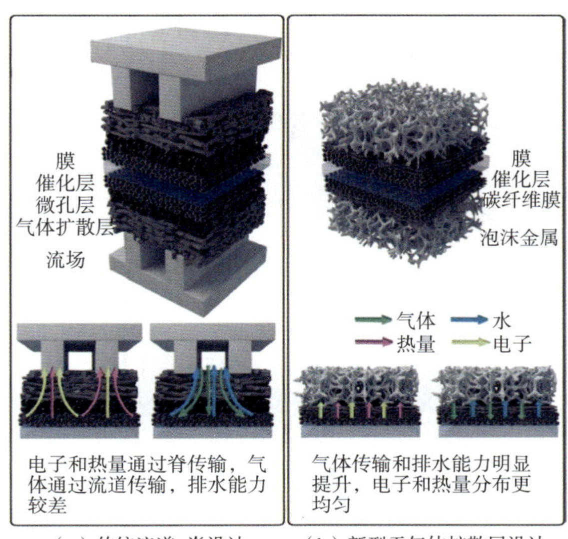

（a）传统流道-脊设计　（b）新型无气体扩散层设计

图 1-3-8　传统电堆结构与流场电极一体化电堆结构比较

在电堆组装方面，把单电池作为独立单元然后进行电堆装配，是另一条电堆组装方法，如丰田 Mirai 燃料电池电堆就是采用这种技术路线，即把 MEA 封装到两片双极板中作为一个独立单元，这种方法可以进行单电池筛选后再装堆，有利于提高电堆均一性，同时也易于电堆批量生产，是一个重要的技术方向。

(6)燃料电池系统

2023 年是国家燃料电池汽车示范运营第一年考核期与第二年规划期的关键时刻，经过各示范城市群近几年的运营，补贴资金、系统成本、氢源及运营成本等问题基本已展现，从政策到技术再到市场等层面均日趋成熟。通过前期示范和燃料电池汽车示范城市群实践，产业取得了长足进步。随着 300 kW 电堆的技术突破，系统功率高达 250 kW，批量出货也已经达到 160~180 kW，系统部件如空压机、氢循环泵、DCDC 等无论在性能及价格方面都极具市场竞争力。从成本来看，5 年前电堆成本普遍在 4000 元/kW 以上，系统成本则高达 10000 元/kW；电堆成本已经触碰 1000 元/kW，系统则在 2000~2500 元/kW。成本的大幅下降主要得益于燃料电池及核心部件性能突破的叠加效应，以及产业生态的初步形成，如果产量进一步提升将带来进一步成本下降的空间。

据高工氢电统计燃料电池系统装机 TOP10 的企业分别为亿华通、捷氢科技、重塑能源、国鸿氢能、潍柴动力、国氢科技、未势能源、博世(中国)、东方氢能、爱德曼氢能。多款新型高性能燃料电池系统，展示了国产燃料电池系统的强劲竞争力。亿华通和丰田合资成立的华丰燃料电池有限公司发布了 TL Power 150 全新一代大功率氢燃料电池系统，该产品具有质量轻、体积小、功率大、效率高、氢耗低、可快速响应等特点，其 FCPC、电堆、BOP 3 层构造，可实现系统高度集成化，关键零部件经充分验证，系统可靠性高、使用寿命长，具备优越的全生命周期经济性 该产品大功率的设计可以满足城际客车、重卡等动力需求，适应多种应用场景，可实现多系统化。东方氢能推出了 OLAS 110B、OLAS 200 A 燃料电池发动机系统，系统最高效率达 60%，具备−35 ℃低温快速启动能力，防护等级达到 IP67 级别，产品应用于混凝土搅拌运输车、重卡、客车等商用车。东风公司自主研发的东风氢元 H_2 · One 300 燃料电池系统完成公告，各项参数达行业领先水平，该产品采用全新架构设计，具有高集成、低成本、高效率、低衰减、宽温域、高海拔等优点，可满足整车全场景全工况需求，其软硬件、引射器、多合一 DCDC 等核心部件，自主化率和国产化率达到 100%，该燃料电池系统已搭载东风天龙 49T 商用车，可采用 35/70 MPa 储氢瓶，车辆续航里程可达 500~1000 km。国创氢能研发出净输出大于 200 kW 基于钛基电堆燃料电池系统，功率密度实现>700 W/kg，产品已经应用于公交客车、重卡等多种应用场景。其他国内部分代表性燃料电池系统如图 1-3-9 所示。

（a）华丰TL Power 150系统

（b）东风氢元H_2 · One 300系统

（c）国创氢能200 kW系统

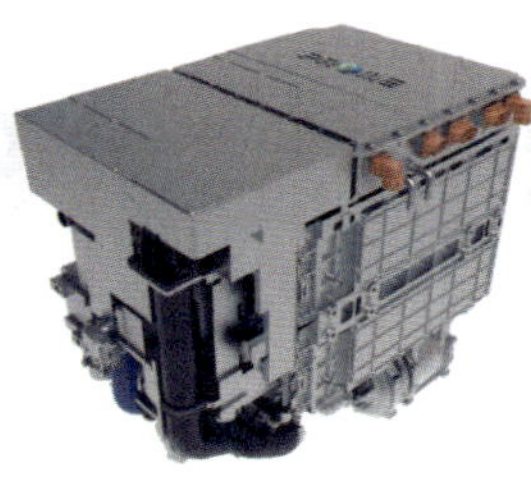

（d）捷氢科技230 kW系统

（e）东方氢能200 kW系统

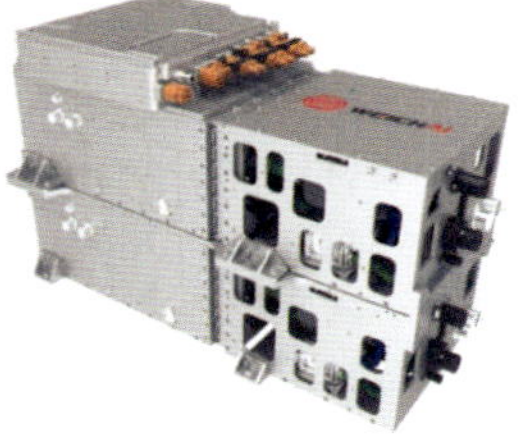

（f）潍柴动力200 kW系统

图 1-3-9　国内部分燃料电池系统

3. 车用燃料电池技术与产业发展存在的问题及建议

我国燃料电池汽车发展经历了 20 余年的技术积累，技术及产业化不断推进，在性能、成本、耐久性及加氢基础设施方面都取得了长足的进展，距离商业化还剩下“最后一公里”。燃料电池车成本还需要进一步降低，未来要与燃油车及锂电电动车同台竞争，还需在成本上大幅下降。在耐久性方面还要进一步提升，逐步接近燃油车的寿命，这是商业化的根本保障。此外，氢的价格也要进一步降低，要从氢的制、储、运、加多个环节去努力。提倡大力推广可再生能源制氢，重点解决“绿电”制“绿氢”的关键技术，同时在有条件的地方建议采用工业副产氢，若能与氢氧化抗毒催化剂相配合，则燃料电池车运输价格可以低于燃油车；推荐发展天然气管网输氢，在需要纯氢的地方采用膜分离提取纯氢，并探索氨输氢技术；进一步降低加氢站成本，建立健全加氢站审批流程，完善加氢站可能泄露氢气部位的氢检测并与风机联动，提高加氢站安全性与可靠性；车用燃料电池技术与产业方面，要解决燃料电池核心材料产业如催化剂、质子交换膜、GDL/碳纸等“卡脖子”技术，加速其国产化进程；要在提高燃料电池电堆比功率、提高耐久性及降低成本上继续深化研究，提高技术及产业化水平，同时布局前沿基础研究，如高温膜、碱性膜、抗毒催化剂等研究工作，为实现未来燃料电池材料体系的变革打下基础。

总之，氢能利用市场广阔，氢能产业链较长。我们要从全产业链发展出发，统筹规划，协力攻关，解决“卡脖子”问题，推动氢能产业健康发展。有关方面要组织跨行业合作，在推进示范的同时，也要注意开展相应的燃料电池相关底层材料和关键材料、关键技术的基础研究，也期待国家能够加大这方面的资金投入；同时也希望燃料电池企业要以先进的技术和优质的产品去经营，不要过度依赖政府补贴，以免被市场淘汰。

（六）氢燃料电池电堆

同济大学　章　桐

1. 2023 年氢燃料电池电锥产业总体发展与技术突破

2023 年，我国氢燃料电池电堆的市场发展表现出显著的增长趋势。据 ACMI 氢能研究不完全统计，2023 年我国氢燃料电池电堆的装机量达到 931.2 MW，同比增长 51.24%。这主要得益于商用车特别是燃料电池重型卡车出现的增长。未来，我国将逐步开始大力投资绿色氢能项目，如水电、风电、太阳能等制氢项目，这将成为未来燃料电池电堆市场新的增长点。

根据高工氢电 GGII 的统计，2023 年国内石墨（含复合材料）板氢燃料电池电堆的出货量接近 1000 MW，同比增长 36%。尽管增长速度有所放缓，整体表现仍然良好。出货量增长主要得益于韵量新能源、神力科技、国鸿氢能、氢璞创能、潍柴巴拉德等公司的推动。市场集中度较高，前五大企业的市场占有率接近 86%，前十大企业的市场占有率高达 98%。这种高市场集中度主要是由于龙头企业的出货量大，能够更灵活地定价，性价比优势稳固。

同时，2023 年金属板氢燃料电池电堆的出货量达到 600 MW，同比增长 25%。金属板电堆的增长速度虽然不及石墨（含复合材料）板电堆。增长主要来源于捷氢科技、氢晨科技、国氢科技、未势能源、骥翀氢能等企业。市场集中度方面，排名前五的企业市场份额较上年提升超过 7 个百分点，而排名第六至第十的企业市场份额增长超过 7%。尽管整体市场份额有所下降，但龙头厂商的竞争优势更加明显，市场参与者数量的增加和新进入者的加入也开始影响市场格局。

2023 年，中国石墨（含复合）板电堆和金属板电堆的出货量排名如下：在石墨（含复合）板电堆领域，排名前十的企业依次是神力科技、韵量新能源、国鸿氢能、氢璞创能、潍柴巴拉德、锋源氢能、深科鹏沃、清能股份、东方氢能和雄韬氢瑞；而在金属板电堆领域，出货功率最高的 10 家企业则为氢晨科技、捷氢科技、国氢科技、未势能源、骥翀氢能、爱德曼氢能、博世（中国）、丰田汽车、明天氢能和清极能源。

近年来，尽管市场尚未完全打开，中国的 PEM 燃料电池电堆在设计水平、工艺技术和制造能力方面取得了显著进展。此外，关键材料和核心部件如质子交换膜、催化剂和碳纸虽未完全实现国产化，但国内许多企业正在积极研发和采用这些材料。电堆的性能指标也有所提升，部分指标达到了国际先进水平，包括电堆的功率和功率密度。同时，电堆的使用寿命也得到了显著提升，部分报告显示寿命超过 1 万 h。在成本方面，燃料电池电堆的制造成本每年平均下降约 20%。单堆功率已超过 300 kW，金属板电堆的体积功率密度超过 6 kW/L，膜电极的功率密度达到 1.3 W/cm^2/0.65 V。此外，金属双极板的厚度控制在 1.0 mm 以内，模压和雕刻石墨双极板的厚度则控制在 1.5～2.0 mm 内。国内的燃料电池示范运营主要集中在商用车领域，但固定式发电也开始受到关注。

2. 产业标准体系的建设

“十四五”期间，中国明确指出加强氢能等新兴领域标准的研制，2023 年发布的《新型储能标准体系建设指南》进一步细化了电力用氢储能系列标准的制定。同年，国家标准委等十一部门发布了《碳达峰碳中和标准体系建设指南》，强调了完善全产业链技术标准和加快制修订氢燃料品质、氢能检测等基础通用标准的重要性。国家标准委与国家发展改革委、工业和信息化部、生态环境部、应急管理部、国家能源局六部门 2023 年 7 月联合印发《氢能产业标准体系建设指南（2023 版）》（简称《指南》）。指南明确了近 3 年国内国际氢能标准化工作重点任务，系统构建了氢能制、储、输、用全产业链标准体系，涵盖基础与安全、氢制备、氢储存和输运、氢加注、氢能应用 5 个子体系。指南旨在贯彻落实国家关于发展氢能产业的决策部署，充分发挥标准对氢能产业发展的规范和引领作用。

全国氢能标准化技术委员会（SAC/TC 309）和全国燃料

电池及液流电池标准化技术委员会(SAC/TC 342)等机构是推动这些工作的主力。截至2023年4月,中国已发布氢能及燃料电池相关国家标准113项,另有30项标准项目处于制修订状态。此外,已有50项行业标准和18项地方标准发布,表明了我国在氢能与燃料电池领域标准制定上的活跃态势。

2023年3月17日,国家市场监督管理总局和国家标准化管理委员会共同发布了《质子交换膜燃料电池 第2部分:电池堆通用技术条件》(标准编号:GB/T 20042.2—2023)。此标准详细规定了质子交换膜燃料电池堆在安全性、基本性能和试验方法等方面的要求,涵盖外观检查、安全试验、气体泄漏试验等多项测试内容,旨在确保燃料电池堆的生产、检验和性能评估的标准化。此外,该标准还为"燃料电池示范城市群"中电池堆的技术检测提供了关键支持。同时,相关的子部件标准如《质子交换膜燃料电池 第5部分:膜电极测试方法》《质子交换膜燃料电池 第7部分:碳纸特性测试方法》和《质子交换膜燃料电池 第6部分:双极板特性测试方法》等正在起草修订并即将实施。进一步推进燃料电池电堆产业标准体系的完善。

3. 国内外氢燃料电池电堆产业发展趋势

中国燃料电池电堆产业快速增长,技术创新显著。产业链涵盖氢气制备、关键零部件制造(如膜电极和双极板)、系统集成及广泛应用(如交通运输和固定发电)。国内在单堆功率、体积功率密度及冷启动温度等方面取得突破,在膜电极组件(MEA)的研发和制造上也有进展,显著提高了MEA的性能和可靠性。

尽管中国建立了较完整的产业链,包括关键材料供应、部件制造到系统集成等环节,但高性能材料和关键部件的制造成本依然偏高,制约了大规模商业化。产业链的整体成熟度和稳定性也需进一步提升。中国在一些高端材料和技术领域仍依赖进口,这对实现本地化和成本优化带来挑战。需要通过持续的技术创新和产业策略调整来解决这些问题。

在膜电极组件上,国外技术较为成熟,许多国家已实现产业化规模生产,如美国和日本企业在PEMFC领域取得了高性能和可靠性,特别是在提高MEA耐久性和优化催化层方面。中国虽然起步较晚,但发展迅速,在MEA自主研发和制造上取得重大突破,部分技术参数接近或优于国际水平,如在MEA结构设计和制备工艺上,已能减小气体传输阻力并提高反应活性。

国外企业广泛采用高端金属双极板,具有成熟的生产工艺和高防腐性能,同时在质子交换膜和催化剂研发制造上保持领先。底层通用聚合物密封黏结材料市场长期由国外化工材料巨头垄断,如日本的ThreeBond和美国的Hernon等。国内企业正通过技术创新推动双极板应用,降低成本并提高制造效率,逐步从传统石墨板向金属板和复合材料过渡。虽然中国大量依赖进口高性能材料,但在核心材料的自主开发上取得显著进展,如全氟磺酸膜的国产化。

4. 目前亟须解决的技术难点及解决方案

氢燃料电池的高效能催化剂主要依赖于贵金属铂,这不仅成本高昂,而且铂资源的有限性也限制了氢燃料电池的广泛应用。此外,铂基催化剂在长期使用过程中易于聚集,导致活性下降。因此研发非贵金属或低铂催化剂是目前研究的热点。利用碳基材料和过渡金属如铁、钴来开发新型催化剂,这些材料成本低且资源丰富。例如,石墨烯基复合材料可以作为载体提高铂的分散性和使用效率。同时,通过纳米技术优化催化剂的结构,增强其稳定性和抗毒性,从而延长燃料电池的使用寿命。

目前使用的PEM材料在高温、低湿环境下性能衰减明显,且成本较高。这些膜在极端条件下易受到化学降解和机械疲劳,限制了其在商业和工业应用中的广泛部署。因此,开发新型耐高温质子交换膜材料,如磺化聚芳烃(SPP)和聚苯并咪唑(PBI)膜。这些材料不仅提供了更好的化学和热稳定性,而且能在无需外部湿化的条件下操作,大大增强了系统的可靠性。此外,可以通过添加特殊的添加剂或采用复合材料技术来改善这些高性能膜的生产工艺,以降低成本和提高性能。

在燃料电池运行过程中,由于化学反应的副产品及操作环境的影响,电堆内的材料经常面临腐蚀和机械应力问题,尤其是双极板和端板材料。这些问题直接影响电堆的寿命和性能。常见的优化方法是使用先进的复合材料和涂层技术来增强双极板和其他关键组件的耐腐蚀性和机械稳定性。例如,开发新型石墨复合材料或金属材料,并采用耐腐蚀涂层如氮化硅或碳纳米管涂层来保护这些部件。此外,可以通过优化设计减少内部应力,使用机械增强技术如纤维增强塑料来提高结构的整体稳定性和耐久性。

5. 2023年行业重点企事业单位发展情况

(1)上海捷氢科技有限公司

上海捷氢科技有限公司(简称捷氢科技)在燃料电池电堆及系统等环节拥有核心技术优势,在燃料电池电堆关键核心部件膜电极的自主研发与制造中取得突破并实现了国产化、产业化。捷氢科技已建成膜电极、燃料电池电堆、燃料电池系统、整车动力系统集成与适配开发在内的纵向一体化自主研发和规模化生产能力,推出车规级、高性能、高可靠、强环境适应性产品,功率覆盖1.5~260 kW。新一代产品概念膜电极功率密度达1.8 W/cm^2,新一代电堆低温冷启动可达−40 ℃。

(2)国鸿氢能

国鸿氢能成立于2015年6月,是一家以氢燃料电池为核心产品的高科技企业,致力于为社会提供优质的氢燃料电池产品和完善的系统解决方案。2017年,公司建成全球规模领先的氢燃料电池电堆生产基地。国鸿氢能于2022年开始生产自主研发的鸿芯系列石墨双极板,并于2022年7月开始生产最新一代的鸿芯GⅢ模压柔性石墨双极板。自2017年批量生产低成本模压柔性石墨双极板以来,公司累计生产量已超过300万片。公司成功推出了各种电堆类型,包括液冷的鸿芯GⅠ、液冷的9SSL及风冷的鸿枫G。2023年12月5日上午,国鸿氢能科技(嘉兴)股份有限公司在香港证券交易所首发上市。

(3)上海氢晨新能源科技有限公司

上海氢晨新能源科技有限公司专注于高功率燃料电池电堆和电解槽研发、生产、销售及解决方案,是一家高新技术企业,落户于中国(上海)自由贸易试验区临港新片区。氢晨科技已开发 27~300 kW 系列化具有完全自主知识产权的燃料电池电堆,综合性能达到国际先进、国内领先水平。公司开发的电堆产品已批量应用于公交车、通勤大巴、重卡、物流车、环卫车、中运量等多个领域,累计装车 2500 余台,连续两年国内金属板电堆出货排名第一。氢晨科技凭借 20 余年研究积累,完成了国家 863 计划项目、国家自然科学基金重大国际合作项目、重点研发计划课题等。

(4)未势能源科技有限公司

未势能源科技有限公司由长城控股集团于 2019 年成立,是长城控股集团旗下氢能板块业务的高科技企业,主要产品涵盖燃料电池发动机、燃料电池堆、35 MPa/70 MPa 高压储氢系统、车载供氢系统及低成本加氢站集成化解决方案。

(5)国家电投集团氢能科技发展有限公司

国家电投集团氢能科技发展有限公司于 2017 年注册成立,位于北京市昌平区未来科学城南区,专注于氢燃料电池和先进制氢装备核心技术的自主化,开展氢能领域关键材料和"卡脖子"技术攻关。构建全自主化技术链,掌握了从催化剂、碳纸、质子交换膜、膜电极、双极板等部件级材料到整堆组装、系统集成等产品级关键核心技术及工程化生产工艺。自主研发的"氢腾"燃料电池及动力系统实现自动化批量生产,已成功在客运、机车、应急电源车、无人机等场景应用推广,并在北京冬奥会期间为 150 辆氢能大巴提供了交通保障。

(6)北京亿华通科技股份有限公司

北京亿华通科技股份有限公司成立于 2012 年,是中国燃料电池系统研发与产业化的先行者之一,拥有自主核心知识产权,并实现氢燃料电池发动机及电堆的批量化生产。2023 年 1 月,公司在香港联合交易所主板挂牌上市,成为"中国氢能 A+H 第一股"。截至 2023 年 7 月,公司参与制定了 39 项燃料电池系统的国家或行业标准。

6. 2023 年重点车型技术特点分析

在 2023 年,燃料电池汽车的推广取得了显著进展,全年共推广 7696 辆,相较于 2022 年增长了 53%。其中商用车占 7177 辆,乘用车占 519 辆。自 2016 年至 2023 年,燃料电池汽车的累计推广量达 20572 辆,其中商用车 19813 辆,乘用车 759 辆。

在各车型中,重型货车、轻型货车和大型客车的推广量居高不下,尤其是重型货车以 3643 辆的销量位居首位,同比增长 47.8%,占总销量的 47%。轻型货车销量达 2104 辆,同比增长 161%,占总销量的 27.1%,显示出燃料电池系统在轻型车市场的快速渗透。大型客车累计销售 1240 辆,占比 16%。而乘用车方面,尽管基数较小,但销量同比激增 137%,达到 538 辆,显示出快速的发展势头。中型卡车销量虽有所下降,但累计销售量为 235 辆。

燃料电池重卡主要应用于长途货运、重型运输和港口物流等场景。宇通燃料电池重卡采用亿华通或重塑 120 kW 和 130 kW 燃料电池系统,基本可实现零下 30 度低温启动,平均百公里氢耗小于 10 kg,且完全零排放。配备 6 挡 AMT 变速箱及宇通多合一集成式控制器,从起步、提速、超车到爬坡,均能发挥出最佳的动力输出。优势包括加氢时间短、续驶里程长、寿命长、经济性优、低温环境适应性好和安全可靠。

燃料电池乘用车主要应用于私人交通和商务出行。一汽红旗推出的氢能电池版 H5 乘用车采用自主研发的第二代燃料电池技术,体积比功率密度提高 40%,可在零下 30 ℃冷启动,续航超过 520 km。燃料电池乘用车的主要优势包括环保、节能和安全性高,展示出其在乘用车领域的巨大潜力和发展前景。

7. 未来几年氢燃料电池电锥产业发展建议

首先,行业应集中资源加大在关键技术,如非贵金属催化剂和高性能质子交换膜的研发投入。这一策略的核心是替代当前的高成本铂基催化剂,通过探索铁基和钴基等非贵金属选项,不仅可以降低成本,还能提升电堆的性能和耐用性。开发能在更广泛的环境条件下稳定工作的高性能质子交换膜,这些材料能耐高温且抗化学腐蚀,为电堆提供更长的使用寿命和更高的运行效率。其次通过与国内高校、研究机构合作,加速高性能和低成本材料的研发及产业化,例如开发适合国内环境和制造条件的催化剂和电解质膜。

规模化生产对于降低氢燃料电池电堆的成本至关重要。为了实现经济规模效应,产业应着力引入先进的自动化技术,这不仅提高生产效率,还能确保产品质量的一致性。同时,通过对生产流程的持续优化,如简化组装过程、减少物料浪费、提高装配精度和可控性,可以进一步降低生产成本,减少装配过程残次品的产生。

最后,政府的政策支持和市场激励措施,如研发资金支持、税收优惠及实施碳定价机制等,对于推动技术创新和市场应用也至关重要。这些政策能够为企业提供必要的资源和环境,激励行业快速发展并拓展新的市场领域。推动氢燃料电池在更广泛的应用领域的部署,如固定电源和便携式电源,将是扩大市场和实现产业可持续发展的重要途径。通过这些综合措施,可以有效促进氢燃料电池电堆产业的技术进步和市场成熟。

(七)氢燃料电池发动机

同济大学　章　桐

1. 2023 年产业总体发展与技术突破

2023 年正值是"十四五"规划中期,伴随着规划的铺开落地,氢能在交通端的运用呈现出蓬勃生机。随着碳达峰碳中和目标的明确,引得资本对于氢能的追逐,燃料电池产业成为"新蓝海"。中汽协公布的数据显示,2023 年 FCEV(燃料电池电动汽车）产销量约为5600辆和5800辆，分别同比增长55.3%、72.0%。其中，2023年12月FCEV产销量约为1300辆和1500辆，分别同比增长98.8%、149.1%，产销均实现高增速的态势。截至2023年，我国累计建成加氢站407座，当年建成62座，数量居世界之首，有力保障了FCEV的运营。与此同时，2023年中国新能源汽车总销量达到了949.5万辆，相比之下，FCEV的产销总量依然处于较低水平。伴随各地政策细则出台与补贴落地，FCEV产销有望持续高增长，2024年氢能及燃料电池行业将进入放量提速期。在国家政策的引导和扶持下及资本市场的持续关注和投入下燃料电池行业将得到充分的现金流，促进全产业链健康发展。燃料电池系统年均降本幅度有望维持在15%至30%之间，未来大部分零部件降本或依靠生产工艺改进，膜电极材料有国产化降本空间；氢能重卡的成本约140万元/辆，预计2025年可降至100万元/辆，至2030年可降至80万元/辆，基本可以实现与锂电、柴油相应车型的平价。与此同时，伴随着全场景运用应用的全面铺开，我国燃料电池行业将进入高速发展时期，其前景非常乐观。

2. 产业标准体系的建设

燃料电池产业标准体系建设是确保燃料电池产业健康蓬勃发展的基石。2023年7月19日，国家六部委联合下发关于印发《氢能产业标准体系建设指南（2023版）》的通知（国标委联〔2023〕34号，简称《通知》），旨在落实国家关于发展氢能产业的决策部署，充分发挥氢能在现代能源体系建设、用能终端绿色低碳转型中的载体作用，加快建立氢能制、储、输、用标准体系，发挥标准对氢能产业发展的支撑和引领作用。

《通知》中强调了加快制修订氢能全产业链关键技术标准，并作为2023年度重点任务予以推进。其中在氢能应用标准中，2023年度，共完成13项技术标准的发布与实施。从技术标准分布来看，国家标准共计7项，行业标准2项，团体标准4项；从技术标准覆盖范围来看，燃料电池电动汽车整车标准4项，系统标准4项，零部件相关标准5项目，无论是数量还是覆盖面角度都取得了重大的突破。相关技术标准汇总见表1-3-3。

表1-3-3　2023年度氢能应用技术标准汇总

序号	标准编号	标准名称	发布日期
1	GB/T 43255—2023	燃料电池电动汽车低温冷起动性能试验方法	2023-11-27
2	GB/T 43252—2023	燃料申池电动汽车能量消耗量及续驶里程试验方法	2023-11-27
3	GB/T 34425—2023	燃料电池电动汽车加氢枪	2023-12-28
4	GB/T 24554—2022	燃料电池发动机性能试验方法	2022-12-30
5	GB/T 26990—2023	燃料电池电动汽车 车载氢系统技术条件	2023-11-27
6	GB/T 26991—2023	燃料电池电动汽车动力性能试验方法	2023-12-28
7	GB/T 20042.2—2023	质子交换膜燃料电池　第2部分：电池堆通用技术条件	2023-03-17
8	CQC 1672—2023	氢燃料电池发动机性能等级技术规范	2023-05-22
9	CQC 1165—2023	氢燃料电池发动机安全技术规范	2023-04-07
10	T/CAAMTB 149—2023 T/TCEA-G 0273—2023	质量分级及领跑者评价要求燃料电池重型商用车	2023-12-18
11	T/CSTE 0324—2023 T/CECA-G 0233—2023	燃料电池空压机控制器电磁兼容性能 试验方法	2023-03-20
12	T/CAAMTB 148—2023 T/CECA 0268—2023	质量分级及领跑者评价要求燃料电池发动机用空压机	2023-12-13
13	T/CAAMTB 150—2023 T/CECA 0267—2023	质量分级及领跑者评价要求车用燃料电池电堆	2023-12-13

3. 国内外氢燃料电池发动机产业发展趋势

与前几年的技术状态相比，2023年燃料电池发动机的核心零部件上取得了瞩目的成绩。

从燃料电池堆的细分领域来看，燃料电池的性能、材料体系、制造工艺及生产规模都取得了瞩目的成绩。从双极板来看，柔性模压板实现了技术突破使重型商用车用系统在高功率密度及长耐久性方面取得了突破性的平衡和统一。在乘用车用系统中，柔性模压板也满足了乘用车的高体积功率密度需求。超薄金属双极板，特别是钛基金属双极板在重型商用车中的批量运用，缓解了金属双极板长寿命的短板。自主化碳基涂层及自主膜电堆组件使电堆的性能取得了突破。创新研发的关键材料在热学、力学、电化学稳定性等方面的性能提升，使燃料电池的稳定性、综合寿命有明显改善。具有完全自主知识产权的气体扩散层、催化剂、质子交换膜等膜电极的核心部件普遍处于实车搭载验证阶段，其性能可以达到国外同类先进水平。得益于关键技术与核心材料的突破，燃料电池电堆价格下降明显，伴随着石墨双极板模压技术、金属双极板高精密快速冲压技术及全自动卷对卷膜电极生产技术的运用与普及，燃料电池批量生产能力及性能一致性明显提升。相比于 2021 年,燃料电池堆的成本下探了近 50%,预计燃料电池电堆的价格将有进一步的下探空间。

在燃料电池系统技术应用方面,从现阶段重点发展的氢燃料电池客车、城市物流车、冷链运输、渣土转运、市政环卫等商用车领域,逐步推广到乘用车租赁运行、有轨电车、船舶、工业建筑、分布式发电与热电联供等领域,呈现出搭载领域广阔化,运用场景多样化的特点。预计到 2035 年,燃料电池系统功率密度将由当前约 3.5 kW/L 全面提升到约 5.5 kW/L,乘用车、商用车电堆寿命将由当前的 5000 h、15000 h 分别增加到 8000 h、30000 h,可做到与整车平台同寿命。总体而言,我国燃料电池技术进展明显,氢燃料电池汽车的自主化产业生态体系基本建立,燃料电池系统关键零部件及电堆等已基本实现国产化并可满足系统需求。但零部件尤其是与燃料电池核心材料及部件相关的产品技术与国外先进水平仍存差距,部分核心零部件及核心材料仍依赖进口。

燃料电池系统方面,我国系统集成显现出明显的国际化竞争力,技术水平持续提升,具备大功率系统全正向开发与生产能力。《氢能产业发展中长期规划(2021—2035 年)》提出,在交通领域要重点推进中重型车辆,对于客、货车市场需要拓展市场空间,并与锂电池纯电动汽车形成互补发展模式。因此,重卡在接下来一段时间内仍是企业的集中“发力点”。从系统装机量来看,2023 年上牌车辆燃料电池系统装机量合计为 734 MW,同比增长 49.3%,平均装机功率超过 98 kW。燃料电池系统装机量排行前 10 名的系统厂商配套数量达到 5682 台,市场份额合计为 76%。这 10 家系统厂商装机功率合计为 562 MW,占总装机量 76.6%。其中,亿华通、国鸿氢能、重塑科技、捷氢科技、潍柴动力上榜 2023 燃料电池系统装机量的前五名。以亿华通为例,为了满足 49T 重卡高速干线物流的功率需求推出了额定功率 241 kW 峰值功率 261 kW 的 G20+车用燃料电池发动机,其峰值功率密度可达到 820 W/kg 以上,额定点效率≥45%,可实现-35 ℃低温启动,并且其加载速率达到了 32 kW/s,满足整车动力性需求。国鸿氢能 H240 燃料电池系统额定功率 240 kW,峰值功率达到了 270 kW,质量功率密度 906 W/kg。采用自主研发鸿芯 GⅢ电堆,并提出了模块化设计理念。额定工作效率 48%,最高工作效率 61%,达到行业领先水平。燃料电池发动机在其它应用领域也十分广泛,设计标准可以覆盖道路交通、轨道交通、船舶、移动电源车、固定发电等场景。重塑科技 Prisma 镜星 22 燃料电池系统从系统和零部件设计、系统控制、系统集成等多维度进行优化和迭代,实现系统额定功率、功率密度和使用寿命等方面的显著提升。满足汽车、船舶、工程机械、物料搬运、分布式发电等多元化氢能科技领域。其额定功率 220 kW,质量功率密度 815 W/kg,冷启动温度-30 ℃,持续工作水温达到了 95 ℃,大大缓解了冷却系统压力。捷氢科技启源 P4X 的系统额定功率达到 230 kW,峰值功率突破了 270 kW。额定点效率更是提高到了 48.2%,最高工作温度达到 95 ℃。该系统及其零部件国产化率达到 100%,能够在 30s 内实现-30 ℃低温启动。基于可变截面膨胀机和氢气引射并联循环的高效系统架构,使其额定功率点效率达到了 48.2%。潍柴动力发布 200 kW 级车用燃料电池产品,该产品采用超薄石墨板电堆,寿命超过 30000 h,可实现-30 ℃的快速低温启动,系统最高效率超过 60%。德燃动力搭载了德国高性能金属板电堆的 160 kW 系统也完成了全部台架性能测试,在系统动态响应,可靠性,耐久性方面获得了突破性进展。

系统关键零部件方面,主要由空气供应系统、氢气循环系统、水热管理系统、控制系统组成。其中,空气供应系统主要由空压机和增湿器构成,氢气循环系统有氢气循环泵及引射器两种技术路线,水热管路系统的核心部件为冷却水泵,控制系统的主要部件是燃料电池专用 DCDC。在燃料电池系统关键零部件产业链中,空压机和氢气循环装置基本实现国产化,增湿器呈现国产替代加速的趋势,国内的市场竞争格外激烈。

空压机领域,技术路线变迁快,市场集中度不断增长,竞争尤其激烈。空压机是系统 BOP 中寄生功耗最大的零部件,其功耗占电堆输出功率约 15%~20%,占燃料电池系统附件功耗 80% 左右。为解决上述问题,近两年膨胀机空压机开始崭露头角。膨胀机空压机是利用涡轮膨胀做功的原理,把电堆排气中的一部分能量加以回收利用,从而降低空压机对于电源功率的需求,膨胀机路线对系统及整车有显著经济性。现阶段,国内空压机企业中,海德韦尔、华润新能源、金士顿、东德实业、蜂巢蔚领等多家公司都在对膨胀式空压机进行研发验证,膨胀式空压机方案正在不断走向成熟,接近实际应用的门槛。华润新能源开发了集成膨胀机的空气压缩机产品,可实现燃料电池堆的排气能量回收,大幅提高燃料电池系统总体效率,产品正在和多个客户合作进行联合测试与验证。东德实业研发的膨胀式空压机,采用“单级压缩+单级膨胀”技术方案,膨胀端采用钛合金材料,提高抗水蚀性能,体积同比传统双级离心压缩机下降 10%,重量下降 13%,空压机功耗同比可节省 20%~30%,有效提升燃料电池系统效率。2023 年 12 月中旬,鲲华科技发布了鲲·运 200—180 燃料电池系统,这款为重载商用车全工况使用正向设计的燃料电池系统就采用了带有可截面涡轮膨胀机的空压机。其通过多项一体化设计和精细的控制算法,在保持 180 kW 稳定额定输出的前提下,氢耗相较前代产品降低 15%,让整车 TCO 降低 5%,并可实现 90 km/h 的高速干线巡航。

氢循环部件领域,主要有氢循环泵、引射器两类,在实际使用中各有优缺点。氢循环泵具有转速及流量调节可控、实用性高等优点,但存在噪声高、体积大、成本高、功耗大等缺点;引射器具备成本低、体积小、无寄生功率等优点,但难以实现全工况覆盖、普适性差等缺点。2023 年氢循环泵企业明显感受到整个行业对单氢泵的应用在收缩,氢循环泵附加引射器的集成应用方案在逐步增多。氢气循环泵的市场份额相对集中,其中东德实业循环泵占据了 50% 以上的市场份额,为行业内第一。引射器出货企业较多,导致基于引射技术路线的氢循环系统的整体市场集中度降低,但技术竞争激烈,单极、多级、可变喉管等技术不断涌现。德燃动力在 2023 年发布适配大功率系统的“202P 双引射氢循环系统”,其中针对高引射当量比及高流量的两种不同运用场景分别给出了同一系列的不同解决方案。克服了传统引射器无法满足燃料电池小功率段运行时对氢气循环的需求,实现了全功率覆盖,并在多款燃料电池发动机中得以运用。应对系统越来越高的集成度要求,氢循环泵、引射器和水分的电堆端板化集成方案,即氢气子系统集成方案,已经成为开发热点,但由于技术难度和门槛高,距离大规模的市场运用还有一段距离。

增湿器国产化程度相对较低,国产取代进口的一个最基本的逻辑在于保持性能相同的同时快速降本。现阶段,国产增湿器性价比优势明显。当前增湿器市场已经有 2~3 家企业推出了适配 240 kW 系统的增湿器产品,且正处于验证阶段。伊腾迪、芜湖同优科技是国产化增湿器的头部企业,有一定的市场占有率。魔方新能源等多家公司也都在发力增湿器产品,部分企业开始由测试验证向小批量出货过渡。与氢气子系统类似,增湿器与中冷器的集成方案已经逐步面向市场。2023 年,随着对空气子系统需求的进一步提高,德燃动力以“温—湿—流量—压力”为目标的新一代集成空气子系统已经开始了方案探索与实施效果验证,已经完成了台架方案验证,正探索其商业化推广。

4. 目前亟须解决的技术难点及解决方案

目前,燃料电池发动机亟须解决的技术难点主要在于系统构型、控制策略与核心子系统/零部件的技术攻关、降低成本、批量生产工艺等方面。

燃料电池发动机的性能、鲁棒性与寿命等核心参数与系统构型、控制策略密切相关。在系统构型层面,如何在全工况范围内满足燃料电池堆的需求已成为解决氢燃料电池系统强动态响应、高效率及长耐久的重要课题。燃料电池系统中辅助系统(BoP)为燃料电池提供了反应必须的介质操作条件。随着燃料电池系统集成技术的发展,对燃料电池系统构型的需求不再简单满足燃料电池的稳态需求,而关注于辅助系统提供的操作条件对于燃料电池内部状态的实时动态匹配。针对力—热—湿—电的全解耦架构及寄生功耗的系统匹配方法正逐步成为系统构型的技术难点。基于与燃料电池冷却液的高效且可控的换热构型设计,可实现对氢空两侧介质温度进行有效的闭环控制,并不完全依赖于燃料电池冷却液温度。在系统控制方面,燃料电池发动机高动态响应需求对反应工质及水热管理的快速精准调配提出了近乎苛刻的要求。在控制策略上,空气路压力、流量的双闭环解耦控制及基于模型的水热管理预测控制已经凸显其优势。全解耦的系统构型,为空气湿度、温度的闭环控制提供了构型基础;在控制算法上,除了传统的比例积分控制,诸如模糊逻辑控制、神经网络控制、模糊逻辑—比例积分微分控制等方法,因其操作简单、控制效果良好、低成本、不增加计算负担,是优化控制策略的主要方向。

在系统核心组件方面,国内厂商已具有年产万台的批量化生产能力,但高端产品还依赖进口。如空气压缩机技术起步晚,与国际先进水平相比仍存在一定差距,未来几年应重点聚焦于基于膨胀机的高效率空压机的研发与系统级运用,突破涡轮在相变环境下运用的可靠性与耐久性,以实现燃料电池系统效率的突破。在氢气循环系统上,多级引射技术路线及循环泵和单引射器相结合的技术路有助于在全工况满足燃料电池电堆氢气循环需求的同时减少发动机寄生功耗,提升燃料电池系统效率。排氢和排水阀的单独配置及其协同控制技术有助于氢气利用率进一步提升。另外,氢气循环系统上阀件的国产化替代给系统成本的降低提供了广阔空间。与此同时,纷繁复杂的管路、阀件及传感器等在燃料电池堆端板的高度集成成为新的技术趋势,有助于系统功率密度以及可靠性的进一步提升,并降低系统成本,提高批量生产效率。

5. 未来几年氢燃料电池发动机产业发展建议

为积极应对氢能领域的新发展形势,燃料电池发动机产业还需聚焦于以下几个方面:

第一,要进一步推广燃料电池在重型商用车上的应用,推动汽车产业低碳全面转型。商用车是我国道路交通碳排放的重要来源,商用车的占比大概 12%,碳排放占比超过 50%,是汽车碳减排的难点和痛点,旅游大巴干线物流等车型的保有量持续增长,碳减排的压力也会进一步增加,在重型商用车领域开展氢能燃料电池汽车的推广和应用,节能减排的效果更加显著。与此同时,伴随着燃料电池系统相关技术的突破,乘用车市场的示范和投入亟须进一步推进,以实现乘商并举的道路交通领域氢燃料电池运用的良好生态环境。在船舶、轨道交通等新兴运用领域加大示范运用力度,探索氢燃料电池在交通领域的全场景运用解决方案。

第二,聚焦产业链薄弱环节,持续加强关键核心技术攻关,结合我国的产业发展现状,聚焦氢能制、储、运、加、用等薄弱环节着力突破大容量、高效率的氢电转换技术。提高燃料电池发动机的功率密度和集成度,突破系统可靠性与耐久性难题,构建完备的氢能与燃料电池汽车产业生态。与此同时,应着重突破关键材料核心工艺,有效降低燃料电池成本。一方面可以从整合集成、材料提升等维度出发,在提升性能的同时推进技术降低成本。另一方面,提升量产技术和加速规模化也是实现降低成本的有效途径。

第三,推动跨区域的协同联动,扩大示范规模和成果推广。在五大示范城市群,北京冬奥会、氢进万家等重点项目的基础上,后期应该侧重推动以优势互补产业链高效协同作为目标,以避免资源的浪费和资金建设,基于当前示范基础开展跨区域大规模车辆的示范联动,拓展应用场景,进一步推动产品的迭代升级,推动燃料电池汽车跨区域联动到线面贯通的大规模化示范应用推广。

第四,面向绿色发展共同需求持续加强国际交流与合作,面向碳中和的共同愿景,布局以国内大循环为主体,国内国际双循环相互促进的新发展格局。围绕科学研究技术标准、市场运用与场景推广及人才交流等领域加强国际合作,充分利用国际氢能燃料电池协会等国际组织的平台作用,加快氢燃料电池技术的示范推广,积极推进国际标准体系建设有力推动国际氢能和氢燃料电池汽车产业协同发展。

（八）燃料电池质子膜

东岳未来氢能股份有限公司　王振华

1. 2023 年车用燃料电池质子膜产业总体发展与技术突破

2023 年，车用燃料电池质子膜产业在全球范围内迎来了显著的发展与技术突破。燃料电池质子膜是燃料电池的核心组件之一，其性能直接影响燃料电池的效率和耐久性。以下是 2023 年该产业的一些主要发展和技术突破，以及一些领先企业的实例。

（1）发展概况

市场需求增长。随着全球对清洁能源和减排目标的重视，燃料电池汽车（FCEV）的需求大幅增长，特别是在公共交通、物流和商用车领域。这推动了对高性能燃料电池质子膜的需求。

政策支持。各国政府加大了对氢能和燃料电池技术的政策支持。例如，中国发布了多项政策鼓励氢能产业的发展，美国和欧洲也在积极推动氢能基础设施建设。

（2）技术突破

全氟质子交换膜是燃料电池质子膜中最常见的一种，其性能直接影响燃料电池的功率密度和耐久性。2023 年，质子交换膜的技术取得了多项突破，主要集中在以下几个方面：

①提高导电性和耐久性：通过材料改性和纳米技术，质子交换膜的导电性和耐久性得到了显著提升。例如，添加纳米碳管和石墨烯等材料，可以提高膜的导电性，同时增加其机械强度和耐久性。

②提高耐高温性：通过优化膜结构和添加耐高温添加剂，PFSA 膜的耐高温性能得到显著提升，使其在高温条件下仍能保持良好的导电性和机械强度。

③提高耐化学性：通过改进膜的化学结构，增强了其抗氧化和抗腐蚀性能，使其在恶劣的工作环境中仍能稳定运行。

2023 年，车用燃料电池质子膜产业在技术、生产能力和市场拓展方面均取得了显著进展。通过技术创新和规模化生产，企业提升了质子膜的导电性、耐久性和化学稳定性，同时降低了生产成本。这些进展推动了燃料电池汽车市场的快速增长，为清洁能源交通的发展提供了坚实的技术保障。

2. 产业新质生产力发展情况

（1）新材料研发

①高离子传导率材料：研究和开发具有更高离子传导率的材料，以提高燃料电池的整体效率。包括新型聚合物、复合材料和纳米材料。

②耐高温材料：开发能够在高温条件下稳定工作的质子膜材料，满足燃料电池在不同应用场景下的需求。

③环保材料：研究可再生材料和环保材料，减少生产过程中的环境影响，实现绿色生产。

（2）生产工艺优化

①自动化生产线：采用先进的自动化生产技术，提高生产效率和产品一致性，降低人为因素对产品质量的影响。

②智能制造：引入智能制造技术，利用物联网（IoT）、大数据分析和人工智能（AI）优化生产流程，实现精准控制和实时监测。

③工艺改进：优化现有生产工艺，减少材料浪费和能耗，提高生产效率和产品质量。

（3）先进测试和质量控制

①在线监测系统：开发和部署先进的在线监测系统，实时检测生产过程中关键参数，确保产品质量稳定。

②高精度测试设备：使用高精度的测试设备对质子膜的性能进行全面评估，包括离子传导率、机械强度和耐久性等指标。

③数据驱动质量控制：通过大数据分析和机器学习技术，提升质量控制水平，预测和预防质量问题。

2023 年，燃料电池质子膜产业在新质生产力的发展方面取得了显著进展。通过新材料研发、生产工艺优化、先进测试和质量控制、可持续生产、人才培养与技术合作，以及产业生态建设等多方面的努力，推动了燃料电池质子膜技术的创新和应用，为产业的长期健康发展奠定了坚实的基础。

3. 产业标准体系的建设

2023 年 8 月 8 日，国家标准委与发改委、工信部、生态环境部、应急管理部、国家能源局等部门联合印发《氢能产业标准体系建设指南（2023 版）》（简称《指南》），《指南》系统构建了氢能制、储、输、用全产业链标准体系，涵盖基础与安全、氢制备、氢储存和输运、氢加注、氢能应用 5 个子体系。

质子交换膜是燃料电池的核心关键材料，其质量对燃料电池的性能和寿命有着非常重要的影响。随着燃料电池产业的发展，燃料电池对离子交换膜的要求越来越高，燃料电池用质子交换膜也由最初的全氟磺酸均质膜逐渐发展到复合增强型质子交换膜，特别是近几年复合增强型质子交换膜逐渐成为市场主流。

如何准确可靠对复合增强型质子交换膜进行测试表征显得尤为重要，其中 GB/T 20042.3—2022《质子交换膜燃料电池第 3 部分：质子交换膜测试方法》，此标准基于复合增强型质子交换膜的各项性能特点，规定了 8 个测试项目，包括厚度均匀性测试、质子传导率测试、离子交换当量测试、透气率测试、拉伸性能测试、180°剥离强度测试、溶胀率测试和吸水率测试，基于增强质子交换膜测试国家标准的可靠性与适用性，该标准可作为燃料电池制造商采购质子膜的技术依据，具有重要的意义；另一方面有助于推动燃料电池汽车进一步大规模推广应用。

随着质子交换膜产品的不断迭代提升，与成本费用偏高的均质膜相比，采用膨体聚四氟乙烯（ePTFE）膜增强的复合型质子交换膜不仅厚度减薄，其机械强度增强、质子传导率提高、溶胀率降低。然而，目前市场绝大多数聚四氟乙烯膜以气体过滤、防护服装、绝缘密封产品为主，满足燃料电池质子膜生产指标的聚四氟乙烯膜较为少见。2022年8月，由山东省膜学会发布实施的团体标准《质子交换膜用聚四氟乙烯增强膜》，本标准主要规定了用于燃料电池和储能电池质子交换膜产品用聚四氟乙烯增强膜的技术要求（外观、厚度、面密度、体密度、孔隙率、最可几孔径、拉伸强度、弹性模量和断裂伸长率、耐酸强力保持率和耐碱强力保持率）、试验方法、检验规则及标志、包装、运输和贮存等。该项标准的建立，对整合不同行业资源、规范电池膜用聚四氟乙烯膜行业的健康有序发展具有重要的引领作用。将进一步促进电池膜用聚四氟乙烯膜产品的质量改进与技术提升，这有利于今后我国氢能行业的长远发展，符合国家经济社会发展的需要。

4. 国内外车用燃料电池质子膜产业发展趋势

（1）国内外的发展趋势主要集中于以下两个部分。

①技术进步与创新。材料研发与优化：无论是国内还是国外，都在持续推动燃料电池质子膜材料的研发，以提升离子传导率、耐久性和化学稳定性，同时降低成本。生产工艺改进：通过工艺优化和自动化技术，提高生产效率，保证质子膜产品的一致性和质量。性能测试方法创新：开发和标准化新的性能测试方法，以评估质子膜在不同工作条件下的电化学性能、机械强度和耐久性。

②标准化和规范化。材料性能标准化：制定详细的材料性能指标，包括离子传导率、渗透性、化学稳定性等，以保证产品的性能和安全性。生产工艺标准化：规范质子膜的生产工艺，包括原材料选择、生产设备要求、质量控制流程等，确保产品质量可控和可靠。应用场景标准化：针对不同的应用场景（如汽车、固定式电源等），制定相应的标准，以满足特定环境条件下的需求。

（2）但仍存在不同之处，

①政策和市场环境不同

国内：政府支持力度强，市场潜力大。中国政府通过补贴、奖励政策和资金投入，积极推动新能源汽车和燃料电池技术的发展，促进产业链条的完善和技术进步。

国外：市场相对成熟，技术领先。发达国家在燃料电池技术上的投资和研发较早，市场应用较广，对环保和可持续发展的要求也更为严格。

②标准和认证体系

国内：标准化工作逐步完善，但仍需进一步与国际接轨。中国在制定和完善燃料电池相关标准方面取得了进展，但与国际标准的一致性和互认性仍有提升空间。

国外：标准和认证体系更为全面和深入，促进了全球市场的一体化和互通。发达国家在标准制定和执行上更为成熟，对产品质量和市场准入要求更高。

综上所述，虽然国内外在技术进步与创新及标准化和规范化方面存在一致性，但在政策支持、市场环境和标准体系的发展水平上仍存在显著差异，这些差异反映了各自国家和地区在燃料电池质子膜产业发展路径和策略上的特定优势和挑战。

5. 目前亟须解决的技术难点及解决方案

（1）离子传导性能提升

①难点：在高温低湿条件下，提高膜材料的离子传导率，以增强电池的效率和响应速度。

②解决方案：通过合成新型高离子导率聚合物材料或复合材料，优化材料的结构和处理工艺，以提升离子传导性能。同时，优化膜的厚度和微观结构，以减少离子电阻。

（2）化学稳定性和耐久性提高

①难点：质子膜在高温、高湿和化学环境下的稳定性，以及长期使用后的性能衰减问题。

②解决方案：研发耐高温、耐化学腐蚀的新材料，优化材料的分子结构和添加功能性添加剂，改善膜材料的稳定性。同时，通过改进生产工艺、降低材料的自身缺陷率，提升质子膜的耐久性和长期稳定性。

（3）机械强度和耐久性的平衡

①难点：在高温条件下，在满足离子传导性能和化学稳定性的同时，保持膜的足够机械强度和耐久性。

②解决方案：优化膜的结构设计和材料选择，平衡膜的强度、柔韧性和耐用性。使用纳米增强材料或者纤维增强技术，增强膜的机械强度和耐久性，同时不影响其离子传导性能。

（4）成本降低和大规模生产

①难点：燃料电池膜的制造成本较高，限制了其在大规模商业应用中的竞争力。

②解决方案：优化生产工艺，提高生产效率和产量，降低生产成本。同时，开发成本更低的原材料替代方案，如利用生物质或廉价聚合物进行合成。此外，通过扩大市场规模和技术进步，实现规模经济效应，进一步降低成本。

6. 2023年行业重点企事业单位发展情况

（1）东岳未来氢能有限公司

东岳未来氢能有限公司是我国最早开展燃料电池质子膜全产业链研发、生产的企业，时间长达20多年，是国际国内为数不多的被授权用于实际商用车辆的全氟质子膜生产企业，性能达到世界一流，不但解决了国外可能的断供隐忧，也促使在国内销售的国外燃料电池质子膜大幅度降价，普惠了我国燃料电池行业，对我国燃料电池汽车的发展作出了特殊贡献。

①新材料研发：东岳氢能持续投入大量资源研发新型燃料电池质子膜。

②膜材料。公司致力于开发具有更高离子传导率、更好化学稳定性和更长使用寿命的质子膜。

③技术突破：2023年，东岳氢能在高性能膜材料方面取得了一些关键技术突破，通过复合材料的应用，显著提升了质子膜的整体性能。

④产能扩展：为了满足市场需求的快速增长，东岳氢能投资建设了新的生产线，显著提高了生产能力。公司新的生产设施采用了先进的自动化生产技术，提升了生产效率和产品一致性。

⑤工艺优化：通过优化生产工艺和引入智能制造技术，东岳氢能实现了生产过程的自动化和精细化管理，进一步提

高了产品质量和生产效率。

⑥市场扩展：东岳氢能在国内市场上继续保持领先地位，并积极拓展国际市场。通过与多家国际汽车制造商和燃料电池厂商的合作，公司在全球市场的份额不断增加。

⑦应用领域：公司加强了在新能源汽车和固定式能源系统等领域的市场应用，推动燃料电池技术的广泛应用和商业化。

（2）W. L. Gore & Associates（Gore）

①技术研发：Gore 继续在高性能膜材料的研发上投入大量资源，重点开发更高离子传导率、更耐久和更稳定的质子膜材料。

②产品发布：2023 年，Gore 发布了新一代燃料电池质子膜，具有更高的效率和更长的使用寿命，适用于广泛的汽车应用。

③市场拓展：Gore 在全球市场的占有率继续提升，通过与汽车制造商的战略合作，进一步扩大其在新能源汽车市场的应用。

（3）美国科慕公司（Chemours，原杜邦公司）

①技术创新：Chemours 在材料科学领域的优势继续推动其燃料电池质子膜技术的发展，推出了多种新型复合材料和高性能膜产品。

②生产能力：Chemours 投资建设了新的生产设施，提升产能，以满足日益增长的市场需求。

③环保举措：实施了一系列绿色生产工艺，减少了生产过程中的环境影响，提升了企业的可持续发展能力。

（4）英国庄信万丰（johns0n Matthey JM）

①产能扩展：为了满足市场日益增长的需求，JM 投资建设了新的生产设施，并对现有生产线进行了现代化升级。这些新的生产线采用了最先进的自动化和智能制造技术，极大地提高了生产效率和产品一致性。

②市场扩展：JM 在全球市场上的布局进一步扩大，特别是在欧洲、北美和亚洲市场。公司通过与多家国际汽车制造商和燃料电池企业的战略合作，提升了其在燃料电池市场的份额。

7. 未来几年车用燃料电池质子膜产业发展建议

近年来，国家氢燃料电池汽车示范推广应用快速上量，氢燃料电池汽车保有量已突破 2.3 万辆，加氢站超过 400 座，车型由早期的轻卡、公交逐渐向大功率、中重载的重卡转变，对于长续航、长寿命及更高工作温度等有了更高要求，因而对于车用燃料电池质子膜产业发展有以下几个方向：

（1）更高功率密度：随着大功率单堆的发展需求，电堆的单位功率密度需要进一步提升，因此也需要膜具有更高质子传导性能，电导率将提升 20% 以上；在氢气渗漏和寿命有保证的情况下，厚度进一步降低，有望产生 5 μm 的商业化产品。

（2）高温工况：目前耐受温度普遍为 70~90 ℃，个别企业发动机企业的额定工况达到 90 ℃以上。由于高温工况下的水热管理更加容易，因此未来工况温度将达到 105 ℃以上，远期将达到 120 ℃。

（3）更长寿命：目前应用工况下寿命要求为 2~3 万 h，未来几年随着大功率重卡车的大量应用，运行工况下寿命要求将达到 4~5 万 h，以满足和当前燃油车相当的水平。

（4）更低成本：车用氢燃料电池膜的价格较之前连年下调，仅为 2018 年的 15%；随着车辆推广规模化上量加速，要求氢燃料电池发动机至关键材料的成本继续下降至少 50%。因而全产业链的产业化能力需进一步增强，国产质子交换膜需满足年产 50~100 万辆氢燃料电池汽车所需用膜。

四、智能网联汽车领域

（一）智能网联汽车

中国工程院院士　清华大学　李克强

1. 2023 年产业总体发展与技术突破

全球智能联网汽车产业正处于快速发展的关键阶段。经过多年的探索和实践，我国智能联网汽车产业核心关键技术研发取得了突破性进展，启动智能网联汽车准入和上路通行试点工作，我国智能网联汽车进入到商业化落地的新阶段。同时相关政策与法规不断完善，战略目标越发清晰、跨行业合作机制逐渐建立，为产业的持续高质量发展奠定基础。

（1）我国开启智能网联汽车准入试点，配套政策与管理体系持续完善

2023 年 6 月，国务院常务会议首次提出构建“车能路云”融合发展的产业生态的目标。这既是汽车产业转型升级的主要方向，也是构建数字城市和智慧交通的必然要求。2023 年 11 月，工信部、公安部、住建部、交通运输部联合发布《关于开展智能网联汽车准入和上路通行试点工作的通知》，我国正式启动了高级别自动驾驶的商业化运行。2023 年 11 月，交通运输部办公厅发布《自动驾驶汽车运输安全服务指南（试行）》，从应用场景、自动驾驶运输经营者、运输车辆、人员配备、安全保障等方面提出了全面管理要求，系统构建了智能网联汽车运输服务体系，开启了智能网联汽车常态化运营服务的新发展阶段。

（2）智能网联汽车测试示范蓬勃开展，加速推动商业化进程

截至 2023 年底，全国共建设 17 个国家级测试示范区、7 个车联网先导区、16 个智慧城市与智能网联汽车协同发展试点城市，开放测试示范道路 22000 多 km，发放测试示范牌照超过 5200 张，累计道路测试总里程 8800 万 km。50 多个省市地区发布道路测试实施细则，各地加速相关测试管理规范制修订步伐，自动驾驶出租车、自动驾驶公交、干线物流、无人配送、港口码头等多场景道路测试、示范应用与商业运营深入发展。总体来看，智能网联汽车已从小范围测试验证转入技术快速演进、规模化应用发展关键时期。

（3）智能驾驶相关功能配置的市场渗透率快速提升

2023 年全年我国乘用车市场 L2 级辅助驾驶功能渗透率已达 47.3%,较 2022 年同期增加 12.4 个百分点,我国乘用车市场智能化进程保持高速发展,消费者接受程度提升,产业发展受市场驱动明显,智能网联汽车正逐步成为汽车消费新态势。产业发展驶入快车道,自适应巡航控制、车道偏离警告等功能逐渐成为国内外众多车企新车型的标配功能之一,L2 级组合辅助驾驶实现规模应用,高级辅助驾驶从高速领航步入城市领航,头部企业开始规模化推送城市领航辅助驾驶(NOA),部分功能接近 L3 级智能驾驶能力。

(4)智能网联汽车核心零部件取得显著进展

车规级半固态高性能激光雷达开始规模应用,全固态技术不断成熟即将量产,典型探测距离超过 250 m;国际主流车用毫米波雷达向高频段统一,4D 毫米波雷达在提高角分辨率、缩小体积等方面取得进一步突破,未来随着点云密度增加,有望达到激光雷达效果,短期有望开启量产落地;车载摄像头感知能力持续提升,车规级摄像头分辨率从 120 万像素,逐步提升至 800 万像素以上。车载芯片方面,国内华为、地平线等厂商推出了单芯片算力达到 100 TOPS 的产品,多款车型推进量产前装应用。

(5)大力推动智能化网联化基础设施建设,已形成较完备的 C-V2X 产业生态

依托测试示范区、车联网先导区、双智试点城市、自动驾驶先导应用试点等机制,积极推进基础设施建设。截至 2023 年底,全国已完成 7000 多 km 道路智能化升级改造,路侧基础设施建设超过 8500 余套,5G 基站开通超过 320 万座,车联网基础设施建设初具规模。2023 年 10 月,全国首条满足车路协同式自动驾驶等级的全息感知智慧高速公路在苏州投用;2023 年 12 月,国内首条 5G 专网全覆盖的京雄高速公路(北京段)正式全线通车,支持实现 C-V2X 车路协同提醒预警功能。

2. 产业新质生产力发展情况

随着智能化、网联化不断向纵深发展,汽车的内涵和外延也在发生变化,正在从交通运载工具延伸成为大型智能移动终端和数据空间,并逐渐成为支撑构建智能交通、智慧城市的关键要素。智能网联汽车作为集新能源、新材料、新一代信息技术、先进制造等诸多新科技的载体,依托科技创新在全球竞争格局中已经形成先发优势,改变了传统汽车由国外汽车巨头主导的局面,是塑造新质生产力的典型代表。经过行业共同努力,我国智能网联汽车产业发展取得积极成效,新一代电子电气架构、大算力芯片等实现装车应用,自动驾驶出租车、无人巴士、自主代客泊车及干线物流等多场景示范应用持续推进,准入和上路通行试点、"车路云一体化"应用试点有序开展,为后续产业的创新发展奠定了坚实基础。

3. 产业标准体系的建设

国家车联网产业标准体系建设指南已经形成总体要求、智能网联汽车标准体系、信息通信标准体系、智能交通相关标准体系、车辆智能管理标准体系、电子产品与服务标准体系的"1+5"总体布局。2023 年 7 月,工业和信息化部、国家标准化管理委员会联合修订发布《国家车联网产业标准体系建设指南(智能网联汽车)(2023 版)》,新版标准体系充分考虑智能网联汽车技术深度融合和跨领域协同的发展特点,提出到 2030 年,全面形成能够支撑实现单车智能和网联赋能协同发展的智能网联汽车标准体系,牵引"车—路—云"协同发展,实现创新融合驱动。

4. 国内外智能网联汽车产业发展趋势

(1)各国积极探索创新应用场景,推动智能化网联化融合发展

全球各国均从加强顶层设计、法律法规创新、重大战略协同等方面持续推进智能化网联化融合发展。我国发布《新能源汽车产业发展规划(2021—2035 年)》《国家综合立体交通网规划纲要》《智能汽车创新发展战略》等规划明确产业发展目标和关键任务。美国发布《自动驾驶综合计划》,明确产业发展愿景及目标,各州加速立法、测试示范及商业化探索,2023 年 8 月批准 Cruise 和 Waymo 在旧金山提供全天候 RoboTaxi 收费服务。英国政府发布《2035 年英国网联与自动驾驶出行产业路线图》,系统梳理了英国在四大创新应用场景和两大基础支撑能力方面的发展路线图。日本内阁通过最新《道路交通法》修正案,于 2023 年 4 月开始实行,允许特定条件 L4 自动驾驶出行服务及自动配送机器人业务。

(2)智能化水平不断提升,车企加速向高级别自动驾驶转型

在量产车辆应用方面,L2 级辅助驾驶技术渗透率持续提升,欧洲、日本等地等 L3 级自动驾驶车辆开始进入市场,整车企业和汽车电子零部件供应商面向高级别自动驾驶正在加速转型。特斯拉完全自动驾驶 FSD Beta V12 进行路测,能够应对城市复杂交通环境,45 min 内仅接管一次。梅赛德斯-奔驰的 DRIVE PILOT L3 级自动驾驶系统实现在限制条件下在指定公路实现自动驾驶。我国智能网联汽车准入与上路通行试点即将启动,逐步推动自动驾驶规模应用。

5. 目前亟须解决的技术难点

(1)产业链尚不完善、"缺芯少魂"问题依然存在

在操作系统方面,由于底层内核、中间件由于开发难度大、生态建立困难,基础软件研发周期长,投入消耗巨大等原因,仍然由国外企业掌控。当前国内企业大多数基于 Linux 内核定制开发,存在生态不完善,操作系统装车量不足等问题。在车规级芯片方面,芯片设计能力总体处于全球先进水平,但缺乏成熟制程工艺支撑,开发工具链软件差距明显。在智能算法方面,以大模型为代表的通用人工智能是迈向高级别自动驾驶最具潜力的发展路径之一。相比美国等国家,我国在人工智能算法基础研究、数据和算力基础等方面仍存在差距。

(2)技术架构、标准规范不统一,跨区域协同存在壁垒

由于前期示范区建设区域相对分散,各地协作沟通机制不完善,缺少国标或强标的指引,各地分头开展测试示范创新探索和标准建设工作,在建设过程中对已有标准理解不一致。导致车端、路侧、云端各产品本身、相互间的数据互通、统一数据格式、系统应用服务等方面缺乏统一的标准规范,且各产品本身的数据互通、信息通信和功能安全等方面也缺

乏可信赖的评价体系。示范区建设碎片化、数据孤岛、异地测试结果不互认等问题突出,各示范区间建设运维彼此割裂,制约了实际使用场景泛化的可能性,企业难以进行产品的跨域测试,部分企业和终端用户对测试示范结果和协同应用平台不信任,阻碍系统实现跨域共用,增大未来量产、规模化商业运营的风险。

(3)安全保障体系有待进一步完善

智能网联汽车具有多技术交叉融合、人车路云等多要素交互、应用场景无限等特征,使智能网联汽车安全的内涵和外延发生变化,带来网络空间与物理空间的深度融合。智能网联汽车面临的网络安全风险从"信息域"向"信息域+物理域"扩展,传统网络安全、数据安全、功能安全、预期功能安全等多重安全问题相互耦合,甚至在特定条件下相互转化,安全风险交织难辨。智能网联汽车的安全保障正面临着前所未有的挑战。

6. 2023 年行业重点企事业单位发展情况

核心零部件厂商自主能力不断增强,市场份额取得新突破。地平线征程 5 芯片单颗芯片算力高达 128 TOPS,功耗低至 30 W,成功引领国产芯片迈入了市场认可的百 TOPS 大算力量产时代。征程 5 芯片已累计获得超过 9 家车企共 20 多款车型的量产定点,合作车企涵盖了比亚迪、蔚来汽车、上汽集团、长安汽车、埃安、红旗、哪吒汽车、奇瑞汽车等国内外主流车企。禾赛科技 2023 年激光雷达总交付量达到了 22.21 万台,同比增长高达 176.1%。新产品 AT512 可实现 300 m 标准测远,相比之前的 AT128 提升了 50%,最远测距达到 400 m,进一步提升了其激光雷达的性能。2023 年来自 16 家主机厂和 Tier-1 客户超过 60 款车型的激光雷达量产定点,行业地位进一步巩固。

自动驾驶企业加快推出高阶自动驾驶量产产品,不断开拓创新应用场景范围。华为推出高阶智能驾驶系统 ADS 2.0,采用多传感器融合技术,包括激光雷达、毫米波雷达和摄像头等,以实现对周围环境的全方位感知。基于先进的 GOD(通用障碍物检测)网络与 RCR(道路拓扑推理)网络 2.0 技术实现障碍物种类 99% 识别率的精细处理,可实现全国有图无图都能开、智能泊车代驾等领先体验。百度 Apollo 推出量产纯视觉高阶智能驾驶产品 Apollo City Driving Max,实现了城市和高速领航辅助驾驶以及智能泊车功能,并在极越 01 车型上量产上市。百度旗下自动驾驶出行服务平台"萝卜快跑"在武汉的运营面积超 130 km^2,覆盖人口达 100 万,累计订单量超 140 万。

7. 2023 年重点车型技术特点分析

(1)理想 L7

2023 年 2 月 8 日正式发布,搭载 AD Max 智能驾驶系统,提供了包括城市及高速场景的导航辅助驾驶(NOA)、智能车道保持(LCC)、全场景自动泊车系统(含 AVP 代客泊车)、主动安全功能在内的完整产品配置。产品释放前的路试里程超过 120 万 km。智能驾驶产品坚持标配,不采用订阅的销售模式。

(2)蔚来 ES6

蔚来 ES6 于 2023 年 5 月上市,软件为蔚来自研的辅助驾驶系统,硬件层面搭载 4 颗 Orin 芯片、1 部激光雷达、5 个毫米波雷达、7 颗高清摄像头、4 颗环视专用摄像头、12 个超声波雷达和 V2X 车路协同模块。

(3)小鹏 X9

2023 年 12 月,小鹏发布 X9 车型,搭载英伟达双 Orin-X,算力达 508 TOPS;传感器配置双激光雷达,5 mm 波雷达,12 个摄像头及 12 个超声波雷达;利用上述系统可实现全场景辅助驾驶 XNGP 功能,可在全国高速公路及 243 个城市实现智能辅助驾驶能力。

(4)问界 M9

2023 年 12 月,AITO 问界 M9 新车发布。搭载华为鸿蒙智能座舱、华为 ADS2.0 智能驾驶辅助系统及华为 Drive ONE 动力平台。硬件方面包括域控制器 MDC610,1 激光雷达、2 个毫米波雷达、11 个高清摄像以及 12 个超声波雷达,支持 L2+辅助驾驶,累计测试里程超过 500 万 km;智驾功能方面支持 AEB 等主动安全,APA/AVP 泊车,以及高速/城区 ACC、LCC 和 NCA。

8. 未来几年智能网联汽车产业发展建议

(1)完善顶层设计,营造良好发展环境

发挥体制机制优势,推进跨部门统筹。从国家战略层面进一步明确我国车路云一体化智能网联汽车发展的战略方向、发展目标、核心任务、保障措施,确定在技术研发、产业推广、基础设施、社会应用等方面的发展路径,提出重点任务,明确政策、资金、人才等方面的保障措施,形成引领我国车路云一体化智能网联汽车发展的总体规划和行动纲领。

健全政策法规体系,营造良好发展环境。完善面向车路云一体化智能网联汽车的准入与产品管理体系,支撑未来全生命周期产品管理。加速法律法规制修订,完善道路交通、高精度地图、商业保险等相关法律法规。强化智能网联汽车相关财税金融政策引导,支持企业转型与创新发展。

(2)创新关键技术,支持高质量发展

聚焦关键零部件和算法突破。加强整车、信息通信、交通运输、高精度定位及地图服务、人工智能、大数据等行业力量的协同合作,共同支持行业基础平台技术和产品突破。构建更具韧性的产业链体系,实现产品快速迭代完善。加强对基础科学研究的支持力度,避免由于短期科研考核、经营压力等问题忽视对基础技术的前瞻布局。

搭建领先的车路云一体化体系架构。完善车路云一体化智能网联汽车系统架构,研究基于服务的、具备分层解耦特征的车路云一体化车端 EEI 架构,围绕云控基础平台、计算基础平台、高精地图基础平台、信息安全基础平台、智能终端基础平台,通过行业联合攻关、打造车路云一体化智能网联汽车的基础支撑。

(3)发挥标准引领作用,加强标准体系建设

加强车路云一体化跨行业、跨领域标准协同。加强国标、行标、团标、地标等标准协同,畅通不同标准转化通道,充分发挥团标、地标等先行先试作用,提升先进团体标准转化能力;进一步强化标准在汽车、交通、通信等不同领域中的协

同创新赋能作用,加强跨行业融合标准体系建设,协同推动车路云一体化发展。

加快构建车路云一体化建设应用全生命周期标准体系。依托《国家车联网产业标准体系建设指南(智能网联汽车)(2023版)》基本框架,结合各示范区、先导区产业发展趋势与需求,系统梳理车路云一体化建设应用标准需求,加快构建覆盖车路云一体化系统设计、建设、应用全生命周期的标准体系,以统一标准支持实现智能网联汽车跨示范区、跨城市规模化示范应用。

(4)示范牵引,开展城市级规模示范应用

明确车路云一体化架构下,C-V2X示范应用场景分级分类推进路径。依托自动驾驶功能市场应用和技术政策发展现状,明确C-V2X技术分阶段分场景示范应用推进路径,研制与协同提醒预警、协同驾驶辅助、协同自动驾驶3个发展阶段相适应的规划场景及其道路测试、示范应用和商业化推广时间路线。

加快探索路侧基础设施覆盖率和车端渗透率"两率"有效提升模式。车路云一体化城市级应用示范建设应在明确C-V2X分阶段应用场景的基础上,研究分析路侧智能化基础设施"连点成片"建设规模、服务主体,以及车载终端OBU前装、后装搭载推广的有效模式,推动路侧和车端"两率"提升,推动场景商业化闭环。

(二)自动驾驶乘用车

清华大学苏州汽车研究院 戴一凡 段 晖 戴 希 管时华 于 飞;
江苏省智能网联汽车创新中心 陈 健

1. 2023年产业总体发展与突破

我国新能源汽车产销量爆发式增长推动自动驾驶技术和产品加速迭代发展。2023年,国内乘用车累计零售量达2169.9万辆,同比增长5.6%。其中,新能源乘用车销量728.65万辆。据统计,具备L2组合驾驶辅助功能的乘用车在去年新车市场渗透率为47.3%,高速和城市领航辅助功能在新能源乘用车上的搭载率分别接近10%和6%,部分功能已经接近L3级自动驾驶水平。网联化加速发展,2023年5G和C-V2X前装搭载量分别超过170万辆和30万辆。

随着政策支持力度加大、核心技术加速突破、产业生态逐步成熟,自动驾驶乘用车产业发展质变加速。支持L3自动驾驶的车辆软硬件技术与功能日趋成熟,大算力智驾芯片、高性能传感器、智能底盘渗透率持续上升,跨域融合的控制器技术与新一代电子电气架构实现突破,叠加AI大模型赋能,自动驾驶模型泛化能力量显著加强。基于大型语言模型的多模态交互应用服务加速上车,持续优化智能座舱人机交互体验。5G+V2X车联网支持的C-ADAS功能、云端数据闭环能力等网联通信技术的不断完善,为车辆提供高速稳定的数据传输和交互平台。L3级及以上自动驾驶乘用车上路和商业化运营的发展路径正在逐渐清晰。

2. 产业新质生产力发展情况

自动驾驶是当前经济和科技领域的热门话题,也是形成和塑造新质生产力的典范。我国在自动驾驶领域开展了大量技术创新、推广应用和基础设施建设,不断完善产业配套体系和政策支持体系。

2023年,自动驾驶行业发展新质生产力取得积极成效,已建立起涵盖智能硬件、软件算法、智能座舱、网联云控的完整产业体系。自动驾驶功能加速渗透,多款车型可实现覆盖高速和城市道路场景的领航辅助驾驶。自动驾驶出租车、无人巴士、自主代客泊车等高阶自动驾驶场景示范应用范围和规模持续扩大,自动驾驶乘用车行业的发展韧性和核心竞争力持续提升。

行业主管部门不断完善产业发展顶层设计,强化标准引领,建立智能网联汽车技术标准体系,加快重点技术标准的研究和制定。深入推进试点示范,启动智能网联汽车准入和上路通行试点、"车路云一体化"应用试点,推动健全完善智能网联汽车生产准入和道路交通安全管理体系,建立架构相同、标准一致的城市级智能化基础设施,提高车路协同水平。

3. 产业标准体系的建设

为充分发挥技术标准的引领和促进作用,推动车联网产业的健康可持续发展,自2017年起,工信部、国标委会同有关单位陆续出台了《国家车联网产业标准体系建设指南》系列文件。

2023年7月,工信部与国标委联合修订发布新版智能网联汽车标准体系,并提出到2025年,系统形成能够支撑组合驾驶辅助和自动驾驶通用功能的智能网联汽车标准体系,制修订100项以上智能网联汽车相关标准;到2030年,全面形成能够支撑实现单车智能和网联赋能协同发展的智能网联汽车标准体系,制修订130项以上智能网联汽车相关标准并建立实施效果评估和动态完善机制。

当前我国已初步建立起能够支撑组合驾驶辅助和自动驾驶通用功能的智能网联汽车标准体系,在标准数量、体系规划等方面均处于国际领先水平。截至2023年底,针对智能网联汽车领域,已制定并发布了60余项国家和行业标准,完成标准化需求研究及成果应用项目30余项,组织40余次标准技术指标试验验证及企业管理体系试运行活动,有力支撑道路测试示范、产品准入实施、协同发展试点等工作开展。

4. 国内外自动驾驶乘用车产业发展趋势

(1)2024全球自动驾驶乘用车销量将突破3000万辆

相关机构报告显示,2024年全球自动驾驶乘用车(包括辅助驾驶车辆)销量将达到3000万辆,2030年销量将超过6000万辆,渗透率近80%。其中,中国2024年自动驾驶乘用车(包括辅助驾驶车辆)销量预估超1300万辆,占全球比重为44.7%;2030年销量近2500万辆,渗透率将超过90%。

（2）2024 年我国 L2 级乘用车渗透率将超 45%

公开数据显示，2023 年我国乘用车上险量约 2100 万辆，其中 L2 级乘用车上险量超 800 万辆，渗透率为 40%。2024 年，预测我国 L2 级乘用车上险量将超过 1000 万辆，渗透率超 45%。

（3）多项试点叠加向纵深发展，L3 级及以上将迎来合法上路时代

2023 年我国先后推出具备量产条件的搭载自动驾驶功能的智能网联汽车产品开展准入试点和智能网联汽车“车路云一体化”应用试点工作。北京、上海、重庆等地陆续开放了 L3 路测，宝马、奔驰、比亚迪、智己、长安、极狐等车企先后取得了 L3 级自动驾驶测试牌照。可以预见，随着多个试点落地实施，2024 年将是推动我国 L3 级及以上自动驾驶乘用车商业化、规模化进程的新阶段，高级别自动驾驶汽车将迎来合法上路时代。

（4）摆脱高精地图限制，智驾无图竞争持续升温

2023 年，我国约有 39.4 万辆新能源汽车新车已正式上线城市 NOA 功能，装配率为 5.4%。2024 年，伴随着车企城市 NOA 计划持续推进，我们预测整个行业将进入智能驾驶接管里程数的快速迭代期，高阶智能将成为新一年智能汽车市场竞争的关键点。但如何进一步降低原有的软硬件成本，以场景适配性更高的算法模型覆盖高中低档位，将成为自动驾驶乘用车抢占高阶智驾市场的关键因素。

5. 目前亟须解决的技术难点及解决方案

（1）部分关键技术瓶颈亟须突破

当前智能网联汽车部分关键技术领域仍存在瓶颈问题，如车载操作系统领域，国内大部分车载操作系统厂商大多基于 Android 和 Linux 进行自研升级，底层系统尚未实现自主可控；汽车芯片领域，芯片国产化率尚不足 10%，芯片设计必备工具 EDA 软件和 IP 核等技术基本被国外市场垄断。此外，汽车工业软件、车载传感器等领域仍存在技术瓶颈，亦由国外厂商占据大多数市场份额。

因此，需要聚焦“卡脖子”问题，促进核心共性技术研发，加快车载操作系统、芯片开发、软件算法、高精度传感器等关键技术研发，加强行业企业与科研院所及创新中心等单位的合作，开展跨行业跨领域协同创新，持续推动技术创新及产业化应用，逐步实现技术突破和市场占领。

（2）安全保障能力和体系尚不完备

随着智能网联汽车加速发展，带来了功能安全、预期功能安全、网络安全、数据安全等新型安全风险挑战，也对汽车安全保障能力和体系建设提出了更高要求。当前智能网联汽车全生命周期安全保障体系尚不完备，自动驾驶安全标准化测试验证能力尚未建立，安全技术应用还待进一步加强验证与实践。

针对上述问题，国家层面需进一步健全和完善安全管理法规和标准，持续加强车联网安全监管，积极推动功能安全与预期功能安全、网络安全与数据安全等安全技术的研发创新与应用，支持建设智能网联汽车安全检验检测体系，推动整个行业高质量发展。

6. 2023 年行业重点企事业单位发展情况

（1）上汽集团

上汽集团推动结构调整和布局优化，从过去以合资品牌为主导的运营模式逐步转变为自主品牌与合资品牌并驾齐驱、共同发展的新格局。上汽集团以“新能源汽车发展三年行动计划”为引擎，全力加速向新赛道转型迈进。在自主品牌、新能源、海外业务“三驾马车”拉动下，上汽集团继续保持行业领先地位，2023 年总营业收入稳中有增，整车销量达 502.1 万辆，国内第一。其中自主品牌全年销量 277.5 万辆，占比超过 55%；新能源汽车和海外销量创新高，累计售出新能源汽车 112.3 万辆，销量位居国内车企第二名。

（2）长安汽车

2023 年长安汽车展现出了优异的市场表现，全年汽车销量达 255.31 万辆，同比增加 8.82%，占行业领先地位，其中自主品牌销量 209.78 万辆，同比增加 11.91%，占比总销量超八成。长安汽车自主燃油车业务仍然是盈利主要来源，在传统燃油车领域市场地位依然稳固，其市占率居中国品牌乘用车首位。长安汽车自主品牌乘用车已开始“反哺”合资板块，2023 年自主乘用车销量 159.7 万辆，同比增加 14.86%，而合资品牌销量下滑。长安新能源车仍处在发展阶段，2023 年自主品牌新能源全年销售 47.4 万辆，同比增长 74.8%，表现优异。

（3）比亚迪

2023 年，比亚迪实现营收收入 6023.15 亿元，同比增长 42.04%，其中，其中汽车业务及电池业务营收为 4834.53 亿元，占比 80.27%，比亚迪的营收和业绩增长主要依赖于其汽车及电池业务的强劲表现。2023 年比亚迪扩充产品矩阵，整车销量达 302.44 万辆，超额完成年度销量目标，新能源汽车市占率进一步提升至 31.9%，位居全球新能源销量第一。比亚迪持续加大研发投入，达 399.2 亿元，同比增长 97.4%，占营业收入的比例达 6.63%，先后发布易四方、云辇等技术，增强了企业核心竞争力。

（4）特斯拉

特斯拉 2023 年共交付 180.86 万辆新车，同比上涨 37.65%，完成年度销售目标，全球纯电动车交付量第一。其中 Model Y 销量 122.3 万辆，成为 2023 年全球乘用车销量冠军。2023 年，特斯拉上海超级工厂全年交付量达 94.7 万辆，同比增长 33%，占特斯拉全球交付量的一半以上。特斯拉在 2023 年首次全年利润出现下滑，价格战是主要因素之一，特斯拉率先降价并开启持续降价模式以此提升市场竞争力，在中国市场上的价格战尤为激烈。特斯拉聚焦核心研发，2023 年研发支出近 283.9 亿元，同比增长近 29.07%，创历史新高。

（5）理想汽车

2023 年，理想汽车全年实现营收 1238.51 亿元，同比增长 173.5%，其中车辆销售收入达 1202.9 亿元；凭借 L 系列车型的出色表现，理想汽车全年交付量实现飞跃，达 37.6 万辆，同比增长 182.2%，完成年销量目标，成为中国首家千亿年营收新势力车企。理想汽车 2023 年净利润 118.09 亿元，成功由亏转盈，首次实现了年度盈利。技术方面，2023 年理想将智能驾驶作为重点发展领域，提升到空前高度，持续加大研发投入，研发团队达千人规模，全年研发费用达 105.9 亿元，同比增长 56.1%。

（6）蔚来汽车

蔚来2023年交付新车16.00万辆，同比增长30.7%；营收556.18亿元，同比增长12.89%。虽然总营收创新高，但是净亏损高达211.47亿元，高投入的研发、销售等费用，导致亏损加剧，净亏损创8年以来新高。蔚来重视技术创新，发布了12项全栈技术布局和四大核心技术，覆盖了智能电动汽车业务的各个版块，蔚来的技术能力正成为重要的核心竞争力，2023年下半年，蔚来成功占据了中国成交均价30万元以上电动汽车市场的领先地位，其市场份额超过40%，显著领先于行业竞争对手。

7. 2023年重点车型技术特点分析

（1）深蓝SL03

长安汽车旗下深蓝品牌的首款战略车型SL03，定位中型轿车，推出了增程/纯电共计四种版本，而后升级了高阶智驾方案的新款深蓝SL03i更新上市。

智能驾驶方面，订阅了高阶智能辅助驾驶服务的深蓝SL03软硬件均有大量的升级，硬件部分主要包括1个4D成像毫米波雷达、4个高密度点云毫米波雷达、12个新一代编码超声波传感器、1个800万像素前置智能摄像头、4个200万像素全景摄像头、5个200万像素周视摄像头、1个DMS摄像头、6个微碰传感器，可实现超级智能IACC、NID3.0领航智驾辅助、APA7.0远程代客泊车等。深蓝SL03作为长安汽车旗下智能化最为领先的车型，截至2023年底已获得17张L3测试牌照，已经在重庆市特定区域开展L3自动驾驶道路测试。

（2）极氪007

吉利子品牌极氪旗下首款轿车车型极氪007，作为一款中型纯电轿车，共推出5款车型，全系标配8295智能座舱芯片以及浩瀚智驾系统。

智能驾驶方面，极氪007采用了极氪最新自研的“浩瀚智驾”，这一系统覆盖了智能泊车、高速与城市智能驾驶的全部场景，极氪007的智能驾驶感知系统采用了“激光雷达+视觉融合”和“纯视觉”两套方案，“激光雷达+视觉融合”版本配备了高达31颗的感知硬件，包括12颗摄像头、5颗毫米波雷达、12颗超声波雷达、1颗激光雷达及1颗驾驶员状态监测摄像头。这些硬件与NVIDIA DRIVE Orin智能驾驶系统级芯片协同工作，提供高达508 TOPS的算力，能够实现记忆泊车、代客泊车、NZP高速领航、LCC+等功能，目前极氪高速NZP领航功能已经开放65个城市，未来将开放到更多城市以及开通更多功能。

（3）问界M9

华为鸿蒙智行旗下的旗舰级车型问界M9，由华为和赛力斯联合设计，是一款集华为最新技术和创新设计于一体的大型SUV，该车定位于全尺寸旗舰SUV，全车配备了华为高阶智能辅助驾驶系统、鸿蒙Harmony4.0座舱、副驾驶娱乐屏等功能。

智能驾驶方面，问界M9搭载领先行业的多传感器融合感知系统和HUAWEI ADS 2.0高阶智能驾驶系统，感知系统配备1个顶置192线激光雷达、3个毫米波雷达、11个高清视觉感知摄像头及12个超声波雷达，可实现对动静态目标（含异形物体）的全场景和全天候感知，通过BEV感知融合GOD 2.0+RCR 2.0网络，能够更及时、准确地识别车辆和周围交通参与者的行为，可以无高精度地图模式实现高速/城区智能驾驶领航辅助功能。在主动安全方面，问界M9还能实现前向AEB最高支持静止车120 km/h时速主动刹停；首发ESA紧急变道辅助系统，自动控制转向辅助驾驶员避免碰撞。作为华为的旗舰车型，问界M9于2023年底已成功获得重庆和深圳两地的L3级自动驾驶测试牌照，成为行业首个同时获得两地L3级牌照的车型。

8. 自动驾驶乘用车产业发展建议

未来几年，自动驾驶乘用车产业挑战与机遇将持续并存，我国仍需在政策法规、技术突破、保险保障等方面持续发力，推动产业破茧成蝶，形成产业新质生产力，进一步夯实我国自动驾驶乘用车产业在全球的引领力、竞争力和影响力。

（1）完善顶层设计，加快法规制度建设

加快制定自动驾驶产业专项法规、准入规则及评价标准等，进一步细化责任认定，统一自动驾驶测试评价标准，解决自动驾驶上路难题及跨区域运营难题，为自动驾驶汽车规模化商业应用保驾护航。

（2）加快技术创新，突破关键核心技术

持续加强在车规级芯片、操作系统、车载传感器等关键核心领域的技术攻关，逐步实现技术突破和成本降低，破解外资厂商占据全部或大多数市场份额的发展格局，夯实我国在自动驾驶乘用车产业的竞争优势。

（3）强化保险创新，助力高阶量产落地

通过准入试点创新自动驾驶乘用车商用保险模式，聚焦索赔对象、责任分配、费率厘定、保险条款等，针对性开展相关研究与设计，建立适应L3及以上自动驾驶车辆的新型保险制度，保障自动驾驶乘用车产业稳步发展。

（三）自动驾驶客车

厦门金龙联合汽车工业有限公司　苏　亮

1. 2023年产业总体发展与突破

中国智能网联汽车产业创新联盟指出，近年来汽车产业正处于变革的大时代，智能化、网联化的浪潮持续而深刻地影响着汽车的内涵与外延，为汽车的研发制造、应用维护和监管评价带来了前所未有的机遇与挑战。从L2辅助驾驶应用迅速普及到L4自动驾驶试点示范持续深入，从安全预警到出行即服务，从交通治理到数字中国建设，自动驾驶客车产业拥有太多的可能性亟待探索、验证。

截至2023年来，自动驾驶客车领域在各方面都取得了不错的进展，各方面技术创新及商业化探索正在快速推进。同时，随着国家自动驾驶产业新政的陆续出台和自动驾驶汽车商业应用的提速，为自动驾驶客车发展奠定良好基础。

自动驾驶商业化发展方面：2023 年我国自动驾驶商业化持续发展，商业化运营再现新突破。2023 年 3 月，滴滴自动驾驶打车服务上线广州花都，正式宣告开启商业化运营；2023 年 4 月，领航者（AIPilot）道路巡检无人车在河北张家口市桥东区空港经济开发区落地测试运营；2023 年 11 月，百度 Apollo 依托坚实的 AI 技术底座，实现了从全无人运营到规模商业化运营。百度宣布，将持续扩大业务规模，着力打造全球最大全无人自动驾驶运营服务区，打造"夯实技术+全国覆盖运营"的战略布局。

自动驾驶政策和法规方面：我国高度重视智能网联汽车产业发展，国务院及工业和信息化部、市场监管总局、公安部、交通运输部、海关总署、自然资源部、国家标准化管理委员会等部委在 2023 年陆续出台一系列发展规划及政策文件，在产品准入、安全监管、网联建设、地理测绘、示范应用等方面营造良好的生态环境。

秉持政策法规紧跟着技术发展这一原则，至 2023 年，深圳放开了 L3 级自动驾驶，北京扩大了自动驾驶示范区，以广州和深圳为代表的大城市逐渐放开了城区高精地图的限制，开放了一大批真实 L4 级测试区域。同时 L4 级自动驾驶开始逐步商用落地，将会进一步激励自动驾驶企业发展。

2023 年 11 月，工业和信息化部、公安部、住房和城乡建设部、交通运输部联合发布的《关于开展智能网联汽车准入和上路通行试点工作的通知》提出，引导智能网联汽车生产企业和使用主体加强能力建设，在保障安全的前提下，促进产品的功能、性能提升和产业生态的迭代优化。同时，相关企业应当基于试点实证积累管理经验，支撑相关法律法规、技术标准制修订，加快健全完善智能网联汽车生产准入管理和道路交通安全管理体系。

2024 年 1 月，工业和信息化部、公安部、自然资源部、住房和城乡建设部、交通运输部联合发布《关于开展智能网联汽车"车路云一体化"应用试点工作的通知》。该通知提出，面向车路云一体化发展新趋势和行业规模化应用新需求，需要承接前期测试示范区工作、双智试点工作基础，并且组织新兴城市开展规模试点应用。

自动驾驶客车产品研发方面：2023 年 11 月 22 日，经海南省工业和信息化厅批准，厦门金龙联合汽车工业有限公司（简称金龙）的自动驾驶公交车 Robobus 取得了海南省智能网联车道路测试和示范应用牌照，正式落地三亚开始运营。金龙以"成为智慧交通系统的解决方案提供商"为愿景，将持续以智慧科技，推进交通的绿色化、智能化、网络化，打造美好的出行生态系统；2023 年 12 月，苏州金龙与百度 Apollo 紧密合作，加速商用车"无人化作业"进程，打造融合"车端、自动驾驶端、作业端、云端、客户端、远程端"于一体的智能网联商用车闭环应用解决方案；2023 年 12 月，文远知行联合青岛上合控股集团、青岛城运控股集团胶州巴士有限公司投入数辆自动驾驶小巴，合作开通"胶东国际机场-青岛空港食集"自动驾驶微循环接驳环线。路线全长 8.2 km，全程 25 min，为旅客朋友候机中转、方便就餐提供了多元化、高效率、未来感的出行服务。

2. 产业新质生产力发展情况

新质生产力自 2023 年 9 月首次提出后，一直被产业各方所重视，2023 年底举行的中央经济工作会议更是强调，要以科技创新推动产业创新，特别是以颠覆性技术和前沿技术催生新产业、新模式、新动能，发展新质生产力。

2023 年，我国核心系统级关键零部件实现技术突破，有效助推智能网联汽车向前发展。其中包含以下几个方面：

①高性能传感器开始普及，车辆感知能力得到提升。混合固态激光雷达成主流，国产纯固态激光雷达实现全球首发量产装车，以及毫米波雷达继续向高频段统一，MOS MMIC 方案逐渐成熟。

②国产车载大计算芯片性能与工艺快速提升，华为 MDC 系列、地平线 J5/J6 系列、黑芝麻 A1000 系列等大规模量产应用。

③整车/跨域 OS 成为行业热点，中国车用操作系统开源计划公布，国产化 OS 百花齐放。底层车载基础 OS 基本稳定，车载操作 OS 国内布局已现雏形，有定制型的 AliOS、华为鸿蒙 OS，ROM 型的蔚来、小鹏，腾讯车联 TAI 和百度 Carlife 等。

④域集中架构密集量产并逐渐成为主流，电子电器架构从域集中走向域融合，"多域融合+中央计算平台"的架构开始落地。诸如上汽、哪吒、比亚迪等主机厂和博世、采埃孚、东软睿驰等配套厂提出跨域架构并开始量产落地。

⑤车路云通信发展快速，C-V2X 技术全面突破。5G 与 LTE-V2X 直连通信逐渐以互补方式差异化服务车联网应用，车载卫星通信功能开始搭车量产，路侧感知系统通信单元向集成化、高性能演进，融合算法由单点融合走向跨域融合。

3. 产业标准体系的建设

自动驾驶客车的发展离不开智能网联汽车的相关标准体系的构建。目前我国仍需不断构建智能网联汽车标准体系，并完善法律制度。建议标准相关构建组织及人员根据汽车行业实际情况，结合发展形势，对标准信息渠道进行扩展，提升全产业标准构建能力。

为适应我国智能网联汽车发展新阶段的新需求，充分发挥标准的引领和规范作用，工业和信息化部、国家标准化管理委员会组织全国汽车标准化技术委员会及相关各方修订形成了《国家车联网产业标准体系建设指南（智能网联汽车）（2023 年版）》。

新版标准体系建设指南在全面总结当前标准体系建设进展的同时，提出了 2025 年、2030 年两个阶段的标准体系建设目标。到 2025 年，系统形成能够支撑组合驾驶辅助和自动驾驶通用功能的智能网联汽车标准体系。制修订 100 项以上智能网联汽车相关标准；到 2030 年，全面形成能够支撑实现单车智能和网联赋能协同发展的智能网联汽车标准体系，制修订 130 项以上智能网联汽车相关标准并建立实施效果评估和动态完善机制。

标准体系建设新需求：

(1)技术进步

先进感知水平及核心控制算法自主程度显著提升;自动控制由部分驾驶辅助向组合驾驶辅助快速演进;自动驾驶技术在多应用场景下的适用性逐步增强;网联技术面向汽车应用的稳定性和可靠性快速提升;网络安全和数据安全技术与汽车结合度更加紧密。

(2)产业发展

驾驶辅助及自动驾驶功能加快成熟;网联通信技术应用场景不断拓展;软件与芯片对汽车的价值愈发凸显;数据与平台技术的作用持续提升;新型安全技术保障任务更为艰巨。

(3)行业监管

道路测试和示范应用推动产业步入量产应用阶段;驾驶辅助的功能范畴、自动驾驶的责任边界需要明确;传统安全与新型安全融合的汽车综合安全体系需要建立;保障基础安全要求与企业开发成本需要统筹兼顾;汽车行业管理政策与国际法规需要兼容协调。

4. 国内外自动驾驶客车产业发展趋势

近年来,随着世界各国的汽车巨头和科技公司致力于无人驾驶技术的商业化,促使该技术扩展至公共交通领域,自动驾驶巴士可能成为未来智能交通领域的一个重要组成部分。国内主要客车生产企业在自动驾驶领域都有生产相关产品,例如:金龙客车开发了中国首款L4级量产自动驾驶巴士阿波龙,截至2023年已在全国45个地区实现商业化运营;宇通客车与文远知行联合开发的文远小巴正式在广州国际生物岛对外开放运营全无人驾驶接驳服务;苏州金龙、厦门金旅、中车时代等客车生产企业也都在通过自主或对外合作的方式加速研发自动驾驶巴士。

自动驾驶巴士运营场景逐渐从景区、园区等封闭场景向城市公共道路示范路线运营发展。自动驾驶车辆推广仍然以示范应用为主,但其商用化进程正在加速。此前,自动驾驶车辆的示范应用主要由政府牵头,客车生产企业、公交客运企业等多方参与。随着双智城市建设、自动驾驶政策法规、自动驾驶技术的日益成熟,自动驾驶领域的前景被广泛看好。北京、上海、重庆、郑州、厦门等城市的公交客运企业对自动驾驶也表现出浓厚的兴趣,尤其是在特定路段或特定时间等场景下,公交客运企业期望通过自动驾驶车辆更好地解决群众出行的“最后一公里”难题。自动驾驶巴士正在从测试验证转向多场景示范应用的新阶段,中国坚持“单车智能+网联赋能”并行发展路径,以城市/区域为载体,加快规模化示范应用,推动高等级自动驾驶商业飞轮的转动。

中、美、欧仍是全球自动驾驶最重视的3个区域。得益于国内新能源汽车的发展水平,国内自动驾驶客车应用及推广要领先于国外客车产业。但基于欧美等发达国家自动驾驶技术的领先优势,国外客车企业也在加快自动驾驶巴士的开发及测试。

美国在自动驾驶方面一直走得比较快,政策法规方面的支持力度也比较大,但是随着整体资本的退潮,不少企业都面临破产。有数据表明,美国在2022年《无人驾驶汽车乘客保护规定》出台后,并未出台更多实质性的关于自动驾驶的法规。值得一提的是,特斯拉在法规的允许下,开放了全美国FSD Beta的使用,这也使特斯拉的FSD驶出了加州,向全美境内铺开。

2023年,欧洲也并没有太多关于自动驾驶的新法规,主要发布了一些确保自动驾驶汽车测试和部署的安全性的法规,这对奔驰和Mobileye的自动驾驶测试比较受益。此外,德国允许了奔驰L3级自动驾驶车型上路,为之后的自动驾驶落地指明了方向。

总之,海外自动驾驶法规看上去比国内更超前,但细究会发现,整体的可行性空间并不比国内的大,而且海外自动驾驶的下行趋势,也影响了一些国家的自动驾驶落地速度,甚至欧洲一些国家在碳排放和环保方面开倒车,这也会影响电动化和智能化的发展。

5. 目前亟须解决的技术难点及解决方案

目前自动驾驶客车亟须解决的技术难点及解决方案如下:

(1)感知难:当前自动驾驶技术普遍采用的感知传感器,感知能力(距离、范围、环境影响)有限,正常情况下可以完成较高精度的环境信息采集,比如摄像头、毫米波雷达、激光雷达等,但是遇到大雨、大雾、大雪等恶劣天气情况,其感知性能就会迅速下降,无法满足自动驾驶全工况、全天时、全天候的运行要求。针对感知难的问题,行业普遍采用的解决方案包括:不断提高单个传感器的硬件性能及感知算法、采用车路协同方案提高车辆的感知距离及感知范围、单车多传感器融合等办法解决。

(2)通信难:自动驾驶客车重要的车路协同技术,其网络架构与通信模式没有统一的标准,“短、中、远”“强实时”“大带宽”等各类信息的传输机制及异构网络融合没有统一标准,尽管行业有4G/5G/LTE-V/DSRC/Wi-Fi/Lora/蓝牙/千兆网等各种通信标准,但针对车路协同的标准化通信架构的标准却迟迟没有落地。因此,加快车路协同标准制定与统一是当前解决通信难的问题的关键。

(3)控制难:对于如何实现在高速、拥堵、复杂交通环境条件下实现精细化的车道级自动驾驶控制,避免碰撞风险,保障交通通行效率、舒适驾乘体验等控制相关问题,解决难度较大。特别在恶劣天气环境和不确定突发性交通参与者干扰下,保证自动驾驶、车路协同控制的稳定性行,成为行业亟须攻破的技术难题。

(4)集成难:自动驾驶客车如何适配客车行业各种应用场景,利用统一的自动驾驶技术平台,将多种自动驾驶相关感知、通信、决策、控制模块等先进技术进行快速集成,满足多元化用户的场景需求,这是一个相当复杂的系统工程问题。针对该问题,要加强行业协同、技术标准制定,同时在建立自动驾驶系统时,要有平台化思维,提高产品的扩展与适应能力。

6. 2023年行业重点企事业单位发展情况

公交是城市出行的主要方式之一,在我国公共交通领域拥有较高的路权和优先级,伴随着智能驾驶赛道的火热,相关企业开始瞄准了无人公交、微循环巴士等刚需场景,公交车开始了网联化和智能化的升级，AI 企业争相入局。

（1）金龙客车与百度

2018 年 7 月，百度宣布和金龙客车合作的“阿波龙”正式量产下线，随后阿波龙在全国各地进行推广销售，截至 2023 年，阿波龙微循环巴士已在全国 45 个城市成功落地。在阿波龙无人车取得成功以后，金龙客车与百度的合作不断深入，技术及产品不断迭代，2020 年，金龙客车提出了“1+N”的无人驾驶产品族策略，即 1 个通用无人驾驶线控底盘，N 个面向各个场景的无人驾驶产品，例如：开放道路无人驾驶公交车、无人驾驶物流配送车、港口 IGV 等，2021 年 11 月，百度和金龙联合打造的自动驾驶巴士 Robobus，在重庆永川启动全面商业化运营；2021 年金龙客车研发的智能网联公交车在厦门 BRT 上成功运营，结合 BRT 运行场景需求，基于 LTE/5G-V2X、人工智能、大数据技术，开展包括公交优先、最优车速、精准停靠、柔性编队等智能驾驶技术的应用，2021 年，该项目助力厦门入围“双智城市”名单；2022 年，金龙客车加强车路协同技术的应用，推出了龙翼 SmartGO 智慧交通系统方案，并在厦门市软件园三期建设了智慧交通示范项目。

（2）宇通客车与文远知行

2013 年，宇通客车开始自动驾驶客车的研发；2015 年在郑开大道首次进行自动驾驶客车公开路试；2016 年完成新一代自动驾驶客车可靠性测试；2017 年自动驾驶客车在研发园区产业化示范；2018 年开展厂区通勤自动驾驶常态化运营；2019 年，宇通 L4 级自动驾驶巴士首次亮相博鳌论坛。2020 年 12 月，宇通出资 2 亿美元战略投资文远知行，用于推动自动驾驶在微循环巴士、公交车等场景的应用。

2021 年，双方面向城市道路复杂交通流，开发了 3 款自动驾驶产品，12 m 自动驾驶公交，L4 级自动驾驶巴士“小宇”，文远知行开发的 Robotaxi。截至 2022 年 5 月，宇通已在广州、博鳌、重庆、长沙、南京、绍兴、郑州等多个城市开展自动驾驶项目，实现了景区、园区、机场、城市公交等多个场景下的探索落地，累计商业化运营超过 160 万 km。2022 年宇通与文远知行再次联手打造的“文远小巴”正式在广州国际生物岛对外开放运营，为市民提供无人驾驶微循环公交服务。2023 年 12 月，文远知行携手广州巴士集团正式开放全国首个自动驾驶小巴商业收费运营服务。双方联合于 12 月 21 日获得广州市黄埔区智能网联汽车示范应用资格，获准开展自动驾驶微循环客车（Robobus）商业化收费运营，这是全国首个 Robobus 商业化运营牌照。

（3）轻舟智航

诞生于美国硅谷的轻舟智航在 2020 年初进入中国，同时顺势切入小巴市场，轻舟智航致力于以 Robobus 助力打造“城市的移动科技名片”。2021 年 10 月，轻舟智航还在无锡发布了全国首个公开道路 5G 自动驾驶网约巴士，进一步打破 Robobus 与 Robotaxi 的边界，截止至 2023 年，已在苏州、深圳、武汉、北京、无锡、嘉兴等 10 座城市开展测试及运营，涵盖小巴、大巴、乘用车等多种不同产品形态；2023 年 5 月，轻舟智航获颁北京市高级别自动驾驶示范区智能网联客运巴士测试牌照，并全面接入北京市高级别自动驾驶示范区 2.0 车路协同场景应用。成为继《北京市智能网联汽车政策先行区智能网联客运巴士道路测试、示范应用管理实施细则（试行）》发布后，首批获得此测试牌照的企业之一。

7. 2023 年重点车型技术特点分析

（1）金龙客车——阿波龙Ⅱ、Robobus

金龙客车联手百度共同打造的 L4 级阿波龙Ⅱ自动驾驶小巴，无方向盘，具备 L4 级别自动驾驶能力和车路协同能力；车内搭载百度数字孪生、车载语音和数字人技术；车内搭载了两颗 40 线激光雷达，配合毫米波雷达和环视摄像头，探测距离达到 250 m；阿波龙Ⅱ能够应对无保护左转、车流择机变道、路口通行等城市开放道路场景，ODD（自动驾驶运行设计区域）也从封闭、半封闭园区进阶扩大到开放道路（见图 1-4-1）。

图 1-4-1　金龙阿波龙Ⅱ

金龙客车与百度联合开发面向开放道路运营的自动驾驶公交——Robobus，巡航里程为每小时 40～60 km，配备激光雷达、毫米波雷达、单目相机等，可实现精准靠站，轻松应对公交站场景及更为复杂的城市道路路况，结合 V2X 车路协同，可实现车载 OBU 与智能网联路侧设备进行 L4 级车路协同感知驾驶，实现聪明的车与智能的路紧密结合。2022 年在厦门集美新城软件园三期推出了“智慧交通，数字孪生”金龙龙翼 Smart GO 智慧交通金砖示范项目。2023 年金龙 L4 级 XMQ6601G 自动驾驶微循环公交客车率先走出国门，参加 2023 迪拜自动驾驶运输世界挑战赛并获得冠军。

（2）宇通客车——文远小巴 Robobus

文远小巴是一款无方向盘、油门、刹车的纯电动车型，采用了 L4 级自动驾驶技术，最高时速达 40 km，满足全天时、全天候、全场景的运行需求，在城市开放道路、快速路、隧道、早晚高峰拥堵时段、雨雪天等情况下均能实现安全、稳定、绿色环保的无人驾驶（见图 1-4-2）。

图 1-4-2　宇通文远小巴

（3）轻舟智航——龙舟 ONE 无人巴士

龙舟 ONE 是轻舟智航部署的无人驾驶小巴，又称轻舟无人小巴，定位为城市微循环无人公交。区别于在封闭道路或园区运营的低速小巴，龙舟 ONE 能够以 20～50 km/h 的速度，在城市开放道路上运营。基于轻舟智航自主研发的"Driven-by-QCraft"无人驾驶方案，龙舟 ONE 可轻松应对各类城市复杂交通场景（见图 1-4-3）。

图 1-4-3　龙舟 ONE 无人巴士

（4）金旅客车——蘑菇车联 MOGO BUS

蘑菇车联 MOGO BUS L4 级自动驾驶巴士是由蘑菇车联与金旅客车联手打造的新一代自动驾驶前装量产车，双方基于 L4 级自动驾驶实际需求进行正向开发。新一代车型分为 MOGO BUS M1（自动驾驶接驳车）、MOGO BUS M2（自动驾驶巴士）两个版本，其中 MOGO BUS M1 去掉方向盘、油门和刹车，真正实现全无人驾驶。两款车型均搭载蘑菇车联自主研发的全栈软硬件解决方案，能够安全高效地处理各种复杂城市交通路况，满足封闭或半封闭园区、城市开放道路等多场景 L4 级自动驾驶运营服务。新一代 MOGO BUS 搭载行业领先的感知方案，标配 8 颗固态激光雷达，最远感知距离 200 m，实现 360 度无盲区、超远距离、多重冗余感知、融合 GNSS、SLAM 和特征定位技术，适用于城市开放道路、交通枢纽、园区等各种复杂场景，实现厘米级高精定位。MOGO BUS 的传感器嵌入车身，在保证车身美观的同时减小车辆尺寸，提高行驶安全，车辆底盘也采用双重冗余设计，控制响应达到毫秒级（见图 1-4-4）。

图 1-4-4　蘑菇车联 MOGO BUS M2

8. 未来几年自动驾驶客车产业发展建议

自动驾驶客车行业整体还处于起步阶段，智能底盘、传感器、决策控制、信息安全、新一代人工智能等技术仍待进一步完善和发展。

（1）智能底盘方面，智能底盘为自动驾驶系统提供承载平台，应进一步提升安全性能，提高失效后冗余系统的切换性能和功能安全水平。

（2）传感器方面，进一步提升传感器性能，特别是环境适应性与系统可靠性方面的性能提升，如开发具备各种光照条件成像的相机、具备全天时、全天候、高精度成像的雷达等。

（3）决策控制方面，构建基于单车智能与车路协同融合决策系统，提高车辆行驶安全。

（4）信息安全方面，建立智能网联汽车产品信息安全开发流程体系，构建系统全生命周期纵深安全防御系统。

（5）自动驾驶系统集成方面，加强行业协同、技术标准制定，同时在建立自动驾驶系统时，要有平台化思维，提高产品适应能力。

（6）新一代人工智能方面：积极探索大模型在自动驾驶方面的应用，如基于"BEV+Transformer"的感知大模型，实现端到端自动驾驶等。

（四）自动驾驶货运卡车

北京航迹科技有限公司　赵兴华　李　青；卡尔动力科技有限公司　史英伦　卫　璁　褚　琦

1. 2023 年产业总体发展与突破

2023 年以来，随着全球自动驾驶技术不断取得突破，全球多个国家和地区逐渐加快自动驾驶技术的应用步伐，无论是高阶自动驾驶商业化落地，还是无人驾驶在港口、矿区、园区等多个场景的规模化应用都取得了一定的突破，自动驾驶的应用价值被广泛认可。

自动驾驶作为汽车产业和交通领域关注焦点，2023 年自动驾驶技术的研发和商业化应用呈现更加活跃的态势，各大科技公司和汽车制造商纷纷加大投入，加速自动驾驶技术的研发进程，各国政府也在加强自动驾驶相关法规和政策的制定。

2023 年 1 月 30 日，工信部等八部门发布《关于组织开展公共领域车辆全面电动化先行区试点工作的通知》，要求 2023—2025 年在全国范围内的城市公交、出租、环卫、邮政快递、城市物流配送领域新增及更新车辆中，新能源汽车比例力争达到 80%，并鼓励在短途运输、城建物流以及矿场等特定场景开展新能源重型货车推广应用。

可以预见在国家政策的示范带动下，2023 年将是自动驾驶货运工具电动化大发展的一年。实际上，2022 年我国新能源重卡累计终端销售 25152 辆、同比增长 140%，全年渗透率达到 5.35%，其中充、换电车型占比分别达到 40.88% 和 48.79%，牵引车达到 55.41%。

2023 年 6 月，中华人民共和国工业和信息化部在新闻发布会上明确表示，将启动智能网联汽车准入和上路通行试点，组织开展城市级"车路云一体化"示范应用，将支持 L3 级及更高级别的自动驾驶功能商业化应用。随着国内政策进一步放开，地方政府也在积极引导，将政策落到实处。

随着港口、园区、物流运输等应用场景智能化的推进，自动驾驶卡车市场规模还在不断扩大。同时得益于政策导向，自动驾驶卡车落地进程正在加速，无论是封闭或半封闭场景下的 L4 级自动驾驶，还是应用在点对点干线公路运输、具有相对封闭道路等场景的 L2/L3 自动驾驶，不同级别的自动驾驶技术都找到了自己的迭代路线和落地方向；随着技术发展，未来将会有更多更复杂的应用场景带来更多挑战，这些也同样为自动驾驶重卡行业带来更多的机遇和潜力。

2. 产业新质生产力发展情况

2024 年的政府工作报告提出，“大力推进现代化产业体系建设，加快发展新质生产力”。在新形势下，应充分发挥创新主导作用，以科技创新推动产业创新，加快推进新型工业化，提高全要素生产率，促进社会生产力实现新的跃升，提升我国产业的全球竞争力。

自动驾驶货运卡车技术的核心在于利用先进的传感器、算法和控制系统，实现卡车的自主货物运输。自动驾驶货运卡车技术的发展还将带动相关产业的升级和创新，包括 5G、人工智能、大模型、芯片、卫星导航、大数据处理等多个领域，不仅为物流运输行业带来了革命性的变革，也为整个汽车产业链的智能化升级提供了动力。

这些关键技术的突破为自动驾驶卡车的商业化应用提供了强有力的支撑，在商业化试点应用中取得了显著的成效。自动驾驶卡车通过减少人为驾驶错误，提高道路安全性，同时也优化车辆的运行效率，降低交通事故的发生率。在物流领域，自动驾驶技术的应用减少了对专业司机的依赖，从而降低人力成本，并通过对路线和调度的智能优化，提升物流运输的经济效益。随着技术的不断创新和突破，自动驾驶卡车将变得更加智能、安全、高效。

3. 产业标准体系的建设

自动驾驶货运卡车主要应用于物流行业。2022 年 10 月，交通运输部、国家标准化管理委员会印发《交通运输智慧物流标准体系建设指南》，提出到 2025 年，聚焦基础设施、运载装备、系统平台、电子单证、数据交互与共享、运行服务与管理等领域完成重点标准制修订 30 项以上。该指南旨在打造一批标准实施应用典型项目，持续提升智慧物流标准化水平。该指南聚焦物流运输与配送环节，以物联网、大数据、云计算、区块链等信息技术为手段，链接设施、设备、货物、人员、信息等要素，实现全面感知、精准识别、实时跟踪、智能决策的技术、服务和管理要求。

自动驾驶货运卡车核心技术在近几年有重大突破，自动驾驶技术能力和国家准入要求标准体系逐步完善。2023 年 7 月 18 日，工业和信息化部、国家标准化管理委员会联合修订印发《国家车联网产业标准体系建设指南（智能网联汽车）（2023 版）》，提出到 2025 年，系统形成能够支撑组合驾驶辅助和自动驾驶通用功能的智能网联汽车标准体系；到 2030 年，全面形成能够支撑实现单车智能和网联赋能协同发展的智能网联汽车标准体系。

《国家车联网产业标准体系建设指南（智能网联汽车）（2023 版）》充分考虑了智能网联汽车技术深度融合和跨领域协同的发展特点，设计了“三横二纵”的技术逻辑架构，主要针对智能网联汽车通用规范、核心技术与关键产品应用，构建包括智能网联汽车基础、技术、产品、试验标准等在内的智能网联汽车标准体系，充分发挥标准对智能网联汽车产业关键技术、核心产品和功能应用的基础支撑和引领作用，与《国家车联网产业标准体系建设指南》其他部分共同形成统一、协调的国家车联网产业标准体系架构（见图 1-4-5）。

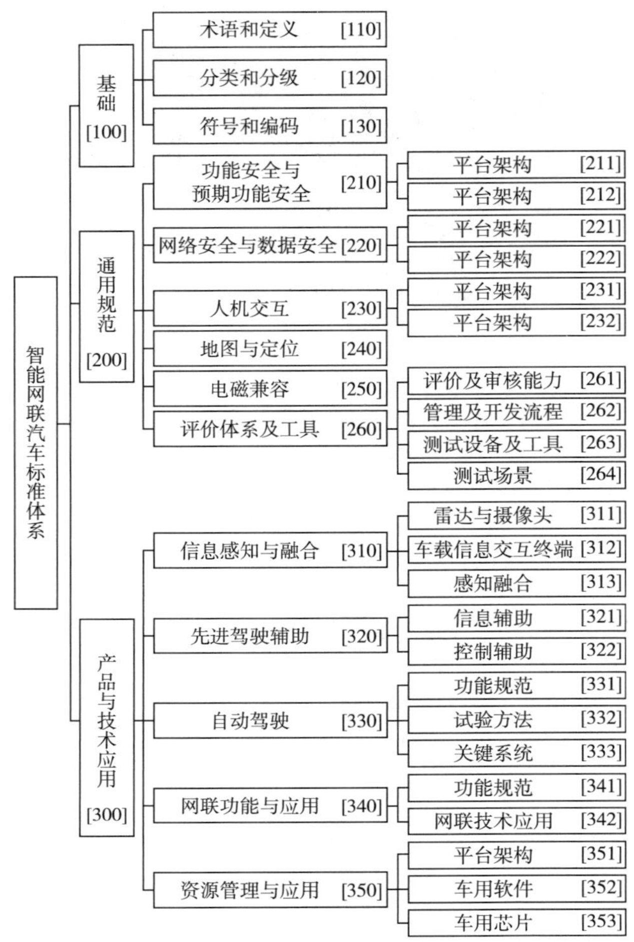

图 1-4-5 智能网联汽车标准体系框架图

4. 国内外自动驾驶货运卡车发展趋势

近年来，自动驾驶货运卡车产业在全球范围内迅猛发展，得益于技术研发投入的增加及各国政策的高度支持。随着人工智能、传感器技术和通信技术的突破，自动驾驶技术逐步从概念走向实际应用，并在提高运输效率、降低成本和提升安全性方面展现出巨大的潜力。

自动驾驶货运卡车的核心技术涵盖感知、决策和控制等多个方面。先进的传感器技术，如激光雷达、摄像头和雷达，结合强大的计算平台和高效的算法，使自动驾驶系统能够在复杂的道路环境中安全高效地运行。例如，特斯拉的 Semi 卡车和 Waymo 的自动驾驶卡车均采用了先进的感知和决策技术，实现了高度自动化的驾驶功能。这些技术创新不仅提升了车辆的性能和安全性，也为自动驾驶卡车的大规模应用奠定了基础。

各国政府对自动驾驶技术的重视程度不断提高，相关政策和法规也在逐步完善。例如，美国发布的《自动驾驶系统 2.0：安全愿景》和中国发布的《智能网联汽车道路测试管理规范(试行)》,为自动驾驶货运卡车的研发、测试及商业化应用提供了法律框架和政策支持。另外,电商和物流行业的快速发展进一步推动了市场需求。

全球企业积极布局自动驾驶货运卡车,东风柳汽与吉利等企业推出“乘龙幻影三代”和远程星瀚 H 等先进技术产品,展示了在新能源商用车领域的优势。随着技术成熟,自动驾驶货运卡车的商业化应用逐步推进。Waymo 与特斯拉等通过合作试点验证自动驾驶技术可行性,国际合作如“European Truck Platooning Challenge”项目也促进了技术进步和全球应用推广。

展望未来,随着技术、政策和市场的进一步发展,智能网联远程监控、V2X 车路协同和车辆编队将进一步提升自动驾驶卡车的性能。政府支持、市场需求和企业布局将共同推动自动驾驶货运卡车产业的快速发展,为全球货物运输行业的智能化转型贡献力量。

5. 目前亟须解决的技术难点及解决方案

目前自动驾驶卡车面临如下多重技术挑战:

感知能力。在恶劣天气、复杂道路条件下,自动驾驶车辆传感器的感知能力受限,导致误判和漏判的风险增加。

决策能力。自动驾驶卡车运输过程中涉及多种路况(如高速、国道、省道、乡道等),自动驾驶模型构建和预测算法需要改进以使用不同路况下的智能决策需求。

控制能力。由于卡车载重变化大,自动驾驶系统要具备适应不同载重(满载、空载等)情况下的控制能力。其中编队不仅要处理自身驾驶任务,还要与前后车辆协调,保持安全距离和速度一致,这对车辆的实时决策和控制能力提出了更高的要求。

通信技术。随着自动驾驶卡车的普及,车与车、车与基础设施之间的通信技术成为重要挑战。如实时通信、车路交互、数据处理等。其中编队行驶要求车辆间保持实时通信,确保车辆行驶安全性。

为解决上述技术难点,需要做到以下几点:

提高感知能力。研发更先进的传感器技术,提高在恶劣天气和复杂道路条件下的感知准确性。同时企业需要优化感知算法, 降低误判和漏判的风险。

增强决策能力。针对高速、国道、省道、乡道等不同路况开展深入研究,建立更为准确的模型,并改进决策算法,提高对不同路况的建模和预测能力。

增强控制能力。针对不同载重情况开展深入研究,自动驾驶系统需采用自适应控制算法,确保在各种装载条件下稳定行驶。

加强通信建设。建立高效、稳定的通信网络,确保车与车、车与基础设施之间的通信畅通无阻。

自动驾驶卡车的发展仍面临诸多技术挑战,但通过不断的技术创新,有望解决这些问题,推动自动驾驶卡车产业的持续发展。

6. 2023 年行业重点企事业单位发展情况

卡尔动力在自动驾驶货运领域取得了显著进展,自 2021 年起持续推进干线货运的 L4 级自动驾驶技术研发和针对大宗商品的商业化运营,创新性提出混合无人化解决方案,由一名司机引领多辆具备 L4 级自动驾驶能力的卡车,提高了大宗物流运输的效率和安全性。在商业化应用上,已在华北、西北等地区开展常态化测试和运营,提供短、中、长途等复杂场景的端到端智能运输。卡尔动力在鄂尔多斯市内自营 46 台柴油卡车承运单程约 300 km 的中途运输业务,以及自营 120 台电动卡车承运单程少于 50 km 的短倒运输业务。围绕短倒业务,卡尔动力与鄂尔多斯集团联合打造了“零碳智慧物流园”示范项目,由鄂尔多斯集团牵头建造光伏发电、充电桩等设施,为公司运营的电动卡车补能。截至 2023 年底,卡尔动力每年运输大宗货物超 250 万 t,示范运营总里程超过 440 万 km,与陕汽、一汽、福田等多家车企合作。其中与陕汽合作的 X6000 和 H6000 已通过工信部前装量产外观公告。

小马智行、三一集团、中国外运三方合作,并于中国外运合资成立的青骓物流公司,运营了中国规模最大的自动驾驶卡车车队,在全国范围内投放车辆超过 200 台。通过 L4 级自动驾驶商业货运总重突破了 2000 万 t · km。货运网络覆盖全国,北至漠河,南抵深圳,东起上海,西达阿拉山口。

嬴彻科技拥有全栈自研能力和 400 多项相关专利,其中轩辕自动驾驶系统技术表现出色,处于行业前沿地位。商业化方面,其卡车 NOA 运营里程突破 1 亿 km,覆盖干线物流行业,客户群体广泛, 包括中通、圆通等快递巨头及国际品牌货主。与头部主机厂合作, 前装量产多款热销智能重卡,满足各类用户需求。同时,嬴彻科技获得行业最高级别安全流程和网络安全管理体系认证,与地方政府紧密合作,推动可持续发展。

主线科技完成了多轮融资,用于自动驾驶核心技术及产品的研发与量产。公司坚持研发 L4 级别自动驾驶技术,推出 AiTruckerL4 级自动驾驶系统;并成功推出全系列智能网联商用车。主线科技已与一汽解放、中国重汽、徐工等 6 商用车企合作,推出了 10 余款智能卡车。主要在高速干线物流场景,为中储智运、德邦、申通、顺丰、京东等物流客户提供智能运输服务,累计运输里程超过 2000 万 km。

智加科技研发的 PlusDrive 系统持续迭代,测试范围覆盖中美多地,展现技术实力。2021 年实现前装量产,获亚马逊等客户青睐,订单与交付成绩斐然。智加科技荣获“2022 年全球最具创新力公司”称号,彰显行业影响力。同时,与东风柳汽合作开发的自动驾驶重卡 H7 计划于 2024 年初量产交付,推动物流行业智能化发展。

7. 2023 年重点车型技术特点分析

为确保 L4 级无人驾驶的安全性,远程监控、车路协同和车辆编队等方案被提出作为辅助措施。

远程监控系统通过将安全员从车内移至云端,实现了对自动驾驶系统运行情况的实时监控。在紧急状况下,远程监控系统可以访问车辆的传感器,帮助车辆及时应对各种突发情况。图森未来的运营监控系统 TuSimple Connect 和 Aurora 的远程控制系统 Teleassist 是其中的代表性案例。图森未来的 TuSimple Connect 系统具有强大的数据处理能力和高效的决策支持功能,能够在毫秒级别内对突发事件作出反应。该系统通过大量的传感器数据和高清地图,实现了对道路环境的全方位感知，并可通过云端智能算法实时调整车辆的行驶策略。Aurora 的 Teleassist 系统则侧重于为自动驾驶车辆提供远程人类辅助。在复杂或紧急情况下，远程操作员可以通过该系统接管车辆控制，以确保行驶安全。Teleassist 系统结合了高精度传感器数据和先进的人工智能算法，能够快速识别并处理可能的风险因素，提供了更高地安全保障。这两个系统通过云端技术和先进的传感器融合，大幅提升了自动驾驶车辆的安全性和应对能力，为自动驾驶技术的商业化落地提供了有力支持。

V2X 车路协同方案通过车联网技术，将车载和路端的高精度感知设备相结合，利用 C-V2X 蜂窝车联网技术实现低时延、高可靠性的信息传输，增强了环境感知的精度和可靠性。实时决策系统通过 AI 算法处理融合数据，做出迅速而准确的驾驶决策，并在突发情况下通过紧急响应机制协调反应，确保安全。多层次冗余设计提供了额外的安全保障，即使单一系统失效，整体安全性仍能得到维持。干线物流场景中，车路协同方案的实施难度较低，有助于提高运输效率；在复杂的城市交通中，V2X 技术优化交通流量，减少事故和拥堵。凭借中国强大的基础设施建设能力和 5G 技术的发展，V2X 方案为自动驾驶技术提供了重要的保障和支持，使其在全球范围内具有显著的竞争优势。

车辆编队（Platooning）通过先进的控制系统、可靠的 V2V 通信技术和高精度的感知系统，实现多辆卡车的同步行驶。头车由经验丰富的司机控制，负责整体车队的驾驶和决策，并通过 V2V 通信指挥跟随车辆的行动。跟随车辆配备 L3~L4 级自动驾驶技术和无司机配置，通过传感器和通信设备实时接收头车指令，保持队列行驶。所有车辆配备前向雷达、激光雷达和多摄像头系统，以增强环境感知能力并确保安全车距。系统设计包含多层次冗余机制和应急程序，确保在主系统故障时仍能安全运行。实际道路测试和仿真验证证明了系统的稳定性和安全性。编队行驶模式通过减少空气阻力显著降低油耗，提升燃油经济性，并有效减少人力成本。尽管目前投入较少，但作为 L3 和 L4 级自动驾驶之间的过渡方案，车辆编队在未来自动驾驶卡车运输中具有重要潜力。卡尔动力专注于解决大宗物流运输的行业难题，创新性地开发了混合无人化编队解决方案，实现了车队自动组队、离队和换道，灵活应对社会车辆的干扰，并高效通过收费站和红绿灯路口等复杂交通场景，为大宗物流运输提供了高效、安全的解决方案。

8. 未来几年自动驾驶货运卡车产业发展建议

针对未来几年自动驾驶货运卡车产业的发展，有以下四点具体的建议。

（1）技术创新与新能源技术应用

企业应持续投入研发资源：自动驾驶卡车技术的核心是感知、决策和控制系统。建议企业、研究机构及政府持续投入研发资源，提高传感器在恶劣天气、复杂道路条件下的感知能力，优化决策规划算法，完善控制技术，确保控制系统的稳定性和鲁棒性。

建立更完善的测试体系：为了确保自动驾驶卡车在实际应用中的安全性和可靠性，应建立更完善的测试体系，包括封闭场地、虚拟仿真、开放道路等场景的综合测试评价体系。

（2）法律法规与政策支持

明确法律地位和责任主体：政府应出台相关政策，明确自动驾驶卡车的法律地位和责任主体，为自动驾驶卡车的发展提供法律保障。

提供资金支持与税收优惠：政府可提供资金支持、税收优惠等政策措施，鼓励企业和科研机构加大对自动驾驶技术的研发和应用力度。

完善基础设施建设：自动驾驶卡车的推广需要完善的基础设施支持，如高精度地图、通信网络等。应加大基础设施建设力度，提高自动驾驶卡车的运行效率。

（3）加强产业链协同

自动驾驶卡车的产业链包括上游的原材料供应商、零部件制造商，中游的重卡制造企业和自动驾驶技术提供商，以及下游的物流运输公司、货运企业等。建议加强产业链上下游的协同合作，共同推动自动驾驶卡车产业的发展。

（4）加强国际市场拓展

企业应积极探索多样化应用场景，如矿区、港口等，并加强国际市场拓展，以满足不同市场需求，推动自动驾驶货运卡车的广泛应用和国际化发展。

综上所述，未来几年自动驾驶货运卡车产业的发展需要技术、法律、产业链、市场拓展等多方面的协同努力，推动自动驾驶货运卡车产业持续健康发展。

（五）无人驾驶物流配送车

白犀牛智达（北京）科技有限公司 严 明 夏 添

1. 2023 年国内外产业总体发展情况

2023 年，特别是进入下半年以来，我国无人驾驶物流车的产业规模，迎来了一定程度的“爆发式”增长，主要体现以下六个方面：

一是在全国公开道路行驶的无人驾驶物流车，数量从几十台的小范围测试示范，激增至数百台的商业化运营，并已逼近千台规模。2018—2022 年，无人驾驶物流车虽然呈现百花齐放的发展局面，但在公开道路真实行驶的数量十分有限，多数企业仍在探索盈利模式，或进行技术验证，未能形成规模化的商业运营。2023 年，全国多个城市的无人驾驶物流车，在政策背景逐渐完善的加持下，常态化运营的数量显著增加，已经成为诸多 L4 级自动驾驶场景中，实车测试和运营数量最多的细分赛道之一。

二是快递行业对无人驾驶物流车的需求愈发旺盛，甚至一度出现“供不应求”的局面。以顺丰、京东、中通、圆通、申通、韵达、极兔等头部快递企业为例，无人驾驶物流车可以帮助其把货品从网点仓库直接无人化运输至末端驿站。每台无人驾驶物流车平均每天可以运输3~4趟，每一趟可以装载400~600票货品。这相当于用一台无人驾驶物流车，可以替代之前的一名司机加一辆小型面包车，或替代多名骑手和电动三轮车，大幅节省人工和油耗成本。此外，无人驾驶物流车无惧雨、雪、雾等轻度或中度恶劣天气，理论上可以7×24小时地工作，每天只需要对其进行充电、上货和卸货，管理起来更加省心，因此，该模式已被各大快递企业总部，以及众多加盟网点所广泛接受。

三是政策制定愈发完善，各地开放“路权”的速度超出预期。大力推动政策落地，支持无人驾驶物流车在公开道路上测试或开展商业化运营，也通过各种方式，为企业提供申请路权的渠道，解决了企业在当地发展和打造商业闭环的后顾之忧。特别是合肥等城市，做到了面向无人驾驶物流车真正意义上的“全域开放”，甚至允许其在省政府和市政府办公楼所在路段上行驶，而上海浦东、深圳、杭州等地区，也都通过立法的形式，赋予无人驾驶物流车合法上路行驶的权限。截至2023年底，已有超过30个城市发布了针对无人驾驶物流车的测试示范或商业化运营管理办法，累计发放的牌照数量已突破1000张。

四是单车制造成本显著降低。在行业发展初期，一台无人驾驶物流车的制造成本高达数十万元，严重制约了规模化部署。随着电池、激光雷达等核心零部件的成本下探，以及客户需求的规模化增长，一台无人驾驶物流车的制造成本，在批量化生产的基础上，成本已经降低至10万元左右，接近一名司机的平均年薪。未来2~3年内，无人驾驶物流车市场化需求的进一步释放，单车的制造成本有望低至5万元左右。

五是社会大众对无人驾驶物流车的接受态度明显好转。当无人驾驶物流车刚开始在公开道路行驶时，部分居民先是对其感到好奇，进而也会担心其行驶的安全性。2023年，多数居民已经基本习惯了无人驾驶物流车的上路行驶，而且能做出主动避让，这些都为无人驾驶物流车产业的进一步发展壮大，奠定了良好的群众基础。

六是多家企业开始发力开拓海外市场。诸如新石器、白犀牛、九识智能、行深智能等企业，先后沙特等中东地区、新加坡、中国香港和欧洲等地实现业务布局，体现出了我国无人驾驶物流车在全球市场中，具备足够的竞争优势和充分的发展潜能。

2. 产业新质生产力与技术发展情况

一是车型体积明显变大。无人驾驶物流车为了满足快递行业“多拉快跑”的实际应用需求，其容积已经从过去的1~3 m^3，快速发展至5 m^{3}左右的容积，最大载重量从过去的数百千克，增长至1 t左右，产品外观形态上的变化非常明显。

二是车身已经接近一体化成型。早期的无人驾驶物流车，通常需要布设多颗激光雷达或摄像头，特别是为了探测车身周围的盲区，还需要在顶部安装4个类似于动物触角一样的“垛子”，这样既会增加车身风阻，也会因为凸起的模块，造成更大的安全隐患。2023年，各头部企业均参照乘用车的自动驾驶传感器布设方案，做出更加一体化的平整车身，将传感器内嵌到车身上，在减小风阻的同时，也能最大限度降低碰撞伤害。

三是在大模型加持下，技术迭代升级迅速。从技术角度来看，多模态大模型的广泛应用，使无人驾驶物流车的系统开发，获得了明显的技术提升。传统的L4级自动驾驶架构，是基于行驶规则和行为预测逻辑来编写算法，这导致车辆在机非混合道路，或狭窄和不规则道路行驶时，容易引发交通事故。而大模型彻底改变了传统基于规则预测的研发模式，在全新的“端到端”基础架构上，通过对海量自动驾驶数据做出广泛的无监督学习，并借助“预先训练”和“小幅调整”的方法，可以让无人驾驶物流车也像经验丰富的人类驾驶员一样，成功应对各种复杂行驶场景，提升自动驾驶系统的泛化和迁移能力，让无人驾驶物流车应对更多区域的复杂场景。

3. 产业标准体系的建设

2023年，无人驾驶物流车行业迎来了多个行业、团体和地方标准，多数是从封闭场地测试切入，来规范行业管理。其中，上海市车联网协会印发了T/SHV2X 3—2023《配送类低速无人驾驶装备技术要求及场地测试方法》，该标准是依托《浦东新区促进无人驾驶装备创新应用若干规定》制定，为在上海市浦东新区和临港新片区申请上路的无人驾驶装备（即无人物流车），提供明确的封闭场地测试和管理依据，对于产品的长度、宽度、高度等外廓尺寸均提出了明确要求，确保其能够严格参照非机动车进行管理和行驶。

低速无人驾驶产业团体联盟在2023年底印发了TSSITS 2003—2023《低速无人驾驶设备远程驾驶系统技术规范》，该标准自2024年1月起正式施行，规定了低速无人驾驶设备（即无人物流车）远程驾驶系统的术语和定义、系统架构、功能要求、安全行驶要求、数据及通信加密要求、开放道路视频数据存储安全性与合格性等内容。

由中国机电一体化技术应用协会归口并发布的T/CAMETA 001006—2023《低速无人驾驶车辆安全技术要求》，已在2023年正式印发。该标准由中汽认证中心有限公司等权威检测和认证机构共同制订，在内容上融合了包括WP29、ISO、SAE等国际前沿自动驾驶标准框架，在技术层面上涉及了自动驾驶技术与整车性能的具体要求，标志着我国无人驾驶物流车行业拥有了认证层面的标准。

4. 目前亟须解决的技术难点及解决方案

当前，无人驾驶物流车普遍面临的技术难点，主要是由于高精度地图的采集成本和时间较长，在很大程度上会减缓大规模部署商业化运营的速度。

由于无人驾驶物流车必须按指定线路由A点行驶至B点，再从B点返回A点，因此需要提前采集高精度地图数据，并绘制成高精度地图，方可确保车辆按指定线路规范行驶。而采集高精度地图，主要依靠在机动车上加装采集设备，沿着A点到B点来回行驶，采集地图通常需要1~2天完成，但绘制成图通常需要7天以上的时间，之后还需要花1~2天时间进行现场地图核验，才能正式给客户交付无人驾驶物流车。因此，通常在一个新网点部署无人驾驶物流车，至少需要 7~10 天，甚至更长的准备周期，这会严重制约部署效率，也会降低客户的心理预期。

为了解决上述痛点，主要有以下两种解决方案。一是尽可能提升地图绘制的自动化作业水平，提升绘图效率，缩短工作时长；二是向“轻地图”方案转型，减轻对于车端高精地图的依赖程度，通过车端摄像头算法，实时构建并更新高精地图或 ADAS 地图，做到低成本部署和快速泛化，但这同样对于感知算法提出了更高的技术要求。

5. 2023 年行业重点企事业单位发展情况

一是美团在北京顺义区依托“交通强国试点项目”，已被准许在试点路段的机动车道内，开展时速不高于 45 km/h 的测试，这是国内首个无人驾驶物流车领域的交通强国试点项目。同时，顺义区政府在试点道路路侧设置了 40 余个交通强国试点提醒标识，提醒当地居民注意行驶交通安全，后续将按照分级分类的原则，逐步扩大交通强国试点范围和车辆规模，推动行业从“试点测试”走向“规模应用”。

二是新石器、白犀牛、九识智能、毫末智行、行深智能等初创企业，与顺丰、中通、圆通、申通、韵达等头部快递企业达成紧密合作，在全国 30 多个城市先后部署超过 500 台无人驾驶物流车，并已在部分区域建立起无人化的物流运输网络。

6. 2023 年重点车型技术特点分析

一是九识智能发布并大规模投放 Z5 智能城配车，该车型是行业内首个将载货容积提升到 5 立方的车型，搭载 4 颗激光雷达和 10 余个摄像头，续航里程为 180 km，能够显著为快递网点降本增效。该车型将货仓门设置成“鹰翼门”形态，能够提升上货和卸货速度，并能与自动化分拣设备进行有效配合。

二是新石器率先为顺丰推出定制化的“笼车”产品，也就是将传统货仓直接改成安装有四只脚轮的可移动笼架。当需要卸货时，直接将移动笼架整体从车身搬移，或直接把货物从笼架中倾倒至仓库的传输履带上，这样可以减少一次分拣操作，让装货和卸货操作都更加省力，同时笼架也能对货品起到安全保护作用。顺丰已经在长三角区域广泛应用这类“笼车”产品，与其各个仓库、驿站实现完美衔接。

三是白犀牛推出第三代无人物流车 R3，该车型容积为 3 m^3，宽度仅为 1.2 m，可在机动车道和非机动车道同时实现 L4 级自动驾驶，是当时能够获批合法路权的车型中，载货量最大的款式之一。该车型量产后，迅速在合肥、无锡等地，与顺丰、中通等快递网点合作，真正做到了“有路就能跑”的快速复制和推广能力。

7. 未来几年无人驾驶物流配送车产业发展建议

一是建议确定产品属性定义，赋予其合法上路身份。当前，除了上海浦东、深圳等经济特区拥有立法权之外，其余多数城市仍无法给无人驾驶物流车赋予合法的身份或标签。无论是参照机动车管理，或是参照非机动车管理，均存在明显不适用的条目。尽管多数城市是参照非机动车来管理无人驾驶物流车，准许其在指定道路范围内上路，但同样会限制无人驾驶物流车的行驶车道和时速，对于扩大测试和运营规模有着较大的制约作用。因此，建议按照“特种车辆”或“兼容两类车型属性”的管理思路，对无人驾驶物流车这类新生事物做出有效监管，避免因市场需求激增，导致行业陷入无序扩张的局面。

二是建议明确国家层面的主管部门，明确直接监管主体。尽管国家发展改革委、工业化和信息化部、交通运输部、国家邮政管理局等部门均分别表态支持发展无人驾驶物流车产业生态，但当需要突破现有监管体系框架和条目时，始终缺少主管部门去牵头建立一套适用于无人驾驶物流车的全新管理秩序。这就导致现阶段的无人驾驶物流车，无法像乘用车一样，从生产制造、产品准入、销售流通、补贴发放、年检报废等环节进行全生命周期的有效管理。若仅仅对无人驾驶物流车的上路测试环节做出一事一议的审批，则长此以往不利于有关主管部门认同该产品形态，也就不利于产业做大做强。

三是建议在全行业对无人驾驶物流车进行统一的命名。当前，各主管部门、各城市、各行业组织对无人驾驶物流车的命名均不统一，北京直接对其命名为“无人配送车”，上海对其命名为“无人驾驶装备”，深圳对其命名为“无人小车”，中国汽车工程学会对其命名为“低速功能型无人车”，另有区域对其命名为“无人配送机器人”。由此可见，无人驾驶物流车始终在业内未获得统一命名，也就缺乏准确定义。不同细分赛道的产品，在尺寸、整备质量、行驶速度上均存在较大差异，使主管部门在制订政策时常常无从下手，更使该类产品无法通过 3C 质量认证体系，缺少质量保障。当产业规模进一步扩大后，会因潜在的质量问题而引发新的管理难题。

四是建议各城市增强对封闭场地测试结果的一致性互认力度。我国的智能网联汽车及相关产品的封闭场地测试，原则上可以使用一致性互认原则，即当同一款车在 A 城市完成场地测试后，无需再去 B 城市测试已经测过的科目，这样可以大幅降低企业的测试费用和时间成本。但此类互认模式，多数情况下不适用于无人驾驶物流车，这就导致行业企业为了去新城市开展测试和运营业务，不得不频繁地开展场地测试，将大量时间和资源耗费在毫无意义的重复工作上，严重制约了产业的发展速度。

五是建议精简无人驾驶物流车上路的申请与审批流程。主管部门主要对企业的车辆属性、行驶线路进行审批。但由于企业在开展实际测试和运营业务时，有较大概率会增加车辆或变更线路，若每次都召集专家评审会，无法满足商业化部署的需求，若能简化后续的审批流程，则能助推无人驾驶物流车产业进一步发展壮大。

(六)车路云协同与网联技术

中国工程院院士 清华大学 李克强

1. 2023 年车路云协同与网联技术总体发展与突破

随着我国启动智能网联汽车"车路云一体化"应用试点,我国车路云协同与网联技术发展也迈向了新的阶段。经过多年的探索和实践,我国明确提出车路云一体化智能网联汽车"中国方案",在车路云协同与网联关键技术突破、前装量产及商业应用方面取得了一系列阶段性成果。同时,相关政策法规不断完善,战略目标越发清晰、跨行业合作机制逐渐建立,为产业的持续高质量发展奠定基础。

(1)我国启动车路云一体化应用试点,推动城市级示范

2023 年 6 月,国务院常务会议明确提出"构建'车能路云'融合发展的产业生态"。2024 年 1 月,工业和信息化部、公安部、自然资源部、住房城乡建设部、交通运输部等五部门联合印发《关于开展智能网联汽车"车路云一体化"应用试点工作的通知》(工信部联通装〔2023〕268 号)。在技术、产品逐渐成熟的基础上,从"车路云一体化"技术落地和智能网联汽车规模应用两个维度开展更加深入的探索。通过城市级的规模化应用试点,推动智能网联汽车加速从示范应用向商业化推广演进。强调统一的跨城市架构,推动城市级"连片"建设,打破"碎片化、烟囱式"的"单点"部署,推动实现更大规模、更广范围的应用实践。

(2)C-V2X 技术实现国产化突围,车型前装 V2X 开启规模化应用

我国在 C-V2X 通信芯片方面已经实现国产化突围,模组、终端等方面,基本实现自主开发和产业化,技术水平与国外先进水平相当,满足国内智能汽车发展需要。LTE-V2X 通信芯片和模组形成系列产品,车型前装 V2X 开启规模化应用。C-V2X 正式量产装车至今,我国国内已有一汽、上汽、广汽、比亚迪、吉利、长城、蔚来、华人运通,以及上汽通用、上汽奥迪、长安福特等十几家车企 25 款以上主流车型搭载 C-V2X 技术宣布投入量产或发布商用量产计划,其中红旗 E-HS9、高合 HiPhiX、蔚来 ET7 等车型实现全系标配。

(3)大力推动智能化基础设施建设,已形成较为完备的 C-V2X 产业生态

工信部先后批复 7 个城市创建国家级车联网先导区,积极推进车联网基础设施建设与互联互通验证。住建部、工信部组织 16 个智慧城市基础设施与智能网联汽车协同发展试点城市建设,探索汽车产业转型和城市建设转型新路径。截至 2023 年底,全国已完成 7000 多 km 道路智能化升级改造,路侧基础设施建设超过 8500 余套,5G 基站开通超过 230 万座,车联网基础设施建设初具规模。2023 年 10 月,全国首条满足车路协同式自动驾驶等级的全息感知智慧高速公路在苏州投用;2023 年 12 月,国内首条 5G 专网全覆盖的京雄高速公路(北京段)正式全线通车,支持实现 C-V2X 车路协同提醒预警功能。

(4)云控平台规模服务能力持续提升,商业化加速孵化

云控平台多层级协同部署架构成为业界共识,我国多个城市和高速公路已根据各自实际业务需求,开展多级多业务云控平台的落地建设。随着车联网应用规模化推广,各地云平台互联互通的需求日益凸显,业界对跨域互联互通部署方案展开了积极探索。中国智能网联汽车产业创新联盟指导发布《车路云一体化系统白皮书》,提出建设"分层解耦、跨域融合"特征的多层级云控平台,包含"1 个云控基础平台+N 个云控应用平台",将平台应用与基础功能解耦,在信息域实现跨域互通、融合。云控平台在北京、重庆等地部署,正在开展基础功能、应用类型解耦、分层接口等相关技术验证。

(5)数据要素价值充分激活,赋能车路云数据融合应用创新发展

2023 年 12 月,国家数据局等 17 部门联合印发《"数据要素×"三年行动计划(2024—2026 年)》,明确提出打通车企、第三方平台、运输企业等主体间的数据壁垒,促进道路基础设施数据、交通流量数据、驾驶行为数据等多源数据融合应用;同月,工业和信息化部印发《关于组织开展网络安全保险服务试点工作的通知》,创新提出面向车联网行业的企业类保险及网络安全产品、信息技术产品、网络安全服务类保险的试点内容,加快推进车联网保险新模式落地应用。此外,国务院支持北京创建数据基础制度先行区,聚焦自动驾驶、数据交易等业务场景开展全链条"沙盒监管"和包容创新运用。

2. 产业新质生产力发展情况

从信息革命开始,新一代移动通信技术、大数据、物联网/车联网、云计算、区块链、元宇宙、人工智能等颠覆性、革命性的高新技术逐步进入交通行业,带来了新时代的新质交通生产力。车路云协同与网联网联技术推动"车路云网图"各环节从独立走向协同发展,将新能源汽车、智能网联汽车渗入传统运载工具,具有颠覆性和创新性,是新质生产力的重要代表,并将从汽车交通生产力的内涵上,变革所有的交通方式。

车路云协同与网联产业链包括智能网联汽车、智能化路侧基础设施、云控平台、网络通信及高精度地图定位等多个产业链,产业边界扩大价值链显著提升。智能网联汽车产业链可以进一步细分为涵盖智慧交通运营、地图导航、C-V2X 与通信、信息及数据安全和与智能汽车相关的感知、决策、控制执行、车规芯片等部分。同时,协同成长起来的新能源动力产业、绿色交通产业,也在同步发展,这些新兴产业总规模巨大、呈爆发式增长,形成智慧出行、智慧交通和智慧城市等新业态,它们既是新的产业高地,也是全社会互联互通的、全新的、高协同、高效率出行数字底座。

3. 产业标准体系的建设

国家车联网产业标准体系建设指南已经形成总体要求、

智能网联汽车标准体系、信息通信标准体系、智能交通相关标准体系、车辆智能管理标准体系、电子产品与服务标准体系的“1+5”总体布局。2023 年 9 月，中国汽车工程学会、中国汽车工业协会、中国道路交通安全协会、中国公路学会、中国测绘学会、中国智能交通产业联盟、智能汽车与智慧城市协同发展联盟等 7 家行业组织联合签署《智能网联汽车车路云一体化融合标准联合研究合作备忘录》，开展车路云一体化标准体系联合搭建及关键标准研制，打造既符合全球技术趋势，也满足我国本地属性和社会属性需求的车路云一体化标准体系，推动前瞻空白、交叉跨界、关键核心、急用先行标准研制。

4. 国内外车路云协同与网联技术发展趋势

近年来，全球加速智能化、网联化融合发展布局，发展路径逐渐清晰。美国交通部发布 C-V2X 全国部署计划草案，提出计划未来 5~10 年将投资 65 亿美元建设至少 25 万个智能网联化路口，同时在车端推动车企 C-V2X 前装、C-V2X 测试，未来 8~13 年实现 C-V2X 100% 渗透；欧盟陆续通过地平线 2020、地平线欧洲等科研项目，组织多个智能化网联化融合研究项目，开展技术研究和示范应用；日本加强高等级自动驾驶立法和基础设施建设，持续扩大车辆联网终端数量；韩国明确 L4 级自动驾驶商用发展战略，宣布采用 LTE-V2X 作为车联网技术部署韩国新一代智能交通系统（C-ITS）。我国持续深化智能化网联化融合路径探索，通过国家级车联网先导区、“双智”试点城市、智慧高速公路等的建设与实践，已经建成了规模领先全球的车联网基础设施，云控基础平台赋能下的多元化、系列化应用场景日益丰富，无人驾驶出租车、自主代客泊车、无人配送、干线物流等典型应用场景测试示范深入推进，车路云一体化系统优势逐步凸显。

5. 目前亟须解决的技术难点及解决方案

我国高度重视智能网联汽车产业的发展，明确“车路云一体化”智能网联汽车发展战略，是抢占全球智能网联汽车技术产业发展制高点的重要途径。经过 10 年的发展，在多方的共同努力下我国车路云协同与网联技术无论是技术水平还是产业发展都有了长足进步，与汽车强国基本保持“并跑”阶段。但是与此同时，我国车路云协同与网联技术仍面临诸多亟须解决的技术难点。

（1）跨行业共识尚未形成，存在碎片化、孤岛化等问题

车路云一体化涉及汽车、通信、交通、公安、住建、测绘等诸多管理部门和相关建设企业，不同领域虽然对车路云一体化战略形成共识，但在推进路径、建设模式等方面仍存在差异。路端基础设施覆盖率较低，未形成规模化部署，缺乏全域打通，基础设施碎片化严重等问题。车端整车企业已经具备车载通信单元前装量产能力，但仅预埋硬件并未开通 C-V2X 服务，影响功能应用。车等路、路等车的双向冲突使车路云一体化规模应用面临可持续发展困境。

（2）标准体系不健全，测评体系尚未建立

跨行业标准协同亟须加强。车路云一体化智能网联汽车发展路径需要以统一的架构和标准体系为支撑，但智能网联汽车、智能基础设施、云控平台、通信网络，以及安全体系等组成部分标准林立，缺乏统一的架构设计，导致车路云一体化相关功能的实现困难。

当前针对车路云一体化系统软件、硬件、算法模型、服务场景等要素的测评体系建设均处于起步阶段，缺乏要素齐全、完整可靠的硬件测试系统，测试场景库有待进一步丰富。同时，缺乏车路云一体化评价方法和认证体系，面临测试验证规模巨大、测评技术不成熟、测试装备本地化不足、测评标准体系不统一、评价基准不明确等挑战，也进一步导致车端对网联信息的信任度不足。

（3）数据安全及功能安全缺乏全方位、体系化考虑

在车路云协同过程中车不仅与路开展信息的交换与共享，车与云、路与云也将开展实时数据交互，使数据传输的方式、范围和体量都发生了巨大的变化。由此，对车路云一体化系统中车端、路侧和云端的数据安全要求提升，在数据分类分级、重要数据识别、核心数据监管等方面提出了新的挑战，亟待综合运用管理和技术措施全面保障数据安全。在功能安全方面，智能汽车的功能安全已有完善的行业标准和验证体系，路云信息的可靠性和时延问题可能带来的潜在风险尚无体系化的解决方案。

（4）数据价值亟待整合挖掘

数据资源实现跨层级、跨地域、跨系统、跨业务互联互通和协同共享存在较大阻力。各部门、各地区数据平台虽沉淀积累了大量智能网联汽车和智慧交通数据，但不同系统数据封闭，异地、异主、异构问题突出，未形成互联互通的生态体系；车路云数据交互协同亦缺乏统一，没有面向市场需求的“车路云一体”数据产品集，严重制约数据价值释放。

（5）车联网基础设施运营运维体系亟待建立

部分示范区存在重建设、轻运营问题，运营主体缺位，缺乏面向长周期、全时段的基础设施运维体系，无法及时保障设施维护。车联网基础设施重建设、轻运营，缺乏长期闭环的商业化模式，以政府财政资金主导的传统基础设施建设模式不具备可持续性；缺少有效抓手及长效运营机制，难以面向车端提供持续、安全、可靠的车路云协同运营服务。

6. 2023 年行业重点企事业单位发展情况

C-V2X 方面，我国在 C-V2X 通信芯片方面已经实现国产化突围，模组、终端等方面，基本实现自主开发和产业化，技术水平与国外先进水平相当，满足国内智能汽车发展需要。华为端到端 C-V2X 解决方案覆盖车载和路侧终端，已形成车载模组—终端—网关—RSU—云端全链条产品线，其集成 Balong5000 芯片的 MH5000 是业界首款集成 5G+C-V2X 技术的模组；中信科智联在国内首款 C-V2X 车规级模组 DMD3A 基础上，发布了首款 5G 车载系列模组 DMM21。在终端应用方面，广汽、北汽、上汽、比亚迪车型已搭载华为 MH5000 模组，一汽红旗、长安福特、吉利、长城、蔚来等车企也已推出搭载 C-V2X 技术的量产车型。

车路云一体化建设方面，北京车网科技发展有限公司统筹推进“聪明的车、智慧的路、实时的云、可靠的网和精确的图”五大专项建设，依托城市道路真实场景，通过 V2X 多链路面向自动驾驶与量产车辆，开展规模化测试落地形成研发、测试、应用生态，推进智能网联车端应用，329 个路口实现

网络信号连续覆盖和 C-V2X 网络全面部署已开展车路云一体化、交管视频回传、车辆运行监管、远程驾驶等多种场景的测试和应用。

7. 未来几年车路云协同与网联技术发展建议

(1)引导政策落地,积极开展城市级示范

落实《关于开展智能网联汽车"车路云一体化"应用试点工作的通知》,高质量推进车路云一体化试点建设任务,推动建成一批架构相同、标准统一、业务互通、安全可靠的城市级应用试点项目。通过开展城市级车路云一体化示范,实现城市道路信息的全城联网,实现示范城市内场景连续性,填补智能汽车车端感知能力盲区,加快自动驾驶落地,改善目前车路云协同应用过程中的"碎片化、不连续"等问题,同时推动智能网联汽车、智能交通、智慧城市的深度融合发展。

(2)加强标准协同,支撑跨行业融合发展

加强汽车与交通基础设施、信息通信、交通管理等跨行业、跨领域的标准协同、协作,联合开展车路云一体化系统组成、平台架构、数据交互、接口、数据治理和安全体系等跨界交叉、核心关键标准协同研制,以跨行业协同的标准为车路云一体化系统的研发、示范等提供基础。推动各地测试示范区、先导区、双智试点城市按照"基础标准统一、特色场景领先"的原则,保证各地基础设施建设标准化、互联互通;并因地制宜、保留特色。

(3)建立测评体系,保障服务质量

从模拟仿真测试、封闭测试场到开放道路的测试验证,构建车路云协同测试评价体系。依托云控基础平台数字底座作用,构建车路云一体化仿真测试场景库;完善单项技术、整车产品、车路云一体化系统的测试方法和规范,全面深化测试验证能力;形成车路云一体化认证体系,提升路侧基础设施、云控基础平台数据质量,为车端提供低时延、高可靠、高可信的协同信息,支持车路云一体化智能网联汽车功能落地。

(4)探索运营模式,提升互惠互利

探索智能化基础设施的公益性与商业性赋能作用。从提升交通安全、通行效率、能源节约、交通治理,以及赋能自动驾驶和出行服务等角度进一步挖掘智能化基础设施的经济和社会价值。明确数据资产权属,划分数据赋能边界,制定合理定价策略,形成车路云一体化背景下的特色数据赋能服务,为网联车、交管及政府部门、运营商及其他产业用户提供数据支撑,同时反哺业主方和资方加大车路云一体化系统的建设力度,形成良性循环。

(七)智能网联汽车通信系统(V2X)技术

中信科智联科技有限公司 胡金玲 赵 丽

1. 2023 年智能网联汽车通信系统(V2X)技术总体发展与突破

随着智能化与网联化技术深度融合,我国主导的 C-V2X 车联网原创技术赋能智能网联汽车产业发展,迎来落地应用和加速创新的关键阶段。

国内 C-V2X 车联网技术融合创新持续演进发展,取得重要突破式创新和阶段性成果。我国率先提出依托 C-V2X 发展车路云一体化智能网联汽车的发展路线,加速车辆智能化网联化深度融合探索,形成中国特色的智能网联汽车发展路径。中国企业持续深度参与国际组织标准制定,提升我国在 C-V2X 车联网领域的国际标准话语权。2024 年 6 月,首个面向 5G-A 的技术标准,3GPP R18 标准正式冻结。C-V2X 直通通信技术标准持续演进,支持直通通信定位等关键特性。传统宽带业务持续优化,支持 XR、覆盖增强、节能等特性。我国大力促进 5G-A 产业发展,进一步拓展应用场景,同时探索人工智能等新技术,促进 5G 赋能包括智能网联汽车在内的"千行百业"。同时 C-V2X 技术与单车智能融合发展成为业界共识,产业界积极开展 C-V2X 智能化、网联化融合关键技术研究及路线图制定。在路侧网络部署方面,基于 5G+C-V2X 的融合方案,推动路侧融合感知网络建设,增强路侧感知能力;在车端应用方面,推动 C-V2X 与 ADAS 智能驾驶技术融合,实现协同感知、决策和控制。以 C-V2X 车联网,扩展感知范围、感知能力、降低感知成本,提升交通安全和效率,实现全局优化,助力智能驾驶技术、智慧交通,并为未来全天候无人驾驶落地奠定重要基础。

C-V2X 技术已得到汽车工业界认可,在新车前装领域将提速。中国新车评价规程(C-NCAP)2024 版全球首次引入 C-V2X 技术支持实现主动安全,该规程已于 2024 年 1 月发布,自 7 月起正式实施。C-NCAP 2024 版选定了 3 个 C-V2X 支持的典型场景,包括:后方车辆高速直行,目标车静止;有遮挡情况下,直行车辆与目标车辆穿行;交通标识识别。C-NCAP 2027 版主动安全将从丰富场景和增加目标物复杂度、增加夜间测试场景、行人保护等方面进一步开展研究,持续拓展 C-V2X 功能应用场景。C-NCAP 的发布将加快 C-V2X 上车进程,进一步提升智能驾驶安全性,赋能智能网联汽车。

国际上,美、欧、日、韩等多个国家和地区通过发布战略规划、鼓励技术创新、组织测试验证、建设基础设施等措施,推动智能化和网联化协同发展。特别是 C-V2X 已得到美国、韩国等国家的认可。2023 年,美国联邦通信委员会批准 3 批共 39 份 5.9 GHz 频段部署蜂窝车联网的豁免频率申请,包括车企、州交通部、设备商等。2023 年 10 月,美国交通部发布加速车联网部署计划草案,提出 10 年间将推动 6 家车企、20 款量产车型搭载 5.9 GHz C-V2X 通信技术,支持网联驾驶安全类应用。在 10 年内实现高速公路车联网应用全覆盖,75 个大城市 85% 的信号灯路口联网,全国 75% 的路口部署 C-V2X 设备,50 个州实现车车、车路互联互通。2023 年 12 月,韩国决定使用 LTE-V2X 作为唯一车联网通信方式部署新一代智能交通系统。

2. 产业新质生产力发展情况

2024 年 1 月,习近平总书记强调,科技创新能够催生新产业、新模式、新动能，是发展新质生产力的核心要素。必须加强科技创新，特别是原创性、颠覆性科技创新，加快实现高水平科技自立自强，培育发展新质生产力的新动能。2024 年我国政府工作报告明确提出："大力推进现代化产业体系建设，加快发展新质生产力。"

智能网联汽车产业，作为我国重点培育的新兴产业和未来产业，是我国新质生产力的发展典型。自 2013 年中国信科集团陈山枝博士提出 LTE-V2X 概念及基本框架后，C-V2X 车联网作为我国原创策源的创新技术，已成为智能网联汽车智能化和网联化融合发展的关键赋能技术。C-V2X 立足高水平创新，推动相关产业高效能和高质量发展，聚焦自主创新的核心技术，打造自主可控、国际领先的产业生态，抢占国际车联网技术标准和产业发展的制高点。

为壮大车联网新的增长点，加快形成新质生产力，C-V2X 车联网原创技术与 5G、大数据、人工智能等技术形成跨产业跨领域交叉创新。我国积极推动 C-V2X 车联网产业协同融合发展，建立顶层协同机制，加强跨行业主管部门、跨行业组织机构和跨区域在政策、产业、建设与运营等方面的协同。通过统筹规划，我国在关键技术攻关、标准体系构建、基础设施部署、应用服务推广、安全保障体系建设等多个方面全面推进，大幅提升产业协同创新能力。C-V2X 以国家战略需求为导向，集聚产业力量进行原创性和引领性的关键技术攻关，实现高水平科技自立自强。我国建立了依托原创 C-V2X 技术的跨行业车联网标准体系，针对产业急需的 LTE-V2X 全协议栈标准、基础设施建设标准等重点布局，并将车联网标准化优势延伸至国际，提升国际话语权。C-V2X 车联网产业生态日渐成熟，形成了覆盖芯片模组、终端、整车、安全、测试验证、高精度定位及地图服务等环节的完整链条。多元化车联网新型基础设施建设部署规模显著提升，封闭测试场、示范区的智能网联服务能力日益成熟，探索多类型应用实践，赋能效应持续增强。通过完善管理体系和制度、组织先行先试、构建标准体系、推进技术产品研发、开展安全测评等方式，产业全面加强车联网安全保障。

3. 产业标准体系的建设

车联网横跨汽车、交通、信息通信等领域，是面向国家重大战略的技术创新，我国在车联网标准体系构建方面已进行了全方位布局和推进，并取得了重要的阶段性成果。

加强顶层设计，协同标准体系持续完善。在《国家车联网产业标准体系建设指南》框架下，相关领域标准持续优化。2023 年 7 月，工业和信息化部、国家标准化管理委员会联合修订印发《国家车联网产业标准体系建设指南（智能网联汽车）（2023 版）》，提出优先开展基于 LTE-V2X 的信息辅助类技术标准制定。该指南文件充分发挥标准在车联网产业生态环境构建中的引领和规范作用，适应我国智能网联汽车发展的新趋势、新特征和新需求。

以无线通信为抓手，重点布局深度参与，加快推进中国方案车联网的国际化标准布局。我国深度参与国际标准制定，在 WP.29、ITU-T、ITU-R、ISO、3GPP 等国际标准组织活跃产出，积极贡献中国方案，引领国际车联网标准。在联合国世界车辆法规协调论坛（WP.29）自动驾驶与网联车辆工作组（GRVA）工作组我国专家担任副主席，发起并担任 ITS 车载通信任务组（TF-VC）副主席，开展车联网通信研究。在 ITU-T 新成立的自动驾驶通信技术专家组（EGComAD）我国专家担任副主席，推动通过先进的通信技术促进安全可靠的自动驾驶系统的部署。在 ITU-R WP5A 推动基于 C-V2X 车联网技术支持网联自动驾驶的研究报告 ITU-R M.2534 正式发布。在 ITU-T CITS 分享中国 C-V2X 技术和产业标准最新进展，在 ITU-T 多个研究组推动智能网联汽车智能化和网联化多项标准。在 ISO TC22 发布由我国牵头的首个自动驾驶测试场景国际标准。

在汽车、交通、交通管理、智慧城市和信息通信等标委会积极合作下，我国 C-V2X 产业标准体系取得积极进展，核心技术和设备标准制修订基本完成，保证各部分标准体系之间互补与相互支撑。为了构建全协议栈标准，已完成覆盖总体要求、接入层、网络层、消息层、应用功能等各个环节的技术标准规范制定；从功能、性能、安全等角度，制定车载、路侧、基站、核心网等设备技术要求和测试方法等基础标准，以标准化规范各地车联网基础设施建设，保障设备互联互通和服务能力等，有力支撑跨行业企业的协同研发与产业化。

为促进智能网联汽车规模化示范应用落地，探索新型商业模式，大力推动产业化发展，工业和信息化部、公安部、自然资源部、住房城乡建设部、交通运输部（简称五部门）联合开展智能网联汽车"车路云一体化"应用试点工作，计划建成一批架构相同、标准统一、业务互通、安全可靠的城市级应用试点项目。为满足城市级"车路云一体化"应用试点要求，跨行业标准化组织加快联合，形成分阶段研究机制，更新迭代推荐标准，进一步细化完善推荐标准清单，推动形成统一的车路协同技术标准与测试评价体系。

4. 国内外智能网联汽车通信系统（V2X）技术发展趋势

面向智能网联汽车的智能化、网联化深度融合的发展趋势，围绕产业发展的基础研究和关键共性技术、前瞻技术和战略性技术，C-V2X 技术加快推动高水平科技创新，支撑符合产业发展规律的关键核心技术攻关和突破。

提炼识别关键需求，产业界加快关键核心技术创新，保持 C-V2X 在国际竞争的先发领先优势。为了实现无缝连接以及无所不在的智能网联汽车用户体验，通过卫星通信与 C-V2X 融合，拓展 C-V2X/5G 的 V2N 远程信息服务，可为蜂窝网络未覆盖区域提供高可靠的远程信息交互。卫星通信与 C-V2X、地面通信 4G/5G 形成互补，可应用于 4G/5G 地面移动通信没有信号覆盖的偏远地区、沙漠、极地等，在灾害场景下提供应急通信的安全保障。卫星通信与 C-V2X 融合仍面临通信载荷应对空间环境特殊性设计等技术挑战，面临高成本的建设和运行维护等难题。为了充分利用无线信号提供实时的环境感知，突破传统通信维度，通信—感知—计算—人工智能等领域深度融合研究已成为支持智能网联汽车的 V2X 通信研究热点。泛在的通感算智融合技术，可为智能网联汽车提供更高效率和更可靠的通信与感知能力。3GPP 已在通感一体化领域启动场景需求和信道建模的标准化工作，将对空口技术、网络架构等关键方面开展研究；我国 CCSA

已开展通信感知融合等研究课题工作。我国企业已联合开展基于通感一体的车联网业务端到端验证，将生成的V2X预警信息精准推送到车端，成功实现针对“鬼探头”业务的实时预警。

依托C-V2X技术推动智能化和网联化深度融合。IMT—2020(5G)推进组C-V2X工作组发布《C-V2X与单车智能融合应用研究》白皮书和研究报告，选取具体融合功能进行研究，分析典型融合功能的价值以及融合方案。CAICV发布《基于C-V2X的智能化与网联化融合路线图》，对智能化与网联化融合的等级和发展阶段进行研究，并提出不同阶段的发展目标和实现路径等。在国家战略牵引下，依托C-V2X技术发展车路云协同的智能网联汽车中国方案已达成共识，将推动智能化与网联化深度融合，促进车路云协同发展，支撑中国智能网联汽车产业和智慧交通产业变革。

5. 目前亟须解决的技术难点及解决方案

智能网联汽车正在成为新一轮科技革命和产业变革的先导，是全球汽车产业转型发展的战略方向。各国加快推进技术攻关与基础设施建设，智能化网联化融合发展路径日益清晰。我国率先提出了依托C-V2X发展车路云一体化发展路径，提炼产业共性技术研发需求，逐渐形成初步完善的产业发展技术体系。但在车联网规模部署与先导性应用实践的新阶段，仍面临诸多技术难点亟待解决，需要跨行业、跨领域深度协同融合创新。

应用场景规模效应有待提升，数据价值有待挖掘。当前C-V2X车联网仍处于车路云一体化新应用新服务培育期，需要支撑车路云的智能网联汽车和智慧交通方案落地应用。面向自动驾驶等增强应用的协同感知、协同决策、协同控制关键环节，随着智能网联汽车自动驾驶技术演进，自动驾驶等级将逐步提升，将从协同感知向协同控制分阶段演进。产业普遍认为车联网可支持智能网联汽车实现驾驶安全、通行效率类应用，但面临应用场景分散孤立、数据和平台无法互联互通问题，难以形成规模化应用落地效应，场景价值难以形成闭环。当前应用和场景推动以信息通信技术赋能的外在驱动为主，对汽车、交通等垂直行业数字化、智能化转型升级需求的核心痛点问题和发展内生动力挖掘不够充分。需要在典型应用场景总结提炼基础上，加强C-V2X路侧覆盖率和车联网渗透率提升，强化基础数据在车联网产业链、融合生态体系当中的重要价值，构建车联网数据空间基础底座。

网联化赋能智能化创新发展加速，高效融合难度增加。汽车电子电气架构主要采用分立式架构，在与C-V2X网联智能融合过程中，带来新的融合感知和融合决策难题。在探索智能化与网联化技术融合创新过程中，需要综合考虑域控制器由分布式向集中式演进过程中，将C-V2X车联网与智能驾驶充分融合，设计统一系统架构，实现关键技术跨域打通。随着区域级城市级、大规模多场景的车路云一体化示范应用快速推进，支持智能网联汽车的C-V2X车联网系统，在建设和运行面临异构网联融合、时空尺度不一致等问题。需要坚持以产业需求与落地应用为导向，结合地域和地区特点，分析提炼应用场景、网联需求等多维度信息，基于系统工程方法论进行总体系统架构设计，构建弹性多模协同通信体系，持续提升C-V2X车联网通信能力。通过建立技术体系，强调标准规范，以标准引领规模示范应用，推动技术和产业深度融合，支撑车路云一体化系统建设。

6. 2023年行业重点企事业单位发展情况

我国车联网技术领域融合布局与协同发展，形成多元化产业生态。随着汽车产业朝智能化、网联化、电动化方向演进，车联网作为未来交通和汽车领域跨界融合最具潜力的应用，已经成为我国战略性新兴产业的重要发展方向，也是当前跨学科、跨领域、跨行业管理部门的技术研究与产业发展热点。得益于系列国家政策引领，我国C-V2X车联网迎来商用落地重要阶段，覆盖产学研用，形成了包括C-V2X芯片、模组、终端设备(车载终端OBU和路侧设备RSU)、整车、安全、测试验证、高精度定位及地图服务等完善的多元化产业生态：宸芯科技、Autotalks、高通、华为、中兴微电子等企业研制了C-V2X通信芯片，中信科智联、华为、广和通、移远通信、芯讯通等企业致力于车规级模组业务推广；中信科智联、中兴通讯、东软、亚旭、星云互联等数十几家企业陆续发布了车载终端OBU和路侧设备RSU；电信运营商积极推进网络部署，加速探索跨域互联互通和车路协同服务平台建设，布局C-V2X车联网场景化应用。

为了加速C-V2X技术上车，中国信息通信研究院、中汽中心、中国汽研等第三方机构建立了通信协议一致性、通信性能、应用功能等专业化测试验证能力，推出检测认证服务；中汽中心制定多项面向阶段一应用的技术要求及测试方法的国家标准，全球率先将网联化应用场景纳入C-NCAP测评体系，并进一步加速制定相关测试规程；陆续搭建了面向汽车绿色化(C-GCAP)和智能化(C-ICAP)的测评体系，开展仿真测试评价方法的研究；国汽智联制定多项面向L3及以上自动驾驶车辆测评的团体标准，助力自动驾驶功能的量产和落地；发布仿真测试评价相关的团体标准，推动测试评价标准及规范体系加速完善。

在推进产业应用落地过程中，我国各相关单位和产业上下游协同一致，积极布局和发力，牵引行业优势资源，破解产业发展瓶颈，加速车路云一体化中国方案落地。我国已经建设7个国家级车联网先导区、17个国家级智能网联测试示范区、16个双智试点城市，道路智能化基础设施升级改造加速。此外，C-V2X上车进程不断提速，一汽、上汽、广汽、北汽、长城、蔚来、通用、福特、奥迪等10余家车企已在20余款量产车型中搭载了C-V2X直通通信功能，部分车型实现全系标配，C-V2X具体应用面向广大用户逐渐落地。

7. 未来几年智能网联汽车通信系统(V2X)技术发展建议

在智能网联汽车、智慧交通、智慧城市协同发展目标下，将在基础设施、城市平台、应用场景等方面实现最大化协同。依托C-V2X支持智能网联汽车已经形成产业共识，能够助力我国从上半场新能源汽车过渡至下半场智能网联汽车竞争中取胜，进一步助力智能辅助驾驶，提升驾驶安全性和通行效率，并推动自动驾驶应用落地。具体建议如下：

加强国家战略层面的引导和协调，构建统筹高效的跨部委、跨行业组织协同机制。车联网产业化推进需要强化国家顶层设计的指导，加强跨部委、跨行业合作，并凝聚政产学研用各方力量，建议出台 C-V2X 顶层部署规划，推进 C-V2X 车联网按步骤有节奏在全国部署，实现车路云融合创新发展。

依托五部委发布的车路云一体化试点项目，加快 C-V2X 车联网技术路线实施，推进产业商用落地进程。依托我国 4G/5G 蜂窝移动网络建设优势，加强 C-V2X 基础设施部署建设，实现全城全域打通，提升路侧基础设施覆盖率，并推进跨城跨区互联互通，支持多样化车联网应用需求。

推动 C-V2X 车联网体系化发展。加强智能化与网联化技术融合创新，突破关键技术，建立 C-V2X 与智能驾驶融合的统一的系统架构，突破融合感知与融合决策关键技术，降低通信时延，提高传输可靠性，实现协同感知、协同决策，推动智能网联汽车技术演进。

出台相关政策，加速提升 C-V2X 前装渗透率。借鉴我国新能源汽车产业发展良好的示范经验，前期依靠政策补贴拉动，快速培育市场。建议政府相关部门加快研究出台政策鼓励车企前装量产 C-V2X 汽车，率先推动智能网联辅助驾驶产业化应用，着眼于提升驾驶安全和交通效率，真正解决用户出行痛点，提供安全便捷的出行方式。

鼓励运营模式创新，搭建统一运营平台，探索规模商用。建议尽快落实商业运营主体，鼓励传统运营主体与地方资源打通，形成多方主体合作模式，推进车联网运营应用服务，面向车企提供智能驾驶相关服务，提升驾驶安全、舒适性和通行效率；面向政府，以数据服务提升交通管理效率和城市治理水平，提升综合服务水平。

尽快明确地理位置信息传输要求，形成跨部门协同机制，持续开展相关保密处理技术研究和测试验证工作。面向未来车路云一体化合规管理，形成跨部门协同机制，协调解决产业发展重大问题，健全政策法规体系，统筹推进产业发展和安全合规。搭建跨行业协同创新平台，持续开展地理信息保密处理技术研究和测试验证工作。

（八）智能网联汽车信息安全

中国汽车技术研究中心有限公司　张亚楠　边旭东

1. 2023 年智能网联汽车信息安全总体发展与突破

随着新一轮技术革命和产业变革不断深入，人工智能、信息通信等技术与汽车产业深度融合，推动我国智能网联汽车产业蓬勃发展，技术创新活力增强。数据显示，2023 年我国汽车销量创历史新高，突破 3000 万辆，同比增长 12%；具备组合驾驶辅助功能的乘用车新车渗透率超过 40%，预计到 2025 年具备组合驾驶辅助功能的乘用车新车渗透率将超过 50%，智能网联汽车产业规模将进一步扩大。与此同时，2023 年 11 月工信部等四部门开展“智能网联汽车准入和上路通行试点”工作，从顶层设计层面加快推动智能网联汽车产品的量产应用，加速智能驾驶、车路协同、共享出行等商业模式的探索。当前，智能网联汽车已从小范围测试验证进入技术快速迭代、生态加速构建的新阶段。

然而，伴随智能网联汽车快速发展，智能网联汽车的信息安全风险加速渗透。根据中汽信息安全研究中心舆情监控中心等数据显示：2023 年潜在影响数以千计至数百万辆汽车的高规模和大规模事件的数量比 2022 年增加了 2.5 倍，95% 的网络安全攻击为远程攻击，攻击途径涵盖了远程无钥匙进入系统、车载控制器（ECU）、应用程序接口（API）、移动应用程序（App）、车载娱乐系统、蓝牙、OTA 升级，甚至充电桩、V2X 攻击等，其中针对车载远程通信、车载娱乐信息系统，以及应用服务器的攻击占比高达 58%。综上来看，智能网联汽车所暴露的攻击面急剧增加、攻击手段日益复杂、攻击路径多样化等趋势愈发明显，安全形势更加复杂严峻。

如何遏制汽车安全威胁、降低汽车信息安全风险，不仅是汽车行业面临的重大问题，更是国家安全的重要环节。工信部等国家部委从政策法规、试点示范等多个层面积极开展智能网联汽车企业及产品的监管，推动汽车产业健康快速发展。

2023 年 2 月，工信部印发了《工业和信息化部行政执法事项清单（2022 年版）》，其中针对企业层面的网络安全和数据安全的行政处罚与行政检查共计 57 项，进一步明确企业的安全责任与义务。

2023 年 4 月，工信部与国家网信办联合开展汽车数据安全合规工作，重点推动汽车行业落实“车外人脸信息等匿名化处理”“数据车内处理”“处理个人信息的显著告知”等三项要求，进一步强化车端个人信息保护。

2023 年 11 月，工信部等四部门联合开展智能网联汽车准入和上路通行试点工作，并在试点工作中重点提出对企业及汽车产品的网络安全和数据安全要求，引导企业和车辆使用主体加强网络安全和数据安全能力建设，提升汽车产品防护水平。

总体来说，在《网络安全法》《数据安全法》《个人信息保护法》三部根本大法的顶层框架下，政策法规不断细化落地，当前智能网联汽车的信息安全已进入监管全面完善期。

2. 产业新质生产力发展情况

智能网联汽车是新质生产力的典型应用，是跨领域、多产业融合衍生出的战略性新兴产业，也是传统汽车产业的重塑升级。在智能网联汽车准入试点与网络安全技术应用试点共同带动下，智能网联汽车信息安全产业发展整体呈现快速上升态势。

顶层规划指导产业发展方向。2023 年工信部、国家数据局等先后出台《关于促进数据安全产业发展的指导意见》《关于促进网络安全保险规范健康发展的意见》《“数据要素×”三年行动计划（2024—2026 年）》等相关产业政策，一方面提升网络安全、数据安全产业供给能力，加强核心技术攻关，促进汽车行业深度使用；另一方面，充分挖掘智能网联汽车数据要素潜力，释放数据要素巨大价值，推动产业高质量发展。

科技创新赋能产业提质焕新。近年来，随着大数据、人工智能、AI大模型加速进入汽车行业，为汽车信息安全研究引入新思路。通过AI大模型对海量威胁、漏洞数据的持续训练，提升威胁检测与安全响应能力；同时，基于规模化汽车漏洞数据分析，强化信息安全开发能力，打造一系列具备自主知识产权的汽车漏洞扫描工具及网络安全防护工具，支撑汽车产业链上下游信息安全建设。

产业生态培育创新主体实力。北京、长沙、成渝等地打造国家级网络安全产业园区，重点推动信息安全企业集聚发展。天津、重庆、苏州等地建设智能网联新能源汽车、信息安全等领域产业集群，进一步加强产业生态圈建设。信通院、中汽数据、联通智网、一汽集团、吉利集团、浙江大学等组建车联网安全集智联盟，联合开展汽车信息安全技术、标准和产业研究，推进政策落地、标准研用、产业活动和人才培养，促进产业生态培育。

3. 产业标准体系的建设

标准体系顶层设计加速完善更新。2023年7月，为适应我国智能网联汽车发展的新趋势、新特征和新需求，工信部、国家标准化管理委员会联合修订形成《国家车联网产业标准体系建设指南（智能网联汽车）（2023版）》，其中重点规划布局汽车网络安全和数据安全标准近30项，为智能网联汽车发展、应用及管理提供安全保障。自然资源部为加强智能汽车基础地图标准规范的顶层设计，编制了《智能汽车基础地图标准体系建设指南（2023版）》，主要从基础通用、生产更新、应用服务、质量检测和安全管理等方面，对智能汽车基础地图标准化提出原则性指导意见。

构建“强标—国标—行标”多元建设模式。在整车层面，以汽标委正在制订的强标20214422—Q—339《汽车整车信息安全技术要求》、20214423—Q—339《汽车软件升级通用技术要求》为主，强化企业信息安全管理体系、软件升级管理体系的建设，加强汽车产品的外部连接安全、通信安全、软件升级安全、数据安全等要求的落地。在零部件层面，以汽标委已发布的国标GB/T 40856—2021《车载信息交互系统信息安全技术要求及试验方法》、GB/T 40857—2021《汽车网关信息安全技术要求及试验方法》、GB/T 41578—2022《电动汽车充电系统信息安全技术要求及试验方法》等为主，聚焦智能网联汽车典型的、易受攻击的应用场景和网络节点，进一步细化关键零部件的信息安全技术要求。在数据安全层面，以国标20213606—T—339《汽车数据通用要求》和GB/T 41871—2022《信息安全技术 汽车数据处理安全要求》为主，重点指导企业落实“车外人脸匿名化、数据车内处理、处理个人信息的显著告知”等关键要求。在V2X通信安全层面，以通标委已发布的行标YD/T 3594—2019《基于LTE的车联网通信安全技术要求》、YD/T 3957—2021《基于LTE的车联网无线通信技术 安全证书管理系统技术要求》等为主，推动汽车行业身份认证和安全信任体系的建立。

急用先行，重点标准制定持续推进。当前，行业重点关注的标准20214422—Q—339《汽车整车信息安全技术要求》、20214423—Q—339《汽车软件升级通用技术要求》及20213606—T—339《汽车数据通用要求》均已完成审查，进入报批阶段。同时，汽标委积极推动20230389—T—339《道路车辆 信息安全工程》等标准的制定，并开展汽车密码、汽车数字证书、汽车安全漏洞分类分级、汽车网络安全入侵检测等关键项目的预研工作，全方位支撑汽车行业信息安全建设。

4. 国内外智能网联汽车信息安全发展趋势

2023年汽车信息安全形势到达拐点，网络安全事件的风险和影响显著增加。汽车网络安全与数据安全保护已成为全球汽车产业的关键议题，也是汽车产业可持续发展的安全保障。2023年国内外智能网联汽车信息安全发展呈现出以下趋势：

一是国内外政策法规持续完善，合规成为出海关注重点。2023年，我国持续推进汽车信息安全强标制订，代表着车辆网络安全在不久的未来将纳入新车准入管理，主机厂必须更加关注产品的网络安全水平。国际层面，欧盟要求从2024年7月起，所有上市销售的智能网联车辆必须满足UNR155汽车网络安全和UNR156软件升级强制法规的相关要求；美国NHTSA更新了网络安全最佳实践，旨在加强车辆系统对网络漏洞的防护；沙特阿拉伯发布《个人数据保护法实施条例》和《个人数据跨境传输条例》，英国公布了《数据保护和数字信息法》的修订案，种种迹象表明国际各国对车辆的网络安全和数据安全提出了更严格的准入管理要求，安全合规已成为我国车企出海核心焦点。

二是产业链供应链合作加深，对产业上下游管理提出更高要求。2023年汽车供应链信息安全事件频发，如日产北美公司第三方服务商配置错误导致数据泄露，宝马、劳斯莱斯供应商SSO平台的漏洞事件等。当下，智能网联汽车信息安全供应链结构由传统的链状向网状转变，管理复杂性增加，整车企业需要更深入地参与产品设计和供应链源头管理。面对日益复杂的供应链安全挑战，行业内部的合作和信息共享变得尤为重要，这要求供应链上下游企业通过共享最佳实践、威胁情报和建立漏洞库等方式，更有效地识别和应对风险。

三是前沿技术赋能信息安全，国产化替代进程加速。越来越多的企业探索使用新兴技术提升安全防护能力：中汽数据利用人工智能技术研发的车端视频脱敏算法对人脸、车牌等敏感信息进行脱敏保护；腾讯建立可信隐私计算平台，并通过“可信隐私计算评测”，解决数据共享过程中的安全、信任和隐私保护问题；华为云使用区块链、数字水印等技术保障数据不可篡改、可溯源。国产厂商在安全芯片、HSM、漏洞扫描工具等关键产品上进步迅速，国芯科技、上海芯钛、伊世智能、固源科技等国内芯片企业和软硬件供应商积极研发，推出自主可控的国产化解决方案。

四是“安全左移”应用相继落地，信息安全与功能安全呈融合趋势。部分车企及供应商积极推进安全左移技术的应用落地，安全策略由被动防御向主动发现和预防转变，通过模糊测试、渗透测试和网络靶场等应用，使企业在产品推向市场之前发现并修复潜在的安全漏洞，降低安全风险，提高汽车信息系统的整体安全性。随着国内外功能安全、预期功能安全的法规和标准相继落地，国内主流车企均在提高对重要系统进行功能安全开发的要求，功能安全、预期功能安全、信息安全三者呈现出一体化融合态势，智能网联汽车向着更全面、更综合的安全体系迈进。

与此同时，我们应清醒地认识到当前汽车行业信息安全产品供给仍待提升。一方面是汽车信息安全产品供给质量不足。当前大型安全公司对汽车信息安全的研发投入下降，而中小型安全公司由于投融资需求，低价中标，造成产品质量保障欠缺。另一方面是汽车信息安全人才供给不足，作为跨行业跨领域的专业，高校对汽车信息安全复合型人才的培养仍存滞后。

5. 目前亟须解决的技术难点及解决方案

由于智能网联汽车存在零部件多、业务范围广、通信网络复杂等现状，其信息安全的外延与内涵不断拓展，安全防护难度进一步增加，目前汽车行业亟须解决的技术难点主要包括：

（1）随着智能网联汽车功能与服务不断增加，车载控制器（ECU）也随之递增，但由于 ECU 受到算力、存储空间、网络带宽等限制，往往导致其难以部署复杂的信息安全措施，安全防护水平仍待提升。

（2）当前大部分车企在汽车软件开发过程中会使用开源组件，但 85% 的对应开源软件社区超过两年没有或很少被维护，超过一半的企业不能清晰掌握自身的软件物料清单（SBOM），更无法快速修补漏洞。

（3）在汽车安全运营过程中，如何有效监测数百万辆以上智能网联汽车的安全状态，如何高效管理海量车联网资产，对汽车行业提出巨大挑战。同时，如何通过分析海量信息，及时、准确、快捷地发现风险和处理风险，提升运营能力，也是汽车行业亟须解决的难题。

针对以上技术难题，提出以下几种建议方案：

一是加强防护产品轻量化。智能网联汽车信息安全防护是系统工程，需要在整体电子电气架构 TARA 分析基础上，拆解出各个 ECU 的信息安全防护要求；在 ECU 开发过程中，将信息安全融入到 ECU 的 V 字开发模型中，强化 ECU 防护的轻量化要求，减少对 ECU 资源的占用，真正实现信息安全防护在车端的落地。

二是搭建汽车软件成分分析平台。通过深度分析汽车软件固件的软件成分，准确识别固件中的各个组件；进而利用组件与漏洞、风险及许可证的关联关系信息，全面识别固件中存在的漏洞、潜在风险及许可证信息，这样企业能够及时了解汽车软件中存在的漏洞、威胁，从而采取相应的措施来保护系统和数据的安全。

三是提升汽车软件全生命周期开发运维能力。采用 DevSecOps 将安全的概念引入软件开发生命周期，并将自动化的安全审计及渗透测试集成到软件开发过程中，确保软件开发生命周期的每个阶段都会应用特定的安全检查，以确保汽车软件的安全漏洞管理落地。

四是创新开展一体化汽车信息安全态势感知平台建设。通过在车端部署入侵检测与防御系统（IDPS），实现对车内系统、应用软件、外部接口、车内总线、车内以太网的安全监控。平台端引入 AI 安全大模型，通过对海量数据的深度学习，识别潜在的安全漏洞、威胁，实现汽车信息安全的全方位监测预警，打造“态势感知、风险预警、情报共享、应急响应”能力。

6. 未来几年智能网联汽车信息安全发展建议

面对日益复杂的智能网联汽车网络安全环境，需要国家、行业和企业多层级共同努力，从以下四方面入手，应对未来发展的挑战：

加快完善汽车全生命周期的信息安全监管体系。当前车辆“生产—上市”阶段的信息安全监管明确，但由于汽车漏洞本身属性，以及网络攻击手段的更新迭代，导致销售后车辆的信息安全监管仍存挑战。建议如下：一是强化汽车上市后的安全管理，形成汽车全生命周期闭环监管。二是优化提升汽车信息安全监测预警技术手段，形成监测、预警、处置、溯源等能力。三是搭建漏洞信息与威胁情报公共服务平台，提高行业整体的风险识别能力和安全防护水平。

强化汽车信息安全技术研发。一是加大研发投入，重点聚焦数据脱敏、通信加密、入侵检测、身份认证等车联网关键技术，保障数据传输和车辆控制系统的安全性。二是加速推动安全技术标准体系建设，推进汽车密码、汽车数字证书、汽车安全漏洞分类分级、汽车网络安全入侵检测等细分领域标准化进程，为行业发展提供统一的标准规范。三是探索信息安全与功能安全/预期功能安全技术的融合发展路径，从控制单元、通信单元等安全技术入手，将二者技术融合、设计融合、管理融合，构筑汽车全局安全体系。

持续推进安全合规建设。一是强化企业自身合规能力，建立健全涵盖数据跨境、风险评估、应急响应等在内的安全管理体系，强化合规教育培训，增强员工安全意识，关注相关监管要求，及时采取相应技术措施。二是提升产品合规性，在研发过程，实施“安全左移”策略，重点关注汽车产品的外部连接安全、通信安全、软件升级安全和数据安全等方面，确保符合国际国内标准法规要求。

打造产业协同发展新生态。一是政府应建立跨部门、跨区域、跨行业的协同机制，鼓励整车企业、零部件供应商、网络安全公司、软件开发商等产业链各环节的紧密合作。二是构建数据流通交易的公共服务平台，推动数据要素的高效流通，促进资源的有效整合利用。三是出台产业支持政策，加快智能网联汽车信息安全技术的研发和应用，引导产业健康有序发展。

（九）智能网联汽车基础软件技术

东软睿驰汽车技术（上海）有限公司　杜　强

随着新一轮科技革命和产业变革的深入推进，智能网联汽车已发展成为车辆控制、信息通信、AI、云计算、大数据等领域的重要载体，正成为推动中国汽车产业转型升级的关键力量。汽车正在由单一功能产品向智能化产品转型，推动了汽车产业链的重构。基础软件作为实现汽车的智能化和个性化的关键，成为面向未来的汽车智能化解决方案的核心要素，驱动汽车行业迈向可持续发展的崭新未来。

1. 2023年智能网联汽车基础软件技术总体发展与突破

面对整车应用复杂性的日益升级，整车的电子电气架构也随之不断升级和迭代。从面向简单电控系统和CAN/LIN总线拓扑的分布式架构，发展到支撑更复杂功能集群、引入以太网通信拓扑的、以中央网关为通信和逻辑枢纽的集中式架构，再到当下行业最为流行的、应用于车云互联和自动驾驶的、面向SOA架构和高算力平台的中央计算域控架构。

随着电子电气架构的升级，除了ECU硬件形式和车载物理通信总线拓扑的更新外，一个能够抽象整车基础硬件和系统、兼容不同功能域的通信框架，并为上层应用软件和生态提供更开放的通用的软件开发平台，成为了各OEM将技术量产落地并可持续发展和创新的关键。

现阶段，各主机厂重点加强软件开发生态构建，加速体系化创新。部分智能汽车应用已基于SOA架构进行开发，把整车硬件抽象为标准化服务，应用软件面向场景需求来调用服务，进行各种服务的排列组合，实现整车功能的跨域组合和服务的灵活组合，满足常用常新的用户体验需求。

通用的软件平台意在提升整车软件开发的效率与协同性，实现高效地开发、部署和更新软件，通过提供标准的基础软件及丰富的中间件，支持跨域、跨车型、跨平台的产品兼容能力，有效地实现跨平台兼容和开发降本增效。

通用的软件平台通过将产品开发的共性需求转化为服务中台能力，高度实现软硬解耦，支持应用软件灵活开发组合，大幅缩短产品开发周期。同时应用开发者无需深入了解汽车开发中功能安全、信息安全、法规的严格要求，应用开发门槛得以降低，软件开发生态更加繁荣。

同时，智能汽车的产业生态正在向多元协同的网状生态发展，“开放”与“协同”的关键恰恰是基于汽车基础软件平台，行业正在积极推动基础软件平台架构和技术，致力于让OEM、软件供应商、第三方应用开发者在共通的理解下协同分工，推动汽车行业稳健有序地应对全新的市场挑战，从而加速我国智能网联汽车可持续高质量发展。

2. 产业新质生产力发展情况

随着智能化、网联化不断深入发展，汽车正在由传统的交通用工具延伸成为大型智能移动终端和数据空间。作为新一轮科技革命和产业变革的重要载体，智能网联汽车已成为我国推动汽车产业转型升级、加快构建现代化产业体系、形成和发展新质生产力的重要阵地。

在这一过程中，汽车基础软件与汽车芯片作为构建智能网联汽车产业生态的关键底座，正在成为中国汽车产业发展的关键。国家层面多次强调针对基础软件等瓶颈制约，加大技术研发力度，为确保重要产业链供应链自主安全可控提供科技支撑。

行业组织与企业积极推动基础软件的自主创新和研发，加强技术攻关，逐渐摆脱对国外技术的依赖，并不断联合上下游拓展产业链生态，为智能网联汽车产业的健康持续发展奠定了坚实基础。

3. 产业标准体系的建设

在业界专家、领导多次呼吁基础软件的自主创新和研发的背景下，我国汽车基础软件整体形态发展情况虽然逐渐走向良好态势，但在关键技术成熟度、产业规模、核心竞争力等方面仍有待提升。行业需要加快标准的共识，在基础软件、功能性模块、关键组件上形成统一，进而推动整个行业的协同分工与持续发展。

行业上普遍通用的是AUTOSAR标准平台，AUTOSAR作为标准化的开放系统架构，允许开发人员创建可在多个汽车系统或ECU之间移植和重用的软件组件，提高了软件独立性和可移植性，已经成为汽车行业软件开发的重要标准之一，在全球范围得到广泛应用。

在中国智能汽车快速发展以及中国合作伙伴不断增多的背景下，AUTOSAR组织成立了AUTOSAR中国中心（China Hub），面向中国用户开展一系列AUTOSAR的培训及普及活动，并成立AUTOSAR中国地区标准工作组，以促进中国汽车软件需求有机会进入AUTOSAR国际框架，推动标准的进一步优化与迭代。

在中国汽车基础软件本土化生态建设的背景下，2019年，由中国汽车工业协会的牵头指导，联合一汽、东风、蔚来、小鹏、广汽、吉利、长城、长安、东软睿驰、零束等20家创始会员单位共同成立了中国汽车基础软件生态标准委员会（AUTOSEMO），旨在打造开放的标准化汽车基础软件架构，为中国汽车行业提供一套标准化的开发方法论、系统软件和应用程序接口。

AUTOSEMO联合主机厂、Tier1、软件、芯片和高校院所等各单位，每年面向行业发布《中国汽车基础软件发展白皮书》，深度分析并推动国产基础软件的技术创新和攻关，加快实现国产基础软件的规模化上车应用。

AUTOSAR在标准基础软件开发平台对上层提供统一封装的硬件能力和标准服务组件，但是没有对跨核、跨域功能的汇总，使用者仍需要完成业务整合汇总的工作，对开发者的开发效率会产生一定影响。AUTOSEMO携手行业内主流车企和零部件企业，推出了车端开放的分布式服务框架ASF（AUTOSEMO Service Framework），通过该规范统一服务和接口，实现高效的整车控制器设计、开发，让跨厂商集成更便捷、可靠。

ASF位于SOA软件平台架构的基础软件平台（即基础操作系统和运行环境）和功能业务层之间，屏蔽整车E/E拓扑，屏蔽传感器执行器在控制器（或域控制器异构芯片）上的部署，为上层应用软件提供统一的整车级的业务能力标准访问接口，支撑应用层软件快速开发，缩短产品化周期。

汽车软件开发过程中，为保障汽车的安全，满足智能化、网联化的安全保障需要，汽车的功能安全标准也在不断地发展完善中。功能安全领域，行业内主要遵循的是ISO 26262和ISO 21448两大标准。

ISO 26262 是道路车辆功能安全国际标准。内容主要涵盖汽车系统、软件、硬件等方面的安全完整性，强调在汽车产品的开发过程中如何避免、预防、探测、降低或消除风险。ISO 21448 是汽车预期功能安全标准。内容主要围绕自动驾驶车辆的功能局限性（含设计不足和性能局限），在复杂环境影响和人员合理误用的情况下，避免或降低车辆潜在的安全风险。

在信息安全方面，汽车基础软件的技术标准尚处于规划阶段。当前国内在该相关领域的标准组织包括全国信息安全标准化技术委员会（简称信安标委，TC260）、全国汽车标准化技术委员会（简称汽标委，TC114）和中国汽车工程学会（CSAE），工信部印发了《车联网网络安全和数据安全标准体系建设指南》，对于车联网网络安全的标准体系建设也形成了相关指导意见；国际方面则主要有 AUTOSAR、ISO/SAE 21434 工作组、联合国 UN/WP29 工作组、美国高速公路交通安全管理局（NHTSA）等相关组织。

4. 国内外智能网联汽车基础软件技术发展趋势

在中央集中式架构下，整车绝大部分智能化功能集中整合在大算力芯片上的中央计算平台。广义的操作系统分为系统层和功能层，其中系统层包括 AUTOSAR 标准中间件、操作系统内核、虚拟化组件、板级支持包驱动和非标准中间件，功能层包括传感器、执行器的抽象、可复用的功能模块和基础服务，为应用层提供整车层级的服务接口，对芯片平台实现隔离。

全球范围内，主流的汽车制造商都在集中式架构下的操作系统上加大投入。奔驰推出自主设计的整车级操作系统 MB. OS，其优势是可以全面打通车辆功能，包括信息娱乐功能、智能驾驶辅助及自动驾驶等功能。大众操作系统 VW. OS 通过结合各合作伙伴提供的解决方案，形成一个可扩展和统一的软件平台，通过解耦的分层架构、面向服务的设计方法，实现更简化、高效和可扩展的软件开发。国内一汽、上汽等都通过合作开发、自研等方式打造自主可控的操作系统平台，将操作系统作为核心竞争力进行布局。

与此同时，操作系统中间件向平台化方向演进，不断扩展功能层软件为应用算法提供更加丰富和灵活的接口，并面向行业开放服务化接口以及基于这些服务化接口的开发方法，让第三方软件开发者很容易地获得，使硬件可以得到充分的利用，软件可以实现高度的复用，功能可更快速地迭代。

操作系统中间件在集成过往安全性可靠性的同时，还需要全面支持应用创新，在基于 AUTOSAR 规范的 AP 及 CP 中间件之上，面向未来中央集中式架构，需要针对整车不同异构系统、物理总线协议和开发体系的统一通信接口，实现跨语言开发组合，充分利用 SOA 服务化优势，支持场景功能低代码、轻量化开发。

同时，伴随未来 AI 技术在汽车创新应用开发的广泛尝试，汽车操作系统应支持云原生应用快速导入部署，基于强大的车云一体技术，打破车端资源的局限性，实现云端资源共享，为 AI 通用大语言模型上车奠定基础。

5. 目前亟须解决的技术难点及解决方案

随着中国智能网联汽车迈向技术快速演进、规模化应用发展阶段，产业发展的窗口期也正在面临新的难点和挑战。用户体验的多样化需求持续增加，新技术与新功能层出不穷促使汽车软件规模激增，同时严苛的功能安全、信息安全等安全需求，使汽车软硬架构复杂性远高于其他软件行业，汽车软件开发成本高昂，摊销单位成本仍然居高不下。

AUTOSAR 等标准对于整车级跨域协同、人工智能等新兴技术等功能需求仍然存在无法满足的情况，主机厂及零部件供应商采用不同的软件开发流程、方法和标准，导致软件无法跨平台兼容与复用，应用创新效率低下。

实现软件规模化和高度复用是平衡和解决开发成本与创新效率两大课题的关键，行业需要通用的软件平台实现跨平台、跨车型、跨代系的复用，提升协同开发效率，从而摊销整体的投入成本，赋能汽车行业持续创新发展。

同时，行业需要加快推动自主软件标准化体系建设，实现 SOA 服务架构和接口规范统一化，解决发展中的共性问题，释放更多的软件人才聚焦创新，促进汽车软件产业链协同发展。

6. 2023 年行业重点企事业单位发展情况

国内外主机厂、造车新势力、零部件供应商等都在着力打造其专属的基础软件平台，以下通过列举近几年部分企业发布的产品阐述当前本土化基础软件发展情况。

（1）东软睿驰下一代智能汽车操作系统——NeuSAR

东软睿驰下一代智能汽车操作系统——NeuSAR，由东软睿驰全新自主研发，兼容 AUTOSAR R21-11 版本，通过 ISO/SAE 21434：2021 汽车信息安全流程认证，是国际公认的测试、检验和认证机构-SGS 在国内认证的首家企业。NeuSAR 在国内率先实现“AUTOSAR AP+CP+中间件”全栈软件平台产品的量产落地，既支持传统的 ECU 开发，同时又对基于域控制器和新 E/E 架构的软件开发提供丰富的基础软件、跨域中间件和开发工具，全面降低整车研发成本和应用开发创新门槛。

NeuSAR 软件开发平台已在众多车企车型中得到量产应用，助力 OEM 打造创新的功能特性、持续迭代的功能体验，并与众多本土化的算法、通信、安全及芯片、微内核等企业进行良好的适配和集成，共同为车企提供成本更低、质量更优的软硬件系统解决方案。

多年来，东软睿驰始终积极推动行业标准与生态共建，推进软件接口与软件架构的统一化，让车企、供应商、第三方开发者都能够基于开放的标准实现便捷的应用开发，使软件成本大幅下降，软件生态更加繁荣。作为 AUTOSEMO 的创始会员单位，东软睿驰联合成员企业一同推进了 ASF（AUTOSEMO Service Framework）技术规范，致力于解决域控制器架构下多核异构芯片的统一开发视图问题，为车企提供强大的支撑。

同时，伴随 AI 在汽车领域的推广和应用加速渗透，东软睿驰构建了满足跨域融合、面向自动驾驶、车云一体的中间件组件，助力实现应用跨车云灵活部署，为 AI 应用高效、便捷开发提供助力，让软件创新能力充分释放，为智能化创新带来无限可能。

(2)中汽创智——CAIC 产品

中汽创智推出的 CAIC. OS,面向智能车控、智能驾驶、智能座舱三大应用场景。产品安全性高、实时性强,已通过道路车辆功能安全 ASIL-D 认证,汽车软件过程改进及能力评定 ASPICE Level3 等级认证。

CAIC. OS 主要由自主可控的三大嵌入式操作系统产品 CAIC. CP(符合 AUTOSAR CP 标准)、CAIC. CAP(由符合 AUTOSAR AP 标准的 AP 解决方案和支持自动驾驶轻量级通信中间件组成)及 CAIC. MOS(微内核与 Type1 型虚拟化)组成。产品具有以下三大特点:

标准基础软件:中间件 CAIC · CP 和 CAIC · CAP 符合 AUTOSAR R20-11 标准;符合功能安全 ISO 26262 标准;开发流程符合 ASPICE 标准。

一体化工具链:覆盖完整的开发流程,包含设计与开发、调试与测试,仿真与监控;工具链高度集成统一。

支持国产芯片:已适配多家国产芯片。

(3)中瓴智行——RAITE Hypervisor

中瓴智行自主研发的 RAITE Hypervisor 是基于微内核的高性能强实时 Type-1 型 Hypervisor,可同时运行 Linux、Android、FreeRTOS 等多个虚拟机系统,可实现 CPU、内存、外设等硬件资源在操作系统间的有效隔离。基于 Hypervisor 系统,可搭建标准化、模块化的基础软件平台,满足智能汽车,轨道交通等领域智能设备对多操作系统的系统信息安全和功能安全融合需求。

同时,中瓴智行自主研发的实时操作系统从软件生态、可靠性、安全性、关键性能等关键需求出发,内核使用微内核软件架构产品方案,从架构上满足自动驾驶等智能工业装备场景的关键需求。在软件生态上利用嵌入式 Hypervisor 引入成熟的应用软件生态并兼容硬件设备驱动生态环境,保障自动驾驶控制器所需的 AI 等上层应用生态、芯片及外设厂家等底层软件生态。

(4)中兴通讯——基于微内核和 Safety Linux 的双内核智能驾驶操作系统

在汽车操作系统领域,中兴通讯推出基于自研微内核和 SafetyLinux 的双内核智能驾驶操作系统解决方案,兼顾智能驾驶场景下功能安全和丰富生态支持要求,主要由三部分组成:

中兴 Microkernel RTOS:采用微内核架构,内核仅保留少量的核心功能,其余功能运行在用户态,增强核心内核的可靠性。关中断路径短,中断响应快,调度及时,具备精准时空配额支撑能力,产品通过了 ASIL-D 产品认证。

中兴 Hypervisor(安全分区引擎):支持的虚拟化类型为 Type-1,可允许多个操作系统和应用共享硬件,实现安全分区隔离。支持硬件虚拟化和软件虚拟化,支持全虚拟化和半虚拟化技术。可与 ZTE Microkernel RTOS 一体化设计,支撑同时运行原生实时任务和虚拟机中的任务,提升整体性能。

中兴 Safety Linux:在实时性、确定性、安全性方面都进行了增强的 Safety Linux 操作系统,业界领先的中断响应和调度处理效率,保证了系统中的关键事件和任务均能得到及时处理。分区调度能力保证了关键业务处理时长可控可期。

(5)广汽研究院——普赛 OS

广汽研究院自主研发了面向全车跨域的标准化操作系统—普赛 OS。普赛 OS 是广汽星灵架构“面向未来”的核心,具有高效协同、极简复用、车云统一的特点。普赛 OS 通过统一的接口定义、支撑跨域软件开发的一体化工具链,以 SOA 跨域服务、高性能中间件、车云镜像、异构执行调度这四大引擎为车端载体,有效提升软件的兼容性和复用性,使中央计算、智能驾驶计算和信息娱乐计算在软件层面有机融合,让电子电气架构的运作更高效。

(6)电子科技大学

电子科技大学嵌入式软件工程中心,是国内最早从事嵌入式系统、嵌入式基础软件研发与产业化的专业团队,长期从事嵌入式基础软件、车联网安全与金融科技的研究和产业化工作,在国内学术尤其是产业界具有相当的影响。面向汽车电子、移动支付、航空电子、飞行控制、舰船电子等行业领域,实现了嵌入式实时操作系统、嵌入式软件组件、嵌入式开发工具及平台、网络安全技术与产品等的产业化应用,实现了显著的经济与社会效益。

主要开展智能网联汽车基础软件、网络安全、区块链与数据安全等方面标准及关键技术研究。深入开展汽车网络安全有关的国际国内标准化组织、标准体系及具体标准的研究,与 TC114、TC260、CNCERT、TIAA 等组织进行合作,积极参与或主导国内汽车网络与信息安全方面的标准研制工作,开展标准验证。目前参与了国家标准 4 项、行业及团体标准 6 项,包括汽车电子系统网络安全第一项国家标准 GB/T 38628—2020《信息安全技术 汽车电子系统网络安全指南》、TIAA 首批网络安全团体标准《车联网网络安全防护要求》和《智能网联汽车车载终端安全要求》),以及多项 TC114 的汽车信息安全标准工作。

7. 未来几年智能网联汽车基础软件技术发展建议

伴随汽车智能化变革加速,AI 领域的创新技术不断引入,用户体验的多样化需求持续增加,使汽车软件体量在爆发式增长,然而在当下偏存量的市场环境下,汽车单价的竞争压力越发激烈,研发投入及软件成本很难在单车型中被有效吸收。

在此背景下,行业需要加快形成汽车基础软件的标准及共识,实现 SOA 服务架构和接口规范统一化,发展通用的软件平台,实现跨平台、跨车型、跨代系的复用,从而提升协同开发效率,摊销整体的投入成本 赋能汽车行业持续创新发展。

同时,伴随 AI 在汽车领域的推广和应用加速渗透,需要构建支持更多的初创团队、大学生和个人开发者高效便捷创新的汽车软件开发环境,打造互联网式的开发生态,使这类团队快速发挥和成长,加速 AI 技术在汽车行业的应用突破,推动软件定义汽车的繁荣发展。

(十)智能座舱与人机交互技术

清华大学智能绿色车辆与交通全国重点实验室　孔睿婧　高瑞阳　曹东璞；
北京理工大学机械与车辆学院　陈宏昌　李　颖；芜湖雄狮汽车科技有限公司　何　雷；
北京理想汽车有限公司　张薇

1. 2023 年智能座舱与人机交互技术总体发展与突破

智能座舱与人机交互技术的持续创新与产品迭代，是推动智能网联汽车大规模量产落地和市场升级的关键之一。2023 年，智能座舱技术在芯片、大模型上车和多模态人机交互方面取得了重要进展。多家芯片厂商推出新一代 SoC 芯片，在计算能力和多模态数据处理上取得重大突破，提升了语音识别和多媒体处理能力；车企通过车载语音助手推动大模型在座舱中的应用，实现了更快更精确的语音识别、复杂多轮对话和个性化服务；多模态交互技术综合处理语音、视觉和触觉数据，实现自然的用户体验，包括唇语识别、语音指纹识别、头部姿势和手势识别，以及 3D 人机交互界面应用，提升了交互体验和操作便利性。

2. 产业新质生产力发展情况

作为汽车产业智能化的关注重点之一，当前国内智能座舱的渗透率和渗透速度领先全球市场，处于快速增长期的同时智能座舱产业发展也在多个环节面临挑战。搭载高性能计算芯片，集成汽车制造、信息技术、通信技术和消费电子等多个领域的技术的智能座舱产业，天然具有承载新质生产力发展的根基；同时，面临挑战智能座舱产业也需依靠技术创新、人才队伍建设、资源管理优化、市场和政策支持等多个方面的协同作用，以充分发挥领跑优势，实现高速可持续发展。

当前智能座舱产业头部企业产品的技术创新聚焦于多模态感知与交互（触控、语音、手势和生物特征识别等）、高性能计算和大数据分析、人工智能和大模型、内饰机构和机械技术以及端云融合和车载多媒体系统的集成等。这些创新方向旨在提升驾驶安全性、用户体验和系统智能化程度，同时实现更高效的资源整合和生态建设。数据驱动的技术应用使企业能够根据市场需求和用户偏好调配生产和供应链，提高生产效率和响应速度。

2023 年，智能座舱产业呈现出多元化和快速发展的态势，座舱芯片和域控制器的集中化趋势显著，车载显示技术逐步成熟，语音交互和座舱监测系统逐渐普及。OTA 技术成为主机厂探索新商业模式的重要手段，新模式下的产业分工推动资源的优化分配与整合。国家相关部门陆续出台《新产业标准化领航工程实施方案（2023—2035 年）》等相关政策推动技术创新和激发产业动能，加速新技术与生产要素紧密结合。企业通过自主研发和与高校、科研机构合作，推动高质量、高附加值技术的应用和发展的同时输送更多科技型、复合型人才进入产业。

3. 产业标准体系的建设

过去五年，智能座舱产品快速迭代，但是智能座舱标准体系建设仍处于初级阶段，国内外现有的相关标准较少。由全国汽车标准化技术委员会智能网联汽车分标委和德国汽车工业联合会组织，中国汽车技术研究中心牵头于 2023 年 12 月发布《智能座舱标准体系研究报告》，旨在构建以智能座舱人机交互为核心，包括软硬件、技术、功能、通用接口以及测试评价方法等方面的标准体系是智能座舱技术与产品发展的重要支撑。

中国汽车工程学会于 2022 年成立智能座舱工作组，联合百余家单位开展智能座舱分级、综合评价及基础体系研究，并于 2023 年 5 月发布《汽车智能座舱分级与综合评价白皮书》，其英文版于 2023 年 10 月发布。该白皮书全球首次明确了智能座舱的定义、分级，提出了汽车智能座舱的“三横三纵”技术架构，并提出了智能座舱综合评价框架体系，不仅对我国汽车智能座舱行业产品开发和应用具有重要的指引作用，对全球汽车智能座舱创新发展也具有重要的参考和借鉴意义。

在该白皮书基础上，智能座舱工作组于 2023 年 12 月发布《汽车智能座舱智能化水平测试与评价方法》团体标准。本标准以技术引领和应用规范为目标，从感知能力、交互能力、服务能力和互联能力四个方面定义智能化水平，提出智能化水平测试与评价方法，以指导未来智能座舱技术演进。中国汽车工业协会也于 2023 年 5 月发布了《汽车智能座舱交互体验测试评价规程》团体标准征求意见函，该团体标准采用三维正交结构，旨在减少驾驶分心、降低操作负荷、优化体验设计、提升用户价值。

智能座舱零部件方面，国内外标准组织已发布部分相关标准和指南，如工信部发布的《国家汽车芯片标准体系建设指南》、国际电信联盟标准部门发布的《车载多媒体小程序框架和技术需求》等。国内相关组织还发布了一些研究报告以预研先进零部件的标准建设，如中国智能网联汽车产业创新联盟于 2023 年 11 月发布的《车载光场屏白皮书》。综合来看，在未来几年，行业需要加大投入进行智能座舱标准体系建设，指导和规范智能座舱技术和产品健康发展。

4. 国内外智能座舱与人机交互技术发展趋势、难点及解决方案

国内外智能座舱与人机交互技术近期发展趋势主要聚焦于高算力座舱芯片、端云融合座舱大模型和多模态人机交互等方面。

算力是智能座舱的基础。2023 年发布的高通 SA8295 和

华为麒麟 9610A 在 CPU 和 AI 算力上有大幅度提升,已广泛运用在高端智能座舱车型。下一代智能座舱芯片进一步提升算力的同时,能够支撑舱驾一体的应用。国产自主芯片与国际领先水平差距逐步缩小,但也面临多重挑战。首先,座舱芯片技术复杂性高,需集成计算、通信和传感等多功能,设计创新要求高,确保性能和可靠性。其次,制造工艺复杂,芯片需在极小尺度上精密制造,容错率低。再次,供应链风险,如原材料短缺和地缘政治影响,可能导致生产中断。为应对这些挑战,需在技术创新上投入研发,提升设计和制造技术;在产业协同上建立强大的供应链管理体系,分散风险;在政府政策扶持下,如税收优惠和研发补助,推动本土芯片制造业发展。

国产通用大模型在 2023 年有突破性进展,例如百度文心一言,华为盘古大模型,科大讯飞星火大模型等,在多项大模型指标已达到国际先进水平,但是与国际领先水平仍有差距。如何有效大幅度提升高价值中文语料库是国产大模型进阶的主要因素之一。基于国产通用大模型底座,座舱大模型已应用于多款高端智能座舱车型,如问界 M9 智慧助手小艺,极越 01 智慧助手 Simo,奇瑞星纪元智慧助手,显著提升了智能座舱语音交互能力及用户体验。随着通用大模型底座和 AI Agent 技术的快速迭代,未来座舱大模型能力将进一步提升。当前由于车端算力有限,大模型车端部署面临巨大挑战,因此云端部署,特别是车端—云端融合部署,较为普遍,但数据安全和隐私保护问题亟待解决。

随着人机交互技术快速发展,多模态人机交互在过去几年已应用于智能座舱,并取得较好用户体验。但一味增加多模态人机交互的功能并不能进一步持续提升用户体验,过多交互模态会潜在增加用户学习成本和认知负荷,与自然交互形态目标不太一致。因此,未来多模态人机交互功能设计与优化需要综合考虑座舱场景自适应性、用户学习成本、交互安全性和高效性及用户体验。构建智能座舱数字底座能进一步提升人机交互能力和体验。如何高效融合多模态座舱场景信息及用户状态,进行实时预测用户需求面临较大挑战。针对该挑战,企业应集中力量建设自研数字底座,深度整合供应商资源,实现座舱的智能化基础升级。

5. 2023 年行业重点企事业单位发展情况

随着汽车行业全球化竞争加剧,各汽车企业更加注重技术创新及产品化落地。中国在智能座舱与人机交互技术创新及产品化已取得显著成效。以下是 2023 年行业重点供应商、主机厂发展情况介绍。

(1)科大讯飞

科大讯飞进入汽车行业 20 年,车载智能化产品累计前装搭载量超 5360 万。2023 年,产品月活跃用户达 2500 万,年度交互次数超 100 亿次。如图 1-4-6 所示,其推出的星火情景智能座舱,以星火大模型为算法核心,融合语音、视觉、声学等多模态感知技术,实现了自然、自由、智能的人车交互体验;车载大模型融合多音区收音、DMS/OMS 视觉识别等技术取得进一步突破。同时,通过自主研发的 SOC 方案的智能座舱域控,其实现了全量算法异构封装和“芯算融合”,确保了技术自主可控和安全性。

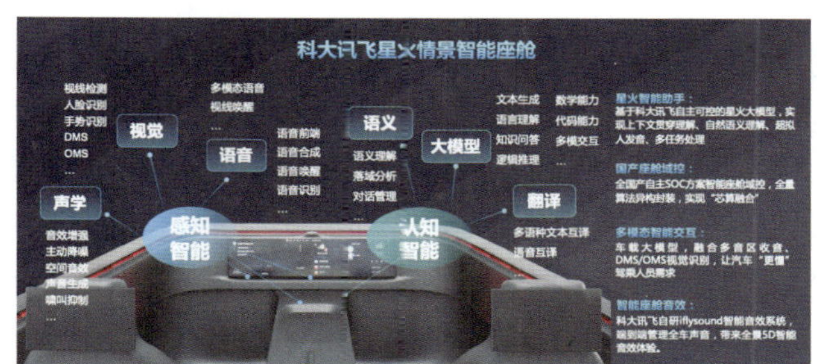

图 1-4-6　科大讯飞智能座舱与人机交互重点技术

(2)百度 Apollo

百度作为具有互联网基础的领先 AI 公司,其 Apollo 文心智舱提供了全栈智能座舱解决方案。截至 2023 年,小度车载 OS 已合作 25 家车企品牌的 160 多款车型,累计搭载量超 500 万辆。如图 1-4-7 所示百度 Apollo 基于文心大模型,提供基础模型智舱大模型 2.0 和座舱开发工具链,通过端云融合和多个专家模型,提高了车载体验的响应速度,降低了调用成本。同时,全新的智舱开发工具链持续助力制造商高效构建品牌专属大模型和特色智能体。

图 1-4-7　百度 Apollo 智能座舱重点产品

(3)中科创达

中科创达是智能操作系统、端侧智能产品及技术全球提供商,自 2013 年起深入布局智能汽车领域,如图 1-4-8 所示,形成涵盖整车 OS、智能座舱、智能驾驶、中央计算平台和线控底盘等智能汽车全生命周期的产品及解决方案。至 2023 年,中科创达已与 Qualcomm、NVIDI、地平线等顶尖半导体厂商,Blackberry QNX、Google、AGL 等领先操作系统提供商,以及腾讯、百度、AWS 等互联网应用和服务提供商建立了深度合作伙伴关系,形成了从底层芯片、操作系统、上层应用到云端管理完整的产业生态圈。

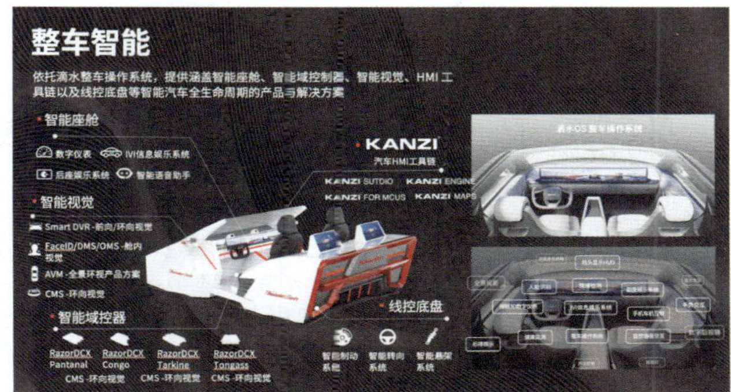

图 1-4-8　中科创达智能座舱与人机交互重点技术

(4)华为鸿蒙智能座舱

华为鸿蒙智能座舱聚焦于场景协同、ARHUD 虚拟沉浸式驾驶、智能化服务及多模态感知系统。2023 年推出的座舱产品,如图 1-4-9 所示,通过全车多模感知技术系统提升交互体验,舱内搭载人脸识别、手势识别、声纹识别等功能,并通过盘古大模型赋能小艺智能化服务,实现多音区多人识别和多模指令控车。交互模式上创新应用多屏多账号体系,实现主驾、副驾和后排屏的独立用户空间,支持独立账号登录,多屏间内容自由流转,全车共享同看和多音区分区管理。

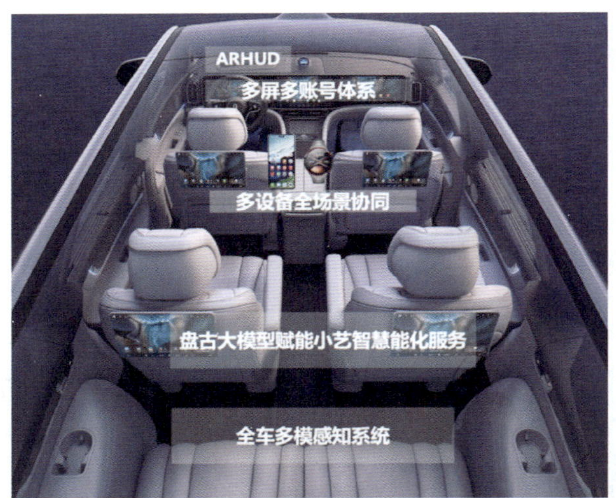

图 1-4-9 华为鸿蒙智能座舱与人机交互重点技术

(5)理想汽车

理想汽车在 2023 年推出了"智能座舱的空间交互 2.0"。如图 1-4-10 所示,基于全栈自研的 Mind GPT 多模态认知大模型,打造了具备用车、出行、娱乐和百科辅助功能的车载智能语音助手"理想同学"。多模态交互和智能显示技术进一步提升,不仅支持视听融合的多模态感知和交互,还支持多设备互联,具备无线投屏、车机热点、遥控手机软件及 Siri 语音控车等功能,全方位提升智能出行体验。

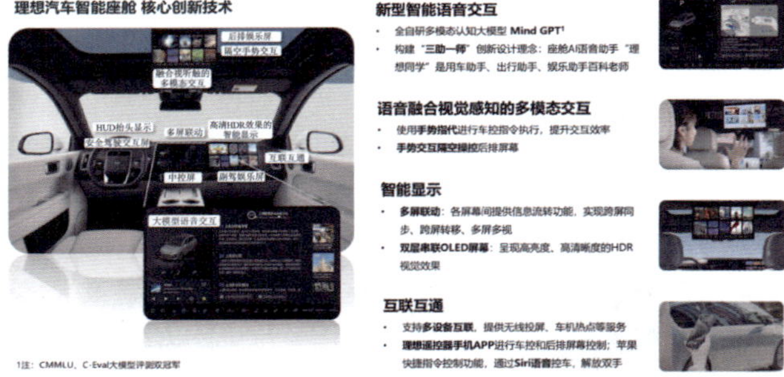

图 1-4-10 理想汽车智能座舱与人机交互重点技术

(6)蔚来汽车

蔚来汽车作为全球化的智能电动汽车制造商,致力于提供高性能智能电动汽车产品。在技术上蔚来智能座舱搭载高通骁龙 8295P 高性能版座舱芯片,基于自研的座舱系统架构,打造业内首个车载异构算力集群。如图 1-4-11 所示,在交互方面,聚焦舱内 NOMI 智能助手的个性化服务和智能体验,实现自定义唤醒、一句话多指令和全舱免唤醒等能力,推出全感官沉浸体验和智能出行专属服务,实现优质路径规划和服务支持。

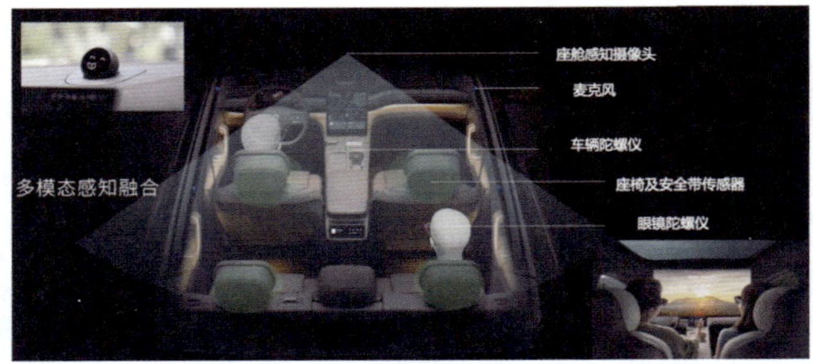

图 1-4-11 蔚来汽车智能座舱与人机交互重点技术

(7)奇瑞汽车

奇瑞汽车在中国品牌乘用车出口方面居领先地位,2023 年,奇瑞坚持高质量发展道路,在智能座舱与人机交互技术方面取得了显著进展。如图 1-4-12 所示,其车型搭载主要技术包括语音交互、智能灯语、生物特征识别、车内视觉识别和舱内环境感知等,功能涵盖语音识别、声源定位、个性化唤醒、健康监测、疲劳和分心驾驶检测、隔空手势操作及智能车控等。在车家互联方面,实现了家用电器控制功能,体现其在智能座舱领域的创新能力。

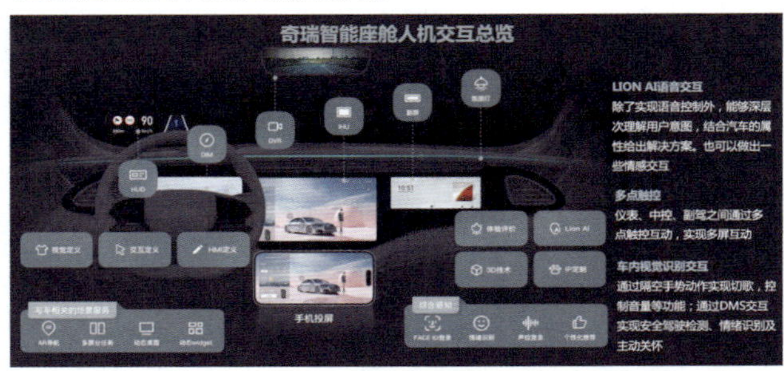

图 1-4-12 奇瑞汽车智能座舱与人机交互重点技术

6. 未来几年智能座舱与人机交互技术发展建议

未来几年,智能座舱与人机交互技术的发展需要在多个关键领域取得突破,以推动整体产业进步与市场成熟。

(1)面向中国式现代化建设新征程新使命,结合正在修订的《节能与新能源汽车技术路线图 3.0》,亟待加快科技自立自强步伐,需进一步集中优质资源,推动企业主导的产学研深度融合,重点突破大模型技术、高算力国产座舱芯片、座舱数字底座、舱云一体化安全技术、端云融合接管技术、L3 高阶认知智能座舱定义与开发、面向高阶自动驾驶的主动交互技术等,实现智能座舱全产业链自主化。

(2)从国家与行业层面,建立可信的智能座舱数据共享平台和统一管理机制,确保数据的安全性和隐私保护。建议相关单位尽快制定和完善相关规定和标准,明确数据采集、存储、处理和使用的规范。

(3)构建基础体系及相关测评标准体系是推动智能座舱技术快速健康发展的基础。相关单位需加大投入与合作,建立并完善智能座舱基础体系,推动行业标准的制定和实施,为产品开发提供统一的技术评估和认证体系,从而提高产品的质量与国际竞争力。

(4)基于近期工信部等五部门联合公布的20个智能网联汽车“车路云一体化”应用试点城市及其任务建设,充分发挥智能座舱积极作用,特别是在接管场景下,并推动舱驾云一体化快速融合发展,提升智能网联汽车安全性与用户体验。

(5)智能座舱人才的培养和学科建设是技术持续发展的关键。当前智能座舱人才,特别是中高端人才严重缺乏,因此应推动高校、职业院校和科研机构设立智能座舱相关专业和课程,培养具备多学科融合背景的智能座舱专业人才。行业和企业应共同建立可持续性人才培养计划,为学生和从业人员提供实习和参与研发机会,提升他们在实际项目中的动手能力和创新思维。

(6)应加强与国际汽车行业组织和企业在智能座舱基础体系和标准方面的合作,构建国际智能座舱技术合作与协同发展联盟与生态,共同推动智能座舱技术创新与产品研发。

(十一)智能底盘

清华大学车辆与运载学院 张俊智

电动化与智能化引发底盘技术的变革。伴随汽车电动化深化和智能化的发展,底盘平台经历了从传统底盘、电动底盘到智能底盘的技术变革。底盘线控化、智能化已成为汽车全面电动化、保障高级别自动驾驶技术量产落地的关键,是整车平台化、模块化设计的重要抓手。

智能底盘推动智能新能源汽车产业链升级和高质量发展。智能底盘产业化带动驱动、制动、转向、悬架等关键部件的重构创新,巩固我国动力电池积累的长板优势。智能底盘发展实现自主整车开发能力及整车性能的跃升,是智能新能源汽车技术创新的核心竞争力之一。

1. 2023年智能底盘技术总体发展与突破

随着汽车行业向电动化、智能化的快速发展,智能底盘技术作为支撑汽车创新的关键技术之一,正经历着前所未有的变革。智能底盘在线控制动、线控转向、主动悬架等方面取得了显著的发展与突破,为汽车产业的转型升级提供了强大动力。

(1)线控制动技术

线控制动的主要技术方案有电子液压制动(EHB)和电子机械制动(EMB)。EHB以传统的液压制动系统为基础,用电子元器件代替了一部分机械部件的功能,使用制动液作为动力传递媒介,控制单元及执行机构布置得比较集中,有液压备份系统,是当前线控制动的主流方案。EHB根据集成度的高低可分为“One-box”和“Two-box”两种技术方案,区别在于ABS/ESP是否与电子助力系统集成。其中,One-Box方案集成度更高、成本更低,正逐步成为EHB方案中的主要选择。

而EMB取消了原有液压系统,将电机直接集成在制动钳上。相较于EHB,EMB响应快、控制精准,可实现完全人车解耦,是高级别自动驾驶理想的制动执行机构。但EMB由于驱动和控制执行机构电机并无备份系统,对电机可靠性要求极高(热稳定性、散热性),成本也较高。当前受法规、产品成熟度等限制,处于功能、性能验证阶段。

(2)线控转向技术

线控转向(SbW)取消了方向盘与转向轮之间的机械连接,方向盘的转动信号经控制器处理后发送给执行电机,驱动转向轮转动。SbW系统的优点是智能化、设计灵活,同时地面不平的冲击不会传递到方向盘,转向干涉问题得到消除,回正力矩可通过软件调整。由于取消机械转向轴,车辆空间利用更充分。SbW可提供更快的响应速度和更精确的转向体验,但需要面对机械解耦后的功能安全挑战,技术渗透尚处于起步发展阶段,仅在特斯拉Cybertruck、雷克萨斯RZ和丰田bZ4X上有应用。

(3)主动悬架技术

主动悬架可以根据汽车的运动状态、路面状况及载荷等参数的变化,对悬架的刚度和阻尼进行动态的自适应调节,使悬架系统始终处于最佳减振状态。根据是否包含动力源,主动悬架又可分为半主动悬架和全主动悬架。

全主动悬架包含能量供应系统,能够主动调节悬挂刚度和阻尼,以提供最佳的悬挂控制效果。全主动悬架的技术方案有以电动机为动力源的机电式和以液压泵为动力源的液压式。半主动悬架则依赖于车辆本身的动能,通过调整悬挂的阻尼特性来改善乘坐舒适性和车辆稳定性,但不改变悬挂刚度,且结构相对简单,能耗较低。半主动悬架的技术方案主要有空气弹簧与连续阻尼控制(CDC)或磁流变控制(MRC)相结合的方案。

(4)融合控制技术

智能底盘融合控制技术是汽车智能化发展的重要方向,它集成了多种传感器、控制器和执行机构,通过高度集成化和智能化的方式,实现对车辆底盘系统的精准控制和优化调节。如腾势N7采用的智能底盘融合技术(ICCT)集成了多种传感器和控制器,通过实时感知车辆的运行状态并进行精准调节,实现了车辆的主动安全、动态性能和舒适性的全面提升;上汽智己L6的“灵蜥底盘”集成了后轮转向、空气悬架+CDC主动电磁减振器、线控制动系统等高阶底盘硬件,通过中央域控芯片和统一算法,实现底盘硬件的“智慧协同”,提升车辆的安全性能和乘坐舒适度。

2. 产业新质生产力发展情况

(1)EMB技术趋于成熟,国内迎来发展新机遇。

2021年、2022年、2023年国内市场乘用车线控制动系统前装搭载率达到15.0%、25.0%、37.4%,预计2024年线控制动系统前装搭载率将突破50%,线控制动系统搭载率逐年提升。新能源汽车的普及和智能化趋势是推动线控制动渗透率增长的核心因素。

EHB是当前线控制动主流方案,其中Two box方案技术成熟度高，市场导入时间早；One box 方案凭借集成度和成本优势，市场应用正在逐渐增多。EMB 响应快、控制精准，是线控制动最优方案，德国博世、采埃孚、大陆，韩国摩比斯、万都，瑞典瀚德等公司陆续开发 EMB 测试产品，整体已进入功能耐久的 B 样开发阶段。国内长城、比亚迪、理想、万安、伯特利、华为等整车及零部件企业广泛布局 EMB 研发和产业化。总体来看，国内 EMB 发展速度远超预期，产品开发进度与国外基本同步，迎来发展新机遇。

（2）线控转向系统发展迅速，国内具备装车应用条件。

电动助力转向（EPS）技术成熟度高，能满足 L3 以下智驾需求，是当前乘用车主流方案，渗透率已超过 96%。线控转向系统（SbW）受益于智能化发展方兴未艾。

德国博世、采埃孚、舍弗勒，日本捷太格特，韩国万都等公司完成 SbW 产品开发。特斯拉 Cybertruck、雷克萨斯 RZ 和丰田 bZ4X 等车型已实现 SbW 量产应用。国内恒隆、世宝、蜂巢易创、弗迪科技等企业在 SbW 产品研制方面取得重要进展。总体来看，国内 SbW 已有较好基础，具备装车应用条件。

（3）主动悬架市场需求复苏，自主供应商发展迅猛。

2023 年，得益于空气悬架技术的进一步成熟及消费者对汽车舒适性需求的提升，国内标配空气悬架的新车销量约为 56.4 万辆，同比增长高达 137%，渗透率从 1.20% 提升至 2.7%。

当前主动悬架核心技术掌握在奔驰、奥迪、大陆、VC、采埃孚、舍弗勒等国外主机厂和供应商手中，以保隆、孔辉、拓普、浙减等为代表的国内供应商发展迅猛，开始逐渐量产配套半主动空气悬架，国内部分主机厂也开始自主开发和量产控制系统。

（4）新型底盘创新活跃，新构型新产品百花齐放。

比亚迪、特斯拉、零跑等汽车企业推出了采用 CTC（电池与底盘集成技术）、CTB（电池与车身集成技术）的量产底盘；宁德时代、悠跑、Rivian、REE 等公司积极探索发布三电系统、底盘系统与下车体承载结构高度集成的滑板底盘；红旗、东风、舍弗勒、摩比斯等公司发布驱动、制动、转向、悬架高度集成的角模块技术。

3. 产业标准体系的建设

（1）智能底盘标准体系已初步建立

由中国汽车工程学会线控制动与底盘智能控制工作组组织 50 余家单位、160 多位专家编制的《电动汽车智能底盘技术路线图》规划了智能底盘标准体系，旨在促进智能底盘技术的标准化和产业化进程。

智能底盘标准体系的规划涉及系统级标准（线控制动系统标准、线控转向系统标准、电控悬架系统标准、线控驱动系统标准）、零部件级标准（传感器标准、控制器标准和执行器标准）及接口及测试标准等多个方面。该标准体系的建立对于推动智能底盘技术创新、促进产业协同、保障安全可靠性及推动市场规范化和国际化等方面具有重要意义。

（2）重点领域急需标准研制情况

智能底盘基础标准方面，正在起草的中国汽车工程学会标准《汽车智能底盘术语和定义》对汽车智能底盘基础类术语、底盘类术语（包括控制功能与控制参数、现象、运动模式、底盘状态、冗余、域控制）、子系统类术语（包括驱动、制动、转向、悬架）进行了术语规范和定义。

底盘域控制器标准方面，正在起草的中国汽车工程学会标准《乘用车智能底盘域控制器接口规范》和《乘用车底盘域控制器硬件功能安全要求及试验方法》分别规定了智能底盘域控制器与传感器、整车通信、制动系统、转向系统、悬架系统、驱动系统的接口定义，以及乘用车底盘域控制器对微控制器、外设存储、供电、通讯、信号采集、驱动输出等硬件资源的功能安全要求以及试验方法。

线控制动标准研制方面，正在征求意见的 GB 21670 更改了制动电子控制系统的功能安全要求；中国汽车工程学会标准 CSAE 284.2—2022《自动驾驶乘用车 线控底盘性能要求及试验方法 第 2 部分：制动系统》规定了自动驾驶乘用车线控制动系统的一般要求、性能要求及试验方法；正在起草的中国汽车工业协会标准《乘用车电子机械制动卡钳总成性能要求及台架试验方法》和《乘用车电子机械制动卡钳总成耐久性能要求及台架试验方法》对 EMB 卡钳总成的术语和定义、性能要求和试验方法开展了研究。

线控转向标准研制方面，德国标准 DIN 70065：2024 和正在研制的国际标准 ISO 19725《道路车辆—线控转向系统—系统安全指南》规定了整车级线控转向系统安全目标、可用性要求、降级策略及试验方法；GB 17675—2021《汽车转向系 技术要求》解除了以往对转向系统方向盘和车轮物理解耦的限制；中国汽车工程学会标准 T/CSAE 284.3—2022《自动驾驶乘用车线控底盘性能要求及试验方法第 3 部分：转向系统》规定了自动驾驶乘用车线控转向系统的一般要求、性能要求及试验方法；正在起草的中国汽车工程学会标准《乘用车线控转向手感模拟单元技术条件》从零部件层面对线控转向手感模拟单元的冗余、架构、功能、性能、质量、安全、信号接口等方面提出技术要求，从可靠性和安全性引导产品技术发展。

4. 国内外智能底盘技术发展趋势

（1）底盘物理架构、电子电气架构集成化程度越来越高

底盘物理架构集成度的提升表现在以下几个方面。部件层面，线控执行单元的机电系统集成水平越来越高，如集成电子驻车制动功能的 EMB 方案等。系统层面，以角模块为代表的新型行驶单元高度集成驱动、制动、转向、悬架等，是动力域与底盘域集成机械架构的最终形式。底盘层面，CTB（电池车身一体化）、CTC（电池底盘一体化）、滑板底盘方案成为物理架构集成新趋势。

在底盘电子电气架构集成度的提升表现在以下几个方面。电驱动系统高度集成的“多合一”方式，集成智能化技术，形成一体化智能驱动单元。车载电子电气系统日益复杂，形成计算集中化的趋势，动力域与底盘域、智驾域与智舱域的一体化 EEA 正在快速发展。随着以太网技术普及以及软硬件解耦分离，EEA 将进一步集成、简化，进入“软件定义汽车”的高速发展阶段。

未来，智能汽车的动力、底盘、电池、车身将在机械架构和电子电气架构等方面进一步深度集成，形成“机—电—智”

深度融合一体化智能底盘，构成支撑智能汽车发展的“智能基座”系统。

（2）融合成为底盘新趋势

融合作为智能底盘技术发展的核心趋势，正推动着汽车行业向更高层次的智能化和电动化转型。智能底盘通过将多个关键系统融合，实现车辆动力学性能的显著提升，同时增强了安全性和可靠性。

一方面，底盘域与动力域的融合程度不断加深。这种融合通过转向、制动、悬架系统与驱动系统的协同工作，不仅提升了车辆的操控稳定性和舒适性，还增强了其应对复杂路况的能力。此外，多执行器功能复用形成的冗余安全机制，为智能底盘提供了更高的安全保障，确保在关键系统出现故障时，车辆仍能安全运行。

另一方面，智能底盘与自动驾驶系统的跨系统融合，将进一步拓展智能底盘的应用范围和功能。第一，自动驾驶感知信息为底盘感知更精确的车辆状态提供了可能。第二，智能底盘将根据车辆动力学控制安全边界，在自动驾驶规划路径的基础上对车辆运动路径进行再次精细规划和重新设计，从而实现自动驾驶轨迹规划与主动安全控制融合。第三，底盘域与自驾域的冗余交互机制，为自动驾驶提供了额外的安全保障，确保在极端情况下底盘能为车辆提供最小自动驾驶备份功能。

（3）底盘部件全面迈进全线控化、高压化和智能化

线控化方面，制动系统由电子液压制动 EHB 逐渐向前轮 EHB+后轮 EMB、再向四轮 EMB 发展；转向系统由冗余电动助力转向系统朝着线控转向（SbW）系统发展；悬架系统方面，直线电机等新型作动器有望引领全主动悬架。

高压化方面，底盘部件的控制性能越来越受限于电气驱动能力，底盘部件驱动功率需求相应增加，随着主动作动器功率需求的持续增大和电动化高压平台的发展，底盘部件高压化发展趋势日趋显著。

智能化方面，新一代智能轮胎集成胎内传感器、无线通信、智能芯片，获取车轮、路况信息，实现智能底盘高效认知与预判。车辆行驶的舒适性、稳定性和安全性的持续提升，为智能化的底盘部件提供了新的发展方向。

5. 目前亟须解决的技术难点及解决方案

（1）底盘标准法规建设与技术发展不适应

目前我国底盘系统的法规和适应性标准更新进程已不适应自动驾驶和线控技术的发展需求。德国 DIN 70065 规定了使用 SbW 系统的必要但不充分的安全要求，GB 17675—2021 汽车转向系统基本要求中解除了以往对转向系统方向盘和车轮物理解耦的限制，但支撑线控转向量产的相关标准还是空白；欧洲 ECE—R13 和 R13H 法规草案已针对 EMB 的能量供给和性能要求基本达成一致，预计 2024 年 11 月提交法规草案，2025 年 9 月正式发布实施，但国内尚无针对 EMB 系统相关功能、性能及测试标准。同时支撑智能底盘功能安全、预期功能安全和信息安全的测试评价标准仍不完善。因此，需要针对智能底盘技术的发展趋势和市场需求，加快制定和完善相关标准法规。

（2）智能底盘新技术新产品缺乏来自实际应用场景的迭代机会

智能底盘集成了线控制动、线控转向等多种全新底盘技术，这些技术需要在实际环境中进行验证和优化，且在智能底盘大规模应用于商业车辆之前，需要充分了解其潜在的风险和隐患。因此，新的底盘技术和产品亟待应用验证。但由于目前法规标准与技术发展不适应、政策空间尚未释放，智能底盘新技术新产品缺乏在实际场景中的运行和试验的条件和环境。因此迫切需要开展智能底盘先行先试，以推动智能底盘技术验证与优化、风险评估与控制、法规标准制定与完善、产业链协同与发展。

6. 2023 年行业重点企事业单位发展情况

2023 年，整车和底盘零部件企业在智能底盘领域的发展呈现出积极态势。比亚迪、上汽、吉利、广汽、长安、长城、东风、一汽、奇瑞、蔚来、小鹏、理想、鸿蒙智行等整车企业和造车新生态持续加大在智能底盘领域的投入和研发力度，弗迪动力、伯特利、利氪科技、拓普集团、格陆博、菲格智能、华为数字能源、瑞立科密、万安科技、浙江世宝、智驭科技、德科智控、孔辉科技、保隆科技等底盘零部件企业在智能底盘产品研发和量产应用方面取得了显著的进展。

（1）比亚迪

2023 年 1 月，比亚迪推出易四方平台，其以四电机独立驱动为核心，实现高性能矢量控制，精准调节四轮动力输出，具备原地掉头、应急浮水的独特能力。2023 年 4 月比亚迪推出的新能源专属智能车身控制系统“云辇”，系统化地解决了新能源汽车的垂向动态控制问题，包括智能阻尼、空气弹簧和液压控制等多种模式，适用于不同的驾驶场景和路况。

（2）上汽集团

2023 年上汽基于智己 L6 开展整车运动控制（VMC）攻关，结合关键传感器与智驾环境感知信息，实现横—纵—垂三向六自由度最大化融合控制。基于国内自主悬架供应商产品，实现了空簧和 CDC 的功能软件自主开发，在智己 L6 和名爵 MG7 上成功量产。线控转向、EMB 和 VMC 的软件上移和集中控制已在上汽 MG4 的 DEMO 车上初步实现。线控底盘已基于智己项目立项，计划 2026 年实现量产。

（3）吉利汽车

2023 年，吉利路特斯 Eletre 搭载 6D 智能底盘，能从纵、侧、垂向、侧倾、俯仰、横摆六个自由度对底盘进行精准调控。无人自动高速漂移、四轮转向、坦克掉头等功能将于 2025 年实现量产。线控转向和后轮转向已完成立项，并在 DEMO 车上完成第一轮高附和低附验证，预计 2026 年实现量产。自研了 CDC/全主动液压减震器、空簧和直线电机应用层软件，全主动液压减震器预计 2027 年实现量产。

（4）长城汽车

2023 年，长城汽车实现了线控转向系统软硬件完全自主开发，并自主完成线控转向核心功能标定测试；重点开展了后轮转向产品全链路自主研发，在高端车型上实现技术落地。EMB 完成技术开发，持续开展实车调试及性能优化。CDC、空气悬架、稳定杆实时断开技术完成开发及落地，其中稳定实时杆断开技术是目前全球唯一能在 1900 Nm 超高传递扭矩下随时连接断开的技术，已应用于坦克 700。

（5）伯特利

伯特利是国内首家自主完成 ONE-BOX 线控制动系统（WCBS 1.0）研发并实现规模化量产的企业。在 WCBS 1.0 基础上，2023 年已完成具备制动冗余功能线控制动系统 WCBS2.0 的研发，任意电气单点失效下减速度≥0.8 g，仍具备线性踏板感，冗余模式 ABS 功能不受驾驶员介入影响。WCBS2.0 已经历充分的测试标定。EMB 方面，A 轮首样完成制作，已通过冬季试验验证，目前处于最后的完善阶段。

（6）利氪科技

利氪科技成立于 2021 年，其 One-box 产品 IHB-LK®目前已经获得国内十余家头部主机厂项目定点，30 余个项目开发及陆续量产中。已开发出全套线控制动冗余方案。IHB-LK®配合四轮 RBU-LK®，可满足高阶自动驾驶的制动冗余需求。同时，利氪科技积极布局电控机械制动系统 EMB 的研发，目前利氪科技 EMB-LK®已完成 A 样开发，预计将于 2026 年实现量产。

（7）菲格智能

菲格智能的底盘产品涉及 EMB、One-box、Two-box、ESC、RBU 等。EMB 方面，2023 年菲格智能从设计、功能、性能、系列化、平台化、功能安全、可靠性等方面开展产品开发，且功能软件、卡钳电机硬件等完全为自主开发，完成多轮高附、低附性能标定测试，系统性能达成预期目标。One-box 产品搭载长城汽车欧拉、魏牌、哈弗品牌多款车型。Two-box 产品搭载长城汽车坦克、长城炮品牌 10 余款车型。

（8）瑞立科密

瑞立科密是汽车制动领域龙头企业。2023 年，瑞立科密重点开发了支持新能源商用车的电子制动控制系统（EBS），具备高效能量回收管理能力，极大提升新能源商用车的驾驶舒适性及续航里程。针对新法规即将要求商用车标配自动紧急制动系统（AEBS），原创研发了支持 AEBS 的 ESC，解决了 AEBS 必须匹配 EBS 的技术难题，为主机厂提供了高性价比的 AEBS 解决方案。

（9）万安科技

万安科技 2023 年已完成商用车电子机械制动系统 EMB 的 DV 验证、夏/冬季试验、失效降级和安全运行试验等，实现一汽解放、东风商用车、吉利远程、宇通客车等客户车型标定验证。乘用车 EMB 开发已立项，正进行通用微蓝、长安深蓝两个样车的样件试制工作。适配小卡、轻卡的循环球电动助力转向系统（XEPS）产品得到五征、长安跨越、潍柴、徐工等客户的搭载和验证，采购量已达数千套。

（10）浙江世宝

浙江世宝 2023 年在智能底盘转向领域稳步推进。乘用车方面，全冗余线控转向系统搭载样车实现全功能测试并小批量装车，后轮转向产品样件试制成功并实现搭载测试，角模块用主销转向系统实现小批量装车应用，R-EPS 产品及电调管柱产品实现大批量供货。商用车方面，适用于高等级自动驾驶的高冗余智能电液转向系统实现批量装车应用，大扭矩纯电动转向系统试制成功并实现装车测试。

（11）智驭科技

2023 年，江苏智驭汽车科技有限公司重点研发 R-EPS、后轮转向、线控转向、E-VGR 产品，实现了包括 DP-EPS、SP-EPS、R-EPS、后轮转向、线控转向在内的齿条助力转向产品全品类布局。其中 DP-EPS 产销量超 30 万台，SP-EPS 产销量超 3 万台。2024 年已实现 R-EPS 的量产，后轮转向预计 2025 年量产，线控转向预计 2024 年底完成技术开发。此外正在 48 V PowerPack、E-VGR、轮边转向（用于角模块）方面开展前沿技术储备。

（12）孔辉科技

孔辉科技在岚图汽车上实现了首个国产自主研发的智能悬架系统量产；在极氪汽车上实现了首个国产自主双腔空气弹簧系统量产。当前开发的闭式空气压缩机已获上汽奥迪和宝马的权利审查；当前开发的主动横向稳定杆产品，装配在极氪一款正在开发的全新增程式中大型 SUV 车型上。电控悬架产品已获理想、极氪、长安、上汽奥迪、东风岚图等 16 家车企的 40 余个车型的前装定点。

7. 未来几年智能底盘产业发展建议

当前我国汽车产业正处于从模仿跟随到创新发展的转型关键期，整车及零部件企业已经在智能底盘技术领域取得了重要进展，应紧抓智能底盘技术变革的窗口期，突破牵引性关键技术，开展先行先试和标准自研，实现智能底盘的赶超和引领发展，加快汽车强国进程。

（1）构建智能底盘产业体系

以龙头企业为主体，牵引性技术为引领，建立产学研创新平台，聚焦智能底盘研发、试制、应用、测试等领域，搭建整零共享研发环境，加强产业链上下游协同；进一步发挥财税政策引导、社会资本投入作用，扶持智能底盘上下游企业创新发展；创新产教融合人才联合培养机制，强化校企联动实践，破解当前智能底盘人才短缺问题；积极融入全球智能底盘产业链，推动创新要素开放交流与合作，建设具备国际竞争力的自主智能底盘产业体系。

（2）加快智能底盘标准法规自研

智能底盘的发展不仅重塑了底盘设计理念，也对当前标准法规提出了新要求。建议加快智能底盘法规体系和适应性标准研究，重点研发线控制动、线控转向新技术产品系统型式认证技术要求、功能安全要求及测试方法，制动转向融合控制评价方法，智能底盘系统级功能安全设计等标准；结合智能底盘技术发展趋势，积极布局前瞻标准预研项目；充分发挥团体标准制修订及前沿引领优势，加快标准供给。

（3）创新智能底盘先行先试机制

为加快智能底盘新技术新产品的量产应用，建议研究探索智能底盘先行先试机制，为 SbW、EMB、驱制转悬一体角模块、机电复合线控制动单元等新型底盘产品在实际运行环境中的测试验证创造条件。当前可参照《四部委关于开展智能网联汽车准入和上路通行试点工作的通知》中的有关内容，对先行搭载 SbW、EMB 的车辆开展准入和上路通行试点工作。

五、插电式混合动力汽车领域

(一)插电式混合动力乘用车

比亚迪汽车工业有限公司 凌和平 杜魁善 姜 龙 符 罗 李桂忠 丘国维 刘 洋

1. 2023年插电式混合动力乘用车产业总体发展与突破

2023年,在国家政策与行业共同努力下,我国新能源汽车销量实现全球销量冠军,新能源汽车持续爆发式增长。根据乘联会数据统计,2017—2023年新能源乘用车销量呈现井喷式增长,历年销量数据如图1-5-1所示,2023年我国纯电动汽车销量612.13万辆,同比增长22.1%;插电式混合动力汽车销量275.45万辆,同比增长85.3%。

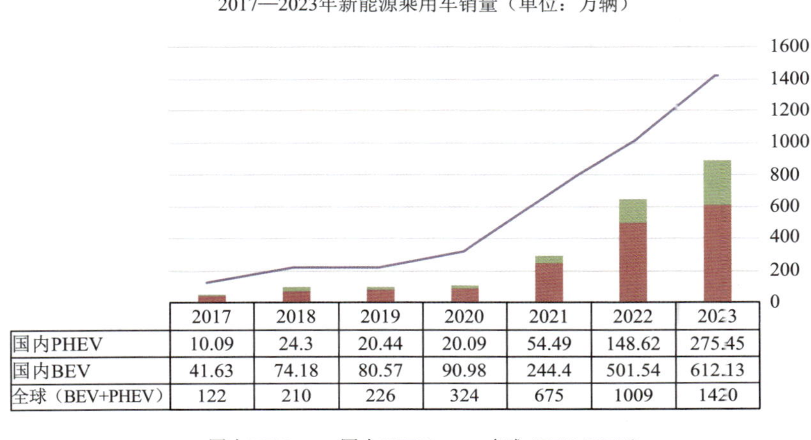

	2017	2018	2019	2020	2021	2022	2023
国内PHEV	10.09	24.3	20.44	20.09	54.49	148.62	275.45
国内BEV	41.63	74.18	80.57	90.98	244.4	501.54	612.13
全球（BEV+PHEV）	122	210	226	324	675	1009	1420

图1-5-1 2017—2023年新能源乘用车销量

混合动力乘用车与纯电车型相辅相成,共同推动了整个新能源汽车市场与产业链的发展。对于混合动力路线的发展方向,未来技术将向高效、多电、智能方向发展。

(1)从产业标准层面,插电式混合动力乘用车能耗要求进一步加严。2023年12月公布的《关于调整减免车辆购置税新能源汽车产品技术要求的公告》中要求PHEV电量保持模式下的燃料消耗量小于燃油车限值的60%~65%,较此前进一步加严。随着人工智能技术的飞速发展,结合交通信息的实时共享技术,可以优化混合动力汽车在不同城市路况下的能耗管理策略,进一步降低燃油消耗量。

(2)从新技术层面,更高效的混动专用发动机成为技术发展趋势,混合动力乘用车发动机的工作工况稳定、负载稳定,相对于传统燃油汽车的奥拓循环,插电式混合动力汽车采用专用的阿特金森循环、高压缩比等方案,使系统热效率已经可以达到45%。未来混动系统热效率还有望进一步提升,高效混动专用发动机进一步广泛应用。

(3)纯电续航方面,插电式混合动力车型的纯电续航不再紧贴补贴标准下限,转而以用户实际需求为依据搭载较大容量电池,继而实现更长的纯电续航里程,使混合动力车型在城市工况下实现纯电车型的驾驶体验,纯电行驶里程全面提升,覆盖70%的用户日常出行场景。随着电池技术的不断迭代升级,电池容量越来越大,插电混动动力汽车的纯电化趋势愈发明显。

2. 2023年插电式混合动力乘用车技术发展特点

(1)国内外插电式混合动力乘用车产业发展趋势

2023年插电式混合动力乘用车产业继续保持高质量稳定发展,各大主流汽车市场均呈现销量增长趋势。从销量上看,中国保持插电式混合动力汽车领域的领先地位,仍然是全球最大的插电式混合动力汽车市场,2023年插电式混合动力乘用车渗透率达11.1%,同比提升4.8%,占2023年全球插电式混合动力销量增长部分的93.5%;欧洲地区由于新能源政策退坡,插电式混合动力车型销量增速放缓;北美地区受新能源政策激励,插电式混合动力车型销量增长迅速,同比提升了54%。

从插电式混合动力技术的发展趋势来看,国内外的混合动力技术主要集中在技术路线的多元化、混动专用零部件的集成化、混动系统的燃油消耗量等三个方面,围绕混动架构、混动专用发动机、电机、动力电池、能量管理技术等五个方面持续发力,进一步提升插电式混合动力乘用车在经济性、动力性、可靠性、智能控制、使用成本及售价等方面的优势,实现了对燃油汽车体验的全面超越。兼具燃油经济性、动力性更强、可靠性更高、智能化程度更深、使用成本及售价更低的插电式混合动力乘用车,是未来技术发展的主要方向。

(2)2023 年行业重点企业发展情况

70 年来,中国汽车工业发展从无到有、从小到大,发展速度令全球瞩目,中国正在由汽车大国向汽车强国迈进。在 2023 年,中国的汽车行业表现出色,2023 年全年插电式混合动力乘用车销量达 280.4 万辆,同比增长 84.7%,而比亚迪、奇瑞、吉利、长城和红旗这些重点企事业单位更是其中的佼佼者。

①比亚迪 2023 全年销售新能源汽车 302.4 万辆,同比增长 62%,其中插电式混合动力汽车 143.8 万辆,同比增长 52%。为给全球用户带来专业个性化用车体验,与用户共同开启新能源汽车"更大的变革",比亚迪于 2023 年发布了 DMO 超级混动越野平台,DMO 以专业越野为核心,通过比亚迪全新混动非承载式架构和越野专用混动架构的极致融合,充分发挥比亚迪在高性能底盘、智能电四驱及越野专用动力总成等方面的领先优势,成就超级整车安全之上超强动力、强悍越野与极致能耗之间的最佳平衡。

②奇瑞 2023 全年销售新能源汽车 13.1 万辆。奇瑞也在混动技术领域不断实现突破,奇瑞自主研发的世界级混动技术——鲲鹏超能混动 C-DM 量产装车,拥有最高热效率大于 44.5%、百公里亏电油耗低至 4.2 L、最高综合续航里程 1400 多 km、零百加速 4.26 s 等一系列卓越性能。

③吉利 2023 年全年销售新能源汽车 48.7 万辆,其中插电式混合动力汽车 15.29 万辆,同比增长 130%。为给用户提供非凡的混动汽车体验,基于 2021 年发布的雷神电混技术平台,吉利在 2023 年推出了全新一代雷神电混系统 8848,由全新开发的混动专用四缸发动机(最高热效率 44.26%)、新一代 3 挡混动电驱变速器 DHT Pro 组成。全新一代雷神电混将热效率升级至 44.26%,用户可以轻松面对各种路况挑战。

④长城 2023 全年销售新能源汽车 26.2 万辆,同比增长 98.74%。2023 年,长城以 Hi4 技术体系为基础,其推出了 Hi4 智能四驱电混架构、Hi4-T 越野超级混动架构和 Hi4-T 性能版。其中 Hi4-T 性能版采用 4 挡位设计,可以增加发动机高效区的利用率,配合智能能量管理系统,能够提升全工况效率,具备高速巡航场景经济性更好、亏电场景动力性更好等特性。

长城控股旗下蜂巢能源于 2023 年底推出全球首款超 300 km 续航混动铁锂电芯和超 350 km 续航混动三元电芯,以期解决插电式混合动力乘用车续航时间短、充电慢的痛点。

⑤红旗 2023 全年新能源汽车销量突破 8.5 万辆,同比增长 135%。为了进一步赢得用户的认可,红旗于 2023 年发布了 HMP 混动平台,该平台历时五年研发,突破了 526 项关键核心技术,兼顾横置、纵置两大构型,由混动变速器、混动发动机、智能电驱和安全电池四大核心系统及智慧能量控制模型构成,全面构建红旗插电式混合动力汽车的技术领先优势。

(3)2023 年插电式混合动力乘用车主要技术特点

2023 年是新能源汽车市场引发全面价格竞争的一年,各大主机厂为保持并占领市场份额,不断推出更节能、动力性更强、售价更低、智能化程度更深的新车型,技术创新发展进入白热化,以比亚迪、奇瑞、吉利、一汽红旗及长城等企业为主的重点车型,在混动架构、混动专用发动机、电机、电池、能量管理等方面均实现了技术突破。

①混动架构

混动技术于 2023 年蓬勃发展,混动架构进一步向多档多模发展,表 1-5-1 中比亚迪推出了适用于越野场景的 DMO 超级混动技术、奇瑞发布了鲲鹏超性能电混 C-DM 技术、吉利在银河 L 系列车型上搭载了 3 挡雷神 DHT Pro 技术、红旗打造了 HMP 混动技术、长城也推出了 Hi-4 混动技术。各大厂商所研发的混动技术,相比于传统燃油车,在经济性、动力性、可靠性、智能控制、使用成本及售价方面均具备不同技术优势。各大厂商自研混动架构的不同,是使其混动技术具备各自优势的主要原因,例如比亚迪 DM-o 超级混动技术采用了纵置双电机串并联架构,该架构可大幅减少动力传输损耗、节省燃油消耗,使车辆同时兼具优良的燃油经济性和动力性。

表 1-5-1 不同混动技术混动架构

比亚迪 DM-o	奇瑞 C-DM	吉利雷神 DHT Pro	红旗 HMP	长城 Hi-4
纵置双电机 串并联架构	双电机+三挡 DHT 架构	三挡串并联 构型架构	多档串并联 架构	前后轴双电机 串并联架构

②混动专用发动机

作为混动技术发展中关键技术的混动专用发动机,其发展突破点主要集中于热效率方面,2023 年行业在稀薄燃烧相关的预燃烧室、NOx 后处理技术领域均取得良好进展,截至 2023 年,混动专用发动机热效率最高可突破 45%,远超传统燃油车发动机的 37%~40%热效率。以比亚迪 DM-o 技术为例,其采用了全球首款纵置 EHS 电混系统,纵置结构可最大程度上减少动力传输损耗,使 EHS 系统效率高达 99.5%,且纵置发动机的串并联结构可使发动机稳速发电,无需切换发电/直驱模式,同时混动专用发动机具备 143 kW 的最大功率、工作区间热效率均超 40%,车辆百公里加速仅需 4.8 s。此外,如红旗的 HMP 混动发动机热效率最高可达 45.2%,奇瑞的 C-DM 混动发动机热效率最高可达 44.5%,长城 Hi-4 混动专用发动机最高热效率 41.5%。

③混动电机

随着新能源汽车的不断发展,低成本、小型化、智能化的电机技术也在不断发展,扁线电机凭借其体积小、效率高、导热强、温升低、噪声小等优势成为众多企业所青睐的电机技术之一。随着扁线电机市场渗透率不断提高,X-pin 电机、不等槽宽等新型扁线电机在 2023 年逐步实现应用。如比亚迪的 EHS 电混系统均搭载了扁线油冷电机,扁线油冷电机最高效率可达 97.5%,效率>90% 占比 90.3%,电机功率密度提升至 32%~44.3% kW/L,配合比亚迪第四代 IGBT 技术,电控综合效率更是高达 98.5%。

④动力电池技术

2023 年我国持续加大动力电池技术研发,除了新体系电池外,电池安全性也一直受到广泛的关注,如比亚迪 DMO 混动平台搭载越野专用 CTC 电池包,实现了电池与底盘的极致融合，大幅提升扭转刚度38%，整体正碰侵入量减少30%，侧碰侵入量减少25%，进一步提升了整车安全性。同时采用的磷酸铁锂刀片电池不惧针刺、耐高温，电池包设计独特排气通道、可迅速将高温气体导出至包外，实现整包不扩散、不起火、不爆炸，智能均温，满足极限环境下的使用。此外，广汽的弹匣电池2.0通过超高耐热稳定电芯、超强隔热电池安全舱、等技术，可实现整包枪击不起火，巨湾技研的凤凰电池在热失控实验中实现48 h不起火，蜂巢能源的龙鳞甲电池通过优化防爆阀泄压、热防护、冷却抑制等技术解决安全问题。

⑤能量管理技术

2023年以来，插电式混合动力乘用车综合续航里程显著提升，如海豹DM-i综合续航可达1300 km，更长的综合续航对整车的能量管理技术提出了更高的要求。受限于整车控制器性能，现有利用神经网络模型、深度学习和动态规划算法设计的混合动力车辆能量管理方法并不能在所有插电混动乘用车上普及，因此比亚迪通过提前构建能量管理工况库，并利用导航应用获取待行驶路线的路况，根据获取的路况从工况库中选择最合适的能量管理策略，大幅降低了根据路况实时制定对应的能量管理策略的难度，提高了车辆燃油经济性，使海豹DM-i、方程豹豹5等混动车具备优良的综合续航能力。

3. 目前亟须解决的技术难点及解决方案

（1）混动专用发动机热效率

技术难点：混动发动机热效率进一步提升遇瓶颈。插电式混合动力乘用车专用发动机热效率上限已是当量燃烧系统的极限，更高热效率的混动专用发动机需要新技术突破。

解决方案：有效稳健的稀燃点火技术及高性价比的NOx后处理技术是实现更高燃烧效率混动专用发动机的核心必要条件。因此企业需加大对喷油器、EGR、高效增压器等关键零部件国产化替代应用的支持力度，加快推进适用稀薄燃烧技术和碳中和燃料发动机的高性价比Nox后处理系统的研发和产业化，加强相关技术基础设施建设的论证和研究，做好相关技术储备和基础设施规划。

（2）更优的能量管理策略

技术难点：算法原理上插电式混动乘用车能量管理可分为基于规则的能量管理策略和基于优化方法的能量管理策略两类。目前应用主要还是基于规则的能量管理策略，虽然其具有较好的鲁棒性易于实现，但其扭矩分配、工作点等主要还是由工程师根据经验制定，实施起来具有较大的局限性且改善效果可能不明显。

解决方案：基于大数据技术，为达到更低的油耗，插电式混动乘用车能量管理未来的发展趋势和方向主要是基于优化算法的局部最优或全局最优的能量管理策略。通过获取多源网联信息并智能预测车辆所需的功率，结合混合动力传动系统特征实时制定最优的能量管理分配策略，实现能量利用的最优分配，是未来企业需大力发展的主要方向。

（3）整车轻量化

技术难点：插电式混合动力乘用车具备两套动力系统且两套系统需要在独立驱动和耦合驱动间切换，直接导致底盘布置复杂、整车质量增加，进而降低燃油经济性，故插电式混合动力乘用车轻量是未来发展的趋势之一。

解决方案：为提升插电式混动乘用车轻量化水平，可将高性能、低成本的新材料技术与生产制造技术作为短期布局方向，同时推进轻量化加速同绿色化和数字化转型，借力数字化和人工智能技术提升材料设计与开发、部件加工生产效率，布局绿色低碳材料与材料回收利用技术促进循环经济发展。此外，“一体化”设计成型理念引发的轻量化技术革新也是主要发展方向之一。

（4）整车及电池热管理提升

技术难点：插电式混动乘用车已逐渐扩散到越野/轿跑等高性能车领域，高性能车辆的大功率充/放电及极端环境的性能需求对整车及电池热管理提出了较高要求，如何在车辆发挥极致性能的同时保证乘员舱的舒适及各系统正常工作，是提升整车/电池热管理的主要目标。

解决方案：针对电池系统，大面积双层水冷板和直冷技术应对大功率充电；基于脉冲加热的动力电池无损快速升温关键技术进一步改善电池低温充电性能；整车热管理系统匹配进一步提升压缩机排量及核心部件高压化（36 cc提升到45 cc以上），冷凝器散热能力也要增强。

4. 未来几年插电式混合动力乘用车产业发展建议

在国家推进“双碳”目标、倡导节能降耗的宏观政策背景下，在全产业链不断突破创新的大环境下，插电式混合动力汽车发展如火如荼，其产品技术也取得了长足的进步，优异的动力性能和经济性表现获得了消费者的认可。未来，插电式混合动力汽车仍有广袤的发展空间和发展前景。

（1）推动插电式混合动力汽车不断突破关键技术和产品，提升整车综合性能

插电式混合动力汽车要实施基础技术提升工程，设立重大研发专项，实现关联零部件和元器件突破。依托重大专项，围绕关键技术领域，加快高精度传感器、计算平台、一体化底盘、C-V2X芯片/模组、车载智能终端等新型零部件攻关。面向雷达射频芯片、控制芯片和车规级计算芯片等基础元器件，突破制约行业发展的专利、技术壁垒，补齐发展短板。

（2）推动插电式混合动力汽车向集成化、高效化方向发展

传统汽油车发动机的设计需要综合考虑各种工况下的效率与性能，热效率一般在35%～40%，而混合动力汽车发动机的工作转速稳定、负载稳定，可以牺牲一定的低速扭力而采用效率更高的阿特金森循环，更高效的混动专用发动机成为技术发展趋势。要推动混合动力专用发动机向高压缩比、高热效率，以及轻量化方向发展。混合动力机电耦合结构更加紧凑，功率控制单元将更加集成化，混动工况下油耗不断降低。

研究新型电池材料和固态电池技术，提升电池能量密度和充电速度，延长电池寿命和安全性能，以提高电池的整体性能，使纯电动续驶里程更长。加强发动机与电动机的协同工作，通过优化混合动力系统控制策略，提高整车的动力性能和燃油经济性。

（3）推动插电式混合动力汽车向网联化、智能化方向

发展

随着人工智能发展浪潮的到来，智能化技术为插电式混合动力汽车赋能。传统燃油车电池小，难以满足智能化的需求。而插电式混合动力汽车上的动力电池为智能化设备提供电力保障，结合传感器融合技术和人工智能算法，推动插电式混合动力汽车的自动驾驶功能发展，提高行车安全性和便捷性。研究和应用车与车（V2V）、车与基础设施（V2I）的通信技术，实现智能交通系统，提高交通效率和安全性。智能化和网联化的发展将为混合动力汽车带来更多的可能性和机遇。

（4）其他重要的方面

智能化技术将为混合动力乘用车赋能，混合动力车型上的动力电池为智能化设备提供电力保障，混合动力技术将与智能驾驶、智能座舱技术深度结合。比亚迪在智能化技术的深度耕耘，混合动力技术与“天神之眼”智能辅助驾驶技术深度融合，带来领先的智能化体验。

在政府方面，要充分释放消费潜力，优化相关税收体系，加强低碳引导，重视绿色燃料汽车发展；在企业层面，则建议要根据自身条件合理布局 HEV、RHEV、增程等混合动力及纯电技术路线，积极开拓海外市场。

（二）插电式混合动力客车

厦门金龙联合汽车工业有限公司　苏　亮

1. 2023 年产业总体发展与突破

2023 年，国内重点客车企业共销售 6 m 以上新能源客车 39969 辆，同比下降 35.05%，重点企业均呈现出同比下降的状态，市场整体表现远不及 2022 年，而且在当前的市场环境下，也很难再现 2022 年的销量增长。其中，宇通客车销量突破 7000 辆，与第二名的差距达到 2400 余辆，领先优势明显。新能源客车销量中插电式混动客车销量为 1390 辆，同比下降 15.6%。新能源客车销量下降的原因主要在于：一是经济疲软、需求乏力；二是新能源车购置补贴取消，对国内需求影响较大；三是国内部分大城市的新能源公交客车的电动化进程已提前完成。总体而言，2023 年新能源客车销量同比大降，插电式混合动力客车由于降得少 2023 年市场占比反而提升了，但预计年销量将继续减少。

2. 产业标准体系的建设

（1）2023 年 12 月 7 日，工业和信息化部、财政部 税务总局三部委联合发布《关于调整减免车辆购置税新能源汽车产品技术要求的公告》（简称《公告》）。《公告》称，根据《关于延续和优化新能源汽车车辆购置税减免政策的公告》（财政部 税务总局 工业和信息化部公告 2023 年　第 10 号），结合新能源汽车技术进展情况，现就减免车辆购置税新能源汽车产品技术要求有关事项进行公告。其中新能源客车技术要求有以下几个方面：

①纯电动客车（不含快充类纯电动客车）续驶里程不低于 200 km。插电式混合动力（含增程式）客车纯电续驶里程不低于 50 km。

②单位载质量能量消耗量(Ekg)不高于 0.18 Wh/(km・kg)。

③非快充类纯电动客车电池系统能量密度不低于 135 Wh/kg，快充类纯电动客车快充倍率高于 3C。

④汽柴油插电式混合动力（含增程式）客车节油率水平高于 40%。非汽柴油插电式混合动力（含增程式）客车节油率水平不作要求。

上述《新能源汽车产品技术要求》提高了现有技术指标要求，同时新增低温里程衰减技术指标要求。其中，插电式混合动力客车技术指标保持不变。

（2）2023 年 9 月新能源汽车充电枪新国标 GB/T 20234.1—2023《电动汽车传导充电用连接装置　第 1 部分：通用要求》正式发布生效，相对于 GB/T 20234.1—2015，GB/T 20234.1—2023 从安全性，耐久性和可靠性等方面对充电枪提出了更严苛的要求。

3. 国内外插电式混合动力客车产业发展趋势

（1）智能化：新能源客车发展已经进入了下半场，将以车辆的智能化水平作为核心竞争力，这已经形成了行业共识。L2 级辅助驾驶、OTA 升级、自适应远近光、中控彩色屏幕等，用户提及声音呈上升趋势，驱动车企产品研发与改善，回归用户价值本质。

（2）“大转小”：在 2023 年新能源客车终端市场中，6 m 以下车型占比同比增加 6.6 个百分点，是占比同比增加最多的车型；而 10 m 以上大型客车占比同比减少 9.7 个百分点，是占比同比减少最多的细分车型。可见，在 2023 年新能源客车终端市场中，“大转小”趋势加速。主要是新能源客车市场出现“下沉”趋势，需求由原来的大城市有向中小城市逐渐转移的趋势，而中小城市对中小客车车型比较青睐。

（3）抢出口：我国的插电式混合动力客车经过这几年国内推广，产业配套体系比较完整，与国外混合动力客车发展相比，具备一定程度的市场领先性和一定的产业配套的优势。因此在市场推广相对滞后的南美、中亚等地区有很大的出口潜力。

国内外插电式混合动力客车产业都呈现出政策支持力度加大、技术创新加速、驱动方式不断升级、产品市场化程度提高等综合发展趋势。这些趋势将为插电式混合动力客车产业的发展奠定坚实的基础。

4. 目前亟须解决的技术难点及解决方案

（1）发动机热效率和稳定性有待提高，发动机热效率提高是混动客车改善燃油经济性的有效途径，因此需要针对混动的特殊工况开发混动专用发动机，有效提升发动机的热效率和可靠性。

（2）整车能量管理控制技术有待提高，普遍存在能量管理效率低、升级更新慢等问题，往往在实际工况下的整车能效无法达到最优。因此,需要加强插电式混合动力客车的智能化控制技术的应用,依托于智能网联设备等基础设施以及车辆自身安装的雷达、摄像头等信息,结合车辆实际运行场景大数据,在整车控制中植入智能算法,自适应选择最佳的动力系统运行模式、能量回收强度等,最大限度地优化整车运行效率。

5. 2023 年行业重点企事业单位发展情况

2023 年国内重点客车企业整体销量均呈现下降趋势,由于销量占比少,针对插电式混合动力客车销量极少单列统计。2023 年宇通客车新能源客车销量突破 7000 辆,与第二名的差距达到 2400 余辆,领先优势明显,但同比下降 38%;比亚迪全年累计销量 4705 辆,居第二,同比下降 3. 39%;中车电动全年累计销量 3507 辆,居第三,同比下降 22. 34%;厦门金旅全年累计销量 3206,居第四,同比下降 25. 79%;福田欧辉全年累计销量 3124 辆,居第五,同比下降 26. 08%。

6. 2023 年重点车型技术特点分析

2023 年国内重点客车企业插电式混动车型并无明显技术突破或新车型发布。从总体上来看是在维持原车型不变的基础上在功能上进行优化升级,如增加中控大屏、辅助驾驶等功能。

7. 未来几年插电式混合动力客车产业发展建议

(1)加强政策支持:在公交优先、节能减排等政策推动下,在充电基础设施还不够完善的三、四线城市,插电式混合动力公交车仍有一定需求。政府应该加大政策支持力度,例如,可以给予税收优惠,提高运营补贴力度等,以鼓励客运企业购买更多的插电式混合动力客车。

(2)加强技术研发:企业应该加大对技术的研发力度,不断提高插电式混合动力客车的技术水平。可以开展与发动机技术、动力电池管理系统、电机电控技术、轻量化设计等相关领域的联合研发,以优化产品的性能和可靠性。

(3)紧抓出口机遇:近年来我国纯电动/插电混合动力客车的出口量呈现出强劲的增长态势,是我国产业优势和技术优势的体现。应紧抓市场机遇,深挖市场需求,相信我国新能源汽车的出口量还将继续保持快速增长的态势。

(4)专注细分市场:定制客运、接驳客运、社区巴士等市场呈现明显增长活力,特别是城乡公交、充电基础设施建设薄弱的地区更适合插电式混合动力客车的使用,不仅可以有效缓解里程焦虑又可以节能降耗,提升人民的幸福感。

插电式混合动力客车产业仍是未来发展非常具有潜力的一个产业。企业应该加强技术研发和产业协同创新,政府应该给予政策支持,以全面推进插电式混合动力客车产业的中兴。

六、增程式电动汽车领域

(一)增程式电动乘用车

北京理想汽车有限公司 欧鹏飞

1. 增程式电动乘用车市场表现

近年来,我国增程式电动车行业发展迅速,销量不断增长。2021 年增程式电动车销量成功突破 10 万辆,2022 年其突破 20 万辆,到了 2023 年,增程式电动车销售猛增,达到 64. 2 万辆,同比增长 181%。2023 年增程式电动车市场份额增长 1. 8 个点,新增 41. 4 万辆。其中理想汽车增长 25 万辆,2023 年销量为 38. 6 万辆,同比增长 187%;问界增长 1. 6 万辆,2023 年销量为 8 万辆,同比增长 25%;长安深蓝销售 10. 5 万辆,零跑销售 3. 5 万辆。2024 年可售的增程式电动车型超过 30 款。其中 2024 年新增计划入市的车型有 20 款左右,包括理想 L6、华为问界 M8、零跑 C16 等。伴随着新能源汽车发展和增程式技术路线的优势逐渐显现,预计未来增程式电动汽车销量还将不断增长,具体数据见表 1-6-1。

表 1-6-1 2023 年度增程式车型销量(单位:辆)

排名	车型	指导价	销量
1	理里 L7	31. 98~37. 98 万元	134089
2	理想 L8	33. 98~39. 98 万元	117990
3	理想 L9	42. 98~45. 98 万元	114377
4	问界 M7	24. 98~37. 98 万元	67961
5	深蓝 SLO3	14. 59~69. 99 万元	58510
6	深蓝 S7	14. 99~21. 79 万元	47813
7	零跑 C11 增程版	14. 98~18. 93 万元	33309
8	问界 M5	24. 98~33. 18 万元	20400
9	岚图 FREE	26. 69 万元	17186
10	哪吒 S	15. 98~22. 98 万元	15713

2. 中国发展增程式电动汽车的战略意义

(1)促进新能源汽车发展,助力“双碳”目标实现

①提高新能源汽车市场渗透率

未来 5~15 年,全球及国内混合动力汽车市场均将进入快速增长期。同时,国内混合动力汽车产品不断丰富,部分车辆性能赶超合资水平,且提供多种规格容量电池可选,综合产品力提升,消费者接受度逐渐提高,混合动力汽车市场渗透率不断提升。伴随新能源汽车尤其是混合动力汽车的发展,在利好政策和技术推动下,我国增程式电动汽车市场也呈现良好的发展态势,随着产品的推出,市场销量快速增长。当前增程式电动汽车技术路线相较于混合动力汽车,动力架构更加简单成熟,可以有效缓解客户对油价攀升、续航偏短的焦虑,在一定程度上能更好满足消费者购车需求。当前我国新能源

汽车发展由政策驱动逐步转入市场驱动为主，新能源汽车技术线路呈现出多头并进、百花齐放的特征，增程式电动汽车伴随产品增多，市场需求提升，成为推动我国新能源汽车发展的重要力量，带动新能源汽车市场渗透率不断提高。

②促进交通领域清洁低碳化发展

在我国碳排放贡献比例中，2020 年的测算数据显示，交通领域约占 11.5%，其中汽车行业约占交通的 78%，即汽车行业的碳排放量约占全国总体碳排放的 9%，因此汽车产业实施双碳战略意义重大。中国汽车工程学会组织制订的《节能与新能源汽车技术路线图 2.0》提出，中国汽车产业碳排放将于 2028 年左右先于国家碳减排承诺提前达峰，至 2035 年，碳排放总量较峰值下降 20% 以上。新能源汽车将逐渐成为主流产品，汽车产业基本实现电动化转型。未来很长一段时间内，燃油车仍将是市场主体，多元化的汽车技术和能源种类更为合适我国国情，在发展汽车电动化的同时，重视传统汽车的转型，混合动力技术在汽车节能方面的重要性不可忽视，并指出到 2035 年我国传统动力要全部实现混动化，同时插电式混合动力汽车节油水平将持续提升、应用领域也将逐步打开，从而促进汽车电动化转型的进一步深化。

发展新能源汽车能够有效缓解能源和环境压力，应以加速新能源汽车大规模替代燃油车为主要目标，增程式电动汽车在技术和产品方面兼具节能潜力大、成本适中、市场接受度高、能源环境友好等多种优势，有助于推动转型过程中技术升级成本的稳步降低以及市场认知与普及的稳步提升，是汽车低碳化和电动化转型进程中的必经之路。

增程式电动汽车是汽车行业低碳化化发展的解决方案之一，能够更好满足国内消费者多样化的使用需求。首先，增程式电动汽车的驾乘体验与纯电动汽车相当，驱动系统的电气化升级带来低速高扭、响应迅捷，NVH 静谧性较好。其次，增程式电动汽车的动力电池相比普通插电混动车型容量更大，纯电行驶里程更长。增程式电动汽车减碳贡献显著，相较于传统汽车，增程式电动汽车在材料选型，生产工艺，供应路径有较大改善。同时增程动力专用发动机在最高热效率等性能指标上，具有更大的提升潜力。

(2)消除用户使用焦虑，缓解基础设施短期约束

近年来，伴随新能源汽车的发展，充电桩等基础设施建设不断完善，但当前仍面临部分问题。一是公共充电桩布局短板仍普遍存在，如高速服务区的充电站具有极强的潮汐性，节假日和周末的充电需求高，工作日却无人问津，导致充电桩的运营和维护成本极高，因此高速服务区整体数量并不多，而一旦遇到出行高峰，充电桩紧缺严重。二是充电桩的充电质量有待提升，国内充电桩存在对功率输出、位置、用户交互界面和支付系统的质量、利用率不高等问题。三是充电基础设施建设方式有待规范管理，充电桩的布局、营运模式、类型等应适应新能源汽车细分市场的结构需求，需要加强行业管理，以更合理的充电桩数量、布局、类型来满足新能源汽车的充电需求，防止在高发展预期的吸引下，带来充电桩企业的无序扩建运营问题。

增程式电动汽车能够脱离充电设备束缚。针对当前公共充电设施的布局短板以及消费者对纯电动汽车的续航里程焦虑，增程式电动汽车能够缓解这一困局，增程式动力构型可油可电，不仅可以给客户带来更多的能源补给选择，规避充电设施短板，同时可以使客户选择错峰充电，解决长途的里程焦虑。另外，增程式电动汽车可以给基础设施布局的升级提供了足够的缓冲期，纾解了充电公共设施布局的短期痛点。

(3)发挥传统汽车技术优势，带动产业升级发展

增程式电动汽车动力系统和电池技术的进步推动增程式电动汽车市场发展，通过更佳的 NVH、驾驶体验和能源消耗率，产品性能提升。增程式电动汽车生产、推广及研发得到国家政策的支持，如免征车辆购置税、一次性政府补贴、获得新能源汽车积分等，在政策引导和产品推动下，消费者对增程式电动汽车的接受度提高。

从产品技术层面，无论是混合动力还是增程式动力构型，都符合我国汽车新能源化发展的路线布局，同时也给传统车企(包括上下游供应链)预留了 充分的转型升级时间和空间。例如混合动力车型搭载 DHE/DHT，不仅能够满足节能减排需要，也为传统汽车电气化转型带来新契机。

3. 增程式电动乘用车产业发展建议

(1)促进新能源汽车发展，适时启动汽车消费税改革

汽车税费体系需要与时俱进、科学发展，原有汽车税制已经不能适应调整经济增长方式。当前，我国汽车的主要税种消费税、车船税等均是以汽车排量分档征收。新能源汽车中纯电动汽车不在应税范围内，但插电式混合动力(含增程式)汽车需要按气缸容量缴纳，其节能降耗的新能源属性在消费税端未得到体现，插电式混合动力(含增程式)汽车作为中长期内替换燃油汽车的重要技术路线，迫切需要消费税的优惠支持。合理减税，促进和扩大新能源汽车消费现行的汽车税制，仍停留在以价格和排量为主要指标、以控制购买为税负重点、以财政收入为征税主要目的。当前，我国汽车规模大但并不强，发展水平仍然有待提高，国际竞争力仍然薄弱。发展新能源汽车是实现汽车强国的必由之路。为此，需要大力发展新能源汽车来，通过汽车税制改革促进新能源汽车消费。

启动新能源汽车税费改革研究，充分发挥消费税的作用，汽车消费税对新能源汽车的成本、价格、市场乃至全产业链影响巨大。当前的消费税政策使插电式混合动力(含增程式)汽车的市场表现受到一定抑制，不利于新能源汽车的大力推广。建议启动针对新能源汽车的消费税改革研究，将驱动形式、耗能水平、全生命周期碳排放等，纳入新能源汽车消费税调整的考虑因素。同时，确定部分消费税由地方留存，有利于地方政府扭转重视投资轻视消费的传统做法，增强地方政府加强交通基础设施建设等。

(2)以全生命周期碳减排为导向，推进汽车绿色发展

“双碳”目标对汽车产业新能源化提出了更高要求。《节能与新能源汽车技术路线图 2.0》提出了我国汽车产业面向 2035 年发展的六大目标，包括推动汽车产业 2030 年前实现碳达峰，2035 年碳排放总量较峰值下降 20% 以上。增程式电动汽车是新能源汽车的重要组成部分。要实现“双碳”目标，需要打造消费者愿意买的低碳车，增程式电动汽车符合成本需求和环保需求。增程式路线将会成为推动汽车产业实现碳达峰碳中和的重要技术路径之一。研究提出汽车行业 2030 年前碳达峰的路径方案，以全生命周期碳排放

为切入点，对纯电动、增程式、插电混动、油电混动、燃油车等不同类型整车的全生命周期碳排放量进行测算，制定汽车行业提前碳达峰路线图，积极促进多项技术路径协调发展，引导技术的良性竞争和健康发展。

(3)发展增程式技术路线，助推新能源汽车多元化发展

全球汽车加速向新能源方向转型，并也已形成了以中国、欧洲为主的新能源汽车市场格局。我国新能源汽车进入加速发展新阶段，对全球汽车产业电动化转型的引领作用进一步增强。新能源汽车技术路线的多元化是必然趋势，多元化的格局不仅能够促进技术的创新和进步，也带给消费者更多的选择，为企业带来更广阔的生存空间。未来一段时间，增程、纯电、插电混动等技术将长期并存。充分认识到增程式电动汽车"可油可电"的优势，坚持新能源多元化技术路线，积极发展增程式电动汽车，使之成为汽车行业实现"双碳"目标的重要实践路径。推广增程式电动汽车，推动产业链平稳过渡发展。增程式电动汽车对动力电池的依赖程度相对较低，在上游原材料短缺的背景下，更能保障供应链的安全。增程式电动汽车相较纯电动汽车，对电池的需求量相对较低，在上游原材料短缺、供应链紧张不可能完全缓解的情况下，通过大力发展增程式电动汽车，在降低整车成本的同时，亦有利于动力电池供应体系有序进化，支撑新能源汽车产业的平稳安全发展。

(4)限购政策是遏制消费潜力释放的重点，建议持续推动限购城市合理放开

在商务部、发改委等政府部门的大力推动下，部分限购限行城市已逐步放松政策要求。如，广州市优化小客车指标调控和通行措施，对节能车和新能源车增量指标无额度限制，直接配置，外地车通行政策也由之前的"开四停四"调整为工作日早晚"高峰限行"。深圳市进一步放宽车辆牌照申请条件，对首购混合动力和纯电动小汽车增量指标无额度限制，"1+1"指标将混合动力(含增程)也纳入，给消费者更多的选择。海南省在2030年禁售燃油车的目标约束下也放开了普通小客车限购。但是消费潜力最大的其实是上海和北京，但两地都把长续航的PHEV视同燃油车给限制了。

建议对符合一定标准的长续航PHEV解除限购，比如大于150 km续航的车型和入门级纯电动汽车续驶里程相当，这类车具备较高的社会、产业、环境和用户价值。一是长续航PHEV是大规模替代存量燃油车最有力的技术路线。预测今年我国含增程式在内的插电式混动动力汽车，预计将贡献超过三分之一以上的新能源汽车销量，已成为当下新能源汽车市场最大的增长动能。二是长续航PHEV能够有效平衡新旧产业，推动新旧动能转换。三是长续航PHEV是以中国为特色，产品具有充分的国际竞争力。四是长续航PHEV城市用电、长途用油，使用成本低，环保性好，具有较高的用户价值和环境价值。

建议以促进消费潜力释放为出发点，在建设全国统一大市场的指导下，重新明确新能源汽车绿牌定义，将纯电续航大于150 km作为获得绿色牌照的条件。并牵头梳理各地政府出台的绿牌政策，并在全国实施统一的绿牌政策，方向是更多通过法律、经济和科技手段调节汽车使用，逐步取消汽车限购，推动汽车等消费品由购买管理向使用管理转变，扩大消费潜力和新能源汽车渗透率。

(二)增程式电动商用车

浙江吉利新能源商用车集团有限公司　李红艳　邓正维

1. 2023年产业总体发展与技术突破

(1)政策总体情况

2023年，政策利好助推增程式电动商用车加速发展。国家及更多地方政府出台支持新能源汽车发展的政策，内容涵盖推广、路权、补贴、双碳、基础设施、绿色货运配送等方面，且更加深入和具体。现已收集到1264项新能源政策，其中国家层面政策174项，省级层面376项，地市层面714项。

国家层面指定发展方向，明确新能源汽车的总体目标；省级层面确立实施步骤，制定具体目标；地方层面落地执行，确保政策有效实施，形成层层递进、精细操作的体系。其中80个城市出台了重点政策，包含推广政策、路权政策、补贴政策，重点政策城市统计详情见表1-6-2。

表1-6-2　截至2023年重点新能源政策城市统计

类型	主要内容	数量	具体城市
推广政策城市	要求在一定时间内新能源车型比例或数量	36	北京、毕节、成都、大连、东莞、佛山、广元、广州、贵阳、海东、杭州、湖州、济宁、江门、临沂、洛阳、南京、三亚、上海、深圳、沈阳、十堰、石家庄、台州、天津、乌鲁木齐、武汉、西安、西宁、云浮、长沙、郑州、重庆、驻马店、淄博、南昌
路权政策城市	针对新能源汽车差别对待的交通限制规则	59	北海、北京、成都、达州、大连、东莞、佛山、福州、桂林、哈尔滨、邯郸、呼和浩特、淮北、黄山、济南、焦作、晋中、兰州、廊坊、临沂、柳州、洛阳、南昌、南京、南阳、彭州、平顶山、青岛、厦门、上海、上饶、深圳、沈阳、石家庄、苏州、唐山、天津、铜仁、乌鲁木齐、无锡、芜湖、武汉、西安、咸阳、襄阳、宜昌、长沙、郑州、中卫、重庆、株洲、淄博、雄安、杭州、包头、广州、舟山、聊城、宣威
补贴政策城市	针对购置新能源汽车给予一定资金补贴	16	北京、成都、佛山、广州、昆明、南通、三亚、上海、台州、铜仁、郑州、淄博、哈尔滨、沈阳、重庆、云南全省、义乌

2023年1月30日，工信部、交通运输部等八部门印发《关于组织开展公共领域车辆全面电动化先行区试点工作的

通知》，在全国范围内启动公共领域车辆全面电动化先行区试点工作，城市公交、出租、环卫、邮政快递、城市物流配送领域新能源比例力争达到 80%，进一步提速电动化步伐，试点期为 2023—2025 年。综合考虑各省市经济发展水平、新能源汽车产业基础、推广应用情况等因素，试点区域分为三类：第一类为北京、天津、上海等 11 个城市，区域内试点城市车辆推广数量力争达到 10 万辆；第二类为山东、山西、陕西等 11 个城市，区域内试点城市累计车辆推广数量力争达到 6 万辆；第三类为海南、云南、贵州等 14 个城市，区域内试点城市累计车辆推广数量力争达到 2 万辆。总体目标为到试点期结束时，试点区域的车辆推广数量累计达到 204 万辆。

试点城市在自愿申报基础上，推进新能源汽车推广工作。经评选，北京等 15 个城市被确定为第一批试点城市。具体的试点城市名单及推广目标详见表 1-6-3。

表 1-6-3　试点城市名单及推广数量参考目标

批次	数量	具体城市	推广目标
第一类	5	北京	推广新能源汽车 3.63 万辆，建设充电桩 2.8 万个、换电站 90 座
		深圳	推广新能源汽车 7.01 万辆，建设充电桩 45.3 万个、换电站 120 座
		重庆	推广新能源汽车 8.27 万辆，（中心城区）建设公共快充站 1340 座、换电站 84 座
		成都	推广新能源汽车 3.66 万辆，建设充电桩 3.4 万个、换电站 500 座
		郑州	推广新能源汽车 4 万辆，建设充电桩 2 万个、换电站 1 座
第二类	5	宁波	推广新能源汽车 3.79 万辆，建设充电桩 2.8 万个、换电站 90 座
		厦门	推广新能源汽车 3.74 万辆，建设充电桩 2 万个、换电站 31 座
		济南	推广新能源汽车 2.57 万辆，建设充电桩 1.7 万个、换电站 177 座
		石家庄	推广新能源汽车 4.4 万辆，建设充电桩 2.27 万个、换电站 30 座
		唐山	推广新能源汽车 15.79 万辆，建设充电桩 2.6 万个、换电站 5900 座
第三类	5	柳州	推广新能源汽车 1.2 万辆，建设充电桩 2.8 万个、换电站 90 座
		海口	推广新能源汽车 0.94 万辆，建设充电桩 0.8 万个、换电站 16 座
		长春	推广新能源汽车 1.87 万辆，建设充电桩 1.22 万个、换电站 50 座
		银川	推广新能源汽车 0.74 万辆，建设充电桩 1.35 万个、换电站 17 座
		鄂尔多斯	推广新能源汽车 1.13 万辆，建设充电桩 0.63 万个、换电站 539 座

（2）市场销售总体情况

2023 年增程式电动商用车终端销售数 3747 台，同比增长 93%，车型包含皮卡、小卡、轻卡、中重卡、轻客、大中客车型。其中增程式小卡作为新增销量，全年销售 1763 辆，成为 2023 年增程式电动商用车第一车型，结构占比达到 47.1%，其次为轻卡，结构占比达到 23.9%，2023 年增程式电动商用车销量统计见表 1-6-4。

表 1-6-4　2023 年增程式电动商用车销量统计表

车辆类别	2023 年销量	同比增长	结构占比
小卡	1763	新增量	47.1%
轻卡	894	-29%	23.8%

续上表

车辆类别	2023 年销量	同比增长	结构占比
大中客	874	30%	23.3%
中重卡	142	1320%	3.8%
皮卡	52	新增量	1.4%
轻客	22	144%	0.6%
总计	3747	93%	100.0%

2023 年销量排名前三的企业为广西汽车、吉利远程商用车、福田汽车。其中广西汽车、福田凭借单车型在细分市场取得突破；吉利远程商用车多领域布局，其中以轻卡为主。分企业销量统计见表 1-6-5。

表 1-6-5　2023 年增程式电动商用车生产企业销量统计表

底盘企业	小卡	轻卡	大中客	中重卡	皮卡	轻客	总计	份额
广西汽车	1761	0	0	0	0	0	1761	47.0%
远程商用车	0	889	155	53	0	0	1097	29.3%
福田	0	0	719	0	0	0	719	19.2%
陕汽	0	0	0	89	0	0	89	2.3%
长安商用	0	0	0	0	52	0	52	1.3%
厦门金龙	0	0	0	0	0	22	22	0.6%
三环	0	2	0	0	0	0	2	0.1%
大运	0	2	0	0	0	0	2	0.1%
江淮	2	0	0	0	0	0	2	0.1%
飞碟	0	1	0	0	0	0	1	0.0%
总计	1763	894	874	142	52	22	3747	100.0%

增程器燃料类别已呈现多元格局，汽油增程、天然气（NG）增程、甲醇增程、柴油增程都有不错的销量，当前业内仍以轻小型的汽油增程为主。分燃料类型的销量统计见表 1-6-6。

（3）典型车型及销量情况

2023 年增程式电动商用车主销车型为五菱黄金卡小卡，吉利商用车远程星智轻卡系列及福田欧辉大客。主销车型配置及销量见表 1-6-7。

表 1-6-6　2023 年增程器分燃料销量统计表

增程器燃料类别	销量	结构占比
汽油增程	2509	67.0%
NG 增程	458	12.2%
甲醇增程	430	11.5%
柴油增程	350	9.3%
总计	3747	100.0%

表 1-6-7　2023 年增程式电动商用车主销车型配置及销量

底盘厂家	广西汽车	远程商用车	远程商用车	远程商用车	福田	福田
底盘子品牌	五菱黄金卡	远程星智 GLR	远程星智 H8M	远程星智 H8M	福田欧辉	福田欧辉
车辆类别	小卡	轻卡	轻卡	轻卡	大型客车	大型客车
增程器	1.6 L 汽油增程	1.5 L 汽油增程	1.8 L 甲醇增程	1.8 L 甲醇增程	6.9 L NG 增程	4.5 L 柴油增程
电池	13.26 kWh	53.58 kWh	21 kWh	77 kWh	49.68 kWh	49.68 kWh
纯电续航	50 km	120 km	50 km	180 km	50 km	50 km
综合续航	500 km	600 km	1000 km	1000 km	—	—
2023 销量	1761	564	124	98	369	350

（4）增程式电动商用车技术突破

商用车产品能耗一直是客户关注度较高的属性，降耗这个议题，离不开能量流的分解，通过能耗构成的拆解，提升潜力部件的识别，结合仿真手段对比等手段来完成提升方案的制定。能耗优化主要围绕以下几个方面：

①增程器标定优化油耗；增程器启停策略优化，减少综合工况启停频次，提升综合工况下的发电效率。

②优化能量回馈策略，降低综合电耗。

③优化热管理策略，降低附件消耗。

④驱动电机标定优化，提升电机效率。

⑤低滚阻轮胎应用。

⑥同时在研项目应用更高效的增程器。

⑦优化低温控制策略，提高低温纯电行驶里程。

⑧调整优化增程器断油输出扭矩，减缓转速掉落时间，增加再生时间，优化 GPF 再生策略，减少碳排放。

为寻找最佳整车经济性、成本及环境适应性，增程器燃料种类已呈现多元化现状。汽油、柴油、天然气、甲醇、甲醇燃料电池等在内的增程器系统均在研究范围之内。吉利远程商用车在 JLC-4M18 甲醇发动机基础上，开发出一款 60 kW 的 1.8 L 甲醇增程器，醇电转换率 1.6 kW · h/L，按照甲醇价格 2.1～2.5 元/L 计算，每发一度电成本 1.3 元～1.56 元，与快充价格相当，非常有市场竞争力。主要技术参数见表 1-6-8。

表 1-6-8　吉利 1.8 L 甲醇增程器技术参数

序号	内容	单位	参数
1	起动方式	—	CISG
2	燃料/起动燃料	—	M100/92#汽油
3	怠速	rpm	1000
4	最大持续功率/转速	kW/(r · min)	60/4000
5	电压平台	VDC	400/600
6	低压直流电源	VDC	12
7	最低燃料消耗率	[g/(kW · h)]	495
8	醇电转化率	kW · h/L	1.60
9	最大噪声值	dB(A)	90
10	冷却方式	—	液冷
11	防护等级	—	IP67
12	重量	kg	160

2. 产业新质生产力发展情况

新质生产力是以创新为主导，摆脱传统经济增长方式和生产力发展路径的先进生产力，体现高科技、高效能、高质量特征。绿色发展是高质量发展的底色，新质生产力本身就是绿色生产力，加快发展绿色转型，对于实现碳达峰和碳中和至关重要，增程式电动商用车产业已经沿着新质生产力的战略路线发展，成为推动绿色转型的重要力量。

在市场需求方面，增程式电动商用车正日益受到用户的青睐。增程式电动小卡以其节油、易用、载人拉货两不误的特点，为县乡市场农产品的运输提供有力支持，成为农民创富路上的得力工具；增程式电动重卡凭借其“可油可电”的特性，既能消除长途驾驶中的里程焦虑，又能满足环保要求，为长途运输提供了可靠方案。

吉利远程新能源商用车集团除了电动商用车路线以外，将醇氢动力路线作为第二发展重点。醇氢动力路线是吉利远程新能源商用车集团区别于其他商用车企业的独特发展路线。公司已经形成了集绿色低碳甲醇制备、储运、加注和下游应用于一体的商业运营模式。目前已在贵州、陕西、山西、甘肃、内蒙古、河南、新疆、海南等省份累计形成了280余座甲醇加注站(新建站、中石油和中石化改建站等)的加注能力。2023年2月21日，吉利与安阳顺成集团共同投资建成了全球首个10万t级绿色甲醇工厂并正式投产，实现了CO_2加氢制绿色甲醇的技术路线规模应用，这也是我国首套、全球规模最大的CO_2加氢制绿色甲醇工厂。吉利远程商用车正在打造从“制醇—贸易加注—车辆推广运营”的三位一体的全产业链生态，并设立了醇氢生态总部，拟独立IPO，计划5年内以外资形式融资15亿美元，打造万亿级价值的中国特色绿色生态产业链。未来几年，远程商用车将陆续推出甲醇增程、甲醇混动多元动力结构的全品系车型。

3. 产业标准化体系的建设

增程式电动车归属于插电式混合动力汽车范围管理，相关技术标准仅有2项，分别为GB/T 34598—2017《插电式混合动力电动商用车技术条件》、QC/T 1086—2017《电动汽车用增程器技术条件》，目前两项标准正在换版修订，预计2025年发布。

4. 国内外增程式电动商用车产业发展趋势

(1)国外增程式电动商用车产业发展趋势

国外增程式商用车发展较为缓慢。美国福特汽车于2019年在轻客(Transit custom)、皮卡(F150)上布局有增程式版本，美国Workhose于2018年推出W-15增程式皮卡。

(2)国内增程式电动商用车产业发展趋势

商用车应用场景复杂多样，为满足用户多样的场景需求，电动化路线是其中一个途径，结合我国国情，绿色低碳甲醇等也是需要重点推广应用的技术路线。目前主要的新能源技术路线如下：

①纯电动技术路线，产业链较为成熟，场景有限制

纯电解决了车辆运营成本高、排放污染及噪声等问题，但是也存在续航里程受限、充电时间长、环境和温度适应性差(如寒区)等问题。纯电动车在固定路线、固定货物、固定场景的城市物流领域已经逐渐被验证为市场最佳的动力技术路线，但针对国内大量的计划外物流需求，纯电车型不能胜任。同时，纯电动车在部分上装用电需求量大的车型上不能满足客户使用需求，如冷藏车、市政环卫车辆。另外随着纯电动汽车的迅猛增量，对国家的充电基础设施建设和电力保障也将带来严峻的挑战。

②混合动力技术路线，衔接新旧能源，场景适应性好

混动(增程)车型有效弥补了续驶里程不足和充电时间长的短板，但汽柴油混动(增程)较高的使用成本(相对纯电)，市场接受度较低，行业发展还处于初级阶段。增程式作为结构最简单的混动技术路线，市场和技术已相对成熟，为寻找最佳整车经济性、成本及环境适应性，增程器燃料种类已呈现多元化现状。汽油、柴油、天然气、甲醇、甲醇燃料电池等在内的增程器系统均在研究范围之内，甲醇燃料的环保性、经济性有望成为增程器的最佳燃料之一。

③氢能技术路线，理想中的能源形式，技术与产业链挑战大

氢气具有绿色环保、燃烧高效、可再生等优点，被誉为21世纪的“终极能源”，当前处于布局示范过程，整个产业生态的建设任重而道远。我国氢气的生产及能源应用已经具备了一定的基础，氢能源车辆是未来氢能利用的最主要方向。与锂电池驱动的车辆相比，氢燃料车无污染，电解的化学反应只会产生水，发电率可达到50%以上，续航能力优秀。然而氢气作为分子最小、最轻、最易泄露、最易爆炸的物质，就目前的技术而言，存在制造成本高昂、氢气运输储存困难、技术不完全成熟等问题。

④醇氢动力技术路线，集氢能环保、技术可行性与产业高成熟度于一体

甲醇(CH_3OH)是一种来源广泛的绿色能源，同时也是氢在自然界中的最佳载体。1 L的甲醇可转化148.3 g氢气，而1 L液氢则只能释放70.8 g，将氢合成甲醇再加以利用，解决了氢气高成本存储运输的难题，并且安全性好，所以甲醇是发展氢能必不可少的关键环节。从本质上讲，甲醇汽车就是氢能汽车，发展甲醇车就相当于发展氢能车。

相比纯电动车，甲醇汽车具有补能效率高、续航能力不受天气干扰低、保值率较高的优势；相比氢能汽车，甲醇汽车技术相对成熟，成本和推广难度相对更低；相比汽油车，甲醇汽车的购买价格及维保成本与其基本一致，但燃料成本和碳排放量明显下降。醇—液氢燃料—醇氢动力的技术路线，实质上就是以煤基燃料为基础的另一种动力电池的技术路线，也是当前氢燃料可以不依赖补贴，实现真正商业化应用的切实可行的路线，这一技术路线必将成为中国商用车行业可以弥补传统纯电动技术路线不足的另一条新能源技术路线。

5. 目前亟须解决的技术难点及解决方案

(1)热管理

增程式电动车热管理包含了热平衡性能、热害性能、乘员舱热舒适性及行驶安全性；涉及的部件较多，系统之间关联交互，如何在有限的布置空间里满足热管理性能，并且达到成本最低，能量利用率最高为主要技术难点。解决方案如下：

①采用正向开发的思路，自主、完整、正向开发整车热管理；

②设计阶段约束边界、细化SSTS指标分解，多种方案对比分析，实现最优化设计；

③整车热管理性能开发与仿真分析结合紧密，在虚拟阶段识别风险并提前优化；通过仿真和设计充分结合，提前识别热害风险，优化机舱流场及模块布置选型；

④通过问题识别、方案优化、车及样件整改验证、策略优化，最终达成增程式电动车热管理性能；

⑤通过系统整体匹配优化，余热再利用等技术降低整体热管理系统需要散掉的热量，提高系统热效率。

(2)EMC

电气部件的抗扰能力不足，将可能导致汽车的部分功能

受到干扰后失效，比如目前的自动驾驶技术需要摄像头、雷达以及控制器集成工作，若硬件抗扰性能不足，可能导致车辆行驶过程中，信号采集失准，发生事故。同时电气部件的发射能力较强，也会影响用户使用电子产品的体验。

目前增程式轻卡 EMC 性能开发，急需控制整车辐射发射强度，通过把关高压零部件 EMC 性能、整车电器布置方案、提升电器零部件自身抗干扰能力、降低自身电磁辐射等方式，提升用户的产品体验。

(3)动力系统

增程器国内国际无成熟产品可借鉴，无成熟的技术标准可以依托，需要国家出台增程器的国标或者行业标准。当前发电机与发动机机械连接是一大技术难点。解决方案如下：

①采用双质量飞轮或扭转减震器连接发动机与发电机；

②电机采用定转子分离式与发动机连接，电机转子刚性固定在发动机曲轴后端；

③发动机与电机独立总成形式，发动机与电机采用齿轮增速箱连接，使发动机与电机的高效区充分重合，并可有效降低电机成本。

甲醇增程器发动机冷启动困难，以甲醇作为燃料的增程器采用汽油冷启动，暖机后切换为甲醇燃料。为彻底解决甲醇冷启动问题，新开发甲醇发动机采用高压缸内直喷、高压缩比、优化启动策略等技术。解决方案如下：

①缸内喷射压力高达 350 bar，增大喷射压力，提高压缩比，改善甲醇喷入的雾化效果，同时配合高能点火，提高甲醇燃烧效率；

②启动策略主要包括多次喷射，喷油相位，喷油压力，降低启动空燃比，提高启动转速，实现发动机单一燃料燃烧。

(4)冬季低温环境续航里程衰退

动力电池低温时，容量会有较大程度的衰退，加上驾驶室暖风的能耗以及冬季汽车阻力增加，使冬季纯电续航里程有较大衰退。同时由于电池低温时充电性能较差，不仅影响能量回收，同时对增程器的启动形成不利影响。解决方案如下：

①优化增程器低温启动策略，启动发动机为电池加热；

②优化热管理策略，通过调整加热阀，提高电池加热比例；

③优化 BMS 控制策略，调整电池加热水温阀值；

④增加电池高频脉冲加热技术；

⑤增加电池保温结构。

6. 2023 年行业重点企事业单位发展情况

(1)吉利远程商用车

吉利远程新能源商用车集团成立于 2014 年，是吉利控股集团旗下子公司，总部位于杭州，是全国首家拥有完整、清晰战略体系架构的新能源商用车头部企业，也是国内首家完成多能源布局、全系产品新能源化的商用车企业。

自 2018 年首次发布增程式轻卡以来，增程式技术已经历 4 代产品的技术迭代，当前主销的为甲醇 H8M 增程式轻卡，成为增程式电动商用车轻卡领域引领者。吉利商用车拟开发 2.0 L 高效醇氢电动增程器，通过高效发动机与发电机系统的集成匹配，实现醇氢动力总成最高醇电转化率 1.8 kW·h/L 的目标。通过高压喷射、高效涡轮增压、高压缩比和电动水泵等技术，醇氢发动机最高热效率可以提高到 44%~46%；采用定转子分离扁线电机，发电机效率高达 97%。

当前吉利远程商用车已在重卡、轻卡、LCV、客车上进行醇氢增程产品的广泛布局。

(2)福田欧辉客车

福田欧辉客车是北汽福田汽车股份有限公司于 2003 年 9 月 16 日成立的一个专门致力于研发、生产制造、销售大中型客车及底盘的 SBU 型事业部，总部位于北京。福田欧辉客车是增程式大中客细分领域的引领者，近年来围绕柴油增程、天然气增程投放市场多款产品并取得较好的销量。

(3)广西汽车

广西汽车集团有限公司成立于 2015 年 5 月，是广西壮族自治区区属大型国有企业，总部设在广西柳州。2023 年 6 月 28 日广西汽车集团所属五菱新能源公司旗下新品牌“菱势汽车”正式发布，并推出业内首款增程式电动小卡——菱势黄金卡，取得了细分领域的市场突破。

(4)其他企业

自 2017 年开始，国内企业积极探索增程式电动汽车技术路线，当前还有如下企业和产品布局：

陕汽重卡 L6000 增程式中卡产品，配置 1.2 L 柴油增程器及 53.8 kWh 动力电池；南骏汽车瑞吉增程式轻卡，配置 1.2 L 汽油增程器及 77 kWh 动力电池；福田时代增程式轻卡，配置 1.5 L 汽油增程器及 15.4 kWh 动力电池；福田奥铃增程式轻卡，配置 2.3 L 柴油增程器及 17.52 kWh 动力电池；电咖汽车 ER600 增程式轻卡，配置 1.5 L 汽油增程器及 21.5 kWh 动力电池；湖北三环增程式轻卡，配置 1.3 L 汽油增程器及 30.13 kWh 动力电池；山东丽驰增程式轻卡，配置 1.5 L 汽油增程器及 15.4 kWh 动力电池。

7. 2023 年重点车型技术特点分析

(1)广西汽车菱势增程式小卡

广西汽车菱势黄金卡匹配“13.26 kWh+1.6 L 汽油增程器+45 L 油箱”，综合续航里程大于 600 km，是增程式电动商用车在小卡领域的首款车型。菱势黄金卡以“小电量+大增程器(相对)”的技术路线将同规格的绿牌新能源车的价格做到最低，降低客户使用门槛，满足了一部分市场需要，但汽油增程较高的能耗表现，有可能会阻碍市场的进一步扩大。

(2)长安汽车猎手增程式皮卡

长安汽车猎手增程式皮卡匹配“31.18 kWh+2.0 L 汽油增程器+70 L 油箱”，纯电续航里程 150 km，综合续航里程大于 700 km，是增程式电动商用车在皮卡领域的首款车型。长安猎手的出现将填补这一空白，与燃油皮卡相比，增程皮卡在动力、燃油经济性，以及野外充放电等方面有着独特的优势，未来市场发展值得关注。

(3)吉利商用车远程 E8M 增程式物流车

吉利商用车甲醇 1.8 L 增程器搭载吉利远程商用车 2.0 代轻卡，形成极具竞争力的全新一代 H8M 甲醇增程式轻卡。H8M 系列轻卡采用大小电量产品组合，“1.8 L 甲醇增程器+21 度/77 度电池+240 L 醇箱”的技术，针对不同用户提供了不同的应用场景选择，续航里程达到 800~1000 km，满足客户中短距离运输及临时长距离运输场景需求。

按甲醇单价 2.5 元/L，甲醇增程式轻卡经济性具备非常高的优势，纯增程模式下每公里运营成本低至 0.7 元，相比传统柴油车，冷藏车型每公里能节省 0.5 元。相对传统柴油多出的购置成本，用户可 2 年回本，用得越多省得越多，具备直接替代传统柴油车型的潜力。

(4)吉利商用车远程 GLR 增程式房车

吉利商用车远程增程式房车匹配“25.9 kWh+1.5 L 汽油增程器+100 L 油箱”，是国内首款新能源房车，C 照即可驾驶，综合续航里程大于 700 km，大空间大自由。自带电池和高效发电机，解决了房车用电需求的核心痛点。

8. 未来几年增程式电动商用车产业发展建议

(1)完善扶持增程式车型的发展政策及标准体系，强化增程式电动汽车的纯电驱动属性，政府牵头组织科学系统评估论证，消除市场误解，在政策中推进增程式电动汽车享受与纯电动汽车同等权益，支持扩大推广增程式电动汽车。

(2)企业应结合需求匹配差异化的动力构型，分析动力电池在降低使用成本、动力补充方面的综合优势，例如冷链、山区/寒区工况建议匹配大容量动力电池，降低整车综合使用成本和提升场景适应性；市政环卫及改装市场匹配中容量动力电池，降低整车购置成本及整车自重。

(3)增程汽式电动商用车具有成本低、不依赖充电桩、无里程忧虑等优点，符合我国现阶段新能源技术路线，但目前市场推广不足，消费者认可度和接受度还有待提升，商用车行业及企业应加强社会宣传，向消费者普及增程式电动商用车产品特征，引导社会形成正面认知。

9. 其他重要的方面

当前全球范围内面临着锂离子动力电池原材料的严重短缺，价格高，供应不稳定等问题。增程式电动商用车相较纯电动商用车，对动力电池的需求量相对较低，在新能源发展进程中保留一定的技术调节空间，以推动产业链安全、稳定与创新发展。

商用车产业应支持增程式技术路线发展，实现多元化的新能源商用车发展格局。充分认识增程式电动商用车“可油可电”的优势，促进新能源多元化技术路线发展，鼓励发展增程式电动商用车，其使之成为商用车行业实现双碳目标的重要路径。

大力发展增程式电动商用车正当时，希望产业链相关方携手努力，共同助力增程式电动商用车快速健康和高质量发展。

七、换电式电动汽车领域

(一)新能源汽车换电系统

中国工程院院士，北京理工大学　孙逢春；奥动新能源汽车科技有限公司　杨　烨　卢　毅

1. 新能源汽车换电系统技术发展情况

(1)换电系统的组成

典型的换电系统包括换电子系统、充电子系统和辅助子系统。换电子系统实现电池包总成的拆装，换电机器人在车辆定位装置的作用下实现电池包的夹取、拆卸和安装。充电子系统负责实现电池包的物流仓储和充电，充电子系统内的码垛机器人对电池进行智能选取与存放，并根据换电子系统的需求选择正确型号的满电电池，同时将空电电池准确地放置在充电存储架中充电。辅助子系统对换电系统进行供电、监控、温湿度控制，实现换电站内充电、换电、计量、电池状态等数据的采集和监测，并提供触电、火灾等事故的安全保障。

(2)换电技术的优点

慢充充电对电池损伤小，但用时长；快充充电速度快，但对电池寿命有一定损伤，电流对电网冲击大；快充采用的钛酸锂电池成本高，在 3C 充电倍率条件下能量转化效率低于 90%。无论是慢充还是快充，都存在占地面积大、充电行为难以优化配置的问题。相比之下，换电的优点主要有：

①兼顾效率高、补能快、电池低损伤。

②集中充电和管理，提高了充电过程中的安全性。

③更有利于实现电网的削峰填谷，实现电池梯次利用。

④缓解里程焦虑。

⑤易于实现车电分离。

⑥为无固定车位车主(占车主 70% 左右)提供快捷方便服务，便于电动车辆推广。

⑦较直充充电站，换电站建设具有集中节约用地的优势(占地约 4 个停车位，服务 100 辆以上车辆)。

(3)换电模式的分类

根据电池更换的位置和方向，换电模式可分为：

①侧向换电模式：电池箱安装在车体两侧时的电池箱更换方式。

②底部换电模式：电池箱安装在车体底部时的电池箱更换方式。

③端部换电模式：电池箱安装在车体前后舱的电池箱更换方式。

④后背式换电模式：电池箱安装在车体中间的电池箱更换方式。

(4)换电产业的现状

早期国外在换电领域的尝试均以失败告终，以色列控股集团公司 Better Place 推行 3 min 换电服务，从电池供应商那里购买电池，并拥有电池的所有权，仅为消费者提供更换电池、维护的服务，用户根据每月的行驶里程数来缴纳电池租赁和充电费用。Better Place 的模式类似于电动车销售的渠道商，但由于得不到更多厂商的支持，最终宣告破产。特斯拉(Tesla)也曾经发展换电模式，特斯拉凭借核心技术、用户

群体、基础设施和整车生产能力等优势在 Better Place 破产后投入电动汽车换电服务中。但相较于特斯拉比价成熟的充电服务，换电服务因其高昂的服务费不被消费者接受，最终特斯拉放弃了换电服务。

近期美国的加利福尼亚州创建的 Ample 公司开发了一种换电系统。由于采用了模块化、类似乐高积木的电池结构，据称可以与任何电动汽车兼容。Ample 公司换电站可利用两个停车位进行组装，并配备光伏和风电设备，其换电过程全自助。在加利福尼亚州已有 5 个运营性充/换电站。

在国内，北京理工、上海电巴、理工华创等从 2001 年开始研究开发商用车换电技术，由北京理工大学和上海电巴联合攻关，实现的多箱侧向换电纯电动客车，已经服务于 2008 年北京奥运会、2010 年上海世博会、2010 年广州亚运会、中国波兰 e-Bus 项目等。华菱汽车与中电投联合推出了后背式换电模式的星马纯电动重卡。此外，北奔重汽也研制出了采用后背式及双侧换电的纯电动重卡自卸车。

乘用车换电设备商主要分为快换系统商、充电系统商和动力电池厂商。快换系统主要厂商有奥动、蔚来、易易互联、协鑫电港、杭州伯坦、蓝谷智慧能源、博众精工、科大智能、山东威达等。设备商大部分同时扮演换电运营商的角色，如奥动、蔚来、易易互联、协鑫电港、伯坦、蓝谷智慧能源等运营商，换电运营商主要分为公共服务、专有服务两大类。

2. 目前亟须解决的技术难点及解决方案

（1）机械连接技术

在机械连接方面的难点在于实现不同车辆与电池包连接的定位和锁止机构设计，同时要实现快速、交叉、多次换电的成功率和稳定性，并且具备较高的误差容错能力。

近年来，各种换电站机械连接专利不断涌现，包括柔性锁止连接、非标螺栓、错齿锁止结构、涡轮蜗杆结构等。电池和车辆连接则通过整体耦合器实现，整体耦合器具备 3 个方向的耦合设计，实现不同电池与耦合器的兼容匹配，并保证电池连接具有足够的刚度和强度。其中奥动电巴公司的机械连接和锁止机构采用错齿紧固锁止原理，16 个承载点同时连接，多点分布式承载载荷分散，对车身结构不构成集中载荷，单一承载负荷轻，承载结构具有高度可靠性和长期稳定性，开发时按照 10 年工作 1 万次的标准进行了设计和测试验证，满足车辆寿命要求。奥动电巴的连接机构的特点是快速、可靠、通用性强，适合在从 A 到 B 级高频换电的乘用车上应用。具体结构如图 1-7-1、图 1-7-2 所示。

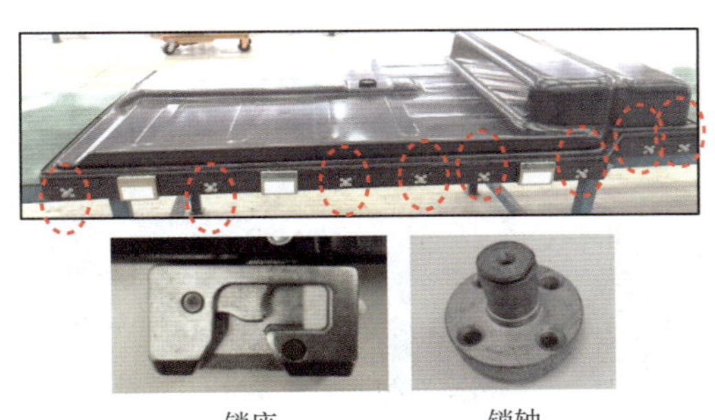

图 1-7-1　奥动电巴锁止机构

图 1-7-2　蔚来螺栓周向锁止机构

（2）电连接技术

电连接分为高压电连接和低压电连接，其难点主要有 3 个：一是实现连接器在 1000 次～1 万次插拔后不因磨损而出现电阻显著变化；二是实现电池浮动式连接器，与电池箱或电池包保持随动；三是实现 IP67 以上的防尘和防水等级，保护端子不受水、尘的影响而出现老化和电阻变化。

电连接主要有插拔式连接和平面连接两种，具有导向和浮动机构设计，预留搭铁点安装设计，结构设计上增加了径向或轴向的簧圈技术提升电连接的过流性能和连接的稳定性，浮动结构提升了结构的兼容性，蠕动结构保证行驶不松脱。奥动电巴的平面型电连接器（见图 6）设计上满足车用连接器、充电枪、整车振动有关的 7 项国家标准，通过浸水、老化、绝缘等 22 项性能指标的设计验证（DV）在实验室内按照企业标准进行了 1 万次的耐久实验，正负极高压极柱接触电阻始终控制在 0.6 mΩ，在应用实践中表现了出色的可靠性。具体结构如图 1-7-3 所示。

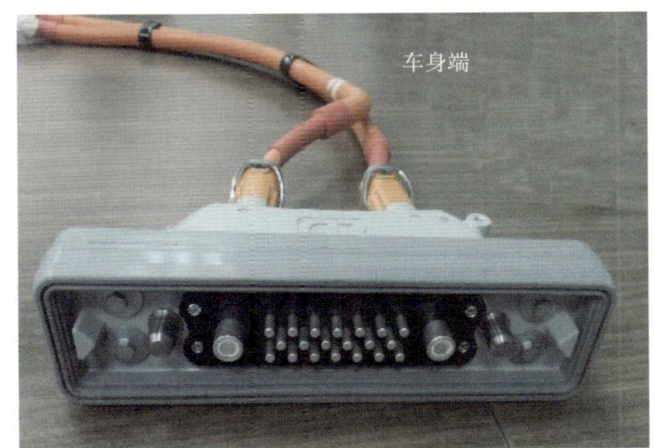

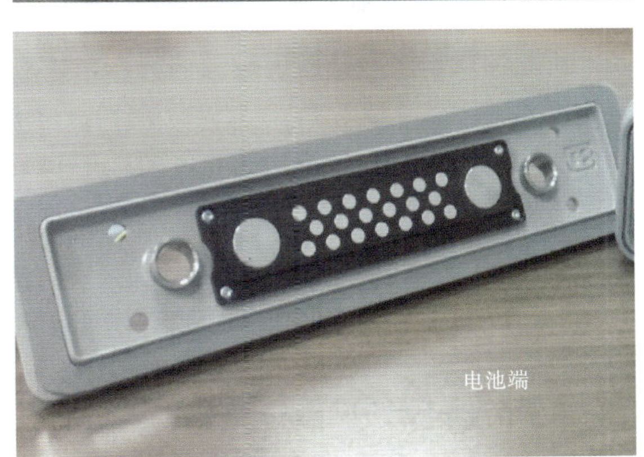

图 1-7-3　奥动电巴平面电联接器

(3)液冷连接技术

随着新能源汽车动力性能的提升,液冷电池包也在逐步推广,将液冷电池包应用于换电技术的难点在于液冷连接技术。冷却连接装置需要拥有快速插拔、自动截止及浮动功能。

解决方案是将液冷连接装置与电连接装置一体化集成,采用双向截止阀,在换电过程中关闭电池包液冷系统回路,实现液冷电池包更换。具体结构如图 1-7-4 所示。

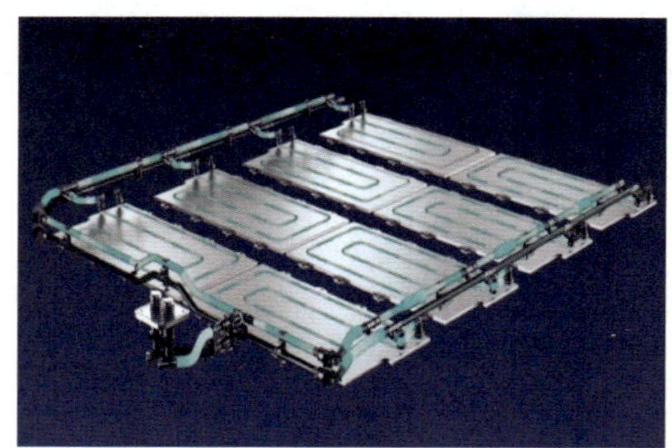

图 1-7-4 蔚来换电液冷电池包

(4)电池箱定位技术

在换电过程中电动汽车停靠位姿存在误差,车身变形导致电池箱总成相对车辆的位姿也存在误差。因此电池箱的精确定位是换电技术的另一个难点。

根据 NB/T 33006—2013 标准要求,电池箱更换设备应对车辆停靠位置及停靠姿态、电池箱安装位置有一定的适应能力,具体的定位精度要求参见表 1-7-1。

表 1-7-1 更换设备全自动运行定位精度

动作分类	精度要求
纵向定位	≤2 mm
横向定位	≤2 mm
提升定位	≤2 mm
旋转定位	≤0.2°
推拉定位	≤2 mm

电池更换设备通常借助车辆导引系统辅助进行车辆初步定位,将电动汽车停靠在预定的电池箱更换设备操作行程范围内;之后采用基于红外、激光、视觉等多传感器融合定位技术,减小定位误差,实现精准定位,有效提高电池箱更换设备对电动汽车电池箱的适应能力。

3. 新能源汽车换电站建设运营情况

据中国电动汽车充电技术与产业联盟统计,截至 2023 年 12 月,我国换电站保有量 3567 座,相比 2022 年 12 月的 1973 座增加 80%,换电站建设数量整体呈稳定增长趋势。

从地域分布上看,截至 2023 年 12 月,浙江省 431 座、广东省 406 座、江苏省 357 座、北京市 322 座、上海市 199 座、山东省 186 座、吉林省 159 座、重庆市 143 座、安徽省 137 座、湖北省 129 座。

4. 主要企业经营发展情况

我国换电站运营企业主要有蔚来、奥动、易易互联、协鑫电港、伯坦五家,分别运营 2333 座、685 座、271 座、108 座、108 座换电站。

(1)奥动新能源

奥动新能源以统一的卡扣式换电结构与多家车企合作,已经实现了可以为多家主流车企超 30 款车型提供共享换电站服务。奥动新能源围绕换电的定位、锁止和连接三大核心技术,形成了以锁扣连接为技术路线的换电解决方案,拥有 4500 多项全球换电专利,参与 100 多项国家、行业、团体和地方换电标准。奥动第四代换电站可实现 20 秒极速换电,服务全程仅需 1 min;日服务 1000 辆运营车辆或 5000 辆私家车;采用模块化设计,可快速布置于运营车场站、公共停车场、交通枢纽、物流集散、商业或居民社区地等多样化高频出行场景。具体样站如图 1-7-5 所示。

图 1-7-5 奥动重庆 4.0 出租车换电站

奥动为不同厂商提供可支持换电的零部件供应体系,以建立多品牌车型共享极速换电平台为理念,在乘用车(出租车、网约车)、商用车(微面、轻卡、重卡)等诸多领域,与北汽、上汽、广汽埃安、一汽、长安、东风等国内 16 家主流车企达成合作,共同开发 30 款换电车型(北汽 EU300/EU5、上汽 Ei5、广汽 Aions、长安 EV460、东风 E70、一汽红旗 E111/奔腾 NAT)并已多数投入市场。已在全国 60 座城市布局 800 座换电站,为出租车、网约车、物流车等营运车辆提供便捷的换电补能服务。截至 2023 年 12 月,累计提供换电 8000 多万次,换电行驶里程 100 多亿公里,节碳减排 90 万 t。奥动新能源计划到 2025 年共布局 1 万座换电站。

(2)蔚来汽车

蔚来 Bayobolt 锁止机构技术能够保证支撑电池的足够强度,3 min 内可以完成全自动换电,每次换电都会做电池和整车电气系统检测,同时允许车主升级电池包和单独租赁电池。其服务群体主要为蔚来汽车体系内车主。具体样站如图 1-7-6 所示。

图 1-7-6 蔚来 3.0 换电站

(3)易易互联

易易互联深耕换电行业已超过6年,积累了领先的行业经验,研发人员1000余人,投入资金超10亿元,在“换电架构、换电站、标准化电池包、换电车辆、站控云平台”等换电领域拥有上千项技术专利,发布换电相关标准30余项,可靠性验证试验超过30万km,打造了行业首个具备“整车—电池—换电—运营”的智慧换电生态全产业链开放平台。

据易易互联科技有限公司总裁杨全凯介绍,易易互联三代换电站具备“高模块化、高兼容性、高智能化、高服务能力、高安全性”等优势,重塑换电补能新体验。具体样站如图1-7-7所示。

图1-7-7 易易互联三代换电站

(4)协鑫电港

协鑫电港是协鑫能科旗下移动能源品牌,依托深耕绿色能源运营和综合能源服务的布局,以及在充换电技术开发迭代、数智平台研发运营等方面迅速建立的核心竞争优势,秉持科技为核、用户为王、诚信为本的品牌经营理念,以“科技驱动低碳生活”为使命,以绿电为源,运力为先,通过数字聚合,金融赋能,打造移动数字能源运营平台和智能电动汽车双轮驱动的业务模式;以车为能源载体,以电池为核心资源,以港为基础设施,搭建绿电、港站、车、电池、储能生态闭环,联合开发定制运营领域新能源汽车,整合运力资源,提供电动汽车补能服务、电池全生命周期管理、充换电站港及移动数字能源平台的商业化运营,致力于为电动化出行提供便捷、经济、绿色的一体化解决方案,推动绿色能源与汽车两大产业的融合。具体样站如图1-7-8所示。

图1-7-8 协鑫乘用车换电港

(5)伯坦科技

杭州伯坦已完成含电动客车、两厢电动乘用车、三厢电动乘用车、电动物流车等数款电动汽车的研发设计和量产,推出正向设计的模块化纯电动物流车,具备零部件模块化、续航超长、外形电动化等突出优势。伯坦换电方案合作厂商有东风汽车、奇瑞汽车、大运汽车、吉利商用、威马汽车等。换电方案通用乘用车(涵盖A00-C级所有车型)和商用车(微型面包车、轻卡等),已推出8家车厂的16款车型。截至2023年12月,已建成换电站超过108座,覆盖城市16座。其服务群体主要为网约车、出租车、物流车等乘用车以及商用车领域。计划到2025年在全国建成换电站累计超过2000座,为全国超50万辆乘用车及物流车主提供能源服务。

5. 未来几年新能源汽车换电技术发展趋势

在国家政策和市场需求的双重驱动下,换电行业形成多种技术类型并存的态势,包括:以奥动、上汽、北汽、蔚来等企业为代表的乘用车底盘换电技术,以伯坦、移峰能源等为代表的分箱换电技术,以国家电投和玖行、国网商用为代表重卡后背式换电技术,以国网商用为代表的矿卡侧换技术。然而,换电基础设施、电池、车型等技术标准不统一阻碍了换电产业的进一步发展。

随着城市公共交通、物流交通电动化进程不断提速,未来电动汽车对换电的需求愈发强烈,换电技术正由快速、安全的核心诉求向智能化、标准化方向迭代发展,由各技术路线独立扩张向换电网络互联互通方向演进。

(1)智能自动化

全自动换电、无人值守运营、智能化结算体验将成为下一代换电产品的重要特征。未来换电技术应用将不仅具备电池快换功能,还需要具备根据用户分布和轨迹、站点客流和电池情况,不断优化数据模型算法,动态调整推荐规则,引导用户换电需求,最小化用户补能用时,最大化运营网络服务能力。随着换电站自动化程度越来越高和自动驾驶技术的应用,整个换电操作和场站运营将完全实现无人化操作。

(2)大类趋同标准化

标准化是产业大规模发展的基础和保障,动力电池、换电设施、换电车型的标准化将成为下一步行业工作的重点方向。一是动力电池标准化,会存在几款类型电池,适用不同车型;二是换电设施,换电站应该具备为不同车型提供换电服务的能力,且采用模块化设计的换电站,形成低成本、可升级的建站模式;三是车辆端,与标准化换电站相适配将形成数款标准化电池箱、标准化车辆底盘。

兼容多车型的共用型换电站将通过3个阶段实现标准共享。第一阶段,共用换电平台和换电结构,不同的电池存储仓,尤其是对于底盘换电技术,特别容易实现;第二阶段,共用换电平台、换电机构、兼容的电池仓位,电池可以不一样;第三阶段,结构模块化的电池,固定3种左右型号,不同车型、不同车企间可以进行互换。

(3)互联互通网络化

为满足规模化电动汽车换电需求,需要建设服务能力强大的换电网络,从而技术也将从站级向网络技术升级。通过形成换电网络,将打通智能调度、安全监控、电池资产管理、大数据分析等方面的行业数据壁垒,实现不同换电运营商相互联通,实现数据管理平台统一管理。深度分析换电产生的数据流、业务流、信息流、能量流,可以提高换电网络的智能化水平、资产运营效率,从而提高用户换电体验。同时,换电网络可以实现换电设施的合理化布局,可以提升换电站建设效率,减少重复建设,促进电动汽车社区换电模式的发展。

(4)与能源网深度融合

本质上,换电站是一个综合的能源载体。换电网络作为分布式储能系统,将电池以物理形式存储并搬运移动,而且还能让能量的在充放之间实现双向流动。换电设施通过参与电网需求响应,实现与电力系统、电动汽车之间的能源交互,形成面向低碳化电网的新型协作体系。在消纳清洁能源方面,换电站还可以积极联合光伏等新能源产业。通过结合光、储、充、换等多种形式,实现清洁电力的自发自用、余电存储、可充可换的综合性能源站,从而促进能源电力网与交通网的深度融合,共同发展。

6. 新能源汽车换电技术发展存在的问题

(1)换电方式、锁止技术不统一

因使用场景各异,各领域车型对换电方式的选择倾向不同。整体来看,乘用车换电方式主要为底盘换电;大巴车主要采用换电方式是侧方换电;重卡则主要为后背式换电。未来电池 C—to—C 的集成发展趋势发展,可能产生新的换电形式。多样化的换电方式给行业带来了发展动力,但也对换电站的建设成本和兼容性带来巨大挑战。不同换电方式所用的设备差异很大,无法实现通用或部分通用。

以乘用车在底盘换电为例。同为底盘整包换电,同样存在锁止技术不统一的问题。如奥动、北汽采用的是卡扣机构,蔚来采用的类螺栓锁止。同时,电池与整车接口的对接方向也各不相同。奥动、北汽为水平对接,蔚来是 Z 向对接。更有车型不同、底盘结构各异造成的电池这些差异造成换电设备不兼容,造成各家设备利用率有限,投资回报周期长。

(2)电池制造标准不统一

现阶段,电动汽车动力电池是作为供应零部件配套主机厂,因车型各异,属于定制化产品。由于不同主机厂开发的技术路线不同,同一主机厂的不同车型之间也存在差异,导致电池的尺寸规格、固定点位置、装配公差等都无法统一。跨车企之间的电池标准化尚无动力推进。同时,各电池厂家由于电芯规格不同、技术路线不同,也导致电池系统的最终尺寸无法统一。此外,不同品牌产品之间互用意味着搭载在电池基础上的算法、数据等共享。这涉及电池、车企、换电运营商之间必要的技术知识产权分享,在企业间尚不易达成共识。而当标准不一时,意味着不同品牌、不同型号车辆需要定制设计换电站。这一方面增加了换电站的建设数量和成本,另一方面增加了换电站的设计时间和成本。不同品牌电池和车型难以普适化共享任一换电站,无法达到一站换任一车企的车,一车能进入任一换电站换电的高效集约状态。

(3)缺乏贯穿生命周期的电池数据监管政策,衔接力度有限

为了实现对新能源汽车安全监管、充电能力保障和动力蓄电池回收利用监管的目的,我国对不同阶段电池数据及平台建设已经有了诸如《新能源汽车动力蓄电池回收利用溯源管理暂行规定》《新能源汽车动力蓄电池梯次利用管理办法》等行政规范和要求。但为推进资源综合利用,国家要求对电池全生命周期信息进行监管和溯源。但监管政策并未将动力电池在生产段、使用段、梯次利用段、拆除再生循环段的监管要求打通,还是一个政策“孤岛”。

同时,因动力电池全生命周期涉及环节和主体较多,不同主体和平台基于自身需求和定位,存在一定的认知差异,数据监测重点有所不同。由于权限问题,主机厂等部分企业的数据因为涉及关键产品信息和参数,出于商业机密、客户隐私等数据合规监管的考虑,对外开放度较低。除部分全产业链布局的企业能够掌握其产品的全生命周期数据之外,绝大多数监测主体不能全面掌握动力电池信息。电池数据主体之间数据壁垒林立,非常不利于动力电池全生命周期监管和商业化高效利用。

(4)电池数据商业化程度有限,尚需进一步探索与培育

电动汽车独有的车电分离模式滋生的电池资产管理模式已经在乘用车和商用车换电领域齐头并进,但对换电产业电池大数据的商业应用尚未形成可推广、可复制和可盈利的模式。数据分析利用还集中在分析应对动力电池使用过程中的衰减、热失控、故障预警等重大问题上。电池大数据应用场景仍主要局限于技术研发和安全管控上。商业多样化应用价值体现不足,商业模式需要进一步探索。

在车电分离模式下,动力电池资产由“电池资产管理公司”持有。重卡较高的购置初始价格,尤其适合电池租赁。电池资产管理公司天然的重资产属性,要求其能够对电池监控、管理、维护进行完全掌握,以利于挖掘成熟的商业模式,实现动力电池梯次利用及回收的全生命周期价值链。

同时,动力电池全生命周期长,数据平台投入大,企业之间数据信息藩篱阻碍全生命周期电池大数据链形成。片段式数据所有者难以短时间实现闭环数据管理,从而推动商业变现,因此数据主体进行数据挖掘与利用面临“巧妇难无少米之炊”的困境。

(5)换电站建设运营成本高

理解换电站建设运营,可以参考传统加气油站进行。换电站建设前期投入较大,主要体现在设备成本、电力成本、土地租金、建设费用、电池配比费用,以及 7×24 h 运营的人力成本等。分换电站服务领域看,乘用车换电站相对小型,单站投资在 200 万元~500 万元;在卡换电站一次性设备投资、运营维护等费用超 1000 万元。换电站需额外承担较高的电池折旧或租赁成本。同时,考虑作为一项系统性的基础设施,换电站需要适度超前布局,且仅当布局密度达到一定程度时才具备现实意义。因此,换电模式下,企业须承担较高的前期投入费用。

由于换电的标准不统一,换电站投资建设各自为营、共享度不高,导致换电站的运营维护成本相对较高。在实际运营中,尽管换电站能做到兼容多个车企不同品牌的多款车型,如奥动换电站能兼容共享其合作的 8 款不同车企的不同车型,但换电站兼容性依然有限。换电设施共享不高造成设备资源、电力资源、土地资源的浪费和各家间的重复建设。换电式乘用车占新能源汽车比例较小,换电站运营实际面临供大于求、服务能力大大浪费的投入“黑洞”。

(6)换电站建设选址难

换电站的建设既需要考虑地价因素及交通便利性,又需

要顾及电网接入、电力报装问题。这导致站址选择灵活度有限。因而多样化的换电站在技术方式、大小、外形上有明显差异。行业层面、国家层面和地方政府执行层面对换电站的认识各有不同,适用政策条文、监管力度也不尽相同。换电站属性认定不明确,部分地区和部门将换电站定性为设备,而部分地区和部门对其定性为建筑物和设备,造成安全管理的标准和要求不一致。多个国家文件将换电站定义为基础设施,但在具体执行层面出现电力基础设施还是城市基础设施认定的问题。重卡换电站规模量级更大,审批难度大,选址与配电接入难,这在一定程度上制约了重卡换电发展。行业规模化、合规化发展需要明确的换电站建设落地指导政策,避免落建过程中出现多头管理,发生问题时无头管理而阻碍换电行业的发展。

(7)在加油站布局换电站缺少相关标准规范

GB/T51077—2015《电动汽车电池更换站设计规范》、GB50156—2021《汽车加油加气加氢站技术标准》等标准规范中,对与加油站合建的换电站的安全距离要求尚无明确规定。国内换电企业蔚来、奥动将换电站视为明火地点或散发火花地点来判定与加油站安全距离。在国内个别地区应急管理部门、消防部门以无关标准为由,禁止在加油站区域内建设换电站,或者要求安全距离无限扩大,不利于加油站土地的集约化利用。为有效利用加油站稀缺土地资源,有必要完善相关标准规范等,指导在加油站建设换电站。

(8)换电车型销量占整体比重低

换电技术近年来发展较快,汽车销量和换电站数量持续增加,截至2021年底,换电站1298座,与充电设施共同服务近800万辆新能源汽车。但换电汽车占新能源汽车总量比例仍然偏低。

换电补能路线需要车企开发换电车型,设备商研发生产相适应的换电设备,运营商建设可匹配的换电站,用户/交通公司购买换电车型和使用换电方式补能才能形成闭环的产业形态。这对产业上下链协调能力具有极高要求。由于所需所投资金数额庞大,技术门槛较高,多数企业对此仍处于观望试探阶段,并未作坚定投入。为数不高的换电车辆的换电需求无法满足规模建设的换电站的经济效益需求,而无规模化的换电设施势必会影响现有车主的体验和潜在消费者的购买意愿,进而影响换电模式的发展。换电设施与换电车辆的共生关系制约了换电行业的进一步规模化发展。

7. 新能源汽车换电技术发展建议

2021年5月20日,国家发改委、国家能源局联合发文征求意见,提出在特定领域加快推广换电模式,形成统一的换电标准;同月,首个换电领域基础通用国标批准发布;同年,新能源汽车换电模式应用试点工作在全国范围内开展。在未来仍需对换电的标准化,换电车辆的法规等做出更为详细的规范与支持。

(1)鼓励换电建设,使换电与充电具有相同发展空间

换电模式发展不仅面临着标准统一难的问题,还面临着规模化程度不足的问题,要扩大服务范围必须在现有基础上拓展。比照充电设施初期规模化发展的激励政策,建议国家和地方依照对充电设施的支持政策,相应推出对换电模式系统性的指导和支持政策,包括属性界定、管理标准、换电设施建设和运营、电力配套、补贴等政策,让换电站在建设及运营上与充电桩可享受同等的政策环境。

(2)加快推进换电标准化,引导产业合作,丰富车型供给

各主机厂之间换电方式和电池包边界无法兼容,各换电站之间无法互通换电。建议立足换电模式发展的各项环节,形成涵盖顶层设计、技术创新、产业落地、推广应用、能源保障、安全监管六大方面的政策机制体系,形成高效、规范、顺畅的换电模式运营和管理体系,推动换电模式产业健康可持续发展;推动换电站规划设计标准、建设施工标准、安全规范标准、电池系统接口等有关标准出台,形成车辆、电池、换电站、电网之间互联互通、协同发展的换电模式体系。研究全面的、系统的测试评价技术,建立国际先进的测试评价体系和软硬件性能测试评价平台。

积极引导整车制造企业、换电系统关键零部件企业、换电站运营企业、出租车运营企业、动力电池企业、电池回收利用企业等开展全生命周期的全链条合作,共同探索责任共担、利益共享的合作模式。开展不同车型的兼容性方案试点,推进电动汽车换电底盘、换电电池包标准化发展。鼓励模块化的电池设计,开放式的换电服务,共同推动换电电池和换电站的互通共享,吸引更多车辆生产企业加入,为市场提供更多高质量换电式电动车产品,为市场提供更多选择。

(3)规划引领,促进换电站与现有设施合建共营,优化换电空间布局

将换电站建设纳入市政基础设施专项规划、电力专项规划和高速、枢纽等区域间交通领域规划专项,遴选具备符合条件的换电站建设场地,优化充换电站空间布局,有序推进换电设施项目的建设和落地。各地可根据本地区充换电站规划建设目标和新能源汽车电动化推进工作需求,滚动制定换电站建设计划,利用各类土地空间资源,结合不同区位城市景观等相关要求,完善街区换电网络,完善交通枢纽的换电设施网络布局,切实解决换电基础设施选址难、定点难的问题,为新能源汽车用户提供出行的便利。

鼓励换电站与加油站、加气站等既有场站合作建设,开展油、氢、气、电综合供给服务。开展基于车辆能源结构转型的能源补给基础设施协同规划研究,促进加油、加气等传统能源补给基础设施和换电、充电、加氢等新能源补给基础设施的有序衔接和合理配置。鼓励依托换电站场景为用户提供更多附加服务,如提供洗车服务,开设便利店、咖啡店等,提升换电设施的价值。

(4)鼓励电力公司建立绿色通道,推动换电市场规范化运营

适当简化电力报装手续,缩短换电站电力报装时间,明确增容手续的具体规定和执行流程,不额外增加其他手续要求,加快增容速度。

加强换电设施建设备案管理,促进换电服务市场规范化建设。探索建立换电服务的市场准入退出机制,培育服务水平高、用户满意度高的优质企业。鼓励换电站参与电力市场化交易,综合运用峰谷电价、绿电交易等优惠政策,实现换电站与电网能量高效互动,降低换电车辆用电成本,提高电网调峰调频、安全应急等响应能力。

(5)鼓励换电站、电网、电动汽车双向互动发展

推动车网互动、车站互动、站网互动、车车互动等技术进一步规模化应用。灵活调度车—站—网—源，打通电力双向流通渠道，促进网络能量传递，融入智慧电网系统，让电力系统更加优化。通过“充换储”一体化为电网的调峰、调频和应急供电提供基础服务。推动快换站电能储备参与电力市场交易，在重点商业区、居民区等区域，增加用户侧电池应用场景，减少新能源发电的弃电现象。

建议参照火电行业广泛使用的“两个细则”类似规则，在负荷侧进行试点，发挥充换电基础设施对于电网消纳新能源电力，提高供电可靠性的支撑作用，对换电给出统一的资源补偿规则。

(6)设立专项资金，鼓励换电站核心技术研发和超前布局

建议地方政府加大对技术研发的投入，鼓励开展换电核心技术的试点应用及示范项目，为换电企业的换电核心技术研发项目提供财政支持，鼓励换电企业发挥创新主体作用，加快推动新型换电技术及装备的探索及研发。

由于换电模式需要形成网络才能体现优势，换电站建设投入的成本仍然较高，且换电站的建设选址需考虑地价因素、交通便利性、电网接入等问题，建议国家、地方层面出台对换电模式的专项补贴政策，对符合条件的换电设施建设给予资金支持，推动金融创新，以缓解企业前期建站资金和阶段性运营压力，培育换电产业的发展。

(7)加强电池全生命周期数据监管，打造数据共享平台

加强动力电池数据管理的顶层设计，进一步明确动力电池全生命周期数据平台的战略导向，梳理动力电池各环节的数据要求，制定具体落实措施，强化创新推动，从而引导行业主体开展对新技术、新模式和新业态的探索应用，充分挖掘动力电池全生命周期数据价值。

一是积极引导培育动力电池全生命周期共享数据平台建设。通过促进动力电池全产业链合作，打通跨企业数据通路，推动共享数据平台的建设，并建立健全数据资产交易和定价机制，加速数据资源的整合流通。加强产学研合作，结合电化学机理、大数据和机器学习等技术，共同解决关键性能、安全管理、故障预警等难度较大的数据分析模型。

二是开发数据商业价值，推动更多应用场景落地。充分利用电池全生命周期数据积累，基于电池设计品类、性能参数、运行使用等信息，积极探索电池数据平台在技术研发、产品规划、二手车市场、金融保险及回收利用等多个场景的深度应用，推动场景落地，让数据资产发挥更大价值。

8. 总结

建桩难、用桩难依然普遍存在，充电焦虑、里程焦虑等问题始终困扰着消费者，成为新能源汽车市场化推广的重要阻碍。换电模式的普及有利于深度缓解充电焦虑，尤其是营运车辆的充电焦虑。换电模式发展仍处于初级阶段。随着政策导向提供的各方面支持，结合换电模式的优势，相关的国家标准有望快速落地。商业模式快速成熟，换电站有望在资本、车企、运营企业等相关主体的快速联合下，实现全国城市网络化快速布局，形成规模服务效率。未来可能有越来越多的企业加入换电模式建设，换电规模也会随之扩大，换电优势将会进一步得到体现，更加有效地促进新能源市场的发展。

换电较慢充和快充具有诸多经济性和安全性上的优点，随着换电技术的不断进步和换电产业标准的不断统一，换电产生的经济效益将会逐渐凸显。国内换电产业整体尚处于起步阶段。应当逐步制定完善换电产业标准；推行车电分离商业模式，实现动力电池与新能源汽车的解耦；通过换电与电网的融合，将换电模式的运营潜力充分释放。最终实现广大人民群众直接享受新能源汽车技术进步成果。

(二)换电式电动重卡

中国电动重卡换电产业促进联盟　李立国　曾云川

1. 2023 年换电式电动重卡产业总体发展

2023 年，换电重卡销量达到 14961 辆，与 2022 年销量 12381 辆相比，增幅达到了 20.8%。新能源重卡销量 34168 辆，同比增长 36.3%。换电重卡增速未跑赢新能源大盘。2023 年，换电重卡销量占新能源重卡 43.8%，较 2023 年回落 5.6 个百分点。

从企业端看，换电重卡企业数量由 2021 年的 13 家增长至 2023 年的 24 家，表明主机厂看好换电重卡市场潜力。但各企业业绩参差不齐：2023 年，解放、宇通、江淮企业销量分别同比大涨 107%、162% 和 2892%；徐工、三一、陕汽和重汽则分别增长了 28%、48%、73% 和 53%，跑赢换电重卡市场“大盘”；远程、福田、大运则跑输“大盘”，同比仅分别增长了 6%、3% 和 10%。TOP5 企业份额合计为 62.44%，55.38%，换电重卡的市场集中度有所下降（见图 1-7-9）。

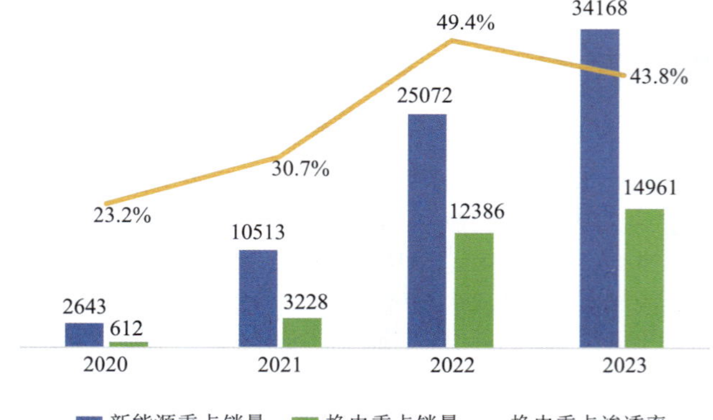

图 1-7-9　2020—2023 新能源重卡和换电重卡销量（单位：辆）

数据来源：第一商用车网

动力电池系统方面，2023 年，搭载电量为 280～290 kWh

电池的换电重卡销量占比为72%,相较于2022年的87%减少了15个百分点;搭载电量为300~400 kWh电池的换电重卡销量占比为23%,相较于2022年的10%增长了13个百分点。此外,电量在400~500 kWh的换电重卡也有一定的销量,占比为3%,而电量大于500 kWh的换电重卡也开始贡献销量。这表明换电重卡配套电池系统呈现大电量化趋势(见图1-7-10)。

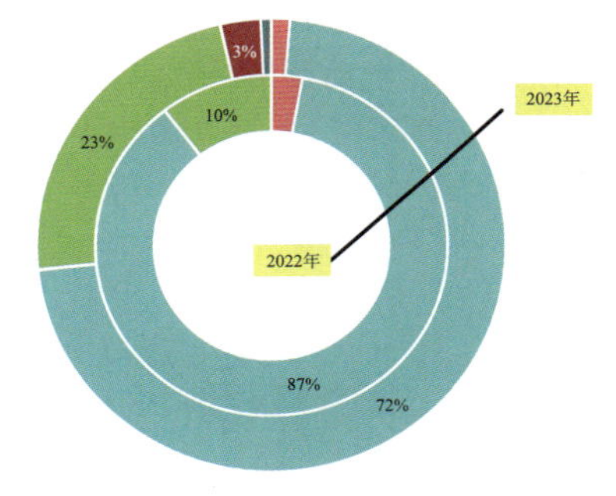

图1-7-10　2022—2023不同电量换电重卡销量占比

2022年8月,宁德时代宣布推出MTB技术。MTB技术较传统"电池包+车架/底盘"的成组方式,体积利用率提升了40%,重量减轻10%。同时,电池系统寿命较同类产品能够提升2倍以上,循环寿命约1万次/10年。2022年9月17日,宁德时代宣布首创的MTB技术将率先应用于国家电投启源芯动力换电项目。

2023年7月,启源芯动力自主研发生产的车储共用电池系统(CTB电池)正式登上工信部公告,搭载在一汽解放的换电牵引车和上汽红岩的自卸车。该电池系统创新采用电芯直接集成到车辆支架的创新成组方式,拥有更高集成度、更高效热管理、更全面电池管理能力、更强充放电效率、兼容标准车载底托等优势。

智锂物联的MTB车载换电系统也正在研发中,产品电量将不低于400 kWh,重量不超过4 t,能量密度大于140 Wh/kg,循环寿命在4200次。冬季低温续航衰减不超过20%。

电动重卡换电技术主要分为底盘式换电和后背式换电,这两种技术路线分别对应不同的电池位置。后背式换电系统布置位置与LNG、CNG等传统车型的气瓶布置位置相同,车型开发变更少、开发速度快、车型成本低,可以采用成熟的集中式驱动系统,也可以采用电驱桥和轮毂电机等下一代驱动系统。换电电池系统安装在车辆大梁上,不易受到底部碰撞和侧向外部碰撞的风险,也不易发生脱落事故,也不易受到路面泥水冰雪等恶劣路况的影响,锁紧系统及与换电设备的换电操作稳定性好。底盘式重心低、行驶稳定性好、不遮挡驾驶员后窗视线、不占用自卸车等车型货箱空间。重卡底盘换电需要采用下一代电驱桥,锁止连接和换电技术实现难度和可靠性要求均大于后背式换电,因此发展滞后于后背式换电,同时成本也更高。工信部发布的车型公告资料显示,截至2023年12月底,共有98家车企发布了换电重卡,公告车型达723款,其中后背式700款,底盘式17款,后背式占比超过96%。对主机厂来说,背式换电技术路线成熟可靠,是主流车型(见图1-7-11)。

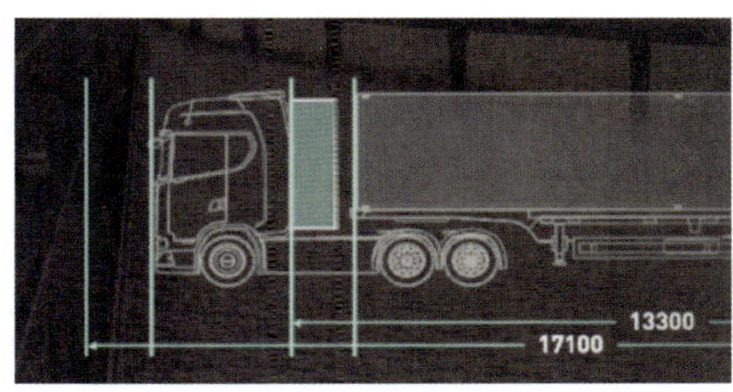

(a)底盘式换电重卡

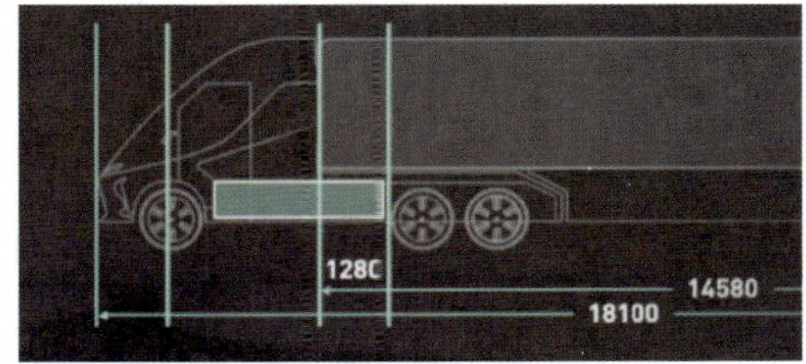

(b)后背式换电重卡

图1-7-11　换电重卡

除了底盘和后背无法兼容之外,同一技术路线仍在也存在兼容性问题。不同厂家产品不能互换兼容,只能匹配己方换电站使用,严重阻碍了重卡换电产业的互通互换。

因此,我国在重卡换电的电池系统、换电设备、共享互换标准化等方面尚处于研究初期,其运营效率、经济性、兼容性等均存在较大的改进空间,高效、安全、经济的换电服务网络亟待形成。为实现重卡换电的规模化应用,仍需探索互通互换共享高效换电等相关技术、优化换电能量补给站的构型和控制,并通过应用示范进行技术验证、积累运营经验。

2. 产业标准体系的建设

(1)行业标准归口部门规划完善换电标准

汽标委电动车分标委于2021年11月发布了《中国电动汽车标准化工作路线图(第三版)》。路线图立足于我国新能源汽车产业发展需求,系统梳理了新能源汽车标准体系架构,分领域介绍了国内外现有标准和标准缺项。电动汽车换电标准被列入了短期、中期两个阶段任务。

中国电力企业联合会发布的《电动汽车充电设施标准体系(2022版)》中,标准体系涵盖了充电设备制造、检验检测、规划建设和运营管理等全方位。中电联充换电设施分标委已申请立项,GB/T 29772—2013《电动汽车电池更换站通用技术要求》等5项标准正在修订。

(2)汽标委电动车分标委推进商用车换电标准落地

汽标委电动车分标委于2021年1月27日发出《关于筹备成立"电动汽车换电标准工作组"的通知》,经过多次行业会议讨论,拟定"电动汽车换电标准路线图",按照乘用车、商用车2大类规划行业标准立项计划。其中,《纯电动商用车车载换电系统互换性系列标准》(共5项:换电电气接口、换电冷却接口、换电机构、换电电池包、车辆与电池包的通信)。经过前期的预研、论证、立项答辩,已列入工信部2022年5月13日发布的《2022年第一批行业标准制修订计划》中,四川新能源汽车创新中心作为主要起草单位被列入立项起草组中。此项工作从2021年初开始预研,经过八次标准起草工作组会议讨论,在充分听取和采纳行业意见的基础上,2022年10月1日征求意见稿挂网公开征求意见。2022年底完成报批,2023年10月19日,工业和信息化部正式发布了QC/T 1201—2003《纯电动商用车车载换电系统互换性》。

(3)政策驱动、市场诉求催生地标和团标

2021年10月,工信部印发《关于启动新能源汽车换电模式应用试点工作的通知》,提出将在宜宾、唐山、包头等重工业城市进行换电重卡试点,并要求健全换电相关标准体系。

2022年3月,工信部发布《2022年汽车标准化工作要点》,针对充换电领域,提出加快构建完善电动汽车充换电标准体系,推进纯电动汽车车载换电系统、换电通用平台、换电电池包等标准制定。

2023年3月29日,在中国商用车论坛上,中国汽车工业协会和一汽解放牵头发布《电动中重卡共享换电车辆及换电站建设技术规范》系列团体标准,标准覆盖车端、站端关键技术12项,明确了接口尺寸、换电流程等五方面技术内容。同时,该标准还对换电电池箱技术、换电底托技术、换电连接器技术、换电控制器技术、车辆识别、数据安全、防护及应急、换电系统、装置技术及规划布局实施做出统一标准要求。

2023年6月9日,工业和信息化部副部长辛国斌在2023年世界动力电池大会期间表示,要研究编制换电技术标准体系,推动换电电池尺寸、换电接口、通信协议等标准统一。6月10日,在世界动力电池大会专题研讨活动中,中国电力企业联合会副秘书长、电动汽车充电设施标准化技术委员会主任委员刘永东作为倡议代表,由中国电动重卡换电产业促进联盟、中国电动汽车充电基础设施促进联盟联合发起《重卡换电产业互通互换发展倡议》,国家电投启源芯动力、中国石油销售公司、三峡绿动、宁德时代、上汽红岩、吉利阳光铭岛、北汽福田、陕重汽、重汽、宇通客车、三一重工、徐工新能源等重卡换电产业链龙头企业共同响应。

江苏省、重庆市、包头市、宜宾市等地方也都相继推出了有关的地方标准,深圳市《底盘式换电重卡车载换电系统技术要求》标准正在起草中。

3. 国内外换电式电动重卡产业发展趋势

(1)国外研究现状

国际上各个国家都在密切关注零碳重卡的技术发展,各个国家都在积极进行不同技术路线的探索;其中,只有我国换电重卡实现了万辆级规模化示范应用。

美国对于零碳重卡具有较高发展目标,但主要技术路线为商用车大规模快充及超级充电。美国预期在2030年在加州实现18万辆重型零排放车辆,因此积极开发多端口1MW+、并网在车队仓库为中重载货车充电的策略和技术。

美国2023年零排放重卡销量达到760辆,是2022年190辆的4倍,虽然市场发展迅猛,但技术路线是以商用车大规模快充及超级充电为主。美国预期在2030年在加州实现18万辆重型零排放车辆,因此积极开发多端口1MW+、并网在车队仓库为中重载货车充电的策略和技术。

欧盟则以高速充电网络和氢燃料电池重卡为主要技术路线,如图1-7-12所示,欧洲政府2020年零排放货运卡车为2300台,比2019年增长300%,进入快速增长期;并承诺2030年零排放货运卡车销量占销售总量的30%,2040年占100%。

欧盟则以高速充电网络和氢燃料电池重卡为主要技术路线,欧盟27国2023年零排放货运卡车及巴士销量达到11000辆,占所有燃油类型货运卡车及巴士的18%,相较2022年的销量5000辆翻了一番,同时欧盟承诺并承诺2030年零排放货运卡车销量占销售总量的30%,2040年占100%。在重卡领域如图1-7-12所示,欧盟27国2023年零排放重卡,包括燃料电池和纯电动重卡,销量为2600辆(占所有重卡销量的0.9%),相较2022年820辆的年销量实现了3倍的提升。其中德国和法国占据销量榜的第一和第二名,销量占比分别为29%和21%。

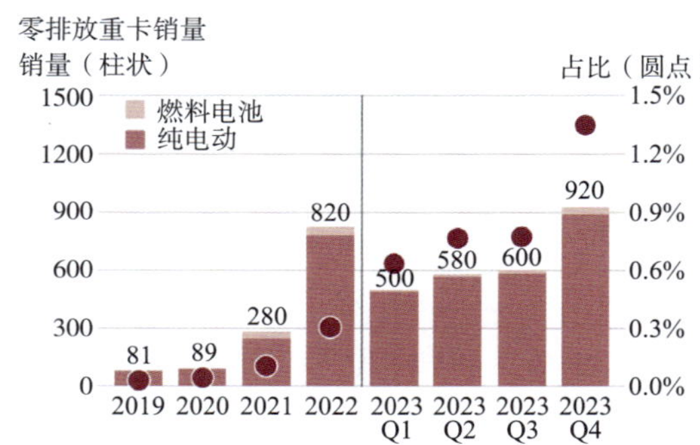

图1-7-12 欧洲零排放重卡销量增长

资料来源:The International Council on Clean Transportation

技术角度,仍处于技术选择期,以德国政府为例,2023—2025年为技术路线选择期,在短途BEV、长途BEV、氢能及有缆混动四个技术路线中进行比较,如图1-7-13所示,并计划于2026年开始按照技术路线,大规模布置加氢站或充电站基础设施。

日本则以氢能为主要技术路线,因此特别强调氢能燃料电池汽车技术在商用车领域的应用,如图1-7-14所示。

综上,国外主要在MW充电、氢能重卡的技术路线上探索,国内已经形成成熟的重卡换电产业生态,具备向国际输出的先发优势。

(2)国内研究现状

相比于国外重卡换电模式仍处于研判和示范筹划的起步阶段,中国重卡换电已经进入了高速增长的发展阶段。中国的电动重卡补能技术路径现状是充换并举。充电方案主要采用240~320 kW的双枪国标直流充电桩,充电版重卡为了满足全天里程需求普遍配备400~500 kWh动力电池,存在充电时间长、电池重量大等局限严重影响运营效率,仅在运营强度低短途场内有少量应用;对于运营强度大的车辆都采用换电方式,配备300 kWh左右动力电池;同时换电车型普遍同时配置双枪直流充电口,在低强度运行或没有换电网络覆盖时采用充电补能。充换兼容已成为主流补能方式。在重卡换电的技术、产品和产业应用方面处于全球领跑地位。全国各地已建成和投建重卡充换电站超1200座。除了在短倒场景持续推广以外,换电重卡已经向干线场景开始渗透。截至2024年7月,已开通的干线有7条,最大单边里程达600 km,尚有多条干线在建或在规划中。

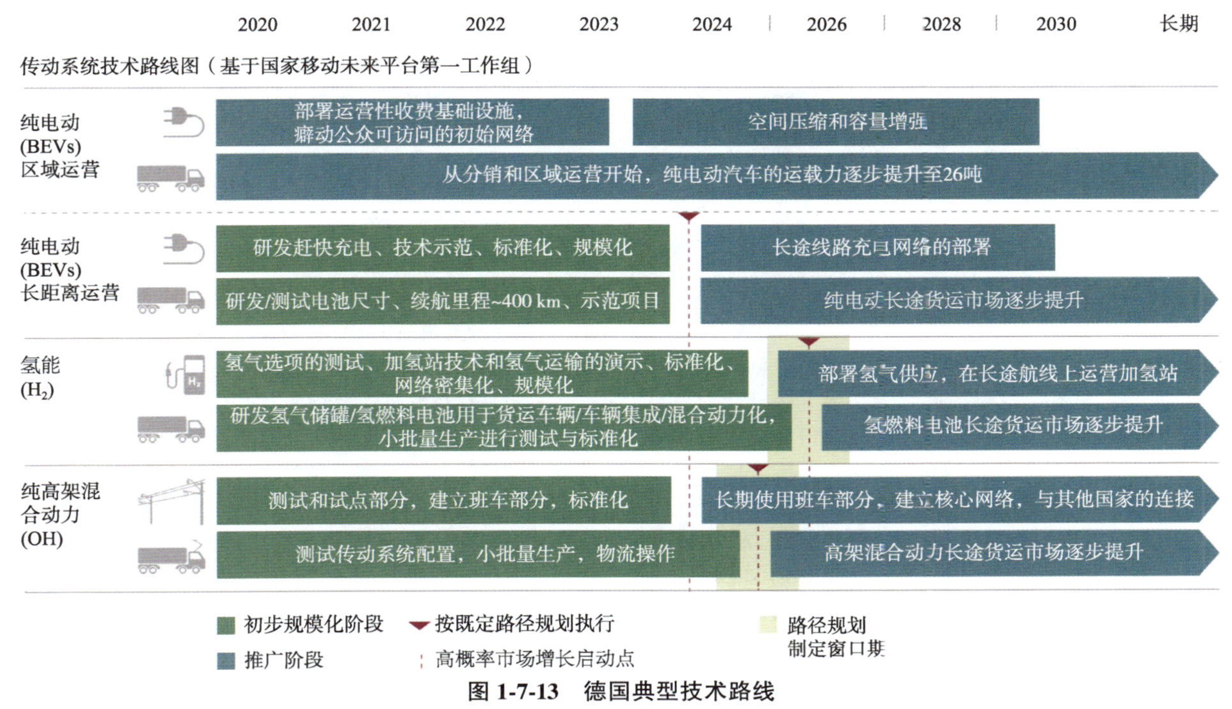

图 1-7-13　德国典型技术路线

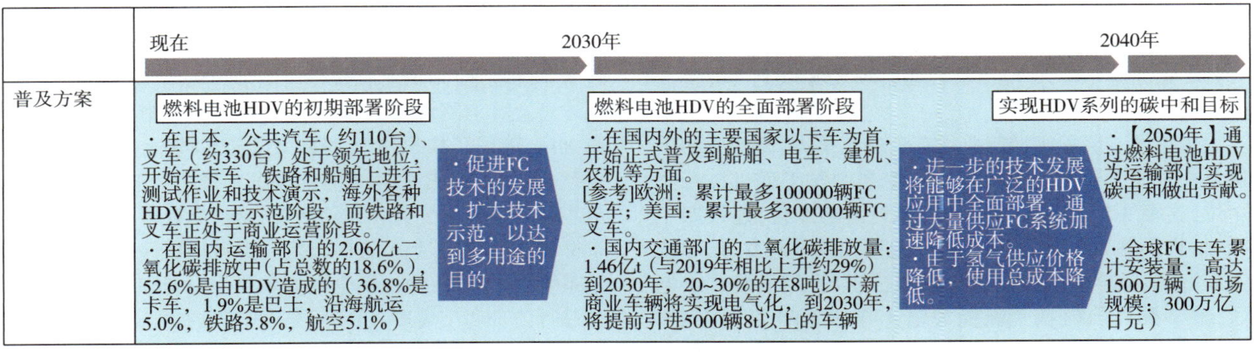

图 1-7-14　日本氢能技术路线图

4. 目前亟须解决的技术难点及解决方案

(1)车—电—站兼容共享换电解决方案

针对市场换电机构多和换电方式杂导致的通用化难题，研究开放性车载换电系统机电热液技术架构和共享兼容接口标准，开发互通互换的车载换电系统和多电池多车型的共享换电匹配策略，集成共享兼容的重卡换电站。

(2)高集成重卡换电电池系统解决方案

当前重卡换电电池采用电池框架集成标准电箱的方式，质量能量密度和体积能量密度都偏低，不利于装载更大更多的电池，少数国内企业尝试开发 MTB 电池系统，仍未投入批量应用；MTB 电池系统开发将不增加车辆体积的前提下提高换电重卡的装载电量，满足更多的运力场景需求。

(3)高精度重载快速换电解决方案

针对重卡换电运营服务能力弱、运营效率低的问题，建立激光雷达和机器视觉在数据、特征、决策不同抽象等级的融合感知模型，开发多传感器时空校准广域高精度定位算法；探索复杂约束和多源误差下的电池包换电轨迹规划算法，研制大臂展高刚度双向伸缩臂高速重载机器人，实现重卡换电站的高精度快速抓取作业，提高换电服务能力。

(4)重卡换电站火灾防控处置解决

针对重卡换电站电池安全风险高、资产投资风险高、运维成本高等问题，研究电池安全状态估计、一致性及均衡策略、电池保养维护方法，开发低功耗云控 4G 安全终端和电池安全风险态势感知与云控运维管理云平台，研制重卡换电站应急消防仓，达到了自动化无人化应急处置的效果。

(5)智能无人化解决方案

全自动换电、无人值守运营、智能化结算体验将成为下一代换电产品的重要特征。未来换电技术应用将不仅具备电池快换功能，还需要具备根据用户分布和轨迹、站点客流和电池情况，不断优化数据模型算法，动态调整推荐规则，引导用户换电需求，最小化用户补能用时，最大化运营网络服务能力。随着换电站自动化程度越来越高和自动驾驶技术的应用，整个换电操作和场站运营将完全实现无人化操作。

(6)站网互动解决方案

本质上，换电站是一个综合的能源载体。换电网络作为分布式储能系统，将电池以物理形式存储并搬运移动，而且还能让能量的在充放之间实现双向流动。换电设施通过参与电网需求响应，实现与电力系统、电动汽车之间的能源交互，形成面向低碳化电网的新型协作体系。在消纳清洁能源方面，换电站还可以积极联合风电、光伏等新能源产业。通过结合风、光、储、充、换等多种形式，实现清洁电力的自发自用、余电存储、可充可换的综合性能源站，从而促进能源电力网与交通网的深度融合，共同发展。

5. 2023 年行业重点企事业单位发展情况

上海启源芯动力是国家电投绿电交通产业创新中心的建设主体。自主研发了以车辆运管云平台等运营管控平台集群；自主研发车载通讯终端设备、电池通信终端设备和移动换电站站控系统等产品，在 40 余家主机厂推广应用过万台；联合 61 家国内头部重卡主机厂和 3 家换电站生产企业开发了 56 款高通用性的纯电动产品谱系及集固定式、移动式、撬装式为代表的换电站产品系列。2023 年启源芯动力累计共交付运营换电重卡及工程机械超 23000 台，市场上平均每 10 台换电重卡，就有 5 台使用启源芯动力的服务。同时，启源芯动力在全国范围建设充换电站超 580 座，较前年同比增长 132%，覆盖中国大陆所有省级行政区，市占率超 65%，是国内最主流的重卡充换电服务商。2023 年，启源芯动力自主研发生产了首款车储共用电池系统，兼容市场 95% 以上换电站，跨 92 家品牌车辆共享互换，覆盖市场 85% 以上换电重卡车型。

徐工集团是工程机械行业具有全球竞争力、影响力的千亿级龙头企业。公司主要指标始终稳居中国工程机械行业第 1 位，连续 3 年位列世界工程机械行业第 3 位，连续四年位列“世界品牌 500 强”。徐工汽车是国内最早研发、倡导换电产品方案，最早推出了侧换电重卡，最早采用吊装式换电装置，最早推出国内首个新能源渣土车示范项目的企业。2023 年，徐工新能源在纯电动、氢燃料、混动 3 种技术路线上齐头并进，产品覆盖公路物流、城市建设、市政环卫、矿山运输等四大应用场景，拥有牵引、自卸、搅拌、环卫各类型号产品 100 余款，全系产品支持充换一体以及常规与长寿命电池配置。2023 年，徐工新能源重卡销量跃居行业首位，并在换电领域市场占比 21%，新能源牵引车占比 17%，其产品结构更加平衡，牵引车、自卸车、搅拌车的市占率均在 16% 以上，搅拌车市场占有率已经达到了 23.86%。

远程新能源商用车集团成立于 2016 年，是浙江吉利控股集团旗下的子公司，专注于新能源商用车的研发、制造、销售和服务。2020 年 9 月，远程新能源商用车集团控股老牌重卡企业汉马科技(原名华菱星马)，并加速汉马科技的新能源转型，三年间使其新能源重卡销量占比由 1.83% 增长至 66.51%。同时，远程还在换电技术方面进行布局，其重卡充换电站完全自主研发，换电技术行业领先。值得一提的是，不同于行业当前主流的“油改电”技术，远程积极进行电动重卡的正向研发，于 2023 年 5 月推出国内首个正向研发的新能源重卡数智架构 GXA-T，一并推出了基于全新架构打造的远程星瀚 G 系列重卡。2023 年，远程换电重卡累计销售 2577 辆，同比增长 6%，其市场份额为 17.54%，同比减少 2.1 个百分点。

智锂物联是清华大学欧阳明高院士工作站在重卡换电装备、电池大数据安全运维领域的科技成果产业化企业，定位于数字化换电运营解决方案集成商，可提供满足汽车行业互换性标准的换电设备和车载换电系统。国内首发整体式侧换重卡换电站，换电时间 3 min、支持 4~20 个备用电池仓拓展。并率先推出满足汽车行业标准的轻量化高锁紧高耐久车载换电系统。2023 年 6 月，智锂物联重卡换电站正式上市。截至 2023 年 12 月，智锂物联累计收获 50 余笔换电站订单，交付重卡换电站 30 余座，其全年市场份额为 10%，第四季度甚至达到了 30%。

上海玖行能源科技有限公司是一家专业从事新能源电动汽车充换电设备研发、生产、销售、充换电站运营服务及相关领域业务的高新技术专精特新企业。玖行专注于创新的电动汽车充换电产品和统解决方案，构建基于物联网的电动汽车充换电和运营服务网络生态云平台。截至 2023 年底，玖行能源重卡充换电站达到 402 座，遍布全国 31 个省份，97 座城市。与此同时，玖行能源的动力电池总成箱销量突破 4 万套，适配 40 多家主机厂的超 550 电动重卡。

6. 未来几年换电式电动重卡产业发展建议

(1)公告管理

换电车型虽已实现车电分离开票，但是工信部公告车型包含车加电池，车辆上牌需要包含车辆发票和对应的电池发票才可上牌上路，极大阻碍了换电模式下车电分离模式的快速推广，阻碍了换电电池的高效流通和电池金融政策的推行。希望未来在工信部现有的换电车型公告基础上，制定换电车型车电分离公告管理创新模式，建立换电电池互换性接口标准体系，在车型公告中以换电接口规格公告特征代替电池系统型号特征，增加换电电池系统公告管理体系独立于车型进行公告和市场准入管理，允许车辆自主选用与该车型公告的换电接口规格匹配的合规电池系统(如不同产商、能量密度、容量)，实现完全意义的车电分离，使电池作为能源载体进行高效流通。

(2)统一标准

重卡换电因为其车电分离、补能时间短、占地面积低、电网冲击小等优势，已经逐渐成为了重卡电动化的主流技术路线。但是换电模式从设计到各方配合，技术环节较多，统一标准化需求迫切，特别是电池制造标准、接口标准及车站通信、识别等相关软件标准。重卡换电产业相关利益方众多，涉及设备制造商、换电站运营商、电网、技术供应商、电池供应商、电池银行、车企、用户(企业/个人)、运力商、金融服务商等多方企业，缺乏权威主导，难以寻求能平衡各方利益的行业标准。

我国采用的方式是国家部委主导，行业标准主管部门牵头、龙头企业协同，试点城市先行先试，发挥行业协会和联盟团体领头作用，加强换电式电动重卡互换性示范项目及互联互通换电站基础设施建设，在试点城市率先实现换电电气接口、换电冷却接口、换电机构、换电电池包、车电通信、车站通信、站端充电等标准化。如今，中汽中心预计在 2023 年发布重卡换电互换性的汽车行业标准，为了快速建成互通互换的换电网络，建议在满足汽车行业标准的基础上倡导各地方政府建立换电互换性地方标准的制定任务,既可以填补阶段性标准缺失问题也可以为长远完善行业、国家换电标准体系提供验证数据和经验,同时为争取将汽车行标升级为国标创造优势条件。

(3)加强电池安全管理

重卡电动化电池资产规模庞大,投资运营的资金和技术门槛高。2023年重卡累计销售91万辆,假若未来推广100万辆电动重卡的话,就需要4600亿元的电池资产,资产规模巨大。电池系统存在固有的安全性风险,并且重卡换电电池总电量高,是一辆乘用车的50倍,重卡运营工况复杂、环境恶劣,用户使用情况复杂、导致重卡换电电池系统的安全管理愈加复杂。重卡换电电池系统的电池监管、智能运维、火灾防护等问题都没有有效解决,倘若发生重大安全事故将会直接影响行业发展速度。

行业需要培育一批在电池安全监管、智能运维领域的龙头企业,加强电池安全机理、大数据分析、人工智能等先进技术的研究和应用,建立相关安全管理的规范和标准。同时,鼓励各地政府建设电池安全监控平台,加强电池全生命周期的安全监管和智能运维。

(4)建立清分结算平台

缺乏跨运营商和电池银行在互通互换运行情况下的换电服务费、电池租金和电费的收益分配机制和数据交互平台,使换电站即使满足互换性标准也不能在不同运营商的站和不同电池银行的电池间实现互通互换。建议组织龙头企业协商制定重卡换电互通互换运营清分结算规则,共同建设清分结算平台,并要求提供公共换电服务的换电运营商和电池银行必须接入该平台。

(5)建立互换运营质量追溯平台

在互通互换运营情况下,换电接口损坏的质量责任界定难度大幅提升,质量责任界定不清则会造成用户售后服务不及时,索赔周期长等不良体验。建议建立“重卡互换运维应急服务基金”并建设“重卡互换运行质量追溯平台”,要求换电运营商和电池银行必须接入该平台,保障互通互换体系下的售后服务体验。

八、甲醇汽车领域

甲醇汽车

天津大学 姚安仁

1. 2023年甲醇汽车产业总体发展与技术突破

全球正在探索多种甲醇制备技术路线。2023年2月,全球首个规模最大的CO_2加氢制绿色低碳甲醇工厂已经投产,其利用焦炉气中的氢气,与从工业尾气中捕集的CO_2合成绿色低碳甲醇,每年可生产11万t甲醇,直接减排CO_2 16万t,实现了CO_2的资源化利用,为碳达峰碳中和目标的实现提供了切实可行的技术方案。

甲醇作为含氧燃料,燃烧高效、清洁,通过电子合成,将CO_2资源化利用,又具备了可再生的特点。同时叠加甲醇自身在自然环境下以液体形式存在,便于存储和运输,它无疑是一种理想的新能源,既解决了工业生产和人类高质量生活的CO_2排放问题,又能作为氢气的最佳载体,将风光发电间歇不稳定的能量存储起来再利用。因此,这种绿色、低碳、清洁可再生甲醇的制备与使用,将成为实现国家“双碳”目标的现实选择和有效路径。

绿色甲醇汽车和氢燃料电池汽车一样,都是终极的新能源汽车,无论是汽车产业还是能源行业,都将因此而迎来巨大商业机遇。抓住了机遇就是成功,失去了机遇就将面临挑战。坚定看好绿色甲醇产业和绿色甲醇汽车产业的发展。实践证明,我们的探索实践不仅能够通过甲醇循环经济大幅度消纳CO_2,实现交通领域的碳中和,助力我国的“双碳”目标;同时,我们开发的甲醇乘用车和商用车还能给用户带来巨大的经济收益。

工信部发布了《关于调整甲醇汽车产品准入相关要求的通知》,对满足国六排放标准的甲醇汽车在申报准入上提出要求,这将对甲醇汽车下一步的生产标准形成统一,确保甲醇汽车市场竞争力更具优势。工信部连续发布多项行业标准,进一步完善了甲醇汽车的标准体系。工信部发布《“十四五”工业绿色发展规划》,其中明确提出,要大力发展和推广新能源汽车,把“促进甲醇汽车等替代燃料汽车”纳入“绿色产品和节能环保装备供给工程”。

商用车是交通领域的碳排放大户,CO_2排放占交通运输车辆CO_2总排放的54%,如采用绿色低碳甲醇,可有效降低整车全生命周期CO_2排放。吉利控股旗下远程新能源商用车集团成功地解决了甲醇发动机零部件耐醇、耐久性能等行业难题,成功开发出多款甲醇商用车并投入批量运营。远程已经研发了甲醇P2混动系统、甲醇增程动力链、甲醇重整制氢燃料电池技术等多元化的高效甲醇动力解决方案,并于2023年5月30日发布了基于全新架构打造的远程星瀚G系列重卡,将用于第19届杭州亚运会后勤保障工作。

不仅如此,正在积极研发车载CO_2捕集系统,致力于将甲醇重卡排放的CO_2实时捕捉,经回收后加氢合成甲醇循环利用,从而实现甲醇重卡的近零排放。经测算,一辆49 t位甲醇重卡一年排放120 t CO_2,这120 t CO_2全部捕集后可以生产87 t甲醇循环利用,相当于种植了120亩森林,这无疑将为我国碳中和开拓全新实践路径。

截至2023年底,我国的陕西、贵州、山西等多个省份已在甲醇汽车的推广应用上取得了显著成效,市场上甲醇汽车已有2万余台,甲醇燃料加注站也在不断完善建设中。甲醇汽车在“十三五”期间实现了大踏步前进,相信在即将到来的“十四五”规划中,甲醇汽车及相关产业将会取得更多新的发展成效。

随着在全国10座城市开展甲醇汽车试点工作,国家部委出台甲醇汽车推广的相关政策，各地方政府积极作为，因地制宜进行有效推广。不得不说甲醇汽车及相关产业的发展，在扩大产业供需端的同时，也能提供更多就业岗位，满足更多人的就业需求，完全符合当前我国提出的全面做好“六稳”“六保”工作的要求。

推动能源革命，打赢蓝天保卫战，是时代赋予我们的历史重任。在“双碳”目标下，新能源商用车的地位和重要性正不断上升，远程汽车通过多年的市场交付，验证了自身产品研发、模式打造的可行性，也解决了新能源商用车成本和收益之间的平衡。

科技兴国，创新强国。同样，远程汽车通过自主创新掌握核心科技的发展路线，奋起直追，力争超越同行、领先世界，改写了中国汽车品牌实力崛起的命题。展望明天，远程汽车将继续深度贯彻“创造智慧互联，引领绿色商用”的品牌愿景，在“1233”战略引领下，推动商用车的新能源化、低碳化转型，重构产业生态、创领零碳陆运，助力“双碳”目标落地，为绿水青山、为汽车强国贡献更大的力量。

甲醇汽车及燃料的推广能为国家能源安全提供保障，为终端消费者带来实惠。因此，有专家建议，应推进甲醇车用燃料加注体系建设，并支持鼓励汽柴油、LNG（液化天然气）加注站改建或增加甲醇加注功能等，以满足市面上甲醇汽车的加注需求和实际运行需要。

甲醇汽车历经多年研发探索，市场化推广成效愈发明显，发展进程也仍在持续发酵中，“十四五”规划将至，立足新发展阶段、贯彻新发展理念，构建新发展格局，高比例 M100 甲醇燃料及重整制氢燃料电池的发展，都必将为甲醇汽车及相关产业带来新的发展契机。

2. 产业标准体系的建设

中国检验检测学会已正式批准立项关于《绿电制绿氢再制甲醇制备工艺及方法》《绿电制绿氢再制甲醇产品碳足迹评价规范》《绿色甲醇合成燃料技术要求》《生物质制甲醇技术规范》《生物质制甲醇减碳量评估及认证方法》等相关团体标准。

《车用甲醇燃料作业安全规范》是 2023 年 10 月 12 日实施的一项中国国家标准。

国家标准《车用甲醇燃料作业安全规范》由 TC414（全国醇醚燃料标准化技术委员会）归口，主管部门为国家标准化管理委员会。

主要起草单位：山西省醇醚清洁燃料行业技术中心（有限公司）、中国安全生产科学研究院、中润油新能源股份有限公司、浙江吉利控股集团有限公司、山西必和必信清洁燃料技术开发有限公司、山西华顿实业有限公司、贵州黔晟新能源实业有限公司、亚能石化股份有限公司、河南省豫隆科学技术研究院有限公司、山西赛福特安环科技有限公司、山西省检验检测中心（山西省标准计量技术研究院）、贵州省标准化院、广州国机润滑科技有限公司、陕西延长石油能源科技有限公司、北京雄韬伟业能源科技发展有限公司。

3. 国内外甲醇汽车产业发展趋势

据了解，甲醇作为清洁能源的重要组成部分，原料来源丰富，作为燃料更加清洁、更加安全、更加高效且来源更加广泛，具备较高的经济性、安全性、环保性、可靠性和适用性，是内燃机传统能源理想的替代品，能加强能源安全、改善大气环境，为我国经济健康可持续发展作出贡献。

放眼全球，德国甲醇混动项目、丹麦甲醇汽车研究、瑞典甲醇燃料加注规范等，都为甲醇燃料的发展指明了方向。

欧洲将甲醇命名为电子燃料，电子燃料（E-Fuels）是由 100% 的可再生电力、水（电解）和 CO_2 产生的。由此，可以利用 Power-to-X 技术生产出符合标准的燃料。可再生电力和氢气是每个电子燃料的基础。因此，非常雄心勃勃地进一步扩大可再生能源，无论是国内的还是进口的，都是非常必要的。液体电子燃料具有很高的能量密度。它们易于储存和运输。此外，现有汽车的加油站等销售网络，可以在各地迅速提供电子燃料。与电能不同的是，电子燃料在长距离运输或长时间储存时，不会有动力损失。

对于德国汽车工业协会（VDA）来说，相关的可持续再生燃料是先进的生物燃料（根据新的可再生能源政策 RED Ⅱ）、氢气和电子燃料。为了在车辆中直接使用可再生氢气，全面扩大欧洲的氢气基础设施势在必行。由于其体积能量密度，液氢和电子燃料为气候中立的长途运输提供了巨大的机会。电子燃料是气候中立的，因为在生产过程中，燃料中结合的 CO_2 量与后来在车辆中使用时再次排放的 CO_2 量完全相同。它的最大优势，是你可以令现有的车队实现碳中和。

电子燃料目前很贵，但它们会变得更便宜。德国国家未来交通平台假设 2030 年的生产成本为每升 1 至 2 欧元（7～15 元/L）。这些生产成本已经包括了可再生电力的效率损失。如果把可再生能源的利用放在全球范围内考虑，就可以进一步改善效率损失。光伏和风力发电站在合适的地点的产能利用率比德国高 2 到 4 倍。

理想情况下，电子燃料是完全用可再生能源生产的。简单地说，由可再生电力驱动的电解氢与 CO_2（例如来自工业废气或空气）相结合，形成一种碳中性的碳氢化合物。电力转化为化学品（PtC）、电力转化为液体燃料（PtL）或电力转化为气体燃料（PtG）等术语已被普遍接受用于这些电力转化为 X 的过程。与来自种植生物的传统生物燃料相比，电子燃料不与民众口粮竞争。

另一个关键优势是，合成燃料在技术上与传统的同类燃料没有区别。它们甚至可以直接用于老式汽车，并通过现有的加油站网络来销售，并以任何混合比例添加到化石燃料中。但是，由于生产数量较少，合成燃料的生产仍然相对复杂，导致成本较高。然而，随着产能的提升，规模经济将确保效率的大规模提高。因此，电子燃料可以在未来成为交通行业的一个稳定的燃料来源，并为碳中和作出重要贡献。

4. 目前亟须解决的技术难点及解决方案

甲醇的特性要求，需要专门开发相应的甲醇泵、甲醇喷嘴、供醇管路、甲醇过滤装置。国内汽车零部件生产企业需要针对性进行开发，以满足甲醇汽车的要求。甲醇汽车的相关部件基本借助于现有汽油或柴油的部件，存在寿命短、可靠性差等缺陷。另外，甲醇汽车现在都是采用汽油或柴油辅助启动的技术方案，两种燃料控制的电控系统开发也是重要环节。此外，甲醇的尾气处理中，由于排气温度低并且燃烧不完全可能带来的一定甲醛排放，都需要开发专有的后处理系统以满足超低排放的需求。

5. 2023 年行业重点企事业单位发展情况

2023 年晋中市已交付使用甲醇重卡 658 台，完成定金订购 884 台，意向订单 462 台。配套设施也日趋完善，全市已建成甲醇加注站 29 座，拟改建甲醇综合加注站 43 座，拟新建 8 座，寿阳县今天现场签约建设 5 座，年内将达到 80 座甲醇加注站。晋中市还与省国资运营公司合作，共同推广省属国企采购意向 2700 余辆。

发展甲醇经济对于实现能源多元化、保障能源供给，推动区域经济发展具有重要意义。2023 年 5 月，山西省工信厅等十部门联合发布了《关于加快推动全省甲醇汽车推广应用的若干措施》（简称《措施》），提出了加速甲醇汽车推广的一系列措施，该《措施》于 6 月 18 日正式实施，加速建设以重卡货运为主的甲醇汽车绿色交通体系建设，助力“双碳”目标。晋中市拥有丰富的甲醇资源，是全国最早从事甲醇燃料和甲醇汽车应用的试点城市之一。率先在全省实现大批量甲醇重卡推广应用，是晋中市践行山西省加快推动全省甲醇汽车推广应用政策的重要举措，进一步推进晋中甲醇制备与甲醇汽车先进制造业协同发展，打造国家级甲醇经济示范区，拉动全市工业经济转型升级。

当前，山西晋中把发展甲醇汽车作为全市先进制造业“一号工程”、实体经济“一号引擎”，拓展甲醇重卡应用场景，打造醇、运、站、车全链条甲醇经济新生态。本次集中签约的远程星瀚 G 甲醇重卡搭载了自主研发的 13 L 甲醇发动机，拥有 430 马力/460 马力/480 马力三种动力版本，满足不同运输场景的需求。该款甲醇重卡依托远程 GXA-T 架构打造，智能化水平先进，经济性优势突出，燃料费用比柴油重卡节约 18%～32%。2023 年 5 月 30 日，远程新能源商用车集团正式发布远程星瀚 G 系列重卡，成为第 19 届杭州亚运会官方保障用车（见图 1-8-1）。

图 1-8-1 远程星瀚 G 系列重卡

未来，远程新能源商用车集团将充分发挥晋中本地甲醇产业优势，持续聚焦甲醇运力生态构建，积极推动甲醇重卡在山西全省的推广应用，加快山西省绿色低碳循环发展经济体系建设。

6. 2022 年重点车型技术特点分析

2023 年 9 月 6 日，太原能源低碳发展论坛在山西开幕，远程新能源商用车集团携远程星智 H8M 甲醇增程轻卡、吉利星际醇氢增程动力城市客车 C8M 两款产品正式上市，更大限度发挥甲醇能源的经济高效特性，也标志着甲醇动力应用实现商用车产品线全覆盖。

首先是解放 JH6 系列 CA4250P25M15T1E6A80 甲醇牵引汽车，匹配潍柴 12.54 L、480 马力甲醇机，最高限速 89 km/h，醇耗 105 L/100 km。该车轴距 3450 mm，准乘 2 或 3 人，可选五组板簧或前 2 或 3 片板簧、后空气悬挂，准拖 40 t 挂车，装备低温辅助启动的汽油动力。目前除了长期坚守“甲醇赛道”的吉利远程商用车外，还有潍柴系/山东重工的陕汽德龙 X5000S、重汽汕德卡和豪沃 TH7 3 款车型可选。本次一汽选择与潍柴动力合作，也是两大集团的强强联手，同时解放 JH6 选择相对谨慎的中间方案（潍柴最大 500 马力），也暗含部分观望意义——不可能完全放手，但仍非重仓的时点（见图 1-8-2）。

图 1-8-2 解放 JH6 系列 CA4250P25M15T1E6A80 甲醇牵引汽车

该车型为解放的 JH6 牵引车型，这款解放 JH6 甲醇牵引车采用了经典的家族设计，外观看上去十分协调饱满，整体造型与家族其他产品保持高度一致。

车身尺寸方面，实车长宽高分别为长 7065 mm，宽 2500/2550 mm，高 3550/3705/3850/3910 mm，轴距为 3450 mm + 1350 mm，整备质量为 8.805 t，最高车速为 89 km/h。

根据公告信息，实车搭载了潍柴 WP13.480E61ME 甲醇发动机，排量为 12.54 L，功率为 353 kW（480 马力），装配 WP13.480E61ME 发动机时燃料消耗量申报值均为 105 L/100 km，而且该车仅采用甲醇作为动力能源，汽油仅在低温启动时起辅助启动作用，不作为动力能源。

2023 年 7 月 26 日，由远程新能源商用车集团旗下吉利星际客车品牌自主研发的全球首台醇氢增程动力客车在四川南充正式下线，我国新能源客车关键技术研究与应用取得重大突破。

本次下线的 8.5 m 醇氢增程动力城市客车，重在解决行业里程焦虑问题，在新能源领域开辟新的赛道。该款客车产品应用全新甲醇增程混动技术，采用 12.5 高压缩比，低摩擦技术，热效率可达 41.5%。在不同运行场景下均能自动匹配最优控制策略，保障客车运行醇耗、电耗最优，整车性能最佳。此外，整车内外饰全新迭代升级，在安全性、舒适性和智能化方面全面提升。

山西晋中把发展甲醇汽车作为全市先进制造业“一号工程”、实体经济“一号引擎”，拓展甲醇重卡应用场景，打造醇、运、站、车全链条甲醇经济新生态。本次集中签约的远程星瀚 G 甲醇重卡搭载了自主研发的 13 L 甲醇发动机，拥有

430马力/460马力/480马力3种动力版本，满足不同运输场景的需求。该款甲醇重卡依托远程GXA-T架构打造，智能化水平先进，经济性优势突出，燃料费用比柴油重卡节约18%～32%。2023年5月30日，远程新能源商用车集团正式发布远程星瀚G系列重卡，成为第19届杭州亚运会官方保障用车（见图1-8-3）。

图1-8-3　远程醇氢增程动力城市客车

7. 未来几年甲醇汽车产业发展建议

从甲醇混合动力汽车到甲醇增程式电动汽车，再到甲醇燃料电池汽车的探索，正不断为用户创造新的体验。目前，醇电混动轿车搭载甲醇混合动力系统，排放达到国六标准，百公里醇耗做到9.2 L，每公里仅需要花费0.24元，使用成本与电动车相当，且不存在电动车冬季续航里程问题、动力电池安全问题等焦虑。49 t远程甲醇重卡，经测算平均每天能为用户节省350元燃油费用，1年可省12万元，得到了广大用户好评。而在陆路交通领域，我国甲醇燃料和甲醇汽车的技术更为成熟。发展甲醇燃料完全是从我国“富煤、缺油、少气”的能源资源禀赋实际出发，甲醇的节能减排潜力及未来对碳中和的贡献潜力，被国际所公认。在我国发展甲醇燃料，推广应用甲醇汽车，对交通领域实现“双碳”目标、保障能源安全、促进经济健康可持续发展具有重要的意义。

因此，建议在我国全面推广应用甲醇汽车，将甲醇汽车纳入新能源汽车发展体系和管理范畴，给予甲醇汽车与新能源汽车同样的政策支持，带动更多的企业投入甲醇汽车的研发，加快实现交通领域碳中和。

“十四五”时期，基本建立推进能源绿色低碳发展的制度框架，构建以能耗“双控”和非化石能源目标制度为引领的能源绿色低碳转型推进机制，到2030年，形成非化石能源既基本满足能源需求增量又规模化替代化石能源存量，中国已是能源大国，但是人均能耗和发达国家相差较大，随着对日益增长的美好生活的需要，势必会带来能源需要的刚性增加，也为碳达峰碳中和的实现带来巨大的挑战。

非化石能源的作用和应用日趋重要，如何将可再生能源转化为绿色能源，如何将可再生能源转化为可储存、可运输的液体燃料，是我们面临的一个问题，而液态阳光技术是利用太阳能、风能等可再生能源产生的电能电解水形成绿色氢气，再中和CO_2转化为绿色甲醇液体（“液态阳光”）燃料，也称液态氢能源，千吨级液态阳光燃料合成示范项目成功运行，欧洲也在积极推动绿色甲醇项目，到2027年产能有望达到120 t/a。

甲醇可以作为燃料，用于汽车、船舶等领域。以甲醇液体燃料为例，我国甲醇汽车已经从试点验收完成转向正式推广应用，中国甲醇汽车的技术储备处于世界领先，中国的甲醇汽车推广应用实现了真正意义的规模化。工信部、生态环境部明确了甲醇汽车排放、产品准入等相关的要求。

8. 其他重要的方面

图1-8-4中绿色甲醇生态对于实现能源多元化、保障能源供给，推动区域经济发展具有重要意义。甲醇作为低碳、含氧燃料，具有燃烧高效、排放清洁、可再生特点，是全球公认的理想的新型清洁可再生能源，常温常压下为液态，使用安全便捷，被称为液态的“氢”。天津作为老牌汽车产业之城，正在加快产业转型升级，醇氢生态项目落地将为天津汽车产业注入新动能，全面带动甲醇制备、加注、车辆制造、销售、商业运营等产业链上下游企业聚集发展，为天津乃至华北地区构建规模化甲醇产业生态、打造符合国家“双碳”目标的新型清洁能源产业体系作出重要贡献。

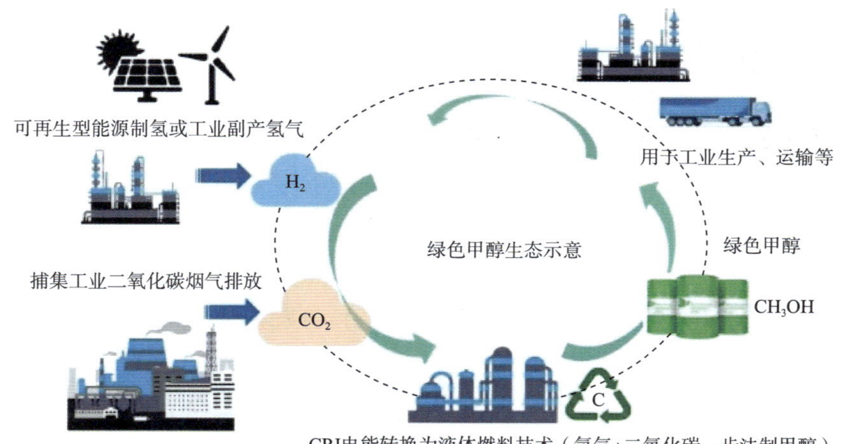

图1-8-4　绿色甲醇生态示意图

醇氢动力路线是远程商用车的特色战略技术路线，现已全面产业化运营。依托吉利在液氢能源甲醇动力方面18年的技术积累，远程商用车已成功开发全球首款甲醇重卡并投入批量运营，产品技术成熟度及投放规模均处于国际领先水平。相比传统柴油重卡，远程甲醇重卡燃料成本减少18%～32%，每公里最多节省1元，大大降低物流成本。远程商用车是国内唯一一家覆盖重卡、轻卡、客车的企业，在甲醇车辆推广的基础上，以全产业链规划体现整体竞争优势，全面打造醇氢生态与甲醇经济，形成了"1233"醇氢生态战略，即以醇氢车辆市场推广与应用为核心，开展资本市场与产品市场的协同发展，推动甲醇制备、甲醇能源与醇氢科技"三位一体"的产业链协同发展，实现绿色甲醇三步走的战略。

为进一步推进全价值链碳中和，醇氢生态还积极探索利用CO_2、生物质等原料和绿电合成的绿色甲醇方案，实现CO_2负消纳，为全球汽车行业利用合成燃料树立了具有重要参考价值的中国模板。未来，醇氢生态将持续通过创新甲醇应用新技术、推进相关产业链的协同发展等实际行动，继续推动甲醇在我国乃至全球的发展应用，构建绿色甲醇生态，助力交通领域碳中和。我国甲醇汽车的发展已经有40余年的历史。甲醇作为低碳、含氧燃料，具有燃烧高效、排放清洁、可再生绿色属性等特点，且常温常压下为液态，储、运、用较其他新能源和清洁能源更安全便捷。同时，甲醇生产来源广泛、经济体量巨大、全产业链可持续发展。因此，甲醇已经成为全球业界公认的一种新型清洁绿色能源，是构建未来绿色能源的重要选择。

国际可再生能源署发布的研究报告《创新展望：可再生甲醇》指出，低碳甲醇和绿色甲醇减排、零排潜力巨大，扩大低碳甲醇生产应用可以带动绿色可再生甲醇的规模化。我国两院院士大会《中国碳中和框架路线图研究》专题报告中提出，全球实现碳中和的10项技术路线中，前两项均是通过捕集CO_2制取化学品甲醇和燃料甲醇来实现；中国社会科学院出版的《中国能源转型：走向碳中和》一书提出，甲醇可以有效地把氢能、碳循环、电能替代、燃油替代技术结合在一起，是碳中和应用的重要环节。

由此可见，在建立清洁低碳安全高效的能源体系方面，甲醇将发挥极其重要的作用。推广应用甲醇汽车是实现交通领域健康可持续发展的一条最为现实有效的路径。

(1)发展甲醇汽车可促进绿色甲醇发展，带动绿色甲醇规模化，完全立足国情实际，符合我国碳达峰碳中和有序稳妥推进的宗旨

①节能减排贡献

甲醇汽车能效高。甲醇与汽油的热值比为2.2∶1，根据我国甲醇汽车试点运行数据，甲醇与汽油在汽车上的实际消耗比约为1.7∶1。因此，甲醇车与汽油车相比，能效提高约21%，CO_2排放减少约26%。

甲醇生产端节能减排潜力巨大。现代煤制甲醇技术与可再生能源制绿氢绿氧技术耦合，可实现甲醇生产过程零排放。焦炉煤气富产氢气与CO_2合成甲醇工艺技术相结合，生产1 t甲醇可以消纳约900 kg环境中的CO_2排放。因此，甲醇汽车终端使用的碳排放也将得到进一步的降低。

②碳中和贡献

可再生能源电解水制氢与捕集CO_2制取的"电甲醇"，以及由秸秆、城市垃圾废弃物制取的生物质甲醇，都属于绿色可再生甲醇。这种可再生甲醇的应用可以实现碳的平衡。因此，甲醇已经成为很多国家实现交通运输领域碳中和的重要选择。

(2)发展甲醇汽车可保障我国能源安全，尤其是交通领域液体能源安全

我国石油对外依存度超过70%，交通领域石油消耗占比超过70%，可见我国能源安全主要体现在液体能源的安全。而在交通领域众多的新能源、清洁能源(电力、氢能、天然气、氨等)中，甲醇是唯一的常温常压下为液态的能源，燃料特性优秀，使用安全便捷，兼具汽油、柴油的燃烧特性。

因此，发展甲醇燃料，推广使用甲醇汽车是保障我国能源安全的重要举措之一。

(3)发展甲醇汽车可延续我国内燃机这一主导动力的生命力

内燃机作为道路、非道路移动机械和国防装备主导动力，量大面广，在全球已经发展了百余年的历史，建立了非常完善且安全有效的汽油、柴油储运用基础设施体系。在当前的多种替代能源中，与汽油和柴油燃料特性相似、可完全适用用于点燃式和压燃式内燃机、常温常压下液体属性的，只有甲醇燃料。也就是说，甲醇是唯一可以继承先进内燃机技术的新能源。在基础设施投建、使用模式改变、对相关行业领域的影响等方面，甲醇具有显著的优势。

前插页

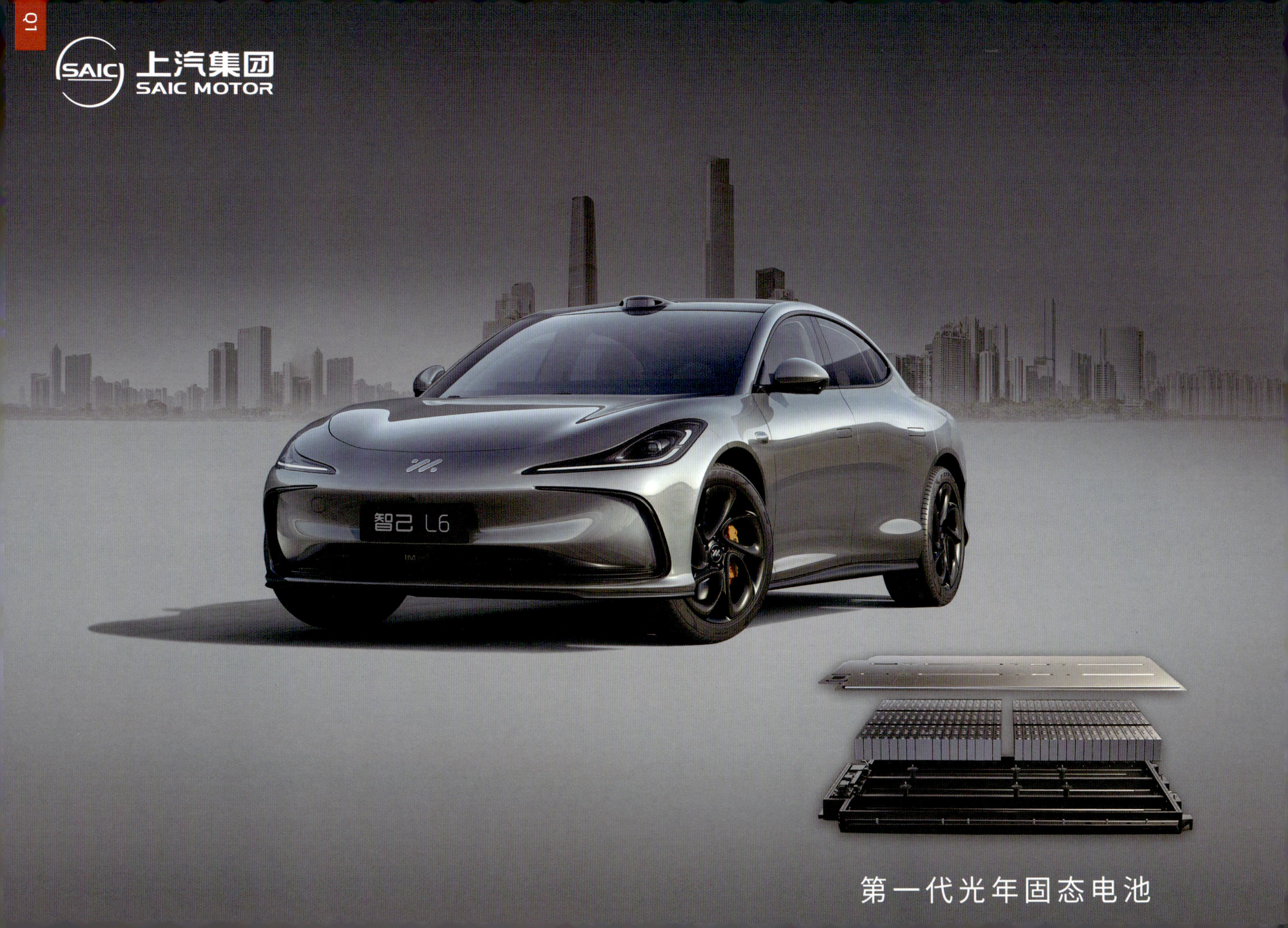

SAIC
上汽集团
SAIC MOTOR
第一代光年固态电池
智己 L6
Q1

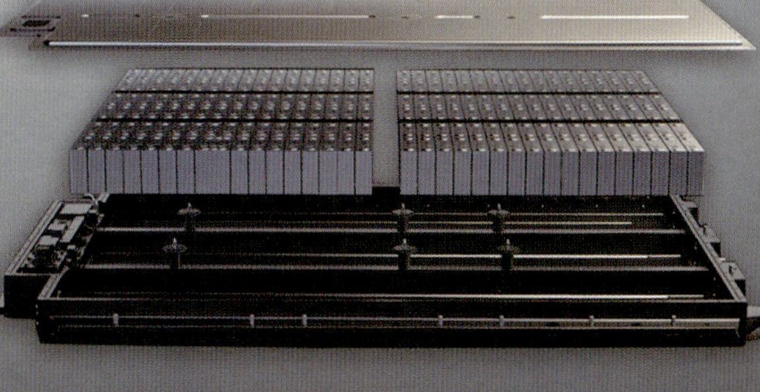

BYD

用技术创新满足
人们对美好生活的向往
U8
豹5

ISUZU
江西五十铃
让出行
让生活
ISUZU
铃拓
Q5

可靠
美好
80 100
120
km/h
JIM
全新瑞迈

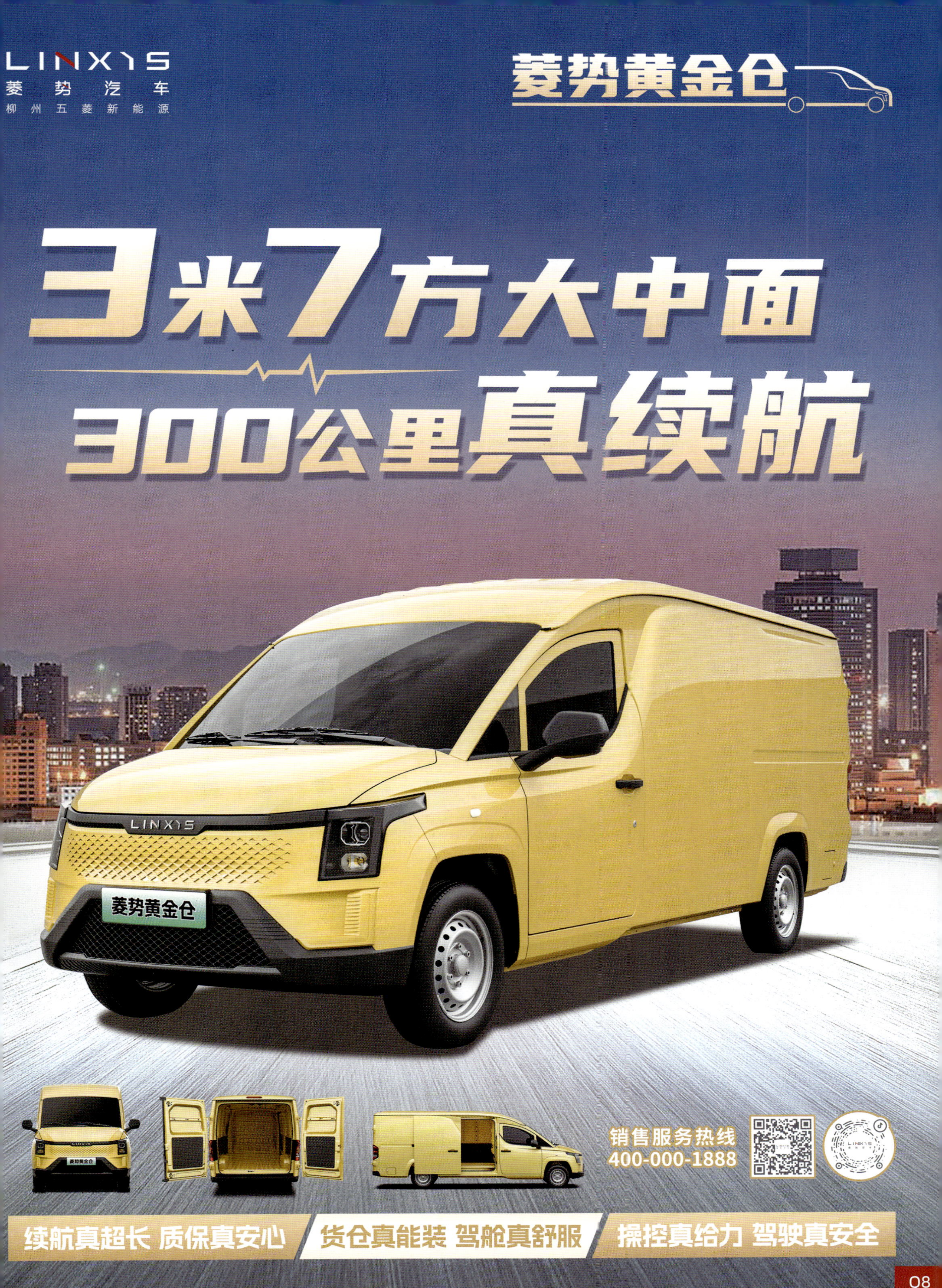
LINXYS
菱势汽车
柳州五菱新能源
菱势黄金仓
3米7方大中面
300公里真续航
LINXYS
菱势黄金仓
销售服务热线
400-000-1888
续航真超长 质保真安心
货仓真能装 驾舱真舒服
操控真给力 驾驶真安全

大力牛魔王D01

BAW
LIEVE ALL WONDERS
开启创富·休旅汽车
新生态

产品推荐官
邹兆龙

为奋斗加能量

卡路里F7 | 舒适乘用大皮卡

2.0L+5MT/8AT
动力总成

10.25英寸
智慧双联屏

CCS
定速巡航

AH
自动驻车系统

5MT

8AT

官方小程序

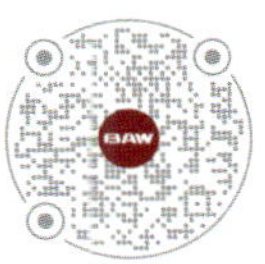

官方公众号

北京汽车制造厂（青岛）有限公司
业地址：山东省青岛市莱西市姜山镇盛达路17号
400-990-1951
www.baw.com.cn

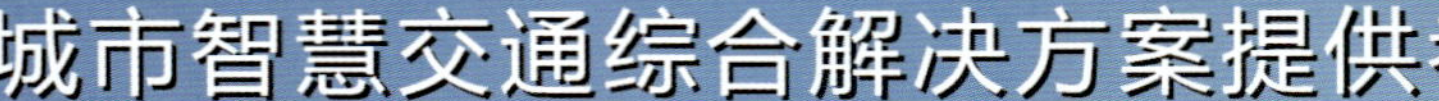

奇瑞万达贵州客车股份有限公司（简称奇瑞万达）是奇瑞集团与贵阳市政府合资成立的客车专业制造厂，是奇瑞集团的客车生产基地。公司总投资 22.6 亿元，注册资金 3 亿元，占地面积 517 亩，建筑面积 16.4 万 m^2，建设了焊装车间、涂装车间、总装车间、交检车间、动力站房以及完整试车跑道，具备年产 3 万台客车的生产能力。产品覆盖新能源公交、公商务、团体通勤、公路客车、校车以及专用车等各个不同用途的细分市场，产品囊括 5~18m 全系列。

奇瑞客车

与您相伴 一路同行

奇瑞万达贵州客车股份有限公司

地址：贵州省贵阳市经济技术开发区开发大道888号　销售热线:0851-88545678　网址：**http://www.mycherybus.com**

中国兵器工业集团 NORINCO GROUP

北奔重型汽车集团有限公司 BEIBEN TRUCKS GROUP CO.,LTD.

北奔重卡 BEIBEN TRUCK

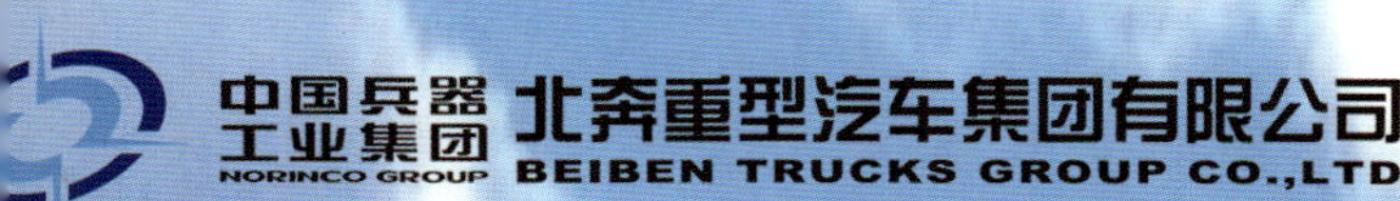

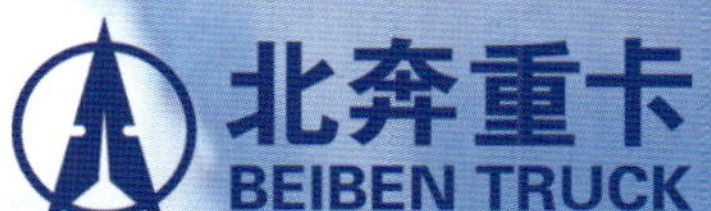

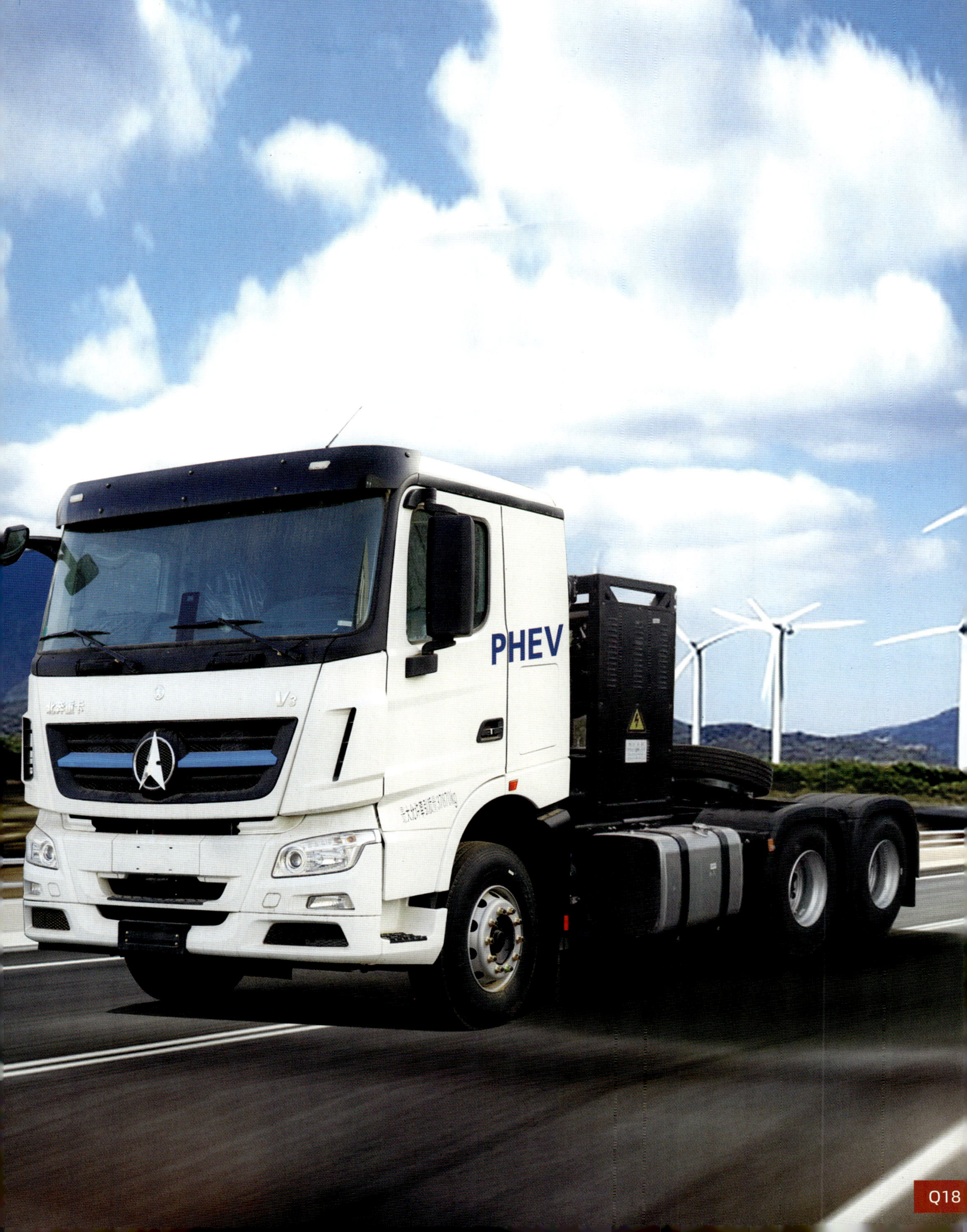

载合概况

载合汽车科技（苏州）有限公司是苏州新能源商用车新品牌，由清华大学苏州汽车研究院、苏州高铁新城共同孵化。
公司面向新能源重卡千亿级市场，定位新能源重卡整车、底盘、三电、车身、数字化等核心技术研发和产品工程开发，联合知名车企正向开发新一代新能源重卡平台，以直销直服模式精准高效地服务物流客户，赋能客户降本增效。

- 江苏省“双创人才”企业
- 江苏省潜在独角兽企业
- 苏州市“独角兽”培育企业
- 中国物流优秀创新案例-中国物流推荐车辆
- GTM2023全球科技出行产业创新榜-中国新能源智能商用车新势力TOP10

公众号二维码
官网地址：www.z-truck.com
宣传标语：科技承载未来物流

产品战略

纯电先行、充电为主，在最契合的场景（大宗倒短+中距离物流运输），以最快的时间形成精确匹配场景的车型矩阵渗透市场。

场景	短距离<200km 大宗运输/各类倒短	中距离 200~500 km 快递快运	长距离>500km 全场景
载合平台	一代平台	二代平台	未来平台
载合车型	 Z2：牵引车、自卸车	Z3：牵引车	Z5：牵引车
产品特点	正向开发：低能耗、场景定制快捷 应对各类复杂路况	低能耗、长续航、快充电 对标国际高端品牌	全新架构、技术领先
主要竞品	低续航的“油改电”为主	堆叠更多电池的“油改电”	无
续航电池形式	>250km 背包电池	> 500km 底部电池	全新电池架构
研发/商业化进展	量产：　2023年底已量产交付	研发完成即将商业化： 2024年初已获得公告，四季度上市	预研：　2025年样车定型

车型介绍

Z2A-Z400 纯电半挂牵引车

- 满载49t
- 续航250km
- 车重＜10t 行业领先
- 自研能量控制策略 节能15%
- 双枪快充 50min补能80%

Z2A-Z300 纯电城市渣土车

- 一次充满行驶200km
- 综合电耗1.7kW·h/km
- 单车单日节约500元
- 强劲动力570马力
- 上装5重密封 杜绝跑冒滴漏
- 全数据监控 电子围栏
- 北地高效服务响应

Z3A-Z410 干线物流牵引车

- 大容量电池匹配高效电驱桥
- 800V高压快充
- 45min补电至80%
- 单次续航500km
- 综合电耗≤1.1kWh/km 行业领先
- 车重＜9.5t
- 低风阻驾驶室
- 高可靠畅行无忧

荣程新能
Rockcheck FuturEnergy

荣程集团起步在唐山，发展在天津，创业发展36载，扎根天津23年，始终与国家战略同频共振，坚持钢铁主业做精，跨界跨业相关多元发展，现已形成钢铁能源、经贸服务、数字科技、新能科技、文化健康五大产业板块。集团总资产近400亿元，业务遍布国内31个省市及国外58个国家和地区，位列中国民营企业500强第88位、中国民营制造业500强第57位。

荣程新能集团是荣程集团五大板块之一，定位为氢能产业解决方案集成商，围绕“制储运加用研及装备制造”一体化氢能全产业链，打造“源、网、车、云”四位一体的“氢+”经济产业格局。

荣程新能分为上游、中游、下游及数据平台4个业务板块。上游主要围绕氢气的制储运加进行产业布局，中游围绕氢燃料电池汽车动力系统等氢能装备制造，下游即车+经济，包括氢燃料电池汽车的销售、租赁、服务等，数据平台即氢能应用大数据平台。

截至2024年9月，累计投运加氢站超10座，双过百：氢能重卡604辆，制取绿氢344t；双过千：氢能运输线路总长超1800km，累计加氢2077t；双过万：荣程智运平台货运车辆超23.5万辆，减排二氧化碳16823t；双过千万：运输量1855万t，行驶里程1903万km，拥有多条氢能零碳运输线路，已成为国内拥有在市政道路实际开展氢能重卡运输业务车辆最多的实体企业。

2024年初，荣程光伏绿电水电解制加氢一体化项目建成投运。项目采用渔光互补水面光伏发电作为电源供给、城市污水处理后中水作为水源，产出绿氢供应氢能重卡使用，副产品氧气应用于钢铁生产，做到新水“零使用”、废水和二氧化碳“零排放”。形成了货运领域绿氢能源制储加用全产业链闭环，已入选国家首批综合货运枢纽补链强链项目。

通过氢能运输，荣程新能助力荣程钢铁清洁运输比例稳定在80%以上，其中进口铁矿石、天津市域内煤炭等原材料及钢材产品100%实现氢能运输加铁路运输的清洁运输方式，支持荣程钢铁绿色钢厂建设。同时，通过氢能零碳运输模式，支持天津港、黄骅港绿色港口建设和河北唐山的绿色矿山建设。

荣程氢能零碳运输模式覆盖京津冀、山西省、内蒙古等区域。沧州氢能零碳运输应用示范项目于2024年5月13日投运，计划利用5年的时间，陆续投放氢能重卡，配套建设氢气制储运加基础设施，打造黄骅港-武安-山西南部地区等多条氢能运输线路，支持黄骅港绿色港口建设。遵化首批80辆氢能重卡于5月11日交付运营，拟结合遵化市80座矿山的清洁运输需求，陆续投运氢能重卡、建设加氢站，支撑绿色矿山建设。鄂尔多斯荣程建元氢能产业项目于2023年6月签约启动，一期6000kg/12H“制储加运”一体化项目将尽快建成投运，并同步投放氢能重卡，逐步开

通远距离干线氢能运输线路。后续除京津冀、山西、内蒙古外，还将重点推动在新疆、甘肃、陕西、黑龙江、吉林、辽宁及川渝等区域的布局，以点带线，逐步打通省际长途氢能零碳运输通道。

依托在氢能应用领域积累的经验和数据，荣程新能与整车厂、燃料电池系统、供氢系统、动力电池等氢能产业链头部企业共同推动氢能重卡的研发升级，已完成荣程自有品牌Fe6-150kW大功率氢能重卡的研发并开启量产，目前正在研发生产组装200kW及更大功率氢能重卡，满足省际干线运输场景需求。

荣程新能制定了5年发展目标，计划5年内累计投运加氢站100座，生产氢燃料电池系统10000套，投放氢能重卡10000辆，氢能零碳运输线路覆盖全国大部分省市。

荣程新能目前拥有氢能应用大数据平台，涵盖制氢、储氢、运氢、加氢、用氢等全产业链条的氢能应用数据。通过数据平台，提高氢能产业运营效率，保障氢能生产和应用安全，推动氢能装备的技术进步和产品升级，为政府、协会、企业等提供氢能数据服务。

荣程新能以氢能零碳运输示范应用为牵引，加大绿色基础设施建设，推动氢能装备研发升级，布局氢能数据平台开发，引领商用车领域绿色物流实践，为交通运输领域的节能减排和可持续发展贡献了荣程方案。荣程新能在氢能产业的引领示范获得社会广泛认可，获评第一届全国绿色物流示范案例、交通运输新业态百强企业、交通运输部绿色低碳交通强国建设专项试点等荣誉称号。

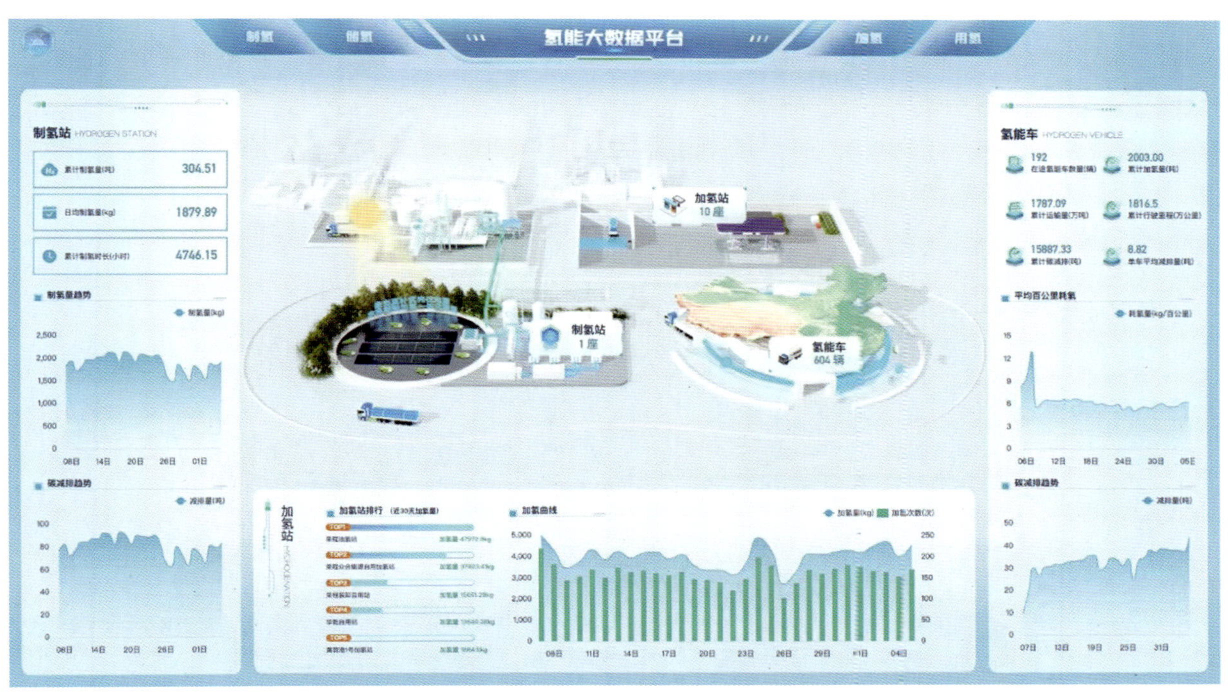

CATARC 中汽中心 | 检测

中汽研汽车检验中心（武汉）有限公司

企业简介

中汽研汽车检验中心（武汉）有限公司（简称武汉检验中心），成立于1985年，是中国汽车技术研究中心有限公司全资子公司。作为汽车产业综合性服务机构，其业务范围涵盖产品检测、行业咨询、媒体传播和技术研发等，同时协助相关主管部门组织开展标准法规制修订工作。公司总资产11.34亿元，在职员工约260名，主院区位于武汉，并在湖北孝感、随州和山东梁山投资运营综合性试验基地，在全国建有多个服务网点。

武汉检验中心于2019年获得国家新能源汽车质量检验检测中心授权，拥有汽车及零部件产品检验检测全项资质，具备中国船级社产品检测和试验机构认可，同时是CQC、CEC、CCAP等机构的签约实验室。现已建成国内较高水平的整车及零部件综合试验室、新能源综合试验室、汽车安全碰撞试验室、电磁兼容试验室、发动机综合试验室、重型排放试验室、轻型排放试验室、信息安全实验室等汽车检验检测综合试验室，部分能力具备国际先进水平。

公司成立以来始终为专用汽车产业提供第三方技术支持，现可为商、专用车企业提供一站式综合性技术服务。公司也是全国汽车标准化委员会专用汽车分技术委员会和车身附件分技术委员会、中国汽车工业协会专用车分会、中国汽车工程学会专用车分会的秘书处单位。公司下设武汉专用汽车杂志社有限责任公司，是集期刊、网站、社交新媒体于一体的融媒体信息传播平台，具备媒体宣传、会议会展、咨询服务等多种服务能力。

武汉检验中心是国家高新技术企业，拥有多个省级创新研究平台，取得多项省部级科学技术奖。现与多个高校、科研院所建立了长效合作机制，开展新能源汽车、智能网联汽车、燃料电池等测试技术开发与评价研究，未来将逐步构建国内较高的技术创新服务平台。

国家客车质量检验检测中心
国家摩托车质量检验检测中心（重庆）
国家智能网联汽车质量检验检测中心（重庆）

招商局

招商车研 CMVR

检 致 精 · 行 致 远

2003-2023

奋进二十载 创新向未来

2003年，招商局检测车辆技术研究院有限公司（简称招商车研）由招商局集团和重庆市政府整合相关资源组建而成，现隶属于招商局检测技术控股有限公司（简称招商检测），招商检测是招商局集团“十四五”期间重点培育的战略新兴产业单元，是一家集“标准-计量-检测-认证”产业链一体化的综合性检验检测技术服务企业。

招商车研是国家火炬计划重点高新技术企业、国家专精特新“小巨人”企业、重庆市创新型企业；获工业和信息化部、交通运输部、生态环境部、市场监管总局等行业主管部门授权和认可；主要从事汽摩产品公告、CCC、道路运输车辆达标车型、环保型式认证等法规检测，研发验证、供应商检测、进口商检、出口认证、标准制修订、技术咨询等工作；建有汽车、摩托车、智能网联汽车3个“国家质检中心”，获批筹建“国家新能源汽车质量检验检测中心（重庆）”，在新能源、智能网联汽车等领域拥有8个省部级科技平台和2个省部级科普基地。同时，立足重庆、辐射西南、放眼全国，设有华东、华南、华北分支机构，黑河寒区试验基地，重庆渝欧、大连渝海、深圳渝鹏控股子公司，服务全国1000余家企业客户。

电动摩托车进行电磁兼容试验

客车EMC

新能源整车火烧试验

乘用车正面碰撞试验

广东汽车检测中心
GATC

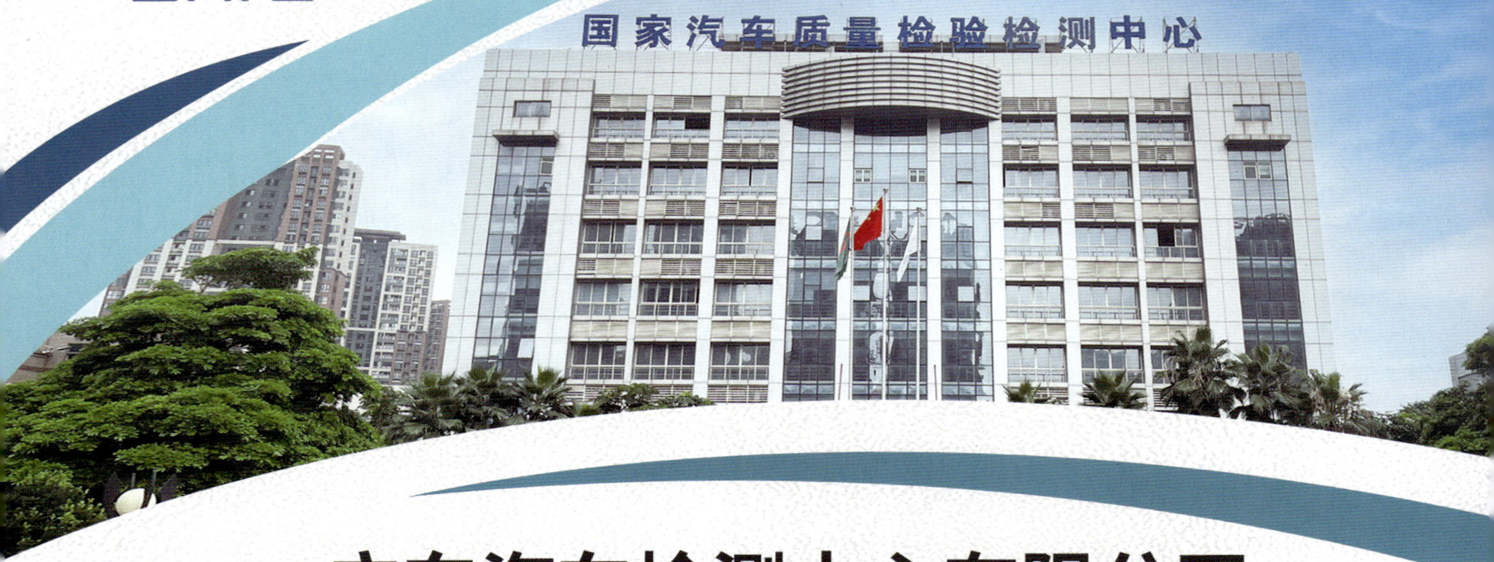

广东汽车检测中心有限公司

广东汽车检测中心有限公司，创立于2008年，是以汽车整车及零部件检验检测服务为主的国家第三方检测机构。

广东汽车检测中心2011年开展整车企业的委托试验业务，2013年“国家汽车质量监督检验中心（广东）”获得授权，2015年确立传统汽车和新能源汽车检测并行发展的思路，2016年率先在华南开展电动汽车动力电池检测业务，2018年获得环保部“检测机构视频监控及数据传输联网”资质，2019年成为国家认证认可监督管理委员会强制性产品指定实验室，2020年成为广东省高新企业，2023年获得道路运输车辆达标车型检测资质授权。

广东汽车检测中心可开展汽车（乘用车、货车、客车、专用车、挂车、新能源汽车整车及驱动电机、动力电池、BMS等零部件）和三轮汽车等产品的《公告》检验，相关汽车及零部件产品的CCC认证检验，轻型车排放、发动机排放及整车加速行驶噪声检验等公告、CCC和环保检验检测业务，同时可进行船用柴油机氮氧化物排放检测、船舶发动机排气污染物排放检测，以及船用动力蓄电池(单体、模块/电池包、电池管理系统）检测，广东汽车检测中心具备在华南乃至全国范围提供一站式检测服务的能力！

广东汽车检测中心着力打造氢能动力、动力电池、电子安全等特色能力，为大湾区汽车产业蓬勃发展做出贡献。

和国际接轨
与巨人同行

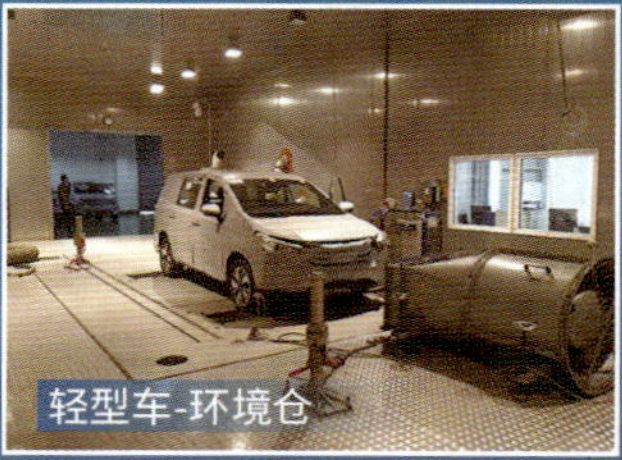
轻型车-环境仓

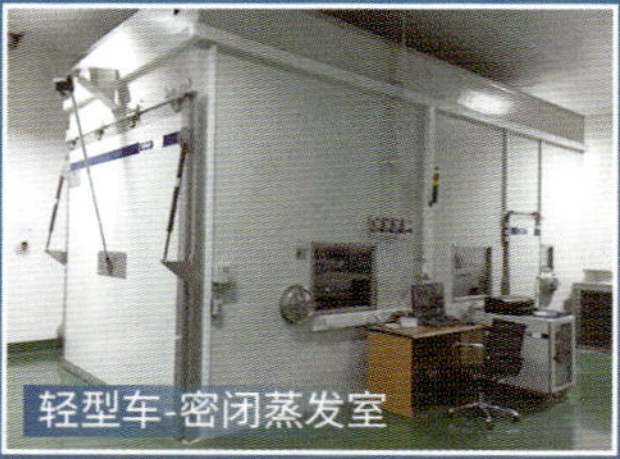
轻型车-密闭蒸发室

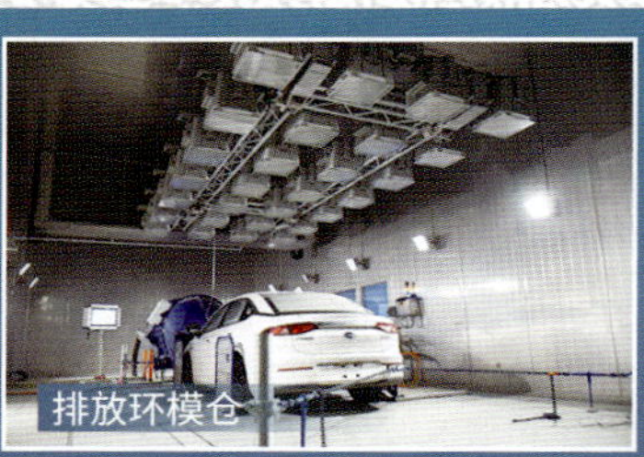
排放环模仓

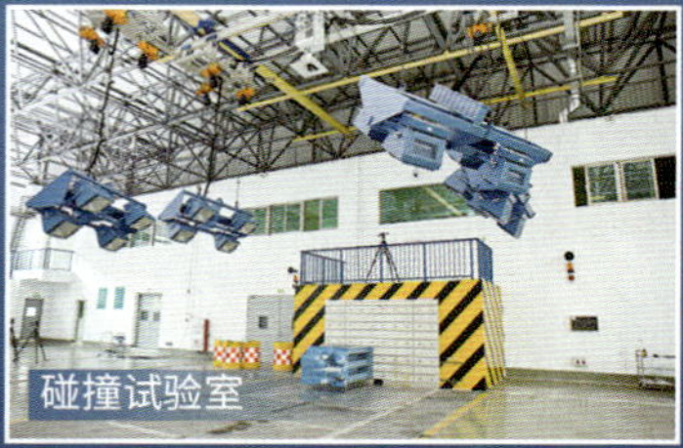
碰撞试验室

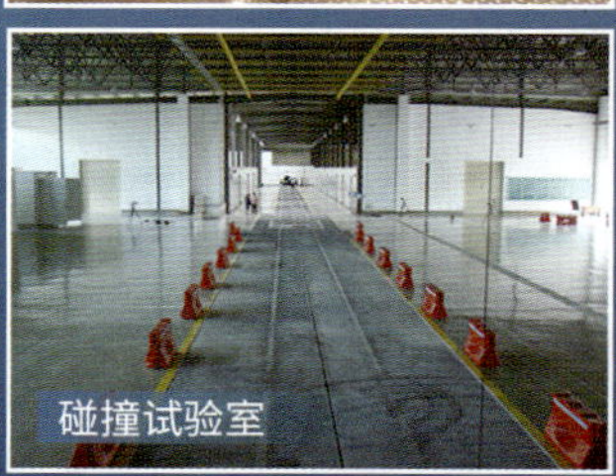
碰撞试验室

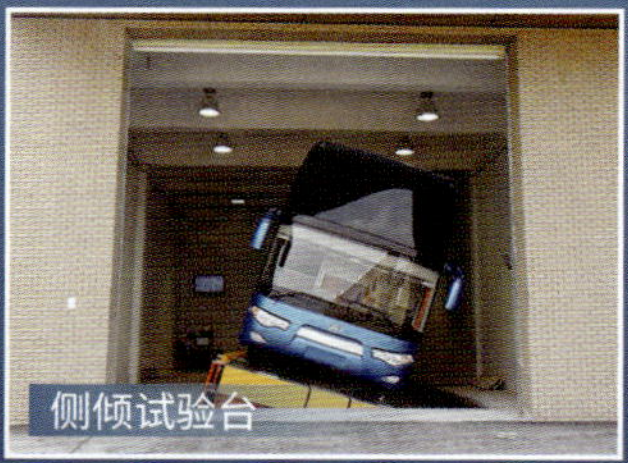
侧倾试验台

研发结硕果
创新争一流

地址：广东省佛山市禅城区季华西路罗格工业园科汇路2号　邮编：528061　电话：0757-88036989
传真：0757-88036966　邮箱：gatc@gdatc.net　网址：www.gdatc.net

共享化
电动化
网联化
智能化

产品范围

三电系统

电池

PTC加热

电驱电控

智能网联

专业实验室

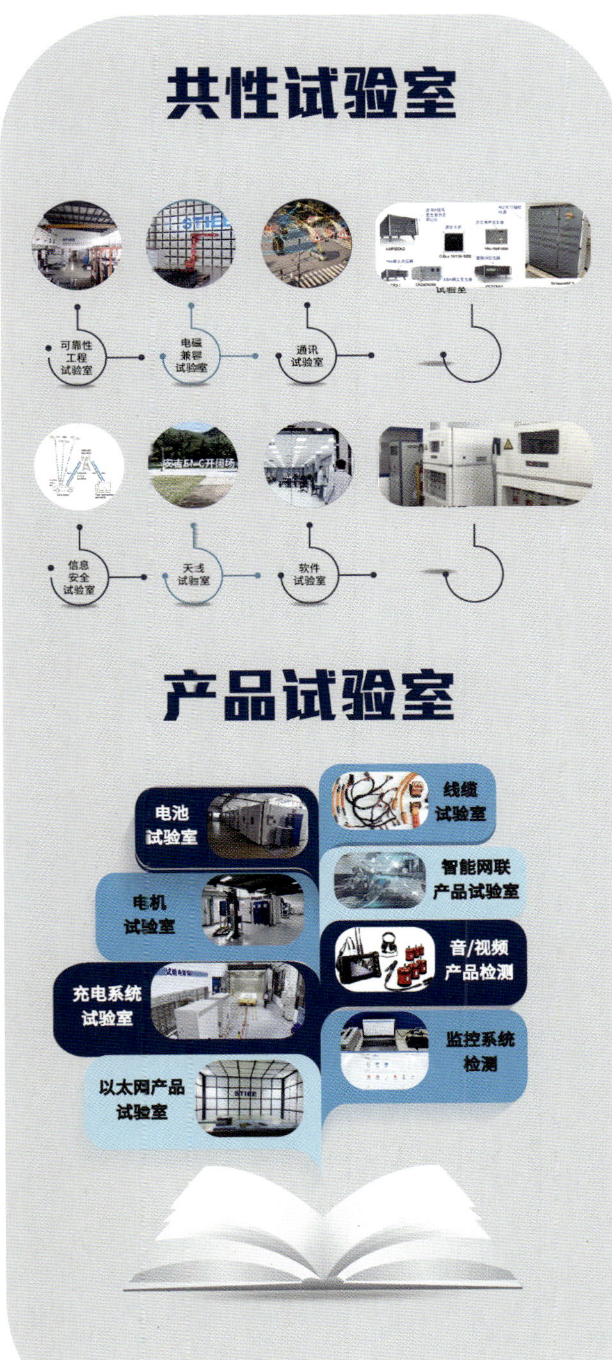

奥动
Aulton

奥动
Aulton

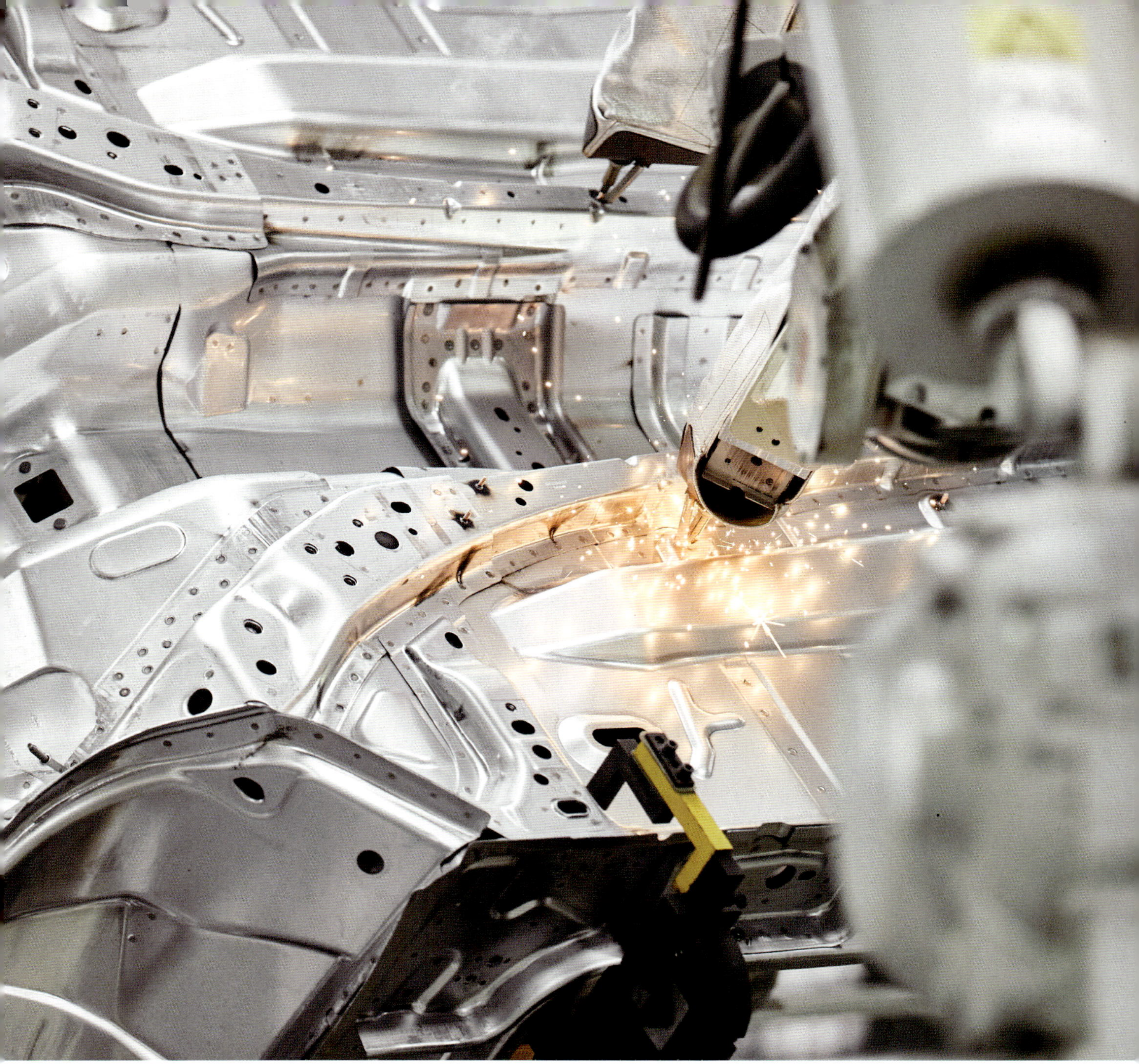

节能与新能源汽车
年鉴

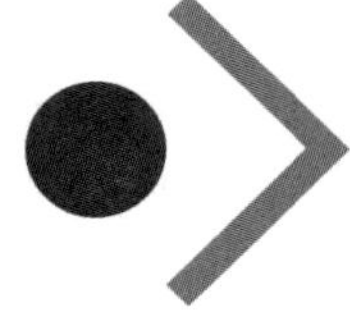

第二篇 政策篇

一、国家政策

关于支持新能源商品汽车铁路运输服务新能源汽车产业发展的意见

各地区铁路监督管理局，各省、自治区、直辖市、计划单列市工业和信息化主管部门，各铁路局集团公司、各专业运输公司：

为深入贯彻党的二十大精神，认真贯彻落实党中央、国务院关于加快构建新发展格局、着力推动高质量发展的决策部署，支持新能源商品汽车铁路运输，更好满足新能源汽车生产企业铁路运输需求，有效服务新能源汽车产业发展，现提出以下意见。

一、总体要求

以习近平新时代中国特色社会主义思想为指导，完整、准确、全面贯彻新发展理念，服务构建新发展格局，按照党中央、国务院决策部署，统筹发展和安全，聚焦企业反映突出的新能源商品汽车铁路运输需求，明确铁路支持政策，规范铁路运输服务，加强铁路运输管理，强化铁路运输安全监管，充分发挥综合交通运输体系作用和铁路运输绿色低碳优势，积极鼓励开展新能源商品汽车铁路运输业务，不断提升铁路运输服务标准化、规范化、便利化水平，保障新能源商品汽车铁路运输安全畅通，促进降低新能源商品汽车物流成本、助力国家新能源汽车产业发展。

二、支持开展新能源商品汽车铁路运输

积极鼓励铁路运输企业开展新能源商品汽车铁路运输业务，对纳入工业和信息化部《道路机动车辆生产企业及产品公告》范围（出口新能源商品汽车产品不受此限制），采用锂离子电池驱动的插电式混合动力或纯电动新能源商品汽车，依据《铁路安全管理条例》、《铁路危险货物运输安全监督管理规定》GB 12268—2012《危险货物品名表》等法律法规和有关标准，铁路运输新能源商品汽车不按危险货物管理，由承托双方按照本通知要求办理运输。办理新能源商品汽车国际铁路联运，应当符合铁路合作组织《国际铁路货物联运协定》附件第2号《危险货物运送规则》等有关规定。

三、规范铁路运输条件

（一）托运新能源商品汽车时，托运人应当提供新能源商品汽车产品出厂合格证（出口新能源商品汽车不受此限制），合格证应当与实际托运的新能源商品汽车产品相符。

（二）电池荷电状态及油箱状态。新能源商品汽车的动力电池荷电状态不得超过65%。插电式混合动力汽车的油箱孔盖处于关闭状态，无泄漏、渗漏问题，铁路运输过程中不得加注、抽取油料。

（三）托运新能源商品汽车时，除装配的电池外，不得夹带备用电池和其他电池。除出厂配备的必备物品外，新能源商品汽车内部及后备箱内不得装载和夹带其他物品。

四、加强铁路运输管理

（一）保证货物安全。托运人应对提供的新能源商品汽车产品出厂合格证（出口新能源商品汽车不受此限制）的真实性负责，对托运的新能源商品汽车产品质量和安全性负责。

（二）加强承运把关。铁路运输企业承运新能源商品汽车时，应认真查验新能源商品汽车产品出厂合格证（出口新能源商品汽车不受此限制），无产品出厂合格证的不得承运。装载新能源商品汽车的铁路车辆、集装箱应当符合有关标准和安全技术规范的要求，不得使用技术状态不良、未按规定检修（验）或者达到报废年限的车辆、集装箱。使用铁路货车装载加固新能源商品汽车时，应当符合TB/T 30004《铁路货物装载加固技术要求》。

（三）加强应急管理。铁路运输企业、托运人等运输单位应根据GB/T 38283《电动汽车灾害事故应急救援指南》，配备必要的应急救援器材、设备，发生突发事件后及时采取妥善的应急处置措施。

五、强化铁路运输安全监管

各地区铁路监管局要结合辖区实际，加强新能源商品汽车铁路运输安全监管，加大对谎报品名和违规运输行为的查处力度，切实维护新能源商品汽车铁路运输市场秩序，保障铁路运输安全畅通。要加大新能源商品汽车铁路运输相关法律法规和政策标准宣贯力度，指导督促铁路运输企业依法合规办理新能源商品汽车铁路运输业务。要组织铁路运输企业及时总结新能源商品汽车铁路运输经验，结合实际提出完善相关法律法规和标准的意见建议，不断完善铁路运输安全管理，确保新能源商品汽车铁路运输安全畅通。

六、强化组织保障

（一）健全工作机制。各地区铁路监管局、各省、自治区、直辖市、计划单列市工业和信息化主管部门和铁路运输企业要加强沟通协调，建立健全工作机制，动态掌握新能源汽车生产企业和铁路运输需求情况，及时协调解决铁路运输方面存在的问题，强化上下联动、横向协同，确保新能源商品汽车铁路运输安全畅通。

（二）加强信息管理。铁路运输企业要组织托运人做好新能源商品汽车运输信息录入工作，掌握新能源商品汽车运量流向。各地区铁路监管局要动态掌握辖区内新能源商品汽车运输信息，并按照要求定期报送国家铁路局。

（三）加强政策宣贯。各地区铁路监管局和铁路运输企业要通过多种方式做好政策宣贯，确保企业知晓新能源商品汽车铁路运输有关政策和安全要求，主动帮助企业办理托运手续，不断提高新能源商品汽车铁路运输服务质量。

国家铁路局

工业和信息化部

中国国家铁路集团有限公司

2023年1月3日

关于组织开展公共领域车辆全面电动化先行区试点工作的通知

工信部联通装函〔2023〕23号

各省、自治区、直辖市及计划单列市、新疆生产建设兵团工业和信息化、交通运输、发展改革、财政、生态环境、住房城乡建设、能源、邮政主管部门：

为贯彻落实党中央、国务院“碳达峰、碳中和”战略部署，推进《新能源汽车产业发展规划（2021—2035 年）》深入实施，推动提升公共领域车辆电动化水平，加快建设绿色低碳交通运输体系，工业和信息化部、交通运输部会同发展改革委、财政部、生态环境部、住房城乡建设部、能源局、邮政局在全国范围内启动公共领域车辆全面电动化先行区试点工作［本文所指公共领域车辆包括公务用车、城市公交、出租（包括巡游出租和网络预约出租汽车）、环卫、邮政快递、城市物流配送、机场等领域用车］，试点期为 2023—2025 年。有关事项通知如下：

一、总体要求

按照需求牵引、政策引导、因地制宜、联动融合的原则，在完善公共领域车辆全面电动化支撑体系，促进新能源汽车推广、基础设施建设、新技术新模式应用、政策标准法规完善等方面积极创新、先行先试，探索形成一批可复制可推广的经验和模式，为新能源汽车全面市场化拓展和绿色低碳交通运输体系建设发挥示范带动作用。

二、主要目标

（一）车辆电动化水平大幅提高。试点领域新增及更新车辆中新能源汽车比例显著提高，其中城市公交、出租、环卫、邮政快递、城市物流配送领域力争达到 80%。

（二）充换电服务体系保障有力。建成适度超前、布局均衡、智能高效的充换电基础设施体系，服务保障能力显著提升，新增公共充电桩（标准桩）与公共领域新能源汽车推广数量（标准车）比例力争达到 1∶1，高速公路服务区充电设施车位占比预期不低于小型停车位的 10%，形成一批典型的综合能源服务示范站。

（三）新技术新模式创新应用。建立健全适应新能源汽车创新发展的智能交通系统、绿色能源供给系统、新型信息通信网络体系，实现新能源汽车与电网高效互动，与交通、通信等领域融合发展。智能有序充电、大功率充电、快速换电等新技术应用有效扩大，车网融合等新技术得到充分验证。

三、重点任务

（一）提升车辆电动化水平。科学合理制定新能源汽车推广目标（参考数量标准见附件 3），因地制宜开展多元化场景应用，鼓励在短途运输、城建物流以及矿场等特定场景开展新能源重型货车推广应用，加快老旧车辆报废更新为新能源汽车，加快推进公共领域车辆全面电动化。支持换电、融资租赁、“车电分离”等商业模式创新。

（二）促进新技术创新应用。加快智能有序充电、大功率充电、自动充电、快速换电等新型充换电技术应用，加快“光储充放”一体化试点应用。探索新能源汽车参与电力现货市场的实施路径，完善储放绿色电力交易机制，加大智慧出行、智能绿色物流体系建设，促进智能网联、车网融合等新技术应用，加快新能源汽车与能源、交通等领域融合发展。

（三）完善充换电基础设施。优化中心城区公共充电网络建设布局，加强公路沿线、郊区乡镇充换电基础设施建设和城际快充网络建设。充分考虑公交、出租、物流、邮政快递等充电需求，加强停车场站等专用充换电站建设。推动充换电设施纳入市政设施范畴，推进充电运营平台互联互通，鼓励内部充电桩对外开放。鼓励利用现有场地和设施，建设一批集充换电、加油等多位一体的综合能源服务站。建立形成网络完善、规范有序、循环高效的动力电池回收利用和处理体系。

（四）健全政策和管理制度。完善政策支撑体系，鼓励试点城市加大财政支持力度，因地制宜研究出台运营补贴、通行路权、用电优惠、低/零碳排放区等支持政策，探索建立适应新技术新模式发展的政策体系。建立健全新能源汽车和基础设施安全运行监测体系，提升安全运行水平。探索制定综合能源服务站、二手车流通等相关标准和技术规范。

四、组织实施

（一）试点申报。试点工作以城市为主体自愿申报，有意愿参加试点的城市，编写试点工作方案（见附件 1），经省级相关部门审核后推荐上报工业和信息化部、交通运输部。首批试点集中受理申报材料的截止时间为 2023 年 3 月 31 日，此后仍将常态化受理试点申报材料。工业和信息化部、交通运输部会同相关部门，按照“成熟一批、启动一批”的原则，分批研究确定试点城市名单。

（二）组织实施。各省、自治区相关部门要加强试点工作的跟踪问效，及时总结、报送试点工作的有效做法、先进模式和典型案例，于每年 3 月底前报工业和信息化部、交通运输部。工业和信息化部、交通运输部将会同有关部门联合组建专家组，加强对试点工作的宏观指导和跨部门协调，认真研究试点城市需要中央层面支持的事项，推动解决试点过程中的重大问题，总结推广试点先进经验和典型做法。

（三）保障措施。各试点城市要建立试点工作推进机制，统筹协调资源，按照工作方案扎实推进试点工作。各省、自治区相关部门要加大对试点城市政策支持力度，确保试点工作取得实效。工业和信息化部、交通运输部将会同有关部门及时公布试点工作进展，研究对试点城市给予相关政策支持，优先推荐其重点项目纳入中央基建投资补助范围，研究将公共领域新能源汽车产生的碳减排量纳入温室气体自愿减排交易机制。

五、工作要求

各地区相关部门要高度重视，结合地方发展规划和实际情况，认真组织本地区工作积极性高、应用场景丰富（或特色鲜明）的城市进行申报，确保试点工作取得实效。

附件：

1. 公共领域车辆全面电动化先行区试点工作方案编制大纲（略）

2. 推广应用新能源汽车车型界定及折算关系

3. 试点城市新能源汽车推广数量参考目标

工业和信息化部
交通运输部
发展改革委
财政部
生态环境部
住房城乡建设部
国家能源局
国家邮政局
2023 年 1 月 30 日

附件1 公共领域车辆全面电动化先行区试点工作方案编制大纲(略)

附件2 推广应用新能源汽车车型界定及折算关系

一、公共领域车型界定依据及说明

公务用车、城市公交、出租、环卫、邮政快递、城市物流配送、机场、特定场景用重型货车界定依据和说明见表2-1-1。

表2-1-1 公共领域车辆界定参考依据

公共领域	界定说明	证明材料
公务用车	车辆用途为公务运营服务,车辆所有人应符合党政机关、公共机构相关要求	行驶证。如属租赁的,应提供承租方出具的证明材料,主要内容为该单位公车编制数量、租用车辆占用指标数量情况
城市公交	车辆用途为公交运营服务	行驶证。融资租赁的,提供由城市人民政府出具相关证明函件(应当承诺相关车辆全部专用于公交运营服务、按照租赁期限及时足额保障租赁费用等),或提交包括约定租赁期满租赁资产所有权转移给承租人等有关内容的租赁合同文本
出租汽车	车辆用途为提供巡游出租汽车或预约出租汽车运营服务,使用性质为出租客运或预约出租客运	车辆的《道路运输证》或《网络预约出租汽车运输证》
邮政车	车辆用途为寄递各类邮件,车辆所有人为邮政企业	行驶证
快递车	车辆用途为寄递各类快件,车辆所有人为快递企业	行驶证
环卫车	车辆用途为环卫作业服务	行驶证。如为租赁方式的,需由地方人民政府出具说明材料
城市物流配送车	车辆用途为城市货物运输配送服务,使用性质是营运	行驶证
民航机场用车	车辆用途为机场内运营服务	民航牌照
短途运输、城建物流以及矿场等特定场景重型货车	指N3类货车,具体指符合GB/T 15089—2001《机动车辆及挂车分类》要求的最大设计总质量超过12000 kg的载货车辆,使用性质是营运	行驶证。具体由地方人民政府认定

二、新能源标准车折算关系

为方便统计确定公共领域车辆推广目标,此次试点工作以纯电动乘用车车型为标准车,将其他车型按照相应比例进行折算,具体折算关系见表2-1-2。

表2-1-2 公共领域车辆折算关系

车型		与标准车折算比例
纯电动乘用车		1∶1
插电式混合动力乘用车		0.6∶1
纯电动客车	10 m以上	6∶1
	8~10 m(含)	4.5∶1
	8 m及以下	3∶1
插电式混合动力客车	10 m以上	3∶1
	8~10 m(含)	2∶1
	8 m及以下	1.5∶1
纯电动专用车	12 t以上	6∶1
	3.5~12 t(含)	3.5∶1
	3.5 t及以下	1∶1
插电式混合动力专用车	12 t以上	3∶1
	3.5~12 t(含)	1.5∶1
	3.5 t及以下	0.6∶1

注:新能源客车按照车辆长度分段,新能源专用车按照最大设计总质量(吨位)分段。

为鼓励新技术新模式发展应用,试点在车辆折算上引入创新奖励系数,由专家综合评估打分确定,系数范围为1~1.5。

三、充电桩、换电站标准桩计算方法

此次试点工作将充电桩、换电站按照功率进行折算为标准桩进行统计,具体折算方法见表2-1-3。

表2-1-3 充电桩、换电站折算计算方法

类型	折算方法
充电桩	充电桩总功率/60 kW,向下取整
换电站	换电站总功率/50 kW,向下取整

注:180 kW以上充电桩折算为标准桩后乘以1.1倍调整系数计算。

附件3 试点城市新能源汽车推广数量参考目标

综合考虑各省市经济发展水平、新能源汽车产业基础、推广应用情况等因素,试点区域可分为三类,各区域试点城市车辆推广目标建议如下:

第一类:北京、天津、上海、河南、重庆、江苏、浙江、四川、湖南、广东、深圳,区域内试点城市车辆推广数量(标准车折算,下同)力争达到10万辆。

第二类:山东、山西、陕西、安徽、河北、湖北、福建、厦门、青岛、宁波、大连,区域内试点城市累计车辆推广数量力争达到6万辆。

第三类:海南、云南、贵州、辽宁、吉林、黑龙江、江西、内蒙古、广西、西藏、甘肃、青海、宁夏和新疆,区域内试点城市累计车辆推广数量力争达到2万辆。

智能汽车基础地图标准体系建设指南（2023 版）

自然资源部 2023 年　第 10 号

前　言

为贯彻落实《中华人民共和国测绘法》《国务院关于开展营商环境创新试点工作的意见》（国发〔2021〕24 号）、《智能汽车创新发展战略》（发改产业〔2020〕202 号）、《关于促进智能网联汽车发展维护测绘地理信息安全的通知》（自然资规〔2022〕1 号）等要求，加强智能汽车基础地图标准规范的顶层设计，全面推动智能汽车基础地图标准体系制定与产业健康有序发展，自然资源部组织编制了《智能汽车基础地图标准体系建设指南（2023 版）》（简称《建设指南》），用于指导相关标准研制。

《建设指南》主要从基础通用、生产更新、应用服务、质量检测和安全管理等方面，对智能汽车基础地图标准化提出原则性指导意见，推动智能汽车基础地图及地理信息与汽车、信息通信、电子、交通运输、信息安全、密码等行业领域协同发展，逐步形成适应我国技术和产业发展需要的智能汽车基础地图标准体系。

一、总体要求

（一）指导思想

以习近平新时代中国特色社会主义思想为指导，全面贯彻落实总体国家安全观，准确把握发展智能汽车产业和维护国家安全的关系，从国家层面建立统一、完整、规范的智能汽车基础地图标准体系，更好推动智能汽车基础地图技术创新发展和产业转型升级，为我国智能汽车基础地图安全合规应用，以及智能汽车产业健康有序发展提供规范指导与基础支撑。

（二）基本原则

1. 立足国情，需求牵引。结合我国智能汽车基础地图技术和产业发展的现状及特点，立足总体国家安全观，明确智能汽车基础地图数据与车载单元、路侧单元和云平台等车路云协同应用场景中的需求瓶颈，形成一系列既符合国家地理信息安全有关规定又满足智能汽车基础地图深度应用需求的技术标准，发挥自然资源部门在地理信息领域政策制定、地图质量规范管理等方面的主导优势，推动我国智能汽车创新发展战略落地落实。

2. 统筹发展，共同推进。根据智能汽车基础地图相关行业发展和应用现状，注重政策法规研究、标准体系规划、标准规范编制与落地实施推广的协同，统筹利用地理信息、汽车、信息通信、电子、交通运输、信息安全、密码等相关行业领域优势资源，发挥行业组织、科研院所、高等院校及行业企业等在标准研究与制定方面的作用，共同推进我国智能汽车基础地图标准体系建立与完善。

3. 聚焦重点，急用先行。聚焦智能汽车基础地图数据采集、生产更新、应用服务、安全保护与管理等重点环节，加快基础通用、数据采集、动态更新、服务分发、安全保护与审查等关键技术标准的研究制定，合理安排相关行业急需的标准制修订工作进程；鼓励地方依据统一的标准体系开展先行先试，积极参与国家标准项目的制修订工作。

4. 开放融合，深化合作。构建跨行业、跨领域、跨部门协同发展与相互促进的工作机制，推动智能汽车基础地图创新融合驱动与跨领域协同，统筹协调现有标准之间相同业务场景相同指标的一致性，引导和规范各行业对智能汽车基础地图的安全应用；紧跟国际技术标准发展趋势，积极参与相关协调与交流工作，适时调整、优化智能汽车基础地图标准体系。

（三）建设目标

深入贯彻《中华人民共和国测绘法》《智能汽车创新发展战略》《测绘地理信息管理工作国家秘密范围规定》和《关于促进智能网联汽车发展维护测绘地理信息安全的通知》等法律法规和政策文件的要求，根据智能汽车基础地图数据现状、产业应用需要及未来发展趋势，建立适合我国国情的智能汽车基础地图标准体系，分阶段适时开展相关标准制定工作：

到 2025 年，初步构建能够支撑汽车驾驶自动化应用的智能汽车基础地图标准体系。先行制定急用先行的 10 项以上智能汽车基础地图重点标准，涵盖基础通用、数据采集、动态更新、数据分发、交换格式，以及多种智能端侧相关数据安全保护等技术要求和规范，解决智能汽车基础地图深度应用的迫切需求。

到 2030 年，形成较为完善的智能汽车基础地图标准体系。制定 20 项以上智能汽车基础地图标准，涵盖数据生产、应用服务、质量检测和地图审查等技术要求和规范，引导和推动我国智能汽车基础地图安全合规应用，为我国智能汽车、智慧交通、安全出行及新型智慧城市等智能汽车基础地图相关行业领域技术发展及产业落地提供标准支撑。

二、建设内容

（一）体系框架

依据测绘领域现行法律法规及相关产业政策要求，参照我国测绘地理信息领域相关标准体系结构，以及 GB/T 13016—2018《标准体系构建原则和要求》中的有关要求，将“国家地理信息标准体系框架”的“专项类 700”进一步拓展，并创建“地理信息——智能汽车基础地图 706”（见图 2-1-1）。在此基础上，将该专项划分为基础通用、生产更新、应用服务、质量检测和安全管理等五个部分，并根据各具体标准在内容范围、技术等级上的共性和区别做进一步细分，形成内容完整、结构合理、界限清晰、囊括 17 个子类的标准体系（见图 2-1-2）。

（二）体系内容

智能汽车基础地图标准体系主要包括基础通用、生产更新、应用服务、质量检测和安全管理等部分，涉及智能汽车基础地图相关行业领域现有发布、预研阶段、待修订或待研制的国家标准和行业标准共计 31 项，并为智能汽车基础地图技术创新和产业发展，以及跨行业跨领域标准间相互协调与兼容预留空间和接口，详见“附录 智能汽车基础地图标准体系表”。

1. 基础通用部分。基础通用部分主要涵盖智能汽车基础地图相关术语定义、空间参照、分类编码、面向机器理解的物理或逻辑数据模型以及地图表达等内容。

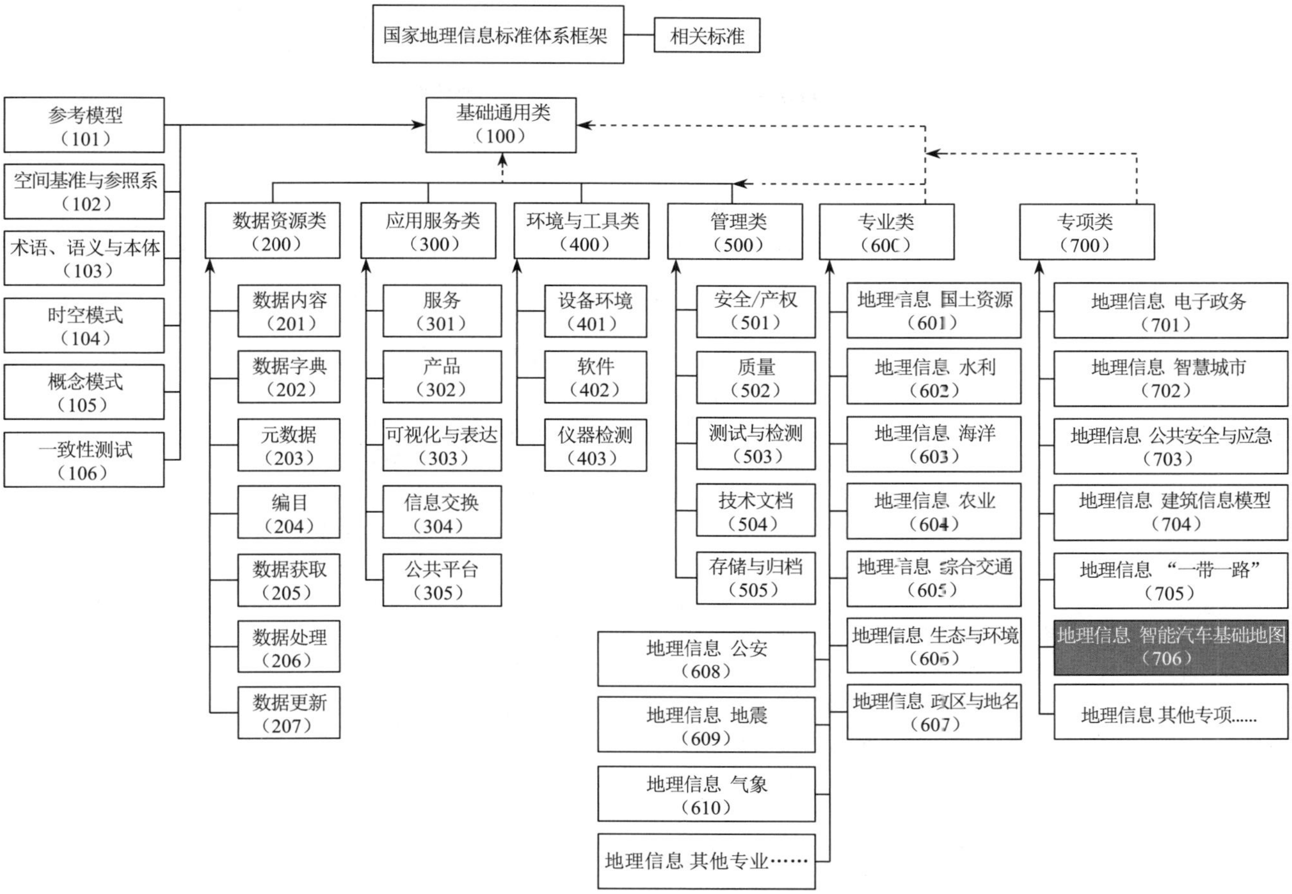

国家地理信息标准体系框架
相关标准
参考模型（101）
空间基准与参照系（102）
术语、语义与本体（103）
时空模式（104）
概念模式（105）
一致性测试（106）
基础通用类（100）
数据资源类（200）
应用服务类（300）
环境与工具类（400）
管理类（500）
专业类（600）
专项类（700）
数据内容（201）
数据字典（202）
元数据（203）
编目（204）
数据获取（205）
数据处理（206）
数据更新（207）
服务（301）
产品（302）
可视化与表达（303）
信息交换（304）
公共平台（305）
设备环境（401）
软件（402）
仪器检测（403）
安全/产权（501）
质量（502）
测试与检测（503）
技术文档（504）
存储与归档（505）
地理信息 国土资源（601）
地理信息 水利（602）
地理信息 海洋（603）
地理信息 农业（604）
地理信息 综合交通（605）
地理信息 生态与环境（606）
地理信息 政区与地名（607）
地理信息 公安（608）
地理信息 地震（609）
地理信息 气象（610）
地理信息 其他专业……
地理信息 电子政务（701）
地理信息 智慧城市（702）
地理信息 公共安全与应急（703）
地理信息 建筑信息模型（704）
地理信息 “一带一路”（705）
地理信息 智能汽车基础地图（706）
地理信息 其他专项......

图 2-1-1 智能汽车基础地图在国家地理信息标准体系框架中的定位

地理信息 智能汽车基础地图（706）
基础通用部分
术语定义
空间参照
分类编码
数据模型
内容表达
生产更新部分
数据采集
地图编制
数据更新
应用服务部分
导航定位
服务分发
信息交互
质量检测部分
数据质检
系统测试
服务评测
安全管理部分
安全保护
安全监控
安全审查

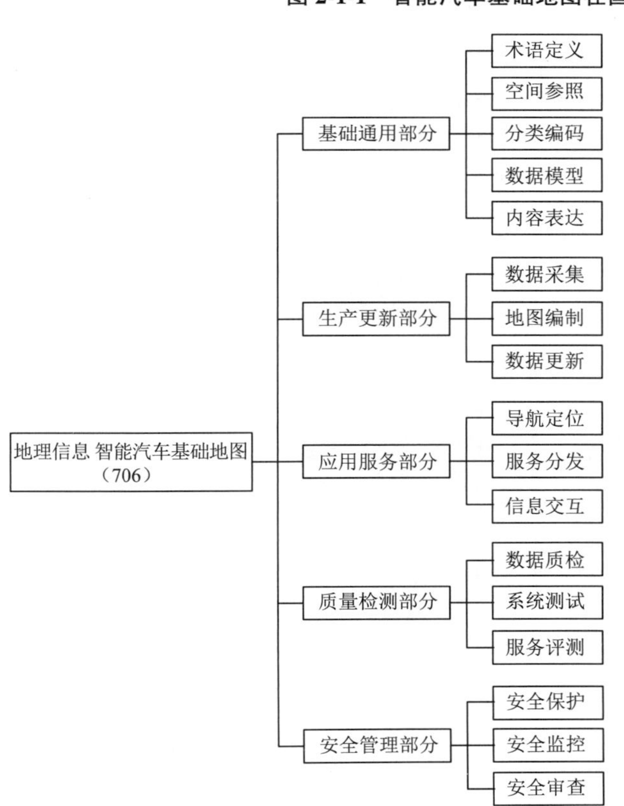

图 2-1-2 智能汽车基础地图标准体系框架图

（1）术语定义。术语定义标准用于统一智能汽车基础地图相关的基本概念，为各相关行业应用场景的协调与兼容奠定基础，同时为其他各部分标准的制定提供支撑。

（2）空间参照。空间参照标准用于统一智能汽车基础地图相关的时空基准和坐标转换，为高精度导航定位和车路云协同等智能汽车基础地图数据相关社会化应用提供重要空间位置基础。

（3）分类编码。分类编码标准用于帮助各相关行业部门认识和理解智能汽车基础地图标准化的对象、边界、层级关系和内在联系。

（4）数据模型。数据模型标准用于对智能汽车基础地图相关数据模型的结构设计、属性、格式及其相关功能对象进行标识与解析，为后续智能汽车驾驶自动化相关应用奠定基础。

（5）内容表达。内容表达标准侧重于提出智能汽车基础地图要素及相关属性内容表达方式与规则。

2. 生产更新部分。生产更新部分主要涵盖智能汽车基础地图相关数据采集、数据处理和地图编制，以及车路云协同场景下的数据更新等内容。

（1）数据采集。数据采集标准用于统一智能汽车基础地图数据及相关产品在车路云协同等复杂场景下多种智能端侧采集过程中的业务流程及相关技术要求。

（2）地图编制。地图编制标准侧重于提出智能汽车基础地图数据处理及其相关地图产品制作等的业务流程及相关技术要求。

（3）数据更新。数据更新标准用于规范智能汽车基础地图数据及相关产品在车路云协同等复杂场景下，涉及地图要素信息与动态地理信息融合匹配和产品动态更新等方面的业务流程及相关技术要求。

3. 应用服务部分。应用服务部分主要涵盖智能汽车基础地图相关高精度定位与导航、增量或全量数据分发，以及车路云协同场景下各种智能终端间数据传输与信息交互等内容。

（1）导航定位。导航定位标准用于统一智能汽车基础地图数据产品在导航定位应用方面的业务流程及相关技术要求。

（2）服务分发。服务分发标准侧重于智能汽车基础地图数据及相关产品在云端与车端间的分发与应用，包括服务对接方式、数据产品类型及功能性能等。

（3）信息交互。信息交互标准用于对规范智能汽车基础地图数据及相关产品在车路云协同场景的动态交互与感知融合提出明确要求，涵盖车端和云端相关数据交换格式和接口协议等的业务流程及相关技术要求。

4. 质量检测部分。质量检测部分主要涵盖智能汽车基础地图相关空间精度和属性内容方面等的数据质检，传感器设备及其作业系统等的测试评价，以及数据产品服务质量评测等内容。

（1）数据质检。数据质检标准侧重于对智能汽车基础地图数据质检对象、技术方法、精度和属性等评定方面提供标准支撑。

（2）系统测试。系统测试标准用于规范智能汽车基础地图相关传感器设备或作业系统架构设计、技术链路、接口方式以及相关数据输入输出等方面测试的业务流程和技术要求。

（3）服务评测。服务评测标准用于统一智能汽车基础地图相关数据产品服务质量和用户体验等方面评测的业务流程和技术要求。

5. 安全管理部分。安全管理部分主要涵盖智能汽车基础地图数据及相关产品在不同场景各智能端侧存储、传输、使用和服务等业务环节的安全保护，全生命周期监测管理以及地图合规审查等内容。

（1）安全保护。安全保护标准用于统一智能汽车基础地图安全保护的总体要求，包括数据产品在智能终端安全处理、云平台端安全服务以及各端侧间安全传输等方面的技术要求。

（2）安全监控。安全监控标准用于规范智能汽车基础地图服务安全运行的总体要求，包括监测信息分类、对接联调、管理维护以及对外提供等方面的技术要求。

（3）安全审查。安全审查标准侧重于提出智能汽车基础地图在境界、要素和重要地理信息等内容审核，送审数据规格和送审方式等方面的业务流程和技术要求。

三、组织实施

（一）加快标准研制

在自然资源部指导下，依托全国地理信息标准化技术委员会，组织开展各项标准的规划、预研、立项、制修订以及评审验收等工作，调动智能汽车基础地图相关行业领域产学研用等各方的积极性，共同加快推进智能汽车基础地图标准体系建设。

（二）加速体系更新

按照测绘成果管理、汽车数据安全和网络安全等相关法律法规要求，结合智能汽车基础地图社会化应用的发展趋势，建立智能汽车基础地图标准体系动态更新工作机制，为推进智能汽车基础地图技术创新应用和智能汽车产业健康发展提供持续有力保障。

（三）加大宣贯实施

充分发挥主管部门、标准化组织、行业学会协会和专业机构的作用，通过持续强化同全国汽车标准化技术委员会、全国智能运输系统标准化技术委员会、全国信息安全标准化技术委员会等相关行业标委会的协调协作，加快推动各项标准的技术研讨与宣贯实施。

（四）加强交流合作

加强与国内外相关标准化组织的交流与合作，积极参与国际标准化活动，根据未来技术发展特点和应用多样性需求，适时开展智能汽车基础地图相关国外标准采标与国际标准参编工作，推进国内国际标准法规的制定与协调。

附录　智能汽车基础地图标准体系表

地理信息智能汽车基础地图（706）	说明				
	标准名称	标准类型	标准性质	状态	备注
基础通用部分					
术语定义	智能汽车基础地图 术语	—	—	待研制（建议涵盖智能汽车基础地图、地图专有云和众源采集等内容，国家推荐性）	全国地理信息标准化技术委员会
空间参照	智能汽车基础地图时空基准指南	—	—	待研制（建议涵盖智能汽车基础地图应用相关时空参照、精度以及坐标系转换规则等内容，国家推荐性）	全国地理信息标准化技术委员会
分类编码	智能汽车基础地图数据分类分级规则	国标	推荐	预研中	全国地理信息标准化技术委员会
	智能汽车基础地图要素分类与编码	行标	推荐	已立项 202232014	全国地理信息标准化技术委员会

续上表

地理信息智能汽车基础地图（706）	说明				
	标准名称	标准类型	标准性质	状态	备注
数据模型	智能汽车基础地图数据模型与表达要求	—	—	待研制（建议涵盖智能汽车基础地图数据模型的一般要求、组成结构和表达规则等内容，国家推荐性）	全国地理信息标准化技术委员会
内容表达	智能汽车基础地图要素表达规范	—	—	待研制（建议涵盖智能汽车基础地图要素表达的一般要求、选择与分类等内容，国家推荐性）	全国地理信息标准化技术委员会
	……				
生产更新部分					
数据采集	智能汽车基础地图数据采集技术规范	—	—	待研制（建议涵盖智能汽车基础地图采集的基本原则、采集范围及相关数据处理等内容，国家推荐性）	全国地理信息标准化技术委员会
地图编制	智能汽车基础地图编制技术规范	—	—	待研制（建议涵盖智能汽车基础地图数据处理、制作、成果整备等内容，国家推荐性）	全国地理信息标准化技术委员会
数据更新	智能汽车基础地图更新 第一部分：数据处理更新要求	—	—	待研制（建议涵盖智能汽车基础地图数据处理以及相关本差分更新的具体要求等内容，国家推荐性）	全国地理信息标准化技术委员会
	智能汽车基础地图更新 第二部分：地图动态更新要求	—	—	待研制（建议涵盖智能汽车基础地图在车路云场景协同更新的具体要求等，国家推荐性）	全国地理信息标准化技术委员会
	……				
应用服务部分					
导航定位	地图导航定位产品通用规范	国标	推荐	已发布 GB/T 35766—2017	全国地理信息标准化技术委员会
	导航应用软件基本功能及技术要求	国标	推荐	已发布 GB/T 39774—2021	全国地理信息标准化技术委员会
	智能汽车基础地图定位技术要求	—	—	待研制（建议涵盖智能汽车基础地图在室内外场景的定位模式、定位方法及相关指标要求等，国家推荐性）	全国地理信息标准化技术委员会
服务分发	智能汽车基础地图数据云端服务模式规范	—	—	待研制（建议涵盖智能汽车基础地图数据由地图专有云端向各智能终端服务分发与管理模式等，国家推荐性）	全国地理信息标准化技术委员会
信息交互	智能汽车基础地图数据交换格式与接口定义	—	—	待研制（建议涵盖智能汽车基础地图数据传输交互的格式要求和接口定义等内容，国家推荐性）	全国地理信息标准化技术委员会
	智能汽车基础地图数据车路云协同交互技术规范	—	—	待研制（建议涵盖智能汽车基础地图数据在车路云协同场景各智能终端间传输交互技术等，国家推荐性）	全国地理信息标准化技术委员会
	……				
质量检测部分					
数据质检	导航电子地图检测规范	行标	推荐	已发布 CH/T 1019—2010（建议修订更名为“智能汽车基础地图检测规范”，国家推荐性）	全国地理信息标准化技术委员会
	道路高精度电子导航地图质量规范	行标	推荐	已立项 202232001（建议更名为“智能汽车基础地图质量规范”，国家推荐性）	全国地理信息标准化技术委员会
系统测试	智能汽车测绘传感器及系统通用技术规范	—	—	待研制（建议涵盖智能汽车基础地图数据相关传感器设备及业务系统检测等内容，国家推荐性）	全国地理信息标准化技术委员会
服务评测	智能汽车基础地图服务质量评测规范	—	—	待研制（建议涵盖智能汽车基础地图数据服务质量评价指标、方法及结果应用等内容，国家或行业推荐性）	全国地理信息标准化技术委员会
	……				

续上表

地理信息智能汽车基础地图（706）	说明				
	标准名称	标准类型	标准性质	状态	备注
安全管理部分					
安全保护	导航电子地图安全处理技术基本要求	国标	强制	已发布 GB 20263—2006（建议修订）	全国地理信息标准化技术委员会
	智能网联汽车时空数据安全处理技术基本要求	国标	强制	已申请立项	自然资源部
	智能网联汽车时空数据传感系统安全检测基本要求	国标	强制	已申请立项	自然资源部
	智能汽车基础地图数据安全保护技术基本要求	国标	推荐	已申请立项	全国地理信息标准化技术委员会
	智能汽车基础地图数据传输安全保护技术规范	国标	推荐	已申请立项	全国地理信息标准化技术委员会
	智能汽车基础地图数据终端安全保护技术规范	—	—	待研制（建议涵盖智能汽车基础地图数据在各智能终端相关业务环节中的安全处理与保护技术，国家推荐性）	全国地理信息标准化技术委员会
	……				
安全监控	智能汽车基础地图服务监控接入技术要求	国标	推荐	预研中	全国地理信息标准化技术委员会
	智能汽车基础地图众源更新监控基本要求	国标	推荐	预研中	全国地理信息标准化技术委员会
	智能汽车基础地图专有云安全控制技术规范	—	—	待研制（建议涵盖智能汽车基础地图专有云端物理环境和网络部署等的安全保护，以及合规业务管理等，国家或行业推荐性）	全国地理信息标准化技术委员会
安全审查	高级辅助驾驶电子地图审查要求	国标	推荐	征求意见（建议修订更名为“智能汽车基础地图审查要求”）	全国地理信息标准化技术委员会
	智能汽车基础地图数据安全审查技术规范	—	—	待研制（建议涵盖智能汽车基础地图数据安全合规性要求，以及相关快速审核具体技术细节等，国家推荐性）	全国地理信息标准化技术委员会

自然资源部

2023 年 3 月 3 日

道路运输车辆技术管理规定

中华人民共和国交通运输部令 2023 年第 3 号

第一章　总　　则

第一条　为加强道路运输车辆技术管理，保持车辆技术状况良好，保障运输安全，发挥车辆效能，促进节能减排，根据《中华人民共和国安全生产法》《中华人民共和国节约能源法》《中华人民共和国道路运输条例》等法律、行政法规，制定本规定。

第二条　道路运输车辆技术管理适用本规定。

本规定所称道路运输车辆包括道路旅客运输车辆（简称客车）、道路普通货物运输车辆（简称货车）、道路危险货物运输车辆（简称危货车）。

本规定所称道路运输车辆技术管理，是指对道路运输车辆达标核查、维护修理、检验检测、年度审验、注销退出等环节进行的全过程技术性管理。

第三条　道路运输车辆技术管理应当坚持分类管理、预防为主、安全高效、节能环保的原则。

第四条　道路运输经营者是道路运输车辆技术管理的责任主体，负责对道路运输车辆实行择优选配、正确使用、周期维护、视情修理、定期检验检测和适时更新，保证投入道路运输经营的车辆符合技术要求。

第五条　鼓励道路运输经营者使用安全、节能、环保型车辆，促进智能化、轻量化、标准化车型推广运用，加强科技应用，不断提高车辆的管理水平和技术水平。

第六条　交通运输部主管全国道路运输车辆技术管理的监督工作。

县级以上地方人民政府交通运输主管部门（简称交通运输主管部门）负责本行政区域内道路运输车辆技术管理的监督工作。

第二章 车辆技术条件

第七条 从事道路运输经营的车辆应当符合下列技术要求：

（一）车辆的外廓尺寸、轴荷和最大允许总质量应当符合GB 1589《汽车、挂车及汽车列车外廓尺寸、轴荷及质量限值》的要求。

（二）车辆的技术性能应当符合GB 38900《机动车安全技术检验项目和方法》以及依法制定的保障营运车辆安全生产的国家标准或者行业标准的要求。

（三）车型的燃料消耗量限值应当符合依法制定的关于营运车辆燃料消耗限值标准的要求。

（四）车辆（挂车除外）的技术等级应当符合国家有关道路运输车辆技术等级评定的要求，达到二级以上。危货车、国际道路运输车辆以及从事一类和二类客运班线、包车客运的客车，技术等级应当达到一级。

（五）客车的类型等级应当符合国家有关营运客车类型等级评定的要求，达到普通级以上。从事一类和二类客运班线、包车客运、国际道路旅客运输的客车的类型等级应当达到中级以上。

第八条 交通运输主管部门应当加强从事道路运输经营车辆的达标管理，按照国家有关规定，组织对申请从事道路运输经营的车辆开展实车核查，如实记录核查情况，填写道路运输达标车辆核查记录表，对不符合本规定的车辆不得配发道路运输证。

在对挂车配发道路运输证和年度审验时，应当查验挂车是否具有有效行驶证件。

第九条 禁止使用报废、擅自改装、拼装、检验检测不合格以及其他不符合国家规定的车辆从事道路运输经营活动。

第十条 道路运输经营者应当按照国家有关机动车强制报废标准规定，对达到报废标准的道路运输车辆及时办理道路运输证注销手续。

第三章 车辆使用的技术管理

第一节 基本要求

第十一条 道路运输经营者应当遵守有关法律法规、标准和规范，认真履行车辆技术管理的主体责任，建立健全管理制度，加强车辆技术管理。

第十二条 鼓励道路运输经营者设置相应的部门负责车辆技术管理工作，并根据车辆数量和经营类别配备车辆技术管理人员，对车辆实施有效的技术管理。

第十三条 道路运输经营者应当加强车辆维护、使用、安全和节能等方面的业务培训，提升从业人员的业务素质和技能，确保车辆处于良好的技术状况。

第十四条 道路运输经营者应当根据有关道路运输企业车辆技术管理标准，结合车辆技术状况和运行条件，正确使用车辆。

鼓励道路运输经营者依据相关标准要求，制定车辆使用技术管理规范，科学设置车辆经济、技术定额指标并定期考核，提升车辆技术管理水平。

第十五条 道路运输经营者应当建立车辆技术档案，实行一车一档。档案内容主要包括：车辆基本信息，机动车检验检测报告（含车辆技术等级），道路运输达标车辆核查记录表，客车类型等级审验、车辆维护和修理（含机动车维修竣工出厂合格证）、车辆主要零部件更换、车辆变更、行驶里程、对车辆造成损伤的交通事故等记录。档案内容应当准确、详实。

车辆转移所有权或者车籍地时，车辆技术档案应当随车移交。

道路运输经营者应当运用信息化技术做好道路运输车辆技术档案管理工作。

第二节 维护与修理

第十六条 道路运输经营者应当建立车辆维护制度。

车辆维护分为日常维护、一级维护和二级维护。日常维护由驾驶员实施，一级维护和二级维护由道路运输经营者组织实施，并做好记录。

第十七条 道路运输经营者应当依据国家有关标准和车辆维修手册、使用说明书等，结合车辆类别、车辆运行状况、行驶里程、道路条件、使用年限等因素，自行确定车辆维护周期，确保车辆正常维护。

车辆维护作业项目应当按照国家关于汽车维护的技术规范要求和汽车生产企业公开的车辆维护技术信息确定。

道路运输经营者具备二级维护作业能力的，可以对自有车辆进行二级维护作业，保证投入运营的车辆符合技术管理要求，无需进行二级维护竣工质量检测。

道路运输经营者不具备二级维护作业能力的，应当委托二类以上机动车维修经营者进行二级维护作业。机动车维修经营者完成二级维护作业后，应当向委托方出具机动车维修竣工出厂合格证。

第十八条 道路运输经营者应当遵循视情修理、保障安全的原则，根据实际情况对车辆进行及时修理。

第十九条 道路运输经营者用于运输剧毒化学品、爆炸品的专用车辆及罐式专用车辆（含罐式挂车），应当到具备危货车维修条件的企业进行维修。

前款规定专用车辆的牵引车和其他运输危险货物的车辆由道路运输经营者消除危险货物的危害后，可以到具备一般车辆维修条件的企业进行维修。

第三节 检验检测

第二十条 道路运输经营者应当定期到取得市场监督管理部门资质认定证书、具备相应检验检测能力的机动车检验检测机构，对道路运输车辆进行检验检测和技术等级评定。

第二十一条 道路运输经营者应当自道路运输车辆首次取得道路运输证当月起，按照下列周期和频次进行检验检测和技术等级评定：

（一）客车自首次经国家机动车登记主管部门注册登记不满60个月的，每12个月进行1次检验检测和技术等级评定；超过60个月的，每6个月进行1次检验检测和技术等级评定。

（二）其他道路运输车辆自首次经国家机动车登记主管部门注册登记不满120个月的，每12个月进行1次检验检测和技术等级评定；超过120个月的，每6个月进行1次检验检测和技术等级评定。

第二十二条 客车、危货车的检验检测和技术等级评定应当委托车籍所在地的机动车检验检测机构进行。

货车的检验检测和技术等级评定可以在全国范围内自主选择机动车检验检测机构进行。

第二十三条　从事道路运输车辆检验检测业务的机动车检验检测机构应当按照《机动车安全技术检验项目和方法》(GB 38900)实施检验检测,出具机动车检验检测报告,并在报告中备注车辆技术等级。

车籍所在地交通运输主管部门应当将车辆技术等级在道路运输证上标明。道路运输车辆取得网上年度审验凭证的,本年度可免于在道路运输证上标明车辆技术等级。

从事道路运输车辆检验检测业务的机动车检验检测机构应当确保检验检测和技术等级评定结果客观、公正、准确,并对检验检测和技术等级评定结果承担法律责任。

第二十四条　从事道路运输车辆检验检测业务的机动车检验检测机构应当及时、准确、完整上传检验检测数据和检验检测报告。

第二十五条　从事道路运输车辆检验检测业务的机动车检验检测机构应当建立车辆检验检测档案,档案内容主要包括:车辆基本信息、机动车检验检测报告(含车辆技术等级)。

第四章　监督检查

第二十六条　交通运输主管部门应当按照职责权限和法定程序对道路运输车辆技术管理进行监督检查。

相关单位和个人应当积极配合交通运输主管部门的监督检查,如实反映情况,提供有关资料。

第二十七条　交通运输主管部门应当将车辆技术等级情况、客车类型等级情况纳入道路运输车辆年度审验内容。

第二十八条　从事道路运输车辆检验检测业务的机动车检验检测机构有下列行为之一的,交通运输主管部门不予采信其出具的检验检测报告,并抄报同级市场监督管理部门处理:

(一)不按技术标准、规范对道路运输车辆进行检验检测的;

(二)未经检验检测出具道路运输车辆检验检测结果的;

(三)不如实出具道路运输车辆检验检测结果的。

从事道路运输车辆检验检测业务的机动车检验检测机构未及时、准确、完整上传检验检测数据和检验检测报告的,交通运输主管部门可以将相关情况定期向社会公布。

第二十九条　交通运输主管部门应当依托道路运政管理信息系统建立车辆管理档案,及时更新档案内容,实现全国道路运输车辆管理档案信息共享。

档案内容主要包括:车辆基本信息,道路运输达标车辆核查记录表,机动车检验检测报告(含车辆技术等级),客车类型等级审验、车辆变更等记录。

第三十条　道路运输经营者使用报废、擅自改装、拼装、检验检测不合格和其他不符合国家规定的车辆从事道路运输经营活动的,或者道路运输车辆的技术状况未达到第七条规定的有关标准要求的,交通运输主管部门应当责令改正。

交通运输主管部门应当将对道路运输车辆技术管理的监督检查和执法情况纳入道路运输企业质量信誉考核和信用管理。

第五章　法律责任

第三十一条　违反本规定,道路运输经营者未按照规定的周期和频次进行车辆检验检测或者未按规定维护道路运输车辆的,交通运输主管部门应当责令改正,处 1000 元以上 5000 元以下罚款。

第三十二条　交通运输主管部门工作人员在监督管理工作中滥用职权、玩忽职守、徇私舞弊的,依法给予行政处分;构成犯罪的,由司法机关依法处理。

第六章　附　　则

第三十三条　从事普通货运经营的总质量 4500 kg 及以下普通货运车辆,不适用本规定。

第三十四条　本规定自 2023 年 6 月 1 日起施行。2016 年 1 月 22 日以交通运输部令 2016 年第 1 号公布的《道路运输车辆技术管理规定》、2019 年 6 月 21 日以交通运输部令 2019 年第 19 号公布的《关于修改〈道路运输车辆技术管理规定〉的决定》、2022 年 9 月 26 日以交通运输部令 2022 年第 29 号公布的《关于修改〈道路运输车辆技术管理规定〉的决定》同时废止。

部长　李小鹏

2023 年 4 月 24 日

关于加快推进充电基础设施建设　更好支持新能源汽车下乡和乡村振兴的实施意见

发改综合〔2023〕545 号

各省、自治区、直辖市人民政府,新疆生产建设兵团,国家电网有限公司、中国南方电网有限责任公司:

我国已建成世界上数量最多、辐射面积最大、服务车辆最全的充电基础设施体系,为新能源汽车快速发展提供了有力保障。但广大农村地区仍存在公共充电基础设施建设不足、居住社区充电设施安装共享难、时段性供需矛盾突出等问题,制约了农村地区新能源汽车消费潜力的释放。适度超前建设充电基础设施,优化新能源汽车购买使用环境,对推动新能源汽车下乡、引导农村地区居民绿色出行、促进乡村全面振兴具有重要意义。为做好相关工作,经国务院同意,制定如下实施意见。

一、创新农村地区充电基础设施建设运营维护模式

(一)加强公共充电基础设施布局建设。支持地方政府结合实际开展县乡公共充电网络规划,并做好与国土空间规划、配电网规划等的衔接,加快实现适宜使用新能源汽车的地区充电站"县县全覆盖"、充电桩"乡乡全覆盖"。合理推进集中式公共充电场站建设,优先在县乡企事业单位、商业建筑、交通枢纽(场站)、公路沿线服务区(站)等场所配置公共充电设施,并向易地搬迁集中安置区、乡村旅游重点村等延伸,结合乡村自驾游发展加快公路沿线、具备条件的加油站等场所充电桩建设。

(二)推进社区充电基础设施建设共享。加快推进农村地区既有居住社区充电设施建设,因地制宜开展充电设施建设条件改造,具备安装条件的居住社区可配建一定比例的公共充电车位。落实新建居住社区充电基础设施配建要求,推动固定车位建设充电设施或预留安装条件以满足直接装表

接电需要。落实街道办事处等基层管理机构管理责任，加大对居住社区管理单位的指导和监督，建立“一站式”协调推动和投诉解决机制。居住社区管理单位应积极协助用户安装充电设施，可探索与充电设施运营企业合作的机制。引导社区推广“临近车位共享”“社区分时共享”“多车一桩”等共享模式。

（三）加大充电网络建设运营支持力度。鼓励有条件地方出台农村地区公共充电基础设施建设运营专项支持政策。利用地方政府专项债券等工具，支持符合条件的高速公路及普通国省干线公路服务区（站）、公共汽电车场站和汽车客运站等充换电基础设施建设。统筹考虑乡村级充电网络建设和输配电网发展，加大用地保障等支持力度，开展配套电网建设改造，增强农村电网的支撑保障能力。到2030年前，对实行两部制电价的集中式充换电设施用电免收需量（容量）电费，放宽电网企业相关配电网建设投资效率约束，全额纳入输配电价回收。

（四）推广智能有序充电等新模式。提升新建充电基础设施智能化水平，将智能有序充电纳入充电基础设施和新能源汽车产品功能范围，鼓励新售新能源汽车随车配建充电桩具备有序充电功能，加快形成行业统一标准。鼓励开展电动汽车与电网双向互动（V2G）、光储充协同控制等关键技术研究，探索在充电桩利用率较低的农村地区，建设提供光伏发电、储能、充电一体化的充电基础设施。落实峰谷分时电价政策，鼓励用户低谷时段充电。

（五）提升充电基础设施运维服务体验。结合农村地区充电设施环境、电网基础条件、运行维护要求等，开展充电设施建设标准制修订和典型设计。完善充电设施运维体系，提升设施可用率和故障处理能力，推动公共充换电网络运营商平台互联互通。鼓励停车场与充电设施运营企业创新技术与管理措施，引导燃油汽车与新能源汽车分区停放，维护良好充电秩序。利用技术手段对充电需求集中的时段和地段进行提前研判，并做好服务保障。

二、支持农村地区购买使用新能源汽车

（六）丰富新能源汽车供应。鼓励新能源汽车企业针对农村地区消费者特点，通过差异化策略优化配置，开发更多经济实用的车型，特别是新能源载货微面、微卡、轻卡等产品。健全新能源二手车评估体系，对新能源二手车加强检查和整修，鼓励企业面向农村地区市场提供优质新能源二手车。

（七）加快公共领域应用推广。加快新能源汽车在县乡党政机关、学校、医院等单位的推广应用，因地制宜提高公务用车中新能源汽车使用比例，发挥引领示范作用。鼓励有条件的地方加大对公交、道路客运、出租汽车、执法、环卫、物流配送等领域新能源汽车应用支持力度。

（八）提供多元化购买支持政策。鼓励有条件的地方对农村户籍居民在户籍所在地县域内购买新能源汽车，给予消费券等支持。鼓励有关汽车企业和有条件的地方对淘汰低速电动车购买新能源汽车提供以旧换新奖励。鼓励地方政府加强政企联动，开展购车赠送充电优惠券等活动。加大农村地区汽车消费信贷支持，鼓励金融机构在依法合规、风险可控的前提下，合理确定首付比例、贷款利率、还款期限。

三、强化农村地区新能源汽车宣传服务管理

（九）加大宣传引导力度。通过新闻报道、专家评论、互联网新媒体等方式积极宣传，支持地方政府和行业机构组织新能源汽车厂家开展品牌联展、试乘试驾等活动，鼓励新能源汽车企业联合产业链上游电池企业开展农村地区购车三年内免费“电池体检”活动，提升消费者对新能源汽车的接受度。

（十）强化销售服务网络。鼓励新能源汽车企业下沉销售网络，引导车企及第三方服务企业加快建设联合营业网点、建立配套售后服务体系，定期开展维修售后服务下乡活动，提供应急救援等服务，缓解购买使用顾虑。鼓励高职院校面向农村地区培养新能源汽车维保技术人员，提供汽车维保、充电桩维护等相关职业教育，将促进就近就地就业与支持新能源汽车消费有效衔接。

（十一）加强安全监管。健全新能源汽车安全监管体系，因地制宜利用多种手段，提升新能源汽车及电池质量安全水平，严格农村地区充电设施管理，引导充电设施运营企业接入政府充电设施监管平台，严格配套供电、集中充电场所安全条件，确保符合有关法律法规、国家标准或行业标准规定，强化管理人员安全业务培训，定期对存量充电桩进行隐患排查。引导农村居民安装使用独立充电桩，并合理配备漏电保护器及接地设备，提升用电安全水平。

各地区、各有关部门要切实加强组织领导，明确责任分工，积极主动作为，推动相关政策措施尽快落地见效，完善购买使用政策，进一步健全充电基础设施网络，确保“有人建、有人管、能持续”，为新能源汽车在农村地区的推广使用营造良好环境，更好满足群众生产生活需求。

国家发展改革委
国家能源局
2023年5月14日

关于进一步构建高质量充电基础设施体系的指导意见

国办发〔2023〕19号

各省、自治区、直辖市人民政府，国务院各部委、各直属机构：

充电基础设施为电动汽车提供充换电服务，是重要的交通能源融合类基础设施。近年来，我国充电基础设施快速发展，已建成世界上数量最多、服务范围最广、品种类型最全的充电基础设施体系。着眼未来新能源汽车特别是电动汽车快速增长的趋势，充电基础设施仍存在布局不够完善、结构不够合理、服务不够均衡、运营不够规范等问题。为进一步构建高质量充电基础设施体系，更好支撑新能源汽车产业发展，促进汽车等大宗消费，助力实现碳达峰碳中和目标，经国务院同意，现提出以下意见。

一、总体要求

（一）指导思想。以习近平新时代中国特色社会主义思想为指导，全面贯彻落实党的二十大精神，扎实推进中国式现代化建设，坚持稳中求进工作总基调，完整、准确、全面贯彻新发展理念，加快构建新发展格局，着力推动高质量发展，坚持目标导向和问题导向，加强统筹谋划，落实主体责任，持续完善网络,提高设施能力,提升服务水平,进一步构建高质量充电基础设施体系,更好满足人民群众购置和使用新能源汽车需要,助力推进交通运输绿色低碳转型与现代化基础设施体系建设。

(二)基本原则。

科学布局。加强充电基础设施发展顶层设计,坚持应建尽建、因地制宜、均衡合理,科学规划建设规模、网络结构、布局功能和发展模式。依据国土空间规划,推动充电基础设施规划与电力、交通等规划一体衔接。

适度超前。结合电动汽车发展趋势,适度超前安排充电基础设施建设,在总量规模、结构功能、建设空间等方面留有裕度,更好满足不同领域、不同场景充电需求。持续完善充电基础设施标准体系,推动中国标准国际化。

创新融合。充分发挥创新第一动力作用,提升充电基础设施数字化、智能化、融合化发展水平,鼓励发展新技术、新业态、新模式,推动电动汽车与充电基础设施网、电信网、交通网、电力网等能量互通、信息互联。

安全便捷。坚持安全第一,加强充电基础设施全生命周期安全管理,强化质量安全、运行安全和信息安全,着力提高可靠性和风险防范水平。不断提高充电服务经济性和便捷性,扩大多样化有效供给,全面提升服务质量效率。

(三)发展目标。到 2030 年,基本建成覆盖广泛、规模适度、结构合理、功能完善的高质量充电基础设施体系,有力支撑新能源汽车产业发展,有效满足人民群众出行充电需求。建设形成城市面状、公路线状、乡村点状布局的充电网络,大中型以上城市经营性停车场具备规范充电条件的车位比例力争超过城市注册电动汽车比例,农村地区充电服务覆盖率稳步提升。充电基础设施快慢互补、智能开放,充电服务安全可靠、经济便捷,标准规范和市场监管体系基本完善,行业监管和治理能力基本实现现代化,技术装备和科技创新达到世界先进水平。

二、优化完善网络布局

(一)建设便捷高效的城际充电网络。以国家综合立体交通网“6 轴 7 廊 8 通道”主骨架为重点,加快补齐重点城市之间路网充电基础设施短板,强化充电线路间有效衔接,打造有效满足电动汽车中长途出行需求的城际充电网络。拓展国家高速公路网充电基础设施覆盖广度,加密优化设施点位布局,强化关键节点充电网络连接能力。新建高速公路服务区应同步建设充电基础设施,加快既有高速公路服务区充电基础设施改造,新增设施原则上应采用大功率充电技术,完善高速公路服务区相关设计标准与建设管理规范。推动具备条件的普通国省干线公路服务区(站)因地制宜科学布设充电基础设施,强化公路沿线充电基础服务。

(二)建设互联互通的城市群都市圈充电网络。加强充电基础设施统一规划、协同建设,强化不同城市充电服务数据交换共享,加快充电网络智慧化升级改造,实现跨区域充电服务有效衔接,提升电动汽车在城市群、都市圈及重点城市间的通达能力。以京津冀、长三角、粤港澳大湾区、成渝地区双城经济圈为重点加密建设充电网络,打造联通区域主要城市的快速充电网络,力争充电技术、标准和服务达到世界先进水平。

(三)建设结构完善的城市充电网络。以城市道路交通网络为依托,以“两区”(居住区、办公区)、“三中心”(商业中心、工业中心、休闲中心)为重点,推动城市充电网络从中心城区向城区边缘、从优先发展区域向其他区域有序延伸。大力推进城市充电基础设施与停车设施一体规划、建设和管理,实现城市各类停车场景全面覆盖。合理利用城市道路邻近空间,建设以快充为主、慢充为辅的公共充电基础设施,鼓励新建具有一定规模的集中式充电基础设施。居住区积极推广智能有序慢充为主、应急快充为辅的充电基础设施。办公区和“三中心”等城市专用和公用区域因地制宜布局建设快慢结合的公共充电基础设施。促进城市充电网络与城际、城市群、都市圈充电网络有效衔接。

(四)建设有效覆盖的农村地区充电网络。推动农村地区充电网络与城市、城际充电网络融合发展,加快实现充电基础设施在适宜使用电动汽车的农村地区有效覆盖。积极推动在县级城市城区建设公共直流快充站。结合乡村级充电网络建设和输配电网发展,加快在大型村镇、易地搬迁集中安置区、乡村旅游重点村镇等规划布局充电网络,大力推动在乡镇机关、企事业单位、商业建筑、交通枢纽场站、公共停车场、物流基地等区域布局建设公共充电基础设施。结合推进以县城为重要载体的城镇化建设,在基础较好的地区根据需要创建充电基础设施建设应用示范县和示范乡镇。

三、加快重点区域建设

(一)积极推进居住区充电基础设施建设。在既有居住区加快推进固定车位充电基础设施应装尽装,优化布局公共充电基础设施。压实新建居住区建设单位主体责任,严格落实充电基础设施配建要求,确保固定车位按规定 100% 建设充电基础设施或预留安装条件,满足直接装表接电要求。以城市为单位加快制定居住区充电基础设施建设管理指南,优化设施建设支持政策和管理程序,落实街道办事处、居民委员会等基层管理机构责任,建立“一站式”协调推动和投诉处理机制。鼓励充电运营企业等接受业主委托,开展居住区充电基础设施“统建统服”,统一提供建设、运营、维护等服务。结合完整社区建设试点工作,整合推进停车、充电等设施建设。鼓励将充电基础设施建设纳入老旧小区基础类设施改造范围,并同步开展配套供配电设施建设。

(二)大力推动公共区域充电基础设施建设。以“三中心”等建筑物配建停车场以及交通枢纽、驻车换乘(P+R)等公共停车场为重点,加快建设公共充电基础设施,推动充电运营企业逐步提高快充设施占比。在政府机关、企事业单位、工业园区等内部停车场加快配建充电基础设施,并鼓励对公众开放。在确保安全前提下,在具备条件的加油(气)站配建公共快充和换电设施,积极推进建设加油(气)、充换电等业务一体的综合供能服务站。结合城市公交、出租、道路客运、物流等专用车辆充电需求,加快在停车场站等建设专用充电站。加快旅游景区公共充电基础设施建设,A 级以上景区结合游客接待量和充电需求配建充电基础设施,4A 级以上景区设立电动汽车公共充电区域。

四、提升运营服务水平

(一)推动社会化建设运营。促进充电基础设施投资多元化,引导各类社会资本积极参与建设运营,形成统一开放、竞争有序的充电服务市场。推广充电车位共享模式，提高车位和充电基础设施利用效率。鼓励充电运营企业与整车企业、互联网企业积极探索商业合作模式。加强监测研判，在车流量较大区域、重大节假日期间等适度投放移动充电基础设施，增强充电网络韧性。

（二）制定实施统一标准。结合电动汽车智能化、网联化发展趋势和新型能源体系建设需求，持续完善充电基础设施标准体系，加强建设运维、产品性能、互联互通等标准迭代更新，加快先进充换电技术标准制修订，提升标准国际化引领能力。鼓励将智能有序充电纳入车桩产品功能范围。推动制定综合供能服务站建设标准和管理制度。通过放宽市场准入特别措施等政策工具，鼓励有关单位率先制定实施相关标准。

（三）构建信息网平台。推动建设国家充电设施监测服务平台。坚持政府引导、市场运作，鼓励以省（自治区、直辖市）为单位构建充电基础设施监管与运营服务平台，着力强化省级平台互联互通。规范充电基础设施信息管理，统一信息交换协议，明确信息采集边界和使用范围，促进公共充电基础设施全面接入，引导居住区“统建统服”充电基础设施有序接入，鼓励私人充电基础设施自愿接入。强化与电动汽车、城市和公路出行服务网等数据互联互通，通过互联网地图服务平台等多种便利渠道，及时发布公共充电基础设施设置及实时使用情况。

（四）加强行业规范管理。完善充电基础设施生产制造、安装建设、运营维护企业的准入条件和管理政策，以规范管理和服务质量为重点构建评价体系，推动建立充电设备产品质量认证运营商采信制度。压实电动汽车、动力电池和充电基础设施生产企业产品质量安全责任，严格充电基础设施建设、安装质量安全管理，建立火灾、爆炸事故责任倒查制度。完善充电基础设施运维体系，落实充电运营企业主体责任，提升设施可用率和故障处理能力。明确长期失效充电桩的认定标准和管理办法，建立健全退出机制。引导充电基础设施投资运营企业投保产品责任保险。

五、加强科技创新引领

（一）提升车网双向互动能力。大力推广应用智能充电基础设施，新建充电基础设施原则上应采用智能设施，推动既有充电基础设施智能化改造。积极推动配电网智能化改造，强化对电动汽车充放电行为的调控能力。充分发挥新能源汽车在电化学储能体系中的重要作用，加强电动汽车与电网能量互动，提高电网调峰调频、安全应急等响应能力，推动车联网、车网互动、源网荷储一体化、光储充换一体站等试点示范。

（二）鼓励新技术创新应用。充分发挥企业创新主体作用，打造车、桩、网智慧融合创新平台。加快推进快速充换电、大功率充电、智能有序充电、无线充电、光储充协同控制等技术研究，示范建设无线充电线路及车位。加强信息共享与统一结算系统、配电系统安全监测预警等技术研究。持续优化电动汽车电池技术性能，加强新体系动力电池、电池梯次利用等技术研究。推广普及机械式、立体式、移动式停车充电一体化设施。

六、加大支持保障力度

（一）压实主体责任。切实加强组织领导，压紧压实地方政府统筹推进充电基础设施发展的主体责任，将充电基础设施建设管理作为完善基础设施和公共服务的重要着力点。充分发挥规划引领作用，省级政府以构建高质量充电基础设施体系为重点，科学制定布局规划，做好与交通网络体系的衔接融合；地市级政府以“两区”、“三中心”为重点，以区县为基本单元制定布局规划，分场景优化充电基础设施结构，加强公用桩和专用桩布局，并纳入国土空间规划“一张图”实施监督信息系统。

（二）完善支持政策。落实峰谷分时电价政策，引导用户广泛参与智能有序充电和车网互动。2030 年前，对实行两部制电价的集中式充换电设施用电免收需量（容量）电费。鼓励地方各级政府对充电基础设施场地租金实行阶段性减免。鼓励电网企业在电网接入、增容等方面优先服务充电基础设施建设。

（三）强化要素保障。地方各级政府要进一步加强充电基础设施发展要素保障，满足充电基础设施及配套电网建设用地、廊道空间等发展需要，因地制宜研究给予资金支持。鼓励地方建立与服务质量挂钩的运营补贴标准，加大对大功率充电、车网互动等示范类项目的补贴力度，通过地方政府专项债券等支持符合条件的充电基础设施项目建设。提高金融服务能力，充分利用现有金融支持政策，推广股权、项目收益权、特许经营权等质押融资方式，通过绿色债券等拓宽充电基础设施投资运营企业和设备厂商融资渠道。鼓励开发性金融机构创新融资支持模式，实施城市停车、充电“一张网”专项工程。

（四）加强协同推进。国家发展改革委、国家能源局会同各有关方面统筹推进本指导意见实施，加强部门协同配合，强化对各地的指导监督，定期开展实施情况评估，及时总结推广典型经验做法，重大情况及时向党中央、国务院报告。地方各级政府建立发展改革、能源、交通运输、自然资源、工业和信息化、住房城乡建设、商务、消防救援、城市管理等有关部门紧密配合的充电基础设施建设协同推进机制，全面摸排基本情况，科学评估建设需求，简化建设手续，建立健全标准和政策体系，持续跟踪解决重点难点问题，实现信息共享和政策联动。

国务院办公厅

2023 年 6 月 8 日

关于开展 2023 年新能源汽车下乡活动的通知

工信厅联通装函〔2023〕149 号

各省、自治区、直辖市及计划单列市工业和信息化主管部门、发展改革委、农业农村（农牧）厅（局、委）、商务主管部门、能源主管部门：

为促进农村地区新能源汽车推广应用，引导农村居民绿色出行，助力美丽乡村建设和乡村振兴战略实施，工业和信息化部、发展改革委、商务部、农业农村部、国家能源局组织开展 2023 年新能源汽车下乡活动。

一、活动主题

绿色、低碳、智能、安全——为汽车消费充“电”，为乡村振兴添“绿”。

二、活动时间

2023 年 6 月—12 月

三、活动内容

活动采取“线下+云上”相结合的形式开展，线下主要包括启动仪式+优势地区系列巡展活动、特色地区示范活动，辅以各地主动开展的各项活动；“云上”活动由电商和互联网平台根据现场活动安排，搭建网络宣传专栏，开展“云上”促销、直播售车等活动，全程参与并持续开展新能源下乡活动，实现线下与“云上”的联动。

四、组织方式

活动委托中国汽车工业协会组织实施，各地工业和信息化、发展改革、农业农村、商务、能源主管部门做好协同支持；各新能源汽车生产企业、销售企业积极参与，推荐适宜农村市场的先进车型，制定促销政策，建立完善售后服务体系；各充电设施建设运营企业配合完善充电设施布局，推出充电优惠政策；各参与活动的电商、互联网平台，积极配合现场活动，开展网络促销，与车企合作举办直播售车或云上展销活动。

五、保障措施

（一）加强组织领导。强化部门协同，动员企业积极参与活动，确保各项活动取得实效。坚决贯彻执行中央八项规定及其实施细则精神，坚持节俭办活动。

（二）做好安全保障。严格遵守当地社会治安管理规定，提前做好风险评估，制定工作方案、安全防范工作应急预案，细化措施、责任到人、落实到位。加强安全防护，严防事故发生。

（三）注重舆论引导。运用新闻媒体、微博微信、广播电视、新媒体短视频等渠道，开展活动全过程全覆盖宣传引导，加大新能源汽车科普宣传力度，加强活动前预热宣传，为新能源汽车推广应用营造良好舆论环境。

附件：参与活动企业及车型（见表 2-1-4）

工业和信息化部办公厅
国家发展和改革委员会办公厅
农业农村部办公厅
商务部办公厅
国家能源局综合司
2023 年 6 月 12 日

表 2-1-4 参与活动车型及企业（排序不分先后）

序号	车型	生产企业
1	红旗 E-QM5	中国第一汽车集团有限公司
2	奔腾 NAT PRO	中国第一汽车集团有限公司
3	大众 ID.4 CROZZ	一汽—大众汽车有限公司
4	大众 ID.4 CROZZ Pure+	一汽—大众汽车有限公司
5	迈腾插电混动 GTE	一汽—大众汽车有限公司
6	东风御风 EM26	东风汽车股份有限公司
7	纳米 EX1 PRO	东风汽车集团有限公司
8	东风富康 ES600	神龙汽车有限公司
9	启辰 D60EV	东风汽车有限公司
10	启辰 D60EV PLUS	东风汽车有限公司
11	东风本田 e:NS1	东风本田汽车有限公司
12	风光 Mini EV	东风小康汽车有限公司
13	S50EV	东风柳州汽车有限公司
14	Lumin	重庆长安汽车股份有限公司
15	深蓝 SL03	重庆长安汽车股份有限公司
16	逸动 EV	重庆长安汽车股份有限公司
17	奔奔 E-Star	重庆长安汽车股份有限公司
18	Z6iDD	重庆长安汽车股份有限公司
19	长安睿行 EM60	重庆长安汽车股份有限公司
20	长安睿行 EM80	重庆长安汽车股份有限公司
21	阿尔法 S	北汽蓝谷麦格纳汽车有限公司
22	风景智蓝 G7	北汽福田汽车股份有限公司
23	荣威 CLEVER	上海汽车集团股份有限公司
24	荣威 i6 MAX EV	上海汽车集团股份有限公司
25	荣威 Ei5	上海汽车集团股份有限公司
26	荣威 全新 eRX5	上海汽车集团股份有限公司
27	名爵 MULAN	上海汽车集团股份有限公司
28	ID.3	上汽大众汽车有限公司
29	ID.4 X	上汽大众汽车有限公司
30	帕萨特插电混动	上汽大众汽车有限公司
31	别克微蓝 6 纯电动	上汽通用汽车有限公司
32	别克微蓝 6 插电混动	上汽通用汽车有限公司
33	五菱宏光 MINIEV	上汽通用五菱汽车股份有限公司
34	五菱宏光 MINIEVGAMEBOY	上汽通用五菱汽车股份有限公司
35	五菱 Airev	上汽通用五菱汽车股份有限公司
36	五菱缤果	上汽通用五菱汽车股份有限公司
37	五菱 Nano EV	上汽通用五菱汽车股份有限公司
38	宝骏 KiWi EV	上汽通用五菱汽车股份有限公司
39	五菱荣光 EV	上汽通用五菱汽车股份有限公司
40	宝骏悦也	上汽通用五菱汽车股份有限公司

续上表

序号	车型	生产企业
41	五菱荣光小卡 EV	上汽通用五菱汽车股份有限公司
42	埃安 AION Y Plus	广汽埃安新能源汽车股份有限公司/广汽乘用车有限公司
43	埃安 AION Y	广汽乘用车有限公司
44	埃安 AION S Plus	广汽乘用车有限公司
45	埃安 AION S	广汽乘用车有限公司
46	埃安 AION V	广汽乘用车有限公司
47	bZ4X	广汽丰田汽车有限公司
48	本田(HONDA)牌 e:NP1	广汽本田汽车有限公司
49	思皓 E50A	安徽江淮汽车集团股份有限公司
50	唐 DM-i	比亚迪汽车工业有限公司
51	宋 PLUS	比亚迪汽车工业有限公司
52	驱逐舰 05	比亚迪汽车工业有限公司
53	海豚	比亚迪汽车工业有限公司
54	海豹冠军版	比亚迪汽车工业有限公司
55	2023 款欧拉好猫	长城汽车股份有限公司
56	欧拉闪电猫	长城汽车股份有限公司
57	星享 V6E	吉利四川商用车有限公司
58	星享 E6	吉利四川商用车有限公司
59	奇瑞瑞虎 8PRO	奇瑞汽车股份有限公司
60	QQ 冰淇淋	奇瑞新能源汽车股份有限公司
61	eQ1 小蚂蚁	奇瑞新能源汽车股份有限公司
62	G3i	肇庆小鹏新能源投资有限公司
63	P5	肇庆小鹏新能源投资有限公司
64	哪吒 U-II	合众新能源汽车有限公司
65	哪吒 V2	合众新能源汽车有限公司
66	EC35 Ⅱ	重庆瑞驰汽车实业有限公司
67	吉奥帅凌	浙江新吉奥汽车有限公司
68	合创 Z03	广汽乘用车(杭州)有限公司
69	江豚	奇瑞商用车(安徽)有限公司

关于延续和优化新能源汽车车辆购置税减免政策的公告

财政部 税务总局 工业和信息化部公告 2023 年第 10 号

为支持新能源汽车产业发展,促进汽车消费,现就延续和优化新能源汽车车辆购置税减免政策有关事项公告如下:

一、对购置日期在 2024 年 1 月 1 日至 2025 年 12 月 31 日期间的新能源汽车免征车辆购置税,其中,每辆新能源乘用车免税额不超过 3 万元;对购置日期在 2026 年 1 月 1 日至 2027 年 12 月 31 日期间的新能源汽车减半征收车辆购置税,其中,每辆新能源乘用车减税额不超过 1.5 万元。

购置日期按照机动车销售统一发票或海关关税专用缴款书等有效凭证的开具日期确定。

享受车辆购置税减免政策的新能源汽车,是指符合新能源汽车产品技术要求的纯电动汽车、插电式混合动力(含增程式)汽车、燃料电池汽车。新能源汽车产品技术要求由工业和信息化部会同财政部、税务总局根据新能源汽车技术进步、标准体系发展和车型变化情况制定。

新能源乘用车,是指在设计、制造和技术特性上主要用于载运乘客及其随身行李和(或)临时物品,包括驾驶员座位在内最多不超过 9 个座位的新能源汽车。

二、销售方销售"换电模式"新能源汽车时,不含动力电池的新能源汽车与动力电池分别核算销售额并分别开具发票的,依据购车人购置不含动力电池的新能源汽车取得的机动车销售统一发票载明的不含税价作为车辆购置税计税价格。

"换电模式"新能源汽车应当满足换电相关技术标准和要求,且新能源汽车生产企业能够自行或委托第三方为用户提供换电服务。

三、为加强和规范管理,工业和信息化部、税务总局通过发布《减免车辆购置税的新能源汽车车型目录》(简称《目录》)对享受减免车辆购置税的新能源汽车车型实施管理。《目录》发布后,购置列入《目录》的新能源汽车可按规定享受车辆购置税减免政策。

对已列入《目录》的新能源汽车,新能源汽车生产企业或进口新能源汽车经销商(简称汽车企业)在上传《机动车整车出厂合格证》或进口机动车《车辆电子信息单》(简称车辆电子信息)时,在"是否符合减免车辆购置税条件"字段标注"是"(即减免税标识);对已列入《目录》的"换电模式"新能源汽车,还应在"是否为'换电模式'新能源汽车"字段标注"是"(即换电模式标识)。工业和信息化部对汽车企业上传的车辆电子信息中的减免税标识和换电模式标识进行校验,并将通过校验的信息传送至税务总局。税务机关依据工业和信息化部校验后的减免税标识、换电模式标识和机动车销售统一发票(或有效凭证),办理车辆购置税减免税手续。

四、汽车企业应当保证车辆电子信息与车辆产品相一致,销售方应当如实开具发票,对因提供虚假信息或资料造成车辆购置税税款流失的,依照《中华人民共和国税收征收管理法》及其实施细则予以处理。

特此公告。

财政部
税务总局
工业和信息化部
2023 年 6 月 19 日

《国家车联网产业标准体系建设指南(智能网联汽车)(2023 版)》

工信部联科〔2023〕109 号

前 言

车联网产业是汽车、电子、信息通信和道路交通运输等行业深度融合的新型产业,是全球创新热点和未来发展制高点。为全面推动车联网产业技术研发和标准制定，促进产业健康可持续发展，工业和信息化部、国家标准化管理委员会等部门联合组织制定《国家车联网产业标准体系建设指南》。

按照不同行业属性，划分为智能网联汽车、信息通信、电子产品与服务、车辆智能管理、智能交通相关等若干部分。其中，2017 年发布的《国家车联网产业标准体系建设指南（智能网联汽车）》对我国智能网联汽车标准体系做出了系统规划和部署。目前，智能网联汽车标准体系建设第一阶段目标任务已圆满完成，有效满足产业发展和管理需求，在国际标准法规协调中做出积极贡献。

为适应我国智能网联汽车发展新阶段的新需求，工业和信息化部、国家标准化管理委员会联合修订形成了《国家车联网产业标准体系建设指南（智能网联汽车）（2023 版）》。新版标准体系建设指南主要针对智能网联汽车通用规范、核心技术与关键产品应用，构建包括智能网联汽车基础、技术、产品、试验标准等在内的智能网联汽车标准体系，指导车联网产业智能网联汽车领域的相关标准制修订，充分发挥标准对车联网产业关键技术、核心产品和功能应用的引领作用，与《国家车联网产业标准体系建设指南》其他部分共同形成统一、协调的国家车联网产业标准体系架构。

一、总体要求

（一）指导思想

坚持以习近平新时代中国特色社会主义思想为指导，全面贯彻党的二十大精神，积极落实《国家标准化发展纲要》要求，加快推进交通强国、科技强国、网络强国、数字中国建设，构建跨领域协同开放的智能网联汽车技术标准体系，发挥标准的基础性、引领性和规范性作用，推进智能网联汽车产业基础高级化、产业链现代化，构建以国内为主体、国内国际互促发展的格局，建设社会主义现代化智能网联汽车强国。

（二）基本原则

统筹规划，协同推进。立足我国智能网联汽车产业现状，加强标准体系规划与政策措施研究、管理制度建设的协同，按照前瞻布局、急用先行的思路，以汽车产品为核心，统筹推进智能网联汽车标准体系建设。

服务需求，鼓励创新。以产业发展需求为导向，发挥标准在新产品新业态新模式发展中的领航作用，突出企业在技术创新、产品市场化等方面的主体地位，提升标准在智能网联汽车技术创新与产业发展中的贡献和价值。

筑牢底线，保障安全。强化系统思维和底线思维，针对智能网联汽车发展应用带来的新形势新挑战，适时开展功能评价、产品规范、体系保障等相关标准规范制定，为智能网联汽车发展、应用及管理提供安全保障。

开放兼容，动态完善。强化智能网联汽车与相关产业的协同配合，主动分享我国标准体系研究及建设成果，强化国际标准法规参与合作及国内国际协调兼容，以动态发展的思维适时调整、优化智能网联汽车标准体系。

（三）建设阶段及目标

根据智能网联汽车技术现状、产业需要及未来发展趋势，分阶段建立适应我国国情并与国际接轨的智能网联汽车标准体系：

第一阶段到 2025 年，系统形成能够支撑组合驾驶辅助和自动驾驶通用功能的智能网联汽车标准体系。制修订 100 项以上智能网联汽车相关标准，涵盖组合驾驶辅助、自动驾驶关键系统、网联基础功能及操作系统、高性能计算芯片及数据应用等标准，并贯穿功能安全、预期功能安全、网络安全和数据安全等安全标准，满足智能网联汽车技术、产业发展和政府管理对标准化的需求。

第二阶段到 2030 年，全面形成能够支撑实现单车智能和网联赋能协同发展的智能网联汽车标准体系。制修订 140 项以上智能网联汽车相关标准并建立实施效果评估和动态完善机制，满足组合驾驶辅助、自动驾驶和网联功能全场景应用需求，建立健全安全保障体系及软硬件、数据资源支撑体系，自动驾驶等关键领域国际标准法规协调达到先进水平，以智能网联汽车为核心载体和应用载体，牵引“车—路—云”协同发展，实现创新融合驱动、跨领域协同及国内国际协调。

二、建设思路

智能网联汽车是具备环境感知、智能决策和自动控制，或与外界信息交互，乃至协同控制功能的汽车。

智能网联汽车标准体系建设思路是：适应我国智能网联汽车在新发展阶段的新趋势、新业态和新需求，围绕智能化和网联化协同创新发展，兼顾企业产品研发、产业生态建设和政府行业管理需要，同步推进技术创新发展和基本安全保障，统筹国内国际标准法规制定协调，构建科学合理、开放创新、协调兼容的智能网联汽车标准体系，为我国智能网联汽车发展发挥引领和基础支撑作用。

智能网联汽车标准体系横向以智能感知与信息通信层、决策控制与执行层、资源管理与应用层三个层次为基础，纵向以功能安全和预期功能安全、网络安全和数据安全通用规范技术为支撑，形成“三横两纵”的核心技术架构，完整呈现标准体系的技术逻辑，明确各项标准在智能网联汽车产业技术体系中的地位和作用。同时结合智能网联汽车与移动终端、基础设施、智慧城市、出行服务等相关要素的技术关联性，体现跨行业协同特点，共同构建以智能网联汽车为核心的协同发展有机整体，更好地发挥智能网联汽车标准体系的顶层设计和指导作用（见图 2-1-3）。

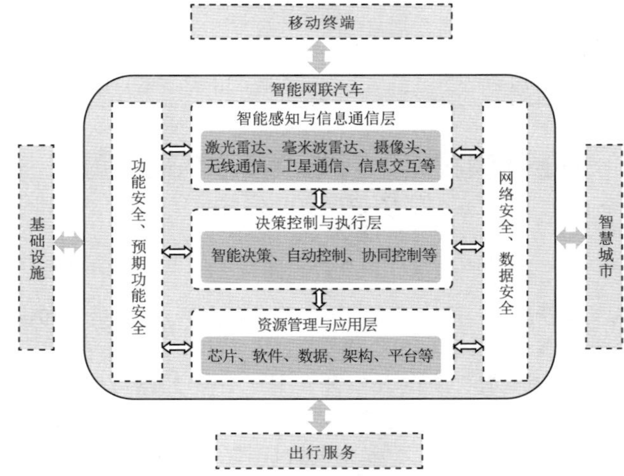

图 2-1-3　智能网联汽车标准体系技术逻辑框架

三、建设内容

(一)标准体系框架

按照智能网联汽车标准体系的技术逻辑架构,综合考虑不同功能、产品和技术类型、各子系统之间的交互关系,将智能网联汽车标准体系划分为三个层级。其中,第一层级规定了智能网联汽车标准体系的基本分类,即基础、通用规范、产品与技术应用三个部分;第二层级根据标准内容范围和技术等级,细分形成 14 个二级分类;第三层级按照技术逻辑,进一步细化形成 23 个三级分类,从而形成了逻辑清晰、内容完整、结构合理、界限分明的标准体系框架(见图 2-1-4)。

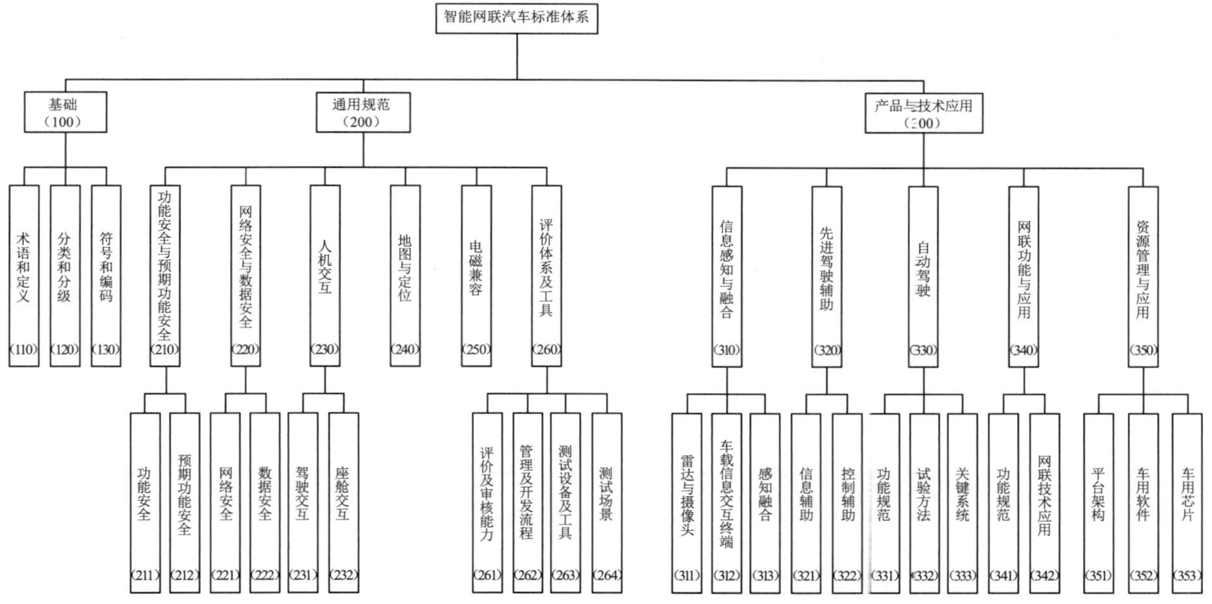

图 2-1-4 智能网联汽车标准体系框架图

(二)标准体系内容

智能网联汽车标准体系主要包括基础标准、通用规范标准、产品与技术应用标准等三个部分,现行和在研的标准清单详见附件 1,标准建设重点方向详见附件 2。

1. 基础标准

基础标准主要用于统一智能网联汽车领域相关概念,厘清标准化对象及边界,建立标准化对象的统一表达方式,包括术语和定义、分类和分级、符号和编码三个部分。

(1)术语和定义

术语和定义标准主要用于统一智能网联汽车领域的基础通用概念,为各相关行业统一用语奠定基础,同时为其他各部分标准的制定提供规范化术语支撑,该部分内容主要包括智能网联汽车相关的术语和定义等标准。

(2)分类和分级

分类和分级标准主要用于支撑各相关方认识和理解智能网联汽车领域标准化的对象、边界,以及各标准化对象之间的层级关系和内在联系,包括汽车驾驶自动化分级、汽车网联化等级划分、汽车网络安全防护等级划分以及自动驾驶系统设计运行条件等标准。

(3)符号和编码

符号和编码标准主要用于统一智能网联汽车各类产品、技术和功能对象的标识和符号,包括智能网联汽车操纵件、指示器及信号装置的标志、汽车软件识别码、车用数据格式及编码等基础性规则标准。

2. 通用规范标准

通用规范标准侧重于提出适用于智能网联汽车技术框架的通用要求和共性评价准则,主要包括功能安全与预期功能安全、网络安全与数据安全、人机交互、地图与定位、电磁兼容、评价体系及工具等部分。

(1)功能安全与预期功能安全

功能安全标准用于确保电子电气系统故障(包括软件、硬件、系统故障)等功能异常的情况下,车辆能够安全运行、不会引发安全风险,主要包括产品层面的功能安全分析、设计开发要求、测试评价方法,以及企业层面的功能安全管理要求和审核评估方法。

预期功能安全标准用于规避车辆因设计不足、性能局限及人为误用导致危害发生的不合理风险,主要包括产品层面的预期功能安全分析、设计开发要求、测试评价方法,以及企业层面的预期功能安全管理要求和审核评估方法。

(2)网络安全与数据安全

汽车网络安全标准基于车联网复杂环境,以车端为核心运用纵深防御理念保护其免受网络攻击或缓解网络安全风险,主要包括安全保障类与安全技术类标准。其中,安全保障类标准主要规范了企业及产品相关的体系管理和审核评估方法;安全技术类标准主要包括车用数字证书、密码应用等底层支撑类技术要求,元器件级、关键系统部件级、整车级安全技术要求及测试评价方法,以及入侵检测等综合安全防护技术要求、软件升级技术要求等。

汽车数据安全标准用于确保智能网联汽车数据处于有效保护和合法利用的状态并具备保障持续安全状态的能力,对数据提出明确的安全保护要求,对重要数据和个人信息提出重点安全保护要求,主要包括数据通用要求、数据安全要求、数据安全管理体系规范、数据安全共享模型和架构等标准。

(3)人机交互

人机交互标准主要指智能网联汽车产品形态相较于传统汽车在人机工程、信息传递、交互方式等方面存在差异的技术规范类标准,分为驾驶交互和座舱交互两部分。驾驶交互标准指驾驶员或驾驶自动化系统在执行动态驾驶任务过程中的交互规范,交互的内容与动态驾驶任务有较强关联性,包括信号提示通用规范、自动驾驶系统与外部交通参与者的交互、用户告知及安全使用等标准。座舱交互指智能座舱相关功能产生的交互需求,是针对新形态智能化交互技术在车辆上的应用要求标准。

(4)地图与定位

地图与定位标准主要包括坐标系、车用地图、卫星定位、惯性导航和融合定位等标准。坐标系标准主要规范车辆和相关关键部件实现导航、定位、测距、感知等相关功能时,所使用的相关坐标系及其技术要求。车用地图标准主要规范车用地图实现上车应用的要求及评价方法。卫星定位、惯性导航和融合定位标准主要侧重于为车辆提供安全、可靠的定位服务,支撑车辆实现导航、路径规划和决策控制等功能。

(5)电磁兼容

电磁兼容标准主要包括智能网联汽车电磁兼容典型测试场景,以及在测试场景下进行智能网联汽车电磁兼容性能评价的要求与试验方法,保证在复杂的车内外电磁环境影响下,智能网联汽车相关功能不会发生性能降低或失效,进而影响车辆操控、提示报警、数据记录、数据传输等安全相关功能。

(6)评价体系及工具

评价体系及工具标准规范了智能网联汽车测试评价技术中的关键要素,创建以评价及审核能力、管理及开发流程、测试设备及工具、测试场景为核心的全新测试评价系列标准,为建立智能网联汽车测评认证体系提供基础支撑。

3. 产品与技术应用标准

产品与技术应用标准主要涵盖信息感知与融合、先进驾驶辅助、自动驾驶、网联功能与应用、资源管理与应用等智能网联汽车核心产品与技术应用的功能、性能及相应试验方法,其中先进驾驶辅助和自动驾驶相关标准将充分体现智能化和网联化技术的融合发展需求。

(1)信息感知与融合

信息感知与融合标准是指通过车载毫米波雷达、车载激光雷达、车载摄像头等感知部件以及车载信息交互终端,探测和接收车辆外部信息,经过感知融合和分析处理,为后续的决策与控制环节提供依据。主要包括雷达与摄像头、车载信息交互终端和感知融合等标准。

(2)先进驾驶辅助

先进驾驶辅助标准是指 0~2 级驾驶自动化功能,先进驾驶辅助系统(ADAS)是利用安装在车辆上的传感、通信、决策及执行等装置,实时监测驾驶员、车辆及其行驶环境,并通过信息和/或运动控制等方式辅助驾驶员执行驾驶任务或主动避免/减轻碰撞危害的各类系统的总称。ADAS 标准主要包括信息辅助以及控制辅助两个部分,主要规定各类别 ADAS 对于车辆内外目标事件识别、系统状态转换条件及显示方式、动态驾驶任务执行及响应等核心能力的技术要求及相应试验方法。

信息辅助标准是指 ADAS 在特定条件下向驾乘人员发出车辆及环境信息的提示或预警信号,包括全景影像、乘用车夜视、盲区监测、车门开启预警、后方交通穿行提示等标准。控制辅助标准是指 ADAS 在特定条件下短暂或持续地辅助驾驶员执行车辆横向和/或纵向运动控制,包括自动紧急制动、紧急转向辅助、车道保持辅助、车道居中控制、泊车辅助、组合驾驶辅助、加速踏板防误踩等标准。

(3)自动驾驶

自动驾驶标准是指 3~5 级驾驶自动化功能,自动驾驶系统(ADS)在特定的设计运行条件下能够代替驾驶员持续自动地执行全部动态驾驶任务,替代人类成为驾驶主体。自动驾驶类标准主要包括功能规范、试验方法和关键系统等。

功能规范标准主要以高速公路、城市道路、其他特定区域等不同应用场景为基础,综合考虑自动驾驶功能的级别和相应的设计运行条件两个因素,提出车辆自动驾驶系统在相应场景下的技术要求以及评价方法和指标。

试验方法标准以"多支柱法"为指导,针对车辆自动驾驶系统,利用仿真试验、场地试验、道路试验等方法验证车辆自动驾驶系统的基础安全性。关键系统标准针对支撑车辆自动驾驶功能实现的关键系统提出功能、性能要求及试验方法。

(4)网联功能与应用

网联功能与应用标准主要指车辆在自身传感器探测的基础上,通过车载无线通信装置与其他节点进行信息交互,主要包括功能规范和网联技术应用两个部分。

功能规范标准针对在车辆上通过无线通信技术实现的特定功能,用于规范相关功能的技术要求和试验方法。

网联技术应用标准针对不同类型的无线通信技术制定相关系统技术要求标准,用于规范无线通信技术在车辆上的应用。基于现有产业基础,优先开展基于 LTE-V2X 的信息辅助类技术标准制定,并根据应用需求逐步推动基于下一阶段通信技术的车载应用标准制定。

(5)资源管理与应用

资源管理与应用标准侧重于规范平台架构、车用软件、车用芯片等智能网联汽车核心共性资源的功能、性能及应用要求,推动软硬件资源协同化规范化,主要包括平台架构、车用软件和车用芯片等标准。平台架构标准主要包括智能网联汽车云控平台、电子电气架构的接口、车内有线通信技术、诊断通信等标准。

车用软件标准侧重于为软件管理及软件层级的应用实现提供标准支撑,主要涵盖了软件升级管理标准、车用操作系统标准、应用软件标准等。

车用芯片标准主要侧重于智能网联汽车关键芯片性能要求及试验方法,主要涵盖了安全芯片、计算芯片等体现智能网联汽车应用特点的车用芯片相关标准。

四、组织实施

(一)加强统筹协调。在智能网联汽车推进组(ICV—2035)等相关机制下,加强汽车、信息通信、电子、智能交通、车辆管理、信息安全、密码、地理信息等相关标委会等组织机构的协同配合，形成顶层设计科学、层次结构清晰、职责范围明确、合作协调顺畅的工作模式，以智能网联汽车标准体系为主体，推动国标、行标、团标协同配套，协力研制符合产业发展需要的系列技术标准。

（二）加速创新驱动。聚焦智能网联汽车重点技术领域，整合行业优势资源力量，充分发挥标准领航效应，实现技术创新与标准制定相互融合、验证试验与效果评估相互促进，引领智能网联汽车新产品、新业态、新模式快速发展，共同加速智能化网联化技术进步，推动构建智能网联汽车融合创新发展的产业生态。

（三）加深开放合作。积极参与联合国世界车辆法规协调论坛（WP.29）、国际标准化组织（ISO）、国际电工委员会（IEC）、国际电信联盟（ITU）等国际标准法规协调，持续关注自动驾驶、V2X 通信、车用操作系统等相关国内外技术标准组织动态，通过国际专家咨询组（FEAG）及国际标准法规协调专家组（HEAG）等机制，组织开展双边、多边沟通交流，携手推进智能网联汽车国际标准法规制定。

（四）加大宣贯实施。调动地方主管部门、行业组织、科研院所、高等院校及行业企业等各方力量，推进智能网联汽车标准技术研讨、标准宣贯、示范应用、人才引育等工作，持续提升公众认知。结合技术创新和产业发展趋势，定期开展行业调研与实施效果评估，持续完善标准体系，为产业发展和行业管理提供有力保障。

工业和信息化部

国家标准化管理委员会

2023 年 7 月 18 日

附件 1　智能网联汽车现行和在研标准清单（见表 2-1-5）

表 2-1-5　智能网联汽车现行和在研标准清单

标准项目及分类		标准类型	性质	计划号/标准号	采用的或相应的国际、国外标准号	备注
基础（100）						
术语和定义（110）						
110-1	智能网联汽车 术语和定义	国标	推荐	20203968—T—339	—	—
110-2	道路车辆 先进驾驶辅助系统（ADAS）术语及定义	国标	推荐	GB/T 39263—2020	—	—
分类和分级（120）						
120-1	汽车驾驶自动化分级	国标	推荐	GB/T 40429—2021	ISO/SAE PAS 22736	—
120-2	智能网联汽车 自动驾驶系统设计运行条件	国标	推荐	20230388—T—339	ISO 34503	—
符号和编码（130）						
130-1	智能网联汽车 操纵件、指示器及信号装置的标志	国标	推荐	20203960—T—339	—	—
通用规范（200）						
功能安全与预期功能安全（210）						
功能安全（211）						
211-1	道路车辆 功能安全	国标	推荐	GB/T 34590.1—2022	ISO 26262	1—10 部分是对 GB/T 34590—2017《道路车辆功能安全》第 1—10 部分的修订
	第 1 部分：术语	—	—	—	—	—
	第 2 部分：功能安全管理	—	—	GB/T 34590.2—2022	—	—
	第 3 部分：概念阶段 第 4 部分：产品开发：系统层面 第 5 部分：产品开发：硬件层面 第 6 部分：产品开发：软件层面 第 7 部分：生产、运行、服务和报废 第 8 部分：支持过程 第 9 部分：以汽车安全完整性等级为导向和以安全为导向的分析	—	—	GB/T 34590.3—2022 GB/T 34590.4—2022 GB/T 34590.5—2022 GB/T 34590.6—2022 GB/T 34590.7—2022 GB/T 34590.8—2022 GB/T 34590.9—2022 GB/T 34590.10—2022	—	—
	第 10 部分：指南	—	—	GB/T 34590.11—2022	—	—
	第 11 部分：半导体应用指南	—	—	GB/T 34590.12—2022	—	—
	第 12 部分：摩托车的适用性	—	—	—	—	—

续上表

标准项目及分类		标准类型	性质	计划号/标准号	采用的或相应的国际、国外标准号	备注
211-2	道路车辆 电子电气系统 ASIL 等级确定方法指南	国标	指导	GB/Z 42285—2022	—	—
211-3	道路车辆 功能安全审核及评估方法 第 1 部分:通用要求 第 2 部分:概念阶段和系统层面 第 3 部分:软件层面 第 4 部分:硬件层面	国标	推荐	20203971-T-339 20203966-T-339 20203964-T-339 20203965-T-339	—	—
预期功能安全(212)						
212-1	道路车辆 预期功能安全	国标	推荐	20203970-T-339	ISO 21448	—
网络安全与数据安全(220)						
网络安全(221)						
221-1	汽车整车信息安全技术要求	国标	强制	20214422—Q—339	UN R155	—
221-2	汽车软件升级通用技术要求	国标	强制	20214423—Q—339	UN R156	—
221-3	道路车辆 信息安全工程	国标	推荐	20230389—T—339	ISO 21434	—
221-4	汽车信息安全应急响应管理规范	国标	推荐	20213611—T—339		—
221-5	汽车信息安全通用技术要求	国标	推荐	GB/T 40861—2021	—	—
221-6	车载信息交互系统信息安全技术要求及试验方法	国标	推荐	GB/T 40856—2021	—	—
221-7	电动汽车远程服务与管理系统信息安全技术要求及试验方法	国标	推荐	GB/T 40855—2021	—	—
221-8	汽车网关信息安全技术要求及试验方法	国标	推荐	GB/T 40857—2021	—	—
221-9	电动汽车充电系统信息安全技术要求及试验方法	国标	推荐	GB/T 41578—2022	—	—
221-10	汽车诊断接口信息安全技术要求及试验方法	国标	推荐	20211169-T-339	—	—
数据安全(222)						
222-1	智能网联汽车 数据通用要求	国标	推荐	20213606—T—339	—	—
人机交互(230)						
驾驶交互(231)						
座舱交互(232)						
232-1	道路车辆 免提通话和语音交互性能要求及试验方法	国标	推荐	20213581—T—339	—	—
地图与定位(240)						
240-1	车载定位系统技术要求及试验方法 第 1 部分:卫星定位	国标	推荐	20221438—T—339	—	—
电磁兼容(250)						
评价体系及工具(260)						
评价及审核能力(261)						
管理及开发流程(262)						
测试设备及工具(263)						
测试场景(264)						

续上表

标准项目及分类		标准类型	性质	计划号/标准号	采用的或相应的国际、国外标准号	备注
产品与技术应用(300)						
信息感知与融合(310)						
雷达与摄像头(311)						
311-1	汽车用超声波传感器总成	国标	推荐	GB/T 41484—2022		
311-2	车载激光雷达性能要求及试验方法	国标	推荐	20230386—T—339	—	—
311-3	车载毫米波雷达性能要求及试验方法	行标	推荐	2021—1123T—QC	—	—
311-4	汽车用主动红外探测系统	国标	推荐	20193383—T—339	—	—
311-5	汽车用被动红外探测系统	国标	推荐	20193384—T—339	—	—
311-6	汽车用摄像头	行标	推荐	QC/T 1128—2019	—	—
车载信息交互终端(312)						
312-1	车载无线通信终端	国标	推荐	20193386—T—339	—	—
感知融合(313)						
313-1	汽车事件数据记录系统	国标	强制	GB 39732—2020	UN R160	—
先进驾驶辅助(320)						
信息辅助(321)						
321-1	汽车全景影像监测系统性能要求及试验方法	国标	推荐	20203958—T—339	—	—
321-2	乘用车夜视系统性能要求与试验方法	国标	推荐	20203963—T—339	—	—
321-3	道路车辆 盲区监测(BSD)系统性能要求及试验方法	国标	推荐	GB/T 39265—2020	UN R151	—
321-4	乘用车车门开启预警系统性能要求及试验方法	国标	推荐	20205126-T-339	—	—
321-5	乘用车后方交通穿行提示系统性能要求及试验方法	国标	推荐	20205125-T-339	—	—
321-6	驾驶员注意力监测系统性能要求及试验方法	国标	推荐	GB/T 41797—2022	—	—
控制辅助(322)						
322-1	乘用车自动紧急制动系统(AEBS)性能要求及试验方法	国标	推荐	GB/T 39901—2021	UN R152	拟变更为强制性国家标准
322-2	商用车辆自动紧急制动系统(AEBS)性能要求及试验方法	国标	推荐	GB/T 38186—2019	UN R131	拟变更为强制性国家标准
322-3	乘用车车道保持辅助(LKA)系统性能要求及试验方法	国标	推荐	GB/T 39323—2020	ISO 22735	—
322-4	商用车辆车道保持辅助系统性能要求及试验方法	国标	推荐	GB/T 41796—2022	UN R130	拟变更为强制性国家标准
322-5	汽车智能限速系统性能要求及试验方法	国标	推荐	20203961—T—339	—	—
322-6	智能泊车辅助系统性能要求及试验方法	国标	推荐	GB/T 41630—2022	—	—
322-7	智能网联汽车 组合驾驶辅助系统技术要求及试验方法 第 1 部分:单车道行驶控制 第 2 部分:多车道行驶控制	国标	推荐	20213607—T—339 20213610—T—339	UN R79	拟变更为强制性国家标准

续上表

标准项目及分类		标准类型	性质	计划号/标准号	采用的或相应的国际、国外标准号	备注
自动驾驶(330)						
功能规范(331)						
331-1	智能网联汽车 自动驾驶系统通用技术要求	国标	推荐	20213608—T—339	—	—
试验方法(332)						
332-1	智能网联汽车 自动驾驶功能场地试验方法及要求	国标	推荐	GB/T 41798—2022	—	—
332-2	智能网联汽车 自动驾驶功能道路试验方法及要求	国标	推荐	20213609—T—339	—	—
关键系统(333)						
333-1	智能网联汽车 自动驾驶数据记录系统	国标	强制	20214420—Q—339	—	—
网联功能与应用(340)						
功能规范(341)						
341-1	道路车辆 网联车辆方法论 第 1 部分:通用信息 第 2 部分:设计导则	国标	推荐	GB/T 41901. 1—2022 GB/T 41901. 2—2022	ISO 20077—1 ISO 20077—2	—
341-2	车载事故紧急呼叫系统	国标	强制	20230441—Q—339	UN R144	
网联技术应用(342)						
342-1	车载专用无线短距传输系统技术要求和试验方法	行标	推荐	2021—0135T—QC	—	—
342-2	基于 LTE-V2X 直连通信的车载信息交互系统技术要求及试验方法	国标	推荐	20230390—T—339	—	—
资源管理与应用(350)						
平台架构(351)						
351-1	车载有线高速媒体传输系统技术要求及试验方法	行标	推荐	2021—1122T—QC	—	—
351-2	道路车辆 基于因特网协议的诊断通信(DoIP) 第 2 部分:传输协议与网络层服务 第 3 部分:基于 IEEE 802.3 有线车辆接口 第 4 部分:基于以太网的高速数据链路连接器	国标	推荐	20211165—T—339 20211163—T—339 20213576—T—339	ISO 13400	本系列标准等同采用的 ISO 13400 第 1 部分已废止
车用软件(352)						
车用芯片(353)						

附件 2　智能网联汽车标准建设重点方向(见表 2-1-6)

表 2-1-6　智能网联汽车标准建设重点方向

序号	一级分类	二级分类	三级分类	重点方向
1	基础(100)	术语和定义(110)	—	道路车辆自动驾驶系统测试场景术语等
2		分类和分级(120)	—	汽车网联化等级划分、汽车网络安全防护等级划分等
3		符号和编码(130)	—	汽车软件识别码、智能网联汽车车用数据格式及编码等

续上表

序号	一级分类	二级分类	三级分类	重点方向
4	通用规范(200)	功能安全与预期功能安全(210)	功能安全(211)	道路车辆功能安全要求及验证确认方法等
5			预期功能安全(212)	道路车辆安全相关系统理论过程分析方法、道路车辆预期功能安全审核及评估方法、道路车辆预期功能安全要求及验证确认方法等
6		网络安全与数据安全(220)	网络安全(221)	道路车辆信息安全工程审核指南、道路车辆网络安全保障等级和目标攻击可行性、道路车辆网络安全验证和确认、汽车网络安全入侵检测技术规范、车载安全模块加密认证技术规范、智能网联汽车数字身份标识、信息安全、网络安全和个人信息保护智能网联汽车设备的安全要求及评估、汽车电子控制单元信息安全防护技术规范、汽车数字证书应用规范、汽车密码应用技术要求、汽车安全漏洞分类分级规范、汽车芯片信息安全技术规范等
7				
8				
9			数据安全(222)	智能网联汽车数据安全要求、智能网联汽车数据安全管理体系规范、智能网联汽车
10				数据安全共享模型与规范、智能网联汽车数据安全共享参考架构等
11		人机交互(230)	驾驶交互(231)	智能网联汽车信号提示通用规范、智能网联汽车自动驾驶系统与外部交通参与者交
12				互规范、驾驶自动化功能用户告知及安全使用规范等
13			座舱交互(232)	智能网联汽车用户使用非驾驶任务功能通用安全规范、汽车智能座舱功能评价规范、智能网联汽车车内生物滞留监测系统技术要求及试验方法、智能网联汽车车载
14				人脸识别系统技术要求及试验方法、智能网联汽车座舱声学系统技术要求及试验方法、乘用车抬头显示系统性能要求及试验方法等
15		地图与定位(240)	—	智能网联汽车坐标系、车用地图应用要求及评价方法、车载定位系统技术要求及试验方法惯性导航、智能网联汽车融合定位系统技术规范等
16		电磁兼容(250)	—	智能网联汽车电磁兼容典型测试场景、道路车辆复杂电磁环境适应性要求和试验方法等
17		评价体系及工具(260)	评价及审核能力(261)	智能网联汽车主观评价规范、智能网联汽车管理体系审核人员要求等
18			管理及开发流程(262)	道路车辆自动驾驶系统设计与验证安全规范等
19			测试设备及工具(263)	道路车辆智能网联汽车感知功能评价测试设备、道路车辆智能网联汽车网联功能测试设备、道路车辆智能网联汽车测试自然环境模拟设备、道路车辆智能网联汽车测试对象监测和控制技术规范等
20			测试场景(264)	道路车辆自动驾驶系统测试场景基于场景的安全评估框架、道路车辆自动驾驶系统测试场景数据采集和分析方法、道路车辆自动驾驶系统测试场景分类方法、道路车辆自动驾驶系统测试场景场景评估和测试用例生成方法、道路车辆自动驾驶系统测试场景自然语言描述方法、智能网联汽车自动驾驶测试场景库技术规范等
21	产品与技术应用(300)	信息感知与融合(310)	雷达与摄像头(311)	道路车辆 CMS 系统人机工程学及其性能要求与试验方法、车载视频影像系统性能要求及试验方法等
22			车载信息交互终端(312)	道路车辆整车天线系统射频性能要求及试验方法、道路车辆整车天线系统通信性能要求及试验方法等
23			感知融合(313)	智能网联汽车感知融合系统技术规范、道路车辆自动驾驶传感器与数据融合单元间数据通信逻辑接口等
24		先进驾驶辅助(320)	信息辅助(321)	商用车辆行人和自行车移动监测系统技术规范、汽车倒车辅助系统技术规范等
25			控制辅助(322)	乘用车紧急转向辅助系统技术规范、商用车辆紧急转向辅助系统技术规范、智能网联汽车车道居中控制系统技术规范、智能网联汽车部分驾驶辅助系统纵向行驶控制性能要求及试验方法、智能网联汽车组合驾驶辅助系统技术要求及试验方法、汽车加速踏板防误踩系统技术规范等

续上表

序号	一级分类	二级分类	三级分类	重点方向
26	产品与技术应用（300）	自动驾驶（330）	功能规范（331）	智能网联汽车高速公路及城市快速路自动驾驶系统技术规范、智能网联汽车城市干支路自动驾驶系统技术规范、智能网联汽车自动驾驶系统最小风险策略技术规范、智能网联汽车自动泊车系统性能要求与试验方法、智能网联汽车港口自动驾驶系统技术规范、智能网联汽车末端配送自动驾驶系统技术规范等
27			试验方法（332）	智能网联汽车自动驾驶系统仿真测试工程、智能网联汽车自动驾驶功能仿真试验方法及要求等
28			关键系统（333）	智能网联汽车驾驶员接管能力监测系统、智能网联汽车安全监测和报告技术规范等
29		网联功能与应用（340）	功能规范（341）	智能网联汽车列队跟驰系统技术规范、智能网联汽车远程驾驶控制系统技术规范、智能网联汽车基于网联技术的信息辅助系统技术规范、汽车数字钥匙系统技术规范等
30			网联技术应用（342）	基于 NR-V2X 直连通信的车载信息交互系统技术要求及试验方法等
31		资源管理与应用（350）	平台架构（351）	智能网联汽车云控平台技术规范、道路车辆电子电气架构接口规范、道路车辆车载以太网、车载以太网时间敏感网络（TSN）等
32			车用软件（352）	道路车辆软件升级工程、智能网联汽车应用软件通用技术规范、智能网联汽车车控操作系统技术要求及试验方法、智能网联汽车车载操作系统技术要求及试验方法等
33			车用芯片（353）	汽车安全芯片技术要求及试验方法、汽车智能驾驶计算芯片技术要求及试验方法、汽车智能座舱计算芯片技术要求及试验方法等

关于促进汽车消费的若干措施

发改就业〔2023〕1017 号

汽车消费体量大、潜力足、产业带动作用强，促进汽车消费对稳定我国消费大盘、促进产业链高质量发展具有积极作用。为进一步稳定和扩大汽车消费，优化汽车购买使用管理制度和市场环境，更大力度促进新能源汽车持续健康发展，现提出以下措施。

一、优化汽车限购管理政策。鼓励限购地区尽早下达全年购车指标，实施城区、郊区指标差异化政策，因地制宜增加年度购车指标投放。

二、支持老旧汽车更新消费。鼓励各地加快国三及以下排放标准乘用车、违规非标商用车淘汰报废。鼓励各地综合运用经济、技术等手段推动老旧车辆退出，有条件的地区可以开展汽车以旧换新，加快老旧车辆淘汰更新。

三、加快培育二手车市场。各地落实取消二手车限迁、便利二手车交易登记等政策措施。鼓励汽车领域非保密、非隐私信息向社会开放，提高二手车市场交易信息透明度，完善信用体系。合理增加对二手车平台企业的抽检频率，抽检结果依法向社会公开。加强出口退税的政策辅导和服务，支持鼓励达到相关质量要求的二手车出口。

四、加强新能源汽车配套设施建设。落实构建高质量充电基础设施体系、支持新能源汽车下乡等政策措施。加快乡县、高速公路和居住区等场景充电基础设施建设，引导用户广泛参与智能有序充电和车网互动，励开展新能源汽车与电网互动应用试点示范工作。持续推动换电基础设施相关标准制定，增强兼容性、通用性。加快换电模式推广应用，积极开展公共领域车辆换电模式试点，支持城市公交场站充换电基础设施建设。鼓励有条件的城市和高速公路等交通干线加快推进换电站建设。

五、着力提升农村电网承载能力。合理提高乡村电网改造升级的投入力度，确保供电可靠性指标稳步提升。进一步加快配电网增容提质，提高乡村入户电压稳定性，确保农村地区电动汽车安全平稳充电。

六、降低新能源汽车购置使用成本。落实延续和优化新能源汽车车辆购置税减免的政策措施。推动居民小区内的公共充换电设施用电实行居民电价，推动对执行工商业电价的充换电设施用电实行峰谷分时电价政策。推动提供充电桩单独装表立户服务，更好满足居民需要。鼓励充换电设施运营商阶段性降低充电服务费，鼓励地方对城市公交车辆充电给予优惠。到 2030 年前，对实行两部制电价的集中式充换电设施用电免收需量（容量）电费。

七、推动公共领域增加新能源汽车采购数量。支持适宜地区的机关公务、公交、出租、邮政、环卫、园林等公共领域新增或更新车辆原则上采购新能源汽车，鼓励农村客货邮融合适配车辆更新为新能源汽车，新能源汽车采购占比逐年提高。

八、加强汽车消费金融服务。加大汽车消费信贷支持，鼓励金融机构在依法合规、风险可控的前提下，理确定首付比例、贷款利率、还款期限。持续深化车险综合改革，健全商业车险费率形成机制，支持保险公司开发新能源汽车充电桩保险等创新产品。严格规范汽车金融市场秩序，不得向消费者强制搭售金融产品服务或违规收取不合理费用。

九、鼓励汽车企业开发经济实用车型。鼓励企业立足城乡不同消费群体需求,针对生产、生活、交通等使用场景,以及客货邮融合发展等组织模式,优化丰富高性价比的车型供给,为消费者提供多元化选择。

十、持续缓解停车难停车乱问题。鼓励各地有效扩大停车位供给,合理制定停车收费政策。新建居住区严格按照城市停车规划和相关标准要求配建停车位,提高老旧小区、老旧街区、老旧厂区、城中村改造中的车位配建比例。各地可根据实际情况合理设置夜间道路停车位。加大金融支持力度,在人员密集场所和景区加快立体停车场、智慧车场建设和装备配置。各地区、各有关部门要及时出台配套政策措施并抓好政策落实,支持有关行业协会、商会、汽车企业、金融机构等开展汽车促销活动,不得出台地方保护的政策,避免恶性竞争,共同维护行业秩序,营造有利于汽车消费的政策和市场环境。

国家发展改革委
工业和信息化部
公安部
财政部
住房城乡建设部
交通运输部
商务部
中国人民银行
海关总署
税务总局
市场监管总局
国管局
国家能源局
2023 年 7 月 20 日

乘用车企业平均燃料消耗量与新能源汽车积分并行管理办法

(2017 年 9 月 27 日中华人民共和国工业和信息化部、中华人民共和国财政部、中华人民共和国商务部、中华人民共和国海关总署、中华人民共和国质检总局令第 44 号公布,自 2018 年 4 月 1 日起施行。根据 2020 年 6 月 15 日中华人民共和国工业和信息化部中华人民共和国财政部中华人民共和国商务部中华人民共和国海关总署国家市场监督管理总局令第 53 号公布的《关于修改〈乘用车企业平均燃料消耗量与新能源汽车积分并行管理办法〉的决定》修订。根据 2023 年 6 月 29 日中华人民共和国工业和信息化部中华人民共和国财政部中华人民共和国商务部中华人民共和国海关总署国家市场监督管理总局令第 64 号公布的《关于修改〈乘用车企业平均燃料消耗量与新能源汽车积分并行管理办法〉的决定》修订。)

第一章 总 则

第一条 为了提升乘用车节能水平,缓解能源和环境压力,建立节能与新能源汽车管理长效机制,促进汽车产业健康发展,根据《中华人民共和国节约能源法》等规定,制定本办法。

第二条 中华人民共和国境内的乘用车企业平均燃料消耗量与新能源汽车积分管理,适用本办法。

第三条 工业和信息化部会同财政部、商务部、海关总署、市场监管总局实施乘用车企业平均燃料消耗量与新能源汽车积分管理。

第四条 本办法所称乘用车,是指《汽车和挂车类型的术语和定义》(GB/T3730.1—2001)第 2.1.1.1 款至第 2.1.1.10 款规定的、最大设计总质量不超过 3500 千克的车辆,包括新能源乘用车和传统能源乘用车。

本办法所称新能源乘用车,是指采用新型动力系统,完全或者主要依靠新型能源驱动的乘用车,包括插电式混合动力(含增程式)乘用车、纯电动乘用车和燃料电池乘用车等。

本办法所称传统能源乘用车,是指除新能源乘用车以外的,能够燃用汽油、柴油、气体燃料或者醇醚燃料等的乘用车(含非插电式混合动力乘用车)。

本办法所称低油耗乘用车,是指综合燃料消耗量不超过 GB 27999《乘用车燃料消耗量评价方法及指标》中对应的车型燃料消耗量目标值与该核算年度的企业平均燃料消耗量要求之积(计算结果按四舍五入原则保留两位小数)的传统能源乘用车。

第五条 乘用车企业包括中华人民共和国境内乘用车生产企业、进口乘用车供应企业。

本办法所称境内乘用车生产企业,是指取得工业和信息化部乘用车生产企业准入并获得强制性产品认证的乘用车企业。

本办法所称进口乘用车供应企业,是指从中华人民共和国境外进口并在境内销售获得强制性产品认证的乘用车的企业,包括获境外乘用车生产企业授权的进口乘用车供应企业和未获授权的进口乘用车供应企业。

第六条 工业和信息化部建立汽车燃料消耗量与新能源汽车积分管理平台,统筹推进企业平均燃料消耗量与新能源汽车积分公示、转让、交易等工作。

乘用车企业应当按照工业和信息化部的要求(见附件 1),报送其生产、进口的乘用车燃料消耗量和新能源乘用车相关数据;通过汽车燃料消耗量与新能源汽车积分管理平台,开展积分转让或者交易。

第二章 乘用车企业平均燃料消耗量积分核算

第七条 境内各乘用车生产企业和各进口乘用车供应企业,是乘用车企业平均燃料消耗量积分的核算主体,单独实施核算。

第八条 乘用车企业平均燃料消耗量积分,为该企业平均燃料消耗量的达标值和实际值之间的差额,与其乘用车生产量或者进口量的乘积(计算结果按四舍五入原则保留整数)。

实际值低于达标值产生正积分,高于达标值产生负积分。

第九条 乘用车企业平均燃料消耗量达标值,是指该企业平均燃料消耗量目标值与该核算年度的企业平均燃料消耗量要求的乘积(计算结果按四舍五入原则保留两位小数)。

乘用车企业平均燃料消耗量目标值,按照《乘用车燃料消耗量评价方法及指标》第 5.2 款计算(计算结果按四舍五入原则保留两位小数)。同一车型在核算年度有多个不同的燃料消耗量目标值的,按照不同的目标值分开计算。

核算年度的企业平均燃料消耗量要求,是指《乘用车燃料消耗量评价方法及指标》第 5.3 款规定的相关比值。

第十条 乘用车企业平均燃料消耗量实际值,按照《乘用车燃料消耗量评价方法及指标》第 5.1 款计算(计算结果按四舍五入原则保留两位小数)。同一车型在核算年度有多个不同的燃料消耗量的,按照不同的燃料消耗量分开计算。

第十一条　境内乘用车生产企业的乘用车生产量,按照该企业在核算年度内生产的、用于境内销售的乘用车实际产量核算。

进口乘用车供应企业的乘用车进口量,按照该企业在核算年度进口用于境内销售的、获得强制性产品认证并经出入境检验检疫机构检验的乘用车数量核算。

第十二条　对核算年度生产量 2000 辆以下并且生产、研发和运营保持独立的境内乘用车生产企业,进口量 2000 辆以下的获境外乘用车生产企业授权的进口乘用车供应企业,放宽其企业平均燃料消耗量积分的达标要求:

(一)2016 年度至 2020 年度,企业平均燃料消耗量较上一年度下降 6% 以上的,其达标值在《乘用车燃料消耗量评价方法及指标》规定的企业平均燃料消耗量要求基础上放宽 60%;下降 3% 以上不满 6% 的,其达标值放宽 30%;

(二)2021 年度至 2023 年度,企业平均燃料消耗量较上一年度下降达到 4% 以上的,其达标值在《乘用车燃料消耗量评价方法及指标》规定的企业平均燃料消耗量要求基础上放宽 60%;下降 2% 以上不满 4% 的,其达标值放宽 30%;

(三)2024 年度及以后年度的核算要求,由工业和信息化部另行公布。

未获境外乘用车生产企业授权的进口乘用车供应企业按照前款的规定管理,并自 2019 年度起实施企业平均燃料消耗量积分核算;但是,核算年度进口量 2000 辆以下的,暂不实施积分核算。

第三章　乘用车企业新能源汽车积分核算

第十三条　境内各乘用车生产企业和各进口乘用车供应企业,是新能源汽车积分的核算主体,单独实施核算。

第十四条　乘用车企业新能源汽车积分,为该企业新能源汽车积分实际值与达标值之间的差额。

实际值高于达标值产生正积分,低于达标值产生负积分。

第十五条　乘用车企业新能源汽车积分实际值,是指该企业在核算年度内生产或者进口的新能源乘用车各车型的积分与该车型生产量或者进口量乘积之和(计算结果按四舍五入原则保留整数)。

前款规定的生产量、进口量,按照本办法第十一条规定的方法核算。

新能源乘用车车型积分按照《新能源乘用车车型积分计算方法》(见附件 2)确定。工业和信息化部根据实际情况,可以对《新能源乘用车车型积分计算方法》作出调整,重新公布。

第十六条　乘用车企业新能源汽车积分达标值,是指该企业在核算年度内传统能源乘用车的生产量或者进口量,与新能源汽车积分比例要求的乘积(计算结果按四舍五入原则保留整数)。

传统能源乘用车中低油耗乘用车的生产量或者进口量按照以下规定计算:

(一)2021 年度、2022 年度、2023 年度,低油耗乘用车的生产量或者进口量分别按照其数量的 0.5 倍、0.3 倍、0.2 倍计算;

(二)2024 年度及以后年度的低油耗乘用车生产量或者进口量计算倍数,由工业和信息化部另行公布。

第十七条　对传统能源乘用车年度生产量或者进口量不满 3 万辆的乘用车企业,不设定新能源汽车积分比例要求;达到 3 万辆以上的,从 2019 年度开始设定新能源汽车积分比例要求。

2019 年度、2020 年度、2021 年度、2022 年度、2023 年度的新能源汽车积分比例要求分别为 10%、12%、14%、16%、18%。2024 年度及以后年度的新能源汽车积分比例要求,由工业和信息化部另行公布。

第四章　积分报告和公示

第十八条　乘用车企业应当于每年 12 月 20 日前,向工业和信息化部提交下一年度乘用车企业平均燃料消耗量与新能源汽车积分年度预报告。

预报告的内容包括本企业平均燃料消耗量预期达标值、预期实际值和新能源汽车积分预期值等(见附件 3)。

第十九条　乘用车企业应当于每年 3 月 1 日前,向工业和信息化部提交上一年度乘用车企业平均燃料消耗量与新能源汽车积分执行情况年度报告。

报告的内容包括本企业生产或者进口的各车型乘用车数量、关键参数、燃料消耗量、电能消耗量和对应车型的燃料消耗量目标值,以及本企业平均燃料消耗量达标值、实际值和新能源汽车积分等(见附件 3)。

第二十条　工业和信息化部于每年 4 月 10 日前,通过汽车燃料消耗量与新能源汽车积分管理平台,向社会公示上一年度乘用车企业平均燃料消耗量与新能源汽车积分相关情况。

对公示的乘用车企业平均燃料消耗量与新能源汽车积分相关情况有异议的,可以在 30 日内向工业和信息化部提出。工业和信息化部在收到异议后 30 日内作出答复。

第二十一条　工业和信息化部会同财政部、商务部、海关总署、市场监管总局于每年 6 月 30 日前,对乘用车企业提交的企业平均燃料消耗量与新能源汽车积分执行情况年度报告和相关数据进行核实,并发布上一年度乘用车企业平均燃料消耗量与新能源汽车积分核算情况报告。

工业和信息化部会同财政部、商务部、海关总署、市场监管总局于每年 6 月 30 日前,按照《乘用车燃料消耗量评价方法及指标》规定的评价方法,对上一年度乘用车企业平均二氧化碳排放量进行核算,核算结果纳入乘用车企业平均燃料消耗量与新能源汽车积分核算情况报告,一并发布。

第五章　积分并行管理

第二十二条　乘用车企业平均燃料消耗量正积分可以结转或者在关联企业间转让。

乘用车企业新能源汽车正积分可以依据本办法自由交易,并按照下列规定结转,结转有效期不超过三年:

(一)2019 年度的新能源汽车正积分可以等额结转一年;

(二)2020 年度的新能源汽车正积分,每结转一次,结转比例为 50%;

(三)2021 年度及以后年度乘用车企业平均燃料消耗量实际值(仅核算传统能源乘用车)与达标值的比值不高于 123% 的,允许其当年度产生的新能源汽车正积分结转,每结转一次,结转比例为 50%。只生产或者进口新能源汽车的乘用车企业产生的新能源汽车正积分按照 50% 的比例结转。

乘用车企业有平均燃料消耗量负积分、新能源汽车负积分的，应当在乘用车企业平均燃料消耗量与新能源汽车积分核算情况报告发布后90日内，向工业和信息化部提交其平均燃料消耗量负积分和新能源汽车负积分抵偿报告（见附件4），并在核算情况报告发布后120日内完成负积分抵偿归零。

工业和信息化部可以根据汽车行业发展情况决定延长抵偿期限和调整2020年度新能源汽车正积分结转比例。

第二十三条 具有下列关系之一的乘用车企业，属于本办法第二十二条第一款规定的关联企业：

（一）境内乘用车生产企业与其直接或者间接持股总和达到25%以上的其他境内乘用车生产企业；

（二）同为第三方直接或者间接持股总和达到25%以上的境内乘用车生产企业；

（三）获境外乘用车生产企业授权的进口乘用车供应企业，与该境外乘用车生产企业直接或者间接持股总和达到25%以上的境内乘用车生产企业，以及直接或者间接对该境外乘用车生产企业持股总和达到25%以上的境内乘用车生产企业。

第二十四条 乘用车企业平均燃料消耗量正积分结转后续年度使用的，按照一定比例进行结转，结转有效期不超过三年。2018年度及以前年度的正积分，每结转一次，结转比例为80%；2019年度及以后年度的正积分，每结转一次，结转比例为90%。

第二十五条 乘用车企业受让的平均燃料消耗量正积分，仅限其在当年度使用，不得再次转让。

第二十六条 乘用车企业平均燃料消耗量负积分应当采取下列方式抵偿归零：

（一）使用本企业结转的平均燃料消耗量正积分；

（二）使用本企业受让的平均燃料消耗量正积分；

（三）使用本企业产生、结转的新能源汽车正积分；

（四）购买新能源汽车正积分。

前款所列的抵偿方式，可以组合使用。

新能源汽车正积分可以抵扣同等数量的平均燃料消耗量负积分。

第二十七条 乘用车企业的新能源汽车负积分，应当通过新能源汽车正积分抵偿归零。

第二十八条 乘用车企业2019年度产生的新能源汽车负积分，可以使用2020年度产生的新能源汽车正积分进行抵偿。

工业和信息化部可以根据汽车行业发展情况，决定乘用车企业使用2021年度产生的新能源汽车正积分对2020年度产生的新能源汽车负积分进行抵偿。

第二十九条 乘用车企业购买的新能源汽车正积分，按照本办法第二十二条的规定结转，不得再次交易。

第三十条 乘用车企业发生分立、合并等情形，影响积分结转、转让、交易、抵偿等的，应当及时向工业和信息化部办理变更手续。

第六章 新能源汽车积分池管理

第三十一条 工业和信息化部建立新能源汽车积分池，用于乘用车企业储存或者提取新能源汽车正积分。

第三十二条 工业和信息化部根据全国乘用车企业平均燃料消耗量与新能源汽车积分供需情况，于每年7月30日前决定是否开放积分池。决定开放的，同时确定积分池储存比例或者提取比例以及相关实施方案，通过汽车燃料消耗量与新能源汽车积分管理平台向社会公布。

第三十三条 经核算，全国乘用车企业新能源汽车正积分，高于全国乘用车企业新能源汽车负积分与平均燃料消耗量负积分（扣减结转和可受让获得的平均燃料消耗量正积分）之和的200%的，工业和信息化部开放积分池，允许乘用车企业在积分池中储存新能源汽车正积分。

乘用车企业可以在积分池开放之日起120日内储存新能源汽车正积分。储存的数量不超过乘用车企业上一年度新能源汽车正积分与储存比例的乘积。

储存在积分池中的新能源汽车正积分不设结转比例要求，储存有效期5年。

第三十四条 经核算，全国乘用车企业新能源汽车正积分，未达到全国乘用车企业新能源汽车负积分与平均燃料消耗量负积分（扣减结转和可受让获得的平均燃料消耗量正积分）之和的150%的，工业和信息化部开放积分池，允许乘用车企业提取储存的新能源汽车正积分。

提取的新能源汽车正积分数量，不超过乘用车企业储存在积分池中的新能源汽车正积分与提取比例的乘积。

提取的新能源汽车正积分，在年度积分交易结束后未使用的，应当返还到积分池。

第七章 监督管理

第三十五条 工业和信息化部会同财政部、商务部、海关总署、市场监管总局建立乘用车企业平均燃料消耗量与新能源汽车积分信用管理制度。

乘用车企业提交平均燃料消耗量与新能源汽车积分执行情况年度报告时，应当同时向工业和信息化部提交信用承诺书（见附件5），由工业和信息化部向社会公示其信用承诺书。企业法定代表人未发生变动的，信用承诺书无需逐年提交。

乘用车企业不履行承诺的，工业和信息化部将其作为失信乘用车企业进行通报，并录入车辆生产企业信用信息管理平台。

第三十六条 工业和信息化部会同财政部、商务部、海关总署、市场监管总局对乘用车企业平均燃料消耗量与新能源汽车积分进行核查。

工业和信息化部负责对境内乘用车生产企业及其乘用车燃料消耗量、新能源乘用车参数、乘用车生产量等进行核查。

商务部负责对进口乘用车供应企业有关情况进行核查。

海关总署负责对乘用车进口量进行核查。

市场监管总局负责对获得强制性产品认证的进口新能源乘用车参数、进口乘用车燃料消耗量等进行核查。

第三十七条 对违反本办法的行为，任何单位和个人都有权向工业和信息化部举报。接到举报后，工业和信息化部会同有关部门及时依法调查处理，并为举报人保密。

第八章 法律责任

第三十八条 乘用车企业有下列情形之一的，工业和信息化部等部门按照职责给予通报，并按照核查值核算平均燃料消耗量与新能源汽车积分；情节严重的，作为失信乘用车企业进行通报，并录入车辆生产企业信用信息管理平台：

（一）未按照本办法的规定报送乘用车燃料消耗量和新能源乘用车相关数据的；

（二）报送的乘用车燃料消耗量数据、新能源乘用车数据与核查结果不符的；

（三）报送的乘用车生产量、进口量数据与实际数量不符的；

（四）未按照本办法的规定提交企业平均燃料消耗量与新能源汽车积分报告，或者报告的内容与事实不符的。

第三十九条　乘用车企业平均燃料消耗量负积分、新能源汽车负积分未按照本办法抵偿归零的，应当向工业和信息化部提交其本年度乘用车生产或者进口调整计划，使本年度预期产生的正积分能够抵偿其尚未抵偿的负积分。

第四十条　乘用车企业平均燃料消耗量与新能源汽车积分管理要求，纳入乘用车生产企业及产品准入条件。乘用车企业有下列情形之一的，在其负积分抵偿归零前，对其燃料消耗量达不到《乘用车燃料消耗量评价方法及指标》车型燃料消耗量目标值的新产品，不予列入《道路机动车辆生产企业及产品公告》或者不予核发强制性产品认证证书，并可以依照《汽车产业发展政策》《强制性产品认证管理规定》等有关规定处罚：

（一）平均燃料消耗量负积分未按照本办法抵偿归零的；

（二）新能源汽车负积分未按照本办法抵偿归零的；

（三）未按照本办法第三十九条的规定提交年度乘用车生产或者进口调整计划，或者提交生产或者进口调整计划但本年度平均燃料消耗量积分、新能源汽车积分未满足要求的。

第九章　附　　则

第四十一条　本办法所称核算年度是指每年 1 月 1 日至 12 月 31 日。境内生产的乘用车以机动车整车出厂合格证的发证日期为准确定相应的年度；进口乘用车以获得强制性产品认证车辆的海关报关单证放行日期为准确定相应的年度。

工业和信息化部收到乘用车企业依据本办法规定提交的材料后，转送其他相关部门。

第四十二条　本办法涉及的标准修订的，按照修订后的文本执行。

本办法中的“以上”“以下”“不超过”均含本数，“不满”不含本数。

第四十三条　工业和信息化部、财政部、商务部、海关总署、市场监管总局将根据产业发展情况和碳排放管理工作需要，适时研究建立本办法规定的积分制度与其他碳减排体系的衔接机制。

第四十四条　工业和信息化部会同有关部门依据国家有关规定，完善乘用车企业平均燃料消耗量与新能源汽车积分管理的经济措施。

根据我国国情和汽车产业发展的需要，适时调整本办法有关制度、附件，并重新公布。

第四十五条　本办法自 2018 年 4 月 1 日起施行。2013 年 3 月 14 日公布的《乘用车企业平均燃料消耗量核算办法》（工业和信息化部 2013 年 15 号公告）、2014 年 10 月 14 日公布的《关于加强乘用车企业平均燃料消耗量管理的通知》（工信部联装〔2014〕432 号）同时废止。本办法施行前制定的规定与本办法不一致的，按照本办法执行。

附表 1：乘用车燃料消耗量与新能源乘用车数据表（略）

附件 2：新能源乘用车车型积分计算方法

附件 3：乘用车企业平均燃料消耗量与新能源汽车积分报告（略）

附件 4：乘用车企业平均燃料消耗量负积分和新能源汽车负积分抵偿报告（略）

附件 5：信用承诺书（略）

附件 2　新能源乘用车车型积分计算方法（见表 2-1-7）

表 2-1-7　新能源乘用车车型积分计算方法

车辆类型	标准车型积分	备注
纯电动乘用车	$0.0034 \times R + 0.2$	（1）R 为电动汽车续驶里程（工况法），单位为 km。 （2）P 为燃料电池系统额定功率，单位为 kW。 （3）当 R 小于 100 时，标准车型积分为 0 分；$100 \leq R < 150$ 时，标准车型积分为 0.6 分。 （4）纯电动乘用车标准车型积分上限为 2.3 分，燃料电池乘用车标准车型积分上限为 4 分。 （5）车型积分计算结果按四舍五入原则保留两位小数
插电式混合动力乘用车	1	
燃料电池乘用车	$0.05 \times P$	

1. 纯电动乘用车积分相关要求

纯电动乘用车车型积分 = 标准车型积分×续驶里程调整系数×能量密度调整系数×电耗调整系数。

（1）当 $100 \leq R < 150$ 时，续驶里程调整系数为 0.7；当 $150 \leq R < 200$ 时，续驶里程调整系数为 0.8；当 $200 \leq R < 300$ 时，续驶里程调整系数为 0.9；当 $300 \leq R$ 时，续驶里程调整系数为 1。

（2）当纯电动乘用车动力电池系统的质量能量密度 < 90 Wh/kg 时，能量密度调整系数为 0；当 90 Wh/kg ≤ 质量能量密度 < 105 Wh/kg 时，能量密度调整系数为 0.7；当 105 Wh/kg ≤ 质量能量密度 < 125 Wh/kg 时，能量密度调整系数为 0.8；当 125 Wh/kg ≤ 质量能量密度，能量密度调整系数为 1。

（3）纯电动乘用车 30 分钟最高车速不低于 100 km/h。按整备质量（m，kg）不同，设定纯电动乘用车电能消耗量目标值（Y）。车型电能消耗量（kW·h/100 km，工况法）满足电能消耗量目标值的，电耗调整系数（EC 系数）为车型电能消耗量目标值除以电能消耗量实际值（计算结果按四舍五入原则保留两位小数，上限为 1.5 倍）；其余车型 EC 系数按 0.5 倍计算，并且积分仅限本企业使用。

纯电动乘用车电能消耗量目标值：$m \leq 1000$ 时，$Y = 0.0112 \times m + 0.4$；$1000 < m \leq 1600$ 时，$Y = 0.0078 \times m + 3.8$；$m > 1600$ 时，$Y = 0.0048 \times m + 8.60$。

2. 插电式混合动力乘用车应符合《插电式混合动力电动乘用车技术条件》（GB/T 32694）要求。车型电量保持模式试验的燃料消耗量与《乘用车燃料消耗量限值》（GB 19578）中车型对应的燃料消耗量限值相比应当小于 70%；其电量消耗模式试验的电能消耗量应小于前款纯电动乘用车电能消耗量目标值的 135%。无法同时满足以上两项指标的车型按照标准车型积分的 0.5 倍计算，并且积分仅限本企业使用。

3. 燃料电池乘用车纯氢续驶里程不低于 300 km，当 P 不低于驱动电机额定功率的 30% 且不小于 10 kW 时，车型积分按照标准车型积分的 1 倍计算；其余车型积分按照标准车型积分的 0.5 倍计算，并且积分仅限本企业使用

注：在核算乘用车企业新能源汽车积分实际值时，同一车型在核算年度有多个新能源乘用车车型积分的，按照不同的积分分开计算。

汽车行业稳增长工作方案
（2023—2024年）

工信部联通装〔2023〕145号

汽车产业是国民经济的重要支柱产业，产业链长、关联度高、带动性强，发挥着工业经济稳增长的“压舱石”作用。当前，国际不稳定不确定因素增多，国内需求收缩、供给冲击、预期减弱三重压力仍然存在，行业稳增长任务较为艰巨。为贯彻落实党的二十大和中央经济工作会议精神，努力实现汽车行业经济发展主要预期目标，特制定本方案，实施期限为2023—2024年。

一、指导思想

以习近平新时代中国特色社会主义思想为指导，全面贯彻党的二十大精神，坚持稳中求进工作总基调，完整、准确、全面贯彻新发展理念，加快构建新发展格局，从供需两端发力，以高质量供给创造有效需求，推动汽车行业稳定增长，支撑工业经济平稳健康运行。

二、主要目标

2023年，汽车行业运行保持稳中向好发展态势，力争实现全年汽车销量2700万辆左右，同比增长约3%，其中新能源汽车销量900万辆左右，同比增长约30%；汽车制造业增加值同比增长5%左右。2024年，汽车行业运行保持在合理区间，产业发展质量效益进一步提升。

三、工作举措

（一）支持扩大新能源汽车消费。落实好现有新能源汽车车船税、车辆购置税等优惠政策，抓好新能源汽车补助资金清算审核工作，积极扩大新能源汽车个人消费比例。组织开展公共领域车辆全面电动化先行区试点工作，加快城市公交、出租、环卫、邮政快递、城市物流配送等领域新能源汽车推广应用，研究探索推广区域货运重卡零排放试点，进一步提升公共领域车辆电动化水平。组织开展新能源汽车下乡活动，鼓励企业开发更多先进适用车型，充分挖掘农村地区消费潜力。鼓励开展新能源汽车换电模式应用，推动新能源汽车与能源深度融合发展。深入推进燃料电池汽车示范，稳步提升燃料电池汽车应用规模。

（二）稳定燃油汽车消费。各地不得新增汽车限购措施，鼓励实施汽车限购地区在2022年购车指标基础上增加一定数量购车指标，进一步促进汽车消费。加强产业发展监测与市场动态评估，鼓励有条件的地方在公平、公正、公开的前提下研究制定相关支持政策，消除地方保护行为，维护全国统一大市场。鼓励企业以绿色低碳为导向，积极探索混合动力、低碳燃料等技术路线，促进燃油汽车市场平稳发展。鼓励企业加大高端化、定制化的房车、皮卡等产品供给，深挖细分市场消费潜力。

（三）推动汽车出口提质增效。鼓励汽车企业加快研发和生产面向国际市场的汽车产品，建立和完善国际营销服务体系，加强与航运企业、国内外金融机构合作，巩固扩大重点国家和地区市场汽车出口，加大“一带一路”沿线国家和新兴市场开拓力度，培育汽车出口优势。指导行业机构组建汽车企业国际化发展创新联盟，促进企业之间实现信息资源、网络渠道等共建共享。研究建设海外政策、法规、标准等信息共享服务平台，推动与主要出口目的国检测认证标准的统一。加强与重点国家和地区的全产业链低碳发展合作，推动形成互相认可的碳排放、碳足迹核算体系，为汽车企业海外发展创造更好环境。

（四）促进老旧汽车报废、更新和二手车消费。鼓励地方综合运用经济、技术等手段推动国三及以下排放标准乘用车、违规非标商用车淘汰报废，有条件的地区可以开展汽车以旧换新，加快老旧车辆淘汰更新。推动完善报废机动车回收利用体系，畅通报废回收利用渠道。支持二手车流通规模化发展，各地严格落实全面取消对符合国五排放标准小型非运营二手车的迁入限制，促进二手车自由流通和企业跨区域经营。

（五）提升产品供给质量水平。支持开展车用芯片、固态电池、操作系统、高精度传感器等技术攻关和推广应用，进一步提升产品性能。优化完善汽车技术标准和汽车产品质量认证供给体系，引导企业通过提高汽车产品安全技术水平、降低传统燃油汽车油耗、提高新能源汽车低温适应性能等，持续提升汽车产品质量，让消费者放心购买、安心使用。引导企业加快5G信息通信、车路协同、智能座舱、自动驾驶等新技术的创新应用，开发更多适合消费者的服务功能，持续提升驾乘体验，催生更多购买需求。

（六）保障产业链供应链稳定畅通。发挥产业链供应链畅通协调平台作用，引导上下游企业加强供需对接和深度合作，形成战略联盟、签订长单、技术合作等长效机制稳定供给。组织开展大企业“发榜”中小企业“揭榜”工作，推动形成大中小企业协同创新合力。组织开展“1+N”制造业转移发展对接活动，提升产业链供应链韧性和安全水平。建立健全汽车产业链供应链安全监测评估公共服务平台，动态监测链上企业供应变化趋势，及早识别供应链安全风险。

（七）完善基础设施建设与运营。落实《关于进一步构建高质量充电基础设施体系的指导意见》，优化配套环境。鼓励各地科学预测新能源汽车充电需求，做好城市及周边县乡村公共充电网络布局规划，推动充电设施布局建设、配套电网扩容改造有序开展。鼓励大功率充电、智能有序充电、“光储充放”一体站等新技术推广应用，提升充电服务保障能力。引导地方对高速公路、乡镇等保障型充电基础设施的补贴支持，加大行业扶持力度。鼓励地方加快氢能基础设施建设，推动中远途、中重型燃料电池商用车示范应用。

四、保障措施

（一）加强统筹协调。在国家制造强国建设领导小组指导下，发挥新能源汽车产业发展部际协调机制作用，深入实施《新能源汽车产业发展规划（2021—2035年）》，统筹推动产业发展全局性工作。加强产业发展新阶段重大问题系统研究，及时研究提出政策举措建议。加强央地联动，抓好各项任务落实。

（二）强化运行调控。构建央地协同监测预警机制，针对重点地区、主要企业、关键领域加强苗头性、倾向性问题预警研判。定期召开运行分析会、开展专题调研，及时掌握行业发展情况和企业痛点难点堵点，帮助企业纾困解难。

（三）加大政策支持。落实新能源汽车车辆购置税优惠政策，稳定行业预期。鼓励利用社会资本设立汽车产业发展基金，加大对核心技术攻关的支持力度。综合运用信贷、债券、保险等各类金融工具，支持企业发展。

工业和信息化部
财政部
交通运输部
商务部
海关总署
金融监管总局
国家能源局
2023 年 8 月 25 日

关于推进城市公共交通健康可持续发展的若干意见

交运发〔2023〕144 号

各省、自治区、直辖市、新疆生产建设兵团交通运输厅（局、委）、发展改革委、公安厅（局）、财政厅（局）、人力资源和社会保障厅（局）、自然资源厅（局）、总工会，国家金融监管总局各监管局，中国证监会各派出机构：

为全面贯彻落实党的二十大精神，加快建设交通强国，深入实施城市公共交通优先发展战略，加快推进城市公共交通健康可持续发展，现提出以下意见。

一、完善城市公共交通支持政策

（一）落实运营补贴补偿政策。各地要综合考虑城市规模、群众出行需求等因素，合理确定城市公共汽电车线路首末班时间、发车间隔等服务标准。压紧压实城市公共交通的地方主体责任，落实好城市公共交通作为市县级财政事权的支出责任。突出城市公共汽电车的基本公共服务属性，各地要在确定服务标准并开展服务质量评价的基础上，在不新增地方政府隐性债务的前提下，因地制宜建立并实施城市公共汽电车企业运营成本核算和补贴补偿制度，平等对待不同所有制运营主体，及时拨付相关资金，鼓励先行预拨部分资金。对于因执行低票价、减免票、经营冷僻线路、保障重大活动、抢险救灾及其他指令性任务等形成的政策性亏损，地方财政及时给予适当补贴补偿。各地要在落实法定乘车优惠政策的基础上，坚持量力而行，合理确定城市公共交通乘车优惠群体范围。鼓励有条件的地方对老年人按年龄给予综合津贴的方式替代老年人优惠乘车政策。

（二）完善价格机制。各地要合理界定城市公共交通价格补偿和财政补偿范围，综合考虑城市公共交通运营成本、公众承受能力、财政补贴等因素，制定城市公共交通价格并建立动态调整机制。对城市公共交通现有价格水平开展评估并及时优化调整。对城市公共交通价格动态调整机制进行听证的，要依法依规履行相关程序。对定制公交等线路实行政府指导价或市场调节价。对远郊等长距离城市公共汽电车运营线路，可探索采用按里程计价方式。

（三）加强政策支持。完善峰谷分时电价政策，鼓励各地通过多种形式对新能源城市公交车辆充电给予政策支持。各地在保障新能源城市公交车辆夜间充电执行低谷电价的基础上，结合新能源城市公交车辆日间补电需求，可在日间设置部分时段执行低谷电价，以引导新能源城市公交车辆更多在低谷时段充电。充分发挥省级层面对城市交通发展奖励资金的统筹作用，采用奖励方式加强对辖区内城市公共汽电车行业转型升级发展、保障城市公共汽电车企业可持续运营、推广应用新能源城市公交车辆等深化城市公共交通优先发展方面的引导。用好农村客运补贴资金政策，统筹用于保障农村客运（含服务农村地区的公共汽电车）线路车辆正常运营。利用地方政府专项债券等工具，支持符合条件的公共汽电车场站充换电基础设施建设。支持符合条件的公交票款收益权资产证券化，拓宽企业融资渠道。鼓励金融机构在依法合规、风险可控的前提下，以市场化为导向改进授信评价机制，为城市公共交通企业提供融资服务，严禁违规新增地方政府隐性债务。

（四）保障公交优先通行。积极推进在城市公共汽电车运营线路和班次较为集中的道路设置公交专用道，实现公交专用道连续成网，推广公交信号优先。修订完善公交专用道相关技术标准。优化公交专用道管理，科学设定专用时段，在保障公共汽电车运行速度的前提下，可以允许单位班车、专用校车、大型营运客车等大运力载客车辆使用公交专用道，提高道路资源利用率。动态评估公交专用道使用情况，根据公共交通线网、道路交通流量变化情况合理调整。强化公交专用道使用监管，完善沿线交通技术监控设备，鼓励在公交车辆配备交通违法取证记录系统，严查违法占用公交专用道行为。

（五）合理引导公众出行。组织开展绿色出行宣传月和公交出行宣传周等主题活动，营造优选公交、绿色出行的良好氛围。鼓励各地结合交通运行状况研究出台不同区域通行管理、停车管理等政策，制定分区域、分路段、分时段、分车型的差异化停车收费政策，对城市核心区、拥堵区域的出行停车服务，可实行较高收费标准，降低小汽车在相关区域的使用强度。在城市外围周边轨道交通等站点配套建设驻车换乘（P+R）停车场，并对驻车换乘实施停车优惠，引导换乘公共交通进入城市中心区域。鼓励各地建立绿色出行奖励和错峰出行制度。

二、夯实城市公共交通发展基础

（六）加强规划引领和用地保障。科学制定城市公共交通专项规划，确保城市公共交通网络布局与国土空间总体规划所确定的空间布局优化安排相一致；涉及空间利用的相关内容统筹落实到国土空间规划“一张图”实施管控。依据国土空间总体规划，在国土空间详细规划中统筹落实城市公共交通场站用地需求，提高节约集约水平。在国土空间规划体检评估中开展城市公共交通专项评估，为规划编制管理提供依据。国土空间详细规划确定的城市公共交通场站和驻车换乘（P+R）停车场用地优先纳入土地利用年度计划。

（七）改善设施条件。鼓励有条件的地方采取直接投资、资本金注入、投资补助、贷款贴息等方式，支持城市公共交通场站建设与改造、车辆购置。严格落实城市公共汽电车场站配置标准，在大型居住区、商业区等附近设置公共汽电车首末站或枢纽站。支持在城市公共汽电车企业自有、租赁场站建设完善新能源城市公交车辆充电设施，保障用电接入条件，有效满足车辆充电需求。灵活设置微循环公交、定制公交等停靠站点，提高港湾式公交站点设置比例。加强北斗卫星导航系统的推广应用。因地制宜推进适宜区域合理布局光伏发电设施。推动各地因地制宜、分类实施城市轨道交通既有线网优化提升行动。

（八）促进公交服务提质增效。持续优化城市公共交通线网，促进城市公共汽电车与城市轨道交通在线网、站点及运营层面的衔接融合，通过大数据应用提升城市公共汽电车运营效率。鼓励发展微循环公交服务，根据客流需求应用小型化公交车辆。支持城市公共汽电车企业充分利用运力资源，开通通勤、通学、就医等定制公交线路。优化定制公交管理流程，提高办理效率。支持发展"公交+旅游"服务模式，适度加密主要客运枢纽至城市景区景点的公交线路，支持城市公共交通枢纽场站拓展旅游服务功能。支持城市公共交通企业拓展站台、车身、车厢内等广告业务，在保障安全运营的前提下，面向社会开放加气、加油、充电、维修等服务。鼓励城市公共交通企业持续提升适老化、无障碍出行服务。压实企业安全生产主体责任，保障城市公共交通运营安全。

三、加快落实城市公共交通用地综合开发政策

（九）积极推动新增用地综合开发。在符合国土空间详细规划、不改变用地性质、优先保障场站交通服务基本功能的前提下，允许新增城市公共汽电车枢纽场站配套一定比例的附属商业等面积。利用城市公共交通用地进行地上地下空间综合开发的，应根据设施功能分层设定建设用地使用权。实施城市公共交通场站综合开发的，应依据国土空间详细规划，将相关设施规划建设需求纳入土地供应条件。

（十）因地制宜实施既有用地综合开发。支持现有的城市公共汽电车枢纽站、首末站、停保场和城市轨道交通车站、车辆基地等，在不改变用地性质、优先保障场站交通服务基本功能的前提下，利用场站内部分闲置设施开展社会化商业服务。鼓励有条件的存量城市公共交通场站实施地上地下空间综合开发，根据设施功能分层设定建设用地使用权。符合国土空间详细规划的，在保障城市公共交通服务基本功能的前提下，允许适当提高容积率。

（十一）建立用地综合开发收益反哺机制。对城市公共交通用地实施综合开发，城市公共交通企业单独开发的，相关收益用于城市公共交通企业的可持续发展；城市公共交通企业与其他开发主体共同实施综合开发，或其他开发主体单独实施综合开发的，相关收益反哺城市公共交通可持续发展。

四、加强从业人员权益保障

（十二）保障从业人员工资待遇。督促城市公共交通企业按时足额发放工资、缴纳社会保险，引导企业建立城市公共交通从业人员工资收入正常增长机制，按不低于当地在岗职工平均工资确定驾驶员工资收入水平。鼓励各地因地制宜将城市公共汽电车驾驶员列入紧缺职业（工种）目录，对符合条件的高技能人才给予岗位津贴。

（十三）关心关爱从业人员。指导城市公共交通企业不断改善从业人员生产环境，推进职工休息室、爱心驿站等建设，妥善解决驾驶员就餐、休息等实际问题。加强从业人员劳动保护，定期对从业人员开展体检和心理健康辅导，关心关爱城市公共汽电车驾驶员身心健康，合理安排作息时间，防止疲劳驾驶，对身体状况难以适应驾驶岗位的，及时调整到适合岗位。广泛开展送温暖活动，及时足额为符合条件的失业人员发放失业保险待遇，加大对困难从业人员的帮扶力度。组织开展"最美公交司机""最美地铁人"推选宣传活动，大力弘扬劳模精神、劳动精神和工匠精神，提升从业人员职业自豪感和归属感，营造尊重关爱从业人员的良好氛围。

五、加强组织实施保障

（十四）建立绩效评价制度。加强对城市公共交通运行的动态监测，依据乘客满意度、城市公共交通机动化出行分担率、早晚高峰时段城市公共汽电车平均运行速度、城市公共汽电车进场率、城市公共交通正点率、城市公共交通企业职工工资收入水平等建立城市公共交通发展绩效评价制度，推动落实城市人民政府发展城市公共交通的主体责任。

（十五）推动政策落实。各级交通运输、发展改革、公安、财政、人力资源社会保障、自然资源、工会等部门，要进一步加强政策衔接和协同配合，及时协调解决城市公共交通发展遇到的困难和问题，推动落实各项支持政策。对于存在地方主体责任落实不到位造成城市公共交通企业欠薪欠保、发生重特大城市公共交通安全生产责任事故等情形的城市，不得参与国家公交都市建设示范工程创建申报，属于国家公交都市建设示范工程创建城市、示范城市的，取消创建资格或被授予的"国家公交都市建设示范城市"称号。

交通运输部
国家发展和改革委员会
公安部
财政部
人力资源和社会保障部
自然资源部
国家金融监督管理总局
中国证券监督管理委员会
中华全国总工会
2023年10月8日

关于推动汽车后市场高质量发展的指导意见

商消费发〔2023〕222号

各省、自治区、直辖市及计划单列市、新疆生产建设兵团商务、工业和信息化、交通运输、文化和旅游、市场监管、体育主管部门，中国人民银行上海总部、各省、自治区、直辖市、计划单列市分行，海关总署广东分署、各直属海关，金融监管总局各监管局：

随着我国汽车保有量持续攀升，围绕汽车使用形成的后市场已经成为汽车消费的重要组成部分。为贯彻落实党中央、国务院有关决策部署，促进汽车后市场高质量发展，进一步释放汽车消费潜力，现提出以下意见。

一、总体要求

（一）指导思想。

以习近平新时代中国特色社会主义思想为指导，全面贯彻落实党的二十大精神，完整、准确、全面贯彻新发展理念，牢牢把握汽车市场发展新形势，顺应汽车消费新趋势，更好满足人民群众美好生活需要，围绕促进汽车后市场高质量发展，着力建立健全体制机制，培育壮大经营主体，优化产品和服务供给，发展新业态、新模式，促进后市场规模增长、结构优化和质量提升，为稳定和扩大汽车消费、服务构建新发展格局提供有力支撑。

（二）基本原则。

市场主导，政府引导。充分发挥市场在资源配置中的决定性作用，激发汽车后市场经营主体内生增长动力和创新发展活力。更好发挥政府作用，破除限制汽车后市场发展的体制机制障碍，完善支持汽车后市场发展的政策措施，推动有效市场和有为政府更好结合。

创新引领，融合发展。深入推进汽车后市场制度创新、技术创新、模式创新、业态创新，以创新激发新动能，培育发展新优势。坚持融合发展，通过线上与线下融合、传统与新兴融合以及跨领域、跨行业融合，丰富汽车后市场产品和服务，满足人民群众多元化消费需求。

突出重点，特色鲜明。紧紧围绕汽车后市场重点领域和关键环节，着力解决行业发展过程中面临的突出问题，因地制宜挖掘汽车后市场消费潜力，打造一批特色鲜明、亮点突出的汽车后市场项目。

（三）总体目标。

力争到 2025 年，汽车后市场规模稳步增长，市场结构不断优化，规范化水平明显提升，后市场在汽车产业链、价值链、创新链中的作用更加突出，新产品、新技术应用更加普及，新业态、新模式发展更加成熟，行业管理制度更加完善，汽车使用环境持续优化，更好满足消费者多样化汽车消费需求，有效推动汽车后市场高质量发展。

二、主要任务

（一）优化汽车配件流通环境。

规范汽车后市场配件流通秩序，制订实施汽车后市场配件流通有关标准，营造透明、有序、高效的配件流通环境。创新配件流通模式，鼓励发展连锁经营、电子商务等配件流通新业态、新模式。积极拓展汽车配件流通渠道，构建多渠道、多业态的汽车配件流通网络，满足消费者对汽车后市场配件的多元化需求。

（二）促进汽车维修服务提质升级。

引导汽车生产企业持续完善售后服务网络，加强售后维修等人员管理培训，为车主提供规范、便捷的车辆维护维修服务。督促汽车相关企业严格落实《中华人民共和国大气污染防治法》《汽车维修技术信息公开实施管理办法》，全面及时公开汽车维修技术信息，推动维修技术进步，提升维修服务品质，更好保护车主合法权益。加快新能源汽车维修技术标准体系建设，有效支撑我国新能源汽车产业高质量发展。大力发展汽车绿色维修，提升汽车维修业绿色环保水平。积极推进汽车维修电子健康档案系统应用，提升汽车维修业数字化服务能力和水平。

（三）构建多层次汽车赛事格局。

支持开展新能源汽车、智能（网联）汽车等新型赛事活动，发挥汽车赛事促进作用，以赛促研、以赛促产、以赛促用。利用地方历史文化和当地特色资源，策划具有地方特色、高水平、高质量的汽车运动精品赛事。全面促进各项国家级专业汽车运动赛事高质量发展，打造专业汽车赛事品牌，挖掘市场潜力和商业价值。举办国际高级别汽车赛事，推动国内汽车赛事品牌国际化发展。推动群众性汽车赛事，推广卡丁车等初级赛事，扩大汽车运动参与人群。

（四）加快传统经典车产业发展。

制定实施传统经典车认定标准。积极探索研究传统经典车国内管理和进口政策。支持地方探索传统经典车辆保税展示及托管服务，举办传统经典车露营集结赛，促进传统经典车巡展、赛事、文化旅游等发展。

（五）支持自驾车旅居车等营地建设。

支持政府和社会资本合作建设不同类型、不同档次、特色突出的自驾车旅居车等露营营地，持续完善营地配套基础设施。各地在编制相关规划时，科学布局营地建设，保障各类营地供给。鼓励各地根据需求、因地制宜，在符合管理要求的前提下利用各类空间建设露营公共营地，打造以全国自驾车旅居车露营集结赛为代表的营地休闲赛事活动，依据有关标准组织开展自驾车旅居车营地质量等级认定工作。鼓励有条件的地区将露营营地建设纳入地方旅游产业发展类专项资金的支持范围。

（六）丰富汽车文化体验。

支持地方发挥自身优势，结合汽车文化消费趋势，协调推进汽车博物馆、汽车影院等项目建设运营。积极组织开展汽车主题交流活动、主题展览、博览会、嘉年华等丰富多彩、形式多样的汽车文化活动，普及汽车文化知识，营造浓厚汽车文化氛围。

（七）优化汽车消费金融服务。

鼓励金融机构在依法合规、风险可控前提下，优化对汽车使用消费的金融服务，规范开展汽车附加品融资。发展汽车融资租赁，规范售后回租模式的融资租赁业务。引导金融机构优化资源配置和业务布局，加大农村地区汽车消费信贷支持。鼓励支付服务主体在防控风险的前提下，针对线上汽车消费特定场景提高单笔支付额度。

三、保障措施

（一）加强组织领导。

准确把握汽车市场发展规律，充分认识汽车后市场发展及其对促消费、稳经济、保民生的重要意义。加强统筹协调，建立健全工作机制，完善各项促进政策，形成推进汽车后市场高质量发展的强大合力。

（二）完善制度建设。

加快汽车后市场相关法规标准体系、质量认证体系建设，提高依法行政和标准化水平。加强规划引导，优化产业布局，积极打造特色鲜明的汽车后市场项目。研究建立汽车后市场重点企业联系制度，畅通政企沟通交流渠道，着力解决企业发展中面临的突出问题。

（三）发挥行业组织作用。

充分发挥行业组织的桥梁纽带作用，及时反映行业企业诉求,搭建行业交流服务平台。加强相关领域人才队伍建设,开展专业技能培训,鼓励建立专家库,夯实行业基础研究。加强行业自律,推动企业诚信经营,优化市场发展环境。

商务部
工业和信息化部
交通运输部
文化和旅游部
中国人民银行
海关总署
国家市场监督管理总局
国家金融监督管理总局
国家体育总局
2023 年 10 月 8 日

关于开展智能网联汽车准入和上路通行试点工作的通知

装备中心〔2023〕615 号

各省、自治区、直辖市及新疆生产建设兵团工业和信息化主管部门、公安厅(局)、住房和城乡建设厅(局、委)、交通运输厅(局、委),各省、自治区、直辖市通信管理局,有关汽车生产企业、行业组织和技术服务机构:

为落实《关于加强智能网联汽车生产企业及产品准入管理的意见》,促进智能网联汽车推广应用,提升智能网联汽车产品性能和安全运行水平,根据《中华人民共和国道路交通安全法》《中华人民共和国网络安全法》《中华人民共和国数据安全法》《中华人民共和国安全生产法》《中华人民共和国道路运输条例》《道路机动车辆生产企业及产品准入管理办法》《汽车数据安全管理若干规定(试行)》等有关规定,工业和信息化部、公安部、住房和城乡建设部、交通运输部决定开展智能网联汽车准入和上路通行试点工作。现将有关事项通知如下:

一、总体要求

在智能网联汽车道路测试与示范应用工作基础上,工业和信息化部、公安部、住房和城乡建设部、交通运输部遴选具备量产条件的搭载自动驾驶功能的智能网联汽车产品(简称智能网联汽车产品),开展准入试点;对取得准入的智能网联汽车产品,在限定区域内开展上路通行试点,车辆用于运输经营的需满足交通运输主管部门运营资质和运营管理要求。本通知中智能网联汽车搭载的自动驾驶功能是指国家标准 GB/T 40429—2021《汽车驾驶自动化分级》定义的 3 级驾驶自动化(有条件自动驾驶)和 4 级驾驶自动化(高度自动驾驶)功能(简称自动驾驶功能)。

二、工作目标

通过开展试点工作,引导智能网联汽车生产企业和使用主体加强能力建设,在保障安全的前提下,促进智能网联汽车产品的功能、性能提升和产业生态的迭代优化,推动智能网联汽车产业高质量发展。基于试点实证积累管理经验,支撑相关法律法规、技术标准制修订,加快健全完善智能网联汽车生产准入管理和道路交通安全管理体系。

三、组织实施

(一)试点申报

汽车生产企业和使用主体组成联合体,参考实施指南(附件 1),制定申报方案(模板参考附件 2),经车辆拟运行城市(含直辖市下辖区)人民政府同意并加盖公章后,向所在地省级工业和信息化主管部门自愿申报,车辆拟运行城市应具备政策保障、基础设施、安全管理等条件。省级工业和信息化主管部门会同省级公安机关交通管理和网络安全保卫部门、住房和城乡建设部门、交通运输部门、通信管理局,对申报方案进行审核,于 2023 年 12 月 20 日前报送工业和信息化部(纸质版一式三份和电子版光盘一份)。在此次集中申报结束后,省级工业和信息化主管部门可根据智能网联汽车技术与产业发展、试点实施和联合体申报情况,向工业和信息化部补充报送申报方案。

工业和信息化部、公安部、住房和城乡建设部、交通运输部组织专家对申报方案进行初审,择优确定进入试点的联合体。

(二)试点实施

1. 产品准入试点

(1)测试与安全评估

试点汽车生产企业应当细化完善智能网联汽车产品的准入测试与安全评估方案,经工业和信息化部、公安部确认后,在省级主管部门和车辆运行所在城市政府部门监督下,开展产品测试与安全评估工作。工业和信息化部委托技术服务机构对产品测试与安全评估方案、实施、结果等进行评估。试点汽车生产企业应按照监测要求将车辆接入工业和信息化部试点管理系统。

(2)产品准入许可

试点汽车生产企业通过产品测试与安全评估后,方可向工业和信息化部提交产品准入申请。工业和信息化部依据道路机动车辆生产企业和产品准入管理有关规定,经受理、审查和公示后,作出是否准入的决定。决定准入的,工业和信息化部应当按规定将智能网联汽车产品及其准入有效期、实施区域等限制性措施予以公告。

2. 上路通行试点

取得准入的智能网联汽车产品,在限定区域内开展上路通行试点。试点使用主体应当按规定为车辆购买保险,申请办理注册登记,监测车辆运行状态,加强车辆运行安全保障。在车辆注册登记前,申请试点使用主体变更的,应当按照要求补充提交材料。使用车辆从事运输经营的,还应当具备相应业务类别的运营资质并满足运营管理要求。

3. 应急处置

试点实施过程中,对于交通事故、网络和数据安全事件,或者因车辆自动驾驶系统失效等引发的突发事件,试点使用主体、试点汽车生产企业和车辆运行所在城市政府部门应按相关应急预案做好处置工作,并将处置过程和结果及时报告省级主管部门,由省级主管部门报工业和信息化部、公安部、住房和城乡建设部、交通运输部等相关部门。

(三)试点暂停与退出

试点期间,车辆发生道路交通安全违法行为和交通事故涉嫌安全隐患,试点汽车生产企业或使用主体有未履行安全责任和网络安全、数据安全、无线电安全保护义务等情形，应当暂停试点并整改。车辆自动驾驶系统存在严重安全隐患且无法消除，试点汽车生产企业、试点使用主体相关条件发生重大变化无法保障试点实施等情形，应当退出试点。

（四）评估调整

工业和信息化部、公安部、住房和城乡建设部、交通运输部及时对车辆运行情况进行评估，优化调整产品准入许可、通行范围和经营范围，并根据产业和技术发展情况，适时调整完善智能网联汽车准入和上路通行试点实施指南相关内容。

四、保障措施

（一）加强组织领导

工业和信息化部、公安部、住房和城乡建设部、交通运输部加强工作协同和数据共享，保障试点工作有序推进。省级主管部门加强统筹协调，严格做好申报审核，督促指导车辆运行所在城市政府部门、试点汽车生产企业和使用主体落实主体责任。车辆运行所在城市政府部门建立组织机制、落实政策保障，结合当地实际情况，精心筛选和组织具有基础和特色的申报方案，切实履行安全管理责任，加强日常监测管理，妥善应对安全风险和突发事件。

（二）强化责任落实

试点汽车生产企业承担智能网联汽车产品质量和生产一致性主体责任，严禁擅自变更自动驾驶功能，严格履行软件升级管理和备案承诺要求。试点使用主体应当落实道路交通安全、网络安全和数据安全主体责任，建立健全相关安全管理制度措施，保证车辆运行安全。

（三）营造良好环境

车辆运行所在城市政府部门要结合本地实际，从政策、规划、基础设施、安全管理、运营资质等方面，提供支持保障，加快能力提升，鼓励城市智能网联汽车安全监测平台与其他政务信息化管理系统一体化集约化协同化建设。行业组织和机构加强对试点工作的政策宣传和舆论引导，加快提升智能网联汽车检验检测、安全评估等技术服务能力，为试点工作营造良好环境。

（四）做好总结推广

工业和信息化部、公安部、住房和城乡建设部、交通运输部定期组织对试点工作进行实施效果评估，及时总结经验、凝聚各方共识，逐步完善智能网联汽车准入、道路交通安全和交通运输管理政策、法律法规、技术标准等。对经过试点实证的自动驾驶和“车能路云”融合的先进技术和产品、可行方案、创新机制，梳理提炼可复制、可推广的试点成果，支持进一步推广应用。

附件：

1. 智能网联汽车准入和上路通行试点实施指南（试行）
2. 智能网联汽车准入和上路通行试点申报方案（略）

工业和信息化部
公安部
住房和城乡建设部
交通运输部
2023 年 11 月 17 日

附件 1　智能网联汽车准入和上路通行试点实施指南（试行）

针对智能网联汽车准入和上路通行试点工作，工业和信息化部、公安部、住房和城乡建设部、交通运输部研究制定了《智能网联汽车准入和上路通行试点实施指南（试行）》（以下简称《指南》），指导汽车生产企业和使用主体在车辆运行所在城市限定区域内有序开展试点工作。《指南》包括智能网联汽车准入、使用主体、上路通行、试点暂停与退出四个部分。

第一部分　智能网联汽车准入

第一章　智能网联汽车生产企业

一、设计验证能力

（一）企业应建立专门的智能网联汽车产品设计开发机构，统一负责产品设计和制造过程开发工作，配备与设计开发任务相适应的专业技术人员。专业技术人员至少包括自动驾驶系统的系统功能定义、系统架构设计、系统安全设计、软件开发、仿真分析验证、系统集成与调试、整车测试验证等方面的人员，以及专职的功能安全、预期功能安全、网络安全和数据安全、软件升级保障团队。对于企业集团，设计开发机构可统一设立。

（二）应建立适用于本企业的自动驾驶系统开发工作流程，应包括参与部门及职责，输入输出物管理、评审、验证、确认等方面的内容。

（三）理解和掌握所生产的智能网联汽车产品开发方面的技术，至少包括：1. 自动驾驶环境感知系统、智能决策系统、控制执行系统、其他电子电气系统的边界划分和接口定义；2. 自动驾驶控制系统技术，包括自动驾驶控制策略，系统/部件软硬件的基础原理、结构、功能和性能要求，控制器软硬件设计、测试评价方法、标定、故障诊断和解决措施等。

（四）企业应建立与智能网联汽车产品相适应的产品信息数据库，数据库内容至少包括：

1. 申请车型使用的环境感知系统、智能决策系统、控制执行系统等的生产企业及性能参数信息；

2. 申请车型的自动驾驶系统及关联系统和总成/部件的图样、规格参数、技术要求、设计计算和仿真分析结果、产品安全状态监测数据和分析结果。

（五）企业具备必要的自动驾驶系统开发和验证工具（含软件和设备），支持相应的汽车安全完整性等级的系统开发和验证的仿真测试工具链，以及配置管理工具、问题管理工具、定位定向设备、场景模拟设备等。

（六）企业应具备与自身研发工作相适应的试验验证能力，至少具备针对智能网联汽车产品的模拟仿真、封闭场地、实际道路、网络安全和数据安全、软件升级、数据记录等测试验证能力。

二、安全保障能力

企业安全保障能力要求包括功能安全保障、预期功能安全保障、网络安全保障、数据安全保障、软件升级管理、风险与突发事件管理等能力要求。

（一）功能安全保障能力

1. 企业应建立汽车安全生命周期相关阶段的功能安全管理流程，针对汽车安全完整性等级明确对应流程要求，避免不合理的风险。

2. 企业应建立功能安全管理制度，涵盖整体功能安全管理、产品开发安全管理、安全发布管理等内容。

3. 企业应明确生产、运行阶段的功能安全要求。

4. 企业应明确功能安全支持过程要求，包括分布式开发接口管理、安全要求的定义和管理、配置管理、变更管理、验证、文档管理、软硬件组件鉴定等内容。

（二）预期功能安全保障能力

1. 企业应建立预期功能安全开发流程，具备功能及系统规范、危害识别和评估、功能不足识别和评估、功能改进、验证及确认策略定义、已知危害场景评估、未知危害场景评估、预期功能安全成果评估、运行阶段的监测等能力，保障产品不存在因自动驾驶系统预期功能的不足所导致的不合理风险。

2. 企业应建立预期功能安全管理制度，明确预期功能安全管理职责和角色定义，开发人员的技能水平、能力等要求。

（三）网络安全保障能力

1. 企业应建立智能网联汽车产品网络安全管理制度，明确网络安全责任部门和负责人，应保障智能网联汽车产品开发流程遵循网络安全管理制度要求，落实网络安全责任，并依法落实备案管理、安全评估、用户真实身份信息核验、日志记录留存等网络安全相关管理要求。

2. 企业应建立智能网联汽车产品网络安全风险管控机制，具备网络安全风险识别、分析、评估、处置（例如，测试验证、跟踪等）等风险管控能力，以及及时消除重大网络安全隐患的能力。

3. 企业应建立智能网联汽车产品网络安全监测机制，具有监测、记录、分析网络运行状态、网络安全事件等技术措施，具备按照规定留存相关网络日志不少于6个月的能力。

4. 企业应建立智能网联汽车产品网络安全漏洞管理和应急响应机制，制定网络安全事件应急预案及应急处置操作规程，具备及时处置安全漏洞、网络攻击等安全风险的能力，具备支持车辆用户和安全员采取相应措施的能力。

5. 企业应建立智能网联汽车产品与供应商相关的风险识别和管理能力，明确供方产品和服务的网络安全评价标准、验证规范等，具备管理企业与合同供应商、服务提供商、企业内部组织之间安全依赖关系的能力。

6. 企业应建立智能网联汽车产品网络安全管理制度的持续改进机制，在关键流程变更、网络安全事件发生后及时更新完善网络安全管理制度、相关机制等。

7. 企业应建立车联网卡实名登记制度，严格落实车联网卡实名登记有关要求。

（四）数据安全保障能力

1. 企业应当建立健全智能网联汽车产品数据安全管理制度，依法履行数据安全保护义务，明确责任部门和负责人。

2. 企业应建立智能网联汽车产品数据资产管理台账，实施数据分类分级管理，加强个人信息与重要数据保护。

3. 企业应采取智能网联汽车产品数据安全保护技术措施，确保数据持续处于有效保护和合法利用的状态，依法依规落实数据安全风险评估、数据安全事件报告等要求。

4. 在中华人民共和国境内运营中收集和产生的个人信息和重要数据应当按照有关法律法规规定在境内存储。因业务需要，确需向境外提供的，应当依照法律、行政法规的相关规定执行。

（五）软件升级管理能力

1. 企业应建立智能网联汽车产品软件升级管理制度，具备软件开发管理、配置管理、质量管理、变更管理、发布管理、应急响应管理等能力。

2. 企业应制定智能网联汽车产品软件升级设计、开发、测试、发布、推送等过程的标准规范，并遵照执行。

3. 企业应具备识别、评估和记录软件升级对智能网联汽车产品安全、环保、节能、防盗性能影响的能力，确保符合相关法规、标准和技术要求。

4. 企业应具备识别软件升级的目标车辆、评估目标车辆软硬件配置与软件升级兼容性的能力，确保软件升级与目标车辆配置兼容。

5. 企业应具备识别车辆初始和历次升级的软件版本的能力。

6. 企业应具备记录并安全保存每次软件升级过程相关信息的能力，信息应至少保存至智能网联汽车产品停产后10年。

7. 企业应建立软件升级系统必要的网络安全防护管理和技术措施，确保软件升级流程的安全可靠。

8. 企业应建立软件升级用户告知机制，明确告知升级目的、升级前后变化、升级预估时间、升级期间无法使用的功能等信息。

9. 企业实施在线升级活动前，应当确保汽车产品符合国家法律法规、技术标准及技术规范等相关要求并向工业和信息化部备案，确保符合备案要求，保证汽车产品生产一致性。涉及产品安全漏洞修补的，需按有关要求向工业和信息化部报送。

（六）风险与突发事件管理能力企业应建立智能网联汽车风险与突发事件管理制度，具备突发事件应急预案及应急措施，具备安全风险排查及处理、事故原因分析等保障能力。

三、安全监测能力企业应对其开展实际道路测试和上路通行的智能网联汽车安全状态进行监测和报告，确保监测数据和报告的真实性、安全性、完整性

（一）企业应当建立智能网联汽车产品安全监测服务企业平台（简称企业平台），具有数据接收、数据上报、数据存储、数据补发等功能。

（二）企业应将车辆自动驾驶安全相关的事件监测数据上报省级或市级智能网联汽车产品安全监测平台（简称地方平台）、工业和信息化部试点管理系统（简称试点管理系统）以及企业平台所在地公安机关网安部门（仅涉及车联网网络、数据安全相关），用于支撑智能网联汽车产品安全性能评估、准入许可评估调整等。其中，涉及车联网网络、数据等安全相关数据，同步上报至国家车联网（智能网联汽车）安全监管和公共服务平台。

（三）企业应编写月度和年度应用评估报告，证明产品符合智能网联汽车产品技术要求，并上报地方平台和试点管理系统。与自动驾驶相关的有碰撞风险或发生碰撞的安全事件，企业应立即上报事件分析报告。

（四）企业平台应保障网络安全和数据安全，具备权限管

理功能、防篡改功能，以及高可用机制，防止机器失效带来的任务失效和数据丢失。

（五）企业应妥善保管智能网联汽车产品安全状态监测数据，月度、年度应用评估报告，以及安全事件分析报告，并长期存档备查。企业不得泄露、篡改、毁损、出售或者非法向他人提供，不得监测与产品安全状态无关的数据。

（六）企业应具备智能网联汽车产品质量信息分析能力，可采集和储存与自动驾驶相关的产品缺陷信息、车辆故障信息、道路交通事故信息及消费者投诉信息，进行分析并实施改进。

四、用户告知机制

（一）企业应建立用户告知机制，确保用户充分掌握智能网联汽车与传统汽车在操作、使用等方面的差异。

（二）告知信息包括但不限于智能网联汽车产品功能及性能限制、安全员职责、人机交互设备指示信息、系统操作说明、功能激活及退出条件和方法、最小风险策略、系统潜在风险说明、人工接管预留时间、不可避免碰撞的响应策略等信息。告知信息应明确写入产品使用说明书。

第二章　智能网联汽车产品

一、产品技术要求

智能网联汽车产品应当符合《道路机动车辆生产企业及产品准入管理办法》《新能源汽车生产企业及产品准入管理规定》等道路机动车辆产品准入要求，应具有明确的自动驾驶功能定义及其设计运行条件，并符合动态驾驶任务执行、接管、最小风险策略、人机交互、产品运行安全、网络安全、数据安全、无线电安全、软件升级、数据记录等技术要求。应说明车辆运行所在城市所具备的必要基础设施条件，包括支持智能网联汽车产品设计运行条件的公共道路、交通基础设施、通信基础设施等。

（一）动态驾驶任务执行要求

1. 自动驾驶系统应能持续识别其设计运行条件，仅能在设计运行条件内激活，并具备明确的功能激活和退出策略。在激活状态下，自动驾驶系统应执行全部动态驾驶任务，当到达设计运行条件边界时，应执行合理的策略。

2. 自动驾驶系统应具备充分的目标和事件探测与响应能力，支持其安全且合理地执行全部动态驾驶任务。

3. 自动驾驶系统应具备安全驾驶决策及控制的能力，至少包括符合合理规划控制车辆行驶路径与行驶速度、合理应对存在的风险等要求，且驾驶行为应符合其他道路使用者的预期。

4. 自动驾驶系统应不存在由系统失效和功能不足引起的危害而导致的不合理风险，且具备自动识别自动驾驶系统失效的能力，确认自动驾驶系统是否能够持续执行动态驾驶任务，并提供必要的信息提示。自动驾驶系统失效或功能不足时，应执行合理的控制策略，直至车辆进入最小风险状态或动态驾驶任务被接管。

5. 在激活状态下，自动驾驶系统应避免导致交通事故。当碰撞事故不可避免时，自动驾驶系统应采取合理控制策略，降低事故伤害或损失。

（二）接管要求对于需要安全员执行接管的自动驾驶系统，应具备安全、可靠、有效的接管策略，及时向安全员发出介入请求，并能够检测安全员是否执行接管操作。当安全员未能及时响应介入请求，自动驾驶系统应执行最小风险策略以达到最小风险状态。

（三）最小风险策略要求

1. 自动驾驶系统应具备最小风险策略，用于避免或减缓车辆与其他道路使用者的风险。

2. 自动驾驶系统最小风险策略应在符合道路交通安全法律法规前提下充分考虑安全风险，且应设计合理，包括触发、执行、终止和信息提示等。

3. 在自动驾驶系统执行最小风险策略过程中，不应禁止安全员通过合理的方式干预车辆。

（四）人机交互要求

1. 自动驾驶系统应具备供安全员激活、退出等的专用操纵方式。

2. 自动驾驶系统应具备安全、可靠、有效地响应干预的策略，并应能检测安全员是否执行干预操作。

3. 自动驾驶系统应持续向用户提示明确、充分的自动驾驶系统状态信息，不应对用户造成干扰。当自动驾驶系统状态发生变化时，自动驾驶系统应及时向用户提供必要的提示信息。

4. 对于需要安全员接管的自动驾驶系统，应具备安全员接管能力监测功能，应对安全员是否具备执行动态驾驶任务接管的能力进行识别，并在安全员能力不满足要求时，发出警告信号。

5. 车辆应依法依规合理使用声音、照明、光信号、无线电信号等方式与其他道路使用者或相关设施进行交互。

（五）产品运行安全要求

1. 自动驾驶系统在激活状态下，不应对车辆驾乘人员和其他交通参与者造成不合理的交通安全风险。

2. 自动驾驶系统在激活状态下，应遵循《中华人民共和国道路交通安全法》《中华人民共和国道路交通安全法实施条例》，以及车辆运行所在地相关道路交通通行规则规定，满足道路交通安全管理相关要求。

3. 产品测试与安全评估方案、实施、结果等涉及产品运行安全要求的，由公安机关道路交通安全相关技术服务机构进行评估。

（六）网络、数据和无线电安全要求

1. 应能够防御车辆外部连接安全威胁。包括利用第三方应用漏洞进行攻击、外部接口（USB、OBD 等）入侵等。

2. 应能够防御通信通道安全威胁。包括车辆接收消息的欺骗攻击、窃听攻击、劫持或重放攻击，未经授权操作、删除或篡改车辆上的代码，拒绝服务攻击，非法提权攻击，恶意数据注入等。

3. 应能够防御软件升级安全威胁。包括破坏软件升级程序或固件、篡改软件升级包等。

4. 应能够防御对车辆数据安全威胁。包括未经授权提取、操作或删除车辆数据，个人信息泄露、篡改、丢失等。

5. 应能够防御行为安全威胁。包括无意加载恶意软件、无意触发网络安全风险点等。

6. 应能够防御物理操控安全威胁。包括未经授权替换关键的车辆电子控制单元、添加车辆电子控制单元进行中间人攻击等。

7. 应不存在由汽车行业权威漏洞平台6个月前公布且未经处置的高危及以上的安全漏洞。

8. 应保证搭载的、接入公用电信网的车载通信设备依法取得电信设备进网许可,无线电发射设备符合《无线电发射设备管理规定》等国家无线电管理有关要求。

(七)软件升级要求

1. 应保护升级包的真实性和完整性,以合理地防止其受到损害和无效软件升级。

2. 应保护车辆上的软件版本免受篡改。

3. 车辆应具备更新软件版本的能力,并应能通过标准化的电子通信接口读取软件版本。

4. 在执行软件升级前,应确保车辆满足先决条件,如确保车辆有足够电量完成软件升级。

5. 在执行软件升级前,应告知车辆用户有关软件升级的信息,并应得到车辆用户确认。

6. 当执行软件升级可能影响车辆安全时,应在升级执行过程中通过技术手段确保车辆安全。

7. 若执行软件升级影响驾驶安全,车辆应确保升级执行期间无法被驾驶,并确保安全员不能使用任何可能影响车辆安全或成功执行软件升级的车辆功能。

8. 在执行软件升级后,应告知车辆用户车辆升级的结果。

9. 若升级失败或中断,车辆应能够恢复到以前的可用版本,或确保车辆处于安全状态。

(八)数据记录要求

1. 智能网联汽车产品应配备事件数据记录和自动驾驶数据记录功能。

2. 自动驾驶数据记录功能记录的数据元素应至少包括车辆及自动驾驶数据记录系统基本信息、车辆状态及动态信息、自动驾驶系统运行信息、行车环境信息、驾乘人员操作及状态信息等。

3. 在自动驾驶系统激活期间,记录的事件数据应至少包括自动驾驶系统激活、退出、发出介入请求、开始执行最小风险策略、发生严重失效、有碰撞风险、发生碰撞等。

4. 智能网联汽车产品应具备数据存储能力、断电存储能力,遵循存储覆盖机制,能够持续正常记录和存储数据。

5. 记录的数据应能被提取并正确解析,能通过标准化的方法或途径实现数据提取。

6. 智能网联汽车产品应保证记录数据的完整性和真实性,以防止数据被篡改、伪造或恶意删除。

二、过程保障要求

智能网联汽车产品过程保障要求包括整车尤其是自动驾驶系统的功能安全过程保障、自动驾驶系统预期功能安全过程保障、整车网络安全和数据安全过程保障等要求。

(一)整车尤其是自动驾驶系统的功能安全过程保障要求至少包括:

1. 应在整车层面定义和描述自动驾驶系统,包括但不限于自动驾驶功能和接口,其与安全员、环境和其他系统的依赖性和交互,技术标准要求。

2. 应定义由自动驾驶功能异常表现导致的危害,结合合理的运行场景识别危害事件,针对危害事件按照严重度、暴露概率和可控性进行评估,确认合理的汽车安全完整性等级、危害事件的安全目标。

3. 应按照整车功能安全开发的相关规定进行功能安全分析,明确功能安全要求。功能安全要求应考虑运行模式、故障容错时间间隔、安全状态、紧急运行时间间隔、功能冗余等,并将其分配给自动驾驶系统的架构要素或外部措施。

4. 应定义与自动驾驶系统功能安全相关零部件供应商的开发接口协议,明确角色和责任要求,确保在系统、硬件和软件各层级满足整车安全要求。

5. 应进行功能安全集成测试,通过基于需求的测试、故障注入测试等方法,确保整车和自动驾驶系统的相关要求得到实施和满足。

6. 应满足功能安全确认要求,通过检查、测试等方式,确保安全目标在整车层面正确、完整并得到充分实现。

(二)自动驾驶系统预期功能安全过程保障要求至少包括:

1. 应满足自动驾驶系统预期功能安全规范定义和设计的要求,包括但不限于自动驾驶功能及其设计运行条件、动态驾驶任务执行、接管、最小风险策略、人机交互等技术要求。开展危害识别和风险评估工作,制定合理的风险可接受准则。

2. 应识别和评估潜在功能不足和触发条件引起的危害,并应用功能改进等措施避免不合理风险。

3. 应定义验证及确认策略,并进行预期功能安全的验证和确认,评估已知危害场景和未知危害场景,以确保不存在不合理的预期功能安全风险,并对运行阶段产品的预期功能安全风险进行合理管控。

4. 应定义与自动驾驶系统预期功能安全相关零部件供应商的开发接口协议,确保整车和零部件符合对应的预期功能安全设计开发、验证、确认等规定。

(三)智能网联汽车产品网络安全和数据安全过程保障要求至少包括:

1. 应开展网络安全和数据安全风险评估,包括资产识别、威胁场景识别、攻击路径分析、风险等级评估、风险处置措施,应考虑所有与供应商等相关方的风险。

2. 在概念设计阶段,应根据网络安全和数据安全风险评估结果,明确网络安全和数据安全的目标和要求,设计安全架构和功能。

3. 在产品开发阶段,应适当地处理或管理已识别的风险,实现网络安全和数据安全风险防范应对处置措施,满足整车网络安全和数据安全的目标和要求等,保护车辆免受风险评估中确定的风险。

4. 在验证确认阶段,应开展整车网络安全和数据安全测试验证,并提供确认情况说明(包括测试指标、测试方法、测试环境、测试结果等),确保有效处置所有已识别的安全风险,以及有效、合理、完整地实现网络安全目标和要求等。

三、测试验证要求

产品应符合模拟仿真、封闭场地、实际道路以及网络安全和数据安全、软件升级、数据记录等测试验证要求。试验过程中不应变更自动驾驶功能相关的软件及硬件。

（一）自动驾驶系统模拟仿真测试的要求至少包括：

1. 应通过定义设计运行条件内不同场景要素的参数组合，验证自动驾驶系统是否符合安全要求。

2. 应证明模拟仿真测试场景至少包括充分、合理的标称场景、危险场景和边缘场景，以有效地验证自动驾驶系统安全。

3. 应证明使用的模拟仿真测试工具链置信度，以及车辆动力学、传感器等模型可信度，并通过与封闭场地和实际道路测试结果对比等手段验证模拟仿真测试的可信度。

4. 应提供模拟仿真测试过程中所涉及的测试场景集、测试手段、测试方法、评估方法以及测试数据管理（记录、处理、存储）等说明，应确保模拟仿真测试结果的可追溯性。

（二）封闭场地测试的要求至少包括：

1. 应采用封闭场地测试方法，验证产品在封闭场地典型场景下的安全性。

2. 封闭场地测试应考虑自动驾驶系统设计运行条件内的关键要素。场景应表征设计运行条件内所要求的行驶工况，并统筹考虑交通环境及附属设施情况。

3. 应对测试开展过程进行记录，对测试过程中所涉及的测试环境、测试人员、测试设备及测试方法的规范性负责，确保测试结果的一致性和准确性。

4. 应对测试数据进行记录，至少包含测试车辆自动驾驶系统软硬件版本信息、车辆控制模式、车辆运动状态参数、车辆灯光和相关提示信息状态、反映试验人员及人机交互状态的车内视频及语音监控情况、反映测试车辆行驶状态的视频信息、目标物的位置及运动数据等内容，确保测试结果的可追溯性，并对测试结果进行分析与评估。

（三）实际道路测试的要求至少包括：

1. 应在封闭场地测试通过后，进行实际道路测试。

2. 应根据自动驾驶系统所声明设计运行范围对应的道路类型，开展实际道路连续场景测试，以验证产品在实际道路交通运行环境下的安全性。

3. 应对测试开展过程进行记录，对实际道路测试过程中所涉及的测试环境、测试人员、测试设备及测试方法的规范性负责，确保测试结果的一致性和准确性。

4. 应对测试数据进行记录，至少包含测试车辆自动驾驶系统软硬件版本、控制模式、车辆行驶状态、试验人员状态、人机交互状态、测试里程及时长、人工接管、车辆碰撞等信息，确保测试结果的可追溯性。

5. 应对测试车辆进行监测，基于测试里程及时长，自动驾驶功能的响应及试验人员的干预等，验证所声明的自动驾驶功能应对真实交通环境的能力。

6. 实际道路测试申请、审批、机动车登记、道路交通安全违法行为（以下简称交通违法）及交通事故处理的有关要求，本要求未规定的，适用《智能网联汽车道路测试与示范应用管理规范（试行）》（工信部联通装〔2021〕97 号）。

（四）整车网络安全和数据安全测试要求至少包括：

1. 应选择适用的方法，对车辆外部连接安全、通信通道安全、软件升级安全、车辆数据安全、行为安全、物理操控安全进行适当和充分的测试，以验证所实施的安全措施的有效性。

2. 应对测试开展过程进行记录，对测试过程中所涉及的测试用例、测试环境、测试人员、测试设备及测试方法的规范性负责，确保测试结果的一致性和准确性。

（五）软件升级测试的主要对象是智能网联汽车产品的软件升级功能，测试要求至少包括：

1. 应开展升级包真实性完整性、软件版本更新及读取、软件版本防篡改、用户告知、用户确认、先决条件、电量保障、车辆安全、驾驶安全、结果告知等测试，确保符合技术要求。

2. 应对测试开展过程进行记录，对测试过程中所涉及的测试用例、测试环境、测试人员、测试设备及测试方法的规范性负责，确保测试结果的一致性和准确性。

（六）数据记录测试要求至少包括：

1. 应满足数据记录测试要求，包括：事件触发试验、连续记录触发试验、数据存储能力试验、存储覆盖机制试验、断电存储试验、网络安全试验、防护性能试验等。

2. 应对测试开展过程进行记录，对测试过程中所涉及的测试用例、测试环境、测试人员、测试设备及测试方法的规范性负责，确保测试结果的一致性和准确性。

第二部分　使用主体

一、基本条件

试点使用主体应当具备以下基本条件：

（一）在中华人民共和国境内登记注册，具备独立法人资格。

（二）在车辆运行所在城市具备固定经营场所，能够有效支撑智能网联汽车运行安全保障工作的开展。

（三）建立智能网联汽车运行安全保障机构，具备与智能网联汽车运行管理相匹配的负责人、管理人员，细化职责任务。

（四）建立健全运行安全保障制度，对智能网联汽车上路通行进行实时监测、应急处置，保障道路交通安全、数据安全、网络安全。

（五）从事运输经营的试点使用主体还应当具备相应业务类别的运营资质。

二、运行安全保障能力

（一）安全保障机制试点使用主体应当建立智能网联汽车运行安全保障机制、风险与突发事件管理制度，具备事前、事中、事后全流程保障车辆安全运行的能力：

1. 按规定配备安全员、平台安全监控人员等运行安全保障人员，并建立培训、考核及管理制度。

2. 对车辆运行状态进行实时监测，按规定及时进行隐患提醒、预警和处置。

3. 建立智能网联汽车突发事件应急预案，具备车辆运行安全风险防控、隐患排查、应急处置等保障能力。

4. 应当建立交通违法和交通事故信息定期上报制度，编写月度报告以存档备查。

5. 车辆仅限于符合条件的试点使用主体使用，对违反规定使用车辆的，取消试点资格。

（二）运行平台

1. 试点使用主体应当具备智能网联汽车运行安全监测平台（简称运行平台），对车辆运行安全状态进行实时监测。

2. 运行平台应当具有数据接收、数据验证、上报、存储等功能，对自动驾驶安全运行事件，按规定将车辆及自动驾驶系统基本信息、车辆状态及动态信息、自动驾驶系统运行信息、安全员操作及状态信息、故障信息等共享至省级或市级智能网联汽车安全监测平台(简称地方平台)、公安部智能网联汽车运行安全管理系统,用于配合相关部门事件调查、责任认定、原因分析等。

3. 运行平台应当保障网络安全和数据安全,具备权限管理功能、防篡改功能及高可用机制。

4. 运行平台应当按规定收集、存储、使用、加工、传输、提供和公开智能网联汽车运行安全信息,不得泄露、篡改、毁损、出售或者非法向他人提供。

(三)运行安全保障人员

1. 运行安全保障人员包括安全员和平台安全监控人员。

2. 安全员应当接受培训并通过考核,熟练掌握道路交通安全法律法规的规定和不同级别自动驾驶系统操作技能,具备紧急状态下应急处置能力。

3. 平台安全监控人员应当接受培训并通过考核,掌握使用主体的安全保障机制及风险与突发事件管理制度,熟练操作运行平台;熟练掌握道路交通安全法律法规;掌握车辆运行时的交通环境;监测过程中发现有规定情形的,及时发出预警、提示接管并采取相应处置措施。

(四)车辆运行保障

1. 试点使用主体应当熟悉自动驾驶功能设计运行条件,能够使用电子围栏等技术手段,确保车辆超出规定运行区域后无法开启自动驾驶功能。

2. 试点使用主体应当具备车辆维护或者保养能力,配合生产企业开展车辆软件升级,及时消除车辆运行安全隐患。

三、责任承担能力

(一)应当对车辆上路通行可能造成的人身和财产损失具备相应的民事责任承担能力,并按要求购买机动车交通事故责任强制保险以及其他交通事故责任商业保险。

(二)当车辆发生交通违法或者交通事故时,能够向相关部门提供足以证明交通违法事实或者交通事故成因的证明材料。

(三)具备配合相关部门开展应急救援、交通事故调查处理及事故调解、损害赔偿的能力。

四、网络安全和数据安全保障能力

应当参照汽车生产企业要求执行。

(一)网络安全保障能力

1. 应当建立智能网联汽车网络安全管理制度,明确网络安全责任部门和负责人,落实网络安全责任,并依法落实网络安全相关管理要求。

2. 应当建立智能网联汽车网络安全风险管控机制,具备网络安全风险识别、分析、评估、处置、跟踪等风险管控能力,及时消除重大网络安全隐患的能力。

3. 应当建立智能网联汽车网络安全监测机制,具有监测、记录、分析网络运行状态、网络安全事件等技术措施,具备按照规定留存相关网络日志不少于6个月的能力。

4. 应当建立智能网联汽车网络安全应急响应机制,制定网络安全事件应急预案,具备及时处置安全漏洞、网络攻击等安全风险的能力。

5. 应当建立智能网联汽车安全漏洞管理机制,具备及时处置安全漏洞、指导和支持车辆用户和安全员采取相应措施的能力。

6. 应当建立智能网联汽车网络安全保障机制,明确产品和服务的网络安全评价标准、验证规范等,确定与产品提供方的安全协议,具备协同管控网络安全风险的能力。

7. 应当建立智能网联汽车网络安全管理制度的持续改进制度,在关键流程变更、网络安全事件发生后及时更新完善网络安全管理制度、相关机制等。

(二)数据安全保障能力

1. 应当建立健全智能网联汽车数据安全管理制度,依法履行数据安全保护义务,明确责任部门和负责人。

2. 应当建立智能网联汽车数据资产管理台账,实施数据分类分级管理,加强个人信息与重要数据保护。

3. 应当采取智能网联汽车数据安全保护技术措施,确保数据持续处于有效保护和合法利用的状态,依法依规落实数据安全风险评估、数据安全事件报告等要求。

4. 车辆上路通行期间,试点使用主体应当遵守以下汽车数据安全管理要求:

(1)车外数据未完成匿名化处理前,不应当向车外提供;

(2)除非安全员自主设定,车辆应当默认设定为不收集车辆数据的状态;

(3)除非取得个人信息主体同意,原则上不应向车外提供车辆数据,符合试点安全监测、交通违法和交通事故处理相关规定要求,法律、行政法规规定等情形除外;

(4)通过车辆处理个人信息应当通过用户手册、车载显示面板、语音、车辆使用相关应用程序等显著方式告知个人信息处理规则;

(5)《汽车数据安全管理若干规定(试行)》等法规、标准规定的其他要求。

五、运营安全保障能力从事运输经营的试点使用主体和车辆应当符合交通运输部有关运营安全管理要求。

第三部分 上路通行

一、试点使用主体应当在保障道路交通安全的前提下,为车辆上路通行购买机动车交通事故责任强制保险以及每车不低于五百万元人民币的交通事故责任保险。

二、申请上路通行试点的,应当向车辆运行所在城市公安机关交通管理部门车辆管理所申请登记,交验车辆,并提交以下证明、凭证:

(一)试点使用主体的身份证明;

(二)机动车来历证明;

(三)车辆购置税的完税证明或者免税凭证;

(四)机动车交通事故责任强制保险凭证;

(五)机动车整车出厂合格证;

(六)机动车安全技术检验合格证明。车辆办理注册登记后,试点期间不得办理变更登记、转让登记、抵押登记等业务。

三、车辆不得擅自进行影响车辆功能、性能的软硬件变更。涉及自动驾驶功能软件升级的,试点汽车生产企业应当向工业和信息化部申请批准并备案,由工业和信息化部将备案信息共享至公安部。经批准后,试点汽车生产企业应当及时告知试点使用主体。试点使用主体自愿选择是否升级,选择升级的,应当在车辆停驶的安全状态下进行。

四、车辆运行所在城市应当具备支持智能网联汽车自动驾驶功能设计运行条件和道路交通管理实际相适应的公共道路、交通基础设施、通信基础设施等必要的基础设施条件。

车辆运行所在城市工业和信息化、公安机关交通管理、交通运输等部门应当按照确保安全、方便管理的原则，确定试点路段、区域，并向社会公布。

试点路段、区域应当设置相应交通标识或者提示信息，保障车辆自动驾驶功能的实现。

试点汽车生产企业及试点使用主体应当运用技术手段，确保车辆自动驾驶功能只能在限定路段、区域范围内激活。不得在公路上开展制动性能试验。

五、试点汽车生产企业、试点使用主体及车辆应当遵守我国道路交通安全法律法规，驾驶行为应当符合道路交通通行规则，保障道路交通安全、有序、畅通。

六、车辆的车身应当以醒目图案、文字或者颜色标示，以提醒周边车辆及其他交通参与者注意。

七、试点使用主体应当在保障道路交通安全的前提下，为车辆上路通行配备相应驾驶资格的安全员，并负责培训，确保其符合以下资格条件：

（一）取得相应准驾车型驾驶证、具有 3 年以上驾驶经历；

（二）最近连续 3 个记分周期内没有被记满 12 分记录；

（三）最近 1 年内无超速 50% 以上、超员、超载、违反交通信号灯通行等严重交通违法记录；

（四）无饮酒后驾驶或者醉酒驾驶机动车记录，无服用国家管制的精神药品或者麻醉药品记录；

（五）无致人死亡或者重伤且负有同等以上责任的交通事故记录；

（六）与试点使用主体签订劳动合同或者劳务合同；

（七）经试点使用主体培训后，熟练掌握自动驾驶相关法律法规、自动驾驶系统专业知识，具备紧急状态下应急处置能力；

（八）法律、行政法规、规章对机动车驾驶人规定的其他条件。经培训合格的安全员信息应当向车辆运行所在城市公安机关交通管理部门车辆管理所备案。

八、车辆上路通行前，安全员除了按照法律法规对车辆进行安全检查外，还应当对自动驾驶功能相关的车载设备、车辆网络接收和传输设备进行检查调试，确保设备处于良好运行状态。

九、车辆上路通行过程中，安全员应当处于车辆驾驶座位上，在自动驾驶系统激活状态下，监控车辆运行状态及周围环境，当系统提示需要人工操作或者发现车辆处于不适合自动驾驶的状态时，及时接管或者干预车辆并采取相应措施。

十、车辆在自动驾驶系统激活状态下，不得从事校车业务、搭载危险物品。

十一、试点使用主体应当安排安全监控人员对车辆安全运行状态进行实时监测。发现下列情形时，安全监控人员应当按照应急预案及时发出预警，提示安全员干预车辆并采取相应措施：

（一）发现车辆存在道路交通安全、网络安全、数据安全隐患可能涉及违法犯罪的；

（二）自动驾驶系统故障、失效或者车辆超出运行范围的。安全员拒不执行、执行不到位或者无法干预的，应当及时分别报告公安机关交通管理部门和网络安全保卫部门。

十二、车辆上路通行过程中发生的交通违法，由交通违法行为发生地的公安机关交通管理部门管辖。

十三、现场发现车辆实施交通违法的，交通警察应当询问安全员，及时固定证据，使用执法记录仪全程摄录，并向安全员开具《道路交通安全违法处理通知书》。通过交通技术监控设备记录车辆实施交通违法的，应当按规定审核录入并通知试点使用主体。

试点使用主体和安全员应当持交通违法自查报告在规定的时间内一并到公安机关交通管理部门接受处理。公安机关交通管理部门应当依照《道路交通安全违法行为处理程序规定》对交通违法事实进行调查，听取当事人陈述、申辩，制作并送达行政处罚决定书。

交通违法涉嫌由自动驾驶系统原因导致的，还应当通知相关主体接受调查处理。

十四、上路通行过程中发生交通违法的，由公安机关交通管理部门按照现行道路交通安全法律规范对安全员进行处理；能够确定交通违法是自动驾驶系统原因导致的，按规定对相关主体进行处理。

十五、公安机关交通管理部门应当定期将交通违法信息抄送至省级或市级智能网联汽车安全监测平台（简称地方平台），由地方平台对车辆及安全员基本信息、自动驾驶系统运行信息进行记录。

十六、车辆上路通行过程中发生道路交通事故时，安全员应当在确保安全的前提下立即停车，抢救受伤人员，保护现场，并迅速报警。安全员现场未报警的，试点使用主体运行平台安全监控人员应当立即报警，远程协助并按照应急预案采取相应措施。

对于仅造成轻微财产损失的事故，当事人对事实及成因无争议的，可以自行协商处理。

十七、试点汽车生产企业和试点使用主体应当积极配合公安机关交通管理部门进行事故调查和处理。车辆发生道路交通事故的，试点汽车生产企业和试点使用主体应当在事故发生后 2 小时内将事故发生前至少 15 秒（或自动驾驶系统激活时刻，两者可取较晚时刻）和事故发生后至少 5 秒（或自动驾驶系统退出时刻，两者可取较早时刻）的视频信息上传至地方平台，并在事故发生之日起 3 个工作日内向公安机关交通管理部门提交事故自查报告和相关信息。相关信息应当包括车辆及自动驾驶系统基本信息、车辆状态及动态信息、自动驾驶系统运行信息、行车环境信息、安全员操作及状态信息、车内乘客状态信息、故障信息等。公安机关交通管理部门根据事故调查的需要，可以要求试点汽车生产企业、试点使用主体提供其他信息和材料。

未按规定提供或者无正当理由逾期未提供的，由未提供方承担事故责任。

十八、公安机关交通管理部门应当按照现行道路交通安全法律法规、规章和本规定要求进行调查处理，依法确定当事人事故责任。

车辆在自动驾驶系统功能激活状态下发生道路交通事

故的,对于涉及财产损失或者当事人伤势轻微,各方当事人一致同意的,可以适用简易程序。

因收集证据的需要,公安机关交通管理部门可以扣留事故车辆,并开具行政强制措施凭证。

公安机关交通管理部门认为需要检验鉴定的,应当委托具备检测能力的鉴定机构进行技术鉴定。

车辆在自动驾驶系统功能激活状态下发生道路交通事故,造成人员重伤、死亡或者严重财产损失,以及产生重大社会影响的,由公安机关交通管理部门会同相关行政主管部门组织开展深度调查,查找安全隐患和管理漏洞,推动问题整改,构成犯罪的,依法追究相关责任人刑事责任。

十九、车辆在自动驾驶系统功能未激活状态下发生道路交通事故的,按照现行规定承担责任。

车辆在自动驾驶系统功能激活状态下发生道路交通事故造成人身伤亡、财产损失的,由保险公司在保险责任限额范围内予以赔偿;不足的部分,按照《中华人民共和国道路交通安全法》第七十六条规定确定各方当事人的赔偿责任。

由智能网联汽车一方依法承担赔偿责任的,由试点使用主体承担;试点汽车生产企业、自动驾驶系统开发单位、基础设施及设备提供方、安全员等相关主体对交通事故发生有过错的,试点使用主体可以依法追偿。构成犯罪的,依法追究相关责任人刑事责任。

二十、试点使用主体运行平台应当如实记录车辆道路交通违法、交通事故信息,每月将车辆发生的交通违法和交通事故信息基本情况、原因分析、风险对策等上报车辆运行所在城市公安机关交通管理部门以及工业和信息化主管部门。

试点期间发生道路交通事故,造成人员重伤、死亡或者严重财产损失,以及产生重大社会影响的,试点使用主体应当在事故发生后24 h内将事故情况发送至地方平台。省、市级人民政府相关主管部门应当在3个工作日内上报公安部、工业和信息化部。

二十一、试点使用主体应当对车辆上路通行期间收集的数据加强管理,数据处理应当符合汽车数据安全管理等相关法律法规和技术要求。车辆产生的网络安全和数据安全违法违规责任,由安全员、试点汽车生产企业、试点使用主体、自动驾驶系统开发单位等相关主体依法承担。

二十二、车辆在自动驾驶系统激活状态下,有下列情形之一的,车辆运行所在城市公安机关交通管理部门可以通报车辆运行所在城市主管部门。

(一)自登记之日起,因自动驾驶系统原因发生3次依据《道路交通安全违法行为记分管理办法》应当一次记3分以上的交通违法,或者2起承担同等以上事故责任的交通事故的;

(二)发生交通违法、交通事故后造成较大社会影响的;

(三)公安机关交通管理部门认为车辆存在严重安全隐患,需要通报的。

车辆运行所在城市主管部门接通报后,应当组织调查,存在安全隐患的,通知试点汽车生产企业和试点使用主体暂停使用同一型号、同一版本的自动驾驶系统。

对暂停使用的自动驾驶系统,试点使用主体应当确保与车辆搭载同一型号、同一版本的自动驾驶系统始终处于未激活状态。试点汽车生产企业应当进行整改,并向工业和信息化部、公安部提交整改报告。经评估确认隐患已消除的,方可重新使用。

二十三、试点使用主体在试点期间发生以下情形之一的:

(一)未按规定配备安全员、安全监控人员的;

(二)未按规定将车辆运行数据接入地方平台的;

(三)未按规定提供相关事故过程信息或者事故分析报告;

(四)试点使用主体擅自对已登记的车辆及其自动驾驶系统进行改装的;

(五)车辆在自动驾驶系统激活状态下从事校车业务或者搭载危险货物的;

(六)其他需要中止试点使用主体试点资格的情形。

试点使用主体应当暂停车辆运行,按照有关部门要求进行整改,向车辆运行所在城市公安机关交通管理、工业和信息化等主管部门提交整改报告,并提出恢复车辆运行申请。经车辆运行所在城市公安机关交通管理、工业和信息化等主管部门评估确认后,恢复其试点资格。

第四部分 试点暂停与退出

一、试点暂停

(一)试点汽车生产企业未履行生产一致性和安全保障责任的;

(二)试点汽车生产企业、试点使用主体未履行网络安全和数据安全保护义务的;

(三)工业和信息化部、公安部、住房和城乡建设部、交通运输部及省级主管部门认为试点实施中存在安全风险的其他情形。涉及前款第(一)项情形的,应当依据道路机动车辆生产企业和产品准入管理有关规定整改。涉及前款第(二)项和第(三)项情形的,应当按规定整改,经省级工业和信息化主管部门、公安机关交通管理和网络安全保卫部门、通信管理部门等评估,报工业和信息化部、公安部等相关部门确认后,方可恢复其试点。

二、试点退出

(一)车辆自动驾驶系统存在安全隐患且安全隐患无法消除的,因自动驾驶系统原因导致死亡1人或者重伤3人以上承担主要以上责任的交通事故的;

(二)试点汽车生产企业相关条件发生重大变化无法保障试点实施的,隐瞒有关情况或者提供虚假材料等情形的;

(三)试点使用主体相关条件发生重大变化无法保障试点实施的,隐瞒有关情况或者提供虚假材料的,未按规定落实运行安全管理责任、网络安全和数据安全保护义务,出现违反国家相关法律法规的情况,拒不整改或整改后仍未解决问题的;

(四)工业和信息化部、公安部、住房和城乡建设部、交通运输部及省级主管部门认为试点实施中存在严重问题的其他情形。

退出试点的,试点汽车生产企业应当关闭相应车辆自动驾驶功能,试点使用主体应当及时办理车辆变更或者注销登记,同步办理车联网卡过户、注销等登记信息变更手续,并依法依规对车辆进行处理。

自动驾驶汽车运输安全服务指南(试行)

交办运〔2023〕66 号

为引导自动驾驶技术发展,规范自动驾驶汽车在运输服务领域应用,依据《中华人民共和国安全生产法》《中华人民共和国道路交通安全法》《中华人民共和国道路运输条例》等法律法规,以及道路运输、城市客运管理有关规定,制定本指南。

一、适用范围

使用自动驾驶汽车在城市道路、公路等用于社会机动车通行的各类道路上,从事城市公共汽电车客运、出租汽车客运、道路旅客运输经营、道路货物运输经营活动的,适用本指南。

本指南所称自动驾驶汽车是指按照国家有关标准,在设计运行条件下具备执行全部动态驾驶任务能力、由工业和信息化部门将其纳入产品准入范围的汽车,包括国家标准 GB/T40429—2021《汽车驾驶自动化分级》明确的有条件自动驾驶汽车、高度自动驾驶汽车和完全自动驾驶汽车。

二、基本原则

使用自动驾驶汽车从事城市公共汽电车客运、出租汽车客运、道路旅客运输经营、道路货物运输经营(简称自动驾驶运输经营)应坚持依法依规、诚实守信、安全至上、创新驱动的原则。自动驾驶汽车运输管理应坚持安全第一、守正创新、包容开放、有序推进的原则。

三、应用场景

为保障运输安全,自动驾驶汽车开展道路运输服务应在指定区域内进行,并依法通过道路交通安全评估。使用自动驾驶汽车从事城市公共汽电车客运经营活动的,可在物理封闭、相对封闭或路况简单的固定线路、交通安全可控场景下进行;使用自动驾驶汽车从事出租汽车客运经营活动的,可在交通状况良好、交通安全可控场景下进行;审慎使用自动驾驶汽车从事道路旅客运输经营活动;可使用自动驾驶汽车在点对点干线公路运输或交通安全可控的城市道路等场景下从事道路货物运输经营活动;禁止使用自动驾驶汽车从事道路危险货物运输经营活动。

四、自动驾驶运输经营者

使用自动驾驶汽车从事城市公共汽电车客运、出租汽车客运、道路旅客运输、道路货物运输的经营者(以下统称自动驾驶运输经营者)应依法办理市场主体登记,经营范围应登记相应经营业务类别;出租汽车客运(网约车)、道路旅客运输应依法投保承运人责任保险。从事城市公共汽电车运营的,应符合国家及运营地城市人民政府有关运营要求。从事出租汽车客运、道路旅客运输经营、道路货物运输经营的,应具备相应业务类别的经营许可资质。城市客运企业、道路运输企业可与汽车生产企业组成联合体开展自动驾驶运输经营。自动驾驶运输经营者应当依法办理相关手续,地方交通运输主管部门应为自动驾驶运输经营者从事自动驾驶汽车运输经营服务提供办理渠道。

五、运输车辆

从事道路运输经营的自动驾驶汽车应符合国家相关标准及技术规范等要求,依法办理机动车注册登记,取得机动车号牌和机动车行驶证。从事城市公共汽电车客运的自动驾驶汽车应符合国家及运营地城市人民政府有关运营要求。从事出租汽车客运、道路旅客运输经营、道路货物运输经营的自动驾驶汽车还应符合交通运输行业有关经营性机动车运营安全技术标准要求,依法取得运营地交通运输主管部门配发的《网络预约出租汽车运输证》或《道路运输证》。自动驾驶汽车需变更自动驾驶功能、进行车辆软件系统升级的,应按照工业和信息化部门规定执行,确保车辆运行安全。

从事道路运输经营的自动驾驶汽车应按照《中华人民共和国道路交通安全法》《中华人民共和国道路运输条例》《机动车交通事故责任强制保险条例》以及《工业和信息化部 公安部 交通运输部关于印发智能网联汽车道路测试与示范应用管理规范(试行)的通知》(工信部联通装〔2021〕97 号)有关要求,提供交通事故责任强制险凭证以及交通事故责任保险凭证或事故赔偿保函。

六、人员配备

从事城市公共汽电车客运、道路旅客运输经营的自动驾驶汽车应随车配备 1 名驾驶员或运行安全保障人员(以下统称"安全员")。从事道路货物运输经营的自动驾驶汽车原则上随车配备安全员。从事出租汽车客运的有条件自动驾驶汽车、高度自动驾驶汽车应随车配备 1 名安全员;从事出租汽车客运的完全自动驾驶汽车,在确保安全的前提下,经设区市人民政府同意,在指定的区域运营时可使用远程安全员,远程安全员人车比不得低于 1∶3。安全员应当接受自动驾驶汽车技术和所从事相关运输业务培训,熟练掌握道路交通安全法律法规的规定、不同级别自动驾驶系统操作技能,熟知自动驾驶汽车运行线路情况,具备紧急状态下接管车辆等应急处置能力。自动驾驶汽车的自动驾驶功能变更或更新升级后,自动驾驶运输经营者要及时加强对安全员在岗培训,确保其及时掌握新功能、新技术、新要求。安全员应符合交通运输领域从业人员管理相关规定和要求,取得相应业务类别的从业资格。

七、安全保障

(一)安全生产制度。

自动驾驶运输经营者应履行安全生产主体责任,建立实施运营安全管理制度,包括但不限于全员安全生产责任制度、车辆技术管理制度、安全评估制度、安全隐患排查治理制度、动态监控管理制度、网络安全管理制度、从业人员安全管理制度、关键岗位安全生产操作规程、安全生产和应急处置教育培训计划等。

(二)运输安全保障。

自动驾驶运输经营者应建立健全运输安全保障体系,在正式运营前要制定自动驾驶汽车运输安全保障方案,明确自动驾驶汽车的设计运行条件、人员配备情况、运营安全风险清单、分级管控措施、突发情况应对措施等。自动驾驶运输经营者应与汽车生产企业、安全员等签署协议,明确各方权利责任义务,并组织对运输安全保障方案进行专业性论证和安全风险评估。运输安全保障方案和安全风险评估报告应告知运营地交通运输主管部门、公安交警部门和应急管理部门。自动驾驶运输经营者要确保运输安全;存在重大隐患无法保障运输安全的,应及时依法暂停自动驾驶运输经营。

(三)运行状态信息管理。

自动驾驶运输经营者应确保车辆技术状况良好,按照车辆使用说明书使用运行。从事道路运输经营的自动驾驶汽车应具备车辆运行状态信息记录、存储和传输功能，向自动驾驶运输经营者和运营地有关主管部门实时传输关键运行状态信息。在车辆发生事故或自动驾驶功能失效时，应自动记录和存储事发前至少 90 s 的运行状态信息。运行状态信息包括但不限于以下 10 项内容：车辆标识（车架号或车辆号牌信息等）；车辆控制模式；车辆位置；车辆速度、加速度、行驶方向等运动状态；环境感知及响应状态；车辆灯光和信号实时状态；车辆外部 360 度视频监控情况；反映驾驶人和人机交互状态的车内视频及语音监控情况；车辆接收的远程控制指令（如有）和车辆故障情况（如有）。

（四）车辆动态监控。

车辆符合《道路运输车辆动态监督管理办法》及国家有关规定的，要加强自动驾驶汽车动态监控，对车辆运行区域、运行线路、运行状况进行监控管理，及时提醒纠正和处理违法违规行为。运营地交通运输主管部门要督促自动驾驶运输经营者加强对运输车辆及安全员的动态管理。

（五）安全告知。

自动驾驶汽车应在车身以醒目图案、文字或颜色标识，明确向其他交通参与者告知其自动驾驶身份。使用自动驾驶汽车从事城市公共汽电车客运、出租汽车客运、道路旅客运输的经营者，应通过播放视频或张贴标识等方式，向乘客告知车辆自动驾驶功能、安全乘车知识、安全设施使用方法、紧急逃生方法等事项。

（六）应急处置。

自动驾驶运输经营者应制定自动驾驶汽车运营突发事件应急预案，明确突发事件类型和级别、处置方法、应急响应程序、职责分工和保障措施等，并定期组织开展应急演练。自动驾驶汽车在运营过程中发生车辆故障或安全事故时，自动驾驶运输经营者应按应急预案要求启动应急响应，做好应急处置；发生人员伤亡安全生产事故的，应按照国家有关规定及时向事发地交通运输主管部门报告。

八、监督管理

（一）日常监督。

交通运输主管部门要会同有关部门，加强对自动驾驶汽车运输经营活动的监督管理，按照“双随机、一公开”要求开展监督检查，依法定职权督促自动驾驶汽车生产企业和自动驾驶运输经营者严格按照国家有关法律法规开展道路运输经营活动，保障运输安全。地方交通运输主管部门可结合本地实际，制定高于本指南的安全要求和措施。

（二）隐患整改。

使用自动驾驶汽车从事道路运输经营活动存在重大安全隐患的，运营地交通运输主管部门要会同有关部门依法定职权责令自动驾驶汽车生产企业和自动驾驶运输经营者迅速整改。无法保障运输安全的，要依据《中华人民共和国安全生产法》《中华人民共和国道路交通安全法》《中华人民共和国道路运输条例》等法律法规依法进行处理。

（三）信息反馈。

在运营中如发现自动驾驶汽车存在技术缺陷、隐患和问题的，自动驾驶运输经营者应依法向有关主管部门反馈，有关主管部门督促汽车生产企业迅速排查整改，及时消除安全隐患，确保生产安全。运营地交通运输主管部门应定期监测汇总本地自动驾驶运营服务情况，掌握行业安全和运营服务情况。省级交通运输主管部门应每年年底前向部报告辖区内自动驾驶汽车运输经营情况。

交通运输部办公厅
2023 年 11 月 21 日

关于调整减免车辆购置税新能源汽车产品技术要求的公告

2023 年第 32 号

根据《关于延续和优化新能源汽车车辆购置税减免政策的公告》（财政部 税务总局 工业和信息化部公告 2023 年 第 10 号），结合新能源汽车技术进展情况，现就减免车辆购置税新能源汽车产品技术要求有关事项公告如下：

一、2024 年 1 月 1 日起，申请进入《减免车辆购置税的新能源汽车车型目录》（简称《减免税目录》）的车型，需符合新能源汽车产品技术要求（见附件）。其中，换电模式车型还需提供满足 GB/T 40032《电动汽车换电安全要求》等标准要求的第三方检测报告，以及生产企业保障换电服务的证明材料。企业自建换电站的，需提供换电站设计图纸和所有权证明；委托换电服务的，需提供车型、换电站匹配证明、双方合作协议等材料。

二、2024 年 1 月 1 日至 2024 年 5 月 31 日为过渡期。2024 年 1 月 1 日起，2023 年 12 月 31 日前已进入《免征车辆购置税的新能源汽车车型目录》（简称《免税目录》）且仍有效的车型将自动转入《减免税目录》。相关车型要及时上传减免税标识、换电模式标识，换电模式车型、燃料电池车型等按本公告要求补充相应佐证材料。2024 年 6 月 1 日起，不符合本公告技术要求的车型将从《减免税目录》中撤销。

三、2024 年 6 月 1 日起，《关于免征新能源汽车车辆购置税的公告》（财政部 税务总局 工业和信息化部 科技部公告 2017 年第 172 号）、《关于调整免征车辆购置税新能源汽车产品技术要求的公告》（工业和信息化部 财政部 税务总局公告 2021 年第 13 号）中的技术要求废止。

四、企业要建立健全安全管理机制，强化产品质量保障能力，确保新能源汽车使用安全。要提升监测平台效能，做好风险预警提醒，及时上报车辆事故报告。对于发生安全事故、隐瞒不报的，视情节轻重取消车型减免税资格或暂停新车型申报《减免税目录》。

特此公告。

附件：新能源汽车产品技术要求

工业和信息化部
财政部
税务总局
2023 年 12 月 7 日

附件　新能源汽车产品技术要求

一、新能源乘用车技术要求

1. 纯电动乘用车 30 min 最高车速不低于 100 km/h。

2. 纯电动乘用车续驶里程不低于 200 km。

3. 纯电动乘用车动力电池系统的质量能量密度不低于

125 Wh/kg。

4. 对按照 GB/T 18386.1—2021《电动汽车能量消耗量和续驶里程试验方法第 1 部分：轻型汽车》中“附录 A”进行检测的纯电动乘用车车型，其低温里程衰减率不超过 35%的，电池系统能量密度应不低于 95 Wh/kg，续驶里程不低于 120 km。

5. 纯电动乘用车产品，按整车整备质量（m，kg）的不同，百公里电能消耗量目标值（Y）应满足以下要求：m<1000 时，Y≤0.0112×m+0.4；1000<m≤1600 时，Y≤0.0078×m+3.8；m>1600 时，Y≤0.0048×m+8.60。

6. 插电式（含增程式）混合动力乘用车纯电动续驶里程应满足有条件的等效全电里程不低于 43 公里。

7. 插电式（含增程式）混合动力乘用车电量保持模式试验的燃料消耗量（不含电能转化的燃料消耗量）与《乘用车燃料消耗量限值》（GB 19578）中对应车型的燃料消耗量限值相比：整备质量为 2510 kg 以下的乘用车，应小于 60%；整备质量为 2510 kg 及以上的乘用车，应小于 65%；最大设计总质量超过 3500 kg 的乘用车燃料消耗量限值要求，参照 GB 19578 中最大设计总质量为 3500 kg 乘用车燃料消耗量限值执行。

8. 插电式（含增程式）混合动力乘用车电量消耗模式试验的电能消耗量与同等整备质量纯电动乘用车电能消耗量目标值的比值：整备质量为 2510 kg 以下的乘用车，应小于 125%；整备质量为 2510 kg 及以上的乘用车，应小于 130%。

二、新能源客车技术要求

1. 纯电动客车（不含快充类纯电动客车）续驶里程不低于 200 km。插电式混合动力（含增程式）客车纯电续驶里程不低于 50 km。

2. 单位载质量能量消耗量（Ekg）不高于 0.18 Wh/km-kg。

3. 非快充类纯电动客车电池系统能量密度不低于 135 Wh/kg，快充类纯电动客车快充倍率高于 3C。

4. 汽柴油插电式混合动力（含增程式）客车节油率水平高于 40%。非汽柴油插电式混合动力（含增程式）客车节油率水平不作要求。

三、新能源货车和专用车技术要求

1. 纯电动货车续驶里程不低于 80 km。插电式混合动力货车（含增程式）纯电续驶里程不低于 50 km。

2. 纯电动货车装载动力电池系统能量密度不低于 125 Wh/kg。对按照 GB/T 18386.1—2021《电动汽车能量消耗量和续驶里程试验方法第 1 部分：轻型汽车》中“附录 A”进行检测的 N1 类纯电动货车车型，其低温里程衰减率不超过 35%的，电池系统能量密度应不低于 95 Wh/kg。

3. 纯电动货车单位载质量能量消耗量（Ekg）不高于 0.29 Wh/km-kg。作业类纯电动专用车吨百公里电耗（按试验质量）不超过 8 kWh。

4. 汽柴油插电式混合动力货车（含增程式）燃料消耗量（不含电能转化的燃料消耗量）不高于常规燃料消耗量国家标准中对应限值。非汽柴油插电式混合动力货车（含增程式）燃料消耗量不做要求。

四、燃料电池汽车技术要求

1. 燃料电池系统的额定功率不小于 50 kW，且与驱动电机的额定功率比值不低于 50%。

2. 燃料电池汽车所采用的燃料电池启动温度不高于 -30℃。

3. 燃料电池乘用车所采用的燃料电池电堆额定功率密度不低于 3.0 kW/L，系统额定功率密度不低于 400 W/kg；燃料电池商用车所采用的燃料电池堆额定功率密度不低于 2.5 kW/L，系统额定功率密度不低于 300 W/kg。

4. 燃料电池汽车纯氢续驶里程不低于 300 公里。

关于支持新能源汽车贸易合作健康发展的意见

商贸发〔2023〕289 号

各省、自治区、直辖市人民政府：新能源汽车贸易合作健康发展，有助于推动汽车产业转型升级，对外贸稳规模优结构具有重要支撑作用。为深入贯彻落实党中央、国务院决策部署，推动新能源汽车贸易合作健康发展，经国务院同意，现提出以下意见：

一、总体要求

以习近平新时代中国特色社会主义思想为指导，全面贯彻落实党的二十大精神，坚持稳中求进工作总基调，完整、准确、全面贯彻新发展理念，加快构建新发展格局，着力推动高质量发展，坚持目标导向和问题导向，统筹发展和安全，积极参与国际经贸规则制定，提升国际化发展水平，服务加快建设贸易强国。

二、提升国际化经营能力和水平

（一）鼓励海外研发合作。鼓励新能源汽车及其供应链企业高效利用全球创新资源，依法依规在海外设立研发中心，积极与国外研究机构、产业集群等建立战略合作关系，融入全球新能源汽车创新网络，提升我国新能源汽车设计、研发及工程技术等方面的创新能力。（工业和信息化部、商务部，地方人民政府按职责分工负责）

（二）提高海外合规经营能力。鼓励行业组织、智库机构等开展新能源汽车及动力电池海外合规培训。及时跟踪新能源汽车及动力电池领域相关市场准入、环境保护、数据保护、知识产权保护等政策法规，编发国别贸易指南。指导相关机构、行业组织开展新能源汽车及动力电池的绿色低碳标准研究，组织开展碳足迹管理等专题培训，增强企业绿色低碳发展意识和应对风险能力。（外交部、工业和信息化部、生态环境部、商务部、市场监管总局按职责分工负责）

（三）因地制宜加强与海外相关企业合作。引导新能源汽车及其供应链企业发挥自身优势，在相关国家进行技术合作，构建各方共建共享的产业链供应链体系。鼓励行业组织加强对海外市场研究，根据市场规模、贸易潜力、消费结构、产业互补、国别风险等因素，指导新能源汽车及其供应链企业优化国际合作。（外交部、国家发展改革委、工业和信息化部、商务部按职责分工负责）

（四）加强海外维修等售后能力建设。支持新能源汽车企业自建海外营销售后服务网点和维修备件中心，积极运用数字技术开展远程诊断、技术支持等服务。引导新能源汽车企业加强与动力电池等配套企业的海外维修合作，开展维修技术人员培训，提高维修专业化水平。鼓励企业技术人员到一线提供维修服务，提升售后服务质量。（商务部牵头，地方人民政府按职责分工负责）

（五）积极培养国际化人才。支持行业组织、高校、智库机构加强对新能源汽车国际化课题研究，组织举办专题培训，提升企业职工开拓国际市场的能力。（教育部、商务部、地方人民政府按职责分工负责）

三、健全国际物流体系

（六）优化运输管理。优化新能源汽车及动力电池等出口相关环节程序，压缩办理时间，提高办理效率。积极参与国际海事组织关于新能源汽车及动力电池运输的国际标准规则制定。制定出台乘用车集装箱载运技术标准。在严格保障运输安全的基础上，抓紧研究动力电池铁路运输的技术方案。指导新能源汽车及动力电池生产企业、物流企业按照水路运输危险货物有关法规做好出口运输申报的相关工作，定期对相关企业开展培训，提升申报效率。（交通运输部、商务部、海关总署、市场监管总局、国家铁路局、中国国家铁路集团有限公司，地方人民政府按职责分工负责）

（七）加强运输保障与服务。引导航运企业合理提升滚装运输船队规模，鼓励充分利用集装箱、纸浆船等创新灵活的运输方式。鼓励航运企业、新能源汽车企业共同整合在海外市场的仓储、物流资源，加强相关设施共享，多措并举缓解出口车辆在“最后一公里”滞压问题。支持长三角、珠三角等区域港口提升滚装专业化泊位通过能力，鼓励航运企业增加新能源汽车滚装船班次和开辟新航线，加快打通新能源汽车多港出海大通道。充分发挥物流保通保畅工作机制作用，加大对我口岸运输情况监测，保障新能源汽车出口安全、顺畅、高效。支持行业组织与海外市场相关机构建立长效合作机制，开展国际物流服务标准化合作。（交通运输部、商务部、国务院国资委、海关总署、国家铁路局、中国国家铁路集团有限公司，地方人民政府按职责分工负责）

四、加强金融支持

（八）优化信贷支持方式。引导银行机构结合展业实际，在依法合规、风险可控前提下，优化资源配置，合理设计金融服务方案，综合运用好金融产品。鼓励银行机构开展面向新能源汽车产业上下游的境内外供应链金融服务。（商务部、金融监管总局按职责分工负责）

（九）充分发挥出口信用保险作用。开展出口信用保险业务的保险机构按照市场化、法治化原则，合理设置新能源汽车及动力电池等行业出口信用保险风险容忍度。鼓励开展出口信用保险业务的保险机构在依法合规、风险可控前提下，积极拓展新能源汽车产业链承保，持续优化创新产品和服务。鼓励具备条件的保险机构积极向银行、相关企业提供资信调查和国别风险研究服务。（财政部、商务部、金融监管总局按职责分工负责）

（十）提升企业汇率避险意识与能力。鼓励银行机构优化外汇产品，主动靠前服务，更好满足新能源汽车及动力电池企业汇率避险需求。有关地方、行业组织面向新能源汽车及动力电池企业提供汇率避险方面的培训、咨询等公共服务，引导企业树立汇率风险中性理念。（商务部、中国人民银行、国家外汇局，地方人民政府按职责分工负责）

（十一）便利人民币跨境结算。鼓励银行机构扩大跨境人民币结算规模，支持新能源汽车企业及其相关企业纳入更高水平贸易投资便利化试点，简化业务办理流程。鼓励银行机构优化金融产品和服务，为新能源汽车企业提供涵盖人民币融资、结算等在内的综合性金融服务。（商务部、中国人民银行、国家外汇局按职责分工负责）

五、优化贸易促进活动

（十二）积极支持企业开展商务活动。鼓励会展企业赴境外举办新能源汽车相关领域的展会，有关地方进一步加大对企业参加境外展会和自办展会的支持力度，贸促机构、行业组织加强协调和服务保障。鼓励有条件的地方、行业组织在重点海外市场举办品牌推介，支持企业打造全球知名品牌。各地方、贸促机构和行业组织支持新能源汽车及其供应链企业参加中国进出口商品交易会等境内国际性展会平台，塑造中国制造形象，拓展国际合作空间。（财政部、商务部、中国贸促会，地方人民政府按职责分工负责）

（十三）强化公共平台支撑。指导相关行业组织、智库机构建设新能源汽车公共服务平台，开展政策法规研究、行业自律等工作。发挥各级外贸转型升级基地作用，在共性技术研发、供应链协同、物流、金融、国内外法规标准宣介等方面为企业提供公共服务，并为新能源汽车企业及供应链上下游企业完成相关检测认证等提供支持。（工业和信息化部、商务部，地方人民政府按职责分工负责）

六、营造良好贸易环境

（十四）推动标准国际化和合格评定互认。积极参与新能源汽车及动力电池领域国际标准制定。推动新能源汽车及充电设施、动力电池等领域国内外标准协调对接。开展灵活务实的多双边合格评定互认合作。（工业和信息化部、市场监管总局按职责分工负责）

（十五）充分发挥自由贸易协定效能。高质量实施已生效的自由贸易协定，支持新能源汽车及动力电池企业充分利用自由贸易协定的优惠安排。（商务部牵头负责）

（十六）完善进出口管理政策。规范出口秩序，为新能源汽车出口营造公平竞争环境，树立中国品牌良好形象。（商务部牵头，海关总署按职责分工负责）

七、增强风险防范能力

（十七）充分发挥多双边机制作用。用好世贸组织技术性贸易壁垒委员会等平台及审议监督机制，为我新能源汽车、动力电池等产品创造公开、透明、可预期国际贸易环境，切实维护相关产业全球供应链稳定畅通运转。加大政府间沟通力度。（外交部、工业和信息化部、商务部、市场监管总局按职责分工负责）

（十八）积极妥善应对国外贸易限制措施。引导行业组织和企业积极与国外业界交流与合作，帮助企业积极应对国外贸易限制措施。（商务部牵头，地方人民政府按职责分工负责）

商务部
国家发展改革委
工业和信息化部
财政部
交通运输部
中国人民银行
海关总署
市场监管总局
金融监管总局
2023 年 12 月 7 日

关于加强新能源汽车与电网融合互动的实施意见

发改能源〔2023〕1721 号

各省、自治区、直辖市、新疆生产建设兵团发展改革委、能源局、工业和信息化主管部门、市场监管部门，北京市城市管理委员会、上海市交通委员会，国家能源局各派出机构，国家电网有限公司、中国南方电网有限责任公司：

新能源汽车通过充换电设施与供电网络相连，构建新能源汽车与供电网络的信息流、能量流双向互动体系，可有效发挥动力电池作为可控负荷或移动储能的灵活性调节能力，为新型电力系统高效经济运行提供重要支撑。车网互动主要包括智能有序充电、双向充放电等形式，可参与削峰填谷、虚拟电厂、聚合交易等应用场景。为深入贯彻中央全面深化改革委员会会议有关精神，积极落实《国务院办公厅关于进一步构建高质量充电基础设施体系的指导意见》（国办发〔2023〕19 号）有关要求，充分发挥新能源汽车在电化学储能体系中的重要作用，巩固和扩大新能源汽车发展优势，支撑新型能源体系和新型电力系统构建，现提出以下意见。

一、总体要求

（一）指导思想

以习近平新时代中国特色社会主义思想为指导，全面贯彻党的二十大精神，扎实推进中国式现代化建设，完整、准确、全面贯彻新发展理念，加快构建新发展格局，着力推动高质量发展，坚持系统观念，强化创新引领，完善标准体系，加强政策扶持，大力培育车网融合互动新型产业生态，有力支撑高质量充电基础设施体系构建和新能源汽车产业高质量发展。

（二）基本原则

政府引导，市场参与，多方协同。加强车网互动顶层设计，坚持系统观念，从社会整体效益的高度进行统筹谋划。通过营造良好市场环境和创新市场机制，充分调动产业链各方积极性，建立符合市场规律、多方合作共赢的系统化推进机制。

积极探索，适度超前，有序建设。结合各省市新能源汽车推广与电力市场改革进展，积极探索兼顾多方利益的车网互动业务场景和商业模式，面向不同场景需求，按照适度超前的原则，因地制宜、分类实施、有序推进车网互动生态建设。

鼓励创新，统一标准，保障安全。推动关键技术和核心装备攻关，强化企业创新主体作用，以创新引领发展。加快推动标准制修订工作，引领行业协同规范发展。建立健全配套监管措施，完善测试认证、系统接入、聚合调控等环节配套管理机制，保障车网互动场景下电网运行安全。

（三）发展目标

到 2025 年，我国车网互动技术标准体系初步建成，充电峰谷电价机制全面实施并持续优化，市场机制建设取得重要进展，加大力度开展车网互动试点示范，力争参与试点示范的城市 2025 年全年充电电量 60% 以上集中在低谷时段、私人充电桩充电电量 80% 以上集中在低谷时段，新能源汽车作为移动式电化学储能资源的潜力通过试点示范得到初步验证。

到 2030 年，我国车网互动技术标准体系基本建成，市场机制更加完善，车网互动实现规模化应用，智能有序充电全面推广，新能源汽车成为电化学储能体系的重要组成部分，力争为电力系统提供千万千瓦级的双向灵活性调节能力。

二、重点任务

（一）协同推进车网互动核心技术攻关

加大动力电池关键技术攻关，在不明显增加成本基础上将动力电池循环寿命提升至 3000 次及以上，攻克高频度双向充放电工况下的电池安全防控技术。研制高可靠、高灵活、低能耗的车网互动系统架构及双向充放电设备，研发光储充一体化、直流母线柔性互济等电网友好型充换电场站关键技术，攻克海量分布式车网互动资源精准预测和聚合调控技术。加强车网互动信息交互与信息安全关键技术研究，构建“车—桩—网”全链条智能高效互动与协同安全防控技术体系，实现“即插即充（放）”智能便捷交互，同时确保信息安全和电网运行安全。

（二）加快建立车网互动标准体系

加快制修订车网互动相关国家和行业标准，优先完成有序充电场景下的交互接口、通信协议、功率调节、预约充电和车辆唤醒等关键技术标准制修订；力争在 2025 年底前完成双向充放电场景下的充放电设备和车辆技术规范、车桩通信、并网运行、双向计量、充放电安全防护、信息安全等关键技术标准的制修订。同步完善标准配套检测认证体系，推动在车辆生产准入以及充电桩生产、报装、验收等环节落实智能有序充电标准要求。积极参与车网互动领域的国际标准合作，提升中国标准的国际影响力。

（三）优化完善配套电价和市场机制

鼓励针对居民个人桩等负荷可引导性强的充电设施制定独立的峰谷分时电价政策，并围绕居民充电负荷与居民生活负荷建立差异化的价格体系，力争 2025 年底前实现居民充电峰谷分时电价全面应用，进一步激发各类充换电设施灵活调节潜力。研究探索新能源汽车和充换电场站对电网放电的价格机制。建立健全车网互动资源聚合参与需求侧管理以及市场交易机制，优化完善辅助服务机制，丰富交易品种，扩大参与范围，提高车网互动资源参与需求响应的频次和规模，探索各类充换电设施作为灵活性资源聚合参与现货市场、绿证交易、碳交易的实施路径。鼓励双向充放电设施、储充/光储充一体站、换电站等通过资源聚合参与电力市场试点示范，验证双向充放电资源的等效储能潜力。

（四）探索开展双向充放电综合示范

积极探索新能源汽车与园区、楼宇建筑、家庭住宅等场景高效融合的双向充放电应用模式。优先打造一批面向公务、租赁、班车、校车、环卫、公交等公共领域车辆的双向充放电示范项目；鼓励电网企业联合充电企业、整车企业等共同开展居住社区双向充放电试点。结合试点示范，积极探索双向充放电可持续商业模式，完善典型应用场景下的双向充放电业务流程与管理机制，建立健全双向充放电车辆的电池质保体系，强化消费者权益保护，加强试点成效评估与总结，形成一批可复制、可推广的典型模式和经验。

（五）积极提升充换电设施互动水平

大力推广智能有序充电设施，原则上新建充电桩统一采用智能有序充电桩，按需推动既有充电桩的智能化改造。建立健全居住社区智能有序充电管理体系和流程，明确电网企业、第三方平台企业和新能源汽车用户等各方责任与权利，明确社区有序充电发起条件和响应要求。鼓励电网企业与充电运营商合作，建立电网与充换电场站的高效互动机制，提升充换电场站的功率响应调节能力。探索研究针对不同类型智能有序充换电设施的电力接入容量核定方法和相关标准规范，有效提升配电网接入能力。鼓励充电运营商等接受业主委托，开展居住区充电设施“统建统服”。鼓励充电运营商因地制宜建设光储充一体化场站，促进交通与能源融合发展。

（六）系统强化电网企业支撑保障能力

将车网互动纳入电力需求侧管理与电力市场建设统筹推进。支持电网企业结合新型电力负荷管理系统开展车网互动管理，优先实现10千伏及以上充换电设施资源的统一接入和管理，逐步覆盖至低压配电网及关口表后的各类充换电设施资源。进一步完善电网需求侧管理与电力调控平台功能，为车网互动聚合交易提供基础支撑与技术服务。加快完善车网互动配套并网、计量、保护控制与信息交互要求与技术规范，探索关口表后的充换电设施独立计量方案。优化电网清分结算机制，支持车网互动负荷聚合商直接参与电力市场的清分结算。

三、保障措施

（一）加强统筹协调。国家发展改革委、国家能源局统筹开展车网互动顶层设计，积极推进配套政策、电价与市场机制建设，强化指导监督。工业和信息化部、国家能源局推动新能源汽车、充换电设施加快应用智能有序充电功能。国家标准化管理委员会组织能源行业电动汽车充电设施标准化技术委员会、全国汽车标准化技术委员会加快车网互动标准体系建设，指导开展相关国际标准合作。

（二）压实各方责任。各级地方政府有关部门要按照实施意见要求，加快推动车网互动相关工作，加快推广智能有序充电，研究探索车网互动应用试点，推动将智能充放电设施建设和改造纳入充电基础设施建设支持政策范畴，对车网互动试点示范项目加大资金支持。国家能源局派出机构要建立健全包括充电桩、充换电站、虚拟电厂、负荷聚合商在内的用户及第三方辅助服务市场机制。电网企业要积极开展配套电网改造，加快智能有序充电和双向充放电业务体系建设，做好聚合商平台对接工作。新能源车企、充电设备制造与运营企业等要严格落实生产、销售与服务责任，支持车网融合生态建设。行业协会要积极搭建交流平台，增进各方共识，共同培育产业生态。

（三）强化试点示范。国家能源局牵头开展车网互动试点示范工作。初步在长三角、珠三角、京津冀鲁、川渝等条件相对成熟的地区开展车网互动规模化试点示范，力争2025年底前建成5个以上示范城市以及50个以上双向充放电示范项目。支持示范城市和示范项目积极开展商业合作和服务模式创新，形成可复制、可推广的建设经验。加强宣传引导和舆论监督，提高各方认可度和参与度，构建有利于车网互动发展的舆论氛围。

国家发展改革委
国家能源局
工业和信息化部
市场监管总局
2023年12月13日

产业结构调整指导目录（2024年本）（节选）

中华人民共和国国家发展和改革委员会令　第7号

《产业结构调整指导目录（2024年本）》已经2023年12月1日第6次委务会议审议通过，现予公布，自2024年2月1日起施行。《产业结构调整指导目录（2019年本）》同时废止。

主任　郑栅洁
2023年12月27日

励类主要是对经济社会发展有重要促进作用，有利于关键技术创新，实现高水平自立自强；有利于产业跨区域转移，促进区域协调发展；有利于自然资源节约集约利用和产业绿色低碳转型，助力碳达峰碳中和；有利于普惠性、基础性、兜底性民生建设和服务业发展，促进共同富裕的技术、装备和产品。对改造后能效达到最新版《工业重点领域能效标杆水平和基准水平》中标杆水平的项目，参照鼓励类管理。

鼓励类目录聚焦基础性、战略性、前瞻性关键领域，重点鼓励市场机制难以有效发挥、需要政府发挥引导作用、对行业发展具有重要指导作用的事项；对市场机制能够有效发挥、对国计民生影响不大、对行业发展作用有限、发展水平不再先进的事项，不再列入鼓励类。

对鼓励类投资项目，按照国家有关投资管理规定进行审批、核准或备案；鼓励金融机构按照市场化原则提供信贷支持。对鼓励类投资项目的其他优惠政策，按照国家有关规定执行。

十六、汽车

1. 汽车关键零部件：汽油机增压器，电涡流缓速器，液力缓速器，随动前照灯系统　电控系统执行机构用电磁阀，低地板大型客车专用车桥，空气悬架，大中型客车变频空调，商用车盘式制动器，商用车轮胎爆胎应急防护装置；电动助力转向系统，线控转向系统，怠速启停系统，高效高可靠性机电耦合系统；混合动力系统专用发动机，低碳、零碳燃料发动机及核心零部件；双离合器变速器（DCT），电控机械变速器（AMT），7挡及以上自动变速器（7挡及以上AT），无级自动变速器（CVT）；选择性催化还原装置，燃油蒸发控制系统（EVAP）（含车载油气回收装置（ORVR）），三效催化转化器，NOx和颗粒物浓度传感器，高效柴油机、氢燃料发动机、汽油机颗粒捕捉器，臭氧催化转化换热器；燃气高压直喷（HPDI）发动机及供给系统；电控高压共轨喷射系统及其喷油器，高效增压系统（最高综合效率≥55%）；废气再循环系统；电制动、电动转向及其关键零部件；高原寒区特种动力装备

2. 轻量化材料应用：超高强度钢，高强韧低密度钢，ADI铸铁，高强度铝合金、镁合金、粉末冶金，高强度复合塑料、复

合纤维及生物基复合材料；先进成形技术应用：3D 打印成型、激光拼焊板的扩大应用，内高压成形，超高强度钢板（强度≥980 MPa、强塑积 20~50GPa-%）热成形，柔性滚压成形，一体化压铸成型，异种材料先进连接技术

3. 新能源汽车关键零部件：动力电池正极材料（比容量≥180 mAh/g，循环寿命 2000 次不低于初始放电容量的 80%），负极材料（比容量≥500 mAh/g，循环寿命 2000 次不低于初始放电容量的 80%），隔膜（厚度≤12 μm，孔隙率 35%~60%，拉伸强度 MD≥800 kgf/cm^2，TD≥800 kgf/cm^2）及负极氧化铝涂层材料；电动汽车驱动电机系统（高效区：85%工作区效率≥80%），车用 DC/DC（输入电压 100~400 V），大功率电子器件（IGBT，电压等级≥750 V 电流≥300 A；SiCMOSFET，电压等级≥1200 V，电流≥600 A）；纯电动重型卡车换电电池板系统；插电式混合动力机电耦合驱动系统；燃料电池发动机（质量比功率≥350 W/kg），燃料电池堆（体积比功率≥3 kW/L），膜电极（铂用量≤0.3 g/kW），质子交换膜（质子电导率≥0.08 S/cm），双极板（金属双极板厚度≤1.2 mm，其他双极板厚度≤1.6 mm），低铂催化剂，碳纸（电阻率≤3 MΩ·cm），空气压缩机，氢气循环泵，氢气引射器，增湿器，燃料电池控制系统，双向 DC/DC，70 MPa 氢瓶及输送管阀，车载氢气浓度传感器；电动汽车用热泵空调，电动压缩机；电机驱动控制专用 32 位及以上芯片（不少于 2 个硬件内核，主频不低于 180 MHz，具备硬件加密等功能，芯片设计符合功能安全 ASILC 以上要求）；一体化电驱动总成（功率密度≥2.5 kW/kg）；高速减速器（最高输入转速≥12000 r/min，噪声<75 dB）

4. 车用充电设备：车载充电机（满载输出工况下效率≥95%），双向车载充电机，三相车载充电机（充电功率≥11 kW），非车载充电设备（输出电压 250~950 V，电压范围内效率≥88%）；高功率密度、高转换效率、高适用性无线充电、移动充换电技术及装备，智能、快速充电及换电设施

5. 汽车电子控制系统：发动机控制系统，变速箱控制系统（TCU），电子稳定控制系统（ESC），网络总线控制系统，电控智能悬架，预见性巡航系统（PCC），LIN 控发电机，可视化节油驾驶辅助系统，智能电源管理系统，自适应巡航系统（ACC），车道保持辅助系统（LKA），自动紧急制动系统（AEB），电控制动系统（EBS），自动泊车系统（CPK），车载故障诊断系统（OBD），盲区监测系统（BSD），弯道预警系统（CSW），载货汽车用轴荷自动测量系统

6. 新能源汽车、智能汽车及关键零部件、高效车用内燃机研发试验能力建设

7. 智能汽车关键零部件及技术：中高级自动驾驶用高精度传感器，车载高算力人工智能芯片，基础计算平台，中央处理器及域控制器，车载操作系统和信息控制系统，新型电子电气架构，空中下载系统（OTA），车网通信系统设备，视觉识别及显示系统，高精度定位装置，线控底盘系统，智能车用安全玻璃，数字化座舱系统，人机共驾技术，新型智能终端模块，多核异构智能计算平台技术，全天候复杂交通场景高精度定位和地图技术，车路协同技术，传感器融合感知技术，车用无线通信技术，基础云控平台技术；新型安全隔离架构技术，软硬件协同攻击识别技术，终端芯片安全加密和应用软件安全防护技术，无线通信安全加密技术，安全通讯及认证授权技术，数据加密技术，功能安全和预期功能安全技术；测试评价体系架构研发，虚拟仿真，实车道路测试等技术和验证工具，整车级和系统级测试评价方法，测试基础数据库建设。

国家汽车芯片标准体系建设指南

工信厅科〔2023〕80 号

前　言

汽车芯片是汽车电子系统的核心元器件，是汽车产业实现转型升级的重要基础。与消费类及工业类芯片相比，汽车芯片的应用场景更为特殊，对环境适应性、可靠性和安全性的要求更为严苛，需要充分考虑芯片在汽车上应用的实际需求，有效开展汽车芯片标准化工作，更好满足汽车技术和产业发展需要。与此同时，随着新能源汽车产业蓬勃发展，智能化、网联化等技术在汽车领域加速融合应用，我国汽车芯片的技术先进性、产品覆盖度和应用成熟度不断提升，也为开展汽车芯片标准化工作奠定了良好基础。

为深入贯彻落实《国家标准化发展纲要》《新产业标准化领航工程实施方案（2023—2035 年）》等要求，科学规划和系统部署汽车芯片标准化工作，引导和规范汽车芯片功能、性能测试及选型应用，推动汽车芯片产业的健康可持续发展，工业和信息化部梳理编制了《国家汽车芯片标准体系建设指南》，基于汽车芯片技术结构及应用场景需求搭建标准体系架构，以汽车技术逻辑结构为基础，提出标准体系建设的总体架构、内容及标准重点建设方向，充分发挥标准在汽车芯片产业发展中的引导和规范作用，为打造可持续发展的汽车芯片产业生态提供支撑。

一、总体要求

（一）指导思想坚持以习近平新时代中国特色社会主义思想为指导，全面贯彻党的二十大精神，深入推进新型工业化，积极落实《国家标准化发展纲要》《新产业标准化领航工程实施方案（2023—2035 年）》等要求，加快推进制造强国建设，分阶段构建跨行业、跨领域、适应我国技术和产业发展需要的国家汽车芯片标准体系，充分发挥标准的基础性、引领性和规范性作用，有序推进标准研制和贯彻实施，加速推动汽车芯片研发应用，支撑和保障汽车产业健康可持续发展。

（二）基本原则

立足国情、统筹规划。结合我国汽车芯片技术和产业发展现状特点，发挥政府在顶层设计、组织协调和政策制定等方面的引导作用，鼓励行业机构、产业链上下游企业积极参与，构建国家标准、行业标准和团体标准协同发展的标准化工作格局，形成适合我国国情的汽车芯片标准体系。

基础先立、急用先行。分阶段规划布局汽车芯片标准体系建设重点任务，结合行业发展现状和未来应用需求，持续完善标准体系，合理安排标准的制修订进度，加快推进面向基础、共性和重点产品等急需标准项目的研究制定。

创新驱动、融合发展。发挥标准在技术创新、成果转化、整体竞争力提升等方面的引导作用，以产业创新发展需求为导向，充分融合汽车和集成电路行业在技术研发、产业化发

展和市场推广等方面优势，加强行业统筹协调，推动汽车芯片产业健康可持续发展。

开放兼容、动态完善。结合国际和国内产业发展趋势，强化标准对于汽车芯片应用场景需求的适配，不断动态优化完善汽车芯片标准体系。提升标准制度型开放水平，注重国内国际标准协调兼容，积极参与相关国际标准法规制定协调，贡献我国汽车芯片标准研制经验。

（三）建设目标

根据汽车芯片技术现状、产业应用需要及未来发展趋势，分阶段建立健全我国汽车芯片标准体系。加大力量优先制定基础、共性及重点产品等急需标准，构建汽车芯片设计开发与应用的基础；再根据技术成熟度，逐步推进产品应用和匹配试验标准制定，切实满足市场化应用需求。通过建立完善的汽车芯片标准体系，引导和推动我国汽车芯片技术发展和产品应用，培育我国汽车芯片技术自主创新环境，提升整体技术水平和国际竞争力，打造安全、开放和可持续的汽车芯片产业生态。

到2025年，制定30项以上汽车芯片重点标准，明确环境及可靠性、电磁兼容、功能安全及信息安全等基础性要求，制定控制、计算、存储、功率及通信芯片等重点产品与应用技术规范，形成整车及关键系统匹配试验方法，满足汽车芯片产品安全、可靠应用和试点示范的基本需要。

到2030年，制定70项以上汽车芯片相关标准，进一步完善基础通用、产品与技术应用及匹配试验的通用性要求，实现对于前瞻性、融合性汽车芯片技术与产品研发的有效支撑，基本完成对汽车芯片典型应用场景及其试验方法的全覆盖，满足构建安全、开放和可持续汽车芯片产业生态的需要。

二、建设思路

汽车芯片标准体系基于汽车芯片技术结构，适应我国汽车芯片技术产业现状及发展趋势，形成从汽车芯片应用场景需求出发，以汽车芯片通用要求为基础、各类汽车芯片应用技术条件为核心、汽车芯片系统及整车匹配试验为闭环的汽车芯片标准体系技术逻辑结构。以“汽车芯片应用场景”为出发点和立足点，包括动力系统、底盘系统、车身系统、座舱系统及智驾系统五个方面，向上延伸形成基于应用场景需求的汽车芯片各项技术规范及试验方法。

根据标准内容分为基础通用、产品与技术应用和匹配试验三类标准。其中，基础通用类标准主要涉及汽车芯片的共性要求；产品与技术应用类标准基于汽车芯片产品的基本功能划分为多个部分，并根据技术和产品的成熟度、发展趋势制定相应标准；匹配试验类标准包含系统和整车两个层级的汽车芯片匹配试验验证要求。三类标准共同实现不同应用场景下汽车关键芯片从器件—模块—系统—整车的技术标准全覆盖。汽车芯片标准体系技术逻辑结构如图2-1-5所示。

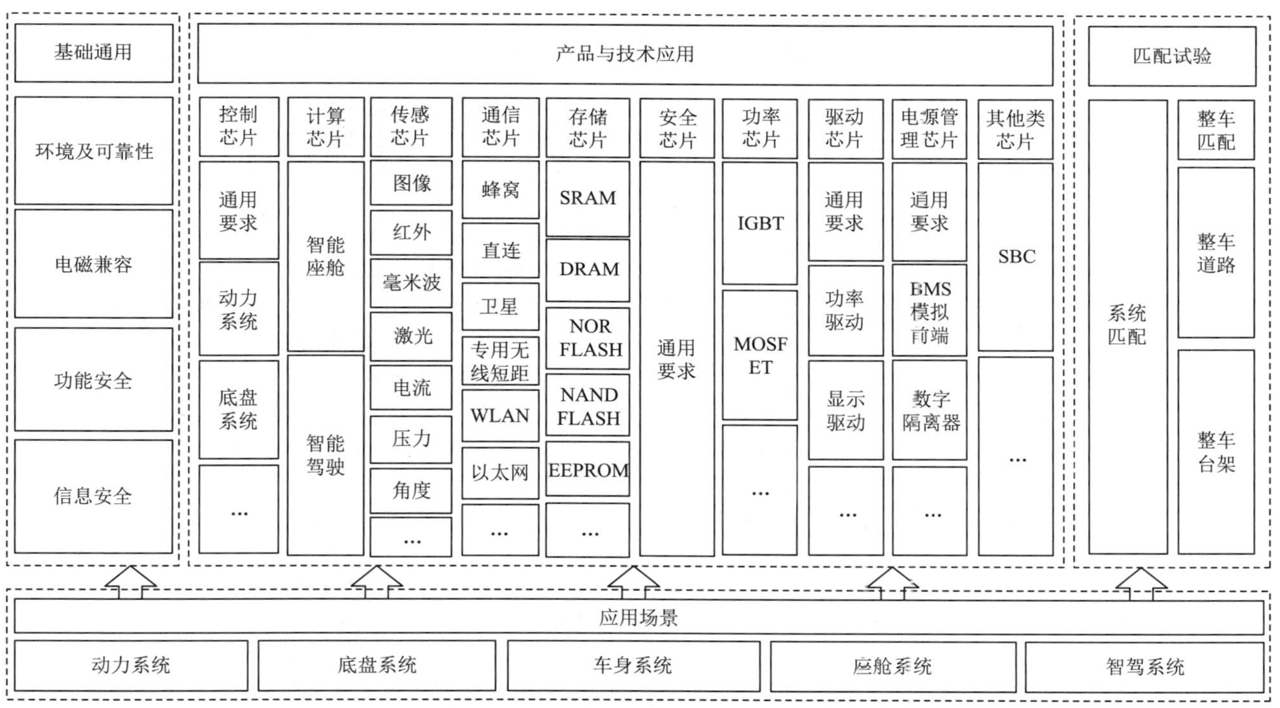

图2-1-5 汽车芯片标准体系技术逻辑结构图

应用场景：芯片在汽车不同零部件系统、不同工作场景的功能、性能差异较大，因此标准体系的技术逻辑应充分考虑汽车芯片的应用场景。根据汽车作为智能化运载工具所需实现的各项功能，其芯片的应用场景划分为动力系统、底盘系统、车身系统、座舱系统和智驾系统。

基础通用：基于汽车行业对芯片的可靠性、运行稳定性和安全性等应用需求，提取出汽车芯片共性通用要求，主要包括环境及可靠性、电磁兼容、功能安全和信息安全共4个方面的要求。

产品与技术应用：根据实现功能的不同，将汽车芯片产品分为控制芯片、计算芯片、传感芯片、通信芯片、存储芯片、安全芯片、功率芯片、驱动芯片、电源管理芯片和其他类芯片共 10 个类别，再基于具体应用场景、实现方式和主要功能等对各类汽车芯片进行标准规划。其中，控制芯片主要涉及通用要求、动力系统、底盘系统等技术方向；计算芯片包括智能座舱和智能驾驶芯片；传感芯片主要涉及可见光图像、红外热成像、毫米波雷达、激光雷达及其他各类传感器等技术方向；通信芯片主要涉及蜂窝、直连、卫星、专用无线短距传输、蓝牙、无线局域网（WLAN）、超宽带（UWB）、及以太网等车内外通信技术方向；存储芯片主要涉及静态存储（SRAM）、动态存储（DRAM）、非易失闪存（包括 NORFLASH、NANDFLASH、EEPROM）等技术方向；安全芯片是指以独立芯片的形式存在的、为车载端提供信息安全服务的芯片；功率芯片主要涉及绝缘栅双极型晶体管（IGBT）、金属-氧化物半导体场效应晶体管（MOSFET）等技术方向；驱动芯片主要涉及通用要求、功率驱动、显示驱动等技术方向；电源管理芯片主要涉及通用要求、电池管理系统（BMS）、数字隔离器等技术方向；其他类芯片包括系统基础芯片（SBC）等。

匹配试验：汽车芯片在满足芯片通用要求和自身技术指标基础上，还应符合汽车行驶状态下与所属零部件系统及整车的匹配要求，因此需要对芯片与系统/整车匹配情况进行试验验证。其中，整车匹配包括整车匹配道路试验、整车匹配台架试验 2 个技术方向。

三、建设内容

（一）体系架构依据汽车芯片标准体系的技术逻辑结构，综合各类汽车芯片在汽车不同应用场景下的性能要求、功能要求及试验方法，将汽车芯片标准体系架构定义为基础、通用要求、产品与技术应用、匹配试验等 4 个部分，同时根据内容范围、技术要求等方面的共性和差异，对 4 个部分做进一步细分，形成内容完整、结构合理、层次清晰的 17 个子类（如图 2-1-6 所示，括号内数字为体系编号）。

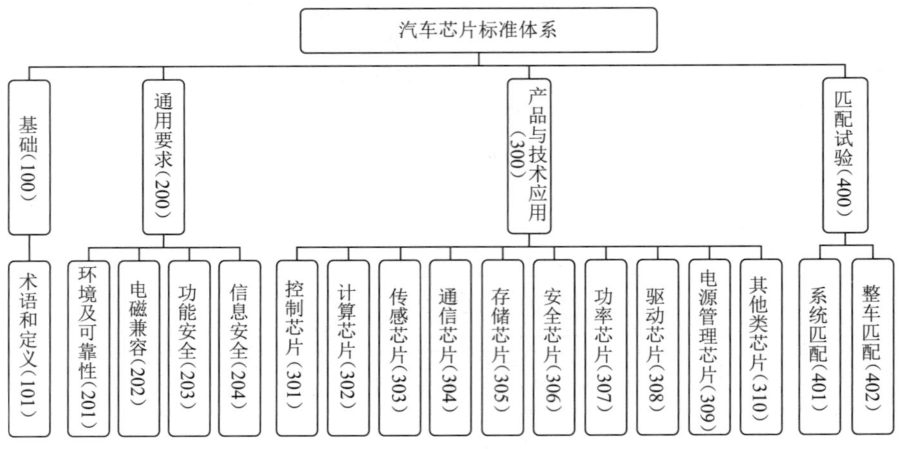

图 2-1-6　汽车芯片标准体系架构

（二）体系内容

汽车芯片标准体系涵盖以下标准类型及重点标准建设方向。

1. 基础（100）

基础类标准包括汽车芯片术语和定义标准。

术语和定义标准用于统一汽车芯片领域的基本概念，对汽车芯片标准制定过程中涉及的常用术语进行统一定义，保证术语使用的规范性和含义的一致性，同时为其他各部分标准的制定提供规范化术语支撑。汽车芯片术语和定义标准将在现行集成电路相关标准基础上，从芯片产品搭载在汽车上的实际功能和应用角度出发，对特有术语进行定义并体现汽车芯片产品分类。

2. 通用要求（200）

通用要求类标准对汽车芯片的共性要求和评价准则进行统一规范，主要包括环境及可靠性、电磁兼容、功能安全和信息安全 4 个方面。

环境及可靠性标准规范在复杂环境条件下汽车芯片或多器件协作系统的可靠性要求，预防可能发生的各种潜在故障，从而提高汽车产品的可靠性和安全性。标准重点建设方向包括环境及可靠性通用规范、试验方法和要求、一致性检验规程等。其中，将优先制定汽车芯片和电动汽车芯片环境及可靠性通用规范等标准。

电磁兼容标准规范汽车芯片或多器件协作系统各主要功能节点及其下属系统在复杂电磁环境下的功能可靠性保障能力，其主要目的一是规定芯片电磁能量发射，避免对其他器件或系统产生影响；二是规定芯片或多器件协作系统的电磁抗干扰能力，使其可在汽车电磁环境中可靠运行。标准重点建设方向为汽车芯片电磁兼容试验标准等。

功能安全标准规范汽车芯片企业流程管理措施、芯片产品内部多功能模块的流程管理及技术措施等要求，其主要目的是避免系统性失效和硬件随机失效导致的不合理风险。标准重点建设方向为功能安全半导体应用指南等。

信息安全标准规范汽车芯片应满足的信息安全要求和应具备的信息安全功能。通过芯片的信息安全设计、流程管理等措施，避免因攻击导致芯片数据、外部接口及软硬件安全等受到威胁。标准重点建设方向为信息安全技术规范等。

3. 产品与技术应用（300）

产品与技术应用类标准规范在汽车上应用的各类芯片所应符合的技术要求及试验方法。此类标准涵盖控制芯片、计算芯片、传感芯片、通信芯片、存储芯片、安全芯片、功率芯片、驱动芯片、电源管理芯片和其他类芯片 10 个类别。

控制芯片标准规范汽车上各类控制器、动力系统、底盘系统等控制芯片技术要求及试验方法。标准重点建设方向包括通用要求和动力系统、底盘系统控制芯片等。

计算芯片标准规范汽车用于人机交互、智能座舱、视觉融合处理、智能规划、决策控制等领域执行复杂逻辑运算和大量数据处理任务的芯片技术要求及试验方法。标准重点建设方向包括智能座舱和智能驾驶计算芯片等。

传感芯片标准规范汽车用于感知和探测外界信号、化学组成、温湿度等物理条件的芯片技术要求及试验方法。标准重点建设方向包括环境感知传感芯片和电动车用传感芯片等。其中,将优先制定图像传感与处理、毫米波雷达、激光雷达、电动车用电压/位置/磁场检测等芯片标准。

通信芯片标准规范汽车用于内部设备之间及汽车与外界其他设备进行信息交互和处理的芯片技术要求及试验方法。标准重点建设方向包括车载无线通信和车内通信芯片等。其中,将优先制定蜂窝通信、直连通信、卫星定位、蓝牙、专用无线短距传输、WLAN、UWB、NFC、ETC 等车载无线通信芯片,以及 LIN、CAN、以太网 PHY、以太网交换机、中央网关、串行器和解串器、音视频总线等车内通信芯片相关标准。

存储芯片标准规范汽车用于数据存储的芯片技术要求及试验方法。标准重点建设方向包括易失性和非易失性存储器芯片。其中,将优先推进 DRAM、SRAM、NOR FLASH、NAND FLASH、EEPROM 等芯片标准制定。

安全芯片标准规范汽车用于提供信息安全服务的芯片技术要求及试验方法。标准重点建设方向为汽车安全芯片产品标准等。

功率芯片标准规范汽车用于处理高电压、大电流工况的芯片技术要求及试验方法。标准重点建设方向包括电动汽车用 IGBT 模块、功率模块、功率分立器件等。

驱动芯片标准规范汽车用于驱动各系统主芯片、电路或部件进行工作的芯片技术要求及试验方法。标准重点建设方向包括驱动芯片、功率驱动芯片、显示驱动芯片等。

电源管理芯片标准规范汽车用于内部电路电能转换、配电、检测、电源信号(电流、电压)整形及处理的芯片技术要求及试验方法。标准重点建设方向包括电源管理芯片、模拟前端芯片、数字隔离器芯片等。

其他类芯片标准规范不属于上述各类的汽车芯片技术要求及试验方法。一般为暂无明确分类的新技术、新产品。

4. 匹配试验(400)

匹配试验类标准包括汽车芯片在所属零部件系统或整车搭载状态下的试验方法。

系统匹配标准规范汽车各类芯片在所属零部件系统搭载状态下的功能及性能匹配试验方法,检测汽车芯片在所属零部件系统上的工作情况。标准重点研究方向为系统匹配试验标准等。

整车匹配标准规范汽车各类芯片在汽车整车搭载状态下的功能及性能匹配试验方法,检测汽车芯片在整车工况下的工作情况。标准重点研究方向为整车台架、道路匹配试验标准等。

四、组织实施

加强统筹组织协调。构建跨行业、跨领域、跨部门协同发展、相互促进的工作机制,整合汽车产业链上下游优势资源力量,发挥好全国汽车、集成电路、半导体器件标准化技术委员会等组织作用,加强与通信、信息技术、北斗卫星导航等相关标委会的工作协同,统筹合力推进汽车芯片标准化工作。

促进标准实施应用。以汽车行业实际应用需求为导向,推动全产业链标准应用能力建设,提升标准在汽车芯片研发、测试和应用等各环节的引导和规范作用。建立健全汽车芯片测试评价体系,支持第三方检测能力建设,有力促进汽车芯片搭载应用,为行业管理提供支撑保障。

深化国际交流合作。加强国际标准和技术法规跟踪研究,深化与联合国世界车辆法规协调论坛(UN/WP.29)、国际标准化组织(ISO)和国际电工委员会(IEC)等国际组织的交流合作,推动与其他国家汽车芯片标准化机构建立技术交流机制,在汽车芯片相关国际标准制定中发声献智。

工业和信息化部办公厅

2023 年 12 月 29 日

二、地方政策

《节能与新能源汽车年鉴》编制办公室梳理汇总了 231 个地方政府共计 485 条政策信息,涉及节能与新能源汽车、智能网联汽车、燃料电池汽车领域,从行业发展趋势与政策结合的视角为产业提供权威依据。

(地方政策列表扫描二维码)

节能与新能源汽车年鉴

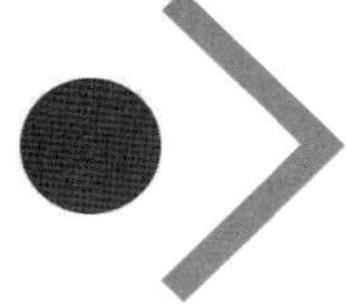

第三篇

区域篇

北　京　市

一、产业概况

1. 总述

北京是我国汽车产业创新发展的主要区域和重要汽车生产基地,是我国最早发展新能源汽车的城市。经过多年的积累和发展,北京已拥有完整的汽车整车及核心零部件设计、研发、验证体系,创新人才聚集,创新环境优越,建成了动力电池、新能源汽车和智能网联汽车三个国家级创新中心。北京坚持电动化、智能化、网联化发展方向,深入实施新能源汽车发展国家战略,推动高质量可持续发展,整体水平居全国前列。2023 年,北京汽车产业完成产量 100.3 万辆,同比增长 8.1%。其中,新能源汽车 7.69 万辆,同比增长 35.6%。

2. 纯电动汽车产业

2009 年成立的北京新能源汽车股份有限公司,是我国首家独立运营、首个获得新能源汽车生产资质的企业,并于 2018 年 9 月在上交所上市,成为国内新能源汽车第一股,拥有 ARCFOX 和 BEIJING 两个产品品牌。2023 年,北汽新能源实现汽车销量 9.2 万辆,同比增长 84%;实现营业收入 143.19 亿元,同比增长 50.5%。2021 年以来,北京引进了理想汽车等整车项目,推动北京奔驰、北京现代电动化转型,进行多元化布局。理想汽车利用北京现代一工厂"腾笼换鸟",于 2023 年 7 月建成年产 10 万辆纯电动乘用车工厂。2023 年,理想汽车实现销量 37.6 万辆,同比增长 182.2%;实现营业收入 1238.5 亿元,同比增长 173.5%。在动力电池、驱动电机、电控系统等关键零部件领域都有企业布局,集聚了北京卫蓝新能源科技有限公司、精进电动科技股份有限公司、北京理工华创电动车技术有限公司等一批优秀企业。

3. 燃料电池汽车产业

北京致力于打造创新引领的燃料电池汽车产业高地,从 2008 年北京奥运会开始布局燃料电池汽车,形成了良好的产业基础。以北汽福田汽车股份有限公司为龙头,持续推进燃料电池商用车研发和规模化应用,开展燃料电池汽车示范。北京已聚集 50 多家燃料电池汽车产业链重点企业。丰田联合燃料电池研发和华丰燃料电池生产等一批项目加快建设。北京亿华通科技股份有限公司攻关高性能低铂车用膜电极,量产产品实现国产质子交换膜导入。技术自主创新、产业持续发展、区域一体协同的产业生态初现峥嵘。

4. 智能网联汽车产业

北京是全国最早开展自动驾驶道路测试的城市,首创并深刻践行"车路协同"技术路线,建设了全球首个网联云控式高级别自动驾驶示范区。截至 2023 年底,已形成完善的车、场、路评价体系、建设标准和管理办法,实现了 160 km^2,699 个道路路口、双向 1377 km 城市道路和 10 km 高速公路路侧数字设备和智慧城市专网的全覆盖,为 30 家自动驾驶企业超 1000 台车辆发放了道路测试牌照,自动驾驶车辆道路测试安全行驶里程已超过 4500 万 km。智能网联汽车产业集聚成效明显,百度、小马智行、图森未来等头部企业悉数到齐,百余家企业参与示范区建设。加强行业交流合作,连续六年成功举办世界智能网联汽车大会,成为全球智能网联汽车领域水平最高、规模最大、影响力最强的国际会议。

二、2023 年新能源汽车推广应用情况

1. 总述

北京坚持"市场主导与政府引导相结合""公共带动社会、增量存量协同"的思路,积极推动新能源汽车推广应用,不断提升全市新能源汽车占比。截至 2023 年底,北京新能源汽车保有量 77.3 万辆。

2. 顺利完成新能源汽车换电模式应用试点

2021 年 10 月,北京获批成为国家第一批新能源汽车换电模式应用试点城市。两年试点期内,将以提升换电产品的兼容性、安全性、便捷性和经济性为目标,推动关键技术研究,促进商业模式创新;聚焦出租汽车、租赁汽车、私人电动小客车、渣土砂石运输车 4 类应用场景,到试点期末换电模式车辆保有量不低于 5.5 万辆,换电站保有量不低于 240 座。截至 2023 年底,北京累计推广换电新能源汽车 6.99 万辆,累计建成换电站 269 座。

3. 推动京津冀燃料电池汽车示范城市群建设

2021 年 8 月,京津冀燃料电池汽车示范城市群获得批复,成为国家首批示范城市群。在四年示范期内,京津冀燃料电池汽车示范城市群推广车辆示范应用规模不少于 5300 辆。京津冀城市群第二年度如期完成国家燃料电池汽车示范车辆推广任务,实现燃料电池汽车上牌 1235 辆,超额 3.3% 完成任务;前两年度累计实现燃料电池汽车上牌 2473 辆,超额 9% 完成任务。其中,北京市前两年度共计上牌 1829 辆,超额 14.5% 完成任务。研发技术攻关方面,京津冀城市群实现电堆、空压机、膜电极、双极板、氢气循环系统、质子交换膜、催化剂的研发和产业化。2023 年底,财政部、工业和信息化部等五部门已完成燃料电池汽车示范城市群第一年度考核评价及奖励资金拨付工作,京津冀城市群第一年度获得中央奖励资金 3.5 亿元,其中北京市获得 2.9 亿元。

三、2023 年新能源汽车保有量和车用能源基础设施情况

2023 年,推广应用新能源汽车 15.6 万辆。截至 2023 年底,北京新能源汽车保有量 77.3 万辆,充电桩保有量 31.55 万个,换电站保有量 269 座,加氢站保有量 14 座。

城市	新能源汽车		充电桩	换电站	加氢站
	2023 年增量(万辆)	2023 年底保有量(万辆)	2023 年底保有量(万个)	2023 年底保有量(座)	2023 年底保有量(座)
北京	15.6	77.3	31.55	269	14

天 津 市

一、产业概况

1. 总述

截至2023年底，天津市共有汽车工业企业1000余家，其中规模以上零部件企业近400家，拥有生产资质的汽车、摩托车、专用汽车生产企业70家。整车产品涉及乘用车、客车、专用汽车，乘用车代表企业有一汽丰田、一汽-大众、长城汽车。汽车配套零部件企业已实现较快聚集，已形成了动力系统、底盘系统、车身系统、电子电气系统、上游材料及下游服务等较为完整的配套体系，代表企业有大众变速器、纬湃电子、天津一汽丰田发动机等。

2. 汽车产业

天津市汽车产业围绕整车制造领域、新能源核心零部件领域、汽车电子领域、动力领域、底盘领域及车身领域完善汽车产业体系，以一汽丰田、一汽-大众、长城哈弗3家企业为主导，强化整车制造龙头企业融通作用，加快生态主导型企业构建，支持上下游企业协同创新、大中小企业融通发展，培育具有国际影响力和竞争力的汽车及新能源汽车产业集群，推动产业集群的建设。

(1)一汽丰田汽车有限公司，生产车型包括奕泽、奕泽双擎、亚洲狮及卡罗拉等10余款车型，拥有员工1.3万余人。一汽丰田相继导入bZ3和格瑞维亚等车型并在生态城工厂增产上量。

(2)长城汽车股份有限公司天津哈弗分公司是长城汽车在保定之外投资的第一个整车生产基地，员工1.2万余人，拥有完整的冲压、焊装、涂装及总装四大工艺。2023年，长城汽车导入哈弗大狗二代、枭龙等新能源新车型。

(3)一汽-大众天津分公司新车型技术改造项目于2023年2月在天津经开区一汽-大众华北基地开工。该改造项目总投资20余亿元，年设计产能为20万辆。新增建筑面积15490.5 m^2，其中厂房扩建13563.3 m^2，主要新增包括冲压模具、车门密封条自动滚压设备、电检充电设备等，新增工艺设备总计937台(套)。

3. 智能网联汽车产业

截至2023年底，天津全市开放测试道路608条，累计里程1694 km，西青区、河北区、东疆综保区、中新生态城实现全域开放，津沧、津滨、塘承、京津塘等四条高速实现超过220 km道路开放。京津塘高速作为国内首条跨省支持车路协同自动驾驶测试的道路已实现全线开放，打通了京津冀三地高速线路，为三地智能网联汽车协同发展提供了良好基础。

二、2023年新能源汽车推广应用情况

1. 总述

2023年1—12月，天津市新增新能源汽车共计12.47万辆，同比增加21.48%。全市累计推广新能源汽车50.03万辆，保有量达到48.36万辆。

2. 电动汽车推广应用工作

2023年，天津市新增新能源汽车中纯电动汽车7.46万辆，占新增总量的59.85%；插电式混合动力汽车5.01万辆，占总数的40.15%。截至2023年12月，天津市存量新能源汽车中纯电动汽车34.02万辆，占保有总量的70.33%；插电式混合动力汽车14.35万辆，占保有总量的29.67%。

3. 智能网联汽车试点工作

智能网联汽车示范应用方面，已有百度、文远知行、小马智行、东风悦享、新加坡MooVita等多家企业开展测试工作，已有6大类120多辆自动驾驶车辆开展测试应用，西青区、河北区等重点区域累计完成1.3万人次、5万km接驳服务和25万km配送服务。

西青车联网先导区开展自动驾驶小巴和低速物流配送车示范应用，在全市率先实现“单车智能+车路协同”双模式规模化应用。河北区依托旅游资源，打造文旅、接驳和服务3条示范线路。中新生态城围绕双智试点，引入新加坡智能网联公交项目。东疆综保区围绕绿色港区、智能港区，加快推进自动驾驶集卡货运业务。宝坻区京津中关村科技城开通宝坻高铁站到京津中关村科技城公交线路。津南海河教育园积极搭建车联网产教融合创新平台。

三、本地区主要企业经营情况

1. 总述

2023年全年整车产量达到89.3万辆，增长12.6%。现产值2700亿元，增长超过10%。

2. 电动汽车产业

一汽丰田相继导入bZ3和格瑞维亚等车型并在生态城工厂增产上量，一汽大众探岳车型实现改款升级，长城汽车导入哈弗大狗二代、枭龙等新能源新车型，市区两级做好三大整车企业的运行调度和政策对接服务。全年整车产量达到89万辆，增长12%。新能源整车生产6.2万辆，增长200%。

四、园区及项目建设情况

(1)滨海新区开发区是国家新型工业化汽车产业示范基地和国家级汽车零部件出口基地，整车产量占天津总量的90%以上。天津经济技术开发区是滨海新区汽车产能的主要承载地，凭借优良的产业基础、完备的产业链条以及持续发展的良好态势跻身国内主要汽车基地前列。经开区共拥有一汽丰田、一汽-大众、长城汽车等4家汽车整车龙头企业，围绕重点新能源汽车项目，滨海新区积极协调推动一汽丰田新能源汽车项目建成投产。

(2)西青汽车工业园区规划面积25.5 km^2。依托现有产业优势，建设成为天津市环保经济型汽车及零部件生产基地和国际汽车零部件出口配套基地。重点发展节能型和新能源汽车、汽车关键零部件、汽车新材料和汽车新能源。园区汽车配套企业达到300多家，年配套能力达到70万台(套)。

(3)武清区汽车产业园坚持高新技术产业的发展方向，把握京津冀协同发展、将环首都京津区提升至国家战略的有利契机，新能源汽车及核心部件领域是该园区主导产业之一，园区建成了以比亚迪新能源汽车、中国氢谷、迈特赫

新能源科技、清华大学汽车 ESC 项目、常春汽车部件、大利汽车部件及祥鑫科技等为代表的新能源汽车及核心部件产业。

(4)东丽经济开发区规划面积 10.8 km^2，现有注册企业 2600 余家，就业员工 3 万余人，生产型汽车相关企业 46 家。产品涉及汽车起动机、汽车发电机、汽车传动系统、汽车排气系统和汽车内饰件等。聚集了丰田合成、电装电机、三五汽车等零部件企业。

五、2023 年基础设施建设及运行情况

2010 年以来，天津市在国内率先探索“充电”和“换电”两种模式，加快建设充换电基础设施，努力做到“需求延伸到哪里、网络覆盖就到哪里”。全面建成全市“0.9 km、3 km、5 km”充电服务圈，累计建成各类公共充电场站约 7018 个，充电桩 23.8 万台，其中公共充电桩 8.5 万余台，居民自用充电桩 15.3 余万台，车桩比达到 2.22∶1，高于全国平均水平，打造了中心区 0.9 km、环城区 3 km、远郊街区 5 km 充电服务圈。实现重点领域充电服务全覆盖，支撑公共交通领域碳减排，建成运营公交充电站 165 座，充电桩近 1600 台，服务新能源公交 4700 余部，实现“津城”“滨城”公交绿色出行；贯彻落实京津冀交通一体化工作部署，累计建成 52 座高速充电站，辖区过境高速公路服务区实现 100% 全覆盖。

六、发展规划

2023 年，市政府办公厅印发《天津市加快新能源和智能网联汽车产业发展实施方案（2023—2027 年）》（津政办发〔2023〕24 号），坚持电动化、网联化、智能化发展方向，推动汽车产业向新能源化、智能网联化、高端化转型升级，大力发展新能源整车，抢占智能网联汽车产业新赛道，多技术路线布局商用车产业，优化提升关键核心零部件产业链，完善基础设施体系，重塑汽车服务业版图，推动新能源和智能网联汽车产业高质量发展。到 2025 年，新能源汽车产量占全市汽车总产量比重达到 30%，产业形成一定规模；智能网联汽车实现限定区域和特定场景商业化应用，形成特色鲜明、相对完整的产业链供应体系。到 2027 年，新能源汽车产量占全市汽车总产量比重达到 45%，将天津打造成为北方重要的新能源汽车生产基地和全国重要的智能网联汽车示范应用与成果转化城市。

七、本地区电动汽车充（换）电站（桩）统计表

城市名称	充电站	充电桩		换电站
	2023 年底保有量（座）	慢充（个）	快充（个）	2023 年底保有量（座）
天津市	7018	153000	85000	2

上　海　市

一、汽车产业推动产业规模发展

8 家整车企业、600 余家国内外主要零部件企业在沪布局；2023 年，上海汽车产量 215.6 万辆，占全国 4.8%，产值达到 7723 亿元，其中新能源汽车产量 128.7 万辆，占全国 13.4%，产值 3876 亿元；累计推广新能源汽车 136.7 万辆，规模位居全球城市第一。

二、电动汽车产业情况

2023 年，上海新能源汽车产量达到 128.7 万辆（同比+34.4%，占全国汽车产量比例为 13.4%）。截至 2023 年底，上海新能源汽车保有量约 136.7 万辆（北京 61 万辆，深圳 76.6 万辆），其中，2023 年推广 35.35 万辆（同比+5.3%），2023 年 12 月推广 5.07 辆（同比-13%）。

销售品牌方面，累计 147 家国内外整车生产企业的 163 个品牌进入上海市场，共计销售 1875 款新能源车型，其中纯电动车型 1386 个、插电式混合动力车型 441 个、燃料电池车型 48 个。保有量 136.66 万辆中，上汽自主品牌约 24.34 万辆（占比 18%），比亚迪约 32.73 万辆（占比 25%），特斯拉约 22.89 万辆（占比 17%）。

能源类型方面，上海插电式混合动力汽车保有量 47.56 万辆，占新能源汽车总量的 34.8%，其中上汽自主品牌全年销售 0.07 万辆，占当年销售插电式混合动力汽车总量的 3.10%；上海纯电动汽车保有量 88.72 万辆，占新能源汽车总量的 64.9%，其中上汽自主品牌全年销售 3.17 万辆，占当年销售纯电动汽车总量的 9.61%。随着电池技术水平提高，加上全市充电设施的逐步完善，插电式混合动力汽车的里程优势逐渐减弱，纯电动汽车产品经济性和充电便捷性逐渐显现，推广占比逐年提升，上海纯电动汽车推广占总量比例已从 2017 年 30% 上升到 2023 年 64.9%，提高 24.9 个百分点。

推广领域方面，上海私人领域新能源汽车保有量约 101.8 万辆、占总量比 74.5%，公共领域（出租、公交、公务、环卫、物流和租赁）新能源汽车保有量约 34.86 万辆、占总量比 25.5%。在新能源汽车免费牌照、限行新政等驱动下，私人购买新能源汽车积极性、推广数量呈现稳步提升态势，但公共领域以政策补贴为主要驱动，在国家补贴逐年退坡情况下，推广数量相对较少，还需进一步挖掘公共领域应用场景。纯电动出租车推广量方面，上海纯电动出租车 2.89 万辆（2023 年新增 0.63 万辆）。

推广车型方面，上海累计推广新能源乘用车约 130.37 万辆（占比 95.4%），商用车约 2.79 万辆（占比 2.04%），专用车约 3.5 万辆（占比 2.56%）。推广应用以乘用车为主，符合市场发展规律，后续应进一步加强政策引导，加大商用和专用车新能源车型研发力度。

三、燃料电池汽车推广情况

为贯彻落实国家 3060“双碳”目标，全力做强创新引擎，坚定不移地走绿色高质量发展道路。上海积极落实国家产业发展战略，全面推动氢能和燃料电池汽车产业的创新发展上，提出了 2025 年“百站、千亿、万辆”总体目标，明确了“一

环、四创、六带”总体布局。上海积极落实国家燃料电池汽车示范应用相关工作部署，获批全国首批燃料电池汽车示范应用城市群。2023 年已累计推广氢燃料电池汽车近 4000 辆，占全国约 25%，应用场景涉及重卡运输、物流配送、城市公交、通勤班车、渣土清运、网约租赁等。

四、智能网联汽车

智能网联汽车有一定基础，产业生态不断完善。上海积极推动智能网联汽车技术创新和产业发展，累计向 32 家企业 794 辆车颁发了道路测试和示范应用牌照，测试里程超 2250 万 km；开放了 1003 条 2008 km 智能网联汽车测试道路，形成了嘉定乘用车、临港商用车、奉贤停车库、金桥车联网的错位发展布局；制定出台了《上海市浦东新区促进无驾驶人智能网联汽车创新应用规定》《上海市智能网联汽车测试与示范管理办法》等相关政策；载人示范应用累计完成 200 万人次体验，洋山港智能重卡累计完成 23 万集装箱运输。无人化方面，7 家企业 30 辆车获颁全国首批正式无驾驶人道路测试牌照；商业化方面，8 家企业 160 辆车获准开展智能出租、智能公交示范运营；高速化方面，7 家企业 22 辆车获批开展高速公路测试。

五、上海汽车产值数据

类别		2019 年	2020 年	2021 年	2022 年	2023 年
汽车	总产值（亿元）	6409. 57	6735. 07	7585. 55	8080. 35	7722. 88
	同比增长	-4. 4%	9. 3%	21. 1%	9. 3%	12%
	占全市规上工业总产值	18. 6%	19. 3%	19%	20%	19. 6%
其中，新能源汽车	总产值（亿元）	263. 52	663. 64	1772. 6	2888	3876
	同比增长	2. 2%	170%	190%	56. 9%	32. 1%

六、上海汽车产量数据

类别	2019 年	2020 年	2021 年	2022 年	2023 年
本地汽车产量（万辆）	274. 9	264. 68	283. 32	302. 45	215. 6
同比增长	-7. 7%	-3. 7%	7. 0%	6. 8%	12%
占全国比重	10. 7%	10. 5%	10. 9%	11. 5%	4. 8%
其中，新能源汽车产量（万辆）	8. 3	23. 86	63. 19	98. 86	128. 7
同比增长	1. 2%	190%	165%	56. 5%	34. 4%
占全国比重	6. 7%	17. 5%	17. 8%	14%	13. 4%

七、上海新能源汽车推广及充电桩数据

类别	累计
新能源汽车累计推广数量（至 2023 年 12 月底）	136. 66 万辆
其中，2023 年推广	35. 35 万辆
充电桩累计建成数量（至 2023 年 12 月底）	81. 3 万个
其中，公共充电桩	7. 8 万个
专用充电桩	4. 9 万个
私人充电桩	61. 7 万个
车桩比	1. 68：1

重　庆　市

一、产业概况

1. 总述

重庆是全国重要的汽车制造基地，智能网联新能源汽车产业是重庆市“33618”现代制造业集群体系 3 大主导产业之一。截至 2023 年底，重庆市共有整车企业 19 家，包括长安、上汽、东风、吉利、长城等国内头部车企，产品种类涵盖轻、重、客、微、轿全谱系。有规模以上汽车零部件企业 1200 余家，具备发动机、变速器、动力电池、驱动电机等各大总成完整的供应体系，3 大系统、12 大总成、56 个部件实现全覆盖和集群式发展。全市智能网联新能源汽车在品牌打造、产业链培育、设施配套等方面取得长足进展，有 300 余家产业链条企业集聚发展，形成西部地区最为完整的智能网联新能源汽车产业链，在智能网联先行先试、换电模式、氢燃料汽车推广

等方面处于国内先进行列。

2. 电动汽车产业

重庆市现有长安汽车、赛力斯汽车等16家新能源整车企业,车型涵盖乘用车、货车、客车及专用车领域。2023年,新能源汽车产量50万辆,同比增长30.3%,对全市汽车产量增长贡献率达到258%。重庆市首款售价30万元以上的轿车阿维塔12,以及首款售价40万元以上的SUV问界M9均已上市。关键配套能力持续增强。3大系统、12大总成、56个部件实现全覆盖,弗迪动力电池、青山电驱动、龙润电转向、博世氢动力、北斗智联智能座舱等零部件的技术水平国内领先;意法功率芯片、大洋电机、承泰毫米波雷达、兴恒电池用铝箔、禾赛软件等关键项目纷纷落地;赣锋新型锂电池、长安线控底盘、青山电驱系统、文灿轻量化一体车身等重大项目建设按时序推进,智能网联新能源汽车零部件产业集群发展水平西部领先。

3. 燃料电池汽车产业

自2020年以来,重庆市加快推动氢能产业发展,先后印发了《重庆市氢燃料电池汽车产业发展指导意见》《关于规范加氢站试点示范阶段建设条件和流程(试行)的通知》,明确了产业发展的目标任务、实施路径、发展重点和“两区两线”的战略布局,建成国内首条城际氢能示范通道成渝氢走廊,整体取得了较好成效。重庆市长安汽车、庆铃汽车、上汽红岩等整车企业,已具备氢燃料电池乘用车、商用车研发生产能力,已上市车型18款。博世氢动力、国鸿氢能氢燃料电池发动机研发生产基地、国家氢能动力质量检验检测中心等重点项目已建成投用。

4. 智能网联汽车产业

长安汽车正加快实施智能化战略“北斗天枢”计划,联合宁德时代、华为上市了自主高端新能源汽车品牌阿维塔。赛力斯与华为深度合作,旗下高端智慧汽车品牌问界M7、M9上市持续热销。全市部分车企已具备L3及以上自动驾驶汽车的自主研发生产能力。

二、2023年新能源汽车推广应用情况

1. 总述

重庆市高度重视新能源汽车推广应用和产业发展,成立市新能源和智能网联汽车产业发展联席会议办公室统筹协调、指导相关工作,并陆续出台一系列专项政策,涵盖新能源汽车研发、生产、购置和运营等环节,充换电基础设施建设、运营等环节,以及新能源汽车停车、通行、宣传、监测等方面,支持新能源汽车产业高质量发展,推动新能源汽车推广应用。

2. 电动汽车推广应用工作

2023年重庆市成功入围全国第一批公共领域车辆全面电动化先行区试点城市,推广新能源汽车16.7万辆,同比增长44.9%,渗透率37.7%,其中公共领域推广2.5万辆。新能源汽车保有量达43.57万辆。

3. 燃料电池汽车示范应用工作

川渝两地已累计推广氢燃料电池汽车908辆,其中四川602辆、重庆306辆。川渝两地已合计建成加氢站26座,其中四川19座,重庆7座。推广车型涵盖氢燃料电池物流车、环卫车、搅拌车、观光车、公交车等。

4. 新能源汽车换电模式应用试点工作

重庆市于2021年纳入工信部换电模式应用试点城市,进一步深入探索换电模式商业化应用,率先在巡游出租、网约出租、物流配送等领域先行先试。基本打造成为商业模式清晰、推广数量领先、应用场景丰富、安全保障有力的换电示范城市,形成了一定范围内可复制、推广的模式和经验。2023年,重庆市新增换电站68座,累计建成运营换电站154座,其中出租网约换电站97座,重卡换电站12座,私人用车换电站46座。累计推广换电车辆20691辆。

5. 智能网联汽车试点工作

长安汽车、赛力斯、吉利、一汽、东风、福田、广汽、百度、奇瑞、星行、凯瑞、标致、永川畅恒、中车智驭等13家企业已来渝开展自动驾驶开放道路测试与应用,发放测试号牌382副,累计测试里程超过300万km。重庆(两江新区)国家级车联网先导区着力构建基于“车路协同”的6大类应用场景、30余种功能场景,推广直联车辆近6000辆。西部科学城重庆高新区正着力建设全国首个可利用网联云控技术赋能全类型车辆的示范区。

三、2023年基础设施建设及运行情况

重庆市积极推动新能源汽车充换电基础设施建设,加快构建完善的新能源汽车使用环境和应用场景。充电基础设施方面。截至2023年底,累计建成充电站3162座,建成充电桩21.05万个,公用充电基础设施已实现全市覆盖,全市高速公路快充网络实现全覆盖,辐射范围西部领先。换电站方面,截至2023年底,重庆市累计建成换电站154座,涵盖主城都市区中心城区及部分高速公路服务区,形成了满足前期运营示范的换电服务网络,在全国8个综合类换电示范城市中排名第二。加氢站方面,重庆市氢燃料电池汽车发展已具备一定基础,2023年全市建成加氢站4座。同时,重庆市持续优化升级市新能源汽车和充电基础设施监测平台功能,提升车桩一体化监测水平,实时接收车辆生产企业、充换电运营企业转发的安全状态信息,动态掌握车辆运营和充电桩运营等情况。

四、发展规划

一是提升整车新能源和智能网联化水平,加快突破智能网联新能源汽车整车关键技术,推动汽车整车全面加快新能源化、智能网联化转型。二是完善汽车零部件供应链体系,推动传统零部件企业转型升级,做大做强智能网联新能源汽车零部件产业。三是加快推进自动驾驶及车联网创新应用,推动车联网与智慧交通、智慧城市融合发展,助力自动驾驶及车联网科技成果加速产业化。四是加快培育汽车软件与人工智能产业,实现软件、人工智能与汽车产业的深度融合。五是加快打造体验之都,提高汽车智能网联、人工智能领域的测试水平,打造独具特色、形态丰富的车路协同体验场景。六是加快基础设施及服务体系建设,推动能源网、交通网、信息网协同融合发展。七是构建全面高效的智能网联新能源汽车安全体系,强化安全监管,加快智能网联新能源汽车配套能力提升,保障产业链供应链稳定。

五、本地区电动汽车充(换)电站(桩)统计表

城市名称	充电站		充电桩		换电站	
	2023 年新建数量(座)	2023 年底保有量(座)	慢充(个)	快充(个)	2023 年新建数量(座)	2023 年底保有量(座)
重庆市	—	3162	19.44 万	1.61 万	68	154

河 北 省

一、产业概况

1. 总述

河北省已形成生产能力的整车企业 10 家,整车产能 135.6 万辆/年,其中拥有新能源汽车生产资质企业 7 家,产能 108.3 万辆/年(新能源汽车、传统汽车产能共用)。2023 年,河北省汽车整车产量 84 万辆,其中新能源汽车产量 12.6 万辆,同比增长 96.6%。

2. 电动汽车产业

河北省电动汽车整车产品涵盖纯电动(混动)客车、纯电动(混动)轿车、纯电动物流车、纯电动环卫车、纯电动牵引车以及纯电动专用车等。

长城汽车股份有限公司打造了以能源、智能化为导向的森林生态体系,确立了混动、纯电、氢能三轨并行的发展策略,在智能驾驶、智能座舱、智慧底盘等方面进行全产业链布局,在低功率大算力芯片、数据智能体系等前瞻领域进行深入研发和应用。长城汽车旗下拥有长城、哈弗、WEY、欧拉、坦克、沙龙六大品牌,整车产能超过 200 万辆,产品涵盖 SUV、轿车、皮卡、纯电动和插电式混合动力新能源汽车等品类,具备发动机、变速器、汽车底盘等核心零部件自主生产和配套能力。长城汽车河北(保定)基地产能 60 万辆,2023 年长城汽车河北(保定)基地生产新能源汽车 8.91 万辆。

长安汽车是中国汽车四大集团阵营企业,全球有 14 个生产基地、33 个整车、发动机及变速器工厂。河北长安是长安汽车商用车生产基地,占地 1790 余亩,从业人员 5400 余人。2023 年河北长安生产新能源汽车 1.6 万辆。

浙江吉利汽车有限公司张家口分公司位于张家口市怀安经济开发区,2014 年启动建设,2017 年 12 月正式落成,主要生产基于 CMA 平台的领克汽车,包括领克 02、领克 03 和领克 03+。2023 年 9 月,V216 纯电汽车项目正式量产,实现了燃油车与新能源车并线生产。2023 年吉利张家口公司生产新能源汽车 1.86 万辆。

河北长征汽车制造有限公司于 2021 年全面转型新能源,主要产品涵盖充换电及氢能牵引车系列、纯电动自卸车系列、纯电动搅拌车系列、纯电动环卫车系列等新能源重卡产品以及部分传统能源重卡。2023 年长征汽车生产汽车 1000 辆,同比增长 75.9%。

2023 年红星汽车与宁波知道新能源科技有限公司开展合作,进行技改升级,当年推出的纯电动产品 BOX1 是国内首款正向设计开发的新能源城市物流车型。2023 年红星汽车生产新能源汽车 200 辆。

领途汽车有限公司前身为御捷车业,2018 年由低速电动车开始进入新能源乘用车领域,2021 年开始进入破产重整阶段,之后被北京蓝雀灵汽车科技有限公司收购。2023 年领途汽车生产新能源汽车 4800 辆。

奇瑞新能源汽车股份有限公司石家庄分公司于 2023 年取得生产资质,当年生产新能源汽车 1.16 万辆。

3. 燃料电池汽车产业

河北已基本形成从氢气制储运加,到燃料电池汽车及其核心零部件制造,再到多元化市场应用的相对完整产业链。其中风光电解水制氢、燃料电池发动机、空压机、燃料电池公交示范应用等已达全国领先水平。长城汽车旗下未势能源是大型氢能、燃料电池汽车关键组合综合型研发检测中心,该中心自主研发的燃料电池发动机覆盖 80 kW~100 kW,系统功率密度为 500~700 W/L,实现了零下 30 ℃低温启动。河北长安氢燃料电池客车生产线已完成 8.6 m 燃料电池公交车产品开发,正在与亿华通、丰田等各方合作开发 10.5 m 大型燃料电池公交客车,具备每年 1000 辆以上相关产品的生产能力。北汽福田汽车股份有限公司氢能源燃料电池客车生产线具有年产 1000 台燃料电池客车的能力。河北长征已开发气氢和液氢重卡,在行业内销量排名前列。

4. 智能网联汽车产业

长城汽车股份有限公司在智能网联汽车技术领域拥有 CoffeePilot 智能驾驶、CoffeeOS 智能座舱、CoffeeEEA 电子架构、CoffeeAICloud 咖啡智能云等核心技术全栈自研能力,并在低功率大算力芯片、数据智能体系等前瞻领域也进行了深入研发和应用。森思泰克河北科技有限公司是中国电子科技集团下属企业海康威视投资的一家专业从事毫米波与激光雷达传感器智能产品研发、生产与销售的高科技型企业。公司先后研发出多系列高品质雷达产品,主要面向车载安全、智能交通、智慧停车、安防监控、道闸控制等多个领域,涵盖 24 GHz、77 GHz、79 GHz 频段;并融合相控阵、DBF、MIMO、稀疏阵、超分辨等科技前沿的雷达技术,逐渐发展成为国内规模最大、产品市场占有率最高的商用雷达供应商。河北全道科技有限公司专注于自动驾驶地图领域及测绘领域的各项服务,已获得“地理信息系统工程”和“互联网地图服务”乙级资质。河北美泰电子科技有限公司是中国电子科技集团公司(CETC)第十三研究所控股的有限责任公司,致力于 MEMS(微电子机械系统)器件与系统的研发、生产,主要产品包括组合导航模块、高精度惯导单元 IMU。

二、2023 年新能源汽车推广应用情况

1. 总述

2023 年，全省推广新能源汽车 30.46 万辆，截至 2023 年底，全省新能源汽车保有量 80.8 万辆，同比增长 61.6%。

2. 电动汽车推广应用工作

河北省建立了新能源汽车产业发展和推广应用联席会议机制，不定期组织召开全省新能源汽车发展和推广应用联席会议，推动成员单位横向沟通和系统内上下联动，更好地形成产业发展和推广应用合力，坚持定期通报各市新能源汽车推广应用情况，起到鼓励先进、鞭策落后的作用。加强部门协同，省直相关部门联合组织产需对接活动，组织新能源整车企业与用车企业现场开展产用对接，省税务局积极贯彻落实新能源汽车购置税减免优惠政策，省公安厅交管局积极协调减免车牌费用，省机关事务管理局落实党政机关应带头使用新能源汽车的规定，逐步扩大机关公务用车新能源汽车配备比例，省交通运输厅指导各地推广应用新能源公交车、出租车，省住建厅积极推广新能源环卫车辆，省生态环境厅加快推动柴油货车新能源替代工作，省商务厅印发汽车消费促进工作方案。

3. 燃料电池汽车示范应用工作

财政部、工业和信息化部、科技部、国家发展改革委、国家能源局于 2021 年 12 月下发《关于启动新一批燃料电池汽车示范应用工作的通知》（财建〔2021〕437 号），批复了河北省燃料电池汽车示范应用城市群，河北城市群采用“1+8+N”的模式，其中 1 表示牵头城市张家口市，8 表示省内的唐山市、保定市、邯郸市、秦皇岛市、定州市、辛集市、雄安新区的 7 个城市和内蒙古乌海市，N 表示补强城市群产业链但不参与车辆推广任务的城市，有上海市奉贤区、河南省郑州市、山东省淄博市、山东省聊城市、福建厦门市。截至 2023 年 12 月，河北城市群累计推广燃料电池汽车 1202 辆。

4. 新能源汽车换电模式应用试点工作

唐山市 2021 年 10 月入围国家新能源汽车换电模式应用试点（重卡特色类），截至 2023 年底，全市共推广应用换电重卡 4511 辆，换电乘用车 130 辆，超额完成 2600 辆的推广任务，已建成投运换电站 32 座。

三、园区及项目建设情况

奇瑞新能源石家庄项目是奇瑞集团在北方地区的重要战略布局，也是石家庄市第一家新能源乘用车项目，2023 年 7 月完成项目建设、资质准入审核并开始投产，第一款产品为全铝车身结构的小蚂蚁。

张家口南山汽车产业基地是以汽车制造为主导产业、致力于汽车全产业链发展的专业化园区。该基地空间规划面积 10.51 km^2，其中集中建设区 5.83 km^2，共有整车及零部件制造、高端装备制造、汽车运动文旅、汽车智慧物流、综合服务五大功能区。依托领克汽车张家口工厂、极光湾发动机工厂等龙头企业带动，基地已入驻汽车相关企业 67 家，形成了集整车制造、零部件生产、汽车物流、汽车金融等为一体的集群化发展格局。

四、2023 年基础设施建设及运行情况

全省累计建成投运充电站 3476 座，公共充电桩 101044 个（含专用充电桩 44015 个），基本形成了可满足全省及周边省市新能源汽车充电需求的充电网络，具备满足 70 万辆电动汽车的充电能力。

五、发展规划

一是实施产业创新能力提升行动。组织开展新能源和智能网联汽车关键核心技术和产品“揭榜挂帅”，推进京津冀新能源和智能网联汽车创新联合体建设，开展技术攻关。

二是实施龙头企业壮大行动。推动长城汽车加快新能源转型，加快河北长安新能源车型研发及生产线建设项目，推动河北长征、红星汽车在城建环卫、物流运输等领域开发更多适配车型。

三是实施“强链延链补链”行动。开展高能级平台招商，依托数博会、链博会、世界智能大会等平台，联合京津开展产业推介及招商活动。开展小团组招商，赴常州、苏州、上海等地，围绕电机电控、汽车电子等开展精准招商，组织“科技产业金融一体化”对接活动。

四是实施产需对接行动。开展产业链撮合对接，推动全省更多汽车零部件企业深度融入京津产业链供应链。

六、本地区新能源汽车企业产销量统计表

生产企业名称	产品商标	车辆类型	通用名称	产量统计（辆）	销量统计（辆）
长城汽车股份有限公司	魏牌	插电混动	蓝山	31071	31071
长城汽车股份有限公司	魏牌	插电混动	枭龙 MAX	25273	25273
河北长安汽车有限公司	凯程	纯电微型客车	睿行 EM60	4303	4295
河北长安汽车有限公司	凯程	纯电轻型客车	睿行 EM80	10424	10850
河北长安汽车有限公司	凯程	纯电微型客车	长安之星 9EV	325	324
河北长安汽车有限公司	凯程	纯电微型货车	神骐 T10EV	819	831
河北长安汽车有限公司	凯程	纯电轻型货车	神骐 T30EV	617	592
河北长安汽车有限公司	凯程	增程式皮卡	长安猎手	649	370
浙江吉利汽车有限公司张家口分公司	沃尔沃	纯电动轿车	V216（出口）	18643	18643
河北长征汽车有限公司	长征	纯电动半挂牵引车	长征 Q1	215	253
河北长征汽车有限公司	长征	换电式纯电动半挂牵引车	长征 Q1	148	169

续上表

生产企业名称	产品商标	车辆类型	通用名称	产量统计(辆)	销量统计(辆)
河北长征汽车有限公司	长征	换电式纯电动半挂牵引车	长征 Q1H	20	80
河北长征汽车有限公司	长征	纯电动清洗车	长征 Z 系列	26	17
河北长征汽车有限公司	长征	纯电动垃圾清运车	长征 Z 系列	60	12
河北长征汽车有限公司	长征	纯电动洗扫车	长征 Z 系列	24	37
河北长征汽车有限公司	长征	氢能翼开启厢式运输车	长征 Z 系列	28	9
河北长征汽车有限公司	长征	氢能轿运车	长征 Z 系列	16	16
河北长征汽车有限公司	长征	纯电动自卸车	长征 C 系列	33	23
河北长征汽车有限公司	长征	纯电动工程自卸车	长征 C 系列	10	10
河北长征汽车有限公司	长征	纯电动搅拌运输车	长征 C 系列	41	54
河北长征汽车有限公司	长征	纯电轻卡运输车	长征 L01	394	87
河北长征汽车有限公司	长征	氢能轻卡运输车	长征 L01	7	7
河北红星汽车制造有限公司	红星	纯电动厢式运输车	5032	822	1961
河北红星汽车制造有限公司	红星	纯电动厢式运输车	5020	51	51
河北红星汽车制造有限公司	红星	纯电动厢式运输车	BOX-ONE	127	68
领途汽车有限公司	领途	纯电动轿车	悦 01	34	0
领途汽车有限公司	领途	纯电动轿车	缤纷	4771	1095
奇瑞新能源汽车股份有限公司石家庄分公司	奇瑞	纯电动轿车	小蚂蚁	11566	11566

七、本地区电动汽车充(换)电站(桩)统计表

城市名称	充电站		充电桩(个)	换电站	
	2023 年新建数量(座)	2023 年底保有量(座)		2023 年新建数量(座)	2023 年底保有量(座)
河北省	36	3476	101044	—	—

八、本地区车用加氢站统计表

序号	城市名称	加氢站名称	类型	供给能力(kg/d)	说明(运营/新建/在建)
1	保定市	旭阳加氢能源站(大王店站)	撬装站	1000	运营
2	保定市	徐水马亮营村撬装站	撬装站	500	运营
3	张家口市	创坝加氢站	撬装站	1000	运营
4	张家口市	国家能源集团万全综合能源站	固定站	1000/12h	运营
5	唐山	河北昆仑大河新能源有限公司滦南马城加油加氢站	固定站	1000	运营
6	唐山	唐山佳华加氢示范站	固定站	500	运营
7	唐山	氢扬新能源综合补给站	固定站	3500	运营
8	唐山	唐山燕阳冷轧有限公司	撬装自用站	500	运营
9	辛集	河北飞天新氢能源综合能源站	固定	4200	运营
10	定州市	定州旭阳氢能有限公司综合能源站	固定	500/12h	运营

山 西 省

一、产业概况

1. 总述

2023 年,山西省整车产量 10.3 万辆,较上年同期下滑 35.9%。主要生产企业为吉利汽车(晋中基地)、大运汽车(含成都大运运城分公司)、成功汽车,产品涵盖纯电动、氢燃料、甲醇、燃气及传统动力等多个方向。作为行业管理部门,山西省工业和信息化厅积极推动整车产品结构调整,组织企业加强产品研发,不断培育导入新产品、新车型,丰富产品谱系,抢占细分市场。推动大运汽车推出高端乘用车子品牌“远航”,支持成功汽车丰富“斑马”系列车型品类,对接吉利集团总部强化对吉利晋中基地甲醇重卡研发生产支持。

2. 电动汽车产业

2023 年,山西省电动汽车产量 6.9 万辆,同比下滑

50.8%。在产车型均为纯电动汽车，无插电式混动、增程式混动汽车生产。主要生产企业为吉利汽车（晋中基地），其电动乘用车产量4.34万辆，电动商用车产量582辆。在推动电动汽车产业发展过程中，山西省以零部件企业发展壮大作为破解产业规模较低的关键手段，谋划开展全产业链建设，围绕铸造、碳素等传统优势产业发力转型，培育发展了一批合金轮毂、负极材料生产企业，比亚迪太原单年度EHS动力总成产销近40万台套，尚太锂电2023年负极材料出货量占全国市场10%以上。

3. 燃料电池汽车产业

2023年，山西省燃料电池汽车产量126辆，均为氢燃料电池重卡、牵引车。主要生产企业为大运汽车，主要客户为具备重卡货运集中营运场景省内外企业。在国家燃料电池汽车示范应用城市群已明确的情况下，山西省发挥自身资源优势，以焦炉煤气、化工尾气制氢作为氢源头保障，推动整车企业、关键零部件企业同步发展。山西省工业和信息化厅会同相关部门，深入挖掘省内应用市场，从需求端发力推动规模化生产，促进了生产能力系统提升。

4. 智能网联汽车产业

依托原有工业基础，积极发挥整车企业牵引作用，支持太原、晋中、长治、运城等地智能网联汽车产业集群发展。加大招引力度，扶持晋中新能源汽车产业园建设，形成整车、专用车、零部件共同发展局面。加速示范应用建设，依托全国首个车城网数字经济示范运营基地"阳泉ApolloPark"，围绕已经建设的10 km车路协同城市测试道路，打造"车-路-云-图"为核心的智能网联生态基体系核心圈层。完成"智能网联重载货运车路协同发展"交通强国建设试点任务2023年度重点工作。

5. 甲醇汽车产业

充分发挥山西甲醇产能优势、产品结构优势，系统推动甲醇汽车产业发展壮大。经省人民政府审定，由省工信厅、发展改革委、公安厅、交通厅等十部门联合印发《关于加快推动全省甲醇汽车推广应用的若干措施》，提出15条政策措施，加速甲醇汽车推广应用，先后建成年产1.5万辆甲醇商用车生产基地，累计生产交付甲醇汽车2587台，占全国30%以上，为全国甲醇汽车产业发展提供了重要参考。

二、2023年新能源汽车推广应用情况

1. 总述

2023年，山西全省新增及更新汽车推广量66万辆以上，其中新能源汽车推广量约15.1万辆。全省汽车保有量1018万辆以上，新能源汽车保有量43.8万辆以上。

2. 电动汽车推广应用工作

为加速电动汽车推广应用，山西省工信厅、发改委、交通厅、科技厅、商务厅、能源局、公安厅交管局等部门协同发力，全面优化买车用车环境，利用综合手段加速公共领域、公务领域新能源汽车推广和民众新能源汽车消费，累计推广电动汽车近44万辆，并配套建设充换电基础设施，进一步加速电动汽车推广应用。

3. 燃料电池汽车示范应用工作

"政策+市场"双轮驱动建设氢能产业发展新高低，省市两级共出台支持氢能产业发展政策16项，将氢能产业链列入我省十大重点产业链，滚动开工建设总投资373.4亿元的氢能产业项目30个。全省累计建成加氢站15座（约占全国7%），投运氢燃料电池汽车952辆（约占全国8%），总行驶里程超1200万km，运营成本2.2~3元/km，率先实现了规模化低成本运营。经过不懈努力，山西氢燃料电池示范优势逐步凸显，技术路线成熟，成本优势突出。总体规模可观，积聚效应显现。产品体系丰富，工艺水平领先。

4. 智能网联汽车试点工作

2023年，山西省阳泉市ApolloPark（百度自动驾驶和车路协同应用示范基地）作为全国首个车城网数字经济示范运营基地全面启用。阳泉ApolloPark在功能上集自动驾驶和车路协同研发中心、远程大数据云控中心、营运指挥中心、调试与标定中心、研发测试中心、5G平行驾驶座舱控制系统、智能网联工程技术中心、多源传感器融合标定中心、展示体验中心、生态企业孵化等十项能力于一体，落地后将进一步完善百度Apollo在阳泉的自动驾驶、智能网联产业链条，更好地服务于阳泉"智first之城"建设。

三、主要企业经营情况

1. 总述

截至2023年，山西全省共有新能源汽车生产企业5户（以统计主体计为7户），实际开展新能源汽车生产企业3户（以统计主体计为5户）。上述3户企业生产新能源汽车13.5万辆，企业总营收约320亿元。

2. 电动汽车产业

2023年，山西省共有吉利、大运、成功三户企业开展电动汽车生产。其中，吉利汽车（晋中基地）电动汽车生产4.39万辆，工业产值91.6亿元。大运汽车电动汽车生产2.37万辆，工业产值22.35亿元。成功汽车电动汽车生产615辆（含出口），工业产值0.28亿元。

3. 燃料电池汽车产业

2023年，山西省有大运汽车一户企业开展燃料电池汽车生产，全年生产、销售126辆，均配置110 kW以上电池电堆，动力性能强劲、技术水平突出。

四、发展规划

（一）实施整车企业生存壮大行动。加强生产要素保障，提高整体产销规模，提高整车企业综合竞争实力。会同晋中市政府对接吉利集团总部，给予吉利晋中基地更多资源倾斜，统筹乘用车和商用车两个部门确保规模量产，快速提高市场接纳水平，稳健提升产能利用水平。坚定实施甲醇战略，以甲醇重卡为主力产品同步探索各型甲醇车辆生产推广。协同大运汽车开展品牌建设，继续强化在重卡领域技术优势，提高燃料电池、LNG车型技术优势。丰富乘用车产品谱系，进一步冲击中高端市场。加速对成功汽车定向扶持，降本增效提高生产规模，打造本省汽车生产第三极。坚持底线思维，配合工信部加强道路机动车产品一致性管理，多举措推进省内整车企业生产经营水平全部达正常水平，确保生产资质留存。

（二）实施产业链协同培育行动。围绕"链主"企业需

求，推动上下游企业加速提升配套能力。进一步发挥我省铸造产业优势，指导同誉轮毂等企业针对省内整车企业特定车型开展定制化设计，稳妥提升合作规模。推动冲压车门和机盖、时钟弹簧、总线系统等零部件产品生产企业提升自动化水平，确保产品质量稳定，实现产业链内的规模化供应。全年走访调研小微型零部件企业 20 户以上，梳理产品契合点向省内整车企业进行推荐，力争到 2024 年底整车企业配套率达 8%。鼓励更多企业拓展外销渠道，拥抱全国统一大市场，在全国汽车产业链担任重要角色，支撑全产业链营收突破 500 亿元。

（三）实施甲醇汽车推广应用行动。加快建设晋中国家级甲醇经济示范区，严格落实《关于加快推动全省甲醇汽车推广应用的若干措施》中明确的具体举措，对甲醇车辆购置、加注体系建设给予资金支持、政策优惠。坚持以甲醇加注体系建设为突破口，对接商务厅共同对相关政策补充完善，探索将甲醇纳入成品油零售加注规划体系。围绕重点线路，科学测算订单和运量需求，组织中石油、中石化、华新燃气等企业对现有加注站点改造增加甲醇加注功能。通过加注体系建设，服务市场化应用，刺激甲醇重卡生产规模提升。

内蒙古自治区

一、概况

截至 2023 年底，内蒙古自治区拥有新能源整车生产企业 2 户：包头北方奔驰重型汽车股份有限公司，主要生产重型载货汽车、自卸车、专用车；奇瑞汽车股份有限公司鄂尔多斯分公司，主要生产轿车和越野车。新能源汽车整车产能 9.5 万辆，新能源专用汽车产能 0.4 万辆；汽车动力电池生产企业 5 户，产能 8 GWh。新能源汽车动力电池企业有 1 户锂电池，4 户镍氢动力电池生产企业，各类动力电池材料产能 80 万 t。

二、生产经营

我区新能源汽车产业发展较快，截至 2023 年底，我区具有新能源汽车整车资质的有两家企业，北奔重汽和奇瑞汽车，产能 9.5 万台。商用车生产企业一家，北奔重汽（2019 年取得生产资质），产能 5 万辆，2023 年生产新能源重卡 1777 辆。氢燃料电池汽车的样车已经下线并进入国家公告目录，已投入批量生产。乘用车生产企业一家，奇瑞汽车（2018 年取得资质），产能 4.5 万辆，截至 2019 年底，累计生产新能源汽车 1.7 万辆。2020 年因市场问题停产。

正极材料生产 3 户企业，产能 5.4 万 t。负材料生产企业 16 家，产能 46.6 万 t，约占全国产能 15.5%，主要集中在呼和浩特市、鄂尔多斯市和乌兰察布市。电池隔膜生产企业 1 家，产能 1 亿 m^2。

动力电池主要有锂电池生产企业 2 户，镍氢电池 4 户，其中只有鄂尔多斯远景集团电池可以与新能源重卡配套。在建项目 1 个。燃料电池配套在建项目有 4 个，规模为 12000 套电堆、19000 套燃料电池系统。

三、市场发展

内蒙古自治区新能源汽车市场潜力巨大，自 2022 年到 2025 年，各类新能源汽车需求量预计达到 20 万辆，超过 1000 亿元的市场。按照内蒙古自治区到 2025 年新能源汽车推广数量预测，全区公交、网约和出租车辆电动化率接近 90%，重卡和矿用车电动化率超过 10%，照此全区需要新建充电桩 27620 个，新建充电站约 1381 座，充电桩装机功率约 4657200 kW，总投资超过 100 亿，年充电量约 100 亿 kWh。按照《内蒙古自治区加快充电基础设施建设实施方案（2021—2025）》，完善升级自治区新能源汽车监管平台，建设全区充换电设施网络平台，加快充电设施监管平台与新能源汽车监测平台数据融合，探索构建车桩一体化监管体系。逐步推进新能源汽车及各类充换电设施在云端互联互通、信息共享。整合各运营商平台信息资源，实时掌握充换电设施点位布局、运营状态、服务能力等信息，为行业运营和政府监管提供智能便捷服务，定期向社会发布自治区充电基础设施运行情况。

四、新能源汽车推广应用情况

内蒙古自治区新能源汽车产业及推广应用工作取得进展，自治区有关部门加大政策宣传力度，细化任务，明确目标，落实支持政策，营造了推广应用新能源汽车的良好社会氛围。

2023 年，自治区推广新能源汽车 43219 辆，同比增长 46.8%。截至 2023 年底，自治区新能源汽车监管平台与 220 家车桩企业进行了数据对接，采集新能源汽车厂家 168 家，新能源汽车累计接入 98392 辆，其中新能源纯电动汽车 55048 辆，插电混动汽车 43344 辆；累计接入新能源汽车基础设施运营商 52 家，充电站 621 座，充电桩 5345 台，充电终端 6886 把，监管充电设施总功率 31.49 万 kW；新能源汽车累计行驶里程 32.32 亿 km，节油量 3.71 亿 L，耗电量 13.04 亿 kWh，实现碳减排 165.1 万 t。

充电基础设施建设稳步增长，新能源汽车运行条件逐步改善。截至 2023 年底，全区累计建成充电站 1168 个，各类充桩 18765 个。呼和浩特市、包头市、乌海市和鄂尔多斯市初步构建了城市公交车的充电网路，其他盟市充电基础设施建设也处在高速增长期。自治区规划到 2025 年，全区充换电基础设施建设基本完善，新建公共充电站不低于新建各类充电桩不低于 2.7 万个。为鼓励使用新能源汽车，降低运行成本，自治区出台了《自治区政府关于进一步深化电力体制改革促进产业结构调整有关事宜的通知》（内政发〔2016〕61 号），将新能源汽车充电列入优先交易范围，风光发电参与，不设限值，使新能源汽车运行成本进一步降低。

辽 宁 省

一、产业概况

1. 总述

辽宁已建立了门类齐全、体系完整、具有较高技术水平的汽车产业链体系。全省拥有新能源汽车整车、零部件企业和科研院所300余家,主要分布在沈阳、大连、丹东、锦州、朝阳等地区,初步形成了产学研用相结合的新能源汽车产业体系,具备较好的产业发展基础。其中,华晨宝马、一汽氢锋客车、丹东黄海等新能源整车生产企业在研发设计、示范推广应用等方面走在全省前列。2023年,全省实现新能源汽车产量13万辆,同比增长29.2%,产量是2016年的近40倍。

2. 电动汽车产业

拥有华晨宝马、丹东黄海、大连氢锋等新能源整车生产企业,铁岭陆平、沈阳德恒等新能源改装车生产企业,新源动力、采埃孚电驱动科技(沈阳)、莱茵动力(锦州)、大连泰星能源等新能源汽车零部件企业。产品型谱覆盖纯电动汽车、插电式混合动力汽车等整车和专用车,动力电池、驱动电机、电子控制和系统集成等核心零部件,动力电池正负极材料、电池电解液等电池原料。电池、电机、电子控制及系统集成等核心零部件和关键技术已取得一定进步,锂离子电池正负极材料、隔膜、电解液和充电设备等配套产品实现快速发展。

3. 燃料电池汽车产业

燃料电池电堆及其核心部件方面,由中科院大连化物所等单位发起设立的新源动力公司,致力于质子交换膜燃料电池研发与产业化,具备年生产和测试燃料电池1万台(套)的能力。系统集成、控制和辅助系统关键部件方面,拥有洺源科技、大连擎研、阜新德尔等企业。

4. 智能网联汽车产业

辽宁积极构建新能源智能网联汽车创新生态,推进传统汽车零部件向新能源、智能网联转型升级,推进区域性测试道路建设示范引导。沈阳市大东区已建成并开放涵盖39 km的人车路云"智慧公交"体验线路建立智能网联汽车测试示范区。大连市开放金马路、金石滩、东港、旅顺南路等开放测试道路,推动智能网联汽车开展道路测试或示范应用活动,在测试里程、数据收集、安全性保障方面均实现了预期目标,为示范应用奠定了良好的基础。

二、2023年新能源汽车推广应用情况

2023年,全省新能源汽车产量增长29.2%,零售额增长1.2倍。沈阳市新能源汽车保有量10.8万辆,比上年翻了一倍多,占新车销量的25%。

燃料电池汽车示范应用方面,中科院大连化物所等单位发起设立的新源动力公司,燃料电池电堆及系统已配套于41款公告车型、1300台车辆,在12个城市示范运营。新源动力燃料电池汽车发动机、电堆及电堆关键部件智能化自动制造生产线建设项目形成1万(台/套)燃料电池汽车发动机系统、电堆生产能力。

智能网联汽车试点工作方面,印发《沈阳市〈智能网联汽车道路测试与示范应用管理规范(试行)〉实施意见》和《大连市智能网联汽车道路测试与示范应用管理实施细则(试行)》。沈阳市在已建成智慧道路基础上,对上通北盛片区21.5 km、宝马片区周边10 km以及沈铁路两侧23 km,共计54.5 km道路进行统一设计和智能化改造升级,进一步完成试验环境搭建,实现应用场景部署,验证车路云一体化建设技术路线。建设华为(沈阳)车联网创新中心、智能网联汽车先导区市场化运营平台等平台,打造车联网和自动驾驶平台,构建商业运营模式,全面完成区域内"智慧的路、聪明的车、实时的云、可靠的网和精确的图"五大体系建设,形成车路协同自动驾驶数据集,自动驾驶出行商业化服务,道路交通通行指标大幅优化。

三、主要企业经营情况

1. 电动汽车产业

华晨宝马作为龙头企业,是宝马集团全球规模最大的生产基地,也是我省新能源汽车产业的龙头。正全速向新能源汽车转型,在技术创新、品牌与产品、充电与基础设施以及电动出行服务等方面积极构建完整的新能源生态体系。2023年产销量分别完成12.0万辆和12.2万辆,同比分别增长39.2%和48.2%。现有4款在产新能源车型(BMW iX3纯电动、BMW 3系纯电动、BMW X1纯电动、BMW 5系纯电动)。按照"电动化、数字化、循环永续"战略方向,投资100亿元的第六代动力电池项目加快建设,将全面支撑2026年"新世代"车型量产。近期宝马还将在辽追加投资200亿元,加快推进产品转型升级。

大连泰星主要向特斯拉、丰田、大众、福特等供应方形动力电池,产能可满足40万辆电动车的搭载需求。采埃孚电驱动科技(沈阳)主要从事电机、电控和电驱动系统的生产装配以及测试,已投资10亿元建设新能源汽车零部件项目,计划生产电驱动桥三合一总成等产品。东软睿驰的主要产品为新能源汽车动力电池系统、ADAS、动力电池包、智能充电系统与高级辅助驾驶系统等,为广汽本田、东风本田等企业配套。

2. 燃料电池汽车产业

莱茵动力(锦州)将电机、电控、减速器进行高度集成化系统设计,研发出三合一动力总成。沈阳希科泰主要从事汽车三电控制系统研发,为江淮、吉利、奔驰等企业研发电池控制器。洺源科技在燃料电池电堆、燃料电池发动机集成控制等领域拥有自主核心技术,在系统关键零部件开发、仿真验证、核心控制器开发、逻辑策略开发、测试验证、车辆匹配工程等方面具有成熟的技术储备和经验。

3. 智能网联汽车产业

在智能网联汽车零部件领域拥有东软睿驰、楼兰科技、美行科技等企业,产品涵盖操作系统、电子控制、辅助驾驶、智能充电、导航定位、图像处理与识别等领域核心零部件和关键技术。省内移动、联通、电信三大运营商已经逐步参与到智能网联汽车领域5G技术设施建设和试点示范项目建设

中,多家企业在内容服务提供及汽车远程服务已经进入商业化运营阶段,如华录智达科技股份有限公司面向城市公交行业,提供全面的解决方案、软硬件产品和服务,覆盖公交企业的人员、车辆、场站、线路、乘客、企业管理等六大方面,全面提升公交企业的运营管理能力、安全生产能力和服务公众的能力;鼎视科技有限公司的集监管平台、终端设备为一体的解决方案提供商,承担多项交通部和发改委的行业示范工程项目,拥有二十六项专利和软件著作权。秘阵科技有限公司自主研发的车联网密码认证解决方案,综合使用了多种密码算法,单台认证服务器可实现 1000 次/s 的认证速度。其产品认证效率和认证速度全球领先,是国内第一款取得国家密码管理局“商用密码产品认证证书”、无须依赖密码令牌介质即可完成密码级身份认证的轻量化密码安全产品。

四、园区及项目建设情况

辽宁共有 20 余个汽车及零部件相关产业园区。以这些产业园区为基础,已形成了沈阳汽车及零部件产业基地、大连汽车及零部件产业基地、辽宁专用车生产基地、丹东汽车及零部件产业基地、锦州汽车零部件产业集群、朝阳汽车及零部件产业基地等多个产业集群。

大连金州汽车零部件产业集群作为“中国汽车零部件制造基地”,拥有规上整车及零部件企业近 150 家。丹东汽车及零部件产业集群已形成集大中型客车、皮卡车、各类专用车和汽车零部件为一体的研发、生产体系。位于沈阳市铁西区的华晨宝马配套产业园以华晨宝马铁西工厂、里达工厂为依托,总投资 521 亿元,围绕宝马一级供应商在科研、生产、加工、装配等方面需求,打造集配套链、创新链、资金链、人才链等于一体的汽车全产业链生态圈,现有 4 个在建园区和 1 个拓展园区;位于沈阳市大东区的华晨宝马配套产业园以华晨宝马大东工厂及一级、二级零部件供应商增资扩产为依托,总投资 75 亿元,围绕华晨宝马现有车型和未来投产车型,建设上中下游产业链为一体的生产制造产业园区,打造全备的配套体系,现有 5 个在建园区和 1 个拓展园区。华晨宝马动力电池项目于 2023 年 4 月开工建设,新增建筑面积约 31 万 m^2,项目新建动力电池车间、转运车间及各类配套建构筑物,形成年产 30 万台动力电池组的生产能力。

五、2023 年基础设施建设及运行情况

2023 年 2 月,我国首个甲醇制氢加氢一体站在辽宁大连投入使用,该项目的成功投用,一举突破了阻碍氢能源普及应用的瓶颈,为在全国范围内加快构建安全、稳定、高效的氢能供应网络提供了可复制、可推广的经验,将有力推动氢能产业发展。大连在公共交通领域投入了 10 个充电站,共计 367 个充电桩,其中 7 座车站已经投入运营。全省积极布局电动汽车充电设施,规划到 2025 年电动汽车充电桩达到 12000 个,建成加氢站 30 座。

六、发展规划

辽宁先后印发《辽宁省“十四五”先进装备制造业发展规划》《辽宁省培育壮大“新字号”专项行动计划(2021—2023 年)(1.0 版)》《辽宁省深入推进结构调整“三篇大文章”三年行动方案(2022—2024 年)》等政策文件,省内各市印发《沈阳市〈智能网联汽车道路测试与示范应用管理规范(试行)〉实施意见》《沈阳市汽车产业高质量发展三年行动计划(2023—2025)》《沈阳市智能网联汽车先导区建设方案》《大连市智能网联汽车道路测试与示范应用管理实施细则(试行)》等,明确新能源汽车产业的发展方向和发展重点,针对产业发展的“瓶颈”和“短板”,提出要着力突破核心技术和关键零部件制约,围绕动力电池、驱动电机、电机控制器、电空调、电转向、电助力等新能源汽车关键零部件,提升自主创新能力和技术水平。

吉 林 省

一、产业概况

1. 总述

吉林省现有新能源公告整车生产企业 4 家(一汽集团、一汽-大众、一汽吉林、延边国泰),其中主要以一汽集团为主,下辖红旗、奔腾、解放等新能源自主品牌。2023 年,全省新能源汽车产销分别完成 11.8 万辆和 12.6 万辆,同比分别增长 43.2% 和 62.7%,占吉林省汽车生产总量的 7.6%。2023 年,吉林省新能源汽车制造业销售额 169.7 亿元,同比增长 32.5%。

2. 电动汽车产业

乘用车方面,自主品牌红旗 E-HS9、E-QM5,奔腾 NAT 等纯电动车型已实现量产并投放市场。合资品牌现有大众迈腾 GTE 插电式混动车型,2024 年底奥迪一汽新能源车型将逐步实现批量生产。商用车方面,主要以解放品牌为主,基于 J6 系列纯电动底盘以及新能源客车平台,衍生出城市渣土车、混凝土搅拌车、物流车、公交车、客运车等各类新能源产品。新能源汽车产业链方面,省内零部件厂商跟随中国一汽转型步伐,近些年布局增长较快。一汽弗迪动力电池、中车新能源电驱动、一汽自主电驱动、富奥新能源壳体、富奥逆变器等新能源零部件项目纷纷落地建设,我省新能源汽车零部件产业链逐步完善。

3. 燃料电池汽车产业

一汽解放在氢燃料电池商用车方面持续研发投入,建立氢动力实验室前沿开展电堆及系统集成研究,已经实现整车产品市场化配套应用。

4. 智能网联汽车产业

中国一汽制定了“阩旗技术发展战略”,智能网联方面,围绕“车云一体化融合架构”一条技术路线,聚焦“智慧控制、智能驾驶、智享座舱”三大关键领域,主攻 12 项关键核心技术,打造一流的智能网联产品,计划到 2025 年实现技术领先,搭建完成“中央计算+车路云协同”控制架构,到 2030 年实现技术全面引领,搭建完成人工智能驱动的“车云一体化智慧架构”。

二、2023年新能源汽车推广应用情况

1. 总述

截至2023年底,吉林省新能源汽车的保有量为16.7万辆,相比2021年底增长5.8倍。从数据可以看出,东北地区的消费者已经逐步认可新能源汽车,未来的增幅将会加速提升,市场前景良好。

2. 电动汽车推广应用工作

2014年至2022年底,吉林省持续对新能源汽车开展省级推广应用购置补贴,新能源汽车保有量稳步提升。2021年以来,吉林省长春市先后成功入选国家首批换电模式新能源汽车推广应用试点示范城市、国家首批公共领域车辆全面电动化先行区试点城市,在出租车、网约车、公务车、商用车等领域率先更新应用新能源汽车,对社会面市场化推广新能源汽车起到了很好的示范作用,车辆规模始终处于翻番式增长。

3. 燃料电池汽车示范应用工作

吉林省白城市结合风光能源优势,率先投入15辆氢能公交车示范运营,成为东北地区首个实现氢燃料电池公交线路投运城市。吉林电力股份有限公司(以下简称吉电股份)长春氢能交通示范线6辆氢能大巴投入运行,成为吉林省首条氢能"制、储、加、用"全链条链示范应用项目。

4. 新能源汽车换电模式应用试点工作

2021年起,长春全力实施"旗E春城"行动,利用三年时间,基本实现出租车、网约车、公务用车电动化。瞄准突破北方低温环境电池续航损耗高、充电效率低等不利因素,探索北方充、换电结合发展新模式,以公共领域车辆先行先试,带动全市新能源基础设施建设,从而加速私人领域新能源汽车推广。行动实施以来,长春市新能源汽车保有量从2020年的2101辆,跃升到2021年的7833辆,并爆发式增长至2022年的29600辆。在强有力的政策推动下,长春市初步探索出北方高寒地区新能源汽车推广的切实可行路径,实现新能源汽车保有量3年增长14倍的北方推广奇迹。

5. 智能网联汽车试点工作

吉林省拥有长春汽车产业集群和中国一汽大型整车企业所在地的产业优势资源,拥有典型北方季冻区气候特点,并拥有省市协同、央地合作等综合优势。2018年投入运营的国家智能网联汽车应用(北方)示范区是国家首批"5+2"应用示范区,累计提供智能汽车道路测试服务里程超过40000 km,服务总人次40000人次以上,协助研发企业解决道路测试和示范运营问题1000个以上,并于2021年成功举办了中国长春(国际)无人驾驶汽车冰雪挑战赛,填补了恶劣天气极端工况自动驾驶比赛和测试的空白,2022年被评为优秀国家智能网联汽车测试示范区;中国一汽在NBD园区、创新基地等场景先后投放7辆L4级红旗E-HS3、10辆L3级红旗E-HS9、11辆L4级智能巴士,累计测试里程近20万km,实现接驳载人场景运行1.2万km,服务人数10.5万人次;2022年8月,"长春智能巴士和智慧物流倒运自动驾驶先导应用试点项目"入围交通运输部首批自动驾驶试点项目,并于2024年1月通过交通部评审验收。

三、主要企业经营情况

1. 总述

吉林省域内主要新能源和智能网联汽车企业为中国一汽,2023年中国一汽资产总额达到6707.4亿元,实现营业收入6334.9亿元,利润总额416亿元,全年销量336.7万辆。

2. 电动汽车产业

中国一汽新能源汽车产量23.5万辆、销量24.0万辆,占全国产销量分别为2.4%、2.5%。中国一汽全面、全方位、全体系推动"Allin"新能源战略,聚焦新能源"三电"系统关键核心技术突破和能力提升,打造专属新能源智能汽车平台,掌控关键核心技术,实现科技自立自强,形成自主可控、安全可靠的高附加值新能源汽车现代化产业链供应链。技术方面,重点突破无衰减、长寿命的电芯、快速闪充以及低温技术等等。在电驱技术方面,重点突破800V高压系统、碳化硅和2万转速的电驱系统。围绕高精度,如电池系统估算、电机转矩控制和整车续航里程控制精度的提升,以及智能诊断和多系统、多总成的能量管理技术。充电技术方面,重点围绕大功率、无线充电、大数据、智能诊断的技术做重点开发。在高压技术方面重点突破新型高压铝导体、智能熔断的系统和新型超声焊接工艺等技术。

3. 燃料电池汽车产业

一汽解放在燃料电池技术方面进行了深度布局,专注于燃电F智慧动力域、便捷高密安全储氢两大方向,掌控了63项关键核心技术。一汽解放构建了整车氢电专属平台,自主研发了高功率燃料电池发动机,覆盖了90%的干线场景动力需求。高效自主集成式电驱桥无顿挫,70 MPa气氢/液氢储氢系统共平台,搭载整车超高压平台。发布"星熠"燃电前瞻车搭载了300 kW的自主高功率燃电发动机,其峰值效率达到60%+。高效率主集成式电驱桥与70 MPa储氢系统实现了百公里7 kg的超低耗氢量,车型能够实现1200 km的超长续航。

4. 智能网联汽车产业

中国一汽聚焦智控智享智驾、三大平台、智能语音大交互、OTA等12项核心技术,实现整个智能网联方面从2020年"知你"到2025年"懂你"到2035年"融你"的战略目标。在驾乘体验方面,我们将重点突破红旗的造型设计、人机交互和NVH等七项技术,实现红旗的优越驾乘体验,达到"舒心""悦心""倾心"的目标。

四、园区及项目建设情况

吉林省持续强化汽车产业链招商引资,根据全省新能源汽车产业发展谋划包装了一批重点产业项目。围绕大装备集群谋划包装长春市智能装备产业园项目、白城市燃料电池氢气循环泵生产项目、白城市年产2000套氢燃料电池系统制造基地项目等;围绕新能源产业谋划包装了长春市新能源动力电池二期项目、四平市新能源汽车配套产业园建设项目、辽源市年产6亿Ah锂离子动力电池项目、松原市年产5 GWh钠离子电池项目等;围绕新材料产业谋划包装了吉林市碳纤维复合材料汽车部件项目、松原市年产10万t超高功率石墨电极项目、白城市年产2万t锂离子电池负极材料生

产项目等。经过省市区协同推进，一汽弗迪动力电池、中车新能源电驱动、一汽自主电驱动、麦格纳电动汽车电池壳体项目、富奥逆变器等新能源零部件项目先后竣工投产，奥迪一汽新能源整车项目进展顺利，已经实现预批量生产。

五、2023 年基础设施建设及运行情况

截至 2023 年 12 月 31 日，吉林省累计建成充电桩 8175 个，充电站 1271 座，换电站 166 座，加氢站 2 座。省内已投入使用的高速公路服务区设有 162 个交流充电桩，充电桩覆盖率 100%。

六、发展规划

2022 年 11 月，吉林省印发《吉林省电动汽车充换电基础设施发展规划（2021—2025 年）》（吉能电力联〔2022〕333 号），着力构建完善的充电设施网络体系，保障人民群众绿色出行需求。“十四五”期间，规划新建各类电动汽车充电桩 7000 个，换电站 120 座，充电站 70 座。到 2025 年，全省将建成充换电站 500 座，充电桩到达 1 万个以上，满足超过 10 万辆公用电动汽车的充电需求。

七、本地区新能源汽车企业产销量统计表

生产企业名称	产品商标	车辆类型	通用名称	产量统计（万辆）	销量统计（万辆）
中国一汽集团有限公司	红旗、大众、奥迪、解放、奔腾、丰田	纯电动、插电式混合动力乘用车、商用车	/	23.5	24

八、本地区电动汽车充（换）电站（桩）统计表

城市名称	充电站		充电桩		换电站	
	2023 年新建数量（座）	2023 年底保有量（座）	慢充（个）	快充（个）	2023 年新建数量（座）	2023 年底保有量（座）
长春市	280	589	507	4047	25	100
吉林市	45	161	506	434	4	7
四平市	25	65	46	229	3	8
辽源市	11	38	0	215	3	6
通化市	28	103	193	285	5	6
梅河口	12	16	3	77	3	8
白山市	9	62	6	323	2	3
白城市	21	44	28	236	0	5
长白山	4	15	82	51	0	1
松原市	34	66	12	245	5	10
延边州	30	112	81	569	7	12

黑龙江省

一、产业概况

1. 总述

全球新一轮科技革命和产业变革蓬勃发展，汽车与能源、交通、信息通信等领域有关技术加速融合，电动化、网联化、智能化成为汽车产业的发展潮流和趋势。新能源汽车融汇新能源、新材料和互联网、大数据、人工智能等多种变革性技术，推动汽车从单纯交通工具向移动智能终端、储能单元和数字空间转变，带动能源、交通、信息通信基础设施改造升级，促进能源消费结构优化、交通体系和城市运行智能化水平提升，对建设清洁美丽世界、构建人类命运共同体具有重要意义。发展新能源汽车是汽车产业转型升级的主要方向，是建设现代化产业体系的重要内容，是我国从汽车大国迈向汽车强国的必由之路。“十三五”以来，黑龙江省深入贯彻落实国家关于新能源汽车产业的战略部署，顺应新一轮能源革命和产业变革，培育壮大新能源汽车战略性新兴产业，聚焦新能源汽车关键环节技术研发和产业化，有效优化了汽车产业结构，推动黑龙江省新能源汽车产业逐步成为我国新能源汽车产业重要的特色聚集区。

黑龙江省汽车工业基础雄厚，聚集了一批整车制造及零部件配套企业，初步构建了以整车骨干企业为主体，以动力系统、配套件为两翼的汽车产业发展格局。在新能源汽车产业方面，黑龙江省集聚了以沃尔沃为龙头的 4 家新能源汽车生产企业，增程器、负极材料、汽车电子等新能源汽车关键领域发展迅速，总体来看，我省以传统汽车工业为支撑的新能源汽车产业将驶入高速发展阶段。

我省围绕建设“4567”现代产业体系，成立省汽车产业工作专班，编制出台《黑龙江省汽车产业振兴专项行动方案（2022—2026 年）》，统筹推动我省汽车及相关产业向新能源化和智能化转型，在消费者接受度提升、严苛排放政策以及基础设施不断完善等要素综合作用下，动力电池、驱动电机、电控系统等新能源汽车关键核心技术不断突破，竞争能力持

续增强。

2. 燃料电池汽车产业

黑龙江省作为我国最寒冷的地区之一,锂动力电池汽车受充电效率、电池衰减等季节性低温因素影响,新能源汽车在省内推广应用非常有限,因此,甲醇汽车在我省乃至东北及蒙东等地区具有非常显著的比较优势。受冬季温度低且存续时间长的影响,黑龙江省新能源汽车的推广应用一直受到很大程度的制约,除公交车是强制新能源产品替代以外,其他巡游出租车、货车、客车等营运车辆新能源更换率严重不足,现阶段多以 CNG 天然气车、双燃料汽车替代原有汽油车。全省传统能源车辆中仍然具有较大的替代空间,为甲醇汽车推广应用带来比较优势。

哈尔滨市、大庆市甲醇商用车推广应用工作取得进展。3 月 28 日,大庆市正式印发《大庆市加快推动甲醇汽车产业发展和推广应用实施方案(试行)》。大庆交投集团采购的首批 200 台甲醇公交客车已陆续投入使用,据司机反映车辆运行状态良好,能够适应东北地区高寒天气情况,车辆运行成本、尾气污染排放优势明显,两座改建的甲醇加注站已建设完工投入使用。哈尔滨市已推广运营甲醇乘用车 72 台。

二、2023 年新能源汽车推广应用情况

截至 2023 年底,我省电动汽车整体保有量 8.1 万辆,较 2022 年末增长 3.3 万辆,新能源汽车渗透率达到 11.8%。其中,纯电动汽车 4 万台,占比 50.4%,插电式混合动力汽车 4.6 万台,占比 58.69%。新能源汽车行业整体由缓慢增长阶段迈向快速成长阶段。根据公安交管部门分类,新能源汽车营运车辆中,公交客运车辆 1.5 万台、公路客运 172 台、出租客运 879 台、旅游客运 245 台、货运车辆 1728 台、租赁车辆 60 台;新能源汽车非营运车辆中,预约出租客运 1248 台、警用车辆 60 台、营转非车辆 994 台、出租转非车辆 12 台、预约出租转非 610 台、非营运车辆 6 万台。未来我省新能源汽车市场增长与发展潜力巨大。

三、主要企业经营情况

零部件生产方面,哈尔滨东安汽车发动机制造有限公司、哈尔滨东安汽车动力股份有限公司,主要产品为汽车发动机,其中包括新能源增程式发动机。截至 2023 年底,东安动力销售整机 58.47 万台(增程式汽车销量 4.95 万台),实现产值 52.78 亿元。哈尔滨理工大学、哈尔滨工业大学、哈尔滨工程大学、东北林业大学等高校在驱动电机和电控系统领域均有一定技术积累。整车生产方面,省内共有新能源汽车生产企业 4 家,其中黑龙江龙华汽车有限公司、哈尔滨通联客车有限公司及哈尔滨龙江客车制造有限公司生产商用车(新能源客车),大庆沃尔沃汽车制造有限公司生产乘用车。受限于市场因素及企业自身发展等原因,黑龙江龙华汽车有限公司和哈尔滨龙江客车制造有限公司 2 家商用车生产企业已停产;哈尔滨通联客车有限公司今年以来暂未接到订单。大庆沃尔沃新能源乘用车发展趋势良好,2023 年生产新能源乘用车 5433 辆,实现产值 13.5 亿元。

大庆沃尔沃汽车制造有限公司成立于 2013 年,是由浙江吉利控股集团有限公司、沃尔沃汽车(中国)投资有限公司合资(各占股 50%)组建的整车生产企业。2019 年 8 月,沃尔沃大庆工厂获评工信部"国家绿色工厂"。2020 年公司被评为黑龙江民营企业 100 强第一名、黑龙江企业 100 强第七名、黑龙江制造企业 100 强第三名。大庆沃尔沃大庆市高新区沃尔沃 XC90 荣誉款车型项目于 2022 年 8 月开始建设,预计于 2024 年 8 月实现投产。项目总投资 1.57 亿元,2022 年投资 0.7 亿元。项目建筑面积 4400 m^2,主要建设集沃尔沃产品展示中心与车辆综合改装为一体的钢结构厂房,项目建成后年产沃尔沃 XC90 荣誉款 500 辆,实现产值 2.5 亿元。

哈尔滨东安汽车发动机制造有限公司成立于 1998 年,隶属于中国兵器装备集团公司。主要生产汽车发动机、变速器、新能源动力传动系统及其零部件及相关产品的研发、生产、销售、售后服务、技术服务。

四、园区及项目建设情况

东安动力新能源混动系统新基地项目。2021 年 10 月 29 日,东安动力新能源混动系统新基地项目签约开工,该项目基地是兵器装备集团"十四五"期间在全国重点布局的百亿级产业基地之一,以哈尔滨东安汽车动力股份有限公司为建设主体,同时整合哈尔滨东安汽车发动机制造有限公司和哈尔滨哈飞汽车工业集团有限公司部分资源,新增 11.74 万 m^2 项目用地,形成约 53 万 m^2 的新产业基地,核心产品为汽油发动机、新能源混动增程器、AT 变速器以及 DHT 混动系统。该项目将实现技术升级、装备升级、管理升级,努力把东安动力打造成商用车动力总成、中高端乘用车动力总成(2.0L 及以上排量汽油机)基地,并建设成立"中国兵器装备集团有限公司增程动力系统研究院",加快向新能源动力系统转型升级。一期建设项目的厂房已竣工验收,第二代高效增程动力已实现量产,新基地一期是 2023 年度第一个投产建成的"省百大"项目,有效推动了东安动力高质量发展。

大庆市高新区沃尔沃 XC90 荣誉版车型、XC60 纯电动车型、S90 混合动力车型项目。由大庆沃尔沃汽车制造有限公司投资建设。XC60 荣誉版车型项目于 4 月份顺利开工,预计 2025 年 8 月投产,年产沃尔沃 XC60 纯电动整车 10 万辆;XC90 荣誉款车型项目按期建设,厂房主体结构已基本完成,年产沃尔沃 XC90 荣誉款 500 辆;S90 混合动力车型项目土地和环评等前期工作顺利进行,预计 2025 年 5 月投产,年产沃尔沃 S90 混合动力整车 5 万辆。

大庆汽车零部件产业园二期项目。产业园位于黑龙江省大庆市龙凤区,产业园一期于 2016 年投用,其中,安道拓汽车部件系统有限公司为大庆沃尔沃提供整车座椅配套服务;大庆安翔汽车零部件有限公司为大庆沃尔沃配套车轮总成;延锋彼欧(大庆)汽车外饰系统有限公司为沃尔沃大庆工厂配套生产汽车保险杠总成产品。产业园二期于 2021 年 2 月份启动桩基础建设,主要为汽车顶棚、门板、地毯、汽车仪表板、中控板、汽车线束、汽车冲压件、汽车管路、排气系统和零部件组装等企业而建设。汽车零部件产业园一期基础环境改造工程已完成 98%;二期工程项目正在进行 2 号定制化

厂房环氧地面安装和铺设。

新能源电机系统及关键材料创新中心（以下简称“创新中心”）。由哈尔滨理工大学牵头包头稀土院、中国钢研院、哈工大、哈工程、哈东安发动机、哈电集团、哈轴承、一汽九个创始单位组成，是新能源汽车电机、功率电子控制器及其关键材料的重大平台，承担多项“十四五”国家重点研发专项课题以及新能源电机系统的研发工作。创新中心以哈理工的十个电机与材料博导教授形成的黑龙江“头雁”团队为基础，在国家“十四五”重点研发计划新能源汽车重点专项专家组长、“头雁”教授带领下，成功获批国家发改委实验室设施建设经费，用于建设“新能源电机系统及关键材料创新中心实验大楼”。实验大楼正同步进行内部装修和设备安装，预计2024年8月前完成实验室搬迁。

五、2023年基础设施建设及运行情况

截至2023年底，我省累计建成各类充电站970座，其中，公共站604座、专用站366座。累计建成各类充电桩4.17万根，其中，公共充电桩4076根、专用充电桩5740根、私人充电桩31963根。充电设施运营商总计275家，总充电功率115.72万kW，今年总充电量2.74亿kWh。

六、发展规划

1. 新能源汽车

围绕新能源和智能网联汽车产业链需求，依托重点企业，借助高校、科研院所科研能力，共同研发适用于寒区的“大三电”系统，打造有竞争力的新能源核心部件产品，积极推动产品进入国际国内龙头企业新能源和智能网联汽车供应链。探索适合寒区的新能源汽车产品，加强车辆示范推广力度，以公共服务领域先行、社会运营领域引领、私人领域引导的推广路线逐步推进新能源汽车产品替代。引导潜在能源加注骨干企业联合科研院所加强智能有序充电、大功率充电等新型充电技术研发，合理布局充换电站等新能源起初设施建设与完善。

2. 智能网联汽车

积极推动智能化道路基础设施建设，部署城市智能感知设施体系，引导“智能汽车、智能交通、智慧能源与智慧城市”的领先解决方案和创新项目在省内孵化应用和率先落地。突出冰雪和旅游特色，开展智能网联汽车示范，以“智能化+新能源+旅游+冰雪”为核心，加快推动智能网联汽车示范应用，打造国内引领、国际知名的智能网联汽车示范区。

七、本地区新能源汽车企业产销量统计表

生产企业名称	产品商标	车辆类型	通用名称	产量统计（辆）	销量统计（辆）
大庆沃尔沃汽车制造有限公司	沃尔沃	插电式混合动力乘用车	S90	5433	5433

江 苏 省

一、整车生产

2023年全省实现新能源汽车产量104.7万辆，同比增长52.4%，占全国总量10.9%；销量103.5万辆，同比增长55%，占全国总量10.9%。其中，纯电动汽车、混合动力汽车产量分别为64.7万辆和39.9万辆，分别同比增长28.5%和118.2%，占比分别为61.8%和38.1%。分地区看，常州、南京、泰州、镇江、徐州等5市新能源汽车产量列全省前列，产量分别为67.8万辆、20.4万辆、9.3万辆、3.0万辆和1.7万辆，全省占比分别为64.8%、19.5%、8.9%、2.9%和1.6%，合计占比97.6%。

二、重点产业链

电池产销及出口量居全国首位。动力电池电芯企业实现产销238.7 GWh、248.2 GWh，分别同比增长18.7%、37.0%，国内占比分别为36.3%、40.3%。国内装车量排名前十的电芯企业均在我省布局，本土总部型企业中创新航累计装机量排名国内第3，市占率近8.5%。蜂巢能源接连获得宝马欧洲区等动力电池订单，累计装机量排名升至国内第6，市占率接近2.3%。省内时代上汽、SK新能源、孚能科技等龙头企业制造基地动力电池销量实现50%以上增长。汽车零部件开票规模实现较快增长。汽车零部件是我省传统优势产业，配套体系完善，基本涵盖了动力系统、传动系统、车身系统、汽车电子以及智能网联等全产业链。2023年，全省汽车零部件产业链企业开票销售1.16万亿元，同比增长10.5%。新能源及智能网联汽车零部件增速明显高于行业平均水平，电动化智能化成为零部件转型发展的主要方向。产业主要沿长江分布，沿江八市汽车零部件开票销售占全省92%。其中，苏州、常州、无锡、南京、扬州汽车零部件开票销售居全省前列，合计占全省80.3%。氢燃料电池汽车产业化有序推进。拥有较为齐全的氢燃料电池汽车产业链，基本涵盖整车制造、电堆及系统等关键环节。2023年，生产氢燃料电池汽车912辆，同比增长22.9%，占全国的16.1%。电堆等核心零部件制造优势明显。

三、创新发展

围绕智能网联汽车、动力电池、氢燃料电池汽车等方向组织实施技术攻关项目7个。中创新航、徐工汽车等积极推进动力及储能电池、新能源商用车制造业创新中心建设，推动行业共性技术研发攻关。汽车领域新增认定省级企业技术中心78家，累计认定300家，新增中创新航（电池）、格林美钴业（正极材料）等2家国家级企业技术中心。抢抓智能网联汽车、氢燃料电池汽车等发展机遇，积极争创全国试点，先后入选国家车联网先导区（无锡）、智慧城市基础设施与智能网联汽车协同发展试点城市（南京、无锡）、新能源汽车换电模式应用试点（南京）、燃料电池汽车示范应用城市群（南

通、苏州)等试点,探索构建新兴产业生态。

四、推广应用

连续第3年承办新能源汽车下乡全国首站活动,全年累计开展20余场新能源汽车进县乡、进园区、进机关活动。2023年,全省新能源汽车上牌量68.2万辆、同比增长40.3%,市场渗透率32.8%,新能源汽车保有量达167.3万辆,占汽车总量6.9%。推动出台全国首个省级层面车联网和智能网联汽车立法,加快车联网基础设施建设和自动驾驶落地应用。发布全国首个纯电动重卡换电电池包团体标准,并被国家商用车换电行业标准完全采用,初步构建形成统一标准下重卡城际通换生态体系,近1300台换电重卡投入运营。

五、基础设施

2023年,全省新建充电桩44.7万个,比上年增长64.0%;累计建设充电桩94.84万个,新能源汽车与充电桩之比由2022年末的2.1∶1,进一步优化为1.8∶1,逐步构建形成城市建成区3 km充电服务圈。根据国家充电联盟数据,截至2023年底,全省公共充电桩数量位居全国第三,全年充电量位居全国第二。省电力公司与中石化江苏公司达成战略合作,在省内已建成加油、充电一体化站近300座。在高速公路服务区、公路沿线布局建设充电桩,高速公路沿线165个站从初期的4台桩逐步扩建到8台桩。

安　徽　省

一、产业概况

1. 总述

2023年,安徽省新能源汽车产量86.8万辆,同比增长60.5%,高于全国同行业24.7个百分点,占全国比重为9.1%,较年初提高1.6个百分点。

2. 电动汽车产业

建立了整车、动力电池、电机电控的全产业链体系,以奇瑞、江淮为代表的本土品牌,蔚来为代表的造车新势力,比亚迪、长安为代表的国内头部企业,大众安徽为代表合资品牌,多向协同发力。

3. 智能网联汽车产业

全省开放道路测试与示范应用道路超2500 km,发放道路测试和示范应用牌照241张,完成测试里程超200万km。合肥市打造首个智能网联汽车测试"全域开放"的省会城市。建设骆岗公园全空间无人体系示范项目、滨湖国家森林公园智能网联汽车示范园区等应用场景,累计投放智能网联示范应用车辆超300辆。芜湖市打造涵盖智慧停车、智慧泊车、智慧矿山、智慧物流、智慧清扫等多个智能网联汽车应用场景。

二、2023年新能源汽车推广应用情况

1. 总述

截至2023年底,全省新能源汽车保有量63.1万辆,其中2022年新增26.3万辆。

2. 电动汽车推广应用工作

正在开展2023年度新能源汽车推广应用考核评估。

3. 燃料电池汽车示范应用工作

支持明天氢能加大研发投入力度,明天氢能揭榜的高性能燃料电池系统研发及关键技术完成攻关任务并通过省级验收。

4. 新能源汽车换电模式应用试点工作

合肥市新能源汽车换电模式应用试点已全面完成。先后印发《合肥市关于进一步促进新能源汽车和智能网联汽车推广应用若干政策》《合肥市新能源汽车换电模式应用试点实施方案》,加大换电模式应用的政策支持。

截至2023年10月,合肥市累计推广换电车辆13405台,其中出租网约1805辆、重卡57辆、轻卡43辆、蔚来乘用车11500辆。建成各类换电站86座,其中乘用车换电站40座,出租网约车换电站31座,重卡换电站12座,轻卡换电站3座。

5. 智能网联汽车试点工作

合肥市、芜湖市完成智慧城市基础设施与智能网联汽车协同发展试点工作;合肥市完成国家首批新能源汽车换电模式应用试点工作。

三、主要企业经营情况

1. 总述

2023年,江淮汽车实现营业总收入449.4亿元,同比增长23.14%,全年销量59.25万辆,同比增长18.40%,全年累计出口16.96万辆,同比增长47.99%。奇瑞汽车年营收3151亿元,同比增长50.4%;汽车年销量188.1万辆,同比增长52.6%,年出口汽车93.7万辆,同比增长101.1%,实现一年增长1000亿的"大跨越"。蔚来汽车总营收556.2亿元,同比增长12.9%。其中,汽车销售额为492.6亿元,同比增长8.2%。全年汽车交付量为16万辆,同比增长30.7%。

2. 电动汽车产业

已集聚奇瑞、江淮、蔚来、长安、比亚迪、大众等整车企业,车企类型多元有活力,商业模式创新度高,产品品类丰富,拥有乘用车、商用车、专用车等全系列产品。奇瑞集团是国内自主品牌的骄傲,连续21年位居中国品牌乘用车出口第一;大众安徽是传统主流车企向新能源转型的关键布局,在安徽的项目总投资已经超过200亿元;蔚来汽车是国内造车新势力的头部企业,在高端电动车市场逐步站稳脚跟;比亚迪是国内新能源汽车的领头羊,2023年新能源汽车销量全球第一;江淮汽车制造能力突出,与多家车企探索形成合作新模式;合肥长安积极转型,新能源汽车产量占比超过20%;汉马科技是吉利汽车的子公司,是国内最早进入新能源重卡领域的企业之一。

3. 智能网联汽车产业

合肥市包河区拥有良好的新能源汽车产业发展基础,已成为合肥发展智能网联汽车的先行区,集聚了域驰智能、智

华汽车等一批关联企业，落地了合肥中关村、智能网联汽车创新中心等综合服务载体，开放的智能网联汽车测试道路里程居安徽各县区首位，建成骆岗公园全空间无人体系等全领域智能网联汽车应用场景。

四、2023 年基础设施建设及运行情况

截至 2023 年底，全省充电桩保有量 45.22 万个，加氢站 12 座。

福 建 省

一、基本概况

截至 2023 年底，福建省共有规模以上汽车及零部件生产企业 416 家，从业人员 8.7 万人。其中，汽车整车制造企业 10 家，专用汽车生产企业 40 余家，基本涵盖了所有类别的汽车产品。新能源汽车生产企业 7 家，“三电”（电池、电机和电控）系统关键零部件企业 10 余家，新能源客车、动力电池等相关产品技术居国内前列。

二、生产经营

2023 年，福建省实现汽车产销分别为 36.3 万辆和 36.2 万辆，同比增长 19.7% 和 17.9%；其中，新能源汽车产销分别为 9.6 万辆和 9.3 万辆，同比分别增长 1.8% 和下降 0.9%。全年汽车工业（因统计分类，不包含宁德时代等电池生产企业）实现主营业务收入 1411.83 亿元，同比增长 14.1%；利润总额 87.12 亿元，同比增长 53.9%。

2023 年福建省汽车工业主要经济指标（亿元）

主营业务收入	利税总额
1411.83	87.12

2023 年福建省整车及关键零部件产销量辆（台）

主要产品种类	产量	同比增长	销量	同比增长
汽车	36.3	19.7	36.2	17.9
其中，新能源汽车	9.6	1.8	9.3	-0.9
改装车	0.8	-18.6	0.7	-18.5
摩托车	24.7	-11.2	25.5	-7.1

三、产业发展

1. 主要企业发展情况

整车方面，2023 年，上汽乘用车福建分公司产销均为 23.5 万辆，同比均增长 29%；金龙汽车集团产销均为 4.3 万辆，同比分别下降 1.8% 和下降 7.4%；厦门金龙联合汽车产销均为 1.8 万辆，同比分别下降 7.5% 和下降 12.7%。

动力电池方面，2023 年，宁德时代动力电池出货量 217 GWh，同比增长 4%，实现产值 1737 亿元，同比增长 5%；国内市场份额达到 43.1%，全球市场份额达 36.8%，动力电池出货量连续七年位居全球第一。

2. 新能源汽车发展情况

新能源汽车产业发展方面：2023 年，福建省实现新能源汽车产销分别为 9.6 万辆和 9.3 万辆，同比分别增长 1.8% 和下降 0.9%。中创新航等动力电池生产企业产能加速释放。驱动电机和电控方面，金龙新能源科技、万润新能源、厦钨势拓御能、时代电机及福工动力的驱动电机产销规模逐渐扩大。

新能源汽车推广应用方面：2023 年，福建省推广应用新能源汽车 18.6 万辆，同比增长 8.91%。截至 2023 年底，福建省累计推广应用新能源汽车 56.2 万辆。

四、承载园区

（1）宁德市蕉城三屿园区（上汽乘用车宁德基地）占地 6879 亩，集聚了上汽乘用车福建分公司 1 家整车企业，30 余家零部件企业，总投资超 200 亿元。上汽乘用车福建分公司项目一期产能 24 万辆，入驻的配套企业 30 余家，基本涵盖了底盘车架、电泳及注塑、空调系统、轮胎总成、保险杠、电池组装和整车线束等零部件生产项目。

（2）福州市闽侯青口投资区（福建奔驰、东南汽车产业集群）占地 56 km^2，集聚了福建奔驰汽车有限公司和东南（福建）汽车工业有限公司 2 家整车企业，18 家汽车零部件配套生产企业，以整车制造为龙头、零部件业务广泛覆盖的汽车产业体系正在加速形成。

（3）漳州龙海市汽车产业园区（金龙新能源汽车产业基地）规划占地 5000 亩，总投资 100 亿元，规划年产 3 万辆节能与新能源大中型客车、1 万辆考斯特和 10 万辆轻型客车。同时，引进新能源“三电”系统、动力总成和底盘零部件等配套企业，逐步形成完善的汽车产业集群。

（4）厦门集美机械工业集中区（金龙客车产业基地）占地 15.42 km^2，入驻的企业有金龙客车、金龙礼宾车和金龙汽车车身等 100 余家企业。“十四五”期间，集中区将推进客车高端化、智能化发展，扩大新能源汽车生产规模，年产值向百亿元突破。同时，还将推进电动汽车动力电池和驱动电机产业基地建设。

（5）三明永安市埔岭汽车工业园区（中国重汽福建海西汽车产业基地），规划总用地面积 4833 亩，入驻整车生产企业——中国重汽福建海西汽车公司 1 家，配套零部件企业 30 余家。

（6）龙岩高新技术产业开发区（新龙马汽车产业基地）占地面积 130 km^2，集聚了 1 家整车企业，多家专用汽车企业，数十家汽车零部件企业。福建新龙马汽车已形成 15 万辆汽车年产能，产品覆盖微客、MPV 和 SUV 三大乘用车市场领域。

五、发展规划

新能源整车方面：做大乘用车、做优客车、做精专用车。支持上汽乘用车福建分公司扩大新能源乘用车产销规模，加快布局欧洲、澳洲、中南美洲、中东地区以及东南亚等海外市场，成为上汽集团乃至全国重要的新能源汽车出口基地；支

持金龙汽车集团做优做强新能源客车，拓展新能源货车和专用车，创新发展氢燃料电池汽车和智能网联汽车等。支持海西汽车研发生产新能源货车及专用车底盘产品。支持加快建设上汽乘用车福建分公司、龙海金龙、闽侯青口、三明埔岭等汽车工业园，支持龙岩打造“专用车之城”，建设国家级新能源汽车质检中心。

传统汽车零部件方面：支持海源复材、闽铝轻量化、中铝瑞闽、祥鑫集团等研发碳纤维、铝合金、镁合金等车身轻量化新材料。支持福耀玻璃、厦门正新、正兴车轮、莆田佳通等扩大产销规模。支持六合机械、龙溪轴承等加大变速箱泵盖、转向轴承等研发力度。支持相关地市依托新能源汽车生产企业，培育和壮大零部件配套产业。

新能源电池及配套方面：支持宁德时代、中创新航（厦门）、福建巨电等动力和储能电池生产企业做大做强，积极研发新型模块化、高性能新能源电池产品，推动上下游全产业链发展，打造全球最大新能源动力和储能电池产业基地。依托古雷港经济开发区、泉惠石化工业园区、邵武金塘工业园区等产业集中区，延伸发展锂电产业链条，打造国内领先的锂电新能源材料生产基地。培育和壮大与新能源动力和储能电池产业发展相适应的正极、负极、隔膜、电解液、铜箔、铝箔等六大关键主材以及结构件（壳体）等关键配套产业链。

六、重点企业及科研载体

2023年福建省主要整车及零部件企业基本情况

企业名称	主要产品	所在城市	2023年产量（万辆）	本地产能（GWh）
福建奔驰汽车有限公司	中高档商务车	福州	3.3	4
厦门金龙联合汽车工业有限公司	大中轻型客车	厦门	1.8	4.6
厦门金龙旅行车有限公司	大中轻型客车	厦门	1.5	2.5
重汽集团福建海西汽车有限公司	载货车	永安	1.7	10
云度新能源汽车有限公司	新能源汽车	莆田	0.3	6.5
上汽集团乘用车福建分公司	轿车、多功能乘用车	宁德	23.5	24

2023年福建省汽车相关科研载体信息汇总

科研载体名称	类型	研究领域	所获称号	研发人员数量（人）	2023年研发投入（亿元）
厦门金龙联合汽车工业有限公司	整车生产企业	节能与环保技术；主被动安全技术；智能网联技术；智能驾驶技术；燃料电池技术；节能与新能源商用车整车开发等	省级企业技术中心、博士后科研工作站、新能源客车电控与安全技术国家地方联合工程实验室、福建省客车安全与节能技术企业重点实验室、福建省智能网联商用车重点实验室	600	2.3
厦门金龙旅行车有限公司	整车生产企业	节能与新能源客车、专用汽车（医疗车、救护车、物流车、通信指挥车等）、智能网联整车、动力系统总成及关键零部件	国家级高新技术企业、博士后科研工作站、国家级工业设计中心、国家级技术中心	520	1.7

江 西 省

一、基本概况

汽车及零部件产业是江西国民经济的支柱产业，江西省汽车产业已具备了从整车到底盘、发动机、变速器等关键零部件较完整的产业链，形成了以江铃集团、北汽昌河、凯马汽车等整车企业为龙头，以南昌为产业核心，以小蓝经开区、南昌经开区、抚州高新区等汽车零部件产业基地为全面配套的产业发展格局，整车拥有江铃、全顺、福特、五十铃等知名品牌。轻型商用车在全国具有领先地位，商用车保持了传统竞争优势，成为拉动行业收入增长的主要动力。

江西省先后建成了小蓝经开区、南昌经开区、南昌新建区、抚州高新区、4个省级汽车零部件产业基地，形成了几个配套成熟、集中度高的产业集群，南昌小蓝经开区已成为全国重要的商用车制造基地。上饶经开区、赣州经开区两个新能源汽车产业集聚区已建成投产。

二、生产经营

2023年，江西省汽车产业实现营业收入1348亿元，同比增长7.4%，利润总额48.4亿元，同比增长29.4%，整车产量和销量分别为44.9万辆和44.8万辆，同比分别增长5.1%和5%，其中新能源汽车产销分别为8.6万辆和8.3万辆，同比分别增长47.3%和64.5%。

项目	汽车产业营业收入（亿元）	利润总额（亿元）	整车产量（万辆）	整车销量（万辆）	新能源车产量（万辆）	新能源车销量（万辆）
2023年	1348.05	48.41	44.87	44.83	8.61	8.31
2022年	1255.6	37.4	42.7	42.7	5.84	5.05
同比增长	7.4%	29.4%	5.1%	5.0%	47.3%	64.5%

江西省构建了以江铃集团整车业务为引领的汽车产业生态圈，形成了整车制造、变速箱、混动发动机、动力电池等

为一体的汽车及零部件产业体系。整车品种全面，涵盖轻客、轻卡、皮卡、SUV、新能源轿车、客车以及救护车、冷藏车等各类改装车，拥有江铃全顺、领界、领睿SUV、宝典、域虎皮卡，江西五十铃铃拓、牧游侠，江铃集团新能源羿、小麒麟等优秀整车产品；零部件链条完整，涉及发动机、变速箱、传动系统、制动系统、动力电池、车身及内外饰等部件（总成）产品，拥有本地汽车一级供应商130余家，涉及汽车一级零部件产品50个子系统中的41个，本地一级零部件配套能力达82%。江西省积极探索"链式招商+资本招商"，2023年先后举办对接粤港澳大湾区汽车及零部件企业暨江铃长安汽车供应商恳谈会等十余场招商活动，重点引进了宁德时代、经纬恒润、赣锋锂电、杭电股份、深兰科技、嘉合电气、挪宝新能源等一批行业龙头企业落户。

三、产业发展

1. 主要企业发展情况

南昌市汽车和新能源汽车产业龙头企业江铃集团克服原材料价格上涨、芯片供应短缺等不利因素影响，在商用车和出口两大市场持续发力，实现了平稳运行。2023年江铃集团实现营业收入1092亿元，其中轻客、皮卡和轻卡销量位居全国前列。江铃集团与福特深度合作，共同开拓海外市场，实现整车出口大幅增长。

江铃集团是南昌市国有独资企业，集团拥有38家一级子公司，南昌市江铃股份、江铃控股、江西五十铃、江铃新能源、江铃晶马等5家整车企业，以及麦格纳动力、五十铃发动机、江铃底盘等关键零部件企业均为江铃集团控股、参股或全资子公司。其业务涵盖整车和零部件的设计和制造，同时涉足汽车进出口、汽车金融、汽车回收拆解、汽车发动机再制造、物流、房地产等领域。整车产品涵盖商用车、乘用车、专用车及新能源汽车，拥有JMC系列、驭胜系列、福特系列、陆风系列、易至系列、五十铃系列、晶马系列等品牌产品。

2. 新能源汽车发展情况

新能源汽车产业是江西省战略性新兴产业，经过多年发展，新能源汽车产业已形成了从上游到下游、从整车到"三电"关键零部件完整产业链。其中，锂电产业链已形成从上游锂矿开采到锂盐、正/负极材料、电解液、隔膜四大主材及铜箔等电池材料，动力电池、消费类电池和储能电池等电池制造产品等较完整产业链，拥有赣锋锂业（锂盐）、江西紫宸（负极）、九江天赐（电解液）、宁德时代（动力电池）、国轩高科（动力电池）等龙头骨干企业，新能源汽车整车包括纯电轿车、物流车、客车以及插电式混合动力车等产品。

四、主要汽车产业城市

1. 南昌

南昌汽车及装备产业链以江铃集团为"链主"，历史悠久、基础完备，拥有江铃股份、江铃控股、江铃新能源、江西五十铃、江铃晶马等整车制造企业，欣旺达、麦格纳、五十铃发动机、华翔、李尔、辉门、佛吉亚、联创电子、经纬恒润等汽车零部件企业，海立电器、奥克斯、泰豪科技、泰豪电源、江西中铁、南昌矿机、江联重工等传统装备制造企业，中微半导体、捷锐机电、奈尔斯中机、佳时特、丹巴赫、小马机器人、工控机器人、达峰荣实业等智能装备制造企业，形成了较完整的产业体系和产业链条，是全国重要的商用车制造基地。当前，南昌市正全力构建以南昌县汽车及智能装备和经开区新能源汽车及动力电池"双核引领"、以新建区汽车及轨道交通装备和高新区汽车电子及智能装备"两翼协同"，特色鲜明、优势互补的汽车及装备产业发展格局。

全市汽车及装备产业链拥有规上企业超600家，2023年实现全口径工业营业收入2097.86亿元，同比增长12.1%。现已形成南昌县汽车及零部件产业、经开区新能源汽车及汽车零部件产业、新建区汽车及零部件产业、高新区智能装备制造产业等4个省级产业集群，聚集了江铃、泰豪、方大特钢、宝武钢铁等4家中国制造业500强企业，麦格纳、佛瑞亚、李尔、天纳克（辉门）、华翔电子等5家全球汽车零部件百强企业，以及华翔电子、凌云工业、银轮机械、经纬恒润等4家中国汽车零部件百强企业。整车领域，2023年全市实现整车生产39.8万辆，同比增长11%，实现新能源汽车生产3.5万辆，占全省新能源汽车产量的41%。轻型商用车销量24.1万辆，占全国轻型商用车总销量（166.5万辆）的14.5%，占全国商用车总销量（403.1万辆）的6.0%；其中轻客销量75388辆，国内市占率为21.5%，排名全国第一；皮卡销量88218辆，国内市占率为24.4%，排名全国第二。乘用车全年实现销售15.7万辆，同比增长39%，创历史新高。海外出口持续快速增长，2023年开拓了沙特、墨西哥、菲律宾、越南4个超万台市场，以及智利、阿根廷等11个超千台市场，整车出口首次超过10万台大关，创历史新高；江铃股份出口同比增长52%，江铃晶马出口同比增长了近3倍，出口销量位列客车行业第七位。零部件领域，麦格纳在混合动力变速器、电驱动减速器等新技术、新产品领域取得成效，全年满产生产，营收突破70亿元，同比增长48%，江西凌云增长72%，江铃进出口增长52%，胜维德赫、华翔、明芳、辉门等企业均同比增长超过20%，五十铃发动机成功扭亏。江铃晶马与北京经纬恒润合资成立了江西经纬恒润，将填补南昌市在自动驾驶域控制器、T-BOX、网关等电子电器关键零部件空白。逐步形成了以南昌小蓝经开区为核心集聚区，南昌经开区、新建区为重点发展区的"特色鲜明、错位发展、优势互补"的产业发展新格局。

2. 赣州

赣州市深入贯彻国务院《关于支持赣南等原中央苏区振兴创新能力的若干意见》（国发〔2012〕21号）等有关指示精神，将新能源汽车产业确立为赣州市的特色主导产业，高起点、高规格规划建设了赣州新能源科技城，举全市之力打造新能源及新能源汽车产业集群。"十三五"期间赣州新能源科技城实现从规划布局，到产业招商、项目落地、整车下线的飞跃，孚能科技成为全省首家科创板上市企业，落户凯马汽车等整车项目，吉利、中车等一批"三电"核心零部件配套企业也纷纷落地，形成了"整车+零部件+研发+检测+汽车文化"的新能源汽车产业生态链。

整车方面，拥有凯马汽车等具有工信部资质的商用车生产企业，中电汽车、江西玖发、江鸽汽车、赣州腾锋四家改装车生产企业。

核心三电方面，孚能科技软包动力电池装车量排名全国前列，成为全省首家在科创板上市企业；引总投资300亿元的吉利（赣州）42 GWh动力电池（半固态）项目坐落于赣州经开区新能源科技城，是赣州市单体投资规模较大的工业项目，生产制造锂离子动力电池电芯、模组和PACK产品。亿鹏新能源二期PACK生产线已投产；金力永磁成为全球前列的钕铁硼磁材企业。

配套基地建设方面，为形成“1 h”汽车零部件配套供应圈，在大余县等地规划建设了赣粤新能源汽车零部件产业基地，已落户一批汽车轮毂、空调、线束等配套项目。

锂电材料方面，已打造从正极材料及其前驱体、负极材料、电解液、锂电池电芯及PACK封装到废旧电池、钴、镍原材料回收的锂电全产业链，其中正极材料前驱体有宁都赣锋锂业、腾远钴业、逸豪优美科、寒锐钴业等企业，负极材料有瑞富特，电解液有石磊氟材料、中能实业等企业，锂电池电芯及PACK封装有孚能科技、亿鹏能源等企业，电池梯次回收综合利用有豪鹏科技、瑞隆科技、金泰阁钴业等企业。

新能源光伏制造方面，爱康光电主要生产太阳能电池及太阳能电池组件；三晶电气主要生产低压变频器、伺服驱动器；赣悦光伏主要生产光伏玻璃，产品供不应求。

3. 抚州

汽车及零部件产业是抚州市传统优势产业，整车企业有江西大乘汽车和上海申龙客车生产基地，有钧天汽车、金驰汽车2家改装车生产企业；有各类汽车零部件企业50余家，包括江铃底盘驱动桥、巨晟实业、荣成机械、迪比科集团、铜博科技等，主要产品有发动机、驱动桥、汽车底盘以及动力电池等。

在新能源动力电池方面，以迪比科集团、铜博科技等企业为龙头，已经形成了包括正负极材料、电子级铜箔、电解液、动力锂电池等比较完整的锂电新能源产业链。

4. 上饶

上饶位于江西的山区，吉利商用车和吉利客车等新能源汽车整车项目相继入驻上饶市，配套的零部件企业70余家，为上饶汽车产业重新起航奠定了坚实的基础。

上饶经开区围绕打造“江西汽车城”的决策部署，坚定不移发展汽车产业，并被科技部认定为上饶国家新能源汽车高新技术产业化基地，初步形成了“新能源与传统汽车齐头并进，乘用车、公交车、物流车交相辉映，整车与零部件企业互动创新能力”的良好格局。已经初步形成了以长安跨越、吉利等新能源整车企业为龙头，安驰、星盈、中盈等十大核心零部件企业为支撑，蜂巢能源、安驰新能源、腾勒动力、蜂巢动力等汽车零部件制造业以及和零部件制造业相关的其他基础工业等企业为依托，产品涵盖轿车、客车、SUV、大巴车、物流车的新能源汽车产业集群，其中新能源汽车的比重超90%。

在建国内功能最全、智能化最高的上饶新一代汽车综合试验场，建成后可为半径500 km的汽车整车厂提供汽车检测、试验等服务。

五、发展规划

江西省深入实施《江西省汽车产业“十四五”发展规划》，坚持打造商用车强省、做大做强汽车零部件产业和构建汽车产业发展新格局，全产业大力组织实施产业集群提升行动，强化延链补链强链，推动产业集群规模提能、质量升级，重点培育打造南昌县、南昌新建区、南昌经开区、赣州经开区、上饶经开区、抚州高新区6个省级汽车及零部件产业集群，构建南昌市“一核引领”、赣州市抚州市上饶市“两翼联动”的发展格局。

未来江西省汽车产业创新发展规划，在政府层面：强化引导作用，发挥政策的导向及推动功能，强化联动作用，构建多元化投资格局，强化保障作用，提升组织协调服务能力；在企业层面，加大创新经费投入，加强创新人才的引育，提高协同创新能力；在高校与科研机构层面，对接企业需求完善相关学科专业，提高知识产权保护与科研成果转化意识，加强创新平台建设与人才培养。

山　东　省

一、基本概况

山东省是汽车产业大省，产业规模居全国前列。省委、省政府高度重视新能源汽车产业发展，积极谋划、加快布局，汽车产业全面发力提速。2023年，新增（挂牌）新能源汽车51.7万辆，累计保有量达到156.4万辆。

二、生产经营

2023年，全省汽车产量221.4万辆；其中，新能源汽车产量42.9万辆，汽车制造业营业收入5670.73亿元，同比增长23.34%，利润291.12亿元，同比增长50.90%。

三、产业发展

一是整车制造能力加速跃升。我省基本形成了品种众多、相对完整的制造体系。一方面，商用车优势显著。我省是商用车生产大省，产品覆盖客车、轻卡、重卡等所有品类，重汽、中通等省内品牌销量居全国前列。另一方面，乘用车加速起势。国内知名的一线车企在我省基本都有布局，比亚迪、吉利、上汽通用、奇瑞、长城分别在济南、青岛、烟台、德州、日照等市设立分公司或生产基地，一批畅销国内外的明星产品落地投产。随着济南比亚迪、青岛奇瑞、烟台通用东岳等整车及配套项目等整车项目加快实施，产业发展潜力显著增强。2023年，济南比亚迪累计生产新能源汽车24万辆。

二是产业配套体系持续完善。上下游产品配套齐全。上游有负极材料、电解液等原材料以及动力电池、电机等核心部件生产企业，中游有乘用车、商用车、专用车等各类整车生产企业，下游有充换电设备、电池回收等企业，形成了前后贯通的配套体系。创新能力持续提升，国家重型汽车工程技术研究中心、国家燃料电池技术创新中心等创新平台落户我省，累计培育国家级制造业单项冠军企业11家、专精特新“小巨人”企业46家、省级专精特新企业288家。集群化发展取得突破，济南、青岛两大新能源汽车基地积厚成势，初步形成头部企业聚集、规模效应明显、品牌影响力显著的全国竞争优势；枣庄和泰安的锂电、东营的轮胎、烟台的汽车零部件等一批特色产业集群不断壮大。

三是部分领域形成较强优势。汽车生产线制造方面，济南二机床作为世界三大快速冲压线制造商之一，国内市场占有率90%以上。原材料方面，瑞福锂业等40多家企业从事电池材料研发生产，海科新源的电解液、首钢东星和正海磁材的高性能磁性材料全国领先。动力电池方面，拥有济南弗迪、青岛国轩等20多家重点企业，新型动力电池特别是磷酸铁锂电池产业规模保持高速增长，主要技术指标接近国际领先水平。零部件方面，济南比亚迪半导体、精进电动、浦益希机电等企业在汽车芯片、整车控制系统、辅机控制器及高压配电系统、电机等方面取得重大突破，玲珑、华勤等轮胎产品达到世界领先水平。氢燃料电池汽车方面，拥有各类企业和研究机构120余家，是全国氢燃料电池产业链最完备的省份之一，燃料电池系统、质子交换膜等产品技术水平和生产规模全球领先。

四是氢燃料电池汽车加快推广。充分发挥我省工业基础优势，鼓励企业围绕氢燃料电池汽车产业链进行布局。产业链相关企业、研究机构超过150家，成为全国产业链最完整的省份之一。潍柴加快燃料电池产业布局和关键技术突破，燃料电池核心技术全球领先，具备年产2万台发动机的生产能力，东岳未来、仁丰特材等燃料电池系统核心零部件企业不断布局新项目，东岳未来质子交换膜全球领先。

四、承载园区

济南比亚迪汽车工业园区：包括比亚迪新能源乘用车及弗迪电池、比亚迪半导体等多个工厂，其中济南比亚迪新能源乘用车及核心零部件项目总占地6000余亩，一期占地3623余亩，总投资150亿元，2022年当年建厂、当年整车下线，主要生产车型为海豚、宋L、腾势N7。二期正在加速建设中，将于2024年年底前投入使用。二期项目占地约2343亩，建筑面积约140万m^2。包括新建标准厂房、综合站房、成品车停车场立体车库、综合楼等。2023年，济南比亚迪生产新能源整车24万辆。

即墨汽车产业集聚区：汽车产业是即墨区的主导产业，集聚区拥有各类企业近400家，从业人数约4万人，核心区位于青岛市汽车产业新城，规划面积76 km^2，已形成一汽大众、一汽解放、奇瑞汽车三大整车龙头带动，涵盖底盘系统、汽车电子、内外饰、座椅、冲压件等核心配套的千亿级产业集群，入围全省25个特色产业集群，是即墨工业和青岛市汽车产业的重要支柱。三大整车拥有年产能65万辆，2023年实际生产36.2万辆，规上工业企业共计85家，2023年总产值约702.5亿元。未来，汽车产业新城将向年产100万辆整车、传统能源和新能源汽车产值“双千亿”的目标迈进，打造全国重要的集研发、制造、贸易等多功能于一体的现代化汽车产业新城。

五、发展规划

《山东省新能源汽车产业高质量发展行动计划》提出实施产业链“5567”提升工程，即：做大5家乘用车龙头企业、5家商用车龙头企业，做强6项核心部件，做优7个配套产品领域，力争到2025年，新能源汽车产业规模达到5000亿元。

重点实施“十大行动”。一是整车企业“龙头引领”行动，快速做大乘用车规模，持续巩固商用车优势，加快产品推广，强化项目支撑。二是配套能力“链群集聚”行动，丰富零部件供应体系，实施配套部件精准招商，提升核心部件配套能力。三是产业布局“错位发展”行动，优化“两核引领、多点支撑”的产业布局，以淄博、烟台、潍坊、日照、临沂、德州、聊城等市现有整车布局区域为补充，突出枣庄、东营、济宁、泰安、威海、滨州、菏泽等市现有配套优势，鼓励发展特色配套产业。四是市场拓展“全域应用”行动，将每年10月确定为“新能源汽车消费促进月”，推动新能源汽车下乡，加快政府及公共领域应用。五是创新能力“协作联动”行动，支持企业和科研院所组建创新联合体开展协同攻关。六是基础设施“提速提效”行动，加快实现公共充电站乡镇全覆盖，有序推进加氢设施建设，试点推动智能网联设施建设。七是自动驾驶“示范应用”行动，鼓励新能源车企与互联网企业推进自动驾驶商业应用。八是绿色低碳“创新突破”行动，发展汽车与动力电池回收拆解产业，建设一批绿色低碳工厂。九是制造水平“数字赋能”行动，打造细分领域典型应用场景，加快建设数字化车间和智能工厂。十是品质品牌“加力提升”行动，支持新能源整车、优势零部件、电池材料等企业扩大出口，开拓海外市场。

六、重点企业及科研载体

中国重汽集团的前身是济南汽车制造总厂，始建于1930年，是我国重型汽车工业的摇篮。多年来，中国重汽集团始终坚持以科技创新为引领，以市场需求为导向，致力于为客户提供高质量、高性能的商用车产品。作为中国重型卡车行业的领军企业，中国重汽集团积极响应国家政策，大力发展新能源商用车产业。依托自身产品结构，以纯电动路线为核心，混动路线和燃料电池路线为支撑，充换电并举，基于中国重汽强大的研发实力，整合业内资源，针对资源运输、城建渣土、水泥搅拌、市政环卫、城配物流等不同应用场景，开发了100余款新能源产品，产品可靠性、经济性、安全性大幅提升，产品竞争力行业领先。

济南比亚迪位于济南新旧动能转换起步区，是比亚迪集团重要生产基地之一，拥有冲压、焊装、涂装、总装四大工艺厂房，可以进行整车、电动总成和电机等核心部件的生产，主要车型有海豚、宋L、腾势N7等，2023年产量达到24万辆。

潍柴新能源商用车具备年产5万辆汽车生产能力，是全省唯一一家拥有燃油、燃料电池、纯电动、混合动力汽车四类生产资质的商用车生产企业。

弗迪电池立足新能源产业，深耕电池领域已有二十余载，具备100%自主研发、设计和生产电池的能力，产品覆盖消费类3C电池、动力电池及储能电池等，并构建了完整的电池产业链，在电池技术、品质、智能制造、生产效率等方面堪称业界翘楚。

七、“产业园区”

福山新能源汽车产业园围绕新能源汽车“大三电”核心

部件等领域,打造集研发制造、无人驾驶等8大板块于一体的新能源汽车综合示范园区。一是坚持链式思维,构建产业垂直生态。坚持产业链建在园区上,以新能源汽车绿色发展和产业转型升级为主攻方向,围绕"电动化"和"智能化"两大领域,做好产业建链、延链、补链、强链文章,集聚"大三电"、材料、研发、检测等领域一批大项目好项目,逐步构建起上中下游贯通、左中右聚合、产学研用一体的产业垂直生态体系。二是坚持集群发展,推动项目集中布局。先后引进潍柴新能源等重点产业项目11个、总投资770多亿元。潍柴新能源动力产业园正在建设;创明电池发布全球首款准固态圆柱电芯,行业地位稳居全球第一梯队;中质国检打造全省首家国家级汽车研发认证公共服务平台,将大幅提高汽车关键部件的研发及检测水平。三是坚持创新引领,搭建科创研发平台。与中国通用咨询公司联合建设新能源汽车创新中心,打造集研发制造、中试成果转化和生产配套功能于一体的产业全生命周期发展平台;联合南京航空航天大学打造智能制造技术与装备国家级创新中心,与磁山北麓的万华全球研发中心相呼应,形成"北化工、南装备"的环磁山科创研发新格局。

河 南 省

一、产业概况

截至2023年底,国家《道路机动车辆生产企业及产品公告》内河南省新能源汽车整车企业17家。2023年,全省新能源汽车整车产销分别完成31.3万辆和31.4万辆,占全省汽车整车产销总量的31.2%和30.9%,同比分别增长261.2%和262.3%。其中,新能源乘用车产销分别完成25.3万辆和25.3万辆,同比分别增长344.7%和342.9%;新能源商用车产销分别完成6.0万辆和6.0万辆,同比分别增长101.5%和105.4%。

在郑州宇通、郑州日产、东风日产、开封奇瑞、上汽郑州、比亚迪等行业骨干企业的带动下,全省新能源汽车产业集聚效益不断显现。郑州新能源汽车重要生产基地地位得到加强,新能源汽车整车产量已占全省的80%以上。全省整车发展基本呈现以郑州为主,开封为辅,许昌、洛阳、安阳、商丘等地共同发展的产业格局。全省动力电池产业发展迅速,基本构成了从正负极材料、隔膜、电解液、电池零部件、电池芯、电池组及电池生产检测设备、回收、质量监督检验等较为完整的产业链条,在国内具有较高的知名度。宇通客车历经十年研发,在燃料电池电电混合动力系统、燃料电池系统、车载供氢系统和电堆等领域进行了探索,整车性能处于国内领先水平。国家燃料电池汽车示范应用郑州城市群建设持续推进,郑州、新乡、开封、洛阳、焦作、安阳等地加氢装备、燃料电池及关键部件生产企业不断增加,捷氢科技、氢枫能源、氢璞创能、重塑科技等产业链企业相继在我省落地。在智能网联客车、自动紧急制动系统、信息安全、图像智能识别技术方面位于全国领先地位。

二、2023年新能源汽车推广应用情况

截至2023年底,全省新能源汽车保有量140.5万辆,其中纯电动汽车111.6万辆。2023年新能源汽车新增48.2万辆,同比增长47.4%,其中,新能源公交车新增423辆,新能源出租车新增2.3万辆,新能源轿车新增33.0万辆,新能源货车新增1.4万辆,其他新能源车辆新增8.8万辆。郑州、洛阳、新乡、南阳、商丘、周口、驻马店等7个省辖市新能源汽车新增数量超过2.0万辆。2023年,绝大部分省辖市新增及更新的公交车和公务车满足《河南省人民政府办公厅关于进一步加快新能源汽车产业发展的指导意见》(豫政办〔2022〕45号)文件要求,郑州、平顶山、安阳、新乡、焦作、濮阳、许昌、三门峡、航空港区等地新增及更新的市政环卫车全部使用新能源汽车,开封、洛阳、安阳、濮阳、三门峡、济源、航空港区等地新增及更新的出租车全部使用新能源汽车,安阳、驻马店等地新增及更新的物流车全部使用新能源汽车,郑州、洛阳、安阳、新乡、焦作、漯河、三门峡、信阳等地新增及更新的邮政车全部采用新能源汽车。

三、本地区新能源汽车企业产销量统计表

企业名称	产品商标	新能源整车产量(万辆)	新能源整车销量(万辆)
郑州日产有限公司	东风	0.18	0.17
宇通客车股份有限公司	宇通	0.81	0.78
奇瑞商用车(安徽)有限公司河南分公司	开瑞、捷途	3.98	4.07
上海汽车集团股份有限公司乘用车郑州分公司	名爵、荣威	2.30	2.30
广州风神汽车有限公司郑州分公司	启辰	2.41	2.41

四、2023年基础设施建设及运行情况

2023年,全省新建公共充电站1374座,郑州、开封、洛阳、新乡、航空港区等地新建数量位居全省前列;新建公共充电桩2.23万个,郑州、开封、洛阳、许昌、漯河、三门峡、航空港区等地新建数量位居全省前列;新建换电站14座,其中,郑州新建7座;新建加氢站21座,其中,郑州新建15座。截至2023年底,全省累计建成公共充电站5530座,郑州、开封、洛阳、濮阳等地累计建成数量位居全省前列;累计建成公共充电桩11.42万个,郑州、洛阳、漯河、三门峡等地累计建成数量位居全省前列;累计建成换电站48座,其中,郑州累计建成33座;累计建成加氢站41座,其中,郑州累计建成25座。

五、发展规划

按照豫政办〔2022〕45号文件要求,以郑州为中心发展整车产业,重点发展新能源客车、乘用车、载货车;产业基础较好的地方重点发展配套产业,引进培育核心零部件龙头企业,努力建成具有全国影响力的新能源汽车产业基地。依托

国家燃料电池汽车示范应用郑州城市群，重点发展燃料电池载货车、客车，加快建设自主创新能力强、产业化水平高、配套设施完善、示范应用领先的燃料电池汽车产业集群。以郑州、许昌、鹤壁、焦作等市为重点加快建设智能网联汽车示范应用基地。

到 2025 年，新能源汽车年产量突破 150 万辆、占全省汽车产量的比例超过 40%，努力建成 3000 亿级新能源汽车产业集群，力争推动全省汽车整车产值达到 5000 亿元、零部件及配套产值达到 5000 亿元、销售及增值服务营业收入达到 5000 亿元。到 2025 年，全省充（换）电和加（储）氢技术水平和设施规模、运营质量显著提升，建成集中式充（换）电站 5000 座以上、充电桩 15 万个以上、加氢站 100 座以上，实现重点应用区域全覆盖。到 2025 年，除应急车辆外，全省公交车、巡游出租车以及城市建成区的渣土运输车、水泥罐车、物流车、邮政用车、环卫用车、网约出租车基本使用新能源汽车；重型载货车辆、工程车辆绿色替代率达到 50% 以上。

湖　北　省

2023 年湖北省汽车产业工业增加值增速 4.8%，汽车总产量 179 万辆。其中，新能源汽车总产量 38.8 万辆，同比增长 30.6%；商用车总产量 32.9 万辆，同比增长 13%。整车、关键零部件（动力电池、车规级芯片、自主控制器、智能驾驶等）整体实力位居全国第一方阵。

产业布局不断深化。在省委、省政府的高位推动和全省上下的共同努力下，我省立足供应链、重构产业链、提升价值链，以“一谷”（中国车谷）为核心，“一廊”（汉孝随襄十汽车走廊）为支撑和“多点”（宜荆黄黄）协同，并依托“车谷、光谷”优势，我省新能源、智能网联与新兴领域跨界融合进一步夯实。

重大项目持续推进。整车项目：东风本田新能源工厂项目 2024 年投产；吉利路特斯武汉生产基地项目已实现量产；东风云峰项目四大厂房已全面完工，项目工厂具备混合动力车、纯电动车等多种新能源车型柔性混合生产能力；武汉奥特能超级工厂已竣工投产。2023 年 5 月，博雷顿管理总部及新能源工程车生产基地项目开工，将打造国内最大的生产基地，规划年产 5000～10000 辆纯电动装载机。

零部件项目：中创新航动力电池及储能电池武汉基地全面封顶；湖北邦普时代项目正在建设中；比亚迪襄阳产业园产能约 1.9 GWh 的第一条刀片电池生产线正式投产；亿纬锂能 20 GWh 方形磷酸铁锂电池生产线、48 GWh 动力储能电池生产线正在建设中。

智能网联发展态势良好。2023 年 4 月，工信部批复支持湖北（襄阳）创建国家级车联网先导区，这是继江苏（无锡）、天津（西青）、湖南（长沙）、重庆（两江新区）之后，工信部批复支持创建的第五个国家级车联网先导区；作为住建部“智能网联与智慧城市协同发展”试点、交通部“交通强国建设”试点及工信部“国家智能网联汽车（武汉）测试示范区”，武汉经开区围绕 5G、无人驾驶、车路协同、人工智能等新技术，打造了多维度的智能网联汽车应用场景，率先发布自动驾驶全无人商业化试点政策，并向百度发放全国首批无人化示范运营资格，百度旗下自动驾驶出行服务平台“萝卜快跑”驾驶运营时段已拓展到 7 时至 23 时，车谷由此成为全国首个夜间开展全无人驾驶运营服务的区域；占地 1300 多亩的智能网联汽车封闭测试场已于 2023 年全面竣工投入运营，该测试场拥有世界最大、功能最全的智能网联汽车测试，具备 L4 级自动驾驶测试功能，可为智能网联汽车研发、检测、认证等提供服务。

科技创新不断突破。2023 年，全省申请新能源汽车专利数量超过 1300 项，排名全国第 8。东风旗下岚图梦想家荣获“国家队高端新能源品牌领导者”“行业领航奖”“新时代豪华标杆 MPV”“全场积分奖”等 12 项大奖；以东风公司等为主要完成单位的《全功率燃料电池整车及系统关键技术开发与应用》项目获得科技进步奖一等奖；东风风神马赫车队蝉联 CTCC 双料总冠军；东风雪铁龙天逸 BEYOND 斩获 2022 年“中国十佳底盘”奖项；东风商用车“无极星”首发进入“L3 级”自动驾驶试运行阶段；拥有 69 项专利的东风 iD2 项目电驱动总成下线；东风商用车“龙擎 DT8 变速箱”正式量产，其以质量更轻、噪声更低、传动效率更高，打破了同类产品在 8 挡变速箱领域的垄断地位；东风旗下智新科技，成功研制第三代半导体碳化硅功率模块；湖北三环锻造公司在佩卡（PACCAR）集团公司年度供应商大会上，荣获“最佳持续改善奖”，并成为中国区唯一一家荣获此荣誉的企业，该公司数字化智能化改造后 7 条复杂锻件智能锻造线，产品生产效率提高了 36.4%，产品不良品率减少了 12.6%，能源利用率提高了 46.3%；骆驼集团研发的 12 V 低压锂电池项目量产落地，产品水平步入全球第一梯队行列。

湖　南　省

一、产业概况

湖南省拥有长沙比亚迪、北汽株洲、中车电动、三一汽车等 12 家新能源汽车整车生产企业，同时具备行业领先的电机电控电池研发制造能力，时代电气、长沙比亚迪半导体的新能源汽车 IGBT、中车株洲电机的新能源汽车驱动电机处于国际先进水平，电池方面，现有动力电池系统相关企业约 50 家，涵盖电池模组、正极材料、负极材料、电池管理系统等，在锂系列电池、镍系列电池、全钒液流电池及其材料领域具有比较优势，全省已形成了长沙、株洲、湘潭协同发展的新能源汽车产业集群。2023 年，湖南省实现了整车生产 122.3 万辆，同比增长 28.4%，高于全国平均水平 16.8 个百分点，约占当年全国产量 3016.1 万辆的 4.1%。其中，新能源汽车生产 80.5 万辆，同比增长 62.1%，高于全国平均水平近 26.3 个百分点，新能源汽车产量占全省汽车总产量比重达 62.2%，占全国同期新能源汽车总产量的 8.4%，成为国内重要新能源汽车生产基地。

二、2023 年新能源汽车推广应用情况

2023 年，全省新注册新能源汽车 187099 台，占新注册汽车数量的 23.4%，新能源汽车保有量约 50 万辆。

三、主要企业经营情况

比亚迪汽车工业有限公司长沙分公司，成立于 2009 年 8 月，由比亚迪汽车工业有限公司和比亚迪汽车销售有限公司共同投资建设。由电动客车、乘用车（含新能源乘用车）和电动卡车及专用车三部分组成。主要生产元 EV、宋 MAX、秦 plus、唐系列、海豚、驱逐舰、新 e6 等车型。旗下长沙弗迪电池已实现年产 10 GW 刀片电池。2023 年新能源整车产量同比增长 64.3%。

北京汽车股份有限公司株洲分公司，是北京汽车第一个自主品牌外埠乘用车基地，也是北京汽车自主品牌产能最大的整车制造基地，具备年产 32 万辆传统燃油车及新能源车的生产能力。2023 年，新能源汽车产量同比增长 75.9%。

三一重卡是三一集团旗下推进实体经济和互联网深度融合的重卡造车新势力企业。2023 年销量同比增长 40.3%，位居全国重卡行业第一。

三一重型商用车高端驾驶室工厂建设项目，主要依托智联重卡产业园联合厂房，建设重型商用车高端驾驶室工厂，实现三一集团商用车业务板块全类型产品的驾驶室配套与提质。

中车时代电动汽车股份有限公司成立于 2007 年，是整合国内外优质资源成立的国内第一家专业从事电动汽车研发与制造的高新技术企业，拥有专利 380 项，主持和参与制定国家及行业相关标准 26 项，获得国家级及省部级科技进步奖励 7 项。

中车株洲电机有限公司具备年产 10 万台新能源汽车驱动电机制造能力，产品全面覆盖新能源客车、乘用车、卡车、专用车、非道路工程车辆等各个领域，可为客户提供全面的驱动电机解决方案。

时代电气股份有限公司已建成四条专业化电机、电控、电驱系统产线，已与一汽、长安、合众、东风等近 20 家整车厂建立深度合作关系。

四、园区及项目建设情况

2023 年 12 月 21 日，吉利远程新能源商用车湘潭基地落成暨首台远程超级 VAN 下线仪式举行。建成拥有冲压、焊接、涂装和总装四大工艺生产线，采用业内领先的工艺技术，具备高度自动化和智能化特点。其中，冲压车间采用高速自动化冲压线及先进激光切割机，焊接车间采用激光焊接和自动化机器人技术，提高生产效率和零部件质量。涂装车间采用环保涂料及工艺，实现高效率、低能耗、高品质的涂装效果。总装车间采用智能化输送系统及视觉防错系统，保障产品统一标准高质量下线。此外，针对远程超级 VAN 定制产品，基地还设置了特改车间，可满足千变万化的定制车型需求。湘潭新能源汽车产业园项目总投资约 100 亿元，共分四期建设，其中一期即吉利全新智能 LCV 项目。湘潭新能源汽车产业园项目重点布局了“乘用车”“商用车”“配套服务”三大板块，为打造长株潭新能源汽车城及汽车制造千亿产业集群提供强大支撑。

五、2023 年基础设施建设及运行情况

截至 2023 年底，全省累计建成充电桩 24.44 万个，其中公共快充桩 4.16 万个，居民自用桩 17.77 万个。全省高速公路正常运营的 158.5 对服务区和停车区中，已有 134 个服务区覆盖充电设施，共建设充电桩 1389 个，换电站 35 座，13 台移动充电车，6 台应急设备，覆盖率超过 95%。

六、发展规划

以创新驱动产业发展，聚焦新能源和智能网联汽车发展重点，力争到 2025 年，将湖南打造成为国内领先、具有一定国际影响力的汽车产业发展高地。到 2025 年，力争全省新能源汽车产量 100 万辆以上，智能网联汽车占比超 70%。

1. 整车

在中高端乘用车方面，深挖汽车节能潜力，推动传统动力系统和混合动力技术优化升级，持续提升产品动力性、经济性和环保性；优先以新能源汽车为智能网联技术率先应用的载体，重点发展驾驶辅助、有条件自动驾驶、高级自动驾驶及完全自动驾驶等中高端乘用车产品；支持省内汽车制造企业加大产品研发投入力度，向“电动化、智能化、网联化”方向转型，提升品牌品质，向产品高端化方向升级。在商用车方面，充分发挥省内商用车领域优势企业带动作用，重点推进货车、客车、专用车等产品新能源和智能网联技术应用，打造智能重卡、智能公交、智能接驳、智能物流车、智能环卫车等各类新能源整车产品，推进我省商用车产业转型升级。

2. 关键零部件

推进高效发动机、混合动力、轻量化等领域技术突破，提升汽车节能减排水平；聚焦新能源及智能网联汽车关键细分领域，重点推动新能源动力策略、电池管理系统、氢燃料电池相关技术、车载计算平台、5G-V2X、自动驾驶算法、高精度地图及定位、大数据云控基础平台、智能道路基础系统等关键领域研发攻关；加快推进动力电池、电机、电控、电制动、电转向、电空调等新能源汽车“大小三电”配套产业发展；积极培育车规级芯片、车载雷达系统、高精度地图、车载计算平台、智慧座舱、路侧设备等智能网联汽车增量零部件新兴配套产业。

七、本地区电动汽车充（换）电站（桩）统计表

城市名称	充电站	
	2023 年底保有量（座）	2023 年新建数量（座）
湖南省	24.44	—

广 东 省

一、新能源汽车发展情况

2023 年，全省新能源汽车产量 253.18 万辆，占全国规模的 26.8%，同比增长 83.3%，全国每 4 辆新能源汽车就有一辆是"广东造"。自主品牌新能源汽车表现优异。比亚迪（全口径）2023 年产量达 304.52 万辆，同比增长 62.24%，居全球新能源汽车首位。广汽埃安 2023 年销量 48 万辆，同比增长 77%。小鹏汽车 2023 年交付汽车 14.16 万辆，同比增长 17%。充电基础设施建设国内领先。截至 2023 年 12 月底，广东公共充电桩保有量 56.32 万台，充电站保有量 27.97 千座，均居全国第一；换电站保有量 406 座，居全国第二。

二、智能网联汽车发展情况

广州市开放首批智能网联汽车高快速测试道路，截至 2023 年底累计开放测试道路 507 条，单向里程 1061.59 km，双向里程 2123.18 km，累计向 415 辆测试车发放测试许可，其中 110 台测试车辆升级到商业化示范应用，测试车辆数和商业化应用车辆全国领先。小马智行已获远程载客测试许可及 L4 自动驾驶卡车编队行驶测试牌照。深圳市出台《深圳市促进新能源汽车和智能网联汽车产业高质量发展的若干措施》等政策措施，截至 2023 年底累计开放测试示范道路 838 km（市级 398 km，坪山全域 440 km），向 17 家企业、340 辆智能网联汽车发放道路测试及示范应用通知书 700 张。

三、燃料电池汽车产业情况

广东城市群示范期内电堆、膜电极、双极板、催化剂、空压机、氢气循环系统等六项关键核心零部件已实现国产化，产业技术水平全国领先。国氢科技、鸿基创能、清能股份等重点企业陆续落地建设，初步形成了涵盖氢气制取、运输、加注，氢燃料电池核心部件和动力总成，整车集成、加氢站和电池回收的全链条产业体系。

广西壮族自治区

一、产业概况

1. 总述

广西共有新能源汽车整车企业 8 家，产能 47.35 万辆，其中新能源乘用车企业 2 家，产能 28 万辆；新能源商用车产能 19.35 万辆。产品涵盖了纯电动轿车、纯电动多用途乘用车、纯电动客车、纯电动厢式运输车、纯电动仓栅式运输车等多种车型。2023 年，广西新能源汽车产销分别为 43.4 万辆和 44.8 万辆，同比分别下降 6.8% 和 13.8%。

2. 电动汽车产业

新能源汽车零部件配套产业链正加快建设。围绕新能源汽车三大核心部件，一批关系未来新能源汽车产业布局的重大项目加快落地。动力电池方面，先后引进了南宁弗迪、南宁多氟多、柳州国轩、柳州鹏辉、瑞浦赛克，预计到 2025 年，全区将形成动力电池约 150 GWh 的产能规模。电驱动方面，拥有中车时代、联合电子、柳州旺林、五菱柳机等一批电机、电驱企业，具备年产 135 万台套电桥、超 30 万套驱动电机能力。整车控制方面，联合电子、赛克科技整车控制器、耐世特新能源转向控制器等项目投产，具备了新能源电控零部件供应能力，具备年产 85 万套控制器能力。电制动、电空调方面，五菱工业、柳州松芝空调等企业已经实现为新能源汽车本地化配套。

3. 燃料电池汽车产业

广西汽车企业大力发展燃料电池汽车有关产品。东风柳汽联合国宏氢能持续加大氢燃料电池汽车开发力度，推出乘龙 H7 氢燃料电池牵引车，并已批量交付，用于矿山等特定场景。玉柴积极建设制氢、用氢产业链，开发的燃料电池动力系统成功装在客车产品并已开始交付。

4. 智能网联汽车产业

广西大力发展智能网联汽车产业，经过自治区和柳州市的持续努力，2023 年 4 月，广西（柳州）国家级车联网先导区终于获得工业和信息化部批复。11 月，工信部发布消息，柳州成功入选全国首批 15 个公共领域车辆全面电动化先行区试点。

二、2023 年新能源汽车推广应用情况

1. 总述

2023 年，广西新能源汽车加速推广。全区新注册汽车 52.55 万辆，其中新能源汽车 20.21 万辆，新能源汽车渗透率 38.5%。截至 2023 年底，广西汽车保有量 943.05 万辆，其中新能源汽车 64.76 万辆。

2. 新能源汽车换电模式应用试点工作

贺州市积极推动电动重卡换电站建设，累计建成换电站 5 座，其中电动重卡换电站 2 座。同步在编制《贺州市电动重卡充换电站》专项规划，已形成送审稿，这将进一步优化广西壮族自治区新能源汽车换电站建设规模和优化空间布局，带动矿山电动重卡发展。

3. 智能网联汽车试点工作

2023 年，广西获批广西（柳州）国家级车联网先导区，柳州市入选全国首批公共领域车辆全面电动化先行区试点，有关试点建设工作稳步推进。

三、主要企业经营情况

1. 总述

截至 2023 年底，广西规模以上汽车企业共 393 家，较上年增加 10 家；企业资产总额为 2158 亿元，同比增加 2.9%；实现营业收入 1541.4 亿元，同比下降 5.5%；汽车制造业用工人

数为9.3万人,同比下降1.1%。广西已形成包含载货汽车、客车、乘用车、汽车零部件工业等较为完整的产业格局,产品覆盖纯电动、混合动力、氢燃料电池汽车三大系列,先后推出宝骏悦也、五菱宏光MINIEV、五菱缤果、五菱星光、柳汽S50EV、风行雷霆、星海V9、星海S7等系列新能源产品。

2. 电动汽车产业

(1)上汽通用五菱汽车股份有限公司。2023年,上汽通用五菱新能源汽车产销量分别完成45.18万辆和45.01万辆,同比分别下降27.29%和27.68%。主要车型有五菱宏光MINIEV、AirEV、KiwiEV、五菱缤果、五菱星光、宝骏悦也、宝骏云朵等。

(2)东风柳州汽车有限公司。2023年,东风柳汽新能源汽车产销量分别完成1.38万辆和1.30万辆,同比分别下降54.18%和54.12%。主要车型有风行景逸S50EV、风行雷霆、风行菱智等新能源乘用车,以及乘龙H5、乘龙T5、L2EV等新能源商用车。

(3)广西汽车集团有限公司。2023年,广西汽车集团新能源汽车产销分别完成1.12万辆和0.95万辆,同比分别下降29.75%和36.34%。主要车型有菱势黄金卡、菱势黄金仓、EV50等。

四、园区及项目建设情况

为加快建设广西(柳州)国家级车联网先导区,柳州市启动车联网先导区建设项目,项目一期结合智慧城市、5G网络等基础设施建设,规模部署C-V2X网络、路侧单元和智能交通信号灯等车联网感知设备,构建“人、车、路、云”协同的规模化车联网先导应用环境。一期项目规划建设升级改造125个路口、部署RSU设备241套,覆盖路网长度79.88 km。二期建设道路包含柳南区、城中区、鱼峰区、柳北区等城市主干道路共计231 km、291个路口,形成5G、车联网网络和北斗高精度定位服务全覆盖,预计2024年完成主体工程建设。

五、2023年基础设施建设及运行情况

2023年,全区全年建成新能源汽车充电设施46305个,累计建成新能源汽车充电设施16.5万个。累计施划新能源汽车专用提车位8万多个,新能源汽车使用环境不断优化。据不完全统计,全区有换电站42座,在运营的加氢站有2座,分别位于柳州市、南宁市,供给能力1500 kg/d。

六、发展规划

发展思路:紧抓国家大力推动新能源汽车产业发展的机遇,以电动化、智能化、网联化为发展方向,巩固广西新能源微型车优势,大力发展中高端新能源汽车,延伸拓展电池、电机、电控、智能座舱等新能源汽车和智能网联汽车核心零部件,促进整车和零部件研发设计、智能网联汽车系统研发等环节集聚,形成以“整车为主、‘三电’为辅,带动其他零部件发展”的汽车全产业链发展格局。

发展目标:到2025年,汽车产业产值达到2000亿元,汽车产量达到150万辆,电池产能达200 GWh,零部件本地配套率达到60%以上。未来,建设面向东盟和共建“一带一路”国家的新能源汽车产业集聚区。

发展重点及方向:一是加快推动燃油汽车向混动转型。适当保留燃油汽车优势市场,推动燃油汽车节能化发展。促进商用车产品系列化和电动化转型升级。二是大力发展新能源汽车。巩固提升小微型纯电汽车产业优势,加快发展纯电动中高端SUV、轿车、客车和冷链物流车、中重卡运输车,积极开发混合动力汽车和氢燃料电池汽车。支持上汽通用五菱实施“一二五”工程,建设广西新能源汽车实验室,打造纯电、混动两个百万级产品群。鼓励龙头车企研发智能网联汽车新产品,加强与智能座舱龙头企业合作,逐步提升产品智能网联水平。三是提高关键零部件配套水平。不断提升动力电池、驱动电机、电控系统的制造水平,加快完善新能源汽车关键零部件上下游配套水平,提升新能源汽车产业链自主可控能力;加快引进发展自动变速器、制动防抱死系统、车规级芯片、电空调、电制动、电动车桥等重点零部件以及无人驾驶系统、智能网联车机、控制器、显示屏等零部件产业,创新突破高性能毫米波雷达、线控转向系统、C-V2X模组等产品,打造产品平台化、工艺专业化、装备智能化、物流信息化的新能源汽车“新四化”零部件生态体系。

七、本地区新能源汽车企业产销量统计表

生产企业名称	产品商标	车辆类型	通用名称	产量统计(辆)	销量统计(辆)
上汽通用五菱汽车股份有限公司	五菱标、宝骏标	新能源乘用车	五菱星光、五菱缤果、宏光MINIEV、宝骏悦也等	444633	442893
上汽通用五菱汽车股份有限公司	五菱标	新能源商用车	五菱荣光小卡EV等	7175	7173
东风柳州汽车有限公司	东风风行	纯电动轿车	风行S50EV	3843	3684
东风柳州汽车有限公司	东风风行	纯电动多功能乘用车	菱智新能源	3257	4089
东风柳州汽车有限公司	东风风行	纯电动多用途乘用车	风行雷霆	4870	3386
柳州五菱新能源汽车有限公司	五菱牌	纯电动厢式运输车	EV50	2581	3496
柳州五菱新能源汽车有限公司	菱势牌	插电式增程混合动力载货汽车	黄金卡	3786	2451

八、本地区电动汽车充(换)电站(桩)统计表

城市名称	充电站		充电桩		换电站	
	2023 年新建数量(座)	2023 年底保有量(座)	慢充(个)	快充(个)	2023 年新建数量(座)	2023 年底保有量(座)
柳州市	386	1817	16052	3284	0	10
桂林市	5018	60568	—	—	1	1
贺州	173	489	2734	1186	2	5
北海市	0	8	1885	85	0	3
防城港市	0	287	1533	99	0	2
崇左	207	645	483	427	2	2
百色市	262	611	2058	1361	7	16
河池市	0	652	2846	1179	0	0
来宾市	12	14	724	313	3	3

九、本地区车用加氢站统计表

城市名称	加氢站名称	类型	供给能力(kg/d)	日加注量(kg)	加氢站氢气总储存量(kg)	储氢最高压力(MPa)	说明(运营/新建/在建)	运营时间
柳州市	博园油氢合建站	撬装式	1000	500	1000	45	运营	自 2020 年开始投入运营
南宁	新阳综合加能站	综合加能站	500	500	950	45	运营	2021 年 9 月(试运营)

海 南 省

一、产业概况

1. 总述

2023 年,全省汽车制造业累计生产汽车 3.02 万辆,同比增长 37%;实现工业总产值 46.3 亿元,同比增长 62%。

海南省仅有汽车整车制造企业 1 家,即海南海马汽车有限公司。海南海马汽车有限公司 2023 年全年销售汽车 2.73 万辆,同比增长 19%,实现销售收入 26.78 亿元,同比增长 24%。

2. 电动汽车产业

全省唯一的汽车整车制造企业海南海马汽车有限公司,响应国家《新能源汽车产业发展规划(2021—2035 年)》和海南省清洁能源汽车发展规划要求,自主研发智能纯电动汽车 7X-E 并获得产品公告,于 2022 年 9 月份量产上市。2023 年,海南海马生产纯电动汽车 293 辆,实际销售 157 辆。

3. 燃料电池汽车产业

海南海马汽车有限公司积极响应国家《新能源汽车产业发展规划(2021—2035 年)》《氢能产业发展中长期规划(2021—2035 年)》和海南省清洁能源汽车发展规划要求,于 2023 年 11 月获得燃料电池乘用车生产资质,2023 年 12 月,海南海马与丰田汽车合作开发的燃料电池汽车 7X-H 获得产品公告,为海南发展燃料电池汽车产业打好基础。

4. 智能网联汽车产业

海南暂无智能网联汽车生产相关企业。

二、2023 年新能源汽车推广应用情况

1. 总述

2023 年海南省共推广应用新能源汽车 103448 辆,其中个人用户 86243 辆,单位用户 17205 辆,新能源汽车占新注册登记汽车比例达到 50.80%。截至 2023 年 12 月 31 日,海南省汽车保有量为 1993413 辆,新能源车保有量为 292779 辆,新能源汽车保有量占有率为 14.69%。

2. 电动汽车推广应用工作

2023 年海南省共推广应用电动汽车 103448 辆;截至 2023 年 12 月 31 日,海南省电动汽车保有量为 292779 辆,其中纯电汽车保有量 238365 辆,纯电汽车保有量占比达 81.41%。

3. 燃料电池汽车示范应用工作

2023 年海南省尚未开展燃料电池汽车示范应用工作。

4. 新能源汽车换电模式应用试点工作

海南省新能源汽车换电模式应用发展迅速,截至 2023 年 12 月底,全省累计推广换电模式新能源汽车超 7500 辆,带动换电站建设 66 座,有效推动海南省细分领域车辆的新能源化进程。其中,三亚市作为国家新能源汽车换电模式应用试点城市,累计推广换电车辆 2800 余辆,换电版巡游出租车实际运营约 1500 辆,换电版网约车实际推广运营超 300 辆,累计建成换电站 25 座。

5. 智能网联汽车试点工作

(1)构建开放、创新的规制环境。充分发挥自贸港立法"三权"优势,率先推动以全省为范围的车联网部署,编制完成《海南省车联网产业发展规划》及三年行动计划,并以环岛旅游公路为载体开展首个"车联网+旅游"项目创新研究,完成实施方案的编制工作。自 2022 年 5 月,海南省先后印发了《海南省车联网先导区(项目)建设实施细则》《海南省低速功能型无人车道路测试与示范应用管理办法(试行)》,以及修订《海南省智能汽车道路测试和示范应用管理办法》,在全域放开低速功能型无人车、解决事故主体认定、商业化应

用等方面提出创新性解决方案，为全国提供借鉴。

(2)加快打造测试环境。推动海南热带汽车试验场获工信部批复挂牌国家级智能网联汽车封闭测试基地。同时，扩大开放测试示范道路范围，累计开放智能汽车测试和示范应用道路410 km，涉及11个市县，为企业提供丰富的测试场景，并与重庆、长沙、长春等多个城市达成测试结果互认，初步形成了封闭、开放一体化测试体系。全省累计发放自动驾驶汽车测试示范牌照40余张，推动美兰机场、三亚崖州湾科技城开展自动驾驶巴士常态化接驳服务，以及海口、琼海等地落地部署近百余台无人驾驶零售车、无人驾驶快递车，为群众提供更加便捷的生活服务。

(3)组织有条件市县建设省级车联网先导项目及申报国家级试点。一是推动省级车联网先导区建设列入省委"揭榜挂帅"项目，由海口、三亚、儋州、琼海、文昌5个城市联手揭榜，经多方推动，5个市县均已完成车联网先导项目建设方案的编制，且三亚、琼海已部分建成；二是推动海口江东新区车联网先导项目申报交通部第二批智能交通先导应用试点答辩；三是推动儋州市联合上汽红岩、上海友道申报国家智能网联汽车准入和上路通行试点；四是组织海口、三亚、琼海联合环岛旅游公路东线、环岛高速公路东线"三市两线"共同申报国家智能网联汽车"车路云一体化"城市应用试点。

三、2023年基础设施建设及运行情况

2023年，全省新建充电桩49643(枪)，新建集中式充电站1210座，新建换电站21座。累计建设充电桩125000(枪)，集中式充电站3400座，换电站63座。其中，公共桩43442枪、专用桩6889枪、自用桩74669枪。新能源汽车与充电桩总体比例2.34∶1。

四、发展规划

1. 推动新能源汽车产业发展

推动出台《海南省新能源汽车产业高质量发展规划》，提出产业发展目标及关键实施路径。充分发挥和放大海南自贸港政策效应和区位优势，推动海南海马汽车有限公司高质量发展，夯实伊朗基础市场，抓住俄罗斯机会市场，开发越南等东南亚新兴市场，探索拉美市场，拓宽海外业务。推动吉利远程、平野新能源已竣工项目加快投产达产。推动天使医检、和合医疗特种车、海世通房车项目加快建设。鼓励吉利远程、康迪等汽车企业开展海外业务，进一步释放产能，做大做强海南汽车产业，完善和延伸汽车产业链条。

通过开展海口市全面电动化试点、智能网联试点等工作，谋划重要零部件、充电桩设备、路侧单元、车载智能系统等制造项目落地。

2. 推进全域新能源汽车推广应用

一是强化顶层设计，出台《海南省环岛旅游公路车联网发展规划》，推动车联网和旅游公路协同发展；开展《海南自由贸易港促进新能源汽车发展规定》立法研究，为实现2030年全岛禁售燃油车提供法律依据；开展《海南自由贸易港促进车联网发展规定》立法研究，以法治引领和推进车联网(智能网联汽车)发展；根据《海南省轻型货车全面新能源化关键路径研究》，适时出台全岛轻型货车全面电动化引导政策。

二是深化新能源汽车推广。2024年全省推广新能源汽车10万辆以上，确保全省新能源汽车在新增车辆中占比超过50%；谋划出台汽车"以旧换新"措施，通过"以旧换新"方式进一步提高新能源汽车在新增车辆中占比；推动货运领域和进岛燃油车等重点领域新能源汽车推广；研究探索新能源汽车过海解决方案，为新能源汽车发展提供安全保障。

五、本地区新能源汽车企业产销量统计表

生产企业名称	产品商标	车辆类型	产量统计(辆)	销量统计(辆)
海南海马汽车有限公司	海马牌	纯电动轿车	293	157
海南海马汽车有限公司	海马牌	燃油乘用车	29877	27104

六、本地区电动汽车充(换)电站(桩)统计表

城市名称	充电站		换电站	
	2023年新建数量(座)	2023年底保有量(座)	2023年新建数量(座)	2023年底保有量(座)
海南省	49643	125000	21	63

七、本地区车用加氢站统计表

城市名称	加氢站名称	类型	供给能力	日加注量(kg)	加氢站氢气总储存量(kg)	储氢最高压力(MPa)	说明(运营/新建/在建)	运营时间
海口市	海口龙桥西加氢站	加氢站	500 kg/d	500	172.2	35	运营	—
海口市	海口海马水电解制氢与高压加氢一体化站	三级	50 kg/12 h，满负荷100 kg/d	100(站内制氢)；250(管束车运氢支持)	107	87.5	运营	2021年12月份开始试运行
琼海市	琼海银丰加氢站	加氢站	500kg/d	500	352.8	70	运营	2023年4月
三亚市	三亚东线加氢站	加氢站	500kg/d	500	172.2	35	新建	—
儋州市	洋浦宏浦加氢站	加氢站	500kg/d	500	172.2	35	新建	—

四 川 省

一、产业概况

1. 总述

四川现有新能源汽车生产企业20户。拥有动力电池产业链企业200余户，其中宁德时代、中创新航、亿纬锂能等全国动力电池十强企业5家（含全球十强企业3家）。2023年，在省委省政府的坚强领导下，四川生产新能源汽车14.6万辆，同比增长87.2%，累计推广应用新能源汽车约90万辆；生产动力电池105.4 GWh，同比增长27%。

2. 电动汽车产业

加强与吉利集团对接合作，推动四川领克加快新车型极氪X量产交付，加快产能爬坡，形成新的增长点。省市区三级形成合力，全力推动一汽红旗成都项目落地。推动沃尔沃极星3和EX90项目以及一汽丰田全新普拉多项目加快产线建设，争取明年早日建成投产。牵头对接工信部、中欧经济协会等，组织召开中欧汽车出口资质认证合作及整车企业出口拓展专题研讨会，借助部委资源帮助企业打开出口市场。积极协助凯翼汽车等搭建海外出口平台，已建成20余个国际营销渠道；推动重汽王牌出口200台无人矿卡，正与印尼、沙特商谈出口事宜；推动领克出口超4000余辆极氪X到以色列，吉利商用车出口2000余辆新能源商用车到韩国。高规格成功举办2023世界动力电池大会，实现签约项目64个，签约总金额超1000亿元，进一步巩固和提升四川动力电池产业发展优势。创新开展2023新能源汽车“天府行”品牌推广活动，举行启动仪式以及绵阳、成都、宜宾、南充、广安5站活动，宣传四川新能源汽车优质产品，提升品牌影响力和市场美誉度。

3. 燃料电池汽车产业

大力发展氢燃料电池汽车及氢能装备产业，建成东方氢能产业园、厚普氢能装备产业园等标杆性产业园区，聚集东方电气、厚普股份、荣创新能、成都亿华通等100余家优质企业及科研院所，形成了覆盖氢气制储运加、燃料电池系统及整车研发制造应用、检测认证等主要环节在内的氢能全产业链，燃料电池、加氢装备、储氢瓶等关键核心零部件技术水平全国领先。继续扩大氢燃料电池汽车示范，支持成都、德阳、攀枝花、自贡、雅安、凉山、乐山、内江、广安、资阳等10个市（州）开展示范，现已累计推广燃料电池汽车619辆，建成加氢站17座。

4. 智能网联汽车产业

聚集了中国信通院、中国汽研、华为、百度、德赛西威、希迪智驾等知名企业及科研机构落户四川省，开发了智能座舱、无人矿卡等优质产品，广泛应用于国内外多种场景，远销欧洲、蒙古国、沙特等地。高标准建成了包含200余种模拟测试场景中德智能网联汽车、车联网项目，自动驾驶、车路云网协同等智能网联测试能力在国内处于第一梯队。推动成都市进入住建部、工信部“双智”试点，现已完成约550个路口智能化改造，建成6200余个智慧多功能杆，部署了约8万个通信路侧单元，初步构建了“车、路、云”协同的车城网。同时，在成都、宜宾等地开展智能网联汽车城市道路测试和示范应用，开放超500 km测试道路，广泛开展无人出租、公交、配送、售卖、观光、环卫以及智慧泊车等多场景示范应用，构建“车、路、云”协同的半开放示范区，并持续推动成渝智慧高速建设，形成了浓厚的产业发展氛围。

二、本地区车用加氢站统计表

城市名称	加氢站名称	类型	供给能力（kg/d）	状态
成都市	成都国氢华通龙泉驿加氢站	固定站	1000	运营
成都市	中国石化郫都区加油加氢站	综合能源站	500	运营
成都市	一汽丰田加氢站	撬装站	200	运营
成都市	中石油成都郫都区古城加油加氢站	固定站	500	运营
成都市	新创综合能源站	综合能源站	1000	运营
攀枝花市	钒钛高新区加氢综合能源站	综合能源站	1000	运营
攀枝花市	格里坪工业园区综合能源站	综合能源站	1000	运营
德阳市	东方锅炉德阳加氢站	撬装站	200	运营
内江市	天辰物流加氢站	固定站	500	运营
内江市	内江市加氢站	撬装站	20	运营
南充市	吉利加氢站	实验站	500	运营
凉山州	月城加氢站	固定站	500	运营
自贡市	东方锅炉加氢站	撬装站	200	运营
资阳市	中石油油气氢合建站	综合能源站	500	运营
雅安市	雨城区大兴交通加气站	撬装站	500	运营
广安市	广安官盛新区加氢站	撬装站	100	运营
乐山市	乐山五通桥加氢站	撬装站	100	运营

贵 州 省

一、产业概况

1. 总述

2023年，贵州省新能源汽车产业（含动力电池及材料）完成工业总产值1036.7亿元，其中新能源汽车产业（含动力电池及材料）规模以上工业企业数量148家，营业收入1058.5亿元、利润29.5亿元，重点企业有奇瑞万达贵州客车股份有限公司、贵州吉利汽车制造有限公司、贵州长江汽车有限公司、宁德时代(贵州)新能源科技有限公司、贵阳弗迪电池有限公司等。

2. 电动汽车产业

2023年,贵州省内汽车企业生产纯电动汽车0.32万辆,同比增长3.1%。截至2023年底建成动力电池产能37 GWh,在建动力电池产能33 GWh,形成了以中伟科技、容百科技、振华新材料为代表的三元材料体系,以磷化集团、胜威化工、贵州裕能、安达科技等为代表的磷酸铁锂材料体系。

3. 燃料电池汽车产业

贵州省燃料电池汽车产业尚处于起步阶段,仅奇瑞万达贵州客车股份有限公司一家整车企业,氢燃料电池生产研发企业数量较少,有贵州氢能效率能源科技有限公司、贵州梅岭电源有限公司等企业在进行技术研发。

4. 智能网联汽车产业

贵州省智能网联汽车产业正处于起步阶段,相关企业数量少、体量小,属于技术开发阶段,贵州翰凯斯智能技术有限公司主营为汽车底盘以及自动化个性车辆设计研发制造。

二、2023年新能源汽车推广应用情况

1. 总述

为完整、准确、全面贯彻新发展理念,深度融入新发展格局,深入实施“双碳”目标,深化建设国家生态文明试验区,构建绿色低碳循环发展的经济体系,我们研究出台《关于加快新能源汽车产业高质量发展推进“电动贵州”建设的指导意见》,通过政策助力有利于加快推动贵州省新能源汽车产业发展,逐步成为新型工业化的重要支撑。全省新能源汽车保有量达到28.3万辆,其中2023年新增11.9万辆,同比增长22%,渗透率达到23%。

2. 电动汽车推广应用工作

一是强化公务用车示范引领。2024年起,全省党政机关、事业单位、国有企业除实物保障岗位工作用车、处置突发事件应急用车、特种专业技术用车、执法执勤用车及无适配车型等特殊情形外,新增和更新的公务用车全部采用新能源汽车或清洁能源汽车。二是加大公共交通领域推广力度。2024年起,各市(州)新增和更新的城市公交车中新能源汽车占比达到90%以上,其中贵阳市达到100%,鼓励全省农村客运车辆采用新能源汽车。全省新增和更新的城市出租车(含网约出租车)原则上采用新能源汽车或清洁能源汽车。三是推动重点领域加快应用。在城市物流领域推广新能源轻型货车(含厢式运输车),各市(州)要制定具体推广计划,鼓励将中心城区城市物流车逐步更新为新能源汽车。鼓励驾驶培训机构和考试机构使用新能源汽车或清洁能源汽车。政府购买的涉及用车服务项目,应将使用新能源汽车情况作为重点评审因素。四是大力推广新能源重卡。矿山、燃煤电厂等重点领域要积极推广新能源重卡,推动有序更换燃油重卡,支持燃油重卡二手车出口。

3. 燃料电池汽车示范应用工作

中国石化贵州石油分公司与吉利远程新能源商用车签订合作协议,并与云贵地区十多家企业现场签约1280台醇氢商用车,携手加速醇氢电动汽车的推广应用。

4. 新能源汽车换电模式应用试点工作

截至2023年底,全省累计建成充换电站2146座,其中换电站29座。同时,我们出台《关于加快新能源汽车产业高质量发展推进“电动贵州”建设的指导意见》,明确提出要优化重要节点充换电设施布局、加强居住区充换电设施建设、保障充换电设施建设用地。

5. 智能网联汽车试点工作

我们认真落实工业和信息化部等国家四部门工作要求,要求各地结合实际组织汽车生产企业和使用主体申报,积极开展智能网联汽车准入和上路通行试点工作。要求各地要加强统筹协调,准确把握试点定位,扎实做好政策制定、能力建设、信息共享等,确保智能网联汽车准入和上路通行试点工作有序推进。

三、主要企业经营情况

1. 总述

我省汽车产业起步于上世纪80年代,曾经涌现云马客车、云雀轿车、航天汽车等一批在当时知名度较高的产品。全省列入工业和信息化部的汽车生产企业达17家,其中整车企业7家,改装车企业10家。全省现有汽车零部件企业60余家,主要以生产汽车发动机、密封件、散热器、雨刮器等为主,还有部分企业生产内饰件、汽车门锁、金属铸件等。贵州省依托资源禀赋和产业基础优势,抢抓行业“风口”机遇,大力发展新能源电池及材料产业。成功引进宁德时代、比亚迪、湖南裕能、容百锂电、中科电气等头部企业赴黔布局、发展壮大。成功培育中伟新材料、振华新材料、安达科技等本土企业快速成长并成功上市。

2. 电动汽车产业

2023年,奇瑞万达贵州客车股份有限公司生产各类客车564辆,同比下降66.5%。贵州长江汽车有限公司生产各类车辆2716辆,同比增长100%。贵州吉利发动机有限公司生产发动机30.3万台。贵阳弗迪电池有限公司生产动力电池8.36 GWh,贵安新区弗迪电池有限公司生产动力电池4.59 GWh。

3. 燃料电池汽车产业

奇瑞万达贵州客车股份有限公司位于贵阳市经济技术开发区,总投资10亿元,生产及配套园区占地面积1000亩,具备年产0.5万台客车的能力。现有4款氢燃料公交产品,额定载客89/27~38人,以其先进的整车结构安全、供氢系统安全防护及全天候实时监测氢能安全的三大防护措施,确保氢燃料电池客车的氢能使用安全。采用燃料电池系统和动力电池系统的电电混合能量匹配驾驶模式,使其真正成为满足城市公交运营现状的氢燃料电池城市客车。

4. 智能网联汽车产业

贵州翰凯斯智能技术有限公司成立于2013年,主要从事人工智能、机器人、无人驾驶技术和增材数字智能制造技术的研发与实践,是全球领先的高新技术企业,打造了全球第一款自动驾驶通用底盘。开发的自动驾驶底盘已进入市场,拥有自主研发和制造中心。全球专利数百项,产品已经进入全球30多个国家,并已参与华为、百度、阿里和顺丰的无人驾驶研发、代工合作。无人驾驶小巴—Robobus获得来自美国、日本、欧洲等多国客户订单,累计千台级别;先后落

地苏州相城区、贵阳观山湖区运营；被达沃斯经济论坛评选为“全球 100 家先锋技术企业”。

四、园区及项目建设情况

1. 吉利贵阳基地新车型引进项目（新能源汽车数字孪生车间智能化生产改造项目），项目购置扭矩校验仪、双悬臂测量机、UBC 机器人仿形及照相识别设备 237 台（套），建设 1 条新能源乘用车生产线。

2. 贵州轮胎股份有限公司年产 38 万条全钢工程子午线轮胎智能制造项目（轮胎四期），项目总占地面积约为 113268㎡，总建筑面积约为 150374.15㎡，建设内容包括：新建 1#原材料准备车间、全钢工程子午胎车间、2 个公用工程车间、模具车间、消防水泵房、辅房、废品废料库等内容，扩建 4#炼胶车间，购置安装进口设备 18 台（套）、国产设备 425 台（套）以及其他附属配套设备设施。

3. 贵州忠辉装备制造产业园二期项目，项目总用地约 70 亩，主要生产制造起重类特种设备、工程机械结构件、工程机械司机室、各种客车、中巴车车身、电动旅游观光车等。

五、2023 年基础设施建设及运行情况

截至 2023 年底，全省累计建成充电基础设施 9.06 万个，充电功率 207.3 万 kW。其中公共充电基础设施 3.17 万个，充电功率 151.91 万 kW；私人充电基础设施 5.89 万个，充电功率 55.39 万 kW。全省已建成以市（州）所在地为中心，带动 88 个县，辐射 1145 个乡镇的充电网络，连接各市县的 175 对高速公路服务区已实现充电基础设施全覆盖，可满足服务区之间间隔 52 km 内电动汽车充电需求。2023 年我们实现充电基础设施高速公路服务区全覆盖、乡镇全覆盖，下一步充电基础设施还将向重点乡村延伸，进一步织密全省充电网络，满足人民出行充电需求。

六、发展规划

“十四五”期间，贵州省紧抓新能源汽车产业发展重大机遇，发挥动力电池及材料、轻量化车用材料及大数据等方面优势，科学规范发展新能源汽车产业，引导汽车产业向基础相对较好的贵阳贵安布局发展，支持各地结合产业基础和资源禀赋实际发展配套产业，实现优势互补、错位发展。重点以乘用车为主攻方向，积极发展客车、载货车及专用汽车等商用车，以构建产业链条、壮大产业规模及提升产业竞争力为主线，推进落实“一企一策”盘活存量、招大引强做大增量、提升核心配套能力、强化创新平台支撑、加强基础设施保障、扩大消费应用规模等六个方面重点任务，进一步增强产业核心竞争力，初步形成以节能和新能源汽车为引领，燃油汽车特色优势突出，零部件配套能力较强，服务体系相对健全的汽车产业发展格局，力争到“十四五”末，贵州省新能源汽车产业规模迈上千亿元台阶，产业聚集水平大幅度提升，技术创新能力明显增强，产业配套环境显著改善，智能网联汽车生态初步形成。

七、本地区新能源汽车企业产销量统计表

生产企业名称	产品商标	车辆类型	通用名称	产量统计（辆）	销量统计（辆）
奇瑞万达贵州客车股份有限公司	奇瑞	纯电动客车	万达客车	564	564
贵州长江汽车有限公司	贵州	纯电动厢式运输车	熊猫牌	1184	190
贵州长江汽车有限公司	贵州	纯电动厢式运输车	贵州牌	1822	9
贵州长江汽车有限公司	贵州	纯电动货车	贵州牌	10	0

八、本地区电动汽车充（换）电站（桩）统计表

城市名称	充电站		充电桩		换电站	
	2023 年新建数量（座）	2023 年底保有量（座）	慢充（个）	快充（个）	2023 年新建数量（座）	2023 年底保有量（座）
全省合计	549	2117	1658	5697	4	29
贵阳市	57	345	229	894	0	9
遵义市	136	440	550	1265	1	8
六盘水市	33	108	67	626	3	3
安顺市	53	144	89	350	0	0
毕节市	49	165	158	547	0	7
铜仁市	31	174	41	434	0	0
黔东南州	46	162	68	356	0	1
黔南州	42	318	62	432	0	1
黔西南州	87	154	335	548	0	0
贵安新区	15	107	59	245	0	0

云 南 省

一、产业概况

截至2023年底，云南省共有4家汽车整车制造企业，分别是东风云南汽车有限公司、北汽云南瑞丽汽车有限公司、一汽红塔云南汽车制造有限公司、云南力帆骏马车辆有限公司。云南省建成汽车整车产能21.2万辆/年，其中商用车产能16.7万辆/年、乘用车产能4.5万辆/年。云南省汽车生产制造行业从业人数约1.8万人，产品涵盖纯电动乘用车、客车、厢式货车、混合动力客车发动机、减速器、钢板弹簧、轮毂、车桥、传动轴等零部件以及电池正极材料、负极材料、电池隔膜等新能源汽车关键零部件及原材料。云南省新能源汽车产业进入快速发展期，初步形成了以新能源汽车整车为龙头，动力电池原材料等零部件为关键配套产业链的新能源汽车产业链条。“十四五”期间，初步实现产业结构优化，不仅布局新能源乘用车制造产业、填补云南省新能源乘用车制造的空白，还引入检测产业、进一步延伸并完善产业链。

从零部件制造情况看，云南汽车零部件企业约30余家，产品包括柴油发动机、减速器、钢板弹簧、轮毂、车桥及传动轴等，主要集中在昆明地区，受省内整车产量骤降影响，相关配套企业也陷入困境、举步维艰。云内动力是国内最大的多缸小缸径柴油发动机生产企业，具备年产商用车柴油机40万台、乘用车柴油机20万台、非道路柴油机30万台的生产能力。2023年，该公司生产柴油机36.25万台，实现营业收入55.5亿元。今飞轮毂云南省大力发展绿色铝于2015年引进的深加工项目，具备有年产500万件汽车铝合金车轮和500万件铝合金摩托车轮毂生产能力，2023年，实现营业收入18.3亿元。

从动力电池情况看，2021年以来，云南抢抓新能源电池产业加快向中西部地区转移的战略机遇期，云南省新能源电池产业实现从无到有、从小到大的突破，发展势头强劲。全省共引入新能源电池企业60余户，行业头部企业20余户。其中，电池正极材料市场占有率排名前两位的湖南裕能和德方纳米，电池负极材料市场占有率排名前两位的贝特瑞和杉杉股份，隔膜市场占有率排名第一的恩捷股份，电解液市场占有率排名第三的多氟多等企业相继落户。2023年，全省形成年产2.5 GWh消费电池、9 GWh PACK储能电池、60.5万t正极材料、20.3万t负极材料等产品产能，在产业链上、中、下游均有项目布局，产业链进一步完善。随着产业的持续健康发展，新能源电池产业将为云南省经济的发展做出重要贡献，同时也将为云南省新能源汽车产业注入更多的活力。

二、2023年新能源汽车推广应用情况

1. 总述

2023年，云南省继续做好新能源汽车产业发展和推广应用工作。重点是在做好新能源汽车消费、营造新能源汽车使用环境等方面，出台了相关的支持政策，主要有云南省发展和改革委员会等部门印发的《云南省关于促进汽车消费的落实措施》以及云南省发展和改革委员会、云南省能源局《关于进一步构建高质量充电基础设施体系的实施意见》等。

按照全省的工作安排，2023年4月，云南省商务厅、云南省工业和信息化厅联合开展2023年云南省新能源汽车下乡活动。本次活动不限车辆类型、品牌型号和使用性质，对在云南省内汽车销售企业购买30万元（含30万元）以下新能源汽车并在省内落户的个人消费者给予现金补贴每人可补贴2000元，共15000个名额。在一系列措施的推动下，云南省新能源汽车推广应用工作取得显著成效。2023年末，全省民用汽车保有量957.23万辆（包括三轮汽车和低速货车1.04万辆），比上年末增长5.1%，其中个人汽车保有量887.01万辆，增长5.0%。民用轿车保有量422.94万辆，增长6.5%，其中个人轿车保有量402.56万辆，增长6.2%。2023年，新增登记注册新能源汽车13.6万辆，同比增长26.2%，全省新能源汽车保有量达到34.99万辆。

2. 智能网联汽车试点工作

按照云南省工业和信息化厅等四部门印发《关于“十四五”推进云南省车路协同自动驾驶试点示范建设的指导意见》精神，云南省工业和信息化厅、云南省公安厅、云南省交通运输厅联合成立云南省智能网联汽车道路测试与示范应用工作推进组，负责规范全省智能网联汽车产业和技术发展工作。

2023年12月，云南省工业和信息化厅等5部门联合发出通知，组织开展智能网联汽车准入和上路通行试点工作，促进智能网联汽车推广应用，提升智能网联汽车产品性能和安全运行水平。通过努力，大理州、曲靖市等多地积极开展智能网联汽车试点工作。曲靖于2023年开展“5G+智慧公交项目”试点项目，通过在全市部署156块公交电子站牌，覆盖主城区重点公交路线，同时主城区公交车约600辆均已搭载智能化车载终端。2023年，由大理州数字经济产业投资有限责任公司与蘑菇车联信息科技有限公司共同出资成立了大理双智科技有限公司，通过大理环洱海自动驾驶生态旅游示范区项目，打造国内首个“智能网联+智慧旅游”生态示范区——环洱海自动驾驶生态旅游示范工程，已建设具备智能网联基础的环洱海生态廊道46 km。其中，已投入智能网联数字化基础设施系统单元146座、完成高精地图系统采集制作及应用系统开发46 km、搭建智慧AI云控平台、智慧AI云控平台调度中心、配建200套生态旅游智能电动汽车充电桩（1桩2枪）、20台1600 KVA箱变、1套收费及监控系统；已投入运行自动驾驶观光接驳车15台、主题号15台、清扫车25台、售卖车6台、巡逻车12台。

三、主要企业经营情况

2023年，云南省汽车行业认真贯彻落实国家、省关于培育发展新能源汽车产业发展的决策部署，坚持以示范推广带动产业发展的思路，结合云南省的发展实际，围绕新能源汽车产业集群建设，汽车产业发展根基持续夯实，产业结构显

著优化，创新能力显著增强，产业规模稳步提升，主要生产企业稳步发展。嵩明杨林汽车产业园主要有东风云南汽车有限公司、北汽云南瑞丽汽车有限公司昆明分公司、中汽研汽车检验中心(昆明)有限公司等多家企业。

(1)东风云南汽车有限公司

东风云南汽车有限公司具有整车产能 3.2 万辆/年，较 2022 年无变化。2023 年生产车辆 6604 辆。该公司整体搬迁升级改造建设项目拟用地面积 600 亩，截至 2023 年底完成建设内容占地面积 400 多亩。东风云南汽车有限公司是国家发改委和工信部批准的具有独立汽车生产资质的企业，是东风汽车公司位于我国西南和东南亚地区的生产基地，主要从事 SUV、皮卡车和新能源汽车的研发、生产、销售和服务，拥有各种车型公告 70 多个，产品畅销我国西南和东南亚地区。

(2)北汽云南瑞丽汽车有限公司

北汽云南瑞丽汽车有限公司具有整车产能 5 万辆/年(乘用车产能 4.5 万辆/年，商用车产能 0.5 万辆/年)，较 2022 年无变化。2023 年生产车辆 11311 辆，全部为新能源车。

(3)一汽红塔云南汽车制造有限公司

一汽红塔云南汽车制造有限公司具有商用车产能 10 万辆/年，较 2022 年无变化。该公司位于曲靖市，是一家集设计开发、生产和销售服务为一体的轻型商用汽车制造企业，主要承担着轻型载货汽车、工程车系列产品及其零部件和总成的生产。产品有解放公狮、霸铃、金铃及经典四大系列以及皮卡车、新能源汽车、专用车系列产品。产品远销东南亚、美洲、中东等 20 多个国家和地区。

四、园区建设情况

云南省的汽车产业主要聚集在昆明地区，主要依托嵩明杨林汽车产业园，园区总规划控制面积为 18.58 km^2，该产业园内主要有北汽云南瑞丽汽车有限公司昆明分公司、中汽研汽车检验中心(昆明)有限公司、东风云南汽车有限公司等生产企业，从业人员约 1.2 万人。2023 年，嵩明杨林汽车产业园总产值达到 171.42 亿元，其零部件产值约 148.79 亿元，已具备一定产业规模。园区大批项目的推动，对完善汽车产业链、提升汽车产业创新能力、完善汽车配套服务保障、拓展南亚东南亚市场发挥了重要作用。云南嵩明杨林汽车产业园正进一步大力引进和培育国内外先进汽车骨干龙头企业，建成集汽车研发、制造、服务和汽车文化等为一体的区域性汽车产业园，致力打造成为“辐射南亚东南亚的汽车制造及零部件加工基地”“产学研游一体化的汽车产业基地”“产城互动、产城融合的示范基地”。

五、2023 年基础设施建设及运行情况

全省各级部门多措并举全力做好新能源汽车推广应用和充电基础设施建设工作。截至 2023 年底，全省新能源汽车保有量达到 34.99 万辆，全省累计接入充电基础设施运营企业 618 家，累计接入全省充电桩(枪)49212 根，包含直流充电桩(枪)36300 根，交流充电(枪)12904 根，接入总功率 2279041.8 kW，车桩比达到 7∶1。云南省行政区划内的所有乡镇实现了充电基础设施全覆盖，用电负荷也在不断增加。云南充电运营商数量处于全国前列，公共充电桩车桩比也处于全国中上游水平。

云南省建成首座加氢站一座，即中石化云南石油丽江环城东路北油氢电服综合加能站，正式具备车辆加氢能力，标志着云南省能源绿色低碳转型迈出重要一步。该加氢站日供氢能力达 500 kg，每天可为 30 辆以上氢燃料电池车提供加氢服务。站内有两个加氢工位，储氢能力是 200 kg，有 9 个储氢瓶组，能为 35 MPa 的车辆进行加注。

六、发展规划

2023 年 11 月，围绕全省新能源汽车产业高质量发展，云南省再次明确了产业发展的规划意见。

一是产业规模稳步提升。到 2025 年，全省新能源汽车产能利用率进一步提高，新能源汽车销量渗透率进一步提升，初步形成示范引领较强、特色优势突出、配套功能完善的新能源汽车产业集群。

二是产业链持续完善升级。到 2025 年，争取引进一批新能源汽车系统总成及核心零部件企业，培育一批专精特新零部件企业，主要关键零部件实现本地配套率进一步提高，降低企业生产成本，部分产品进入南亚、东南亚市场，新能源电池全产业链产值实现进一步突破。

三是研发能力明显增强。到 2025 年，全省新能源汽车研发投入占销售收入比重明显提升，省内重点企业技术开发体系初步建成。智能路网改造建设有序推进，智能汽车实现试运营，限定区域和特定场景商用化、网联化、智能化应用能力明显提升。

四是充换电基础设施网络持续优化。到 2025 年，初步建成城市面状、公路线状、农村点状布局，形成覆盖广泛、规模适度、适应需求、服务便利的充换电基础设施网络。

陕 西 省

一、产业概况

1. 总述

陕西省委、省政府确定了商用车(重卡)产业链和乘用车(新能源)产业链 2 条省级重点产业链，分别由 2 位省级领导担任链长，高位统筹要素资源，厚植产业基础，深耕产业转型，有力推动汽车产业发展取得积极成效。2023 年全省汽车产量 147 万辆，同比增长 33.4%，产量较 2018 年的 62.18 万辆翻了一番；规上工业产值由 2018 年的不足 1500 亿元倍增到 3000 亿元以上，带动全产业链工业产业约 5000 亿元，已成为陕西工业稳增长的重要支撑之一。全省规上汽车及零部件企业 300 余户，全产业链条相关市场主体超过千户。培育发展形成了一批占行业主导地位的龙头企业。

2. 电动汽车产业

新能源汽车产量从 2020 年 5.95 万辆爆发式增长到 2023 年 105.2 万辆，年均增长达到 160% 以上，产量已占到全

国新能源汽车总产量的11%,全国每生产9辆新能源车就有1辆陕西制造,产业发展居全国前列。其中,比亚迪在陕新能源汽车产销规模已突破100万辆,形成了产值规模超2000亿元的整车及全供应链生产基地;吉利汽车在陕布局西安和宝鸡2个整车生产基地,年整车产销规模40万辆以上;法士特重型变速器市场占有率连续18年行业第一,新能源变速器市占率达47%。

3. 燃料电池汽车产业

在氢燃料电池汽车领域,陕汽集团、秦星汽车等具备燃料电池汽车研发和生产能力。在氢燃料电池零部件领域,旭氢时代、秦氢元、延长石油、陕鼓集团、航天六院、西部材料、西北工业大学等企业单位在燃料电池系统、电堆、膜电极、双极板、空压机等方面可实现产业化配套;在绿氢领域,华秦新能源、隆基氢能、凤栖科技等具有绿氢制备及储氢装备研发生产能力。

4. 智能网联汽车产业

一是形成了清晰的智能网联汽车发展顶层设计。省工信厅于2019年底印发《加快推动我省智能网联汽车产业发展指导意见》,结合实际,明确了全省智能网联汽车发展的思路目标和发展重点。西安市配套出台了《西安市规范自动驾驶车辆测试指导意见(试行)》等一系列文件和标准,在西安探索开展智能网联汽车示范区建设。榆林市正在制定《智能网联汽车测试与应用管理办法》,筹划开展相关工作。

二是以企业为主体关键技术攻关和应用加快推进。如,陕汽是国内最早开展智能网联汽车研发的重卡企业之一,研发储备了园区观光车、环卫车、矿车、高速物流车等多款不同场景应用的自动驾驶汽车产品。比亚迪建设西安研究院,形成了陕西车、陕西研发、陕西制造格局,其高级驾驶辅助系统、图像识别等方面技术水平全国领先。同时,在智能网联汽车全产业链上下游聚集了百度、华为、商汤科技、新石器信息研究院等一批科技创新类型的知名企业。

三是产学研合作协同研发攻关机制已经形成。依托秦创园创新平台,组建了陕西省智能网联汽车创新中心和陕汽新能源智能商用汽车创新中心,将院士、高校教授、车企、研发机构、网络公司等跨界融合协同,发挥陕西省科教资源丰富优势,以创新赋能产业发展。其中,西安交大与陕汽深入研发合作的"天行健"车联网应用在重卡全生命周期管理全过程,在为客户带来更好体验感的同时,创造了新的赢利点,成为了重卡行业的明星产品。

四是以地市为主导智能网联汽车试点建设加快。西安市发放陕汽、陕重汽、商汤科技等3家企业5张自动驾驶车辆牌照,认定总路程24.94 km沣西新城自动驾驶车辆测试路段道路,在西安汽车职业大学启动并开通智能网联(自动驾驶)巴士试点示范运营,是西北地区首个在校园区无人驾驶巴士示范。

二、2023年新能源汽车推广应用情况

1. 电动汽车推广应用工作

截至2023年底,全省累计推广新能源汽车约60万辆以上。其中,私家车保有量约50万辆,新能源公交车保有量约1.2万辆,新能源出租车保有量4.7万辆,新能源环卫车保有量1800辆,新能源物流车保有量4.2万辆。

2. 燃料电池汽车示范应用工作

截至2023年底,全省已有100余辆氢燃料电池汽车接入国家新能源汽车监管平台正常运行,陕西省维纳氢能公司2024年计划投放200余辆氢燃料电池重卡,未来3年计划再投放700余辆。

三、主要企业经营情况

1. 陕西汽车控股集团有限公司(以下简称陕汽控股)始建于1968年,总部位于陕西西安,拥有资产总额590亿元,从业人员2.8万人的特大型汽车企业集团,产品范围覆盖重型越野车、重型卡车、大中型客车(底盘)、中轻型卡车、重型车桥、康明斯发动机及汽车零部件等领域。2023年陕汽控股产销各类商用车16万辆,同比增长46.5%,重卡市场份额排名第三。

2. 比亚迪汽车有限公司,自2003年收购秦川汽车有限公司踏入汽车行业以来,从一个自主品牌的传统燃油车企,跃升为新能源汽车的领导者。先后在陕布局了"秦""宋""海鸥""护卫舰""仰望U8"等车型。2023年汽车产量91.3万辆,同比增长18%;整车产值1226亿元,同比增长19.5%。

四、2023年基础设施建设及运行情况

截至2023年4月底,全省已建成投运公用及专用充(换)电站4242座,充电桩18.3万个,其中公用及专用充电桩7.2万个,自用充电桩11.2万个。满足全省60.84万辆电动汽车的充电需求。

五、本地区电动汽车充(换)电站(桩)统计表

城市名称	充电站	充电桩	
	2023年底保有量(座)	慢充(个)	快充(个)
陕西省	4242	11.2	7.2

甘 肃 省

一、产业概况

甘肃省新能源汽车产业主要集中在兰州新区。兰州新区陆续引进兰州知豆等5家新能源整车及改装车生产企业,涉及新能源客车、纯电动乘用车、专用车等生产领域,设计总产能6.6万辆,其中新能源客车0.6万辆、纯电动乘用车4万辆,专用车2万辆。同时,引进正负极、铜箔、铝箔等新能源电池材料生产企业7家。

1. 新能源汽车生产企业情况

主要有广通新能源、甘肃建投重工、兰石兰驼等一批新能源改装车生产企业和全省唯一一家具有新能源整车生产资质的企业兰州知豆汽车公司,全省已建成冲压、焊装、涂装、总装等标准化汽车生产线,涉及新能源客车、纯电动乘用车、专用车、电瓶车、物流车、商务车、特种车等生产领域。

2. 新能源汽车配套产业情况

(1)电池材料。先后引进锂电池电芯生产企业 7 家，建成产能 0.8 GWh/a，在建产能 39.1 GWh/a，规划产能 107.5 GWh/a。全省锂电正极材料建成产能 1.8 万 t，在建产能 72 万 t；负极材料建成产能 31 万 t，在建产能 34 万 t，电解液建成产能 5 万 t，在建产能 1.5 万 t。新能源电池产业链上的 33 种主要基础材料和辅料，省内供给率已达到 75% 以上。

(2)电控系统。以省电气装备集团、甘肃长风电子科技公司、中航工业兰州万里航空机电公司和兰州飞行控制公司等企业在电子电气控制技术领域的独特优势，推动新能源汽车电控系统关键零部件以及系统集成联合攻关。

(3)车用电机技术。以兰州电机、中航工业兰州万里航空机电公司等企业为依托，研发新一代车用电机驱动系统，实现新能源汽车用电机驱动系统的本地化生产。

(4)充换电装置与系统。以长城电工公司、天水电气传动研究所有限公司、兰州海红公司等企业为依托，推动电动汽车智能快速充电机组/电动汽车智能快速群充软硬件产品和应用系统整合，逐步形成与新能源汽车产业发展相配套的充换电系统和产业配套能力。

(5)新能源汽车用芯片。以天水华天科技公司、天光集成电路公司、天水华洋公司为依托，开发新能源汽车用芯片以及配套系统，逐步形成配套甘肃省和西北地区乃至全国新能源车用芯片的研发、制造和封装的产业格局。

3. 智能网联汽车产业概况

甘肃省智能网联汽车工作于 2021 年 12 月启动，前期由省交通厅牵头实施。考虑到基础设施、路测设备改装、人流量等众多因素，前期选取了兰州新区作为试点城市开展了封闭道路测试。2023 年 12 月，在封测基础上，甘肃省启动开放道路测试，依托 G312 线清水驿至傅家窑一级公路“5G+智慧公路”建设，已完成清傅智慧公路整体框架设计并进入实施阶段，建成了甘肃省首条自动驾驶测试道路，指导甘肃新陆港科技有限公司在兰州新区建成“甘肃省智慧交通与智能网联汽车综合测试应用示范基地”，发布了西北地区首张自动驾驶示范应用牌照和 4 张测试牌照。主要制约因素。一是甘肃省汽车基础产业薄弱，仅有兰州知豆一家整车乘用车生产企业，且车辆智能驾驶等级较低。二是应用场景缺乏、使用主体缺少。三是道路基础设施配套不足。

二、2023 年新能源汽车推广应用情况

2023 年，全省推广应用节能与新能源汽车 48241 辆，其中，新能源客车 2175 辆，新能源乘用车 39830 辆，新能源专用车 2752 辆，其他领域新能源车辆 3484 辆。

三、主要企业经营情况

2023 年，兰州广通新能源汽车公司生产暂停。企业全力开拓欧盟市场，所产车型已通过欧盟认证，并与德国客户签订了首批 10 辆公交车订单，1 台样车发往德国通过路试，并作为中国唯一一家企业代表参展柏林 BUS2BUS 客车巴士展览会。

2023 年，兰州知豆汽车公司销售新能源乘用车 634 辆。企业已经完成破产重整，原有车间技改项目已完成改造，新研发 H01 车型已取得工信部车辆产品公告，“知豆彩虹”新车型在兰州新区正式召开上市发布会。

四、园区及项目建设情况

新能源汽车方面。为抢抓国家新能源汽车产业快速发展机遇：一是全力协调加快兰州知豆公司复产，企业 H 系列两款车型已相继投入开发，2024 年 1 月经工信部公示后，2 月初工信部已经公告发布，现已具备量产能力。二是帮助广通新能源公司全力做大欧洲市场。同时，大力培育甘肃省新能源汽车产业链，一方面，加快建设以电池前驱体及正极材料、电池负极材料、电解液添加剂、动力电池回收利用为主的产业体系，金川科技园具备 6 万 t/a 镍钴锰三元前驱体、3 万 t/a 正极材料、1.2 万 t/a 四氧化三钴、5 万支/天镍氢电池、5000 t/a 废旧电池回收产能；电解铜箔建成投产 3 万 t/a（德福新材料），在建 23 万 t/a（海亮 15 万 t+德福新材料三期、四期 8 万 t），在兰州新区形成全球最大的铜箔材料生产基地；电解液添加剂在建 2.55 万 t（康鹏新能源）；负极碳素材料在建 42 万 t（宝武碳业 10 万 t+广东宏宇 20 万 t+道氏碳材料 12 万 t），打造全国集聚的负极材料生产基地。另一方面，树立全球招商理念，以完善新能源汽车产业链为目标，加大新能源电池 PACK、隔膜、电芯及动力电池生产企业的招商引资力度，逐步形成聚集效应，促使新能源电池材料与新能源汽车生产企业融合发展，相互促进，逐步形成原材料供应、零部件加工、整车总装完整产业链，打造新能源产业基地。

智能网联汽车方面。一是积极开展路试，立足现有条件，做好已经实施项目建设，积累更多经验。二是联合第三方机构、运营主体共同开发应用场景，力争尽早形成产业生态。三是按照工信部开展智能网联汽车“车路云一体化”应用试点工作政策要求，加快推动“车路协同创新发展”试点项目，力争早日形成成果。四是积极争取将“甘肃省自动驾驶货运编队物流运输体系运行示范”项目申报为交通运输部第二批智能交通先导示范工程，不断推动我省智慧交通与智能网联汽车产业集群聚集发展。

五、2023 年基础设施建设及运行情况

甘肃省积极推进充电基础设施建设，2023 年新建充电站 1009 座，累计建设充电站 2798 座；2023 年新建充电桩 5916 个，其中慢充 2950 个，快充 2966 个；截至 2023 年累计建成换电站 19 座。

六、发展规划

2022 年 4 月，经甘肃省政府同意，省工信厅会同省发改委、省科技厅、省财政厅、省交通厅印发了《甘肃省新能源汽车产业发展实施意见》，明确了“十四五”以及中长期全省新能源产业发展方向和重点，即以省内现有产业基础和重点企业为依托，以纯电动汽车、混合动力汽车、燃料电池汽车为“三纵”，积极布局新能源动力电池和电池新材料生产、研发、测试以及新材料应用体系；以动力电池与管理系统、驱动电机与电力电子、网联化与智能化技术为“三横”，逐步构建关键零部件技术供给体系，提升基础关键技术、关键材料、先进工艺、核心零部件等研发能力，旨在结合甘肃省产业基础，充

分发挥资源优势和行业特色，培育壮大全省新能源汽车产业链，助推强工业行动实施，为全省经济发展注入新动能。

七、本地区新能源汽车推广应用统计表

燃料	车型											
	公交车	旅游大巴	公务车	出租车	租赁用车	私人用车	环卫车	物流车	邮政车	载货车	其他领域	合计
纯电动	1975	128	52	2939	916	16416	14	2	5	651	1939	25037
插电式	44	1	2	136	1095	19263	0	2	0	67	1545	22155
换电式	0	0	0	0	0	13	0	0	0	0	0	13
增程式	0	0	0	0	0	889	0	0	0	0	0	889
燃料电池	15	12	0	0	0	120	0	0	0	0	0	147
超级电容	0	0	0	0	0	0	0	0	0	0	0	0
智能网联	0	0	0	0	0	0	0	0	0	0	0	0
合计	2034	141	54	3075	2011	36701	14	4	5	718	3484	48241

八、本地区新能源汽车企业产销量统计表

生产企业名称	产品商标	车辆类型	通用名称	产量统计(辆)	销量统计(辆)
兰州知豆电动汽车公司	知豆	纯电动轿车	D2S	634	634
兰州广通新能源汽车公司	广通	纯电动客车	公交车	0	0

九、本地区电动汽车充(换)电站(桩)统计表

城市名称	充电站		充电桩		换电站	
	2023年新建数量(座)	2023年底保有量(座)	慢充(个)	快充(个)	2023年新建数量(座)	2023年底保有量(座)
兰州市(不含兰州新区)	240	485	709	828	1	3
兰州新区	6	6	12	216	0	0
酒泉市	36	62	420	134	0	0
嘉峪关市	0	0	0	0	0	0
张掖市	77	99	125	105	0	0
金昌市	7	21	861	26	0	0
武威市	4	38	66	37	0	0
白银市	1	11	22	11	0	0
定西市	571	1298	441	857	0	0
天水市	14	50	4	106	0	0
平凉市	0	0	0	0	0	0
庆阳市	28	42	40	159	0	0
临夏州	3	80	102	324	2	16
甘南州	22	32	148	163	0	0
陇南市	0	574	0	0	0	0
合计	1009	2798	2950	2966	3	19

新疆维吾尔自治区

一、产业概况

截至2023年底，新疆维吾尔自治区共有整车生产企业4家，建成整车产能9万辆，就业人数约1100人。现有整车企业，上汽大众(新疆)汽车有限公司、广汽乘用车有限公司新疆分公司、东风新疆汽车有限公司、陕汽新疆汽车有限公司均为中国汽车大企业、大集团在疆设立的子公司或分公司，其产品主要为载货车及乘用车。零部件生产企业配套产品涵盖新能源汽车电机壳、发动机缸盖铝材铸造件、板簧、全钢载重子午线轮胎、润滑油、铝制油箱等。

截至2023年底，新疆维吾尔自治区汽车市场保有量612.33万辆，其中新能源汽车保有量11.35万辆。2023年，新疆维吾尔自治区新增挂牌汽车57.75万辆，其中包括新能源汽车6.56万辆，新能源汽车占新车销量比重为11.4%。

二、生产经营

2023 年，新疆维吾尔自治区整车生产企业完成工业总产值 33.88 亿元，同比增长 60.7%；生产汽车 18130 辆，同比增长 47.4%，其中生产乘用车 12866 辆，同比增长 56.0%，生产商用车 5264 辆，同比增长 31.2%。

2023 年新疆维吾尔自治区整车产销量

主要产品种类	产量（辆）	同比增长（%）	销量（辆）	同比增长（辆）
汽车	18130	47.4	17757	44.3
其中，新能源汽车	141	141	141	141

三、产业发展

2023 年，新疆维吾尔自治区在《自治区关于加快先进装备制造业高质量发展的实施意见》《关于进一步加快新能源汽车推广应用及产业发展的指导意见》等政策指导下，有效促进了新能源汽车推广应用和产业结构转型升级，取得诸多成效。

1. 主要企业发展情况

陕汽新疆汽车有限公司引进陕汽集团新能源纯电动重卡产品，已实现新能源汽车批量生产，2023 年销售 141 辆纯电动重卡，实现了新疆维吾尔自治区新能源整车生产零的突破。2024 年拟开发氢能重卡，现有在手订单 20 辆。霍尔果斯国盛车马赫汽车零部件生产企业现有消失模、高压、低压铸造生产线共计 12 条，主要产品有发动机缸盖、水冷电机壳、变速器壳等汽车铝合金关键零部件，以及铝合金压铸散热器片、铝合金燃气锅炉等民用产品，可年产 4 万套发动机分配壳、节温器、取力器，300 万片散热器片，10 万件 ECU 支架，填补了新疆维吾尔自治区新能源汽车零部件产业链空白；吐鲁番热区试验检测基地完成一期建设，已有一汽、广汽、奇瑞等 50 多家汽车企业在该基地进行了热试验检测，正在进行二期建设，可以为全国汽车工业发展提供热试验服务。

2. 新能源汽车发展情况

积极促进新能源汽车在各个领域的推广应用，对于推动加快新疆维吾尔自治区新能源优势资源转换，有效推进以传统化石燃料为主的汽车向以新型能源为主的汽车产业进行结构调整和转型升级，坚持把扩大内需作为重要战略基点，推动消费从疫后恢复转向持续扩大，创造新的大宗产品消费点意义重大。新疆维吾尔自治区顺应汽车产业变革趋势，统筹推进新能源汽车推广应用和基础设施建设，取得了积极成效。

（1）加强统筹协调，积极凝聚新能源汽车工作合力。①为推动新疆维吾尔自治区汽车产业高质量发展，促进汽车产业转型升级，组织召开新疆维吾尔自治区汽车企业发展座谈会，研讨汽车产业发展工作措施，提振汽车企业信心。②组织国网新疆电力有限公司牵头成立了新疆维吾尔自治区新能源汽车发展协会，为新疆维吾尔自治区新能源汽车充电基础设施建设、新能源汽车及电池制造、网络运营等全产业链发展搭建了协作平台。

（2）推动产能释放，积极引导新能源汽车市场消费。统筹部署 2023 年新能源汽车下乡活动，加快推动新疆维吾尔自治区新能源汽车推广应用。组织国网新疆综合能源、新疆中石油、中石化、交投、特来电、星星充电、伊犁辰甲电、华泰易创 8 家充电桩建设运营企业协同下乡，共同推出了覆盖全疆十四个地州市、89 个县域，376 座城乡公共充电站和高速公路服务区充电站、800 多个充电桩、为期 3 个月的充电服务优惠活动，充电优惠电量达到 1 亿 kWh，充电服务费和消费券优惠达到 810 余万元。

四、承载园区

乌鲁木齐经济技术开发区于 1994 年 8 月经国务院批准设立，2011 年 1 月与市辖行政区头屯河区合并，实行“区政合一”，成为集国家级开发区、行政区、国际陆港区、综合保税区于一体的多功能复合型经济区，聚集 4 家整车生产企业。

下一步乌鲁木齐经济技术开发区将巩固现有乘用车、商用载货车生产基础，重点培育引进汽车零部件企业，培育发展特种车企业、新能源汽车等整车装备，逐步建成“产业支撑+功能配套+服务拓展”格局的汽车产业集群及清洁燃料汽车和新能源汽车产业基地。以大道实业两河高端制造科技产业园为支撑，对新疆维吾尔自治区汽车制造业进行建链、强链、延链、补链，打造高端装备、专用车辆、基础零部件等制造基地以及机动车智能综合试验检测中心、环保表面处理工程科技园、新疆双创产业园发挥高端制造龙头作用，带动产业链“延链、补链、建链、强链”，吸引关键零部件制造企业，补齐关键基础零部件制造短板、助力本地产业链优化升级。

五、发展规划

结合新疆汽车工业基础和新能源汽车推广应用以及市场实际，支持和引导本地汽车生产企业，引进新能源汽车产品，优化产品结构，丰富产品品系，推动新疆维吾尔自治区汽车产业转型升级。增加对外出口数量，不断提高新疆维吾尔自治区汽车产能利用率。利用新疆维吾尔自治区向西出口区位优势，重点引进国内具有一定规模的新能源汽车零部件生产企业（集团）落户，努力构建新能源汽车产业新体系。加快打造延伸产业链，新疆维吾尔自治区充电基础设施发展潜力大，随着新能源汽车技术不断进步，对新疆特殊极端气候适应性不断提高，新能源汽车在新疆的发展空间将十分广阔，择优选择一批充换电及氢能等配套装备和设施、智能网联系统和设备生产、研发、投资、建设、运营、服务企业在疆落地。

六、重点企业

2023 年新疆维吾尔自治区主要整车企业基本情况

企业名称	主要产品	所在城市	2023 年产量（辆）	本地产能（辆）
东风新疆汽车有限公司	商用车	乌鲁木齐	8	5000
广汽乘用车有限公司新疆分公司	乘用车	乌鲁木齐	4158	20000
陕汽新疆汽车有限公司	商用车	乌鲁木齐	5256	15000
上汽大众（新疆）汽车有限公司	乘用车	乌鲁木齐	8708	50000

沈 阳 市

一、产业概况

1. 总述

沈阳市新能源汽车产业发展情况整体向好，为加快新能源汽车产业发展，结合沈阳市发展实际情况，于 2021 年 6 月出台《沈阳市加快新能源汽车产业发展及推广应用实施方案》。2023 年，沈阳市新能源汽车产量达到 13 万辆，全年新能源汽车完成产值 384.4 亿元，同比分别增长 31.4% 和 25%，占整车产量比重由 2022 年同期的 13.4% 增至 16.1%，新能源转型成效明显。

2. 电动汽车产业

新能源整车企业方面，华晨宝马是沈阳新能源汽车产业的领军企业，在产的主要产品为 3 系纯电动、5 系纯电动、X1 纯电动及 X3 纯电动。主力纯电动车型 BMWiX3 增长稳定，除供应国内市场外还出口海外市场，全新纯电动车 BMWi3 增长强劲，创新纯电动 iX1 已于 2023 年 9 月下线。新能源汽车零部件方面，总投资 102 亿元、年产量达 30 万套的华晨宝马全新动力电池项目，总投资 120 亿元、规划产能 40 GWh 的亿纬锂能储能及动力电池项目等重大项目已开工建设。随着新能源汽车关键零部件版图逐步绘制，未来项目建成后将进一步壮大沈阳市新能源汽车产业体系规模，加速上下游产业链集聚。

3. 燃料电池汽车产业

氢燃料电池汽车产业实现“零”的突破，汽车产业向绿色化进一步探索。以沈阳市大东区先行先试区，打造氢燃料汽车产业，对接行业龙头企业，引进链主推动沈阳市氢燃料电池汽车产业发展。航天三菱氢燃料电池发动机试验室、中试线建成投入使用，沈阳市首座加氢站将于 2024 年启动建设，氢燃料电池汽车产业生态正在形成。

4. 智能网联汽车产业

以连续举办中国（沈阳）智能网联汽车国际大会为契机，沈阳智能网联汽车正在迅速发展，组建沈阳市智能网联汽车产业技术创新联盟及车路协同产业技术研究院，发布无人驾驶商用示范场景和沈阳市基础设施智能计算平台，累计签约 79 个项目，签约额 237 亿元，取得丰硕成果。

二、2023 年新能源汽车推广应用情况

1. 电动汽车推广应用工作

截至 2023 年底，沈阳市共推广新能源汽车 10.8 万辆，比 2022 年年底新增 6.3 万辆，同比增长 140%。大型客车约 2625 辆，其中公交车约 2470 辆，沈阳市公交车全部为新能源或清洁能源车辆。巡游出租车中新能源车辆 2035 辆，网络预约出租车中新能源车辆约为 352 辆。在物流车领域，已推广 1683 辆电动物流车。

2. 智能网联汽车试点工作

沈阳在电动汽车百人会和中国中检中国汽车工程研究院股份有限公司联合发布的车城融合发展指数中，与苏州并列第 6 名，在设施融合、数据融合和应用融合三个一级指标中被评为优秀城市，并在《车城融合发展年度报告（2023）》作为 10 个最佳实践案例推广。

三、主要企业经营情况

1. 电动汽车产业

华晨宝马汽车有限公司是沈阳市唯一正在生产新能源汽车的企业，2023 年共生产新能源汽车 129913 辆，全年新能源汽车完成产值 384.4 亿元，同比分别增长 31.4% 和 25%。

2. 智能网联汽车产业

美行科技是我国智能网联汽车领域的领军企业，长期专注于智能汽车与智慧出行领域的技术研发和产品推广，申请专利 900 余项，是国家级专精特新“小巨人”企业、国家高新技术企业、国家规划布局内重点软件企业、科技部认证瞪羚企业。公司业务聚焦于智能驾舱与自动驾驶，在智能网联导航、人车共驾（Co-Pilot）、高精度地图等方向拥有核心技术和领先优势，是细分领域的行业领军企业。并持续进行技术升级和延展，形成了互动式车载操作系统（LIO）、汽车数字化、城市级智慧停车及自动泊车、高精度定位等业务。公司技术和产品获得众多客户的认可，包括大众、本田、马自达、丰田、福特、奔驰、长安、广汽、一汽、长城、吉利、蔚来、合众汽车等国内外一线整车制造商。

四、园区及项目建设情况

1. 华晨宝马全新动力电池项目：项目总投资 102 亿元，项目产品是为华晨宝马“新世代”纯电动汽车配套的动力电池组，利用原发动机工厂东侧预留地块进行建设，项目预计 2026 年运营投产。

2. 华晨宝马第三工厂项目（里达工厂）：项目总投资 193 亿元，新建冲压车间、车身车间、涂装车间、总装车间、物流车间及配套设施，生产线高度柔性化，可实现传统燃油车和新能源车共线生产。

3. 亿纬锂能储能与动力电池项目：项目总投资 120 亿元，主要建设北方区域储能与动力电池智能制造基地，规划产能 40 GWh，预计 2026 年全部投产。

4. 采埃孚新能源汽车零部件项目：项目总投资 15 亿元，建设电驱动系统总成装配和检验生产线，打造具有国际技术领先、符合未来发展趋势的电驱动产品的产业化基地。

五、2023 年基础设施建设及运行情况

沈阳市投资建设及运营充电桩的企业覆盖了专业充电桩运营企业、电网企业、新能源汽车生产及销售企业、公交企业及中小微企业、个体经营者等各类主体 70 余家，尤其是民营企业积极性得到充分激发。特来电、安运新能源、国网辽宁电动等头部企业带动作用明显，其充电设施点位多，服务标准统一，示范效应好，带动全市充电服务能力显著提升。截至 2023 年底沈阳市累计建成充电终端 4.1 万个，其中私人充电终端约 3.6 万个，公共充电终端约 5000 个，累计建成公共充电站点 275 座。主要分为两类：一类是为公交场站配

套充电基础设施企业，按照公交车更新的数量，开展充电站建设，白天对社会车辆开放，晚间主要为公交车辆充电，如安运、地铁新能源、黛朦等企业。另一类是单纯为社会乘用车辆提供充电服务的企业，特来电、国网辽宁电动、万帮新能源、城投电动汽车等企业。

截至 2023 年底，沈阳市已建成换电站 11 座，覆盖了私家车、出租车、网约车、短途重卡车等领域，成为充电基础设施的有力补充。主要有 4 家企业在沈阳市开展换电基础设施建设。蔚来汽车在沈阳已建成换电站 7 座，具备每天服务超过 2000 辆蔚来品牌汽车换电能力。沈阳焕电科技有限公司建成 1 座换电站，具备每天服务 27 辆重型卡车的换电能力，适配红岩、重汽等车型。奥动新能源汽车科技有限公司建成 2 座换电站，主要服务换电出租车，包括红旗、启辰、荣威等品牌。软通动力信息技术(集团)股份有限公司首个换电站已完成建设，为吉利品牌的换电出租、网约车提供换电服务。

六、发展规划

坚持电动化、网联化、智能化发展方向，重点突破一批关键核心技术，提升产业基础能力，打造新型产业生态，构建以整车为龙头带动动力电池、驱动电机、汽车电子等关键零部件快速发展的产业体系。到 2025 年，全市新能源汽车产值占比达到 25%。

七、本地区电动汽车充(换)电站(桩)统计表

城市名称	充电站		换电站	
	2023 年新建数量(座)	2023 年底保有量(座)	2023 年新建数量(座)	2023 年底保有量(座)
沈阳市	120	275	6	11

大 连 市

一、产业概况

1. 总述

大连市汽车制造业发展特色明显，依托良好的区位交通优势和国家级“汽车零部件制造基地”产业基础，大连市先后布局了氢锋客车、奇瑞、华晨专用车、东风日产等整车项目，具备年产 27 万辆乘用车和 0.3 万辆商用车的生产能力。截至 2023 年底，全市规模以上整车及零部件制造企业近 150 户，实现工业总产值 716.9 亿元。产品涵盖动力系统、底盘系统、车身系统、电器系统、新能源系统等关键系统部件，涌现出大连泰星能源、大众一汽发动机、大众自动变速器、东风李尔汽车座椅、一汽解放大柴、蒂森克虏伯发动机系统、汉拿空调、天纳克同泰排气、博世底盘系统等一大批知名企业。

2. 电动汽车产业

在整车制造方面，氢锋客车同时具备纯电动客车和氢燃料电池客车的研发生产能力；在动力电池方面，大连泰星能源和大连中比动力电池技术水平处于第一梯队；在驱动电机方面，大连市汇聚了大连电机、日本电产等新能源汽车电机生产基地和研发中心；在电子电控系统方面，东软集团、楼兰股份、九州联云科技、均联智行科技等提供了系统性解决方案；在其他配套产品方面，大连伊科能源科专业研发、生产锂离子电池隔膜，大连宏光锂业主要从事锂离子电池石墨类负极材料的生产加工销售，大连冰山集团研制的新能源汽车专用空调质量优良。

3. 燃料电池汽车产业

大连市是我国燃料电池技术的策源地，依托大连化物所在燃料电池技术基础理论研究、核心技术研发和燃料电池汽车动力技术开发方面的优势，已经形成国际领先水平的国产自主技术路线。在上游产业氢能源方面，氢气制备有日本岩谷气体、中触媒和福佳大化；储运设备有冰山集团、林德；加氢站有盛港氢电合建站、英歌石科学城加氢站、环普氢电合建站等；在中游产业氢燃料电池电堆、电池系统及部件方面，有新源动力、大连天能、洺源科技、大连宇科、大连擎研等企业；在下游产业氢燃料电池整车整机方面，聚集了一汽大客、华晨等汽车企业，中车大连、大连齐车等轨道交通企业以及大连船舶重工、中远船务等船舶制造企业。成功开发出氢燃料电池 36 t 重卡和 8.5 m、10.5 m 公交车，更具备研制开发包括冷链物流车、港口装卸车、氢燃料电池船舶等各类交通装备的能力。

4. 智能网联汽车产业

大连智能网联汽车产业已形成了以软件研发为核心，以汽车电子生产、新能源汽车零部件、智能网联车研发、车联网服务等为外延的 1+N 产业格局。以高新区为重点的车联网产业加快布局，成立了大连市车联网产业创新联盟，通过产学研用的深度合作为产业集群发展壮大，提供有力的技术和平台支撑，联盟成员单位发展近百家。中科创达、华阳通用、博泰、四维智联、东软睿驰、均联智行、德赛等一批国内外车联网头部企业纷纷进驻大连开展业务；东软(大连)研发的 T-BOX 车载智能互联终端在全国市场占有率位居第一，并已成为全国车联网头部企业 5 强之一。在道路测试方面，大连市共开放金马路、金石滩、东港、旅顺南路等 7 个路段近百公里开放测试道路，推动阿波罗智行科技、文远知行等自动驾驶头部企业在巴士、出租、环卫等车型开展道路测试或示范应用活动，在测试里程、数据收集、安全性保障方面均实现了预期目标。2023 年 4 月份，大连也向工信部等五部委提交了“车路云一体化”试点城市申报。

二、2023 年新能源汽车推广应用情况

截至 2023 年底，大连市民用机动车保有量超过 214 万辆(包括三轮汽车和低速货车)，其中私人汽车保有量 186.4 万辆，增加 7.1 万辆。2023 年全年新能源汽车新增近 3 万辆，保有量达到约 8 万辆。

三、2023 年基础设施建设及运行情况

截至 2023 年底，全市共建设个人用充电桩 2.2 万余个，公共充电桩 6000 余个；换电站 4 座；已建成加氢站 6 座，投入使用 5 座。

长 春 市

一、产业概况

1. 总述

长春是新中国汽车工业的“长子”共和国汽车工业的“摇篮”，汽车底蕴深厚。长春建有红旗、解放、奔腾、大众、丰越等5大整车厂，以及在建的奥迪 PPE 第6大整车厂，专用汽车企业6户，现有标准产能195.5万辆，生产车型覆盖各级乘用车，中、重型卡车和客车，总体规模稳居全国头部城市。

全市汽车零部件企业围绕一汽集团整车需求，不断提升技术水平，配套体系完善。全市现有汽车零部件企业1034户，规模以上汽车零部件企业402户，其中50亿级企业6户、10亿级企业36户、规上企业402户，产值规模最高1600亿元。拥有大陆、纬湃、法雷奥等世界100强国际零部件领军企业，以及富维、富奥、富晟、旭阳等本地骨干配套企业。全市拥有生产188.8万台发动机、130万台变速箱、15 GWh动力电池生产能力。

2023年，长春整车产销分别完成155.8万辆和156.7辆，同比分别增长16.7%和17.6%，全市汽车产业完成产值4564.5亿元，同比增长11.4%。

截至2023年底，长春市区机动车保有量突破204.2万辆，其中乘用车179.7万辆，新能源汽车保有量为12.8万辆。

2. 电动汽车产业

2023年，长春新能源整车产销分别完成11.7万辆和12.6万辆，同比分别增长43.2%和62.7%。奥迪一汽新能源整车、一汽弗迪动力电池等一批新能源整车、关键零部件重大项目稳步推进，为长春汽车产业加速电动化发展提供有力支撑。同时，“新能源汽车换电模式应用试点”有序推进、长春汽车集群入选“国家先进制造业集群”等国家级重点项目，进一步加快全市汽车产业转型升级。

3. 燃料电池汽车产业

长春继续推进燃料电池研发和产业化布局。一汽红旗加紧研发下一代氢燃料电池汽车产品，同时积极推进承担国家重点研发项目，会同相关龙头企业共同开发新一代自主燃料电池技术；解放加快燃料电池产品开发和投放，2023年氢燃料电池汽车产销分别完成360辆和365辆。

4. 智能网联汽车产业

一汽红旗早在2018年开展了基于V2X的辅助驾驶安全、效率、信息服务三大类典型应用场景开展技术验证，并于2020年国内首发前装量产基于C-V2X直连通信技术的车型红旗E-HS9，是面向高速公路和城市快速路的L3级自动驾驶产品，已完成工信部组织的智能网联汽车准入和上路通行试点申报答辩，计划于2024—2026年投放200辆用于上路通行试点，实现了红绿灯信息推送、紧急制动预警等6项V2X典型应用。

二、2023年新能源汽车推广应用情况

1. 总述

2023年，随着新能源汽车技术水平不断提升，基础设施不断完善，特别是换电试点等引领示范带动下，长春市新能源汽车推广有爆发式增长。2023年，全市新能源汽车保有量从2022年的2.96万辆，增长到12.79万辆。

2. 新能源汽车换电模式应用试点工作

自2021年10月换电模式应用试点工作开展以来，在工信部具体指导下，在省委、省政府大力支持下，长春市充分发挥产业优势、技术优势，利用好国家新能源汽车换电模式应用试点城市、国家汽车先进制造业集群城市、公共领域车辆全面电动化先行区试点城市3块国家级“金字招牌”，积极探索路径、创新模式、积累经验、应对风险。截至2023年10月底，长春累计建成换电站90座，推广新能源换电车12646辆，在四季气候明显、冬季情况复杂的北方季冻区成功摸索出一套“长春模式”，并在周边形成了辐射效应，同时也促进了新能源汽车在社会生活的广泛应用。

三、主要企业经营情况

1. 总述

2023年，中国一汽全力实现战略转型和高质量发展新突破，自主品牌、新能源汽车、海外市场销量快速提升，经济效益持续行业领先。全年实现整车销售337.3万辆，同比增长8.8%；营业收入6249.4亿元，同比上涨6%。

2. 电动汽车产业

2023年，中国一汽加速电动化转型，全年新能源汽车产销分别完成23.5万辆和24万辆。红旗品牌全力推进“Allin”新能源战略，不断丰富产品矩阵；奔腾品牌进一步完善新能源产业布局，在出行领域持续发力；解放品牌实现重、中、轻、微、客全系列新能源产品投放；一汽大众正在加快大众和奥迪品牌新能源产品矩阵；一汽丰田坚持燃油与全面电动化双线并进，不断开发电动和智能电混双擎产品。

3. 燃料电池汽车产业

2023年一汽解放氢燃料汽车产销分别完成360辆和365辆。

4. 智能网联汽车产业

一汽红旗积极开展面向“车路云一体化”的智能网联汽车研发工作，支撑车路云演示任务的车端通信、诊断、物理和软件架构开发，并搭载演示车辆完成车路云一体的协同自主代客泊车、协同领航驾驶辅助、车道级可变限速控制三大协同自动驾驶功能，以及绿波车速引导、闯红灯预警、前方拥堵提醒三大协同预警功能。红旗E-HS9已完成工信部组织的智能网联汽车准入和上路通行试点申报答辩，计划于2024—2026年投放200辆用于上路通行试点。

一汽解放开发的J6L_L4级智能驾驶平台产品，已经能够实现车路协同、自动驾驶、智能作业、远程交互、远程升级等功能。2023年10月，一汽解放与华为签署全面深化合作协议，以一汽解放的车辆研发能力及技术储备、华为在智能汽车领域自主研发的核心零部件，以及车端自动驾驶算法及领先的车云协同技术，建立智能驾驶整体解决方案。双方合作的自动驾驶产品应用面向L4低速场景，计划2025年年底

量产应用。

四、园区及项目建设情况

1. 整车项目

奥迪一汽新能源汽车项目。项目规划引入 PPE 平台，工厂计划投资额超过 300 亿元，规划年产能 15 万辆。项目于 2022 年 6 月开工，2024 年底量产。项目建成后，将先期生产三款纯电动新能源车型。

2. 核心零部件项目

一汽弗迪新能源科技有限公司动力电池项目，总投资 135 亿元，未来将支撑一汽红旗品牌 Allin 新能源战略及一汽奔腾、一汽解放新能源、奥迪一汽发展。

一汽中车电驱系统项目一阶段于 2023 年顺利投产，现已具备年产 10 万套新能源汽车电机定转子的生产能力，2024 年产能将提升至 20 万套。

五、2023 年基础设施建设及运行情况

2023 年，长春市累计建成投运专用和公用充电桩 4708 个，换电站 90 座，为全市电动汽车提供充换电服务；新建投运加氢站 1 座，为氢燃料汽车示范运行提供支撑。

六、本地区新能源汽车企业产销量统计表

生产企业名称	产品商标	车辆类型	通用名称	产量统计（辆）	销量统计（辆）
中国第一汽车集团有限公司	红旗	纯电动多用途乘用车	E-HS9	2766	3469
中国第一汽车集团有限公司	红旗	纯电动轿车	E-QM5	67780	76539
中国第一汽车集团有限公司	奔腾	纯电动轿车	NAT	28618	26040
一汽解放汽车有限公司	解放	纯电动专用车	J6L 充电环卫	98	35
一汽解放汽车有限公司	解放	纯电动专用车	J6L 充电搅拌	94	5
一汽解放汽车有限公司	解放	纯电动半挂牵引车	J6L 充电牵引	62	38
一汽解放汽车有限公司	解放	纯电动载货车	J6L 充电载货	16	14
一汽解放汽车有限公司	解放	纯电动自卸车	J6L 充电自卸	1	0
一汽解放汽车有限公司	解放	换电式纯电动专用车	J6L 换电搅拌	108	20
一汽解放汽车有限公司	解放	换电式纯电动半挂牵引车	J6L 换电牵引	802	644
一汽解放汽车有限公司	解放	换电式纯电动自卸车	J6L 换电自卸	11	0
一汽解放汽车有限公司	解放	氢燃料电池载货车	J6L 燃电载货	39	30
一汽解放汽车有限公司	解放	纯电动专用车	J6P 充电搅拌	1	1
一汽解放汽车有限公司	解放	纯电动半挂牵引车	J6P 充电牵引	478	407
一汽解放汽车有限公司	解放	纯电动自卸车	J6P 充电自卸	368	75
一汽解放汽车有限公司	解放	换电式纯电动专用车	J6P 换电搅拌	70	93
一汽解放汽车有限公司	解放	换电式纯电动半挂牵引车	J6P 换电牵引	443	478
一汽解放汽车有限公司	解放	换电式纯电动自卸车	J6P 换电自卸	172	119
一汽解放汽车有限公司	解放	氢燃料电池半挂牵引车	J6P 燃电牵引	274	277
一汽解放汽车有限公司	解放	氢燃料电池自卸车	J6P 燃电自卸	47	58
一汽解放汽车有限公司	解放	纯电动客车	6 m 公交	15	15
一汽解放汽车有限公司	解放	纯电动客车	8.2 m 公路	5	5
一汽解放汽车有限公司	解放	纯电动客车	8.5 m 公交	82	82
一汽解放汽车有限公司	解放	纯电动客车	10.5 m 公交	195	210
一汽解放汽车有限公司	解放	纯电动客车	10.9 m 公交	40	40
一汽解放汽车有限公司	解放	纯电动载货车	E90 小卡	302	302
一汽-大众汽车有限公司	大众	插电式混合动力轿车	迈腾 GTE 插电混动	12439	13469
一汽-大众汽车有限公司	奥迪	纯电动多用途乘用车	奥迪 e-tron	1427	2003
一汽-大众汽车有限公司	奥迪	插电式混合动力轿车	奥迪 A6Le-tron	0	584
一汽丰田汽车(成都)有限公司长春丰越分公司	丰田	插电式混合动力多用途乘用车	RAV4	308	608
合计				117061	125660

七、本地区电动汽车充（换）电站（桩）统计表

城市名称	充电站		充电桩		换电站	
	2023年新建数量（座）	2023年底保有量（座）	慢充（个）	快充（个）	2023年新建数量（座）	2023年底保有量（座）
长春	274	418	595	4113	12	90

八、本地区车用加氢站统计表

城市名称	加氢站名称	类型	供给能力（kg/d）	日加注量（kg）	加氢站氢气总储存量（kg）	储氢最高压力（MPa）	说明（运营/新建/在建）	运营时间
长春	“可再生能源+PEM制氢+加氢”一体化创新示范项目	制加氢一体化站	500	57.77	330	45	运营	2023年4月

南　京　市

一、产业概况

南京市汽车产业链相关企业共500余家，其中，已投产整车制造企业7家，整车产能99万辆，改装车生产企业14家，拥有“重、中、轻、微、轿、专”等系列完整、品种齐全的整车产品线。全市新能源汽车产业链规模以上企业近300家，其中，7家整车制造企业全部具备新能源汽车生产能力，动力方式涵盖纯电动、插电混动、氢燃料等全品类；动力电池已投产企业9家；电机电控、电动空调、智能线控底盘等核心零部件研发及生产企业150余家；充换电设施建设运营企业40家；自动驾驶、智能网联车端及路侧设备等高成长性企业50余家。2023年，南京市汽车产业（纯制造业部分）实现产值超1500亿元，新能源汽车产业链（含车载动力电池，以及充换电设施建设等后市场服务部分）实现营收2400亿元，同比有较大幅度增长。当年全市实现整车产量近60万辆，其中，新能源汽车占比约1/3，产能利用率近60%。

南京市深入贯彻落实国家、省文件精神，聚焦解决智能网联汽车产业发展中智能网联汽车上路、跨区域交通数据共享互换等核心问题，持续强化政策研究创新，集聚产业链上下游企业140余家，协同推进江宁开发区、秦淮白下高新区、建邺区科技生态岛、溧水开发区四板块打造各具特色的南京智能网联汽车应用示范区，引导亚信、莱斯网信、中汽创智等重点企业牵头组织50余家产业上下游企业、创新平台等组建市智能网联汽车行业协会，有序开展智能网联汽车道路测试，累计测试市场超190000 h，道路测试总里程超35万km。

二、2023年新能源汽车推广应用情况

2023年全年，全市新注册登记新能源汽车超10万辆，同比增长近30%，新能源汽车渗透率超过30%。全市新能源汽车保有量超27万辆，当年新增及更新公交车、机场用车100%使用新能源汽车，新增新能源机关公务用车占当年新增比例达到82%，创历史新高。

自获批国家首批新能源汽车换电模式应用试点城市以来，2023年，南京市加快构建政策体系，重点布局核心技术攻关和标准体系制定，在生态体系试行和监管体系建设等方面下功夫，印发了《南京市新能源换电重卡推广和示范应用实施细则》，编制《南京市新能源重卡换电站选址规划》，规划布局新能源换电站200座。南京市牵头编制的《江苏省纯电动重型卡车换电电池包系统技术规范》团体标准评审通过，并完全被中华人民共和国汽车行业标准《纯电动商用车车载换电系统互换性》系列标准采纳，当年推广新能源换电重卡超1000辆。

三、主要企业经营情况

南京市现有7家整车生产企业，全部具备新能源汽车生产能力；2023年实现产值超680亿元；14家汽车改装企业，产品类型覆盖军品、民品，车辆类型包括消防车、环卫作业车、防暴车、救护车、通信车等；动力电池已投产企业10家，包括爱尔集、国轩、欣旺达、蜂巢等行业龙头，建成产能120 GWh，2023年实现产值近千亿元；智能网联行业骨干企业140余家，包括开沃汽车等整车企业，慧尔视、隼眼科技等传感器企业，地平线、迪纳科技、中感微电子等终端与芯片企业，华为南研院、中兴等5G通信企业，中汽创智、沃行科技、佑驾科技等智能驾驶算法企业，莱斯信息、多伦科技、金晓电子、赛康交安等智慧交通企业，T3出行、运满满等智慧出行企业。

四、园区及项目建设情况

——项目。2023年南京市级“双百工程”重点项目中有31个汽车重点项目，总计划投资额591亿元，截至2023年底实际完成投资额近200亿元。其中，LG新能源圆柱形电池四期一阶段项目（九工厂）、龙电华鑫铜箔项目、蜂巢能源锂离子电池项目、南京长安汽车有限公司环保搬迁项目等新能源汽车产业重大项目已陆续实现投产。

——园区。围绕整车及关键核心零部件生产、智能网联研发应用，全市汽车产业已形成差异化、特色化布局，在溧水区、江宁区（含江宁开发区）、江北地区（含浦口区、六合区）、栖霞区（含南京经开区）、秦淮区等“3+1+1”特色重点板块中，集聚了全市90%以上的重点企业和创新资源。

五、2023年基础设施建设及运行情况

2023年全市共发展充电基础设施建设运营企业82家，建成换电站45座，建成公共充电桩4440台、私人充电桩43389台，充电桩年平均建设增长率达到了98%。

六、发展规划

到2025年，全市新能源汽车产业营业收入达到3500亿元，新能源汽车整车和关键零部件特色园区集聚效应突出，打造国内领先、国际有影响力的新能源汽车产业集群发展高地。

苏 州 市

一、产业概况

1. 总述

苏州市加快汽车产业电动化、网联化、智能化转型升级，形成了覆盖整车、零部件、汽车电子、新能源“三电”、智能网联系统等细分领域的完备产业链。2023年，全市汽车制造业规模以上工业企业738家，全年产值达3075.4亿元。全市整车产量6.2万辆，整车销量6.25万辆；新能源汽车产量5454辆，销量5032辆。

2. 电动汽车产业

全市在汽车整车、“三电”系统、汽车电子、汽车配套、智能车联网等细分领域全面推进。新能源整车企业分布在商用车、乘用车等领域。“三电”系统配套齐全，主要分布在电池、电驱、电控系统等领域。汽车电子整体实力较强，主要分布在动力电子、车身电子、底盘电子、安全舒适系统、信息娱乐系统和电子附件系统等领域。汽车配套产品丰富，主要分布在内外饰、车身、底盘等领域。

3. 燃料电池汽车产业

燃料电池汽车产业涵盖燃料电池汽车核心零部件、氢气及制氢设备和氢气储运等方面，电堆关键零部件和系统技术水平国内领先，部分领域达到世界领先水平。

4. 智能网联汽车产业

全市智能车联网产业构建了以智能汽车、基础支撑、信息交互为核心的产业链生态，基本覆盖了自动驾驶算法、激光雷达、高精地图、高级辅助驾驶等30余个细分领域，涌现一批行业龙头企业。

二、2023年新能源汽车推广应用情况

1. 总述

围绕加快汽车产业电动化、网联化、智能化转型升级，推动苏州市新能源汽车产业高质量发展，加速新能源汽车推广应用和充电基础设施建设等方面，制定印发了《苏州市新能源汽车产业高质量发展行动计划(2023—2025)》《苏州市“居民充电桩报装一件事”主题服务实施方案》《苏州市居住区电动汽车充电设施“一区一策”建设方案》等，持续做好新能源汽车推广应用工作。

2. 电动汽车推广应用工作

2023年，全市新增注册登记新能源汽车16.13万辆，同比增长34.79%，渗透率达33.39%。截至2023年12月底，全市新能源汽车累计保有量39.68万辆，占全市汽车总保有量的7.5%，比2022年同期提高了2.82个百分点。

3. 智能网联汽车试点工作

持续推动省级车联网和智能网联汽车高质量发展先行区建设。成功举办第29届智能交通世界大会，成为国内继北京之后第二座代表中国举办该大会的城市。加强智能网联道路建设和智能网联汽车示范应用，累计建成智能车联网道路558.8 km，累计开放智能网联汽车测试道路里程超2000 km，累计投入道路测试和示范应用车辆超1000辆。

三、主要企业经营情况

1. 电动汽车产业

整车领域，光束汽车获得工信部新能源汽车生产企业及产品准入，产能16万辆纯电动乘用车。苏州金龙具有年产2万台大中轻型客车等整车及底盘能力，是国内大中型客车领域龙头企业，旗下海格纯电动大巴销量位居细分市场前列，2023年产量1.18万辆，其中新能源汽车4457辆。新能源汽车零部件领域，博世汽车专业研发生产汽车电控单元、刹车防抱死系统、电子稳定程序等汽车零部件，2023年产值超400亿元；正力新能主要生产三元锂、磷酸铁锂动力电池，2023年度国内动力电池累计装车量排名第10位；昆山清陶在动力电池固态化技术方面领跑行业；绿控传动自主研发的新能源汽车自动变速器填补了国内空白，2023年新能源重卡领域电机配套市场占有率达24%、排名第一；汇川联合动力驱动电机控制器市场占有率全国前三；上声电子主要生产车载扬声器系统、车载功放及汽车声音警报系统等，车载扬声器产品市场占有率排名前列。

2. 燃料电池汽车产业

苏州擎动动力科技有限公司在催化剂和膜电极领域优势突出，国内装机量排名前三。江苏骥翀氢能源科技有限公司专注于氢燃料电池电堆研发与产业化，掌握金属双极板激光焊接、连续化镀膜以及高性能大功率燃料电池电堆研发制造技术。江苏国富氢能技术装备股份有限公司专业从事氢能“制储运加用”装备的设计、制造与技术服务，是国内领先的氢能装备全产业链整体解决方案供应商。

3. 智能网联汽车产业

魔门塔是国内智能驾驶定点量产规模较大的企业，累计融资超过15亿美元；图达通以36.2%的市场份额位居乘用车激光雷达前装供应商2022年度市场份额榜首，已获纳斯达克上市备案通知书；知行科技凭借26.2%的市场份额成为国内第二大第三方自动驾驶域控制器供应商，2023年12月于港交所挂牌上市，成为港股“自动驾驶第一股”。

四、园区及项目建设情况

太仓高新区新能源产业园依托汽车核心零部件产业集群基础及区位优势，抢抓新能源汽车发展“风口”，积极打造全国一流的新能源汽车产业集群，集聚了舍弗勒、联合电子、博格华纳等新能源汽车核心零部件重点企业。昆山市千灯镇新能源汽车产业园位于千灯镇南部，黄浦江路以东，玉溪路两侧，规划占地面积1.6 km^2。聚集了海斯坦普、东山精密等24家国内外知名新能源汽车配套企业。江苏省常熟高新

技术产业开发区重点发展新能源汽车核心零部件、氢燃料电池等细分产业，集聚了正力新能源、法雷奥新能源、爱骋新能源、延锋汽车饰件、擎动新能源、奕森科技、金亚隆、捷氢等一批优质企业，在新能源汽车"三电"系统、氢燃料核心零部件方面具备独特优势。苏州相城区自2017年起布局智能车联网产业，先后获批江苏省首批车联网先导区、首个数字交通示范区、首批车联网和智能网联汽车高质量发展先行区，集聚相关企业300余家，涵盖30多个产业链细分领域，魔门塔、图达通、挚途、智加等一批头部企业、独角兽企业扎根落地。

五、2023年基础设施建设及运行情况

2023年，全市公共领域新增充电桩6864根。截至2023年底，全市公共领域充电桩保有量2.66万根，私人领域充电桩保有量约18.5万根，合计拥有充电桩约21.2万根，全市车桩比约1.9∶1。根据《江苏省新能源汽车充（换）电设施建设运营管理办法》，2023年苏州市共推荐84家企业申请承诺公示，累计达144家，约占全省承诺公示企业总数的30%。

六、发展规划

2023年10月，苏州市印发《苏州市新能源汽车产业高质量发展行动计划（2023—2025）》，明确八个方面27项主要措施，提出到2025年，苏州市新能源汽车综合竞争力明显提升，产业结构显著优化、创新能力显著增强、质量效益显著提升、基础设施日趋完善，推动新能源汽车产业成为制造业高质量发展的重要增长极，形成具有国际影响力、国内竞争力的新能源汽车产业集群。

七、本地区新能源汽车企业产销量统计表

生产企业名称	产品商标	车辆类型	通用名称	产量统计（辆）	销量统计（辆）
金龙联合汽车工业（苏州）有限公司	海格	新能源公交车等	—	4457	3898
奇瑞捷豹路虎汽车有限公司	JAGUAR LAND ROVER 奇瑞·捷豹路虎	乘用车	PHEV	992	1133

八、本地区电动汽车充（换）电站（桩）统计表

城市名称	充电站		充电桩		换电站	
	2023年新建数量（座）	2023年底保有量（座）	慢充（个）	快充（个）	2023年新建数量（座）	2023年底保有量（座）
苏州	988	3485	11315	15296	/	/

九、本地区车用加氢站统计表

城市名称	加氢站名称	类型	供给能力（kg/d）	说明（运营/新建/在建）	运营时间
苏州	嘉化氢能港城固定式加氢站	固定	1000	已建	2022年9月
	东华港城固定式加氢站	固定	1000	已建	2021年10月
	华昌化工厂区内加氢站	撬装	500	已建	2022年12月
	银河路加氢站	固定	1000	已建	2022年8月
	常嘉氢加氢站	固定	1000	已建	2020年12月
	重塑科技加氢站	固定	1000	已建	2021年8月
	丰田自用加氢站	固定	1000	已建	2017年10月
	平海路公交保养场加氢站	固定	650	已建	2022年7月
	张家港朝阳综合加能站	固定	500	已建	2022年11月
	中车氢能产业园自备加氢站	撬装	200	已建	2023年12月

南 通 市

一、产业概况

1. 总述

全市拥有新能源汽车及零部件企业230余家，截至2023年产值规模超500亿元。新能源整车领域拥有枫盛汽车，为吉利集团控股公司，生产A0级轿车；汽车核心零部件领域，聚集了舜驱动力、海泰科特等一批重点企业；汽车电子领域，吸引了有感科技、奥易克斯等一批具有一定规模、发展潜力大的创新型企业；其他零部件领域，拥有汤臣汽车零部件、易实精密等一批国内行业领先企业。

2. 电动汽车产业

在新能源汽车核心零部件领域，集聚了上海电气国轩新能源、当升科技、新宙邦、瑞翔新材料、舜驱动力、大唐恩智浦等一批"三电"重点企业。

3. 燃料电池汽车产业

培育引进安思卓、江苏清能、势加透博等多家重点企业。

4. 智能网联汽车产业

崇川依托辖区内电子信息产业基础，抢抓机遇着力推动智能网联汽车产业发展，聚力打造高能级、高品质产业载体，建设产业高端、人才密集、资本活跃、环境自由的科技创新和人才集聚高地。已集聚奥易克斯、格陆博等为代表的一批龙头骨干企业，孵化培育商汤科技、思岚科技等重点项目。细分领域中，围绕信息交互、关键元器件、智能网联汽车电子和关键零部件等环节着力招引“链主”“龙头”企业，相关细分产业链条初具雏形。全市重点企业在 OBU 车载单元、RSU 路侧单元、线控底盘、传感芯片、通信模组、高精度定位、车规级功率器件等领域已形成一系列科研成果。

二、2023 年新能源汽车推广应用情况

1. 总述

2023 年，全市推广应用新能源汽车 5.5 万辆、新能源汽车保有量达到 13.4 万辆，新能源汽车保有量占汽车保有总量的占比由 2022 年底的 3.6%，提升至 5.35%，汽车注册登记数量中新能源汽车占比超过 30%，达到了 31.53%。

2. 电动汽车推广应用工作

(1)开展新能源汽车下乡等宣传推广活动。一是开展新能源下乡。2023 年 9 月，在通州开展新能源汽车下乡活动，引导新能源汽车品牌走进乡镇市场，传播新能源汽车知识和消费理念。二是促进新能源汽车消费。启东市在 3.15 期间开展“第三届城市汽车节”活动，海安市在上湖创新区举办“五一”汽车音乐节，如皋市通过 2023 年“长寿皋地 · 苏新消费”消费促进活动发放多轮汽车消费券。崇川区、开发区、通州、如东、海门等地均发放购车消费券，极大地拉动了新能源汽车消费。三是广泛开展媒体宣传。《先行“碳”路绿意盎然，南通绿色货运配送示范创建交出亮眼成绩单》《最高 2 万元！南通发布新能源配送车辆运营奖补政策》等宣传稿件在“学习强国”学习平台、《新华日报》《中国江苏网》《南通日报》等各级权威新闻媒体广泛宣传，有效扩大了新能源车辆的市场认可度。

(2)稳步提升公共领域车辆电动化水平。一是加快公交车辆电动化。持续贯彻落实新增及更换公交车全部为新能源等节能环保城市公交车，其中新能源汽车占比应达到 90% 的公交车辆购置原则，逐步提升新能源公交车占比。年度全市新增及更新公交车 10 辆，100% 为新能源汽车。二是加快公务车辆电动化。严格落实公务车辆新能源汽车更新指标要求，原则上轿车一律更新为新能源汽车，做到“能配尽配”，逐步提升公务用车新能源汽车更新占比。2023 年市本级公务用车新能源汽车更新占比 51%。三是加快出租车辆电动化。市区发挥示范引领作用，综合采用服务优质优价、经营权指标奖励、增加经营权使用期等鼓励政策，引导出租车更新为新能源车。全市新增及更新出租车辆中新能源汽车占比 87.4%。四是加快城市物流配送车辆电动化。依托国家级城市绿色货运配送示范工程创建，综运运用运营奖补、核发长期通行证、占道收费泊位 30 min 内免收停放服务费等举措，加快推动城市物流配送领域车辆电动化。全市新增及更新物流配送车辆中新能源汽车占比 68.9%。五是推动环卫、邮政快递车辆电动化。落实指标要求，新能源车辆占当年新增及更新车辆比例分别为 15%、20% 左右。邮政管理部门联合公安部门以解决城市寄递末端配送问题为契机，联合印发《关于保障邮政快递新能源配送车辆规范通行的通知》，对快递行业新能源配送车辆实施高架通行、办理长期通行证的优待通行保障政策。六是推动民航用车电动化。除消防、救护等应急救援保障外，南通机场新增及更新场内用车电动化比例原则上达到 100%。

三、主要企业经营情况

1. 总述

如皋市初步形成以整车制造企业为龙头牵引，关键零部件企业为支撑的产业集群，并通过对氢能产业的前瞻布局，形成了集制储氢、加氢、氢燃料电池研发生产、氢燃料电池汽车开发制造、氢能产品示范应用“五位一体”的氢能源汽车产业链，成功加入国家燃料电池汽车示范应用上海城市群。通州区形成汽车压铸和汽车电子两大板块，精密压铸、精密模具、压铸机械产业基地被认定为全省唯一的“中国压铸产业示范基地”。开发区、海安市、海门区、苏锡通园区等板块培育形成汽车铸锻件、车用玻璃及天窗总成、车灯、千斤顶、差速器组件、行星齿轮等细分领域的汽车零部件生产基地，不断丰富完善汽车及零部件产业链条。

2. 电动汽车产业

枫盛汽车(江苏)有限公司成立于 2014 年，为浙江吉利控股集团的成员，拥有年产 5 万辆纯电动乘用车产能。上海电气国轩新能源聚焦于锂电池及系统的研发及产业化，产品涵盖电芯、插箱、电池簇及集装箱储能系统，客户囊括中兴、烽火、上海公交等国内外多个龙头企业。当升科技主要从事锂离子电池正极材料的研发、生产及销售，产品主要应用于动力汽车、储能、消费类电子等领域，是锂电正极材料行业龙头企业之一，客户包括全球十大锂电巨头。舜驱动力主要研发、生产新能源汽车驱动电机，已实现国内首款 10 层扁线发卡式电机自主研发及规模化生产，大大提升了电机的功率密度和效率，使得新能源汽车的续航里程有了更大的提升空间。

3. 燃料电池汽车产业

安思卓拥有将不稳定的可再生能源完全高效转化为氢能进行存储和再利用的先进技术，依托第三代电极和隔膜材料以及独特的结构优化专利技术，企业产品的各方面指标和效率具有较强竞争优势，公司拥有专利共 40 余项，是江苏省高新技术企业、江苏省专精特新“小巨人”企业。势加透博专业从事无油叶轮机械研发生产，公司设计研发的“燃料电池无油离心空压机”，能够匹配 30~300 kW 的燃料电池系统，成功入围冬奥会、亚运会和上海城市群氢燃料电池汽车示范运营车队核心零部件供应商，荣获国家高新技术企业、国家级专精特新“小巨人”企业。

4. 智能网联汽车产业

鸿鹄科技主营车联网、数字交通解决方案、自动驾驶解决方案等，先后参与国标《电动汽车远程服务与管理系统技术规范》GB/T32960—2016 和四项行业标准的制定，自主研发的具备高精度定位的 V2X 车载终端入选《江苏省重大创新技术与产品目录》，车载终端产品包括长安汽车等多家头

部车企。势航物联主要产品为前装汽车电子产品和车联网平台，涵盖车载影音娱乐系列、安全辅助驾驶系列、车载终端系列等，下游客户为中国重汽、陕汽、上汽红岩、宇通客车、吉利汽车、中通客车等。

四、园区及项目建设情况

势航物联和上海交大、北京交大等高校联合建设汽车智能网联研发中心；与著名知识产权战略咨询机构六棱镜联合打造智能网联数据知识产权运营实验室。国轩新能源建有省级工程技术研究中心，公司智能移动充电桩产品集合人工智能、无线遥控行驶、大数据分析和智慧充电等核心功能于一体，已通过新产品鉴定，即将产业化。

五、2023 年基础设施建设及运行情况

2023 年全市完成各类公共充电终端建设 1771 个。截至 2023 年 12 月底，全市充电终端总量达到 8. 55 万个，全市累计建成各类公共充电终端 6200 余个。

六、发展规划

印发《关于稳步推进新能源汽车与电网能量高效互动的实施意见（2023—2025 年）》，提前谋划“车网互动”基础设施布局。市相关 15 部门印发《关于进一步促进电动汽车充（换）电基础设施健康发展的实施意见》，明确充电基础设施推进任务、责任部门和具体要求。全省率先制定印发《南通市居住社区智能有序充电设施统建统服实施方案》，分类明确既有居住社区、自身客观条件不满足公共充电设施建设的居住社区、新建居住社区充电设施“统建统服”实施路径，探索打造安全高效、便民惠民的居住社区充电服务体系，更好地满足居民充电需求。

七、本地区新能源汽车企业产销量统计表

生产企业名称	产品商标	车辆类型	通用名称	产量统计（辆）	销量统计（辆）
枫盛汽车（江苏）有限公司	枫叶牌	纯电动轿车	枫叶 30X	2002	982

八、本地区电动汽车充（换）电站（桩）统计表

城市名称	充电站		充电桩	
	2023 年新建数量（座）	2023 年底保有量（座）	慢充（个）	快充（个）
南通市	264	687	828	5431

扬　州　市

一、产业概况

1. 总述

2023 年，扬州市深入对接江苏省“1650”产业体系的总体布局，研究确立了新一轮重点发展的“613”产业体系，新能源及智能网联汽车产业链是 13 条重点打造的新兴产业链之一。全市电动汽车产业配套发展、燃料电池产业初具雏形、智能网联汽车起步发展的基本格局进一步发展巩固。扬州市拥有亚星客车、亚普汽车、泽景电子、亚新科双环活塞环、氢璞创能、氢蓝时代等一批产业链重点企业，产业链共有制造业单项冠军 1 家、国家级专精特新“小巨人”6 家、省级专精特新中小企业 19 家，省级以上“三中心”（企业技术中心、工程技术研究中心、工程研究中心）35 个。

2. 电动汽车产业

车辆方面，扬州市拥有亚星客车、潍柴亚星新能源商用车、九龙汽车 3 家具备新能源整车生产资质的企业，以及金威环保、海沃机械等新能源专用车企业。新能源汽车整车产量实现 1917 辆，同比下降 17. 3%；零部件方面，具备一定的配套能力，拥有航天锂电、中化锂电等动力电池生产企业，劲盛新能源 5 GWh 锂电项目竣工投产。

3. 燃料电池汽车产业

扬州市现有相关企业 20 余家，基本形成覆盖制氢、储氢、关键零部件、整车和研发检测等主要环节的产业链，在广陵、邗江、开发区、高邮都形成规模集聚发展。亚普汽车自主研发国内首套侧挂式氢系统，已建成氢系统生产线；扬州氢蓝时代新能源科技有限公司具备 10000 套/年的燃电系统生产能力；江苏氢璞创能科技有限公司先后开发了具备自主知识产权的 30 kW、75 kW、150 kW、200 kW、300 kW 燃料电池电堆；瓶布氢云新能源科技股份有限公司致力重型卡车、商用车、乘用车等不同场景球形储氢罐的研发和制造，公司 S320 超大储罐是全球最大的单体储氢罐，可使运氢成本下降 50%；江苏金材科技有限公司已实现质子交换膜自主研发、自主生产。

4. 智能网联汽车产业

扬州市现有车联网硬件软件相关企业 30 余家，主要产品有汽车传感器、车联网智能终端、车用导航仪器等，航盛科技、江苏明月智能科技 2 家企业入选江苏省工信厅“筑峰强链”企业库名单。研发机构有中汽研扬州汽车工程研究院有限公司，已经建成汽车智能网联技术研发验证平台和智能网联测试道路。

二、2023 年新能源汽车推广应用情况

1. 总述

2023 年，扬州市认真贯彻落实国家、江苏省新能源汽车推广应用有关决策部署，全年新能源汽车上牌超 2. 5 万辆、新建公共领域充电设施 1260 台、新开通氢燃料电池公交车示范线 2 条。

2. 电动汽车推广应用工作

截至 2023 年底，扬州市新能源汽车上牌数 60468 辆，其中，公交车 2116 辆、网约车 3954 辆、城市邮政车辆 59 辆、环卫车 142 辆。2023 年，扬州市新能源汽车上牌数 25027 辆，新能源汽车渗透率 31. 44%，较 2022 年全年上牌数增长近四成，约为 2021 年全年上牌数 3 倍。

3. 燃料电池汽车示范应用工作

新开通市区 101 路氢能公交示范线、高邮至扬州氢能源

公交线路 2 条氢燃料电池公交车示范运营线路，投入氢燃料电池公交车 20 辆，实现“零”的突破。

4. 新能源汽车换电模式应用试点工作

扬州市共有新能源汽车换电站 13 座，其中 2023 年新建 9 座。

5. 智能网联汽车试点工作

扬州市正抓紧研究制定道路测试及示范应用实施细则，待细则出台后，积极推动智能网联汽车试点工作，丰富应用示范场景。

三、主要企业经营情况

1. 总述

2023 年，扬州市 65 家规上新能源及智能网联汽车产业链企业实现开票销售 423.2 亿元，同比增长 6.7%。

2. 电动汽车产业

2023 年，扬州市新能源汽车整车产量 1917 辆，同比下降 17.3%；其中亚星客车新能源车产量为 906 辆，同比下降 45.9%，潍柴亚星新能源车产量为 718 辆，同比增长 32.2%，九龙汽车产量为 293 辆，同比下降 19.3%。

3. 燃料电池汽车产业

2021 年，扬州市燃料电池汽车产业经营收入约实现 4 亿元，扬州氢蓝时代全年生产氢燃料电池系统 410 套，氢璞创能生产电堆 37 台，江苏金材科技有限公司年产 150 万 m^2 质子膜项目已进入试生产阶段，实现量产时，质子交换膜价格预计将降至 600 元/m^2。

4. 智能网联汽车产业

江苏泽景汽车电子股份有限公司是当前体量最大的国产车内视觉解决方案供应商和国内最大的汽车风挡式 HUD 系统集成商，主要生产 W-HUD、AR-HUD、集成数字仪表的 HUD 等，自 2018 年 8 月 W-HUD 产品量产以来，累计出货量超 100 万台；奥力威传感主要生产各类车用压力传感器、液位传感器、电流传感器等，2023 年营业收入 8.3 亿元，同比增长 20%；罗思韦尔电气主要产品为车联网智能终端、T-BOX，2023 年营业收入 24.2 亿元，同比增长 320%。

四、园区及项目建设情况

2023 年，扬州市新开工新能源及智能网联汽车产业重大项目 11 项，总投资 66 亿元，其中，中化扬州锂电科技总投资 39 亿元建设年产 8 GWh 锂离子动力电池项目；欣欣航天新材料总投资 20 亿元建设年产 1.5 万 t 锂电池新材料项目；高拓精密科技（扬州）总投资 5 亿元建设年产 100 万套新能源电机铁芯项目，杰利半导体新能源汽车电子及大功率半导体晶圆技改项目、奥力威传感车联网系统建设项目、华曼新能源汽车年产 5000 件新能源汽车车身及零部件、扬州日精电子年产 130 万套新能源汽车电容生产线技改项目等一批重大项目竣工投产。

扬州（邗江）汽车产业园以客车（新能源汽车）、专用车和汽车电子为特色，先后荣获“省新能源汽车产业基地”“省汽车及零部件科技产业园”“省新能源汽车及车控电子科技产业园”称号。聚集了潍柴亚星、潍柴特种车、金威环保等车辆生产企业和神州交通、虹扬电子、庆峰集团等汽车零部件配套企业以及中集安瑞科长管拖车国家检测中心等，建成通安科技园科技综合体，实现了从生产制造到实验检测到企业培育的全面发展；吸引了振华集团、韦尔股份等多家国内外知名零部件企业落户。

仪征汽车工业园是江苏省三大乘用车产业基地之一，围绕上汽大众仪征分公司，集聚了安道拓、延锋等 150 余家零部件制造企业和物流商贸企业，并新建汽车电子产业园，有近十家企业落户。

五、2023 年基础设施建设及运行情况

截至 2023 年底，扬州市共有江苏省新能源汽车充（换）电设施建设运营承诺公示企业 18 家，其中 2023 年新增 9 家，建成公共服务领域充电站 514 座、充电桩 4762 台，其中交流桩 2238 台、直流桩 2524 台，换电站 13 座，其中，2023 年，新建公共服务领域充电桩 1260 台，约为 2022 年全年建设数的 4.9 倍，新建换电站 9 座。2023 年 4 月，中石化渡江加氢站正式投运，该站是集充电、易捷便利店、车辆维保等服务为一体的综合能源服务站，日加氢能力达 500 kg，可满足每天 25 辆氢燃料公交车的加氢需求。

六、发展规划

紧跟“电动化、智能化、网联化”的发展趋势，推动量质并举，由传统能源向新能源、由传统制造向智能制造转变，坚持整车升级和零部件专精特新“两条腿”走路，着力围绕新能源汽车产业加快布局，积极引育智能网联汽车产业，加快推动汽车产业转型升级。

——电动汽车产业链。招引动力电池上游正负极材料、隔膜、电解液等电池材料。鼓励中化锂电、航天数联实现动力电池大规模量产，传艺科技加快钠离子电池等新一代产品研发。招引布局电机、电控企业。

——燃料电池汽车产业链。一是上游的制氢及制氢设备，整合扬州化工园区的化工企业工业副产氢资源，招引培育绿氢制备企业，增加高纯氢生产，逐步建成安全、绿色、经济、规模化的氢能供应保障体系；二是中游的储氢运氢，鼓励法液空、亚普股份、瓶布氢云等本地企业持续开发氢能运输装备；三是下游的关键零部件企业，瞄准缺失环节，招引燃料电池汽车的八大核心零部件企业；不断培育壮大现有的 20 余家氢燃料电池企业，加快形成燃料电池汽车产业的“扬州梯队”。

——智能网联产业链。一是壮大汽车电子产业，积极培育比亚迪半导体、泽景电子、鲲博智行等汽车电子企业进一步扩大规模，打造汽车电子集聚区。二是布局智能网联产业，推动航盛科技、中科创达等智能网联企业发展壮大，布局智能网联汽车关键环节，招引智能零部件重点企业。三是抢抓产业协同发展，紧盯汽车产业跨界融合发展趋势，充分利用云计算、大数据等先进技术，推进汽车硬件软件融合创新发展。

七、本地区新能源汽车企业产销量统计表

生产企业名称	产品商标	车辆类型	通用名称	产量统计(辆)	销量统计(辆)
扬州亚星客车股份有限公司	维特思达	纯电动车	公交	420(193)	414(192)
扬州亚星客车股份有限公司	维特思达	纯电动车	公路	418(303)	349(288)
扬州亚星客车股份有限公司	维特思达	燃料电池车	公交	20	20
扬州亚星客车股份有限公司	维特思达	燃料电池车	公路	130	130
潍柴(扬州)亚星新能源商用车有限公司	欧睿	纯电动车	大 VAN	748(665)	672(589)
江苏九龙汽车制造有限公司	大马牌	纯电动	海狮	253	297(其中出口 130 台)

八、本地区电动汽车充(换)电站(桩)统计表

城市名称	充电站		充电桩		换电站	
	2023 年新建数量(座)	2023 年底保有量(座)	慢充(个)	快充(个)	2023 年新建数量(座)	2023 年底保有量(座)
扬州	156	514	2238	2524	9	13

九、本地区车用加氢站统计表

城市名称	加氢站名称	类型	供给能力(kg/d)	加氢站氢气总储存量(kg)	储氢最高压力(MPa)	说明(运营/新建/在建)	运营时间
扬州	文昌西路综合能源服务站	固定站	500	500	35	运营	2021 年 12 月
扬州	中石化渡江加氢站	固定站	500	640	35	运营	2023 年 4 月

盐 城 市

一、产业概况

1. 总述

盐城市新能源汽车与智能网联汽车产业具有乘用车、客车和专用车的全系列整车产品以及检验检测机构，全市现有汽车零部件企业大部分都涉及新能源汽车零部件产品领域，现有规上企业 326 家，初步形成整车企业带动、动力电池支撑、零部件加快转型的产业发展格局。2023 年，全市汽车产业规模 948 亿元，同比增长 30%，全市产销新能源汽车突破 1 万辆。

2. 电动汽车和智能网联产业

盐城市现有 2 家新能源汽车整车生产企业，分别为江苏悦达起亚、一汽盐城分公司，悦达起亚先后上市了 KX3、华骐 300E、EV6、EV5 等 8 款新能源汽车，2023 年销售新能源汽车 1632 辆。一汽盐城分公司加快建设进度。国唐、悦达专用车、国润等新能源改装车生产企业 3 家，国唐汽车依托高鸿股份在 5G、车联网、智能网联等领域的领先技术优势，致力于新能源公交车、智能网联客车的产品研发和市场推广，无人驾驶集装箱运输车在合肥港试验运营，2023 年累计销售 18 辆无人驾驶集装箱运输车。悦达专用车、国润等改装车企业加大细分市场开拓力度。中汽研汽车试验场股份有限公司积极布局长三角(盐城)智能网联汽车全场景测试示范运行区。

3. 燃料电池汽车产业

产业规划方面，《盐城市"十四五"汽车产业高质量发展规划》提出充分利用"风光"等绿色能源资源，积极布局氢燃料电池汽车产业。正在研究制定《盐城市绿氢产业发展中长期规划》。企业发展方面，现代集团在氢燃料电池技术方面处于国际先进水平，国润等企业加快氢燃料电池产业布局，兴邦公司研发、生产、销售氢燃料电池动力系统总成及电堆材料。示范应用方面，搭载兴邦能源 30 kW 燃料电池动力系统总成的 10 辆 K11 公交车于 2019 年 11 月在盐城市示范运营。加氢站建设方面，已建成高新区创咏加氢站和盐东车用能源"四位一体"合建站 2 个加氢站。

二、2023 年新能源汽车推广应用情况

2023 年累计推广新能源汽车 29008 辆，渗透率 28%，新能源汽车保有量 74869 辆，占比 5. 4%。

2023 年，公共领域推广新能源汽车 3341 辆，其中，公交车 40 辆、公务用车 75 辆、执法执勤车 66 辆、巡游出租车 339 辆，网约 2699 辆，环卫车 67 辆，邮政快递车 55 辆。

2023 年度，新增公交车 40 辆，全部为新能源公交车，全市新能源公交车 3161 辆，占比 80. 9%；全市新增及更新纯电动巡游出租车 339 辆(368 辆)，占比 92. 1%。全市党政机关保障用车更新新能源汽车 75 辆，占比 67. 6%；全市批复执法执勤新能源车辆 66 辆(203 辆)，占比 32. 5%；市区现有新能源巡游出租车 1385 辆，占比 99. 6%。今年新增新能源网约车 2699 辆，占比 99. 7%；全市新能源网约车 3975 辆，占比 98. 2%。全市环卫领域采购新能源汽车 67 辆，占比 57. 2%；邮政快递业今年新增新能源汽车 55 辆。

三、主要企业经营情况

1. 悦达起亚。2023 年，悦达起亚以新能源汽车转型和海外出口两大战略为抓手，推动企业加快转型发展，全年产销

汽车 15.2 万辆、16.6 万辆，同比分别下降 2.6%、增长 27.4%，实现开票 153.9 亿元，同比增长 32%。全年新能源汽车销售 1632 辆，EV5 作为起亚全球首款首发、盐城量产的 SUV 新能源车型，上市首月销售 1465 辆；协调韩国起亚全球销售资源增加盐城出口订单，全年共出口 8.6 万辆，同比增长 125%，占全部销量的 51.8%，位居国内主流合资企业前列。

2. SK 动力电池。SK 二期动力电池项目作为江苏省重大实施项目，属于韩国 SK 集团在全球布局中最大的动力电池投资项目，计划总投资 25.3 亿美元，规划年产能 30 GWh，是全市较大的利用外资项目。2023 年，SK 新能源生产 21 GWh，销售 21.2 GWh，实时开票 190.7 亿元；二期正在安装调试生产设备，2024 年下半年开始产能爬坡。

四、园区及项目建设情况

一汽盐城分公司项目。2021 年，一汽奔腾与盐城市签订合作框架协议，启动建设国新公司二期未完工程和生产线改造。2023 年 8 月，国家发改委通过关于中国第一汽车集团有限公司并购江苏国新新能源乘用车有限公司建设纯电动乘用车生产基地项目的窗口指导意见。一汽对照国家发改委窗口指导内容进行备案建设，按照备案内容建设后申请机动车辆生产企业和产品准入公告。

长三角(盐城)智能网联汽车试验场项目。计划总投资 13.7 亿元，2020 年 11 月开工建设，建成后可满足智能网联汽车辅助驾驶、自动驾驶、车路协同等全项测试。包括智能专业测试试验道路 8 条，试验道路总长超 40 km；建筑物部分主要包括研发数据中心大楼、智能网联车间等，建筑面积约 3.3 万 m^2。项目建成后，将通过打造集“封闭—半封闭—开放”于一体的“三位一体”智能网联汽车全景测试示范基地，抢占行业发展制高点，可为长三角地区乃至全国相关企业提供全流程测试技术服务和技术发展验证平台，推动全市车联网产业的快速发展。

盐城经济技术开发区新能源汽车产业园作为发展新能源汽车产业的主题园区，成立于 2010 年，总辖区面积 7.84 km^2，围绕新能源汽车产业定位，重点发展整车、汽车电子、智能制造、汽车服务业及新能源汽车推广应用等，已形成以悦达起亚为龙头，集聚一汽盐城分公司、摩登新能源汽车等品牌整车制造企业，以及摩比斯、佛吉亚、德纳等 400 多家汽车零部件制造企业，从整车制造到零部件生产相对完整的汽车产业链，是江苏省新能源汽车产业产学研协同创新基地、江苏省汽车服务业集聚示范区。

五、2023 年基础设施建设及运行情况

整合现有充电设施运营企业接入“我的盐城”APP，实现全市充电设施实时查询。推动全市 63 家建设运营企业接入市级充电设施监管平台，2023 年，全市新建公共桩 1655 个，其中直流 990 个，交流 665 个。市充电设施运行监测平台共计接入充电桩 4051 台，其中直流充电桩 3186 台，交流充电桩 865 台。2023 年，全市新建交流私人桩 22961 根，交流私人桩保有量合计 37548 根。

六、发展规划

抢抓汽车产业深刻变革、竞争格局加快重塑的重大战略机遇，以电动化、智能化、网联化为发展方向，坚持“强整车、优配套、聚集群”总体思路，聚焦“一示范、两基地、三中心”发展定位，实施多元化、高端化、智能化、品牌化四化战略，突出整车、动力电池、关键零部件、智能网联、后市场五大领域，加快构建具有盐城标识度的新能源汽车产业体系。

(1)聚焦产能释放，着力提升整车产能利用率。因企施策，推动整车企业量产达效和产量提升，错位发展，全面布局高、中、低端新能源乘用车领域。支持悦达起亚加快新能源转型和出口基地建设，精准把握市场需求，推动新车型本土化研发，投放适合国内需求走量车型；对照全年销售目标，制订产销计划，动态调度计划落实情况。支持一汽盐城分公司加快奔腾小马市场开拓，推动尽快启动冲压、涂装产线建设方案。鼓励悦达专用车、国唐、国润开发推广高附加值商用车和专用车。

(2)聚焦产业协同，着力提升产业链供应链韧性。链式培育，精准招商，在优势领域做大做强，短板领域加快突破，夯实全产业链强度和韧性。一是打造动力电池全产业链。以 SK、比亚迪、蜂巢、耀宁等落户电芯龙头企业为牵引，着力引进一批产业链上下游配套材料、装备、检测企业落户。充分发挥滨海、大丰等化工园区的特色定位优势，积极布局退役动力电池回收拆解、原材料提纯再利用等循环业务，同苏南地区的动力电池产业布局形成差异化发展定位。二是加速零部件制造转型。支持现有汽车零部件企业加快开发新能源汽车产品，实现多元化发展。聚焦一体化压铸车身以及底盘智能化和集成化等发展方向，做精做强细分领域。依托盐城市汽车和电子信息产业基础，加大智能电控系统、智能传感器、汽车芯片、车载电器、信息安全与通信等领域项目招商，突破汽车电子等核心部件。积极推动万帮数字能源、特来电等充电桩运营企业在盐布局落户充电桩制造项目。三是布局智能网联未来产业。加强与百度、蘑菇车联、华为等智慧生态合作，围绕智能网联、智能座舱、智能电动、智能车控、智能驾驶等方面引进一批项目。推动起亚、国唐做好智能网联汽车研发测试、产品推广。加快大丰长三角智能网联全景测试示范区建设，推动有条件的地区开展智能路网设施建设，结合 5G 通信、卫星互联网等技术应用，在关键路口建设布置传感器、路侧单元、数字化交通标识等智能基础设施，形成“车-路-云”的车联网服务能力。

(3)聚焦场景优化，着力提升汽车后市场服务水平。统筹布局，有序实施，加快充电桩、储能及配套电网等设施建设，打造全国一流的新能源汽车应用场景和服务市场。合理布局公共区域快充、居民区慢充+换电的基础设施网络。试点居民小区充电桩“统建统管”，规范住宅小区交、直流充电桩建设标准，统一规划建设、维护管理充电基础设施，规范提供充电服务。积极培育汽车金融保险、检测试验、展会赛事、维修保养及汽车文旅、改装、美容等汽车服务产业链，优化提升新兴配件产业。

杭 州 市

一、产业概况

1. 总述

智能网联新能源汽车产业链是杭州市智能物联、高端装备两大万亿级产业生态圈标志性产业链之一，现已形成“一核（钱塘区）、三心（萧山区、滨江区、余杭区）、多点（上城区、西湖区、临平区、桐庐县）”的从零部件到整车的完整产业链布局，拥有规模以上企业超过300家，其中整车、改装车及专用车企业16家，拥有整车生产资质企业8家，涌现出3家全国汽车零部件百强企业（中策橡胶、万向钱潮、亚太机电），其中，中策橡胶入选2023年中国汽车零部件企业十强。累计拥有专精特新企业89家，拥有国家级企业技术中心6个、省级企业技术中心19个，共有13家企业上市。2023年，全市共生产机动车50.2万辆，其中，生产整车21.2万余辆，新能源汽车6.9万辆，占整车比例34.0%；汽车销量46.6万辆，位列全国第六位（仅次于上海、北京、成都、广州、郑州）；产值方面，2023年全市智能网联和新能源汽车产业链实现产值2798.6亿元，同比增长7.7%，高于规上工业总产值增速5.9个百分点，占高端装备产业产值比重35.0%，同比提高0.9个百分点，其中，整车和关键零部件实现产值931.8亿元，同比增长9.0%。实现工业增加值164.9亿元，同比增长9.7%，高于规上工业增加值7.9个百分点。

2. 电动汽车产业

2023年，杭州市实现新能源汽车产量6.9万辆，同比增长15%，占整车比例34.0%，产值400亿元，同比增长100%。

3. 燃料电池汽车产业

2023年，杭州市新建加氢站3座，计划到2025年，建设环杭州湾城市群加氢站26座以上、日加氢能力合计18.5 t以上，储备加氢站22座以上、日加氢能力合计36 t以上。

4. 智能网联汽车产业

2023年，启动智能网联汽车立法工作，《杭州市智能网联车辆测试与应用促进条例（草案）》于12月29日经杭州市第十四届人大常委会第十五次会议表决通过。全年开放智能网联车辆测试与应用区域1912 km^2，开放道路里程超过1000 km，上城、滨江、余杭、钱塘四区全域开放，实现城东从钱塘到滨江一体化成网，城西余杭成片联网；向华为、新石器、安途、海康等7家智能网联车辆企业发放测试与应用牌照198张，累计安全测试与应用里程超过120万km，主动事故率为0。围绕绿色、智能、科技亚运，打造全国首个核心城区智能网联汽车高铁枢纽特等站（杭州东站、杭州西站）出行线路和浙江省首条自动驾驶景区游览观光线；是全国首个开放吞吐量“4000万级”全球最繁忙机场（杭州萧山国际机场）智能网联汽车服务的城市；贯彻落实党中央、国务院长三角一体化决策部署，积极推进长三角智能网联汽车大走廊建设，向西开放杭千黄高速全线作为智能网联车辆道路测试与应用高速，与安徽省黄山市共建世界级智能网联汽车自然生态和文化旅游走廊；部署无人物流配送车、无人零售车、无人移动充电车、无人环卫车、无人巡逻车等多场景低速无人车近150辆，基本形成了“大小车同步、低速车创新”的局面。在安全监测平台方面，杭州市已经建成智能网联汽车安全监测平台并投入运营，该平台能够接入在杭州运行的所有智能网联车辆，实现实时监测无人自动驾驶车辆的运行参数和视频数据，具有数据接收、数据验证、数据上报、数据存储、数据补发、统计信息上报和数据查询响应功能，支撑智能网联汽车产品的测试数据分析产品安全性能评估，具备智能网联汽车安全监测能力、运输安全保障能力。

二、2023年新能源汽车推广应用情况

1. 总述

2023年，杭州市推广应用新能源汽车22.3万辆，渗透率47.9%，累计推广应用76.9万辆，占总保有量比重约17.5%，位列全国第四位（仅次于北上深）。

2. 电动汽车推广应用工作

2023年，杭州市推广应用新能源汽车22.3万辆，渗透率47.9%，其中，纯电动汽车17万辆，插电式混合动力汽车5万辆，累计推广新能源汽车76.9万辆，占总保有量比重约17.5%，其中，纯电动汽车56.2万辆，插电式混合动力汽车20.7万辆。电动汽车主要集中在公共交通领域和私人领域。

3. 燃料电池汽车示范应用工作

2023年，杭州市无新增燃料电池汽车，新建加氢站3座并投入运营。

三、主要企业经营情况

2023年，杭州市新能源汽车与智能网联汽车主要企业呈现良好发展势头。

1. 整车方面，2023年长安福特全年产量90317辆，同比增长49%，产值227.6亿元，同比增长37%。吉利全年产量68953辆，与2022年持平，产值150.62亿元，同比增长11.4%。广汽全年产量43129辆，销量45667辆，产值57.92亿元；其中，广汽新能源产销分别为19662辆、19698辆，同比分别增长34.38%、35.04%，产值33.05亿元，同比增长31.53%。

2. 零部件方面，2023年中策橡胶集团股份有限公司实现产值215.8亿元，浙江万马股份有限公司实现产值73.2亿元，浙江亚太机电股份有限公司实现产值36亿元，中国重汽集团杭州发动机有限公司实现产值22.6亿元。

四、园区及项目建设情况

瞄准智能网联万亿级赛道，以整车、感知决策系统、智能座舱、车载感知物联为重点领域，推动新兴产业链聚集与规模化发展。杭州市推动智能汽车、智能传感、智能计算、工业互联网为代表的“三智一网”智能网联产业建设，大力支持海康、阿里与有关制造企业合作开发功能型无人车，海康智联引入国内新一代功能型无人车，阿里正式发布自研新一代小蛮驴物流配送车。鼓励万向与文远知行等国内头部算法企业合作研发智能网联公交车，万向新一代智能网联公交车下

线生产。2023 年,吉利 IGBT 微电子项目、极氪汽车电子项目、吉利钱塘整车基地技改项目已建成投产;吉利年产 12 GWh 动力电池项目已建成;长安福特杭州分公司电池车间正式落成,新一代航海家正式上市;万向创新聚能城、福瑞泰克研发总部、路特斯智能线控转向项目、新石器全国创新总部、安途智行长三角总部等项目相继在杭落地,总投资额超过 300 亿元。

五、2023 年基础设施建设及运行情况

截至 2023 年底,杭州市已建成各类充电设施 28.88 万个,其中自用充电设施约 25.5 万个,公共充电设施约 3.38 万个。总体而言,杭州市已形成主城区 900 m 服务半径,乡镇及高速公路服务区全覆盖的充电网络,在总体规模、公共充电设施密度、覆盖率等方面居全国主要城市前列,较好地满足了新能源电动汽车的充电需求。

2023 年由市政府办公厅印发《杭州市推进新能源电动汽车充电基础设施建设运营实施办法(修订)》,为杭州市充电设施建设运营提供更加完善的政策支撑;按"建管并重,奖励优秀"的原则,出台了《杭州市新能源电动汽车公共充电设施奖励补贴资金分配实施细则》,引导激励充电设施建设运营企业依规建设、优质运营。

六、发展规划

围绕杭州市汽车产业发展总目标,重点在智能网联汽车创新发展产业链构建、节能汽车与新能源汽车高端产业链提升等方面取得突破性成效,力争到 2025 年,基本形成智能汽车、智能交通、智能设施、智能城市协同发展格局,L2 级别智能驾驶汽车新车用户渗透率达到 90% 以上,实现全市域智能网联车辆测试与应用开放。完善基础设施建设,新增公用和共用充电桩 6000 个以上,建成加氢站 6 座以上。加大新能源汽车推广应用力度,2024 年新增推广应用新能源汽车 20 万辆以上,累计保有量超过 100 万辆,其中个人新增购置车辆中新能源汽车占比超过 50%,全面推进公交、出租、环卫、物流等公共领域使用新能源汽车,争取国家公共领域电动化试点城市、氢燃料电池试点城市、智能网联汽车准入和上路通行试点、智能网联汽车车路云一体化应用试点城市等。

(1)循序渐进,深化智能网联车辆创新应用。一是贯彻实施智能网联车辆促进条例。会同市人大组织并实施宣贯《杭州市智能网联车辆测试与应用促进条例》,制订促进条例实施细则,做好条例有关评估工作。二是全力推进标准建设。强化标准建设,制定道路开放、功能型无人车等杭州地方标准。按照"从低风险到高风险、从主驾有驾驶员到车内全无人"原则,制定智能网联车辆测试与应用操作规则,明确进阶条件,逐步推进开放全无人测试与应用。三是全力争取国家试点。积极争取工信部"L3 量产车试点",发动吉利集团、零跑汽车、万向集团等企业申报 L3 级及以上智能网联汽车准入和上路通行试点;全力争取国家智能网联汽车车路云一体化应用试点城市,探索与实践智能网联汽车商业化应用试点。

(2)全产业链发展,打造新能源和智能网联车辆三千亿级"1+2+N"产业集群。一是提升整车产能利用率。支持长安福特在杭开展整车出口业务,加强与吉利、广汽对接,引入更多有市场竞争力的新车型在杭生产,力争整车产值突破 500 亿。二是打造智能网联车辆标志性产业链。瞄准公交小型化、接驳化方向,支持万向集团与国内头部算法公司合作研发生产智能小巴并率先应用。抢抓智能网联汽车准入和上路通行试点、智能网联汽车试点等机遇,与吉利汽车等共同打造智能网联乘用车商业化应用典范;引进国内头部智能网联汽车出行服务公司,率先在公共出行领域实现智能网联汽车商业化。三是建设一批功能型无人车产业化项目。在环卫清扫、快递配送等领域的应用场景力争实现功能型无人车产业化,全力推进功能型无人车产业项目在杭落地并培育壮大。

(3)强化合作,推动产业链协同创新。一是强化产学研合作。加强与浙江大学、浙江大学高端装备研究院、之江实验室等科研院所的沟通合作,参考武汉、合肥等城市组建成立市级智能网联车辆创新中心,协同推进尤其是智能网联车辆等未来产业关键技术攻关和协同创新。二是强化产业链合作。持续开展汽车产业链对接活动,发挥龙头企业的带动作用,促进整机企业和零部件企业本地配套。2024 年,计划组织举办 2~3 场市内整零对接会,组织企业参加 2~4 场国内整零对接会。带领企业前往比亚迪、上汽通用等行业头部企业开展整零配套活动,提升企业技术创新、产品研发和产业化能力。举办智能网联车辆产业创新发展论坛,进一步深化产业链上下游合作,加速推进标志性成果落地。三是深化精准服务。强化重点赛道调研,开展智能网联车辆有关规划研究,鼓励企业解决重点领域"卡脖子"技术难题,积极承担国家、省重点研发任务,参与"揭榜挂帅"重大项目。

七、本地区新能源汽车企业产销量统计表

生产企业名称	产品商标	车辆类型	通用名称	产量统计(辆)
杭州吉利汽车有限公司	吉利	纯电动乘用车	几何 E	33075
	吉利	纯电动乘用车	帝豪 EV	6793
	吉利	纯电动乘用车	银河 E8	2679
	吉利	纯电动乘用车	60S	1245

八、本地区电动汽车充(换)电站(桩)统计表

城市名称	充电站		充电桩		换电站	
	2023 年新建数量(座)	2023 年底保有量(座)	慢充(个)	快充(个)	2023 年新建数量(座)	2023 年底保有量(座)
杭州市	802	2171	1.01 万	2.37 万	23	85

九、本地区车用加氢站统计表

城市名称	加氢站名称	类型	供给能力(kg/d)	加氢站氢气总储存量(kg)	说明(运营/新建/在建)
杭州市	安阳站	综合能源站	500	500	运营
	桥北站	综合能源站	500	500	运营
	乌石站	综合能源站	500	500	运营

宁 波 市

一、产业概况

1. 总述

宁波是全国重要的汽车零部件生产基地,培育形成完善的汽车产业集群,已形成了乘用车、新能源汽车、客车三大整车生产格局,涵盖了轿车、SUV、MPV、客车、特种车等系列化的产品体系,汽车零部件基本涵盖了发动机、底盘、车身、电气设备等汽车构造全品类,已建立完善集研发设计、人才培养、整车生产、零部件配套、检测服务及销售运营等于一体的全产业生态链。当前,宁波立足产业基础、抢抓机遇风口,着力在新能源领域发力突破、增创优势,正加快打造“新能源汽车之城”。

2. 电动汽车产业

2023 年,全市汽车累计产量实现 70.2 万辆,同比下降 0.9%,增速低于全国平均增速 12.5%,高于全省 3.6 个百分点,其中,电动新能源汽车产量实现 19.0 万辆,同比增长 44.6%,占全省 30.4%,占全国 1.9%;其中,吉利极氪品牌产量 10.1 万辆(同比 38.7%)、领克新能源 6.7 万辆(同比 16.9%)。新能源汽车中产量较高的车型有领克 01(PHEV)、领克 08、极氪 001、极氪 009 等,纯电动汽车产量占比已达 60%以上。

3. 燃料电池汽车产业

宁波在氢燃料电池汽车方面具备良好的产业基础,基本覆盖“制、储、运、用”等领域,主要包括宁波绿动(燃料电池系统)、浙江博氢(燃料电池系统)、宁波申江(固体储氢)、宁波氢远(金属双极板)、宁波信远(双极板、碳纸)、中科科创(催化剂)、宁波鲍斯能源装备(空压机)、宁波普瑞均胜(控制系统)、拜特测控技术(动力电池/燃料电池测试系统设备)等一批代表性企业。依托浙江中车、吉利汽车等龙头企业,具备氢燃料电池汽车整车量产能力。

4. 智能网联汽车产业

在整车制造领域,吉利、大众在产车型已达到 L2、L2+级别,其中吉利已完成多款测试车辆的研发调试,极氪计划 2024 年发布全球首款 L4 级别自动驾驶汽车,浙江中车具备 L4 级自动驾驶小巴车生产制造能力;尚元智行生产无人观光车、智能滑板底盘并提供自动驾驶方案,服务国内外客户 300 多家。在车联网领域,均联智行 5G-V2X 车路协同解决方案全球首批量产,近两年斩获近 100 亿元 V2X 全生命周期订单。在执行系统领域,拓普集团已实现智能刹车系统 IBSPRO 以及电动助力转向系统部分产品的研发及量产,并与吉利、红旗等多家主机厂达成合作关系。在车载感知系统领域,舜宇光学车载镜头已连续 10 年市场占有率全球第一,拥有 34%的全球市场份额。在智能座舱领域,均胜与华为合作推进智能座舱研发和产业化,均联智行智能座舱域控制器产品已搭载全球车辆超千万台,人机交互技术全球领先。

二、2023 年新能源汽车推广应用情况

1. 总述

宁波市坚持产业发展与推广应用相结合,持续扩大新能源汽车应用规模,推进宁波交通出行、市政作业、城配物流等公共领域车辆电动化,不断加大政策支持力度、完善充电基础设施,2023 年 11 月,入选国家首批公共领域车辆全面电动化先行区试点。

2. 电动汽车推广应用工作

2023 年全市新能源汽车推广应用 11.6 万辆,其中,纯电动乘用车 8.6 万辆,插电式混合动力乘用车(含增程式)2.6 万辆。从区域分布来看,2023 年宁波市新能源汽车推广数量前三的区(县、市)依次是鄞州区 2.3 万辆,慈溪市 1.8 万辆,海曙区 1.5 万辆。在公共领域,2023 年全市推广应用纯电动客车 643 辆,插电式混合动力客车(含增程式)27 辆;纯电动专用车 3061 辆,插电式混合动力专用车 23 辆。全市已累计推广应用新能源汽车超 30 万辆。

3. 燃料电池汽车示范应用工作

2023 年 12 月,国家电投华东氢能产业基地第 1000 台燃料电池下线,同时氢动力科技全资子公司浙江氢动利信息技术服务有限公司的 100 辆搭载该款氢燃料电池的物流车辆也交付运营平台使用。本次交付的氢燃料电池车辆搭载“氢腾”燃料电池,主要为 4.5 t 常温厢式货车、4.5 t 冷藏厢式货车等车型,将应用于宁波市菜篮子配送服务领域。此次 100 辆氢能车辆的交付,开启了宁波地区氢能车平台化规模化运营之路,接下来,慈溪市也将投入一定数量的氢能车辆用于公交运营。同时,国家电投、浙江中车、镇海炼化等企业合作,实现了氢燃料电池客车产业化,已在镇海炼化基地开展示范应用,日常用于员工通勤。

4. 新能源汽车换电模式应用试点工作

宁波市换电设施网络加快布局,已建设换电站 56 座,总功率 45320 kW,主要包括旦星充电、吉利易易换电站、蔚来换电站。其中,吉利易易换电站 6 座,平均功率 1200 kW,蔚来换电站 48 座,平均功率 670 kW。吉利已建立行业领先的换电服务体系,形成成熟的换电产业链,覆盖换电运营、车辆制造、出行服务、能源补给等环节,建立以换电站研发建设运营、车辆制造销售、司机综合服务和能源管理相联动的四大业务群,构建了可良性发展和可辐射更多业务的换电生态。

蔚来换电网络已覆盖宁波区域全部区(县、市),并建设了9座高速换电站,连接上海、海口、东莞等城市以及宁波各区,涵盖G15沈海高速、G1523甬莞等多条主要高速公路,例如象山服务区二代换电站可提供312次/日的换电服务,换电时间仅需5 min。

5. 智能网联汽车试点工作

宁波市2018年获批城市智慧汽车基础设施和机制建设试点城市,在前湾新区20 km开放道路上建设了"车、路、云"协同系统,开展道路设施智能化改造、建设出行数据中心、支持自动驾驶车辆试验,主要包括1座智能停车场、3 km智能公交线路。同时,宁波舟山港梅山港区着力于建成国内第一个"港口大脑+远控自动化设备+智能集卡与人工集卡混行"场景,已投用了62辆智能网联换电集卡,实现了梅山港区开放区域混线作业场景下智能集卡与人工集卡的动态感知、安全作业、高效运营与智能管控,为传统集装箱码头水平运输智能化转型升级提供了成熟方案。

三、主要企业经营情况

1. 总述

宁波市汽车产业链关联企业超过5000家,其中规上企业突破1000家,产值亿元以上企业逾300家,拥有国家级单项冠军企业28家、专精特新"小巨人"企业97家、上市企业39家;其中均胜电子、宁波华翔、敏实集团、宁波拓普4家甬企入围2023年全球汽车零部件百强,占全国入榜企业三分之一。2023年,全市汽车制造业853家规上企业完成工业总产值3377.1亿元,同比增长6.2%。

2. 电动汽车产业

浙江吉利汽车有限公司自1999年落户宁波以来,已形成包括吉利汽车、领克汽车、奔驰smart、极氪智能科技四大全球管理总部以及吉利-沃尔沃研发中心、整车及关键核心零部件制造、采购、销售、服务、备件、物流、人才培训培养、汽车金融及汽车赛事运动等于一体的汽车全产业链的发展格局,拥有BMA、CMA、SPA和SEA浩瀚等4大全球化基础模块架构,实现了架构造车上的技术全球领先。2023年,吉利宁波地区4大整车制造基地生产新能源汽车(包括纯电动和插电混动车型)17.4万辆,同比增长33%,新能源汽车占比达41%,极氪007、领克08、极越01等3款新车型发布上市。

3. 燃料电池汽车产业

宁波绿动燃料电池有限公司是国家电投面向华东地区市场的氢能装备制造基地,公司生产的"质子交换膜氢燃料电池电堆及系统"经持续迭代,已形成"80~150 kW的燃料电池电堆"和"65~120 kW的燃料电池动力系统"等多款产品,主要面向城市公交、大巴、重卡、环卫、物流配送轻卡等多领域应用场景。产品具备包括催化剂、扩散层、质子膜、膜电极、双极板、电堆、系统在内的材料级全自主化优势,关键核心技术水平处于行业领先地位。2023年度,公司经济效益明显提升,销售收入与上年度相比增长162.94%,实现了良好的市场份额增长,并且不断通过优化公司供应链管理、降低生产成本等各项措施,产品综合成本下降10%左右。

4. 智能网联汽车产业

宁波舜宇车载光学技术有限公司是舜宇光学科技(集团)有限公司的核心子公司,从事车载镜头行业15年,是国内最大、技术能力最强的全球领先车载镜头厂商,产品普遍应用于国内外中高端车型。作为行业龙头,公司连续超10年市占率全球第一,拥有30%以上的全球市场份额。主营产品为车载镜头,产品类型主要包括前视镜头、环视镜头、后视镜头、内视镜头等,主营产品车载镜头销售收入占公司主营业务收入的97%以上,年销售额超3亿元,年销售数量近1亿颗。2023年,在中美贸易摩擦等不利因素影响下,公司仍保持着持续增长的优秀经营业绩,并牵头组建浙江省车载智能光学产业链上下游企业共同体,带动产业整体发展。

四、园区及项目建设情况

1. 新能源汽车与智能网联汽车项目情况

2023年全市十亿元以上工业投资项目中涉及汽车制造业类项目有19个。其中,宁波杭州湾吉利汽车部件有限公司年产30万套车身部件项目已竣工验收;震裕年产9亿件新能源动力锂电池顶盖项目、上汽大众宁波分公司年产7.5万辆奥迪C级SUV车型技改项目已进行试生产;拓普年产80万套高端汽车内饰功能件项目、年产50万套汽车轻量化底盘系统项目正在开展设备安装调试;旭升高性能铝合金汽车零部件项目(九厂)、华朔新能源汽车三电系统关键零部件绿色制造项目、福尔达(宁波)智能光电系统生产及研发中心建设项目等一批重大项目有序推进中。

2. 新能源汽车与智能网联汽车园区建设情况

宁波新能源汽车产业集群依托重点产业园区,以产业链为纽带,以项目为抓手,引导产业布局向重点园区加速集聚。新能源汽车整车主要向前湾新区和梅山-春晓片区集聚,智能网联软硬件主要向甬江科创区内产业平台集聚,电池、电驱电控等关键零部件主要向省级以上园区集聚,逐步形成"一核引领、三园集聚"空间格局。"一核"即宁波前湾新区,为浙江省汽车产业发展的重要引领区和创新高地,拥有大众、斯柯达、奥迪、吉利、领克、smart、极氪等七大汽车品牌,集聚了法国佛吉亚、美国江森、韩国万都、德国博世、中信戴卡等150多家零部件配套企业。"三园"包括宁波高新区、宁波经济技术开发区、浙江慈溪滨海经济开发区。其中,宁波高新区重点发展汽车电子,布局了均胜电子、激智科技、华为等高技术企业;宁波经济技术开发区已形成汽车轻量化高地,集聚了旭升集团、拓普集团、继峰股份等知名零部件企业;慈溪滨海经济开发区重点打造氢能产业高地,集聚了国家电投、博氢新能源、氢远等氢能企业。同时,北仑区汽车智造产业园、鄞州区汽车零部件产业园、宁海县汽车零部件产业园等一批特色园区支撑全市新能源及智能网联汽车产业专业化、协作化、联动化发展。

五、2023年基础设施建设及运行情况

宁波市积极推进重要交通枢纽、公共设施、商务楼宇、文旅集散地等停车场配套建设公(专)用充电基础设施建设,形成了"郊区县服务半径5 km,环城区服务半径3 km,城区服务半径1 km"的公共充(换)电服务网络。2023年,出台《宁波市电动汽车充电基础设施奖励补贴资金使用管理实施细则(2023年本)》,对公(专)用充电设施,按不高于0.16万元/kWh

标准给予运营度电奖补。截至 2023 年底,全市累计建成充电桩达到 24 万个,其中公(专)用充电桩已达到 3.1 万个;自用车桩比达到 1.2∶1,公(专)用充电桩车桩比约 0.9∶1。2023 年 7 月投入使用的镇海基地加氢示范站二期项目,是浙江省规模较大的供氢中心,总投资近 6000 万元,占地 12640 m^2。

六、发展规划

2023 年 5 月,宁波市印发《宁波市新能源汽车产业发展规划(2023—2030 年)》《关于加快打造新能源汽车之城的若干意见》,力争到 2025 年,新能源汽车产量提升至 70 万辆以上,占全市汽车产量比重 50% 以上,着力建设技术领先、品牌高端、产业集聚、链条完整的先进新能源及智能网联汽车产业集群。同时,积极打造高新区、前湾新区、宁波港区等三个各具特色、错位发展的智能网联试验区,探索更多可复制可推广的经验,并逐步推广至宁波全域。

七、本地区新能源汽车企业产销量统计表

生产企业名称	产品商标	车辆类型	通用名称	产量统计(辆)	销量统计(辆)
浙江吉利汽车有限公司	极氪	纯电动乘用车	极氪 001	78778	
浙江吉利汽车有限公司	极氪	纯电动 MPV	极氪 009	20212	
浙江吉利汽车有限公司	极氪	纯电动乘用车	极氪 007	2262	
浙江吉利汽车有限公司	领克	插电式混合动力 SUV	领克 01	29343	
浙江吉利汽车有限公司	领克	插电式混合动力 SUV	领克 08	28511	
浙江吉利汽车有限公司	领克	插电式混合动力 SUV	领克 09	2920	
浙江吉利汽车有限公司	领克	插电式混合动力 SUV	领克 05、07	327	
浙江吉利汽车有限公司	其他	纯电动乘用车	极星、极越	6047	
浙江中车电车有限公司	中车	纯电动城市客车	中车	315	

八、本地区电动汽车充(换)电站(桩)统计表

城市名称	充电站		充电桩(保有量)		换电站	
	2023 年新建数量(座)	2023 年底保有量(座)	慢充(个)	快充(个)	2023 年新建数量(座)	2023 年底保有量(座)
宁波市	1018	2407	10175	13318	24	56

九、本地区车用加氢站统计表

城市名称	加氢站名称	类型	供给能力(kg/d)	日加注量(kg)	加氢站氢气总储存量(kg)	储氢最高压力(MPa)	说明(运营/新建/在建)	运营时间
宁波市	镇海炼化加氢示范站	固定站	500	360	200	35	运营	2021 年 6 月
宁波市	象山大目湾巨鹰加氢站	撬装站	500	—	—	35	在建	—
宁波市	象山九顷加氢站	撬装站	500	—	—	35	在建	—
宁波市	慈溪经开区加氢站	撬装站	500	300	300	35	运营	2023 年 12 月

金　华　市

一、产业概况

金华是中国汽车摩托车产业基地、国家首批新能源汽车推广示范城市、浙江省首个省级新能源汽车推广应用试点城市。新能源汽车产业发展呈现四大特点:

一是发展势头好。十年磨一剑。金华新能源汽车产业培育十多年来,已培育规上企业 401 家,其中百亿级龙头企业 1 家,10 亿元以上企业 11 家,同时培育了一批产业链配套企业。2023 年实现规上总产值 874.5 亿元,增长 17.6%。

二是龙头企业强。全市现有新能源汽车及关键零部件相关企业 1500 余家,专精特新“小巨人”企业 7 家,万里扬获评国家级单项冠军企业,大众齿轮获评省级隐形冠军企业,形成了以零跑、吉利、万里扬、今飞等龙头企业引领的多层次发展梯队。其中,在整车领域,零跑跻身中国造车新势力第一梯队,零部件领域:盘毂动力在轴向磁场电机领域全球排名第一,浙江创驱入选制造业最具影响力的首台套产品。

三是链群配套优。拥有较为完善的产业链条和供应体系,基本形成了以节能汽车、纯电动汽车、插电式混合动力汽车等为主的整车产业,以动力电池、驱动电机、电控装置等为主的关键零部件产业,以及轮毂、刹车泵、LED 车灯等为主的配套产业。今飞、万里扬等重点零部件企业积极嵌入全球汽车产业链,为全球配套。零跑汽车加快“链群配”,安徽胜德、江苏佳通等一大批配套企业落户金华,产业链协同配套不断提升。

四是项目推进快。新能源汽车是金华市第一大工业项目投资产业,零跑汽车整车、吉利动力总成、欣旺达动力电

池一期等一批重大项目相继建成投产，吉利高端新能源汽车零部件、万里扬混合动力系统、利维能动力电池等一批新项目开工建设；在建新能源汽车产业项目 67 个、总投资 900 多亿元，这些重大项目将有力推动金华加快构建新能源汽车全产业链生态，着力打造千亿级新能源汽车及零部件产业集群。

五是平台支撑强。打造了金华新能源汽车及关键零部件产业平台、义乌绿色动力产业平台、兰溪、永康、武义等汽摩配产业基地，形成两大整车平台和三大零部件基地产业布局。拥有国家机动车机械零部件产品质量监督检验中心、婺城汽车零配件产业创新服务综合体等服务机构，成立金华市新能源汽车产业联盟，紧贴企业需求，全力优服务。企业创新载体加快建设，拥有国家级技术中心 2 家（今飞、万里扬）、省级企业技术中心 12 家、省级企业研究院 9 家。

六是绿色转型快。产业智能化水平显著提升，累计培育省级工业互联网平台 2 家、省级智能工厂（数字化车间）6 家，今飞智造摩轮工厂荣列浙江省“未来工厂”名单，零跑汽车列入“未来工厂”培育试点企业名单。产业绿色化转型不断提速，金华新能源及高端装备制造产业园获评省级绿色低碳园区，累计培育国家级绿色工厂 2 家。

二、2023 年新能源汽车推广应用情况

结合以旧换新政策，积极探索新能源汽车推广应用商业模式，在公交领域以 BRT 示范线建设进行推广，物流领域以租赁模式进行推广，公共领域以组团租赁进行推广，私人领域以补助降本进行推广，2023 年全市累计新增汽车 17.95 万辆，其中新能源汽车数量 6.54 万辆，新增渗透率 36.4%。截至 2023 年底全市累计汽车保有量 266.75 万辆，其中新能源汽车保有量 17.95 万辆。鼓励各县市结合实际发放新能源汽车消费券，全年累计发放汽车消费券超 5 亿元。

三、主要企业经营情况

金华市新能源汽车及关键零部件产业链相对完整。整车方面，拥有零跑、吉利等新能源乘用车企业；赵龙、锦宇汽车、飞神、路捷顺等专用车企业；零部件方面，拥有欣旺达、利维能、凌骁（零跑）等动力电池企业；氢途科技、畔星科技等氢燃料电池企业；万里扬、吉利、盘毂等动力系统企业以及今飞、世宝、巨江、万赛、大众齿轮、伯虎等一大批汽车关键零部件企业。其中零跑汽车入选 2023 年度浙江制造业百强企业，已自主研发 3 大整车平台及“三电”系统、智能网联系统、自动驾驶系统 3 大核心技术。2023 年，零跑汽车整车销量达 144155 辆，成功跻身造车新势力第一方阵。在电驱领域，盘毂动力在轴向磁场电机领域全球排名第一，浙江创驱入选制造业最具影响力的首台套产品。在零部件领域，万里扬发展势头强劲，入选全国汽车零部件百强企业。

四、园区及项目建设情况

金华新能源汽车及关键零部件产业平台已形成以零跑为代表的新能源整车生产企业，以今飞、万里扬、凯卓立等为代表的关键零部件生产企业，形成了新能源汽车整车制造和动力电池、轮毂、变速器、驱动电机、LED 车灯等关键零部件制造的产业体系，同时，金华节能与新能源汽车及零部件产业集群成功入选全省产业集群协同区培育创建对象。

义乌绿色动力产业平台按照产业、文化、旅游和社区功能叠加和产城融合的要求，发展形成产业发展核心区运动休闲体验区、城镇综合服务区、创新综合服务区等四大功能区，已入驻锋锐发动机、义利动力总成、吉利发动机、翼真新能源整车、DHT 变速器、欣旺达新能源动力电池、正泰电池组件及分布式电站、威克新材料、众维新材料、夏能 BIPV 等一批项目。

五、2023 年基础设施建设及运行情况

按市场化运作模式，统筹乡村点状、公路线状、城市面状资源，加快充电基础设施建设，金华在全省率先推出“金华绿行”APP，全时全量同步浙里办“一键找桩”，充电桩接入率达到 100%。截至 10 月底，全市公用充电桩运营商 129 家，建成公用充电站 1025 座，换电站 37 座，充电枪 10979 根，个人充电桩电表 95322 只，车桩比 1.51∶1，高于全省平均水平。2023 年全市建设公共充电站 547 座，新建公共充电枪 3081 根，年度目标完成率 308.1%。

六、发展规划

目标到 2027 年，建成 2 大整车平台和 3 个关键零部件基地，以金华市区和义乌市为两大引领区，联动永康市、兰溪市、武义县为三大协同区，打造全市“双核引领，三区协同”的新能源汽车及关键零部件产业发展空间格局。实现全产业链规上营业收入达到 1500 亿元。打造成为全国知名的新能源汽车整车制造基地，长三角重要的关键零部件供给中心，浙江省新能源汽车生产和研发高地。

（1）优化产业布局。加强全市统筹，强化规划刚性，重点打造金华新能源汽车及关键零部件产业平台和义乌绿色动力产业平台两大“万亩千亿”级整车产业平台，以及兰溪、永康、武义三大零部件生产基地，统筹市级要素资源向重点整车平台集聚。

（2）加强创新驱动。大力引进培育零跑汽车等链主企业研发机构，支持企业与高校、科研院所合作共建新能源汽车创新平台和新型研发机构，争取国家级汽车领域研究机构在金华设置分中心，不断提升技术攻关、检验检测等创新公共服务能力。

（3）深化“外引”“内聚”。强化零跑、吉利等链主企业带动作用，招引供应链上的关键零部件企业项目落地，升级补强金华市现有产业链，不断提升产业集群的核心竞争力。大力扶持培育一批人工智能、“车路云网”、电池无害化回收利用等新领域新兴企业。引导传统零部件企业向新能源转型，支持其进入新能源整车企业供应链。指导业务陈旧、技术落后、转型升级困难的企业进行淘汰置换。

（4）推进科技赋能。发挥好政府在科技创新中的组织作用，组织企业、高校、新型研发机构等联合开展核心共性技术攻关；围绕三电系统、车用芯片、基础软件、关键材料、检测装备等关键核心领域，部署实施重大科技项目，争创国家级科技成果奖。推动新能源汽车与新一代信息技术、交通等领域融合发展，谋划创建一批 5G 车联网和智能汽车特色应用场

景,加快培育试点无人驾驶出行服务、车载综合信息服务、车电分离、电池租赁、智慧物流等新模式。探索新能源汽车与智能电网高效联动,积极开展光储充放一体化试点。

(5)扩大汽车消费。贯彻落实国家、省、市"两新"政策措施,推进公共领域用车全面电动化,新增或更新公交、出租、物流配送等车辆中新能源汽车比例不低于80%,公务用车除特殊场景外新能源汽车采购占比达到100%。加强本地品牌宣传推介,提升本地汽车品牌销量。加快推进汽车城市广场建设,打造长三角地区一流的汽车消费集聚地。

(6)强化要素保障。用足用好新能源汽车产业基金,充分发挥各类新能源汽车相关专项资金作用,加大对新能源汽车推广应用、产业发展、基础设施建设运维、动力电池回收利用体系建设、新业态新模式培育的支持力度。坚持"要素跟着项目走",盘活腾出存量工业用地优先支持新能源汽车领域重大项目;统筹能耗和污染排放容量指标,优先保障新能源汽车产业链重点园区、重点企业需求。

(7)创建地区品牌。组织金华新能源汽车企业组团参加各类车展、汽配展等活动,宣传金华汽车地区品牌。整合制造端、科研端、金融端等资源,举办全国性新能源汽车产业相关主题活动,提升品牌影响力、落地优质孵化项目。进一步发挥市新能源汽车产业联盟、新能源汽车技术联盟等相关组织作用,营造产业发展的良好环境。

(8)做好服务支撑。建立专家顾问团队,加强对重大项目建设的服务和指导,开展新能源汽车产业增值服务"一类事"试点,打造线上线下平台,围绕企业需求,新增综合咨询、会场预约、文娱活动、第三方检测等增值服务事项。完善新能源汽车产业统计监测体系,做好年度产能核查、行业形势季度调查、月度产量调度等工作,加强产能监测预警和行业形势分析。建立健全产业链供应链风险监测预警体系,加强风险的识别与防范。

七、本地区新能源汽车企业产销量统计表

生产企业名称	产品商标	车辆类型	通用名称	产量统计(辆)	销量统计(辆)
零跑汽车有限公司	零跑	纯电、增程	T01/C11	144155	144155

八、本地区电动汽车充(换)电站(桩)统计表

城市名称	充电站		充电桩		换电站	
	2023年新建数量(座)	2023年底保有量(座)	慢充(个)	快充(个)	2023年新建数量(座)	2023年底保有量(座)
金华市	547	1025	/	10979	12	37

九、本地区车用加氢站统计表

城市名称	加氢站名称	类型	供给能力(kg/d)	储氢最高压力(MPa)	说明(运营/新建/在建)
金华市	金华婺新加氢站	合建站	500	35	运营
	桐琴综合供能服务站	合建站	500	35	运营

青 岛 市

一、产业概况

1. 总述

青岛市抢抓国家实施新能源汽车国家战略的历史机遇,以引进重点整车企业和核心零部件企业为突破口,以引导本地企业向生产新能源汽车转型升级为重点,通过招商引资和本地培育,产业集群不断发展壮大。

青岛汽车产业呈现"雁阵型"和集群化发展态势,全市形成了即墨、莱西、西海岸三个主要集聚区。即墨汽车产业集聚区,以一汽解放、一汽大众、奇瑞汽车三大整车企业为龙头,带动120余家零部件生产企业,形成了规模过千亿的产业集群;莱西新能源汽车产业集聚区,聚集了北汽制造、国轩电池等50余家产业链企业;西海岸汽车及零部件产业集聚区,形成了以上汽通用五菱为"头雁",五菱青岛专汽、柳州五菱山东分公司、华瑞汽车零部件等企业为"雁阵"的雁阵型产业集群,区域内汽车产业产值超300亿元。此外,以青岛美锦新能源汽车为龙头的氢燃料电池汽车产业正在形成新的产业链,将带动氢能产业持续发展。

2. 电动汽车产业

青岛市拥有已获得资质的整车生产企业8家,建成整车产能130.2万辆,改装车生产企业32家,汽车产业规上企业超300家。全市现已形成以一汽解放青岛汽车有限公司、上汽通用五菱汽车股份有限公司青岛分公司、一汽-大众汽车有限公司青岛分公司、奇瑞汽车股份有限公司青岛分公司、北京汽车制造厂(青岛)有限公司等整车企业为龙头,以青特集团、一汽富奥、国轩电池等零部件企业为配套的完善产业链。在车辆品种和车型配置方面,青岛市企业通过不断加大研发和车型导入力度,已经形成了集传统燃油车、LNG清洁能源车和纯电动及氢能源汽车在内的完整生产体系,车型涵盖轿车、SUV、交叉乘用车、轻中重卡、客车、特种(专用)车辆等高中低配全系列。随着2023年以来北汽制造极石01车型成功上市、奇瑞星途瑶光混动车型成功导入和风云T9车型顺利下线,全市新能源汽车产业链正加快向中高端跃升。

3. 燃料电池汽车产业

青岛市氢能产业链已经初步形成了较为完善的产业链条。其中,上游制储加装备环节,电解水制氢所需的电解槽

装备、甲醇重整制氢装备、车载储氢装备、加氢站用压缩机装备等;中游关键零部件环节,催化剂、双极板、膜电极、电堆、系统集成等,青岛市也有相关布局;下游整车环节,除乘用车和危化品运输车外,青岛市各类氢燃料电池商用车均具备生产能力,围绕青岛美锦新能源汽车制造有限公司等氢燃料电池整车企业,青岛市形成了海卓动力(青岛)能源科技有限公司、青岛创启信德新能源科技有限公司、青岛汉缆氢能装备科技有限公司等较为完善的零部件配套产业链。

4. 智能网联汽车产业

青岛市紧跟国家政策导向、把握产业发展趋势,科学谋划,系统部署,围绕政策体系搭建、应用场景开放、产业生态培育等方面强化顶层设计、加快创新突破,推动智能网联汽车产业不断向纵深发展。组建智能网联汽车道路测试与示范应用专家委员会,充分发挥专家委员会决策咨询、技术支撑、指导服务作用,为产业发展、工作推进提供智力支持。出台《青岛市智能网联汽车道路测试与示范应用先行示范区总体实施方案》《青岛市智能网联汽车道路测试与示范应用管理实施细则(试行)》《青岛市低速无人驾驶车辆道路测试与商业示范管理实施细则(试行)》等一系列政策、办法,营造审慎包容、开放创新的政策环境。

二、2023 年新能源汽车推广应用情况

1. 总述

2023 年青岛市累计推广应用新能源汽车 8 万辆。截至 2023 年底,青岛市新能源汽车保有量 26 万辆,占汽车保有量的 7.06%。

2. 电动汽车推广应用工作

(1)制定《2023 年青岛市新能源汽车下乡活动方案》,编制产品目录,组织新能源汽车下乡巡展活动 23 场,形成销售 500 余台,车企现场获取线索 1000 余条。

(2)举办新能源汽车走进中车四方股份、海信集团、歌尔电子等大企业巡展,扎实推进“以销促产”,共有 272 名留资客户。

(3)组织全市部分重点物流货运企业走进一汽解放青岛汽车有限公司,促成供需双方面对面交流。

(4)支持上汽通用五菱开展“致富山东·五菱汽车与您同行”促销售活动,直接销量贡献近万辆。推动“车房联手销售互促”,促成卓越与五菱合作,联手推出“卓越五菱风暴,抢燃国庆双节——买房赢车”活动。

3. 燃料电池汽车示范应用工作

在干线物流、城市交通以及环卫作业等领域推广美锦新能源、一汽解放青汽的氢燃料电池汽车,形成商业化示范应用,2023 年推广氢燃料电池汽车 210 辆,居全省第二。

4. 智能网联汽车试点工作

以商业化应用为导向,聚焦公共交通、环卫保洁、物流运输、短途接驳等领域,加速构建智能网联汽车多元化应用场景,推动产业和应用深度融合。苏州九识智能科技有限公司、新石器慧通(北京)科技有限公司拟与青岛市快递物流企业展开合作,探索城市无人配送新模式。无人接驳蓬勃发展,无人驾驶微循环小巴相继在西海岸新区金沙滩啤酒城、胶东临空经济示范区投入试运营,为市民出行带来更多便利和全新体验。

三、主要企业经营情况

1. 总述

2023 年全市生产整车 81.19 万辆,其中新能源车 5.8 万辆,全市汽车产业规上企业实现营业收入 1242 亿元,同比增长 12.5%。

2. 电动汽车产业

(1)一汽解放青岛汽车有限公司。形成了鹰途、JH6、天 V、悍 V、JK6、龙 V 六大中重卡产品平台和领途、J6F、虎 V 三大轻型车产品平台,覆盖重、中、轻、清洁能源和新能源全系列产品,2023 年生产整车 14.6 万台。

(2)奇瑞汽车股份有限公司青岛分公司主要生产星途瑶光、风云 T9 等中大型 SUV,2023 年生产整车 3.85 万台。

(3)上汽通用五菱汽车股份有限公司青岛分公司主要产品为交叉型乘用车、SUV、新能源乘用车(宏光 MINIEV)等,2023 年生产整车 38.1 万台。

(4)一汽-大众汽车有限公司青岛分公司主要生产大众品牌全新一代宝来、奥迪品牌全新 A3、A3L 等,2023 年生产整车 21.3 万台。

(5)北京汽车制造厂(青岛)有限公司主要产品为轿车(元宝)、越野车(北京 212)、小型货车(鲸卡)、皮卡(卡路里)、MPV(王牌 M7)及军车(勇士),2023 年生产整车 2.9 万台。

(6)中国重汽集团青岛重工有限公司具有载货汽车底盘及整车生产资质,专用车、改装车生产资质。产品涵盖自卸类、建筑类、环卫类及特种车等七大系列 300 多个品种,以及 50 多个品种的重型自卸车液压举升系统等关键总成零部件,2023 年生产整车 1500 台。

(7)比亚迪汽车工业有限公司青岛分公司主要从事纯电动客车生产、制造,具备 6~12 m 全系纯电动客车生产线,2023 年生产整车 1700 台。

3. 燃料电池汽车产业

(1)青岛美锦新能源汽车制造有限公司主要产品包括中大型城市客车、4.5T 冷藏车、12 和 18T 中重卡、31T 自卸车、49T 牵引车等氢燃料电池汽车等。2023 年生产整车 1002 台,其中氢燃料电池汽车 801 台。

(2)一汽解放青岛汽车有限公司。依托一汽解放商用车研发总院,可生产各类氢燃料电池牵引车、中重卡底盘,2023 年生产氢燃料电池汽车 34 辆。

(3)青岛德先新能源汽车制造有限公司(青岛德智汽车科技有限公司实际经营主体)。于 2020 年取得改装车资质,从事氢燃料电池汽车的改装。

4. 智能网联汽车产业

北汽制造、奇瑞汽车等整车企业已推出多款智能网联汽车产品,与互联网企业的跨界合作持续深化,部分整车企业已具备 L3 及以上级别自动驾驶的自主研发生产能力。慧拓智能、智腾微电子、宸芯科技、海信网络科技、青岛中瑞集团等一批智能网联汽车产业链企业加速成长,可提供 IGBT、高精度传感器、全栈式软硬件一体化解决方案、RSU、OBU 等关键核心配套产品。

四、2023 年基础设施建设及运行情况

截至 2023 年底，全市上线并运营充电桩 60465 个，桩车比保持在 1 : 4. 2 左右，增量和总量两项指标均居全省首位。

五、发展规划

深入贯彻国家及省、市关于发展新能源汽车产业的部署要求，依托现有基础，找准细分赛道，放大比较优势，围绕“整车能力提升、关键配套进档、智能网联突破、应用场景引领、出口动能牵引、后市场体系构建、技术创新驱动、资源要素保障、产业生态打造”等九大方向，全面推动青岛市新能源汽车产业向高端化、智能化、集群化跃升，建设全国领先的新能源汽车产业新高地，到 2025 年产业规模力争突破 2000 亿元。

郑 州 市

一、产业概况

1. 总述

郑州市汽车产业主要布局在经开区、中牟县和荥阳市，同时正在积极推进航空港实验区新能源汽车产业园建设。全市拥有上汽乘用车郑州分公司、东风日产郑州工厂（广州风神）、郑州比亚迪、宇通客车、郑州日产、海马汽车、少林客车整车企业 7 家，涵盖客车、SUV、MPV、轿车、皮卡、中重卡等系列产品；拥有宇通重工、红宇专汽等专用车生产企业 15 家，涵盖环卫车、冷链运输车、水泥罐车、电源车等多品类车型；拥有精益达、深澜动力、比克电池、福耀玻璃、振华君润、优尼冲压、红忠宝、东风李尔等核心零部件配套企业 150 余家，涵盖发动机、变速箱、动力电池、车身、空调、座椅、内饰件、金属冲压件、汽车电子、汽车玻璃等系列产品。2023 年，全市整车企业实际下线车辆 83 万辆，同比增长 61. 7%。

2. 电动汽车产业

为加快新能源汽车推广应用，郑州市积极贯彻落实《河南省人民政府办公厅关于进一步加快新能源汽车产业发展的指导意见》《河南省加快建设燃料电池汽车示范应用城市群行动方案（2022—2025 年）》《郑州市加快推进新能源及网联汽车发展实施方案》《郑州市加快新能源汽车推广应用若干政策》等政策文件，推进全市新能源汽车产业发展。全市拥有宇通客车、海马汽车、郑州日产、东风日产郑州工厂、上汽乘用车郑州分公司、郑州比亚迪等新能源整车企业，宇通重工、红宇汽车、比克新能源汽车等专用车企业，郑州弗迪、比克电池、深澜动力、智驱科技等核心零部件企业。2023 年，全市整车企业实际下线新能源汽车 31. 6 万辆，同比增长 3. 5 倍。

二、2023 年新能源汽车推广应用情况

1. 电动汽车推广应用工作

积极申报公共领域车辆全面电动化试点并成功获批。积极推进新能源汽车推广应用，加速公交车、环卫车、公务车、快递物流车、自卸车、牵引车等公共领域车辆新能源化。2023 年，新增及更换的公交车、环卫车、公务车、邮政车新能源车占比均达到 100%；新增及更换的出租车新能源占比 98. 4%。郑州市区运营公交车辆、巡游出租汽车新能源车占比均达到 100%；加大新能源特种商用车推广应用力度，着力推进郑州市渣土车、水泥搅拌车、轻型物流车等特种商用车新能源替代工作，以研发奖励的方式支持郑州新能源汽车产业高质量发展。2023 年全年新能源汽车推广应用总计 16. 43 万辆，新能源汽车保有量超过 41 万辆。

2. 燃料电池汽车示范应用工作

推进燃料电池汽车在公交、环卫、渣土、水泥搅拌等多领域推广应用，全市推广燃料电池汽车 805 辆，超额完成国家示范年度推广任务。推进加氢站建设，积极动员中石油、中石化、华润燃气、正星科技等企业建设加氢站，协调相关部门破解政策障碍，结合车辆应用场景布局建设加氢站，保障示范车辆用氢需求，全市新建加氢站 15 座，累计建成 25 座。充分发挥牵头城市作用，协调各成员城市开展燃料电池汽车示范应用工作，保障城市群按时完成年度示范任务。

3. 智能网联汽车试点工作

为进一步抢抓汽车产业发展窗口，推动智能网联汽车产业快速有序发展，积极筹备并成功举办 2023 中国（郑州）国际智能网联汽车大赛，大赛重点呈现了 10 场主题对接会和专业竞技比赛，参会人员超过 2100 人，全国参赛队伍达到 300 支以上，其间上汽、比亚迪、宇通、上海汽检、南德检测等 10 余家国内知名企业签订战略合作协议，以赛促产和产业生态构建初见成效。此外，为支持智能网联汽车生产企业和使用主体加强能力建设，促进智能网联汽车产品的功能、性能提升和产业生态的迭代优化，推动全市智能网联汽车产业高质量发展，郑州市组织宇通客车和郑州公交集团组成联合体开展试点申报，指导联合体完善申报方案并上报。

三、2023 年基础设施建设及运行情况

全市加快推进电动汽车充电基础设施及加氢站建设，充电基础设施数量呈现快速增长态势，加氢站建设也超额完成国家示范任务。2023 年全市建设完成充电站 399 座、充电桩 7868 个、换电站 7 座、各类加氢站 15 座。截至 2023 年，全市累计建设充电站 1995 座、充电桩 56561 个、换电站 33 座、各类加氢站 25 座，主要分布在公共机构、用户居住地、高速公路服务区、政府机关、企事业单位和公共服务领域等。

四、本地区电动汽车充（换）电站（桩）统计表

城市名称	充电站		换电站	
	2023 年新建数量（座）	2023 年底保有量（座）	2023 年新建数量（座）	2023 年底保有量（座）
郑州市	399	1995	7	33

新 乡 市

一、产业概况

1. 总述

新乡市是河南省内重要的汽车及零部件产业基地，主要分布在高新区、经开区、原阳县和辉县市，产业发展势头良好。

零部件主要产品有：汽车转向系统、汽车空调、滤清器、散热器、制动器、汽车弹簧、传感器、汽车管路、前后桥等，代表企业主要有：豫北转向、豫新热管理、平原滤清器、河南万向、河南广瑞、美斯威、新北仪、斯凯特、辉簧弹簧等；

新乡市汽车行业主要产品年产能：转向系统 830 万套、滤清器 7350 万件、车用空调 310 万套、减震器 350 万件、制动器总成 170 万套、散热器 50 万件、汽车桥壳 10 万套、汽车管路 200 万套、刹车盘 80 万只、线束护套 3000 万套、转向中间轴 110 万台、转向拉杆 250 万根、汽车电机弹簧 5 亿只、汽车起动机定子 80 万只、齿轮等其他零部件 500 万只。

2. 电动汽车产业

新乡市电动汽车产业主要涉及电池产业，电池产业是新乡市四大战略性新兴产业之一，历史悠久，基础良好，产业链完整、聚集度高，特别是在锂电池材料领域竞争优势明显。拥有锂离子电池年产能约 12 GWh、锂电池正负极材料年产能约 9 万 t、锂电隔膜年产能近 2.2 亿 m^2、电解液年产能 6 万 t、钢壳等配件年产能超 20 亿只。

3. 燃料电池汽车产业

新乡市是河南省内最早发展氢能的城市之一，为燃料电池汽车示范应用郑州城市群组成城市，通过外引内培，精准发力，初步打造了以高新区为核心、辐射周边县区的“制氢-储氢-加氢-燃料电池-关键装备及零部件-燃料电池汽车”全产业链。制氢方面。心连心集团是国内重要的合成氨生产基地，氢气年产能 30 万 t。中新化工氢气年产能达 4 万 t；储氢方面。引进的上海氢储镁基固态储氢设备项目已投产测试；加氢方面。豫氢装备具备加氢站组装总成和关键零部件生产能力，其对于加氢站涉及的氢气隔膜压缩机、卸气柱、加氢机、顺序控制盘、仪表及吹扫气系统、站控系统等核心零部件已实现了自主研发生产，国产化率行业领先，公司投资建设了新乡市首座撬装式加氢站，其自主研发的加氢设备先后应用于青岛氢能示范项目、北京冬奥会首座加氢站及内蒙古、浙江等多个项目。氢枫能源加氢站设备生产项目正在建设；氢燃料电池方面。豫氢动力氢燃料电池示范线、氢璞创能氢燃料电池自动化生产线已建成投产，已形成燃料电池电堆年产能 3000 套，直接或间接配套国内各主要车企。河南擎动燃料电池膜电极生产线项目、新乡骥翀金属双极板电堆生产线项目、新飞锋源燃料电池发动机项目等正在建设；燃料电池汽车方面。依托新飞专汽品牌，推进打造氢能环卫车、冷藏车、渣土车专用车生产基地，新飞电器集团的氢能洒扫车、自卸垃圾车、冷藏车均已进入工信部《道路机动车辆生产企业及产品公告》，并逐步面向市场推广。

二、2023 年新能源汽车推广应用情况

1. 总述

2023 年，新乡市共推广新能源汽车 19916 辆，同比增长 22.3%。

2. 电动汽车推广应用工作

2023 年，推广乘用车 23746 辆，客车 2 辆、货车 626 辆。其中在公共推广领域方面，公务用车新增及更换 97 辆，其中新能源汽车 75 辆，占比 77.31%；市政环卫车新增及更换 21 辆，其中新能源汽车 6 辆，占比 29%；出租车新增及更换 1346 辆，其中新能源汽车 1306 辆，占比 97%；邮政车新增及更换 4 辆，其中新能源汽车 4 辆，占比 100%。

3. 燃料电池汽车示范应用工作

新飞集团与新乡骥翀、新飞锋源等新乡氢能装备企业，共同研发制造出新乡首辆燃料电池洗扫车、燃料电池渣土车和燃料电池冷藏车，并于 2022 年 12 月 30 日完成 55 辆燃料电池冷藏车、5 辆燃料电池洗扫车、10 辆燃料电池自卸式垃圾车，共计 70 辆燃料电池专用车的生产制造、上牌交付工作。截至 2023 年 12 月 19 日，55 辆燃料电池冷藏车累计用氢行驶里程 808507.84 km，5 辆燃料电池洗扫车累计用氢行驶里程 20585.5 km，10 辆燃料电池自卸式垃圾车累计用氢行驶里程 104566.7 km。2023 年新建成油氢电合建站 1 座。

三、主要企业经营情况

1. 电动汽车产业

（1）河南科隆新能源股份有限公司（含科隆电源材料），主导产品为锂电池正极材料及其前驱体、镍系电池正极材料，广泛应用于新能源汽车、电动工具、电动二轮车、3C 电子产品、储能设备等领域。企业规模近 40 亿元。

（2）新乡天力锂能股份有限公司，主导产品为锂电三元正极材料，布局的“622、811 动力型三元材料”和“NCA 正极材料”等生产线，产品主要应用于电动汽车、电动自行车、移动储能设备以及电动工具等领域。

（3）河南锂动电源有限公司，主要产品为软包三元锂电池、软包磷酸铁锂电池，具备年产约 1 GWh 动力锂电池生产能力，与东风汽车已建立战略合作关系，年配套量 1 万~1.5 万台。

2. 燃料电池汽车产业

（1）河南豫氢动力有限公司，主导产品为燃料电池电堆，年产能 500 台（套），已实现从 40 kW 到 150 kW 电堆的装配能力，具备面向各类整车应用定制不同型号产品的条件，产品已用于科研院所、公交车、机车、热电联供、重卡等应用场景，为同济大学、潍柴动力，厦门金旅、上海机动车检测中心、阜新德尔、铜陵长江氢能研究院、国网浙江电科院、华能集团清洁能源技术研究院等客户提供产品及解决方案，是国内生产 150 kW 大功率电堆为数不多的企业之一。拥有同济大学-豫氢氢能与燃料电池联合研究实验室、河南省氢能与燃料电池工程研究中心等研发机构，累计申请专利 70 项。

（2）河南氢璞创能科技有限公司，主要产品为燃料电池

电堆,拥有石墨双极板电堆和金属双极板电堆两大技术路线。氢璞创能氢燃料电池电堆采用新型流场嵌套设计,实现超薄双极板(0.51 mm),超薄单电池(0.83 mm);创新的变形压合双极板密封工艺,独特一体化单电池工艺,实现了超高功率密度(6.4 kW/L)。拥有相关技术专利及保密技术100余项,是国内电堆领域第一家获得IATF-16949认证的企业,出货量居行业前列。

(3)新乡骥翀氢能科技有限公司,主要产品为金属燃料电池电堆,产品可以满足公交车、重卡、备用电源等多种应用领域。公司已掌控金属板电堆完整产业链,通过全资收购深圳众为、常州翊迈两家产业链条企业,成为国内最成熟的金属双极板产业链企业之一,实现了装备、工艺完全自主开发、生产,拥有全产业链完整自主核心技术。新乡骥翀入驻高新区氢能产业园,已建成金属双极板氢燃料电堆自动化生产线,达到年产2000台电堆生产能力。

四、2023年基础设施建设及运行情况

2023年,新乡市建设充电站92座,换电站1座,建设充电桩799个、新能源汽车专用停车位109个,新建加氢站1座。

五、发展规划

1. 强化部门联动,做好推广应用

充分依托新乡市新能源汽车产业发展领导小组工作机制,进一步强化部门联动,加快新能源汽车推广应用,采取定期调度和工作例会的形式,推进工作开展,督促相关职能部门,切实履职尽责,落实好国家、省、市要求。

2. 加强宣传引导,营造推广氛围

在报纸、电视、网络、手机等媒体全方位向广大市民和企业宣传报道新能源汽车相关政策,提高全社会对新能源汽车的认知度和接受度,加强对本地新能源汽车相关产业发展的了解度,努力营造有利于新能源汽车相关产业发展的良好社会氛围。

3. 加速基础建设,奠定推广基础

结合新乡市新能源汽车推广应用实际,加快推进充换电设施建设,鼓励社会力量投资充换电设施建设。坚持规划引领,在优先推进公共服务领域充电基础设施建设,重点推进城市公共充电网络建设基础上,加快推动自用、专用充电基础设施建设,积极探索可持续的商业模式,进一步完善电动汽车产业配套服务体系,积极协调各相关部门推进新乡市充电设施建设,促进新能源车辆的推广。

4. 大力开展氢燃料电池车辆推广应用

全力争取省级层面和牵头城市对新乡市工作的支持,进一步细化完善市级扶持政策,保障并推动车辆推广和加氢站建设。按照“公交车政府化、渣土车国有化、冷藏车社会化”的原则,积极协调推进车辆示范运营,完成年度车辆推广任务。积极协调解决在建加氢站建设中遇到的困难和问题,同时围绕车辆应用场景,积极谋划一批加油站点增设加氢功能,保障后续车辆运行需求。

六、本地区电动汽车充(换)电站(桩)统计表

城市名称	充电站		换电站	
	2023年新建数量(座)	2023年底保有量(座)	2023年新建数量(座)	2023年底保有量(座)
新乡市	92	275	1	1

七、本地区车用加氢站统计表

城市名称	加氢站名称	类型	供给能力(kg/d)	说明(运营/新建/在建)
新乡市	中石化南外环综合加能站	固定站	1000	运营
	卫辉市唐庄加油站	撬装站	500	建成未运营
	辉县胡桥油氢电合建站	固定站	1000	新建
	卫辉八里屯油氢电合建站	撬装站	500	在建
	平原示范区白河路油氢电合建站	撬装站	500	在建
	获嘉迎宾大道油氢电合建站	撬装站	500	在建

武 汉 市

一、产业概况

1. 总述

武汉是全国六大汽车产业集群发展城市之一,汽车产业连续14年成为全市第一大支柱产业,汽车行业产值占到全市工业总产值的1/5。汽车产业加速向新能源与智能网联方向转型。2023年,全市汽车产业产值3477亿元,同比增长0.9%。全市完成汽车产量126.7万辆,其中新能源汽车28.1万辆,占全市汽车产量的22.2%,同比增长45.5%。

2. 电动汽车产业

武汉拥有8家乘用车企业、6家商用车企业,是国内品牌车系最多的城市,拥有日、美、法、英、自主品牌等五大系列。日系车有东风本田、东风日产,美系车有上汽通用,法系车有神龙公司,英系车有吉利路特斯,自主品牌有东风乘用车、东风岚图、东风猛士、武汉客车厂、扬子江汽车等代表性企业。新推出了东风本田e:NS1、别克E4/E5、东风日产ARIYA、岚图Free、梦想家、追光、路特斯Eletre、猛士917等新能源车型,覆盖了高、中、低端层次。

武汉市新能源电动汽车“三电”(动力电池、电机、电控)产业链逐步完善。动力电池方面,拥有中创新航、比亚迪、楚能电池三大企业,形成产能120 GWh,能配套200万辆电动车;电机方面,拥有智新科技、博格华纳、深蓝动力等企业,具备电机年生产能力57万套,电控方面,智新电控、菱电电控等重点企业产能达到116万套。

3. 智能网联汽车产业

武汉市已获批国家智能网联汽车测试示范区、“双智试

点”城市。全市已集聚黑芝麻科技、华为智能网联汽车创新中心、亿咖通、芯擎科技、光庭信息、旷视科技等160家骨干企业，主要集中在车机系统、智能座舱、车载软件、感知系统、车载导航及智能驾驶辅助、车规级芯片等领域。培育上市企业2家(光庭信息、亿咖通科技)和上市“金种子”“银种子”企业4家(黑芝麻科技、极目智能、芯擎科技、海微科技)，科技部“自动驾驶国家新一代人工智能开放创新平台华中区域中心”落地武汉经开区。地产新车中达到L2级智能网联水平的比例超50%。

二、2023年新能源汽车推广应用情况

1. 总述

2023年，武汉市累计推广新能源汽车13.8万辆，同比增长30.2%。截至2023年底，全市新能源汽车保有量达到36.1万辆，同比增长62.6%，占全市机动车保有量的7.9%，较2022年提高2.7个百分点。

2. 燃料电池汽车示范应用工作

截至2023年底，武汉市已在公交、通勤、物流、环卫等领域推广氢燃料电池汽车528辆，其中，客车156辆、货车308辆、自卸车11辆、牵引车53辆，已在公交车、通勤客车、冷链物流车、环卫车、货运等领域形成规模化运营。2023年6月，国家电投“氢腾”燃料电池配套200辆氢能车辆在汉交付，系湖北省氢能领域最大规模集中交付，将服务于武汉市内城市配送、渣土倒运、大宗商品运输场景。

3. 新能源汽车换电模式应用试点工作

截至2023年底，全市累计推广换电车辆13366辆。2023年8月，1000台东风风神E70换电出租车在汉交付，正式投入武汉出租车市场。这是武汉市较大规模的一次换电出租车集体交付。

4. 智能网联汽车试点工作

2023年，武汉市在“智慧城市基础设施与智能网联汽车协同发展试点”(双智试点)城市综合评估中排名全国第二，在智能网联汽车测试示范区能力排名中为全国第二，实现公开测试道路开放到中心城区、开通机场自动驾驶接驳服务、横跨长江贯通运营、测试道路里程、智能网联测试车队规模等多个全国第一。2023年8月，百度萝卜快跑开通武汉天河机场的自动驾驶接驳服务，武汉市成为国内首个实现市区到机场间自动驾驶出行接驳服务的城市。截至2023年底，武汉共开放智能网联测试道路3379 km，投入常态化运行智能网联汽车534台，发放道路测试与示范应用牌照数量1954张、自动驾驶总里程突破1500万km、自动驾驶出行服务订单超78万单、服务人次突破97万。

三、主要企业经营情况

武汉市拥有乘用车整车企业8家，均可生产新能源汽车，新车中达到L2级智能网联水平的比例超50%。2023年，东风本田生产新能源车3.56万辆，同比增长30.3%；投产上汽通用奥特能平台项目，上汽通用完成新能源车产量9.46万辆，同比增长105.2%；岚图汽车生产新能源车5.26万辆，同比增长124.1%；投产东风猛士、小鹏汽车项目，东风猛士全年生产新能源车0.04万辆；投产中创新航项目二期、三期产能；黑芝麻智能在汉发布全球首个智能汽车跨域计算芯片平台武当系列及其首款芯片；东风公司牵头的省车规级芯片产业技术创新联合体发挥融合创新功能，实现3款填补国内空白的车规级芯片首次流片；芯擎科技主导设计的7 nm车规级芯片“龙鹰一号”正式量产。

四、园区及项目建设情况

2023年，武汉市积极推进上汽通用奥特能平台项目、东风猛士项目、小鹏汽车项目建成投产，持续推动东风本田新能源工厂加快建设进度。推进楚能新能源项目一期10 GWh锂离子电池产能建成投产，当年实现工业产值约30亿元。推进中创新航项目二期10 GWh产能投产，当年完成产值约50亿元。

五、2023年基础设施建设及运行情况

武汉市坚持配套设施建设先行，为新能源智能网联汽车推广应用创造良好的环境。截至2023年底，全市已累计建成充电桩24.6万个，新能源汽车车桩比达1.4∶1，位居全国前列。累计建成集中式充电站1471座、换电站102座，建成加氢站9座，其中合建站6座，“油-氢-电”多能源综合补给已成为武汉市特色。

智能网联汽车开放测试道路里程位居全国前列。全市已在武汉经开区、东湖高新区、东西湖区、黄陂区、蔡甸区、江夏区、汉阳区等区开放智能网联汽车道路测试和示范应用道路3379 km。其中，建成车路协同测试道路191.6 km，全面覆盖5G信号、北斗高精度定位系统、路测感知设备和车路通信系统，具备L4级及以上等级自动驾驶测试运行条件。建成智能网联汽车封闭测试场，占地面积1312亩，内含十大场景测试区、四大实验室群及国际F2赛车场，是全球唯一F2级赛道和T5级测试场结合的封闭测试场地。

六、发展规划

聚焦产业能级、核心配套、关键技术、数字新基建、示范应用等五个方面突破提升，推动纯电动汽车、插电式混合动力汽车、燃料电池汽车三大领域同步发展，自主品牌、造车新势力、合资品牌三大阵营协调发展，构建“一谷两翼三区十园”产业布局，打造具有全球影响力的新能源与智能网联汽车产业创新城市。

产业规模跨越式增长。到2025年，全市新能源与智能网联汽车产能规模超过300万辆，产值突破5000亿元。其中，新能源汽车产能198万辆，产值千亿级企业不少于2家、百亿级企业不少于10家、十亿级企业不少于50家。

品牌影响力跨越式提升。到2025年，东风风神、岚图、猛士、路特斯等本地品牌价值以及小鹏、雪铁龙、标致、本田、雪佛兰、别克、凯迪拉克等引进品牌价值得到着力提升和长足发展，塑造具有标识度的新能源与智能网联汽车和关键核心零部件品牌。

核心技术跨越式突破。到2025年，新能源与智能网联汽车三电系统、车规级芯片、基础软件等关键技术实现国内领先，智能驾驶、智能网联、智能座舱等终端系统技术加速产业化，新能源汽车整车及核心零部件的主要技术指标和设

计、制造工艺达到国际先进水平,智能网联汽车实现“人-车-路-云”系统协同。L4 级智能网联汽车实现商业化应用,新车 L2 级及以上辅助驾驶系统装配率达到 80%,车联网技术(C-V2X)车载终端装配率达到 50% 以上。

产业集群跨越式发展。到 2025 年,基本形成“一谷两翼三区十园”产业集群格局。中国车谷(武汉经开区)核心区,整车与关键零部件研发生产能力不断提升,江夏区上汽通用产业链配套制造及研发,东湖高新区智能网联整车与核心部件、汽车软件和高精地图等“两翼”发展体系更加健全;东西湖区、蔡甸区、黄陂区新能源与智能网联汽车关键核心零部件配套等“三区”特色优势进一步凸显;建成十个新能源与智能网联汽车特色产业园区,生态互补的差异化配套体系更加完善。

七、本地区新能源汽车企业产销量统计表

生产企业名称	车辆类型	新能源车产量统计(辆)
东风本田	纯电动轿车	35580
上汽通用	纯电动轿车、插电混动车	94600
神龙公司	纯电动轿车	2300
东风乘用车	纯电动轿车	36400
岚图汽车	纯电动轿车、SUV、MPV	52600
东风日产	纯电动轿车	920
吉利路特斯	纯电超跑 SUV	6200
东风猛士	电动越野车	1000

八、本地区电动汽车充(换)电站(桩)统计表

城市名称	充电站		充电桩		换电站	
	2023 年新建数量(座)	2023 年底保有量(座)	2023 年新建(万个)	2023 年底保有量(万个)	2023 年新建数量(座)	2023 年底保有量(座)
武汉市	—	1471	7.1	24.6	56	102

九、本地区车用加氢站统计表

城市名称	加氢站名称	类型	供给能力(kg/d)	储氢最高压力(MPa)	说明(运营/新建/在建)
武汉	雄众加氢站	独立固定式加氢站	1000	35	运营
武汉	智慧加氢站	加油、加氢、充电、停车合建站	1000	35	运营
武汉	铁龙通勤加氢站	独立固定式加氢站	500	35	运营
武汉	中石化群力油氢综合能源站	加氢加油合建站	500	35	运营
武汉	中石化革新综合能源站	加氢加油合建站	500	35	运营
武汉	武汉白玉山加氢站	独立固定式加氢站	500	35	运营
武汉	众宇动力固定式加氢站	独立固定式加氢站	500	35	运营
武汉	加氢加油合建站	加氢加油合建站	500	35	运营
武汉	加油加氢合建站	加氢加油合建站	500	35	运营

襄 阳 市

一、产业概况

1. 总述

襄阳市坚持以电动化、智能化、网联化为方向,持续推动汽车产业转型发展。2023 年,全市汽车产业总体呈现趋稳回升的发展态势,规模以上汽车企业数量达到 373 家,汽车产业产值在全市规上工业总产值占比稳定在 30% 左右;新能源汽车产业产值同比增长 25.56%,在全市汽车产业产值占比超 25%,较同期提升 13.57 个百分点,全市汽车产业结构不断优化。

2. 新能源汽车产业加快发展

襄阳市坚持以重大项目建设为支撑,突破性发展新能源汽车产业。新能源整车规模不断壮大。推动东风纳米新能源乘用车项目建成投产,填补了襄阳市新能源乘用车整车产业的空白;推动东风股份轻型商用车智能制造和绿色工厂加快建设,建成后商用车产能将达到 30 万辆,助推企业打造全国知名的轻型商用车生产基地。动力电池产业集群不断完善。推动比亚迪动力电池项目全面建成投产,已配套多款畅销车型;推动骆驼新能源低压锂电池和储能项目进入加速建设阶段;依托襄阳市汽车产业优势和磷矿资源,赣锋锂电新能源电池、锂源磷酸铁锂正极材料等新能源电池产业链上下游项目加快建设,新能源汽车电池产业全链条集聚局面逐步形成。汽车零部件企业加快聚集。依托本地整车和主机项目,引入了东实科技、东风延锋、林泓汽车等关键零部件配套企业;同时,支持襄轴、新火炬、美利信等企业研发生产新能源产品。截至 2023 年底,全市已形成东风股份、东风纳米、腾龙汽车等整车和专用车企业为引领,弗迪电池、骆驼蓄电池、东风电驱动、东风德纳、神龙襄阳工厂、国太阳、襄轴、新火炬等关键零部件企业集聚的新能源汽车产业链。2023 年,新能源汽车产量 3.39 万辆,同比增长 49.29%。

3. 智能网联汽车产业生态加快构建

襄阳市加快车联网先导区基础设施建设,坚持以拓展深

度应用为引导,加快培育智能网联汽车产业生态。2023 年 4 月成功获批国家级车联网先导区,是全国七个之一、湖北省唯一的车联网先导区。一是打造中心城区全覆盖的车联网应用环境。已完成中心城区 244 个交通路口 5G+车联网智能化改造;二是落地一批牵引产业发展的深度应用场景。为汽车企业量身打造车联网应用场景,带动产业转型发展。智慧物流场景支持东风汽车股份公司开展无人驾驶物流转运、清扫作业等多场景应用,累计运营里程超过 5000 km。智慧公交场景支持东风襄旅、襄阳腾龙等企业联合公交公司在公交 9 号线投入 31 台智能网联公交车开展运营。智慧出行场景主要支持汉江智行、东风纳米等企业打造一站式出行服务及产品。智慧交管开展人工智能红绿灯建设,实现红绿灯信号秒级自适应控制,有效减少交通拥堵,为车联网应用场景提供赋能。三是推动智能网联汽车产业集聚。东风汽车股份公司完成了 L4 级智慧物流、通勤和环卫车辆研发,东风纳米 01 高级辅助驾驶电动车已量产,东风襄旅、襄阳腾龙汽车研制智能网联公交车。中信科智联、星云互联、希迪智驾、新石器、九识等一批车联网企业在襄阳落地。建立了车联网深度应用联合实验室,开展技术攻关和标准规范制定,主导或参与了国家、行业、团体标准 40 余项。四是探索车联网先导区建设运营模式。明确汉江国投全资子公司汉江智行作为车联网先导区项目建设主体,组建合资公司负责车联网先导区的运营工作,积极探索可持续、市场化的运营模式。2023 年,全市智能网联汽车产量 1. 94 万辆,同比增长 99. 24%。

二、2023 年新能源汽车推广应用情况

截至 2023 年 12 月底,襄阳市汽车累计保有量达到 100. 84 万辆,新能源汽车累计保有量达到 5. 54 万辆。2023 年,新注册登记的汽车总量为 6. 71 万辆。其中,新能源汽车为 1. 57 万辆,较同期增长 48. 68%。私家车领域 2023 年推广新能源汽车 1. 4 万辆,占襄阳市新能源汽车新增推广应用总量的 89. 22%;公共领域 2023 年推广新能源汽车 369 辆,占襄阳市新能源汽车新增推广应用总量的 2. 35%;货车领域 2023 年推广新能源汽车 539 辆,占襄阳市新能源汽车新增推广应用总量的 3. 43%。

三、主要企业经营情况

1. 新能源汽车产业。在整车方面,东风汽车股份有限公司新能源汽车(轻卡、物流车、客车及底盘)产量超 3 万辆,同比增速超 50%。腾龙汽车有限公司新能源汽车(客车)产量 800 余辆;在总成和零部件方面,东风德纳、东风电驱动、襄阳弗迪、襄轴、光瑞汽车、骆驼集团等企业研发生产了电驱动车桥、驱动电机、动力电池、新能源轮毂轴承单元、新能源汽车压铸件、低压锂电池等新能源汽车总成和零部件产品。

2. 智能网联汽车产业。依托车联网先导区建设,东风汽车股份有限公司研发生产了无人驾驶物流车、环卫车、通勤车;风神襄阳汽车有限公司生产智能网联车型,2023 年共生产智能网联汽车(L2 级及以上)18564 辆,同比增长 90. 63%。东风井关农业机械有限公司正在研发生产无人值守车、巡逻车,生产的智能农机占比全年产量超 50%。汉江智行建立了车联网智能网联运营平台,实现车联网运营数据总览、查询、统计分析等功能。

四、园区及项目建设情况

1. 新能源汽车产业。整车项目:东风纳米新能源乘用车项目,冲压、焊接、涂装、总装四大工艺改造完成,并于 2023 年底通过工信部企业准入和产品准入;东风轻型车智能制造和绿色工厂项目,智能制造中心已投入使用,轻卡总装车间已完成新旧工厂转换,冲焊涂车间、小 VAN 车工程、物流工程等正加快建设。总成及零部件项目:比亚迪 30 GWh 动力电池项目,16 条生产线已全面建成投产;东风德纳深度集成电驱动车桥总成研发及产业化等项目正在加快建设;神龙公司襄阳工厂新能源战略转型项目,计划建设曲轴供货、新能源汽车发动机缸体、发动机整机供货等项目,拓宽产品结构。同时,推动新火炬新能源汽车轮毂轴承、美利信新能源铝合金压铸件、国太阳电动助力转向系统、三环(谷城)高端车桥精密生产基地等一批重大技改项目加快谋划和建设,抢抓新能源快速增长机遇。产业园区:依托高新区汽车产业基础厚实的优势条件,推动新能源汽车产业园区加快建设,积极发挥东风基地带动作用,加大传统汽车企业向电动化、智能化、轻量化转型发展支持力度,培育壮大新能源汽车产业整车、关键总成、汽车零部件等产业规模,不断提升襄阳市新能源汽车影响力。

2. 智能网联汽车产业。整车项目:东风纳米 01 高配车型导入高级辅助驾驶功能,提升车辆智能化水平;风神襄阳导入探陆等中高端 SUV,在日产、英菲尼迪等车型中提升“超智联”“超智驾”技术应用规模。总成及零部件项目:东风电驱动智能仪表及传感器项目已建设完成,主要生产智能网联汽车仪表、电子模块、传感器等产品;湖北天鼎微波汽车天线、毫米波雷达生产项目建设完成,主要生产 77 GHz 毫米波雷达和 5G 无线通信天线;国太阳电动助力转向系统项目,建成电动助力转向系统生产线,并研发生产线控转向系统等产品。示范运营项目:智慧环卫示范运营项目,东风股份计划在襄投放智能网联环卫车,联合高新区高洁环卫公司成立智慧环卫第三方服务公司,在公开测试道路开展自动驾驶环卫清扫作业示范应用。场景测试项目:智能网联汽车科创小镇项目,将利用 5G 技术对现有场区内保留拆迁房屋、道路及设施进行智能网联化改造,搭建 140 余种汽车智能网联测试体验场景,配套建设公共服务设施。产业园区:依托高新区在整车、核心零部件和检验检测领域的优势,规划建设智能网联汽车产业园,推动园区内传统整车和零部件企业转型,培育壮大智能网联汽车产业规模,打造智能网联汽车生产制造集聚区;依托东津新区在汽车电子、云计算领域的优势,围绕东津云谷智慧园区等规划建设车联网产业园,打造车联网及大数据运营中心,培育壮大车端-路端核心部件,提升在大数据、云计算、高精度地图、系统运维等领域服务能力,深度挖掘数据资源和价值,形成车联网产业集聚区。

五、2023 年基础设施建设及运行情况

截至 2023 年底,襄阳市累计建设充电站 733 座,充电桩 14148 个(慢充桩 9876 个、快充桩 4272 个)。其中,2023 年新建充电站 394 座,新建充电桩 9037 个。在加氢站方面,襄

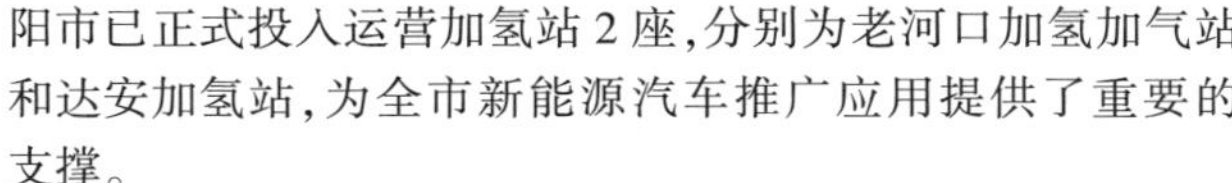

阳市已正式投入运营加氢站2座，分别为老河口加氢加气站和达安加氢站，为全市新能源汽车推广应用提供了重要的支撑。

六、发展规划

按照湖北省十二次党代会和襄阳市委十四届四次全会的工作部署，依托“武襄十随”国家级汽车产业先进制造业集群，抢抓新技术革命和产业变革重要机遇，突破性发展新能源汽车产业、加快培育智能网联汽车产业生态、构建并完善汽车产业创新体系，努力把襄阳打造成为全国有影响力的汽车先进制造业产业集群。

1. 突破性发展新能源汽车产业，加快电动化转型步伐。一是产业链上游，培育引进核心零部件企业。支持襄轴、新火炬、德纳车桥等本地零部件企业转型发展，积极引进电驱动齿轮、电控传感器等一批关键零部件企业。二是产业链中游，培育引进关键总成企业。支持东风电驱动、神龙汽车等总成企业生产电驱动桥、减速器等产品，并依托襄阳市磷矿资源，打造动力电池全链条产业。三是产业链下游，培育引进新能源整车企业。发挥襄阳市整车和零部件配套优势，推动传统整车企业导入纯电、混动车型，加快在建整车项目竣工量产，积极招引知名整车企业落户襄阳。四是打造新能源汽车产业生态。推动汽车产业向服务化转型，大力发展以检验检测、供应链服务、运营平台、充换电基础设施等为重点的生产性服务业，支持企业由生产型制造向服务型制造转型，加快制造业和服务业融合发展，提升汽车产业软实力。

2. 加快培育智能网联汽车产业生态，抢占产业新赛道。一是产业链上游，培育引进智能网联汽车核心零部件企业。培育壮大感知零部件、决策执行设备、网联关键部件等本地生产企业，引进关键零部件生产企业，提高襄阳市智能网联核心零部件产业规模。二是产业链中游，培育引进智能网联汽车总成和系统集成企业。支持本地智能网联汽车总成和系统集成企业发展，加大关键总成和系统的研发和生产，积极引进线控系统企业、高级辅助驾驶系统和自动驾驶综合解决方案企业。三是产业链下游，培育引进智能网联整车、无人装备企业。支持襄阳市整车及无人装备制造企业加快研发智能网联技术，积极引进智能网联汽车头部企业和无人智能装备企业，壮大襄阳市智能网联产业规模。四是推动智能网联汽车产业规模化、商业化示范应用。推动车联网基础设施建设，构建深度应用场景，做大检验检测产业，探索车联网先导区市场化运营，逐步完善襄阳市智能网联汽车产业网状生态。

3. 构建汽车产业创新体系，打造持续创新新格局。一是建立协同创新体系。支持本地汽车及零部件企业、科研和检测机构，打造检测认证、产品研发、新技术应用和创新孵化等功能于一体的全产业链服务平台，加强技术攻关和成果转化。二是开展供应链模式创新。发挥襄阳市零部件产品优势，对接省级汽车供应链平台，通过信息技术，集成供应链各环节信息，推动产业链上下游企业合作配套。三是探索商业模式创新。支持企业建立运营平台公司，打造新生态运营和销售模式，推动新能源和智能网联汽车的推广应用；支持相关企业在襄阳建设充换电基础设施、综合能源服务站，建立智慧充电平台；完善车联网先导区建设运营管理机制，打通车联网先导区应用端和客户端渠道，在车联网数据增值、测试验证和示范应用等重点领域实现商业闭环。

七、本地区新能源汽车推广应用统计表

燃料	车型						
	公交车	出租车	网约车	私人用车	载货车	其他领域	合计
纯电动	74	31	194	8234	539	855	9927
插电式	0	0	0	5779	1	0	5780
合计	74	31	194	14013	540	855	15707

八、本地区新能源汽车企业产销量统计表

	生产企业名称	产品商标	车辆类型	产量统计（辆）	销量统计（辆）
1	东风汽车股份有限公司	东风牌	新能源轻卡、物流车	32494	30016（海外232）
	东风汽车股份有限公司	东风牌	新能源客车及底盘	566	481（海外17）
	东风汽车股份有限公司	东风牌	燃料电池汽车及底盘	245	245
2	襄阳腾龙汽车有限公司	九州牌	新能源客车	838	838
	襄阳腾龙汽车有限公司	九州牌	燃料电池汽车	12	12

九、本地区电动汽车充（换）电站（桩）统计表

城市名称	充电站		充电桩		换电站	
	2023年新建数量（座）	2023年底保有量（座）	慢充（个）	快充（个）	2023年新建数量（座）	2023年底保有量（座）
襄阳市	394	733	9876	4272	1	3

十、本地区车用加氢站统计表

城市名称	加氢站名称	类型	供给能力（kg/d）	日加注量（kg）	加氢站氢气总储存量（kg）	储氢最高压力（MPa）	说明	运营时间
襄阳市	老河口市加氢加气站	固定	500	3～5	360	35	运营	2021 年 4 月
襄阳市	达安加氢站	撬装	200	15	300	20	运营	2021 年 3 月

广　州　市

一、产业概况

1. 总述

2023 年，全市实现汽车产量 317.92 万辆，同比增长 1.4%，汽车产量连续五年位居全国城市首位，其中新能源汽车产量达 69.16 万辆，同比增长 107.7%；全市汽车制造业总产值 6406.80 亿元，同比增长 1.6%。全市新能源汽车保有量达 80 万辆，居全国城市前列。

2. 电动汽车产业

广州纯电动汽车发展迅速，已基本形成了涵盖整车生产、三大电（电池、电机、电控）以及电池关键材料等完备的新能源汽车产业体系。

3. 燃料电池汽车产业

广州市燃料电池汽车产业加快聚集，在燃料电池汽车整车、系统、关键零部件、制氢及储运、加氢等环节均已实现布局，燃料电池汽车产业链领域龙头企业技术研发能力持续增强，在系统及电堆、膜电极、双极板、乘用车整车等领域处于领先水平。

4. 智能网联汽车产业

广州市高度重视智能网联（自动驾驶）产业发展工作，不断丰富道路测试应用场景，为自动驾驶行业创造良好的测试和应用环境，提升广州营商环境。后续将进一步坚持鼓励创新、试点先行，在最大化保障公共安全的基础上，完善相关制度规范，加快推进智能网联汽车创新发展，抢占新兴产业高地。

二、2023 年新能源汽车推广应用情况

1. 总述

出台实施《广州市汽车产业中长期发展规划（2023—2035 年）》《广州市支持汽车及核心零部件产业稳链补链强链的若干措施》等系列政策文件，抢抓汽车产业发展机遇，将广州打造成为世界领先的中国式现代化汽车生态城。成立“市促进智能网联与新能源汽车产业发展工作专班”，以政策、招商、项目落地、产业链保供等工作组形式抓汽车产业发展，形成全市“大抓汽车、抓大汽车”的良好局面。建成新能源智能汽车大数据监测平台，接入新能源汽车 74 万辆，成为全国接入数量规模第二大的地方平台，着力实现每辆新能源汽车的实时运行监控。

2. 电动汽车推广应用工作

持续开展新能源汽车推广应用工作，不断扩大党政机关、事业单位等公务领域新能源汽车应用规模，2023 年广州市公务领域新能源汽车保有量达 2787 辆，同比增长 37.6%；全市党政机关、事业单位更新配备公务用车中新能源汽车占比 66%。经市政府常务会审定同意，印发实施广州市鼓励支持个人领域新能源汽车推广应用相关政策，全年符合条件的新能源汽车超 8.3 万辆，有效鼓励新能源汽车先进技术推广普及，新能源汽车保有量达 84.3 万辆。

3. 燃料电池汽车示范应用工作

稳步推进燃料电池汽车示范应用，建成加氢站 10 座，建成华南地区首座 70 MPa 加氢站，全市推广应用燃料电池汽车 451 辆，示范期内推广数量全省第一。

4. 新能源汽车换电模式应用试点工作

印发实施了《广州市加快推进电动汽车充电基础设施建设三年行动方案（2022—2024 年）》，结合产业园区提质增效试点工作，推进园区停车区域配建充电设施。组织成立了市电动汽车充换电设施行业协会，支持协会开展公共充电站点评级活动，树立一批“示范站点”“示范小区”等，提升充电服务体验。

5. 智能网联汽车试点工作

采取全国最开放的政策许可方式，开展全市智能网联汽车的测试验证和商业化运营工作。截至 2023 年底，累计开放测试道路 797 条，单向里程 1623.5 km，双向里程 3247 km，发放 415 张测试牌照，测试车辆总数量全国最多。率先在南沙启动自动驾驶商业化运营，有 4 家企业的 6 款车型经过道路测试和安全技术检测，列入市智能网联（自动驾驶）汽车示范运营车型目录，部署 64 辆自动驾驶汽车运营车辆在南沙、花都两个混行试点区开展示范运营工作。

三、主要企业经营情况

1. 总述

广州拥有广汽集团、小鹏汽车、东风日产等 12 家整车企业、1200 多家零部件和贸易企业等，已形成整车制造企业为龙头、关键零部件企业和智能创新企业集聚的产业集群。此外，采埃孚、德国 ABT、花都千亿级汽车零部件产业园、嘉晨电子华南总部、敏实集团等一批核心零部件项目签约落户。其中，广汽集团旗下广汽埃安、广汽传祺、广汽丰田、广汽本田均产销新能源汽车。

2. 电动汽车产业

2023 年，广汽埃安、小鹏汽车、东风启辰在市场持续布局，销量领先，广汽埃安全年累销 48 万辆，同比增长 53%；小鹏汽车全年累销 14.16 万辆，同比增长 17%；启辰品牌全年累销超 4 万辆。

3. 燃料电池汽车产业

广州拥有广汽集团、广环投等商用车整车制造企业和鸿

基创能(膜电极)、雄川氢能(系统)、昊志机电(空气压缩机)等相关关键零部件领域头部企业,燃料电池商用车技术水平、示范推广、产业规模不断提升和增强。

4. 智能网联汽车产业

广汽研究院成立广东省汽车电子电气架构重点实验室,完成电子电气架构 EEA3.0 设计开发,广汽飞行汽车 GOVE 于 2023 广汽科技日首发亮相并成功实现全球首飞。广汽自研电池产业化(因湃电池)项目和自研电驱产业化(锐湃动力)项目均已建成投产,广汽埃安实现固态电池技术新突破。小鹏汽车发布 SEPA2.0 扶摇全域智能进化架构,率先在国内发布 XNGP 无高精地图城市导航辅助驾驶系统,覆盖全国 243 座城市,发布 XGPT 灵犀大模型及全新智能座舱系统 XOS 天玑首发搭载于小鹏 X9 车型。

四、园区及项目建设情况

印发实施《广州市支持汽车及核心零部件产业稳链补链强链若干措施》,提出近地化构建"432"汽车产业园区新格局,提升广州市汽车产业自主创新与核心竞争力。

五、2023 年基础设施建设及运行情况

建成公私充电桩总计 16.39 万台,其中公共充电桩 5.13 万台,私人充电桩 11.27 万台,总功率 500.43 万 kW,每天可为超 120 万辆次电动汽车提供充电服务。

六、发展规划

贯彻实施《广州市汽车产业中长期发展规划》,推动新能源汽车、非插电混合动力、燃油车多条技术路线并行发展,稳步迈向 2025 年 200 万辆新能源汽车产量、万亿级产业规模目标。研究修订《关于促进汽车产业加快发展的意见》,着力在推动传统车企转型、新兴车企创新发展、做大做强核心零部件以及推动汽车国际化等方面出实招、给政策。

七、本地区电动汽车充(换)电站(桩)统计表

城市名称	充电站	
	2023 年新建数量(座)	2023 年底保有量(座)
广州	37700	16.39 万

八、本地区车用加氢站统计表

城市名称	加氢站名称	类型	供给能力(kg/d)	储氢最高压力(MPa)	说明(运营/新建/在建)	运营时间
广州	中石化开泰北加油加氢合建站	固定	500	35	运营	2020 年 12 月
	东区加氢站	固定	500	35	运营	2020 年 12 月
	新南加氢站	固定	500	35	运营	2019 年 6 月
	力康加氢站	固定	500	35	运营	2021 年 12 月
	东明三路综合能源站(含加氢)	固定	500	35	运营	2021 年 11 月
	东晖加氢站	固定	1000	35	运营	2019 年 5 月
	力康加氢站	固定	500	35	运营	2021 年 12 月

九、本地区新能源汽车企业产销量统计表

生产企业名称	产品商标	车辆类型	通用名称	产量统计(辆)	销量统计(辆)
东风日产乘用车公司	启辰牌	纯电动乘用车	东风启辰	40000	40000
广汽埃安新能源汽车股份有限公司	埃安牌	纯电动乘用车	埃安	500000	480000
小鹏新能源投资有限公司	小鹏牌	纯电动乘用车	小鹏	78000	78000

佛 山 市

一、产业概况

2023 年,佛山市依托制造业产业优势,不断优化政策,推进整车生产能力、关键零部件和材料生产、应用推广以及基础设施建设,加快新能源汽车产业发展。

一是打造新能源汽车产业集聚区。出台《促进佛山新能源汽车产业园发展扶持办法》,明确依托南海区狮山镇、里水镇、丹灶镇,三水区乐平镇、芦苞镇、大塘镇现有新能源汽车产业优势资源,设立佛山新能源汽车产业园,重点发展新能源汽车研发制造,汽车产业配套零部件生产制造,新能源动力电池材料制造和电池循环产业等,打造新能源汽车产业新高地,积极推动智能网联新能源汽车产业链协同发展。

二是加快产业重点项目建设。发挥好龙头企业的带动作用,推动瑞浦能源、国电投、美锦氢能、国际绿氢、星源材质等一批超百亿元项目,不断完善园区平台建设和产业链补链强链,进一步推动全市新能源汽车产业集群的扩大和生态圈的优化。

三是加快新能源车辆推广应用。截至 2023 年底,累计新能源汽车推广数量 230815 辆。其中,2023 年全市推广新能源汽车 72415 辆。

四是加强大数据平台建设。持续推进广东省燃料电池汽车示范城市群综合监管平台建设,极大地支撑了全市氢能车辆的商业化推广应用以及城市群信息归集与数据核查等工作。加强与北理新源合作,建设华南新能源汽车大数据服

务与管理中心，开展车辆运行大数据分析等相关工作，已成为华南地区接入企业较多、接入量较多、车型较全的新能源汽车大数据平台。

二、2023 年新能源汽车推广应用情况

佛山市 2023 年全社会新能源汽车使用普及率持续提高，新能源汽车应用覆盖面持续扩大。1—12 月，全市上牌新年能源汽车 72415 辆；按车型分，乘用车 71929 辆（其中，出租车 6042 辆，租赁 2 辆，私人车 65881 辆，其他 4 辆），商用车 486 辆（其中，客车 47 辆，物流车 439 辆）；按动力来源分，纯电动汽车 46622 辆，插电式混合动力汽车 5040 辆，氢燃料电池汽车 121 辆。截至 2023 年底，全市累计推广新能源汽车 230815 辆。

三、主要企业经营情况

佛山市整车及零部件制造业产业链相对完备。在一汽大众、北汽福田和飞驰汽车等整车企业带动下，形成了相对完备的产业链中下游布局。整车方面，在产的整车企业有一汽大众和飞驰汽车等企业，其中，一汽大众佛山工厂的整车产能达 65 万辆，预计 2025 年产能将达到 80 万台。零部件，本田汽车零部件、邦普循环、爱信（佛山）车身零部件、东亚汽车部件、时利和、丰富汽配、丰田合成、东海理化、顺德矢崎、本田汽车用品、法雷奥、福迪汽车零部件、东普雷、东箭汽车等为代表的龙头企业，以及臼井汽车零部件、富惟汽配、广顺新能源、科力远混合动力、中南铝车轮、文灿集团、何氏协力等一批骨干企业。

动力电池方面，代表性企业有广东邦普循环科技有限公司、佛山德方纳米科技有限公司、佛山市格瑞芬新能源有限公司、广东瑞浦能源有限公司等。德方纳米主要生产磷酸铁锂正极材料，下游客户为宁德时代、比亚迪及亿纬锂能等国内知名电池企业；广东邦普主要研发生产镍钴锰三元正极材料，以及新能源汽车动力电池回收；格瑞芬新能源主要生产导电剂，在国内导电剂行业市场占有率位于前三；天劲新能源和瑞浦能源主要生产动力电池，其下游客户覆盖上汽集团、法国 Stellantis 集团、东风、零跑、阳光电源、华为、古瑞瓦特等。

燃料电池方面，已形成拥有燃料电池三大关键基础材料（质子交换膜、催化剂、碳纸）、五大核心零部件（电堆、膜电极、双极板、空压机、氢气循环系统）和系统集成、整车生产企业等全产业链的地区。引进国氢科技、上海重塑、鸿基创能、济平新能源、清能股份、美锦能源等重点企业落户，积极培育佛山飞驰、清极科技等本土企业加快发展，关键零部件产品已实现产业化并装车配套。

四、园区及项目建设情况

佛山新能源汽车产业园分南海片区和三水片区两个园区，2023 年，佛山市人民政府办公室印发《促进佛山新能源汽车产业园发展扶持办法》，围绕固定资产投资、物业、科技创新、质量品牌等方面进行扶持，推动新能源汽车产业高质量发展，完善新能源汽车产业链，佛山新能源汽车产业园建设加速起势。

佛山新能源汽车产业园（南海片区）已成立指挥部，指挥部下设综合协调、招商引资。多个项目取得新突破，美锦能源氢能科技园开园暨飞驰科技新车下线仪式标志着“南海产”氢燃料汽车成功下线，填补了南海燃料电池整车制造的空白；星源材质等超百亿项目签约落地；佛山市飞驰汽车制造有限公司正式落户南海区；美锦能源（佛山）氢能科技园开园建设。

佛山新能源汽车产业园（三水片区）在已有广东邦普循环科技有限公司、佛山市飞驰新能源商用车有限公司、佛山市永力泰车轴有限公司等新能源汽车优质企业基础上，2023 年再引入广东宁德-邦普一体化新材料产业项目、传化智联股份有限公司新型功能化学品项目、京东湾区智能产业园项目、新方尊公司高性能泡沫铝新材料项目等 11 个新能源、新材料、汽车配套等相关项目，总投资合计 388.5 亿元。其中，广东宁德-邦普一体化新材料产业项目总投资 238 亿元，为当年全市投资额最高的单个项目、近十年全市引进体量最大工业项目。

五、2023 年基础设施建设及运行情况

2023 年 1～12 月，全市建成充电站 60 座；建成充电桩 2081 个（不含私人充电桩）。截至 2023 年底，全市累计建成充电站 335 座，建成充电桩 10502 个（不含私人充电桩）。在加氢站建设方面，截至 2023 年底，佛山市已建成加氢站 36 座，进一步夯实了氢能汽车推广应用基础。

六、发展规划

为积极响应并贯彻国家《新能源汽车产业发展规划（2021—2035 年）》和广东省《广东省加快建设燃料电池汽车示范城市群行动计划（2022—2025 年）》的战略部署，佛山市此前已在政策层面进行深度布局，通过完善相关政策与加大投入，先后出台了《佛山市新能源汽车产业发展规划（2019—2030）》和《佛山市氢能源产业发展规划（2018—2030）》，旨在为未来新能源汽车及氢能源领域的发展奠定坚实基础。

2023 年，佛山市印发《佛山市新能源战略性新兴产业集群行动方案（2022—2025 年）》，提出“十四五”期间，将以高质量发展为主题，统筹能源安全保障和绿色转型发展，着力构建安全可靠、绿色低碳、节约高效、智慧创新的现代能源体系，促进稳步实现“双碳”目标。计划到 2025 年，建成 521 座充电站、2.9 万个公共充电桩。加快推进佛山新能源汽车产业园建设，完善南海片区和三水片区的指挥协调工作机制，大力发展新能源汽车（电动、燃料电池）和汽车零部件生产制造，以及新能源动力电池、高端精细化工等产业。

七、本地区新能源汽车推广应用统计表

燃料	车型							
	公交车	旅游大巴	出租车	租赁用车	私人用车	物流车	其他领域	合计
纯电动	13	25	6042	11	40209	322	0	46622

续上表

燃料	车型							
	公交车	旅游大巴	出租车	租赁用车	私人用车	物流车	其他领域	合计
插电式	0	0	0	0	25672	0	0	25672
燃料电池	0	0	0	0	0	117	4	121
合计	13	25	6042	11	65881	439	4	72415

八、本地区电动汽车充(换)电站(桩)统计表

城市名称	充电站		充电桩		换电站	
	2023 年新建数量(座)	2023 年底保有量(座)	2023 年新建数量(个)	2023 年底保有量(个)	2023 年新建数量(座)	2023 年底保有量(座)
佛山市	60	335	2081	10502	7	23

九、本地区车用加氢站统计表

城市名称	加氢站名称	类型	供给能力(kg/d)	储氢最高玉力(MPa)	说明(运营/新建/在建)	建成时间
佛山	国联氢能塱沙加氢站	固定站	500	35	已运营	2018 年 12 月
	佛罗路加氢站(一期)	撬装站	500	35	已运营	2018 年 12 月
	佛罗路加氢站(二期)	撬装站	500	35	已运营	2019 年 8 月
	河滘加油加氢站	油氢合建	500	35	已运营	2020 年 12 月
	城北加氢站	固定站	1000	35	已运营	2020 年 12 月
	南海丹灶瑞晖加氢站	固定站	350	35	已运营	2017 年 8 月
	南海中石化西樵樟坑(青龙)加油加氢合建站	油氢合建	500	35	已运营	2019 年 6 月
	南海松岗禅炭路加氢站	固定站	1500	35	已运营	2019 年 10 月
	南海桃园加氢站	固定站	1500	35	已运营	2020 年 2 月
	九江大道撬装站	撬装站	500	35	已运营	2020 年 5 月
	瑞晖(扩建)加氢站	固定站	650	35	已运营	2021 年 12 月
	狮山集络加油加氢合建站	油氢合建	500	35	已运营	2021 年 12 月
	丹灶政府东侧加氢站	固定站	500	70	试运营	2022 年 9 月
	佛南 N171 加油加氢站	油氢合建	1000	35	已运营	2021 年 4 月
	顺德强劲荔村加氢站	固定站	500	35	已运营	2020 年 10 月
	顺德容桂兴顺加氢站	固定站气氢	500	35	已运营	2020 年 10 月
	顺德大良顺风加氢站	固定站	1000	35	已运营	2020 年 12 月
	佛山市三水区国杰物资有限公司广海西加氢站	固定站	1000	35	已运营	2019 年 12 月
	佛山市三水区国杰物资有限公司锦江路加氢站	固定站	600	35	试运营	2020 年 11 月
	佛山市高明区更合镇合塘路 500 kg/d 加氢站建设项目站房、加氢站	固定站	500	35	试运营	2021 年 4 月
	佛山市高明区现代有轨电车示范线首期工程(站房及加氢罩棚、轻轨加氢罩棚	固定站	1000	35	试运营	2021 年 2 月
	南庄制氢加氢一体站	一体站	1000	35	已运营	2021 年 7 月
	罗格加油加氢站	油氢合建	500	35	试运营	2021 年 12 月
	臻盛车生活广场岭南车天地加油加氢站	油氢合建	1000	35	已运营	2021 年 10 月
	顺德大良五沙加氢站	固定站	1000	35	已运营	2021 年 11 月
	明城综合能源供应站	一体站	1000	35	未运营	2022 年 8 月
	佛山巨沛加油加氢站	固定式油氢合建站	1000	35	试运营	2022 年 10 月
	狮山镇润辉加油加氢站	固定式油氢合建站	1000	35	试运营	2022 年 8 月

续上表

城市名称	加氢站名称	类型	供给能力（kg/d）	储氢最高压力（MPa）	说明（运营/新建/在建）	建成时间
佛山	途达加油加氢合建站	固定式油氢合建站	1000	35	试运营	2022 年 11 月
	佛西加氢站	固定站	500	35	已运营	2022 年 2 月
	群力加油加氢站	油氢合建	500	35	试运营	2021 年 11 月
	佛山市高明区氢裕公交客运有限公司加氢站	撬装站	500	35	试运营	2022 年 7 月
	桂城街道三龙湾大道撬装式加氢站	撬装站	500	35	试运营	2022 年 1 月
	中海石油销售（江门）能源有限公司佛山沧江南路加油加氢站	油气氢混合式	500	35	未运营	2023 年 12 月
	佛山市南海贝诺石油有限公司	固定式油氢合建站	1000	35	未运营	2023 年 12 月
	一汽解放南方新能源基地加氢站	固定站	500	35	未运营	2023 年 12 月

成　都　市

一、产业概况

1. 总述

2023 年，成都深入贯彻落实市委优化空间产业交通能源结构重大部署，顺应汽车产业“三化”发展共识，以产业建圈强链为抓手，推动汽车产业加快向新能源化和智能网联化转型升级和高质量发展。一是完善政策规划，出台《成都市新能源和智能网联汽车产业发展规划（2023—2030 年）》《成都市促进新能源汽车产业发展的实施意见》《关于推进成都市智能网联汽车远程驾驶测试与示范应用的指导意见》等纲领性文件。二是强化引育“链主”，促进一汽大众分转子、捷达品牌总部、吉利汽车成都研发中心、德赛西威成都研发中心等重大项目落地。三是打造产业生态，在创新平台建设、领军人才招引、基金体系建设等方面积极布局。四是加快推广应用，全年推广新能源汽车 24. 1 万辆，同比增长 32. 8%。

2. 电动汽车产业

2023 年，成都积极推动汽车产业电动化转型，实现首款完整工艺在蓉的新能源车极氪 X 投产上市，并加快推动吉利极星 3、沃尔沃 EX90、重汽成商新能源重卡等车型投产；同时，推出了锂电池陶瓷隔膜、电动力总成系统、高性能电驱动系统、弹簧加压电磁安全制动器、伺服电机电磁制动器等一批新能源汽车关键零部件，多项产品填补省内空白。2023 年全年，成都实现新能源汽车产量 8. 3 万辆，同比增长 105. 4%、增速高于全国 69. 6 个百分点。

3. 燃料电池汽车产业

成都初步形成了“制储加运用”全产业链，引进了雄川氢能等优势企业，实现亚联氢能等传统能源企业向氢能装备转型，高标准打造厚普氢能产业园等 4 个氢能特色园区；创新研发方面，燃料电池系统八大关键零部件中有 5 个实现本地化，带动燃料电池系统成本降低 80% 左右；区域引领方面，西南地区首条氢能“零碳”烟草物流示范线路发运，成渝地区累计示范应用氢车超 900 辆，具有全国影响力的氢能经济网络已形成。

4. 智能网联汽车产业

智能网联汽车产业方面，成都在政策体系制定、测试基地建设、测试与示范场景打造、智能网联设备部署、新型网络设施建设、“车城网”平台建设等方面取得了阶段性成效，已初步构建了多元化的智能网联汽车应用场景，包括成都高新区新川科技园、龙泉驿区大运直连通道、锦江区白鹭湾科技生态园环线等。

二、2023 年新能源汽车推广应用情况

1. 总述

随着新能源汽车进入全面市场拓展期，成都瞄准公共领域加大新能源汽车推广应用力度。一是抢抓国家开展公共领域车辆全面电动化先行区试点机遇，成功争创第一批试点城市，力争三年内在公共领域新增和更新新能源汽车 10 万标准台，建成各类充电桩 3. 43 万个，建成各类换电站 500 座，探索形成一批可复制可推广的经验和模式，为全国新能源汽车全面市场化拓展和绿色低碳交通运输体系建设发挥示范带动作用。二是出台《成都市 9 个公共领域新能源汽车推广方案（2023—2025 年）》，明确公交、巡游出租等 9 大公共领域的车辆电动化目标，加快新能源汽车在公共领域推广应用。三是积极开展智能网联汽车规模化示范运营和氢燃料电池汽车示范应用，争取将成都纳入智能网联汽车“车路云一体化”试点城市，将成渝地区纳入国家第二批燃料电池汽车示范城市群。

2. 电动汽车推广应用工作

2023 年，成都新增推广新能源汽车 24. 1 万辆、同比增长 32. 8%，新车渗透率达 37. 4%、高于全国平均水平 7 个百分点；截至年底，新能源汽车保有量达 63. 3 万辆、占全市汽车总保有量的 9. 6%，保有量位居非限购城市第一。

3. 燃料电池汽车示范应用工作

2023 年，成都积极开展 130 辆氢燃料电池汽车“揭榜挂帅”项目，全市累计推广氢车 500 辆，规模位居非示范城市前列。

4. 新能源汽车换电模式应用试点工作

出台《成都市电动汽车充换电基础设施专项规划

(2023—2025年)》,明确将结合国家、省、市关于换电站建设试点政策及相关行业标准,引导相关市场主体以充换一体站、综合能源站等形式建设公用换电站300座;围绕商业重卡、环卫等重点领域,依托充电站规划点位积极探索推广换电模式,商业重卡领域建设换电站30座,环卫领域建设换电站50座,其他领域建设换电站70座。

5. 智能网联汽车试点工作

"双智"建设有序推进,智能网联汽车城市竞争力位列全国第二梯队。累计建设5G基站超8万个,完成8000余柱智慧多功能杆建设;启动全省首条自动驾驶商业化运营示范线,测试道路里程达480 km;发放了27张智能网联汽车出租车、公交车测试与示范牌照,测试里程超22万km,并在指定区域投放了近30辆无人清扫车、无人售卖车等专用无人车辆。

三、主要企业经营情况

1. 总述

成都为我国汽车保有量第一大城,汽车工业综合实力位居全国前十,产业链基础厚实、资源优势独特、市场空间大,具备打造高水平汽车产业研发制造基地的潜力及动力。全市拥有整车企业及改装车企业32户、零部件配套企业1000余户,具备全品类车型生产能力,整车产能达147万辆。2023年,全市实现汽车产量84.3万辆,同比增长6.9%。

2. 电动汽车产业

成都市拥有神龙汽车有限公司成都分公司、四川领克汽车制造有限公司等新能源整车生产企业9户,四川一汽专用车、四川天路通等新能源专用车生产企业10余户,拥有帝豪、领克、极氪、枫叶、沃尔沃、标致、雪铁龙、富康、豪沃、王牌等新能源汽车品牌和车型近百款,实现了乘用车、客车、货车、专用车全覆盖,适用于公务、公交、出租、网约、城市物流配送、环卫、城建物流、邮政快递、应急、私人消费等领域。

3. 燃料电池汽车产业

燃料电池汽车产业方面,成都拥有市场主体超100余户,2023年氢能产业产值突破130亿元,聚集东方电气、厚普股份、中材科技等骨干龙头企业,以及清华四川研究院、大连理工成都研究院等科研院所。

4. 智能网联汽车产业

成都市已聚集中国信通院车联网创新中心(成都)有限公司、阿波罗智行信息科技(成都)有限公司、国汽智端、中瓴智行、希迪智驾等智能网联汽车企业,在算法、智能计算平台、高精度导航定位、感知传感器、测试验证、解决方案、无人驾驶汽车商业化运营等领域积极探索,已具备一定产业基础。

四、园区及项目建设情况

2023年,全市签约引进新项目38个、总投资达1071亿元,涵盖沃尔沃纯电新车型及成都基地升级、神龙汽车P54和ES600新车型、丰田全新SUV、德赛西威等多个高能级项目。此外,立足区域产业基础和资源禀赋,构建"双核六区多点"产业空间布局,重点推动龙泉驿区引导链主企业转型升级,成都高新区完善车载智能系统政策体系,双流区加快建设比亚迪半导体项目,崇州市捷普科技依托比亚迪电子发展车载电子,郫都区东方氢能产业园项目建成投用,青白江区重汽成商产品省外销售、实现重卡新能源在上海市市占率第一等。

五、2023年基础设施建设及运行情况

全年新建充电桩7万余个,累计建设充电桩17.8万个,车桩比为3.5∶1,全社会充电量26.7亿kWh;累计建成加氢站5座,日加氢能力共计4500 kg。

六、发展规划

充分发挥成都市的创新要素、特色资源、多元场景、超大市场等综合优势,聚焦创新研发、生产制造、销售使用、配套服务、老旧车退出等重点环节,按照"公用先行、商用跟进、民用响应"原则,深入实施产业建圈强链行动,促进汽车产业转型升级和高质量发展,建设公共领域车辆全面电动化先行区试点城市,加快打造全国重要的新能源汽车研发制造基地。到2025年,汽车产业发展根基持续夯实,产业结构显著优化,创新能力显著增强,产业规模突破1500亿元,产量达到25万辆,产业整零比提高至1∶1,整车产能利用率、企业本地配套率分别提升至70%、50%以上;力争新能源汽车保有量达到80万辆,公共领域车辆电动化比例达到80%;建成各类充换电站3000座、充电桩16万个,建成具有区域带动性的车载智能生态之城、全国代表性的智驾应用引领之城、国际影响力的清洁能源驱动之城。

七、本地区新能源汽车企业产销量统计表

生产企业名称	产品商标	车辆类型	通用名称	产量统计(辆)	销量统计(辆)
四川领克汽车制造有限公司	领克牌	插电式混合动力乘用车	领克06	19112	9492
	睿蓝牌	纯电动多用途乘用车	睿蓝	3412	2484
	极氪牌	纯电动多用途乘用车	极氪X	25404	22372
	枫叶牌	纯电动乘用车	60S	0	0
中嘉汽车制造(成都)有限公司	沃尔沃牌	插电式混合动力乘用车	XC60	26204	23492
神龙汽车有限公司成都分公司	富康牌	纯电动乘用车	e爱丽舍	3089	3089
		纯电动乘用车	es600	2593	3296
	东风标致牌	插电式混合动力乘用车	4008	12	12
	东风雪铁龙牌	插电式混合动力乘用车	天逸C5	17	18

续上表

生产企业名称	产品商标	车辆类型	通用名称	产量统计（辆）	销量统计（辆）
中国重汽集团成都王牌商用车有限公司	豪沃牌、王牌牌	纯电动牵引车	V7-X	1466	1466
成都大运汽车集团有限公司	大运牌	纯电动厢式运输车	专用车	167	167
成都广通汽车有限公司	广通牌	纯电动客车/专用车	客车、专用车	1583	1583
成都客车股份有限公司	蜀都牌	纯电动客车/专用车	客车、专用车	651	651
中植一客成都汽车有限公司	中植汽车牌	纯电动客车	客车	83	83

八、本地区电动汽车充(换)电站(桩)统计表

城市名称	充电站		换电站	
	2023 年新建数量(座)	2023 年底保有量(座)	2023 年新建数量(座)	2023 年底保有量(座)
成都市	7 万	17.8 万	55	103

九、本地区车用加氢站统计表

城市名称	加氢站名称	类型	供给能力(kg/d)	日加注量(kg)	加氢站氢气总储存量(kg)	储氢最高压力(MPa)	说明(运营/新建/在建)	运营时间
成都市郫都区	德源加油加氢站	油氢合建站	500	500	120	35	运营	2019 年
	中石油古城加油加氢站	加油站改建	1000	1000	345	45	运营	2022 年
成都市龙泉驿区	龙泉华通加氢站	纯氢站	1000	1000	撬装站无储备能力	20	运营	2020 年

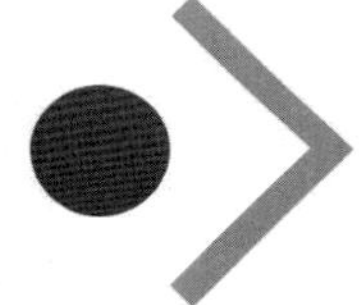

第四篇

单位篇

一、整车领域

中国第一汽车集团有限公司

一、单位概况

中国第一汽车集团有限公司(简称中国一汽)是中央管理的国有特大型汽车企业集团。前身为第一汽车制造厂,是国家“一五”计划重点建设项目之一。经过七十年的发展,建立了东北、华北、华东、华南、西南等五大生产基地,构建了全球化研发布局,拥有红旗、解放、奔腾等自主品牌和大众(奥迪)、丰田等合资品牌。2023年中国一汽着眼于当前全球汽车产业“电动化、智能化”的发展大势,前瞻布局、聚势谋远,进一步完善红旗品牌架构,推动红旗品牌转型发展,盛大发布红旗品牌新能源战略,发布“红旗金葵花”“红旗新能源”“红旗节能车”三大子品牌,强化运营,创新营销,站稳国内高端市场领先位置。以“Allin”新能源汽车的姿态,全范围推动所有车型电动化。全面覆盖A、B、C、D级轿车和SUV、MPV全部细分市场,让更多消费者全方位、多场景体会、尊享“美妙出行、美丽体验、美好生活”。2023年,中国一汽品牌价值4291.57亿元,位列国内汽车行业第一,“红旗”品牌价值1155.29亿元,位列乘用车品牌行业第一,“解放”品牌价值1187.76亿元,位列商用车品牌行业第一。

二、生产与经营

2023年,一汽高质量发展迈出坚实步伐,主营业务实现“三提升一领先”,即自主品牌销量、新能源汽车销量、海外销量快速提升,经济效益持续行业领先。全年累计实现批发销量336.7万辆,同比增长5.1%;零售销量337.3万辆,同比增长8.8%,其中红旗新能源零售销量同比增长135%,渗透率达23%;营业收入6249.4亿元,同比增长6%。

三、产品出口

一汽坚持服务国家战略,主动融入共建“一带一路”大格局,尊重当地文化习俗和法规政策,推行本地化采购和属地化管理,与当地社会深化友谊、共享幸福;用好用足国内国际两个市场、两种资源,加快拓展海外高端汽车市场,持续完善全球化汽车产业链布局,着力打造一体化海外业务运营体系,不断为全球消费者提供极致产品和极致服务,截至2023年底,海外业务已覆盖欧洲、非洲、东南亚、中东、中亚、拉美等87个国家和地区,全年累计出口9.2万辆,同比增长158%。一汽红旗以卓越的品牌实力与全球影响力,荣登“2023福布斯中国·出海全球化领军品牌”,擦亮了世界汽车舞台的中国名片。

四、产能建设

一汽建立了东北、华北、华东、华南、西南等五大生产基地。面向国家“双碳”目标,持续打造“五链”融合一体的智慧绿色汽车产业生态系统,构建以繁荣工厂为灯塔标杆的绿色智能制造工厂体系,优化大制造节能减排能力,携手宁德时代、比亚迪建立安全可控的电池产业链、供应链,全面赋能低碳生产制造,持续完善绿色供应体系。

五、技术进展与研发能力

一汽持续加速创新驱动、加快“高、精、尖、特”前沿技术研发。2023年中国一汽科技创新基地投入使用,北京软件工程研究院、大湾区研发院挂牌成立。打造天工、鸿鹄、九章三大平台。联合中国铝业、宁德时代等8家公司成立协同创新实验室,与清华大学、哈尔滨工业大学等高校、科研院所开展关键核心技术攻关。以“Allin新能源”战略为指引,在新能源、智能网联、整车集成等领域实现关键核心技术突破,多项成果达到国际先进水平。

在新能源领域,技术、总成、平台全维发展。一汽累计突破了353项关键核心技术。在乘用车方面,研发的超高速高效电驱系统,突破了多项关键技术难题,转速高达22500 r/min、系统最高效率达96%,该项技术已应用于红旗EH7车型。在商用车方面,一汽打造了行业首个近零碳内燃机平台,缸内直喷氢气发动机和氨氢融合发动机全球首发点火,热效率达50%,国际领先。

在智能网联领域,硬件、软件、生态体系发力。一汽累计突破295项关键核心技术。首发的全自研的飞刃架构1.0采用了千兆以太网、5G-V2X高速通信技术,实现通信时延≤20 ms。首创软硬件接口标准化、软件分层的操作系统,实现软件进程微秒级切换。行业首发超强智慧大脑,采用中央计算和区域控制技术,实现控制器总数减少50%,搭载该技术的红旗EH7,成为行业首个量产上市的整车级SOA智慧架构车型。

在整车集成领域,设计、制造、质量同步发展。一汽累计突破249项关键核心技术。在乘用车方面,树立了全维国车安全新标杆,首发独创9H4M笼型结构,高强钢使用比例达74%,全面通过C-NCAP、EuroNCAP双五星安全标准认证;在国内首发了基于国密算法的车辆信息安全技术,实现车辆信息安全自主掌控,行业引领示范。在商用车方面,国内首发球铁1050高强薄壁铸件技术,支撑悬架系统降重45 kg;突破高强钢80%占比白车身技术,达到国际先进水平。

六、主要新产品

产品名称	品牌	产品定位
红旗EH7	红旗	安心驾享纯电轿车
红旗HQ9	红旗	豪华旗舰MPV
红旗E-HS9	红旗	智能豪华纯电SUV

七、合资合作及重大项目建设

一汽持续深化与德国大众、日本丰田等国际伙伴的战略合作,健全股东间的沟通机制,积极研讨合资企业未来发展规划,不断提高中国市场竞争力和盈利能力,加快合资企业高效益转型增长步伐,进一步扩大在新产品、新技术、新业务等领域的合作，坚持资源共享、互利共赢，持续深化与地方政府、高新企业、科研院所等的战略合作，2023 年一汽携手长春市政府、大众集团、奥迪公司、丰田汽车签署深化战略合作框架协议，实现共创共建共享共赢；一汽中车电驱动系统有限公司投产，两大央企强强联合，实现新能源汽车领域战略携手。

八、发展规划

一汽将持续锚定“双碳”目标，从产品端、技术端、供应端、生态端全面挖掘降碳潜力，全领域、全价值链“Allin”新能源，致力走出一条新型绿色低(零)碳发展的新道路，加速推动中国一汽向建设世界一流汽车企业目标阔步前行。

东风汽车集团有限公司

一、单位概况

东风汽车集团有限公司(简称“东风公司”)是以汽车制造、销售、服务和技术研发为主业的商业一类央企，前身是始建于 1969 年的第二汽车制造厂(简称二汽)。50 多年来，累计产销汽车近 6000 万辆，上缴税费 6700 多亿元。截至 2023 年，公司资产总额 5210 亿元，从业人数 12.1 万人。

东风公司在国家企业技术中心排名中位居汽车行业第 2 位，拥有有效授权专利 1.6 万余项。年科技投入保持在 200 亿元左右，建设了国际先进、国内一流的产品设计与试验设施。公司完成自主新能源汽车的品牌布局、平台与商品布局、核心资源布局，加快向自主品牌和新能源转型升级。完成电池、电机、电控产业化和近地化布局，掌握了商用车“龙擎”和乘用车“马赫”绿色低碳动力品牌、IGBT、燃料电池全技术链等核心技术和关键资源。无人驾驶乘商产品均达到 L4 级水平，在雄安等全国 30 多个城市示范和商业化运营。

东风公司持续以习近平新时代中国特色社会主义思想为指导，坚持高质量发展，加快实施“转型升级三年行动”，努力成为“为用户提供优质汽车产品和服务的卓越科技企业”，加快建设卓越东风和世界一流企业，为建设汽车强国和实现中国式现代化作出更大贡献。

二、生产与经营

东风公司产业链齐全、产品系列丰富，主要产品覆盖豪华、高档、中档和经济型各区隔，业务涵盖全系列商用车、乘用车、军车、新能源汽车、关键汽车总成和零部件、汽车装备、出行服务、汽车金融等。国内事业主要分布在武汉、十堰、襄阳、广州、柳州、郑州、成都、重庆和大连等全国 20 多个城市。2023 年，东风公司销售汽车 242 万辆，营业收入 4103 亿元，经营规模居国内汽车行业前列、居世界 500 强第 188 位。

三、产品出口

2023 年东风公司全年累计出口汽车 23.1 万辆。其中，东风商用车出口 12506 辆，同比增长 181.7%。其中，东风乘用车公司出口 13220 辆，同比增长 113.2%；东风岚图出口 6914 辆，同比增长 361.5%；东风汽车股份有限公司出口 15247 辆，同比增长 90.6%；东风柳汽出口 33033 辆，同比增长 31.9%；东风小康出口 54841 辆，同比增长 9%。

四、产能建设

2023 年东风本田新能源工厂建设已经开展，这是本田在全球的第一个纯电智能工厂，作为东风本田战略转型的关键支撑，是实现电动化的基石。2024 年，东风本田将向市场投放：NS2、灵悉 L、SUV 序 3 款纯电产品，完善与丰富纯电产品阵容。预计到 2025 年，东风本田电动化产品比例将超过 50%。

五、技术进展与研发能力

在平台开发方面，东风公司在乘用车领域打造了三大平台——MTECH 猛士豪华电动越野架构、东风量子智能电动模块化架构、DSMA 多能源低碳节能模块化架构；在商用车领域，公司打造中重卡、轻卡电动化平台，主要指标达到国际一流水平，为客户提供绿色、高效、智慧的商用车全领域使用场景解决方案。

在技术创新方面，东风公司坚持超级混动(PHREV)、纯电、氢能并进的技术路线。在超级混动、纯电方面，东风公司马赫动力品牌打造了四个行业第一：行业第一个热效率达到 45.18% 的混动专用发动机；行业第一个融合串并联和功率分流的四挡智能混动变速箱(4HD)；行业第一个功率 400 kW、峰值扭矩 8100 N·m、集成差速锁、两挡变速箱，满足极限越野的电驱动总成；行业第一个十合一扁线电驱动总成(iD3)。同时，还取得了两个“全球第一”：全球首个固态电池示范运营车，累计里程超过 100 万 km；全球首款轮毂电机乘用车，已率先示范运营。在智能网联方面，公司自主打造了中国首个全新一代中央集中式 SOA 电子电气架构。

在核心资源掌控方面，东风公司在电机、电控、电池领域均做到自主掌控。在武汉已形成了年产 47 万套电驱动总成、30 万套电控、30 万套 IGBT 模块、10 万套电池 PACK、1000 套燃料电池的生产能力。未来三年，东风公司将建成 90 万套电驱动总成、100 万套电控、100 万套 IGBT 模块、1 万套燃料电池生产能力。东风公司还积极与行业头部企业合作，建设动力电池生产基地，应对新能源车快速增长势头。公司与中国中车联合研发的 IGBT 半导体，具备技术、成本双优势，在满足东风企业内部需求的同时，已向行业头部企业规模化供货。公司将量产高性能的碳化硅(SiC)功率半导体模块。

在品牌发展格局方面，东风公司已经构建豪华、高端、主流、小型新能源品牌。其中，东风风神全新电动化系列产品，即将在上海车展发布。公司还将发布全新小型电动品牌，形成“顶天、立地、铺天盖地”的发展格局。

此外，东风公司还发布了三大科技品牌，包括东风“量子架构”、马赫动力子品牌“马赫 E”和东风氢能品牌“东风氢舟”，并达成了三大战略合作，进一步推动公司向科技型企业转型。

六、主要新产品

产品名称	品牌	通用名称
豪华电动越野	猛士	猛士 917
纯电动轿车	岚图	岚图追光
增程、纯电动	岚图	新岚图 FREE
PHEV/纯电动	岚图	新岚图梦想家
DD-i 超混动	东风启辰	启辰大 V
纯电 SUV	东风启辰	启辰 VX6

七、合资合作及重大项目建设

东风公司与战略合作伙伴达成了三大战略合作，包括与湖北移动和中移智行关于 5G 技术车联网行业应用、信息安全、智慧园区、自动化办公等领域的技术合作；与合肥工业大学关于汽车产品轻量化、电动化、智能化、网联化等领域的技术合作；以及与中兴通讯关于 A1000 基础平台操作系统内核开发项目的技术合作。

八、发展规划

面向未来，公司提出"转型升级三年行动"，目标是到 2024 年，东风自主乘用车主力品牌全新车型 100% 电动化；到 2025 年，东风自主乘用车与合资品牌的销量比例达到 1 : 1，各 200 万辆，其中新能源汽车销量占自主品牌的 50%，占自主乘用车品牌的 70%。

按照科技创新"跃迁行动"的计划，"十四五"期间，公司研发投入将达到千亿元级，自主品牌关键核心技术掌控率达 95%。到"十四五"末，再自主掌控 2000 多项关键核心技术，累计发明专利数增长 5 倍，达到 6000 项以上；科技和服务创新业务创造的收入占自主业务收入的比重将达四分之一。公司将进一步在平台、商品、技术、服务生态、海外出口、资源保障六个方面精耕细作，持续打造企业核心竞争力。

上海汽车集团股份有限公司

一、单位概况

上海汽车集团股份有限公司（简称"上汽集团"，股票代码 600104）作为国内规模领先的汽车上市公司，努力把握产业发展趋势，加快创新转型，正在从传统的制造型企业，向为消费者提供移动出行服务与产品的综合供应商发展。上汽集团主要业务包括整车（含乘用车、商用车）的研发、生产和销售，围绕"双碳"目标和汽车行业变革趋势，全力冲刺"电动智能网联"新赛道；零部件（含动力驱动系统、底盘系统、内外饰系统，以及电池、电驱、电力电子等新能源汽车核心零部件和智能产品系统）的研发、生产、销售；物流、汽车电商、出行服务、节能和充电服务等移动出行服务业务；汽车相关金融、保险和投资业务；海外经营和国际商贸业务；并在产业大数据和人工智能领域积极布局。

上汽集团所属主要整车企业包括智己汽车、上汽乘用车分公司、飞凡汽车、上汽大众、上汽奥迪、上汽通用、上汽通用五菱、上汽大通、南京依维柯、上汽轻卡、上海申沃等。

二、生产与经营

2023 年，面对国内车市开局遇冷、价格竞争空前激烈、行业变革加速演进等多重挑战，上汽集团坚定把牢创新转型战略方向，积极把握市场恢复节奏和结构性增长机遇，集团整车销量 502. 1 万辆，连续 18 年保持国内行业第一；新能源汽车全年销售 112. 3 万辆，同比增长 4. 6%。2024 年 8 月，上汽集团以 2023 年度合并报表 1051. 96 亿美元的营业收入，位列《财富》杂志世界 500 强第 93 位，连续 11 年进入百强榜单。

通过广泛合作，上汽集团成为国内唯一一家"全产业链出海"的汽车企业，在海外构建了包括创新研发中心、生产基地、营销中心、供应链中心及金融公司在内的汽车产业全价值链，产品和服务进入全球 100 多个国家和地区；在海外拥有 3 大研发创新中心、3 座整车制造基地和 1 座 KD 工厂、100 多个零部件生产研发基地和 2000 多个营销服务网点。

三、产品出口

上汽集团积极贯彻落实"走出去"战略，努力用好两个市场两种资源，在大力开拓海外市场的过程中，始终秉承有责任、有担当、有使命感的国际经营理念，以可持续发展为目标，积极融入海外当地文化，与当地社会建立和谐关系，在推动海外业务高质量发展的同时，努力向世界展现"中国智造"的创新实力和"上汽品牌"的责任担当。

2023 年，上汽集团海外销量达 120. 8 万辆，同比增长 18. 8%，在中国汽车企业中连续 8 年领跑；其中，自主品牌销量占比近 92%，新能源车销量占比近 24%。基于星云纯电专属系列化平台的"上汽首款全球车" MG4EV，2023 年在欧销量突破 10 万辆大关，成为"紧凑型纯电动车销量冠军"，欧洲也成为上汽集团首个"二十万辆级"海外区域市场。上汽集团还将在海外市场投放 14 款全新智能电动"全球车"，进一步壮大海外产品阵营，实现对主流细分市场的"全覆盖"。

上汽集团还开通了国内至东南亚、墨西哥、南美西、欧洲等 7 条自营国际航线，拥有 8 条外贸专用船，还将有 14 艘全新远洋运输船陆续投入使用。

四、技术进展与研发能力

经过不断探索优化，上汽集团构建了"157X"创新技术体系，以一个创新研究开发总院为统领，汇聚业内外众多科创头部企业，建设"创新技术生态"，以强化软件、人工智能、大数据、云计算、网络安全等五大数字化能力为支撑，推出囊括三大整车平台和四大关键系统架构的"七大技术底座"，全面系统地推动上汽集团各个类别产品的整体技术创新迭代，进一步夯实上汽的核心竞争力。

上汽集团坚持"场景创造价值、软件定义汽车、数据决定体验"，正在积极塑造从芯片、操作系统、软件、数据闭环、运动控制系统、三电系统到对应场景的整车集成能力和技术创新优势，打造拥有"强动心""敏捷身""智慧脑"的全新"科技生命体"，为用户创造极致加速体验、极致安全体验、极致舒适体验、极致智能体验。

五、发展规划

2023 年 4 月，上汽集团发布"新能源汽车发展三年行动计划"以来，自主合资品牌聚焦新赛道，齐头并进、强势发力。随着"三年行动计划"的加速落地，上汽集团新能源汽车业务正进入高速发展阶段，将取得更大突破。上汽集团将坚持以用户为中心，聚焦电动智能新赛道，加快形成并不断壮大新质生产力，引领产业转型升级，努力为中国汽车强国建设和上海经济高质量发展作出更大贡献。

浙江吉利控股集团有限公司

一、单位概况

浙江吉利控股集团（简称"吉利控股集团"）始建于 1986 年，1997 年进入汽车行业，一直专注实业，技术创新和人才培养，不断打基础练内功，坚定不移地推动企业转型升级和可持续发展。现资产总值超 6600 亿元，员工超 14 万人，连续十二年进入《财富》世界 500 强（2023 年排名 225 位），是拥有 IATF（国际汽车标准合作组织）董事表决权的唯一亚洲车企。

吉利控股集团在中国上海、杭州、宁波，瑞典哥德堡、英国考文垂、美国加州、德国法兰克福等地建有造型设计和工程研发中心，研发、设计人员超过 3 万人。在中国、美国、英国、瑞典、比利时、马来西亚建有世界一流的现代化整车和动力总成制造工厂，拥有各类销售网点超过 4000 家，产品销售及服务网络遍布世界各地。

二、生产与经营

2023 年，吉利控股集团总销量约 279 万辆，同比增长 20%。其中，新能源销量约 98 万辆，同比增长 51%，新能源渗透率 35%。吉利控股集团协同各子品牌，以新能源智能化转型为核心，持续打造科技生态圈，为用户创造超越期待的智能出行体验。其中，吉利汽车销量 1686516 辆，超额完成全年销量目标，创年销量历史新高；沃尔沃汽车 2 销量 708716 辆，连续 16 个月取得销量同比正增长，创下全球销量新纪录；极星汽车纯电车型极星 4 正式亮相并成功投产；宝腾汽车销量 15.4 万辆，创下自 2012 年以来的最佳成绩，连续第五年稳居马来西亚市场销量第二位；远程新能源商用车实现销量与口碑的双丰收，成为新能源商用车行业内唯一一家连续三年市占率翻番且产品市占率超 20% 的企业；路特斯首款纯电超跑 Emeya 迎来全球首秀，全方位展示电动化智能化转型最新成果；LEVC 推出首个空间导向型纯电架构 SOA 和"XSPACE"产品战略，并基于 SOA 推出首款纯电 MPV 产品 L380，为用户打造陆地空客般的驾乘体验；smart 品牌全面焕新后，首款产品自 2022 年 9 月上市至今，全球交付累计近 7 万辆；吉利雷达全年市占率达 61.5%，成为中国新能源皮卡细分市场年度销量冠军。

三、产品出口

吉利控股集团致力于成为一家具有全球竞争力和影响力的智能电动出行和能源服务科技公司，以全球化战略为指引，不断推动全球技术、资本等资源整合，持续加大研发投入，加速产品转型升级，取得了快速发展，业务遍及全球 100 多个国家和地区。2023 年，吉利控股实现出口量超 42.8 万辆，同比增长 37.6%。其中，新能源汽车 13.8 万辆。

四、技术进展与研发能力

2023 年吉利控股集团以汽车产业电动化和智能化转型为核心，在新能源科技、共享出行、车联网、智能驾驶、车载芯片等前沿技术领域，打造科技护城河，做强科技生态圈，抢占行业创新技术制高点。通过持续不断的研发投入，吉利控股集团已在电池、电驱系统等领域逐步掌握全栈自研技术，实现产品全面向新，促使新能源产品销量持续上升。

新一代雷神电混将搭载多项领先技术，为用户带来更加高效、智能的驾乘体验；领克超级增程，满足用户全场景、全工况用车需求；电混技术真正做到了性能、节能和智能的三合一，实现可纯电、可增程、可电混、可直驱多模式的驱动形式；神盾电池安全系统构建起一整套基于电池，又融合了架构、整车、智控、云端的"无盲区"安全防护系统，远超行业标准；极氪全栈自研、充电 15 min 补能 500 km 金砖电池，将在安全、体验和成本上全面引领 800 V 时代。在智能网联方面，吉利控股集团实现国内首款自研的 7 nm 车规级智能座舱芯片量产装车；云端算力达每秒 81 亿亿次的全栈自研超级智算中心上线；新一代座舱操作系统 NOS2.0，实现 HMI 交互体验的全面统一。推出 10V5R1L 智驾方案，自研行业首个百亿参数的人工智能大模型，打造以中央计算+区域化的 SOA 服务化架构平台，自研 GeelyOS 操作系统，跨域采用 SOA 服务通信，实现车云端互联互通、车跟 AIOT 的生态一体化融合。

远程商用车自主研发的单包长寿命轻量化电池、高速扁线驱动电机已实现微面、小微卡及轻卡的产业化应用；动力域控主控芯片换代升级，单核效率提升 50%+，核心数量提升，3.0 代软件架构满足 ASILC 产品认证，达到行业领先。在部分项目落地 GEEA2.0 中央计算+域控架构，网络安全、功能安全分别获得德国 E1、TÜV 北德 ASILD 体系认证；实现大数据存储和管理平台、数字钥匙、云诊断，园区自动驾驶、智能语音等功能，形成智能驾驶、云端软件、车控软件及座舱 APP 开发能力。

五、主要新产品

产品型号	产品名称	品牌	通用名称
MR6442DCHEV01	插电式混合动力多用途乘用车	领克牌	领克 06EM-P
MR6442DCHEV02	插电式混合动力多用途乘用车	领克牌	领克 06EM-P

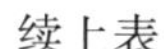

续上表

产品型号	产品名称	品牌	通用名称
MR6482DCHEV01	插电式混合动力多用途乘用车	领克牌	领克 08EM-P
MR6482DCHEV02	插电式混合动力多用途乘用车	领克牌	领克 08EM-P
MR6482DCHEV03	插电式混合动力多用途乘用车	领克牌	领克 08EM-P
JL7007BEV04	纯电动轿车	几何牌	熊猫 mini
JL7007BEV05	纯电动轿车	几何牌	熊猫 mini
JL7007BEV06	纯电动轿车	几何牌	熊猫 mini
JL7007BEV07	纯电动轿车	几何牌	熊猫 mini
JL7007BEV08	纯电动轿车	几何牌	熊猫 mini
MR7003BEV08	纯电动轿车	几何牌	几何 E
MR7003BEV09	纯电动轿车	几何牌	几何 E
JHC7002BEV68	纯电动轿车	几何牌	几何 G6
JHC7002BEV69	纯电动轿车	几何牌	几何 G6
JHC7002BEV67	纯电动轿车	几何牌	几何 A
HQ7153DCHEV01	插电式混合动力轿车	吉利牌	银河 L6
HQ7153DCHEV02	插电式混合动力轿车	吉利牌	银河 L6
HQ7153DCHEV03	插电式混合动力轿车	吉利牌	银河 L6
HQ7153DCHEV04	插电式混合动力轿车	吉利牌	银河 L6
HQ7153DCHEV05	插电式混合动力轿车	吉利牌	银河 L6
HQ6472DCHEV01	插电式混合动力多用途乘用车	吉利牌	银河 L7
HQ6472DCHEV03	插电式混合动力多用途乘用车	吉利牌	银河 L7
HQ6472DCHEV04	插电式混合动力多用途乘用车	吉利牌	银河 L7
HQ7152DCHEV01	插电式混合动力轿车	吉利牌	帝豪 LHi · P 冠军版
HQ7152DCHEV02	插电式混合动力轿车	吉利牌	帝豪 LHi · P 冠军版
JL7001SEV03	换电式纯电动轿车	枫叶牌	曹操 60
LF6461SEV01	换电式纯电动多用途乘用车	枫叶牌	睿蓝 RL7
LF6462SEV01	换电式纯电动多用途乘用车	枫叶牌	睿蓝 RL7
LF6480SEV01	换电式纯电动多用途乘用车	枫叶牌	睿蓝 RL9
MR7005BEV11/12/13/15/24	纯电动轿车	极氪	极氪 007(CS1E)
MR7001BEV06/08/11/17/18/20/22/36/37	纯电动轿车	极氪	极氪 001(DC1E)
MR7005BEV05/07	纯电动轿车	极氪	极氪 X(BX1E)
LTS6510H1BEV	路特斯 Eletre	路特斯	路特斯 Eletre
LTS6510H2BEV	路特斯 Eletre	路特斯	路特斯 Eletre
LTS6510H4BEV	路特斯 Eletre	路特斯	路特斯 Eletre
LTS6510H5BEV	路特斯 Eletre	路特斯	路特斯 Eletre
JL7000BEV01	纯电动汽车	精灵(smart)牌	精灵#1
JL7000BEV03	纯电动汽车	精灵(smart)牌	精灵#1
JL7000BEV04	纯电动汽车	精灵(smart)牌	精灵#1
JL7000BEV06	纯电动汽车	精灵(smart)牌	精灵#1
JL7000BEV07	纯电动汽车	精灵(smart)牌	精灵#1
JL7000BEV08	纯电动汽车	精灵(smart)牌	精灵#1
JL7000BEV09	纯电动汽车	精灵(smart)牌	精灵#1
JL7000BEV51	纯电动汽车	精灵(smart)牌	精灵#3
JL7000BEV52	纯电动汽车	精灵(smart)牌	精灵#3
JL7000BEV53	纯电动汽车	精灵(smart)牌	精灵#3
JL7000BEV54	纯电动汽车	精灵(smart)牌	精灵#3
JL7000BEV55	纯电动汽车	精灵(smart)牌	精灵#3

续上表

产品型号	产品名称	品牌	通用名称
JL7000BEV57	纯电动汽车	精灵(smart)牌	精灵#3
JL7000BEV58	纯电动汽车	精灵(smart)牌	精灵#3
JL7000BEV01	纯电动汽车	精灵(smart)牌	精灵#1
JL7000BEV03	纯电动汽车	精灵(smart)牌	精灵#1
JL7000BEV04	纯电动汽车	精灵(smart)牌	精灵#1
JL7000BEV06	纯电动汽车	精灵(smart)牌	精灵#1
VCC6527F01EBEV	纯电动多用途乘用车	沃尔沃牌	EM90
VCC7003F43XBEV	纯电动轿车	沃尔沃牌	C40
VCC7003F05XBEV	纯电动轿车	沃尔沃牌	XC40
VCC7003F45XBEV	纯电动轿车	沃尔沃牌	C40
VCC7003F07XBEV	纯电动轿车	沃尔沃牌	XC40
MR6490SEV02	换电式纯电动福祉多用途乘用车	英伦牌	TX
MR6490DSHEV07	插电式混合动力福祉多用途乘用车	英伦牌	TX
MR6490SEV02	换电式纯电动福祉多用途乘用车	英伦牌	TX
HN4250X27D2BEVY	星瀚 G 纯电动重卡	远程	星瀚
JHC6480BEV51	星享 V6EP 轻电 VAN	远程	星享
ZB1030BEVGDD6	星享 F1E 纯电动微卡	远程	星享
ZB5036CCYVDC9L	锋锐 V5M 醇氢动力小卡	远程	锋锐
JGL5048XXYSHEVGMP2	星智 H8M 醇氢电动轻卡	远程	星智
HN4250X27D2BEVY	星瀚 G 纯电动重卡	远程	星瀚
JHC6480BEV51	星享 V6EP 轻电 VAN	远程	星享
ZB1030BEVGDD6	星享 F1E 纯电动微卡	远程	星享
ZB5036CCYVDC9L	锋锐 V5M 醇氢动力小卡	远程	锋锐
JGL5048XXYSHEVGMP2	星智 H8M 醇氢电动轻卡	远程	星智
HN4250X27D2BEVY	星瀚 G 纯电动重卡	远程	星瀚
ZB1030BEVRSD1	纯电动多用途货车	雷达	雷达 RD6、雷达 RD6PRO
ZB5030XGCBEVRSD1	纯电动工程车	雷达	RD6、雷达 RD6
ZB1030BEVRSD12	纯电动多用途货车	雷达	雷达 RD6、雷达 RD6PRO
ZB5030XGCBEVRSD12	纯电动工程车	雷达	RD6、雷达 RD6
ZB1030BEVRSD13	纯电动多用途货车	雷达	雷达 RD6、雷达 RD6PRO
ZB5030XGCBEVRSD13	纯电动工程车	雷达	雷达 RD6
ZB1032BEVFP1	纯电动多用途货车	雷达	雷达 RD6、雷达 RD6PRO
ZB1030BEVFP1	纯电动多用途货车	雷达	雷达 RD6
ZB5030XGCBEVFR1	纯电动工程车	雷达	雷达 RD6
ZB1034BEVFP1	纯电动多用途货车	雷达	雷达 RD6
ZB5034XGCBEVFR2	纯电动工程车	雷达	雷达 RD6
ZB1032BEVFP2	纯电动多用途货车	雷达	雷达 RD6、雷达 RD6PRO
ZB1037BEVFP1	纯电动多用途货车	雷达	雷达 RD6、雷达 RD6PRO

六、合资合作及重大项目建设

1. 合资合作

吉利控股集团与马来西亚的 DRB-HICOM 集团签署的深化合作框架协议，旨在围绕马来西亚丹绒马林汽车高科技谷(AHTV)展开更广泛深入的合作，打造东盟新能源和新技术研发制造高地。该项目是吉利控股集团在国际市场扩展和技术创新领域的重要战略举措，有助于加强吉利在东盟地区的市场影响力和竞争优势。

2. 生产基地建设

旗下远程新能源商用车集团湘潭基地落户湘潭经济技术开发区，湘潭基地是国内首个应用“海绵城市”概念的商用车整车制造工厂，工厂融入“绿色制造”“零碳工厂”等理念，引进先进的智能化设备控制系统，运用安全环保的制造工艺和流程进行生产，可满足绿色工厂、零碳工厂评价要求，打造零碳示范基地。

七、发展规划

快速发展变化的世界，唯有不断进化才能实现领先。2024 年，吉利控股将继续加快新能源智能化转型，持续在智能网联、智能驾驶、充换电、能源管理、智能出行、工业互联网等领域构建领先的体系化优势和能力，坚持开放合作，协同全球伙伴，为全球用户打造极致的出行生活体验。

北京汽车集团有限公司

一、单位概况

北京汽车集团有限公司（简称“北汽集团”）是中国汽车行业的骨干企业，成立于 1958 年，总部位于北京，现有员工 10 万人，主要业务涵盖整车、零部件、汽车服务贸易。2023 年财富世界 500 强排名第 193 位。

北汽集团以北京为总部中心，在全国十余省市完善产业布局。旗下拥有以极狐（ARCFOX）、北京（BEIJING）为核心的自主乘用车品牌和以福田汽车、北汽重卡为核心的自主商用车品牌，合资品牌包括北京奔驰、福建奔驰、北京现代、福田戴姆勒等，产品销往全球 130 余个国家和地区。

北汽集团围绕“高、新、特”发展战略，强化创新能力提升，加快改革发展进程，实现企业高质量发展。聚焦科技创新，致力于高效三电、智能网联、氢燃料等领域的技术攻关；践行绿色发展，发布“BLUE 卫蓝计划”，推出乘用车、商用车全系列绿色低碳产品；坚持开放合作，与商业伙伴共同打造产业链生态圈，携手共进，共创共赢。

二、生产与经营

2023 年，北汽集团的主要经营指标实现全面增长，全年销售整车 170 万辆，同比增长 17.6%，跑赢大盘；其中新能源汽车整车销量达到 17.1 万辆，同比增长 52.3%。其中纯电动车销售 15.7 万辆，同比增长 85%。

北汽集团两大自主品牌“极狐”和“北京”瞄准 10 万～35 万元中端及中高端新能源乘用车市场，聚焦平台架构、智能、三电、混动、越野车专用 5 大技术方向，打造 BE12、BE21、BE22、V4 大车型平台，推出 7 款全新车型。2023 年北汽集团极狐品牌销量同比增长 138%，创新场景类造车“智能亲子车”极狐考拉；推出极狐阿尔法 T5、阿尔法 S 和 T 森林版、阿尔法 S 先行版。产品综合质量在新能源汽车质量排行榜中位列第一名。

三、产品出口

北汽集团聚焦高质量发展，加速国际化进程，取得了量与质的双提升。在南非、泰国等国家和地区成立 41 家零部件企业、整车 KD 工厂等分支机构，海外市场覆盖 130 余个国家和地区，2023 年累计出口 18.7 万辆，同比增长 71%，打造“世界北汽”新名片。

四、产能建设

自主品牌乘用车：基地分布北京、江苏、湖南、广东、云南，其中新能源乘用车以北京为中心、镇江、株洲为生产基地，坚定推进全面新能源化。

自主品牌商用车：以山东为起点，以北京为核心，落子华东、华中，构建覆盖全国的生产与销售布局。

合资品牌：以北京、福建为中心，辐射全国。

五、技术进展与研发能力

北汽集团坚持以“立足自主、开放合作”为技术工作总方针，聚焦关键重点技术领域，加大创新力度，逐步推进关键技术自主掌控。电池领域：在动力电池方面，围绕“高安全、超快充、真续航、全气候”四大核心技术进行布局。其中，极光电池已经完成四代高性能产品迭代，在极狐产品进行搭载应用，并保持“零自燃”的纪录。作为国内首家取得行业最高等级 ASPICEL3 的车企，在电池软件开发与管理能力达到了国际领先水平。电控领域：北汽在电驱动方面坚持自研自控，产品性能保持行业领先，以“极锋动力”为技术品牌，量产的 SP10 电驱动最高转速可达 22000 r/min，功率密度达到 2.8 kW/kg 以上，行业领先。超充技术：北汽 2021 年在国内最早推出 800V2.2C 高压超充车型。极狐超充桩单桩功率达 480 kW 以上，支持 200 V～1000 V、800 A 充电，满足 4～6C 超充需求，可实现充电 10 min 续航 400 km 以上，业内领先。芯片领域：为进一步提升芯片国产化率，北汽制定了“芯·长征”计划，拿出一个全新 BE12 电动化平台进行国产芯片替代，当前 BE12 平台已实现芯片国产化率 49.7%，其中电机控制系统等五大系统芯片国产化率已经超过 60% 以上。2023 年，北汽集团新增专利申请 1651 件，新增专利授权 1333 件。智能座舱：当前北汽已掌握除操作系统外的座舱软件技术，能够实现自然语音连续对话-可见即可说、“可编程座舱”、语音对话调用车机功能。氢燃料技术：北汽氢燃料电池商用车方面具备全球领先的技术水平，累计投放氢燃料商用车 2100 多辆，累计运营里程近 1 亿多千米，累计减少碳排放近 10 万 t。商用车智能化：在 2023 年 12 月，福田汽车获得国内首张商用车有条件自动驾驶高速公路道路测试牌照，标志着在自动驾驶商业化落地方面迈出了坚实的一步。

六、主要新产品

产品型号	产品名称	品牌	通用名称
BJ6480A602BEV	纯电动多用途乘用车	极狐（ARCFOX）牌	极狐 αT
BJ7001AUA6-BEV	纯电动轿车	极狐（ARCFOX）牌	极狐 αS
BJ7000C5DE-BEV	纯电动轿车	北京牌	EU5
BJ6460X51M	多用途乘用车	北京牌	魔方
BJ4259FCEVDLM-02	燃料电池半挂牵引车	欧曼牌	燃料电池半挂牵引车
BJ4259EVDHF-12	换电式纯电动半挂牵引车	欧曼牌	换电式纯电动半挂牵引车

七、合资合作及重大项目建设

持续深化与奔驰、现代两大战略伙伴合作，加快与产业链头部企业战略合作布局，强化产学研协同创新，与市属企业携手并进，构建“战略共同体”。与博世、伯特利、地平线、宁德时代等在新能源、智能网联等领域开展深度合作，牢牢掌握核心资源，确保产业链安全稳定。与中汽中心、国汽智联、中金公司、交研院、北理工、北工大等在研发合作、资金保障、人才支持等方面协同合作，助推集团高质量发展。与公交集团、首旅集团、国资公司等市管企业在车辆采购、营销服务等方面开展合作。

北汽集团旗下零部件企业海纳川与德国电驱总成制造商 HOFER 合资成立海纳川浩夫尔（北京）新能源汽车驱动系统有限公司，自研的先进电驱最高转速超 30000 r/min，控制器最高效率 99.5%，总成最高效率 95.63%。

2023 年，北汽集团作为整车“链长”，与京津冀区域 30 余家单位签署合作协议，深化伙伴关系，在以开放合作拉动产业链创新发展的同时，进一步增强了京津冀地区汽车产业链的协同发展和安全稳定。

八、发展规划

践行可持续发展理念，深化企业改革，打造“实力北汽”。北汽集团全面贯彻落实党的二十大精神，立足首都“四个中心”建设，融入“五子联动”发展格局，深入实施新一轮国企改革行动方案，持续优化企业战略布局和业务结构，聚焦主业，增强服务国家战略功能作用；持续开展可持续发展管理，提高企业价值创造能力、风险管控能力，构建企业的核心竞争力；持续完善中国特色现代企业制度，优化企业治理机制，激发企业内生动力，加速释放改革红利，全面激发企业活力。

践行可持续发展理念，实施创新驱动，打造“科技北汽”。北汽集团坚定实施创新驱动发展战略，切实把创新作为高质量发展的核心动能。优化创新机制，通过成立北汽集团科学技术协会，设立北汽集团科学技术奖等举措，激发企业创新潜力；对技术战略和实施路径进行整体谋划，制定了“13357”技术战略规划，聚焦重点技术领域突破，推进高科技产品开发和布局；打造汽车主业全价值链数字化平台，驱动产品和服务创新，为可持续发展注入创新动能；坚定推动汽车产业新能源化战略落地，以“链长”姿态构建京津冀地区汽车产业创新集群，不断夯实“科技北汽”的技术底座。

长城汽车股份有限公司

一、单位概况

长城汽车股份有限公司（简称“长城汽车”）作为全球化智能科技公司，面向全球用户，提供智能、绿色出行服务。长城汽车业务包括整车及零部件设计、研发、生产、销售和服务，拥有哈弗、魏牌、欧拉、坦克、长城皮卡等品牌，产销网络遍布全球。长城汽车拥有独一无二的智能新能源产品矩阵，打造了独一无二的智能新能源技术体系和创新能力。

长城汽车打造了以能源、智能化为导向的森林生态体系，确立混动、纯电、氢能三轨并行发展，在智能驾驶、智能座舱、智慧底盘等方面进行全产业链布局，构建了业内领先的“光伏+分布式储能+集中式储能”的能源体系，完成了“太阳能-电池-氢能-车用动力”的全价值链布局。

二、长期主义战略

长城汽车的长期主义是指坚定产业信念，长期聚焦产品力、品牌市场和盈利能力提升，致力发挥时间复利效应，积极履行社会责任，全面实现高质量发展。

长城汽车具有 30 余年产业积淀，历经数个经济周期和多次市场变革，已成为横跨多个产业的全球化智能科技公司。长城汽车以“长期主义”为战略，践行“每天进步一点点”的企业精神，坚持智能新能源长期发展，坚持在全球市场长期深耕，坚持企业诚信、市场拓展和经营管理的长期进化，实现持续性自我革新。

三、品牌影响力

长城汽车是首家同时在 H 股、A 股上市的中国民营汽车企业，连续 7 年销量突破 100 万辆，是率先实现在海外布局 3 家全工艺整车生产基地的中国汽车企业，也是首个在海外建立新能源整车生产基地的中国汽车企业。长城汽车不断刷新中国品牌在全球市场的影响力，已获得全球超千万用户的青睐。

哈弗定位于“全球 SUV 专家”，战略聚焦 SUV 领域，创下连续 12 年蝉联中国市场 SUV 品类销冠的佳绩，成为首个全球用户超 900 万的中国专业 SUV 品牌，引领中国 SUV 闪耀世界舞台，实现了“中国哈弗 全球信赖”的壮举。哈弗聚焦“专注”“科技”“安心”“进取”的品牌价值，围绕三大核心技术（Hi4 智能四驱电混技术、全新 Coffee OS3 智能座舱系统、全新智能驾驶系统），布局五大产品品类（城市经济型、非承载越野、3/4 刻度越野、新能源城市、新能源轻越野），为用户带来真正意义上的科技平权和技术普惠。

魏牌新能源是长城汽车面向高端新能源市场的先锋品牌，智能化水平跻身行业第一梯队。魏牌以高山+蓝山组成“大六/七座双旗舰”，为中国家庭带来美好愉悦的出行体验，持续夯实高端智能新能源品牌形象。魏牌将承接长城汽车智能科技转型向上，全面拥抱智能化战略，聚焦“智能驾驶、智慧生活、智慧 IOT”为支撑的智能科技，基于用户用车场景体验，实现在三大智能领域的全场景体验跃升，成为高端智能新能源第一阵营品牌。

欧拉以“更爱女人的新能源汽车”为品牌定位，以女性需求为主导，开创行业先河。欧拉专注 BEV 市场，拥有好猫、好猫 GT、芭蕾猫、闪电猫等多款车型。欧拉持续推动品牌、技术、产品、服务四大价值维度的全面升级，通过差异化赛道和特色化产品，深耕细分市场用户需求。2024 年，欧拉将迎来产品大年，计划推出多款全新高品质车型，为用户带来更多优质体验。

坦克以“铁汉柔情”为品牌主张，开启全新品类市场，持续夯实中国越野 SUV 市场的领导者地位，并率先进军全球市场,加速实现全系产品全球战略落地。坦克已经布局了成体系、清晰化的新能源路径,笃定“越野+新能源”技术路线,以越野超级混动架构 Hi4-T 为基础,紧密布局越野新能源家族矩阵。2023 年,坦克品牌累计销量突破 37 万辆。2024 年 2 月,坦克 700 Hi4-T 正式上市,定义越野新标准。伴随强大的产品矩阵和市场声量,坦克已成为中国高端豪华越野 SUV 的引领者。

长城皮卡连续 26 年蝉联国内销量第一,国内终端市占率近 50%,在中国每卖出 2 辆皮卡就有 1 辆是长城。2023 年 8 月 18 日,长城炮品牌第 50 万台整车正式下线,成为首个突破 50 万台的中国高端皮卡品牌。长城皮卡的皮卡领导者地位不可撼动,高性能混动技术和超级越野平台的加持,也会助力长城皮卡的引领之路一往无前。

在商用车方面拓展新业务,长城汽车旗下如果科技推进商用车行业清能(清洁能源)化、智慧化发展,助力运力行业革新,形成长城汽车全新增长极;在国际合作上持续升级,长城汽车与宝马集团合资成立光束汽车,光束汽车立足于长城汽车研发能力和研发资源,同时借助宝马集团全球市场技术经验和运营实践支持,实现“联合研发、中国制造、服务全球顾客”。

四、研发实力

技术创新是企业蓬勃发展的强大动力,在 2023 年全球汽车专利大数据平台榜单上,长城控股(包括长城汽车、长城控股旗下零部件等子公司)四项数据连续 3 年保持第一。

其中,长城控股专利公开量达 6888 件,专利授权量达 4665 件,均连续三年获中国民营车企集团第一。在新能源汽车领域专利方面,长城控股专利公开量达 1838 件,专利授权量达 1375 件,均连续三年获在华车企第一;在智能化领域专利方面,长城控股专利公开量达 1131 件,同样排名民营车企集团第一。

五、坚定能源、智能化全产业链布局

长城汽车森林生态体系是一套以整车为核心,全面布局能源、智能化等相关技术产业,实现多物种相互作用并持续进化的生态体系,具有开放全面、共生共享、高效协同、进化成长的特征。

1. 能源

(1)混动:从发展多平台智能混动,到全民电四驱引领跃升。

HI4(Hybrid intelligent 4WD)是长城汽车凭借整车造车经验及在新能源领域对前沿技术的不断创新探索,以提升用户出行体验为导向,所构建出的全球首创的新能源四驱混动技术体系。

长城 HI4 满足用户日常城市出行到潮酷越野穿越的全场景驾乘需求,为用户提供更省、更远、更安全的出行体验。长城 HI4 已在哈弗、魏牌相应车型实现搭载。

越野超级混动架构 HI4-T 是长城 HI4 技术的超级越野版,是长城汽车面对新能源趋势,基于坦克平台打造的纵置并联混动架构,坦克 500 HI4-T 是依托越野超级混动架构 HI4-T 打造的首款量产车型,全面满足用户对于城市通勤、近郊出行、长途旅行、穿越露营、拖挂房车等多样化的用车需求。坦克 400 HI4-T、坦克 700 HI4-T 首发限定版、山海炮长续航 PHEV 等新能源车型也采用了 HI4-T 越野超级混动架构。

智能 DHT(Dedicated Hybrid Technology 混合动力专用技术)是全球领先的高效、高性能混合动力解决方案,以完全独立自主设计、完全自主研发、具备完全自主产权,打破合资品牌在混动技术上的垄断。

DHT 针对以城市出行为主,兼顾高速出行的场景需求,通过高效混动发动机和双电机混联相互配合,达成全速域、全场景的效能最优,其特点可以高度概括为“全速域 & 全场景、高效能 & 高性能”,用户利益点可概括为“快、顺、静、省”。DHT 在系统架构上,可以用“1-2-3”来描述,即一套 DHT 高集成度油电混动系统,两种动力形式,三套动力总成。纯电续航最高实现 200 km 以上。

(2)纯电:从三电研产供能力构建,到半导体技术的核心价值链布局。

电池:长城汽车蜂巢能源是专业从事汽车动力电池材料、电芯、模组、PACK、BMS、储能研发和制造的新能源科技公司,自主研发的大禹电池技术,融合了“热源隔断、定向排爆、对向换流、阻氧设计”等 8 项创新设计理念,确保电池不起火、不爆炸,彻底保障用户的用车安全。

蜂巢能源创新性地推出方形叠片三元电池,是全球率先开展高速叠片方形电池制造的标杆企业,并研发出第三代高速叠片技术——飞叠,实现大规模量产应用,0.125 秒/片的叠片效率直逼卷绕,蜂巢能源龙鳞甲电池 LCTP3.0,具备五大创新设计和五大极致性能优势,让电池安全全面升级,76% 系统体积成组率刷新行业纪录。同时,蜂巢能源还具有高锰铁镍电池、纳米网硅负极等技术,以及储能业务生态链“蜂窝生态”等。

电驱动系统:长城汽车蜂巢易创推出电机、控制器及减速器集成一体式的三合一电驱动系统,电机采用永磁同步电机、H-Pin 绕组、薄硅钢板等新技术和新材料,控制器采用定制化的 IGBT 和薄膜电容,减速箱采用行星系结构,使系统具备了高功率密度、小型化、NVH 性能优良等特点。

针对第三代功率半导体碳化硅,长城汽车深入布局模组封测项目,成立芯动半导体,聚焦核心技术,打造了国内首创的 CSS 技术平台,模块功率密度可提升 50%,成本可降低 30%,主要应用于主逆变器及充电领域,规划车规级模组年产能 120 万套。同时,布局核心材料碳化硅衬底,深化产业链合作。2023 年 11 月 14 日,芯动半导体自主研发的 GFM 平台 750 V/820A IGBT 功率模块顺利装车,首次实现在新能源汽车主驱控制器中的规模化应用。

(3)氢能:“制-储-运-加-应用”一体化产业链发展。

长城汽车是国内最早布局氢能领域的整车企业之一。依托强大的研发资源优势和产业体系建设能力,采取“商乘并举”模式,确立“打赢中国,走向全球”的全球化发展战略。

长城汽车以未势能源为主体,构建起“制-储-运-加-应用”一体化的产业链发展模式,实现了全领域、全场景覆盖,全产业链赋能。

氢柠技术国际领先的车规级“氢动力系统”全场景解决方案“氢柠技术”是长城汽车柠檬平台核心技术路线之一,涵盖氢燃料电池系统、车载储氢系统及核心关键部件,具备高性能、高安全、长续航、全气候和全领域特征的零碳交通解决方案。

(4)摩托车动力布局:全球唯一的水平对置8缸摩托车发动机。

2024年4月,长城灵魂水平对置8缸发动机正式亮相。这款自主研发产品凝结了长城汽车在动力技术方面的丰富经验,标志着长城汽车正式进军摩托车市场,是中国摩托车工业领域的巨大飞跃。

(5)能源体系:“光伏+分布式储能+集中式储能”全布局。

长城汽车构建了业内领先的“光伏+分布式储能+集中式储能”的能源体系,已经完成了“太阳能-电池-氢能-车用动力”的全价值链布局。

长城汽车旗下极电光能加速推进钙钛矿太阳能光伏技术的产业化,投资30亿元建设钙钛矿创新产业基地。

在分布式储能领域,长城汽车通过蜂巢能源,围绕产业链上下游,在矿产资源、电池材料、储能系统及电池回收等核心领域进行了全面的布局。

2. 智能化

(1)智能驾驶:构建覆盖高、中、低全算力平台的智能驾驶产品集。

Coffee Pilot 是长城汽车推出的智能驾驶产品集,包含智能感知架构、智驾计算平台、智驾软件系统等全域软硬件,覆盖高、中、低全算力平台,分为多个产品版本,既囊括L2级基础辅助驾驶系统,又包含从城区到乡村、从行车到泊车的全场景无图高阶智驾,满足不同车型、不同用户的差异化需求,Coffee Pilot 已大规模量产上车,截至2023年底,用户辅助驾驶里程数超1亿km。

算力方面通过生态伙伴合作,建设汽车行业超大的超算中心,云端总算力规模1600PFLOPS,通信带宽3.2T/s,存储速度4T/s,支撑长城汽车的全业务领域的算力需求训练。

数据方面早在2021年,长城汽车就构建了中国首个数据智能体系,包括感知、认知、标注、仿真、计算五大能力,能够打通车端到云端再到车端的数据管理、数据训练、仿真验证等全流程数据链路,实现真正意义上数据闭环,基于长城汽车百万级销量,实现了快速数据积累,在数据总量和样本类型达到行业第一梯队。

(2)智能座舱:打造全栈自研的智能座舱系统。

Coffee OS 是长城汽车全栈自研的智能座舱系统,由操作系统、中间件、用户界面和应用软件等全链路座舱软件组成,向下可兼容多种高算力平台,向上可适配长城旗下各大品牌车型,具备广适用、高效率、可成长、重安全等特点。

可定制的多场景智能主动服务,促进主动式交互人车关系升级,全方位提升用户出行舒适度。

(3)智慧底盘:超感知、高集成、强扩展

针对智慧底盘,长城汽车融合了线控转向、线控制动、CTC、一体化压铸铝车身等核心技术。其中,精工汽车的EMB线控制动,替代了EHB制动系统中的ESP、ibooster、液压管路和EPB四大部件,实现了机械部件的四合一,控制精度更高,响应速度更快,同时可实现减重10%。

六、坚定以全球化战略为引领

1. 全球化战略

面向全球市场,长城汽车发布了全球品牌战略及“ONE GWM”全球品牌行动纲领。“ONE GWM”全球品牌行动纲领,全面整合了长城汽车的海外品牌优势资源,从品牌势能、产品组合、渠道规模、效能提升、政策机制保障等几个维度为行动要点,促使长城汽车品牌全球传播更加广泛,全球资源更加聚焦,全球触点更加高效,全球形象更加统一。

2. 全球化研发

长城汽车已构建起全球化研发布局,研发设计人员1.5万余人。在国内,长城汽车采取“京津冀、长三角”为两核,其他优势区域多点互动的模式,集各地产业优势,建立9大研发基地、5大软件研发中心,保障研发资源。在海外,长城汽车形成了全球化研发布局,以中国总部为核心,涵盖欧洲、亚洲、北美,全面覆盖整车、核心零部件、新能源及智能化等领域。

3. 全球化生产

长城汽车在中国建立了10大全工艺整车生产基地。在海外,长城汽车在泰国、巴西等国家建立3个全工艺整车生产基地,在厄瓜多尔、巴基斯坦等国家拥有多家KD工厂。

在生产制造方面,生产基地大量采用机器人代替传统人工生产,多个生产车间实现100%自动化生产,不仅提升工厂整体柔性化水平,实现多车型共线生产,而且提高生产效率,有效保障整车品质。在环保方面,通过采用薄膜前处理工艺、紧凑型水性涂料工艺以及干式喷漆室等多项先进工艺技术,该生产基地每年可节省涂料约200 t,减少VOC排放约40 t,贯彻绿色环保、可持续发展的理念。

4. 全球化营销

长城汽车已出口到170多个国家和地区,海外销售渠道超过1000家,海外累计销量超过140万辆。2023年,长城汽车海外年销量首次突破30万辆。

长城汽车海外销售区域覆盖泰国、巴西、澳大利亚、沙特、南非、智利、厄瓜多尔以及欧洲区域内多个国家和地区的核心城市商圈,并在澳大利亚、南非、中东等重点市场建立海外配件中心库,满足售后市场需求,提升客户满意度。

同时,长城汽车在德国慕尼黑开设子公司并设立欧洲总部,同时拥有澳大利亚区域营销中心、南非区域营销中心、沙特区域营销中心以及智利区域营销中心等重点建设区域。

七、主要新产品

产品型号	产品名称	品牌	通用名称
CC6480CW20EPHEV	插电式混合动力多用途乘用车	哈弗牌	哈弗猛龙
CC6470CF01BPHEV	插电式混合动力多用途乘用车	哈弗牌	哈弗二代大狗

续上表

产品型号	产品名称	品牌	通用名称
CC6490AY24BPHEV	插电式混合动力多用途乘用车	魏牌牌	新摩卡 Hi4
CC6520BP21BPHEV	插电式混合动力多用途乘用车	魏牌牌	魏牌蓝山智驾版
CC6542BD23BPHEV	插电式混合动力多用途乘用车	魏牌牌	魏牌高山
CC2040BV21APHEV	插电式混合动力越野乘用车	长城牌	坦克 700HI4-T
CC2030BN24APHEV	插电式混合动力越野乘用车	长城牌	坦克 500HI4-T
CC2030BR24APHEV	插电式混合动力越野乘用车	长城牌	坦克 400HI4-T
CC7000BJ00HFBEV	纯电动轿车	欧拉牌	欧拉好猫
CC1030QA01BEV	纯电动多用途货车	长城牌	长城炮 EV
CC1030QS01BEV	纯电动多用途货车	长城牌	长城炮 EV
CC1032PA02BEV	纯电动多用途货车	长城牌	风骏 7EV
CC1032PA03BEV	纯电动多用途货车	长城牌	风骏 7EV

比亚迪汽车工业有限公司

一、单位概况

比亚迪汽车工业有限公司（原名：深圳市比亚迪汽车有限公司，简称公司）是深圳市工商行政管理局批准成立的有限责任公司，由比亚迪股份有限公司和 BYD（H. K.）CO. LIMITED 共同出资组建。

作为集研发试制、整车生产、销售为一体的汽车企业，公司具有乘用车和商用车生产资质。主要承担着汉、唐、海豚、腾势 D9、仰望 U8 等新能源乘用车型的生产任务以及 K 系、B 系、C 系、T 系等一系列新能源商用车型的研发、试制任务。

二、生产与经营

比亚迪的汽车业务包括新能源乘用车和商用车两大板块。

其中，新能源乘用车主要车型有：纯电动车型——汉 EV、唐 EV、秦 PLUSEV、宋 PLUSEV、元 PLUS、元 Pro、海鸥、海豹、海豚、海狮、腾势 D9EV 纯电版、腾势 N7EV 纯电版、仰望 U9 等；插电式混合动力车型——汉 DM-p、汉 DM-i、唐 DM-p、唐 DM-i、宋 PlusDM-i、宋 ProDM-i、秦 PlusDM-i、护卫舰 07、驱逐舰 05、腾势 D9DM-i、仰望 U8 等。

新能源商用车主要车型有：K 系列、B 系列、C 系列纯电动客车；T 系列纯电动物流车、城市环卫车、城市建筑物流车、机场专用车等。

2023 年，比亚迪集团营业收入约 6023. 15 亿元，同比增长 42. 04%，其中汽车及相关产品业务的收入占集团总收入的 80. 27%，约为 4834. 78 亿元，同比增长 48. 90%。

2023 年，比亚迪汽车总销量为 302. 44 万辆，同比增长 61. 86%；其中，新能源汽车销量为 302. 44 万辆，同比增长 62. 30%。不仅是中国汽车市场年度销量冠军，同时也是全球新能源汽车市场年度销量冠军。

比亚迪新能源汽车历年销量统计表（单位：辆）

年份	2019	2020	2021	2022	2023	合计
销量	229506	189689	603783	1863494	3024417	6496372

三、产品出口

2023 年，比亚迪汽车新能源乘用车出口 242765 辆。

四、技术进展与研发能力

1. 研发概况

比亚迪集团研发工程师超 10 万人，设有 11 个研究院，包括电池、动力总成、轨道交通、新技术等多领域。截至 2023 年底，集团全球累计申请专利超 4. 8 万项，其中已被授权专利超 3 万项。比亚迪专利创新指数、数量和强度稳居中国新能源汽车专利榜首。

此外，比亚迪牵头制定电动汽车首批三大强标，代表中国首次牵头制定国际标准 EVS-GTR（电动汽车安全全球技术法规），在联合国世界车辆协调论坛会议上获全票通过。凭借产品的高标准，比亚迪获企业标准领跑者称号。

2. 新能源汽车技术创新

（1）刀片电池

比亚迪基于环境治理和供应链安全考虑，在新能源产业链技术基础上，通过不断集成创新，2020 年 3 月推出高安全的刀片电池。刀片电池采用高安全磷酸铁锂化学体系，杜绝电池热失控，轻松通过电池安全领域的“珠穆朗玛峰”——针刺测试；电池包通过电芯与托盘、上盖进行粘连，形成类蜂窝铝板的“三明治”坚固结构，进一步加强电池整包的安全性；刀片电池超大长宽比的创新结构，不仅实现了从电芯到整包的直接集成，还大幅提高了电池系统的能量密度和体积利用率。刀片电池具备超级安全、超级强度、超级续航、超级低温、超级寿命、超级功率六大特征，完美解决了电池能量密度和安全相互制约的行业难题，成为业内领先的动力电池解决方案。

（2）CTB（CelltoBody）

2022 年，比亚迪推出 CTB 电池车身一体化技术，推动 e 平台 3. 0 在安全性、操控性、舒适性上全面进化。CTB 技术是在 CTP 的基础上，把车身与电池系统进行高度融合，从 CTP 的电池三明治结构，进化为 CTB 的整车三明治结构，简化了车身结构和生产工艺，是对传统车身设计的一次颠覆性变革。CTB 技术在刀片电池本征安全的支撑下，电池安全性与结构强度大幅提升,让电池不再需要牺牲其他性能指标,释放了车辆性能设计发挥空间,大幅提升车辆安全性、操控性和舒适性,打破电动车性能拓展的桎梏。

(3)易四方

易四方技术平台是一套以四电机独立驱动为核心的动力系统,从感知、控制、执行三个维度围绕新能源汽车的特性进行了全面重构,彻底颠覆以往燃油车的动力系统能力体系。感知方面,易四方率先发挥了轮边电机强大的感知能力,实现了对车辆运动状态不间断的全方位感知,并结合摄像头、激光雷达、毫米波雷达等智能驾驶传感数据,从而为后续的决策、执行环节提供感知数据基础。在控制环节中,易四方技术平台搭载中央计算平台+域控控制架构高度协同的电子电气架构。中央控制器与各域控间通过高带宽、低延时、高安全的车载以太网等,实时互通感知信息和控制策略,通过控制器及传感器间的高度协同,实现四电机精准和多样化控制。执行层面,易四方技术平台搭载的四个轮边电机,能够实现纯粹的四轮独立驱动,并根据驾驶场景的需求,对四个车轮的动力进行独立精准的控制。感知、控制、执行三大环节的全面创新,使易四方拥有了四电机独立控制、极限防滑控制、车身稳定性控制三大核心控制技术,从而创造更丰富的驾驶可能性。易四方根据车辆运动学和动力学,通过驱动、制动、转向三合一技术,实现制动、转向,实现了整车级安全冗余能力,安全冗余,绝不多余。易四方安全冗余技术,在行业内开创了底盘与动力技术融合控制的全新方向,是汽车安全领域的又一座里程碑。

(4)DM 技术

DM 技术(DualMode 技术)是比亚迪双模插电式混合动力技术的简称,是一种开创性的插电混合动力技术。经过 10 余年经验积累、技术不断升级,比亚迪打造出了动力性能和经济性能同样出色的双模混合动力技术平台。比亚迪于 2018 年推出全新 DM3.0 技术平台,2020 年 6 月推出 DM-p&DM-i 双平台战略,DM-p 平台侧重动力性能的同时兼顾经济性,DM-i 平台搭载全新双电机动力系统架构,侧重经济性能的同时兼顾动力性。2020 年 11 月,比亚迪 DM-i 超级混动技术的核心部件之一——骁云-插混专用 1.5L 高效发动机正式亮相。骁云-插混专用 1.5L 高效发动机专为 DM-i 超级混动技术打造,它以实现超低油耗为开发目标,热效率高达 43.04%,是全球热效率最高量产汽油发动机。2023 年 8 月,比亚迪推出 DMO 超级混动越野平台,是全球首款为越野而生的专属混动平台。以电为主的设计,开创全新的电越野时代。DMO 系统采用了智能三把锁设计,由“前后电子差速锁+能量中锁”组成,和传统的机械差速锁相比拥有响应速度快,扭矩分配范围更强等优势。2024 年 5 月,比亚迪发布第五代 DM 技术。第五代 DM 技术实现全球最高发动机热效率 46.06%、全球最低百公里亏电油耗 2.9L 和全球最长综合续航 2100 km。

(5)e 平台 3.0

2021 年 4 月 19 日,比亚迪在上海国际车展发布 e 平台 3.0,该平台拥有高效、安全、美学特点并自带“智能”基因,将是“下一代电动车的摇篮”。基于 e 平台 3.0 打造的电动车,风阻系数可降至 0.21,零百加速最快仅 2.9 s,续航最大达 1000 km,“闪充”5 min 即可行驶 150 km。e 平台 3.0 采用全新电子电气架构和车用操作系统,可为高级别自动驾驶及各交互场景打造高标准智慧协作系统。此外,e 平台 3.0 标配刀片电池,并将其作为结构件融入车身一体化设计,车身扭转刚度可提升一倍,全部按照“超五星”碰撞安全标准开发。作为汽车电动化革命的倡导者和推动者,比亚迪将与全球汽车同行,共享 e 平台的所有技术,加速推动电动车的产业化,共同将电动化浪潮推向新的高度。

(6)DiLink 智能网联系统

比亚迪 DiLink 智能网联系统是打通“硬件、软件、生态、手机端”四维一体的智能座舱,以用户为中心,贴近用户需求,以“Different,LinkMore”为品牌核心理念,通过拥抱海量优质生态,延续手机使用习惯,深化车机控制体验,给用户提供的不仅是黑科技,更是暖科技。全球先创的智能旋转屏幕、100% 兼容手机生态,赋予智能座舱更多丰富内容。行业先创的手机 NFC 车钥匙、蓝牙钥匙、云服务钥匙组成全场景的数字钥匙,强大的云服务功能、千里眼、远程高温消毒杀菌等让更多功能可以在手机端实现。2021 年 8 月,比亚迪 DiLink4.0(5G)发布,DiLink4.0(5G)智能网联系统是一个“更智能、更高效、更人性”的无限畅享智能座舱,凭借 5G 技术、全新 UI 等行业领先的产品实力,配合同期推出的 HiFi 级定制丹拿音响,解锁更多用车场景,让用户充分享受比亚迪 DiLink 带来的潮酷智趣生活。

(7)云辇

比亚迪于 2023 年 4 月发布全球首个新能源专属智能车身控制系统——云辇。云辇产品矩阵包含云辇-C、云辇-A、云辇-P 等产品,从舒适、操控、安全、越野等维度大幅提升消费者的驾乘体验。云辇智能车身控制系统由云辇智探架构、云辇智算中心、云辇智控技术、关键零部件构成,搭建起感知、决策、执行的完整系统架构。可全面提升用户驾乘体验,为未来整车高品质智能驾驶赋能。云辇从整车垂直方向系统化控制出发,实现升维安全。云辇能够有效抑制车身姿态变化,极大降低车辆侧翻风险,减小驾乘人员坐姿位移。同时云辇系统可以在雪地、泥地、水域等复杂路况下,有效保护车身,避免因地形造成的整车磕碰损伤,提升驾乘舒适及安全性,实现对人和车的双重保护。

五、主要产品

产品型号	产品名称	品牌	通用名称
BYD7001BEVA	纯电动轿车	比亚迪	比亚迪海鸥
BYD7006BEVA5	纯电动轿车	比亚迪	比亚迪海豹
BYD7003BEVA4	纯电动轿车	比亚迪	比亚迪元 PLUS
BYD6483SBEV1	纯电动多用途乘用车	比亚迪	比亚迪宋 PLUS
BYD6471ST6HEV5	插电式混合动力多用途乘用车	比亚迪	比亚迪宋 ProDM-i
QCJ6491SBEV3	纯电动多用途乘用车	腾势	腾势 N7
QCJ6520MT6HEV	插电式混合动力多用途乘用车	腾势	腾势 D9DM-i
QCJ2040ST6HEV	插电式混合动力越野乘用车	仰望	仰望 U8
QCJ2030ST6HEV	插电式混合动力越野乘用车	方程豹	方程豹豹 5
BYD5041XXYBEV3	纯电动厢式运输车	比亚迪	比亚迪 T5

六、合资合作及重大项目建设

2023 年 1 月 5 日,正式发布高端品牌"仰望"及专属"易四方"技术。

2023 年 3 月 10 日,在泰国举行首家海外乘用车生产基地奠基仪式,并同时举行了第 9999 辆和 10000 辆 BYDATTO3 的交付仪式。

2023 年 4 月 10 日,发布新能源专属的智能车身控制系统——云辇,标志着比亚迪成为能自主掌握智能车身控制系统的中国车企。

2023 年 6 月 9 日,专业个性化品牌正式定名为"方程豹"。

2023 年 11 月 24 日,比亚迪第 600 万辆新能源汽车在郑州工厂下线。

七、发展规划

比亚迪始终坚持"技术为王,创新为本"的发展理念,肩负"用技术创新,满足人们对美好生活的向往"的品牌使命,力争把中国道路交通领域所有用油的地方全部用电替代,逐步实现全市场布局。

同时,比亚迪将把握新能源汽车行业蓬勃发展的历史机遇,进一步加强研发,提升产品竞争力,全面推进技术、产品和品牌三大战略。通过技术创新,颠覆传统,打造汽车互联网生态,重新定义汽车动力和安全;贯彻"7+4"全市场战略,面向全国范围内大力推广新能源汽车;比亚迪将投入更多资源和精力到产品和品牌升级中,推出更多高性价比且具有竞争力的产品,满足广大消费者的需求。

北京新能源汽车股份有限公司

一、单位概况

北京新能源汽车股份有限公司是我国首家独立运营、首个获得新能源汽车生产资质的企业,也是国内技术领先的新能源汽车企业之一。公司主营业务主要包括纯电动乘用车研发设计、生产制造、销售及服务。

公司全力打造极狐、BEIJING 两大品牌。其中,极狐是公司聚合全球优质资源打造的高端智能新能源汽车品牌。报告期内,极狐在售五款车型:全地形性能纯电 SUV 极狐阿尔法 T 森林版、智能豪华纯电轿车极狐阿尔法 S 森林版、定位高阶智能驾驶纯电轿车的极狐阿尔法 S 全新 HI 版(2023 年 5 月极狐阿尔法 S 全新 HI 版正式升级为极狐阿尔法 S 先行版)、智能亲子车考拉、超能纯电 SUV 阿尔法 T5。

BEIJING 品牌是公司基于北汽集团六十年造车经验打造的经济智能新能源汽车品牌。BEIJING 汽车的产品阵容中包括 EU7、EU5 车型,2023 年 8 月,EU5 升级为 EU5Plus。

公司在新能源乘用车方面已经构建并形成了系统的研、产、销、服全价值链体系。在研发方面,公司基于先发布局优势,在三电、智能网联、整车集成方面开展深入研究,已掌握自主可控的高性能电驱总成技术,电池系统核心关键技术,整车电控测试技术开发能力,面向多车型的域控、屏幕、UE 的平台化及差异化开发等能力;在生产方面,公司产品以公司自建基地、公司控股的与全球知名汽车制造商麦格纳合资成立的工厂以及与公司关联企业北京汽车合作生产三种形式开展;在销售方面,公司持续进行营销模式创新,建立"传统营销+直销管理+用户运营"的组织模式;在服务层面,公司通过布局超充桩、合作推优桩、智能换电、储能、电池梯次利用等完善的服务网络提升用户能源服务体验。

二、生产与经营

2023 年,面对新能源汽车市场的激烈竞争以及市场变革的不断加速,公司不仅稳步推进了营销体系的升级、技术和产品研发的深化,还在制造效率、市场拓展,以及服务质量等方面取得了显著成效。通过实施创新营销策略,公司全年实现销量同比增长 84%,达到 92172 台。

1. 聚焦销量,营销体系逐步升级

极狐品牌营销能力稳步提升。在营销力提升方面,通过精准对标领先企业,公司制定了一系列差异化营销策略并通过创新异业合作等多元化业务模式有效推动了营销效果提升,实现单店平均销售能力增长 70%;在渠道开发建设及终端能力建设方面,极狐品牌全年新增渠道网点 58 家,累计运营门店数量扩充至 244 家。同时,2023 年极狐品牌积极推进海外业务,明确了在 16 个国家的代理意向,并成功完成了阿尔法 T 和阿尔法 S 两款产品的欧盟小批量认证。

BEIJING 品牌对公及对私体系继续完善。对公业务方面,公司积极创新销售模式,深化"网约平台+金融平台"双平台合作,推动出租换电模式推广;对私业务方面,通过精准的终端营销聚焦、组织保障及零售业务的统筹推进,有效促进了销售转化;在渠道开发方面,2023 年 BEIJING 品牌新增渠道 30 家,形象升级渠道 22 家,截至 2023 年 12 月 31 日,累计运营门店 203 家。

2. 聚焦研发,核心技术加强掌控

公司不断提升技术自研水平,持续巩固在整车集成、三电系统、智能化等关键领域的核心竞争力。

在整车架构及集成开发方面,公司成功打造了适应智能化、场景化、定制化需求的平台产品。同时,完成了包括零重力座椅、可移动模块化副仪表板、电动升降尾翼、无框车门、电滑门在内的 20 项前沿技术的开发,以满足用户日益增长的对高品质精致性需求的期望。

在三电系统领域,公司在电池技术上取得显著进展,特别是围绕超快充技术,布局并推进 4C 神行电池量产应用,实现了仅需 10 min 充电即可续航 400 km 的突破。同时,公司还推进了直冷直热电池系统的研发,优化了冷凝/蒸发温度控制,热泵余热利用以及电机堵转加热等关键技术开发。在电驱动领域,公司与华为联合开发的 22000 r/min 高转速电驱动已成功完成,而首款极锋动力异步电驱 CPA10 的整车搭载,使得百公里加速时间缩短至 3.7 s。电控领域也取得了突破,完成了分布式驱动关键控制策略模型、动力学仿真平台及原地转向等功能的开发,第四代 BMS 更是获得行业最高等级 ASIL-D 等级功能安全产品认证。

在智能网联领域,公司不断提升关键技术自研能力,建立了自主可控的核心技术平台。在智能驾驶方面,公司自主掌握了 L2.9 高速 NOA 规控算法开发能力,以及感知算法的适配和仿真测试平台的搭建。智能座舱领域也实现了重大进展,公司具备了应用层、中间件的软件自主开发能力,将自研的情景模式 APP、账户中心、应用商城等应用层软件成功搭载在考拉等车型上。在智能车控与架构领域,公司完成了面向服务的跨域集中式电子电气架构开发,并自主掌握了 SOA 架构的设计开发及验证能力。基础软件平台方面,公司构建了整车级的操作系统 BAIC-OS,并从零开始完成了智驾域、座舱域、车控域基础软件平台中间件的开发,可为相关领域应用层软件的自主开发及量产应用提供有力支撑。

3. 聚焦产品,重点聚焦客户体验

公司秉承"主定义、重体验、强项目"的使命,取得了一系列成果。首先,成功推出了阿尔法 T/S 森林版、考拉、阿尔法 T5 等新车型;阿尔法 S5 项目顺利进入生产导入阶段,为 2024 年的市场布局做好了充分的资源储备。此外,还布局了极狐阿尔法 T/S24 款等 14 个项目的开发,并开展了 8 个项目的预研工作,为未来的产品线持续注入创新动能。在提升用户体验方面,公司通过沉浸式、全感官、体验化的设计,为用户带来了全新的产品体验。阿尔法 T/S 车型经过两次 OTA 升级,新增了 18 项功能并优化了 25 项功能,显著提升了用户的使用体验和满意度。

极狐品牌以其卓越的产品性能,在多个行业重要奖项评选中脱颖而出。3 月,极狐阿尔法 S 全新 HI 版车型荣获 C-NCAP 五星评价,创下新标准实施以来的最高分纪录。6 月,极狐充电桩家族系列产品在全球设计界的顶级赛事——德国红点奖中荣获设计大奖,彰显了产品外观及质感的世界级品质。7 月,在环青海湖(国际)电动汽车挑战赛上,阿尔法 T 森林版荣获最佳外观设计奖、最佳续航能力奖、最佳节能能力奖、最佳加速性能奖、最佳操控性能奖、最佳科技配置奖 6 项大奖。9 月,极狐阿尔法 T5 荣获"年度十佳低风阻车型"称号,考拉车型则成为行业内首个获得母婴友好型汽车认证的产品,达到五星级母婴乐享型汽车的认证要求。10 月,极狐阿尔法 S 森林版获得整车舒适座舱(6A 级)认证,为用户的舒适驾乘体验提供了权威认可。

4. 聚焦制造,质量卓越交付高效

公司紧密围绕市场需求,动态调整生产资源,构建了兼具柔性与韧性的生产交付体系。为快速响应市场变化,满足产品上市节奏和客户需求,制造板块通过科学策划和柔性生产策略,确保了年度重点车型 100% 按时按需交付,展现了极狐品牌对市场承诺的坚定履行。在制造成本管理方面,公司通过横向联动研发、生产、供应链、销售等上下游环节,集中力量攻关重点专项,实现了制造费用和库存总额的双重降低,从而持续提升了生产运营的整体能力;在质量管理方面,公司以市场质量问题和用户满意度为导向,致力于围绕用户感知和产品口碑建立数字化质量新高地。从市场质量、新车质量、零部件质量、制造质量、服务质量等五个关键维度出发,全面推动了质量能力的建设和质量指标的提升。进一步树立了"品质优先"的质量方针,秉承"用户至上"的理念,实现了全价值链质量管控能力的不断强化。公司依托 BPQG 管理流程和标准,针对不同产品特性,制定了差异化的新产品质量管控策略,并实施强化智能网联的质量管控与验证,改善了客户体验,赢得了市场的认可和客户的满意。

5. 聚焦服务,充换电网络不断拓展

公司持续地推进自营超充站的建设工作,截至 2023 年底,已累计建设并运营 71 座充电站,覆盖 10 个省份的 13 个城市,为用户提供了更为便捷和高效的充电解决方案。除注重充电基础设施建设外,公司同样重视运营和维护体系的完善,并通过体系化的运营管理,确保了充电设备的可用性和安全性。极狐品牌充电站秉承开放、共享的理念,对所有品牌的电动汽车用户开放,促进了充电资源的高效利用,为推动电动汽车行业的可持续发展贡献了力量。

极狐品牌已经与国内超过 100 家公共充电网络运营商建立了合作,将全国超过 70 万根公共充电桩整合至极狐充电地图中,实现了 31 个省级行政区域、333 个城市的充电网络覆盖,用户可通过极狐 App 实现一键扫码充电及支付。BEIJING 品牌也在换电站建设方面取得显著进展,并在全国 30 个城市建立了 293 座换电站,成功运营 268 座,为用户提供了快速便捷的换电服务,进一步强化服务网络和市场竞争力。

三、产品出口

2023 年北京新能源汽车股份有限公司积极拓展海外市场,结合上海、广州等大型国际车展推介,建联 20 多个国家和地区,明确了 16 个国家代理意向,获得意向订单。同时,完成 αT 和 αS 两款产品的欧盟认证。

四、产能建设

北汽新能源成立于 2009 年 10 月 23 日,是《道路机动车辆生产企业及产品公告》内整车生产企业,具有纯电动汽车生产资质。截至 2023 年底,产品有"北京牌""极狐牌",拥有北京、黄骅、青岛 3 个生产基地,具备 35 万产能。其中,北京基地具备 5 万产能(在建),黄骅基地具备 15 万产能(技改在建),青岛基地具备 15 万产能。

北汽蓝谷麦格纳汽车有限公司(简称"蓝谷麦格纳")前身为成立于 2013 年 9 月 25 日的北汽镇江汽车有限公司(简称"北汽镇江"),是《公告》内汽车生产企业(整车类),目录序号为 45,拥有镇江 1 个生产基地,产品商标为"极狐牌",具备年产 15 万整车生产能力。

五、技术进展与研发能力

在电池技术方面,公司自主开发的第四代电池系统在安全性上实现了突破,能够在极端条件下实现永久热阻断,确保在极端场景下只冒烟而不产生明火,在 -7 ℃ 低温环境下保持优异的能量保持率,达到 ≥93%。这一技术进步不仅提升了电池的安全性,也为用户带来了更加可靠的使用体验。

在电驱动技术方面,公司掌握了自主可控的高性能电驱总成技术,极锋动力 α-Power 第四代产品已实现量产,并兼容 400 V 和 800 V 平台。自研电驱产品的安全等级达到了行业最高的"ASIL-D"级别,并已成功搭载于极狐高端车型,为电动汽车的性能提升提供了强有力的支持。

在电控技术方面,公司自主开发的第四代电控产品全面提升了算力和集成度,创新推出了行业首创的动力底盘控制器 PCCU1.0 产品。第四代 BMS 获得了行业最高等级“ASIL-D”等级功能安全产品认证，并已成功应用于极狐阿尔法 T5 以及即将上市的极狐阿尔法 S5 车型，为电动汽车的智能化和安全性提供了坚实保障。

在充电系统方面，公司致力于高压超充技术的研发，国内首先量产 800 V 高压超充车型，并同步研发大功率液冷超充桩，最大单桩功率达到 480 kW，最大电流 800 A，为用户提供了更加快速和便捷的充电解决方案。

在智能网联领域，公司智能网联中心建立了以先进电子电气架构为基础，智能车控、智能驾驶和智能座舱为应用骨架的技术研发体系。在 OTA、电子电气架构等领域具有领先优势，为智能网联技术的发展提供了强有力的支持。基础软件方面，公司基于 ASPICEVDA 范围的软件开发管理，完成了车辆运动控制示范项目的实施，达到了国际先进水平。通过搭载华为高性能处理器，实现了 400Tops 的超强算力，依靠强大的数据闭环能力，实现了智能驾驶功能的快速优化与迭代。在功能场景应用方面，公司实现了城市智能领航辅助功能（NCA），车辆能够在高精地图覆盖的城市和高速道路下实现点到点的自动驾驶。NCA 已在北京、上海、重庆、深圳、广州、杭州等 6 座城市开放，高速智能领航辅助功能覆盖了 261 座城市，总里程达到 31 万 km，为用户带来了更加智能和便捷的驾驶体验。

六、主要新产品

产品型号	产品名称	品牌	通用名称
BJ6450D46BEV	纯电动多用途乘用车	极狐	考拉
BJ7001A615BEV	纯电动轿车	极狐	阿尔法 S
BJ7001AUA6-BEV	纯电动轿车	极狐	阿尔法 S 先行版
BJ6480A602BEV	纯电动多用途乘用车	极狐	阿尔法 T
BJ6470A501BEV	纯电动多用途乘用车	极狐	阿尔法 T5

七、合资合作及重大项目建设

2023 年，北汽新能源深化与华为战略合作，双方充分利用自身优势资源，实现强强联合、优势互补，首款合作车型定位行政级豪华旗舰轿车，计划于 2024 年上市交付。同年，公司投资 16 亿元收购福田汽车原宝沃工厂原有产线并进行改造，将主要用于生产与华为合作车型产品。

八、发展规划

北汽蓝谷“十四五”时期采取“BESTCAR 引领 2025”战略，响应“新汽车”时代产品趋势，以触达、满足用户为导向，目标打造场景驱动美好生活的好车，以高用户黏性的新能源汽车产品、数字化营销能力为关键突破口，兼举“以准制快”，形成品牌标签、突破销量与持续改善经营能力、盈利能力。

根据行业趋势及公司实际情况，布局战略路径如下：

1. 精做“加”法，充分挖掘转化公司先发优势与积累，基于场景定义，精准布局、丰富产品。

2. 快做“减”法，加快淘汰落后产能，工厂精益运营，剥离低效产业，以减小资金压力，保证长续经营。

3. 巧做“乘”法，通过与战略合作伙伴打造新生态以及能源服务创新，赋能、撬动整车业务升级。

4. 敢做“除”法，聚焦主业，补足短板，破除瓶颈，掌握核心，加强体系力，抓住中高端市场增长机会，推进品牌向上、品质向上。

上汽通用五菱汽车股份有限公司

一、单位概况

上汽通用五菱汽车股份有限公司于 2002 年 11 月 18 日正式挂牌成立，是由上海汽车集团股份有限公司（50.1%）、通用汽车（中国）投资有限公司（44%）、广西汽车集团（5.9%）三方共同组建的国内第一家国企混合所有制改革中形成的中外合资企业。

上汽通用五菱汽车股份有限公司的企业愿景为“成为全球创新、跨界、体验的标杆公司”。拥有五菱和宝骏两个高价值汽车品牌：五菱品牌以“人民需要什么，五菱就造什么”为品牌精神，持续深耕人民需求；宝骏品牌以“年轻、科技、向上”为标签，致力于对未来生活的探索，以“科技宜人，时尚为民”为品牌宣言，打造“硬派、家庭、旗舰”三大产品群。

上汽通用五菱汽车股份有限公司的企业精神是“艰苦创业、自强不息、创新创造、卓越执行”。上汽通用五菱汽车股份有限公司秉持“人民需要什么，五菱就造什么”的理念，连续 13 年保持国内单一车企销量冠军，总销量突破 2700 万辆，是拥有最多用户的中国汽车企业。合资以来累计利税超过 1300 亿元，2016 年实现年度销售收入突破千亿，同时也是广西首家年销售收入超千亿的制造企业。

二、生产与经营

上汽通用五菱汽车股份有限公司 2023 年全年销量 1403066 台。

乘用车 2023 年全年销量 500232 台，其中五菱星光全年累计销量 16864 台，上市当月成为 15 万内插混轿车销量 TOP2；宏光 MINIEV 全年累计销量 237863 台，第三代马卡龙上市 45 天销量突破 25000 台；五菱缤果全年累计销量 231102 台，连续两个月销量突破 30000 台。

商用车全年销量 639681 台，其中微货全系销量 400159 台，连续 12 年蝉联微货细分市场占有率第一；微客全系销量 140892 台，连续 18 年蝉联微车市场销量冠军；宏光全系销量 98630 台，连续 13 年蝉联 MPV 细分市场销量排行榜冠军。

三、产品出口

上汽通用五菱汽车股份有限公司积极响应国家“走出去”号召和“一带一路”倡议，以“三步走”战略积极开拓海外市场，实现产品的输出、产业链共同“出海”和新能源产品实现技术标准输出。

2023 年，上汽通用五菱汽车股份有限公司出口总量

21.15万台套,同比增长9%,再创历史新高;新能源出口累计24094台,同比增长165%;历史累计出口销量突破93万台。五菱Airev正式进入泰国、印度市场,五菱宏光MINIEV登陆越南市场,并首次以自营出口,进入黎巴嫩、约旦、科特迪瓦及缅甸等市场。

上汽通用五菱印尼汽车有限公司2023年实现新能源汽车实销10651辆,同比增长130%,新能源产品市场占有率超46%,位列细分市场第一。缤果(BinguoEV)盲订一个月收货的订单超3000台。

2023年上汽通用五菱出口印度市场共36966台套,同比增长26%,其中新能源车10410台,累计出口印度市场超过18万台。

四、产能建设

上汽通用五菱汽车股份有限公司在生产制造方面拥有柳州河西总部、柳州宝骏基地、青岛分公司和重庆分公司四大制造基地,在国内形成了南北联动、东西呼应的发展格局。在国内拥有2800家销售网点,覆盖98%地级市,79%县级市,网络覆盖率行业第一。同时,上汽通用五菱汽车股份有限公司积极响应国家“一带一路”倡议,于2017年7月11日在印尼成立上汽通用五菱印尼汽车有限公司,成为国内首家在印尼投资建厂的中国汽车企业,也是中国汽车品牌首次在海外投入设备及资源独立建厂,输出品牌及产品并形成完整供应链、制造、销售、服务体系的范例,实现了中国汽车企业知识产权、品牌与产品、人力资源与团队、业务运营与模式等全方位海外输出。

五、技术进展与研发能力

上汽通用五菱汽车股份有限公司打造了全球小型电动架构——GSEV和柔性驱动架构——FDEV,作为电动化核心构架,主导GSEV和FDEV架构的新技术、新规范、新标准,已经成为全球微小型电动汽车领域领导者、标准制定者。GSEV累计销量达145万余辆,成为中国纯电动车汽车销量冠军。五菱宏光MINIEV自2020年上市后,曾连续28个月蝉联中国新能源单一车型销量冠军,7度问鼎全球新能源单一车型销量冠军。FDEV以HEV为重点,共享GSEV产业链,打造传统车电动化升级的柔性驱动平台,兼容HEV/PHEV/EV,发挥平台最大化优势。公司积极构建新的生态圈,进行技术跨界、商业模式跨界和生态跨界,与华为、大疆、中车、博泰、小米、苏宁、地平线等行业外技术、业态、商业思维的融合,创造出了与众不同的智能技术、网联技术、全新商业模式,赋能于宝骏汽车,让宝骏汽车形成了与众不同的用户体验。

上汽通用五菱汽车股份有限公司是国内唯一合资留自主、合资留品牌的汽车企业,并且向通用汽车、上汽集团输出产品和技术。在研发体系上,上汽通用五菱汽车股份有限公司拥有4000余研发人员,含博士109人、硕士823人、外籍专家129人。截至2023年12月,上汽通用五菱汽车股份有限公司国内专利(申请)共8435件,其中发明2739件,实用新型4643件,外观设计1053件;国内授权专利6360件,其中发明专利829件,实用新型专利4552件,外观设计专利979件。

上汽通用五菱汽车股份有限公司曾先后获得广西壮族自治区院士工作站、企业博士后科研工作站、国家认定企业技术中心、国家级工业设计中心、国家知识产权示范企业、国家技术创新示范企业等荣誉称号;先后3次获得国家级科技进步奖、1次国家科技进步一等奖、2次国家科技进步二等奖、31次省部级科学技术奖、15次行业级科学技术奖等荣誉。

上汽通用五菱汽车股份有限公司投资40亿元建设占地面积为2000亩的研发与实验认证中心,涵盖14个国际及国内领先的整车及零部件实验室,并且公司完全具备自主乘用车整车、动力总成开发能力,成为国内第一家主导国际汽车标准制定和向海外输出知识产权的汽车企业。

六、主要新产品

产品型号	产品名称	品牌	通用名称
LZW7154KBUPHEVA2	插电式混合动力轿车	五菱牌	五菱星光
LZW7007EVA3	纯电动轿车	五菱牌	五菱缤果
LZW7004EVA5	纯电动轿车	五菱牌	宏光 MINIEV
LZW7006EVA2	纯电动轿车	宝骏牌	宝骏云朵

七、合资合作及重大项目建设

上汽通用五菱汽车股份有限公司在广西壮族自治区、柳州市和各界伙伴的支持下,全力推进“一二五”工程,已围绕研发创新能力建设、双百万产品集群构建、五个百亿级自主产业链打造,滚动谋划项目83项,涉及投资430亿元,实现技术、产品、产业链三个拓边界:

1. 实验室创新能力持续增强

作为“一二五”工程创新策源地,广西新能源汽车实验室依托8大院士团队并汇聚行业顶尖资源,已建成14个国际先进的整车及零部件试验室,挂牌了控制器与芯片、智慧语音等6个子实验室,累计承担国家及省部级课题84项、参与国内新能源汽车标准制定157份、专利授权超6000件。实验室通过整合科技创新资源,针对用户关注度最高的安全、便捷、动力、交互等方面,创新构建了灵犀混动、灵犀智驾、神炼电池、天舆架构、LingOS智能生态系统、WIMS五菱智能智造体系六大技术品牌。

2.“一二五”工程加快双百万产品布局持续完善

2023年五菱缤果、宝骏悦也、宝骏云朵、五菱星光等11款产品投产,新车型全年贡献销量超37万辆。新能源汽车五菱缤果、五菱宏光MINI第三代马卡龙、五菱星光三大爆款,单车价值提升16%,以新质生产力持续为工业高质量发展赋能蓄力。

3.“一二五”工程加快五个百亿产业集聚

围绕五个百亿自主产业集群,谋划项目65个、实施41个。能源系统完成38 GWh(本地化率38%)、智慧电驱完成120万套(本地化率53%)、电子电控完成130万套(本地化率8%);2023年三电本地配套率达到33%,并已投产赛克瑞浦20 GWh电芯、中车时代10万套电驱、法恩赛克10万t电解液等,达产产值超500亿元,持续强链补链。

智能移动机器人完成工业协作和移动机器人两大产品矩阵,覆盖装卸接驳、搬运焊接等智造全种场景,已交付超千台,获专利23项;并构建了从机体设计、三电选型,到软硬件设计、仿真论证等全链路自主开发能力,实现建链延链。

八、发展规划

2024年，上汽通用五菱汽车股份有限公司将持续贯彻落实自治区构建现代化产业体系等系列部署，深入推进“一二五”工程，加快培育新质生产力，壮大发展新动能，力争到2025年实现第二次存量倍增和产业裂变，整车产量255万辆，产值2300亿元，构建新能源产业链全链生态布局，拉动配套产值1700亿元，助力广西构建新能源汽车产业发展新格局。

此外，上汽通用五菱汽车股份有限公司将加大全球化战略布局，以印尼为中心，打通东南亚、中东市场；开拓印度、埃及等市场，实现关键零部件走出去；进军欧洲、日韩等市场，全面建立五菱新能源产品的全球竞争力。

广汽埃安新能源汽车股份有限公司

一、单位概况

广汽埃安新能源汽车股份有限公司（简称“广汽埃安”）是广汽集团发展智能网联新能源汽车的战略核心载体，经过六年发展，已成为全球新能源汽车头部企业，年均复合增长率超112%，持续保持高速高质量发展态势。2023年销量超48万辆，同比增长77%，大幅跑赢行业；成立以来，广汽埃安总产销已超100万辆，是全球突破百万产销的车企。

广汽埃安坚持以“研发+智造+产业链+营销服务+组织文化+国际化”六大核心能力构建品牌护城河，打造品牌本质价值；AI神箭LOGO焕新、Hyper体系独立运营，构建AION+Hyper双体系，塑造了国际领先品牌形象。

广汽埃安已打造七款世界级智能纯电车型。其中AIONS/V/Y凭借领先的产品力，长期位列细分市场前三；AIONLX创造多个行业第一，首次实现量产1000 km以上续航；HyperSSR实现百公里1.9 s极致加速，填补了中国规模量产超跑的空白；高端智能轿跑昊铂GT，首发搭载昊铂双王牌技术，为用户带来前所未有的科幻出行体验。中大型豪华纯电SUV昊铂HT，以高奢外观、豪华享受、极致性能、领先智驾四大领先优势，成为精英家庭首选。

面向未来，广汽埃安将继续聚焦EV+ICV技术路线，通过新品牌、新科技、新产品、新智造、新生态、新体制，全面提升品牌价值，争取2025年成为世界一流高端智能电动车品牌，2035年成为全球高端智能电动车领导者。

二、生产与经营

（一）经营业绩

2017年至今，广汽埃安年均复合增长率超120%；2023年销量超48万辆，同比增长77%，用时4年8个月突破百万产销，刷新全球车企纪录。

广汽埃安坚持创新引领，EV（纯电）方面，广汽埃安电池、电机、电控核心技术达到了世界领先水平，初步形成自主可控的研发体系布局和产业化能力；ICV（智能网联）方面，广汽埃安跻身世界先进行列，是国内最早规模化应用智驾提升行车安全的整车企业，同时也是国内首批获得L3自动驾驶道路测试牌照的车企。

2023年，广汽埃安成立能源科技公司，推出“V2G+快速补电”网络等大手笔布局；与上游材料端头部供应商赣锋锂业、寒锐钴业等达成战略合作；先后完成了电池研发中试线、因湃电池智能生态工厂，以及锐湃智能生态电驱工厂的建设，实现了新能源三电领域实现了全面自研自产，成为全球三电领域的领军企业。

（二）六新时代

通过持续的科技创新，广汽埃安具备了为用户打造更多高价值的体验和产品的大工业运营体系，进入了高速+高质量发展的六新时代。

1. 新科技

（1）EV创新技术引领行业发展

①AEP纯电专属平台，打破油改电局限，引领纯电平台技术变革。

②P58微晶超能铁锂电池，实现动力电池能量密度-低温-快充-寿命综合性能全面提升，重新定义铁锂电池。

③弹匣电池系统安全技术，定义行业电池安全新标准。

④海绵硅负极片电池，行业首次突破1000 km续航。

⑤超倍速电池，创造充电5 min续航207 km的世界纪录。

⑥两挡双电机“四合一”集成电驱，打造极致加速。

（2）ICV技术进入世界先进序列

①ADiGO SPACE智能娱乐大客厅，随时接入海量应用资源。

②ADiGO PILOT全天候安全智驾，已实现召唤泊车、城市NDA智能辅助驾驶等新体验。

③AI大模型座舱，聚合多种AI大模型，实现全场景智能体验的跃迁。

除了科技创新，埃安在EV+ICV领域还参与制定21项国家行业标准，牵头参与十余项国家级科技项目，荣获超20余项国家级行业科技奖项。

（3）Hyper Tec前瞻科技

①AEP3.0高端纯电专属平台。

- 超跑级电驱技术：极速最高可达300 km/h。
- 赛道级后驱驾控：实现后驱单电机版4.9 s、四驱多电机版1.9 s破百。

②星灵高端电子电气架构。

- 域集中式电子架构：硬件即插即用、软件常用常新。
- 普赛OS深度安全操作系统：解决国外操作系统“卡脖子”问题。
- 多融合智驾感知系统：首创应用风云三号。红外遥感技术以及3颗第二代可变焦激光雷达，同时还拥有包括高清摄像头、毫米波雷达、超声波雷达在内的39个感知传感器。
- 星基融合定位技术：结合高精地图和惯导单元，实现全域厘米级的车辆定位。

③M25超级电驱

全球首个“纳米晶-非晶”超效率电机，电机最高效率达到98.5%；行业首创X-PIN扁线绕组，在缩小25%体积的情况下，电驱功率提升30%以上；900 V碳化硅功率模块，最高效率超99.8%；同等重量电机功率(12 kW/kg)，是行业水平(6 kW/kg)的两倍。

(4)前瞻电池技术

包括半固态电池技术、高压无钴电池技术等。

2. 新品牌

广汽埃安品牌旗下的AION家族已推出AIONSPlus、AIONLXPlus、AIONVPlus、AIONYPlus四款智能纯电动车产品，其中AIONS/V/Y已成为细分市场销冠，AIONLXPlus树立了自主高端智能电动车标杆。得益于过硬的产品品质，以及“三电”核心技术方面的领先实力，AION家族实现了自主品牌向广汽丰田、广汽本田等合资企业反向输出产品、技术先河。

Hyper昊铂是埃安旗下的高端豪华品牌，秉承“智能、豪华、艺术、高品位”的品牌基因，制造科技艺术品，为用户提供极致的性能与豪华，以及安心的服务。至今推出了三款力作：拥有1.9 s的零百加速性能的纯电豪华超级跑车昊铂SSR、中国新能源第2000万下线车型代表昊铂GT，以及精英家庭首选的昊铂HT。

3. 新产品

①AION埃安：先进、新潮、好玩、高品质。

- J. D. Power2022年中保值率排行榜，AIONS纯电动紧凑型车NO. 1。
- AIONY保值率超88.72%，在纯电SUV中名列前茅。
- C端销量占比超80%，单车平均售价近18万。
- 胡润研究院2023全球独角兽榜，广汽埃安位列汽车行业第一。

②Hyper昊铂：智能、豪华、艺术、高品位。

- 昊铂SSR：1.9 s百公里加速、噬风自动蝶翼、100%碳纤维外覆盖、AI赛道科技。
- 昊铂GT：4s级后驱加速、AICS智能底盘系统、ASTC鹰爪系统、多融合智驾感知系统、风云三号红外遥感技术、三颗智能可变焦激光雷达。
- 昊铂HT：以高奢外观、豪华享受、卓越性能、智驾领航四大核心产品优势，树立中大型豪华纯电SUV市场价值新标杆，为用户带来了高品位智能纯电出行体验。

后续每年将推出2~3款新产品，产品多、产品价格带宽、推出及迭代速度快。

4. 新智造

核心供应链自研自产，坚持“自主研发+合资合作”双轨并进战略，形成先进、自主、稳定、可控的产业链，到2025年，广汽集团将投资800亿~1000亿元，布局新能源汽车全产业链。

2018年12月，建成国内首个纯电专属智能生态工厂竣工，2022年2月完成能扩，拥有四大“全球领先”优势：全球领先钢铝车身柔性工厂、全球领先数字化自主决策工厂、全球领先互动式定制工厂、全球首个能源综合利用生态工厂。2023年12月，广汽埃安智能生态工厂入选达沃斯世界经济论坛(WEF)“全球灯塔网络”，成为全球唯一一座新能源汽车“灯塔工厂”。同时，广汽埃安智能生态工厂还是一座零碳工厂，经权威机构认证，2022年实现全年零碳排放。

2022年10月第二智造中心竣工，产能提升至40万，在原有的智造技术上，实现了数字化、品质、定制、节能方面的全面升级。

2023年3月，建成中国首条规模化量产超跑生产线。

2023年12月，广汽埃安旗下因湃电池智能生态工厂正式竣工投产，P58微晶超能电芯实现量产。

5. 新生态

(1)能源生态

构建可持续利用能源生态：围绕“电+电池”构建包含光储充换能源补给网络、电池梯级利用、电池银行等业务的能源生态。

①智能生态工厂采用太阳能屋顶，每年减少碳排放超1.6万t，配备大规模储能设施，实现规模化光储充用一体。

②超级充换电中心，实现5 min充电，续航超207 km，2.5 min电池快换，补能速度全球领先。

③进行梯次利用与循环回收技术研究，积极构建退役电池再生路径、建设回收网点以及自建动力电池储能厂。

④在全国范围内布局“快广近补能网络”，围绕用户生活、工作、出行场景打造城区5 km、主干道10 km补能圈，10 min内就找到埃安充电桩。

(2)智能出行生态

①ADiGO PILOT(自动驾驶)：已实现召唤泊车、城市NDA智能辅助驾驶等体验。

②L4级Robotaxi试运营就已经超过了500天，累计运营里程已超25万km。

③参与自动驾驶行业国家与地方标准和专业测评规程的制定。

④与滴滴合作以合资的形式推进无人驾驶新能源汽车规模化量产。

⑤获得首批L3智驾路测牌照，推出昊铂GT高阶智驾3L版。

(3)营销新生态3.0

聚焦高价值营销服务改革，推进品牌、团队、服务全面升级，构建“线上+线下、车城+商超、直营+经销”全新营销服务生态体系，坚持稳价格、低库存、高周转。App粉丝用户突破252万，日活跃用户26万，稳居汽车品牌App第二。

①AION埃安系列：现有埃安渠道、产品、服务持续保持升级。

②Hyper昊铂系列：Hyper专属渠道、产品、团队。

6. 新体制

(1)数字化赋能，打造敏捷组织，实现研产销一体化，人员效率提升90%。广汽埃安人员效率75.85辆/人、技术人员高占比超30%、本科及以上学历占比96%、90后占比大于92%。

(2)混改全面推进，成为股份公司，进入“产业+资本”双轮驱动新阶段

①2021年11月资产 & 人员重组：成为研产供销一体化主体。

②2022年3月混改轮：开展员工持股引入三家战略投资者，融资25.66亿元。

③2022年9月 股改、10月 A轮引战：转为股份制公司，融资182.94亿元，投后估值1032.39亿元。引入“EV+ICV”、上游原材料、专业投资、媒体机构等战略合作伙伴，深

化研产供销一体化整合，助推新能源事业发展，实现产业协同的双赢局面。

三、产品出口

广汽埃安希望通过昊铂品牌及系列产品，将顶尖纯电技术、产品和服务带给全世界，持续实现高价值出海持续引领，让中国汽车摆脱低端廉价的刻板印象。同时，通过埃安品牌系列品质科技爆款，向全世界普及高端智能电动车。

2023 年是广汽埃安走向世界的关键之年。广汽埃安已在泰国建立了东南亚核心基地，旗下 AIONYPlus、昊铂 HT 海外版等车型已在泰国、柬埔寨等市场上市销售，销量表现亮眼。

四、产能建设

（一）智能生态工厂

埃安智能生态工厂是国内首个纯电汽车专属智能生态工厂，占地面积 47 万 m^2，总投资 47 亿元。具备钢铝车身柔性生产、数字化自主决策、深度互动式定制、能源综合利用四大全球领先优势，荣获工信部“2021 年度智能制造示范工厂”。工厂总体规划产能 40 万辆/年，首期生产能力为 20 万辆/年。

1. 钢铝车身柔性工艺

为适应未来铝合金等轻量化材料应用，埃安智能生态工厂全球首创铝铆接及点焊切换技术及“钢铝混合”生产线，其中 AIONS 的车身正是采用了高强度钢+铝合金下车体混合车身，安全性和轻量化达到世界领先水平，最大限度保护了乘员安全。

2. 数字化自主决策

国内整车工厂首次运用全球数据云平台进行生产过程分析决策，大幅提升生产效率和品质控制能力，打造最优质产品。智能制造赋予机器具备人的智慧，能够实现数据采集、分析、判断和决策。

3. 互动式定制

通过互动式定制，客户通过 App 即可享受形式丰富、互动有趣的流畅个性化体验，更有上百种爱车定制方案，满足用户审美需求。

4. 能源综合利用生态

智能生态工厂还全面运用绿色环保工艺和材料，践行可持续发展理念。工厂采用 5.2 万块（8.5 万 m^2）光伏板打造太阳能屋顶，年发电 1677 万度，约占工厂满负荷耗电量的 15%；更自建动力电池储能场，存储富余电能，一期储能达 1000 kWh。新工厂大量使用先进环保技术，如涂装车间采用液态阻尼材料喷涂技术，水性环保 LASD 材料全自动化喷涂，车内苯醛类 VOC 降低 49%；绿色薄膜工艺，采用先进的绿色薄膜工艺（锆化），实现有害物质零排放。

（二）第二制造中心

2022 年 10 月埃安第二智造中心竣工，在原有的智造技术上，借助物联网、大数据及人工智能等手段，实现了数字化、品质、定制、节能方面的全面升级。

1. 智慧工厂平台

可实现多地多工厂 100% 数据互联互通，一站式中心决策；在低代码开发+大数据体系加持下，生产模块开发周期比同行标准缩短 30%，同时顾客可实现免查验、云上牌。

2. AI 品控系统

通过行业首创的机器视觉结合 AI 技术，实现全零件全方位品质监控，打造零缺陷产品；并且率先应用超声波探伤、3D 视觉跟踪等全工序无损工艺，实现纳米级精准控制；辅以精细化焊接管理定制每个焊点最优参数，焊点强度对比行业提升 10%。

3. 深度互动定制

首创的超高柔性技术群，让埃安第二智造中心可以实现深度互动式定制与高效生产的最佳结合，创造超高柔性技术群和双走珠超速换色系统，实现车型生产切换零损失、100+颜色实时任意切换；人员效率及生产节拍提升 20%。

4. 零碳智造理念

广汽埃安第二智造中心全面导入光伏、核电等清洁能源，并导入智能照明系统，数字化自适应亮度调节，打造黑灯工厂；通过热泵余热回收、IE3 高效电机等数十项的节能专利技术，实现单车能耗降低 12.4%、单车碳排降低 27%。

五、技术进展与研发能力

（一）研发实力

广汽埃安是国内率先聚焦 EV+ICV 研发的整车企业，依托广汽集团部分支持，构建了 EV 和 ICV 全栈自研开发能力。

研发流程方面，累计形成了近千项流程文件和体系文件，并从技术研发和产品开发两个维度建立流程管控机制，构建了从市场调研及论证、立项、过程管理、进度管控和经验总结反馈的全流程技术研发运作机制，构建了从项目前期研究、产品概念设计、产品详细设计、产品设计验证、产品认证&生产准备、产品 SOP 的全流程产品开发管理机制。

广汽埃安打造了一支高学历、技术积累深厚的 EV、ICV 技术研发团队。截至 2023 年 12 月 31 日，研发人员上千人（其中博士、硕士学位占比超 40%），包括国家科学技术进步二等奖获得者等行业领军人才，形成了覆盖电芯研发、电池集成、高性能电驱、智能驾驶、软件开发、大数据、新材料等各领域的资深研发队伍。

（二）研发成果

广汽埃安用科技创新引领企业发展，体制机制改革走在行业前列，是传统汽车向“新四化”成功转型的典型代表。2023 年 4 月 12 日，习近平总书记考察广汽埃安时强调，关键核心技术要立足自主研发。要加强教育和人才培养，夯实科技自立自强根基。2023 年，广汽埃安在 EV 和 ICV 领域取得了一批重大研发成果。部分成果如下：

1. 纯电专属平台 AEP3.0

公司 2017 年首创国内主流市场纯电专属平台 AEP1.0，该平台以“电池”为中心，打破“油改电”局限，获 2020 年广东省科技进步一等奖；2019 年升级为以“电池+电驱”为中心的 AEP2.0，在动力布局和轻量化上继续发力，提高了整车的安全性以及空间利用率。埃安 AEP 3.0 在 AEP 2.0 大空间、长续航、高安全等领先优势的基础上，重点打造驾控乐趣。AEP 3.0 平台具有全球领先的赛道级后驱驾控，借鉴了超跑式低重心、轻量化的车身结构，实现了操控极限更高的后驱布局，并支持拓展四驱。基于 AEP3.0 平台打造的昊铂 SSR、昊铂 GT、昊铂 HT 等车型已全球上市。

2. P58 微晶超能电池

2023 年 12 月,广汽埃安全栈自研自产的 P58 微晶超能电池下线。微晶超能电池在继承磷酸铁锂电池成本低、安全稳定、使用寿命长等本质优点的同时,实现了铁锂动力电池“能量密度-低温-快充-寿命”综合性能的全面提升,有效解决了当前锂离子动力电池单一化学体系性能难以均衡的行业难题。在性能指标上,P58 微晶超能电池的寿命可达 150 万 km、循环次数大于等于 4000 次、电池包能量密度达 146.5 Wh/kg,支持整车续航里程超 700 km,安全标准达到军工级,并支持整包枪击不起火。同时支持快充。

3. 夸克电驱技术群

2023 年 3 月,广汽埃安发布全新一代高性能集成电驱技术群——夸克电驱技术群。广汽埃安研发团队围绕“高功率密度、低发热损耗”两个核心点,持续进行技术迭代开发,从而积累了纳米晶-非晶超效率电机、X-PIN 扁线绕组、900 V 高效碳化硅、E-drive 软件、无动力中断电子换挡等一系列创新技术,突破了“大动力与小体积”不可兼得的矛盾。基于夸克电驱技术群的首款量产产品——M25 超级电驱,已在锐湃智能生态电驱工厂实现量产。M25 超级电驱的转速达到了 22000 r/min,电控系统最高效率达到了 99.85%,支持 900 V 超高压,拥有 12 kW/kg 的电机功率密度,是全球率先实现量产的高转速电机,同时兼顾小体积与强劲动力的特点,被称为“掌上 V8”。

4. 弹匣电池 2.0 技术

安全是埃安骨子里的信仰,生命无价,哪怕是千万分之一的风险,广汽埃安也要付出千万倍的努力。广汽埃安对电池安全提出了更高的要求,不仅要解决针刺场景下的不起火,还要考虑极端情况下电池热失控防护难题。弹匣电池 2.0 技术在基于弹匣电池 1.0 四大安全技术的基础上,升级引入了超稳电极界面、绝热相变材料、电芯灭火系统等一系列创新技术,实现了更极致的安全表现。最终实现了整包多电芯、瞬时短路、爆裂性破坏等极端环境下的安全防护能力,在行业首次实现电池系统枪击不起火。

弹匣电池搭载埃安量产车型以来,累计销量 80 万台,未发生过一起自燃事故,保持着“零自燃”的纪录,“怕自燃、选弹匣”已成为全球消费者购买纯电动汽车的首选。

5. 星灵电子电气架构

星灵架构是由汽车数字镜像云和中央计算机、智能驾驶计算机、信息娱乐计算机三个核心计算机群组,配以高速以太网、5G、信息安全和功能安全等技术,组成可高效支撑纯电、混动车型的车云一体化集中计算式电子电气架构。通过智驾域、车身域、座舱域的集中式布局,星灵电子电气架构带来算力、传输效率、线束及控制器减少等方面的全面提升,可实现硬件即插即用、软件常用常新,并支持 L4 级以上智能驾驶。

6. 自主研发 ADiGO(智能互联)生态系统

ADiGOPILOT(全天候安全智驾)和 ADiGOSPACE(智能座舱)升级。全新一代 ADiGOPILOT,基于华为和英伟达大算力域控平台,部署了 33 个感知硬件,配置了 6 颗 800 万像素摄像头及 3 颗激光雷达,大幅提升感知能力,将红外热成像技术应用于智能驾驶成为行业首创,能够突破夜障、穿透迷雾、无惧炫光,实现全天候的智能驾驶,在多种技术支持下,打造出行业顶尖的安全自动驾驶系统。全新一代高端智能座舱系统 ADiGOSPACE 以 8155 芯片为基础,结合全景声及 Hi-res 高品质音源,配置多种休息场景和海量沉浸资源,首创性建立全场景声音交互生态,基于充电、超充、换电数据接入和充电桩自动推荐算法,提供全场景能源服务,全新升级语音助手,与系统、生态、车控深度融合,提升响应速度,全方位打造智能信息化座舱。

7. AI 大模型座舱

2023 年 8 月,广汽埃安推出汽车行业首创的大模型平台技术——AI 大模型座舱,其聚合了多种 AI 大模型,并与广汽智能网联底层能力深度融合,不仅能调用通用大模型的能力,还能基于智能汽车的应用场景构建专用模型。AI 大模型座舱将与车端能力和云端生态融合,实现全场景智能体验的跃迁。

六、主要新产品

产品型号	产品名称	品牌	通用名称
GAM7000BEVFOA	纯电动轿车	埃安	HyperSSR
GAM6490BEVHOC	纯电动多用途乘用车	埃安	HyperHT
GAM7000BEVEOD	纯电动轿车	埃安	HyperGT

七、合资合作及重大项目建设

(一)投资建设自研电池试制线

广汽埃安自研电池中试线位于广州市番禺区广汽埃安新能源汽车厂区内,主要开展锂离子电池、动力电池、电池电芯材料的研究开发、研产试制等业务。项目总投资 3.36 亿元,新建电芯和 PACK 生产车间、先进工艺设备和电池电芯材料开发区、仓库、设施房、办公区和公辅动力等相关配套设施,新增建筑面积 3.2311 万 m^2;厂房一次性建成,生产设备及开发设备分期导入。本项目 2019 年底开始筹建建设工作,2022 年第一季度主要完成报批报建、土地平整、方案设计等工作;2022 年 3 月中试线正式开工建设。2022 年主要开展中试线厂房建设、机电装修、设备定点及设备导入等工作;厂房建设和机电装修已完成,车间交付;设备完成导入,并开始安装和调试工作。

(二)成立因湃电池科技有限公司

为正式启动自研电池技术产业化,保障电池供应稳定性,2022 年 8 月 25 日,广汽集团发布公告审议通过了《关于设立绿擎电池公司的议案》(现名因湃电池科技有限公司),同意设立电池公司开展自主电池产业化建设。因湃电池科技有限公司总投资 109 亿元,占地约 666 亩,是广州市最大的动力电池+储能电池项目,将全面打通电池研发、设计、智造、销售和服务链条。工厂预计在 2023 年 10 月实现厂房交付,2024 年 3 月前完成首期 6 GWh 量产线导入,2025 年底完成所有 36 GWh 产线导入,届时可满足 60 万辆车的装机需求,年产值将超过 210 亿元。2022 年 12 月,项目启动打桩。

(三)成立锐湃动力科技有限公司

锐湃动力科技有限公司(广汽自主电驱产业化建设项目)成立于 2022 年 10 月 20 日,由广汽集团、广汽埃安、广汽乘用车联合投资,并由广汽埃安控股的锐湃动力科技有限公司正式注册成立,注册资本 9 亿元。该公司重点围绕 IDU 电驱系统进行自主研发及产业化，实现自主电驱研发、试制、试验和量产一体化，预计未来几年将投资21.6亿元，到2025年建设年产40万套IDU电驱系统总成，及年产10万套GMC混动机电耦合系统的电机和电控。2022年12月，项目启动打桩。

（四）成立广汽能源科技有限公司，全面布局能源生态

2022年7月，广汽集团与广汽埃安联合投资的广汽能源科技有限公司正式注册成立。新公司将依托埃安领先的电池和能源创新科技，以"电和电池"为核心，构建光储充换能源补给网络体系，积极布局电池回收梯次利用，研究储能系统技术，形成能源产业链生态布局，拓展能源生态全场景全领域服务，预计未来几年将投资49.6亿元。

（五）与滴滴深化战略合作，2025年推出首款量产L4无人驾驶新能源车

2023年5月10日，广汽埃安新能源汽车股份有限公司与滴滴自动驾驶公司签订深化合作协议，共同发布无人驾驶新能源量产车项目——"AIDI计划"，并宣布将成立合资公司。根据计划，广汽埃安和滴滴自动驾驶将成立合资公司，充分发挥各自产业优势、技术优势，深度探讨智能汽车领域产品创新、应用创新，共同定义和量产共享出行L4无人驾驶新能源汽车，计划于2025年接入滴滴共享出行网络。

（六）与中石油达成战略合作，全面发力新能源下乡

2023年5月17日，由广汽集团与广汽埃安联合控股的广汽能源科技有限公司与中国石油广东销售公司签订战略合作协议，全面发力新能源下乡，并就充换电站能源生态建设、汽车销售及相关增值服务开展合作。双方合作具体采用三步走模式：第一步，采取共同投资模式，在广州共同建设充换电场站。第二步，通过先期项目合作，带动双方整体合作，并将该模式复制，向全国推广。第三步，深化合资合作，共同搭建高质量能源补给体系。

（七）与链宇科技达成V2G战略合作

2023年5月22日，由广汽集团与广汽埃安联合控股的广汽能源科技有限公司与北京链宇科技有限公司战略合作协议签约仪式在广汽埃安举行。双方协同发力行业前沿先进车网互动技术，在产品技术应用、能量管理系统、示范场景建设等方面，面向交通能源物联网、源网荷储等范围内展开深度合作。在生态资源、市场资源、供应链资源、技术资源上发挥各自优势，共同开拓市场。同时推动V2G政策标准制定，通过V2G深化落地引领能源产业高质量发展。

（八）入股星河智联，深化以用户为主导的开发模式

2023年5月30日，广汽埃安新能源汽车股份有限公司与广汽资本有限公司股权转让信息在国家企业信用信息公示系统完成工商登记，此次股权转让，广汽埃安成为星河智联战略投资新股东。埃安入股星河智联，将原有的垂直型开发模式转换为循环互联型开发模式，形成以埃安为主拉动的产品规划和用户体验开发模式，提升开发效率和产品平台化，加速埃安智能座舱迭代进化。同时，埃安也将快速构建起座舱生态和用户运营体系，后期还将择机向合资企业输入智能座舱产品和生态模式。

（九）因湃电池智能生态工厂竣工，P58微晶超能电芯下线

12月12日，广汽埃安旗下因湃电池智能生态工厂正式竣工投产，同时发布弹匣电池2.0新突破——P58微晶超能电池。首期可实现6 GWh产能，后期将完成36 GWh产线导入，同时满足60万辆量需求。钠离子电池、全固态电池等多种电池也将在这条产线实现量产。随着因湃电池智能生态工厂竣工，广汽埃安正式打通上游原材料、研发、制造、电池回收及梯次利用在内的能源生态全产业链布局，完成能源生态的核心拼图，成为全球极少数实现电池全栈自研自产的主机厂。

（十）锐湃智能生态电驱工厂竣工投产，M25超级电驱量产落地

锐湃智能生态电驱工厂总投资21.6亿元，占地面积为10.4万m^2，重点围绕IDU电驱系统及电控进行自主研发及产业化，实现自主电驱、电控的研发、智造、销售和服务一体化。2024年1月30日，广汽埃安旗下锐湃智能生态电驱工厂正式竣工投产，夸克电驱新突破——M25超级电驱量产落地。预计到2025年，锐湃智能生态电驱工厂可实现年产40万套IDU电驱系统总成，以及年产10万套GMC混动机电耦合系统的电机和电控系统。锐湃智能生态电驱工厂的竣工投产，标志着广汽埃安在新能源三电领域实现了全面自研自产，形成了自主可控的产业链布局。

八、发展规划

（一）未来规划

规划2025年产销超百万辆，成为全球高端智能电动车领导者。

面向"十四五"，广汽埃安将坚持创新驱动发展战略，围绕研发、产业链、智造与质量、营销服务与组织文化五大领域，全面提升广汽埃安品牌价值和综合竞争力，构建可持续能源生态、智能出行生态、营销服务新生态，打造品牌力、研发力、智造力、产品力、营销力、供应力、组织力7大核心能力，争取2025年广汽埃安实现产销目标100万辆，新能源行业坐二望一，成为世界一流高端智能电动车品牌，2035年成为全球高端智能电动车领导者，为建设新能源汽车强国提供埃安解决方案。

（二）布局能源生态

随着新能源汽车市场快速发展，充电桩数量不足，补电效率低，充电桩网络布局不合理等问题，已成为制约新能源行业发展的核心课题。广汽埃安将通过"快广近补电网络"，在2025年底建成2000座超级充换电中心和超过20000个充电桩，实现全国地级城市全覆盖。

（三）投入研发前瞻科技，构建技术护城河

1. 迭代AEP4.0，支撑未来高阶自动驾驶，构建智慧出行生态

建立满足L4及以上自动驾驶的纯电平台技术，开发线控制动（制动冗余）、线控转向（转向冗余）、电源冗余、CTC结构设计、分布式驱动系统，可实现原地掉头、双向行驶、平移入库停车等更加科技便捷的功能体验，改善同平台一出多车型开发周期，可实现Robotaxi多场景应用，构建智慧出行新生态。

2. 研发高压无钴电池、半固态/固态电池、正负极材料技术，保持电池技术持续领先

（1）高电压无钴电池技术，能量密度较传统磷酸铁锂电

池提升 30%以上，成本降低 15%以上，并大幅改善低温续航等性能。

（2）聚焦半固态/固态电池技术瓶颈，解决当前半固态/固态电池存在的离子电导率低、倍率性能差、循环寿命低、对制造环境及工艺要求苛刻、成本高等行业痛点，加快推进半固态及固态电池产业化应用的步伐。

（3）着力开展正负极材料及匹配化学体系的开发，通过新型材料合成及改性技术，开辟非锂体系电池新路径，摆脱稀有金属依赖，从而进一步提升整车成本竞争力和安全性。

3. 打造 N 合一全向驱动技术，推动电驱技术变革

2025 年后推出全向驱动技术，基于深度集成 16 合一动力域产品，结合 DeltaModulation 电驱动电力电子域控制软件及 E-TCS 整车力矩矢量分配算法实现整车三自由度的扭矩控制，基于埃安电驱动数字孪生技术，实现电驱全工况优化设计，动力域产品实现至高 93.6%工况效率，持续保持行业领先地位。

4. 推进下一代半导体功率器件开发

第三代功率半导体（碳化硅/氮化镓）功率器件，功率器件损耗实现 30%大幅下降，搭载第四代电源产品，提高整车配电智能化、节能化；推出下一代半导体（氮化铝）功率器件，引领行业发展。

5. 全球化

（1）加速构建"泰国+印尼"双工厂，以东南亚为核心，辐射全球。泰国工厂和印尼工厂预计在 2024 年建成。接下来，广汽埃安还将进驻马来西亚、尼泊尔等国市场。

（2）2024 年北京车展，广汽埃安正式启用新的 LOGO 体系，埃安启用了全新"AION"字母标，以提升全球认知度，加速埃安全球化步伐。

（3）2024 年北京车展，埃安亮相首款全球战略车型第二代 AIONV，在外观、驾驶位布局、气候适应、充电补能、智驾、人机交互、安全等多维度均能满足全球用户需求，符合全球各地相关标准。第二代 AIONV 将是首款应用 AION 字母标的产品。

（4）广汽埃安已在"三国五地"拥有近 6000 人的国际化研发人才队伍，未来将持续在中亚、西亚、美洲、非洲、欧洲等地布局七大产销基地，实现全球"研产销"一体化，

（5）广汽埃安在海外正构建高密度补能生态，未来将实现一车走全球，有桩就能充。

小米汽车科技有限公司

一、单位概况

小米集团成立于 2010 年 4 月，2018 年 7 月 9 日在香港交易所主板挂牌上市（1810. HK），是一家以智能手机、智能硬件和 IoT 平台为核心的消费电子及智能制造公司。胸怀"和用户交朋友，做用户心中最酷的公司"的愿景，致力于持续创新，不断追求极致的产品服务体验和公司运营效率。

小米汽车科技有限公司成立于 2021 年 11 月 18 日，隶属于小米集团，总部位于北京。依托小米集团在消费电子领域的技术积累、庞大的用户群体、成熟的销售网络、完备的用户场景覆盖，小米汽车科技有限公司自成立以来，坚持自主投入开展自研、自产、自销的业务策略，深度整合利用软硬件协同创新、智能生态、研发能力、用户基础等方面有独特优势，坚持硬核科技造车，致力于用高品质的智能电动汽车，让全球用户享受无所不在的智能生活。如在整车平台方面，聚焦新一代智能网联整车平台架构、高效率电驱动系统以及高集成电池底盘的技术开发；在电池技术方面，聚焦电池安全、快速充电、智能管理等技术研发；在智能化方面，持续投入电子电气架构、自动驾驶、智能座舱等技术。

二、生产与经营

2023 年，小米汽车科技有限公司主要开展产品研发及工厂建设工作，尚未进入产品量产阶段，2023 年度无销量数据。

2024 年 3 月 28 日，小米汽车首款产品小米 SU7 正式上市。上市 24 h，大定突破 88898 台。

从 2024 年 4 月 3 日首次交付起，4 月份完成交付 7058 台。截至 4 月 30 日 24 时，小米 SU7 锁单量达 88063 台，其中女性购车占比 28%，BBA 车主占比 29%，苹果用户占比达 52.5%。

2024 年 5 月 15 日，小米 SU7 交付突破 10000 辆。

三、产能建设

小米汽车工厂坐落于北京经济技术开发区，占地面积 71.8 万 m^2，包括研发试验基地，新能源车专属打造的六大车间，总长 2.5 km 的测试跑道，还有小米汽车工厂店，是集研发、生产、销售、体验于一体的智造园区。

四、技术进展与研发能力

1. 电池安全技术

通过软硬件的深度自研，在结构安全、电气安全、热安全三个方面，实现对风险的精准预测和对用户的及时防护。

全行业首发 CTB 电芯倒置技术，电芯、泄压阀同时倒置，通过这样的创新结构设计，能够在极端情况下，电池的能量定向向下释放，同时结合无孔化电池上盖设计和 6 重冗余的排烟通道，最大程度地保证乘员舱的安全。

同时，小米 CTB 电池，采用了行业顶级的 17 层高压绝缘防护，并定制了行业最强的主动冷却技术：双大面冷却面积达到同级最高的 7.8 m^2，这一惊人数据是行业平均水平的 4 倍，同时在电芯两个侧面铺设了 165 片业内较为领先的气凝胶隔热材料，最高可抵抗 1000 ℃的高温。

小米 CTB 电池采用了创新设计、极为先进的全方位 14 层硬核物理防护。在电池结构安全上，最难应付的是侧碰和刮底。小米 CTB 一体化电池技术拥有 3 层顶部支撑、3 层侧碰防护、8 层底部防护结构。总计 14 层的硬核物理防护，面对一系列的叠加破坏测试后，仍能完成最严苛的 IP6K9K 密封测试。

自研领先的 BMS 安全防护系统。小米的车云协同安全预警，采用行业最高的全局 1 s 的安全信息实时响应（行业水平 10 s/次），采集 800 多个电池特征信号，是国标的 2 倍，实现三重全场景安全预警，24 h 全天守候。全生命周期云端监

测预警,实时守护电池安全。24 h“全天候”安全监控三重机制,确保实时监测异常并报警。三重冗余热失控监控和报警策略,确保热失控报警信号及时发出。小米全栈自研电池管理软件,实现了 ASIL-D 最高功能安全等级。例如,通过在电池包内增加电子信号控制的“毫秒级机械分断”,紧急情况下可实现 4 ms 内电流切断,保证车内高压安全。

2. 一体化大压铸技术

9100 t 超强锁模力,90 kg 液态合金材料瞬间成型。小米超级压铸技术核心是一台拥有 9100 t 锁模力、重达 718 t 的大压铸机,相当于 4 台波音 747 的重量,围绕它的是超过 60 个设备,占地 840 m^2 的超级大压铸集群。喷涂、控温、合模、开合之间,9100 t 强大锁模力将模具牢牢锁住,加热至 700 kWh 的液态铝合金原料,通过封闭铝液系统定量传送,100 ms 间压射入模,90 kg 液态合金原料,一瞬间填满整个模具。通过小米超级大压铸技术生产的小米汽车后地板,实现了零件 72 合一,焊点减少 840 个,减重 17%,车内路噪降低 2 dB,同时生产工时减少 45%,一体化后地板的设计寿命是传统后地板的 10 倍以上,能够轻松实现 200 万 km 以上的使用寿命。

自研小米泰坦合金。小米材料团队与国家级材料重点实验室合作,自研了多元材料 AI 仿真系统,在配方中添加了稀土与锆等微量元素,在 1016 万种配方中筛选出两种,并通过 1550 次实验样件打样,最后优选出一种合金材料“小米泰坦合金”,在压铸性能、力学性能、耐久性能、可循环、经济性等方面都非常出色。

小米汽车在设计后地板的过程中,形成并掌握了一整套大压铸件的正向设计闭环方法。发明了超长流长“结构-材料-工艺-性能”研究方法,探索出不同材料、工艺下的性能变化规律,并率先提出了模块化性能结构开发方法,自研了大压铸件耐久试验平台和抗压安全平台完成产品验证。院士领衔的专家组评审一致认定“项目总体技术达到国际领先水平”。

3. 小米超级电机

小米 SU7 双电机全轮驱动,最大马力 673 PS,峰值扭矩 838 N · m,性能媲美 4. 0 升涡轮增压 V8 发动机跑车;同时,0~100 km/h 加速 2. 78 s,一脚踏入 2 s 超跑俱乐部,而中后段加速也展现出了强大的实力,小米 SU70-200 km/h 仅用时 10. 67 s;除此之外,电车的零百加速和最高时速很难兼得,而小米 SU7 最高车速 265 km/h。

小米组建了 100 多人专家团队,采用联合研发模式,同两家顶级合作伙伴-联电、汇川一起,使用最先进的 AI 仿真技术,克服重重困难,在不增加制造成本的前提下,通过优化转子内部结构降低应力,使其不超过现有主流材料强度极限。终于在 2022 年底从 18500 转做到了 21000 转。小米 SU7 搭载了小米超级电机 V6(马力 299 PS),以及小米超级电机 V6S(马力 374 PS)。相对于转速不够高的电机只能在加速和最高速度上二选一的尴尬,高转速电机可以搭配更宽范围的减速比组合,完美兼顾加速和极速性能。

4. 智能驾驶

小米智能驾驶第一期总投资 33 亿元,已经追加到 47 亿元。专属团队规模超过 1000 人,投入测试车超过 200 台,测试里程超过 1000 万 km。小米全栈自研智能驾驶技术,目标 2024 年进入行业第一阵营。

小米智能驾驶采用最新一代的底层算法“BEV + Transformer+占用网络”,并将大模型技术全面融入。在感知技术方面进行了大量创新,包括变焦 BEV 技术、超分辨率占用网络技术、超分辨率占用网络技术等。除了感知能力,还有全球首个应用到量产车的端到端感知决策大模型,感知与决策两者结合,能实现精准泊入左右宽度仅 0. 05 m 的机械库位,表现领先全行业。

5. 智能座舱

小米澎湃 OS 底层彻底重构,超 5000 名工程师,7 年研发,一套系统架构横跨所有设备。小米 SU7 搭载小米澎湃 OS,“人车家全生态”完整闭环。

在澎湃 OS 加持下,小米 SU7 不仅能做到先进的手车互联,更是先进的智能空间。五屏联动,整体设计的车机座舱系统;多任务柔性框架,多桌面拓展,应用窗口自由调节;跨端互联,手机等设备与车机流畅无感连接。基于小米手机十余年的软件深度调校和优化能力,首创双 UFS 软硬件架构,最终实现拉开车门到中控屏幕点亮仅需 1. 49 s 的疾速启动。基于小米澎湃 OS 的一体化负载评估以及分布式协作计算,应用冷启动速度、跟手响应速度、地图操作速度、应用运行满帧率全面领先。创新应用座舱系统流式 OTA 升级技术,边下载边安装,可实现最快 3 min 座舱系统整包升级,30 min 全车整包升级。OTA 双区备份刷写,不仅更快,也更安全可靠。基于人车家全生态打造的小米澎湃 OS,有着最先进的手车互联体验。连接丝滑,手机进入座舱,手机 dock 栏就会自动浮现“手机图标”,点击即可一键呼出妙享桌面,将手机镜像到车机,实现屏幕共享。小米有着业界最庞大的硬件生态,车主同账号下支持畅快连或 BLE 连接协议的米家设备支持无感上车。只要米家设备与车主账号相同,即可在车上自动发现、免密接入、直接使用,并可在中控大屏便捷控制。

小米 SU7 拥有前所未有的丰富生态,先进智能空间体验。1000+款米家设备无感上车;预留 Pin 点支持硬件生态拓展;小米 CarIoT 生态全面向三方开放。为了使更多第三方设备便捷接入,小米配备了统一标准化接口、最丰富通信标准协议、存量设备轻量改造方案。比如,小米联合第三方推出的智能安全座椅,接入后排接口后可在中控屏显示安全带状态,未系紧车辆会报警提醒,并可通过后排 PAD 摄像头观察宝宝状态,即使只有宝妈独自带娃出行也不用担心,更安心更便捷。

五、主要新产品

产品型号	产品名称	品牌	通用名称
BJ7000MBEVR2	纯电动轿车	小米	xiaomiSU7
BJ7000MBEVA1	纯电动轿车	小米	xiaomiSU7Max
BJ7000MBEVR3	纯电动轿车	小米	xiaomiSU7Pro

六、发展规划

通过 15 年到 20 年的努力,成为全球前五的汽车厂商。

蔚来汽车科技(安徽)有限公司

一、单位概况

蔚来汽车科技(安徽)有限公司(简称蔚来)是一家全球化智能电动汽车公司,致力于通过提供高性能的智能电动汽车与极致用户体验,为用户创造愉悦的生活方式。蔚来成立于2014年,已在上海、合肥、北京、南京、圣何塞、慕尼黑以及牛津等多地设立研发与生产机构。截至2023年,蔚来已在纽约、新加坡等交易所上市,是全球首家在三地上市的智能电动汽车企业。

二、经营情况

2023年,蔚来全年营收556.2亿元,同比增长12.9%;2023年第四季度现金储备至573亿元,较上季度大幅增加121亿元,为高质量快发展提供有力支撑。2023年,蔚来全年交付新车160038台,同比增长30.7%,持续引领高端纯电市场。

三、新产品推出情况

2023年,蔚来持续交付高端智能电动汽车,不断完善产品矩阵,满足增长市场需求。6月,蔚来发布并交付智能电动旅行车ET5T,全面升级软硬件配置。ET5T可搭配150 kWh超长续航电池,续航可达1010 km;标配高通骁龙8295P高性能版芯片,确保流畅用车体验;具备NOP+全域领航辅助能力,基本覆盖各地级市及县级市;搭载NOMIGPT大模型,进一步加强智能座舱体验。ET5T荣获德国设计奖"优秀产品设计-汽车及零部件"、EuroNCAP五星安全评级年度总榜第一等荣誉,产品竞争力得到认可。12月,蔚来发布智能电动行政旗舰ET9。ET9集成了17项全球首发技术,实现了52项功能及配置同级领先,已申请专利达525项,树立了行业行政旗舰技术标杆。ET9搭载了自研全域操作系统"SkyOS·天枢",配备了首颗自研智能驾驶芯片"神玑";搭载了全域900 V高压架构,配备了"SkyRide·天行智能底盘系统";7大关键系统,实现全车冗余设计,是蔚来全栈技术布局和全球领先科技的结晶之作。

四、市场开拓与产品出口

2023年,蔚来持续提供高质量服务,促进销量稳步增长,确保用户满意度持续提升。一是持续布局补能设施,让加电比加油更方便。累计布局换电站2350座,全年新增换电站1035座,在中国完成"7纵6横11大城市群"高速换电站网联布局;累计布局充电桩21091根,接入第三方充电桩超96万根,是中国市场布局充电桩和换电站最多的汽车品牌。二是不断优化服务方案,满足用户多样化需求。经过12个城市43场调研,收集超过1200多条用户反馈,针对不同场景用户消费习惯,更新迭代推出了"蔚来无忧服务2024版"方案,通过254家覆盖全国160个城市的服务中心,满足用户差异化用车养车需求。开启电池灵活升级日租服务,帮助用户享受电池技术升级红利。三是持续拓展服务网络,营造良好社区氛围。累计搭建145家蔚来中心、全年新增47家蔚来中心,累计搭建335个蔚来空间、全年新增123个蔚来空间,持续拓展社区网络,协同用户建立了1431个社群,与26万用户一起开展了7000多场社群活动,进一步加强用户品牌归属感。

五、科研创新成果及研发能力建设

2023年,蔚来坚持正向开发和核心技术自研,全年研发投入134.3亿元,连续两年突破百亿,保持技术领先。9月,蔚来举办科技创新日,发布了12个关键领域全栈技术。在芯片和车载智能硬件方面,发布业内首颗自研量产激光雷达主控芯片"杨戬",凭借高集成、低能耗、强性能等特点,为复杂场景提供强大运算支持;发布业内首个跨域融合超算集群ADAMCCC,打通智驾和座舱算力,优化用车体验。在电池系统方面,建立起电池包全生命周期7大类全栈技术开发能力;推出不同续航电池产品和服务,让用户持续享受技术红利。在电驱和高压系统方面,坚持自研高性能电驱系统,满足车辆定制化需求,其中900 V高性能电驱平台拥有强劲性能和能耗表现。在车辆工程方面,发布全球唯一全线控智能底盘,集成线控转向、后轮转向、全主动悬架3大核心硬件系统。在操作系统方面,推出自研全域操作系统"SkyOS天枢",涵盖车控、智驾、座舱、移动互联等领域,兼顾信息安全和功能安全,是全面且领先的智能数字技术基座。在全景互联方面,构建了专属互联协议,采用自研全链路安全解决方案,保护数据和隐私安全。在智能驾驶方面,建立了覆盖平台、算法、应用,端云一体的全栈技术能力,通过场景统一、功能统一、有图无图统一,以及群体智能为用户提供更安全、更高效的全域增强领航辅助体验。在智能座舱方面,推出了智能座舱应用商店,超40款头部、精品应用进驻,实现车手端同步更新。在智慧能源方面,建设了全场景加电网络,充分满足用户不同补能需求,蔚来换电技术荣登《2023年全球开放式创新百强榜单》。在智能制造方面,实现了产品制造和刚性产线全解耦,满足个性化生产需求,拥有行业领先高效交付能力。在人工智能方面,自建人工智能基础设施、自训蔚来私有基座大模型和垂域大模型、自研人工智能开发平台工具,实现人工智能对产品、服务、社区、研发、制造的全面赋能。在全球数字运营方面,建立起用户、车辆、员工、产品、渠道、内容6大体系,帮助实现多地区、多品牌、多平台高效运营能力。

企业(集团)研发中心布局

企业名称	技术研发中心名称	所在地区	研发职能	具体职能
蔚来汽车(NIOInc.)	蔚来国际业务总部	中国上海	整车研发	蔚来全球量产车研发中心,主要承担整车研发、制造运营、营销和服务职能
	蔚来中国总部	中国合肥	整车制造	蔚来国内核心业务总部,主要涉及整车工程、制造工程、测试与质量等职能

续上表

企业名称	技术研发中心名称	所在地区	研发职能	具体职能
蔚来汽车（NIOInc.）	蔚来全球软件研发中心	中国北京	软件研发	主要承担车载娱乐系统、车联网、电源管理等软件开发工作
	蔚来自动驾驶研发中心	美国圣何塞	自动驾驶研发	主要涉及蔚来自动辅助驾驶、智能硬件、数字座舱等职能
	蔚来全球设计中心	德国慕尼黑	造型设计	主要负责蔚来产品造型设计
	蔚来全球极限与前瞻概念研发中心	英国牛津	FE 项目 EP9 项目	主要负责 FE 项目运营管理、策略及 EP9 超跑项目

六、合资合作和重大项目建设

2023 年，蔚来积极开展换电合作，深化合作伙伴战略关系，通过资源互补形成合力优势。在换电方面，换电产业生态初步形成。11 月 21 日，蔚来与长安汽车签署换电业务合作协议，双方将在换电网络建设与共享、换电车型研发等方面展开深入合作，并在推动建立换电电池标准、建立高效的电池资产管理机制等方面展开合作。同月 29 日，蔚来与吉利控股签署换电战略合作协议，双方将在换电电池标准、换电技术、换电服务网络建设及运营、换电车型研发及定制、电池资产管理及运营等多个领域展开全面合作。在合作伙伴方面，供应链效率持续提升。1 月，蔚来与宁德时代签署全面战略合作协议，涉及新品牌、新项目、新市场技术合作，供需两端联动，海外业务拓展，以及基于长寿命电池的商业模式合作等领域。3 月，蔚来与文灿集团在南通签署战略合作协议。双方将在车身一体化压铸结构件领域深化合作，在一体化电池盒、三电部分产品和汽车底盘等产品进行全方位合作探讨。4 月，蔚来与华润集团签署战略合作框架协议，双方将围绕商业空间，综合能源、科技、大消费等领域，充分发挥优势，开展多产业、全方位战略合作。

七、企业改革及管理创新

蔚来坚持价值观驱动，不断提升组织运营效率，持续加强人才培养体系建设，保障企业高质量发展。一是全面深化价值体系建设，进一步加强全球员工价值观宣贯及价值驱动力研讨，扎实推进价值体系产品本地化建设，进一步提升组织凝聚力和生产力。二是深入推进组织体系建设，系统梳理及优化组织结构，提升资源集约效率，激发公司运营整体效能。三是不断完善人才选育用留机制建设，与国内知名高校深度合作，搭建全面人才培养平台，孵化复合型、国际化、创新型人才；高效落地应届生、实习生等青年人才培养计划，持续提升青年人才职业素养、激发专业潜能；不断加强在岗专业人才综合能力，通过开展体系化领导力项目，持续完善领导力分级标准，确保管理者高效组织业务发展，通过聘请内外部专业讲师，探讨并沉淀专业领域前沿信息，进一步夯实专业人才基础。2023 年，蔚来荣获猎聘年度非凡雇主、智联招聘中国年度最佳雇主等十余项荣誉，人才管理能力得到行业认可。

八、企业社会责任

蔚来坚持社会责任与蔚蓝愿景相结合，充分发挥企业创新优势，积极整合各方资源，彰显新时代企业担当，入选工信部 2023 年度绿色供应链管理企业名单，荣获“2023 年全球最佳可持续发展企业百强”“保尔森可持续发展奖”。2023 年，蔚来作为中国首家新能源车企，正式加入科学碳目标倡议（SBTi），获得 ISO14001 环境管理体系和 ISO50001 能源管理体系双认证。蔚来整车循环实验室项目被评为 2023 年度“安徽省十大低碳应用场景”。蔚来发起“CleanParks”生态共建计划累计为全球 17 处生态共建地贡献清洁能源基础设施。蔚来致力于打造多元、平等、包容的工作环境，2023 年收获社会各界十余项最佳雇主的殊荣。同时，蔚来持续履行社会公益责任，2023 年蔚来与蔚来用户信托、蔚来用户基金会携手中华慈善总会共同设立“蔚来应对气候变化公益行动”，投入 5000 万元公益基金应对自然灾害救援、和支持开展气候科研项目。蔚来连续三年参与救助唇腭裂患儿，通过资金和行动帮助唇腭裂儿童的医疗救助。截至 2023 年底，蔚来用户志愿者社区成立 5 年以来累计已有 15790 名用户加入，2023 年全年累计服务时长 172472 h，足迹遍布北京、上海、青岛、成都等 229 个城市。

九、发展目标与规划

2024 年，蔚来将持续关键领域投入，专注体系能力建设，全面提升企业综合竞争力。一方面，蔚来将持续交付高质量产品及服务，进一步加强销售能力，高效落地多品牌战略，持续迭代加强服务能力，全面提升用户满意度。另一方面，蔚来将深化体系能力建设，加强核心业务板块全生命周期体系化能力，不断完善管理制度和流程，全面提升公司治理效能。同时，蔚来将强化资源管理效率，逐层完善资源利用评估机制，确保关键核心技术长期投入，保障企业长期竞争力。

十、企业（集团）管理层名单

创始人、董事长、首席执行官：李斌；

联合创始人、总裁：秦力洪。

赛力斯汽车有限公司

一、单位概况

赛力斯汽车有限公司（以下简称公司）是赛力斯集团的子公司，2012 年 9 月在重庆成立，注册资本 49.6 亿元。公司于 2017 年 1 月 5 日获得国家发改委新能源乘用车生产核准资质，是国内第八家、西南地区第一家获批新能源乘用车生产核准资质的企业。2018 年 9 月 18 日进入工信部第 312 批公告，获得新能源乘用车生产资质及产品公告，正式获得发改委、工信部"双认证"。公司致力于新能源汽车硬件、软件的研发、制造、销售及服务工作,做中国式新能源汽车头部企业。

2021 年,公司与全球 ICT 领先企业华为开创了联合业务深度跨界的先河。同年 12 月,双方共同设计的全新豪华智慧汽车品牌 AITO 问界发布。同月旗下首款车型 AITO 问界 M5 问世,这款出自 DE-i 超级电驱智能技术平台,搭载鸿蒙智能座舱的车型,一经推出即受到广大用户的好评和喜爱。2022 年 7 月,豪华智慧大型电动 SUV——AITO 问界 M7 上市,以六座豪华舒适空间,满足了家庭和商务用户对于高品质出行的追求。9 月,AITO 旗下首款纯电车型问界 M5 纯电版上市,为消费者提供了更丰富的技术路线选择的同时,AITO 问界品牌也赢得了"成长最快的新能源汽车品牌"的殊荣。2023 年 9 月,AITO 问界新 M7 上市,上市仅 100 天,大定就超过 12 万辆,创造了行业新纪录。

二、生产与经营

公司始终坚持创新驱动,坚持长期主义,坚持商业成功,致力于将新能源汽车核心技术及关键零部件掌握在自己手里。每年创新研发投入超过销售收入的 10%,中美两地建立研发中心同步研发,培育并形成了具有自主知识产权的行业领先的赛力斯纯电驱增程平台,推出了行业领先的智慧汽车及三电产品。建设了"中国领先,世界一流"的工业 4.0 标准的赛力斯智慧工厂。

三、产品出口

赛力斯自 2020 年开始批量出口,已在德国、法国、意大利等二十多个国家完成网络布局并实现批量销售,并在法国建成了"赛力斯欧洲营销服务中心",2021 年以来实现出口 5000+台。通过不断深化海外布局,逐渐实现本地化生产;依托产品向上、服务升级,实现品牌向上。

四、产能建设

赛力斯智慧工厂依据工业 4.0 标准及工业互联网要求打造,以数字化、智能化、物联网为核心,采用先进的制造运营管理系统及制造工艺流程,以实时在线的响应方式,快速精准地进行规模化定制生产。

工厂执行严格的品控标准,关键工序 100% 自动化生产,实现"柔性化、透明化、自动化、互联化、智能化"造车,提升了生产效率,保证了产品品质,以高水平智能制造实力为高质量交付赋能,获评 2021 年重庆"灯塔工厂"。

公司旗下的两座高端智能新能源汽车智慧工厂均已投产,设计产能可达 40 万辆/年。位于重庆两江新区的第三座智慧工厂也于 2023 年年底建成投产,主要生产赛力斯和华为联合设计开发的全景智慧旗舰 SUV 问界 M9 系列产品。

五、技术进展与研发能力

赛力斯坚持以研发为驱动,打造极致产品。在全球拥有员工超过 20000 人,研发团队占总人数比例为 30%,非生产员工中本科及以上学历占比 71%。公司研发能力包括新能源整车及各系统专项产品的研发,涵盖整车、电驱动、车联网、自动驾驶等多个核心技术领域。拥有全球技术专利超过 1000 项,形成了独特的新能源技术优势,特别是在增程领域,公司实现了行业领导者地位。

2022 年公司在新一代纯电驱增程平台、智能座舱、智能驾驶、EEA 先进电子电气架构等方面取得了显著发展。同时积极布局下一代可扩展模块化整车平台,确保未来车型的竞争力。

1. 超级电驱智能技术平台(DE-i)

公司 2021 年已发布超级电驱智能技术平台(DE-i),该平台在集成式智能发电机组、黄金驱动组合、电池 PACK、智能控制等方面进行了全面进化,具备"高性能、低能耗、安静、安全、智能"的特点。

DE-i 平台具备行业领先的增程专用发动机技术,可实现 41% 的最佳热效率及 3.2 kWh/L 的油电转换效率。AITO 问界 M5 作为 DE-i 平台的代表车型,百公里加速 4.4S,综合续航 1100 km 以上。

2. 智能座舱

通过与华为公司的深入合作,公司产品首发搭载了华为鸿蒙车载操作系统。乘客可以在车内直接进入鸿蒙应用市场,下载所需的 App 及定制车辆,以满足其最佳个人需求。智能驾驶舱可以实现全程语音控制,使驾驶员和乘客能够通过语音指令与车辆互动。车载摄像头感知和监控驾驶员的实时行为,对危险驾驶行为进行警告,以促进驾驶安全。

依托于华为的鸿蒙操作系统,可实现多终端设备之间以及车辆与车主家庭之间的信息无缝流转。客户将能够在车内控制电视等智能家居设备。还可以实现车辆的智能控制。作为一个全能多设备应用的操作系统,可同时在汽车以及手机和手表等消费电子产品端运行,使智能电动车在内的各种终端设备之间实现便捷互联。凭借鸿蒙操作系统,公司的智能电动汽车将成为更广泛的智能设备生态系统的一部分。

3. 智能驾驶

公司自动驾驶以产学研的方式与多个院校进行深入的技术合作,在 L4 级自动驾驶的感知融合、规划决策、控制执行等方面取得了多项突破,相关成果在国内多个智能驾驶比赛中获得优异成绩,取得了 2022i-VISTA 智能网联汽车挑战赛 ADAS 挑战赛(APS)特等奖;同时,部分技术和功能在多个车型上进行搭载,形成了具备赛力斯特色的驾驶辅助与泊车辅助功能体验。

4. 先进电子电气架构

打造面向未来的基于服务的整车软件架构平台,全面建立体系设计、需求设计、软件架构设计、代码开发、软件集成、软件测试等基础能力,参与座舱、车身、车控、自动驾驶、云平台等产品的软件架构、基础软件、中间件、应用软件、信息安全、功能安全、算法等核心技术的设计和开发,从而缩短整车开发周期、节约整车开发成本、打造整车生态平台、稳定整车研发质量、加强公司车辆的市场竞争力。

5. 下一代可扩展模块化整车平台

公司正在开发一个专门为高端长轴距智能电动汽车设计的魔方平台。魔方平台具有高度的模块化和灵活性。其可以支持从紧凑型到大型的轿车、SUV 及 MPV 的开发。魔方平台配有轻质铝合金底盘、双叉臂独立前悬架、多连杆独立后悬架、空气弹簧、CDC 减震,支持 L4 级自动驾驶。魔方平台还采用了标准化设计,实现了基于魔方的车型的高度自动化生产。魔方平台是一个坚实的保障,使我们的车辆具有与高端车相匹配的良好驾驶体验。

6. 整车测试中心

除了产品研发的高投入和高产出，公司还建成了行业领先的整车测试中心，占地面积 20 万 m^2，包括从整车、三电系统总成、零部件、原材料等各类型的专业实验室，具备 2700 余项试验能力，测试中心是中国合格评定国家认可委员会 CNAS 认可实验室，拥有全光谱高低温环境仓、NVH、VOC、盐雾腐蚀、结构疲劳耐久等 20 余套智能化的整车级实验室，到达国际一流水平，拥有寒区的专业试验场，也是增程电动汽车性能模拟测试重庆市工业和信息化重点实验室。

六、主要新产品

整车			
产品型号	产品名称	品牌	通用名称
SKE6480SSHEVA4S	插电式增程混合动力多用途乘用车	赛力斯牌	问界 M5
SKE6470SBEVA4S	纯电动多用途乘用车	赛力斯牌	问界 M5EV
SKE6500SSHEVAS	插电式增程混合动力多用途乘用车	赛力斯牌	问界 M7
SKE6470SHEVA2S	插电式增程混合动力多用途乘用车	赛力斯牌	华为智选 SF5
SKE6520SSHEVAS	插电式增程混合动力多用途乘用车	赛力斯牌	问界 M9

零部件		
产品型号	产品名称	产品应用
SHG90	90 kW 永磁同步发电机	华为智选 SF5、东风岚图 Free
SHG75	75 kW 永磁同步发电机	问界系列车型、华为智选 SF5、东风岚图 Free
SHG85	85 kW 永磁同步发电机	问界系列车型
SEP200	255 kW 交流异步电机	华为智选 SF5、东风岚图 Free
SEP165	165 kW 交流异步电机	问界系列车型、华为智选 SF5、东风岚图 Free
JK34505101	17 kWh 动力电池系统	华为智选 SF5、东风岚图 Free
JK34509601	35 kWh 动力电池系统	华为智选 SF5、东风岚图 Free
JK34825701	90 kWh 动力电池系统	华为智选 SF5、东风岚图 Free

七、合资合作及重大项目建设

2021 年公司与全球 ICT 领先企业华为开创了联合业务深度跨界融合的先河，双方充分发挥各自优势，在核心技术、产品及渠道方面进行深入合作，共创中国式新能源汽车头部企业，双方共同打造的赛力斯 AITO 问界系列车型，深受市场和用户欢迎。

2023 年上半年，AITO 问界 M5 系列智驾版上市，作为首个搭载 HUAWEIADS2. 0 高阶智能驾驶系统的车型，为用户带来了更进一步的智慧体验。2023 年底发布 AITO 问界 M9，搭载赛力斯与华为双方的顶级技术能力，为喜爱 AITO 问界品牌的消费者带来又一领势之作。

八、发展规划

赛力斯与华为联合深度开发，基于华为智能座舱、智能驾驶、智能电驱等技术打造问界品牌。未来三年内，赛力斯会有更多的车型问世，涵盖中型 SUV、中大型旗舰 SUV，赛力斯将融筑全力，打磨精品，满足消费者差异化需求。

浙江智马达智能科技有限公司

一、单位概况

自 20 世纪 90 年代品牌诞生以来，smart 始终肩负着“探索未来都市交通最佳解决方案”的愿景。2019 年，smart 品牌全球公司正式成立，秉持“中欧双核，全球布局”发展战略，致力于将 smart 塑造为全球领先的新奢智能纯电汽车品牌。

smart 现已完成品牌、产品及商业模式全面焕新，迈入全速运营新阶段，加速建立全球化产品开发、市场销售和服务管理体系。其新一代纯电动车由 smart 研发团队主导工程研发，梅赛德斯-奔驰全球设计团队负责设计。smart 现已推出精灵#1 和精灵#3 两款纯电 SUV 车型，在中国及欧洲多个市场正式交付，并将持续开拓东南亚、中东等高端市场。

为增进全球化运营，smart 同时在中国及欧洲设立营销中心。smart 欧洲有限公司成立于 2020 年 6 月，是 smart 品牌全球公司的全资子公司，总部位于德国斯图加特附近，负责全新一代 smart 车型在欧洲市场的供应、销售以及售后服务。

二、生产与经营

秉持“中欧双核，全球布局”的发展战略，smart 加快全球化运营步伐，以更丰富的产品矩阵和用户服务深耕中国和欧洲各国，并继续拓展中东、东南亚、南亚、北非、大洋洲等新兴市场。

2023 年，smart 完成精灵 3 号首批量产车在国内市场交付及精灵 1 号量产车在欧洲主要市场交付。

三、产品出口

2024 年 5 月，smart 品牌迎来第十万台量产车下线，并将业务拓展至全球 27 个国家与地区。

四、产能建设

浙江豪情汽车制造有限公司西安分公司（简称西安基地）位于国家级西安经济技术开发区泾渭新城，西安基地占地面积 2260 亩，建筑面积超 70 万 m^2。主要从事汽车整车的研发和生产，项目总投资 62 亿元，规划一次性建成包含冲压、焊装、涂装、总装四大工艺厂房及与之配套的联合动力站、油化库、试车道路、成品车停放场、管理中心和生活配套区等各项辅助设施，形成年产 10 万台整车的生产规模。

五、技术进展与研发能力

吉利拥有完整的新产品开发体系、完整的试验检测能力、安全测试能力、试制验证能力、虚拟开发能力，以提高新产品研发设计质量、实现产品精致工艺质量、缩短研发上市周期为三大问题，建立产品预验证、工艺验证和管理预验证体系和能力。

1. 吉利汽车研究院拥有单独的新能源实验室，能够完成纯电动力系统硬件在环试验、基于 Matlab/Simulink 模型的整车控制器控制原型试验、整车系统性能试验，纯电动力系统整车控制器标定试验、动力电池系统的性能试验及优化标定试验、电机系统在纯电动力系统中的性能试验及优化标定试验等，保证新能源产品在开发过程中经过完整齐全的验证。整套的试制、试装、调试设备。

2. 拥有强大的 CAE 分析能力，以虚拟仿真技术为主要手段进行产品开发，覆盖整车虚拟性能集成开发，新技术领域的仿真技术开发，传统 CAE 技术的效率优化和自动化开发等，为项目开发提供强有力的保障。

3. 试验检测能力，拥有 24×22×7.3（m）的整车通过噪声实验室，设备为 75 in 四驱四电机，150 kW，轴距为 2.2～2.4 m，最大轴荷 2400 kg，速度 250 km/h，具备外声场 NVH 性能开发及声源源定、内外声场胎噪声开发、四驱车内外声场法规试验、整车声品质开发等领域的能力。

NVH 试验室包括：整车通过噪声消声室、整车半消声室、整车隔声套组、声品质评价室、全天候异振异响实验室。

电子电气实验室包括：整车实验室、零部件实验室。设备包括 10 m 法整车半电波暗室、转鼓转台 EMI&EMS 测试系统、零部件半电波暗室 ESASAC、EMI 和 EMS 测试系统，满足法规标准要求，即欧洲法规 2004//104/EC，ECER10.03；整车和零部件辐射发射 CISPR12/25，SAEJ551-5，GB14023/18387/18655；整车辐射抗扰度 ISO11451-2/-3/-4；零部件辐射和抗扰度 ISO11452-2/-4/-8/-9。

底盘实验室包括：带环境仓的四立柱道路模拟试验台、六自由度振动台、整车多轴轴荷耦合道路模拟试验台、整车 KC 试验台、液压伺服系统。

环境模拟试验室包括：常温浸车区、低温浸车区，可模拟车辆在高寒、高温环境的各种工况。

六、主要新产品

产品型号	产品名称	品牌	通用名称
JL7000BEV01-JL7000BEV09	纯电动轿车	smart	#1
JL7000BEV51-JL7000BEV58	纯电动轿车	smart	#3

七、合资合作及重大项目建设

在技术研发方面，smart 携手全球出行科技企业亿咖通科技，宣布成立合资公司，聚焦车规级智能软件技术开发，构建“软件定义汽车”创新技术生态。双方将联合投入技术研发，促成人才聚合与优势资源互通，加速孵化 smart 全新一代智能座舱。依托全新合资公司，smart 将为全球用户带来更前沿的智能化都市交通解决方案，进一步满足消费者“千人千面”的个性需求，打造行业标杆级新奢智能出行体验。

在智能驾驶方面，smart 将与 NVIDIA 再展开深度合作，携手开发全新数据中心，赋能高级别智能驾驶系统和智能 AI 系统研发。同时，自 2024 年起，smart 将基于 NVIDIADRIVEOrin 系统级芯片（SoC）打造搭载高级别智能辅助驾驶系统的最新车型。

smart 品牌全球公司重视校企合作，已经与中国美术学院，宁波诺丁汉大学等多家大学在可持续发展方面达成项目合作。

八、发展规划

smart 将持续开拓东南亚、中东等市场。从 2022 年起至 2025 年，smart 将每年为用户带来一款全新车型，丰富新一代 smart 纯电动车家族矩阵。

在气候与低碳方面，smart 已制定清晰的战略目标，即 2045 年前为市场提供碳中和纯电车型。

浙江翼真新能源汽车有限公司

一、单位概况

浙江翼真新能源汽车有限公司（简称“LEVC”）是世界 500 强企业浙江吉利控股集团旗下专注高端出行的汽车品牌。经过一个世纪的空间创变，LEVC 为全球超过 10 亿人次提供宽敞舒适、优雅的出行体验，成为全球出行领域的领军者与文化名片。

116 年来，LEVC 不断满足全球多元化用户需求，开创了一系列具有里程碑意义的技术，包括最小转弯半径技术行业领先，研发安全隐私舱隔断、出行对向会客座椅、副驾行李舱、隐藏斜坡踏板、无障碍关怀功能、E-city 技术等兼顾驾驶与乘坐功能技术。同时推出了 UNIC、AUSTIN、FX3、FX4、TX1、TX2、TX4、TX5 等经典车型。同时，LEVC 打造了覆盖英国、爱尔兰、阿联酋、日本等 40 余个国家的全球销售网络，并先后于英国考文垂和中国义乌落成两座绿色工业制造基地，打造产品全生命周期的绿色低碳。

2006 年，吉利控股集团收购 LEVC 20% 股权，成为吉利全球化战略的第一步。2013 年，吉利控股集团全资收购 LEVC，并为其引入全球化资源及新能源技术。2015 年，首款增程式车型 TX5 发布，LEVC 的发展进程进入新能源时代。2022 年，旗下出行科技品牌“礼帽出行”正式发布，为全年龄段人群提供高品质、定制化的出行服务，领航“产品赋能出行”时代。

除为全球提供高端出行服务外，LEVC 旗下经典车型也为诸多世界级赛事与盛会提供服务，其中包括 2008 年北京奥运会、2010 年上海世博会、2010 年广州亚运会、2012 年伦敦奥运会、卡塔尔世界杯、第 27 届世界气候峰会、第 19 届亚运会、2022 年杭州亚运会等，受到全球各界用户的关注和好评。

2023 年，LEVC 推出首个空间导向型纯电架构 SOA（Space Oriented Architecture），并推出“X-SPACE”战略，致力以空间底层技术，重构空间与出行的关系。该技术将持续推进科技创新，赋能汽车产业发展，力促汽车产业向新能源化、智能化、高端化加速发展。

在吉利控股集团全球化资源的持续赋能下，LEVC 将面向更广泛的全球市场，开启智能电动化时代的轮上空间革命，加速成为全球智能零碳出行科技品牌。

二、产品出口

依托吉利控股集团全球化技术体系，以及在海外市场售后服务网络和零部件供应链等资源，LEVC 能够实现对不同国家和地区消费者需求的快速响应，进而实现稳健的出口增长和可持续发展。随着全球汽车行业向可持续发展转型的趋势愈发明显，以及全球新能源汽车终端用户需求的持续增加，作为 LEVC 旗下豪华纯电 MPV，L380 也将在出口市场获得良好的市场预期，并在国际市场的竞争中彰显优势。

三、产能建设

英国考文垂绿色基地，占地面积约 127 亩，总投资超 5 亿英镑，创中国企业在英绿地投资金额纪录，是英国过去 15 年建立的首个全新汽车生产基地，也是首个电动汽车生产基地。基地内置雨水收集和太阳能电池板系统，利用 365 块光伏太阳能电池板，年发电 3.5 万 kWh，从能源使用端每年减少碳排放 20 万 t；自 TX 车型上市，累计行驶里程超 5 亿英里，减少碳排放量 15.2 万 t。

中国义乌绿色基地，占地 715.8 亩，总投资 21.5 亿元。基地利用 12 万 m^2 太阳能光伏电板，年发电 1000 万 kWh，从能源使用端每年减少碳排放 5810 t。

四、技术进展与研发能力

LEVC 向国家知识产权局申请 397 项知识产权，其中 241 项专利在受理或审查过程中，156 项专利已获得国家知识产权局授权或处于授权办登阶段。

基于吉利控股集团全球化资源的持续赋能，LEVC 推出全球首个空间导向型纯电架构“SOA”。能够实现：

超大架构带宽满足多车型开发需求：SOA 打造超长架构带宽，轴距可从 3000 mm 拓展至 3800 mm，车长可从 4860 mm 扩展至 5995 mm，车宽可从 1945 mm 扩展至 1998 mm，充分考虑人机便利性，满足不同车型开发需求。

多项同级领先技术确保空间最优：运用多项行业领先技术，SOA 通过优化车身纵梁走向以及后悬架的高效扁平化设计，实现了独创纯平地板设计，整车空间利用率达到 75%，超越行业平均水平 8%，得益于此，LEVC 旗下产品内部可布置长达 1.93 m 的一体式无极滑轨，让空间高度连贯布局更多可能，另外，该纯电架构首创尾部下沉式设计，163 L 行李舱扩容将空间需求挖掘到极致。

考量标准源于中国辐射全球：SOA 物理架构和 E/E 架构均满足中、欧、英整车认证法规，包括欧盟 WVTA 和 GSR 主被动安全法规，CSMS 网络安全法规，GDPR 个人隐私保护条令和 ISO26262 功能安全法规，充分保障全球高标准交付，提升产品通用化，缩短研发周期，具备不同国家开发不同产品的技术储备。

五、主要新产品

产品型号	产品名称	品牌	通用名称
MR6535BEV01	纯电动多用途乘用车	吉利翼真	L380

江西江铃集团新能源汽车有限公司

一、单位概况

江西江铃集团新能源汽车有限公司（简称 JMEV）成立于 2015 年初，是江铃汽车集团有限公司为顺应国家产业政策及新能源汽车行业发展需要成立的专业从事新能源汽车研发、生产、销售和服务于一体的新兴企业。

2016 年底，公司获得国内第七张新建纯电动乘用车生产资质，2017 年 9 月底成为国内第三家通过工信部资质全面审查、进入工信部第 300 批公告，正式获得纯电动乘用车生产资质企业。2020 年底，公司新工厂全面投产，拥有冲压、焊装、涂装、总装及动力电池包等五大工艺，生产从 A00 至 A+ 级全系覆盖的高品质车型，成为行业绿色、智能、数字化标杆工厂。2021 年江西省首款 A 级纯电轿车“羿”上市销售，2022 年公司 A 级纯电汽车出口欧洲、中东、中亚、东南亚等地区。截至 2023 年底，公司汽车已成功出口至法国、西班牙、以色列等 22 个国家。

面对充满挑战的时代机遇和快速发展的新能源汽车市场前景，公司以“成为电动汽车和移动出行的普及者”为企业愿景，持续提升产品力和品牌力，面向全球市场开发智能化、模块化的平台车型，构建以国内大循环为主体、国内国际双循环相互促进的新发展格局。

二、生产与经营

2023 年，在江铃集团的坚强领导和正确决策下，新能源公司贯彻落实中央、省市和集团的各项部署，达成年度产销目标。

1. 新能源公司 2023 年产销量过万，达成年度产销目标，同时实现海外销售和渠道双新增，出口业务进入发展加速期。

2. 加快品牌建设推广工作，系统构建“羿、易至”品牌，持续丰富品牌内涵。

3. 降本增效，通过供应链资源整合、开发新型电池、成本分析等方式，开源节流降成本。

4. 质量提升，通过供应商生产过程审核，月度供应商评价,组织供应商零件质量整改汇报等方式,提升产品一致性。

5. 深化合作拓产品,EV3 青春版、GSE 车型 400 km 磷酸铁锂电池包、D180 车型 201 km 项目投产上市,启动 GSE 右舵车型和换电研发项目。

三、产品出口

公司将纯电动轿车出口作为战略予以重视,希望通过战略发展调整带动公司纯电动轿车在国际市场影响。2023 年度出口欧洲、中亚、南美、中东、东南亚等地区共计 2024 辆。

四、产能建设

1. 焊装产能建设

(1)车身生产线8 1 3 0 8 6 3 0

焊接线上各工位间采用滚床滑橇的输送方式输送工件,总拼工位采用机器人抓手定位形式,车身主焊线焊接工作全部由机器人完成;工位间工件周转采用机器人抓手形式,具体工艺流程为人工装件、滑台滑入焊接工位机器人焊接、焊接完成后机器人抓件至下一个工位。

(2)GSE 钢铝车身生产线

GSE 钢铝车身主焊线总拼工位采用 OPENGATE 形式,可满足三种车型自动切换,车身主焊线焊接工作全部由机器人完成。

GSE 钢铝车身侧围自动线,工位间工件周转采用机器人抓手形式,具体工艺流程为人工装件、滑台滑入焊接工位机器人焊接、焊接完成后机器人抓件至下一个工位。

GSE 钢铝车身机舱自动线可满足三种车型的焊接的柔性自动线,夹具切换方式为直线滑台形式,上件、焊接、工位间工件周转全部采用机器人完成,输送方式为转台与滑台无缝对接、机器人搬运、APC 输送。

(3)车身补焊线

焊接线上各工位间采用滚床滑橇的输送方式输送工件,补焊线夹具采用 NC-LOCATER 柔性定位方式,可满足多种车型共线生产的需求。

门盖包边采用机器人滚边工艺,滚边胎模采用滑台切换方式,每个滚边岛可切换三种车型的门盖,每个滚边胎模两侧布置 2~3 个机器人同时滚边以提高生产效率。

2. 涂装产能建设

(1)涂装车间生产为批量流水式方式,设备分层布置,一层主要布置前处理/电泳槽体、打磨室、点修室、喷胶室、漆渣处理装置、生产及生活性辅房;二层主要布置前处理/电泳室体、烘干室、喷漆室以及车身储存线等;三层主要为设备送风空调装置。

(2)"B1B2"水性漆涂装工艺是指"中涂(水性)+底色漆(水性)+闪干/强冷+罩光漆(溶剂型)+烘干"工艺,可减少 VOC 排放。

(3)前处理、电泳及后冲洗采用连续式喷浸结合方式,为船形槽、封闭室体结构,配置循环搅拌及槽上喷淋系统,采用逆流漂洗工艺,节约工业用水量,电泳整流电源采用 IGBT(分布式整流电源),极大地节约电泳漆和电能,同时提高了产品质量。

(4)车底 PVC 采用机器人自动喷涂设备,提高生产效率。

(5)喷漆室采用上送风、下排风的干式漆房,为适应水性涂装工艺的要求,中涂和底色面漆喷漆室设备系统采用不锈钢材质。内、外喷采用机器人喷涂方式提高喷涂效率和涂层质量,降低材料消耗和减少污染物排放。

(6)中涂、色漆过喷漆雾经过纸箱式过滤器净化处理后,通过排气筒集中高空排放(转轮吸附浓缩+RTO 装置位置),漆渣集中存储,由指定的专业公司外运处理。

(7)罩光喷漆室采用上送风、下排风的干式喷漆室,漆雾经纸箱式过滤后通过排气筒集中高空排放(转轮吸附浓缩+RTO 装置位置)。

3. 总装产能建设

(1)根据产品特点及生产纲领,总装车间配置二条内饰装配线、二条底盘装配线、一条最终装配线、一条车门装配线、一条外观检查线、四条检测线和二条淋雨线。

(2)漆后车身由车身立体库送至总装车间内饰线线端,开始内饰装配,主要完成线束敷设、仪表安装、地毯顶衬布置、转向器管柱安装、风挡玻璃安装等工作。

(3)完成内饰装配的车身通过升降机进入悬挂底盘线,主要完成前后悬、电机减速器动力总成、电池 PACK、座椅安装、轮胎等底盘部件安装。

(4)而后车身转至最终装配线,主要完成车门安装、液体加注、电气调试等工作。

(5)下线车辆进入检测线进行四轮定位、制动、大灯调整、电气检查等检测调整工作。

(6)完成检测车辆转至淋雨线进行密封性检查。

(7)各分装线就近布置在装配线相应工位旁,部分总成分装后送至相应装配工位,主要分装线包括:仪表板分装、电机分装、后桥分装、前副车架分装、车门分装、玻璃涂胶等。

(8)车门、座椅、仪表板、风挡玻璃、轮胎等采用助力机械手辅助工人完成装配,以轻工人劳动强度,并保证装配质量。

五、技术进展与研发能力

1. 换电项目开发

项目依托江铃整车开发能力与宁德时代电池研发实力,由江铃新能源牵头,宁德时代协同,优势互补,打造一款巧克力组合换电能力的 A 级轿车。

巧克力换电模式具备提高补能效率、降低购车成本、提高资源利用率和推进电池标准化四大优势。相比充电模式,换电时间能够压缩至 5 min 以内,极大程度提高效率;车电分离后新能源汽车可除去电池费用由高价转为平价降低成本;同时换电过程中还能更好利用峰谷电价差降低电费;换电站对电池进行集中监控能够延长电池寿命;此外,用户无须承担电池的维保费用,但可以享受电池技术升级带来的红利。相较于单包换电,在巧克力换电模式下,仅需开发一款标准电池包即可实现适配 A00 级到 B 级的全系列车型;同时在巧克力换电模式下,司机可以按需选择电池包数量,有效减少新能源车电池系统的冗余成本,提高能源利用率。换电模式痛点在于重资产、电池标准化程度低、车企配合难度大。以往换电的痛点主要包括换电站建设前期投入高,融资需求较大,同时换电电池的标准化程度低,难以开放使用形成规模效应,导致技术的应用推广存在难度,需要车企和电池企业之间加强配合。

本次研究主要解决新能源车型具备自由组合换电能力,

同时融入换电生态，推动江西换电产业及换电标准发展，打造以南昌市为示范的江西省组合式换电模式。

2. 热管理项目

为了解决新能源汽车热安全、整车能耗高、低温续航里程短、充电时间长等痛点问题，项目结合多功能热泵、余热高效回收利用、智能热管理算法（多源热负荷预估及在线动态补偿算法、基于霜层生长建模的智能化霜控制算法、多模式自适应一体化控制系统）、整车热管理标定等技术、域控制集成技术，研制全新一代高集成高能效电动汽车热管理域控制器，以解决电驱总成、功率器件及电池包、乘员舱等集成式智能热管理控制技术瓶颈，适应满足新能源与智能网联汽车需求的新一代架构核心域控制中枢，提升整车热管理的综合性能，延长低温续驶里程等技术目标。

项目顺利实施，可将热泵及余热系统与动力电池、电驱总成、功率电子器件等热管理子系统深度集成，并实现智能控制，为电动汽车热安全及其高效管理提供保障，减少甚至取代低能效的 PTC 的使用，提高新能源汽车能效及续驶里程。项目实施的预期技术指标达到国内领先水平，同时也将填补省内技术空白。

3. 热泵空调控制器项目

电动汽车动力电池仍面临低温制热效率低导致续驶里程衰减、充电慢，电池、电机、DCDC/OBC 等高功率器件热管理精准度差导致热失控等行业痛点问题，严重阻碍电动汽车普及。因此，研究基于热泵空调的新一代高能效电动汽车热管理系统，实现整车热管理的精准、节能、高效是推动新能源汽车发展重要举措，有利于达成汽车产业的“双碳”目标。

江西江铃集团新能源汽车有限公司热泵空调控制器项目组基于丰富的传统热管理系统开发经验的基础上，通过对整车动态热负荷预估算法及在线动态补偿算法研究，实现各子系统热需求的精准预测；通过对多模式条件下自适应智能控制算法的研究以协调各热力子系统间能量分配，实现整车全工况下各子系统的精准控制；通过对霜层生长过程与微通道风速、换热系数的研究，实现低温制热工况下最佳化霜点识别及最大化化霜效率，进而提升低温制热能力；通过各热管理算法模型软件集成开发及硬件开发，形成全新一代高能效电动汽车热管理控制器，实现整车热力系统的集中式一体化管理，达到精准、节能、高效目标。

六、主要新产品

整车			
产品型号	产品名称	品牌	通用名称
JX7004ESBBEV	纯电动轿车	羿驰牌	EV2
JX7001ERFBEV	纯电动轿车	羿驰牌	GSE
JX7001ESMBEV	纯电动轿车	羿驰牌	EV3
JX7001ESNBEV	纯电动轿车	易至牌	EV3

零部件		
产品型号	产品名称	产品应用
J-ACPCBZ001	热泵空调控制器	江铃集团新能源纯电动轿车

七、合资合作及重大项目建设

（1）携手全球顶尖伙伴，打造新能源汽车新标杆，与孚能科技钠离子电池技术合作与百度签订战略合作框架协议。

（2）与社会团体合作，与江西省汽车工程学会签署《联合建立科技服务站合作协议》。

（3）校企合作，共筑新型人才之基，与华东交通大学建设江西省研究生工作站。

八、发展规划

（一）持续深耕新能源汽车“新四化”

1. 针对多元市场需求，公司规划并开展右舵和换电车型开发，满足不同用户群体出行需求。

2. 持续研究低温续航等新法规实施情况，对 EV2、EV3、GSE 平台做法规符合性整改。

3. 进一步寻找合作项目的机会，和天澜汽车、科大讯飞、上海龙创等潜在合作者的项目策划工作。

4. 联合合作伙伴布局高集成六合一动力总成等新产品新技术，实现快速跟随，结合自主自研能力，实现核心关键部件快速适配行业内主流平台，实现通用化，降低物流、售后压力。

（二）打造精品，进一步提升质量水平

1. 零部件采购方面

（1）继续完善提升供应商生产过程审核，从售前 PPM、售后 3MIS 及供货等方面开展供应商评价。

（2）针对售前售后风险供应商继续开展质量整改专题会。

（3）供应商评价等级 C/D 级供应商实施防火墙遏制措施，定期检查防火墙有效性，同时制定高风险供应商管理办法，参照供应商质量协议完善考核机制。

2. 量产质量方面

（1）强力推进 GSE 右舵车、GSE 换电项目等项目按项目节点快速投产上市，紧抓 GSE 右舵项目的前期质量管理与投产质量管控。

（2）搭建整车电气功能检测和排查追溯系统，提升电气功能检出率和整车排查效率。

（三）降本保供

1. 采购降本

深入挖掘供应链潜力，寻找新的降低成本的机会。

2. 物料保供

多元化供应链，避免对单一供应商的过度依赖。

3. 数字化提升

加强数字化技术应用，提高工作和管理效率；运用数字化工具，增强实际业务合规性，实现阳光采购。

（四）创新手段，提升销售能力

（1）明确全年销售任务目标 21000 台。

（2）海外出口方面——稳定现有市场，开拓其他新兴市场。

（3）渠道策略方面——打造稳定有战斗力的经销商团队。

（4）市场推广方面——营销新探索。

广汽丰田汽车有限公司

一、单位概况

广汽丰田汽车有限公司(下称“广汽丰田”)成立于2004年9月1日,由广州汽车集团股份有限公司和丰田汽车公司各出资50%共同投资建设和经营,合资年限30年。

二、生产与经营

全球品质,打造丰田全球模范工厂:广汽丰田秉承丰田数十年汽车制造之精义,引进了全球最先进的生产设备和工艺,布局了冲压、焊装、成型、涂装和总装五大生产工艺,着力打造“丰田全球模范工厂”。广汽丰田扎根南沙二十载,吸引集聚40余家主要零部件企业,广汽丰田作为产业链“链主”,推动汽车产业成为南沙首个千亿级产业集群,实现高质量发展。2023年,广汽丰田推出全新换代雷凌、铂智4X、第九代凯美瑞等车型,不断丰富产品布局,2023年累计生产汽车95万辆,批发汽车95万辆,实现工业总产值1450亿元。根据乘联会公布的2023年汽车厂商零售销量排行榜,广汽丰田全年累计销量位列“日系第一、合资第三、行业第六”的行业排名。

三、产能建设

公司位于广州市南沙区,占地面积362万 m^2,建筑面积135万 m^2,共有员工1.7万人。广汽丰田现已建成5条生产线,年产能100万台,是丰田全球集中规模化程度最高的生产基地。有经销店676家,导入凯美瑞、汉兰达、威兰达、凌尚、雷凌、C-HR、赛那、锋兰达、威飒、铂智4X等十余款车型,实现了对轿车、SUV和MPV各主流细分市场的全覆盖。

四、技术进展与研发能力

先进技术,实现多产品线优化生产:公司发挥丰田TNGA全球最新造车理念综合优势,不断导入丰田全球最新技术,并运用大数据、信息化、物联网构筑“供应商-广汽丰田-顾客”三位一体、行业领先的智慧供应链体系,用更低成本、更短周期实现零库存、实现柔性生产。产品方面,广汽丰田产品线涵盖燃油车、HEV(混合动力车型)、EV(电动车型)、PHEV(插电式混合动力车型),是国内集多种动力技术于一体的全擎全动力汽车生产服务提供商。

五、主要新产品

产品型号	产品名称	品牌	通用名称
GTM6470BFEBEV	纯电动多用途乘用车	丰田	bZ4X
GTM6470BFBEV	纯电动多用途乘用车	丰田	bZ4X
GTM6470BWBEV	纯电动多用途乘用车	丰田	bZ4X
GTM6471FFCHEVR	插电式混合动力多用途乘用车	丰田	WILDLANDER
GTM6471FWCHEVR	插电式混合动力多用途乘用车	丰田	WILDLANDER

六、发展规划

创新服务,提供多元高价值:我们致力成为顾客最喜爱的品牌,协同销售渠道,为顾客提供高价值产品、高品质服务、高品位体验。通过销售店为顾客带来全方位的出行服务以及丰富多彩的社区服务。同时,积极探索共享、移动出行领域,加速布局未来战略新兴业务。

广汽丰田将继续发挥产销研一体化的优势,秉持“一切为了您的微笑”的企业使命,致力于成为中国消费者最喜爱的品牌!

一汽奔腾汽车股份有限公司

一、单位概况

一汽奔腾汽车股份有限公司前身是中国轿车制造业第一家股份制上市公司一汽轿车股份有限公司,是中国第一汽车集团有限公司发展自主品牌乘用车的主要企业之一。奔腾品牌自2006年诞生以来,先后推出二十余款车型。2020年4月一汽奔腾汽车股份有限公司完成企业改革,成为中国第一汽车集团有限公司的全资子公司。2023年9月一汽奔腾汽车股份有限公司引入外部资本,由中国第一汽车集团有限公司持股98.03%、江苏悦达持股1.97%。2024年3月,完成股份制改革,成为中国第一汽车集团有限公司的控股子公司,开启融资、引战等资本运作,以灵活的体制机制加速新能源战略转型。

二、生产与经营

一汽奔腾汽车股份有限公司的主营业务为开发、制造和销售乘用车及其配件。致力于打造“中国主流汽车市场的中高端品牌”,始终秉承“制造买得起、用得住、信得过的汽车,促进人与社会幸福和谐”的品牌使命,坚持“一汽奔腾,进取不止”的品牌精神,砥砺前行,开拓创新。一汽奔腾汽车股份有限公司以用户为中心,以满足用户需求为导向,精准预判市场发展规律,抢抓先机,不断打造行业升级的划时代产品,先后推出奔腾T77、T99、T55、T33、E01、NAT、M9、T90、B70、B70S等多款车型,累计销量超过270万辆。产品包括轿车、SUV、MPV三种类型,燃油和纯电两类能源,ToC和ToB两个市场,实现了乘用车市场全覆盖。公司下设11部、1分公司、1直属科室,现有员工总数2083人,其中本科学历及以上人员占比99%。在德国慕尼黑和国内长春、上海、沈阳均设有研发机构,形成“两国四地”研发布局,具有完备的整车及系统开发、集成、验证能力。结合品牌规划,建立了可持续发展的渠道布局,拥有一网经销商253家、二网经销商969家。当前在售奔腾B70、T90等六款传统能源车型和NAT及奔腾小马两款新能源车型。

三、产品出口

一汽奔腾汽车股份有限公司 2023 年全年实现整车销售 12.07 万辆，同比增长 59.4%，取得八年以来最好成绩，增速超过行业 48.8 个百分点，市场销量排名提升 5 位。新能源板块全年销量 2.6 万辆，同比增长 30%；海外板块全年销量 2.9 万辆，同比增长 177%，均创历史新高。其中，在出行和海外市场持续发力；出行市场方面，奔腾 NAT 全年销量达 24535 台；海外市场方面，一汽奔腾汽车股份有限公司协同中国第一汽车集团进出口有限公司，紧抓海外机遇，持续丰富产品线，在深耕东欧、中东两大主销区域的同时，积极布局亚太、拉美及东南亚地区市场，重点市场突破万辆级规模，全年出口量相比 2022 年增长 177%，海外销量达历史最高水平。

四、产能建设

一汽奔腾汽车股份有限公司在新能源转型进程中，紧跟长三角一体化战略，充分利用东南沿海完整的产业链和明显的区位优势，推进渠道“东移南迁”战略，在江苏盐城建设新生产基地，打破品牌、市场、产品、产能等方面的发展瓶颈，融入新能源汽车优势产业集群，完成对当地优势资源的快速吸收、应用，聚焦主流市场，创造新的市场契机，大力发展新能源与智能网联汽车。对盐城生产基地工艺布局进行系统规划，将原有单一车型、5 万辆产能的工厂调整为 2 个平台 4 款车型，建成年产 10 万辆级纯电动车的工厂。盐城生产基地已正式投产，首款车型奔腾小马量产下线。中国一汽盐城生产基地将担负新能源乘用车生产任务，将推出 7 款新能源车型，目标是 2024 年实现自主销量 20 万辆。

五、技术进展与研发能力

奔腾品牌诞生于 2006 年，十八年来，累计实现整车销售 299 万辆(含马自达)，税收贡献超 312 亿元，是长春市第 12 家进入百亿规模的企业，在汽车行业拥有较高的知名度。

2023 年一汽奔腾汽车股份有限公司实施“531”战略，聚焦新能源转型，执行“快速上量，加速转型，改革创新，破局复兴”工作总方针，对新锐造型、智能网联、新能源三电、整车集成四大方向进行全面创新、持续突破，累计投入研发费用 4.4 亿元，促进研发降本、提速，推动产品体验、质量提升。

造型方面，依托奔腾上海造型中心人才及区域优势，长春、上海两地团队高效协同，不断创新进取，在量产、前瞻、CMF 等多个领域取得突破。逐步完善造型前瞻体系及流程并开展造型前瞻，形成有市场竞争力和品牌辨识度的设计语言规避同质化；持续开展 CMF 前瞻研究、持续挖掘设计魅点，提升内饰体验设计能力、细节设计能力，按中长期产品规划高效、高质实现新锐化造型。

智能网联方面，依托沈阳智能网联中心人才优势，研发团队持续壮大，逐步补强软件开发能力，应用创新互动工作模式，最大化提高团队的跨地域协同效率，集中发力优化提升产品体验，全力以赴打造差异化的座舱体验。2023 年重点提升了硬件选型能力，实施横纵向对标，建立了 SOC 等关键芯片资源库，并实现了全景/T-BOX 等多项功能融合，优化整车成本；软件方面，自主化率提升至 80%，并全新建立云端软件自主开发及运维能力；软件体系建设方面，搭建 Confluence、jira 等数字化业务平台，并实施了 Po 制管理模式，实现小模块敏捷开发。建立奔腾功能安全研发平台及体系，实现功能安全概念阶段的全自研；搭建汽车信息安全通用能力库，创建 BSSP 自主信息安全平台。

新能源三电方面，充分借力一汽集团基础技术、动力总成及电池电驱资源，核心零部件自主开发，打造新能源三电核心产品平台，以项目及产品为载体，搭建开发流程与标准，建立三电核心产品货架体系，“设计与仿真同步，开发与测试同步，技术与产品同步”的闭环开发流程。搭载 FME 平台车型，全面梳理 BMS 业务并形成功能规范，实现 BMS 系统开发能力和开发体系跃迁。建立整车控制器应用层白盒开发体系，建立功能规范设计、HIL 测试等核心能力，创新采用联合编队方式完成奔腾首个混动车型项目的自主标定，并搭载 A0 级纯电 SUV 开展整车 VCU 自主标定工作，提升驾驶性、动力性等模块自主标定能力。夯实高压架构、高压安全、高压部件及充配电系统的自主集成设计能力，自主制定高压系统集成标准、规范及测试用例，搭建高压安全及充放电验证体系；开发 V2L 车外放电功能，自主建成高压部件、高压充配电及补能系统开发能力，实现高压集成自主可控。动力总成团队充分利用现有资源，积极开展内外部培训，电驱自主热仿真能力建立取得阶段性进展，并通过搭载项目持续夯实自主热仿真能力建设能力，助力“All in”新能源战略落地，为新能源快速转型贡献出力量。

整车集成方面，围绕打造新能源创新产品，开展产品诞生全过程业务能力梳理与价值创造，强化贯穿开发的集成式正向开发能力，从业务、流程等 7 方面夯实体系基础，全面支撑产品升级及新能源转型。以用户需求为出发点，聚焦功能集成合理化，提升性能集成最优化，夯实结构集成最佳匹配效果，促进整车集成技术先进性和车型应用的竞争力。落实 DDR 数字化重用，强化虚拟体验验证效能，开展全景影像模型渲染工作，结合历史项目经验，成功规避历史问题并提升交付质量，实现全景轻量化模型自主渲染能力提升。摸索有机结合新模式，通过与中国检验认证集团下辖的中国汽车工程研究院和中国质量认证中心合作，在认证检验一体化方面寻求效率提升。持续开展平台布置优化，平台零件通用化率达到 70% 以上；自主开展动力学仿真优化，仿真能力提升至 75%，显著降低研发投入；持续进行底盘调校体系能力提升，平顺性得分由 6.75 提升至 7.00，支撑优秀底盘性能打造。2023 年在续航电耗、虚拟仿真、平台通用化、数字孪生实现新突破。新场地试制改扩建项目的完工，完成了自动化立体仓储、焊装机器人、3D 打印等建设，扩展了焊装线、质量检查间和电气检测室，样车交付周期缩短一周；全面开展试制工艺验证，实现 100% 全覆盖，初步建成过程数智化、TQC 全面管控的试制体系，通过能力达到 2 辆/天。电气测试方面新建了功能安全/信息安全/电性能/以太网等新业务测试能力，以自主测试能力提升为核心，提高电气测试质量，通过全流程数字化管理，提升电气测试效率。新能源整车性能试验室 1 期建设及整车充放电试验、混动排放能力育成，快速建成 L2.5 及 ADAS 测试能力，完善电动车适应性等 9 项试验能力，节省了试验费用，提升了产品开发质量，体系能力的进一步提升，助力产品开发快速达成。

六、主要新产品

产品型号	产品名称	品牌	通用名称
CA7000BEVD	纯电动轿车	一汽牌	奔腾小马
CA7007BEVA	换电式纯电动轿车	一汽牌	奔腾 E05
CA7155D6B	轿车	一汽牌	奔腾 B70
CA7209A6B	轿车	一汽牌	奔腾 B70S
CA7156D6C	轿车	一汽牌	奔腾 T55
CA6455A6E	多用途乘用车	一汽牌	奔腾 T77
CA6471BA6A	多用途乘用车	一汽牌	奔腾 T90
CA6486AT6G	多用途乘用车	一汽牌	奔腾 T99
CA6530BA6A	多用途乘用车	一汽牌	奔腾 M9

七、发展规划

中国一汽“531”规划进一步明确了对于奔腾品牌的发展要求。未来 3~5 年，奔腾品牌要做大，中国一汽将从战略上给予奔腾高度重视，在机制、政策、技术和产品上提供切实支持，着力将其打造成为“具有央企背书、多资本来源、更加开放”的“新造车势力”。一汽奔腾汽车股份有限公司将以“All in 新能源”为方向，实施“双轮驱动”，乘势勇为、极致创新，持续上量稳定经营基盘，加速新能源转型谋求发展。到 2025 年，实现销量 30 万辆，2026 年 40 万辆，2027 年 50 万辆，2028 年 60 万辆，逐步蜕变为“中国新锐主流乘用车优秀品牌”，为中国一汽“打造世界一流汽车企业”贡献更大力量。

宇通客车股份有限公司

一、单位概况

宇通客车股份有限公司是一家专注于客车产品研发、制造与销售的制造型企业，二十余年来，宇通始终坚持以造好客车、塑造品牌为己任，逐步成长为国内外客车行业的龙头企业。2023 年，宇通销售客车 36518 辆，营业额 284 亿元，大中型客车国内市场占有率达到 37. 1%，连续 21 年国内第一；全球占有率约 10%，持续保持全球领先。提供就业超过 3 万人，行业龙头效应显著。

宇通紧跟电动化、智能网联化、高端化、国际化发展趋势，围绕安全、节能、舒适、环保等方面进行了深入研究，打造了产品竞争力领先的技术护城河，引领了客车行业技术发展的先进方向，突破了电池、电机、电控、充电、加氢等共性核心技术，建立了插电式、纯电动和燃料电池整车技术平台，全面进军新能源商用车领域，开发了高安全、高可靠、高效率、高智能的系列化新能源商用车产品，已累计销售新能源商用车超 19 万辆。

二、生产与经营

宇通是以客车、卡车为主业的商用车产业集团，产品覆盖客车、卡车、专用车、工程机械及环卫设备。旗下 2 家上市公司(宇通客车，宇通重工)、4 个整车工厂(十八里河厂区、新能源厂区、重工厂区、专用车厂区)、5 个零部件基地(智能驱动基地、动力电池基地、商用车底盘基地、汽车电子与车用空调基地、零部件产业园)均在郑州。有 17 家高新技术企业，9 家专精特新(国家级 2 家：深澜动力、智驱科技)。2023 年，集团销售各类商用车 45378 辆，同比增长 20%；实现营业额 362 亿，同比增长 18%，新能源稳居行业第一梯队，历经 30 年发展，累计销售新能源商用车超 19 万辆。

三、产品出口

截至 2023 年底，宇通累计出口各类客车近 10 万辆，产品远销至智利、墨西哥、埃塞俄比亚、安哥拉、坦桑尼亚、菲律宾、澳大利亚、马来西亚、哈萨克斯坦、乌兹别克斯坦、沙特、巴基斯坦、卡塔尔、英国、法国、丹麦、挪威、芬兰等全球主要客车需求国家与地区。在主要目标市场，公司已成为主流客车供应商之一。在新能源客车领域，公司已累计出口新能源客车超过 4800 辆，并在卡塔尔、墨西哥、英国、丹麦、挪威、智利、乌兹别克斯坦、哈萨克斯坦、芬兰、法国、波兰、澳大利亚、新西兰、意大利、葡萄牙、新加坡等 40 多个国家或地区形成批量销售并实现良好运营，积极发展绿色公共交通，为全球减碳作出贡献。

四、产能建设

宇通是一家集客车产品研发、制造与销售为一体的大型制造业企业，也是国内客车领军品牌和世界主流客车品牌。连续 21 年国内销量第一。公司始终以造好客车、塑造品牌为己任，主要产品可满足 5~18 m 不同长度需求，拥有 126 个产品系列，服务于公路客运、旅游客运、公交客运、团体通勤、校车、景区车、机场摆渡车、自动驾驶微循环车、客车专用车等各个细分市场，涵盖中档、高档，适用于全世界各类应用场景。宇通工业园于 1998 年建成，占地面积近 1700 亩，是全球生产规模最大、工艺技术条件最先进的大中型客车生产基地之一。新能源厂区是宇通最大的整车生产厂区，2012 年底建成投产，占地面积 2100 亩，包括生产区、物流区、检测区、办公区及研发区，具备年 3 万台的生产能力。

五、技术进展与研发能力

宇通紧跟电动化、智能网联化、高端化、国际化发展趋势，围绕安全、节能、舒适、环保等方面进行了深入研究，打造了宇通产品竞争力领先的技术护城河，引领了客车行业技术发展的先进方向。高端系列产品全面布局，完成了海外高端 U 系列、T 系列及 2 代机场摆渡车等产品开发，推出了星宇版、星河版等高端商务车，进一步丰富了公司高端产品的阵容；积极发挥行业引领作用，与产业链企业深度合作，助力郑州城市群燃料电池汽车示范应用落地。完成了二代电动底盘、高效轻量化集成电驱桥系统、智能座舱域控制器、主动降噪技术等技术的开发和应用，获得行业首个 UNR155 车辆网络安全管理体系认证和 R156 车辆软件更新管理体系认证，全面提升了产品竞争力，巩固了新能源和智能网联技术的领先优势。

宇通拥有“国家认定企业技术中心”“企业博士后科研

工作站”“国家电动客车电控与安全工程技术研究中心”“客车安全控制技术国家地方联合工程实验室”“交通安全应急信息技术国家工程实验室车辆信息技术分实验室”“国家认可实验室”“国家级工业设计中心”等7个国家级科研创新平台，同时拥有“河南省燃料电池商用车技术创新中心”“河南省新能源商用车产业创新中心”“新能源客车智能网联河南省交通运输行业技术创新中心”等14个省级科研创新平台，被科技部、国务院国资委和中华全国总工会联合授予首批“国家创新型企业”称号，被工信部及财政部联合授予“国家技术创新示范企业”，是行业首家“国家级信息化和工业化深度融合示范企业”“国家火炬计划重点高新技术企业”，获得河南省省长质量奖、2020中国设计红星奖、2021年红点奖、2022年工信部智能制造标准应用试点项目企业、2023年度智能制造示范工厂揭榜单位等。

六、主要新产品

产品型号	产品名称	品牌	通用名称
ZK6105BEVG	纯电动城市客车	宇通	E10
ZK6710D	公商务车	宇通	T7
ZK6120HQ	大中型客车	宇通	—

七、合资合作及重大项目建设

宇通依托“博士后科研工作站”“国家电动客车电控与安全工程技术研究中心”“客车安全控制技术国家地方联合工程实验室”等研发平台和开放合作机制，建立了以企业为主体、“产、学、研、用”相结合的技术创新机制。与清华大学、北京理工大学、信息工程大学、吉林大学、西安交通大学、长安大学、哈尔滨工业大学、同济大学、郑州大学等国内知名高校和汽车安全与节能国家重点实验室、电动车辆国家工程实验室、河南省科学院、嵩山实验室、龙门实验室、中国汽车技术研究中心、中国汽车工程研究院、交通运输部科学研究院、国家汽车质量监督检验中心、国家客车质量监督检验中心、国家轿车质量监督检验中心等科研机构建立产学研合作关系，集成优势创新资源，为聚集创新人才及科技成果工程化和产业化创造了优良环境，提升了研发水平和创新能力，促进了关键技术和科研成果的快速转化。已获得国家及省级科技进步奖36项，包括国家科学技术进步二等奖2项，河南省科学技术进步一等奖7项，二等奖18项，三等奖9项，为公司的技术创新提供助力，提升了研发水平和创新能力，促进了关键技术和科研成果的快速转化。

八、发展规划

宇通坚持有所为有所不为，围绕新能源及网联汽车这一战略性新兴产业，锚定商用车这一万亿级市场，发挥整车系统集成、新能源及网联技术优势，顺应新四化趋势，以客车带动卡车、整车带动零部件，扎实推进客车品牌向商用车品牌、中国品牌向世界品牌转变。

1. 客车业务：顺应四化趋势、巩固领先优势

围绕技术、市场两个方面，落实“电动化、智能网联化、高端化、国际化”相关工作，发挥新能源及智能网联核心优势，巩固各细分市场领先地位，产品向中高端走，并稳步拓展国际市场，国内占有率争取超过45%、全球占有率争取超过15%，客车业务总收入超过400亿，持续提升全球竞争力和品牌力。

2. 卡车业务：发挥核心优势、加快规模推广

为抢抓未来3~5年国家公共领域车辆电动化窗口，宇通在做好前期准备的基础上，率先在郑州打造新能源卡车示范样板，并全力向全省全国推广，扩大新能源卡车领先优势，并适时切入传统卡车。争取用5~10年将卡车总收入做到800亿以上。

奇瑞万达贵州客车股份有限公司

一、单位概况

奇瑞万达贵州客车股份有限公司系奇瑞集团与贵阳市政府合资成立的集研发、生产、销售、售后为一体的商用车车企。公司总投资22.6亿元，具备年产1万台大型客车与2万台轻型客车的生产能力。产品覆盖公务、商务、旅游团体、城市公交、专用车等各个领域，是贵州省内唯一一家具备客车整车资质、新能源资质、轻客资质及氢燃料客车资质的本土车企。自2013年以来，公司的新能源公交车、公路客车已累计实现销售近1.5万余台，销售区域涵盖贵州、安徽、云南、广州等众多省市，为贵州省汽车产业发展及节能环保事业作出了应有的贡献。

二、生产与经营

公司2023年全年累计实现销量近1000辆。

三、产品出口

奇瑞万达贵州客车股份有限公司依托奇瑞集团连续18年自主品牌出口第一的市场资源与销售能力，以高端新能源客车和豪华燃油客车拓展东南亚、西亚、中东及南美洲等国际市场，实现“贵州制造”的对外批量出口，促使整体海外市场成为公司业绩新一轮的增长点。

四、产能建设

奇瑞万达贵州客车股份有限公司具备年产1万台大型客车与2万台轻型客车的生产能力，精细生产组织，突出规模效益。

五、技术进展与研发能力

新型智能化产品（智能无人驾驶、双层客车、18 m铰链客车）、新自动化生产线（焊装机器人）、新能源实验室（氢燃料动力）等相关建设。其中特别针对贵州公交、客运旅游市场而开发的18 m铰链客车、旅游客车等高端产品已具备批量生产条件。2020年在获得氢燃料电池客车生产资质后，在安徽省、贵阳市实现氢燃料动力电池公交示范应用。

六、主要新产品

产品型号	产品名称	品牌	产品型号	产品名称	品牌
WD6127DH01	12 m 燃油旅游客车	万达牌	WD6117BEVSG01	双层城市客车	万达牌
WD6120BEV02	12 m 纯电旅游客车	万达牌	WD6117BEVG05	纯电动公交车	万达牌
WD6887FCEVG01	8 m 氢燃料纯电公交	万达牌			

重庆恒通客车有限公司

一、单位概况

重庆恒通客车有限公司(简称恒通客车或公司)成立于1939年,位于重庆璧山区比亚迪大道26号,法定代表人刘君华,注册资本2.28亿元。恒通客车是中国唯一完整经历过所有客车技术变革,并至今蓬勃发展的专业客车制造厂,是国内第一辆城市客车、铰接客车、燃气客车的设计者和制造者,是专业从事新能源、智能网联客车、专用车的研发制造企业。公司以品质为根基,以服务为保障,以信誉为前提,精益求精,求真务实,恒通客车“绿色公交系统解决方案提供商”的品牌形象,在社会上、行业上、用户中都留下了较为深刻的印象;在品质、服务、信誉等各个方面恒通客车均取得了卓越的成就,赢得了社会和公众的一致好评。

公司秉承专业创享价值的品牌理念,恒通将携手行业各界朋友,共同推进绿色发展、循环发展、低碳发展,为促进节能减排与中国客车工业技术进步,为“绿色公交都市”和“美丽中国”贡献自己的一份力量。

二、生产与经营

公司2022年从重庆市渝北区搬迁至重庆市璧山区,璧山区基地总投资20亿元,并于2022年年底获取新能源整车资质。2023年营业收入74485.12万元。

三、产品出口

公司产品已出口到泰国、新加坡、秘鲁、孟加拉国、越南等20多个国家。

四、产能建设

公司坐落于重庆市璧山高新区,占地355余亩,拥有新能源核心的“三电”“智能化”等技术优势,建成国内先进、西南地区最大的整车涂装电泳及整车客车全工序生产线,具备年产4000台新能源客车生产能力。

五、技术进展与研发能力

公司拥有专业技术开发团队,各类技术研发人员50余人,拥有2000 m^2 的试验室,具备客车、环卫车、自卸车、厢式车等专业研发能力和各类专用汽车设计开发能力。公司为提高产品设计质量和效率,购置有AUTOCAD、UGNX、Pro/E、CATIA等二维、三维软件,均用于生产设计的全过程,同时CAE分析软件用于客车性能的分析,如有限元分析和动力学分析。

80多年来,恒通客车不断加强自身在公交客车方面的专业能力,深入研究各地的区域道路特征、交通状况、能源、公众需求等存在的差异,研发了5~12 m燃气(CNG/LNG)、燃油(柴油/汽油)公交、公路客车、纯电动客车(快充/慢充)、插电式混合动力客车(气电/油电)等13个系列共110多个国家公告产品。

六、主要新产品

产品型号	产品名称	品牌	通用名称
CKZ6605BEV01	纯电动城市客车	恒通	X6
CKZ6690BEV01	纯电动低入口城市客车	恒通	C07
CKZ6803BEV01	纯电动城市客车	恒通	C08
CKZ6853BEV03	纯电动城市客车	恒通	
CKZ6853BEV05	纯电动低入口城市客车	恒通	
CKZ6855BEV01	纯电动低入口城市客车	恒通	
CKZ6901BEV01	纯电动低地板城市客车	恒通	C09
CKZ6105BEV03	纯电动城市客车	恒通	C10
CKZ6105BEV04	纯电动城市客车	恒通	
CKZ6105BEV05	纯电动低入口城市客车	恒通	
CKZ6129BEV01	纯电动低入口城市客车	恒通	X12

七、合资合作及重大项目建设

公司围绕重庆市纯电动城市客车、环卫、物流产业发展要求,依据完善的地区新能源汽车配置体系,与重庆大学、重庆理工大学、重庆机电职业大学、风筑科技、西部车网、西部智联等高校、研发机构在永磁同步电机、燃料电池系统、智能座舱、智能驾驶等多个领域展开合作,提升公司技术能力,带动重庆市新能源汽车零部件和智能网联产业链的同步发展。

八、发展规划

“十四五”期间恒通客车主动服务国家重大战略,依靠公司产品核心技术和重庆市汽车产业链优势基础,顺应新能源化、智能化、网联化的发展趋势,加大发展新能源客车业务,同时拓展新能源货车(环卫车、渣土车、物流车)业务,为重庆市建设世界级智能网联新能源汽车产业集群,打造新能源、智能网联汽车、智慧交通发展高地赋能,带动重庆市新能源汽车零部件和智能网联产业链的同步发展。

一汽解放集团股份有限公司

一、单位概况

一汽解放集团股份有限公司(深交所上市:股票代码000800)是中国第一汽车股份有限公司的控股子公司,总部位于吉林省长春市。

一汽解放汽车有限公司(简称一汽解放)是一汽解放集团股份有限公司的全资子公司,是在原第一汽车制造厂卡车业务的基础上组建的中、重、轻型卡车及客车制造企业,具有健全的财务管理和体系保障,公司员工2.2万余人,整车年生产能力41.8万辆。

一汽解放自主掌控世界级整车及动力总成核心技术,并构建了完善的组织机构和覆盖国内外的销售服务网络,拥有长春、青岛、广汉、柳州、佛山五大整车基地,长春、无锡、大连三大总成基地,苏州、南京、无锡、天津、石家庄、佛山六大新业态基地,并以长春为全球研发总部,形成了“四国九地”的全球研发布局。

一汽解放坚持“自主发展,开放合作”,以品牌战略为统领,以创新和变革为驱动,精准把握技术发展方向和市场变化趋势,深入推进产品升级、提质降本、转型发展、管理变革、党的建设等各项工作,推动企业实现高质量发展,致力于成为“中国第一、世界一流”的绿色智能交通运输解决方案提供者,促进社会更加繁荣。

二、生产与经营

2023年,一汽解放实现营业收入639.05亿元,同比增长66.71%,实现归母净利润7.63亿元,同比增长107.66%,整车销售24.17万辆,同比增长42.11%,新能源产品全年实现销量0.72万辆,同比增长164.5%。一汽解放靠硬实力赢得国家、行业认可,成功获评国资委“创建世界一流专业领军示范企业”“科改企业”,荣获第五届中国质量奖提名奖,获得深交所信息披露A级评价,市值规模始终领跑A股商用车板块,“解放”品牌价值提升至1187.76亿元,连续12年领跑中国商用车卡车品牌。

三、产品出口

2023年全年实现出口4.5万辆,同比增长100%,连续4年实现跃迁式增长,不断刷新出口纪录;海外网络的布局与效能同步增强,紧跟行业热点,聚焦头部市场、开辟空白市场,解放品牌海外市场认知度与日俱增,为后续新能源车型的出口奠定了坚实的基础。2024年全球新能源汽车行业仍将继续保持迅猛的发展态势,公司将持续加强新能源领域的洞察与投入,积极推进新能源卡车批量出口,拼抢海外新能源市场份额,保持行业领先地位。

四、产能建设

一汽解放贯彻落实集团“Allin”新能源战略,以市场为驱动,持续强化制造领域新能源转型升级,以长春、青岛、广汉、柳州、佛山五大整车基地,长春、无锡、大连三大总成基地,构建柔性、敏捷的新能源混流生产能力,确保新能源车产跃增销量。

五、技术进展与研发能力

2023年,解放仍然以高质量发展为目标、以发展新质生产力为驱动,全面推动关键核心技术突破。并以行业领先为目标,推出了一系列行业领先总成及行业领先整车,进一步巩固了行业技术领跑者地位。实现全球首款“氨氢融合发动机”的成功点火,解放为行业“双碳”目标达成提供了新的技术路线选择。打造了国内当前最高端燃电重型牵引车,采用高密度储氢系统,突破集成式热管理技术,搭载全自主动力总成,续驶里程超600 km。联合壳牌在北京发布了解放蓝途“星域”低碳技术平台的首款混合动力概念卡车,代表着解放在绿色低碳领域,对极致高效节能技术及合作模式的深入探索。在武汉车展上发布了解放蓝途“星熠”零碳技术平台的首款燃电前瞻车,代表对绿色零碳动力的创新突破。同时发布了解放智途“星棋”网联技术平台的首款前瞻智能驾舱,代表对数字体验的极致探索。同时,解放也全面再造了技术体系流程,从根本上解决技术成果转化率低、技术成果储备度不足等行业共性问题,提高了技术产出与应用效率、效果。

强化新能源、智能网联研发能力建设,持续提升新业态试验验证能力。新能源领域建成电机性能、电驱桥装配、动力电池耐久、电芯性能、HCUHIL、燃电系统性能、燃料电池系统装配、膜电极封装等重大装备,全过程构建电机~电驱、电芯~PACK、HIL~实车的大三电试验试制能力,全要素打造系统~电堆~关键组件的燃料电池测试验证能力;智能网联领域构建高算力平台仿真、虚拟在环仿真验证系统等重点装备,打造覆盖L1~L4级SIL、MIL、HIL试验能力。

六、主要新产品

产品型号	产品名称	品牌	通用名称
CA4250P62T1BEVA2	换电式纯电动半挂牵引车	解放	J6L
CA3310P66N142L4T4BEV	纯电动自卸车	解放	J6P
CA5310GJBP62L4T4BEV	纯电动混凝土搅拌运输车	解放	J6L
CA4250P66T1FCEVA5	燃料电池半挂牵引车	解放	J6P
CA4250P66K24T1E6HEV	混合动力半挂牵引车	解放	J6P
CA5048XXYP40L2BEVA85	纯电动厢式运输车	解放	虎6G
CA5042XXYP40K51L2E6PHEVA84	插电式混合动力厢式运输车	解放	虎6G
CA5046XLCP40L2FCEVA84	燃料电池冷藏车	解放	领途

续上表

产品型号	产品名称	品牌	通用名称
CA5045XXYP40K51L2E6PHEVA84	插电式混合动力厢式运输车	解放	领途
CA1040P40L3BEVA84	纯电动载货汽车	解放	J6F

七、合资合作及重大项目建设

与佛山仙湖实验室李骏院士工作站建立战略合作，共同建设国内外先进的商用车智能碳中和技术自主创新平台，围绕氢复合动力商用车核心技术开展深入研究，打造国际领先的一汽解放双碳达标自主创新技术与新一代产品平台，进一步夯实解放新能源汽车产品的技术创新储备，加速技术研发和产品转化，对推动氢能技术在重型装备特别是交通运输重型装备上率先实现产业化产生极大影响力。

与新疆能源建立战略合作，在车辆采购、整车物流服务、智慧物流平台建设、推进智能网联合作及数据共享等多领域开展全方位战略合作，双方通过进一步整合各自资源优势，构建起全面、长期和稳定的战略合作伙伴关系，助力新疆地区智慧物流生态圈建设，共同推动智慧物流发展升级和全链路降本增效，构建中国物流新发展格局。

与吉林龙山建立战略合作，双方积极整合产业链、实现互利共赢，一汽解放利用吉汽龙山微型车产品资源进行新品开发、整车生产，开拓海外微型车市场和国内微型车新能源市场，加速实现微型车的上量突破，努力让更多一汽品牌汽车从这里走向全国、跑遍世界，为全省汽车产业集群“上台阶”作出江城贡献。

与中汽中心建立产学研多维度合作，通过整合汽车产业研发资源，进一步发挥中汽中心在行业智库服务、汽车产品检测认证、共性及前瞻性技术研发等领域的核心优势，持续深化双方战略合作，协同推进产业融合与科技创新，助力解放技术实力持续攀升，携手为汽车强国建设作出新的更大的贡献。

与上海交大建立战略合作，双方联合建立一汽解放—上海交大商用车先进技术与智能制造联合研究中心，充分利用上海交大多学科与前瞻研究优势，结合一汽解放产品工程化的资源优势，在商用车先进材料、新能源、智能制造等领域共同攻克关键技术，支撑一汽解放全面提升研发能力、强化技术产出与应用、建立前瞻技术洞察与信息获取渠道。

与壳牌中国深化战略合作，双方将在一体化能源方案、新能源商用车、多维技术创新、超级概念卡车项目和海外市场合作等五个方面开展重点合作，通过联合研发、业务合作，共同探索能源解决方案、低碳转型策略和降本增效路径，2023 年 10 月，双方携手发布了“星域”概念卡车，2024 年 5 月正式开启产品路试验证，助力解放尖端技术、高端产品不断焕新，推动中国商用车与道路运输行业绿色可持续发展，加速迈向“净零”未来。

八、发展规划

解放致力于成为 E 时代全球商用车技术引领者、标准制定者、价值创造者，为广大客户提供“中国第一、世界一流”的新能源智慧交通运输解决方案。

已完成 J7、JH6、J6L、J6F 等重、中、轻、微、客全系列 141 款新能源产品投放，成功实现了“传统车电动化”；2025 年前，将完成智能化整车控制、电驱动、动力电池、燃料电池等系统开发，实现新能源“核心总成数智化”；2030 年前，将完成搭载模块化底盘、智能化总成、超低风阻驾驶室、中央集中式 EE 架构等全新平台开发，实现新能源“整车平台专属化”。

东风商用车有限公司

一、单位概况

东风商用车有限公司，是世界 500 强企业东风集团旗下的中重型商用车核心事业板块。公司起源于 1969 年成立的第二汽车制造厂，2003 年与日产合资，成为东风有限下属的中重卡事业部，2013 年东风集团与沃尔沃集团缔结战略联盟，2015 年双方以 55 ∶ 45 共同投资组建成立新的东风商用车有限公司。

公司拥有独立的研发中心、2 个专业厂、8 家子（分）公司，形成了以十堰为基地，辐射襄阳、随州和新疆的事业布局，涵盖中重型整车、关键总成（驾驶室、车架、发动机、变速箱、车桥）、铸锻、后市场等主要业务，现有从业人员 1.7 万余人，整车年生产能力 23 万台。

公司历经 50 余年的不懈追求，致力于打造成为世界一流的商用车企业，始终坚持“一切源于可靠”的品牌理念，践行以客户为中心的品牌向上战略，持续为客户提供满意的产品和服务，不断加快产品的推陈出新和迭代升级，形成 G200/D760/D320/D560 等覆盖高端、主流、价值等商品平台，面向资源短倒、环卫、渣土/搅拌等细分市场完成新能源系列化布局，在智能网联方面，坚持技术创新，推进智慧港口无人集卡、高速干线智能驾驶卡车、智慧矿卡等商业化应用，引领行业发展。

二、生产与经营

商用车行业正逐步向高端化、定制化、新能源化、网联化转型。东风公司将加大新能源、智能网联等重点领域的投入，抢占“下一代商用车”技术制高点。在全面布局纯电、氢燃料、混动技术路线的基础上，东风公司将推动行业加快转型发展，助力中国商用车品牌在新能源时代走在前列。

东风商用车有限公司 2023 年销售新能源中重卡 1600 余台，累计销量 5000 多辆，L2+干线物流重卡累销超过 800 辆。井下矿山场景，L4 智驾样车已开展常态化运营测试，并持续迭代控制策略和产品技术。公司已布局 400 多家新能源专属服务网络。此外，通过与物流、交通、能源、城市等领域的合作和融合，公司积极构建能源、补能、电池银行、租赁平台、金融等新能源生态。

东风商用车有限公司在河北、武汉、江西和山西等地实现了换电场景应用，建立了成熟的换电商业模式。近期，公司协同启动了全国首条高速干线氢能重卡规模化商业运营。

东风商用车有限公司将基于新的架构、技术、工程和场景，开放合作，不断推动东风商用车由“车辆贸易”向“客户整体解决方案营销”转型。

三、产品出口

东风公司坚定不移推进国际化发展战略，不断强化国际化运营能力，推动科技跃迁成果广泛应用于海外市场。东风公司海外产品矩阵不断丰富，营销体系力进一步夯实，品牌海外影响力有效提升。2023 年，东风商用车全年累计报关出口 1.2 万辆，同比增长 139%，达成增速行业第一，在战略市场开发、重点市场培育和营销能力建设上取得显著成绩。通过深化协同，东风商用车与东风进出口在海外业务产、供、销全价值链体系能力建设、商品开发、服务备件和生产制造等领域及时响应海外业务诉求，优化业务流程，有力支撑全年销量翻番。东风商用车销量在东南亚、中亚、非洲、美洲等区域市场取得突破性增长，针对不同海外市场政策法规、环境差异、细分特点与用户需求，东风商用车进行产品定制化开发，打造海外版东风天龙 GX、东风天龙 KL 等“明星商品”，赢得良好口碑，助推市场突破。

2023 年东风全面推进海外营销转型工作，对组织架构和运行机制进行了优化调整，重点提升品牌建设、产品营销、渠道发展、售后服务等营销支持方面的能力供给，全面赋能属地化发展，东风商用车海外的产品矩阵日趋丰富、分销能力持续提升、售后服务保障体系逐步健全。2024 年，东风商用车海外出口计划实现 2 万辆销量目标，聚焦新商品投放、渠道能力提升、市场拓展等，实现东南亚、非洲、中东和美洲等战略重点市场销量增长。

未来三年，为确保东风新中期事业计划目标达成，东风将进一步加大商用车海外事业资源投入，持续强化六项工作：研发方面，持续加强平台架构、三电核心动力总成、氢能源、智能网联等核心领域的技术创新，全面赋能整车产品技术向上和电动化智能化转型；品牌方面，打造高端品牌，同时开发经济型车型，覆盖不同客户需求；产品方面，强化海外细分市场商品研究，适应性开发满足不同工况的产品；渠道方面，鼓励合作伙伴与东风共建长期的战略合作伙伴关系。

随着东风商用车海外影响力正不断提升，为进一步拓展新能源海外市场打下良好的基础。在全球“双碳”目标的指引下，2024 年东风商用车将持续深耕海外市场，努力践行国家“双碳”目标，推进零碳排放车辆走出国门，把海外新能源市场作为寻求增量的重点突破方向，进一步保持主要市场优势地位。

四、产能建设

东风做强做优自主事业，推动燃油车为主向节能与新能源汽车并重发展。2024 年将陆续推出 21 款自主新能源乘用车车型和 17 款新能源商用车基础车型。其中东风自主乘用车主力品牌全新车型 100% 电动化，到 2025 年将实现新能源汽车销量 100 万辆。

在新能源商用车领域，现有 3000 余台新能源中重卡产能基本上可以满足市场需求，随着新能源商用车渗透率的持续提升，公司将根据市场需求及时增加和调整产能。

五、技术进展与研发能力

东风商用车新能源整车商品竞争力行业前茅，纯电车型已实现典型场景商品全覆盖，混动车型已开展小批量客户运营，氢燃料电池车型已实现牵引、环卫、工程及载货示范运营；未来东风商用车新能源产品剑指行业前三，其中纯电整车新增典型场景商品覆盖度将达到 95%；混动车型将实现国六混动商品化；氢燃料电池整车将满足示范运营到小批量商品化典型场景需求，实现覆盖度 90%。

纯电整车已掌握集成及控制技术、轻量化高速驱动电机电驱桥、热管理智能技术，全解耦制动能量回收；混动整车已掌握了 P1/P2 并联，串联、插电式混合动力技术整车集成和整车控制技术，混动电机控制器、集成式热管理；氢燃料电池整车已掌握整车集成及控制技术，牵引车氢耗行业领先。

新能源关键总成短期战略目标是掌握部分关键核心技术，支持全价值链提升采购、制造和服务能力，完成新能源整车控制、集成式电驱动桥开发；中期战略目标是掌握关键总成自主开发能力，关键特性行业领先，完成电机控制器、动力电池 PACK 及 BMS、自主集成热管理系统、自主标准化换电系统、燃料电池系统集成技术开发。长期战略目标是全面掌控核心总成和技术，实现性能成本最优，完成轮毂/轮边电机、固态电池、高压快充和无线充及 CTC 动力电池系统等技术开发。

六、主要新产品

产品型号	产品名称	品牌	通用名称
DFH4250DBEV	换电式纯电动半挂牵引车	东风商用车	KL
DFH4250DBEV1	纯电动半挂牵引车	东风商用车	KL
DFH3310ASEV	换电式纯电动自卸汽车	东风商用车	KC
DFH3310AEV1	纯电动自卸汽车	东风商用车	KC
EQ1180GEVJ1	纯电动载货汽车底盘	东风商用车	KR
DFH1180EEV4	纯电动载货汽车底盘	东风商用车	KR

七、合资合作及重大项目建设

2023 年 4 月 16 日，“十四五”国家重点研发计划能源与交通领域重点专项启动会在武汉理工大学召开，东风商用车有限公司牵头承担的“新能源汽车”重点专项《电动载货车多材料底盘结构轻量化关键技术开发》现场通过审议。该项目由国内商用车领域 5 家核心整车企业-东风商用车、中国重汽、北汽福田、吉利远程、江铃汽车，以及 5 所车辆工程和材料领域的一流高校-吉林大学、北京科技大学、武汉理工大学、大连理工大学、湖南大学携手研发，通过产学研的结合，利用主机厂丰富的整车设计集成能力和高校扎实的理论功底，保证项目顺利的实施。

2023 年 5 月 16 日，东风商用车与国汽（北京）智能网联汽车研究院有限公司、北京云驰未来科技有限公司签署车路云一体化项目战略协议。智能网联汽车是中国汽车行业决胜下半场竞争的关键之一，而智能网联汽车的发展不能只依赖单车智能这一条发展路径，以车路云融合为核心特征的一体化系统也是智能网联汽车未来发展的重要路径，是独具特色的“中国方案”。联合创新实验室已经开始针对“车路云一体化 SOA 架构”进行课题研究和项目合作，将在三方的共同努力下，对车路云一体化 SOA 架构的核心技术、工具链、测试与仿真验证技术以及在商用车的具体实现路径进行合作与创新；同时东风商用车也将通过此项目的推进，掌握车路云一体化 SOA 架构的开发流程与方法，为未来车路云一体化 SOA 架构的自主开发奠定基础。

2023 年 6 月 12 日，在湖北武汉，东风公司与国氢科技合作生产的 200 辆氢能车辆交付及新订单签约仪式举行。这是湖北省内和武汉市内氢能领域最大规模的集中交付，也是东风公司与国氢科技战略合作的典范案例。在政府的大力支持下，东风公司、国氢科技、中石油、中石化及合作伙伴共同构建氢能产业生态，打通了氢燃料电池、整车、加氢站、氢气供给及车辆运营的产业链条，武汉氢能产业集聚效应初显。后续，东风商用车将继续加强与国氢科技的深度合作，开发更多满足市场需求的氢能车辆，推动国产自主氢能产业链的成熟，助力国家交通领域的低碳高质量发展。

2023 年 9 月 15 日，东风商用车有限公司与国家电投集团海南电力有限公司签订战略合作框架协议，双方将基于“平等互利、优势互补、价值共享、共同发展”的原则，积极发挥各自地域、技术及品牌优势，在绿电交通、新能源汽车多场景研发及应用、综合智慧能源等领域开展深入合作，共同推进新能源事业发展。

八、发展规划

1. 短期时间（2024—2025 年）：总体上实施跟随策略，完善产品布局。牵引车、工程车、搅拌车提升竞争力，切换大功率电机、自重、能耗优化。载货车推出新品上市，系列化电量轴距配置。环卫车推出新品上市，电量优化，实施优特性+低成本商品组合策略。

2. 中期时间（2026—2028 年）：总体上实施核心特性领先策略，包括能耗、自重、动力、补能时间等，补充增程混动路线新产品。牵引车、载货车实施最优能耗极致轻量化+超充长续航长寿命的策略；工程车、搅拌车实施大功率强动力、短轴距高通过，标载自重能耗最优的策略。环卫车实施能耗、改装便利、整车一体化行业领先的策略。

3. 长期时间（2029—2034 年）：总体策略上全系商品核心特性保持领先，智能化行业引领，线控底盘与智能整车组合。

中国重型汽车集团有限公司

一、单位概况

中国重汽集团是我国重型汽车工业的摇篮，主要研发、生产、销售各种载重汽车、特种汽车、专用车及发动机、变速箱、车桥等总成和汽车零部件，拥有黄河、汕德卡、豪沃等全系列商用汽车品牌，是我国重卡行业驱动形式和功率覆盖最全的重卡企业之一。产品出口 110 多个国家和地区，连续 19 年保持全国重卡行业出口首位，占据我国重卡出口的半壁江山。

中国重汽集团顺应全球汽车行业发展趋势和潮流，全面推进智能制造、绿色制造、高端制造，加速新能源汽车产业布局，积极应对变革和发展。2023 年成立新能源商用车公司，围绕新能源商用车实施产销研一体化战略，全面布局纯电动、混合动力、氢燃料电池三大技术路线，聚焦科技创新、市场推广、产业链协同、生产线现代化等方面持续发力，取得了系列创新成果，为我国新能源汽车产业的绿色转型和可持续发展注入了新的动力。

二、生产与经营

1. 生产情况：

中国重汽集团拥有亚洲最长整车装配线，5000T 智能冲压（其中 5 条车身冲压线，2 条车架冲压线）、44 台数字化焊接线机械手，8 台涂装机械手、75 台 ABB 全自动机器人、驾驶室及组合车架整体电泳、AGV 无人配送，具备世界顶尖卡车制造装备和工艺，可实现 4~5 min 下线一台车。

中国重汽新能源商用车具有自己独立的总装生产线，年总产能达到 30000 台，随着新能源商用车需求增加，总装厂增开新线后总产能达到 40000 台。

中国重汽集团积极推动生产线的现代化升级，不断提高生产效率和产品质量，保证新能源商用车产品一致性、稳定性，并推动新能源商用车行业健康持续快速向前发展。

2. 经营情况：

2023 年，中国重汽集团积极应对国内外市场复杂形势和挑战加快产品、市场、业务结构调整，深化细分市场布局！抓住出口市场机遇，高质量发展取得丰富成果。2023 年，集团累计实现整车销售 32.3 万辆，同比增长 36.1%。其中实现重卡销售 22.6 万辆，同比增长 43.9%，轻卡销售 9.6 万辆，同比增长 20.6%，实现营业收入 854 亿元，同比增长 43.9%。

这一年来，中国重汽集团抢抓国内市场复机遇，扛住了行业需求结构性变化、市场竞争愈发激烈等挑战，不断超越自我、不断刷新纪录，销量和市场占有率大幅提升，强势领跑行业。通过深挖细分市场需求潜力，解决客户需求、运营痛点，在长途干线物流、高端专用车、燃气车、新能源等国内市场取得优异表现。

这一年来，中国重汽集团不断推动技术升级，坚持正向研发流程，收获了一系列科研成果。其中黄河、汕德卡高端重卡持续优化升级，油耗更低，可靠性更强，在全球高端市场的竞争力不断提升。豪沃 MAX、TX7 等产品针对煤炭等细分市场开展轻量化设计，整备质量达到国际先进水平，新能源车型动力系统（三电）系统持续优化，产品能耗进一步降低，为销量增长奠定坚实基础。

三、技术进展与研发能力

1. 重汽新能源商用车自建立以自主创新研发为主、产学研合作为辅的并行研发体系，形成了商用车整车平台、底盘系统、动力系统（三电）、座舱电气系统等核心优势，建立了产品研发、中试、试验验证及项目管理等软硬件完善的研发体系，搭建并行开展多个平台项目的创新研发平台。今年累计申请专利48项，其中发明专利12项，实用新型专利36项；承担山东省重点研发计划（重大科技创新工程）"燃料电池商用车集成技术与研究"项目1项，济南市科技发展计划"氢能动力汽车及动力总成平台"项目1项；参与国家重点研发计划"氢能车辆推广与规模化运营模式研究"项目1项，山东省重点研发计划（重大科技创新工程）"商用车燃料电池发动机系统集成研发及应用"项目1项。

2. 重汽新能源已完成牵引、自卸、搅拌、载货、环卫、轻卡物流等6个主销市场场景产品布局，并不断拓展应用场景至港内外拖车，包括TX、GX、悍将、统帅等多个产品系列30余款车型开发工作，采用充电、换电、燃料电池等多种技术路线，其中纯电产品电量涵盖64～612 kWh；同时聚焦客户需求，完成日照港、成都渣土、宁波港无人驾驶等定制化订单车型设计。

为实现技术快速响应，启动整车布置、动力总成统型开发工作，实现多合一集成电源、驱动电机（中央驱动电机、电驱动桥）模块化设计，减少零部件设计数量，线束模块化设计，实现布线精准、合理，减少电磁干扰及绝缘风险，关键零部件提高防水等级，增加涉水防护措施，提升可靠性。

3. 在动力总成开发工作中，中国重汽开展自主VTCU（整车控制器）硬件开发及应用层开发调试工作，完成满足AUTOSAR标准10余个版本的发布，建立了应用层单元测试和流程和标准，已完成VTCUHIL测试模型的开发及车辆运行记录大数据分析的开发工作，通过配置升级，硬件方面在原有VTCU控制器的基础上集成空调、ATS风扇、换电网关等。电驱桥方面，新能源商用车公司于2023年开发行星排换挡电驱桥，采用大功率电机+小速比传动系统，提升系统可靠性和效率，最高效率为95%，已通过1万km可靠性试验，在宁夏、陕西等山区试用情况良好。

四、主要新产品

产品型号	产品名称	品牌	通用名称
ZZ4257V384GZ1HBEV42	纯电动充电牵引车	重汽	豪沃 TX
ZZ4257V384GZ1SBEV35	纯电动后背换电牵引车	重汽	豪沃 TX
ZZ4256Y424HZ1SBEV51	纯电动底部换电牵引车	重汽	汕德卡 GX
ZZ3317V326GZ1BEV	纯电动充电自卸车	重汽	豪沃 TX
ZZ3317Y326GZ1BEV60	纯电动充电自卸车	重汽	豪沃 TX
ZZ3317V356GZ1SBEV35	纯电动换电自卸车	重汽	豪沃 TX
ZZ5047XXYH3414Z145BEV89	纯电动厢式物流车	重汽	悍将
ZZ5047CCYH3414Z145BEV96	纯电动仓栅物流车	重汽	统帅
ZZ5047XLCH3414Z146BEVD1	纯电动冷藏物流车	重汽	统帅

五、合资合作及重大项目建设

新能源商用车公司立足公司三新业务发展，协同大集团资源，重点推进ZF集成式电驱桥对标、弗迪动力电池、弗尔赛氢燃料电池、大功率300 kW丰田燃料电池匹配等战略项目落地，进一步夯实自身竞争力水平，车型对标竞品，已开发涵盖96～612 kWh电量弗迪电池系列整车产品，其中612 kWh自卸车已成功导入成都渣土市场，潍柴新能源162 kWh氢燃料电池车型已在山东开展试用，累计行驶超过1万km，弗尔赛200 kW/250 kW/300 kW电池项目已立项开发。

在重点研究目标工况下，进一步明确牵引、自卸车产品开发需求，加速产业化推广，丰田大功率300 kW燃料电池已完成样车装配，正在开展功能性能测试及验证。

为提升集成化电驱桥水平，对标ZF，将电机、电机控制器、减速机构及桥总成进行高度集成，基于现有电驱桥技术路线开发机-电-磁-热-流耦合的多目标优化核心技术的集成式整体桥壳电驱桥，2024年底前将完成技术路线论证。

六、发展规划

整体展望。从商用车行业来看，随着经济逐步复苏和国家各项稳增长措施落地，居民消费信心将进一步增强，未来市场预期有望持续好转。一是中国经济体量带来的日常物流需求为商用车行业提供了强大的基础支撑。二是庞大商用车保有量带来的自然更新和国四限行政策的逐步实施给行业带来置换性增量。三是油、气、电差价带来的燃气、新能源车结构性增量机仍将持续。四是新能源商用车技术逐步成熟，叠加整车成本下降，覆盖场景继续拓展，需求规模持续提升。五是海外需求仍将旺盛，新兴市场和发展中国家经济增长将为商用车需求带来稳定增量。总体来看，商用车行业需求将呈现恢复性增长态势。

中国重汽集团始终将"客户满意是我们的宗旨"作为企业的价值观，将"打造世界一流的全系列商用车集团"作为战略愿景。新能源业务将在未来做好以下三个方面的工作：

1. 加快产品推广，抢抓增量机遇。一是聚焦北京、深圳、重庆、成都等政策先行城市和钢厂电厂、水泥、煤炭、物流园区等应用场景，加快产品批量销售，抢占市场份额。二是不断丰富用场景，从短途、封闭场景向更远运距、更多样化场景拓展，扩大新能源产品可进入空间。

2. 创新商业模式，实现新业态增长。以数字化、智能化为基础，围绕用户运营，打造车辆全生命周期资产运营管理能力，形成"智慧物流、车辆租售、保外后市场"的全生命周期，全业态布局，建立以服务带动整车的良性循环，完善本后市场服务体系建设。

3. 优化营销网络，夯实渠道赋能，提高营销能力。一是加快完善网络建设、培育和优胜劣汰，提升网络竞争力。二是通过数字系统精准识别各细分市场客户需求，制定针对性的产品推广和销售策略，实现精准营销。

三一汽车制造有限公司

一、单位概况

三一汽车制造有限公司(简称三一汽车)是三一集团旗下核心企业,是三一重工股份有限公司的全资子公司,成立于2003年4月28日,经过三一集团历时20年的艰苦经营,三一汽车成为一家以工程机械为主的集研发设计、制造、销售于一体全球知名的综合性先进制造企业,拥有常规车型、纯电动车型、氢燃料车型以及混动车型的生产资质。三一汽车拥有数字化生产的“灯塔工厂”,全工序实现智能化制造,以“打造最符合客户应用场景的产品”为己任,秉持“创建一流企业,造就一流人才,做出一流贡献”的企业愿景,致力于发展成为新能源商用车行业第一品牌和引领者。

二、生产与经营

三一汽车积极进行智能制造转型,按世界“灯塔工厂”标准建有5个“灯塔工厂”厂房,其中18号厂房已经获得全球“灯塔工厂”认证,三一汽车智能制造化水平达到世界领先水平。2023年,三一汽车与时俱进,积极响应集团“全球化,数智化,低碳化”战略,公司产品竞争力持续增强,全年完成53款新能源车型上市,产品涵盖充电式纯电动、换电式纯电动、氢燃料以及插电式混合动力4大技术路线,包含混凝土搅拌车、冷藏车、自卸汽车、起重机、泵车、专用车底盘等多种车型。新能源混凝土搅拌车年度销量1799台,占市场比例33.72%,新能源自卸车年度销量1158台,占市场比例17.46%,总体而言新能源车型销售实现重大突破。

三、产品出口

三一汽车制造有限公司积极推进三一集团国际化发展战略,致力于国内国外双向市场拓展,在2023年的产品出口情况表现强劲。具体而言,主要新能源汽车产品如自卸汽车、混凝土搅拌车、起重机等海外销售均实现了快速增长。三一汽车制造有限公司积极布局出口业务,在海外设立直营事业部,如印尼、东南亚、中东、俄罗斯等区域均有布局,希望通过走出去的方式进一步擦亮中国制造的名片。总的来说,三一汽车制造有限公司在2023年的产品出口情况表现优异,不仅出口总额实现了大幅增长,而且出口的产品种类和品质也得到了进一步的提升和拓展。这些成果得益于三一汽车制造有限公司在技术创新、产品质量以及市场拓展等方面的不断努力和投入。

四、产能建设

三一汽车具有载货汽车、专用车、消防车、燃料电池载货汽车、纯电动载货汽车及插电式混合动力载货汽车的生产资质,严格按照国家法律法规,以及国家准入许可法规的相关要求进行生产。三一汽车总产能2.21万辆/年,拥有智能制造的“灯塔工厂”,被列为首批国家智能制造试点示范项目。三一汽车生产设备齐全,包含下料、成型、焊接、机加、装配、调试、表面处理及涂装八大工艺设备,具备完整的冲压车间、焊装车间、涂装车间、底盘车间以及总装车间五大工艺生产线;拥有多种试车跑道、涉水池、整车淋雨实验室、全数字化汽车综合性能检测线。新能源车总装装配生产线,主要从事新能源车(纯电动和燃料电池专用车)底盘和上装的装配、检测线以及调试等工作。随着市场的不断变化和发展,三一汽车将继续加强产能建设,为公司的可持续发展奠定坚实基础。

五、技术进展与研发能力

三一汽车始终将研发创新视为第一驱动力,积极投入资源进行技术研发,下属有通用技术研究本院、泵送研究院、搅拌车研究院、应急装备研究院及试验检测中心等11个部门,负责纯电动、燃料电池和插电式混合动力载货汽车底盘及专用车等各类车型的设计开发工作,与新能源汽车产品有关的专业技术人员800余人。三一汽车也在专利方面取得了显著的成果,公司共申请了“汽车制动能量回收控制方法、回收系统、汽车和介质”“高压配电系统、高压控制盒和电动工程车”等200余件专利,其中发明专利97件,进一步增强了产品的竞争力。三一汽车不仅拥有强大的研发实力和创新能力,随着海外业务的不断拓展还形成了全球化的研发体系,为公司的发展提供了强有力的支撑,随着技术的不断进步和市场的不断变化,三一汽车将继续加强研发创新,推动公司的持续发展和升级。

六、主要新产品

产品型号	产品名称	品牌	通用名称
SYM5316GJB1BEV	纯电动混凝土搅拌运输车	三一牌	电动搅拌车
SYM3314ZZX5BEV	纯电动自卸汽车	三一牌	电动自卸车
SYM3316ZZX1PHEV	插电式混合动力自卸汽车	三一牌	混动自卸车

七、合资合作及重大项目建设

在合资合作方面,三一汽车继续秉持开放合作的态度,积极寻求与国内外企业的战略合作。通过合资合作,公司不仅能够共享资源、降低成本,还能够引入先进的技术和管理经验,进一步提升自身的竞争力。

在重大项目建设方面,三一汽车在2023年也取得了显著的进展。公司加大了对新能源、智能化等领域的投入,推进了一系列重大项目的建设。这些项目包括新能源汽车生产线、智能制造工厂等,旨在提升公司的生产能力和技术水平,满足市场的不断增长需求。这些项目的建设不仅提高了公司的生产效率,也进一步巩固了公司在行业内的领先地位。

同时,三一汽车还注重与产业链上下游企业的协同合作,共同推动汽车制造行业的创新发展。通过加强与供应商、客户等合作伙伴的紧密合作,公司实现了资源的优化配置和风险的共同分担,为公司的稳定发展提供了有力保障。

八、发展规划

三一汽车制造有限公司作为工程机械领域的头部企业,

未来发展规划无疑将围绕技术创新、市场拓展、质量提升等多个维度展开。世界在第四次工业革命和第三次能源革命叠加下正处在一个前所未有的超级技术窗口期,三一汽车贯彻集团领导“宁可犯错,不能错过”的指示,坚定落实“全球化,数智化,低碳化”战略,积极响应国家“双碳”目标。公司将继续加大在三化领域的研发投入,推动产品的升级换代,提升产品的竞争力和附加值。

其次,市场拓展是三一汽车实现规模化发展的关键。公司将积极拓展国内外市场,寻求与更多优秀企业的合资合作,加强品牌建设和市场推广,增强客户对产品的信任和认可。此外,质量提升也是三一汽车未来发展的重要方向。公司将继续优化产品质量,践行“品质改变世界”的使命。综上所述,三一汽车有望在未来实现更加稳健和可持续的发展,为工程机械行业的进步做出更大的贡献。

北奔重型汽车集团有限公司

一、单位概况

中国兵器工业集团北奔重型汽车集团有限公司,是兵器工业集团重要的非承载轮式平台制造企业、重要的军民融合型子集团,是内蒙古自治区唯一的商用车制造企业。

企业构建了 NG80、NG08、NG09、NG10 四大产品平台,通过先进的整车总装、驾驶室、车架、车桥生产线打造北奔重卡精品。产品广泛应用于物流运输、水利、电力、石油、矿山、城建、交通及抗震抢险、防汛、预警、危险监测、反恐防暴等诸多领域,销往非洲、拉美、东南亚、中亚、中东等 100 多个国家和地区。新能源重卡产品已开发出涵盖纯电动、插电式混合动力、氢燃料电池等能源形式的多款产品,可满足厂内重载短倒、煤炭标载运输、城市渣土运输、坑口重载下坡运输等场景。

诞生之日,北奔重汽始终具备“四种特质”:一是“出身伟大、使命光荣”的红色特质。1988 年 9 月 27 日,在国务院总理的亲自见证下签约引进德国奔驰全套工艺技术。二是“强我国防、壮我军威”的强军特质。先后在国庆 60 周年、70 周年、抗战胜利 70 周年、建军 90 周年阅兵活动中四次接受了党和国家检阅。成功完成护航保障历次神舟载人飞船发射返回任务。2015—2018 年,连续四年参加俄罗斯国际军事比武活动,为国争光。三是“奔驰技术、兵器出品”的创新特质。建立了“强基固本、不忘初心、行稳致远、包您满意”的品牌质量体系,是“国家企业技术中心”、“国家高新技术企业”和“国家级知识产权优势企业”。四是“请党放心、强国有我”的担当特质。在各类灾害事故救助现场都有北奔重卡驶过的车辙,在坚定履行强军首责、服务部队“能打仗、打胜仗”的演练场上都有北奔重汽的贡献,在持续深化改革激发活力、推动地方经济社会发展中都有北奔人的付出!

立足当下,北奔重汽始终打造“三色北奔”:一是传承人民兵工的红色基因。始终用习近平新时代中国特色社会主义思想武装头脑、指导实践、推动工作,坚定履行强军首责,推动企业高质量发展。二是秉承奔驰技术的蓝色血液。打造“奔马”“蓝剑”“猛虎”三大子品牌,拓展自卸车、牵引车、越野车、特种车、新能源车和无人驾驶车等胜任全域环境的北奔产品谱系。三是承载绿色发展的核心使命。贯彻落实国家“双碳”目标,重点发力新能源重卡,建设“绿色低碳物流运输方案解决提供商”,满足客户需求,为客户创造价值。

面向未来,北奔重汽始终坚持“三利原则”:一是坚守家国情怀,做到“利国”。坚持系统观念思想和工作方法,弘扬人民兵工精神和“三牛”精神,勇当践行蒙古马精神的先锋企业,发扬“严上加严、细上加细、精益求精、至精至微”的工作作风,为国家做贡献。二是坚定发展信心,做到“利企”。聚焦军品、外贸、大客户及国内核心优势民品市场,提高军用产品支撑保障能力、提高民品市场拓展能力,建成国内有特色、行业有地位的军民融合创新型重卡企业,实现高质量发展。三是坚持以人为本,做到“利民”。当好绿色发展主角、当好绿色发展主力、当好绿色发展链长,聚集新能源上下游产业链,助推经济社会发展,造福于民。

二、生产与经营

2023 年,北奔重汽坚持以习近平新时代中国特色社会主义思想为指导,全面贯彻落实习近平总书记重要指示精神,围绕“由传统重卡制造商向绿色低碳物流运输方案整体解决提供商”转型的发展定位,经营质量稳中向好。2023 年实现销售 10015 台,同比增长 42. 04%,市场占有率由 2021 年的 0. 9%上升到 1. 35%,行业排名和行业综合影响力实现较大提升。科研经费投入 1. 65 亿元,投入强度达到 6. 01%,同比增长 30%。扎实推动增效降本系统工作方案实施,全年累计降成本总额 1. 19 亿元,其中采购降成本 6889 万元、完成年度奋斗目标的 196%,设计降成本 4574 万元、同比增加 4360 万元,工艺降成本 413 万元,一般性费用支出同比降低 649 万元,实现平均单台降成本 1. 51 万元、同比增加 0. 27 万元。履行自治区新能源产业链链主企业职责使命,全面走访内蒙古 12 盟市及重点煤炭市场,聚焦鄂尔多斯光伏与产业大会签约项目和包头新能源项目“两个专项”,积极促进项目落地,加快从传统燃油动力向新能源转变,混合动力和氢能全部实现了商业化、市场化,并且混合动力成为行业内首家交付用户的企业,全年新能源市场实现销售 1777 台,钢铁用户企业由原来的 38 家增长至 45 家。

三、技术进展与研发能力

经过多年的消化与吸收,北奔重汽建立了与当期发展规模相适应的重车产品开发体系和技术创新能力,拥有享受国务院政府特殊津贴专家 3 人,中国兵器首席科学家 1 人,中国兵器科技带头人 4 人,中国兵器青年科技带头人 3 人,建立了分布于包头和北京 300 余人的产品开发团队。产品开发团队承担着整车和核心部件及分系统的开发,拥有重型卡车新产品研发、工艺技术研究、标准化研究、开发体系建设及项目管理、仿真分析、试验验证全流程研发能力。拥有专利授权 218 项,参与制定国家标准 8 项,拥有科技成果 36 项,其中国家级新产品 2 项、省部级科技进步成果奖 10 项,中国兵器科技进步成果奖 9 项。其中,2023 年申请专利 86 项,其中发明专利 29 项，授权专利 52 项，其中发明专利 7 项。通过前期新能源电动卡车开发、氢燃料卡车研制、混合动力重卡开发等项目的研究工作，北奔重汽掌握了新能源重卡的开发流程，也培养了一支成熟的新能源重卡开发团队，团队成员主要涵盖总体开发、电器开发、热管理开发、底盘专业开发等多个领域。团队先后承担了公司多个型号新能源产品研发任务，在整车匹配、电控开发、热管理开发等方面形成了完整的新能源整车和先进系统模块开发能力，掌握大小三电集成一体化、动传一体化设计、车架悬架一体化设计、振动控制、整车电子智能信息化系统集成等关键技术。经过持续创新和产品迭代，新能源重卡产品已形成“三不怕两防”的技术特性，即“不怕高温、不怕超低温、不怕水，防尘和防磁”。2023 年，完成纯电动环卫车、平地板纯电动牵引车、130 kW 氢燃料牵引车、350 kWh 纯电动渣土车等多款新能源重卡产品的开发工作，加快开展热管理、集成式辅助驱动等关键技术研究，为企业转型奠定技术和产品基础。

四、主要新产品

产品型号	产品名称	品牌	通用名称
ND1180ABXJHZ01BEV	换电式纯电动载货汽车底盘	北奔	1822
ND1180ABXJHZ02BEV	纯电动载货汽车底盘	北奔	1822
ND1310DBXJ3Z01BEV	纯电动载货汽车底盘	北奔	3156
ND1310DBXJ7Z01BEV	纯电动载货汽车底盘	北奔	3149
ND3310DBXJ7Z03BEV	换电式纯电动自卸汽车底盘	北奔	3149K/3155K
ND4250BBXJ7Z01BEV	纯电动牵引车	北奔	2549S
ND4250BBXJ7Z08BEV	换电式纯电动牵引汽车	北奔	2549S/2555S
ND4250BBXJ7Z01FCEV	燃料电池牵引汽车	北奔	2548S
ND4250BBXJ7Z00PHEV	插电式混合动力牵引汽车	北奔	2548S
ND4250BBXJ7Z02FCEV	燃料电池牵引汽车	北奔	2555S

五、发展规划

坚定不移贯彻落实习近平总书记关于发展新能源汽车的重要指示批示精神，以“向绿色低碳物流运输方案整体解决提供商转型升级”为发展定位，以“构建产业发展生态圈”为发展方向，以“专业化、差异化、特色化”为产品策略，以“市场营销体系、科研管理体系、质量管理体系、供应链管理体系”深度重塑为重要抓手，打造价值创造溢出效应，做实做强做优做大新能源产业。

1. 加强新能源重卡科技攻关

（1）加大产品开发力度

坚持氢电互补，多种能源协同发展路线，纯电车型以市场需求为导向，进行大电量、大功率产品开发，着力提升纯电系列产品竞争力，形成电动车系列谱系，同时加快“三不怕两防”基础技术研究成果落地。氢燃料重卡车型持续提升产品成熟度和场景适应性；通过与行业头部企业和科研院所的合作联盟，在大功率氢燃料电池整车的匹配技术、整车冷启动技术、综合热管理技术等方面开展深入研究，保持氢能产品的行业领先水平。混合动力重卡以节能降耗为导向，推动各类混合动力车型开发，保持行业先发优势。

（2）提升核心技术能力

为了实现打造“重卡行业最会应用新技术”企业的目标，加速新质生产力的形成，积极寻求与产业链上下游企业的合作，进一步强化与科研院所、行业资源、供应商等外部资源的深度合作，技术向前一步延伸，持续加快“新技术、新工艺、新材料、新结构”的应用，提升新能源产品科研创新能力。通过与核心零部件头部企业联合发展，形成新能源产品核心竞争力，通过与行业优势资源深度合作，提升仿真分析能力，加强软件测试能力。通过拓展生态链合作伙伴，与行业内优势企业共享资源、形成技术和市场互补的生态协同发展模式。同时，坚持科技协同创新合作模式，推动新技术应用落地，做强新能源产品技术储备

2. 以政策推动为契机，加快新能源重卡市场开拓

2024 年 3 月 13 日国务院印发的《推动大规模设备更新和消费品以旧换新行动方案》，明确提出支持交通运输设备和老旧农业机械更新，加快淘汰国三及以下排放标准营运类柴油货车。随着国家新能源汽车推广应用步伐的加快，和新一轮大规模的设备更新和消费品以旧换新政策的开启，将进一步撬动汽车市场特别是老旧重卡的淘汰更新。北奔重汽将抓住国家政策驱动的有利时机，借势而为、顺势而上，推动巨大的重卡存量市场向增量市场的转化，加快新能源车推广应用。

3. 坚持“专业化、差异化、特色化”产品策略，全面推进“三个转型升级”

坚持科技创新引领产业创新，走好新质生产力大道。一是聚焦“新技术、新工艺、新材料、新结构”应用，以轻量化材料应用减重项目为切入点，打造“专业化、差异化、特色化”产品，加强与金融机构合作，助推“四新”应用产业化，加快向“科技+金融”转型。二是强化与产业链伙伴合作，发挥资本优势，坚持“北上战略”，拓展市场，实现“带货售车”，推进“以租代购、以旧换新”，提升市占率，加快向“市场+资本”转型。三是坚持链式发展，搭建“产、研、销、融、服”一体化运营平台，强化科研制造基本功、向后市场服务延伸产业链、构建生态圈，加快向“制造+服务”转型。

北汽福田汽车股份有限公司

一、单位概况

北汽福田汽车股份有限公司（简称“福田汽车”）成立于 1996 年 8 月 28 日，是中国品种最全、规模最大的商用车企业，于 2021 年成为中国汽车工业史上首个销量突破千万辆的商用车企、中国首个千万级“双自主”商用车企，也是全球突破千万销量用时最短的商用车企。福田汽车业务已覆盖商用车全品类，构建了车辆与移动装备、零部件、数字科技和

商业生态四大业务体系,可以为用户提供线上线下一体化的“人·车·货·场”高效互联和全场景服务。

在车辆及移动装备布局上,福田汽车品类最全,已经覆盖253个场景,提供人和货自由移动全场景解决方案。同时,福田汽车不断加快新能源汽车产品布局,已形成涵盖纯电、混动、氢燃料全技术路线、覆盖全场景的商用车全系产品矩阵。

在研发布局上,福田汽车以北京为中心,全球布局18个技术创新研发中心,构建以新能源汽车技术、智能网联技术、节能技术和轻量化技术四个领域为核心的技术创新体系。

在生产制造上,福田汽车全面布局智能制造,覆盖商用车整车及零部件全产业链,整车标准产能为80万辆/年。其中,国内布局21个整车和零部件工厂,海外已建设22个KD工厂,实现全球化产业布局。

在销售服务上,国内一网经销商2289家,二网经销商8710家,平均服务半径小于40 km。海外销售网络遍布130多个国家和地区,开拓2000多家分销及服务网点,销售服务遍布全球。

在数字科技上,拥有国内最大的商用车车联网平台,为多行业提供数字化解决方案。平台接入车辆已达250万+辆,每日接入数据80亿条以上。

后市场生态围绕人、车、货、场,以车联网、金融科技、大数据、互联网技术为基础,建立以客户为中心的智能互联生态,为客户提供安心用车、无忧养车、便捷换车与智能管车的全生命周期解决方案。在新能源生态建设中,2025年将构建起“车+桩+光+储+荷+智”的新能源产业和商业生态闭环体系。

福田汽车坚定不移地把新能源战略作为公司发展第一战略,秉持绿色科技驱动能源革命,数字变革深化价值创造的经营理念,福田汽车将为能源革命提供绿色解决方案,致力于成为绿色科技和市场领先的国际化企业。未来,福田汽车将大力践行“双碳”目标,将从“能效、产品、制造、生态和体系”五大层面,全面落实“双碳”目标。

二、生产与经营

福田汽车聚焦商用车主业,坚持“以客户为中心”,抢抓市场结构性和竞争性增长机遇,确保“规模”“效益”双提升,实现“销量”“利润”双增长,跑赢市场大盘,持续巩固商用车领先优势。2023年,福田汽车销量跃升至63.1万辆,同比增长37.14%;市场占有率15.7%,同比提升1.7个百分点;营业收入560.97亿元,同比增长20.78%;净利润9.09亿元,同比增长1262.27%。

一是抢抓“双碳”目标风口,加速新能源业务转型,全面启动新能源2.0战略,布局新能源营销生态,发布卡文汽车品牌,加快新能源专属平台产品开发,打造新能源生产基地,加快核心模块自研自制,打造新能源业务核心竞争力,赋能合作伙伴协同发展,共建新能源生态圈。2023年,新能源汽车销量超4万辆,同比增长84%。

二是紧抓海外出口机遇,纵深推进海外产业化布局,加快商业模式创新和管理架构优化,加大全价值链资源投入,补齐核心业务短板,巩固优势市场,拓展业务增长点,进一步扩大出口优势。2023年,海外出口达到13.1万辆,同比增长49.1%,再创历史新高。

三是纵深推进南方战略,持续加大南方市场资源投入,优化南方市场组织架构,着力提升南方区域产品精准定义能力,快速响应市场需求,并推动从体系再造到产品焕新的全面升级,全年实现销量同比增长53.9%,市占率达13.9%,同比提升4.1%。

四是持续深耕技术创新,引领商用车技术升级,不断加大新技术研究与开发的投入,积极响应新能源汽车积分等政策,坚决执行技术战略规划,继续强化在新能源、智能网联、动力传动、轻量化四个重点方向上的技术发展战略和合资合作的战略布局。

五是持续高质量经营,承担社会责任,彰显品牌硬实力:

1. 2023年3月,福田汽车连续第19次为全国两会代表与委员提供接驳服务,作为北京公交集团投入两会保障数量最多的客车品牌,同时也是两会唯一新能源客车服务品牌,全程肩负服务保障重任,再次以“零故障、零失误、零风险”的圆满表现,彰显品质风采,诠释使命担当。

2. 2023年4月,福田汽车全球产销突破1100万辆。福田汽车仅用两年时间,将累计销量从1000万辆提升到1100万辆,再次刷新全球商用车销售纪录,成为中国商用车行业里程碑事件。

3. 2023年5月,福田汽车作为国有科技型企业改革样板和自主创新尖兵,成功入选国务院国资委“科改示范行动”名单,作为商用车行业唯一入选企业,印证着福田汽车改革、创新“双轮驱动”战略的扎实落地,为我国商用车的创新发展树立标杆,彰显榜样。

4. 2023年9月,打造中国标准、体现首都特色的通学车项目总周期仅用时3个月零11天,作为用时最快、产品质量最高的项目,以高标准完成市级重点工作任务,深受学生和家长的好评,获央视、新华社等多家媒体点赞。

三、产品出口

福田汽车秉持着为能源革命提供绿色解决方案的伟大使命,致力于成为绿色科技和市场领先的国际化企业。在这一宏伟愿景的指引下,福田汽车新能源战略被视为当前发展的首要战略,全力加快新能源发展的步伐显得至关重要。

为了成功实现这一战略转型,福田汽车确立了全球化的GREEN3030战略。该战略明确提出,到2030年达成海外销量30万辆的目标,同时新能源占比要达到30%。新能源领域的突破是实现其使命和愿景的关键。通过不断投入研发资源,提升新能源技术水平,打造更具竞争力的新能源产品,以满足海外市场如欧洲、印尼等对绿色出行的日益增长的需求。

2023年福田新能源海外订单5380台,同比增长149%。其中,澳大利亚市场第一台标配ESC的汽车牌照电动卡车交付、阿根廷第一台真正意义上的纯电动轻卡发布、南欧首批20台纯电轻卡交付、智利纯电动公交车市场引领、与福田正大合资公司130台纯电动轻卡交付、与澳大利亚国际商超巨头25台纯电轻卡交付、与北亚乔集团新型电动车项目开发协议签订,双方共同开发新能源产品并进入高标准欧盟市场等,一系列福田汽车在海外各国的成绩单,都预示着福田汽车将在全球的新能源汽车市场中扮演越来越重要的角色。

未来福田仍聚焦于欧洲、亚太以及美洲这些核心市场,切实完成资源的合理配置以及属地能力的构建工作，以欧洲高标准夯实福田自身的产品解决方案能力。同时，积极推进在技术与项目方面的合作，加快美洲市场的产业化合作进程，不断深化拓展合作领域。

在产品方面从两个关键方向着手。一方面，大力强化重点优势产品以及新产品的推广力度，通过多样化的营销手段和策略，迅速在市场中站稳脚跟并赢得竞争优势；另一方面，做好混动产品的策划与安排工作，其中既包括对市场进行深入的研究洞察，精准把握市场动态和需求趋势，也包括对产品进行准确的定义，确保产品能够高度契合市场需求，尽快实现混动产品的重大突破，开创新能源领域的新局面。

此外，福田汽车仍致力于建立起海外市场强大的生态系统解决方案的能力，根据客户的使用场景，紧密联合生态圈合作伙伴，满足客户的个性化需求，进一步拓展业务领域，提升企业的综合竞争力。另外，聚焦新能源大客户的开发工作，尤其是头部跨国集团、政府、高碳排、能源行业等重要客户群体，精准识别新的市场机遇，并提供定制化的解决方案。

四、产能建设

根据国家《汽车产业中长期发展规划》中明确的发展方向和《中国制造 2025》中提出的发展战略，结合公司新能源产品发展规划及业务需要，截至 2023 年底在北京、山东、河南、湖南四个区域建立七个新能源产品生产基地，产品覆盖新能源全系商用车平台，标准产能共计 6.62 万辆/年，产能建设情况如下：

1. 福田汽车重卡全球中心工厂：位于北京市怀柔区，整车标准产能 10 万辆/年，其中新能源产品与传统能源产品共线生产，标准产能 0.26 万辆/年，生产欧曼品牌纯电动、氢燃料、混合动力重卡产品。

2. 福田汽车客车全球中心工厂：位于北京市昌平区，整车标准产能 0.7 万辆/年，其中新能源产品与传统能源产品共线生产，新能源产品标准产能 0.43 万辆/年，生产欧辉品牌纯电动、氢燃料大中客车。

3. 福田诸城汽车厂：位于山东省诸城市，整车标准产能 4 万辆/年，其中新能源产品与传统能源产品共线生产，新能源产品标准产能 0.1 万辆/年，生产欧马可、奥铃、时代品牌纯电动、氢燃料中轻卡及工程车产品。

4. 福田汽车时代全球中心工厂：位于山东省诸城市，整车标准产能 20 万辆/年，其中新能源产品与传统能源产品共线生产，新能源产品标准产能 0.57 万辆/年，生产时代、欧马可、奥铃品牌纯电动轻卡和微卡产品。

5. 福田汽车多功能车全球中心工厂：位于山东潍坊市，整车标准产能 12 万辆/年，其中新能源产品与传统能源产品共线生产，新能源产品标准产能 0.76 万辆/年，生产图雅诺、风景品牌纯电动 VAN 类和皮卡产品。

6. 福田汽车长沙超级卡车工厂：位于湖南省长沙市，整车标准产能 4 万辆/年，其中新能源产品与传统能源产品共线生产，新能源产品标准产能 0.49 万辆/年，生产欧马可、奥铃品牌纯电动、混合动力中轻卡产品。

7. 智蓝汽车：位于河南省商丘市，新能源整车标准产能 4 万辆/年，生产欧马可、奥铃、智蓝品牌纯电动、氢燃料中轻卡产品及 VAN 类产品。

五、技术进展与研发能力

福田汽车作为国内商用车主流企业，支持国家“3060”战略目标实现，结合新能源行业发展，在新能源方面做了全方位战略布局。结合产品特征和场景需求，将新能源产品从油改电向全新平台产品升级，同时扩展绿色能源及大数据领域，构建全新商业模式，同步布局纯电动+氢燃料+插混路线，开发了微卡、VAN、轻卡、中重卡等多种新能源车型，实现了新能源商用车全覆盖。福田汽车还致力于打造全新数智化平台，2023 年核心产品已陆续投入市场，并实现推广示范应用及核心技术自主掌控。

整车架构与集成：以自主创新的核心技术为基础，基于域控融合、电驱桥系统、高集成化单包电池等核心模块与整车深度集成，构建了福田汽车新能源专属架构；已突破高度集成架构技术，运用低风阻低滚阻等技术实现大幅降低能耗，使整车经济性能、安全性能达到国际领先水平；通过新材料、新工艺、新结构等轻量化技术路线，支撑整车减重目标的达成，最终实现减重与成本的平衡。分节奏实现车路协同技术行业并跑、大数据应用技术行业领跑、OTA 技术、智能座舱域控制器技术行业并跑。

电控模块：致力核心电控自主研发，搭建行业领先的控制平台，实现三电控制器共平台协同研发，建立完善的电控产品软硬件开发、测试、生产能力，形成从研发到生产完整的自主电控供应体系。

电池系统模块：以领先的技术战略定位、深厚的科技研发能力以及明确的市场需求为开发方向。具备系统与结构集、性能评价与测试、BMS 策略开发与功能集成测试能力。将电池安全性设计理念贯穿整个电池系统设计开发过程中，包括箱体的拓扑强化结构设计、电气安全设计、气压平衡安全设计、热失控预防设计和电池管理系统控制策略设计等方面。

燃料电池模块：围绕整车平台及应用场景，开发低、中、高不同功率段平台产品，已具备燃料电池系统集成应用开发及测试能力。

电驱动系统模块：运用高度集成化、平台化理念，全面推行新一代电驱桥产品，实现新能源商用车全系桥驱化，覆盖高中低不同电压平台产品，在不断地探索创新中锐意进取，秉承生产一代、研发一代、储备一代的科研精神，开发更高可靠性、更高集成度的电驱桥产品。

福田汽车在三电零部件领域布局已久，战略上布局三电关键部件自研自制，已掌握动力电池设计，电驱桥自主设计，高低压电控集成设计，整车控制器及电池管理系统等硬件及软件开发与验证能力。2023 年实现轻型物流车动力电池的量产投放，同时实现了轻、微型电驱桥及部分低压控制器的产业化投放，拉通了研、产、供、销等全价值链。

六、主要新产品

整车		
产品型号	产品名称	品牌
BJ4259EVDHF-01	换电式纯电动半挂牵引车	北汽福田
BJ4259EVDHF-02	纯电动半挂牵引车	北汽福田

续上表

整车		
产品型号	产品名称	品牌
BJ4259EVPA1	纯电动半挂牵引车	北汽福田
BJ3319EVGRF-05	换电式纯电动自卸汽车	北汽福田
BJ4259EVDHF-03	纯电动半挂牵引车	北汽福田
BJ5184GQXEV-H2	纯电动清洗车	北汽福田
BJ5184TXSEV-H1	纯电动洗扫车	北汽福田
BJ5186GQXEV-H2	纯电动清洗车	北汽福田
BJ5183TXSEV-H1	纯电动洗扫车	北汽福田
BJ5185TXSEV-H1	纯电动洗扫车	北汽福田
BJ5045XXYEVK	纯电动厢式运输车	北汽福田
BJ5045XXYEV8	纯电动厢式运输车	北汽福田
BJ5045XLCEVK	纯电动冷藏车	北汽福田
BJ5045CCYEVK	纯电动仓栅式运输车	北汽福田
BJ5048CCYPHEV1	插电式混合动力仓栅式运输车	北汽福田
BJ1032EVJA1	纯电动载货汽车	北汽福田
BJ5031XXYEV3	纯电动厢式运输车	北汽福田
BJ5032XXYEV1	纯电动厢式运输车	北汽福田
BJ5030XXYEV7	纯电动厢式运输车	北汽福田
BJ1030EVJA7	纯电动载货汽车	北汽福田
BJ1037EVMA2	纯电动多用途货车	北汽福田
BJ6533EVCA2	纯电动多用途乘用车	北汽福田
BJ6608EVBA3	纯电动轻型客车	北汽福田
BJ5048XXYEVB	纯电动厢式运输车	北汽福田
BJ5048XXYEVF	纯电动厢式运输车	北汽福田
BJ5048XGCEV1	纯电动工程车	北汽福田
BJ5048XGCEV2	纯电动工程车	北汽福田
BJ5038XXYEV2	纯电动厢式运输车	北汽福田
BJ5038XXYEV4	纯电动厢式运输车	北汽福田
BJ5039XXYEV8	纯电动厢式运输车	北汽福田
BJ5039XXYEV6	纯电动厢式运输车	北汽福田
BJ5039XXYEVA	纯电动厢式运输车	北汽福田
BJ5033XXYEV1	纯电动厢式运输车	北汽福田
BJ5038XXYEV1	纯电动厢式运输车	北汽福田
BJ5038XXYEVF	纯电动厢式运输车	北汽福田
BJ5038XYZEV1	纯电动邮政车	北汽福田
BJ6851EVCA-30	纯电动城市客车	北汽福田
BJ6126FCEVUH	燃料电池客车	北汽福田
BJ6816EVCA-1	纯电动城市客车	北汽福田
BJ6109EVCA-3	纯电动低地板城市客车	北汽福田
BJ6117EVUA-6	纯电动客车	北汽福田
零部件		
产品名称	产品型号	产品应用
中 VAN-商改桥	FT24-616-BX	北汽福田纯电动物流车
轻卡-商改桥	FT24-045-BX	北汽福田纯电动物流车

七、合资合作及重大项目建设

为抓住新能源汽车爆发增长的历史性机遇，成为绿色科技和市场领先的国际化企业。福田汽车制定新能源“30·50”战略，2030 年新能源比重超过 50% 成为世界一流新能源商用车企业，2050 年实现碳中和成为全球绿色交通生态领导者。通过聚焦商用车主航道，推动新能源和智能网联的核心技术+核心零部件战略落地，重点提升企业核心竞争力。

1. 福田汽车与宁德时代合作推出电池银行项目

为匹配新能源业务市场竞争需求，促进福田汽车新能源业务发展，开展新能源电池经营性租赁业务，提升公司新能源业务的市场竞争力。福田汽车与宁德时代合作推出电池银行项目，2023 年 8 月 31 日共同出资成立福田时代新能源科技有限公司。合资公司设立后有利于提升新能源业务产品市场竞争力，促进新车销售；有利于构建新能源业务生态链，开拓新能源场景运营市场，获得更高市场份额；有利于掌握电池核心资源，建立核心竞争优势。

2. 北京智悦发动机合资合作项目

福田汽车为了进一步优化资源配置，提升市场竞争力，2023 年 3 月 15 日，福田汽车与哈尔滨东安汽车动力股份有限公司签订合作协议，福田汽车转让北京智悦发动机 60% 股权给东安动力，双方在轻型汽油发动机（含混动）进行战略合资合作。

八、发展规划

福田汽车把新能源战略作为公司发展第一战略，由传统能源向新能源跨越式转型，将践行“双碳”目标和“汽车强国”目标，把绿色科技作为发展的驱动力，为能源革命提供绿色解决方案，成为绿色科技和市场领先的国际化企业，构建“车+能源+碳”产业布局，打造“新能源商用车第一品牌”。

福田汽车坚持“三线并举”技术路线推进，加快推动高端、中端和经济型商用车全系列、全场景产品组合。其中纯电动是核心技术路线，覆盖解决城市物流及特定封闭场景，混合动力做技术开发与储备，针对适用场景做示范运行推广，氢燃料做技术开发与示范，针对适用场景进行示范推广，三条技术路线各有侧重，依据不同的运输场景，打造最适合客户需求的新能源产品。

福田汽车坚持新能源技术领先，实现技术自主可控。“十四五”期间，新能源重点突破“2+3”技术领域。即两大核心技术，即架构与集成技术、电控（软件）技术要完全自主掌握；三大模块开发技术，即动力电池、燃料电池及电驱动开发技术。通过“1+1”模式，一方面保证核心技术可控，另一方面降低资源风险。共识别出整车功性能集成、软件开发、PACK 和电芯开发、燃料电池系统开发、氢系统开发、电驱桥开发等 22 项核心技术。动力传动技术重点掌握发动机热效率提升、AMT 应用、混合动力 HCU、混合动力总成、混合动力专用发动机开发等多项核心技术，在确保资源安全的基础上，提升差异化竞争优势。

福田汽车核心价值链布局方面，在产业链布局向高附加值的上游零部件和下游生态圈全面延伸。一是动力电池布局，以合资合作方式布局。二是电驱桥布局，重型电驱桥推动福田与采埃孚合资，共同发展高端重型电驱桥产品，中轻型电驱桥福田自主研发。三是电控模块布局，由福田自主研发。四是氢燃料布局，电堆利用博世电堆关键零部件资源和技术支持，由福田自主研发，储氢系统推动福田与合作伙伴成立合资公司，布局液氢系统。

东风柳州汽车有限公司

一、单位概况

东风柳州汽车有限公司(东风柳汽)前身创立于1954年的柳州农械厂。1969年进入汽车行业,同年生产出广西第一辆汽车——“柳江”牌载货汽车;1981年加入东风汽车集团;1997年改制为东风柳州汽车有限公司,是东风公司在南方的商用车生产基地、乘用车生产基地、自主品牌研发基地和东南亚出口基地。公司旗下拥有乘龙、东风风行商乘两大品牌;商用车涵盖牵引车、载货车、自卸车、专用车、纯电动物流车、纯电动环卫车、纯电动牵引及自卸等系列产品,乘用车涵盖MPV、SUV、轿车、纯电动MPV和纯电动轿车等系列产品。在五十多年的造车育人历程中,秉承着“自立自强、创优创新、同心同德、为国为民”的企业精神,一代又一代的柳汽人艰苦创业,用勤奋和汗水书写了一个又一个的中国汽车工业史上的“第一”:1981年开发生产中国第一款中型柴油载货汽车;1991年开发生产中国第一款平头柴油卡车;2001年推出国内第一款自主品牌MPV——风行菱智;2007年推出国内第一款采用龙骨框架结构驾驶室的霸龙507重卡产品;2020年推出乘龙H7新一代升级产品-乘龙H72020款;2021年推出潮牌SUV开创者风行T5EVO,2022年推出风行游艇;2023年推出H5V商用车重卡,打造全新一代高性能、高颜值、轻量化、低能耗的商用车产品。

东风柳汽拥有员工5700多人,拥有科技创新人员1400多人,占地面积345.4万m^2,具有完备的四大汽车生产制造工艺及配套设施,已形成商用车基地年产10万辆商用车、乘用车基地年产40万辆乘用车、发动机年产10万台的生产能力,拥有“乘龙”商用车品牌和“风行菱智”“风行景逸”等乘用车品牌。凭借优质的产品和服务被中国质量协会评为“重质守信3·15放心单位”、“维护消费者权益3·15满意单位”和“全国售后服务十佳单位”。荣获“全国质量先进企业”“全国产品和服务质量诚信示范企业”“广西十佳企业”等称号。

二、生产与经营

2023年在公司全体员工的努力下,全年累计销售汽车120778辆,实现营业收入147.61亿元。其中,商用车销售35098辆,乘用车销售85680辆。

三、产品出口

东风柳汽深耕海外市场,树立了高品牌、高质量、高服务的企业品牌形象。商用车方面:聚焦开拓新能源市场,抢占东南亚市场布局先机,泰国极兔首批订单45台已上线,后续将建立长期合作关系,BMA 500辆纯电环卫项目:合作伙伴已确认采用我司建议的方案,澳洲、印尼等地区与已合作方就操作具体事宜详细沟通,预计首批销量可达400台。乘用车方面:加快营销转型,新媒体销售实现突破,建立网上营销体系,通过阿里巴巴等平台将新能源市场扩展至欧洲,同时开拓俄罗斯、巴基斯坦等中亚市场,已与多家经销商达成合作。全年累计出口3.3万辆,其中商用车出口4129辆,乘用车出口28904辆。

四、产能建设

东风柳汽公司践行绿色发展理念,持续推进能源结构调整,助力企业绿色发展。东风柳汽于2020年引进光伏发电绿色能源技术,采用国际先进的单晶硅组件技术,项目一期于2021年3月全面建成并网发电,建设规模达到21.17 MW,项目二期于2023年7月全面建成并网发电年,建设规模达到28.49 MW。两期光伏项目总建设规模近50 MW,年总发电量约5200万kWh,年降低碳排放量约3万t,年减少二氧化硫排放约10 t,年减少氮氧化物排放约10.5 t,使东风柳汽2023年万元产值碳排放量较2021年下降23.8%,绿色效益显著。另外,东风柳汽光伏发电自用率达68%,余下的32%通过广西电力交易平台采购绿电,自2023年4月开始,东风柳汽所有用电均为绿电,真正意义上实现了电力净零碳排放。

在数字化智能制造工厂建设方面,推进数字化产品设计与仿真,搭建数字化虚拟设计协同平台和虚拟制造仿真平台,开展数字化工厂规划和设计,实现智能化、柔性细化生产,形成行业级协同的采购管理、高效率计划与调度、数字化仓储配送等并基于数据采集和分析实现数据驱动业务优化,数字营销、后市场主动服务智能中心、全过程质量控制追溯等,达到明显的提质降本增效收益,推动企业和产业链的智慧化和数字化,达到共赢。利用柳东生产基地五大生产工艺车间和生产线,通过集成关键设备及软件产品建立数字化的智能制造工厂。基于数字化仿真技术和3D协同平台开展虚拟设计与工艺,对工厂、车间物流等科学建模并建设,实现绿色产品设计;基于物联网平台,通过智能系统、设备以及设备与系统之间的高度集成,焊装机器人、喷涂机器人、总装储运车身、多车同步生产控制等高级设备的应用,打造出了高度柔性化、多维度可控的自动化生产线和智能制造体系;基于“龙湖”数据平台,通过大数据分析、智能运营中心,实现大数据精准营销,全过程质量控制追溯、设备预测性维护等支持工厂智能化决策和自动控制及全价值链可视化监控,最终建成以设计、营销、采购、生产、物流、财务为主线的高度集成应用系统的智能制造工厂。

五、技术进展与研发能力

东风柳汽坚持“以我为主、集团协同、产学研协同、供应商协同”的自主创新机制,构建以柳汽为中心的汽车产业生态集群,联合区内外汽车产业链优势资源、科研院所、试验检测机构协同创新,推动自治区汽车产业共性技术、关键技术、先进技术突破。一方面加强与区内外科研院所的合作,深入开展产学研用协同攻关以促进科技成果转化,共同构建充满活力的科技人才联合培养机制;另一方面联合国内外优秀供应商的优质资源进行协同创新,共同提升产品性能与市场竞争力,优化自治区汽车产业向价值链中高端跃升。

商用车加大新五化技术投入,强化技术攻关,深耕纯电、燃料电池、混合动力关键技术研究,实现多能源技术路线并举、轻中重场景全覆盖的新能源产品布局,满足城市物流、市政环卫、绝大多数典型场景应用需求。开展5G智能网联电动物流柔性解决方案示范运营，实现无人驾驶，绿色物流，加速柳汽低碳事业进程。推出全新HK、H5V等车型平台，涵盖了多元材料混合应用技术、液压模锻铝合金大型一体化压铸、跨系统功能集成设计技术等16项轻量化技术，首配无钥匙进入+一键启动+电子手刹EPB，smartCC预见性智能驾驶、动态热管理等自主节能技术，形成品牌向上的拳头产品；开展CNG增程混动和燃料电池，L4级自动驾驶技术迭代升级等技术研究，为后续产品升级，转型提供技术支撑。

乘用车：加快新能源产品开发和产品技术迭代升级，围绕降能耗、续航里程、智能驾驶、车联网平台等全方面提升，打造全新系列产品。完成全新的V9、S50EVK（极致轻量化开发，实现电耗11.9 kWh/100 km）等车型开发；推进T5EVO和菱智的增程、M4的插电混等车型技术研究，为2024年新能源转型提供动力。

2023年共申请发明专利353项，授权306项，同比增长26.5%；获授权的发明专利转化率达63%，累计拥有授权发明专利转化率累计达74%。参与共建的“广西交通运输行业车路云一体化协同重点实验室”被认定为广西首批交通运输行业3个重点实验室之一。

六、主要新产品

产品型号	产品名称	品牌	通用名称
LZ5040XXYL2AZBEV152	纯电动厢式运输车	乘龙	乘龙 L2V
LZ4250H5DZBEV1	换电式纯电动半挂牵引车	乘龙	乘龙 H5
LZ4250H5DZBEV3	纯电动半挂牵引车	乘龙	乘龙 H5
LZ3310H5FZBEV111	换电式纯电动自卸汽车	乘龙	乘龙 H5
LZ4250H7DZFCEV3	燃料电池半挂牵引车	乘龙	乘龙 H7FCEV
LZ5180XXYM3AZFCEV11T	燃料电池厢式运输车底盘	乘龙	乘龙 M3FCEV
LZ5040XXYL2AZFCEV111	燃料电池厢式运输车	乘龙	乘龙 L2FCEV
LZ5040XLCL2AZFCEV111	燃料电池冷藏车	乘龙	乘龙 L2FCEV
LZ5180XYKH5AZFCEV101	燃料电池翼开启厢式车	乘龙	乘龙 H5FCEV
LZ5180XXYH5AUHEV101	插电式混合动力厢式运输车	乘龙	乘龙 H5PHEV

七、合资合作及重大项目建设

推进东风柳汽研发试验场建设，并于2024年2月1日落成启用。东风柳汽研发试验场建设总计投资约2.69亿元，占地面积约460亩，被列入自治区“千企技改”工程和柳州市统筹推进的重大投资项目，是自治区及柳州市第一个同时满足商、乘用车测试研发需求的专业试验场。项目主要包含直线性能路、制动评价路、NVH评价路、噪声路、强化坏路区、坡道及动态广场等7大测试区以及综合区，可以自主开展整车基本性能、制动、噪声、操纵稳定性等整车开发全项道路试验，同步强化模拟恶劣工况的驾驶条件。研发试验场的投入将显著提升新产品的研发速度、研发能力和整车品质，让公司在汽车行业转型升级过程中拥有突破向上的综合实力，为公司的商乘用车新技术、新产品研发注入新动能。

八、发展规划

在国家经济发展大环境持续向好的情况下，以习近平新时代中国特色社会主义思想为指导，深入学习党的二十大精神，全面贯彻新发展理念。在集团“提升能力固基础、保持定力强自主、持续发力快转型、凝聚合力优体系、执行有力抓落实”的工作方针指导下，坚定发展信心，重新梳理赛道，聚焦客户、聚焦重点市场和车型。坚定不移推进产品升级，坚定向新能源转型的信心，坚持有销量的利润，推动企业稳步健康向高质量发展。

东风柳汽努力把握产业发展趋势，加快创新转型，正在向为消费者提供全方位汽车产品和出行服务的综合供应商发展。正积极推进新能源汽车、互联网汽车的发展，并开展智能驾驶等技术研究和产业化探索。放眼未来，东风柳汽将继续坚持创新转型，深入探索新能源、互联网、人工智能等新兴技术与汽车产业的深度融合，加快形成核心技术，打造差异化竞争优势，不断推动自主品牌做大做强。

载合汽车科技（苏州）有限公司

一、单位概况

1. 企业主营业务

载合汽车科技（苏州）有限公司旨在抓住当下新能源国家战略、安全环保监管和客户降本增效三重需求驱动下快速打开的新能源卡车千亿级蓝海市场机遇，打造掌握技术和生态构建能力的新一代新能源卡车创新品牌，赋能万亿级公路物流产业。

公司主打产品为新能源重卡，主要用于货运物流场景，已实现Z1（中短途场景电动重卡）牵引车型、H1（城市渣土车）自卸车型公告与量产上市。同时正在加快推进Z2系列升级产品与续航达到500 km的Z3牵引车型研发。

公司以打造新能源卡车卓越产品力为使命，在影响新能源商用车大规模使用的核心痛点——续航、能耗、补能效率、轻量化方面,各项指标达到行业一流水平。

2. 行业地位

新能源国家战略、安全环保监管和客户降本增效三重需求驱动下,卡车领域将快速进入新能源时代,催生万亿级整车蓝海。市场急缺正向开发的新一代新能源卡车物种填补产品空白,赋能万亿级公路物流产业。新能源乘用车新势力蓬勃发展培育了技术、人才和资本环境,商用车国产化环境成熟,掌握技术和生态构建能力的创新品牌突围传统车企重围、快速成长为千亿新巨头是大概率事件,竞争格局必将重构。

载合拥有具备技术和商业创新思维的行业顶级团队,核心优势为整车设计工程能力+新能源集成研发能力,拥有强大的供应链资源和商务渠道资源,从解决物流客户降本增效痛点出发,打造新能源卡车第一产品力。

核心团队来自行业头部企业,具有丰富的研发、销售、售后、供应链、制造、运营管理经验,行业高水平人效比。公司联合创始人、CTO 郭立群博士毕业于吉林大学车辆工程专业,原一汽解放旗舰车型 J7 总设计师,中国汽车工业杰出人物,全国三八红旗手,享受国务院特殊津贴,获评相城区创业领军人才。公司团队深刻理解商用车市场和客户需求,掌握整车产品设计、新能源核心技术,拥有丰富的产学研资源、供应链网络资源和工程化经验,并具有成功的创业经历和管理经验。

二、生产与经营

1. 融资情况

载合汽车科技(苏州)有限公司在知名投资机构(联想之星、百度风投、陆石资本、启迪之星)、上市公司(万安科技)、AI 芯片龙头企业(地平线)、苏州国资创投等平台的支持助力下,已成功斩获新能源重卡新品牌国内迄今为止规模最大的 2 亿元天使轮融资。

2. 运营载体

已设立研发中心、运营中心、销售与供应链中心、制造中心四大部门,已入驻载体包括:苏州总部大楼、试制基地、数字化研发上海办事处,并在唐山、天津、苏州等落地交付与服务中心,未来将同步拓展京津冀、长三角、珠三角、成渝区域销售与服务工作。

3. 资质荣誉

2023 年 8 月 26 日,获评“中国物流优秀创新案例-中国物流推荐车辆”奖项;2023 年 10 月 16 日,入库“江苏省科技型中小企业”;2023 年 11 月 22 日,荣获“江苏省潜在独角兽企业”;2023 年 12 月 6 日,入选 GTM2023 全球科技出行产业创新榜-中国新能源智能商用车新势力 TOP10;2023 年 12 月 31 日,创始人 CEO 入选江苏省“双创人才”工程计划;2024 年 1 月 6 日,荣登 2023 年度苏州市“独角兽”培育企业榜单。

三、产品出口

公司积极筹备产品国际化推广,计划于 2026 年与联合生态伙伴走向海外市场。

四、产能建设

公司与金龙联合汽车工业(苏州)有限公司战略合作。

五、技术进展与研发能力

面向中短距物流场景,公司已完成 6 款产品公告,涵盖牵引车、自卸车型,并全面开始量产交付。

通过高压技术的研究、整车体系节能技术研究、整体技术架构的提升、全栈软硬件结合的控制技术、整车集成匹配技术深化以及方法手段创新、研发集群式测试方法,开发领先的各物流运输场景新能源重卡。通过关键技术攻关,达到核心竞争指标国内一流,实现“软件定义汽车”“一场景一定义”,更好地满足客户运营需求。

六、主要新产品

产品型号	产品名称	品牌	通用名称
KLQ4253BEV1C	纯电动半挂牵引车	海格牌	纯电动半挂牵引车
KLQ3311RBEV1	纯电动自卸汽车底盘	海格牌	纯电动自卸汽车底盘
KLQ3311BEV1	纯电动自卸汽车	海格牌	纯电动自卸汽车
KLQ4180BEV1	纯电动半挂牵引车	海格牌	纯电动半挂牵引车
KLQ3311BEV2	纯电动自卸汽车	海格牌	纯电动自卸汽车
KLQ3311RBEV2	纯电动自卸汽车底盘	海格牌	纯电动自卸汽车底盘

七、发展规划

公司采用“纯电先行、充电为主,在最契合的场景(大宗倒短+中距离物流运输),以最快的时间形成精确匹配场景的车型矩阵渗透市场”的产品战略。一代平台为面向短途运输场景的牵引车、自卸车,采用续航大于 250 km 背包电池,快捷应对各类复杂场景,现已量产交付;二代平台为面向 200~500 km 中距离快递快运场景的牵引车,采用续航大于 500 km 的底部电池,该款车型计划于 2024 年上市;未来公司将研发全新架构、技术领先、续航和能耗表现更佳的牵引车平台,预计 2025 年上市。

东风汽车股份有限公司

一、单位概况

东风汽车股份有限公司(简称“东风股份”)是肩负东风轻型车事业发展壮大重任的大型股份制企业,是国内领先的轻型车整体运营解决方案提供商。自上市以来,东风股份事业布局从襄阳扩展到武汉、十堰,主营业务轻型车事业得到长足发展,由单一的轻卡平台发展到轻卡、小轻卡、客车、VAN 车等产品平台;在发展传统燃油汽车的同时,大力发展新能源汽车,多方位满足客户的差异化需求。旗下东风康明斯发动机有限公司和东风轻型发动机有限公司承担的动力总成业务,在满足东风股份及东风集团内部动力总成搭载需求的同时,不断拓展外部市场,核心竞争力持续提升。

东风股份形成了“打造世界一流的轻型商用车企业”的企业愿景、“承载万千信赖,服务美好生活”的企业使命、“创新、坚毅、诚信、实干”的价值观、“创享价值”的经营哲学,旨在深化与客户、员工、股东、合作伙伴等各利益相关方的共赢关系，共创美好未来。

作为集轻型商用车整车以及动力总成的研发、生产制造和销售服务于一体的大型企业，东风股份产品涵盖轻型卡车、VAN车、客车及底盘，以及新能源物流车、新能源客车等，轻卡品牌包括东风凯普特、东风多利卡、东风途逸、东风小霸王、东风福瑞卡，客车品牌包括东风御风、东风天翼；发动机业务包括东风康明斯系列柴油发动机、东风及日产系列轻型柴油发动机。

在制造方面，已形成在湖北襄阳的整车及康明斯发动机生产基地，和湖北十堰的轻型发动机生产基地。通过引入国际领先的制造技术，严格评价新车准备的质量、成本、交期等各项指标，严把质量关，打造客户放心、满意的产品。建立了从研发、采购、制造到交付的数字制造系统，践行智能制造，进而从制造大厂向智慧制造强厂转变。

在零部件采购方面，采取自配+外购模式，坚持与供应商伙伴实现风险共担、成果共享的合作思路，持续推进供应商平台优化。东风股份携手供应商一起，以稳定的交付保障能力为前提，在质量提升与成本优化两条主线上不断突破，携手构建最具竞争力的LCV供应链体系，实现供需双方的共创共赢。

在销售方面，东风股份整车主要采取在全国建立营销网络的代理销售模式，通过经销商为客户提供整车、零部件销售和售后服务工作。强调市场分析、建设专业团队，打造精准的客户画像，以营销力提升推动精准营销体系力建设。同时围绕价值提升，开拓发展空间，深度践行变革，聚焦核心客户需求，持续创新营销模式。

在服务方面，"真美满"服务以客户满意为导向，不断优化服务管理，持续加强服务创新。引领智慧物流大势，聚焦客户所需，为客户提供全生命周期、无间隙智能服务，实现客户用车全程价值最大化，以更轻松、更顺畅的体验让客户更专注、更高效地行驶在创造幸福的路上。

二、生产与经营

2023年，随着国内经济形势稳中向好，国内轻型商用市场呈现恢复性增长，同时市场结构也发生深刻变化。一方面，燃油市场小幅增长，新能源渗透率快速提升；另一方面，随着新能源市场快速增长以及新能源渗透率提升，越来越多的新势力及非汽车制造企业进入新能源轻卡市场，市场竞争进一步加剧，出口市场持续快速增长。

2023年，LCV市场全年汽车销售168.46万辆，同比增长18.82%，其中轻卡（不含皮卡）销售134.40万辆，同比增长22.39%；轻客销售34.05万辆，同比增长6.56%。从市场结构来看，国内燃油车销售119.36万辆，同比增长7.67%，新能源销售27.95万辆，同比增长58.34%，出口销售23.47万辆，同比增长59.67%。

2023年，东风股份实现汽车销售15.13万辆，同比增长15.78%。分产品看，轻卡销售13.93万辆，同比增长18.19%，客车及底盘销售1.16万辆，同比增长4.55%。分市场看，国内燃油车10.53万辆，同比增长2.64%，新能源车销售3.10万辆，同比增长49.67%，海外出口销售1.52万辆，同比增长90.56%。

三、产品出口

东风股份建立了海外产品独立的研发队伍，能够快速响应海外市场的多样化需求，在试制、试验等环节与国内资源实现共享，保证了海外产品的综合性能；东风股份持续加大海外认证投入，海外产品已满足欧盟ECE认证、墨西哥NOM认证、智利3CV认证、海湾GCC认证等要求；东风股份坚持属地化营销网络发展，深入推进营销网络建设，已实现中南美洲市场全覆盖。同时，加快推进亚洲、非洲地区网络布局，持续提升海外市场覆盖率。

四、产能建设

襄阳工厂：设计产能23.5万辆。

铸造工厂：设计产能5万t。

轻型发动机厂：产能8.04万台。

五、技术进展与研发能力

技术研发：东风股份始终专注于LCV事业的发展，重视技术研发投入，拥有独立的研发机构，持续推进轻量化、电动化、智能化、网联化等关键核心技术掌握，建立能源多元化的技术路线，不断深化商用车发动机、变速箱等核心零部件及新能源、智能网联等未来关键技术的布局。强化市场场景研究和特性分析，实现轻卡、VAN车场景研究全覆盖，打造具有竞争力的全系列VAN车商品线，提升商品竞争力。

电动化和智能化：东风股份是国内最早从事新能源示范运营、最早实现新能源商品化的企业。东风股份紧跟市场趋势不断创新，开展高效电机电控、智能可变等14项混动技术研究，掌握新能源整车热管理、能量管理系统仿真、能量流测试分析及优化能力。着力提升智能网联自主开发能力，聚焦智慧物流、智慧环卫和智能通勤点对点载运3类场景，打造智慧物流/环卫车、自动配送/售卖车、通勤车等多个自动驾驶车辆。联合研发60 kW无线充电技术及太阳能充电技术，掌握一体化、整车控制、电池包等关键技术。

智能制造：东风股份重视数字化转型工作，在制造领域以订单计划、产品数据、制造工艺为主线进行业务流程梳理和理想姿态构想，在襄阳轻型商用车智能制造和绿色工厂升级项目中构建"制造运营中心、数字化工艺平台、高级计划排程、智慧物流、制造执行、数字化质量管理、设备 & 能源管理、数字化现场管理"8大核心应用系统，3层级结构以及智慧园区和生产控制中心，赋能生产制造数字化、智能化转型升级。

六、主要新产品

产品型号	产品名称	品牌	通用名称
DFA5040XXYEBEV3	纯电动厢式运输车	东风牌	EV350
DFA5040CCYEBEV	纯电动仓栅式运输车	东风牌	EV350
DFA5040XLCEBEV	纯电动冷藏车	东风牌	EV350
DFA5040XXYEBEV4	纯电动厢式运输车	东风牌	EV350
DFA5040CCYEBEV4	纯电动仓栅式运输车	东风牌	EV350
DFA5040XLCEBEV4	纯电动冷藏车	东风牌	EV350
DFA5070XXYEBEV	纯电动厢式运输车	东风牌	EV350

续上表

产品型号	产品名称	品牌	通用名称
DFA5070XXYEBEV1	纯电动厢式运输车	东风牌	EV400
DFA5030XXYMLBEV	纯电动厢式运输车	东风牌	EM27L
DFA5030XLCMLBEV	纯电动冷藏车	东风牌	EM27L
DFA5030XXYMSBEV	纯电动厢式运输车	东风牌	EM27
DFA5030XYZMSBEV	纯电动邮政车	东风牌	EM27
DFA5040CCYEBEV4	纯电动仓栅式运输车	东风牌	EV350

七、合资合作及重大项目建设

2310 项目：打造轻型商用车行业领先的智能、绿色制造阵地，提升制造效率和品质。绿色智能工厂建设项目已完成轻卡新总装车间、智慧运营中心、品牌体验中心和无人驾驶试车跑道等建设。

八、发展规划

东风股份战略愿景是：成为具有国际竞争力的轻型商用车世界一流企业。

东风股份发展规划是：围绕国内燃油、新能源、海外三大市场策略，通过商品领先、效率驱动、国际化运营，打造具有国际竞争力的轻型商用车事业。

1. 商品领先：实现客户全生命周期总成本领先及五化技术产品应用领先，成为绿色智慧轻型车整体方案提供者。

2. 效率驱动：构建以客户为中心的敏捷高效数字化体系。盈利能力行业领先，实现高质量发展；全价值链高效联接，敏捷运营，高效决策。

3. 国际化运营：海外实现跨越突破，目标国内 LCV 企业第一；新能源加速发展，目标国内 LCV 企业第一；国内燃油位势稳定，目标国内燃油前二。同时全价值链构建国际化运营体系能力。

江铃汽车股份有限公司

一、单位概况

江铃汽车股份有限公司（简称“江铃汽车”），是国家高新技术企业、国家创新型试点企业、国家认定企业技术中心、国家知识产权示范企业，“国家整车出口基地”。

江铃汽车在电动化、网联化、智能化、共享化等汽车新四化技术领域深耕不辍。江铃汽车旗下成立了深圳星支点科技分公司，致力于以用户体验为核心，打造智能网联技术新高地，营造智慧互联生态，为客户构建个性化智能网联系统服务、娱乐、生活、出行等全场景的智慧互联新生态，实现人、车、生活完美互联。公司在中国商用车率先搭载北斗导航并推出 L4 级自动驾驶产品。公司持续赋能智慧物流，为商用车客户提供整体物流解决方案，提供 C2B 定制化产品服务、端到端的物流解决方案以及整体物流运力平台服务。公司全系列产品规划新能源，已推出轻卡凯锐 EV、域虎 EV、特顺 EV、福特领界 EV 以及全新纯电平台轻卡 E 路达、E 路顺等新能源产品。

二、生产与经营

江铃汽车拥有小蓝工厂、富山工厂等整车生产基地，涵盖冲、焊、涂、总及柴、汽油发动机先进制造工艺。江铃汽车生产基地以高度智能化和高度柔性化生产线打造智慧制造中心，获评国家智能制造示范工厂。

江铃汽车始终坚持双品牌战略：JMC 品牌和福特品牌比翼齐飞。福特品牌包括全顺系列产品、江铃福特 MPV 途睿欧、福特联手江铃汽车推出江铃福特领裕、江铃福特领睿、福特烈马于 2023 年亮相；JMC 品牌包括轻卡（凯锐系列、凯运系列以及顺达系列产品）、皮卡（新宝典、域虎、高端皮卡大道、福特游奇侠 ranger）、轻客福顺等。

2023 年，江铃汽车产销量分别为 30.71 万台、31 万台，同比增长 9.17%、9.93%，实现营业收入 331.67 亿元，同比增长 10.19%，净利润为 14.76 亿元，同比增长 61.26%。

江铃汽车始终坚定不移地推进“新四化”发展战略，积极布局纯电和混动产品，加速向新能源车转型，全新平台电动轻客和轻卡、全新电动平台 SUV 和电动出口产品将于 2025 年陆续投产上市。

三、产品出口

2023 年纯电动轻卡凯运 EV 投产，出口智利。

2024 至 2025 将有纯电动轻卡、纯电动皮卡、插电式 SUV、燃料电池 SUV 车型陆续上市出口，覆盖欧洲、南美、墨西哥、中东、南非、东南亚等多个地区。

四、产能建设

江铃汽车的总产能为 32 万辆，2021 年至 2023 年，江铃汽车新能源车产能状况依次为 13 万台、6 万台、16 万台，其中 2023 年产能增长 1.67 倍。

五、技术进展与研发能力

江铃汽车股份有限公司在 2023 年的研发人员数量为 2477 人，相比 2022 年的 2350 人有所增长，增长率为 5.40%。

在电动化方面，江铃汽车推出了全新电动轻卡 E 路达，这款产品采用了多项全球首发的纯电技术，包括中置一体电池包技术、扁线高扭矩电机、SiC 低损耗多合一电控系统和电子液压制动 EHB。这些技术的应用使得 E 路达在动力性能、续航能力、环保性能等方面表现出色。

在自动化方面，江铃汽车以量产商用车为基础，构建低成本 L4 商用车自动驾驶整车架构，具备关键执行器冗余、通信冗余、供电冗余、线控单元冗余、计算单元冗余五大冗余体系。同时通过多通道通信和多供电设计，解决了非冗余架构单点失效导致的控制中断问题，满足了自动驾驶无人化的连续性控制需求。打造中国首款冗余 L4 自动驾驶轻客车型，助力打开产品新市场，产品服务了日益增长快递物流市场等社会重大需求，提高了国内外影响力。

六、主要新产品

产品型号	产品名称	品牌	通用名称
JX5041XXYTG2SHEV	插电式增程混合动力厢式运输车	江铃牌	顺达 EV、顺达增程
JX1041TG2SHEV	插电式增程混合动力载货汽车	江铃牌	顺达 EV、顺达增程
JX5041XXYTGB2BEV	纯电动厢式运输车	江铃牌	顺达 EV、凯锐 EV
JX5041XLCTGA2BEV	纯电动冷藏车	江铃牌	顺达 EV
JX1044TGC2BEV	纯电动载货汽车	江铃牌	凯运 EV、江铃 E 路达
JX1044TSGA2BEV	纯电动载货汽车	江铃牌	凯运 EV、江铃 E 路达
JX5044CCYTGC2BEV	纯电动仓栅式运输车	江铃牌	凯运 EV、江铃 E 路达
JX5044XXYTGC2BEV	纯电动厢式运输车	江铃牌	凯运 EV、江铃 E 路达
JX5044XLCTGD2BEV	纯电动冷藏车	江铃牌	凯运 EV、江铃 E 路达
JX5084XXYTGB2BEV	纯电动厢式运输车	江铃牌	凯运 EV、江铃 E 路达
JX5043XXYTGH25BEV	纯电动厢式运输车	江铃牌	凯锐 EV
JX5044CCYTG2SHEV	插电式增程混合动力仓栅式运输车	江铃牌	江铃 E 路达、江铃 E 路达增程、江铃凯运增程
JX5044XLCTG2SHEV	插电式增程混合动力冷藏车	江铃牌	江铃 E 路达、江铃 E 路达增程、江铃凯运增程
JX5044XXYTG2SHEV	插电式增程混合动力厢式运输车	江铃牌	江铃 E 路达、江铃 E 路达增程、江铃凯运增程
JX1044TG2SHEV	插电式增程混合动力载货汽车	江铃牌	江铃 E 路达、江铃 E 路达增程、江铃凯运增程
JX5074XXYTRB2BEV	纯电动厢式运输车	江铃牌	江铃 E 路达
JX5044XLCTGE2BEV	纯电动冷藏车	江铃牌	江铃 E 路达
JX5044CCYTGD2BEV	纯电动仓栅式运输车	江铃牌	江铃 E 路达
JX5044XXYTGD2BEV	纯电动厢式运输车	江铃牌	江铃 E 路达
JX1036TSF6BEV	纯电动多用途货车	江铃牌	大道 EV
JX1036TSFA6BEV	纯电动多用途货车	江铃牌	大道 EV
JX1036TSFB6BEV	纯电动多用途货车	江铃牌	大道 EV
JX1036TSFC6BEV	纯电动多用途货车	江铃牌	大道 EV
JX5036XGCTS2BEV	纯电动工程车	江铃牌	大道 EV
JX5036XGCTS1BEV	纯电动工程车	江铃牌	大道 EV
JX6546TF6BEV	纯电动运动型乘用车	江铃牌	大道 EV
JX6606TY-M6BEV	纯电动客车	江铃全顺牌	全顺 ETRANSIT
JX6606T-M6BEV	纯电动客车	江铃全顺牌	全顺 ETRANSIT
JX6556TB-M6BEV	纯电动多用途乘用车	江铃全顺牌	全顺 ETRANSIT
JX6556T-M6BEV	纯电动多用途乘用车	江铃全顺牌	全顺 ETRANSIT
JX5046XXYTJ-M6BEV	纯电动厢式运输车	江铃全顺牌	全顺 ETRANSIT
JX6556TC-M6BEV	纯电动多用途乘用车	江铃全顺牌	全顺 ETRANSIT
JX6556TA-M6BEV	纯电动多用途乘用车	江铃全顺牌	全顺 ETRANSIT
JX6526TA-L6BEV	纯电动多用途乘用车	江铃全顺牌	全顺 ETRANSIT
JX5046XXYTJA-M6BEV	纯电动厢式运输车	江铃全顺牌	全顺 ETRANSIT
JX5045XXYTJ-H6BEV	纯电动厢式运输车	江铃牌	江铃福顺 EV
JX5039XYZTFABEV	纯电动邮政车	江铃牌	江铃 E 路顺
JX5039XXYTED-MBEV	纯电动厢式运输车	江铃牌	E 路顺
JX5039XYZTED-MBEV	纯电动邮政车	江铃牌	E 路顺
JX5039XXYTE-MBEV	纯电动厢式运输车	江铃牌	金琥 EV48
JX5039XXYTEA-MBEV	纯电动厢式运输车	江铃牌	金琥 EV48
JX5039XXYTEB-MBEV	纯电动厢式运输车	江铃牌	金琥 EV48
JX5039XXYTEC-MBEV	纯电动厢式运输车	江铃牌	金琥 EV48
JX5039XYZTEA-MBEV	纯电动邮政车	江铃牌	金琥 EV48

七、合资合作及重大项目建设

开发全冗余自动驾驶轻客 Robo-VAN(与 L4 自动驾驶提供商合作开发),实现同城物流自动驾驶转运。经封闭场地道路和实际道路等多轮测试,实现了各类场景所需的技术目标。无人驾驶系统运行可靠稳定,满足(GB/T 41798—2022)智能网联汽车自动驾驶功能场地试验方法及要求等标准。打造高精度性能和快速切换的线控技术,可满足自动驾驶同城货运场景需求,同《自动驾驶乘用车线控底盘性能要求及试验方法》行标对标,均能满足要求,并在局部实现超越。2023 年 10 月已交付 23 台 Robo-VAN 车辆,并取得相关自动驾驶牌照,完成自动驾驶里程累积测试,稳定运行超 7 万 km。

开发冗余自动驾驶轻卡 Robo-Truck(与 L4 自动驾驶提供商合作开发),打造面向低速园区的冗余自动驾驶轻卡,积累感知、控制和执行(行车制动)冗余开发,该车型已完成试运营验证,满足设定项目需求。江铃汽车对场景深度调研,依据 Robo-VAN 技术升级 Robo-Truck 适配多种场景全覆盖,以一套通用化自动驾驶整车架构来覆盖轻客和轻卡车型开发。该车型货物存放量可达到 20 m^3,纯无人化运输和作业流程,全冗余自动驾驶技术适配升级,高速最高支持 6T,低速支持 10T。

八、发展规划

“十四五”期间,公司计划开发 27 款新产品、其中 15 款新能源产品。坚定新能源转型,产品研发聚焦新能源及节能车,各车型产品 2023 年陆续投放市场,其中包括江铃品牌新能源产品:窄体轻客(E630)、窄体轻客(E620)、全新纯电窄体轻客(E640)、全新轻卡纯电与增程、全新域虎皮卡纯电与增程、纯电超级轻卡/轻客、MPV 纯电及增程,及福特品牌新能源产品:新世代全顺纯电、新世代全顺下一代纯电、全新紧凑型 SUV 电动车等。公司将深耕新能源产品平台模块化,实现客户多元化组合,城配物流全场景覆盖。计划新能源商用车 2025 年销量超 6 万辆,渗透率 25%,达到行业水平;2030 年,销量超 15 万辆,渗透率 46%,处于行业领先。

公司持续对自动驾驶技术重点研发投入,以轻型商用车作为载体,深耕同城货运和园区物流场景的自动驾驶开发。与文远知行深度合作完成了国内首款全冗余自动驾驶轻客 RoboVAN 开发,2022 年也成功交付运营。公司持续深化园区物流场景开发,全冗余自动驾驶轻卡产品也在研发中。大模型、新算法也已经在预研当中并进行充分测试验证,后续会陆续上车应用。

贵州长江汽车有限公司

一、单位概况

贵州长江汽车有限公司注册资本金 11 亿元,是一家位于贵安新区的集新能源商用汽车研发、生产、销售、服务于一体的国有控股现代化新能源汽车制造企业,是工信部《机动车辆生产企业及产品公告》内整车生产、改装车企业,生产产品有纯电动货车、专用车、改装客车。产品商标:“贵州牌、熊猫牌”。公司规划有冲、焊、涂、总四大工艺车间,具备年产 5 万辆整车纯电货车和 1800 辆专用车及客车生产能力,是国家认定高新技术企业。贵州长江汽车下设 7 个职能部门(中心),分别是运营中心、财务中心、研究院、采购部、制造部、质量部、销售公司。整个新能源汽车项目占地面积 120 万 m^2,建筑面积 28.26 万 m^2,是国内一流水平的整车生产基地,覆盖新能源汽车上下游完整产业链。

二、生产与经营

2020 年贵州长江汽车有限公司销售 208 车辆、实现销售收入 5613.99 万元,2021 年销售 120 车辆、实现销售收入 1988.89 万元,2022 年销售 236 车辆、实现销售收入 8304.46 万元。

三、技术进展与研发能力

贵州长江汽车有限公司研究院全面负责新能源汽车新产品的研究开发,具备产品策划、造型设计、驾驶室设计、底盘设计、系统及总成设计、部件配套开发、设计验算及仿真分析、产品工程设计、整车试制和试装、试验验证、整车调试、快速成型能力和自制部件的能力;能使用计算机、开发工具(含设计软件)进行设计分析计算,包括驾驶室/车身/车架刚度和强度分析、车架/副车架应力分析、动力性与经济性分析、安全性仿真分析、整车 NVH 仿真分析、电子电控系统分析、机构运动分析、疲劳寿命分析、操纵稳定性和平顺性分析等。

贵州长江研究院建有研发试验车间,占地面积约 4080 m^2,主要试验设备 41 台,总投资 5282 万元,具备独立的整车、关键系统、关键零部件的自主试验验证能力,能够独立开展整车性能及可靠性模拟试验、新能源动力总成试验、新能源三电系统(电池、电机、电控)试验、关键零部件的疲劳耐久和环境试验等。

四、主要新产品

产品型号	产品名称	品牌	通用名称
GK1040BA341BEV	纯电动载货汽车	贵州	H01LA
GK5040XXYBEV01	纯电动厢式运输车	贵州	H01XA
GK5030XXYBEV01	纯电动厢式运输车	熊猫	H02XA
GK5030XXYBEV02	纯电动厢式运输车	熊猫	H02XA
GK5030XXYBEV03	纯电动厢式运输车	熊猫	H02XB
GK4250SM514BEV	纯电动重卡牵引车	贵州	M25A

五、发展规划

1. 战略目标:贵州长江未来五年主要围绕“细分市场、领先战略、一流产品、绿色智造”四大战略目标方向发展,坚持以客户、专注、匠心、创新、共赢为价值观。通过引进新技术,开发新产品、培育新市场,以基地为核心,打造新能源整车生产集群,带动周边上下游企业连同发展。

2. 战略布局:氢能源+固态电池应用+无人驾驶。成立研究院,重点在电池技术应用、智能化、网联化、氢能技术应用方面开展前瞻性布局，通过搭建新能源（纯电及氢能）重卡平台，打造新能源（纯电及氢能）轻卡系列等产品。

布局新能源重卡：以基地为核心，统一布局、统一筹划、统一政策，引进新技术打造新能源重卡系列，对标特斯拉、无人驾驶、充电、换电等技术，以贵州为核心、布局全国智慧金卡、公铁绿链等项目。

3. 产品路径：产品路径主要围绕智能化、平台化、新能源、新技术应用等五大方面开发建设。智能化：主要开发智能驾驶、智能联网技术。智能驾驶基于5G技术及云端Ai自动驾驶决策系统，配合低成本雷达和摄像头、高清地图和卫星定位系统和智能域控制系统技术融合实现智能驾驶；智能联网基于5G网络通信、GPS定位车辆状态，结合车与车、车与基建、车与人通信技术的高度集成，实现车辆信息共享。通过车-车互联、车-路互联、车-智能家电互联、自动导航、自动驾驶技术，建成商用载客载货运营平台。平台化：主要建立轻量化平台，高强钢+热成型件+辊压件应用0.65 mm以下超薄钢板应用、铝合金车身塑料覆盖件轻量化系数达4.0/3.8、纤维车身轻量化系数达3.8/3.5，最终实现整车轻量化系数达到3.8。新能源：主要以纯电+氢能源为主，打造纯电动、氢动力、固态电池等新能源技术。新技术应用：模块化商用车，搭建数字化后视镜、主动减震座椅系统、电子地平线系统、智能动力匹配系统。

4. 产品战略：以轻卡及重卡为主导产品，以纯电动平板车、纯电动/氢燃料牵引车、纯电动自卸车产品为主，建立轻卡、重卡平台整车生产线。主要运用市场为中长途物流运输、工程物料、渣土运输、绿色市政专用车底盘等。

浙江新吉奥控股集团有限公司

一、单位概况

浙江新吉奥控股集团有限公司（简称“新吉奥集团”）位于全球金融中心、世界东方明珠——上海浦东新区。集团下辖房车智造、新能源汽车智造、汽车零部件和融资租赁四大板块，拥有十堰、商丘、桐乡、台州及澳大利亚墨尔本五大制造基地，在桐乡和上海分别设有研发中心和互联网运营中心。新吉奥集团在互联网+汽车领域主动探索，研发并运营共享房车、新能源物流车互联网平台，已成为国内造车企业进军互联网的先锋。

新吉奥集团以十余年整车研发及制造经验为基础，联合清华大学新能源研究院、合肥工业大学、同济大学、德国亚琛工业大学等国内外权威机构，整合新能源汽车生产制造的新材料、新技术、新工艺，全力聚焦新能源物流车、新能源城市公交车及新能源关键零部件的研发及智造。新吉奥集团设有新能源汽车研发中心、房车研发中心和试制试验中心，拥有专业、资深的研发、工艺团队，构建了完备的研发体系，是新吉奥集团新能源汽车产业的科技创新平台和技术研发平台。在台州湾新区一期投资42亿元，建设占地600余亩、年产2万辆商用车的智造基地。在上海成立融资租赁公司，专门从事汽车融资租赁，尤其是新能源汽车金融服务，为客户提供一站式的汽车金融服务体验。集团新能源汽车产品包括小型车平台、中型车平台和大型车平台，涵盖纯电动汽车、增程式电动汽车以及氢燃料汽车。

新吉奥集团在沪、杭、苏金三角中心、世界互联网大会永久会址地——中国桐乡成立了国内首家房车研发中心，占地550亩，投资21.6亿元，是亚洲具有一定影响力的房车领域综合性企业。并积极在全球进行战略布局，成功收购澳大利亚第二大房车生产商Regent公司，成为国内特种车行业率先在国外建立了完整研发、制造、销售和售后服务体系的房车企业。集团房车产品涵盖自行式旅居车与旅居挂车，可提供高端私人定制化设计服务，配备国际化的室内设计团队，在科技与舒适感方面具有独特优势。

二、生产与经营

新吉奥集团主营新能源商用车及全品类旅居车和旅居挂车，控股浙江新吉奥汽车有限公司、浙江戴德隆翠汽车有限公司、河南吉商汽车有限公司及隆翠（浙江）汽车有限公司等，下设台州、桐乡、十堰、商丘及澳大利亚墨尔本五大制造基地，建立健全了完整的研发、制造以及销售售后服务网络体系。2023年新能源商用车销售6390辆，占市场比例2.49%，2023年旅居挂车及自行式旅居车销售3918辆。

三、产品出口

新吉奥集团在聚焦国内市场的同时，加速海外市场的战略布局，已成功开拓澳洲房车市场，并已形成完整的销售及售后服务网络，2023年共计出口3048辆。新能源商用车逐步布局欧洲、南美洲、东南亚等海外市场。

四、产能建设

浙江新吉奥汽车有限公司建成产能2万台新能源商用车，浙江戴德隆翠汽车有限公司建设产能4000台，隆翠（浙江）建设产能3000台，河南吉商汽车有限公司建设产能2500台。

五、技术进展与研发能力

新吉奥集团建立了完善的新能源汽车及旅居车正向开发能力和试制试验能力。已掌握纯电动汽车、增程式电动汽车、氢燃料汽车整车及关键零部件的集成应用能力，具备新能源汽车整车控制器、电池管理系统、驱动电机、电机控制器、车联网、动力电池集成自主开发能力，并已有成熟产品应用。

集团与全球知名的轻量化科研院所——德国亚琛工业大学签署了轻量化战略合作合同，通过学习亚琛工业大学轻量化科研所的轻量化策略，利用研究所研发的轻量化新型材料，实现轻量化目标，使新吉奥集团走在了行业的前列。

六、主要新产品

整车				
序号	产品型号	产品名称	品牌	通用名称
1	NGA5033XYZBEV1	纯电动邮政车	吉奥牌	吉奥睿征
2	NGA5033CCYBEV2	纯电动仓栅式运输车	吉奥牌	吉奥帅豹

续上表

整车				
序号	产品型号	产品名称	品牌	通用名称
3	NGA5033XXYBEV4L	纯电动厢式运输车	吉奥牌	吉奥睿征
4	NGA5031XXYBEV5	纯电动厢式运输车	吉奥牌	吉奥奥腾 Pro
5	NGA5030XXYBEV5	纯电动厢式运输车	吉奥牌	吉奥帅凌
6	NGA1032BEV2	纯电动载货汽车	吉奥牌	吉奥帅豹
7	ZDD5050XLJ	旅居车	隆翠牌	驭风
8	ZDD5067XLJ	旅居车	隆翠牌	凯歌
9	ZDD5042XLJ	旅居车	隆翠牌	凯歌
10	ZDD5066XLJ	旅居车	隆翠牌	麒麟
11	ZDD5047XLJ2	旅居车	隆翠牌	恺丰
12	ZDD5031XLJ	旅居车	隆翠牌	铸镕
13	ZDD5044XLJ1	旅居车	隆翠牌	越界 R6

七、发展规划

在房车产业方面，新吉奥集团全面发力，持续打磨产品，智造精品。在产品设计模块，新吉奥集团将继续房车强化与地方高校的深度合作机制，通过促进产教融合的方式挖掘优秀的房车设计人才，探索房车产品精进的巨大潜力，以个性化、多元化的创新设计不断满足消费者前瞻性、独特性的购车需求。

在产业链模块，新吉奥集团将继续在互联网+汽车领域主动探索，不断优化发房车共享互联网平台，打造一个包含O2O房车共享、房车租赁及销售、高速公路服务区微营地、旅游景区房车营地连锁酒店开发建设、招商加盟、运营辅导、客户引流、培育房车出行智慧旅游新生态。通过线上引流、输出品牌、提供产品，联创共投、合作加盟多模式构建房车旅游产业生态圈，全力推动房车互联网化运营。

在新能源物产业方面，新吉奥集团立足国内，秉承科技创新的理念，坚持以市场为导向，紧跟数字化发展潮流，加速数字化发展转型，持续加大研发投入、优化产品性能，致力于为消费者提供更加智能、环保、高效的绿色物流解决方案，为绿色物流发展提供更加先进的载体；布局全球，新吉奥集团以“一带一路”为依托，秉承“为家人造好车”的价值观，积极拓展欧美、中东及东南亚等多个国外市场，顺应国际绿色低碳发展趋势，充分发挥中国新能源汽车的技术和经验优势，推动绿色“一带一路”蓬勃发展。

柳州五菱新能源汽车有限公司

一、单位概况

柳州五菱新能源汽车有限公司（简称“柳州五菱新能源”）成立于2021年6月，是广西汽车集团有限公司（前身为五菱集团）整合新能源整车业务成立的控股子公司，总部位于广西柳州市。

其母公司历史可追溯至1928年成立的柳州机械厂，后历经动力机械厂时期、拖拉机时期、微车时期、集团化运作时期等多次转型跨越。秉承广西汽车集团多年专业造车经验，柳州五菱新能源积极发展新能源整车业务，覆盖小卡、中面、微面、微卡等，服务于不同物流行业应用场景，同时将进一步拓展乘用车领域。

2021年10月28日，公司在柳州落地建成新能源汽车生产基地，总投资24.69亿元，用地824亩，配套焊装、涂装、总装等先进生产工艺，以智能、绿色、环保为基础，具有平台化、高柔性特点，构建全范围智能网联制造模式，产能达40JPH。

柳州五菱新能源的销售网络已覆盖全国，还远销日本、欧洲、美国等海外市场。柳州五菱新能源汽车有限公司将不断创新与整合，沿着专业化和国际化的新能源领域持续转型，致力于成为新能源汽车行业细分市场领先者，赋能美好生活。

二、生产与经营

五菱新能源2021年实现销售10016台，营业收入6.34亿元；2022年，在原材料价格持续上涨、关键零件短缺等重重压力下，实现销售15066台，同比增长50%，细分市场占有率排名第二，实现营业收入12.23亿元。五菱新能源加大研发投入力度，丰富产品线，面向商用车细分领域，销售网络已覆盖全国，同时更加突出开发国际市场，以左、右舵纯电厢式运输车为抓手，加大对美国、欧洲和日本等国家和地区的出口销量，弥补由于补贴退坡对国内销量的影响。

三、产品出口

产品出口囊括欧洲、美洲、亚洲等30多个国家，公司在新能源商用车方面已形成初步的海外布局：

符合欧盟、日本法规认证的右舵纯电厢式运输车G050产品于2023年2月开始向日本进行小批量交付。

符合欧盟法规要求的左舵纯电厢式运输车产品于2023年6月开始向欧洲客户进行小批量交付。

符合美国法规要求的左舵纯电厢式运输车产品已向美国市场交付超过400台。

符合韩国法规要求的左舵纯电厢式运输车产品于2024年5月开始向韩国客户进行批量交付，并交付超过300台订单。

符合俄罗斯法规要求的左舵纯电厢式运输车产品计划向俄罗斯客户进行小批量交付。

符合欧盟法规要求的右舵纯电厢式运输车产品计划向新加坡等右舵客户进行小批量交付。

四、产能建设

2021年10月，柳东新区新能源汽车制造基地建成投产，基地占地824亩，设计节拍40JPH（年产20万辆），拥有全范围智能制造、数字孪生、光伏发电系统、LMS精益制造系统等国内先进技术，积极开拓新能源全产业链生产制造，推动产业转型升级。

基地配套焊接、涂装、总装等先进生产工艺，以智能、绿色、环保为基础，具备平台化、高柔性特点，构建全范围智能网联制造模式，满足多平台、多品种、模块化、精益化生产需求。为公司深耕商用车细分市场提供有力产能保障。

五、技术进展与研发能力

新能源整车开发能力:聚焦新能源汽车领域,菱势品牌系列车型包括物流车、冷藏车、仓栅车等商用车。其中,菱势黄金卡是国内首款混动小卡产品,多款产品获中国新能源物流车 2022 年度微卡车型销量 TOP 奖;细分市场销量位居行业领先地位,并逐步开拓美国、日本、欧洲等国际化市场。

菱势纯电动左舵微型物流车于 2024 年 3 月获得欧盟 WVTA 整车认证,并针对韩国法规要求及市场需求进行了定制化开发,首批订单 300 台左舵微型物流车将于 2024 年交付。菱势纯电动左舵微型物流车是五菱新能源与大昌汽车在韩国市场合作的首款产品,双方就菱势纯电动左舵小卡合作也进行了深入交流,并达成了样车采购意向。双方将进一步增进合作信心、决心,助力微型新能源物流车型开拓韩国市场。

通过对市场趋势的深耕洞察和精准把握,五菱新能源旗下菱势汽车推出了全新大中面车型——菱势黄金仓。“3 米 7 方大中面,300 公里真续航”的菱势黄金仓长续航版推出拥有空间大、续航长、动力强、操控稳、超节能、特安全六大亮点,上市仅一个多月,便跃居新能源中面物流车销量前列,打破原有 VAN 系市场竞争格局,在激烈的市场竞争中抢占重要席位。

五菱新能源公司自主研发“菱擎”超级线性混动系统、“菱御”智能驾驶系统和“菱诺”车联网平台,拥有 CNAS 国家认可实验室,掌握自主知识产权核心技术。

新能源混合动力驱动系统开发能力:具备拥有自主知识产权的全新一代混合动力驱动系统开发能力,研究整车驱动模式,与现有产品形成显著差异,技术水平与日本汽车行业同类产品抗衡,处于国际领先地位。自主研发出的“菱擎”前置后驱混合动力系统,发动机热效率高达 40.1%,电驱系统最高效率达 95%,其最大功率可达 85 kW,扭矩 240 N · m。在实车 WLTC 工况中,“菱擎”混动系统相比同类型传统燃油车降低了 30% 以上。

智能驾驶能力:具备车辆路径巡线自动驾驶、自动紧急制动、遇障停车等功能,实现景区或园区内特定线路自动驾驶,满足人员接送、货物传输的目的。自主研发的控制器集成了激光、毫米波、视觉和超声波雷达环车 360°三维立体感知融合技术,集成了激光 SLAM、GPS 和 IMU 多信号源定位融合技术,控制器的功能和性能符合功能安全开发流程并搭载多台智能驾驶接驳车试运行。

网络安全体系建设和测试能力:根据国家对新能源车辆监管要求,完成了车辆远程监控管理自主平台建设,平台建设满足国家标准要求,顺利通过国家新能源监测管理中心认证。平台于 7 月 30 日顺利上线切换,实现对公司各类车型的远程监控和管理。2022 年平台接入车辆总计 27726 台,监控车辆运行累计 8.1 亿 km,车辆在线率 90%。实现对车辆生命周期的运行状态监控,车辆故障及时预警,有效预防车辆安全事故。

试验能力:拥有省级重点实验室——广西智能汽车多维信息融合重点实验室、CNAS 国家认可实验室。建成整车悬架动态性能测试(K&C)试验台、电池包三综振动试验台、汽车综合性能测试系统等 15 个专业试验室,拥有整车及零部件专业研发仪器设备 628 台(套)。能够独立开展新能源汽车油耗测试、新能源汽车电性能测试、新能源汽车 CAN 网络测试、电动汽车安全检测、电动汽车功率分析,以及电池系统、机电耦合驱动系统、整车电控系统等整车及新能源车关键零部件总成仿真、匹配和试验测试等工作,可满足常规车辆及新能源车的整车动力性、制动、经济性、NVH、道路耐久、台架耐久等测试。

六、主要新产品

产品型号	产品名称	品牌	通用名称
GXA5030XXYBEVD	纯电动厢式运输车	菱势	菱势黄金仓
GXA1031SHEV	插电式增程混合动力载货汽车	菱势	菱势黄金卡
GXA1033SHEV	插电式增程混合动力载货汽车	菱势	菱势黄金卡双排
GXA5030CCYSHEV	插电式增程混合动力仓栅式运输车	菱势	菱势黄金卡仓栅
GXA5030XXYSHEV	插电式增程混合动力厢式运输车(单层)	菱势	菱势黄金卡单层货柜
GXA5030XXYSHEV	插电式增程混合动力厢式运输车(双层)	菱势	菱势黄金卡双层货柜
GXA5032XXYBEV7	纯电动厢式运输车	五菱	五菱 EV50
GXA1031BEV1	纯电动载货货车	五菱	五菱电卡
GXA5032XXYEV	纯电动厢式运输车(单层)	五菱	五菱单层货柜
GXA5032XXYDEV	纯电动厢式运输车(双层)	五菱	五菱双层货柜
GXA5032CCYEV	纯电动仓栅式运输车	五菱	五菱仓栅车
GXA5039XLCBEV	纯电动冷藏车	五菱	五菱雪宝
GXA5032XLCEV	纯电动冷藏车	五菱	五菱冰宝
LQG5020XXYBEVE1	纯电动厢式运输车	菱势	菱势纯电动物流车
LQG5037XXYBEV	纯电动厢式运输车	菱势	菱势纯电动物流车
GXA5030XXYBEVA2	纯电动厢式运输车	菱势	菱势纯电动物流车
LQG1020BEVE2	纯电动载货汽车	菱势	菱势纯电动物流车

七、发展规划

公司构建核心竞争能力、品牌驱动发展,制定“3+3+3”战略规划,在第一个 3 年,我们整合资源、培育核心、做大规模,努力构建新能源整车竞争能力,做强商用车,研发乘用车;在第二个 3 年,我们协同多要素、加强核心,持续提升核心竞争能力、品牌影响力,实现商乘并举;在第三个 3 年,我们实现产品结构转型升级、企业高质量跨越式发展,迎来品牌驱动发展的新阶段。

公司围绕新能源商用车细分市场,打造 3.5 m 段、4.5 m 段、5.5 m 段平台产品,产品覆盖微客、微卡、轻客、小卡、轻卡、皮卡等商用车类别,全面参与轻、微型物流商用车市场竞争,力争成为产品门类齐全的商用车细分领域领导者。在乘用车领域，运用 PHEV、BEV 的新能源动力技术双路线，规划开发多用途等各类车型，成为新能源乘用车细分领域的重要参与者。

在巩固国内市场的同时，公司积极探索海外市场，国内海外全市场布局，打造以国内大循环为基础，国内、国际“双循环”相互促进的发展格局。

重庆长安跨越车辆有限公司

一、单位概况

重庆长安跨越车辆有限公司成立于 1999 年，主要从事开发、制造、销售长安牌轻型、重型载货汽车、微型客车、专用汽车和新能源汽车为主。公司始终坚持传承百年军工精神，融合现代科技，不断创新商用车设计理念，按照整车生产四大工艺设有冲压、焊装、涂装和总装。公司依据城乡物流发展的需求变化，陆续开发推出微卡、小卡、小轻卡、皮卡、微客等系列产品，成为重庆市高新技术产品，销往国内 300 多个城市，并出口欧洲、东南亚等国家和地区。同时系列产品荣获中国国际物流行业用户满意质量星级评定“五星级产品”。公司先后被评为“重庆工业五十强”“重庆制造企业 100 强”“重庆市优秀民营企业”，拥有“重庆市知识产权优势企业”“市级创新示范企业”“市级数字化车间”等称号。

二、生产与经营

现有员工 3000 余人，提供主机厂及周边配套企业就业岗位超 6000 个，年纳税额超亿元。2023 年实现销售 16 万辆，同比提升 27.2%，好于轻型商用车行业 27.5 个百分点，其中新能源销量与出口销量再创历年新高，同比分别提升 127.5% 和 129.5%，市场地位进一步提升，轻型商用车行业市占率同比提升 1.3 个百分点，增速位于行业前列。

三、产品出口

远销全球 30 多个国家和地区，2023 年全年出口 1.3 万辆，同比增长 129.5%，好于轻型商用车行业水平 97.3%，新能源出口 800 台，实现海外新能源出口突破，在海外新能源目标市场排名当地销量第一位。

四、产能建设

公司现已形成高新区、万州两个生产基地，规划年产能达 30 万辆，其中高新区 12 万辆/年，万州 18 万辆/年。以新品导入为契机，有序对双基地进行自动化、柔性化和信息化升级，未来双基地自动化率≥70%，制造效率大幅提升，柔性化生产线产能利用率可达 90% 以上。

五、技术进展与研发能力

公司建立了重庆市市级汽车研究院，引进行业一流的设计研发软件和数据管理系统，并建立高低温实验室、重心实验室等技术研发实验室，掌握专利技术 400 余件，并培养了一支技术精湛、经验丰富的技术研发团队。在质量方面，长安跨越在产品智能化、装备智能化、生产智能化、服务智能化、管理智能化等方面，紧跟时代步伐，依据自身需求制定了智能制造工艺升级规划，全方位保证产品安全可靠。

六、主要新产品

产品型号	产品名称	品牌	通用名称
SC5031XXYPQ6B5BEV	纯电动厢式运输车	长安	跨越星 V7EV

七、合资合作及重大项目建设

与宁德时代合作-星 V7EV 宁德三代 2C 电池车型开发项目。

与中创新航合作-星 V7EV 中航 50.38 客运版车型开发项目。

八、发展规划

整体思路：公司以“打造享誉世界的中国商用车”为愿景，“低碳智能城镇物流专家”为定位，将“成本”和“效率”打造为核心竞争力，聚焦低碳智能转型，打造“绿色+智慧”商用车。

新能源业务方面：以“智能+科技”为主线，纯电、增程、混动、燃料电池多动力路线并行，聚焦智能网联、自动驾驶、平台化、模块化，实现新能源产品全面布局，持续打造产品竞争优势，创新合作模式，连接物流、运力平台、车辆租赁、汽车金融、数字化管理等，构建商用车生态链，提供智慧物流产品解决方案。

海外业务方面：以“贸易+KD+海外基地”模式，基于国内产品，进行适应性开发，立足中国市场，依托现有市场，快速拓展空白市场，通过“自建+合作”模式，加强市场纵深布局，持续推进海外基地建设，复制国内产业链管理运行模式，打造国际化商用车全价值链管理体系。

燃油业务方面：以客户需求为导向，精准产品定义、升级改造、完善产品谱系，提升产品竞争力；优化渠道结构，建设高效、高能、数字营销平台，实现销量、效益稳中求进。

北京汽车制造厂（青岛）有限公司

一、单位概况

北京汽车制造厂有限公司始建于 1951 年，是新中国成立后创建的第二家大型汽车企业，1958 年由朱德元帅亲自题写厂名，是中国汽车工业的先驱和北京汽车工业的摇篮，成立 73 年来为国家的经济发展和国防建设作出了巨大贡献，旗下的 212 越野车累计产销 200 万辆，影响了中国几代人，创造了中国汽车界民族品牌的传奇。

2020 年北京汽车制造厂全面资本重组，并落户青岛，投资 152 亿打造青岛总部基地，同步建成发动机、车桥、车架等核心零部件工厂，是一家具备全品类整车生产资质的企业，业务包括整车及零部件的设计、研发、生产、销售和服务，除传统动力外，在纯电、增程、混动等方面进行了全方位布局，旗下拥有 212 越野，锐胜王牌、卡路里、元宝等品牌，有青岛、德州、黄骅三大生产基地。

2023 年，北京汽车制造厂正式成为世界 500 强山东魏桥创业集团的重要组成部分。山东魏桥创业集团围绕“轻量化、绿色化、智能化”在新能源汽车领域进行了一系列的生态化布局，成为汽车行业独有的掌握全铝产业链的企业，力争 3~5 年进入中国汽车行业第一梯队。

北京汽车制造厂有限公司青岛分公司位于山东省青岛市莱西市盛达路 17 号，占地 1700 亩，建设面积约 36 万 m^2，具备乘用车（含新能源）、商用车（含新能源）车的生产能力，按自动化、数字化、智能化企业进行打造，自动化率达 90%以上。

北京汽车制造厂致力于“成为汽车行业细分市场的领航企业”，在产品开发方面形成了独特的“平台化、模块化、共用化”核心竞争力。现有员工近 5000 人，其中青岛基地接近 2000 人，拥有工程师 1000 余人，掌握全流程整车正向开发能力，在平台化、模块化技术应用、研发成本控制等方面达到行业领先水准。

二、生产与经营

1. 北京汽车制造厂下设青岛、德州、黄骅三大产业基地，建立了全面的营销及售后服务网络。主营业务范围包括汽车整车及零部件的设计、研发、生产、销售和服务，除传统动力外，在纯电、增程、混动等方面进行了全方位布局。青岛基地可生产越野车、轻型车、乘用车等多种车型，以及发动机、车桥、车架等关键零部件，按自动化、数字化、智能化企业进行打造，自动化率达 90%以上。黄骅基地占地 1100 余亩，是军用车辆定点生产企业，拥有自主研发能力和制造工艺条件，可生产多用途专用车。德州基地占地 1000 余亩，主要生产新能源乘用车。

2. 生产配套情况：采用数字化技术，打造“工业 4.0”绿色智能工厂。拥有国际标准化汽车生产工艺，完整的冲压、焊接、涂装、总装四大工艺，采用数字化供应链管理系统，先进的生产工艺流程，国际标准的质量管控系统，生产线综合自动化率高达 90%，缔造产品军工品质。

3. 北京汽车制造厂拥有新能源汽车和传统能源汽车全系列产品生产资质，通过国家军标质量管理体系认证，是中央军委装备发展部核准的 A 类装备承制单位。产品型谱主要涵盖新能源乘用车、越野车、MPV、皮卡等品系。已有锐胜王牌 MPV、卡路里皮卡、212 狙击手、元宝/家宝新能源乘用车等多款产品上市。

三、产品出口

公司全新打造了涵盖王牌 MPV、皮卡等一系列全新新能源车型产品，未来出口目标覆盖欧洲、南美、中东、东南亚、非洲等多个国家和地区。开拓海外新渠道 60 多个，重点海外基地项目埃及、欧洲基地、南美基地。2023 年新能源产品海外出口 1100 辆。

四、产能建设

北京汽车制造厂有限公司青岛分公司设计年产能为 5 万辆，已完成建设并投产运营。

北京汽车制造厂有限公司德州分公司设计年产能为 5 万辆，已完成建设并投产运营。

北京汽车制造厂有限公司黄骅分公司设计年产能为 5 万辆，已建成投产。

五、技术进展与研发能力

北京汽车制造厂传承红色基因，承载复兴国宝品牌“212 越野车”的使命，不断创新、探索，推出了狙击手越野车系列产品、王牌 MPV-M7 系列产品、卡路里皮卡 F7 系列产品、R11 系列产品。实现了燃油 CNG、纯电、增程多种动力车型，手动、自动挡的全覆盖。发动机、车桥、车架等关键零部件，已实现自研自产。

公司已建立完备的研发体系，能自主、正向开发公司战略布局的产品。在整车设计、仿真分析、样车试制、试验验证等方面有完备的流程，软硬件设施；在新能源、底盘、车身、电气、动力等各专业，均吸纳了行业专家引领开发。

建设了超 13248 m^2 的实验室，关键设备 120 余台套，具备整车环模排放试验、四通道轮耦合道路模拟试验、车身安全试验系统、动力总成试验系统（增程、排放分析、四电联调、混动，电机），零部件耐候试验室，KC 试验室，三综合试验室，高低温充放电试验室等等试验及检测系统，具备车型开发过程中所需的主要的整车、零部件试验能力。并于 2022 年 9 月取得国家 CNAS 资质。

六、主要新产品

产品型号	产品名称	品牌	通用名称
BAW6521MAJBEV	纯电动多用途乘用车	锐胜王牌	E-M7
BAW6521MAJ1BEV	纯电动多用途乘用车	锐胜王牌	E-M7
BAW6521MAKBEV	纯电动多用途乘用车	锐胜王牌	E-M7
BAW6521MAMBEV	纯电动多用途乘用车	锐胜王牌	E-M7
BAW6521MAM1BEV	纯电动多用途乘用车	锐胜王牌	E-M7
BAW5031XXY6Z57BEV	纯电动厢式运输车	锐胜王牌	E-M7
MINITRUCK	Mini 卡	BAW	MINITRUCK
LIGHTTRUCK	电动小卡车	BAW	LIGHTTRUCK
PONY	PONY	BAW	PONY
MPVBEV	电动王牌 MPV	BAW	MPVBEV

七、发展规划

随着全新产品的陆续上市，争取未来 2 年实现满产满销，为青岛市和山东省的经济发展贡献北汽制造力量。未来北京汽车制造厂将围绕家用、商务场景，开展产品升级，并开发全新的新能源产品平台，形成家用为主，商用为辅的强大产品阵容。

江西江铃集团晶马汽车有限公司

一、单位概况

江铃集团晶马汽车有限公司系江铃集团全资子公司，属集团五大整车企业之一。

江铃集团晶马汽车有限公司是以客车、乘用车、货车、专用车等车型研发、生产、销售和服务为核心的整车企业。具备工信部发布的乘用车、货车、客车、专用车、消防车等生产资质（含新能源资质），现主要有福尊、福运、福顺、E路福、专用车等系列产品，涉及客运、公交、旅游、通勤、物流、旅居、工程及其他专用车等行业客户。

江西江铃集团晶马汽车被授予"国家高新技术企业"、"南昌市汽车底盘工程技术研究中心"、"江西省专精特新中小企业"和"南昌市市级企业研究中心"，曾荣获全国交通企业管理委员会授予的"全国交通运输企业用户最满意产品企业"称号；产品荣获2017年度中国客车行业"新能源客车客户满意奖"称号。

二、生产与经营

2023年实现整车销量4333台（其中新能源车575台），同比增长116%，实现营业收入7.47亿元（其中新能源车1.21亿元），同比增长48%；营业利润达366万元，同比增长127%；市场份额提升1.4%，行业排名较同期上升5名。

三、产品出口

2023年海外出口总销量2076台（其中新能源车出口销量200台），同比增长303.9%，主要出口市场：菲律宾、柬埔寨、老挝、马来西亚、韩国、中东、刚果、利比里亚等。

四、产能建设

在国家优化产能、鼓励发展新能源汽车产业的大背景下，按照江西省2+6+N产业跨越式发展总体要求和目标，以做大做强整车制造为主线，坚定实施新能源汽车战略为指引，在省、市政府的深切关注与大力支持下，2022年江铃集团晶马汽车有限公司启动了恢复燃油乘用车、货车生产资质及获取相应新能源资质工作，在保证原有总产能6500辆/年不变的基础上，对生产设施进行了内部改进、调整，调整后的各产品产能为乘用车3000辆/年（其中新能源产能2000辆/年）、货车2000辆/年（其中新能源产能1000辆/年）、客车1500辆/年（其中新能源产能1000辆/年），其生产能力已通过了工信部现场审核。

五、技术进展与研发能力

江铃集团晶马汽车有限公司全系平台产品已开发纯电动车型，并通过应用新四化技术，全方面提升产品竞争力。

主要关键技术突破：纯电动客车高能量密度电池（BC5）系统开发与应用、轻量化集成一体式电池包开发与应用、高功率密度集成电驱后桥动力总成开发与应用、适用国内外市场的多标准充电系统兼容性技术开发与应用。

研发能力：具备产品策划、项目管理、总体设计、造型设计、系统及总成设计与配套开发、设计验算及仿真分析、产品工程设计、整车试制和试装、试验验证、标准法规管理、信息化管理等方面专业技术能力。

六、主要新产品

产品型号	产品名称	品牌	通用名称
JMV6101GRBEVL1	10.5 m福顺纯电动城市客车	江铃晶马	福顺
JMV6115GRBEV	11 m福顺纯电动公路版客车	江铃晶马	福顺
JMV6827GRBEV	8.2 m福顺纯电动公路版客车	江铃晶马	福顺
JMV6550QRBEV	福运纯电动乘用车	江铃晶马	福运
JMV5030XXYBEV	E路福纯电动厢式物流车	江铃晶马	E路福

七、发展规划

坚持新能源发展战略，围绕"科技江铃""特色江铃"主要核心战略要素，推进纯电、燃料电池、智能网联等领域产品开发。

德力新能源汽车有限公司

一、单位概况

德力新能源汽车有限公司成立于2017年7月，注册资本为6.6亿元，是一家集新能源汽车研发、制造、销售于一体的现代化汽车企业。德力汽车是国内首批获得"双资质"和氢能资质的新能源商用车企业，是国家高新技术企业、河南省经济转型重点推进企业、安阳市四个千亿级主导产业之一核心企业，通过了IATF 16949:2016汽车质量管理体系认证、知识产权管理体系认证、SGS认证，获得了河南省五一劳动奖状和河南省质量诚信体系建设A级企业等荣誉称号。分东西两个厂区，工厂秉持智能化、柔性化、模块化、定制化的设计建造理念，总体工艺达到国内先进制造水平，可实现年产2万辆纯电动新能源商用车。深刻洞察物流行业发展，重构物流场景，定义全新品类，聚焦同城物流场景下的绿色解决方案。同时整合国内优质氢燃料产业链资源，深入布局氢能商用车市场，成为示范运营区标杆产品。

二、生产与经营

2023年生产4373辆，产值22511.7万元，税收207.71万元，营业收入25453.1万元。2024年将铿锵迈步新征程，为中国新能源商用车的飞腾发展贡献自己的力量。

三、产品出口

2023年5月份正式组建海外事业部，海外事业部致力于微卡 01、轻卡 05 等一系列全新新能源车型产品，聚焦东南亚和欧洲市场，同时关注平行出口南美、中东、非洲等多个国家和地区，开拓海外渠道 20 余家，重点泰国项目及印尼项目、欧洲销售总部，2023 年样车已陆续发运至泰国、印尼、希腊、俄罗斯等国家地区，批量订单洽谈中，2024 年销售目标为 7000 台。

四、产能建设

德力新能源汽车有限公司设计年产能为 2 万辆，已完成建设并投产运营。

五、技术进展与研发能力

秉承着场景定义车型的理念，重构同城物流场景，定义全新品类。以品类第一为市场原则，以科技和产品驱动，实现分品类逐级突破。以智能驱动、创新架构打造极致性价比，无缝覆盖全场景物流市场。

2022 年 11 月份，德力汽车发布了大力牛魔王品牌和首款车型 D01，并发布了“3+3+1”的技术/产品规划以实现品牌愿景落地，达成“让生活牛起来”的使命。

德力新能源产品布局纯电动、增程和氢燃料等技术板块，打造新能源商用车新平台，最终实现德力商用车智能化、网联化、平台化。大力牛魔王 01/05 产品已投放市场，各类产品已获得多项研究成果。

六、主要新产品

产品型号	产品名称	品牌	通用名称
DLP1030BEVD05HA	纯电动载货汽车	大力牛魔王	G06n
DLP5022XXYBEVD03	纯电动厢式运输车	大力牛魔王	D05
DLP5031XXYBEVD05H	纯电动厢式运输车	大力牛魔王	G07v、G07
DLP5020XYZBEVD05	纯电动邮政车	大力牛魔王	D05
DLP5011XLCBEVD01	纯电动冷藏车	大力牛魔王	D01f
DLP5012XXYBEVD01	纯电动厢式运输车	大力牛魔王	D01、D02
DLP1012BEVD01A	纯电动载货汽车	大力牛魔王	D02n、D02
DLP5012TPBBEVD01	纯电动平板运输车	大力牛魔王	D02p、D02
DLP5012XYKBEVD01	纯电动翼开启厢式车	大力牛魔王	D02
DLP5020XXYBEVD03	纯电动厢式运输车	大力牛魔王	D03

七、发展规划

德力新能源产品覆盖末端配送、同城物流、城际物流场景。未来三年，将通过对电子架构、线控底盘、域控制器、智能驾舱、氢能动力、换电等技术迭代升级，创新打造新能源商用车平台，实现商用车智能化、网联化、平台化。

2024 年，围绕小方量末端配送纯电动物流车市场，推动 D01 拓展车型、D03 车型、D05 平台（含高电压重载车型）等产品上市，并实现无人配送车量产；完成 D01C/D03C/D05C 等车型的出口认证；2025—2026 年启动 800 km 增程轻卡车型开发。

二、零部件及相关领域

欣旺达动力科技股份有限公司

一、单位概况

欣旺达动力诞生于具有近 30 年历史的全球锂离子电池领域领军品牌欣旺达（股票代码：300207），是一家集电芯、模组、BMS 和 PACK 产销研于一体的全球领先的综合性新能源科技企业，致力于为新能源行业提供具有竞争力、场景化的动力电池解决方案及储能电芯。

二、生产与经营

依托领先技术、极致智造、超高品质、可靠交付、开放合作、大客户服务经验六大核心竞争优势，欣旺达动力获得了海内外众多知名客户认可，实现了为全球一流车企批量供货。2023 年，欣旺达动力电池出货量达到 11.66 GWh，实现营收 111 亿元，位列中国 HEV 混动汽车电池装机量 TOP 1、高端汽车电池装机量 TOP 3、中国乘用车总装机量 TOP 5，是中国四家“全球动力电池一级制造商”之一，也是全球新能源企业 50 强、中国民营企业 500 强第 218 位、福布斯中国独角兽榜单企业。

三、产品出口

全球汽车市场电动化已成必然趋势，中国锂电供应链也迎来了广阔的出海机遇。欣旺达动力以始为终，企业在发展初期即与海外客户建立深度合作，与雷诺、日产等海外客户建立深度合作，海外车企审核注重细节、开发流程体系完善度，在持续合作过程中，公司积累了产品开发标准和经验。此外，欣旺达动力的母公司作为全球消费电池龙头，已在海外拥有丰富的渠道和客户资源，凭借母公司二十余年的海外出口经验和先发优势，欣旺达动力业务在起步便收获了丰富的海外渠道布局和客户资源信任，快速助力动力电池公司海外市场迅速扩张。

欣旺达动力当前海外渠道资源已遍布北美、欧洲及亚洲等地区。欣旺达动力 2023 年出口增长 40% 以上，出口包括日本、韩国、泰国等众多国家。欣旺达动力电池未来出海市场前景广阔，凭借母公司在海外出口的国际化优势，有望带动动力电池的海外商业化快速落地。

四、产能建设

在生产制造过程控制方面，欣旺达动力凭借优良的工艺管控能力和先进的生产设备制造能力，持续为客户、市场提供超快充、欣安全、抗低温、特耐用的动力电池。与此同时，欣旺达动力的售后市场服务在 2023 年通过国家“七星售后服务”认证，为客户的市场开拓和稳定运营保驾护航。企业坚持可持续发展理念，2023 年欣旺达动力承诺设定科学碳目标（SBTi）、加入联合国全球契约组织，荣获汽车行业绿色发展指数 AA 级企业，通过创新发展建设光储充检一体化绿色经济循环模式，低碳园区建设，践行企业绿色低碳运营，助力国家“双碳”目标实现。

多个地区布局的制造基地和服务网络是欣旺达动力装机量增长的核心支撑。欣旺达已经在全球布局了两大研发中心和全球十大生产基地，已生产/建设中的制造基地建筑面积达730.5万 m^2，同时在多国和地区设立了众多的营销中心、技术中心和客户服务网点，以便及时响应客户需求。智能制造产能规划上，2025年计划将实现动力电池产能规划达500 GWh，汽车电子(BMS)产能规划800万套。加快义乌和电白“灯塔工厂”建设，逐步推广至其他更多基地。

五、技术进展与研发能力

欣旺达动力坚持“三全”业务战略举措，与客户建立产品联合开发机制，推出具有竞争力、场景化的动力电池解决方案及储能电芯，实现为国内外一流车企批量供货；坚持培养为主、引进为辅的人才战略，打造出高效、卓越的科研和管理团队。每年研发投入近30亿元，专利数3000多项，参与起草了三十多项行业及国家标准，动力电池系统安全性关键技术及应用项目，荣获广东省科技进步奖一等奖。技术创新成为欣旺达动力发展的新引擎。

在产品开发方面，公司坚持“聚焦+差异化”策略，动力电池聚焦方形铝壳电池同时布局动力大圆柱电池，覆盖了BEV、PHEV/EREV动力和储能两大应用市场，满足混动、快充/超快充、长寿命、长续航、宽温域纯电以及储能等多种应用场景需求。同时，动力电池除乘用车外，产品应用领域覆盖包括商用车、船舶、低空航空器等。在技术方面，公司对先进技术和系统集成方案持续加大研发，兼具CTP、CTB及CTC等集成方案，满足终端客户的多元化需求。

针对BEV市场，公司推出“闪充”电池，可适配800 V高压及400 V常压系统，实现全面快充化，解决用户对安全、续航里程、充电时间长和成本高的焦虑。

针对EREV和PHEV市场，公司布局涵盖100～300 km以上的插混电池产品。公司混动产品面向高端市场，在追求快速补能、长续航和高性能基础上同时实现高安全性，并迎来与国内头部汽车企业双方共创十万台电池包下线的里程碑时刻。

针对商用车市场，公司布局涵盖倒短与干线运输两大应用场景。针对不同应用场景的差异化需求，积极探索快充与换电方案。

欣旺达动力HEV电池产品具有行业领先的高功率性能和高耐久性，支持70C常温放电和60C脉冲充电，并能通过电芯标准化和系统模块化满足不同客户需求，已连续三年稳居中国市场装机量第一宝座，并在2024年6月迎来了欣旺达第一百万套HEV混动汽车电池产品下线的里程碑时刻。

欣旺达动力开发的长寿命储能电芯具备高循环次数，应用场景涵盖数据中心和通信电源领域、家庭储能领域、电力储能领域、智慧能源领域等。

欣旺达动力还在持续研发固态电池、锂金属电池、磷酸锰铁锂电池、钠离子电池、等先进电池产品，满足终端客户的多元化需求。

在电池系统集成方面，由大模组向CTP和CTC解决方案转化，集成了高效多面冷却的热管理系统的CTP解决方案，并全面市场化应用。

欣旺达动力领先的产品与技术研发能力：电池行业深厚积淀，确保产品技术精准卡位并持续进阶，数十年电化学产品和研发体系积累，率先精准识别并切入高门槛HEV赛道，快速打开市场极强的产品延展能力，推动BEV、储能领域产品技术市场领先。站在新的历史起点，欣旺达动力作为新能源领域的先行者，将坚持不懈打造新能源产业生态平台，创新驱动新能源世界进步。

六、主要新产品

零部件		
产品型号	产品名称	产品应用
NCM622 153 Ah	闪充电池	小鹏、理想、上汽、广汽、东风柳汽、吉利BEV等车型
NCM 5.2 Ah	NCM 5.2 Ah HEV电芯	上汽、广汽、东风柳汽、吉利、沃尔沃、雷诺HEV车型
NCM 104/117 A	NCM 104/117 Ah电芯	理想等EREV车型
LFP 314/280 Ah	LFP 314/280 Ah储能电芯	华为、深圳能源、苏州精控等

七、合资合作及重大项目建设

1. 超快充产品-闪充电池开发

超级快充4C电池产品已经在2023年第一季度实现量产，并实现商用，全场景实现10 min充电至80%电量，处于领先水平。在研5C～6C新一代“闪充”电池开发进展顺利。

2. 高容量储能电芯开发

欣旺达动力储能电池布局覆盖电网储能、家庭储能及数据中心备电应用场景。2023年公司发布了314 Ah高容量长寿命电芯，在国内、海外推广顺利，得到一线客户认可。针对电网储能，公司已经实现314 Ah/280 Ah电池量产，产品循环大于12000次，可保障电站与工商业储能可靠、安全运营20年。公司量产的72Ah 6C产品数据中心储能产品相比传统产品功率成本降低10%，研发中的下一代产品将进一步降低功率成本，促进数据中心备电“铅退锂进”。

3. 浙江义乌、广东电白打造“世界级智能制造数字化‘灯塔工厂’”

推进中国动力电池制造“研、产、供、销、服”全生命周期管理的数字化建设；建设研发制造一体化全球层面的“数字化孪生模型”；部署核心装备的数字化全连接；探索工业物联网解决方案在欣旺达的落地与实践；智能制造关键设备的产业化建设；培养具备咨询、规划、实践等能力的智能制造专业团队。

八、发展规划

作为新能源汽车电池领域的优秀供应商，欣旺达动力客户覆盖海内外知名头部车企以及造车新势力头部企业，在“双碳”目标背景下，全球各国大力支持发展新能源汽车，新能源汽车替换传统燃油车的趋势不可挡，新能源汽车渗透率逐年上升，受益于此，新能源汽车电池出货量及装机量大幅增长，作为一家具备优秀研发设计能力、优良的工艺管控能力、先进的生产设备制造能力以及规模化的产品定制与对客户的快速反应服务能力的新能源电池企业，欣旺达动力势必在万亿级蓝海市场中占有较大的份额，成为行业内的佼佼者。

2024 年，欣旺达动力将继续落实、深化“PPS”战略，包括“智能终端（PACK），能源类产品（Power），系统化解决方案（Solution）”。其中智能终端产品将包括消费类电池模组等，实现现有主营业务基础上的升级和延伸。能源类产品瞄准汽车电池、储能系统及能源互联网，积极开拓和维护大客户关系，迅速突破市场。系统化解决方案则主要提供智能制造系统和实验室检测服务，一方面实现对内服务，提升企业整体智能制造水平，另一方面对外输出，开拓新市场机遇。

在发展战略上，欣旺达动力除了深入产业链上下游合作，打造“共生 - 共赢”的产业生态链。欣旺达动力未来将继续加快工业 4.0 技术应用：运用数字孪生、仿真、IOT、大数据、5G 应用等技术，实现工厂智能化水平提升；以自主开发智能制造生产线，构建欣旺达自动化生产基础；加强绿色能源应用，实现 100% 的绿色能源使用目标。

弗迪电池有限公司

一、单位概况

弗迪电池有限公司立足新能源产业，深耕电池领域近三十载，具备 100% 自主研发、设计和生产电池的能力。产品覆盖动力电池、储能及新型电池、消费类电池及零部件，广泛应用于汽车、新能源、消费类电子及轨道交通等领域，构建了完整的电池产业生态圈，在电池技术、品质、智能制造、生产效率等方面堪称业界翘楚。

作为创新管理、智能制造的标杆企业，弗迪电池分别在深圳、上海、重庆、无为四地设立研发中心，并在安徽、陕西、湖北、河南、青海等 18 个省份、直辖市设立超 30 个智能化生产基地。

弗迪电池坚持将年销售额 7% 用于研发投入，截至 2023 年 12 月 31 日，已组建超 7000 人研发团队，其中超 600 人为全球顶尖在职博士。在研发成果方面，弗迪电池现已拥有 10000+项专利申请，其中 5800+项已被授权。

作为全球领先的电池生产商，弗迪电池未来将持续全球化布局，不断巩固核心竞争力，助力新能源产业高质量发展。

二、生产与经营

1. 动力电池

动力电池的研发始于 2003 年，2020 年弗迪电池全新产品刀片电池横空出世，它凭借独特的“7S”技术，重新定义了新能源汽车的安全标准，为新能源汽车发展创造了新纪元。

2. 储能及新型电池

始于 2008 年，专注于绿色电力发展和电化学储能技术研发，具备电化学储能产品研发、制造、销售、运维、回收全业务链，产品覆盖电芯、储能变流器和储能电池系统，已为全球客户提供了上千套的储能解决方案。

3. 消费类电池

电芯累计出货超过 50 亿支，品类丰富，涵盖软包、方形铝壳、圆柱等多种形态，具备高能量密度、快充、长循环寿命、高安全、高功率等特点，具有完善的 Cell 和 Pack 的设计及制造能力，赋能消费类电子产品和小动力类产品。

4. 零部件

零部件业务涵盖继电器、熔断器、电容器、配电箱、电池管理系统、非标设备以及电池零配件等多种产品，广泛应用于新能源汽车及充电桩、储能等新能源行业及工业高压设备领域，对寿命、安全等关键指标具有重要影响。

三、合资合作及重大项目建设

1996 开始布局锂离子电池产业；1998 深圳市比亚迪锂电池有限公司成立；2000 成为摩托罗拉第一个中国锂离子电池供应商；2002 成为诺基亚第一个中国锂离子电池供应商；2008 全球首款不依赖专业充电站的双模电动车 F3DM 上市；2012 启动三元电池设计开发；2014 坑梓全自动化产线 8 GWh 建成；2017 总产能 16 GWh 电池对外业务开放；2018 青海比亚迪动力锂电池下线仪式；2019 弗迪电池正式挂牌成立；2020 刀片电池 & 超级包正式发布；2022 发布 CTB 电车车身一体化技术；2023 发布新一代整车一体化技术—无托盘技术。

广州巨湾技研有限公司

一、单位概况

巨湾技研（广州巨湾技研有限公司）成立于 2020 年 9 月，是广汽集团首家内部孵化的混合所有制高科技企业，专注于 XFC（eXtremeFastCharging）极速充电动力电池和新一代突破性储能器及其系统的研发、生产、销售和服务。巨湾 XFC 极速电池自 2021 年以来，已搭载多款车型量产，实现全球率先量产上市销售。已形成极快、超快、普快三大系列产品。

极快系列：快充时间 5～10 min，能量密度≥200 Wh/kg

超快系列：快充时间 10～15 min，能量密度≥200 Wh/kg

普快系列：快充时间≥15 min 或能量密度<200 Wh/kg

二、生产与经营

巨湾技研已量产的巨湾 7Min 极速电池产品，0～80% 充电时间最快 7.5 min，增加超 400 km 续航。现已搭载在埃安车型，并以“充电 5 min，续航 207 km”的成绩获得世界纪录认证机构（WRCA）颁发的“最快电动车充电技术”认证。于 2023 年 6 月 6 日发布的‘凤凰电池”，将动力电池及系统的技术水平提高到一个崭新的阶段。

2023 年，巨湾技研先后与合创汽车、北汽新能源、博雷顿科技股份公司、创维汽车、德铭汽车等企业签署战略合作协议，在超快充电池技术应用，打造“XFC 极速充电”新生态，引领极速充电市场快速发展等领域展开战略合作。

4 月，巨湾 12Min 极速电池搭载合创汽车 V09 亮相上海车展，合创汽车 V09 作为全球首款标配 800 V 高压系统的量产 MPV，峰值快充功率可以达到 380 kW，充电 10 min，续航可增加≥400 km，最大程度地降低了纯电出行快速补能的等待焦虑。9 月，创维 EV6 Ⅱ 超充版汽车搭载巨湾超快充电池正式发布。12 月，巨湾技研携手陕汽旗下西部智联举办“智联生态超充未来——超快充商用车战略联合发布会暨西安倡议启动仪式”，开启超快充商用车规模量产应用元年。

2023 年为巨湾技研超快充电池规模化交付首年，全年营收超 3.5 亿元，在超快充电池的细分市场年出货量行业第一。作为超快充/极快充电池领域的领军企业，巨湾技研最早量产的超快充电池包在 2021 年便已装车，截至 2024 年 5 月，单电池包累计最高里程达到 20 万 km，SOH 保持在 95%以上，巨湾超充电池的耐久可靠性得到了充分的市场验证。

2023 年，巨湾技研获评胡润百富“2023 年全球独角兽企业”，并荣获“国家高新技术企业”“广东省级专精特新企业”“2023 年广州独角兽创新企业榜单”等荣誉。

三、产能建设

2023 年 10 月，全球首家超快充动力电池专业工厂在广州巨湾技研有限公司南沙总部基地建成投产。该工厂是全球首家面向先进的超快充（10～15 min）乃至极速充（5～10 min，XFC）动力电池规模化生产制造的专业工厂，具备领先的制造水平和技术能力。除电芯和 PACK 生产主体工厂外，项目还配套有较大规模的研发与设计中心、试制与试验中心等，全面建成后总产能为 8 GWh/a，已投入使用 4 GWh。

四、技术进展与研发能力

巨湾技研是专注于先进储能器的研发与生产的高科技公司。巨湾技研已经掌握了完整的材料制备技术，并且核心专利已经获得授权。巨湾技研成立以来致力于打造高质量的研发团队，深耕研发一线。公司通过内部立项开展了一系列研发项目，现已有大量项目完成并形成一批科技成果。

巨湾技研作为超快/极快充电池领军者，率先研发并量产 7 min、10 min、12 min、15 min 超快/极快充电池产品。

巨湾技研于 2023 年 6 月初发布的“凤凰电池”，是一项集成了巨湾技研在材料、电化学、结构和控制等领域最新的科技创新成果，能使电动汽车具备在全天候（高低温）条件下均如常运行，并在 300～1000 伏不同电压平台上达到最高 8C 极速充电，实现了全天候条件下的极速快充，并具备比能量高、安全性高、寿命长以及更低维护成本等综合优势。将动力电池及系统的技术水平提高到一个崭新的阶段。凤凰电池的推出，让极速充电技术拥有更广泛的应用场景，为加快极速充电技术商业化进程助力。

巨湾技研正在加速拓展超充技术应用场景，2024 年推出 eVTOL 航空器超快/极快充电池方案，引领动力电池助力电动垂直起降飞行器（简称 eVTOL）运营的创新发展，推动 eVTOL 进入极充时代，以促进城市空中交通体系的快速发展。巨湾技研新研发的低空 eVTOL 飞行器超快/极快充电池具备充电速度快、比能量高、循环寿命长的优势，相较于普通飞行器电池，其系统能量密度提升≥25%，循环次数≥2000 次，30%～80% 充电仅需 5～10 min，同时达到 D0311A、D0160G 等航空级标准。

五、主要新产品

产品型号	产品名称	产品应用
GACBEVA1812	15MinXFC 极速电池	AIONVPLUS
HYCBEVG0804	12Min 极速电池	合创 V09
GACBEVA1813	7Min 极速电池	AIONVPLUS
PZL43259301	商用车标准箱电池	陕汽德创

六、合资合作及重大项目建设

1. 2023 年 2 月，合创汽车与巨湾技研进行战略合作签约，双方就“极速充电池技术，打造‘XFC 极速充电’新生态，引领极速充电市场快速发展”展开战略合作。北汽新能源与巨湾技研在北京签署战略合作协议。双方将依托双方技术及产业资源优势，围绕“极速充电技术”的联合研发、产品应用及超充网络建设、构建新能源汽车超充新生态等方面展开深度合作。

2. 2023 年 3 月，全球首个超充之岛（海南）启动暨椰速充巨湾极速超充站五站开通运营仪式在海南隆重举行。本次活动海南省电投、巨湾技研、电动汽车产业极速充电生态联盟联合主办，海南交投、海南电网、南网电动、北京小桔共同发起。

3. 2023 年 4 月，巨湾技研与创维汽车、德铭汽车举行战略签约，三方拟在新能源汽车超快充电池和超级快充解决方案、全国超充生态建设等方面开展深入合作。

七、发展规划

巨湾技研以“应用一代、研发一代、储备一代”的超前眼光为布局，持续引领超快充电池发展，推进科技创新和前沿研发，提速产品技术迭代升级，保持和创造技术领先优势，在巩固超快/极快充领军者地位的同时，加快形成新质生产力，增强发展新动能。

未来将持续完善凤凰电池平台技术研发及迭代，在成本可控基础上，保持其稳定的热管理系统、长循环寿命、高安全性能、可维修性等指标全面持续领先市场水平。推动开发方型铝壳 NCM/LFP 超快/极快充电池，进一步拓展和丰富超快充电池产品矩阵。不断布局前沿技术。围绕核心前沿新材料和钠离子电池、全固态电池、CMB 电池等新型储能器件领域做技术布局，持续投入创新研发，以技术创新驱动企业高质量发展。

辉能科技股份有限公司

一、单位概况

成立于 2006 年，辉能是全球首个成功研发并量产次世代锂陶瓷电池芯的能源创新公司，连续于 2018、2019 成为胡润研究院《胡润大中华区独角兽指数》中新能源领域唯一入榜企，技术与量产进程领先市场 2～6 年。

辉能采用固态电解质的“陶瓷隔层”取代传统锂电池旧有高分子隔离膜构造，创造具绝对安全性与稳定性的次世代锂陶瓷电池，并导入全自动化式生产制程，成为全球首家走出实验室、实现大规模量产的次世代锂陶瓷电池企业。为满足各市场应用需求，辉能推出多种类的次世代锂陶瓷电池：FLCB（超薄可弯曲锂陶瓷电池）、PLCB（高容量软包锂陶瓷电池）、LLCB（大面积锂陶瓷电池）及MAB次世代锂陶瓷电池包。

产品获得国际安规与飞航认证：UL1642、IEC62133、PSE、BSMI、RoSH、UN38.3、IATF16949。

二、生产与经营

2012年发表超薄可弯曲电池产品FLCB后，以安全、超薄可弯曲的特性打进穿戴、消费性、IOT与智能卡市场，与HTC、日本软银（SoftbankC&S）、Digitsole…等品牌协力推出更轻薄安全的电子产品。

随着电池技术与生产规模提升，辉能于2017年起跨足对电池容量与电性要求更高的新能源车市场，电芯通过欧美中日各大车厂安全测试并获得极高评价，分别与各车厂进行合作案商讨，并开始进行样车打造。

2018年，辉能发布突破传统锂电框架的BiPolar+技术（双极电池），直接于电芯内部串并联，从机构面大幅拉升能量密度，并于2019年发表了全球首个次世代锂陶瓷电池包设计，结合双极电池技术与次世代锂陶瓷电池技术，创造出颠覆性次世代锂陶瓷电池包方案，荣获全球两大科技创新奖项—美国CES创新奖与美国爱迪生奖金奖的肯定，并与车厂共同完成次世代锂陶瓷电池装车测试。

辉能陆续获得国内外指标性投资管理企业与产业链上下游领导品牌注资，将募资所得将应用于次世代锂陶瓷电池量产线扩张计划，加速次世代锂陶瓷电池产业化进度。

三、产品出口

辉能科技在2013年首条预试（pre-pilot）生产线开始营运销售，以及2017年10月动力电池卷式试产线开始投产后至今，制造能力已经10年市场验证，并已在产在线达到超过4千个质量控制点、99.9%的单层电芯良率及94%的多层电芯良率。同时，出货超过8000颗的动力电池给全球车厂，及超过100万颗电芯的实际销售数字，为量产打下了厚实的基础。

为满足新能源市场急迫且大量的动力电池需求，辉能与车厂及相关企业合作，共同为次世代锂陶瓷电池的产业化而努力，首个数十亿瓦时级的次世代动力电池生产基地于2024年启动，随后向外扩张至欧、日、美等重点地区，布局全球次世代动力电池市场。

四、产能建设

辉能专注自主研发电芯与生产技术，在全球建立100%自有专利布局，截至2024年7月，已获证及申请中的专利共超过890项，范畴广含产品、技术、机构/化学系统、设备、制程、应用等。

产品连续多年荣获多项国际奖项：

2013—2015连续三年荣获Computex台北国际计算机展创新设计奖；2013—2014连续两年荣获Computex台北国际计算机展最佳产品奖；2015.04荣获2015年台湾第23届精品奖殊荣；2017—2019连续三年荣获美国CES消费性电子展创新奖；2018.11入榜胡润研究院《2018第三季度胡润大中华区独角兽指数》；2019.04荣获美国爱迪生奖（EdisonAwards）金奖；2019.05入榜胡润研究院《2019第一季度胡润大中华区独角兽指数》；2020.05入榜CBInsights中国动力电池科技企业榜单2020辉能被誉为固态电池领军企业；2021.05荣获美国爱迪生奖（EdisonAwards）。

五、技术进展与研发能力

辉能锂陶瓷电池持性通过德国莱茵实验室TÜVRheinland专业测试：

1. 穿刺/高温/过充：本质安全。
2. 高能量密度：体积能量密度749 Wh/L重量能量密度321 Wh/kg。
3. 快充能力：5 min 5%～60%；8.5 min 5%～80%。

上海奥威科技开发有限公司

一、单位概况

上海奥威科技开发有限公司成立于1998年，注册资本7184.77万元，上海市高新技术企业、科技“小巨人”企业、专精特新企业。公司总部及研发基地位于中国（上海）自由贸易试验区郭守敬路188号（张江高科技园区），并在浦东老港拥有一个占地66600 m^2的产业化基地。2022年1月被工信部命名为国家级绿色工厂。

作为中国超级电容器行业唯一的“国家车用超级电容器系统工程技术研究中心”依托单位，奥威拥有“上海超级电容工程技术研究中心”、“上海市超级电容技术创新中心”、“上海市超级电容材料及检测专业技术服务平台”和“上海市企业技术中心”等4个省级研究平台，已建成了国内最具规模的超级电容器研发基地，先后承担了包括国家863计划、国家科技支撑计划、科技部重大专项及上海市科委登山行动计划等在内的国家和地方重大科研项目攻关。

公司拥有超级电容器的自主知识产权，产品广泛应用于电子电器和机械制造等行业，其中UCK系列产品能量密度大于130 Wh/kg，已达国际领先水平，产品已广泛应用于电动城市客车、纯电动重型牵引车、有轨电车、电动游览车、混合动力汽车、港口机械、AGV等诸多领域，并进军以色列、白俄罗斯、保加利亚、奥地利等海外市场。

二、生产与经营

作为超级电容器行业的领军企业，奥威产品的技术水平已得到国内外广泛认可，国内外多份超级电容行业调研报告和国家发改委市场分析报告均将奥威作为中国超级电容器行业的龙头企业。2018年奥威成为首批通过“上海品牌”认证的53家企业之一。2019年获“长三角区域绿色技术应用十佳”。

奥威UCK系列超级电容器的能量密度大于125 Wh/kg，

已达到了国际领先水平,奥威科技超级电容技术作为新能源产业的代表,获选"一带一路"首批项目正式落户白俄罗斯工业园,产业化基地已于 2018 年 8 月正式建成投产,是中白工业园第一个建成投产的项目。具有自主知识产权超级电容器产品,已经广泛应用于超级电容城市客车、纯电动港口牵引车、矿用牵引车、超级电容电动游览车、混合动力汽车、重型机械、特种车辆、太阳能风能储能等领域。

三、产品出口

奥威一直以来秉承全球化发展的战略,车用超级电容系统在纯电动公交车上的应用主要在海外,已经在多个国家开辟纯电动公交市场,并获得一系列的好评:2014 年 4 月底,保加利亚索菲亚 11 路超级电容公交示范线已开通运营;2016 年 8 月,塞尔维亚贝尔格莱德和奥地利格拉茨的公交示范线开通运营;2016 年 9 月,以色列特拉维夫 4 路超级电容公交示范线投入运营;2017 年 5 月,中白合作打造的新型 18 m 超级电容公交车样车在白俄罗斯首都明斯克正式开通运营;2018 年 5 月,超级电容公交车驶入马其顿共和国最大的城市斯科普里,同月,意大利拉兹佩齐亚超级电容公交示范线正式开通运营;2019 年 6 月,超级电容电动城市客车在丹麦奥尔堡正式开通公交试运营。

奥威科技在电动城市客车用超级电容系统领域的市场占有率全球领先。2017 年在中白工业园设立白俄罗斯生产基地用于当地生产和售后,近百辆中白合作的超级电容公交车在白俄罗斯首都明斯克的十几条线路上承担公交运营任务,单车运营突破 35 万 km。

四、产能建设

上海奥威科技开发有限公司总部位于中国(上海)自由贸易试验区郭守敬路 188 号,在浦东老港良泰路 188 号还拥有一个占地 66600 m^2 的产业化基地,年产各种超级电容器单体 900 万只。

五、技术进展与研发能力

作为国内最早从事超级电容器研发与应用的企业,奥威始终将创新作为推动企业发展的原动力,拥有行业一家"国家车用超级电容器系统工程技术研究中心",以及"上海超级电容工程技术研究中心"、"上海市超级电容技术创新中心"、"上海市超级电容材料及检测专业技术服务平台"和"上海市企业技术中心"等 4 个省级研究平台。

作为"国家知识产权优势企业",奥威科技已在产品的设计、研发和制造等关键环节形成了一批具有国际先进水平的自主知识产权和核心技术成果,申请专利百余项,UCK 系列超级电容器的能量密度大于 125 Wh/kg,已达到了国际领先水平;通过与上游企业及高校等合作开发高性能活性炭等先进材料实现国产化;具有国际先进和领先水平的无机混合型超级电容器、有机对称型超级电容器和有机混合型超级电容器技术,特别是开创了我国有机混合型超级电容器的产业化和应用之先河;以高能量超级电容器城市客车等为代表的先进超级电容电动汽车技术,在实现应用推广的同时进入了国际市场;在节能电梯、消防电梯、储能电源等一批应用成果。

通过不断整合优化资源配置,扩展使用场地,购置先进仪器设备,奥威科技建成车用超级电容器系统技术开发、试验和检测的七大技术平台;在科学布局、体制创新、文化建设、人才工程等方面进行了积极探索,初步建成了"超级电容器材料应用与单体技术"、"机械总成设计"和"电气控制与自动化"三大核心特色技术团队框架,并成立了"超级电容器材料和器件"、"有轨电车储能系统"和"公交电机车储能系统"三大顾问团队,逐步建成国家车用超级电容器系统技术创新基地、产品开发基地、应用推广基地、技术交流合作平台、人才培养平台和标准体系建设平台。

奥威科技曾荣获"全国职工优秀技术创新成果一等奖""上海市科学技术一等奖""浦东新区科学技术一等奖"等荣誉,2019 年获联合国工业发展组织全球科技创新大会"长三角区域绿色技术应用十佳",2021 年获中国土木工程学会第十八届"詹天佑奖"、中国钢铁工业协会和中国金属学会联合颁发的"冶金科学技术三等奖"。产品已通过 ISO9001、ISO14001、IATF16949、SA8000、OHSAS18001 等体系认证和 ROHS、CE、UL、ECER10、ECER100 等产品认证,产品还通过了阿尔斯通模拟工况、法国国际轨道交通极端试验检测。

六、主要新产品

产品型号	产品名称	产品应用
UCK42V9000	UCK 系列超级电容器	城市公交车、矿用机车等
UCK42V14000C	UCK 系列超级电容器	城市公交车、矿用机车、码头车等
UCK42V20000B	UCK 系列超级电容器	城市公交车、矿用机车、码头车等
UCK42V20000C	UCK 系列超级电容器	城市公交车、矿用机车、码头车等
UCK42V20000	UCK 系列超级电容器	城市公交车、矿用机车、码头车等
UCK42V28000	UCK 系列超级电容器	车用储能电源、功率补偿装置
UCK42V6800C	UCK 系列超级电容器	AGV 物流车等
UCR27V3000B	UCR 系列超级电容器	混合动力汽车
MUCK24V2870	24 V 车用超级电容器模块	车用储能电源、功率补偿装置
MUCR48V196A	48 V 车用超级电容器模块	混合动力汽车
S144V10-K11	车用超级电容分体式标准箱	城市公交车

七、合资合作及重大项目建设

2019 年 3 月 5 日,奥威全资子公司 Shanghai Aowei Technology Development 丹麦奥威科技公司, Nordic Ultra Capacitor Engineering Research Center 国家工程中心丹麦分中心分别在丹麦奥尔堡市注册成立。

八、发展规划

奥威科技的定位是超级电容的研发、制造、集成为一体的，为用户提供整体解决方案的服务供应商，包括延伸的技术售后服务。作为国内超级电容器产业的龙头企业，奥威科技将立足现有的技术优势、系统集成优势和工程化应用优势，依托工程中心和产业化基地，进一步强化现有竞争优势，同时着重进行市场开拓和推广，同时通过引入资本迅速做大做强，辅以行业整合和并购，将奥威科技发展成为全国乃至全球的超级电容器产业领军者。力争在两年实现产值过5亿元，发展创造新的商业模式，努力提高服务收入，成为国内超级电容器产品体系最齐全的、名列前茅的超级电容器供应商和集成商。

奥威将以共建“一带一路”倡议为契机，以市场需求为原则，以企业多年研发为基础，通过优化股东结构争取在上海科创板上市为目标，分阶段在2年内引入1~2家重量级战略投资者，计划在2024年底前完成IPO上市。

赣州市豪鹏科技有限公司

一、单位概况

赣州市豪鹏科技有限公司（简称“赣州豪鹏”）是首批工业和信息化部新能源汽车废旧动力蓄电池综合利用行业（再生利用）准入公告企业之一，也是工业和信息化部第二批新能源汽车废旧动力蓄电池综合利用行业（梯次利用）准入公告企业之一。公司成立于2010年9月，国内早期从事废旧新能源汽车动力电池回收及梯次利用，废旧电池无害化和资源循环利用的企业之一。艰难困苦，玉汝于成，经过十余年的砥砺前行，赣州豪鹏通过股权纽带，既整合产业资源，形成了“材料-电池-新能源整车制造-动力锂电池回收的”上下游企业联动的产业体系，又走出了一条锂电行业优势互补、资源相互对接、企业共同发展的新路；已发展成为国内外多家知名整车和电池生产企业信赖的配套服务商。

二、经营情况

赣州豪鹏在10余年的迅速发展中，一直围绕企业定位“专业、专注、专致”发展，积极开展废旧动力电池的回收、拆解、梯次利用、再生利用技术研究。专业的废旧电池回收处理团队和专业的废旧电池运输车辆和贮存仓库、拥有专业的回收处理生产线；专注于废旧电池回收市场开发废旧电池无害化处理技术研究及为客户提供优质的绿色服务，把废旧电池回收和无害化处理做好。

基于成熟的技术团队、自主的知识产权，标准化的信息管理手段，以顾客为关注焦点的服务，赣州豪鹏绿色回收无害化处理网络体系正在形成。

三、产能建设

赣州豪鹏一期项目2015年已建成投产，年回收处理废旧锂电池1万t。退役动力电池回收与梯次利用项目2023年竣工，新增梯次利用处理能力1万t/a。

四、技术进展及研发能力建设

以技术创新为发展之魂：已获得授权专利69项，其中授权发明专利11项，涉及动力电池回收利用关键工艺相关专利四十余项。拥有两个省级研发平台和一个省级“海智计划”工作站，积极开展废旧动力电池的回收、拆解、梯次利用、再生利用技术研究。在标准起草方面，公司先试先行；已获授权标准31项，其中10项国家标准，10项行业标准；正在牵头起草三项行业标准。

（1）回收再利用技术方面：赣州豪鹏研制并应用了金属锂回收提纯、负极碳粉回收利用、电池粉料连续浸出工艺、镍钴锰协同萃取提纯、钴镍锰离子交换净化、精细拆解技术等。公司在新能源汽车动力电池再生利用领域取得了多项关键核心技术突破，获得多项荣誉，其中“退役单元锂电池废料选择性提锂技术”被认定为2020年度首届再生资源行业十佳绿色技术成果，《废电池回收利用和处理处置方法系列标准》获得科技进步奖二等奖，《锂电池废料短程利用与污染全过程控制技术及应用》获生态环境部环境保护科学技术一等奖，“退役锂离子电池短程回收技术及应用”技术获得江西省科技进步奖一等奖。

（2）梯次利用技术方面：赣州豪鹏开发的异构兼容梯次利用系列技术，可实现不同状态退役电池的交叉使用和替换；并基于此开发了500 kWh梯次利用储能系统，该系统支持接入各种新能源发电设备、负荷设备、储能设备、动环监测设备等；储能系统的能量调度策略可以根据电网峰、平、谷段电价和储能电池的SOC状态灵活的调整/设置，系统接受能量管理系统（EMS）的调度，由能量管理系统智能化充放电控制，该储能系统具备完善的通讯、检测、管理、控制、预警和保护功能，长时间持续安全运行，可通过上位机软件对系统运行状态进行检测，具备丰富的数据分析功能。

五、主要新产品

产品型号	产品名称	产品应用
电子级	氯化钴	生产正极材料
电子级	硫酸钴	生产正极材料
—	退役动力电池梯次利用产品	小型储能、太阳能路灯

六、发展目标与规划

永无止境的改善与提升一直是赣州豪鹏追求的建设目标，公司围绕用地集约化、生产洁净化、废物资源化、能源低碳化原则，开展绿色改造，重点实行清污分流、废水循环利用、固废资源化和无害化利用。实施绿色设计和绿色采购，开发生产绿色产品，采用先进适用的清洁生产工艺技术和高效末端治理装备，建立资源回收循环利用机制，实现工厂持续绿色发展。赣州豪鹏废旧电池绿色回收无害化处理工厂在自身实现绿色工厂建设目标的同时，也助力实现电池全生命周期的绿色化。

北京机械工业自动化研究所有限公司

一、单位概况

北京机械工业自动化研究所有限公司(简称北自所)创建于1954年,是原机械工业部直属的综合性科研机构,1999年转制为中央直属大型科技企业,现隶属于国资委监管的中国机械科学研究总院集团有限公司。

自成立以来,北自所承担了多项国家攻关任务,完成制定300余项国家标准,取得科研成果600余项,为国家重大工程和企业的技术进步作出了卓越的贡献,成功研制了我国第一台液压伺服喷漆机器人、我国第一座自动化立体仓库、我国第一台高能电子直线加速器、我国第一个拥有自主知识产权的MRPII软件、我国首创的MIC系列可编程序控制器等高新产品;承担了我国第一颗人造地球卫星的地面模拟震动试验项目,承接备受瞩目的三峡工程和引黄工程项目,承建了首都国际机场T3航站楼智能配电系统项目,开发出具有自主知识产权的RS10信息化软件项目,研发了具有国际先进水平的汽车发动机柔性自动化装配线项目,完成了当今最大的玻纤行业的物流生产线项目等数百项重大工程,为我国装备制造业自动化技术的发展发挥了重要作用。

北自所致力于成为国内一流、国际知名的行业智能制造全面解决方案提供者,努力引领我国装备制造业自动化、信息化、智能化、集成化技术的创新与发展。

二、科研项目及成果

北自所业务覆盖制造业信息化、智能物流与仓储系统、自动控制系统开发与应用、工业机器人开发与应用、金属板材加工自动化装备、自动装配与实验装备、流体传动与控制、无损检测和电器物理装备制造、新能源汽车动力电池智能装配、拉膜生产线等。

近5年,北自所承担的纵向课题100余项,其中“智能制造专项”项目69项,国家省部级以上其他重点项目30余个。此外,北自所承担的课题曾多次获得北京市科学技术奖、中国机械工业科学技术奖等省部级奖项。北自所拥有智能工厂解决方案相关的核心技术专利47项,其中发明19项,实用新型32项,拥有68项软件著作权。北自所是中国智能倒造系统解决方案供应商联盟理事长单位,中国机器人产业联盟副理事长单位、中国工业互联网产业联盟理事单位、两化融合管理体系贯标咨询优秀服务机构、智能制造能力成熟度Ⅰ类服务机构。

三、科研设施及科研能力建设

北自所总部和研发基地设在北京,占地面积12万m^2,生产基地建在常州,占地面积6万m^2。现有员工1300余人,其中科研与工程技术人员900余人。拥有八个研究开发事业部、五个子公司,其中子公司“北自科技”在上海主板成功上市(证券代码:603082)。北自所是国务院国资委认定的“双百企业”和“创建世界一流专精特新示范企业”,北自科技被工信部认定为“制造业单项冠军示范企业”,化纤长丝卷装作业智能物流系统全球市场占有率排名第一,并入选“2023年度中国企业新质生产力优秀案例”;以及“制造业自动化国家工程研究中心”“智能化系统集成应用体验验证中心”“工业(液压元件)产品质量控制和技术评价实验室”等国家级创新机构;依托有“全国工业自动化系统与集成标委会”“全国液压与气动标委会”“全国机器人标准化技术委员会”等全国性行业组织;是国家批准的“控制理论与控制工程、计算机应用技术”两个专业的硕士学位授予点,已培养硕士研究生近300人;并发行两本中文核心期刊《制造业自动化》和《液压与气动》。

四、主要研究方向

北自所成立70年以来,一直致力于制造业领域自动化、信息化、集成化、智能化技术与设备的创新、研究、开发和应用,是离散制造领域智能制造系统集成的实战者和引领者。为企业提供自动化专机/单元、集成化产线/系统、数字化车间、智能工厂等多种解决方案,为客户实现高效、优质、柔性、绿色制造,助力企业提质增效、转型升级。以装备研制为标准来划分的研究方向如下。

1. 智能加工装备:双向拉伸薄膜生产线、带钢彩色辊涂生产线,连续带钢热镀锌生产线、带钢电镀铬/锡生产线、热管式真空集热管生产线、机器人焊接/涂胶/高压水切剖工作站。

2. 智能物流装备:自动化信息化立体仓库、智能控制堆垛机系统、货到人智能分拣线、分拣机、自动导引小车(AGV)/穿梭车(RGV)。

3. 智能装配装备:专用输送设备发动机/变速箱柔性自动装配生产线、中压绝缘中空断路器智能装配生产线、汽车动力电池PACK生产线、电子产品自动化装配生产线、开关柜自动检测装配生产线。

4. 智能监控装备:数字化车间装备生产线自动检测与控制系统、基于物联网的车间数据采集系统、大坝计算机监控系统/船闸电气工程、城市供水及污水处理工程自动化仪表监控系统。

5. 智能管理软件:基于电子商务的企业资源计划管理系统R510、集团版ERP、仓库管理系统(WMS)、基于电子商务的企业资源计划管理系统R510。

五、国内外交流

北自所一贯重视国内外技术合作与交流,每年组织参加国内各种行业协会、技术交流会、专题研讨会等交流活动,平均每年派出50多人出国参加国际博览会、学术交流会、考察访问活动,平均每年邀请外国专家100余人来公司进行技术交流、访问洽谈;与国外著名企业、研究机构、大学进行了多形式多层次的技术交流与合作,通过互访、交流,及时了解国际学术发展现状,学习国外先进技术与管理,促进公司技术发展。北自所还定期举办科技节、技术研讨和专题交流等专项活动,邀请广大客户、行业领导和业内专家来公司探讨技术发展趋势,研究技术难题,交流市场和行业经验,谋求合作和发展,与十几家国外公司建立了战略合作关系。

六、发展规划

公司使命：引领我国装备制造业自动化、信息化、智能化、集成化技术的创新与发展。

愿景：成为国内一流、国际知名的行业智能制造全面解决方案提供者。

秉承创新使命，坚定创新理念，开创技术创新、管理创新、市场创新等全面创新格局，催生发展活力，遵循市场发展规律和企业发展规律，求真务实、脚踏实地，推动企业稳步发展、取得实效，认真履行政治责任、经济责任、社会责任，在推动党和国家事业发展、社会进步和人民幸福中发挥作用，打造企业与个人价值共赢的命运共同体，促进产业链上下游融合发展，形成共生共赢产业生态圈。

苏州绿控传动科技股份有限公司

一、单位概况

苏州绿控是国内新能源商用车动力传动系统的领军企业之一，以电驱动系统相关技术创新为基础，向客户提供电驱动系统、零部件及相关技术开发与服务。公司在驱动电机、变速器和控制系统方面掌握一系列关键技术，开发出电驱动系统和自动变速器等核心产品和部件，具有高可靠性、高效率、一体化和轻量化的优势，广泛应用于客车、卡车、非道路移动机械等领域，并在新能源重卡细分市场占据重要地位。

二、生产与经营

绿控在商用车自动变速器、驱动电机和控制器等方面形成了完整的研发体系、产品型谱、生产制造能力与市场布局，并掌握着一系列自主研发的关键技术，能够持续为客户提供高质量的整体解决方案。

绿控建立了国内一流的产品开发试验平台和数字化的生产线，实现电机、变速箱等关键部件完全自主的设计和生产能力拥有国际先进的产线设备，实现了“研发+制造”的双轮驱动；严格执行 IATF16949、ISO14001 等各项标准规定，控制每一道工序、做好每一件产品；信息化系统实现了产品的全生命周期管理，确保每一个零件可控制可追溯，保证产品批量生产的一致性和品质，能够满足客户对产品的高质量要求。

得益于广泛的产品布局和优异的产品性能，公司积累了大量行业龙头客户，并获得了知名龙头厂商的高度认可。国内市场上，公司客户包括三一集团、徐工集团、东风汽车、开沃新能源等货车企业，以及厦门金龙、中通客车等客车企业，公司也为三一集团、徐工集团等非道路移动机械厂商配套电驱动系统，获得三一集团、徐工集团、东风汽车和开沃新能源等颁发的各类奖项。公司亦积极布局国际化市场，产品已销往部分亚洲其他国家及欧美等境外市场。

三、产品出口

截至 2023 年 12 月，产品已在海外韩国、巴基斯坦、西班牙等 24 个国家实现直接/间接出口。

四、产能建设

绿控建成厂房面积超过 8 万 m^2，用于新能源商用车电驱动系统齿轮、壳体加工、总成/分总成装配，建设完成年产新能源汽车动力耦合系统 10 万套的产能。

五、技术进展与研发能力

在汽车传动领域，绿控有十余年开发和产业化研究经验。自主研发的客车 AMT 产品，填补了国内空白；推出的国内首个基于 AMT 技术的同轴并联式混合动力系统，打破了国外公司的垄断。历经十多年的深耕发展，具备了新能源汽车电驱动系统总成架构设计技术、控制策略技术、专用变速箱开发技术、高转矩密度高效率驱动电机技术、控制器技术五项核心技术；绿控建立了国内一流的产品开发试验平台和数智化的生产线，实现了“研发+制造”的双轮驱动。产品覆盖纯电动、燃料电池、混合动力三种技术路线，并广泛应用于客车、卡车、非道路移动机械等领域。

绿控是高新技术企业，拥有博士后科研工作站和 CNAS 认证实验室，获得了江苏省认定企业技术中心和江苏省工程技术研究中心等认定，承担了国家重点研发计划、国家科技重大专项和江苏省重大科技成果转化项目等国家级或省级项目 8 项。截至 2023 年 12 月 31 日，公司及其下属子公司拥有 324 项境内授权专利，其中发明专利 34 项、实用新型专利 266 项、外观设计专利 24 项，公司参与制定机械设备安全升级指南等国家标准 3 项，主持或者参与制定内燃机混合动力系统安全要求、汽车混合动力系统术语或分类等团体标准 5 项。

基于核心技术，绿控开发产品在经济性和动力性等性能指标方面表现优异，具备效率高、动力强、能耗低、可靠性高等特点，例如混合动力系列产品具备高效率和高节油率，动力性强，工况适应性强；搭载 AMT 变速器的纯电动系列产品具备高功率、低电耗及轻量化等特点；纯电动直驱系列产品功率和转矩密度高、输出功率大。

六、主要新产品

产品型号	产品名称	产品应用
HTED2000L	纯电动驱动系统总成	三一工装纯电自卸车
HTED20000L2	纯电动驱动系统总成	佛山飞驰氢燃料卡车、客车
CHD36000	混合动力系统总成	徐州徐工混动矿卡
STEA5300Z	集成电驱桥总成	京深深向重卡牵引车

七、合资合作及重大项目建设

2023 年与湖南大学、哈尔滨工业大学（深圳）、湖南工程学院联合开展项目合作，开展“非道路车辆高效大功率无动力中断电驱动传动系统关键技术”的攻关，实现“电驱动传动系统构型设计与动力耦合集成技术”的研究与应用。

八、发展规划

绿控秉承“用技术为人类创造绿色美好的出行生活”的

企业使命，坚持技术领先、产品创新、多元市场、前瞻研发、精益制造等系列发展战略，力图实现新能源商用车电驱动系统的技术创新以及自主研发生产，致力于成为世界级关键汽车部件生产商。

1. 技术创新、客户导向的领先产品战略

公司紧跟行业技术发展趋势，以电驱动系统及核心部件的技术创新为基础，在混合动力和纯电动驱动系统领域坚持自主研发、实现技术突破，同时以客户需求为导向进行产品开发，将产品应用定位于新能源汽车及非道路移动机械领域，为客户提供更加智能高效且更高质量的电驱动系统、零部件和相关技术服务。电驱动系统及核心部件的技术开发需要多专业领域知识的综合运用，公司坚持技术创新，发挥研发团队在整车应用、总成开发和零部件开发的优势，逐步研发出更加一体化的专用产品，不断优化产品性能和质量，引领行业发展。

2. 广泛拓展、技术匹配的精准市场战略

公司坚持全面覆盖各技术路径，根据技术演进和行业发展不断扩大市场覆盖范围。公司在技术路径上全面覆盖纯电动、混合动力和燃料电池汽车的驱动系统需求，基于技术特点和市场发展动态，把握市场发展机遇，不断拓展产品布局和应用领域，坚持在商用车和非道路移动机械的市场覆盖并将进一步扩大市场优势，并积极探索其他应用领域的拓展机会。客车的电动化主要集中在公交和短途客运场景，纯电动是主要技术路径，公司主要以纯电动技术开发产品满足市场需求；货车和非道路移动机械的应用场景众多、工况复杂，不同场景适合不同的技术路线，因此公司针对性地同时发展纯电动和混合动力驱动技术路线，以适应更加多样的市场需求。

3. 前瞻布局的主动研发战略

公司在技术研究、新产品开发和现有产品升级等方面坚持前瞻主动的研发思路。公司对于技术研发注重理论研究、核心部件开发，对新构型进行测试验证，研究新材料和新工艺在产品应用的可行性及有效性，研究新一代控制技术，进而为产品开发提供技术支撑。公司对于新产品充分发挥“前瞻性、一体化”的研发思路，即结合市场需求和市场发展方向提前布局新产品并开展预研，前瞻性地进行方案设计、样机试制、场景试用和迭代改进，适时向客户提供解决方案及验证报告，配合新能源汽车和非道路移动机械厂商开发新产品。公司对于现有产品采取“销售一代、开发一代、预研一代”的产品升级方法，在实现已有产品销售的同时，进一步了解客户需求、深入发掘产品可优化点，并应用公司最新技术开发新一代具有更优性能和更高质量的产品；同时，研究技术发展方向，参考全球最新技术动态，对下一代产品进行前瞻性研究，以保证产品的持续竞争力。

4. 精益制造的自主生产战略

公司不断提升自产能力，坚持电驱动系统和核心部件自主生产。公司坚持精益制造思路，高度关注生产过程管理和生产工艺优化，并向上游延伸提高主要核心部件的自主研发生产水平，有力把控最终产品的性能表现与交付时间，同时充分利用社会资源组织部分部件的采购或生产，而将更多生产资源集中投入到更加专用的，以及需要深度开发和定制的专用部件生产上，以此提升自主生产制造效率和水平。

特百佳动力科技股份有限公司

一、单位概况

特百佳动力科技股份有限公司是一家专注于新能源商用车驱动系统研发与创新的高新技术企业。公司研发的新能源商用车动力传动核心控制技术，独领行业前沿。公司以其强大的技术研发能力和创新精神，面向市场推出成熟、高效、安全、稳定的商用车纯电动驱动系统（EV/EMT）、氢燃料驱动系统和混合动力驱动（PHEV）系统总成，产品覆盖中、重卡及工程机械等领域。公司用匠心精神打造一流的高新技术平台，为客户及合作伙伴提供最具有竞争力的新能源商用车驱动系统总成产品和解决方案；创造协作共赢、协作多赢的商业模式和生态环境。

公司坚持以市场需求为导向、以技术创新作为企业发展的动力之源，培育了一支研发经验丰富、自主创新能力强的专业研发队伍；主持起草了多项新能源国家标准，是行业内为数极少的掌握多项自主核心技术的企业之一。

特百佳动力与同济大学、上海交通大学、武汉理工大学以及华中科技大学等著名高校和科研机构建立了密切的产学研合作关系。公司依托多年积累的强大研发实力、先进的生产设备及工艺、成熟、安全、高效的商用车新能源动力驱动系统产品；致力于打造国际一流的技术平台，为客户提供最具有竞争力的全面商用车驱动系统总成产品解决方案。

二、经营情况

特百佳动力自 2017 年开始专注新能源重卡、工程机械动力系统市场的开发，现已成为一汽解放、徐工汽车、重汽王牌、北奔重汽、福田汽车、上汽红岩、华菱汽车、中国重汽、陕西重卡、大运汽车等众多一线主机厂的首选配套商。

2023 年，超 30000 台新能源重卡搭载特百佳动力驱动系统运营在 300 多座城市覆盖 400 多个应用场地。搭载特百佳动力驱动系统的新能源重卡在炼钢运输、砂石骨料运输、渣土车、混凝土搅拌车、港口运输、非公路用车等六大场景广泛应用。单车最长运行里程接近 40 万 km，累计运营里程超 9 亿 km。

特百佳动力四年蝉联“年度第一商用车新能源动力总成品牌”、先后获得工信部专精特新“小巨人”企业，上海市高新技术企业，上海市科技“小巨人”企业等荣誉称号。连续多年在纯电动重卡市场占有率领先。

短短数年，特百佳动力不断创新，引领行业技术发展，已经成长为细分行业的独角兽企业。

三、产能建设

特百佳动力建立了 MCU、VCU、TCU 无尘生产车间、XY 选换挡生产车间。一期年产能 50000 套动力总成。特百佳动力新能源重卡驱动系统自动装配线已投入运行，单班年产

50000套。2022年底，特百佳芯工厂顺利投产，投入新的电机、变速箱厂房及生产线，一期规划年产能各50000套。

四、技术进展与研发能力

特百佳动力自成立以来始终坚持自主创新，已形成较强自主研发、自主设计及自主创新能力，行业地位及竞争优势十分明显。公司创始及核心技术骨干均具有智能化及新能源车辆研发工作背景，经过多年的项目研发及积累，已经培育了一批新能源汽车动力总成系统领域的优秀技术人才，形成了以高层次人才专家带队、专业技术骨干为核心的人才梯队，打造出了一支经验丰富、熟悉整车制造商需求以及敢于吃苦、勇于拼搏的高素质研发及服务队伍。2023年底，公司专职研发人员占比超过3[illegible]%，平均年龄35周岁，其中拥有高级工程师职称3人，工程师38人，保证了团队的专业化水平及创新活力。

作为技术创新的企业，公司鼓励创新并十分注重核心技术成果的保护，通过了知识产权管理体系认证，公司已获得授权专利68项，其中发明专利13项，实用新型专利37项，外观设计专利18项，另有近30项发明专利申请获得受理，其中含7项PCT专利。公司的核心技术成果得到了有效的保护。

五、主要新产品

产品型号	产品名称	产品应用
KEI120-4S7K	标准纯电驱动系统	14～18T环卫车辆及特种车辆
KEI240-4S14K/KEI240-4S20K		标载版4X2、6X4、8X4
KEI360-4S14K/KEI360-4S20K		重载版 & 山区版满载质量≥80T
KES315-4S14K/KES315-4S21K	一体机纯电驱动系统	重载版 & 山区版4×2、6×4、8×4
KES286-4S14K/KES286-4S21K		重载版 & 山区版4X2、6X4、8X4
KEX330-4D29K/KEX280-4D20K	双电机纯电驱动系统	重卡4×2、6×4、8×4
KEC360-5D23K/KEC330-5D21K		重卡4×2、6×4、8×4
KEI360-4S14K/KEI360-4S20K	工程类系统	90T矿用车
KEC480-4D18K		90～120T矿用车
ZEI90-2S6K5		装载机
KES240-4S20K	氢燃料驱动系统	标载版4X2、6X4、8X4
KHI110-7S26K	混合动力驱动系统	重卡4X2、6X4、8X4
KHI170-7S26K		重卡4X2、6X4、8X4
KHC350-4D17K		矿用车、全地面起重机等

六、发展规划

特百佳动力将持续强化“两横三纵”产品平台发展战略，即建立纯电动、混合动力以及氢燃料动力总成三大产品线，以新能源重卡和新能源工程机械动力总成系统作为核心两横的产品体系；建设具有关键硬件制造能力，围绕新能源动力总成相关的电机、电控、变速箱及其他关键零部件，产品符合标准化、智能化、多合一集成化要求；重点推动从动力系统提供商往新能源动力域数字化服务提供商而实现价值提升；依托新能源重卡大数据积累，实现产品智能化，提升数字互联解决方案能力，成为面向智能化电动化的新一代“三电”零部件公司。

陕西法士特汽车传动集团有限责任公司

一、单位概况

陕西法士特汽车传动集团有限责任公司（简称“法士特”）始建于1968年，是商用车变速器生产基地和世界高品质汽车传动系统及高端装备智能制造综合解决方案供应商，旗下拥有20余家参控股子公司（其中2家海外工厂），在职员工1万多人。企业先后荣获“全国先进基层党组织”“全国五一劳动奖状”“全国文明单位”“全国模范劳动关系和谐企业”“全国模范职工之家”“国家科技进步一等奖”“中国工业大奖”“全国企业文化建设最佳实践企业”等多项殊荣。

二、生产与经营

法士特始终聚焦汽车传动、汽车安全、新能源、农业装备、工程机械、智能制造、智能驾驶、高精齿轮等八大产业领域，成功推出法士特智行、法士特易行、法士特蓝驰等多款智能化、高端化、国际化新产品，为全球商用车创新发展提供了最优配置。已建成重型汽车变速器、中轻卡变速器、客车变速器、AT液力自动变速器、AMT机械式自动变速器、S变速器、液力缓速器、离合器、减速器、混合动力、汽车零部件、工业制造母机等15个核心产业园区和制造基地。主导产品被国内外150多家主机厂上千种车型选为定点配套产品，变速器市场销量接近1200万台，国内市场占有率超过70%。

三、产品出口

法士特积极响应国家“一带一路”倡议，加速构建全球产业布局，充分发挥泰国独资工厂、欧洲公司区位优势，加强与全球知名跨国公司合资合作，在北美、东欧、东南亚等地设立分销公司和办事处。产品广泛出口北美、东北亚、东南亚、东欧、南美、中东等50多个国家和地区，国际营销网络初具规模，全球化辐射效应日益凸显，品牌国际影响力立体放大。

四、产能建设

秉承数字赋能企业高质量发展战略，法士特率先在行业建成首家黑灯工厂，成功应用数字孪生、黑灯生产等六大核心技术，通过万物互联、数字感知、数据驱动等智能化、数字化高新技术，企业生产效率提高 70%，能源消耗降低 14%，人均产值提高 5 倍多，实现了智能制造跨越升级。企业关键工序数控化率已达 98%，100 多条生产线先后实现数字化升级换代，成功入选全国首批“数字领航”企业榜单。智能制造深度普及，先后荣获“国家知识产权示范企业”“首批制造业单项冠军示范企业”“智能制造示范企业”“国家级绿色工厂”“零碳工厂”和国企改革“双百企业”，荣登中国汽车工业 30 强、中国机械工业 100 强、中国制造业 500 强、国际国内汽车零部件“双百强”行列。

五、技术进展与研发能力

按照“生产一代、试制一代、研发一代、储备一代”科研战略，法士特已建成“国家级企业技术中心”“院士专家工作站”“国家级博士后科研工作站”“英国创新中心”等集产学研用于一体的世界一流科技创新平台和全球协同研发体系，已累计获得授权专利超过 2730 项，多项关键核心技术实现自主可控，填补国内空白。企业先后承担 2 项国家 863 计划和 16 项国家级重点科研项目，年均研发投入始终保持行业领先地位。

六、主要新产品

续上表

产品型号	产品名称	产品应用
F9JZ140A	法士特_易行系列机械式自动变速器(AMT)	东风柳汽载货车，陕重汽 M6000 载货车
F6JZ45AM	法士特_易行系列机械式自动变速器(AMT)	北汽福田诸城奥铃汽车厂载货车，一汽解放青岛汽车有限公司载货车
F8HA95M	12 挡 2800 Nm 集成式 P2 混动变速器	东风汽车股份有限公司专用车，安徽江淮汽车集团股份有限公司载货车

七、合资合作及重大项目建设

2011 年 6 月，法士特与美国卡特彼勒公司联合在华合资组建重型液力自动变速器(AT)研发制造公司——西安双特智能传动有限公司；2015 年与美国伊顿公司联合组建的合资公司法士特伊顿(西安)动力传动系统有限责任公司，主要研发、生产、销售商用车、客车离合器、新能源扭转减振器及相关零部件；2019 年 7 月，法士特齿轮有限责任公司和明斯克汽车厂开放式股份公司投资成立，是法士特公司第一家海外合资公司，是白俄罗斯第一家重型汽车变速器制造商；2021 年 7 月，法士特与瑞典瀚德(Haldex)集团组建的合资公司陕西法士特赫德克斯制动系统有限公司成立，主要从事商用车盘式制动器的研发、生产、销售，并为之提供相应的售后服务。

八、发展规划

面向未来，法士特将始终坚持以习近平新时代中国特色社会主义思想为指导，秉承“为中国汽车工业强盛而竭尽所能”的神圣使命，以全球化战略布局为导向，以高质量发展为主线，以打造世界一流强企为目标，纵深推进“4321”战略，加速构建“内生式”和“外延式”双轮驱动平台，全力奋进中国式现代化新征程，以实际行动为中国汽车产业迭代升级和地方经济社会发展做出更新更大贡献。

玉柴芯蓝新能源动力科技有限公司

一、单位概况

玉柴芯蓝新能源动力科技有限公司(简称“玉柴芯蓝”)于 2021 年 8 月注册落地南宁市高新区，是广西玉柴机器股份有限公司(简称“玉柴股份”)的控股子公司，是玉柴股份“新能源赛道”战略目标实现的最重要载体；玉柴芯蓝将以“从低碳到零碳，发力混合动力，补齐纯电驱动，发展氢能动力”为战略方针，实现“十四五”销量 10 万台套的目标。

玉柴从 2004 年研发“第一代混合动力系统(ISG)”开始进入商用车新能源动力系统领域、2016 年成立了新能源动力事业部、2021 年成立玉柴芯蓝进行公司化运营，玉柴在新能源动力系统领域深耕 18 年，累计研发投入超 6 亿元，拥有专利累计超 300 件。

二、生产与经营

公司开展新能源商用动力系统的高集成、高效率、低碳零碳研究，构建超节能混合动力系统、纯电驱动系统、氢燃料电池系统和先进增程器系统等新能源商用动力系统的研究、创新服务和供给能力耦合模式，成为了商用车新能源动力系统行业技术路线掌握最全、产品型谱和应用场景最广的企业，并且在电机/控制器/变速箱/电堆等核心零部件方面全面掌握自主设计开发能力。

现已建成年产能达 2 万台套的现代化生产线，完成了与国内主流整车厂东风柳汽、东风华神、解放青岛、江淮汽车、吉利远程、欧辉客车、陕汽商用车、三一重工、临工集团、徐工集团、宇通重工、雷萨重机等重要厂家畅销车型的配套。

2023 年销售增程器、纯电驱动系统、混合动力等新能源动力 8000 台套，产值 2 亿元，营业收入 1.7 亿元。

三、产品出口

由于澳门寸土寸金，电力全靠内地输送市场，在新能源汽车浪潮和“双碳”目标背景下，澳门要构建绿色城市，没有土地建立足够多的充电桩，玉柴芯蓝增程器在集成度、节油率、技术服务、研发投入等是最优的技术方案。从 2021 年开始，玉柴芯蓝的增程器总成实现超 700 台的销量，助力澳门构建绿色，低碳的旅游城市。

四、产能建设

现已建成年产2万台套各类新能源动力产品的产能，其中，已经完成了燃料电池小批装配线1000台/年、高速电机小批装试线10000台/年、中速电机小批装试线10000台/年、ECVT小批装试线5000台/年，增程器小批装试线10000台/年，集成电桥小批装试线10000台/年的产能建设。

五、技术进展与研发能力

（1）深入开展新能源商用动力关键零部件核心技术研究，技术水平达到国际先进水平。开展油冷扁线高速电机的高效电磁路设计技术、高功率密度和低温度场平衡控制技术研究。针对普通SI基电机控制器的技术瓶颈问题，突破电控系统效率优化技术、电控系统模块结温保护技术、电控系统谐波电流抑制技术，开展转矩脉动抑制控制技术研究。围绕整机的多系统耦合场的应用场景，开展整机热管理的耦合场分析研究。针对新能源商用动力的不同模式与工况，为实现“发动机-电控硬件-电机”智能控制系统平顺切换，开展动态时变下基于深度学习的混合动力系统自适应控制策略研究。

（2）围绕商用车辆、工程机械、工业机械和军事特种装备的电动化、智能化发展需求，主要开展新能源商用动力系统的高集成度、高效率、低碳零碳研究，构建超节能混合动力系统、纯电驱动系统、氢燃料电池系统和先进增程器系统等新能源商用动力系统研究、创新服务和供给能力耦合模式，研究水平达到国内领先。

（3）构建新能源商用动力平台和大数据库。基于商用车辆、工程机械、农业机械的物联网地理环境信息监测与大数据技术支持下的监测数据实时获取、处理、分析、模拟及预测功能，开展新能源商用动力系统的平台化管理和大数据分析，基于分析结果，研究商用动力的运行规律，评估其健康状态和发展趋势，为新能源商用动力的绿色运行和可持续发展提供决策依据。

主要创新成果如下：

1. 2022年，商用车高效一体化增程器关键技术开发及应用项目，获得机械工业技术进步二等奖。

2. 2022年，商用车高效一体化增程器关键技术开发及应用项目，获得中国商用车黑科技大赛动力技术创新奖。

3. 2023年，机电耦合式高效增程器开发及应用项目，获得广西科技进步二等奖。

4. 2023年，YCPD-eCVT混合动力系统，获得中国国际内燃机及动力装备博览会“最佳创新动力之星”奖。

2023年知识产权相关新能源动力系统产品销售8000台套，实现销售收入17000万元。

玉柴芯蓝积极参与国家级、省部级科技项目，获得牵头立项自治区级（省级）科技项目5项，市级科技项目5项，其他参与立项的项目10个。获得国家高新技术企业认定，广西新能源商用动力重点实验室认证，广西智能工厂示范企业，广西专精特新中小企业、南宁市玉柴芯蓝新能源动力系统工程研究中心等资质。成为国家高新技术企业、国家知识产权优势企业，获得了ISO9001、ISO14001、ISO45001及CMMI3级等证书。企业的研发实力和综合实力得到了社会各界的充分认可。

玉柴芯蓝现有在岗人数256人，其中研发机构——技术中心，拥有工程技术人员134人，其中博士2人、硕士38人，本科以上学历人员100%；高级工程师5人、工程师34人、助理工程师52人。技术人员专业覆盖产品设计、工程技术应用、CAE分析、动力系统匹配、机械开发、材料工艺、电子控制、电化学等多学科领域，人员配备科学合理，专业领域覆盖面广，具备扎实的理论基础，并且长期工作在产品研发、生产和技术服务第一线，具有丰富的实践经验，是行业一流的新能源动力研发团队。

公司研发场地累计7650 m^2。其中南宁基地C车间整个车间均为研发测试试验间面积1890 m^2，内设16个试验间；南宁基地B车间两个混合动力测试间，面积180 m^2；D车间五楼整层680 m^2，为研发样机和样件存储仓库场地；南宁基地办公楼五楼整层1900 m^2；A车间为研发产品试制车间3000 m^2。

研究开发设施方面，公司拥有功能完备、设施先进的新能源动力试验和生产试制装备，包括变速箱测试台架、N22、N23高速电机试验台架、N29混合动力总成台架、燃料电池发动机测试台架、高速电机试制线、集成电桥试制线等32个价值50万元以上的大型试验和生产试制设备，以及UG三维设计软件、PDM系统软件、CAE分析等专门的计算分析软件。现有的新能源动力总成研发试验室是国内行业中规模大、设备全面的实验室。

六、主要新产品

产品型号	产品名称	产品应用
YCET250-1241	纯电驱动系统	东风特种汽车有限公司
YCET105-1411	纯电驱动系统	广西玉柴新能源汽车有限公司
YCEV280-1	纯电驱动系统	广西玉柴特种装备有限公司
YCPU220-YV6Z1	智能动力单元	广西玉柴特种装备有限公司
YCRE250-K11NZ1	增程动力系统	浙江远程商用车研发有限公司
YCRE220-Y45Z1	增程动力系统	广西玉柴特种装备有限公司
YCRE280-6MKZ1	增程动力系统	广西玉柴特种装备有限公司
YCRE250T-K13NZ1-3SB504	增程动力系统	广西玉柴机器股份有限公司
YCHS200T-K0922	混合动力系统	广西玉柴机器股份有限公司
YCPD230-6J111	混合动力系统	广西玉柴机器股份有限公司
YCHS200T-A0822	混合动力系统	广西玉柴机器股份有限公司

七、发展规划

规划到2025年实现各类新能源动力系统销售10万台套，实现销售额45亿元，2027年公司上市的战略目标。

重庆青山工业有限责任公司

一、单位概况

重庆青山工业有限责任公司(简称青山工业)成立于1965年1月,系中国兵器装备集团有限公司所属国有大型工业企业。专业从事汽车MT手动、DCT自动、DHT混动、EDS电驱动全谱系产品的研发、生产和销售,2023年销售收入超95亿元,品牌价值106.18亿元,为长安、一汽、奇瑞、长城、华为、江淮、本田等十几家客户所属乘用车、轻型商用车搭载提供多款优质产品。公司经过60年发展,已形成重庆、河南郑州、四川成都三个生产基地,具备年产汽车变速器、新能源电驱系统260万台制造能力,累计产销3000余万台。现公司科技研发人员900余人,每年研发投入强度5%以上,“十四五”期间规划科技投入27亿元以上。青山工业将秉承“感恩、诚信、廉洁、自立、超越”的价值观,专注于汽车动力系统领域,致力打造成为世界一流汽车动力系统企业。我们着力魅力质量和品牌塑造,为客户提供系统解决方案,打造节能环保、驾控愉悦的产品,愿与各界朋友携手并进、精诚合作,为中华民族汽车工业的振兴发展作出贡献。

二、经营情况

2023年销售收入超95亿元,品牌价值106.18亿元。

三、技术进展及研发能力建设

公司技术力量雄厚,自主研发能力强,截至2024年拥有核心技术135项,成功突破4项国外垄断的“卡脖子”技术,拥有有效专利472件,其中发明专利177件。荣获国家技术创新示范企业、创建世界一流专业领军示范企业、国家知识产权优势企业、国家认定企业技术中心、国家“智能制造示范工厂”接榜单位、国家“绿色工厂”、国家“科改企业”、国家高新技术企业等荣誉称号。

四、主要新产品

产品型号	产品名称	产品应用
HFE30C	P13 双电机数智电驱	产品单独使用适配于A、B级车,实现HEV、PHEV;用于前置动力,配合后置电驱,可用于B级以上四驱车型的前辅驱
HFE30D	P13 增程辅驱	适配于A级及以上增程车型
	P1 发电机系统	适配于A级及以上增程车型
PEF03	30 kW 二合一电驱系统	长安新能源,适合搭载微型、超微型车型
PEF12	100 kW 多合一电驱系统	适配于主流的A级车型。可满足纯电或增程车型前、后驱的搭载
PEF20B	150 kW 多合一电驱系统	适配于主流的A+、B级车型。可满足纯电或增程车型前、后驱的搭载
PEF20E	200 kW 多合一电驱系统	适配于主流的B级车、C级车型及硬派越野车型。可满足纯电或增程车型前、后驱搭载
PEF20A	三合一异步电驱系统	适配于B级以上纯电四驱车型的辅助驱动,实现四驱功能的同时,可有效提高整车效率,提高行驶里程(整车同等电量情况下,行驶里程可增加4%~5%)
EDS4 序列	中央分布电驱系统	适配于B级以上增程\纯电动车

宁波菲仕技术股份有限公司

一、单位概况

宁波菲仕技术股份有限公司成立于2001年,为国家级高新技术企业,业务覆盖新能源汽车、大型传动、高端机床及智能制造、通用伺服四个业务板块,树立了行业应用典范。

菲仕绿能科技(宁波)有限公司是菲仕集团在新能源汽车领域的重要战略布局,2016年注册成立,已经成为乘用车为主,商用车为辅的,具备电驱动系统方案设计及产业化能力的提供商,具备40万台套动力总成生产能力,已经匹配北汽新能源,北京汽车、合众汽车、小鹏汽车、一汽奔腾、上汽大通、凯翼汽车等一批新老造车势力的多个车型,累计交付约20万台套。

二、生产与经营

菲仕绿能主要研发、生产及销售:电机、减速器、控制器以及电驱动动力总成产品。

三、产品出口

10 t物流车主驱动力总成产品,出口以色列。

四、产能建设

具备四大生产基地(宁波、天津、株洲、赣州),具有25万台套的扁线电机以及15万台套圆线电机产能,15万台套减速器产能,20万台套电机控制器产能,40万台套动力总成产能。

五、技术进展与研发能力

具备完善的产品开发流程体系,完整的电机、电控、减速器及电驱动动力总成集成设计、开发及验证能力,前期样件快速试制能力,产品可覆盖纯电动、混动DHT、增程等多种技术路线,满足乘用车、商用车以及特种车辆的需求。

六、主要新产品

产品名称	产品应用	产品名称	产品应用
130 kW 动力总成	A 级乘用车纯电主驱	150 kW 同轴电驱桥	轻型物流车纯电主驱
195 kW 动力总成	B 级乘用车纯电主驱	DHT 双电机定转子	B 级乘用车混动
70 kW 电机电控二合一	轻型物流车纯电主驱	70 kW 增程器发电机	乘用车增程器

恩斯克投资有限公司

一、单位概况

日本精工株式会社(NSKLTD.)成立于 1916 年,是日本国内第一家设计生产轴承的厂商。NSK 在全球 30 多个国家和地区建立了销售网络,并拥有近 70 家工厂,行业排名位居世界前列。NSK 还利用生产轴承锤炼出的精密加工技术,从很早以前就开始通过向汽车零部件、精密机械产品、电子应用产品等领域的进军,推动多方位的事业拓展。NSK 在轴承领域排名世界第 3,并且在电动助力转向器、滚珠丝杠等领域位居世界领先地位。

恩斯克投资有限公司是日本精工株式会社的中国总部,全权负责中国的生产技术销售营运。

NSK 的企业理念是“通过 MOTION&CONTROL(运行与控制),为贡献一个舒适而安全的社会尽心尽力。在维护地球环境的同时,通过在全球的事业发展,加强国与国、人与人之间的团结和合作。”NSK 在企业成立 100 周年之际,制定了《NSK2026 愿景》,提出要“齐心协力,慧动未来”,NSK 期待与世界共同创造社会价值,在实现企业发展的同时对社会作出贡献。

二、生产与经营

自 1992 年成立北京事务所以来,NSK 在中国设立的 12 个生产基地、1 个研发基地、19 个销售网点,营销网络遍及中国各地。

作为一家深耕于汽车行业百年的世界知名汽车零部件企业,为顺应并推动中国汽车行业“新四化”(电动化、智能化、网联化、共享化)的发展,NSK 中国正在着力推进相关技术的研发,以及研发成果的市场化。

三、技术进展与研发能力

NSK 的百年发展中,始终坚持科技的开发与创新,以领先的技术优势为客户提供量身定制的解决方案。为满足中国市场的产品需求,NSK 在 1995 年建立首家中国工厂(昆山 NSK)后,立刻着手组建 NSK 中国技术中心——恩斯克(中国)研究开发有限公司。2009 年 9 月建造在江苏省昆山市花桥经济开发区的 NSK 研发大楼正式启用,这是 NSK 在日本以外建造的最大的研发中心,拥有日本派驻专家、博士、硕士等诸多高级技术人才。2023 年 5 月,NSK 中国又新建了研发中心二期。

NSK 中国研发中心与位于日本藤泽的 NSK 综合研发中心及位于美国、英国、德国、巴西等 14 家研发中心合作,通过对终端客户的潜在需求调研,以前瞻性的眼光积极立项开发新产品、新技术,引领行业的发展。同时,我们也会配合尖端客户的需求,为客户提供关键部位的攻关支持,助力客户产品的创新发展。

坤泰车辆系统(常州)股份有限公司

一、单位概况

坤泰车辆系统(常州)股份有限公司成立于 2017 年 12 月,位于江苏省常州经济开发区,实缴注册资本 38819.05 万元,旗下设立艾特检验检测、安徽坤泰动力、坤泰汽车部件、安徽泰来四家子公司,是一家专业从事汽车核心零部件设计研发、生产制造的国家高新技术企业,同时面向市场提供检验检测服务及解决方案,也是具备高潜力、高成长性的江苏省潜在独角兽企业、江苏省专精特新中小企业、常州市重点扶持的上市(后备)企业。

坤泰车辆系统(常州)股份有限公司立足节能与新能源赛道,从事细分领域(汽车零部件及配件制造)6 年时间,在最核心零部件系统-动力传动系统领域,潜心混动变速箱的创新研发,拥有完整独立的正向开发能力,走在独立第三方的最前端,具备强劲的市场竞争优势,为公司可持续发展提供坚实的基础。坤泰车辆系统(常州)股份有限公司发展至今,每一步都稳扎稳打。2020 年,混合动力专用变速箱(2DHT)产品成功立项“江苏省战略性新兴产业项目”,2021 年 12 月产品搭载混动车型在漠河完成冬季标定试验。同年,投资成立常州艾特检验检测技术服务有限公司,专注于为汽车核心零部件提供测试服务,为公司本部产品的创新研发提供强有力的技术支撑与服务,引领技术升级,成为业务发展体系的关键组成部分。2022 年 2DHT 产品立项“国家级先进制造业重大技术攻关项目”。2023 年 3 月,首台 2DHT 混合动力变速箱正式装配完成,2023 年 9 月坤泰二档智混变速箱量产下线,同年搭载二档智混变速箱的首发车型——奇瑞捷途山海 L9 正式发布上市。

坤泰车辆系统(常州)股份有限公司将奋斗与创新作为企业发展的动力源泉,以自主可控的关键核心技术为保障,致力于整合上下游资源,构建可持续发展的供应商生态链,建设自主可控、安全高效的发展体系,促进产业高质量发展,全力打造质量优、竞争力强、附加值高的民族品牌。公司荣获“江苏省工程研究中心”“江苏省智能制造示范工厂”“江苏省博士后创新实践基地”等荣誉,参与制定团体标准 6 项、企业标准 89 项,进一步提升公司在行业中的影响力。

二、生产与经营

1. 生产经营管理策略

坤泰车辆系统(常州)股份有限公司以“打造民族品牌,致力于成为具有一流创新能力与国际竞争力的汽车核心零部件集团”为战略目标,搭建混动变速箱、电机、电控为核心,同时面向大市场的检验检测为辅的业务架构,以常州本部为主,同时在安徽子公司布局动力传动、电机生产基地,坚持从民族汽车产业发展需要出发,坚定不移走自主可控发展道路。公司建立科学的管理架构,将公司的决策、执行和监督权责分开,根据股权结构、规模大小、产品或服务特性的差异,采用战略管控和财务管控两种高效管理模式,设立严格的组织管理架构,全面加强企业管理模式,强化生产管理,挖潜增效、节能减排,提高企业的生产水平、研发水平、经营水平、技术水平和服务水平,达到安全、经济、文明、高效的管理目标。

2. 生产实施

坤泰车辆系统(常州)股份有限公司统筹各业务部门,通过信息化建设和流程优化,打破信息壁垒和孤岛,实现管理经营数据的闭合,已实现资源管理系统(ERP)、制造执行系统(MES)、物流执行系统(LES)、供应商管理系统(SRM)、产品全生命周期管理系统(PLM)、质量管理系统(QMS)等各类产品开发制造和管理软件的全覆盖,实现生产、管理的精益化和精细化,有效提升了科技服务管理能力和水平。

3. 经营情况

公司主营产品为混合动力专用变速器(2DHT),是将发动机与驱动电机通过扭矩或转速耦合方式输出动力,并能实现变速、变扭的传动系统,属于制造强国战略十大重点产业领域“节能与新能源汽车”。坤泰车辆系统(常州)股份有限公司研发的混合动力专用变速器(2DHT)系统创新采用双电机、多动力源耦合驱动的结构设计,具有更加优秀的能量管理技术,对比同行业单档 DHT 和 3 档 DHT 竞品,坤泰 2DHT 在动力性能和油耗表现方面相对于单档 DHT 具有明显优势,相对于 3 档 DHT 则在生产成本、能量管理及换挡灵活性上更具优势,与上游汽车行业核心供应商保持战略合作关系,同时可面向下游各大主机厂独立供货,运营灵活高效,具有较高的市场占有率,2023 年销售额同比增长 197.3%,市场前景广阔。

三、产能建设

主要产品及产能情况

产品类型	产线布局	产能	产量爬坡情况
混合动力变速箱(2DHT)	常州产线	20 万台/年	已实现月生产 5000 台产量
	淮南产线	20 万台/年	
扁线油冷电机	规划产线	50 万台/年	—

四、技术进展与研发能力

1. 技术进展

(1)混合动力专用变速箱(2DHT)核心技术

①首创双电机(P2+P3)动力耦合机构集成,采用油冷双电机和多档布置方式,解决传统车辆燃油消耗高的问题,取得高燃油经济性的突破。

②低功耗液压控制技术,通过采用高低压双泵加蓄能器组合方案方式,解决液压系统在工作时不必要的能量消耗问题,取得低能耗技术的突破。

③自适用、模块化低油耗控制技术,基于变速器结构、整车动力性、经济型等要求进行模块化、自适应控制策略自主开发设计,解决燃油效率低、控制功能不稳定、可移植性差的问题,取得自主控制技术开发的新突破。

(2)电机核心技术

①Hait-pin 扁线发卡绕组技术,通过采用 Hair-pin 扁线实现定子更高的槽满率,可达 70%,相较传统圆线槽满率提升 30%,能够满足整车更高动力的需求。

②高密度的转子磁极结构设计,油冷电机功率密度超过 5.7 kW/kg,能满足整车更低成本、更小空间要求以及轻量化的需求。

③NVH 和电磁融合优化技术,通过正弦化磁极设计、转子辅助槽设计、基于算法的多目标优化等技术,减少电磁力和转矩脉动达到优秀的 NVH 特性。

④油冷冷却技术,通过定子喷淋、转子甩油等方式可提升电机持续输出能力 20% 以上,空间利用率增加 10% 左右。

2. 研发能力

坤泰车辆系统(常州)股份有限公司坚持以品质为核心、以市场为导向、以创新为中心,积极与德国亚琛工业大学、重庆理工大学、江苏大学等国内外知名高校深化产学研合作,加快突破关键核心技术制约,助推行业创新升级。现有员工超 500 名,其中研发人员占比达 40%,研发人员中硕士以上人员占比达 40%,中高级以上职称人员占比达 35%,形成完整的技术梯队,为公司技术创新提供强有力的人才保障。公司共申请专利 334 件,涉及变速箱产品专利有 147 件,累计授权专利 242,授权发明 46 件,拥有商标 54 件,软件著作权 6 件。公司以“技术创新驱动发展,知识产权保驾护航”为知识产权方针,将坚持产学研用相结合,促进知识产权的创造,推动创新成果的转化,促进自主创新体系的建设,在 2021 年通过知识产权贯标,驱动企业高质量跨越式发展。

(1)坤泰 2DHT 产品的创新点及技术突破

①首创“双电机(P2+P3)动力耦合集成设计”,有效解决混合动力变速器与整车空间匹配不足的问题,结构布局紧凑,更有利于乘用车的动力总成布置,控制器成本减少 30% 以上、重量减轻 40% 以上。产品模块化设计结合动力传动产品平台化开发,使本产品较市场主流产品成本降低 20% 以上。

②首创“高功率密度高效率扁线电机设计”,混动车型能够更有效地利用发动机的高效区域,同时减少能源消耗和排放,三动力源耦合驱动,发动机处于高效区工作,节油达到 35% ~45%。

③首创“多档设计和多模式运行控制策略”,电机与发动机间动力互补,实现串联式、并联式和混联式的模式自由切换,可覆盖多达 9 种工作模式,满足使用者对整车动力性、经济性、舒适性等多维度要求。

坤泰车辆系统(常州)股份有限公司自主研发混动控制模型,基于变速箱结构、整车动力性、经济型等要求进行了详细的控制策略设计,实现整车上下电管理、驾驶模型识别、扭矩分配管理、能量回收管理、发动机管理、双电机管理、热管理、动力电池管理、整车信息显示以及相关附件控制等整车控制需求，满足现阶段以及未来油耗要求，有助于打破国外如日本丰田、本田在混合动力汽车变速器市场的技术垄断，实现关键技术的自主创新和产业升级，不仅补齐新能源汽车混动系统领域的短板，更为促进国内混合动力汽车零部件行业的供应链安全，提升中国汽车制造业的国际竞争力。经过主机厂技术人员的相关分析，认为相较于其他竞标产品具有绝对的优势，得到了主机厂的一致认可。

技术参数表

项目	2 档 PHEV	2 档 HEV
结构	双电机 P2+P3	双电机 P1+P3
档位	2	2
EM1 电动机峰值功率 kW	95	95
EM2 电动机峰值功率 kW	105/135	105/135+
轴向长度 mm	371	349
电机最大扭矩 N·m	EM1:155 EM2:260	EM1:155 EM2:315+
电机最高转速 r/min	EM1:12000 EM2:14000	EM1:12000 EM2:18000

（2）坤泰电机的创新能力

①高转速：最高超 18000 转，可实现纯电动汽车高速需求。

②高效率：产品最高效率超 98%（同类圆线电机最高效率 85%）。

③高功率密度：产品槽满率高，功率密度达 5.7 kW/kg（同类圆线电机功率密度约 3.5 kW/kg）。

④产品体积小，电磁噪声更低，散热性能更好。

五、主要新产品

产品型号	产品名称	产品应用
2DHT	混合动力专用变速箱	奇瑞汽车捷途山海 L9、X70C-DM、山海 L7
EM1-180	扁线油冷电机	奇瑞汽车捷途山海 L9、X70C-DM
EM2-270	扁线油冷电机	奇瑞汽车捷途山海 L9、X70C-DM

六、合资合作及重大项目建设

（1）公司重大项目建设。混合动力汽车专用变速器项目，已建成投产，量产后可生产实现年产 40 万台套混动变速器产品，预计年销售收入达 60 亿元，年纳税总额达 3 亿元以上。

安徽泰来 50 万台扁线油冷电机产线建设。

（2）公司成立至今，承担省、市级技术攻关、产业化等项目如下表所示：

承担项目情况

项目名称	研发周期	项目类型
新能源插电式混合动力机电耦合驱动系统	2020 年 4 月～2023 年 3 月	国家发改委重大技术装备攻关成果应用及迭代升级
电驱动一体化总成	2019 年 7 月～2020 年 12 月	江苏省工信厅核心技术攻关项目
自动驾驶车辆线控底盘系统	2019 年 7 月～2020 年 12 月	江苏省工信厅核心技术攻关项目
汽车专用混合动力变速器项目	2020 年 4 月～2023 年 9 月	江苏省发改委战略性新兴产业发展专项资金项目
混合动力汽车专用变速器的研发及产业化	2020 年 4 月～2024 年 4 月	常州市科技成果转化及产业化计划
双电机固定轴式机电耦合系统关键技术研发及应用	2021 年 5 月～2023 年 5 月	常州市领军型创新人才引进培育项目

七、发展规划

1. 发展目标

公司聚焦节能与新能源赛道，深耕以动力传动产品为核心的创新研发、生产与销售，致力于成为一流创新能力与国际竞争力的汽车核心零部件企业，为全球主机厂提供平台化、高性价比的动力总成、检验检测及技术解决方案。强化技术攻关提升核心竞争力的同时，持续扩大和完善业务布局，深度拓展目标市场，开展市场化融资，计划适时在境外上市。

2. 发展计划与措施

（1）混动变速箱产品发展计划

在政策和市场的双重作用下，2023 年插电式混动汽车销量 280.4 万辆，同比增长 84.7%。2024 年第一季度，新能源汽车累计销量 209 万辆，同比增长 31.8%，其中，纯电车型销量 130.5 万台，同比增长 13.3%；插电式混合动力 PHEV 车型销量 78.4 万台，同比增长 81.2%。

结合当前“双碳”目标、中国汽车市场以及消费者购车心理等不同维度，以“燃油+电”双能源融合的混合动力汽车的生命力将会长期持续增长并保持在一个稳定水平，并且会向以电为主的混合动力汽车方向发展，在未来电气化转型过程中，混合动力技术具有超强的产品竞争力，会成为节能与新能源汽车最大的增长点。

基于以上背景，在 DHT 领域，坤泰车辆系统（常州）股份有限公司的长期发展计划依然是凭借在传统变速箱及电驱动领域长期的技术积累和丰富的产品组合，为客户提供一系列核心零部件集成产品，根据客户需求开发高度集成化模块，通过项目平台化快速部署模式，提供高度集成化、智能化的混动变速箱产品。

（2）高速油冷扁线电机、电控业务发展计划

高速油冷扁线电机、电控器件是 DHT 产品中的核心零部件，附加值比较高，同时扁线电机市场渗透率逐年升高，2022 年已接近 50%，根据新能源乘用车保险数据统计，2022 年全年新能源乘用车电机累计搭载量为 578 万套，同比增长 77.6%；电控累计搭载量为 576 万套，同比增长 77%。至 2035

年，国内新能源和油电混合动力乘用车预计销量超3000万辆，电机产品同步需求量将超5300万台。坤泰车辆系统（常州）股份有限公司通过高速扁线电机的省级攻关项目积累了较完整的电机研发技术及人才储备，正在进行产业化布局。同时与汽车域控制理念相配套，已着手相关基础准备工作，明年开始电控业务的产业化布局。

展望未来，坤泰车辆系统（常州）股份有限公司仍坚定不移走自主可控发展道路，以“坤泰智驱、成就好车”为使命，布局以混动变速箱、电机、电控为核心，面向大市场检验检测为辅的业务架构，坚持敬业诚信、客户至上、创新进取、开放共赢，加快实现中国乃至世界一流的汽车核心零部件企业愿景，并为中国新能源汽车产业建设不断贡献力量。

奥特佳新能源科技股份有限公司

一、单位概况

奥特佳新能源科技股份有限公司（简称奥特佳或公司）作为国内汽车热管理行业内自主品牌的龙头企业之一，有别于该行业供应链条上主营非终端产品的非关键零部件厂商，建立20多年来，公司始终专精于汽车热管理系统的各类终端核心产品及高附加值关键零部件业务。

公司的主体业务分别由各子公司承载。南京奥特佳是中国汽车工业协会认定的“中国汽车零部件（空调）行业龙头企业”，并获得“全国百佳优秀汽车零部件供应商”“中国驰名商标”，被评为“江苏省优秀企业”“南京市总部企业”“江苏省专精特新中小企业”等称号，该公司生产的电动汽车空调压缩机及其他类型的压缩机产品广受海内外客户认可，在所有独立电动压缩机供应商中，总体市场占有率在国内市场自主品牌产品中高居榜首。

埃泰斯是储能电池热管理系统业务的运营主体。其前身是空调国际集团的特定业务部门，在国内电池储能制造产业刚刚起步的2018—2019年间就成为头部电池制造商的合作伙伴，是国内最早涉足该产业的企业之一，具有雄厚的产业经验和技术积累。该公司业务规模在成立两年多来始终保持高速增长，其开发的高端水冷热管理设备深受市场欢迎，是储能热管理行业从风冷向液冷转型的主要推动者。

空调国际集团是公司汽车空调系统业务的载体，该公司在汽车空调系统市场中是久负盛誉，极具业务影响力的老牌龙头企业。该公司作为早期布局新能源热管理系统的重要供应商，在众多新能源汽车头部企业的竞争中取得了相当优势，具有较高的市场占有率，拉动总体业绩连续快速增长。

二、生产与经营

公司具备所销售的全部产品的生产制造能力，主要体现在铸造、机械加工、装配等工序步骤上。其中储能热管理设备生产单位埃泰斯公司在2023年购置了新的生产用地，为未来扩充生产线预留了空间，当年该公司现有产能可以满足订单需求。同时公司加快落地电动压缩机生产线扩产和提升工程，改进生产线，在电动压缩机生产基地大面积提升了生产的自动化水平和智能化管理能力，强化生产环境的全过程管控，有助于提高产品的质量均衡度且可满足部分客户短期的爆发式需求。公司当前产能情况与公司的销售水平相适应，也基本与未来市场发展规划相匹配，符合当前和中期生产销售变化趋势，具备热管理系统全产业链终端产品的充足生产能力。

汽车零部件业务的销售模式分为向汽车整车制造企业的直接销售模式和向售后市场销售模式。公司大部分的汽车空调压缩机产品和全部汽车空调系统产品为面向汽车制造企业的直接销售，少部分汽车空调压缩机产品以国内外品牌代理商向汽修企业分销的方式销售。公司针对各类客户建立起了人员齐备的销售队伍，覆盖了项目前期了解需求、设计开发阶段沟通技术详情、交付和售后服务等全业务链条，提供产品线全生命周期的完整服务，并不断提升服务水平，为客户创造价值。储能电池热管理的销售模式为按客户的要求进行定制化研制，并直接将产品销售给储能电池制造企业或储能系统集成公司以及充电业务运营方。2023年内，公司对部分产品品类的后市场营销模式做了调整优化，除继续强化原后市场专业销售团队以外，还对部分主要负责后市场产品生产的基地管理模式实施改革，提高其营销自主性，允许其在总部统一研发支援和生产指令体系之外自主营销后市场适配产品，对后市场营销起到双轮驱动作用。

三、产品出口

公司注重国际化经营战略，开展全球业务布局，取得丰硕成果。公司在外国有6家生产基地，这些基地拥有先进产能，在位置上覆盖了北美、欧洲、南亚、东南亚、北非等汽车发达国家和新兴市场，产品销往30多个国家和地区。公司还在美国、欧洲建立了研发中心和商务中心。这些国际分支与公司的本土力量紧密结合，灵活配合，组成一张密实的客户服务网络。公司新能源汽车热管理产品在出口市场上逆市飘红，既有美国等传统汽车强国市场的订单，也获得了印度、越南等众多新兴市场国家电动汽车主机厂的青睐。多家外国热管理零部件厂商在积极寻求与公司合资合作，实现技术分享并开拓共同市场。

电动压缩机和热泵空调系统等产品的工艺流程和技术研发取得新的突破，获得业界奖项与市场认可，销量提升；国际业务稳步推进，产品出口规模有所扩大，开发了更广阔的市场范围，开始探索“产品出口销售+工艺与技术输出联合生产”的对外合作新模式。

四、产能建设

2023年末，公司的汽车空调压缩机产品的总年产能约为800万台，其中电动空调压缩机的年产能为300万台，月度产能达到25万台，与当前订单状态基本匹配，且可满足部分客户短期的爆发式需求。汽车空调系统并非标准化产品，不同客户采购的产品的功能构成不同，因此产能的计算方式并不固定，2023年末的产能与当期订单状况相适应，个别产品因生产产品类快速增长而增加了部分产能，总体而言可以满足当前及未来一段时间市场预测发展的需求。

五、技术进展与研发能力

公司研发分为未来产品技术开发和当前产品的项目开发。未来产品技术开发根据每年两度的公司产品技术规划会议进行决策，根据汽车市场政策导向、技术迭代趋势等重大变化，对主要产品进行前沿技术提升或整体升级换代，开发未来三至五年所需的前沿产品和技术，并申请大量专利进行保护。

产品的项目开发则根据主机厂客户对其单一车型或平台车型设计热管理功能的需求，按照具体的规格、能耗、空调排气量、所需空间等开展，开发并制造出未来一至两年符合客户需求可以装车进行大量出货销售的产品。

空调系统业务板块：公司建立有完善的工程技术中心，分为系统组、结构组、芯体组、电气软件硬件组、CFD 分析组、实验测试组以及样件试制组等部门，完成汽车空调以及电池热管理全链条技术研发工作。公司拥有风洞实验室、汽车空调性能试验台、风量测试台、噪声测试室、振动台、温度交变测试台、压力交变测试台、高低温恒温箱等研发试验设施设备，满足汽车空调开发过程中所需进行的相关技术测试。

储能电池热管理板块：埃泰斯已建立起了自主的研发技术团队，主要根据客户的需求对产品形态、功能、功率和适应性等进行设计开发与测试。在公司的各类主要产品线均由专门设计部门设计。一方面以市场为导向，根据客户提出的产品技术要求实施开发，另一方面开展前瞻性研究，研发适合未来市场演化趋势的新技术和新产品。研发的技术和试制产品均配套以实验室予以性能验证，确保可靠耐用。公司的研发、实验等部门依不同的产品而在不同的子公司分别设置。

2023 年以来，新车型大量上市，客户的新开发项目大幅增长，公司的业务研发效率与组织结构相应做了调整与优化，以适应快速推陈出新的市场研发需求，单一项目的平均研发速度较以前年度明显加快，周期缩短。

六、主要新产品

汽车空调压缩机		
产品型号	产品名称	产品应用
E26	27cc 压缩机	纯电/混动小型轿车、SUV、物流车、高性价比需求
E34	34cc 压缩机	B 级、C 级、SUV 纯电/混动车型
E45	45cc 压缩机	满足新一代中高端车型高续航、电池超级快充需求的产品
E70	70cc 压缩机	大巴、轨道交通、地铁（还在开发当中）
储能热管理系统		
BTMS-30	商用车液冷机组 3 kW	电动重卡、挖掘机、工程机械电池热管理系统
BTMS-50	商用车液冷机组 5 kW	
BTMS-80	商用车液冷机组 8 kW	
BTMS-100	商用车液冷机组 10 kW	
BTMS-130	商用车液冷机组 13 kW	
BTMS-30-ES	储能液冷机组 3 kW	分布式储能柜电池热管理系统
BTMS-50-ES	储能液冷机组 5 kW	
BTMS-80-ES	储能液冷机组 8 kW	
BTMS-100-ES	储能液冷机组 10 kW	
BTMS-120-ES	储能液冷机组 12 kW	
BTMS-150-ES	储能液冷机组 15 kW	集装箱式储能电池热管理系统
BTMS-250-ES	储能液冷机组 25 kW	
BTMS-400-ES	储能液冷机组 40 kW	
BTMS-600-ES	储能液冷机组 60 kW	
汽车空调系统		
TMM-R134a/R290	模块化热泵系统	AITS（2024 年量产）
HVAC-Spl-Ge	分体式 HVAC	满足新能源车型低噪声、打造“女王副驾”等新卖点
CRFM-VX	前端冷却模块	集成水箱、蒸发式冷凝器、风扇等，实现电机散热、电池被动冷却、空调制冷等功能
HVAC-sid-HA	偏置式 HVAC	传统偏置紧凑式布置，平台化配置
HVAC-Cen-Fo	中置式 HVAC	对称式设计，兼顾左右舵车型，满足国内外车型通用化需求
Fragra-Fo	车载香氛系统	A 级、B 级、C 级车型通用，多种香型配置可选

七、合资合作及重大项目建设

2023 年奥特佳继续紧跟市场脉搏，推动以贴近市场、贴近客户需求为主要目标的产能升级与布局改善行动。当年电动汽车压缩机产能大幅度建设升级，提升自动化与精益控制水平，既满足了订单客户的需求，也通过了多家准入条件苛刻的新能源主流车企的审验，为下一步将产品打入更多客户铺平了道路。为适应新能源车企生产基地广泛布局、新设基地较多的情况，公司加快了毗邻客户兴建空调系统加工组装基地的进程。2023 年内，公司在北京设立的北方基地正式投入运营，为北京及周边地区的新能源汽车主机厂就近服务，压降交易双方物流成本和库存费用，获得客户的广泛认可。公司当年被汽车界专业媒体评为“2023 年中国新能源汽车供应链百强”。

八、发展规划

1. 加大对技术研发的投入，瞄准更高级别的客户需求和更新的技术路线，研发一批具有实用性的新型热管理技术和产品，深化扩大公司在汽车热管理市场的技术领先优势，继续塑造公司“技术引领”的良好形象。

2. 扩大关键产品销量，提升市场占有率，扩大收入规模，提升重点产品的毛利水平，尤其是提升前期毛利率下滑产品品类的利润表现。

3. 继续实施全员降本增效活动，千方百计降低成本、减少费用、提升业绩基础，力争由拟议中的股权激励计划提出有挑战性但可激发公司业绩斗志的利润考核目标。

4. 全力维护巩固与核心战略客户的合作关系，加大对重要车型热管理产品资源倾斜力度；加大对新兴的新能源汽车企业的营销力度，以充足的产品力开辟新市场。

5. 进一步加大对海外业务的管控力度，从国内直派核心管理人员和关键岗位，严格降低海外运营和管理成本。调整部分海外基地的业务模式，利用不同基地间的协同效应平衡产能与成本的关系，提升海外业务的财务健康度。

6. 进一步完善公司治理结构，提升上市公司质量。依据新法规和新政策，更新、健全公司治理相关机制与规则体系。强化内部控制和审计监督。

上海加冷松芝汽车空调股份有限公司

一、单位概况

松芝创立于 1998 年，专业研发、制造各类车辆空调及热管理系统。2010 年在深交所成功上市，股票简称松芝股份，股票代码：002454。控股厦门松芝、安徽松芝、重庆松芝、成都松芝、柳州松芝、武汉松芝、南京博士朗等 20 余家分子公司。上海总部建有春光路、华宁路、颛兴路三大厂区，总计占地面积 18.1 万 m^2，建筑面积 22.4 万 m^2。员工三千余人，其中技术人员约 500 人，中高级职称 300 余人，硕士学位 43 人，博士学位 3 人，汽车行业专家顾问 10 人。

致力于打造移动式热管理系统的民族品牌，践行“高效、节能、环保”的产品战略。业务领域覆盖大中型客车空调、乘用车空调、轨道车空调、冷冻冷藏车空调、车用空调零部件及新能源领域，为客户提供空调与电池热管理的整体解决方案，同时聚焦储能领域，提供专业优质的储能-电池热管理产品。

二、生产与经营

2023 年，我国的汽车行业发展迅速，成绩亮眼，全年产销量分别实现了 3016.1 万辆和 3009.4 万辆，同比增长 11.6% 和 12%，创历史新高。其中，在国内强大的消费市场促进下，乘用车产销量分别完成了 2612.4 万辆和 2606.3 万辆，同比增长 9.6% 和 10.6%；商用车产销量分别完成了 403.7 万辆和 403.1 万辆，同比增长 26.8% 和 22.1%；在客车领域，我国客车行业有所复苏，产销量分别完成了 49.8 万辆和 49.2 万辆，同比增长 22.5% 和 20.6%，尤其轻型客车产销增速较为明显。报告期内，我国的新能源汽车行业继续保持快速发展势头，产销量分别完成了 958.7 万辆和 949.5 万辆，同比增长 35.8% 和 37.9%，市场渗透率达到 31.6%。此外，2023 年是我国汽车出口的重要年份，全年共实现整车出口 491 万辆，同比增长 57.9%，其中新能源汽车出口 120.3 万辆，同比增长 77.6%，成为我国汽车行业发展的重要引擎。

三、产品出口

松芝产品远销智利、土耳其、巴西、马来西亚、印度尼西亚等海外 30 多个国家。2023 年境外营收 221380547.61 元，同比上涨 27.46%。

四、产能建设

公司已具备上千种产品的产业化能力。引入国内领先的自动总装线、芯体装配线、自动焊接机、自动氦检机、激光切割等，形成以上海为中心，覆盖厦门、江淮、柳州、重庆、南京、武汉等地的全国生产布局。

通过企业资源计划系统（ERP）、制造执行系统（MES 系统）及仓库管理系统（WMS）等信息化系统进行资源整合，实现生产物料透明化、作业指导信息化、生产过程可视化，贯彻信息化和工业化深度融合，打造数字化智能制造的标杆工厂。

五、技术进展与研发能力

通过外部引进和内部培养相结合的方式，公司坚持打造高质量的研发团队。公司技术团队拥有各类技术人员约 500 人，其中技术专家和资深技术人员占比达 15%，5 年以上热管理产品开发经验人员占比达 50%。核心技术团队及人员数量基本保持稳定、团队整体能力稳步发展，技术开发成果的应用效率持续提升。继续依托“加冷松芝院士专家工作站”“上海新能源汽车空调工程技术研究中心”“松芝—交大人才培养产学研联合实验室”等平台开展多个产学研合作项目，从而借助外部资源了解行业前沿技术，并对热管理技术预研工作进行有效补充。经过多年努力，建成了遵守国际汽车标准、符合松芝特点的产品开发流程（SPDP）、并基本实现对集团公司研发体系的全覆盖，从而有效保障开发过程和质量。持续完善产品设计标准和规范，大力推行基于标准的模块化设计；截至 2023 年年底，累计完成企业技术标准约 260 项。持续积累设计经验，完善经验教训数据库，累计形成相关数据条目近千项。积极建立自主知识产权；截至 2023 年年底，累计授权专利达 594 项，当年新增专利申请 65 项。

六、主要新产品

产品型号	产品名称	产品应用
AMD/BMD/SMD/LMD/WLMD 系列、JLD 系列、JLE 系列等	大中型客车空调	大中型客车空调
东风柳汽景逸 S50、上汽通用五菱宝骏系列等	乘用车空调	乘用车空调
KLD29/35/40 系列等	轨道车空调	轨道车空调
全电式半挂车冷藏机组、新能源全电式机组等	冷冻冷藏车空调	冷冻冷藏车空调
新能源 C 型、EVH 型电动压缩机等	电动涡旋压缩机	电动涡旋压缩机

七、合资合作及重大项目建设

公司聚焦战略客户和重点市场，紧抓行业发展机遇，全面进入合资品牌车企（包括大众、本田、福特、通用等），持续深耕扩大一线自主品牌车企（包括比亚迪、蔚来汽车、奇瑞华为、长安阿维塔、江淮华为、上汽集团、广汽、北汽、一汽红旗、上汽通用五菱、长安汽车、东风汽车、江淮汽车等）。

八、发展规划

公司自成立以来不断进行技术研发，利用规模生产优势，大幅降低成本，将重要零部件从外部采购逐步转为内部自制，一来降低产品成本，二来通过对重要零部件的自主研发、生产，有利于把握重要零部件质量并对整个热管理系统进行优化。公司已经陆续完成压缩机、电子控制系统、风机、注塑件、各类配管等重要零部件的自制。由于规模经济优势，公司强大的自我配套能力可以有效降低成本，提高空调系统性能，提升公司产品竞争力。

浙江银轮新能源热管理系统有限公司

一、单位概况

浙江银轮新能源热管理系统有限公司成立于 2010 年 7 月，是上市公司银轮股份（002126）的全资子公司。公司 2023 年销售额超过 23 亿元，带动就业超 2000 人，上缴利税 2.4 亿元。主要客户为比亚迪、宁德时代、吉利、长安、一汽、东风、通用、福特、蔚来、小鹏、理想等，并出口亚洲、欧洲、美洲等多个国家和地区。

二、生产与经营

主要致力于各类铝制油冷器、前端热管理模块、电子风扇、空调鼓风机、电子水泵、水空中冷器、高低温水箱、水冷板、Chiller 等换热相关产品的研发及生产，广泛应用于乘用车（包括传统燃油车、新能源汽车）发动机、变速箱、空调系统、电池及自动驾驶控制部分。公司通过了省级高新技术企业认证、IATF16949、ISO14001、ISO45001 等体系认证。

三、产品出口

产品远销亚洲、欧洲、美洲等多个国家和地区，2023 年出口额达 1.9 亿元。

四、技术进展与研发能力

建有乘用车新能源研究院，每年以销售收入的 3.6% 以上投入到研发和技术创新。

近三年，公司共有 26 个科技项目实现成果转化，年科技转化经济效益达约 10 亿元以上。

公司拥有技术和研发人员 260 人，占员工总数的 16%，同时建有校企合作非全日制硕士研究生联培基地，等高科技发展平台等。

公司共有知识产权 52 项，其中国家发明专利 8 项，实用新型专利 54 项，近三年累计完成科技成果转化 26 项。

五、主要新产品

产品型号	产品名称	产品应用
540101-00396	电池冷却板	理想增程式电动汽车
MRHA-1307030	水冷式中冷器	比亚迪增程式电动汽车
2360002EF2-00-00	热管理集成模块	小鹏的纯电动轿车、蔚来的纯电动轿车
6608074007	前端模块	吉利插电混合动力轿车

六、合资合作及重大项目建设

浙江银轮新能源热管理系统有限公司“天台众联科创产业中心项目——新能源汽车热管理关键零部件及环保产品项目”。

生产规模：形成年产新能源乘用车热管理系统等关键零部件 1195 万只和汽车环保节能产品 40.4 万只的生产能力。

项目总投资：133200 万元。

项目建成后，具有较好的经济效益和抗风险能力，预计项目运营期内年均营业收入 353606 万元以上

七、发展规划。

预计到 2026 年，年销售收入超过 50 亿元。

上海海立新能源技术有限公司

一、单位概况

上海海立新能源技术有限公司位于浦东自由贸易试验区，由上海海立（集团）股份有限公司（A 股：600619，B 股：900910）与马瑞利株式会社按照 75%：25% 的投资比例共同投资设立。

二、生产与经营

海立新能源从事新能源汽车空调用电驱动涡旋压缩机研发、生产及销售。海立新能源自主研发柔性涡旋一体式电动压缩机，集设计、研发、测试于一体，拥有完整的研发架构与团队。海立新能源产品覆盖乘用车、商用车、工程机械、电池冷却等领域，拥有多种排量、电压、冷媒的差异化产品线，可为客户提供最佳解决方案。

三、产品出口

截至 2023 年年底，海立新能源扩大海外商用车的开拓，销量同比翻倍增长。

四、产能建设

截至 2023 年年底，海立新能源上海工厂、芜湖工厂总体产能超 100 万台。

五、技术进展与研发能力

海立新能源拥有完全自主的知识产权和深厚的技术积累，其专业化、高性能、高品质的产品深受业界客户认可。最新研制的超高压 900 V 超低温热泵产品，可实现 -30 ℃ ~ 55 ℃超宽温度范围下的安全高效运行，并已完成了漠河 -40 ℃低温冬季路试，为整车突破寒温线提供了有力的技术支撑。

六、主要新产品

产品型号	产品名称	产品应用
ETS 系列、ETH 系列	乘用车电动空调压缩机	乘用车空调系统、乘用车热管理系统
EVS 系列、ECS 系列、ETH 系列	商用车电动空调压缩机	商用车空调系统、商用车电池冷却系统、商用车　动力系统、商用车热管理系统
EVS 系列、ETH 系列	多用途电动空调压缩机	乘 & 商用车空调系统、工程特种车辆热管理系统

七、合资合作及重大项目建设

海立新能源由原海立电器车用空调事业部开始独立研发车用空调压缩机，旨在帮助进入新赛道，成为海立第二产业。2021 年，海立集团与日本马瑞利株式会社成立合资公司海立马瑞利汽车空调有限公司，与海立新能源发挥协同效应，共同发展海立第二产业。海立新能源与海立马瑞利公司的创立，实现了海立从白色家电领域发展到汽车零部件领域、从核心零部件发展到系统集成、从国内市场为主发展到国际化布局的三大转型战略。

八、发展规划

作为专业的压缩机厂商，海立新能源始终以高质量产品答复客户信赖。伴随着量产件的平台化，全系产品的覆盖升级，海立新能源精益求精，为客户、行业提供更多的可能性。放眼未来，海立新能源将继续秉承“倡导绿色出行方式，创造舒适移动空间”的企业使命、积极践行“成为汽车热管理系统核心零部件的优质供应商”的企业愿景，不断强化自主研发能力，依托百万级年产能为客户提供更加优质高效的产品、创造更多更新的价值。

江苏嘉和热系统股份有限公司

一、单位概况

江苏嘉和热系统股份有限公司成立于 2002 年 9 月，主营车用前端冷却模块总成、发动机智能热管理系统、新能源汽车三电冷却系统等。公司注册资本为 7500.2 万元，现有员工 300 余人公司总占地面积 7.5 万 m^2，建筑面积 5.6 万 m^2。

公司先后通过 IATF16949、ISO14001 体系认证，取得两化融合管理体系评定证书和安全生产标准化二级证书，是国内汽车热管理系统行业的领军企业，国家高新技术企业，国家专精特新“小巨人”企业，江苏省服务型制造示范培育企业，扬州市服务型制造示范企业，并先后获批国家博士后科研工作站、江苏省企业技术中心、江苏省工程技术研究中心、江苏省工程研究中心等省级以上研发平台资质。

从 2005 年起公司作为主要起草单位先后参与编写了《内燃机增压空气冷却器行业标准（JB/T10506—2005）》《汽车散热器行业标准（QTC468—2010）》等 8 项国家及行业标准、拥有授权知识产权 59 件。

公司主要产品广泛应用于燃油、新能源商用车和乘用车，与国内二十余家主流汽车企业配套合作，面对顾客要求的不断提高和环保节能技术的不断发展，嘉和公司一直秉承“勇于创新、与时俱进、追求卓越”的企业精神，通过公司员工的共同努力，以人才与技术为基础，把公司打造成全球领先的汽车热管理解决方案供应商，实现以热管理产品为主线的专业化发展的战略，为振兴中国汽车零部件工业和民族品牌作出贡献自己的一份力量。

二、生产与经营

江苏嘉和热系统股份有限公司自 2002 年成立以来，专注于汽车热管理系统的研发与生产，致力于为传统内燃机汽车提供高质量的散热器和前端冷却模块。通过近二十年的技术积累和市场拓展，公司已在行业内确立了领先地位。

公司发展历程：

成立与成长阶段（2002—2020年）：

公司成立之初，专注于传统内燃机汽车的热管理系统，通过不断技术创新和产品升级，实现了企业的稳步成长。

中长期计划制定（2021年）：

着眼于未来汽车产业的发展趋势，公司在2021年制定了新的中长期计划，决定转型并拓展面向新能源汽车的热管理系统（TMS）业务。

技术人才引进与开发体系建设（2021年至今）：

为实现转型目标，公司引进了具有国内外热管理系统开发经验的高端人才，建立了完善的TMS开发体系。

市场拓展与客户关系深化（2021年至今）：

积极开展针对国内汽车主机厂的营销活动，通过技术交流和合作，加深了客户对公司技术实力的认知。

合资公司的成立与产品开发（2023年9月）：

与某国有控股主机厂合作，共同成立了合资公司，专注于TMS模块、HVAC模块、前端冷却模块的开发，并计划于2024年正式投产。

部件内制化与生产规划（2022年至今）：

从2022年开始，公司着手规划各模块的部件内制化，以提高产品竞争力和市场响应速度。

新产品开发与量产计划（2022—2024年）：

2022年，公司启动了无刷电机和风扇四个平台的开发工作，并计划于2024年开始量产。

公司正规划进一步引进和开发电动水泵、控制阀、电动压缩机等TMS模块的主要部件，以完善产品线并增强核心竞争力。

未来展望：江苏嘉和热系统股份有限公司将继续秉承创新驱动的发展理念，不断优化产品结构，提升技术水平，以满足新能源汽车市场的需求。通过持续的研发投入和市场拓展，公司致力于成为全球汽车热管理系统领域的领导者。

三、产能建设

技术升级：通过引进先进技术和设备，提升生产线的自动化和智能化水平。

人才发展：加强员工培训和技能提升，以适应新的生产需求。

生产优化：改进生产流程，提高生产效率和产品质量。

供应链管理：优化供应链，确保原材料和部件的稳定供应。

市场拓展：积极开展营销活动，拓展国内外市场，增加订单量。

研发投入：持续加大研发投入，推动产品创新和技术进步。

四、技术进展与研发能力

为了提升TMS（热管理系统）、HVAC（汽车空调系统）、前端冷却模块等产品的商品价值，江苏嘉和热系统股份有限公司采取了一系列战略措施，重点放在系统规划、模块/部件设计以及品质验证上。以下是对这些措施的详细描述：

1. 系统规划与模块/部件构想

最佳系统规划：公司致力于制定最佳的系统规划，确保TMS、HVAC和前端冷却模块等产品能够满足市场需求并具备竞争力。

模块/部件设计：通过创新设计，公司旨在提升各模块的商品价值，增强产品的性能和可靠性。

2. 品质妥当性验证能力

系统到部件的品质验证：公司强调从系统级别到单个部件的品质验证，确保产品的耐用性和一致性。

3. 仿真技术与实验技术评价

仿真技术：公司认识到仿真技术在产品开发中的重要性，利用先进的仿真技术对系统和部件进行性能预测。

实验技术：实验技术同样关键，公司通过实验验证仿真结果，确保产品设计的准确性和可靠性。

4. 技术能力提升

仿真分析中心：在西安的陕西嘉和华亨热系统股份有限公司所在地，公司设立了仿真分析中心，专注于TMS、热交换器以及其他主要部件的性能预测技术。

日本技术中心：为了进一步提高技术能力，公司成立了日本技术中心，该中心的职责是为中国的开发团队提供技术支持和推动先进技术的开发。日本技术中心自2024年3月起正式运营，标志着公司在全球技术网络布局上迈出了重要一步。

5. 未来展望

通过这些措施，江苏嘉和热系统股份有限公司不仅能够提升现有产品的商品价值，还能够在新能源汽车热管理领域保持技术领先，满足未来市场的需求。

五、主要新产品

产品名称	产品应用
前端冷却模块	日产P20项目、比亚迪宋L等
TMS部件Chiller及LCC（层叠板换热器）	①奇瑞②比亚迪③联合电子④吉利⑤中国重汽⑥五菱⑦曲阜天博⑧邦迪
无刷风扇及控制器	BYD、CATL、合众、优跑、奇瑞、柳汽、五菱、越南VF
电子控制（充电站、热管理系统）	吉利、奇瑞

重庆超力电器有限责任公司

一、单位概况

重庆超力电器有限责任公司始建于2003年，为重庆超力高科技股份有限公司全资子公司；于2021年8月由重庆超力高科技股份有限公司与电装（中国）投资有限公司合资组建了专注汽车热管理系统研发和生产的合资公司，注册资金3.338亿元，员工1200余名，其中研发人员近200名，国内外资深专家10余名，高级专家20余名，并与清华大学、重庆大学等学术研究单位在多项碳中和技术领域进行合作研发。在中国上海、南京、柳州、重庆涪陵等地设有研发中心和制造基地。

超力电器是集研发、制造、销售于一体，致力于研发低碳化、低排放、轻量化的高科技、智能产品的企业；我们的愿景是【用碳中和技术造福世人】，我们的行动指南是以智能用电“使用绿色可再生能源，使我们工厂的制造能源成为绿色能源的引领者”。

能源创造、使用绿色可再生能源、获取绿色工厂认证、革新生产供给模式以及冷热能发电的五大方向构建模范式碳中和智能工厂，助力产业上中下游，在材料、制造、汽车行驶、汽车报废的整个产业链过程中实现汽车全生命周期的低碳排放，力求通过新技术、新产品以及智能化的制造过程来支持全产业链达成碳中和目标。我们现在拥有专利技术 200 余项，其中发明专利 22 项；在智能制造过程中已实现 SAP、MES、PLM、WMS 等信息化管理系统，现已成为西南地区最大的整车热管理系统企业。

二、生产与经营

超力电器一直专注于热管理系统总成和零部件产品的生产，坚持“科技领先、品质卓越、精益智能、客户为本”的质量方针，不懈追求技术的创新、品质的提升和服务的升级，2023 年，在高温限电、行业内卷、市场重整、事业性结构变革等大环境下，公司顶住压力，攻坚克难，全年累计实现产品销售 600 万件，其中空调装置 122.2 万台，电动压缩机 20.3 万台，各类热交换器 346.5 万件，其他零部件和附件 64.44 万件，同比增长 13.8%，实现销售的逆势增长。

三、产品出口

自公司 2021 年合资以来，超力电器累计出口订单 140 万件，其中热交换器 100 万件，热交换器组件 40 万件，订单主要分布在美国、墨西哥、土耳其、泰国等国家。

四、产能建设

根据公司产品特点，结合整车厂生产布局，在重庆、江苏、广西等省市建立了 4 个研发/制造基地，形成年产 50 万件新能源电池冷却板、50 万件 PTC、90 万台电动压缩机、150 万台空调装置、500 万件热交换器的生产能力。并规划了华东新基地以及西南新基地，预计在 25 年陆续投入使用，实现新增 30 亿元的产能。

五、技术进展与研发能力

超力电器有限责任公司设立了专门的产品创新、研发机构——工程研究院，负责本公司新产品和新技术的开发、创新工作，是重庆市企业技术中心。在公司全面电动化战略转型的方针指引下，工程研究院从新能源汽车的用户痛点及整车能量管理的角度出发，基于新能源车“软件定义汽车”的特点，分析梳理热管理系统的发展趋势，并制定了从软件、硬件两方面共同发力的技术路线，力争打造舒适、节能、智能化的热管理系统及产品，为国家新能源汽车行业的发展贡献价值。

工程研究院由空调技术部、冷却技术部、热管理系统与电子电器技术部、试验中心和项目及技术管理部组成，共有技术工程师及研发人员近 200 人，其中高级专家 20 名（包含外籍专家 5 名）。

本公司拥有 2D 设计：CAD/Catia；3D 设计：Catia/NX；强度，蠕变，模型分析：ANSYS；流场分析：STARCCM++；系统匹配：Dymola 等设计分析软件，具有冷却系统匹配、强度分析、流场阻力分析、高温蠕变分析、振动模型分析等设计能力。

本公司试验中心，通过 ISO/IEC17025 实验室体系认可以及市场头部 OEM 客户的认证，拥有各类热系统、热交换器性能测试设备和环境试验设备 43 台（套），可完成汽车热管理系统和热交换器产品的各类验证试验项目。

六、主要产品介绍

产品名称	产品优势	配套车企
空调箱 HVAC	子零件模块化、菜单化设计，覆盖新能源汽车对性能、功能的不同需求。 分配箱：通过调整分配箱壳体大小及结构，实现大中小性能及多温区独控。 进风箱：匹配不同结构进风箱，实现新能源汽车对车内空间的个性化布置	长安汽车、小鹏汽车、吉利汽车等
冷凝器	高效轻量化产品平台，性能从高到低覆盖广泛，满足不同的新能源汽车需求。基于电化学腐蚀考虑的材料匹配选择，保证产品有较高的耐腐蚀水平。通过仿真分析优化扁管微通道结构，保证碎石冲击耐久	长安汽车、大众汽车、丰田汽车等
散热器	产品系列平台完备，高效轻量化。结构紧凑、支架形式多样化、进出水口灵活多样。兼顾性能和成本。产品能全面地覆盖客户从低到高的性能需求，结构强度高、耐温/耐压/耐腐蚀性能优异	长安汽车、吉利汽车、比亚迪汽车等
前端冷却模块	完善的散热器、冷凝器、无刷风扇组合，实现前端冷却模块小型化，同时实现低风阻、低噪声、高风量、高效节能。优化减震垫设计，保证模块良好的耐震性及优异的 NVH 特性	长安汽车、吉利汽车、比亚迪汽车等
电池冷却器 CHILLER	产品轻量化、结构紧凑； 换热效率高，压损小，处于行业领先水平；耐压高，耐腐蚀性好； 产品系列平台完备，性能覆盖范围广泛，可以满足新能源汽车的热泵系统、超级快充等性能需求	长安汽车、吉利汽车、理想汽车等

续上表

产品名称	产品优势	配套车企
电动压缩机	小型化轻量化，结构紧凑，系列完备。 产品排量：27cc、34cc、45cc 覆盖电压范围广：400 V/800 V 全平台； 支持三角循环超低温热泵应用； 高可靠性：宽转速范围，双柔性结构。支持低温热泵应用和定制化开发	通用五菱、吉利汽车、长安汽车等
水热式 PTC 加热器	完全独立自主开发，拥有多项自主专利； 超力的 WPTC 采用技术成熟的热交换器技术，具有齐全的安全保护功能 产品系列覆盖性能广泛，加热功率覆盖 3 kW～10 kW，满足新能源汽车的不同需求	吉利汽车、长安汽车等
动力电池水冷板	选用高强度材料，降低冷板壁厚，实现轻量化；优化流道设计，散热效率高，流阻更低；元素扩散分析和电位设计，保证产品高耐腐性。钎剂涂敷工艺，钎剂无残留，清洁度高。自动化生产，确保平面度	宁德时代等
热管理集成模块	集成多个功能部件，减少管路，实现产品轻量化，节省整车组装工时；各工作模式切换时间短，减少模式切换过程中的热损失；机电分离设计；规避芯片等供货风险	长安汽车等

七、合资合作及重大项目建设

1. 2023 年，为适应本公司技术创新开发的需要，本公司与重庆超力高科股份有限公司和中国汽车工程研究院股份有限公司合作建设了西南地区技术最先进的“汽车热管理综合性能实验室”，该实验室投资达 3000 万元以上，全套系统采用日本佐竹公司试验设备，技术水平达到国内领先水平。

2. 与电装中国投资有限公司上海技术中心共同开发热管理系统控制逻辑策略、控制器（含软硬件）、热管理集成模块机电分离控制技术、新能源汽车用新型环境友好型冷媒及系统、热交换器。

3. 与意大利电装共同开发新能源汽车用热交换器（热泵用室外换热器、室内换热器）

八、发展规划

超力电器以卓越的产品性能以及优秀的售后服务，扎根于汽车产业，开拓新能源产业。致力于为全球的整车厂和新能源客户提供整体的热管理系统。2021 年，公司确立了“用碳中和技术造福世人”的企业愿景，规划形成智能高效热管理系统为依托，HV 水加热器，电动压缩机、HVAC、热管理集成模块、水冷电池冷却板、NEV 用前端冷却模块等 6 大产品体系，覆盖乘用车、商用车以及各类新能源汽车热管理需求。未来，还将进一步优化并扩展高效小型轻量化的产品平台，提高数智化水平，为客户提供更绿色低碳、性能更优异的产品。

无锡柯诺威新能源科技有限公司

一、单位概况

无锡柯诺威新能源科技有限公司（简称“柯诺威”）成立于 2021 年 4 月，由柯诺威初创团队，上海中电投融和新能源投资管理中心，浙江银轮机械股份有限公司创立。现址位于江苏省无锡经济开发区高浪东路 999 号，是一家专注于热管理系统和关键零部件研发和生产的高新技术企业，业务领域面向新能源车辆、储能设备热管理系统等。

生产基地及测试中心位于无锡经济开发区五湖大道与吴都路交叉口，占地面积 23370 m^2，建筑面积 11236 m^2。

柯诺威现有员工 126 人，其中博士 2 人、硕士 11 人，团队有为国内外一流汽车主机厂及电池厂商成功开发并批量生产热管理系统（车用空调系统、冷却系统、电动车整车热管理系统、电池冷却系统）的丰富经验。

二、生产与经营

2023 年全年为客户交付热管理机组 17232 台，主营业务收入 28499 万元，同比增长 209%。

顺利通过了 IATF16949、ISO9001、ISO45001、ISO27001 体系审核及一线电池厂商的供应商体系审核。成功进入头部电池厂供应商体系，并实现批量供货。

共投入约 2 亿元完成生产基地 3 条热管理机组智能装配线的建设，并设有集研究、测试、技术服务等为一体的综合性检测机构。

独立自主研发的新一代整车热管理技术—“三源热泵”整车热管理系统正式装车发布并持续进行优化，将在 2024 年内实现量产。

三、产品出口

产品获得 CE 认证、UL 认证等海外资质，新能源热管理液冷系统直接出口北美市场，2023 年出口销售收入约 255 万元；产品同时间接出口欧洲、澳洲、东南亚等国。已建立有海外服务联盟等多种形式的海外服务网络，覆盖欧洲、美国以及东南亚各国。

四、产能建设

生产基地共设有 3 条热管理机组智能装配线，包含 MES

智能制造系统、机器人视觉检测台、全自动功能检测台、全自动老化测试台，可年生产电池热管理和储能热管理机组8万台。

测试中心是集研究、测试、技术服务等为一体的综合性检测机构，涵盖可靠性力学、环境（温湿度、腐蚀等）及失效分析等测试领域；检测对象包括整车热管理机组、电池热管理机组、储能热管理机组、电工电子产品及汽车零部件、道路车辆电气及电子设备、轨道交通机车车辆设备与装置、电气连接器和插座及汽车线束、运输包装件等。

五、技术进展与研发能力

开发能力处于国内领先水平，商用车电池热管理液冷系统系列全、型号多（5 kW/8 kW/10 kW），可全面覆盖电动重卡、工程机械应用等场景；长寿命电池集成式液冷-液热机组为国内首创、寒区版产品可实现运行环境温度-30 ℃～60 ℃，行业领先。储能电池热管理液冷系统覆盖8～60 kW制冷&2～20 kW制热。研究开发的新一代整车热管理技术—“三源热泵”，高度集成电动车辆三大热管理子系统，通过智能化控制，实现三个子系统间的热量转移和热品质提升，可实现热能的最有效利用，减少冬季电动车续航里程衰减50%，该项技术全球首创，具有完全独立知识产权。

六、主要新产品

产品名称	产品型号	产品应用
商用车热管理液冷系统	5 kW/8 kW/10 kW	电动重卡、工程机械等
储能电池热管理液冷系统	8～60 kW 制冷&2～20 kW 制热	集装箱储能设备、光储充一体站、换电站等
整车热管理系统	—	新能源商用车

七、发展规划

五年规划总目标：

通过规模化和商业化运营，将柯诺威打造成新能源热管理领域的行业标杆；实现科创板或创业板成功上市。2027年销售收入突破22亿元，净利润2.2亿元。

五年建设规划：

1. 为匹配新能源汽车及储能热管理爆发式增长需求，公司拟建设年产18万套新能源热管理生产制造基地，项目建设周期5年，分两阶段实施。第一阶段为2023—2025年，计划总投资1.5亿元、其中固定资产投入6600万元，实现产能10万套；第二阶段为2026—2027年，计划总投资2亿元、其中固定资产投入8000万元，实现产能18万套。

2. 建设主要内容：新增生产线及对既有产线设备自动化改造，扩大新能源商用车电池热管理系统产能；新增储能设备电池热管理系统专用产线；新增三源热泵整车热管理系统专用产线；新增乘用车热管理系统专用产线；新增新能源总成关键核心零部件装配产线，实现100%自给。完成新扩建项目后，可满足商用车电池热管理系统全系列、储能设备电池热管理液冷系统、三源热泵整车热管理系统的全应用领域的产业化需求。

海力达汽车科技有限公司

一、单位概况

海力达集团于1930年起源于德国，是一家拥有近百年历史及全球布局的汽车行业隐形冠军。多年来集团秉持创新技术导向，坚持不懈致力于汽车核心零部件产品的开发和生产，为全球头部主机厂客户提供了高质量的产品与服务。海力达在中国、欧洲及美国拥有全自动化生产工厂和技术中心，全球1600多名员工，年产值约50亿元；业务范围涵盖纯内燃机汽车、混合动力汽车、电动汽车、氢燃料电池汽车及氢能的多元场景应用。

在纯内燃机汽车及混动汽车动力总成领域，海力达可变正时气门和双离合变速箱电磁阀产品获得多年全球销量排名前三的成绩。

海力达在全球成立了拥有150多名员工的新能源事业部。在电动汽车热管理领域，成功开拓了热管理冷媒和液冷核心阀类部件至集成模块的业务。

在氢能领域，海力达提供氢能的全产业链核心阀类产品和相关技术解决方案，覆盖制氢端（电解水制氢）、储氢端（固态储氢、高压气态储氢）、加氢端以及应用端（交通领域、建筑和发电领域）。海力达近两年来在全球三大主要汽车市场——中国、欧洲和北美皆获得头部企业的氢能订单，持续推出多款燃料电池氢气侧关键电磁阀产品，并实现批量生产。

二、产能建设

为满足市场对氢能产品不断增长的需求，海力达位于常熟的新厂计划于2025年进行扩建。新厂扩建投产后，氢能阀的年产能将超过15万支。

三、海力达氢能业务解决方案

1. 产业概况

随着全球对“双碳”目标的追求，氢能行业迎来了高速发展的机遇。燃料电池和电解槽的“双驱动”局面使氢能市场需求急速扩大，海力达凭借在汽车零部件领域的技术积累，积极加大对中国氢能市场的投入。在政策推动下，我国的燃料电池技术不断迭代升级，部分技术指标已达到或超过国际先进水平。作为燃料电池技术的重要支撑，燃料电池零部件产业也取得了显著进展。

海力达通过在氢能领域的持续投入，通过德国技术结合本地供应链为氢系统零部件国产化取得良好的进展，尤其是在减压阀、截止电磁阀、比例电磁阀以及排水排气电磁阀等产品的开发上，取得了显著成果。

2. 海力达氢能产品及相关技术介绍

（1）制氢端

随着全球能源结构的转型，制氢技术成为可再生能源的核心环节之一。电解水制氢技术因其清洁和可持续性，成为未来氢能生产的主要方法之一。然而，由于制氢过程中涉及高压氢气的处理，传统阀门在高压环境下的安全性和耐久性不足，无法满足工业级制氢设备的需求。

海力达的解决方案：海力达在制氢端提供了高压防爆电磁阀，这些电磁阀具备极高的安全性和耐久性，能够有效保障电解水制氢过程的安全和稳定。这些阀门采用了浇封型防爆设计，能够在极端条件下切断电流，防止潜在的爆炸风险，确保制氢设备的长期稳定运行。

(2)加氢端

加氢站是氢能应用的关键基础设施，市场对加氢设备的需求正在快速增长。然而，由于加氢站需要处理高压氢气，且要求设备具备高度的安全性和高效性，加氢设备的核心部件如阀门的性能成为制约加氢站发展的重要因素。

海力达的解决方案：海力达在加氢端推出了防爆电磁阀，专门用于加氢机设备。这些阀门采用先进的先导式和直动式结构设计，能够满足 35 MPa 加氢机的严格要求。浇封型防爆线圈设计确保了阀门在高压操作中的安全性，极大地提升了加氢站的运行效率和安全性能，满足了市场对于加氢设备高安全性和高可靠性的需求。

(3)氢能应用端

海力达的氢能产品广泛应用于多个终端领域，包括交通领域的氢燃料电池汽车、轨道交通和船，以及非交通领域的加氢站、热电联供和固定式电站等。通过提供高性能的电磁阀和相关技术解决方案，海力达不仅支持了各类氢能系统的安全稳定运行，还推动了氢能在多元化应用场景中的广泛普及。

海力达开发了多种适用于气态(高、中、低压)以及固态储氢的高性能氢能电磁阀产品和相关技术解决方案，可以应用于多个氢能终端领域，重点覆盖了 PEM 燃料电池系统的氢气供氢系统以及交通车辆应用的储氢系统。这些产品可以满足交通和非交通应用在复杂运行环境下的高可靠性、安全性和高效性，广泛应用于多个领域如：氢能商用车、乘用车、轨道交通、船舶、两轮车、无人机、非道路车辆(矿卡、叉车、轨道交通等)、热电联供、固定式电站、加氢站等应用场景。

海力达的产品解决方案：

燃料电池供氢系统电磁阀：氢燃料电池汽车的广泛应用对供氢系统提出了严格的要求。供氢系统需要确保氢气的稳定供应，同时在严苛的环境条件下，系统的轻量化和高可靠性是关键挑战。市场需要具备低流阻、高可靠性和高控制精度的电磁阀产品，以确保燃料电池的高效运行和车辆的安全性。海力达开发了燃料电池供氢系统中的关键电磁阀，包括截止电磁阀和比例电磁阀及引射器。截止电磁阀位于减压阀之后，用于控制供氢系统的通断，要求低流阻、高可靠性和低泄漏。海力达的截止电磁阀采用先导式设计，具备极高的耐久性和响应速度，能够在-40 ℃至 95 ℃的恶劣环境下稳定运行。比例电磁阀则负责控制进入燃料电池发动机的氢气流量，要求高控制精度。海力达的比例电磁阀采用非接触式设计，显著降低了迟滞现象，确保了车辆在各种工况下的动力输出稳定性和系统效率。尤其当比例阀配合引射器使用时，比例阀集成在引射器模块中，集成度更高，结构更加紧凑。而且比例阀调节引射器的压力更加稳定，可以最大幅度减少供氢系统的压力波动，提高系统可靠性。

排水阀和排气阀：在氢燃料电池的低压部分，海力达推出了加热型排水阀和排气阀，这些阀门需要频繁开关，以排出反应产生的水蒸气和未反应的氮气，并调节电堆内的压力。海力达的排水阀设计能够满足高达 2500 万次的耐久要求，具备 IP67 防护等级和低噪声特性，解决了氢燃料电池在长时间运行中的排水排气问题，确保系统的高效运行。

高压气态储氢产品：在氢燃料电池汽车中，车用高压气态储氢系统是关键的供氢环节。该系统需要在极高压力下储存和输送氢气，对阀门的安全性、响应速度和耐久性有极高要求。然而，市场上现有的高压瓶口阀和减压阀长期依赖进口，不仅价格昂贵、供应周期长，而且往往不能满足国内市场的特殊需求，缺乏本地化的技术支持，这对国内氢能产业链的发展形成了制约。海力达高压瓶阀和减压阀完全由国内研发团队主导开发。生产组装和测试也都是在国内进行，而且做到所有零部件都是在国内生产，国产化率 100%。海力达 70 MPa 减压阀首创性地采用了碟簧设计，有效缩小了产品的体积，实现了轻量化设计。而且该款减压阀采用平台化设计，可以兼顾 70 MPa 和 35 MPa 两种压力等级，而且最大限度地减少了零部件的种类和数量，为降低量产成本提供了有力支撑。海力达 70 MPa 瓶口阀的技术优势包括，高可靠性，快速响应性和轻量化设计。海力达 70 MPa 瓶口阀的电磁阀满足 5 万次开关的寿命要求，而且按照车规级的振动冲击和环境可靠性要求进行设计，其产品鲁棒性完全满足车辆整个寿命内的要求，而且具备完善的质量体系控制要求。另外，该款高压瓶口阀，电磁阀采用先导式设计，在尽量减小功耗的同时，提高响应性，其响应时间低至 75 ms 以内。

固态储氢应用：随着氢能应用场景的多样化发展，特别是在便携式和小型氢能设备中，传统气态储氢方式的安全性、储氢密度以及成本较难满足需求。固态储氢技术因其成本、安全和储氢密度的综合优势，成为小型化氢能设备的理想选择。

海力达的固态储氢阀集成了电磁开关阀和减压阀的功能，在有限的体积空间内，同时实现了电磁开关控制和减压功能。特别是电磁开关阀被设计在减压阀之前，最大程度上提升了系统的安全性。此外，电磁开关阀的应用还使得固态储氢阀具备了自动化和远程控制的能力，从而大幅提高了整机系统的可控性和操作便利性。为进一步保障系统的安全性，该固态储氢阀还配备了应急泄压阀，可在极端情况下迅速释放气瓶内的压力，确保系统在各种工况下的安全可靠。

阀组模块与集成：燃料电池系统的发展趋势是向紧凑化和模块化方向发展。随着燃料电池功率的提升，对氢气循环泵的要求也随之提高。为了降低循环泵的负荷和能耗，市场迫切需要能够实现氢气再循环的高效模块化解决方案。

海力达开发的引射器和供氢电磁阀模块化解决方案，集成了引射器和多个电磁阀，实现了氢气的高效再循环。通过紧凑化设计，海力达的引射器模块不仅能够在燃料电池发动机中实现高效的氢气管理，还能有效降低系统的综合成本。

该模块的设计考虑了主机厂的具体需求，具备高度的可定制性和适应性，为燃料电池发动机性能提升和成本控制提供了强有力的支持。

3. 海力达氢能实验室能力

海力达在中国拥有从仿真设计到测试验证的完整能力，包括结构、动力、疲劳、流体、系统和电磁等方面的全方位仿真设计能力。公司还拥有国内领先的电磁阀全方位测试能力，涵盖各类环境条件下的高低温、电气和电磁兼容性测试。

海力达的高压实验室是氢能实验能力的重要组成部分，能够进行 70 MPa 及以上的泄漏测试、中低压氦检测试以及高压减压阀的流量和压力特性测试，达到国内先进水平。实验室的先进设备和测试能力为海力达的产品开发和质量保障提供了坚实基础。

海力达秉持“在中国，为中国”的理念，将进一步在国内升级新能源研发中心、工厂和软件能力，确保中国业务的可持续发展。

四、发展规划

海力达的长期发展规划是推出覆盖氢路侧市场的系统解决方案，从单一的阀门产品到模块化系统集成，逐步构建全方位的氢能应用解决方案。这一系统解决方案将整合高压、中压和低压的各类阀门及模块，满足不同应用场景下的需求，推动氢能技术的广泛应用和普及。

华为数字能源技术有限公司

华为数字能源技术有限公司（简称“华为数字能源”），致力于融合数字技术和电力电子技术，发展清洁能源与能源数字化，推动能源革命，共建绿色美好未来。

华为数字能源业务包括智能光伏、智能充电网络、智能电动、数据中心能源、站点能源等。在中国、欧洲、亚太等地设立了 12 个研发中心，拥有全球累计有效授权专利 2122 件，业务遍及 170 多个国家和地区，为全球 30 多亿人口提供服务。

华为数字能源发挥数字技术与电力电子技术这两大领域的优势，将瓦特技术、热技术、储能技术、云与智能化技术等创新融合，聚焦清洁发电、交通电动化、绿色 ICT 能源基础设施等领域，携手产业伙伴共同为碳中和目标的早日实现贡献力量。

在清洁发电方面，推动打造以新能源为主体的新型电力系统，让每一缕阳光转换为更多清洁电力。

在交通电动化方面，定位为动力域和充电网络的解决方案提供商，重新定义电动汽车驾乘、充电体验。比如推出“一秒一公里”的全液冷超充解决方案，打造高质量、可持续发展的智能充电网络，加速绿色出行的普及。

在绿色 ICT 能源基础设施方面，打造绿色、低碳的数据中心和通信网络，让每一瓦特承载更多算力和联接，让 ICT 基础设施成为绿色低碳的“数字经济发动机”。

截至 2024 年 6 月底，华为数字能源助力客户累计生产绿电 11482 亿 kWh，节约用电 613.6 亿 kWh，实现绿色出行 108 亿 km，减少 CO_2 排放 5.77 亿 t，相当于种植 7.88 亿棵树。

特来电新能源股份有限公司

一、单位概况

特来电是中国创业板第一股特锐德（300001）控股的公司，股东还有国调基金、国新基金、国家电投、三峡基金、鼎晖投资，是新基建独角兽、全球独角兽企业 500 强、青岛民营领军标杆企业，自 2014 年创立，致力于成为中国最强最大充电网生态运营商。

数量：特来电累计投建充电终端超 56.5 万个。

电量：累计充电量 304 亿 kWh。

流量：注册用户 2400 万，拥有庞大的充电工业互联网大数据。

技术：特来电是世界充电网技术开创者和标准制定者。

研发团队 1200 人，获得知识产权 1300 项，承担 10 项国家级重大科研项目，攻克了世界 20 项充电网核心及“卡脖子”关键技术。是工信部工业互联网创新发展工程“新能源汽车充电网能源管理工业互联网平台”唯一承建主体。

运营：运营服务城市 360 个，已成立 260 余家城市运营公司，支撑超过 1900 万辆电动汽车充电。

随着大规模电动汽车的发展，无序充电桩的“充时代”已经终结。取而代之的是充电网的“电时代”，特来电利用充电网的技术、产品、平台、规模的领先优势，聚合电动汽车有序充电和移动储能特性，车网互动，构建充电网-微电网-储能网的新型虚拟电厂。通过充电网深度链接车-电池-能源-人，构建充电工业大数据平台的“网时代”，用实时检测和大数据分析技术，保障了电动汽车的安全。

二、生产与经营

截至 2023 年底，公司累计充电量突破 260 亿 kWh，最高日充电量超过 3800 万 kWh。根据充电联盟统计，在公共充电领域，截至 2023 年底，公司运营公共充电终端 52.3 万台，其中直流充电终端 31.3 万台，市场份额约为 26%，排名全国第一；2023 年全年公司充电量达 93 亿 kWh，市场份额约为 26%，排名全国第一。

三、产品出口

在全球新能源汽车市场日益活跃的背景下，作为国内领先的充电运营商，特来电于 2020 年进入国际市场，开启整个全球化的布局，依托上合示范区、“一带一路”平台，加速在能源、充电、电动汽车整体解决方案的全球推广。历时 4 年发展，特来电在海外市场的拓展步伐逐渐加速，与海外大型车企、能源运营商、公交集团等客户合作，形成了针对国际市场的特色产品体系与解决方案，并建立俄语区、亚太区、欧洲区三大业务区域。合作范围覆盖俄罗斯、澳大利亚、阿联酋、哈萨克斯坦、乌兹别克斯坦、墨西哥、巴西、德国、荷兰、马来西亚、越南等十余个国家及地区，并为其提供专业的技术支持与服务。

四、产能建设

公司针对公交、公共、物流、园区、小区等不同充电场景与服务对象，建立了覆盖全国的“五张充电网”，研发制造了多种类型的充电产品，以满足多样化的充电需求。例如满足公交车大功率自动充电的公交车智动柔性充电弓产品（最高可支撑 1000 kW 充电功率）、满足公共领域快速充电的液冷超充产品（最高可支撑 600 kW 充电功率）、满足特种车辆大功率自动充电的重卡车自动充电机器人产品（最高可支撑 1200 kW 的充电功率）以及满足工业园区及小区充电的小功率直流慢充产品（单个直流终端平均功率可低至 3.3 kW）等。此外，公司率先提出基于充电场站的充电型新能源微电网系统，已商业化推广应用。截至 2023 年底，公司通过投建、销售等模式累计布局的新能源微电网项目接近 500 个，覆盖城市超过 100 个。

五、技术进展与研发能力

充电网是跨行业、跨专业的综合性学科，公司引进和培养了来自各技术领域的顶尖人才，围绕充电领域核心技术搭建了集成服务、电力电子、智能调控、云平台、大数据、安全防护、自动充电、智能运维、微电网、储能技术等十大研发团队。公司在充电网技术领域建立了强大的创新研发能力，拥有超过 1300 项知识产权，承担或参与了多项国家级重大科研项目，已经成为充电行业标准的引领者和制定者，牵头或参与制定了多项国家及行业标准。

1. 四层网络架构的充电网技术体系

公司创新性地搭建了四层网络架构的充电网技术体系，是由功率可灵活调节的充电设备、工业互联网控制单元、能源调度系统、大数据云平台组成的有机系统，从变电、配电到充放电实现统一调度，通过数据信息与调度控制打通设备网、物联网、能源网以及数据网，在提高充电安全的同时，实现充电设备、汽车、用户、能源的高效协同。

2. 保护电动汽车充电安全的两层防护体系

公司在电动汽车充电安全方面，利用充电网技术架构，设计了针对汽车充电安全的“两层防护”体系，将大数据技术、电池技术和充电技术进行深度融合，多维度、多视角地监控分析汽车充电安全隐患，降低了充电事故出现频率。

第一层充电管理系统（CMS）主动防护，设置了 12 项安全防护及预警模型，对充电过程进行实时监控和安全评估，实现了车辆电池管理系统（BMS）故障的冗余保护及充电过程中针对电池数据的实时保护，使得汽车安全在充电侧变得可监测和可控制；第二层大数据防护层，设置了 24 项安全防护及预警模型，通过大数据为车辆/车型建立全寿命周期的档案库，从车辆历史数据库进行故障溯源，对不同车型在不同区域不同季节的充电过程进行差异化预警和保护。

六、主要新产品

产品名称	产品应用
新能源微电网系统产品	新能源微电网系统产品主要包括新能源微电网箱变、新能源光储充一体化车棚、梯次储能系统等，采用模块化设计和标准化接口，能够通过公司自主研发的微网控制器高效聚合电动汽车充放电、分布式光伏发电、常规储能和梯次电池储能等资源，实现能源监控、经济优化、调度响应等多种功能
智能群充电产品（第四代）	智能群充电产品主要由群充箱、充电模块、功率分配模块以及各类型充电终端等部分组合而成。区别于充电单桩间相互独立的模式，智能群充电产品采用“变、配、光、储、充、放、检”的集成设计和“云、边、端协同”的系统架构，充分平衡了车辆充电需求和电网安全需求，实现了群管群控、功率共享、智能运维、主动安全防护等功能。 第四代群充产品，采用全塑工艺及功率级联技术，让充电功率更高、性能更强大

七、合资合作及重大项目建设

公司电动汽车充电网业务快速发展，实现营业收入 60.41 亿元，比 2022 年同期增长 32.21%；毛利润 13.30 亿元，比 2022 年同期增长 52.57%；归属于上市公司股东的净利润 1.21 亿元，实现扭亏为盈。

1. 城市五张充电网同步发展，继续夯实充电网规模第一

公司根据不同充电场景和特征，持续加强公交充电网、公共充电网、物流充电网、园区充电网、小区充电网的建设，根据各个城市电动汽车保有量及其规划均衡发展“五张充电网”。截至 2023 年底，公司运营公共充电终端 52.3 万个，继续保持行业第一，此外，在直流充电终端数量、充电站数量、充电量等方面也均保持行业第一，夯实了公司充电网规模的领先地位。2023 年全年，公司充电量约 93 亿 kWh，较 2022 年同期增长 59%，截至报告期末，公司累计充电量突破 260 亿 kWh。

2. 通过充电网高效聚合电动汽车等灵活性资源，构建虚拟电厂，参与车网互动

随着电动汽车的规模化发展，电动汽车作为移动储能资源参与构建虚拟电厂的价值凸显。公司通过充电网深度链接电动汽车、光伏、储能等分布式资源，基于自主研发的人工智能预测系统对充电量、充电功率以及光伏输出功率等进行精准预测，参与电网互动，多维度优化调度策略，实现能源增值业务。

截至 2023 年末，公司已实现与 24 个网、省、地级电力调控中心、虚拟电厂管理中心或负荷管理中心的在线信息交互，具备虚拟电厂条件的可调度资源容量超过 400 万 kW。2023 年，公司积极开展经济调度、负荷约束以及调峰辅助服务、需求侧响应等电网互动业务并持续推动电力交易参与规模。

3. 加大充电网生态合作，持续扩大产业协同

报告期内，公司基于核心充电服务，持续扩大产业协同，抢占核心资源，联合生态伙伴共同构建充电网生态。

截至 2023 年底，公司在全国范围内已成立独资/合资公司超过 250 家，其中，合资方为政府投资平台、公交集团等国有企业的超过 160 家，打造了覆盖全国的电动汽车充电网。

公司已与保时捷、奥迪中国、奔驰、宝马、捷豹、路虎、沃

尔沃、通用、路特斯、吉利、奇瑞、广汽埃安、小鹏、理想等 70 多家车企达成共建品牌站、充电网数据支持等一项或多项合作形式。由公司为车企建立专属的品牌形象站或者在充电场站内为车企预留专属的品牌充电桩。此外,公司还可将平台运营的充电场站信息植入车企 App,从而让车主享受更便捷的充电体验。

2023 年,公司生态业务蓬勃发展,已建立百余家生态合作伙伴,覆盖金融、保险、车后服务市场、电池能源、生活服务等多个领域。公司立足于电车用户全生命周期,深度挖掘"充电+X"商业价值,打造了丰富多样的创新产品和服务。

公司积极与银行、第三方支付机构等金融领域伙伴合作,打造生态联合会员、新能源车主权益卡等,让用户享受更优惠、便利的充电体验;在新能源保险方面,公司凭借独具特色的两层安全防护产品,携手保险行业的龙头企业,向用户提供电池衰减保障服务,并配套提供电池健康卫士报告等增值服务,从而让用户在电动汽车的全使用周期获得更多安全保障;在与地图商合作方面,公司基于遍布全国的充电场站,为高德、百度等地图商提供数据接口,实现充电站信息精准在地图中显示,从而让车主更加便捷、高效地进行充电站搜寻和导航。

八、发展规划

推动城市充电网更加均衡的布局,围绕"五张充电网"一城一区一策合理发展,并从城市中心向城市边缘、乡村渗透,扩大城市充电网的覆盖范围,更加有力地推动新能源汽车规模化发展。其次,加快城市充电运营商的服务提升,从产品质量、互联互通、运维保障、安全运营等方面提出更高的要求,这也加快了行业洗牌,建立更加健康的竞争格局。

最后,加快充电网"电时代"的开启,对充电网的虚拟电厂应用会越来越广泛,围绕有序充电、光储充放、调频调峰、车网互动规模化应用,聚合电动汽车的能源价值,实现新能源汽车和新能源发展融合发展。

中石油昆仑网联电能科技有限公司

一、公司概况

中石油昆仑网联电能科技有限公司(简称"昆仑网电")是中国石油全资子公司,是中国石油"油气氢电非"综合服务商的重要支撑力量。昆仑网电作为新能源汽车充电服务与能源管理解决方案提供商,致力于打造行业头部企业,充分发挥中国石油成品油销售网络、资源优势以及充换电专业化优势,快速提升充电技术、智能充电网络技术、跨网融合产业技术,做大做强全国充电设施网络和客户规模,对内推动油气氢电非协同发展,对外推进产融结合创新商业模式,着力构建一体化新能源"充换电+"产业链和"人·车·生活"生态圈,向客户提供咨询、设计、研发、检验、投资、建设、运营、产品销售等全品类综合生态服务,建设国内一流的集技术创新、应用研究和推广营运为一体的新能源综合运营服务商。

二、经营与生产

昆仑网电业务覆盖北京、深圳、上海、广州、天津、青岛、西安等 100 余座城市,拥有注册用户 100 余万,合作伙伴 100 余家。建设公共充电站 3000 余座,车企品牌充电站 400 余座,充电桩共计 17 万余个(其中包括公共充电桩 3 万余个,社区充电桩 14 万余个)并为 15 个机场区域,20 家机场、航空公司及其他民航单位提供"一体化"产品服务。为 B、C 端用户提供全年 7×24 h 全天候服务。

中国石油成品油销售企业积极推进充电业务平台升级与功能完善,全面推进产融结合创新商业模式,已接入昆仑网电充电运营管理平台充电站 500 余座,充电枪 3000 余根,初步完成全国充电基础设施"一张网"布局。

三、发展历程

2010 年 10 月,中国普天信息产业集团有限公司设立普天新能源有限责任公司。

2021 年 7 月,普天新能源有限责任公司随中国普天信息产业集团有限公司整体并入中国电子科技集团有限公司。

2023 年 9 月,中国石油收购普天新能源。同年 12 月,普天新能源有限责任公司更名中石油昆仑网联电能科技有限公司。

昆仑网电通过十余年的运营积累,建设运营集中式公共充电站和分布式公共桩群,为出行服务商、出租车企业、物流企业等集团客户和个人用户提供公共充电服务;已形成完备的电动公交车辆充电运营服务、安全管理和运维保障体系,服务多个城市的公交客户;在居民社区开展充电桩建设和为私人提供充电服务,开拓社区充电业务,与国内众多知名地产企业保持合作关系;此外,昆仑网电是国内首批提出和推动物流行业车辆电动化的运营商,并承担了科技部"万辆电动物流车"重大专项任务,整合用户及车辆、电池、充电设备制造等产业链上下游资源,推动纯电动物流车的规模化应用。

四、技术进展与研发能力

昆仑网电已建成全国性新能源汽车充电运营服务网络,具备从网络规划设计、设备供应安装、系统集成、工程建设、运营服务和平台建设的全链条服务能力。是国内首家面向新能源汽车规模运营的车网一体化智能管理平台,集设施管理、安全监控、结算交易、车网协同、合作运营等业务于一体的运营商,为客户提供安全便捷的充电服务。

奥动新能源汽车科技有限公司

一、单位概况

奥动新能源汽车科技有限公司(简称"奥动"),全球换电模式开创与引领者。自 2000 年起,奥动一直专注于新能源汽车换电技术研发及换电站网络商业运营,努力打造"车辆-换电站-电池-智能大数据-城市储能"多位一体的换电生态，致力成为全球领先的智慧能源服务平台。

二、生产与经营

奥动积极打造换电服务网络、基于全生命周期管理的电池梯次利用、智能数据运营等换电商业生态，致力成为全球领先的智慧能源服务平台。同时，已与多家主流车企达成合作，包括一汽、东风、长安、上汽、北汽、广汽、东风日产、合众等，并共同开发近 30 款换电车型，在全国多座城市实现多品牌车型共享换电服务。

在市场布局方面，奥动的换电服务网络已覆盖北京、上海、广州、厦门、海口、三亚、重庆、合肥、郑州、长春、南京、武汉、杭州、昆明、张家口、兰州等全国 60 座城市，投运超过 810 座换电站（含在建），形成规模化商业换电运营解决方案。2008 年起，奥动曾助力北京奥运会、上海世博会、广州亚运会、厦门金砖峰会等国际大型会议活动。

三、产品出口

奥动换电站产品远销国际，包括波兰、德国。

四、产能建设

奥动新能源投资 4.5 亿元在上海市浦东新区临港重装备园区，建成新能源汽车充换电站设备研发生产基地，园区占地 67000 m^2，该基地集新能源汽车应用、智能储能站、节能增效管理为一体，对电动汽车退役的电池进行梯次利用，建成 4 MWh 容量的梯次储能站，是世界上首个集“风、光、储、行”为一体的绿色能源产业基地，成为绿色能源和绿色出行协同发展模式的典范。

奥动新能源投资了国际知名品牌的自动化生产设备。各类自动化生产设备总数近 40 台，自动化机器人 60 台。各种自动化机械加工设备及全机械自动焊接生产线，提高产品质量，优化生产效率，形成了换电电池箱 20 万套、换电站 500 套的年生产配套能力。

2023 年，换电站二期生产基地在上海临港新片区启动建设，项目将生产最新一代乘用车换电站，项目拟投入 1 亿元生产设备，项目达产后可贡献 1000 套/年。

五、技术进展与研发能力

奥动作为全球最大规模商业化换电服务平台，20 s 极速换电技术，1 min 服务全程，换电速度与服务效率一直居行业领先水平。奥动在全球范围拥有超过 2600 项换电专利技术，荣获包括世界首张电动汽车欧盟 CE 认证、国际电工认证等全球资质证书，并积极参与国内外换电行业标准制定工作。2021，奥动新能源及旗下上海电巴新能源，接连荣获工信部专精特新“小巨人”企业、广州独角兽创新企业、广州高精尖企业等称号。

1. 奥动“双碳四步走”

在汽车、交通、能源协同实现“双碳”目标的大前提下，换电从本质上来说，与国家战略目标密切关联。奥动结合自身实践，总结提炼出基于换电的技术路径与行动规划，创造性地提出“双碳四步走”方案：（1）通过规模化发展全国换电服务网络，加速电动化转型进程。（2）通过换电延长动力电池寿命，提升电池全生命周期价值。（3）综合利用电池资源，扩展储能应用场景。（4）打造基于换电的新型社会协作体系，推动新型电力系统的实现。“双碳四步走”方案，通过不同阶段的重点发力，逐步减少汽柴油燃烧过程中、电池制造过程中的碳排放，通过高效利用电池资源提供安全、低成本的储能系统，降低发电行业碳排放，最终实现车-站-网互动给电网提供灵活性电力，大幅度降低发电行业的碳排放。

2. 乘商并举

奥动已完成自主研发“乘商并举”全系车型的换电解决方案，覆盖重卡、轻卡、微面、轿车、大巴，最新一代换电站可实现多品牌车型共享 20 s 极速换电，轿车与微面可实现一站共享换电。

在商用车换电领域，奥动创新性地在商用车领域延续一贯的卡扣式底盘换电技术，其独特优势在于：运营效率更高、车重更轻、载货容积更大、重心稳定性更好、使用成本更低。

3. 换储一体

换电车型，天然兼容换电与充电两种模式。在土地、电力资源必须集约化统筹使用的前提下，建议必须充分考虑电动汽车最大量的用户群体利益，亦即无私桩条件人群的补能条件。在动力电池完成车端应用阶段后，奥动继续通过换电模式，梯次利用电池包，提供储能服务。奥动全系换电站，均可兼容双向充电机，从而实现电能双向流动、换储一体。

4. 车-站-网能源高效交互

在换电网络基础上，结合新能源汽车用户、电网，共同形成面向低碳电网的新型社会协作体系。根据新能源（风光发电）的特性，“多发多充，少发少充，不发反充”，打破能源的“不可能三角”，促进新型电力系统的实现，从而达到通过车-站-网互动给电网提供深度减碳必需的灵活性资源，大幅度降低发电行业的碳排放目标。奥动提出的 V2S2G 概念，是换电车辆、换电站、电网三者之间进行能源交互的过程，高功率、高效率、高利用率，推动用户侧参与电力市场交易。每一座奥动换电站，都是一座城市分布式储能站，有利于能源就地消纳；更可以全功率支撑电网，实现波谷充电、波峰放电，调节电力平衡，降低电网压力。

六、主要新产品

产品型号	产品名称	产品应用
2.0	乘用车充换电站	北汽
3.0	集装箱式乘用车换电站	北汽
3.0+	集装箱式乘用车换电站	北汽、广汽、上汽、长安
4.0	集装箱式乘用车换电站	北汽、广汽、上汽、长安、启辰、东风、一汽红旗、一汽奔腾、合众
5.0	集装箱式乘用车换电站	北汽、广汽、上汽、长安、启辰、东风、一汽红旗、一汽奔腾、合众、瑞驰、开瑞等

七、合资合作及重大项目建设

自 2021 年起，奥动以开放合作模式，在广州、深圳、南京、合肥、东莞等地成立区域合资合作公司，开展出租车、网约车等运营车辆换电应用实践。

在碳中和探索方面，奥动持续加快全国共享换电服务网络布局，2021 年 5 月，奥动与中国石化达成目标合作，共同打造多元综合能源服务新场景，助力国家“双碳”目标达成。

同年 11 月，英国石油 bp 与奥动正式签署合资合作协议，双方打造城市级合资公司合作模板，并积极探讨国内合作版图扩张以及海外合作的可能性。

2022 年 4 月，道达尔公司与奥动电巴德国分公司 INFRADianba 签署战略合作。

八、发展规划

奥动规划至 2025 年，在全国运营超过 10000 座换电站，为 1000 万辆以上新能源汽车提供换电服务，为城市建设高效分布式储能网络。

易易互联科技有限公司

一、单位概况

易易互联科技有限公司（简称易易互联）成立于 2017 年，是吉利集团旗下汽车产业战略布局换电生态的全资子公司。依托吉利正向开发的 GBRC 换电平台架构，基于电池共享、车电全生命周期运营管理，易易互联始终致力于打造营运市场换电补能第一品牌，为营运市场提供更降本、更高效、更绿色的综合解决方案。易易互联植根于换电自主研发体系，历经一代站、二代站、第三代系列产品，至今沉淀千项专利技术，参与国家多项换电标准制定，为换电生态可持续发展奠定扎实的技术研究基础。2023 年 11 月，易易互联 3.0 Pro 站全国首发，最快机械换电速度 40 s、最大换电能力 540 次/天，实现换电补能速度的大跨步提升。

截至 2024 年 7 月底，易易互联已在重庆、杭州、天津、广州、成都等 38 个城市布局和运营 441 座换电站，已售换电车辆约 7 万台，最高日换电次数近 4 万次，累计换电里程超 23 亿 km。得益于高频、成熟的换电网络，易易互联卓越地构筑了换电垂直领域内首个全面覆盖、大模型驱动的 AI 算力平台。秉承“实事求是、开放协同、可持续发展”的价值观，易易互联深度融合全产业链资源，与众多生态伙伴携手并进，在营运市场上精耕细作，创领易行易用的补能体验，赋能新能源出行市场，创造无限美好未来。

二、生产与经营

2023 年，易易互联实现营收同比增长 788%，是行业唯一具备“整车-电池-换电-运营”的全产业链换电生态企业，依托高兼容性换电平台架构，已实现乘用车、商用车等多种车型覆盖，如曹操 60、枫叶 80v、幸福号等。模块化设计的第三代换电站为不同车型的兼容并蓄提供延展空间，实现了“一车一策”适应性；规范化、标准化、规模化的车规级换电站生产制造线，每年可产出 1200 座的换电站，为新能源出行领域的快速发展提供了坚实的设施保障；成熟的数字一体化云平台，为全生命周期车、云、网高效运营管理提供综合解决方案。2023 年全国正式运营城市换电站利用率平均达 47.4%，日均换电达 36318 次。2023 年，易易互联通过自营模式、城市合伙人模式加托管合伙人模式的组合拳完成全国换电网络的大规模拓展，强强联合各方资源，共同推进换电补能方式多维度渗透。

三、技术进展与研发能力

易易互联始终坚持自主研发的技术路径，将创新作为引领企业前进的核心动力，下设智慧换电研究院和数字化中心，研发人员超 1000 人，形成了“由高端人才引领，以专业技术人员为核心，搭配优秀的科技青年作为后备力量”的多层次人才梯队，涵盖软硬件上千个发明专利，参与起草了多项行业及国家标准。

在产品研发方面，易易互联已自主研发迭代至第三代全能换电站站型，实现高度模块化的设计，具备卓越可靠性与运营效率，可无人值守自动运营，建站便捷经济，占地面积 71 m^2，单次机械换电速度最快 40 s，支持 25 块电池。易易互联已成功构建并广泛实施“吉利快换平台架构”（GBRC），这一架构专为底盘整体换电而设计，具备卓越的灵活性与兼容性，2.7~3.2 m 的可调整轴距适配 90% 的车型，融合经济性与节能性，革新突破快换锁体技术，并通过疲劳耐久性实验超 3 万次，可靠性验证路试超 30 万 km，实现全方位安全守护。

数据大模型开发整合方面，构建“车、电池、站、云”一体化的平台系统，串联资产体系、出行网络、能源网络及金融等数据，打造集能源流、商流、资金流、信息流于一体的换电垂直领域 AI 大模型。智能运维模块，以“小易同学”为载体，构建了运维故障助手实现了多模态问题的分析和定位；通过 AI+专家算法的自学习结果，结合实时数据流批一体化的处理，评估出当前电池安全与寿命状态。通过阈值类、离群类及趋势类、物理规则、用户行为特征及电芯一致性评分等算法模型下，实现了安全算法模型的精度可达到查全率≥95%，误报率≤5%，有效实现故障及热失控风险预警，大大提升售后服务时效性。利用充电工况数据，历史使用特征行为、XGBoost 算法等，可实现 NCM/LFP 精度≤±4%，充分利用换电站的充电工况优势与优质数据资源，精进精度至不超过±1% 的卓越水平，实现对电池健康状态的精准评估与未来趋势的智慧预测，有效提升了电池管理的准确性和预见性，并通过全方位建立电池资产状态评估数据库，为电池梯次利用和回收拆解业务赋能。另外，该模型实现了工单全链路智能化，从生成-派发-推荐-关闭均由数据模型驱动；同时可提供业务赋能，为多种商业模式下的管理培训提供标准化赋能。换电站城市布局，基于“地热理论”实现全自动化规划推荐；能源管理中，构建智能充电策略，实时监测和分析能源供需情况，预测未来的能源需求变化，通过车辆能源预估、换电站拥堵程度、价格等因素，实现智能换电决策。易易互联植根于换电垂直领域，打造车、电、网一体化综合服务方案，实现全生命周期高效补能运营。

四、主要新产品

产品名称	品牌	通用名称
高效型换电站	易易互联	3.0 Pro 站
超小型换电站	易易互联	3.0 Mini 站
乘商一体换电站	易易互联	3.0 Mix 站

五、换电生态布局

2021年，工信部发布《关于启动新能源汽车换电模式应用试点工作的通知》，重庆、济南、北京等11个城市率先进行换电试点城市探索。紧跟政策引导步伐，易易互联以“适度超前、车站匹配”为原则，结合地理均衡、热力补充的科学选址理论，于2021年布局重庆，截至2024年7月，已在重庆市投运73座换电站，涵盖重庆中心城区、部分区县及高速服务区，形成了主城区5 km换电服务网络布局，为10000余台换电车辆提供日均17900余次补能服务，并于2023年4月，实现了单站及单城盈利。重庆主城区商业模型打造过程中，活跃车/站比由2021年9月10：1到2023年7月174：1，其车/站比在2022年10月开始，进入了健康上升通道，打造了良性可持续性补能生态试点样板，进一步推进“成渝”城市经济圈互联互通交通网络体系的建设，为各类换电标准提供地方及行业数值参考。

结合各城市属性，打造复刻重庆模式，推进换电生态产业的发展是响应国家新能源车进一步巩固稳步发展的必然选择。

有效缓解电池技术瓶颈、电池安全对新能源汽车阔步发展的桎梏。电池技术引发的里程焦虑通过常规90 s的换电补能方式，极大提高补能自由度和补能效率。换电站恒温恒湿的柔性充电方式，提高电池使用寿命，增强对各地气候的应对能力，打破新能源汽车地域限制，无界畅行。电池安全方面，换电采用电池统一管理方式，集中养护，对比充电模式，换电车除了车辆自身对电池安全监控以外，换电站还具备对换/充过程的全方位监控与管理。换电过程中，换电站具有智能磕碰视觉AI识别功能，可以准确识别动力电池外观磕碰（或碰撞变形），前置装车风险。2023年，在重庆，易易互联提供了近400万次换电服务，AI前置识别171块磕碰电池，保障重庆安全运营。充电过程中，换电站支持智能预测算法，预测电池风险，站端可全自动执行应急处理。此外换电车型采用合理容量动力电池，降低电池能量密度，减少电池重量，增加电池使用安全性。

换电模式驱动新能源汽车绿色闭环发展。换电模式可均衡整体电池利用率，避免部分行驶里程长的电池提前退役，同时充分利用电池日历寿命内的循环寿命。易易互联在重庆和成都开展双城电池体系大均衡试点。通过100块电池在双城的调配，重庆电池服役年限由5.2年延长至6年，成都电池6年报废期内由38万km增加至50万km，进一步释放电池利用效率。另外换电模式下，站端电池以错峰柔性充电为主，延长电池使用寿命。得益于电池标准化、管理集中化，相关运营方在电池更换、升级和退役时的执行成本低，换电电池集中规模化退网及回收处理，保障网内电池健康度始终均在70%以上，部分退网电池用于换电站放电储能，扩展电池梯次利用领域，报废电池均流入合规回收渠道，预防危废污染产生，切实落地电池全生命周期闭环管理。服务坪效方面，对比常规充电模式，换电模式常规仅需90 s即可完成补能。同等占地面积和设备利用率下，换电站服务能力是充电站的3倍。广州市越秀区大东门超级充换电u站共配置了超级充电桩4台（480 kW）、快速充电桩27台（180 kW），吉利易易换电站1座、蔚来换电站1座。经测算，单座易易换电站年售电量408.24万kWh，站中31台充电桩的总售电量则为401.76万kWh。换电模式最大化提升电池、土地的利用效率，强化新能源汽车绿色产业属性。

有效进行能源网络反哺。一是车网-站网融合方面，换电站集补能、储能属性于一体，符合源网荷储一体化的分布式建设方案要求。换电站主动配合城市能源错峰供给，以技术手段主动降低峰时负荷；以分时定价价格机制引导用户谷段换电，双重措施保障站网协同，促进负荷有序调节。如天津市易易互联场站3月份用电量峰段分时比例为34.29%，4月启动错峰充电，峰段比例降至28.92%，5、6月份叠加销售侧分时定价，峰段比例直接降为15.99%、12.32%，缓解20%以上峰时用电压力。另外换电站可根据城市配电网络进行规划布局，在重载线路建设V2G换电站为主，以储能为主，辅助换电，在轻载的线路上，则反之；形成站网一体的电力平衡裕度。换电站采用柔性充电方式，加上自身充电设备功率限制，降低了场站瞬时冲击负荷，降低电网安全风险。换电站在“源网荷储”微电网中可充分发挥“蓄水池”功能，完善的换电网络实现城市时间、空间的能源互补功能，是城市应急保障体系的重要一环。

换电模式是智能无人驾驶的绿色动力引擎。它以智能化补能为核心，赋能无人驾驶全链条自动化运作，实现24 h不间断高效运营。这一创新不仅显著提升了营运车辆的服务频次与单日行驶里程，优化了营运车财务模型中的双核心指标，还极大地增强了车辆运营效率，为公共交通市场开拓了广阔的增长空间。另外，对比天津易易互联相距2.8 km的俩换电站换电行为实验得出：尽管北辰淮东路站位置优越、设施新且有营销活动，其利用率提升仅占0.5%；而北辰国宜道站虽条件较差却仍保持36.8%利用率，人为偏好对换电行为影响较深。无人驾驶换电模式作为交通与绿色能源之间的桥梁，有效降低了人为干预，促进了车网与电网之间的智能、无缝调度，是未来出行与能源利用的关键纽带。

构建创新的积木式新能源汽车推广范式。在换电模式下，电池购置不再是新能源汽车必然门槛，车电分离的销售模式，解锁了无限可能的积木世界，让整车销售精妙地转化为多元积木组件的灵活组合。用户作为这场变革的创造者，能够随心所欲地挑选心仪座驾的炫目外观，如定制专属的拼图。面对多样化的出行需求，他们可轻松租用或选购适配各种续航里程的电池，实现新能源汽车的个性化DIY定制，让每一次出行都充满无限创意与自由，每一次新能源车购置免受电池维保、续航里程困扰，共同打造积木式新能源汽车推广范式。

易易互联深耕换电赛道，通过引领行业体系、标准建设，进一步扩大换电补能方案的可复制性发展。

以ISO9001、IATF16949、吉利TQS（全流程竞争力质量体系）为基础，易易互联建立贯通“整车-电池-换电-运营”换电生态全产业链的质量管理体系。秉承“实事求是、开放协同、可持续发展”的价值观，易易互联在质量体系建设注重实效、不走形式，坚持基于场景定义流程，基于流程建立体系，基于体系开展运营，基于运营实施评价，基于评价持续优化，建立起独具特色的质量管理体系。易易互联还将公司的质量技术标准、质量管理标准、质量方法工具、优秀实践做法等延伸至供应链端，推动全供应链的产品及服务能力提升，将换电站行业制造水平从"非标级"提升到"车规级",旨为顾客提供更安全、更可靠、更高效的产品和服务。2024 年 5 月,易易互联通过中汽中心华诚 ISO9001 质量管理体系认证。致力于"打造营运市场换电补能第一品牌"的愿景,易易互联在质量管理体系上持续改善提升,积极参与建立换电行业质量管理体系标准,于 2024 年 7 月获得中汽中心华诚认证颁发的《新能源换电质量安全管理体系》行业首张认证证书,标志着易易互联的质量管理全面实现与国际标准接轨,质量管理水平跃上新的台阶。

另外,为推进车辆互换性,易易互联积极参与多项乘用车换电标准的建设,包括"车载换电系统互换"性下的乘用车换电电池系统、电气接口、冷却接口、换电机构、车辆与电池系统通信协议,及"换电通用平台"下的车辆、电池包、车辆与设施的通信、电池包与设施的通信等方面,陆续发布中。

易易互联作为换电生态的核心,链接、带动换电生态上、中、下各产业链的协同发展。

产业链上游的分系统与零部件领域。易易互联与宁德时代、国轩高科、孚能科技等行业内或细分领域领先的动力电池伙伴开展了深入的合作,形成了独树一帜的换电专属动力电池包产品设计特色,而且可持续分享动力电池合作伙伴自身技术能力成长的红利,在保持满意性能的同时不断优化成本;同时,动力电池伙伴可在严格保障信息安全与隐私保护的前提下,分享易易互联所拥有的,包含完整充放循环的动力电池大数据,作为进一步深入研发动力电池和保持技术优势的可靠基础。

产业链中游的整车与整站制造领域。易易互联与同为吉利汽车体系的吉利各汽车研发制造企业,包括睿蓝汽车、英伦电动汽车、远程商用车等均开展大量密集的合作,先后已推出枫叶品牌、睿蓝品牌、英伦品牌的多型号换电车型,范围覆盖 ToB 与 ToC,车型包括轿车、SUV、MPV、出行专属车等,还在进一步向超级 VAN、轻型商用车等领域拓展。依托整车合作伙伴强大的设计制造能力,易易互联向换电行业生态定制及提供日趋完整车型矩阵。在换电站设备制造领域,易易互联通过核心设计的持续优化,很多供应商协同易易旗下制造公司已完成了多代整站的设计制造,形成了牢固的合作连结,共同夯实了易易互联规模化供应换电站产品的基础。

在产业链下游的整车销售与出行服务领域。易易互联通过与曹操出行、幸福千万家等出行服务及运力供应商,及睿蓝汽车销售网络的深度合作,可在全国范围内提供覆盖广泛、兼具品牌赋能和性价比的集出行产品、换电补能、车电分离销售与电池资产管理紧密结合的服务组合。

易易互联为进一步联合更多强势资源,先后通过自营模式即易易互联投资建设换电站并负责全链路运营管理、城市合伙人模式(城市合伙人单独或与易易互联合资完成换电站投资、城市合伙人提供场地、电力等资源,并运营管理换电站,易易互联提供建站和运营常规支持),托管合伙人模式(易易互联投资建设换电站托管合伙人提供场地、合伙人负责线下运营管理,易易互联向托管合伙人支付"托管服务费"),多种运营模式赋能换电产业快速发展。2023 年 6 月,易易互联与辽宁软通智新签署战略合作协议,双方共同携手推进数字能源业务,以电动汽车换电设备设施建设、运营为起点,在智能换电、储能、虚拟电厂等商业应用方面开展深度合作。截至 2024 年 7 月,双方已合作建成 9 座智能充换电站。

六、发展规划

易易互联计划于 2026 年,累计渗透重点城市 30 余座,建设完成换电站 2000 余座,管理 200 亿电池资产规模,服务 40 万辆新能源汽车。易易互联将持续联合各方资源,拓宽换电生态广度,打造全球领先换电生态圈体系,建立健全海外换电运营网络。通过俄罗斯独联体大区、中东非洲大区、亚太大区和欧美洲等 4 大区域划分,布局换电站海外网络。截至 2024 年 7 月,全球客户意向换电站需求已达 50 座;预计 2028 年换电站海外布局将达 300 座以上。易易互联将以吉利国际品牌核心竞争力为基础,拓宽车型品牌合作,主动出击把握市场,打造营运市场换电补能第一品牌。

南京康尼新能源汽车零部件有限公司

一、单位概况

南京康尼新能源汽车零部件有限公司(简称"公司")是南京康尼机电股份有限公司控股子公司,位于南京经济技术开发区内,公司专业从事新能源汽车的高压电气系统的设计、制造、销售与服务。

公司注册资金 6468 万元,生产办公面积约为 2.5 万 m^2,现有产线设计产能可达到 1500 万件。公司主要产品有交、直流充电插座线束,交、直流充电枪、充电模式二、放电枪、大功率液冷枪、高压连接器、储能连接器、充电桩、小功率充电机、车载高压配电盒、电池系统配电盒、维修开关、电锁、氛围灯及整车高压线束等,成为国内主要自主品牌新能源汽车企业的重要供应商。

公司组建了专业技术团队进行市场开拓、产品和制造过程开发,参与多项国家标准和产品认证规则的讨论,制定并执行汽车行业的体系要求。

二、生产与经营

康尼新能源立足于新能源汽车产业爆发式增长的关键时期,凭借自主开发技术,以产品质量好、可靠性高、性价比高的优势,开辟华东、华南、华北、华中等多个片区一级市场,取得了与比亚迪、上汽、吉利、奇瑞、长城、一汽红旗等主机厂,以及造车新势力理想、合众等合作,成为这些新能源整车生产厂商充电系统的重要供应商。在服务好自主品牌的主机厂的同时,康尼新能源还与合资品牌大陆电子、奔驰汽车、捷豹路虎、博世、雷克萨斯、沃尔沃、宝马等厂商建立了合作。

三、产能建设

公司拥有充电连接装置生产总装线 28 条,包含交直流充电枪、交直流充电插座、高压连接器、充电机、高压配电箱等多种新能源汽车充电连接装置的生产能力,其中具备行业先进生产能力的充电枪自动装配线、模式二自动装配线、连接器自动装配线、充电接口自动装配线、电子锁自动装配线、LED 自动装配线、交直流插座精益生产线、接触对自动装配线、智能物流系统、智能立体仓库。

公司通过制定设备开发规范，确保设备结构及关键部件等重要特性的标准化，实现生产过程参数、操作人员、检测参数等关键数据的精准记录和追溯，产品制造过程采用先进的防错技术如 CCD、光电传感器、位置传感器等方式，确保产品的生产质量。生产车间通过信息化的方式，实现生产全过程管控，实现 MES 系统与智能仓储系统紧密配合，实现车间产线流程无纸化、状态可视化、驱动智能化。

四、技术进展与研发能力

康尼新能源致力于新能源汽车及储能装置的高压系统和充电系统解决方案，依托电连接技术、液冷技术、EMC 技术、集成电路技术等关键技术的突破，形成高压连接器、充电接口、充电桩、充电模式二、小功率充电机、大功率充电系统、储能连接器、高压配电单元、电池断路单元等产品系列，持续新增相关产品线和产品迭代，并围绕产品轻量化、面向自动化装配、高度集成化等方面形成产品的技术和质量竞争力，同时系列产品与技术均具有自主知识产权。

公司从事研发的人员 160 人，其中硕士学历人员占总人数的 30%；公司研发实现全信息化管理，通过 PLM\PDM\SAP\PLATO 等信息化软件实现研发协同与效率提升；公司实验室荣获 CNAS 认证，并获得国内外近二十家主机厂的试验资质认可，为项目的快速验证奠定基础。

公司拥有授权专利 155 项，其中发明专利 35 项，实用新型专利 107 项，软件著作权 7 项，外观 6 项，且核心发明专利“一种用于新能源汽车充电接口的电子锁止装置”荣获“南京市优秀专利奖”；公司是高新技术企业，先后获得省级技术中心、省级专精特新中小企业等 26 项荣誉称号，拥有高新技术产品 5 项，通过省、市新产品鉴定、认定 36 项，各项产品技术处于国内领先水平。公司参与制修订国际标准 1 项，国家标准 4 项，行业标准 1 项，团体标准 3 项，同时在行业的技术发展中康尼新能源积极投身行业标准的发起和制定，是中国大功率充电标准委员会委员单位，中德大功率充电标准委员会中方委员单位，铝/铝导体标准发起单位，电动汽车模式二用插头标准工作组成员单位。

五、主要新产品

产品名称	产品应用
交流充电枪	国内各乘用车主机厂及充电桩企
直流充电枪	国内各乘用车、商用车主机厂及充电桩企
充电模式二、三	国内各乘用车主机厂
交流充电桩	国内各乘用车主机厂
交流充电插座线束	国内各乘用车、商用车主机厂
直流充电插座线束	国内各乘用车、商用车主机厂
电子锁	国内各乘用车、商用车主机厂
PDU	国内各乘用车、商用车主机厂
MSD	国内各乘用车主机厂、商用车主机厂、电池厂
高压连接器	国内各乘用车主机厂、商用车主机厂、电池厂
高压线束	国内各乘用车主机厂、商用车主机厂
小功率充电机	国内各乘用车主机厂

六、发展规划

到 2023 年累计营收规模实现 32.68 亿元，年产量 1500 万套，在高压充电接口及高压线束领域进入行业前五名，主产品稳居行业市场细分前三，稳固国内新能源汽车连接器首选系统供应商地位。

张家港友诚新能源科技股份有限公司

一、单位概况

张家港友诚新能源科技股份有限公司（简称：友诚科技，证券代码：873087），定位为国内一流的充电解决方案服务商，聚焦于新能源汽车高性能充电产品的开发和市场推广。公司成立于 2004 年 6 月，2017 年完成股改，为新三板创新层挂牌公司。主要客户为国内主流车企、海外知名车企及欧美国家头部的充电桩企业。

公司布局未来的核心技术——大功率充电技术。公司作为大功率充电接口标准（GB/T 20234.4）的主要起草单位之一，全面参与了标准的编制过程及相关验证工作，并参与了多项电动汽车充电相关的 IEC 国际标准工作组，在业内率先推出了各类标准接口的大功率充电产品。

公司获得各类荣誉 20 余项，其中包括国家级专精特新“小巨人”企业、江苏省高新技术企业、江苏省智能电动汽车充电系统工程技术研究中心、江苏省企业研究生工作站、中国汽车工程学会会员单位等。

在新能源汽车未来十年的黄金赛道里，友诚科技将持续聚焦新能源汽车高性能充电产品的开发和市场推广，以国内国际一流车企和头部桩企为主要服务目标，坚持技术领先、产品力领先、品牌领先和性价比优势，致力于成为新能源汽车充电领域的领军企业和领导品牌！

二、生产与经营

公司主营产品为电动汽车充电连接装置、充电桩、高压连接器及总成、无线充电技术研发及部件的制造和销售。主要产品分别通过 CQC、UL、TUV、CB、CE、PSE 等专业权威机构检测认证。公司已建立健全多项体系，分别通过了 ISO14001 环境管理体系认证、ISO45001 职业健康管理体系认证、SA8000 企业社会责任体系认证、AA 两化融合管理体系评定证书、IATF16949 质量管理体系认证等。

三、产品出口

自营出口全球 58 个国家或地区：美国、德国、法国、英国、荷兰、奥地利、西班牙、挪威、韩国、印度、土耳其、泰国、新加坡、越南、巴西、哥伦比亚、加拿大、哥斯达黎加、澳大利亚、新西兰、南非等。

四、产能建设

公司现有员工 640 人,厂房面积 4 万 m^2,新厂房规划面积 10 万 m^2,4 大系列,400 余种规格,设备达到 150 台,总装线 45 条,设计产能:电动汽车充电连接装置(充电枪和充电座)500 万/套,高压连接总成 100 万/套,充电桩 10 万/台。设有精密模具、数控机加、塑胶成型、金属冲压、成品总装整链生产线。新厂房投产后公司整体产能为现有产能的三倍以上。

五、技术进展与研发能力

拥有研发技术工程类人才超 100 余人,安规证书 67 个产品。累计获得专利 175 项,其中发明专利 30 项、实用新型专利 98 项、外观设计专利 47 项。从模具设计制造、成型注塑和五金精密加工到成品组装全流程生产工艺,独立的研发能力,全面支持定向开发。公司投入巨资建立了行业领先的实验室,并于 2021 年获得 CNAS 国家认可实验室。

泰科电子(上海)有限公司

一、单位概况

泰科电子(TEConnectivity,简称“TE”)总部位于瑞士,是全球行业技术企业,致力于创造一个更安全、可持续、高效和互连的未来。TE 广泛的连接和传感解决方案经受严苛环境的验证,持续推动着交通、工业应用、医疗技术、能源、数据通信和家居的发展。TE 在全球拥有近 85000 名员工,其中 8000 多名为工程师,合作的客户遍及全球近 140 个国家。TE 相信“无限连动,尽在其中”。

二、生产与经营

TEConnectivity(TE)汽车事业部致力于为整车和汽车零部件企业提供连接和传感领域的专业技术解决方案,包括专业的汽车端子与连接器、混合与纯电动汽车解决方案、高低压继电器、高速数据连接解决方案、无线连接技术、车用传感解决方案、线束组装、中央电器盒、套管/热缩套管等,其产品通过了严苛的环境验证。TE 汽车事业部的产品被广泛应用于汽车动力系统、车身和底盘系统、安全系统、电子控制系统、自动驾驶系统、信息娱乐系统以及舒适系统。

TE 汽车事业部的研发中心和制造基地覆盖亚太、欧非及美洲地区,致力于在整个设计、生产过程中与客户密切合作。

TE 中国汽车事业部总部位于上海,在全国拥有 6100 多名员工和 10 个销售办公室,在苏州建有 5 座工厂。丰富的连接和传感解决方案,完善的本土开发、验证和生产能力,使 TE 可以为本土乃至全球客户提供卓越的解决方案和优质的服务。

三、产品出口

TE 中国团队自主研发生产的产品广泛出口日韩,远销欧美,并不断获得全球客户的认可,许多出口产品的国产化率也逐步接近 100%。

四、产能建设

TE 中国汽车事业部在国内拥有四座工厂,总生产面积达 105920 m^2。工厂已有多条自动化产线投产,生产工艺涵盖注塑/嵌件注塑、冲压/电镀、组装、绕线、焊接/热铆、灌胶等。

五、技术进展与研发能力

TE 中国汽车事业部可提供丰富的连接与传感产品,系统架构能力与产品模拟分析能力,在上海、苏州拥有总面积 2600 余 m^2 的测试中心,包含百余台实验测试设备,30 余位顶尖行业专家,提供设计确认测试、产品验证测试、产品失效分析等,经过 CNAS 认证及欧洲主流整车厂认可。

六、主要新产品

产品型号	产品名称	产品应用
2385581-1	CSJ 高压连接系统	电动汽车电池包外部连接、电驱动连接
2383754	TE 第二代充电插座组合	电动汽车国、美、欧、日标充电接口
—	NanoMQSFFC/FPC 连接技术	电池包电芯模组采样到 BMS 板端连接

七、合资合作及重大项目建设

TE 中国汽车事业部已同国际及国内大量主机厂、知名系统集成商及线束厂达成合作,其产品与解决方案已广泛用于国内各车型,在市面上主流乘用车品牌的车型中均有应用,并已深度赋能国内外新能源汽车解决方案。

2022 年第四季度,TE 汽车事业部在华投建的 TE 中国昆山工厂、TE 中国汽车工程技术中心相继启用。TE 还与联合电子签署了战略合作协议。

八、发展规划

TE 中国规划积极赋能客户在汽车“新四化”变革下的发展,针对“电动化”与“智能网联化”趋势不断推出下一代产品,满足更高电力及高速高频数据的连接。同时,TE 正在积极与客户及行业组织合作,推出符合下一代连接需求的行业标准,以助力行业应对未来挑战。

深圳 ABB 电动交通科技有限公司

一、单位概况

ABB 专注于全球电气与自动化领域,致力于赋能可持续与高效发展的未来。秉承 140 余年的卓越历史,ABB 全球约 10.5 万名员工,在中国拥有研发、制造、销售和工程服务等全方位的业务活动,27 家本地企业,1.5 万名员工遍布于

130余个城市，线上和线下渠道，覆盖全国约700个城市。

ABB电动交通于2010年即进入电动汽车充电领域，参与了多种国际电动汽车充电标准的制定和改编，引导了早期欧美市场充电基础设施的发展，并占有相当的市场份额。在中国，ABB电动交通科技有限公司成立于2021年10月1日，落户于深圳南山智园，现拥有深圳、上海两大研发中心，和一个本地化生产基地，是ABB电动交通业务在中国的重点布局，也是ABB集团在中国本土的战略型业务板块，致力于实现“双碳”目标，减少污染和噪声，从而改善人类健康和舒适度。

公司员工总计450人，其中研发工程师200人以上，另有遍布全国的安装售后服务团队约900人。拥有齐全的资质，包括ISO、OHSAS健康安全体系认证，IATF16949汽车质量体系认证、TUV莱茵认证、数据安全国家二级等保认证。研发实力雄厚，获得多项专利和软件著作权，拥有高新企业称号和上海小巨人认定企业称号。

ABB作为电动汽车充电解决方案的先行者，拥有十多年的研发、生产和制造经验。产品覆盖各功率段交直流充电桩，含国标、欧标、美标和日标全球标准系列产品，配套数字服务以及先进的能源管理、车队管理、光储充一体化集成方案。其覆盖的市场和用户广泛，包括传统车企和新能源车企、社会运营商、政府企业、工厂园区、商业及民用建筑的业主和物业等。与国内超过25家主机厂战略合作，提供标准或定制的随车桩，品牌站充电桩等。与政企，社会运营商紧密合作，因地制宜提供产品设备和解决方案，同时投入设计，研发和施工团队帮助客户建设示范充电站，综合能源站，打造城市充电圈，并不断提升运营能力。使用ABBAbilityTM充电服务云，提供全天候远程监控和诊断，为用户提供稳定可靠的充电体验。如今，ABB已在超过85个国家和地区销售了超过百万台充电桩，包括50000多台直流充电桩和100多万台交流充电桩。2022年，公司总销售额达到7.3亿元，其中出口约4.9亿元，国内约2.4亿元。2023年，出口业务受到客观环境的影响下降至2亿元，但国内业务仍然保持2.4亿元营收的稳步发展。

ABB将会一如既往注重产品质量，关心用户体验，树立行业标杆，将专业的事做到极致。

二、生产与经营

深圳ABB电动交通科技有限公司在嘉兴平湖拥有规模化、本地化的充电设备生产基地。整个基地占地36亩，其中厂房3.5万m^2，10条交流产线，1条直流产线和1条超充产线。厂内设立了国家级重点实验室，检测中心和平台大数据中心，拥有先进完备的测试设备和自动化生产条件。

三、产品出口

从2020年开始，ABB的出海充电产品已基本完成了全球认证体系，利用完整的TerraAC产品硬件平台开发了满足CE标准、UL标准的一系列产品，获得了包括德国的MID认证、PDP认证，新加坡的TR25等一系列产品认证，使得公司可以把产品成功推向各个国家。在近三年时间里，累计至今，出口的欧标交流桩Type2产品（7 kW~22 kW）已经突破50万台，美标交流桩Type1产品（7 kW~19 kW）超过1万台，销售的国家和地区超过了85个。2022年出口销售额总计4.9亿元，2023年2亿元。

除了欧美市场，ABB也非常看重增长空间巨大的亚太市场，这些地区新能源车的渗透率不高但增长很快。ABB作为国际化品牌，在这些地区有一定的品牌认同度，且中国本地化的供应链在成本、供应能力以及服务半径和响应速度上具有天然优势，因此可以很好地覆盖和服务这些地区用户的需求。在新加坡，ABB的交流充电桩市场占比达到50%以上，同时也开始着手直流桩与当地运营商的合作和布局。

四、产能建设

工厂拥有10条基本的交流产线，其年产能超过60万台，全球发货。而两条国标直流产线，其年产能则达到1万台以上。

工厂拥有先进的管理经验，可随时根据前端需求做出及时响应，调度产线及人员安排，灵活调整产能，满足市场瞬息万变的需求。

同时，除了标准化管理作业外，对于不同用户的需求，工厂也能够满足客户定制化需求，以适应不同场景下的充电需求。

五、技术进展与研发能力

ABB因其在电动汽车充电领域十多年的技术沉淀，有着强大的技术实力和研发制造能力。

2010年在欧洲ABB发布50 kW第一代Terra首台日标充电桩，2012年参与CCS联盟初创。

2013—2015年，ABB推出多协议标准的直流桩兼容CCS、CHAdeMO和ACType2接口，并成功应用于全球电动汽车充电和运营。

2015年开始，中国电动汽车及其标准蓬勃发展。ABB国内生产基地联桩开始研发制造交流桩。

2016年ABB海外开始研发制造充电弓，与电动巴士主机厂建立全球伙伴合作关系。

2018年，ABB在全球发布大功率液冷充电系统，与重卡主机厂成为全球合作伙伴。

2019年开始布局中国市场，发布Evinn系列交流慢充桩。

2020年ABB发布V2G双向直流充电桩，并收购国内生产型企业上海联桩，同年开始由国内进军海外市场。

2021年ABB在全球发布TerraAC交流充电桩，Terra360直流充电桩；在国内发布TerraCA/CB60~240直流充电桩，ABBAbilityTM充电服务平台及配套微信小程序。

2022年ABBTerraCA/CB60~240国标直流桩全面升级，并发布了480 kW国标大功率液冷超充系统，在深圳南山区政府交付了首套设备并开始运营。同年线上开设了汽车用品天猫旗舰店。

2023年开始推出PoweredbyABB未来新概念场站，并投入建设；平湖工厂完成光储充微网系统建设并投入使用。

2024年ABB发布针对东南亚市场的欧标交流和直流设备。

ABB拥有完整丰富的产品线，软硬件资源和知识产权，拥有完全自主的研发能力和制造能力。尤其是在大功率技术上，ABB 从 2016 年投入研发，先后与欧洲最大的运营商 IONITY，以及美国大众、奥迪、极氪、小鹏等主机厂合作，提供先进的大功率充电系统，至今稳定运行。在全球已安装运营了超过 3500 套大功率设备。冷却技术领先，包括自然风冷，硅油液冷，热管+空调制冷等多种方式。自动化程度高，配备 30 多种传感器 AI 智能检测，远程故障诊断和 OTA 升级。具备设备群管负荷管理(有序充电)能力，通过后台执行负载调节，管控站点所有桩群，并可配合电网调峰调需，实现需求侧动态响应。

六、主要新产品

产品型号	产品名称	产品应用
OFX	7 kW 欧标交流桩	出口东南亚 CE 认证国家电动汽车充电
TerraAS	60 kW/120 kW 欧标直流桩	出口东南亚 CE 认证国家电动汽车充电
HP	国标一拖多分体式超充	国标大功率电动车充电，运营场站

七、合资合作及重大项目建设

2020 年 3 月，ABB 完成对上海联桩的收购，深圳 ABB 电动交通科技有限公司以 80% 比例控股上海 ABB 联桩新能源科技有限公司。

2022 年 7 月，ABB 电动交通宣布投资 YKC 云快充 Pre-C 轮，建立新的商业合作伙伴关系，合力推动充电基础设施网络建设。

2024 年 5 月，上海闵行区北翟路 ABB 超充站正式投入运营。

八、发展规划

深圳 ABB 电动交通科技在未来 3～5 年的发展规划主要有：

与国内优质运营商合作伙伴资源互享，推广 PoweredbyABB 概念，建设标杆场站以提升用户体验，规范场站管理。

树立交直流产品行业标杆，尤其是在大功率超充系统方面，将扩展至兆瓦级，灵活输出路数，灵活配置和升级液冷及风冷输出终端，推进高质量充电设施和场站建设。

利用国内优质研发和供应链资源，开发更具竞争力的 CE 产品，打通 ABB 海外渠道，响应国家“一带一路”需求，并重点渗透东南亚市场；聚焦市场需求，投入研发新技术，覆盖更广泛的应用场景，同时利用电商渠道，深入家用充电需求和服务。

绵阳市维博电子有限责任公司

一、单位概况

绵阳市维博电子有限责任公司是国家高新技术企业，主要从事电量隔离传感器、智能电量变送器、检测仪表等产品的研发、生产与销售。公司具有雄厚的研发和生产实力，已累计获得国家专利 70 项，技术成果 24 项。“维博”商标 2014—2017 年连续被评为四川省著名商标，产品远销国内外，2021 年成功入选工信部国家级专精特新“小巨人”企业。

公司推出的 WB 系列电量隔离传感器诞生于 1989 年，被评为第十届、第十一届四川省名牌产品，在公司的带领和推动下，全国已形成了一个新兴的模块化隔离检测行业。公司以质量求生存，以诚信树形象，以服务拓市场，坚持“创新、信任、效率、责任”为核心的企业文化，坚持以创“国内一流、国际知名”为企业发展目标，矢志不渝地攀登电测科技新高峰。

二、生产与经营

公司主要从事电量隔离传感器、智能电量变送器、检测仪表等产品的研发与制造，产品广泛应用于轨道交通、特种行业、新能源及新能源汽车、电力、通信、工业控制等多个领域。

三、产品出口

公司拥有独立的外贸出口权，自成立伊始，就积极布局国外业务，现已开展外贸业务 20 余年，已布局欧盟、澳大利亚、韩国等多个国家商标注册，产品远销美国、德国、澳大利亚、秘鲁、印尼等国。

四、产能建设

公司本部基地已经建立了以技术中心为主体的科研开发体系，以技术质量部为主体的科研管理、质量监管，以生产运营部为主体的装备试制保障，以综合管理部为主体的数字化及信息网络集成服务的管理支撑体系。

公司具备较完善的实验室研究、中间试验、工程试验和工业化试验验证条件。针对特种装备、轨道交通、充电桩、国家电网等领域电信号监测，建立了多特征信号智能监测与诊断技术实验室、EMC 抗扰度测试实验室、数字总线及数字系统测试平台、交直流精密测试系统、高压高隔离测试系统以及失效分析测试系统。此外，针对新能源汽车传感器产品，公司计划投资 2000 余万元建设新能源汽车传感器生产线。

五、技术进展与研发能力

拥有研发仪器及实验装置 2200 台/套，技术研发基础设施条件好。

拥有卓越创新团队、菁英团队等创新团队，研发人员占比 38.52%，研发能力强。

近 3 年研发投 17% 以上，研发资金有保障获得 9 项管理体系及资质认证，经营管理水平高。

获得有效发明专利 45 项，登记软著 25 项。

主持或参加 23 项国家、行业标准制定，保持行业技术领先地位。

获得科技成果和科技奖项 22 项，10 余项科技成果经鉴定达到国内领先水平、部分指标国际先进，填补国内空白。

承担 5 项政府项目(课题)，持续推进新产品、新技术、新工艺创新。

六、主要新产品

产品型号	产品名称	产品应用
DJS5179	直流电能表	直流充电桩、直流电源、直流信号设备
WB3I251B31	三相霍尔电流传感器	汽车起动发电机、逆变器、HEV/EV、DC/DC 转换器
WB9304	电流传感器	纯电动车、插电混动及储能设备中测量±500 A 峰值的直流、交流或脉动电流高精度检测
WBL551F47-Ⅱ	直流漏流检测传感器	供电环境复杂的直流漏电绝缘监测场合

七、合资合作及重大项目建设

1. 项目名称:“国产化高精度高可靠电量检测”,研究内容:国产化高精度高可靠电量检测项目研究,完成特种电量传感器国产化技术、磁通门检测技术、高压高隔离检测技术等主要研究内容,突破大电流磁屏蔽及干扰补偿、高稳定大电流探头设计等关键技术研究。

2. 项目名称:“全国产化芯片式电量隔离传感器研究”,研究内容:主要开展芯片集成高精度低温漂带隙基准电路、芯片集成低压差线性稳压器电路、片内双电容串联与时钟震荡器集成、多芯片集成封装设计等内容研究;重点突破逐次逼近电容阵列 ADC 电路及控制方法、低插损高频波滤波,以及斩波稳定和放大倍数可调的电荷敏感放大器电路等关键技术,研制出可应用于特种、新能源汽车、物联网等领域,具有自主知识产权的高精度、高隔离、宽温域、宽电源供电、低温漂和多规格输出的全国产化隔离变送芯片。

3. 在与行业龙头企业协同创新方面与中国某集团有限公司下属的某某研究设计院和某公司等企业开展区间轨道电路的非接触电压检测技术应用研究和新一代信号集中监测系统。

4. 在与院所高校协同创新方面联合中国测试技术研究院电子研究所、四川大学和电子科技大学等高校院所共建产品测试协作平台,推进产业链协同。

八、发展规划

公司致力于成为中国领先的电量传感器研发、制造企业。将专注电量隔离传感器研制发展,提升品牌影响,立志成为电量隔离传感器领域的龙头企业,为我国“一带一路”发展作出贡献,计划未来两年重点针对新能源汽车和机车信号监测加大研发和市场推广力度。积极争取汽车产业链中关于电量传感器配套机会,现已接受新能源汽车某企业委托为其开发新能源汽车电驱动电流检测传感器。与中国中车集团及其下属单位开展轨道机车电量传感器产品研制,实现机车信号监测产品的推广应用,通过产学研联合攻关模式,实现关键产品国产化代替与补短板。

厦门宏发电声股份有限公司

一、单位概况

宏发(股票代码:SH600885),全球继电器行业领军企业,始创于 1984 年。宏发是一家总资产超 180 亿元的集团企业,拥有近 40 家子公司,在国内建立厦漳、东部、西部三大研发生产基地,产品布局继电器、中低压电器、高低压成套设备、连接器、电容器、精密零件及自动化设备等多个产业板块,成功打造了继电器及相关产品全产业链优势。

二、生产与经营

2023 年,公司实现营业总收入 1292978 万元,同比增长 11.02%;实现归属母公司股东的净利润 139297 万元,同比增长 11.42%;人均回款 110.9 万元,同比增长 12.80%。

三、产品出口

公司实施海外制造策略,印尼宏发二期工厂投入使用,生产经营面积从 2700 m^2 扩大至 5700 m^2,产能扩大 40%,并实现高压直流产品的海外制造,功率继电器全球市场份额提升至 31.6%。高压直流继电器全年增长 29.3%,全球市场份额提升至 40%以上,传统汽车继电器稳步增长,并成功进入印度现代汽车体系,全球市场份额提升至 20%。同时重点推进宏发德国 IT 的筹建。

四、产能建设

继电器为公司主要产品,主要包括功率继电器、汽车继电器、信号继电器、工业继电器、电力继电器、新能源继电器等品类,160 多个系列、40000 多种常用规格,年生产能力超过 30 亿只。厂房面积逾 100 万 m^2,已形成了较为完备的继电器及电气产品产业链,涵盖了生产设备的设计与制造、零部件生产、成品生产以及产品的销售等。

五、技术进展与研发能力

继电器门类产品立项新品开发 166 项,同比增长 19%。产品技术创新与知识产权布局协同推进,继电器领域全年申请专利 497 项,同比增长 48%,其中发明专利 197 项,占比达 40%。国内发明专利同比增长 36%,国际发明专利同比增长 73%。公司持续深度参与国际标准、国家标准和行业标准的制定,不断强化在继电器行业的引领作用。在 2023 年国际 IEC63522 系列标准中,由宏发负责的 3 项 IEC 国际标准进入 CDV 阶段;全年主导制定的 2 项继电器国家标准 GB/T 21711.1—2023 和 GB/T 16608.2—2023 均进入实施阶段;参与制定的 1 项国家标准 GB/T 43344—2023 和 1 项行业标准 SJ/T 11921—2023 也发布实施。

六、主要新产品

产品型号	产品名称	产品应用
400 A(主继电器)	高压直流继电器	长城、长安、上汽、塞力斯、一汽、北汽、福特、小米
300 A(主继电器)	高压直流继电器	吉利、长安、塞力斯、理想、广汽、长城、蔚来

续上表

产品型号	产品名称	产品应用
250 A(主继电器)	高压直流继电器	吉利、比亚迪、长安、广汽、奇瑞、小鹏、理想、长城、一汽、零跑、北汽
150 A(主继电器)	高压直流继电器	长城、奇瑞、理想、五菱、李尔、一汽、零跑、江淮
20 A(预充继电器)	高压直流继电器	吉利、比亚迪、理想、长安、广汽、奇瑞、小鹏、长城、一汽、零跑、北汽、蔚来

七、发展规划

总体目标是打造强大企业实力,构建产业发展新格局,实现公司持续良性发展。实现的途径则是坚守发扬宏发特色,全面实施“75+”战略。“7”指持续打造继电器领先优势,实现新能源、功率、汽车、工控、电力、信号、密封继电器“七个小巨人”发展目标。“5”指大力推进“扩大门类”战略实施,做大做强开关电气、连接器、电容器、熔断器、电流传感器五个门类产品。“+”指其他适合的项目。

精诚工科汽车系统有限公司

一、单位概况

精诚工科汽车系统有限公司(简称精工汽车)是一家致力于多元化的全球汽车零部件供应商,成立于 2018 年 6 月,注册资金 10 亿元,全球员工 15000 多人,研发人员 2700 多人。年产值 130 亿元,下设 2 家研发中心(德国、中国)、5 个研发支部(上海、南京、无锡、张家港、深圳)、6 个商务技术中心(法国、中国等)、30 家制造工厂,分布在俄罗斯、泰国及中国,以中国河北保定为中心进行周边辐射,开展全球化布局。截至 2023 年底总资产 137.31 亿元,2023 年全年实现营业收入 116.61 亿元,入围全球汽车零部件供应商百强榜(第 93 位)。

先后被认定为高新技术企业、河北省工业设计中心、河北省汽车底盘系统技术创新中心、河北省企业技术中心、底盘试验中心通过 CNAS 资格认证,检测技术达到国际化先进水平。

菲格智能科技有限公司在制动系统设计、制动钳设计、摩擦片开发等方面有着数十年经验,同时电控方面拥有着软件功能控制、软件开发等能力。集研、产、供、销为一体,涉及 EMB、EPB、2-Box、1-Box、ESC、RBU、E-Pedel 等各类底盘电子制动产品,是一家致力于打造底盘制动智能化、网联化的创新型企业。

二、生产与经营

精工汽车于 1995 年起步于轻型汽车悬架和车桥的研发和生产,20 余年的技术经验积累及沉淀,现已发展成为集底盘研发、试验、生产于一身并具备系统匹配调校、模块集成能力的现代化企业,为顾客提供量身定制服务,主要业务涵盖模块装配、智能悬挂、传统悬挂产品、传动系统、排气系统多领域,覆盖轿车、SUV、商用车等全系车型,其中前/后悬装配模块 180 万台套/年、转向节及轮毂制动器总成 220 万台套/年、车架总成 60 万台套/年、前/后桥分装总成 60 万台套/年、排气系统 120 万台套/年。已开发百余款底盘产品,主要客户包含宝马、捷豹路虎、长城汽车、一汽红旗、长安汽车、郑州日产等。除底盘产品外,精工汽车还从事白车身系统的设计和制造;汽车动力、传动及车身系统的铝合金制件设计和制造;汽车模具设计和制造及专业汽车模具铸造设计和制造;汽车自动化生产装备的设计与集成。

三、产能建设

精工汽车持续聚焦智能化、电动化新赛道,拓展具有底层核心技术的产业生态,形成从研发生产到回收再造的全产业链,为汽车行业“智能化、轻量化、数字化、电动化”提供高性价比的系统解决方案。

1. 智能化底盘业务

(1)前后悬总成 200 万套/年、排气系统 120 万套/年、主减及驱动桥总成 150 万套/年。

(2)悬架类产品总成 1300 万件、转向类产品总成 1300 万件、电控拨叉等其他类 100 万件。

(3)EPB300 万套/年、EAD 总成 30 万套/年、EAI 总成 100 万套/年。

(4)EDC 线体:一期 24 万台套/年,二期 120 万台套/年。

(5)EAS 线体:一期 10 万台套/年,二期 50 万台套/年。

2. 轻量化车身业务

(1)冷冲压 9800 万冲次/年、热冲压 900 万冲次/年、焊接分总成 110 万套/年辊压 1300 万冲次/年。

(2)有冷冲压线体 24 条,开卷线体 3 条、热成型线体 10 条、3 条辊压生产线、间接热成形线体 1 条。

3. 镁铝合金压铸业务

(1)传统缸体/缸盖/通讯件 13 万 t/a。

(2)缸盖/转向节/DCT 壳体/镁合金 12 万 t/a。

(3)传统及新能源壳体/结构件/通信件 12 万 t/a。

(4)新能源三电系统生产基地 10 万 t/a。

4. 数智化装备-业务介绍

(1)白车身焊装生产线 10 条/年。

(2)弧焊激光焊接生产线 5 条/年(150 套工作站/年)。

(3)智能物流输送生产线 5 条/年(50 套专机/年)。

(4)锂电池生产设备 30 套/年整线 4 条/年、氢能产线 6 条/年、光伏产线 6 条/年、电机产线 6 条/年。

5. 模具/铸造业务

(1)保定冲压工厂:500 套/8000 t;大冶冲压工厂:240 套/4000 t。

(2)专注于大型冲压外覆盖件模具,热成型模具,铝成型模具开发制造,为客户提供从前期产品 SE 到白车身匹配量产全过程服务。

(3)建有实型制作车间、铸造车间、机加工车间一期设年计产能 55000 t,实际年产能 45000 t,总占地面积约 270000 m^2。

四、技术进展与研发能力

拥有三十多年研发经验,产品线全面覆盖底盘、车身的总成及零部件产品、铝镁合金铸造和数智装备平台等。坚持“精准投入,高效研发”,构建完善的软硬件开发能力。涵盖材料级、零件 & 系统级、整车级实验验证能力。从环境载荷采集、路谱转化应用、台架试验、道路实车验证实现对单件、(零件)系统、进行强度、刚度、疲劳耐久、NVH 等性能在 76 种路况下进行模拟试验验证,确保产品可靠性。

截至 2023 年底,研发人员 2700 余人。公司持续加大高端人才引进及培养,通过一系列政策、薪酬和福利制度吸引高技术人才,形成技术核心力量和学科带头人。

精诚工科汽车系统有限公司已取得发明专利 45 件,实用新型专利 133 件,总计有效授权专利 185 件,并获得软件著作权 1 件。

五、主要新产品

产品名称	产品应用
承载式底盘-前悬总成	H6、大狗、摩卡、欧拉等
承载式底盘-后悬总成	H6、大狗、摩卡、欧拉等
非承载式-悬架总成	长城炮、坦克 300、坦克 500 等
转向节及轮毂制动器总成	长城炮、坦克 300、坦克 500、H6、大狗、摩卡、欧拉等
后桥分装总成	长城纯电动皮卡
前减速器总成/后减速器及电控差速锁总成	长城插电式混合动力汽车
电控差速锁	长城越野 SUV/炮、长城混动 SUV/长安/五菱/重汽/上汽大通
EPB	长城汽车全系、北汽福田皮卡
鼓式 EPB	长城汽车、北汽福田皮卡
1-Box	长城汽车
2-Box	长城汽车坦克 SUV
动感音效消声器	长城汽车 VV7、F7
紧耦合催化器	长城第三代 H6、大狗、摩卡等

六、合资合作及重大项目建设

公司 2 家研发中心、5 个研发支部、30 家工厂,覆盖欧洲、印度、泰国、华中、华东、华北,可依位置据就近服务客户,快速响应,实现最佳配套半径。自主设计研发的线控制动 EMB、电子制动助力器 EAD、电驱动桥、电控差速锁、电动拖车牵引装置、主动悬架等产品,打破了外资品牌的技术垄断,为企业新增营业收入超 10 亿元。

(1)为协同解决新能源产业关键共性技术难题,联合江苏太平洋精锻科技股份有限公司、华中科技大学、上海交通大学、南京理工大学等成立新能源汽车轻量化铝合金全流程锻造成形技术人才攻关联合体,为突破新能源车用复杂铝合金零件分流控制成形、难变形铝合金零件阻尼式流动控制成形以及全流程质量调控等关键技术,成立技术攻关小组。

(2)与燕山大学举办了校企“智联建”交流会,双方展示在“智能网联混合动力与新能源车辆节能优化控制技术”“电动车多档电驱动桥换挡控制”“智能车辆动力学域控制”以及“新能源汽车集中式/分布式耦合驱动与底盘协同控制”等方向的科研成果,寻找在设计、制造和产品市场推广等方面的合作。

(3)为进一步推进北华航空航天大学材料工程学院应用型人才培养模式变革,加速培养定位向应用型、技术技能型转变,有效提高人才培养质量和就业质量,双方就强化人才培养、实习实训、科技研发等领域的校企合作进行了深入交流,有效地推进了校企资源共享、合作共赢、共同发展创造了良好条件。

七、发展规划

1. 协同研发

布局研发,建立多个研发分支,加速新技术研究。开展车身轻量化研究及转化应用,助推整车轻量化。开展智能产品/技术的研究及转化(如 1-Box、主动悬架),满足整车自动驾驶 L2-L3 级需求。升级装备线体设计及集成能力,开展 5G 应用、视觉检测、自动物流系统等技术研究及储备,满足无人化、柔性化、智能化、定制化需求。

2. 数智转型

数字化研发—建立研发项目管理平台(PLM)和开发项目管理平台(PMS),支持研发项目内外部协同管理。构建数字化设计平台,利用智能化图书馆,将海量知识结构化,货架化,通过数据自动采集、智能推送、智能设计,实现设计经验自动进化及高效应用。

“黑灯”工厂打造—应用物联网、机器视觉、RFID 等数字化技术,构建数字化生产执行系统,实现生产过程智能化;引入条码、RFID、智能立体库、AGV 小车,支持智能物流仓储配送,打造集成、高效的全新物流模式。

3. 双碳经营

应用低碳技术,产品端使用绿色材料,从产品轻量化着手降低碳排放;在生产端应用低碳技术,降低能源消耗,减少碳排放。

对外开发低碳供应商,推进材料回用比例提升及供应商生产端节能降耗工作。对内快速推动公司能源结构调整,减少化石能源使用比例。推动设备升级,改善工艺,实现节能降耗,打造绿色生产链。同时积极搭建,搭建逆向物流回收体系,实现高价值汽车零部件(变速器、发动机、前照灯等)回收再制造,拓展循环产业。

宁波圣龙汽车动力系统股份有限公司

一、单位概况

圣龙股份(SH. 603178)是一家致力于为绿色智能汽车关键部件提供系统解决方案的全球化供应商,涵盖汽车润滑系统、配气系统、变速器系统、热管理系统、汽车电子、新能源及智能网联汽车领域核心部件研发、制造和销售。公司拥有国家认定企业技术中心、国家级博士后工作站、“CNAS 认可”的中心实验室,获评浙江省政府质量奖、国家级单项冠军等荣誉。通过自身拓展、海外并购等模式,圣龙股份已形成“三国五地”国际化布局。

经过三十多年的发展与沉淀，公司优质客户包括福特、通用、大众、斯特兰蒂斯等国际车企及比亚迪、上汽、吉利、广汽、理想、赛力斯、合众等中国知名车企及新势力企业。

二、生产与经营

公司坚持研发创新和客户拓展为战略重点，以市场为导向，在传统业务稳固、增长的情况下，新能源业务经过多年培育开始进放量产突破阶段。

1. 聚焦核心领域，当家产品在新能源领域不断突破

泵类产品作为圣龙的核心产品，藉由变排量油泵的行业影响力与客户积累，进入了新能源快车道。一年来，市场畅销的问界 M7\M9、理想 L 系列都搭载使用圣龙股份生产的油泵。同时，基于积极的营销策略，公司也收获了比亚迪、理想、汇川、吉利、奇瑞等国内顶流热门企业的各类新项目定点。

同时，除了国内业务，公司也承接到海外邦奇业务，预计将于 2024 年启动生产件批准管理程序，2025 年量产，年销量预计将达到 50 万台以上。

2. 不断拓宽产品领域，增程发电和热管理系统业务取得突破

公司通过资本引才引入的王月宏团队，主攻新能源汽车减速器、增程电驱系统等相关产品。2023 年获得某造车新势力增程发电系统总成定点，产品价值高，较传统产品有大幅的提升。

公司引入孙强博士带队的创新团队积极拓展新能源业务，2023 年开发完成了集成热管理域控制器、增程发电机控制器等业务。其中热管理域控制器已获得某主流车厂全生命周期内 85 万套订单，已完成产品开发生产线投入，预计在 2024 年 Q4 实现量产，该创新产品为后续的平台化应用奠定了坚实基础。

3. 立足研发创新，为客户持续创造价值

公司持续加大新产品开发力度，尤其为应对汽车行业的新能源发展趋势，公司进一步加强在电子泵类产品的开发力度。在电子油泵业务方面：通过平台化的开发和结构升级优化，进一步加强与头部新能源车企的合作，满足客户需求。在热管理集成模块业务方面：通过与客户共同研发获得成功，获得 2023 年度宁波市唯一技术类创新奖，该产品获得业内专家认可，并领先于市场量产产品。该产品主要特点：

①具备余热回收，可以有效回收热能。

②空间紧凑，节省整车布置空间。

③实现整车的热量协同耦合，使电池保持在适合的温度下工作，增加纯电续航里程。

2023 年，公司承担了区创新挑战赛、市创新挑战赛和市重大科技专项等多个科技创新项目，为公司热管理系统的技术能力和核心竞争力提升奠定了坚实基础。

一年来，公司结合战略规划与技术需求，通过政府部门技术创新挑战赛需求课题发布及共同承担政府重大科技专项的方式，不断扩展产学研与专项研发合作：先后与北航宁波研究院、浙大宁波理工学院，分别合作承担宁波重大科技专项各一项；通过市、区两级创新挑战赛平台，发布研发验证与域控制器研发需求课题，分别与天津易鼎丰动力科技及北航宁波研究院进行委托研发。合作充分发挥双方在各自领域的技术和资源优势，重点围绕控制器技术、轻量化技术、精密传动技术与仿真分析等领域，深入开展合作。公司还集聚重庆理工大学、重庆清研理工汽车智能技术研究院、重庆高新区飞马创新研究院、道博智能控制系统重庆有限公司等科技创新资源，采用“产-学-研-用”紧密合作模式共同组建重庆世纪菁华智能科技研究院，探索完善多方合作的研发运行模式。

4. 对外合作及海外布局继续深化，助推公司国际化布局和科创能力进一步提升

2023 年，藉由多年的合资合作经验，公司同日本理研建立了合资公司。除了共同研发汽车领域的产品，合资公司还瞄准医用压缩机，PEEK 新材料等领域。

同时，乘着零部件公司出海风潮，及时调整海外生产基地及技术管理职能的布局，在北美建设沃伦新工厂，目标是在底特律打造区位更合理、效率更高、制造更智能的产、销、研一体化新产业基地。相信通过新的布局与新的合作，将会为圣龙股份的未来发展提供更广阔的舞台和更多的市场机会。

5. 不断提升治理水平、强化企业文化塑造

2023 年，公司董事会完成换届，把更加年轻的二代企业家推向前台，承担起更大的重任。同时新一届公司董事会对高管团队也进行了优化，引入新生力量，进一步完善组织架构和优化职业经理人负责制。

三、产品出口

公司深耕国内市场多年，同时积极布局着国际市场。不仅有国内出口欧洲、北美的先进产品，包括捷豹路虎双联泵，Stellantis 的真空泵 & 凸轮轴等，更是实现了亚、欧、美自产自销的全球化战略布局。公司于 2023 年在美国底特律又收购了一家制造工厂，目的就是为北美及欧洲市场的新能源、智能汽车提供更优的本地化解决方案。

四、产能建设

公司依据轻资产原则制定制造策略，依托战略性、本土化、具备综合竞争优势的供应链，只对核心零件的精加工及总成装配测试自主制造，并建立了总成装配线及试验测试设备研发团队，以建立专有工艺、测试的核心技术与竞争优势，借助平台化、模块化、柔性化技术，可灵活、快速进行产能规划建设，公司新能源制造基地已建设完成，按规划具备年产百亿产值的条件，同时按客户需求及项目进展进行产线建设，以完成年产 100 万套电子油泵能力。电子水泵、水阀及控制器正按计划推进。

五、技术进展与研发能力

1. 经验丰富的国际化技术团队

2007 年公司成立后全面继承了圣龙集团汽车零部件研发团队，在此基础上不断加强技术团队的建设。2009 年收购博格华纳油泵工厂后，公司技术中心吸收了具有丰富经验的北美技术团队，并通过互派技术人员交流学习、技术资源共享等方式实现团队融合，建立了国际化的技术开发平台。此后，为进一步夯实热管理系统产品策略的推进，于 2020 年 12 月成功收购华纳圣龙水泵业务和资产，本次收购不仅进一步确立了公司在泵类产品的行业地位，同时为新能源业务的拓

展带来更多的业务机会。为进一步增强在电子泵类集成电机的研发优势，公司成立圣龙理研（中日合资）新能源公司。

公司技术中心系国家发改委、科技部、财政部、海关总署和税务总局认定的“国家认定企业技术中心”，下属发动机系统研发中心、配气系统产品研发中心、变速器系统产品研发中心、电控泵研发中心、热管理系统研发中心、新能源电驱电控系统研发中心、汽车自动驾驶系统研发中心、先进制造技术研究中心、前沿科学研究室、中心实验室、知识管理部、产学研办公室、博士后工作站和技术中心办公室，并聘请行业技术专家组建了专家委员会。

2. 引进专业从事新能源的技术团队

公司于 2022 年上半年引进了专业从事新能源电驱动的技术团队，并成立了合资公司。该电驱核心研发团队有着平均超过 10 年的新能源汽车动力电机与传动系统开发、集成、匹配应用经验，主要开发在汽车电驱动领域的相关产品，产品覆盖电驱减速器、增程系统、混动系统、电驱多合一器。这些产品单车价值量高，与传统油车业务相比有数量级的上升。同时，引入了获评“宁波市高新精英”“优秀创业项目”的孙强博士及其核心团队加入圣龙，该团队负责公司的控制器产品的规划和研发，主攻纯电汽车，增程汽车的整车核心控制器产品，开发的产品已经批产应用于吉利远程、吉利英伦的新能源汽车平台。这些新团队的引入，都采取了相应的股权激励，利益绑定的方式，更好地激励团队进一步焕发活力。

3. 与高校及优质新型研发平台进行战略合作

公司依托国家级技术中心，建立了完善的技术创新管理制度和技术创新激励机制，有效保障研发人员的积极性和创造性。公司积极引进外部专家组建专家委员会，评审技术与产品规划的可行性、合理性，提升公司的基础研究水平，储备前沿技术，保持公司的持续创新能力。

公司为加快新能源汽车产品转型研发以适应行业快速发展的紧迫需求，积极寻求高端技术资源渠道，开展产学研合作和企业间技术合作，构建完善的开放型技术创新体系。聘请行业知名专家组成公司专家委员会，提供技术指导、重大课题咨询及技术资源支持；与清华大学苏州汽研院及重庆理工大学签订战略合作协议、建有联合研发中心，开展新能源汽车电驱系统和热管理系统的共同研发；同时还与同济大学、吉林大学、中国汽车工程学会、中国汽车工程研究院股份有限公司、宁波浙大联科科技有限公司、东睦新材料集团股份有限公司等研究机构和企业建立了长期技术合作关系。

六、主要新产品

产品型号	产品名称	产品应用
sEOP120/150	电子油泵	纯电轿车电驱系统
ATCP100	电子水泵	混合动力和纯电轿车热管理系统
EWV03/04/06/09	电子水阀	纯电和混合动力轿车及客车热管理系统
TMCU	域控制器	纯电和混动轿车热管理系统
1Z060WA	增程发电机总成	新能源增程系统
EDM	电磁式脱开器	新能源四驱车型动力总成

七、合资合作及重大项目建设

公司同私募基金合作，参与奇瑞汽车的 IPO。通过这样的创新合作，后续将进一步探索业务上的深入、资本上的发挥，这也将为公司带来一种新的发展思路和影响。

1. 持续推进电子泵业务布局

进一步开拓造车新势力机会，继续与特斯拉、蔚来、理想、小鹏、合众、零跑等客户针对未来业务机会大力推进。

巩固与传统主机厂商的合作，尤其是抓住上汽通用、福特汽车、大众、广汽、吉利、比亚迪、奇瑞、长安等传统主机厂商在新能源车上的项目。

2. 重点新客户、新业务的拓展

新能源产品业务方面，重点抓好长安新能源电子油泵，吉利混动平台项目产品及安徽大众新能源电子水泵项目等。

北京首钢股份有限公司

一、单位概况

北京首钢股份有限公司（简称“首钢股份”）是世界五百强首钢集团在中国境内的钢铁及上游铁矿资源产业发展、整合的唯一平台。

首钢股份是一家拥有 2170 万 t 高端板材产能的技术领先、绿色低碳的科技公司。主营业务为钢铁产品和金属软磁材料（电工钢）的生产和销售。

首钢股份全资拥有首钢股份迁安钢铁公司、首钢京唐钢铁联合有限责任公司、北京首钢钢贸投资管理有限公司，控股首钢智新迁安电磁材料有限公司、北京首钢冷轧薄板有限公司等钢铁实体单位。

首钢股份拥有国际一流装备，具备品种齐全、规格配套的冷热系全覆盖板材产品生产能力，为国内外世界级客户提供电工钢、汽车板、镀锡板、家电板、能源用钢等优质产品和先期介入增值服务。

二、生产与经营

首钢股份坚持电工钢持续引领、汽车板做精做强、镀锡（铬）板高端突破的发展战略，不断提高战略及重点产品占比，促进产品质量和效益双提升。2023 年三大战略产品（电工钢、汽车板、镀锡（铬）板）产量同比增长约 12%，重点产品产量同比增长约 17%。其中，电工钢同比增长约 14%，高端产品占比 65%，0. 20 mm 及以下超薄规格高磁感取向电工钢继续保持国内销量第一。新能源汽车用高牌号无取向电工钢产品产量同比增长约 29%，新能源汽车全球销量前 10 车企稳定供应 9 家，国内销量前 10 车企全部实现稳定供货。

汽车板同比增长约 12%，产品结构和用户结构调整取得新突破。镀锌、高强、外板产量同比分别增长约 21%、15%、24%。产品覆盖热轧酸洗、冷轧、热镀锌、热镀锌铁、热镀锌铝镁、热镀铝硅全品种，产品等级实现普冷 1200 MPa、热镀锌 1200 MPa、酸洗 980 MPa、热成形钢 2000 MPa 全覆盖。成为

2023 年汽车销量排名前 10 企业集团中 9 家的主要供应商。实现了对国内德系、日系、美系等合资品牌，自主品牌及新能源头部企业批量稳定供货。

镀锡(铬)板同比增长约 6%。实现 DR 材产品牌号全覆盖，0.13 mm 食品罐产品批量稳定生产，功能饮料、易开盖用产品产量均创历史新高，高抗硫食品罐产品供货拉美市场。

重点产品服务国家重点工程。船用 LNG 燃料罐用 9Ni 钢实现 10 炉连浇生产，交货量同比翻三番；高钢级输氢管线钢产品在国内首条掺氢管线实现万吨级示范应用；与下游管厂联合成功开发 18 m 超长管线钢，填补国内超长管线空白；光伏支架用耐候钢实现 490~800 MPa 级别全覆盖；风电钢实现 420 MPa 级别产品批量供货，供货量同比增 6 倍；搪瓷钢(SRT550)成功应用于多米尼加 2.85 万方超大型罐体项目。

1. 智新电磁

智新电磁是金属软磁材料(电工钢)的研发、制造和销售基地，是全球领先的电工钢制造商和服务商。产品包括取向电工钢和无取向电工钢两大系列，其中取向电工钢包括高磁感、磁畴细化、低噪声、低励磁、无底层、中频六大类产品，自主研发了低温板坯加热工艺生产高磁感取向电工钢技术；无取向电工钢包括新能源汽车、去应力退火、高效、通用四大类产品，具备所有牌号批量稳定生产能力。2022 年 8 月份，智新电磁建成全球首条面向新能源汽车的高牌号无取向电工钢生产线，2023 年 4 月份，建成世界首条具备 100% 薄规格、高磁感取向电工钢专业化生产线。

2. 京唐公司

京唐公司是完全按照循环经济理念设计建设的、具有国际先进水平的大型钢铁基地，具有临海靠港、设备大型、高效率、低成本的显著优势。产品包括热系和冷系两大系列板材产品，其中热系产品形成以热轧酸洗板、耐候钢、汽车结构钢、高强工程机械用钢、管线钢为主的热轧薄板产品，以及以桥梁钢、能源用钢、管线钢、船板、海工钢为主的中厚板产品系列；冷系产品形成以汽车板、镀锡(铬)板、冷轧专用板、彩涂板为主的产品系列。

3. 迁顺产线

迁顺产线是国内重要的高端板材生产基地，拥有国际一流装备和行业领先的洁净钢制造技术，具备高端汽车板、高端家电板全系列供货能力。产品包括热系和冷系两大系列板材产品，其中热系产品形成以热轧酸洗板、耐候钢、汽车结构钢、高强工程机械用钢、管线钢、精冲钢为主的热轧薄板产品系列；冷系产品形成以汽车板、冷轧专用板为主的产品系列。

公司秉承“技术+服务”型营销模式，坚持以客户为中心，深化“技术+服务”的营销策略，打造首钢服务，提升品牌价值。技术营销持续加强，不断完善服务体系，提升服务效率，汽车板构建产销研三级服务体系，以大客户服务团队为客户提供 7×24 h 全天候服务，满足客户对于质量、交付、研发、服务等不断提升的要求。

形成以营销中心为核心，5 家区域性钢贸子公司和 11 家加工中心组合的集中统一、服务范围涵盖华东、华南、华北、华中、西南等区域，具备剪切、落料、激光拼焊等高端汽车板年加工能力 180 万 t，其中落料能力 30 万 t/a，激光拼焊 80 万片/年，按照首钢股份集中一贯管控模式，为客户提供零库存、个性化、全天候服务。实现快速响应、运行高效的营销管理网络，有效保障了对下游客户的稳定供货，巩固提升产业链龙头企业与优质中小客户相结合的渠道结构。与行业重点客户开展全方位、多层次、高质量的合作，进一步增强合作深度、提升合作黏度，稳固市场份额。

2023 年，公司成功举办汽车板、电工钢等 5 类产品技术论坛，分别在日产、本田等 5 家主机厂开展“首钢日”活动，获华晨宝马“最优服务商奖”、比亚迪“最佳合作伙伴奖”等 21 项奖项，首钢“制造+服务”认可度持续提升。

三、产能建设

首钢股份具备 2170 万 t 高端板材生产能力。

四、技术进展与研发能力

首钢股份坚持创新驱动，推动技术创新成为第一竞争力。公司及下属京唐公司、智新电磁、冷轧公司均为高新技术企业，报告期内研发投入 50.22 亿元，占营业收入的 4.41%。依托“一院多中心”研发体系，新产品、新技术、新工艺的孵化创效不断加速。2023 年获得专利授权 685 项，其中发明专利 229 项，智新电磁“一种确定冷轧机传动力矩的方法及装置”“一种无取向电工钢及其制备方法、应用”2 项专利获得第 24 届中国专利奖优秀奖，牵头及参与制定并发布国际、国家、行业、团体各级标准 21 项；获省部级以上科学技术奖 21 项，省级管理创新奖 8 项。其中 6 项获冶金科技奖一等奖，全国管理创新成果一等奖 1 项。

公司坚持绿色低碳的高质量发展路线，围绕国家低碳战略和客户降碳需求，积极推进极致能效与减碳技术实践。首钢股份低碳行动规划路径，2025 年 CO_2 排放总量力争达到峰值，部分产品具备减碳 60% 的能力；2030 年低碳产品专线具备吨钢 CO_2 排放强度比 2020 年降低 30% 的能力；2035 年 CO_2 排放总量较峰值降低 30%，2050~2060 年力争实现碳中和。公司及下属子公司的取向电工钢、管线钢、新能源汽车用无取向电工钢、汽车用热轧高强度钢板及钢带、汽车用冷轧高强度钢板及钢带 5 类产品入选工信部“绿色设计产品名单”。

公司建有跨地域、多基地、一贯制的产销一体化协同管理平台，生产设备数字化率超过 90%，“一键式控制”工序达到 51 个，应用 203 台套“工业机器人”和 26 个“RPA 流程机器人”，建有无人化智能库区 15 个。公司重点围绕“铁前一体化”“冷轧‘灯塔工厂’建设”“京唐智慧物流管控平台”推进数字化转型及智能制造水平提升。

五、发展规划

首钢股份以建设具有世界竞争力和影响力的优秀上市公司为愿景，全力打造最具价值的高端钢铁产品制造商和服务商。

攀钢集团有限公司

一、单位概况

攀钢集团有限公司(简称“攀钢”)是依托攀西地区丰富的钒钛磁铁矿资源,依靠自主创新建设发展起来的特大型钒钛钢铁企业集团。2010 年 5 月,与鞍山钢铁集团重组,成为鞍钢集团公司全资子公司。攀钢所处的攀西地区是中国乃至世界矿产资源最富集的地区之一,是我国第二大铁矿区,蕴藏着上百亿吨的钒钛磁铁矿资源,钒资源储量占中国的52%,钛资源储量占中国的95%,同时还伴生钴、铬、镍、镓、钪等10多种稀有贵重矿产资源,综合利用价值极高。是全球第一的产钒企业,我国最大的钛原料和产业链最为完整的钛加工企业,我国重要的铁路用钢、汽车用钢、家电用钢、特殊钢生产基地。

21 世纪以来,攀钢通过技术引进和自主研发,在汽车钢生产领域形成了一系列核心生产技术,完善了质量管理体系,建成了攀枝花、西昌、成都、重庆、江油等多个高水平汽车钢生产基地,面向国内汽车企业提供包含热轧、冷轧、热镀锌、特钢等品种,聚焦汽车产品开发及材料应用技术研究,致力于解决高强钢的强化机制、强塑性匹配、延迟断裂,新型镀层钢板的镀液成分设计、材料腐蚀和表面质量控制等科学技术问题。

作为西部地区汽车用钢第一品牌,在国内第二家开发出DP1180 汽车用超高强钢,年产汽车用钢 200 万 t,具备批量生产冷轧高强双相钢、含磷钢、汽车结构用钢、深冲用钢、高强 IF钢、低合金高强钢、热成型钢、热轧汽车大梁用钢、车轮用钢等系列产品的能力,热轧酸洗板最高强度级别达到 1000 MPa,冷轧汽车用板最高强度级别到达 1000 MPa,汽车镀锌板最高强度级别到达 2000 MPa,生产线实现了厚度、宽度的全覆盖,产品实物质量达到国际先进水平。广泛应用于长安、一汽、吉利、东风、上汽、大众、五菱、零跑、小鹏等汽车企业。

多年来,攀钢销产研服团队秉承顾客至上的理念,发挥鞍本攀协同优势,为汽车主机厂和零部件厂提供从早期研发到批量生产的全过程技术支持,与客户共同致力于汽车轻量化发展。共享鞍本攀覆盖全国的钢材仓储加工配送服务网络,第一时间为客户提供技术支持和贴身服务。

二、生产与经营

攀钢信息化基础设备设施完善,精益生产管控能力突出。围绕“提升用户体验,提升产品质量品牌,提升绿色制造水平,提升管理及作业效率,降低工序及管理成本,降低劳动强度”等重点方向,推进智慧建设,实现数字化产线、数字化工厂和数字化公司,打造稳定、安全和高效的数字化智能平台,树立智能制造新标杆,以汽车钢生产为主的西昌基地,荣获了中国制造业 2021 年度“数字化转型标杆工厂”。先后荣获“全国绿化模范单位”“中国钢铁工业清洁生产环境友好企业”“绿色发展十大先进企业”“全国冶金绿化先进单位”等称号;连续多年被评为环保诚信企业。攀钢坚持创新驱动引领企业高质量发展,持续投入科技资金,被四川省认定为“国家高新技术企业”。

三、产能建设

攀钢的西昌基地建有一条年产能 410 万 t 的 2050 热轧产线、一条年产能 70 万 t 的 1650 酸洗产线、两条连退产线(其中 1#连退线年产能 90 万 t,以中高端汽车面板钢和高强钢为主;2#连退线年产能 80 万 t,以中高端汽车高强钢为主)、一条与蒂森克虏伯合资的年产能 40 万 t 1650 镀锌汽车钢专用产线。

四、技术进展与研发能力

攀钢围绕一产业一研究所、一战略产品(工艺平台)一项目团队,构建 11 所+6 中心+2 分院的组织架构,打造三个研究院的发展格局。汽车钢材料研究主要集中在先进金属材料研发以及成形、焊接等应用技术。聚焦车身,辅助减重和降本两个主题,融合材料、工艺、结构三个手段,利用车身参考数据库、材料应用数据库,实现兼顾性能、成本、重量,实现车身性能优化。

攀钢以行业发展方向和市场为导向,开展新技术新产品的研发工作。强力推进高端品种研发、认证及市场开拓,打造公司优势产品,并形成了公司高强汽车钢、高表面汽车面板和高级别管线钢等优势产品系列。重点围绕西南主销售区域,全力做大专项产品系列,同时加强高附加值的产品市场推广力度,强化结构调整,提高品种质量,提升钢铁产品的盈利能力。

联合国内知名院校和汽研院,打造国内一流的专业化EVI 服务平台,围绕主机厂及其配套厂,逐一梳理零部件及用料需求,建立顾客技术需求数据库,构建以“主机厂+钢加中心”为核心的销售 EVI 服务能力。

公司坚持创新驱动引领企业高质量发展,每年科技投入达 7 亿元,被四川省认定为“国家高新技术企业”,先后获得省部级科技成果奖项 43 项,其中一等奖 3 项;专利 660 项,其中发明专利 260 公司有 19 个产品被认定为“金杯优质产品”、7 个产品入选“四川省名优产品”、4 个产品获得“四川名牌”产品称号。

五、发展规划

秉承“打造国内一流、西部最优汽车用钢产品和品牌”的总体目标,开发高附加值产品,提升汽车高端产品和汽车主机厂供货量,打造一张代表攀钢产品的靓丽名片。

中天钢铁集团有限公司

一、单位概况

中天钢铁集团有限公司总部位于江苏常州,成立于 2001 年 9 月,已发展成为年营业收入近 2000 亿元,业务涵盖钢铁冶炼、钢材深加工、现代物流、生态农业、教育体育、酒店商贸等多个板块的大型钢铁联合企业。已连续十九年荣列中国企业500强,位居2023年中国企业500强第175位,制造业500强第83位,江苏民营企业200强第8位。荣获"第六届中国工业大奖""国家技术创新示范企业""全国十大卓越品牌钢铁企业""国家级智能制造示范工厂""江苏省省长质量奖""江苏省创新型领军企业"等荣誉称号。

中天钢铁牢牢抓住高质量发展的时代新机遇,围绕"一总部、多基地"的战略布局,现已形成以常州、南通、淮安为主的多生产基地。常州基地是全球单体最大、最具竞争力的优特钢棒线材精品基地;南通基地建设一期年产1000万t、远期规划年产2000万t的世界级高端绿色临港钢铁产业园;淮安基地建设年产150万t、全球规模最大的超高强精品钢帘线基地。

中天钢铁始终坚守实业初心,深耕钢铁主业,"做优、做精、做强"钢铁板块,拥有国家企业技术中心、钢铁研究总院——研究应用基地、国家博士后科研工作站等多个创新平台,并始终将绿色发展、环保发展作为企业底线,累计投入超200亿元,实施190余项节能减排、循环利用工程。企业生产的700余个高技术、高品质、高附加值钢种,远销全球近70个国家和地区,广泛用于铁路轨道、汽车轴承、船舶锚链、石油化工、海洋工程、核电、风电等领域。多项"中天"牌产品荣获"国家级制造业单项冠军产品""绿色设计产品""江苏精品""冶金实物金杯优质产品""高新技术产品"等荣誉称号。

二、生产与经营

2023年集团预计生铁产量1080万t,粗钢产量1200万t,钢材产量1250万t,产值580亿元,营业收入约1400亿元,利润总额13亿元,上缴税收15亿元。

三、产品出口

有轴承钢、合金钢等量产产品,经由商社出口至日本、韩国、印尼、越南等。

四、产能建设

特钢棒材200万t/a,线材300万t/a。

五、技术进展与研发能力

1. 技术进展

公司经过产品梳理、装备等技术评价与改进,形成多项先进技术,成为公司的核心技术和竞争力,部分技术填补了国内空白。通过各项技术的实施和应用,使中天钢铁的产品结构实现了由普钢向"特、精、高"深加工、高附加值方向转变,部分产品质量达到国际先进水平。轮胎子午线用线材帘线钢产品已经成为国际知名企业贝卡尔特、东方帘线、兴达等的优秀供应商;自主研发的连铸工艺生产低速大载荷风电轴承钢球产品100Cr6SiMn-4成功应用于风电行业,通过德国蒂森克虏伯公司认证并批量供货。公司和上海大学联合开发的组合式电磁调控均质化矩形坯连铸技术,经国家钢铁协会专家鉴定,属于国际领先水平。吸收引进瑞士ABB公司的中包均质器属于国际首创,中包温差能稳定控制在1 ℃内(行业内水平4~8 ℃)。随着公司产品质量的逐步提升,在优特钢棒线材领域已具备生产各类棒线材产品的生产能力。

2. 研发能力

(1)成立研发中心,提高技术创新能力

①紧贴市场需求,打造基于材料特性的个性化产品研发管理模式。

中天特钢有限公司一直紧贴市场需求,本着服务客户、互惠共赢的原则,打造基于材料特性的个性化产品研发管理模式,以技术中心为核心,衔接分厂生产与客户使用,独创工业定制化生产模式。基于材料最终使用性能要求的差异性,从材料角度出发,精准化进行产品研发分类管理,如传统牌号45钢,将其冷镦用途的产品研发划归至冷镦钢室管理,通过降低终冷冷却速率提高终端产品冷镦变形能力,将其硬线用途的产品研发划归帘线室管理,通过提高终冷冷却速率提高终端产品深拉拔性能,将其合金棒材用途的产品研发划归结构钢室管理,通过控制钢中硫元素形态提高终端产品切削性能。随着公司进军特钢市场的深入,研发中心及时对各室人员进行配置优化,组建以工艺研发室为核心、技术管理室为常规工艺保障、产品研发室对产品用途进行分解的个性化产品研发管理模式,高度配合,协同发展。

②瞄准企业未来发展动向,高效配置产品研发管理团队。

民营企业有着得天独厚的应变能力,应对国内外钢铁市场供需变化,汽车行业飞速发展,中天特钢瞄准汽车用钢市场,针对其附加值高、市场需求变化快的特点,迅速做出反应,短期内技术资源倾斜,中天特钢技术中心在产品研发管理团队的配置也及时进行调整,随着管坯锚链钢市场、研发趋于稳定,对其研发投入人员力量及时进行精简,对于未来要重点发展的钢种(如汽车齿轮、轴承、曲轴、船舶用钢等),优化研发人员配比,增强团队研发能力。

③多向化强健基础研究,保障新产品研发工作的管理效率。

"强基础、稳质量",新产品研发工作离不开前期系统的基础研究,保障新产品开发的高效化和成功率,对全流程的工艺进行摸排梳理,找出影响产品开发的核心难题,针对性地进行多向化基础研究,何为多向化,即同一个问题由不同的攻关团体从不同的角度去开展研究工作,如汽车发电爪机用钢QD08内伤问题,由结构钢室、技术管理室以及安工大科研团队从不同角度切入研究并解决该核心难题,提高了问题解决的效率,加快新产品研发进程。长期以来已形成"夺山头"管理模式,各部门协同合作,如与上海大学合作开发工业纯铁项目,积极调动了各部门的优势资源,生产部门技术团队以以往同类产品生产经验为基础,技术中心产品研发室与工艺管理室予以基础技术为支持,跨部门团队协作,保障了该产品的顺利研发。对于同一亟待解决的"卡脖子"难点问题,配置多套攻关团队,大幅提升问题解决效率,高效缩短问题解决周期,同时对于成功"夺山头"团队给予相应的物质及荣誉激励。

(2)加强产学研合作

公司建有"国家博士后科研工作站(分站)"、钢铁研究总院-研究应用基地、国家级企业技术中心、院士工作站、东北大学-中天钢铁研究院、国家认可实验室、中天钢铁研究院、模拟仿真实验室等高层次科研平台。

公司依托上述研发平台,采用"解决实际问题为导向,多层次深入合作”的研发方式，和多所国内外知名高校及研究院所进行产学研合作。在一些前沿技术方面，公司和德国Aachen大学、瑞典ABB、钢铁研究总院、北京科技大学开展新产品、新技术的探索研究，联合研发了“基于非铝脱氧轴承钢的多尺度微观结构敏感性疲劳模型框架开发及夹杂物对疲劳寿命的影响研究”“中高硫特殊钢冶金工艺优化与新技术研发”等一系列科研成果。在一些工艺、产品改进方面，公司和北京科技大学、大连理工大学、东北大学、上海大学、大连理工大学、安徽工业大学、河海大学、钢铁研究总院、洛阳轴承研究所等科研院所联合攻关，采用联合创新中心、共建研究院等多种形式，结合产品、工艺的实际情况来开展工作。

(3)积极引进先进技术

基于中天特钢公司“敢想敢干，小损失试错”的文化纲领，中天钢铁集团愿意并敢于尝试最前沿的新技术、新工艺。积极关注国内外先进技术和科研团队，成立专门的先进生产技术情报收集与管理的团队，收集相关材料形成技术情报档案。瞄准国际先进技术和标准，积极将国内外先进的前瞻性技术、工艺、装备进行再吸收、再适应，同中天钢铁集团自身的装备、环境相结合，摸索出属于自己的技术研发路径。根据公司的发展需求，引进相关的生产技术或选择相关团队与之开展合作，共同攻关。为此，制定了《先进生产技术引进管理规定》制度。中天钢铁集团2020年同瑞典ABB公司开展国际合作项目“连铸中间包均质化技术研发及应用”，该技术应用于“绿色高效大载荷轴承钢球用钢关键技术研发及产业化”，获得2022年冶金科学技术三等奖。同上海大学一起，承担并完成2016年江苏省科技成果转化项目《高品质轴承钢、齿轮钢等特殊钢研发及产业化》。与北京科技大学合作开展的“基于非铝脱氧工艺高品质轴承钢关键冶金技术研发及产业化”，获得2022年冶金科学技术一等奖。2020年与钢铁研究总院杨利彬团队合作开发了《120t转炉大流量冶炼技术》项目，可缩短转炉吹氧时间≥4 min，每炉年产量可增加30万t以上。

公司以标杆企业为学习目标，积极引进先进技术和领先标准，不断提升企业的技术研发能力。

①建立博士后工作站、国家级企业技术中心、常州市新一代轿车用高性能齿轮钢工程技术研究中心、中天钢铁研究院、汽车用钢研究所等科研平台，引进和培育高新技术人才，了解前沿技术和发展趋势。

②与国际先进的企业集团，奥钢联、瑞典ABB等合作；引进消化吸收国际先进的工艺技术。

③不断优化改进研发机构，对研发机制进行定期评价，推行产品项目负责制，提高技术创新能力和产品研发水平。

④积极开展下游延伸产品的研究，成立汽车用钢研究所，在汽车发动机系统、转向及悬架系统、传动系统等领域展开高品质汽车零部件用钢研究，取得明显效果。

六、主要新产品

产品名称	产品应用
汽车稳定杆	极氪纯电动轿车
汽车稳定杆	北汽新能源纯电动轿车
汽车悬架簧	哪吒纯电动轿车
等速传动轴	比亚迪、长安、长城
新能源电机轴	吉利
汽车安全气囊管	比亚迪
底盘摆臂球头壳体	比亚迪
新能源驱动总成	华为电动轿车
新能源驱动总成	理想电动轿车
新能源驱动总成	长城电动轿车
六角法兰面承面带齿螺母	吉利
圆头方劲组合螺栓	江铃
六角法兰面螺栓	江铃
电池包底护板安装套管	比亚迪
前副车架螺栓套	比亚迪
后减震器固定肖	比亚迪
汽车悬架球销	宝马奔驰大众通用福特比亚迪吉利

七、合资合作及重大项目建设

中天钢铁正围绕“一总部、多基地”战略布局，不断做深、做长产业链，专注做好传统制造业的转型升级。

1. 常州基地

南厂区致力于打造“极具竞争力的优特钢棒线材精品基地”，紧密围绕“高端化、绿色化、智能化”的目标，重点发展新能源汽车、军工、高端装备制造、重大基础设施等领域用钢；北厂区利用产能搬迁后腾出的土地，正在打造“大型高端智慧物流园”“新能源汽车零部件产业园”等项目，努力打造一个更加优质的千亿产业园。

2. 南通基地

按照“五化五一流”的发展定位和“低成本、高效率、高效益”的运营模式，项目一期一步已经全面达产达效，做到了“废水零排放、煤气零放散、固废零出厂”，全部实现内循环。

3. 淮安基地

规划建设年产150万t的超高强精品钢帘线项目，主要专注于超高强度及特高强度钢帘线的生产。项目第一个工厂已经顺利投产，第二、三个二厂也在建设过程中，产品已经供给国内大型轮胎企业使用，供货新能源汽车厂家。

八、发展规划

下阶段，中天钢铁将继续坚定不移地走高质量发展之路，持续推进产品提升、不断优化产品结构、加快智慧制造步伐、稳定和壮大人才队伍，确保企业在市场竞争中的领先地位。

1. 产品发展规划

中天钢铁将按照产品发展规划要求，逐步实施产品结构的优化升级，逐步淘汰优钢产品，全力攻关特钢、精品钢，进一步提升产品档次、客户级别和应用场景，重点发展新能源汽车、军工、高端装备制造、重大基础设施等领域用钢，全力提升产品的附加值，持续推进中天钢铁高质量转型升级。

同时，中天钢铁将进一步强化以“市场和客户”为导向的产品升级路线，不断加强“高端市场、高端客户”的资源配置，以华东地区为核心，不断辐射全国、走向世界，把中天品牌的“金字招牌”擦得更亮。

2. 信息化发展规划

根据国家“十四五”规划智能制造发展目标要求，以国内外先进钢铁企业智能制造应用实践为参照，全面提升中天钢铁制造过程中一体化协同管理能力、产品质量稳定生产能力、柔性化生产组织能力、能效成本综合控制能力，实现生产的数字化和智能化。

在优化现有信息化系统的基础上，全面实施“数字中天、智慧中天”建设工作，充分运用数智赋能，深化 5A 建设，即：操作集控化（AICC），以生产操作集控化为目标，实现集中远程控制；作业机器化（AOM），以机旁作业无人化为目标，强化人机协同，提升本质化安全水平；运维远程化（AMI），通过智能感知，实现设备远程运维；服务线上化（ASP），通过跨基地、跨产线的资源灵活配置，实现降本增效，提高竞争力；管理数智化（AMID），通过数据全面自动化采集，建立数据管理模型，实现全流程大数据决策支持。

3. 人才发展规划

中天钢铁将继续培养一大批“学历高、专业硬、能力强”的后备人才队伍，并逐步形成比较完善的人才招聘、培养、激励、发展、考评机制，确保人才能够“引得进、留得住、长得快”，为中天钢铁“一总部、多基地”发展提供人才支撑，大步向长青钢企迈进。

中天钢铁将围绕人才优先发展、人才服务发展、人才统筹发展等原则，持续提升人均生产效率，持续优化薪资结构，提高人才收入，整体薪资要位居地区领先、行业前列，并优化签约大学生培养机制，精细化管理，为更多优秀人才提供展示自我和实现价值的平台。

同时，加大对高端、关键技术人才的引进力度，特别是研发、技术、管理型行业顶尖人才。每年从双一流院校、重点冶金院校招收 100 名左右专业对口的优秀毕业生，牢固人才根基。引进 100 名成熟中高端钢铁硕博人才，打造核心人才竞争优势转型升级人力三支柱管理，全面推进人才队伍“优质化、年轻化、高素质化”。

本钢板材股份有限公司

一、单位概况

本钢集团有限公司（简称“本钢”）始建于 1905 年，位于辽宁省本溪市，拥有总资产 468.6 亿元，净资产 222 亿元，在岗职工 61897 人，是集采矿、选矿、烧结、焦化、炼铁、炼钢、轧钢、动力、运输、科研、机械加工制造、房地产开发等为一体的配套齐全的国有特大型钢铁联合企业。2021 年完成与鞍钢集团重组。本钢板材股份有限公司（简称本钢板材）于 1997 年 6 月 27 日成立，并于同年在深交所主板上市，注册资本 41.08 亿元，是鞍钢集团有限公司所属的钢铁主业上市公司，是本钢集团汽车板主要生产基地。其中，本钢浦项公司是与世界知名企业韩国 POSCO 合资组建而成。本钢板材现有在岗员工 9932 人，本科及以上员工占 31.9%。本钢板材拥有世界最宽幅 2300 热连轧机组，及可生产最宽 2150 mm 产品的冷轧机组。具备最宽幅、超高强度汽车用冷轧板、高档汽车冷轧面板、超高强度汽车用镀锌板、高档汽车镀锌面板和高档汽车电镀锌面板的生产能力和整车供货能力，钢铁整体技术装备达到世界先进水平。本钢板材拥有国家级技术中心和拥有《先进汽车用钢开发与应用技术》国家工程实验室，以及丰富的分析测试技术，拥有物理检测实验室、涂装实验室、焊接实验室、成形实验室等可为汽车钢产品研发以及推广提供完善的技术支持。本钢板材还形成了一套独特的汽车钢生产工艺技术，依托本钢汽车板品牌以及与国内外多家主机厂良好的合作关系，可以实现短时间内完成产品研发与市场应用的转化，为汽车钢产品顺利推广提供了有利条件。

二、生产与经营

本钢拥有二十多年的汽车钢研发生产经验，拥有从矿山到成品全流程生产线。汽车钢品类齐全，可供冷轧、镀锌、电镀锌汽车板，酸洗及热轧汽车板、汽车用特钢产品等，是多家汽车企业的一级供应商。本钢板材成立以来，一直致力于提升上市公司治理水平和品牌价值，树立优良的资本市场形象。2021、2022、2023 连续三年荣获由上市公司协会和《董事会》杂志社联合举办的“金圆桌奖”之“优秀董事会奖”称号。

本钢板材严格遵循全球最高质量和安全标准，“本钢牌”注册商标曾荣获“中国驰名商标”和辽宁省“省长质量奖”金奖，是工信部认定的“国家技术创新示范企业”、“中国工业企业品牌竞争力百强企业”和“‘一带一路’·国际合作典范企业”。2023 年，本钢浦项入选“辽宁省质量标杆企业”，获得高新技术企业认证；本钢板材荣获“国家级知识产权示范企业”荣誉。

三、产品出口

出口美国、欧盟、日本、韩国等 80 多个国家和地区，出口总量连续多年位居全国钢铁行业前。

四、产能建设

本钢板材是集炼铁、炼钢、轧钢等为一体的钢铁企业，拥有东北最大容积 4747 m^3 高炉、世界最宽幅 2300 热连轧机组、世界最先进的冷轧生产线，钢铁整体技术装备达到世界先进水平，具备最宽幅、最高强度汽车用冷轧板和最高强度汽车用镀锌板的生产能力和整车供货能力，钢铁整体技术装备达到世界先进水平。本钢板材具备年产生铁 1034 万 t、粗钢 1280 万 t、热轧材 1595 万 t、冷轧材 617 万 t（包含冷轧、热镀锌 GA 和 GI、电镀锌和酸洗产品）、特钢材 140 万 t 的生产能力。本钢冷轧是继鞍钢、武钢、宝钢冷轧厂后建成的又一座大型现代化冷轧板材生产基地。可以满足高档汽车、家电等行业需要。已向国内外多家知名汽车厂稳定供货。

五、技术进展与研发能力

聚焦打造服务本钢基地的核心研发机构中心任务，围绕本钢“十四五”发展规划，依托本钢装备优势，开发本钢特色系列产品。培育首发产品。开发高强高疲劳轮辋用钢 BG650LW，通过福田 1.5 万 km 路试，疲劳寿命达 200 万次以上。自主研发第三代镀锌高强钢 QP980+Z,为企业抢占汽车用钢高端市场注入新动力。打造特色品牌,加大热镀锌双相钢及衍生产品布局,成功开发热镀锌增强成形性双相钢 DH780;推进商用车轻量化进程,开发 800 MPa 级承重梁用 BGJTM800L 实现批量供货。

深入推进基础研究、应用研究、技术开发等科技项目实施,助力鞍钢原创技术策源地打造。展现央企责任。聚焦汽车用钢关键领域。联合苏州大学申报国家自然科学基金项目——“可变能量激光填药芯焊材高铝 δ-TRIP 钢的合金化机理及形性一体化调控”,自主申报数字辽宁智造强省专项——“本钢技术中心创新能力提升”。以“市场、现场”需求为导向,以解决企业“堵点、难点、痛点”问题为目标,凝练科研项目,推进一批科技项目。持续推动成果转化。本钢技术中心荣获省部级以上科技进步奖 13 项,鞍本联合申报重大科技成果——“基于预氧化技术的集约型超高强镀锌双相钢系列产品开发”荣获辽宁省科技进步一等奖,其独特预氧化工艺,实现镀锌双相钢高表面质量控制技术达国际领先水平。首次荣获鞍钢集团科技进步一等奖、中国腐蚀与防护科学技术奖二等奖、机械工业协会科技进步奖二等奖;“高品质热镀锌双相钢”荣获“中国汽车轻量化设计大赛一等奖”;“热冲压钢系列化产品开发”项目被“科创中国”系列榜单-先导技术先进材料领域收录。热成形钢专利首次获得美国、日本、韩国海外授权。热冲压钢国内专利导航项目在鞍钢集团评比中获得优秀,获得本溪市政府支持资金 20 万元。依托鞍本北三地交流平台定期开展学术交流,邀请东北大学教授博士生导师刘承军教授、邓志银教授博导等国内知名专家学者,开展学术讲座,营造学术氛围,拓展科技视野,交流人员辐射到板材、北营工程技术人员,累计参会超过 800 人次。参加国际汽车轻量化大会暨展览会、国内技术交流。主持“先进汽车钢及其成形”专题报告会,代表本钢做《基于预氧化技术的高稳定性镀锌双相钢系列开发》的报告,推介本钢特色产品。注重知识分享。发表高水平论文 16 篇,其中 SCI 收录 2 篇,核心期刊 2 篇,3 篇论文被评为本钢集团科技论文特等奖。主持修订《连续热浸镀层钢板和钢带尺寸、外形、重量及允许偏差》国家标准 1 项;行业标准 2 项;《汽车用超高强度热冲压钢板及钢带》使本钢的科技成果与行业技术标准有机衔接,推动本钢科技成果快速进入市场,提高本钢在行业的影响力。发挥科技支撑作用,融合市场双向联动,不断提升产品形象。进军高端领域。聚焦自主品牌。鞍本融合持续推进龙头企业比亚迪汽车认证,比亚迪国内 8 家基地全部实现订货。布局绿色发展。围绕新能源汽车领域,继续推进以 2GPa 热成形钢为代表的低碳系列化热冲压钢等汽车板产品产业化应用,通过新能源汽车主机厂认证 14 牌号,理想汽车全系使用的 780 MPa 以下 30 个产品牌号均已通过认证。

加大产业进程。“本钢汽车用 2 GPa 热成形钢产业化技术验证”通过结题评审,具备产业化条件,提升了本钢 2 GPa 热冲压钢产品的品牌形象,产品在多个车型进行了批量应用,合同量实现涨幅达 215%。

六、主要新产品

产品型号	产品名称
QP980+Z	淬火配分钢
DH780+Z	增塑性双相钢
DP590、780、980+Z	低成本镀锌双相钢系列
BG650LW	轮辋钢
BGJTM800L	大梁钢

七、合资合作及重大项目建设

与世界知名企业韩国 POSCO 合资组建本钢浦项公司。本钢浦项是本钢科技型企业的代表,作为具备冷轧板、热镀锌板、电镀锌板等多元产品生产能力的冷轧产品生产企业,其核心技术和主体装备均达到世界先进水平。该公司通过构建国际标准化管理模式为产品品质保证和企业科学发展提供了坚实保障,多元化优质终端产品现已出口至“一带一路”沿线 50 余个国家和地区,前沿的技术和卓越的品质彰显出鞍钢品牌的底蕴与厚重。

八、发展规划

建设成为极具国际竞争力的以汽车板为引领的精品板材基地;国内一流优特钢战略基地;持续发展低碳冶金技术,力争成为我国钢铁行业首批实现碳中和的大型钢铁企业。

宝钢股份武汉钢铁有限公司

一、单位概况

宝钢股份武钢有限公司冷轧硅钢建设 50 周年,作为中国最早批量生产冷轧硅钢的企业,历经 50 年发展的武钢有限公司如今已具备年产 140 万 t 无取向硅钢的生产能力,产品主要包括以 50WW800、50WW600 为代表的中低牌号无取向硅钢;以 50WW470、35WW300 为代表的高牌号无取向硅钢;以 B15AV1000~B30AHV1500 为代表的新能源汽车驱动电机用无取向硅钢以及以 NO10-13 超薄、35WY900 超高强度等特种无取向硅钢,成为国内少数几家厚度规格、涂层类型、牌号序列全覆盖的无取向硅钢研制企业。产品广泛应用于大型水电、核电、风电发电机,以及压缩机、工业电机、新能源汽车驱动电机等行业。

武钢有限公司无取向硅钢生产线共有 18 条机组,包括 1 条常化酸洗机组,2 台 20 辊单机架可逆轧机,1 条 5 机架酸洗连轧机组,6 条连续退火涂层机组,5 条精整机组,3 条包装机组。市场开拓也稳步推进,实现了国内外主要市场全覆盖,产品在中小电机、大电机、压缩机、新能源汽车驱动电机等行业受到用户青睐,福伊特、东电、哈电、美的、格力、东芝、东风汽车、蔚来汽车等国内外知名品牌企业均成为公司终端用户。

二、生产与经营

宝钢股份武钢有限公司已经实现无取向硅钢牌号全覆盖,2023 年产量达到 140 余万吨。

三、产品出口

宝钢股份武钢有限公司硅钢产品主要出口德国、意大利、比利时、芬兰、土耳其、印度、孟加拉国、越南、韩国、墨西哥等国家。2023 年出口总量 6 万 t。

四、产能建设

具备 140 万 t/a 无取向硅钢的生产能力,其中包含 65 万 t/a 高牌号无取向硅钢的生产能力。

五、技术进展与研发能力

武钢有限公司与钢铁研究总院、东北大学、北京科技大学、武汉科技大学等高等院校,以及东风智新等下游驱动电机企业长期开展产学研合作,共同申报政府及行业重大攻关项目,推动新能源汽车驱动电机用硅钢的研发和产业化研究。

六、主要新产品

产品名称	产品型号	产品应用
新能源汽车用钢	35WY900	比亚迪

七、合资合作及重大项目建设

2023 年武钢有限新能源无取向硅钢结构优化项目在湖北武汉正式开工,主要内容包括新建一条六机架酸连轧机组、一条常化酸洗机组、三条连续退火涂层机组等,总投资近 40 亿元的该项目建成后,武钢有限将拥有首条完全面向新能源汽车行业的高等级无取向硅钢专业生产线,年产能 55 万 t。新产线每年可为 440 万辆新能源汽车的电机提供高等级用材,预计每年减少碳排放 400 万 t。

八、发展规划

1. 项目规划:推进新能源硅钢项目的建设,新增高牌号、薄规格、极薄规格硅钢的产能,提高新能源用材的市场占有率。

2. 新产品开发:主要围绕交通(新能源汽车)、压缩机(空调、冰箱)、发电(火电、风电、水电、核电)、工业电机(防爆、中小电机)四个板块开展。

上海梅山钢铁股份有限公司

一、单位概况

上海梅山钢铁股份有限公司(简称梅钢),位于南京市西南郊,北临南京长江三桥,东靠宁芜公路、宁芜铁路以及宁马、沪宁高速公路,水陆交通十分便利。梅钢始建于 1969 年 4 月 24 日,1998 年加入宝钢,2005 年成为宝钢股份控股子公司,是宝钢股份四大制造基地之一。梅钢拥有国内乃至国际较为先进的装备和技术,炼铁:拥有容积为 4070 m^3、3200 m^3 和 1280 m^3 的高炉各 1 座,及烧结、炼焦配套装备。炼钢:拥有 2 座 250 t 转炉,3 座 150 t 转炉,及配套连铸机、LF 精炼炉、RH 真空精炼处理装置等。热轧:拥有 1780 和 1422 两条热轧带钢生产线。先进的轧制控制技术和热装轧制、最佳化燃烧控制模型等节能技术。冷轧:拥有宝钢首个自主集成创新产线 1420 冷轧产线,配套酸轧、热镀铝锌、连退、电镀锡和酸洗等机组。具备千万吨级钢铁生产能力,为高端、高附加值产品提供有力保障。

二、生产与经营

(1)2023 年梅钢贯彻“研发引领、深耕市场、精调结构、极致降本”经营方针,以“打造国内第一热轧精品基地”为目标,发挥极致效率、创造极致效益,高效精准地完成全年产销目标。产品结构进一步得到优化,汽车结构用钢及车轮用钢精品明显增长,全年销量近百万吨。

(2)以模拟经营为抓手,全方位推动机制变革,算账经营,“以用户为核心”,强化产销研一体化实体化运行,成立市场创值中心、汽车用钢服务室,精品销量实现历史突破。

(3)产城融合发展加快产业科技创新示范区建设。2023 年 10 月中国宝武与南京市签订了“共建梅山产业科技创新示范区”战略合作协议,为增强公司发展后劲打下坚实基础。主动加强政企联动对接,组织开展企地共建、党组织共建、产品推介、政企互动,打造梅钢 4A 工业文化旅游区。

(4)积极践行习近平生态文明思想,高效完成超低排改造工作。领导挂帅、夯实责任、严格把关、精准推进,7 月完成所有无组织项目的主体建设并投用,11 月实现了全流程超低排放公示。

(5)加速推进 5G 工厂建设。积极响应江苏省工信厅关于加快 5G+工业互联网向工业生产各领域深度拓展的要求,携手南京电信,创建 5G 工业物联网创新实验室,公司《5G+MEC 智慧工厂》成功入选 2023 年度江苏省 5G 工厂项目名单。

三、产品出口

梅钢积极融入双循环、开拓国际市场,2023 年面向欧洲、东南亚、中东等地出口热卷、酸洗产品 103 万 t,其中主要用于家电、制管、汽车结构等系列产品,如出口日本的高性能、高表面热度基板、出口泰国的高强结构钢、酸洗汽车钢产品出口墨西哥、印尼等国家达 7 万余吨,主要应用于汽车、摩托车底盘零部件和压缩机,在出口创效的同时也保证了梅钢产线满负荷生产。

四、产能建设

梅钢一号连铸机建于 20 世纪 90 年代,2023 年由十九冶完成技术改造,综合改造后产品覆盖范围更广泛,包括精品汽车钢、超低碳钢、精冲钢、酸洗板、镀锡、高强钢等钢种,实现梅钢现有品种的规划能力,同时提升产能,具备 200 万 t/a 的生产能力,助力梅钢实现“智能高效,国内一流”建设目标。

五、技术进展与研发能力

落实高质量产品发展要求,聚焦“高强减薄、进口替代、耐蚀长寿、以热代冷”开展技术创新和新产品研发工作。以高端产品研发实现技术引领,按照“量利结合”原则开发新产品。新产品开发项目主要涉及汽车用钢、高碳工具钢、热轧冷成型搪瓷用钢、家电用钢、光伏用钢、集装箱用钢等。累计 R&D 投入率 3.47%,开发新产品 43 个,发明专利申请

170.14 件。

以高性能汽车结构钢抢占高端市场，开发新一代以高疲劳、高焊接性能为特征的高强轮辋用钢及以高成形为特征的轮辐用钢，疲劳测试大于 100 万次。瞄准新能源汽车拓展和开发高端精密焊管用钢，实现"进口替代"产品拓展，进一步稳定行业领先地位，如高压油路管、稳定杆用钢等。推进纳米析出调控技术应用，满足下游行业对高扩孔、高延伸产品需求，实现汽车零部件产品升级。

加强产学研合作，培育公司特色技术及关键核心技术。策划公司可实施的产学研科技大项目，实现相关技术突破。与南京工程学院协同成功申报 2023 年江苏省研究生工作站，与东北大学成立"低碳数字化协同创新中心"，成功申报南京市工程研究中心—南京市高品质新能源汽车用钢工程研究中心。

加强新产品推介，提升产品市场影响力。组织召开"江苏省高性能合金材料专业委员会技术论坛"，并成立了"江苏省汽车轻量化新材料专业委员会"、梅钢耐酸钢专题推介会、精冲工具钢发展论坛暨产品推介会、参加宁工品推"重点产业链供需对接会、参加第六届中国国际新材料产业博会等。

强化"产学研"深度融合创新思路，立足公司战略及经营发展需要，提升公司技术研发实力、创新能力及公司竞争力，为公司的当前及未来发展提供强有力技术支撑。与东北大学、东南大学、南京理工大学、南京工程学院签订产学研战略合作及实习基地协议，并与东北大学共同成立"低碳数字化协同创新中心"。与南京工程学院共同成功申报"江苏省研究生工作站"。

六、合资合作及重大项目建设

(1)梅钢冷轧产品提质增效改造项目。对接南京先进制造业发展规划，投资 2.9 亿元新建一条年产 25 万 t 彩涂产线，建成后将弥补江苏省内高端彩涂生产线的空白，充分满足市场对高端彩涂板的需求。

(2)原料系统整合规划项目，累计投资约 20 亿元。原料场整合规划项目，紧盯"一个中心""四个单元""五大功能"数字化料场的目标，实现了 E1、M、B1、B2 四个料场无人化远程控制、环保治理设施高效、行业智慧物流体系首创，成为国内一流的智慧原料场。

七、发展规划

(1)瞄准国家产业发展方向，以钢铁材料国际领先为目标，以南京市、长三角重点产业为重要用户，聚焦"高强度、高耐蚀、高效能"钢铁材料开发制造，推动"卡脖子"关键技术攻关，勇当原创技术的"策源地"，发挥产业链链长作用，推动区域产业链高质量发展，力争成为国家重大战略实施的主力军、排头兵，打造极具影响力的优质精品汽车钢供应商。

(2)加强产学研合作，以技术引领为主线，培育公司特色技术及关键核心技术。与行业协会、高校、科研院所深度合作，从共建专业实习基地、联合开展人才培养项目、加强科研项目合作等方面进一步提升校企合作的深度和广度，与高校协同研发关键技术、新产品技术和新工艺技术，不断加快研发周期，减少研发成本，攻克钢铁材料制造和应用方面的"卡脖子"技术。

(3)按照国家"智改数转"战略，大力发展云计算、大数据、物联网和人工智能等新一代信息技术，打造数字化钢厂，数智赋能，推动流程制造全环节的数字化链接和贯通，实现生产智能化、决策智慧化。

(4)以绿色统领创新发展，全面推进绿色制造、绿色产品和绿色产业三大绿色行动，努力使"绿色"成为梅钢的底色。以"高强度、高耐蚀、高效能"的绿色产品为关键，提升公司产业链竞争力和影响力，引领产业链由制造向服务转型，走高端化、绿色化发展之路。全面提升梅钢公司本质化生态环保水平，打造与城市和谐共生、互融共进的绿色钢厂。

太原钢铁(集团)有限公司

一、单位概况

太原钢铁(集团)有限公司是中国宝武钢铁集团有限公司的控股子公司和不锈钢产业一体化运营的平台公司。太钢集团始建于 1934 年，是新中国第一炉不锈钢、第一张热轧硅钢片、第一块电磁纯铁的诞生地，在近九十年的发展历程中累计填补了上百项中国钢铁工业的空白。太钢集团是集铁矿石采掘、钢铁生产、加工、配送、贸易为一体的特大型钢铁联合企业，全球不锈钢行业领军企业。形成了以不锈钢、冷轧硅钢、高强韧系列钢材为主的高效节能长寿型产品集群。

二、生产经营

太钢集团钢铁产能 1456 万 t，其中不锈钢 612 万 t。2022 年，实现营业收入 1088 亿元，利润总额 59 亿元，实现税金 53 亿元，资产总额 1360 亿元，是超千亿资产、超千亿营收的行业龙头企业。到 2024 年末，钢铁产业规模力争达到 1800 万 t，其中不锈钢产量实现"三年翻两番"，达到 900 万 t；到"十四五"末，钢铁产业规模力争达到 2500 万 t，其中不锈钢 1600 万 t，镍、铬资源自给率分别达到 30% 和 50% 以上，铁精矿粉产量力争翻番，太钢整体实现两千亿级营业收入、百亿级利润。

太钢拥有炼焦、烧结、炼铁、炼钢、热轧、冷轧等完整的钢铁生产工艺流程以及相关配套设施。太钢在山西境内拥有三座铁矿山，精矿粉产能 1500 万 t；铁精矿 100% 自给。

太钢形成以不锈钢、冷轧硅钢、高强韧系列钢材为主的高效节能长寿型产品集群，其中不锈钢产品实现了品种规格全覆盖，18 个产品系国内市场独有、26 个产品国内市场占有率第一、40 个品种成功替代进口，具有较强的市场竞争力。

三、研发能力

太钢的研发水平位居国内钢铁行业前沿，拥有国内唯一的不锈钢领域国家重点实验室，国家级理化实验室，国内超过 70% 的不锈钢板带类产品标准均由太钢编写。冶金行业排名第一的国家级企业技术中心；国家唯一的不锈钢领域国家重点实验室、国家级理化实验室；山西省不锈钢工程技术研究中心、山西省铁道车辆用钢工程技术研究中心等，建成 14 个产学研用联合实验室。以中国工程院院士为代表的老中青金字塔型创新梯队；太钢科学家—高级首席师—首席师科技人才成长通道；与国内外50余家高等院校、科研院所成立科创联盟。

获得国家科技进步奖17项，累计授权专利3900件以上，其中发明专利1300余件，全国55家“国家技术创新示范企业”之一。

太钢集团先后获得中国工业大奖、中国质量奖提名奖、全国质量奖、全国循环经济先进单位、国家技术创新示范企业、全国最具社会责任感企业、全国模范劳动关系和谐企业、全国企业文化建设优秀单位、全国绿化模范单位等荣誉称号。

太钢产品涵盖汽车排气行业所需的所有品种，对汽车排气行业不锈钢需求有比较深入的运用，如耐蚀性、加工性能、成本等。太钢排气用不锈钢产品已实现系列化，通过了国内所有合资品牌如大众、通用、日产、丰田等和自主品牌如长城、吉利、奇瑞等主机厂认证，并已批量应用，年销量30万～40万t，市占率55%以上。

四、发展规划

产业报国初心、牢记大国重器使命，集中力量发展以不锈钢为主的特殊钢，累计生产2.5亿t优质钢、近亿吨不锈钢，为新中国各个时期的国防和现代化建设提供了强有力的“钢筋铁骨”先进材料支撑。

湖南华菱涟源钢铁有限公司

一、单位概况

湖南华菱涟源钢铁有限公司（简称涟钢）位于湖南省娄底市，1958年建成投产，是湖南钢铁集团有限公司旗下核心骨干企业之一。拥有从炼焦、烧结、冶炼、轧钢、加工配送等一整套现代化工艺装备，是一家以生产热轧、冷轧板卷、镀层、硅钢产品为主、棒材为辅的国有大型钢铁企业，是我国中南地区重要的钢材生产基地、亚洲最大的中薄规格高端热处理板材加工基地、国家重点支持发展的300家工业企业之一，具备年产钢1200万t以上综合规模。先后建立了省级以上科技研发机构、科技创新联盟（含联合实验室）共17个，是国家企业技术中心、国家博士后科研工作站、国务院科改示范企业、国家知识产权优势企业、国家高新技术企业、湖南省“绿色工厂”、湖南省原材料工业“三品”标杆企业、湖南省新材料企业、钢铁行业质量标准化工作优秀单位。2023年的销售收入719.78亿元、总资产445.39亿元，在岗员工11000余人。

二、生产与经营

历经五年多的技术升级改造与产品结构调整，涟钢装备高端化、智能化、绿化水平大幅提升，达到了国际国内先进水平行列。近五年新开发品种钢200余个，板材品种钢占比提升到70%，高端品种比达到36%，拥有关键核心技术90多项，产品替代进口62个。钢材综合销售价格行业排名前进10位，营业收入连续五年大幅增长，让企业整体盈利水平从行业后1/3进入前1/3，在“寒冬”中站稳了脚跟。历经多年的产品研发和市场开拓，涟钢热轧主导产品形成工程机械用钢、热轧汽车用钢、耐磨钢、耐酸耐蚀钢四大系列，冷轧主导产品形成冷轧汽车及特殊用钢、冷热轧中高碳钢、镀锌、硅钢四大系列。薄规格高强工程机械用钢和耐磨钢国际领先，成为世界最大的中薄规格热处理高强板生产基地，具备年产能力120万t以上，是三一、中联、徐工三大工程机械巨头高端钢材的主要供应商；涟钢成为国内工程产业链的重点企业，年销量达200万t以上，其中吊臂钢在国内拥有60%以上的市场占有率。薄规格耐磨钢市场占有率75%，国内市场占有率跃居行业第一。成为国内最大的汽车板基料供应商，下游战略客户汽车板应用于国内中、高端汽车面板。正火钢出口欧洲批量用于机车核心部件。无取向与取向硅钢超过150万t成为国内主要的电工钢生产企业。镀锌产品主要供应美的、格力等家电行业标杆企业。产品新进入英特尔、徐工高机、青岛寰宇等15家行业标杆企业，被多家标杆客户授予“金牌供应商”，荣晋“2022中国卓越钢铁企业品牌”。2021—2023年的主营业务收入分别为731.4亿元、695.1亿元、664.14亿元。

三、产品出口

涟钢热处理钢材、热轧开平船板、管线钢、硅钢等重要产品出口东南亚、中东、印度、欧美等国家与地区，出口产品达上百个，薄规格热处理高强钢、中高碳钢等成功替代进口，并出口国际。2023年重点产品出口销量突破50万t，比上年翻一番，显著提升了涟钢品牌国际影响力，有效助力“一带一路”国家高端制造业的发展与建设。

四、产能建设

具备年产钢1200万t以上综合规模，总资产445.39亿元。

五、技术进展与研发能力

涟钢实现了高强工程机械、耐磨钢、中高碳、镀锌、硅钢等8个系列，62个牌号替代进口。

1. 耐磨钢：成功研发2mm极限薄规格耐磨钢，钢板板形以及表面质量均达到行业领先水平，解决我国极限薄规格耐磨钢“卡脖子”问题；可生产全系列耐磨钢产品，填补国内同领域空白，并实现反出口。

2. 高强工程机械用钢：涟钢陆续推出吊臂钢系列产品，解决了焊接、疲劳、成型、力学性能稳定等技术难题，实物质量达到世界先进水平。涟钢系列吊臂钢产品替代进口，广泛应用于三一重工、中联重科、徐工机械等国内工程机械巨头企业。

3. 中高碳钢：双金属锯条用钢、高端美工刀用超高碳工具钢以及大理石框架锯条用钢等稳步实现批量化进口替代，三类产品全面替代了德国BILSTEIN、英国TATA、奥地利Martin Miller、韩国浦项、日本JFE与日本制铁等公司的材料，其中SK2材料，涟钢为全球首次采用CSP工艺生产的厂家。中高碳钢替代进口的产品10个。

4. 高合金钢、管线钢等：高锰钢替代进口；耐热钢及管线钢系列分别替代同级别产品，防弹钢系列产品替代进口产品。

六、主要新产品

产品型号	产品名称	产品应用
LK007625	左/右 A 柱加强板上段	欧拉纯电动车
LK007624	左/右 B 柱加强板	欧拉纯电动车
LK007623	前围板下加强梁	欧拉纯电动车
LK010160	左/右前门防撞梁	长城 C30e 电动汽车

七、发展规划

下一步发展将依托创新力量完成从钢铁到材料、从制造到服务的再次转型。研判外部政策与市场机会和行业内部的对标找差，致力于建设学习型企业，从制度上保障发展、保持正确方向。在营销体系建立完善的采购和销售网络，与上下游的优势企业建立长期的合作关系，保障供应链安全和客户群体的稳定。在技术质量上加大研发力度聚焦下游的高端材料需求，并联合开发成套解决方案、提升主要产品的质量稳定性和品牌影响力。在产线建设上加大投入，淘汰落后工艺和产线，服务于高端品种开发与生产需求。

山东钢铁集团日照有限公司

一、单位概况

山东钢铁集团日照有限公司成立于 2009 年 2 月，承载着国家钢铁产业转型试点重任，承担着山东省钢铁行业结构调整试点重任，主营业务为黑色金属冶炼、压延、加工等。2019 年 1 月，一期一步工程全线竣工投产，2020 年 4 月，一期二步工程全线正式投产，一期项目总投资 441.48 亿元，获得国家优质工程金奖、"十三五"钢铁工业创新工程奖。

公司主要工艺装备：原料场、焦化、烧结、球团、高炉、转炉、精炼、连铸、热连轧机组、炉卷轧机、宽厚板轧机、酸洗、酸轧、连退、镀锌等。配套设施：1 个 30 万 t 级铁矿石码头接卸泊位、4 个 1 万 t 级和 3 个 4 万 t 级杂货泊位、2 台 35 MW 高炉余压发电机组、2 台 350 MW 超临界火电发电机组、海水淡化、焦炉煤气制 LNG、合成氨等。

公司被评为中国卓越钢铁企业品牌、国家级高新技术企业、全国第六批钢铁规范企业、国家级绿色工厂、国家级水效领跑企业、绿色发展标杆企业、山东省首家长流程钢企环保绩效 A 级企业、全国市场质量信用用户满意标杆（AAA 级）企业、省属企业文明单位。

2023 年 12 月发布三种冷轧产品（热轧酸洗产品、冷轧连退产品、冷轧热镀锌产品）环境产品声明（EPD）报告，成为山东省首家在中国钢铁工业协会 EPD 平台发布的钢铁企业。

全球变暖潜力（GWP100）（吨产品从原燃料开采（摇篮）到产品出厂（大门）全生命周期 CO_2 排放量）居行业先进水平。

二、生产与经营

山东钢铁集团日照有限公司产品档次定位于国际一流，主要产品为高品质的热轧薄板、冷轧薄板、镀层钢板、宽厚板等，广泛应用于汽车、家电、造船、工程机械、石油天然气管道、锅炉和压力容器等领域。

2023 年公司年产铁 720 万 t、钢 853 万 t、商品材 803 万 t，营业收入 368 亿元，利润总额 6.3 亿元。

热轧汽车用钢年供货 41 万 t，冷轧汽车用钢年供货 80 万 t，与奇瑞汽车、长城汽车等汽车主机厂或配套厂建立了长期合作。

三、产品出口

山东钢铁集团日照有限公司产品出口市场以东南亚、中东、南美、非洲为主，覆盖韩国、沙特、巴西、印度等 33 个国家和地区。2023 年出口总量 54 万 t。

四、产能建设

山东钢铁集团日照有限公司规划两期，总产能 2000 万 t。已建成一期，年产铁 810 万 t、钢 850 万 t、钢材 790 万 t；二期正稳步推进。

冷轧产线：设计产能 280 万 t/a，其中热轧酸洗商品卷 80 万 t，最高强度 780 MPa，规格覆盖（1.8～12）mm×（900～1680）mm；冷轧退火商品卷 160 万 t，最高强度 980 MPa，热镀锌商品卷 40 万 t，最高强度可达 780 MPa，规格覆盖（0.3～2.5）mm×（900～1850）mm，定位于中高端汽车板、家电板产品。

热轧产线：设计产能 500 万 t/a，其中冷轧原料卷 298 万 t，热轧商品卷 102 万 t，平整分卷商品卷 100 万 t，产品定位于高品质热轧钢卷，规格覆盖（1.2～25.4）mm×（830～1900）mm。

中厚板产线：设计产能 310 万 t/a，其中 3500mm 产线年产能 130 万 t，主打"薄、宽、硬"产品，规格覆盖（4～50）mm×（1600～3250）mm；4300 mm 产线年产能 180 万 t/a，热处理设计产能 65 万 t/a，规格覆盖（6～120）mm×（1500～4100）mm，定位"高、精、尖"产品，突出"宽、特、厚"。

五、技术进展与研发能力

山东钢铁集团日照有限公司近三年研发投入近 57 亿元，研发投入占比 4.7%；建成"山东省新能源汽车用钢研发工程实验室""山东省先进钢焊接工程技术研究中心等 12 个科研平台，被认定为高新技术企业、山东省省级企业技术中心、山东省博士后创新实践基地等。于 2018 年建成专业的研发实验室，投资近 2 亿元，建筑面积 1.4 万 m^2，围绕产品开发和用户技术研究需要，搭建了工艺模拟、组织性能检测与分析、用户技术应用、焊接技术研究 4 个平台，配备高速拉伸机、透射/扫描电镜、电子探针、连退模拟试验机等国际先进仪器设备。

与哈工大建立了管件先进成形技术联合实验室，开发管成形技术，具备管件 EVI 设计，成形性分析，成形方案制定，管件试制等服务能力。

与长安汽车合作完成的 A 柱管件热成形项目，实现小总成减重 30%，抗拉强度达到 1500 MPa，并获得了汽车轻量化设计大赛二等奖。

汽车钢实现从软钢到高强钢全体系开发及供货，普冷高强钢最高达到 1180 MPa 级，镀锌高强钢达到 780 MPa 级；冷轧汽车钢年销售量 80 万，实现国内知名主机厂批量供货。

六、主要新产品

产品型号	产品名称	产品应用
J68-5600101	后围外板	奇瑞 T17/T19/FX11(T19EV)
J68-5701413	后顶横梁加强板	奇瑞 T19/T19EV/凯翼 FX11/凯翼 M01/凯翼 M01EV
J68-6101501	左前门外板窗框加强板	奇瑞 T18/T19/T19EV/T1A/T1D/T1E/凯翼 FX11/凯翼 M01/凯翼 M01EV
J68-5701411	后顶横梁内板	奇瑞 T19/T19EV/凯翼 FX11/凯翼 M01/凯翼 M01EV
501001353AA	后围外板	奇瑞 T1C/T1CPHEV
509001585AA	包裹架本体	奇瑞 M1A/M1AEV/M1D
T15-5701213	左天窗连接板	奇瑞 T15/T1C
J68-5600102	后围内板本体	奇瑞 T19/T19EV/凯翼 FX11/凯翼 M01/凯翼 M01EV
501001428AA	前舱左竖板本体	奇瑞 M36T
502002483AA	左 C 柱加强板	奇瑞 T19C

七、合资合作及重大项目建设

(1)2023 年 12 月 28 日，山东省人民政府与中国宝武钢铁集团有限公司签署合作框架协议及相关投资协议，宝武以市场化方式战略投资山钢集团、宝钢股份战略投资山钢日照。后续，宝钢股份将充分发挥管理、技术、人才和品牌优势，利用山钢日照的发展优势和独特的区位、资源优势，充分发挥购、产、销、研等协同效益，共同做强做优山钢日照，助力国家钢铁产业结构优化升级和高质量发展。

(2)山东省人民政府、中国宝武全力支持日照钢铁精品基地二期项目建设，共同筹划推进日照钢铁精品基地二期项目建设，新上二期项目钢产量 1150 万 t，形成日照基地 2000 万 t 钢生产能力，“十四五”末完成二期一步建设。

八、发展规划

山东钢铁集团日照有限公司以“做钢铁业高质量发展的示范者，做未来钢铁的引领者”为使命，以“建设高端智能绿色高效钢铁强企，打造世界一流精品板材基地”为愿景，在宝钢股份“1+6”发展战略指引下，落实“一体两翼”发展路径：“一体”即做强做优做大钢铁产业，建设钢铁强企；“两翼”即“存量提质、增量崛起”。

存量提质：牢牢把握高质量发展主线，坚持稳中求进工作总基调，坚持“四化”发展方向，坚持“四有”经营原则，以科技创新为核心驱动，以产品经营为主抓手，提质提效提分位，快速提升发展能级，全力以赴把山钢日照建设成为我国钢铁工业由大变强的标志性项目。

增量崛起：全面融入中国宝武钢铁生态圈，借力宝钢股份协同支撑，积极探索实践未来钢铁模式，谋划建设新一代绿色低碳示范钢厂，打造 2000 万 t 级世界一流精品板材基地，坚定不移把山钢日照建设成为绿色低碳智能高效发展新标杆。

坚持聚焦用户、持续改善和协同增效原则，深挖高端客户个性化需求，开发出满足用户个性化需求的“均衡型”汽车钢产品；在保证各项指标前提下，有效控制综合制造成本，赋“效”高附加值产品的市场拓量，助推冷轧汽车钢向“高端化、高强化”发展；贯彻落实绿色发展和高质量发展理念，形成镀锌热浴成形技术及产品、管件镦形技术及产品为代表的独有关键核心技术，实现该技术的国际领先者地位，创冷轧汽车钢行业一流品牌。

鞍钢钢材加工配送(长春)有限公司

一、单位概况

鞍钢钢材加工配送(长春)有限公司(简称“长春钢加”)，2004 年由鞍钢股份有限公司和蒂森克虏伯(中国)投资有限公司共同出资组建。2016 年 3 月，变更为鞍钢全资子公司。业务范围：开卷落料、激光拼焊(包括热成型拼焊)、纵剪，仓储配送及技术服务等。

2017 年 3 月天津分公司正式在天津市空港经济区西十四道 7、8 号车间注册成立，并于同年 9 月正式投产。公司地处空港加工区，紧邻京津塘高速，交通便捷，主要从事钢材产品的摆剪，横切，高强钢的生产加工，激光开卷落料、激光拼焊以及钢卷 JIT 配送等业务，为京津冀地区汽车制造行业提供产品及服务。

2018 年，成立子公司杭州钢加(鞍钢(杭州)汽车材料科技有限公司)。杭州工厂位于杭州富阳。可为客户提供开卷落料、纵剪、激光拼焊、仓储配送等产品及服务。

长春钢加通过长春、天津、杭州三地工厂，向东北、华北和华东地区的主机厂及配套厂提供服务。主要客户有一汽-大众、一汽红旗、一汽奔腾、一汽丰田、一汽解放、北京奔驰、长城汽车、沃尔沃、零跑汽车、合创汽车、高合汽车、特斯拉等。

二、生产与经营

长春钢加在激光拼焊领域的专业技术能力是领先同行业的核心优势。成立至今，被省、市、区政府及主机厂评定、颁发奖项共计 23 项。近三年来，长春钢加与国内、外剪切及焊接领域的先进设备供应商、各类科研机构和大专院校展开了大量的技术交流与合作，共完成生产设备改进提升 20 项，工艺改进 9 项，以及拥有设备编程的软件著作权 2 项。并于 2019 年通过了高新技术企业认证，2020 年通过绿色工厂的认证。2022 年获得长春市“专精特新企业”称号，2023 年 4

月通过省级专精特新中小企业认定,2023年7月成功通过第五批国家级专精特新"小巨人"企业认定。且连续多年被长春市、长春新区、高新区评为"安全生产先进单位""先进单位",连续多年荣获"吉林省守合同重信用单位""吉林省A级纳税人""经济发展突出贡献奖""增产增收先进单位"等荣誉称号。

三、产能建设

长春钢加长春工厂建有一条年产能10万t的开卷落料线、一条年产能200万片的直线激光拼焊线、两条年产能100万片的曲线激光拼焊线、一条年产能120万片的消融线、一条年产能10万t的纵剪线。

长春钢加天津工厂建有一条年产能为10万t摆剪生产线、一条年产能为200万片的激光拼焊生产线和储量为1万t的钢卷存放区及辅助设施。2020年为适应小批量多车型汽车主机厂需求,以及适应鞍钢深化产业结构,发展品牌效益,天津分公司从德国舒勒引进亚洲首条激光落料线,年产能为5万t落料产品。

长春钢加杭州工厂建有一条年产能10万t的德国舒勒钢铝混合开卷落料线、一条年产能10万t的纵剪线、一条年产能为200万片的激光拼焊生产线,仓储配送能力可达10万t每年。

四、技术进展与研发能力

激光拼焊领域的专业技术能力是本公司领先同行业的核心优势。长春钢加从事汽车车身用板材落料、拼焊加工业务,同时也参与主机厂车身零部件的设计与研发。2018年7月长春钢加与中科院上海光机所、鞍钢集团钢铁研究院联合成立实验室,共同研究开发汽车材料链接技术。推动产品技术共同进步,实现产业链的共同创新。长春钢加管理机制始终鼓励员工自主创新,优化、改进生产设备及工艺以达到降本增效的运营管理理念。自主创新小组自成立以来完成生产设备改进提升40项,工艺改进29项,并拥有发明专利2项,实用新型和软著若干项。

五、合资合作及重大项目建设

沈阳拼焊线填丝功能改造。

长春曲线拼焊线填丝功能改造。

六、发展规划

围绕客户需求,挖掘客户痛点,积极探索钢材加工领域前沿技术,与客户共同成长,成为客户最有价值的合作伙伴。

鞍钢联众(广州)不锈钢有限公司

一、单位概况

鞍钢联众(广州)不锈钢有限公司(简称:鞍钢联众),是华南地区重量级专业不锈钢生产企业,实现炼钢、热轧、冷轧退火酸洗、光亮一贯制流程生产。至2023年底,在职员工人数1700余人,公司主要生产不锈钢扁钢坯、不锈钢中厚板、热轧黑皮不锈钢卷、热轧白皮不锈钢卷、冷轧2D/2B/BA不锈钢卷等产品。钢种涵盖200系、300系、400系及双相不锈钢,实现钢种和表面等级全覆盖。产品广泛应用于建筑装潢材料、化工能源、食品医药、纺织设备、汽车零部件、集装箱、电梯、厨具刀具、家电等。

二、生产与经营

2023年粗钢产量135万t,同比上涨7.4%;钢材销售量129万t,同比上涨6.9% ;实现营业收入114亿元。

三、产品出口

鞍钢联众外贸出口占比约为10%,年均出口量在12~16万t,主要销售区域包括韩国、越南、泰国、土耳其、意大利、加拿大和墨西哥等。出口冷热比例约为3∶7。鞍钢联众汽车钢出口销售依据不同国家/地区的贸易环境,实施因地制宜的产品经营策略,一方面通过现代BNG、浦项海外工厂等进行冷轧加工后销往日韩、欧美汽车产业链;另一方面是依托韩国、泰国、土耳其、加拿大和墨西哥等当地加工中心的分销能力,销往当地汽车配套产业。得益于中国汽车产业的成熟配套,鞍钢联众汽车钢产品已获得外资、合资车企以及其排气系统企业的广泛认可,为鞍钢联众品牌进入海外车企供应链提供了重要参考与便利。

四、产能建设

具备炼钢产能200万t/a,热轧产能240万t/a,冷轧产能90万t/a,光亮产能15万t/a。

五、技术进展与研发能力

鞍钢联众生产汽车用不锈钢品种众多、种类齐全,经过十余年的研发生产,在汽车排气管领域,完成从冷端到热端全系列产品的研发,并在世界知名汽车企业中得到批量应用,包含有409、429、439、436、441、430J、444、UF400等钢种牌号;在车辆框架领域推出了一系列高强度和高耐蚀产品,包括有1.4003、1.4401、1.4404、301、304、316、316L等钢种;在新能源车领域研发了电池壳、电池扎带和高压油箱等适用材料。鞍钢联众通过与鞍钢集团内研究院以及集团外高校院所的合作,加强基础理论和共性技术研究,为产品研发提供强力支撑。鞍钢联众除按照计划研发新产品外,也将着力开展"EVI"服务,为用户提供客制化产品。

六、主要新产品

产品名称	产品型号	产品应用
UF400	归一化材料	理想增程式汽车
20LH-HT	电池包材料	零跑纯电动汽车、三一重工纯电动工程车
AL-JG-RS05	轮毂	浙江金固车轮

七、合资合作及重大项目建设

(1)提升产品成材率项目:鞍钢联众冷轧厂增建1套钢

卷准备生产线,2 套激光焊机,提升冷轧成品成材率 1 个百分点,节约标准煤近 1200 t/a。首次引进国产激光源和激光焊接头在钢铁板带行业应用,并实现摆动焊接头和焊缝跟踪功能,有效解决拼缝精度不够问题。

(2)加热炉水梁汽化冷却及烟气余热回收项目:鞍钢联众热轧厂引进水梁汽化冷却节能新技术,将 1 号加热炉原水冷式支撑梁升级改造为汽化冷却梁,通过将纯水加热转化成蒸汽,同时增设余热锅炉,回收高温废气,将 280℃的高温烟气经省煤器将纯水加热生成 150℃的过热蒸气,供下游冷轧厂使用。该项目的实施,可减少年用电量 560 万 kWh,降低煤气单耗 12%,减少 CO_2 排放 20 万 t。

(3)厂房屋顶光伏发电项目:鞍钢联众 2023 年建成 29.13 MW 分布式光伏发电项目并成功并网发电,成为当前广东省单体容量最大的分布式光伏电站。该项目充分利用厂区 30 万 m^2 厂房屋顶资源铺设太阳能板,每年可为鞍钢联众提供 3000 万 kWh 清洁电力,节约标准煤近 7500 t,减少 CO_2 排放 20000 t。

(4)装备节能升级改造项目:鞍钢联众提升能源管理工作效能,搭建能耗在线监测管理系统,强化能源要素监控、管控水平,推进氢氧焰替代铁粉-氧气切割钢坯,电炉电极控制系统升级,风机、水泵变频和伺服改造等项目,可节约标准煤近 9700 t。

(5)超低排放项目:鞍钢联众积极推进超低排放改造工作,搭建环保集中管控平台,提升环保监管效能。投入将 4 万 m^2 的原料储区升级为封闭仓库,并增设雾炮抑尘系统。

公司围绕 2024 年具备超低排放验收条件的总目标,加快清洁运输、超低排放规范化管理等工作推进。

八、发展规划

(1)鞍钢联众充分发挥品种优势、区位优势和技术创新优势,着力开发高效产品市场,优化产品结构,利用高效产品市场广、进入门槛高、用户黏度高的优点,提升企业竞争力。

(2)鞍钢联众发挥绿色低碳优势,打造“绿色工厂”,持续推进“超低排放”改造和固废资源回收利用项目,打造“低碳排放”绿钢供应链。

本特勒投资(中国)有限公司

一、单位概况

本特勒集团是一家全球性的家族企业,服务于汽车,能源以及机械工程领域。

作为金属材料处理的专家,我们在全球范围内研发、生产、配送与安全相关的产品、系统及服务。本特勒集团有无可争议的市场地位,在全球汽车底盘、汽车结构件、碰撞管理系统、安全气囊管材、凸轮轴系统等领域有着领先的市场占有率。

本特勒集团下属四个事业部:汽车零部件事业部、汽车模块事业部、钢管/钢材事业部和 HOLON 自动驾驶巴士事业部,在全球 26 个国家拥有员工两万三千多名。

二、生产与经营

本特勒汽车零部件及模块事业部是全球领先汽车厂商的合作伙伴。

我们为客户提供定制化的解决方案,主要产品有:底盘模块、底盘副车架、底盘连杆控制臂、车身结构件、发动机系统和排气系统零部件、新能源汽车电池盒以及电动汽车等。

本特勒的核心工艺涵盖钢材的材料制造、成型、组装、焊接、机加工和表面处理以及铝材的铸造、挤压、成型、焊接、机加工和表面处理。

我们在全球范围内,与业务伙伴一起充分利用规模优势快速响应市场,力求让车辆变得更轻量、更耐用、更环保,为全球客户打造高品质、高性价比的产品,致力于实现更加轻量化、更安全、更绿色的出行。

三、产品出口

本特勒亚太与国内外主机厂保持着紧密合作,不仅仅面对国内需求,更将合作扩展至海外市场,伴随着主机厂的工厂足迹供货。产品出口日韩、东南亚地区;更与本土供应链合作,技术推进,远销欧美。

四、产能建设

本特勒汽车的足迹遍布全球汽车产业主要地区。

在欧洲、亚洲、北美、南美、南非等地拥有 73 个生产基地,17 个工程中心和 4 个测试中心。

自本特勒于 1998 年在日本名古屋设立办公室算起,今年已是本特勒在亚太经营的第 26 个年头。至今,本特勒在亚太已遍布中国、印度、日本、韩国、泰国等 5 个国家,拥有 3 个研发中心、16 家生产基地。国内主要分布于东北、华北、华东、华中、西南和华南等地区。

五、技术进展与研发能力

本特勒作为拥有近 150 年历史的金属工艺专家,坚持质量为本、品质稳定可靠,凭借丰富的行业经验和持续的技术创新,不断推动产品升级和行业进步。这种经验和技术优势,结合持续贴近客户需求、引领客户需求的成本意识,使得本特勒在应对市场变化和客户需求时更加从容和高效。

本特勒深耕底盘模块装配领域,凭借强大的设计能力可以帮助整车厂基于整车性能向下分解,逐步确立对底盘系统及其零部件设计要求,从而实现全服务的底盘模块装配能力。

本特勒特有的 U-O 卷管成型技术,广泛应用于多连杆和扭力梁等多种悬架结构,在实现轻量化的同时大幅降低成本,并通过平台化设计助力客户在标准化和灵活化之间找到平衡。

作为汽车热成型技术的先驱,本特勒从单一零部件到一体式单门环,再到一体式内外双门环以及钢制电池盒,正是本特勒从市场需求出发,结合自身技术优势和创新能力,成功研发出的具有竞争力的产品。

一体式内外双门环:在上一代热成形激光拼焊内外门环和前后大门环的单侧双环结构基础上,将整个乘员舱部位的侧围结构件，即A柱、B柱、C柱和门槛的合围区通过热成形技术整合成一体式环状结构，在保持甚至增强强度的同时显著减轻了重量，并从根本上简化了车身侧围总成的供应链流程。

热成形钢制电池盒：兼顾了性能、重量和成本的平衡，利用本特勒钢铝点焊技术，巧妙地将铝合金水冷板与热成形承载框架连接在一起。相较冷成型钢制电池盒，展现出优异的高强度性能和几何精度，与铝制电池盒相比还可大幅降本，为电动车的集成设计带来更多创新和可能性。

无论是钢制还是铝制，甚至到其他轻量化材料的应用，本特勒始终致力于成为金属加工界的翘楚。

为了进一步增强在自动驾驶领域的发展，顺应电气化浪潮，本特勒创立了新品牌HOLON，进一步专注于纯电动和自动驾驶业务。首款产品HOLONMover是一款无人驾驶接驳巴士，可用于各种城市交通场景。它是世界上首批符合汽车行业标准的自动驾驶巴士，配有电动双翼门、光电传感器、无障碍坡道、自动固定轮椅、盲文信息和视听指南，能够以最高60 km/h的速度前进，纯电续航里程达290 km。

六、主要新产品

续上表

产品名称	产品应用
底盘前、后副车架	知名乘用车主机厂
底盘扭转梁	知名乘用车主机厂
底盘连杆	知名乘用车主机厂
车身结构热成型件	知名乘用车主机厂
一体式单门环	知名乘用车主机厂
电池盒	知名乘用车主机厂

七、合资合作及重大项目建设

2023年本特勒与海纳川签署合资合作协议，整合双方技术、生产、运营等多方位优势，在汽车底盘模块领域强强联合，为客户创造更大价值。

本特勒天津工厂扩产以更好应对国内优秀造车新势力的订单需求。

八、发展规划

本特勒亚太面对动态变化的市场，不断保持创新，提高车辆效率，降低环境影响，顺应中国汽车市场电动化、智能化、网联化、共享化的大趋势，探寻和开拓汽车轻量化、新材料、铝产品、模块化及电动汽车相关业务，成为车身系统、车身轻量化、底盘零部件、底盘模块及电动车领域的全方位服务供应商，伴随汽车“新四化”的浪潮，助力腾飞。

航宇智造(北京)工程技术有限公司

一、单位概况

航宇智造(北京)工程技术有限公司(简称“航宇智造”)于2013年成立，公司总部位于北京，是一家为航空航天、汽车制造、轨道交通等行业提供特种工艺装备和高性能结构系统解决方案的专精特新企业。公司基于航空特种工艺技术，创新研发出国内第一条水胀生产线(2014年)、第一条热气胀产线(2020年)、第一套全自动模具(2012年)等，其自主研发的高压流体胀形工艺先后获得两次工信部国家重大专项04专项高端数控机床与基础制造装备的支持并通过验收，已完全实现国产化，同时获得国内及国际知识产权授权，并获得“工业母机”专项的支持。

公司成立十年来，持续深耕“硬科技”攻坚克难。首创类骨骼轻量化管梁车身超高压流体热气胀成形设备，填补国内空白；首创隐身战机钛合金矢量喷口与空心风扇叶片多层超塑工艺设备，破解“卡脖子”难题；大尺度民航客机蒙皮拉形设备，补“制造强国战略十大重点产业”领域的短板。

二、生产与经营

经过长周期的技术研发及市场推广，公司业绩连年翻番。在汽车领域已获得日系丰田、德系奥迪、美系福特以及国产吉利吉氪等知名厂商的量产订单；同时航空航天领域发展迅速，在飞机发动机、机身、机翼等部位均获得客户认可与生产订单，并为大量军工企业提供装备和技术支持。

三、产品出口

公司打破国外技术壁垒，掌握了超高强钢管梁车身构件热气胀成形工艺，推动汽车轻量化结构设计，热气胀零部件实现国外进口替代，并已做好产品和技术反向出口北美和欧洲的技术准备工作。

四、产能建设

航宇智造拥有合肥和天津两个汽车零部件制造工厂。合肥工厂成立于2020年，具有热气胀管梁的全自动化量产能力，厂房面积1万m^2，基地内设备齐全，满足大规模热气胀零部件的量产需求。该产线先后完成了福特福克斯、极氪汽车、福特Bronco等多个车型热气胀零件的批量供货，产品质量稳定性、生产节拍、能耗水平和生产环境均优于国外同类产品。天津工厂成立于2017年，主要生产汽车管材超高压液压成形零部件，量产客户包括天津一汽丰田、小鹏汽车等。

五、技术进展与研发能力

公司拥有几十项核心专利和软件著作权，已完水胀技术、热气胀技术、多元材料混合成型技术三个领域的国内外专利群布局。参与了多个国家科技重大专项、国家重点研发计划项目，依托自有专业技术能力，解决行业重大问题：国际上首次提出“管板复合充液成形工艺”，产品应用于波音747-8飞机翼尖蒙皮上；国际上首次提出“近等壁厚极小半径弯头流体高压成形工艺”，历时8年研发，通过发动机长试车考核，该系列产品已批量应用在我国若干重点先进航空发动机型号项目上，显著降低了发动机管路系统故障率，获得中国航发科技进步三等奖；国际上首次提出“力约束管材自由胀形性能测试方法”，基于“对称液压伺服轴主动跟随控制策略”实现复杂零件成形过程力和位移的同步伺服控制；创新研发出国内第一条水胀生产线（2014 年）、第一条热气胀产线（2020 年）、第一套全自动模具（2012 年），并正在开展热气胀与注射一体化混合成形装备的开发工作。

六、主要新产品

产品型号	产品名称	产品应用
1500MPa 超高强钢	超高强钢热气胀 A 柱	极氪 MIX
2000MPa 超高强钢	超高强钢热气胀 B 柱	极氪 MIX
1500MPa 超高强钢	超高强钢热气胀上边梁	福特烈马

七、合资合作及重大项目建设

公司业务迅速发展的同时亦获得资本市场的广泛关注，已获得股东数亿元的股权投资，为公司的快速发展保驾护航。后期重点发展建设上车身超高强管梁热气胀、多元材料混合一体成形产业化产线；开发并验证上车身超高强车身管梁及多元材料一体成形零件；形成上车身超高强管梁+下车身一体化压铸的创新车身设计与制造体系化方案，实现上车身一体化成形成套装备创新开发及应用，为中国新能源汽车提供代差优势的基础制造装备及生产线，加速提升整车国际竞争力，推动基础制造装备产业升级。

八、发展规划

以独有的超高压成形、蒙皮拉形、复材成型、热气胀+快冷强化成形等航空航天、轨道交通、汽车制造领域的轻量化产品需求为导向，开展先进制造核心工艺装备研发、成套设备研发与系统集成，基于 AR&VR 和 MES 系统的智能制造车间、绿色工厂规划建设等工作，促进我国高端制造业向核心技术自主化、制造装备智能化、制造过程绿色化方向发展。

上海剑平动平衡机制造有限公司

一、单位概况

上海剑平动平衡机制造有限公司（简称“公司”）成立于 2004 年，是一家从事动平衡机研发、设计、生产制造、技术服务、检测、安装为一体的国家高新技术企业。

公司以“专而精、精而强、互联网+智能制造”为发展战略；公司产品以自主研发为基础，产品拥有核心知识产权，集“持续性研究开发，多元化设计，符合国际化标准生产”于一体。2017 年、2020 年、2023 年 3 次获得国家高新技术企业认定，公司 2020 年、2023 年 2 次荣获上海市专精特新中小企业，2021 年 4 月通过《知识产权管理体系》认证，2021 年 8 月通过“宝山区企业技术中心”认定，2022 年 2 月通过 CNAS 实验室认可。公司通过了 ISO9001、ISO14001、ISO45001 管理体系和欧盟 CE 认证。历时近二十年发展，拥有发明专利 2 件，软件著作权 20 件，实用新型专利 39 件，外观设计专利 6 件，处于实质审查阶段的发明专利申请 10 件。

二、生产与经营

公司执行全生命周期研发管理体系，跟踪世界动平衡机技术与标准的发展，研发世界创新自动化平衡机产品，在“品质、交期、按时率、效率”等核心指标达国际水平，成为领域技术和市场引领者。

三、产品出口

公司多款产品打破国外垄断，填补国内空白。公司产品出口到一百多个国家和地区，客户有：法国伦茨、德国舍弗勒、匈牙利利纳马、特斯拉等。

四、产能建设

公司有生产面积约有 20000 m^2，现有员工 250 多人，年生产平衡机 1500 余台。公司生产正在向数字化、智能化方面发展。

五、技术进展与研发能力

公司产品新能源电机转子全自动平衡机，经过比亚迪的使用验证，性能优越、精度高，受到比亚迪的认可。在全自动平衡机和高速平衡机领域，取得了优异的成绩；公司现有研发人员 63 人，有博士 1 人，硕士 5 人。

六、主要新产品

产品型号	产品名称	产品应用
A1WZ1	新能源电机转子全自动平衡机	比亚迪纯电动轿车、长城汽车
PHQ-50	圈带平衡机	比亚迪纯电动轿车
A1WH2-100	传动轴专用平衡机	中国一汽

七、合资合作及重大项目建设

（1）2024 年 2 月，公司产品“新能源汽车动力总成转子全自动平衡机”通过“上海品牌”认证。

（2）2024 年 3 月，公司 15000 m^2 标准化新厂房投入使用。

（3）2024 年 5 月，公司将举办成立 20 周年庆。

（4）2024 年，公司将建立智能化仓储系统。

八、发展规划

公司中长期的发展战略规划是“做中国最好的动平衡机”，实现公司持续、快速、健康发展。在人才引进和培养方面，从学校招聘相关专业的硕士生，进行培养；在产品研发上，产品继续向自动化、高精度、高速平衡机方面发展，提升软件操作系统功能、产品设计结构。产品依托“上海品牌”优势、技术、人才、市场，实现从区域品牌到国际品牌，不断创新，促进企业可持续发展。

三、燃料电池领域

北京亿华通科技股份有限公司

一、单位概况

北京亿华通科技股份有限公司(简称“亿华通”)成立于2012年,作为一家集氢能与燃料电池研发与产业化为一体的国家级高新技术企业,既是中国氢能与燃料电池产业发展的先行者和核心推动者,也是国内一家同时在“A+H”股上市的氢能公司,现已形成了氢能和燃料电池两大业务发展格局,构建了“双轮驱动”发展战略。

在产业化方面,亿华通建设了中国第一条批量化燃料电池发动机生产线,并成为国内第一大国产电堆供应商。产品实现了从客货运输、市内公交、到冷链、环卫的陆路交通应用场景全覆盖。

在商业化方面,亿华通与合作伙伴开发了国内首台燃料电池商用车。亿华通已与国内三十多家整车企业合作,共同发布121款燃料电池汽车整车公告。搭载亿华通燃料电池的3000辆汽车在23个城市持续运营,安全运行里程近2亿km,安全运行时间超过230万h。2022年北京冬(残)奥会期间,1200余辆燃料电池汽车服务冬奥,其中724辆搭载亿华通氢燃料电池系统,圆满完成冬(残)奥会交通接驳任务,开创了氢燃料电池汽车大规模服务全球赛事的先河。

在基础设施及生态建设方面,亿华通在北京建设了国内第一座车用加氢站,至今一直安全运营。此外,亿华通还与张家口市政府合作,打造了国内第一个可再生能源与燃料电池发展的生态耦合。

二、生产与经营

自主研发了具有完全自主知识产权的国产大功率燃料电池发动机,形成从双极板、MEA、电堆、DC/DC、控制器到燃料电池发动机在内的纵向一体化产品布局。产品的成本、性能、寿命都有了大幅度的进步和提升,达到国际先进水平,可以满足大规模商业化的需求。此外,我们已经把以单一的交通应用向发电、储能、冶金等产业发展,重点突破高效膜电极、大功率电堆、兆瓦级热电联供系统等方面的关键技术,例如最新发布的氢雲热电联供系统和PEM制氢系统,实现高性能的设计与集成,市场空间实现了倍增,而且有望解决风电、光电的波动性的大难题,真正实现源网合储。

2023全年氢燃料电池汽车累计实销7760辆,其中亿华通累计配套1631辆,排名第一。装机量方面,2023全年装机量753.5 MW,其中亿华通累计装机量第一,占比21.1%。在拿下榜首的同时,两项数据均甩开第二名超过11.3个百分点,可谓“遥遥领先”。

2023年以来,亿华通燃料电池系列产品应用场景由前期单一公交领域商业化示范应用向环卫、城市物流配送、冷链运输、渣土运输、大宗货物等多场景示范应用转变,并与北汽福田、飞驰、宇通、一汽解放等30多家企业建立了稳固的长期合作关系,整车企业合作数量行业第一。

亿华通在市场占有率、燃料电池汽车公告、整车企业合作数量等方面处于领先地位。累计装车3600+辆,运营涉及中国北京、张家口、成都、淄博、上海、唐山、广州、郑州等城市,澳大利亚等国家,共23个国家和城市,累计运营里程超过2亿km。

三、产能建设

2016年亿华通在张家口落户,建立了华北地区产业基地,也是中国第一条万台及半自动化生产线。我们在张家口率先实现了燃料电池发动机量产,年产能达到2000台。同时,我们还在张家口投资建设了国内规模最大的可再生能源制氢厂,利用当地丰富的可再生能源,实现“绿电”制“绿氢”。这个制氢厂能够与北京永丰加氢站、张家口创坝加氢站协同发展,率先实现了制、储、运、加、研、用全产业链条发展格局。

四、技术进展与研发能力

亿华通拥有先进的技术研发能力,已组建一支以博士后领衔的超过300人的研发团队,先后承接了37项国家/省部级课题,其中国家级课题20项,同时建立了严苛测试验证体系,可从产品可靠性和耐久性,环境适应性,电气安全、电磁兼容、氢安全,车辆动态路试验证等维度进行21项严苛测试,形成了功率覆盖30 kW~240 kW的燃料电池产品体系。

其次,亿华通建立了完整的自主专利体系,2023年,在燃料电池方向专利,世界第六,中国第一。并且亿华通完成了纵向一体化布局,形成从双极板、MEA、电堆、DC/DC、控制器到燃料电池发动机在内的纵向一体化产品布局,研发协同效率成倍提升。

近两年,我们致力于攻坚冷启动、低氢耗和高可靠性方面的核心技术,并取得了国际领先的成绩。实现-30℃的环境下放置超过8小时后116秒超低温冷启动成功,满足高寒地区整车需求。低氢耗方面,开发了目标功率跟随的全工况自适应节能控制策略,氢耗水平优于国际竞品30%以上,成为行业唯一获评科技部优秀国家重点研发计划的项目。高可靠方面,通过研发设计方法与健康度管理技术,提升了车辆寿命的同时有效降低故障率。

截至2023年6月30日,亿华通领导或参与制定了39项燃料电池系统的国家或行业标准;荣获32项技术奖项、荣誉资格和国际认可;累计获得授权专利1000余项,软件著作权103项。2023年以来,我们燃料电池方向的专利,世界排名第六,中国排名第一,并获得多项行业高质量的荣誉。

2023年,我们完成了高低频耦合的单片级交流阻抗测量技术、三级闭环快速冷启动技术及高性能引射匹配液氢技术等的开发,采用多项自主集成技术,攻克了燃料电池系统耐久性健康管理技术,实现了全工况近零功率氢循环和热量自动平衡,解决了系统集成度低、效率低、氢耗高等问题。系统功率密度820 W/kg、峰值效率60.70%、冬季氢耗下降12%并实现-35℃低温启动、-40℃低温储存,领跑行业。同时,我们不断拓展氢能应用场景,探索可再生能源电解水制氢耦合燃料电池发电的氢储能路径。自主研发的 PEM 电解水制氢系统具有完全自主知识产权,零部件国产化率高达 100%,具备秒级动态响应速度、更高的电解效率及产氢压力。

产学研结合方面,基于企业攻坚技术,亿华通与清华大学共建高水平研究室、共建实验室,与北京化工大学、河北北方学院等签署产学研战略合作协议。结合“产、学、研、用”开展技术攻关及产业化工作,全面开展产教融合、校企合作,培养高素质人才,促进氢能产业发展。同时,亿华通还设立教育基金,激励更多人才投身氢能和燃料电池行业的未来发展。

五、合资合作及重大项目建设

企业已经与多家整车企业开展商业合作,合作范围包含氢燃料电池装机、技术共研等多领域,相信随着氢能高速试点的扩大运营,在张家口-北京-唐山线;张家口-北京-天津线;张家口-北京-天津-淄博-青岛线利,用亿华通产品及零、配件的跨城市运输场景将为后续燃料电池汽车合作积累更多场景。

2023 年,我们在张家口拿到了 200 MW 风氢一体化源网荷储的制氢项目,这是河北省首个大规模风氢融合项目,主要就是用张家口的风电来做电解水,来制氢。经过初步测算,项目达产后,每年可产约 9000 t 绿氢,这就有望将绿氢成本降至 18 元/kg 以内。同时,亿华通联合张家口市三十多家氢能产业链企业,发起成立了“跨越行动战略合作联合体”,启动氢能产业跨越行动方案,构建规模更大、链条更长的氢能产业集群。

在以唐山为代表的重工业城市,与整车、钢铁企业合作,摸索出利用钢铁厂自有工业副产氢为运输车辆提供低成本氢气的路径,塑造了高经济性的氢能重卡应用闭环模式,从源头解决了现阶段用氢成本高所导致的氢车推广难问题。

六、发展规划

下一步,亿华通将聚焦氢能产业发展面临的关键问题,不断探索可持续的商业模式,降低绿氢生产成本。例如深度推进以张家口、新疆等风光氢储综合一体化项目为代表的“绿氢”供应体系建设,并在以唐山为代表的重工业城市,使用副产氢为当场运输车提供燃料,打造钢厂场景下的低成本氢气应用闭环模式。此外,我们会稳步推进氢能多元化示范应用,积极开展储能领域和发电领域商业化推广,打造低成本绿氢保障,支撑氢能产业高质量发展。

新源动力股份有限公司

一、单位概况

新源动力股份有限公司总部位于大连,是由中国科学院大连化学物理研究所等单位于 2001 年发起成立的中国第一家股份制燃料电池公司,主营业务包括氢燃料电池膜电极、电堆、系统以及测试台架的研发、制造、销售及技术服务。

成立二十多年来,新源动力始终坚持自主创新,逐步建立健全了产品开发体系、生产管理体系、测试评价体系以及售后服务体系,掌握了燃料电池电堆及零部件正向开发、批量制造工艺的核心技术,拥有燃料电池电堆、系统及关键零部件工程技术、工艺验证以及测试平台和氢源技术工程化实验平台等国内先进的燃料电池产业化平台,在技术开发、产品应用、平台与体系建设、产业链培育与布局等方面均取得了阶段性进展。新源动力于 2018 年通过 IATF16949 质量体系认证,产品开发、生产制造严格按照质量体系要求高标准执行,保证产品的性能竞争力;同时新源动力有着清晰的降本路径,持续进行产品的降本工作,保证产品的价格竞争力。针对产品服务,新源动力制定了快速服务响应方案,进一步提升客户满意度。

新源动力是国家发改委授牌建设的国内唯一的“燃料电池及氢源技术国家工程研究中心”,通过了 ISO9001 等质量体系认证。其燃料电池产品经过严苛的车规级产品验证,可满足乘用车、客车和货车等道路车辆动力系统需求,还可广泛应用于叉车、工程机械、矿卡等非道路车辆、轨道交通、船舶、航空、分布式发电、热电联供以及备用电源等领域。新源动力燃料电池产品已经形成 70~300 kW 功率的 HYMOD 系列化燃料电池电堆模块,以及 60~260 kW 级的 HYSYS 系列化燃料电池系统产品,所有产品均具有完全自主知识产权。新源动力已建成世界领先的燃料电池膜电极、电堆和系统生产线,同时具备国际一流燃料电池测试评价能力。

新源动力战略定位:成为享誉世界的燃料电池解决方案提供商。

新源动力愿景为燃料电池驱动世界;企业使命为以创新报国为己任,致力于燃料电池产业化;企业价值观为有益社会、创造价值、客户满意、团队成长。

二、生产与经营

主营产品:燃料电池膜电极组件、电堆、系统以及测试台架,所有产品均具有自主知识产权。

截至 2023 年底,新源动力核心零部件已累计装车超过 1500 辆,运行里程超过 3500 万 km。全国 12 个城市有搭载新源动力产品的燃料电池汽车车队在运营。

三、产能建设

新源动力具备燃料电池系统/电堆 10000 台(套)/年的集成试制和工程技术验证能力。

四、技术进展与研发能力

新源动力是国家燃料电池技术标准制定的副主任委员单位,同时也是高新技术企业。2006 年,新源动力获得国家人事部批准设立“博士后科研工作站”;2016 年,新源动力通过企业知识产权管理体系认证,成为行业内唯一的“国家级知识产权示范企业”;2019 年,“燃料电池汽车关键技术研发及其产业化项目”荣获“中国汽车工业科学技术进步特等奖”;同年,“高功率密度燃料电池薄型金属双极板及批量化精密制造技术”获得“上海市技术发明奖特等奖”;新源动力的燃料电池电堆技术先后在 2019 年、2020 年两届全球新能源汽车大会上斩获前沿技术奖和创新技术奖,是科技部燃料电池技术攻关的“主力军”,关键技术已达到国际一流水平,是我国燃料电池发展水平的前沿核心技术,代表了我国燃料电池的最先进技术。2021 年,新源动力燃料电池电堆实现-40℃无辅助低温启动;“高可靠性燃料电池模块及核心零部件开发”项目被认定为首批“大连市氢能综合利用示范工程”项目;“车用高功率氢燃料电池电堆精准设计制造及产业化”荣获中国机械工业科学技术奖“一等奖”;“大功率车用燃料电池电堆关键技术开发”项目在首届全国颠覆性技术创新大赛获得优胜;2022 年,“车规级无空气增湿金属板燃料电池关键技术及产业化”“全功率燃料电池整车及系统关键技术开发与应用”项目,获得 2022 年度中国汽车工程学会科学技术进步奖一等奖;燃料电池电堆-40 ℃低温无辅助启动项目在《节能与新能源汽车技术路线图 2.0》中,被评为 2022 年度标志性进展技术;2023 年,新源动力荣获国家级专精特新“小巨人”企业;同年荣获我国首个船用燃料电池模块、系统双认证。

新源动力自 2008 年全国燃料电池标准化技术委员会成立之初即为燃标委会副主任委员单位,先后主持及参与起草了 60 项燃料电池国家和行业标准,承担了具体的燃料电池国标制修订工作,截至 2023 年底,累计申请自主知识产权专利技术 645 项,涵盖了质子交换膜燃料电池发动机系统关键材料、关键部件、电堆、系统等各个层面。积极推动了燃料电池的商业化应用进程。与此同时,新源动力先后承接了 47 项国家和省市项目,与国内外知名高校、科研院所及企业,通过产-学-研-用结合的方式,实现了商业化转化,包含关键材料、关键部件和燃料电池电堆的产业链示范体系已经形成,培养了我国优秀的燃料电池专业研发和产业团队,推动了燃料电池电堆技术链的完善和提高。

新源动力已开发低铂高性能膜电极,铂担量可低至 0.2 gPt/kW,同时掌握其批量制造技术以及超薄金属双极板设计技术;开发单堆最高功率 200、体积比功率 6.0 kW/L 的长寿命低成本电堆;开发单堆系统功率 160 kW、质量比功率 700 W/kg 的车规级高集成系统。作为技术领先的科技型公司,新源动力专注于产品开发二十余年,产品、技术不断更迭,产品性能、可靠性、寿命及成本在质变领域均得到长足且大跨步的提升,功率的提升,空间布局整合能力的提升,体积比功率从 1.8 到 6.0,低温启动从 0 到-40 ℃等,充分体现了新源动力的产品开发能力。

在国家发改委和大连发改委的支持下,新源动力已完成二期创新能力的技术研发、产品开发及测试服务等平台能力建设,成为国内研发和试验测试能力最强的国家级创新平台,其测试中心于 2022 年通过 CNAS 实验室认可。

五、主要新产品

产品型号	产品名称	产品应用
HYMEA	燃料电池膜电极	电堆
HYMOD-70	燃料电池模块	60 kW 级别系统开发
HYMOD-110	燃料电池模块	100 kW 级别系统开发
HYMOD-150	燃料电池模块	120 kW 级别系统开发
HYMOD-200M7	燃料电池模块平台	160 kW 级别系统平台开发
HYSYS-70	燃料电池系统	60 kW 系统,应用于乘用车、商用车
HYSYS-100	燃料电池系统	100 kW 系统,应用于商用车
HYSYS-120	燃料电池系统	120 kW 系统,应用于商用车
HYSYS-160M7	燃料电池系统平台	160 kW 系统,平台产品,应用于商用车
HYFTB-M/S	燃料电池测试台架	电堆及系统测试台架

六、发展规划

新源动力的战略目标是成为具有国际竞争力的燃料电池电堆及系统供应商,同时通过力争 3 年登陆科创板上市,借助资本市场发展成为创新驱动与市场化拓展双轮驱动高速发展的高科技成长企业。未来 5 年公司将进一步加大研发投入、产业布局和产能扩充,建立集团化组织与品牌体系,争创行业品质世界一流。

德燃(浙江)动力科技有限公司

一、单位概况

德燃(浙江)动力科技有限公司(简称“德燃动力”)成立于 2017 年 7 月,总部位于浙江清华长三角研究院,在上海设有技术中心,在重庆、安徽等设有全资子公司,拥有先进的氢燃料电池发动机及核心部件生产基地、试验与试制中心,与同济大学成立联合实验室,与浙江清华长三角研究院联合成立氢燃料电池汽车技术研究中心,和德国下萨克森州汽车研究中心成立中德氢燃料电池汽车联合研发中心。公司核心骨干为国内最早从事燃料电池发动机开发与示范运营的团队成员,具有领先的燃料电池技术,历经奥运会、世博会、亚运会等多轮国际重大示范,积累了丰富的产业化经验。

德燃动力以核心技术与部件为业务支撑,实现了 1-4-7-1 整车-系统-部件-服务的业务布局,产品覆盖燃料电池观光车、系统产品(动力系统、燃料电池系统、车载储氢系统、氢能发电装备系统)、核心部件(空压机、供氢回氢组件和气水分离器等)、工程服务等板块。已完成了数十款产品定型与车型配套,突破行业“卡脖子”技术,获得国内外一线车企的合作与认可。产品符合车规级标准要求,形成了完善的研发体系与企业技术标准。

公司拥有数十项发明专利、实用新型专利、软件著作权,商标权属。参与承担近 30 项国家与省市级科研项目及行业、地方的多项标准编制。公司被评为国家高新技术企业、浙江省科技型中小企业、浙江省专精特新企业,荣获“创新嘉兴·精英引领计划”领军人才 A+,浙江省级高新技术企业研究开发中心,浙江省首台套产品等,中科协全国双创活动“2019 颠覆性创新潜力榜全国 40 强”,中国隐形独角兽 500 强,中国汽车隐形独角兽等荣誉。

二、生产与经营

德燃动力具备国内最为全面的燃料电池系统及部件的测试能力，是国内唯一具备自主完整关键部件支撑的系统产品企业，也是国内少数具有正向开发能力的企业。公司实现了“系统-部件-服务”的全方面战略布局，实现了全场景产品应用，已累计完成3大系列30多款车型的产品配套开发，并通过工信部产品公告，实现小批量供应与上线运营，是国内车型覆盖最全的燃料电池系统供应商之一。

德燃动力在乘用车领域的合作客户包括一汽、长安、大众、上汽、北汽、广汽等；在商用车领域的合作客户有上依红、陕汽、中车、吉利商用车、安凯客车、中通、奇瑞万达、江淮等。

三、产能建设

德燃动力在总部设有氢燃料电池发动机及核心部件研发与生产基地，已具备年产千套级燃料电池发动机的生产组装能力和配套的检测检验能力，整个厂区设燃料电池系统产线与测试区、零部件产线与测试区、仓储区、动力系统与车辆调试区、办公区、室外车辆调试场。规划在建年产3000套车用燃料电池动力系统及核心零部件生产基地。

四、技术进展与研发能力

德燃动力技术研发专注于车载领域，遵照车规级开发规范，符合国际化燃料电池汽车产业化路径。以发动机系统为核心，辅以动力总成与储氢系统技术形成闭环迭代。自成立以来，已完成了国内多家一流车企的多款车型开发与配套，并发布多款自主研发的燃料电池发动机与核心部件产品，其中红旗、长安、红岩等配套车型技术指标国内领先，尤其是在乘用车领域处于技术与产品的绝对优势，对商用车领域的竞争将形成技术降维覆盖与未来的规模化导入等持续优势。公司通过了ISO9001:2015以及IATF16949认证，并对业务领域内产品进行了完善有效的专利覆盖，发明专利申请逐年增加。

公司与同济大学成立联合实验室，与浙江清华长三角研究院联合成立氢燃料电池汽车技术研究中心，和德国下萨克森州汽车研究中心、氢燃料电池汽车技术研究中心成立中德氢燃料电池汽车联合研发中心、与长安大学建立联合实验室、与中科院浙江分院建立研究院平台，集聚了国内外顶尖的优质资源。

德燃动力具备先进的燃料电池系统技术及产品，主要包括：(1)架构先进性：全工况多物理量全解耦架构，自主可控BOP核心部件，高集成度氢、空、热子系统，具有高功率密度、强动态响应、快低温启动、长使用寿命等优势；(2)乘用车规级产品化验证：通过DV验证、振动试验、机械冲击、IP等级、低温存储与冷起、电磁兼容、道路验证测试、转毂、高温、高寒、高原、碰撞、耐久测试等；(3)控制软件：多维智能诊断、主动容错最优状态自适应闭环控制、气-水-热-电多重解耦、在线阻抗监测实现湿度精准控制及寿命预测、超20万行代码体量，完善的控制功能、20年团队经验数据库与精细化标定积累。

氢燃料电池发动机产品：自主研发的燃料电池系统已实现5~200 kW功率范围的覆盖，可满足乘用车、客车、物流车、重卡、市政环卫等整车应用场景，MW级在船舶、机车、叉车、储能发电等领域探索应用。发动机产品基于自主开发的核心部件，采用中高压进气与引射回氢技术路线，具有配套多种应用场景的车型产品方案供用户选取，高度的集成化设计，具高可靠性与安全性。

关键部件产品：氢燃料电池发动机专用空压机完全自主研发，采用高速电机直驱、离心式增压、无油润滑等技术，有效降低传动系统噪声，避免润滑油泄漏导致电堆损坏，更符合中高压电堆对高压比的运行要求。

供氢回氢组件产品，采用电控喷氢+引射回氢的国际主流技术路线，满足各工况范围内氢循环要求，实现大工况范围内高当量比的氢气循环效果，并有效提高氢气利用率。

氢燃料电池观光车产品：燃料电池观光车采用前后双横臂独立悬架，整车操稳性及舒适性高，动力系统装配10 kW燃料电池发动机。整车续航里程可达200 km，加氢时间5 min，最高车速可达45 km/h，爬坡度大于20%，具有续航里程长、加注时间短、零污染等特点，适用于VIP接待、观光与景区接待、巡逻等应用场景，德燃动力可提供完善的应用支持，氢能展示、旅游等项目策划。

氢燃料电池发电装备产品：德燃动力基于自主开发的核心部件，已完成了固定式发电、调峰电源、应急电源、备用电源等多款燃料电池电源产品，模块化设计具备离并网双工作模式，可实现MW级模块化并联运行。

五、主要新产品

整车			
产品型号	产品名称	品牌	通用名称
DR-FCV-10	氢燃料电池观光车	德燃动力	燃料电池观光车

零部件		
产品名称	产品型号	产品应用
氢燃料电池发动机	FCE-10(5~20 kW)	应用于观光车、叉车、无人机、热电联供、备用电源
氢燃料电池发动机	FCE-30(20~50 kW)	应用于乘用车、物流车、专用车、热电联供、备用电源
氢燃料电池发动机	FCE-60(50~80 kW)	应用于物流车、公交车、乘用车、专用车、船舶、机车
氢燃料电池发动机	FCE-100(80~150 kW)	应用于客车、重卡、物流车、专用车、船舶、机车
氢燃料电池发动机	FCE-200(200~300 kW)	应用于重卡、工程机械、船舶、机车
氢燃料电池发电装备	FPS-100(5~20 kW)	服务器电源、应急电源、备用电源
氢燃料电池发电装备	FPS-102(20~50 kW)	服务器电源、应急电源、备用电源

续上表

零部件		
产品名称	产品型号	产品应用
氢燃料电池发电装备	FPS-103(50~1000 kW)	调峰电源、应急电源、备用电源
氢燃料电池发电装备	FPS-104(MW 级)	固定式发电、调峰电源、应急电源、备用电源
氢燃料电池发动机专用空压机	FAC-40	适用 10~30 kW 燃料电池发动机
氢燃料电池发动机专用空压机	FAC-50	适用 30~80 kW 燃料电池发动机
氢燃料电池发动机专用空压机	FAC-100	适用 80~150 kW 燃料电池发动机
供氢回氢组件	HSE-22	适用 10 kW 燃料电池发动机
供氢回氢组件	HSE-72	适用 30~60 kW 燃料电池发动机
供氢回氢组件	HSE-152	适用 60~100 kW 燃料电池发动机
供氢回氢组件	HSE-202	适用 100~120 kW 燃料电池发动机

六、合资合作及重大项目建设

德燃动力与同济大学、浙江清华长三角研究院、长安大学、中科院浙江分院、德国下萨克森州汽车研究中心、舍弗勒、莱茵金属、EKPO、Faurecia 等国际一流科研机构、企业、高校建立长期合作伙伴关系,与中国一汽、长安汽车、中国中车、上依红等一线车企建立长期业务伙伴关系,共同推动燃料电池技术的发展与产品示范推广。

七、发展规划

德燃动力始终致力于技术的创新与突破,以技术创新助推行业发展为已任,整合国际领先的技术和资源,完善产品体系,夯实独门绝技。通过乘用车高标准要求的技术迭代与商用车高质量产品应用迭代,成为有“德”的“燃”料电池行业领先企业。

天津荣程新能科技集团有限公司

一、单位概况

天津荣程新能科技集团有限公司(简称荣程新能)是天津荣程祥泰投资控股集团有限公司(简称荣程集团)旗下五大板块之一,定位为氢能产业解决方案集成商,以习近平生态文明思想为引领,聚焦“双碳”目标,围绕“制储运加用研及装备制造”一体化氢能全产业链,打造“源、网、车、云”四位一体的“氢+”经济产业格局。依托荣程智运智慧物流平台大数据,稳步实施氢能多元化示范应用,推进氢能基础设施建设和技术进步,推动新能源产业升级迭代,紧紧围绕“数智化转型绿色低碳高质协同发展”的主线,向“新”而行。开辟氢能产业新赛道,加快培育发展新质生产力,为助力能源强国和交通强国建设提供新动能、新技术、新引擎。

荣程新能分为上游、中游、下游及数据平台四个业务板块。上游主要围绕氢气的制储运加进行产业布局,中游围绕氢燃料电池汽车动力系统等氢能装备制造,下游即车+经济,包括氢燃料电池汽车的销售、租赁、服务等,数据平台即氢能应用大数据平台。

荣程新能在氢能产业的引领示范获得社会广泛认可,获评第一届全国绿色物流示范案例、交通运输新业态百强企业等荣誉称号,同步入选国家首批综合货运枢纽补链强链项目及绿色交通强国建设专项试点项目。

二、生产与经营

荣程新能在构建“制氢-储氢-加氢-应用”氢能全产业链生态体系方面做了大量实践和探索,成果丰硕。荣程新能积极探索钢铁企业的氢能物流应用场景,投运大量氢能重卡并建设配套加氢站,有力支撑了荣程集团钢铁清洁运输比例稳定达到 80% 以上,其中港口进口铁矿石实现了 100% 清洁运输,使荣程钢铁顺利完成环保创 A 的目标。

荣程新能已投运氢能重卡 559 辆,加氢站 7 座,制取绿氢 240 t,加氢 1862 t,运输量 1737 万 t,行驶里程 1606 万 km,减排 CO_2 14786 t。拥有多条成熟的氢能运输示范应用场景路线。同步在全国区域谋划布局,多地复制推广,已落地京津冀、山西、内蒙古等,下一步拟开拓山东、河南、陕西、甘肃、辽宁、吉林、黑龙江、川渝、广东等地。

2023 年 4 月 28 日荣程新能焕新成立,氢能零碳运输模式全国多地复制推广。天津区域国家首批综合货运枢纽补链强链项目——荣程新能零碳货运绿氢能源制储加一体化项目一次性试车成功,标志着天津首家首台套“绿电制储加氢一体化”氢能全产业链生态闭环场景项目正式落地;河北区域沧州氢能零碳运输应用示范项目已正式投运,遵化首批氢能重卡完成交付,支持了港口及矿山绿色低碳运输建设;内蒙古区域 6000 kg/12 h 全国最大的综合能源站项目完成奠基,实现了荣程新能跨越京津冀、联通陕甘宁的重大布局。

荣程新能旗下氢扬动力公司与氢燃料电池系统头部企业合作生产自有 Fe6 品牌氢燃料电池系统,标志着荣程新能集团正式进入氢能装备制造领域。首批 200 辆搭载自有 Fe6 品牌 150 kW 氢燃料电池系统的氢能重卡已交付投运,具备大功率、长续航、低氢耗的优势特点,标志着荣程新能在氢能装备制造方面取得重要进展。

三、主要新产品

产品型号	产品名称	产品应用
FeSIX150	FeSIX150 燃料电池系统	49t 氢能重卡

四、合资合作及重大项目建设

2023 年 7 月，荣程新能旗下内蒙古荣程建元氢能科技有限公司一体化站项目奠基仪式在鄂尔多斯市鄂托克旗举行，项目落成后，日加氢量最高可达 12 t，成为全国最大的综合能源加氢站，标志着荣程新能走出天津，布局氢能全产业链迈出关键一步，具有里程碑意义。

2023 年末，天津区域绿电电解水制加氢一体化项目建成投产，形成了货运领域氢能源制储加用全产业链闭环。通过渔光互补水面光伏发电作为电源供给、城市污水处理后中水作为水源，产出绿氢，经过自用加氢站，供应氢能重卡运输使用，副产品氧气用于钢铁生产，做到新水“零使用”、废水和 CO_2“零排放”，形成会晕领域绿氢能源制储加用全产业链闭环。

合资方面，荣程新能与鄂托克旗建元煤焦化有限责任公司、沧州华港国际物流有限公司、天津市宝来工贸有限公司等伙伴成立合资公司，整合各方资源优势、资源共享、渠道共享、品牌效应，进入当地市场、共享资源，借助区域政策优势合作共赢。

融资方面，荣程新能承办的氢能产业协同发展大会（天津·滨海）在天津市氢能示范产业园成功举办。同时，新能集团与多家龙头企业于会上完成战略投资签约及股权投资签订，成功完成 PreA 轮融资，融资超 5000 万元，这为荣程新能持续研发及市场拓展注入了强劲动力，将加速推进荣程新能在氢能产业链的战略布局与绿色发展蓝图的实现。

五、发展规划

基于丰富的氢能基础设施建设和氢能物流精细化运营管理经验，荣程新能围绕“制储运加用研及装备制造”一体化氢能全产业链，2024 年搭载自有 Fe6 品牌 200 kW 氢燃料电池系统的氢能重卡将交付投运，具备大功率、长续航、低氢耗、高能效等优势特点，计划在 5 年内累计投运氢能重卡超 10000 辆，配套建设加氢站不少于 100 座。首先，将天津打造成为全国绿色低碳氢能物流发展的标杆城市，探索形成成熟的解决方案和运营模式，带动区域氢能产业蓬勃发展。其次，由点及线到面从天津到京津冀最终辐射全国，实现绿色清洁运输网络更壮大、网织更密集。最终，总体形成完善成熟的氢能制储加用产业生态闭环，将氢能零碳物流模式在京津冀和全国多地进行产业化复制。

荣程新能将坚定不移地以党的二十大精神为指引，积极践行天津“十项行动”，紧紧围绕“数智化转型绿色低碳高质协同发展”的核心主线，加速推进“产业结构、能源结构”等“十大结构”的优化调整。凭借“安全+智慧+便捷+生态”的“智慧物流体系”，持续贡献新质生产力发展，为“3060”“双碳”目标注入荣程新能强大的绿色“氢”动力。

康明斯新能源动力（上海）有限公司

一、单位概况

康明斯新能源动力（上海）有限公司注册于中国（上海）自由贸易试验区临港新片区，其母公司康明斯成立于 1919 年，为全球领先的动力设备制造商，2023 年总营收达 341 亿美元。康明斯公司下设五个事业部：新能源动力事业部、发动机事业部、动力（电力）事业部、零部件事业部及经销商事业部，在全球拥有近 6 万名员工，业务覆盖 190 个国家和地区。

2023 年 3 月，康明斯公司宣布其新能源动力事业部将启用全新品牌 Accelera，该业务将为全球诸多至关重要的行业提供多元化零碳动力解决方案，助力行业加速迈向可持续发展的未来。

康明斯 Accelera 聚焦于零碳动力解决方案，包括燃料电池、纯电动、电解水制氢设备、电驱动系统等产品线。助力公交、卡车、轨道交通、工程设备、固定电源和碳密集型工业领域的脱碳。在过去 25 年中，康明斯的突破性技术已经将公司现有产品的排放量减少 90% 以上。现阶段康明斯 Accelera 在全球主要聚焦中国及欧洲、北美、澳大利亚、印度、中东市场。研发及制造基地主要布局于中国和欧洲、北美部分国家。康明斯 Accelera 在全球拥有员工约 2000 人，其中燃料电池业务 700 多人，燃料电池发动机研发人员约 500 人。

近几年康明斯先后收购了通用电气的固体氧化物燃料电池业务、加拿大水吉能的电解水制氢及 PEM 燃料电池业务、美驰（北美最大的重卡用车桥公司）的电驱桥业务、西门子的商用车电机及电控业务及一批锂电池相关的业务，并持续投资于高压储氢瓶技术及氢储运系统能力的构建。康明斯相信这些业务与其在过去一百多年里的技术、供应链、渠道及品牌积淀将形成巨大的合力以为客户提供优质、多技术路线的零碳解决方案。

康明斯 Accelera 燃料电池技术可为多种应用场景提供动力，包括公交车、卡车、轨道交通、船舶与发电等。在全球应用已接近 3000 套，主要销售区域包括欧洲、美国和中国。如阿尔斯通在欧洲营运的世界首款载人氢燃料电池轨道交通列车，北美首个商用氢燃料电池零排放渡轮，韩国 MW 级固定式燃料电池发电机组，与国际领先商用车制造商斯堪尼亚及戴姆勒合作氢能卡车项目等。

在中国，康明斯 Accelera 通过积极布局与开展氢能及氢燃料电池汽车领域技术能力，为客户提供“制储运用”的全产业链系统解决方案，包括设计生产质子交换膜燃料电池系统及核心部件，高压储氢系统，电解水制氢设备等解决方案。在新能源汽车领域，有超 400 套燃料电池应用。其中第三代燃料电池产品 HD120 为康明斯针对中国市场定制化专项开发的量产产品，已累计完成超 1000 万 km 实际道路运营验证，性能卓越，安全可靠，品质有口皆碑。康明斯新一代前瞻研发的 150 kW 及 240/300 kW 大功率燃料电池亦已重磅发布，与国内外领先重卡厂家合作研发的燃料电池牵引车产品即将批量交付市场运营。作为康明斯全新研发成果，在传承康明斯产品高稳定性、可靠性的基础上，进一步优化产品结构和控制，系统效率、功率密度，冷启动以及高效热管理系统，为干线物流、长途重载应用提供理想的零碳清洁动力解决方案。

二、生产与经营

康明斯新能源动力(上海)有限公司,是康明斯 Accelera 中国区总部,新能源研发总部及供应链中心,PEM 电解槽、燃料电池发动机及核心零部件制造基地。现有职工人数 100 人,其中研发类人员 67 人。

(1)2023 年 6 月,60 台由康明斯 Accelera 氢燃料电池驱动的氢能渣土车在上海交付并投入运营。

该款由康明斯 Accelera 联合陕汽德创未来共同开发的 31 t 氢燃料电池渣土车,匹配康明斯 HD120 氢燃料电池发动机系统,发动机系统额定功率 125 kW,电堆功率密度达 3.5 kW/L,发动机系统峰值效率可达 60%,额定功率点效率 42%。该燃料电池发动机系统完成 2500 h DVPR 耐久实验,积累了超过 270 万 km 普通道路试验,累计运行时长超过 100000 h。

(2)2023 年 9 月,康明斯 Accelera 燃料电池发动机累计运行突破千万公里。

(3)首批 60 台氢燃料电池渣土车自 2023 年 6 月交付并投入运营,截至 2024 年 3 月已累计安全运行 200 万 km。针对渣土车运输特殊的应用场景(适应高粉尘、涉水、绝缘、泥泞重载),康明斯 Accelera 燃料电池对关键技术进行了成功验证,充分证明了产品的可靠性。

车辆最大续航 360 km,百公里氢耗实现 10 kg 以下。车辆全部实现智能网联,通过远程诊断、主动服务、规划维保实现 7×24 h 运营保障。整批渣土车示范项目 5 年运营期间预计可以实现 20000 t CO_2 减排。

氢燃料电池渣土车的成功示范运营,标志着康明斯 Accelera 以及氢能产业链上下游合作伙伴,探索出一条"氢源、氢站、氢车、新能源运力、数字化运营平台"的全链路零碳商业闭环运营模式,实现氢燃料电池车辆在市政渣土清运场景商业化批量应用,开启绿色市政工程新征程。该项目获得上海市相关主管单位的高度认可:上海市绿化和市容局两次现场调研氢能渣土车在临港的示范运营情况,并给予充分肯定和认可,将此项目作为上海市工程建设领域新能源动力转型和节能减排的典范项目并积极推广。上海市经信委也将康明斯氢燃料电池渣土车示范运营项目上报国家部委,作为上海市推广氢燃料电池汽车示范项目的典范。

(4)康明斯 Accelera 驱动的上海临港在运行公交共 72 辆,搭载康明斯 AcceleraHD120 氢燃料电池发动机,自 2022 年投入运营,截至 2024 年 3 月已累计安全运行 800 万 km。该产品联合主机厂正向开发,针对客车应用场景进行定制优化,具有大功率、高效率、低氢耗、安全可靠等特点。根据运营监测数据,这批公交的百公里氢耗为 4.86 kg,优于行业水平约 8%。在一年多的运行时间里,这批清洁能源公交车实现了显著的节能减排效果,其中 CO_2 实现减排 170 t,氮氧化物实现减排 2.86 t,固体颗粒减排 6.76 t。自投入使用以来,这批公交车的百万公里小修率为 0.46 次,万公里路救率 0.04 次,车辆出勤率保持 98% 以上,显示出不输纯电车辆和燃油车辆的优异性能。公交车运行 365 天全年无休,康明斯的售后服务团队也提供全年 7×24 h 的服务保障。以快速积极响应速度、完善优化运营方案,第一时间解决客户需求,确保这批车辆的低能耗、高安全、高出勤率。

在氢燃料电池发动机的售后方面,康明斯基于市场和产品痛点,开发了一系列高效数字化服务解决方案,包含数字化服务平台,远程诊断、线上故障分级预警,氢耗管理模块、安全管理模块等,赋能产品智能化、运营安全化及服务主动化。

康明斯董事长兼首席执行官荣湛宁介绍:助力全球的脱碳步伐是康明斯的企业承诺和责任,我们一直致力于通过技术创新为用户提供更清洁环保的动力解决方案,助力其达成碳减排目标。作为氢燃料电池和绿色制氢技术的先行者,康明斯非常荣幸能够成为中国氢能创新生态的有机组成部分。

三、产品出口

康明斯燃料电池中国团队开发的核心零部件中国供应商已纳入康明斯全球供应商管理体系,助力国内燃料电池产业链走向全球,支持核心零件开发合作伙伴出海。中国研发团队同时负责支持欧洲、北美市场的新产品开发管理,借助中国本土供应链的制造和成本优势,支持康明斯海外燃料电池系统开发的集成。

康明斯 HD120/150/300 燃料电池系统产品已开发两家全球领先的重卡客户,及多家中卡和客车客户,产品已小批量投放欧洲和北美市场。HD120/150 产品同款核心零部件已实现小批量出口用于海外试装。康明斯协同中国本地产业链抱团出海走向全球,这一国际化进程势不可挡。

四、产能建设

康明斯新能源动力(上海)有限公司注册于中国(上海)自由贸易试验区临港新片区,项目共分为二期,一期于 2022 年投产使用,选址于临港新片区层林路 515 号,厂房面积约 10000 m^2,用于设立电堆及燃料电池项目公司。一期项目包括 Accelera 研发中心、供应链中心,以及燃料电池发动机及核心零部件制造基地。建成 5000 台的燃料电池发动机系统制造能力,500 MW 电堆制造能力。

项目二期将引进高压储氢瓶及储氢系统业务,并进一步扩展新能源供应链中心能力。康明斯氢能项目在中国的批量落地,将前瞻性地推动氢能技术进步和全产业链的协同发展。

五、技术进展与研发能力

康明斯新能源动力(上海)有限公司首款新产品 125 kW 燃料电池系统(C3-HD12A 产品)在 2022 年 11 月正式批量投放临港公交市场,截至 2024 年 2 月已累计超过 770 万 km 运营里程,根据车辆现场实际运营信息反馈,满载情况下百公里氢耗低于 5 kg,领先行业平均水平 5% 以上。

康明斯当前正开发第三代燃料电池产品,聚焦中重卡领域的 HD120、HD150 和 HD240/300 产品,并和全球领先商用车企业联合开发燃料电池重卡项目,其中包括和陕汽合作的 31 t 燃料电池城市渣土车、49 t 重卡项目,和斯堪尼亚等合作的重卡项目,和万象合作的 10.5 m 燃料电池公交项目,和小松合作的 200 t 燃料电池矿卡项目,和阿尔斯通合作的燃料电池轨道交通项目等。

康明斯新能源动力(上海)基于超 790 万 km 道路运营的累积数据,已完成适配重型燃料电池牵引货车的新一代 150 kW 燃料电池开发工作,并完成相关车型的整车公告。

六、主要新产品

产品型号	产品名称	产品应用
C3-HD12B	HD120	万象燃料电池客车、德创燃料电池渣土车
C3-HD15A	HD150	德创燃料电池牵引车
C3-HD24A	HD240	燃料电池牵引车
C3-HD30 A	HD300	燃料电池牵引车

七、合资合作及重大项目建设

康明斯恩泽（广东）氢能源科技有限公司（简称“合资公司”）是由中国石化资本公司发起设立的恩泽基金与康明斯按50：50比例共同出资，并于中国境内设立的合资公司。合资公司位于广东省佛山市南海区，合资公司将领先的质子交换膜（PEM）电解水制氢技术在中国进行本地化产品开发、生产和销售，以水电解技术加可再生能源制氢科技，共同推进绿色制氢方案的发展，突破可再生能源发展瓶颈。2023年康明斯佛山质子交换膜（PEM）电解水制氢设备生产基地正式投产，2024年1月首台本地化产品HyLYZER ®-1000下线交付。工厂采用精益化柔性生产模式，可完成焊接、脱脂、装配、测试等工艺，一期产能可达500 MW，二期可扩展至1 GW。500 MW相当于一年向市场上面可以交付100台H1000的产品。

2023年9月康明斯宣布与戴姆勒卡车、帕卡及亿纬锂能在美国成立合资公司，用于投资建设电池产能。其中康明斯、戴姆勒及帕卡各持股30%。合资企业将生产商用车及工业市场电池，该项目工厂规划产能为21 GWh。

八、发展规划

根据康明斯的中期氢能战略，将专注于几个领域：制氢、储氢、运氢、用氢。

1. 制氢装备

质子交换膜水电解设备使制氢过程更加清洁环保高效。到2023年底，康明斯全球制氢能力规模将达到2 GW以上。其中在中国，康明斯与中石化的合资公司规模将达到1 GW，另外1 GW在欧洲，还有部分产能在美国、加拿大等。中国和欧洲国家在制氢行业有着清晰的发展规划和巨大的发展前景，因此康明斯把最大的两个制氢设备生产基地安排在这两处，并与业界同行协作，利用可再生能源制氢，专注于绿氢制造。

2. 储运氢装备

康明斯关注的是高压储氢Ⅳ型瓶产品，该产品自重轻且可以承受非常高的压力，同时安全性也很强，可以实现更高的储氢质量密度。储氢瓶有双重用途，一是通过卡车来运输氢气。二是和氢燃料电池或者氢内燃机适配，装在车辆上提供燃料供给。而Ⅳ型瓶产品与Ⅱ型瓶或Ⅲ型瓶相比，在高压下可以储存更多的氢并运输，这代表着更高的运输效率及更大的续航里程。

3. 用氢装备

交通领域是氢能动力应用的先导部分，市场发展迅猛，前景广阔。康明斯在氢燃料电池及氢内燃机领域均拥有领先技术及产品，其中康明斯燃料电池系统已经与国内外众多领先车辆制造商展开合作，在交通领域实现多项标志性应用。在中国市场，康明斯燃料电池系统也已经投放参与城市示范运营；在储能发电领域为电网提供清洁动力是氢能动力的另一个重要应用场景，除质子交换膜燃料电池PEMFC外，康明斯还持续开发固态氧化燃料电池SOFC技术，以满足多样化储能发电需求。

武汉海亿新能源科技有限公司

一、单位概况

武汉海亿新能源科技有限公司是一家专注于氢燃料电池发动机系统及其核心零部件、燃料电池电堆和系统相关检测和测试设备、燃料电池汽车动力系统技术平台及其产业化的高新技术企业。公司由工业和信息化部国家级和湖北省高层次人才计划专家美国海归博士及武汉理工大学教授专家等联合创办，是高新技术企业、湖北省“专精特新中小”企业、湖北省“瞪羚企业”、武汉光谷“瞪羚企业”，入选武汉市“千企万人”支持计划、“3551光谷人才计划”、湖北省“双创战略团队”，荣获湖北省政府科学技术奖-科技型中小企业创新奖等荣誉。

作为国内氢燃料电池汽车关键技术研发最早的一批探路人，海亿新能的核心技术团队自2001年以来先后承担了国家“863”计划中多个关于燃料电池汽车的重大专项课题，作为核心成员深入参与武汉理工大学和东风公司共同开展的“楚天一号”燃料电池轿车、“楚天二号”燃料电池客车的研发。

公司基于武汉理工大学氢燃料电池核心团队二十余年研发和近年的产业化实践积累，已申请燃料电池核心知识产权百余项，授权超过100项，涵盖燃料电池系统及核心电控技术、氢-电混合动力系统技术、燃料电池测试、氢能发电等方面，其中授权发明专利30项，实用新型专利68项，软件著作权20项；另有实审专利30余项。形成了国内领先、国际先进的燃料电池技术力量。公司已通过IATF16949及ISO9001质量管理体系认证，为产品研发和生产制造的提供质量保障。

二、生产与经营

公司拥有全套的氢燃料电池发动机核心技术并自主开发完成了覆盖30~250 kW功率等级的多款氢燃料电池单系统，500 kW~1 MW氢燃料电池发电系统，可实现-40 ℃低温储存和-30 ℃低温启动性能要求，并具有功率密度高、抗振性能好、动态反应快、可远程智能监控和诊断等特点。根据氢燃料电池系统输入输出要求以及系统设备特征，该系列燃料电池发动机系统采用平台化设计方案，实现了系统结构创新设计，完成了系统高度集成和最佳优化匹配。

公司自主研发的国产燃料电池巡检器CVM及燃料电池控制器FCU、动力控制器VCU、能量管理器EMU已达到国际一线，国内领先的水平，并具备年产5万台套的生产能力。其中燃料电池巡检器产品是国内自研自产具备自主可控逻辑单元的产品，彻底摆脱国外芯片依赖。本系列产品已服务于央企、国企、上市公司等各类客户数十家，累计配套装载氢燃料电池系统数千台套，在全国行业细分领域市场占有率领先。

基于全自主技术研发，公司测试类产品面向行业从电堆、系统到整车混合动力测试三大主要环节，提供氢燃料电池电堆与研发测试平台、氢燃料电池系统测试与研发平台、"氢-电"混动系统综合测试与研发平台，持续交付至各地氢能研究院、高校、主机厂。

公司坚持扩展交通领域氢能应用的多样性，探索新车型、新场景与新商业模式，氢能作为可再生能源，其能源属性已被提升到未来国家能源体系的重要组成部分，公司将非车用氢能产品作为新的战略布局，集中在氢燃料电池通信基站备用电源、大功率园区热电联供、氢能智能发电、风光弃电-制氢-储氢-燃料电池一体发电供热系统等场景推广应用。

三、产能建设

公司以应用创新为主导，以高校科技创新为支撑，开展联合技术开发与示范的产研合作，依托武汉理工大学的人才和技术优势，充分发挥并利用公司在新能源汽车及零部件方面的工程实践、市场网络、品牌经营和资金等优势，为产品注入创新动力，为研究提供创新载体。在研发过程中，根据海亿公司和武汉理工大学在"产"和"研"方面的各自优势，合理分配研究任务，相互配合协调，确保了项目各项工作高效、高质量完成。

为满足市场需求，2023 年上半年公司优化控制类产品产线，在武汉集团研发中心原有生产线上进行产线全面升级，打造首条数字化智能柔性生产线，利用人工智能、机器学习等技术，使生产线具备学习"大脑"，利用智能柔性技术使生产线能够快速适应不同产品的生产需求，实现小批量、多品种的高效生产。同步完成 IATF16949 质量管理认证体系，推行并严格落实执行，严控生产制造中产品质量，为控制类产品智能制造技术锦上添花。

2023 年下半年，公司在咸宁投资扩建氢能热电联供产品产线，用于扩展 500 kW ~ 1MW 氢燃料电池热电联供产品产线，投产后计划年产能达到 500 台套，批量生产制造能力大大提高。产线同步配备多个实验与测试实验室，用于产品测试验证工作，建设有氢燃料电堆测试实验室、氢燃料电池系统测试实验室、氢燃料电池系统震动测试实验室、氢燃料电池系统高低温实验舱等先进试验检测中心，建立产品从生产制造、试验、检测等企业标准，同步提高产品出厂规范要求，满足产品高质量严标准要求，为产品质量保驾护航。

四、技术进展及研发能力建设

海亿新能现有员工 60 余人，研发人员占比 70% 以上，其中硕士研究生及以上学历员工占比 60% 以上。全职拥有国家级人才专家 1 人，正高级及高级工程师职称专家 4 人。核心团队具有十多年的氢燃料电池领域研究背景及丰富的整车开发经验。

公司始终高度重视并始终保持高水平研发投入，坚持技术创新，保证公司产品技术先进性。2023 年度围绕氢燃料电池发动机系统、氢燃料电池通信基站备用电源、氢燃料电池发电产品、新车型开发、核心电控类产品研发以及核心零部件研发，形成新产品技术护城河。

（1）新系统研发。2023 年完成 HYX150 长寿命单堆氢燃料电池系统的研发和强检报告，并在此基础上研发了 300 kW ~ 1.5 MW 氢燃料电池多系统发动机。该系统面向氢能发电、热电联供等长寿命应用场景开发，基于全新电堆正向集成设计开发，通过高度集成和模块化设计，突出产品高可靠性、高安全性、低耦合性系统集成优势。

（2）氢燃料电池通信基站备用电源。开发"光电氢储"通信基站多能互补供电与备用电源技术，实现光伏发电、制氢储氢、燃料电池一体化集成，该产品能应用在信号基站、海岛山区、丛林作业等偏远地区，提供电力供应，也可作为固定式应急救援电源，应用场景广泛，使用方便。

（3）氢燃料热电联供产品研发。2023 年扩展非车用氢燃料电池系统应用场景，实现 500 kW ~ 1 MW 多个大功率等级氢燃料电池系统在非车用领域研发适配，包括制储氢智能发电系统、动式备用/应急燃料电池电源系统、氢燃料电池热电联供系统、氢燃料电池分布式发电系统等。

（4）新车型开发。2023 年完成多款基于氢燃料电池系统的样车开发，拥有样车以及公告车型包括 8.5 m 氢燃料电池公交车、10.5 m 氢燃料电池公交车、10 m 级氢燃料电池通勤车、18 t 氢燃料电池环卫、4.5 t 氢燃料电池箱式物流、31 t 氢燃料电池重卡、49 t 氢燃料电池牵引车等，为氢能车用市场提供丰富的应用场景。

（5）核心电控类产品研发。2023 年公司电控类产品实现多次产品迭代升级，主要电控类产品包括燃料电池单片电压巡检器（CVM）、燃料电池主控制器（FCU）、燃料电池汽车整车控制器（VCU），已服务多家央企、国企、上市企业等数十家客户，累计配套装载氢燃料电池系统数千台，在全国行业细分领域市场占有率领先。

（6）核心零部件研发。公司自主研发氢气子系统集成引射器、氢泵、汽水分离器、稳压传感器、调压阀等核心零部件，在自研系统 HYX150 安装适配并已批量生产，应用效果良好。其中自主研发的引射器解决了多级引射结构设计与精密加工工艺问题，很好地适配系统实现多功率段无极引射，在无极引射切换精准控制研究上有了重大突破。

五、主要新产品

产品型号	产品名称	产品应用
HYX150	高性能氢燃料电池单堆系统	发电系统、中重卡、牵引车、矿卡、有轨电车、船舶
HY005SPSA010/HY005SPSW0101	氢燃料电池通信基站备用电源	信号基站、海岛山区、丛林偏远地区电力供应
HYB01-HSIM01/HYB01-HSIM01	燃料电池氢气引射循环系统	燃料电池系统
HYX500/HYX1000	高性能氢燃料电池多系统发动机	储氢智能发电系统、备用/应急燃料电池电源系统、氢燃料电池热电联供系统、氢燃料电池分布式发电系统

续上表

产品型号	产品名称	产品应用
HYC-C02	燃料电池单片巡检仪	燃料电池发动机系统电堆监测
HYL-FST 和 HYH-FST 系列	氢燃料电池电堆测试与研发平台	电堆测试
FGT 系列	燃料电池发动机系统综合测试与研究平台	系统测试
PIT 系列	“氢-电”混合动力系统综合测试与研发平台	整车动力系统测试

六、发展目标与规划

武汉海亿坚持以科技创新为企业第一生命力，成为领先的氢能核心技术研发和智能制造供应商，致力于推广氢能技术和应用。海亿新能将联合产业上下游各环节头部企业，复制现有成功模式、技术优势，以核心装备产业研发和制造、带动氢能全产业链优势企业资源导入为规划思路，撬动千亿产值规模的氢能产业。

北京科泰克科技有限责任公司

一、单位概况

北京科泰克科技有限责任公司隶属于航空工业中国航空制造技术研究院，成立于 2003 年 9 月是长期从事铝合金内胆、呼吸气瓶、车用复合气瓶、高压及超高压容器的设计、生产和销售的高新技术企业。产品广泛应用于航空、航天、航海及新能源汽车等多个领域。产品以安全可靠、无泄漏、质轻高强为显著特点，体现了当前气瓶行业的国际先进水平。我们愿以高质量、高性能的产品及优质的服务，满足广大用户的需求。

二、生产与经营

2002 年，科泰克氢气瓶应用于清华大学燃料电池客车、同济大学研制的“超越 1 号”电池轿车以及北京奥运会氢燃料电池示范车等多个项目，从而成为国内首家氢气瓶量产企业。2008 年，科泰克最先取得国内氢瓶安装监检证书，成功通过了国家发改委的车用氢瓶产业化示范项目验收。2010 年，科泰克正式推出自研车载供氢系统，并应用于上海世博会的燃料电池客车。2012 年，科泰克开始 70 MPa 车用氢气瓶的设计和典型试验研究，在 2015 年成功突破了Ⅲ型 70 MPa 氢气瓶的疲劳寿命技术（超过 36850 次）。2017 年，科泰克车载供氢系统开始批量供货，市场占有率居于行业领先地位。2017—2023 年销售额连续七年超亿元。

三、产品出口

截至 2023 年 12 月，产品已在欧洲实现直接/间接出口。

四、产能建设

2023 年开展北京扩产能，增加内胆数控旋压收口机、Ⅲ/Ⅳ型气瓶缠绕机、碾薄机、数控锯床，这些关键设备到位提升了大直径气瓶生产能力，具备年产约 15000 只复合气瓶（含系统）生产能力。

2023 年 12 月科泰克（山东）特种装备科技有限公司注册成立，全力推进科泰克（山东）公司条件建设。以Ⅳ型瓶生产为主，兼顾Ⅲ型瓶生产的生产运营模式，建设储氢瓶生产线和氢系统装配线，具备年产 20000 只气瓶的生产能力，满足山东省及泛长三角地区的市场和服务需求。

五、技术进展与研发能力

公司技术力量雄厚，汇聚了众多在系统集成、复合材料、金属材料等领域的技术精英。其生产设备、检测设备均采用先进的自动控制技术。凭借强大的技术实力，公司荣获多项国家专利，复合气瓶产品全面达到国际标准。公司通过 IATF16949、1509001、DOT 和欧盟 EC 认证，并获得国家质检总局颁发的 B3 级压力容器制造许可证，是全国气瓶标准化委员会的重要委员单位。

为了更好地满足市场需求，在 35 MPa 车载储氢气瓶领域，公司陆续开发了 53L、85L、140L、166L、210L、260L、385L 等多款产品，未来我们仍将积极配合整车设计，开发更有市场潜力的产品。下一阶段拟开发 400L+等规格的产品。

六、发展规划

发展新能源产业，共同构建绿色生态环境，推动氢能源汽车产业的发展，为我国新质生产力的科学实践作出积极贡献。

四、芯片与智能网联领域

中电科汽车芯片技术发展研究中心

一、单位概况

中电科汽车芯片技术发展研究中心（简称“汽车芯片中心”）于 2022 年在北京正式揭牌成立，是中国电子科技集团有限公司统筹布局汽车芯片战略新兴业务，依托中国电科芯片技术研究院，联合中科芯集成电路有限公司、中国电科产业基础研究院、中电国基南方集团有限公司、普华基础软件股份有限公司、中电科网络安全科技股份有限公司、中电博微电子科技有限公司、中电海康集团有限公司等成员单位共同组建成立的平台型创新组织，立足战略统筹、市场统筹、技术统筹重要职能职责，统筹推进集团公司汽车芯片产业链业务发展和市场开拓，协调推动相关成员单位汽车芯片产业集群式发展，致力于核心汽车芯片及关键车用控制器的国产化研发与应用，重点突破车规级芯片、工艺、软件及控制器等“卡脖子”关键技术，为贯通国产汽车芯片自主可控全产业链、支撑汽车芯片技术进步和产业化发展提供电科智慧和电科方案，努力实现汽车芯片行业集中度和产业竞争能力快速跃升。

二、技术产品研发：夯实产品需求满足能力

着力破解汽车芯片“卡脖子”和供应链安全问题，有序推动系列“卡脖子”核心自主产品打破国外垄断、通过车规级认证，逐步批量上车应用。

汽车芯片方面，集中开展电子驻车制动专用芯片型、安全气囊点火驱动芯片型、高精度 MEMS 惯性导航传感器、高压直接驱动超声传感器、77GHz 毫米波雷达射频芯片以及集成电流传感器等“卡脖子”芯片攻关研发，整体已形成“全系列布局牵引国产化、谱系化汽车芯片产品研发”的格局，围绕计算、控制、存储、电源、驱动、模拟、传感、功率、通信、定制等汽车芯片开展统型梳理，其中，达林顿开关、AFE、桥式驱动、导航等 9 个品类、数十款在研产品核心芯片“补短板”成效初现；电子驻车芯片、安全气囊芯片等自主产品有望打破国外垄断；系列高性能 MCU 逻辑芯片通过车规级认证；在国内率先突破 6 in SiCMOSFET 批产技术，SiC 三代半导体器件出货量国内第一、FRED 硅功率器件细分市场占有率国内第一，已覆盖 100 万辆新能源汽车应用需求；国际上首次实现 MEMS 惯性器件用于自动驾驶领域，已在多家头部车企获得定点采购，累计出货超 70 万套。

核心控制器方面，以市场为导向，依照 E/EA 发展趋势及“新四化”要求，推动控制器由国外芯片向国产芯片、电科芯片方案“两步走”转变，立足车身/整车控制系统、主攻底盘/动力系统、跟跑智能驾驶/座舱网联系统，其中，域控项目进入长安新能源深蓝平台，同步向阿维塔等高端车型延展覆盖；车载功率模块突破一系列模块封装关键技术，全 SiC 功率模块实现中车电动大巴批量装车，已稳定运行数万公里；与一汽、长安、东风、上通五、吉利等国产自主品牌车企自主联合开展汽车芯片统型、定义，以国产芯片/电科芯片方案推动安全气囊、电池管理、车身控制、区域控制等项目取得国产化新突破。

车用软件方面，推出国内首个全国产普华汽车开放系统架构整车软件解决方案，自主研发国内首款安全车控操作系统“普华灵智”，并面向智能网联汽车推出“普华灵思”智能驾驶操作系统，实现全球首个汽车微内核技术开源。产品通过 ISO26262ASIL-D 国际最高等级功能安全认证，覆盖一汽、长安、东风等 70% 以上国产汽车品牌，量产超过 1200 万套，完成面向智能驾驶的底层技术支撑平台，支撑传统汽车向智能网联汽车发展。

三、产线与体系能力建设：提升保链供链服务能力

以支撑关键汽车芯片、核心车用控制器、基础车用软件及其相关技术产品生态体系建设、能力提升为目标，结合各方优势力量现有基础及未来发展所需，统筹谋划促进重大产线的投资建设。

产线建设方面，8 in 工艺线扩能建设项目：规划产能 1 万片/月以上，已完成厂房封顶，建成后将覆盖 90% 模拟和部分数字电路制造需求。先进尺寸工艺线建设项目：规划产能 2 万片/月产能，已正式开工建设，建成后可覆盖 100% 模拟和部分中高端数字电路制造需求。SiC、FRED 功率器件工艺线产能提升建设项目：SiC 产能 10 万片/年，FRED 产能 33 万片/年。

封装、检测、认证方面，面向动力、自动驾驶、整车控制等高安全等级要求系统，开展“芯片—板卡—系统部件—汽车整机”等环节认证和测试方案定制，重点突破车规芯片电测试、可靠性试验、电磁兼容测试、功能安全测试、信息安全测试、认证和测试复核体系建设、认证和测试标准体系建设等关键技术，实现汽车产品认证和测试全流程自主可控。已拥有大型专业测试、试验和分析设备超 800 套，总资产超 3 亿元，正进一步补充车规封测能力。相关成员单位陆续启动、开展、完成 IATF16949、ISO26262、ISO21434 等车规体系/产品认证工作，为推动产业高质量发展奠定良好基础。

四、对外交流合作：打造产业生态维护能力

结合市场所需，进一步扩大芯片设计、芯片后道测试封装、车企及行业等“朋友圈”建设，整合政产学研用优势资源，加大协同攻关力度，打通堵点卡点，支撑保障产业发展需求。

战略合作方面，与李克强院士专家团队、T3 整机厂、Tier1 企业、封测/认证机构、高校、创新企业等签订战略合作协议，落实具体合作项目。

建圈强链方面，一是建设芯片设计合作开发圈，与高校、设计公司开展技术合作、项目联合攻关、专家联合办公、人才联合培养等。二是建设芯片后道测试封装圈，以中微腾芯、中微高科等为主体的检验检测、芯片封测、可靠性试验认证，为行业提供检验检测、产品认证等服务，与赛宝、电子四院等检测机构的合作，腾芯与国创中心打造联合实验室。三是建设汽车电子车企及行业合作发展圈，北京、重庆、无锡等各地成员单位加强与地方政府的合作（政策、资金、场地等）；与一汽、长安等头部车企深入实施战略合作，联合定义产品、方案，与上通五等车企开展定制化的标准研究；打通行业合作，与中汽中心、中汽研、电子四院开展标准的研究制定，与莱茵等标准认证机构的合作等。

国家级创新平台建设方面，对接国内头部车企和政府有关部门，研究确定“国家汽车智能技术创新中心”“智能汽车安全技术全国重点实验室”建设思路，细化制定建设方案，发挥用研一体自主创新优势，集中力量开展大算力、高安全芯片前瞻布局。

分中心与基地建设方面，按照成熟一个、落地一个的原则，推动相关分中心及生产基地建设加快落地。其中，对接无锡市及惠山区地方政府和有关单位，确定车规芯片测试认证分中心（无锡）建设方案，于 5 月正式挂牌运行；对接合肥市政府和有关单位，确定华东应用创新中心建设方案，于 7 月正式挂牌运行。

五、主要攻关方向及业务范围

1. 主要攻关方向

在深入研判汽车芯片行业"卡脖子"技术和未来发展趋势基础上，着重在如下方向组织集团公司内外部优势力量自主研发、集智攻关：

(1)车身系统国产化芯片。

(2)底盘系统国产化芯片。

(3)动力系统国产化芯片。

(4)整车控制系统国产化芯片。

(5)智能驾驶系统国产化芯片。

(6)座舱网联系统国产化芯片。

(7)车用智能传感器。

(8)基于国产化芯片的自主车用控制器。

(9)车用自主操作系统。

2. 业务范围

(1)聚焦国家所需，围绕国家及民族汽车工业发展过程中遇到的全局性、综合性、战略性重大问题，统筹开展战略研究、政策研究和应用研究，为国家机关和行业主管部门提供决策支撑。

(2)聚焦行业所趋，加强用研合作，以市场为牵引，深入研究整车厂商需求，汇聚集团公司汽车芯片和汽车电子领域优势力量，围绕集团公司整体汽车芯片产业链关键环节和价值链高附加值环节优化布局，提升产业基础能力，构建产业生态。

(3)聚焦电科所能，统筹推进集团公司汽车芯片及汽车电子产业集群式发展，协同开展车规级芯片、工艺、软件、控制器及其车用软件等关键技术突破和核心产品研发，提供系统化、谱系化解决方案。

(4)聚焦中心定位，开展高可靠、高安全汽车芯片共性技术研究，提供芯片验证、可靠性检验等技术服务，统筹集团公司相关成员单位汽车芯片及汽车电子产业高质量发展。

六、发展规划

汽车芯片中心聚焦国家所需、行业所趋、电科所能，加强战略统筹和顶层设计，完善汽车芯片规划布局，统筹推进集团公司汽车芯片产业链业务拓展，协调推动相关成员单位汽车芯片产业集群式发展，以推进实施汽车芯片筑基、系统应用推广和基础能力建设"三大工程"为抓手，部署重点任务和产品谱系化研发，重点突破车规级芯片、工艺、软件及控制器等"卡脖子"关键技术，深入开展汽车芯片和汽车电子系统控制器的国产化研发与应用。预计到 2025 年有序推动国产化应用，分级分类推进部分"卡脖子"和量大面广的核心芯片研发，重点布局高端汽车芯片产品研发，形成一批具有竞争力的关键核心技术和产品；到 2030 年基本实现规模化发展，定义汽车电子技术体系和产品体系，典型高安全芯片具备国产化方案，基于国产芯片自主研发车用控制器并批量上车应用，具有自主特色和国内领先水平的产业生态体系初见成效。由此，逐步构建起中国电科汽车芯片产业链自主创新能力与完整技术体系，为贯通国产汽车芯片自主可控全产业链、支撑技术进步和产业化发展、打造新兴产业领军力量提供电科智慧和电科方案。

上海华虹(集团)有限公司

一、上海华虹(集团)有限公司

上海华虹(集团)有限公司成立于 1996 年，是中国拥有 8+12 in 先进集成电路制造主流工艺技术的国有产业集团。集团旗下业务包括集成电路制造、专用集成电路产品、智能系统集成与应用服务、电子元器件分销与解决方案、产业投资与产业园区开发管理等板块，其中集成电路制造核心业务分布在上海浦东金桥、张江、康桥和江苏无锡四个基地，现拥有 3 条 8 in 和 3 条 12 in 量产线，量产工艺制程覆盖 1 μm 至 28 nm 各技术节点，年度营收规模位居全球集成电路纯晶圆代工企业第 5 位。华虹集团正在推进华虹无锡二期 12 in 芯片生产线的建设。

二、华虹宏力

1. 单位概况

华虹集团旗下华虹半导体有限公司(A 股代码：688347；港股代码：01347)之全资子公司上海华虹宏力半导体制造有限公司(简称"华虹宏力"或"公司")是全球领先的特色工艺纯晶圆代工企业，秉持"8 in+12 in"、先进"特色 IC+PowerDiscrete"的发展战略，为客户提供多元化的晶圆代工及配套服务。公司专注于嵌入式/独立式非易失性存储器、功率器件、模拟与电源管理和逻辑与射频等"8 in+12 in"特色工艺技术的持续创新，有力支持新能源汽车、绿色能源、物联网等新兴领域应用，并拥有多年成功量产汽车电子芯片的经验。

公司自建设中国大陆第一条 8 in 集成电路生产线起步，在上海金桥和张江建有三座 8 in 晶圆厂，工艺技术覆盖 1 μm 至 90 nm 各节点，月产能约 18 万片。

华虹宏力在无锡高新技术产业开发区内建有一座覆盖 90~65/55 nm 工艺节点、现月产能 9.45 万片的 12 in 晶圆厂("华虹无锡")，这不仅是全球领先的 12 in 特色工艺生产线，也是全球第一条 12 in 功率器件代工生产线。公司正在推进华虹无锡二期 12 in 生产线("华虹制造")的建设。

2. 生产与经营

2023 年的盛夏，公司正式登陆科创版，晋升"A+H"两地上市企业的行列，与资本市场更为紧密的相拥。以此为契机，助力公司 12 in 产线的展翅高飞、8 in 产线的精益求精，以及特色工艺技术的深入研发。保持着坚忍不拔的发展态势，积极调整战略布局、加强内部管理、加大研发投入，力求在逆境中寻求突破、精准把握回暖先机。依托"8 in+12 in"的布局优势，致力于特色工艺技术的持续创新，围绕嵌入式/独立式非易失性存储器、功率器件、模拟与电源管理、逻辑与射频等特色工艺平台打造产品核心竞争力；坚持先进"特色 IC+PowerDiscrete"双引擎驱动战略，高速渗透风光储新能源、汽车电子、高端消费类电子产品等下游新兴市场，持续为全球客户提供卓越的产品和服务。

2023年6月，投资达67亿美元的华虹制造项目启动，将新建一条月产能8.3万片的12 in特色工艺生产线。无锡制造基地的产能释放，将为长三角地区集成电路产业的完善和发展提供强有力的支撑。

伴随着互联网技术、智能驾驶技术以及新能源技术的发展，汽车电子在感知端、动力端、驾驶端、影音娱乐端等各个层次都产生了爆发性的市场需求，迎来了全新的发展时代。汽车电动化、智能化、网络化以及共享化的发展趋势强力驱动汽车电子中的半导体元器件数量大幅增加，成为半导体产业重要的增长动能。华虹宏力作为全球领先的特色工艺纯晶圆代工企业，其特色工艺平台在全球业界极具竞争力，很早就开始布局汽车电子市场，积累了丰富的汽车电子芯片成功量产经验，具备独具特色的工艺能力。“8 in+12 in”四个工厂均已通过IATF16949汽车质量管理体系认证，并获得多家客户的VDA6.3（德国汽车质量流程审计标准）过程质量审核的A级标准认证，且四个工厂均有产品持续生产出货。为持续攀升的汽车电子市场蓄力，通过“安全、可靠、高性能”的多种工艺平台灵活组合，为客户提供更优质的芯片代工服务。

3. 技术进展与研发能力

华虹宏力坚持致力于差异化技术的研发、创新和优化，主要聚焦于嵌入式非易失性存储器、独立式非易失性存储器、功率器件、模拟和电源管理、及逻辑与射频等差异化技术，持续为客户提供满足市场需求的特色工艺技术和服务。2023年，华虹宏力继续扩大12 in生产与技术平台建设，先进“特色IC+PowerDiscrete”产品组合因12 in工艺平台的扩展而变得更加丰富。

华虹宏力拥有世界领先的非易失性存储器技术，在微控制器方面应用领域有着突出表现。透过8 in+12 in嵌入式闪存工艺平台优势，成功推动客户产品进入汽车电子、家电、工业控制等领域，并成为主流供货商。使用嵌入式闪存工艺生产的全系列车规级芯片产品已量产供货，来自汽车电子的销售收入同比保持两位数增长；从0.5 μm到55 nm，涵盖OTP、MTP、EEPROM和Flash等技术。应对迅速发展的MCU市场，华虹宏力不断深耕拓展，技术升级创新，为客户提供更具成本效益且可用于多种应用的微控制器解决方案。适合物联网的0.11 μm超低漏电eFlash及EEPROM工艺平台，具有超低功耗，并将NVM技术与CMOSRF技术集成结合，满足了市场上MCU电子产品超低静态功耗需求，证明了公司在eFlash制造工艺领域的领先地位。

为符合汽车的严苛安全要求，华虹宏力实施全面的汽车电子质量管控，建立了零缺陷管理模式，拥有符合汽车电子应用的0.18 μm至65/55 nm嵌入式闪存（eFlash）工艺平台，FlashIPMacro通过AEC-Q1001级（Ta = 125℃）验证，且0.11 μm嵌入式闪存工艺平台，FlashIPMacro通过AEC-Q1000级（Ta = 150℃）验证。

在独立式非易失性存储器平台，公司提供基于自主知识产权的NORD闪存架构技术，主要的代工产品包括NORFlash与EEPROM，应用领域极其广泛，覆盖工业、白色家电、汽车电子以及各类低功耗物联网设备等。与客户协力推进基于更小存储单元自主开发NORD技术以及传统ETOX技术的SPINOR闪存以及EEPROM产品，得到各类终端应用认可，多款车规级SPINOR闪存以及EEPROM产品已经在量产。

华虹宏力作为全球首家同时在“8 in+12 in”生产线量产功率MOSFET、超级结MOSFET、场截止型IGBT等分立器件的纯晶圆代工企业，依托持续不断的创新与精细打磨使得客户产品不断迭代，公司在功率器件业务板块营收仍然保持增长，并保持业界领先水平。随着超精细沟槽栅的IGBT产品比重越来越高，新型超结MOSFET技术的有序开放，面向汽车、电动车、新能源及工业用途的客户新品数量创下近年新高。同时公司功率产品线的产能规模保持不断扩展，技术与产品质量始终保持国内领先地位。

整体功率器件工艺平台方面，华虹宏力充分发挥12 in特性，持续开发优化DMOS/SGT/DT-SJ/IGBT技术，发力高端功率器件市场。在更小线宽、更低导通电阻方向持续开发，加大汽车电子市场拓展，不断满足终端市场需求，为客户带来更高质量的代工服务。

基于BCD工艺的模拟与电源管理产品平台，与客户协同推进手机市场的各类电源管理芯片如快充、无线充等芯片，得到业内终端品牌的广泛认可，并积极培育部分客户向汽车电子渗透。公司致力于打造多元化特色工艺生产平台，基于传统BCD工艺基础上开发BCD+组合工艺，在部分相关领域上，处于国内领先地位。此外，12 in 90 nm与65 nm BCD均已量产，在汽车电子以及新兴领域持续发力。

4. 愿景规划

“雄关漫道真如铁，而今迈步从头越。”华虹将紧跟市场趋势，持续推进新技术的研发和现有平台的优化和提升，强化特色工艺领域的优势，聚焦新质生产力，推动产业生态协同。继续坚定不移，不断优化8 in产品结构，提升高价值产品比例；加快12 in产能建设，推动无锡二期12 in生产线建设项目；持续实践先进“特色IC+PowerDiscrete”工艺布局，持续为客户及市场提供丰富的产品选择。继续深耕终端市场，高质量发展汽车、家电、新能源等市场，积极应对市场升级带来的需求增量，增强生态参与、保障生态供应需求。华虹将秉持创新理念，为全球客户制造更多的“芯”梦想。携手并进，无悔昨日的启航，无惧今日的征途、无愧明日的逐梦，共同开创更加美好的未来！

三、上海华力

1. 单位概况

上海华虹（集团）有限公司旗下上海华力起步于2010年，现包括上海华力微电子有限公司和上海华力集成电路制造有限公司。作为行业内主流的集成电路芯片制造企业，上海华力拥有完备的工艺制程和全套的解决方案，专注于为无晶圆厂设计（Fabless）公司、集成设计制造（IDM）公司及其他系统公司提供65/55 nm至28 nm不同技术节点的一站式芯片制造技术服务，工艺类型包括先进逻辑（Logic）以及射频（RF）、高压（HV）、嵌入式闪存（eFlash）、超低功耗（ULP）、NOR闪存和图像传感器（CIS）等特色工艺平台，丰富的工艺技术全面应用于手机通信、消费类电子、物联网及汽车电子四大终端产品市场。上海华力拥有华虹五厂、六厂两座12 in全自动晶圆代工厂，两个厂均已通过IATF16949汽车质量体系认证。

2. 生产与经营

上海华力经过历年重点应用攻坚，紧跟汽车电子发展步伐，在包括车身、动力总成、底盘、信息娱乐、辅助驾驶、网关和 T-Box 等方面取得显著成效，可提供 65/55 nm 至 28 nm 不同技术节点的一站式车规级芯片制造技术服务。上海华力在汽车电子的车身控制系统、行车控制系统、通信系统和娱乐系统均具有大规模量产的产能准备，已有多颗车用芯片处于量产/风险量产/验证阶段。

上海华力承担汽车芯片生产流程的晶圆制造关键环节，同上下游的芯片设计、封装测试企业建立了广泛深入的联系，从需求规划、设计、实施、集成、验证、确认和配置的整体开发过程共同协作完成车规芯片的认证和产品测试，确保产出的车用芯片满足苛刻的汽车行业标准。

上海华力建立了全流程质量管控体系，生产过程的数据一直被监控并形成闭环，保证产品的一致性，保证芯片的操作温度、操作电压、储存温度、储存湿度、可靠复位、抗 ESD 静电伤害、抗 EFT 群脉冲、抗 RS 传导辐射等性能指标满足标准，同时保证芯片在宽度光、高振动、发霉、多粉尘、多电磁 EMC、高低温环境下的可靠性，可达到至少 15 年的预期使用寿命，为客户提供整体解决方案。

3. 技术进展与研发能力

为了保障车辆安全性能，上海华力对车规芯片非常谨慎。坚持高标准、高要求、高质量，根据产品的具体应用选择 AEC-Q100 不同等级的验证标准，以便客户在成本和可靠性方面达到合适的平衡。从提供给设计公司的设计套件开始，上海华力为车规芯片开发了专门的产品开发套件，从工艺规格、线上管控、模型 PDK、库及 IP 等多个维度进行工艺加固，提高可靠性，保证提供的模型和单元库满足车规级芯片的开发要求。上海华力在生产过程中为汽车芯片提供专门的产品包，建立了汽车电子工艺平台，形成体系化的管理文件系统，管理规范涵盖质量要求、培训、良率提升、控制计划、失效分析等各方面，为大规模车规芯片的生产打下了良好基础。

上海华力作为国内晶圆制造的重要代表性企业，基于企业成熟量产的工艺如 Logic 以及 RF、HV、eFlash、ULP、NOR 和 CIS 工艺平台，开发了多种车规级芯片通用平台，为各行业应用提供了各种解决方案，为多家客户生产车用电子所需芯片产品，并与不同的无晶圆厂（Fabless）和轻晶圆厂（Fablite）芯片厂商、模块提供商和整车厂商建立了紧密合作关系。客户车规芯片产品种类丰富，包括车用 NOR 存储器、车用光学成像芯片、车用控制器芯片和 SOC 主控计算芯片、车用雷达芯片等，广泛应用于汽车电子各领域，如雷达、摄像头、电控单元、整车控制器、辅助驾驶等。

MCU 芯片可用于动力传递领域，包括 ESP、ECU、发动机管理、变速箱管理、车身、空调、车灯、钥匙和座椅控制，其中高速车规 MCU 多采用 65~55 nm 的 eFlash 工艺，上海华力采用 SONOS 工艺的核心 bitcell 解决方案，未来根据用途需求提供匹配 AEC-Q100 标准更高 Grade 的 SST 解决方案，使产品节温和环境温度测试达到合适标准。

在车规 MCU 无法满足高性能控制要求情况下，上海华力针对不同客户系统级芯片（SOC）智能控制具体需求，进行了包括先进工艺开发在内的针对性工艺升级改造和商业导入，重点和国内新兴 Fabless 公司合作，并和多家 OEM 厂家及整车厂建立战略合作关系，利用当前芯片国产化的趋势和晶圆产能紧缺的机会，推广上海华力的先进工艺，满足升级产品 SOC 的各项指标需求，共同开拓市场，这是国产汽车芯片逆袭的重要方向，其中可用于 ADAS、AD 和座舱 SOC 等的主控计算芯片，采用 28 nm 甚至更先进技术节点（准备中），可达 AEC-Q100Grade1/Grade2 等级。

CIS 工艺是上海华力的优势工艺平台，上海华力与 CIS 设计公司客户合作加快 55 nm CIS 产品以及传感器与雷达，包含车载摄像头（前视、环视、辅助停车等）CIS 和 ISP（40~28 nm Logic 工艺），可用于 ADAS、导航、车内监控等。通过加大制造产能和升级工艺平台，上海华力和客户合作，利用专利技术，打造上海华力特色的车规级传感器工艺平台，可生产包括 SiPM、SPAD 激光雷达，以及采用 65~40 nm RF 工艺的毫米波雷达主芯片，可达 AEC-Q100Grade2 等级。

存储 IC 方面，上海华力和 eNVM 客户合作加速 NOR 产品等车规级芯片国产化进程，产品分布于汽车各个子系统，如雷达、摄像头、仪表、车内屏幕、地图、行驶控制部件、电子控制装置等，采用 NORFlash/NANDFlash 工艺，同时支持新型存储，如 MRAM/FeRAM 存储工艺，产品等级覆盖 AEC-Q100Grade1~Grade4。

RF 芯片，适用于车用短距通信的智能物联解决方案，采用 65~40 nm RF 工艺，包括蓝牙/Wi-Fi/NB-IOT/Cat. X 单模或多模产品；其他车联网通信芯片，如无线 Modem、V2X 等通信产品，采用 40/28 nm RF 工艺。这类产品主要为 AEC-Q100Grade2/Grade3 等级。

车用显示驱动 IC，用于驱动智慧显示屏幕，支持 65/55 nm 和 40 nm 及 28 nm HV 工艺，这类产品根据客户需求华力也可提供高至 AEC-Q100Grade1 等级的方案。

以上系统按照实际用途，根据温度安全等级要求、遵循就高的原则选择等级。

4. 愿景规划

汽车正在加速驶入智能化时代，对芯片的需求量在成倍增长。现在的汽车已经不是简单的机械产品，而更像是机械与电子的混合产品。传统燃油车芯片平均用量需求在 900 颗左右，主要是 MCU、功率芯片等基本功能芯片，而新能源车芯片平均用量高达 1500 颗，除了 MCU、功率芯片的增加，其传感器芯片、运算芯片的需求也大大增加。在未来高端智能电动车领域，单辆车的芯片搭载量将达到 3000 颗以上，汽车半导体占整车物料成本比重，将从 2019 年的 4% 提升至 2025 年的 12%，并或将在 2030 年提升至 20%。

未来汽车芯片的竞争主要集中在算力、功耗、能效比和配套的软件和算法工具链这几个维度。在这样的背景下，依托雄厚的国内市场基础，车规芯片将有相当广阔的成长空间。上海华力拥有全自动的先进芯片生产线，期待和各汽车整车厂及 Tier1 集成商、Tier2 元件提供商等车规芯片产业链合作伙伴一起，加强车规级芯片标准化工作，谱写汽车芯片"芯"篇章，共同推动汽车芯片行业的高质量发展。

苏州国芯科技股份有限公司

一、单位概况

苏州国芯科技股份有限公司成立于 2001 年，是一家聚焦于国产自主可控嵌入式 CPU 技术研发和产业化应用的芯片设计公司。公司致力于服务安全自主可控的国家战略，为国家重大需求和市场需求领域客户提供 IP 授权、芯片定制服务和自主芯片及模组产品，主要应用于信创和信息安全、汽车电子和工业控制、边缘计算和网络通信三大关键领域。公司提供的 IP 授权与芯片定制服务基于自主研发的嵌入式 CPU 技术，为实现三大应用领域芯片的安全自主可控和国产化替代提供关键技术支撑；公司的自主芯片及模组产品以汽车电子、信创和信息安全类为主，信创和信息安全芯片聚焦于"云"到"端"的安全应用，覆盖云计算、大数据、物联网、智能存储、工业控制和金融电子等关键领域，以及服务器、汽车和智能终端等重要产品。

苏州国芯科技股份有限公司自成立以来，始终坚持"国际主流兼容和自主创新发展"相结合的原则，以摩托罗拉授权的"M * Core 指令集"、IBM 授权的"PowerPC 指令集"和开源的"RISC-V 指令集"为基础，高起点建立具有自主知识产权的高性能低功耗 32 位 RISC 嵌入式 CPU 技术。历经近二十年的持续研发、创新与沉淀，公司已成功实现基于上述三种指令集的 8 大系列 40 余款 CPU 内核，形成了深厚的嵌入式 CPUIP 储备；同时，公司基于自主的嵌入式 CPU 内核和丰富的外围 IP 建立面向关键领域应用的 SoC 芯片设计平台，可根据客户的具体需求提供嵌入式 CPUIP 授权与芯片定制服务。

二、生产与经营

苏州国芯科技股份有限公司已在汽车车身和网关控制芯片、动力总成控制芯片、域控制芯片、新能源电池管理芯片、车联网安全芯片、数模混合信号类芯片、主动降噪专用 DSP 芯片、线控底盘芯片、仪表及小节点控制芯片、安全气囊芯片、辅助驾驶处理芯片和智能传感芯片等 12 条产品线上实现系列化布局，并且在与国际主流兼容同时，多个产品线实现性能和代际产品系列化来满足不同细分应用的技术与成本要求。公司通过严格实施 AEC-Q100 等汽车电子质量标准，建立了涵盖芯片设计、生产、测试筛选全流程的汽车电子芯片零缺陷质量控制体系，所有量产芯片均通过相关标准认证与车企实际批量应用检验，性能可靠。

(1)建立了较为完善的汽车电子芯片设计技术平台。

突破高可靠汽车电子 32 位微处理器 CPU 关键技术(2010 年获得 Power 架构指令授权，自主开发 C2000 系列 CPU，包括兼容 e200Z0\Z3\Z6\Z7)。

突破高可靠汽车电子 32 位微处理器关键 IP 技术，FlexLIN/CAN/eTPU/eSCI/DSPI/QADC/eMIOS/CLOCK。

突破高可靠汽车电子 32 位微处理器关键存储控制器技术，SRAM、eflash 控制器。

突破高可靠汽车电子功能安全设计技术。

(2)建立了高可靠汽车电子芯片的 SoC 架构和设计平台。

建立了高可靠汽车电子 32 位微处理器正向设计、仿真和验证平台。

建立了高可靠汽车电子 32 位微处理器配套的编译器、调试器等软件环境。

建立了基于国产化的汽车电子芯片工艺技术平台。

建立了基于晶圆厂汽车电子工艺的生产工艺技术平台及质量控制体系。

建立了基于汽车电子标准封装测试厂的生产流程及质量管控体系。

批量产品不良率控制在 2PPM 以内。

(3)建立了基于 AEC-Q100 标准的汽车电子芯片测试筛选规范流程及考核认证体系。

建立了基于汽车电子芯片 AEC-Q100 标准的芯片全流程测试筛选规范及认证体系。

建立了基于的汽车电子芯片 0 缺陷测试、筛选及质量控制体系。

苏州国芯科技股份有限公司净利润自 2018 年实现了快速增长，2018—2021 年年均复合增长率 185.8%；2017—2021 年营业收入由 1.3 亿元增长至 4.07 亿元，年均复合增速达 33%。2022 年实现营业收入约 4.97 亿元，2023 年实现营业收入约 4.49 亿元。

三、产品出口

苏州国芯科技股份有限公司在传统的车身控制及动力总成应用之外，积极拓展线控底盘、域控、安全气囊和车联网信息安全等领域的重要客户。苏州国芯科技股份有限公司汽车电子芯片陆续进入比亚迪、奇瑞、吉利、上汽、上汽通用、上汽通用五菱、长安、长城、一汽、东风、小鹏等众多汽车整机厂商，在数十款自主及合资品牌汽车上实现批量应用。

四、产能建设

苏州国芯科技股份有限公司 MCU 基于先进的汽车电子 40 nm eflash 工艺进行晶圆流片，混合信号芯片基于 130 nm/180 nm/250 nm BCD 工艺开发及流片，所有产品均在国内头部的具备汽车电子规模量产经验的封装、测试厂完成封测生产，产能充沛，可以满足国内外汽车电子客户大规模量产的需求。

五、技术进展与研发能力

苏州国芯科技股份有限公司具备较强的技术实力与研发创新能力，承担了"自主知识产权高性能嵌入式 CPU 的研发及产业化"、"嵌入式存储器 IP 核开发及应用"、"双界面 POS 机 SoC 芯片的研发与产业化"、"车身控制器芯片研发与产业化应用"和"面向自动驾驶的高性能智能处理芯片研发及验证"等 5 项"核高基"国家科技重大专项，以及国家高技术产业发展项目、国家技术创新项目、工信部工业转型升级项目、江苏省科技成果转化项目等重大科研项目；已获授权专利上百项，拥有上百项软件著作权和三十多项集成电路布图设计。

苏州国芯科技股份有限公司先后荣获国家科学技术进步二等奖、中国电子学会电子信息科学技术一等奖、党政密码科技进步三等奖、江苏省科学技术进步二等奖、江苏省科学技术进步三等奖、天津市科学技术进步三等奖、中国半导体创新技术和产品奖、工信部软件与集成电路促进中心"最佳支撑服务企业奖"等科技奖项。公司为国家集成电路设计服务技术创新联盟理事单位、江苏省集成电路产业技术创新联盟副理事长单位和苏州半导体产业联盟理事长单位。

苏州国芯科技股份有限公司主营业务包括嵌入式CPUIP授权、芯片定制服务和自主芯片产品的三类业务形态。

公司基于"M * Core 指令集""PowerPC 指令集""RISC-V 指令集"三种指令集架构,逐步形成了8大系列40余款自主可控的嵌入式CPU内核,具有深厚的嵌入式CPUIP储备,构建了从芯片知识产权授权到成品芯片的完整产品体系。

公司三大类业务以自主可控的嵌入式CPU技术为基础,业务之间具有较强的协同效应。

2023年,苏州国芯科技股份有限公司为抓住高端汽车电子芯片和高可靠存储芯片国产化替代的机遇,进行高强度研发投入,研发了多颗尚被国外垄断的汽车电子芯片和面向服务器的高可靠存储管理控制芯片(Raid芯片)。2023年研发费用与2022年相比,增长86.18%,总额28337.55万元,研发投入总额占营业收入比例63.06%。截至2023年末,公司在职员工493人,其中研发人员数量339人,占公司总人数68.76%。

公司在广州、无锡、天津、青岛、上海、北京设立研发中心或子公司,并先后投资苏州微五、苏州猛禽、华研慧声、合肥硅臻、智绘微电子、上海奎芯、上海睿驱、江苏智能网联、埃泰克等在汽车电子、信息安全等领域具有技术和产品优势的成长公司,形成协同创新战略优势。

中国从汽车大国迈向汽车强国,解决"卡脖子"芯片这一产业重要环节是我们中国企业的责任。苏州国芯科技股份有限公司和比亚迪、长安、奇瑞、上汽、东风等众多汽车整机厂商,与科世达、埃泰克等10多家的Tier1模组厂商,都有较为紧密的合作关系,通过共建汽车电子实验室、共同定义新的汽车电子芯片产品等多种合作方式,推动汽车电子芯片的创新,迎接汽车电子电器架构的快速演进,为中国汽车行业的全面崛起作贡献。

六、主要新产品

产品型号	产品名称	产品应用
CCL1600B	安全气囊点火专用芯片	安全气囊点火专用
CCFC3007PT	多核动力域 MCU	域控、发动机、电机、底盘控制
CCFC3008PT	多核底盘域 MCU	VCU、域控、发动机、电机、底盘控制
CCFC3009PT	多核底盘域 MCU	智驾、域控、滑板底盘
CCFC3012PT	多核底盘域 MCU	智驾、域控

续上表

产品型号	产品名称	产品应用
CCFC2012BC	车规 MCU	车身控制、安全气囊控制
CCFC2007PT	车规 MCU	发动机、新能源电池管理、底盘控制
CCD5001	车规 DSP 芯片	智能座舱(主动降噪、调音)
CMA2100B	车规加速度传感器芯片	安全气囊、空气弹簧/CDC
CCM3310S	车规级信息安全芯片	TBOX、PEPS
CCM3305S	车规级信息安全芯片	TBOX、座舱、智驾信息安全
CCM3320S	车规级信息安全芯片	V2X、智驾信息安全
CCL1100B	车规门控驱动芯片	门控模块、阀控模块
CBC2100B	无刷电机控制芯片	油泵、水泵、空调出风口等电机执行器
CN7160	车规 NFC 芯片	数字车钥匙
CIP4100B	PSI5 通信芯片	空气弹簧/CDC 信号链
CCM1002BC	车规 MCU	小节点控制器

七、合资合作及重大项目建设

苏州国芯科技股份有限公司汽车电子芯片实现与埃泰克、科世达(上海)、潍柴集团、一汽解放研究院、宁德时代等头部主机厂和Tier1联合开发合作,同时与经纬恒润、东软睿驰、普华软件等携手正式推出完整的ClassicPlatform(CP)AUTOSAR解决方案,加速助推"中国芯+中国软件"车用底层解决方案应用落地,获得了市场的认可和良好的业界口碑。

苏州国芯科技股份有限公司参股了埃泰克汽车电子、华研慧声、江苏智能网联汽车、苏州猛禽电子、上海睿驱微电子等公司,以实现芯片产业的生态共建。

八、发展规划

在汽车电子芯片领域,苏州国芯科技股份有限公司将致力于保持公司在中高端MCU、DSP和SoC芯片领域的快速发展势头,努力基于公司在汽车车身和网关控制芯片、动力总成控制芯片、域控制芯片、新能源电池管理芯片、车联网安全芯片、数模混合信号类芯片、主动降噪专用DSP芯片、线控底盘芯片、仪表及小节点控制芯片、安全气囊芯片、辅助驾驶处理芯片和智能传感芯片等12条产品线进行深化布局。公司以各领域头部企业作为市场推广的重要目标,集中优势技术支持来推动国际与国内大客户、大项目的开发测试及量产;同时以MCU+模式与客户全面合作,即以MCU、混合信号(含驱动类)和通信接口芯片的整体方案来解决客户的"套片"方案式需求,增进与客户合作的广度、深度和黏性;力争实现与国际汽车电子芯片巨头的全方位竞争,为中国汽车行业的全面崛起作贡献。

中科赛飞(广州)半导体有限公司

一、单位概况

中科赛飞(广州)半导体有限公司,是广东省大湾区集成电路与系统应用研究院的汽车芯片部门孵化成立的产业化公司,公司聚焦于高功能安全等级的车规级数模混合芯片研发,重点布局 SBC(System Basis Chip,系统基础芯片)及功率半导体智能驱动,核心产品包括车规级驱动系列、电源管理系列及引擎控制芯片等。

核心研发团队来自于国际知名企业和国内一流科研院所,且由平均 15 年以上车规芯片设计经验的资深技术专家组成。团队孵化期间曾研发国内首款引擎控制芯片。董事长王云为中科院微电子所工学博士,任广东省大湾区集成电路与系统研究院常务副院长等职。

同时,中科赛飞也着重关注下游客户的差异化需求。针对本土车企技术路线选择差异,中科赛飞基于自身引擎控制芯片及电机控制芯片开发经验,可结合具体应用需求为下游客户提供定制芯片产品。

公司团队充分布局汽车电子数模混合芯片的专利壁垒,已申请核心专利 38 篇。中科赛飞的愿景是致力于成为国内领先的车规级数模混合芯片提供商。

二、生产与经营

公司聚焦应用于汽车核心控制系统中的功能安全和可靠性要求极高的车规级数模混合芯片的研发和销售,尤其是高功能安全等级的电源管理芯片、驱动芯片和引擎控制 U-chip 芯片。已攻克了驱动芯片、电源管理芯片、通信接口和信号处理等方向的关键技术。配合国产 MCU 和传感器等器件组成完整的国产汽车电子控制系统解决方案。

三、产品出口介绍

1. AE6523 功能安全电源系统基础芯片

AE6523 是一款功能安全系统基础芯片(SBC),符合 AEC-Q100Grade0 标准,带有 CANFD 收发器,集成多个开关式电源稳压器及线性稳压器,能为 MCU 和传感器提供稳定可靠的高效率供电,内置故障监控及诊断功能,实现 ASIL-D 的功能安全,在汽车和工业中有广泛的应用场景。

应用说明

- 主动悬架
- 变速器与变速箱
- 混合动力汽车(HEV)应用
- 电动助力转向(EPS)
- 电池管理系统
- ADAS(LDW、雷达、传感器融合安全领域)

2. AE4108 车用多通道半桥驱动芯片

AE4108 是采用汽车 BCDDTI 技术实现的设备,能够在汽车和工业应用中提供 8 个可配置的低边、高边或半桥驱动器。可以通过 SPI 进行开/关控制,并具有完善的诊断和保护功能,例如负载开路诊断,短路、过温、过压、欠压保护等。在电源电压过低或过高时,每一个输出通道可单独关闭输出或者保持开启。

应用说明

- 汽车空调通风口调节
- BCM 车身控制模块
- 后视镜调节
- 电磁阀控制
- 域控制器
- 工业远程 I/O 模块

3. AE3160SiC/IGBT 高压隔离栅极驱动芯片

AE3160 是一款先进的单通道栅极驱动器,用于驱动 SiC 和 IGBT 模块。集成的电气隔离性能和低导通电阻可提供大的充放电电流、低动态饱和电压和轨到轨的栅极电压控制。

电流和温度检测最大程度地降低了故障时 IGBT/SiC 的应力。可对欠压阈值进行精确地配置,提供电路保护的同时也确保了充足的栅极驱动电压范围。

AE3160 可自主管理故障,通过 INTA 和 INTB 来报告功率器件和栅极驱动器的故障,并通过 SPI 接口读取故障的类型。可直接驱动大部分的 IGBT 和 SiCMOSFET 的栅极。具有用于高可靠性系统(ASILC/D)所需要的自检、控制和保护功能,并满足汽车应用的严格要求,符合 AEC-Q100grade1 标准。

应用说明

- EV/HEV 牵引逆变器
- EV/HEVOBC
- EV/HEVDC-DC
- HEVBSG 电机

4. AE9401 单通道 SiC 栅极驱动芯片

AE9401 是一款单通道 SiC 栅极驱动芯片,可有效驱动金属氧化物半导体场效应晶体管(MOSFET)和绝缘栅双极型晶体管(IGBT)电源开关,并针对 SiC 器件驱动做了特别优化。提供轨到轨驱动能力以及超短的传播延迟(典型值为 20 ns)。按照 AEC-Q100 标准设计。

应用说明

- 新能源汽车 SiC 和 IGBT 等器件的栅极驱动
- 开关模式电源,DC-DC 转换器
- 太阳能、电机控制

5. AE9786 车规级四缸引擎控制芯片

AE9786 是为汽车发动机管理系统设计的芯片,能够提供控制四缸内燃机所需的全套电源和外围信号预处理资源。

芯片集成了多路电源输出、喷油嘴驱动、点火预驱、氧加热电流检测、自适应转速检测接口等发动机所需要的资源,同时还集成了丰富的继电器驱动、LED 驱动和 MOSFET 预驱动等资源。芯片配备微秒级通道(MSC)通信接口,支持高速控制和诊断。支持看门狗和唤醒功能。满足发动机控制单元的应用需求,同时也非常适用于新能源汽车整车控制器(VCU)的应用场景。

应用说明

- 四缸汽车 ECU
- 新能源车 VCU
- 新能源车 HCU

- 新能源车域控制器

6. AE7777 双缸引擎控制芯片

AE7777 采用 BCDDTI 工艺，按照车规级标准设计。对标国际领先的半导体友商动力总成芯片 L91XXA，集成了高精度电源模块、步进电机模块、标准喷油嘴驱动模块、点火预驱模块、自适应转速检测接口等。采用车规级 E-LQFP64L10x10 封装，符合 RoHS 标准。

应用说明

- 单/双缸摩托车发动机
- 单/双缸通机
- 长续航高空无人机 ECU
- 增程式新能源车 VCU

四、技术进展与研发能力

中科赛飞产品填补了国内汽车电子高功能安全等级的电源管理芯片领域空白，更好地服务于汽车电子电气架构演变趋势中对电流的需求。同时，在车规驱动芯片领域，团队拥有多年车规级芯片开发经验，掌握数模混合核心控制芯片的关键技术，并在 40 V～60 V 高压工艺上有深厚的技术积累，能够匹配汽车驱动芯片高压和负压需求。在未来产品布局中，中科赛飞为配合汽车未来集成化、智能化的趋势，将功率电源从高低边、隔离驱动、SiC/IGBT 驱动进行整合、可满足可靠性高、容错率低的开发要求较高的应用场景。

五、合资合作及重大项目建设

与广汽埃安联合参与 2022—2025 年广东省重点领域研发项目“车规级关键系统基础芯片研发”。

六、发展规划

2023—2025 年：实现国产工艺车规级芯片的量产，包括高功能安全的电源管理芯片，驱动芯片和引擎控制芯片产品系列。

2025—2027 年：开发公司自主工艺（fab-lite 模式），并实现芯片量产。

华润微电子有限公司

一、单位概况

华润微电子有限公司是华润集团旗下负责微电子业务投资、发展和经营管理的高科技企业，曾先后整合华科电子、中国华晶、上华科技等中国半导体企业，经过多年的发展及一系列整合，公司已成为中国本土具有重要影响力的综合性半导体企业，自 2004 年起多年被工信部评为中国电子信息百强企业。

公司是拥有芯片设计、掩模制造、晶圆制造、封装测试等全产业链一体化运营能力的 IDM 半导体企业，坚持以“长三角+成渝双城+大湾区”的两江三地布局，结合地域、市场和应用优势，进行资源优化配置，业务范围遍布无锡、上海、重庆、东莞和深圳等地。公司主营业务可分为产品与方案、制造与服务两大业务板块。公司产品设计自主、制造过程可控，在分立器件及集成电路领域均已具备较强的产品技术与制造工艺能力，形成了先进的特色工艺和系列化的产品线。

二、生产与经营

华润微电子主营业务可分为产品与方案、制造与服务两大业务板块。公司产品与方案业务板块聚焦于功率半导体、数模混合、智能传感器与智能控制等领域。公司制造与服务业务主要提供半导体开放式晶圆制造、封装测试等服务。此外，公司还提供掩模制造服务。公司产品与方案板块业务主要采用 IDM 经营模式，同时制造与服务板块业务向国内外半导体企业提供专业化服务。

2023 年度，公司实现营业收入 99 亿元，较上年同期减少 1. 59%；实现归属于母公司所有者的净利润 14. 79 亿元，较上年同期减少 43. 48%；报告期末公司总资产 292. 15 亿元，较初期增长 10. 42%；归属于上市公司股东的净资产为 215. 58 亿元，较初期增长 7. 89%。报告期内，公司研发投入 11. 54 亿元，同比增长 25. 30%，占营业收入的比例达到 11. 66%。在行业景气度下行调整阶段，公司积极布局重大项目，两条 12 in 线、封测基地等新业务逐步开展；同时加大研发投入力度，不断推出适应市场需要的新技术和新产品，整体业绩跑赢大市。

公司产品与方案板块下游终端应用主要围绕四大领域，其中泛新能源领域（车类及新能源）占比 39%，消费电子领域占比 34%，工业设备占比 16%，通信设备占比 11%。公司全面拓展汽车电子市场，产品进入国内重点车企，多渠道推广汽车芯片国产化，车规级产品储备扎实推进，第三代半导体 SiC 产品获得知名车企的头标。公司在光伏逆变器、变频器等新能源领域加大客户拓展力度，市场份额提升，新能源领域的营收在产品与方案板块的占比从 2022 年 16% 提升至 20%，产品进入行业重点客户。

三、产能建设

华润微电子雄厚的产业基础及芯片工艺技术和产品研发自主创新能力，完善的芯片设计企业支撑体系，能够协同芯片产业链资源，加快汽车芯片研发，弥补汽车芯片短板，发挥汽车芯片产业链引领作用，通过和汽车零部件企业和整车企业联盟，构建汽车芯片产业生态。公司具有全国领先的半导体制造工艺水平，BCD 工艺技术水平国际领先、MEMS 工艺等晶圆制造技术以及智能功率 IPM 模块封装等封装技术国内领先。先进全面的工艺水平使得公司提供的服务能够满足丰富产品线的多项工艺需求。公司的制造资源也在国内处于领先地位，拥有 6 in 晶圆制造产能约为 23 万片/月，8 in 晶圆制造产能约为 14 万片/月，在建一条月产约 4 万片的 12 in 晶圆制造生产线，重庆 12 in 晶圆生产线正在上量爬坡阶段，具备为客户提供全方位的规模化制造服务能力。

四、技术进展与研发能力

华润微电子业务包括产品与方案业务及制造与服务业务两大业务板块，公司在主要的业务领域均掌握了一系列具有自主知识产权的核心技术，大部分核心技术均为国内领先,其中沟槽型 SBD 设计及工艺技术、光电耦合和传感系列芯片设计和制造技术及 BCD 工艺技术国际领先。上述核心技术已成熟并广泛应用于公司产品的批量生产中。2023 年度,公司加大技术研发投入力度、配置先进设备、引进行业高端人才、整合公司内外部资源,以提升公司在相关领域的自主创新能力和研发水平,提升公司产品和技术在行业内的领先水平,取得了较好的成效。

公司研发费用逐年增加,高研发投入奠定了工艺技术优势基础。2021 年至 2023 年,公司研发投入分别为 71322.51 万元、92110.91 万元和 115411.23 万元,占营业收入的比例分别为 7.71%、9.16% 和 11.66%。截至 2023 年末,公司拥有 10249 名员工,其中包括 4179 名研发技术人员,合计占员工总数比例为 40.78%。公司核心技术人员均在半导体领域耕耘数十年,在不同的技术方向具有丰富的研发经验,并对行业未来的技术发展趋势具有前瞻性的创新能力。公司核心技术人员的研发能力保证了公司的市场敏锐度和科研水平,确保了公司的产品迭代能够紧跟行业发展趋势,亦满足客户终端产品的创新需求。

五、合资合作及重大项目建设

公司围绕整体战略,持续关注外延式扩张机会,锁定目标集中在功率半导体和智能传感器产品公司,以及能够快速提升公司产品与客户层次的制造资源,通过对外合作、收购兼并和股权投资等多种发展路径,利用成功的整合经验,最大程度发挥协同效应,借助资本力量,为公司实现跨越式发展带来有力的支持。

(1)2023 年度,公司成功引入国家集成电路产业投资基金二期股份有限公司对润安科技增资 10 亿元,共同建设功率半导体封测基地。本次增资有助于增强公司功率半导体产品业务发展的配套能力,提升功率半导体封装的规模和技术水平,巩固功率半导体的竞争优势。

(2)报告期内,无锡迪思完成 B 轮 5.2 亿元股权融资,合计外部融资 11.4 亿元,通过广泛引入多元市场投资主体,提升高端掩模项目竞争力,充分激发资本活力和自主创新能力,打造发展硬实力。

(3)截至 2023 年末,润科基金共有 54 个项目完成了立项和投决,累计投资超 17.6 亿元。润科基金围绕公司产业发展的纵向和横向进行投资,谋求产业链及细分领域的纵向与横向整合,利用公司的核心资源整合产业链,打造合作共赢的生态圈。

六、发展规划

华润微电子是拥有芯片设计、掩模制造、晶圆制造、封装测试等全产业链一体化经营能力的半导体企业,产品聚焦于功率半导体、数模混合、智能传感器与智能控制等领域,为客户提供丰富的半导体产品与系统解决方案。未来公司将围绕自身的核心优势、提升核心技术及结合内外部资源,不断推动企业发展,进一步向综合一体化的产品公司转型,矢志成为世界领先的功率半导体和智能传感器产品与方案供应商。

公司将立足现有基础,进一步聚焦于功率半导体及智能传感器等广泛应用于新经济领域的半导体产品,通过技术创新保持在业内的领先优势,同时深耕进口替代的中国市场机会,不断推出适应市场需求的新技术、新产品,保持、巩固并提升公司现有的市场地位和竞争优势。

鉴于半导体行业是人才、技术和资金密集型的行业,行业的发展以研发设计能力、技术创新能力、先进制造能力和综合管理能力为主要驱动因素,公司顺应前述行业发展的驱动因素,密切关注中国及全球市场需求,从产品能力、研发投入、行业整合、对外合作以及资源协同等方面制定发展战略,以优化公司现有产品结构,提升公司的核心技术研发能力,为公司在巩固现有细分市场领先优势的同时,不断拓宽公司的业务领域,实现长期可持续发展奠定良好的基础。

锐泰微(北京)电子科技有限公司

一、单位概况

锐泰微(北京)电子科技有限公司成立于 2021 年,由海归博士创立,创始团队成员在高性能数字模拟混合领域均具有超过 15 年的集成电路芯片产品开发和市场销售经验沉淀,特别在高端模拟设计领域有突出的技术领先优势。公司拥有多项知识产权,并已取得“国家级高新技术企业”、“中关村高新技术企业证书”、“创新型中小企业”及“专精特新中小企业”等荣誉资质。

锐泰微专注于高性能模拟信号链前端、高速接口芯片等产品的研发,聚焦新能源汽车及高端通信等市场领域。公司秉承客户即中心的原则,积极了解客户需求和痛点,同时致力于持续创新和技术突破创新,为客户构建更高效和更具性价比的国产化方案。锐泰微已设计出国内首个革命性宽带低功耗模拟前端 IP,在车载 Serdes 领域已经取得重大突破,年底将发布革新性的基于自研 Serdes 协议、自研 IP、完全自主可控的车载 Serdes 产品,不仅提升了产品性能和稳定性,还为客户提供了低成本但高效可靠的系统级解决方案。

二、生产与经营

已获得项目超过 1500 万元的定制 IP。

越南电信 250 MHz 带宽高速 ADC。

国内某头部激光雷达公司高集成度 AFE。

国内某头部工业激光雷达模组公司定制 TDC。

Serdes 芯片项目量产在即,正在国内重要 OEM 测试验证。

三、技术进展与研发能力

车载 SerDes 芯片已经成为汽车显示屏、高清摄像头等高速互联传输的必选技术方案,成为汽车智能座舱系统与智能驾驶系统车内互联的底座技术,随着智能网联汽车技术快速发展和迭代,汽车智能座舱与智能驾驶系统配置与装配率快速提升,车载高速 SerDes 芯片需求量处于长期快速增长状态。但车载 SerDes 芯片需要兼具长距同轴线缆正反高速传输、抗车载环境复杂电磁干扰、满足 AEC-Q100 和 ISO26262 功能安全认证要求等多方位能力。

锐泰微公司拥有强大的芯片研发、量产和技术服务能力,具有完善的芯片研发、测试验证、供应链、营销与服务体系。锐泰微在研包括车载 SerDes、无线射频收发器、激光雷达模拟前端在内的多个系列具有国际先进技术水平的芯片产品。锐泰微现有员工超 40 人,90% 为经验丰富的芯片研发人才,其中硕士博士学历人才占比 60%。公司团队主要来自 ADI、MAXIM、Marvell 等公司,拥有 20 年相关技术产品经历,熟悉市场方向。锐泰微创始人及核心研发技术人员有超过 15 年的集成电路芯片产品经验,在高端模拟设计领域有深厚的经验积累和突出的技术领先优势。公司成立以来,已经取得包含软件著作权、集成电路布图、发明专利在内的近 40 项知识产权。

公司致力于高质量研发,所有芯片产品核心 IP 产品均为自主研发,已经积累了丰富的 IP 技术储备,为客户提供芯片 IP 技术服务。公司 2023 年研发投入约 3000 万元,未来五年规划研发费用投入增速达 40%。公司投资自建高速信号实验室,拥有包括高速实时示波器、任意波形发生器、网络分析仪等在内的仪器设备,为公司高端高速模拟和模数混合芯片产品研发、客户技术应用服务提供了强有力的支撑。

公司全力研发符合市场需求的高性能车载 SerDes 芯片产品,集中研发力量攻破车载 SerDes 芯片"卡脖子"的技术难题,已经完全突破以下车载 SerDes 芯片核心技术:

(1)高速率 CDR 时钟恢复技术。

(2)适应车载应用的高可靠 SerDes 通信协议。

(3)SerDes 单信道双向通信技术。

(4)SerDes 自适应均衡技术。

(5)SerDes 链路展频技术。

(6)超低抖动时钟系统。

(7)超高性能前向纠错技术。

(8)高效编码技术。

(9)PAM4 调制技术。

(10)低功耗技术。

公司自研传输协议 C3Lync 技术的车载 SerDes 芯片产品推向市场,C3Lync 第一代产品速率高达 12 Gbit/s,向下兼容 6 Gbit/s 和 3 Gbit/s,可以支持 0.3 Mega~17 Mega 车载高清图像传感器的互联传输,C3Lync 第二代产品速率高达 24 Gbit/s,满足 2030 年前市场技术需求。

四、主要新产品

产品型号	产品名称	产品应用
M66S68	串行器芯片	车载 SerDes 芯片
M66S66	串行器芯片	车载 SerDes 芯片
M66S63	串行器芯片	车载 SerDes 芯片
M65Q68	解串器芯片	车载 SerDes 芯片
M65Q66	解串器芯片	车载 SerDes 芯片
M65Q63	解串器芯片	车载 SerDes 芯片
M65D68	解串器芯片	车载 SerDes 芯片
M65D66	解串器芯片	车载 SerDes 芯片
M65D63	解串器芯片	车载 SerDes 芯片

五、合资合作及重大项目建设

蔚来、广汽和奇瑞相继投资了锐泰微,帮助锐泰微进行 SerDes 产品的共同研发、导入测试以及后续量产支持,这是一项非常有价值的合作机会。

合作内容以及未来的合作规划如下:

SerDes 产品共同研发:合作伙伴与锐泰微共同参与 SerDes 产品的研发工作,结合各自的技术优势和需求,共同推动产品的创新和优化,以适应汽车领域的需求。

产品导入测试:蔚来、广汽和奇瑞的合作伙伴协助锐泰微进行 SerDes 产品的导入测试,验证产品在实际应用场景下的性能和可靠性,提供反馈意见和优化建议。

量产支持与合作推进:合作伙伴在产品测试完成后,提供量产支持和合作推进,包括生产需求协调、供应链管理、市场推广支持等,共同推动产品的量产和商业化应用。

技术交流与合作落地:通过技术交流会议和合作协商,双方可以加强沟通和协作,推动合作项目的顺利实施,并探讨未来的合作方向和发展计划。

通过蔚来、广汽、奇瑞等企业与锐泰微的合作,共同开发 SerDes 产品、进行产品导入测试和量产支持,有助于加速技术创新、提升产品竞争力,推动合作伙伴之间的业务发展和合作关系的深化。这种合作模式有助于实现互利共赢,推动行业的发展和创新。

六、发展规划

随着项目研发与测试的不断推进,锐泰微以实现 2030 年百亿销售额为目标,以成为车载无线有线互连领域的领导者,并与国际巨头的高端模拟芯片公司比肩为使命下,制定了以下战略发展规划:

强化技术创新:加大研发投入,不断推动高端无线通信创新,突破技术瓶颈,研发领先的车载无线有线互连解决方案,确保产品性能、质量和竞争力。

全球市场布局:积极拓展国际市场,建立全球销售网络,推广产品覆盖全球范围,加强与国际合作伙伴的合作,实现全球销售额目标。

客户需求导向:深入了解客户需求,提供定制化解决方案,加强与客户的合作,建立长期稳定的合作关系,提升客户满意度和忠诚度。

人才培养和团队建设:重视人才队伍建设,引进和培养专业人才,建立高效团队,激励员工持续创新,提升企业的研发和管理水平。

可持续发展:致力于环境保护和社会责任,推动绿色制造和可持续发展,遵守行业标准和法规,树立企业良好形象,赢得客户信任。

通过以上战略发展规划,锐泰微将实现 2025 年和 2030 年销售额目标,成为车载无线有线互连领域的领导者,与国际巨头的高端模拟芯片公司比肩,为公司的长期发展和成功打下坚实基础。

北京智芯微电子科技有限公司

一、单位概况

北京智芯微电子科技有限公司(以下简称智芯公司)成立于2010年,注册资本64.1亿元,是国家电网公司芯片产业发展的使命担当者。拥有9家分子公司,是国家高新技术企业、国家技术创新示范企业、国家规划布局内重点集成电路设计企业,获评国务院国资委“创建世界一流专业领军示范企业”和“科改示范企业”,连续九年获评“中国十大集成电路设计企业”,排名全国第三。

智芯公司坚持以“铸造工业最强芯”为使命,不断提升以智能芯片为核心的整体解决方案提供能力,形成了“安全、主控、通信、传感、射频识别、存储、人工智能、模拟”八大类280余款芯片产品,业务范围覆盖能源电力、轨道交通、汽车电子、石油石化等领域。

面向未来,智芯公司将坚定不移地贯彻国家创新驱动发展战略,深入落实国家电网公司发展壮大芯片产业决策部署,不断提升自主研发能力和产品创新能力,为国内集成电路行业加速发展做出努力,为推动芯片国产化贡献力量。

二、生产与经营

北京智芯微电子科技有限公司,是一家以芯片设计、研发、应用为主的公司。产品的流片主要通过国内的几个较大的流片厂商完成,如中芯国际、上海华虹等;产品的封测主要在国内的知名封装厂完成,如天水华天、长电、气派等。同时智芯公司在北京基地拥有独立的生产中心,北京昌平生产基地占地面积15000余平方米,生产设备700余台。主要负责部分芯片产品的测试工作及个人化发行工作。

三、产品出口

北京智芯微电子科技有限公司主要以中国大陆销售为主。海外销售,由旗下子公司杭州万高进行。业务范围覆盖中国32个省/市/自治区,亚、欧、非、南美洲近100个国家和地区。

四、技术进展与研发能力

国家高新技术企业、国家技术创新示范企业、国家企业技术中心、国家地方联合工程研究中心、国家规划布局内重点集成电路设计企业,连续九年被评为“中国十大集成电路设计企业”。拥有国内唯一致力于工业芯片质量技术研究的检验检测实验室,能力贯穿工业芯片全流程,同时可对汽车芯片全流程进行检测。

五、主要新产品

产品型号	产品名称	产品应用
SCCK11411BW2E1W	4通道数字隔离器	长春一汽红旗品牌轿车
SCCK2522BQ	CAN接口芯片	暂无
SCCK0269	65 V双路同步降压控制器	理想电动轿车
SCCK0611BW	线性LED驱动器	长城汽车化妆镜灯
SCCK85121	Efuse	理想汽车轿车

六、合资合作及重大项目建设

北京智芯微电子科技有限公司于2023年成功获得理想汽车揭榜挂帅项目,针对此项目需求,开发新产品65 V双路同步降压控制器。

七、发展规划

北京智芯微电子科技有限公司以铸造工业最强芯为使命,由于产品多用于电力领域,故产品稳定性极高,可经过极寒、极热、高湿、高盐雾、强电磁干扰等恶劣工作环境的考验,与汽车级芯片要求接近,故车规级芯片产品已成为北京智芯微电子重点发展的产品线之一,后续将逐步增加研发投入力度,扩充产品型号。将从电源、隔离、接口、信号链四个维度进行产品研发。

珠海极海半导体有限公司

一、单位概况

珠海极海半导体有限公司(简称“极海”),是一家专注于开发工业级/车规级微控制器、高性能模拟与混合信号IC及系统级芯片的集成电路设计企业。极海团队拥有20年集成电路设计经验和嵌入式系统开发能力,为客户提供核心可靠的芯片产品,实现准确感应、安全传输和实时控制,助力客户在智慧家居、高端消费电子、汽车电子、工业控制以及智慧能源等领域的创新拓展。

极海微电子股份有限公司隶属于纳思达集团,是工信部认证的集成电路设计企业、国家高新技术企业。极海作为极海微电子股份有限公司旗下的高端芯片设计公司,成立于2019年,总部位于珠海,依托于母公司的集成电路产业资源,拥有珠海、上海、杭州、成都、郑州、海外6大研发中心。

极海于2017年牵头完成了工信部核高基01重大专项项目并以高分通过验收,同时参加了国家“十三五”科技成果展示,并先后9次荣获“中国芯”最佳市场表现奖及特别成就奖。极海通过与国内多所高校建立“产学研”合作关系,积极参与国家项目,促进国产集成电路设计创新与应用落地。

二、生产与经营

极海秉承“用芯驱动产业创新,为客户创造价值”的理念,在汽车电子、工业控制、智慧能源、高端消费电子等领域持续精进。依托20年集成电路设计经验和嵌入式系统开发能力,始终坚持技术研发创新与产品的快速迭代更新,为长生命周期市场提供质量可靠稳定的芯片产品及解决方案,充分满足客户多元化、差异化应用需求。

极海作为面向汽车电子领域的专业芯片设计企业,核心汽车电子芯片业务聚焦通用/专用微控制器、智能传感器、驱动控制 IC 等领域，战略布局车身控制系统、信息娱乐系统、动力系统、安全系统等应用场景，可提供符合 AEC-Q100 车规可靠性标准、ISO26262 功能安全标准，性能卓越、安全可靠的芯片产品及方案，并为客户提供完善的生态开发体系和技术支持服务，逐步稳健夯实市场地位。

极海遵循最严苛的车规级芯片开发全流程和质量控制体系，致力于打造零缺陷芯片产品。所有量产汽车电子芯片均通过相关标准认证与车企实际批量测试与应用，先后获得了德国莱茵 ISO26262ASIL-D 功能安全管理流程认证、15 张 AEC-Q100 车规可靠性认证证书、1 张德国莱茵 ISO26262 功能安全 ASIL-B 功能安全产品认证证书。此外，极海与一众汽车整机厂商、多家 Tier1 模组厂商建立深入的协同合作关系，已在多款车型上成功实现量产应用，包括东风、上汽、哪吒、江淮、零跑、合众、福田、极氪、一汽红旗、北汽新能源、柳汽等厂商。

三、产品出口

极海在全球化征程中，通过专业的技术优势和创新产品，深度赋能海外汽车原厂以及 Tier1/2 厂商。从高性能汽车电子芯片的研发到一站式解决方案的提供，再到快速的技术支持和软硬件开发生态的构建，有助于推动国产汽车芯片产业向国际化发展。

四、产能建设

极海严格遵循 IATF16949 质量管理标准，拥有一流的供应链体系，通过上下游合作，形成芯片设计、关键 IP、特色工艺、封装测试及产品自主可控的产业链，有效保障车规芯片质量，2023 年全年出货量超过 4.8 亿颗，其中车规级 MCU 芯片累计出货量达 800 万颗。

五、技术进展与研发能力

通过持续优化产品结构与市场覆盖面，并大力投入研发，极海不断加大拓展汽车电子细分应用，取得显著的业绩表现。

车规级 MCU：针对车身控制、信息娱乐、安全系统、动力系统，已推出 APM32A/F 系列、G32A1445/1465 系列共计 12 款车规级 MCU，覆盖 Cortex-M0+/M3/M4F 内核，采用先进工艺制程，具备高效运算处理性能，外设资源丰富，内置功能安全模块，信息安全与硬件安全保障，提供丰富的软硬件开发生态，已配合 50+Tier1 厂商完成模组开发和测试，实现规模量产上车。

智能传感器：2023 年极海设计交付了 GURC01 国内首款超声波传感和信号处理器，以满足智驾中的自动泊车功能应用需求，并为极海带来了新的业绩增长。GURC01 用于构建距离测量辅助系统，小体积、算法集成、抗干扰性强、可靠性高，通过了 AEC-Q100Grade2 车规可靠性认证。已与多家主机厂项目定点，并实现规模量产。

智能车灯芯片：极海首款 GALT61120 汽车前灯 LED 矩阵控制芯片，内置 12 个集成旁路开关，可编程 10-bitPWM 调光，支持近光、远光、画面显示等功能切换和像素级 LED 独立控制；具备优异的 ESD 抗干扰性，HBM±8KV、CDM±2KV。符合 AEC-Q100Grade1 车规可靠性标准，已实现规模化量产。GALT61120 仅用 9 个月完成设计、测试到一次性成功流片，在技术层面已达到国际先进水平，成功填补了国内市场空白。

经过多年沉淀，极海已形成了完善的研发设计体系和丰富的开发生态，拥有 600+研发人员、200+汽车电子团队成员、50+专利工程师和律师团队、1385 项集成电路专利，具有过硬的技术实力：

1. CPU 设计与应用能力

具备 16/32/64 位自主内核设计能力，以及 RISC-V 内核独立设计能力；具备基于国产 CPU 内核的应用及产业化能力，出货量累计超过 7 亿颗。

2. 安全嵌入式 eSE 芯片设计能力

自主嵌入式 eSE 安全子结构设计，实现嵌入式硬件级安全防护，支持国密算法、兼容国际密码算法的可编程硬件安全加密引擎，多核混编 RSIC-V 内核作为安全单元模块，安全 CPU 内核安全机制可定制，可全方位保障芯片信息与通信安全。

3. 多核异构芯片设计能力

提供双核至七核 SoC 芯片设计，实现国产 C-SKY 内核+Arm 内核+专用 DSP 混编异构设计；专用算法 IP 硬核设计，实现关键应用算法 IP 硬化处理或专用协处理器处理，增强处理能力和加强安全性。

4. 符合 ISO26262 功能安全标准的设计体系

从系统方案规划、软件硬件架构、芯片设计过程来实现 ASILB 到 ASILD 的功能安全，提供满足功能安全的 MCAL 技术软件库，硬件层面从电源、时钟、复位、CPU、存储器、内部互联等多个方面建立安全机制，降低故障率和提高故障检测率。设计完成后，再次进行验证和确认安全标准已经被满足。

5. 支持车规芯片的可靠性分析和验证平台

极海具备可靠性测试验证体系能力包括缺陷筛选实验、封装完整性测试、芯片制造可靠性试验、电学性能验证测试、加速环境应力测试、基于失效机制的基础电路应力测试等，贯穿芯片设计、封装、芯片制造、筛选、老化等。建有国家级 CNAS 认证的实验室，配备电气验证、元器件可靠性、环境可靠性、失效分析、应用、电池测试六大实验中心；拥有车规级芯片独立实验室，可完成 AEC-Q100 完整测试项。

六、主要产品

产品型号	产品名称	产品应用
G32A1445/G32A1465	汽车通用 MCU	BCM/BMU/T-BOX/OBC/智能座舱/座椅控制器/中控屏/电动尾门/车身域控制器/仪表盘/灯光控制/车窗遥控器/智能座椅/倒车雷达等
GURC01	超声波传感和信号处理器	自动泊车辅助系统/超声波驻车辅助系统/ADAS 高级驾驶辅助系统
GALT61120	汽车前灯 LED 矩阵控制芯片	汽车前照灯/高亮度 LED 矩阵系统/ADB 自适应车灯系统/动画日行灯/智能交互矩阵大灯/智慧投影大灯等

七、发展规划

极海将继续坚定智行芯片业务方向，针对产品矩阵、算力、功耗、性能、功能、安全、配套工具等，加强技术研发与应用范围深耕，坚持高质量芯片供应与技术支持服务，为公司发展提供更多新动能。

在车规级 MCU 线，极海将延续现有先进技术优势，不断升级与发展汽车通用/专用微控制器，芯片设计均基于 ISO26262、AEC-Q100 等汽车安全标准，软硬件协同优化，解决车用 MCU 对低功耗、高性能、高算力、高集成度、安全性等方面的客户实际需求，以适应更广泛的细分场景和更复杂的运行功能。

针对下一代超声波雷达 AK2 标准的智能传感芯片系列很快面世，届时将为极海开拓更多自动驾驶领域的市场份额。围绕前组合灯、后组合灯、氛围灯三大细分赛道，极海基于国产替代与增量市场考量，已完成完整产品矩阵体系规划，汽车尾灯驱动控制芯片有望明年正式推出。

杰平方半导体(上海)有限公司

一、单位概况

杰平方半导体(上海)有限公司(简称"杰平方")是聚焦车载芯片研发和生产的半导体企业。秉承"诚信、创新、以人为本"的精神，杰平方致力于满足中国汽车产业对国产自主车载芯片的旺盛需求、打造先进碳化硅垂直整合晶圆厂(IDM)的标杆企业，并结合芯片代工厂的既有优势，创新 IDM+(TM)的商务模式，打造芯片供应链的核心竞争力。

杰平方核心团队汇聚海内外人才，拥有半导体行业三十多年的丰富实践、成功经验、优质资源及出众业绩，在芯片设计、工艺研发、晶圆生产及成功量产等领域均具有国际性优势；杰平方董事长俎永熙博士系中芯国际、青岛芯恩创始团队成员，为我国集成电路产业发展作出了突出贡献；主要团队成员在德州仪器、博通公司、中芯国际等国内外顶尖芯片设计及生产公司深耕多年、积累了大量成功经验。杰平方成立于中国国际经济、金融、贸易、航运中心的上海，于 2021 年在自由贸易试验区市场监督管理局注册。在公司发展壮大的几年里，始终为客户提供优秀的产品和技术支持、健全的售后服务，基于核心团队逾三十年丰富业界经验、优质资源和出众业绩，杰平方对标国际先进厂商，致力于满足中国汽车产业对国产自主车载芯片的旺盛需求，主要面向电能转换、通信等领域，提供高性能碳化硅(SiC)芯片、车载信号链芯片及车载模拟芯片等前沿产品，并按照主机厂商需求定制开发高品质交付方案，通过独有芯片导入技术，以达到芯片国产化和车载芯片快速上车的效果。

杰平方有效整合国际技术经验和本土资源，深刻把握本土客户定制化需求，与国内外数家汽车产业链知名企业深入合作，提供高品质交付方案。核心团队芯片设计及半导体工艺造诣精深，产能保障、车规级产品认证、供应链管理能力扎实，具备研-学-产一体化的系统化优势。

杰平方已获得多家国内顶尖投资机构、著名汽车零部件生产企业、通信技术头部企业的股权投资和大力支持。杰平方与各股东之间已经构建了初具雏形的产业链共生发展生态，在企业联动、空间布局、创新协同、价值升级等层面深入合作、合作共赢。

二、生产与经营

杰平方主要聚焦两个业务板块：碳化硅功率半导体业务和模拟信号链业务。公司针对两大业务板块采取分销为主，直销为辅模式，充分利用第三方服务商伙伴力量尽快充实公司业务体量。公司产品定价策略将根据终端应用及客户自身情况的不同，分析选择成本导向定价、市场需求定价、竞争对手定价、产品价值定价které四种策略进行。过去两年，公司逐步提升碳化硅功率半导体业务的收入规模占比。2022—2023 年间，更高边际利润的功率半导体类产品市场份额从无到有，杰平方碳化硅厂商品牌为更多行业知名客户熟知并将产品导入稽核使用，这是公司营业收入快速做大做强的主要原因，公司在 2029 年占据国内碳化硅主驱市场的较大份额。全球信号链模拟芯片市场 100 亿美元，年复合 5%；中国信号链芯片 400 亿元，其中模拟信号链 200 亿元，国产自给率不足 10%，增速 6%。杰平方模拟信号链业务虽然起步较晚，但近两年已在汽车级 8:1MUX 细分器件方向占据较大的国内份额。公司有信心在长坡厚雪的模拟信号链业务领域实现未来五年跨越式进步，成为国内排名前茅的知名厂商。

三、产品出口

尽管面临着脱钩带来的行业挑战，但杰平方积极响应国家"推动国内大循环，促进国内国际双循环"的宏观战略，将芯片大范围出口，作为公司的重要发展路径之一。碳化硅产品的市场特性决定了其终端应用必然是以汽车为主、工业为辅。公司产品主要应用于新能源汽车、汽车充电桩、光伏储能、轨道交通等领域，伴随终端品牌的全球销售实现了公司产品的出海成功，杰平方经过这几年的沉淀和累积，在全球市场均一定的应用和良好的表现。

四、技术进展与研发能力

杰平方半导体的全自动化第三代 8 in 化合物半导体碳化硅 SiC 研发与制造，建成之后的车规级 8 in SiC 生产制造基地，将有助于打破国外对高端碳化硅制造工艺的垄断。高端工规和车规级产品需要高质量(工规 Cpk≥1.33，车规 Cpk≥1.66)和高可靠性(通过 HTGB、HTRB、H3TRB、TDDB)。杰平方将开发、设计和制造大量符合要求的此类产品，用于工业、汽车(如电动汽车、混合动力汽车和更高等级的应用)。

杰平方半导体的工厂主要定位于新能源应用碳化硅芯片制造，经过委外划片、封装后，形成的产品为碳化硅 MOSFET 和 SBD 器件及模组，目标市场以汽车为主、工业为辅。产品主要应用于新能源汽车、汽车充电桩、光伏储能、轨道交通等领域。其中，新能源汽车领域具体包括主驱逆变、电源(车载充电机 OBC、DC/DC)系统、热管理、氢能压缩机等。

新能源汽车主驱产品是杰平方碳化硅业务的核心，杰平方定义了完整的主驱产品线覆盖新能源商用车和乘用车市场。新能源乘用车包含800 V系统和400 V主驱系统，商用车有800 V和1000 V主驱系统，杰平方半导体推出1700 V、1200 V和900 V三个系列的20 mΩ到8 mΩ Rdson的系列规格用于主驱MOSFET，满足乘用车800 V和400 V系统，商用车1000 V和800 V系统需求，是全球进行完整产品布局的公司之一。新能源汽车电驱客户对碳化硅的需求有碳化硅裸片颗粒和碳化硅模组两种形态。杰平方半导体提供这两种产品支持客户的需求。对于模组业务，杰平方会集中在模组的设计，制造由第三方来负责。

五、主要新产品

基于8 in车规碳化硅产线，杰平方确定以车规主驱用碳化硅为核心的策略，也支持碳化硅模组产品，同时覆盖工业用MOSFET和SBD的产品，覆盖新能源相关产品的需求。

杰平方碳化硅单管量产产品推荐表

J2semiPart#	产品类别	电压/导通电阻	功能	状态
JPM120020B4	SiCMOS	1200 V/20 mΩ	6switchPFC/InterleavedLLC	MP
JPM120040B4	SiCMOS	1200 V/40 mΩ	6switchPFC/InterleavedLLC	MP
JPS120020B30I	SiCDiode	1200 V 20 A	ViennaPFC/LLCoutput	MP
JPS120030B30I	SiCDiode	1200 V 30 A	ViennaPFC/LLCoutput	MP
JPS120040B30I	SiCDiode	1200 V 40 A	ViennaPFC/LLCoutput	MP
JPM1700650B3	SiCMOS	1700 V/650 mΩ	AuxiliaryPower	MP

六、发展规划

碳化硅器件广泛应用于新能源汽车、充电桩、太阳能光伏、轨道交通、数据中心等领域，是国家“十四五”重点支持产业方向。国家发展改革委《产业结构调整指导目录(2023年征求意见稿)》第一大类“鼓励类”项目，杰平方半导体的全自动化第三代8 in化合物半导体碳化硅SiC研发与制造，建成之后将是中国领先的车规级8 in SiC生产制造基地，支持新能源汽车的核心器件的国产化。

杰平方首先立足功率器件的设计和制造，同时也不断在模组和应用方案也持续投入，实现全产业链的覆盖，为国内新能源行业提供高性价比的方案，协助国内企业在全球的竞争中处于领先的位置，杰平方也确定了三期的产能扩张计划，成为全球最主要的供应商。

全球竞争的核心是能源的竞争，提供创新产品支持高品质和低价的新能源是杰平方的使命。

深圳佰维存储科技股份有限公司

一、单位概况

深圳佰维存储科技股份有限公司(科创板股票代码：688525)成立于2010年，公司秉持“InfiniteStorage，UnlimitedSolutions/存储无限，策解无疆”的核心理念，致力于成为全球领先的存储与先进封测厂商。公司是国家高新技术企业，并获得国家集成电路产业投资基金二期战略投资。公司紧紧围绕半导体存储器产业链，构筑了研发封测一体化的经营模式，在存储介质特性研究、固件算法开发、存储芯片封测、测试研发、全球品牌运营等方面具有核心竞争力，并积极布局芯片IC设计、先进封测、芯片测试设备研发等技术领域。公司存储芯片产品广泛应用于移动智能终端、PC、行业终端、数据中心、智能汽车、移动存储等信息技术领域。

凭借优异的综合竞争力，公司荣获“国家高新技术企业”“海关AEO高级认证企业”“十大最佳国产芯片厂商”“广东省复杂存储芯片研发及封装测试工程技术研究中心”、深圳市“博士后创新实践基地”“深圳知名品牌/湾区知名品牌”、深圳市南山区“专精特新企业增加值十强”等称号；产品获得“全球电子成就奖年度存储器”“中国IC设计成就奖年度最佳存储器”“硬核中国芯最佳存储芯片”“中国汽车行业优秀汽车电子创新产品奖”等荣誉。

二、生产与经营

佰维存储主要从事半导体存储器的研发设计、封装测试、生产和销售，主要产品为半导体存储器，主要服务为先进封测服务，其中半导体存储器按照应用领域不同又分为嵌入式存储、PC存储、工车规存储、企业级存储和移动存储等。公司积极响应国家战略性新兴产业导向，紧密结合新质生产力要求，强化研发封测一体化布局，涉及存储解决方案研发、主控芯片设计、存储器封测/晶圆级先进封测和存储测试机等产业链关键环节，以科技创新推动产业创新，力争做大做强存储和先进封测制造产业，推动产业的高端化、智能化发展。

主要经营情况：

(1)战略引领，通过强化“研发封测一体化”布局，持续构建新质生产力，实现高质量发展。公司2023年正式发布“存储赋能万物智联(StorageEmpowersEverything)”的企业使命。公司在存储解决方案研发、主控芯片设计、存储器封测/晶圆级先进封测和存储测试机等方面进行全产业链布局，以达成“成为全球一流的存储与先进封测厂商”这一共同愿景。秉持着“存储赋能万物智联”的深远使命和“成为全球一流存储与先进封测厂商”的共同愿景，同时制定了一套能够有效驱动公司稳健发展的中长期战略——“5+2+X”战略。“5+2+X”战略中的“5”代表了公司聚焦五大应用市场(手机、PC、服务器、智能穿戴和工车规)。“2”代表了公司二次增长曲线的两个关键布局：芯片设计和晶圆级先进封测。“X”代表了公司对存算一体、新接口、新介质和先进测试设备等创新领域的探索与开拓。

(2)深耕存储主业，积极拓展国内外一线客户。2023年，公司研发投入共计24998.04万元，较上年同期增加

12358.37 万元，增长 97.77%，占公司营业收入 6.96%。截至 2023 年 12 月 31 日，公司共取得 307 项境内外专利和 27 项软件著作权，其中专利包括 95 项发明专利、148 项实用新型专利、64 项外观设计专利。2023 年新增申请发明专利 84 项，新增授权发明专利 56 项，新增授权集成电路布图设计 1 项。

（3）加强产业资源协同，与合作伙伴实现 WIN-WIN（BIWIN）共赢发展。公司与全球主要的存储晶圆厂商和晶圆代工厂进一步深化合作，构建了持续、稳定的合作关系。通过与主要的存储晶圆原厂签订 LTA（长期供应协议）合作，保证关键原材料的稳定供应，为业务的持续扩张提供了坚实的保障。

（4）布局晶圆级封测，支持大湾区产业链发展。为满足先进存储器的发展需求，公司正加紧构建晶圆级封测能力，公司晶圆级先进封测制造项目于 2023 年 11 月正式落地东莞松山湖高新区。

（5）强化人才队伍，实施人才激励计划，实现员工与公司协同发展．公司研发人员数量达到 683 人，较上年同期增加 309 人，同比增长 82.62%；公司研发人员数占公司员工总数量的 37.45%，同比增加 3.97 个百分点。

三、技术进展与研发能力

研发能力：公司坚持“科技是第一生产力、创新是第一动力”，始终高度重视研发投入，不断增强企业硬科技实力。报告期内，公司持续加大芯片设计、存储解决方案研发、先进封测及芯片测试设备等领域的研发投入力度，并大力引进业内优秀的技术骨干，促进创新链、产业链、资金链、人才链深度融合，推动科技成果加快转化为现实生产力。

通过构建先进的研发体系和人才团队，2023 年公司在核心技术研发上取得突破性进展：在 IC 设计领域，公司推出的第一颗主控芯片性能优异，产品已回片点亮，进行量产准备；在先进封测领域，晶圆级先进封测制造项目正式落地东莞松山湖高新区，处于项目设计和建设阶段；在存储测试设备开发领域，公司自主开发了一系列存储芯片测试设备，形成了完整的解决方案，其中 TY-S101A 测试机在 2023 年全球闪存峰会 FMS（FlashMemorySummit）上荣获“最具创新性内存技术（MostInnovativeMemoryTechnology）”奖项。

同时，公司在研发领域展现出强大的实力与前瞻性布局，16 层叠 Die、30～40 μm 超薄 Die、多芯片异构集成等先进封装工艺处于国际一流水平，支持 4266 Mbit/s 高频 0.6VVDDQ，实现更低功耗更高频率；支持 ODT、PASR、DQS、DS 等特性、满足 −40～105 ℃ 车规级温度要求，符合 AEC-Q100 可靠性标准。同时勇于开拓，探索存算一体技术，以期在数据中心领域推出更高效、更智能的解决方案。

产品方面：佰维专为车载前装领域精心设计的 LPDDR4X 高性能低功耗内存解决方案，旨在满足 L3 及以上自动驾驶系统对高算力与高效能存储的严苛需求。通过集成一系列创新性技术与突破性设计，该产品不仅实现了运行频率的显著提升，更在功耗控制上达到了行业领先水平，为新能源汽车的续航能力与智能驾驶体验带来了革命性的提升。

产品介绍：这款专为车载前装领域设计的 LPDDR4X 高性能低功耗内存产品。它集创新技术与突破性设计于一身，旨在满足自动驾驶系统对高算力、高效能存储的迫切需求。通过优化底层 IC 电路设计，并依托先进的封测技术，该产品不仅实现了运行频率的飞跃，更在功耗控制上树立了新的标杆，为新能源汽车的续航能力和智能驾驶体验带来了显著提升。

产品特点：本产品最显著的特点在于其卓越的性能与低功耗的完美平衡。它能够在高达 4266 Mbit/s 的运行频率下稳定工作，确保高算力自驾 SoC 平台在满载状态下也能游刃有余。同时，通过创新性支持 0.6VVDDQ 超低电压模式，实现了仅 1 MW 的超低功耗，极大地延长了新能源汽车的续航里程。此外，该产品还采用了 3D 多层叠 DIE 技术，提升了集成度与性能，并符合 AEC-Q100 可靠性标准，确保在极端环境下也能稳定运行。它还支持多种高级特性，如 ODT、PASR、DQS 等，有效提升了自动驾驶 SoC 的访问与刷新效率，优化了用户体验。在防护与耐用性方面，本产品也表现出色，具备优越的抗震、防水防尘性能，以及断电保护机制，全方位保障数据安全与系统稳定。

产品规划：展望未来，我们将继续致力于产品的技术创新与升级。首先，我们将持续加大研发投入，不断探索并应用最新的半导体技术，以进一步提升产品的性能与能效比，满足自动驾驶技术不断升级的需求。其次，我们将根据市场反馈与客户需求，逐步拓展产品线，推出不同容量与规格的产品系列，覆盖更多应用场景，为汽车行业提供更加全面的存储解决方案。同时，我们将深化与汽车制造商、自动驾驶解决方案提供商等产业链上下游企业的合作，共同推动自动驾驶技术的发展与应用。最后，我们将优化产品服务体系，提供定制化解决方案、快速响应的技术支持及完善的售后服务，确保客户在使用过程中获得最佳体验。通过这些努力，我们相信的产品将在自动驾驶领域发挥更加重要的作用，为智能网联汽车时代的到来贡献力量。

四、主要新产品

产品型号	产品名称	产品应用
BWLGYA008GN6ZC	LPDDR4x	塞力斯蓝电、上汽荣威、红旗新能源
BWLGYA006GN6EI	LPDDR4x	塞力斯蓝电、上汽荣威、红旗新能源
BWLGYA004GN6ZC	LPDDR4x	塞力斯蓝电、上汽荣威、红旗新能源
BWLGYA002GN6ZA	LPDDR4x	塞力斯蓝电、上汽荣威、红旗新能源

五、合资合作及重大项目建设

战略合作：与美光、三星、铠侠、西部数据等国际主流存储晶圆厂商拥有长达十余年的密切合作关系；与慧荣科技、英韧科技、联芸科技等主流主控芯片厂商合作，结合自研核心固件算法，与长安、红旗及比亚迪等汽车制造商建立了深入的合作伙伴关系，并展开了广泛的交流与合作。

六、发展规划

汽车芯片中心的发展规划，旨在紧密围绕国家发展战略需求、行业技术演进趋势及中微观层面的技术创新能力，构建全方位、多层次的发展蓝图。具体规划如下：

强化战略引领与顶层设计，明确发展目标：以国家汽车工业自主可控为核心目标，系统规划汽车芯片产业的发展路径，确保关键技术、产品与服务的自主化进程。优化规划布局：结合国内外市场趋势，完善汽车芯片产业链的布局，涵盖设计、制造、封装测试、应用等各个环节，形成闭环生态。

深化关键技术突破与产品研发，聚焦国产化芯片研发，结合实际状态，专攻座舱域应用，包括：

(1)车身系统：研发高集成度、低功耗的车身控制芯片，提升车辆电子系统的智能化水平。

(2)底盘系统：突破底盘域控制器用高性能芯片，优化车辆动态控制性能。

(3)整车控制系统：开发集成化、智能化的整车控制芯片，实现车辆各系统间的无缝协同。

(4)智能驾驶系统：研制高精度、低延迟的自动驾驶处理芯片，支撑高级别自动驾驶的实现。

(5)座舱网联系统：开发高性能的车载娱乐与信息处理芯片，提升驾乘体验。

(6)车用智能传感器：自主研发高性能的雷达、摄像头等传感器芯片，增强车辆环境感知能力。

拓展业务范围与深化合作，服务国家战略，积极参与国家重大科技项目，为政府决策提供科学依据，助力国家汽车工业转型升级。加强行业合作，深化与整车厂商、科研院所及产业链上下游企业的合作，共同推动技术创新与成果转化。优化产业布局，推动汽车芯片及汽车电子产业集群化发展，形成规模效应与协同效应，提升产业竞争力。构建服务体系，建立芯片验证、可靠性测试等技术服务体系，为行业提供高质量的技术支持与保障。

联通智网科技股份有限公司

一、单位概况

联通智网科技股份有限公司(简称“智网科技”)成立于2015年8月，是中国联通集团控股子公司、全面负责汽车数字化运营服务的公司，国务院国资委国企改革“双百行动”名单企业，国家专精特新“小巨人”企业，中国联通智慧交通军团组建单位。

智网科技积极响应国家“加快建设交通强国、网络强国、数字中国”战略，聚焦“联网通信、算网数智”，以“建设美好车生活”为使命，定位于“车联网及交通科技服务企业”，持续深耕车联网和智慧交通领域，发挥中国联通的资源优势，坚持市场和创新双轮驱动，多年来持续保持行业领先，为汽车行业客户以及广大车主提供数字化、智能化、一体化的产品及服务，为构建城市智慧交通提供先进的解决方案。

智网科技依托全球领先的联网通信能力，为国内90家车企超7000万车主提供稳定、高效的联网服务，为多个汽车品牌的20万出海车辆提供通信保障；以AI赋能数智运营的全场景、全触点运营体系的升级，为64家车企超3400万车主提供优质的人车生活服务；自主研发的车机系统已在7个车型上实现量产。

同时，中国联通以智网科技为主体成立智慧交通军团，利用5G、V2X、AI、自动驾驶等最先进技术，构建了面向“车路云一体化”的能力和产品体系，打造网联无人驾驶行业标准化解决方案，积极推进以车路协同赋能智能驾驶领域的核心技术攻关。在全国二十多个城市开展多维度的试点，不断为自动驾驶的中国方案贡献联通智慧。在联合创新领域，智网科技牵头成立了中国联通车联网创新联合体，构建了5G+MEC+V2X的京津冀实验床，与合作伙伴组建了多个开放实验室，进一步推动了技术成果的转化和应用，加速智能网联汽车和智慧交通产业的发展。

智网科技已成为市场上唯一一家具备通信集成服务、平台建设运营、呼叫中心运营、用户运营等全面从事智能网联运营的公司，形成了从通信连接业务走向可独立服务运营、具有自主研发团队和能力，并初步具备全面运营能力的国家高新技术企业，也是在5G应用于汽车行业方面经验最丰富的企业。

二、主营业务

智网科技自成立以来始终专注于车联网领域，针对不断演进的车联网及衍生业务需求，形成了车联网联接、车联网运营、创新应用三大业务板块。

针对车联网联接业务，智网科技经过多年的实践和探索，建立了以大数据和AI为基础的智慧运营服务体系架构，针对车联网用户不同场景和行为特征，面向车企提供车联网智能接入、通信全生命周期管理、云网车融合等一体化智能车辆联网管理服务，并根据车企需求进行联网管理平台的定制化开发。

针对车联网运营业务，智网科技经过多年的实践和探索，建立了以大数据和AI为基础的智慧运营服务体系架构，针对车联网用户不同场景和行为特征，为车主和车企等提供精准智能的车主数字化运营及车企数字化运营，在提升车主服务体验的同时帮助企业客户扩收增收，助力车企数字化转型。

针对创新应用业务，智网科技采用5G、MEC与C-V2X融合技术路线，自主研发5G车路协同服务平台，开放对接二十多种自动驾驶汽车，推进智能网联的场景化验证，切入政府示范先导区、无人驾驶服务运营、智慧交通等相关市场，已在全国范围内实现北京亦庄、雄安新区、天津海教园、海南博鳌东屿岛等地商用部署案例。同时，智网科技面向汽车网联化、智能化发展趋势，立足智能座舱域的场景需求，研发推出了“智 UI”HMI交互产品，成为通信运营商进入汽车电子领域的首例，通过有效的交互设计提升了用车体验。

三、主要新产品

联通智网科技以中国联通千亿参数大模型—元景2.0为底座，推动AI全面赋能，实现联接、运营、交通产品体系的升级，自主研发“知驭”“知略”“知途”三大车联网创新产品，为客户提供更卓越的服务，为汽车产业的转型升级和智慧交通的蓬勃发展注入新的活力。

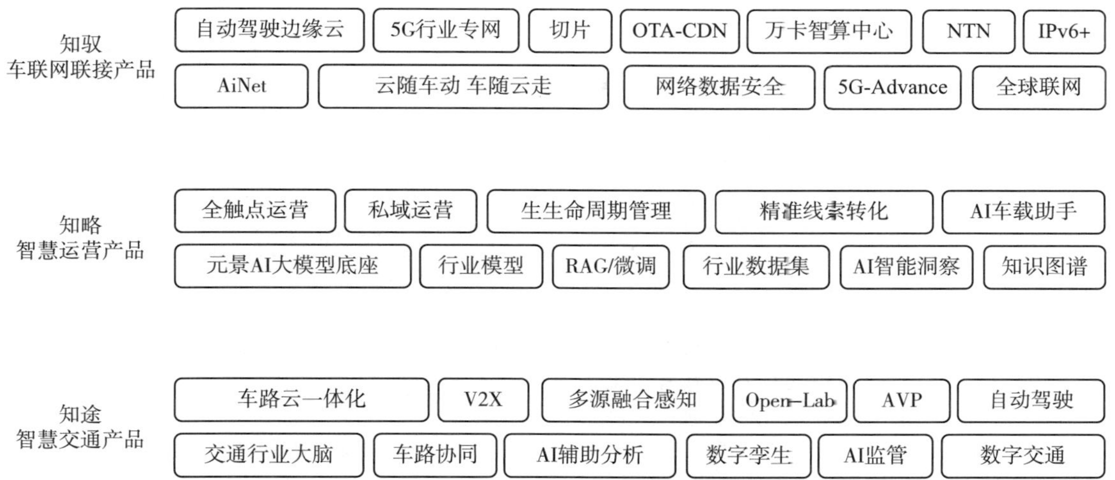

"知驭"联接产品，以 AI 内生为基础架构，实现数据、算法和算力一体调度和性能优化。"知略"运营产品，以行业数据训练为基础，以多模态交互为界面，全面提升运营水平。"知途"交通产品，以融合感知和交通大脑为核心，为未来交通产业提供更智能化的底座能力。

四、发展规划

智网科技将充分运用中国联通在 5G 及未来通信技术方面的优势，加快车联网基础设施的建设与升级，为智能网联汽车提供更高速、更稳定、更低时延的通信服务。同时，不断深化与车企的合作伙伴关系，提供定制化、专业化的车联网解决方案，助力车企提升产品智能化水平，并积极支持车企的海外市场拓展。智网科技将积极落实"人工智能+"行动，推动 AI 与产业的深度融合，赋能车联网和交通产业，通过持续的技术创新，提升车路云一体化的智能化水平，特别是在交通感知、自动驾驶辅助、协同决策等方面，赋能交通领域数字化转型，加快智能网联新能源汽车新质生产力的发展步伐。

北京主线科技有限公司

一、单位概况

主线科技是集 L4 级自动驾驶软硬件系统研发、制造、服务于一体的智能驾驶企业，以领先的 L4 级自动驾驶全栈技术，在环境感知、驾驶认知、智能控制及汽车电子技术等领域均取得了多项关键技术难点突破，并拥有一套算法领先、功能完整、安全冗余的 L4 级自动驾驶软硬件系统，可实现电动卡车在特定环境中高度自主驾驶，在港口、物流枢纽、物流干线等细分场景下创新服务模式。打造了更安全、智能、高效的科技运力，提供基于 L4 级自动驾驶电动卡车的物流运输解决方案，围绕自动驾驶电动卡车业务构建了"技术+产品+运营"的战略闭环产业生态，与业界头部伙伴在港口物流枢纽等场景实现规模化落地，推动中国物流网络全面变革升级，实现物流运输降本增效。

二、生产与经营

创立于 2017 年，面向港口物流枢纽与高速干线物流场景，以领先的自动驾驶全栈技术重新定义运输方式，致力于 L4 级人工智能卡车技术研发与应用，通过智能卡车缔造产业生态，构建覆盖全国的 NATS 网络化人工智能运输系统，推动中国物流网络全面变革升级，帮助港口实现传统港口升级改造，获批建设了全球首个港口自动驾驶示范区，智能卡车运营规模持续领跑业界，公司产品在应用场景中具有安全高效、节能环保的巨大社会价值，为缓解人力短缺、提高道路安全、促进节能环保等方面提供智能化解决方案，已与招商局港口、天津港、宁波舟山港等多家物流企业客户展开规模化合作，打造了智能汽车为纽带，以高级别自动驾驶全栈技术为核心，重点聚焦全国新一代人工智能运输系统建设的智能网联汽车全产业链体系。

三、技术进展与研发能力

公司持续投入大量资源进行 L4 级人工智能卡车技术的研发。通过 L4 级别无人驾驶全栈技术，在环境感知、驾驶认知、智能控制及汽车电子技术等领域均取得多项关键技术难点突破，面向量产智能重卡需求，推出新一代智能驾驶域控制器，打造面向港口、物流园区、高速干线的智能卡车产品，发挥"补短板""锻长板"的重要作用。关键核心技术攻关情况取得不断突破，在软件层面，融合了多源异构信息感知、高精度定位及智能决策规划系统；在硬件层面，整合激光雷达、视觉相机、毫米波雷达等传感器和车载智能驾驶终端平台。主导研发无人驾驶电动集卡，创建了一体式传感套件和自动驾驶域控制器，通过 ISO26262 认证，具备规模化、标准化的装机量产能力，广泛应用于不同品牌、不同型号的商用车，保障自动驾驶卡车百万公里级的可靠稳定运营，填补了国内空白，现已落地开展在物流枢纽及物流干线两种场景下的智能无人卡车应用，实现智能无人卡车在人工智能物流运输领域的商用化。

四、主要新产品

产品型号	产品名称	产品应用
T-ICC3.0	自动驾驶域控制器（风冷/水冷）	面向L4级别自动驾驶商用车自动驾驶应用，算力200-550TOPS，支持5R11V5L，支持最大2T数据存储，内置自研高精度组合导航，集成ASIL-D级MCU芯片5G/4G/UWB/433模组，5路PPS/PTP同步
T-ICC2.0	自动驾驶域控制器	面向高级别商用车自动驾驶应用，算力32-64TOPS，支持5R4V，最大1T数据存储，ASIL-D级MCU芯片，集成组合导航，2路PPS/PTP同步，选配5G/4G模组

五、合资合作及重大项目建设

围绕智能卡车业务，公司已经构建“技术+产品+运营”的战略闭环产业生态，公司产品在应用场景中具有安全高效、节能环保的巨大社会价值，为缓解人力短缺、提高道路安全、促进节能环保等方面提供智能化解决方案，与业界头部伙伴在港口物流枢纽、高速干线物流场景实现规模化落地，帮助港口实现传统港口升级改造。

公司已与一汽解放、中国重汽、徐工、三一重卡、福田汽车、北奔重汽等主流商用车企携手推出十余款智能卡车。在低速封闭的港口枢纽场景，公司已累计交付超过300台智能卡车，TrunkPort智慧港口无人驾驶解决方案在天津港、宁波舟山港、烟台港、合肥港、中海油惠州物流基地等重要项目接连落地，成功实现商业化验证和复制推广。在高速干线物流场景，公司已在京津冀、山东、长三角、内蒙古等区域取得自动驾驶卡车商业化运营许可，基于TrunkFreight解决方案，为中储智运、德邦、申通、顺丰、京东等头部物流客户提供智能运输服务，累计运输里程超过2000万km。

六、发展规划

公司将持续投入研发资源进行L4级自动驾驶技术的研发迭代，以赋能智能卡车运输的安全性和效率，积极与各类物流企业、科研机构、政府部门等建立合作关系，坚持产学研并进，共同推动物流运输行业的智能化、低碳化发展；充分发挥新质生产力的效能，将L4自动驾驶解决方案规模化复制于我国更多的物流枢纽，同时不断探索L4自动驾驶在干线物流的商业运营模式，积极推动自动驾驶卡车在物流运输领域的全面落地，以更具效率、更高质量、更深层次地建设现代化交通运输产业体系，加速建设全场景自动驾驶货运网络。

北京英创汇智汽车技术有限公司

一、单位概况

北京英创汇智汽车技术有限公司（简称“英创汇智”），作为国内汽车底盘线控技术领军企业，依托清华大学汽车安全与节能国家重点实验室，已研发出具有国际先进水平的ESC/EPBi、TBS、ADAS、T-RES、T-EPB、T-IBC等线控底盘关键产品，并具备涵盖产品研发、测试、制造、标定匹配的全链条产品开发和生产体系。公司成立于2016年，核心团队来自清华大学，在线控底盘领域拥有20多年的技术积累，并拥有完整的自主知识产权。

英创汇智先后入选国家科技型企业、国家高新技术企业、国家级专精特新“小巨人”企业，并获得了重庆市科技进步一等奖、安徽省科技进步三等奖、天津市发明奖、工信部自主ESC技术强基工程支持、天津市企业技术中心认定，还通过了ISO9001、ISO14001、IATF16949、VDA6.3、ASES等质量体系认证。

二、生产与经营

面对底盘核心零部件自主化的浪潮，英创汇智以北京亦庄研发中心、天津生产制造基地、湖北英山制造中心及实车测试场为三大战略支点，建成了年产300万套的全自动化生产装配车间，并与奇瑞汽车、江淮汽车、东风汽车、北汽集团、一汽集团、长安汽车、长城汽车、吉利汽车、上汽通用五菱、江铃汽车等知名汽车企业开展规模化配套，配套车型出口覆盖全球主流国家，累计出货量达200万套以上，成为国产自主底盘电控产品产销量最大的企业之一。

三、产品出口

随着中国汽车产业的电动化和智能化变革持续深入，以及民族品牌汽车出口规模的不断扩大，英创汇智积极布局海外市场，加速国际化进程。公司出口产品涵盖自主研发的ABS/ESC/EPBi、TBS等汽车底盘电控系统产品，以及全套的自动化生产装备与工艺。凭借卓越的产品性能和技术实力，英创汇智已成功与多个国家的海外主机厂品牌达成配套服务合作，实现了国际市场份额的稳步增长。

四、产能建设

英创汇智在产业布局上，已构建起以北京、天津及湖北为核心的三大生产基地，全面覆盖了从精密零部件制造到总成生产的完整产业链，实现了全链条的自主可控。在每一个关键环节上，英创汇智都紧握主动权，确保了生产过程的连贯性、高效性与安全性，为企业的长远发展奠定了坚实的基础。

（一）北京基地

①ESC全自动装配检测线，ESC产能达150万套/年。

②T-IBC半自动装配检测线，产能达20万套/年。

③常开阀、常闭阀生产检测线共计12条，产能达300万套/年。

（二）天津基地

①ESC柔性装配检测线，ABS/ESC产能达150万套/年。

②ECU自动生产线，产能达150万套/年；ECU半自动生产线，产能达100万套/年。

（三）英山基地

①TBS 全自动装配检测线，产能达 40 万套/年。

②拉线式 EPB 装配生产线，产能达 40 万套/年。

③EPS 电控单元总成产品自动装配检测线，产能达 20 万套/年。

（四）英山精工制造基地

机加车间具备日本进口走心机 56 台，生产阀体、活塞座、泵体等高精密度产品；加工中心具备 26 台日本进口的马扎克，其中卧式四轴马扎克 24 台，立式加工中心 2 台；注塑车间具备 7 台海天电动机，生产注塑件；清洗车间具备 1 台碳氢自动清洗设备，2 条自动高压清洗线，用于清洗阀体和本体；可实现零件制造产能 300 万套/年。

五、技术进展与研发能力

围绕智能网联汽车和新能源汽车的新需求，英创汇智开发了成体系的智能线控底盘核心部件库，在构建几个高技术壁垒核心部件的基础上逐步扩展产品线，形成线控底盘全系统的技术优势。公司拥有线控底盘系列核心发明专利 300 余项，包括独立申报发明专利 150 余项，获授专利 80 余项，拥有 ABS/ESC/TBS/IBC 等线控底盘系列完整技术专利。

1. 车辆电子稳定性控制系统 ESC

ESC（电子稳定控制系统）是国际汽车法规强制产品。英创汇智是国内最早具有完全自主的 ESC 技术和知识产权的企业之一，产品完全对标德国博世最新产品 ESP9.3 的性能指标，总体性能水平相当，部分指标更优。并且在 2024 年初英创汇智正式宣布研制出了我国首款 100% 国产化 ABS/ESC/EPBi 产品，实现了汽车智能安全控制系统电控单元整版器件的 100% 国产化，打破了长期以来依赖进口芯片和核心器件的局面，可以说是全国产化汽车底盘电控系统产品的拓荒者。

2. 智能电控助力制动系统 TBS

TBS3.0（Trinova electric Booster System 3.0）是英创汇智研制出的第三代智能电控助力制动系统，全正向自主设计，申请/授权核心发明专利 30 余项，软件著作权 10 余项。以高安全性、高效率、高集成度、高性价比、宽车型覆盖为设计出发点开发的新型制动助力系统平台，相较于上一代产品，结构更为紧凑、传动系统更为精简，可以应用到乘用车、轻型商用车、轻型客车等诸多车型。

3. 集成式电控制动系统 T-IBC

英创汇智 T-IBC 为自主研发的全新一代集成式线控制动产品。截至 2023 年，T-IBC 产品已实现内部三版迭代设计，在国内率先实现定型量产。相较于国内外同类产品，T-IBC 无论在性能、功能、体积、重量还是成本上，都有显著的优势。

①常带电静音电磁阀核心技术，电磁力平均提升 2～4 倍，热平衡温度<70 ℃，工作时无同类产品啸叫噪声。

②竞品核心差异性对比，有 7 项主要指标优于业内量产产品，有 5 项主要指标与其他同类产品持平。

③需求引导、差异化的控制器平台方案，“国外方案快速开发+国产方案稳步量产”两条腿走路策略，为 TIBC 高效电控提供核心支撑。

4. 高可用性线控转向系统 T-SBW

英创汇智高可用性线控转向系统 T-SBW，基于公司早期在 EPS、冗余 EPS 等产品上的技术积累，以及英创汇智在线控底盘领域系统、硬件、软件、算法的全栈自研能力，很快完成了线控转向（T-SBW）的关键技术攻关，并于 2022 年完成 Demo 样机实车验证，于 2023 年联合客户完成线控转向 A 样开发与实车路试，通过了多种驾驶工况试验。测试过程中，英创汇智的线控转向系统（T-SBW）驾驶平顺性好、转向轻便舒适、转向响应速度快，得到客户的高度评价。

英创汇智与客户合作开发的线控转向系统正在进行 2.0 版本的验证，并向量产化迈进。随着政策法规逐步健全，预计于 2026 年实现量产交付。

六、主要新产品

产品型号	产品名称	适用车型
ABS-260	ABS/APBi	满载 2.6 t
ABS-450		满载 4.5 t
ESC-260	ESC/EPBi	满载 2.6 t
ESC-450		满载 4.5 t
T-IBC260	T-IBC	支持乘用车、微卡等车型
T-IBC450		支持轻卡、轻客、商务等车型
TBS-260	TBS	支持乘用车（12 V）
TBS-450		支持轻卡（12 V）
TBS-600		支持轻客、轻卡（24 V）
T-EPB450	T-CEPB	支持轿车、SUV、MPV、轻卡
无刷 C-EPS	C-EPS	支持中小型轿车

七、合资合作及重大项目建设

2024 年 6 月，英创汇智总部及汽车智能线控底盘系统生产项目在京开工建设，该项目总投资 4 亿元，将建设面积超 3.5 万 m^2 的综合性新总部，集研发中心、营销中心、供应链中心、试验检测中心以及现代化全自动智能工厂于一体，致力于提升民族汽车产业的自主创新能力和核心竞争力，并为推动汽车产业链的自主可控提供有力保障。

八、发展规划

英创汇智将继续发挥自身优势，秉承自主创新、开放交流的核心理念，携手业界伙伴，共同构建集线控制动、线控转向及线控底盘于一体的全方位、全自主产业链生态体系，力求在技术创新与产业升级的道路上不断突破，实现产业链的深度融合与优化发展，为民族汽车工业做大做强贡献力量！

五、科研院所

清华大学——智能绿色车辆与交通全国重点实验室

一、发展概况

2023 年实验室固定人员 88 人，其中研究人员 80 人，技术人员 7 人，管理人员 1 人。研究人员中，正高级 35 人、副高级 29 人、中级 16 人，包括两院院士 4 人、欧洲科学院院士 1 人、长江特聘教授（含青年）5 人、长江讲席教授 2 人、国家海外高层次引进人才（含青年）2 人、国家高层次人才特殊支持计划（含青年）11 人、北京高等学校卓越青年科学家计划 1 人、国家杰出青年科学基金获得者 3 人、国家优秀青年科学基金获得者 8 人。2023 年，实验室研究人员李萌获得国家杰出青年科学基金项目支持，李升波获得高等学校科学研究优秀成果奖（科学技术）青年科学奖，王凯获得国家优秀青年科学基金项目支持。

二、科研项目及成果

2023 年，新增科研项目 160 余项，实到科研经费 3.4 亿元，其中国家及省部级经费 6928 万元，国防经费 10936 万元，国内合作经费 10841 万元，国际合作经费 5660 万元。组织动员青年教师和博士后参与国家自然学科基金申报，获批 13 项。其中重大项目 1 项、优青项目 1 项、面上项目 4 项、青年基金项目 7 项。组织国家重点研发计划申报，获批项目 2 项，课题 3 项。加强与龙头企业合作，与一汽解放、纵目科技和玉柴新建 3 个校企联合研究中心。

2023 年，发表 SCI 收录论文 468 篇，其中第一完成单位 161 篇，ESI 高被引论文共 88 篇，其中第一完成单位共 40 篇。欧阳明高院士，卢兰光、冯旭宁老师入选科睿唯安 2023 全球高被引科学家，其中欧阳明高院士是第六次入选，彰显了实验室在新能源汽车领域的国际学术影响力。

2023 年，授权发明专利 157 项，转化成果 9 项，转化金额 1585 万元。获国际奖励 2 项，北京市奖 1 项，行业奖励 2 项，其中，欧阳明高院士团队的“电池系统热安全防护的复合相变材料”项目获日内瓦国际发明展金奖，李骏院士团队的“智能网联汽车预期功能安全车载防护系统”项目获德国纽伦堡国际发明展金奖，张俊智老师团队的“电动汽车底盘运动控制与能量管理关键技术及应用”项目获北京市科学技术一等奖，李克强老师团队的“汽车智能避碰与泊车辅助驾驶系统关键技术及产业化”项目获中国智能交通协会科技进步一等奖，杨殿阁老师团队的“智能汽车环境感知关键技术及应用”项目获中国汽车工程学会科学技术一等奖。

三、科研设施及科研能力建设

我室现有 50 万以上大型仪器 96 台，总价值 11384 万元。按照我室的要求，大型实验设备需要由专人进行管理，每台设备均必须建立设备台账和技术档案。同时，鼓励和支持设备共享和设备开放，所有的大型设备均在清华大学实验室与设备处的网站上进行了开放使用备案，面向社会开放。同时，基于我室开放课题合作和企业课题合作，很多国内外高校和科研单位的工作人员也经常到我室科研平台上从事研究与开发工作。例如宽温型高磁场强度、高剪切率磁流变仪既协助了北京化工大学开展磁流变液屈服强度以及零场黏度测试，也帮助中国北方车辆研究所开展了橡胶材料性能测试。

四、主要研究方向

实验室改革重组后，研究方向由 30 余年来坚持的 5 个经典方向“汽车主动安全性、汽车被动安全性、汽车电子控制、发动机与排放控制、新型动力与电动汽车”聚焦到面向国家重大需求的瓶颈问题“高安全长寿命高效率电动化、高安全高可靠智能网联驾驶”开展科研攻关，为巩固和保持我国在智能车辆与绿色交通领域的优势地位，实现战略性支柱产业的可持续发展提供科技支撑。

五、国内外交流

举办高水平国际会议及学术交流活动，学术影响力进一步提升。2023 年 4 月在北京举办智慧车辆与出行国际研讨会，8 月在深圳举办 2023 年电动汽车智能底盘大会，10 月在雄安新区举办新能源科学与交通电动化国际论坛。在第 29 届智能交通世界大会上示范“车-路-云一体化”技术成果；在第 28 届联合国气候变化大会上展示“氢能出行”技术成果。

创办国际学术期刊，持续提升全球学术影响力。《eTransportation》2019 年创刊，打造国际交通电动化学术平台，2021 年被 SCI 收录，2023 年影响因子达 13.661，位列全球交通科学与技术领域第 1。《Journal of Intelligent and Connected Vehicles》2018 年创刊，是国内首个智能网联汽车英文期刊，2023 年被 EI 收录。《Communications in Transportation Research》2021 年创刊，聚焦于交通及相关领域，2023 年被 ESCI 收录。

做好实验室的参观开放和科学传播，服务社会公众。2023 年接待实验室参观共 44 次，其中参观访问 33 次，学生实践 4 次，科普讲座 7 次；参观总人次为 1032 人次，其中大学生 51 人次，中学生 171 人次，社会其他 810 人次。全年各类学术活动直播观看量超过 130 万人次，相关学术成果被新华网、央视总台等重要媒体持续报道。欧阳明高院士在 CCTV2 主讲专题“中国新能源汽车产业 20 年逆袭之路”，李克强院士在中国青年报《院士说专业》栏目中解读机械类（车辆工程）专业。

六、发展规划

（1）争创优秀级的车辆领域国家重点实验室，联合国内优势学术团队，引领国家汽车技术发展。

（2）建立起适应国家重点实验室改革的人才队伍体系：一方面调整人员结构，实现汽车、能源、先进交通、人工智能、互联网与大数据等人才多样化；另一方面改善人才梯队，加强顶尖人才突破的支持力度、加强中青年人才蓄积。

(3)结合汽车系升级为车辆与运载学院,突出学科发展的新思路:一方面形成优势学科团队,聚焦智能汽车+新能源汽车;另一方面加强发展新学科和交叉学科,以更好适应车辆学科高度交叉融合的特点。

北京理工大学机械与车辆学院

一、单位概况

北京理工大学机械与车辆学院由 1940 年延安自然科学院的机械工程科发展而来,拥有机械工程、动力机械及工程 2 个国家级重点学科点,有机械工程、动力工程及工程热物理 2 个一级学科点,3 个博士后流动站,3 个一级学科博士授权点,3 个二级新兴与交叉学科博士授权点,2 个专业学位博士授权类别/5 个专业学位博士授权领域,6 个本科专业。

现有教师 302 人,其中,中国科学院院士 2 人、中国工程院院士 2 人(含兼职博导 2 人),教授 92 人,副教授 133 人,国家高层次领军人才 39 人次,国家级高层次青年人才 40 人次,国家级教学名师 1 人,全国模范教师 1 人,北京市教学名师 8 人,国家及省部级教学团队 13 个。

主持承担国家重点研发计划项目、973 基础研究项目、军委科技委基础加强、国家自然科学基金重大研究计划/重点/杰青/仪器专项/优青项目等 70 余项。牵头获国家技术发明奖一等奖、国家自然科学奖二等奖等国家科学技术奖励 9 项,获教育部自然科学一等奖、教育部技术发明一等奖、国防技术发明一等奖、国防科学技术进步一等奖等省部级奖励 50 余项。近 5 年,总计授权国家或国防发明专利 1370 项(含国际专利 16 余项),在国内外学术刊物及学术会议上共发表论文 2000 多篇,其中 SCI 收录论文 1900 余篇。

二、科研项目及成果

学院牵头建有国家级科研重点实验室 4 个、省部级科研重点实验室 8 个,实验室面积 4.6 万 m^2,设备总资产近 8.8 亿元。2023 年,科研总经费突破 6.2 亿元,教师系列人均到校科研经费 220 万元/年;获批自然基金 39 项,其中杰青 1 项、优青 1 项;牵头获批国家重点研发计划项目 7 项,牵头获省部级科技一等奖 7 项,其中国防一等奖 3 项;发表 SCI 论文 541 篇,ESI 高被引论文在库 66 篇,授权发明专利 272 项,专著 9 本。

三、科研设施及科研能力建设

电动车辆国家工程研究中心前身是电动车辆国家工程实验室,是国内最早从事电动车辆研究的单位之一,在电动车辆科研、产业化和示范运行方面积累了丰富的研究成果。主要研究方向包括车辆系统动力学与控制、高效驱动与传动、清洁能源与动力、车联网与大数据、车辆智能感知与决策、车载基础软件与工具链。中心负责建设全球首个国家级新能源汽车监测与管理平台,构建了全国一体化的新能源汽车行业大数据中心,有效支撑全国新能源汽车的信息化安全监管和质量监管。在电动汽车整车、驱动系统、动力系统等方面相关技术成果直接服务北京奥运会、上海世博会、电动汽车示范工程,推广到 100 余家整车及关键零部件企业,助力了我国新能源汽车产业规模全球领先。中心现有仪器设备 218 台(套),拥有多轴底盘测功系统、新能源汽车国家监管平台大数据基础服务系统、电机测试试验台、动力电池系统综合性能测试平台等设施,同时拥有电动车辆动力学和电池电机仿真软件、电动车辆电机及其控制器测试基地、电动车辆系统集成与仿真技术平台等平台。

多栖平台驱动系统全国重点实验室于 2024 年 1 月批复建设,主依托单位是北京理工大学,共建单位是北京航空航天大学,实验室主任为中国工程院院士孙逢春教授。实验室聚焦多栖平台动传驱一体化总体与新能源技术、能量转换与管控、能量多形式传递与存储、能量智能协同等方向重大基础理论与科技问题开展研究,以期引领多栖平台及智能无人系统动力能源系统的技术进步与创新发展。实验室将发展成为多栖平台动传驱系统基础理论与前沿技术发展的策源地、多学科交叉融合的创新区、高水平创新人才的汇聚地、多栖平台领域新质生产力形成的试验区。

新能源汽车北京实验室是北京市唯一的新能源汽车全产业链技术驱动和国际交流与合作基地。实验室由北京理工大学牵头,联合北汽集团公司、北京交通大学、北京工业大学、国网北京市电力公司、北京信息科技大学等北京市电动车辆研发核心团队组建而成。各协同单位在实验室的引导下,围绕国家发展战略和重心,形成了解决国家重大战略问题的核心技术团队,构建了科学合理的人才梯队,为北京实验室的持续发展提供了良好的人力资源。实验室围绕交通强国战略,形成了车辆系统动力学与控制、车载基础软件与工具链技术方向;围绕汽车强国战略,形成了高效驱动与传动、清洁能源与动力技术方向;面向智能化、网联化的大数据战略,形成了车联网与大数据、车辆智能感知与决策技术方向,从而构建了实验室六大研究领域。实验室通过成员高校和成员企业之间的协调配合与相关职责的合理划分,实现了产学研一体化贯通体系建设和理论成果第一时间向社会产品转化,形成了可持续发展的科研组织。

北京理工大学清洁车辆实验室成立于 2001 年,总体定位为低排放车辆的科学研究、技术服务、人才培养,已形成以新能源和低排放动力、车辆排放测试、汽车电子控制和噪声控制为特色的综合研究平台。在新能源车辆应用技术、电机电控技术、清洁动力技术等方面形成特色,相关技术居国内领先水平,部分领域接近国外先进水平。实验室在学校已有车辆动力控制技术、车辆综合电子控制和汽车排放控制技术成果的基础上,围绕新能源动力控制技术开展基础和应用技术研究,主要从事新能源汽车动力控制技术研究,研究方向包括,新能源汽车动力系统优化设计、高效驱动和控制装置设计、新能源动力电池管理和增程器设计、新能源动力系统测试和评价等。

无人车技术工业和信息化部重点实验室成立于 2015 年,从事无人车技术相关的重大关键技术、产业共性技术的创新研究,全力突破地面无人机动平台设计理论与方法、自主决策与平台运动规划、导航与控制技术、环境感知与传感器技术四个重要方向的瓶颈技术,推动无人驾驶车辆、特种地面移动机器人的产品化、产业化，支撑我国传统工业转型升级为战略性新兴产业，符合国民经济长期可持续性发展的需要。研究方向主要包括地面无人机动平台设计理论与方法、自主决策与平台运动规划技术、自主导航与控制技术、环境感知与传感器技术。实验室在北京理工大学无人车辆技术及无人系统技术协同攻关、多学科合作攻关等方面发挥了重要作用。

四、主要研究方向

学院的科研工作始终坚持服务"四个面向"，在新能源电动汽车、地面运载装备、智能无人车辆、多域智能机动装备、激光微纳制造、难加工材料加工技术、高强化柴油机复杂环境自适应技术、低温与制冷等研究方向上形成了鲜明的特色和优势。

（1）新能源电动汽车

首创我国自主知识产权超低地板纯电动客车平台，实现规模产业化应用和巨大效益，突破电池低温极速加热技术，国际上首次实现纯电动汽车-40℃环境下快速启动和无损运行研发的纯电动大客车成功服务北京奥运会、上海世博会、十城千辆、北京冬奥会等国家重大工程，成套技术实现对欧洲输出，为中国纯电动客车技术国际领先做出重大贡献。率先提出并创建中国"电动车辆—充/换电站—远程实时监控"系统工程技术体系，主持建设了国内唯一的新能源汽车运行国家监测与管理中心，实现了超过 1600 万新能源汽车运行的实时数据接入与安全监测，已成为世界最大的新能源汽车大数据平台。

（2）地面运载装备

提出了坦克装甲车辆液力机械综合传动和机电复合传动系统的设计理论与技术，在多介质综合集成设计、多自由度齿轮机构功能生成、多动力协同控制、全地域电液自动操纵、有源驱动无级转向、高能容变矩器设计等方面取得了一批创新成果。研制出系列液力机械综合传动和机电复合传动装置，技术指标达到国际先进水平，形成了系列化坦克装甲车辆传动产品自主设计和创新能力，在多兵种新一代坦克装甲车辆装备上得到全面应用，实现了我国坦克装甲车辆传动从机械传动向液力机械传动、机电复合传动的两次跨越式发展，为我国拥有世界一流的地面国防装备作出了突出贡献。

（3）智能无人车辆

针对车辆智能化发展趋势和现有装备无人化改造需求，开展装备电控化、无人化与自动驾驶技术攻关；突破了装备电控化、自动转向与纵向控制关键技术，遥控驾驶最大行驶速度、遥控、最大行驶里程等技术指标。1990—1995 年研制了我国第一辆无人驾驶汽车。获第五届国家自然科学基金委"智能车未来挑战赛"冠军，连续两届获得陆军装备部主办的"跨越险阻"挑战赛第三名。在智能驾驶决策规划与控制方面持续创新，2022 年、2023 年在多次国际国内智能驾驶决策与控制算法大赛中名列前茅。与多家企业合作完成了相关成果转化。

（4）多域智能机动装备

针对未来立体交通战略和越野、室内、地面、空地混合空间等复杂环境任务需求，研制了系列多种机动方式复合的多域智能机动装备。陆空两栖平台采用涵道与履带复合式构型，集成陆空一体化综合控制系统与多传感器融合室内外定位系统，可应用于工业巡检、应急救援、城市反恐等军民融合领域。面向立体交通、智慧交通战略需求，发明了三模块分体式飞行汽车构型，突破了低空复杂环境飞控、空地模式切换、立体环境感知与高精度定位等关键技术，发布了全球首款载人级智能分体式飞行汽车 UAM650，飞行有效载重 280 km。

（5）激光微纳制造

提出了飞秒激光电子动态调控制造新原理，首次实现了制造中对局部瞬时电子动态的主动调控，拓展了激光制造极限能力，加工效率提高了 56 倍、深径比提高了 260 倍、可重复加工精度达波长的 1/14 等。新技术新装备率先实现了飞秒激光加工不可替代的重大应用和产业应用：被确定为某核聚变国家重大专项核心构件靶丸微孔唯一加工工艺；所加工的陀螺仪应用于系列战略导弹、09X 系列核潜艇、05X 系列驱逐舰等；所加工的新型传感器应用于某高超飞行器、多型导弹等的研制。

（6）难加工材料加工技术

实现了多相态新型难加工材料高效精密切削机理、复杂弱刚度结构件变形控制技术、高承载运动件抗疲劳制造工艺优化技术等方面的重大突破，取得了高性能切削专用刀具系统开发与国产化、表面完整性主动控制技术、高速切削物理仿真和数据服务平台等成果，加工效率提高 3～5 倍、刀具寿命提高 3 倍，已经应用于航空发动机、坦克发动机、导弹、雷达等高端装备关键零部件的批量生产。

（7）高强化柴油机复杂环境自适应技术

针对高强化柴油机在极端环境下存在的起动困难、低速工作稳定性差、动态燃烧恶化等瓶颈问题，开展柴油机喷雾着火与高效燃烧机制、低温换热机制与高效热管理方法、低温流动与动态控制策略研究，摸清了复杂环境下流动、传热、燃烧的基本规律，获得了高强化柴油机复杂环境自适应技术。该技术已成功应用于我军数种装备的动力系统，有效改善了高强化柴油机极端环境下的起动性能，显著提升了高强化柴油机的复杂环境性和动态工作稳定性，保障了军用动力快速响应能力。相关成果同时应用于改善民用动力在极寒和高原地区的性能。

（8）低温与制冷

瞄准空天领域制冷与超低温加工制造等重大需求，研究极低温区制冷关键技术，为载人航天工程、探月工程、远程火箭研究提供低温环境与冷却技术。阐明了高效电-声-热转换和能量输运机制基础理论，构建新工质体系，突破国际原有工质局限性，制冷量提高 70%。创新关键流程和调相方式，突破 77K 国际最高效率。研制超低温冰箱，降低能耗 30%；研制撬装式天然气液化装置，较国际平均效率高 20%。

五、国内外交流

机械与车辆学院积极贯彻教育对外开放发展理念，以建设一流大学、培养高层次国际化人才为目标，不断拓展国际交流合作网络，全方位、宽领域、多层次打造国际化合作新格局。与 31 个国家地区、60 余所高校开展了国际合作交流。现有学科创新引智基地 1 个、省部级国际联合实验室 1 个、校级国际联合实验室 10 个。近 6 年，获批各类国际合作项目近百项，成功举办国际学术会议 38 场，参与科创类国际大赛获奖 7 项，提高学校国际影响力的同时促进了与世界一流高校的互融互通。深化教育国际合作做大做强留学品牌。持续推进与德国、新加坡、英国、意大利、俄罗斯等一流院校的国际人才培养合作。近 6 年，选派参与国际交流学生千余人次，接收来华攻读学位留学生 143 人，多次举办“一带一路”国家大学生科技创新训练营、“留学北理”暑期学校、港澳大学生实训营等各类交流项目，参与学生 500 余人，提升了学生国际化视野，增强了“留学北理”品牌影响力。

六、发展规划

围绕“理工品牌，中国特色，国际一流”的办院目标，培养兼具道德情怀、科学精神、人文素养、实践能力和创新思维的综合能力突出的领军领导人才，为国家重大工程和国民经济做出不可替代的系列重大贡献。

湖南大学机械与运载工程学院

一、单位概况

湖南大学机械与运载工程学院的前身为 1908 年兴办的湖南高等实业学堂机械科，是湖南大学历史最悠久的院系之一。学院以建设高水平研究型学院和世界一流学科为奋斗目标，秉承“实事求是，敢为人先”的理念，在学科建设、人才培养、科学研究、社会服务等方面取得了一系列标志性成果。获国家级科研奖励 5 项、部省级科技奖励 70 余项；获国家级教学成果奖 2 项、部省级教学成果奖 10 余项，建有 2 个国家级本科教学实验基地；在国内外大学生科技竞赛中多次获奖。学院与多所国际知名大学建立了稳固的合作关系，与多家国内外知名企业建立了良好的产学研合作机制。学院现设有机械工程、力学 2 个一级学科博士点，8 个二级学科博士点、2 个博士后科研流动站、11 个硕士点、2 个专业硕士点；其中机械工程学科为国家重点学科、教育部“世界一流建设学科”。学院拥有整车先进设计制造技术全国重点实验室、国家高效磨削工程技术研究中心等 2 个国家级科研基地，以及特种装备先进设计与仿真教育部重点实验室、汽车电子控制教育部工程技术研究中心、汽车轻量化高等学校学科创新引智基地、智能激光制造湖南省重点实验室、核装备可靠性技术湖南省重点实验室、汽车模具湖南省工程技术研究中心、机械装备绿色再制造湖南省工程技术研究中心、湖南省先进复合制造国际科技合作基地、汽车轻量化湖南省工程实验室、装备服役质量保障湖南省重点实验室、运载装备智能网联系统省部共建协同创新中心、湖南省制造业创新中心（智能运载系统）等 12 个省部级科研基地。学院获批国家自然科学基金委创新群体项目和“111”创新引智计划基地，入选国防科技创新团队。

学院设有车辆工程、智能车辆工程、机械设计制造及其自动化、能源与动力工程、工业工程、工程力学、智能制造工程等 7 个本科专业。现有教职工 263 人，其中中国工程院院士 2 人，教授 78 人，副教授 80 人，师资力量雄厚，学术梯队稳定。学院在籍学生 3500 余人，其中研究生 1500 余人，本科生 2000 余人。

二、科研项目及成果

在科研项目方面，2023 年新增科研到账经费总额 2.52 亿元，其中纵向 1.44 亿元（经费超 1000 万元项目 2 项、超 500 万元项目 3 项）、横向 1.08 亿元（经费超 250 万元项目 8 项）。新增科研项目 323 项，其中纵向 146 项（含国家级项目 68 项），其中国家自然科学基金项目 22 项（含区域联合基金 1 项、优青 1 项、重大仪器课题 1 项，总经费 1203 万元）、湖南省自然科学基金项目 19 项（含省杰青 2 项、省优青 2 项）、湖南省“三尖”创新人才项目 7 项；横向 177 项；新增军工类项目 17 项。

在科研成果方面，所牵头国家重点研发计划项目取得突破，实现了智能电驱动重载车辆国产替代；学术创新成果持续输出，在 Nature Communications 等期刊发表学术论文 2 篇。2023 年，获“机械工业科学技术奖”一等奖 1 项，入选“2023 中国智能制造十大科技进展”成果 1 项；入选科睿唯安高被引科学家 1 人，获“2023 中国新锐科技人物卓越影响奖”1 人，新增入选国家级高层次人才 6 人。

三、科研设施及科研能力建设

学院拥有整车先进设计制造技术全国重点实验室，是国内唯一具备汽车“工业设计-工程设计-制造工艺-整车集成”全链条综合研发能力的国家级实验室。在国际上率先开发出 GPU 异构并行汽车 CAE 软件，首创了中国人体特征假人开发体系，攻克了轻量化车身一体化制造成套关键技术及装备，多项技术国内唯一；国内首创了多车型共享的整车模块化技术、多材料异构兼容轻量化技术，居国际领先水平。成果服务车型开发超百款，有力支撑民族汽车产业发展，获 10 项国家级奖励。实验室现有用房面积 12000 余平方米，实验基地 20000 余平方米，拥有一批性能先进的大型设备、仪器和软件，固定资产总值 1.96 亿元。

四、主要研究方向

学院在节能与新能源汽车方面的主要研究方向为：智能设计方法与自主软件、整车低碳短流程制造技术、汽车安全测试技术与标准、整车集成创新与应用、高端装备制造的可靠性、发动机设计与燃烧技术的研究与应用等。

（1）智能设计方法与自主软件方向包括面向性能和生态的整车创成式智能设计、多领域广义数据驱动的整车可靠性设计、多场耦合融合计算方法与自主 CAE 软件开发。

（2）整车低碳短流程制造技术方向包括材料-结构-工艺-功能一体化的成形理论、模块化车身结构生长式成形工艺与装备、高柔性智能化多材料连接工艺与装备。

（3）汽车安全测试技术与标准方向包括中国交通事故场景与人体损伤机理、虚实融合安全测试技术与装备、汽车安全测试标准体系。

（4）整车集成创新与应用方向包括汽车安全测试标准体系、城市道路智慧车列系统集成应用、特殊环境无人运载系统集成应用。

(5)高端装备制造的可靠性方向包括结构失效机理与寿命评估、高精度模拟与结构优化、可靠性分析与设计理论。

(6)发动机设计与燃烧技术的研究与应用方向包括先进发动机结构设计与数字孪生智能制造、低碳与零碳动力关键技术及辅助动力系统。

五、国内外交流

聚焦智能网联汽车前沿学科领域,在国家留学基金管理委员会“智能网联汽车创新人才国际合作培养项目”滚动支持下,获批新加坡国立大学等联合培养研究生 13 人;结合商务部发展中国家工业工程与管理硕士项目等,新招留学生 20 名。获高端外国专家引进计划项目 5 项。积极推进对外交流合作,韩国湖南大学未来汽车专业来院交流,邀请国外专家来校或师生出国(境)参加学术交流 40 余人次。22 人前往世界 Top 100 高校深造。

为推动国内外同行把握机械设计领域的国际前沿动向、活跃学术思想、交流最新研究成果、展望未来发展趋势、推动机械设计相关学科的发展与融合,2023 年,牵头承办第十四届全国气体润滑与干气密封学术会议、第二十二届中国磨粒技术学术会议(CCAT2023)、第五届多尺度力学智能模拟与控制研讨会、“湖大三一新能源大讲堂”、第十七届国际汽车交通安全学术会议。

六、发展规划

在人才培养方面,学院将利用人工智能发展契机,树立智造赋能机械类专业升级转型的教学创新理念,制定面向未来需求和国际环境的卓越人才培养目标,打造多学科融合交叉的实践教育体系,培养一流人才。

在学科建设方面,学院将紧密围绕“汽车强国战略”,坚持学术理论研究与工程技术创新相结合,深度拓展机械工程学科学术优势,逐渐形成车辆工程、软件工程、电子信息技术交叉学科发展路线,在以“智能网联车辆”为代表的重点领域产生一批标志性的创新成果。

在产业化方面,学院将面向国家重大需求构建整车智能设计理论体系,实现核心设计工具的完全自主可控;建立整车短流程制造技术体系,保障制造工艺及装备的产业安全;打造汽车整车的智能设计工具体系、短流程制造技术体系、安全测试标准体系,以及模块化整车集成平台的“三体系一平台”全链条核心技术群,实现整车设计工具与制造装备产业链的高水平自主可控,成为我国汽车整车先进设计制造原创性技术的策源地和高水平行业人才的聚集高地和培养高地。

西安交通大学机械工程学院

一、单位概况

西安交通大学机械工程教育上溯至 1913 年设立的电气机械科,是交通大学办学历史最悠久、实力最雄厚、最具影响力的学院之一,百余年来培养了以人民科学家钱学森为代表的 25 位院士以及数以万计的各界精英人才,在国内外具有很高的声誉和学科影响力。学院始终以建设制造强国为己任,以教育发展、科技创新、人才培养一体推进为导向,传承“胸怀大局、无私奉献、弘扬传统、艰苦创业”精神,聚焦航空航天、机器人与智能系统、设计科学与基础部件、医工交叉、先进制造、精密工程、装备智能诊断与控制、新能源装备与质量工程等领域开展研究,全力打造核心技术攻关和创新人才培养基地。现已形成高端制造、增材制造、微纳制造、智能运维四个特色鲜明的研究高地。学院牵头组建精密微纳制造技术全国重点实验室 11 个国家级科研基地,参建 2 个全国重点实验室,拥有现代设计及转子轴承系统教育部重点实验室、健康管理与容错控制教育部重点实验室等 21 个省部级科研基地。近十年来,承担国家重大科技、973、863、重点研发计划、自然科学基金重大/重点、国防重点等重大项目 300 余项。获得国家二等奖以上科研奖励 11 项,省部级二等奖以上科研奖励近 30 项。在互联网+、大学生机械创新设计大赛中获得国家(国标)级奖励 200 余项,参与学生千余人。获国家级二等奖以上教学成果奖励 10 余项。

学院设有机械工程、智能制造工程、车辆工程、工业设计等本科专业,建有机械基础国家级实验教学示范中心和机械工程专业国家级实验教学示范中心。现有教职工 392 人,其中院士 3 人,国家级领军人才 17 人,国家级青年人才 22 人,ASME Fellow 3 人,科睿唯安全球高被引学者和爱思唯尔中国高被引学者 8 人;国家级省部级创新团队 12 个。

二、科研项目及成果

在科研平台建设方面,建有国家级平台包括:精密微纳制造技术全国重点实验室、＊＊＊创新站、高端制造装备协同创新中心、国家增材制造创新中心、快速制造国家工程研究中心、装备运行安全保障与智能监控国家地方联合工程研究中心、中国西部质量科学与技术研究院等等 11 个国家级科研基地,省部级平台包括现代设计及转子轴承系统教育部重点实验室、健康管理与容错控制教育部重点实验室、快速成型制造技术教育部工程中心、微纳制造与测试技术国际合作联合实验室、大数据慧眼诊断与智能检测装备学科创新引智基地、陕西省装备运行安全与智能监控工程实验室、陕西省机械产品质量保障与诊断重点实验室、陕西省智能机器人重点实验室、陕西省激光快速成型与模具制造工程研究中心、陕西省装备质量与可靠性工程技术研究中心、陕西省快速制造工程技术研究中心、陕西微型机械电子系统研究中心等 21 个省部级科研基地。

2023 年,学院梅雪松教授、陈雪峰教授以第一完成人获得国家科学技术奖 2 项,杨志勃教授以主要完成人身份合作参与获得国家科技进步二等奖 1 项。

在人才培养方面,学院秉承立德树人的宗旨,建设有机械工程国家重点一级学科、学科博士学位授权点和博士后科研流动站,设有机械工程、智能制造工程、车辆工程、工业设计等本科专业,建有机械基础国家级实验教学示范中心和机械工程专业国家级实验教学示范中心。坚持“求真务实、成就卓越”的育人理念,熔铸形成了“基础厚、要求严、重实践、求创新”的办学特色,在全国首倡“本-硕-博”贯通的装备制造业领军人才培养新模式,人才培养彰显成效。

三、科研设施及科研能力建设

学院设立全球访问学者机制,大力推进学科交叉融合,成立了10个研究所,以团队为单元,以四个面向为指引,聚焦学科前沿、航空发动机、航天制造与信息工程、机器人与智能系统、设计科学与基础部件、医工交叉、先进制造、精密工程、装备智能诊断与控制、新能源装备与质量工程等领域,开展科学研究与人才培养。

四、主要研究方向

学院与节能汽车相关的主要研究方向为:电动车辆先进电池管理设计、节能与新能源车辆综合管控、节能与新能源汽车智能制造等。

五、国内外交流

学院创建"一带一路"人才培养共同体,发起成立"丝绸之路大学联盟-先进制造子联盟",与米兰理工、韦恩州立等开展本硕双学位项目,吸引美、英、意、法等50余国450余学生,建立联合国教科文组织的"IKCEST丝路培训基地",为"一带一路"近40个国家、160余所高校和企业培养上万名工程科技人才。

六、发展规划

人才发展方面,学院将打造一流研究队伍,高端院坚持人才"增量引进"与"存量改革"并举,广聚八方英才,拓展人才"增量";引导"存量"人才分类改革,在祖国中西部地区打造人才聚集高地,彰显1+1>2的协同效应。

组织架构方面,学院定位"顶天,立地,惠民",引领核心技术自主研发,讲好以"智能制造""创新驱动"为关键词的"交大机械故事"。以"四个面向"为指引,形成"校-院-所"的基层科研组织新架构模式,制度创新、敢于挑战。高端院教师牵头获得十余项国家科学技术奖,牵头一批重大项目,建设一系列科研平台,参与制定国际标准与国家标准。

学院将主动出击,拓展合作广度与深度,注重交流融度与亮度,打造新模式、新业态,打通科技成果转化"最后一公里",推动建设"丝绸之路大学联盟"之机械子联盟,形成国际化的创新基地。万丈高楼平地起,面向未来,高端院扬帆起航,全力以赴,擘画蓝图、昂扬奋进,守正创新、驰而不息,全力打造"让科研人员一心向研、莘莘学子一心向学"的创新示范环境,谋划学科发展新增长点,谱写制造强国新篇章。

安徽理工大学新能源与智能网联汽车学院

一、发展概况

新能源与智能网联汽车学院坐落于安徽省合肥市,学院秉持培育英才的崇高使命,以我国由汽车大国迈向汽车强国的伟大转变为背景,以产业人才需求为牵引,积极响应"智车强省"的战略宏图,为国家汽车行业注入源源不断的智慧动力。

学院现拥有车辆工程、新能源汽车工程2个本科专业。车辆工程专业自2011年起面向全国招生,经过数年耕耘,已结出累累硕果。2019年,在安徽省专业评估中,车辆工程专业荣获优秀等级,2020年获批省级一流专业建设点。为不断创新人才培养模式,学院与蔚来汽车科技(安徽)有限公司、合肥国轩高科动力能源有限公司、合肥工业大学等业界翘楚开展深度合作,共建了"新能源智能网联汽车创新班"、"新能源汽车卓越班"和"智能网联汽车卓越班"。

学院汇聚了一批优秀的科教人才,现有教职工60余人(不含企业导师),其中正高级职称5人,副高级职称24人,企业导师30余人。学院依托机械工程一级学科博士授权点,全国高校黄大年式教学团队,教育部矿山智能技术与装备省部共建协同创新中心,矿山智能装备与技术安徽省重点实验室和成立的"特种车辆及无人系统研究所""新能源汽车研究所"等,构建了"本-硕-博"贯通人才培养体系。学院设立汽车结构认知与拆装实验室、汽车液压与气压传动实验室、汽车单片机与嵌入式系统原理及应用实验室、汽车电器与电子技术实验室、汽车基本性能实验室、动力电池技术实验室、动力电池热管理技术实验室、汽车驱动电机原理与控制实验室、线控底盘实验室、环境感知与定位技术实验室、整车控制技术实验室、汽车制造工艺学实验室、新能源汽车安全技术实验室等13个专业实验室。

在追求卓越与创新的征途上,学院始终秉持前瞻性思维,积极创新"政产学研用"协同联动机制,组建"新能源汽车与智能网联汽车行业产教融合共同体""新能源汽车后市场服务产教融合联盟"等多元化交流平台。学院特别注重培养学生的实践能力与创新精神,提倡与业界精英交流,为学子成长成才提供广阔空间和丰富资源,共同探索汽车产业的未来发展方向。

二、科研项目及成果

2023年,学院申报国家自然科学基金8项,其中获批1项,获批率12.5%;申报科研项目24项,其中国家级9项,省部级10项,获批纵向项目3项,横向项目到账经费115万元;获批引进人才科研启动基金项目6项;发表SCI论文11篇,其中TOP期刊5篇;申报国家发明专利10项,授权发明专利5项,制定团体标准4项。

三、科研设施及科研能力建设

学院重视科研设施及科研能力建设。拥有电机控制系统开发平台、动力电池实验平台、新能源材料与器件平台、智能网联汽车建图仪器及测试套件、线控底盘测试平台、零部件信息安全平台、智能底盘实验平台、自动驾驶仿真实验平台等8个综合性实验科研平台。学院联合合肥国轩高科动力能源有限公司获批"动力及储能电池安徽省联合共建学科重点实验室",与安徽科大能通科技有限公司成立"新能源汽车技术联合研究院",成立校级新能源汽车研究所、特种车辆及无人系统研究所。学院持续推进共建汽车智能制造与先进工艺安徽省产业创新研究院工作。

四、主要研究方向

学院立足于安徽省汽车“首位产业”的定位，设立了节能与新能源汽车、汽车智能驾驶系统设计及控制、汽车安全理论及测试技术等三大研究方向，致力于推进产教融合、科教融汇的先进理念，让教育与产业紧密相连，让科技与创新相得益彰。

五、发展规划

新能源与智能网联汽车学院以我国在汽车制造大国向制造强国转变的关键阶段的人才需求和技术需求为根本指引，围绕国家未来“双碳”目标的达成和《中国智能网联汽车产业发展规划》要求，有力依托我省新能源和智能网联战略性新兴产业发展的重大机遇和平台，高效协同本部相关的学科专业，深化交叉学科交流，坚持产教融合，育人为本，坚持科技创新，协同共建。聚焦节能与新能源汽车技术，汽车智能驾驶系统设计及控制技术，汽车安全理论及关键技术三大学科研究方向，以校企联合研究中心和校内实验中心为支撑，持续科技创新，持续人才培养模式创新，着力打造在国内具备一定的领先优势的科技创新平台和高层次人才培养的平台。建立汽车+新能源，汽车+智能网联，汽车+安全三类人才培养架构，持续为国家输送亟需的高层次人才，助力国家及行业发展，社会进步。

先进内燃动力全国重点实验室（天津大学）

一、单位概况

先进内燃动力全国重点实验室（天津大学）的前身是内燃机燃烧学国家重点实验室，由天津大学原校长史绍熙院士创建，于 1986 年经国家计委批准开始建设，1989 年建成并对外开放，是我国内燃机领域的第一个国家重点实验室。实验室现任主任为中国内燃机学会理事长、国际内燃机学会前主席、天津大学校长金东寒院士，实验室现任学术委员会主任为上海交通大学黄震院士。

实验室面向国家“能源安全、绿色低碳、动力强国”的重大战略，秉持“顶天、立地”发展理念，坚持科技创新“四个面向”，开展高效内燃动力燃烧与排放、净零碳动力能源转化与利用、先进动力系统集成及智能化的应用基础和关键技术研究，产生了一系列标志性成果，2015 年以来实验室作为第一完成单位获得国家级科技奖 6 项，被科技部评价具有“开拓和牵引”作用。

二、科研项目及成果

2023 年实验室承担总经费达 2.6 亿元，其中专项经费 1000 万元，纵向经费 7585 万元，横向经费 11258 万元，应用经费 6294 万元。新立国家重点研发计划项目 4 项，基金委重大专项项目 1 项、工信部甲醇船机项目 1 项、叶企孙联合基金重点项目 1 项。发表论文 479 篇，SCI 检索 355 篇，授权国家发明专利 117 件，授权 2 项国际专利，发布标准 18 项：国家标准 4 项，团体标准 2 项，国军标 12 项。获社会力量一等奖 4 项、二等奖 1 项。

实验室围绕批准建设以来的重点任务，积极组织攻关，分别在高效内燃动力燃烧与排放、净零碳动力能源转化与利用、先进动力系统集成及智能化三个方向取得进展，具体如下：

1. 方向一“高效内燃动力燃烧与排放”研究进展

高效燃烧与清洁排放是内燃动力实现过程减碳的核心需要，本年度实验室围绕燃料与发动机协同、宽工况高效稳定燃烧方面取得重要研究进展，有效支撑了高效清洁发动机研发，研究成果支撑获中国内燃机学会自然科学一等奖、中国工程热物理学会自然科学一等奖，并被天津市推荐参评国家技术发明二等奖，代表性成果包括：

代表性成果 1：燃料与发动机协同优化关键技术

燃料与发动机协同优化是实现发动机节能减排的关键途径之一。针对燃料特性对发动机性能影响机制不清难题，本成果提出了燃料特性单参数剥离法，阐明了燃料特性对发动机燃烧和排放影响的主次关系，解决了传统多参数宏观研究无法解释的燃料燃烧机制难题。同时，提出了分子级燃料复配新技术，提高了燃料复配成功率，研发出车用初装油、赛用燃油等特种燃料。进而，发明了喷嘴积碳量的精确快速评价方法，解决了喷嘴积碳问题，提出了不同应用环境下发动机与燃料精准适配的新技术，解决了适应不同应用场景的油-机匹配难题。上述成果应用于多家单位的高性能汽油、柴油、特种油等 10 余款新产品开发，在全国 20 余个省市实现了大规模产业化应用，取得了显著的经济和社会效益，获中国内燃机学会自然科学一等奖。

代表性成果 2：发动机宽工况高效稳定燃烧关键技术

内燃机在极端条件下运行出现的着火及燃烧不稳定和爆震等非正常燃烧现象已成为限制热效率提升的突出瓶颈，也成为氢/氨零碳燃料发动机高效稳定燃烧的核心制约。本成果揭示了稀薄燃烧着火机理，首次观测到压力波诱导未燃气体自燃的全过程，突破了传统爆震理论无法解释超级爆震形成机理的局限性。基于此，针对小负荷燃烧不稳定问题，发明了可增强进气涡流的复合切向进气道及水冷式多孔预燃室湍流射流点火装置，实现小低负荷稀燃条件下强湍流快速稳定燃烧并实现 NOx 近零排放，并提出了混合气反应活性和有效能量密度协同的燃烧优化方法，实现了燃烧模式的有效控制。针对大负荷非正常燃烧问题，提出了增压米勒循环结合多次喷射控制爆震的高效燃烧方式，攻克了爆震导致动力性下降的技术瓶颈。上述成果应用于玉柴、吉利、福田康明斯和潍柴等 23 款发动机，获中国工程热物理学会自然科学一等奖，并被天津市推荐参评国家技术发明二等奖。

2. 方向二“净零碳动力能源转化与利用”研究进展

净零碳动力是实现源头减碳的根本保障，其中低碳/零碳燃料及其动力利用是核心，本年度实验室围绕碳中性循环的生物质燃料制备、氢燃料电池方面取得重要研究进展，有效支撑了净零碳动力能源转化探索，研究成果支撑获天津市科技进步一等奖、中国汽车工程学会技术发明一等奖，代表性成果包括：

代表性成果3:生物质燃料高效制备与清洁利用技术

生物质燃料制取与利用技术对助力“双碳”目标具有重要意义。针对生物质燃料制取利用效率低、污染物高难题,本成果系统开展了生物燃气清洁高效利用技术研究与应用,研发了焦油微波催化裂解新工艺,突破了传统焦油处理过程能耗高、二次污染严重、转化效率低的瓶颈,焦油转化率高于93%。开发了具有燃料适应性的燃气无焰燃烧技术,燃烧效率稳定高于99.0%,NOx排放低于20ppm;开发了生物燃气制备过程仿真与评估优化方法,解决了焦油微波裂解与生物燃气无焰燃烧技术对气化过程的源头控制需求,产气热值平均提升6.95%,气化效率平均提升8.3%。相关成果应用于天津、河北、山东等12地,净化燃气84亿 m^3,转化焦油28万t,实现 CO_2 减排659.7万t,NOx减排45.4万t。获天津市科技进步一等奖。

代表性成果4:高功率密度燃料电池技术

燃料电池作为一种氢能动力装置,在交通运输、航空航天等领域具有广阔应用前景,而高功率密度是燃料电池最终走向产业应用的核心指标。针对燃料电池水热管理这一影响功率密度的关键科学技术难题,解决了国际主流软件相关模型无法反映组件内关键传输过程、真实气液物性、精细微观结构等难题,提出了流场电极一体化等新的电极流场设计。基于此,解决了国际主流软件相关模型无法解决电池内“气-水-热-电”多物理场强耦合过程高效稳定计算等难题,提出了无外增湿、冷启动等新的调控方法和设计。也解决了国际主流软件相关模型无法清晰阐释电堆内部传输机理、不能有效适用于冷启动以及车辆复杂行驶工况等难题,提出新的系统匹配方案和控制策略。基于上述成果获中国汽车工程学会技术发明一等奖。

3. 方向三“先进动力系统集成及智能化”研究进展

先进动力系统是国防动力自主化的重大需要,高效、高强化动力系统集成是核心关键,本年度实验室围绕氢氩内燃机、CO_2 循环动力系统和对置发动机方面取得重要研究进展,在水下和陆用国防动力领域形成技术突破和研究特色,两项成果入选主管部门年度重要进展专报,代表性成果如下:

代表性成果5:CO_2 跨临界循环特种动力技术

CO_2 工质循环动力技术被MIT评价为能源动力领域变革性技术。本成果在应用项目重点专项支持下,组织中国船舶集团等五家单位,围绕 CO_2 动力循环理论和技术开展攻关研究,提出了 CO_2 跨临界动力循环构建理论,创新了 CO_2/碳氢混合工质方案,构建了跨临界分流回热、双级膨胀等循环新构型,研制了全封闭高速透平膨胀-发电一体机、高强化微通道印刷板式换热器等关键核心零部件,开发了首台百千瓦级 CO_2 混合工质动力循环系统样机,循环热效率超过同等功率量级系统的最高水平,系统体积功率密度较现有技术方案提升1倍,入选主管部门年度重要进展专报,被评价“为发展多任务、立体工作的小型某装备、提升其工作空间范围和装载能力奠定坚实基础”。

三、科研设施及科研能力建设

实验室优化整合原内燃机燃烧学国家重点实验室、中低温热能高效利用教育部重点实验室,推动实验室与院所、企业等强化交流,促进科技、产业、金融良性循环,强化创新链产业链融合。依托天津大学无锡研究院(先进内燃动力无锡分室)开展成果落地转化,将实验室技术成熟度4~6级、具有一定市场前景的技术,转移到天津大学无锡研究院进行工程应用开发、孵化、小试、中试,同时引入天大北洋海棠基金等社会资本投入,加大科技成果转移转化力度。2023年,近2000 m^2 无锡分室的过渡科研载体已启用,6个科研成果已陆续在无锡落地转化,40亩地的永久科创载体已启动设计。

实验室以北洋园新校区34号楼为专属科研用房,另有卫津路校区老国重实验楼及内燃机大楼2处科研用房,形成“一核两翼”的科研布局,总面积达2.3万 m^2。现有设备总价值3.78亿元,其中50万元以上的大型仪器设备111台/套。相关配套设施齐全,管理体系完备,技术人员充足。2023年,学校给予实验室教育部设备贴息贷款1.45亿元,支持实验室建设超高热效率动力研究平台、多元低碳和净零碳内燃动力研究开发平台、动力总成及混合动力研发平台、实验室环境净化平台、公共分析测试平台等大型科研平台。

四、国内外交流

1. 学术交流与合作

2023年度,实验室多次主办了领域内重要国际会议,包括第四届国际能源与人工智能会议、内燃机高效低碳清洁燃烧国际学术研讨会、交通能源与智能动力大会暨先进汽车动力系统国际会议、内燃动力智能控制算法国际挑战赛等,加强了实验室与国内外高校、行业的学术交流,扩大了实验室在领域内的影响力。此外,实验室教师积极在国内外重要会议作邀请报告30篇次,形成了广泛影响力。

2. 公众开放与科学传播

2023年,实验室持续举办30期天津大学“北洋动力”论坛:围绕先进内燃动力系统的先进燃烧、清洁排放、集成优化、智能控制等热点问题,邀请了来自美国约克大学、加拿大国立科学研究院、澳大利亚皇家墨尔本理工大学、冰岛雷克雅未克大学、瑞典查尔姆斯理工大学等专家举办系列讲座。天津大学“北洋动力”论坛已连续举办100期,累计8.2万余人次参加了论坛,成为实验室引领内燃动力领域学术交流的重要平台。论坛为高校、科研院所和企业的师生和工程技术人员提供了与知名专家交流学习的宝贵机会,在学科和行业内产生了重要影响。

2023年,实验室持续举办20期“士说能源”讲座:围绕全球气候变暖、资源紧缺等热点问题,邀请了来自清华大学、上海交通大学、中南大学、天津大学等专家举办系列讲座。累计观众1.5万余人次。

五、发展规划

启动实验室能力提升咨询项目,聘请国内知名的管理咨询服务公司对实验室的现状进行评估,对实验室的体制机制、管理模式、人事绩效和评价体系等进行全面的梳理和优化,提出适合实验室发展的一套完整体制机制。

加快先进内燃动力全国重点实验室无锡分室建设,打造技术落地平台,推动应用基础研究成果转移转化,促进产业需求反哺和牵引基础研究形成突破,保障实验室产学研工作做到实处。

探索有组织科研范式,形成有组织科研经验,进而逐步建立有组织科研制度，实现重大科技成果突破，服务国家/国防重大需求。

加强同领域企业、研究所的全国重点实验室联动，积极推进成立“内燃动力全国重点实验室联盟”，实现相关领域高水平研究平台开放交流与资源共享，集中力量攻坚。

进一步加强产学研合作，利用实验室开放课题向企业/研究所倾斜，通过开办内燃动力研修班把企业/研究所请进来，切实促进与头部企业/研究所深度结合，服务产业、行业技术发展。

充分利用国际暑期学校、“北洋动力”论坛加强国际交流，加强中美、中英等科技合作平台建设，促进实验室科研水平大幅度提升，不断提升国际影响力。

北京理工大学重庆创新中心

一、单位概况

北京理工大学重庆创新中心是由重庆两江新区和北京理工大学于2019年共建的新型高端研发机构，按照“做实、转化、一流”的发展思路，重点围绕新能源汽车、电子信息、智能制造、智能装备、先进材料、先进空天等领域，在推动科技创新和科技成果转化上同时发力，做优科技研发、做强产研合作、做精企业孵化，全面推进科技、人才、产业三位一体发展。服务国家战略和重庆区域经济社会发展，服务北京理工大学“双一流”建设。

按照“工程支撑、产业转化”的功能定位，重庆创新中心已建设25个技术研究所；获批国家级博士后工作站、智能无人技术系统国家重点实验室重庆分中心、新体制雷达重庆市重点实验室、重庆市技术转移示范机构等8个省部级以上平台，联合属地企业共建国家电网电池储能技术实验室共享（重庆）实验室、铌微合金化汽车钢应用技术国际联合实验室等11个联合实验室。汇聚近600人的科研队伍，属地化人才占75%以上，引进6名院士，高级职称以上人才209人；培养博士后60名，吸引博士后出站留渝20人；加强产教融合研究生培养，累计在渝培养研究生492名。获批科技项目558项，其中国家级66项，省部级117项，企业技术服务项目360项。申请专利576项，授权216项；孵化培育科技型企业9家，累计产值1.6亿元，其中获批重庆专精特新企业1家，科技型企业入库6家、软信企业2家。完成学科性公司作价入股3家，已获得社会资本投资约3500万元。

二、科研项目及成果

2023年，在科研项目方面，北京理工大学重庆创新中心获批科研项目203项，获批国家级项目29项，包含国家自然科学基金、国家重点研发计划、工业绿色微电网建设关键技术项目等，获批省部级项目31项，包含重庆市杰出青年科学基金，重庆英才计划，重庆市技术创新与应用发展专项重点项目等；签订技术服务合同130余项，服务中国汽车工程研究院、重庆长安汽车、奔驰等企业近百家。

在科研成果方面，申请专利140项，授权专利94项；“超高强、高延迟断裂抗力汽车用钢与热成形关键技术及产业化”获中国产学研合作创新成果二等奖，已成功应用于重庆江东机械有限公司的热成形产线装备先进制造业务，直接经济效益1亿元；“高结构和热稳定性高镍正极材料的设计与制备技术”获川渝产学研协同创新成果奖，已应用于宜宾锂宝新材料有限公司吨级产线；数智化材料建模系统 MatFavor 入选重庆市工业软件，服务于汽车行业碰撞仿真应用，与国内主流汽车企业展开合作，得到长安汽车、吉利汽车、赛力斯等头部自主品牌认可。

三、科研设施及科研能力建设

截至2023年底，北京理工大学重庆创新中心已建成27个专业实验室、3500 m^2 超净间，拥有科研仪器和测试设备1900余台套，为各技术研究所开展科技研发和产业孵化活动提供有力支撑。

（1）新一代电池储能与关键材料技术研究所下设新能源材料研发中心、先进材料分析检测中心、先进电池储能技术中心和先进电池检测中心四大业务板块，实验面积15000 m^2，配备了美国、德国、日本及国产的种类齐全的先进电池及材料研发和检测设备，拥有业内领先的电池材料研发平台、软包电池中试平台、智能电池研发平台、退役电池回收再生示范线、电池寿命预测平台、材料检测平台及电池检测平台等，具备电池材料、电池单体和模组的全链条技术研发及检测能力。与中国电力科学研究院有限公司、国网重庆市电力公司电力科学研究院共同成立国家电网电池储能技术共享（重庆）实验室。作为国家电网在西南片区的电池储能技术实验室，重点围绕国家新型储能产业发展需求，开发新型储能体系，设计、模拟和建立智慧能源供应系统，服务国家电网和电池企业，打造具有自主创新能力和检测资质的国家级先进储能技术创新研发和测试平台，辐射带动川渝地区储能行业高质量发展。

（2）毫米波雷达技术研究所下设汽车毫米波雷达研发实验室，开展汽车毫米波雷达系列化产品研发及规模化生产建设，形成汽车毫米波雷达基础测试、软硬件问题排查、环境适应性等研发能力，天线快速测试、半实物仿真测试等内场试验能力以及整车场地、道路测试外场试验全链路能力，建成百万台套产能的毫米波雷达自动化智能生产线。

（3）装备轻量化技术研究所下设高强钢制备分析实验室，开展高性能热成形钢技术研发，支撑热成形钢研发及应用研究，拥有真空熔炼炉、热成形中试线、准静态拉伸试验机、疲劳试验机、全场非接触应变测量系统（DIC）、金相显微镜、SEM、TEM、XRD、超算集群等数十套国际先进的实验测试设备，具备材料制备-性能测试-数据分析的全流程能力，形成了一站式、高效且全面的技术研发及检测服务体系。

（4）新能源汽车网联大数据技术研究所建设了新能源汽车大数据技术创新与产业应用服务平台，具备大数据治理、多源大数据融合分析与计算、驾驶行为分析与用户画像、新能源汽车动力电池安全预警与健康度管理建模与评估分析、新能源汽车运行风险建模与评估分析、多层次城市交通运行态势研究与评估预测、数据产品开发设计及相关技术服务能力。面向智能网联新能源汽车“研产供销服管”全生命周期数据应用生态,研发汽车产品与营销解决方案、汽车金融保险应用解决方案、汽车后市场应用解决方案、交通治理与规划应用解决方案等产品,相关成果已应用全国 35+合作伙伴,助力合作伙伴"造好车""卖好车""用好车"。

四、主要研究方向

北京理工大学重庆创新中心在节能与新能源汽车领域的主要研究方向有:

(1)绿色二次电池及先进能源材料技术:针对新能源汽车和储能领域电池高安全、低成本、长寿命和大容量的高要求,聚焦材料创新、结构创新和安全优化创新,重点研究与开发高能量密度锂离子电池、高安全固态电池、多价金属离子电池、新型智能电池、电池失效分析及寿命预测、退役电池回收再生等新型技术,通过无钴化和超高镍组分设计、表层无序化重构及氧空位设计技术等前沿技术开发,解决电极材料结构稳定性、长寿命和高安全等行业关键共性技术难题。

(2)汽车雷达技术:面向智能网联汽车创新发展国家大战略,对标车端产品业界标杆 Bosch、Continental 研发智能化高精度车端毫米波雷达系列化产品,打破国外垄断。开展汽车毫米波雷达新体制、天线设计与孔径综合、射频基带一体化芯片、4D 点云精细成像等技术研究,在雷达复杂波形设计、多维多域信号处理算法、超高频收发芯片等方面具有明显技术优势和特色。

(3)智能网联新能源汽车网联大数据分析与应用技术:针对智能网联新能源汽车数据分析治理难、应用场景缺及动力电池安全风险预测与防控需求,聚焦技术和理论创新、多数据和多学科融合创新、模式创新,重点研究与开发大数据治理、多源大数据融合分析与计算、驾驶行为分析与用户画像、新能源汽车动力电池安全预警与健康度管理建模与评估分析、新能源汽车运行风险建模与评估分析、多层次城市交通运行态势研究与评估预测等行业关键技术,应用人工智能、深度学习、大模型等前沿技术,面向智能网联新能源汽车"研产供销服管"全生命周期数据应用需求提供解决方案服务。

(4)高性能热成形钢研发制备技术:针对汽车热成形技术痛点,避开国外铝硅涂层专利壁垒,开发无涂层、免抛丸热成形钢,实现热成形过程中无氧化皮脱落,降低模具损耗;同时,减免抛丸工序,降低碳排放,解决抛丸造成的环境污染及零件变形问题。

(5)材料高精度本构与断裂仿真分析技术:针对新能源汽车低碳、安全、轻量化三大发展趋势,聚焦汽车碰撞 CAE 仿真领域,重点研究高精度材料建模(材料卡片)技术,开发国内首款数智化材料建模系统 MatFavor,突破国外软件限制,实现零件级、系统级、整车级材料变形与断裂仿真精度的提升,解决材料建模周期长、精度低、费用高的三大难题。

五、国内外交流

北京理工大学重庆创新中心坚持产学研协同创新,努力以科技创新赋能区域产业发展,不断拓展交流与合作平台,提升行业及国际影响力。2023 年,参加智博会、西部高新科技展等展会路演活动 10 场,积极宣传科技成果;与招商局检测车辆技术研究院成立了动力电池及先进储能技术联合实验室,聚焦于动力电池的前沿技术研究和储能技术的创新应用;成为新型电力储能技术创新联合体的联合秘书处,致力于搭建开放、共享、创新平台,汇聚业界尖端力量,共同为电力储能技术的突破与发展作出贡献;举办全国功能型无人车技术发展和标准创新论坛暨功能型无人车创新应用成果发布会、铌微合金化汽车材料应用创新平台启动仪式暨微合金化高性能汽车钢研发及应用技术研讨会、第六届 IET 国际雷达会议等高水平学术会议,提升区域科学影响力,助力地方开拓国际视野和引智渠道;参与编撰国内首部《算力-电力-热力协同:数据中心综合能源技术发展白皮书》,为推动我国算力的绿色化、高效化和普惠化提供参考。

六、发展规划

北京理工大学重庆创新中心将深入实施创新驱动发展战略,着力推动以科技创新支撑产业创新,加快培育发展新质生产力,努力推动绿色储能及安全技术全国重点实验室等高能级科研平台建设,孵化培育重庆睿行电子科技有限公司、重庆数元道科技有限公司等具有核心竞争力和市场应用前景的高新技术企业,强化服务国家战略能力,促进地方产业升级转型,为我国节能与新能源汽车领域可持续高质量发展做出积极贡献。

中国汽车工程学会瑞安协同创新中心

一、单位概况

中国汽车工程学会瑞安协同创新中心(简称协创中心)由中国汽车工程学会和瑞安市政府合作共建,以人才聚合、技术聚成、服务聚力为主要抓手,提升科技经济融合实效度,助力区域经济高质量发展。作为浙江省首批特色产业工程师试点单位之一,协创中心深入实施"人才+"战略,探索人才链、创新链、产业链融合发展新模式。依托中国汽车工程学会资源优势,共享技术、成果、人才资源,突破跨学科、跨产业、跨区域要素协同,致力打造高水平汽车人才中心和创新高地,赋能新能源智能网联汽车关键零部件产业高质量发展。

二、平台建设及成果

2023 年,在平台建设方面 中国汽车工程学会瑞安协同中心成功建设 CAE 仿真中心、电控研发中心、高校资源中心、整理协同中心、数智运营中等五个中心板块;签订技术服务合同 30 余项,服务瑞立集团、荣际股份等企业;参与 11 项国际级团体标准编写;连续 3 年成功举办 CIEV 国际新能源智能网联汽车创新生态大会,吸引近千名业内专家来瑞安对接、交流;中国汽车工程学会工业链创新分会、长三角汽车科技创新联合体正式成立,秘书处均设在瑞安;中国汽车工程学会瑞安协同中心运营模式得到中国科协、浙江省科协充分认可,中国科协两次组织近 60 家全国学会来瑞调研、交流。

三、设施及能力建设

截至2023年底，中国汽车工程学会瑞安协同中心拥有办公及科研场地共2000 m^2。基于瑞安产业实际，深入实施人才+产业的模式，依托中心成功组建浙江维纳科技有限公司、浙江翊宇科技有限公司，深度融通人才与产业的关联度，并取得明显的效果；通过整合中国汽车工程学会资源，打造智能汽车零部件寻源平台、智能汽车零部件工程师对接云平台、智能汽车零部件供应链对接云平台、可转化科技成果征集系统，已产生直接经济价值达5亿元，整理协同开发项目预估产值超10亿元。

四、国内外交流

产学研协同创新作为中国汽车工程学会瑞安协同创新中心的重要抓手，国内外交流方面一直作为中心的重点工作在做。努力以科技创新赋能区域产业发展，不断拓展交流与合作平台，提升行业及国际影响力。2023年6月27~29日，举办第二届国际新能源智能网联汽车创新生态大会，参会行业嘉宾近700位；参与组织世界新能源汽车大会、国际轻量化大会、中国汽车工程学会年会等行业大型会议，并邀请近百家瑞安企业及当地政府参与；随同温州市政府带领企业赴日本丰田总部参观交流；举办路演活动3场，培训12场，积极宣传科技成果；致力于搭建开放、共享、创新平台，汇聚业界尖端力量，共同为行业及地方的高质量发展助力。

五、发展规划

中国汽车工程学会瑞安协同创新中心经过一段时间的探索，以中国汽车工程学会资源禀赋为依托，在继续做好整理协同、难题破解、成果转化和人才引进的基础上，以新能源智能网联汽车产业的高速发展为契机，在结合瑞安产业实际的基础上，以产业共性需求为突破点积极探索人才+产业的公司化模式。强化服务行业、国家战略能力，促进地方产业升级转型，为我国节能与新能源汽车领域可持续高质量发展做出积极贡献。

天津大学先进动力与智能车辆控制课题组

一、单位概况

天津大学先进动力与智能车辆控制课题组隶属内燃机燃烧学科国家重点实验室的先进动力与车辆智能控制课题组，是天津大学一个具有创新精神和前瞻视野的科研团队。团队在动力智能、车辆智能和大数据智能三大前沿领域精耕细作，不仅在理论研究上取得了显著成就，而且在技术实践和产业应用方面也展现了强大的实力和深远的影响力。课题组由谢辉教授领衔，汇聚了一支由4名科研骨干、8名科研助理、49名硕士生、9名博士生组成的精英团队，其中包括1名教授、1名副教授和2名工程师；同时，由专攻机器学习、动力学控制以及大数据智能的三位导师组成学科交叉团队，通过无人系统深度强化学习控制算法的研发与应用、jg创新项目等实质性创新项目来综合培养学生的科研创新能力。此外，课题组还与12位国内合作专家和6位国外合作专家建立了紧密的合作关系，共同推进科研工作。

课题组的研究方向体现了对未来科技发展的深刻洞察和战略布局。通过设立先进算法组、模s型组、平台组和监控平台组，将控制、优化、学习算法与机构模型、整机模型以及系统管理调度模块、云平台、孪生模型等交叉应用，融合电信精仪、机械动力以及控制优化三大学科的独特优势，形成了一个多学科交叉、协同创新的研究体系，为智能技术的发展提供了坚实的理论基础和实践平台。在海教园智慧公交项目中，进行了多方面的技术创新，如基于数据关联技术、滤波跟踪技术、凸组合融合算法进行多源传感器信息融合的目标车辆全局跟踪算法，基于工况自适应学徒强化学习的混合动力汽车能量管理策略研究，基于多尺度扰动学习的公交车自适应巡航控制，基于DDPG的智能网联公交车车重自适应全局车速规划算法等，同时依托先进的虚拟仿真平台、实时监控系统、“边缘云+区域云+中心云”云平台来对算法模型做性能测试和指标调优。

2022年，课题组的太阳能车无人驾驶系统、采棉机无人采摘项目、无人驾驶碾压机集群等项目均取得了显著的经济效益和社会效益，获得了国内外的高度评价。

课题组通过指导“海陆空”无人系统本科毕业设计、智能网联专项等项目，课题组探索了产教融合培养和新工科建设的新模式，为行业培养了大量实践能力强、交叉学科背景的复合型人才。

二、科研项目及成果

近五年课题组大量的内燃动力系统与车辆相关的控制技术应用于行业，在研项目26项，累计科研经费9800余万元。发表SCI论文160余篇，申请专利50余项，软件著作权22个，专著4本，行业标准1篇。

近两年，课题组的导师和学生积极探索深度学习、强化学习等算法模型在发动机、柴油机以及智能公交上的实际应用，发表了基于自适应带宽的增压LP-EGR发动机空燃比预测抗扰控制方法、一种基于Q-learning的柴油机空气系统多变量自抗扰控制方法、基于DDPG的智能网联公交车车重自适应全局车速规划方法等可以显著提升模型性能效果的算法，并成功应用到一些实际项目中。

2022年，太阳能车无人驾驶系统搭载于无人驾驶车辆，实现整车销售收入累计1000余万元，被评为“国际先进”技术；采棉机无人采摘项目于2022年5月启动，项目初期研发效果显著，成功审批多个专利，被人民日报、天津卫视报道，正在实地项目应用改造中；15台无人驾驶碾压机集群用于水电大坝智能建造，累计作业超过470万 m^2，占当年大坝填筑碾压重量约1/3，国内高校规模最大，获中国大坝学会特等奖；2022年06月，天大建设的27 km智能网联开放测试道路获政府批准，对全社会开放；2022年11月，天大开发的3辆海河教育园智能网联巴士正式上路运营，国内首个拥有自动驾驶路牌车牌“双牌照”高校；西青智慧郊野公园项目成功部署智能无人交通系统、无人物流供给系统、游客服务系统，实现园区内游览、物流、卫生及安全多种类服务，达到园区服务覆盖率100%，保证服务效率；发动机转速控制、挡位优化、车重估计等多项技术，解决了控制参数标定难的痛点，提升控制品质，服务十余家企业，获机械工业和天津技术发明一等奖；团队成员参与世界智能驾驶挑战赛、中国智能网联汽车大赛前瞻应用挑战赛，均获得金奖。

三、科研设施及科研能力建设

课题组先后成立了六个联合机构、拥有多个研发平台，为创新性科学研究提供了强有力的保障。团队研发设施完善，科研环境优越，建有七代自主ECU软硬件平台、智能驾驶样车平台、MIL/SIL/HIL仿真测试平台（完成了碾压机集群硬件在环测试仿真）、5G智能网联测试场、发动机试验平台、交通流推演平台、智能网联云平台、天津市新能源汽车远程监控智能服务平台、双动力间、水电联用瞬态燃油测控系统等平台，可进行设计、标定与测试，建模、仿真与大数据分析，发动机试验等方面的研究。拥有多辆智能公交、乘用车、碾压机、无人机、全地形车、接驳车、物流叉车等试验车辆，以及完备的无人驾驶试验场地、水域和空域。另有天津大学-英飞凌汽车电子联合实验室、5G智能网联技术联合创新中心等多个创新实验室。

同时，课题组积极响应国家主动应对新一轮科技革命和产业变革挑战，服务制造强国等国家战略，以新工科建设为重要抓手，持续深化工程教育改革，加快培养适应和引领新一轮科技革命和产业变革的卓越工程科技人才。据此，课题组指导老师与企业专家小组联合指导“海陆空”无人系统本科毕业设计，该项目获得天津市教学成果一等奖、2022年天津大学新工科教学优秀团队、天津大学教学成果一等奖；以及智能网联专项，是天津市第一个研究生科研创新项目，针对海教园独特的资源优势和地理优势，建成智能网联公交平台，引导和组织高校研究生开展跨学科协同攻关，智能网联专项已经组建了由12所高校132个研究小组构成的项目团队。

四、主要研究方向

课题组主要围绕动力智能、车辆智能、大数据智能这三个研究方向，开展学术研究及技术实践，并在此基础上，组建了先进算法组、模型组、平台组及监控平台组四个研发小组。

动力智能：重点研究动力系统建模与控制、智能域控制平台开发以及网联动力系统优化控制。开展基于机理数据的混驱建模、基于扰动观测、学习算法和优化算法的智能控制框架、软件无标定方法、控制器硬件平台建设以及仿真测试平台建设等相关研究工作。以期探索自学习、自适应、自趋优的动力系统智能解决方案。如基于工况自适应学徒强化学习的混合动力汽车能量管理策略研究，通过在单车上建立多尺度车速预测算法后，通过元学习和学徒强化学习使得算法在复杂工况下拥有自适应能力。

车辆智能：重点研究多源信息智能感知、驾驶脑智能决策以及无人轨迹控制。围绕无人驾驶感知、决策、规划与控制四大方向，以无人系统动力学规控为核心和基础，致力于将研究工作向外辐射至智能感知与决策、多智能体协同。

大数据智能：重点研究智慧云与深度学习、云车协同车辆优化以及大数据建模与优化。通过机理数据混驱建模、智能控制框架变革、云车协同优化，建立自学习、自适应、自趋优的新一代动力与车辆的智能技术。如基于多尺度扰动学习的公交车自适应巡航控制，通过制动特性自学习结合ESO扰动观测应对内部车辆自身不确定性，利用DPG学习虚拟领航车最佳轨迹策略应对外界环境不确定性，实现了控制精度、乘坐舒适性及安全性的多目标折中。

同时，将算法组的控制、优化、学习算法，模型组的机构、系统、整车/机模型，平台组的机构、系统模块、管理调度和监控组的云平台、大数据分析、孪生模型有机结合起来以形成在动力、车辆、交通等领域智能化发展的强大驱动力。此外，感知、决策与控制方向的三字指标：“看得清、看得深、看得远”，“自适应、自学习、自趋优”，“控得准、控得快、控得优”为网联化无人驾驶车辆智能的研究工作提出了更细致针对性的要求。

五、国内外交流

课题组积极开展与国内外高等院校、科研机构的协作和学术交流。同时坚持走国际化合作发展道路，自2008年以来，已举办“先进发动机控制国际研讨会（AECS）”10余次，参会代表累计2000余人次。组内师生多人次在国外进行高级研修交流访问，与行业60余家企业合作伙伴、美国JohnDeere公司、Honeywell公司、瑞典隆德大学、林雪平大学、中国科学院数学与系统研究所、日本上智大学、英国Brunel大学等高校与研究机构保持着密切的合作关系。

课题组每年定期举办海棠花节、新生接待日、科普讲座、智能网联汽车专项、实验室公众开放日、无人驾驶公众体验日、大中小学生接待日等科普活动，在智能网联技术实验室、智能无人系统试验场、智能网联汽车开放测试道路、智能网联无人驾驶车队和智能网联计算与运营调度中心等场所开展不同的科普主题活动，普及智能网联知识、发展历程以及未来发展趋势，并针对参观者关心的相关热点问题进行互动答疑。

六、发展规划

课题组围绕“项目实践，能力培养，学术创新”三轮驱动的培养理念，以“一流的项目，一流的条件，一流的资源”为同学们夯实扎实的理论基础，培养良好的工程素养，树立自信的创新意识。以机械、精仪、自动化、智能与计算学部等学院相关学科为基础，由车辆控制、仪器工程、图像处理、机器学习、自动控制、数学优化和非线性系统建模七个研究方向构成交叉科研导师团队，进行跨学科培养。为国家重大工程储备兼具道德情怀、科学精神、人文素养、实践能力和创新思维的综合能力突出的领军领导人才。

积极响应军工民用领域的重大需求，继续夯实动力智能、车辆智能以及大数据智能等方向的领先优势，同时重点投入精力发展车路云一体化的智能网联技术、智能交通、多智能体协同等新兴科研方向。

嘉兴市汽联新能源汽车零部件技术研究院

一、单位概况

嘉兴市汽联新能源汽车零部件技术研究院坐落于浙江清华长三角研究院，在技术端依托清华大学、浙江大学、江苏大学、同济大学、合肥工大等专业院校的科研能力和技术优势，在企业端凭借长三角汽车零部件产业发展联盟企业及嘉兴市汽车零部件工业协会共7000余家庞大的会员单位体系，搭建起全国首个新能源汽车零部件产业技术创新综合服务平台，用强大的人才与技术优势，以国内外新能源整车需求为导向，赋能新能源汽车零部件的技术研发及科技成果转化。

研究院由浙江清华长三角研究院、新能源汽车零部件头部企业共同组建的欣亿特（嘉兴）汽车零部件有限公司与全国新能源零部件专利技术拥有企业——嘉兴领雁汽车科技有限公司三方共同联建。于2023年7月正式启动。嘉兴市汽联新能源汽车零部件技术研究院的成立旨在打造集科技创新、产业服务于一体的综合产业创新平台。研究院将充分发挥高校及产业结合优势，长期围绕产业需求开展产学研合作，积极联合国内外创新力量，有效聚集创新要素和资源构建协同创新的新模式，助推新能源汽车及快速发展汽车零部件产业。

研究院主要研究和产业合作方向为：氢能整车、新能源汽车新材料、三电系统、自动化装备系统、悬架系统、内外饰系统、智能座驾系统、连接件系统、氢能密封件材料及产品等。

二、专家团队及院所介绍

研究院拥有一支高水平、专业化的专家团队，他们在新能源汽车零部件技术领域具有深厚的学术背景和丰富的实践经验。团队成员包括多位来自清华大学、同济大学、浙江大学、江苏大学、浙江理工、合肥工大等高校的享受国务院特殊津贴的专家、省部级科技奖励获得者等高层次人才。

专家们致力于新能源汽车电机、电池、电控、座椅智能、悬架等核心零部件的研究与开发，不断突破技术瓶颈，推动新能源汽车零部件技术的创新与升级。研究院下设五个研究所，涵盖了新能源汽车零部件技术的各个领域。

（1）新能源汽车热管理所：聚焦空气（风暖）PTC、水暖PTC和热泵空调以及热管理整机及散热片等零部件生产制造等，实现热量有效的利用和余热回收。

（2）新能源汽车新材料所：碳纤维、陶铝材料及复合材料与轻型合金材料等多种新材料在新能源汽车各零部件中典型应用，专注于新材料新产品新工艺的研发。

（3）新能源汽车连接件所：面向新能源汽车车身连接工艺水平和质量不断提升以及车身连接的新特点，优化方向盘、座驾、底盘三大系列连接件，不断提升连接强度、安全性和生产效率。

（4）新能源汽车及氢能装备密封件所：聚焦氢能源汽车和氢能储运装备管接和密封技术，开发多应用场景下氢能应用中多规格管接头、密封件产品开发以及加工制造工艺优化。

（5）新能源汽车成果转化所：定期发布清华大学、浙江大学、同济大学、浙江理工、合肥工业大学等高等院校和中国汽研院等研究机构在新能源汽车领域最新技术成果，面向汽车零部件企业开展成果转化。

此外，研究院还积极与企业合作，推动产学研深度融合，加快科研成果的转化和应用。通过与企业的合作，研究院不仅能够将先进技术应用于实际生产中，还能够及时了解市场需求和行业动态，为科研方向的调整和优化提供有力支持。

三、主要开展项目

研究院正在积极开展以下几个方向的项目工作：

（1）技术转移与成果转化：引入专业技术团队开展技术服务，建立专业研究所、搭建公共技术服务平台，提供技术服务，开展技术转移、成果转化。

（2）与本地企业共建研究所：与行业龙头企业共建研究所、与优质全员企业共建研究室，进行技术攻关、应用转化和产品研发。

（3）项目孵化及金融投资：对研究所孵化的项目通过各类基金、政府引导基金等对发展潜力突出的新能源汽车零部件创业团队和新能源汽车零部件企业进行投资支持，并面向各级资本市场，推进企业上市。

（4）聚才引智：研究院采取灵活的薪酬体系和股权激励制度，引进清华大学、同济大学、浙江大学等各大院校、研究机构的优秀人才，汇聚到研究院各相关院所，为会员企业服务。

（5）为各级政府决策提供新能源汽车行业调研分析、科学论证等支持服务；为各企事业单位高层管理或技术骨干人员提供新能源汽车系列技术培训，为各新能源汽车零部件提供分析咨询以及整体解决方案等。

四、研究院重点技术成果460多项

（1）研究院与清华大学科研团队共同合作的项目有：汽车智慧座舱零重力座椅碰撞安全防护、自主研发的智能CDC/空气悬架系统方案、高性能远距离超声波传感器、激光振动传感器、毫米波交通雷达、面向电磁环境安全性的电动汽车无线充电技术、高转矩密度驱动电机关键技术等230余项。

（2）研究院与同济大学科研团队共同合作的项目有：先进成形制造技术、先进连接技术、塑性成形力学与先进表征技术、整车轻量化设计、碰撞仿真及NVH技术、氢能密封技术等100余项。

（3）研究院与江苏大学科研团队共同合作的项目有：高性能大功率快速充电系统主电路拓扑与控制技术、大规模集群有序充电及电网协调互动控制技术、基于云平台大数据多环节故障智能诊断及潜在风险实时预警技术、车用高性能空气悬架系统、惯容与阻尼双天棚半主动ISD悬架、适应复杂场景的高精度低成本智能泊车系统、轻量化地图与多尺度定位等130余项。

五、国内外交流与合作

研究院积极开展国内外交流与合作，先后与德国、保加利亚、俄罗斯、越南、泰国及非洲多国进行友好的交流与合作，实现资源共享、优势互补，共同推动双方汽车产业的繁荣发展。

2023 年 12 月，俄罗斯“Тезл”公司到访我院交流合作事宜，并在我院常务副院长陈冠达带领下对包含整车厂在内的多个汽车零部件企业进行参观考察、项目对接，正在积极推动双边贸易。

2024 年 1 月，WREDigital 主办，上海市汽车工程学会、上海交通运输研究中心、上海开源信息技术协会、宁波市智能制造协会、嘉兴市汽车零部件工业协会、及我院指导的“第六届汽车 CIO&CDO 上海论坛”在上海顺利召开，就智能网联、自动驾驶与未来出行等新一代信息技术在汽车全产业的应用，推进汽车产业信息化发展等最新热点畅所欲言，齐心协力，共谋发展。

2024 年 3 月，柏林勃兰登堡州汽车供应商协会与浙江清华长三角研究院海宁国际创新中心举行揭牌仪式圆满完成，我院常务副院长陈冠达与德方达成双方促进互访，并进行技术交流的相关协定。

2024 年 4 月，我院受邀参与了第 20 期“之江院士讲坛”，本次论坛集中探讨了智能网联产业的前沿议题，推动我院与院士团队加强技术对接交流，深化战略咨询服务，助力汽车与相关产业加速跨界融合和深度协同。

此外，研究院还积极推进在安徽、河北、天津等地分院建设工作，从科研创新、管理体系、社会服务功能以及整体影响力等多个方面入手，力争全面提升分院的综合实力和竞争力，为分院所在地地方经济社会发展和科技创新做出积极贡献。

2024 年 5 月，欧盟成员国保加利亚保中工商会、Tander 集团、NewEast 汽车公司、保加利亚汽车集群组成代表团到我院拜访交流，并就双方共建东欧汽车认证中心和东欧汽车零部件调配中心达成战略合作协议。

2024 年 5 月，赤道几内亚总统奥比昂会见我院常务副院长陈冠达。此次会晤双方就西非建立整车生产厂事宜进行了深入探讨，并达成了重要共识。

六、发展规划

研究院将积极推进在技术突破与研发、产业协同与创新、市场布局与拓展、人才队伍建设、资金筹措与利用、合作与交流、风险管理与防范以及持续发展规划等方面的工作，秉承持续推动技术创新的方针，努力为新能源汽车产业升级和提升全球竞争力做出更多贡献，共同助力引导行业朝智能、绿色、联网的方向前进。

北京机科国创轻量化科学研究院有限公司

一、单位概况

北京机科国创轻量化科学研究院有限公司是中国机械总院集团有限公司控股的专业化研究机构，是国家轻量化材料成形技术及装备创新中心、先进成形技术与装备全国重点实验室建设依托单位，前身为机械工业部、机械总院先进制造技术研究中心。公司总部位于中国机械总院怀柔科学城科技创新基地，占地面积 31000 m^2，注册实缴 2.66 亿元，是我国轻量化材料成形领域规模最大的综合型新型研发机构。公司主要围绕先进成形技术与装备需求，开展数字化成形设计、先进成形工艺、绿色智能成形装备应用基础及关键共性技术研究，坚持“开放、流动、联合、竞争”的运行机制，面向国防军工重大需求和国民经济主战场，以打造国家先进成形装备基础制造技术重要原创策源地为目标，围绕行业基础共性关键问题，制定了战略性新兴产业和未来产业攻关清单，围绕复合材料成形和轻质高强合金成形装备着力打造轻合金成形、复合材料成形技术创新链，提升科技创新水平，强化科研能力建设和人才队伍建设，促进产学研深度融合，不断开发新技术、新装备，服务行业企业，实现了稳健发展。北京机科国创轻量化科学研究院有限公司拥有一支以中国工程院院士为首、年龄结构合理、专业搭配得当的 186 人科研创新队伍。2023 年培养在读研究生 52 人，新入学研究生共 14 人，毕业研究生共 16 人；2023 年引进应届博士 3 人，新增副高级工程师 7 人、正高级工程师 4 人、硕士生导师 1 人，新获机械总院集团杰出科技专家 1 人、青年百人 2 人；2023 年新增“复合材料数字化织造成形技术与装备团队”中国机械科学研究总院集团创新团队 1 个。

二、科研项目及成果

2023 年，北京机科国创轻量化科学研究院有限公司在研省部级及以上项目 49 项，获中国专利金奖 1 项、中国发明专利优秀奖 1 项，中国机械工业联合会科学技术发明奖一等奖 1 项、广西壮族自治区科学技术一等奖 1 项、国防科学技术一等奖 1 项；申请国内发明专利 90 件，授权发明专利 29 件，登记软件著作 28 项；发表文章 60 余篇，其中 SCI、EI 共计 40 余篇。2023 年获中国博士后创新创业银奖、第八届中国创新挑战赛（镇江）优胜奖。

截至 2023 年底，在研自主研究课题 23 项，主要涉及复合材料、增材制造、金属成形、人工智能等领域方向，紧紧围绕装备制造业基础共性技术开展基础前沿、关键核心技术攻关，进一步提升自主创新能力和核心竞争力，项目批复专项经费 1516 万元。

公司围绕国家重大战略部署，以航空航天、国防军工、先进交通装备等领域国家重大工程、重大技术装备、重点型号任务等对先进成形技术与装备需求为牵引，积极参与组织策划高质量发展专项、重点研发计划、慧眼行动以及地方省市科技专项项目。2023 年获 15 项国家、省部级项目立项支持，合同额 8928.3 万元。同时，针对市场和企业的重大需求，围绕航空航天、汽车等重点领域，为企业量身打造技术升级方案，新签技术开发、技术服务合同 40 多项，合同额 4000 多万元，服务北京航空航天大学、南京航空航天大学、奇瑞新能源等高校、企业，取得了较好的经济效益和社会效益。公司在研项目均按计划严格执行，多项科研项目顺利通过验收，其中承担的军委科技委基础加强计划项目“高性能复合材料预制体数字化多束多向织造方法与装备实现原理”顺利通过技术验收，成功解决复合材料预制体近净成形织造、形性精确调控、数字化成形装备实现原理等科学难题，为高性能复合材料预制体的成形制造提供了新方法、新工艺、新装备。

三、科研设施及科研能力建设

在金属材料成形方面，现有 1200 t 超高强钢辊底式加热炉生产线、1000 t 超高强钢箱式加热炉生产线、1600 t 高强铝合金箱式加热炉生产线、1500 kN 整体高温成形机、5000 kN 热成形/超塑成形复合成形机、8000 kN、10000 kN、20000 kN 超高温成形机、2000 kN 真空超高温超塑成形/扩散连接装备等设备，可实现超高强钢、高强铝合金汽车零部件的批量化生产，可实现航空航天难变形材料复杂构件超塑成形/扩散连接、热校形等工艺试验和技术研究。

在复合材料成形方面，现有复合材料柔性导向多针织造成形机、复合材料零部件精切后加工设备、三维针刺成形机、拉挤设备、长纤维增强复合材料工艺试验机、热塑复合材料热流变成形设备、复合材料成形试验温控系统等设备，可完成复合材料三维织造、HP-RTM（高压树脂传递）成形、模压成形等工艺试验和技术研究，具备高性能复合材料预制体、树脂基复合材料零部件等研发试制能力。

在增材制造成形方面，现有激光熔覆精密成形机、超高速激光熔覆设备、大型连续纤维增材制造成形设备、微米级 3D 打印装备等设备，具备连续纤维复合材料增材制造技术、增材制造高品质金属粉末原材料制备技术、超高速激光熔覆加工技术及装备研发、微米级 3D 打印工艺技术及装备研发能力。

四、主要研究方向

北京机科国创轻量化科学研究院有限公司主要设置金属材料成形技术、复合材料成形技术、增材制造成形技术三大研究方向。

金属材料成形技术方向，开展金属塑性成形研究，包括超高强钢热成形、铝合金板材温热成形、真空超塑成形、真空等温锻成形、无模辗压渐进成形等。开展热冲压技术及装备研究，在深入研究坯料组织强化特性及冲压可成形性的基础上，采用数值模拟与实验相结合的方法，研发出符合批量生产要求的热冲压稳定量产工艺，以及高精度长寿命模具；开展超塑成形/扩散连接技术及装备研究，针对不同领域铝/镁/钛轻合金材料零部件结构优化、成形工艺设计、产品开发与应用验证、相关装备制造等难题，提供成套解决方案，实现难变形材料复杂零件的数字化“控形、控性”精密成形制造。

复合材料成形技术方向，开展复合材料及高分子成形研究，包括纤维增强金属层板复合成形、三维织造成形、柔性模压成形、铺丝铺带成形等。开展纤维增强金属混杂层板热-固一体化（HFQ-FMLs）复合成形工艺研究，建立异质材料形性耦合强化机制，制定成形-热处理连续路线，实现轻质多功能复杂结构件的制造；开展复合材料柔性导向三维织造成形方法研究，研制出数字化柔性导向单针、多针三维织造成形系列化装备，成形范围 1000×1000×500 mm。

增材制造成形技术方向，开展高性能金属粉末及激光增材制造成形技术、超高速激光熔覆技术、复合材料连续纤维增材制造技术、微米级 3D 打印技术等研究。开展无模铸造-激光熔覆复合增材制造技术，应用于汽车、模具、矿山、机床设备等领域的金属件快速制造与修复再制造，相较传统手段成本降低，制造周期缩短，碳排放量降低。开展超高速激光熔覆加工技术及装备研发，替代电镀铬、热喷涂等工艺，满足煤机、汽车、石油、工程机械等领域大型轴类件耐磨耐蚀涂层制备需求，实现绿色制造；开展复合材料连续纤维增材制造技术研究，研制连续纤维增强复合材料，广泛应用于火箭发动机壳体、卫星加筋天线、承力筒等，并开发大尺寸连续纤维增强复合材料增材制造成形设备，满足大尺寸构件的制造要求。

五、国内外交流

2023 年 5 月 29 日，来自德州学院、山东格瑞德集团、双一科技、海力达模塑等高校、企业科技工作者 50 余人，参加了北京机科国创轻量化科学研究院有限公司在德州创新基地举办的科技开放日活动。

2023 年 8 月 1 日，常州市副市长蒋鹏举、常州智能制造龙城实验室执行主任王永青、常州市科技局副局长张朝晖、常州科教城集团总经理李强一行来访，就科技创新、平台建设等开展调研。

2023 年 8 月 11 日，航天科工二院总工艺师郭祥德带队访问并进行学术交流，双方就轻合金成形、复合材料成形、增材制造等方向开展了深入研讨交流。

2023 年 8 月 28 日，联合德州市委组织部、德州市发改委、德城区委在山东德州举办了全国复合材料垂直生态人才联盟成立大会暨德州市高端装备产业发展论坛。中国工程院院士、大连理工大学教授蹇锡高，中国工程院院士、中国机械总院首席科学家陈蕴博通过视频形式发表讲话，长三角碳纤维及复合材料技术创新中心执行主任益小苏教授作特邀报告。

2023 年 8 月 29 日，参加工信部与黑龙江省人民政府主办的第六届中国国际新材料产业博览会，展出了复合材料、轻质高强合金、增材制造等方向的研发成果，彰显了“创新激发新动能”的主题。

2023 年 9 月 13 日，工信部中小企业发展促进中心信息咨询处处长宋烜懿、副处长柴德强、干部胡敏瑞一行来访进行调研交流。

2023 年 10 月 12 日～13 日，联合中国机械制造工艺协会、南京航空航天大学、南京长江工业技术研究院、先进复合材料技术与装备创新联盟等单位，举办了全国机电企业工艺年会，南京六合区委书记周勇、中国机械工业联合会常委杨学桐、工业和信息化部装备司一级调研员韩行、南京市副市长吴炜，中国工程院院士、南京航空航天大学校长单忠德，中国机械科学研究总院集团总经理王西峰等 240 余位代表参加了会议。

六、发展规划

2024 年，公司将继续坚持以习近平新时代中国特色社会主义思想为指导，全面塑造“增信赋能”党建品牌，全面发力工业母机和工业软件，全面深化落实工业母机攻关和中试转化任务，深化增信赋能引领保障作用，有组织科研、高效率转化，厚植优势谋变图强，努力取得更大突破、更快发展。公司发展规划如下：提高政治站位，提升党委组织力，勇担当善作为;锚定工业母机攻关、中试验证及产业化重点任务,全国重点实验室、国家制造业创新中心建设任务,有力高效推进;全面深化“增信赋能”党建品牌建设,落实“三纵一横”工作法,发动各级干部党员职工自主自发干事创业;落实集团“人才汇智”工作部署,打造集团高端人才示范高地,助力怀柔基地高质量发展。

六、检测机构

中国汽车工程研究院股份有限公司

一、单位概况

中国汽车工程研究院股份有限公司(简称中国汽研)积极服务国家战略和行业发展,深刻践行央企责任使命,持续打造汽车产品开发、试验研究、质量检测的公共科技创新平台,聚焦“安全”“绿色”“体验”三大技术领域,提供解决方案、软件数据、装备产业三类产品,2023 年中国汽研持续加大研发投入开展相关研发活动,以标准为核心,集成技术服务、数据应用、装备推广为汽车行业高质量持续发展提供科技支撑。

二、科研项目及成果

中国汽研 2023 年积极参与国家固态电池重大专项、新能源重大专项指南编制,中国汽研成功牵头多项国家重点研发计划项目,参与数十项国家和省部级科研项目。

智能汽车开发验证技术及装备:针对我国智能汽车开发验证面临的“卡脖子”难题,围绕四大科学问题,突破五大关键技术,构建“场地验证-道路验证-座舱验证-集成验证”的智能汽车验证方法与体系,研发一系列符合中国标准的高精度、高可靠、高效率、高适应性的自主可控国产装备。

三、科研设施及科研能力建设

中国汽研坚持基础研究投入,现已构建起北京院、苏州院、深圳院三大区域总部,检测工程事业部、能源动力事业部、信息智能事业部、装备事业部、后市场事业部(筹)为一体的集群体系,并设有标准认证中心、政研咨询中心、品牌宣传中心、数据信息中心专业化平台。中国汽研积极服务国家战略和行业发展,深刻践行央企责任使命,构建起以重庆本部为核心,辐射全国主要汽车产业集群的技术服务布局;拥有国家燃气汽车工程技术研究中心、汽车噪声振动和安全技术国家重点实验室、替代燃料国家地方联合实验室、国家智能清洁能源汽车质量检验检测中心、国家机器人检测与评定中心(重庆)、国家机动车质量检验检测中心(重庆)、国家氢能动力质量检验检测中心、国家机动车质量检验检测中心(广东)等国家级平台,是我国汽车产品开发、试验研究、质量检测的公共科技创新平台,推动汽车产业技术进步。

四、主要研究方向

聚焦“测评、算法、控制”三大根技术,开发技术服务(法规检测、标准开发、技术开发)、数据应用(数据获取、数据挖掘、数据赋能)、装备工具(测试装备、关键部件、核心技术)三类产品,为汽车行业高质量持续发展提供科技支撑、为汽车企业品牌与品质提升提供技术服务、为消费者公正合理消费提供顾问支持。

五、国内外交流

中国汽研联合天津大学和美国阿贡国家实验室、橡树岭国家实验室、康明斯公司等单位,开展中载及重载卡车能效关键技术中美联合研究,项目在 CERC 框架下,围绕“先进动力系统开发-整车节能技术-演示样车研制”三个层面,开展提高中载和重载卡车能效的前沿科学问题和技术应用的合作研究。

中国汽研与德国亚琛工业大学开展大数据驱动的纯电动汽车运行安全性和经济性研究及测评技术开发合作研究,就大数据驱动的关键零部件状态的安全要素感知和安全性能评价方面展开了深入的交流。中国汽研基于大数据安全预警算法多年的开发经验,为德方提供了实际场景应用的案例分析经验。

六、发展规划

中国汽研致力成为以标准为核心,集成技术服务、数据应用、装备推广的科技平台公司,将持续通过科技周、技术论坛、成果展示等系列活动,进一步强化科技创新在公司业务发展中的核心地位,凝聚了创新共识、激发了创新活力,提高了中国汽研自主创新能力和科技进步水平,促进中国汽研持续释放创新效能,勇攀科技高峰。

上海机动车检测认证技术研究中心有限公司

上海机动车检测认证技术研究中心有限公司(简称上海汽检)坐落于上海安亭国际汽车城,由上海机动车检测中心于 2016 年改制转企而来,是国内外知名的第三方国家级机动车产品检测机构。作为具有全品类机动车检测资质的国检中心之一,上海汽检同时也是国家新能源机动车产品质量检验检测中心,国家内燃机质量检验检测中心,国内汽车专用器具计量检定站,国家市场监管总局缺陷汽车产品召回鉴定检测机构和国家进口汽车检验机构,国家智能网联汽车产业计量测试中心、上海市氢燃料电池汽车产业计量测试中心及首批“自动化作业”行业研发中心。

秉持“以创新思维倾力打造科技服务型企业”的愿景,上海汽检立足全局,着眼未来,走出了适应企业特性的“平台化、多元化、数字化、国际化”新四化发展之路,建设了各具专业特色的多家分、子公司,实现了从零部件到系统至整车检测能力的全面覆盖,成为了具有产业集群优势和广泛公信力的第三方检验检测公共技术科技服务平台。

秉承“为客户钻研、替用户把关”的价值观，上海汽检专注技术沉淀、深耕前瞻领域，核心业务已从传统的汽车、摩托车传统检测技术领域延伸至智能网联和新能源前瞻技术、氢能与燃料电池技术、汽车芯片检测研究、智能检测设备研发、信息数据技术研究和创新孵化等科技创新领域，具备传统汽车及智能网联汽车全技术链研发创新技术服务能力，为三方客户提供3C认证、强制性产品检测、进出口产品检测认证、委托检测、标准管理、产品技术研发、技术咨询、新能源材料测试和软件信息等业务服务和技术支撑。

展望未来，上海汽检在战略上，将面向世界趋势和国家部署、面向汽车行业发展、面向整车及零部件企业需求、面向自身建设开展规划实施，服务区域乃至国家“双碳”目标落地；在运营上，扎实推进重点项目落地及技术能力提升，牢牢把握国产汽车自主可控、自立自强的发展趋势，助力国产汽车走向世界；在合作上，坚守“公正、科学、严谨、客观”的工作原则，以深厚的技术实力和优质的专业服务赋能企业客户高质量发展；在文化上，将始终坚持愿景、使命和价值观，积极营造“信念为主、学习为先、实干为核”的文化氛围，实现员工成长与企业发展同频共振。

站在“十四五”发展的新风口上，上海汽检将深入贯彻落实党的二十大精神，以助力汽车强国梦的实现为主线，以“传统+前瞻新能源+延伸融合”的技术布局为支撑，以专项基建项目为依托，加快向数字化科技创新型服务机构转型，彰显检验检测工作对市场经济、社会发展的责任担当。

长春汽车检测中心有限责任公司

一、单位概况

长春汽车检测中心有限责任公司(简称长春检测中心)位于中国汽车摇篮之城吉林省长春市，是经中国合格评定国家认可委员会认可的检测类实验室。自1986年成立以来，长春检测中心凭借深厚的底蕴和积淀，成为国内检测资质最齐全的汽车检测中心。公司先后被国家授权为国家级汽车质量监督检验中心、汽车新产品申报《公告》国家级检测机构、汽车产品强制性认证国家级检测机构、机动车排气污染物国家级检测单位等。

随着2020年的深化改革，长春检测中心通过整合资源，形成了全国“三基地”布局。其中海南、农安、东营三大综合试验场为特色试验场，分别承担CA-CAP项目、智能网联测试、寒区测试和干热测试等特色领域的测试与测评。海南试验场作为国内唯一的整车级防腐性能测试评价项目CA-CAP的重要合作单位，利用海南岛高温、高湿、高腐蚀的气候特点，打造了权威的中国汽车防腐蚀性能测评平台。东营试验场则专注于智能网联技术的测试与测评，漠河试验场则致力于寒区环境下的测试，吐鲁番试验场则专门进行干热环境下的测试。通过这些特色试验场的合作，长春检测中心在多个领域提供了专业的测试与测评服务。

长春检测中心不仅在技术领域具备六大技术领域的检测、试验能力，同时在业务范围上也广泛涉及汽车及零部件的技术开发、技术转让、技术咨询、技术服务和检验检测，检验检测设备的开发、制造与销售，国内外汽车认证制度、标准法规的技术咨询和技术服务，以及自营、代理的商品和技术的进出口等。公司秉持“开拓、务实、合作、共享”的理念，坚持“对产品进行公正、科学的检测，为用户提供优质、完善的服务”的宗旨，致力于打造国内领先、国际一流的检测、试验、认证一体化服务平台。

二、测试技术及规范研究与制定

长春检测中心在完成检测工作的同时，致力于认证制度和标准建设，积极参加相关部委和标委会活动，是全国汽车标准化技术委员会、电子与电磁兼容分技术委员会副秘书长、非金属制品分技术委员会、专用汽车分技术委员会、仪表分技术委员会、制动分技术委员会、发动机分技术委员会、整车分技术委员会、灯具及灯光分技术委员会、燃气汽车分技术委员会、汽车碰撞试验及碰撞防护分技术委员会、智能网联汽车分技术委员会、全国轮胎轮辋标准化技术委员会、汽车工农业机械轮胎轮辋分技术委员会、全国无线电干扰标准化技术委员会委员单位，主导和参与了诸多标准的制修订工作。作为国家认监委汽车及部件技术专家组副组长单位，在国家认监委的领导下，与认证机构、检测机构、行业协会学会等一同进行了多版本的认证实施规则制修订工作。

长春检测中心是高寒地区新能源汽车产业联盟创始成员单位，已制定并发布多项团体标准，正在与各方一同制定新能源汽车、智能网联汽车高寒地区适应性测评规则。

三、检测能力建设

长春检测中心已具备和正在建设纯电动汽车、混合动力电动汽车、增程式电动汽车的电安全及车载终端、能量消耗量及续驶里程、驱动电机及控制器、动力电池及管理系统、传导及无线充电系统等检测能力，氢燃料电池电动汽车的氢安全及氢泄漏、加氢口及氢系统、电堆及发动机等检测能力，智能网联汽车的功能及功能安全、车路协同、信息安全及软件测评、传感器及卫星定位系统、软件在环及硬件在环、场景构建及仿真等检测能力。

为更有效开展新能源汽车、智能网联汽车高寒地区适应性测评，正在建设高寒低附着测试场地、极低温续驶里程转鼓。

四、国内外交流

每年除参加认监委组织的与欧美、日本的技术交流会外，长春检测中心至少组织国内、国外两次客户交流会。每当四部委产品准入管理规定有变化或有新制定修订的标准发布时，都会有针对性地与国内外的认证机构、生产企业开展技术交流，研讨准入实施、解读标准、交流试验方法、说明样品与参数提供要求等。

五、发展规划

围绕国家“双碳”目标和新能源汽车“三纵三横”技术发展路线图以及长春检测中心“一中心三基地”战略布局和“检测、试验、试验场”业务定位，长春检测中心将持续完善传统领域能力建设，包括重型车用和非道路机械用发动机、碰撞、电磁兼容、零部件等；加快推进新兴领域能力建设，包括电动汽车、氢燃料电池汽车、智能网联汽车、司乘人员健康安全等。

招商局检测车辆技术研究院有限公司

一、单位概况

2003年，招商局检测车辆技术研究院有限公司（简称招商车研）由招商局集团和重庆市政府整合相关资源组建而成，现隶属于招商局检测技术控股有限公司（简称招商检测），招商检测是招商局集团“十四五”期间重点培育的战略性新兴产业单元，是一家集“标准-计量-检测-认证”产业链一体化的综合性检验检测技术服务企业。招商车研是国家火炬计划重点高新技术企业、国家级专精特新“小巨人”企业、重庆市创新型企业；获工业和信息化部、交通运输部、生态环境部、市场监管总局等行业主管部门授权和认可；主要从事汽摩产品公告、CCC、道路运输车辆达标车型、环保型式认证等法规检测，研发验证、供应商检测、进口商检、出口认证、标准制修订、技术咨询等工作；建有汽车、摩托车、智能网联汽车3个“国家质检中心”，获批筹建“国家新能源汽车质量检验检测中心（重庆）”，在新能源、智能网联汽车等领域拥有8个省部级科技平台和2个省部级科普基地。同时，立足重庆、辐射西南、放眼全国，设有华东、华南、华北分支机构，黑河寒区试验基地，重庆渝欧、大连渝海、深圳渝鹏控股子公司，服务全国1000余家企业客户。

招商车研拥有占地1000余亩的金凤和金山两个研究测试基地。金凤基地位于重庆高新区，占地900余亩，打造了国内领先的“试验室+试验场”一体化试验检测技术平台；金山基地位于重庆两江新区，占地近100亩，拥有国内一流的摩托车和汽车电子试验检测技术平台。两个研究测试基地共建有机动车强检试验场以及整车、排放、动力、碰撞、部件、电磁兼容、智能网联、新能源、摩托车等10余个专业试验楼；拥有全封闭、半开放和全开放道路的自动驾驶测试评价基地；可开展乘用车、商用车实车碰撞和零部件模拟碰撞试验，整车声学测量、底盘悬架参数测定，新能源整车火烧及热失控、动力电池系统全生命周期、超高速电机（含NVH）等测试评价，有害物质和贵金属化学分析，ADAS标定匹配、自动驾驶在环仿真、V2X规模测试等试验。

招商车研积极响应国家“质量强国”战略，主动加快市场化转型步伐，正大力开展机动车主被动安全、节能降碳、新能源、智能网联和智能车路协同五大专业领域的产品研发验证和测试评价服务。

襄阳达安汽车检测中心有限公司

一、单位概况

襄阳达安汽车检测中心有限公司（简称“达安中心）暨国家汽车质量检验检测中心（襄阳）、国家智能网联汽车质量检验检测中心（湖北）、国家燃料电池汽车质量检验检测中心，是经中国合格评定国家认可委员会认可和授权的、具有独立法律地位的第三方综合性汽车检测及技术服务机构，获得国家认监委、工信部、交通部、生态环境部等对于汽车检测机构的全部资质授权。

获得授权的机构名称包括：国家汽车质量检验检测中心（襄阳）；国家级汽车试验场；国家智能网联汽车质量检验检测中心（湖北）；国家级智能网联汽车自动驾驶封闭场地测试基地；国家燃料电池汽车质量检验检测中心；国家授权的《公告》车辆产品检测机构；国家指定的强制性产品认证检测机构；国家指定的道路运输车辆燃料消耗量检测机构；国家指定的新生产机动车噪声和排放污染检测机构；国家指定的缺陷汽车产品检测和实验机构；国家认可的汽车产品检查中心；汽车专用仪器和汽车检测线的校准实验室；汽车产品认证检测机构和科研成果技术鉴定试验机构。

自1985年建设起，达安中心始终保持着国内领先的行业地位。

达安中心已形成“五个中心”【试验开发验证中心、国家汽车质量检验检测中心（襄阳）、国家智能网联汽车质量检验检测中心（湖北）、国家燃料电池汽车质量检验检测中心、襄阳达安检查中心】的业务形态。立足襄阳、武汉，达安中心在国内构建了8个分（子）公司、工作部以及日本、韩国2个海外办事处，形成覆盖全国、辐射全球的服务格局。

二、测试技术及规范研究与制定

达安中心拥有丰富的标准化工作经验。往年主持参与制修订的且已发布的标准有214余项，今年以来达安中心主持/参与制修订的未发布的标准达170余项，涵盖国标、行标、团标等，包括GB14166机动车乘员用安全带、GB14167安全带固定点、GB11562前方视野、GB11566乘用车外部凸出物、GB20182商用车驾驶室外部凸出物、GB157402汽车防盗装置、GB/T18385电动汽车动力性能试验方法、GB/T19752混合动力电动汽车动力性能试验方法等90余项国家标准，在汽车行业标准化工作中影响力巨大。

三、检测能力建设

达安中心占地近6000亩，拥有乘用车、商用车、专用车、军用车、智能网联汽车、新能源汽车6大汽车试验场地和22个专业领域研究方向试验室，拥有高温、高寒、高原三大试验基地，具备涵盖所有车型全系列试验的道路和路况，形成了高集中度、前瞻性、专业化的测试能力，检测范围涵盖汽车整车和零部件全系列。

四、国内外交流

助力汽车强国梦想实现，达安中心以提升试验技术能力、提高工作服务质量，拓展检测认证业务为核心，始终致力于打造备受信赖的汽车技术服务企业，业务范围遍布海内外1500余家整车及零部件企业，与十二个国家和地区的汽车认证主管部门和认证机构展开合作。

达安中心与国际认证机构形成合作和互认机制，近五年累计服务 330 个出口车型。业务范围包括日本、韩国、美国、俄国、澳大利亚、海湾、欧盟、巴西、智利等的认证;国际合作机构包括荷兰交通部(RDW)、塞尔维亚国家认证机构、土耳其国家认证中心(TSE)、澳大利亚政府基础设施和交通部、南非国家标准局(SABS)、乌克兰国家标准计量检测以及消费者权益保护中心、海湾合作组织(GCC);国际合作技术服务包括荷兰 HCS、瑞典 SGS、TUV 莱茵/北德/南德、西班牙 IDIADA、英国 VCA、俄罗斯 NAMI、伊朗 ISQI。

达安中心服务特色是:一次试验,两张证书;伊朗 ISQI 国内唯一代理机构;RDW 授权 ECE 认证工程师;检测认证一体化。

五、发展规划

面对汽车产品轻量化、电动化、智能化、网联化、共享化的发展趋势,达安中心加快新能源和智能网联检测技术研究和积累。2021 年 1 月 29 日,达安中心正式获批筹建"国家燃料电池汽车质量检验检测中心",已形成全面的新能源(含氢燃料)汽车测试技术能力,可开展所有法规项目检测,建成覆盖电堆、燃料电池系统以及燃料电池整车等完整的试验能力体系,拥有国内最先进的氢燃料及新能源汽车碰撞试验室,具备国内唯一具备加氢能力的汽车试验场,氢燃料电池汽车测试行驶里程累计已达 250 万 km,是国内唯一开展 3000 h 级别燃料电池系统与电堆耐久性的研发试验测试机构。

作为最早建成国家智能网联汽车质量检验检测中心的机构之一,达安中心完成了现有园区的智能化网联化改造,是交通运输部、工业和信息化部联合认定的"智能网联汽车自动驾驶封闭场地测试基地"。

现已形成完善的整车 ADAS 测试以及自动驾驶试验测试能力,并依托测试场地平台、测试验证平台、系统服务平台,为智能网联汽车整车级、系统部件级开发提供全生命周期的测试技术服务,在国内处于领先地位。

达安中心将在汽车产品轻量化、电动化、智能化、网联化、共享化的标准法规、试验验证方法等方面深入探索,在新能源、智能网联和集成底盘方面继续加大研究和试验设施设备场地的投入,正向推进和有力支撑汽车行业,尤其新能源汽车和智能网联汽车的快速发展。

中汽院新能源科技有限公司

一、单位概况

中汽院新能源科技有限公司(简称新能源公司)是中国汽车工程研究院股份有限公司(简称中国汽研)的全资子公司,成立于 2021 年 9 月,地处重庆两江新区鱼复工业园区,注册资金 10000 万元。

新能源公司围绕电能、氢能和储能领域,打造集检验检测、技术服务、装备研发为一体的综合性服务平台,提供新能源汽车和氢燃料电池全项服务能力。已构建起以重庆总部为核心,辐射全国主要新能源、燃料电池汽车产业集群的技术服务布局。公司拥有国家氢能动力质量检验检测中心、重庆市氢能动力产业计量测试中心和氢燃料电池汽车综合运行监控平台等多个国家或省部级平台,是国家科技型中小企业、重庆市科技型企业、重庆市创新型中小企业、重庆市专精特新中小企业。

面向未来,新能源公司将始终牢记为汽车工业注入强劲科技动力的使命,积极履行政府助手、行业帮手、服务能手的角色定位和使命担当,发挥自身产业和科技创新优势,为助力实现"双碳"目标,服务交通强国建设,推动能源和汽车产业高质量发展提供有力保障。

二、科研项目及成果

公司牵头和参与《百千瓦级燃料电池电堆及辅助系统部件测试技术开发及样机工程化应用》《车用燃料电池堆及空压机的材料与部件耐久性测试技术及装备研究》《基于多场多尺度耦合模型的动力电池仿真软件开发与应用》等多项国家和省部级课题,牵头和参与《Trial-Use Guide for Testing Methods for Proton Exchange Membrane Fuel Cell Systems in Automotive Applications Using Compressed Hydrogen as Fuel》《电动汽车传导充电系统安全要求》《氢气(含液氢) 道路运输技术规范》《氢燃料电池车辆示范运行公共数据采集规范》《质量分级及"领跑者"评价要求 纯电动乘用车》等国际、国家、行业、地方、团体标准 40 余项,获得发明专利、实用新型专利 70 余项。

公司筹建的"国家氢能动力质量监督检验中心"已通过验收并正式运行。该中心以检验检测为核心,聚焦氢能应用,基于安全、绿色、体验三个维度,打造集检测认证、标准体系、数据平台、技术服务、应用推广、产业孵化等服务于一体的氢能动力综合服务平台,为氢能产业化提供有力支撑,促进重庆市及全国氢能动力产业发展,为我国能源、汽车和装备制造产业的战略转型发展提供有力保障。

公司聚焦燃料电池发动机产品计量测试需求,开展燃料电池发动机测试技术科研攻关。针对燃料电池发动机测试项目中的复杂工况、动态量及多参数耦合等技术难题,建立有实效的测试工况及数据分析模块。同时,针对燃料电池发动机企业"测不快、测不准"的痛点难点,将燃料电池发动机加速耐久测试方法及健康诊断测试功能集成于测试装备软件中,解决了生产企业计量测试难题,推动了产品质量迭代提升。

三、科研设施及科研能力建设

公司建设六大试验室,包括整车试验室、动力总成试验室、燃料电池试验室、氢内燃机试验室、氢能辅件试验室和电池电机试验室,具备完善的软硬件设施,可在氢能动力、新能源汽车、车网互动、储能、测试装备、氢能部件等领域,为企业生产研发提供检验检测、标准引领、技术服务、装备/部件开发等一站式综合技术服务。

四、主要研究方向

(一)检验检测

动力电池系统的电化学性能测评、滥用安全性测评等,氢能动力的产业规划咨询、产品性能开发等,驱动电机系统的性能测评、道路模拟及可靠性测评等,新能源整车检测。

（二）测试评价

新能源汽车评价规程应用，包括智能新能源汽车综合评价体系、企业标准“领跑者”；新能源竞品深度测评，包括动力经济性能、热管理性能、电性能、动力域控制策略逆向、电子电气架构对标；电控系统测评，包括 HIL 台架验证、动力系统台架联调、实车功能调试。

（三）技术研发

整车集成解决方案，包括动力经济性、热管理性能、整车能量流优化、整车标定等；装备与产品，包括竞品分析数据产品、能量流专用测评平台、氢能专用部件测评装备。

五、国内外交流

中汽院新能源科技有限公司与国内外多所高校和企业，例如同济大学、重庆大学、电子科技大学、比亚迪、重庆长安、福特、丰田、DELPHI、国鸿氢能等建立了稳定的科技合作和人才交流关系。

六、发展规划

（一）聚焦业务发展主线打造核心优势

（1）重点开展新能源汽车测试评价、能效分析、电池安全等关键核心技术研发，形成整车、电池、电机电控全链条全生命周期的测试研发解决方案。

（2）持续推动新能源汽车评价规程（CEVE）研究、新能源汽车领域企业标准“领跑者”评估活动，提高行业话语权和影响力。

（二）加强能力建设和产业布局

继续加强国家氢能动力质量监督检验中心能力建设，积极开展与行业内优势央企/国企的合作，整合氢能产业链上下游资源，构建集技术研发、检测认证、装备工具、数据应用、创新孵化于一体的氢能产业综合技术服务平台。

中汽院（重庆）汽车检测有限公司

一、单位概况

中汽院（重庆）汽车检测有限公司于 2020 年 2 月成立，隶属于国资委直属的中央企业中国检验认证（集团）有限公司所属中国汽车工程研究院股份有限公司。2022 年被评为国家“高新技术企业”，2023 年被认定为重庆市专精特新企业，2024 年年初被认定为重庆市中小企业技术研发中心。公司先后荣获中国物流与采购联合会科技进步奖一等奖、中国生产力促进中心协会生产力促进奖（创新发展）一等奖、中国仪器仪表学会科技进步奖二等奖、中国公路学会科学技术奖二等奖等奖项。公司主要为车企提供汽车全生命周期链的咨询调研、研发测评、标准法规解读、检测认证、品牌推广、关键质控等服务，同时积极参与国家及行业标准制修订、培养输出行业技术专家、为主管部委的行业监管提供数据和技术支撑，不断引领行业高质量发展。

二、测试技术及规范研究与制定

中汽院（重庆）汽车检测有限公司作为国家高新技术企业，聚集多位中国一流高校的汽车专业博士、硕士等高水平科技人才，设有博士后科研工作站，论文、著作、专利累计发表 100 余项。

在测试技术方面，中汽院（重庆）汽车检测有限公司聚焦“安全”“绿色”“体验”三大技术领域，深挖智能网联汽车等相关产品、测试技术发展，通过开发主动安全及自动驾驶测试评价技术、车路协同测试评价技术、智慧交通解决方案，掌握国内自动驾驶测试评价核心技术，推动国内智能网联汽车测试评价标准化，初步形成了从先进驾驶辅助系统、自动驾驶等测试服务到评价服务的智能网联汽车测评体系。2021 年公司在特装领域实现新突破，对军用无人领域检测技术实行探索，创造性设计自主跟随、环境感知、通信测试等创新评价指标，形成了军用无人装备从底盘系统、通信系统、自主系统等多系统的全面测试体系。

为了深化技术改革，完善体系研究，中汽院（重庆）汽车检测有限公司与部委深度开展政策/标准/技术研究，如双挂列车试点、双挂列车全景环视应用研究、标杆车型推选、组合辅助驾驶研究、工信部智能网联准入试点管理政策研究、智能网联准入试点测试评价体系研究等汽车政策编制与技术创新工作多项，与重庆大学、吉林大学等高校共同牵头《工业产品大气自然环境累积损伤巡检与智能评价机器人系统》等省部级课题多项，公司的科研能力、标准研究能力得到不断夯实，为国家汽车行业注入了新兴发展动力。

在标准工作方面，中汽院（重庆）汽车检测有限公司关注检测标准法规、检测技术及行业政策发展变化，共牵头或参与《营运车辆全景环视系统技术要求及测试方法》《智能网联汽车主观评价规范》《国际道路运输车辆货物装载区技术条件》《汽车列车性能要求及试验方法》等数十项国行标准制修订，推动国内汽车行业技术规范制定的同时，积极开展团标制定工作，牵头或参与团标《智能网联汽车 V2X 系统预警应用功能测试与评价方法》《青岛胶东国际机场 L4 级车路协同无人驾驶车辆及系统应用研究》《道路运输车辆标杆车型技术要求 第 1 部分：厢式货车》等标准多项，开展企业标准“领跑者”工作已发布团体标准 3 项，正在开展 11 项“领跑者”团体标准研究，促进企业产品高质量发展。

三、检测能力建设

中汽院（重庆）汽车检测有限公司拥有工信部装备工业发展中心、交通部公路院、生态环境部、CNAS 等主管部委授权认定的试验资质，配备占地面积约 1000 亩的试验场，建设有国内最长、最宽、试验车速最快的直线性能道、国内规模一流的动态广场、32 种可靠性道路，试验道路全长 54.9 km，试验车型覆盖范围国内最广，可开展 55 t 及以下车型的公告、营运准入测试及 ADAS&AD 国内外标准法规检测、研发测试等汽车测试，建设国内外公告目录、营运准入、主动安全道路测试评价、整车可靠性评价、商用车测试评价特色能力，检测能力紧跟国内外标准制修订动态，符合智能网联汽车测试评价发展趋势，对已开展的特装检测业务、自动驾驶业务的能力水平健全及开拓起到了关键性作用。

在设施设备方面，全面对标国际一流检测机构相关试验能力，投资近 3 亿元，搭建了整车级图像分析灯光暗室、底盘测功机、转鼓实验室、大型侧翻台等各色实验室，共购置了大小设备500余台，其中有全球顶尖的ADAS系统专用测试设备，包括自动驾驶机器人、惯性导航系统、双车协调控制系统、3D目标物及运动控制底盘、EVT目标假车和牵引系统、数采系统等，检测能力水平位居国内前列。

四、国内外交流

中汽院（重庆）汽车检测有限公司积极搭建行业交流平台，组织开展了中国汽车保修设备行业协会运输装备专业委员会2023年年会暨“道路运输装备高质量发展与应用技术论坛”系列活动、2024越野能力标准测试验证黑河之旅、中国商用车产品测试活动、中国皮卡年度车型评测等活动。同时，积极参与标准及行业会议，与国内高校、政企建立了策略同盟关系，主动参与和组织课题研究和项目研讨，实现友好协作和资源互惠，促进构建良好的行业发展蓝图；和国外主流TUV认证机构如莱茵、南德、泰测等建立了友好合作关系，同南德搭建ADAS目击实验室，为汽车企业搭建出口全球的检测桥梁，促进中国汽车检测与国际接轨。

五、发展规划

为响应国家智能网联发展政策文件、重庆市人民政府办公厅《重庆市自动驾驶和车联网创新应用行动计划（2022—2025年）》下达的任务，中汽院（重庆）汽车检测有限公司将进一步拓展规模及提升检测能力，紧密围绕“智能驾驶”“新能源”等新技术，开发和探索新的检测技术、方法和手段。完善丰富的测试场景及智能网联汽车准入完善的封闭场地、开放道路等相关检测能力，从标准、课题、技术三方面有序开展攻坚创新规划，牢牢抓住“测试评价”与“技术创新”两大关键点，引进新型测试评价技术，助推公司新能力开发业务转型，开拓既拥抱科研创新又发展业务技术创新的新局面。

中汽研汽车检验中心（武汉）有限公司

一、单位概况

中汽研汽车检验中心（武汉）有限公司成立于1985年，现为中国汽车技术研究中心有限公司全资子公司。作为汽车产业综合性服务机构，其业务范围涵盖产品检测、行业咨询、媒体传播和技术研发等，同时协助相关主管部门开展标准法规制修订的组织、编撰工作。公司总资产超11亿元，在职员工约260名，主院区位于武汉，同时在湖北省内外投资运营多个综合性试验基地和服务网点。公司成立以来始终为专用汽车产业提供第三方技术支持，现可为商、专用车企业提供一站式综合性技术服务。公司也是全国汽车标准化委员会专用汽车分技术委员会和车身附件分技术委员会、中国汽车工业协会专用车分会、中国汽车工程学会专用车分会的秘书处单位。

二、测试技术及规范研究与制定

公司作为全国汽车标准化委员会专用汽车分会、车身附件分会秘书处单位，归口管理及制修订的国家及行业标准共159项，2023年发布国家及行业标准9项。

三、检测能力建设

公司是我国新能源汽车领域首个获批的国家质检中心——“国家新能源汽车质量检验检测中心”，拥有汽车及零部件产品检验检测全项资质，具备中国船级社产品检测和试验机构认可，同时是CQC、CEC、CCAP等机构的签约实验室。现已建成国内一流水平的整车及零部件综合试验室、新能源综合试验室、汽车安全碰撞试验室、电磁兼容试验室、发动机综合试验室、重型排放试验室、轻型排放试验室等七大汽车检验测试综合试验室，部分检测能力具备国际先进水平。

四、国内外交流

面向行业开设网络公开课“商（专）用车云课堂”，聚焦行业关心的新问题、新技术，开展广泛交流。

组织召开多次线下、线上技术研讨会，主办有“中国国际商用车展览会”“中国专用汽车产业发展国际论坛”等行业活动，对GB21668、GB15084、GB/T17350及多项重点国家标准开展专题研讨。

五、发展规划

公司根据汽车产业发展与技术更新，持续升级试验室设备仪器，更新相关检测能力，完善智能网联汽车、燃料电池汽车等新兴领域测试技术能力，升级相关的新能源试验室、碰撞试验室、轻排及EMC试验室的基础建设，进一步完善“国家新能源汽车质量检验检测中心”能力建设。

国家汽车质量检验检测中心（广东）

一、单位概况

国家汽车质量检验检测中心（广东）（原名国家汽车质量监督检验中心（广东））（简称“中心”），由佛山市质量计量监督检测中心和中国汽车工程研究院股份有限公司（简称“中国汽研”）于2008年8月8日在佛山合资成立。

中心是以汽车整车及零部件检验检测服务为主的国家级第三方检测机构，广东省创新型中小企业、专精特新中小企业、高新技术企业。为政府和汽车整车及零部件生产企业提供质量监督检验、产品性能检测、产品研发试验、进出口认证检测、技术咨询、培训交流等服务。2023年通过中国好技术、广东省名优高新技术产品、广东省生产力促进协会科技创新促进奖二等奖等申报项目。

中心2011年开展整车企业的委托试验业务，2012年“国家汽车零部件质量监督检验中心（广东）”获得授权，2013年“国家汽车质量监督检验中心（广东）”获得授权，2015年中心确立传统汽车和新能源汽车检测并行发展思路，2016年率先在华南开展电动汽车动力电池检测业务，2018年获得生态环境部“检测机构视频监控及数据传输联网”资质，2019年成为国家认证认可监督管理委员会强制性产品指定实验室。

中心已获得CMA、CNAS认可授权，是工信部装备工业发展中心批准备案的承担道路机动车辆《公告》检验工作的检测机构；获得O类汽车整车、N类专用汽车及6类零部件的认监委CCC认证指定实验室资格；获得生态环境部机动车排污监控中心“检测机构视频监控及数据传输联网”资质，具有中国船级社认可的船舶发动机排气污染物排放检测能力及船用动力蓄电池检测能力，新获得道路运输车辆达标车型检测机构资质，有力提升了华南地区汽车检测服务能力和汽车产业技术竞争力。

开展汽车（乘用车、货车、客车、专用车、挂车、新能源汽车整车及驱动电机、动力电池、BMS等零部件）和三轮汽车等产品的《公告》检验，相关汽车及零部件产品的CCC认证检验，轻型车排放、发动机排放及整车加速行驶噪声检验等公告、CCC和环保检验检测业务，船舶发动机排气污染物排放检测及船用动力蓄电池检测，道路运输车辆达标车型检测。中心具备了在华南乃至全国范围提供一站式检测服务的能力。

中心作为华南地区首个国家级汽车及零部件检测基地，依托中国汽研强大的技术及研发支持，立足华南，面向全国，为汽车整车及零部件生产企业提供质量检验、产品性能检测、产品研发试验、进出口认证检测、技术咨询、培训交流等服务，着力打造氢能动力、动力电池、电子安全等特色能力，同时为政府、企业、机构提供汽车产业综合性政策研究服务，积极为大湾区汽车产业蓬勃发展做出突出贡献。

二、测试技术及规范研究与制定

中心是全国汽车标准化技术委员会制动分技术委员会委员单位、广东省汽车工程学会副理事长单位，以及广东省汽车及零部件标准化技术委员会秘书处承担单位。参与制订GB/T5620—2020《道路车辆汽车和挂车制动名词术语及其定义》等多项国家标准和汽车行业标准，对数十项国家/地方/行业标准制修订提出修改意见，在汽车领域的测试评价方法研究及标准制定方面拥有良好的基础和丰富的经验。

三、检测能力建设

中心拥有排放及发动机试验部、整车试验部、零部件试验部三个测试评价部门。

（1）排放及发动机试验部。下设轻型车排放试验室、耐久试验室、环模试验室、发动机试验室四个主要试验室，配置了全球一流的检测设备，拥有专业的技术团队，可进行轻型车及发动机国五/国六/欧五/欧六排放、非道路机国三/国四排放、船机国一/国二排放、能耗、性能、耐久等试验的法规认证、科研开发、技术咨询、监督抽查等检测服务，为企业及政府提供一体化优质服务。

（2）整车试验部。主要承担整车定型试验、新产品强制性标准检验、营运车辆安全达标检验、环保检验、汽车产品进出口认证检验、研发委托检验等工作；近年大力发展新能源汽车检测，具备电安全性能检测、电池包模拟碰撞和各种温度下的充电试验等能力，满足电动汽车强制性检验和研发需求，噪声测试场地能完成汽车各类噪声相关研发试验，整车碰撞检测试验室可满足100%正面碰撞、正面偏置碰撞等测试要求；新增智能辅助驾驶测试能力，具备前碰预警、车道停离预警、自动紧急制动、车道保持辅助、自适应巡航等能力。

（3）零部件试验部。试验能力包括：新能源汽车动力电池、驱动电机及控制器、发动机附属部件、传动系部件、行驶系部件、制动系部件车身及其附属部件，其中座椅及座椅头枕、内饰材料、后视镜、门锁及车门保持件、制动软管、燃油箱等产品获得了国家认监委CCC认证指定实验室资格。

四、国内外交流

中心积极组织与主管部门、认证机构、国内外企业开展标准法规、认证技术、检验检测方法等方面的交流，不断提升法规认证技术服务能力，就汽车新“五化”、城市智慧型交通的布局、构建和发展，积极进行数据搜集、整理，研判汽车产业发展的新趋势，为政府提供智库支持，为企业提供一站式检测服务。

长期向工信部、广东省工信厅等共派驻专家协助部委进行企业准入、产品准入、监督抽查、事故调查等工作。与国际知名认证机构例如TUV南德、瑞典SGS、荷兰车辆认证中心、西班牙IDIADA等建立了紧密的合作关系。

五、发展规划

中心聚焦政府高阶服务，突出属地化服务优势，重点开拓检测/研发类市场、布局汽车新四化业态、分步实施三期建设，逐步完善测试评价能力和资质授权，同时做强政企服务。计划至2025年打造成为检测中心事业部副中心，将初步形成国内顶尖、特色能力突出、引领行业发展的检测认证机构，逐步拓展东南亚海外国际业务。

未来重点推动落实前沿领域检测能力的建设，一是智能网联汽车ADAS测评能力建设，拟建设自动紧急制动系统（AEB）、自适应巡航控制系统（ACC）、车道偏离预警系统（LDW）、汽车前撞预警系统（FCW）、汽车电子稳定性控制系统（ESC）等智能汽车主动安全及辅助驾驶领域相关项目。二是氢能实验室能力建设，拟建设氢能辅件、燃料电池、整车等相关试验室，建设氢能和燃料电池产品全流程的测试能力体系，包含氢能和燃料电池产品的性能、安全、可靠性测试等能力。

国家汽车质量检验检测中心（广西）

一、单位概况

国家汽车质量检验检测中心（广西）是经国家市场监督管理总局批复成立的具有独立法律地位的第三方检测机构，从事汽车综合性检测及技术服务，是工信部汽车《公告》备案检测机构、交通部道路运输车辆达标车型备案检测机构、生态环境部汽车排放备案检验机构、认监委汽车整车强制性产品认证（CCC）指定实验室。

二、测试技术及规范研究与制定

广西中心是全国汽车标准化技术委员会会员单位，围绕汽车及零部件关键技术的检验检测方法、标准以及新产品技术研发领域，积极开展科研技术研究，参与标准制（修）订工作。曾主持起草《柳州市智能网联汽车封闭场地测试规程》等柳州市团体标准制定；组织、参与筹划《智能网联汽车封闭场地测试规程》《商用车纯电动车防水密封性试验方法》广西地方标准制定工作；对多项国家、地方、行业标准制修订提出修改意见。通过主持开展柳州市科技计划课题《智能网联汽车电磁兼容检验检测服务及能力建设》《智能网联汽车封闭试验场道路试验检测评价技术研究及能力建设》等研究，不断提升自身的技术和科研能力，为以后开展更具深度的科研课题、标准制修订项目打下坚实基础。

广西中心在为汽车企业开展检测服务的同时，充分利用现有先进的试验设备等检测设备和技术，不断挖掘设备潜力，利用电磁兼容试验室设备的高承载特性，为本地民族企业开展高端车型电磁兼容性能质量提升科研试验，无人驾驶挖掘机提供高原环境测试试验等，充分发挥新能源汽车检验检测共享平台作用。

广西中心以微小型电动汽车为重点，与地方龙头企业、高校组建“广西新能源汽车实验室”，通过产学研协调创新，构建“应用基础研究-产业化共性关键技术开发-成果转移转化-产业孵化-市场推广”全链条研发体系，构建国内一流创新平台，致力于突破新能源汽车产业的痛点难点问题，推动广西乃至全国汽车行业转型升级，助力实现“双碳”目标。

三、检测能力建设

中心在汽车整车及零部件领域的检测能力达 756 个项目/参数和 408 个国内外标准，覆盖传统汽车、新能源汽车、智能网联汽车、专用车等整车性能与可靠性、排放、主被动安全、电磁兼容等领域，是广西新能源汽车实验室的共建单位。

中心位于广西壮族自治区柳州市柳东新区广西汽车城内，总占地面积约 374 亩，已投入 13 亿元，实验室面积 8.8 万 m^2，具有国内先进、国际一流的检测设备，主要仪器设备 500 多台套，其中电磁兼容试验系统、实车碰撞系统、汽车排放测试系统等设备均为国际一流技术指标。

新能源汽车试验所投资 7000 余万元，建筑面积 2 万多平方米，主要包括动力电池性能试验室、动力电池安全试验室、驱动电机系统试验室、电子电气环境试验室等。试验所重点围绕新能源汽车及工程机械动力电池系统、电驱动系统以及电子电气产品环境性能等三大核心领域开展检验检测和相关技术、标准研究。试验所现有 50 余台套大型检测设备及 30 余台精密仪器仪表，主要有电芯/模组/电池包充放电试验机、高速驱动电机测功机台架、动力总成测试台架、5T/20T 推力振动试验机、机械冲击台、12 m^3 步入式恒温恒湿试验箱、高低温低气压试验箱、高低温湿热盐水喷雾试验箱、温度冲击箱、耐压测试仪等，技术指标均达到国际领先水平，能力满足国际、国家、行业标准要求。电磁兼容试验所，拥有整车电波暗室 1 间，屏蔽室 2 间，其中整车电波暗室转台直径 12 m，最大承重 30 t，能够开展按照国际标准、国家标准、欧盟标准等要求进行的 10 m 法和 3 m 法电磁兼容测试，检测能力完全覆盖汽车整车、零部件试验检测项目；2021 年已逐步完善整车充电状态测试、谐波浪涌测试等新的检测项目。

汽车安全试验室主要承担汽车整车及零部件的安全性能和可靠性检测认证工作。试验室拥有先进的检测设备和专业的检测团队，可以开展座椅、安全带、车身、内饰件等关键零部件及车身强度，商用车摆锤碰撞的检测认证工作。其中试验室拥有的加速式模拟碰撞台车是国内推力最大，加速度峰值最高（120g）的试验系统，可以进行各类安全系统（座椅、安全带、气囊等）及电池包高 g 值的滑台模拟碰撞试验。实车碰撞试验室占地约 12000 m^2，长度约 285 m，设计最大牵引能力为 25 t@ 80 km/h；3.5 t@ 120 km/h。共设三个碰撞大厅，高度集成灯光、数据采集、高速摄像、碰撞测试假人等子系统，可实现乘用车和商用车正碰、侧碰、对碰、柱碰等国标、欧标及美标全部法规碰撞测试项目，还可以开展 C-NCAP、Euro-NCAP、IIHS、C-IASI、RCAR 等国内外主流碰撞评价。实车碰撞试验室建设紧跟汽车“新四化”研发需求，重点解决新能源汽车碰撞测试难题。试验室建成后，将成为立足华南，面向东盟的先进整车碰撞试验室。

电磁兼容试验所主要开展传统车辆、新能源车辆、智能网联车辆的整车/零部件 EMC 测试研究，提供电磁兼容与车规环境测评。试验所建有 29.5 m×20 m×8 m 的 10 m 法暗室，该暗室具备国内最大的整车测试能力，能检测长达 18 m 电动大巴，模拟其满负荷实际路况带载测试，最高时速能达到 200 km/h，暗室转台上配备有大功率直流充电接口和以及交流单相、三相充电接口，可满足国标、欧标充电测试，该电波暗室能同时满足国际标准和国家标准进行的 10 m 法和 3 m 法电磁兼容测试，完全覆盖整车及零部件试验检测要求，暗室的屏蔽效能、吸波材料反射损耗、静区场均匀性、场地衰减等指标均符合相关标准的规定；此外试验所还配有两个屏蔽室以及汽车充电试验室，可以完成整车及零部件各类 EMC 测试。

智能网联汽车试验所拥有 150 亩专业封闭测试场地，设计有长直道，十字路口、丁字路口、环岛、坡道等场景，结合 RSU 路侧单元、可控红绿灯等智能道路设施，可满足多种自动驾驶测试需求。试验所具备 16 项 ADAS 相关国标、欧标 CNAS、CMA 检测资质，团队具备专业的技术人员及设备，同时可以提供 Euro-NCAP、C-NCAP 等规程的研发测试服务。

四、国内外交流

广西中心十分注重与国内外知名企业、科研院校、检测机构和行业协会的沟通交流，积极参与汽车行业相关标准技术交流会、座谈会及研讨会。与国内多家科研院校、检测机构建立了战略合作伙伴关系，合作双方充分利用各自的能力、资源，实现技术优势互补、资源共享、相互促进、良性发展。

2023 年广西中心与国内多家知名检测、认证机构共同组建“中国-东盟新能源汽车检测认证联盟”。该联盟是国家新能源汽车行业第一个产、学、研、检一体化的创新协同联盟，旨在为新能源汽车产业发展提供标准研制、测试评价、缺陷诊断改进等全价值服务，提高依据国家标准开展的国内检测认证结果被东盟国家直接采信的认可水平，推动新能源汽车质量认证“中国方案”走向国际。

五、发展规划

广西中心以“标准、检验检测、认证一体化”为发展方向，打造国内一流的汽车产业质量服务“一站式”平台。根据汽车产业发展、国内外法规要求及市场研发需要，在技术研究、能力建设等方面进行新的规划，将在“十四五”期间启动三期建设。将根据汽车行业对综合试验场、新一代智能网联封闭测试场的迫切需求，建设涵盖乘用车、商用车传统测试道路场景以及新一代智能网联封闭测试场在内的国内一流的综合汽车试验场。

下一步，中心将依托广西作为面向东盟的桥头堡和汽车产业大省，构建面向东盟、辐射“一带一路”的汽车产业服务平台，加强国际检测认证认可技术合作，开展新能源汽车及其零部件的进出口检测认证服务，推动我国汽车产业发展。

国家汽车电气化产品及系统质量检验检测中心

一、单位概况

国家汽车电气化产品及系统质量检验检测中心挂靠在上海电器科学研究所(集团)有限公司电器设备检测所有限公司(简称上海电科所)，具备新能源汽车产品及系统的全面测试能力，专注于汽车电气化产品的委托检测及研发性测试，测试能力覆盖动力电池、驱动电机、电机控制器、充电系统、接触器、高压线缆等新能源汽车高压部件，共性技术实验室包括电磁兼容、环境适应性、绝缘、功能安全、材料、软件、射频通信等，可按国家标准、ISO/IEC、行业标准、企业标准的有关技术要求和试验规范进行相关性能试验和安全测试，已获得国内多家主流汽车企业的试验室认可，快速成长为华东地区规模最大、测试能力最全的检测中心之一。

国家汽车电气化产品及系统质量检验检测中心区域化布局测试能力，上海奉贤作为国家中心总部，园区占地9000 m^2，具备高压大电流的汽车高压部件测试条件；上海普陀园区占地2000 m^2，覆盖汽车低压部件测试能力，已完整布局智能网联测试装备，可实现GPS、2G、3G、4G、5G模拟信号与实网信号接入测试；江苏盐城园区占地5500 m^2，以动力电池为特色，建设涵盖动力电池、OBC、DC/DC等产品，覆盖电磁兼容、电性能、工况性能、机械性能、安全性能、可靠性等学科的产品及专业试验室；浙江湖州安吉EMC开阔试验场建立了汽车车载天线测试平台，可提供低电磁噪声环境的测量场所，使汽车天线测试更加精确、快捷；STIEE计划在湖南长沙、重庆两地分别建立工程机械类、特种车辆以及汽车电子电气试验室。

二、测试技术及规范研究与制定

2023年，参与以下标准制修订工作：GB/T 43248《电动汽车和混合动力汽车　无线电骚扰特性　用于保护30 MHz以下车外接收机的限值和测量方法》；GB/T 33014.11《道路车辆　电气/电子部件对窄带辐射电磁能的抗扰性试验方法　第11部分：混响室法》；GB 34660《道路车辆　电磁兼容性要求和试验方法》；GB/T 18655《车辆、船和内燃机　无线电骚扰特性　用于保护车载接收机的限值和测量方法》；GB/T 33014.2《道路车辆　电气/电子部件对窄带辐射电磁能的抗扰性试验方法　第2部分：电波暗室法》；GB/T 33014.4《道路车辆　电气/电子部件对窄带辐射电磁能的抗扰性试验方法　第4部分：线束激励法》；GB/T 21437.4《道路车辆　电气/电子部件对传导和耦合引起的电骚扰试验方法　第4部分：沿高压屏蔽电源线的电瞬态传导发射和抗扰性》；GB/T 21437.5《道路车辆　电气/电子部件对传导和耦合引起的电骚扰试验方法　第5部分：脉冲发生器一致性的补充定义和验证方法、车载无线电子部件电磁兼容测试方法及要求、整车电磁场辐射性能测评方法、电动汽车用高压配电盒测试方法及要求、汽车电子电气部件电磁兼容　风险评估技术规范》；GB/T 31467—2023《电动汽车用锂离子动力电池包和系统电性能试验方法》；SJ/T 11852—2022《服务机器人用锂离子电池和电池组通用规范》；GB/T 42825—2023《电动滑板车通用技术规范》；GB 40559《电动平衡车、滑板车用锂离子电池和电池组　安全技术规范》；GB/T 31486—2024《电动汽车用动力蓄电池电性能要求及试验方法》；《机器人用动力电池CR认证实施规则》；GB 38031—2020《电动汽车用动力蓄电池安全要求》；GB/T 31484—2015《电动汽车用动力蓄电池循环寿命要求及试验方法》国家标准第1号修改单；《锂离子电池质量分级评价规范》、《电动乘用车电池包底部抗碰撞安全要求》、《含碱性或其它非酸性电解质的蓄电池和蓄电池组　工业设备用锂蓄电池和电池组安全要求》、《太阳能电动自行车》、《电动汽车动力蓄电池回收梯次利用技术要求　储能系统》、《电动汽车废旧动力蓄电池回收网点建设技术规范》、《电动汽车动力电池排气安全试验方法》。

三、检测能力建设

汽车EMC测评技术服务：1953年成立EMC试验室，深耕电磁兼容测试领域七十年，是国内唯一一家同时拥有30 m法开阔试验场、整车10 m法电波暗室、3 m法电波暗室、全电波暗室、电机加载暗室、混响室、屏蔽室等数个类型测试场地，测试对象覆盖Tbox、天线、雷达等智能网联产品以及电驱总成、动力电池、DC/DC、空调压缩机等新能源汽车高压部件。

新能源电机加载测试暗室为国内最早投入运营的满足CSPR 25标准的电机加载电磁兼容试验室之一，电驱加载最大功率250 kW，最大转速12000 r/min，最大扭矩500 N·m，经进一步技术开发满足2250 N·m扭矩的双轴加载工况，最大程度上模拟实车动力总成的安装状态。混响室测试频率200 MHz～6000 MHz，200 V/m；网联产品可实现GPS、2G、3G、4G、5G模拟信号与实网信号接入，适配各种带通、带阻滤波器、衰减器；氢燃料电波暗室满足氢燃料电池涉氢工况；OBC电波暗室满足DC/DC+PDU+OBC多合一双向的OBC工况模拟，并且实现100 kW及以上升压模块测试工况要求。

新能源电池技术服务：拥有单体电芯试验室、模组试验室、电池包试验室、电池簇试验室、BMS试验室，提供电化学性能、环境适应性、机械可靠性、安全性能、失效分析等测试。电池系统试验设备最大功率1000 kW，最大电流2400 A，响应及切换时间控制在5 ms以内，最大可满足电池簇的能力，电压可达到 2000 V;电芯及模组试验设备电流最大 3000 A,精度达到 0.05%FS;能够实现充放电设备-冷水机-温箱-低压供电集成联动测试;水冷板/管道的冷热冲击耐久、流阻、压力交变、腐蚀等试验。盐城新建成的安全实验室可进行 PACK 级别的过充、过放、挤压、针刺、外部火烧、外部短路、底部球击/针刺、跌落、热失控扩散、模拟碰撞等试验以及电池的绝热检测试验。

环境可靠性工程技术服务:提供完整的机械环境、气候环境、综合环境、安全防护试验测试条件,拥有 12 t 推力 15 m^3 三综合试验系统、可进行产品加速应力试验的 HALT&HASS 试验系统、60 m^3 步入式交变湿热房、15 m^3 复合盐雾房、IP 69/IK10 防护试验系统、10 m^3 模拟高原/高空低气压试验箱、20 m^3 提篮式温度冲击箱等多台大型环境测试设备,试中可进行应力监测、交直流大功率加载等满足不同测试条件需求。

汽车电性能技术服务:试验室具备完整的低压部件、48V 部件和新能源高压部件电性能试验能力。新能源高压部件测试能力处于国内领先地位,是国内唯一拥有新能源汽车电气特性测试能力和军用及航空电气特性测试能力检测机构。结合环境箱可实现动力电池包、驱动电机系统、空调压缩机、PTC、OBC 等高压部件的电性能测试,满足 ISO 7637-4/ISO 21498-2/LV213/大众 VW 80300/IEC 61000-4 系列标准/宝马 GS 95023/奔驰 MBN /美军标 Mil-STD-704F/尼桑 28400NDS91-5/美国航空标准 DO 160/雷诺 36-00-811-C/标致 B21 7112 等标准要求。

驱动电机电控:覆盖新能源乘用车电机及控制器、商用车电机及控制器、电动重卡/工程牵引车电机、电机减速器、控制器测试,测试最大功率 250 kW 最高转速 15000 r/min,直流供电能力 2000 V 1200 A,测功机最大功率 2000 kW,最大扭矩 12000 N · m。

新能源高压附件:试验能力覆盖高压继电器、高压熔断器、BDU、PDU 等产品的电性能、环境可靠性、产品性能等全套测试需求。新能源高压附件产品实验室拥有大容量短路试验室、电寿命试验室、高压继电器试验室、高压熔断器试验室;短路试验能力达到电压 DC250 V~2000 V,电流 2500 A~100 kA;电寿命试验能力可实现电压 DC24 V~1500 V,电流 100 A~6 kA;继电器试验能力范围 DC200 V~1500 V,电流 15~1300 A;熔断器试验室能力可达试验电流 0~1200 A。

新能源高压电器控制系统工况:试验能力覆盖车载充电机、DCDC 转换器、MCU 等。本测试系统通过通信协议联通,实现设备高度集成联动,搭建高压电器控制器在复杂工况下的耐久及性能测试平台。实现设备高度集成化,满足多模态、多应力测试。满足 22 kW-OBC、200 kW -DCDC 及 200 kW-MCU 的耐久及性能测试。

充电设施:配备 630 kW 大功率充放电测试平台、两个 240 kW 非车载及车载直流充电测试平台、三个交流充电桩测试平台、电动汽车充电连接器实验室、电动汽车互操作性及协议一致性测试实验室、CAN 总线协议一致性实验室、光储充实车实桩验证平台等,测试对象覆盖所有规格电动汽车、车载与非车载充放电设备、汽车电气通信零部件、控制器及充电连接器等。

汽车线缆及连接器:实验室拥有 40 kV 交直流耐压试验仪、低温性能测试装置、导体电阻和绝缘电阻测试系统、垂直燃烧试验仪以及线注入法、三同轴法、管中管法、混响室法、功率吸收钳法、电流探头法等全套屏蔽效能测试设备等,可进行线缆屏蔽性能、电性能、机械力学性能、环境适应性、安全性能等试验,覆盖产品包括低压线束、高压线束、高频通信线束及对应连接器等。

屏蔽效能领域,能满足各种各样的高低压屏蔽线缆、连接器、线束、配电盒的屏蔽效能测试和仿真需求,以及屏蔽效能线注入法、电流探头法测试设备和软件定制化开发,也可以根据需求提供三同轴法的设备定制化配置和系统集成等服务。

失效分析:失效分析咨询服务产品线业务范围涵盖各类产品及材料,涉及机器人、汽车、电器、新能源、风电等相关行业,提供金属、非金属、电子元器件、PCB 板等的失效分析服务。拥有各类仪器:扫描电子显微镜(SEM)、超声扫描显微镜(C-SAM)、三维立体成像 X 射线显微镜(3D X-RAY)等各类大型分析设备和配套的性能测试、评价、分析等精密仪器。对金属/非金属构件、电子元器件、PCB 板等失效品进行分析,找到失效根因,给出改善措施;评估新器件/新工艺/新材料的可靠性,识别可靠性风险,避免失效的产生;从人/机/料/法/环角度进行失效模式研究,将失效模式与机理相对应,帮助解决问题。

开阔场测试:是国内仅有的两处天线校准开阔试验场地之一,也是国内唯一汽车方向图开阔测试场地。具备民品、汽车、军标 EMC 测试天线和场地确认天线的校准能力,覆盖 9 kHz~18 GHz 的频率,被测对象包括杆天线、双锥天线、复合天线、对数周期天线、喇叭天线等不同类型的天线。

绝缘材料:实验室拥有 120 kV 交流耐压试验仪、40 kV 直流耐压试验仪,20 kV~1/2.5/5 kHz 高频电压试验仪,高精度高频介电损耗试验仪,10 T 高精度高阻计,最大承重 4 T,最大尺寸 45 m^3 高温箱,温度覆盖−70 ℃~300 ℃,200 kN 万能试验机,2.5/5 kHz 高频电压试验仪和绝缘系统耐油试验系统,测试对应覆盖汽车电机、电机绝缘系统和绝缘材料、汽车配件材料等新能源汽车的绝缘部件,满足新能源汽车电机绝缘系统高频电性能和耐油性能的检测。

公告认证服务:2020 年 11 月,上海电器设备检测所有限公司正式获得工业和信息化部装备工业发展中心发布的道路机动车辆检验检测机构准入公告检测授权,授权范围包括新能源汽车电机、电池、充电系统等部件测试。

CCC 认证服务:市场监管总局 2023 年第 10 号公告决定对锂离子电池和电池组、移动电源实施 CCC 认证管理,2023 年 7 月,正式获得锂离子电池和电池组、移动电源 CCC 认证活动的认证机构与检测试验室授权认可。

四、国内外交流

IEC/CISPR/D 国际标准工作组会议于 2024 年 2 月 26~28 日在新加坡举办,上电科 2 位专家所在的中国代表团参加了此次会议,并在会上做了多项中国技术提案。

2023 年 3 月 30 日,由中国电力企业联合会和中国自行车协会主办,上海电器科学研究所(集团)有限公司和上海电器设备检测所有限公司承办的 GB/T 42236.1—2022《电动自行车集中充电设施　第 1 部分:技术规范》、GB 42295—2022《电动自行车电气安全要求》、GB 42296—2022《电动自行车用充电器安全技术要求》三项国家标准在上海召开。

2023 年 4 月 12 日，上海电器科学研究院组织召开《电动汽车用高压配电盒测试方法及要求》团体标准的第一次工作组会议。

2023 年 5 月 11 日，召开“2023 年新能源汽车电磁兼容技术研讨会”，吸引了全国各地各汽车主机厂、汽车零部件企业以及新能源相关行业的 200 余名参会人员，议题聚焦新能源汽车产业发展与汽车电磁兼容技术研究，主题演讲内容涉及 EMC 国家标准、电驱系统 EMC 正向开发与体系、新能源汽车 EMC 设计、仿真与检测等内容。

2023 年 6 月 8 日，“检验检测认证：促进产业优化升级 2023 年‘世界认可日’主题活动”期间，上电科“构建智能一体化动力电池测试平台，提升新能源汽车复杂驾驶场景适应性”荣获 2023 年上海市检验检测创新案例。

2023 年 6 月 28—30 日，上海电器设备检测所有限公司（STIEE）受邀参加 CWIEME 上海国际线圈，并在高效节能新能源电机专场做《新能源汽车驱动电机绝缘评定方法及标准动态》的报告。

2023 年 8 月 15 日，《整车电场辐射性能测评方法》团体标准首次工作组会议在上海召开。本次会议由中国汽车工程学会指导、中国汽车工程学会电磁兼容分会主办、上海电器科学研究院、长城汽车股份有限公司承办，近 20 位专家参与了本次会议。

2023 年 9 月 13 日，由上海市检验检测认证协会举办、上海电器科学研究所（集团）有限公司承办的 2023 年检验检测机构开放日活动——新能源汽车“三电检测”专场活动正式举办，40 余家专业机构通过现场观摩、座谈交流等形式，讨论新能源汽车后市场质量评估和风险管控的难点和解决方案。

2023 年 11 月 17 日，召开“动力及储能电池质量与安全技术论坛暨产业链融合融通会”，论坛以“动力及储能电池全生命周期质量安全”为主题，围绕动力及储能电池产业，深入探讨动力及储能电池产业链发展、标准解读、快充、绝热安全、梯次利用等关键技术的发展与研究。

2023 年 11 月 21 日，召开全国无线电干扰标准化技术委员会（SAC/TC79，简称无干委）第七届二次会议暨 2023 年度会议，68 名委员、顾问、观察员及各分会秘书处代表出席了本次会议。

2023 年 11 月 30 日，全国无线电干扰标准化技术委员会电磁兼容风险评估分技术委员会（SAC/TC79/SC9，简称分委会）第一届二次会议暨 2023 年度总结会议在福建省泉州市如期召开，75 名委员、观察员及特邀嘉宾出席了本次会议。

五、发展规划

国家汽车电气化产品及系统质量检验检测中心面向行业需求，以建设汽车专业化服务平台为目标，密切关注汽车电气领域技术水平提升与新技术发展。

（1）以电工领域经验为基础，面向汽车领域需求，做好新能源电气化产品及系统的技术支撑，开展技术培训、技术咨询服务，培养汽车电气化领域的人才，对电气化产品性能及质量水平提升积极贡献力量。

（2）搭建汽车电气领域交流平台，组织论坛、技术研讨会等行业活动，关注行业动向、产品新技术研发、共性学科技术需求、企业个性需求等，推动电工领域与汽车领域进行资源对接。

（3）发展共性学科技术优势，不断加大电磁兼容、可靠性、绝缘、功能安全等领域的技术研究深度。

（4）关注新能源汽车电气化产品研发检测需求，不断完善新能源电气化产品检测能力。

中公高远（北京）汽车检测技术有限公司

一、单位概况

中公高远（北京）汽车检测技术有限公司（简称“中公汽检”）作为交通运输部公路科学研究院所属中路高科交通科技集团有限公司的全资子公司，是国家汽车质量检验检测中心（北京通州）的法人单位，是运输车辆运行安全技术交通运输行业重点实验室的共建单位和自动驾驶技术交通运输行业研发中心的成员单位，通过国家高新技术企业和北京市专精特新中小企业认定，通过国家认证认可监督管理委员会（CNCA）资质认定和中国合格评定国家认可委员会（CNAS）实验室认可，取得工业和信息化部、生态环境部、市场监督管理总局、交通运输部、北京市高级别自动驾驶示范区办公室等行业及地方主管部门的授权和认可。中公汽检依托交通运输部公路交通综合试验场，主要从事汽车及相关产品的试验检测技术开发及服务，检测能力涵盖汽车、挂车、汽车化学品、汽保设备、汽车零部件五大类产品近 400 项标准，拥有先进检验检测仪器设备 630 余套，是交通运输行业唯一的“汽车测评国家队”。

二、测试技术及规范研究与制定

1. GB/T43119—2023《自动驾驶封闭测试场地建设技术要求》

作为主要起草单位，中公汽检参与制定了国家标准《自动驾驶封闭测试场地建设技术要求》（简称《技术要求》），该标准发布于 2023 年 9 月 7 日，实施于 2024 年 1 月 1 日。《技术要求》规定了自动驾驶封闭测试场地的一般要求、道路主体、平面交叉、交通设施，以及配套试验设施和配套服务设施的要求，适用于大型、中型、小型、微型载客汽车以及重型、中型、轻型、微型载货汽车开展自动驾驶封闭场地试验所需测试场地的规划、设计和建设。《技术要求》规范了封闭测试场地建设技术指标，完善了封闭测试场地建设内容，细化了封闭测试场地建设参数，提升了封闭测试场地测试能力，为国内封闭测试场地建设提供了标准依据。

2. 强制性国家标准《机动车冷却液　第 2 部分：电动汽车冷却液》

电动汽车冷却液，是应用于以动力电池作为储能动力源的纯电动汽车等新能源汽车的冷却系统中，保障车辆热管理系统正常运转的换热介质。新能源汽车核心技术之一是热管理，而冷却液就是实现电池热管理系统温控目标不可或缺的重要功能品。2023 年 11 月 17 日，交通运输部办公厅发布关于征求强制性国家标准《机动车冷却液　第 2 部分：电动汽车冷却液(征求意见稿)》意见的函。作为主要起草单位，中公汽检参与制定了强制性国家标准《机动车冷却液　第 2 部分：电动汽车冷却液》。电动汽车冷却液是新能源汽车用量最大的一种工作液体，作为新兴产品，国内外标准尚无相关技术内容，开展电动汽车冷却液技术开发以及标准规范制定，是一件迫切而至关重要的前沿应用课题，对促进我国电动汽车产业健康发展具有重要意义。本标准制定为电动冷却液产品规范生产、消费者及车辆企业选用、产品质量监督等提供技术依据，进而最大限度降低电动汽车热管理系统风险，保障电动汽车核心部件运行安全。

三、检测能力建设

1. 自动驾驶汽车封闭场地测试技术

依托交通运输部自动驾驶封闭场地测试基地，围绕智能路、长直线和动态广场等场地条件，采用场景搭建技术，建成了双向六车道、缓坡道路、苜蓿叶立交、隧道等近 50 个典型道路场景，搭建了城市道路、城市快速路、高速公路、物流园区、高速服务区等 150 个高可控测试场景；采用软体目标物仿真技术，形成了全尺寸仿真目标车、模拟成人、模拟儿童、模拟自行车、模拟电动车、模拟摩托车等 10 余种常见道路交通参与者的软体仿真目标物；采用气象环境模拟技术，建立了气象环境模拟系统，搭建了白天、夜晚、雨、雾、雪等常见环境的模拟场景，实现了不同光照、雨量、能见度下全天候自动驾驶封闭场地的环境模拟。在此基础上，采用了搭载 RTK 技术的高精度数据采集装备，记录车辆位置、速度、加速度、制动、转向、灯光等，对车辆适应性、应对能力、安全性能和系统可靠性展开多维评价，形成自动驾驶与车路协同技术测评技术。该技术应用范围已涵盖自动驾驶功能和车路通信等 14 项测试项目、66 个典型场景。该技术广泛适用于智能网联汽车产品封闭场地测试验证，可对无人驾驶出租车、自动驾驶小巴、无人接驳车、无人配送车、无人清扫车、无人巡逻车、自动驾驶货运重卡、无人零售车等主要应用场景下的智能网联汽车产品展开自动驾驶汽车封闭场地测试评价和功能验证。该技术荣获 2023 年第 48 届日内瓦国际发明展银奖。2023 年中公汽检新增了北京市无人配送车封闭测试场地资质，完成了北京市首次干线物流商用车编队行驶功能测试。

2. 节能与新能源汽车测试技术

2023 年中公汽检完成“重型汽车排放试验室”和“新能源汽车碰撞试验室”一期工程建设。重型汽车排放实验室由底盘测功机、环境舱和排放取样分析系统 3 部分组成，试验室建成后可开展重型传统汽车和混合动力汽车污染物排放、OBD、冷启动、动力性等试验，重型混合动力和纯电动汽车续驶里程、能量消耗量、动力性等试验，能够满足重型汽车 3C、公告、环保和达标车型等试验认证服务要求。新能源汽车碰撞试验室建成后实车碰撞牵引能力可达到 55 t、65 km/h，25 t、80 km/h，3.5 t、120 km/h，可开展室外全等级公路护栏实车碰撞测试、室内正面碰撞测试、侧碰/追尾碰撞试验，能够满足国家、行业等标准中碰撞试验的牵引条件，为新能源汽车安全技术的发展提供测试和研究平台。

四、国内外交流

中公汽检充分发挥国家汽车质量检验检测中心(北京通州)平台优势，联合行业主管部门、科研院所、高校、相关企事业单位构建“政产学研用”全方位协同创新体系。与清华大学、北京航空航天大学、北京理工大学、北京交通大学、北京工业大学、北京石油化工学院、吉林大学、长安大学、东南大学、天津大学以及交通运输部公路科学研究院、中路高科交通科技集团有限公司、清华大学苏州汽车研究院、中国计量科学研究院、航天 514 所、航天 304 所、中国科学院自动化研究、中国质量认证中心、中汽认证中心有限公司等建立了广泛的合作关系，共同开展了多项重大科技项目合作。在第十五届中国产学研合作创新大会上，中公汽检荣获“2023 年中国产学研合作创新奖”。

五、发展规划

构建营运车辆“一站式”法规检测能力，加强智能网联汽车和新能源汽车检测技术研发，积极实施国家拓展北斗应用和单北斗技术推广，主动探索参与支持发展低空经济，打造具有交通运输特色的国家级汽车检测机构，力争发展成为国家级专精特新“小巨人”企业。

中认车联网技术服务(深圳)有限公司

一、单位概况

中认车联网技术服务(深圳)有限公司成立于 2020 年 10 月 10 日，注册资本为 2000 万元，位于深圳市南山区西丽街道曙光社区 TCL 国际 E 城 G5 栋。

经营范围包含：一般经营项目是车联网技术服务；从事机动车及非道路车辆技术、自动驾驶及智能网联技术、机械设备技术、检测设备技术领域内的技术开发、技术咨询、技术服务、技术转让；自有房屋租赁，物业管理；企业管理咨询，会务服务，展览展示服务，机械设备、检测设备的上门维修(除特种设备)；企业管理培训(不含职业技能培训)(法律、行政法规、国务院决定禁止的项目除外，限制的项目须取得许可后方可经营)。许可经营项目是认证服务；机动车、工业机械、农用机械的整车(机)及其零部件和车联网的认证、检测试验、测评、评估、检测技术研究、计量检定；从事机动车、机械设备、检测设备质量的技术检测。

中认车联网技术服务(深圳)有限公司为中国质量认证中心(CQC)独资子公司。中国质量认证中心是由中国政府批准设立，被多国政府和多个国际权威组织认可的第三方专业认证机构，隶属中国检验认证集团(CCIC，中国中检)。中国检验认证集团是经国务院批准设立、国务院国资委管理的中央企业，是以“检验、鉴定、认证、测试”为主业的综合性质量服务机构。

“国家车联网产品质量检验检测中心”(车联网国检中

心）由国家主管部门批准，由中国中检集团负责筹建、以集团下属的中国质量认证中心为项目单位、以中认车联网技术服务（深圳）有限公司作为法人实体的国家级质检中心。国检中心将支持以北斗、5G等自主知识产权技术为基础的车联网应用，形成国内领先、具备自主创新技术的车联网检测认证能力，推动汽车电子、汽车工业软件以及智能汽车产业高质量发展，有效支撑产业界共同构建有中国特色的车联网质量体系生态。

中认车联网技术服务（深圳）有限公司为"国家高新技术企业""科技型中小企业""创新性中小企业"，拥有一支来自整车厂、知名检测机构及大型智能网联零部件厂家，具备丰富的车联网，整车研发及第三方测试认证经验的人才队伍。

二、测试技术及规范研究与制定

2021年6月，车联网国检中心聘请来自行业协会、行业权威机构和高校的16位知名专家、学者组建了专家委员会，以打造车联网公共技术平台，助力产业发展和服务政府监督，做好车联网生态系统质量守护者，支持车联网质量体系建设的合作者，车联网检测认证技术的引领者。另外车联网国检中心还承担着中国检验认证集团（CCIC）"车联网原创技术策源地"的重要建设任务。

中认车联网技术服务（深圳）有限公司承担了全国工业机械电气系统标准化技术委员会（SAC/TC231）WG3电磁兼容工作组、中汽协标准法规工作委员会北斗应用专业委员会和车载激光雷达检测认证联盟等行业机构的技术支撑工作。围绕北斗+5G等自主通信技术的芯片、终端、算法，围绕商用车的北斗应用生态以及供应链管理数字化，围绕汽车产业的北斗可信时间、可信位置相关的数据质量这三大重点领域建立标准体系。

中认车联网技术服务（深圳）有限公司参与起草《车载北斗模块/芯片产品技术要求和试验方法》、《车载激光雷达检测方法》、《车用控制器芯片级车用操作系统》、《车载时间敏感网络中间件通用要求》、《北斗定位小型智能车》和《智能网联汽车车控操作系统功能安全技术要求》等国标、行标和团体等标准制定工作。并获得全国工业电气系统标准化技术委员会"2023年度标准化先进集体称号"。另外还牵头制定中国质量认证中心《北斗车联网产品的技术规范和认证规则》，首次在国际上形成北斗车联网模块、终端和系统级的综合检测能力和认证方案。

三、检测能力建设

中认车联网技术服务（深圳）有限公司拥有国家级CNAS/CMA实验室认可证书，涉及产品标准400多个，参数1200多项。形成北斗/全球卫星导航、车际网、车内网、功能安全和网络安全、车辆复杂电磁环境、汽车材料和可靠性等七大领域的测试能力。

现有实验室面积6000余平方米，大中型核心设备近200台。建有汽车安全中心、车载以太网、无人机、复杂电磁环境EMC、软件、导航/紧急呼叫、通信、汽车材料、环境可靠性等多个专业实验室。

中认车联网技术服务（深圳）有限公司为头部车企提供网络安全咨询培训和评估，推动CQC颁布第一张汽车网络安全管理体系（CSMS）证书。并且为头部车企核心产品建立网络安全管理体系，助力通过UNECER155网络安全流管理体系法规认证。

在国际认证方面，搭建平台提供俄罗斯ERA-GLONASS认证服务项目，为基于国产芯片的车载终端产品及国内整车顺利出口俄罗斯市场提供了快捷的一站式服务。在欧盟紧急呼叫eCall项目、毫米波雷达国际检测认证领域提供测试服务，助力国内厂商快速进入欧美等市场。

在卫星通信测试领域，为国外地基卫星制造商完成Ku频段的美国FCC、欧洲CE-RED测试。

四、国内外交流

国家车联网产品质量检验检测中心与中国空间技术研究院（航天五院）、公安部交通管理科学研究所、中国信息通信研究院、中国电子技术标准化研究院、清华大学苏州汽车研究院、（杭州）北斗时空研究院、（杭州）数据质量研究院等行业权威机构和高校联合开展车联网相关的项目研究和合作。

国家车联网产品质量检验检测中心先后成为比亚迪、广汽、北汽、智己、大长江、杜卡迪、台铃等汽车、摩托车和电动车等头部整车企业的合作实验室，助力企业产品开发和质量控制。

五、发展规划

1. 战略目标

国家车联网产品质量检验检测中心的筹建将抓住北斗导航、新能源和智能网联汽车以及新一代移动通信发展的历史机遇，借助汽车产业转型升级的时代契机，建设成为集产品检验、技术研究、标准制修订、评估认证、咨询培训、方案设计、流程规划、工具开发于一体的"国内领先、国际一流"的国家级车联网产品质量检验检测机构。

2. 建设目标

国家车联网产品质量检验检测中心围绕北斗/全球卫星导航、车际网、车内网、功能安全和网络安全、车辆复杂电磁环境、汽车材料和可靠性等领域，建设车载通信、导航定位、功能安全/ASPICE、ETC/E-call、毫米波雷达、以太网/总线、电磁兼容（EMC）、环境可靠性和汽车材料等测试能力，初步形成跨越机械、电子、材料、软件多个创新领域的检测、认证、咨询、评价能力，成为国家级车联网公共服务平台。

中路慧能检测认证科技有限公司

一、单位概况

中路慧能检测认证科技有限公司是由玲珑集团投资建设的一级子公司，是独立运营的第三方检测机构。成立于2020年8月20日，位于山东省烟台市招远市辛庄镇滨海新区金海路6号，于2022年12月22日正式获得国家认证认可监督管理委员会批准国家级检测认证机构 CMA 资质认定、2023 年 8 月通过国家认可委 CNAS 实验室认可，以智能网联汽车整车及零部件检验检测、研发为特色，向社会出具具有公正性的第三方检测认证报告。

公司立足山东、辐射华东、服务全国，为智能网联汽车、新能源汽车、传统燃油车提供质量检验检测及研发技术支持。公司共占地 2759 亩，计划总投资 27 亿元。现已建设完成中亚轮胎试验场、智能网联测试场、制动零部件实验室、整车能耗实验室、整车动力学实验室，配套的客户车间、仓储中心、宾馆等。配备了国际一流的检验检测设备，例如美国林科台架、德国蔡司三坐标、英国牛津 RT 惯导、英国 ABD 驾驶机器人、德国宝克重型转鼓 & 轻型转鼓、德国采埃孚轮胎滚阻试验机、VIGRADE 驾驶模拟器等 300 多台套检测设备。其中智能网联实验室拥有组合驾驶机器人、平台移动假人、平台移动目标车等先进测试设备，具备 ENCAP—2023、CNCAP—2024、i-VISTA 等测试能力。

中亚轮胎试验场，占地 2232 亩，实现了中国大型室外轮胎试验场从 0 到 1 的突破，由国际顶尖专业团队 IDIADA 设计。智能网联测试场为全国首个涵盖一百多个场景的立体式智能网联研发测试场，拥有国内首个高架桥、实体隧道、山区路和夜间场景测试区，可实现测试场范围内车、路、云、网、图、高精定位等信息互通和共享。未来还规划建设 2460 m 的长直线测试区，涵盖长直线路、ABS 制动路、模拟雨雾路、弯道制动路、运营管理区五大部分。

二、测试技术及规范研究与制定

中路慧能积极主持、参与行业标准、地方标准和团体标准的制定及相关标准化工作及活动，提高标准水平，推进转型升级，增强企业综合竞争力。参与制修订国家标准、行业标准、地方标准及团体标准及行业先进技术共 10 项，其中主持共 6 项。

(1)参与国家标准、行业标准、地方标准、团体标准及行业技术要求的制定情况

参与了由全国智能运输系统标准化技术委员会(SAC/TC268)归口的国家标准《智能运输系统自适应巡航控制系统性能要求与检测方法》的编制工作；参与了由工业和信息化部提出，全国汽车标准化技术委员会(SAC/TC114)归口的行业标准《自卸半挂车》的编制工作，并为其中举升侧倾试验提供了验证资源和数据分析；主持制定了山东省地方标准《汽车轮胎噪声测量试验场技术要求》，依托自身噪声测试场地资源对该标准要求进行了验证；主持、参与制定了《轮胎干地操纵稳定性主观评价方法》《越野车用轮胎越野性能评价规范》《汽车测试场地建设要求与开放条件》《汽车轮胎磨损率测试方法汽车法》等 10 个团标的编制及验证工作。以上 13 项标准计划于 2025 年底前发布。

(2)参与行业先进技术的研究与验证情况

中路慧能联合交通运输部公路科学研究院，围绕道路运输车辆运行过程中轮胎使用健康度评估与测试方法开展研究；为交通运输部公路科学研究院组织的“双挂汽车列车”第三轮试验验证提供了场地、设备及检测人员，针对试验验证结果进行分析并参与了验证结果的研讨。以上 2 项技术研究计划于 2024 年底前完成。

(3)标准/技术项目的研究与应用

轮胎干地、湿地操控性能和噪声舒适性主观评价在国标领域处于空白，尤其是湿地操控稳定性受场地和研发能力的制约，仅被部分国外汽车制造企业关注。因地区政策和企业内控要求的差异，各汽车的企标内容各有不同，最终的评价依据和结果体现形式千差万别，无法作为产品差异化评定的依据。我司主持制定的三个标准为轮胎实车性能主观评价建立了一套系统的评价体系，充分考虑了国际先进技术和经验，通过大量的试验数据分析验证了评价方法的可行性，与国内同类标准相比较，该标准结合了我国道路运输产业现状，在行业范围内细化了评价方式和指标，统一了判定结果的呈现形式，适用性更强，更便于推广。评价方法已在多个轮胎新产品开发的性能评价中得以实践，参考并对比了国内外多个主流汽车的评价方法，结果一致性程度较高，具有普遍的适用性。可为汽车制造企业在轮胎产品选配、整车底盘/ESC/ABS 的调校等提供参考；也将为轮胎制造企业在技术研发、整车配套及市场营销等方面带来积极的促进作用。

我司主持制定的越野用轮胎越野性能评价规范，可为各大主机厂和轮胎制造企业，在越野车用轮胎配套及零售领域，提供研发和评价的依据，完善行业标准体系的同时，促进轮胎行业同质化发展；为消费者在越野车辆专用轮胎选择时提供参考，促进越野车用轮胎行业的健康有序发展，推动轮胎消费市场的细分，让技术标准先进的企业有用更广阔的市场，进而提高国产越野轮胎的技术水平和质量。

自卸半挂车技术要求的提出，填补了我国在该领域的空白，将改变传统观念中后倾式自卸半挂车不安全的现实，相关内容对保证车辆卸货安全、卸货效率等具有重要意义。通过标准的发布实施，可以指导自卸半挂车生产企业按照本标准要求进行产品设计及生产，同时标准对牵引车与自卸半挂车之间接口提出了互换性要求，将可大大提高牵引车与自卸半挂车之间的互换性水平，同时对后倾式自卸半挂车提出的举升侧倾稳定性要求将极大提升其运行安全，降低翻车事故发生的概率，有利于提高自卸半挂车的行业技术水平。

我司牵头联合交通运输部公路科学研究院共同开展道路运输车辆运行过程中轮胎使用健康度评估与测试方法开展研究，该项目在梳理道路运输车辆运行过程中与轮胎使用方面相关安全要素的基础上，对轮胎的健康程度进行等级划分，研究提出道路运输车辆运行过程中轮胎使用健康度的评估与测试方法，将有效保障道路运输车辆安全运行。

三、检测能力建设

于 2022 年 12 月 22 日正式获得国家认证认可监督管理委员会批准国家级检测认证机构 CMA 资质认定，涉及 40 个参数。2023 年 6 月，申报并获得 O 类车新增 1 个场所、8 个参数、3 位授权签字人的能力。2023 年 8 月，申报并获得 49 个参数、135 个标准的能力。2024 年 6 月，申报并获得 33 个参数、53 个标准的能力。

2023 年 8 月通过国家认可委 CNAS 实验室认可，申报并获得 85 个参数，147 个标准的能力。2024 年 6 月，CNAS&CMA 二合一申报并获得 33 个参数，53 个标准的能力。

四、国内外交流

公司与吉林大学、清华大学等高端学府签订战略合作协议,联合成立轮胎动力学尖端科研平台——TDA 中亚实验室;与广州泰测签署 GSO 轮胎出口认证检测战略合作协议。携手清华大学战略合作,携手国家 ITS 中心共建智能网联测试联合实验室,与中橡协合作签约检验测试中心,并与国家智能网联汽车创新中心、国汽(北京)智能网联汽车研究院、苏州智行众维智能等科技公司签署战略合作协议,共同打造车、路、云、网、图一体化建设项目,智能网联测试试验场采用最新技术方案,通过区域 5G 通信网络全覆盖,部署路侧单元、感知设备和边缘计算系统(MEC)等在内的基础设施,结合高精地图与定位技术,利用边缘云、区域云实现试验场范围内车、路、云信息高速互通和共享,测试车辆能够实时与测试场的云平台和其他车辆交互数据,实现远程监控、数据分析和即时决策支持,打造"单车智能+车路协同"的"车路云一体化"测试基地。结合整车场地在环测试与实车测试数据,基于大数据分析技术和自动化测试流程构建智能网联汽车测试评价体系,高度集成各类传感器、通信设备、数据处理和分析工具,形成一个完整的测试生态系统。多维度强化汽车测试能力,多层次持续推进打造具有核心竞争力的汽车综合测试产业。为行业高质量发展及新质生产力提升作出贡献。

五、发展规划

围绕公司的技术优势、软硬件设施及发展规划,建设以轮胎、智能网联汽车为主要方向的自愿性产品认证机构,逐步在行业产生影响力,建立认证业务市场;在自愿性产品认证机构的基础上,向国家认监委申请成为国家强制性产品认证机构,成为智能网联汽车方向国内领先的多领域、全资质的产品认证机构。

未来 5 年,中路慧能检测认证科技有限公司将全面建成覆盖公告、环保、3C 强检、达标检测、出口认证和研发领域的检测能力,打造服务于汽车和轮胎领域的研发、检测、认证体系,这是作为国家"放管服"政策实施以来,响应党中央、国务院印发的《质量强国建设纲要》和《交通强国建设纲要》的具体实践,也是汽车人的发展方向和使命。着力打造国内领先的智能网联汽车全方位检测、认证,兼顾整车和零部件的检测基地。

南方(韶关)智能网联新能源汽车试验检测中心有限公司

一、单位概况

南方(韶关)智能网联新能源汽车试验检测中心有限公司(简称"南方试验场")成立于 2019 年,注册资金 12.9905 亿元,是中国汽车工业协会、广东省汽车工程学会、广东省汽车智能网联发展促进会、广东省无人机行业协会等组织的会员单位,重点建设数字化、电动化、智能化、网联化的整车试验能力,立足于智能网联汽车检测技术,从事研发、检测、标准、培训与咨询等技术服务,定位为具前瞻性的开放型、综合性智能网联汽车试验中心,致力于成为国内领先的智能网联路空一体化公共服务平台,拥有广州基地、韶关基地、呼伦贝尔基地。

二、测试技术及规范研究与制定

截至 2024 年 3 月,南方试验场参与国标/行标三份(如下例举),并积极参与智能网联、可靠性等多个标准工作组。

20213608-T-339《智能网联汽车自动驾驶系统通用功能要求》

20213610-T-339《智能网联汽车组合驾驶辅助系统技术要求及试验方法　第 2 部分:多车道行驶控制》

20214420-Q-339《智能网联汽车自动驾驶数据记录系统》

同时,南方试验场在智能网联和飞行汽车领域推动测试技术及规范研究,牵头编制以下三份团标:

《整车先进驾驶辅助系统道路试验方法》

《飞行汽车动力电池标准制定》

《飞行汽车电推进动力系统试验方法》

三、南方试验场检测能力建设

南方试验场以"试验场+实验室+资质"为基础,具有鲜明技术特色的智能网联汽车动态试验的研发与验证能力,面向社会建设大型公共服务平台,定位为具前瞻性的开放型、综合性智能网联汽车试验中心。

其中广州基地位于广州市番禺区,在 2019 年 12 月建立了 ISO17025 质量管理体系,规范了日常检测业务流程并开始运营,主要从事智能网联汽车及整车道路动态性能、电动汽车性能、整车台架及排放性能、汽车零部件等检测活动。2021 年 1 月获得国家级 CMA,位于广州番禺化龙,占地面积 50415 m^2,拥有检测参数 165 项。主要从事智能网联汽车、电动汽车性能、整车台架及排放性能、汽车零部件等检测项目。2023 年 3 月获得 CNAS 实验室认可。

南方试验场网联生态领域具备在研车型整车电子及网联系统评价测试需求能力,拥有整车电子电器功能与性能测试技术、车载互联网信息娱乐系统用户场景测试技术等专业团队,可开展包含 HUD、DMS、OMS、T-BOX、液晶仪表等在内的智能座舱测试评价测试。

南方试验场新能源整车领域用油电动汽车充电法规试验台架、电动汽车静态测试环境仓、四驱底盘测功机等仪器设备,可开展 GB/T27930、GB/T34657.2、GB/T34658、GB18384、GB11555 等国内外标准测试,能进行新能源汽车充电法规验证类、性能与功能开发验证类测试。

南方试验场传统整车领域拥有 4 台底盘测功机、两套环境模拟试验仓和一套轻型汽车排放仪等先进仪器设备,满足 GB18352.5—2013、GB18352.6—2016、GB/T19233—2020、GB/T18386—2017、GB/T19753—2013 等国内外标准要求,可进行传统燃油整车、混合动力汽车的排放与能耗试验,主要检测项目包括:整车国五/国六Ⅰ型、Ⅵ型排放、油耗试验,混合动力汽车续驶里程和能量消耗率等。

南方试验场零部件领域拥有弹性体试验台、三综合振动台、开闭件耐久试验台、环境仓等先进设备共 18 台,满足

GB/T2423、GB/T15085、QC/T627 等标准要求。在车身系统和底盘悬架系统等领域建立了完整试验检测能力，可开展零部件定制化试验，可进行非标试验设备自研自制、大型试验设备二次开发、零部件设计方案验证、问题快速解析验证等。

南方试验场电驱台架领域拥有单电机、三电机、五电机等不同类型的性能测试台架及耐久测试台架，满足 GB/T18388、GB/T29307 以及电驱动系统相关 QC/T 系列标准的要求。可完成电驱动系统标定、性能及可靠性测试，减/变速器性能及可靠性测试，控制器耐久老化测试等，可根据测试需求进行非标试验设备自研自制、灵活搭建客制化的测试台架，满足定制化需求。

南方试验场整车可靠性领域具备完善的整车道路耐久试验验证体系，包括加速耐久、常规耐久、专项试验三大领域。耐久业务布局于全国六大试验场及珠三角-西南-东北典型试验区域，可根据试验不同考核目的、环境气候、场地条件等制定耐久验证方案，同时拥有 2 个远程数据监测分析平台，实现精准、全面、高效验证。

南方试验场整车性能领域拥有专业的主客观试验团队，配备 ABDynamic 机器人、LMS、B&K、IMC、RACELOGIC 等先进试验设备，具备整车动力性、经济性、滑行阻力、制动性能、操稳性能、平顺性、底盘调校、轮胎选型、底盘电控验证等试验能力。

南方试验场极端环境领域拥有呼伦贝尔基地及经验丰富的三高试验团队，可开展酷暑、高湿、低温、冰雪等极端气候环境试验以及山区、高原、多尘等复杂地形环境试验。呼伦贝尔基地位于内蒙古自治区呼伦贝尔市诺干湖试验场，是全国少有的对外开放冬夏季试验场，陆地试验区占地约 6 万 m^2，包含 10 大类型路面，湖面试验场可利用水区域面积 18 km^2，可进行定制化道路制作，工作服务区主要建有综合办公间和停车场占地面积约 1 万 m^2。

四、国内外交流

（1）2022 年，南方试验场组织举办广东省首届轻型汽车排放油耗试验能力验证技术交流会议，联合中汽研汽车检验中心（广州）有限公司、国家汽车质量监督检验中心（襄阳）广州分部、佛山市质量计量监督检测中心、广州海关技术中心、广东省汽车工程学会以及珠三角地区汽车生产企业等 10 余家单位，发起轻型汽车排放油耗试验能力比对验证。

（2）2023 年，参加中国汽车工程学会飞行汽车分会，关于《飞行汽车发展白皮书 1.0》编制评审会。

（3）参加 2023 第二届低空经济发展大会以及城市空中交通体系建设与发展报告会圆桌讨论。

（4）参加交通部南湖交科院路空协同“文-交-农-旅”一体化先导应用项目启动会，南方试验场与交通部南湖交科院、中国交通运输协会路空协同立体交通分会、小鹏汇天、亿航智能共同签署《关于共同推进飞行汽车应用示范的合作备忘录》。

（5）联合大湾区汽车和飞行汽车头部科研院所牵头发起筹建广东省飞行汽车行业协会，全面推动粤港澳大湾区低空产业发展。

（6）参加广东省通信学会数字低空专业委员会成立大会和中国航空学会飞行汽车分会成立大会，均派员担任委员推动产业发展。

（7）与西班牙 IDIADA、南德、TUV、BV、SGS、米拉等就检测技术交流、海外试验认证合作及互认等进行交流。

（8）联合清华大学、工信部五所、南航大、华南理工、中汽中心、中国汽研、招商车研、襄阳达安等在智能网联、新能源汽车领域开展技术交流和业务合作，并与相关方签订战略合作协议。

五、发展规划

南方（韶关）智能网联新能源汽车试验检测中心有限公司作为开放性的第三方综合检测平台，将依托汽车综合试验场、智能网联新能源实验室以及完善的试验配套能力，借助申报国家级试验检测中心资质，结合电动汽车、智能网联汽车、飞行汽车、无人驾驶汽车的整车及关键零部件的综合检测能力，打造智能网联新能源汽车和飞行汽车研发验证中试平台，构建全场景的试验环境，将建成国内领先的智能网联路空一体化公共服务平台的总体目标，为广东省、粤港澳大湾区乃至国内外智能网联汽车和飞行汽车企业提供优质的研发试验和检测认证的技术服务，服务“制造强国”“交通强国”“质量强国”等战略。

重庆凯瑞测试装备有限公司

一、单位概况

重庆凯瑞测试装备有限公司（简称凯瑞装备），隶属于中国汽车工程研究院股份有限公司，自 1991 年成立以来，一直致力于测试装备的研发、制造与销售，是测试装备整体能力建设的系统集成方案解决者。

经过三十余年的发展，秉承创新设计理念，精湛工艺技术，以及专注的工匠精神，成功研发出百余种测试产品，其中多项产品达到国际领先水平。被评定为国家级专精特新“小巨人”企业、国家高新技术企业、工业和信息化重点实验室、重庆市技术创新示范企业，以及重庆市企业技术中心。是航空工业技术装备工程协会会员单位、中国汽车工程学会会员单位及中国汽车保修设备行业协会会员单位。此外，公司还荣获百余项国家专利，以及国家及省部级奖项，享有极高的行业知名度。公司成功交付多个国家级“首台套”重点项目，攻克多个“卡脖子”关键核心技术，涉及航空、风电、农机等领域，实现国产替代，持续为高端装备制造产业发展注入强大动力。

凯瑞装备拥有电驱，电液两大核心技术平台，始终坚持技术同心、产品多元的研发理念，产品谱系齐全，覆盖整车、发动机、传动、制动、转向、新能源、智能网联等领域，广泛应用于汽车及零部件、航空航天、风电、氢能、轨道交通、防务、科研教学、检测机构、在用车后市场等行业，与海内外 300 余家客户保持着长期稳定的合作关系。

二、生产与经营

重庆凯瑞测试装备有限公司主要从事测试装备的研发、

制造和销售。荣获数十项国家专利、国家及省部级奖项。其自主研发的底盘测功机系统、轮胎耦合式道路模拟试验系统、底盘参数测量系统等打破了国外技术垄断。汽车底盘测功机的技术达到国际先进水平;轮胎耦合式道路模拟试验系统推出后,直接拉低了市场上同类产品售价;底盘参数测量系统的价格相比市场上同类进口产品也有明显优势。

公司的经营范围包括:机械设备研发、销售;机械电气设备制造、销售;工程和技术研究和试验发展;软件开发、销售;技术服务、技术开发、技术咨询、技术交流、技术转让、技术推广;销售代理;车辆检测仪器、试验设备的制造、销售,检测技术的研究、开发,货物进出口等。

重庆凯瑞测试装备有限公司在测试装备领域具备较强的技术实力和市场竞争力,在推动行业发展和技术进步方面发挥着重要作用。

三、产品出口

在国内积累了大量成熟客户的重庆凯瑞测试装备有限公司开始尝试走出国门,将产品出口到土耳其、印度、马来西亚等地,并探索国际市场的缺口。

在土耳其,凯瑞装备和当地的行业协会达成了前所未有的合作,将测试标准向外输出。其产品谱系覆盖整车、发动机、传动、制动、转向、新能源、智能网联等七大领域,已成功应用于汽车及零部件、航空、高铁、教学科研、检测机构等行业。

四、产能建设

重庆凯瑞测试装备有限公司自 1993 年成立以来,经过多年发展,已具备一定的产能规模。该公司隶属于中国汽车工程研究院股份有限公司,是重庆市级技术中心与国家高新技术企业。据相关资料,其企业产能累计达到 20 亿元。

凯瑞装备已成功研制百余种测试设备,囊括电液、电驱等六个类别,覆盖整车、发动机、传动、制动、转向、新能源、智能网联等七大领域,多种设备达到国内国际领先水平。

其在技术研发方面投入较多,拥有多项国家专利,享有较高的行业知名度。2021 年底由该公司负责研发制造的国内首套航空轮胎高加速试验台进驻广州黄埔的国内首个航空轮胎大科学中心,该测试装备可实现在短短几秒钟内完成对飞机轮胎触地瞬间情况的掌握,从而评价轮胎的可靠性。

此外,凯瑞装备也在积极推进成立测试装备联盟,打造测试装备产业群,成立测试装备质量计量中心等事宜,以进一步提升其在智能检测装备领域的产能和技术水平,满足市场对高端智能检测装备不断增长的需求。

五、技术进展与研发能力

重庆凯瑞测试装备有限公司重视技术研发,拥有多项国家专利,其技术人员占比较高。2020 年度技术工作会提到,公司向来重视技术实力积累,始终坚持技术研发人员占比超过 50% 以上的人才结构,积极营造敢于担当、勇于奋斗、科技创新的技术氛围,在近 30 年的摸索成长中,培养了一批能吃苦、能打仗的技术生力军。

2022 年 5 月,凯瑞装备入选建议支持的国家级专精特新"小巨人"企业公示名单。其研发的部分产品还被列入重庆市首台(套)重大技术装备产品名单。

重庆凯瑞测试装备有限公司具备较强的研发能力,在高端测试装备领域取得了多项技术突破,打破了国外技术垄断,推动了相关行业的发展。

六、合资合作及重大项目建设

重庆凯瑞测试装备有限公司在合资合作及重大项目建设方面有一定的成果:

合作研发储氢设备:2021 年 7 月 13 日,重庆地大工业技术研究院与重庆凯瑞测试装备有限公司合作研发储氢设备。

航空轮胎高加速试验台项目:2022 年 7 月 29 日,中国汽研在互动平台表示,公司全资子公司重庆凯瑞测试装备有限公司开发的航空轮胎高加速试验台项目已完成最终验收交付。该项目为定制化业务,其试验台可用于模拟舰载飞机相关试验,能够模拟舰载机起飞过程轮胎的受力情况,从而对轮胎性能和耐久性进行测试,帮助解决我国航空轮胎关键技术"卡脖子"难题,助力我国航空产业自主稳健发展。这是凯瑞装备迄今为止承接的开发难度最高的"跨界"项目。

重型车动力总成测试系统项目:该项目为重型卡车的动力总成提供测试平台,该测试平台覆盖所有商用车动力源的测试能力,是国内性能规格最高、信息化程度最高、能力最全的商用车动力系统测试平台。

轨道交通制动器惯性试验台项目:该项目为验证我国高铁、动车制动器的自主研发成果,为所生产的轨道交通制动器系统的测试、评价提供了重要验证工具。

大型农机装备动力换挡项目:该项目为大型农机装备的动力总成提供测试平台,为填补国内低转速、超大扭矩动力换挡技术提供了重要的支撑,该项目是工信部认定的农机装备发展"首台套"核心装备。

七、发展规划

重庆凯瑞测试装备有限公司的发展规划可能会涉及多个方面,以下是一些相关信息:

凯瑞装备的发展战略是"汽车+N","N"代表非汽车领域的其他行业,包括航空航天、新能源、风电、防务、氢能、在用车等领域。其在汽车行业有着深厚的技术积累,将把积淀的技术应用到其他行业的实际测试需求中。

凯瑞装备积极推进成立测试装备联盟,打造测试装备产业群,成立测试装备质量计量中心等事宜。公司重视创新和突破,曾开发出国内首套航空轮胎高加速试验台等难度较高的"跨界"项目,未来也将继续努力在高端装备制造产业中深耕,服务于更加高精尖的装备制造产品及领域。公司也注重国际市场的拓展,已将测试标准向国外输出,实现了从"引进来"到"走出去"的重要一步。

根据相关政策和行业趋势,凯瑞装备计划会致力于提升智能检测技术,以满足用户领域制造工艺需求,提升核心零部件、专用软件和整机装备供给能力,加强重点领域智能检测装备的示范带动和规模应用成效,促进产业生态的形成,助力智能制造发展。不断优化产品和服务,以适应市场需求和行业变化。其底盘测功机系统等产品在达到国际先进水平的基础上,会继续提升性能和质量,并拓展产品谱系,覆盖更多领域。

苏州苏试广博环境可靠性实验室有限公司

一、单位概况

苏试试验集团（证券代码：300416）是一家国内领先、国际知名的环境与可靠性试验设备和试验服务及解决方案提供商，是我国环境与可靠性试验领域的领导者之一。2015年1月22日，苏州苏试试验仪器股份有限公司在深圳证券交易所创业板上市，成为业内首家上市公司。2017年8月25日，正式成立苏州苏试试验集团，同时苏州苏试试验仪器股份有限公司更名为苏州苏试试验集团股份有限公司。

集团主要产品有力学环境试验设备、气候环境试验设备等，属于试验机领域内、光机电一体化的高端装备制造业，用来模拟振动、冲击、跌落、温度、湿度等力学、气候及综合环境条件，以考核工业产品的质量可靠性，产品广泛应用于航空航天、船舶、通信、电子电器、汽车、轨道交通等领域。集团以试验设备制造为基础，积极向制造服务业战略转型，从2006年起逐步在苏州、北京、广州、上海、成都、西安、武汉等地建设环境与可靠性实验室，为用户提供第三方环境与可靠性试验服务。

苏试广博环境可靠性实验室有限公司是苏试试验集团的全资子公司，成立于2006年，主要从事工业产品环境适应性和可靠性试验、电磁兼容试验、元器件验证与分析、新能源汽车产品检测、宇航产品检测，是独立于承制方和使用方的第三方国家实验室。本实验室已通过计量认证证书CMA、国家认可委CNAS、国防科技工业实验室认可委DILAC、中国人民解放军总装备部合格军用实验室认可、中央军委装备发展部装备承制单位（试验类）认可、二级保密单位，是国内为数不多的，具有国家和军队双重认可资质且同时拥有军工四证和二级保密资质的实验室。

实验室自2018年进入汽车新能源行业，以新能源三电部件环境可靠性试验积累的行业基础，深耕行业数年，紧跟各大车厂的研发要求。通过自主研究建设，攻克新能源汽车用动力电池包可靠性测试平台、电驱集成式台架测试平台搭建等核心检测技术难题，自主搭建各类综合性能评价试验平台。实验室拓展了包含环境可靠性测试、电磁兼容测试、安全类测试、性能测试等测试能力，同步开发其他可服务的新能源汽车产品，包含动力系统、整车控制系统、其他高压与电动化部件、通信数据总线和其他线束、充电基础设施等。

新能源汽车产品检测中心现已承接来自比亚迪、吉利、宝马、上汽、北汽、蔚来、理想、宁德、国轩、孚能、亿纬、欣旺达等主流车企及其配套零部件商的委外测试，板块业绩增速在50%以上。在主机厂认可方面，随着实验室汽车检测能力建设的逐步完成，陆续通过了宝马、通用、上汽、比亚迪、吉利、蔚来、零跑、Deepway、小米等多家国内外知名车企的供应商认可资质，为各个汽车主机厂商研发部门提供了高效、可靠的综合测试服务。

二、测试技术及规范研究与制定

苏试广博致力于环境可靠性测试领域的技术研究，结合苏试集团振动试验台、环境试验箱的技术开发及创新能力，积极参与测试行业的规范制定。企业以第一起草单位参与制定《GB/T13310—2007 电动振动台》《GB/T13309—2007 机械振动台技术条件》《GB/T21116—2007 液压振动台》等测试设备标准及《GB/T2423.61—2018 环境试验第2部分：试验方法试验和导则：大型试件砂尘试验》等测试标准。

2023年来，公司参与研究与制定的部分国家、地区及行业标准有：

《GB/T2423.56—2023 环境试验第2部分：实验方法试验Fh：宽带随机振动和导则》《GB/T5170.14—2023 环境试验设备检验方法第14部分：振动（正弦）测试用电动式振动系统》《DB1331/TXX—XXXX 低速无人驾驶专用车安全技术条件》《IEEEP3359 Trial-Use Guidefor Testing Methodsfor Proton Exchange Membrane Fuel Cell Systemsin Automotive Applications Using Compressed Hydrogenas Fuel 使用压缩氢作为燃料的汽车用质子交换膜燃料电池系统试验方法指南》《T/CSAEXX—20XX 电动汽车动力电池数据监测、采集及传输技术规范》《T/CSAEXX—20XX 电动汽车用动力蓄电池安全运行风险分析技术要求》…

三、检测能力建设

苏试广博依托于传统工业产品、传统汽车及零部件产品的可靠性测试，面向新能源汽车行业动力电池、电驱产品迅速的技术发展迭代和急速增长的产品测试需求，通过自主研究建设，攻克新能源汽车用动力电池包可靠性测试平台、电驱集成式台架测试平台搭建等核心检测技术难题，自主搭建各类综合性能评价试验平台，实现实验室对动力电池、电驱等系统级产品全性能评价，为三大新能源产业集聚地提供市场化测试服务，为进一步提升新能源汽车用动力电池、电驱等产品质量水平提供了优质可靠的公共服务平台。实验室设备种类多，覆盖试验能力齐全，主要测试能力如下：

1. 电池包检测能力建设

（1）环境可靠性试验

振动试验、冲击试验、跌落试验、翻转试验等；高低温试验、湿热试验、温度冲击试验、淋雨试验、海水浸泡试验、砂尘试验、低气压试验、盐雾试验、冰水冲击试验等。

（2）电池性能试验

容量测试、内阻测试、充放电性能测试、析锂测试、工况充放电性能测试、电荷保存及恢复能力测试、循环寿命测试等。

（3）安全性能测试

挤压试验、针刺试验、冷却液泄漏试验、加热热失控试验、部球击试验、托底试验、外部短路试验、过充过放试验等

（4）EMC测试

电磁兼容测试、高低压电性能测试等。

2. 电机电控检测能力建设

开发综合一体化电机测试台架，能够将电动振动试验系统、温湿度试验箱、水冷机、高压电源、电感、低压电源各试验设备之间试验数据能够进行交互，电机产品发送指令，以完成准确控制。主要包含以下项目测试：

驱动电机系统转速、扭矩、功率特性试验；驱动电机、驱

动电机控制器、驱动电机系统效率试验、MAP 试验;驱动电机系统温升试验;驱动电机系统堵转试验;电机控制器控制策略开发验证试验;驱动电机系统能量回馈试验;可靠耐久试验;实现系统差速,差扭控制;电机控制通信、保护、故障监测试验;自定义道路工况模拟试验;自定义耐久性试验。

3. 零部件检测能力建设

公司覆盖零部件试验能力齐全,主要测试能力如下:

(1)环境可靠性试验、振动试验、冲击试验、三轴同振试验、碰撞试验、跌落试验、插拔力试验等。

(2)湿热试验、温湿度循环试验、温度冲击试验、淋雨试验、砂尘试验、紫外线辐射试验、氙灯老化试验、气体腐蚀试验、低气压试验、盐雾试验、冰水冲击试验等。

(3)电气性能试验:过电压试验、欠电压试验、叠加交流电压试验、启动特性试验、开路试验、短路试验等。

4. 整车检测能力建设

整车试验主要测试能力如下:

——高低温老化试验、温湿度交变试验、整车低气压试验、整车光照试验、整车淋雨试验。

——四门两盖开闭试验、四立柱车辆道路模拟试验。

——色差检测、光泽度检测、附着力检测、摆锤测试、操作力测试、间隙、面差测试。

四、国内外交流

苏试广博具有精干的、市场意识强和转化意识强的领导班子和技术带头人,已形成一支结构合理、专业配套齐全、积累了丰富的理论知识和实践经验的科技人员队伍。本研究中心现有总人数为 65 人,研发人员拥有丰富的行业经验。中心以自主开发为主,同时高度重视与国内外科研院所、用户单位进行技术和项目合作,积极建立各专业的协作关系,更有效地整合本行业的社会优势资源为公司的技术创新服务,谋得共同发展。

苏试广博与苏州大学、上海理工大学、蜂巢能源科技股份有限公司、上海捷能汽车技术有限公司、苏试宜特(上海)检测技术股份有限公司合作苏州市新型新能源动力电池安全可靠性试验验证创新联合体,创新联合体面向新能源汽车动力电池产业,瞄准环境可靠性技术前沿,聚焦新型新能源动力电池产品安全可靠性试验验证,以满足采用新型电池/底盘一体化结构(CTC 技术)的新能源动力电池产品,在多应力环境下的安全可靠性试验验证和产品质量提升的需求为牵引,以突破大吨位/大尺寸台面振动、冲击和温度、湿度等多应力综合一体化环境试验系统等核心设备研制技术为关键,以建设一流的新型新能源动力电池安全可靠性试验验证环境和失效分析、产品改进咨询能力为目标,构建新能源动力电池产品研制→安全可靠性试验验证→失效分析→产品优化→迭代升级的专业化合作链条,开展新型新能源动力电池安全可靠性试验验证产学研协同创新。通过整合优势资源、优化建立组织架构和运行机制,为提升新型新能源汽车动力电池安全性、可靠性提供有力支撑,促进动力电池和新能源汽车产业高质量发展。

五、发展规划

苏试广博作为环境可靠性测试领域的龙头企业,在新能源汽车产业高速发展的时代背景下,深耕新能源汽车动力电池、电驱及电控系统检测,并不断拓展测试领域,建设完善车载芯片、安全性能、材料理化性能等测试能力,完成从材料级、芯片级到零部件级、总成级直至整车级别的公共检测服务平台搭建。

公司坚持以习近平新时代中国特色社会主义思想为指导,全面贯彻党的二十大和历次全会精神,以解决产业发展的创新需求为目标,以市场机制为纽带,以自愿互利为原则,以新能源汽车产业发展为导向,发挥资源集成优势,搭建联合体协同改革、联合攻关、资源共享、共谋发展的大平台,促进企业、高等院校在战略层面有效结合,破解制约新能源汽车产业发展的"卡脖子"关键共性技术及技术基础难题,提升新能源汽车产业创新集群核心竞争力。

节能与新能源汽车年鉴

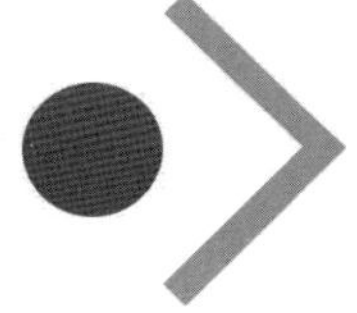

第五篇 海外篇

德 国

上海中欧经济技术促进中心

1. 2023年产业发展概况

(1)总述

2023年,德国生产了127万辆新能源汽车,其中95.5万辆是纯电动汽车,这使德国成为欧洲生产电动汽车最多的国家。德国有7家汽车零部件供应商正在加速电动化转型,将更多的资源投入到新能源汽车业务中。随着政府政策的支持和市场需求的增加,预计未来几年德国新能源汽车产业将继续保持这种发展势头。

(2)电动汽车产业

2023年,德国纯电动汽车保有量为95.5万辆,同比增长59.9%,价值404亿欧元。德国出口约786万辆纯电动汽车,同比增长58.0%。

德国先后引进多家企业进行动力电池市场的扩展。2023年,全球动力电池龙头宁德时代在德国图林根州的工厂正式启动,投资约为18亿欧元,初始规划产能为14 GWh。北伏(Northvolt)获得德国政府90.2亿欧元的国家援助,用于在德国北部海德市建立电动车电池厂。

电机产业方面努力争先。卧龙采埃孚汽车电机有限公司旨在将公司打造成全球新能源汽车电机行业的领军企业。2023年,卧龙采埃孚建成了一条全自动生产线,这条生产线的核心技术自主可控,年产量可达10万台新能源电机。

(3)燃料电池汽车产业

2023年,德国燃料电池汽车销量仅为238辆,而且德国所有燃料电池汽车均为进口。基于以上情况,德国内阁同意到2030年将绿氢生产的国家级目标从5 GW提升至10 GW,而燃料电池汽车是氢能的主要应用领域之一,这一战略举措有望推动可持续能源的实现。宝马集团也在2023年首次推出了BMW iX5氢燃料电池车。政府的支持和企业的助力将促进德国燃料电池汽车产业的发展。

(4)智能网联汽车产业

作为现代汽车的发源地,德国已将自己确立为智能网联汽车的未来主导者,并创建有利于创新的法律和技术框架。德国近几年颁布了《道路交通法》第八修正案、《自动驾驶法》等法案,开放道路测试与示范应用探索。这为智能网联车产业的发展提供了坚实的基础。2023年,中德莫干山智能网联汽车产业协同发展论坛由德国汽车工业协会、中国信息通信研究院等主办。会上介绍了联合研究项目《智能网联汽车标准适用性分析》和《汽车软件标准体系》的阶段性成果和未来计划。这为智能网联车的实际应用和产业生态构建提供有力支持。整车方面,德国拥有大众、戴姆勒和宝马等全球领先企业,以及博世等零部件供应商。这些企业在智能网联技术的研发和应用上不断取得突破,推动德国在智能网联车产业的进步。

2. 2023年推广应用情况

(1)总述

德国对新能源汽车出台了相应的价格补贴,对于氢燃料电池汽车提出新版战略,积极完善智能网联车方面的法律法规,努力开发和突破相应技术。以上举措都积极推动了德国新能源汽车推广应用工作。

(2)电动汽车推广应用工作

2023年,德国注册了524219辆纯电动汽车和175724辆混合动力汽车,德国成为继中国和美国之后第三个在一年内注册了50万辆电动汽车的国家。

2023年,德国总理奥拉夫·朔尔茨与政府相关负责人等共同商议电动汽车议题并共同制定了到2030年实现1500万辆纯电动汽车上路的目标。同时,德国逐步取消多项购买补贴,令整体电动汽车销量增长放缓。2023年初,插电式混合动力汽车补贴逐步取消,导致其销量较2022年有所下降。2023年12月,气候与转型基金裁决后,所有电动汽车补贴终止。

(3)燃料电池汽车示范应用工作

2023年,德国注册了238辆燃料电池汽车,2022年注册了835辆,同比减少了近70%。2023年只有两家企业在德国市场上销售燃料电池汽车,分别是丰田集团和现代起亚集团。其中,丰田集团销售量是166辆,现代起亚集团销售量是72辆。德国燃料电池汽车的保有量为2364辆。

此外,德国政府于2023年6月26日通过新版《国家氢能战略》,战略中将国内电解氢生产目标从5 GW提升至10 GW,同时加强基础设施和市场框架建设,进一步拓宽进口渠道,与更多国家建立氢能合作。德国车企近年来积极布局氢能领域,加快技术攻关的同时广泛开展国际合作,而随着新版《国家氢能战略》通过,德国燃料电池汽车发展或迎来加速期。

(4)新能源汽车换电模式应用试点工作

2023年,德国开始大规模建设换电站。德国的第一座换电站在2022年才建成使用。它是蔚来和Sortimo之间的合作项目,Sortimo是欧洲最大和最现代化的充电园区之一的运营商,其站点位于慕尼黑和斯图加特之间繁忙的A8高速公路旁。据统计,2023年蔚来在德国建成7座换电站,分别位于巴伐利亚自由州、下萨克森州、巴登—符腾堡州、北莱茵—威斯特法伦州和莱茵兰—普法尔茨州。

(5)智能网联汽车试点工作

德国智能网联车在合作中发展。2023年1月4日,英特尔旗下自动驾驶子公司Mobileye宣布获得德国独立的第三方测试、认证、审计和咨询服务提供商TÜV南德(TÜV SÜD)颁发的许可建议,将能够在德国道路上运行自动驾驶汽车。Mobileye在2021年选择与蔚来ES8及其他多个合作伙伴一起在德国慕尼黑、达姆施塔特,以及欧洲其他地区提供出行即服务(MaaS)。这些蔚来ES8配备了Mobileye的自动驾驶硬件和软件，计划在德国用作自动驾驶出租车和接驳车，在2023年逐步加速在德国的出行即服务的试点项目。

3. 2023年主要企业经营情况

(1)大众汽车集团

①总述

2023年，大众汽车集团在电动汽车产业推动了纯电动车型的研发和市场推广，特别是ID系列车型受到市场的欢迎。在燃料电池汽车产业，尽管市场规模较小且面临加氢站基础设施不足的挑战，大众汽车仍然在技术和政策支持下继续保持投资和发展。在智能网联汽车产业，大众汽车通过技术创新和战略联盟，加速了自动驾驶技术的商业化进程，并扩大了车联网服务的范围。

②电动汽车产业

2023年，大众汽车集团在德国的新能源汽车销量为195569辆。其中，德国纯电动汽车销量排名前十的车型，大众汽车集团就有5款。它们分别是大众ID.3/ID.4销量为36353辆，斯柯达EnyaqⅣ销量为23498辆，大众ID.3销量为22270辆，奥迪Audi Q4 e-torn销量为18061辆，SEAT-CUPRA Born销量为17464辆。大众汽车集团未来将继续重点投资于中国市场、新产品、电池业务及纯电动汽车和燃油车型的平台。

③燃料电池汽车产业

2023年，大众汽车集团在德国没有燃料电池汽车的销售情况。大众汽车集团财报表明，150亿欧元的资金将被用于实施大众汽车集团的电池战略，其中包括为PowerCo电池公司建设在德国萨尔茨吉特的电池工厂，工厂于2023年7月动工，预计2026年投产。该工厂的建立为大众汽车集团在燃料电池汽车产业方面的发展做了铺垫。

④智能网联车产业

2023年，大众汽车集团在自动驾驶和高级驾驶辅助系统方面加码。大众ID系列车型配备了多项先进驾驶辅助系统，如自适应巡航控制、自动紧急制动和车道保持辅助等。大众汽车集团通过其车联网平台，为驾驶员提供实时交通信息、导航更新、远程车辆控制和在线娱乐等服务，进一步提升了用户的驾驶体验。大众汽车集团与Argo AI合作推出全自动ID Buaa AD自动驾驶测试车，计划在2025年量产商用。

(2)巴伐利亚发动机制造厂股份有限公司(宝马集团)

①总述

宝马集团在2023年的经营情况表现出对电动汽车产业的大力发展，对燃料电池汽车产业的谨慎探索，以及对智能网联车产业的深度布局。这表明宝马正积极适应汽车行业的变革趋势，努力在新能源和智能出行领域保持其竞争优势。

②电动汽车产业

2023年，宝马集团在德国纯电动汽车销量为54385辆。其中，德国纯电动汽车销量排名前十的车型，宝马集团有2款。分别是宝马ⅨⅠ销量为14694辆，MINI-MINI销量为13953辆。宝马集团还推出了多款新的纯电动和插电式混合动力车型，包括电动5系——创新纯电动BMW i5。这些新车型覆盖不同消费者群体，并且在市场上获得了良好的反响。

③燃料电池汽车产业

2023年，宝马集团对燃料电池汽车市场的投入主要集中在BMW iX5 Hydrogen氢燃料电池车上。该车首次亮相于第六届中国国际进口博览会，展现了宝马集团在氢燃料电池技术领域的领先地位。宝马集团认为燃料电池技术在特定领域和应用中具有潜力，并持续探索其在长距离驾驶和快速加注能力等方面的优势。

④智能网联车产业

宝马集团在自动驾驶领域的开发进度正在加速，特别是L3级自动驾驶技术方面。2023年9月，宝马集团已经通过德国联邦汽车运输管理局(KBA)的技术调条例审批，成为首批获得L3级自动驾驶功能认证的批准的汽车厂商之一。在德国市场，宝马集团推出了Personal Pilot L3自动驾驶系统，售价为6000欧元，该系统将首先在新款宝马7系搭载。宝马集团搭载L3级别自动驾驶功能的车辆在上海市已正式获得高快速路自动驾驶测试牌照，这也是全球首个符合联合国UN ECE R157 ALKS法规并在中国高快速路开展测试的产品。

4. 2023年新能源汽车与智能网联汽车项目及园区建设情况

(1)新能源汽车项目及园区建设

2023年，特斯拉在德国柏林建立的第二座海外工厂(Giga Factory)正式投产。这家工厂对特斯拉意义重大，进一步巩固了其在全球新能源车企中的领导地位。宝马集团在慕尼黑和丁格尔芬工厂也进行扩建，专门用于生产宝马i系列新能源车型，来加强在高端新能源汽车市场的竞争力。

(2)智能网联车项目及园区建设

2023年，联合国世界车辆法规协调论坛自动驾驶与网联车辆工作(UN/WP.29/GRVA)第15次会议在日内瓦以线下线上结合方式召开。来自中国、德国和欧盟(EU)等近200名专家代表参加了会议。会议传达了UN/WP.29在2022年11月第188次大会上对GRVA提出的工作要求，就车辆中的人工智能、车车通信及摩托车制动等话题进行交流，并明确了与其他工作组的工作协调情况和后续会议安排。这为各个国家在智能网联车行业的发展提供了新的思路。

2023年，宝马集团在捷克共和国设立了未来出行开发中心，专注于驾驶辅助系统及自动驾驶技术和测试。这个中心拥有宝马集团最大全球最大的测试场地，专门用于测试L3和L4级自动驾驶和泊车技术。2023年6月，德国汉堡港口与物流股份公司的子公司HHLA TK Estonia和自动驾驶公司Fernride在爱沙尼亚码头完成了第一阶段的自动驾驶合作项目，成功将自动化集装箱处理集成到爱沙尼亚码头的工作流程中。

5. 2023年基础设施建设及运行情况

(1)德国的充换电站基础设施实现了扩展和优化

截至2023底，德国累计建成充电站123449个，其中，正常充电站98216个，快速充电站25233个，充电功率大于299 kW的有6621个。2023年德国新增充电站24911个，这使德国主要交通路线和大都市区的充电基础设施几乎覆盖了全国。特别是高功率充电设施，其数量在一年内增加了140%，极大地便利了电动汽车用户。换电站整体设施较少，蔚来公司截至2023年底共有8家换电站分布在德国各州。

(2)德国加氢站基础设施运营情况展现出积极的发展势头

截至2023年底，德国有84座公共加氢站正在使用中，12座规划中，3座进入审批阶段，6座进入执行阶段，7座在调试和运营。这些站点不仅均匀分布在主要城市及交通要道，还特别关注到了对氢能需求日益增长的工业区域。每个加氢站每天能够服务多达500辆氢能车辆，显著提高了氢能源在交通运输领域的可行性。尽管面临高昂的建设成本和运营挑战，德国政府通过提供资金支持和实施税收优惠等激励措施，成功促进了这一绿色能源基础设施的扩张。这些举措不仅推动了氢能技术的发展，也为德国在脱碳道路上迈出了重要一步。

6. 发展规划

(1)政策推动与市场发展

德国政府积极推进电动汽车充电基础设施建设，国内车企也加大对充电设施的投资，这些举措都旨在推动电动汽车市场的发展，并确保汽车行业的持续繁荣。政府提供购车补贴和税收优惠，免除新能源汽车的道路税、排放税等，降低消费者使用成本，提高电动汽车的市场吸引力。

(2)企业转型与技术创新

德国汽车巨头如大众、宝马、奔驰等正加速电动化转型，投资数十亿欧元用于电动汽车和混合动力技术的研发，并设定了具体的电动车销量目标。未来会有更多新款的电动车型推出，如标致的E-3008和宝马的i5系列，以及大众计划在2024年下半年推出的ID.7和其他改款纯电车型，市场竞争将更加激烈。新车型的推出不仅丰富了消费者的选择，也促进了市场销量的增长。德国汽车行业积极寻求国际合作，如与中国的合作伙伴关系，为中国汽车制造商提供欧洲制造的零部件，以及在全球范围内的汽车数字化竞争中保持竞争力。

法　国

上海中欧经济技术促进中心

1. 2023年产业发展概况

(1)总述

2023年，法国新能源汽车销量为47.1万辆，其中31万辆是纯电动汽车，占新车销量的17%，同比增长46.8%，电动汽车销量持续上升。同时，法国全面贯彻落实电动汽车发展和充电基础设施建设的决策部署，发挥国家新能源汽车财政补贴政策，大力支持本土企业发展。

(2)电动汽车产业

2023年，法国纯电动汽车销量为31万辆，插电式混合动力汽车销量为16万辆；轻型商务车方面，纯电动汽车销量为3万辆，插电式混合动力汽车销量为220辆；重型商务车方面，纯电动汽车销量为3200辆，库存量3700辆。法国积极推动动力电池市场扩展，法国“电池谷”北起敦刻尔克，南至杜埃，全长约100 km。在“电池谷”中部的吕茨，中国敏实集团与法国雷诺集团于2023年联合投资的两条电池盒生产线已启动生产。

(3)燃料电池汽车产业

2023年，法国燃料电池电动车销量为310辆，库存890辆；重型商务车方面，燃料电池电动车销量为1辆，库存1辆。

(4)智能网联汽车产业

法国在自动驾驶车辆的设计和制造方面有着丰富的经验和创新能力，例如雷诺、标致、雪铁龙等知名品牌都推出了自动驾驶车型，其中一些已经在公路上进行了测试。

法国还在自动驾驶的研究和教育方面有着优秀的人才和机构，例如法国国家科学研究中心(CNRS)、法国国家信息与自动化研究所(INRIA)、巴黎高等电信学院(Telecom ParisTech)等都是自动驾驶领域的权威机构，培养了大量的专业人才，并与工业界和政府部门紧密合作，推动了自动驾驶的技术进步和社会应用。

2. 2023年推广应用情况

(1)总述

2023年，法国新能源汽车注册量为45.8万辆。法国对新能源汽车出台了相应的补贴政策，对于氢燃料电池汽车提出新版战略，积极完善智能网联车方面的法律法规，努力开发和突破相应技术，以上举措都积极推动了法国新能源汽车推广应用工作。

(2)电动汽车推广应用工作

2023年，法国纯电动汽车注册量为29.8万辆，保有量达到86.1万辆；插电式混合动力汽车注册量为16万辆，保有量达到70万辆。

2023年9月，法国政府宣布从2024年1月起推出新的电动汽车现金补贴措施，并于12月公布了符合补贴规定的车型名单，共有来自22个品牌的78款电动车型上榜。法国新补贴规定涉及车辆的碳足迹，更青睐法国和欧洲制造的电动汽车，而法国最受欢迎的3款电动汽车——达契亚Spring、特斯拉Model 3和MG4——将失去享受电动汽车补贴的资格。

(3)燃料电池汽车示范应用工作

法国2023年燃料电池电动车注册量为311辆。2023年12月，法国燃料电池公司Symbio在法国里昂开设了SymphonHY“超级工厂”，该工厂每年将生产1.6万套燃料电池。此外，2023年12月，法国公布了《国家氢能战略》更新版初稿，法国计划到2030年建成6.5 GW的低碳氢产能，到2035年或增至10 GW。文件中确认法国将在未来3年里投入40亿欧元的补贴，以支持1 GW电解产能部署，法国政府计划到2030年投入近90亿欧元支持脱碳氢的部署。

(4)新能源汽车换电模式应用试点工作

2023年12月，法国斯特兰蒂斯集团(Stellantis)率先与Ample开展在换电模式方面的合作，将Ample的模块化电池更换技术用于斯特兰蒂斯集团的电动汽车中。Ample的轻量级换电站可以在仅 3 天的时间内部署在公共区域,从而实现快速可扩展的基础设施,以满足驾驶员的需求。当一个支持 Ample 的电动车靠近 Ample 站点时,该站点会立即识别出该车辆。一旦停放在内部,驾驶员通过移动应用程序发起电池更换,不到 5 min 即可充满电池。

(5)智能网联汽车试点工作

法国积极推动智能网联汽车发展。法国的无人驾驶汽车市场呈现出多元化的竞争格局。除了传统的汽车制造商如雷诺、标致雪铁龙等,新兴的科技公司如 Waymo、Cruise 等也在法国市场积极布局。这些公司通过技术研发和合作伙伴关系,不断推动无人驾驶汽车技术的进步和应用。截至 2023 年,大约有 120 项自动驾驶实验正在进行中,这些实验主要通过法国国家协调实验计划(EVRA)实现,其中包括从马西 RER(大区快铁)站到萨克雷高原的自动驾驶穿梭巴士,以及蒙彼利埃的自动驾驶物流机器人等。

3. 2023 年法国主要企业经营情况

(1)雷诺集团(Renault Group)

①总述

2023 年,雷诺集团在新能源乘用车领域排名欧洲第三,销量同比增长 19.7%,占欧洲销量的 39.7%(其中纯电动汽车占 11.3%)。Austral、Clio 和 Captur 位列欧洲最畅销混合动力车型前十。

②电动汽车产业

2023 年,雷诺集团在法国纯电动汽车销量为 6.2 万辆,其中,雷诺 3.2 万辆;达契亚 3 万辆;插电式混合动力乘用车销量 1569 辆,其中,雷诺 1569 辆;达契亚 0 辆。

③燃料电池汽车产业

2023 年 9 月,雷诺在巴黎车展上推出 Scenic Vision 概念车,该车将采用一套"电动机+固体燃料电池+氢燃料电池"组成的系统,固定电池组的容量 40 kWh,氢燃料电池组为 15 kW,可以在移动中为电池充电,续航可达 800 km。

④智能网联车产业

雷诺集团与法国物联网安全初创公司 ProvenRun 达成协议,合作开发"协议断路器"产品,以在车内系统之间创建安全的高速数据传输,以支持自动驾驶和实时导航等先进功能,为联网车辆、智能设备和支持物联网的硬件提供安全的操作系统和应用程序。

雷诺集团推出自动超车技术,在公共交通领域,雷诺集团将研发重点放在在指定路线上运行的 L4 级自动驾驶迷你巴士上,计划推出一个基于全新雷诺 Master 的机器人化电动迷你巴士平台,该平台能够整合来自 EasyMile、Milla 和文远知行等专业合作伙伴提供的自动化解决方案。

(2)斯特兰蒂斯集团(Stellantis Group)

①总述

2023 年,斯特兰蒂斯集团在电动汽车产业推动了纯电动车型的研发和推广;在燃料电池汽车产业,斯特兰蒂斯集团发布了改造其厢式货车阵容 Pro One 电气化战略计划,将目标瞄准了商用车领域;在智能网联汽车产业,其积极参与车联网(V2X)技术的研发,加速了自动驾驶技术的商业化进程,并扩大了车联网服务的范围。

②电动汽车产业

2023 年,斯特兰蒂斯集团在法国电动汽车销量为 6.9 万辆,2023 年 7 月,斯特兰蒂斯集团发布首款全电动 E-3008,基于"STLA Medium"平台提供 Allure 和 GT 两种车型及 210bhp、230bhp 长续航和 320bhp 双电机四驱 3 种动力系统。斯特兰蒂斯集团远期纯电车型销售目标远大:2030 年底之前集团在法国售出汽年中纯电车型销售占比为 100%;车型规划方面,集团目标 2030 年集团拥有超过 75 款纯电动车型。

③燃料电池汽车产业

斯特兰蒂斯集团则凭借其在氢能领域多年的技术积累,率先向氢燃料电池汽车领域发起冲击。考虑到氢燃料电池汽车存在的限制,斯特兰蒂斯集团将目标瞄准了商用车领域。2023 年 10 月,斯特兰蒂斯集团发布了改造其厢式货车阵容 Pro One 电气化战略计划,计划表明该公司将拥有 8 款燃料电池氢气版本的中型和大型厢式货车:雪铁龙 ë-Jumpy 和 ë-Jumper,菲亚特 Professional E-Scudo 和 E-Ducato,欧宝/沃克斯豪尔 Vivaro 和 Movano,以及标致 e-Expert 和 E-Boxer。斯特兰蒂斯集团希望到 2030 年将燃料电池汽车年产能提升至 10 万辆。

④智能网联车产业

斯特兰蒂斯集团一直在开发 STLA SmartCockpot,该驾驶座舱可以与车辆乘员的数字生活无缝集成,并将车辆转变为个性化的生活空间。在下一代智能座舱的界面中,用户可以通过触摸、语音、眼神和手势等输入方式,以更自然的方式与汽车互动。此外,它使用由 AI 驱动的应用程序提供广泛的特性和服务,例如导航、语音帮助、电子商务市场和支付服务。

4. 2023 年新能源汽车与智能网联汽车项目及园区建设情况

(1)新能源汽车项目及园区建设

法国最大的汽车制造中心——上法兰西大区全面启动了汽车行业电气化转型。2023 年 5 月 30 日,Automotive Cells Company(ACC)第一家超级电池工厂在法国北部的 Douvrin 举行了落成典礼,新落成的电池工厂总投资 8 亿欧元,可提供 2000 个就业岗位。在加莱地区,还先后建立了位于 Douai 市雷诺工厂附近的中国远景动力(Envision AESC)电池厂和位于敦刻尔克的 Verkor 电池厂;敏实与雷诺合资生产电池盒、厦钨新能源与法国核能企业欧安诺 2023 年宣布共同投资在敦刻尔克生产锂电池所需的阴极部件;Symbio 开设其首个超级工厂 SymphonHy,这是欧洲最大的氢燃料电池综合工厂,支持可持续和高效移动出行的部署。

(2)智能网联汽车项目及园区建设情况

2023 年 1 月,Navya 与合作伙伴电动巴士制造商 Bluebus 一起完成了 2 辆 Bluebus Autonom 的无人驾驶化和自动化,并完成了所有的试运行测试。Navya 自动驾驶巴士已被法国政府投入到工业区、公园和小型住宅区等场景,用来解决"最后一公里"问题。

2023 年 11 月 7 日,图卢兹—布拉尼亚克机场的自动牵引车已升级到自动驾驶 4 级(完全消除机上人员),并延长了路线,允许更复杂地使用。晋升到 4 级不仅是一项技术成就,更是展示工业自动驾驶汽车价值的关键里程碑。通过消除车上的任何人为干预,可以释放成本和时间效率、可扩展性和灵活性；车辆的路线从 800 m 延长到 2000 m，将扩大其使用范围，例如研究行李轨迹及优化轨迹和机动，这表明无人驾驶解决方案已准备好用于机场的商业运营。

5. 2023 年基础设施建设及运行情况

截至 2023 年底，法国累计建成充电站 119255 座，充电桩 11.8 万个，其中慢充 9.8 万个，快充 2 万个。但充电点在法国的分布并不均匀，最密集的是巴黎大区、南法地中海周围地区、北部省和吉伦特省。随着电动汽车数量的持续增长，扩大快速充电器网络对于满足电动汽车用户不断变化的需求至关重要。

法国正在加速推进氢能项目建设，截至 2023 年底，法国有 17 座公共加氢站正在使用中，19 座在建，40 座进入执行阶段，35 座进入审批阶段及 11 座在调试和运营，这使法国成为欧洲拥有加氢站数量第二多的国家，仅次于德国。这些站点关注到了对氢能需求日益增长的工业区域，显著提高了氢能源在交通运输领域的可行性。

6. 发展规划

为了贯彻落实《替代燃料基础设施条例》（AFIR）的有关要求，政府提供新能源补贴，加快建设新能源二手车市场。由于新能源汽车售价比内燃机汽车高出很多，所以环保补贴仍然是重要的刺激手段，出台针对商业用途的加速折旧补贴和重型货车的专项支持计划。2023 年 9 月，作为汽车供应商的专业工会 FIEV，利用其首次在里昂举办的 EQUIP AUTO 展会提出，法国新能源汽车生产的痛点在于成本，通过提高税收轨迹的可见性、持续降低生产成本、研究税收抵免的可持续性，以及通过 CORAM 等工具扩大对研发投资的支持，通过其竞争力来增强法国基地的吸引力。

加快基础设施的建设，完善产业发展环境，来满足快速增加的新能源汽车充电的需求。法国计划在 2030 年建成 40 万个公共充电桩，至少包括 50000 个快速充电点，公共充电容量达到 8 GW。计划 2027 年底要完成 2.5 万个快速充电桩的建设。

推动智能网联车发展。政府加大对无人驾驶汽车技术研发的投入，支持科研机构和企业进行关键技术攻关，注重消费者隐私保护；进一步完善相关法规和标准，为智能网联车的测试和部署提供更加明确和规范的指导。此外，政府还应加强与其他国家的合作，共同推动智能网联车技术的全球应用和发展。

韩 国

上海中欧经济技术促进中心

1. 2023 年产业发展概况

（1）总述

2023 年，韩国新能源汽车销量同比增加 24.3%，为 55.8 万辆。在出口方面，新能源汽车出口同比增长 31.1%，为 72.9 万辆；出口额同比增长 50.3%，为 242 亿美元，双双创下历史新高。伴随着新能源汽车的发展，韩国本土车企如现代和起亚在新能源汽车领域的影响力持续扩大。

电控系统发展强势，韩国电池管理系统（BMS）在电动汽车、储能系统及智能电网等领域的应用日益广泛。特别是无线 BMS 技术的引入，进一步提升了系统的能量集成度和故障诊断能力。

韩国新能源汽车产业链在 2023 年实现了更紧密的协同合作，全国范围内形成了从整车制造到关键原材料供应、再到核心零部件企业的全产业链协作，构建了一个高效协同的全产业链发展格局。

（2）电动汽车产业

2023 年，韩国国内电动汽车市场进入调整期，电动汽车购买率为 9.3%，相比 2022 年的 9.7% 有所下降。电动汽车销量同比减少 2000 辆左右，为 16.2 万辆。相比于国内，韩国电动汽车出口势头强劲，出口量为 34.9 万辆，同比增加 58.1%，插电式混合动力车出口 6.5 万辆，出口量同比增长 40.9%，进一步巩固了韩国在电动汽车领域的国际竞争力。

（3）燃料电池汽车产业

氢燃料电池汽车销量下滑，2023 年，韩国氢燃料电池汽车销量为 4731 辆，同比下降 55.2%，出口量仅有 224 辆。尽管面临挑战，韩国仍在全球燃料电池汽车市场中占据一定份额。

燃料电池企业不断加大研发投入，现代 2023 年推出 NEXO 新系列车型，起亚申请以起亚 Stinger 为基础的氢燃料电池技术专利。现代汽车集团子公司（HTWO）、韩国浦项钢铁能源（POSCO Energy）、LG 化学等凭借深厚的技术积累和创新能力，在全球燃料电池市场中占据重要地位。

（4）智能网联汽车产业

数字经济基础扎实，在汽车电子控制领域，韩国涌现出一批具有全球影响力的企业，如现代汽车集团、起亚汽车等汽车制造商旗下的电子控制单元（ECU）研发部门，以及 LG 伊诺特（LG Innotek）、三星电子（Samsung Electronics）等电子巨头。这些企业不仅在自动驾驶、智能网联等前沿技术方面取得了重要进展，还在提升汽车电子系统的可靠性、安全性及能效方面作出了突出贡献。

智能汽车技术创新活跃，现代集团致力于自动驾驶研究，在 2023 年推出搭载 L3 级自动驾驶系统的大型运动型多功能车起亚 EV9。2023 年 1 月 9 日，现代汽车推出与自动驾驶技术合资公司 Motional 共同研发的 IONIQ 5 机器人出租车，搭载 L4 级驾驶技术。2023 年 6 月，三星电子新车联网（V2X）通信系统开发取得重要进展，8 月三星电子发布了新一代高级驾驶辅助系统（ADAS），9 月三星展示了其针对自动驾驶和智能座舱的 Exynos Auto V 系列处理器，为自动驾驶软件和智能座舱提供了全面的技术支持。

2. 2023 年推广应用情况

(1)总述

韩国积极落实新能源汽车发展相关政策,对新能源汽车的补贴由过去更重视性能和续航,改为更注重维护、安全性和充电基础设施。韩国在全国范围内加速建设充电桩,充电站和加氢站等基础设施,在政府的积极政策推动下,韩国的新能源汽车推广量和保有量均有所提升。

(2)电动汽车推广应用工作

韩国政府加大对电动汽车及充电基础设施补贴力度,从2023 年起,对采用 V2L 技术(将电力从电动汽车电池向外抽出使用)的电动汽车,以及近 3 年安装 100 个以上快速充电桩的汽车制造商提供了额外的补贴。2023 年 5 月,韩国企划财政部公布税法修订条例,电动汽车动力总成系统和充电系统等与未来交通工具相关的 5 项技术和 3 项设施将被列入国家战略技术清单。韩国政府为投资电动汽车相关技术和生产设施的企业提供了税收抵免政策。投资额超过前 3 年平均年投资额的部分,将给予 10% 的额外抵免(临时投资税收优惠),大型和中型企业最高可获 25% 的投资税收抵免,中小型企业则为 35%。这些举措将提高韩国电动汽车的普及率和市场占有率。

截至 2023 年,韩国累计注册登记电动汽车 54.4 万辆。2023 年全年韩国电动汽车注册量增加 15.4 万辆(增长率 39.5%)。

(3)燃料电池汽车示范应用工作

2023 年 1 月 31 日,韩国环境部宣布,将大幅增加氢能燃料电池车的供应,预计有 16920 辆氢能燃料电池车获得补贴。购买氢能燃料电池车的个人/企业居住地的地方政府为乘用车提供最高 2250 万韩元的补贴,部分乘用车可获得最高 3000 万韩元的补贴。从 5 月起,平均每个加氢站运营商将收到约 5400 万韩元的补贴,以补偿消费者支付的氢气费用,该财政扶持将持续到 2025 年。

2023 年韩国燃料电池汽车呈现出稳健的增长趋势。截至 2023 年底,韩国累计注册氢能源汽车 3.4 万辆,占全部汽车注册量的 0.13%。氢燃料汽车注册增加量 4600 辆,相较去年增长了 15.6%。在加氢站方面,2023 年初韩国在营加氢站 168 座,2023 全年韩国新增 4 座加氢站,加氢站总数为 172 座。

(4)新能源汽车换电模式应用试点工作

2023 年韩国对新能源汽车换电模式推广力度较小,由于韩国国土面积较小,充电桩设施密集,土地、人工资源成本高,换电模式推广较为困难。韩国曾在济州市推广过公交车与出租车换电站,但效果并不理想。韩系新能源汽车很少有采取换电模式。

(5)智能网联汽车试点工作

韩国大力推动智能网联汽车发展。韩国将在 2021~2027 年期间投入 1.1 万亿韩元支持自动驾驶汽车研发和相关基础设施部署。韩国国土交通部发布了《自动驾驶汽车安全标准》,成为全球首个为 L3 级自动驾驶制定安全标准并制定商用化标准的国家。2023 年 11 月 28 日,经自动驾驶汽车试点区委员会审议后,韩国在 7 个城市新划定了 10 个自动驾驶汽车试点区(京畿道安阳、仁川国月、松岛、永宗、国际机场、蔚山、大同城路、庆尚北景州、庆尚南川和全罗南海南),此外,委员会还对 2023 年前已有的 4 个试点区(京畿道板桥、江原道江陵、济州和忠清)及 2023 年 6 月划定的庆北道厅试点区进行更改和扩大。截至 2023 年底,韩国无人驾驶试点区已扩大到 17 个城市的 34 个地区。韩国首尔在 2023 年免费开放深夜自动驾驶公交,全程 9.8 km。2023 年 6 月 2 日,仁川市政府举行了首次仁川市自动驾驶示范区会议,启动了自动驾驶出租车试点服务,提供市民预约乘坐。

3. 2023 年主要企业经营情况

(1)现代汽车

①总述

现代汽车在新能源汽车市场持续扩张,致力于推出更多新能源汽车产品,以满足全球消费者环保需求。2023 年现代新能源汽车的销量一共为 69.5 万辆,其中纯电动汽车市场渗透率为 6.4%,混合动力汽车为 8.9%,插电混动为 1.1%,燃料电池 0.1%。

②电动汽车产业

现代汽车在电动汽车产业方面取得了显著进展。艾尼氪(IONIQ)系列车型均采用了现代汽车全新的电动汽车平台 E-GMP,具备出色的性能和续航能力。现代汽车纯电动汽车 IONIQ 6 斩获 2023 年世界年度汽车奖,现代汽车 N 品牌首款高性能电动车 IONIQ 5 N 荣膺 Top Gear 评选的 2023 年度最佳汽车大奖。在销量方面,2023 年现代纯电动汽车销量为 26.8 万辆。

③燃料电池汽车产业

现代汽车是燃料电池汽车技术的先驱之一。2023 年,现代汽车推出了第三代燃料电池汽车 Nexo,这款车型具备更高的续航里程和更低的运行成本。现代汽车的燃料电池车 Nexo 在 2023 年销量 4709 辆,同比下降 55.9%,累计销量 36831 辆。现代在 2023 年也售出了 370 辆燃料电池公交车。

④智能网联汽车产业

现代汽车在智能移动出行领域率先深度布局,为加速以软件为中心的智能移动出行开发速度,现代于 2023 年的 CES 上发布了"软件定义一切"(SDX, Software Defined Everything)战略,旨在通过先进的软件和人工智能,开发出能随时随地满足用户需求的移动出行生态系统。现代汽车集团还成功开发 L3 级别自动驾驶技术,推出了基于 5G 网络的车辆到一切(V2X)通信解决方案。

(2)起亚汽车

①总述

起亚积极响应全球汽车行业向新能源转型的大趋势,不仅在电动汽车领域取得了显著成绩,还在燃料电池汽车和智能网联汽车方面进行了积极布局,实现了新能源汽车业务的全面发展,2023 年起亚新能源汽车实现了 57.6 万辆的销量。

②电动汽车产业

起亚的电动车型在全球多个市场获得了积极的市场反馈,销量增长稳健。2023 年起亚纯电动汽车销售 18.2 万辆,插电混动汽车 8.8 万辆。

③燃料电池汽车产业

起亚汽车在燃料电池汽车领域的直接市场表现有限，但起亚汽车共享了现代集团在燃料电池技术方面的研发成果和资源，持续进行技术储备，积极参与氢能设施建设。

④智能网联汽车产业

起亚汽车一直致力于自动驾驶技术的研发和应用，2023年2月，起亚与韩国顶尖大学韩国科学技术院（KAIST）合作，共同开发用于无人驾驶汽车的新一代激光雷达传感器。2023年起亚在其大型SUV车型EV9上首次引入了L3级自动驾驶技术。

4. 2023年新能源汽车与智能网联汽车项目及园区建设情况

(1)新能源汽车项目及园区建设情况

2023年2月，韩国产业资源部在首尔召开了“移动氢供需协商小组”会议，计划建设91座加氢站，并交付1.7万辆氢动力汽车，3座液化氢工厂和6个制氢基地。

2023年4月，起亚公司在韩国启动了一座专门生产商用电动汽车（EV）的新工厂的建设。这座工厂位于华城，年产能达到15万辆纯电动专用汽车（PBV），预计将于2025年下半年开始投产。

2023年7月，容百科技公司收到韩国同意公司在韩国新万金国家产业园区投资建设年产8万t三元前驱体及配套硫酸盐生产基地。

2023年11月，现代汽车集团在韩国东南部蔚山电动汽车工厂破土动工，预计投资2万亿韩元，将于2025年结束建设，2026年第一季度开始量产。

2023年4月，韩国产业通商资源部发布了“2023年氢能生产基地建设项目新课题”公告，通过此次公告招募3家参与氢能基地建设的企业。其中2个生产基地是利用电解水生产氢气和氧气，另外1个基地是通过天然气重整生产碳捕集型氢气。

(2)智能网联汽车项目及园区建设情况

2023年2月，韩国发布了《汽车安全度测试和评价规定》，将车联网（V2X）通信技术纳入新车评价程序。

2023年9月，韩国交通部宣布投资1000亿韩元建立城市级自动驾驶应用创新实验室。

5. 2023年基础设施建设及运行情况

充电基础设施仍待完善，2023年韩国共有充电站5031个，新增充电站936个。同比增长22.8%。截至2024年1月，韩国充电桩保有量约30.4万个，其中慢速充电桩270923个，快速充电桩34356个。充电桩数量同比增加48.8%。尽管在数量上有较大增长，但公共充电桩的分布与使用情况仍存在不均衡的现象。快速充电桩只占总数的12.6%。

加氢站建设稳步增长，截至2023年底，韩国全国共有172个加氢站。2023年新增4座加氢站，在建约20个加氢站。2024年2月，韩国政府公布了放松加氢站安全的规定，目标是到2030年将韩国的加氢站数量从192座增加至458座，并进一步发布文件强调70座液氢加氢站的目标。

6. 发展规划

大力普及新能源汽车。韩国环境部发布《2023年环保汽车普及实施计划》。韩国产业通商资源部3月12日在国务会议上敲定第四期新能源汽车发展规划（2021—2025）。韩国政府设定了到2030年新能源汽车占国内汽车市场份额30%的目标。政府计划到2025年推出完全无人驾驶（4级）巴士和班车；到2027年推出无人驾驶4级轿车。该规划的主要目标是到2025年，新能源汽车普及量达到283万辆，占汽车总保有量的10%；到2030年，新能源汽车普及量达到785万辆，占汽车总保有量的33%。实现到2030年汽车碳减排24%的目标。

优化产业基础设施。韩国政府的目标是到2025年建设50万个电动汽车充电站，其中10.6%是快充充电桩；到2030年建设660个氢燃料补充站，其中300个是公共补充站，360个是私人补充站。韩国政府还将在全国各地建立专业的新能源电动车维修中心，提供技术支持和服务。

政策补贴改进，韩国环境部与国内外汽车企业共享了《2023年电动汽车补贴体系改编案》草案，并于1月内确定最终方案。新政策中，700万韩元的最大国家补贴金额降至680万韩元；补贴门槛提高且金额减少。同时，新补贴标准将燃油效率补贴和行驶里程补贴总合上限定为500万韩元，比之前下调100万韩元。此外，对于采用“V2L”技术（可将电力从电动汽车电池向外抽出使用）的电动汽车，追加15万韩元补贴。

鼓励技术创新，2023年9月19日，韩国科学技术信息通信部公告，韩国政府将投入约1.8万亿韩元的研发经费，支持新能源汽车的核心技术研发，包括高性能电池、高效电机、智能控制系统、自动驾驶技术等。

促进产业协同，韩国政府将推动新能源汽车产业的协同发展，促进上下游企业的合作和联盟，打造新能源汽车产业生态圈，提升韩国在新能源汽车领域的国际竞争力。2023年12月，韩国政府公布了一项38万亿韩元的财政计划，旨在未来五年内，帮助当地电动汽车电池制造商实现供应链多元化。

美　国

上海中欧经济技术促进中心

1. 2023年产业发展概况

(1)总述

2023年，美国新能源汽车销量为147.1万辆，同比增长49%，渗透率为9.3%。作为全球新能源汽车销量的第三大驱动力，美国新能源汽车产业展现出强劲的增长势头和积极的发展趋势，在政府和企业的积极推动下，正在加速向电动汽车转型。其中，加利福尼亚州的新能源汽车发展处于美国领先地位;同时,美国的自动驾驶汽车技术发展较为成熟,其与新能源汽车的联合发展将为汽车产业带来新的增长点。

(2)电动汽车产业

2023 年,美国在纯电动汽车领域保持了显著增长,销量为 118.7 万辆,同比增长 48%,渗透率为 7%,占新能源汽车市场销量的 80.9%,占所有乘用车销量的 9.1%,特斯拉在纯电动汽车市场中占据主导地位,同时现代、福特和通用等其他车企也在积极推出新车型。插电式混合动力汽车销量为 28.1 万辆,同比增长 54%,渗透率为 1.8%,占新能源汽车市场销量的 19.1%,丰田在这一市场占据主导地位。随着电动汽车销量快速增长,特斯拉、通用汽车、福特等汽车制造商正在大力发展电池技术,以实现更长的续航里程和更快的充电速度。此外,美国新能源汽车注册的地理位置分布不均,加利福尼亚州在电动汽车转型方面处于领先地位。

(3)燃料电池汽车产业

2023 年全球燃料电池汽车市场显著下滑,销量为 14451 辆,同比下降 30.2%。其中,美国燃料电池汽车的销量占比为 20.7%,保持了增量趋势,同比增长 10.5%,是全球燃料电池汽车销量第三大市场,其他主要国家和地区销量均出现不同程度下跌。2023 年,美国氢燃料电池电动汽车销量为 2992 辆,以乘用车车型为主。具体来看,丰田 Mirai 成为美国氢燃料电池电动汽车产业的主导车型,现代 Nexo 销量位居第二。加氢基础设施缺乏、能源转换效率不高和储运安全问题是制约美国氢燃料电池汽车产业发展的主要因素,破解这些问题将有效促进燃料电池汽车产业的发展。

(4)智能网联汽车产业

美国在智能网联汽车领域发展相对成熟,主机厂和科技公司在基础软件、核心芯片、激光雷达等方面不断形成突破,已经逐渐形成了相对稳定的产业链合作和商业模式运营。2023 年,美国交通部发布《无人驾驶汽车乘客保护规定》加强自动驾驶汽车的安全性;同年 10 月,美国交通部发布加速车联网部署计划草案和 4000 万美元投资公告,进一步加强全国范围车联网部署,推进一致性服务。

2. 2023 年推广应用情况

(1)总述

美国作为全球新能源汽车市场的重要参与者,提出到 2030 年所有新车销售中有一半为新能源汽车的目标,采取税收抵免、建设全国性的电动汽车充电站网络、提供消费者激励措施及重组和扩展国内制造供应链等一系列措施来推动这一目标的实现。2023 年 4 月 18 日,新能源汽车税收抵免政策《通货膨胀削减法案》最新版生效,明确提出单车 7500 美元的税收抵免,取消了之前对汽车制造商 20 万辆补贴上限的限制,并延长新能源充电基础设施的税收抵免至 2032 年 12 月。这些政策举措旨在刺激新能源汽车市场的发展,推动美国新能源汽车的推广应用。

(2)电动汽车推广应用工作

2023 年,美国电动汽车注册数量首次超过 110 万辆,同比增长 52%,电动汽车在整个汽车市场的占有率为 7.7%,同比上升 2 个百分点。其中,在电动汽车的注册量方面加利福尼亚州继续保持其在美国的领先地位,2023 年电动汽车注册量最高,佛罗里达州注册量次之。同时,加利福尼亚州也是美国电动汽车渗透率最高的州,并计划从 2035 年起禁售燃油新车,加速新能源汽车转型升级。

(3)燃料电池汽车示范应用工作

美国的燃料电池汽车以氢燃料汽车为主,相较于电动汽车市场,氢燃料汽车市场仍然是一个小众市场。2023 年,美国的氢燃料电池汽车销售集中在加利福尼亚州,最受欢迎的两款系列车型为丰田 Mirai 和现代 Nexo,销量分别达到 2737 辆和 241 辆。截至 2023 年底,美国氢燃料电池汽车的保有量超过 17940 辆(不包括停产车辆),同比增长 20%。此外,2023 年美国已有超过 25 家氢电上市公司和数百家进入快速成长期的初创企业,Plug Power、Nuvera、FuelCell Energy 等企业在电解槽、燃料电池等产品上取得显著进展。

(4)新能源汽车换电模式应用试点工作

2023 年,美国换电技术实现革新。美国初创公司 Ample 推出的最新电池交换系统解决了不同厂商电池规格兼容难题,采用双倍数量机器人进行操作,实现 5 天完成换电站的安装和运行,并在 5 min 内为不同品牌的电动汽车更换满电的电池。截至 2023 年底,Ample 在美国旧金山湾区营运了 12 座第一代电动车换电站,并计划新建第二代换电站扩大服务范围。2023 年末,Ample 与斯特兰蒂斯集团(Stellantis)签订了合作伙伴关系,计划将 Ample 的模块化电池更换解决方案集成到斯特兰蒂斯集团的纯电动汽车菲亚特 500e 中,于 2024 年在西班牙马德里的汽车共享服务公司最先投入使用。

(5)智能网联汽车试点工作

美国智能网联汽车不断创新。2023 年 10 月,美国交通运输部发布《Saving Lives with Connectivity: A Plan to Accelerate V2X Deployment(DRAFT)》,明确提出加速全国规模部署 C-V2X 车联网。2023 年,Waymo、Cruise、Zoox 等 21 家公司共计车辆 1603 台在加利福尼亚州进行了将近 1000 万 km 的自动驾驶路试活动。奔驰获得美国监管部门的批准,在加利福尼亚州和内华达州部署 L3 级自动驾驶系统(Drive Pilot 系统),在该系统运行下,驾驶者不用看路,双手双脚可以脱离驾驶,在车内拿放物品、处理工作等都被允许,开启了"自动驾驶"的新阶段。

3. 2023 年主要企业经营情况

(1)特斯拉

①总述

特斯拉(Tesla)是一家美国电动汽车及太阳能公司,总部位于加利福尼亚州硅谷地区,主要设计、制造、销售高性能的电动汽车和先进技术的太阳能产品,以推动全球向可持续能源过渡。

②电动汽车产业

2023 年特斯拉在美国的新能源汽车销量为 65.5 万辆,均为纯电动车型,同比增长 25.4%,在美国新能源汽车市场占有率为 44.6%。其中,Model Y 销量为 394497 辆,Model 3 销量为 220910 辆,Model X 销量为 23015 辆。

③燃料电池汽车产业

特斯拉作为全球知名的电动汽车制造商,其主要产品为纯电动汽车。2023 年,特斯拉的财报及相关报告中并未提及燃料电池汽车的生产和销售情况。美国燃料电池汽车市场整体规模较小,特斯拉在该领域的活动并不显著。

④智能网联汽车产业

特斯拉 FSD(Full Self-Driving)在 2023 年更新至 V11.4 版本,是特斯拉 Autopilot 智驾产品组合最高档产品,可实现包含高速领航、城市道路领航和泊车三域智驾功能,仍需驾驶员实时监控,属于 L2 高级辅助驾驶。特斯拉 Model 3 采用了大模组方案和 CTP 技术。在电池技术方面,特斯拉应用自研的 4680 电池,提供了更高的能量密度和输出功率,同时降低了成本,提升了车辆的续航里程。在电驱动系统方面,采用了 SiC MOSFET 技术,提高了功率密度和系统效率。在热管理系统方面,采用了电子膨胀阀等精细化管控部件,提升了热管理效率和精度。在智能座舱方面,以大算力和强生态为发展方向,提供了丰富的功能和良好的用户体验。在底盘技术方面,采用了线控制动系统和高效率的电动助力转向系统,为自动驾驶提供了良好的执行基础。

(2)福特汽车公司

①总述

福特汽车公司(Ford Motor Company)于 1903 年创立,总部设在美国密歇根州迪尔伯恩市,是世界最大的汽车企业之一。福特汽车公司以其创新和工业成就闻名于世,包括推出改变世界的 T 型车及发明现代工业革命史上具有里程碑意义的流水装配线。福特集团旗下拥有多个汽车品牌,包括福特(Ford)和林肯(Lincoln)。

②电动汽车产业

2023 年,福特集团在美国共销售纯电动汽车和插电式混合动力汽车 8.33 万辆,同比增长 12%,在美国新能源汽车市场占有率为 5.7%。其中,福特品牌销售的 3 款纯电动汽车销量分别为 Mustang Mach-E(4.1 万辆)、F-Series(2.4 万辆)、Transit(0.8 万辆),插电式混合动力汽车 Escape 销量为 0.73 万辆。林肯品牌 MKC/Corsair 和 Aviator 合计销量为 0.34 万辆。

③燃料电池汽车产业

2023 年,福特汽车公司在燃料电池汽车领域的发展并不明确,没有关于燃料电池汽车销量的情况。

④智能网联汽车产业

2023 年,福特汽车公司成立了全资子公司 Latitude AI,该公司专注于开发一种无需手握方向盘、视线可以脱离路面的主动驾驶辅助系统,为用户带来创新驾驶体验。随着 Latitude 的成立,福特将增加由一支机器学习、机器人技术、软件开发、传感器技术、系统工程测试和安全操作等多个领域的专业人才组成的领先团队,进一步扩大并加强其在自动驾驶技术方面的研发工作,包括福特 BlueCruise 蓝智驾主动驾驶辅助系统的进一步发展,该技术已经累计有超过 8000 万 km 的解放双手主动驾驶辅助行驶里程。

4. 2023 年新能源汽车与智能网联汽车项目及园区建设情况

美国新能源汽车电池不断升级迭代,自动驾驶汽车发展成熟。随着美国《通货膨胀削减法案》的实施,人们对高质量、高性能电池的需求显著提升。2023 年 3 月 24 日,LG 能源解决方案(LG Energy Solution Ltd.)积极响应客户和市场需求,宣布将在美国亚利桑那州投资 7.2 万亿韩元建设一座大型电池制造园区,总产能为 43.3 GWh,主要生产 2170 圆柱形电池供应给美国主要电动汽车客户,同时建设世界上第一家 ESS 专用生产工厂,生产 LG 能源解决方案自主研发的软包磷酸铁锂电池,于 2023 年底开始建设,预计 2026 年投入生产。

在智能网联汽车方面,加州硅谷作为全球自动驾驶路试的主要基地,2023 年 Waymo、Cruise、Zoox 等 21 家知名自动驾驶企业共计车辆 1603 台进行了将近 1000 万 km 的路试,在规模、里程和干预次数上都有所增加,进一步推动自动驾驶技术走向成熟。自动驾驶汽车安全性备受关注,美国自动驾驶行业协会发布了自动驾驶政策框架,目标是从政策法规层面破除自动驾驶行业发展的障碍,推动联邦层面自动驾驶法律的制修订,促进自动驾驶技术与产业的发展。

5. 2023 年基础设施建设及运行情况

(1)充换电站基础设施持续扩展

充电基础设施增量不足。截至 2023 年底,美国累计建成充电站 6.4 万座,充电桩 17.6 万个,其中,L1 充电桩 2972 个,L2 充电桩 13.5 万个,DC Fast 充电桩 3.8 万个。公共充电桩保有量为 16.1 万个,其中,2023 年新增公共充电桩 2.4 万个。美国充电设施分布不均,主要集中在城市中心和高速公路上,居民区和其他公共场所的充电设施相对缺乏。充电桩以慢充为主,难以满足消费者的使用需求。全国近三分之一的公共充电基础设施位于加利福尼亚州,远超美国其他地区。美国充电桩运营商众多,其中,ChargePoint 是美国最大的充电桩运营商,在常规充电和超级充电领域遥遥领先。特斯拉排名第二,在快充市场占据主导地位。其次是 SemaConnect、Blink、Electrify America、EV connect 及其他运营商。

换电设施较少,技术实现革新。2023 年,美国换电基础设施不足,Ample 公司在旧金山湾区营运 12 座电动车换电站,难以满足消费者需求;技术方面,Ample 推出的第二代电池交换系统解决了不同厂商电池规格兼容难题,换电更加方便。

(2)加氢基础设施增量缓慢

2023 年,美国加氢站建设速度缓慢,新增约 5 座加氢站,主要分布在加利福尼亚州,与计划的 100 座加氢站相差甚远,原因是氢气供给技术问题和偶发性设备故障。截至 2023 年底,美国加氢站保有量为 92 座。由于存在加氢站设施不足,运营难度较大,能源转换效率较差,储运安全性较低等问题,美国氢燃料电池汽车需求受到压制。

6. 发展规划

(1)制定新能源汽车长期发展目标

美国政府提出新能源汽车长期发展目标,即到 2030 年所有新车销售中有一半为零排放汽车,包括纯电动汽车、插电式混合动力汽车或燃料电池电动汽车。政策方面,《通货膨胀削减法案》提出的新车税收抵免补贴政策刺激需求增加,重点促进新能源汽车市场发展,实现 2026 年美国新能源汽车渗透率达到25%的目标。技术层面，松下、LG Energy Solution Ltd. 和宁德时代等电池制造商不断创新实现电池技术更新，如4680电池的应用，有助于推动市场增长。

(2)推动车联网部署计划实施

美国放宽自动驾驶商用准入，提出加速车联网部署计划。2023年10月，美国交通部发布加速车联网部署计划草案，提出2024—2034年期间将推动6家车企、20款量产车型搭载5.9 GHz C-V2X通信技术，加强网联驾驶的安全性；同时发布4000万美元投资公告，计划在10年内实现高速公路车联网应用全覆盖，75个大城市80%的信号灯路口联网，全国75%的路口部署C-V2X设备，50个州实现车与车、车与路互联互通。

(3)完善充换电站、加氢站基础设施建设

随着新能源汽车市场的不断增加，美国政府积极推动电动汽车充电基础设施的建设，提出到2030年建成50万个充电站的目标以支持电动汽车的广泛采用。持续完善充电桩产业链，促进充电桩硬件、软件制造商和充电站运营商的协同发展。加利福尼亚州作为全球的示范效应燃料电池汽车应用市场，启动了GFO-19-602计划加快加氢网络部署，完善基础设施建设，发展新的供应链和制造商能力。

日　本

上海中欧经济技术促进中心

1. 2023年产业发展概况

(1)总述

2023年，日本经济产业省出台政策文件支持、日本各大车企接连发布提高电动汽车产量的生产计划，日本新能源汽车发展势头良好。

日本采取新能源汽车采取“混合动力汽车+纯电动汽车+燃料电池汽车”等多种选项的“全方位战略”。其还发布《绿色成长战略》、《2050碳中和绿色增长战略》、《蓄电池产业战略》和《燃料电池与氢能技术路线图》等，提出支持多种能源、多技术路径协同发展，实现2035年新售乘用车100%电动化目标，提出2050年实现净零排放目标。

(2)电动汽车产业

2023年日本纯电动汽车销量为79198辆，同比增长2.5%，增速与达到3.1倍的2022年度相比大幅放缓。2023年日本插电式的混合动力车销势良好，销量增加21.5%至1971445辆，丰田在这一市场占据主导地位。2023年外国厂商的纯电动汽车进口销量为22890辆车。日本电动汽车市场整合程度较高，前五大公司占据了超过90%的份额。该市场的主要参与者是大发汽车株式会社、本田汽车株式会社、三菱扶桑卡车和客车株式会社、日产汽车株式会社和丰田汽车株式会社，丰田、本田、日产等车企一直在积极推出新电动汽车车型。随着电动汽车销量快速增长，日本本土汽车制造商正在大力发展电池技术、优化混合动力技术，以实现更长的续航里程和更快的充电速度。

(3)燃料电池汽车产业

日本高度重视氢能与燃料电池汽车产业的发展，已经将氢能发展上升到国家战略地位，日本政府先后颁布了《日本复兴战略》、《能源战略计划》、《氢能源基本战略》和《氢能及燃料电池战略路线图》等战略规划。2023年日本新增燃料电池汽车422辆，销量同比下降89.2%。丰田汽车在燃料电池汽车中表现突出，2023年丰田汽车共销售燃料电池汽车4023辆，其中出口量3575辆。

(4)智能网联汽车产业

日本在智能网联汽车产业战略引导、立法规范、研发创新、测试示范等方面走在世界前列。2023年4月1日，日本《道路交通法》修正案正式实施，开始解禁在路线和车速等特定条件下不需要驾驶员的L4级自动驾驶。日本已经允许在驾驶位无人的状态下进行自动驾驶汽车上路测试，并将自动驾驶发生的交通事故列入汽车保险的赔付对象，以上政策及措施为日本智能网联汽车的商业化发展奠定了坚实基础。

2. 2023年推广应用情况

(1)总述

2023年，日本新能源汽车销量呈现出稳步增长的态势。其中，纯电动汽车和混合动力汽车的销量增长较为明显。新能源汽车作为新兴市场在日本汽车市场中的份额逐渐扩大，但与传统燃油汽车相比，还有较大差距。丰田、本田、日产等日本本土品牌在新能源汽车领域表现出色，尤其是混合动力汽车及纯电动汽车。

(2)电动汽车推广应用工作

2023年，日本纯电动汽车保有量约为62万辆。原本长期以来享有竞争优势的日本汽车制造商所采取的电动汽车方面的行动相对比较滞后。日本政府通过多种政策激励措施促进电动汽车的发展，包括购车补贴、税收减免、免费停车等。日本政府计划到2030年实现汽车销售中的电动汽车比例达到50%~70%。

(3)燃料电池汽车示范应用工作

日本的燃料电池汽车以氢燃料汽车为主，相较于电动汽车市场，氢燃料汽车市场仍然是一个小众市场。过去几十年里，日本政府先后投资数千亿日元用于燃料电池汽车的技术研发及示范应用，并取得了良好的成绩。截至2023年底，日本燃料电池汽车注册量422辆，燃料电池汽车保有量超8500辆。日本已建成加氢站152座，计划2030年建成900座。日本发展氢能及氢燃料电池汽车的企业主要有丰田、日产、松下等，尤其是丰田的MIRAI。

(4)新能源汽车换电模式应用试点工作

日本换电模式的新能源汽车暂未广泛试点，维持“混合动力汽车+纯电动汽车+燃料电池汽车”等多种选项的“全方位战略”。

(5)智能网联汽车试点工作

日本国内已经有东京、神奈川县藤泽市、横滨市等10多个城市允许自动驾驶汽车在特定区域和特定时段内从事出租汽车、城市公共汽车等商业化试运营。2023 年 5 月，日本福井县开始面向公众提供日本首例采用 L4 级自动驾驶车辆的移动服务，使用没有司机的 7 人座车辆，行驶区间为固定的约 2 km 道路。2023 年 11 月，日本岐阜市启用自动驾驶巴士为市民提供接送服务，该巴士配备 L2～L4 级自动驾驶系统，主要在市中心地带运行。

智能网联汽车产业及技术研究中有日本多所大学参与，群马大学、埼玉工业大学积极推进针对公共交通的自动驾驶项目实验，东京大学、名古屋大学、庆应义塾大学，金泽大学等多个大学从技术研究到实证，正在推进自动驾驶技术相关研究。明治大学、金泽大学等均设立了专门的自动驾驶研究所。

3. 2023 年主要企业经营情况

（1）丰田汽车株式会社

①总述

丰田汽车株式会社（Toyota Motor Corporation）在全球范围内设有丰田品牌和丰田豪华品牌 Lexus 的生产和销售网络，覆盖了多个国家和地区。2023 年，丰田汽车共销售油电混合动力汽车 342 万辆，纯电动和插电式混合动力汽车的销量分别为 10.4 万辆和 12.5 万辆。

②电动汽车产业

2023 年，丰田纯电动车销量仅 10.4 万辆，占全球总销量 0.1%。该公司是混合动力车型 Prius 的创造者，Prius 成为全球最畅销的混合动力汽车之一。2023 年 10 月东京车展，丰田率先在纯电动车领域发起反击，推出了 bZ3X，采用了 e-TNGA 平台打造，设计更个性时尚，更重要的是降低成本。

③燃料电池汽车产业

2023 年丰田燃料电池汽车共销售 4023 辆，出口 3575 辆。丰田专注氢燃料电池研发已有 20 余年。丰田与东风汽车集团合作，推出搭载了本田氢能电推系统的中国东风卡车；丰田与海马汽车签署战略合作协议，将在海马汽车第三代氢燃料电池汽车上搭载运用包括日本丰田第二代 Mirai 电堆在内的成熟部件及系统。2023 年 5 月，丰田推出了专门的燃料电池部门 Hydrogen Factory，拥有 1350 名员工。2023 年 7 月，丰田成立了 1 个独立的氢业务部门，以扩大燃料电池技术的应用范围，包括工业发电和商用卡车。

④智能网联汽车产业

2023 年 4 月上海国际车展上，丰田表示已在自动驾驶领域与小马智行开展了合作。丰田提供雷克萨斯 RX、丰田赛那等车辆，由小马智行搭载自动驾驶系统后，在多地开展商业化示范运营。与此同时，丰田也积极研发技术，已有 T-Pilot 智能驾驶辅助系统、Toyota Space 智能座舱和 Toyota Connect 智能互联网技术。

（2）本田汽车株式会社

①总述

本田汽车株式会社，成立于 1948 年 9 月，公司总部在日本东京。在全球 29 个国家和地区拥有 130 个以上的生产基地，其汽车产量和规模也名列世界十大汽车厂家之列，本田汽车业务由核心品牌本田（Honda）和豪华品牌讴歌（Acura）构成。

②电动汽车产业

2023 年 4 月，本田更新其电动汽车投放等业务计划的同时还宣布了企业向电动化转型的相关举措。本田一直以来开展多方合作，已在美国与 LG 新能源、在日本与汤浅（GS Yuasa）合资新建电池二厂，在中国正加强与宁德时代的合作关系，另外还与台积电在半导体芯片采购方面进行合作。

③燃料电池汽车产业

本田公司 30 多年来一直致力于氢能技术和燃料电池汽车的研究开发。2023 年 2 月 2 日，本田公司宣布其新研发的燃料电池汽车计划于 2024 年在日本和北美上市。本田汽车公司从 2013 年起就与美国通用汽车公司（GM）联合研发新一代燃料电池系统，预计 2024 年上市的燃料电池汽车将搭载两公司合力研发的燃料电池系统。2023 年 2 月，本田正式发布氢能源事业战略，宣布将把燃料电池系统应用扩大到本田自身的燃料电池汽车及公司内外的各种场景。到 2025 年，本田计划开始每年对外销售 2000 套燃料电池系统，到 2030 年，争取每年销售 6 万套。

④智能网联汽车产业

2023 年 4 月本田推出“智导互联 Honda CONNECT 4.0”。通过大数据和人工智能分析，从“周围环境的监测”“车内乘员的守护”“车辆状态的诊断”3 个维度，实现“提前感知，预先守护，让驾驶远离危险”的安全安心的驾驶体验。该系统通过人脸识别可自动匹配个人专属的座舱设置；支持更多维的互联，实现移动与生活无缝衔接。

（3）日产汽车株式会社

①总述

日产自动车株式会社，简称“日产汽车”，英文为 Nissan Motor Co，Ltd，成立于 1933 年 12 月，日产公司的总部现设在日本东京市，是日本三大汽车制造商之一。2023 年汽车业务板块，实现稳定的自由现金流 3230 亿日元，经营利润 2600 亿日元。

②电动汽车产业

在全球市场，日产的最新目标是到 2030 年实现电驱化车型占全球销量的比例超过 55%，2023 年 10 月东京车展上，日产推出以数字化形式亮相的首款纯电动跨界概念车 Hyper Urban，通过 V2H 和 V2G 技术满足用户的生活方式和用车需求。V2G 技术将电动车辆作为分散式电源，为电网储能，实现车网互动；V2H 技术将电动车辆为家庭供电。

③燃料电池汽车产业

日产汽车独立研发了利用电气化学反应产生电能的“新一代燃料电池组”。该款电池组通过改良膜电极（MEA；Membrane Electrode Assembly）和隔板，提高了发电性能，使能量密度达到了 2005 年款燃料电池组的 2.5 倍。此外，还简化了燃料电池组的构造和生产工艺。对比 2005 年款燃料电池组，铂金使用量降至原有电池组的 1/4，零件种类降至原有电池组的 1/4。整体成本降至原有电池组的 1/6，极大地降低了生产成本。

④智能网联汽车产业

日产一直以来致力于研发的智能网联技术，为消费者提供包括智能驾驶、智能导航、智能互联、智能安全。日产的智能导航系统，可以根据实时的路况、天气、充电桩等信息，为消费者提供最优的路线规划和导航服务，让出行更顺畅。日产还在开发更智能的导航技术，如无人驾驶出租车服务，该服务可以让消费者通过手机 App 预约无人驾驶的日产新能源车，实现无缝的出行体验，让出行更便捷。

4. 2023 年新能源汽车与智能网联汽车项目及园区建设情况

2023 年 4 月，本田宣布将着眼于车载操作系统、AD、ADAS 及网联化领域的软件自主开发业务，将招聘人数在以往的基础上翻一倍，进一步加强对高级软件开发人才的引进。同时，加快推进与 KPIT Technologies 等具有软件开发优势的伙伴的合作，将本田在控制技术和安全技术的优势，与合作伙伴在软件开发领域的优势相结合，实现软件带来的新价值。

2023 年 5 月，日本福井县开始面向公众提供日本首例采用 L4 级自动驾驶车辆的移动服务，使用没有司机的 7 人座车辆，行驶区间为固定的约 2 km 道路。2023 年 11 月，日本岐阜市启用自动驾驶巴士为市民提供接送服务，该巴士配备 L2~L4 级自动驾驶系统，主要在市中心地带运行。

2023 年，丰田和高通的智能驾驶平台达成合作，致力于研发更先进的智能网联汽车技术，并将其投入到汽车商业化量产之中。2023 年 7 月，丰田在华研发基地更名为“丰田智能电动汽车研发中心（中国）有限公司”，致力于为中国市场开发更加紧贴客户需求的车型与配置。丰田在电动化和智能化领域，为了提升竞争力，通过“拓展本土供应商”“改良零部件设计”“改革生产技术和制造工艺”三个领域的举措，力争实现制造成本的大幅削减，打造性价比更高的电动智能汽车。

5. 2023 年基础设施建设及运行情况

日本拥有较为密集的充电网络，尤其在城市和高速公路沿线。2023 年，日本电动车的充电配套设施（充电站）保有量 3.16 万座，其中 2200 座为 2023 年新建充电站。2023 年日本充电桩中，快充装置共 9600 座，慢充装置共 22000 座。日本暂无汽车换电站，美国 Ample 公司计划在 2023 年底于日本设立下一代换电站。

2023 年日本燃料电池汽车的加氢配套设施（加氢站）主要在连接东京都圈、中京地区、关西地区和九州地区 4 个主要都圈的干线沿线开发。东京圈共有加氢站 47 座，其中移动加氢站 2 座；中京圈共有加氢站 45 座，其中移动加氢站 7 座；关西圈共有加氢站 20 座，其中移动加氢站 2 座；九州圈共有加氢站 13 座，其中移动加氢站 2 座；其他地区 27 座，其中移动加氢站 8 座；加氢站规模多以中型为主。

6. 发展规划

（1）制定电动汽车长期发展目标

日本政府一直努力探索替代化石能源，在汽车领域的表现是重视汽车节能、鼓励车用能源多元化发展。日本官方积极鼓励民众购买新能源汽车，并给予一定的官方补贴。丰田计划在 2030 年之前累计推出 30 款纯电动新车，在全球的电动汽车销售量将达每年 350 万辆。本田表示到 2030 年将在全球市场推出 30 款纯电动汽车，计划年产量超过 200 万辆。本田将投资约 430 亿日元开展全固态电池示范生产线，计划于 2024 年春季启动。

为了创造新价值，本田将确保每年 1000 亿日元的研究预算，用于智能化、电池技术升级、氢能源应用、可持续材料等。同时，为了加快新价值创造速度，本田还设定了每年 100 亿日元的投资额度，积极与初创企业合作推进开放式创新。本田投资的企业所拥有的先进技术涉及 AI、合成燃料、电池回收利用、核聚变发电等，在未来具有很大的需求潜力。

（2）大力发展燃料电池汽车

日本政府自 20 世纪 90 年代就开始研发氢能汽车，在燃料电池和固态电池技术领域不断精进。日本政府为氢燃料电池汽车提供了全面的配套措施，从战略规划、研发创新、能耗管理、财政补贴、税收优惠，氢能供给等方面提供全方位支持。此外，日本还成立了众多氢能源及相关产业联盟。

（3）创新智能网联汽车技术

日本政府支持智能网联汽车网络建设，并制定长期规划。日本计划 2020—2025 年，完成 L3 级别的自动合流系统技术商业化普及。到 2025 年，实现超过 40 项 L4 级自动驾驶服务，建立可部署在各种服务中的业务模型，基础架构和系统；2025 年后，在高速公路上实现 L4 级自动驾驶卡车队列跟驰，为自动驾驶的技术应用和商业化提供发展环境，例如运营管理系统、基础设施和通信。

瑞　典

上海中欧经济技术促进中心

1. 2023 年产业发展概况

（1）总述

2023 年，瑞典新能源汽车销量为 17.5 万辆，其市场份额上升至略低于 60%。瑞典政府希望通过推出相应优惠政策和投资扩建充电基础设施等来加快个人市场上新能源汽车的销售。

（2）电动汽车产业

2023 年，瑞典纯电动汽车销量为 11.3 万辆，插电式混合动力汽车销量为 61254 辆。其中纯电动汽车市场份额接近 39%，插电混动汽车达到 21%。这种增长表明电动汽车在瑞典逐渐受到消费者青睐。

基础设施方面，2023 年在瑞典的 TEN-T 公路沿线，每 6 km 将双向建立公共充电站。此外，还要求每辆注册的电动汽车必须安装至少 1.3 kW 的公共快速充电功率，每辆注册的插电式混合动力汽车必须至少安装 0.8 kW 的公共快速充电功率，直到电动汽车的份额占该国车队的 15%。

(3)燃料电池汽车产业

2023年,瑞典燃料电池汽车销量仅为2辆,加氢站保有量为8座。瑞典在燃料电池汽车市场方面需要加强技术和宣传。在燃料电池技术方面,瑞典隆德大学的研究人员开发了一种创新的汽车燃料系统,该系统以循环方式运行,最大限度地减少了温室气体排放。该系统利用一种独特的液体,当与固体催化剂结合时,就会转化为汽车的氢燃料。使用后,废液从车辆的油箱中取出,并充入氢气,以便重新使用。这一过程形成了一个闭环系统,大大减少了对环境的影响。

(4)智能网联汽车产业

瑞典2023年展开了特定场景下的自动驾驶应用,例如在港口、矿区等封闭或半封闭区域的应用,推动了自动驾驶技术的商业化和实用化。瑞典在自动驾驶的核心技术方面具有领先优势,例如感知、决策、控制等,涌现了一批创新型企业和研究机构,如Veoneer、Zenuity、AstaZero等,瑞典在无人公交、无人卡车货运、无人清扫等自动驾驶应用领域成果突出。

2. 2023年推广应用情况

(1)总述

2023年,瑞典在新车注册中新能源汽车的比例方面,在欧盟中名列前茅,在欧洲排名第三。瑞典政府在推动新能源电动车及充电桩市场发展方面采取了多项政策措施,包括取消电动汽车补贴、支持充电基础设施建设等。这些政策措施为新能源汽车市场的发展提供了有力支持。

(2)电动汽车推广应用工作

2023年,瑞典注册了创纪录的11.9万辆电动汽车,同比增长38.7%。瑞典电动汽车的保有量为32.8万辆。

为推动电动汽车的发展,瑞典政府对公共和私人充电站投资提供最高50%的拨款,还通过气候生活计划(Kilmatlivet)提供31亿瑞典克朗扩充全国充电基础设施。瑞典政府鼓励新技术创新应用,包括无线充电技术的研究和应用。这种技术可以为电动汽车提供更为便捷的充电方式,有助于推动电气化道路的发展。

2023年11月23日,中国—瑞典新能源汽车循环利用论坛在北京举行。中国和瑞典都在动力电池循环利用、零部件再制造等新能源汽车领域循环经济技术研发上加大投入力度,共同推动新能源汽车产业循环化、可持续化发展。

(3)燃料电池汽车示范应用工作

2023年,瑞典燃料电池组件生产商Powercell与博世公司深度合作,共同大规模生产燃料电池,用于重型商用汽车。根据欧盟的要求,到2025年卡车CO_2排放量要减少20%,到2030年要减少30%。这也促使更多的商用车采用氢燃料电池作为新能源动力形式。瑞典车企沃尔沃集团在2023年氢燃料电池重型汽车的研发迎来新的里程碑,预计将在2025年之后实现量产。

(4)新能源汽车换电模式应用试点工作

瑞典与蔚来合作大力推行第3代换电站。2023年8月17日,电动汽车制造商蔚来在瑞典首都斯德哥尔摩启用了欧洲首座第3代换电站和500 kW超快充站。2023年底,在瑞典马尔默和阿兰斯塔德又开设了2座新的换电站,这2座换电站也是蔚来第3代换电站,每天最多可进行408次交换,最多可存储21节电池。第3代换电站在智能化和工作效率方面有显著提升,采用全新的三工位协同换电模式,电池流转路径缩短,换电时间减少了20%。电池仓位从原来的13块增加到21块,单日站点服务能力提升了30%。此外,蔚来还加入了自研的HPC双向大功率液冷电源模块,提高了充放电功率,并提升了效率。

(5)智能网联汽车试点工作

2023年,瑞典在无人公交和无人卡车货运领域取得了显著成果。例如,2023年6月,瑞典自动驾驶卡车企业Einride与挪威邮政服务机构PostNord签订了合作运营协议,计划从当月起部署6辆电动卡车进行无人卡车货运试点,到2024年6月将增加到35辆。

3. 2023年主要企业经营情况

(1)沃尔沃(Volvo)

①总述

沃尔沃集团是世界领先的卡车、客车、建筑设备及船舶和工业发动机制造商之一。沃尔沃能够在全球市场得到市场增长的很大一部分原因都是电动化产品的提速,值得一提的是,沃尔沃是全球首批宣布将在2030年全面实现电动化转型的汽车制造商之一。

②电动汽车产业

2023年,沃尔沃共售出11.3万辆纯电动汽车,同比增长70%,占其全球总销量的16%,对未来可持续发展提供了有力助推。其中,2023年瑞典电动汽车销量排名前十的车型,沃尔沃有2款,分别是沃尔沃XC40销量为9164辆,沃尔沃C40销量为3347辆。

2023年沃尔沃发布4款全新纯电车型,布局三大新细分市场。4款车型分别是大型纯电SUV——EX90、EX90 EXCELLENCE、小型纯电SUV和纯电MPV车型,覆盖的市场更加广泛。其中,沃尔沃纯电旗舰产品EX90搭载了Luminar先进的激光雷达技术,综合性能在当前市场同类产品中位居前列。全车拥有16个超声波传感器、8个摄像头及5个雷达,并将搭载英伟达Orin芯片,算力达到了250TOPS。此外,沃尔沃汽车还建立了覆盖用户出行全场景的完善补能体系,覆盖家庭充电、公共充电、经销商充电和应急充电四大场景。沃尔沃汽车携手与第三方优质伙伴接入充电资源超60万根,覆盖330多个城市,实现随处有电充,随心充好电。沃尔沃汽车将继续丰富产品矩阵,加速推进全面电气化转型,为未来几年的发展奠定基础。

③燃料电池汽车产业

2023年,沃尔沃集团主要把燃料电池应用到重型汽车上。为加快产品开发速度,沃尔沃集团与戴姆勒联手开发和生产为重型汽车量身定制的燃料电池系统。此次测试的沃尔沃氢燃料电池卡车使用两块燃料电池,其发电功率为300 kW。燃料为使用风能、水和太阳能等可再生能源生产的绿氢。沃尔沃氢燃料电池卡车不仅首次在公开道路上进行了测试,更具挑战性的是,这些测试是在瑞典北部的北极圈进行的,测试期间当地的天气极为寒冷。沃尔沃氢燃料电池卡车研发迎来新的里程碑,预计将在2025年之后实现量产。

④智能网联车产业

在智能网联车方面，沃尔沃坚持全栈自研智能车，相比于挣扎在生死线上的造车新势力们，沃尔沃有着充足的资金支撑研发的进步；沃尔沃已经拥有全新的自动驾驶公司，名为 Zenseact，由注册在瑞典的 Zenseact AB 控股。

在重型汽车方面，2023 年 8 月 31 日沃尔沃自动驾驶解决方案公司（V. A. S.）刚刚宣布经过约 5 年时间终于在其首个商业自动驾驶运输解决方案应用——从 2018 年开始的挪威 Brönnöy Kalk 矿的商业化自动驾驶矿运作业中移除了自动驾驶卡车安全驾驶员，实现了行业首个里程碑。

2023 年，沃尔沃在智能驾驶领域坚持以安全为核心，不断研发和应用前沿技术。如自动驾驶辅助系统 Pilot Assist Ⅱ，已经在多款车型上实现了量产搭载，为消费者提供了更加便捷、安全的驾驶体验。

4. 2023 年新能源汽车与智能网联汽车项目及园区建设情况

（1）新能源汽车项目及园区建设

2023 年，瑞典交通管理局牵头，选定了 E20 高速公路，开始着手建设世界上第一条永久性电气化高速公路，全长 20 km，位于斯德哥尔摩、哥德堡和马尔默 3 个主要城市之间。这条高速公路被称为电动公路系统（ERS），将允许电动汽车在行驶时为其充电。瑞典交通管理局计划到 2030 年在公路上部署 2000 km 的电动公路系统，到 2035 年扩展到 3000 km。瑞典表示这一公路系统仅将 25% 的高速公路变成移动式充电器就可以使电动汽车本身更便宜，电池体积最多可缩小 70%，该基础设施预计 2025 年建成。

（2）智能网联车项目及园区建设

2023 年，沃尔沃集团推出了全自动驾驶电动巴士，并计划将这款巴士投入“自动化城市巴士”和 KRABAT 项目中。这些无人巴士将在封闭或半封闭的区域进行测试和运行，展示其高效和安全的运输能力。

2023 年，位于瑞典布罗斯（Boras）的 AstaZero 5G 试验场继续利用 5G 网络覆盖，能够模拟几乎所有交通状况，包括多车道高速公路、城市环境和乡村道路等。通过虚实结合的方式，提供一个高度复杂和多样化的测试环境，极大推进了自动驾驶汽车的安全性和可靠性验证。

5. 2023 年基础设施建设及运行情况

截至 2023 底，公共充电桩和私人充电桩数量均有大幅增长，充电设施网络的服务能力成为行业关注的焦点。瑞典的充电桩数量从 18219 增加到 32605 个，增长最明显的地区包括布莱金厄省（Blekinge）、哥特兰岛（Gotland）、西哥特兰省（Västra Götaland）和哈尔姆斯塔德（Halland），这些地区的数量增加了超过 100%。尽管如此，瑞典最大的汽车和交通用户消费者组织（Riksförbundet M Sverige）认为，全国仍然缺少 2.6 万个充电桩，这对于购买和驾驶电动汽车至关重要。换电站整体设施较少，据统计，截至 2023 年底，蔚来公司有 6 家换电站分布在瑞典。

截至 2023 年底，瑞典有 8 座公共加氢站正在使用中。其中，位于哥德堡港的加氢站是北欧地区首个用于重型货车充电和补充氢能源的开放式设施，旨在促进哥德堡港及周边地区重型货运的绿色转型，加氢站在 24 h 内为约 35 辆氢燃料电池卡车补充燃料。这些站点不仅均匀分布在主要城市及交通要道，还特别关注到了对氢能需求日益增长的工业区域。

6. 发展规划

加强基础设施建设。瑞典的电动汽车政策基于对可持续发展的承诺，制定了到 2030 年所有新车实现零排放的目标。瑞典政府预计，到 2025 年瑞典将拥有超过 100 万辆可充电汽车，到 2030 年将拥有 250 万辆可充电汽车。实现这一目标的一个先决条件是充电基础设施以更快的速度扩展。瑞典政府计划在 2024 和 2025 年度分别新增 16.1 亿瑞典克朗和 11.2 亿瑞典克朗的充电基础设施建设补贴。这表明政府致力于提升充电设施的覆盖率，从而为电动汽车提供更便利的充电条件。发达的充电基础设施意味着消费者可以自信地选择可充电汽车，这也是瑞典在交通领域实现国家气候目标的必要条件。

促进国际合作和技术创新。瑞典与其他国家和地区合作开展电气化道路项目，计划开发无线充电技术。此外，预计 2024 年举办瑞典哥德堡新能源电动车及充电桩展（eCar Expo 2024），该展将展示新能源汽车领域最新的技术成果和创新产品。

土　耳　其

上海中欧经济技术促进中心

1. 2023 年产业发展概况

（1）总述

2023 年，土耳其新能源汽车销量 7.2 万辆，新能源汽车产业发展迅速，整体市场份额大幅上升，占 2023 年汽车总销量的 7.5%，使土耳其市场规模超过意大利和西班牙。土耳其政府积极推动以环境友好为核心的国家能源战略，一方面推动新能源汽车产业链的发展，出台了一系列优惠政策，包括减免购置税、提供购车补贴等，另一方面大规模扩展电动汽车充电基础设施，以实现新能源汽车的可持续发展。

（2）电动汽车产业

2023 年，土耳其电动汽车领域发展迅速，纯电动车销量为 6.6 万辆，插电式混合动力汽车销量为 2700 辆。此外，土耳其十分重视电池产业的生产和可持续发展。2023 年 7 月，欧盟正式发布了名为《欧洲议会和理事会关于电池和废电池的第 2023/1542 号条例》的新电池法规。新电池法旨在对电池全产业链实施更全面的监管，推动电池行业向更可持续和环保的方向发展，并确保电池的生产、使用和回收处理符合严格的合规要求,提高消费者安全、售后服务质量,建立一个全面的电动汽车管理体系。

(3)燃料电池汽车产业

土耳其的燃料电池汽车产业尚处于初期探索阶段,土耳其汽车生产商 TOGG 已经开始探索氢能燃料电池汽车的研发。TOGG 首席执行官 Gürcan Karakaş 表明了公司未来在氢燃料电池技术上的规划。TOGG 还计划在 2026 年对 NMC(镍锰钴)电池技术进行投资,以取代 LFP(磷酸铁锂)技术,提升电动汽车的效率和续航能力,并考虑向氢能燃料电池汽车转型。除此之外,土耳其还拥有发达的汽车制造业和不断增长的市场需求,这为燃料电池汽车的推广和应用提供了良好的基础。

(4)智能网联汽车产业

土耳其的智能网联汽车产业正在逐步成熟,其中土耳其首家智能网联电动汽车制造商 Togg,其新建的电动汽车技术园区"Gemlik Togg 技术园"预计到 2030 年每年将生产 17.5 万辆智能网联电动汽车。

2. 2023 年推广应用情况

(1)总述

土耳其对新能源汽车出台了相应的补贴政策,对于氢燃料电池汽车提出新版战略,积极完善智能网联车方面的法律法规,努力开发和突破相应技术。以上举措都积极推动了土耳其新能源汽车推广应用工作。土耳其 2023 年新能源汽车注册量为 7.1 万辆,到 2023 年底,新能源汽车保有量达到 8.7 万辆。

(2)电动汽车推广应用工作

土耳其 2023 年纯电动汽车注册量为 6.6 万辆,库存 7.7 万辆;插电式混合动力汽车注册量为 2477 辆,库存 4900 辆。自 2015 年首次销售以来,电动汽车在土耳其稳步普及,2023 年底推出的 TOGG T10X 是土耳其首款国产电动汽车,进一步推动了这一增长,到 2023 年底电动汽车保有量达到 8.2 万辆。

电池作为电动汽车的核心组件,深受土耳其政府重视。一方面,政府鼓励提高电池制造和动力总成技术;另一方面,土耳其的制造商也在开发更高效、更环保的电池技术,共同为推动土耳其新能源汽车可持续发展而努力。

(3)燃料电池汽车示范应用工作

土耳其 2023 年积极探索燃料电池汽车的研发技术。土耳其初创公司 HydroBorPEM 为氢燃料电池汽车生产高效的复合膜燃料电池电堆。这家初创公司合成了复合膜,与传统的 Nafion 膜(全氟磺酸膜)相比,复合膜表现出更强的物理和化学性能。复合膜具有耐高温、热稳定性和质子传导性。

2023 年 8 月,福田卡车的土耳其分公司与加拿大燃料电池制造商巴拉德动力公司签署了一项协议,共同开发其 F-Max 长途牵引车的燃料电池卡车版本。

(4)新能源汽车换电模式应用试点工作

土耳其换电站建设起步较晚,但也在积极发展换电服务。截至 2023 年底,土耳其境内只有 1 个直流换流站,即凡城换流站。中国电力技术装备有限公司总承包建设的土耳其凡城 600 MW 背靠背换流站工程,该项目是中国企业在土耳其建成投运的首个直流工程,对土耳其具有重要意义,它不仅提高了当地居民用电的可靠性,改善了频繁停电的状况,而且为当地工业发展提供了充足的电力供应,促进了经济发展,并提高了电网运行的可靠性和安全性。

(5)智能网联汽车试点工作

2023 年 6 月 2 日,土耳其全球科技品牌、首家智能网联电动汽车制造商 Togg 为其新建成并投产的电动汽车技术园区"Gemlik Togg 技术园"设定了雄心勃勃的目标——成为欧洲最环保的工厂之一。该园区位于土耳其西部,预计到 2030 年每年将生产 17.5 万辆智能网联电动汽车。

3. 2023 年主要企业经营情况

(1)总述

2018 年,Togg 由四家土耳其公司和该国商会合资成立,旨在推动土耳其汽车行业走向电动汽车未来。除了 SUV 之外,到 2030 年,Togg 计划生产另外 3 种车型——快背车、C 型掀背车、B 型 SUV 和 B 型 MPV。该品牌的目标是到 2030 年在 5 个细分市场生产 100 万辆汽车。

(2)电动汽车产业

2023 年 3 月,Togg 推出了 T10X 车型;2023 年 5 月,土耳其首款纯电智能 SUV 车型 TOGG T10X 正式挂牌上路,此举标志着土耳其已正式成为中东首个具备新能源汽车自主研发生产能力的国家。

土耳其政府高度重视新能源汽车产业的发展,制定了一系列的政策和措施,包括减税、免租金、低借贷成本、每年包购 3 万辆整车等,以支持他们的第 1 个国产电动汽车品牌 TOGG 的研发和生产。

(3)燃料电池汽车产业

在吉姆利克工厂参观中,TOGG 公司透露他们的产品范围将有显著扩展,已经开始探索氢能燃料电池汽车的研发。TOGG 致力于提升其电动汽车的效率和续航能力,Karakaş 先生在谈及 TOGG 的战略时强调了他们将来在 NMC(镍锰钴)电池技术方面的投资,计划将于 2026 年实施,预计将取代电池系统中的 LFP(磷酸铁锂)技术。

(4)智能网联车产业

土耳其全球科技品牌 Togg 作为该国首家智能网联电动汽车制造商,其新建的电动汽车技术园区名为"Gemlik Togg 技术园",位于土耳其西部,目标是成为欧洲最环保的工厂之一。该园区预计到 2030 年每年将生产 17.5 万辆智能网联电动汽车。

4. 2023 年新能源汽车与智能网联汽车项目及园区建设情况

(1)新能源汽车项目及园区建设

土耳其具有连接欧亚市场的地理优势,在电池制造领域颇具雄心,在吸引国际投资和推动新能源汽车产业发展方面具有较大潜力,土耳其在新能源汽车供应链中扮演越来越重要的角色。

2023 年 1 月,亿纬锂能宣布其子公司亿纬动力与土耳其公司 Aksa 签订了谅解备忘录,计划在土耳其共同组建合资公司。该合资公司将专注于电池模组、户外柜、集装箱的生产、营销和销售,并在土耳其作为工程总包方执行储能系统项目 。

2023 年 2 月,LG 新能源表示已与福特汽车及土耳其 Koc Holding 签署了初步协议,推动在土耳其首都安卡拉附近的巴斯肯特建造电动汽车电池生产厂。该工厂预计将于 2026 年开始商业运营,年产能最初为 25 GWh,随后将扩大到 45 GWh。

2023 年 4 月,孚能科技与土耳其汽车制造商 TOGG 的合资公司 SRIO 在土耳其盖姆利克举行了电池工厂的奠基仪式。该工厂占地面积约为 60 hm^2,预计将于 2026 年投产,并在 2031 年达到 20 GWh/a 的产能。此外,该工厂还将建立一个研发中心 。

(2)智能网联汽车项目及园区建设情况

土耳其在智能网联汽车项目及园区建设方面取得了显著进展,特别是在电动汽车技术园区的建设和发展上。

2023 年 6 月,土耳其本土品牌 Togg 于土耳其西部建立了电动汽车技术园区——“Gemlik Togg 技术园”,目标成为欧洲最环保的工厂之一。该园区预计到 2030 年每年生产 17.5 万辆智能网联电动汽车。

Togg 技术园区采用了杜尔公司作为总承包商规划和建造的涂装车间,并为总装过程提供了系统。这些系统包括了先进的喷涂技术和高效的总装解决方案,旨在实现高效的车辆装配效率,同时降低能耗和提高涂装质量。

5. 2023 年基础设施建设及运行情况

电动汽车充电网络基础设施作为环保交通系统的基础,在实现能源效率和减少碳足迹方面发挥着关键作用。截至 2023 年底,土耳其累计建成充电站 1500 座,主要分布在伊斯坦布尔、安卡拉、伊兹密尔等大城市,土耳其还与欧洲电动汽车充电网络运营商合作,打造跨国充电网络。充电桩 7800 个,其中慢充 7000 个,快充 800 个。充电站的增加不仅提升了电动汽车的使用便利性,也为市场的进一步扩展奠定了基础。土耳其计划在 2030 年之前建设 4 万个充电站,以支持电动汽车的普及。

土耳其在 2023 年对加氢站的建设和氢能产业的发展表现出了积极的态度和规划。截至 2023 年底,土耳其共有 5 座加氢站,其中,2 座正在运营中,3 座在建。根据土耳其能源和自然资源部长法提赫·多梅斯(Fatih Donmez)宣布的国家能源计划和氢技术战略,土耳其计划通过绿色氢能来支持其到 2053 年实现净零排放的目标。土耳其共和国能源和自然资源部于 2023 年 1 月宣布了其绿色氢的国家战略和路线图。第一个目标是到 2035 年绿氢成本达到 2.40 美元/kg,到 2053 年低于 1.20 美元/kg。为了在 2053 年实现碳中和,该战略的第二个目标是到 2053 年达到 70 GW 的电解槽装机容量,同时加强该国的氢气生产、储存、分配和使用能力。

6. 发展规划

(1)加快基础设施的建设,完善产业发展环境

土耳其政府强调充电基础设施必须与电动汽车销售同步增长,以确保高效和广泛的电动汽车过渡,并大规模扩展电动汽车充电基础设施,以解决充电基础设施不完善的问题。为满足快速增加的新能源汽车充电的需求,政府推出对于充电桩建设的相关补贴支持政策,推动充电配套产业发展,如在土耳其投资建设充电设施相关产业可以获得关税和增值税及企业税收的减免。土耳其计划在 2030 年之前建设 4 万个充电站,以支持电动汽车的普及。

(2)建立一个可持续和高效的电动汽车生态系统

政府与电动汽车生态系统中的所有利益相关者合作,建立一个经济可持续的市场结构,并通过激励措施促进电动汽车的销售。制定电动汽车充电站的技术标准,确保充电站的安全性和兼容性。这些标准包括充电接口、电力输出和安全措施等方面,旨在为消费者提供可靠的充电服务。

(3)完善相关法律法规

建立专门针对电动车的法律法规,设置统一的技术标准和监管机制,为电动车的生产、进口、销售和使用提供保障。除此之外,工业和技术部,活力和自然资源部联合制定一系列的政策和措施,包括减税、免租金、低借贷成本等,进一步规范充电服务能源市场监管机构,继续为该领域的行业铺平道路,并采取措施让电动汽车车主的生活更轻松。

匈 牙 利

上海中欧经济技术促进中心

1. 2023 年产业发展概况

(1)总述

2023 年匈牙利汽车产业向电动化转型加速,匈牙利政府洞察到新能源汽车产业作为全球经济未来支柱的潜力,因此推动传统汽车工业向电动汽车时代转型。在这个背景下,2023 年中国领先的电池制造商亿纬锂能、宁德时代,新能源车企比亚迪等纷纷在匈牙利投资设厂。

匈牙利新能源汽车产业持续保持快速发展态势。截至 2023 年底,匈牙利新能源汽车产业格局已焕然一新,在匈牙利的 13 家整车及零件装配工厂中有 3 家工厂生产的车型有新能源汽车,5 家工厂则聚焦于发动机/电机与电池的生产,为行业的可持续发展奠定了坚实基础。2023 年,匈牙利新能源汽车销量达 1.3 万辆,占全国汽车总销量的 11%。

(2)电动汽车产业

动力电池产业链不断完善。截至 2023 年底,匈牙利国内共有 38 个动力电池生产项目,获得了总计 142 亿欧元的投资,全球十大电池制造商中的 5 家已经落户匈牙利。到 2031 年底,匈牙利的电池产能预计增长 7 倍,达到 207 GWh,居欧洲第二。

2023 年 12 月,比亚迪宣布在匈牙利东南部城市塞格德建设新能源乘用车生产基地,这将成为其在欧盟地区的首个

乘用车工厂。与此同时,匈牙利的其他车企也在现有工厂基础上加大投资扩建电动汽车生产线。2023 年,匈牙利纯电动汽车销量 5800 辆,同比增长 23.4%。插电式混合动力汽车销量 5500 辆,同比增长 12.2%。预计到 2030 年,匈牙利的新能源车产量有望达到 30 万辆,占据汽车总产量的近四成。

(3)燃料电池汽车产业

燃料电池产业初步发展。2023 年匈牙利燃料电池汽车产业投资主要集中在电池系统方面,专门针对燃料电池汽车研发和生产投资较少。匈牙利燃料电池汽车的销量较低,随着技术的进步和政策的推动,预计未来几年内燃料电池汽车市场将逐渐扩大。

(4)智能网联汽车产业

智能网联汽车发展已初具雏形。得益于政府支持与企业技术创新,匈牙利智能网联汽车产业发展有所推进。在匈牙利投资的车企正不断扩展在自动驾驶与车联网领域的研究。2023 年 12 月,匈牙利经济发展部国务秘书法比安・盖尔盖伊在 MBH 会议上表示,匈牙利将在 2030 年成为自动驾驶汽车的开发和测试中心。

2. 2023 年推广应用情况

(1)总述

匈牙利政府积极推动新能源汽车发展,通过提供购车补贴、建设充电站网络、税收减免等政策措施,有效推动了电动汽车市场的增长。此外,匈牙利与中国的电动汽车企业如比亚迪、宁德时代等展开合作,推动了新能源汽车在匈牙利的普及。2023 年,匈牙利市场共投放了 22651 辆新能源汽车,登记注册量为 11341 辆。截至 2023 年底,匈牙利新能源汽车保有量超过 86000 辆。

(2)电动汽车推广应用工作

2023 年,匈牙利能源部制定的新的鼓励使用绿色能源政策中,明确鼓励使用纯电动汽车,表明其是交通运输业绿色化的决定性工具。2023 年 11 月,匈牙利政府启动一项 600 亿匈牙利福林的计划以推动电动汽车的普及,该计划为购买电动汽车、小型电动货车或电动皮卡车的独资企业、共享汽车公司和出租车司机群体等提供补贴。匈牙利政府鼓励充电基础设施的推广,颁布了关于国家居住规划和建设要求(OTÉK)的政府法令,根据该法令,每 100 个已启动的停车位中必须有两个提供充电桩服务。2023 全年匈牙利市场共投放纯电动汽车 13591 辆,插电式混合动力汽车为 9060 辆。在登记注册量方面,纯电动汽车 5799 辆,同比增加 23.1%,插电式混动汽车 5542 辆,同比增加 13.7%。截至 2023 年底,匈牙利纯电动乘用车保有量为 41212 辆,全电动卡车约 3000 辆,环保摩托车约 500 辆,纯电动公交车 206 辆。

(3)燃料电池汽车示范应用工作

2023 年,匈牙利全国没有登记注册加氢站与氢能源汽车,但建设了第一座绿色制氢工厂。匈牙利政府表达了对氢能技术的兴趣,计划投资建设氢燃料补给站,推广氢能作为工业和交通领域能源的使用。2023 年 6 月,第一辆氢动力卡车(现代 XCIENT)也在匈牙利的道路上进行了测试。12 月,塞切尼大学集团成员 HUMDA 匈牙利交通发展机构于 12 月进行了氢动力巴士试运行,试运行效果良好。

(4)新能源汽车换电模式应用试点工作

截至 2023 年,匈牙利已拥有至少一座换电站,该站坐落于比奥托尔巴吉,是蔚来汽车在欧洲设立的换电技术演示站,象征着换电模式在匈牙利迈出的重要一步。然而,匈牙利采用换电模式的电动汽车仍然较少,这意味着换电站的推广与普及工作尚需加大力度。

(5)智能网联汽车试点工作

匈牙利在 2023 年启动了多个智能网联汽车试点项目,这些项目主要集中在布达佩斯及周边地区,项目包括自动驾驶汽车测试及智能交通管理系统的实施。2023 年 10 月,沃丰达(Vodafone)的 5G 汽车网络测试项目在博世(Bosch)布达佩斯创新园区启动,为期 8 个月,来自博世和沃达丰的工程师将研究 5G 如何支持车辆和驾驶员支持系统的开发,收集的遥测数据可以在未来改革汽车验证测试。2023 年 6 月,匈牙利自动驾驶汽车软件开发品牌 ai 动力(aiMotive)研发的 aiWare4 神经处理单元(NPU)已获得 ISO 26262 ASIL B 认证,有助于进一步提升 L2~L4 级别自动驾驶的 AI 推理需求。2023 年 10 月,ai 动力(aiMotive)拓展了在布达佩斯市的研究中心,进一步提升其创新研发能力。

3. 2023 年主要企业经营情况

(1)奥迪匈牙利公司

①总述

2023 年奥迪匈牙利公司继续其在全球电动化转型中的坚定步伐。奥迪通过其本地化生产和战略布局,充分利用了匈牙利政府对新能源汽车产业的支持政策,创造了良好的发展环境,实现了产量的增长。2023 年,奥迪在匈牙利大众杰尔(Györ)工厂新能源汽车产量为 24597 辆。

②电动汽车产业

2023 年奥迪匈牙利公司紧随全球电气化浪潮,进一步加速其电动汽车生产与技术革新进程。2023 年奥迪匈牙利开始批量生产基于高级电动平台(Premium Platform Electric)的车型的电动发动机,为奥迪旗下的 Q8 e-tron 和 Q6 e-tron 等两款纯电动汽车生产电驱动以及电动马达。2023 年奥迪匈牙利主要生产奥迪 Q3 、奥迪 Q3 Sportback 等两款插电混合动力车型,产量达 24597 辆。截至 2023 年底,奥迪匈牙累计生产了 50 万套电动动力总成。

③燃料电池汽车产业

2023 年奥迪匈牙利公司正初步向电动化转型,燃料电池汽车发展成果有限。但公司并未忽视该领域的前景,奥迪通过加强技术研发,积极合作交流,为未来的燃料电池汽车市场布局做好充分准备。

④智能网联汽车

2023 年,奥迪智能网联汽车重要进展之一是其高级电动平台(PPE)的应用。该平台为奥迪的电动汽车提供了高度集成化的解决方案,包括电池系统、驱动系统、底盘系统等关键部件。2023 年,奥迪基于 PPE 平台推出了多款智能网联汽车概念车,进一步丰富了其产品线。奥迪匈牙利作为动力总成工厂为高端电动平台(PPE)制造电机。

(2)伊卡鲁斯(IKarus)

①总述

匈牙利本土企业伊卡鲁斯客车公司在被欧侨实业收购后，明确将新能源汽车领域作为公司未来发展的核心战略方向，积极与中国企业合作，展现出向电动化方向转型的决心。2023年，公司继续深化新能源汽车战略，加大在电动客车、电动客车底盘、充电站等领域的研发与市场推广力度，重返德国和波兰市场，进一步提升经营业绩。

②电动汽车产业

2023年，伊卡鲁斯客车公司深化了其在电动汽车领域的战略蓝图，年初成功向德国市场发运了一辆电动巴士作为演示车型，随后，德国方面积极响应，向伊卡鲁斯租借了8辆120e系列纯电动公交车。同年8月，伊卡鲁斯客车与波兰签署了5辆120e纯电动公交车的采购合同。11月，伊鲁卡斯最新推出的电动中型巴士80e在布鲁塞尔国际巴士及商用车展览会（Busworld Brussels）上亮相，电机功率为100 kW/170 kW，电池容量为281.9 kWh。同时，该车型在普罗巴佐特（Próbázott）完成了实地测试，收集到了来自各方的体验和反馈。

③燃料电池汽车产业

截至2023年底，伊卡鲁斯客车在燃料电池产业的布局尚处于起步阶段，作为依靠电气化复兴汽车制造商，核心战略依然聚焦于电动巴士领域。然而，伴随着匈牙利政府对燃料电池汽车的推动政策以及伊卡鲁斯客车技术的不断发展，其燃料电池汽车产业也会逐步发展。

④智能网联汽车产业

伊卡鲁斯客车公司携手匈牙利顶尖高校，于2023年增强了在智能车控系统领域的研发力度，旨在提升车辆的自动驾驶技术与行驶安全性能。同年11月，伊卡鲁斯和奥布达（Óbudai）大学联合开发的电动客车底盘在塞克什费赫瓦尔（Székesfehérvárott）的总部展出。此项目核心聚焦于打造具备国际领先水平的自主销售型电动客车底盘系列，追求高度的自主性与智能化服务，采用了零排放电力驱动系统及智能服务模块，提高了伊卡鲁斯客车的智能化水平。

4. 2023年新能源汽车与智能网联汽车项目及园区建设情况

（1）新能源汽车项目及园区建设情况

2023年2月，华朔科技在德布勒森市新能源汽车核心零部件生产工厂一期工程完成并开始试运营。

2023年6月，比亚迪在匈牙利北部小城福特（Fót）成立电池组装厂，投资额为100亿福林。

2023年6月，亿纬锂能发布公告，公司全资孙公司（EVE Power Hungary Kft.）拟以自有及自筹资金投资建设乘用车大圆柱电池项目，投资金额不超过99.71亿元。该工厂将为德国宝马集团Neue Klasse系列车型提供大圆柱锂离子电芯。项目将于2026年竣工投产。

2023年7月，欣旺达子公司欣旺达动力通过其下属子公司匈牙利欣旺达，以自有及自筹资金在匈牙利投资建设新能源汽车动力电池工厂一期项目，投资金额不超过19.6亿元。

2023年9月，吉凯恩汽车公司（GKN Automotive）在匈牙利东北部米什科尔茨附近的费尔斯索尔卡（Felsözsolca）完成了新制造工厂的建设，该工厂于2023年10月投产，负责生产侧轴。

2023年10月，匈牙利首次启动了电动公交车公共服务运营的公共采购程序，从2025年起，首都布达佩斯的公交车队将拥有50辆现代、环保、全电动的公交巴士，服务提供商还必须负责充电基础设施的设计和运营。

2023年10月，宁德时代在匈牙利德布勒森的新能源电池产业基地（一期）开工建设，项目总投资73.4亿欧元，规划年产能为100 GWh，是截至2023年匈牙利最大的电动汽车电池厂，预计2年左右建成，为宝马、奔驰、大众等约30个电动车品牌供货。

2023年11月，双环传动在德布勒森市投资建设了新能源汽车齿轮传动部件生产工厂，预计于2025年实现标准化生产，2026年形成规模化产能。

2023年12月，比亚迪宣布在匈牙利赛格德市建设一个新能源汽车整车生产基地。

（2）智能网联汽车项目及园区建设情况

2023年10月，在匈牙利投资促进局的支持下，ai动力扩建了位于布达佩斯市的智能研究中心。2023年匈牙利政府也一直在支持早期开设的ZalaZONE自动驾驶试验场。

5. 2023年基础设施建设及运行情况

充电基础设施网络正在逐步形成。2023年匈牙利充电站新增279个，截至2023年底，匈牙利共有充电站2507个，同比增长11.2%。桩电桩3778个，其中直流充电桩755个，交流充电桩3023个，慢速充电桩3137个，快速充电桩641个。在奥托尔巴吉市拥有一个蔚来汽车的换电站工厂，主要用于生产为电动汽车提供电池更换服务的换电站，也是一个换电演示站。

加氢站建设迈出重要一步，2023年匈牙利已有一个加氢站正处于积极建设之中，预计该站将于2024年初正式投入运营，标志着氢能利用迈入新阶段。

6. 发展规划

2023年，匈政府进一步加大了对新能源汽车产业的支持力度，匈政府宣布了总额为900亿福林的电动汽车支持计划，该计划旨在通过购车补贴、贴息贷款和充电站建设等措施，推动电动汽车在匈牙利的普及。

加大政策补贴。自2024年2月起，启动400亿福林国家补贴，支持企业购买电动汽车。国内企业可自主选择购买各类型电动汽车，补贴将根据公司员工数量和电动汽车电池容量进行分类，每家公司最低补贴金额为280万福林，最高为6400万福林。此外，政府还特别为提供电动汽车租赁、共享等车辆服务的公司设立了200亿福林的贴息贷款支持，以减轻其资金压力，助力电动汽车服务的普及和升级。

完善产业基础设施，在未来两年半内，投资300亿福林在全国公路网建设260个大容量充电站，其中包括新建92个特斯拉充电站。匈牙利政府还宣布将于2024年8月启动280亿福林补助计划，支持在布达佩斯以外地区新建一百多座公共电动汽车充电站，鼓励建设光储充一体化的现代化充电站。加氢站的建设也在规划之中，尽管数量有限，但政府对于氢能技术的发展持积极态度，并计划在未来几年内增加加氢站的数量。

推广节能车辆,匈牙利政府计划从2025年起,首都布达佩斯的公交车队将拥有50辆现代、环保、全电动的公交巴士,服务提供商还必须负责充电基础设施的设计和运营。

促进产业集群发展,匈牙利政府为了促进传统汽车向电动化转型,制定了一系列优惠政策,吸引大量汽车制造商,全球二十大汽车制造商有13家在匈牙利有整车制造厂或零配件生产基地,全球动力电池十大企业有五家在匈牙利投资建厂,匈牙利预计动力电池产量将跃升至世界第二。

西 班 牙

上海中欧经济技术促进中心

1. 2023年产业发展概况

(1)总述

2023年,西班牙新能源汽车销量为12.2万辆,同比增长48.8%。作为欧洲第二大汽车生产国,西班牙正在成为欧洲电车制造中心,展现出强劲的增长势头和积极的发展趋势,在政府和企业的积极推动下,正在加速向电动汽车转型。其中,巴塞罗那的新能源汽车发展处于西班牙领先地位,中国北汽新能源、吉利集团都选择在该地设立公司和工厂。

(2)电动汽车产业

2023年,西班牙在纯电动汽车领域保持了显著增长。2023年,西班牙售出124628辆电动汽车,同比增长47%,市场份额达到11%。2023年共计113784辆的电动乘用车市场中,针对商业渠道的销售额占整个电动汽车市场的51.3%。在该渠道中14.8%的销售额是电动乘用车,而私人和租赁渠道约为10%。大约50%的电动汽车是由公司购买的。插电式混合动力汽车销量为62162辆,同比增长30.1%,渗透率为6.6%,占新能源汽车市场销量的55%。

(3)燃料电池汽车产业

2023年7月,西班牙政府宣布已批准一项皇家法令(RD),2023年为混动车和氢燃料电池电动汽车车型、系统和零部件相关的创新项目提供4000万欧元的直接补贴。西班牙政府2023年6月宣布,将向7个大型绿氢项目拨款1亿欧元,这些项目将使电解槽技术融合进工业环境中。7个大型项目分布在西班牙5个不同地区——3个在安达卢西亚,4个在巴伦西亚、阿斯图里亚斯、加利西亚和卡斯蒂利亚—拉曼恰,这些项目分别获得了1000~1500万欧元的拨款。

(4)智能网联汽车产业

西班牙在智能网联汽车领域发展相对缓慢。C-ITS(协同的智能交通系统)发展遇到困境,欧洲16个成员国和公路运营商发起了名为C-Roads平台的倡议,希望通过合作、协调和可互操作的方式促进C-ITS在欧洲的部署。西班牙C-Roads平台由2017年12月—2023年12月在全国公路网、维哥市、马德里,坎塔布连以及地中海地区部署了5个智能交通试点,每个试点部署不同的C-ITS技术和服务,并有不同的合作伙伴参与,以促进智能网联汽车相关技术的发展。

2. 2023年推广应用情况

(1)总述

2023年5月,欧盟委员会批准了对西班牙的一项8.37亿欧元的援助计划,支持电动汽车和联网汽车产业链的电池生产。2023年西班牙政府实施的高效可持续出行激励计划(Moves Ⅲ)里,明确提出两大政策目标:到2030年,国家将生产出500万辆由电池或氢燃料电池驱动的汽车;2023年6月,西班牙政府批准了购买电动汽车减免15%个人所得税,最高限额为2万欧元。对于公司和公共充电站(功率≤50kW)的基础设施建设,符合条件的大型公司需缴纳合理成本的35%,中型公司为45%,小型公司为55%;西班牙汽车工业协会(ANFAC)提出2023—2025年路线图,明确指出要加快公共充电基础设施建设、完善援助计划和实施税收。这些政策举措旨在从供给、需求两端发力,刺激新能源汽车市场的发展,推动西班牙新能源汽车的推广应用。

(2)电动汽车推广应用工作

2023年,西班牙插电式混合动力车注册量达到62164辆,同比增长6.5%。纯电动汽车的注册量为51612辆,同比增长了5.4%,其注册比达到5.8%;2023年新能源汽车在整个汽车市场新注册率的占比为12%。马德里是西班牙电动汽车渗透率最高的地方,其电动汽车总量达53807辆。

(3)燃料电池汽车示范应用工作

西班牙燃料电池汽车暂未广泛示范应用,新能源汽车之中纯电动汽车和插电式混合动力汽车发展相对纯熟完善。

(4)新能源汽车换电模式应用试点工作

2023年12月,跨国汽车公司Stellantis与换电企业Ample签署合作协议,为西班牙的菲亚特500e共享车队提供电池更换技术支持。这是Stellantis集团在换电模式上的一次重要尝试,旨在解决电动汽车充电基础设施薄弱的问题。此次换电合作项目将于2024年从西班牙马德里开始,并将首先运用于Stellantis集团Free2move共享服务车队的100辆菲亚特500e车型。

(5)智能网联汽车试点工作

IDIADA西班牙试验场全新智能网联自动驾驶CAV/ADAS测试设施于2022年6月正式启用。截至2023年,IDIADA试验场已配备CAV/ADAS测试平台和交叉路口,还设立了车辆智能网联中心,搭建了2G、3G、4G和5G专用蜂窝网络,能够为智能网联自动驾驶汽车的开发提供技术支持。

3. 2023年主要企业经营情况

(1)总述

西雅特(Seat),是西班牙最大的汽车公司,是德国大众汽车公司的子公司。1950年成立于巴塞罗那。

(2)电动汽车产业

2023年9月德国国际汽车及智慧出行博览会(IAA Mobility)在慕尼黑开幕。大众集团子品牌西雅特旗下高性能和新能源品牌Cupra发布Tavascan车型。该车定位为电动中型轿跑SUV,基于大众MEB电动平台打造,WLTP最高纯电续航里程为547 km。Cupra Tavascan在大众安徽MEV工厂投产,计划于2024年在海外交付。

2023年12月,西班牙工业贸易和旅游部发布决议,最终首批共有8个电池项目将获得《经济复苏和转型战略性计划》电动汽车项目Ⅱ(PERTE VEC Ⅱ)的支持。西雅特在巴塞罗那Martorell电池组装线,预计投资2.39亿欧元,将获得4770万欧元拨款。

(3)燃料电池汽车产业

西雅特作为西班牙的汽车制造商,其主要产品为燃油汽车,其积极向混合动力汽车和纯电动汽车转型。2023年,西雅特的相关报告中并未提及燃料电池汽车的生产和销售情况。西班牙燃料电池汽车市场整体规模较小,西雅特在该领域的活动并不显著。

(4)智能网联汽车产业

2019年1月,西雅特与西班牙电信公司(Telefónica)及其他合作伙伴宣布合作,进行试点项目一起研发网联汽车,该试点项目基于5G技术和数据分析。

4. 2023年新能源汽车与智能网联汽车项目及园区建设情况

大众集团和西雅特(SEAT)合作共同在巴伦西亚附近的萨古特创建一个电池超级工厂,该项目将耗资30亿欧元,预计年生产能力为40 GWh。该工厂2023年第一季度正式开始建设,预计2026年投产。

2023年,远景动力(Envision AESC)西班牙纳瓦尔莫拉德拉马塔(Navalmoral de la Mata)地区正在建设一座超级工厂,规划产能30 GWh,于2025年建成投产。远景动力将开启西班牙当地的电池生态体系建设,推动智能充电设施、电池循环回收等全生命周期技术的创新发展。该项目也是西班牙政府“经济复苏和能源转型战略计划(PERTE-VEC)”支持的重点项目。

2023年4月,奇瑞汽车与西班牙埃布罗公司在巴塞罗那携手成立了合资企业,共同研发电动汽车新品。

西班牙与中国绿色能源企业远景科技集团达成了合作协议,将在埃斯特雷马杜拉(Extremadura)建造1座电动汽车电池厂,远景动力与西班牙可再生能源企业Acciona Energia共同开发项目。该项目预计2026年投产,该工厂将成为欧洲首个磷酸铁锂电池超级工厂。

在燃料电池汽车方面,西班牙国家氢能与燃料电池技术检测中心(CNH2)拥有14个实验室和4个辅助设施,专注于氢气和燃料电池相关的所有领域,允许开发和扩大流程、原型和设备。2008—2023年,该机构已经参与了40多个与氢和燃料电池相关的研发项目。2023年,西班牙已经批准并启动了123个氢能项目。

2023年12月,西班牙工业贸易和旅游部发布决议,最终批准共计8个电池项目将获得《经济复苏和转型战略性计划》电动汽车项目Ⅱ(PERTE VEC Ⅱ)的支持。PERTE VEC Ⅱ项目的重点是电动和网联汽车的电池,获批的公司是巴斯夫股份公司、远景科技、西雅特、海斯坦普集团、雷诺、Beecycle、福特和Basquevolt 。

5. 2023年基础设施建设及运行情况

充电基础设施增量显著。截至2023年底,西班牙累计建成充电桩30385个。其中,快充充电桩5454个,慢充充电桩24931个,公共充电桩保有量为16.07万个,在2023年安装了11173个新充电点,总数达到29301个。

2023年,公共接入充电网络增加11173个,非运营充电器减少到7728个。2023年8月9日,西班牙更新了可公开访问的充电基础设施地图,以促进电动汽车在西班牙的整合。西班牙充电设施分布不均,主要集中在城市中心和高速公路上,居民区和其他公共场所的充电设施相对缺乏。充电桩以慢充为主,难以满足消费者的使用需求。公共充电基础设施在马德里、纳瓦拉和加泰罗尼亚的分布数量远超西班牙其他地区。西班牙充电桩运营中两家表现突出的公司是Zunder和Petromix。Zunder计划在2025年建设超过500个充电站。另一家公司Petromix,在其拥有的135家“低成本”加油站中的大多数都安装了电动汽车充电设施。换电基础设施缺乏,暂无换电站。

加氢基础设施增量缓慢。2023年,西班牙加氢站建设速度缓慢,新增约1座加氢站,位于马德里。截至2023年底,西班牙加氢站保有量为5座。由于存在加氢站设施不足、运营难度较大、能源转换效率较差、储运安全性较低等问题,西班牙氢燃料电池汽车需求受到压制。2023年,西班牙鼓励燃料电池汽车的研发,但其商业化任重而道远。

6. 发展规划

(1)制定新能源汽车长期发展目标

西班牙政府制定了目标,计划到2040年实现所有新售乘用车和轻型商用车为零排放车辆。为实现这一目标,政府积极推动新能源汽车及充电基础设施的发展。西班牙汽车工业协会(ANFAC)提出2023—2025年路线图,明确指出要加快公共充电基础设施建设、完善援助计划和实施税收,以促进新能源汽车持续健康发展。

(2)完善充电站基础设施建设

欧盟委员会呼吁到2030年建立350万个充电点,以支持实现拟议的55%汽车CO_2减排所需的车辆电气化水平。西班牙政府通过补贴和税收优惠政策鼓励电动车的购买和使用,并推动充电基础设施的建设。充电桩的覆盖率不断提升,特别是在城市和主要交通干道上,公共充电设施的建设进展迅速,为电动车主提供了更便捷的充电服务。

(3)推动智能网联技术研发

西班牙政府不断推进电动汽车与智能网联汽车的振兴和经济转型战略项目(PERTE-VEC),加大投资力度以示支持。西班牙在智能网联汽车的技术研发、基础设施及国际合作等方面都有所行动,以推动该领域的发展。

意　大　利

上海中欧经济技术促进中心

1. 2023年产业发展概况

(1)总述

2023年,意大利新能源汽车销量为14.2万辆,新能源汽车市场销量有所回升。近几十年,意大利保持着欧盟五大汽车生产国之一的地位,但在新能源汽车市场方面还处于发展阶段。2023年意大利新能源汽车渗透率为8.6%,低于欧洲的平均水平,落后于瑞士、奥地利、法国等邻国,主要原因包括:充电桩数量不足、电价上涨,以及国家税收和补贴政策的不足而导致的电动汽车价格普遍高于燃油汽车。整体来看,意大利在电动汽车、燃料电池汽车和智能网联汽车方面有较大发展空间。

(2)电动汽车产业

2023年,意大利纯电动汽车销量为66679辆,同比增长34.5%,渗透率为4.2%。特斯拉在纯电动汽车市场占据领先地位,市场份额超过24.9%,其中Model Y销量为16633辆,夺得销冠;本土品牌菲亚特销量为5396辆,排名第二,市场份额为8.1%。插电式混合动力汽车销量为70188辆,同比增长3.3%,渗透率为4.4%,吉普compass车型在这一市场最受欢迎,市场份额为8.9%。整体来看,2023年意大利纯电动汽车销量增速达到34.5%,高于整体汽车市场增速。插电式混合动力汽车的销量多于纯电动汽车,但销量在不断放缓,其增速低于纯电动汽车。

(3)燃料电池汽车产业

2023年,意大利燃料电池汽车销量呈下降趋势,销量为16辆,其中,乘用车仅销售2辆,商用车销售14辆。

(4)智能网联汽车产业

意大利在智能网联汽车领域发展空间较大。在欧洲无人驾驶技术的推广应用下,意大利政府出台了对自动驾驶汽车试验的法律规范,进一步加强无人驾驶技术的研发,为无人驾驶汽车的商业化示范运营提供有力支撑。例如,推动智能化路侧基础设施和云控基础平台建设,提升车载终端装配率,开展智能网联汽车"车路云一体化"系统架构设计和多种场景应用。依维柯(Iveco)作为意大利的商用车品牌,其标志车型Daily不断更新迭代。2023年最新款Daily搭载全新的车联网服务,驾驶员能够更高效地利用Easy Daily应用程序或通过IVECO ON门户进行车辆远程控制设置;增加了自动紧急制动系统和城市刹车辅助系统保护交通弱势群体;新的转向辅助功能在车辆转弯时会根据需要自动激活制动系统以避免碰撞,当车辆变道时如果有车辆驶入该盲点,盲点警告系统将发出警报,从而提高驾驶安全性。

2. 2023年推广应用情况

(1)总述

意大利积极推广新能源汽车应用。2023年,政府持续出台相关政策并与企业合作共同推动电动汽车、燃料电池汽车、新能源汽车换电模式和智能网联汽车试点工作。其中,纯电动汽车注册量增长较快,主要集中在罗马、都灵和米兰3个城市。燃料电池技术不断进步,促进了燃料电池汽车的推广。蔚来等企业扩展了意大利的充换电基础设施,提供了便利的换电服务。无人驾驶小巴Robobus项目提高了意大利民众对智能网联汽车的认识度和接受度。

(2)电动汽车推广应用工作

2023年,意大利政府积极推广电动汽车应用,实施了以下补贴政策:价格不高于3.5万欧元(含增值税)且碳排放低于20 g CO_2/km的纯电车或插电混动汽车补贴3000欧元,价格不高于45000欧元(含增值税)且碳排放介于21 g~60 g CO_2/km的插电混动汽车补贴2000欧元。截至2023年12月底,意大利纯电动汽车注册量为66265辆,同比增长34.8%,插电式混合动力汽车注册量为69008辆,同比增长6.8%。

(3)燃料电池汽车示范应用工作

意大利大力推广氢燃料电池汽车。政府十分重视氢能产业发展,计划将推广氢燃料汽车作为氢能产业发展的突破口,力争到2030年氢燃料汽车的保有量达到4000辆,占全国汽车保有总量的1/3。2023年,未势能源与意大利国家研究委员会(CNR)正式签署氢能项目战略合作协议,促进氢燃料电池汽车的发展。同时,意大利有多家公司参与燃料电池技术的研究和开发,包括SNAM、Hydrocell srl、Novotema SPA、Rina-CSM、South Italy Green Hydrogen、Enel Green Power等。

(4)新能源汽车换电模式应用试点工作

2023年,意大利积极发展新能源汽车换电服务。随着政策优惠和网络扩大,越来越多的电动汽车用户接受了换电服务。2023年5月,蔚来在意大利扩展第三方充电网络,其"可充、可换、可升级"的服务体系为电动汽车用户提供了业界最佳的充换电解决方案和体验。2022年5月23日,合肥悠遥科技有限公司的新能源汽车XEV YOYO与意大利石化(ENI)在都灵签订全方位战略合作协议,开始布局欧洲换电网络。基于此,2023年意大利石化购置了XEV YOYO的换电柜,配装在其现有的加油站,提供即时换电服务。

(5)智能网联汽车试点工作

意大利着力推行智能网联汽车试点工作。2023年,中国贵州翰凯斯智能技术有限公司(PIX Moving)与意大利移动出行方案解决商(Tecnocad)商议合作,双方于2024年5月6日正式签署无人驾驶小巴Robobus项目,为都灵提供接驳服务。此后,中国贵州翰凯斯智能技术有限公司获得了都灵市政府监管部门批准的公共道路自动驾驶车辆测试及运营牌照,并成为Torino City Lab智慧城市项目的一部分。Robobus作为一种无人驾驶小巴,采用纯电动动力,设计最大速度为30 km/h,可搭载6名乘客,单次充电续航里程为100~130 km。它采用无人驾驶底盘与舱体上下分离式开发方式,没有传统巴士的驾驶舱、方向盘、脚踏板或后视镜等组件，采用对称设计，无前后之分，可双向移动，根据实时交通状况和乘客需求更精确地控制车辆运行，动态调整路线，减少人为因素导致的延误和拥堵。

3. 2023 年主要企业经营情况

（1）总述

菲亚特（FIAT）是一个拥有百年历史的意大利汽车品牌，作为全球第七大汽车制造商，以生产轿车和轻型商用车而著称，旗下包括菲亚特（Fiat）、阿尔法 · 罗密欧（Alfa Romeo）、蓝旗亚（Lancia）等品牌。汽车产品线丰富多样，从经典的微型车菲亚特 500 到时尚的敞篷车，再到高性能的跑车和豪华轿车，满足了不同消费者的需求。在汽车技术方面，菲亚特不断创新，致力于提高车辆的安全性、燃油效率和环保性能。例如，菲亚特的 Twin Air Multijet Ⅱ发动机、液压气门（Multiair）技术及欧洲最大的天然气汽车系列都体现了其在环保和节能方面的努力。

（2）电动汽车产业

2023 年菲亚特在意大利的新能源汽车销量为 5396 辆，其中，纯电动车型菲亚特 500 最受欢迎，销量为 4749 辆，在意大利电动汽车市场占有率为 7. 1%。菲亚特提出在 2030 年前转型为纯电动品牌，在推出菲亚特 500 纯电版之后，又推出了菲亚特 500e，为其配备 42 kWh 的电池组，在 WLTP 工况下能够提供 320 km 的续航，成为全球 12 个国家最畅销的微型电动车，持续向电动化转型。

（3）燃料电池汽车产业

菲亚特汽车品牌主要聚焦于纯电动汽车的发展，在燃料电池汽车领域，其动力科技部门（FPT Industrial）正在积极参与氢燃料电池技术的研发和商业化应用，已投入 19 亿美元用于 2020—2024 年间的研发费用，其中一部分专门用于支持氢燃料电池发动机的技术开发，特别是在商用车领域。

（4）智能网联汽车产业

菲亚特在智能网联汽车方面的发展主要聚焦在商用车型。2023 年，Waymo 被选为菲亚特在自动驾驶技术开发方面的独家合作伙伴，两者基于 FCA Pacifica 混合动力小型货车共同打造面向商用车型的 L4 级自动驾驶技术，这项技术被整合到 FCA 的 Ram ProMaster 客货车中，供应给运输公司，并用于 Waymo 的卡车运输和本地配送服务业务 Waymo Via。

4. 2023 年新能源汽车与智能网联汽车项目及园区建设情况

2023 年，意大利稳步推进新能源汽车电池工厂的建设。意大利初创企业 Italvolt 于 2021 年 2 月宣布在皮埃蒙特地区建立 45 GWh 的电池工厂，计划占地约 100 hm^2，其中 30 hm^2 的土地将用于建造工厂，2 hm^2 的土地将用于建立一个研发中心。新工厂将生产带有硅阳极的 MNC（镍、锰、钴）锂离子电池，并考虑固态电池的生产。该工厂将有超过 8 条生产线，每条生产线的产能为 6 GWh。2023 年 Italvolt 获得了建筑许可证，进一步推进了电池工厂的建设，预计在 2025 年开始投入生产，到 2027 年进入大规模生产阶段。

在智能网联汽车方面，意大利政府提供了有力支持。2023 年在意大利基础设施和交通部的授权下，米兰理工大学在公共道路上展开了一项名为“1000-MAD”（1000 Miglia Autonomous Drive）的项目，旨在试验自动驾驶车辆。该项目为一辆玛莎拉蒂（Maserati MC20 Cielo）配备了所有必要的技术组件，使其在 2023 年的 1000 mile 经典车拉力赛（1000 Miglia）赛事中完成测试。

5. 2023 年基础设施建设及运行情况

（1）充换电站基础设施大幅增长

充电基础设施增长创纪录。截至 2023 年 12 月 31 日，意大利共有公共充电站 48100 个，公共充电桩 50678 个，实现创纪录增长。其中，公共慢充 4 万个，公共快充 8100 个。小于 50 kW 的充电桩数量为 43564 个，50~149 kW 的充电桩数量为 4579 个，大于 150 kW 的充电桩数量为 2535 个。充电桩数目最多的三大城市分别为罗马、都灵和米兰，都呈现持续增长趋势，其中罗马的增速最明显。2023 年，意大利高速公路上的充电站几乎翻番，从 496 个增加到 932 个。但与其他欧洲国家相比，根据每百公里充电站数量排名来看，意大利高速公路充电站数量低于欧洲平均水平。充电设施地理位置分布不均，全国 58% 的充电桩数量位于北部，19% 位于中部，23% 位于南部和岛屿。

积极布局换电设施。2023 年蔚来在意大利扩展第三方充电网络。同时，基于合肥悠遥科技有限公司的新能源汽车 XEV YOYO 与意大利石化（ENI）在都灵签订全方位战略合作协议，意大利石化 ENI 购置了 XEV YOYO 的换电柜，在其现有的加油站进行配装，提供即时换电服务。

（2）加氢基础设施较少

2023 年，意大利共有 3 座加氢站，其中 2 座加氢站正在运营中，1 座位于博尔扎诺，另 1 座位于威尼斯郊外。还有 1 座加氢站正在米兰批准建设。

6. 发展规划

（1）政策激励

2023 年，意大利新能源汽车的普及率在欧洲处于较低水平，原因在于电价上涨、国家税收和补贴政策的不足，为促进本国新能源汽车的进一步发展，政府出台了一系列政策予以激励。政府宣布了 87 亿欧元长期计划，在 2023—2030 年期间每年投入 10 亿欧元，用于激励购买电动和低排放汽车的消费者，支持汽车制造业发展。实行税收优惠，纯电动汽车自首次使用日起 5 年内免税，期满后按照同等汽油车税的 25% 进行纳税；混合动力汽车车型征收最低税率（2. 58 欧元/kW）。提供充电补贴，本地居民享受电动汽车充电基础设施购买和安装费用补贴，补贴费用为整体费用的 80%，最高限额为每个申请人 1500 欧元。

（2）企业转型和市场推广

菲亚特作为意大利的本土汽车品牌，正在向纯电动品牌转型，计划在 2024—2027 年间推出至少 5 款新世代车款，涵盖 City Car、Pick-Up、Fastback、SUV 与 Camper 等车型，提供纯电、混合动力等选择，同时计划从 2025 年起在其全球阵容中逐步淘汰所有内燃机车型。

Koelliker 集团是意大利汽车进口和分销领域的标志性

企业，作为意大利汽车销售市场的先锋，2023 年其以重要国际战略合作伙伴身份亮相第二十届上海车展。Koelliker 集团已将部分中国新能源汽车品牌引入到意大利市场，未来将继续推动中国新能源汽车进入意大利市场，充分利用其品牌影响力、强大的销售网络渠道、中外市场营销团队、客户售后服务网络及遍布欧洲的强大物流服务，帮助中国新能源汽车品牌在意大利市场建立知名度和用户基础。

(3)优化基础设施建设

2023 年，意大利充电基础设施实现创纪录增长，政府和企业在此基础上进一步发展充电桩商业模式，政府、商业地产或企业等投资者买入充电桩后，交由运营商负责充电桩兼容、维护、运行诊断等日常运营工作，同时运营商将选择合适的平台商将充电桩对接给终端消费者，平台商将通过营销推广扩大客群，管理消费者充电和计费。

2020 年，意大利政府发布了《国家氢能战略指南》，计划到 2030 年实现氢气能源占国内最终能源需求的 2%，到 2050 年国内氢气能源所占比重提升至 20%。该计划将推广氢燃料汽车作为氢能产业发展的突破口，政府预计投入 1.035 亿欧元资金，目标是到 2026 年建造 36 座新的加氢站，在 70 MPa 的压力下为卡车和汽车提供氢气，完善氢能源基础设施的发展。

印　度

中国汽车技术研究中心有限公司　宋　瑞　凌　云　蒋可馨

1. 2023 年电动汽车产业发展情况

(1)总述

印度是全球第三大汽车市场。根据印度汽车制造商协会(SIAM)数据，2023 年，印度新车销量 507.9 万辆，同比增长 7%，连续两年位居全球第三大汽车市场，仅次于中国和美国。当前，印度汽车电动汽车产业、燃料电池汽车产业及智能网联汽车产业仍处于起步阶段，印度积极采取措施推进国内汽车产业绿色低碳转型。印度正在制定新的公司平均燃油经济性法规，即印度的 CAFE-Ⅲ和 CAFE-Ⅳ阶段燃油经济性法规，鼓励发展纯电动汽车和燃料电池汽车。

(2)电动汽车产业发展情况

2023 年，印度电动汽车产业飞速发展，电动汽车注册量同比增长 70%，达到 8.2 万辆，市场渗透率上升至 2%。受高额进口关税政策影响，印度电动汽车市场主要由本地车企主导。根据 Auto Punditz 的统计数据，塔塔汽车占据了印度三分之二以上的电动汽车市场份额。2023 年，名爵汽车的市场份额扩张到 14%，连续两年稳居第二，畅销车型包括 Comet 和 ZS EV。马恒达、雪铁龙、比亚迪分别位列第三至五。据国际能源署(IEA)预测，印度的电动汽车销售将保持强劲增长，预计 2024 年将比 2023 年增长 50%。

(3)燃料电池汽车产业发展情况

印度的燃料电池汽车产业依然处于起步阶段，主要应用于商用车领域。印度车企主要通过跨界跨国技术合作等联盟方式，共同开发新技术和产品。2023 年，印度商用车制造商阿斯霍克雷兰德(Ashok Leyland)在氢能方面取得突破性进展，与信实工业发布了印度首款配备氢内燃机(ICE)技术的重型卡车，并向印度国家电力集团交付了第一辆氢燃料电池巴士。2023 年 9 月，塔塔汽车向印度石油公司交付了两辆氢燃料电池巴士。印度领先清洁能源交通公司 Triton EV 在 2023 年宣布将在印度生产氢动力卡车，并在氢内燃机方面取得突破性进展。燃料电池乘用车方面，在 2023 印度汽车博览会上，名爵、丰田和现代等车企展示了燃料电池汽车和技术，并取得了初步市场反馈。

(4)智能网联汽车产业发展情况

智能网联汽车是未来汽车发展的重要方向，印度汽车产业仍处于智能化发展的初级阶段。印度主要采用 1 级和 2 级自动化，市场上的许多车辆都提供自适应巡航控制、车道保持辅助和自动紧急制动等功能。然而，这些系统需要驾驶员持续地注意和干预。起亚、名爵、本田、现代、马恒达、塔塔、比亚迪和丰田等汽车制造商均处于将 2 级自动驾驶和高级 ADAS 功能集成到其车辆中的前沿。根据标普全球统计数据，2023 年具有 ADAS 功能的乘用车占印度乘用车总销量的 2%。高端 SUV 市场、入门级 SUV 市场和中型 SUV 市场合计占 ADAS 乘用车市场销量的 90% 以上。印度主流汽车制造商基本都在新车型中普及了联网功能。

2. 2023 年推广应用情况

(1)总述

印度通过一系列政策和市场激励措施，积极推动汽车产业转型升级及相关技术的发展，致力于实现可持续发展目标。电动汽车方面，多项国家层面的政策措施和地方州政府的补贴优惠政策相结合，以大力推动电动汽车的普及。在燃料电池汽车方面，印度企业与国际伙伴合作开展示范项目，推动氢燃料电池汽车的市场化发展。智能网联汽车方面，印度启动多项智能网联汽车的试点工作，加速实现智能交通。

(2)电动汽车推广应用工作

根据 IEA 统计数据，2023 年印度电动汽车保有量超过 15 万辆，是 2022 年的两倍。2023 年，电动汽车保有量比例达 0.31%。印度政府从供给和需求两方面入手，推出一系列电动汽车推广政策。

在电动汽车的需求方面，加速普及和制造混动和电动汽车计划的购车补贴政策、税收优惠政策和州级补贴等措施在推动电动汽车普及方面发挥了关键作用。2015 年，印度政府启动加速普及和制造混动和电动汽车计划(FAME)，计划的第二阶段(FAME Ⅱ)：自 2019 年 4 月 1 日开始为期 5 年，共投入 1.15 亿卢比，实际支持了 4766 辆电动公交车、16631 辆电动四轮车乘用车(包括强混合动力车)、约 13 万辆电动三轮车和约 117 万辆电动两轮车的购买。此外，政府还采取了一系列税收优惠等政策措施推动绿色出行。例如,电动汽车的商品及服务税从 12% 降至 5%、电动汽车充电站的商品及服务税从 18% 降至 5%、免除电动汽车的道路税等。为支持国家电动交通政策,部分地方州政府推出了各自的电动汽车推广政策,包括电动汽车购买补贴、免征路税及车辆登记费、为购买电动汽车提供低利率贷款等。

在电动汽车的供给方面,印度政府批准了为期 5 年的汽车行业生产挂钩激励计划(PLI-Auto)。计划期限为 2023—2024 财年到 2028—2029 财年,总预算 2593.8 亿卢比。该计划将为符合要求的电动或氢能整车制造企业和零部件企业提供财政支持,旨在促进先进汽车技术产品的国内制造生产、产品深度本地化和新能源产业供应链的建立,同时吸引对汽车制造价值链的投资。第一轮激励措施将在 2024—2025 财年发放。此外,为吸引外资,印度政府于 2024 年 3 月发布政策性法规《促进电动轿车在印度制造的方案》,在印度投资超过 5 亿美元进行电动汽车生产且符合本地化含量要求的国际汽车厂商,规定数量的进口汽车可享受 15% 优惠关税。

(3)燃料电池汽车示范应用工作

印度企业通过跨界跨国合作等方式开展商用燃料电池汽车示范项目,推进该国燃料电池汽车产业发展。2023 年 1 月,印度阿达尼集团、阿斯霍克雷兰德和加拿大 Ballard Power 签署协议,启动开发用于采矿物流和运输的氢燃料电池卡车试点项目。该示范项目将由阿达尼集团牵头,Ballard 将为氢动力卡车提供燃料电池发动机技术支持,阿斯霍克雷兰德将提供车辆平台和技术支持。同年 8 月,印度国家电力集团的第一辆氢燃料电池公交车抵达达拉客列城,此公交车由阿斯霍克雷兰德交付。印度国家电力集团随即开展为期 3 个月的实地试验,包括适路性测试等其他法定环节,标志着印度首次在公共道路上部署氢能巴士。此外,该试点项目还包括在该地区部署 5 辆氢燃料电池公交车和启动印度首个绿色加氢站的运营。

在乘用车方面,2022 年,丰田汽车和国际汽车技术中心及印度石油公司合作开展氢燃料电池试点项目,并发布印度首款氢燃料电池汽车——丰田 Mirai。现代汽车印度公司于 2024 年 1 月宣布,将投资 18 亿卢比用于根据“现代氢能愿景”与印度理工学院马德拉斯分校合作建立“氢谷创新中心”。“氢谷创新中心”将作为一个孵化基地,为建立本地氢生态系统制定框架。

(4)新能源汽车换电模式应用试点工作

2020 年,印度政府允许未预装电池的电动车办理注册登记,电池可由车企或能源服务供应商单独供应,推动了印度换电服务的发展,换电模式在摩托车与三轮车等小型车领域应用较广。通常,换电服务所提供的电池由商家自己生产、维护和充电。针对轻型电动车和客车的换电标准,印度政府已经单独发起了相关研究项目。

(5)智能网联汽车试点工作

印度在自动驾驶能力方面仍然落后,处于 2 级自动化水平。部分企业正在积极研究和开发自动驾驶汽车技术,但只有少数原型车和示范项目在运行。塔塔汽车、马恒达和印度理工学院马德拉斯分校等都在研究自动驾驶汽车技术。2023 年,塔塔科技与印度理工学院得拉巴分校 TiHAN 中心签署了一份谅解备忘录,将在软件定义车辆和高级驾驶辅助系统领域展开合作。

3. 2023 年主要企业经营情况

(1)总述

近年来,越来越多国内外品牌开始在印度电动汽车市场布局,市场竞争日益激烈。但其中塔塔汽车表现出色,已连续多年电动汽车市场占有率第一。各企业在燃料电池技术和智能网联技术等方面开展研发项目,推动印度汽车产业的技术革新和发展。

(2)电动汽车产业

2023 年,塔塔汽车在印度电动汽车市场的表现持续强劲,进一步巩固了其作为市场领导者的地位。2023 年总收入超过 34 万亿卢比比,达到近 10 年来最高水平。公司计划未来电动汽车将占其总产量的 50%。塔塔汽车将继续丰富电动汽车产品组合、扩大电动汽车产能、加强充电基础设施建设和加大技术研发投入,以进一步巩固其在蓬勃发展的电动汽车市场中的关键地位。马恒达汽车在 2022 年底宣布,将在印度浦那投资 12.1 亿美元建造电动汽车整车厂。此外,印度最大汽车制造商马鲁蒂铃木和第二大汽车制造商现代汽车均宣布即将进军电动汽车市场。越南汽车制造商 VinFast 在印度投资建造首个电动汽车厂。

(3)燃料电池汽车产业

为适应印度市场的需求,印度汽车企业加大对燃料电池技术的研发投入。2023 年,塔塔汽车与康明斯在近零排放技术领域达成合作,成立子公司 TCPL GES。随后,TCPL GES 宣布将投资超过 35 亿卢比在印度贾坎德邦建造一座工厂,用于生产氢内燃机、纯电动车用零部件与燃料输送系统相关产品、复合储氢罐系统以及定制化储氢应用解决方案。此外,塔塔汽车还宣布启用氢能汽车研发设施,用于测试氢能内燃机,开发燃料电池和其他氢能汽车配套。马恒达在其 2022—2023 财年年报中披露,该公司正同步进行清洁产品的研发、生产和销售活动,产品包括混合动力汽车、生物燃料汽车、电动乘用车、氢燃料发动机、燃料电池汽车等。2024 年初,名爵汽车宣布,正考虑通过合资企业或第三方之间的合作,在古吉拉特邦本地生产电动汽车零部件、建立电池组装车间、生产电池电芯并部署氢燃料电池技术。

(4)智能网联汽车产业

塔塔汽车致力于创新和技术研发,以保持其在各领域的领先地位。2014 年,塔塔汽车已经在班加罗尔测试自动驾驶汽车。随后塔塔汽车通过联盟的方式开展一系列有关自动驾驶的技术研发,并组建子公司塔塔 Elxsi,计划打造适合印度的自动驾驶平台。2023 年,塔塔 Elxsi 宣布计划在印度基础设施中引入自动驾驶汽车。除技术开发外,塔塔汽车还计划与汽车制造商、交通运输部门和基础设施提供商合作,建立必要的监管框架、安全标准和通信协议。

4. 2023 年新能源汽车与智能网联汽车项目及园区建设情况

印度新能源汽车制造产业主要集中在马哈拉施特拉邦、

泰米尔纳德邦及古吉拉特邦等地及其周边地区。印度其他地方政府也在规划新能源汽车产业建设，希望通过政策优惠等措施吸引新能源汽车产业投资。

马哈拉施特拉邦的浦那是印度汽车生态环境最发达的城市，该邦境内还拥有塔塔汽车和马恒达等印度领先电动汽车制造商的整车厂和零部件厂。为满足市场需求，马恒达宣布将在马哈拉施特拉邦投资1000亿卢比，用于工厂建设以及未来电动汽车的开发和生产。

泰米尔纳德邦的真奈及周边城市素有“印度底特律”的称号。泰米尔纳德邦公布了“2023泰米尔纳德邦电动汽车政策”，推动电动汽车产业发展。现代汽车计划提高其在斯里佩鲁姆布杜尔工厂的电动汽车产能，并与当地政府签署谅解备忘录，计划在未来20年内分期投资总计2000亿卢比。

得益于在制造、充电基础设施和电池技术等方面的投资，古吉拉特邦的电动汽车生态系统正不断扩大。名爵汽车、马鲁迪铃木和塔塔汽车已在该邦建立了工厂。此外，塔塔还计划在古吉拉特邦投资1300亿卢比，用于建立锂离子电芯超级工厂，计划产能20 FWh。

特伦甘纳邦政府公布了“移动谷”计划，希望通过建设3个电动汽车制造中心，将特伦甘纳邦打造为极具竞争力的整车制造和研发基地，通过一系列促进政策吸引了大量投资。现代集团宣布将投资140亿卢比建设测试场，并将成为“移动谷”项目的股东和财团合作伙伴之一。

5. 2023年基础设施建设及运行情况

为扩大和加强全国范围内的公共电动汽车充电基础设施，印度电力部允许个人和组织在没有许可证的情况下能够自由设立公共充电站，只要其符合技术、安全和性能标准和程序。据IEA统计，2023年，印度拥有约4100个快充充电站和6800个慢充充电站，充电站总数达到1.09万个。这些充电站主要集中在德里、古吉拉特邦和马哈拉施特拉邦等经济发达地区。

2023年，印度国家电力集团宣布计划年内在拉达克启动该国首个绿色加氢站的运营。该项目每天可生产80 kg纯度为99.97%的H_2，并将为当地的5辆氢燃料电池公交车提供燃料。

6. 发展规划

印度政府希望在全球清洁能源转型中发挥重要作用，使印度成为全球电动汽车技术和生产的重要参与者。

电动汽车的普及不仅会对印度经济产生积极影响，还有助于实现到2070年碳中和的目标。印度政府计划到2030年电动汽车销量占乘用车市场的30%、商用车的70%、公交车的40%及三轮和两轮车的80%。为支持电动汽车渗透率大幅增长，印度将需要总共390万个公共和半公共充电站。印度政府出台一系列激励措施，加快实现电动汽车及充电基础设施发展目标。

2023年1月，印度政府发布“国家绿色氢能计划”，旨在使印度成为绿色氢能及其衍生物生产、使用和出口的全球中心。该计划包括发展国内电解槽制造、分散化生产、建设氢能基础设施和建立氢能枢纽等发展指导。到2030年，印度政府希望国内绿色氢能生产能力达到至少每年500万t，增加约125 GW的可再生能源容量，以及每年减少约5000万t CO_2排放。这可能会带来超过8000亿卢比的总投资，并创造超过60万个就业机会。

巴　西

中国汽车技术研究中心有限公司　白文岭

1. 2023年产业发展概况

(1)总述

巴西是南美洲面积最大、人口最多的国家，位列新兴经济体“金砖五国”，并跻身世界前十大经济体。汽车工业是巴西重要支柱产业，有百余年发展历史，体量居世界前列。近年来，巴西汽车工业对巴西工业产值贡献率保持在20%左右，占巴西国内生产总值(GDP)的比重约为4%。巴西汽车工业重度依赖外资，以灵活燃料汽车和经济型车为主导。

(2)电动汽车产业

巴西是全球可持续交通转型和能源转型最积极的国家之一，十分重视电动汽车产业发展。近两年，巴西电动汽车产业在政策扶持和市场驱动下实现快速发展，但总体处于起步阶段。根据巴西汽车生产商协会、巴西电动汽车行业协会(ABVE)统计数据，巴西市场上的车企数量超过30家，且大部分均在巴西市场投放了新能源车型并设有整车工厂。巴西电动汽车产业主要集中在经济较发达且基础设施较为完善的南部地区，如巴拉那州、圣保罗州、里约热内卢州、米纳斯吉拉斯州等。

巴西汽车配件制造业较发达。根据巴西数据网站Econodata统计，全国汽配相关企业达3万多家，涉及生产、贸易和服务。动力电池、电机和电控生产企业以主机厂和少数巴西电气设备企业为主，电池类代表企业包括巴西Moura电池、吉普、依维柯、菲亚特、雪佛兰、丰田、本田等。电机类代表企业包括巴西WEG电气设备集团，生产部分可用于轻型、中型、重型及机车的电机。电控类代表企业包括日本DENSO巴西公司，设计并制造用于驱动、转向和驻车的电动汽车逆变器。

(3)智能网联汽车产业

巴西智能联网汽车产业处于起步阶段，滞后于世界主要汽车国家。政策法规方面，巴西政府在《巴西汽车工业新政》(ROTA 2030)提出结构性能和驾驶员辅助技术有关要求，但缺乏针对先进辅助驾驶汽车、自动驾驶汽车的顶层规划、强有力的监管框架，以及成体系的技术规范。研发方面，主要在圣卡塔琳娜联邦大学等高校及少数企业展开。2023年底，摩亚航空无人驾驶的eVTOL首飞成功。测试方面，自动驾驶汽车测试非常有限。产品方面,奥迪、奔驰、大众、长城、比亚迪等代表企业已分别引入带有智能或网联初级功能的车型,中高级的自动驾驶功能由于法规和基础设施等限制尚不能面向市场开放。从长期来看,巴西自动驾驶前景可观,但面临较大挑战。除了政策法规挑战之外,巴西智能网联汽车产业链供应链初具萌芽,技术和零部件不成熟不健全,且道路交通和网络通信基础设施相对滞后。同时,消费者对安全和隐私仍存担忧和质疑,产业发展和市场培育之路还很漫长。

2. 2023 年推广应用情况

(1)总述

随着国内汽车市场不断恢复,2023 年巴西跻身全球第六大汽车消费大国,位于中国、美国、印度、日本、德国之后;从增长率看,巴西是全球增速最快的第三大汽车消费国,仅次于日本(13.7%)、中国(12.3%)。近几年,巴西汽车销量呈恢复增长态势,2023 年本地和进口汽车销量合计达 230.87 万辆,但从长期看,多年来巴西汽车市场起伏较大,2023 年市场销量尚不足 2007 年的规模(246.27 万辆)。从燃料类型看,巴西是全球最大的灵活燃料汽车市场,2023 年电动汽车市场表现创历史纪录。

(2)电动汽车推广应用工作

受车辆售价、基础设施、消费认知等因素影响,巴西电动汽车推广应用滞后,市场渗透率低,但近两年增长势头强劲。2023 年,巴西电动汽车销量达 9.39 万辆,同比增长 90.7%,连续第 6 年实现大幅增长,全国电动汽车保有量超过 20 万辆。从燃料类型看,巴西电动汽车市场以油电混合动力汽车为主,插电式混合动力汽车和纯电动汽车虽增势快,但仍以进口整车和小规模本地化生产为主。其中,油电混合动力汽车销量 7.33 万辆,销量占比排名前五的品牌分别是丰田(28.7%)、奇瑞(15.9%)、长城(14.6%)、比亚迪(10.4%)和沃尔沃(7.5%)。纯电动汽车销量 1.82 万辆,销量占比排名前五的品牌分别是比亚迪(56.18%)、沃尔沃(14.53%)、宝马(6.22%)、长城(4.15%),江淮(3.81%)。

从区域市场看,圣保罗(销量 3.28 万辆,市场占比 35%)、里约热内卢(0.69 万辆,市场占比 7.3%)、米纳斯吉拉斯(0.64 万辆,市场占比 6.8%)和联邦区(0.64 万辆,市场占比 6.8%)在巴西区域电动汽车销量排名中位于前四。据巴西电动汽车协会预测,2024 年巴西新能源车销量将占全年乘用车销售总量的 10%,达到 15 万辆;到 2030 年,巴西新能源汽车保有量将达到 100 万辆。

中国首次跃升至巴西电动汽车第一大进口来源国。2023 年,巴西进口电动汽车(南共市税号 87038000)规模至 7.67 亿美元,其中自中国进口金额为 4.51 亿美元,占比 58.75%。

(3)智能网联汽车推广应用工作

随着经济水平提升和技术进步,巴西汽车市场呈现消费升级趋势。巴西消费者除了愈发关注节能环保汽车以外,对汽车智能化和高科技配置的需求也在不断增长,越来越偏好装备了先进导航系统、自动驾驶技术和网联功能的智能网联汽车。据全球市场研究机构 6Wresearch 预测,在道路交通安全事故不断增加、产业发展应用日趋成熟及政府推动下,巴西高级驾驶辅助系统市场规模将在 2022—2028 年期间出现明显增长。另据 Apollo Research 报告,2022 年,巴西高级驾驶辅助系统市场价值为 5.63 亿美元,预计到 2032 年将达到 8.67 亿美元,2023—2032 年的复合年增长率为 4.5%。软件部分预计将成为该市场的最大贡献者,2022 年为 3.19 亿美元,预计到 2032 年将达到 4.84 亿美元,复合年增长率为 4.3%。硬件市场预计到 2032 年将达到 3.82 亿美元,年复合增长率最高,为 4.7%。

3. 2023 年主要企业经营情况

(1)总述

世界主要汽车企业多已在巴西投资建厂。市场方面,欧美日韩系企业仍占据乘用车市场主导地位。近两年,中国品牌在巴西电动汽车市场表现突出。

(2)比亚迪

2013 年,比亚迪汽车进入巴西市场;2015 年,比亚迪在巴西圣保罗州坎皮纳斯市建立第一家电动巴士底盘工厂;2017 年,建立太阳能组件工厂;2020 年,在亚马逊河州马瑙斯市建立磷酸铁锂电池工厂。2022 年底,比亚迪开始在巴销售电动汽车,在售 6 种车型以中国进口的混动和纯电动车为主。2023 年,比亚迪销量突破 1.77 万辆,取得巴西新能源车市场销量冠军。在销量最高的 15 款纯电动汽车车型中,比亚迪海豚销量名列榜首。汉 EV、元 PLUS EV 等兼具外观设计、智能化技术、性价比等优势,深受巴西市场青睐。2025 年之前,比亚迪计划将现有经销商数量从 97 家扩展至 250 家。

(3)长城

2022 年,长城汽车开始在巴西运营,拥有两家子公司,其中一家位于伊拉塞马波利斯(SP)工厂,设计年产能 10 万辆,预计 2024 年下半年正式投产首批哈弗 H6 车型。长城汽车积极布局深度本地化产业链,分阶段对关键零部件进行本地化投资,与本地供应商全域合作,旨在使 2025 年本地化率达到 60%以上,并将投资充电网络,实现充电网点覆盖巴西核心城市。长城汽车致力于在巴西市场全面履行“2025 战略”,投放的全系产品均将搭载车联网、智能辅助驾驶系统。2023 年,长城汽车跻身巴西畅销电动汽车品牌行列。

(4)奇瑞

奇瑞是首家在巴西投资建厂的中国乘用车企业,在巴西拥有 2 家工厂。2011 年,奇瑞投资 4 亿美元开始在圣保罗州建设第一座现代化汽车工厂,年产能 15 万辆。2017 年,奇瑞宣布在戈亚斯州建设第二家工厂,这是第一个工厂规模的 3 倍,生产柔性燃料混合动力汽车等。奇瑞对巴西工厂进行了大规模翻新,以适应电气化车型的生产,包括纯电、插混、混动产品。2023 年,跻身巴西畅销电动汽车品牌行列。

(5)丰田

1958 年,丰田在巴西建立第一家海外工厂,在日本以外生产兰德酷路泽系列车型。截至 2023 年在圣保罗有 4 座工厂。2023 年底,丰田汽车整合四家工厂资源,将其第一座海外工厂——圣保罗圣贝尔纳多工厂关闭。2023 年,丰田在巴西电动汽车销量为 2.19 万辆,市场份额继续保持首位,产品阵容包括 SUV Corolla Cross、三厢车 Corolla、SUV RAV4、三厢车 Camry 和雷克萨斯品牌汽车。

(6)通用

1930 年,通用汽车在南美洲建立第一家工厂——圣保罗州南圣卡埃塔诺工厂,至今约有 5 家工厂。通用汽车在巴西主要以销售燃油汽车为主,电动汽车销量很低。智能网联汽车方面,通用汽车曾与巴西电信公司 Claro 合作推出两款联网汽车产品——雪佛兰 Cruze 和 New Onix。

4. 2023 年新能源汽车与智能网联汽车项目及园区建设情况

(1)总述

随着全球对可持续发展和环境保护的关注增加,巴西政府和汽车企业正加快向电动汽车研发和生产转型布局。在巴西政府宣布对进口电动汽车恢复征收关税前后,通用、大众、现代、丰田、Stellantis 等跨国车企及中国比亚迪、长城等企业纷纷宣布电动汽车及充电设施相关新的投资计划。

(2)部分重点项目

①中国品牌

比亚迪。2023 年 7 月,比亚迪与巴西巴伊亚州政府共同宣布,双方将在卡马萨里市设立由三座工厂组成的大型生产基地综合体,总投资额达 30 亿雷亚尔,预计 2024 年底至 2025 年年初投产。该综合体将由 1 座主营电动客车和卡车底盘的生产工厂、1 座新能源乘用车整车生产工厂,以及 1 座磷酸铁锂电池材料加工厂 3 座工厂组成,其中新能源乘用车整车生产线设计年产能为 15 万辆,涵盖纯电动、插电式混动车型。

长城。未来 10 年内,长城汽车规划投资超过 100 亿雷亚尔,以将其建设成为全球第四大生产基地,也是长城汽车中国以外最大生产基地,辐射整个拉美新能源汽车市场。

②外资品牌

丰田。2024 年 3 月,丰田宣布将于 2030 年前在巴西投资约 22.2 亿美元,用于生产专为巴西市场设计的车型,以及扩建费利斯港和索罗卡巴两座城市工厂,前者将于 2025 年起生产混合动力系统发动机,后者预计 2026 年开始生产电池。到 2030 年,预计将创造 2000 个直接就业岗位,以及约 8000 个间接就业岗位。

通用。2024 年 1 月,通用汽车宣布,计划在未来五年向巴西业务投资 70 亿雷亚尔,以加速巴西电动汽车生产及充电基础设施建设和升级。

大众。2024 年 2 月,大众汽车宣布在巴西追加 90 亿雷亚尔投资,使其 2022 年至 2028 年在巴西的计划投资规模达到 160 亿雷亚尔,将有助于大众生产其首款巴西制造的混合动力汽车。

现代。2024 年 2 月,现代汽车宣布将在 2032 年之前对巴西投资 11 亿美元,争取在巴西汽车市场占据主导地位。投资合作方向聚焦未来空中交通(AMM)、氢燃料电池商用车、氢燃料电池系统供应等新项目开拓。

(3)园区

①马瑙斯自由贸易区(Zona Franca de Manaus, ZFM)

马瑙斯自由贸易区位于巴西北部亚马孙州首府马瑙斯市,是巴西唯一的保税区、主要的工业园区及工业 GDP 最大组成部分之一。面积为 1 万 km^2,设有商业区、工业区(PIM)和农牧业区,其中,工业为支柱性产业。符合基本生产流程标准(PPB)的企业可享受联邦和州政府制定的税收减免政策。适用于该区的优惠政策有效期到 2073 年。该区入驻企业有 600 多家,以巴西、日本、美国、韩国企业为主,主要从事家电、电子产品、两轮车辆、化工制品等。园区内有十几家中资企业,其中入驻汽车企业包括主要包括比亚迪(电池模组)。2024 年 5 月,巴西政府宣布,将为马瑙斯自贸区内符合规定的电池生产制造商提供税收优惠,以促进重型电动汽车电池生产,加强当地产业链布局并推动相关技术发展。

②卡马萨里工业园区(Polo Industrial de Camaçari)

卡马萨里工业园区于 1978 年 6 月 29 日开始运营,位于巴伊亚州的卡马萨里市,距离萨尔瓦多 50 km。拥有轮胎工业、溶解纤维素、铜冶金、纺织、化肥、风能、制药、饮料和服务等 90 多个化工、石化等行业。入驻汽车企业包括比亚迪(大型生产基地综合体)等,之前福特也曾在此建厂。

5. 2023 年基础设施建设及运行情况

据巴西电动汽车行业协会统计,2023 年,巴西充电桩(含公共充电桩)共计 3200 个,桩车(9.4 万辆可充电电动汽车)比为 1:31。以汽车、能源、电气制造和充电管理运营平台为主的企业,均有计划在巴西拓展充电桩业务,其中包括比亚迪、奥迪、壳牌巴西、RAIZEN、VOLTBARS、西门子、滴滴控股的 99 叫车软件平台等。巴西公路基础设施较发达,截至 2022 年末,全国公路总长 172 万 km,联邦公路 7.4 万 km,州级公路和市级公路 148.9 万 km。巴西与周边国家基本实现公路互联互通,部分公路状况逐步改善。

6. 发展规划

2018 年 11 月,巴西发布《巴西汽车工业新政》(ROTA 2030),提出到 2030 年电动汽车销量占巴西汽车总销量 30% 的目标。2024 年 3 月,巴西政府出台“绿色出行和创新计划”(Mover),取代了 2023 年底到期的“Rota 2030 计划”,旨在通过税收减免等方式,鼓励汽车行业加快技术创新和脱碳进程。预计在未来 5 年内,巴西政府将向符合条件的车企提供共 190 亿雷亚尔的税收优惠。该计划基于巴西国家计量标准和工业质量局等主管部门联合制定的“车辆标签计划”(PBEV),根据车辆(包括乘用车、巴士和卡车)能耗、功率、燃料类型和可回收性等指标进行研究,对符合标准的企业给予与投资额成比例的融资贷款,且可按其技术创新投入比享受相应的税收优惠。截至 2024 年 5 月中旬,已有 69 家企业被纳入计划。

墨 西 哥

中国汽车技术研究中心有限公司　王英荻　范　华

1. 2023 年产业发展概况

(1)总述

20 世纪 20 年代墨西哥开始建立汽车产业,美系“底特律三巨头”福特、通用及克莱斯勒最先布局,到 20 世纪 60 年代中期,丰田、日产、大众等汽车制造厂商进入墨西哥市场,通过与当地企业合作、建造生产基地等方式进行产能布局。随后墨西哥为培育本国汽车制造业,宣布禁止整车及发动机等主要汽车零部件进口,提出国产零部件配套比例要求,并限制汽车零部件工厂的外资持股权。20 世纪 90 年代,墨西哥放开汽车生产市场,吸引更多国际汽车公司投资,汽车产业成为经济的支柱产业,也是墨西哥最大的制造业部门和外商直接投资(FDI)流入最多的行业。2020 年《美墨加协定》正式生效,根据该协定,汽车零部件的 75%必须在美国、墨西哥和加拿大本地生产,进一步夯实墨西哥汽车工业的制造地位。根据墨西哥经济部统计,2023 年墨西哥吸引外国直接投资 361 亿美元。同比增长 27%。

墨西哥是世界第七大汽车生产国和第五大汽车零部件生产国,根据 Marklines 显示,2023 年墨西哥汽车产量 378 万辆,出口 330 万辆,出口占比 87%,其中出口到北美市场 282 万辆,占出口量的 85%。汽车销量超过 136 万辆,同比增长 24.4%,创下了 5 年内的最高纪录。

(2)电动汽车产业

电动汽车正日益成为墨西哥汽车产业新的增长点。Marklines 数据显示,2023 年墨西哥电动汽车 10.6 万辆,同比增长 33.6%,占汽车总产量比重不足 3%。墨西哥本土主要生产福特野马 Mach-E 和雪佛兰 Blazer EV 两款电动车,2023 年产量分别为 9.4 万辆和 1.2 万辆,所有本土产的电动车都用于出口。根据 Marklines 数据统计,墨西哥 2023 年国内电动车销量 1.63 万辆,同比增长 17.6%。畅销车型主要包括特斯拉 Model Y、江淮 E10X 等。

(3)燃料电池汽车产业

墨西哥燃料电池汽车产业的发展目前还处于初级阶段,但却是燃料电池汽车产业的潜在发展地区。中国汽车及锂电产业链企业正在考虑墨西哥作为新制造业的聚集地之一,其中包括电动汽车、储能及电池等产业。随着全球汽车产业向电动化转型,墨西哥可能将成为燃料电池汽车产业的重要基地。

(4)智能网联汽车产业

墨西哥智能网联汽车产业尚处于发展初期阶段。墨西哥积极搭建通信基础设施并部署 5G 网络,为智能网联汽车产业发展提供基础设施支撑。但产业缺少激励政策,以及自动驾驶相关法律法规。长安汽车作为中国汽车品牌之一,已经将智能网联汽车作为其全球化战略的一部分。2023 年 9 月,长安汽车开启墨西哥经销网络布局,计划通过开发智能网联汽车提高产品科技创新水平和产品结构,为墨西哥消费者带来数智时代的新汽车体验。

2. 2023 年推广应用情况

(1)总述

尽管墨西哥电动汽车行业仍处于发展阶段,但市场销量正持续增长。据 Marklines 数据测算,墨西哥电动汽车销量 1.63 万辆,渗透率仅为 1.2%左右。墨西哥电动汽车产业拥有巨大的增长潜力。

(2)电动汽车推广应用工作

墨西哥提出积极的电动汽车推广目标,到 2030 年将电动汽车的销量占比提高到 50%,到 2035 年达到 100%。为此,墨西哥政府还推出了一些鼓励电动汽车销售的政策,如到 2024 年,豁免电动汽车的临时进口税(燃油汽车进口关税 8%~20%)、税收减免高达 38400 比索、免除交通限行和注册费等。此外,为加快电动汽车普及,提高消费者对电动汽车的认可度。2024 年 3 月,比亚迪、Evergo、江淮汽车、SEV(墨西哥新能源公司旗下品牌)、特斯拉与墨西哥新能源交通运营商 VEMO、Evergo 等企业共同成立了墨西哥电动汽车协会(简称 EMA),旨在加快推广电动汽车。

(3)燃料电池汽车示范应用工作

墨西哥燃料电池汽车尚未形成规模商业化应用,部分企业在墨西哥研发和发展燃料电池汽车的计划。斯特兰蒂斯于 2024 年 5 月宣布,即将在墨西哥生产 RAM 氢燃料电池重型皮卡,销往北美地区。First Hydrogen Corp 当前正与墨西哥的一家全国性商用车队运营商商讨,将其车队更新为氢燃料电池车队,并计划在全国范围内部署加氢站基础设施。非营利组织 CALSTART,一直致力于与公共和私营部门合作,研究墨西哥的各种零排放汽车项目和市场调研。这些项目包括中型和重型零排放汽车的示范和商业化工作,其中包括燃料电池汽车。重点验证燃料电池技术并证明其在商业应用中的可行性。

(4)新能源汽车换电模式应用试点工作

墨西哥正加快推进充电桩基础设施的推广和普及,但是尚没有关于新能源汽车换电模式应用案例。

3. 2023 年主要企业经营情况

(1)总述

墨西哥汽车市场以日美德系等海外品牌为主,缺乏本土汽车品牌。根据 Marklines,2023 年墨西哥市场汽车销量 136 万;其中新能源汽车销量 1.6 万,同比增长 17.6%,新能源渗透率较低。在整车市场中,日美德系品牌位列前三,截至 2023 年 12 月,已有 12 家中国车企、39 个品牌入驻墨西哥市场。2023 年,中国车企在墨西哥销量 13 万辆,市场份额 10%,主要参与者为上汽、奇瑞、江淮、长安、吉利等。

(2)电动汽车产业

墨西哥电动汽车产业取得快速发展。传统车企和以特斯拉为代表的新能源车企积极布局电动汽车工厂，相继推出电动汽车产品。在零部件领域，全球零部件企业在墨西哥均有布局燃油车产业链基础，同时也在积极布局新能源产业链。当前，在墨西哥市场最畅销的电动汽车品牌为特斯拉，Model Y 和 Model 3 销量分别达到 2194 辆和 664 辆，均为墨西哥前五大畅销电动汽车车型。自主品牌在电动汽车赛道有明显的优势，2023 年江淮 E10X 车型销量为 1866 辆，位居第二，江淮 Sunray 销量 569 辆，位居第六。

(3)燃料电池汽车产业

墨西哥的燃料电池汽车产业起步较晚。墨西哥政府对新能源汽车支持主要聚焦电动汽车领域，缺少专门针对燃料电池汽车的支持政策。作为全球重要的汽车生产基地，墨西哥为燃料电池汽车产业提供了广阔的市场空间。2024 年 2 月，福田汽车的 HC12 氢燃料电池客车成功亮相墨西哥第 16 届世博会移动出行论坛，成为墨西哥首款氢燃料电池客车，标志着墨西哥在汽车行业可持续发展道路上逐步实现能源及技术多样性。康明斯正在为墨西哥车队重型卡车开发燃料电池和氢内燃机，目标是到 2027 年全面投产。此外，为提高绿氢的生产制造能力，根据墨西哥氢贸易机构 AMH 数据显示，墨西哥已经开展 15 余项绿氢项目开发，总资本支出达 200 亿美元。

(4)智能网联汽车产业

部分企业加快在墨西哥智能网联领域研发和布局。2024 年 4 月，采埃孚在墨西哥蒙特雷开设的汽车技术中心正式开业。采埃孚蒙特雷园区拥有智能中心、制造工厂和采埃孚在墨西哥的首个研发中心，于采埃孚整个北美地区（加拿大、美国和墨西哥）。研发中心将专注于电动和自动驾驶技术的研究，拥有 16 个在墨西哥领先的实验室。园区的制造工厂生产用于高级辅助驾驶系统（ADAS）和集成制动控制系统的智能摄像头，可以在乘用车和轻型商用车中实现自动紧急制动（AEB）、自适应巡航控制（ACC）和车道保持辅助（LKA）等功能。

4. 2023 年新能源汽车与智能网联汽车项目及园区建设情况

为紧跟全球电动化发展大潮，墨西哥计划在全国范围内建立多个电动汽车制造中心。宝马、奥迪、通用汽车、Stellantis 和特斯拉等车企已开展新能源车厂布局，中国品牌江淮汽车也已开展产能布局，比亚迪计划在新莱昂州建设生产工厂。除了新建电动汽车工厂项目，福特、通用等车企还计划在墨西哥现有厂址基础上改建电动汽车生产线。在供应链配套方面，日本电产计划向其墨西哥工厂投资 7.15 亿美元生产电动汽车所用的电机；LG 电子和麦格纳国际计划在墨西哥科阿韦拉州建厂，为通用汽车生产电动汽车动力总成部件。

墨西哥积极开发新能源和智能网联汽车相关项目。近年来，墨西哥政府与多家国内外企业签署合作协议，共同开发新能源汽车和智能网联汽车项目。墨西哥城附近的克雷塔罗州政府已经宣布计划建设一个名为“墨西哥城走廊”的新能源汽车和智能网联汽车产业园区，旨在成为新能源汽车和智能网联汽车的生产、研发和测试中心。计划投资 10 亿美元用于园区的基础设施建设，并希望能够吸引至少 100 亿美元的外来投资，将形成包括制造商、供应商、技术服务提供商等涵盖全产业链的生态系统，加速墨西哥新能源汽车产业的发展。

5. 2023 年基础设施建设及运行情况

充电桩等新能源汽车基础设施尚未普及，限制了电动汽车在墨西哥的推广。当前，墨西哥约有 3700 个公共充电桩。墨西哥联邦电力委员会预测，到 2041 年，墨西哥还需要 3.8 万个充电站以支持 70 万辆电动汽车供电。2023 年 2 月，宝马宣布与 Evergo 联手建设墨西哥充电基础设施。两家公司计划投资 2 亿美元，在未来 5 年内新建 4000 多个电动汽车公共充电站，同时研究交流和直流充电。宝马和 Evergo 已经启动了其位于墨西哥城 Metropoli Patriotismo 购物中心内的公共充电中心，该中心为墨西哥最大的公共充电中心。此外，Evergo 正联手 E-DRIVE 在全国范围内大力投资建设充电基础设施，计划在未来几年内安装超过 1.5 万个充电站。这些充电站包括 2 级和 3 级充电器，可在 30 min 内为汽车充电。墨西哥本土企业 Vemo 携手比亚迪，规划建设广泛的充电网络，力图打造墨西哥境内规模仅次于特斯拉的第二大充电体系。

墨西哥积极发展氢能领域基础设施。据德国外国发展机构 GiZ 资助的研究，墨西哥有潜力安装 22TW 的绿氢基础设施，特别是在太阳能资源丰富的西北部地区。研究指出，公共交通、长途货运车辆、重工业、墨西哥国家石油公司的炼油和石化业务及发电和电力存储是绿氢开发的关键机遇领域。

6. 发展规划

拉美各国《联合国气候变化框架公约》“国家自主贡献方案”（NDC）中，有 13 国特别提及交通运输部门的电气化愿景。其中，墨西哥电动汽车政策目标包括：到 2030 年，新销售汽车中电动汽车占比达到 5%；到 2040 年提高到 50%；到 2050 年提高到 100%。墨西哥正在大力推动汽车产业转型，希望到 2030 年一半的汽车生产转为电动汽车。未来墨西哥新能源动汽车产业发展重点将包括提高新能源汽车产量和市场占有率，以及推动相关基础设施的建设和改进。

节能与新能源汽车

年鉴

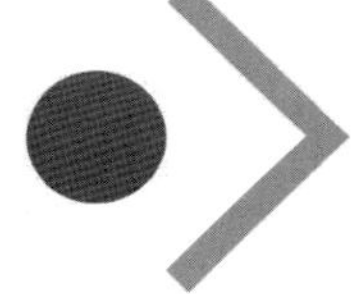

第六篇

事记篇

2023年大事记

1月

2023年1月3日 纵目科技(上海)股份有限公司与奇瑞新能源汽车股份有限公司达成多款车型高速ADAS产品项目定点合作协议,将为奇瑞新能源提供包括智能摄像头、毫米波雷达在内的ADAS产品。根据协议,纵目科技将基于国产化芯片平台,通过灵活的商业模式和开放的合作模式,利用全栈自研系统和关键传感器技术为奇瑞新能源的智能化战略提供全方位技术支持。

2023年1月3日 工业和信息化部、国家发展和改革委员会、财政部、国家市场监督管理总局联合发布《2022年度智能制造示范工厂揭榜单位名单》(简称《名单》)。电动车企方面,《名单》显示:一汽-大众汽车有限公司、一汽解放汽车有限公司、上海新动力汽车科技股份有限公司、奇瑞新能源汽车股份有限公司、中车时代电动汽车股份有限公司、上汽通用五菱汽车股份有限公司、重庆长安汽车股份有限公司等多车企入选。

2023年1月4日 北京图森未来科技有限公司与英伟达(Nvidia)签署深化战略合作伙伴关系协议,设计研发专为L4级别无人驾驶卡车场景需求的下一代无人驾驶域控制器,该产品将搭载英伟达最新一代车规级AI芯片NVIDIA DRIVE Orin™(SoC),英伟达DRIVE Orin SoC芯片可实现每秒254 TOPS,是无人驾驶车辆的中央计算机。根据协议,图森未来将利用其在L4级别无人驾驶卡车系统研发的经验,英伟达将利用其数十年最前沿计算平台的研发经验,提供DRIVE Orin硬件和人工智能领域的专业知识。该合作将加速图森自主研发高性能、车规级、可大规模应用的无人驾驶域控制器进程,同时将增强图森对ADC产品研发的控制力。

2023年1月4日 昆明云内动力股份有限公司与武汉众宇动力系统科技有限公司、云南煦和商贸有限公司签署《三方合资合作协议》,根据协议,三方共同组建云南合原新能源动力科技有限公司,开展氢燃料电池系统的研发、生产和销售工作。

2023年1月5日 北京理工新源信息科技有限公司与惠州数字城市科技有限公司在北京签署战略合作协议,未来双方将以场景优势、数据优势、技术优势、市场优势,实现双方优势互补、资源共享,进一步助力提升惠州新能源汽车产业监管水平,赋能惠州新能源汽车产业发展。

2023年1月5日 北京经济技术开发区高级别自动驾驶示范区新能源汽车充电站投运。该站点由亦庄供电公司、北京静态交通亦庄建设运营有限公司、百度公司三方合作打造,满足了经开区自动驾驶汽车的充电需求,也为进一步开展ChaoJi充电、车网互动、无线充电等新技术示范应用奠定了良好基础。该充电站共有68个停车位,配置7台快充桩、21台慢充桩以及4台ChaoJi充电桩,均为“即插即充”方式,能够满足多样化充电需求。

2023年1月5日 毫末智行科技有限公司智算中心雪湖·绿洲(MANA OASIS)正式成立。MANA OASIS是中国自动驾驶行业最大智算中心,由毫末智行与火山引擎联合打造,每秒浮点运算达67亿亿次,存储带宽每秒2T,通信带宽每秒800 G。

2023年1月6日 国家市场监管总局办公厅印发《机动车检验机构资质认定评审补充技术要求》(简称《补充技术要求》)。人员评审要求方面,《补充技术要求》第十一条明确:机动车检验机构技术负责人、授权签字人应具有中级及以上相关专业技术职称并从事相关检验检测工作三年及以上,或者具备同等能力。

(1)本条所称同等能力是指:符合《检验检测机构资质认定评审准则》规定的同等能力要求;或者车辆工程、汽车运用工程、汽车服务工程等专业大学本科毕业,机动车设计、制造、装配、检测、维修、鉴定评估、整形及改装、汽车电子、汽车营销与服务、汽车新能源等专业大学专科毕业,从事相关检验检测工作三年及以上;或者具有机动车检测、机动车维修、汽车制造、汽车装调、工程机械维修类等技师及以上技能资格(等级),从事相关检验检测工作三年及以上。

(2)本条所称相关专业技术职称是指车辆工程、动力工程(内燃机)、汽车运用工程、汽车维修工程、汽车检测(技术)、汽车设计制造、汽车试验、汽车服务工程及机械工程、道路运输安全、机电制造、自动化控制、环境工程和环境监测类等技术职称。

(3)本条所称从事相关检验检测工作是指在检验检测机构从事机动车整车检验、在机动车生产企业从事整车检验、在汽车修理企业从事整车检验、从事机动车安全技术检验、机动车排放检验、机动车综合性能检验工作。

2023年1月7日 上海禾赛科技有限公司与飞凡汽车达成前装量产项目定点合作协议,根据协议,飞凡汽车旗下的全新车型将搭载禾赛车规级超高清激光雷达AT128。未来,双方将携手为用户带来可持续进化、更安全、更完备的高阶智驾体验。

2023年1月7日 浙江瓯鹏科技有限公司旗下换电品牌“慧鹏换电”与皖能集团安徽皖丰长能投资有限责任公司就“长丰县轻卡换电项目”签署合作协议。该轻卡换电站项目位于合肥市长丰县下塘镇,是慧鹏换电在合肥市继巢湖轻卡换电示范站后建成的第二座“四位一体”轻卡换电站。双方从本次轻卡换电站合作出发,继续围绕“车、站、电、网”四位一体的城市零碳交通物流新模式进行深入战略合作。

2023年1月8日 红旗品牌新能源战略正式发布,同时发布红旗新能源品牌以及品牌LOGO。并公布未来车型架构FMESs以及旗羿和旗偲两个平台:旗羿平台包含高能安全电池HPB、高效电驱HSM、高功智慧补能HIC以及智驾安全底盘HAC;旗偲平台包括先进电子电气HEA、自动驾驶HAP以及舒享座舱HCS。

2023年1月9日 邯郸经开区管委会与浙江吉利远程新能源商用车集团签订合作协议。根据协议,双方共同投资打造新型甲醇经济产业圈,合作建设新能源商用车基地、液态阳光甲醇经济全产业生态体系和创新推广示范运营区项目,涵盖甲醇制取、加注等板块。

2023 年 1 月 9 日 国内首个国家氢能动力质量检验检测中心在两江新区正式落成,该中心一期总投资达 5 亿元,除提供常规检验检测、测试评价服务外,还打造了包括转毂、重型涉氢转毂整车环境舱试验室,动力电池安全试验室,氢能整车五轴耦合动力总成实验室,300 kW 级燃料电池系统工况 EMC 实验室,乘用车和商用车用氢内燃机实验室,氢燃料电池及其他关键部件的综合测试实验室等实验室,以及氢能制储运加用一体化运营大数据平台。

2023 年 1 月 10 日 远程新能源商用车集团与全路程物流科技有限公司在杭州签署协议。根据协议,双方签下三年 18000 台远程新能源商用车换电产品订单。以产品为依托,未来双方将围绕新能源商务、技术、售后等领域开展全面战略合作。

2023 年 1 月 10 日 宁德时代(上海)智能科技有限公司与哪吒汽车(合众新能源汽车有限公司)在上海签署协议,双方将在 CIIC(CATL Integrated Intelligent Chassis)一体化智能底盘项目上开展合作,首款搭载 CIIC 的车型最快将于 2024 年底面世。根据协议,时代智能与哪吒汽车将深入开展 CIIC 的合作,帮助后者实现多快好省造车,并共同探索更多商业模式的创新。

2023 年 1 月 10 日 商务部发布《武汉市服务业扩大开放综合试点总体方案》(简称《方案》)。《方案》明确:以“车谷”为承载,打造新能源汽车全产业链发展示范区。建设新能源公共技术研发平台,加快纯电动汽车底盘一体化设计、多能源动力系统集成,以及新能源汽车换电模式整车、动力电池、换电装备等关键技术攻关。打造全国新能源和智能网联创新中心。着力推进对新能源汽车生产的智能化管理和服务,拓展人工智能服务应用场景。推动国家检验检测高技术服务业集聚区武汉园区发展,提升智能网联汽车产业检验检测服务能力。探索建立新能源汽车、二手车、动力电池等交易、回收制度。

2023 年 1 月 10 日 赛恩领动(上海)智能科技有限公司正式发布首款自研车规级高性能成像雷达产品 S 系列 SIR-4K。SIR-4K 定位于满足 L3-L5 智能驾驶和无人驾驶对于感知的性能要求,工作频段使用 76-79 GHz,设计上采用了四颗 3 发 4 收芯片级联的方案,实现 192 个虚拟通道,在不大幅增加硬件算力的基础上,可实现对于 256 个动态目标的输出,4096 个点云的输出。

2023 年 1 月 11 日 本田技研工业(中国)投资有限公司与东风汽车集团股份有限公司共同合作开启本田的燃料电池系统在商用车领域技术验证,该验证自 2023 年 1 月起在湖北省开始实施。双方将合作在各种实际行驶条件下针对环境适应性、动力经济性和耐久性等各项综合性能开展测试,以验证本田燃料电池系统在商用车领域的可靠性、耐久性等技术性能。

2023 年 1 月 11 日 公安部发布 2022 年全国机动车和驾驶人统计数据。据公安部统计:新能源汽车保有量达 1310 万辆,全年新注册登记 535 万辆。截至 2022 年底,全国新能源汽车保有量达 1310 万辆,占汽车总量的 4. 10%,扣除报废注销量比 2021 年增加 526 万辆,增长 67. 13%。其中,纯电动汽车保有量 1045 万辆,占新能源汽车总量的 79. 78%。2022 年全国新注册登记新能源汽车 535 万辆,占新注册登记汽车总量的 23. 05%,与上年相比增加 240 万辆,增长 81. 48%。新注册登记新能源汽车数量从 2018 年的 107 万辆到 2022 年的 535 万辆,呈高速增长态势。

2023 年 1 月 11 日 工业和信息化部装备工业发展中心发布关于开展《免征车辆购置税的新能源汽车车型目录》(简称《目录》)申报工作的通知,通知明确:按照两部委文件要求,2022 年 12 月 31 日前已列入《目录》的新能源汽车可继续适用免征车辆购置税优惠政策,无须再次申报《目录》。

2023 年 1 月 12 日 深圳市恒创睿能有限公司、广州公交集团有限公司、广州环保投资集团在广州环投集团就“动力电池梯次利用项目”签署协议。根据协议,三方共同成立合资公司广州环投恒创科技有限公司,合资公司将在番禺区投资建设年回收处理 1. 5 万 t 动力电池梯次利用项目,探索动力电池绿色低碳循环利用、无害化处理的发展路径。该项目总占地面积约 37 亩,计划总投 4. 45 亿元,将于 2024 年 8 月正式投产运营。

2023 年 1 月 12 日 阿里巴巴集团与吉利控股集团签署战略合作协议。根据协议,双方将围绕汽车电动化、智能化和数字化产业领域,在云计算和工业互联网、智能座舱及智能出行、数字化营销等方面开展合作。自动驾驶方面,阿里巴巴着重算力研发。从底层算力来看,阿里云的飞天智算平台,通过输出融合算力、大数据和 AI 等技术手段,为汽车企业提供算力服务,以实现智能驾驶训练效率的目的。在生产制造环节,阿里云基于大数据和人工智能平台,建立整车线上线下一体化模型。

2023 年 1 月 12 日 北京擎天智卡科技有限公司与安徽苇渡科技有限公司在安徽合肥正式签署战略合作协议。擎天智卡获得苇渡科技定点,将为苇渡的新能源重卡量产车型提供“一站式量产自动驾驶解决方案”,服务范围包括 L2、L2++、L3 及 L4 级别在内的全部车型,首批车型计划于 2024 年实现量产。双方将共同在重卡智能驾驶技术、商用化服务和应用及新能源智能重卡研发等多方面展开深入合作,共同推进新能源智能重卡在国内的应用与落地。

2023 年 1 月 12 日 吉利科技集团与上海积塔半导体有限公司签署战略合作协议,将围绕车规级芯片研发、制造、市场应用、人才培养等领域开展全面合作。根据协议,双方将共建国内首家汽车电子共享垂直整合制造(CIDM)芯片联盟,设立联合实验室,聚焦汽车电子 MCU、功率器件、SoC、PMIC 等芯片的研究开发、工艺联调、生产制程,致力于车规可靠性测试及整车量产应用。同时,双方将着力先进制造能力及人才队伍培养打造,保障车规级芯片供应链的安全性和长期可持续性。

2023 年 1 月 12 日 博世汽车部件(苏州)有限公司与苏州工业园区管理委员会签署投资协议,将在苏州投资建立博世新能源汽车核心部件及自动驾驶研发制造基地。根据协议,研发制造基地一期工程预计于 2024 年竣工;博世苏州计划在未来几年内累计投资约 70 亿元用于该项目,以加速推进新能源及自动驾驶相关业务。该研发制造基地计容面积约 30 万 m^2,将主要研发和制造配备新一代碳化硅功率模块单元的电驱产品、新一代智能集成制动系统 IPB2. 0、智能解耦制动系统以及博世中国高阶智能驾驶解决方案在内的多款自动驾驶核心技术。

2023 年 1 月 12 日 北京市昌平区人民政府与北汽福田汽车股份有限公司就“北汽福田氢能高端装备研发制造基地建设”签署战略合作框架协议。根据框架协议,双方将打造氢能产业技术创新高地,支撑北京率先实现“双碳”目标,共同推进全球运营中心、动力系统制造中心、氢燃料商用车智造中心、汽车后市场中心 4 个中心建设,助推新能源汽车相关产业快速发展。

2023 年 1 月 12 日 蓝谷能源充换电一体重卡换电站在亦庄厂区落成。该充换电站具有高安全性、高可靠性、高扩展性、高智能化的特点。在运营方面,运维网络可多网融合;站控系统支持远程升级,订单无感结算等功能,有效保障运营效率。

2023 年 1 月 13 日 由东然新能源、上汽红岩、国家电投三方联合开展的全国首组省际干线换电重卡运输项目——万达开川渝统筹发展示范区绿电交通项目正式投入运行,该项目也是首个跨省运输场景下的应用模式创新,实现了“政府引导、企业为主、市场主导、区域协同”的示范性作用。

2023 年 1 月 13 日 国家发展和改革委员会发布《政府定价的经营服务性收费目录清单(2023 版)》(简称《清单》),《清单》对政府定价的经营服务性收费进行了调整,明确了部分省市电动汽车充换电服务收费标准。分别为:(1)天津市电动汽车充换电服务收费:电动公交车充电服务费 0.60 元/kWh,电动公交车充换电服务费 0.80 元/kWh,其他电动车充换电服务费 1.0 元/kWh。(2)上海市电动汽车充换电服务收费:充电服务费不高于 1.3 元/kWh。(3)重庆市电动汽车充换电服务收费:电动汽车充电服务费最高不超过每度 0.4 元。(4)山西省电动汽车充换电服务收费:0.45 元/kWh。(5)海南省电动汽车充换电服务收费:电动公交车充电服务费上限标准为 0.60 至 0.9 元/kWh;其他电动汽车充电服务费上限标准为 0.65 至 1.1 元/kWh;充换电服务费上限标准为 0.60 元/km(包括电费、电池租赁和充换电服务等费用)。(6)甘肃省电动汽车充换电服务收费:各地按照定价权限制定电动汽车充换电服务费标准 0.50 至 0.70 元/kWh(不含电费)。(7)青海省电动汽车充换电服务收费:上限标准为 0.30 至 0.85 元/kWh。(8)宁夏回族自治区电动汽车充换电服务收费:最高 0.45 元/kWh 至 0.50 元/kWh(不含电费)。

2023 年 1 月 14 日 工业和信息化部发布《关于印发助力中小微企业稳增长调结构强能力若干措施的通知》(简称《通知》),《通知》明确:有效扩大市场需求。支持中小企业设备更新和技术改造,参与国家科技创新项目建设,承担国家重大科技战略任务。将政府采购工程面向中小企业的预留份额阶段性提高至 40% 以上政策延续到 2023 年底。落实扩大汽车、绿色智能家电消费以及绿色建材、新能源汽车下乡等促消费政策措施。

2023 年 1 月 15 日 宁德时代新能源科技股份有限公司与上海蔚来汽车有限公司在宁德签署五年全面战略合作协议。根据协议,双方构建长期战略合作关系,将以先进电池技术为基础,打造高效协同的电池供应体系,提升创新能力与效率,为智能电动车用户提供出行体验,为提升我国新能源汽车产业的全球竞争力贡献力量。

2023 年 1 月 16 日 福瑞泰克智能系统有限公司与郑州日产汽车有限公司达成智能驾驶量产合作协议。根据协议,郑州日产全新智驾平台将采用福瑞泰克 ODIN 数智底座解决方案以及软硬一体化的服务,搭载福瑞泰克超感知多传感器融合系统架构,为郑州日产全新车型平台定制面向 L2-L2+的智能驾驶解决方案和产品,相关车型预计将于 2024 年实现全面量产落地。

2023 年 1 月 16 日 大众汽车集团(中国)携手江苏华友能源科技有限公司,发布基于大众汽车售后退役动力电池打造的“30 kW 78 kWh 全时域主动均衡梯次移动储能系统”试点项目。此次发布的“30 kW 78 kWh 全时域主动均衡梯次移动储能系统”基于大众汽车集团退役三元动力电池打造,并使用了华友的退役动力电池快速分选技术、高效安全的 BMS 管理技术、全时域均衡技术等专利技术。

2023 年 1 月 16 日 交通运输部办公厅公布《2022 年度交通运输行业重点科技项目清单》(简称《清单》),新能源汽车及自动驾驶汽车方面,《清单》涉及如下项目:新能源汽车“三电系统”故障综合解决方案及健康管理体系研究、经营性自动驾驶汽车运营安全保障技术及政策研究、基于“双碳”目标的新能源汽车维修(维护)服务体系研究、电动车与氢燃料汽车技术与政策跟踪。

2023 年 1 月 17 日 北京地平线机器人技术研发有限公司与广汽埃安在广州签署全面战略合作协议。根据协议,埃安将基于地平线征程®系列芯片,围绕智能驾驶与座舱智能交互平台研发与应用,打造技术领先的智能化产品。

2023 年 1 月 17 日 工业和信息化部、教育部、科技部、人民银行、银保监会、能源局六部门联合发布《关于推动能源电子产业发展的指导意见》(简称《指导意见》),《指导意见》明确:(1)推动先进产品及技术示范。加快功率半导体器件等面向光伏发电、风力发电、电力传输、新能源汽车、轨道交通推广。(2)支持重点领域融合发展。探索光伏和新能源汽车融合应用路径。(3)加大新兴领域应用推广。采用分布式储能、“光伏+储能”等模式推动能源供应多样化,提升能源电子产品在 5G 基站、新能源汽车充电桩等新型基础设施领域的应用水平。(4)促进全产业链协同发展。把促进新能源发展放在更加突出的位置,积极有序发展光能源、硅能源、氢能源、可再生能源,推动能源电子产业链供应链上下游协同发展,形成动态平衡的良性产业生态。

2023 年 1 月 17 日 万物友好发布灵动版充换电站,将在 2023 年 2 月份正式投入使用。灵动版充换电站站内共有 5 个电池仓位,能与固定换电站灵活搭配,满足客户不同换电需求及现场条件。换电站的换电机构驱动电率约 15 kW,配置 380 V 电力驱动,可满足每日约 40 次的换电需求,3~5 min 即可完成换电。

2023 年 1 月 18 日 江西赣锋锂电科技股份有限公司与重庆市涪陵区人民政府、重庆三峡水利电力(集团)股份有限公司、东方鑫源集团有限公司共同签署投资协议。该项目计划总投资 100 亿元,选址重庆市涪陵高新区,由赣锋锂电与三峡水利、东方鑫源共同设立项目公司,建设年产 24 GWh 动力电池(产品规划包括磷酸铁锂电池、三元锂电和固态电池、BMS 电源管理系统开发、电池研发及测试中心等)和年产 10 GWh 电池 PACK 装配生产线及相关配套。

2023 年 1 月 18 日 宁德时代(上海)智能科技有限公司与宜春经济技术开发区管委会在宜春市就“一体化智能底盘

生产基地项目”签署协议，根据协议，时代智能将在宜春建设基于 CTC（Cell to Chassis）技术的一体化智能底盘生产基地，推动宁德时代 CTC 创新技术和滑板底盘产品落地，助力新能源产业高质量发展。

2023 年 1 月 18 日 文远知行科技有限公司无人接驳车正式获得北京市高级别自动驾驶示范区工作办公室颁发的自动驾驶路测牌照。这是文远知行进入 2023 年后的首个自动驾驶落地进展。根据许可，文远知行无人接驳车可在总面积 60 km^2 的北京市高级别自动驾驶示范区全域范围内进行自动驾驶公开道路行驶。

2023 年 1 月 18 日 长安第三代 CS75PLUS 智电 iDD 正式发布，由 ADAYO 华阳与北京芯驰半导体科技股份有限公司联手打造的华阳首款国产高端仪表平台继第二代 CS75PLUS 配套之后，再次助力第三代 CS75PLUS 智电 iDD 打造智能座舱新体验。

2023 年 1 月 29 日 孚能科技（赣州）股份有限公司与广东省广州经济技术开发区管理委员会就签订投资合作协议，根据协议，孚能科技投资建设年产 30 GWh 动力电池生产基地，产品类型包括磷酸铁锂动力电池和三元材料动力电池。

2023 年 1 月 30 日 重庆市人民政府与华为技术有限公司签署战略合作框架协议。根据框架协议，双方将携手打造智能网联电动汽车产业链和生态，持续深化在智慧城市、工业互联网、企业数字化转型等方面合作，助推重庆产业转型升级和战略性新兴产业持续发展。

2023 年 1 月 30 日 国家铁路局、工业和信息化部、中国国家铁路集团有限公司联合发布《关于支持新能源商品汽车铁路运输 服务新能源汽车产业发展的意见》（简称《意见》）。一、在支持新能源商品汽车运输、规范铁路运输条件方面提出的具体措施。《意见》明确，铁路运输新能源汽车不按危险货物管理。同时，为保障铁路运输安全，托运新能源商品汽车时，托运人应提供新能源商品汽车产品出厂合格证（出口新能源商品汽车不受此限制）。《意见》还明确了电池荷电状态保持在合理区间、插电式混合动力汽车的油箱处于正常状态、托运新能源商品汽车时不应夹带备用电池和其他电池等安全措施，确保铁路运输新能源汽车安全畅通。二、在保障新能源商品汽车铁路运输安全方面提出的措施。加强铁路运输管理。为确保铁路运输新能源汽车安全可控，坚持源头管控、把握关键环节。《意见》针对与运输新能源汽车相关的车辆托运、承运安全检查、铁路车辆状态和装载加固环节，逐一落实了责任主体，明确了措施手段，提出了具体要求，从源头管控风险、消除隐患。《意见》明确，托运人应保证所提供新能源商品汽车产品出厂合格证的真实性；承运人应认真查验新能源商品汽车产品出厂合格证，明确装载新能源商品汽车的铁路车辆、集装箱应当符合有关标准和安全技术规范的要求；明确使用铁路货车装载加固新能源商品汽车时应当符合铁道行业标准《铁路货物装载加固技术要求》（TB/T 30004）。

2月

2023 年 2 月 1 日 成都市武侯区人民政府、成都环境集团、广州工控科产集团分别与雄川氢能科技（广州）有限责任公司签署战略合作协议，广州工控科产集团与武侯资本集团签署战略合作协议。根据本次多方签订的战略合作协议，武侯区将携手雄川氢能重点围绕氢燃料电池电堆、氢燃料电池发动机、综合能源站建设等领域全面深化合作。

2023 年 2 月 1 日 远程商用车科技有限公司与安徽明天新能源科技有限公司在杭州签署战略合作协议，根据协议，双方将围绕整车研发、生产、服务等领域开展全面战略合作，共同赋能氢动力商用车新生态发展壮大。

2023 年 2 月 1 日 北汽集团与博世中国签署战略合作协议，根据协议，双方将在中国智能汽车价值链加速重构的趋势下，在智能座舱、智能驾驶、智能网联领域构建全面深入的战略合作。

2023 年 2 月 2 日 襄阳市人民政府与东风汽车集团有限公司就“建设新能源乘用车项目”签署合作框架协议。根据框架协议，东风汽车将在襄阳投资建设新能源乘用车项目，将导入东风自主研发 S31 全生命周期车型。双方将围绕该项目建设新能源乘用车配套产业园，推动配套企业集聚襄阳，助力打造新能源汽车产业集群，加快襄阳汽车产业转型升级。预计 2028 年底，项目累计实现整车销售额 450 亿元，累计带动零部件实现销售额 285.23 亿元。

2023 年 2 月 3 日 上海汽车集团股份有限公司、上汽通用五菱汽车股份有限公司与广西壮族自治区人民政府、柳州市人民政府在南宁共同签约“一二五”工程框架协议。根据框架协议，双方将成立联合专项工作组，加大政策扶持力度和资源投入，共同支持上汽通用五菱实施“一二五”工程，即建设广西新能源汽车实验室，打造纯电、混动两个百万级产品群，打造五个百亿自主产业集群，发展成为全球新能源汽车标准引领者，实现由汽车制造商向出行综合服务提供商转型。

2023 年 2 月 3 日 工业和信息化部等八部门发布《关于组织开展公共领域车辆全面电动化先行区试点工作的通知》（简称《通知》），《通知》明确：按照需求牵引、政策引导、因地制宜、联动融合的原则，在完善公共领域车辆全面电动化支撑体系，促进新能源汽车推广、基础设施建设、新技术新模式应用、政策标准法规完善等方面积极创新、先行先试，探索形成一批可复制可推广的经验和模式，为新能源汽车全面市场化拓展和绿色低碳交通运输体系建设发挥示范带动作用。试点工作期限为 2023—2025 年。

2023 年 2 月 3 日 珠海极海半导体有限公司宣布推出具有高效 CPU 处理性能、增强型存储空间、以及丰富连接功能的 APM32A 系列车规级 MCU，以有效满足汽车电子多样化通信与车身控制应用开发需求，可广泛应用于车身控制、安全系统、信息娱乐系统、动力系统等车用场景。

2023 年 2 月 4 日 深圳市福田区人民政府与中创新航科技股份有限公司签署战略合作框架协议。根据框架协议，双方建立长期稳定战略合作伙伴关系，发挥中创新航在新能源全场景应用及研发方面优势，结合福田区的中心区位、政策支持等良好基础，支持中创新航开展新能源前沿领域关键技术研究和成果转化、行业标准建立等工作，拉动上下游关联企业在福田集聚发展。

2023 年 2 月 5 日 合肥国轩高科动力能源有限公司与

欧洲电池制造商 InoBat 签署谅解备忘录。根据备忘录,在电芯制造领域,双方将共同探索以合资形式建设 40 GWh 电芯及 PACK 工厂;在技术合作领域,将基于双方各自在磷酸铁锂和三元电池领域的优势展开合作;在储能领域,双方将基于 InoBat 在斯洛伐克现有工厂,共同探索开展储能电池生产的潜力,以尽快开拓欧洲市场。此外,双方还致力于在设施运营方面建立技术与商业合作,并共同探讨生产废料和报废电池循环再生产的可行性方案。

2023 年 2 月 6 日 扶风比亚迪新能源汽车零部件产业基地项目在陕西省宝鸡市扶风县新兴产业园开工建设。该项目计划总投资 50 亿元,一期计划投资 30 亿元,占地约 1400 亩,建设整车线束、减震器、动力电池相关部件等新能源汽车零部件生产线,建成投产后,可实现年产值 100 亿元以上。二期计划投资 20 亿元,后期将根据市场发展情况进行投资建设。

2023 年 2 月 6 日 能链智电与开瑞新能源签署战略合作协议。根据协议,双方将在快速发展的新能源商用车市场展开合作,合作涵盖充电服务网络接入、非电生态拓展、优选场站合作、智慧充电服务等多维度。

2023 年 2 月 6 日 中共中央、国务院印发《质量强国建设纲要》(简称《纲要》),并发出通知要求各地区各部门结合实际认真贯彻落实。《纲要》明确:加大健身器材和运动用品优质供给,提升移动终端、可穿戴设备、新能源汽车与智能网联汽车等新型消费品用户体验和质量安全水平。

2023 年 2 月 7 日 浙江亿咖通科技有限公司、湖北芯擎科技有限公司、中国第一汽车股份有限公司签署深化战略合作协议,联合研发基于"龍鹰一号"芯片打造的智能座舱平台。根据协议,中国一汽将基于嵌入了芯擎科技 7 纳米制程车规级芯片"龍鹰一号"的亿咖通科技高性能智能座舱计算平台,与亿咖通科技共同打造下一代智能座舱,并将搭载于中国一汽旗下品牌车型。该平台是首款基于"龍鹰一号"芯片的亿咖通科技自研硬件计算模组,并融合全球化车载操作系统和软件栈的计算平台。

2023 年 2 月 7 日 速腾聚创科技有限公司与赛力斯集团股份有限公司达成项目定点合作协议,根据协议,速腾聚创将基于 RS-LiDAR-M 系列激光雷达助力赛力斯主力销冠车型快速改款升级。

2023 年 2 月 8 日 天奇自动化工程股份有限公司与蜂巢能源科技股份有限公司签署《动力电池回收利用湿法冶金项目合资协议书》。根据协议,双方将直接或通过下属企业共同投资设立合资公司,并以合资公司为主体在江西省上饶市新建废旧磷酸铁锂电池回收利用湿法冶金项目,项目产能规模为年产 0.5 万 t 碳酸锂及 2 万 t 磷酸铁,项目投资金额约为 6.7 亿元。

2023 年 2 月 8 日 北京国鸿氢能科技有限公司和北奔重型汽车集团有限公司在佛山签署战略合作框架协议。根据协议,双方将在燃料电池关键零部件的研发及攻关、燃料电池车用市场的开拓、商用车的规模化推广等方面展开战略合作。未来双方将共同打造行业闭环,助力内蒙古加快建设"北疆绿氢城"。

2023 年 2 月 8 日 东风小康汽车有限公司与重庆市江津区人民政府签订《东风小康智能网联新能源汽车项目合作协议》。根据协议,江津区政府提供政策支持,东风小康利用现有资产资源升级东风小康智能网联新能源汽车项目,推动新能源汽车业务发展,共同助推江津区建设千亿级智能网联新能源汽车产业集群。该项目总投资 32 亿元,包括研发投入、生产线改造、市场推广及营销投入等,项目实施周期 10 年。

2023 年 2 月 9 日 藤青青再生资源(上饶)有限公司与天奇股份有限公司成立合资公司,并签订磷酸铁锂湿法冶金项目合作协议。本次项目藤青青将采用行业领先的安全绿色短程全元素回收技术,实现年产 5000 t 碳酸锂和 2 万 t 磷酸铁。

2023 年 2 月 9 日 Ambarella(安霸)与杭州宏景智驾科技有限公司签署协议,正式成为生态战略合作伙伴。根据协议,宏景智驾的智能驾驶解决方案产品线将搭载安霸的 CV3-AD 系列 AI SoC,开发高算力汽车自动驾驶域控制器平台,并配备宏景智驾量产级感知、行车和泊车规控算法软件,为客户提供高等级自动驾驶解决方案。双方将展开一系列合作,共同开拓全球市场。

2023 年 2 月 10 日 合肥杰发科技有限公司与上海季丰电子股份有限公司签署战略合作协议,根据协议,双方将共建联合实验室,共同建立完整的车规级产品可靠性测试和认证体系、FA 分析体系和生态工具生产体系,以加快新品研发,提升产品和客户服务质量,增强核心竞争力,推动国产车规芯片产业发展。

2023 年 2 月 10 日 合创汽车科技有限公司与广州巨湾技研有限公司签署战略合作协议,根据协议,双方将针对 XFC 极速充电技术进行联合开发、整合优势资源在产品应用、技术推广、共建 XFC 技术充电网络等领域进行深度合作,以大湾区为示范点打造"XFC 极速充电"生态圈,解决新能源汽车充电难、充电慢、续航焦虑等问题,引领 XFC 极速充电市场快速发展。

2023 年 2 月 10 日 工业和信息化部节能与综合利用司组织召开工作座谈会。会上,有关专家介绍了我国新能源汽车生产、销售情况,分析了废旧动力电池产生趋势。动力电池产业链相关企业交流了动力电池资源化利用关键技术研发应用、换电商业模式影响、动力电池绿色设计等方面的情况。与会同志围绕完善动力电池回收利用政策标准体系、强化动力电池回收利用溯源管理、加快资源化利用关键技术迭代升级、促进动力电池关键资源回收利用等方面进行了交流。

2023 年 2 月 13 日 上海恩捷新材料科技有限公司与宁德时代新能源科技股份有限公司签订 2023 年度《保供协议》。根据协议,上海恩捷向宁德时代(包含宁德时代及其关联公司)供应协议约定数量的锂电池湿法隔膜,具体以签发的订单为准。上海恩捷产品符合双方确认的前提下,按照协议约定数量执行 2023 年度上海恩捷对宁德时代集团的产品生产和交付使用,宁德时代将按照本协议约定数量向上海恩捷完成采购。本协议有效期自 2023 年 1 月 1 日至 2023 年 12 月 31 日止。

2023 年 2 月 13 日 北京四维图新科技股份有限公司与

宝马集团签署许可协议，根据许可协议，四维图新将为宝马集团在中国市场的下一代自动驾驶功能提供 ADAS（高级驾驶辅助系统）地图、HD（高精）地图及 LBS（基于位置的服务）等产品及服务。订单具体金额将取决于中国市场搭载辅助级自动驾驶功能的宝马品牌汽车数量。

2023 年 2 月 13 日　协鑫电港推出极寒换电解决方案，攻克电动重卡在低温环境下的补能难题，有力推动极寒地区电动重卡的普及推广。该方案在新疆石河子市完成冬季高寒环境下的验证与应用，已具备全面商用条件。首批站点将在新疆、内蒙古、山西、河北等地陆续投运。

2023 年 2 月 13 日　中共中央、国务院发布《关于做好 2023 年全面推进乡村振兴重点工作的意见》（简称《意见》），《意见》明确：加快发展现代乡村服务业。全面推进县域商业体系建设。加快完善县乡村电子商务和快递物流配送体系，建设县域集采集配中心，推动农村客货邮融合发展，大力发展共同配送、即时零售等新模式，推动冷链物流服务网络向乡村下沉。发展乡村餐饮购物、文化体育、旅游休闲、养老托幼、信息中介等生活服务。鼓励有条件的地区开展新能源汽车和绿色智能家电下乡。

2023 年 2 月 14 日　特嗨氢能检测（保定）有限公司、中汽研新能源汽车检验中心（天津）有限公司、未势能源科技有限公司签署战略合作协议。根据协议，未来三方将共同在氢能领域的基础和前沿技术研究、汽车行业政府支撑板块（含标准化、政策研究等）、工程技术服务板块（含检测认证、技术研发）等进行全方位交流与合作；依托三方氢能检测和研发生产能力，共同助推氢能行业研发工艺进步。

2023 年 2 月 14 日　江苏清能新能源技术股份有限公司与上海舜华新能源系统有限公司签署战略合作协议。根据协议，双方将在燃料电池车辆推广以及商业模式探索方面开展深度合作；就产品供应、市场开拓、产品标准化设计等合作模式进行深度合作，在未来产品市场化推广应用中发挥各自技术优势，形成行业领先的燃料电池系统及车载储氢系统标准化配套方案，共同推向市场，形成大规模应用，计划在 3 年内共同实现 3000 台氢燃料电池车配套。

2023 年 2 月 14 日　东创紫联新能源科技有限公司和十堰经开区签署新的合作协议，将投放全新的、经济型的纯电动车平台——S4 平台落户于十堰。该平台计划在 5 年内达到产销（新能源汽车）规模 40 万台。根据协议，东创紫联研发的新能源汽车车型全部在十堰经开区生产，实施零部件本地化战略，东创紫联支持十堰本地企业融入 S4 供应链体系，并在同等条件下优先采购十堰本地企业生产的汽车零部件。同时，S4 平台新能源车上重要的关键总成部件相关企业也将引入十堰经开区布局生产基地，最大程度降低物流成本，提高零部件协配效率，整体带动十堰新能源产业高质量发展。

2023 年 2 月 14 日　清陶能源动力固态电池储能产业基地项目正式签约落地成都郫都区。该项目总投资 100 亿元，分两期在郫都区建设 15 GWh 固态电池储能产业基地，构建新能源储能产业全国示范生态圈。根据规划，项目一期选址郫都区菁蓉镇，工厂面积 2 万 m^2，首条生产线设计产能 1 GWh，首批半固态电池将在郫都工厂正式下线。

2023 年 2 月 14 日　由广州市南沙区政府和广汽丰田汽车有限公司共同打造的氢燃料电池轿车全场景规模化示范运营“南沙氢跑”公共出行服务项目正式启动，针对消费者不同出行需求设计了短租车、固定巡游车和网约车三大体验项目，市民可零距离接触和驾乘氢能源汽车。项目初期共投入 65 台进口 MIRAI 以及一座 70 MPa 撬装式加氢站。

2023 年 2 月 14 日　赢彻科技（上海）有限公司完成跨越速运首批自营智能重卡交付。此次投入自营的赢彻智能重卡，将围绕华南、华东、华北开展跨区域多线路多模式运营。首批交付跨越速运自营的智能重卡，是赢彻科技与东风商用车联合开发的全球首款前装量产 4×2 车型，适用于快递快运各类型货物及不同载重需求，累计已投放市场数百台。

2023 年 2 月 15 日　北京地平线机器人技术研发有限公司与常州星宇车灯股份有限公司在常州签署战略合作协议，根据协议，双方将共同推进“行泊一体”解决方案的量产落地，助力行泊一体成为智能汽车标配。该方案仅采用了单颗征程® 3，搭配 5R6V 的传感器配置，可轻松实现包含变道辅助在内的 L2+级别行车辅助功能；同时通过软件及算法优化，实现计算资源的分时复用，可在同一 SoC 芯片上实现融合泊车等泊车辅助功能。

2023 年 2 月 15 日　武汉光庭信息技术股份有限公司与北京芯驰半导体科技股份有限公司达成战略合作，根据协议，双方基于芯驰科技高性能高可靠 MCU E3“控之芯”，在动力域控制系统、高性能电驱系统解决方案、线控底盘（转向、制动等）、车身控制、区域控制系统等方面开展战略合作，深化技术交流及信息共享，共同打造车控系统国产化生态及解决方案。

2023 年 2 月 16 日　杭州市人民政府与吉利控股集团签订战略合作框架协议。根据协议，双方明确共同打造吉利控股集团全球战略中心、全球汽车创新中心、汽车产业人才中心，共同推动产业链整零协同、产业链数字化转型，产业绿色发展，区域产业协调发展，围绕建设万亿级汽车及零部件世界级先进制造业集群。

2023 年 2 月 16 日　中国人民银行深圳市中心支行等 5 部门联合发布《深圳金融支持新能源汽车产业链高质量发展的意见》（简称《意见》）。《意见》明确：（1）支持扩大新能源汽车消费。鼓励银行业金融机构加大汽车消费信贷支持力度，探索开展线上贷款产品创新，采用数字化新型风控手段，提升客户流程体验，提供差异化金融服务方案。深化与新能源汽车品牌“总对总”合作，围绕销售网络开展汽车金融服务。（2）鼓励保险机构健全价格形成机制，根据历史数据、行业经验、市场情况等因素，在依法合规、风险可控的前提下科学厘定新能源汽车保险费率。支持车企设立汽车消费金融公司等机构，为新能源汽车消费提供专业化金融服务，进一步提高新能源汽车的市场渗透率。

2023 年 2 月 16 日　北京新能源汽车股份有限公司与广州巨湾技研有限公司在北京签署战略合作协议。根据协议，双方将围绕“极速充电技术”的联合研发、产品应用及超充网络建设、构建新能源汽车超充新生态等方面展开深度合作，共建全国超充网络、普及极速充电技术、完善新能源汽车新基建。计划到 2025 年底前，将在全国联合推动极速补能新生态圈建设。在极速充电新生态建设方面,双方将开展超充技术的产业化推广,共同推广并投建大功率超充站,推进超充网络运营平台互联互通,共同开展超充站展销业务。在建设落地展销超充示范站基础上,开展一系列超充车主超充站充电权益活动。

2023 年 2 月 17 日 瑞浦兰钧能源有限公司与重庆市涪陵区人民政府就“年产 30 GWh 电芯及 PACK 生产基地项目”正式签署协议。根据协议,瑞浦兰钧在涪陵投资建设年产 30 GWh 电芯及 PACK 项目,总投资约 100 亿元,年产电芯 30 GWh,并配套建设相应的 PACK 生产线,建设周期 24 个月,项目全部达产后年产值约 260 亿元。

2023 年 2 月 17 日 中国汽车技术研究中心有限公司与蔚来汽车科技有限公司在天津总部签署战略合作协议。根据协议,双方将围绕智能电动汽车、信息安全、关键共性技术研发等方面开展全要素多领域合作。

2023 年 2 月 17 日 江苏龙蟠科技股份有限公司与上汽通用五菱汽车股份有限公司签订《战略合作协议》,根据协议,双方将在锂离子动力电池、润滑油等车用化学品,以及动力电池回收再利用等领域加强合作,探讨未来合作研发开发计划,为下一代行业发展形成技术储备。

2023 年 2 月 17 日 中大型豪华纯电轿车飞凡 F7 首台批产试制车在上汽集团临港智能工厂正式下线,进入上市交付前最后的产品验证阶段。

2023 年 2 月 20 日 工业和信息化部发布第 367 批《道路机动车辆生产企业及产品公告》,共计 114 个新能源生产厂家 106 个品牌 258 个新能源车型进入公告。其中,纯电动产品共计 220 个(含乘用车 21 个、客车 14 个、客车底盘 5 个、专用车 149 个、专用车底盘 31 个);插电式混合动力产品 20 个(含乘用车 11 个、专用车 7 个、专用车底盘 2 个);燃料电池产品 18 个(含客车 1 个、专用车 10 个、专用车底盘 7 个)。

2023 年 2 月 20 日 工业和信息化部发布《免征车辆购置税的新能源汽车车型目录》(第六十二批)。本批次免购置税新能源汽车车型目录共有 137 家企业、485 个新能源车型列入,其中,纯电动 399 个(含乘用车 74 个,客车 23 个,专用车 302 个);插电式混合动力 54 个(含乘用车 32 个,专用车 22 个);燃料电池 32 个(含客车 3 个,专用车 29 个)。

2023 年 2 月 20 日 工业和信息化部发布《享受车船税减免优惠的节约能源 使用新能源汽车车型目录》(第四十六批),本批次中,共 428 个新能源车型列入,其中,插电式混合动力乘用车进入 29 个;纯电动商用车进入 340 个;插电式混合动力商用车进入 23 个;燃料电池商用车进入 36 个。

2023 年 2 月 21 日 合肥国轩高科动力能源有限公司正式获得大众汽车集团电芯测试实验室资质认证,标志着国轩高科测试验证能力获得大众汽车集团认可,并正式进入全球领先技术管理体系。

2023 年 2 月 21 日 工业和信息化部、国家发展和改革委员会、教育部、财政部、国家市场监督管理总局、中国工程院、国家国防科技工业局七部门联合发布《智能检测装备产业发展行动计划(2023—2025 年)》(简称《行动计划》)。《行动计划》明确了四项重点工程,其中,(1)供给能力提升工程中明确了供给能力提升重点方向,具体到专用智能检测装备汽车行业,《行动计划》明确:突破冲压件尺寸及表面质量在线测量装置、焊接强度无损检测装置、车身尺寸在线检测装备、涂装漆膜缺陷在线检测装备、电驱动合装智能检测引导系统、整车紧固力矩在线检测装备、整车电气功能检测装置、智能驾驶辅助功能检测系统、高级别自动驾驶功能试验台等。(2)技术装备推广工程明确了示范推广应用场景,具体到汽车行业,《行动计划》明确:针对汽车定制化、轻量化、智能化、电动化发展带来的检测需求,实现汽车底盘压铸件、传动系统、车身以及动力电池、整车总装等环节的智能检测。

2023 年 2 月 22 日 东风汽车 V2G 零碳超级场站正式投入运营。该场站集光储充放、先进充电技术、智慧能源控制于一体的现代化智能化新型充电场,包括 19 台交流充电桩、2 个超级快充终端、5 个 V2G 双向充放电终端、1 个直流终端和 1 个无线充电终端,可满足园区充电需求。同时配备双面双玻高效率光伏板车棚、215 kW 储能系统。

2023 年 2 月 23 日 曲沃经济技术开发区管委会与上海重塑能源科技有限公司就“重塑科技曲沃氢燃料电池产业基地项目”签署协议。根据协议,重塑科技将加快合作项目开工建设,为曲沃氢能产业高质量发展作出贡献。曲沃经开区希望其县氢能产业链“链主”企业晋南集团与重塑科技在推进氢能重卡应用方面深入合作,为县乃至全省钢铁企业绿色低碳发展树立新典范。

2023 年 2 月 23 日 安波福与集度汽车正式签署战略合作协议。根据合作协议,双方将立足集度智能化架构 JET(JIDU Evolving Technology),在智驾域(ACU)、整车域(BGM)、运动域(VDDM)等方面展开合作。同时面向未来中央集成式架构的技术趋势,双方将持续探讨在新一代电子电气架构上的技术创新与联合研发。

2023 年 2 月 23 日 思皓新能源与中科海钠联合打造的行业首台钠离子电池试验车公开亮相,该车搭载的是首次应用蜂窝电池技术的钠离子电池包,续航里程为 252 km,电池容量为 25 kWh,电芯能量密度 140 Wh/kg,系统能量密度 120 Wh/kg,快充时间为 15~20 min。同时,中科海钠推出三款电芯产品,分别为 NaCR32140-ME12 圆柱电芯、NaCP50160118-ME80 方形电芯、NaCP73174207-ME240 方形电芯。

2023 年 2 月 24 日 北京地平线机器人技术研发有限公司与北汽集团正式签署战略合作协议,进一步加强双方在智能驾驶业务领域的业务合作,携手提升自主品牌产品的市场竞争力。根据协议,北汽将基于地平线征程 2、征程 3、征程 5 等全系列征程芯片,实现旗下多个自主品牌智能化产品的研发和应用。

2023 年 2 月 24 日 陕汽集团德创未来汽车科技有限公司与曹妃甸港物联科技有限公司在唐山举行 50 辆换电牵引车交付仪式。这批换电牵引车主要用于集疏港及短驳运输服务,未来双方将在氢燃料电池车、轻量化技术、自动驾驶技术等方面开展探索合作,搭建完善港口新能源运输生态圈,共建绿色港口。

2023 年 2 月 25 日 赛力斯汽车有限公司与华为终端有

限公司在深圳签署深化联合业务协议。根据协议，基于双方在智选车业务的长期合作，赛力斯的联合业务目标是2026年实现新能源汽车产销达到100万辆。赛力斯将协同产业资源、推动新技术、材料、工艺等应用于合作车型；华为终端将充分发挥包括高阶智能驾驶，鸿蒙座舱在内的智能化、数字化、用户体验设计等优势，为赛力斯提供赋能支持，加强联合创新能力，打造极具市场竞争力的产品。

2023年2月26日　长城无锡芯动半导体科技有限公司“第三代半导体模组封测项目”在无锡奠基。该基地总投资8亿元，建筑面积约30000 m^2，规划车规级模组年产能120万套。

2023年2月27日　江苏省苏州市苏相合作区与江西赣锋锂电科技股份有限公司就“赣锋锂电华东基地动力电池项目”正式签约，该项目由江苏赣锋作为建设、运营主体，规划产能为5 GWh新型锂电池和10 GWh动力电池系统，将成为赣锋锂电华东地区动力电池生产及区域总部，达产后年产值有望达70亿元。

2023年2月27日　上海舜华新能源系统有限公司与国家电投集团氢能科技发展有限公司签署战略合作协议。根据协议，双方将在“燃料电池车辆推广、加氢站规划建设、氢气供应、氢冶炼、分布式能源、车载储氢系统”等方面合作，在氢能示范领域展开深度交流，共同参与绿色产业链、氢能合作标准体系建设，合力营造绿色、低碳、创新、智慧的氢能发展生态圈，为我国氢能产业高质量发展贡献力量。

2023年2月27日　国轩高科与中国科学技术大学在合肥签订合作协议，双方将共建创新电池联合实验室，围绕创新锂电池技术，开展基础技术、前瞻技术和关键技术研究，推动科技成果的转化应用与产业化。根据协议，创新电池联合实验室设在中国科学技术大学，以国轩高科工程研究总院和中国科大碳中和研究院为建设主体，双方将整合优势，展开创新融合和跨界战略合作。联合实验室将围绕创新锂电池技术，开展基础、前瞻性技术和关键技术研究，并进行产学研合作。

2023年2月27日　工业和信息化部办公厅公布《工业领域数据安全管理试点典型案例和成效突出地区名单》，确定了29个工业领域数据安全管理试点典型案例和5个试点成效突出地区。其中，整体典型案例汽车领域列入的有2个：(1)汽车工业数字化转型数据安全管理方案(申报单位-东风通信技术有限公司、北京天融信网络安全技术有限公司；推荐部门-湖北省经信厅)。(2)汽车数据安全解决方案(申报单位-东风小康汽车有限公司；推荐部门-湖北省经信厅)。

2023年2月28日　成都经开区与沃尔沃汽车就“沃尔沃汽车纯电新车型及成都基地在产车型优化升级项目”签署协议。根据协议，沃尔沃汽车将在成都基地投放一款全新高端纯电车型，以填补成都造高端纯电新能源汽车领域空白，促进成都市汽车产业转型升级，同时沃尔沃将对在产车型实施优化升级。

3月

2023年3月1日　北京四维图新科技股份有限公司与东风乘用车达成定点合作协议，根据协议，四维图新将为东风乘用车2024年起量产上市的指定车型提供高精度地图、引擎及人机共驾车机渲染等产品及开发服务。

2023年3月2日　合肥杰发科技有限公司与上海知从科技有限公司签署战略合作协议，双方将强化在车规级MCU的软件集成服务合作，共同构建强大的车规级芯片生态系统。根据协议，双方将在AUTOSAR基础软件、工具软件、ISO26262功能安全、信息安全和FOTA等诸多领域展开合作，共同推动国产高性能车用处理芯片在智能座舱、ADAS、车身电子、车载灯控、汽车动力和底盘等领域的应用及推广。

2023年3月2日　宁普时代电池科技有限公司和西安领充创享新能源科技有限公司在上海签署战略合作协议。根据协议，双方将共享信息，共同开拓新能源重卡市场，在换电基础设施的投资运营领域开展合作，进一步推进重卡新能源汽车的渗透率和充换电站的智慧升级，一起为换电重卡提供更优解决方案，促进纯电重卡产业链发展，助力重卡行业绿色升级。

2023年3月2日　北汽蓝谷新能源科技股份有限公司与中化国际新材料(河北)有限公司、河北中化锂电科技有限公司、中化环境科技工程有限公司在河北中化大厦签署战略合作。根据协议，蓝谷能源将与中化锂电、中化环境立足京津冀地区，在退役锂离子动力电池回收行业展开全面战略合作，最大程度地挖掘电池价值。

2023年3月2日　中日工业副部级磋商机制下中日汽车处长对话会在中国北京召开，会议由中国工业和信息化部装备工业一司汽车发展处和日本经济产业省制造产业局汽车课ITS·自动驾驶推进室共同主持。中日双方介绍了两国汽车产业发展情况，并围绕新能源汽车与下一代汽车、智能网联汽车与自动驾驶等重点议题，交流研讨了战略规划、标准法规、管理制度、示范应用等方面的工作经验和后续思路。双方表示，中日汽车处长对话机制搭建了行业信息交换和沟通交流的良好平台，两国将秉承开放合作原则，继续加强交流，深化在汽车领域的务实合作，共同推动产业高质量发展。

2023年3月2日　市场监管总局、工业和信息化部联合发布《关于开展新能源汽车动力电池梯次利用产品认证工作的公告》(简称《公告》)。《公告》明确：(1)决定开展新能源汽车动力电池梯次利用产品自愿性认证工作，健全动力电池梯次利用市场体系，促进动力电池梯次利用行业健康有序发展。(2)鼓励有条件的地方加快构建资源循环利用体系，在政府投资工程、重点工程、市政公用工程中使用获证梯次利用产品。支持保险机构发展适合梯次利用产品的财产保险和产品责任保险，为其应用推广提供风险保障。鼓励开发银行统筹用好抵押补充贷款资金、绿色信贷、绿色融资服务等，给予低成本资金支持。

2023年3月3日　中聚能(福州)科技有限公司与奥动新能源汽车科技有限公司签署合资协议，双方筹建成立合资公司，合力加速福建省换电产业发展。根据协议，双方将以福州市为合资试点城市，开展从车电分离与车身金融产品开发业务，到换电站建设与电池梯次利用等多元化范围的合作，打造区域示范效应，加速在福建省内其他城市的换电网络布局,初步规划 2025 年前,在福建省建设超过 50 座换电站,为 5000 余辆换电车辆提供智慧能源服务。

2023 年 3 月 5 日　北京氢璞创能科技有限公司与山西晋南钢铁集团有限公司就"10000 辆氢能重卡战略合作"签约,以持续助力推动我国氢能产业示范应用。同日,氢璞创能与中电新源电气集团、中电工研氢能源科技有限公司签署三方合作协议,中电新源电气集团与氢璞创能签署的协议将推动双方在氢能及新能源发电等领域开展深入合作。此外,氢璞创能与申威狮星签署 100 辆车运营合作协议。

2023 年 3 月 6 日　江苏金融租赁股份有限公司与奥动新能源汽车科技有限公司签署战略合作协议,根据协议,双方将围绕全国换电出行市场展开合作,推动全国换电产业发展,为车辆运营企业提供前期车辆资产投入金融产品方案;同时助力主机厂推广换电车型,打造具备市场影响力的综合性产品服务,做大全国换电市场规模。

2023 年 3 月 6 日　由国家电投启源芯动力、伯镭科技、特百佳、重庆红专联合打造的全国首台无驾驶室换电无人矿卡"电 2 牛 Ebull"在重庆正式下线。该产品按照国家电投绿电交通中心"无驾驶室换电矿卡设计标准"正向设计,伯镭科技深度参与产品定义、整车设计、品牌运营,整车搭载了伯镭自研的自动驾驶系统、多重冗余线控系统等。

2023 年 3 月 7 日　陕西省西咸新区开发建设管理委员会与陕西汽车集团股份有限公司、阿尔特汽车技术股份有限公司、北京汇通天下物联科技有限公司签订合作协议。根据协议,签约各方将在西咸新区推动建设新一代电动重卡项目,打造一批车路协同及智慧交通、智慧物流示范应用项目,加大专业人才引进及技术研发力度,加速科技成果转化。

2023 年 3 月 8 日　宇通商用车有限公司与中建科工集团智慧停车科技有限公司在宇通重卡新能源厂区签署战略合作协议。根据协议,双方缔结战略合作关系,共同探索在新能源重卡推广应用、充换电站建设与运营、绿色交通发展、新能源开发、综合智慧能源开发等方面开展合作,促进新能源重卡的快速推广及换电模式的创新应用,推动新能源重卡与能源深度融合发展。

2023 年 3 月 9 日　工信部发布《2021 及以前年度新能源汽车推广应用补助资金清算审核终审和 2020—2022 年度补助资金预拨情况公示》。(1)2018 及以前年度新能源汽车推广应用补助资金清算审核车辆信息:核定推广数 773 辆,按整车企业取整后补助资金 4179 万元,扣回相应预拨资金后剩余资金 1664 万元。(2)2019 及以前年度新能源汽车推广应用补助资金清算审核车辆信息:核定推广数 4910 辆,按整车企业取整后补助资金 14704 万元,扣回相应预拨资金后剩余资金 2 万元。(3)2020 年度新能源汽车推广应用补助资金清算审核车辆信息:核定推广数 4540 辆,按整车企业取整后补助资金 5963 万元,扣回相应预拨资金后剩余资金 695 万元。(4)2021 年度新能源汽车推广应用补助资金清算审核车辆信息:核定推广数 1573845 辆,按整车企业取整后补助资金 2224085 万元,扣回相应预拨资金后剩余资金 835075 万元。(5)2020—2022 年度新能源汽车推广应用补助资金预拨情况:此次涉及 26 个地区,预拨资金共计 1152901 万元。

2023 年 3 月 10 日　广泰氢能科技广东有限公司与三一氢能有限公司签署战略合作协议,将在上海修建首座 2000 kg 级加氢站,该加氢站规划配置 3 台 35 MPa 双计量加氢机,平均加氢速度为 2 kg/min,建成后可满足广泰氢能 300 台不同吨位物流车的加氢服务。

2023 年 3 月 10 日　比亚迪与英国电动汽车公司 Octopus Electric Vehicles 达成合作,双方签署采购协议,根据协议,Octopus EV 未来 3 年内将向比亚迪购买 5000 辆电动车用于服务英国市场,双方携手共促英国绿色交通建设。

2023 年 3 月 10 日　工业和信息化部发布第 368 批《道路机动车辆生产企业及产品公告》,共计 90 个新能源生产厂家、85 个品牌、176 个新能源车型进入公告。其中,纯电动产品共计 145 个(含乘用车 15 个、客车 8 个、客车底盘 1 个、专用车 100 个、专用车底盘 20 个);插电式混合动力产品 18 个(含乘用车 7 个、专用车 8 个、专用车底盘 3 个);燃料电池产品 11 个(含客车 1 个、专用车 8 个、专用车底盘 2 个);甲醇产品 2 个(专用车 1 个、专用车底盘 1 个)。

2023 年 3 月 10 日　工业和信息化部发布《免征车辆购置税的新能源汽车车型目录》(第六十三批)。本批次免购置税新能源汽车车型目录共有 85 家企业、226 个新能源车型列入,其中,纯电动 183 个(含乘用车 37 个,客车 10 个,专用车 136 个);插电式混合动力 27 个(含乘用车 21 个,专用车 6 个);燃料电池 16 个(含客车 1 个,专用车 15 个)。

2023 年 3 月 10 日　工业和信息化部发布《享受车船税减免优惠的节约能源 使用新能源汽车车型目录》(第四十七批),本批次中,共 170 个新能源车型列入,其中,插电式混合动力乘用车进入 26 个;纯电动商用车进入 125 个;插电式混合动力商用车进入 3 个;燃料电池商用车进入 16 个。

2023 年 3 月 13 日　宁德时代新能源科技股份有限公司与北汽集团签署商务合作及先进技术赋能战略合作协议,双方共同开发动力电池产品,开拓新能源汽车市场。根据协议,宁德时代将深度融入到北汽集团下属自主品牌新能源汽车企业的整车开发及生产,并提供具有竞争力的动力电池产品和服务保障。

2023 年 3 月 13 日　长城汽车与新加坡 Cycle & Carriage 集团正式签署合作协议,计划将智能新能源汽车引入新加坡市场,2023 年长城汽车将率先引入多款智能新能源汽车,为新加坡市场带来更多智能、绿色、可持续出行体验。

2023 年 3 月 13 日　重庆青山搭载北汽 N51AB 的后驱 CP10 动力总成(PEF20A80)首台样机成功下线。该产品是一款集成电机、电控、减速器的三合一电驱总成,采用交流异步电机,最高工作电压达 750 V,峰值功率可达 190 kW,最大输出扭矩 3500 N · m,最高输出转速 16000 r/min,用于四驱车型的辅驱。

2023 年 3 月 14 日　第五届全国汽车标准化技术委员会 2023 年度大会在天津召开,工业和信息化部装备工业一司、市场监管总局标准技术管理司等部门有关负责同志参加会议并讲话。会议审议了《2023 年度汽车标准化工作要点》《关于汽车标准化工作中知识产权相关意见》两项文件。会议指出,下一步要深入贯彻落实《新能源汽车产业发展规划(2021—2035 年)》《国家标准化发展纲要》等文件要求,持续完善标准体系建设，加快重点领域急需标准制定，加强汽车与相关领域统筹协调，深化国际标准法规制定协调，扎实推进汽车标准化工作，为支撑汽车强国建设作出新的更大贡献。

2023 年 3 月 15 日 国家能源局、生态环境部、农业农村部、国家乡村振兴局联合发布《关于组织开展农村能源革命试点县建设的通知》（简称《通知》），新能源汽车方面，《通知》明确：加快推进电能替代。深入推进交通领域电气化，鼓励加快推进公共交通工具电气化，推广家用新能源电动汽车，保障电动汽车充换电基础设施建设。

2023 年 3 月 15 日 哪吒汽车与北京经纬恒润科技股份有限公司在哪吒汽车桐乡全生态智慧工厂签署战略合作协议，开启双方在智能电动汽车开发、核心技术研究等方面的广泛合作。根据协议，双方将在“智能驾驶、智能座舱、智能车身、车辆运动控制和新能源及动力、整车电子电气架构、虚拟仿真与验证、AutoSAR 及中间件软件、自主总线及测试工具”等领域深入合作，以哪吒汽车全系列车型为基础，从产品定义、工程开发、整车应用等多维度开展全面合作，以推进新能源汽车智能化加速发展，为用户带来智能出行新体验。

2023 年 3 月 16 日 宁普时代数字科技（上海）有限公司与福建省海丝高速新能源科技公司就“重卡换电项目”签署合作协议。根据协议，双方将开展电动重卡换电站的投资建设及运营管理。项目首期将以高速公路长乐和洛阳江服务区为试点，投营 4 座电动重卡换电站，为往返宁德、厦门之间的电动重卡提供及时补能服务，解决新能源重卡的“里程焦虑”“补能焦虑”，打造省首条高速公路新能源绿色物流专线。

2023 年 3 月 16 日 拓普集团公司与上海蔚来汽车有限公司签署战略合作框架协议，双方就新能源汽车零部件产品研发、制造和供应建立战略合作关系，协议有效期为 5 年。根据协议，现阶段针对双方合作的底盘系统、车身轻量化、热管理系统、内外饰系统和 NVH 减震系统等产品展开多维度全方位战略合作，在智能座舱部件、空气悬架系统和智能驾驶系统等产品进行全方位合作探讨。

2023 年 3 月 17 日 苏州天瞳威视电子科技有限公司与天津市东丽经济技术开发区签署战略合作框架协议，确定在东丽经开区落地天瞳威视全球研发总部、硬件产线等项目。根据框架协议，天瞳威视将在东丽经开区分两期建设研发办公用房、生产车间、汽车测试场、人才公寓等，与政府携手打造东丽区智能驾驶产业园，构筑区域科技创新高地。该项目计划总投资 12.5 亿元，占地面积约 175 亩，一期拟于 2025 年完工并实现投产运营。

2023 年 3 月 20 日 腾势汽车与法国声学工程创新企业 DEVIALET 帝瓦雷签署品牌战略合作协议。根据协议，双方确定战略合作关系并授予对方“品牌战略合作伙伴”身份，将聚焦新能源汽车产业的发展、音质与音响及品质生活等方面，基于新能源汽车的领先技术与声学工程创新企业各自优势联合为用户提供极致声学体验。

2023 年 3 月 20 日 北京四维图新科技股份有限公司与如祺出行达成战略合作，双方围绕出行领域共同“打造提升出行体验的产品和服务”，以高精度地图、自动驾驶和智慧交通等方向深化业务合作，在符合法律法规、行业政策的前提下，通过四维图新高精度地图工具链以及如祺出行出行平台开展相关合作，分阶段打造大湾区内自动驾驶车辆运营和高精度地图动态更新的标杆示范平台，加速自动驾驶及相关行业发展。

2023 年 3 月 20 日 苏州瀚川智能科技股份有限公司与悦享雄安科技有限公司签署《战略合作框架协议》，携手助力建设新能源重卡市场。合作内容包括：（1）在纯电动重卡换电设备领域达成市场端深度合作，双方共同打造合作场景。（2）双方在包括但不限于电力交易、电力管理、智能微网、光伏发电、储能等方面达成战略合作，共同开展相关业务。（3）双方充分发挥各自技术优势，在换电技术领域展开深入合作，共同提高双方换电技术水平。

2023 年 3 月 20 日 纽励科技（上海）有限公司与北京瞰瞰智能科技有限公司正式签署战略合作协议，双方将在汽车领域开展深入合作，以行泊一体方案为起点，携手推动智能驾驶应用规模化落地。

2023 年 3 月 21 日 比亚迪与英伟达展开合作，将在下一代王朝系列和海洋系列的多款车型中使用英伟达 DRIVE Orin（英伟达发布的系统级芯片，可提供每秒 254 TOPS 万亿次运算，是智能车辆的中央计算机）高性能计算平台。

2023 年 3 月 21 日 广汽能源与 BP 中国在广汽中心签署战略合作备忘录。根据备忘录，双方将在光储充换补能网络领域进行积极探索，打造领先市场的高端能源补给服务，向全国范围内的车主提供更优质的充电体验，并探讨在其他相关领域战略合作机会。

2023 年 3 月 21 日 黑龙江首座奥动寒带储能换电站正式投运，奥动计划在 2023 年底前在哈尔滨布局 30 座换电站，满足全市 3000 辆新能源汽车的换电需求；5 年内在黑龙江省布局换电站超过 1000 座，形成每日可提供近 100 万次换电服务的网络布局。

2023 年 3 月 21 日 中科意创（广州）科技有限公司完成数千万元 A+轮融资，由创新工场独家投资，用于功率半导体先进封装产线建设。中科意创由广东省大湾区集成电路与系统应用研究院和创始团队发起设立，累计融资金额过亿元，其中天使轮由中南创投领投，A 轮融资由英菲尼迪资本领投，中南创投、广州开发区基金旗下视盈基金等跟投。

2023 年 3 月 22 日 深圳元戎启行科技有限公司正式发布 DeepRoute-Driver3.0（Driver3.0）智能驾驶解决方案，该方案不再依赖高精度地图，没有使用区域限制；拥有更精准的感知系统，能感知高精度地图涵盖的精细道路信息，如车道线、交通信号灯、路标、提示牌等；还能实时定位车辆位置，精准判断车辆所在的车道以及与旁边车道线的距离。

2023 年 3 月 22 日 上海捷氢科技股份有限公司与上海舜华新能源系统有限公司在上汽集团正式签署战略合作协议。根据协议，双方将共同推广氢能应用；双方各自开展产品标准化设计，并形成燃料电池系统+储氢系统标准化组合方案，共同推向市场，从而形成大规模应用。

2023 年 3 月 22 日 上海市浦东新区促进无驾驶人智能网联汽车创新应用启动，北京图森未来科技有限公司、上海友道智途科技有限公司、赛可智能科技（上海）有限公司、上海云骥智行智能科技有限公司现场获颁“无驾驶人智能网联汽车创新应用测试通知书”，成为首批荣获此通知书的自动驾驶企业。

2023年3月23日 工业和信息化部装备工业一司发布《关于组织开展2023年度道路机动车辆生产企业及产品监督检查工作的通知》(简称《通知》),《通知》明确:新能源乘用车主要包括纯电动乘用车技术条件、纯电动续驶里程及电能量消耗量、动力电池能量密度、电动汽车用动力蓄电池单体安全要求、轻型混合动力电动汽车能量消耗量等项目;新能源客车主要包括客车结构安全、纯电动续驶里程及电能量消耗量、动力电池能量密度、蓄电池单元热失控试验等项目;新能源专用车主要包括电动汽车安全要求、纯电动续驶里程及电能量消耗量等项目。

2023年3月23日 小马智行与新石器慧通(北京)科技有限公司(无人配送领域企业)签署战略合作协议,根据协议,双方将联合定制研发车规级自动驾驶域控制器,由NVIDIA DRIVE提供支持。

2023年3月23日 小马智行与美团签署框架协议,共同推动自动驾驶技术在配送领域的商业化落地应用。根据框架协议,小马智行将为美团自动配送业务量身打造车规级自动驾驶域控制器,助力美团自动配送业务快速规模化落地。

2023年3月23日 阿维塔科技有限公司与华为软件技术有限公司就终端云服务签署全面合作协议。根据协议,在共同打造高端智能电动汽车品牌和产品的基础上,阿维塔与华为终端BG在华为终端云服务应用生态、鸿蒙智慧场景生态等全领域全面合作。阿维塔11单电机版基于CHN平台打造,采用高感知、高算力、高拟人算法,支持全场景智驾出行,全系标配HI华为全栈智能汽车解决方案。

2023年3月24日 湖北亿咖通科技有限公司发布智能座舱计算平台安托拉、跨域系统能力底座亿云山、次时代智能座舱计算平台马卡鲁和汽车大脑系列中央计算平台四大解决方案。

2023年3月24日 国家标准化管理委员会发布《2023年全国标准化工作要点》(简称《工作要点》),智能网联汽车、新能源汽车方面,《工作要点》明确:(1)完善数据安全标准体系,强化数据采集、处理、出境等活动的安全管理和保护要求。持续建设汽车信息安全标准体系。(2)完善智能网联汽车、新能源汽车、高技术船舶、新一代信息技术、人工智能、生物技术等领域标准体系。

2023年3月24日 丰田汽车(中国)投资有限公司与海马汽车股份有限公司就“氢燃料电池汽车”在海口签署战略合作协议,双方将在氢燃料电池汽车研发与产业化领域开展广泛战略合作,推动氢燃料电池乘用车快速普及和产业化。根据协议,双方将海南岛整体作为一个大型体验测试场,在海马汽车第三代氢燃料电池汽车上搭载运用包括日本丰田第二代Mirai电堆在内的成熟部件及系统,完成整车适应性开发,并结合海马汽车自建的氢能供应体系及出行网络实施测试。

2023年3月24日 航天锂电科技(江苏)有限公司与鲁甸县人民政府就“10 GWh储能系统及电动商用车动力总成系统‘超级工厂’及绿色交通园区项目”签署战略合作框架协议。根据框架协议,该项目总投资55.5亿元以上,分两期建设,其中一期总投资约27.5亿元。主要产品涵盖下游储能产品PACK、商用车电池包PACK、共享电池包PACK,上游线束、BMS、线束,下游电动商用车、低速车、充电桩、换电柜等配套产业。

2023年3月25日 博世集团与无锡国家高新技术产业开发区管理委员会签署战略合作协议,推动博世车用氢燃料电池和商用车电动化产品的本土化开发和商业化进程。同日,博世汽车部件(苏州)有限公司博世新能源汽车核心部件及自动驾驶研发制造基地在苏州工业园区奠基,该研发制造基地一期工程建筑面积超7万m^2,包括生产制造车间、能源中心、仓库及安防保障区。

2023年3月28日 蓝谷智慧(北京)能源科技有限公司与河北中化锂电科技有限公司、中化环境科技工程有限公司在石家庄签署新能源汽车废旧动力电池回收利用战略合作协议。根据协议,蓝谷智慧将整合北汽集团体系内外产业链上下游资源,以“数据资源+技术”为核心,打通电池全生命周期链,将其在北方市场报废的退役锂电池优先交由河北中化锂电进行深度回收处理;河北中化锂电开发退役锂电池绿色拆解及其资源化技术,保障交其的退役锂电池得到妥当处置回收利用;中化环境科技开展退役锂电池资源化再生领域协同研发、工艺包开发、装备开发、设计和工程建设,提供生产装置的工程建设服务。

2023年3月28日 博雷顿科技股份公司与广州巨湾技研有限公司在巨湾技研德道产业园签署协议,双方将在工程机械和重卡超快充电池和超级快充解决方案等方面开展合作,共同推进XFC(eXtreme Fast Charing)极速电池和超级快充解决方案在工程机械和重卡领域的应用。

2023年3月28日 DeepWay(安徽深向科技有限公司)完成7.7亿A+轮股权融资。本轮融资由魏桥创业集团连同软银中国资本领投,老股东启明创投等继续投资,将主要用于DeepWay智能新能源重卡的制造及高级别智能驾驶系统的研发投入,确保车辆生产及高质量交付。

2023年3月29日 黑芝麻智能科技有限公司与曹操出行签订战略合作协议。根据协议,双方将基于黑芝麻智能华山二号® A1000系列车规级高性能自动驾驶计算芯片,以广泛应用为目标,共同打造高阶智驾商业化运营解决方案,计划在2025年大规模前装应用。

2023年3月29日 上海益吉携手图达通智能科技(Innovusion)与智加科技有限公司正式达成量产定点合作。根据协议,双方将展开紧密协作,聚焦干线物流场景,实现Innovusion高性能激光雷达及其算法感知与智加科技自动驾驶系统的深度融合,共同寻求高速场景下的重卡自动驾驶技术突破,构建长期稳定、高效安全的运营能力,加速推动干线物流商业化落地进程。

2023年3月30日 广汽埃安举行弹匣电池2.0枪击试验,全球首次实现电池整包枪击不起火。该款电池解决了多电芯瞬时短路、爆裂性破坏等极端环境下的电池安全难题。弹匣电池2.0作为电池整包技术,可以匹配长续航、超快充等电池技术,不仅将逐步搭载昊铂实现量产应用,也将赋能深潜、航空、航天等领域。

2023 年 3 月 30 日 湖北芯擎科技有限公司正式宣布首款 7 纳米车规级 SoC 芯片“龍鹰一号”量产和供货。“龍鹰一号”不仅可以用于智能座舱，也可进一步用于 L1、L2 辅助驾驶，主要覆盖三大关键领域：智能座舱、辅助驾驶以及工业市场。

2023 年 3 月 31 日 苏州工业园区 5G 智能网联公交场景取得市车管所颁发的示范应用牌照，将面向公众开展载客运营。5G 智能网联公交是国家发改委“苏州 5G 车联网城市级验证与应用项目”建设场景之一。苏州工业园区将投入 2 辆 L4 级智能网联公交车，具备自动行驶、自动转向、自动制动、智能传动、车路协同、远程接管等场景功能。

4 月

2023 年 4 月 1 日 吉利控股集团与马来西亚 DRB-HICOM 集团签署深化合作框架协议。根据框架协议，双方将围绕马来西亚丹绒马林汽车高科技谷（Automobile High-Technology Valley）建设展开合作，助力马来西亚新能源汽车产业发展。

2023 年 4 月 2 日 深圳大疆创新科技有限公司公布全新一代智能驾驶解决方案，该方案以低至 32TOPS 的算力，7V/9V 的纯视觉配置，通过“强视觉在线实时感知、无高精地图依赖、无激光雷达依赖”实现了包括城区记忆行车（32TOPS）/城区领航驾驶（80TOPS）在内的 L2+智能驾驶功能。

2023 年 4 月 6 日 阿里云计算有限公司与捷豹路虎中国正式签署全面合作协议。根据协议，双方将围绕基础设施云化、供应链与采购数字化、营销数智化、“双碳”目标、自动驾驶在中国的合规性研究等多个领域展开合作。

2023 年 4 月 6 日 上海国际汽车城（集团）有限公司与中国工程院签署合作协议，双方将围绕“智慧城市智能汽车智能交通智慧能源‘四智’融合发展”方面展开合作，研究并形成智慧城市与智能汽车融合发展的顶层框架设计，合力打造城市级智慧出行应用场景，推进智能网联汽车从技术验证向商业示范转换，推动空地车云一体化的网联协同关键技术联合攻关。

2023 年 4 月 6 日 国家能源局发布《2023 年能源工作指导意见》（简称《意见》），充电基础设施方面，《意见》明确：推动充电基础设施建设，上线运行国家充电基础设施监测服务平台，提高充电设施服务保障能力。

2023 年 4 月 7 日 黑芝麻智能科技有限公司发布全新产品线——武当系列智能汽车跨域计算平台及其首款芯片 C1200。至此，黑芝麻智能的产品线覆盖自动驾驶和跨域计算两大领域：华山系列，面向自动驾驶场景，华山系列 A1000 芯片能够很好地支持最新的 BEV 算法，满足 L3 及以下自动驾驶场景的需求。黑芝麻智能会继续基于华山系列产品线对算力的提升进行探索；武当系列，面向跨域计算场景，武当系列作为业内首个智能汽车跨域计算芯片平台，能够完美覆盖座舱、智驾等智能汽车内部多个不同域的需求，具有多域融合的能力。

2023 年 4 月 7 日 奇瑞集团发布首个独立新能源电动品牌 iCAR，同时发布星途旗下新产品系列星纪元 | STERRA，该系列基于 E0X 高性能电动平台打造，具备 800V 高压超充等特点。

2023 年 4 月 7 日 陕西氢能运力有限公司揭牌，该公司由榆林能源集团、陕汽集团、延长石油、国家电投等十余家央企国资共同设立。2025 年累计投运 6000 辆氢能重卡，投建 50 座加氢站和 4 座制氢站；2030 年累计投运 10000 辆氢能重卡，投建 100 座加氢站和 6 座制氢站，搭建沿黄包茂、关中环线两条“氢走廊”，形成全省网格化、智能化、一体化的氢能运力系统。

2023 年 4 月 7 日 上海华依科技集团股份有限公司与吉孚动力技术（中国）有限公司达成合作意向，双方将为国内及全球的各大知名汽车整车制造商和汽车零部件供应商，提供新能源汽车动力系统、整车及智能驾驶相关测试服务。

2023 年 4 月 10 日 德力新能源汽车有限公司年产 10 万辆新能源商用车项目、合创新能源汽车零部件产业园项目在安徽淮南市政务中心签约。合创新能源汽车零部件产业园项目总投资 100 亿元。年产 10 万辆新能源商用车项目总投资 50 亿元，计划建设冲压、焊装、涂装、总装四大工艺车间，项目达产后实现年产值 100 亿元。

2023 年 4 月 10 日 蔚来资本与江苏省无锡市人民政府就“汽车激光雷达项目”在无锡惠山经开区签署协议。根据协议，该项目注册资金 2.5 亿美元，主要从事旗舰级远距离激光雷达、车规量产超远距激光雷达、一体式超远距 AI 激光雷达产品的生产、销售、研发等，项目建成后将加快推动激光雷达综合解决方案研发应用，带动更多上下游企业来锡发展，助力无锡汽车产业深度融入全球产业链、供应链、价值链，促进无锡新能源汽车产业加速崛起。

2023 年 4 月 10 日 工业和信息化部办公厅发布《关于组织开展 2023 年物联网赋能行业发展典型案例征集工作的通知》（简称《通知》），《通知》明确：聚焦城市道路智能管理、交通信号联动、公交优先通行控制、道路危险识别、智慧停车管理、自动驾驶、智能网联汽车、电动自行车定位追踪、船舶自动感知与识别、低空智联网等场景，征集有利于城市交通网联化协同化发展和空天地一体化建设的应用案例。

2023 年 4 月 10 日 东风公司发布“东风氢舟”氢动力技术品牌。东风氢舟，包含东风氢元燃料电池系统和东风氢芯燃料电池电堆两个子品牌。东风氢元自主燃料电池系统由供氢、供气、水热管理等系统构成；东风氢芯自主燃料电池电堆由膜电极、双极板、催化剂等电堆核心部件构成。

2023 年 4 月 11 日 毫末智行科技有限公司正式发布自动驾驶生成式大模型 DriveGPT，中文名为雪湖 · 海若。DriveGPT 可以通过引入真实人驾接管数据建立 RLHF（人类反馈强化学习）技术，对自动驾驶认知决策模型进行持续优化，其目标是实现端到端自动驾驶，现阶段主要用于解决自动驾驶的认知决策问题，后续持续会将毫末多个大模型的能力整合到 DriveGPT。

2023 年 4 月 12 日 国家发改委高技术司在氢能产业发展部际协调机制工作会议上强调扎实做好后续重点工作，拓展多元应用场景，逐步推动商业化发展。有序推进燃料电池中重型车辆应用，组织开展氢能在可再生能源消纳、微电网等电力领域示范应用,推动可再生能源制氢在工业领域替代应用。

2023 年 4 月 12 日 广州巨湾技研有限公司、创维汽车、广州德铭汽车销售有限公司在巨湾技研德道产业园签署战略协议。根据协议,三方将在新能源汽车超快充电池和超级快充解决方案、全国超充生态建设等方面开展深入合作,共同推进 XFC(eXtreme Fast Charing)极速电池的应用及发展。

2023 年 4 月 13 日 浙江极氪智能科技有限公司与英特尔签署战略合作备忘录,根据备忘录,双方将在汽车硬件产品开发、智能车载应用和解决方案,以及生态链建设等领域探索深入合作。

2023 年 4 月 13 日 北京地平线机器人技术研发有限公司与大卓智能科技有限公司在安徽芜湖签署战略合作协议,双方将在汽车自动驾驶领域进行深层战略合作,共同推动智能驾驶应用加速普及。根据协议,地平线将基于征程系列芯片为大卓智能打造高级辅助驾驶(ADAS)及域控制器系列产品与解决方案,并在奇瑞汽车旗下品牌多款车型上实现量产落地。同时,双方在硬件、软件、算法以及工具链等方面也将进行深度合作。

2023 年 4 月 13 日 中科创达软件股份有限公司与大众汽车集团旗下软件公司 CARIAD 建立全新合作伙伴关系,在华加速智能互联和信息娱乐系统研发,双方将专注于智能互联和信息娱乐系统领域的软件产品及解决方案的研发与测试,提供操作系统、人机交互界面、座舱和云端等软件开发服务。

2023 年 4 月 13 日 福佑卡车与东风商用车围绕干线物流自动驾驶生态建设展开合作,共同推进自动驾驶技术在干线物流场景下的商业落地。基于双方合作,福佑卡车针对自动驾驶运力,设计了相匹配的干线作业模式,由东风商用车提供 L2/L4 自动驾驶解决方案。双方将在开发验证、市场导入、自动驾驶车辆运营等关键环节合作,年运营里程预计超过 200 万 km。

2023 年 4 月 15 日 智己汽车与斑马智行在上海正式签署战略合作协议,共创下一代智能座舱,并进一步升级双方在智能化领域的深度合作。根据协议,在智能座舱方面,双方将共同打造下一代基于高通 SA8295P 芯片的智能座舱平台,并计划于 2024 年智己汽车的第四款车型上搭载。

2023 年 4 月 16 日 华为 ADS 2.0 智能驾驶系统正式发布,相比于 ADS 1.0,华为 ADS 2.0 主要实现了四大升级:功能安全领先一代,高速更放心、城市更舒心,有图无图都能开,可见即可泊的智能泊车系统。华为 ADS 2.0 已率先在 AITO 问界 M5 高阶智能驾驶版首发,后续阿维塔 11、极狐阿尔法 S 全新 HI 版也将升级搭载。此外,还有十多款未官宣车型也将陆续上线 ADS 2.0。

2023 年 4 月 16 日 北京初速度科技有限公司 Momenta 正式发布 Mpilot Pro 中配量产智能驾驶解决方案。该方案主要服务于 15 万~35 万元主流中端车型,可在免搭载激光雷达和不依赖高精地图的方案上,提供性能领先的全场景高阶辅助驾驶功能。

2023 年 4 月 17 日 工业和信息化部发布第 369 批《道路机动车辆生产企业及产品公告》,共计 102 个新能源生产厂家、98 个品牌、214 个新能源车型进入公告。其中,纯电动产品共计 181 个(含乘用车 23 个、客车 6 个、客车底盘 1 个、专用车 126 个、专用车底盘 25 个);插电式混合动力产品 20 个(含乘用车 9 个、专用车 8 个、专用车底盘 3 个);燃料电池产品 13 个(含客车 6 个、客车底盘 1 个、专用车 6 个)。

2023 年 4 月 17 日 工业和信息化部发布《免征车辆购置税的新能源汽车车型目录》(第六十四批)。本批次免购置税新能源汽车车型目录共有 91 家企业、227 个新能源车型列入,其中,纯电动 187 个(含乘用车 40 个,客车 7 个,专用车 140 个);插电式混合动力 25 个(含乘用车 15 个,专用车 10 个);燃料电池 15 个(含客车 4 个,专用车 11 个)。

2023 年 4 月 17 日 工业和信息化部发布《享受车船税减免优惠的节约能源 使用新能源汽车车型目录》(第四十八批),本批次中,共 143 个新能源车型列入,其中,插电式混合动力乘用车列入 9 个,纯电动商用车列入 115 个,插电式混合动力商用车列入 7 个,燃料电池商用车列入 12 个。

2023 年 4 月 17 日 华为发布"新一代全液冷超充架构"的充电网络解决方案。新一代全液冷超充架构,融合光储,通过"一个架构、两个协同、三个极致",实现十年 IRR 提升 66.7%。相较于传统一体桩设备,通过功率共享,市电利用率提升 30%,可多充电 30%。通过自研拓扑+液冷散热+智能寻优,实现系统效率提升 1%+;采用智能运维系统,实现可视化管理,人工上站次数趋零。最终实现全生命周期 TCO 下降 40%。

2023 年 4 月 17 日 欣旺达动力发布全球首款量产"闪充电池",该款动力电池超快充、欣安全、特耐用,支持电动汽车轻松续航 1000 km,10 min 可从 20% 充至 80% SOC,让充电像加油一样快。

2023 年 4 月 18 日 西井科技 WESTWELL 发布商用车新品 Qomolo E-Truck,为全球首款"可升级自动驾驶"的智能网联新能源重卡。E-Truck 采用"车电分离"设计,可支持换电及快充,E-Truck 商用车配置了 282 kWh 容量电池,最大牵引力位 75 t,满电续航里程达 150 km。

2023 年 4 月 18 日 理想汽车公布"双能战略"解决方案,即增程式和纯电。理想规划,到 2025 年,理想汽车将形成"1 款超级旗舰+5 款增程电动车型+5 款高压纯电车型"的产品布局,面向 20 万以上的市场,全面满足家庭用户需求。其中在纯电方面,理想提供 800 V 超充的解决方案,通过实现充电 10 min,续航 400 km。

2023 年 4 月 18 日 华为发布聚焦动力域的"DriveONE 新一代超融合黄金动力平台",以及"新一代全液冷超充架构"的充电网络解决方案。在动力域领域,华为数字能源定位为部件供应商,致力于帮助车企造好车,为用户带来最佳的驾乘体验;在充电网络领域,华为数字能源定位为解决方案提供商,为充电运营商带来更好的投资回报,为车主提供更好的充电体验。

2023 年 4 月 18 日 上海芯旺微电子技术股份有限公司发布 KungFu 内核车规级 MCU 产品。(1)应用场景为汽车 EPS,推荐型号为 KungFu 内核 32 位 MCU KF32A146KQS。(2)应用场景为汽车 Efuse、汽车中控屏,推荐型号为 KungFu 内核 32 位 MCU KF32A150MQV。(3)应用场景为汽车风机,推荐型号为 KungFu 内核 32 位 MCU KF32A141IQS。(4)应用场景为汽车空调压缩机,推荐型号为 KungFu 内核 32 位 MCU KF32A140INP。(5)应用场景为汽车前灯,推荐型号为 KungFu 内核 32 位 MCU KF32A156MQT。(6)应用场景为转向灯,推荐型号为 KungFu 内核 32 位 MCU KF32A146IQS。(7)应用场景为 Tbox、VCU、汽车仪表,推荐型号为 KungFu 内核 32 位 MCU KF32A156MQV。(8)应用场景为无线充电器,推荐型号为 KungFu 内核 32 位 MCU KF32A150MQT。(9)应用场景为充电机、EPB、方向盘,推荐型号为 KungFu 内核 32 位 MCU KF32A156MQT。

2023 年 4 月 18 日 南京仁芯科技有限公司 16 Gbit/s 车载高性能 SerDes PHY 发布。车载高性能 Serdes 主要用于传感器、控制器的数据传输,以及控制器到显示的数据传输,适合解决距离较长、时延要求高且带宽较大场景的数据传输。仁芯科技单通道 16 Gbit/s 车载高性能 Serdes PHY 已成功点亮,经测试,各项技术指标均已达到设计要求。

2023 年 4 月 18 日 深圳市镭神智能系统有限公司推出“1550 nm 车规激光雷达——终结者 1 号”并首发“905 nm 车规激光雷达——CX 系列”。CX 系列是镭神智能在高线束车规混合固态激光雷达小型化技术上取得的重大突破,CX126S3 小至 110×91.5×45 mm,只有巴掌大小,相较于 CH128X1 体积小了 43%(CH128X1 的 LxWxH:118×90×75 mm),占用更少的车体空间,车辆造型更贴合。同日,镭神智能分别与智由(广州)新能源汽车科技有限公司、大运汽车集团有限公司签署战略合作协议,正式达成战略合作伙伴关系。

2023 年 4 月 18 日 欣旺达动力与威睿电动汽车(宁波)有限公司就“超充项目”签署协议,根据协议,双方将联合在超快充电池方面展开深入合作。

2023 年 4 月 18 日 哪吒汽车与北京地平线机器人技术研发有限公司签署全面深化战略合作协议,根据协议,哪吒汽车将基于征程 5 携手地平线围绕 BEV 等领先的算法技术深化合作,打造高阶 NOA 智能辅助驾驶系统。同日,地平线(北京地平线机器人技术研发有限公司)与滴滴自动驾驶货运 KargoBot 达成合作,双方将基于征程系列芯片开发可满足 L4 级别自动驾驶系统的算力需求。

2023 年 4 月 18 日 西门子与小鹏汽车签署战略合作协议,根据协议,西门子将凭借数字孪生技术和强大的工业软件能力,支持小鹏汽车数字化工厂规划、建设和持续优化与升级,形成高度柔性的智能生产体系。

2023 年 4 月 18 日 三一集团有限公司与华通集团有限公司在长沙签署战略合作协议。根据协议,双方将共同致力于在制氢、加氢站、新能源车辆、工程机械持续发展和深化长期战略合作关系,通过科技创新、生产配套、市场合作、生态建设等方面合作形成共同发展的良性局面。

2023 年 4 月 18 日 西咸新区空港新城与协鑫集团就“协鑫能科移动能源公司总部及生产基地项目”签署合作协议。该项目落地西咸新区空港新城。根据协议,协鑫能源科技股份有限公司总投资 50 亿元。其中,总部项目建设协鑫能科移动能源公司总部,先进制造项目将建设换电站生产基地,主营重型卡车、轻型商务车及乘用车换电站生产组装,协鑫能科移动能源立足各自优势,推动产业扩容。

2023 年 4 月 18 日 博泰车联网科技(上海)股份有限公司与纵目科技(上海)股份有限公司签署战略合作协议,根据协议,双方将在智能汽车领域展开深度合作,基于行业现下主流芯片平台共同打造具有高性价比且能够覆盖主流场景,并快速落地实现高市场接受度的“舱驾一体”的系统解决方案。

2023 年 4 月 18 日 深圳市航盛电子股份有限公司与上海临港绝影智能科技有限公司在上海国家会展中心签署战略合作框架协议。根据框架协议,双方将充分发挥各自在智能座舱、智能驾驶和智能网联等领域的技术和优势,将共同打造未来智能座舱和第三生活空间,开发性能卓越、具有成本优势的智能驾驶产品,并推动 AI 产品上车和商业价值提升,推动汽车行业的智能化进程,为行业伙伴打造更加安全、更具人性化的智能汽车。

2023 年 4 月 18 日 杭州宏景智驾科技有限公司与马瑞利(MARELLI)签署合作协议,根据协议,双方将共同推出创新智能化车灯产品,通过跨界融合提供更多突破性的智能化解决方案,共同赋能智能驾驶生态圈。

2023 年 4 月 18 日 大众汽车集团将投资约 10 亿欧元,建立聚焦智能网联电动汽车的研发、创新与采购中心,新公司将落户合肥。公司(项目名称为“100% TechCo”)将涵盖整车开发、零部件开发及采购职能,将提升开发过程中的协同效应,并把中国本土先进的技术引入产品开发的早期流程,使集团车型产品更为敏捷地响应中国客户的需求,推动产品更快走向市场。

2023 年 4 月 19 日 东软睿驰汽车技术(上海)有限公司与多家产业上下游合作伙伴签署战略合作协议。根据协议,东软睿驰与采埃孚将致力于软件的全面开发与应用,打造适用于中国版“采睿星”的软件方案;东软睿驰与觉非科技将共同推动高等级智能驾驶产品及服务在主机厂中的量产定点与规模化交付;东软睿驰与伊世智能将在汽车信息安全、智能网联汽车数据安全等领域展开深入合作;东软睿驰与怿星科技将在车载以太网、新一代智能汽车电子系统与架构等方面联合创新研发。

2023 年 4 月 19 日 佛吉亚与中国汽车工程学会签署战略合作协议。根据协议,双方将加强学术交流和实践,共同推动中国汽车智能座舱产业技术进步与融合创新发展;双方将在智能座舱相关的法规和标准制定、行业交流研讨等方面共同推进标准体系建设。

2023 年 4 月 19 日 上汽海外出行科技有限公司与合肥杰发科技有限公司在上海签署战略合作协议。根据协议,双方将发挥各自在汽车零部件供应领域和汽车电子芯片研发领域的专业优势,通过多种形式共享业务信息,积极开展整车市场客户开发、新产品研发、国产芯片应用等多领域深入合作;上汽海外出行将成为杰发科技系列芯片,包括车规级 SoC 和车规级 MCU 等产品的独立设计室(IDH:Independent Design House)。IDH 是上游 IC 原厂与下游整机企业之间的桥梁,它在 IC 原厂芯片的基础上开发产品并提供解决方案,为整机产品的迅速上市提供条件。

2023 年 4 月 19 日 北京芯驰半导体科技股份有限公司

与 Unity 在华合资公司 Unity 中国在上海达成战略合作协议，Unity 中国和芯驰科技将继续深化合作，助力中国汽车产业在智能座舱领域实现创新突破，共同迈向汽车元宇宙时代的未来。未来 Unity 中国将进一步践行本土化战略、兼容更多国内软硬件平台和操作系统，并更高效地把车企对引擎的需求，直接迭代到引擎的开发与设计中。同日，德赛西威与芯驰科技签署战略合作协议，根据协议，双方将基于各自技术优势，共同打造国产化智能座舱域控平台——DS06C。

2023 年 4 月 19 日　零跑汽车与大陆集团签署战略合作框架协议，双方将在中国智能汽车价值链加速重构的趋势下，在安全与动态控制领域构建全面深入的战略合作。根据协议，双方将在零跑汽车的多款车型上搭载大陆集团的制动系统、被动安全传感器及集成安全解决方案等先进的产品和技术，同时双方将在智能代工服务方面加强战略合作。

2023 年 4 月 19 日　天津港保税区管委会与德国汉特曼集团在空港投资服务中心就“新能源汽车零部件生产线项目”签署投资合作协议。根据合作协议，汉特曼集团投资 1.4 亿元，在津建设新能源汽车电池包壳体及发动机下缸体铸造件生产线。

2023 年 4 月 19 日　北京图森未来科技有限公司推出智能驾驶新产品——域控集中式大感知盒子。该套件将整合图森自研的自动驾驶域控制器、集中式 4D radar 解决方案、集中式 RTK-GNSS/INS 定位模块和感知与定位融合算法，支持接入 OEM 客户自研的规控模块，将能够兼容支持商用车和乘用车两个不同的应用场景。

2023 年 4 月 19 日　工业和信息化部公布 2023 年规章制定工作计划，年内提请审议的项目共有 6 项，其中包括乘用车企业平均燃料消耗量与新能源汽车积分并行管理办法（修订）；年内完成起草适时提请审议的项目 9 项，其中包括新能源汽车动力蓄电池回收利用管理办法。

2023 年 4 月 19 日　宁德时代发布创新前沿电池技术——凝聚态电池，单体能量密度高达 500 Wh/kg，创造性地实现电池高比能与高安全兼得，并在 2023 年年内具备量产能力。

2023 年 4 月 20 日　国家发展改革委国民经济综合司发布《2023 年度研究课题征集公告》（简称《公告》），研究题目及要点新能源汽车方面，《公告》明确了征集课题为新能源汽车和燃油汽车产业未来发展趋势研究。具体内容为：基于当前技术路线、生产经营成本准确研判新能源汽车行业未来发展趋势，深入分析燃油汽车企业产能利用率变化的原因并对下一步走势进行合理推演，对未来汽车产业发展趋势进行展望，统筹提出推动汽车产业平稳健康发展的具体政策举措。

2023 年 4 月 20 日　采埃孚与北京地平线机器人技术研发有限公司签署战略合作协议，基于地平线征程®系列芯片开发采埃孚高性能平台解决方案。根据协议，采埃孚将为在中国的汽车制造厂商打造高性能高质量，具有国际开发水准的中国计算平台解决方案。

2023 年 4 月 20 日　沈阳美行科技有限公司与北京地平线科技有限公司签署战略合作协议，根据协议，双方将在产品融合、生态资源共享等方面深度合作。同日，美行科技与北京领骏科技有限公司签署战略合作协议，根据协议，双方将携手共同打造更有竞争力的高级智能辅助驾驶解决方案。

2023 年 4 月 21 日　财政部发布关于修改《节能减排补助资金管理暂行办法》的通知。通知明确，对《节能减排补助资金管理暂行办法》（财建〔2020〕10 号）作如下修改：一、将第二条中的“实施期限至 2022 年”修改为“实施期限至 2025 年”。二、将第三条第一款“节能减排补助资金重点支持范围”中的“（一）节能减排体制机制创新；（二）节能减排基础能力及公共平台建设；（三）重点领域、重点行业、重点地区节能减排；（四）重点关键节能减排技术示范推广和改造升级；（五）其他经国务院批准的支持范围”修改为“（一）新能源汽车推广应用补助资金清算；（二）充电基础设施奖补清算；（三）燃料电池汽车示范应用；（四）循环经济试点示范项目清算；（五）节能降碳省级试点；（六）报经国务院批准的相关支出”。三、将第十一条中的“涉嫌犯罪的，依法移送司法机关处理”修改为“构成犯罪的，依法追究刑事责任”。四、在第十一条后增加一款“各级财政、主管部门及其工作人员存在违反本办法行为的，以及其他滥用职权、玩忽职守、徇私舞弊等违法违纪行为的，按照《中华人民共和国预算法》及其实施条例、《中华人民共和国监察法》、《财政违法行为处罚处分条例》等有关规定追究相应责任。构成犯罪的，依法追究刑事责任”。通知自 2023 年 1 月 1 日起施行。

2023 年 4 月 21 日　国家标准委、国家发展改革委、工业和信息化部等十一部门联合发布《碳达峰碳中和标准体系建设指南》，在氢能方面明确：氢能领域重点完善全产业链技术标准，加快制修订氢燃料品质和氢能检测等基础通用标准，氢和氢气系统安全、风险评估标准，氢密封、临氢材料、氢气泄漏检测和防爆抑爆、氢气安全泄放标准，供氢母站、油气氢电综合能源站安全等氢能安全标准，电解水制氢系统及其关键零部件标准，炼厂氢制备及检测标准，氢液化装备与液氢储存容器、高压气态氢运输、纯氢/掺氢管道等氢储输标准，加氢站系统及其关键技术和设备标准，燃料电池、冶金等领域氢能应用技术标准。

2023 年 4 月 21 日　深圳市航盛电子股份有限公司与高通无线通信技术（中国）有限公司签署非约束性的谅解备忘录，根据备忘录，双方计划基于高通技术公司的骁龙®数字底盘解决方案在智能座舱和智能驾驶等领域合作，旨在推动智能网联汽车的创新与发展。未来，航盛还计划探索基于 Snapdragon Ride™平台的自动驾驶及跨域融合能力的高性能车载计算平台等，将利用骁龙数字底盘平台开发高性能、高开放性、高可靠性的新一代的数字解决方案，为广泛合作提供便捷性，助力汽车厂商不断提升产品价值，加快汽车的智能化提升。

2023 年 4 月 21 日　小桔能源与北京新奥清洁能源有限公司签署战略合作协议，根据协议，双方将围绕新能源汽车充电设施的建设和运营展开，将在充换电服务“新基建”方向开展合作，加速充电网的快速布局、高效运营，围绕光储充换和虚拟电厂业务，助推分布式绿色能源发展。

2023 年 4 月 21 日　禾多科技（北京）有限公司与广汽、奇瑞、东风等车企达成合作。根据合作内容，广汽新能源车型将搭载禾多“行泊一体”智驾系统；奇瑞新能源车型将搭载“软硬一体”智驾方案；东风风神新车的 L2 辅助驾驶的智驾软件开发服务将由禾多科技提供。

2023 年 4 月 22 日 上海汽车集团股份有限公司、联创汽车电子有限公司、中兴通讯签署深化战略合作协议，根据协议，三方将一同共筑数智基底，共创汽车生态。同日，联创汽车电子和中兴通讯成立联合创新中心并联合发布 T-BOX 产品方案，该方案是基于中兴通讯车规级 4G 模组进行的整机设计与研发，该 4G 模组内置符合 AEC-Q100 的自研车规级芯片，遵循 IATF16949:2016 标准设计，可实现全球范围的网络连接，具备独家网络优化和诊断方案，提供丰富接口，支持信息安全，满足主机厂不断降本增效需求，该 4G 模组已经与国内多家主机厂开展合作。

2023 年 4 月 23 日 工业和信息化部节能与综合利用司在浙江衢州组织召开新能源汽车动力电池回收利用座谈会。与会人员围绕新能源汽车动力蓄电池回收利用管理办法，以及欧盟《电池与废电池法》对产业可能造成的影响等进行讨论。下一步，工业和信息化部节能与综合利用司将抓紧制定回收利用管理办法，细化各方责任要求；加大综合利用先进技术推广力度，以技术创新带动产业升级；宣传推广典型经验做法，培育壮大骨干企业，提高动力电池回收利用水平。

2023 年 4 月 24 日 江西赣锋锂电科技股份有限公司与呼和浩特市人民政府签署《20 GWh 电池生产项目框架协议》，赣锋锂电将在呼和浩特市行政区划内投资建设 20 GWh 锂电池生产项目，预计总投资 100 亿元。根据框架协议，该项目分两期建设，其中一期建设年产 10 GWh 电池生产线及配套附属设施，二期将产能扩展到 20 GWh。建设内容包括锂电池生产车间、PACK 车间、系统集成车间、锂电池分析检测中心、锂电池模组及安全测试中心、锂电池研发中心及其他配套附属工业设施。

2023 年 4 月 25 日 北京豪能汇新能源科技有限公司与河北省沧州渤海新区世通物流有限公司签订车辆换电服务协议，将建设 1 座换电站并为当地新能源车辆设备提供换电服务。根据协议，豪能汇将基于世通物流公司运营的新能源车辆设备存在以换电方式实现续航的需求，通过换电站全天候提供新能源车辆设备所需的以适配电池为载体的换电服务，保证其新能源车辆设备的正常运营。

2023 年 4 月 25 日 工业和信息化部装备工业发展中心在京组织召开《乘用车企业平均燃料消耗量与新能源汽车积分并行管理办法实施情况年度报告（2023）》（简称《年度报告》）发布会。《年度报告》总结了我国 2022 年节能与新能源汽车发展情况，梳理分析了 2022 年积分交易抵偿情况，并对积分供需形势、政策趋势进行分析。《乘用车企业平均燃料消耗量与新能源汽车积分并行管理办法》（简称《积分办法》）实施以来，工业和信息化部会同相关部门已开展 5 次积分交易，累计交易总额达 252 亿元（含平均燃料消耗量积分转让和新能源汽车积分交易），支撑汽车节能和新能源汽车发展取得积极成效。初步测算，2022 年乘用车行业平均油耗 4.10L/100 km，同比下降 19.6%，提前实现 2025 年 4.60L/100 km 目标；新能源乘用车生产 603.7 万辆（纳入积分核算数量），同比增长 95.4%。《积分办法》实施达到了预期目的。发布会现场，装备工业发展中心对《年度报告》内容进行了解读。

2023 年 4 月 25 日 工业和信息化部会同相关部门联合启动“新能源汽车积分管理办法”，根据积分池制度，在积分市场供大于求时，由企业自愿申请新能源汽车正积分收储。收储至积池的新能源汽车正积分，储存有效期为 5 年，并且不再设结转比例要求，即每年向后结转不再有折损。在积分市场供小于求时，释放存储的新能源汽车正积分，以此调节积分市场供需。积分池收储、释放积分的触发条件由供需比确定，其中供需比是指当年度可供交易的新能源汽车正积分与待外部交易抵偿的负积分比值。

2023 年 4 月 26 日 极氪智能科技有限公司与安森美签署长期供应协议（LTSA），进一步深化双方在碳化硅功率器件领域的合作关系。根据协议，安森美将为极氪提供 EliteSiC 碳化硅（SiC）功率器件，以提高极氪产品的能效，从而提升性能，加快充电速度，延长续航里程。极氪将采用安森美的 M3E 1200V EliteSiC MOSFET，以配合品牌不断扩大的高性能纯电车型的产品阵容，实现更强的电气和机械性能及可靠性。

2023 年 4 月 26 日 深圳市欧冶半导体有限公司与宁波均联智行科技股份有限公司签署深度合作协议。根据协议，双方将围绕“智能汽车域融合控制技术”展开深入合作，共同推动汽车向智能化发展。

2023 年 4 月 26 日 华润集团与蔚来汽车在合肥签署战略合作框架协议。根据框架协议，双方将在商业空间租赁建设、充换电基础设施投资和建设、园区及社区能源管理、新型材料应用、消费者服务等领域开展合作。

2023 年 4 月 26 日 重庆市双桥经开区与上汽红岩汽车有限公司、中国公路车辆机械有限公司共同签署《共建中国西部专用车产业基地战略合作协议》。同时，上汽红岩与中国公路车辆机械有限公司基于重型汽车市场需求及车辆电动化、智能化发展趋势，签署《战略合作框架协议》，在出口重卡、新能源重卡的开发、制造、市场拓展等方面开展全面合作。根据协议，三方将在重庆市双桥经开区共建中国西部地区最大的专用车改装基地、共建智能网联新能源汽车零部件配套基地、探索打造汽车文化主题小镇、开展汽车金融租赁服务等。

2023 年 4 月 28 日 中共中央政治局召开会议，分析研究当前经济形势和经济工作。会议指出，要加快建设以实体经济为支撑的现代化产业体系，既要逆势而上，在短板领域加快突破，也要顺势而为，在优势领域做大做强。要巩固和扩大新能源汽车发展优势，加快推进充电桩、储能等设施建设和配套电网改造。

5月

2023 年 5 月 5 日 国务院召开常务会议，审议通过关于加快发展先进制造业集群的意见，部署加快建设充电基础设施，更好支持新能源汽车下乡和乡村振兴。会议指出，农村新能源汽车市场空间广阔，加快推进充电基础设施建设，不仅有利于促进新能源汽车购买使用、释放农村消费潜力，而且有利于发展乡村旅游等新业态，为乡村振兴增添新动力。会议审议通过了加快推进充电基础设施建设、更好支持新能源汽车下乡和乡村振兴的实施意见。会议强调，要聚焦制约新能源汽车下乡的突出瓶颈,适度超前建设充电基础设施,创新充电基础设施建设、运营、维护模式,确保"有人建、有人管、能持续"。要引导企业下沉销售服务网络,鼓励高职院校面向农村培养维保技术人员,满足不断增长的新能源汽车维修保养需求。要进一步优化支持新能源汽车购买使用的政策,鼓励企业丰富新能源汽车供应,同时加强安全监管,促进农村新能源汽车市场健康发展。

2023 年 5 月 5 日 合肥杰发科技有限公司发布 AC8015 一体化轻座舱方案,并率先在某自主品牌车型成功实现量产和上市,该方案融合了液晶仪表、中控 IVI、AVM 盒子和有线无线 CarPlay 手机互联等功能,可为 OEM 厂商和一级供应商提供高性价比高集成度且功能完整的智能座舱新体验。

2023 年 5 月 5 日 长城汽车在巴西与圣保罗州政府签署"氢能合作开发备忘录"。

2023 年 5 月 6 日 交通运输部发布 2023 年第 3 号部令,2023 版《道路运输车辆技术管理规定》已经审议通过,于 6 月 1 日正式实施。道路运输车辆技术管理适用本规定,本规定所称道路运输车辆包括道路旅客运输车辆、道路普通货物运输车辆(以下简称货车)、道路危险货物运输车辆。本规定所称道路运输车辆技术管理,是指对道路运输车辆达标核查、维护修理、检验检测、年度审验、注销退出等环节进行的全过程技术性管理。从事普通货运经营的总质量 4500 kg 及以下普通货运车辆,不适用本规定。

2023 年 5 月 6 日 恩智浦半导体公司与上海蔚来汽车有限公司签署合作协议。根据协议,蔚来汽车将采用恩智浦半导体汽车雷达技术,包括成像雷达解决方案。

2023 年 5 月 7 日 哪吒汽车与泰国公司 Bangchan General Assembly 签署一项协议,根据协议,哪吒汽车将于 2024 年开始在该国生产哪吒 V 车型。

2023 年 5 月 8 日 襄阳市人民政府与江西赣锋锂电科技股份有限公司签署战略合作协议;襄阳东津新区(襄阳经济技术开发区)管委会与赣锋锂电签署新能源锂电池生产研发基地项目投资协议。根据协议,赣锋锂电将在东津新区投资 100 亿元,建设 20 GWh 新能源锂电池生产研发项目。双方还将在回收领域开展合作,根据后续市场情况建设废旧锂电池梯次利用及拆解回收循环利用项目。

2023 年 5 月 8 日 智由(广州)新能源汽车科技有限责任公司与江苏省泰州市姜堰区人民政府就"智由新能源商用物流车制造项目"签署协议,根据协议,泰州商用车在一期投产前的过渡期形成 1 万台整车总装生产能力,项目一期规划用地约 400 亩,总投资 30 亿元,建设冲焊涂总四大车间及辅助配套设施,2025 年初建成投产,形成 5 万台商用车整车标准生产能力及商用车研发试制能力。项目二期将扩产至 15 万台,同时企业将建设智由商用车研发中心,以及智能新能源高新技术联合实验室。

2023 年 5 月 8 日 山西吕梁首座新能源重卡换电站投入运营,豪能汇新能源与睿电新能源联合成立的豪能汇(吕梁)睿电新能源科技有限公司承担换电站的后续运营工作。

2023 年 5 月 9 日 工业和信息化部发布第 370 批《道路机动车辆生产企业及产品公告》,共计 129 个新能源生产厂家、122 个品牌、314 个新能源车型进入公告。其中,纯电动产品共计 278 个(含乘用车 31 个、客车 17 个、客车底盘 3 个、专用车 194 个、专用车底盘 33 个);插电式混合动力产品 23 个(含乘用车 8 个、专用车 11 个、专用车底盘 4 个);燃料电池产品 13 个(含客车 3 个、客车底盘 1 个、专用车 7 个、专用车底盘 2 个)。

2023 年 5 月 9 日 工业和信息化部发布《免征车辆购置税的新能源汽车车型目录(第六十五批)》。本批次免购置税新能源汽车车型目录共有 116 家企业、316 个新能源车型列入,其中,纯电动 288 个(含乘用车 49 个,客车 19 个,专用车 220 个);插电式混合动力 17 个(含乘用车 11 个,专用车 6 个);燃料电池 11 个(含客车 5 个,专用车 6 个)。

2023 年 5 月 9 日 工业和信息化部公告《享受车船税减免优惠的节约能源 使用新能源汽车车型目录(第四十九批)》。本批次中,共 189 个新能源车型列入,其中,插电式混合动力乘用车进入 12 个;纯电动商用车进入 159 个;插电式混合动力商用车进入 5 个;燃料电池商用车进入 13 个。

2023 年 5 月 9 日 瑞浦兰钧能源股份有限公司 CB500 磷酸铁锂长电芯成功下线,实现首批交付,即日起供货国内知名整车厂,搭载整车路试。

2023 年 5 月 9 日 上海市智能网联汽车高快速路测试发车在上海国际汽车城启动,丰田汽车技术研发(上海)有限公司和上海裹动科技有限公司 2 家企业获得首批"上海市智能网联汽车高快速路测试通知书",标志着上海市嘉定区智能网联汽车高快速路测试场景启用。

2023 年 5 月 9 日 浙江吉利控股集团有限公司与重庆长安汽车股份有限公司签署战略合作框架协议。根据框架协议,双方将围绕新能源、智能化、新能源动力、海外拓展、出行等产业生态展开战略合作,助力中国汽车产业转型升级和高质量发展。

2023 年 5 月 10 日 广汽能源科技有限公司与龙岩交通发展集团有限公司签署龙岩市人民政府广州汽车集团股份有限公司合作协议。根据协议,双方就加强产业项目合作,加快推进锂电生产项目、汽车产业链项目、锂资源和锂电材料项目合作等达成一系列共识。

2023 年 5 月 10 日 重塑集团与香港汽车科技研发中心签署谅解备忘录。根据备忘录,未来双方将深化在交通和固定式电源市场领域方面部署氢能科技应用的合作,并将氢能科技应用拓展至更多领域。

2023 年 5 月 10 日 上海市嘉定区人民政府与北京百度智行科技有限公司签署深化战略合作协议。根据协议,双方将在智能网联汽车服务、智慧交通优化、城市治理增效方面开展合作。

2023 年 5 月 12 日 中能建氢能源有限公司与河北石家庄鹿泉人民政府就"中能建石家庄鹿泉区光伏制氢及氢能配套产业项目"签署投资开发协议。该项目计划投资 32 亿元,项目涵盖电解水制氢、综合加能站以及风电光伏等,并致力于推动氢能研究院组建与运营及氢燃料电池汽车推广。

2023 年 5 月 12 日 深圳市速腾聚创科技有限公司与江苏天安智联科技股份有限公司签署战略合作协议。根据协议,双方将依托各自所在领域的技术积累与项目经验,重点围绕多个国家级车联网先导区的 5G 车路协同系统建设,就智能感知解决方案的研发与应用展开深度合作,共同打造更安全、更高效的智慧交通新形态。

2023 年 5 月 12 日 智由(广州)新能源汽车科技有限责任公司与深圳市镭神智能系统有限公司就自动驾驶、智慧交通、工业自动化等领域签署战略合作协议,根据协议,双方将共同推进智能新能源汽车在下沉市场的普及,共同践行“让驾驶更安全,让机器更智能,让生活跟更美好”的使命。

2023 年 5 月 12 日 深圳欧冶半导体有限公司与AutoCore 签署战略合作协议。根据协议,双方将基于欧冶半导体旗下龙泉系列智能汽车芯片,以及全球首个全栈通过ISO26262 ASIL-D 认证的自主知识产权整车平台中间件AutoCore. OS,共同探索汽车系统平台及智能驾驶相关技术领域的合作。

2023 年 5 月 12 日 上汽集团和广汽集团在上海签署战略合作框架协议。根据协议,双方合作内容包括:(1)联合开发核心技术。双方将探讨在新能源、智能化、网联化、轻量化等领域,对战略性核心技术、平台进行联合投资、开发。(2)共享产业链资源。双方将探讨在生产制造领域的协同合作,并计划在物流、汽车金融、保险服务、后市场领域、产业投资等方面开展合作。(3)聚焦新商业模式。双方计划加强在汽车共享、出行服务、车电分离等新商业模式方面的研究与合作。(4)合力拓展海外市场。双方将探索在海外终端网络资源、海外商业伙伴、海外制造资源、国际物流等方面开展合作。

2023 年 5 月 12 日 北京千挂科技有限公司与福佑卡车(北京福佑多多信息技术有限公司)签署战略合作协议。根据协议,千挂科技的智能卡车将接入福佑卡车自动驾驶货运网络,为平台客户提供干线智能驾驶运力服务,已正式投入商业化运营,双方将共同推动干线智能物流在中国市场的技术创新与落地应用,共同构建未来干线物流新形态。2023 年内,千挂科技预计将为福佑卡车平台客户提供百万公里级的干线智能货物运输服务。

2023 年 5 月 15 日 松下四维出行科技服务(北京)有限公司与北京擎天智卡科技有限公司签订框架合作协议。根据协议,双方将共同为自动驾驶新能源商用车打造新能源电池全生命周期价值管理体系,推动行业加速应用的同时,打造动力电池在自动驾驶领域的完整价值链。

2023 年 5 月 15 日 北京光子科技有限公司与必维集团(Bureau Veritas)在北京正式签署战略合作协议。根据协议,双方将围绕激光雷达在智能汽车等领域的系列标准化体系认证展开全面战略合作,共同努力,合作共赢,助力北醒激光雷达“高标准”量产交付。

2023 年 5 月 16 日 郑州宇通集团有限公司与海南省物流集团有限公司、宇通客车股份有限公司与海南海汽运输集团股份有限公司在河南郑州签署战略合作框架协议。根据框架协议,宇通与海南省物流集团、海汽集团将在车辆代理销售、运输服务、车辆改装、新能源配套设施建设等方面开展战略合作。

2023 年 5 月 16 日 滴滴自动驾驶货运 KargoBot 和陕汽重卡公司签署战略合作协议,根据协议,双方将共同推进 L4级自动驾驶卡车量产,携手促进无人化自动驾驶技术在干线物流领域的规模化应用和创新,让干线物流运输更安全高效。同日,KargoBot 和陕汽重卡还签订了首批 100 台无人化标准自动驾驶卡车量产订单,该量产车型将以陕汽重卡X6000 平台为基础,搭载 KargoBot 混合智能编队 KargoOne 系统,具备无人化能力。KargoBot 还计划在两年内部署逾千辆该车型,以持续扩大运营规模。

2023 年 5 月 16 日 中通快递与哪吒汽车、德力新能源在浙江桐乡签署战略合作协议,三方将在仓储物流解决方案、新能源汽车推广、物流车场景化应用探索和营销领域开展深度合作。根据协议,中通快递将充分保障哪吒汽车、德力新能源的相关物流运输需求,同时中通快递还为哪吒汽车的新能源汽车产品在中通快递公务用车、高端快递业务及内部员工中的推广提供必要便利条件,并为德力新能源开通中通快递内网销售和租赁渠道。

2023 年 5 月 17 日 国家发展改革委、国家能源局联合发布《关于加快推进充电基础设施建设 更好支持新能源汽车下乡和乡村振兴的实施意见》。该意见明确:适度超前建设充电基础设施,优化新能源汽车购买使用环境,对推动新能源汽车下乡、引导农村地区居民绿色出行、促进乡村全面振兴具有重要意义。为做好相关工作,经国务院同意,如下制定实施意见:一、创新农村地区充电基础设施建设运营维护模式。(1)加强公共充电基础设施布局建设。(2)推进社区充电基础设施建设共享。(3)加大充电网络建设运营支持力度。(4)推广智能有序充电等新模式。(5)提升充电基础设施运维服务体验。二、支持农村地区购买使用新能源汽车。(1)丰富新能源汽车供应。(2)加快公共领域应用推广。(3)提供多元化购买支持政策。三、强化农村地区新能源汽车宣传服务管理。(1)加大宣传引导力度。(2)强化销售服务网络。(3)加强安全监管。

2023 年 5 月 17 日 国家发展改革委在新闻发布会上表示:当前,新能源汽车产业正面临前所未有的发展机遇。下一步,将持续完善政策措施,引导有关方面抢抓机遇,提高技术创新能力,构建新型产业生态,推动产业融合发展,完善基础设施体系,深化开放交流合作,不断提升产业核心竞争力,同时,多措并举扩大新能源汽车消费,推动新能源汽车产业高质量发展。

2023 年 5 月 17 日 工业和信息化部装备工业发展中心发布《关于做好〈公告〉标准实施及整改工作的通知》,新产品申报涉及的相关标准方面,该通知明确:按照 GB 15084—2022《机动车辆 间接视野装置 性能和安装要求》要求,新申请型式批准的车型自 2023 年 7 月 1 日起执行该标准,企业应提供符合标准要求的检验报告,并填报相关备案参数;需要进行视同判定的车辆或部件,检验机构应按同一型式判定的技术要求提供视同检验报告。

2023 年 5 月 18 日 由上汽红岩和友道智途共同打造的5G+L4 级纯电动智能重卡正式在京唐港首钢码头开启自动驾驶测试运营,开始为京唐港建设绿色、智慧、平安型港口提供智慧运力。

2023 年 5 月 18 日 现代汽车集团中国前瞻数字研发中心搭载 L4 级别自动驾驶系统车辆在上海通过评审获牌,开启该车企自动驾驶在中国本土化的阶段性测试。获得牌照后，现代的自动驾驶车辆将按计划在上海指定区域内进行智能网联汽车公开道路测试，开展更开放、更全面、更复杂的场景测试。

2023年5月18日 探维科技（北京）有限公司与深圳阜时科技有限公司签署战略合作协议，正式达成战略合作伙伴关系，双方将围绕激光雷达在智能驾驶领域的感知应用，打造满足市场需求的解决方案，加速智能驾驶前装量产规模化落地。根据协议，阜时基于全新升级的SPAD芯片，为探维新一代固态激光雷达技术路线赋能，双方将面向高级辅助驾驶、城市/高速NOA等智驾应用场景，为主机厂、Tier1领域客户打造高性能、低成本的车规级量产激光雷达。

2023年5月19日 黑芝麻智能科技有限公司签署一汽红旗下一代FEEA3.0电子架构平台项目量产智驾芯片定点协议。根据协议，基于黑芝麻智能华山®二号A1000L系列芯片，一汽红旗将打造非分时复用的高性价比行泊一体自动驾驶域控平台，该平台将应用于一汽红旗80%左右的车型，双方基于黑芝麻智能A1000L芯片研发的合作车型一汽红旗E001和E202，最快2024年量产落地。

2023年5月19日 宁波均联智行科技股份有限公司与北京地平线科技有限公司签署战略合作协议，双方将共同助力推进高级别自动驾驶解决方案研发落地。根据协议，地平线提供以"芯片+参考算法+开发工具"为基础的智能汽车解决方案，包括车规级芯片、车载计算平台、视觉感知、人机交互等。均联智行基于自身领先的车规级自动驾驶技术积累，与地平线共同推进高级辅助驾驶（ADAS）、自动驾驶、智能人机交互等领域的产品开发，加速自动驾驶解决方案的量产。

2023年5月19日 国鸿氢能科技（嘉兴）股份有限公司与航空工业河南新飞电器集团有限公司在新乡市签署战略合作协议。根据协议，双方将充分利用各自优势资源互相合作，锚定新能源汽车产业，联合开展燃料电池汽车的开发，共同推进燃料电池冷链车及其他车型产业化、规模化进程合作。

2023年5月19日 北京四维图新科技股份有限公司高级辅助驾驶地图获得审图批准，成为北京市首批获准审图号的高级辅助驾驶地图。此次四维图新送审的高级辅助驾驶地图，范围覆盖北京市智能网联汽车高精度地图试点全区域，已与北京市高级别自动驾驶示范区2.0阶段60 km^2 相匹配。

2023年5月19日 国轩高科发布自主研发的全新LMFP（磷酸锰铁锂）体系L600启晨电芯及电池包。该款LMFP启晨电池续航可达1000 km，这款电芯集成的电池包能量密度达190 kWh/kg，性能超过三元锂电池523、接近622，支持18 min快充，常温循环4000圈，高温循环1800圈，行程里程达80万km以上。

2023年5月19日 工业和信息化部装备工业发展中心发布《关于开展2022年度双积分数据核算审查工作的通知》。该通知明确：企业应使用数据报送账号登录积分管理系统，在"双积分核算"模块中查看并确认核算结果。

2023年5月19日 工业和信息化部节能与综合利用司在北汽福田汽车股份有限公司组织召开氢能产业发展座谈研讨会，会议由工业和信息化部节能与综合利用司司长主持。会议聚焦氢能在交通领域利用，与会代表围绕区域氢能发展、产业链现状、关键技术研发、示范应用、政策建议等话题进行了深入研讨，司长充分肯定了各参会企业在氢能产业方面所做的工作和取得的成绩，鼓励企业积极贯彻国家氢能发展战略，加快推进氢能与燃料电池关键技术研发和推广应用，提高氢能在交通领域的利用水平，推动工业绿色高质量发展。

2023年5月20日 极氪自建充电站第700站在北京新浪总部园区正式落成。极氪已完成一二线城市100%布局，覆盖96%以上极氪车主所在城市。同时还与国家电网、南方电网、特来电、星星充电等近40家主流充电运营商合作，极氪App充电地图已接入全国340+城52万+把扫码可用的充电枪，覆盖高速服务区站点3100余个。

2023年5月22日 日本精工株式会社（简称NSK）中国总部及中国研发中心二期项目在昆山市花桥经济开发区奠基。该项目总建筑面积约2.1万 m^2，将用于总部及研发用办公楼研发、实验室等配套设施。届时NSK将聚焦汽车电动化和智能化、自动驾驶、数控机床等相关新技术和新产品开发。

2023年5月22日 天奇自动化工程股份有限公司与湖北省生态环保有限公司签署《战略合作框架协议》。根据协议，在锂电池循环再生产业层面，双方成立合资公司，共建锂电池回收综合利用项目，推动双方在锂电池循环再生领域合作，推动锂电池回收综合利用项目实施落地。锂电池回收综合利用项目合作包括锂电池拆解破碎、锂电池梯次利用、锂电池元素再生等，合作内容涵盖锂电池循环再生的各个环节。

2023年5月23日 上海几何伙伴智能驾驶有限公司与是德科技（中国）有限公司签署合作备忘录，根据备忘录，双方达成共识，在推进自动驾驶感知系统先进技术的加速研发、测试、应用、标准制定等方面建立战略合作关系，共同探索自动驾驶时代感知技术路线的发展趋势，为打造安全可靠的自动驾驶解决方案贡献智慧和力量。

2023年5月24日 武汉众宇动力系统科技有限公司、未势能源科技有限公司、如果科技有限公司就"河北省氢能产业合作项目"签署氢能战略合作协议。根据协议，各方将共同推进燃料电池关键核心技术研发及产业化，共同推动100台氢能重卡落地运营。该批车辆是如果科技开发的长征重卡，将搭载众宇TWLQ系列车用燃料电池系统，未势能源车载储氢系统、储氢瓶等产品。

2023年5月24日 陕西省首条氢燃料电池全自动生产线开工。该生产线由陕西旭强瑞清洁能源有限公司与西安交通大学、北京氢璞创能科技有限公司联合研发，投产后可年产2000套氢燃料电池电堆。未来项目方还将谋划建设国内高水准的氢燃料电池研发创新中心、氢能检测中心、产业孵化中心等，探索与重点高校院所开展氢能领域"产学研"合作，共建氢能装备产业聚集圈和氢能应用生态圈。

2023年5月24日 乌鲁木齐经济技术开发区（头屯河区）驻区企业陕汽新疆汽车有限公司首次新能源车辆集中下线。本次下线的是10辆纯电动工程自卸车，该款车辆是针对新疆市场定制化研发的车型，1度电可以达到1.5~2.2 km的里程，相对燃油车可以降低30%~40%的费用，续航里程约

280 km，采用换电技术，仅需 5 min 即可满电。

2023 年 5 月 24 日 中国石化与奥动新能源在浙江合作投运的首座换电站正式上线营运。该换电站为奥动全新第 5 代换电站，内设 26 块电池仓位，满负荷运转每天可为北汽、长安、东风等新能源汽车换电 480 次，实现多品牌车型共享 20 s 极速换电。

2023 年 5 月 25 日 北京豪能汇新能源科技有限公司与山西阳泉盂县经济开发区管委会正式签署《项目合作协议书》，根据协议，豪能汇预计将在盂县累计投建 100 座新能源重卡换电站。豪能汇将发挥在新能源重卡换电专业领域优势，助力盂县构建合理高效的产业链协同发展机制。

2023 年 5 月 25 日 采埃孚集团与山东省日照经济技术开发区管委会签署新的投资协议，根据协议，采埃孚将在成功实施一期被动安全零部件生产项目基础上，启动二期汽车方向盘项目，投资 2000 万欧元，签约后三个月内即可实现量产。二期项目投产后，预计峰值年产值将超过 8 亿元。

2023 年 5 月 26 日 浙江吉利远程新能源商用车集团有限公司与张家港保税区中天行进出口股份有限公司在杭州签署战略合作协议，根据协议，双方将围绕房车技术、生产、营销、服务等全价值链展开全面合作。未来，双方针对新能源房车场景化应用互相赋能，积极开拓新能源房车市场，实现互利共赢。

2023 年 5 月 26 日 温岭新城经济开发区与浙江晶能微电子有限公司就“车规级半导体封测基地项目”签署协议。该项目总投资约 10.3 亿元，分两期建设实施。一期主要是对现有厂房进行改造，将消费级产线升级为工业级产线，研发制造自有车规系列产品，使用至一期项目产线完成搬迁。二期租用新建厂房，用于开展 MEMS、IC 等业务产品的研发、生产、销售，并将一期产线整体迁入新建厂房，计划于 2025 年底前启动改造，2026 年正式投产。项目建成后，晶能将围绕自有车规级功率器件系列产品的开发和封测，同步攻坚 MEMS、IC 等新产品和业务。

2023 年 5 月 27 日 中国汽车工业协会正式发布中国车用操作系统开源计划中首个微内核开源项目。针对此次车用操作系统开源计划的发布。

2023 年 5 月 27 日 陕西省西咸新区开发建设管理委员会与蘑菇车联信息科技有限公司签署战略合作协议。根据协议，该项目总金额约 15 亿元，双方将共同对西咸新区秦汉新城进行智能网联新型基础设施的建设与升级，构建“车路云一体化”系统，陆续开展自动驾驶观光车、接驳车、清扫车、巡逻车、售卖车等的落地运营。

2023 年 5 月 28 日 宁波华翔电子股份有限公司“华翔新能源汽车零部件产业园项目”在中德（沈阳）高端装备制造产业园内正式开工。该园区总投资约 15 亿元，规划总建筑面积约 12 万 m^2，主要建设研发及检测中心、工业厂房、综合办公楼以及相关附属设施。项目建成后将主要为华晨宝马新能源汽车配套汽车底盘、内外饰件和电池壳体等产品以及开展汽车零部件行业相关的上下游业务。

2023 年 5 月 28 日 奥动新能源研发制造基地全球首座商用车底盘卡扣式换电站验证通过。该换电站可实现 40 s 极速换电，是全球速度最快的商用车底盘换电站。

2023 年 5 月 29 日 小马智行获颁首个且唯一一个深圳市级“智能网联汽车无人测试”许可，正式在深圳核心城区开启“主驾位无安全员”的自动驾驶无人化测试。

2023 年 5 月 29 日 为加快研究制定新能源汽车动力蓄电池回收利用管理办法，加强动力电池回收利用管理，支撑新能源汽车产业持续健康发展，工信部节能与综合利用司在北京组织召开新能源汽车动力蓄电池回收利用管理办法研讨会。下一步，节能与综合利用司将加快新能源汽车动力蓄电池回收利用管理办法研究制定，强化行业规范管理，持续完善动力电池回收利用体系。

2023 年 5 月 29 日 滴滴自动驾驶与法雷奥集团签署战略合作及投资意向书，法雷奥将对滴滴自动驾驶进行战略投资，并联合研发 L4 级无人驾驶出租车智能安全解决方案。根据规划，双方将成立联合研发团队，面向 L4 级无人驾驶共享出行场景，携手打造能独立运行、满足车规级要求、高性价比的安全冗余系统以及相关技术。该智能安全解决方案将率先应用于滴滴自动驾驶的 L4 级无人驾驶出租车，助力滴滴自动驾驶为乘客提供无人驾驶服务。

2023 年 5 月 29 日 科大讯飞股份有限公司与江铃汽车集团有限公司在合肥签署全面战略合作框架协议。根据框架协议，双方将依托江铃集团在汽车行业整体布局，以及科大讯飞在汽车智能化领域优势，在智能交互、智能音效、智能座舱、智能驾驶等方向深度合作；基于讯飞星火认知大模型，助力提升人车交互体验，帮助江铃集团优化在新四化领域的供应链部署，推动江铃集团在智能座舱、自动驾驶及国产化芯片的技术储备及应用落地。

2023 年 5 月 30 日 大众汽车集团（中国）与合肥经开区共同签署协议，大众中国全资控股科技公司项目落户合肥经开区。该项目总投资约 10 亿欧元，于 2024 年一季度正式投入运营。新科技公司（项目名称为 100% TechCo）是大众汽车集团在全球范围内的同类“中枢”中规模最大的一支。通过 100% TechCo，大众汽车集团将强化“在中国，为中国”的研发实力、强化与合资公司的合作效率、优化盈利能力、将新产品及技术的开发周期缩短约 30%。

2023 年 5 月 30 日 工业和信息化部发布《无线充电（电力传输）设备无线电管理暂行规定》，电动汽车相关方面，《暂行规定》明确：额定传输功率大于 22 kW 但不超过 120 kW 的电动汽车（含摩托车）无线充电设备工作频率为 19~21 kHz 频段；额定传输功率不超过 22 kW 的电动汽车（含摩托车）无线充电设备工作频率为 79~90 kHz 频段。

2023 年 5 月 30 日 招商局检测车辆技术研究院有限公司正式发布中国电动汽车火灾安全指数（C-EVFI）。该研究成果以保障驾乘人员生命和财产安全为出发点，通过定性与定量相结合的方式，独立、客观、公正地评价电动汽车整车火灾安全防护性能。该研究成果可为电动汽车产品的安全监管、产品正向开发、质量提升提供技术支撑，可为消费者选车购车用车提供参考，引领新能源汽车产业持续提升安全技术水平。中国电动汽车火灾安全指数主要围绕电动汽车火灾安全提示、应急救援、火灾防护和数据联动四个方面进行测试评价。

2023 年 5 月 31 日 工业和信息化部部长金壮龙在京会

见特斯拉公司首席执行官马斯克，双方就新能源汽车和智能网联汽车发展等交换意见。

2023 年 5 月 31 日 工业和信息化部组织开展全国人大建议《关于支持四川建设钒钛战略材料、新能源汽车、集成电路等重要产业备份基地》专题调研。

2023 年 5 月 31 日 氢沄（河南）新能源科技有限公司与亮城丽都环境科技股份有限公司签署战略合作协议，根据协议，双方将围绕氢能源应用，在“制、储、运、加、用”环节深入开展合作，聚集产业资源，形成应用场景闭环；还将围绕氢燃料电池及汽车应用，在 2025 年前后形成 200 辆规模的氢燃料电池汽车合作。

2023 年 5 月 31 日 上海汽车集团股份有限公司与清陶（昆山）能源发展股份有限公司签署增资扩股和战略合作框架协议。根据协议，上汽集团将追加投资清陶能源，成为清陶能源第一大机构投资者；上汽集团将加快清陶能源现有固态电池产品在自主品牌车型上的产业化应用，2024 年上半年智己汽车搭载固态电池的高性能、长续航车型将首先实现规模化量产；上汽集团和清陶能源将成立合资公司共同开发新一代固态电池产品，安全性能、能量密度、成本均优于传统磷酸铁锂电池。在此基础上，2025 年上半年起智己、飞凡、荣威、MG 将推出多款相关量产车型，全年销量将突破“十万辆级规模”。

6月

2023 年 6 月 1 日 鲲鹏超性能电混 C-DM 专用发动机及变速箱在芜湖下线。在鲲鹏超性能电混 C-DM 的加持下，奇瑞集团旗下奇瑞、星途、捷途三大品牌将全面混动化，到 2024 年，奇瑞集团将推出 20 款以上 C-DM 车型，开启奇瑞在新能源时代的奔跑“加速度”。

2023 年 6 月 1 日 北京京深深向科技有限公司（DeepWay 深向）向旭日东升（山西）国际供应链管理有限公司正式交付首批智能新能源重卡 DeepWay · 深向星辰，双方将携手服务宁德时代的干线运输任务。

2023 年 6 月 1 日 现代汽车氢燃料电池系统广州工厂正式竣工投产。该工厂位于广州开发区，占地面积超过 20 万 m^2，是现代汽车在海外建设的首个燃料电池综合型基地，已建成包含氢燃料电池电堆生产工厂、氢燃料电池系统生产工厂、研发中心和创新中心在内的综合型基地，具备燃料电池系统以及主要零部件的生产、销售、研发功能，年产能为 6500 台，未来将根据市场情况适时扩大产能，预计到 2030 年总投资将达到 85 亿元。

2023 年 6 月 1 日 广汇能源及控股子公司合金投资，与湖南行必达网联科技、新疆志能汽车签署《新能源电动重卡项目投资合作协议》，将与新疆哈密市伊吾县共同出资成立合资公司，开展新能源电动重卡、换电站建设等相关业务。根据合作协议，四方将共同出资 3000 万元成立新疆汇一智能科技有限公司，注册地为哈密市伊吾县，从事电动卡车销售，充电和换电设备的生产制造销售服务，电动卡车货物运输；电动卡车充电基础设施建设、运营等。

2023 年 6 月 5 日 北京市门头沟区人民政府与百度公司签署战略合作协议。根据协议，双方将围绕人工智能产业、算力中心建设等方面，共同开展高质量产业对接，力争取得关键核心项目的突破，促进相关产业的变革。此次合作双方主要围绕以下几方面：（1）共同筹划多元化智算中心，筑基门头沟人工智能产业发展；积极加强对外宣传，快速提升门头沟人工智能产业影响力。（2）积极促进产业生态对接，快速提升门头沟人工智能产业聚集效应。（3）加大力度推广人才培育教育，共建共享新技术教育生态。（4）积极共创行业场景集，共同搭建北京区级大模型应用样板间；瞄准车路协同，打造可闭环的无人机驾驶商业化出行服务模式；聚焦高清视听方向，时刻做好门头沟人工智能产业再次升级准备。

2023 年 6 月 5 日 宇通商用车有限公司与宁德时代新能源科技股份有限公司签署干线物流换电项目战略协议，并进行行业首批底置换电产品交付。根据协议，协议为期五年（2023—2028 年），双方将聚焦和深耕重卡干线换电市场，实现“车电联合打造品牌”的战略目标。同时，双方还将在商用车换电领域共享资源，联合进行新材料、新体系、新技术创新开发应用，共同打造商用车电池技术标准，携手推动商用车电动化进程。

2023 年 6 月 5 日 深圳欧冶半导体有限公司与星宇股份正式签署战略合作协议。根据协议，双方将在汽车智能化领域展开广泛合作，共同致力于为汽车行业提供高性能、低成本、高品质的智能车灯及自动驾驶等产品和解决方案。

2023 年 6 月 5 日 深圳市航盛电子股份有限公司与深圳开阳电子股份有限公司签署战略合作协议，根据协议，双方将在汽车电子芯片及其应用领域建立广泛的联盟合作关系，发挥各自的专长和优势，不断推进合作深度、丰富合作维度，实现双方互利共赢、共同发展。

2023 年 6 月 5 日 工业和信息化部装备工业发展中心发布《关于新能源汽车事故上报平台迁移的通知》。为加强新能源汽车事故上报平台的安全性和稳定性，更好地为企业用户提供服务，《通知》明确：现将平台进行升级改造并迁移至工业和信息化部政务服务平台，原平台关闭时启用新系统，届时原平台的数据将全部迁移至新系统。请企业用户于新链接地址使用政务服务平台的法人账号或经办人账号和密码进行登录访问及数据提交。

2023 年 6 月 5 日 上汽红岩携手友道智途共同打造的 5G+L4 级纯电动智能重卡正式交付六安钢铁控股集团。六钢集团联合友道智途、上汽红岩开启深度合作，以六钢专线倒短物流为场景应用示范点，打造绿色清洁智慧运输链，助推六安钢铁引领绿色低碳高质量发展，为安徽省打造首个自动驾驶商业化示范点提供优秀范本。

2023 年 6 月 6 日 三一魔塔 1165 电动重卡挑战半挂式电动卡车单次充电行驶最远距离，以超 15 h 的极限挑战跑完从长沙经开区到深圳全程高速，成功挑战 1 次充电行驶超 800 km 全球最长纪录，完成 817.5 km 全球最长续航。这款全新国产电动重卡产品拥有 1165 kWh 超大电量、大于 800 km 续航，是当前快递快运纯电解决方案最佳选择之一。

2023 年 6 月 6 日 四川首座液冷超充站—长江工业园充换电中心正式投用。该站采用国内领先的全液冷超充架构，由华为公司提供技术支撑，单枪最大输出功率可达 600 kW，对搭载 800 V 高压平台的电动车辆，最高充电速度可达充电 5 min,续航 200 km。

2023 年 6 月 6 日 巨湾技研发布凤凰电池技术。该电池可实现系统级能量密度 260 Wh/kg,一次充电续航可达 1000 km,在 300~1000 V 不同电压平台上均可实现最高 8C 极速充电(0~80% 充电仅需 6 min),电池寿命可达 10 年或 80 万 km,电动汽车具备在全天候(高低温)条件下均如常运行。

2023 年 6 月 6 日 EVOGO 换电服务福州开城暨生态伙伴战略合作在中国石化“易捷+电”综合加能站签约,中石化福建石油分公司、国网电动汽车服务(福建)有限公司、国电投康富国际租赁股份有限公司分别与时代电服科技有限公司签署 EVOGO 战略合作框架协议。根据协议,各方将依托自身优势资源,将福建作为重点合作领域,开放创新解决方案,共同推广充换电业务,全力配合“电动福建”建设,合力打造国内领先的电动车补能服务生态网络。同日,时代电服与文华汽车集团、三匹马出行科技有限公司、扬邦集团、宜车时代信息技术有限公司进行集中签约和交车仪式。

2023 年 6 月 6 日 上海博泰悦臻网络技术服务有限公司与腾讯智慧出行签署战略合作协议。根据协议,双方将围绕云平台、智能座舱、智驾地图、智能营销、出海等领域开放合作,融合各自在产品、技术、资源等方面的优势,共同为汽车行业客户提供领先的解决方案,促进行业创新发展。

2023 年 6 月 7 日 上海西井科技股份有限公司与和记港口菲力斯杜港 Felixstowe 正式签署新增 100 辆新能源智能无人驾驶卡车 Q-Truck 的协议。根据协议,双方将在英国菲力斯杜港打造新能源无人驾驶商用车队,并部署绿色智能能源换电服务,继续深化无人驾驶技术在全球集装箱港口的商业应用以及价值探索。

2023 年 6 月 7 日 工业和信息化部发布第 371 批《道路机动车辆生产企业及产品公告》,共计 132 个新能源生产厂家、118 个品牌、294 个新能源车型进入公告。其中,纯电动产品共计 256 个(含乘用车 19 个、客车 19 个、客车底盘 2 个、专用车 174 个、专用车底盘 42 个);插电式混合动力产品 19 个(含乘用车 9 个、专用车 7 个、专用车底盘 3 个);燃料电池产品 13 个(含乘用车 1 个、客车 3 个、专用车 6 个、专用车底盘 3 个);甲醇产品 6 个(含乘用车 2 个、专用车 2 个、专用车底盘 2 个)。

2023 年 6 月 7 日 工业和信息化部发布《免征车辆购置税的新能源汽车车型目录(第六十六批)》。本批次免购置税新能源汽车车型目录共有 113 家企业、344 个新能源车型列入,其中,纯电动 300 个(含乘用车 35 个,客车 24 个,专用车 241 个);插电式混合动力 25 个(含乘用车 18 个,专用车 7 个);燃料电池 19 个(含客车 5 个,专用车 14 个)。

2023 年 6 月 7 日 工业和信息化部发布《享受车船税减免优惠的节约能源 使用新能源汽车车型目录(第五十批)》。本批次中,共 333 个新能源车型列入,其中,插电式混合动力乘用车进入 22 个;纯电动商用车进入 288 个;插电式混合动力商用车进入 11 个;燃料电池商用车进入 12 个。

2023 年 6 月 7 日 玉柴集团联合东风柳汽推出大马力的 15 升高端牵引车乘龙 HK、燃氢载货车乘龙 H5V。其搭载的是玉柴 YCK05H 燃氢发动机,配备柳汽最新款的驾驶室 H5V,高顶双卧平地板,外加龙鳞设计。

2023 年 6 月 8 日 商务部办公厅发布《关于组织开展汽车促消费活动的通知》,《通知》明确:组织“千县万镇”新能源汽车消费季。(1)举办消费季系列活动。商务部将于近期组织“千县万镇”新能源汽车消费季活动启动仪式,并指导各地在全国千余个县(区)、万余个镇(乡)开展新能源汽车“大篷车”进农村等形式多样的新能源汽车促消费活动,掀起覆盖县乡、亮点纷呈的促进新能源汽车消费热潮。(2)推动适销对路车型下乡。鼓励企业针对农村地区特点,推动性价比高、实用性强的新能源载货微面、微卡、轻卡等车型下乡,进一步丰富农村新能源汽车产品供应。(3)推动售后服务网络下沉。引导企业进一步下沉销售维修服务渠道,加强新能源汽车流动维修站、农村维修点等建设和农村维保技术人员培训,不断完善农村地区新能源汽车售后维修服务网络。(4)推动完善农村充电基础设施。积极协调推动完善农村地区充电基础设施体系,依托县乡商业网点、企事业单位等场所,合理推进农村集中式公共充电桩场站建设。积极协调有关部门做好农村充电桩建设用地、电网支撑等保障工作。

2023 年 6 月 9 日 江苏正力新能电池技术有限公司与法国 TIAMAT 公司就“深入推进钠离子电池研发”在常熟总部签订战略合作协议。该合作将推进双方联合开发用于动力、储能等新型应用场景的钠离子电池,协力打造更加稳定安全的钠离子电池产品解决方案。

2023 年 6 月 9 日 长沙麓元能材科技有限公司与无锡开鑫车联科技有限公司签署战略合作协议,为“重卡换电+储能模式”落地展开深度合作,并确定在银川到包头重卡换电线路建设首单不低于 100 MWh 的储能电站,实现“重卡换电+储能”模式在中国率先落地,逐步推动这一模式在国内外复制与推广。同时,双方将共同组建团队,深化“新能源+AI”战略在重卡换电模式上的运用。

2023 年 6 月 9 日 武汉动力电池再生技术有限公司与四川省宜宾市高县人民政府、宜宾天原集团股份有限公司在宜宾市签署《宜宾新能源循环经济零碳示范产业园项目投资框架协议》。根据协议,各方将于宜宾循环经济产业园内建设 10 万 t 退役动力电池与电池废料再制造生产线、5 万 t 磷酸铁锂材料再制造生产线、3 GWh 再制造储能电池包生产线等三个子项目。项目预计投资 17.1 亿元,分两期建设,项目一期预计投资 8 亿元,建设 5 万 t 退役动力电池与电池废料回收生产线、2 万 t 磷酸铁锂材料再制造生产线、1 GWh 再制造储能电池包生产线;项目二期预计投资 9.1 亿元,建设 5 万 t 退役动力电池与电池废料再制造生产线、3 万 t 磷酸铁锂材料再制造生产线、2 GWh 再制造储能电池包生产线。项目完全建成后,预计年产值 85 亿元。

2023 年 6 月 9 日 中山大洋电机股份有限公司与重庆创新经济走廊开发建设有限公司签署《大洋电机新能源汽车动力总成项目投资协议》,在重庆市渝北区投资建设“大洋电机新能源汽车动力总成系统及零部件(重庆)研发制造基地”,在投资协议约定的经营期限内,项目计划总投资约 10 亿元,并在重庆创新经济走廊辖区内设立项目公司作为本项目具体实施主体。项目位于重庆创新经济走廊区域内,用地面积约 110 亩。

2023 年 6 月 9 日 甘肃省首座加氢站在庆阳西峰东环路正式建成投运。该站是“油、电、氢、非”一体化综合能源服务站，位于庆阳市西峰区北京大道与南三路交汇处，占地面积 6700 m^2，配备卸氢、增压、加氢、氮气等系统，安装涉氢功能撬和非涉氢功能撬各 1 套，设置 350 kg 长管拖车 2 台和每分钟加注 2 kg 的加氢机 1 套，每天可完成 500 kg 的加氢量。加氢区设置 1 台双枪加氢机，可同时满足加注 35 MPa 和 70 MPa 氢燃料电池公交汽车的加氢需求。同时，该站充电区预留 2 台 120 kW 双枪机充电桩及棚顶光伏板铺设面积 275 m^2，总容量 46.2 kW，年发电量可达到 6.36 万 kWh。

2023 年 6 月 9 日 图森未来正式获得上海市浦东新区颁发的全国首批无驾驶人智能网联汽车道路测试牌照。图森未来获准在洋山深水港及物流园区、东海大桥等指定公开道路开展 L4 级别自动驾驶重卡的“全无人化测试”。此外，上海是国内首个通过立法机制允许 L4 级别自动驾驶重卡“全无人化测试”的城市。

2023 年 6 月 9 日 启辰氢燃料电池乘用车首批工程样车在东风公司技术中心启动，该样车计划交付 10 台车投入示范运营。该项目是花都城投、东风技术中心、东风有限、联友出行四方首次合作，项目涵盖车辆开发及制造、加氢、用氢、售后保障及示范运营多个方面，率先在广州市花都区实现氢燃料电池车示范运营。

2023 年 6 月 10 日 国家电投“氢腾”燃料电池配套 200 辆氢能车辆正式交付并投入武汉运营，同日，国家电投武汉绿动氢能能源技术有限公司与东风商用车 200 台重卡燃料电池系统的新订单签订。

2023 年 6 月 12 日 时代骐骥正式发布“QIJI 骐骥换电”重卡换电品牌，推出自主研发、全球首创的重卡底盘换电解决方案——骐骥换电，为重卡运输行业带来更环保、更经济、更高效的解决方案，推动重卡行业向绿色低碳型交通转型升级。新品牌由三部分组成：骐骥换电块、骐骥换电站、骐骥云平台。其中，骐骥换电块采用第三代磷酸铁锂电池，搭载无热扩散技术、CTP 成组技术，电池系统使用寿命达 15000 次以上。

2023 年 6 月 12 日 佛山市飞驰汽车科技有限公司生产制造的 19 辆 18t 燃料电池厢式运输车（FSQ5180XXYFFCEV）正式投运北京、河北等地主要货物集散场站。该批燃料电池厢式运输车车辆总长 12 m，搭载国鸿氢能 110 kW 大功率燃料电池系统和永磁同步电机+4 档 ATM 变速箱，匹配 8×166L 氢瓶组，仅需 10 min 便可完成氢燃料加注，续航可达 450 km，车厢采用侧开门设计。

2023 年 6 月 13 日 伊宁市联创城市建设（集团）有限公司与北京亿华通科技股份有限公司携手推进的《伊犁州伊宁市绿色氢能创新应用工程》项目正式开工。该项目是新疆首个利用清洁低碳绿色氢能制储加用一体化的创新应用工程，总投资达 19.2 亿元。项目涵盖 100 MW 光伏电站、12000 Nm^3/h 的制氢厂、4 座日加注能力 2 t 的加氢站，以及 247 辆重卡、自卸车、叉车、装卸机、推土机等燃料电池车辆，预计于 2025 年 12 月前完成建设。

2023 年 6 月 15 日 工业和信息化部办公厅、发展改革委办公厅、农业农村部办公厅、商务部办公厅、国家能源局综合司联合发布《关于开展 2023 年新能源汽车下乡活动的通知》。《通知》明确：活动采取“线下+云上”相结合的形式开展，线下主要包括启动仪式+优势地区系列巡展活动、特色地区示范活动，辅以各地主动开展的各项活动；“云上”活动由电商和互联网平台根据现场活动安排，搭建网络宣传专栏，开展“云上”促销、直播售车等活动，全程参与并持续开展新能源下乡活动，实现线下与“云上”的联动。参与活动车型共 69 款。

2023 年 6 月 15 日 工业和信息化部公示了《道路机动车辆生产企业及产品公告》（第 372 批）拟发布的新准入车辆生产企业及已准入企业变更信息名单，北京理想汽车有限公司正式获得新建纯电动乘用车（含增程式电动乘用车）生产企业资质。

2023 年 6 月 15 日 工业和信息化部公示了《道路机动车辆生产企业及产品公告》（第 372 批），奇瑞汽车与宁德时代合作的车型—奇瑞牌 QQ 冰淇淋，搭载的是宁德时代生产的钠离子电池，该车为纯电动轿车，总质量 1064 kg，最高车速 100 km；江铃汽车与孚能科技共同合作的车型羿驰牌玉兔，搭载的是孚能科技生产的钠离子电池，该车为纯电动轿车，总质量 1380 kg，最高车速 100 km。

2023 年 6 月 15 日 天津市公共交通集团（控股）有限公司和易易互联科技有限公司在天津出租汽车九州服务中心签署战略合作协议，根据协议，双方合作的首个汽车换电站正式施工，该换电站设计规模每天能为约 200 部车辆提供换电服务，60 s 即可完成无感全自动换电服务，出租车、网约车驾驶员每天在补能上可以节省 1～2 h。下一步，双方将继续在后汽车市场、公务用车、综合能源管理等领域探索多元化合作模式。

2023 年 6 月 15 日 中国（上海）自由贸易试验区临港新片区管委会与奥地利共和国驻上海总领事馆商务处签署合作备忘录。根据备忘录，未来双方将在新能源汽车领域开展合作，共同谋划奥地利企业在新能源、智能汽车、高端装备等多个产业领域与临港达成战略合作，合力打造世界级新能源汽车产业集群。

2023 年 6 月 15 日 重庆市江津区人民政府与广州巨湾技研有限公司就“巨湾技研 XFC 极速充电电池重庆基地项目”签署协议，根据协议，该项目位于珞璜临港产业城，总投资 72 亿元，用地 600 余亩，分两期建设年产能 16 GWh 的 XFC 极速充电电池生产基地，项目全部达产后预计可实现年产值约 135 亿元。

2023 年 6 月 16 日 宁德时代新能源科技股份有限公司与深圳市人民政府签署战略合作框架协议，根据协议，双方将聚焦新能源车换电、电动船舶、新型储能、绿色园区、金融服务和贸易等领域展开全面合作。

2023 年 6 月 16 日 内蒙古自治区鄂托克旗人民政府、鄂托克经济开发区管委会、内蒙古荣程建元氢能科技有限公司三方就“荣程建元氢能科技 3000 kg/d 氢能制-储-加-运一体化项目”签署协议。该项目投资约 2 亿元，将在鄂托克经济开发区棋盘井产业园投资建设 10 个商用加氢点位配套充电桩项目，一期项目将建 3000 kg/d 商用加氢站，包括建设 6 个独立商用加氢站，配套 20 个充电桩，独立加氢站加注能力均≥500 kg/d,计划于2024年底前完成区域规划九个剩余商用加氢点位的建设。

2023年6月17日 内蒙古一派氢能科技有限公司与内蒙古圆速蒙泰智能氢电商用车有限公司签署《氢能商用车开发推广战略合作协议》,开发和推广一系列针对鄂尔多斯市场的氢电商用车车型,并共同销售这些车型。双方合作重点是49 t重卡为主力车型的氢电商用车,合作生产销售的目标是在三年内生产销售1000辆氢电商用车,车型采用CTC模式设计,叠加轻量化底盘及车身技术,整车降重1 t,同时,应用的分布式电驱桥具有传动效率更高(比传统直驱提高6%~10%)、驱动系统重量更低(驱动系统减重20%以上)、能量回收更高(5%~10%)。集成热管理系统实现座舱制冷制热、动力电池加热冷却、氢燃料电池系统余热利用等功能,实现多系统高度集成,共用制冷压缩机、散热风机等。通过多模式的控制实现整车热管理节能10%以上。续航里程达到800 km,完全覆盖中长途运输需求,解决里程焦虑问题。

2023年6月17日 亿华通与TAM-EUROPE D. O. O.(欧洲商用车企业,以下简称"TAM")签署战略合作协议,根据协议,双方将首先以机场摆渡车为应用场景,以欧洲为重点应用区域,共同推动氢燃料电池汽车市场发展。双方将合作开发针对欧洲市场的氢燃料电池车,发挥TAM公司在商用车市场的影响力以及亿华通在氢能及燃料电池动力系统的技术优势,通过机场摆渡车等示范运营,培育和发展欧洲氢能与燃料电池需求市场,同时以欧洲市场为依托向全球其他区域市场进行拓展。

2023年6月18日 中国汽车技术研究中心有限公司与深圳市坪山区人民政府在深圳坪山签署投资合作意向书。未来中汽中心将充分发挥自身优势,为以深圳及坪山为代表的地方政府和行业企业提供高质量服务,助力智能网联汽车产业发展,推动打造智能网联新生态和产业集聚群。

2023年6月19日 内蒙古自治区鄂尔多斯高新技术产业开发区管委会、东胜区人民政府、厦门金龙联合汽车工业有限公司三方就"厦门金龙(鄂尔多斯)重卡总部基地项目"签署投资合作协议。根据协议,该基地项目计划总投资100亿元,将建设两条金龙新能源重卡智能制造产线,包含冲压车间、焊接车间、涂装车间、总装车间在内的全生产流程,打造布局集新能源重卡整车、换电站、氢能电池、汽车零部件、车辆运营维护服务等多条线为一体的全产业链生态。

2023年6月19日 极星汽车与星纪魅族集团签署战略协议,根据协议,双方将建立面向中国市场的合资企业,以加快极星汽车向智能科技公司转变的速度。极星汽车将拥有合资公司49%的股权,星纪魅族持有51%。

2023年6月19日 中国汽车技术研究中心有限公司与南宁市人民政府在南宁市签订战略合作协议。根据协议,双方将加强战略合作,汇聚行业力量,实现优势互补,联手搭建中国-东盟汽车行业高层对话平台,推动新能源汽车、智能网联、跨境产业链供应链等领域的交流与合作。中汽中心将充分发挥在信息咨询、政策法规、检测认证等领域的核心优势,助力南宁打造面向东盟的新能源汽车产业基地,为加快推动中国汽车"走出去"和提升国际竞争力作出更大贡献。

2023年6月19日 东风悦享科技有限公司与蘑菇车联信息科技有限公司在北京签订战略合作协议,根据协议,双方将共同推进智能网联车端应用、强化路侧基础设施支撑、发挥云控平台中枢价值、加快推进智能网联汽车高精度地图应用、搭建数据安全保障体系等,持续推动"车路云一体化"服务智能网联汽车,落地各类应用场景,实现车路云一体化在全国复制推广;双方还将在"车路云一体化"运营服务、智能网联数据服务、自动驾驶前装量产车辆等方面合作,进一步推动智能网联汽车高质量规模化落地。

2023年6月19日 南京楚航科技有限公司和北京四维图新科技股份有限公司签署战略合作协议。根据协议,双方将建立长期、稳定、快速合作交流机制,在研发、产品、品牌等方面展开深入合作,通过多领域业务融合,共同探索智能化前沿技术,开发市场领先的智能汽车产品,引领智能汽车行业发展。

2023年6月19日 上汽集团公司、上海汽车集团金控管理有限公司、恒旭资本、尚颀资本共同投资上海上汽芯聚创业投资合伙企业(有限合伙),认缴出资总额为60.12亿元,其中公司认缴出资60亿元,持有99.8%份额;上汽金控认缴出资0.1亿元持有0.166%份额。基金采用投资子基金及直投项目的方式,重点关注半导体产业链上下游、汽车智能化电动化网联化驱动下芯片相关的关键技术产品等。

2023年6月19日 百度旗下自动驾驶出行服务平台萝卜快跑获得坪山区正式授牌,可在深圳市坪山区开展L4级无人驾驶商业化收费运营。

2023年6月19日 合肥杰发科技有限公司自主研发的高性能智能座舱域控SoC芯片AC8025在杰发深圳公司发布。AC8025是杰发科技在智能座舱领域的最新创新成果,可实现高度智能化的车辆座舱控制和管理。它集成了多个关键功能,包括AR-HUD,高性能导航娱乐系统、3D液晶仪表、360环视和座舱环境控制等,是当前集成度最高的中高阶国产智能座舱域控芯片。

2023年6月19日 国务院办公厅发布《关于进一步构建高质量充电基础设施体系的指导意见》,《指导意见》明确:(1)加快推进快速充换电、大功率充电、光储充协同控制等技术研究。结合电动汽车智能化、网联化发展趋势和新型能源体系建设需求,持续完善充电基础设施标准体系,加强建设运维、产品性能、互联互通等标准迭代更新,加快先进充换电技术标准制修订。(2)在具备条件的加油(气)站配建公共快充和换电设施,积极推进建设加油(气)、充换电等业务一体的综合供能服务站。积极推动配电网智能化改造,加强电动汽车与电网能量互动。落实峰谷分时电价政策,2030年前对实行两部制电价的集中式充换电设施用电免收需量(容量)电费。

2023年6月20日 财政部 税务总局 工业和信息化部联合发布《关于延续和优化新能源汽车车辆购置税减免政策的公告》,《公告》明确:(1)对购置日期在2024年1月1日至2025年12月31日期间的新能源汽车免征车辆购置税,其中,每辆新能源乘用车免税额不超过3万元;对购置日期在2026年1月1日至2027年12月31日期间的新能源汽车减半征收车辆购置税,其中,每辆新能源乘用车减税额不超过1.5万元。购置日期按照机动车销售统一发票或海关关税专用缴款书等有效凭证的开具日期确定。(2)销售方销售“换电模式”新能源汽车时,不含动力电池的新能源汽车与动力电池分别核算销售额并分别开具发票的,依据购车人购置不含动力电池的新能源汽车取得的机动车销售统一发票载明的不含税价作为车辆购置税计税价格。“换电模式”新能源汽车应当满足换电相关技术标准和要求,且新能源汽车生产企业能够自行或委托第三方为用户提供换电服务。

2023 年 6 月 20 日 零跑汽车与采埃孚集团签署战略合作协议,根据协议,双方将在乘用车智能底盘领域展开合作,共同开发智能底盘产品,提升新一代智能电动车的科技含量,为消费者提供更加个性化、智能和舒适安全的驾乘体验。零跑汽车将进军欧洲市场,采埃孚将利用在欧洲市场的品牌效应为零跑汽车的海外拓展赋能。

2023 年 6 月 20 日 小鹏汽车与威灵汽车部件有限公司在佛山签署战略合作框架协议。根据协议,双方将在新能源汽车电动压缩机等热管理产品、领域进行战略合作,实现量产和推广。美的威灵汽车部件将为小鹏汽车全车型提供包括电动压缩机在内的多种热管理产品,在低温制热、车内多场景制冷制热高效协同等方面发挥关键效力。

2023 年 6 月 20 日至 22 日 联合国世界车辆法规协调论坛(WP. 29)第 190 次会议在瑞士日内瓦召开。会议期间,由中国、美国、韩国和日本共同牵头修订的 UN GTR No. 13《燃料电池电动汽车安全全球技术法规》(简称《燃料电池汽车安全法规》)经各缔约方投票表决,获得全票通过。《燃料电池汽车安全法规》于 2013 年首次发布,主要规定了燃料电池电动汽车和储氢系统的安全要求及试验方法,对推动提升燃料电池电动汽车安全技术水平、保障消费者生命财产安全发挥了重要作用。为适应燃料电池电动汽车产业发展和技术进步,中国、美国、韩国和日本于 2017 年共同牵头启动该项法规的修订,组织全球近 50 个国家和地区参与了技术研究、试验验证和沟通协调等有关工作。中国汽车技术研究中心有限公司、浙江大学、同济大学、上海重塑能源集团股份有限公司等国内单位的专家全面参与,对法规的适用范围、储氢气瓶爆破压力等问题进行了系统研究,并作为重型车辆研究小组组长,牵头开展了重型车储氢气瓶组台车碰撞、储氢气瓶循环寿命以及温度驱动安全泄压装置(TPRD)释放方向等技术内容研讨,为法规修订工作作出了积极贡献。下一步,工业和信息化部将继续组织国内相关单位和专家,深度参与新能源汽车、智能网联汽车等领域的技术法规制定协调工作,持续提升中国在汽车国际标准法规协调中的参与度与贡献度。

2023 年 6 月 21 日 上海泰矽微电子有限公司推出 TCPL01x 系列氛围灯驱动芯片,其中 TCPL010 是国内首款 3 mm×3 mm 封装,支持 LIN 自动寻址的汽车氛围灯专用驱动芯片。这是泰矽微继车规信号链 MCU,车规触控 MCU 芯片后又一系列化专用 MCU 产品布局,同时也将泰矽微车规产品布局从感知节点延展至执行节点。TCPL010 也填补了支持 LIN 自动寻址的国产小封装车规氛围灯芯片领域的空白,在国产车规芯片领域具有重要的应用意义和战略意义。

2023 年 6 月 21 日 重庆市人民政府与浙江吉利控股集团有限公司签署战略框架协议。根据协议,双方将聚焦打造世界级智能网联新能源汽车产业集群,在新能源生态建设、新能源汽车制造、金融科技、工业互联网数字化平台、汽车后市场商业生态圈等领域进一步深化战略合作。

2023 年 6 月 22 日 博格华纳在天津投建的新能源汽车电机及核心零部件工厂开始试生产。该项目一期的 7 条生产线开始试生产,7 月份将全面竣工投产,年底产能将达到 130 万台。该项目已经获得包括长城、吉利在内的多家车厂的订单,大概在 100 万台左右。

2023 年 6 月 26 日 协鑫电港铜仁滨江大道换电站正式投运,这是协鑫电港在贵州省布局的首座乘用车换电站。该换电站坐落于铜仁市碧江区,主要为睿蓝 60S 换电版出租车提供补能服务。该站系协鑫能科自研乘用车换电站,配备 16 套备用电池,每日可提供近 300 次换电服务。协鑫电港将在铜仁市建成 3 座自研乘用车换电站,可满足 360 辆出租车的补能需求。

2023 年 6 月 26 日 广汽集团发布搭载氢电混合系统的整车、全球首款乘用车氨发动机,以及 N 合一集成电驱系统。其自主研发的全球首款乘用车氨发动机,以液态氨作为燃料,通过精确控制液态氨燃料供给相变过程,使得发动机运转平顺稳定,并利用超高能点火技术实现了缸内氨燃料的可靠点火,功率达到 120 kW,减碳率提升到 90%。N 合一集成电驱系统,是将电源、电驱、热管理深度集成,利用高集成化设计深度赋能,实现 N 合一集成电驱系统最优化设计。

2023 年 6 月 26 日 比亚迪与 ATL 汽车集团在牙买加首都金斯顿市签署合作协议,推动当地汽车电动化进程。根据协议,双方携手为加勒比地区消费者提供新能源乘用车销售及售后等服务,业务覆盖 10 个国家,此外,计划在牙买加开设两家门店,当地消费者能一站式感受比亚迪技术、体验比亚迪产品。

2023 年 6 月 27 日 由天安集团与协鑫能科共同投资建设的康巴什东湖湾换电站投入试运营。该换电站由协鑫能科和鄂尔多斯天安公交集团共同出资新建,项目投资 1500 万元,占地 800 m^2,可服务新能源换电巡游出租车 120 辆左右,服务车型为吉利睿蓝 60S,设有操作监控室、车辆换电通道、电池充电存储仓三大区域,配备 16 座充电仓体和 1 座缓存仓,满功率 800 kW。

2023 年 6 月 27 日 深圳市速腾聚创科技有限公司与广汽集团正式签署合作协议。根据协议,双方达成新能源汽车和智能网联车产业链战略合作,意在集中产业链优势资源赋能全球汽车智能化变革。

2023 年 6 月 27 日 沃尔沃与特斯拉达成协议,接入特斯拉超级充电网络,使当前和未来的沃尔沃车主能够使用特斯拉在美国、加拿大和墨西哥的超级充电网络。根据协议,从 2025 年开始,沃尔沃汽车将在该地区配备北美充电标准(NACS)充电端口,届时车主将能够在美国、加拿大和墨西哥使用 1.2 万个特斯拉超充柱,随着特斯拉继续扩大其在该地区的超级充电站网络,预计这一数字还会增长。

2023 年 6 月 27 日 星云智慧(福建)能源科技有限公司与香港蓝鲸新能源投资有限公司就“光储充检智能超充站在香港地区建设推广”签署合作意向书,双方一致认为公共开放使用的光储充检智能超充站在香港地区的市场前景广阔。

根据意向书，双方计划成立合资公司，推动香港电动车产业革新。

2023 年 6 月 27 日 淮北市交通投资控股集团有限公司与江苏宝馨科技股份有限公司在淮北签署战略合作协议。根据协议，双方将以构建淮北“绿色智慧交通网络”为目标、建设优质新能源项目为基础，在淮北成立合资公司投资并运营充、换电站业务，积极推广电动重卡、电动工程机械及乘用车，计划用 3~5 年的时间全面推动淮北市全域范围内的新能源充、换电产业布局。

2023 年 6 月 28 日 上海金脉电子科技有限公司与毫末智行科技有限公司签署战略合作协议，根据协议，双方达成围绕单征程® 3 行泊一体域控打造具有高竞争力智能驾驶量产方案的深度合作。金脉将作为解决方案提供商提供包括硬件、服务支持及生产制造，与毫末实现倾力合作优势互补，共同开拓并承接智驾项目。

2023 年 6 月 28 日 工业和信息化部装备工业发展中心与广州市人民政府签署战略合作协议。根据协议，双方按照优势互补、资源共享、互惠互利、合作共赢的原则，建立长期战略合作关系，在智能制造、智能网联与新能源汽车、高端医疗装备、航空航天等装备领域开展深层次、多模式合作，提供顶层设计谋划、共建产业服务平台、培育品牌企业集群、打造权威品牌盛会，助推广州装备制造业高质量发展。

2023 年 6 月 28 日 广汽埃安与泰国锦汇正式签署合作备忘录，根据备忘录，埃安将于 2023 年年内在泰国成立东南亚总部，同时入泰车型的本地化生产也在积极筹备当中，未来，埃安将深耕泰国市场，持续辐射东南亚及周边区域，逐步实现全球市场“研产供销”一体化。

2023 年 6 月 28 日 江铃集团新能源与江西省金控租赁公司签订战略合作协议，根据协议，双方将围绕绿色转型发展全面深入合作，拓展合作领域，立足江西、服务江西省内经济社会发展。同日，江西省金控租赁公司、江铃集团新能源、深圳三匹马出行科技有限公司三方共同参加新能源汽车交付仪式，现场交付 100 辆新能源汽车钥匙并启动发车。

2023 年 6 月 28 日 宁德时代与长安汽车联合成立一家新的电池公司——时代长安动力电池有限公司。该公司注册资本为 15 亿元，宁德时代持股比例达到 51%，深蓝汽车持股 30%，重庆长安汽车持股 19%。公司位于四川省宜宾市，主营业务包括电池制造、电池销售等，所属地区为四川省宜宾市。

2023 年 6 月 28 日 柳州五菱新能源汽车有限公司旗下品牌“菱势汽车”正式发布，该品牌将聚焦新能源商用车市场，陆续发布混动及纯电车型，未来将全面布局微、中、大面车型，微、小卡车型及末端物流车等全矩阵产品，为用户提供创造性解决方案。

2023 年 6 月 29 日 中法全面合作伙伴关系下汽车工作组第九次会议在北京召开。会议由中国工业和信息化部装备工业一司与法国经济、工业和数字事务部企业总署运输、机械和能源司共同主持，来自法国驻华大使馆、中国汽车工业协会、法国汽车工业协会、中国汽车技术研究中心、东风汽车、比亚迪公司、凯捷中国、斯特兰蒂斯公司、佛瑞亚等两国行业机构和业界企业的代表参加了会议。中法双方政府部门代表分别介绍了两国新能源汽车产业发展情况和政策动态，并就充电基础设施建设、标准法规等议题进行深入沟通，双方企业代表围绕新能源汽车、智能网联汽车技术、产品和市场合作等情况进行了研讨交流。双方一致认为，中法汽车工作组搭建了两国汽车产业界沟通交流的良好平台，对促进行业机构和汽车产业链上下游深度合作具有重要意义。在汽车电动化、智能化、网联化变革加速、融合发展的大背景下，两国汽车产业合作前景广阔，双方将进一步落实好两国元首重要共识、不断深化中法全面战略伙伴关系，支持企业加强交流合作，实现互利共赢发展。

2023 年 6 月 29 日 领克汽车与中国澳门宏益集团（Vang lek Group）签署经销代理合作协议，正式进驻中国澳门市场。领克将充分发挥澳门独特的区位优势和广泛的影响力，联动粤港澳大湾区，进而开拓新市场，加速向“全球新高端品牌”的目标迈进。

2023 年 6 月 29 日 苏州旗芯微半导体有限公司，上海电驱动股份有限公司，上海知从科技有限公司共同签署战略合作框架协议。根据框架协议，三方将在汽车领域进一步深化合作，推动纯国产化的电驱控制器产品落地。

2023 年 6 月 30 日 工业和信息化部等五部门发布《制造业可靠性提升实施意见》，重点任务方面，《实施意见》明确：实施基础产品可靠性“筑基”和整机装备与系统可靠性“倍增”工程。（1）整机装备与系统可靠性“倍增”工程——汽车行业，重点突破基于数字化试验场的整车及关键零部件可靠性检测与评价技术，持续提升新能源汽车软件功能性能、可靠性水平、功能安全、预期功能安全、信息安全等综合能力，提升动力电池健康状态评价、使用寿命评价、安全性及故障预警、低温适应性等可靠性和耐久性测试评价能力，促进新能源汽车和智能网联汽车整车可靠性水平提升。（2）基础产品可靠性“筑基”工程——汽车行业，重点聚焦线控转向、线控制动、自动换挡、电子油门、悬架系统等线控底盘系统，高精度摄像头、激光雷达、基础计算平台、操作系统等自动驾驶系统，车载信息娱乐、车内监控、车机显示屏等智能座舱系统，车载联网终端、通信模块等网联关键部件，以及核心控制、电源驱动、IGBT、大算力计算、高容量存储、信息通信、功率模拟、高精度传感器等车规级汽车芯片，通过多层推进、多方协同，深入推进相关产品可靠性水平持续提升。

2023 年 6 月 30 日 文远知行科技有限公司公司正式取得北京市高级别自动驾驶示范区“无人化车外远程阶段”示范应用许可，旗下自动驾驶出租车（Robotaxi）可在京开展纯无人示范运营。根据许可，文远知行可在示范区 225 km^2 的核心区域内提供全车无人自动驾驶出租车（Robotaxi）服务。

2023 年 6 月 30 日 湖州卫蓝科技有限公司开发两年多的 360 Wh/kg 半固态电池正式交付给蔚来汽车。接下来，卫蓝将努力把卫蓝长三角研发中心建设成国际领先的固态电池研发机构，培养出更高水平的人才，投入到电池领域的技术创新中。

2023 年 6 月 30 日 亿咖通科技有限公司对吉咖智能机器人有限公司增加投资并成为其控股股东。同日，双方签署交易协议，根据该协议，亿咖通科技所持吉咖智能股权将从 50% 增至 70%。该增资将吉咖智能的优势专长引入其技术产品矩阵之中,进一步提升其 ADAS 的技术能力,优化整体研发能力。吉咖智能由吉利汽车集团和亿咖通科技联合创立,致力于用高性价比方案满足 L2++到 L3 级别自动驾驶需求,通过相对合理的算力,以及更具性价比的融合感知方案,打造符合用户需求的智驾产品。

2023 年 6 月 30 日 中宏信控节能科技(山东)有限公司、重庆泊瑞蔚蓝新能源科技有限公司、奥动新能源汽车科技有限公司签署战略合作协议。根据协议,各方将以山东省烟台市为首个合资合作城市,开展包括车电分离与车身金融产品开发业务、换电站建设与电池梯次利用等多元化合作,打造山东区域示范效应,提速山东省内换电网络布,初步规划 2025 年前,在山东省合作建设超过 50 座换电站,为 6000 余辆换电车辆提供全球领先智慧能源服务。

2023 年 6 月 30 日 长城商用车如果科技有限公司与新疆阿克陶县人民政府国有投资开发有限责任公司就“零碳交通合资项目”签署战略合作协议。根据协议,双方将携手推动电动重卡替代传统燃气油车,建立阿克陶绿色公共交通架构,完善南疆零碳交通体系的建设。签约后,首批 100 台如果科技新能源重卡开始陆续交付。

2023 年 6 月 30 日 奥迪一汽新能源汽车配套产业园暨奥迪 PPE 配套项目在吉林省长春市集中开工,总投资超 444 亿元。该产业园汇聚了一批零部件龙头企业,此次集中开工项目共计 23 个。产业园与红旗、丰田配套产业园、创意汽车研发产业园和动力电池配套园一起,将共同构建集研发、制造、商务、生活为一体的国际化高端新能源汽车集聚发展区。

7月

2023 年 7 月 1 日 天津市交通运输委员会、天津港保税区管委会、天津荣程集团、天津港集团在天津港远航码头共同启动荣程新能集团氢燃料电池汽车入列运营仪式。新一批 78 辆氢能重卡正式投入使用,荣程众和自用氢能源项目投用氢能重卡总量突破 200 辆,天津荣程集团已成为国内拥有在市政道路上开展道路货运业务最大规模氢能重卡车队的企业。

2023 年 7 月 1 日 氢车出行 · 佛山南海燃料电池乘用车示范推广项目在南海丹灶海德利森加氢站启动,全国首批 70 MPa 商业化加氢站亦同步正式投运,该项目计划建成 3 座以上 70 MPa 加氢站、推广 500 辆以上燃料电池乘用车。同时,全国首批 70 MPa 商业化加氢站之一、南海首个 70 MPa 商业化加氢站——海德利森丹灶加氢站正式投运,该加氢站原设计 35 MPa 并预留了 70 MPa 的加氢能力,日加氢(12 h)2000 kg,正式建成投运后,将拥有 2000 kg 的 35 MPa 和 500 kg 的 70 MPa 双等级氢气日加注能力,可为燃料电池乘用车、商用车等氢能车辆提供加氢服务。

2023 年 7 月 2 日 由星星充电联合宁普时代打造的海南首个重卡充换电一体站正式建成,该项目采用的是星星充电自研的“银河”系列重卡换电解决方案,由充电系统、换电系统、消防系统、监控系统等组成,使用撬装构型,并配置 7 块电池包与 1 个中转位,能够有效提升空间利用率,通过其中的高速重载换电机器人还能有效提升换电效率,平均 5 min 充满一辆新能源重卡,单站每天可满足 50 多辆新能源搅拌车的日常运营需求。

2023 年 7 月 2 日 上海汽车集团股份有限公司与郑州市人民政府就“上汽集团郑州新能源动力生产基地动力电池项目”签署合作框架协议。根据协议,该项目总投资 20 亿元,规划建设 30 万台(套)动力电池产能,项目投产后年产值将超过 100 亿元,该基地是上汽乘用车继上海临港与南京浦口之后的第三个整车生产基地。

2023 年 7 月 2 日 深圳市杰成镍钴新能源科技有限公司与奇瑞控股集团旗下“奇瑞资源”签署战略合作协议。根据协议,双方将聚焦退役动力电池回收体系建设、循环经济绿色发展、技术联合创新等重点领域展开合作,共同推动奇瑞新能源退役动力电池的合理处置。

2023 年 7 月 3 日 浙江方正电机股份有限公司与广州小鹏汽车科技有限公司在方正电机上海研究院签署战略合作框架协议,根据协议,双方将在新能源电机驱动领域构建长期战略合作关系,实现互利共赢。

2023 年 7 月 3 日 新研氢能源科技有限公司和金龙联合汽车工业(苏州)有限公司签署战略合作协议,根据协议,双方将在氢燃料电池客车研发、销售等领域展开全面合作,将在首个 3 年合作期内完成在全国投放 500 台的目标。

2023 年 7 月 3 日 中电车联信安科技有限公司与南京后摩智能科技有限公司在南京签署协议。根据协议,双方将融合各自优势,针对智能网联车行业打造差异化产品和解决方案。双方将彼此的核心优势有效整合,以合作推动技术创新,共同探索一条由要素投入创新驱动的转型升级新路径。

2023 年 7 月 4 日 华晨宝马汽车有限公司与百度公司签署战略合作备忘录,根据备忘录,双方将共享优势资源,探索 AI 技术与汽车制造业全域场景的融合创新,推进数字化、智能化技术合作。在 AI 平台方面,宝马选择跟百度共同为宝马“BEACON”AI 大平台提供核心技术支持,特别在自然语言处理和数据分析相关能力。在量子计算方面,双方共同在生产、制造等场景中携手探索量子计算应用的可能性,提高应用效能,未来或为保险等场景提供强劲算力。

2023 年 7 月 4 日 北京地平线机器人技术研发有限公司与北京四维图新科技股份有限公司签署战略合作协议,双方将在业务领域互相提供优质和优先的产品与服务,建立长期稳定合作交流机制,探索智能化前沿技术,开发智能汽车产品。根据协议,未来双方将基于全场景整车智能中央计算芯片——地平线征程® 5 以及四维图新智驾系统能力,打造高阶智驾解决方案。同时,双方还将充分发挥征程®系列芯片及四维图新座舱芯片及 MCU 芯片的优势,联合研发高算力、高集成度的新型驾舱一体系统,将智能座舱域与智能驾驶域双域合一,实现硬件资源的最优化配置并降低单一功能的硬件成本。

2023 年 7 月 4 日 景洪景运交通发展投资有限责任公司、上海汽车集团股份有限公司乘用车分公司、西双版纳奥动新能源科技有限公司三方签订合作意向协议,共同推动西双版纳州换电版新能源汽车的推广应用。根据协议,三方合力推动新能源汽车在西双版纳州的发展,加快换电模式下“车电分离”的推广应用,完善区域共享换电服务网络建设,有效解决新能源汽车用户采购成本高、充电时间长、电池容量易衰减、电动车自燃及安全问题等痛点，为西双版纳州出租车司机用户提供高效便捷的换电服务。

2023 年 7 月 5 日 上汽通用汽车第三座奥特能超级工厂——东岳奥特能超级工厂在山东烟台上汽通用东岳基地内正式启动建设。该工厂计划于 2025 年上半年正式批量投产，具备高精度加工与装配工艺、高标准的品控管理，以及高柔性的共线生产能力。

2023 年 7 月 6 日 南京后摩智能科技有限公司发布首款存算一体芯片后摩鸿途™ H30，以及基于 H30 芯片打造的智能驾驶硬件平台——力驭®。基于鸿途™ H30 已成功运行常用的经典 CV 网络和多种自动驾驶先进网络，包括业内最受关注的 BEV 网络模型以及广泛应用于高阶辅助驾驶领域的 PointPillar 网络模型。

2023 年 7 月 6 日 魏牌旗下的中大型 SUV 车型魏牌蓝山迎来首次 OTA 升级，本次升级带来 20 余项功能优化。在智能驾控方面，本次 OTA 升级优化了 HUD 抬头显示的信息布局，可使 HUD 信息居中展示，并新增 W-HUD 车道线引导线，可提前预告下个车道、路口。

2023 年 7 月 6 日 宇通重卡向河南利源集团交付 34 辆氢燃料重卡，这 34 辆宇通氢燃料重卡除牵引车外还包括 4 台自卸车，主要用于厂区内的倒短运输。

2023 年 7 月 6 日 北京福田戴姆勒汽车有限公司与奥动新能源汽车科技有限公司签署战略合作协议，共同推进重卡底盘换电项目快速落地。根据协议，福田戴姆勒将基于 GTL 平台研发底盘换电车型，奥动提供全球领先的重卡底盘换电技术解决方案；双方合力打造底盘换电重卡，并构建共享换电服务网络。

2023 年 7 月 6 日 上海禾赛科技有限公司与上汽商用车板块达成多款车型前装项目定点协议，根据协议，新车型均将搭载禾赛科技车规级超高清远距激光雷达 AT128。此定点项目为禾赛科技与上汽商用车板块、友道智途的战略合作持续深化，友道智途是上汽集团旗下的商用车智能驾驶科创公司。

2023 年 7 月 7 日 中华人民共和国工业和信息化部、商务部、海关总署、市场监管总局联合公告 2022 年度中国乘用车企业平均燃料消耗量与新能源汽车积分情况。《公告》显示：2022 年度中国境内 125 家乘用车企业燃料消耗量正积分为 3256. 49 万分，燃料消耗量负积分为 364. 04 万分，新能源汽车正积分 1524. 08 万分，新能源汽车负积分 46. 26 万分。其中，105 家境内乘用车生产企业新能源汽车正积分为 1522. 78 万分、负积分 43. 12 万分。20 家进口乘用车供应企业新能源汽车正积分为 1. 30 万分、负积分为 3. 14 万分。

2023 年 7 月 7 日 北京市高级别自动驾驶示范区工作办公室在亦庄正式开放智能网联乘用车“车内无人”商业化试点。此次开放后，根据《北京市智能网联汽车政策先行区自动驾驶出行服务商业化试点管理细则（试行）》修订版政策，企业在达到相应要求后可在北京市高级别自动驾驶示范区面向公众提供常态化的自动驾驶付费出行服务。

2023 年 7 月 10 日 长春市新能源汽车智慧充电基础设施项目（一期）工程全面启动，计划建设充电桩 3000 个，快充占比超 95%。该充电站覆盖机关企事业单位、医院、学校、公园绿地、商业中心、交通枢纽、重要交通线路及其他公共停车场等。

2023 年 7 月 10 日 宁德时代新能源科技股份有限公司正式加入联合国全球契约组织（United Nations Global Compact，UNGC），承诺将支持 UNGC 关于人权、劳工、环境和反腐败四个领域的十项原则。作为新能源行业领先企业，宁德时代始终坚持走可持续发展之路，持续通过自身的技术和商业模式创新、绿色极限制造以及全产业链布局的优势，助力全球能源转型和绿色生态建设。

2023 年 7 月 10 日 河北省冀交能源有限公司打造的开放式近零碳智能服务区在荣（成）乌（海）高速公路新线雄安北服务区建成，这是河北省第一个综合能源近零碳智能服务区。雄安北综合能源近零碳智能服务区建有全域光伏、碲化镉发电、风机发电等七个新能源产业模块，能够完成现场制氢、储氢、加氢。该服务区投用后，氢能重卡可在河北交投集团所属高速公路路域内进行矿石、煤炭、钢材等货物的长距离绿色运输，各服务区、收费站区域可使用氢能环卫车进行路面清洁，为构建清洁高效、多元支撑的新能源产业布局夯实基础。

2023 年 7 月 10 日 苏州旗芯微半导体有限公司正式发布基于 AUTOSAR Classic Platform（CP）4. 3. 1 的 FC7300 MCAL 驱动软件。FC7300 MCAL 驱动软件严格遵守 AUTOSAR CP 4. 3. 1 版本的规范及要求，涵盖了汽车应用的 AUTOSAR 标准模块，并通过 CDD（Complex Device Driver）实现了非标准模块的开发。

2023 年 7 月 11 日 珠海极海半导体有限公司推出多款新品及新品预告，包括：全新一代汽车通用 MCU｜G32A1445 系列、电机控制专用 MCU｜APM32F035 系列、高性能高适配型 MCU｜APM32F411 系列、超低功耗 MCU｜APM32L072/083 系列，广泛应用于汽车电子、工业控制、新能源、消费等重点行业。

2023 年 7 月 11 日 欧洲议会通过了《芯片法案》。法案要求，到 2030 年欧盟芯片产量占全球的份额应从 10% 提高至 20%，满足自身和世界市场需求。欧洲议会当天发布的新闻公报说，该法案以 587 票赞同、10 票反对、38 票弃权获得通过。法案将通过吸引投资和建设产能来支持那些能提高欧盟供应安全性的项目。除在芯片相关的研究和创新领域投入 33 亿欧元预算外，欧盟还将创建一个能力中心网络以解决欧盟的技能短缺问题，并吸引新的研究、设计和生产人才。此外，还将建立危机应对机制来评估欧盟半导体供应面临的风险。公报说，新法案旨在快速跟踪许可程序，并高度认可其至关重要性，以此来为欧洲芯片投资创造有利环境。为促进创新，特别是在芯片设计领域的中小企业将受益于更多支持。欧洲议会和欧盟理事会就该法案已达成一致，但还须经过欧盟理事会正式批准后才能生效。

2023 年 7 月 11 日 北京经纬恒润科技股份有限公司与南昌小蓝经济技术开发区、江铃汽车集团有限公司在南昌就“汽车智能电动平台项目”签署合作协议，根据协议，经纬恒润、江铃集团将在小蓝经开区合作建设汽车智能电动平台项目，主要从事汽车电子产品和新能源汽车电池包、集成式底盘的研发、生产和销售。

2023 年 7 月 11 日 吉利控股集团和吉利汽车控股有限公司与雷诺集团签署一项 50:50 的约束性合资协议，成立一家新公司，在全球范围内研发、制造和供应先进的混合动力总成和高效的燃油动力总成。公司将由吉利和雷诺集团共同领导，董事会成员双方各占一半，共同制定和执行公司的发展战略。运营初期，新公司将通过两个运营中心来确保业务的连续性：雷诺集团的运营中心位于马德里，吉利的运营中心位于杭州湾。另外，新公司总部将落地英国，设立一支管理团队，并确定未来发展计划。

2023 年 7 月 11 日 长安汽车与深圳市腾讯计算机系统有限公司签署深化战略合作协议。根据协议，双方将在此前合作基础之上，围绕智能座舱、导航及地图、自动驾驶、海外生态、企业数字化转型等多领域加强合作，助力长安汽车加速向智能低碳出行科技公司转型。

2023 年 7 月 12 日 思必驰科技股份有限公司与梅赛德斯-奔驰、上汽通用五菱汽车股份有限公司、长城汽车、合众新能源汽车股份有限公司、博泰车联网科技（上海）股份有限公司、联通智网等多家汽车产业链上的企业签署协议，根据协议，各方将携手为汽车行业的智能化变革探索新的发展方向。

2023 年 7 月 12 日 旭日协鑫零碳创新产业总部项目正式签约在晋源区落地。该项目由协鑫能源科技股份有限公司和旭日东升新能源有限公司共同出资建设，规划用地约 50 亩，总投资预计为 67.8 亿元，建成后 5 年内预计产值超 200 亿元，推动整个新能源物流产业技术创新和产业升级。项目专注于新能源物流车销售、租赁、充换电的补能运营、研发创新、产业培训及供应链物流一体化服务，将打造“一个总部、五个中心、一个平台”：零碳产业创新办公总部，新能源车辆贸易中心、调度运营服务中心、供应链物流中心、研发创新中心、产业培训中心以及移动能源数字生态平台。

2023 年 7 月 13 日 百度 Apollo 发布全新一代智能汽车地图产品——百度人机共驾地图 Baidu MapAuto 6.5，它是全 3D 车道级地图、是全场景人机共驾地图、同时还提供全能力的数据服务。百度人机共驾地图从体验和能力两方面实现跨代。

2023 年 7 月 13 日 智能网联汽车自动驾驶地图基础平台产业联盟在北京正式成立，致力于通过共建平台、共享数据，实现多产业跨域合作，以保障国家地理信息数据安全为前提，有序推动自动驾驶地图安全应用，全面支撑智能网联、智能出行、智慧城市等数字经济产业协同创新发展。联盟由中国汽车工程学会、中国测绘学会、国家智能网联汽车创新中心、中国地图出版社集团有限公司作为发起单位，国汽智图（北京）科技有限公司作为秘书处单位，联合汽车、地信、交通、示范区等 30 余家企业单位共同成立。

2023 年 7 月 13 日 惠州亿纬锂能股份有限公司与 Li-Cycle Holdings Corp. 在惠州谅解备忘录。根据备忘录，双方将携手探索全球可持续的循环回收方案，助力亿纬锂能实现海外工厂及其他目标市场电池废料的循环利用。

2023 年 7 月 14 日 长沙市汽车促消费暨“百乡千村”新能源汽车消费季系列活动正式启动。活动时间为 2023 年 7 月 17 日至 9 月 30 日，在长沙市内购买家用燃油车、新能源乘用车的个人消费者，可凭新车购车发票等资料通过指定平台申报领取相应的电子消费券补贴。此次活动政府消费券资金规模为 1000 万元，采用“先购车、后申请”的方式予以奖励，先到先得，资金兑付完毕或政策期满即止。

2023 年 7 月 14 日 国家发展改革委、国家能源局、国家乡村振兴局联合发布《关于实施农村电网巩固提升工程的指导意见》，《意见》明确：统筹考虑乡村级充电网络建设和输配电网发展，做好农村电网规划与充电基础设施规划的衔接，加强充电基础设施配套电网建设改造和运营维护，因地制宜、适度超前、科学合理规划县域高压输电网容载比水平，适当提高中压配电网供电裕度，增强电网支撑保障能力。在东部地区配合开展充电基础设施示范县和示范乡镇创建，构建高质量充电基础设施体系，服务新能源汽车下乡。

2023 年 7 月 14 日 工业和信息化部装备工业发展中心在北京举办政策宣贯会。工业和信息化部装备工业一司汽车发展处处长、装备中心副主任，以及来自机构的专家和百余位企业代表参加了此次宣贯会。处长就《关于修改〈乘用车企业平均燃料消耗量与新能源汽车积分并行管理办法〉的决定》制定背景及有关考虑进行介绍。

2023 年 7 月 14 日 长城汽车与乌兹别克斯坦汽车集团 ADM 汽车工厂就乌兹别克斯坦市场开发合作正式签署战略合作协议。根据协议，长城汽车旗下产品将在乌兹别克斯坦 ADM 汽车工厂实现本地化生产，该工厂规划 2024 年哈弗品牌产能上万台。长城汽车将与 ADM 汽车集团就长城汽车产品深度本地化及新能源产品合作可能性进行深入探讨，全面支撑长城汽车品牌智能科技公司战略转型。

2023 年 7 月 14 日 赣州天奇循环环保科技有限公司与江西升华新材料有限公司签署合作框架协议。根据框架协议，双方将在锂电池元素再生层面展开合作，聚焦电池循环再生领域，合作内容涵盖锂电池循环再生的各个环节，共同开辟出高效率、高效益、高价值发展路径。

2023 年 7 月 14 日 武汉动力电池再生技术有限公司与三一机器人科技有限公司在湖南长沙正式签署战略合作协议。根据协议，双方将以各自集团为依托、以技术创新为引领，在 AGV、AMR 等智能工业装备领域长期合作，以低碳先锋为引领，共创绿色循环生活。

2023 年 7 月 14 日 嬴彻科技（上海）有限公司与上海优通国际物流有限公司签署自动驾驶绿色物流战略合作协议，并举办双方首条自动驾驶示范线路发车仪式，共同推动更安全、更智能、更环保的绿色物流可持续发展。根据协议，双方将发挥嬴彻科技在自动驾驶技术研发和商业运营的领先优势，及优通物流所积累的广泛业务场景实践经验及智能供应链技术资源优势，共同打造基于搭载嬴彻智能驾驶系统的智能重卡全国干线运输大动脉。

2023 年 7 月 15 日 北奔重型汽车集团有限公司与航天锂电科技（江苏）有限公司就“航天锂电 30 GWh 锂电池 PACK 超级工厂及电芯一体化产业基地项目（一期）”签署战略合作协议。根据协议，该项目总投资 47.5 亿元，分两个阶段建设，第一阶段建设 5 GWh 锂电池 PACK 生产线，总建筑面积约 10 万 m^2（含配套设施）；第二阶段建设 5 GWh 锂电池电芯生产线，总建筑面积约 15 万 m^2（含配套设施）。

2023 年 7 月 15 日 巴斯夫与长三角物理研究中心在江苏省溧阳市签约，将成立新能源汽车及储能联合研究中心。根据协议，双方将围绕电池和电池包的材料和解决方案展开合作，重点关注固态电池和钠离子电池等被广泛认为将在下一代电动汽车和储能发挥重要作用的技术。新成立的新能源汽车及储能联合研究中心，旨在加速在电动汽车和储能领域先进材料和解决方案的创新。

2023 年 7 月 17 日 福田汽车与蘑菇车联信息科技有限公司在福田汽车集团总部签署战略合作协议，根据协议，双方将共同促进自动驾驶在智能环卫、智慧交通与智慧城市等领域规模化发展；双方将打通市政基础设施与城市终端服务运营场景，打造智慧城市运营解决方案，共同推进项目落地，提升运营效率，实现城市公共服务降本增效。除此之外，作为福田汽车旗下专业环卫车品牌，普罗科将与蘑菇车联一起，升级自动驾驶前装车的合作，研发、运营新一代多车型自动驾驶环卫车辆；蘑菇车联的“车路云一体化”自动驾驶全栈技术将有效支撑福田汽车的相关产品，在全球共同开拓智慧环卫、智慧交通、智慧城市场景及项目。

2023 年 7 月 17 日 工业和信息化部发布第 372 批《道路机动车辆生产企业及产品公告》，共计 161 个新能源生产厂家、143 个品牌、319 个新能源车型进入公告。其中，纯电动产品共计 274 个（含乘用车 26 个、客车 23 个、客车底盘 4 个、专用车 191 个、专用车底盘 30 个）；插电式混合动力产品 32 个（含乘用车 12 个、客车 1 个、专用车 15 个、专用车底盘 4 个）；燃料电池产品 13 个（含客车 2 个、客车底盘 1 个、专用车 6 个、专用车底盘 4 个）。

2023 年 7 月 17 日 工业和信息化部公告《免征车辆购置税的新能源汽车车型目录（第六十七批）》。本批次免购置税新能源汽车车型目录共有 130 家企业、368 个新能源车型列入，其中，纯电动 307 个（含乘用车 34 个，客车 33 个，专用车 240 个）；插电式混合动力 48 个（含乘用车 26 个，客车 1 个，专用车 21 个）；燃料电池 13 个（含客车 2 个，专用车 11 个）。

2023 年 7 月 17 日 工业和信息化部公告《享受车船税减免优惠的节约能源 使用新能源汽车车型目录（第五十一批）》。本批次中，共 342 个新能源车型列入，其中，插电式混合动力乘用车进入 30 个；纯电动商用车进入 277 个；插电式混合动力商用车进入 17 个；燃料电池商用车进入 18 个。

2023 年 7 月 18 日 大众汽车（中国）技术有限公司正式成立，将建立一个全新的电动智能网联汽车研发、创新和采购中心，总部设在安徽合肥，总投资 10 亿欧元。

2023 年 7 月 18 日 黑芝麻智能科技有限公司与深圳市航盛电子股份有限公司签署战略合作协议，根据协议，双方将基于黑芝麻智能华山®二号 A1000 系列芯片共同打造行泊一体自动驾驶域控平台，为车企和消费者提供高性价比的智能驾驶解决方案。接下来，航盛将持续加强与各大汽车集团、全国重点科研院所以及各汽车制造合资品牌的合作。

2023 年 7 月 19 日 财政部举行新闻发布会，明确新能源汽车车辆购置税减免政策延长 4 年，即延长至 2027 年 12 月 31 日。其中，对在 2024 年 1 月 1 日至 2025 年 12 月 31 日期间购置的新能源汽车免征车辆购置税，每辆汽车免税额不超过 3 万元；对在 2026 年 1 月 1 日至 2027 年 12 月 31 日期间购置的新能源汽车减半征收车辆购置税，每辆汽车减税额不超过 1.5 万元。

2023 年 7 月 19 日 创维汽车发布其二代产品的 800V+4C 超级快充技术以及“全新智能车机”SKYLINK 和小维 GPT。其 800V+4C 超级快充技术可实现“充电 8 min，续航 352 km”，该平台将搭载 4C 超级快充电池，可在 7.5 min 内完成电池 0～80% 的充电，电池系统寿命可达 100 万 km。

2023 年 7 月 20 日 蔚来汽车正式发布 V2G 充电桩，并与祁连山国家公园共同构建 V2G 光伏自循环补能体系，将于 8 月投入使用；同时推出电池灵活升级方案，可按照日/月/年三种模式起租，支持先用后付，一地取全国还；Power Journeys 将开启海外布局，欧洲年底会有 50 座左右的换电站。该充电桩能够实现车辆和电网之间的互动，除快速充电功能外增加了放电功能，让电动车在电网负荷低时吸纳电能，在电网负荷高时释放电能。用户可选择价格更低的家用充电桩为车辆充电储能，并通过 V2G 充电桩将多余电量出售给电网获得收益。

2023 年 7 月 20 日 博世车联品牌连锁中专注新能源汽车维修与保养的维修站——武汉时代智德新能源科技有限公司正式开业。该店总占地面积约 3500 m^2，主要为新能源乘用车及商用车提供检测、维修保养和事故修复，电池、电机、电控的评估、检测及维修，以及动力电池的回收、梯次利用及再制造等综合、专业的服务。博世车联为该维修站提供了包括配件供应方案、技术支持与培训、数字化运营工具、维修站运营管理系统、质量管理等规范化服务。

2023 年 7 月 20 日 深圳市航盛电子股份有限公司携智能座舱、智能驾驶域控、AR HUD、全息精灵以及 CMS 电子外后视镜等多款产品、技术及解决方案亮相“上汽大众合作伙伴技术展示日-数字座舱与智能网联专场”。航盛重点展示基于高通 SA8295 平台开发的一芯三屏、跨系统融合智能座舱解决方案——HPC 成熟架构，支持场景化引擎，提供流畅的舱内外 3D 交互体验；在智能显示领域，重点展示具有极致用户体验的多尺寸显示屏、AR HUD、电子内外后视镜、IVI 等产品；在软件和工程服务领域，重点展示航盛自主搭建的、能够满足多样化需求的软件平台与工具；在 HMI 人机交互领域，展示出柔性 AMOLED 车载人机交互（HMI）一体化解决方案在智能座舱的应用，该产品已成熟量产，可快速实现工业化落地。

2023 年 7 月 20 日 杭州宏景智驾科技有限公司与安徽江淮汽车集团股份有限公司在合肥签署全面深化战略合作协议。根据协议，双方将在智能驾驶技术量产及前瞻技术研发领域展开合作。双方将共同探索自动驾驶技术及车载软硬件产品开发和场景应用，推动双方联合开发智能驾驶场景下的新产品、新技术，共同打造具备竞争力的智能驾驶解决方案；双方在共同认定的前瞻技术方面组成联合预研团队，一起攻克技术难点；同时，双方在数据中心领域展开战略合作，共同打造自动驾驶数据闭环系统。

2023 年 7 月 21 日 合肥杰发科技有限公司和伊世智能科技有限公司建立生态合作伙伴关系，在车联网安全领域展开密切合作，并联合推出针对车规级 MCU 芯片信息安全的解决方案。该解决方案基于杰发科技全系列 MCU 芯片

AC7870x、AC7840x、AC780x,集成伊世智能定制的车载控制器芯片 HSM 信息安全固件,双方将共同推进在汽车领域的技术创新与突破。

2023 年 7 月 21 日 比亚迪在深圳市获得高快速路段有条件自动驾驶(L3 级)测试牌照,并且是全国第一张有条件自动驾驶(L3 级)测试牌照的车企。

2023 年 7 月 21 日 一汽弗迪首台电池包在 PACK 生产车间下线,标志着一汽弗迪电池包产线调试取得阶段性成果。一汽弗迪由中国一汽集团、比亚迪股份有限公司共同注册成立。2022 年 2 月 26 日,一汽弗迪动力电池项目在吉林省长春市正式开工,项目总投资 135 亿元,占地 80 万 m^2,建成后将生产刀片动力电池,总产能达 45 GWh,建成投产后每年可满足 60 万辆电动汽车配置需求。

2023 年 7 月 21 日 黑龙江省人民政府与浙江吉利控股集团有限公司签署战略合作协议。根据协议,双方将在商用车及核心零部件制造、甲醇燃料生产加注体系建设、新能源及甲醇汽车推广应用等汽车全产业链以及可再生能源、农机装备新能源化等领域开展战略合作。同日,大庆市人民政府与吉利新能源商用车集团签署甲醇式商用车合作协议,黑龙江博能绿色能源科技股份有限公司与吉利集团协同创新中心签订绿色甲醇战略合作协议。

2023 年 7 月 22 日 宁德时代新能源科技股份有限公司与地上铁租车(深圳)有限公司在福建宁德签订战略合作协议。根据协议,双方将充分发挥各自优势,实现互利共赢,打造协同竞争优势,未来将加强品牌、市场、技术与产品合作,探索高效、务实的商业合作模式,共同开拓新能源汽车市场,提升可持续发展和创新能力。

2023 年 7 月 24 日 章鱼博士智能技术(上海)有限公司与罗克韦尔自动化(中国)有限公司签署合作备忘录,将在碳管理、碳足迹数字化能力共建、智能场务平台打造、锂电池智能制造最佳实践和锂电池高速生产线创新应用四大方面展开深度合作,打造数智化电池工厂。

2023 年 7 月 24 日 南京后摩智能科技有限公司与苏州艾氪英诺机器人科技有限公司正式达成战略合作协议。根据协议,双方将在智能驾驶、智慧交通领域开展全面深入的合作,以产品共研、资源共享的方式,共同推动智能交通技术的创新与融合,加速智能驾驶技术的量产与普及。未来,双方将发挥各自优势,基于后摩智能高能效比的 AI 芯片和艾氪英诺路测感知计算算法,打造可量产落地的边缘计算产品及智能驾驶行业解决方案。

2023 年 7 月 24 日 文远知行科技有限公司正式获得北京市高级别自动驾驶示范区工作办公室颁发的智能网联清扫车道路测试通知书,成为首家获准在京开展无人清扫作业的自动驾驶公司。

2023 年 7 月 25 日 工业和信息化部装备工业一司、国家市场监督管理总局质量发展局以视频方式联合组织召开加强新能源汽车安全管理工作会议,分析研判新能源汽车安全形势,切实加强新能源汽车安全管理。会议指出,我国新能源汽车产业已进入规模化快速发展新阶段,新能源汽车安全的内涵和外延都在不断变化和拓展。安全是产业发展的命门,行业企业必须高度重视、常抓不懈。会议强调,生产企业是产品质量安全的第一责任人,要在产品研发设计、生产制造、测试验证、运行监测、使用维保等全链条做好风险防范,切实履行产品质量事故报告和缺陷召回等法定义务,不断提升产品安全水平,坚决遏制新能源汽车安全事故发生。

2023 年 7 月 25 日 北京经开区首个氢能示范项目在经海六路东侧启动。该项目入选“2022—2023 年度北京市燃料电池汽车示范应用项目”,由苏州金龙牵头,其首批示范应用项目落地经开区,由赶趟出行订购 20 辆氢能巴士进行运营,由新研氢能提供燃料电池系统。这批氢能巴士长 12 m,可承载 50 人,搭载新研氢能的 115 kW 氢燃料电池系统,一次加氢可续航 400 km。

2023 年 7 月 25 日 徐工集团与丰田汽车就“徐工-丰田氢能领域”签订战略合作协议。根据协议,双方将以徐州为中心打造氢能整机及核心零部件产业基地,在氢能整车、燃料电池与核心零部件等前沿科技研发应用方面协同创新,助力徐州加快打造氢能全产业链和氢能应用示范标杆,高质量建设可持续发展议程创新示范区。

2023 年 7 月 26 日 吉利科技集团旗下沃飞长空与华龙航空签署战略协议,沃飞长空将作为华龙航空核心电动垂直起降飞行器(eVTOL)提供商。双方后续将结合各自的运营业务优势及供应链优势,积极推进 eVTOL 持续适航方面的标准审定,eVTOL 垂直起降机场建设、航线运营等领域的进展,为低空立体出行商业运营提供系统化解决方案。同日,双方签署首批 100 架 AE200 的采购协议。

2023 年 7 月 26 日 IAR 与芯来智融半导体科技(上海)有限公司达成战略合作协议,根据协议,经 TÜV SÜD 认证的 IAR Embedded Workbench for RISC-V 功能安全版将全面支持芯来科技 NA 系列车规级处理器内核。IAR 将为芯来科技的创新产品提供全面的开发工具支持,包括代码编辑、编译、调试等功能,以支持在芯来车规级内核中实现汽车功能安全。芯来 NA 系列车规级处理器内核满足车载、航天、核能等高可靠性功能需求,通过 IAR 提供的符合 ISO 26262 的专业且全面的解决方案,能缩短车用产品严苛的认证流程,帮助客户加速产品上市时间。

2023 年 7 月 26 日 大众汽车品牌与小鹏汽车达成技术合作框架协议。根据框架协议,在合作初期,双方计划面向中国的中型车市场共同开发两款大众汽车品牌的电动车型,这两款专属于中国市场新车,将补充基于 MEB 平台的产品组合,并计划于 2026 年走向市场。

2023 年 7 月 26 日 奥迪品牌与上汽集团签署战略备忘录。根据备忘录,双方将进一步深化现有合作,通过共同开发,快速、高效地拓展高端市场智能网联电动车产品组合。作为规划的第一步,奥迪将通过推出全新的电动车型。

2023 年 7 月 26 日 国家税务总局发布《支持共享发展税费优惠政策指引》,明确:一、绿色城市建设税费优惠方面:(1)城市公交企业购置的公共汽电车辆免征车辆购置税;(2)购置新能源汽车免征车辆购置税;(3)节能汽车减半征收车船税;(4)新能源车船免征车船税。二、支持消费提振信心税费优惠方面:(1)购置新能源汽车免征车辆购置税;(2)新能源车船免征车船税。

2023 年 7 月 26 日 蜂巢能源盐城基地二期项目首条飞

叠短刀电芯产线正式投产，基于盐城一期首线成功经验，飞叠技术的产线量产应用更加成熟，二期产线产能规模预计将大幅提升，进一步提高为市场客户交付高品质飞叠短刀电池的供货能力。

2023 年 7 月 26 日 飞凡汽车推出了全新一代飞凡极智AI系统，并开始向用户陆续推送，新系统的升级涵盖了智能辅助驾驶和智慧座舱两大方面。

2023 年 7 月 27 日 岚图汽车与新电途达成新的补能合作，以进一步为车主创造便捷、优质的用车体验。该项合作将在7月底正式上线，届时，岚图汽车充电地图中可达57万根充电枪的数量，并且高速服务区充电站可达到约4000座、充电枪2万根。未来，岚图将继续扩展App中充电地图的资源，与更多充电运营商洽谈合作，探索解决用户充电难问题，以提升用户充电体验。

2023 年 7 月 28 日 由国家电投河北公司（雄安公司）投资建设的雄安新区首个加氢站项目——容东综合加能站正式开工。该项目位于雄安新区白塔东环路东侧、悦容公园西侧，占地面积1900 m^2，为固定式三级加氢站，日加氢规模1000 kg，氢气加注压力35 MPa，采用长管拖车外供加氢工艺，配置2套加氢机、2套氢气压缩机、1套储氢瓶组。项目投运后，将为雄安新区重型卡车、公交车、物流车、环卫车及其他氢燃料车辆提供加氢服务。根据雄安新区规划，至2025年，雄安新区将达到200辆氢能车辆。

2023 年 7 月 28 日 工业和信息化部装备工业发展中心发布《关于开展2023年新能源汽车安全隐患排查工作的通知》，《通知》明确：（1）排查情况上报：各企业完成新能源汽车安全隐患排查工作后，填写《新能源汽车安全隐患排查统计表》，并形成书面报告，发送至指定邮箱，如实向中心报送安全隐患排查的组织情况、实施情况、运营主体配合情况、存在风险及问题处理情况等内容。（2）新能源汽车起火燃烧事故调查及上报：企业应及时将事故相关信息上报至“新能源汽车事故上报平台”，并主动开展事故调查。

2023 年 7 月 29 日 上海能辉科技股份有限公司在上海总部分别与罗山县人民政府、罗山宝城建投公司签署新能源与重卡换电项目投资、合资及100台换电重卡启动两份合作文件。根据签约内容，能辉科技将在罗山县打造电动重卡动力电池总成及充换电设备研发生产运营基地。一方面，投建电动重卡动力总成及充换电设备生产线，引领带动属地新能源汽车动力电池总成、换电机器人AGV、储能电池研发生产智造等先进制造业加快发展。另一方面，与罗山县宝城建投公司成立合资运营公司，打造以信阳为中心，面向全国、重点辐射豫南鄂北地区的电动重卡换电生态。

2023 年 7 月 29 日 工业和信息化部装备工业发展中心与湖州市人民政府签署战略合作协议。根据合作协议，双方围绕推动湖州市装备制造业高质量发展相关事宜开展交流与合作，充分发挥各自优势，相互协作，开展产业政策研究，搭建高端交流平台，共促业务协同发展，助推湖州市重点产业链强链补链建设，培育壮大装备制造业产业集群。

2023 年 7 月 31 日 广汽能源科技有限公司与金港汽车文化发展（北京）股份有限公司签署战略合作协议。根据协议，双方将积极响应国家构建高质量充换电基础设施体系号召，发挥彼此在资源、资金、技术等方面的优势，推进充换电、园区综合智慧能源、储能、新能源汽车销售、国际业务及汽车赛事、汽车改装、超跑等六大领域的合作，并持续推进合作模式创新。

2023 年 7 月 31 日 地上铁新能源车服网络、宁德时代新能源科技股份有限公司、国银金融租赁股份有限公司签署战略合作协议签署。根据协议，宁德时代将为地上铁提供电池保供不低于10 GWh；地上铁承诺将新增15万辆新能源物流车投入运营。三方将按照需求牵引、政策引导、联动融合等原则，助力完善公共领域车辆全面电动化支撑体系，提升车辆电动化水平，为新能源物流车全面市场化拓展和绿色低碳交通运输体系建设发挥积极作用。

8月

2023 年 8 月 1 日 上海禾赛科技有限公司与英伟达NVIDIA签署合作升级协议，正式入驻其Omniverse生态系统。根据协议，汽车厂商及自动驾驶企业的开发者可通过NVIDIA Drive Sim直接调用禾赛的高精度激光雷达模型，在数字孪生场景中获取基于物理现实的高仿真传感器模拟数据进行研发、测试、验证等工作。

2023 年 8 月 2 日 孚能科技（赣州）股份有限公司与广州工业投资控股集团有限公司及其所控制的主体广州创兴新能源投资合伙企业（有限合伙）签署《关于孚能科技（赣州）股份有限公司的股份转让协议》，控股股东及其一致行动人将以协议转让方式，将合计持有的孚能科技5%股份转让给广州创兴。根据协议，上述标的股份转让价格为28.37元/股，较停牌时22.03元/股的价格溢价28.78%，转让款项总对价（含税）为17.28亿元。如股份转让完成，孚能科技控股股东将变更为广州工控集团，实际控制人将变更为广州市人民政府。

2023 年 8 月 2 日 北京芯驰半导体科技股份有限公司与三星（中国）半导体有限公司达成长期战略合作协议，加强在车规芯片领域的深度合作。根据协议，为进一步推动车规半导体的系统集成和适配项目，芯驰科技将在全场景车规芯片的参考方案开发中引入三星半导体的高性能存储芯片，共同推进双方在车载领域的技术创新与突破。未来，双方将共同为汽车客户提供持续出色的车规半导体解决方案，实现在汽车行业的半导体技术突破与创新。

2023 年 8 月 2 日 北京芯驰半导体科技股份有限公司与SEGGER Microcontroller GmbH（塞格微控制器有限公司）达成协议：通过买断许可，芯驰科技向所有使用其E3系列高性能MCU车规芯片及D3系列工业芯片的客户提供免费的SEGGER多平台集成开发环境（IDE）“Embedded Studio”，共同助力客户项目的高效研发和芯片的量产应用。

2023 年 8 月 2 日 蜂巢能源科技股份有限公司与江苏电投易充新能源科技有限公司在南京签署战略合作协议，将在重卡换电领域开展战略合作，实现动力电池与储能电池合二为一的创新突破。根据协议，双方将共同研发“LCTP标准动储一体化重卡换电电池包”，打造换电重卡与分布式储能共用的电池系统，实现“一电两用”。

2023 年 8 月 2 日 河南省南阳市内乡县人民政府与吉

利控股集团·衢州极电公司就“共享储能电站项目”签署协议。该项目总投资达16亿元,分两期开发,各建设200 MW/400 MWh储能电站一个,建设内容包括基于批准的项目建设储能电站,包含储能电池、储能变流器、能量管理系统、电池管理系统、升压站等关键设备。

2023年8月2日 天津经开区管委会与纬湃汽车电子(天津)有限公司就“新能源智能制造新产品投资项目”签署合作备忘录。根据备忘录,纬湃科技将持续投入固定资产12亿元,重点用于新能源汽车研发平台的打造及核心零部件的生产,推动纬湃天津基地加大电气化业务布局,实现新旧动能转换,助力天津经开区、滨海新区乃至天津市新能源汽车产业实现高质量发展。

2023年8月2日 交通运输部办公厅等十一部门联合发布《于加快推进汽车客运站转型发展的通知》,《通知》明确:拓展站场服务功能,各地交通运输部门要会同发展改革、能源部门支持客运站建设充电基础设施,服务新能源车辆进城下乡,优先保障城市公共交通车辆、出租汽车、道路客运车辆等充电需要,鼓励提供夜间时段充电托管服务。

2023年8月3日 碳惠氢能-北京氢燃料电池汽车碳减排项目在大兴国际氢能示范区启动,标志着全国首个氢能碳减排交易项目落地大兴。该项目将基于京津冀燃料电池汽车示范城市群的“京津冀智慧氢能大数据平台”,开发“氢燃料电池汽车碳减排监测与分析平台”,对符合方法学要求的氢燃料电池汽车在北京市域内(少量活动位于津冀区域)活动进行监测,收集里程、速度、载货量/载客量及氢燃料消耗等相关参数,对标基准线燃油车碳排放量,核算项目碳减排量。预计项目正式运行后,碳减排监测分析平台签约企业车辆在全部可纳入自愿碳减排项目车辆中的占比将达到90%。

2023年8月4日 银川高新区管委会与时代骐骥数字科技(上海)有限公司就“建设银川高新区重卡充换电站项目”签署战略合作框架协议。该项目由时代骐骥数字科技(上海)有限公司投资建设运营,建成后将解决银川高新区园区内及周边企业应用新能源重卡换电,降低企业运输成本,助力银川高新区实现全区示范绿色园区,该项目是宁夏建设的首座单体充换电站项目,单体总投资约1660万元,预计达产后可实现年销售收入400万元。

2023年8月4日 劲旅环境科技股份有限公司新能源环卫车新品正式下线。该新能源旗舰型纯电动18T洗扫车采用全电动设计,实现了零排放、低能耗、低噪声、低水耗、高清洁效率、长续航等环保作业的要求,适应不同场景下的全方位清洁需求。在作业方面,新产品的喷水时间、排污时间和电驱动时间都显著延长,续航能力超过12 h以上,同时装备更大容量的水箱和垃圾箱,能够有效降低作业耗水量和排水次数。

2023年8月4日 远程新能源商用车向杭州建工建材交付首批20台纯电搅拌车,同时配套的首座换电站正式启运,换电站是由阳光铭岛与杭州建工建材联手打造,将为换电重卡提供日常所需的清洁能源动力。

2023年8月5日 衡阳领湃新能源科技有限公司与湖南猎豹汽车股份有限公司签署采购合同,猎豹汽车将根据采购合同约定,向衡阳领湃订购4000套动力电池,合同总金额约4921.34万元。

2023年8月5日 宁德时代新能源科技股份有限公司与鄂尔多斯市政府签署战略合作框架协议。根据框架协议,双方将结合各自优势,聚焦新型电力系统建设、产业布局、金融服务、人才培养等,建立多层次、全方位的战略合作关系。

2023年8月7日 极氪智能科技有限公司与哈萨克斯坦ORBIS AUTO(哈萨克斯坦领先的汽车和移动出行集团,为吉利、大众、奥迪、保时捷和凯迪拉克等全球领先品牌经销车辆并提供售后服务。)正式签署协议。根据协议,双方将在哈萨克斯坦市场推出极氪001以及极氪X车型,将于第四季度开启预售并于随后实现交付。

2023年8月7日 广汽丰田汽车有限公司、丰田汽车(中国)投资有限公司与小马智行三方签订协议,共同设立自动驾驶出租车(Robotaxi)相关事业合资公司,以支持未来自动驾驶出租车(Robotaxi)前装量产和规模化部署。根据协议,投资额超过10亿元,将提供由广汽丰田生产的用于Robotaxi的丰田纯电动车辆平台。这些车辆装配有丰田提供的可满足全无人自动驾驶的车辆冗余系统,搭载小马智行的自动驾驶系统,并通过小马智行Robotaxi运营平台投入使用。

2023年8月8日 浙江华友循环科技有限公司、衢州华友资源再生科技有限公司、LG Energy Solution(LG新能源)就“成立中国锂电循环回收合资公司”签署协议,分别在南京、衢州两地成立预处理和再生冶金两家合资公司。合资公司废旧电池回收处理将分两期建设。

2023年8月8日 长沙麓元能材科技有限公司与许昌许继换电服务有限公司签署项目合作协议,共同推动新能源产业和应用的创新发展。根据协议,双方就共同推进宁夏回族自治区银川市、内蒙古自治区包头市新能源重(矿)卡换电站及配套储能站的建设运营、重(矿)卡电能替代化、交通领域绿色发展等方面达成项目合作。麓元能材负责提供配套储能系统、钠离子电芯与热管理系统业务的核心技术、配套系统及综合解决方案;许继换电负责提供重(矿)卡换电系统解决方案,包括换电设备、充电系统、站用配电系统、安防系统等核心设备,共同助力交通运输领域绿色生态建设,推动重(矿)卡换电站及配套储能站产业和应用的创新发展。

2023年8月8日 龙泉市人民政府和吉利汽车集团就“智能热管理项目”签署合作协议,根据协议,双方将在新能源汽车热管理项目、换电项目及汽车科技产业投资基金项目展开合作。双方将聚焦新能源汽车热管理产业,共同推动龙泉市热管理产业的转型升级和集群发展,同时通过换电项目合作和基金合作,进一步推动“双碳”目标实施。

2023年8月8日 芜湖市繁昌区人民政府与芜湖埃科泰克动力总成有限公司就“新能源汽车电驱动系统项目”签署协议。根据协议,该项目计划总投资30.5亿元,位于繁昌经开区,分两期建设,一期利用现有厂房新建年产15万台新能源汽车电驱动系统生产线,二期规划用地100亩新建年产35万台新能源汽车电驱动系统生产线。项目投资满产后预计可实现年产值40亿元。

2023年8月8日 北京玉柴兴顺达新能源科技有限公司首台氢燃料电池正式下线,标志着玉柴燃料电池已具备规模化生产能力。

2023 年 8 月 8 日 江苏云途半导有限公司发布最新一代域控制器芯片 YTM32B1H 系列，覆盖汽车动力、智能底盘、功能安全控制器、域控制器等应用领域，已经面向目标客户提供样片及开发板。

2023 年 8 月 8 日 广汽集团推出 AI 大模型技术的最新研发成果——广汽 AI 大模型平台，该平台聚合了多种 AI 大模型，并与广汽智能网联底层能力进行了深度融合，将搭载于高端智能轿跑昊铂 GT 亮相。广汽 AI 大模型平台以海量的用车和研发数据集为基础，包括多模态座舱数据、驾驶行为数据、汽车感知数据，以及各种研发数据，通过在 AI 中台层进行训练，形成了多种特定场景模型。

2023 年 8 月 9 日 比亚迪股份有限公司第 500 万辆新能源汽车正式下线。

2023 年 8 月 9 日 博世氢动力系统（重庆）有限公司新工厂氢动力模块产线正式启动。该项目是西部氢谷的重要项目之一，于 2021 年 12 月开工建设，工厂占地面积总计约 360 亩，将建成一个集研发测试、生产制造、销售管理为一体的全功能中心。

2023 年 8 月 10 日 哪吒汽车与达索系统签署战略合作协议。根据协议，2023 年哪吒汽车在海内外的多个整车及零部件工厂将部署基于达索系统 3D 体验平台的 MOM 解决方案 DELMIA APRISO。双方将基于达索系统 MOM 集成架构，在智能制造数字化转型等领域，携手搭建从零部件到整车的一体化解决方案，完善功能模块、业务流程和系统集成的标准化，并复制核心模板推送至海内外多工厂，全面升级“全球化智造体系”，实现多工厂业务的标准化、统一化、全面数字化，推动哪吒汽车进一步落地“科技平权”。

2023 年 8 月 11 日 中国汽车技术研究中心有限公司与赛力斯集团股份有限公司在天津签署战略合作协议（昆明检验中心和中汽信科分别与赛力斯集团签署“品牌力提升工程项目协议”和“赛力斯 F3 安全验证及开发项目框架协议”）。根据协议，双方将以此次签约为契机，发挥中汽中心在标准协同、智能网联、大数据、品牌向上等领域的核心优势，协同推进产业融合与科技创新，携手为汽车强国作出贡献。

2023 年 8 月 11 日 比亚迪股份有限公司与菲律宾企业集团 Ayala 达成合作协议，将在菲律宾本土市场销售电动汽车，Ayala 旗下汽车部门 AC Motors 预计将通过其销售网络负责比亚迪电动汽车在菲律宾的销售和维护。

2023 年 8 月 14 日 商务部等 9 部门办公厅（室）发布《县域商业三年行动计划（2023—2025 年）》。明确：加大优质商品投放力度。发挥电商平台大数据优势，依法依规开展消费数据分析应用，引导生产厂商为农村市场生产投放更多适销对路的商品。继续支持新能源汽车、绿色智能家电、绿色建材和家具家装下乡，加快农村充换电设施建设，完善售后回收服务网络，促进农村大宗商品消费更新换代。

2023 年 8 月 15 日 纯电皮卡雷达 RD6 在天津港正式“出海”，标志着吉利雷达品牌正式开始全球化之旅，意味着中国新能源皮卡将与特斯拉 Cybertruck、Rivian 等车型同台竞技。未来，吉利雷达还将在海外建立起服务体系和新能源配套措施，满足不同国家和地区用户需求，如充电换电系统部署、服务维修站点建设等，形成完善的新能源皮卡生态。

2023 年 8 月 15 日 天津港保税区启动首批氢燃料电池重卡示范运营项目。本次交付的 49 t 氢燃料电池重卡满载综合工况续驶里程≥400 km，将助力临港控股和渤化集团率先打造氢能在交通运输领域中的示范应用场景，所搭载的大功率燃料电池系统，由氢蓝时代自主研发。同日，临港控股与渤化集团签订《战略合作框架协议》；渤化集团下属企业大沽化工、渤化永利化工与临港海洋集团分别签订《氢燃料电池重卡示范运营战略合作协议》《氢燃料电池叉车示范运营战略合作协议》。

2023 年 8 月 16 日 长沙矿冶研究院有限责任公司与杰瑞环保科技有限公司达成战略合作。双方将在环保领域加深合作，建立长期稳定的合作关系，推动锂电池资源化循环利用行业健康发展。

2023 年 8 月 16 日 合肥杰发科技有限公司与上海智驱电子科技有限公司签署战略合作协议，根据协议，双方将在汽车控制领域开展深入合作，联手共建基于汽车芯片与控制系统的解决方案，共同打造车规级芯片应用落地标杆，为汽车智能化升级注入新的活力。

2023 年 8 月 16 日 重庆长安汽车股份有限公司与北京百度网讯科技有限公司签署深化战略合作协议，根据协议，双方将在云计算、人工智能、大数据和物联网等领域进行深度合作，助力长安汽车向智能低碳出行科技公司转型，双方还计划在智能制造、智慧营销、智能客服等更多领域展开 AI 应用方面合作，持续提升长安汽车产品和服务竞争力。同日，长安汽车和百度共建的长安汽车智算中心正式揭牌。

2023 年 8 月 16 日 深蓝汽车有限公司与华为技术有限公司在深圳华为全球总部坂田基地正式签署合作框架协议，根据框架协议，双方将共同推进新技术在智能电动车领域的研发与应用。未来三年，深蓝汽车将以每年不低于 10% 的研发投入，不断打造技术尖点，持续推动“智能平权”，同时，深蓝汽车将深耕 6 款产品系列，以每年推出 2 款以上新产品，三年共计推出 12 款以上全新及改款车型的强有力节奏，构建更加强大的产品矩阵。

2023 年 8 月 16 日 宁德时代新能源科技股份有限公司发布 4C 神行超充电池，该电池采用磷酸铁锂材料，可实现“充电 10 min，续航 400 km”的超快充速度，并达到 700 km 以上的续航里程。

2023 年 8 月 17 日 工业和信息化部发布第 373 批《道路机动车辆生产企业及产品公告》，共计 129 个新能源生产厂家、126 个品牌、277 个新能源车型进入公告。其中，纯电动产品共计 219 个（含乘用车 23 个、客车 16 个、专用车 150 个、专用车底盘 30 个）；插电式混合动力产品 39 个（含乘用车 13 个、客车 1 个、专用车 20 个、专用车底盘 5 个）；燃料电池产品 19 个（含客车 2 个、专用车 11 个、专用车底盘 6 个）。

2023 年 8 月 17 日 工业和信息化部公告《免征车辆购置税的新能源汽车车型目录》（第六十八批）。本批次免购置税新能源汽车车型目录共有 109 家企业、262 个新能源车型列入，其中，纯电动 202 个（含乘用车 42 个，客车 18 个，专用车 142 个）；插电式混合动力 42 个（含乘用车 22 个，专用车 20 个）；燃料电池 18 个（含客车 2 个，专用车 16 个）。

2023 年 8 月 17 日 工业和信息化部公告《享受车船税减免优惠的节约能源 使用新能源汽车车型目录》（第五十二批）。本批次中，共 224 个新能源车型列入，其中，插电式混合动力乘用车列入 17 个；纯电动商用车列入 173 个；插电式混合动力商用车列入 18 个；燃料电池商用车列入 16 个。

2023 年 8 月 17 日 工业和信息化部装备工业一司发布《关于 2022 及以前年度新能源汽车推广应用补助资金清算审核初审情况的公示》，《公示》显示，2020 及以前年度新能源汽车推广应用补助资金清算审核车辆信息：申报推广数 82356 辆，核定推广数 81144 辆，应清算补助资金 147291.7026 万元，按整车企业取整后补助资金 147291 万元。2021 及以前年度新能源汽车推广应用补助资金清算审核车辆信息：申报推广数 457792 辆，核定推广数 451529 辆，应清算补助资金 687958.2657 万元，按整车企业取整后补助资金 687960 万元。2022 及以前年度新能源汽车推广应用补助资金清算审核车辆信息：申报推广数 3337743 辆，核定推广数 3225753 辆，应清算补助资金 3056559.0595 万元，按整车企业取整后补助资金 3056559 万元。

2023 年 8 月 17 日 安徽省首座集“油、气、充电、换电、加氢”等多种服务为一体的能源供给服务站——皖能综合能源港下塘梧桐大道站进入试运营阶段，该站位于安徽省合肥市长丰县下塘镇，主要开展汽柴油、天然气（LNG）、燃料氢、充（换）电、光伏、商业等多元业态的综合能源销售业务，由长丰皖能综合能源有限责任公司总投资约 1.03 亿元建设，正式投运后，每日最大可满足约 2000 辆燃油车加油、80 台次氢能公交、576 台次充电车辆、300 台次换电车辆的供能需求。该换电站 3 min 可完成一辆车换电，一天可以满足 300 辆车换电，已经支持 30 多种车型。

2023 年 8 月 17 日 魏桥创业集团与洛轲智能科技有限公司签订战略合作协议，双方基于新能源汽车产业达成深度合作共识，将共同为新能源汽车全车轻量化、智能化赋能。根据协议，双方将在产业生态协同基础上实现全产业链经营效率提升和成本结构优化，从产品研发层面建立起在智能汽车行业核心竞争力；打造铝制底盘、全铝车身、智能化乘用车整车产品，共同赋能中国新能源汽车产业升级，实现轻量化、智能化目标。

2023 年 8 月 17 日 宁德时代新能源科技股份有限公司和陕西汽车控股集团有限公司在福建宁德签署十年战略合作协议。根据协议，双方在产品研发、技术创新、资源配置、市场推广及售后服务等方面展开全面合作。双方将完善商用车电池技术标准；通过进一步打通产业链，结合上游技术研发实力与下游市场需求，为全球商用车客户提供更具竞争力和品质保障的产品，共同推动全面电动化和“双碳”目标早日实现。

2023 年 8 月 18 日 常州国家高新技术产业开发区管理委员会与宁波拜特测控技术有限公司就“燃料电池和锂电池测试系统项目”签署协议。根据协议，该项目总投资 5 亿元，主要致力于燃料电池和锂电池测试设备的研发、生产和销售，全面达产后预计年销售额达 5 亿元，该项目的落地有利于带动区域氢燃料电池产业链的发展。

2023 年 8 月 21 日 国家认证认可监督管理委员会发布《关于在汽车领域开展强制性产品认证自检自证试点的公告》。国家认监委决定在汽车产品领域，以整车企业委托改装企业生产的平板、仓栅、厢式、自卸货车为试点进行强制性产品认证（简称 CCC 认证）自检自证改革。由整车企业作为认证委托人向认证机构提出认证申请，改装企业不能单独申请 CCC 认证。整车企业在申请四类车 CCC 认证时，可以采用自有实验室出具的检测报告替代第三方检测报告，可以在作出相关承诺的前提下，免于提交生产能力、技术力量、质量保证体系方面的申请材料。

2023 年 8 月 21 日 由吉高集团与蔚来汽车合作建设的充换电一体站——京哈高速公路四平服务区充换电一体站启动，标志着东北高速路网内首座新能源汽车充换电一体站正式投入使用。该站采用蔚来第三代充换电一体站，单站单日服务能力可达 408 次，换电时车辆可自动泊入站内，司乘无须下车，一键操作即可完成换电，可以满足所有国标电动汽车充电需求，实现可充可换的综合补能方式。

2023 年 8 月 22 日 工信部装备中心、中国汽研、广汽集团、长安汽车、济南二机床、埃斯顿、埃夫特等 19 家单位共同发起“汽车智能制造合作伙伴倡议”，倡导“加大研发投入力度、加强产业链协同创新、加快发展智能制造”。倡议将有效凝聚发展共识、汇聚发展力量，共同推动汽车产业数字化转型、智能化升级，带动高端工业母机、工业机器人、智能检测装备等智能制造装备加速升级发展。

2023 年 8 月 22 日 工业和信息化部、科技部、国家能源局、国家标准化管理委员会联合印发《新产业标准化领航工程实施方案（2023—2035 年）》。《实施方案》明确：聚焦新能源汽车领域，研制动力性测试、安全性规范、经济性评价等整车标准，驱动电机系统、动力蓄电池系统、燃料电池系统等关键部件系统标准，汽车芯片、传感器等核心元器件标准，自动驾驶系统、功能安全、信息安全等智能网联技术标准，以及传导充电、无线充电、加氢等充换电基础设施相关标准。

2023 年 8 月 22 日 远程新能源商用车集团与新疆群辉物流运输有限公司在乌鲁木齐签署战略合作协议。根据战略框架协议，远程将向新疆群辉物流分批交付 800 台远程醇氢重卡，并提供车辆售后及甲醇加注配套设施搭建等服务，助力疆煤外运。

2023 年 8 月 22 日 北京芯驰半导体科技股份有限公司与上汽大众汽车有限公司在上海达成合作。根据协议，双方将在芯片应用、域控制器开发等多个层面展开战略合作，共同打造面向智能网联应用的软硬件平台解决方案，突破智能网联汽车新技术。

2023 年 8 月 23 日 新加坡公司 SYDROGEN ENERGY PTE. LTD.（星氢源）与上海捷氢科技股份有限公司签署战略合作协议，根据协议，双方将在欧洲地区、东南亚地区、美洲地区等开发市场，合作推进燃料电池电堆、系统及零部件产品销售及服务，深入为不同场景提供具有竞争力的解决方案，满足道路车辆应用、非道路应用等不同领域的多元化需求。

2023 年 8 月 23 日 国家税务总局、工业和信息化部联合发布《免征车辆购置税的设有固定装置的非运输专用作业车辆目录》(第十批)的公告。有 10 款新能源车型列入,其中,纯电动路面养护车 4 款;纯电动除雪车 3 款;纯电动高空作业车 1 款;纯电动照明车 1 款;纯电动清障车 1 款。

2023 年 8 月 23 日 东风集团发布专注小型电动车市场的新品牌——东风纳米。发布会上,东风纳米带来首个国民纯电原生架构,以及该平台下首款车型纳米 01。在车型方面,纳米 01 定位小型纯电动车,将会配备轮毂电机,固态电池以及超级快充功能,其中电机最大功率为 120 kW,充电 8 min 可补能 200 km 续航。

2023 年 8 月 23 日 广西首座新能源汽车全液冷超快充电站在南宁建成并投入运营,该充电站由龙源电力集团股份有限公司、广西电网有限责任公司联合建设,以新能源充电停车位为基础设施,通过安装停车棚、充电桩、储能等设备,总共安装了 60.48 kW 的光伏组件,并配备了 60 kW 时的锂电池储能单元,采用华为研发的全液冷超充技术,最快能以约“一秒一公里”的速度给新能源汽车充电,并有效解决长时间高功率充电过程中汽车温度升高问题。

2023 年 8 月 24 日 通用汽车获批上海智能网联汽车道路测试资质许可,将在指定示范区内开展 L4 级别路测。通用汽车本土团队和 Momenta 共同为中国市场打造了一套既有大规模落地潜力,又可以与 Ulitum 奥特能平台无缝整合的自动驾驶方案。此次路测首期计划一年时间,凯迪拉克 LYRIQ 锐歌作为测试车辆将搭载这套 L4 自动驾驶技术,在上海金桥智能网联汽车测试示范区内展开路测。

2023 年 8 月 24 日 芯海科技(深圳)股份有限公司旗下的多快充协议 Buck-Boost 电源管理芯片 CPW6410 成功获得“融合快速充电功能认证证书”。CPW6410 全面提升了充放电效率及保护设备电池、终端用户充电体验。

2023 年 8 月 24 日 全国首条高速公路重卡换电绿色物流专线——“宁德厦门干线”在福建省通车。宁厦线是在福建省政府支持下由福建省高速集团与时代骐骥共同建设,为往返宁德、厦门之间的电动重卡提供及时补能服务。

2023 年 8 月 24 日 安徽省能源集团有限公司与奥动新能源汽车科技有限公司签订战略合作协议,双方就充换电基础设施建设、动力电池标准化、电池金融、V2S2G、虚拟电厂与电池可靠梯次利用等领域展开深度合作。根据协议,双方将通过创新与合作实现全面深化战略合作。一方面,合力加快推广充换电业务布局,打造光储充换综合能源站,发挥区域示范效应;另一方面,研究探索推动动力电池标准化、电池金融、高效车网互动(V2G)和站网互动(S2G)、电池梯次利用等全场景商业应用模式,助力行业技术进步。

2023 年 8 月 24 日 赛力斯汽车与博世中国签署战略合作协议。根据协议,双方将在车辆安全系统、驾驶辅助、自动化功能、动力总成及电气化解决方案等领域的研发、新材料应用和零部件供应等方面建立战略合作关系。赛力斯汽车将博世中国列入车辆安全系统、驾驶辅助、自动化功能、动力总成及电气化解决方案、汽车售后市场技术与服务等领域的战略合作伙伴;博世中国将赛力斯汽车作为长期战略合作伙伴,提供良好的工程及售后服务、供应保障、有竞争力的产品价格,双方全面推进业务合作,共同打造面向客户的高端智能化电动车。未来,双方将组建专项协同团队,加强协同创新与技术赋能,共同拓展海外市场。

2023 年 8 月 24 日 万物友好运力科技有限公司与德阳市旌创建设发展集团有限公司就“新能源换电重卡出海”签署战略合作协议。根据协议,未来基于“清洁能源装备出海平台”的长期运营,旌创建设发展集团公司将有契机与吉利商用车集团在德阳当地合力打造瞄准绿色智慧物流场景的新一代项目推广中心,集合吉利旗下换电重卡、换电站能源基建设施的展示、销售功能,全面加速德阳市电动化、低碳化的推广进程。

2023 年 8 月 25 日 百度萝卜快跑开通武汉天河机场的自动驾驶接驳服务,已开启用户邀约,受邀用户即日起可率先体验。这是国内首次实现城市市区到机场之间的自动驾驶出行接驳服务,也是国内自动驾驶运营首次贯通城市道路和高速路线,其也成为国内首个开通机场自动驾驶接驳服务的企业。

2023 年 8 月 25 日 北京初速度科技有限公司与苏州市相城区人民政府签署战略合作框架协议;与高铁新城国控集团、相城区金控集团、相城区市政集团共同签署投资意向书;与苏州高铁新城签署商务合作协议。根据协议,签约各方将进一步加强交流合作、发挥资源优势,共同推动苏州智能网联汽车产业高质量发展。

2023 年 8 月 25 日 搭载零束科技有限公司银河®全栈技术解决方案 1.0 的飞凡汽车,联合 OPPO 正式发布业界首个车联融合方案——飞凡巴赫座舱数字生态,该数字生态系统采用零束银河®生态域解决方案,支持多品牌手机与车机高速无感互融,为用户呈现极智座舱体验。

2023 年 8 月 26 日 大湾区智能网联试验场正式启动。该测试场位于坪山区石井街道,总投资 8 亿,占地 645 亩,场地业务聚焦智能网联汽车产业链前沿技术领域,以提供测试场地及设备服务为主,为深圳准入及牌照测试、坪山区自动驾驶全域开放管理、重大行业活动举办提供保障。

2023 年 8 月 26 日 全国首个飞行汽车跨江运行场景首飞暨应用场景探索签约仪式在长沙举办,小鹏汇天飞行汽车顺利地完成了从河西到河东的首次跨江飞行,整体用时约 4 min。小鹏汇天创始人赵德力表示,该飞行汽车的续航仅有 20 km,但 2025 年量产交付的版本,续航会更长,能够满足用户的各类需求。

2023 年 8 月 27 日 长安发布全新品牌长安启源,新品牌定位新能源品牌,后续在产品方面会推出三个系列,分别是 A 系列(轿车)、Q 系列(SUV)和 EO 系列(数智新汽车)。长安启源将陆续发布长安启源 A05、A06、A07 和 Q05 这四款产品。伴随着长安启源的发布,长安汽车将布局形成以长安启源、深蓝汽车、阿维塔三大新能源智能化品牌,满足不同细分市场需求的新发展格局。

2023 年 8 月 28 日 欧曼智蓝底部换电重卡正式上市。欧曼智蓝底部换电重卡整车取消传动轴,电驱动系统效率提升 6%;采用的电驱动桥模块,将机电耦合变速箱与中后桥高度集成,动力系统降重 500 kg;针对车辆高速运营场景特征,电池包采用一体式压铸铝型材,厚度高达 70 mm,一次性通过 17 项电池包安全强检科目,被动安全更好。同时,欧曼智蓝底部换电牵引车可根据不同运输任务,通过 T-BOX 与换电站的车站交互,可实现 171/342/513 kWh 不同电量的智能换电。

2023 年 8 月 28 日 长城汽车 GWM 品牌成功登陆印度尼西亚市场,标志着长城汽车完成了东盟国家核心区域市场的全面覆盖(东帝汶除外),包括泰国、马来西亚、新加坡、菲律宾、老挝、文莱、柬埔寨、越南、印度尼西亚在内的国家市场,组成了长城汽车全球化布局的最新东盟汽车市场版图。

2023 年 8 月 28 日 由国海绿能研发首创的山西省首座 7 字形新能源重卡智能换电站完成厂内建设调试,正式发运山西。该换电站由国海绿能研发建设,采用模块标准化设计、可扩展可升级技术,全长 10.2 m,高 6 m,宽 3.5 m,3+1 电池仓位,采用超低温保温技术以及高温防护技术,对换电站进行全生命周期数据监控管理,切实保障换电站安全换电。全站可服务 20~40 辆车,服务能力达 40~80 次/24 h,换电时间不到 5 min,换电成功率可达 99.5%。同时换电站可兼容市场 95% 品牌车型,实现全区域覆盖及全气候运营。

2023 年 8 月 28 日 小鹏汽车与滴滴全球股份有限公司签署战略合作协议,将携手推广智能电动汽车及相关技术的规模化应用,加速“科技普惠、智能平权”落地。根据协议,双方同意在多个领域展开合作,包括新款智能电动汽车的研究及开发、小鹏汽车公司的智能电动汽车在滴滴共享出行平台上的运营、营销、金融和保险服务、充电、自动驾驶以及国际市场的联合开发。此外,双方还将围绕汽车运营、充电设施等方面进行合作。

2023 年 8 月 28 日 湖北亿咖通科技有限公司与 Mobileye 达成合作,双方将基于 Mobileye Chauffeur™ consumer AV platform 共同打造具备高速封闭公路实现脱眼脱手能力的完整行泊一体辅助驾驶量产交付方案,并计划未来搭载于 Polestar 4,未来双方还将进一步基于最新一代 EyeQ™ 6 系统级芯片共同开发辅助驾驶方案与舱行泊一体解决方案。

2023 年 8 月 29 日 天津经济技术开发区管委会与吉利远程新能源商用车集团签署项目合作协议。根据协议,远程商用车将在天津经开区落地醇氢生态总部项目,包含甲醇汽车研发销售及运营、甲醇贸易及加注、绿色甲醇制备等业务,整合现有甲醇产业资源,构建完备的醇氢产业生态。

2023 年 8 月 29 日 兆易创新科技集团股份有限公司 GigaDevice 获得通标标准技术服务有限公司(以下简称 SGS)授予的 ISO 26262:2018 汽车功能安全最高等级 ASIL D 流程认证证书。

2023 年 8 月 29 日 国务院印发《河套深港科技创新合作区深圳园区发展规划》,智能网联汽车方面,《规划》明确:加快布局人工智能与数字经济发展前沿领域。抢抓人工智能产业发展先机,搭建人工智能开放创新平台,支持智能传感器、人工智能算法、图形处理芯片等基础软硬件开发,打造智能制造无人工厂示范基地、智能网联全无人自动驾驶公交应用示范区,推动人工智能与数字产业发展。加快制定人工智能技术标准框架体系,在智能制造、智慧医疗、智能网联汽车等领域开展创新应用试点示范。

2023 年 8 月 30 日 上海艾拉比智能科技有限公司荣获 ISO 27001 认证,为信息安全保驾护航。通过 ISO 27001 认证,艾拉比可以为车辆的数据安全、隐私保护和软件可靠性提供坚实的保障,有助于提高消费者对汽车 OTA 技术的信任。

2023 年 8 月 30 日 清陶(昆山)能源发展股份有限公司和上汽集团合资设立上汽清陶新能源科技有限公司。合资公司注册资本 10 亿元,其中清陶能源占比 51%;上汽集团占比 49%。上汽集团分别于 2020 年、2022 年和 2023 年通过基金方式参与投资清陶能源。截至 2023 年,上汽集团累计对清陶能源投资约 29.835 亿元,间接持有约 15.29% 股权,为清陶能源第一大产业投资人。

2023 年 8 月 30 日 氢沄新能源科技有限公司与晋南钢铁集团在洛阳签署协议,根据协议,氢沄新能源将为晋南钢铁集团提供 300 台 49 t 氢燃料电池牵引车。此次合作标志着两家企业在氢能产业领域强强联合,助力洛阳市氢能产业发展开启新征程。

9 月

2023 年 9 月 1 日 中国汽车芯片标准检测认证联盟在天津成立。天津将以车规级芯片为牵引汇聚更多高校、院所及高科技企业,构建特色鲜明、相对完整、服务全国的汽车芯片产业链供应链体系,打造全国重要的新能源汽车和智能网联汽车生产基地。联盟成立后,将面向汽车芯片全产业链,聚焦新能源和智能网联汽车领域,推动汽车芯片产品技术升级与产业化应用,促进中国汽车芯片标准建立、促进产品上车应用、促进行业生态建设,服务支撑建设完整、先进、安全的现代化汽车芯片产业链。

2023 年 9 月 1 日 江苏省港口低碳转运示范工程启动暨新能源重卡全省通换发车仪式及换电服务签约仪式分别在江苏省南京市和镇江市举办。新能源重卡换电在新生圩及全省港口即将建设的换电站及车辆上将全面适配蜂巢能源重卡商用电池 282 电池系统。

2023 年 9 月 1 日 蜂巢能源科技股份有限公司、章鱼博士智能技术(上海)有限公司与深圳迈格瑞能技术有限公司签署战略合作协议,三方将在储能领域展开深入合作,共同开拓储能市场。根据备忘录,三方将充分发挥各自优势——蜂巢能源在储能电芯领域的技术优势,章鱼博士在 AI 智能技术与储能 BMS 方面的能力,迈格瑞能在储能逆变器领域的行业经验,在储能逆变器领域展开深入合作,打造储能行业新标杆。

2023 年 9 月 2 日 天奇自动化工程股份有限公司与玛莎拉蒂(中国)汽车贸易有限公司签署长期服务协议,根据协议,双方将在动力电池回收利用领域内开展合作,建立动力电池从退役整车回收拆解-电池及零部件回收分类-电池梯次利用及零部件再制造-报废电池元素提取等全生命周期的管理体系,保证废旧电池有序回收与规范化处理。

2023 年 9 月 4 日 中国石油天然气股份有限公司与重庆奥动新能源科技有限公司正式签署合资协议,在重庆市场就换电领域开展合作。合资公司将立足于重庆市场,对重庆全域合理布局换电网络建设,以主城为核心辐射区县,形成互联互通、高效便捷的换电一张网,力争将重庆打造为乘用车换电城市典范。

2023 年 9 月 4 日 中车时代电动汽车股份有限公司与广州市公共交通集团有限公司在株洲本部签署合作协议。根据协议，双方将围绕“能源应用合作、新产业合作、多元业务合作”等 7 个方面建立长期稳定合作伙伴关系，在新能源应用领域持续深化合作。

2023 年 9 月 4 日 比亚迪弗迪电池与韩国 LG 在韩国首尔签署战略合作备忘录。根据备忘录，弗迪电池携消费类电池重磅产品 LFP 4680，与 LG 全球化品牌影响力深度结合，协力打造面向欧美市场的超强竞争力产品。双方就业务开展情况，对双方公司技术/产品等竞争优势进行深度交流。

2023 年 9 月 4 日 北京建工市政路桥建材集团有限公司与中和新兴能源研究院正式签订全国首笔氢能领域碳减排交易意向协议。该项目依托氢燃料电池汽车碳减排监测与分析平台，将企业采用氢燃料电池技术的新能源汽车，在客运、货运等领域产生的减排效果转化为可以被出售或应用于企业碳中和计划中的碳信用，通过“碳普惠”方式完成碳核算和碳交易。

2023 年 9 月 4 日 张家口首批氢燃料电池重卡、工程车在张家口市桥东区创坝园区交车，现场 3 辆牵引车、7 辆自卸车被正式交付，该批氢燃料电池汽车将为张家口市的热电厂提供煤炭的短倒运输服务以及市内建筑垃圾倒运。此前，张家口市已累计投运氢燃料电池客车 444 辆，载客超 8488 万人次，安全运行超 2930 万 km。

2023 年 9 月 4 日 工业和信息化部装备工业发展中心组织召开新能源汽车产业融合高质量发展研讨会，26 家新能源汽车整车及产业链上下游企业代表及相关行业机构专家进行了研讨，工业和信息化部装备工业一司、重庆市经信委有关领导受邀参会。会议分享交流了新能源汽车产业发展有关情况，研究讨论了产业发展中遇到的机遇和挑战，并就传统车企电动化转型、新能源汽车安全、产业链安全稳定、新能源汽车出口等方面进行了深入探讨。下一步，工业和信息化部装备工业发展中心将在工信部指导下，会同行业机构和企业推动相关各方切实落实《新能源汽车产业发展规划（2021—2035 年）》有关要求，不断优化产业发展环境，巩固和扩大新能源汽车发展的优势，完善智能网联汽车测试验证和应用示范环境，继续加速和推动产业融合发展的新进程。

2023 年 9 月 5 日 博泰车联网携手腾讯、黑莓、亚马逊、高通等战略合作伙伴展示多款合作成果，分别是博泰智能座舱平台、博泰云平台和 5G T-Box 等硬件产品。博泰骁龙智能座舱平台作为博泰的核心产品，本次共展出第三代 SA8155P 和第四代 SA8295P 两大系列产品，融合了黑莓 Blackberry IVY 功能的 SA8155P 智能座舱是一大亮点。

2023 年 9 月 5 日 杭州宏景智驾科技有限公司与联友智连科技有限公司签署战略合作协议，双方将在自动驾驶解决方案等业务领域展开合作，共同提高各自领域的商业价值，实现优势互补，携手推动自动驾驶解决方案落地，面向车企提供领先的技术支持和产品服务。根据协议，双方将联合探索智能驾驶技术以及车载软硬件产品的开发和场景应用，基于新技术、新产品打造具备竞争力的智能驾驶解决方案；同时在产品路线、产品矩阵、开发工具链等方面保持信息共享，共同拓展合作伙伴及客户；此外，双方将针对乘用车及商用车两大智能驾驶应用领域展开深入合作，联合进行前瞻技术研发，加速推进智能驾驶多场景落地。

2023 年 9 月 7 日 肇庆市人民政府与小鹏汽车科技有限公司在广州签署投资协议，小鹏智能新能源汽车新车型项目落户肇庆高新区。根据协议，新车型项目总投资约 20 亿元，将用于研发推出 2 款新车型，并投入肇庆基地生产，进而开拓市场、提升销量。

2023 年 9 月 7 日 由工业和信息化部提出、全国汽车标准化技术委员会归口的 GB/T 20234. 1—2023《电动汽车传导充电用连接装置 第 1 部分：通用要求》和 GB/T 20234. 3—2023《电动汽车传导充电用连接装置 第 3 部分：直流充电接口》两项推荐性国家标准正式发布。

2023 年 9 月 8 日 中国石油通过北京产权交易所收购普天新能源有限责任公司 100% 股权。普天新能源的主要业务就是充电桩的建设、运营，此次股权转让的挂牌底价近 15 亿元。收购普天新能源后，中国石油将加速扩充新能源充电网络。

2023 年 9 月 8 日 经纬恒润与江铃集团共同投建汽车智能电动平台项目。经纬恒润、江铃集团和南昌小蓝经开区管委会签订《项目合同书》，经纬恒润与江铃晶马共同设立江西经纬恒润科技有限公司作为建设汽车智能电动平台项目的实施主体，主要从事汽车电子产品和新能源汽车电池包、集成式底盘研发、生产和销售，项目投资预计约 10 亿元。

2023 年 9 月 9 日 福建省厦门市集美区人民政府与上海前晨汽车科技有限公司就“前晨汽车动力电池项目”签约。该项目总投资 2. 5 亿元，预计分三期建成投产，累计产值将超过 60 亿元。

2023 年 9 月 9 日 一汽红旗研发总院新能源开发院电池开发部成功完成首批高性价比磷酸锰铁锂电芯样件试制，并同步展开后续的测试工作。本次红旗研发总院对磷酸锰铁锂材料进行纳米化改造，利用多种粒径复合技术提高电导率及压实；开发掺混镍钴锰酸锂材料的混合正极体系，以提升能量密度；采用耐氧化性强的溶剂及添加剂提升整体电化学窗口的电解液，通过对电解液成膜添加剂的优选限制金属溶出、产气并优化成膜阻抗；辅以人造石墨的负极体系实现成本优化，并同步导入超薄正负极集流体等创新技术。

2023 年 9 月 12 日 未势能源唐山产业基地投产暨首批氢能及燃料电池产品在曹妃甸区台湾产业园下线。该燃料电池系统采用国际首例 NODS 智能控制系统，储氢系统安全性达到国际最高标准。曹妃甸区与未势能源联合共建“氢能产业园一期项目”，总占地面积约 8200 ㎡，是河北省首个以氢燃料电池及储氢装备为核心的综合型示范项目，拥有氢燃料电池系统、燃料电池电堆、储氢系统三大核心部件生产线。

2023 年 9 月 12 日 宁德时代新能源科技股份有限公司与山东高速集团有限公司签署战略合作协议。根据协议，双方将围绕重卡换电、绿电制造等新能源领域展开合作。其中宁德时代重卡换电品牌骐骥换电将充分发挥创新技术与运营模式优势，结合山东高速集团的资源优势，携手打造以省内核心高速干线为重点的高速换电网络，共创低碳未来。同日，宁德时代新能源科技股份有限公司与山东省港口集团有限公司签署战略合作协议，根据协议，双方将围绕重卡换电等新能源领域等展开合作，携手推动智慧绿色港口建设。

2023 年 9 月 12 日 珠海英搏尔电气股份有限公司与罗伯特·博世有限公司旗下的“RBINT”及“博世中国”在德国就“共同成立合资公司”签署协议。本次对外投资是英搏尔持续增强公司核心竞争力及盈利能力，加快拓展海内外非公路用（OHW）新能源工业车辆核心零部件业务的重要举措。新合资公司总部将设在上海，依托双方各类资源，迅速拓展工程机械海内外市场，为客户提供更具技术和成本竞争力的动力总成产品。

2023 年 9 月 12 日 未势能源科技有限公司与一汽解放汽车有限公司签署《氢燃料电池整车推广与应用战略合作》，根据协议，双方将共同推动氢能及燃料电池汽车商业化应用落地；将以氢能商用车应用为切入点，致力于通过打通氢能产业链闭环，推动氢能基础设施建设落地，带动氢燃料电池商用车示范应用。

2023 年 9 月 13 日 北京四维图新科技股份有限公司与联投湖北数产集团签署战略合作协议。根据协议，双方将以北斗数据中心、高精度地图应用等基础开展时空数据的归集、治理和应用，共同打造湖北省时空数据新型基础设施，推进时空数据融入数字政府、智慧城市建设，赋能各产业转型升级。

2023 年 9 月 13 日 京东科技与弗迪电池有限公司在北京签署战略合作协议，根据协议，双方将在换电、微型车辆、电驱动、民用电池、储能等领域的产品、技术与产业深度合作。双方将以北京为试点拓展全国的物流场景市场需求，京东科技提供市场、应用场景等优势资源，弗迪电池提供高技术、高质量、高价值的产品和优质系统服务。

2023 年 9 月 13 日 中国第一汽车集团有限公司与 Mobileye Global, Inc. 在吉林长春签署战略合作，共同开发基于 Mobileye SuperVision™和 Mobileye Chauffeur™平台的全新产品。根据协议，双方计划从 2024 年底开始量产搭载 Mobileye SuperVision™ 解决方案的车型，而搭载 Mobileye Chauffeur™技术的车辆计划于 2025 年底量产。根据合作规划，未来两家公司将率先围绕一汽红旗品牌车型开启合作，将 Mobileye SuperVision™高级自动驾驶辅助功能集成到红旗品牌主要车型中。双方还将把特定道路环境中可实现“可脱手可脱眼”智能驾驶功能的 Mobileye Chauffeur™平台集成到 E701 车型中。在此基础上，中国一汽其他品牌也将紧随其后在相关车型上逐步采用 Mobileye 平台解决方案。

2023 年 9 月 13 日 工业和信息化部发布《道路机动车辆生产企业及产品公告》（第 374 批），共计 144 个新能源生产厂家、140 个品牌、330 个新能源车型进入公告。其中，纯电动产品共计 284 个（含乘用车 34 个、客车 22 个、客车底盘 1 个、专用车 185 个、专用车底盘 42 个）；插电式混合动力产品 29 个（含乘用车 13 个、专用车 15 个、专用车底盘 1 个）；燃料电池产品 17 个（含专用车 10 个、专用车底盘 7 个）。

2023 年 9 月 13 日 工业和信息化部公告《免征车辆购置税的新能源汽车车型目录》（第六十九批）。本批次免购置税新能源汽车车型目录共有 133 家企业、398 个新能源车型列入，其中，纯电动 335 个（含乘用车 83 个，客车 30 个，专用车 222 个）；插电式混合动力 47 个（含乘用车 35 个，客车 2 个，专用车 10 个）；燃料电池 16 个（含专用车 16 个）。

2023 年 9 月 13 日 工业和信息化部公告《享受车船税减免优惠的节约能源 使用新能源汽车车型目录（第五十三批）》。本批次中，共 246 个新能源车型列入，其中，插电式混合动力乘用车列入 37 个；纯电动商用车列入 184 个；插电式混合动力商用车列入 11 个；燃料电池商用车列入 14 个。

2023 年 9 月 14 日 上海环境能源交易所支持的全球“氢燃料电池汽车碳减排项目合作”正式启动及“首单基于 CDM 方法学开发的氢燃料电池汽车减排量预售”，首单氢燃料电池汽车委托开发量超 600 辆，预计年碳减排量超 2 万 t，这将对氢能的开发利用形成有效激励。上海环交所自 2021 年起联合重塑能源、中石化资本等在氢能领域碳减排上开展深度合作，共同完成全球首个氢燃料电池汽车碳减排方法学开发，并于 2023 年 3 月正式获得 CDM 执行理事会审批通过。

2023 年 9 月 14 日 甘肃省首座换电站（由四川智锂研发生产配套）正式投入运营。四川智锂建筑式换电站 C100-甘肃皋兰站是四川智锂为启源芯动力打造的重卡换电解决方案，换电站配备 7 块备电与 1 个中转仓，可满足该区域内煤炭和铁矿石运输的半挂车辆高负荷运行。进入换电站的司机可一键扫码自动换电，机器人智能识别电池位置，3.5 min 即可满电出发。

2023 年 9 月 14 日 苏州国芯科技股份有限公司与昆仑芯（北京）科技有限公司签署战略合作框架协议，根据框架协议，双方将针对智能驾驶场景，展开在边缘 AI 计算、车规功能安全 SoC 等技术领域的长期合作，充分整合双方资源，实现优势互补，协同提升技术竞争力，共同开拓智能驾驶市场。国芯科技表示，该合作有助于其与昆仑芯针对汽车等边缘场景中 AI 应用，如边缘 AI 计算、L2+智能驾驶等的市场落地和潜在机会挖掘，加速双方在 AI 领域的业务拓展，从而加快推进 AI 芯片在汽车自动驾驶等领域的应用落地。

2023 年 9 月 14 日 德赛西威、上汽海外出行、杰发科技有限公司签署战略合作协议。根据协议，三方将联手应用各领域领先技术打造全球座舱平台“国芯 V5/GXV5”。对于新一代座舱平台“国芯 V5/GXV5”，杰发科技将充分发挥汽车芯片的技术优势，基于 AC8025 为平台提供高效的计算和先进的通信能力。德赛西威依托其在集成领域的丰富经验，包括系统软件、功能软件和硬件平台，确保“国芯 V5/GXV5”各个组件协同工作以及平台的高效顺畅运行。上汽海外出行则将提供丰富的全球网联生态、云服务及强大的数据安全能力。

2023 年 9 月 14 日 众诚能源控股有限公司与北京小桔新能源汽车科技有限公司订立战略合作框架协议，根据框架协议，双方同意就于中国建设、收购及营运汽车充电场站探讨战略合作。

2023 年 9 月 16 日 立昇科技智能驾乘控制系统研发生产项目一期正式开工，该项目总投资额约 30 亿元，总占地面积约 100 亩，主要研发汽车核心域控部件，致力于实现汽车核心域控部件研发与生产的本地化，预计 2024 年实现量产，达产后预计可实现产值约 100 亿元，并进一步带动上下游产业链及周边配套发展。

2023 年 9 月 17 日 中微半导体(深圳)股份有限公司车规级 MCU BAT32A2 系列车规认证进展顺利，BAT32A239、BAT32A279 两大系列共 6 个型号通过权威第三方测试认证机构 SGS 公司 AEC-Q100 Grade 1 车规级可靠性认证。中微半导在汽车电子领域有完善且广阔的产品布局，BAT32A279、BAT32A239 与 BAT32A237 已形成完整的车规产品矩阵，可贴合整车厂用户需求提供芯片、开发套件、解决方案等完整生态链支持，资源及脚位定义均保持向下兼容，方便开发及快速导入，加快量产进程。

2023 年 9 月 18 日 湖南融城物流与三一重卡在长沙签署购车协议并完成定金支付流程，根据协议，双方以 100 台三一电动轻卡为依托，将围绕电动轻卡加强优势互补，携手构建城配物流新模式，领跑行业新未来。江山三一电动轻卡采用先进的电驱桥技术，实现系统减重 50 kg+、电耗降低 2.33%，高效的解耦制动能量回收技术，提升续航里程 12%+，续航领先同级竞品 15% 以上；选用高能量密度磷酸铁锂电池，采用 120A 直流快充模式，50 min 即可充满电，让运营续航无忧。

2023 年 9 月 19 日 smart 与宝腾汽车正式签署深化合作备忘录。根据备忘录，双方将结合资源优势全方位深化合作，包括但不限于探讨“构建海外生产能力”的可行性。

2023 年 9 月 19 日 北京市智能网联汽车政策先行区颁发首批乘用车“车内无人、车外远程”出行服务商业化试点通知书，百度 Apollo 旗下自动驾驶出行平台萝卜快跑及小马智行获准，在北京亦庄开启车内无人自动驾驶出行服务(Robotaxi)收费。取得商业化试点通知书后，小马智行随即在北京经开区开启试点，价格标准将与此前“主驾有安全员”和“主驾无安全员、副驾有安全员”阶段一致。萝卜快跑方面也将在北京经开区划定范围内开展车内无人商业化试点，用户通过萝卜快跑 App/小程序、百度地图、百度 App 等平台，均可呼叫“车内无人”萝卜快跑车辆。

2023 年 9 月 20 日 小米汽车科技有限公司申请的“无线充电方法、系统及存储介质”专利获授权。该专利摘要显示，该公开充电装置在接收到待充电车辆发送的充电请求消息的情况下，确定车辆当前泊车的目标车位；从线圈阵列中确定与目标车位对应的目标感应线圈；通过目标感应线圈对设置在车辆上的电能接收线圈进行定位，得到电能接收线圈的目标位置；将位于预设场所的任一空闲电能发射线圈作为目标电能发射线圈，并将目标电能发射线圈移动至目标位置，以便通过目标电能发射线圈和电能接收线圈对车辆进行无线充电。

2023 年 9 月 20 日 北京大兴机场开通自动驾驶接驳服务，首都机场开展自动驾驶测试。在首都机场 T3 航站楼到达层 7 号接站口，无人驾驶 Robotaxi 整齐排列等待客人上车，这条新路线的单向里程约 8.3 km，往返里程约 17.2 km。

2023 年 9 月 20 日 中国石油首座集成“光储充放换检非”智能超级充换电综合示范站在北京冬奥村南停车场开业，该站拥有 111 个充电车位，能够同时为上百辆电动车提供充电服务。并融合了光伏、储能、大功率液冷超充、无线充电、三种自动充电、V2G 等技术，车主可以通过智慧化的平台系统进行车网互动、有序充电和预约充电；该站还采用了华为智能光伏组件控制器，可实现智能直流拉弧防护和组件级零伏关断等功能，在充电桩中增加了三种电池健康度检测技术和烟感、水淹、倾倒三种自动断电技术，配备了超大型隔断用新型耐高温玻璃纤维灭火毯等安全设备。同时，该站还提供自助售卖、自助洗车、休息间、卫生间、全场 Wi-Fi 等多业态服务组合，为“人 · 车 · 生活”生态圈赋能。

2023 年 9 月 20 日 一汽解放集团股份有限公司与特来电新能源股份有限公司在青岛签署战略合作协议，根据协议，双方将在全国范围内合作，推动纯电动商用车的应用推广，带动相关产品技术创新及充电基础设施建设。(1)新能源商用车推广方面：双方将在行业客户开发和政府政策引导方面，共同推动新能源商用车落地推广和物流专用充电网络布局落地。(2)新能源充电场站建设方面：双方将选取重点城市开展充电网规划，推进干线物流运输场景补能网络建设。(3)国际市场方面：双方将基于各自国际市场的战略布局进行业务合作和市场开发，在海外车辆销售及充电网络搭建和运营层面进行深入合作。(4)数据安全与共享方面：双方意向实现充电场站信息互联互通、数据共享、流量导入。(5)未来技术创新方面：双方将积极开展大功率充电、自动充电、V2G、能源交易、碳排放等新场景新技术的生态合作。

2023 年 9 月 20 日 长城控股集团汽车零部件系列项目开工奠基，长城汽车旗下未势能源氢能总部和研发制造项目及诺博汽车智能座舱研发制造项目开工建设。该项目是长城控股集团在长三角区域拓展产业战略布局的重要一环，致力于成长为以氢燃料电池系统、储氢装备及核心零部件为主的综合性研发、制造基地，总投资 30 亿元，是江苏省批准的重点建设项目。

2023 年 9 月 21 日 零束科技有限公司与上汽大众汽车有限公司就“上汽大众-零束科技联合创新研发中心”签署协议，根据协议，双方将携手推动智能车创新技术的研发与实践，在智能车新赛道上合作共赢。双方将依托联合创新研发中心，围绕智能车产品定义、软硬件开发、流程体系、运营运维等方面展开全方位合作，加快上汽大众智能化创新转型，加速零束科技全栈产品产业化、规模化。

2023 年 9 月 21 日 英飞凌科技股份公司与深圳英飞源技术有限公司(中国新能源汽车充电市场领军企业)签署协议，双方携手拓展新能源汽车充电市场。英飞凌将为英飞源提供业内领先的 1200V CoolSiC™ MOSFET 功率半导体器件，用于提升电动汽车充电站的效率。

2023 年 9 月 21 日 东风本田发布全新新能源汽车品牌——灵悉，首款概念车同步全球亮相。“灵悉”采用全新纯电平台进行生产，并在产品定位、目标用户、市场定价等方面与 e:NS 纯电品牌存在显著区隔，第一款量产车将于 2024 年正式推向市场。

2023 年 9 月 21 日 蘑菇车联信息技术有限公司在 2023 世界智能网联汽车大会正式发布“车路云一体化”标准产品包 MOGO Package 2.0。这是蘑菇车联自 2023 年 5 月发布全球首个“车路云一体化”标准产品包之后，国内“车路云一体化”技术和产品走向快速升级迭代的又一重要里程碑。

2023 年 9 月 21 日 极越汽车机器人亮相 2023 世界智能网联汽车大会。汽车机器人极越 01 拥有极致的智驾体验和卓越的机械素养。基于百度 Apollo 的高阶自动驾驶原子化能力和安全体系，极越 01 高阶智能驾驶搭载 NVIDIA DRIVE Orin，可在保证用户安全的情况下，实现面向高速路段、城区路段和泊车环节的全场景智能驾驶体验。

2023 年 9 月 22 日 洛轲智能旗下品牌极石汽车宣布，魏桥创业集团战略投资洛轲智能，持续提升北京汽车制造厂的智能制造超级工厂能力，总投资 10 亿美元，计划用于全铝车身研发，一体化压铸技术和短流程智造工厂项目。同日，极石汽车首个门店和交付中心正式开业。

2023 年 9 月 22 日 知行汽车科技（苏州）股份有限公司与华域汽车电子分公司在上海签署战略合作框架协议。根据协议，双方结成战略合作伙伴，将在项目拓展、产品应用等多方面展开深度合作；双方还将发挥各自优势，共同探索多项技术在智能驾驶领域的落地（如 4D 成像雷达、激光雷达、角雷达等）。

2023 年 9 月 22 日 安徽巨一科技股份有限公司与大庆沃尔沃汽车制造有限公司签署《电池包装配生产线交钥匙工程项目》合同。该合同为日常经营性销售合同，合同金额为 4.5 亿元（不含税），根据合同约定的履行进度。

2023 年 9 月 22 日 上海禾赛科技有限公司与中国第一汽车集团有限公司正式达成定点合作，红旗品牌下一代旗舰纯电车型将率先采用禾赛车规级超薄远距激光雷达 ET25，新车型预计将于 2025 年上半年量产交付。

2023 年 9 月 22 日 信质电机（萍乡）有限公司年产 100 万套汽车驱动电机定转子总成项目在上栗工业园赤山园区开工。该项目占地面积 100 亩，将购置全自动生产线等设备，建设一座集成自动化、数字化、智能化的生产车间，打造全面应用智能物流配送仓储系统。

2023 年 9 月 22 日 能链智电与湖北交投实业发展有限公司签署战略合作协议。能链智电将发挥公共充电基础设施一站式建设运营、光储充一体化、新能源数智化等方面的能力，与湖北交投覆盖的高速公路网和能源补给站点资源相结合，助力湖北省进一步完善高速服务区及公路沿线补能基础设施建设，加快形成高速公路综合能源补给网络。根据协议，能链智电将为湖北交投所辖的 48 个高速服务区中的加油站和充电场站，提供加油和充电服务的线上互联互通，以及重大节假日期间移动充电设备的部署和运营服务，覆盖沪蓉高速、沪渝高速、杭瑞高速、福银高速、麻阳高速、枣石高速、沙公高速等多条国家高速公路和省级干线公路。后续，能链智电还将与湖北交投合作规划建设集加油、加气、加氢、充换电于一体的综合能源补给站，合作推进“源网荷储”“光储充换”一体化项目，满足公众远途出行的多元补能需求，助力高速服务区公共服务能力升级。

2023 年 9 月 23 日 新款腾势 N7 推出了两种“天神之眼”高阶智能驾驶辅助系统配置包。第一种是高快智驾包，由地平线征程 3 更新为新一代 NVIDIA DRIVE Orin 平台，全车共有 31 个传感器。此配置包可以实现高速 NOA 功能，该配置车型 2023 年 12 月交付。腾势 N7 为全球首款搭载此芯片的车型。第二种高阶智驾全享包，配置了双激光雷达，全车共有 33 个传感器。此配置包可以实现城市/高速 NOA 功能。

2023 年 9 月 23 日 岚图汽车与深圳市腾讯计算机系统有限公司签署战略合作协议，根据协议，双方将在数字化营销、智能座舱、导航地图、云服务、海外生态、智能制造、网联安全等领域展开深度合作，丰富智能生态，共同探索未来智能出行。

2023 年 9 月 23 日 陕西质镁融合科技有限公司与陕西中源氢能新能源有限公司在西咸新区签署首批 200 台氢能重卡供氢系统的采购订单，同时双方在 70 MPa 车载高压储氢领域也成立了联合技术开发小组，为质子汽车下一步四代供氢系统的车型做好技术铺垫。

2023 年 9 月 25 日 时代电服 EVOGO 与美团优选联合打造的首个换电社区服务站“超级团点”在厦门思明区岭兜换电站正式对外投运。EVOGO 是宁德时代全资子公司时代电服所推出的换电服务品牌，这次与美团优选推出“超级团点”，主要面向的群体是网约车司机，已注册入网的 EVOGO 司机可在线上完成下单，线下体验 3 min 换电补能服务，整个过程无须下车，做到 3 min 换电外加一秒钟提货。

2023 年 9 月 25 日 由中国汽车工业协会授予的“中国新能源汽车零部件产业基地”正式落户武汉经开区智能网联和电动汽车产业园。按照规划，未来园区将以路特斯全球智能工厂、中创新航武汉基地等项目为聚光点，吸引一批头部新势力车企和配套零部件企业落户，打造“智造先行区”、千亿大道，崛起纱帽大道新能源汽车核心产业带。

2023 年 9 月 25 日 工业和信息化部召开党组会议、党组理论学习中心组（扩大）学习会议。会议强调，要全面推动工业绿色发展，统筹推进重点行业碳达峰，加快节能降碳技术研发和推广，深入实施绿色制造工程，做好新能源汽车废旧电池等废旧资源回收利用。会议要求，要深入贯彻党中央国务院决策部署，着力稳预期、强信心，落实落细工业稳增长系列政策举措，深入推进新能源汽车、绿色建材、智能家电下乡活动，加快工业和信息化领域重大项目实施，大力培育新质生产力，增强发展新动能，全力以赴完成年度目标任务。

2023 年 9 月 25 日 小马智行获得深圳市级首个无人化示范应用许可，获准在深圳核心城区向公众提供 L4 级无人化自动驾驶出行服务（Robotaxi）。即日起，市民通过小马智行出行软件 App PonyPilot+下单，即有机会在深圳前海区域呼叫到一台无人化的自动驾驶车辆。在深圳，小马智行自动驾驶出行服务 PonyPilot+ 已开放近 150 个站点，涵盖地铁站、公园、商圈、住宅小区等高频出行目的地，运营时间为 8:30 到 22:30，覆盖早晚高峰。

2023 年 9 月 25 日 SGS 为深圳市航顺芯片技术研发有限公司正式颁发 ISO 26262:2018 汽车功能安全最高等级 ASIL D 流程认证证书。这标志着航顺芯片已经建立起完善的、符合汽车功能安全最高等级要求的芯片产品软硬件开发流程管理体系，也印证了航顺芯片的车规 MCU 产品和服务，可完全满足顶级汽车厂商在产品设计和集成阶段的车规功能安全要求，可大大降低客户自行验证和认证的工作量，加速产品上市。

2023 年 9 月 25 日 东风小康汽车有限公司、重庆瑞驰汽车实业有限公司与江西赣锋锂业集团股份有限公司签订投资协议，赣锋锂业以现金 10 亿元认购瑞驰电动新增注册资本 1 亿元，本次增资完成后，赣锋锂业持有瑞驰电动 33.33%股权，公司持有瑞驰电动 66.67%股权，瑞驰电动仍为公司控股子公司。

2023 年 9 月 25 日 北京芯驰半导体科技股份有限公司与瞰瞰智能科技（Kankan Tech）签署战略合作协议，根据协议，双方将共同推进高品质、平台级车载影像解决方案的研发与落地，携手为用户打造“人机共驾”新体验。双方还将基于技术研发成果，同步研究制定具有指导性意义的汽车摄像头评测标准体系。

2023 年 9 月 26 日 比亚迪与乌兹别克斯坦签署《在乌兹别克斯坦生产电动和混合动力汽车及其零部件投资协议》。根据协议，比亚迪将与乌兹别克斯坦国有控股汽车集团 Uzavtosanoat JSC 设立合资企业“比亚迪乌兹别克斯坦工厂”，生产电动和混合动力汽车。该投资项目一、二期计划产量均为 5 万辆，三期建成后产量将达到 30 万辆。

2023 年 9 月 26 日 一汽解放远景动力智能电池制造基地项目奠基，该项目是一汽解放和远景动力在锡山区宛山湖生态科技城共同投资建设智能电池制造基地项目，预计投资超百亿元，致力于研发生产以重卡、轻卡为主的动力电池及储能相关产品，打造全球领先的商用车电池智造基地、新能源商用车商业模式创新中心以及新能源商用车专属产品开发孵化基地。项目规划年产能 20 GWh，分两期开发建设，用地面积合计约 450 亩，全部达产后预计年销售达 240 亿元，根据建设计划，项目一期将在 2025 年 4 月正式落成投产。

2023 年 9 月 27 日 文远知行科技有限公司率先获得北京市高级别自动驾驶示范区高速道路测试资质，随着机场高速新场景的公布，文远知行将加快布局机场高速沿线的道路测试工作，不断向示范载人阶段迈进。文远知行将依据相关管理规范有序开展北京经开区至大兴机场航站楼之间的道路测试，涵盖多个城区道路及高速道路场景，其中高速场景约 40 km。

2023 年 9 月 28 日 国家机动车产品质量检验检测中心（上海）-氢能与燃料电池检测基地在上海嘉定氢能港启动。该基地是上海市新基建第二批重大项目。由上海机动车检测认证技术研究中心有限公司投资 6.7 亿元设立，位于上海市嘉定区，总占地面积近 50 亩。该基地的启动补充了氢能产业链上检测认证这一重要环节，将成为上海首个覆盖燃料电池整车、发动机、电堆及关键零部件等技术的氢能第三方检测研发公共服务平台，为长三角氢能产业化提供有力支撑，为打造国内氢能与燃料电池汽车产业发展高地助力赋能。

10 月

2023 年 10 月 7 日 哪吒汽车与宁德时代新能源科技股份有限公司签署深化战略合作协议，根据协议，双方深度合作市场业务，包括新项目及新技术合作、神行电池供应、海外业务拓展等。此外，双方就全面电动化、新能源汽车出海等进行深入交流，对推进落实深化合作达成深度共识。

2023 年 10 月 8 日 北汽新能源与日本 TURING 公司正式签署合作意向书，根据意向书，双方将基于极狐阿尔法 S，由 TURING 公司进行日本市场需求智能化改动，并于 2024 年开始销售。

2023 年 10 月 8 日 滴滴自动驾驶货运 KargoBot 前装量产 L4 级卡车获得北京市智能网联汽车政策先行区自动驾驶卡车道路测试通知书，获准在北京开放道路内开展公开道路测试。该通知书的获得需要经过封闭测试场地验证、自动驾驶能力评估和专家评审等一系列过程。KargoBot 采用的是混合智能模式，由一名司机驾驶着带 L2 辅助驾驶功能的领航车辆，引领多辆 L4 级自动驾驶卡车行驶，来提升中、短、长途各种复杂场景下的物流运输效率。

2023 年 10 月 8 日 交通运输部发布《公路工程设施支持自动驾驶技术指南》。《指南》从更好地支持车辆在公路上进行自动驾驶的需求出发，对公路工程设施提供辅助信息的能力与范围进行研究和细化，共 11 章和 2 个附录，分别是：1 总则；2 术语和符号；3 基本规定；4 自动驾驶云控平台；5 交通感知设施；6 交通控制与诱导设施；7 通信设施；8 定位设施；9 路侧计算设施；10 供配电设施；11 网络安全设施；附录 A 公路工程设施支持自动驾驶的典型应用场景配置示例；附录 B 典型车路通信应用场景说明。

2023 年 10 月 9 日 交通运输部 国家发展和改革委员会 公安部 财政部 人力资源和社会保障部 自然资源部 国家金融监督管理总局 中国证券监督管理委员会 中华全国总工会 9 部门和单位联合印发《关于推进城市公共交通健康可持续发展的若干意见》，《意见》明确：（1）加强政策支持。完善峰谷分时电价政策，鼓励各地通过多种形式对新能源城市公交车辆充电给予政策支持。各地在保障新能源城市公交车辆夜间充电执行低谷电价的基础上，结合新能源城市公交车辆日间补电需求，可在日间设置部分时段执行低谷电价，以引导新能源城市公交车辆更多在低谷时段充电。充分发挥省级层面对城市交通发展奖励资金的统筹作用，采用奖励方式加强对辖区内城市公共汽电车行业转型升级发展、保障城市公共汽电车企业可持续运营、推广应用新能源城市公交车辆等深化城市公共交通优先发展方面的引导。用好农村客运补贴资金政策，统筹用于保障农村客运（含服务农村地区的公共汽电车）线路车辆正常运营。利用地方政府专项债券等工具，支持符合条件的公共汽电车场站充换电基础设施建设。（2）改善设施条件。严格落实城市公共汽电车场站配置标准，在大型居住区、商业区等附近设置公共汽电车首末站或枢纽站。支持在城市公共汽电车企业自有、租赁场站建设完善新能源城市公交车辆充电设施，保障用电接入条件，有效满足车辆充电需求。

2023 年 10 月 9 日 中国汽车技术研究中心有限公司与中国第一汽车集团有限公司签署深化战略合作协议。双方将在前期良好合作基础上，在标准政策、新能源、智能网联、测试评价、品牌建设和国际化等领域进一步深入挖掘，推进中国汽车产业高质量可持续发展。

2023 年 10 月 9 日 在重庆市九龙坡区项目集中签约中，荣盛盟固利新型平板长寿命储能电池生产项目成功签约。该项目由荣盛盟固利和天泰能源集团联合建设，总投资 23 亿元，产能为年产 10 GWh，主要生产具有专利技术的新型平板长寿命储能/商用车磷酸铁锂电芯生产线。项目全面建成投产后可实现年销售收入 110 亿元。

2023 年 10 月 9 日 极狐汽车与阿联酋的本奥米尔控股集团签署合作协议，双方计划联手开拓阿联酋和沙特两大中东市场，极狐汽车车型将成为此次出海的主力产品。根据协议，本奥米尔集团将采购极狐车型完成海湾地区认证、开发海湾紧急呼叫系统和进行高温环境适用适应性验证，为正式引入极狐产品做好前期准备。本奥米尔集团已确定采购 600 辆极狐作为首批订单。此外，双方在未来还将探讨股权合作等其他领域内容。

2023 年 10 月 9 日 北奔重汽集团与上海晖侥实业有限公司就"氢车合作项目"在北奔重汽营销公司签约，双方首批次 500 台氢车的签约符合国家"双碳"目标要求，双方将以本次签约为契机，为未来长久互信合作打下坚实基础。

2023 年 10 月 10 日 禾赛科技获得哪吒汽车旗下新车前装量产项目定点，哪吒汽车新车型将搭载禾赛超高清远距激光雷达 AT128，预计将于 2025 年上半年落地。

2023 年 10 月 10 日 时代骐骥数字科技（上海）有限公司与深圳市神驼科技有限公司、地上铁租车（深圳）有限公司、深圳市吉特物流有限公司、深圳市周源建材有限公司、深圳照夜白新能源科技有限公司签署合作协议，就干线物流、港口运输、交通运输等零碳新场景展开深入合作，共同打造绿色运输网络，加速深圳低碳绿色交通转型步伐。同日，时代骐骥在深圳正式启动重卡换电。

2023 年 10 月 10 日 中国汽车技术研究中心有限公司与埃克森美孚（中国）投资有限公司在天津签署战略合作协议。根据协议，双方将结合自身优势，在汽车全领域全价值链内就产业政策法规、工程技术服务、标准制定与市场研究、企业与品牌传播四个方面展开深入合作。

2023 年 10 月 10 日 东风公司与宜昌市人民政府签署战略合作协议。根据协议，双方将以汽车产业链为纽带，不断深化全方位合作，共同推进更多优质产业和项目落地，打造企地合作共赢新标杆。同日，东风公司与宜昌城市发展投资集团有限公司签署战略合作协议，东风乘用车公司与麟远汽车销售服务有限公司签署《换电出租车（国网版）100 台采购协议》，东风商用车有限公司与远安县磷矿行业协会、远安县交通物流发展服务中心签署《远安磷矿运输 500 台新能源重卡示范运营合作框架协议》。

2023 年 10 月 10 日 湖北东昱欣晟新能源有限公司首批电芯产品下线交付，标志着欣旺达东风宜昌动力电池生产基地生产驶入快车道。此次下线的东昱欣晟锂离子动力电芯覆盖 300 km 至 700 km 续航，能够实现 A00、A0 级车到中大型轿车、SUV 全场景应用全覆盖，将主要用于东风新能源汽车生产。

2023 年 10 月 11 日 西湖电子集团有限公司联合华为数字能源技术有限公司推出杭州首家正式运营的新能源车超快充电技术。庆隆新能源充电广场，由西湖电子集团下属杭州云硕新能源技术有限公司开发、建设和运营，也是杭州市首个室内大规模集中配建充电桩的公共停车场，能为 240 辆新能源汽车同时提供充电，日均服务车辆 1800 台次，日均充电量超过 5 万度。

2023 年 10 月 11 日 上海保隆科技股份有限公司与蔚来汽车签订《NIO-保隆战略合作协议》。根据协议，双方将针对空气弹簧、储气罐、汽车轮胎压力监测系统（TPMS）、轮速传感器、光雨量传感器展开全方位战略合作，在速度位置角度类传感器、电流传感器、加速度传感器、摄像头类产品和雷达产品等进行合作探讨，共同挖掘在车身及环境传感器维度加深合作的创新机会。双方还将深化沟通渠道，建立定期的高层和工作层面交流机制，并在蔚来汽车供应链近地化、低碳化、数字透明化以及全球化四大维度进行深度合作。

2023 年 10 月 11 日 吉利控股集团与 DRB-HICOM 集团签署主合作框架协议，根据框架协议，双方将围绕马来西亚丹绒马林汽车高科技谷建设展开深入合作，助力 AHTV 新能源创新产业发展，促进马来西亚汽车产业新能源智能化转型升级。

2023 年 10 月 11 日 黄山开发投资集团有限公司与安徽明天氢能科技股份有限公司就"大功率氢燃料电池发动机产业化项目"签署协议，该项目总投资 3 亿元，建设船用燃料电池动力系统智能装配测试生产线、氢能及燃料电池智慧展示中心，并以黄山高新区为起点，推动氢能源燃料电池在黄山市乃至安徽省内的示范应用。

2023 年 10 月 12 日 哪吒汽车与法国巴黎银行（BNP Paribas）在上海签署谅解备忘录，正式达成汽车金融战略性合作，这将使哪吒汽车高品质的智能电动汽车惠及更多全球消费者。根据谅解备忘录，合作领域涉及个人金融、汽车保险和服务等诸多方面，通过与法国巴黎银行的深度合作，哪吒汽车将进一步巩固和提升在海外市场开拓、金融服务模式等方面的优势。

2023 年 10 月 12 日 导远电子科技有限公司与大众汽车集团旗下子公司 CARIAD 达成批量定点协议，根据协议，导远将为大众集团全球多个品牌及车型提供高精度组合定位总成 P-Box。此前导远电子已经量产交付了超 60 万套高精度定位产品。导远电子 P-Box 深度融合了 IMU 模组、GNSS 和底盘数据信息，通过安全完备的定位算法，即使在隧道和地下停车场等卫星信号不佳的场景，也能够提供低延迟位置、速度、姿态和授时（PVAT）的信息。

2023 年 10 月 12 日 合众新能源汽车股份有限公司与 Wind River Linux 达成合作协议，根据协议，合众新能源选择 Wind River Linux 用于开发合众智能安全汽车平台（Hozon Automotive Intelligent Security Vehicle Platform）。该汽车平台是一个面向高性能服务网关及车辆控制调度的硬件与软件框架，将于 2024 年底开始投入量产。

2023 年 10 月 12 日 滴滴自动驾驶获得广汽集团投资。广汽全资子公司广汽资本有限公司与广州开发区投资集团将按同等比例共同出资设立专项基金，投资滴滴自动驾驶不超过 1.49 亿美元。

2023 年 10 月 12 日 上海市嘉定区与重塑能源科技有限公司就"重塑能源总部和研发生产中心项目"签署协议。该项目总投资约 12 亿元，将以绿色低碳、氢能科技研发和氢能产品制造为定位目标，以实现环保、绿色、生态的"现代工厂"设计为主题，创造一个新产品展示、研发、生产中心。

2023 年 10 月 12 日 商务部等 9 部门联合发布《关于推动汽车后市场高质量发展的指导意见》，《指导意见》提出 7 方面政策措施。一是优化汽车配件流通环境，提出制订实施汽车后市场配件流通标准、鼓励发展连锁经营等配件流通模式，推动汽车配件流通规范、透明、高效发展。二是促进汽车维修服务提质升级，提出加快新能源汽车维修技术标准体系建设、加强售后维修培训、发展汽车绿色维修、提升汽车维修数字化服务能力，更好支撑新能源汽车产业发展和保护车主权益。三是构建多层次汽车赛事格局，支持开展新能源汽车、智能网联汽车等新型赛事活动，发展国际级、国家级汽车赛事。四是加快传统经典车产业发展，提出研究制定传统经典车国内管理和进口政策，支持地方探索传统经典车辆保税展示及托管服务。五是支持自驾车旅居车等营地建设，加强政策支持，促进房车旅游消费发展。六是丰富汽车文化体验，支持地方推进汽车博物馆和汽车影院等项目建设运营、组织开展汽车文化交流活动。七是优化汽车消费金融服务，鼓励金融机构在依法合规、风险可控的前提下，优化对汽车使用消费的金融服务。

2023 年 10 月 14 日 国鸿氢能科技（嘉兴）股份有限公司携手香港建筑龙头企业、中石化香港联合打造氢能发电示范项目。该项目采用国鸿氢能固定式氢燃料电池发电系统，为工地办公室提供电力，实现零碳环保。氢气由中石化供应，初期将采用跨境运输的方式完成加氢环节，后期待元朗凹头加氢站投入使用后，即可实现本地氢气供应。该项目已取得香港特区政府氢能源跨部门工作小组初步批核。

2023 年 10 月 14 日 洺源科技（大连）有限公司发布四款燃料电池新产品。(1)新一代 260 kW 氢燃料电池电堆模块 MYFS-P260——额定功率为 260 kW，峰值功率为 270 kW，体积功率密度为 4.1 kW/L；(2)新一代 200 kW 级支持多机并联的大功率氢燃料电池系统 MYFC-MP200——额定功率为 200 kW，典型工况点效率为 49%，功率响应为 60 kW/s；(3) Ⅰ代氢电耦合燃料电池动力系统 MYFC-ME150——额定功率为 150 kW，系统效率为 65%，搭配自主可控的 XCU 控制功能模块；(4)多功能氢燃料电池商用车平台新概念的“海威尔 H1”概念车；方位展示了洺源科技在氢燃料电池动力领域的创新实力和未来布局，为客户提供高效性、可靠性、经济性、安全性和可扩展性的燃料电池解决方案。

2023 年 10 月 14 日 宁德时代新能源科技股份有限公司与西藏自治区墨脱县人民政府签署捐赠协议，在墨脱捐建首座超级充电站。根据规划，此次为墨脱捐建的超级充电站，由宁德时代联合旗下上海快卜新能源科技有限公司提供微电网超充系统及平台，能够同时为数十辆新能源车提供补能服务，结合神行超充电池强大的性能，还可实现“充电十分钟，神行八百里”的 4C 补能速度。

2023 年 10 月 16 日 北京四维图新科技股份有限公司与普华基础软件股份有限公司正式签署战略合作协议。根据协议，双方将利用双方在汽车电子芯片、智能座舱、智能驾驶、基础软件开发等领域的先进技术，围绕联合开展自主可控产品升级、行业应用和市场服务三大主题，共同推动开展相关技术和应用的研究，促进基于汽车电子芯片、智能座舱、智能驾驶域控制器等各类产品快速升级量产落地。

2023 年 10 月 16 日 深圳市航盛电子股份有限公司与百度 Apollo 正式签署战略合作协议。根据协议，双方将共同探索商业模式的创新，加速技术向产品的有效过渡，共同为智能驾驶、智能座舱和智能网联等汽车智能化领域提供全面、系统、可靠的解决方案；将共同探索智能出行的创新解决方案，一方面整合智能座舱与智能驾驶的现有技术资源，共同探索舱驾融合的软硬件架构、智能座舱服务升级以及智能驾驶产品开发等项目，促进舱驾产品迭代升级，最终实现可落地的舱行泊一体化解决方案。另一方面也将在 AI 大模型领域进行研发探索，航盛将与百度一同，探索大模型产品在汽车领域的应用场景与产品融合路径。

2023 年 10 月 16 日 Stellantis 集团向蜂巢能源增加总规模近 5.48 GWh 的 PACK 电池包采购，用于加快推动其电动化战略的落地。此次合作中蜂巢能源供给 Stellantis 集团的 PACK 电池包采用标准的 VDA 电芯，并在电池包内部模组层级增加了加热膜，位于模组的长边侧面，可提高在欧洲低温条件下的充电效率。此前，双方于 2018 年开始合作接触；并于 2021 年 7 月签署总价值达 160 亿元的全球合作项目。

2023 年 10 月 16 日 大卓智能作为奇瑞“瑶光 2025”战略五大科技领域中自动驾驶的重要战略布局在奇瑞瑶光科技 DAY 上亮相，展示了奇瑞大卓首个自研并实现落地运营的 L4 级无人驾驶网约车技术。大卓智能将通过自主研发的智能驾驶技术栈，打造的 ADAS 产品 Pilot 4.0，实现城市 NOA 和高速 NOA，以及 L4 级自动驾驶产品 Drive 2.0，提供全无人化运营，并围绕奇瑞全国十三个生产基地投放 1 万台载人或载物的车辆。同时，大卓智能将加快进军国际市场步伐，构建国际化的数据和云平台，实现数据闭环和 OTA 升级，为全球千万用户提供智能化体验服务。

2023 年 10 月 17 日 百度发布多款智驾和舱驾融合产品，百度 Apollo 还行业首发 Apollo Robo-Cabin 舱驾一体软芯融合智算平台，它是中国首个能够完成甚至是全球首个真正意义上在单 SOC 上实现了舱驾融合运行的平台。

2023 年 10 月 17 日 联通智网科技重磅发布新一代自主泊车方案——“中国联通 5G+AI 智慧泊车服务系统”。该系统是由联通智网科技携手苏州工业园区、中汽中心、沃尔沃等国内外企业打造的新一代自主泊车方案。系统基于车路云一体化，将 5G 与 AI 技术深度融合，以“平台+路侧+5G/MEC+APP+北斗”的综合架构，形成面向行业的综合解决方案，并充分利用量产车已有的 L2+智能辅助驾驶系统，融合来自中国联通场端和云端赋能，达到 L4 自主泊车服务能力。

2023 年 10 月 17 日 苏州国芯科技股份有限公司研发的新一代汽车电子 MCU 产品“CCFC3007PT”在公司内部测试中获得成功。该产品是基于苏州国芯自主 PowerPC 架构 C*Core CPU 内核研发的新一代适用于汽车电子动力总成、底盘控制器、动力电池控制器以及高集成度域控制器等应用的多核 MCU 芯片，是基于客户更高算力、更高信息安全等级和更高功能安全等级应用需求而开发的全新多核架构芯片。

2023 年 10 月 17 日 徐工集团首台动力电池下线发布。该 X01 动力电池是由多个电芯组成的“电池包”，长 2 m、宽 68 cm、高 27 cm，电量为 96 kWh，覆盖重卡、轻卡、起重机等应用场景，可满足商用车、工程机械多元化工况使用需求。

2023 年 10 月 17 日 由北京公交集团作为牵头单位，亦庄运营公司、福田欧辉、轻舟智航作为联合体取得北京市高级别自动驾驶示范区工作办公室印发的《智能网联汽车道路测试通知书》，并获得北京市公安局公安交通管理局颁发的路测牌照。这是北京市首张大型普通客车自动驾驶路测牌照，意味着北京公交高级别自动驾驶车辆跨过封闭场地测试阶段，进入地面公共交通实际运营场景的开放道路测试阶段。

2023 年 10 月 17 日　苏州旗芯微半导体有限公司与普华基础软件股份有限公司正式签署战略合作协议，根据协议，双方将致力于共同打造车规级 MCU 的整体软件解决方案，在 AUTOSAR 基础软件、工具软件、功能安全、信息安全、FOTA 等诸多领域展开合作，共同推动国产高性能车规级芯片在车身电子、车载灯控、汽车动力、智能底盘、功能安全控制器、域控制器等领域的应用及推广。

2023 年 10 月 17 日　海南远程新能源商用车有限公司在海南省海口市签署海南新能源专用车战略合作协议。现场，远程新能源商用车集团向海南昇一科技有限公司、海南海汽运输集团股份有限公司、海南京邦达供应链科技有限公司分别批量交付远程星瀚 G 甲醇重卡、吉利星际纯电动城市客车 C8E、远程星享 V6E。

2023 年 10 月 17 日　长安汽车与泰国投资促进委员会签约，计划在泰国投资 88 亿泰铢（约合 17.7 亿元），建设新能源汽车生产工厂，一期设计产能可达 10 万辆。

2023 年 10 月 17 日　浙江安吉智电控股有限公司与成都成开电气有限公司签署战略合作协议，根据协议，双方将在充电站规划建设、精细化运营及智慧运维方面紧密合作，进一步完善四川地区充电服务网络，提升充电桩利用效率，为当地新能源车主带来便捷的充电体验。

2023 年 10 月 17 日　湖北亿纬动力有限公司与荆门市共交通集团有限公司在荆门签署战略合作协议。根据协议，双方将在新能源车推广、新能源车充换电、电池回收利用、产研与市场合作等领域展开全方位合作，推动城市公交的电动化、可持续发展，共同构建公交领域新能源产业链生态圈。

2023 年 10 月 17 日　纬湃科技（Vitesco Technologies）与英飞凌科技股份公司（Infineon Technologies AG）签署多年期协议，将加强长期合作关系。根据协议，纬湃科技将在其下一代电动汽车架构（E/E 架构）的主控制器和域控制器，以及新的电气化系统解决方案中使用英飞凌的 AURIX TC4x 微控制器系列。该协议将于 2027 年生效，订单量计划达到 10 亿欧元以上。双方计划进一步提高未来电动汽车的效率和系统成本，同时满足 ISO 26262 和 ISO/SAE 21434 的功能安全和网络安全标准。

2023 年 10 月 17 日　国家新能源汽车技术创新中心与比亚迪汽车工业有限公司在深圳坪山比亚迪全球总部签署战略合作协议。根据协议，双方围绕汽车芯片测试验证、创新技术（包括整车能量流、电驱动技术、动力电池安全评估、智能座舱场景测试评价等）等方面开展合作。

2023 年 10 月 17 日　梅赛德斯-奔驰、中国（上海）自由贸易试验区管理委员会金桥管理局、上海金桥（集团）有限公司签署合作备忘录，根据备忘录，三方将在自动驾驶和智能网联汽车领域建立深度合作，共同推动上海智慧城市和智能网联汽车“双智联动”建设。

2023 年 10 月 17 日　芯海科技（深圳）股份有限公司西南总部项目在成都市高新南区动工奠基，该项目建设是芯海科技持续深化汽车电子研发创新能力的重要布局，也是其响应国家集成电路产业发展战略，提高车规级芯片国产化率的重要举措，预计建设期为 3 年。

2023 年 10 月 18 日　工业和信息化部发布第 375 批《道路机动车辆生产企业及产品公告》，共计 157 个新能源生产厂家、153 个品牌、325 个新能源车型进入公告。其中，纯电动产品共计 268 个（含乘用车 35 个、客车 14 个、客车底盘 3 个、专用车 185 个、专用车底盘 31 个）；插电式混合动力产品 30 个（含乘用车 11 个、客车 1 个、专用车 14 个、专用车底盘 4 个）；燃料电池产品 27 个（含客车 6 个、客车底盘 1 个、专用车 13 个、专用车底盘 7 个）。

2023 年 10 月 18 日　工业和信息化部发布《免征车辆购置税的新能源汽车车型目录（第七十批）》。本批次免购置税新能源汽车车型目录共有 128 家企业、330 个新能源车型列入，其中，纯电动 281 个（含乘用车 46 个，客车 17 个，专用车 218 个）；插电式混合动力 27 个（含乘用车 13 个，客车 1 个，专用车 13 个）；燃料电池 22 个（含客车 6 个，专用车 16 个）。

2023 年 10 月 18 日　工业和信息化部发布《享受车船税减免优惠的节约能源 使用新能源汽车车型目录（第五十四批）》。本批次中，共 306 个新能源车型列入，其中，插电式混合动力乘用车列入 12 个；纯电动商用车列入 260 个；插电式混合动力商用车列入 15 个；燃料电池商用车列入 19 个。

2023 年 10 月 18 日　北京新能源汽车股份有限公司与宁德时代新能源科技股份有限公司联合召开神行超充电池合作启动会，极狐品牌将配套搭载神行超充电池，该款电池支持充电 10 min，续航 400 km。常温状态下，神行超充电池 10 min 可充至 80% SOC。

2023 年 10 月 19 日　工业和信息化部节能与综合利用司组织召开新能源汽车动力电池综合利用政策研究课题启动会。为推动新能源汽车动力电池综合利用、助力新能源汽车产业高质量发展，工业和信息化部节能与综合利用司围绕动力电池退役时空分布规律、动力电池再生利用技术路径、新型动力电池综合利用途径等启动了一批政策研究课题。

2023 年 10 月 19 日　智加科技有限公司与东风柳州汽车有限公司签署战略合作协议。

2023 年 10 月 20 日　荣程集团、厚普清洁能源（集团）股份有限公司、液空厚普氢能源装备有限公司签署氢能产业合作框架协议，三方联合推进深层次合作，携手打造、运营氢能交通场景。根据协议，荣程集团、厚普股份、液空厚普将在低碳氢、可再生氢的生产、储运、销售和利用领域展开合作；共同建设和运营氢能基础设施；推动“氢能交通应用”项目的开发。为所在区域低碳可持续发展提供解决方案，实现协同联动高质量发展。

2023 年 10 月 21 日　集度汽车有限公司与宁德时代新能源科技股份有限公司签署战略合作协议，根据协议，双方将共同推动汽车机器人新能源技术产品的研发与量产应用。宁德时代将为汽车机器人极越 01 提供极具竞争力的高性能动力电池产品和服务保障。各方将在高压超充技术、充换电、储能等领域开展探索应用，助力极越打造高端智能汽车机器人产品系列。

2023 年 10 月 21 日 中科赛飞(广州)半导体有限公司完成数千万元天使轮融资,融资由中科院创投领投,韦豪创芯、广东广开芯泉等多方跟投。本轮融资资金将用于研发支出。中科赛飞团队自 2019 年由广东省大湾区集成电路与系统应用研究院的汽车芯片部门孵化,公司正式成立于 2022 年 7 月,主攻高功能安全等级的车规级芯片研发。

2023 年 10 月 21 日 重庆市綦江区换电重卡物联网项目启动暨庆铃换电重卡交付仪式在綦江区启动,一期项目首批 32 辆庆铃换电重卡交付。首批交付的 32 台换电重卡,一款是 6×4 充换电一体式车型,主要应用钢厂倒短、港口运输及城建垃圾运输等场景;一款是 4×2 充电车型,主要应用港口倒短运输,公铁联运倒短运输、大公司内部转运等场景。该项目是重庆市加快智能网联及新能源汽车产业转型升级的重点项目之一,将建设 12 座光储充换养能源站和一个物联网运营中心,共投入 500 辆换电重卡和工程机械,承接区内 7 座砂矿厂、3 个电厂,1500 万 t 建材骨料及 300 万 t 电煤、煤灰、煤渣运输。

2023 年 10 月 22 日 内蒙古乌海市与清陶(昆山)能源发展有限公司签署投资合作协议。根据协议,清陶能源将在乌海市投资 70 亿元建设固态电池零碳产业园区。该项目分三期建设,建成后具备零碳制造的 5 万 t 固态电池专用正极材料产能、低碳制造的 10 GWh 固态电池电芯及 PACK 产能。

2023 年 10 月 23 日 浙江远程智通科技有限公司、西安和硕物流科技有限公司、阿凡提新能源科技有限公司签署战略合作协议。根据协议,各方将围绕新能源重卡项目落地、充换电站和甲醇加注站建设以及推动新能源重卡相关项目快速运营等领域展开深度合作,计划在 3 年内完成 2000 台新能源重卡项目落地,涵盖纯电、甲醇、甲醇增程重卡等多种不同车型。

2023 年 10 月 23 日 国轩高科股份有限公司与曹操出行出行服务平台签署战略合作协议。根据协议,双方以共享出行定制车为起点,在业务和资本层面达成全面合作,共同推进共享出行行业新能源生态建设,助力行业高质量发展。

2023 年 10 月 24 日 一汽解放集团股份有限公司与华为技术有限公司在华为深圳坂田基地签署全面深化合作协议-AI、智能驾驶及智能座舱专项合作备忘录。根据备忘录,双方将进一步整合各自优势资源,在 AI 大模型技术创新、智能驾驶、智能驾舱等方面深化战略合作伙伴关系,引领行业发展。其中,智能驾驶方面,依托一汽解放强大的车辆研发能力及技术储备,结合华为在智能汽车领域自主研发的核心零部件,以及先进的车端自动驾驶算法及领先的车云协同技术,建立智能驾驶整体解决方案,共同打造富有竞争力的智能驾驶产品并推动落地。

2023 年 10 月 24 日 长城汽车股份有限公司与科大讯飞股份有限公司签署关于产业大模型及知识大脑战略合作协议。根据协议,长城汽车与科大讯飞将在 AI 大模型、企业服务、知识中台、数字化应用等方面展开深度合作,助力长城汽车搭建产业首个知识大模型—长城汽车知识大脑。

2023 年 10 月 24 日 上海西北综合物流园区江桥基地 D1 街坊 D1-09 地块(江桥镇 2101 号地块)成功出让,上海重塑能源集团股份有限公司竞得该地块,未来将建设重塑研发生产中心。项目东至河道、南至河道、西至翔江公路、北至地块边界,出让面积为 25513.6 m^2,将建设成为集燃料电池堆研发生产、动力系统集成设计、整车集成和试制调试为一体的研发生产中心,并成为我国“国家动力电池创新中心燃料电池分中心”的依托研发基地,为解决行业共性技术难题作出贡献。项目可年产 2.5 万套燃料电池电堆,产品主要性能指标达到国际先进水平。

2023 年 10 月 24 日 小鹏汽车发布首个驾舱融合的车载计算中心,集成了包括智能驾驶、座舱、仪表、网管、IMU、功放等功能,是小鹏 EEA3.5 电子电气架构的核心计算节点,也是小鹏面向未来自动驾驶和通用人工智能时代布局的车载数据中心。相比上一代中央计算架构,XCCP 实现了 40% 成本节约,同时性能提升 50%。同时,小鹏汽车 2024 年 XNGP 全国主要城市覆盖,2024 年底 NGP 覆盖欧洲市场。同日,小鹏汽车发布小鹏第五代智能座舱系统 XOS 天玑系统,系统将首发搭载骁龙 8295 芯片,全新视觉升级、动效升级、交互效率大幅提升。支持分屏多任务、XDock、全场景车感 SR,智能语音接入小鹏自研的 XGPT 灵犀大模型。XOS 天玑系统将于小鹏 X9 首发,G6\G9\P7i\P7 也将陆续通过 OTA 升级至 XOS 天玑。

2023 年 10 月 24 日 全国首条满足车路协同式自动驾驶等级的全息感知智慧高速公路在苏州投用,搭载了自动驾驶系统的测试车辆能够依靠车路协同的方式实现 L4 级别的自动驾驶,即进行“高度自动驾驶”,除了某些特殊情况,一般无须人类干预。在该段高速公路两侧,每隔 230 m 有一根智慧灯杆,每根灯杆上部署 2 台激光雷达、2 台相机、1 台补盲激光雷达。投用的重要作用还在于可以为汽车主机厂商、算法厂商、设备厂商等提供所需高速公路场景测试数据,形成从智能网联城市道路到高速路段测试的场景闭环。

2023 年 10 月 25 日 小马智行获得沙特阿拉伯王国新未来城(NEOM)及旗下投资基金 NIF(NEOM Investment Fund)的 1 亿美元投资。本轮融资资金将用于自动驾驶技术全球化研发和运营投入等方向。同时,小马智行与 NEOM 计划在沙特西北部的新未来城成立合资公司,为该地区提供自动驾驶技术解决方案。合资公司计划在新未来城建立自动驾驶生产制造及研发中心。

2023 年 10 月 25 日 上海芯旺微电子技术股份有限公司重磅发布符合 ASIL-B 汽车功能安全等级的 32 位车规级 MCU KF32A158。KF32A158 最大可提供 2MB ECC Flash 和 256KB RAM;同时支持 A/B 分区 bootloader;特有的信息安全管理单元,可提供密钥的安全存储、多种 AES 加解密和安全启动等功能。在外设资源方面,KF32A158 提供了 3 路 CANFD 接口和多达 4 路 USART(LIN);还有多路的 SPI 和 IIC,可以满足当前复杂车身控制系统的需求。

2023 年 10 月 25 日 探维科技(北京)有限公司宣布广汽合创 V09 车型定点项目取得阶段性成果,激光雷达在车载领域已经实现 SOP,并开启规模化量产交付,这标志着探维成为国内仅有的 5 家实现车规量产交付的激光雷达提供商之一。合创 V09 是全球首款搭载激光雷达的量产 MPV,旗舰版基于 H-VIP 3.0 智驾互联系统打造,使用大算力 AI 芯片及行泊一体域控制器，拥有包括等效 130 线 Duetto 激光雷达在内的 23 个高性能感知元件，可实现 30 项 ADAS 行车辅助功能和 16 项泊车辅助功能，为用户带来更安全、更舒适的驾乘体验。

2023 年 10 月 25 日 临汾市人民政府与浙江吉利远程新能源商用车集团有限公司、浙江运达风电股份有限公司签署战略合作框架协议，根据协议，三方将围绕利用焦炉煤气和 CO_2 与绿氢催化合成绿醇、新能源商用车制造和推广应用以及新能源项目开发等领域展开全面合作。

2023 年 10 月 26 日 零跑汽车与 Stellantis 集团在杭州签署战略合作协议。根据协议，Stellantis 计划投资 15 亿欧元收购零跑汽车约 20% 的股份，使 Stellantis 集团成为零跑汽车的一个重要股东，并在董事会获得 2 个席位，同时双方确定成立合资公司，加快开拓国际市场。

2023 年 10 月 26 日 欣旺达动力科技股份有限公司与新光商事株式会社在日本东京车展现场签署战略合作备忘录。根据备忘录，双方将在日本产业机械领域展开深度合作，通过提供市场先进的模组技术、产品解决方案，助力日本大型电力企业建筑机械低碳转型发展，双方的合作还将拓展到其他更多领域。

2023 年 10 月 27 日 Analog Devices, Inc.（ADI）和宇通集团有限公司正在合作开发无线电池管理系统（wBMS）技术，并将其应用于宇通当前及未来的多种电动重型车辆平台，包括牵引车和客车。ADI 的 wBMS 技术解决方案是 ADI RechargeTM 电气化产品系列的一部分，能够助力宇通提高生产线效率，实现更可靠的电池运行，并围绕电池数据构建信息生态系统，从而有望解锁具有变革性的新功能。

2023 年 10 月 27 日 陕投集团首座换电站——清水川绿色智慧换电站在清水川能源公司投运，这标志着陕投集团大宗物资绿色运输和充换电基础设施实现“零”突破。陕能新动力科技公司将以该项目为示范，致力于高质量项目推进，建设更多高质量的充换电基础设施，拓展公共交通领域绿色发展模式，为节能减排、绿色低碳贡献力量。

2023 年 10 月 27 日 工信部节能与综合利用司组织召开座谈会，国家发展改革委、司法部、财政部、生态环境部、交通运输部、商务部、国家市场监管总局等部门，以及部内有关司局参加座谈会。会上，节能与综合利用司有关负责同志介绍了新能源汽车动力电池综合利用工作进展、下一步工作考虑，以及新能源汽车动力电池综合利用管理办法征求意见及修改情况。与会各有关部门及部内相关司局同志结合各自职责和工作进展情况，围绕推进动力电池综合利用立法、加强管理制度衔接、强化监督管理、完善标准支撑体系、探索央地政策联动等方面提出了意见建议，并就新能源汽车动力电池综合利用管理办法进行交流讨论。

2023 年 10 月 27 日 哪吒汽车与阿联酋企业 EIH Automotive&Trading 在上海签署战略合作协议，并宣布会在 2024 年为阿联酋带去多款车型。哪吒汽车官方表示，EIH Automotive&Trading 拥有皇室背景，将成为哪吒汽车在阿联酋的首家战略经销商，加速哪吒汽车旗下高品质智能电动汽车进入中东。

2023 年 10 月 27 日 苏州旗芯微半导体有限公司与东软睿驰汽车技术有限公司签署战略合作协议，根据协议，双方将强化在车规级 MCU 领域的软件集成与应用创新，助力车企构建针对下一代 E/E 架构下的基础软件开发平台，高效、低成本地实现个性、差异化功能的迭代和量产落地。基于双方的合作，东软睿驰基于 AUTOSAR 标准的软件开发平台 NeuSAR 已成功适配旗芯微的 FC4150 产品家族，完成了对旗芯微开发板的 MCAL 软件适配和工程集成。同时，东软睿驰 NeuSAR 已开展对旗芯微 FC7300 产品家族的适配工作，助力 OEM 加速构建针对域控制器架构的统一基础软件开发平台。

2023 年 10 月 27 日 安易行与中城利亨（福州）科技有限公司、山东国金汽车制造有限公司、力神（青岛）新能源有限公司、诚通融资租赁有限公司签署“换电生态战略合作暨首批 1000 台车辆采购项目”协议。此次签约项目将落地福建省福州市，各方将在换电生态领域展开深度合作，积极配合“电动福建”建设，针对福州地区出租车、网约车市场现状与特点，推广应用换电版车型，建设完善的换电补能网络，合力打造福州地区营运车辆换电出行新生态。

2023 年 10 月 28 日 东风柳汽 300 辆乘龙 H5 换电牵引车在鄂尔多斯在交车交付。此批交付的乘龙 H5 换电牵引车是乘龙新能源明星车型。乘龙新能源牵引车采用“新材料、新结构、新工艺、拓扑优化、功能优化”等措施降重，比其他同类车型轻了约 1 t，通过精确的动力匹配，整车节能设计，标载每千米综合电耗低至 1.4 kWh。

2023 年 10 月 30 日 重庆首个智能网联汽车全产业链人才实训平台——南岸区智能网联与汽车电子实训基地正式成立。该基地建设面积 5000 m^2，建有 500 个实训工位。课程设置方面，将结合智能网联汽车产业人才需求，重点建设从产品研发设计到产品生成，再到成品测试的实训课程。实训基地集合了智能制造行业仿真技术、企业实战教学法、先进实验设备、优质企业师资等众多教学资源，已完成包括嵌入式软件开发、智能座舱、智能网联汽车软件测试、汽车智能制造工程师等一系列优质实训课程的开发，初步构建起智能网联汽车产业人才培养体系。

2023 年 10 月 30 日 巨湾技研南沙总部基地建成投产，该工厂总投资 40 亿元，是全球首家面向先进的超快充（10~15 min）乃至极快充（5~10 min）动力电池规模化生产制造的专业工厂。

2023 年 10 月 30 日 成都经开区智能网联汽车规模化示范运营在成都市龙泉驿区启动，标志着成都经开区和东风悦享科技有限公司正式开启全方位合作，共同打造省内首例无人驾驶商业化运营示范线。下一步，成都经开区将继续携手东风悦享等企业，打造全市智能网联汽车测试示范区，全面支撑公交车、网约车、末端无人物流车等自动驾驶应用场景，加速推动车路云一体化，打造全国代表性的智驾应用引领之城。

2023 年 10 月 30 日 珠海极海半导体有限公司推出多款新品：全新一代 G32A 汽车通用 MCU G32A1445 系列、电机控制专用 MCU APM32F035 系列、高性能高适配型 MCU APM32F411 系列。其中，面向汽车电子领域的 G32A1445 前照流水灯、贯穿式汽车车尾灯、多媒体汽车中控、车身域控制器、OBC 充电机等解决方案，满足汽车电子行业日益增长的应用需求，为行业提供符合功能安全的产品组合和方案。

2023 年 10 月 30 日 日本智能交通协会（ITS Japan）与中国汽车工程研究院股份有限公司签署合作备忘录。双方围绕智能网联汽车测试评价技术、指数及标准、测试装备、车路协同等领域开展广泛交流。

2023 年 10 月 30 日 国家电投集团国氢科技发展有限公司与中国人民财产保险股份有限公司山东省公司在济南签署战略合作协议，达成氢能关键装备应用推广保险合作，并推出全国首个氢燃料电池产品质量和产品责任保险。

2023 年 10 月 30 日 北京豪能汇新能源科技有限公司与重庆三峡绿动能源有限公司签订合资协议。根据协议，双方以货币方式出资设立合资公司——北京长江豪能汇新能源科技有限公司，合资公司持有充换电站资产，主要实施三峡及豪能汇新能源为合资公司开发及拓展的电动重卡充换电项目及业务。

2023 年 10 月 31 日 山西德志时代新能源汽车制造股份有限公司与三一锂能有限公司签订 PACK 战略合作协议。根据协议，德志时代与三一锂能双方认同对方为战略合作伙伴，充分利用各自资源开展业务合作，并根据业务发展需要，双方将开展更广阔领域的合作；德志时代确定重卡和装载机上配套三一锂能电池系统。

11 月

2023 年 11 月 1 日 亿咖通科技旗下首款智能驾驶计算平台——亿咖通 · 天穹 Pro 行泊一体智能驾驶平台向客户开始正式量产交付。该平台是亿咖通科技基于黑芝麻智能华山二号 A1000，由双方合作研发并推出的具备行泊一体能力的智能驾驶解决方案系列。

2023 年 11 月 1 日 华润微电子有限公司携功率器件产品与模块、智能传感、配套系统方案等系列产品在慕尼黑华南电子展（electronica South China）亮相。

2023 年 11 月 1 日 盛丰物流（SFWL. US）与宁德时代新能源科技股份有限公司联合举办“新锂程 · 新丰向”奉新时代锂云母精矿粉电动重卡运输首发暨换电站启动仪式在江西宜春奉新时代选矿厂举行，标志着盛丰物流在推动交通运输业绿色低碳发展，探索物流产业节能减排可操作实施方案的道路上，将进一步践行物流产业智能化、绿色化可持续发展。

2023 年 11 月 1 日 蜂巢能源科技股份有限公司与协鑫集团就“储能型短刀叠片电芯”签署战略合作协议，根据协议，蜂巢能源 325 Ah 储能电芯将应用于协鑫集团新品“鑫+”系列储能系统上。

2023 年 11 月 2 日 岚图汽车与宁德时代新能源科技股份有限公司签署战略合作协议。根据协议，双方将在超充技术、电池安全以及大数据等领域进行深度合作，并同步拓展海外业务，通过资源共享、优势互补，共同研发高品质的新能源汽车，携手推动电池技术创新和全球化布局。在超充技术领域，双方将共同推动神行超充电池在岚图汽车的落地应用，并在动力电池超充领域建立更深入的合作关系，以提升岚图汽车的电池性能和充电效率，为消费者提供更加便捷、高效的驾驶体验。在电池安全领域，双方将进行深度合作研发，共同打造“移动堡垒级”的安全电池，并在大数据领域持续对接扩展，建立完善的信息网络，以实现全生态管理闭环。依托电池大数据领域的先发优势，双方还将围绕用户需求为市场提供更为个性化的产品和服务。在出海业务合作上，岚图汽车已成功进军海外市场，并在挪威、芬兰和丹麦等多个国家实现落地。同时，宁德时代也已经在海外建厂。双方将进一步加强在全球范围内的战略布局，为全球消费者提供更加便捷、安全、智能的高端新能源出行选择。

2023 年 11 月 2 日 东风柳汽与长治矿区物流企业签署 50 台乘龙 H5 换电牵引车战略采购协议，并进行首批车辆交付。这批新能源牵引车将助力矿区企业增效减排，打造绿色物流运输网络，为长治市推动绿色低碳发展贡献力量。

2023 年 11 月 2 日 沛岱汽车 PilotD Automotive 和深圳市足下科技有限公司签署战略合作协议，根据协议，双方将联合提升自动驾驶研发效能，共同打造满足市场需求的高效能、高性价比、高核心竞争力的自动驾驶创新解决方案，促进自动驾驶量产落地，共建自动驾驶生态。

2023 年 11 月 3 日 上海禾赛科技有限公司与零跑汽车达成前装项目定点合作协议。根据协议，零跑全新量产车型将搭载禾赛超高清远距激光雷达 AT128。AT128 作为禾赛面向前装量产市场推出的 ADAS 远距主激光雷达，自 2022 年开始量产交付以来，已实现单月交付量超过 2 万台，累计交付超过 13 万台，并搭载多款量产乘用车型上市。

2023 年 11 月 3 日 蔚来汽车与海南省交通投资控股有限公司围绕充换电设施、品牌营销推广、优质出行服务等领域签署战略合作协议。根据协议，双方将共同致力于推进海南环岛旅游公路等公路沿线充、换电站点建设，完善充换电设施网络、高端车辆订阅租赁、电动汽车补能和应急救援等，提升用户的出行服务体验。蔚来在签约现场宣布，海南环岛旅游公路文昌段和昌江段布局的两座超充站同步正式上线运营。

2023 年 11 月 3 日 潍柴（烟台）新能源动力产业园项目在烟台市在福山区开工。该项目位于烟台市福山区新能源汽车产业园，由潍柴动力股份有限公司与比亚迪股份有限公司联合投资建设，计划打造贯穿新能源商用车动力电池、电机、电控、电驱总成全产业链的研发制造基地，项目总投资 560 亿元，占地约 1700 亩，分为两部分：一是潍柴动力与比亚迪战略合作，建设动力电池研发制造基地，建成后将具备年产 50 GWh 电池制造能力；二是潍柴动力建设新能源汽车其他核心部件制造基地，建成后将具备年产 50 万台扁线电机、40 万台电控和 5 万台电驱总成制造能力。项目共分三期建设，2030 年三期建设全部达产后，年可实现销售收入 1000 亿元。

2023 年 11 月 5 日 小马智行与丰田汽车联合发布首款纯电自动驾驶出租车（Robotaxi）概念车在第六届中国国际进口博览会上亮相，该车型基于广汽丰田生产的 bZ4X 纯电车辆平台打造，将搭载小马智行研发的第七代 L4 级自动驾驶乘用车软硬件系统。

2023 年 11 月 5 日 一汽-大众与大众汽车集团签订《进口整车与零部件合作备忘录》。根据备忘录，一汽-大众 2024

年将从大众汽车集团进口部分零部件及奥迪整车,用于一汽-大众的整车生产及销售。一汽-大众将不断深化合作,凝聚中国一汽与德国大众双方优势,打造共创共赢的“合资合作2.0”模式,持续推动技术融合与创新变革,为中国汽车工业发展贡献力量。

2023年11月6日 Polestar极星与韩国电池制造商SK On签订电池供应协议,根据协议,极星旗下定位豪华高性能纯电动4门GT轿跑的极星5将搭载SK On电池模块。作为基于极星Precept概念车打造的量产版车型,极星5预计将于2025年正式推出。

2023年11月6日 长安马自达汽车有限公司和中科创达软件股份有限公司签署战略合作协议并举行交车仪式,双方将在HMI人机交互、UI设计、车内应用App等多方面进行深度合作,打造更加符合中国市场的智能座舱产品。根据协议,双方将以新项目车型为契机,共创能够体现马自达DNA的下一代人机交互界面设计及2D、3D视觉设计,推进具有马自达特色的车载应用软件的研究,并最终将相关成果应用到长安马自达的智能座舱产品上。

2023年11月6日 一汽解放汽车有限公司与东方电气(成都)氢燃料电池科技有限公司、航天推进技术研究院、攀枝花市钒钛高新区政府、四川省特种设备检验研究院等五方签署战略合作协议。根据协议,各方将充分发挥自身在氢能产业方面优势,合作共建攀枝花液氢应用示范区,示范推动液氢产业商业化应用进程,打造全国氢能产业发展新典范。

2023年11月6日 黑芝麻智能科技有限公司与香港科技园公司签署合作备忘录,将合力推动黑芝麻智能香港科技创新研发中心在科技园落地,并促进园区打造车规级高性能智能汽车计算芯片平台。根据备忘录,黑芝麻智能将在香港科技园成立其香港科技创新研发中心,预计2027年底累计在港研发投入1亿美元,并将本地研发团队扩充至100人。香港科技园公司将积极协助黑芝麻智能完成各项资源对接,并支持黑芝麻智能未来的在港上市计划。

2023年11月7日 合肥杰发科技有限公司新一代高性能高安全可靠性的智能座舱域控芯片AC8025再次与ARKAMYS达成合作协议。根据协议,双方将为汽车座舱打造专业级的3D音频听觉效果和优质灵活的智能座舱声场解决方案,给车载音响系统带来一场全新变革。双方将继续基于自主创新技术协同共生,为汽车领域的合作伙伴带来全新商业价值,持续引领汽车产业的创新升级,满足汽车OEM与终端用户对汽车音频不断提高的品质要求。

2023年11月7日 松下电器(中国)有限公司与协鑫能源科技股份有限公司签订战略合作协议。根据协议,双方着重在“充+储+换”赛道展开合作,旨在加快推动能源绿色低碳转型。其中,松下集团利用其电池分析技术的优势,通过电池分析云服务BetteRRRy,精准把握电池当前及未来状态,基于智能化运维管理服务,对电池安全风险及异常进行评估和检测;通过电池寿命延长技术,结合实际运营场景及电池老化特性,提升电池性能,延长电池使用寿命。同日,松下四维出行科技服务(北京)有限公司与北京胜能能源科技有限公司签订战略合作协议。根据协议,双方共创BatteryAI电池数字智能管理平台,为每块电池提供智能诊断、健康管理等服务,保障资产安全,为每一位换电补能用户提供最佳性能电池,尊享安心出行体验。

2023年11月7日 国家电投集团氢能科技发展有限公司“斯帛”系列碳纸、佛山市飞驰汽车科技有限公司全新系列燃料电池车型、广东卡沃罗氢科技有限公司250 Nm^3/h电解槽、佛山市清极能源科技有限公司新一代255 kW燃料电池电堆及200 kW动力系统4个项目正式发布。

2023年11月8日 一汽解放发布前瞻技术暨新能源2.0产品。本次发布的一汽解放J6新能源2.0新品,一共带来50项配置升级,52项性能升级,在用户关注的“三低一高”(低电耗、低自重、低成本、高可靠)及悦享驾乘等方面全面解决用户痛点。J6新能源2.0新品采用一汽解放自主研发的电驱桥、双电机电驱箱等自主总成,同时利用独有的高效能量回收、集成式热管理、高压电动风扇控制等35项技术,在电耗方面实现绝对领先,综合工况下,整车百公里电耗较市场主流产品降低20 kWh,年节约电费3.6万元,车辆续航提升10%,缓解里程焦虑。

2023年11月8日 徐工新能源汽车公司首批50台徐工新能源重卡新型换电牵引车交付用户。本次交付的徐工新能源重卡采用车储共用电池系统,充电时间缩短10%的同时,在集成度、高效热管理等方面有所提升,此外电池系统重心降低130 mm,稳定性更佳。

2023年11月8日 全国首个“新能源汽车电安全技术验证体系”正式发布,该体系是基于消费者典型应用场景,以更严格、更全面的要求,对车辆进行全方位的电安全技术验证,涵盖充电安全、电磁安全、功能安全、高压安全、电池安全、消防安全等六个维度,提供系统客观的车辆电安全信息,助力提升新能源汽车产品力。

2023年11月8日 上海云骥智行智能科技有限公司、上海临港捷运交通有限公司、上海上氢能源新能源科技有限公司三方就推动智能驾驶、氢燃料系统在客运车辆上的重点发展和超前运营达成战略合作协议,根据协议,各方将联手推进高阶智能驾驶氢能客运专项的实施,打造临港未来交通新模式下的智能网联氢能示范平台。

2023年11月9日 苏州瀚川智能科技股份有限公司及宁夏瀚维智造科技有限责任公司与昆仑绿能(宁夏)科技有限责任公司签署《战略合作框架协议》。根据协议,三方将在储能、换电、光储充、电池梯次利用、充电桩(含超充)、电池资产管理、商用车及乘用车换电站等领域开展全面深度合作。在战略合作的推动下,昆仑绿能与公司控股子公司宁夏瀚维签署了长达8年的绿能交通相关产品的长期委托生产合作协议,加强了双方的合作深度。

2023年11月9日 中国汽车工程研究院股份有限公司与广东省检验检测认证研究院集团有限公司签署战略合作协议。根据协议,双方将在汽车产品检验检测等领域提升科研创新能力、市场竞争能力、可持续发展能力和服务国家战略能力,共同打造技术能力强、服务水平高、规模效益好、引领全国检验检测认证事业发展的综合性国际化合作平台。

2023年11月9日 中国汽车工程研究院股份有限公司与长城汽车股份有限公司在中国汽研总部签署战略合作协议。根据协议,双方后续将在风洞、安全、法规、智能驾驶、新能源等领域继续加强合作,并且加强双方专业技术部门的定期对接。双方面对新的市场环境将在巩固现有合作的同时将业务联系加深加宽。

2023 年 11 月 9 日 东北首座综合能源示范站正式亮相大连市,到 2025 年,该项目将建成 100 座商用车换电站,推广 2 万台以上换电商用车,全面覆盖大连市物流、出租和公共服务领域。首批投入使用的换电站分别位于大连北站附近和开发区,预计在未来 5 年内,大连城投慧鹏将完成 5 万台左右的轻型货车替换成电动车,这一计划每年将为大连减少 30 万~40 万 t 左右的碳排放量。同日,大连城投慧鹏换电科技发展有限公司与羿动新能源科技有限公司、小鸥科技联合平台进行签约。

2023 年 11 月 10 日 东方电气集团东方锅炉股份有限公司向德阳发展集团批量交付氢能重卡。该批搭载东方“芯”的 49 t 氢能重卡,具有零碳排放、高功率、高集成度、高经济性、高智能化、高国产化特点等优势。本次氢能重卡批量投运,将助力德阳市打造立足成渝、辐射西部的氢能及燃料电池产业创新高地、应用广地,创建重装之都的氢能城市名片。双方今后将更加紧密协作,为推动氢燃料电池汽车示范应用以及氢能产业发展壮大夯基蓄势。

2023 年 11 月 10 日 东风汽车正式推出电动品牌 eπ,并首发亮相 eπ 品牌首款 C+级轿车 eπ007。

2023 年 11 月 10 日 上汽通用汽车携手特斯拉中国开启充电网络互联互通合作。上汽通用汽车旗下凯迪拉克和别克品牌奥特能纯电车型车主,登录品牌的相关 App,通过充电地图功能,即可在特斯拉对部分非特斯拉车辆开放的超级充电站、目的地充电站进行充电,支持包含寻桩、导航、充电、支付在内的一站式综合充电服务。

2023 年 11 月 10 日 广汽集团与广州产投新能源专项母基金、中银金融资产投资有限公司作为有限合伙人(LP)按 33.4%、33.3%、33.3% 的比例认缴出资,发起设立广州市智能网联新能源汽车产业发展股权投资合伙企业(有限合伙),主要投向包括但不限于:新能源电池、能源生态、车联网、智能驾驶、汽车芯片、智慧城市等智能网联新能源汽车产业链上下游的重要项目,基金首期规模为 100 亿元。

2023 年 11 月 12 日 东风乘用车公司与神龙汽车有限公司签署首款车型战略合作框架协议。同时,东风乘用车和神龙汽车启动了首款战略车型相关工作,搭建了财务、采购、质量、制造、信息系统等专业工作团队,制定了东风公司、东风乘用车、神龙汽车三方交流沟通机制,完成了工作边界的梳理,形成了清晰的项目工作计划,持续推进项目落地。

2023 年 11 月 12 日 工业和信息化部信息通信管理局公示《2023 年 5G 工厂名录》入选项目名单,有 17 个汽车项目入选:合肥安凯汽车 5G 工厂;长城精工 5G 汽车柔性产线;东实车身部件公司 5G 智慧焊装工厂;面向柔性生产的一汽繁荣 5G 工厂;南京长安新能源 5G 智慧工厂;耐世特汽车转向系统智能制造 5G 车间;新大洲本田摩托 5G 工厂;海力达汽车 5G 工厂;常春汽车 5G 数字化智能样板工厂;博世汽车部件(苏州)基于 i5GC 的“数据驱动”模式下的智慧工厂;江西五十铃 5G 智慧工厂;5G+铜箔行业数字孪生工厂;长城汽车天津哈弗 5G 工厂;吉利 EVUN 汽车产业链协同 5G 工厂;基于 5G 的精益数字化工厂;旭升 5G+智慧工厂;极氪 5G 工厂。

2023 年 11 月 13 日 工业和信息化部、交通运输部等 8 部门正式印发《关于启动第一批公共领域车辆全面电动化先行区试点的通知》。确定北京、深圳、重庆、成都、郑州等 15 个城市为此次试点城市,鼓励探索形成一批可复制可推广的经验和模式,为新能源汽车全面市场化拓展和绿色低碳交通运输体系建设发挥示范带动作用。《通知》明确,(1)新能源汽车推广。推广领域:公务用车、城市公交车、环卫车、出租车、邮政快递车、城市物流配送车、机场用车、特定场景重型货车。推广数量:60+万辆。(2)充换电基础设施建设。建设数量:建设 70+万台充电桩,0.78 万座换电站。(3)新技术新模式发展方面取得积极成效。智能有序充电、大功率充电、换电等加快应用;V2G、光储充放等车网融合技术示范效果良好;智能网联汽车技术有提升且示范规模逐步扩大;新能源汽车碳交易、绿色电力交易实现新突破;关键零部件国产化率逐步提升并实现上车应用。(4)构建系统化的政策标准支持体系。

2023 年 11 月 13 日 长城汽车与抖音集团在北京签订战略合作协议,根据协议,双方决定在大数据、企业大模型应用、云基础设施、数字化营销以及智能座舱、智能驾驶等汽车智能化等方向展开九大课题的深入合作。长城汽车将在保护用户数据安全的前提下,借助抖音集团强大的互联网思维及数据驱动理念,深入了解用户需求,深度挖掘用户数据价值在产品端的应用,打造更具互联网思维的造车新模式,加速驱动企业向数字化、智能化、精准互联网营销的改革效力。

2023 年 11 月 14 日 上海禾赛科技有限公司与长城汽车达成前装项目定点合作协议。根据协议,该合作将覆盖长城旗下多款乘用车型,搭载禾赛超高清远距激光雷达 AT128。AT128 是一款面向高级辅助驾驶(ADAS)前装量产车推出的车规级远距激光雷达,能实现 1200×128 的超高全局分辨率,以每秒 153 万的超高点频输出海量三维实时数据,进行 200 m(@10%反射率)超远测距,捕捉丰富和完整的物体细节。

2023 年 11 月 15 日 爱芯元智半导体股份有限公司正式面向智能驾驶领域推出车载品牌——爱芯元速。爱芯元速定位 Tier2,秉持做车载行业长期价值提供者的发展目标,为车载前视一体机、行泊一体域控制器、CMS、DMS/OMS 等提供全系列解决方案,同时拥有高效易用的工具链、丰富的软件开发平台、面向应用的参考设计,满足客户多样化需求,相关芯片产品已实现上车量产。

2023 年 11 月 15 日 易易互联三代换电站在杭州全国首发,易易互联三代换电站在“换电速度、换电可靠性、换电安全保障”等方面有了更大的突破,这同时预示营运市场正迎来“换电风口”。易易互联将在全国运营 2000 座换电站,联合各方力量为广大驾驶员提供优质换电补能服务;同时易易互联也将陆续推出专门匹配营运市场的换电补能解决方案。易易互联已在重庆、杭州、广州、成都、天津、济南、西安、沈阳等 30 多个城市布局和运营超 300 座换电站;每天换电次数超 2 万次,每天换电量超 60 万 kWh,运营数据均在稳步增长。

2023 年 11 月 15 日 重塑能源联合长三角国家技术创新中心成立的“燃料电池联合创新中心”正式揭牌。此次联合创新中心的成立，将融合长三角国家技术创新中心作为创新资源配置枢纽、重大协同攻关平台、产业高质量发展推进器的平台优势和重塑能源作为燃料电池头部企业在燃料电池核心技术自主化、带动产业链上下游协同发展的创新优势，成为长三角燃料电池技术创新的桥梁，围绕燃料电池技术需求发掘与转移的核心目标，推动燃料电池共性技术突破，促进行业标准建设，以合作开放的态度带动产业链高水平的协同发展。

2023 年 11 月 16 日 滴滴自动驾驶广州慧桔港落成暨广州花都区人民政府与北京光子科技有限公司签署投资合作协议。根据投资合作协议，北醒将在花都打造高性能激光雷达研发中心和全国总部基地，部署建设研发中心、智能制造中心、业务拓展中心和营销结算中心。项目总投资约 30 亿元，预计 5 年内实现营收 60 亿元。

2023 年 11 月 16 日 北京云驰未来科技有限公司与滴滴自动驾驶公司签署战略合作协议，根据协议，双方将在智能网联与自动驾驶安全领域进行深度合作，共同研发 L4 级自动驾驶信息安全解决方案，打造高阶自动驾驶安全标杆。

2023 年 11 月 16 日 乌鲁木齐静态交通投资有限公司分别与易易互联科技有限公司、重庆幸福千万家科技有限公司签订战略合作协议；新疆友德汽车运输有限责任公司、新疆兵鑫旅旅客运输有限公司共签订 300 台吉利汽车订单，主要为枫叶 60S 车型，将用于城市内网约车运营及出租车更替。下一步，乌鲁木齐静态交通投资有限公司将按照换电站和换电车辆 1 : 100 的比例，根据换电式新能源汽车的市场投放情况，陆续在 18 个公交场站及商业圈布局建设更多换电站，方便出租车和网约车更换电池，为司机节约换电时间成本。2023 年年底前，乌鲁木齐站北广场将建成两座换电站，首批 300 辆换电式网约车将实现 70 秒换电模式。

2023 年 11 月 17 日 芯驿电子科技（上海）有限公司与上海映赛电子科技有限公司在上海签署战略投资协议。根据投资协议，芯驿电子完成对映赛科技的战略投资，进一步加大车载电子后视镜 CMS 市场赛道布局，双方携手深化产品、技术战略合作。芯驿电子 AUMO 品牌聚焦智能车载市场，布局自动驾驶仿真测试、电子后视镜等业务线。芯驿电子此次战略投资映赛科技，看重的是其在后视镜研发设计方面拥有深厚行业经验与技术实力，及其拥有完整的电子后视镜系统正向开发能力。

2023 年 11 月 17 日 广汽能源科技有限公司与支付宝（杭州）信息技术有限公司在杭州蚂蚁集团 A 空间签署战略合作协议。根据协议，双方将持续围绕新能源充换电、车网互动、能源运营及品牌营销等多维度展开创新合作，共同探索“能源服务+互联网”的全新商业模式。

2023 年 11 月 17 日 重庆长安汽车股份有限公司获得 17 张重庆高快速路的 L3 级自动驾驶道路测试牌照，所使用车型为深蓝 SL03，成为最早且单批次最多获得高快速路 L3 级自动驾驶测试牌照的企业。同为长安系的阿维塔也获颁重庆市 L3 路测牌照。

2023 年 11 月 17 日 北京光子科技有限公司携全球首款 256 线车规量产激光雷达 AD2-s 亮相广州国际车展。256 线车规量产激光雷达 AD2-s 基于北醒应龙激光雷达平台，采用二维高精扫描系统和 905 阵列化收发设计，支持产品性能的持续升级迭代，能够准确识别出车辆、行人及小目标物，为智能驾驶系统预留充足的时间进行决策、规划和控制，从而可降低交通事故的发生率。同日，滴滴自动驾驶宣布向北醒（北京）光子科技有限公司投资超亿元，以支持北醒加速推进强感知激光雷达的升级及量产应用。

2023 年 11 月 17 日 工业和信息化部、公安部、住房和城乡建设部、交通运输部四部门联合发布《关于开展智能网联汽车准入和上路通行试点工作的通知》，《通知》明确：在智能网联汽车道路测试与示范应用工作基础上，工业和信息化部、公安部、住房和城乡建设部、交通运输部遴选具备量产条件的搭载自动驾驶功能的智能网联汽车产品（简称智能网联汽车产品），开展准入试点；对取得准入的智能网联汽车产品，在限定区域内开展上路通行试点，车辆用于运输经营的需满足交通运输主管部门运营资质和运营管理要求。本通知中智能网联汽车搭载的自动驾驶功能是指国家标准《汽车驾驶自动化分级》（GB/T 40429—2021）定义的 3 级驾驶自动化（有条件自动驾驶）和 4 级驾驶自动化（高度自动驾驶）功能（简称自动驾驶功能）。

2023 年 11 月 17 日 中国石化首座超级充换电综合能源站——安徽石油大众综合能源站在合肥投营。该站集加油、充电、换电、光伏、储能等功能于一体，是中国石化充电终端数量最多的站点。该站位于安徽省合肥市政务新区，总面积达 11285 m^2，其中，充电区占地面积达 7622 m^2，设快充、货车快充、液冷超充等不同类型的充电车位 142 个，充电最快仅需 10 min。此外，该站还设有 1 座合作充换电站，单次换电仅需 5 min。

2023 年 11 月 18 日 淮海控股集团与弗迪电池有限公司就“百亿钠离子电池项目”签署协议，该项目计划总投资 100 亿元，年产能 30 GWh，将打造全球最大的微型车钠电系统配套商。

2023 年 11 月 20 日 广州市人民政府与北京亿华通科技股份有限公司签订战略合作协议。根据协议，双方将围绕打造氢能与燃料电池产业链、加速氢能关键核心技术攻关、推动氢燃料电池汽车规模化应用、开展氢能多元化应用示范等方面开展深度合作，实现广州氢能产业绿色循环发展，助力大湾区构建氢能全产业链发展“大生态”。

2023 年 11 月 20 日 杰发科技有限公司的功能安全 MCU 芯片 AC7840x 与 Tier1 达成合作协议，并率先在新能源汽车动力电池域推出 BMS 方案。

2023 年 11 月 20 日 工业和信息化部发布《道路机动车辆生产企业及产品公告》（第 376 批），共计 128 个新能源生产厂家、118 个品牌、275 个新能源车型进入公告。其中，纯电动产品共计 232 个（含乘用车 28 个、客车 14 个、客车底盘 4 个、专用车 160 个、专用车底盘 26 个）；插电式混合动力产品 22 个（含乘用车 5 个、专用车 14 个、专用车底盘 3 个）；燃料电池产品 21 个（含客车 5 个、专用车 9 个、专用车底盘 7 个）。

2023 年 11 月 20 日 工业和信息化部发布《免征车辆购

置税的新能源汽车车型目录》(第七十一批)。本批次免购置税新能源汽车车型目录共有120家企业、310个新能源车型列入,其中,纯电动274个(含乘用车61个,客车29个,专用车184个);插电式混合动力15个(含乘用车6个,专用车9个);燃料电池21个(含客车5个,专用车16个)。

2023年11月20日 工业和信息化部发布《享受车船税减免优惠的节约能源 使用新能源汽车车型目录》(第五十五批)。本批次中,共227个新能源车型列入,其中,插电式混合动力乘用车列入6个;纯电动商用车列入193个;插电式混合动力商用车列入11个;燃料电池商用车列入17个。

2023年11月20日 文远知行WeRide获得北京市智能网联汽车政策先行区乘用车"车内无人、车外远程"出行服务商业化试点通知书,获准在北京亦庄开展车内无人自动驾驶出行服务收费。

2023年11月21日 工业和信息化部装备工业一司、公安部交通管理局、住房和城乡建设部城市建设司、交通运输部科技司以视频方式组织开展智能网联汽车准入和上路通行试点政策宣贯,深入分析产业发展形势,详细解读试点内容要求,对试点申报、组织实施等工作进行部署。宣贯指出,组织开展智能网联汽车准入和上路通行试点,是加快智能网联汽车产品推广应用的客观需要,是保障智能网联汽车产品安全运行的必然要求,也是推动产业融合发展、提升社会效率的重要途径。宣贯强调,有关各方要准确把握试点定位,扎实做好能力建设和准备工作。汽车生产企业要严格落实产品安全主体责任,行业组织和机构要引导行业形成共识、加快完善检验检测能力建设,车辆运行城市政府部门要做好试点安全管理和支持保障。宣贯要求,地方工业和信息化主管部门、公安机关交通管理部门、住房和城乡建设部门、交通运输部门要加强统筹协调,做好信息共享,严格申报审核和督促指导,强化央地联动,共同推动智能网联汽车产业高质量发展。

2023年11月21日 苏州国芯科技股份有限公司成功研发了一款面向高端座舱音频处理的DSP((Digital Singnal Processor,数字信号处理器))芯片—CCD5001,并规划了完整的系列化产品。CCD5001芯片产品是基于HIFI5架构内核研发的高性能DSP芯片,适用于车载平台的有源噪声控制、高阶环绕音效、智能语音交互等需要极低时延、高浮点性能以及多通道信号处理的应用场景,也能够覆盖工业、交通等领域中需要高可靠性的信号处理或实时控制的应用场景。

2023年11月21日 根据协议,双方将联合推动建立换电电池标准,在统一的电池包标准基础上,长安汽车将与蔚来汽车联合研发可换电车型。长安汽车首款与蔚来汽车共用电池包的可换电乘用车型计划在2025年上市。

2023年11月21日 北京京深深向科技有限公司(简称DeepWay深向)与安徽省肥西县人民政府就"总部项目"签署投资合作协议。根据投资协议,该项目投资规模超百亿元,DeepWay深向总部、销售结算中心、新能源重卡智能化制造项目将落户肥西县,并计划在此进行自动驾驶技术的研发、测试及商业化应用,最终助力DeepWay深向完成年产10万台的新能源重卡智能化工厂目标。肥西县人民政府还将为DeepWay提供全方位的支持,包括政策扶持、人才引进、基础设施建设等,以帮助DeepWay在肥西县的快速发展。

2023年11月21日 大众汽车(安徽)零部件有限公司大众新能源汽车电池包项目在肥投产。该项目是大众安徽核心配套项目,也是大众集团在中国的第一个独资电池包生产项目,项目总投资约15亿元,位于经开区卧云路与宿松路交口大众核心零部件产业园,生产场地约4.5万m^2,预计2028年达产,达产后可实现年产新能源汽车配套电池包30万套,预计至2032年可累计实现销售收入约1290亿元。

2023年11月21日 重庆太蓝新能源有限公司"太蓝新能源二期项目"正式开工建设,该项目总投资达10亿元,总占地76亩,建筑面积接近5万m^2,将建设半固态锂电池电芯产线及半固态锂电池PACK产线,规划产能2 GWh,以生产乘用车动力电池为主,兼顾小动力、储能等使用场景。预计2025年达产,达产以后年产值将超过20亿元。

2023年11月21日 宁波市镇海区人民政府、中国石油化工股份有限公司镇海炼化分公司、申能(集团)有限公司签署战略合作协议,根据协议,三方将共同打造氢能产业生态和绿色能源生态、建设"氢能示范基地"和"绿色石化"等。同日,镇海区宝山街道办事处与宁波鲲华、浙江氢越、浙江鲲华、氢骠国宏、京翎工贸、甬安光科、壹氢新材料等7家涉及氢储能发电、燃料电池系统、电池电堆、零碳物流平台等领域的企业签署"氢能领域重点企业落户投资签约"协议,根据协议,未来3年企业将在镇海区招宝山街道投资12亿元,围绕氢气端、制造端、应用端全产业链打造"招宝氢谷"。

2023年11月22日 中国汽车技术研究中心有限公司与河北雄安新区改革发展局签订战略合作框架协议。根据框架协议,双方将在强化自动驾驶、信息安全、车路协同、智慧交通发展等方面的合作,探索智能网联汽车发展新机制和管理新方法,致力于打造车联网产业合作发展标杆和典范。

2023年11月22日 小马智行取得广州首个自动驾驶卡车编队行驶测试牌照,获准在广州开放道路上进行L4级编队自动驾驶测试。小马智行自动驾驶卡车编队是以"1+N"形式,即由一辆自动驾驶卡车领航,引领多辆L4级自动驾驶卡车在公路上安全行驶。此次共有五辆自动驾驶卡车获得编队行驶测试牌照。这种"1+N"的编队自动驾驶形式,将极大地降低运营成本,提高运输效率。此外,通过消除前后车辆制动差异时间,缩短跟车距离,前车可以为后车破风,有效降低空气阻力,从而降低碳排放,实现绿色出行。

2023年11月22日 国家发展改革委、工业和信息化部、市场监管总局、住房城乡建设部、交通运输部联合发布《国家发展改革委等部门关于加快建立产品碳足迹管理体系的意见》,重点任务方面,《意见》明确:以电子产品、家用电器、汽车等大型消费品为重点,有序推进碳标识在消费品领域的推广应用,引导商场和电商平台等企业主动展示商品碳标识,鼓励消费者购买和使用碳足迹较低的产品。

2023年11月23日 滴滴自动驾驶公司与固特异轮胎橡胶公司、北京云驰未来科技有限公司、广州宸境科技有限公司分别达成战略合作,推进在智能轮胎技术应用、L4级自动驾驶安全解决方案、智能座舱融合创新等方面的探索与实践,赋能自动驾驶网约车的产品创新与全面发展。具体来看,与固特异轮胎橡胶公司方面,滴滴自动驾驶和固特异将以试点项目为基础共同探索智能轮胎技术应用；与云驰未来方面，双方将在智能网联与自动驾驶安全领域进行合作，共同研发 L4 级自动驾驶信息安全解决方案；与宸境科技方面，双方将推动元宇宙智能座舱及自动驾驶领域的创新融合。

2023 年 11 月 23 日　优湃能源科技（广州）有限公司与南方电网调峰调频（广东）储能科技有限公司签订《战略合作协议》。根据协议，双方将在电池银行、换电站以及虚拟电厂、电池回收等领域展开合作。具体来看，在电池银行方面，合作双方将共同推动电池银行的商业模式设计，根据电池银行的市场潜在规模预测，开展电池银行业务的投资合作；在换电站业务上，双方会选择合适站点共同开发、投资和建设换电站，在提升换电服务便利性的同时推动换电站在分布式储能商业应用场景的应用；在虚拟电厂项目上，双方将共同研究并推动换电站、储能站等可调负荷聚合参与虚拟电厂，为电网提供调峰、调频、需求侧响应服务，提升各站点的运营效率和效益。

2023 年 11 月 23 日　西部陆海新通道（高速公路）电动走廊暨重卡换电示范站正式发布。同日，重庆、贵州、广西签署协议，将携手共同打造西部陆海新通道（高速公路）电动走廊。根据协议，三方将沿西部陆海新通道重庆——北部湾高速公路建设电动重卡充换电等配套设施，推广新能源重卡换电及电池银行业务，为重庆——北部湾新能源物流干线提供定制化服务。同时，三方将加强区域通道资源合作，建立产业联盟，共同完成路网的选定，制定站点布局规划、统一换电技术标准和服务标准等，并根据市场规模和技术迭代持续优化。

2023 年 11 月 24 日　四川省宜宾市，长安汽车与宁德时代、深蓝汽车共同合资成立的时代长安动力电池有限公司首款电芯产品下线。时代长安动力电池有限公司由宁德时代、长安汽车、深蓝汽车共同出资成立，项目总投资 60 亿元，年产值 150 亿元，占地 1000 余亩，是一家集动力电池研发制造、新能源技术、新材料技术研发于一体的科技型企业。

2023 年 11 月 24 日　阿维塔成为首批获批高快速路有条件自动驾驶（L3 级）测试牌照的企业之一，并在重庆市指定开放道路顺利完成测试。阿维塔 11 在本次测试中选择了 0～80 km/h 的测试时速，顺利通过超 5000 km 的 L3 级重庆高快速路安全测试，其间未出现任何由于功能异常造成的接管现象，且未发生任何交通安全事故，顺利获得由中汽研认证的测试报告。

2023 年 11 月 24 日　湖南和顺石油股份有限公司与华为数字能源技术有限公司、深圳市新顺能科技有限公司在深圳华为坂田基地签署三方战略合作协议。根据协议，三方将在全液冷超快充领域进行全方位合作，共同加快打造高品质超快充服务网络。本次合作设定了未来三年力争实现万座华为智能超快充站的目标，推动充电网络正式进入超充时代。

2023 年 11 月 25 日　长安汽车与华为技术有限公司在广东省深圳市龙岗区签署《投资合作备忘录》。华为将设立一家从事汽车智能系统及部件解决方案研发、设计、生产、销售和服务的公司（简称目标公司），长安汽车将投资该目标公司并开展战略合作。根据备忘录，华为设立目标公司，其业务范围包括汽车智能驾驶解决方案、汽车智能座舱、智能汽车数字平台、智能车云、AR-HUD 与智能车灯等，并将专用于目标公司业务范围内的相关技术、资产和人员注入至目标公司，具体业务范围及装载方案在最终交易文件中进行确定。

2023 年 11 月 27 日　上海玖行能源科技有限公司自主研发设计的上港零碳无人驾驶智能重卡换电站，在上海市临港新片区集疏运中心投入试运营。该换电站是洋山港水公铁集疏运系统的配套项目，共设 12 块电池及 13 个电池充电位，搭载企业最新研发的地轨龙门双工位换电机器人技术，利用机器人搭配机械件缩臂设计实现协同换电，换电时间较原来的单机器人吊装换电方式缩短 50%，最快换电时间 1 min 50 s，可满足单日最高 288 车次的换电需求，为往返于洋山港与新片区集疏运中心、单程 35 km 的智能重卡提供绿色能源服务。

2023 年 11 月 27 日　张家口氢能产业跨越行动在张家口市正式启动。张家口市已按照跨越行动方案，加快推动燃料电池汽车示范城市建设，按照市场化原则，继续推动氢能车辆在货运、冷链、城建等特殊场景应用，加快加氢基础设施建设，引入电堆等氢能装备制造项目建设。到 2028 年，张家口市将形成较为完备的氢能及燃料电池产业生态，形成加氢站、氢燃料电池汽车运行、绿氢制取协同发力，推动氢能在交通、冶金、化工、储能等领域的深入应用。

2023 年 11 月 28 日　住房城乡建设部发布《关于全面推进城市综合交通体系建设的指导意见》，《意见》明确：实施城市交通基础设施智能化改造。推动“多杆合一、多箱合一”，建设集成多种设备及功能的智慧杆柱，感知收集动态、静态交通数据。推进智慧城市基础设施与智能网联汽车协同发展，改造升级路侧设施，建设支持多元化应用的智能道路，在重点区域探索建设“全息路网”。支持智能道路工程关键技术研究，研究制订相关标准规范，满足城市道路智能化建设和车路协同项目需要。

2023 年 11 月 28 日　珠海极海半导体有限公司获“2023 汽车芯片 50 强”与“MCU 创新先锋”两项大奖。极海已与国内多家整车厂、Tier1/2 等进行深度合作，在产品定义、迭代升级和应用验证方面充分协同，赋能国产汽车电气化、智能化、网联化、数字化发展与创新。

2023 年 11 月 28 日　中国汽车技术研究中心有限公司就标准国际化及数字化发展、国际间标准技术交流与合作等内容与乌兹别克斯坦技术法规署、美国国家标准学会、中国标准出版社签署战略合作协议。

2023 年 11 月 28 日　一汽解放汽车有限公司与佛吉亚（上海）氢能投资有限公司、法国液化空气（中国）投资有限公司在长春签署氢能战略合作框架协议。根据框架协议，三方将依托各方的技术及资源优势，加速推动氢能在交通领域的应用，共同为全球的绿色出行和可持续发展作出贡献。

2023 年 11 月 28 日　安徽慧鹏新能源科技有限公司与深圳市安车检测股份有限公司在合肥市签署战略合作协议。根据协议，双方下一步将在新能源换电技术和生态领域建立紧密合作关系，共同探索在深圳市及华南区域的深度合作。

2023 年 11 月 28 日　深圳市人民政府与中国第一汽车集团有限公司在深圳签署战略合作协议，根据协议，双方将围绕服务国家重大战略,在前瞻研发、汽车出海、生态建设等重点领域开展战略合作。

2023 年 11 月 29 日　中国第一汽车集团有限公司与广东省人民政府在广州签署战略合作框架协议。根据协议,双方将围绕汽车产业及相关领域,在创新研发、生产制造、营销推广、社会事业等方面开展合作。

2023 年 11 月 29 日　广州汽车集团股份有限公司与格林美股份有限公司在广汽中心签署战略合作框架协议。根据框架协议,双方将整合优势资源,在全球范围内共同构建新能源全生命周期价值链,实现对报废新能源汽车、废旧动力电池及其废料的绿色回收、资源化、再制造的全生命周期管理,探索全球新能源产业绿色发展全生命周期的典范模式,推行全球范围的电池护照实现电池溯源。

2023 年 11 月 29 日　赛力斯获得重庆和深圳的 L3 级自动驾驶测试牌照,共 11 张,所使用车型为 AITO 问界 M9,其中 5 张为重庆地区牌照,6 张为深圳地区牌照。据统计,国内已有四个城市颁发了 L3 路测牌照,分别是上海、北京、重庆和深圳,主要在高快速路段;共有 8 个品牌获得 L3 牌照,分别为宝马、奔驰、智己、深蓝、阿维塔、极狐、比亚迪、赛力斯。

2023 年 11 月 29 日　东风华神汽车有限公司联合上海马尔赛汽车科技有限公司及其子公司聚中格新能源科技(上海)有限公司隆重推出了 HV3E 中置换电 4.5 t 换电轻卡以及三款全球首创"中置换电站",分别为"中置纯电动轻卡迷你换电站"、"中置纯电动轻卡半自动换电站"和"中置纯电动轻卡全自动换电站",并向多家行业客户成功交付了 155 辆东风华神 HV3E 中置换电 4.5T 轻卡。

2023 年 11 月 29 日　北京芯驰半导体科技股份有限公司与成都明然智能科技有限公司签署战略合作协议,根据协议,基于芯驰高性能、高可靠车规芯片产品,双方将持续推进汽车底盘域、车身域、动力域产品的研发创新与量产应用。

2023 年 11 月 30 日　梅赛德斯-奔驰(中国)投资有限公司与华晨宝马汽车有限公司签署合作协议。根据协议,双方将以 50 : 50 的股比在中国成立合资公司,主要运营超级充电网络,至 2026 年底,该合资公司计划在中国建设至少 1000 座具备先进技术的超级充电站,约 7000 根超充桩。首批充电站计划于 2024 年起在中国重点新能源汽车城市开始运营,充电网络将向公众开放,至 2026 年底,该合资公司计划在国内建设至少 1000 座具备先进技术的超级充电站,约 7000 根超充桩。

12 月

2023 年 12 月 1 日　安徽江淮汽车集团股份有限公司与华为终端有限公司签署《智能新能源汽车合作协议》。根据协议,双方将基于华为智能汽车解决方案,在产品开发、生产制造、销售服务等多个领域全面合作,着力打造豪华智能网联电动汽车,通过合作车型不断的升级、迭代,满足用户对智能网联汽车的更高需求和期望。

2023 年 12 月 1 日　无锡芯动半导体科技有限公司与博世汽车电子有限公司在上海签署长期订单合作协议。根据协议,双方将在开展 SiC 业务的战略合作,将助力芯动半导体 SiC 业务稳步发展,同时也将促进芯动半导体形成更加集聚的发展格局,进一步推动产业链融合。

2023 年 12 月 3 日　远程新能源商用车集团首批 1130 台冷藏轻卡在上饶交付给新希望集团旗下鲜生活冷链物流有限公司。本次交付的远程星智 H8E 吉冷鲜搭载宁德时代 100.46 kWh 一体化磷酸铁锂电池包;电机方面,配套了自主研发的远程智芯永磁同步电机,最大转速超过 10000 转,峰值功率 120 kW,最大扭矩 325 N · m。

2023 年 12 月 4 日　芯华章科技股份有限公司与湖北芯擎科技有限公司正式签署战略合作协议。根据协议,芯擎科技导入芯华章相关 EDA 验证工具,赋能车规级芯片和应用软件的协同开发,助力大规模缩短产品上市周期,加速新一代智能驾驶芯片创新。

2023 年 12 月 4 日　杭州天易成新能源科技股份有限公司与安徽东至经济开发区管理委员会签署招商协议暨《投资协议》。根据协议,双方将在东至经济开发区管辖开发区内由杭州天易成投资建设"年综合利用 5 万 t 废旧动力锂电池资源循环项目"。杭州天易成拟设立全资子公司安徽瑞帛新能源科技有限公司作为项目实施主体在东至经济开发区建设"年综合利用 5 万 t 锂电池项目",该项目投资金额约 10 亿元,位于香荷大道以东、红太阳以南区域,占地约 200 亩(其中一、二期 100 亩,三期预留 100 亩),分三期建设,其中一期、二期分别投资 2.5 亿元、三期投资 5 亿元,一二三期项目均以实际备案项目为准。

2023 年 12 月 5 日　交通运输部办公厅发布《自动驾驶汽车运输安全服务指南(试行)》。《指南》包括适用范围、基本原则、应用场景、自动驾驶运输经营者、运输车辆、人员配备、安全保障和监督管理等八部分。其中,第一部分为适用范围,明确《指南》适用于在城市道路、公路等社会机动车通行的各类道路上,使用自动驾驶汽车从事城市公共汽电车客运、出租汽车客运、道路旅客运输、道路货物运输经营活动的管理指引。第二部分为基本原则,包括自动驾驶汽车运输管理原则和使用自动驾驶汽车从事运输经营原则。第三部分为应用场景,主要是结合当前自动驾驶汽车发展水平、示范应用情况、各领域安全生产特点和安全管理需要,分城市公共汽电车、出租汽车、道路客运、道路货运等领域明确了使用自动驾驶汽车从事运输经营的具体场景及适用条件。第四部分为自动驾驶运输经营者、第五部分为运输车辆、第六部分为人员配备,主要明确了相关经营主体应满足的经营资质条件,自动驾驶车辆应具备的运营资质条件及车辆保险要求,从事城市公共汽电车客运、出租汽车客运、道路旅客运输、道路货物运输经营的自动驾驶汽车随车驾驶员或运行安全保障人员(统称"安全员")的配备标准和相关要求。从鼓励支持技术创新和产业发展的角度,明确满足一定要求的从事出租汽车客运的完全自动驾驶汽车可以使用远程安全员。第七部分为安全保障,主要包括六个方面:一是安全生产制度,主要是保障自动驾驶运输经营者落实安全生产主体责任,明确运营安全管理制度体系。二是运输安全保障,主要是指导自动驾驶运输经营者做好安全风险源头管控。三是运行状态信息管理,主要是为车辆故障和安全事故调查溯源提供支撑。四是车辆动态监控,主要是防止违法违规行为引发安全事故。五是安全告知,主要是提升乘客安全乘车及紧急情况下的应急逃生能力,对乘客进行安全教育。六是应急处置,针对性地提升自动驾驶经营者突发事件应急处置能力。第八部分为监督管理,主要明确了日常监督和重大隐患整改要求,建立信息反馈机制,将运输服务环节发现的技术问题反馈到自动驾驶车辆设计制造环节,有利于从源头上消除车辆安全隐患,提升自动驾驶汽车安全性能。同时明确地方交通运输主管部门应对本地自动驾驶运营服务情况开展检测,省级交通运输主管部门应每年年底前向交通运输部报告相关情况。

2023 年 12 月 5 日 工业和信息化部、国家发展和改革委员会、财政部、国务院国有资产监督管理委员会、国家市场监督管理总局联合公告《2023 年度智能制造示范工厂揭榜单位和优秀场景名单》,涉及如下项目:(1)大连亚明新能源汽车铝合金铸件智能制造示范工厂。揭榜单位大连亚明汽车部件股份有限公司。项目典型场景:产品数字化研发与设计;工艺数字化设计;智能在线检测;质量精准追溯;产品质量优化;工厂数字化设计;数字孪生工厂建设;资源动态配置;工艺动态优化;智能协同作业;人机协同制造;精准配送。(2)东风新能源汽车智能制造示范工厂。揭榜单位东风汽车有限公司。项目典型场景:工艺数字化设计;可制造性设计;智能在线检测;质量精准追溯;数字基础设施集成;车间智能排产;精益生产管理;先进过程控制;网络协同制造;精准配送;设备故障诊断与预测;能耗数据监测。(3)岚图新能源汽车智能制造示范工厂。揭榜单位岚图汽车科技有限公司。项目典型场景:产品数字化研发与设计;工艺数字化设计;智能在线检测;产品质量优化;销售驱动业务优化;主动客户服务;资源动态配置;精益生产管理;精准配送;能耗数据监测;污染监测与管控;产供销一体化。(4)大连亚明新能源汽车铝合金铸件智能制造示范工厂。揭榜单位大连亚明汽车部件股份有限公司。项目典型场景:产品数字化研发与设计;工艺数字化设计;智能在线检测;质量精准追溯;产品质量优化;工厂数字化设计;数字孪生工厂建设;资源动态配置;工艺动态优化;智能协同作业;人机协同制造;精准配送。

2023 年 12 月 5 日 广州青蓝半导体有限公司 IGBT 一期项目在广汽零部件(广州)产业园投产。该项目计划总投资 4.63 亿元,主要围绕新能源汽车自主 IGBT 领域开展技术研发和产业化应用,是华南地区首个新能源汽车自主 IGBT 投资项目。项目一期规划产能为年产 40 万辆汽车 IGBT 模块;二期规划产能为年产 40 万辆汽车 IGBT 模块,计划 2025 年投产。全部完成后,可实现总产能 80 万辆/年。

2023 年 12 月 5 日 合肥国轩高科动力能源有限公司、浙江吉利远程新能源商用车集团有限公司、阿凡提新能源集团签署战略合作协议,计划于未来五年,阿凡提新能源将推广搭载国轩高科磷酸铁锂电池的远程新能源商用车,三方还将携手探索以“车电分离、电池银行”为核心的换电补能新模式。根据协议,未来五年,阿凡提新能源将推广搭载国轩高科磷酸铁锂电池的远程新能源商用车。三方还将在车电分离、电池银行以及光储充一体化储能站、城配车标准化换电站建设等方面展开商业模式和运营模式的探索。

2023 年 12 月 5 日 中车时代电动汽车股份有限公司与沈阳汽车有限公司签订合作意向协议。根据协议,双方将基于各自业务布局及能力优势,围绕新能源物流领域,搭建共享平台,共同开拓商用车市场;同时,进一步整合优势资源,加强新能源领域全面合作,并探索资本层面合作。

2023 年 12 月 6 日 上汽大众汽车有限公司和北京芯驰半导体科技股份有限公司签署合作备忘录。根据备忘录,双方将共同推进智能汽车电子技术的研发与应用,促进智能汽车领域的舱泊混合域控制器的技术创新与市场拓展。

2023 年 12 月 6 日 深圳市航盛电子股份有限公司与 Qt Group 正式签署战略合作协议。根据协议,在软件赋能汽车的行业新趋势下,双方将巩固和扩大在智能网联汽车领域的合作,促进资源有效整合,共同推动技术创新和产品升级;双方将充分发挥各自优势,推动智能座舱 HMI 领域的技术突破,协同打造安全、智能、创新的系统性解决方案,为用户提供全新的出行体验。

2023 年 12 月 6 日 广汽日野汽车有限公司与广东原尚物流股份有限公司正式签署 1000 台氢能物流用车战略合作协议和首批 50 台氢燃料电池厢式运输车订单。未来双方将共同推进氢能技术的发展和应用,为绿色物流运输行业的低碳发展贡献力量。

2023 年 12 月 6 日 陕西省咸阳市秦都区人民政府、航天锂电科技(江苏)有限公司、元顺柒星(陕西)能源科技有限公司三方就“元顺柒星(陕西)能源锂电智能制造基地项目”签署协议。该项目位于咸阳市装备制造产业园内,占地约 90 亩,建筑面积约 3.8 万 m^2,总投资 15 亿元,分两期建设,设计年产能 2 GWh,建成后年产值将达到 45 亿元。项目产品主要为拥有自主研发及核心技术专利的大圆柱锂(钠)离子电池,广泛应用于车辆动力电源系统等领域。

2023 年 12 月 6 日 天津市交通运输委、市工信局、市公安局联合发布天津市首批智能网联汽车高速公路测试路段,津沧、塘承高速正式用于在天津市开展智能网联汽车道路测试与示范应用。津沧高速连通了天津南站和滨海新区,测试路段东起外环线,西至津沧高速天津南站通道交叉口,全长 4.4 km,共设有互通立交 1 座,菱形立交 2 座。塘承高速连接了天津市滨海新区和蓟州区,测试路段南起于滨海新区宁车沽村,北至蓟州区别山镇,全长 90.8 km,全线共设有主线收费站 2 座,匝道收费站 8 座,服务区 3 座,高接高互通立交 6 座。

2023 年 12 月 7 日 兆易创新科技集团股份有限公司 GigaDevice 正式推出全新 GD32A490 系列高性能车规级 MCU,以高主频、大容量、高集成和高可靠等优势特性紧贴汽车电子开发需求,适用于车窗、雨刷、智能车锁、电动座椅等 BCM 车身控制系统,以及仪表盘、娱乐影音、中控导航等智能座舱系统。

2023 年 12 月 7 日 华为数字能源技术有限公司于 2024 年率先在全国 340 多个城市和主要公路部署超过 10 万个华为全液冷超快充充电桩。

2023 年 12 月 7 日 香港科技园公司与宁德时代新能源科技股份有限公司签署合作备忘录,根据备忘录,将在香港科学园设立国际研发中心,总投资超过 12 亿港元,以促进新能源科技创新,推动香港可持续发展。

2023 年 12 月 7 日 Stellantis 集团与换电企业 Ample 签

署一项具有约束力的协议,旨在建立电动汽车电池充电技术方面的合作伙伴关系。2024 年,双方换电合作项目将首先在西班牙马德里开展。两家公司正在讨论如何扩大 Ample 模块化电池交换技术的应用范围,以满足其他 Stellantis 平台和地区的需求。

2023 年 12 月 8 日 北京地平线机器人技术研发有限公司与酷睿程(北京)科技有限公司,双方将整合地平线软硬结合技术能力以及 CARIAD 在智能车身和软件系统整合方面的经验,开发落地行业领先的全栈式智能驾驶解决方案,搭载于大众汽车集团在中国市场的纯电动车型。

2023 年 12 月 8 日 中国汽车工程研究院股份有限公司和华为技术有限公司在深圳市华为总部签署战略合作协议。根据协议,双方将打造稳定可持续发展的战略合作伙伴关系,共同推动双方事业的发展,共同打造卓越的产品与技术服务,助力中国汽车行业高质量发展。

2023 年 12 月 8 日 信质集团股份有限公司、智新科技股份有限公司与武汉经开区签署三方合作协议,根据协议,信质集团将在武汉经开区军山新城建设新能源汽车电机定转子总成工厂,为智新科技及武汉周边地区新能源汽车整车企业提供专业配套,为客户提供有竞争力的汽车动力总成系统。

2023 年 12 月 8 日 国务院印发《空气质量持续改善行动计划》,《计划》明确:(1)加快提升机动车清洁化水平:重点区域公共领域新增或更新公交、出租、城市物流配送、轻型环卫等车辆中,新能源汽车比例不低于 80%;加快淘汰采用稀薄燃烧技术的燃气货车。在火电、钢铁、煤炭、焦化、有色、水泥等行业和物流园区推广新能源中重型货车,发展零排放货运车队。力争到 2025 年,重点区域高速服务区快充站覆盖率不低于 80%,其他地区不低于 60%。(2)完善价格税费激励约束机制:鼓励各地对新能源城市公共汽电车充电给予积极支持。

2023 年 12 月 9 日 欣旺达动力义乌新能源动力电池生产基地项目首块电芯及 PACK 包正式下线。欣旺达动力义乌基地总投资 213 亿元,由欣旺达动力与义乌市政府共同投资建设,项目规划年产 50 亿 Wh 新能源动力电池。基地从厂房规划、建设装修,到设备进场,研发制造,推动相应节点如期达成,历时仅 12 个月,项目全面达产后预计年产值约 350 亿元。

2023 年 12 月 10 日 时代电服科技有限公司与广州南菱汽车股份有限公司在深圳签署战略合作框架协议。根据框架协议,双方将充分发挥各自资源优势,共同打造换电服务生态网络。双方还将在换电站投资运营、新能源车辆市场投放等方面开展合作。

2023 年 12 月 10 日 福建龙净环保股份有限公司与华为数字能源技术有限公司在深圳华为总部签署战略合作协议,双方将在矿区微电网、新能源管理系统的联合研发攻关以及新能源发电设备等领域进行深入合作。根据协议,华为数字能源支持龙净环保电芯和 PACK 模组、电池通过测试、改进,匹配华为数字能源产品规划,在矿冶微电网项目系统,将与龙净环保电芯和储能设备展开合作。

2023 年 12 月 10 日 理想汽车正式推出最新的 OTA 5.0 版本,共包括智能驾驶(AD Max 3.0)、智能空间(SS 3.0)和智能增程(REV 3.0)三大软件升级。理想 L 系列的 Max 车型将率先升级至 AD Max 3.0,可以实现全场景智能驾驶、全场景辅助驾驶、智能泊车和主动安全四大类别的智驾应用。全场景智能驾驶将实现高速、城市环路和城区道路全覆盖,支持变道超车、施工场景避让、拥堵博弈变道、城市场景路口通行以及避让绕行等众多主流驾驶辅助应用。

2023 年 12 月 11 日 工业和信息化部、财政部、税务总局联合发布《关于调整减免车辆购置税新能源汽车产品技术要求的公告》。公告明确:2024 年 1 月 1 日起,申请进入《减免车辆购置税的新能源汽车车型目录》的车型,须符合新能源汽车产品技术要求。其中,换电模式车型还需提供满足 GB/T 40032《电动汽车换电安全要求》等标准要求的第三方检测报告,以及生产企业保障换电服务的证明材料。企业自建换电站的,需提供换电站设计图纸和所有权证明;委托换电服务的,需提供车型、换电站匹配证明、双方合作协议等材料。2024 年 1 月 1 日至 2024 年 5 月 31 日为过渡期。

2023 年 12 月 11 日 哪吒汽车获得欧盟 E13 UN R156 车辆软件升级管理体系认证,至此哪吒汽车成为首批获得欧盟 E13 R155 与 R156 国际权威审核机构双重认证的车企。

2023 年 12 月 11 日 文远知行获得新加坡 Milestone 1 无人驾驶车辆第一级别公共道路测试牌照及 T1 Assessment 无人驾驶车辆第一级别特殊区域公共路径测试牌照,这将使得该公司的自动驾驶小巴可以在新加坡更大范围的公开道路上进行测试,包括 One-North 纬壹科技城、新加坡国立大学等。

2023 年 12 月 12 日 上海为旌科技有限公司和易特驰中国在上海签署战略合作协议,开启全新的战略合作篇章。此次合作将使为旌科技的智能驾驶芯片与全球生态软件深度融合,支撑为旌打造好用、易用、耐用的智能驾驶芯片平台的战略目标。

2023 年 12 月 12 日 工业和信息化部发布第 377 批《道路机动车辆生产企业及产品公告》,共计 145 个新能源生产厂家、138 个品牌、318 个新能源车型进入公告。其中,纯电动产品共计 253 个(含乘用车 25 个、客车 19 个、客车底盘 3 个、专用车 178 个、专用车底盘 28 个);插电式混合动力产品 36 个(含乘用车 15 个、专用车 18 个、专用车底盘 3 个);燃料电池产品 29 个(含客车 1 个、客车 3 个、专用车 15 个、专用车底盘 10 个)。

2023 年 12 月 12 日 工业和信息化部发布《免征车辆购置税的新能源汽车车型目录(第七十二批)》。本批次免购置税新能源汽车车型目录共有 119 家企业、319 个新能源车型列入,其中,纯电动 260 个(含乘用车 46 个,客车 25 个,专用车 189 个);插电式混合动力 29 个(含乘用车 12 个,专用车 17 个);燃料电池 30 个(含乘用车 1 个,客车 5 个,专用车 24 个)。

2023 年 12 月 12 日 工业和信息化部发布《享受车船税减免优惠的节约能源 使用新能源汽车车型目录(第五十六批)》。本批次中,共有 267 个新能源车型列入,其中,插电式混合动力乘用车列入 10 个;纯电动商用车列入 205 个;插电式混合动力商用车列入 18 个;燃料电池商用车列入 34 个。

2023 年 12 月 13 日 广汽集团与中国银行、广州产投在北京签署战略合作协议。根据协议，三方将作为有限合伙人（LP）拟按 33.4%、33.3%、33.3% 的比例认缴出资，发起设立广州新祺智联股权投资基金。根据规划，本次基金总规模 300 亿元，其中首期规模为 100 亿元，由广汽资本下属子公司广州盈蓬担任基金管理人，用于投资新能源电池、能源生态、车联网、智能驾驶、汽车芯片、智慧城市等智能网联新能源汽车产业链上下游的重要项目。

2023 年 12 月 14 日 宝马 L3 级别自动驾驶功能车辆在上海获得高快速路自动驾驶测试牌照，9 月已经在德国获得 L3 认证。宝马可以在上海市政府的监督和指导下，在指定区域开展 L3 级高快速路自动驾驶道路测试，有效期至 2024 年 6 月 8 日。宝马的 L3 智驾可以做到主动控制车速、保持车道、控制跟车距离等。

2023 年 12 月 14 日 极氪汽车正式发布首款全栈自研的电池——金砖电池。金砖电池为 800V 磷酸铁锂电池，体积利用率达 83.7%。整包安全系数比以往电池包有大幅提升；最高充电倍率 4.5C，充电 15 min 续航可增加 500 km；-10 ℃低温环境快充速度提升 25%。

2023 年 12 月 15 日 西部智联与巨湾技研联合开发的超快充商用车动力电池发布。该电池可实现 15 min 从 10% 充到 80%，作业 4 h；整车动力电池系统具备最大放电功率 590 kW、最大制动回充功率可达 800 kW 的能力，给动力系统升级带来无限可能。相比换电车辆，同等投资，车辆规模增加 30%；相比普通充电车辆，车辆运营效率提升 15%，综合运营效率提升显著。

2023 年 12 月 15 日 全国智能网联汽车测试评价行业产教融合共同体在重庆工业职业技术学院成立，同时发布了全国智能网联汽车测试评价行业产教融合共同体章程。本次共同体的成立，将有利于促进企业与学校的高度联动，把企业最新的研究成果有效转化成教具、教材、教案，是智能网联汽车行业创新型人才培养，实现汽车产业强国梦的有力措施。

2023 年 12 月 15 日 国家新能源汽车技术创新中心与湖北芯擎科技有限公司在北京经济技术开发区签署战略合作协议，同日，双方联合筹建的“汽车 SoC 芯片前瞻验证联合实验室”正式揭牌。根据协议，双方将依托国创中心在芯片可靠性评测、功能安全和应用评测等方面的实力，以及芯擎科技在车规级芯片设计和研发领域的核心技术，在车规芯片、智能网联、汽车电子等领域开展深度合作。通过共建汽车 SoC 芯片前瞻验证联合实验室，双方将在芯片全生命周期的测试和验证、算子、工具链和编译器等基础研发领域开展深度合作，加快对标国际一流水平的车规级芯片在整车厂和一级零部件商的应用落地，以及高端车规级芯片国产化替代进程。

2023 年 12 月 15 日 哪吒汽车与力劲科技集团有限公司就“超大一体化压铸”签署战略合作协议。根据协议，双方将就多台超大型压铸单元批量采购、20000 t 以上超大压铸设备的联合研发、建立压铸示范基地、组建压铸研究院等多项业务进行全方位的深度战略合作。

2023 年 12 月 16 日 羿动新能源科技有限公司与奥动新能源汽车科技有限公司在武汉签署战略合作协议。根据协议，双方将围绕车电分离、电池服务和换电车型推广等领域开展全面合作。

2023 年 12 月 16 日 德州新能源汽车产业技术研究院喀什分院在中国（新疆）自由贸易试验区喀什片区成立，落址在喀什经济开发区塔什库尔干塔吉克自治县产业园。该分院总投资 89.5 亿元，将在喀什建设喀什新能源汽车产业技术研究院、喀什新能源汽车产教融合创新园、新疆新能源汽车公共实训基地和中亚增程商用车贸促中心、中国中亚新能源汽车零部件贸促会。喀什新能源汽车产业技术研究院将通过新能源汽车技术引进、产业孵化、联合研发机构建立、平行基金引进等，促进我国新能源汽车领域转型升级，打造一流新能源汽车研发、孵化基地。

2023 年 12 月 17 日 广汽埃安与无锡市交通产业集团有限公司签署战略框架协议，双方将重点围绕自动驾驶等领域相关业务展开合作。根据协议，双方将以无锡地区为重点发展区域，打造区域性智能网联汽车示范基地，建立 L4 级别自动驾驶技术等业务的测试示范区，促进无锡市车联网及智能网联汽车等业务场景的整体建设进程，提升无锡市“车-路-云-网-图”一体化车联网业务发展落地。

2023 年 12 月 18 日 工业和信息化部、国家网信办、人力资源社会保障部等十四部门联合印发《关于开展网络安全技术应用试点示范工作的通知》，部署开展网络安全技术应用试点示范工作。《通知》明确：面向在线升级（OTA）、远程诊断监控、自动驾驶、车路协同、智慧交通等典型场景，解决车云、车车、车路、车设备通信安全需求，针对智能驾驶系统、联网关键设备、网络基础设施、车联网服务平台等安全认证及通信安全保障等网络安全需求，在轻量化防护、安全认证、威胁监测、应急处置、检测评估等方面的安全解决方案。

2023 年 12 月 18 日 由中国一汽、东风汽车、长安汽车等 27 家单位组建的固态电池产业创新联合体在深圳成立，创新平台涵盖基础研究、材料开发与生产、电芯设计与制造、系统集成与整车应用等环节，涉及我国多家整车企业、材料领域公司、高校、研究机构等单位。中国一汽大湾区研发院同日在深圳揭牌成立。

2023 年 12 月 18 日 智己汽车搭载 L3 级别自动驾驶功能的车辆在上海正式获得高快速路自动驾驶测试牌照。

2023 年 12 月 18 日 瑞浦兰钧能源股份有限公司正式登陆港交所。此次全球发售 1.16 亿股，上市募资净额为 20.13 亿港元。当日开盘价 18.6 港元/股，收盘价为 18.62 港元，总市值达 423.95 亿港元。

2023 年 12 月 18 日 蔚来集团与阿布扎比投资机构 CYVN Holdings 签订新一轮股份认购协议，后者将以现金形式向蔚来进行总计约 22 亿美元的战略投资。此次投资完成后，蔚来和 CYVN 将继续共同在国际市场上开展战略和技术合作。

2023 年 12 月 18 日 重庆市璧山区举行构建高质量智能网联新能源汽车核心零部件产业发布活动。璧山区正在实施“千亿集群、百亿链主、亿元规上、万家创新”产业培育工程，智能网联新能源汽车“千亿集群”成型起势，预计到 2027 年，智能网联新能源汽车零部件产业产值将突破 1200 亿元。

2023 年 12 月 18 日　由智锂物联研发生产配套的撬装式重卡换电站 K100-四川成都西建兴城 1 号换电站顺利交付，该站是智锂物联为启源芯动力与中建四川西建兴城打造的重卡换电解决方案，旨在提供专业高效重卡换电产品与服务。

2023 年 12 月 18 日　吉利控股集团与招商局集团在深圳招商局广场签署战略合作框架协议。根据协议，双方将在汽车供应链、甲醇产业、绿色航运、智慧交通、综合金融、园区建设与东北振兴、新能源汽车推广等多个领域进行战略合作，助力加快构建新发展格局，增强产业链供应链韧性和自主可控能力。

2023 年 12 月 19 日　极越汽车与招商局检测车辆技术研究院有限公司正式签署战略合作框架协议。根据框架协议，双方将在智能网联、智能驾驶等汽车关键技术领域开展前瞻性合作，并围绕整车碰撞、电池包系统试验、新能源汽车火灾安全、整车电磁干扰等领域展开相应的检测服务工作，同时还将积极推动智能汽车行业标准及国家、国际标准的制修订。

2023 年 12 月 20 日　山西大同市人民政府与宁德时代新能源科技股份有限公司签署战略合作协议。根据协议，双方将共同推动新能源产品绿色智造、可再生能源投资开发、交通电动化及基础设施建设等领域合作发展；将在电动化交通体系建设、电动重卡全产业链发展、新能源领域先进技术研发应用、再生资源回收利用等领域深化合作。

2023 年 12 月 20 日　赛力斯集团与宁德时代新能源科技股份有限公司签署全面深化战略合作协议。根据协议，双方将在超充技术、电池安全、“车、电、充”一体化发展以及大数据等方面展开深度合作，携手拓展海外业务，共同推动电池技术创新和全球化布局。宁德时代将长期为 AITO 问界系列车型提供高质量电池产品，并在新产品研发、新技术和新材料的应用方面深度协同。本次协议的签署，是双方合作的进一步深化。双方将共同推动新能源汽车产业的高质量发展。

2023 年 12 月 20 日　宁德时代新能源科技股份有限公司和中国移动集团就“中国移动-宁德时代信息能源联合研究院”在福建宁德签署协议。根据协议，联合研究院将由中国移动设计院、中国移动福建公司以及厦门新能安三方共同运营。

2023 年 12 月 20 日　广州汽车集团股份有限公司汽车工程研究院与兰钧新能源科技有限公司启动混动电池包项目开发试制。该项目的启动成为兰钧新能源携手广汽研究院共同开发研制新一代动力电池的新里程碑，标志着兰钧新能源在动力电池领域不断迈向新的可能。

2023 年 12 月 20 日　蜂巢能源科技股份有限公司在泰国春武里府是拉差市（*Sriracha Chonburi*）首款电池包下线。该电池包为蜂巢能源的 LCTP 电池包，这款磷酸铁锂电池包带电量 60 kWh，续航可达 500 km 以上，采用了蜂巢能源明星产品短刀 L600 系列电芯产品及 LCTP 的成组技术，可以满足泰国市场对 A 级车的主流电池需求。蜂巢能源泰国工厂首款电池包将搭载长城欧拉好猫泰国版上市。

2023 年 12 月 21 日　商务部、科技部修订发布《中国禁止出口限制出口技术目录》，在新版目录中，“限制出口部分”对激光雷达系统“控制要点”进行了调整，也就是调整之后民用车载激光雷达出口将不会受到限制。根据新版《目录》，未来被限制出口的激光雷达系统主要是符合以下任一条件的激光探测及测距系统技术：脉冲峰值功率（peak power）>30 kW、脉冲宽度（pulse width）<1 ns、探测距离（detection range）>2 km、角准度（angularaccuracy）<40 μrad、角分辨率（angularresolution）<20 μrad、测距精度（rangingaccuracy）<2 mm。市场上所有面向智能驾驶和自动驾驶汽车的车载激光雷达产品，均不符合目录中所列的任一受限产品参数。

2023 年 12 月 21 日　工业和信息化部装备工业发展中心发布《关于机动车合格证管理系统升级的通知》，《通知》明确：（1）客户端升级：自 2024 年 1 月 1 日起，使用机动车合格证标准版客户端的企业，可通过在线升级完成客户端升级。（2）代理服务升级：国产车辆生产企业可通过系统下载二次开发套件，安装代理服务，并通过代理服务监视器进行在线升级和搭建测试环境。（3）新能源减免税标识补填：系统增加补填减免税标识功能，企业可通过系统下载模板，对列入减免税目录的车型车辆，补填减免税标识、换电模式标识和新能源汽车种类。

2023 年 12 月 21 日　工业和信息化部办公厅发布《关于组织开展网络安全保险服务试点工作的通知》，《通知》明确，（1）面向对象：面向整车生产制造企业、车辆电子系统制造企业、电子零部件企业、智能车辆运营企业等车联网相关企业。（2）风险场景：针对因网络攻击、系统设计缺陷、操作不当等导致的装配线等生产制造系统运行故障、车辆设计敏感数据被泄漏等风险场景。（3）承保内容：主要承保车主、车上人员以及第三方的索赔损失、数据资产重置费用、硬件改善成本、营业中断损失、应急处置费用等。

2023 年 12 月 21 日　国家能源局召开 2024 年全国能源工作会议，并对 2024 年的能源工作进行布局。会议安排了 2024 年重点工作任务，其中，新能源汽车相关方面，会议明确：要大力加强民生用能工程建设，推进北方地区清洁取暖，推动农村能源清洁低碳转型，提升电动汽车充电基础设施水平，更好满足人民群众用能需求。

2023 年 12 月 21 日　合创汽车与缅甸 MNEM 有限公司签署经销协议，正式进军缅甸市场。根据协议，合创汽车将在缅甸推出合创 Z03、A06、V09 等产品，让缅甸人民也享有智能电动汽车新生活。

2023 年 12 月 21 日　湖南省人民政府与吉利控股集团在远程新能源商用车湘潭基地签署战略合作协议，双方将围绕新能源汽车产业集群打造等领域展开全方位合作。根据协议，吉利控股集团将在湖南导入更多新能源乘用车、商用车车型，丰富拓展湘潭基地新能源汽车品类，持续提升本地汽车零部件配套率，带动汽配产业集聚发展。在推动充换电基础设施，打造醇氢动力生态，扩大整车和零部件出口，探索数字化、智能化、绿色化发展等方面进行全方位合作。签约现场，吉利远程新能源商用车湘潭基地正式落成，首台远程超级 VAN 同步下线。

2023 年 12 月 22 日　工信部发布更新的《道路机动车辆

生产企业及产品准入办事指南》。《指南》细化了准入许可工作流程,增加道路机动车辆生产企业和产品准入技术审查要点、道路机动车辆产品检验检测项目清单及检验检测机构清单等内容,供企业申报企业和产品准入许可时参考。新能源汽车方面,《指南》明确,一、申请新能源汽车生产企业准入的,应当符合以下条件:(1)符合国家有关法律、行政法规、规章和汽车产业发展政策及宏观调控政策的要求。(2)申请人是已取得道路机动车辆生产企业准入的汽车生产企业,或者是已按照国家有关投资管理规定完成投资项目手续的新建汽车生产企业。汽车生产企业跨产品类别生产新能源汽车的,也应当按照国家有关投资管理规定完成投资项目手续。(3)具备生产新能源汽车产品所必需的生产能力、产品生产一致性保证能力、售后服务及产品安全保障能力。(4)符合相同类别的常规汽车生产企业准入管理规定。二、申请准入的新能源汽车产品,应当符合以下条件:(1)符合国家有关法律、行政法规、规章。(2)符合新能源汽车产品专项检验项目及依据标准,以及相同类别的常规汽车产品相关标准。(3)经国家认定的检测机构检测合格。(4)符合工业和信息化部规定的安全技术条件。三、申请新能源汽车产品准入的,应当提交以下材料:(1)新能源汽车产品主要技术参数表。(2)检测机构出具的新能源汽车产品检测报告。(3)其他需要说明的情况。

2023 年 12 月 22 日　黑芝麻智能科技有限公司与亿咖通科(湖北)技有限公司签署战略合作协议,根据协议,双方将通过深化合作,整合双方研发、产品和技术资源,联手打造领先智能驾驶系统解决方案,合力推进商业拓展和市场应用,实现智能汽车产业生态的融合发展。双方将共享视觉感知算法、芯片供应、工具链,开展联合平台研发,并以亿咖通科技作为集成应用平台,引领软硬件集成开发和制造,携手打造领先的乘用车及商用车的智能驾驶解决方案。

2023 年 12 月 22 日　智行盒子与蚂蚁数科签署战略合作协议,在智慧出行领域达成深度合作。根据协议,双方将以数据为核心驱动力,共同推动出行行业信息化与数智化的深度融合;将基于各自优势共同打造城市智慧出行解决方案,致力于打造出行领域全链路、全场景的新产业和新模式。来双方针对出行 B 端领域的合作将主要集中于:为行业提供更优化的智慧出行解决方案;结合 B 端出行场景,联合打造有竞争力的金融及保险方案;共创智能座舱生态服务及加强整车资产数字化管控。

2023 年 12 月 22 日　意法半导体公司与理想汽车签署一项碳化硅(SiC)长期供货协议。按照协议,意法半导体将为理想汽车提供碳化硅 MOSFET,支持理想汽车进军高压纯电动车市场的战略部署。

2023 年 12 月 22 日　现代氢能科技(广州)有限公司首批氢能物流车示范项目车辆在广州开发区交付及投放试运营,该 500 台氢燃料电池车示范项目将是全国最大规模的氢能示范运营项目。此次 500 台氢燃料电池车示范产品中,以 4.5 t 氢燃料电池物流车为主,还包括 4.5 t 冷藏车、清扫车、公共巴士等众多涉及氢燃料电池应用场景的产品。

2023 年 12 月 23 日　蔚来新一代 900V 高性能智能电驱平台、SkyRide 天行智能底盘系统以及旗舰级安全标准四大核心技术正式发布。神玑是业界首次采用 5 nm 车规工艺制造的智能驾驶芯片,拥有超过 500 亿颗晶体管。基于超强任务并发处理能力的 CPU 计算群和充裕的访存带宽,实现快速且稳定的处理延时。通过自研的图像信号处理器 ISP,增强全链路超感。通过自研的推理加速单元 NPU *,灵活高效地运行各类 AI 算法。(注:NPU TPP 算力(Total Processing Performance)<4800)。同日,蔚来智能电动行政旗舰 ET9 也一同发布。

2023 年 12 月 24 日　厦门金龙联合汽车工业有限公司在福建厦门发布绿色重卡运输新品牌——金龙 · 东盛,并推出基于其行业首款正向研发换电重卡 KH01 平台的全新车型底置换电重卡 XMQ4252,带来干线物流绿色智慧解决方案。此车型搭载了金龙与高阶辅助驾驶全栈方案提供商北京智行者科技股份有限公司联合研发的干线物流高阶辅助驾驶系统。

2023 年 12 月 25 日　新汽有限公司联合国家智能网联汽车创新中心研发的国内首台搭载全自主 L4 级自动驾驶技术的 49T 氢燃料重卡,取得北京市高级别自动驾驶示范区工作办公室印发的《智能网联汽车道路测试通知书》,正式获得北京市公安局公安交通管理局颁发的道路测试牌照。

2023 年 12 月 25 日　重庆长安汽车股份有限公司与江西赣锋锂业集团股份有限公司在浙江宁波签署《合作备忘录》。根据备忘录,长安汽车及其关联方与赣锋锂业有意建立长期战略合作关系,将加快推进(半)固态电池研发合资项目及制造产业化项目,并基于下一代汽车动力电池(半)固态电池研发合作,探讨向电池上游锂矿资源、锂盐深加工、电池材料,中游电池制造及下游废旧电池综合回收利用延伸合作,推进电池产业全链条战略合作。

2023 年 12 月 26 日　工业和信息化部发布《道路机动车辆生产企业及产品公告》(第 378 批),共计 123 个新能源生产厂家、116 个品牌、257 个新能源车型进入公告。其中,纯电动产品共计 207 个(含乘用车 36 个、客车 11 个、客车底盘 2 个、专用车 133 个、专用车底盘 25 个);插电式混合动力产品 35 个(含乘用车 11 个、专用车 19 个、专用车底盘 5 个);燃料电池产品 15 个(含乘用车 1 个、客车 1 个、专用车 9 个、专用车底盘 4 个)。

2023 年 12 月 26 日　工业和信息化部发布《免征车辆购置税的新能源汽车车型目录》(第七十三批)。本批次免购置税新能源汽车车型目录共有 132 家企业、402 个新能源车型列入,其中,纯电动 348 个(含乘用车 60 个,客车 25 个,专用车 263 个);插电式混合动力 37 个(含乘用车 13 个,专用车 24 个);燃料电池 17 个(含客车 2 个,专用车 15 个)。

2023 年 12 月 26 日　工业和信息化部发布《享受车船税减免优惠的节约能源 使用新能源汽车车型目录》(第五十七批)。本批次中,共有 354 个新能源车型列入,其中,插电式混合动力乘用车列入 15 个;纯电动商用车列入 296 个;插电式混合动力商用车列入 21 个;燃料电池商用车列入 22 个。

2023 年 12 月 26 日　工业和信息化部公告《减免车辆购置税的新能源汽车车型目录》(第一批)。本批次免购置税新能源汽车车型目录共有 456 家企业、12263 个新能源车型列入。车型列入数量前三的车企及数量分别是:南京金龙客车制造有限公司 423 个，北汽福田汽车股份有限公司 344 个，宇通客车股份有限公司 335 个。从动力类型看，纯电动 10560 个（含乘用车 2441 个，客车 2777 个，专用车 5342 个）；插电式混合动力 792 个（含乘用车 406 个，客车 97 个，专用车 289 个）；燃料电池 911 个（含乘用车 8 个，客车 323 个，专用车 580 个）。

2023 年 12 月 26 日 中国石化与阳光铭岛新能源科技有限公司合作建设的重卡换电站在长治交付使用。换电站采用顶部吊装式换电结构，整体重量为 45 t，设有 7 个电池工位。从司机扫码开始到电池更换完成只需 5 min，每天换电次数可达 168 次，可满足牵引、自卸、搅拌等多种车系换电需求。

2023 年 12 月 27 日 江淮钇为全球首款钠电池量产车正式下线，将于 2024 年 1 月开启批量交付。本次量产车型搭载的是中科海钠供应的钠离子圆柱电芯，并采用江淮钇为独有的蜂窝电池结构。

2023 年 12 月 27 日 国家电投集团氢能科技发展有限公司的华南氢能产业基地一期项目在佛山南海启动。该基地是国氢科技自主开发质子交换膜、碳纸在华南地区唯一产业基地，由国氢科技全资子公司佛山绿动氢能科技有限公司负责建设和运营，重点围绕碳纸、膜材料、燃料电池电堆及系统等开展技术创新、装备制造与示范应用推广，致力于立足华南、面向全国打造集研发创新、高端制造、示范应用于一体的氢能产业基地。基地项目分三期建设，其中项目一期建设内容为年产百万平碳纸、十万平质子膜、万套电堆系统等产线。

2023 年 12 月 28 日 smart 与亿咖通科技公司就共同成立合资公司签署协议。根据协议，双方将聚焦车规级智能软件技术开发，构建“软件定义汽车”创新技术生态。双方将联合投入技术研发，促成人才聚合与优势资源互通，加速孵化 smart 全新一代智能座舱。

2023 年 12 月 28 日 南京后摩智能科技有限公司与优控智行科技有限公司正式签署战略合作协议。根据协议，双方将基于后摩智能的存算一体智驾芯片，共同打造智能汽车硬件平台及综合解决方案，并且还将合作开发面向高等级智能驾驶的中高算力域控平台。

2023 年 12 月 28 日 孚能科技全球首辆钠电车型下线，其搭载车型江铃易至 EV3（青春版）251 km 版本是孚能科技与江铃集团新能源汽车合作的首款钠离子电池纯电 A00 级车型。已投产的钠离子电池能量密度在 140～160 Wh/kg 之间。根据规划，孚能科技将于 2024 年带来第二代钠离子电池，能量密度将达到 160～180 Wh/kg；2026 年，产品能量密度将进一步提升至 180～200 Wh/kg，以满足更多场景的应用需求。

2023 年 12 月 28 日 开沃集团淮南基地下线。该基地是开沃集团在新能源物流车领域的重要战略部署，主要包括冲压车间、焊装车间、综合楼、展示厅及研发试验中心等区域，力争 2024 年 6 月份全部建成，建成后将具备年产 5 万台轻型商用车的能力。同日，开沃集团首次推出了新一代产品——CS VAN，该产品可拓展为 48+N 款产品，采用了多种乘用化驾乘体验功能，16 个环状高强度安全结构，可满足 L2++级自动驾驶、OTA、手机 App 远程控制等功能。

2023 年 12 月 28 日 工业和信息化部发布《关于 2024—2025 年度乘用车企业平均燃料消耗量与新能源汽车积分管理有关事项的通知》。《通知》明确：（1）2024 年度、2025 年度的新能源汽车积分比例要求分别为 28% 和 38%。（2）对核算年度生产量 2000 辆以下并且生产、研发和运营保持独立的境内乘用车生产企业，进口量 2000 辆以下的获境外乘用车生产企业授权的进口乘用车供应企业，企业平均燃料消耗量较上一年度下降达到 4% 以上的，其达标值在 GB 27999《乘用车燃料消耗量评价方法及指标》规定的企业平均燃料消耗量要求基础上放宽 60%；下降 2% 以上不满 4% 的，其达标值放宽 30%。（3）乘用车企业核算新能源汽车积分达标值时，低油耗乘用车生产量或者进口量按照其数量的 0.2 倍计算。（4）在企业平均燃料消耗量积分核算中，对标准配置制动能量回收系统、高效空调等循环外技术/装置且具有循环外节能效果的车型，其燃料消耗量可相应减免一定额度（可累加）。

2023 年 12 月 28 日 中国石化必好大型充换电站在四川成都正式投入运营。该站占地面积 9300 m^2，配有 120 个充电停车位，最高充电功率为 480 kW。同时，该配有 1 套液冷超充设备，可根据车辆充电需求，实现充电桩之间功率的动态分配，减少车主充电等候时间，最快可实现充电 10 min 续航 400 km。此外，站内还配有一座换电站，以满足各类车辆的充电需求。

2023 年 12 月 28 日 亿咖通科技与 smart 成立智马达软件科技公司，合资公司将聚焦车规级智能软件技术开发，进一步加速孵化 smart 全新一代智能座舱，将以 smartOS 为起点，通过对操作系统、用户算法、应用生态等多方面的研发，探索打造“千人千面”的智能化体验。同时，加速推进亿咖通·马卡鲁计算平台在 smart 产品上的落地开发，并共同探索沉浸式座舱在 3A 游戏、人工智能技术、品牌 IP 孵化、三方生态建设等领域的发展可能。

2023 年 12 月 28 日 小米汽车智驾 & 智舱系统首次公布。在智驾系统方面，小米 SU7 搭载 2 颗英伟达 Orin 芯片，搭配 1 颗禾赛的 128 线激光雷达、11 颗高清摄像头、3 颗毫米波雷达以及 12 颗超声波雷达。在此基础上，小米智驾在感知算法方面采用了“BEV+Transformer+占用网络”的最新一代底层算法，并全面融入了大模型技术。根据公布的 Xiaomi Pilot 技术框架，还包括具身智能引擎、实时环境建模、行为预测模型、时空联合决策、自监督数据引擎、影子模式等。在智能座舱方面，小米 SU7 搭载了高通第四代座舱芯片骁龙 8295，拥有 16.1 in 3K 超清中控屏、超大 56 in HUD、翻转仪表屏，同时能够外接小米 Pad 生态拓展屏。

2023 年 12 月 29 日 广州市南沙区开展智能网联汽车（自动驾驶）无人商业化混行试点，小马智行成为入选该试点的企业。按照要求，小马智行的“无人驾驶”车辆收费站点将覆盖广州南沙城区等主要区域，运营时段为早上 8:00—晚上 10:30，收费标准与广州市出租车收费标准一致。截至 2023 年 12 月，在复杂的城区公开道路中，小马智行已累积超过 2800 万 km 的自动驾驶路测里程。

2023 年 12 月 29 日 由我国牵头的 ISO 7637—1:2023

《道路车辆 由传导和耦合引起的电骚扰 第1部分:词汇和一般规定》和ISO/TR 17326:2023《使用压缩氢气的燃料电池电动汽车低温冷起动性能试验方法》2项国际标准正式发布。ISO 7637—1:2023是电气/电子部件电磁兼容(EMC)关键基础方法标准,由我国、德国联合法国、日本等国家的专家修订完成,主要修改完善了ISO 7637系列标准各部分测试方法的关键特性及通用技术条件,对于提升汽车零部件抗干扰性能以及可靠性提供了重要的技术支撑。ISO/TR 17326:2023由我国联合日本、德国、法国、美国、韩国等国家的专家共同完成,主要规定了燃料电池电动汽车低温冷起动性能试验方法以及低温冷起动过程中氢安全、能量消耗量的测试方法,适用于不同压力等级、动力总成模式以及控制策略的燃料电池电动汽车,可为产品研发、测试、运维和普及应用提供重要的技术支撑。

2023年12月29日 苏州旗芯微半导体有限公司与上海伊世智能科技有限公司签署战略合作协议,根据协议,双方将针对车载控制器信息安全防护,整车信息安全纵深防御体系的最核心层,充分发挥双方技术优势、资源优势,共同推进域控、电池管理、底盘、悬架、电驱、驾驶辅助等领域的工作。

2023年12月30日 文远知行智慧科技有限公司携手广州巴士集团正式开放自动驾驶小巴商业收费运营服务。双方于12月21日获得广州市黄埔区智能网联汽车示范应用资格,获准开展自动驾驶微循环客车(Robobus)商业化收费运营,这是全国首个前装量产Robobus商业化运营牌照。

2023年12月31日 北京英创汇智汽车技术有限公司完成了近6亿元C轮融资。本轮融资由国江基金(江淮出资)、北汽产投、智能汽车基金(陕汽)、中芯熙诚等多家产业方基金共同领投,龙鼎投资、国新高层次人才基金、华控基金、亿宸资本、上海国和、凯联资本、中信建投资本等多家新老股东跟投。

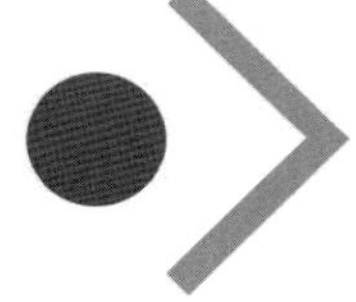

第七篇

标准篇

一、电动汽车领域

标准编号	标准名称	标准主要内容	发布单位	归口单位	起草单位	发布日期	实施日前
GB/T 34215—2023	电动汽车驱动电机用冷轧无取向电工钢带(片)	本文件规定了电动汽车驱动电机用冷轧无取向电工钢带(片)的符号和代号、牌号、订货内容、一般要求、技术要求、检验和试验、复验与判定规则、包装、标志及质量证明书	国家市场监督管理总局 国家标准化管理委员会	全国钢标准化技术委员会	宝山钢铁股份有限公司、冶金工业信息标准研究院、首钢集团有限公司、张家港扬子江冷轧板有限公司、新余钢铁股份有限公司、湖南华菱涟源钢铁有限公司、无锡普天铁心股份有限公司	2023-08-06	2024-03-01
GB/T 18487.1—2023	电动汽车传导充电系统 第1部分:通用要求	本文件规定了电动汽车传导充电系统分类、通用要求、通信、电击防护、电动汽车和电动汽车电能传输设备之间的连接、车辆适配器、车辆接口、供电接口的特殊要求、电动汽车电能传输设备结构要求、性能要求、过载保护和短路保护、急停、使用条件、维修、标识和说明	国家市场监督管理总局 国家标准化管理委员会	中国电力企业联合会	国网电力科学研究院有限公司、中国电力企业联合会、国家电网有限公司、南瑞集团有限公司、壳牌(中国)有限公司、国联智慧能源交通技术创新中心(苏州)有限公司、北京新能源汽车股份有限公司、深圳奥特迅电力设备股份有限公司、万帮数字能源股份有限公司、华为数字能源技术有限公司等	2023-09-07	2024-04-01
GB/T 20234.1—2023	电动汽车传导充电用连接装置 第1部分:通用要求	本文件规定了电动汽车传导充电用连接装置的电压与电流额定值、外观、结构、环境适应性、电气性能、机械性能等技术要求,描述了电动汽车传导充电用连接装置的试验条件、试验方法、检验项目等检验要求。 本文件规定的充电连接装置用于水利、矿山、建筑场地、农业作业等特殊场所的电动汽车,或用于道路车辆之外的其他领域时,充电连接装置的安装位置、运行条件、使用方式、环境适应性等方面可能需要附加要求	国家市场监督管理总局 国家标准化管理委员会	全国汽车标准化技术委员会	中国汽车技术研究中心有限公司、比亚迪汽车工业有限公司、中国电器科学研究院股份有限公司、苏州智绿环保科技有限公司、中航光电科技股份有限公司、安费诺精密连接器(深圳)有限公司、中汽研新能源汽车检验中心(天津)有限公司、蔚来汽车科技(安徽)有限公司、中国质量认证中心、深圳巴斯巴科技发展有限公司、广州小鹏汽车科技有限公司、华为数字能源技术有限公司、北汽福田汽车股份有限公司、菲尼克斯(南京)新能源汽车技术有限公司等	2023-09-07	2023-09-07
GB/T 20234.3—2023	电动汽车传导充电用连接装置 第3部分:直流充电接口	本文件规定了电动汽车传导充电用直流充电接口的通用要求、额定值、连接界面、触头布置、触头功能、型式、结构尺寸等要求	国家市场监督管理总局 国家标准化管理委员会	全国汽车标准化技术委员会	比亚迪汽车工业有限公司、中国汽车技术研究中心有限公司、中国汽车工业协会、蔚来汽车科技(安徽)有限公司、广州巨湾技研有限公司、广州小鹏汽车科技有限公司、中汽研新能源汽车检验中心(天津)有限公司、中国第一汽车股份有限公司、广汽埃安新能源汽车股份有限公司、东风汽车集团有限公司、宁德时代新能源科技股份有限公司、重庆长安新能源汽车科技有限公司、西安领充创享新能源科技有限公司、深圳巴斯巴科技发展有限公司、北汽福田汽车股份有限公司等	2023-09-07	2023-09-07
GB/T 20234.4—2023	电动汽车传导充电用连接装置 第4部分:大功率直流充电接口	本文件规定了电动汽车传导式直流充电连接装置的构成及功能、接口界面与参数、电缆要求、热管理系统、技术要求、试验方法等,以及适配器的技术要求、试验方法和检验规则等	国家市场监督管理总局 国家标准化管理委员会	中国电力企业联合会	国网电力科学研究院有限公司、中国电力企业联合会、国家电网有限公司、国网智慧车联网技术有限公司、张家港友诚新能源科技股份有限公司、南京康尼新能源汽车零部件有限公司、中航光电科技股份有限公司、深圳易瓦科技有限公司、特来电新能源股份有限公司、南瑞集团有限公司、许继集团有限公司、菲尼克斯(南京)新能源汽车技术有限公司等	2023-09-07	2024-04-01
GB/T 27930—2023	非车载传导式充电机与电动汽车之间的数字通信协议	本文件规定了非车载传导式充电机(以下简称"充电机")设备通信控制器(SECC)与电动汽车通信控制器(EVCC)之间基于控制器局域网(CAN)的通信物理层、数据链路层、传输层及应用层的定义和要求	国家市场监督管理总局 国家标准化管理委员会	中国电力企业联合会	国网电力科学研究院有限公司、中国电力企业联合会、国家电网有限公司、南瑞集团有限公司、青岛海汇德电气有限公司、西安领充创享新能源科技有限公司、万帮数字能源股份有限公司、大众汽车(中国)投资有限公司、国网智慧车联网技术有限公司、许继集团有限公司、北京新能源汽车股份有限公司等	2023-09-07	2024-04-01

续上表

标准编号	标准名称	标准主要内容	发布单位	归口单位	起草单位	发布日期	实施日前
GB/T 38698. 2—2023	车用动力电池回收利用 管理规范 第2部分:回收服务网点	本文件规定了车用动力电池回收服务网点的建设、作业以及安全环保及应急要求	国家市场监督管理总局 国家标准化管理委员会	全国汽车标准化技术委员会	中国汽车技术研究中心有限公司、广东邦普循环科技有限公司、江苏华友能源科技有限公司、武汉动力电池再生技术有限公司、瑞萨科林(上海)新能源有限公司、合肥国轩高科动力能源有限公司、浙江天能电源材料有限公司、湖南邦普汽车循环有限公司、上海保隆汽车科技股份有限公司、北京赛德美资源再利用研究院有限公司、贵州中伟资源循环产业发展有限公司、江苏世航国际货运代理股份有限公司	2023-09-07	2023-09-07
GB/T 38775. 8—2023	电动汽车无线充电系统 第8部分:商用车应用特殊要求	本文件规定了电动汽车无线充电系统商用车应用特殊要求	国家市场监督管理总局 国家标准化管理委员会	中国电力企业联合会	中国电力科学研究院有限公司、国家电网有限公司、中兴新能源科技有限公司、中国汽车技术研究中心有限公司、国网智慧车联网技术有限公司、国网江苏省电力有限公司、许继电源有限公司、宇通客车股份有限公司、一汽解放汽车有限公司、华为技术有限公司等	2023-09-07	2023-09-07
GB/T 43092—2023	锂离子电池正极材料电化学性能测试　高温性能测试方法	本文件规定了锂离子电池正极材料高温电化学性能测试方法,包括高温存储测试和高温循环测试	国家市场监督管理总局 国家标准化管理委员会	全国有色金属标准化技术委员会	北京当升材料科技股份有限公司、巴斯夫杉杉电池材料有限公司、广东邦普循环科技有限公司、天津国安盟固利新材料科技股份有限公司、蜂巢能源科技(无锡)有限公司、当升科技(常州)新材料有限公司、湖南长远锂科新能源有限公司等	2023-09-07	2023-10-01
GB/T 43191—2023	电动汽车交流充电桩现场检测仪	本文件界定了电动汽车交流充电桩现场检测仪的术语和定义,规定了机械性能、电气性能、电磁兼容性、测量性能、接口等技术要求,描述了相应的试验方法、检验规则,规定了标识、包装、运输及贮存等方面的内容	国家市场监督管理总局 国家标准化管理委员会	全国电工仪器仪表标准化技术委员会	哈尔滨电工仪表研究所有限公司、国网四川省电力公司营销服务中心、深圳市星龙科技股份有限公司、中国电力科学研究院有限公司、深圳市科陆电子科技股份有限公司、国网江苏省电力有限公司电力科学研究院、宁波迦南智能电气股份有限公司、等	2023-09-07	2024-04-01
GB 22757. 2—2023	轻型汽车能源消耗量标识 第2部分:可外接充电式混合动力电动汽车和纯电动汽车	本文件规定了轻型汽车能源消耗量标识的内容、格式、材质和粘贴要求	国家市场监督管理总局 国家标准化管理委员会	工业和信息化部	中国汽车技术研究中心有限公司、联合汽车电子有限公司、重庆长安汽车股份有限公司、东风汽车集团有限公司、工业和信息化部装备工业发展中心、上海汽车集团股份有限公司、重庆金康赛力斯新能源汽车设计院有限公司、比亚迪汽车工业有限公司、长城汽车股份有限公司等	2023-09-08	2024-07-01
GB/T 31467—2023	电动汽车用锂离子动力电池包和系统电性能试验方法	本文件描述了电动汽车用锂离子动力电池包和系统的电性能测试方法	国家市场监督管理总局 国家标准化管理委员会	全国汽车标准化技术委员会	合肥国轩高科动力能源有限公司、中国汽车技术研究中心有限公司、宁德时代新能源科技股份有限公司、中创新航科技股份有限公司、蜂巢能源科技股份有限公司、中汽研新能源汽车检验中心(天津)有限公司、国联汽车动力电池研究院有限责任公司、比亚迪汽车工业有限公司、欣旺达电动汽车电池有限公司等	2023-11-27	2023-11-27
GB/T 43248—2023	电动汽车和混合动力汽车无线电骚扰特性 用于保护30 MHz以下车外接收机的限值和测量方法	本文件规定的3 m测量距离限值和测量方法是用于对居住环境中使用的车外接收机(10 m距离处)在150 kHz~30 MHz频率范围内提供保护。 注:车载接收机的保护见CISPR 25。 本文件规定的辐射发射要求不适用于国际电信联盟无线电通信部门(ITU-R)定义的无线电发射机的有意发射及其杂散发射	国家市场监督管理总局 国家标准化管理委员会	全国无线电干扰标准化技术委员会	中国汽车技术研究中心有限公司、上海电器科学研究院、广东省珠海市质量计量监督检测所、中国电子技术标准化研究院、上海汽车集团股份有限公司技术中心、上汽通用五菱汽车股份有限公司等	2023-11-27	2024-06-01

续上表

标准编号	标准名称	标准主要内容	发布单位	归口单位	起草单位	发布日期	实施日前
GB/T 43254—2023	电动汽车用驱动电机系统功能安全要求及试验方法	本文件规定了电动汽车用驱动电机系统的功能安全要求及试验方法	国家市场监督管理总局 国家标准化管理委员会	全国汽车标准化技术委员会	中国汽车技术研究中心有限公司、泛亚汽车技术中心有限公司、中国长安汽车集团有限公司、苏州汇川联合动力系统有限公司、极氪汽车(宁波杭州湾新区)有限公司、株洲中车时代电气股份有限公司等	2023-11-27	2023-11-27
GB/T 43332—2023	电动汽车传导充放电安全要求	本文件规定了电动汽车(简称车辆)传导连接至外部电源或外部负载进行传导充放电的安全要求	国家市场监督管理总局 国家标准化管理委员会	全国汽车标准化技术委员会	中国汽车技术研究中心有限公司、北京新能源汽车股份有限公司、比亚迪汽车工业有限公司、中汽研汽车检验中心(天津)有限公司、华为技术有限公司、深蓝汽车科技有限公司、吉利汽车研究院(宁波)有限公司、蔚来汽车科技(安徽)有限公司等	2023-11-27	2023-11-27
QC/T 1201.1—2023	纯电动商用车车载换电系统互换性 第1部分:换电电气接口	本文件规定了后背式换电的纯电动商用车车载换电系统电气接口的基本要求、信号定义、触电耦合顺序、连接界面、端子排布和尺寸参数	工业和信息化部	全国汽车标准化技术委员会	北汽福田汽车股份有限公司、中国汽车技术研究中心有限公司、苏州瑞可连接系统股份有限公司、四川新能源汽车创新中心有限公司、河南天海电器有限公司等	2023-12-20	2023-12-20
QC/T 1201.2—2023	纯电动商用车车载换电系统互换性 第2部分:换电冷却接口	本文件规定了后背式换电的纯电动商用车车载换电系统的冷却接口一般要求和结构尺寸要求	工业和信息化部	全国汽车标准化技术委员会	宁德时代新能源科技股份有限公司、中国汽车技术研究中心有限公司、四川新能源汽车创新中心有限公司、宁波大雅汽车部件有限公司、苏州瑞可连接系统股份有限公司等	2023-12-20	2023-12-20
QC/T 1201.3—2023	纯电动商用车车载换电系统互换性 第3部分:换电机构	本文件规定了后背式换电的纯电动商用车车载换电系统中换电机构的互换性要求	工业和信息化部	全国汽车标准化技术委员会	四川新能源汽车创新中心有限公司、中国汽车技术研究中心有限公司、上海玖行能源科技有限公司、一汽解放汽车有限公司、协鑫能源科技股份有限公司等	2023-12-20	2023-12-20
QC/T 1201.4—2023	纯电动商用车车载换电系统互换性 第4部分:换电电池系统	本文件规定了后背式换电的纯电动商用车车载换电系统的换电电池系统一般要求和尺寸要求	工业和信息化部	全国汽车标准化技术委员会	宁德时代新能源科技股份有限公司、中国汽车技术研究中心有限公司、合肥国轩高科动力能源有限公司、四川新能源汽车创新中心有限公司、上海玖行能源科技有限公司等	2023-12-20	2023-12-20
QC/T 1201.5—2023	纯电动商用车车载换电系统互换性 第5部分:车辆与电池系统的通信	本文件规定了后背式换电的商用车与换电电池系统的通信要求、总线要求、报文分类的要求	工业和信息化部	全国汽车标准化技术委员会	浙江吉利远程新能源商用车集团有限公司、中国汽车技术研究中心有限公司、北汽福田汽车股份有限公司、徐州徐工新能源汽车有限公司、三一汽车制造有限公司等	2023-12-29	2023-12-29
QC/T 1199—2023	电动汽车传导充电用集成式交流供电标准插座	本文件规定了电动汽车传导充电用集成式交流供电标准插座的技术要求、试验方法、标识、包装、运输和贮存的安全要求	工业和信息化部	全国汽车标准化技术委员会	上汽通用五菱汽车股份有限公司、中国汽车技术研究中心有限公司、中汽研新能源汽车检验中心(天津)有限公司、威凯检测技术有限公司、胜蓝科技股份有限公司、比亚迪汽车工业有限公司、北京新能源汽车股份有限公司等	2023-12-20	2024-07-01
QC/T 1198—2023	带功能盒的电动汽车传导充电用电缆组件	本文件规定了带功能盒的电动汽车传导充电用电缆组件的技术要求、试验方法,及其标识、包装、运输和贮存的要求	工业和信息化部	全国汽车标准化技术委员会	中汽研新能源汽车检验中心(天津)有限公司、苏州智绿环保科技有限公司、中航光电科技股份有限公司、比亚迪汽车工业有限公司、安费诺精密连接器(深圳)有限公司、深圳巴斯巴科技发展有限公司、西安领充创享新能源科技有限公司、青岛华烁高科新能源技术有限公司、蔚来汽车科技(安徽)有限公司等	2023-12-20	2024-07-01
QC/T 1200—2023	带充电机的电动汽车传导充电用电缆组件	本文件规定了带充电机的电动汽车传导充电用电缆组件的技术要求、试验方法、标识、包装、运输和贮存的相关要求	工业和信息化部	全国汽车标准化技术委员会	北京新能源汽车股份有限公司、中汽研新能源汽车检验中心(天津)有限公司、中国汽车技术研究中心有限公司、西安领充创享新能源科技有限公司、深圳巴斯巴科技发展有限公司等	2023-12-20	2024-07-01

续上表

标准编号	标准名称	标准主要内容	发布单位	归口单位	起草单位	发布日期	实施日前
DB5115/T 101. 1—2023	换电式重卡换电站 第1部分:消防安全设计规范	本文件规定了换电式重卡换电站消防安全设计的术语和定义、总体要求、总平面布局、平面布置、建筑防火、安全疏散、设施器材、通风和空气调节、电气、防爆和其他	宜宾市市场监督管理局	宜宾市消防救援支队	四川智锂智慧能源科技有限公司、四川新能源汽车创新中心有限公司、四川赛科检测技术有限公司、宜宾宜行汽车科技有限公司、四川省消防救援总队、宜宾市消防救援支队、宜宾市住房和城乡建设局、宜宾市经济合作和新兴产业局、宜宾市市场监督管理局	2023-01-10	2023-02-10
DB5115/T 101. 2—2023	换电式重卡换电站 第2部分:消防安全管理规范	本文件规定了换电式重卡换电站消防安全管理的总则、管理职责、规章制度、日常管理、换电管理、运营维护、巡查检查、宣传培训、应急演练和档案管理	宜宾市市场监督管理局	宜宾市消防救援支队	四川省消防救援总队、宜宾市消防救援支队、宜宾市经济合作和新兴产业局、宜宾市应急管理局、宜宾市市场监督管理局、四川智锂智慧能源科技有限公司、四川新能源汽车创新中心有限公司、四川翼空智控科技有限公司等	2023-01-10	2023-02-10
DB5115/T 101. 3—2023	换电式重卡换电站 第3部分:火灾事故处置规程	本文件规定了换电式重卡换电站(简称换电站)火灾事故处置的总则、预防准备和处置行动	宜宾市市场监督管理局	宜宾市消防救援支队	宜宾市消防救援支队、宜宾市经济合作和新兴产业局、宜宾市市场监督管理局、四川智锂智慧能源科技有限公司、四川新能源汽车创新中心有限公司、四川翼空智控科技有限公司、四川赛科检测技术有限公司	2023-01-10	2023-02-10
DB50/T 1359—2023	电动汽车电池更换站站端系统与云平台通信规范	本文件规定了电动汽车电池更换站(简称电池更换站)站端系统与云平台之间信息交换的协议结构、通信连接、数据包结构与定义、数据单元格式与定义、云平台监控要求等内容	重庆市市场监督管理局	重庆市经济和信息化委员会	浙江吉智新能源汽车科技有限公司、中国汽车工程研究院股份有限公司、易易互联科技有限公司、重庆金康赛力斯新能源汽车设计院有限公司、奥动新能源汽车科技有限公司、重庆市质量和标准化研究院、重庆长安新能源汽车科技有限公司、招商局检测车辆技术研究院有限公司、西部科学城智能网联汽车创新中心(重庆)有限公司	2023-02-20	2023-04-20
DB50/T 1360—2023	电动汽车电池更换设施防火指南	本文件规定了电动汽车电池更换设施防火指南中术语和定义、总体要求、灭火装置配置要求、火灾自动报警系统、消防标识、消防供电及应急照明	重庆市市场监督管理局	重庆市经济和信息化委员会	浙江吉智新能源汽车科技有限公司、中国汽车工程研究院股份有限公司、奥动新能源汽车科技有限公司、重庆长安新能源汽车科技有限公司、重庆市质量和标准化研究院、重庆金康赛力斯新能源汽车设计院有限公司、招商局检测车辆技术研究院有限公司、西部科学城智能网联汽车创新中心(重庆)有限公司	2023-02-20	2023-04-20
DB50/T 1361—2023	电动汽车电池更换设施安全通用要求	本文件规定了电动汽车电池更换设施的术语和定义、总体要求、系统安全要求、电气安全要求、标志和标识	重庆市市场监督管理局	重庆市经济和信息化委员会	浙江吉智新能源汽车科技有限公司、中国汽车工程研究院股份有限公司、重庆长安新能源汽车科技有限公司、奥动新能源汽车科技有限公司等	2023-02-20	2023-04-20
DB52/T 1715. 1—2023	电动汽车充电基础设施规范第1部分:规划	本文件规定了电动汽车充电基础设施(简称充电基础设施)规划的原则、基本要求、布局、选址和配套建设指标	贵州省市场监督管理局	贵州省能源局	中国电建集团贵阳勘测设计研究院有限公司、万帮数字能源股份有限公司、国家水能风能研究中心贵阳分中心、贵州电网有限责任公司、特来电新能源股份有限公司、许继电源有限公司	2023-02-20	2023-05-01
DB52/T 1715. 2—2023	电动汽车充电基础设施规范 第2部分:设计与施工	本文件规定了电动汽车充电基础设施(简称充电基础设施)设计与施工的要求	贵州省市场监督管理局	贵州省能源局	中国电建集团贵阳勘测设计研究院有限公司、贵州电网有限责任公司、国家水能风能研究中心贵阳分中心、万帮数字能源股份有限公司、特来电新能源股份有限公司、许继电源有限公司	2023-02-20	2023-05-01
DB52/T 1715. 3—2023	电动汽车充电基础设施规范 第3部分:竣工验收	本文件规定了电动汽车充电基础设施(简称充电基础设施)竣工验收的基本要求、验收要求和验收评价报告	贵州省市场监督管理局	贵州省能源局	中国电建集团贵阳勘测设计研究院有限公司、国家水能风能研究中心贵阳分中心、贵州电网有限责任公司、万帮数字能源股份有限公司、特来电新能源股份有限公司、许继电源有限公司	2023-02-20	2023-05-01

续上表

标准编号	标准名称	标准主要内容	发布单位	归口单位	起草单位	发布日期	实施日前
DB 4206/T 61—2023	在用电动汽车用锂离子动力蓄电池性能测试方法	本标准规定了在用电动汽车用锂离子动力蓄电池性能的测试周期、测试项目和测试方法	襄阳市市场监督管理局	襄阳市市场监督管理局	湖北省蓄电池产品质量监督检验中心、襄阳市公共检验检测中心、湖北文理学院、襄阳首信质量检测技术有限公司、湖北德普电气股份有限公司	2023-03-06	2024-04-05
DB65/T4636—2022	电动汽车充电站(桩)建设技术规范	本文件规定了电动汽车充电站(桩)建设的基本规定、规划选址、充电站设计、供配电系统设计、施工与调试、专项竣工验收的要求	新疆维吾尔自治区市场监督管理局	新疆维吾尔自治区工业和信息化厅	中船重工海为(新疆)新能源有限公司	2023-04-18	2023-06-20
DB22/T 3465—2023	电动汽车换电站消防安全技术规范	本文件规定了电动汽车换电站的选址、总平面布置、建筑防火、设施器材、通风与排烟、电气和消防安全管理等技术要求	吉林省市场监督管理厅	吉林省消防救援总队	吉林省消防救援总队、吉林省住房和城乡建设厅、国网吉林省电力有限公司	2023-04-25	2023-05-28
DB33/T 1292—2023	电动汽车充电桩计量远程监测技术规范	本标准规定了电动汽车交流充电桩和电动汽车非车载充电机(简称充电桩)计量远程监测的概述、数据采集、数据筛选及处理和现场计量确认	浙江省市场监督管理局	浙江省市场监督管理局	杭州市质量技术监督检测院、中国计量科学研究院、浙江浙大网新中研软件有限公司、浙江瑞银电子有限公司、浙江涵普电力科技有限公司、浙江万马新能源有限公司	2023-05-27	2023-05-27
DB50/T 1415—2023	电动汽车与电池更换系统信息交互规范	本文件规定了换电式电动汽车与电池更换系统信息交互的术语和定义、总则及交互内容要求	重庆市市场监督管理局	重庆市经济和信息化委员会	重庆长安新能源汽车科技有限公司、中国汽车工程研究院股份有限公司、奥动新能源汽车科技有限公司、浙江吉智新能源汽车科技有限公司、庆铃汽车(集团)有限公司等	2023-06-06	2023-09-06
DB50/T 1416—202	电动汽车换电电池箱及接口通用技术条件	本文件规定了换电电池箱及接口的术语与定义、技术要求等内容	重庆市市场监督管理局	重庆市经济和信息化委员会	重庆长安新能源汽车科技有限公司、中国汽车工程研究院股份有限公司、奥动新能源汽车科技有限公司、浙江吉智新能源汽车科技有限公司等	2023-06-06	2023-09-06
DB5115/T 104. 1—2023	换电式重卡车载换电系统互换性 第1部分:换电电气接口	本文件规定了后背式换电的电动重卡车载换电系统电气接口的一般要求、电气要求、结构要求、安全要求、性能要求和试验方法	宜宾市市场监督管理局	宜宾市经济合作和新兴产业局	四川智锂智慧能源科技有限公司、四川新能源汽车创新中心有限公司、苏州瑞可达连接系统股份有限公司、四川时代新能源科技有限公司等	2023-06-06	2023-07-06
DB5115/T 104. 2—2023	换电式重卡车载换电系统互换性 第2部分:换电冷却接口	本文件规定了后背式换电的电动重卡车载换电系统冷却接口的性能要求、尺寸布置和试验方法	宜宾市市场监督管理局	宜宾市经济合作和新兴产业局	宁波大雅汽车部件有限公司、四川智锂智慧能源科技有限公司、四川时代新能源科技有限公司、四川新能源汽车创新中心有限公司、阳光铭岛能源科技有限公司、苏州瑞可达连接系统股份有限公司等	2023-06-06	2023-07-06
DB5115/T 104. 3—2023	换电式重卡车载换电系统互换性 第3部分:换电机构	本文件规定了后背式换电的电动重卡车载换电系统换电机构的一般要求、机械接口、电气接口位置和冷却接口位置	宜宾市市场监督管理局	宜宾市经济合作和新兴产业局	四川智锂智慧能源科技有限公司、阳光铭岛能源科技有限公司、四川新能源汽车创新中心有限公司、四川时代新能源科技有限公司等	2023-06-06	2023-07-06
DB5115/T 104. 4—2023	换电式重卡车载换电系统互换性 第4部分:换电电池系统	本文件规定了后背式换电的电动重卡车载换电系统换电电池系统的一般要求和尺寸要求	宜宾市市场监督管理局	宜宾市经济合作和新兴产业局	四川智锂智慧能源科技有限公司、四川新能源汽车创新中心有限公司、四川时代新能源科技有限公司、阳光铭岛能源科技有限公司、中国汽车工程研究院股份有限公司等	2023-06-06	2023-07-06
DB5115/T 104. 5—2023	换电式重卡车载换电系统互换性 第5部分:车辆与电池系统的通信	本文件规定了后背式换电的电动重卡车载换电系统电气接口的一般要求、总线要求和报文分类	宜宾市市场监督管理局	宜宾市经济合作和新兴产业局	浙江吉利新能源商用车集团有限公司、四川智锂智慧能源科技有限公司、四川时代新能源科技有限公司、四川新能源汽车创新中心有限公司等	2023-06-06	2023-07-06
DB3204/T 1050—2023	锂离子动力电池工厂安全风险管控指南	本文件规定了锂离子动力电池工厂安全风险管控的术语和定义、一般要求、安全风险管控基本的技术规定与管理要求	常州市市场监督管理局	常州市应急管理局	常州市应急管理局	2023-06-07	2023-07-07

续上表

标准编号	标准名称	标准主要内容	发布单位	归口单位	起草单位	发布日期	实施日前
DB4403/T 342—2023	电动汽车充换电设施有序充电和V2G双向能量互动技术规范	本文件规定了电动汽车有序充电和充放电双向能量互动系统的系统架构、信息交互、有序充电设备、V2G充放电设备、边缘控制终端、负荷聚合平台、充电运营平台的技术要求	深圳市市场监督管理局	深圳市发展和改革委员会	南方电网电动汽车服务有限公司、深圳供电局有限公司、南方电网科学研究院有限责任公司、深圳市科技创新委员会、深圳国家高技术产业创新中心、深圳市计量质量检测研究院、深圳市特来电新能源有限公司、深圳市建筑科学研究院股份有限公司、华为数字能源技术有限公司等	2023-06-12	2023-07-01
DB35/T 2110—2023	在用电动汽车动力电池系统性能评估规范	本文件规定了在用电动汽车锂离子动力电池系统（简称动力电池系统）的技术要求、检测条件及记录、检测方法	福建省市场监督管理局	福建省工业和信息化厅	宁德时代新能源科技股份有限公司、福建星云电子股份有限公司、福建时代星云科技有限公司、福建省汽车运输集团有限公司、福建省计量科学研究院、中国石化销售股份有限公司福建分公司、国网电动汽车服务（福建）有限公司	2023-06-19	2023-09-19
DB1331/T 042—2023	电动重卡换电系统技术要求	本文件规定了背装式电动重型卡车换电系统各物理连接和信息连接接口的技术要求	河北雄安新区管理委员会改革发展局	河北雄安新区管理委员会改革发展局	国网雄安综合能源服务有限公司、国网商用电动汽车投资有限责任公司、东风商用车有限公司、东风华神汽车有限公司、宁德时代新能源科技股份有限公司、深圳精智机器有限公司等	2023-07-12	2023-08-01
DB34/T 4526—2023	新能源电动汽车换电站运营管理服务规范	本文件规定了电动汽车换电站术语和定义、基本要求、流程、服务、评价与改进	安徽省市场监督管理局	安徽省市场监督管理局	泽清新能源科技有限公司、安徽省产品质量监督检验研究院、安徽绿舟科技有限公司、科大智能电气技术有限公司、安徽中科中涣智能装备股份有限公司、安徽巨一科技股份有限公司、奥动新能源汽车科技有限公司	2023-07-31	2023-08-31
DB34/T 4527—2023	新能源电动汽车换电站验收规范	本文件规定了新能源电动汽车换电站术语和定义、基本要求、验收流程、验收组织、验收要求和验收结论	安徽省市场监督管理局	安徽省市场监督管理局	安徽绿舟科技有限公司、安徽省产品质量监督检验研究院、泽清新能源科技有限公司、科大智能电气技术有限公司、安徽中科中涣智能装备股份有限公司、安徽巨一科技股份有限公司、奥动新能源汽车科技有限公司	2023-07-31	2023-08-31
DB50/T 1477—2023	电动重型载货车与换电电池箱的通信协议	本文件适用于采用CAN通信方式的电动重型载货车与换电电池箱的通信	重庆市市场监督管理局	重庆市经济和信息化委员会	中国汽车工程研究院股份有限公司、上海玖行能源科技有限公司、上汽红岩汽车有限公司、庆铃汽车股份有限公司、重庆恒通客车有限公司、重庆峘能电动车科技有限公司、绿动未来能源有限公司、上海启源芯动力科技有限公司等	2023-09-15	2023-12-15
DB50/T 1487—2023	二手新能源汽车鉴定评估规范	本文件适用于二手纯电动乘用车（快充式）的鉴定评估活动，二手纯电动商用车、插电式混合动力汽车可参照执行	重庆市市场监督管理局	重庆市商务委员会	中国汽车工程研究院股份有限公司、交通运输部公路科学研究院、重庆空间变换科技有限公司懂懂分公司、车百中汽科技（北京）有限公司、重庆市二手车流通协会、重庆市弘鼎圣科技有限公司、重庆圣眸科技开发有限公司等	2023-09-20	2023-12-20
DB32/T 4533—2023	动力电池梯次利用储能电站验收及运行维护规程	本文件规定了动力电池梯次利用储能电站的一般验收要求、设备和消防系统验收要求，以及正常运行、异常运行及故障处理、维护要求	江苏省市场监督管理局	江苏省工业和信息化厅	江苏慧智能源工程技术创新研究院有限公司、中国质量认证中心南京分中心、中认南信（江苏）检测技术有限公司、杭州煦达新能源科技有限公司、沃太能源股份有限公司、国网江苏综合能源服务有限公司、江苏和慧综合智慧能源科技有限公司、北方工业大学	2023-09-22	2023-10-22
DB32/T 4534—2023	动力电池梯次利用储能系统应用技术规范	本文件规定了动力电池梯次利用储能系统中能量管理系统、储能变流器和电池管理系统的技术要求、常规测试指标等内容	江苏省市场监督管理局 中国标准出版社	江苏省工业和信息化厅	江苏慧智能源工程技术创新研究院有限公司、北方工业大学、国网江苏省电力有限公司连云港供电分公司、东南大学、杭州科工电子科技有限公司、三峡科技有限责任公司、江苏海基新能源股份有限公司等	2023-09-22	2023-10-22

续上表

标准编号	标准名称	标准主要内容	发布单位	归口单位	起草单位	发布日期	实施日前
DB50/T 1507—2023	新能源汽车与充电基础设施监测平台充电设施信息接入技术规范	本文件适用于新能源汽车与充电基础设施监测平台充电设施信息接入	重庆市市场监督管理局	重庆市经济和信息化委员会	国网重庆市电力公司营销服务中心、重庆长安特来电新能源有限公司、重庆星充新能源科技有限公司、重庆云快充信息科技有限公司、重庆市质量和标准化研究院、国网重庆电动汽车服务有限公司、重庆市环卫集团有限公司、重庆电子工程职业学院	2023-11-10	2024-02-10
DB50/T 1508—2023	新能源汽车与充电基础设施监测平台换电设施信息接入技术规范	本文件适用于新能源汽车与充电基础设施监测平台换电设施信息接入	重庆市市场监督管理局	重庆市经济和信息化委员会	国网重庆市电力公司营销服务中心、重庆市质量和标准化研究院、中国汽车工程研究院股份有限公司、重庆易易新能源科技有限公司、重庆奥动新能源科技有限公司、重庆峘能电动车科技有限公司、重庆市环卫集团有限公司、重庆电子工程职业学院	2023-11-10	2024-02-10
DB3401/T 289—2023	电动汽车充电站(桩)服务与管理规范	本文件规定了电动汽车充电站(桩)运营的总体要求、服务、管理、评价与改进	合肥市市场监督管理局	合肥市城乡建设局	中科美络科技股份有限公司、合肥市城乡建设局、安徽省产品质量监督检验研究院、合肥产品质量监督检验研究院等	2023-12-15	2023-12-15
DB11/T 2160—2023	电动汽车公用充电站能源消耗限额	本文件规定了电动汽车公用充电站能源消耗限额的技术要求、统计范围、计算方法、节能管理与技术措施	北京市市场监督管理局	北京市发展和改革委员会	中国电子工程设计院有限公司、北京节能环保中心、中电投工程研究检测评定中心有限公司、国网(北京)新能源汽车服务有限公司、特来电(北京)新能源科技有限公司等	2023-12-25	2024-04-01
NB/T 11302—2023	电动汽车充电设施及运营平台信息安全技术规范	本文件规定了电动汽车充电设施及运营平台的网络信息安全防护要求	国家能源局	电动汽车充电设施标准化技术委员会(NEA/TC4)	中国南方电网电力调度控制中心、南方电网产业投资集团有限责任公司、南方电网电动汽车服务有限公司、南方电网数字平台科技(广东)有限公司、国网电动汽车服务有限公司、南方电网科学研究院有限责任公司等	2023-10-11	2023-04-11
NB/T 11303—2023	电动汽车顶部接触式充电设备技术规范	本文件规定了电动汽车顶部接触式充电设备的设备基本参数、基本构成、技术参数、接口要求、功能要求、技术要求、安全要求、标志、包装、运输及贮存等	国家能源局	电动汽车充电设施标准化技术委员会(NEA/TC4)	国网智慧车联网技术有限公司、国家电网有限公司、许继电源有限公司、国电南瑞南京控制系统有限公司、深圳精智机器有限公司、国联智慧能源交通技术创新中心(苏州)有限公司、特来电新能源股份有限公司等	2023-10-11	2023-04-11
NB/T 11304—2023	电动汽车顶部接触式充电站设计规范	本文件适用于采用顶部接触式充电模式的电动汽车充电站的设计，站内顶部接触式充电设备采用 GB/T 40425.1—2021《电动客车顶部接触式充电系统 第1部分:通用要求》中的连接方式 D	国家能源局	中国电力企业联合会标准化管理中心	国网智慧车联网技术有限公司、国家电网有限公司。本文件参编单位:国电南瑞南京控制系统有限公司、许继电源有限公司、深圳精智机器有限公司、国联智慧能源交通技术创新中心(苏州)有限公司、特来电新能源股份有限公司等	2023-10-11	2023-04-11
NB/T 11305.1—2023	电动汽车充放电双向互动 第1部分:总则	本文件规定了电动汽车通过充放电设备与电网或负荷构成充放电双向互动系统时的体系架构、参与方、互动功能、运行方式和应用场景	国家能源局	电动汽车充电设施标准化技术委员会(NEA/TC5)	国网智慧车联网技术有限公司、国家电网有限公司、中国电力企业联合会、中国电力科学研究院有限公司、国网河南省电力公司、许继电源有限公司、南瑞集团有限公司等	2023-10-11	2023-04-11
NB/T 11305.2—2023	电动汽车充放电双向互动 第2部分:有序充电	本文件规定了电动汽车有序充电系统的体系架构、功能要求、技术要求和信息安全防护要求	国家能源局	电动汽车充电设施标准化技术委员会(NEA/TC4)	国网智慧车联网技术有限公司、国家电网有限公司、中国电力企业联合会、国网河南省电力公司、许继电源有限公司、中国电力科学研究院有限公司、南瑞集团有限公司、国网电力科学研究院有限公司、中国汽车技术研究中心、南方电网电动汽车服务有限公司等	2023-10-11	2023-04-11

续上表

标准编号	标准名称	标准主要内容	发布单位	归口单位	起草单位	发布日期	实施日前
NB/T 33017—2023	电动汽车智能充换电运营服务系统技术规范	本文件规定了电动汽车智能充换电运营服务系统（简称充换电运营服务系统）的构成、功能、编码规范、接口要求、信息安全防护及系统运行指标	国家能源局	电动汽车充电设施标准化技术委员会(NEA/TC3)	国家电网有限公司、国网智慧车联网技术有限公司、南方电网电动汽车服务有限公司、普天新能源有限责任公司、特来电新能源股份有限公司、万帮数字能源股份有限公司、国电南瑞科技股份有限公司等	2023-10-11	2023-04-11
SB/T 11238—2023	报废电动汽车回收拆解技术要求	本文件规定了报废电动汽车回收拆解过程中的安全防护、进厂检测和分类、报废电动汽车贮存、厂内转移、拆解及动力蓄电池贮存的要求	中华人民共和国商务部	商务部市场运行和消费促进司	中国汽车技术研究中心有限公司、格林美（武汉）城市矿山产业集团有限公司、广东邦普循环科技有限公司等	2023-10-21	2024-06-01
WB/T 1132—2023	电动汽车动力蓄电池物流服务规范	本文件规定了电动汽车动力蓄电池物流服务的基本要求、安全管理、运输服务、包装服务、仓储服务、配送服务、装卸和搬运服务、信息服务和评价与改进的要求	国家发展和改革委员会	全国物流标准化技术委员会	中国物流与采购联合会汽车物流分会、重庆长安民生物流股份有限公司、中都物流有限公司等	2023-07-07	2023-08-01
WB/T 1136—2023	新能源汽车废旧动力蓄电池 物流追溯信息管理要求	本文件规定了新能源汽车废旧动力蓄电池物流追溯信息管理的基本要求、追溯信息、追溯标签、追溯信息采集、信息管理以及追溯信息服务要求	国家发展和改革委员会	全国物流标准化技术委员会	赣州市豪鹏科技有限公司、孚能科技（赣州）有限公司、广东邦普循环科技有限公司、厦门钨业股份有限公司、浙江天能新材料有限公司、湖南中伟新材料股份有限公司、江西赣锋循环科技有限公司、格林美（武汉）动力电池回收有限公司等	2023-07-07	2023-08-01
T/CIET 23—2023	新能源汽车驱动电机用烧结钕铁硼磁钢	本标准规定了新能源汽车驱动电机用烧结钕铁硼磁钢的分类与牌号、基本要求、技术要求、试验方法、检验规则、标志、包装、运输和贮存及质量承诺	中国国际经济技术合作促进会	中国国际经济技术合作促进会	浙江英洛华磁业有限公司、福建省长汀金龙稀土有限公司、中钢天源股份有限公司、包头金山磁材有限公司、常州雷利电机科技有限公司、宁波金鸡强磁股份有限公司、宁波松科磁材有限公司、浙江联宜电机有限公司、通标中研标准化技术研究院（北京）有限公司	2023-01-01	2023-01-05
T/CISA 160—2021	电动汽车驱动电机用高性能无取向电工钢带	本文件规定了电动汽车驱动电机用高性能无取向电工钢带的术语和定义、分类、符号与牌号、一般要求、技术要求、检验和试验、判定与复验规则、包装、标志及质量证明书	中国钢铁工业协会	中国钢铁工业协会	宝山钢铁股份有限公司、冶金工业信息标准研究院、上海电驱动有限公司、首钢智新迁安电磁材料有限公司	2023-01-13	2022-03-01
T/CIECCPA 009—2023	电动汽车退役动力蓄电池回收利用拆解 技术规范	本文件规定了电动汽车退役动力蓄电池回收梯次利用过程中电池包（组）、模块拆解工作的术语和定义，总体要求，作业程序及存储和管理要求	中国工业节能与清洁生产协会	中国工业节能与清洁生产协会	安徽绿能技术研究院有限公司、安徽恒明工程技术有限公司、安徽绿沃循环能源科技有限公司、安徽沃博源科技有限公司	2023-02-14	2023-02-16
T/QCFW 001—2023	电动汽车动力电池延保服务规范	本标准旨在通过电动汽车动力电池延保服务规范的推广和普及。 本标准规定了电动汽车动力电池延保服务主体要求、延保服务流程、延保服务安全管理等方面的要求，为电动汽车动力电池延保市场的规范化发展提供依据和支撑，有效促进电动汽车动力电池延保服务行业良性发展	湖北省汽车售后服务行业协会	湖北省汽车售后服务行业协会	湖北省汽车售后服务行业协会、北京优电科技有限公司、中创新航科技股份有限公司、湖北汉瑞景汽车智能系统有限公司、浙江延宝科技（集团）有限公司	2023-02-28	2023-03-01
T/GAEPA 002—2023	电动汽车超级充电设备与车辆之间的数字通讯协议	本标准规定了电动汽车超级充电设备充电通信控制器与车辆充电通信控制器之间基于控制器局域网的通信物理层、数据链路层及应用层的定义。标准对通讯协议适用范围、主要内容进行了全面的规定，明确了通讯协议的格式和支持工况，规范了协议中低压辅助上电及充电握手阶段报文、参数配置阶段报文、充电阶段报文，编制了充电各阶段充电机与车辆交互的流程图，符合电动汽车与超充设备通讯的实际情况，保障了超级快充功能的实现	广东省汽车智能网联发展促进会	广东省汽车智能网联发展促进会	广汽埃安新能源汽车股份有限公司、广州小鹏汽车科技有限公司、中国质量认证中心广州分中心、广州特来电新能源有限公司、广州巨湾技研有限公司、广州万城万充新能源科技有限公司、广东天枢新能源科技有限公司、华为数字能源技术有限公司等	2023-03-20	2023-03-21

续上表

标准编号	标准名称	标准主要内容	发布单位	归口单位	起草单位	发布日期	实施日前
T/CASME 352—2023	电动汽车隔热防火材料	本文件规定了电动汽车隔热防火材料的术语和定义、分类和型号命名、使用条件、技术要求、试验方法、检验规则、标志、使用说明书、包装、运输和贮存	中国中小商业企业协会	中国中小商业企业协会	浙江葆润应用材料有限公司、浙江新安化工集团股份有限公司、嘉兴杰特新材料股份有限公司	2023-03-27	2023-03-31
T/FSI 116—2023	新能源汽车线缆用硅橡胶	本文件规定了新能源汽车线缆用硅橡胶的技术要求、试验方法、检验规则、标志、包装、运输和贮存	中国氟硅有机材料工业协会	中国氟硅有机材料工业协会	新安天玉有机硅有限公司、东爵有机硅(南京)有限公司、合盛硅业股份有限公司、江西蓝星星火有机硅有限公司、中蓝晨光化工研究设计院有限公司、中蓝晨光成都检测技术有限公司	2023-03-31	2023-04-30
T/GDCIE 001—2023	纯电动商用车辆制动力管理提高能量回馈利用率的评估和测试方法	本文件规定了纯电动商用车辆制动力管理提高能量回馈利用率的评估和测试方法	广东省电子学会	广东省电子学会	广州瑞立科密汽车电子股份有限公司、华南农业大学、清华大学、华南理工大学、中山大学、中国科学院电工研究所、比亚迪汽车工业有限公司、北京京深深向科技有限公司、佛山市飞驰汽车科技有限公司	2023-04-04	2023-04-04
T/CAAMTB 110—2022	纯电动扫路车、洗扫车能效等级及试验方法	本文件规定了纯电动扫路车、洗扫车的能效等级及试验方法	中国汽车工业协会	中国汽车工业协会	长沙中联重科环境产业有限公司、中汽研汽车检验中心(武汉)有限公司、中国质量认证中心、郑州宇通重工有限公司、福龙马集团股份有限公司、徐州徐工环境技术有限公司、程力汽车集团股份有限公司等	2023-04-07	2023-01-01
T/CNIA 0129—2022	电动汽车用铝合金电池包下壳体	本文件规定了电动汽车用铝合金电池包下壳体的结构、质量保证、要求、试验方法、检验规则、标志、包装、运输、贮存、质量证明书与订货单(或合同)内容	中国汽车工程学会	中国汽车工程学会	辽宁忠旺集团有限公司、广东省科学院工业分析检测中心、凌云工业股份有限公司、国标(北京)检验认证有限公司、广东和胜工业铝材股份有限公司、广东坚美铝型材厂(集团)有限公司、福建祥鑫股份有限公司等	2023-04-14	2022-06-01
T/QGCML 751—2023	新能源汽车动力电池箱体	本文件规定了新能源汽车动力电池箱体的术语和定义、技术要求、试验方法、检验规则、铭牌与标志、包装、运输、贮存	全国城市工业品贸易中心联合会	全国城市工业品贸易中心联合会	江苏奥特帕斯新能源科技有限公司、金华零跑新能源汽车零部件技术有限公司、安徽江淮汽车集团股份有限公司、上海兰钧新能源科技有限公司、多氟多新能源科技有限公司、西安奇点能源股份有限公司、江苏大学汽车工程研究院	2023-04-14	2023-04-29
T/ZJSAE 010—2023	在用新能源乘用车安全检验规范	本文件规定了在用新能源乘用车安全检验的术语和定义、检验项目和技术要求、检验条件和检验方法	浙江省汽车工程学会	浙江省汽车工程学会	上海机动车检测认证技术研究中心有限公司、浙江大学、上海阑途信息技术有限公司、杭州职业技术学院、浙江方圆检测集团股份有限公司、杭州恒领科技有限公司等	2023-04-17	2023-04-17
T/CIET 048—2023	新能源汽车废旧动力蓄电池综合利用行业绿色工厂评价规范	本文件规定了对新能源汽车废旧动力蓄电池综合利用行业绿色工厂评价原则、评价要求、评价方法和评价程序、评价报告等相关内容	中国国际经济技术合作促进会	中国国际经济技术合作促进会	骆驼集团资源循环襄阳有限公司、宜昌邦普循环科技有限公司、池州西恩新材料科技有限公司、长沙矿冶研究院有限责任公司、天津力神电池股份有限公司等	2023-04-20	2023-05-01
T/CIET 049—2023	新能源汽车行业绿色工厂评价规范	本文件规定了对新能源汽车行业绿色工厂的评价原则、评价要求、评价方法和评价程序、评价报告	中国国际经济技术合作促进会	中国国际经济技术合作促进会	江西江铃集团新能源汽车有限公司、一汽解放汽车有限公司、湖北三环锻造有限公司、比亚迪汽车工业有限公司、浙江新吉奥汽车有限公司、江铃汽车股份有限公司等	2023-04-20	2023-05-01
T/CDJL 001—2023	电动汽车公用充电设施诚信计量建设规范	本文件规定了电动汽车公用充电设施(简称公用充电设施)诚信计量管理的通用要求、人员要求、计量器具要求、管理要求、检定校准要求和诚信计量体系建设要求	成都市计量协会	成都市计量协会	成都市计量检定测试院、德阳市计量检定所、眉山市计量检定所、资阳市计量检定所、成都特来电新能源有限公司、成都城投能源投资管理集团有限公司、思极星能科技(四川)有限公司	2023-04-25	2023-04-25

续上表

标准编号	标准名称	标准主要内容	发布单位	归口单位	起草单位	发布日期	实施日前
T/CAS 727—2023	居住社区电动汽车智能充电设施设计规范	本文件规定了居住社区电动汽车智能充电设施的基本规定、充电系统、供配电系统、智能充电管控系统及配套设施的设计要求	中国标准化协会	中国标准化协会	北京世纪云安新能源有限公司、中国电动汽车充电基础设施促进联盟、中国建筑科学研究院有限公司城乡规划院、中国节能协会节能服务产业委员会、北京国鑫中能新能源研究院有限公司等	2023-04-26	2023-04-26
T/CIECCPA 021—2023	退役锂电池循环利用的清洁生产技术规范	本文件规定了退役锂电池的循环利用技术要求和清洁生产绩效评价要求	中国工业节能与清洁生产协会	中国工业节能与清洁生产协会	广东邦普循环科技有限公司、浙江华友钴业股份有限公司、全南县瑞隆科技有限公司、厦门钨业股份有限公司、重庆赛宝工业技术研究院有限公司、浙江新时代中能科技股份有限公司、浙江天能新材料有限公司等	2023-04-26	2023-04-27
T/SHDSGY 071—2023	新能源汽车热管理系统技术	本文件规定了术语和定义、一般要求、基本要求、检测方法、标志、包装、运输和贮存。 本文件适用于新能源汽车热管理系统技术	上海都市型工业协会	上海都市型工业协会	上海琴信科技有限公司、上海泊松比信息科技有限公司、上海擎日智能技术有限公司	2023-04-26	2023-04-26
T/CAQI 329—2023	电动汽车用动力蓄电池检测服务规范	本文件规定了电动汽车动力蓄电池检测服务机构与业务类型、检测服务基本要求、服务流程、检测服务保障和评价与改进	中国质量检验协会	中国质量检验协会	北京优电科技有限公司、中创新航科技集团股份有限公司、国家锂电池产品质量检验检测中心、北京国家新能源汽车技术创新中心有限公司、湖南机动车检测技术有限公司	2023-05-30	2023-06-01
T/CEC 698—2022	电动汽车直流母线式充电装置	本文件规定了电动汽车直流母线式充电装置(简称直流母线式充电装置)的技术要求,包括直流母线式充电装置的基本构成,分类,功能要求,技术要求,检验规则,试验方法,标志、包装、运输及贮存等	中国电力企业联合会	中国电力企业联合会	华为数字能源技术有限公司、中国电力企业联合会、国网电力科学研究院有限公司、国网智慧能源交通技术创新中心(苏州)有限公司、国网智慧车联网技术有限公司、南方电网电动汽车服务有限公司、万帮数字能源股份有限公司等	2023-05-30	2023-02-01
T/CSAE 166—2020	电动汽车再生制动防抱死道路试验方法	本文件规定了电动汽车再生制动防抱死道路试验方法	中国汽车工程学会	中国汽车工程学会	中国汽车技术研究中心有限公司、清华大学、中国科学院电工研究所、上海汽车集团股份有限公司、浙江吉利控股集团有限公司、奇瑞汽车股份有限公司	2023-06-07	2020-12-25
T/CSAE 167—2020	电动汽车再生制动防抱死台架试验方法	本文件规定了电动汽车再生制动防抱死台架试验方法	中国汽车工程学会	中国汽车工程学会	中国科学院电工研究所、清华大学、中国汽车技术研究中心有限公司	2023-06-07	2020-12-25
T/CSAE 168—2020	电动乘用车纵向行驶平顺性试验方法	本文件规定了电动乘用车纵向行驶平顺性试验方法,所述纵向行驶平顺性指电动汽车纵向行驶时动力系统控制引发的平顺性,不包含由路面不平度等道路激发的平顺性	中国汽车工程学会	中国汽车工程学会	中国汽车技术研究中心有限公司、清华大学、上海汽车集团股份有限公司、中国科学院电工研究所、浙江吉利控股集团有限公司、奇瑞汽车股份有限公司、郑州宇通客车股份有限公司	2023-06-07	2020-12-25
T/CSAE 169—2020	电动汽车制动系统故障诊断与应急保护台架试验方法	本文件规定了电动汽车制动系统故障诊断与应急保护台架试验相关的术语和定义、试验方法以及评价指标	中国汽车工程学会	中国汽车工程学会	中国科学院电工研究所、清华大学、浙江亚太机电股份有限公司、中国汽车技术研究中心、上海汽车集团股份有限公司、浙江吉利控股集团有限公司、奇瑞汽车股份有限公司、郑州宇通客车股份有限公司	2023-06-07	2020-12-25
T/CSAE 83—2018	电动客车应急出口设置规范	本标准规定了电动客车应急出口的数量、尺寸、位置和标志等内容	中国汽车工程学会	中国汽车工程学会	公安部上海消防研究所、上海国际汽车城(集团)有限公司、上汽万向新能源客车有限公司	2023-06-07	2018-07-24
T/CSAE 86—2018	电动汽车锂离子电池箱火灾防控装置性能要求和试验方法	本标准规定了电动汽车锂离子电池箱火灾防控装置的性能要求和试验方法	中国汽车工程学会	中国汽车工程学会	公安部上海消防研究所、杭州中传消防设备有限公司	2023-06-07	2018-07-24
T/CSAE 87—2018	事故后电动汽车处置规程	本标准规定了应急救援部门完成涉及电动汽车灾害事故处置后,安全处置事故后电动汽车的操作规程	中国汽车工程学会	中国汽车工程学会	公安部上海消防研究、杭州中传消防设备公司、上汽万向新能源客车有限公司	2023-06-07	2018-07-24

续上表

标准编号	标准名称	标准主要内容	发布单位	归口单位	起草单位	发布日期	实施日前
T/CSAE 89—2018	电动公交车应急疏散预案编制指南	本标准规定了电动公交车应急疏散预案的预案内容、要点、编制基本要求	中国汽车工程学会	中国汽车工程学会	公安部上海消防研究所、上海国际汽车城(集团)有限公司	2023-06-07	2018-07-24
T/CECA-G 0231—2023	纯电动汽车空调系统的能效技术要求及试验方法	本文件规定了纯电动汽车空调系统的能效限定值、能效等级和试验方法	中国节能协会	中国节能协会	中国汽车工程研究院股份有限公司、中国标准化研究院、华为技术有限公司、宁德时代(上海)新能源科技有限公司、深蓝汽车科技有限公司、上汽通用五菱汽车股份有限公司、重庆超力电器有限责任公司、东风柳州汽车有限公司、比亚迪汽车工业有限公司、奇瑞新能源汽车股份有限公司等	2023-06-08	2023-06-09
T/CSAE 240—2021	电动汽车动力蓄电池退役技术条件	本文件规定了电动汽车动力蓄电池退役的技术要求,包括判定条件和检测方法等内容	中国汽车工程学会	中国汽车工程学会	中汽数据有限公司、武汉动力电池再生技术有限公司、浙江华友循环科技有限公司、蓝谷智慧(北京)能源科技有限公司、奥动新能源汽车科技有限公司、中创新航科技股份有限公司、浙江新时代中能循环科技有限公司	2023-06-08	2021-12-30
T/CSAE 241—2021	电动汽车动力蓄电池剩余寿命评估导则	本文件规定了电动汽车动力蓄电池剩余寿命评估的基本原则、重要因素、一般方法、模型验证和评估结果输出、测试方法和评估结果等	中国汽车工程学会	中国汽车工程学会	中汽数据有限公司、江苏华友能源科技有限公司、武汉动力电池再生技术有限公司、蓝谷智慧(北京)能源科技有限公司、奥动新能源汽车科技有限公司等	2023-06-08	2021-12-30
T/CSAE 242—2021	绿色设计产品评价技术规范车用动力蓄电池	本文件规定了车用动力蓄电池绿色设计的评价方法、评价要求和生命周期评价报告编制方法	中国汽车工程学会	中国汽车工程学会	中国汽车技术研究中心有限公司、深圳市比亚迪汽车工业有限公司、合肥国轩高科动力能源有限公司、蜂巢能源科技有限公司、天能电池集团有限公司、宁德时代新能源科技股份有限公司	2023-06-08	2021-12-30
T/CSAE 245—2021	退役动力蓄电池回收服务网点通用规范	本文件规定了退役动力蓄电池回收服务网点的功能规划、建筑物的等级要求,以及安全防范、安全管理等要求	中国汽车工程学会	中国汽车工程学会	中国汽车技术研究中心有限公司、合肥国轩高科动力能源有限公司、公安部上海消防研究所、瑞萨科林(上海)新能源有限公司、宁德时代新能源科技股份有限公司等	2023-06-08	2022-06-30
T/CSAE 262—2022	电动汽车电池管理系统用故障注入测试规范	本文件规定了电动汽车电池管理系统用故障注入测试的测试条件及要求、测试方法及测试结果判定要求等	中国汽车工程学会	中国汽车工程学会	中国汽车技术研究中心有限公司、威睿电动汽车技术(宁波)有限公司、上海蔚来汽车有限公司、华为技术有限公司、中汽研新能源汽车检验中心(天津)有限公司等	2023-06-09	2022-06-30
T/CSAE 263—2022	电动汽车驱动电机系统控制器故障注入测试规范	本文件规定了电动汽车驱动电机系统故障测试的测试条件及要求、测试方法及测试结果判定要求等	中国汽车工程学会	中国汽车工程学会	中国汽车技术研究中心有限公司、苏州汇川联合动力系统有限公司、威睿电动汽车技术(宁波)有限公司、华为技术有限公司、株洲中车时代电气股份有限公司等	2023-06-09	2022-06-30
T/ZJSAE 011—2023	纯电动汽车出厂安全技术规范 第1部分:高压部件	本文件规定了纯电动汽车出厂前的高压部件的安全技术要求及试验方法。本文件适用于纯电动汽车出厂前的高压部件的安全试验,包括绝缘和耐压判断。本文件规范了纯电动汽车出厂安全高压部件的一般要求、外观要求、驱动电机安全要求、驱动电机控制器安全要求、动力电池安全要求、DC-DC 变换器安全要求、电动压缩机总成安全要求、试验方法等	浙江省汽车工程学会	浙江省汽车工程学会	浙江新吉奥汽车有限公司、浙江科技学院、红骐科技(杭州)有限公司、杭州职业技术学院、浙江亚太智能网联汽车创新中心有限公司、浙江工业大学、浙江方圆检测集团股份有限公司、杭州世宝汽车方向机有限公司、海宁市瑞邦汽车部件有限公司	2023-06-09	2023-06-08
T/ZJSAE 012—2023	纯电动汽车出厂安全技术规范 第2部分:电动助力转向系统	本文件规定了纯电动汽车出厂,电动助力转向系统合格检查的安全技术要求及试验方法。本文件适用于M类、N1、N2类纯电动汽车。本文件规范了纯电动汽车出厂安全助力转向系统的静态检查技术要求、动态检查技术要求及试验方法	浙江省汽车工程学会	浙江省汽车工程学会	浙江新吉奥汽车有限公司、红骐科技(杭州)有限公司、浙江科技学院、杭州职业技术学院、浙江亚太智能网联汽车创新中心有限公司、浙江工业大学、浙江方圆检测集团股份有限公司、杭州世宝汽车方向机有限公司、海宁市瑞邦汽车部件有限公司	2023-06-09	2023-06-08

续上表

标准编号	标准名称	标准主要内容	发布单位	归口单位	起草单位	发布日期	实施日前
T/ZJSAE 013—2023	电动汽车驱动电机性能测试台通用技术要求及试验方法	本文件规定了电动汽车驱动电机性能测试台的术语和定义、型号、技术要求、试验方法、检验规则、标志、包装、运输、贮存。本文件适用于电动汽车驱动电机性能测试台(简称测试台)。 本文件提出了电动汽车驱动电机性能测试台的外观要求、功能要求、系统性能、机械性能、安全要求、试验方法、检验规则及标志、包装、运输、贮存	浙江省汽车工程学会	浙江省汽车工程学会	杭州威衡科技有限公司、浙江方圆检测集团股份有限公司、杭州萧山技师学院、浙江大学滨江研究院、浙江工业大学、浙江庄联科技有限公司、浙江博沃智能科技有限公司、金华市计量质量科学研究院、温州职业技术学院	2023-06-09	2023-06-08
T/CSAE 288—2022	纯电动汽车 60 V~1000 V 部件电源端口瞬态现象测试方法及要求	本文件规定了纯电动汽车 60 V~1000 V 高压电气部件高压电源端口瞬态现象测试的测试目的、测试条件、测试布置、测试程序和要求	中国汽车工程学会	中国汽车工程学会	上海电器科学研究院、长城汽车股份有限公司、北汽福田汽车股份有限公司、广州小鹏汽车科技有限公司、上海重塑能源科技有限公司、华为技术有限公司、泛亚汽车技术中心有限公司、中国第一汽车集团有限公司等	2023-06-12	2022-12-30
T/SZPIA 004—2023	电动汽车充电桩车位锁系统技术规范	本文件规定了电动汽车的充电桩车位锁系统的总体要求、系统架构、功能要求、性能要求、测试方法和安装要求	深圳市停车行业协会	深圳市停车行业协会	深圳市皇驰科技有限公司、深圳市蔚蓝电动汽车产业服务有限公司、深圳凯达尔泊通科技有限公司、上海依威能源科技有限公司等	2023-06-13	2023-06-13
T/CEPPEA 5019—2023	电动汽车有序充电设备技术条件	本文件规定了电动汽车有序充电设备的总体要求、功能要求、技术要求、试验要求、标志、包装、运输、贮存等方面的要求	中国电力规划设计协会	中国电力规划设计协会	北京华商三优新能源科技有限公司、北京电力经济技术研究院有限公司、北京金电联供用电咨询有限公司、北京电力科学研究院、中国电力科学研究院有限公司、山东鲁软数字科技有限公司智慧能源分公司、许继电源有限公司、北京智芯微电子科技有限公司、国电南瑞科技股份有限公司	2023-06-14	2023-09-01
T/HBEACA 001—2023	电动汽车充电站设施与服务星级评定规范	本文件规定了对电动汽车充电站设施设备和运维管理进行等级划分和具体评价的要求，对站内设施特别是充电设备的合规性提出了现场测试手段，对站内所需的主要设施包括配套设施及其需要达到的性能要求进行了列举和分类分级，对维护设施设备正常工作需要的运营、维护及其应该达到的不同等级的效果进行了定义	湖北省电动汽车流通协会	湖北省电动汽车流通协会	湖北省电动汽车流通协会	2023-06-16	2023-06-19
T/CEPPEA 5021—2023	城市居住区电动汽车充电设施设计规范	本文件规定了城市居住区电动汽车充电设施设计的总体要求、建设规模及充电设施选址、供配电系统、充电设施、通信及监控、电能质量、计量、土建、消防、节能与环保等设计技术要求	中国电力规划设计协会	中国电力规划设计协会	北京电力经济技术研究院有限公司、北京金电联供用电咨询有限公司、北京华商三优新能源科技有限公司、中国能源建设集团陕西省电力设计院有限公司	2023-06-29	2023-10-01
T/CEPPEA 5022—2023	高速公路电动汽车充电设施设计规范	本文件规定了高速公路电动汽车充电设施设计的总体要求、建设规模及选址、供配电系统、充电设备及布置、通信及监控、电能质量、计量、土建、消防、节能与环保等技术要求	中国电力规划设计协会	中国电力规划设计协会	北京电力经济技术研究院有限公司、北京金电联供用电咨询有限公司、上海电力设计院有限公司、珠海华成电力设计院股份有限公司、中国能源建设集团陕西省电力设计院有限公司、北京华商三优新能源科技有限公司	2023-06-29	2023-10-01
T/CAAMTB 133—2023	质量分级及“领跑者”评价要求 电动汽车高压连接器	本文件规定了电动汽车高压连接器质量及企业标准水平的基本要求、评价指标及要求、评价方法及等级划分	中国汽车工业协会	中国汽车工业协会	中国汽车工程研究院股份有限公司、中航光电科技股份有限公司、比亚迪弗迪动力有限公司、重庆长安新能源汽车科技有限公司、宇通客车股份有限公司、吉利汽车研究院(宁波)有限公司、中国第一汽车集团有限公司等	2023-06-30	2023-07-01

续上表

标准编号	标准名称	标准主要内容	发布单位	归口单位	起草单位	发布日期	实施日前
T/CAAMTB 134—2023	质量分级及“领跑者”评价要求 电动汽车用驱动电机系统	本文件规定了电动汽车用驱动电机系统质量及企业标准水平的基本要求、评价指标及要求、评价方法及等级划分	中国汽车工业协会	中国汽车工业协会	中国汽车工程研究院股份有限公司、中汽院新能源科技有限公司、中国第一汽车股份有限公司、北京汽车研究总院有限公司、重庆金康动力新能源有限公司、厦门国创中心先进电驱动技术创新中心、浙江盘毂动力科技有限公司、东风柳州汽车有限公司、蜂巢传动系统(江苏)有限公司等	2023-06-30	2023-07-01
T/KQP 5.1—2023	纯电动乘用车先进性要求及测试评价方法 第1部分能效	本文件主要规定了纯电动乘用车能效指标的先进性要求及测试评价方法	广州开发区汽车及配件用品行业协会	广州开发区汽车及配件用品行业协会	广州开发区汽车及配件用品行业协会、威凯检测技术有限公司、广汽埃安新能源汽车股份有限公司、合创汽车科技有限公司	2023-06-30	2023-07-01
T/KQP 5.2—2023	纯电动乘用车先进性要求及测试评价方法 第2部分低碳	本文件主要规定了纯电动乘用车低碳指标的先进性要求及测试评价方法	广州开发区汽车及配件用品行业协会	广州开发区汽车及配件用品行业协会	广州开发区汽车及配件用品行业协会、威凯检测技术有限公司、广汽埃安新能源汽车股份有限公司、合创汽车科技有限公司	2023-06-30	2023-07-01
T/KQP 5.3—2023	纯电动乘用车先进性要求及测试评价方法 第3部分智驾	本文件主要规定了纯电动乘用车智驾性能的先进性要求及测试评价方法	广州开发区汽车及配件用品行业协会	广州开发区汽车及配件用品行业协会	广州开发区汽车及配件用品行业协会、威凯检测技术有限公司、广汽埃安新能源汽车股份有限公司、合创汽车科技有限公司	2023-06-30	2023-07-01
T/KQP 5.4—2023	纯电动乘用车先进性要求及测试评价方法 第4部分智控	本文件主要规定了纯电动乘用车智控性能的先进性要求及测试评价方法	广州开发区汽车及配件用品行业协会	广州开发区汽车及配件用品行业协会	广州开发区汽车及配件用品行业协会、威凯检测技术有限公司、合创汽车科技有限公司、广汽埃安新能源汽车股份有限公司	2023-06-30	2023-07-01
T/ZZB 3098—2023	新能源汽车车载充电机电控系统铝合金组件	本文件规定了新能源汽车车载充电机电控系统铝合金组件(简称组件)的术语和定义、产品结构、基本要求、技术要求、试验方法、检验规则、标志、包装、运输和贮存及质量承诺	浙江省质量协会	浙江省质量协会	宁波隆源股份有限公司、浙江华雷精密机械有限公司、宁波北仑快近机械有限公司	2023-06-30	2023-07-30
T/CPQS E00054—2023	电动汽车模式2充电的便携式充电枪	本文件规定了电动汽车模式2充电的便携式充电枪的术语和定义、分类、要求、试验方法及检验规则	中国消费品质量安全促进会	中国消费品质量安全促进会	威凯检测技术有限公司、公牛集团股份有限公司、广州知崇新能源科技有限公司、领亚电子科技股份有限公司、中国电器科学研究院股份有限公司、嘉兴威凯检测技术有限公司	2023-07-06	2023-07-07
T/JSQA 162—2023	新能源汽车用高压充电枪连接器	本文件规定了新能源汽车用高压充电枪连接器的术语和定义、要求、试验方法、检验规则、标志、包装、运输和贮存	江苏省质量协会	江苏省质量协会	常州市鑫隽渊精工科技有限公司、常州市康迪信电子有限公司、常州麦格尔商贸有限公司、常州市电梯协会	2023-07-11	2023-07-11
T/CTS 18—2023	电动汽车安全技术检验专用装备通用技术要求	本文件规定了电动汽车安全技术检验专用装备的分类与型号、技术要求、试验方法、检验规则，以及标志、包装、运输和储存	中国道路交通安全协会	中国道路交通安全协会	石家庄华燕交通科技有限公司、公安部交通管理科学研究所、长安大学、多伦科技股份有限公司、上海通用汽车有限公司	2023-07-12	2023-07-15
T/CASME 544—2023	大功率电动汽车交流充电桩	本文件规定了大功率电动汽车交流充电桩的术语和定义、技术要求、试验方法、检验规则、标志、包装、运输和贮存	中国中小商业企业协会	中国中小商业企业协会	宁波毅腾电器有限公司、宁波众欣电子有限公司、宁波树博电器有限公司、宁波卓力电器有限公司	2023-07-14	2023-08-01
T/CASME 572—2023	车规级电源管理芯片	本文件规定了车规级电源管理芯片的基本要求、技术要求、芯片测试、检验规则、标志、包装、运输及贮存等内容	中国中小商业企业协会	中国中小商业企业协会	湖北秉正讯腾科技有限公司、南京智永芯半导体有限公司、山东爱德诺亚科技服务有限公司	2023-07-21	2023-08-01
T/WHAS 053—2023	电动汽车高压线束设计规范	本文件规定了电动汽车高压线束设计的术语与定义、性能要求、部件选型要求、布置设计要求、防护处理及结构处理要求。 本文件适用于600V以下电动汽车高压线束的设计	武汉标准化协会	武汉标准化协会	武汉桐创汽车科技有限责任公司、武汉易博科技发展有限公司、武汉臻博越科技有限公司	2023-07-26	2023-08-01

续上表

标准编号	标准名称	标准主要内容	发布单位	归口单位	起草单位	发布日期	实施日前
T/FLXH 0003—2023	电动汽车充电设施雷电防护装置检测技术规范	本文件规定了电动汽车充电设施雷电防护装置检测要求和方法、检测周期、检测程序、检测作业要求、检测数据整理及报告编制等内容。 本文件适用于电动汽车充电设施的雷电防护装置的检测	深圳市防雷协会	深圳市防雷协会	深圳市计量质量检测研究院、国网电力科学研究院武汉南瑞有限责任公司、广东真正工程检测有限公司、成都市新津区气象防灾减灾中心、太科技术有限公司等	2023-08-01	2023-08-02
T/SGZX 007—2023	新能源汽车电池冷却用钎焊铝合金板材	本文件规定了新能源汽车电池冷却用钎焊铝合金板材的术语和定义、技术要求、试验方法、检验规则、标志、包装、运输、贮存及质量证明书	韶关市质量协会	韶关市质量协会	乳源东阳光优艾希杰精箔有限公司、广东省科学院工业分析检测中心、兰州理工大学、中南大学、韶关市质量协会、广东卓越质量研究院有限公司、广东省韶关市质量计量监督检测所	2023-08-02	2023-09-01
T/CASME 601—2023	新能源配套系统运维服务规范	本文件规定了新能源配套系统运维服务的术语和定义、分类、一般要求、服务内容、服务流程、服务质量要求、服务控制、安全与应急管理、评价与改进	中国中小商业企业协会	中国中小商业企业协会	武汉数字超客技术有限公司、安徽易物链软件科技有限公司、南京明域疆图科技有限公司、长沙开元时空信息技术有限公司、武汉恒升荆智科技有限公司	2023-08-04	2023-08-18
T/GRIA 001—2023	新能源汽车产线智能制造水平评估指南	本标准规定了新能源汽车产线的智能制造水平的定性评估指导和体现产线智能制造水平差异化的定量评估指标	广州工业机器人制造和应用产业联盟	广州工业机器人制造和应用产业联盟	广州明珞装备股份有限公司、广东省离散智造科技创新有限公司、吉利汽车集团有限公司、山西吉利汽车部件有限公司、华南理工大学、西安交通大学、长安大学、湖南大学、广州工业机器人制造和应用产业联盟	2023-08-09	2023-08-10
T/SZECDC 004—2023	新能源车用三电合一控制连接组件通用技术要求	本文件规定了新能源车用三合一控制连接组件的术语和定义、技术要求、试验、检验规则、标志、包装、运输及贮存	深圳市企业创新发展促进会	深圳市企业创新发展促进会	深圳市越洋达科技有限公司、安徽越洋达新能源科技有限公司、洛阳天齐金属材料有限公司	2023-08-15	2023-08-22
T/SZECDC 005—2023	新能源车用扁线电机引出线定子接线板通用技术规范	本文件规定了新能源汽车用扁线电机引出线定子接线板的术语与定义、技术要求、试验方法、检验规则、包装标志、标签和运输、贮存	深圳市企业创新发展促进会	深圳市企业创新发展促进会	深圳市越洋达科技有限公司、安徽越洋达新能源科技有限公司、太平洋电线电缆(深圳)有限公司	2023-08-15	2023-08-22
T/SZIA 0001—2023	基于区块链的新能源汽车产品追溯平台规范	本文件规定了基于区块链的新能源汽车追溯平台(简称追溯平台)的总体要求、体系结构、性能标准、功能要求、追溯数据管理,以及安全保障和运维要求等内容	苏州市软件行业协会	苏州工业园区经济发展委员会	苏州市软件行业协会、南京信息工程大学	2023-08-15	2023-08-15
T/CIET 179—2023	新能源汽车信息安全技术要求	本文件规定了新能源汽车信息安全技术要求的术语和定义、缩略语、保护对象、安全技术要求、用户数据安全技术要求等内容	中国国际经济技术合作促进会	中国国际经济技术合作促进会	山东国金汽车制造有限公司、山西德志时代新能源汽车制造股份有限公司、厦门金龙联合汽车工业有限公司、宇通客车股份有限公司、中车时代电动汽车股份有限公司、工商大学、通标中研标准化技术研究院(北京)有限公司、通标中恒标准化技术研究院(北京)有限公司、河北雄安致诚科技发展有限公司	2023-08-16	2023-08-16
T/CDAIA 0005—2023	纯电动混凝土搅拌运输车辆选型要求	本文件是按照国家提出的“双碳”目标和省市关于加快推进公共领域车辆电动化进程的要求,结合成都市在混凝土搅拌运输方面的使用情况制定。 本文件规范了成都市纯电动混凝土搅拌运输车辆选型要求,以此提高该领域车辆技术性、企业服务水平,规范充换电站配套运营,引导该领域推广使用符合标准的车型,从而推动该领域向电动化、智能化、网联化方向转型,促进行业高质量发展	成都市绿色智能网联汽车产业生态圈联盟	成都市绿色智能网联汽车产业生态圈联盟	四川省汽车工程学会、成都市绿色智能网联汽车产业生态圈联盟、成都市混凝土协会、中国重汽集团成都王牌商用车有限公司、成都城投能源投资管理集团有限公司、成都交通投资集团有限公司、四川蜀道新能源科技发展有限公司等	2023-08-28	2023-09-01

续上表

标准编号	标准名称	标准主要内容	发布单位	归口单位	起草单位	发布日期	实施日前
T/CDAIA 0006—2023	纯电动建筑垃圾运输车辆选型要求	本文件规范了成都市纯电动建筑垃圾运输车辆选型要求，以此提高该领域车辆技术性、企业服务水平，规范充换电站配套运营，引导该领域推广使用符合标准的车型，从而推动该领域向电动化、智能化、网联化方向转型，促进行业高质量发展	成都市绿色智能网联汽车产业生态圈联盟	成都市绿色智能网联汽车产业生态圈联盟	四川省汽车工程学会、成都市绿色智能网联汽车产业生态圈联盟、中国重汽集团成都王牌商用车有限公司、成都城投能源投资管理集团有限公司、成都交通投资集团有限公司、四川蜀道新能源科技发展有限公司等	2023-08-28	2023-09-01
T/CIET 208—2023	新能源汽车动力电池用高抗拉强度超薄铜箔	本文件规定了新能源汽车动力电池用高抗拉强度超薄铜箔的牌号、状态、规格、标识、技术要求、检验规则、包装、标志、运输、贮存及质量说明书	中国国际经济技术合作促进会	中国国际经济技术合作促进会	龙电华鑫(深圳)控股集团有限公司、青海电子材料产业发展有限公司、甘肃海亮新能源材料有限公司、浙江花园新能源股份有限公司、东强(连州)铜箔有限公司、江苏铭丰电子材料科技有限公司等	2023-08-28	2023-08-28
T/YIIEE 05—2023	电动汽车交流充电桩技术条件	本文件规定了电动汽车交流充电桩(简称充电桩)的基本构成、分类、功能要求、技术要求、检验规则，以及标志、包装、运输及贮存	乐清市工业电器工程师协会	乐清市工业电器工程师协会	加西亚电子电器股份有限公司、康云电气有限公司、德力西电气有限公司、乐清市工业电器工程师协会	2023-08-28	2023-08-28
T/ZAMA 1003—2023	新能源汽车新型轻量化材料设计和检测规范	本文件规定了新能源汽车碳纤维增强材料车身覆盖部件、铝合金材料汽车骨架部件的材料、性能要求、试验方法及检验规则	浙江省新材料产业协会	浙江省新材料产业协会	浙江威世汽车配件有限公司、浙江长三角车联网安全技术有限公司、浙江凌骁能源科技有限公司、浙江华旭检测科技有限公司、杭州万高科技股份有限公司、茗阳科技(杭州)有限公司、德沃包装机械(杭州)有限公司等	2023-08-29	2023-09-29
T/SHPTA 053—2023	电动汽车高压线用电缆料	本文件规定了电动汽车高压线用电缆料的产品分类、技术要求、试验方法、检验规则、包装、标志、运输和贮存等	上海市塑料工程技术学会	上海市塑料工程技术学会	安徽远征电缆科技有限公司、扬州辰冠新材料有限公司、浙江铁富隆线缆有限公司、江苏嘉瑞科技有限公司、东莞市朗晟材料科技有限公司、浙江元通线缆制造有限公司、江苏达胜高聚物股份有限公司等	2023-08-30	2023-09-30
T/CASME 682—2023	新能源汽车电源线束技术要求	本文件规定了新能源汽车电源线束的术语和定义、技术要求、试验方法、检验规则、标志、包装、运输和储存内容	中国中小商业企业协会	中国中小商业企业协会	武汉博奥天航电子有限公司、鹤壁市弘泰电气有限公司、深圳市骏鼎达新材料股份有限公司武汉分公司	2023-08-31	2023-09-15
T/ZAAM 0001—2023	电动汽车碳足迹评价规范	本文件规定了生产或销售的电动汽车的碳足迹核算的术语和定义、核算原则、核算范围、核算方法、数据质量要求等内容	浙江省汽车行业协会	浙江省汽车行业协会	浙江省经济信息中心(浙江省价格研究所)、浙江吉利远程新能源商用车集团有限公司、浙江零跑科技股份有限公司	2023-08-31	2023-09-01
T/CECA-G 0208—2022	电动汽车充电设备能效评价指标 及试验规范	本文件规定了电动汽车直流充电设备和交流充电设备的能效评价指标、特殊温度下能效评定、能效试验方法	中国节能协会	中国节能协会	中国汽车工程研究院股份有限公司、中国标准化研究院、中汽院新能源科技有限公司、华为数字能源技术有限公司、国网重庆市电力公司、万帮数字能源股份有限公司、西安领充创享新能源科技有限公司等	2023 09 12	2022-12-13
T/IAC 49—2023	新能源汽车保险事故动力蓄电池查勘检测评估指南	本文件规定了新能源汽车保险事故动力蓄电池查勘中的处理方法、检测方法和损失情况分类分级要求	中国保险行业协会	中国保险行业协会	中国保险行业协会、中保研汽车技术研究院有限公司、宁德时代新能源科技股份有限公司、民太安保险公估有限公司、比亚迪汽车工业有限公司、弗迪电池有限公司、上海蔚来汽车有限公司、上汽大众汽车有限公司等	2023-09-27	2023-09-27
T/CASME 769—2023	电动汽车用锂离子圆柱电芯整形技术规范	本文件适用于电动汽车用锂离子圆柱电池企业的圆柱电芯整形过程	中国中小商业企业协会	中国中小商业企业协会	武汉逸飞激光股份有限公司、武汉逸飞科技有限公司、武汉逸飞激光智能装备有限公司、江苏逸飞激光设备有限公司、武汉大雁软件有限公司、重庆景裕电子科技有限公司、武汉科普鑫宇数控科技有限公司等	2023-09-28	2023-09-30

续上表

标准编号	标准名称	标准主要内容	发布单位	归口单位	起草单位	发布日期	实施日前
T/CASME 770—2023	电动汽车锂离子圆柱电芯装配产线通用要求	本文件适用于电动汽车用锂离子圆柱电芯装配产线的建设和管理	中国中小商业企业协会	中国中小商业企业协会	武汉逸飞激光股份有限公司、武汉逸飞激光智能装备有限公司、江苏逸飞激光设备有限公司、武汉逸飞科技有限公司、武汉大雁软件有限公司、重庆景裕电子科技有限公司、武汉科普鑫宇数控科技有限公司等	2023-09-28	2023-09-30
T/ZJSAE 016—2023	车用动力电池系统结露测试及评价方法	本文件描述了车用动力电池系统结露测试要求、试验及评价方法	浙江省汽车工程学会	浙江省汽车工程学会	浙江凌骁能源科技有限公司、浙江零跑科技股份有限公司、深圳富程威科技股份限公司、浙大城市学院、惠州市沃瑞科技有限公司、浙江葆润应用材料有限公司、合肥国轩高科动力能源有限公司等	2023-10-08	2023-10-08
T/ZJSAE 017—2023	车用动力电池液冷系统测试方法	本文件规定了电池系统层级和整车层级的车用动力电池液冷系统测试方法	浙江省汽车工程学会	浙江省汽车工程学会	浙江零跑科技股份有限公司、北京凌工科技有限公司、浙大城市学院、马鞍山纳百川热交换器有限公司、苏州新能先锋检测科技有限公司、杭州电子科技大学、浙江理工大学、中创新航科技股份有限公司	2023-10-08	2023-10-08
T/JSQA 165—2023	电动汽车热管理液	本文件规定了电动汽车热管理液的产品分类、要求和试验方法、检验规则、标志、包装、运输、贮存和使用等	江苏省质量协会	江苏省质量协会	江苏龙蟠新材料科技有限公司、江苏龙蟠科技股份有限公司、江苏省产品质量监督检验研究院、常州市食品药品纤维质量监督检验中心	2023-10-09	2023-10-09
T/ZZB 3259—2023	新能源商用车双中间轴变速箱用齿轮	本文件规定了新能源商用车双中间轴变速箱用齿轮的基本要求、技术要求、试验方法、检验规则、标志、防护和包装、贮存及运输、质量承诺	浙江省质量协会	浙江省质量协会	中传科技(浙江)有限公司、台州市标准化研究院、义乌市捷诚模具有限公司、浙江恒荣传动科技有限公司	2023-10-10	2023-11-01
T/CSAE 144—2020	电动汽车用驱动电机系统及电驱动总成能效等级和试验方法	本规范规定了电动汽车用驱动电机系统及电驱动总成能效等级划分方法、试验条件和试验方法等	中国汽车工程学会	中国汽车工程学会	中汽研汽车检验中心(天津)有限公司、上海捷能汽车技术有限公司、北汽新能源汽车股份有限公司、比亚迪汽车工业有限公司、吉利汽车研究院(宁波)有限公司、重庆长安新能源汽车科技有限公司、北京新能源汽车技术创新中心有限公司、上海蔚来汽车有限公司、苏州汇川联合动力系统有限公司、南京越博动力系统股份有限公司、株洲中车时代电气股份有限公司、株洲齿轮有限责任公司、广州小鹏汽车科技有限公司	2023-10-17	2020-08-07
T/WHQASA 3—2023	新能源汽车用铝合金压铸电控箱体	本文件规定了新能源汽车用铝合金压铸电控箱体的术语和定义、技术要求、试验方法、检验规则、标志、包装、运输和贮存	芜湖市质量与标准化协会	芜湖市质量与标准化协会	安徽舜富精密科技股份有限公司、苏州汇川联合动力系统股份有限公司、安徽华普生产力促进中心有限公司、上海电力大学、安徽圣尔沃智能装备有限公司	2023-10-18	2023-10-18
T/CES 238—2023	电动汽车充换电站并网适应性评价规范	本文件规定了电动汽车充换电站并网技术方案在安全性、可靠性、充裕性以及电力需求响应能力等方面的评价内容与指标	中国电工技术学会	中国电工技术学会	国网宁夏电力有限公司经济技术研究院、国网(江苏)电力需求侧管理指导中心有限公司、南京邮电大学、许昌开普电气研究院有限公司、国网经济技术研究院有限公司、珠海开普检测技术有限公司等	2023-10-19	2023-10-20
T/QGCML 1925—2023	新能源汽车用 CCS 集成母排	本文件规定了新能源汽车用 CCS 集成母排的术语和定义、型号、技术要求、试验方法、检验规则、标志、包装、运输及贮存	全国城市工业品贸易中心联合会	全国城市工业品贸易中心联合会	武汉合康亿盛电气连接系统有限公司、武汉齐臻电气科技有限公司、艾恩基工业技术(上海)有限公司	2023-10-25	2023-11-09
T/ZJVITIA 03—2023	电动乘用车整车保养技术规范	本标准规定了电动汽车乘用车(简称电动汽车)整车保养的术语和定义、维护保养周期、维护保养作业内容等	浙江省汽车工业技术创新协会	浙江省汽车工业技术创新协会	浙江吉利控股集团有限公司、江苏康众汽配有限公司、瑞浦兰钧能源股份有限公司、浙江奥思伟尔电动科技有限公司、杭州固恒能源科技有限公司、铜车马动力科技(宁波)有限公司、杭州万魁新能源科技有限公司、金锚电力控股有限公司、东风汽车有限公司东风日产乘用车公司等	2023-10-26	2023-11-01

续上表

标准编号	标准名称	标准主要内容	发布单位	归口单位	起草单位	发布日期	实施日前
T/GZCHD 001—2023	电动汽车公共充换电站等级评价规范	本文件规定了电动汽车公共充换电站的等级划分与评价方式，包括对充换电设备的合规要求和公共充换电站设施设备、运维管理、安全管理、运营服务、站场环境及配套设施等的评价	广州市电动汽车充换电设施行业协会	广州市电动汽车充换电设施行业协会	广东电网有限责任公司广州供电局、广州城投充电科技有限公司、华为数字能源技术有限公司、中科检测技术服务(广州)股份有限公司、广州发展新能源股份有限公司、广汽能源科技有限公司等	2023-10-28	2023-10-28
T/SHJX 062—2023	电动重型卡车换电站及换电车辆技术要求	本文件规定了电动重型卡车换电站及换电车辆的基本功能和换电步骤	上海市交通运输行业协会	上海市交通运输行业协会	上海联联睿科能源科技有限公司、上海启源芯动力科技有限公司、上海电器科学研究所集团有限公司、上海电器设备检测所有限公司、上海中安电子信息科技有限公司、上海市交通运输行业协会城市货运分会等	2023-11-01	2023-12-01
T/SZBX 146—2023	电动汽车用驱动电机系统	本文件规定了电动汽车用驱动电机系统的术语和定义、工作制、电压等级和型号命名、要求、试验方法、检验规则、标志、包装、运输和贮存	苏州市标准化协会	苏州市标准化协会	苏州汇川联合动力系统有限公司、必维欧亚电气技术咨询服务(上海)有限公司、苏州市质量和标准化院	2023-11-08	2023-11-09
T/ZZB 3352—2023	新能源汽车用高耐压 PTC 加热元件	本文件规定了新能源汽车用高耐压 PTC 加热元件的产品分类及标记、基本要求、技术要求、试验方法、检验规则、标志、包装、运输及贮存和质量承诺。 本文件适用于厚度为 1.8~4.0 mm 新能源汽车用高耐压 PTC 加热元件	浙江省质量协会	浙江省质量协会	海宁永力电子陶瓷有限公司、华中科技大学集成电路学院、安徽省宁国市天成电机有限公司、嘉兴市艾佳电器科技有限公司	2023-11-10	2023-11-20
T/CMA CC113—2023	汽车动力电池充放电测试系统校准方法	本方法适用于汽车动力电池充放电测试系统的校准(其他类似设备可参照本方法进行校准)。汽车动力电池充放电测试系统由电池充放电测试仪、温度采集模块、环境试验箱三部分组成	中国计量协会	中国计量协会	中汽研汽车检验中心(天津)有限公司、东风汽车集团有限公司技术中心、南开大学、广州汽车集团股份有限公司汽车工程研究院、特嗨氢能检测(保定)有限公司、一汽丰田汽车有限公司技术研发分公司、蜂巢能源科技股份有限公司等	2023-11-17	2023-12-01
T/SDQX 001—2023	纯电动轻型卡车换电系统技术规范	本标准规定了纯电动轻型卡车换电系统的要求、标识、运输和贮存	山东省汽车行业协会	山东省汽车行业协会	山东省汽车行业协会、山东中盈数字能源科技有限公司、山东汉格威能源科技有限公司、山东重工集团有限公司、中国重型汽车集团有限公司、一汽解放青岛汽车有限公司、北汽福田汽车股份有限公司、潍柴新能源商用车有限公司等	2023-11-18	2023-11-18
T/CSAE 274—2022	基于梯次利用的锂离子动力电池设计导则	本文件规定了梯次利用的车用锂离子动力电池(简称动力电池)术语和定义、通用要求、可梯次利用的设计要求	中国汽车工程学会	中国汽车工程学会	北京新能源汽车股份有限公司、东风小康汽车有限公司、北汽福田汽车股份有限公司、蜂巢能源科技有限公司、宝能汽车有限公司、宁德时代新能源科技股份有限公司、合肥国轩高科动力能源有限公司、中国铁塔股份有限公司、浙江华友循环科技有限公司	2023-11-22	2022-12-20
T/ZZB 3499—2023	电动汽车交流充电用铝合金芯电缆	本文件规定了电动汽车交流充电用铝合金芯电缆的代号、型号和产品表示方法、基本要求、技术要求、标志、绝缘线芯识别、试验方法和要求、检验规则、包装、运输贮存及质量承诺	浙江省质量协会	浙江省质量协会	红旗电缆电器仪表集团有限公司、浙江省高低压电器产品质量检验中心、温州网牌电线电缆有限公司、温州佳合标准化信息技术事务所	2023-11-23	2023-12-10
T/CAAMTB 146—2023	新能源汽车越野性能评级方法	本文件规定了新能源汽车越野性能的评级方法。适用于 M1、N1、N2 类车辆中新能源车型的越野性能等级评测，主要适用于纯电动力、混合动力、增程式等由驱动电机作为主要动力来源的汽车类型	中国汽车工业协会	中国汽车工业协会	东风汽车集团有限公司、东风汽车集团股份有限公司猛士科技公司、北京空间变换科技有限公司、北京汽车集团越野车有限公司、北京汽车研究总院有限公司、江铃汽车股份有限公司、北京易车信息科技有限公司、长城汽车股份有限公司等	2023-11-24	2023-11-30
T/QGCML 2396—2023	智能汽车充电桩换电站共享云服务平台系统	本文件规定了智能汽车充电桩换电站共享云服务平台系统的术语和定义、系统基本要求、功能要求、接口要求、性能要求、安全要求	全国城市工业品贸易中心联合会	全国城市工业品贸易中心联合会	宇思飞行汽车湖北省有限责任公司、武汉科技大学、武汉发明家创新科技有限公司	2023-11-29	2023-12-14

续上表

标准编号	标准名称	标准主要内容	发布单位	归口单位	起草单位	发布日期	实施日前
T/JSGD 06—2023	动力电池外壳用玻纤增强改性聚丙烯专用料	本文件规定了动力电池外壳用玻纤增强改性聚丙烯专用料的技术要求、试验方法、检验规则、标志、包装、运输和贮存	界首高新区东城产业园企业协会	界首高新区东城产业园企业协会	安徽天路新材料股份有限公司、界首市双特新材料股份有限公司、界首市塑谷再生资源有限公司、界首市金戈塑业有限公司、安徽建筑大学	2023-11-30	2023-11-30
T/QGCML 2406—2023	新能源电池包循环包装运输金属容器	本文件规定了新能源电池包循环包装运输金属容器的术语和定义、技术要求、试验方法、检验规则、标志、包装、运输和贮存	全国城市工业品贸易中心联合会	全国城市工业品贸易中心联合会	湖北智象科技有限公司、湖北安捷物流有限公司、重庆智翰物流有限公司	2023-11-30	2023-12-05
T/ZQBJXH 032—2023	新能源汽车智能涂装设备	本文件规定了新能源汽车智能涂装设备的术语和定义、要求、试验方法、检验规则、标志、包装、运输和贮存	肇庆市标准化计量协会	肇庆市标准化计量协会	肇庆学院、广东创智智能装备有限公司、广东创智科技研究院、肇庆市标准化计量协会、肇庆市信息协会、广州市加杰机械设备有限公司	2023-11-30	2023-12-01
T/ZZB 3563—2023	新能源车继电器用 220 级聚酰胺酰亚胺复合聚酯亚胺漆包铜圆线	本文件规定了新能源车继电器用 220 级聚酰胺酰亚胺复合聚酯亚胺漆包铜圆线的术语和定义、基本要求、技术要求、试验方法、检验规则、标签、包装、运输与贮存和质量承诺	浙江省质量协会	浙江省质量协会	浙江应利成材料科技有限公司、宁波博雅聚力新材料科技有限公司、浙江春晖智能控制有限公司	2023-12-01	2023-12-15
T/QGCML 2535—2023	新能源汽车用充电座生产工艺规范	本文件规定了新能源汽车用充电座的相关术语和定义、分类、原材料要求、生产过程要求、成品质量要求、文件与记录	全国城市工业品贸易中心联合会	全国城市工业品贸易中心联合会	武汉德泰纳新能源技术有限公司、柳州德泰纳新能源技术有限公司、合肥德泰纳新能源技术有限公司	2023-12-07	2023-12-22
T/QGCML 2536—2023	新能源汽车用高压线束生产工艺规范	本文件规定了新能源汽车用高压线束的相关术语和定义、分类、原材料要求、生产过程要求、成品质量要求、文件与记录	全国城市工业品贸易中心联合会	全国城市工业品贸易中心联合会	武汉德泰纳新能源技术有限公司、柳州德泰纳新能源技术有限公司、合肥德泰纳新能源技术有限公司	2023-12-07	2023-12-22
T/QGCML 2537—2023	新能源汽车用电子锁生产工艺规范	本文件规定了新能源汽车用电子锁的相关术语和定义、分类、原材料要求、生产过程要求、文件与记录	全国城市工业品贸易中心联合会	全国城市工业品贸易中心联合会	武汉德泰纳新能源技术有限公司、柳州德泰纳新能源技术有限公司、合肥德泰纳新能源技术有限公司	2023-12-07	2023-12-22
T/QGCML 2538—2023	新能源汽车充电插座连接结构	本文件规定了新能源汽车充电插座连接结构的相关术语和定义、组成及结构、技术要求、试验方法、检验规则、标志、包装、运输及贮存	全国城市工业品贸易中心联合会	全国城市工业品贸易中心联合会	武汉德泰纳新能源技术有限公司、柳州德泰纳新能源技术有限公司、合肥德泰纳新能源技术有限公司	2023-12-07	2023-12-22
T/QGCML 2539—2023	新能源电动汽车充电连接装置	本文件规定了新能源电动汽车充电连接装置的相关术语和定义、组成及结构、技术要求、试验方法、检验规则、标志、包装、运输及贮存	全国城市工业品贸易中心联合会	全国城市工业品贸易中心联合会	武汉德泰纳新能源技术有限公司、柳州德泰纳新能源技术有限公司、合肥德泰纳新能源技术有限公司	2023-12-07	2023-12-22
T/SXS 045—2023	新能源汽车电机接线板	本文件规定了新能源汽车电机接线板的术语与定义、技术要求、试验方法、检验规则、包装标志、标签和运输、贮存	苏州市新能源汽车产业商会	苏州市新能源汽车产业商会	苏州安亚达电气有限公司、上海齐申复合材料有限公司、苏州市正航精密五金有限公司	2023-12-07	2023-12-07
T/ZSA 192—2023	纯电动乘用车控制芯片整车道路试验方法	本文件规定了纯电动乘用车整车控制芯片搭载整车测试的整车道路试验方法，以及试验过程中整车控制芯片测试数据采集的要求和方法	中关村标准化协会	中关村标准化协会	北京国家新能源汽车技术创新中心有限公司、北京经纬恒润科技股份有限公司、北京国创先进技术认证有限公司、南京芯驰半导体科技有限公司、北京新能源汽车股份有限公司、北京国科天迅科技有限公司、中国第一汽车集团有限公司等	2023-12-07	2023-12-08
T/ZSA 193—2023	纯电动乘用车控制芯片整车环境舱试验方法	本文件规定了纯电动乘用车整车控制芯片搭载整车测试的整车环境舱试验方法，以及试验过程中整车控制芯片测试数据采集的要求和方法	中关村标准化协会	中关村标准化协会	北京国家新能源汽车技术创新中心有限公司、紫光同芯微电子有限公司、北京国创先进技术认证有限公司、北京国科天迅科技有限公司、北京经纬恒润科技股份有限公司、南京芯驰半导体科技有限公司、北京新能源汽车股份有限公司、中国第一汽车集团有限公司等	2023-12-07	2023-12-08

续上表

标准编号	标准名称	标准主要内容	发布单位	归口单位	起草单位	发布日期	实施日前
T/SCIIA 4—2023	电动汽车分体式充电桩	本文件规定了电动汽车分体式充电桩的结构形式、基本要求、技术要求、试验方法、检验规则及标志、包装、运输和贮存	中关村智慧城市信息化产业联盟	中关村智慧城市信息化产业联盟	北京智充科技有限公司、中关村智慧城市信息化产业联盟、北京亦充科技有限公司、国网英大(北京)电力设计院有限公司、北京共元科技有限公司等	2023-12-08	2023-12-08
T/ZZB 3576—2023	电动汽车交流充电桩计量电能表	本文件规定了电动汽车交流充电桩计量电能表(简称电能表)的术语和定义、基本要求、技术要求、试验方法、检验规则、标志、包装、运输和贮存、质量承诺	浙江省质量协会	浙江省质量协会	浙江瑞银电子有限公司、国网浙江省电力有限公司、杭州市特种设备检验研究院	2023-12-10	2023-12-15
T/ZZB 3596—2023	新能源汽车驱动电机系统性能测试台	本文件规定了新能源汽车驱动电机系统性能测试台的术语和定义、基本要求、技术要求、试验方法、检验规则、标志、包装、运输、贮存、质量承诺	浙江省质量协会	浙江省质量协会	杭州威衡科技有限公司、浙江集衡信息科技有限公司、浙江方圆检测集团股份有限公司、浙江大学滨江研究院、北京京仪北方仪器仪表有限公司、中国计量大学、杭州易登科技有限公司、杭州松益电气有限公司	2023-12-10	2023-12-15
T/ZZB 3606—2023	电动汽车非车载充电机虚负荷检定装置	本文件规定了电动汽车非车载充电机虚负荷检定装置的基本要求、技术要求、试验方法、检验规则、标志、包装、运输和贮存、质量承诺	浙江省质量协会	浙江省质量协会	浙江涵普电力科技有限公司杭州分公司、浙江涵普电力科技有限公司、杭州市质量技术监督检测院、国网浙江省电力有限公司营销服务中心	2023-12-10	2023-12-15
T/JSQA 173—2023	新能源汽车锂电池浆料搅拌用永磁同步伺服电机	本文件规定了新能源汽车锂电池浆料搅拌用永磁同步伺服电机的术语和定义、型号、基本参数与尺寸、要求、试验方法、检验规则、标志、包装、运输、贮存	江苏省质量协会	江苏省质量协会	江苏智马科技有限公司、浙江长城电工智能科技有限公司、上海赢双电机科技股份有限公司	2023-12-12	2023-12-12
T/HEBQIA 205—2023	电动汽车公共充电基础设施建设技术规程	本文件规定了电动汽车充电基础设施的基本要求、设计要求、施工、验收、运营及维护	河北省质量信息协会	河北省质量信息协会	国文电气股份有限公司、河北安达电气科技有限公司、保定泽一新能源科技有限公司、海南安时充新能源科技有限责任公司、河北省质量信息协会	2023-12-13	2023-12-13
T/CRTAS 2. 1—2023	城市公共汽电车车辆 CAN 总线数据采集规范 第1部分:总则	本文件规定了城市公共汽电车车辆 CAN 总线数据采集的总体架构、一般要求和数据类型要求	中国道路运输协会	中国道路运输协会	交通运输部科学研究院、智达信科技术股份有限公司、北京公共交通控股(集团)有限公司、北京福田欧辉新能源汽车有限公司、青岛海信网络科技股份有限公司、北京交通大学、郑州天迈科技股份有限公司等	2023-12-15	2023-12-15
T/CRTAS 2. 2—2023	城市公共汽电车车辆 CAN 总线数据采集规范 第2部分:纯电动车辆	本文件规定了城市公共汽电车中纯电动车辆 CAN 总线数据采集的基本要求、数据内容和格式要求	中国道路运输协会	中国道路运输协会	本文件起草单位:交通运输部科学研究院、北京公共交通控股(集团)有限公司、北京福田欧辉新能源汽车有限公司、智达信科技术股份有限公司、郑州天迈科技股份有限公司等	2023-12-15	2023-12-15
T/CRTAS 2. 3—2023	城市公共汽电车车辆 CAN 总线数据采集规范 第3部分:油电混合动力车辆	本文件规定了城市公共汽电车中油电混合动力车辆 CAN 总线数据采集的基本要求、数据内容和格式要求	中国道路运输协会	中国道路运输协会	交通运输部科学研究院、北京福田欧辉新能源汽车有限公司、北京公共交通控股(集团)有限公司、智达信科技术股份有限公司、郑州天迈科技股份有限公司等	2023-12-15	2023-12-15
T/CRTAS 2. 4—2023	城市公共汽电车车辆 CAN 总线数据采集规范 第4部分:气电混合动力车辆	本文件规定了城市公共汽电车中气电混合动力车辆 CAN 总线数据采集的基本要求、数据内容和格式要求	中国道路运输协会	中国道路运输协会	交通运输部科学研究院、北京福田欧辉新能源汽车有限公司、北京公共交通控股(集团)有限公司、智达信科技术股份有限公司等	2023-12-15	2023-12-15
T/CRTAS 3—2023	在用营运电动车辆安全运行监测指标	本文件规定了在用营运电动车辆安全运行监测的基本要求、监测指标、安全运行状态等级及处置措施	中国道路运输协会	中国道路运输协会	交通运输部公路科学研究所、中国汽车工程研究院股份有限公司、中国科学院电工研究所、车百中汽科技(北京)有限公司、重庆圣眸科技有限公司、重庆市弘鼎圣科技有限公司	2023-12-15	2023-12-15
T/QGCML 2668—2023	新能源汽车铝合金电池托盘生产技术规范	本文件规定了新能源汽车铝合金电池托盘生产技术规范的术语和定义、技术要求、制造工艺、试验方法、检验规则、标志、包装、运输及贮存	全国城市工业品贸易中心联合会	全国城市工业品贸易中心联合会	福建祥鑫新能源汽车配件制造有限公司、福建祥鑫新材料科技有限公司、福建祥鑫股份有限公司	2023-12-15	2023-12-30

续上表

标准编号	标准名称	标准主要内容	发布单位	归口单位	起草单位	发布日期	实施日前
T/SXS 102—2023	新能源电动汽车充电桩运维系统技术规范	本文件规定了新能源电动汽车充电桩运维系统的术语和定义、系统组成、基本要求、系统功能、平台性能指标、安全防护要求以及感知设备要求	苏州市新能源汽车产业商会	苏州市新能源汽车产业商会	南京明域疆图科技有限公司、武汉数字超客技术有限公司、长沙开元时空信息技术有限公司	2023-12-15	2023-12-15
T/SESAPA 0003—2023	城市和乡村电动汽车公共充电站建设标准	本文件规定了城市和乡村电动汽车公共充电站的选址及建设、充电系统、供电系统、配套设施、竣工验收标准等方面的要求	山东省电能替代促进会	山东省电能替代促进会	国网山东省电力公司威海供电公司、国网(山东)电动汽车服务有限公司、山东泛在新能源集团股份有限公司	2023-12-20	2023-12-20
T/CAMAA 005—2023	电动车动力系统用电机技术要求	本文件规定了电动车动力系统用电机基本要求、技术要求、试验方法、检验规则、标志、包装、运输、贮存	中国汽车改装用品协会	中国汽车改装用品协会	浙江联宜电机有限公司、浙江英洛华康复器材有限公司、通标中研标准化技术研究院(北京)有限公司、通标中恒标准化技术研究院(北京)有限公司、河北雄安致诚科技发展有限公司	2023-12-22	2023-12-25
T/CAMAA 006—2023	新能源客车用无刷蒸发风机技术要求	本文件规定了新能源客车用无刷蒸发风机的术语和定义,基本参数,技术要求,试验方法,检验规则,标志、包装、运输和贮存	中国汽车改装用品协会	中国汽车改装用品协会	浙江联宜风机有限公司、浙江英洛华康复器材有限公司、通标中研标准化技术研究院(北京)有限公司、通标中恒标准化技术研究院(北京)有限公司、河北雄安致诚科技发展有限公司	2023-12-22	2023-12-25
T/HEVCA 1.1—2023	换电式纯电动重型载货汽车及共享换电站建设通用技术要求第 1 部分：总则	本文件规定了换电式纯电动重型载货汽车及共享换电站的总则、基本功能和换电步骤	海南省电动汽车与充电设施协会	海南省电动汽车与充电设施协会	海南省新能源汽车促进中心、海南省电动汽车与充电设施协会、上海启源芯动力科技有限公司、上海玖行能源科技有限公司、上海融青新能源科技有限公司、中油绿色能源(海南)有限公司等	2023-12-26	2024-01-01
T/HEVCA 1.2—2023	换电式纯电动重型载货汽车及共享换电站建设通用技术要求第 2 部分:换电电池系统通用技术要求	本文件规定了换电式纯电动重型载货汽车换电电池系统(简称换电电池系统)的环境要求、技术要求、试验方法以及标识、包装、运输和贮存的要求	海南省电动汽车与充电设施协会	海南省电动汽车与充电设施协会	海南省新能源汽车促进中心、海南省电动汽车与充电设施协会、上海启源芯动力科技有限公司、上海玖行能源科技有限公司、上海融青新能源科技有限公司、中油绿色能源(海南)有限公司等	2023-12-26	2024-01-01
T/HEVCA 1.3—2023	换电式纯电动重型载货汽车及共享换电站建设通用技术要求 第 3 部分:换电底托通用技术要求	本文件规定了换电式纯电动重型载货汽车换电底托的技术要求。 本文件适用于吊装式换电车辆	海南省电动汽车与充电设施协会	海南省电动汽车与充电设施协会	海南省新能源汽车促进中心、海南省电动汽车与充电设施协会、上海启源芯动力科技有限公司、上海玖行能源科技有限公司、上海融青新能源科技有限公司、中油绿色能源(海南)有限公司等	2023-12-26	2024-01-01
T/HEVCA 1.4—2023	换电式纯电动重型载货汽车及共享换电站建设通用技术要求第 4 部分:换电连接器通用技术要求	本文件规定了换电式纯电动重型载货汽车换电连接器的技术要求、试验方法、检验规则、标识、包装、运输和存储	海南省电动汽车与充电设施协会	海南省电动汽车与充电设施协会	海南省新能源汽车促进中心、海南省电动汽车与充电设施协会、上海启源芯动力科技有限公司、上海玖行能源科技有限公司、上海融青新能源科技有限公司、中油绿色能源(海南)有限公司等	2023-12-26	2024-01-01
T/HEVCA 1.5—2023	换电式纯电动重型载货汽车及共享换电站建设通用技术要求 第 5 部分:换电控制器通用技术要求	本文件规定了换电式纯电动重型载货汽车换电控制器的技术要求、通信要求和试验方法	海南省电动汽车与充电设施协会	海南省电动汽车与充电设施协会	海南省新能源汽车促进中心、海南省电动汽车与充电设施协会、上海启源芯动力科技有限公司、上海玖行能源科技有限公司、上海融青新能源科技有限公司、中油绿色能源(海南)有限公司等	2023-12-26	2024-01-01
T/HEVCA 1.6—2023	换电式纯电动重型载货汽车及共享换电站建设通用技术要求 第 6 部分:换电系统通讯协议技术要求	本文件规定了换电式纯电动重型载货汽车共享换电电池系统基于控制局域网(CAN)的通讯物理层、数据链路层及应用层的定义	海南省电动汽车与充电设施协会	海南省电动汽车与充电设施协会	海南省新能源汽车促进中心、海南省电动汽车与充电设施协会、上海启源芯动力科技有限公司、上海玖行能源科技有限公司、上海融青新能源科技有限公司、中油绿色能源(海南)有限公司等	2023-12-26	2024-01-01
T/HEVCA 1.7—2023	换电式纯电动重型载货汽车 及共享换电站建设通用技术要求第 7 部分:换电系统设备通用技术要求	本文件规定了换电式纯电动重型载货汽车换电站换电系统设备的基本构成与分类、技术要求和试验方法	海南省电动汽车与充电设施协会	海南省电动汽车与充电设施协会	海南省新能源汽车促进中心、海南省电动汽车与充电设施协会、上海启源芯动力科技有限公司、上海玖行能源科技有限公司、上海融青新能源科技有限公司、中油绿色能源(海南)有限公司等	2023-12-26	2024-01-01

续上表

标准编号	标准名称	标准主要内容	发布单位	归口单位	起草单位	发布日期	实施日前
T/HEVCA 1.8—2023	换电式纯电动重型载货汽车及共享换电站建设通用技术要求 第8部分:共享换电站建设及验收技术要求	本文件规定了换电式纯电动重型载货汽车换电站的选址及规划、供配电系统、换电设备、监控及通信系统、土建及配套、电能质量、消防安全要求、环境要求、标志和标识及工程验收	海南省电动汽车与充电设施协会	海南省电动汽车与充电设施协会	海南省新能源汽车促进中心、上海启源芯动力科技有限公司、海南省电动汽车与充电设施协会、上海玖行能源科技有限公司、上海融青新能源科技有限公司、中油绿色能源(海南)有限公司等	2023-12-26	2024-01-01
T/HEVCA 1.9—2023	换电式纯电动重型载货汽车及共享换电站建设通用技术要求第9部分:通讯及数据安全管理要求	本文件规定了换电式纯电动重型载货汽车共享换电站与管理平台的换电服务数据采集与监管要求、数据安全管理及风险预警的相关要求	海南省电动汽车与充电设施协会	海南省电动汽车与充电设施协会	海南省新能源汽车促进中心、海南省电动汽车与充电设施协会、上海启源芯动力科技有限公司、上海玖行能源科技有限公司、上海融青新能源科技有限公司、中油绿色能源(海南)有限公司等	2023-12-26	2024-01-01
T/CIET 348—2023	新能源汽车大功率直流充电连接装置技术规范	本文件规定了新能源大功率直流充电连接装置的术语和定义、技术要求、试验方法、检验规则、标志、包装、运输和贮存	中国国际经济技术合作促进会	中国国际经济技术合作促进会	杭州创睿新能源科技有限公司、安徽海迪拉电气科技股份有限公司、合肥精创怡咖新能源汽车技术有限公司、苏州吉智能源科技有限公司、广西放心源新能源科技有限公司、海南屹航企业管理咨询有限公司、保定诺圆信息科技有限公司	2023-12-27	2023-12-27
T/QGCML 2891—2023	电动汽车用绝缘栅双极型晶体管(IGBT)模块技术规范	本文件规定了电动汽车用绝缘栅双极型晶体管(IGBT)模块的术语和定义、符号、极限值、技术要求、试验方法、检验规则、标志、包装、运输及贮存	全国城市工业品贸易中心联合会	全国城市工业品贸易中心联合会	智新半导体有限公司、株洲中车时代半导体有限公司、东风汽车公司研发总院	2023-12-27	2023-12-31
T/QGCML 2892—2023	电动汽车电驱动用碳化硅(SiC)场效应晶体管(MOSFET)模块技术条件	本文件规定了电动汽车电驱动用碳化硅(SiC)场效应晶体管(MOSFET)模块的术语和定义、符号、极限值、技术要求、试验方法、检验规则、标志、包装、运输及贮存	全国城市工业品贸易中心联合会	全国城市工业品贸易中心联合会	智新半导体有限公司、株洲中车时代半导体有限公司、东风汽车公司研发总院	2023-12-27	2023-12-31
T/CSCMA 0016—2023	电动混凝土搅拌运输车用动力蓄电池包技术规范	本文件规定了电动混凝土搅拌运输车用动力蓄电池包的工作环境条件、结构、功能及技术要求、试验方法和检验规则	长沙市工程机械行业协会	长沙市工程机械行业协会	湖南国重智联工程机械研究院有限公司、长沙市工程机械行业协会、长沙市标准化协会、希而思(长沙)科技研究院有限公司、三一集团有限公司等	2023-12-29	2023-12-29
T/GERS 0033—2023	极速充电锂离子动力蓄电池单体技术规范	本文件规定了电动汽车用极速充电锂离子动力蓄电池单体的技术要求、试验条件、试验方法、检验规则以及标识、包装、贮存和运输要求	广东省能源研究会	广东省能源研究会	广州巨湾技研有限公司、广州能源检测研究院、广电计量检测(深圳)有限公司、深圳天溯计量检测股份有限公司、广汽本田汽车有限公司、广汽埃安新能源汽车股份有限公司等	2023-12-29	2023-12-29
T/GERS 0034—2023	锂离子动力蓄电池快充循环性能测试规程	本文件规定了电动汽车用锂离子动力蓄电池快充循环性能试验条件和试验方法等	广东省能源研究会	广东省能源研究会	广州巨湾技研有限公司、广州能源检测研究院、江苏天溯检测技术有限公司、因湃电池科技有限公司、广东中研表征技术有限公司等	2023-12-29	2023-12-29
T/GERS 0035—2023	快充锂离子动力蓄电池一致性技术要求	本文件规定了快充锂离子动力蓄电池电池单体、电池模组、电池包的一致性测试的技术要求和试验方法	广东省能源研究会	广东省能源研究会	广州能源检测研究院、广电计量检测(深圳)有限公司、广州天溯检测科技有限公司、广东工业大学、广州巨湾技研有限公司等	2023-12-29	2023-12-29
T/GERS 0036—2023	快充锂离子动力蓄电池用正极材料技术规范	本文件规定了快充锂离子动力蓄电池用正极材料的术语和定义、技术要求、试验的方法、检验规则、包装、标志、贮存和运输	广东省能源研究会	广东省能源研究会	广州能源检测研究院、深圳天溯计量检测股份有限公司、广州巨湾技研有限公司、广东中研表征技术有限公司、广东光华科技股份有限公司等	2023-12-29	2023-12-29
T/GERS 0037—2023	快充锂离子动力蓄电池用石墨类负极材料技术规范	本文件规定了电动汽车快充锂离子动力蓄电池用石墨类负极材料的术语和定义、技术要求、试验方法、检验规则、包装、标志、存储和运输要求等	广东省能源研究会	广东省能源研究会	广州巨湾技研有限公司、广州能源检测研究院、江苏天溯检测技术有限公司、四川省产品质量监督检验检测院等	2023-12-29	2023-12-29
T/GERS 0038—2023	快充锂离子动力蓄电池用电解液技术规范	本文件规定了电动汽车快充锂离子动力蓄电池用电解液的技术要求、试验方法、检验规则以及标志、包装、贮存和运输及安全作业的要求等	广东省能源研究会	广东省能源研究会	广州巨湾技研有限公司、广州能源检测研究院、广州天溯检测科技有限公司、广州天赐高新材料股份有限公司、广东省能源研究会等	2023-12-29	2023-12-29

续上表

标准编号	标准名称	标准主要内容	发布单位	归口单位	起草单位	发布日期	实施日前
T/GERS 0039—2023	快充锂离子动力蓄电池用隔膜技术规范	本文件规定了快充锂离子动力蓄电池用隔膜的术语和定义、分类、要求、试验方法、检验规则、包装、标志、运输及贮存	广东省能源研究会	广东省能源研究会	广州能源检测研究院、深圳天溯计量检测股份有限公司、广州巨湾技研有限公司、广东省技术经济研究发展中心等	2023-12-29	2023-12-29
T/ZDL 020. 1—2023	居住区电动汽车负荷资源调控与聚合 技术导则 第1部分:技术架构	本文件规定了电动汽车、交流充电桩、智能物联电能表、集中器与电网双向互动体系技术导则的通用要求以及硬件、业务功能等技术要求	浙江省电力行业协会	浙江省电力行业协会	国网浙江省电力有限公司杭州供电公司、浙江大学、国网浙江省电力有限公司杭州市富阳区供电公司、杭州格创新能源有限公司等	2023-12-29	2024-01-01
T/ZDL 020. 2—2023	居住区电动汽车负荷资源调控与聚合 技术导则 第2部分:通信接口规范	本文件规定了电动汽车、交流充电桩、智能物联电能表、集中器与电网双向互动体系通信接口的硬件要求、通信方式要求和通信数据类型扩展要求	浙江省电力行业协会	浙江省电力行业协会	国网浙江省电力有限公司杭州供电公司、浙江大学、国网浙江省电力有限公司杭州市富阳区供电公司、杭州格创新能源有限公司等	2023-12-29	2024-01-01
T/FJAS 028—2023	在用纯电动城市客车运行安全性能检验技术规范	本文件规定了在用纯电动城市客车(简称电动客车)运行安全性能检验的安全要求、检验要求、检验项目、检验流程、检验方法、检验结果处置等	福建省标准化协会	福建省标准化协会	福建船政交通职业学院、福建星云电子股份有限公司、厦门金龙联合汽车工业有限公司、福州联泓交通器材有限公司等	2024-01-01	2024-03-01

二、氢燃料电池汽车领域

标准编号	标准名称	标准主要内容	发布单位	归口单位	起草单位	发布日期	实施日期
GB/T 20042. 2—2023	质子交换膜燃料电池 第2部分:电池堆通用技术条件	本文件规定了质子交换膜燃料电池堆(包括直接醇类燃料电池堆,简称燃料电池堆)的安全、基本性能、试验项目、试验方法以及标志与说明文件等方面的要求	国家市场监督管理总局 国家标准化管理委员会	全国燃料电池及液流电池标准化技术委员会	上海神力科技有限公司、中国科学院大连化学物理研究所、上海捷氢科技股份有限公司、同济大学、潍柴动力股份有限公司、武汉理工大学、北京亿华通科技股份有限公司、新源动力股份有限公司、新研氢能源科技有限公司、中国汽车技术研究中心有限公司、襄阳达安汽车检测中心有限公司、上海机动车检测认证技术研究中心有限公司等	2023-03-17	2023-10-01
GB/T 42536—2023	车用高压储氢气瓶组合阀门	该标准规定了车用高压储氢气瓶组合阀门(简称组合阀门)的基本型式、技术要求、试验方法与合格指标、检验规则、标志、包装、运输、贮存等要求	国家市场监督管理总局 国家标准化管理委员会	全国气瓶标准化技术委员会	中国特种设备检测研究院、大连锅炉压力容器检验检测研究院有限公司、浙江大学、未势能源科技有限公司、上海舜华新能源系统有限公司、合肥通用机械研究院有限公司等	2023-05-23	2024-06-01
GB/T 42626—2023	车用压缩氢气纤维全缠绕气瓶定期检验与评定	本文件规定了车用压缩氢气纤维全缠绕气瓶的定期检验与评定的基本方法和技术要求	国家市场监督管理总局 国家标准化管理委员会	气瓶标准化技术委员会	大连锅炉压力容器检验检测研究院有限公司	2023-05-23	2023-12-01
GB/T 42855—2023	氢燃料电池车辆加注协议技术要求	本文件规定了氢燃料电池车辆高压氢气加注协议的基本要求、通用要求、加注边界条件、加注过程以及加注过程控制的要求	国家市场监督管理总局 国家标准化管理委员会	全国氢能标准化技术委员会	北京低碳清洁能源研究院、中国标准化研究院、佛山绿色发展创新研究院、北京海德利森科技有限公司、上海舜华新能源系统有限公司、浙江大学、北京亿华通科技股份有限公司、中广核风电有限公司、济南市计量检定测试院等	2023-08-06	2023-12-01
GB/T 26990—2023	燃料电池电动汽车 车载氢系统技术条件	本文件规定了燃料电池电动汽车车载氢系统的技术要求和试验方法	国家市场监督管理总局 国家标准化管理委员会	全国汽车标准化技术委员会	浙江大学、中国汽车技术研究中心有限公司、中汽研新能源汽车检验中心(天津)有限公司、丰田汽车(中国)投资有限公司、上海舜华新能源系统有限公司、东风汽车集团股份有限公司、北汽福田汽车股份有限公司等	2023-11-27	2023-11-27

续上表

标准编号	标准名称	标准主要内容	发布单位	归口单位	起草单位	发布日期	实施日期
GB/T 43252—2023	燃料电池电动汽车能量消耗量及续驶里程试验方法	本文件描述了燃料电池电动汽车在底盘测功机上进行能量消耗量及续驶里程测量的试验方法	国家市场监督管理总局 国家标准化管理委员会	全国汽车标准化技术委员会	中国汽车技术研究中心有限公司、同济大学、上汽大通汽车有限公司、丰田汽车(中国)投资有限公司、上海捷氢科技有限公司、上海机动车检测认证技术研究中心有限公司、襄阳达安汽车检测中心有限公司、潍柴动力股份有限公司、中国第一汽车股份有限公司、长城汽车股份有限公司等	2023-11-27	2023-11-27
GB/T 43255—2023	燃料电池电动汽车低温冷起动性能试验方法	本文件描述了燃料电池电动汽车在低温(0 ℃以下)环境下的冷起动和起步性能试验方法	国家市场监督管理总局 国家标准化管理委员会	全国汽车标准化技术委员会	中汽研新能源汽车检验中心(天津)有限公司、中国汽车技术研究中心有限公司、上汽大通汽车有限公司、上海捷氢科技股份有限公司、丰田汽车(中国)投资有限公司、潍柴动力股份有限公司、上海机动车检测认证技术研究中心有限公司、广州汽车集团股份有限公司、襄阳达安汽车检测中心有限公司、中国第一汽车股份有限公司等	2023-11-27	2023-11-27
GB/T 26991—2023	燃料电池电动汽车动力性能试验方法	本文件描述了燃料电池电动汽车的加速性能、最高车速及爬坡能力等动力性能的试验方法	工业和信息化部	全国汽车标准化技术委员会	中国汽车技术研究中心有限公司、上汽大通汽车有限公司、襄阳达安汽车检测中心有限公司、中国第一汽车股份有限公司、潍柴动力股份有限公司、北京市产品质量监督检验研究院、中汽研汽车检验中心(天津)有限公司等	2023-12-28	2024-07-01
GB/T 34425—2023	燃料电池电动汽车加氢枪	本文件界定了燃料电池电动汽车加氢枪的定义,规定了加氢枪的技术要求和试验要求,描述了加氢枪及其连接组件的试验方法	工业和信息化部	全国汽车标准化技术委员会	上海舜华新能源系统有限公司、中汽研新能源汽车检验中心(天津)有限公司、中国汽车技术研究中心有限公司、丰田汽车(中国)投资有限公司、上海机动车检测认证技术研究中心有限公司、山东国创燃料电池技术创新中心有限公司等	2023-12-28	2024-07-01
DB44/T 2427—2023	加氢站运营管理规范	本文件适用于采用各种供氢方法的从事氢气零售经营活动的氢能车辆加氢站,也适用于加氢/加油、加氢/加气、加氢/充电两站或多站合建站中的加氢部分	广东省市场监督管理局	广东省市场监督管理局(省人民政府特种设备安全监督管理部门)	广州能源检测研究院、广东省特种设备检测研究院、华南理工大学、广东省技术经济研究发展中心、广州联新氢能有限公司、云浮(佛山)氢能标准化创新研发中心、佛山环境与能源研究院等	2023-05-06	2023-08-06
DB13/T 5754—2023	加氢站贮存设备技术要求	本文件规定了加氢站贮存设备技术术语和定义、贮氢容器要求、仪表和电气设备、设备维护保养、防火和安全等方面的技术要求	河北省市场监督管理局	河北省市场监督管理局	安瑞科(廊坊)能源装备集成有限公司、特嗨氢能检测(保定)有限公司、中溶科技股份有限公司、廊坊黎明气体有限公司、河北世昌汽车部件股份有限公司、河北建投储能技术有限公司、定州旭阳氢能有限公司等	2023-06-19	2023-07-01
DB13/T 5755—2023	加氢站运行管理规范	本文件规定了加氢站运行管理的基本要求、人员管理、设备设施管理、氢气品质、安全管理、等内容	河北省市场监督管理局	河北省市场监督管理局	特嗨氢能检测(保定)有限公司、河北省工业和信息化发展研究院、中国质量认证中心、华北电力大学、定州旭阳氢能有限公司、安瑞科(廊坊)能源装备集成有限公司、张家口市氢能与可再生能源研究院、未势能源科技有限公司等	2023-06-19	2023-07-01
DB13/T 5756—2023	涉氢实验室安全管理规范	本文件规定了涉氢实验室(简称实验室)的安全组织、安全体系、人员管理、设备设施、场所环境和实验活动的安全管理要求	河北省市场监督管理局	河北省市场监督管理局	特嗨氢能检测(保定)有限公司、河北省消防救援总队、保定市消防救援支队、河北省工业和信息化发展研究院、安瑞科(廊坊)能源装备集成有限公司	2023-06-19	2023-07-01

续上表

标准编号	标准名称	标准主要内容	发布单位	归口单位	起草单位	发布日期	实施日期
DB42/T 2048—2023	车用压缩氢气加氢站运营管理规范	本文件规定了车用压缩氢气加氢站(简称加氢站)运营管理的基本要求、人员管理、设备设施管理、氢气质量管理、加氢作业管理、文件和记录控制和应急预案等方面的管理规程	湖北省市场监督管理局	湖北省市场监督管理局	武汉市度量衡管理所、湖北省标准化与质量研究院、武汉雄众氢能有限公司、武汉中极氢能源发展有限公司、襄阳华润燃气有限公司	2023-06-27	2023-08-27
DB50/T 1478—2023	氢燃料电池车辆示范运行公共数据采集规范	本文件适用于制氢企业、运氢车辆、加氢站、燃料电池汽车生产企业端到氢燃料电池汽车综合运行监控平台之间的数据采集与传输	重庆市市场监督管理局	重庆市经济和信息化委员会	中汽院新能源科技有限公司、中国汽车工程研究院股份有限公司、重庆大学、中国石油天然气股份有限公司重庆销售分公司、中国石化销售股份有限公司重庆石油分公司、重庆金苏化工有限公司、重庆朝阳气体有限公司、重庆长安新能源汽车科技有限公司等	2023-09-15	2023-12-15
DB13/T 5875—2023	氢燃料电池冷却液通用技术要求	本文件规定了氢燃料电池冷却液的总则、技术要求和试验方法	河北省市场监督管理局	邯郸市市场监督管理局	中国船舶集团有限公司第七一八研究所、北京亿华通科技股份有限公司、中国船舶集团有限公司第七一二研究所、未势能源科技有限公司、东方电气(成都)氢燃料电池科技有限公司	2023-10-25	2023-11-25
DB41/T 2541—2023	加氢站充装安全技术导则	本文件规定了汽车加氢站充装安全的基本条件、人员管理、充装场所、充装设备、控制系统与监测仪表、质量保证体系和充装作业	河南省市场监督管理局	河南省承压类特种设备标准化技术委员会	河南省锅炉压力容器检验技术科学研究院	2023-10-31	2024-01-29
DB41/T 2552—2023	车用压缩氢气铝内胆碳纤维全缠绕气瓶安全评估导则	本文件规定了超过设计使用年限车用压缩氢气铝内胆碳纤维全缠绕气瓶(简称气瓶)安全评估的术语和定义、基本要求、评估项目、评估结论和评估报告	河南省市场监督管理局	河南省承压类特种设备标准化技术委员会	河南省锅炉压力容器检验技术科学研究院	2023-10-31	2024-01-29
DB31/T 1449—2023	燃料电池电动汽车运行安全和维护技术要求	本文件规定了燃料电池电动汽车的车辆要求、车辆运行时的安全要求、停放安全要求、氢气充装加注的安全要求、意外事故的处理预案、车辆检查及维护保养、报废、数据记录保存管理的要求	上海市市场监督管理局	上海市新能源汽车及应用标准化技术委员	上海机动车检测认证技术研究中心有限公司、同济大学、上海重塑能源科技有限公司、上海申沃客车有限公司、中石化氢能源(上海)有限公司等	2023-11-21	2024-03-01
DB14/T 2941—2023	车用甲醇燃料应用指南	本文件给出了车用甲醇燃料应用的基本条件、车用甲醇燃料生产和经营项目、产品质量控制管理、服务提供	山西省市场监督管理局	山西省醇基燃料标准化技术委员会	山西省醇醚清洁燃料行业技术中心(有限公司)、山西省汽车行业协会、山西佳新能源化工实业有限公司、山西丰喜新能源开发有限公司等	2023-12-26	2024-03-25
T/SAPIA 001—2023	燃料电池发动机用氢气引射器	本标准规定了燃料电池发动机用氢气引射器(简称引射器)的术语与定义、技术条件、试验方法、检验与标志等	上海市汽车零部件行业协会	上海市汽车零部件行业协会	上海重塑能源科技有限公司、上海机动车检测认证技术研究中心有限公司、上海上氢能源科技有限公司、航天氢能(上海)科技有限公司、浙江臻泰能源科技有限公司、贺尔碧格传动技术(常州)有限公司	2023-01-10	2023-01-10
T/SAPIA 002—2023	燃料电池发动机高压线束及连接器技术要求	本标准规定了燃料电池发动机用高压线束及连接器的一般要求、设计要求、电气性能、物理性能、环境适应性、电磁屏蔽效能、禁限用物质要求和试验方法等	上海市汽车零部件行业协会	上海市汽车零部件行业协会	上海重塑能源科技有限公司、航天氢能(上海)科技有限公司、上海机动车检测认证技术研究中心有限公司、上海韵量新能源科技有限公司	2023-01-10	2023-01-10
T/GHDQ 118—2023	燃料电池电催化剂电化学活性面积和加速老化测试规范	本文件规定了燃料电池电催化剂电化学活性面积和加速老化测试方法等内容	吉林省汽车电子协会	吉林省汽车电子协会	中国科学院长春应用化学研究所	2023-02-08	2023-02-09

续上表

标准编号	标准名称	标准主要内容	发布单位	归口单位	起草单位	发布日期	实施日期
T/CES 176—2022	固定式质子交换膜燃料电池堆使用寿命测试评价方法	本文件规定了固定式质子交换膜燃料电池堆的使用寿命测试和计算方法。本文件适用于支持直接或者通过转换开关与电力网连接，或与独立配电系统连接的固定式燃料电池发电系统用质子交换膜燃料电池堆，采用额定输出功率不小于 10 kW 且作为主电源、二次电源或备用电源的质子交换膜燃料电池堆进行测试，用来评价固定式质子交换膜燃料电池堆使用寿命	中国电工技术学会	中国电工技术学会	武汉理工大学、国网浙江省电力有限公司、国网智能电网研究院有限公司、中国科学院长春应用化学研究所、中国电子工程设计院有限公司、武汉众宇动力系统科技有限公司	2023-03-29	2022-12-21
T/CCGA 40013—2022	加氢站风险评估指南	本文件规定了加氢站风险评估工作的评估流程、评估标准及实施要求	中国工业气体工业协会	中国工业气体工业协会	中国特种设备检测研究院、同济大学、天津渤化安创科技有限公司、北京市产品质量监督检验研究院、上海舜华新能源系统有限公司等	2023-04-04	2023-02-01
T/GDBX 070—2023	氢燃料电池汽车用氢运行里程数据统计分析方法	本文件规定了与氢燃料电池汽车用氢里程数据统计分析相关的术语和定义、符号，给出了通过数据统计、分析氢燃料电池汽车用氢运行里程的方法	广东省标准化协会	广东省标准化协会	佛山市南海区华南新能源汽车产业促进中心、广东清能新能源技术有限公司、佛山市清极能源科技有限公司、广东省武理工氢能产业技术研究院、广东兰氢科技有限公司、佛山市攀业氢能源科技有限公司等	2023-04-06	2023-04-06
T/CCTAS 51—2023	商用车燃料电池耐久试验工况提取和拟合方法	本文件规定了质子交换膜燃料电池（简称燃料电池）耐久试验工况提取和拟合方法	中国交通运输协会	中国交通运输协会	潍柴动力股份有限公司、山东国创燃料电池技术创新中心有限公司、中汽研汽车检验中心（天津）有限公司、宇通客车股份有限公司等	2023-06-08	2023-07-01
T/CCTAS 52—2023	质子交换膜燃料电池冷却液	本文件规定了质子交换膜燃料电池冷却液（简称冷却液）的术语和定义、产品分类、技术要求和试验方法、检验规则，以及标志、包装、运输和贮存等要求	中国交通运输协会	中国交通运输协会	潍柴动力股份有限公司、中汽研汽车检验中心（天津）有限公司、中国重型汽车集团有限公司、中通客车控股股份有限公司、宇通客车股份有限公司等	2023-06-08	2023-07-01
T/CSAE 270—2022	燃料电池电动汽车运行安全监管规范	本文件规定了燃料电池电动汽车数据采集以及安全运行技术要求	中国汽车工程学会	中国汽车工程学会	北京理工大学、北汽福田汽车股份有限公司、北京师范大学、北京向荣清能汽车科技有限公司、北京亿华通科技股份有限公司等	2023-06-12	2022-08-12
T/CSAE 276—2022	燃料电池堆振动测试技术规范	本文件规定了燃料电池堆的振动测试方法、机械冲击测试方法	中国汽车工程学会	中国汽车工程学会	同济大学、上海机动车检测认证技术研究中心有限公司、上海神力科技有限公司、东风汽车集团有限公司技术中心、丰田汽车（中国）投资有限公司、中国汽车技术研究中心有限公司、上海捷氢科技股份有限公司、中国第一汽车股份有限公司等	2023-06-12	2022-12-20
T/GERS 0021—2023	加氢站氢气取样规范	本文件规定了加氢站氢气取样的术语和定义、安全要求、样品容器、取样装置、取样要求、样品运输与贮存	广东省能源研究会	广东省能源研究会	广州能源检测研究院、广东佛燃科技有限公司、广东省能源研究会、广州番禺新奥燃气有限公司、广东省特种设备检测研究院等	2023-06-16	2023-06-16
T/CI 090—2023	燃料电池系统用引射器性能测试方法	本文件规定了燃料电池系统用氢气引射器（简称引射器）的测试设备与仪器要求、试验条件和试验方法等内容	中国国际科技促进会	中国国际科技促进会	同济大学、武汉雄韬氢雄燃料电池科技有限公司、苏州瑞驱电动科技有限公司、苏州就是能源科技有限公司、北京航天动力研究所等	2023-07-06	2023-07-06
T/CASME 520—2023	质子交换膜燃料电池涂层金属极板测试方法	本文件规定了质子交换膜燃料电池涂层金属极板测试的术语和定义、缺陷测试、接触电阻测试、涂层结合力测试、涂层成分与厚度测试、耐蚀性测试、铁离子含量测试、残余应力测试	中国中小商业企业协会	中国中小商业企业协会	常州翊迈新材料科技有限公司、大连理工江苏研究院有限公司、上海文景能源科技有限公司、畔星科技（浙江）有限公司、上海骥翀氢能科技有限公司等	2023-07-07	2023-08-01
T/ZHFCA 1001—2023	质子交换膜燃料电池用金属单极板	本文件规定了质子交换膜燃料电池用金属单极板的术语和定义、技术要求、试验方法、检验规则及包装、标记和运输等	中关村氢能与燃料电池技术创新产业联盟	中关村氢能与燃料电池技术创新产业联盟	北京新研创能科技有限公司、上海交通大学、深圳市长盈精密技术股份有限公司、上海福宜真空设备有限公司、南京先进激光研究院等	2023-07-10	2023-08-01

续上表

标准编号	标准名称	标准主要内容	发布单位	归口单位	起草单位	发布日期	实施日期
T/CIET 199—2023	氢燃料电池产品碳足迹评价导则	本文件规定了氢燃料电池产品碳足迹的规范性引用文件、术语和定义、原则、范围界定、评价流程、核算方法、评价报告等内容。本文件适用于氢燃料电池产品碳足迹的评价和通报。 本文件规定了氢燃料电池产品碳足迹的规范性引用文件、术语和定义、原则、范围界定、评价流程、核算方法、评价报告等内容。本文件适用于氢燃料电池产品碳足迹的评价和通报	中国国际经济技术合作促进会	中国国际经济技术合作促进会	通标中研标准化技术研究院(北京)有限公司、广东佛燃科技有限公司、湖南隆深氢能科技有限公司、深圳市雄韬电源科技股份有限公司、天津新氢动力科技有限公司、新研氢能源科技有限公司、上海上氢能源科技有限公司、河北雄安致诚科技发展有限公司	2023-08-23	2023-08-23
T/CASME 674—2023	燃料电池系统电压巡检器性能测试规范	本文件规定了燃料电池系统电压巡检器的测试条件、测试项目、测试报告等方面的内容	中国中小商业企业协会	中国中小商业企业协会	湖北魔方新能源科技有限公司、魔方氢能源科技(江苏)有限公司、贵阳魔方新能源科技有限公司、上海神力科技有限公司、江苏氢璞创能科技有限公司、广东国鸿氢能科技股份有限公司、深圳市赛盛检测技术服务有限公司	2023-08-31	2023-09-15
T/CES 202—2023	车用质子交换膜燃料电池堆性能测试方法	本文件规定了车用质子交换膜燃料电池堆极化曲线、峰值功率、最大电流加载速率、操作条件敏感性、静态倾斜性能测试等试验方法	中国电工技术学会	中国电工技术学会	山东国创燃料电池技术创新中心有限公司、潍柴动力股份有限公司、潍柴巴拉德氢能科技有限公司、中汽研汽车检测中心(天津)有限公司、中国科学院大连化学物理研究所、大连理工大学、国网综合能源服务集团有限公司	2023-09-08	2023-09-11
T/QGCML 1496—2023	燃料电池系统用水泵性能试验技术规范	本文件规定了燃料电池系统用水泵性能试验技术规范的术语和定义、试验条件、试验设备、性能试验方法	全国城市工业品贸易中心联合会	全国城市工业品贸易中心联合会	武汉中极氢能产业创新中心有限公司、湖北魔方新能源科技有限公司、骆驼集团武汉光谷研发中心有限公司	2023-09-22	2023-10-07
T/QGCML 1497—2023	燃料电池系统用加湿器性能试验技术规范	本文件规定了燃料电池系统用加湿器性能试验技术规范的术语和定义、试验条件、试验设备、性能试验方法	全国城市工业品贸易中心联合会	全国城市工业品贸易中心联合会	武汉中极氢能产业创新中心有限公司、潍柴动力股份有限公司、山东凯格瑞森能源科技有限公司	2023-09-22	2023-10-07
T/QGCML 1498—2023	燃料电池系统用空压机性能试验技术规范	本文件规定了燃料电池系统用空压机性能试验技术规范的术语和定义、试验条件、试验设备、性能试验方法	全国城市工业品贸易中心联合会	全国城市工业品贸易中心联合会	武汉中极氢能产业创新中心有限公司、永安行常州氢能动力技术有限公司、新乡氢璞创能科技有限公司	2023-09-22	2023-10-07
T/FJAS 024—2023	燃料电池电动汽车 燃料电池热平衡试验方法	本文件规定了燃料电池电动汽车关于燃料电池散热系统热平衡的试验条件、试验准备、试验方法、试验数据处理和记录。本文件适用于 M3 和 N 类燃料电池电动汽车室内热平衡试验，在道路上试验时可参照执行	福建省标准化协会	福建省标准化协会	厦门金龙联合汽车工业有限公司、厦门金龙旅行车有限公司、福大紫金氢能科技股份有限公司、福龙马集团股份有限公司、厦门大学、厦门市产品质量监督检查院	2023-10-16	2023-10-16
T/CES 225—2023	质子交换膜燃料电池热电联产系统能效测算方法	本文件规定了质子交换膜燃料电池热电联产系统在生产过程中能效测算技术规范	中国电工技术学会	中国电工技术学会	北方工业大学、青海大学、北京联智汇能科技有限公司、国网江苏省电力有限公司电力科学研究院、北京开源瑞储科技有限公司、国网新疆电力有限公司、国网甘肃省电力公司天水供电公司、三峡科技有限责任公司等	2023-10-19	2023-10-20
T/ZSA 161—2023	质子交换膜燃料电池用金属单极板	本文件规定了质子交换膜燃料电池用金属单极板的术语和定义、技术要求、试验方法、检验规则及包装、标记和运输等	中关村标准化协会	中关村标准化协会	北京新研创能科技有限公司、上海交通大学、深圳市长盈精密技术股份有限公司、上海福宜真空设备有限公司、南京先进激光研究院、新研氢能源科技有限公司等	2023-10-20	2023-10-21

续上表

标准编号	标准名称	标准主要内容	发布单位	归口单位	起草单位	发布日期	实施日期
T/CIET 260—2023	加氢站运营管理规范	本文件规定了加氢站运营管理的基本要求、设计要求、人员管理、设备管理、质量管理、安全管理、应急管理、数据及档案管理、经营管理等	中国国际经济技术合作促进会	中国国际经济技术合作促进会	氢源嘉创(浙江)新能源科技有限公司、重庆耐德能源装备集成有限公司、杭氧集团股份有限公司、中集氢能科技(北京)有限公司等	2023-10-23	2023-10-23
T/ZZB 3320—2023	汽车用金属双极板氢燃料电池发动机	本文件规定了汽车用金属双极板氢燃料电池发动机的术语和定义、基本要求、技术要求、试验方法、检验规则、标志和说明、质量承诺	浙江省质量协会	浙江省质量协会	爱德曼氢能源装备有限公司、广东爱德曼氢能源装备有限公司、上海青氢科技有限公司、爱德曼(淄博)氢能科技有限公司、爱德曼(北京)氢能科技有限公司、北京氢爱科技有限公司	2023-10-30	2023-11-20
T/ZSA 170—2023	商用车燃料电池发动机技术条件	本文件规定了商用车燃料电池发动机的系统边界、一般要求、性能要求、试验方法和标志、包装、贮存、文件	中关村标准化协会	中关村标准化协会	北京亿华通科技股份有限公司、北京聚兴华通氢能科技有限公司、亿氢科技(北京)有限公司、亿华通动力科技有限公司、北京未来氢谷科技有限公司、北京亿华通氢能科技有限公司、宇通客车股份有限公司、北汽福田汽车股份有限公司、一汽解放汽车有限公司等	2023-11-01	2023-11-02
T/SXS 019—2023	燃料电池双极板技术	本文件规定了术语和定义、功能划分、技术要求、双极板测试要求、双极板工艺流程、标志、包装、运输和贮存	苏州市新能源汽车产业商会	苏州市新能源汽车产业商会	苏州华氢汇智能科技有限公司、嘉拓铭智能科技(苏州)有限公司、苏州汇莱铭科技有限公司、苏州吉冠科技有限公司	2023-11-03	2023-11-03
T/HBEACA 003—2023	氢燃料电池系统空压机匹配选型测试方法	本文件对氢燃料电池系统中空压机性能的匹配选型基本原则、测试项目相关要求进行了规范	湖北省电动汽车流通协会	湖北省电动汽车流通协会	武汉雄韬氢雄燃料电池科技有限公司、中汽研汽车检验中心(武汉)有限公司、武汉启成方略企业管理咨询有限公司	2023-11-23	2023-11-23
T/HBEACA 005—2023	车用燃料电池系统快速活化技术规范	本文件主要技术内容为: 1. 设计内容:涉及输入;可行性分析及校对 2. 设计要求:燃料电池系统单片电压;燃料电池系统三通阀开度;燃料电池系统空压机转速	湖北省电动汽车流通协会	湖北省电动汽车流通协会	武汉雄韬氢雄燃料电池科技有限公司、湖北省智能农机装备创新有限公司、中汽研汽车检验中心(武汉)有限公司	2023-11-23	2023-11-23
T/HBEACA 006—2023	车用燃料电池电堆在低温条件下储存及快速启动技术要求	本文件主要技术内容为: 1. 相变材料设计:第一相变材料;第二相变材料 2. 电堆吹扫系统设计:电堆吹扫系统连接示意;电堆吹扫系统连接方式	湖北省电动汽车流通协会	湖北省电动汽车流通协会	武汉雄韬氢雄燃料电池科技有限公司、湖北省智能农机装备创新有限公司、中汽研汽车检验中心(武汉)有限公司	2023-11-23	2023-11-23
T/HBEACA 007—2023	车用燃料电池系统分水器设计通则	本文件主要技术内容为: 1. 分水器储水容积要求:分水器储水容积示意图;分水器储水容积设计要求 2. 电堆吹扫系统设计:电堆吹扫系统连接示意;电堆吹扫系统连接方式	湖北省电动汽车流通协会	湖北省电动汽车流通协会	武汉雄韬氢雄燃料电池科技有限公司、中汽研汽车检验中心(武汉)有限公司、武汉星证科技有限责任公司	2023-11-23	2023-11-23
T/HBEACA 009—2023	车用燃料电池系统快速活化技术规范	本文件主要技术内容为: 1. 设计内容:涉及输入;可行性分析及校对 2. 设计要求:燃料电池系统单片电压;燃料电池系统三通阀开度;燃料电池系统空压机转速	湖北省电动汽车流通协会	湖北省电动汽车流通协会	武汉雄韬氢雄燃料电池科技有限公司、湖北省智能农机装备创新有限公司、中汽研汽车检验中心(武汉)有限公司	2023-11-23	2023-11-23
T/CSTA 0051—2023	新能源汽车燃料电池空压机电机用冷轧无取向电工钢带(片)	本文件规定了新能源汽车燃料电池空压机电机用冷轧无取向电工钢带(片)的、符号与牌号、订货内容、一般要求、技术要求、检验和试验、复验与判定规则、包装、标志及质量证明书	中关村不锈及特种合金新材料产业技术创新联盟	中关村不锈及特种合金新材料产业技术创新联盟	首钢智新迁安电磁材料有限公司、湖南华菱涟源钢铁有限公司、内蒙古矽能电磁科技有限公司、包头威丰新材料有限公司、河北金士顿科技有限责任公司、华润新能源科技(上海)有限公司、势加透博(上海)能源科技有限公司、冶金工业规划研究院	2023-11-30	2023-11-30

续上表

标准编号	标准名称	标准主要内容	发布单位	归口单位	起草单位	发布日期	实施日期
T/SSEA 0326—2023	新能源汽车燃料电池空压机电机用冷轧无取向电工钢带(片)	本文件规定了新能源汽车燃料电池空压机电机用冷轧无取向电工钢带(片)的、符号与牌号、订货内容、一般要求、技术要求、检验和试验、复验与判定规则、包装、标志及质量证明书	中国特钢企业协会	中国特钢企业协会	首钢智新迁安电磁材料有限公司、湖南华菱涟源钢铁有限公司、内蒙古矽能电磁科技有限公司、包头威丰新材料有限公司、河北金士顿科技有限责任公司、华润新能源科技(上海)有限公司、势加透博(上海)能源科技有限公司、冶金工业规划研究院	2023-11-30	2023-11-30
T/ZSA 196—2023	液氢燃料电池电动商用车技术条件	本文件规定了液氢燃料电池电动商用车的技术要求、检验规则、标志、运输和贮存以及出厂文件	中关村标准化协会	中关村标准化协会	北汽福田汽车股份有限公司、北京汽车集团有限公司、北京天海工业有限公司、北京市产品质量监督检验研究院/国家汽车中心、北京航天试验技术研究所、北京亿华通科技股份有限公司、北京卡文新能源汽车有限公司、北京理工新源信息科技有限公司、中国汽车工程研究院股份有限公司、中国特种设备检测研究院、中汽研新能源汽车检验中心(天津)有限公司	2023-12-07	2023-12-08
T/ZSA 197—2023	液氢燃料电池电动商用车安全要求	本文件规定了液氢燃料电池电动商用车的安全要求	中关村标准化协会	中关村标准化协会	北汽福田汽车股份有限公司、北京汽车集团有限公司、北京天海工业有限公司、北京市产品质量监督检验研究院/国家汽车中心等	2023-12-07	2023-12-08
T/CASME 1065—2023	氢燃料电池发动机系统	本文件规定了氢燃料电池发动机系统的产品构成、技术要求、试验方法、检验规则、标志、包装、运输和贮存	中国中小商业企业协会	中国中小商业企业协会	武汉海亿新能源科技有限公司、武汉绿动氢能能源技术有限公司、北京氢璞创能科技有限公司、上海神力科技有限公司、海亿新能(湖北)科技有限公司等	2023-12-15	2023-12-25
T/CRTAS 2. 5—2023	城市公共汽电车车辆 CAN 总线数据采集规范 第 5 部分:燃料电池车辆	本文件规定了城市公共汽电车中燃料电池车辆 CAN 总线数据采集的基本要求、数据内容和格式要求	中国道路运输协会	中国道路运输协会	交通运输部科学研究院、北京公共交通控股(集团)有限公司、智达信科技术股份有限公司、北京福田欧辉新能源汽车有限公司、北京亿华通科技股份有限公司等	2023-12-15	2023-12-15
T/CI 229—2023	氢燃料电池单片电压巡检器	本文件规定了氢燃料电池单片电压巡检器(简称巡检器)的基本参数、技术要求、试验方法、检验规则、标志、包装、运输、贮存	中国国际科技促进会	中国国际科技促进会	武汉海亿新能源科技有限公司、武汉绿动氢能能源技术有限公司、北京氢璞创能科技有限公司、上海神力科技有限公司、海亿新能(湖北)科技有限公司、东莞氢宇新能源科技有限公司	2023-12-18	2023-12-18
T/CSTE 0501—2023	燃料电池电动汽车 车载液氢储供系统设计规范	本文件规定了燃料电池电动汽车车载液氢储供系统设计的系统原理、一般要求、车载液氢瓶的要求、其他涉氢组件的要求、安装要求	中国技术经济学会	中国技术经济学会	北京航天试验技术研究所、北汽福田汽车股份有限公司、清华大学、中国标准化研究院、北京市产品质量监督检验院、中国汽车技术研究中心	2023-12-18	2023-12-18
T/CSTE 0502—2023	燃料电池电动汽车 车载液氢储供系统安全技术规范	本文件规定了燃料电池电动汽车 车载液氢储供系统安全技术规范的系统原理、基本要求、系统整体安全要求、部件单体安全要求、防护、运行安全要求、紧急安全处置求	中国技术经济学会	中国技术经济学会	北京航天试验技术研究所、北汽福田汽车股份有限公司、清华大学、中国标准化研究院、北京市产品质量监督检验院、中国汽车技术研究中心	2023-12-18	2023-12-18
T/CCCA 0007—2023	氢燃料电池电动冷藏车技术要求	本文件规定了氢燃料电池电动冷藏车的技术要求	中关村绿色冷链物流产业联盟	中关村绿色冷链物流产业联盟	江铃汽车股份有限公司、交通运输部科学研究院、中国国际贸易促进委员会汽车行业分会、中国制冷空调工业协会等	2023-12-27	2024-01-01
T/CIET 334—2023	加氢站用隔膜压缩机性能要求	本文件规定了压缩、输送额定排气压力不大于 90 Mpa 的氢气隔膜压缩机的性能要求	中国国际经济技术合作促进会	中国国际经济技术合作促进会	安瑞科(廊坊)能源装备集成有限公司、中鼎恒盛气体设备(芜湖)股份有限公司、中国汽车工程研究院股份有限公司、中汽研新能源科技有限公司、浙江蓝能氢能科技股份有限公司、重庆耐德能源装备集成有限公司、广东华南特种气体研究所有限公司、途邦认证有限公司、山东搏创信息科技发展有限公司、河北凯桓信息科技发展有限公司	2023-12-27	2023-12-27

续上表

标准编号	标准名称	标准主要内容	发布单位	归口单位	起草单位	发布日期	实施日期
T/CIET 339—2023	氢燃料电池模块检漏方法	本文件规定了氢燃料电池模块检漏的基本要求、检漏要求、检漏方法、检漏文件等内容	中国国际经济技术合作促进会	中国国际经济技术合作促进会	通标中研标准化技术研究院(北京)有限公司、中汽创智科技有限公司、东方电气(成都)氢燃料电池科技有限公司、新研氢能源科技有限公司等	2023-12-27	2023-12-27
T/BJQC 202302—2023	燃料电池电动客车维护技术规范	本文件规定了燃料电池电动客车安全要求、维护要求	北京汽车行业协会	北京汽车行业协会	北京福田欧辉新能源汽车有限公司、北京公共交通控股(集团)有限公司、北京水木通达运输有限公司、国家电投集团氢能科技发展有限公司等	2023-12-28	2023-12-28
T/CICEIA /CAMS72—2023	氢燃料汽车用氢气传感器	本文件规定了氢燃料汽车用氢气传感器的技术要求,试验方法,检验规则,以及标志、包装、运输和贮存	中国内燃机工业协会	中国内燃机工业协会	首凯高科技(江苏)有限公司、氢源科技(江苏)有限公司、中科立民新材料(扬州)有限公司、上海机动车检测认证技术研究中心有限公司、中汽研汽车检验中心(天津)有限公司	2023-12-28	2023-12-28
T/CAB 0318—2023	商用车燃料电池系统“领跑者”性能评价导则	本规则适用于氢能“领跑者”计划通则中的商用车质子交换膜燃料电池系统的评价。具体范围边界见附录 C 中图 C.1。本规则将根据氢能产业技术发展情况适时进行修订	中国产学研合作促进会	中国产学研合作促进会	京国氢中联氢能科技研究院有限公司、国家能源集团氢能科技有限公司、同济大学、上海机动车检测认证技术研究中心有限公司等	2023-12-29	2023-12-29

三、智能网联汽车领域

标准编号	标准名称	标准主要内容	发布单位	归口单位	起草单位	发布日期	实施日期
GB/T 42517.1—2023	智能运输系统 智能驾驶电子道路图数据模型与表达 第 1 部分:封闭道路	本文件规定了智能驾驶电子道路图中封闭道路的框架数据模型、道路与车道以及道路设施的数据模型与表达	国家市场监督管理总局 国家标准化管理委员会	全国智能运输系统标准化技术委员会	北京四维图新科技股份有限公司、中关村中交国通智能交通产业联盟、高德软件有限公司、北京百度网讯科技有限公司、交通运输部公路科学研究所、武汉中海庭数据技术有限公司、上海汽车集团股份有限公司、北京建筑大学、深圳市金溢科技股份有限公司	2023-05-23	2023-12-01
GB/T 42517.2—2023	智能运输系统 智能驾驶电子道路图数据模型与表达 第 2 部分:开放道路	本文件规定了智能驾驶电子道路图中开放道路的框架数据模型、道路与车道以及道路设施的数据模型与表达	国家市场监督管理总局 国家标准化管理委员会	全国智能运输系统标准化技术委员会	北京四维图新科技股份有限公司、中关村中交国通智能交通产业联盟、高德软件有限公司、北京百度网讯科技有限公司、交通运输部公路科学研究所、武汉中海庭数据技术有限公司、上海汽车集团股份有限公司、北京建筑大学	2023-05-23	2023-12-01
GB/T 43119—2023	自动驾驶封闭测试场地建设技术要求	本文件规定了自动驾驶封闭测试场地的一般要求、道路主体,平面交叉、交通设施,以及配套试验设施和配套服务设施的要求	国家市场监督管理总局 国家标准化管理委员会	全国智能运输系统标准化技术委员会	交通运输部公路科学研究所、中公高远(北京)汽车检测技术有限公司、北京智能车联产业创新中心有限公司、德清车百高新智能汽车示范区运营有限公司、招商局检测车辆技术研究院有限公司、襄阳达安汽车检测中心有限公司等	2023-09-07	2024-01-01
DB4403/T 355—2023	智能网联汽车整车信息安全技术要求	本文件规定了智能网联汽车信息安全管理体系要求、车辆信息安全一般要求、车辆外部连接安全要求、车辆通信通道安全要求、车辆软件升级安全要求、车辆数据代码安全要求、审核评估及测试方法	深圳市市场监督管理局	深圳市工业和信息化局	深圳市工业和信息化局	2023-08-22	2023-09-01
DB4403/T 356—2023	智能网联汽车软件升级技术要求	本文件规定了汽车软件升级管理体系要求、汽车软件升级车辆要求、试验方法、车辆型式的扩展、说明书等	深圳市市场监督管理局	深圳市工业和信息化局	深圳市工业和信息化局	2023-08-22	2023-09-01
DB4403/T 357—2023	智能网联汽车自动驾驶数据记录系统技术要求	本文件规定了深圳市辖区内智能网联汽车自动驾驶数据记录系统数据记录方面的技术要求和试验方法	深圳市市场监督管理局	深圳市工业和信息化局	深圳市工业和信息化局	2023-08-22	2023-09-01

续上表

标准编号	标准名称	标准主要内容	发布单位	归口单位	起草单位	发布日期	实施日期
DB4403/T 358—2023	智能网联汽车自动驾驶系统设计运行条件	本文件规定自动驾驶系统设计运行条件的一般要求和基础元素	深圳市市场监督管理局	深圳市工业和信息化局	深圳市工业和信息化局	2023-08-22	2023-09-01
DB4403/T 359. 1—2023	智能网联汽车自动驾驶系统技术要求 第1部分:高速公路及快速路自动驾驶	本文件规定了高速公路及快速路自动驾驶系统的总体要求、动态驾驶任务执行要求、动态驾驶任务后援要求、人机交互要求	深圳市市场监督管理局	深圳市工业和信息化局	深圳市工业和信息化局	2023-08-22	2023-09-01
DB4403/T 360—2023	智能网联汽车自动泊车系统技术要求	本文件规定了智能网联汽车自动泊车系统管理总体要求、动态驾驶任务执行要求、动态驾驶任务后援要求、人机交互要求、自检要求、系统状态转换要求、说明书和性能要求	深圳市市场监督管理局	深圳市工业和信息化局	深圳市工业和信息化局	2023-08-22	2023-09-01
DB4403/T 361—2023	智能网联汽车数据安全要求	本文件规定了智能网联汽车数据的一般要求、个人信息保护要求、重要数据保护要求、审核评估要求等	深圳市市场监督管理局	深圳市工业和信息化局	深圳市工业和信息化局	2023-08-22	2023-09-01
DB4403/T 362—2023	智能网联汽车车载卫星定位系统技术要求	本文件规定了车载卫星定位系统的技术要求和试验方法	深圳市市场监督管理局	深圳市工业和信息化局	深圳市工业和信息化局	2023-08-22	2023-09-01
DB4403/T 363. 1—2023	智能网联汽车远程服务与管理系统技术要求 第1部分:总则	本文件规定了智能网联汽车远程服务与管理系统的系统架构以及一般要求	深圳市市场监督管理局	深圳市工业和信息化局	中汽研软件测评(天津)有限公司、中汽研汽车检验中心(广州)有限公司、比亚迪汽车工业有限公司、北京百度智行科技有限公司、华为技术有限公司等	2023-08-22	2023-09-01
DB4403/T 363. 2—2023	智能网联汽车远程服务与管理系统技术要求 第2部分:车载终端	本文件规定了智能网联汽车远程监控系统车载终端的技术要求和试验方法	深圳市市场监督管理局	深圳市工业和信息化局	中汽研软件测评(天津)有限公司、中汽研汽车检验中心(广州)有限公司、比亚迪汽车工业有限公司、北京百度智行科技有限公司、华为技术有限公司等	2023-08-22	2023-09-01
DB4403/T 363. 3—2023	智能网联汽车远程服务与管理系统技术要求 第3部分:通讯协议及数据格式		深圳市市场监督管理局	深圳市工业和信息化局	中汽研软件测评(天津)有限公司、中汽研汽车检验中心(广州)有限公司、比亚迪汽车工业有限公司、北京百度智行科技有限公司、华为技术有限公司等	2023-08-22	2023-09-01
DB4403/T 364—2023	智能网联汽车V2X车载信息交互系统技术要求	本文件规定了智能网联汽车V2X车载信息交互系统的系统描述、一般要求、功能要求、通信性能要求、定位授时要求以及试验等内容	深圳市市场监督管理局	深圳市工业和信息化局	深圳市工业和信息化局	2023-08-22	2023-09-01
DB3205/T 1088—2023	车联网 低速小型无人清扫车运营管理规范	本文件规定了车联网低速小型无人清扫车的运营主体要求、运营要求及安全管理要求	苏州市市场监督管理局	苏州市城市管理局	清华大学苏州汽车研究院(吴江)、九识(苏州)智能科技有限公司、苏州智行众维智能科技有限公司、苏州摩卡智行信息科技有限公司等	2023-11-21	2023-11-28
DB3205/T 1089—2023	车联网 无人快递车运营管理规范	本文件规定了车联网无人快递车的运营主体要求、运营要求及安全管理要求	苏州市市场监督管理局	苏州市邮政管理局	九识(苏州)智能科技有限公司、苏州摩卡智行信息科技有限公司、华砺智行(苏州)信息科技有限公司、苏州智行众维智能科技有限公司等	2023-11-21	2023-11-28

续上表

标准编号	标准名称	标准主要内容	发布单位	归口单位	起草单位	发布日期	实施日期
DB3205/T 1090—2023	车联网 云控基础平台运维管理规范	本文件规定了车联网云控基础平台的运维主体要求、运维管理、安全管理、应急处理和事故处理	苏州市市场监督管理局	苏州市工业与信息化局 苏州市公安交通警察支队 苏州市大数据管理局	清华大学苏州汽车研究院(吴江)、九识(苏州)智能科技有限公司、苏州摩卡智行信息科技有限公司、华砺智行(苏州)信息科技有限公司等	2023-11-21	2023-11-28
DB3205/T 1095. 1—2023	智能网联路口 第1部分:总体要求	本文件规定了智能网联路口的基本组成和基本功能要求	苏州市市场监督管理局	苏州市工业和信息化局 苏州市公安局 苏州市交通运输局	中国移动通信集团江苏有限公司苏州分公司、中移(上海)信息通信科技有限公司、苏州市大数据集团有限公司、苏州万集车联网技术有限公司等	2023-11-21	2023-11-28
DB3205/T 1096—2023	智能网联汽车测试驾驶员能力要求	本文件规定了智能网联汽车测试驾驶员的一般要求、知识要求以及技能要求	苏州市市场监督管理局	苏州市公安交通警察支队	清华大学苏州汽车研究院(吴江)、九识(苏州)智能科技有限公司、苏州摩卡智行信息科技有限公司、华砺智行(苏州)信息科技有限公司等	2023-11-21	2023-11-28
DB11/T 2166—2023	自动驾驶地图质量规范	本文件规定了自动驾驶地图数据成果质量检查与验收的总体要求、检查对象、质量元素及错漏分类、质量检查与评价	北京市市场监督管理局	北京市规划和自然资源委员会	北京市测绘设计研究院、北京百度智图科技有限公司、国家测绘产品质量检验测试中心、易图通科技(北京)有限公司、北京四维图新科技股份有限公司等	2023-12-25	2024-07-01
DB11/T 2167—2023	虚拟现实智能型汽车驾驶培训系统技术要求	本文件规定了虚拟现实智能型汽车驾驶培训系统的基本构成、教学课程、数据采集要求与效果评价	北京市市场监督管理局	北京市交通委员会	东方时尚驾驶学校股份有限公司、北京京安驾驶人安全与素养研究院、北京工业大学、山东科技大学、北京市标准化研究院	2023-12-25	2024-04-01
JTG/T 2430—2023	公路工程设施支持自动驾驶技术指南	本指南适用于开展自动驾驶试验、测试、应用示范的新建和在役高速公路及具备条件的等级公路	中华人民共和国交通运输部	中华人民共和国交通运输部	交通运输部公路科学研究院、北京中交国通智能交通系统技术有限公司、北京交科公路勘察设计研究院有限公司、长安大学、华为技术有限公司、北京百度智行科技有限公司、北京高德云图科技有限公司、千寻位置网络有限公司、清华大学	2023-09-14	2023-12-01
T/CESA 1240. 1—2023	人工智能 自动配送车自动驾驶系统 仿真测试场景定义和要求 第1部分:城市道路	本文件规定了人工智能领域自动配送车自动驾驶系统的仿真测试场景(城市道路范围内)描述要求、场景集分类和仿真测试场景数字格式要求	中国电子工业标准化技术协会	中国电子工业标准化技术协会	中国电子技术标准化研究院、北京三快在线科技有限公司、北京京东乾石科技有限公司、驭势(上海)汽车科技有限公司、中国科学院软件研究所等	2023-01-13	2023-01-13
T/CESA 1240. 2—2023	人工智能 自动配送车自动驾驶系统 仿真测试场景定义和要求 第2部分:封闭园区	本文件规定了人工智能领域自动配送车自动驾驶系统的仿真测试场景(封闭园区范围内)描述要求、场景集分类和仿真测试场景数字格式要求	中国电子工业标准化技术协会	中国电子工业标准化技术协会	中国电子技术标准化研究院、北京三快在线科技有限公司、北京京东乾石科技有限公司、驭势(上海)汽车科技有限公司、中国科学院软件研究所等	2023-01-13	2023-01-13
T/CITSA 30—2023	智能网联汽车道路测试及示范应用监管平台建设规范	本文件以智能网联汽车道路测试及示范应用监管平台为对象,规范了监管平台的数据采集要求,明确了基本交互数据、车载单元传输数据、第三方平台数据的采集类型及格式要求;规范了监管平台的数据接口及性能要求,提出了平台应具备的主要功能;为确保数据及网络通信安全,规定了网络安全登记、密码模块安全等级等的要求,明确了通信协议、通信连接及通信安全方面的要求,有效指导智能网联汽车道路测试及示范应用监管平台规范化建设	中国智能交通协会	中国智能交通协会	深圳市城市交通规划设计研究中心股份有限公司、深圳市智慧城市通信有限公司、腾讯云计算(北京)有限责任公司、深圳市凯立德科技股份有限公司、浙江海康智联科技有限公司、广州软件应用技术研究院、同济大学、华南理工大学、广州市智能网联汽车示范区运营中心、广东省交通规划设计研究院集团股份有限公司	2023-03-15	2023-03-16

续上表

标准编号	标准名称	标准主要内容	发布单位	归口单位	起草单位	发布日期	实施日期
T/CCSA 440—2023	车路协同路侧计算设备技术要求	本文件规定了基于车路协同系统总体架构的路侧计算设备的系统框架、功能要求、性能要求和接口要求等内容	中国通信标准化协会	中国通信标准化协会	中国移动通信集团有限公司、高新兴科技集团股份有限公司、中国信息通信研究院、北京百度智行科技有限公司、中国电信集团有限公司、中兴通讯股份有限公司等	2023-03-23	2023-05-01
T/CCSA 455—2023	车联网平台与路侧设备数据接口通信协议要求	本文件规定了面向车路协同的车网联平台与路侧设备的系统架构、数据交互内容与通信协议等要求	中国通信标准化协会	中国通信标准化协会	中国电信集团有限公司、中国信息通信研究院、中国移动通信集团有限公司、中国联合网络通信集团有限公司、北京百度网讯科技有限公司等	2023-03-23	2023-05-01
T/CCSA 456—2023	车路协同路侧通信设备(RSU)运维管理平台技术要求	本文件规定了面向车路协同的路侧通信设备(RSU)运维管理平台技术要求,包括支持直连通信的路侧通信设备 RSU 运维管理平台的网络架构、具体功能要求、南向接口数据需求、通信协议等内容	中国通信标准化协会	中国通信标准化协会	中国电信集团有限公司、中国信息通信研究院、中国移动通信集团有限公司、中国联合网络通信集团有限公司、中国信息通信科技集团有限公司等	2023-03-23	2023-05-01
T/CSAE 285—2022	功能型无人车自动驾驶功能场地试验方法及要求	本文件规定了功能型无人车自动驾驶功能场地试验的一般要求、试验通过条件和试验方法	中国汽车工程学会	中国汽车工程学会	北京理工大学、国汽(北京)智能网联汽车研究院有限公司、中汽院智能网联科技有限公司、东风悦享科技有限公司、北京理工中云智车科技有限公司等	2023-06-06	2020-12-30
T/CSAE 260—2022	智能网联汽车视觉感知计算芯片技术要求和测试方法	本文件规定了智能网联汽车视觉感知计算芯片的技术要求和计算性能测试方法	中国汽车工程学会	中国汽车工程学会	北京地平线机器人技术研发有限公司、南京芯驰半导体科技有限公司、国汽智控(北京)科技有限公司、中国电子技术标准化研究院、国汽(北京)智能网联汽车研究院有限公司、中汽研软件测评(天津)有限公司等	2023-06-09	2022-06-30
T/CSAE 266. 1—2022	智能网联汽车 辅助驾驶前向视觉感知性能要求及测评方法 第 1 部分:通用方法及指标定义	本文件规定了智能网联汽车辅助驾驶前向摄像头的视觉感知性能测试通用方法、测试项与测试指标体系	中国汽车工程学会	中国汽车工程学会	国汽(北京)智能网联汽车研究院有限公司、北京地平线机器人技术研发有限公司、武汉达安科技有限公司、北京汽车研究总院有限公司等	2023-06-09	2022-12-20
T/CSAE 267—2022	智能网联汽车自动驾驶地图数据质量规范	本文件规定了面向智能网联汽车的自动驾驶地图数据质量检测的基本要求、质量检测内容、质量检测指标、质量检测流程、质量检测方法、质量检测结果的判定与质量报告编写的要求等	中国汽车工程学会	中国汽车工程学会	北京百度智图科技有限公司、北京百度智行科技有限公司、易图通科技(北京)有限公司、武汉中海庭数据技术有限公司、清华大学等	2023-06-09	2022-07-12
T/CSAE 268—2022	智能网联汽车 自动驾驶地图路侧传感器数据交换格式	本文件规定了路侧传感器数据面向云端的交换过程中的组织框架与数据表达	中国汽车工程学会	中国汽车工程学会	北京华为数字技术有限公司、清华大学、国汽智图(北京)科技有限公司、易图通科技(北京)有限公司、广东星舆科技有限公司、博泰车联网科技(上海)股份有限公司等	2023-06-09	2022-12-20
T/FJAS 022—2023	基于 5G 的车联网应用场景与应用层数据交互要求	本文件给出了基于 5G 的车联网系统架构、应用场景及数据交互要求	福建省标准化协会	福建省标准化协会	鹏城实验室、厦门金龙联合汽车工业有限公司、福州物联网开放实验室有限公司、浙江绿色慧联有限公司、福建恒量信通网络科技有限公司	2023-06-09	2023-05-31

续上表

标准编号	标准名称	标准主要内容	发布单位	归口单位	起草单位	发布日期	实施日期
T/CSAE 269—2022	智能网联汽车 自动驾驶地图动态信息数据交换格式	本文件规定了自动驾驶地图应用所涉及的动态信息数据的分层管理方法和数据交换格式	中国汽车工程学会	中国汽车工程学会	北京华为数字技术有限公司、清华大学、国汽智图(北京)科技有限公司、易图通科技(北京)有限公司、北京百度智图科技有限公司等	2023-06-12	2022-12-20
T/CSAE 275—2022	商用车预见性巡航系统技术规范	本文件规定了商用车预见性巡航控制系统基本功能要求、人机交互界面、自检功能最低要求以及性能检测规程	中国汽车工程学会	中国汽车工程学会	北京四维图新科技股份有限公司、中寰卫星导航通信有限公司、陕西重型汽车有限公司、吉林大学、一汽解放青岛汽车有限公司等	2023-06-12	2022-08-12
T/CSAE 281—2022	智能网联汽车测试驾驶员能力要求	本文件规定了智能网联汽车测试驾驶员的术语和定义、一般要求、知识要求以及技能要求	中国汽车工程学会	中国汽车工程学会	上海淞泓智能汽车科技有限公司、清华大学苏州汽车研究院(吴江)、工业和信息化部电子第五研究所、苏州智行众维智能科技有限公司等	2023-06-12	2022-12-20
T/CSAE 283—2022	智能网联汽车视觉传感器离线检测方法	本文件规定了智能网联汽车视觉传感器检测的术语、定义、检测设备要求、视频场景数据库要求、检测步骤和检测结果报告要求	中国汽车工程学会	中国汽车工程学会	苏州智行众维智能科技有限公司、苏州智加科技有限公司、苏州清研精准汽车科技有限公司、清华大学苏州汽车研究院(吴江)、苏州凌创电子系统有限公司等	2023-06-12	2022-12-20
T/CSAE 284.1—2022	自动驾驶乘用车 线控底盘性能要求及试验方法 第1部分:驱动系统	本文件规定了自动驾驶乘用车线控驱动系统的一般要求、性能要求及试验方法	中国汽车工程学会	中国汽车工程学会	北京百度智行科技有限公司、国汽(北京)智能网联汽车研究院有限公司、舍弗勒智能驾驶科技(长沙)有限公司、浙江亚太智能网联汽车创新中心有限公司等	2023-06-12	2022-12-30
T/CSAE 284.2—2022	自动驾驶乘用车 线控底盘性能要求及试验方法 第2部分:制动系统		中国汽车工程学会	中国汽车工程学会	北京百度智行科技有限公司、舍弗勒智能驾驶科技(长沙)有限公司、上海拿森汽车电子有限公司、国汽(北京)智能网联汽车研究院有限公司、泛亚汽车技术中心有限公司等	2023-06-12	2022-12-30
T/CSAE 284.3—2022	自动驾驶乘用车 线控底盘性能要求及试验方法 第3部分:转向系统		中国汽车工程学会	中国汽车工程学会	北京百度智行科技有限公司、国汽(北京)智能网联汽车研究院有限公司、舍弗勒智能驾驶科技(长沙)有限公司、苏州衡鲁汽车部件有限公司等	2023-06-12	2022-12-30
T/CSAE 289—2022	车路协同 智能路侧设备接入网络安全技术要求	本文件规定了车路协同 智能路侧设备接入系统框架、身份认证技术要求、证书和密钥管理技术要求、数据访问控制技术要求、监控安全技术要求	中国汽车工程学会	中国汽车工程学会	北京航空航天大学、上海国际汽车城(集团)有限公司、北京百度智行科技有限公司、北京信息科技大学、北京奇虎科技有限公司、中国软件评测中心等	2023-06-12	2022-12-30
T/CSAE 290—2022	车路协同 智能路侧决策系统 总体架构及应用	本文件规定了基于车路协同的智能路侧决策系统的总体架构、协同决策应用及协同决策机制等技术内容	中国汽车工程学会	中国汽车工程学会	同济大学、上海国际汽车城(集团)有限公司、兆边(上海)科技有限公司、中国汽车工程学会、中国信息通信研究院、甘肃新陆港科技有限公司等	2023-06-12	2022-12-30
T/CSAE 291—2022	车路协同 智能路侧决策系统 边缘计算节点功能技术要求	本文件规定了基于车路协同的智能路侧决策系统中边缘计算节点的整体架构、业务功能及硬件要求等技术内容	中国汽车工程学会	中国汽车工程学会	同济大学、上海国际汽车城(集团)有限公司、兆边(上海)科技有限公司、中国汽车工程学会、中国信息通信研究院、甘肃新陆港科技有限公司等	2023-06-12	2022-12-30

续上表

标准编号	标准名称	标准主要内容	发布单位	归口单位	起草单位	发布日期	实施日期
T/CSAE 292—2022	城市智能网联汽车发展评价指标体系	本文件规定了城市智能网联汽车发展评价体系的设立原则、总体框架和具体指标	中国汽车工程学会	中国汽车工程学会	国汽（北京）智能网联汽车研究院有限公司、上海国际汽车城（集团）有限公司、国汽（北京）汽车科技研究院有限公司、北京车网科技发展有限公司等	2023-06-12	2022-12-30
T/QAAM 001—2023	智能网联汽车道路测试与示范应用数据采集规范	本标准规定了智能网联汽车道路测试与示范应用平台数据采集标准。具体包括：车载设备数据采集要求、路侧设施数据采集要求、数据采集安全要求等。本规范目的在于保障青岛市智能网联汽车道路测试与示范应用平台数据采集和管理过程能够安全有序进行	青岛市汽车行业协会	青岛市汽车行业协会	吉林大学青岛汽车研究院、青岛华通图新信息科技有限公司	2023-06-13	2023-06-13
T/QAAM 002—2023	智能网联汽车道路测试与示范应用管理平台标准	本文件规定了青岛市智能网联汽车道路测试及示范应用管理平台的平台功能要求、性能要求和系统安全要求	青岛市汽车行业协会	青岛市汽车行业协会	青岛华通图新信息科技有限公司、吉林大学青岛汽车研究院	2023-06-13	2023-06-13
T/QAAM 003—2023	智能网联汽车道路测试与示范应用安全管理要求	本要求规定了青岛市智能网联汽车道路测试示范应用应遵循的测试主体、测试车辆、测试人员的安全管理规范	青岛市汽车行业协会	青岛市汽车行业协会	吉林大学青岛汽车研究院、青岛华通图新信息科技有限公司	2023-06-13	2023-06-13
T/QAAM 004—2023	智能网联汽车道路测试与示范应用智能化道路分级标准	本标准从道路分级方面规定了智能网联汽车道路测试与示范应用的术语定义、基本规定、分级标准、分级内容和各个等级的技术要求	青岛市汽车行业协会	青岛市汽车行业协会	吉林大学青岛汽车研究院、青岛华通图新信息科技有限公司	2023-06-13	2023-06-13
T/CMAX 21005—2023	自动驾驶车辆编队行驶能力测试内容及方法	本文件规定了自动驾驶车辆编队行驶能力评估内容与方法	中关村智通智能交通产业联盟	中关村智通智能交通产业联盟	北京航迹科技有限公司、北京智能车联产业创新中心有限公司、中关村智通智能交通产业联盟、北京车网科技发展有限公司、天津卡尔狗科技有限公司等	2023-06-30	2023-06-30
T/TMAC 059—2023	智能汽车行泊系统通用技术要求	本文件界定了智能驾驶行泊系统的术语和定义，规定了功能技术要求、功能安全技术要求、预期功能安全技术要求和信息安全技术要求	中国技术市场协会	中国技术市场协会	浙江吉利控股集团有限公司、深圳海星智驾科技有限公司、苏州智行众维智能科技有限公司、中车时代电动汽车股份有限公司、智研高科（北京）信息技术发展有限公司等	2023-07-01	2023-08-01
T/CTS 15—2023	智能网联汽车安全员能力要求与培训考核规范	本文件规定了智能网联汽车安全员的基本要求、能力要求、能力培训和能力考核的内容与方法	中国道路交通安全协会	中国道路交通安全协会	公安部道路交通安全研究中心、人民交通出版社股份有限公司、北京工业大学、中汽院智能网联科技有限公司、北京三快在线科技有限公司等	2023-07-12	2023-07-15
T/ITS 0211—2023	面向车路协同的绿波车速引导系统技术规 范	本文件规定了面向车路协同的绿波车速引导系统的技术规范，包含绿波车速引导系统的架构，系统分类，子系统具体功能要求，系统性能要求，子系统之间交互的接口及数据内容	中关村中交国通智能交通产业联盟	中关村中交国通智能交通产业联盟	中关村中交国通智能交通产业联盟、长沙智能驾驶研究院有限公司、湖南湘江智能科技创新中心有限公司、青岛海信网络科技股份有限公司、清华大学等	2023-07-20	2023-07-20

续上表

标准编号	标准名称	标准主要内容	发布单位	归口单位	起草单位	发布日期	实施日期
T/CMAX 21006—2023	自动驾驶车辆无人化道路测试内容及方法	本文件规定了自动驾驶车辆开展无人化道路测试的内容及方法	中关村智通智能交通产业联盟	中关村智通智能交通产业联盟	北京智能车联产业创新中心有限公司、中关村智通智能交通产业联盟、北京百度智行科技有限公司、北京千方科技股份有限公司、北京车网科技发展有限公司等	2023-07-21	2023-07-21
T/CAS 749—2023	汽车智能终端开放权限的分类分级指南	本文件规定了汽车智能终端开放权限的分类分级原则、权限的分级、各类权限的要求、各类权限的内容	中国标准化协会	中国标准化协会	中国工业互联网研究院、中汽数据(天津)有限公司、北京合一众行科技有限公司、深圳市神经元数字技术有限公司、上海零数科技有限公司、珠海星纪魅族信息技术有限公司	2023-07-24	2023-07-24
T/CAS 751—2023	汽车智能终端设备标识匿名规范	本文件规定了汽车智能终端设备匿名标识体系、匿名特性、接入要求、应用接口调用、匿名标识安全要求	中国标准化协会	中国标准化协会	中国工业互联网研究院、中汽数据(天津)有限公司、北京合一众行科技有限公司、深圳市神经元数字技术有限公司、上海零数科技有限公司、珠海星纪魅族信息技术有限公司	2023-07-24	2023-07-24
T/TMAC 062—2023	汽车智能主被动安全系统融合设计规范	本文件界定了相关的术语和定义,规定了汽车智能主被动安全系统融合的技术要求,描述了试验方法	中国技术市场协会	中国技术市场协会	浙江吉利控股集团有限公司、北京英创汇智汽车技术有限公司、深圳市博实结科技股份有限公司、上汽通用五菱汽车股份有限公司、招商局检测车辆技术研究院有限公司等	2023-07-26	2023-08-26
T/ZSA 144.1—2023	车路协同信息交互技术要求 第1部分:路侧设施与云控平台	本文件规定了车路协同系统中路侧计算单元、路侧单元与云控平台之间的信息交互内容及技术要求	中关村标准化协会	中关村标准化协会	中关村中交国通智能交通产业联盟、北京百度智行科技有限公司、华为技术有限公司、交通运输部公路科学研究院、中国信息通信研究院、国汽(北京)智能网联汽车研究院有限公司等	2023-08-07	2023-08-08
T/ZSA 144.2—2023	车路协同信息交互技术要求 第2部分:云控平台与第三方应用服务	本文件规定了车路协同系统中云控平台在开展第三方应用服务时,与第三方平台和车载智能终端之间的信息交互内容与技术要求	中关村标准化协会	中关村标准化协会	中关村中交国通智能交通产业联盟、北京百度智行科技有限公司、华为技术有限公司、交通运输部公路科学研究院、中国信息通信研究院、国汽(北京)智能网联汽车研究院有限公司等	2023-08-07	2023-08-08
T/TMAC 065—2023	车联网体系架构与关键技术要求	本文件界定了相关术语和定义,确立了车联网体系架构,规定了关键技术要求	中国技术市场协会	中国技术市场协会	重庆长安汽车股份有限公司、重庆两江智慧城市投资发展有限公司、富赛汽车电子有限公司、紫光同芯微电子有限公司、深圳海星智驾科技有限公司等	2023-08-11	2023-09-11
T/TMAC 066—2023	车路协同系统技术要求	本文件确立了车路协同的系统架构,规定了功能要求和性能要求	中国技术市场协会	中国技术市场协会	中交高新科技产业发展有限公司、青岛海信网络科技股份有限公司、广西交科集团有限公司、南京理工大学、北京云星宇交通科技股份有限公司、江苏中路交通发展有限公司等	2023-08-11	2023-09-11

续上表

标准编号	标准名称	标准主要内容	发布单位	归口单位	起草单位	发布日期	实施日期
T/TMAC 067—2023	智能汽车组合驾驶辅助系统技术规范	本文件规定了智能汽车组合驾驶辅助的横向、纵向控制的功能描述和性能要求，描述了对应的试验条件和方法	中国技术市场协会	中国技术市场协会	比亚迪汽车工业有限公司、深圳海星智驾科技有限公司、苏州智行众维智能科技有限公司、河南中喆智能科技有限公司、深圳联友科技有限公司等	2023-08-11	2023-09-11
T/SHV2X 1—2023	支持高级别自动驾驶的5G网络规划建设和验收要求	本标准针对高级别自动驾驶网络需求，提出5G网络的规划建设和验收标准，明确5G网络建设过程中的技术要求，确保网络质量满足不同高级别自动驾驶业务场景对于通信系统的性能需求，充分发挥网络优势，为高级别自动驾驶提供低时延、高可靠、安全灵活的网络环境保障	上海市车联网协会	上海市车联网协会	中国移动通信集团上海有限公司、中国信息通信研究院、中国信息通信科技集团有限公司、中移（上海）信息通信科技有限公司、中国移动通信有限公司研究院等	2023-08-21	2023-08-21
T/SHV2X 2—2023	支持高级别自动驾驶的5G网络性能要求	本标准针对高级别自动驾驶的网络需求，分析不同业务场景和基本应用之间的对应关系，提出基于5G网络的性能要求，为支持高级别自动驾驶的5G网络建设提供有益参考	上海市车联网协会	上海市车联网协会	中国移动通信集团上海有限公司、中国信息通信研究院、中国信息通信科技集团有限公司、中移（上海）信息通信科技有限公司、中国移动通信有限公司研究院、中国移动通信集团设计院有限公司、中信科智联科技有限公司、华为技术有限公司等	2023-08-21	2023-08-21
T/ITS 0132. 1—2023	自动驾驶车辆道路测试与示范应用安全员 技能素质要求和评价方法 第1部分：通用 要求	文件规定了自动驾驶车辆道路测试与示范应用安全员应具备的基本要求、理论知识要求、实际操控要求、技能素质评价方法、技能素质确认和保持要求	中关村中交国通智能交通产业联盟	中关村中交国通智能交通产业联盟	中关村中交国通智能交通产业联盟、交通运输部公路科学研究所、北京百度智行科技有限公司、苏州挚途科技有限公司、中国汽车工程研究院股份有限公司等	2023-09-13	2023-09-13
T/ITS 0132. 2—2023	自动驾驶车辆道路测试与示范应用安全员 技能素质要求和评价方法 第2部分：自动 驾驶出租汽车	本文件规定了自动驾驶出租汽车道路测试与示范应用安全员应具备的基本要求、理论知识和实际操控要求、技能素质评价方法、技能素质确认和保持要求	中关村中交国通智能交通产业联盟	中关村中交国通智能交通产业联盟	中关村中交国通智能交通产业联盟、交通运输部公路科学研究所、北京百度智行科技有限公司、苏州挚途科技有限公司、中国汽车工程研究院股份有限公司等	2023-09-13	2023-09-13
T/ITS 0132. 3—2023	自动驾驶车辆道路测试与示范应用安全员 技能素质要求和评价方法 第3部分：自动 驾驶营运货车	本文件规定了自动驾驶营运货车道路测试与示范应用安全员应具备的基本要求、理论知识和实际操控要求、技能素质评价方法、技能素质确认和保持要求	中关村中交国通智能交通产业联盟	中关村中交国通智能交通产业联盟	中关村中交国通智能交通产业联盟、苏州智加科技有限公司、交通运输部公路科学研究院、招商局检测车辆技术研究院有限公司、同济大学、中国船级社质量认证公司	2023-09-13	2023-09-13
T/CDAIA 0001—2023	智能网联汽车封闭测试场环境建设总体技术要求	本文件规范了智能网联汽车封闭测试场地环境建设的道路技术要求、设施技术要求及其他技术要求	成都市绿色智能网联汽车产业生态圈联盟	成都市绿色智能网联汽车产业生态圈联盟	信通院车联网创新中心（成都）有限公司、华录易云科技有限公司、中国汽车工程研究院股份有限公司、四川省新能源汽车智能控制与仿真测试技术工程研究中心等	2023-09-28	2023-09-28
T/CDAIA 0002—2023	智能网联汽车封闭测试场道路测试评价总体技术要求	本文件规范了车辆在智能网联汽车封闭测试场内的道路测试评估内容、测试评估操作方法、测试评估评判方法等技术要求	成都市绿色智能网联汽车产业生态圈联盟	成都市绿色智能网联汽车产业生态圈联盟	信通院车联网创新中心（成都）有限公司、华录易云科技有限公司、中国汽车工程研究院股份有限公司、四川省新能源汽车智能控制与仿真测试技术工程研究中心等	2023-09-28	2023-09-28

续上表

标准编号	标准名称	标准主要内容	发布单位	归口单位	起草单位	发布日期	实施日期
T/CDAIA 0003—2023	智能网联汽车开放道路测试环境建设总体技术要求	本文件规范了智能网联汽车开放道路测试环境选取标准以及环境建设、网络安全等技术要求	成都市绿色智能网联汽车产业生态圈联盟	成都市绿色智能网联汽车产业生态圈联盟	信通院车联网创新中心（成都）有限公司、华录易云科技有限公司、中国汽车工程研究院股份有限公司、四川省新能源汽车智能控制与仿真测试技术工程研究中心等	2023-09-28	2023-09-28
T/CDAIA 0004—2023	智能网联汽车开放道路测试评价总体技术要求	本文件针对智能网联汽车开放道路测试能力，规定了感知识别能力、决策能力、执行能力、云控平台协同能力、车路协同能力等方面的评估内容与方法	成都市绿色智能网联汽车产业生态圈联盟	成都市绿色智能网联汽车产业生态圈联盟	信通院车联网创新中心（成都）有限公司、华录易云科技有限公司、中国汽车工程研究院股份有限公司、成都福马智行科技有限公司、四川省新能源汽车智能控制与仿真测试技术工程研究中心等	2023-09-28	2023-09-28
T/SXSAE 001—2023	自动驾驶车辆整车在环测试系统技术要求、测试流程及方法	本文件规定了基于虚实结合的、符合 GB/T 40429—2021 所规定的 3 级驾驶自动化的自动驾驶汽车整车在环测试的系统组成、功能要求、数据交互要求、系统工作流程要求及部分测试场景要求	陕西省汽车工程学会	陕西省汽车工程学会	长安大学、石家庄华燕交通科技有限公司、陕西智能网联汽车研究院有限公司	2023-09-28	2023-09-28
T/CMAX 43005—2023	自动驾驶车辆虚实结合测试平台 数据交互协议	本文件规定了自动驾驶车辆虚实结合测试平台中虚实结合测试设备与自动驾驶车辆的数据交互内容与格式	中关村智通智能交通产业联盟	中关村智通智能交通产业联盟	北京智能车联产业创新中心有限公司、北京百度智行科技有限公司、中关村智通智能交通产业联盟、北京千方科技股份有限公司、北京车网科技发展有限公司等	2023-10-10	2023-11-10
T/ZSA 152—2023	自动驾驶出租汽车测试运营规范与安全管理要求	本文件规定了自动驾驶出租汽车测试车辆、测试安全员、测试流程、事故处置流程和测试主体运营管理规范	中关村标准化协会	中关村标准化协会	中关村中交国通智能交通产业联盟、北京航迹科技有限公司、北京百度智行科技有限公司、北京赛目科技有限公司、北京智行者科技有限公司等	2023-10-10	2023-10-11
T/ZSA 153. 1—2023	自动驾驶公交车 第 1 部分：车辆技术要求	本文件规定了自动驾驶公交车的车辆基本要求、车辆要求和信息安全要求	中关村标准化协会	中关村标准化协会	中关村中交国通智能交通产业联盟、北京百度智行科技有限公司、上海淞泓智能汽车科技有限公司、湖南湘江智能科技创新中心有限公司、北京赛目科技有限公司等	2023-10-10	2023-10-11
T/ZSA 153. 2—2023	自动驾驶公交车 第 2 部分：自动驾驶功能测试方法与要求	本文件规定了自动驾驶公交车的总体要求、场地测试和道路测试要求及方法	中关村标准化协会	中关村标准化协会	中关村中交国通智能交通产业联盟、北京百度智行科技有限公司、湖南湘江智能科技创新中心有限公司、上海淞泓智能汽车科技有限公司、北京赛目科技有限公司等	2023-10-10	2023-10-11
T/CAAMTB 98—2022	智能网联汽车（驾驶自动化）分级统计指南	本文件规定了智能网联汽车搭载各驾驶自动化功能的统计工作的一般要求、统计原则、分类统计方法及数据报送要求	中国汽车工业协会	中国汽车工业协会	中国汽车工程研究院股份有限公司、中国汽车工业协会、中汽院智能网联科技有限公司、中国第一汽车集团有限公司、东风汽车集团有限公司、上海汽车集团股份有限公司等	2023-10-16	2022-12-01
T/QGCML 1772—2023	车联网动态信息云服务平台技术要求	本文件规定了车联网动态信息云服务平台技术要求的术语和定义、技术要求、调试要求、使用要求、维护要求、安全操作要求	全国城市工业品贸易中心联合会	全国城市工业品贸易中心联合会	浙江吴霞科技有限公司、浙江吴霞科技有限公司、温州大学、浙江安防职业技术学院、江苏省交通技师学院、华东师范大学、武汉科技大学、杭州浙标技术服务有限公司	2023-10-19	2023-11-03

续上表

标准编号	标准名称	标准主要内容	发布单位	归口单位	起草单位	发布日期	实施日期
T/QGCML 1816—2023	高精度定位辅助驾驶系统	本文件规定了高精度定位辅助驾驶系统的术语和定义、基本要求、总体架构、模块功能、功能要求、运行测试	全国城市工业品贸易中心联合会	全国城市工业品贸易中心联合会	武汉展为物联科技有限公司、深圳市锐明技术股份有限公司、湖北君众物联有限公司	2023-10-25	2023-11-15
T/CCSA 480—2023	车联网在线升级（OTA）安全技术要求与测试方法	本文件规定了车联网中在线升级（OTA）安全技术要求与测试方法，包括 OTA 服务平台、通信链路、OTA 应用的安全技术要求与测试方法	中国通信标准化协会	中国通信标准化协会	中国信息通信研究院、江苏省电子信息产品质量监督检验研究院、上海汽车集团股份有限公司、广州汽车集团股份有限公司、上海蔚来汽车有限公司、国汽（北京）智能网联汽车研究院有限公司等	2023-10-26	2024-01-01
T/CCSA 481—2023	车联网应用软件通用安全技术规范	本文件规定了车联网应用软件的通用安全技术规范，为不同端车联网应用软件提供通用的安全防护指导，包含安全技术要求与测试评价方法两部分	中国通信标准化协会	中国通信标准化协会	中国信息通信研究院、中国软件评测中心、国家工业信息安全发展研究中心、郑州信大捷安信息技术股份有限公司、上海计算机软件技术开发中心、中国汽车工程研究院股份有限公司等	2023-10-26	2024-01-01
T/SASJL 0010—2023	自动驾驶公交车顶部静载试验方法	本标准规定了自动驾驶公交车顶部静载试验方法。用于检查自动驾驶公交车顶部承受均匀静载荷时，车身结构的刚度和强度	吉林省汽车服务工程学会	吉林省汽车服务工程学会	长春工程学院	2023-11-07	2023-11-07
T/SASJL 0011—2023	自动驾驶公交车防尘密封性试验方法	本标准规定了自动驾驶公交车车身防尘密封性试验方法，以检查车身的防尘密封性能	吉林省汽车服务工程学会	吉林省汽车服务工程学会	长春工程学院	2023-11-07	2023-11-07
T/SASJL 0012—2023	自动驾驶公交车防雨密封性试验方法	本标准规定了自动驾驶公交车防雨密封性试验方法	吉林省汽车服务工程学会	吉林省汽车服务工程学会	长春工程学院	2023-11-07	2023-11-07
T/SASJL 0013—2023	自动驾驶公交车脏污试验方法	本标准规定了自动驾驶公交车在泥泞路面行驶时，车辆（特别是驾驶室、车厢）脏污的试验方法	吉林省汽车服务工程学会	吉林省汽车服务工程学会	宿迁学院、长春工程学院、北方民族大学、吉林大学	2023-11-07	2023-11-07
T/SASJL 0014—2023	自动驾驶公交车装载质量计算方法	本标准规定了每位乘员的质量、手提物和随身行李的质量；乘员人数的确定方法；装载质量的计算方法	吉林省汽车服务工程学会	吉林省汽车服务工程学会	宿迁学院、长春工程学院、吉林大学	2023-11-07	2023-11-07
T/SASJL 0015—2023	自动驾驶载货汽车行车制动系统最低工作压力的测量方法	本标准规定了自动驾驶载货汽车行车制动系统最低工作压力的测量方法	吉林省汽车服务工程学会	吉林省汽车服务工程学会	宿迁学院、长春工程学院、吉林大学	2023-11-07	2023-11-07
T/SASJL 0016—2023	自动驾驶载货汽车制动摩擦片磨损量 测量方法	本标准规定了自动驾驶载货汽车制动摩擦片磨损量测量方法	吉林省汽车服务工程学会	吉林省汽车服务工程学会	宿迁学院、长春工程学院、吉林大学	2023-11-07	2023-11-07
T/SASJL 0017—2023	自动驾驶载货汽车制动系统气密封性 检查方法	本标准规定了汽车制动系统气密封性检查方法	吉林省汽车服务工程学会	吉林省汽车服务工程学会	长春工程学院、宿迁学院、吉林大学	2023-11-07	2023-11-07
T/CASME 952—2023	智能网联汽车故障诊断技能测试平台系统规范	本文件规定了智能网联汽车故障诊断技能测试平台的基本要求、系统架构、系统功能、性能要求、通讯协议及数据格式等方面的内容	中国中小商业企业协会	中国中小商业企业协会	武汉菲翔时代教育科技有限公司、济南职业学院、武汉城市职业学院、武汉软件工程职业学院、襄阳汽车职业技术学院、随州职业技术学院、武汉市交通学校等	2023-11-23	2023-11-30

续上表

标准编号	标准名称	标准主要内容	发布单位	归口单位	起草单位	发布日期	实施日期
T/TAF 191—2023	车联网服务用户身份认证安全技术要求	本文件规定了适用于车联网服务的用户身份认证系统的安全技术要求，主要内容包括技术架构、认证流程、安全风险与目标、安全技术要求等方面	电信终端产业协会	电信终端产业协会	国信息通信研究院、博鼎实华(北京)技术有限公司、郑州信大捷安信息技术股份有限公司、安谋科技(中国)有限公司、百度在线网络技术(北京)有限公司等	2023-11-24	2023-11-24
T/QGCML 2396—2023	智能汽车充电桩换电站共享云服务平台系统	本文件规定了智能汽车充电桩换电站共享云服务平台系统的术语和定义、系统基本要求、功能要求、接口要求、性能要求、安全要求	全国城市工业品贸易中心联合会	全国城市工业品贸易中心联合会	宇思飞行汽车湖北省有限责任公司、武汉科技大学、武汉发明家创新科技有限公司	2023-11-29	2023-12-14
T/ZZB 3520—2023	适用于自动驾驶用的大角度车载前视镜头	本文件规定了适用于自动驾驶用的大角度车载前视镜头(简称镜头)的术语和定义、基本要求、技术要求、试验方法、检验规则、标志、包装、运输、贮存和质量承诺	浙江省质量协会	浙江省质量协会	宁波舜宇车载光学技术有限公司、舜宇集团有限公司、宁波财经学院、福建新峰科技有限公司、信阳舜宇光学有限公司	2023-12-01	2023-12-10
T/GAEPA 003—2023	智能座舱交互系统测试要求	本标准规范了组合仪表、车机中控系统、车联网、组合仪表交互等零部件及系统的测试工具、测试方法和评价标准，符合智能座舱交互系统测试的实际情况，保障了智能座舱交互系统测试的规范性	广东省汽车智能网联发展促进会	广东省汽车智能网联发展促进会	广东汽车检测中心有限公司、广东省汽车智能网联发展促进会、合创汽车科技有限公司、广汽埃安新能源汽车股份有限公司、广州汽车集团股份有限公司汽车工程研究院、广汽本田汽车研究开发有限公司、深圳联友科技有限公司	2023-12-11	2023-12-12
T/GAEPA 004—2023	智能网联汽车自动驾驶功能道路测试要求	本标准参考了中国智能网联汽车产业创新联盟、全国汽车标准化技术委员会智能网联汽车分技术委员会等单位共同编制的《智能网联汽车自动驾驶功能测试规程(试行)》，增加了施工区域测试、跟车过弯、交叉路口掉头、信号干扰、主辅路通行、匝道通行、坡道通行、雨天通行、低能见度路段通行、湿滑路段通行、泊车等测试工况，明确了智能网联汽车自动驾驶功能道路测试的技术要求。规范了智能网联汽车的测试车辆、测试场景、测试设备、测试过程、测试方法和判定标准，提升了智能网联汽车自动驾驶功能道路测试的规范性	广东省汽车智能网联发展促进会	广东省汽车智能网联发展促进会	广东汽车检测中心有限公司、广东省汽车智能网联汽车发展促进会、中国质量认证中心广州分中心、合创汽车科技有限公司、广汽埃安新能源汽车股份有限公司、深圳联友科技有限公司、广汽乘用车有限公司	2023-12-11	2023-12-12
T/CFLP 0062—2023	场内物流车辆自动驾驶系统通用技术要求	本文件规定了场内物流车辆自动驾驶系统的基本要求、运行环境要求、车端功能要求、云端功能要求、云端性能要求、云端管理要求、运维功能要求、安全要求、数据记录及存档要求、测试科目及要求	中国物流与采购联合会	中国物流与采购联合会	中国物流与采购联合会物流装备专业委员会、驭势科技(北京)有限公司、北京交通大学、吉林大学、吉利汽车集团有限公司、重庆长安民生物流股份有限公司等	2023-12-18	2024-01-15
YD/T 4516—2023	车载信息通信终端环境可靠性技术要求和测试方法	本文件规定了安装在车内的车载信息通信终端的电磁兼容要求，自然环境的适应性要求，机械环境适应性要求，供电环境要求，电池安全性要求及对应的试验方法，包含前装和后装在整车中的车载信息通信终端的测试要求和测试方法	中华人民共和国工业和信息化部	中国通信标准化协会	中国信息通信研究院、中国汽车工程研究院股份有限公司、华为技术有限公司、中国联合网络通信有限公司、高通无线通信技术(中国)有限公司、中兴通讯股份有限公司、OPPO 广东移动通信有限公司等	2023-12-20	2024-04-01
YD/T 4517.3—2023	车联网通信设备电磁兼容性要求和测量方法 第3部分：车载以太网通信设备	本文件规定了用于车联网的车载以太网产品或系统的电磁兼容性要求，包括测量方法、测量频率范围、限值和性能判据	中华人民共和国工业和信息化部	中国通信标准化协会	中国信息通信研究院、华为技术有限公司、博鼎实华(北京)技术有限公司、重庆信息通信研究院、中兴通讯股份有限公司、深圳信息通信研究院等	2023-12-20	2024-04-01

续上表

标准编号	标准名称	标准主要内容	发布单位	归口单位	起草单位	发布日期	实施日期
T/QGCML 2828—2023	车联网终端自适应数据识别存储方法和系统	本文件规定了车联网终端自适应数据识别存储方法和系统的术语和定义、车辆网数据类型、数据管理平台、数据识别存储方法、数据识别存储系统和数据信息管理。 本文件适用于车联网数据信息的识别、存储和管理方法	全国城市工业品贸易中心联合会	全国城市工业品贸易中心联合会	深圳市菲尼基科技有限公司、深圳市振源电气有限公司、惠州市超力源科技有限公司、济源华申电源有限公司、深圳市巨尔科技有限公司	2023-12-25	2024-01-09
T/CIVEE 001—2023	智能网联汽车(自动驾驶)车载监控设备技术要求与测试方法	本文件规定了智能网联汽车车载监控设备在车辆数据采集、数据上报、设备功能及环境适应性等方面的要求,并描述了相应的测试方法	广州市智能网联汽车电子产业发展促进会	广州市智能网联汽车电子产业发展促进会	威凯检测技术有限公司、广州软件应用技术研究院、广州汽车集团股份有限公司汽车工程研究院、广州祺宸科技有限公司、广州小鹏汽车科技有限公司、阿波罗智行科技(广州)有限公司、广州沃芽科技有限公司等	2023-12-28	2023-12-28
T/CIVEE 002—2023	智能网联汽车(自动驾驶)平均脱离间隔里程计算方法	本文件规定了智能网联汽车(自动驾驶)平均脱离间隔里程相关的术语和定义、缩略语、计算方法及计算公式	广州市智能网联汽车电子产业发展促进会	广州市智能网联汽车电子产业发展促进会	广州软件应用技术研究院、广州文远知行科技有限公司、广州小马智行科技有限公司、广州市智能网联汽车示范区运营中心、广州沃芽科技有限公司等	2023-12-28	2023-12-28
T/GDSAE 00009—2023	智能网联汽车(自动驾驶)平均脱离间隔里程计算方法	本文件规定了智能网联汽车(自动驾驶)平均脱离间隔里程相关的术语和定义、缩略语和计算公示。 方本文件适用于广州市开展道路测试及示范运营(应用)的智能网联汽车	广东省汽车工程学会	广东省汽车工程学会	广州软件应用技术研究院、广州文远知行科技有限公司、广州小马智行科技有限公司、广州市智能网联汽车示范区运营中心、广州沃芽科技有限公司等	2023-12-28	2023-12-28
T/CAAMTB 182—2023	北斗高精度定位小型智能车 第一部分:技术要求	本文件规定了北斗高精度定位小型智能车的整车、北斗导航单元等主要部件、信息安全和自动驾驶的技术要求	中国汽车工业协会	中国汽车工业协会	新石器慧通(北京)科技有限公司、深圳市未来智能网联交通系统产业创新中心、北京三快在线科技有限公司、中国质量认证中心、白犀牛智达(北京)科技有限公司、上海工程技术大学、襄阳达安汽车检测中心有限公司等	2023-12-29	2024-01-01
T/CAAMTB 183—2023	北斗高精度定位小型智能车 第二部分:自动驾驶功能封闭测试场测试方法及要求	本文件规定了北斗高精度定位小型智能车在封闭测试场的测试场景项目、测试方法及通过要求等。 本文件适用于在固定区域或规定的交通道路上行驶,无驾驶舱非载人,具备自动驾驶功能的小型智能车	中国汽车工业协会	中国汽车工业协会	北京三快在线科技有限公司、深圳市未来智能网联交通系统产业创新中心、中国质量认证中心、新石器慧通(北京)科技有限公司、广州华工机动车检测技术有限公司、白犀牛智达(北京)科技有限公司等	2023-12-29	2024-01-01
T/CAAMTB 184—2023	北斗高精度定位小型智能车 第三部分:整车性能检测方法及要求	本文件规定了北斗定位小型智能车的整车性能、北斗导航单元及信息安全的检测方法	中国汽车工业协会	中国汽车工业协会	中国质量认证中心、广州华工机动车检测技术有限公司、深圳市未来智能网联交通系统产业创新中心、北京三快在线科技有限公司、新石器慧通(北京)科技有限公司、白犀牛智达(北京)科技有限公司等	2023-12-29	2024-01-01

四、飞行汽车领域

标准编号	标准名称	标准主要内容	发布单位	归口单位	起草单位	发布日期	实施日期
T/QGCML 2380—2023	飞行电动车	本文件规定了飞行电动车的术语和定义、组成及结构、技术要求、试验方法、检验规则、标志、包装、运输及贮存等	全国城市工业品贸易中心联合会	全国城市工业品贸易中心联合会	武汉发明家创新科技有限公司、宇思飞行汽车湖北省有限责任公司、武汉科技大学	2023-11-29	2023-12-13
T/QGCML 2391—2023	飞行汽车出行手机 App 呼叫搭乘软件系统	本文件规定了飞行汽车出行手机 App 呼叫搭乘软件系统的术语和定义、系统基本要求、功能要求、接口要求、性能要求、安全要求	全国城市工业品贸易中心联合会	全国城市工业品贸易中心联合会	宇思飞行汽车湖北省有限责任公司、武汉科技大学、武汉发明家创新科技有限公司	2023-11-29	2023-12-14
T/QGCML 2392—2023	飞行汽车空中交会智能避让信息交流管理系统	本文件规定了飞行汽车空中交会智能避让信息交流管理系统的术语和定义、系统基本要求、功能要求、接口要求、性能要求、安全要求	全国城市工业品贸易中心联合会	全国城市工业品贸易中心联合会	宇思飞行汽车湖北省有限责任公司、武汉科技大学、武汉发明家创新科技有限公司	2023-11-29	2023-12-14
T/QGCML 2393—2023	飞行汽车地空智能导航及自动驾驶控制程序系统	本文件规定了飞行汽车地空智能导航及自动驾驶控制程序系统的术语和定义、系统基本要求、功能要求、接口要求、性能要求、安全要求	全国城市工业品贸易中心联合会	全国城市工业品贸易中心联合会	宇思飞行汽车湖北省有限责任公司、武汉科技大学、武汉发明家创新科技有限公司	2023-11-29	2023-12-14
T/QGCML 2394—2023	飞行汽车地面充换电加油站云服务平台系统	本文件规定了飞行汽车地面充换电加油站云服务平台系统的术语和定义、系统基本要求、功能要求、接口要求、性能要求、安全要求	全国城市工业品贸易中心联合会	全国城市工业品贸易中心联合会	宇思飞行汽车湖北省有限责任公司、武汉科技大学、武汉发明家创新科技有限公司	2023-11-29	2023-12-14
T/QGCML 2395—2023	飞行汽车智能操作系统	本文件规定了飞行汽车智能操作系统的术语和定义、系统基本要求、功能要求、接口要求、性能要求、安全要求	全国城市工业品贸易中心联合会	全国城市工业品贸易中心联合会	宇思飞行汽车湖北省有限责任公司、武汉发明家创新科技有限公司、武汉科技大学	2023-11-29	2023-12-14

节能与新能源汽车

年鉴

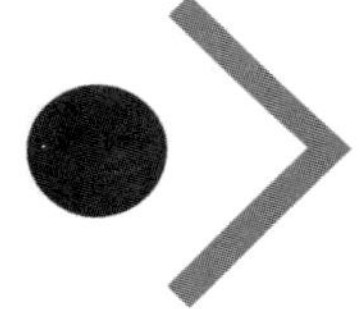

第八篇

成果篇

一、电动领域

马赫超高速电驱动系统

供稿：东风汽车集团有限公司研发总院

1. 成果简介

随着全球能源结构的变化和环境保护意识的加强，新能源汽车产业的发展已成为我国实现可持续发展战略的重要组成部分。近年来，我国新能源汽车产业快速发展，技术水平显著提升，已逐渐成为全球最大的新能源汽车市场。根据乘联会统计，2024 年 1—6 月，我国新能源汽车产量达到 490. 3 万辆，同比增长 34. 3%，累计渗透率提升至 35. 1%，表现明显优于整体市场，其中纯电动车占比高达 57%，并展现出强劲的发展势头。电驱动系统作为新能源汽车的核心部件，其性能直接决定了车辆的动力、效率和续航里程。掌握高性能电驱动系统开发技术，是东风公司积极主动融入国家战略性新兴产业布局，坚持核心技术自主可控的重要抓手，对于东风公司的新能源汽车产业发展具有举足轻重的意义。

电驱动系统作为新能源汽车的核心部分，其性能直接决定了整车的驾乘性能，随着 800 V 平台的普及、新型功率器件的进步、电机设计和制造工艺的发展，高性能电驱动系统的开发技术已经成为各主机厂和配套供应商角逐的重要技术领域，呈现出高压化、高效率、高功率密度、智能化和模块化的发展趋势。高压化不仅契合整车平台高压化的需求，减少补能焦虑，而且可以改善电机效率；高效率的电机和控制系统能够减少能耗，延长行驶里程；高功率密度可以减少电驱动系统的体积和重量，实现小型化和轻量化设计；智能化的管理系统不仅提升驾驶体验，还能优化能源利用；而模块化设计将简化生产和维护，降低成本。上述技术需求的牵引下，电驱动系统呈现出高速化的发展趋势，可以显著提升电驱动系统的功率密度，是电驱动系统的主流发展趋势。

东风公司在电驱动系统开发领域具有丰富的开发经验，2023 年 4 月正式发布了马赫纯电驱动平台，代表马赫动力正式迈向新能源纯电领域。马赫电驱动系统坚持持续迭代，已经完成第三代电驱动系统的开发及量产，2023 年启动马赫超高速电驱动系统的开发，已经完成超高速电驱动系统的开发，具有极致融合、高速高效、动力澎湃、智能控制的特点。马赫超高速电驱动系统是东风公司面向高压化平台开发的下一代高性能电驱动系统，融合了东风公司在超高速永磁驱动电机、智能电驱动控制算法、超融合高压控制器、高效热管理等技术方面的最新研发成果，完全自主开发，实现了行业领先的 25000 r/min 峰值转速和 34447 r/min 无损转速，同样搭载边界下，使电机的体积减小 18%，重量降低 25% 以上，实现整车起步转矩增加 5%，最高车速提升 20%，续航里程提升 5%。

马赫超高速电驱动系统如图 8-1-1 所示，采用了超薄碳纤维包覆转子、自粘接铁芯技术、高效 360° 全覆盖喷淋油冷技术、超静音轴齿优化技术、毫秒级智能控制技术，实现行业领先的 25000 r/min 峰值转速和 34447 r/min 无损转速，电机体积减小 18%，重量降低 25%；采用自粘接超薄铁芯和 8 层无环流扁线绕组，匹配自主开发的 800 V SiC 电机控制器，电机实测最高效率 98%，电机控制器实测最高效率 99. 6%，系统实测最高效率 95%，覆盖了从城市到越野、从乘用到商用的多个应用场景，具有“极致融合、高效高速、动力澎湃、智能控制”的特点。通过本项目的开展，东风建立了自主设计开发体系，申请国家发明专利 50 余项，国际专利 6 项，参与标准规范共计 10 项，形成了完善的试验验证方法，所研制的样机实现了基于 S73 的 800 V 样车的搭载，通过 2 万 km 耐久试验，各项关键技术指标行业领先。此外，本项目的开展支持了多项部委级项目的开展，包括工信部、国资委工艺“一条龙”项目，国资委 1025 项目“高性能电驱动总成研发”等。

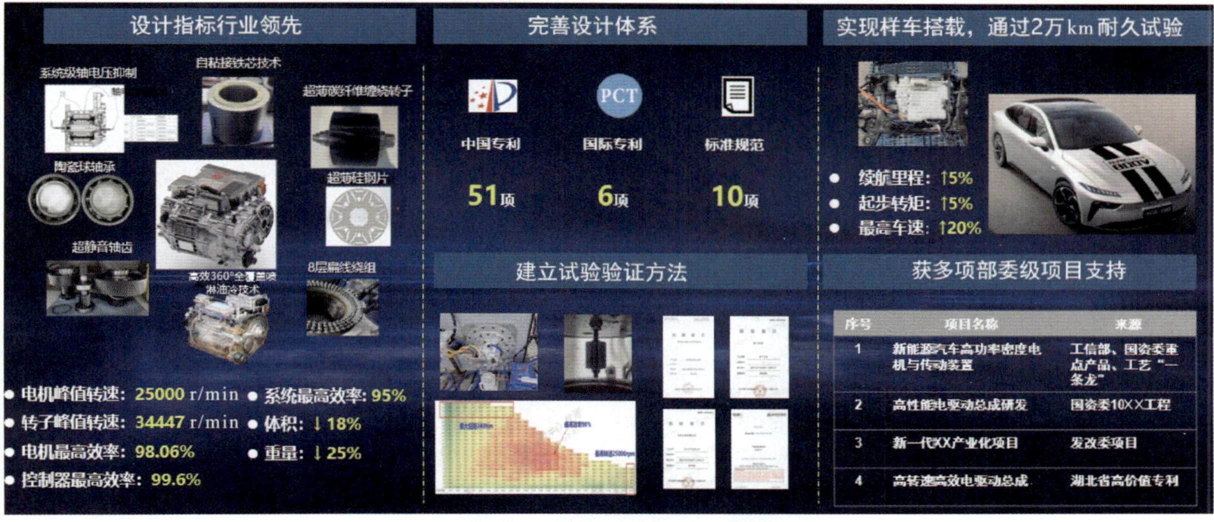

图 8-1-1　马赫超高速电驱动系统

2. 成果创新点及解决的难点问题

(1)超高速高效永磁驱动电机设计技术

一般而言,高速永磁驱动电机在高速运行时,损耗显著增加,效率大幅下降,主要原因包括:一是在高速运行时,定子绕组受到高频电流的影响,趋肤效应和邻近效应显著增强,导致电流在导体截面上的分布不均匀,增加了额外的交流损耗;二是高速化后,电机的工作频率增加,定子铁芯中的涡流损耗和磁滞损耗也会随着电机工作频率的提高而大幅增加;三是在高速工况下,电机转子的涡流损耗、机械损耗和风摩损耗也会显著增加。上述问题的存在对超高速永磁驱动电机的高效化设计带来挑战,为此,综合应用高效电磁方案设计技术、精细化损耗抑制技术,达成了行业领先的98%最高效率。针对电机超高速的设计特点,引入多目标优化设计算法,将效率、扭矩和体积重量等作为优化目标,实现了电机定、转子电磁参数的优化;采用了优化的54槽6极的槽极配合,降低了工作频率及高频电流引起的交流铜耗,同时采用了0.2 mm自粘接硅钢片铁芯,进一步降低高速永磁电机的涡流损耗和磁滞损耗;另外,优化电机的绕组方案,采用了8层无桥线、无环流扁线绕组设计,既避免了不对称绕组引起的环流问题,也简化了端部结构;此外,针对其余各种电磁和机械损耗产生机理,综合应用各种精细化损耗抑制技术。超高速高效永磁驱动电机设计方法如图8-1-2所示。结果表明,采用了上述的方法后,在达成电机性能的基础上,电机取得了极致的效率,虽然电机的工作转速达到25000 r/min,但电机的最高效率达到98%,并且85%以上的高效区占比达到97%,效率指标处于行业领先水平。

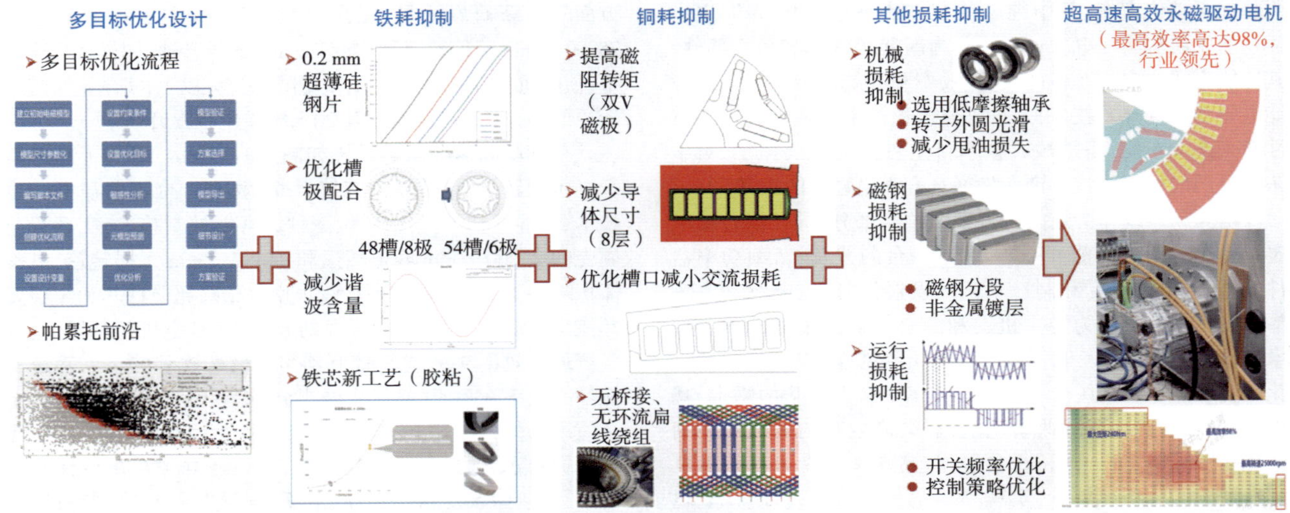

图 8-1-2 超高速高效永磁驱动电机设计

(2)超高强度转子结构设计技术

超高速永磁电机的转速极高,电机转子承受较大的离心力,内部应力分布复杂,容易因结构问题产生破坏性损伤,严重情况下产生安全事故,因此超高强度转子结构设计十分重要。超高速永磁驱动电机一般采用内嵌式转子结构,永磁体嵌入磁钢槽,并通过磁钢槽固定。如果磁钢槽的磁桥设置过薄,难以承受结构应力;设置过厚,容易产生漏磁,使永磁材料的利用率降低。同时,由于高速爆破试验能力欠缺,高速转子的结构强度面临系列测试问题。针对上述问题,采用了碳纤维复合材料作为结构辅助材料,优化转子结构设计,自主研发碳纤维复合材料应用工艺,通过优化磁桥结构及多轮次复合材料应用工艺验证,解决自粘接转子铁芯的碳纤维缠绕工艺,在0.6 mm超薄碳纤维缠绕下,实现行业领先的25000 r/min峰值转速和34447 r/min无损转速。在开发过程中,针对测试能力不足,创新提出静态等效强度测试方法,将转子离心力转化为静态拉力,建立转子强度的稳态测试方法,并通过试验验证。超高强度转子结构设计过程如图8-1-3所示。

(3)基于自主SiC功率模块的电机控制器开发

电机控制器是电驱动系统电能变换的核心部件,在电驱动系统中扮演着核心角色,而SiC功率模块则是提升其性能和效率的关键,使电机控制器能够在更高频率、更高温度和更高功率密度下工作。SiC作为第三代宽禁带半导体材料,在衬底制备等关键技术及工艺上难度大、成本高,几乎被少数几个国外企业垄断,对国内的SiC产业的发展构成了较大的制约。东风公司坚持核心技术自主可控,马赫超高速电驱动系统采用了自主SiC功率模块,自主掌握了自主SiC功率模块开发、应用及测试技术,包括SiC功率模块高载频PWM控制技术、SiC功率模块的驱动电路与保护电路设计技术、SiC功率模块模组测试技术,实现了800 V自主SiC电机控制器开发与应用。开发的800 V自主SiC电机控制器功率密度达到45.78 kW/L,峰值功率达到240 kW,最高效率达到99.6%,综合性能达到国内领先水平,掌握了行业领先的技术资源,打通芯片封装制造到整车应用的内循环,保障了供应链的安全,实现了关键核心技术的自主可控。基于自主SiC功率模块的电机控制器开发过程如图8-1-4所示。

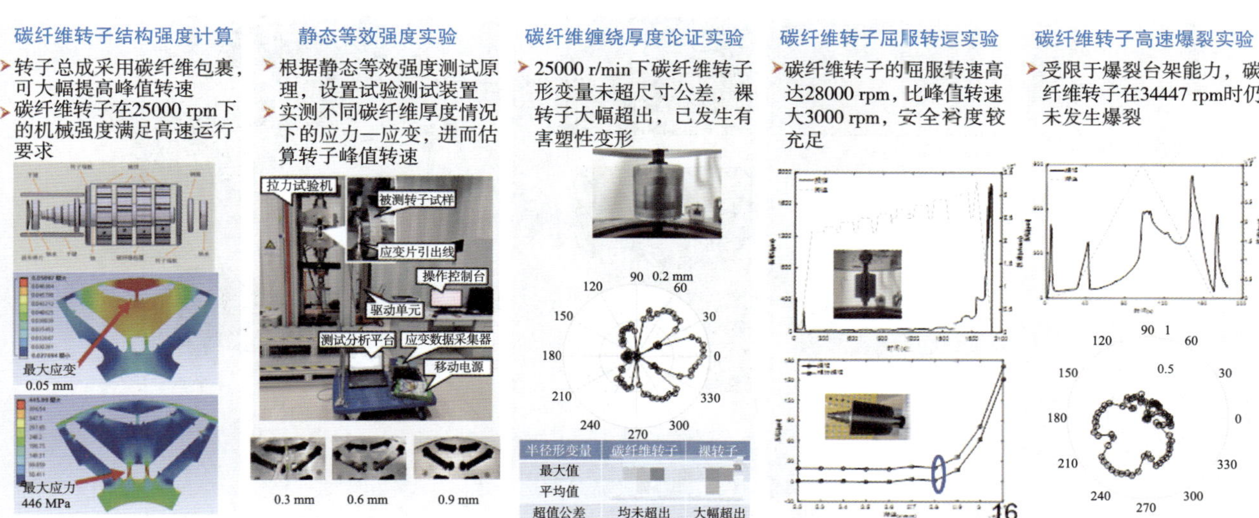

图 8-1-3 超高强度转子结构设计

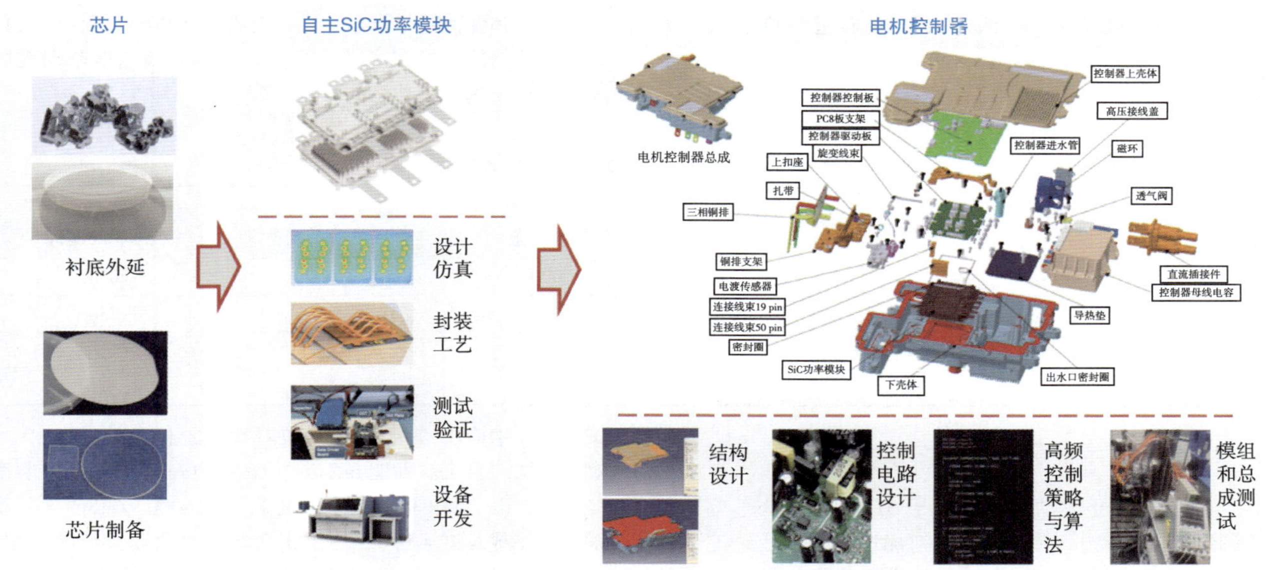

图 8-1-4 基于自主 SiC 功率模块的电机控制器开发

(4)集成式高效热管理技术

高速永磁驱动电机的结构紧凑，热流密度大，散热条件差，容易因温度失控导致绝缘失效、永磁体退磁等故障问题，给永磁驱动电机的设计和可靠运行带来挑战。为解决超高速永磁驱动电机的高效冷却问题，采用了电机与减速箱共油设计技术，同时针对定子扁线绕组采用 360°环形喷油管的定向喷淋设计，针对减速器采用了集油盒置顶的集成油路设计，具有油路简洁，复用程度高，冷却效率高的优点。油冷系统由壳体（油道、油底壳、集油盒）、过滤器、电子泵、传感器、散热器、冷却水管、喷油管等组成，可节省高速油封，最大限度实现油路的高效利用。冷却油进入电机后自动分流，内部油路通过电机壳体内部贯通，可减少管路附件，精简整体结构，控制成本。定子扁线绕组端部的 360°环形喷油管的定向喷淋技术，可减少自由流动的油流区域，不受姿态影响，且具有油压稳定、喷射均匀、稳定的优点。减速器的集油盒置顶的集成油路设计可收集差速器甩油，并形成多个油道，同时可保证低速及各角度运转情况下，集油腔内仍然有充分的润滑油。上述集成式高效热管理技术，冷却效果相比以前的方案提升 20% 以上，峰值功率持续时间可提高至 30 s。集成式高散技术的设计说明如图 8-1-5 所示。

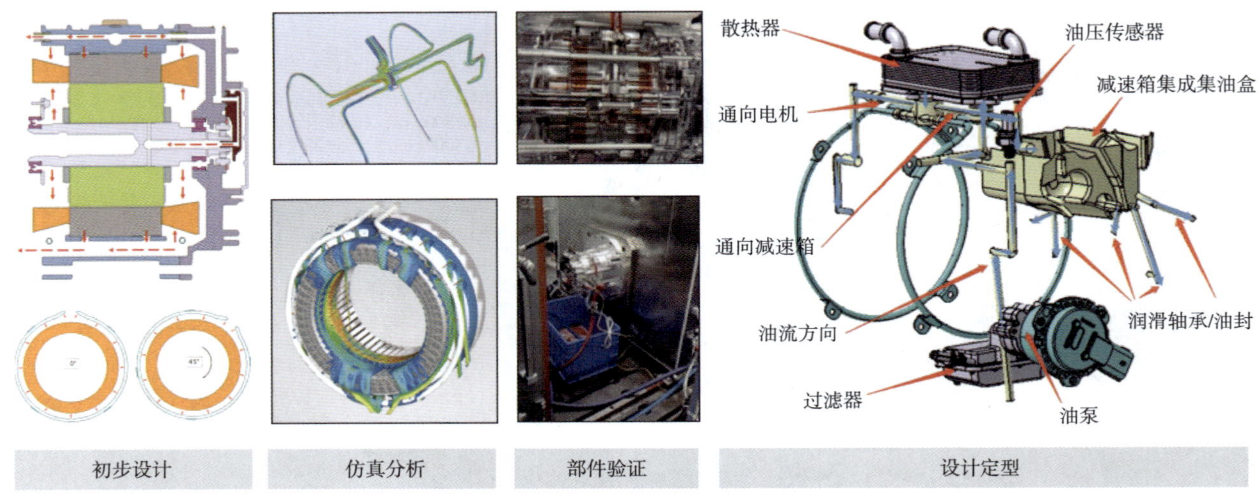

图 8-1-5 集成式高效散热技术

3. 国际水平对比分析

马赫超高速电驱动系统面向 800 V 需求，采用行业领先的 0.2 mm 自粘接硅钢片及超薄碳纤维缠绕技术，实现了峰值功率 240 kW、峰值扭矩 240 Nm、带载峰值转速 25000 r/min、电机峰值效率 98%、功率密度 6.8 kW/kg、系统峰值效率 95%，是国内首个峰值功率超过 200 kW，工作转速达到 25000 r/min 的电驱动系统，并实现了整车搭载运行，综合性能达到国内领先水平。相比于当前市场上峰值转速 16000 r/min、功率密度 4.6 kW/kg、峰值效率 97% 的国产主流驱动电机，以及联电、特斯拉、小米等产品，在转速、功率密度上均有所提升，具有明显的竞争优势和产品竞争力。由此可见，所开发电机在功率密度和峰值效率指标上相比现有电机有了显著提升，具有明显的竞争优势和产品竞争力。马赫超高速电驱动系统与国内外主流电驱动总成对比见表 8-1-1。

表 8-1-1 马赫超高速电驱动系统与国内外主流电驱总成对比分析

	马赫超高速电驱动系统	特斯拉高速电驱动系统 1	华为高速电驱动系统 1	BYD 电驱动系统 2
电机最高转速(r/min)	25000	20000	22000	20500
峰值功率(kW)	240	250	215	230
电机峰值效率(%)	98%	97.5%	98%	97.7%
功率模块自主	是	是	否	是

4. 成果应用情况

马赫超高速电驱动系统在基于 S73 的 800 V 车型上实现了搭载，并开展了道路性能试验，测试里程已经超过 2 万 km，运行性能良好。此外，本项目的研究成果支撑了工信部、国资委工艺“一条龙”项目“新能源汽车高功率密度电机与传动装置”、国资委 1025 项目“高性能电驱动总成研发”等项目的开展。本项目的部分关键技术支撑了部分商开项目的实施，实现了 800 V 高压化电驱动系统的应用。

5. 社会及经济效益分析

(1)社会效益

本项目针对超高转速电驱动系统存在的损耗大、转子应力大、散热困难等共性难题，通过高效电磁方案优化、自粘接超薄硅钢片、超薄碳纤维缠绕、集成式高效热管理等创新技术的应用，突破了电驱动系统难以兼顾大功率和高转速的技术难点，建立了以国内及国际专利、标准规范为载体的完全自主知识产权体系，新材料、新工艺的创新应用有效促进了国内新能源汽车产业链的技术发展，其中碳纤维包裹工艺的国产化技术应用，打破了特斯拉对碳纤维包裹的技术壁垒，实现了国产自主高性能 SiC 功率器件的应用，实现了大功率(200 kW 以上)电驱动系统的超高速(25000 r/min)电驱动系统的搭载及试运行，推动了超高转速电驱动系统的应用。本项成果目的应用，可间接拉动电驱动产业链的创新和发展，带动碳纤维、高速轴承等高端材料及工艺的国产化，拉动湖北省配套新能源汽车产业持续健康发展，可以提供大量的就业岗位。

(2)经济效益

本项目所开发的超高速电驱动产品属于新能源技术领域先进产品，近年来，随着 800 V 平台的快速普及和发展，东风马赫超高速电驱动系统较好契合了高速化、高效化和高功率密度的趋势，预计具有较好的经济效益。根据国内外新能源汽车的发展态势，预计 2025 年 800 V 电驱动总成市场规模约 420 亿元，2030 年 800 V 电驱动总成市场规模约 1350 亿元，预计到 2030 年，东风公司新能源汽车销量可达到 300 万辆，本项目的应用和普及，每年将产生约 200 亿元产值，可产生 30 亿元的直接市场收益价值。

新能源汽车高可靠快速换电关键技术及应用

供稿：东风汽车集团有限公司研发总院 刘 爽 李梦霞 陈玉龙 姜 昕

1. 成果简介

发展电动汽车是全球共识与趋势，也是我国的国家战略。提升纯电动汽车安全性与续航里程、缩短能量补给时间不仅是技术竞争的焦点，也是增强产品国际竞争力的关键。

随着全球对环境保护和可持续发展的重视，中国提出了碳达峰碳中和目标。换电模式具备补能效率高、电池损耗小、空间占用少等优势，有助于减少碳排放，符合“双碳”目标的要求，因此得到了政策的支持。政府发布多项政策鼓励开展换电模式应用，如《产业结构调整指导目录（2019年本）》《关于进一步完善新能源汽车推广应用》《国务院办公厅关于新能源汽车产业发展规划（2021—2035年）通知》等将换电技术路线明确加入鼓励类发展项目。

新能源汽车的“充电难”“充电慢”等问题一直是消费者关注的焦点。换电模式通过直接更换电池的方式，解决了新能源汽车充电时间长、充电设施不足等问题，提高了新能源汽车的使用便利性。同时，换电模式在补能效率上具有压倒性优势，换电时间远低于充电时间，满足了市场对于快速补能的需求。

本成果通过三坐标柔性加解锁装置、高效双工位电池搬运器、节拍密钥加密数据、多模通信、无感传输、电池包在位信号多态检测等多项关键技术，提高了新能源汽车的安全性和续航水平，从源头解决用户关注的新能源汽车安全性、电池寿命、里程焦虑等问题。

本成果申请发明专利48项，其中授权31项；获得软件著作权19项，发表高水平学术论文10篇，其中SCI检索8篇，核心期刊2篇；牵头编制国家标准1项（标准号：GB/T 31466—2015），参与编制团体标准8项，行业标准1项。

搭载本项目技术的东风风神E70系列换电车型自2021年10月起累计已销售11901余台、投放换电站286座、累计换电1500万次、累计行驶23.8亿km，已经形成规模化应用。

本项目技术推广应用各个领域反馈效果良好。在司机端，当前单车最长运营里程已经突破40万km，单车累计换电已经突破2000次，高效补能、高可靠性的实际应用效果深受司机信赖。在换电站端，实现了高效运营，减少了换电站内电池和车的配比，极大减少了换电站的重资产投入；柔性高可靠性换电技术在换电运营过程中出现的换电故障率极低，促成换电站实现从有人值守到无人值守的转变，进一步降低了运营人力成本。

凭借其良好的换电技术及换电生态优势，截至2024年4月销售已经突破11901余台，新增销售额169946万元；新增整车利润的同时，也累计贡献新能源积分约36011分，合计经济效益约15502万元（以新能源积分1分=1000元折算）。项目带动了汽车燃油消耗量稳步降低，减少了汽车碳排放，为在2030年之前实现碳达峰打下坚实基础，推动了湖北省新能源汽车产业发展，产生了良好的经济效益和社会效益。

2. 成果创新点及解决的难点问题

（1）柔性高可靠自主换电及控制技术

用户对续航里程的焦虑一直是电动车领域难以攻克的难题，采用快换技术一方面可以满足客户对续航里程的要求，另一方面也可以解决运营用户对充电时间的焦虑。当前出现的多种换电方式，如采用螺栓拧紧的快换方式，存在使用寿命上的缺陷，卡扣式锁紧方式存在振动噪声的缺陷等。

电动汽车超长寿命换电连接系统成功解决换电市场对于换电机构可靠耐久性需求，保证了换电的高效性及防松稳定性，系统使用寿命达到1万次，同时确保换电车辆安全性。

①高可靠快连接长寿命T型加解锁装置

针对动力电池与车辆之间换电高可靠性长寿命快速连接机构设计难题，行业内首创了T型旋转锁止机构，垂直方向上的移动便可实现电连接器的通断与快换，仅在Z向上托举位移5 mm，旋转90°即可完成加解锁。换电电池系统构成与锁止机构工作原理如图8-1-6所示，锁止机构中：（a）设计滚轮式旋转锁止轴，将滑动摩擦变化为滚动摩擦，避免T型机构旋转过程中锁止轴的磨损，降低了旋转主轴的力矩和摩擦阻力，滚轮采用40Cr高强度材质，表面镀10 μm的锌镍合金，可耐500 h中性盐雾无外观可见腐蚀，提升了使用寿命；（b）设计滑动式齿槽耦合加解锁机构，通过齿槽配合实现止回块与固定件可靠约束，通过Z向移动与旋转移动精确协同配合，实现锁止机构快速解锁和锁止，在保证可靠性的同时提高解锁和锁止速度。

②超高柔性定位销

针对动力电池箱体在车上长期多次换电对定位精度的高要求，发明了超高柔性定位销，通过导向机构、限位机构和弹性机构的结构、材质和力学性能的综合优化设计，保证定位销超1万次插拔寿命。弹性机构采用航空级高减振丁腈橡胶，保证柔性定位销兼容XY向±5 mm偏差。该装置定位精准迅速，消除了整车加减速、转弯等工况下动力电池位移产生的异响问题，对电池箱体起到安全保护作用。

③超高稳定性水电连接器

针对动力电池箱与整车的高压电与冷却液快速可靠连接问题，发明了超高稳定性水电连接器，如图8-1-7所示。连接器的母端与公端通过永磁铁与电磁铁相配合，电磁铁极性的变换可以实现母端子与公端子的牢固贴合与快速脱离。设计了公端安装导向销，通过精准的公差尺寸配合，使配对过程中侧向力全部由导向销承受，避免了强度较弱的电接头受损，提高了水电连接的可靠性和寿命。电插头母端采用“4拉簧+4压簧”设计，XYZ三向浮动达到±8 mm，可实现2°插入容差；接触端子采用高导电高机械强度改性铍铜材质（BeA-50C）的环簧结构，最大可兼容超1000 A额定电流需求，同时铍铜材质的高柔韧性保证车辆行驶中的稳定连接，该连接器使用寿命超1万次。

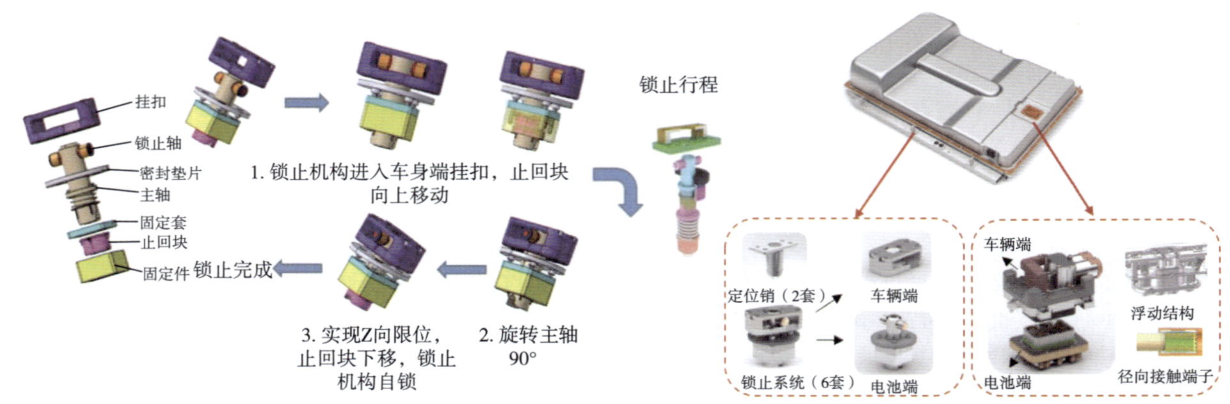

图 8-1-6　换电电池系统构成与锁止机构工作原理图

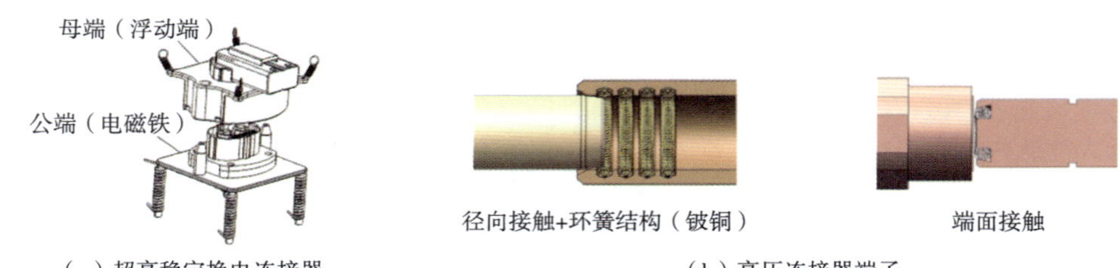

（a）超高稳定换电连接器　　（b）高压连接器端子

图 8-1-7　超高稳定性水电连接器示意图

（2）智速链控车站能源交互技术

高效安全多模通信及换电控制技术成功解决了换电车辆与换电站之间的快速高保密性信息交互、换电车辆与换电平台及运输车快速精准定位、电池包高效运输和快速加解锁问题，保证了换电的安全性和效率，实现换电时间≤87 s。

①三轴精定位及柔性随动机构定位系统

针对换电车辆与换电平台的快速准确定位难的问题，发明了一种三轴精定位及柔性随动机构定位系统（见图 8-1-8），通过站端固定的 V 型槽和视觉传感器识别电池与车身前端对接，X 向定位精度在±1 mm 内，定位时间≤30 s。在 AGV 平台上设计了视觉查寻定位系统，通过图像识别技术，位置追踪系统响应时间≤2 s，实现 AGV 平台与动力电池间的精准快速定位及 100% 可靠换电，达成换电时间≤87 s。

②高效双工位电池搬运器

为了提升换电效率，本项目创新设计了双工位电池搬运器（见图 8-1-9），通过蓝牙触发换电需求，换电站内双工位搬运器 AB 工位协同运行，单趟同时完成新旧电池运送，将单工位 4 步运行缩短至 2 步运行，实现电池包搬运全过程自动装卸，较单工位电池搬运节约时间≥1.5 min，减少了车辆在换电平台等待时间，缩短了换电时长的 60%。

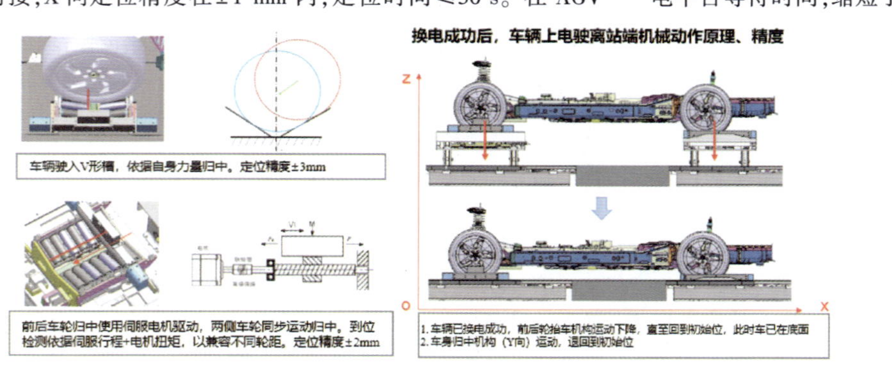

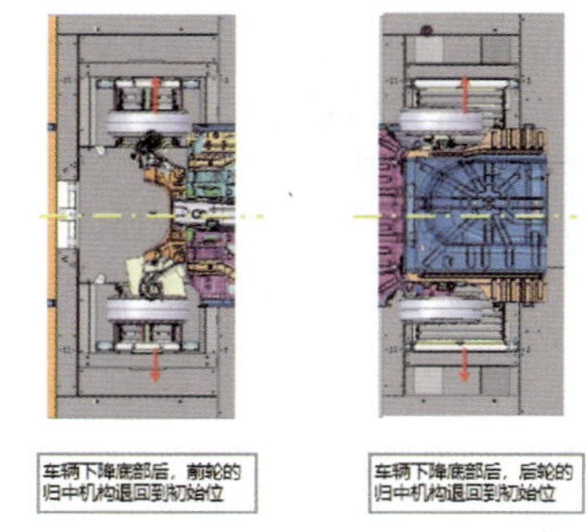

图 8-1-8　三轴精定位及柔性随动机构定位系统

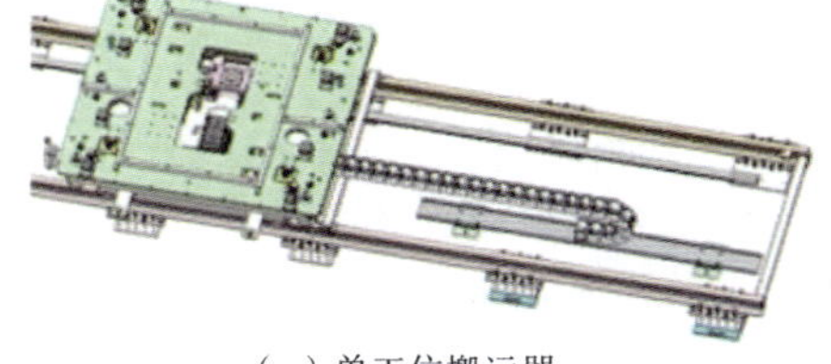

（a）单工位搬运器　　（b）双工位搬运器

图 8-1-9　电池搬运器示意图

③换电平台快速加解锁装置

为了提升换电效率，发明了一种换电平台快速加解锁装置，包括动力源、传动部和设有批头的加解锁结构，批头部分具有柔性对接功能，可实现三坐标轴柔性对接；底部电机具备扭矩保护及反馈功能，避免锁止机构破坏，同时可采集加解锁所需扭矩，实现锁止机构运行状态全时监控和大数据处理，避免出现锁止机构内部破坏从而导致无法加解锁的情况，根据异常数据进行及时维护，延长装置及锁止机构寿命。

④高效安全多模车—站通信技术

为了解决车—站通信效率和电池数据安全性问题，发明了高效便利、安全可靠的车与站换电通信技术，车—站信息交互流程示意图如图 8-1-10 所示，采用密钥加密数据，解决了车与站信息交互难题，提升了车辆身份信息识别效率和换电过程安全监控全面性。

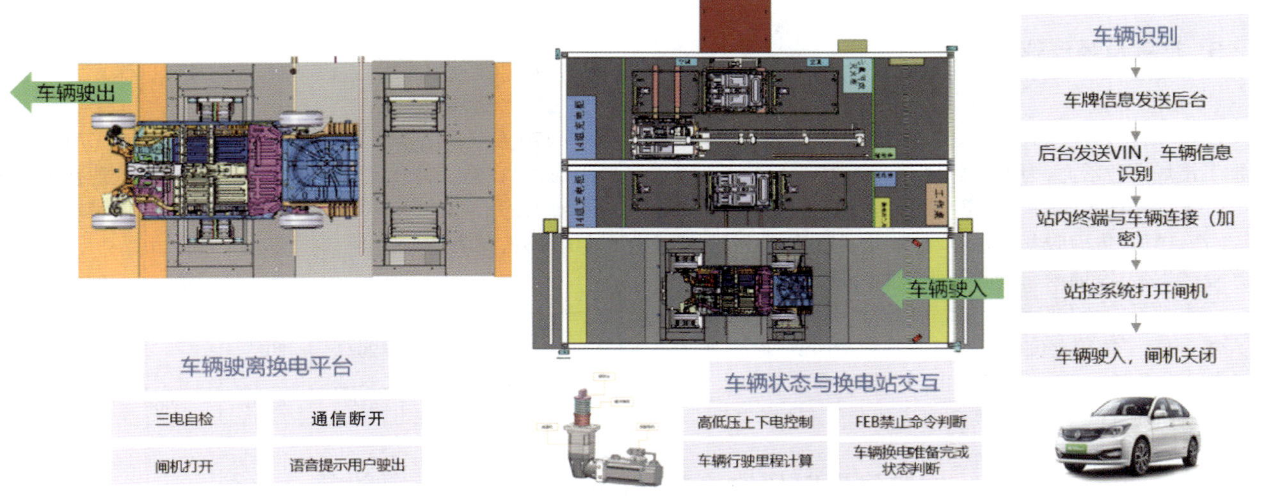

图 8-1-10　车—站信息交互流程示意图

通过采用基于时钟的节拍密钥加密数据、AES128 的加密算法以及密钥错误 3 次的 1 min 延时处理方式，使穷举攻击也无法破解该算法，确保车辆与换电站的数据不被窃取，系统不被外力所破解。

通过采用"蓝牙+5G 数据"传输的方式，车辆与换电站多种通信方式并发通信，提高数据传输速度和高效性，实现 500 m 内不低于 1 Mb/s 的传输速率及车与站的无感连接及数据传输。

电池包的车辆在位状态采用模拟量、PWM 波形及容抗检测等冗余检测设计，避免单手段失效导致检测失败；同时对检测回路自身的有效性进行双重诊断，避免因检测电路自身失效导致的电池在位状态检测异常，可确保实时准确辨识电池包与车辆连接状态。

3. 国际水平对比分析

本锁止机构在单包用量、可移植性、兼容性、耐久性、重量上有优势，同时锁止机构考虑了泥沙、盐雾、潮湿等使用环境，并进行了密封、润滑等相应设计。见表 8-1-2，换电连接器在重量、浮动能力上均有优势，XYZ 三向浮动达到±8 mm：增加换电连接器后，整车增重 1.1 kg，相较行业平均水准，零部件重量降低 30%；换电连接器浮动能力与行业先进水准（品牌 1）持平，远高于品牌 2 的±3 mm 水平。

表 8-1-2　关键性能指标行业对比分析

序号	指标	本项目水平	行业现状
1	换电时长	≤87 s	品牌 1:3 min 品牌 2:3 min 国际品牌 3:90 s
2	换电机构及连接器寿命	≥10000 次	品牌 1:2000 次 品牌 2:8000 次 国际品牌 3:8000 次
3	运行稳定性	抗瞬断能力强	品牌 1:抗瞬断能力强 品牌 2:抗瞬断能力弱
4	换电机构兼容性	X/Y±5 mm,Z 轴最大 10 mm 可配置液冷换液机构	品牌 1:X/Y±5 mm,Z 轴最大 10 mm 品牌 2:X:0.3 mm Z、Y 轴:±3 mm,不支持液冷
5	换电机构重量	2.8 kg	品牌 1:3.95 kg 品牌 2:25.2 kg

4. 成果应用情况

本项目技术所搭载应用的东风风神 E70 系列换电车型自 2021 年 10 月起投放市场，凭借其良好的换电技术及换电生态优势，截至 2024 年 4 月销售已经突破 11901 余台，累计换电 1500 万次以上，累计行驶里程已超过 23.8 亿 km，共投放换电站 286 余座，已形成规模化换电运营网络，换电锁止机构故障率仅 0.06%。

5. 社会及经济效益分析

(1)社会效益

①本项目所开发的换电模式是充电模式的强有力补充，增加了市场消费活力，为国家财政贡献税收。

②本项目的投放为上下游增加相应就业岗位，覆盖研发、生产、销售、售后服务等各领域；带动制造业、服务业等相关产业的发展，有助于新能源行业转型升级。

③本项目的开发培养了大批新能源汽车产品开发与产业化人才，构建了覆盖全价值链的研发及制造团队，提高员工的职业信心和生活水平；培养了一批高学历专业型科研人才，为国家振兴新能源汽车产业并实现弯道超车奠定人才基础。

④本项目的开发推进了换电基础设施的完善，吸引相关企业集聚。

⑤本成果申请发明专利 48 项，其中授权 31 项；获得软件著作权 19 项，发表高水平学术论文 10 篇，其中 SCI 检索 8 篇，核心期刊 2 篇；牵头编制国家标准 1 项（标准号：GB/T 31466—2015），参与编制团体标准 8 项，行业标准 1 项。

⑥搭载本项目的新能源汽车总体性能指标国内领先，能耗水平、安全性等技术指标达到国际领先水平，提高了我国纯电动汽车的核心竞争力，实现了技术自主可控。

(2)经济效益

E70 系列换电车型累计投放 11901 台。当前 E70 换电车型销量仍在稳步爬升，市场口碑良好。高可靠快速换电技术的应用提升了 E70 换电车型的市场竞争力，从而带动经济效益的提升，见表 8-1-3。

表 8-1-3　E70 车型经济收益

年份	2021	2022	2023	2024 1—4 月	累计
销量(台)	634	4590	5889	788	11901

加快建设以超快充为主的高质量充电基础设施
促进新能源汽车电动化加速与可持续发展

供稿单位：华为数字能源技术有限公司

1. 中国新能源汽车电动化已进入全新阶段，传统充电基础设施无法满足人民美好出行的要求，阻碍了新能源汽车的发展，影响“双碳”目标达成

随着新能源汽车用户对快速、高体验补能的需求日益增长，以及充电运营商对低成本、高质量、可持续发展设备的追求，传统充电桩的架构与功能已经无法满足当前市场需求。报告显示，约 22% 的纯电动汽车车主为购车决策后悔，主要原因在于充电不便，补能体验受到影响。中国新能源汽车造车已经进入 2.0 阶段，但 A 级乘用车和商用车的电动化普及率还不够，不是智能化发展不够，而是电动化还未被普遍接受。补能焦虑和里程焦虑仍是影响用户选择新能源汽车，代替燃油汽车的首要因素。现有充电基础设施，还存在一系列问题，如布局不合理、设备故障多寿命短、不支持演进，用户体验差充电慢，土地和电力资源浪费，以及严重安全隐患，这些成为当前制约电动汽车普及的关键因素，亟须更新补齐。

中国新能源汽车发展已经进入全新阶段，销量呈爆发式增长。当前，汽车电动化已经历了用户变化、路径变化和数量变化，3 个量变到质变的转变。截至 2023 年底，中国新能源乘用车保有量 2041 万辆，预计到 2025 年保有量达 5055 万辆。2024 年 4 月，新能源汽车销售渗透率首次超过 50%，这意味着每卖出两辆车，就有一辆是新能源车。而充电用户群体的转变、新能源车补能路径的改变，牵引公共超快充场站数量增长。截至 2024 年 6 月底，全国公共充电桩保有量约 312 万台，但 2 年以上旧桩占比超过 40%，大量存量桩需要面向 3 个转变，进行改造。预计到 2025 年，公共超快充站将新增 40~50 万座、500 万桩。

当前，中国新能源汽车经过了 10 多年的发展，正在从量变走向质变，其中“三个转变”非常明显。首先是用户变化，从运营车用户为主，转向私家车用户为主。私家车时代的到来，开创了“用户体验为先”的造车理念。2016 年，新能源汽车以运营车为主，私家车占比不到 10%，到 2024 年，私家车将超过 90%。当前，车企和充电运营商，在提供产品与服务时，更注重个人用户的体验。其次是路径变化，电动化路径已经由，大电量续航为主，转向超快充补能为主。前期，为解决续航焦虑，通过配置大容量电池，动辄 100 kWh，甚至 150 kWh，这样的发展路径，是不利于电动汽车普及的。近年来，超充网络加速部署，车企加快超充车型上市，通过应用大倍率超充电池，减少电池配置，提升竞争力。最后是数量变化，新能源汽车年销量，已从百万级，向千万级发展。中国电动汽车爆发式增长，将重塑汽车产业竞争格局。第一个“千万级”，经历了 10 多年，第二个千万级仅经历了 1 年多，从 2024 年开始，后续每年都将是千万级增长。加快建设以超快充为主的，高质量充电基础设施，提升用户体验，将是推动这三大转变的关键。

2. 超快充产业链已经成熟，正改变汽车电动化路径。加快建设以超/快充为主的高质量充电基础设施，多方都将受益

2023 年，以碳化硅为代表的第三代半导体和 4C、5C 的大倍率电池都已经规模量产，高压超快充车型进入商用成熟

期。现在主流车企发布的新车型，都具备超快充特性，2024年市场上，预计将有140款以上的超充车型。随着产业规模化降本，超充正在加速向A级车和商用车延伸。针对A级车，如果实现"一秒一公里"的超快充体验和"度电十公里"高能效，就能将现有60 kWh，1C普通电池，升级为40 kWh，4C超充电池，将大幅降低整车成本和重量，提升性价比。在商用车领域，也存在电池成本高、补能时间长等问题。这些问题，也可以通过超充，实现快速补能，减少电池容量，降低商用车运营成本，实现"三年省辆车"。

加快建设以超快充为主的高质量充电基础设施，让多方受益，才能推动电动汽车消费与快速普及。首先，用户更好体验，要让用户"放心买"。高质量充电基础设施，必须从用户体验的角度出发，解决充电过程中遇到的难题。充电网络应实现多场景、广泛覆盖，要让"有路的地方就有高质量充电"，用户充得上、充得快、充得好，享受"即插即充，即充即走"的充电体验。让电动车"出得了城，下得了乡"，彻底解决里程焦虑。同时，还要解决车桩协同等问题，充电桩要能兼容所有主流车型，提升一次充电成功率，并能在5~10 min完成快速补能，实现像"加油一样的充电体验"，让用户放心地选择新能源汽车。其次，运营商要有合理的回报，才能让充电运营商"放心建"，能够持续为车主提供高质量的服务。充电设备作为生产工具，质量、寿命、兼容性直接影响运营成本和盈利水平。当前，部分运营商片面追求低价格，导致设备供应商一味追求低成本，出现了"设备故障不断，三年换一批"的现象，最终损害的还是运营商和用户的利益。充电场站的可持续发展，需要高可靠、长生命周期和可运营的设备，以降低后续昂贵的运营成本。第三，是让车企"放心造好车"。华为与合作伙伴已部署2万根超快充桩，到2024年底，将完成10万根以上的超快充桩部署，覆盖主要高速公路服务区，重点城市、县域和乡镇，为用户提供高标准、广覆盖的超快充网络。华为提供高品质的充电设备，联合全国充电运营商，加速打造高质量充电网络，让车企可以放心专注地造好车，无需再投入团队和资金，自建充电网络。华为还会协作联盟车企，开发一系列"车桩协同"的增值特性。例如：车机协同找桩、免刷卡即插即充、自动感应开盖、自动充电、积分结算平台打通等。这将极大地提升用户体验，增强联盟车企车型竞争力，提升用户购买电动汽车的意愿，加速新能源汽车普及。第四，是电网友好性，让电网"放心供配电"。使用具备光储充一体化，支持能源调度管理的充电设备，是建设电网友好型充电场站的基础。预计到2030年，中国电动汽车保有量会到1.2亿辆，如果每辆车平均50 kWh，将会有60亿kWh的移动储能。通过应用光储直柔、有序充电、需求响应、VPP虚拟电厂等技术，可将这些海量的电动汽车，转变为电网"调峰调频"的蓄水池，让电动汽车成为新型电力系统的有机组成部分。最后，是让城市治理"更高效"，构建以超快充为主的高质量充电基础设施，要遵循"四个统一"，即：统一规划、统一标准、统一建设，统一监管。要从分布不均衡、无序充电，走向统一规划、集约有序充电。用效率换资源，提升公共充电场站的电力利用率和土地利用率，资源向公共充电场站集中，可提高准入标准，提升设备质量和场站消防安全，降低发生火灾的概率与损失。针对城市公共场站，要建设"1公里超充圈"，提升用户充电便捷性。深圳、北京、重庆、武汉、东莞等城市，正在按照"四个统一"，加速构建世界一流超充网络。

3. 华为创新全液冷超充技术，联合运营商、伙伴打造围绕"城市、高速、县域"场景的高质量充电基础设施

华为数字能源致力于融合数字技术与电力电子技术，推动绿色能源与交通电动化融合发展。面向汽车电动化产业赛道，华为数字能源定位为动力域及充电网络解决方案提供商。在智能电动领域定位为部件供应商，致力于帮助车企造好车，为用户带来最佳的驾乘体验。在充电网络领域，致力于为运营商提供高质量的充电解决方案，为用户带来最佳补能体验。通过两大领域的高质量协同发展，提升用户体验，加速汽车电动化进程。

(1)华为全液冷技术解决方案

2023年4月，华为上市发布了大功率全液冷超快充一体化产品，新一代华为全液冷超充融合光储，通过"一个架构"即全液冷超充架构，"两个协同"即车桩协同、桩网协同，一次部署，长期演进，打造极致体验、极高质量、极佳收益的充电基础设施。其中液冷超充主机720 kW，通过"功率池化和功率柔性智能分配技术"，支持超充、快充灵活配置，单枪最大功率600 kW，最快实现"一秒一公里"，让用户感受"一杯咖啡，满电出发"的极致充电体验。通过采用先进的华为全液冷技术，打造运行低噪声，设备防护好、可靠性高，使用寿命15年以上等优势，并且支持200~1000 V充电范围，兼容各功率段车型，支持未来创新技术的不断演进(见图8-1-11)。

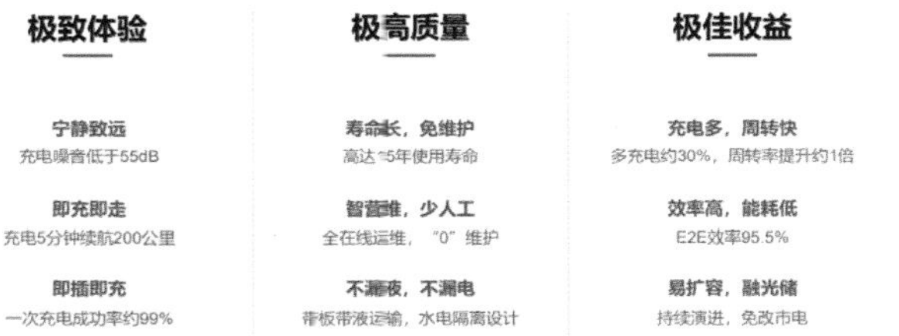

极致体验	极高质量	极佳收益
宁静致远 充电噪音低于55dB	寿命长，免维护 高达15年使用寿命	充电多，周转快 多充电约30%，周转率提升约1倍
即充即走 充电5分钟续航200公里	智能维，少人工 全在线运维，"0"维护	效率高，能耗低 E2E效率95.5%
即插即充 一次充电成功率约99%	不漏液，不漏电 背板带液运输，水电隔离设计	易扩容，融光储 持续演进，免改市电

图8-1-11　华为全液冷超充技术带来"三个极致"

(2)华为全液冷超充场站案例

经过一年多时间的践行，"一秒一公里"，"一杯咖啡，满电出发"，"让有路的地方就有高质量充电"等理念被广泛应用，已成行业超快充的代名词。"超充之都""超充之城""超充绿廊"等概念也在全国各地纷纷涌现。华为携手伙伴围绕"城市公共、加油站、高速公路服务区"等电动车高流量、即充即走场景建设超快充网络，打造"城市一张网"和"高速一张网"，助力建设新一代智能充电网络，推动充电产业的发展，加速汽车产业电动化进程。华为全液冷超快充设备凭借其大充电功率、高设备可靠性及优秀的用户充电体验和功率共享功能，已在多个充电站成功应用并显著提升了站点的经济效益，相关场站的充电量、订单数量和功率利用率均得到了显著提升，同时也增强了用户的黏性。

①广东深圳北站深铁灵畔超级充电站

广东省深圳北站深铁灵毕超充场站采用光、储、充一体化

设计，使用华为液冷超充设备，配置 24 个充电桩位，单枪最大功率达 600 kW，光伏装机容量达 80 kW。该项目不仅采用超快一体设计，同时结合先进的功率两级池化和柔性调配技术，确保功率的高效利用，实现用户卓越体验、静音运行、高品质保障，为新能源车主带来接近“一秒一公里”的快速补能，以及畅享“一杯咖啡，满电出发”的极致充电体验（见图 8-1-12）。

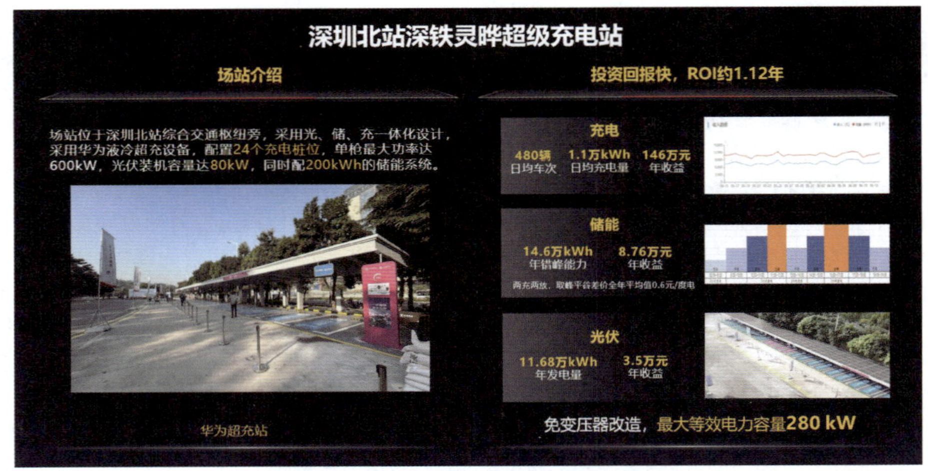

图 8-1-12　深圳北站深铁灵晔超级充电站

此外，该项目还成功实施了光储充融合示范工程，光伏装机容量达 80 kW。结合深圳的优越光照条件，预计年发电量可达 11.68 万 kWh（80 kW×4 h×365 天），全年收益 3.5 万元（11.68 万 kWh×0.3 元/kWh），可实现年度 CO_2 减排 19.6 t。同时配备 200 kWh 的储能系统，错峰充放电能力预计达 14.6 万度每年（200 kW×2 次×365 天，每天两充两放），全年收益 8.76 万元（14.6 万 kWh×0.6 元/kWh，取峰平谷差价全年平均值计算），充分发挥交通枢纽碳达峰碳中和试点示范作用。

场站自开通运营后，单日营收和电量呈螺旋增长态势，经过几个多月的运营，现营业收入和电量已经趋于稳定，单日平均充电量和营业收入约为 11000 kWh 和 8000 元。场站的光储充一体纯设备投资回收周期预计为 1.12 年，经济效益显著（见图 8-1-13）。

截至 2024 年 7 月 31 日 24 时，该场站充电量、订单量、功率利用率等指标均表现出良好态势。见表 8-1-4，其中 7 月的功率利用率高达 47.4%，远远高于深圳市 25% 的平均水平。

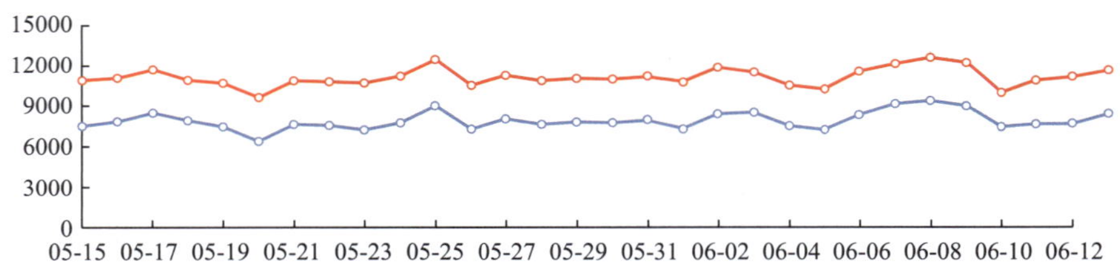

图 8-1-13　深铁灵晔超级充电站 2024 年 5—6 月收入及电量趋势

表 8-1-4　2024 年 7 月深圳北站深铁灵晔超级充电站经营分析

7 月单枪日均充电量	7 月单枪日均订单量	一次性充电成功率	主机在线率	7 月功率利用率	能效利用率
568.5	20.1	99.50%	99.70%	47.40%	95.60%

深铁灵晔超级充电站的建设落地后，除有正常的经营收入，还减少了大量的碳排放，对推动交通行业的绿色低碳转型具有重要意义，产生巨大的社会效益，引起了热烈的社会反响。该场站已入选为华为全球样板站核龙华区的样板站，吸引了众多外部地铁公司参观交流与合作洽谈。

②深圳市皇岗公园超充场站

2023 年 6 月 29 日，深圳市皇岗公园充电站（见图 8-1-14）改造升级，投入使用全液冷超快充设备，建设了 2 个超充桩和 8 个快充桩（见图 8-1-15）。该站位于深圳城市核心区域，且靠近皇岗口岸和福田金融中心，车流量较大。因全液冷超快充设备具备功率共享功能，该充电站日均电力利用率从 26.78% 提升至 40.5%，有效减少了电力资源的浪费。7—10 月，该场站日均充电量达到 7117 kWh，相比 6 月增加了 39%。全液冷超快充设备的单个订单平均充电量为 24 kWh，比非全液冷超快充设备高 20%，异常订单率低于非全液冷超快充设备 13%，展现出其高可靠性和基于大功率输出的快速充电能力。据测算，该充电场站在使用全液冷超快充设备全液冷超快充设备后，净利润提升了 1 倍，预计在 2 年实现投资回收。

图 8-1-14 深圳市皇岗公园超充场站

③四川成都中石油花龙门超充场站

中石油花龙门超充场站位于成都市武侯区，是中国石油四川销售公司"最美 318 川藏超充绿廊"新能源战略布局建设的成都首站，全站搭载华为 600～720 kW 充电主机堆两台，一套为 1 把液冷超充枪和 10 把快充枪，另一套为"1 把液冷超充枪+8 把快充枪"。单枪日充电量峰值达 389 kWh，功率利用率峰值达 31%左右，按照 0.5 元/kWh 的服务费计算，年收益超百万，经济效益明显，助力中石油构建"充电+"新业态，为推动中石油高质量发展打开了新局面（见图 8-1-16 至图 8-1-19）。

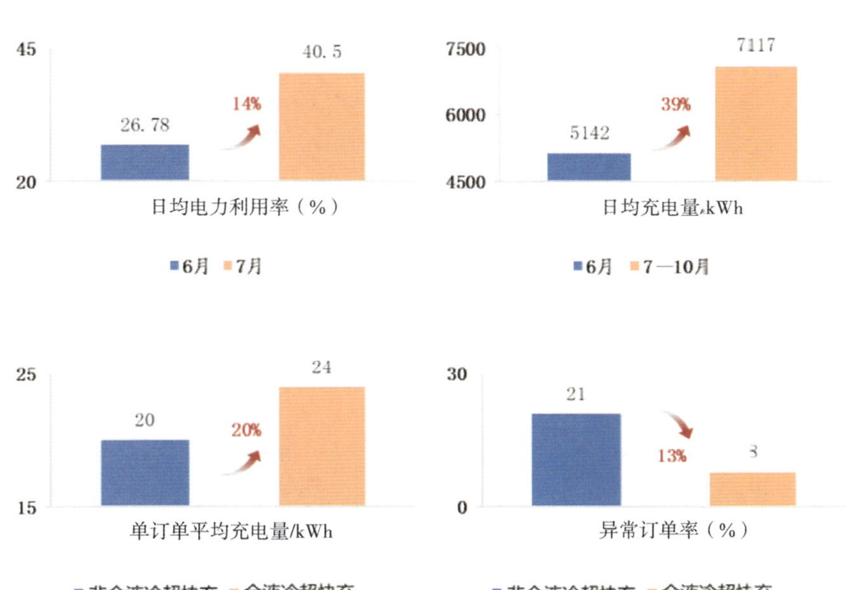

图 8-1-15 深圳市皇岗公园充电站使用全液冷超快充设备扩建后充电情况变化

图 8-1-16 中石油花龙门超充场站

图 8-1-17　最美 318 川藏超充绿廊路线示意图

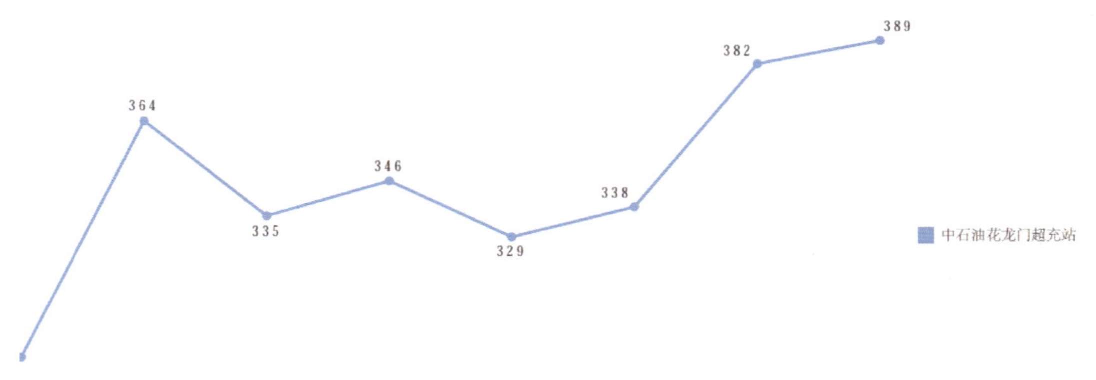

图 8-1-18　中石油花龙门充电站单枪日充电量变化图(单位:kWh)

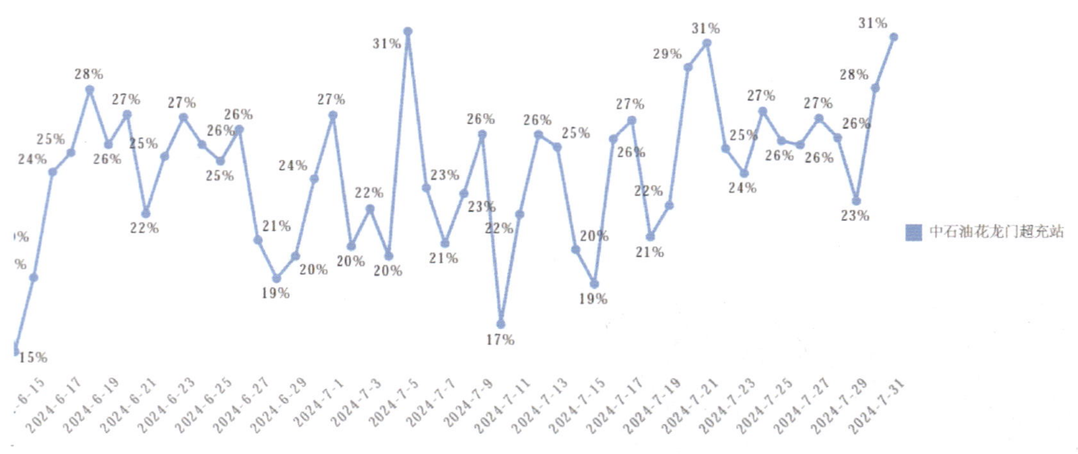

图 8-1-19　中石油花龙门充电站功率利用率变化图

4. 建议加快建设以超快充为主的高质量充电基础设施,多点发力聚势赋能新能源汽车高速发展

(1)建设以公共充电场站为主的充电基础设施体系,加快完善新能源重卡车辆的兆瓦级超充网络,解决驻地场景充电安全管理和电力配套部署难题。

(2)新建的公共充电设施系统,以面向未来支持演进的超快充电网络为主,推广使用全液冷超充等新技术,以适应未来新能源汽车对充电基础设施的需求。

(3)社会各界对高质量充电基础设施的建设给予便利与支持,对高质量公共场站给予 10 年及以上土地租用期限,建议给予 10 年以上的土地期限,供配电提供快速高效的保障;财政上加大金融补贴,鼓励金融产品融资。

换电重型商用车关键技术及应用

供稿：北汽福田汽车股份有限公司 鹿政华 邵长宏 郭凤刚 熊演峰 刘 刚
邵赓华 秦志东 高斌 艾名升 周炳伟 张 春

1. 成果简介

随着商用车电动化发展越来越快，重型商用车在一些场景的渗透率越来越高。但续航里程不足、购置成本较高、充电时间较长等问题也一直困扰着商用车电动化的快速发展。在当前动力电池技术、成本的制约下，充电不能满足商用车辆的运营需求。2020年4月，财政部、工业和信息化部、科技部、发展改革委联合印发的《关于调整完善新能源汽车补贴政策的通知》中明确支持“车电分离”等新型商业模式发展。在特殊应用场景，商用电动汽车换电是一种很好的能量补给方式，有利于推动纯电动商用车的推广，尤其是矿山、港口、短途作业运输车的重卡车型。北汽福田汽车股份有限公司（简称北汽福田）作为全球最大的商用车企业，积极牵头推动商用车换电方案的技术发展。基于此，北汽福田联合上海玖行能源科技有限公司（简称上海玖行）、苏州瑞可达连接系统股份有限公司（简称瑞可达）、北京理工大学（简称北京理工）及中国汽车技术研究中心有限公司（简称中汽研），以充电矛盾最为突出的物流、矿山倒短等应用场景为示范，创新性开发了商用车换电技术。

项目组针对商用车换电的难点，经过多年的研发，开发出了后背式商用车换电技术，该技术具有定位精度高、锁止/解锁可靠、互换性好，兼容性高、安全和环境适应性强的特点。其中涉及一系列的换电关键技术研究，包括换电机构的定位技术、锁止机构的快换连接技术、车辆电池智能匹配技术、整车控制的自适应技术、换电安全控制技术、远程监控预警技术、车辆智能保温及电池温度智能均衡调节技术。项目已授权发明专利36项，实用新型专利156项，并主导起草换电行业技术标准5项，团体标准3项。

2. 成果创新点及解决的难点问题

项目组经过多年攻关，攻克了后背式商用车换电技术的快换机构可靠性、互换性、兼容性、环境适应性四大技术难题，取得了多项创新性成果。项目整体结构示意图如图8-1-20所示，项目的主要创新点有以下几个方面：

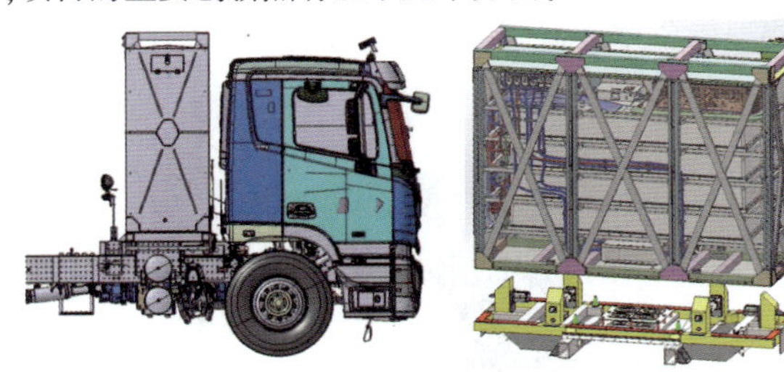

图8-1-20 福田换电重卡换电机构示意图

（1）具有高精定位、可靠锁止/解锁的快换连接技术

针对换电系统定位精度高、锁止困难等难题，发明了具有一种特制的定位机构的换电底托，提出了多级导向的精确定位及减振设计方案；针对电连接器在可靠性差、寿命低等难题，提出了具有导向机构的六自由度浮动连接器技术方案，实现了电池与车身的精准电气连接，大大吸收了定位误差和累积误差，实现了插拔寿命的极大提升；针对自动锁止/解锁装置的动力源，创新性提出气源、电力进行锁止和解锁，发明了气动、电动相结合的换电锁止机构、状态监测装置，实现了换电机构的可靠锁止/解锁，保障了锁止的可靠性；针对换电硬链接后振动、异响和磨损等难题，行业首次提出了换电底托上增加减震系统，解决了车辆形成过程异响，也减少了磨损，提高了使用寿命。

（2）车辆与电池智能匹配、自适应优化控制技术

针对不同容量、不同厂家电池的互换性难、匹配性能差，尤其是动力性及经济性匹配问题等难题，发明了整车控制器为核心的车辆载重估算方法，自适应参数配置的控制策略。车辆对电池系统参数自动识别，并结合车辆载重负荷估算方法，对整车控制器的相关参数自适应匹配，实现了车辆动力性、经济性和故障保护等整体性能的匹配及优化，优化车辆能耗、制动性能、故障保护阈值，系统故障误报率大幅降低，解决了不同电量、不同厂家电池系统及跨车型、跨厂家的匹配问题，同时也在行业牵头推动了商用车换电车辆与电池包通信数据、交互逻辑的标准化。

（3）换电车辆安全、监控预警技术

针对换电车辆电池包在站内充电时，电池数据不上传监控平台，电池状态未知，无法实现全生命周期电池健康状态监控等问题，首次提出了一种电池包、车辆和换电站的信息交互方法，实现了电池系统数据车辆和站端的交互，解决了数据缺失无法更好地监控电池健康状态的问题。基于此数据，提出了不同工况采用不同电池健康度估算的方法，实现了换电电池系统全生命周期健康状态的评估和预警。针对换电重卡车辆更换不同容量、不同重量电池的安全承载，又要考虑电动车辆的轻量化，提出了纯电动车辆横梁“工”字型设计方案，实现了轻量化的同时提升了大容量电池的承载能力，并依据创新点（2）中车辆重量估算实现了安全预警。

（4）换电车辆智能保温、温度均衡技术

针对换电车辆在高寒地区车辆启动困难、动力性不足、续驶里程短等环境适应性问题，提出了用T-BOX定时唤醒车辆，车辆电控系统执行优化的定时/预约加热策略和安全监控策略，实现了车辆安全、可靠的保温与预热，解决了寒区车辆启动困难、动力性不足的问题；针对换电车辆在高寒地区电芯温差大、加热速度慢等环境适应性问题，提出了优化水循环方式和PTC加热结合电池温度均衡技术，同时辅助以电池箱体增设保温技术，既提升了加热速率，实现了电池系统最大温差从20 ℃降到了8 ℃，解决了电池温差较大、加热速率较慢的问题。

(5)国际水平对比分析

由于项目克服较多的困难并具有多项技术创新技术，整个开发技术国内整个纯电重卡行业的技术水平高于国际平均水平。

(6)成果应用情况

该项目北汽福田重点从如何解决客户需求，解决行业痛点为根本出发点，联合上海玖行、宁德时代等企业以解决行业痛点为根本出发点，共同为客户提供一体化产品解决方案，率先在全国推广换电重卡，并探索出全新的重卡换电商业模式。重卡换电从 2018 年开始，历经多年多时间，已经完成换电机构、系统集成和整车三级验证，运行可靠。该换电技术首次在北汽福田重卡车型平台应用，并推出了牵引车、自卸车、搅拌车三款重卡换电车型，搭载 282 kWh、350 kWh、361 kWh、423 kWh 等多款电量换电重卡产品，满足不同场景的需求。近年来，重点在京津冀、山西、山东、内蒙古、福建、上海等新能源重卡热点区域投放了约 3000 台辆换电重卡，应用至钢厂、矿山、城建渣土、港口等多个场景，累积更换 89 万次，总换电量 2.67 亿 kWh，累积行驶里程 1.67 亿 km，单车最长行驶里程 25 万 km。

在北京地区，北汽福田联合换电站、车辆运营等企业，针对物流企业推广换电重卡在短距离运输场景应用。项目采用“铁路完成长距离运输，两端采用新能源换电重卡车接驳；短距离直接采用新能源换电重卡点对点运输”的运输模式，直接应用于北京市密云区威克矿山至大兴区搅拌站的砂石骨料运输，也实现了国内首例大宗物资在市内通过“铁路干线+新能源换电重卡接驳”的全过程零排放绿色运输。

在唐山地区，北汽福田联合换电站企业、钢铁、煤矿企业，针对矿山、厂区内部的短倒应用场景推广应用，推动了京津冀绿色发展。

北汽福田联合绿动未来能源公司完成黄骅港至山西原平煤铝双向绿色物流示范干线项目换电站建设布局测试，率先打造国内首条换电重卡干线物流通道。

在八钢矿业集团，北汽福田针对乌市八钢矿业至黑山矿区高寒、大坡道的特定线路，如图 8-1-21 所示，开发了适应高寒的换电重卡，应用效果较好，开创了换电重卡在高寒地区的应用。

图 8-1-21　福田换电重卡在高寒、山路应用图

基于整个项目，近两年福田换电重卡销售收入达到了 147018 万元，实现利润约 3855 万元。为国家节能减排作出重要贡献。

新能源商用车同轴式集成电驱桥技术开发及应用

供稿：一汽解放汽车有限公司商用车开发院

2020 年起，新能源商用车市场已初具规模，但基本属于“油改电”产品，电驱系统以电驱箱为主，同质化严重。随着新能源商用车渗透率不断提升，市场用户对电动商用车的性能追求不断提高，商用车电动化底盘未来将由传统车电动化改装向专用化底盘发展，集成式电驱桥是专用化电动底盘的核心技术标志，其高度集成化的结构将极大地释放底盘空间、提升系统效率，并能够大幅降低整车成本及重量。

1. 成果简介

一汽解放从 2019 年开始自主开发电驱产品，已完成 5 款电驱桥和 1 款电驱箱产品技术平台布局，满足轻、中、重、客等全系新能源车型需求。以轻型电驱桥为例，一汽解放主要围绕集成化、轻量化、高效率、舒适性等行业难题，在电驱桥构型技术、电机技术、传动技术 3 个方向实现突破。

一汽解放轻型电驱桥已通过台架试验验证 29 项，累计运行时间 11300 余 h，并通过整车高环、强化路、山区等强化试验验证，满足 B10 寿命 50 万 km 的可靠性需求。该产品在 2022 年实现量产，搭载一汽解放 J6F、虎 6G 等车型进行市场投放，整车的百公里电耗较电驱箱车型降低 4.6 kWh，整车降重 100 kg 以上。产品开发阶段也充分考虑了电驱桥簧下质量对整车平顺性和舒适性的影响，在全油门加速工况下，驾驶室噪声不超过 70 dB，为用户带来与乘用车相当的驾乘体验。

2. 成果创新点及解决的难点问题

(1)同轴式集成电驱桥构型技术

电驱桥的构型技术一直处于探索之中，市场上也没有成熟应用的案例，一汽解放利用虚拟验证技术，建立整车系统仿真模型(见图 8-1-22)，识别出轻型车悬架系统受簧下偏置质量的影响较大，同轴构型可极大地提高整车的平顺性与舒适性。通过精准地洞察和分析，一汽解放创新同轴式集成电驱桥构型技术，实现轻型电驱桥高集成、无偏置。

图 8-1-22　电驱桥虚拟验证模型

同轴式电驱桥采用断开式桥壳，驱动电机同轴布置，需要平衡高承载与轻量化之间的矛盾。一汽解放通过采用高速扁线驱动电机，实现商用车驱动电机小型化；采用两级行星排减速器机构，优化轴向布置尺寸，实现紧凑化与轻量化；同时进行轻量化铝壳体拓扑优化、采用贯通式一体连接，同时兼顾了电驱桥轻量化和高承载的性能需求。为进一步提升电驱桥轻量化水平，一汽解放首创同轴式电驱桥 E-Park+EPB 液压盘式制动技术（见图 8-1-23），独创控制策略，满足 8.5 t 轻型载货车的坡路驻车及解除的使用需求。

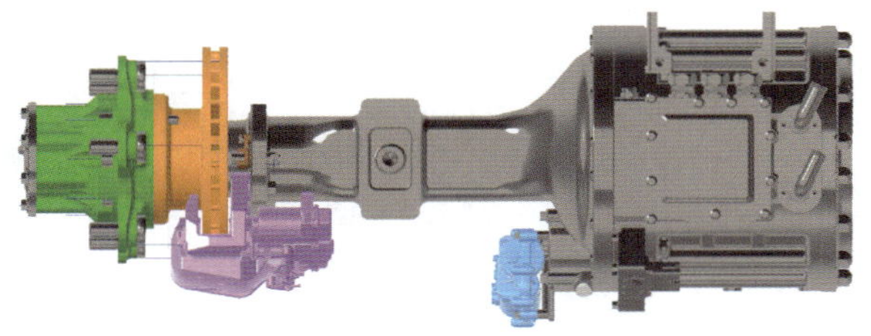

图 8-1-23　电驱桥 E-Park+EPB 液压盘式制动技术

（2）高功率密度广域高效扁线电机技术

受车架宽度的限制，同轴式电驱桥的轴向布置空间极其有限，市场上现有的驱动电机在尺寸空间上无法满足解放轻型电驱桥的布置要求，必须实现自主技术突破。扁线驱动电机是实现同轴式电驱桥紧凑化、轻量化、高效率的关键技术路线，但是在商用车领域，扁线驱动电机尚无规模化应用，扁线绕组工艺成本相对较高。一汽解放自主攻克了 4~8 层扁线绕组技术、多层复合磁路转子技术等，并通过优化绕组连线方式，降低端部高度，减少铜损，电机最高效率大于 97%。通过简化绕组线型，减少线型种类，极大地降低了扁线电机的工艺成本。通过精益化结构设计，实现国内同规格驱动电机轴向尺寸最短，功率密度最高，满足同轴电驱桥轴向空间布置要求。

（3）高精度低噪声行星轮系设计及制造技术

行星轮系的主要设计难点在于均载结构的设计，尤其在商用车的应用场景中，行驶路况复杂，载荷变化大，行星轮系传递扭矩范围广，增加了行星轮系均载结构的设计难度。随着商用车驱动电机的小型化和高速化发展，行星轮系的边频分析和降噪技术，成为主要的技术壁垒；大齿圈作为薄壁件，热处理容易引起齿形、齿向变形，齿轮精度难以保证。

面对以上行星轮系的设计和工艺难点，一汽解放自主攻克了均载技术，掌握了考虑制造装配误差和系统变形的均载分析方法和设计方案，能够实现均载系数行业最优，极大地提高了电驱桥的可靠性，通过整车 50 万 km 的可靠性验证。全面掌握了行星轮系阶次噪声与边频响应的分析和抑制技术，实现轻型电驱桥总成噪声较竞品低 3~6 dB，NVH 品质行业最优。在制造工艺方面突破大齿圈加工工艺仿真技术及齿圈车齿和渗氮工艺，提高齿轮的加工制造精度。

3. 国际水平对比分析

一汽解放轻型电驱桥，与国内外竞品相比，综合效率高 2%，扭矩密度高 20% 以上，辐射声功率低 3~6 dB，各项性能指标行业领先。

4. 成果应用情况

一汽解放轻型电驱桥产品已搭载 J6F、虎 6G 整车产品进行市场投放，基于同平台的扁线驱动电机，一汽解放自主开发的中型双电机电驱桥也在 2023 年底实现小批量。一汽解放电驱动领域相关专利布局已授权发明 14 项，受理中发明专利 40 余项，形成企业标准 10 余项，技术成果和相关经验将持续在解放电驱产品开发中得到应用和推广。

5. 成果的产能建设情况

解放轻型电驱桥装配线布置于一汽解放动力总成事业部长春工厂，产线采用模块化装配单元柔性布局，具备轻、中型电驱桥的装配能力，可根据电驱桥未来产能整体需求，进行快速改造建设并且可兼容轻、中型电驱桥升级产品，2024 年 4 月完成产线设备联调。

6. 社会及经济效益分析

《新能源汽车产业发展规划（2021—2035 年）》中指出："发展新能源汽车是我国从汽车大国迈向汽车强国的必由之路，是应对气候变化、推动绿色发展的战略举措。"一汽解放作为整车厂，自主开发电驱系统总成，带头突破关键核心技术，引领新能源商用车技术转型和产业创新，通过行业引领，推动国内新能源商用车高质量可持续发展，2024 年预估可实现年产值 5000 万元。

新能源商用车热管理一体化控制策略研究

供稿：北奔重汽（北京）汽车研发有限公司　王　飞　赵瑞波　张晓东　王玉光

1. 引言

新能源热管理分三个阶段：第一阶段为分散式热管理，分散式热管理系统能量利用率低，管路复杂。第二阶段为集成式热管理，利用多通道阀门和管路，将电驱动系统、动力电池系统、座舱系统的全部或部分回路连通，形成循环回路，根据各系统温控需求，统筹热量管理，提高能源利用率，但是系统集成度高，控制复杂，控制难度大。第三阶段为智能化热管理，智能化热管理系统在集成式热管理系统基础上，优化管路，依托传感器和智能化执行器，形成系统功能一体化、结构模块化、控制智能化，实现整车能耗最低和能量最优分配目标。

2. 智能化热管理系统概述

智能化热管理系统集成电驱动系统、动力电池系统和座舱系统，根据不同输入信号，判断各系统热管理需求，结合当前各系统状态，通过智能控制策略算法，执行最佳热管理模式，提升续驶里程，达到不同环境、行驶工况下最优热效能目标。

本系统研究实现夏季 40 ℃环境温度开空调最大制冷工况下，续驶里程增加 5%；冬季-20 ℃环境温度开采暖最大加热工况下，续驶里程增加 10%。实现电驱动系统、动力电池系统、座舱系统制冷和加热效率最优，具体系统架构如图 8-1-24 所示。

3. 智能化热管理系统构成

智能化热管理系统构成见表 8-1-5。

4. 系统控制策略

（1）控制策略概述

智能化热管理系统是由热管理控制器（简称 TMS）进行控制，利用热管理控制器硬件资源提供的多通道驱动输出，信号采集、CAN/LIN 通信实现电驱动系统、动力电池系统、座舱系统 23 个制冷制热工作模式的切换、执行器控制、安全保护等功能。热管理控制器及其执行器架构如图 8-1-25 所示。

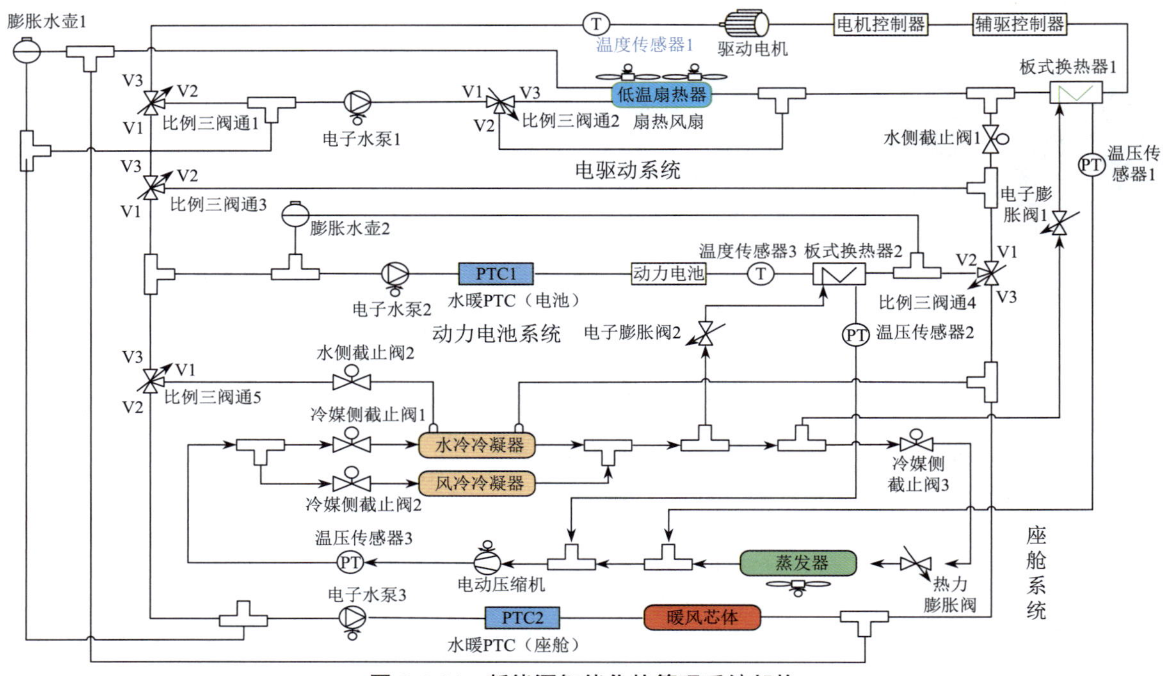

图 8-1-24　新能源智能化热管理系统架构

表 8-1-5　智能化热管理系统构成

序号	名称	基数	功能描述
1	热管理控制器	1	采集、处理、执行热管理系统信号和驱动输出
2	比例三通阀	5	控制电驱动、动力电池和座舱系统水路循环
3	水侧截止阀	2	控制电驱动、动力电池、座舱系统水路截止
4	冷媒侧截止阀	3	控制冷媒系统循环管路截止
5	散热风扇	2	调转速控水路的制冷量，并为风冷冷凝器传递热量
6	水泵	3	调水泵转速控电驱动、动力电池、座舱系统水路循环的流量进而控制制冷效率
7	电子膨胀阀	2	低压温压信号控冷剂流量，控电驱动和动力电池制冷的效率
8	板式换热器	2	将液化的冷媒吸收电驱动系统、动力电池系统水循环回路的热量气化，将放出的热量传递至水循环回路中，以达到制冷的效果
9	电池 PTC	1	通过控制 PTC 目标温度，控制动力电池系统加热效率
10	座舱 PTC	1	通过控制 PTC 目标温度，控制座舱系统加热效率
11	水冷冷凝器	1	将压缩机出口高温高压气体液化并传递热量至水路中
12	风冷冷凝器	1	热交换部件，将压缩机出口高温高压气体由散热风扇进行冷却
13	压缩机	1	将冷媒气体加温加压
14	蒸发器	1	将经板式换热器后的低温冷媒由蒸发器将温度传递至座舱系统中
15	温度传感器	3	采集电驱动出水口、动力电池出水口和环境的温度
16	低压温压传感器	2	采集电驱动、动力电池系统的冷媒管路温度和压力，判断蒸发器出口过热度，控压缩机转速及电子膨胀阀开度
17	高压温压传感器	1	采集压缩机出口温度及压力，用于控制压缩机转速及压缩机热负荷
18	空调面板	1	用于驾驶员对座舱系统的热管理需求控制

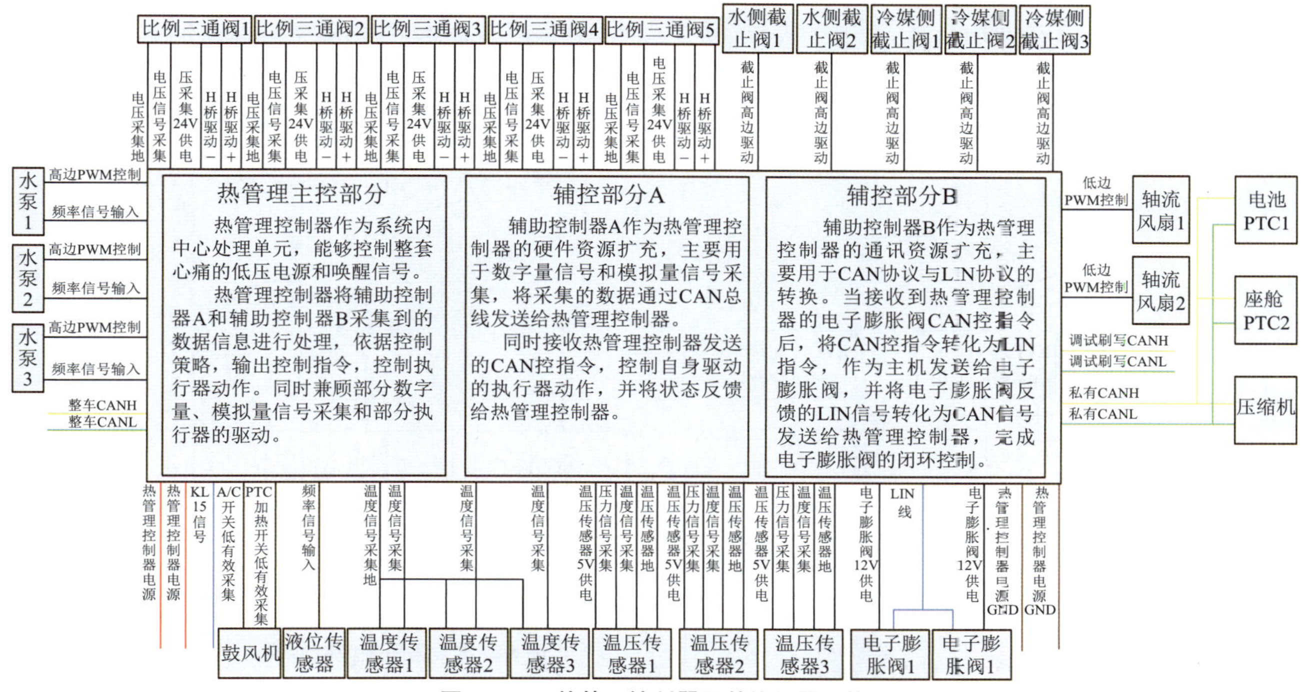

图 8-1-25 热管理控制器及其执行器架构

智能化热管理系统核心功能见表 8-1-6。

表 8-1-6 智能化热管理核心功能清单

序号	功能
1	启动与关机控制
2	控制 23 种工作模式有效切换
3	执行器闭环控制
4	安全保护机制

(2)启动与关机控制

①启动控制

A. 系统电压

判断热管理控制器输入电压是否在 18～32 V 之间，若<18 V，则上报欠压故障，执行对应故障处理机制；若>32 V，则上报过压故障，执行对应故障处理机制。

B. 启动控制

当系统电压正常且 KL15 信号有效，热管理控制器驱动延时下电继电器，控制辅控 A、辅控 B 及各执行器 KL30 电接通，热管理机组进入开机自检模式，热管理控制器通过自身采集的硬线信号和 CAN 信号，判断各执行器是否存在严重故障，若存在严重故障，则执行对应故障处理机制。

②关机控制

热管理机组在工作状态下，采集 KL15 信号无效或严重故障时，进入延时下电流程，先关闭压缩机、座舱 PTC、电池 PTC，判断其 CAN 反馈正确后关闭电子膨胀阀 1 和电子膨胀阀 2，判断其 CAN 反馈正确 30 s 后关闭散热风扇 1、散热风扇 2，60 s 后关闭水泵 1、水泵 2、水泵 3 或采集到温度传感器 1 和温度传感器 3 的温度信号<15 ℃，关闭水泵 1、水泵 2、水泵 3。最后停止冷媒侧截止阀 1、冷媒侧截止阀 2、冷媒侧截止阀 3、水侧截止阀 1、水侧截止阀 2、比例三通阀 1、比例三通阀 2、比例三通阀 3、比例三通阀 4、比例三通阀 5 的驱动输出并判断其反馈信号是否正确，最后停止延时下电输出，关闭热管理控制器。

(3)模式切换

智能化热管理系统依次识别座舱系统热管理需求、电驱动系统热管理需求、动力电池系统热管理需求，再根据当前采集的电驱动系统出水口温度、动力电池系统出水口温度、环境温度，综合判断输出工作模式。

①座舱系统热管理需求判断

该管理系统根据驾驶员输入 PTC 加热信号、A/C 开关信号判断座舱系统热管理需求(见图 8-1-26)。

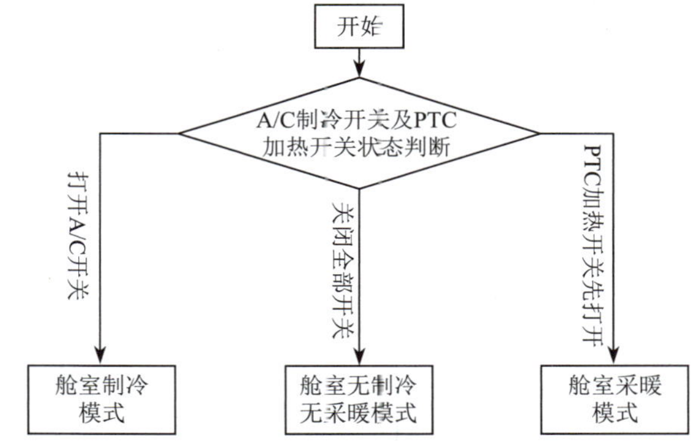

图 8-1-26 舱室系统热管理需求判断

②电驱动系统热管理需求判断

该系统根据电驱动系统出水口温度及温度变化趋势判断电驱动系统热管理需求(见图 8-1-27)。

③动力电池系统热管理需求判断

智能化热管理系统根据接收动力电池管理单元 BMS 发送的热管理需求 CAN 信号判断其热管理需求。

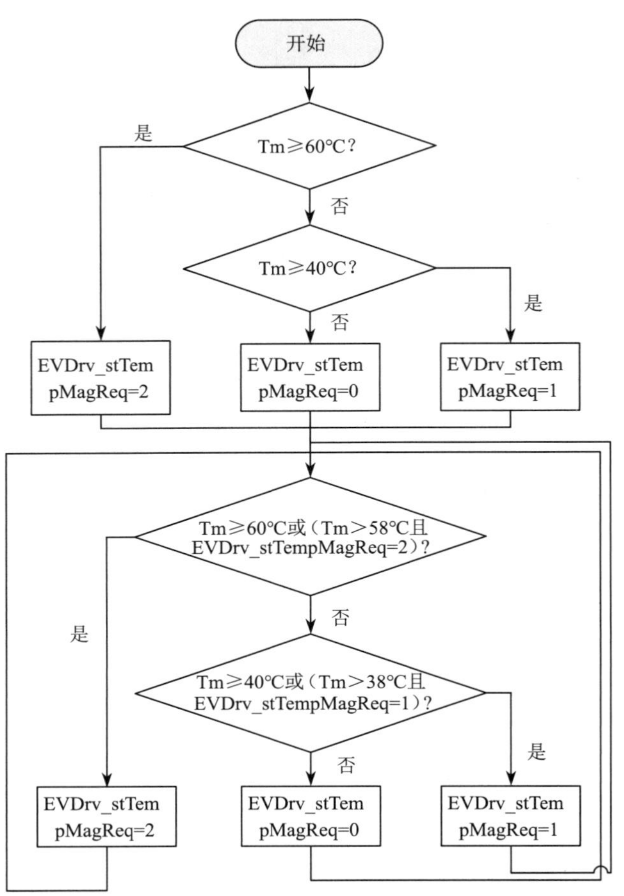

图 8-1-27　电驱动系统热管理需求判断

④座舱系统制冷模式下的模式切换

座舱系统制冷模式下的模式切换如图 8-1-28 所示。

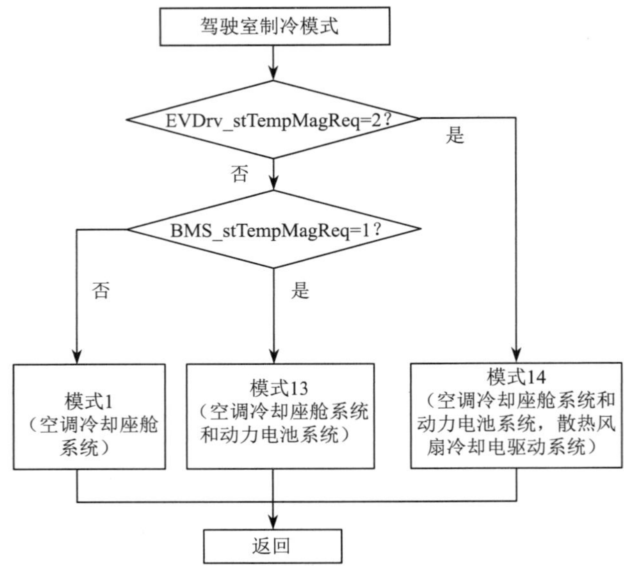

图 8-1-28　座舱系统制冷模式下的模式切换

⑤座舱系统无热管理需求情况下的模式切换

针对座舱系统无热管理需求情况下的控制策略及工作模式切换如图 8-1-29 所示。

⑥座舱系统加热情况下的模式切换

座舱系统加热情况下的模式切换如图 8-1-30 所示。

(4) 各模式下的执行器控制

各模式下执行器控制见表 8-1-7。

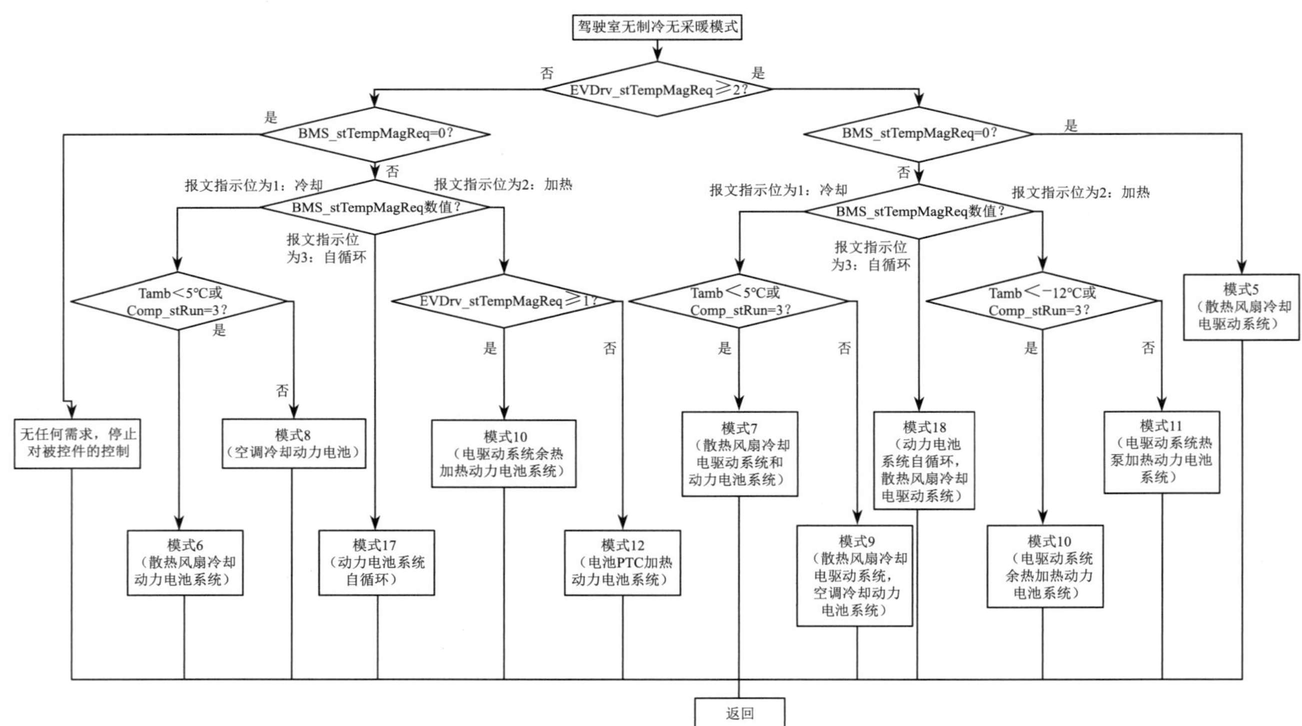

图 8-1-29　座舱系统无需求模式下的模式切换

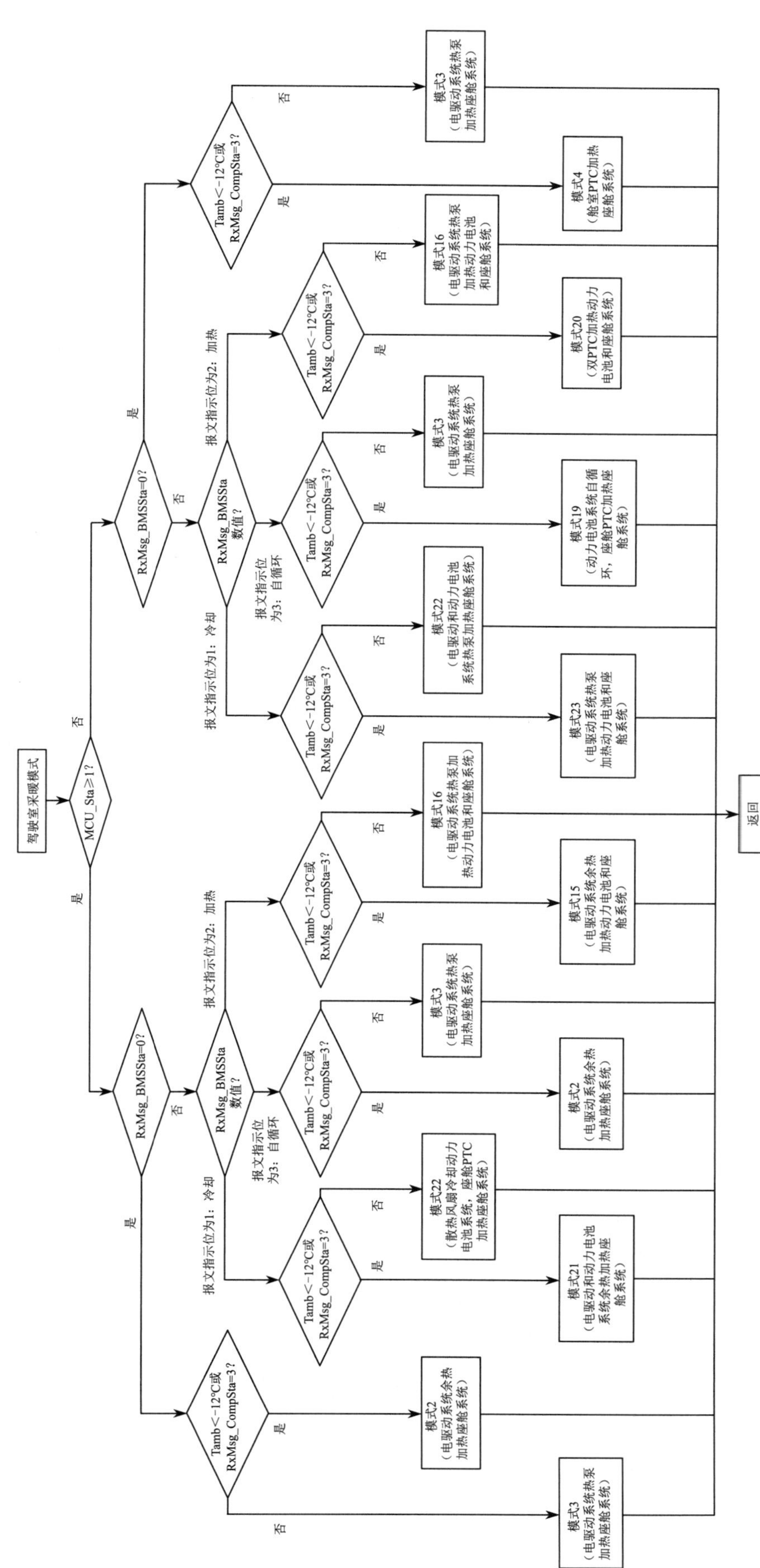

图8-1-30 座舱系统加热模式下的模式切换

表 8-1-7　各模式下执行器控制

工作模式	1	2	3	4	5	6	7	8	9	10	11	12
散热风扇	ON	OFF	OFF	OFF	ON	ON	ON	ON	ON	OFF	OFF	OFF
压缩机	ON	OFF	ON	OFF	OFF	OFF	OFF	ON	ON	OFF	ON	OFF
座 PTC2	OFF	OFF	OFF	ON	OFF	OFF	OFF	OFF	OFF	OFF	OFF	OFF
电 PTC1	OFF	OFF	OFF	OFF	OFF	OFF	OFF	OFF	OFF	OFF	OFF	ON
水泵 1	OFF	OFF	ON	OFF	ON	OFF	ON	OFF	ON	OFF	ON	OFF
水泵 2	OFF	OFF	OFF	OFF	OFF	ON	OFF	ON	ON	ON	ON	ON
水泵 3	OFF	ON	ON	ON	OFF	OFF	OFF	OFF	OFF	OFF	OFF	OFF
比例三通阀 1	V1V3	V1V3	V1V2V3	V1V3	V1V2V3	V1V2	V1V2V3	V1V3	V1V2V3	V1V3	V1V2V3	V1V3
比例三通阀 2	V1V3	V1V3	V1V2	V1V3	V1V3	V1V3	V1V3	V1V3	V1V3	V1V3	V1V2	V1V3
比例三通阀 3	V1V3	V1V3	V1V2	V1V3	V1V2	V1V3	V1V3	V1V2	V1V2	V1V3	V1V3	V1V2
比例三通阀 4	V1V3	V1V3	V1V2	V1V2	V1V3	V1V2	V1V2	V1V2	V1V2	V1V2	V1V2V3	V1V2
比例三通阀 5	V1V3	V1V2V3	V1V2	V1V2	V1V3	V1V3	V1V3	V1V2	V1V2	V1V2	V1V3	V1V2
水侧截止阀 1	OFF	ON	OFF	OFF	ON	ON	ON	OFF	OFF	ON	OFF	OFF
水侧截止阀 2	OFF	OFF	ON	ON	OFF	OFF	OFF	OFF	OFF	OFF	ON	OFF
冷媒侧截止阀 1	OFF	OFF	ON	OFF	OFF	OFF	OFF	OFF	OFF	OFF	ON	OFF
冷媒侧截止阀 2	ON	OFF	OFF	OFF	OFF	OFF	OFF	ON	ON	OFF	OFF	OFF
冷媒侧截止阀 3	ON	OFF	OFF	OFF	OFF	OFF	OFF	OFF	OFF	OFF	OFF	OFF
电子膨胀阀 1	OFF	OFF	ON	OFF	OFF	OFF	OFF	OFF	OFF	OFF	ON	OFF
电子膨胀阀 2	OFF	OFF	OFF	OFF	OFF	OFF	OFF	ON	ON	OFF	OFF	OFF
工作模式	13	14	15	16	17	18	19	20	21	22	23	
散热风扇	ON	ON	OFF	OFF	OFF	ON	OFF	OFF	OFF	OFF	ON	
压缩机	ON	ON	OFF	ON	OFF	OFF	OFF	OFF	OFF	ON	OFF	
座 PTC2	OFF	OFF	OFF	OFF	OFF	OFF	ON	ON	OFF	OFF	ON	
电 PTC1	OFF	OFF	OFF	OFF	OFF	OFF	OFF	ON	OFF	OFF	OFF	
水泵 1	OFF	ON	OFF	ON	OFF	ON	OFF	OFF	OFF	ON	OFF	
水泵 2	ON	ON	ON	ON	ON	ON	ON	ON	ON	ON	ON	
水泵 3	OFF	OFF	ON	ON	OFF	OFF	ON	ON	ON	ON	ON	
比例三通阀 1	V1V3	V1V2V3	V1V3	V1V2V3	V1V3	V1V2V3	V1V3	V1V3	V1V3	V1V2V3	V1V2	
比例三通阀 2	V1V3	V1V3	V1V2	V1V2	V1V3	V1V3	V1V3	V1V3	V1V3	V1V2	V1V3	
比例三通阀 3	V1V2	V1V2	V1V3	V1V3	V1V2	V1V2	V1V2	V1V2	V1V3	V1V2	V1V3	
比例三通阀 4	V1V2	V1V2	V1V2V3	V1V2V3	V1V2	V1V2	V1V2	V1V2	V1V2V3	V1V2	V1V2	
比例三通阀 5	V1V2	V1V2	V1V2V3	V1V2V3	V1V2	V1V2	V1V2	V1V2	V1V2V3	V1V2	V1V2	
水侧截止阀 1	OFF	OFF	ON	OFF	OFF	OFF	OFF	OFF	ON	OFF	ON	
水侧截止阀 2	OFF	OFF	OFF	ON	OFF	OFF	ON	ON	OFF	ON	ON	
冷媒侧截止阀 1	OFF	OFF	OFF	ON	OFF	OFF	OFF	OFF	OFF	ON	OFF	
冷媒侧截止阀 2	ON	ON	OFF	OFF	OFF	OFF	OFF	OFF	OFF	OFF	OFF	
冷媒侧截止阀 3	ON	ON	OFF	OFF	OFF	OFF	OFF	OFF	OFF	OFF	OFF	
电子膨胀阀 1	OFF	OFF	OFF	ON	OFF	OFF	OFF	OFF	OFF	ON	OFF	
电子膨胀阀 2	ON	ON	OFF	OFF	OFF	OFF	OFF	OFF	OFF	ON	OFF	

（5）安全保护

在系统安全保护检测过程中，针对每个信号进行 3 次检测，若信号有 2 次及以上不在允许范围内，则判定为异常，进入异常处理模式机制。

①压缩机系统安全保护

当温压传感器 3（高压）压力信号在 2.1~3 MPa 时，属于正常现象，当温压传感器 1 和温压传感器 2（低压）压力信号在 0.21~0.25 MPa 时，属于正常现象。否则需要压缩机停机并上报故障。

②电驱动系统安全保护

当温度传感器 1 温度>70 ℃，需停止针对舱室系统的冷却功能。

③动力电池系统安全保护

当温度传感器 3 温度>45℃，需停止针对舱室系统的冷却功能。

5. 结论

根据新能源热管理系统机组台架性能测试得到数据，台架试验如图 8-1-31 所示。

图 8-1-31 新能源热管理系统机组台架试验

根据试验数据，建立该系统的测试控制模型，搭建仿真环境模拟测试，通过台架仿真测试各系统的制冷效果。

(1)座舱系统制冷效果

座舱系统的制冷效果如图 8-1-32 所示。

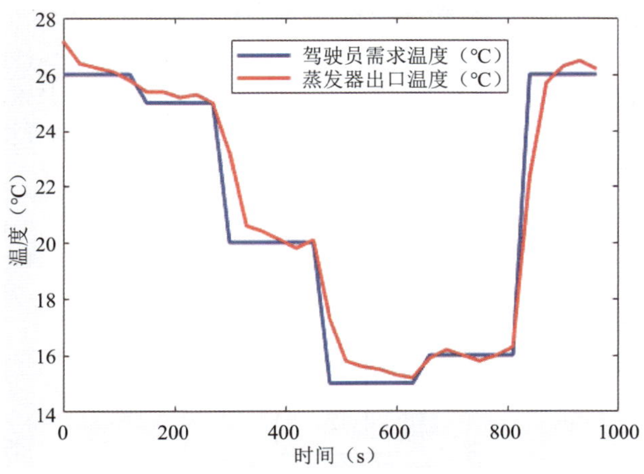

图 8-1-32 座舱系统制冷效果

根据驾驶员当前需求温度，综合判断，实现蒸发器出口温度符合驾驶员需求。

(2)动力电池系统制冷量

动力电池系统测试制冷量如图 8-1-33 所示。

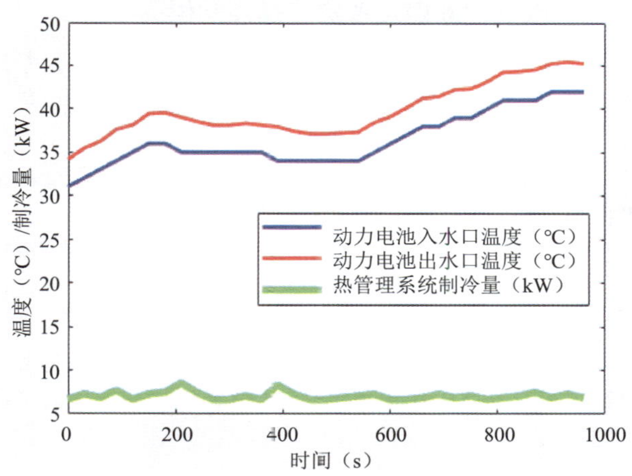

图 8-1-33 动力电池系统制冷量

由上图可知，该系统针对动力电池系统制冷量范围在 6.65~7.68 kW。

(3)电驱动系统制冷量

电驱动系统制冷量测试采用 PTC 发热代替发热。其制冷量测试如图 8-1-34 所示。

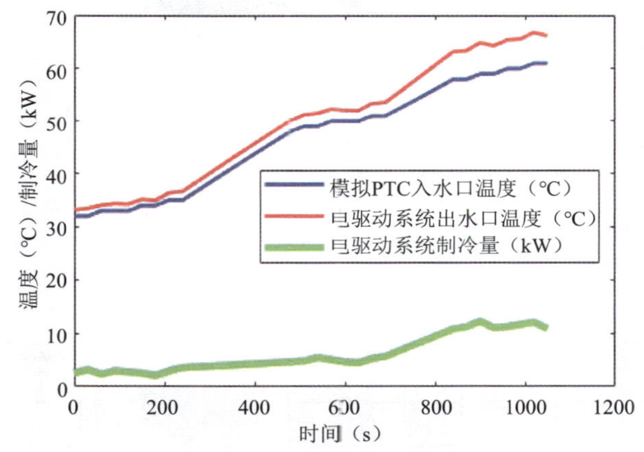

图 8-1-34 电驱动系统制冷量

根据电驱动系统不同的制冷需求，提供不同的制冷效率。在 20~40 ℃之间，制冷量为 2 kW 左右，在 40~60 ℃之间制冷量在 5 kW 左右，在 60℃ 以上时，制冷量为 10 kW 左右，其他试验仍然在继续推进中。

新能源重型商用车动力总成关键技术及应用

供稿：特百佳动力科技股份有限公司

1. 成果简介

特百佳动力科技股份有限公司的“新能源重型商用车动力总成关键技术及应用”项目历经 10 余年的研发攻关，在新能源重型商用车动力总成高性价比电驱系统、高效域控平台和高安全换电技术等领域取得巨大突破。

项目授权专利 39 项，其中发明专利 13 项，实用新型专利 26 项；授权软件著作权 11 项。经专家鉴定：项目总体技术达到国际先进水平，其中转矩质量比和动力总成效率达到国际领先水平。项目成果已应用于中国重汽、中国一汽等龙头企业，高速多电机动力总成及 9 合 1 域控制器已成为新能源重型商用车优选总成配置，纯电重卡市场占有率达到 53%。近 3 年直接经济效益 9.9 亿元，间接经济效益 210 亿元，经济效益显著。

2. 成果创新点及解决的难点问题

项目历经 10 余年的研发攻关，在新能源重型商用车动力总成高性价比电驱系统、高效域控平台和高安全换电技术等领域取得巨大突破，创新成果如下：

（1）创新点：发明了高速多电机、无动力中断的新能源重型商用车动力总成新构型（见图 8-1-35）。

单电机驱动的新能源重型商用车动力总成重量大、成本高、平顺性差，高性能低成本电驱系统是重型商用车低碳化的先决条件。项目成果如下：

关键技术 1：发明了高速多电机、无动力中断的新能源重型商用车动力总成新构型，攻克了轻量化与高性能的平衡难题。

图 8-1-35 高速多电机、无动力中断的新能源重型商用车动力总成

项目发明了新能源重型商用车高速多电机并联驱动新构型，提出小型化高速电机集成大速比、多轴输入自动变速器，显著降低动力总成轴向和径向尺寸，打破了单电机系统高性能与小尺寸之间的矛盾，同步实现高功率、大转矩、轻量化和低成本。以 460 kW 双电机系统为例，相比同功率单电机系统体积减小 60%，重量减少 43%，最大输出转矩提高 40%，有效比功率提升 10%，额定转矩质量比提高 58%。新构型高速电机与传统单电机对比如图 8-1-36 所示。

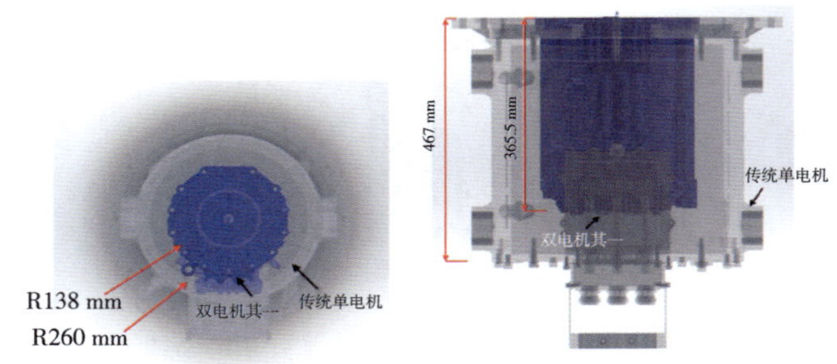

图 8-1-36 新构型高速电机与传统单电机对比

新构型通过两组相互独立的传动路线实现动力驱动和换挡动作的解耦。发明了针对无离合器的双动力源自动变速器分段换挡控制策略，基于驱动和换挡机构的动作特性，一个电机降扭换挡的同时另一个电机同频升扭补偿。针对不同工况开发了脱挡—变速控制曲线和主动微振啮合技术，实现无感换挡的同时打破了换挡时间的限制，兼顾驾驶舒适性和重载爬坡过程的安全性（见图 8-1-37 至图 8-1-38）。

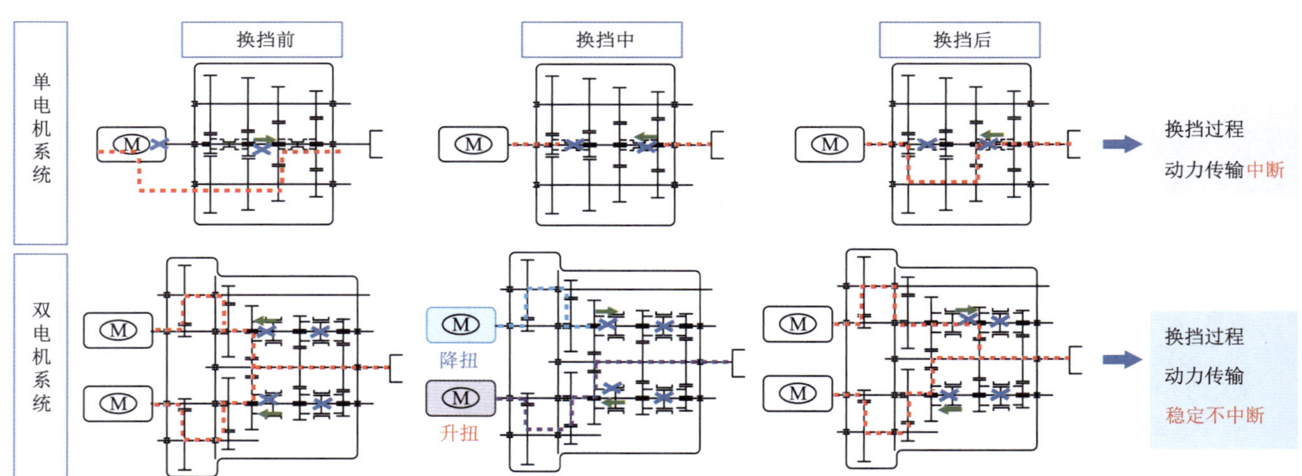

图 8-1-37 单电机、双电机换挡过程对比

关键技术 2：构建了模块化、高性价比的柔性可拓展动力总成平台，实现了同一构型适应各类车型和应用场景（见图 8-1-39）。

项目构建了柔性可拓展动力总成模块化平台，通过多个同款高速驱动电机和不同速比、不同动力输出方向的动力传动机构组合，转矩输出范围到 10 万 Nm。开发了高速双电机重卡驱动系统和电驱桥系统、高速多电机电动矿卡驱动系统、双电机混合动力驱动系统等一系列平台化驱动系统总成，可应用于 4×2、6×2、6×4 及 8×4 等各种车型架构，实现同一动力总成构型适应 18~180 t 自卸、牵引等车型和长途运输、矿山等应用场景，攻克了重型商用车因种类多、差异大导致成本居高不下的行业困境，动力总成成本降低 20%（见表 8-1-8）。

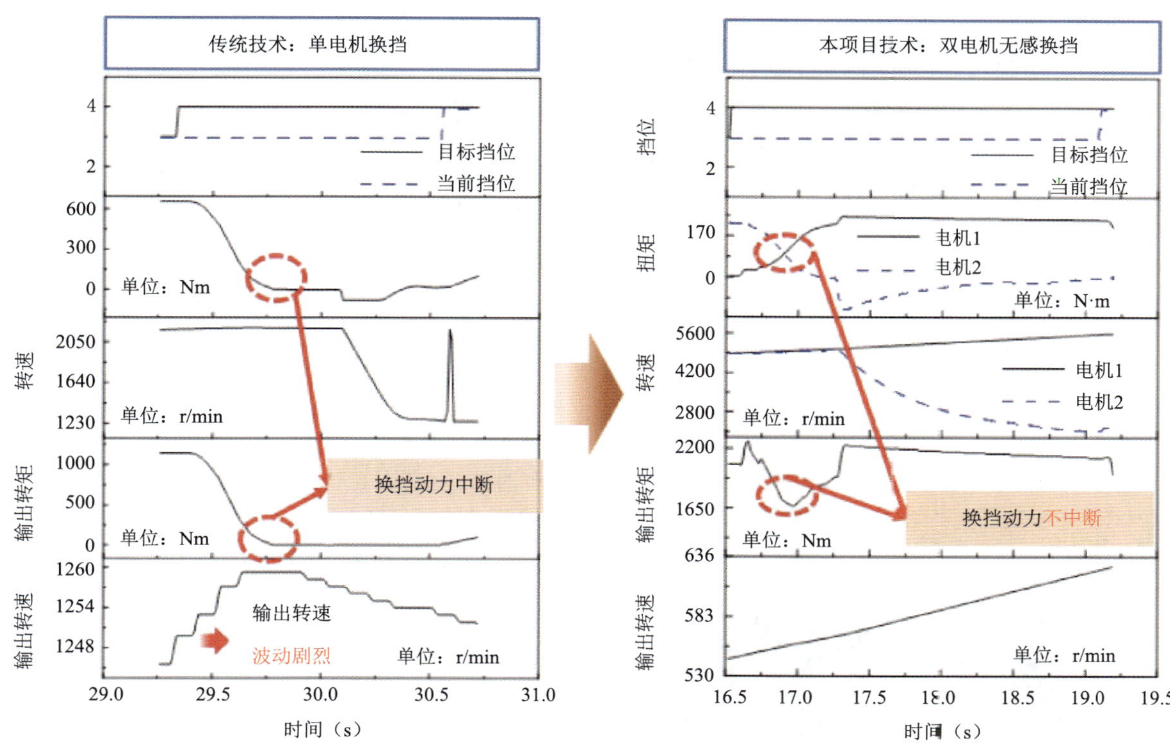

图 8-1-38　单电机、双电机换挡性能对比

表 8-1-8　模块化的柔性可拓展动力总成

驱动系统	产品图	主要参数
电机1、电机2、变速箱 重卡:高速双电机+变速箱		电机峰值功率:230 kW×2; 电机峰值扭矩:450 Nm×2; 变速箱速比范围:23. 39～3. 63; 总成最大输出扭矩:21051 Nm
电机1、车桥总成、变速箱、车桥总成、电机2 电驱桥:高速双电机+变速箱		电机峰值功率:300 kW×2; 电机峰值扭矩:540 Nm×2; 变速箱速比范围:90. 5～13. 5; 总成最大输出扭矩:97740 Nm
电机1、电机2、电机3、电机4、变速箱 矿卡:高速四电机+变速箱		电机峰值功率:200 kW×4; 电机峰值扭矩:540 Nm×2; 变速箱速比范围:25. 63～3. 3; 总成最大输出扭矩:27680 Nm
发动机、离合器、电机1、4挡变速箱、电机2 双电机+四挡变速箱混动系统		电机峰值功率:250 kW×2; 电机峰值扭矩:2500 Nm×2; 变速箱速比范围:5. 53～1; 总成最大输出扭矩:16625 Nm

18~60 重卡
多工况：牵引/自卸/载货

14~49 重卡
干线物流：牵引/载货

90~180 矿卡
煤矿运输等重卡

60~105 t混动重卡
牵引/自卸/载货重卡

图 8-1-39　多场景的动力总成应用

(2)创新点：首创全自主 9 合 1 新能源重型商用车域控制器与“车—路”融合的动力总成智能控制系统(见图 6)。

重型商用车运行范围广，工况差异大，路况和环境复杂，导致影响动力总成能耗的因素繁多，全场景、全工况的高效控制难。项目成果如下：

关键技术 1：开发了融合双 MCU/TCU/VCU 的 9 合 1 域控制器(见图 8-1-40)，打造首个全自主新能源重型商用车动力总成域控平台。

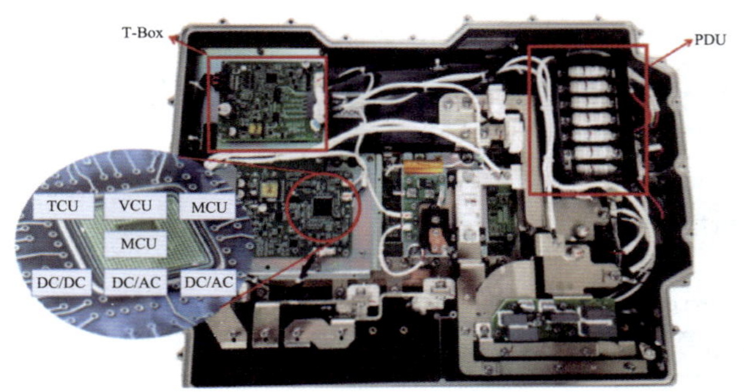

图 8-1-40　9 合 1 域控制器

项目基于全自主的变速箱控制器(TCU)、整车控制器(VCU)、电机控制器(MCU)底层软/硬件技术，实现双 MCU、TCU、VCU、高低压控制器(DC/DC)、油泵控制器(DC/AC)、气泵控制器(DC/AC)的多核单芯片集中域控，集成配电控制器(PDU)和智能车载终端(T-Box)，打造国内首个全自主新能源重型商用车动力总成域控平台。域控制器集成化程度高，显著减少系统冗余，计算性能提高 50%。

针对商用车可能碰到的各类复杂作业环境，项目通过分区隔离、分层热管理、分段抗震的可靠性设计，保障控制器的抗热交变、抗 40G 机械冲击和抗干扰，控制器外部垂直出线设计，减少接口污水、泥沙沉积腐蚀，安全性高。

关键技术 2：发明了新能源重型商用车多动力域智能能量管理策略，攻克了动力总成全域全工况下的高效控制。

基于域控强大算力提出了基于自组织映射与 K-means 聚类的典型驾驶工况构建方法，根据当前路面状态优化多挡变速箱最佳换挡点。提出了采用前向离散动态规划的升挡过程协调控制策略。采用拉格朗日方法建立了变速箱位移过程动力学模型及参数辨识方法，以能耗最小为优化目标求解无抖动换挡传递转矩与变速器输入轴转矩的最优控制规律，换挡最大冲击度控制在 8 m/s^3 以内。

项目发明的多电机动力总成新构型具有电机转矩与变速箱挡位解耦的特性，因此提出了动力域自适应等效能耗最小智能控制策略，根据多源信息和工况识别结果计算预设时刻车辆的实时最优能耗等效因子，结合当前车速和转矩需求实时计算各工作点下的最佳驱动模式及能量分配系数，动态调整变速箱多源输入的速比和多电机的输出转矩，确保多电机同时稳定运行在高效区间，实现动力总成全域、全工况的低能耗，整车能耗降低 7%。

3. 成果评价意见

2024 年 1 月 19 日，中国汽车工程学会组织专家线上/线下召开了由特百佳动力科技股份有限公司等完成的“新能源重型商用车动力总成关键技术及应用”项目成果评价会，经毛明院士等专家鉴定：项目总体技术达到国际先进水平，其中转矩质量比和动力总成效率达到国际领先水平，项目成果高速多电机动力总成及 9 合 1 域控制器已成为新能源重型商用车优选总成配置。

4. 应用情况

本项目技术已广泛应用于特百佳动力科技股份有限公司、同济大学、上海启源芯动力科技有限公司、江苏海平面数据科技有限公司、安徽华菱汽车有限公司、上汽红岩汽车有限公司等项目完成单位，以及一汽解放、中国重汽、北奔重卡、大运汽车、东风汽车、北汽福田、徐工集团等成果应用单位。项目所开发的新能源重型商用车动力总成系统覆盖从 18 t 到 180 t 的各类商用车，产品包括双电机中央驱动总成、四电机机械与电分流矿卡动力总成、4×2/6×2/6×4 可扩展电驱桥总成，以及双电机混动系统专用车辆动力总成；并在炼钢运输、砂石骨料运输、渣土车、混凝土搅拌车、港口运输、非公路用车等六大场景广泛应用，产品可靠性高，单车运营时间已超过 5 年，单车里程超过 40 万 km。

当前项目产品已成为国内外新能源重型商用车动力总成主流配置，产品已装车超过 2.6 万台，匹配车型 213 款，在纯电动重型商用车市场占有率达到 53%，运营在 300 余个国内外城市、400 个以上的运营场景。产品核心技术全面自主，相关技术可以进一步拓展至工程机械、农用机械等领域，在未来拥有巨大的市场前景。

项目团队突破了新能源重型商用车动力总成高性价比电驱系统、高效域控平台和高安全换电技术等技术难题，制定了标准 1 项，组建了一套完整的“电驱—电控—补能—商用车集成及匹配—规模化应用”全产业链技术和服务平台，引领了新能源重型商用车的换电时代，助力构建清洁、低碳、安全、高效的新能源交通体系,引领和带动整个重型商用车绿色低碳技术的重大突破,支持国家能源结构的改革,夯实中国新能源汽车技术全面领先优势。

项目牵头单位特百佳动力科技股份有限公司先后获得工信部专精特新"小巨人"企业、上海市高新技术企业、上海市科技"小巨人"企业、上海市专精特新中小企业、上海市创新产品推荐目录等荣誉。项目技术连续四年蝉联"年度第一商用车新能源动力总成品牌",三年蝉联"中国电动汽车核心零部件100强",中国电动汽车最具投资价值企业TOP30。"基于工况的双动力输入电动重卡驱动系统总成"项目入选中国汽车工程学会2023年度标志性进展。发明专利"高压电池失效后车辆维持电转向的控制电路及方法"荣获中国专利优秀奖。项目"电动重卡智能化三合一驱动总成"荣获2021—2022金山区科技创新成果一等奖。

5. 社会及经济效益

(1)社会效益

①对行业的贡献

引领和带动了行业技术进步,提升了自主研发能力和核心竞争力。特百佳动力是全国最大的新能源重卡动力总成生产企业,启源芯动力是全球最大的换电重卡服务商,华菱汽车是全国新能源重型商用车产销量领军企业。项目团队为全球交通领域商用车低碳转型贡献"中国方案"

②对生态环境的贡献

新能源重型商用车动力总成可以实现零污染物排放,成果搭载的车辆已超过2.6万辆,累计减少超过1176万t的CO_2、105万t尾气污染物排放,环境效益显著。

③对能源安全的贡献

项目提出的新能源重型商用车动力总成能够降低交通领域对石油的依赖,累计节油5.4亿L,为能源结构改革提供有力支持。

④媒体报道

本项目得到中央电视台、东方卫视等主流媒体多次报道,登上《中国汽车报》《解放日报》等报纸,连续四年斩获"第一新能源动力总成品牌",荣获新能源商用车"金熊猫奖"——2022年度电机/电控配套TOP奖。

(2)经济效益

本项目技术成果全面应用于新能源重型商用车领域,近三年已累计新增直接经济效益超过9.9亿元,新增税收1679万元。搭载项目新能源重型商用车动力总成产品的车辆累计已超过2.6万辆,平均一辆重型商用车售价为80万元,间接经济效益210亿元。

新能源车冷却系统水路集成模块应用开发

供稿:一汽奔腾汽车股份有限公司 刘国亮

1. 成果简介

一汽奔腾汽车股份有限公司(简称一汽奔腾)是中国第一汽车集团有限公司的控股子公司,是一汽集团发展自主品牌乘用车的主要企业之一。公司的主营业务为开发、制造和销售乘用车及其配件。一汽奔腾以用户为中心,以满足用户需求为导向,精准预判市场发展规律,抢抓先机,打造行业升级的划时代产品,赋予出行全新的定义,成为知心出行新典范。公司先后推出奔腾T77、T99、T55、T33、E01、NAT、M9、T90、B70、B70S、小马等多款车型,累计销量超过280万辆。产品包括轿车、SUV、MPV 3种类型,覆盖燃油、纯电、混动等能源类型,ToC和ToB两个市场,实现乘用车市场全覆盖。近年来,一汽奔腾积极开展汽车电动化、智能网联化探索,向创新创业型公司快速转型,先后与吉林大学、中国汽车技术中心等高校、科研院所建立了长期稳固的战略合作关系。2021年以来,梳理了奔腾品牌全新战略蓝图,发布了"635"公司"十四五"战略愿景。公司R&D投入占销售收入长期超过5%,有完整的产品开发、产品中试、检测检验等设施与场地,具备汽车领域领先的研发及试验能力。

(1)立项背景

热系统是新能源车最重要的系统之一,随着新能源汽车市场的快速增长,对高效可靠的热管理系统的需求日益增加,热系统集成成为行业研究的重点方向,例如特斯拉热系统集成是新能源行业技术的标杆,最先将集成化开发应用在热系统中,其次华为热管理模块TMS,集成热泵系统功能,为热系统集成模块的全面发展提供了全新的思路,比亚迪、广汽、东风岚图、小鹏等都已在车型中开展热系统集成化技术应用研究。

对应于纯电动汽车(BEV)和插电式混合动力汽车(PHEV),热管理的对象为电池组、电机和电子设备,通过热量协调使其处于最佳的工作状态。相比传统车热管理系统,新能源车型热系结构更加复杂,能耗更高。集成化的冷却系统能够通过减少管道数量、简化连接件等方式减轻重量,节省空间,并提高系统的可靠性和效率,减少泄漏点和安装复杂度,降低维护成本,提升生产效率,便于自动化装配线操作,在新能源车型中被广泛应用(见图8-1-41)。

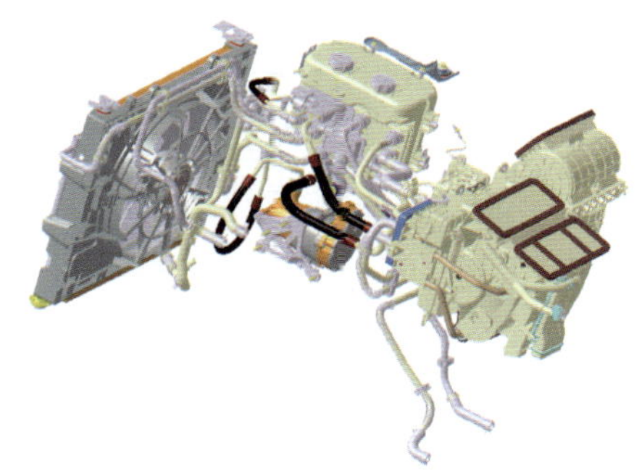

图8-1-41 热系统集成示例图

(2)产品概述

一汽奔腾依托自研电动车项目,进行水路集成模块实车应用开发工作，开展原理设计创新，将电机冷却、电池冷却、暖风加热 3 个系统核心零件集成化设计，在实现各自基本功能的基础上，增加余热回收、串联散热等节能功能（见表 8-1-9）。通过功能清单设计、试验方案开发、NVH 优化、模拟分析、台架试验、系统标定等方式方法，实现了 PTC 热系统的水路集成方案实车搭载，实现双腔快速加注工艺设计，整车降重 3.5 kg，新增 3 个热系统功能，降低成本 250 元，减少现生产装配工位 4 个，节省工时 120 s，有效降低热系统电耗，提高了续航里程 22 km。一汽奔腾基于水路集成模块方案的成功开发成果，进行了小集成（部分水阀、水泵集成）、冷媒集成（热泵相关部件集成）、全集成（水路、冷媒相关零件）的研究工作，可应对不同路线的热系统应用需求。

2. 成果创新点及解决的难点问题

本成果所涉及的水路集成模块采用“五通阀+三通阀”的联通方案，代替 2 个三通阀及 1 个四通阀，并将多通阀、储液罐、水泵、chiller 等 8 个零件集成为一个部件，方便整车布置，可以在对电机、电池进行冷却加热的基础上，设计余热回收功能、双腔加注功能、排气功能等。集成模块采用热板焊工艺，防泄漏工艺可靠。

（1）创新点：原理设计及结构简化，在满足系统功能的基础上，进行冷却系统原理设计（见图 8-1-42）。通过集成化设计，将分散的水路部件整合到一个模块中，减少了快插接头和管道的数量，使整体结构更为紧凑。更短的水路路径意味着更少的液流过程能量消耗，优化水路结构设计，降低系统流动过程中的能量损失。通过减少接口和连接点，降低潜在的漏水和漏电风险，将部件的接口与主板融为一体，实现了水路主体与部件之间的快速更换，针对零件单体故障不必更换整个系统，系统维修成本低（见图 8-1-43）。

表 8-1-9　热系统功能列表示意

功能	
制冷	电机冷却
	乘员舱制冷
	电池冷却（CHILLER）
	电机冷却+电池冷却（串联散热器）
	电池冷却（CHILLER）+乘员舱制冷
制热	乘员舱加热（PTC）
	电池低温充电加热（PTC）
	电池加热（电机余热）
制冷制热组合	电池冷却+乘员舱制冷
	电机冷却+乘员舱加热（PTC）
	电机冷却+电池冷却（CHILLER）
	电机冷却+电池冷却（CHILLER）+乘员舱制冷
	电机冷却+乘员舱加热（PTC）
	电池冷却（CHILLER）+乘员舱加热（PTC）
	电机冷却+电池冷却（CHILLER）+乘员舱加热（PTC）
	电池加热（余热回收）+乘员舱加热（PTC）
	［电机冷却+电池冷却（串联散热器）］+乘员舱加热（PTC）
	［电机冷却+电池冷却（串联散热器）］+乘员舱制冷
	电池加热（PTC）+乘员舱加热（PTC）（预留）
	系统停机

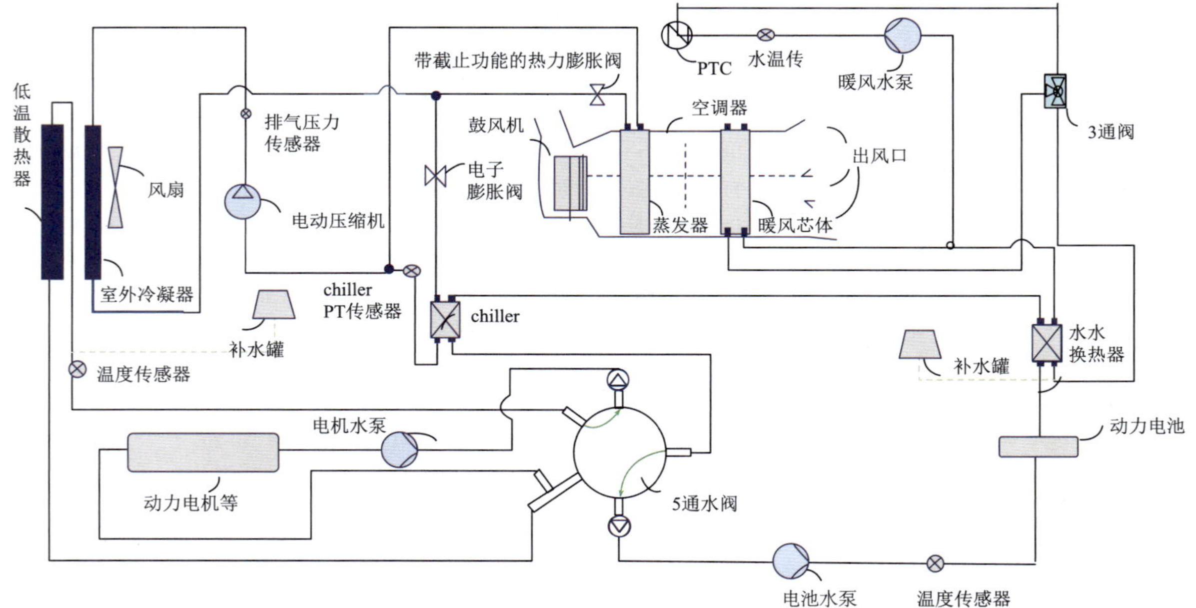

图 8-1-42　水路集成模块设计原理图

（2）创新点：水路结构设计。通过水路集成流道设计优化，对水路进行流阻改善设计（见图 8-1-44）、流量及管路进行尺寸匹配设计，完成结构和布置的设计优化设计，在水路结构中创新引入复用水路和交叉水路，将系统水流噪声降低到 43 dB 以下。

（3）创新点：控制功能与优化策略，实现热系统能耗降低。热系统控制策略优化涉及提高系统的热效率、响应速度和稳定性等，是集成模块整车功能运行的重要保障。一汽奔腾采用多变量控制方案对水路运行进行控制，通过多工况标定，获得系统运行的控制策略（见图 8-1-45），实现 10 项功能的稳定运行（见表 8-1-10），实现系统节能 200 W 以上。

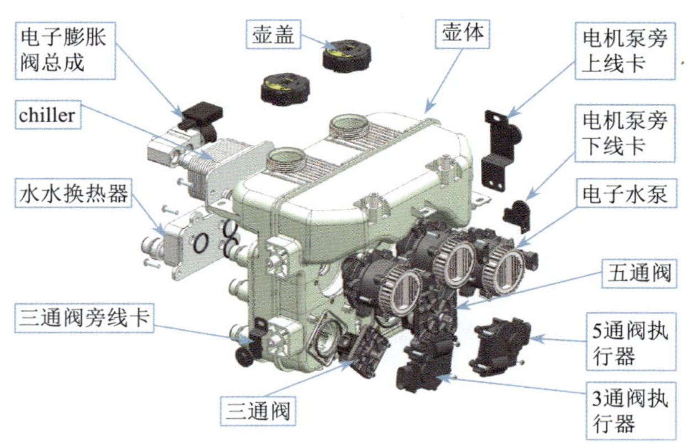

图 8-1-43 水路集成模块爆炸图

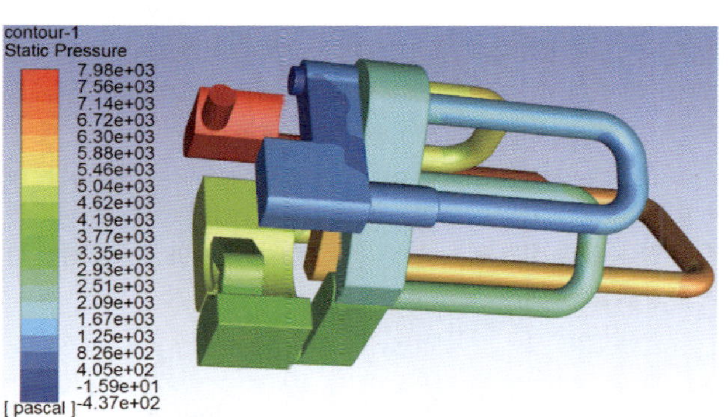

图 8-1-44 水路结构设计计算

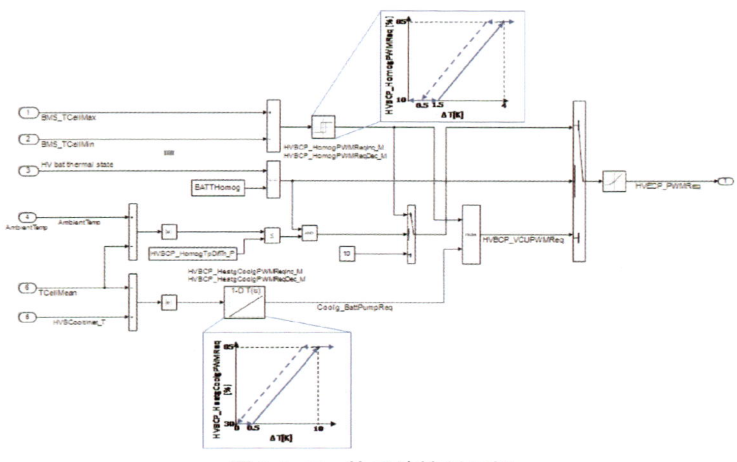

图 8-1-45 热系统控制示例

表 8-1-10 控制功能示例

模式	五通阀策略	说明
电池均热	五通阀位置四	此位置电机冷却回路与电池冷却回路不连通,各自为单独回路
电池冷却	五通阀位置四	此位置电机冷却回路与电池冷却回路不连通,各自为单独回路
零流量模式	五通阀位置四	此位置电机冷却回路与电池冷却回路不连通,各自为单独回路
电机冷却	五通阀位置四	此位置电机冷却回路与电池冷却回路不连通,各自为单独回路
电池加热	五通阀位置一	此位置电机冷却回路与电池冷却回路不连通,各自为单独回路
余热回收	五通阀位置三	此位置电机冷却回路与电池冷却回路连通,用于电机热量传递给电池
串联散热	五通阀位置二	此位置电机冷却回路与电池冷却回路连通,用于电机-电池热量传递给散热器
初始位置	五通阀位置二	此位置电机冷却回路与电池冷却回路连通
工厂模式	五通阀位置二	此位置电机冷却回路与电池冷却回路连通,目的便于加注冷却液
维修加注	五通阀位置二	此位置电机冷却回路与电池冷却回路连通,目的便于加注冷却液

综上,热系统集成产品为用户提供更加高效、可靠和节能的产品解决方案。此次应用的水路集成模块方案使用多通阀代替三通阀及四通阀方案,节约成本250元,减少阀体1组、水水换热器1个、冷却管路减少11条,总体重量降低3.5 kg,系统能耗约200 W,机舱布置空间节省10%左右,实现一次性整体装配,节约3个水泵及支架、1个chiller、1个水水换热器和11个管路的装配工时。

3. 国际水平对比分析

经过多年发展,国内热系统集成技术已达国际领先水平,国内主流主机厂均进行相关热系统集成技术的开发工作。主流热系统集成方案包括水路集成、冷媒集成、全集成3个方向。本方案专注于水路集成方案,在满足整车需求的基础上实现的系统原理的简化,集成并不局限于某种水阀,可实现9通阀、7通阀方案的完美替换。方案已经包含所有PTC热系统技术路线的功能,并可根据需求实现功能的增减。综合方案成本、重量、能耗、结构强度、NVH表现等。

4. 成果应用情况

本文中的水路集成模块总成已完成量产设计,应用于一汽奔腾汽车股份有限公司的新能源平台车型。后续根据新开发车型的不同功率及功能需求，进行功率及功能元件的更换，实现在具体车型上可灵活应用。产品低成本、低重量、低能耗、低空间、省工时的特征，可有效提升车型产品的市场竞争力。

通过该项目申请发明专利《一种电动车冷却系统及控制方法》，申请号：CN202310133150.9，《一种新能源车冷却系统水路集成模块及汽车》，申请号：CN202310269838.X，均已进入实审阶段。

5. 社会及经济效益分析

该水路集成平台产品实现了电动车热系统产品集成化的进程，为一汽奔腾热系统节能技术提供系统支撑，对奔腾品牌进军新能源市场有着重要的意义。按照当前产品规划，预计每年生产10万套水路集成产品用于新能源车领域，相较分散式布置，年降低成本额为2500万元。根据实车验证结果，本项目研发成果的水路集成模块，应用于PTC热系统的新能源车，可增加低温续航约22 km，切实减小用户的里程焦虑。

低成本、高效能增程动力系统平台

供稿：一汽奔腾汽车股份有限公司 刘国亮

1. 成果简介

一汽奔腾汽车股份有限公司是中国第一汽车集团有限公司的全资子公司，是一汽集团发展自主品牌乘用车的主要企业之一。公司的主营业务为开发、制造和销售乘用车及其配件。公司成立于2019年6月28日，其前身是一汽轿车股份有限公司（成立于1997年6月10日），是中国轿车制造业第一家股份制上市公司，公司先后推出B70、B50、X80、T77、T99、T55、E01、E05等10余款车型，市场保有量近270余万辆，员工共计1900余人。公司秉承“志在为国人制造买得起、用得住、有尊严的汽车”的初心，坚持以用户为中心，以“成为优秀主流的中国汽车品牌，进入自主品牌第一阵营”为战略愿景，不断加大研发与创新投入，优化产品布局，深耕用户体验，在核心技术掌握、产品安全与可靠性、品牌美誉度等方面均处于行业前列。

（1）立项背景

低成本、高效能增程动力系统平台项目是一汽奔腾基于近年来新能源市场需求确立的。2020年以来增程车型销量迅速上升（见图8-1-46），众多自主品牌推出增程式车型。增程车型以其与纯电车型同样炫酷的造型和其更为低廉的价格为品牌带来了大量的流量。增程式车型可油可电，能够完美解决纯电车型里程焦虑问题，同时满足用户对纯电车型动力强劲、车内安静、座舱智能等需求；与奔腾品牌主流新能源爆款车型的定位契合，因此一汽奔腾决策启动增程动力平台立项。

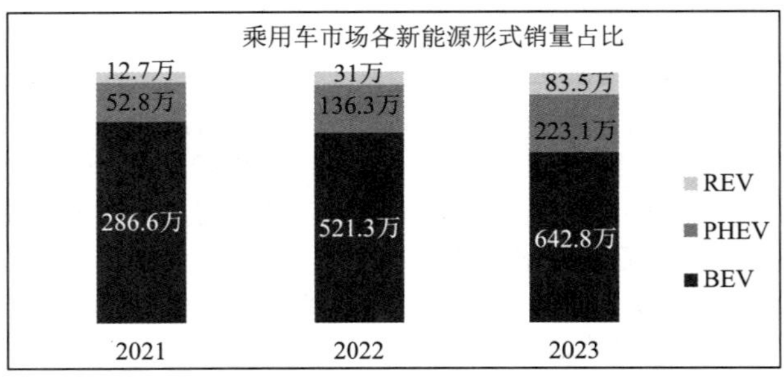

图8-1-46 乘用车各新能源形式销量（单位：辆）

（2）产品概述

低成本、高效能增程动力系统搭载奔腾FME-A2整车平台，打造奔腾旗舰标杆的战略车型，承载着重塑奔腾品牌形象的重要使命，通过布置达成“一车双做”目标，兼顾增程与纯电车型需求。该平台关键技术如下：

①增程系统集成技术：通过系统集成和标定技术研究，给用户带来更优的油耗和安静舒适体验，油电转化率≥3.35 kWh/L，馈电工况120 km/h匀速行驶增程器转速≤3000 r/min。

②电驱系统集成技术：自主开发的高效能电机，功率密度≥6.8 kW/kg、总成最高效率≥94%、综合效率≥89%（CLTC）。

③混动能量流控制技术：自主开发的基于用户实际应用场景开发多模式动力系统控制策略及软件。

2. 成果创新点及解决的难点问题

本成果所涉及的增程动力系统增程器与驱动电机采用分体式布置，后驱电机进行驱动，增程器进行补能，原理简单，有空间优势，可实现增程与纯电车型共平台。同时，针对当前新能源汽车行业低成本、高效能动力系统需求，创新开发。

增程器部分，发动机与发电机贴合装配，采用无增速器方案，缩小轴向尺寸，降低系统重量。电驱部分，采用多层扁线、高性能磁钢、低损耗硅钢、电机减速器共壳体等技术，提升功率密度。

该增程动力系统平台的技术创新亮点具体如下：

（1）创新点：增程系统集成技术，打造低成本、高效能增程器。

搭建增程器总成台架，通过台架模拟整车运行状态，替代整车基础联调，达到缩短开发周期的目的，同时利用台架控制稳定性好、环境条件易调节、扭矩控制精度高等特点，通过精细化联调标定，平衡发电机与发动机高效区，提升油电转化率（见图8-1-47）。

结合整车NVH要求优化增程器标定，采用低速行驶NVH优先策略，结合整车动力性需求选取增程器常用工况点，综合考虑低SOC状态和馈电工况，最终实现馈电工况120 km/h匀速行驶增程器转速≤3000 r/min，最大持续功率起始转速≤3500 r/min。同时，为进一步提升整车NVH性能，实现低噪声无感知增程发电，将发动机与发电机通过扭转减振器连接，降低发动机扭振，提升NVH性能（见图8-1-48）。

EMS与HCU融合（见图8-1-49），减少控制器数量，降低单车成本。

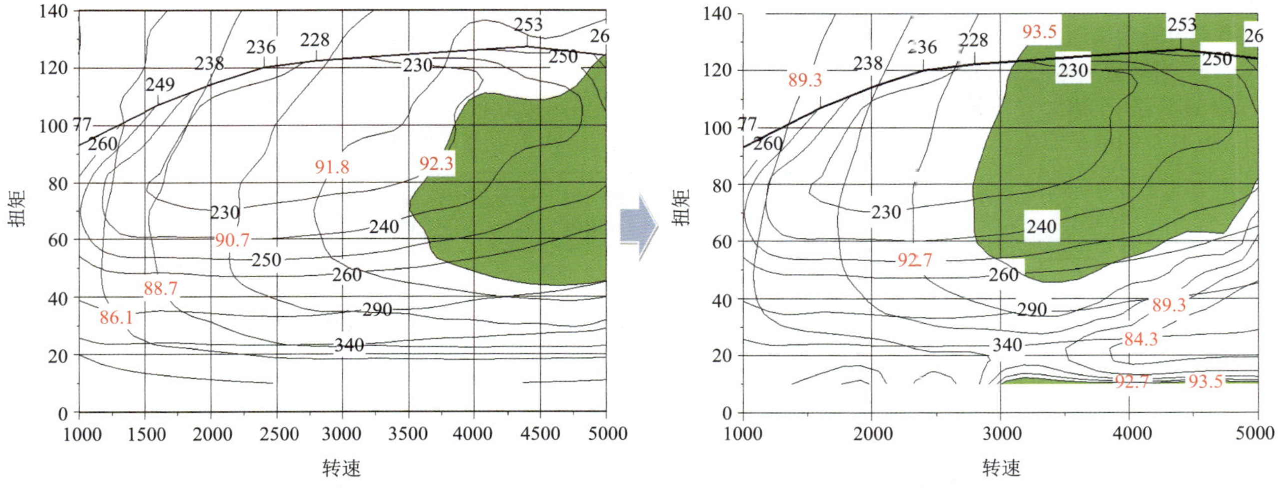

图 8-1-47 油电转化率优化示意

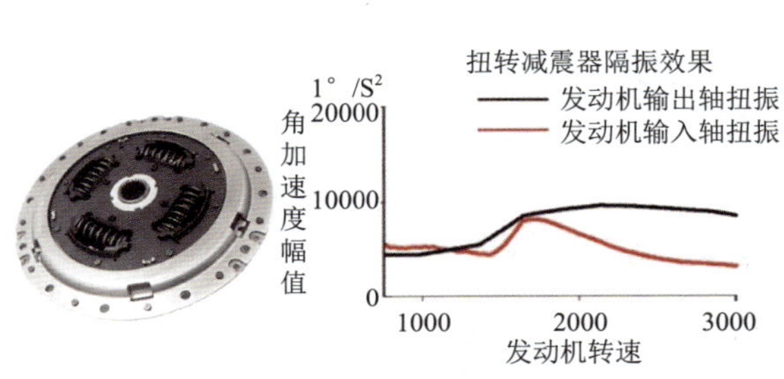

图 8-1-48 扭转减震器隔振示意

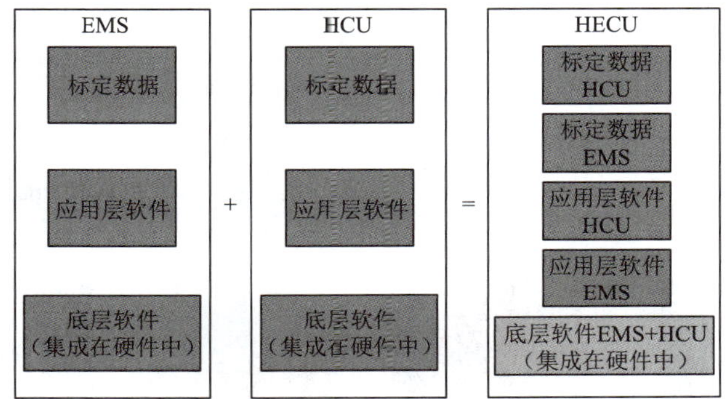

图 8-1-49 二合一融合控制器原理

（2）创新点：混动能量流控制技术，打造高效能增程控制策略。

开发增程系统能量管理控制系统，通过分析用户常用工况，并结合市场用户驾驶习惯，提出多种能量管理模式相互配合的控制方式（见表 8-1-11），用户可以根据不同驾驶工况下的需求，自主选择所需的工作模式，给予用户一切尽在掌握的强大安全感，从而提高用户驾驶体验。

表 8-1-11 能量管理模式

能量管理模式	模式需求
纯电优先	基于用户城市通勤低使用成本的需求，优先使用纯电驱动，降低增程器启动频次，降低油耗
续航优先	基于用户长途驾驶需求，在电池高 SOC 状态下启动增程器为动力电池充电，将动力电池电量维持在相对较高的水准，确保整车时刻保持最优动力性
用户自定义	基于驾驶员设置的“电量保持目标”，通过启动增程器为电池充电，将电量维持在目标电量附近

采用 BMS、HCU、EMS、GCU、MCU 等多系统协调控制能量管理策略（见图 8-1-50），综合考虑油耗、排放、NVH、驾驶性等多个维度，控制增程器在最佳工况点工作；同时结合用户需求，尽可能降低车辆使用成本，通过降低综合油耗，大幅提升综合续驶里程，以满足经常进行长途旅行的用户需求。

（3）创新点：电驱系统集成技术，打造低成本、高效能电驱。

通过行业对标结合自主仿真分析，进行电磁方案选型，在 8 级 48 槽定转子方案和 6 级 54 槽定转子方案之间选用了后者，同时结合扁线层数、并联支路数、定子铜线焊接方式等结构优化方案，达到了提升功率密度和综合效率的效果（见图 8-1-51），实现在同等续航里程下减少电池用量，降低整车成本；同时在保证性能及可靠性的前提下通过仿真结合样件实测，适度降低磁钢牌号，实现成本进一步优化。

结合整车多热源热系统节能技术，使用热泵+电机主动加热替代水暖 PTC（见表 8-1-12），降低整车成本。

表 8-1-12 多热源热系统方案

方案	奔腾	行业常规
采暖	热泵+电机加热+低压风暖 PTC	热泵+低压风暖 PTC
电池加热	热泵+电机加热	水暖 PTC

其中行车电机加热，采用了恒定电流法（见表 8-1-13），在每个转速、同一扭矩下只需要标定 1 组数据，通过开启和关闭电机加热功能（占空比控制）调节电机入水温度，从而满

足热泵从电机冷却水中获取热量的需求，控制方式简洁，标定工作量和标定周期优化50%以上，实现快速、高效地达成开发目标，有效减少标定工作量和标定周期。市场其他车型均采用VCU将“车辆动力需求功率+加热需求功率”输出给MCU，MCU控制电机需要在满足车辆需求扭矩的同时满足加热需求功率，在相同车速工况下应对不同的加热功率需求需要给出不同的电机输入电流，同时需要配合不同的id、iq电流，一般车辆需求加热功率为2 kW、3 kW、4 kW，因此在同一转速扭矩下电机最少需要标定3组数据；比本方法工作量增加两倍，开发周期也更长。

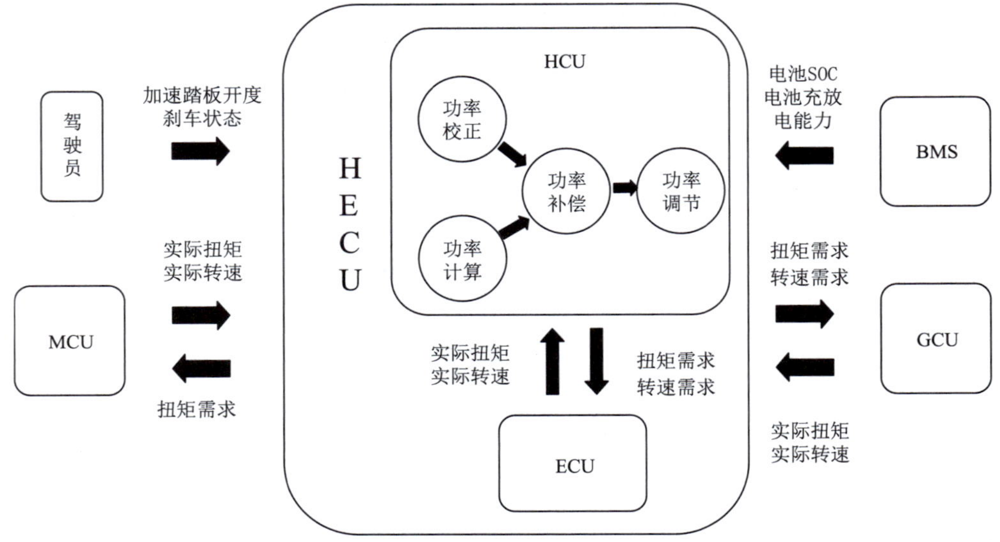

图 8-1-50 能量管理策略示意

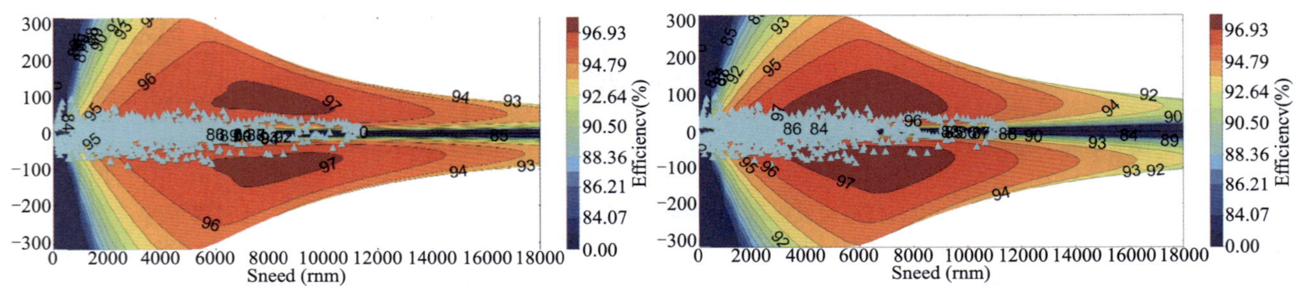

图 8-1-51 电机性能优化示意

表 8-1-13 电机加热策略

适用工况	停车	行车
加热实现方式	iq=0	增大 id
电机转矩	转矩=0	加热前后转矩不变
电机转速	转速=0	转速>0
水温反馈调节	具备	具备

近年来，国内供应商研发能力大幅提升，车用电驱的功率器件及芯片自主化率逐年提升，该电驱控制器采用了国内供应商生产的IGBT（见图8-1-52），同时储备多种芯片方案，不但降低了零件供货成本和供货风险，也为国内芯片自主研发提供了助力。

3. 国际水平对比

国内新能源增程技术已达国际领先水平，自主品牌增程车型销量也一直处于国际领先地位，其中自主品牌理想、问界、岚图、长安深蓝、零跑等企业的增程车型销量在细分市场中处于绝对领先地位。作为增程器的油电转化率，也是考察增程器性能的关键指标，自主品牌15万左右增程车型均采用自然吸气增程器，油电转化率行业较优水平为1 L油可发3.3 kWh电，而本文中的低成本、高效能增程动力系统平台同样采用自然吸气增程器，可实现消耗1 L油可发3.35 kWh电，达到行业优秀水平。电驱方面，15万左右增程车型均未采用800 V、SiC等高性能、高成本技术，同等级下，本文介绍的电机功率密度6.8 kW/kg，总成最高效率94%、综合效率89%（CLTC）也达到行业优秀水平。

4. 成果应用情况

本文中的低成本、高效能增程动力系统平台已应用于一汽奔腾的新能源平台车型，该车型即将进入生产准备阶段，预计量产时间为2025年，预期生命周期总销量40万台，且该增程动力系统平台后续将扩展应用至一汽同平台车型，根据公司战略也可扩大应用范围。该项目已申请专利13项（见表8-1-14），均已进入国家审核阶段。

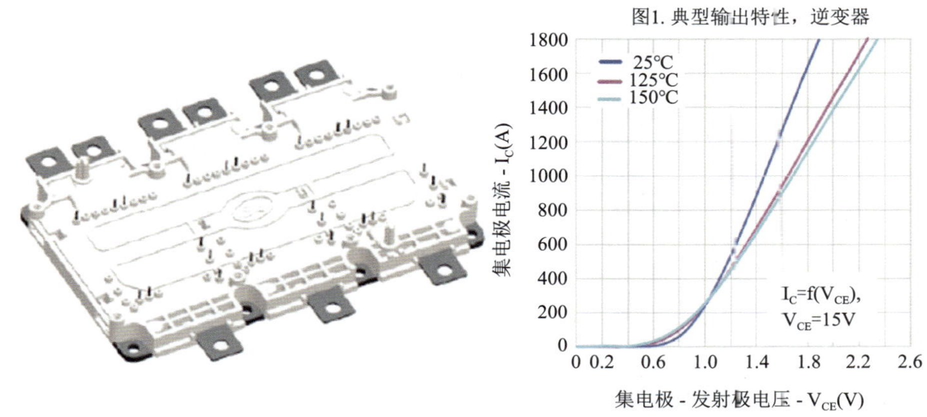

图 8-1-52 国产 IGBT 示意

表 8-1-14 申请专利情况

专利名称	类型	申请号
一种新能源汽车电驱壳体及悬置系统强度测试装置及方法	发明	CN202410433074.8
一种减速器 CLUNK 噪声台架测试评价方法	发明	CN202410356371.7
基于油耗最优策略自适应计算增程器限制状态下最优油耗线的策略	发明	CN202410444417.0
一种改善混合动力汽车发动机起停机过程冲击的控制方法	发明	CN202410467088.1
一种新型电机选型匹配方法	发明	CN202410481371.X
一种分析不同磁钢匹配电机电磁设计的方法	发明	CN202410522589.5
一种车辆蠕行控制方法	发明	CN202410522736.9
一种整车状态下电驱总成提升功率的方法	发明	CN202410561735.5
一种永磁同步电机行车加热控制方法	发明	CN202410594063.8
一种车辆传动系统的新型保护方法	发明	CN202410594061.9
一种应用于电机控制器的三相电流检测方法	发明	CN202410609180.7
一种增程汽车特定工况下整车能量精细化控制系统及方法	发明	CN202410574225.1
一种增程车型低速行驶时静音模式的控制策略	发明	CN202410751688.0

5. 社会及经济效益分析

该增程动力系统平台完善了一汽集团动力系统谱系，为一汽奔腾增程车型赛道提供了技术支撑，对奔腾品牌未来进军增程市场具有决定性作用。按照单车型生命周期总销量 40 万台计算，预估总收益约 8.5 亿元，且后续可在奔腾新能源车型全系扩展应用，收益也将随着应用车型增加而大幅增加。

富锂锰基正极材料的研发与应用

供稿：北京理工大学重庆创新中心 新一代电池储能与关键材料技术研究所

1. 成果简介

在全球新能源汽车行业的高速发展推动下，锂离子电池技术迎来了多元化的发展态势，材料创新成为推动技术进步的关键。富锂锰基正极材料，以其卓越的高能量密度（300~350 Wh/kg），在动力锂电池技术突破中占据了核心地位，这一性能远超当前商业化的磷酸铁锂（140~170 Wh/kg）和常规三元材料（160~250 Wh/kg）。该材料以相对廉价的锰作为主要成分，显著降低了对贵金属的依赖，相较于常见的钴酸锂和镍钴锰三元正极材料，在成本控制与安全性上均有显著提升。此外，富锂锰基材料的高电压特性（>4.5 V），使其成为固态电池理想的正极材料选择之一。

2022 年 4 月，新一代电池储能与关键材料技术研究所成功研发了第一代富锂锰基产品（见图 8-1-53），该产品电芯能量密度高达 350 Wh/kg，首周库伦效率达到 87%，0.2 C 百周容量保持率超过 96%，经济续航里程突破 800 km。研究所已搭建了具有自主知识产权的先进正极材料研发平台，开发出高容量、高倍率、高压实、低压降 4 种富锂锰基正极材料，以满足多样化的应用需求，显著增强了其在商业化应用方面的市场竞争力。

图 8-1-53　富锂锰基产品

2. 成果创新点及解决的难点问题

创新点 1:公斤级前驱体合成工艺的突破

针对材料在循环过程中遇到的电压衰减和循环寿命短的问题,优化了金属盐溶液的配比,精确控制反应时间和 pH 值,并在氮气气氛中进行氧化隔离,成功实现了高纯度公斤级富锂锰基前驱体的连续、高效、低成本大规模生产。这一创新工艺不仅确保了材料的稳定性和均一性,还通过精细调控合成参数,如温度、反应时间、金属盐溶液配比,实现了对前驱体形貌和组成的精确控制,为不同应用场景下的性能需求提供了高度灵活性的量产产品。

创新点 2:公斤级正极材料合成工艺的创新

在正极材料的合成中,针对碳酸锂粒径较大导致的颗粒团聚问题,采用了大型混料设备进行高速旋转搅拌,有效破碎碳酸锂颗粒,确保了与前驱体的均匀混合和结构稳定性的提升。通过大箱式高温气氛炉的高温煅烧,一次性可产出 10 kg 以上的富锂锰基产品。经过结构表征和电化学测试,第一代富锂锰基产品展现出了卓越的比容量和能量密度,以及优异的循环稳定性,性能远超市场上其他同类产品。

解决难点 1:无钴富锂材料的电化学性能提升

成功抑制了无钴富锂材料在电化学反应中的相变和晶格释氧现象,显著提升了材料的快速充放电性能和容量可逆性,有效解决了放电容量和放电电压的快速衰减难题。

解决难点 2:无钴富锂材料的结构稳定性增强

通过精确调控无钴富锂材料的基础组分和元素分布,并采用异质金属元素替代钴元素,研究解决了无钴富锂材料体相结构衰变的问题。

解决难点 3:无钴富锂材料/电解液界面稳定性的构建

深入探究了材料与电解液界面结构稳定性与电压衰减的关系,构建了稳定的表面结构,有效抑制了与电解液之间的副反应,并搭建了锂离子快速脱嵌的三维通道,显著提高了材料的快速充放电性能,解决了界面不稳定及离子脱嵌速率较慢的难题。

解决难点 4:实验室工艺放大技术的创新

研究了实验室工艺放大技术,包括工艺参数、生产方法、关键装置等,提出了与产品一致性高、质量稳定可靠的工艺技术方案,并确保了投入和成本控制在经济合理的范围内,为富锂锰基材料的商业化生产奠定了坚实的基础。

3. 国际水平对比分析

随着固态电池技术的不断发展,富锂锰基正极作为固态电池的理想正极材料,其市场发展空间逐渐扩大。包括盟固利、巴斯夫杉杉、多氟多、振华新材、国轩高科、昆工科技等在内的多家知名企业,都积极投身于富锂锰基产品的开发之中,竞相推动该领域的技术进步与市场应用。

在这一国际竞争的背景下,新一代电池储能与关键材料技术研究所研发的第一代富锂锰基产品,以其出色的电化学性能脱颖而出。第一代富锂锰基产品在 0.1C 的充放电条件下,首周放电容量高达 302 mAh/g,库伦效率超过 87%,0.5 C 的百周容量保持率更是高达 95%,性能指标均显著优于市场上现有的同类产品。

新一代电池储能与关键材料技术研究所在富锂锰基材料的晶体结构优化、电化学性能提升,以及制备工艺创新方面都有着深入的研究和突破。不仅显著降低了材料中的钴含量,还在保持高容量输出的同时,实现了材料结构的优异稳定性。这些突破不仅有效降低了材料成本,还大幅提升了电池的安全性能,为推动富锂锰基材料的商业化进程和市场竞争力提供了有力支撑。

4. 成果情况

富锂锰基材料的市场应用价值正在被不断放大,在市场需求持续催化下,前瞻性布局富锂锰基细分赛道的企业将率先获益。新一代电池储能与关键材料技术研究所开发的 4 种不同类型的富锂正极材料针对不同的需求场景,已经陆续投入生产。

(1) 高容量富锂锰基:0.1C 首周放电容量可达 302 mAh/g,首周库伦效率 87%,0.5 C 百周容量保持率 95%。

(2) 高倍率富锂锰基:0.1C 首周放电容量可达 275 mAh/g,5 C 放电容量 220 mAh/g,10 C 放电容量 190 mAh/g,20 C 放电容量 165 mAh/g。

(3) 高压实富锂锰基:0.1C 首周放电容量可达 255 mAh/g,首周库伦效率 82%,压实密度 3.4 g/cc,0.2 C 放电容量 230 mAh/g。

(4) 低压降富锂锰基:0.1C 首周放电容量可达 241 mAh/g,首周库伦效率 81%,百周后容量保持率 96%,百周后放电能量密度 807 Wh/kg,百周后压降 147 mV。

2023 年,百公斤级中试线累计生产产量超过 500 kg,样品已送往国内外多家电芯企业进行测试。

5. 成果的产能建设情况

该项技术正在团队注册的重庆理英新能源科技有限公司进行孵化。公司在 2021 年获 650 万元天使轮投资,已建成富锂锰基先进正极百公斤级中试线(见图 8-1-54)。2023 年顺利投产 500 kg,正启动 A 轮融资,力争 3 年内建成年产 1

万 t 的产线，产值将达 20 亿元，填补了本地高能量密度锂电材料的产业空白。

图 8-1-54 富锂锰基先进正极中试线

6. 社会及经济效益分析

随着全球对新能源汽车需求的不断增长，预计到 2030 年，动力电池市场将迎来爆发式增长，市场规模有望达到数万亿元人民币，动力电池行业将迎来前所未有的发展机遇。在这一背景下，富锂锰基材料以其卓越的能量密度和不(少)含钴的环保特性，将成为推动行业发展的关键因素。

(1)社会效益分析

从环保角度来看，钴作为一种重金属元素，其开采和使用对环境可能造成污染。富锂锰基材料的推广应用将有效减少对钴的依赖，降低土壤污染的风险，符合环保要求，并有利于实现国家的“双碳”目标。此外，该材料的实际应用还将促进我国锂离子电池产业和新能源汽车产业的快速发展，为社会培育新的经济增长点，带动上下游产业链的共同发展，产生积极的社会效益。

(2)经济效益分析

富锂锰基材料的量产和应用将为动力电池市场带来革命性的变化。相较于广泛使用的磷酸铁锂和三元材料，富锂锰基材料不仅具有更高的能量密度，还因不含钴而具有成本优势，预计未来市值将达到上千亿元。随着技术的成熟和市场的扩大，富锂锰基产品有望快速替代传统的磷酸铁锂和三元材料，占领动力电池市场的主导地位，为相关企业和投资者带来可观的经济效益。

长寿命、高安全性高镍正极材料创新技术

供稿：北京理工大学重庆创新中心 新一代电池储能与关键材料技术研究所

1. 成果简介

新一代电池储能与关键材料技术研究所基于高镍正极材料的表面不可逆相变扩散机制及二次颗粒裂纹产生机制，分别从材料界面设计、相结构设计以及内部应力缓冲设计三个方面来解决高镍正极材料的结构失效问题，开发合成具有高结构和热稳定性的高镍正极材料，解决了三元正极材料发展中的关键技术难题，相关申请/授权发明专利 30 余项，相关技术已在行业重点公司应用。这些创新技术的突破，具体体现在以下三个方面的关键技术成果：

(1)高镍正极材料表层相结构设计技术

通过金属离子的表层掺杂实现稳定岩盐相结构的表层构建，为稳定的岩盐相在提高高镍正极材料结构和热稳定性方面提供具体的实验数据支撑；进一步研究了多金属离子掺杂对岩盐相形成均匀性的具体效果，形成了促进一致、均匀表层岩盐相结构形成的技术，解决了高镍材料不可逆相变扩散和结构退化问题。

(2)高镍正极材料内部应力缓冲设计技术

通过构建高镍正极材料晶界处高刚度快离子导体框架结构，实现了高镍正极材料二次颗粒内部应力积累和应力集中现象的统一化处理，提出了缓解内部应力积累耦合提高材料颗粒强度在抑制高镍正极材料二次颗粒开裂的技术。通过减少高镍正极材料二次颗粒开裂的手段实现材料结构稳定和热稳定性的提高，解决应用场景下的安全隐患问题。

(3)高镍正极材料表层 CEI 膜自重构技术

在电解液中添加表面含丰富硅羟基的树枝状介孔二氧化硅，通过介孔二氧化硅的脱氟特性消除电解液杂质氢氟酸的不良影响，同时自发参与高镍正极材料表层 CEI 膜重构，形成稳定的、具有化学响应能力的界面 CEI 层，有效降低了界面副反应对高镍正极材料的负面影响，提升了材料的结构稳定性，解决了高镍正极材料与电解液剧烈的界面副反应问题。

2. 成果创新点及解决的难点问题

加快推进新能源汽车的规模化应用是我国实现能源消费结构转型升级、助力实现“双碳”目标的重要举措。正极材料作为动力电池的核心直接影响着电池能量密度、循环寿命和安全性，是影响电动汽车产业发展的关键。高镍三元正极材料能量密度高和成本合理，是锂离子动力电池实现高能量密度和长续航能力的关键技术基础和保障。然而，高镍三元正极材料在充放电过程中一次颗粒各向异性收缩/膨胀，易引起晶间裂纹、颗粒破碎，严重影响电池的长循环稳定性。此外，随着镍含量的增多也面临结构和热稳定性差带来的容量衰减快、安全性差等问题，严重制约了高镍三元正极材料在锂离子动力电池中的进一步应用。

为了推动高镍三元正极材料的实际应用和商业化进程，促进电动汽车性能进步，新一代电池储能与关键材料技术研究所通过增强材料的结构稳定性，推迟热分解温度，以得到长寿命、高安全性的高镍正极材料。采用上述关键技术路线实现“两枝开三花”的技术目的：对高镍正极材料结构失稳和热失效机制深入分析，提出高镍正极材料的表面不可逆相变扩散机制及二次颗粒裂纹产生机制(“两枝”)——微观角度和宏观角度两个层面的高镍材料失效机制认识；随后以这两种结构失效机制为基础，制定合理的改性策略，形成了“材料界面设计、相结构设计、内部应力缓冲设计”(“三花”)——3 个不同维度的技术方案路线，来解决高镍正极材料的结构

失效与热失稳问题，实现高镍正极材料的长寿命与高安全性。

3. 国际水平对比分析

（1）表层相结构设计技术

国内外报道的高镍正极材料结构调控技术，常向晶格中引入外来阴阳离子，通过增强金属与氧之间的键合力来稳定晶体结构。Chen 课题组报道向高镍材料中梯度掺杂 Mg^{2+}，通过 Mg^{2+} 的不变价性质，调整材料结晶状态，降低锂镍混排程度，提升了材料的循环稳定性，1C 倍率下循环 300 圈容量保持率为 80.9%。但该掺杂方法需要在前驱体合成过程中引入 Mg^{2+}，工艺控制流程复杂，且材料稳定性有待进一步提升。针对掺杂改性的报道工作往往着眼于体相的充分掺杂，对掺杂的实质作用效果和作用位点研究不够深入，这会导致过多元素掺杂量的引入进而降低比容量和工业放大生产的困难性。

新一代电池储能与关键材料技术研究所的技术则通过在锂化过程中引入微量 Ti^{4+}，通过表层掺杂在层状材料表面精准构建了稳定的薄层岩盐相，并通过引入第二离子进一步提高了该外延层的均匀性。相较于一般掺杂改性，该技术仅使用微量外来离子和后续简单工艺即可抑制材料表面相转变，极大提升结构和热稳定性。

（2）材料内部应力缓冲技术

国内外针对高镍材料的应力主要着眼于表层处理或者晶界强化来抑制应力对于材料颗粒完整性的破坏。韩国的 Jaephil Cho 课题组，通过向晶界引入纳米填充物以增强材料一次颗粒之间接触，保证二次颗粒的完整性。0.5C 倍率下循环 150 圈容量依然保有 80%。Yan 等人使用 Li_3PO_4 填充晶界以缓解材料颗粒层状结构的不可逆相变，但无法解决高镍材料二次颗粒内部的应力集中问题，并且采用的原子层沉积技术（ALD）经济性不强。

新一代电池储能与关键材料技术研究所提出了二次颗粒裂纹的机制，针对二次颗粒开裂的现象研究了材料内部应力积累的根本原因，从材料颗粒层面进行了设计。一是通过合成不同晶界尺寸的高镍正极材料以佐证大晶界间隙对吸收晶胞尺寸变化的效用；二是在晶界处构建高强度快离子导体框架，从缓解应力积累和增加颗粒强度两个方面抑制材料颗粒开裂，经此技术处理的材料，0.2C 倍率下首周放电比容量≥220 mAh/g，首次库伦效率≥90%，经过 10 周循环测试后材料的库伦效率≥99.9%，结构稳定性大大提升，简便易行，效果明显。

（3）高镍材料表面自重构 CEI 层技术

该领域对电解液添加剂的研究较多，主要是辅助颗粒表面成膜，抑制材料与电解液之间的副反应。但添加剂参与的 CEI 往往会受到循环过程中产生的副产物如 HF 的持续攻击，导致最终失效。因此，常规电解液添加剂主要功能是参与构筑电极—电解液界面。国内外课题组报道的经典添加剂主要为含 N=C=O，Si-O 或 $P(OR)_2R$ 基等添加剂，用以与 HF 等发生反应，借以消除电解液的副反应产物。

相较于电解液添加剂工程，添加剂的引入往往是在界面处发生静态的化学/电化学反应，无伴随电池循环即时进行的化学响应效果，对体系性能的提升作用有限。本课题组提出的主要技术路径是在形成稳固 CEI 的同时，赋予了该层自重构的能力，伴随循环进行，界面处发生连锁化学反应，产生的有利产物进一步稳定了界面相，降低界面副反应的同时也提升了高镍材料表面的结构稳定性。该技术操作简单，且针对高镍材料循环过程中的副反应进行特定抑制，便捷地提升了材料的结构和热稳定性；由于该技术是基于高镍材料的普遍化学/电化学反应，所以技术可移植性强，能够适用于更高镍含量下的超高镍正极材料，明显具有综合优越性。

整体来看，国内外不乏报道材料改性技术，已发布工作均称能够提升材料的结构稳定性和化学稳定性，但针对具体工艺的可实用性和商业化前景则有待评估。新一代电池储能与关键材料技术研究所通过简便易行的技术，兼顾了高容量，高结构稳定性和热稳定性。

4. 成果应用情况

新一代电池储能与关键材料技术研究所“材料内部应力缓冲技术、表面自重构 CEI 技术”已应用于锂宝新材料有限公司高镍正极材料产品，为该公司解决了所开发的正极材料二次颗粒在充放电循环过程中的开裂问题，显著提高了材料的循环稳定性；所研制产品受到相关客户一致好评，有效地增加了市场竞争力。

“表层相结构设计技术”（包含表面包覆快离子导体和表层掺杂异价离子的三元正极材料系列专利）相关科技成果应用于锂宝新材料有限公司高镍正极材料产品后，得益于 Li_2TiO_3 等快离子导体包覆层及 Ti^{4+}、Zr^{4+} 等表层异价离子掺杂的协同作用为该公司解决了所开发的正极材料在充放电循环过程中晶体结构衰退、材料放电比容量衰减的难题，该改性技术简单易行，具有可操作性，节约了大量人力、物力成本，有效地增强了市场竞争力。

5. 社会及经济效益分析

电动汽车作为传统燃油汽车的绿色替代品，对于推动全面工业化社会的良性发展具有重要意义，预示着巨大的经济效益。作为电动汽车的核心组件，锂离子动力电池的发展前景广阔。新一代电池储能与关键材料技术研究所开发的高镍正极材料，以其长寿命和高安全性，显著提升了锂离子动力电池的性能和使用寿命，降低了使用成本，为电池产业的持续进步提供了有力支撑。新一代电池储能与关键材料技术研究所的高稳定性、高热稳定性高镍正极材料已在工业生产中得到应用，创造了显著的工业产值，为社会经济的可持续发展贡献了重要力量。

锂离子电池硅碳复合负极材料

供稿：北京理工大学重庆创新中心　新一代电池储能与关键材料技术研究所

1. 成果简介

在全球电动汽车行业蓬勃发展的推动下，动力电池的能量密度成为衡量其性能的关键指标。正极材料的创新虽然取得了显著进展，但负极材料的突破同样关键。传统的石墨负极具有理论比容量为 372 mAh/g，已接近实际容量上限，难以满足未来锂离子电池超过 500 Wh/kg 的能量密度要求。针对这一挑战，新一代电池储能与关键材料技术研究所致力于开发具有更高能量密度的硅碳复合负极材料。

硅负极以其高达 4200 mAh/g 的理论比容量和成本效益优势脱颖而出。然而，硅负极仍存在诸多问题待解决。在充放电过程中，硅负极与锂离子发生合金化和去合金化反应，引发体积的剧烈膨胀和收缩，导致 SEI 膜不断发生"破裂—形成—破裂"的循环，电化学性能急剧恶化。此外，硅本身导电性差，需要导电介质进行电子传递，降低了硅负极的整体能量密度和循环寿命，进一步阻碍了硅负极的实际应用。

针对硅负极材料尚未解决的问题，面对现有工业化生产线、成本控制以及软包电池体积控制等挑战，"掺硅"改性方法在石墨中已成为硅碳负极改进的主要途径之一。然而，硅的尺寸和结构对负极材料在循环过程中的稳定性有着重要影响。在体积膨胀方面，与微米硅相比，纳米硅在硅碳负极中可以避免因体积膨胀导致的电极材料的脱落，提高负极的循环稳定性。因此，传统的硅碳负极选择乙炔气体包覆纳米硅，然后与石墨材料复合以制备硅碳负极，当前已实现商业化生产。然而，纳米硅的昂贵成本和易团聚的特性限制了产业化生产。新一代电池储能与关键材料技术研究所正在探索新型硅碳材料的中试合成工艺。这种新型硅碳材料选择硅烷气相沉积在多孔碳上，再与石墨材料复合制备硅碳复合负极材料。气相沉积的纳米硅尺寸可达 10 nm，搭配多孔碳结构，能够有效减缓硅在锂化过程中的体积膨胀问题。

近年来，硅氧材料已被引入硅碳负极材料体系中。由于硅氧材料含有 Si-O 键，其在锂化过程中的体积膨胀率低于硅，这一特性使硅氧在这一体系中表现出色。尽管锂化产物——锂硅酸盐和氧化锂显著降低了硅氧碳负极的可逆容量，但硅氧碳负极的循环寿命却有了显著提升。新一代电池储能与关键材料技术研究所正在探索硅氧碳复合材料的中试合成工艺，采用真空沉积、气相沉积、高温碳化等工艺，成功制备了公斤级硅氧碳复合材料。

2. 成果创新点及解决的难点问题

(1)硅氧碳复合材料的中试合成工艺

①氧化亚硅的制备和改性工艺

通过采用硅和二氧化硅，借助真空气相沉积工艺和真空沉积炉，经过破碎、磨碎等工艺，成功制备了公斤级微米级氧化亚硅粉末。真空沉积技术解决了硅和二氧化硅在常压下高相转变点的工艺难题，有助于在 1500 ℃下实现硅和二氧化硅的气相反应。通过催化剂的应用，大幅提高了产率并减少了废料产生，有效解决了低产率的工艺问题。

②硅氧材料与石墨材料复配工艺

采用微米级氧化亚硅，借助乙炔气相沉积工艺和回转窑，成功生产了公斤级碳包覆氧化亚硅粉末。在制备公斤级碳包覆氧化亚硅粉末的基础上，结合人造石墨、沥青，利用 VC 高速混合机、高温包覆机、球形造粒机、高温碳化炉等设备，生产了公斤级硅氧碳负极材料。这一创新解决了传统工艺中石墨和硅氧材料混合后不均匀分布的问题，提升了材料的均一性。

(2)新型硅碳材料合成工艺

采用多孔碳材料，利用硅烷气相沉积工艺，成功生产了公斤级的新型硅碳负极材料。此工艺解决了传统纳米硅材料易团聚、分散不均匀的问题。硅烷气相沉积在多孔碳材料的孔洞内，确保了纳米硅的均匀分布和纳米级粒径尺寸。

3. 国际水平对比分析

(1)硅氧碳复合材料

新一代电池储能与关键材料技术研究所制备的硅氧粉体材料与市售氧化亚硅(SiO)粉体进行了对比(见图 8-1-55)，其产品与市场上同类产品保持一致。通过真空沉积、气相沉积、高温碳化等工艺，成功制备出公斤级硅氧碳负极材料。与传统石墨电极材料进行电化学性能比较(见图 8-1-56)，硅氧碳复合负极材料的可逆容量高于传统石墨负极，具备取代石墨负极的潜力，满足大容量电池的需求。

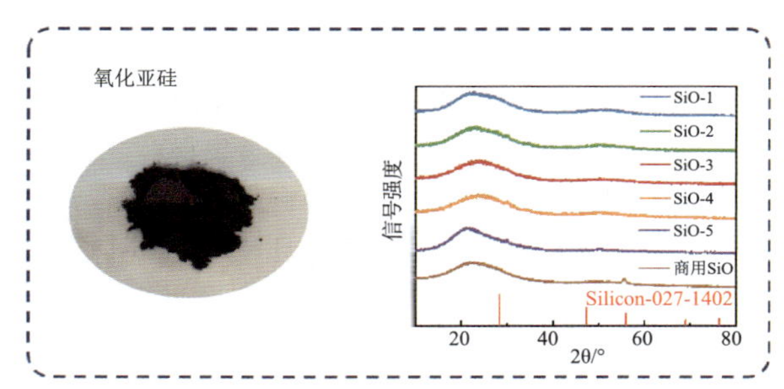

图 8-1-55　公斤级硅氧粉体(图左)与商业氧化亚硅的对比

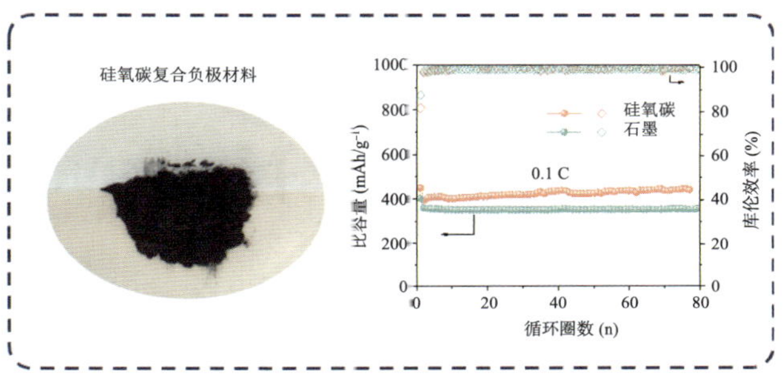

图 8-1-56　公斤级硅氧碳复合粉体(图左)和负极电化学性能(图右)

(2)新型硅碳材料

新一代电池储能与关键材料技术研究所成功制备出公斤级的新型硅碳材料(见图 8-1-57),并进行了电化学性能测试。经过循环测试,结果显示新型硅碳材料具有优异的循环稳定性。此外,进一步与石墨材料复合后,新型硅碳材料能够满足大容量电池的需求。

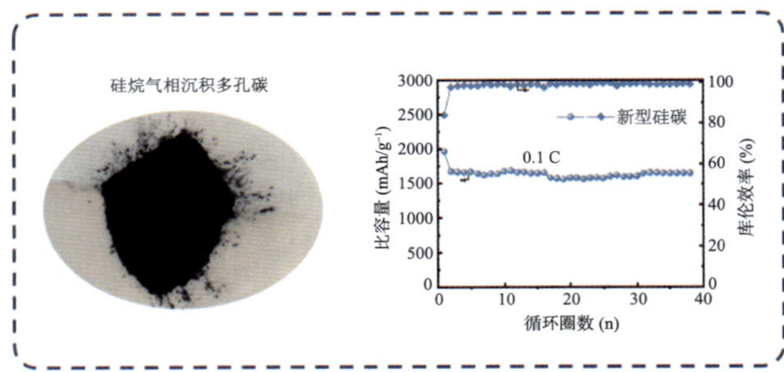

图 8-1-57 公斤级新型硅碳粉体(图左)和电化学性能(图右)

4. 成果应用情况

新一代电池储能与关键材料技术研究所已成功自主研发出高性能硅碳复合材料,实现公斤级以上的硅氧碳复合材料和新型硅碳材料的生产。这些材料与磷酸铁锂、钴酸锂、三元正极材料搭配,正在研发多款可商用的锂离子电池。此外,新一代电池储能与关键材料技术研究所正进行进一步研究,探索搭配富锂锰基正极材料和聚合物固态电解质,开发高能量密度固态电池。这一产品在能量密度和安全性方面具有良好的市场竞争力。同时,新一代电池储能与关键材料技术研究所也在积极探索硅碳复合材料与富锂锰基正极材料和聚合物固态电解质的结合,开发高能量密度固态电池,以期在能量密度和安全性方面取得市场竞争优势。

5. 社会及经济效益分析

(1)满足市场消费端大容量需求

随着硅氧碳负极材料和新型硅碳负极材料工艺的不断探索,新一代电池储能与关键材料技术研究所将继续增加科研投入,致力于开发高能量密度的硅碳负极材料,以满足消费市场对大容量锂离子电池的需求。

(2)加快大容量负极材料的普及,助力社会节能减排

随着新一代电池储能与关键材料技术研究所开发的硅碳负极材料的研究,有望缓解能源焦虑,推动大容量电池的更广泛应用,进而为实现国家和全球的“双碳”目标作出全面贡献。

数智化材料建模系统 MatFavor

供稿:北京理工大学重庆创新中心 装备轻量化技术研究所

1. 成果简介

在低碳、安全与轻量化的发展趋势下,CAE 仿真成为汽车设计的必备工具,提升 CAE 仿真精度是助力车企缩短新车型开发周期、实现降本增效的重要手段。CAE 仿真通常分为几何建模、材料建模、有限元求解三大步骤,其中材料建模是通过数学方程和实验数据赋予材料物理属性(材料卡片)。汽车零部件数量繁多,涉及金属材料、非金属材料、复合材料等数十种材料种类,汽车碰撞过程伴随复杂应力状态和应变速率特征,材料建模成为难度最大且直接影响 CAE 仿真精度的重要环节。如何以最短时间开发精度最高的材料卡片成为汽车行业的共性问题。

(1)产品概述

数智化材料建模系统 MatFavor 专为材料建模而生,旨在为汽车行业提供材料卡片快速开发、智能化管理、多场景仿真协同调用的一体化系统解决方案,支持功能定制和产权转化。

MatFavor 是国内首款专用材料建模软件,产权完全自主,数据有效性和可靠性得到保证。产品相关核心技术累计授权专利 7 件,授权软著 7 件,在审专利 21 项,同时围绕核心算法、材料智能 AI 及材料性能测试方法持续布局。未来还将开发自主有限元算法求解器,完成仿真 CAE 软件完全自主国产化的最后一环。

(2)产品特性

MatFavor(见图 8-1-58)包含 MatData 材料动/静态数据智能化处理、MatCard 材料卡片智能化开发、MatSolver 应力状态修正材料模型、MatDB 材料卡片库四大核心模块。

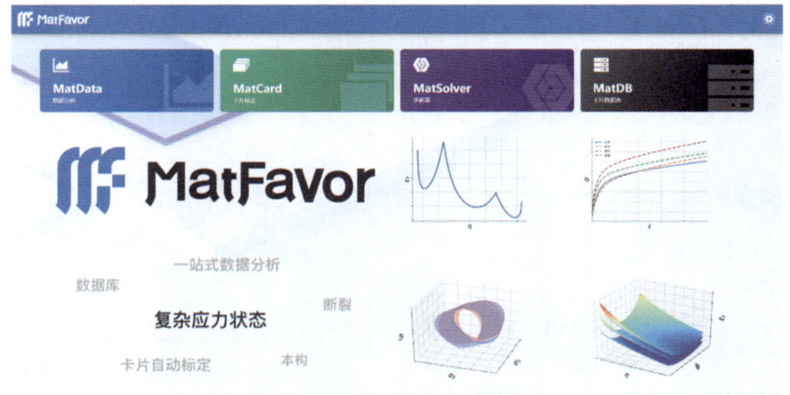

图 8-1-58 MatFavor 主界面

①MatData 材料动/静态数据智能化处理。集成了曲线特征识别、多种硬化模型和高效优化算法，实现材料数据一键解析、评估与优化，快速掌握材料特性。

②MatCard 材料卡片智能化开发。基于标准化流程和核心优化算法，可以自动标定生成高精度材料卡片，为工程师提供无人值守、高效标定的材料卡片开发解决方案。

③MatSolver 应力状态修正材料模型。在 Von Mises 屈服模型的基础上，考虑应力状态（应力三轴度、Lode 角）对材料力学响应的影响，显著提高铸铝、塑料等材料在服役工况下变形预测精度。

④MatDB 材料卡片库。材料卡片储存、管理和分析应用的中枢工具，有力支撑高精度仿真及选材分析。

（3）解决问题

依托 MatFavor，在保证材料卡片精度（≥90%）的同时，材料卡片的开发效率提升 9 倍（开发一种材料卡片从 20 天缩短到 2 天），解决当前材料建模面临的周期长（20 天/种）、精度低（75%）、成本高（10 万+）的三大痛点问题。

（4）应用场景

数智化材料建模系统 MatFavor 适用于钢板、铝板、铸造铝合金、挤压铝合金、塑料、橡胶等材料的卡片开发，广泛应用于多种 CAE 仿真场景，如碰撞安全仿真、链接失效仿真、成形性能仿真、选材分析。此外，MatFavor 适用于 LS-DYNA、Abaqus、Nastran 等主流 CAE 仿真软件，具有广阔的应用场景（见图 8-1-59）。

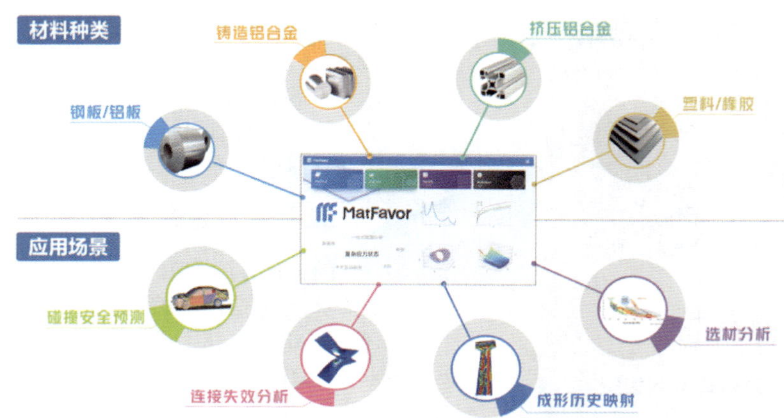

图 8-1-59 MatFavor 适用材料种类及应用场景

2. 成果创新点及解决的难点问题

（1）智能化材料卡片自动标定技术

针对材料卡片开发流程长、难度高的特点，创新性提出高柔性硬化模型及基于贝叶斯优化的自学习迭代寻优算法与优化策略，实现材料应力应变曲线与断裂曲线的标定自动化、标准化，保证精度（≥90%）的同时大幅度提升材料建模效率（提升 9 倍），解决当前材料建模面临的周期长、精度低、成本高的三大痛点问题（见图 8-1-60）。

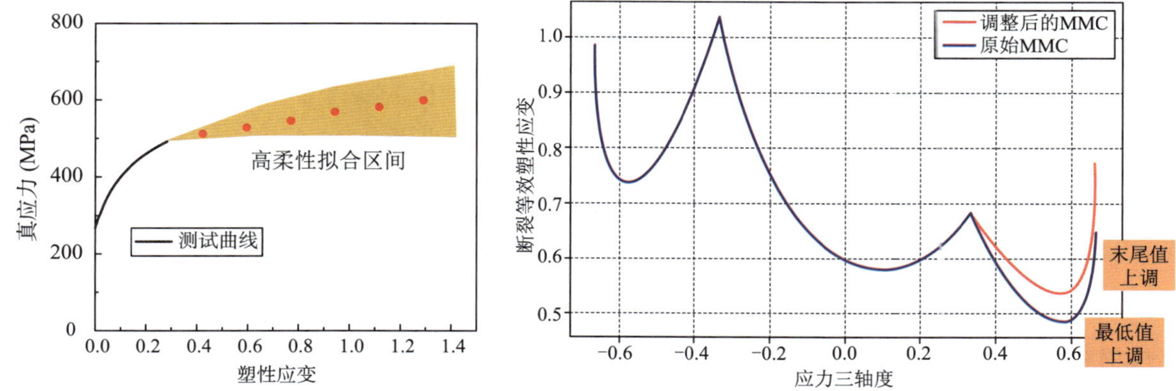

图 8-1-60 高柔性硬化模型及断裂曲线优化

（2）拉压剪非对称屈服模型

引入第Ⅰ、Ⅲ应力不变量，构建拉—压—剪非对称屈服模型（见图 8-1-61），解决传统屈服模型表征局限性，准确描述软钢、铸铝、塑料等在复杂受力状态下的变形行为。

（3）分布式本构模型

基于 IDW 三维空间 Mapping 算法，引入空间位置函数构建分布式本构和断裂模型，实现基于空间位置的材料性能连续性分布（见图 8-1-62），解决零件由于铸造、冲压、注塑等工艺带来的各位置性能差异问题。

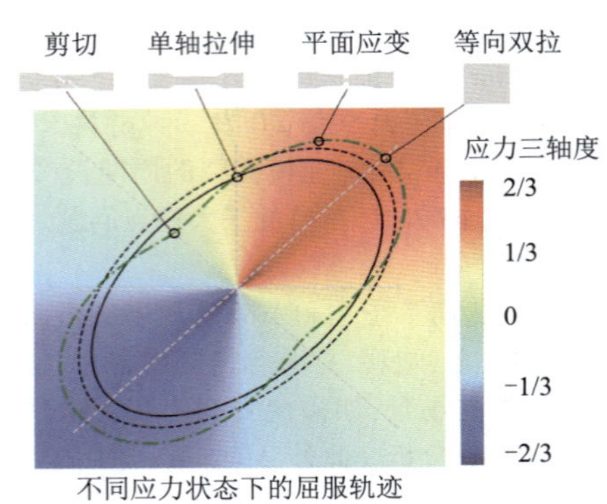

图 8-1-61　基于应力三轴度的拉压剪非对称屈服修正

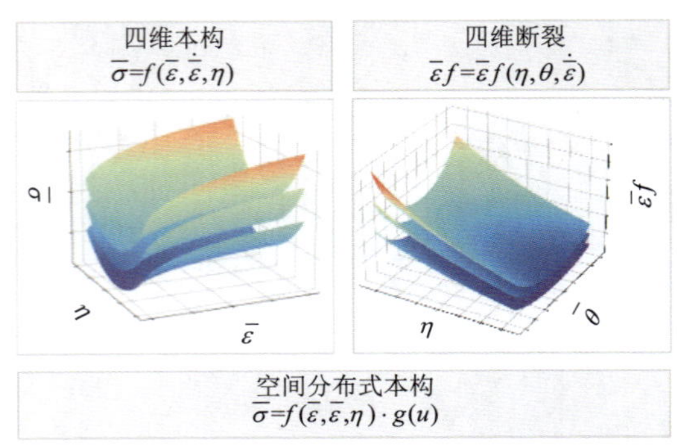

图 8-1-62　分布式本构模型

3. 国际水平对比分析

国内装备制造和汽车行业在 CAE 领域广泛采用国外软件,自主创新能力不足,材料建模软件尚属行业空白,数智化材料建模系统 MatFavor 属国内首创。

国际上,奥地利 4A ENGINEERING 公司开发了从实验测试到材料卡片参数自动化求解的一站式解决方案,并将其集成到 VALIMAT 软件中。VALIMAT 主要依托 LS_DYNA 的 Mat_187 号材料模型,专为塑料材料开发材料卡片。与 VALIMAT 相比,MatFavor 中的 MatCard 具备自动标定 Mat_24、Mat_187、Mat_Add_Erosion 等卡片参数的功能,适用于钢板、铝板、塑料等多类材料,具有更大的竞争优势。

此外,为提升铸铝、塑料等各向异性材料的碰撞仿真精度,德国 MATFEM 公司开发了考虑应力状态和应变速率影响的新型本构模型,并将其集成到 CrachFEM 软件中。国内部分主机厂租用了 CrachFEM 软件。与 CrachFEM 相比,MatFavor 中的 MatSolver 具备同等功能,在经济性方面具有较大竞争优势。

4. 成果应用情况

数智化材料建模系统 MatFavor 广泛服务于国内汽车行业产业链企业,完成 50 余种材料和 20 余种零件的高精度材料建模,成功应用于长安、吉利的多款新车型开发。MatFavor 不仅大幅度提高材料建模效率,输出的材料卡片在试样级、零件级、系统级、整车级仿真中对标精度较传统方法均得到明显提升。经产业链企业验证,与国外同类软件相比,MatFavor 输出的材料卡片在整车碰撞仿真应用中精度相当,计算效率提升至少 30%;此外,依托 MatFavor 实现整车碰撞仿真精度提高的同时,实车碰撞实验次数从 3 次降低到 1 次,成功助力车企实现了降本增效。

5. 社会及经济效益分析

随着我国新能源汽车的高速发展与竞争加剧,为响应市场需求,车型迭代速度必将加快。越来越多的产品开发案例证明,CAE 仿真技术成为提升新车型开发速度的重要途径,未来,拥有支撑 CAE 仿真的高精度材料卡片库将成为汽车产业链企业的核心竞争力之一。MatFavor 是多年来创新技术研发及与汽车产业链企业在仿真领域合作的技术“结晶”,非常贴合产业链企业当前和未来的应用场景与技术需求。依托 MatFavor 能为汽车行业产业链企业建立自主材料建模能力、精细化仿真能力,打造完整、安全、可靠、不受限的材料卡片数据库,摆脱国外软件的垄断与限制。MatFavor 旨在让中国人用上属于自己的软件,助力民族汽车工业软件的发展。

从 MatFavor 发布以来,截至 2024 年 5 月,累计产生的经济效益达数千万元。随着 MatFavor 功能更新和产品迭代,MatFavor 将向消费行业(手机、家电)、军工行业等横向拓展,打造集工艺仿真设计、软硬件设备开发、系统化仿真求解应用于一体的“仿真全场景服务”解决方案,未来将产生更大的社会效益和经济效益。

新能源汽车大数据分析及应用平台

供稿:北京理工大学重庆创新中心　新能源汽车网联大数据技术研究所

1. 成果简介

新能源汽车大数据对整车制造业转型升级的牵引作用不断增强,可孵化出一大批数据服务新产品、数据新服务、营销新模式和新业态,是数字经济的重要组成部分,更是新质生产力的典型代表。

新能源汽车大数据有助于政府全面把控新能源汽车产业动态,为政府决策提供数据支撑;可打造新能源汽车网联大数据应用服务平台,更进一步推动“数据要素×”的深化合作及应用,孵化、引进一大批产业链企业,赋能重庆市及整个西南地区新能源汽车、大数据产业发展;促进新能源汽车、大数据领域的人才引进、人才培养,提升地区整体软实力。

北京理工大学重庆创新中心基于新能源汽车网联数据,挖掘数据价值,构建数据创新服务平台,已在工业制造、商贸流通、交通运输、金融服务、科技创新、城市治理、绿色低碳等领域实现应用,赋能产业发展。

2. 成果创新点及解决的难点问题

我国高度重视并积极推动新能源汽车产业发展，国家层面不断强化政策支持，接连发布多项政策举措，为新能源产业发展提供有效保障。新能源汽车产销量已连续 8 年保持全球第一，仅 2022 年新能源汽车产销量分别达 705.8 万辆和 688.7 万辆，且长期趋势向好，然而随着新能源汽车规模的扩大，一系列问题也逐渐凸显出来。

车辆设计阶段：新能源汽车市场竞争十分激烈，产品迭代速度远快于传统燃油车，传统汽车用户研究方法和车型研究方法都采用小样本的调研方式，而小样本调研存在样本少、结论客观性差、过程不可控、宏观性分析不足以及调研周期长等缺陷。

车辆销售阶段：汽车销售业务板块存在的产品同质化竞争严重、营销费用高、目标用户定位不准确等痛点。

车辆后市场：聚焦新能源汽车故障诊断、智能化维修、二手车交易等环节。当前，新能源汽车后市场主要存在以下几个痛点：在故障诊断方面，由于新能源汽车采用了先进的电动技术和智能系统，其故障诊断和精准定位相对复杂；在智能化维修方面，传统的汽车维修技术和设备无法满足新能源汽车故障的精准定位需求；在二手车交易方面，由于新能源汽车的技术特点，车辆状态和价值评估难度和不透明性增加，降低了新能源二手车的流通性。

智慧城市：城市化进程的加快、城市车辆保有量的增加，使城市交通压力日益增大，交通拥堵、道路规划不合理等问题严重困扰着人们的出行。大数据技术可以对海量的交通数据进行分析和挖掘，从中得出有用的结论，指导交通管理和决策。

北京理工大学重庆创新中心通过构建新能源汽车网联大数据平台，融合多源异构数据，如车联网数据、地理空间 AOI 数据、车辆维修数据，实现车辆故障的精准定位、车辆状态的精准评估、车辆的运行风险预测等，进而支撑新能源汽车生态快速发展。将数字化手段和工具运用于新能源汽车产业链条多个场景，如产品策划、营销策略、保险风险管理、故障定位、智能化预防性维护、维修、二手车交易、电池残值评估等环节，构建新能源汽车“线上评估+线下服务”的一体化平台，打造数据驱动的汽车产业链创新服务模式。具体如下：

车辆设计阶段：利用车型、用户及用车行为大数据弥补小样本局限，多维度多角度数字化分析市场、用户及车型，助力车企优化产品布局、了解用户真实用车需求及优化车辆设计方案，协助车企快速开展新车规划和旧车升级业务，从而帮助车企“造好车”。

车辆销售阶段：综合运用新能源汽车车联网数据、地理空间 AOI、新能源汽车渗透率等数据，针对已购车用户的行为进行洞察分析，利用车辆时空大数据和地理空间数据，构建指标体系和算法模型，助力车辆市场营销，主要场景包括营销城市、门店选址、广告选址、用户圈选、营销评估等新能源汽车营销的核心环节，并通过可视化方式进行展示。

车辆后市场：基于新能源汽车车联网动态数据，构建运行风险评估模型，为保险公司、4S 店、车辆流通企业提供车辆评估报告，帮助其分析和评估车辆实时风险状况，便于其有针对性地采取风险处置措施、匹配合适的维修保养措施、评估车辆的残值。

智慧城市：聚焦重大交通基础设施建设和城市交通拥堵治理等目标，基于全量覆盖的新能源汽车运行数据及地理路段数据，通过车—路算法匹配模型、车辆流向分析，挖掘路段车辆流速、流量等信息，并以此为基础分析关键交通路段车辆交通拥堵情况，并对近中远期交通需求进行预测，为城市交通治理提供决策依据。

3. 国际水平对比分析

我国新能源汽车发展长期处于领先地位，由此产生了海量的车辆运行数据，衍生了庞大的数据应用及服务体系，北京理工大学重庆创新中心构建了新能源汽车大数据分析应用平台，可助力车企造好车、卖好车，服务行业。

4. 成果应用情况

北京理工大学重庆创新中心致力于帮助车企“造好车”“卖好车”，帮助用户“用好车”，新能源汽车大数据分析及应用平台自 2021 年开发上线，已服务超过 30 余家国内外知名汽车生态企业。

5. 社会及经济效益分析

（1）促进产业结构优化升级

通过新能源汽车大数据实现新能源汽车后市场的服务能力提升，增强新能源汽车市场认可度，提升新能源汽车产业发展质量。

（2）提高新能源汽车维修效率

利用大数据分析车辆的实时运行状态，实现智能化维修和保养服务，通过预防性维护等手段提高维修效率和质量。通过远程诊断和状态评估系统，及时发现车辆故障并提供解决方案，减少维修时间和成本。

（3）优化二手车交易

利用大数据分析车辆的行驶充电行为、维修记录等信息，准确评估车辆状态和健康状况，为二手车交易提供可靠的参考依据，降低交易风险，促进二手车交易效率，加快市场流通，提升交易的公平性，提高交易的效率和质量，促进新能源二手车市场的健康发展。

（4）精准评估车辆出险风险，推动保险行业风险减量

提高保险公司对车辆出险风险的识别能力，减少欺诈性质的赔款支出，降低理赔费用，助力保险行业掌握更加全面的风险视图，提高行业对风险行为的识别能力，降低行业总体赔付率，促进新能源汽车保险市场的良性发展。

（5）基于大数据分析和挖掘技术可以帮助城市交通规划和治理，缓解城市交通拥堵，助力“数字中国”建设。

新能源汽车高压部件高压瞬态测试研究及平台建设

供稿:国家汽车电气化产品及系统质量检验检测中心/上海电器设备检测所有限公司
潘青梅　杨加淇　张华中　盛忠一　欧艳琼

1. 成果简介

上海电器设备检测所有限公司(简称 STIEE)国家汽车电气化产品及系统质量检验检测中心开展构建的新能源汽车高压部件高压瞬态现象测试研究及平台建设,成果主要应用于新能源车电气化系统检验检测领域。随着新能源汽车“新四化”的发展,用户需求及体验感的多样化,车辆综合电气性能的提高,新能源汽车电气网络系统 越来越复杂,尤其是 800 V 的高压部件所承担的角色愈加重要。当高压部件运行时或者发生异常时就会产生一些高压瞬态现象,比如说:电池的供电变化引起的供电电压异常;产品内部 IGBT 高速开关切换产生的振铃现象;高电压大电流产品工作异常断开引起的抛负载脉冲;电压快速上升和负载转储引起的过电压等。基于以上新能源汽车行业的发展、车内产生的现象研究、国际标准及车企的响应情况,新能源汽车高压部件高压瞬态测试研究及平台建设迫在眉睫。

为保证新能源车电气化系统的高质量发展,本机构对设备进行二次开发,集成新系统,实现 PM 波脉冲和 CW 正弦波,集成高压瞬态测试系统,提升检验检测设备的使用率;为满足高压抛负载和开关脉冲的快速电压斜率、对地偏置等高压电性能测试等,搭建新的测试系统,本高压瞬态测试平台可满足高压电性能和高压脉冲测试,满足交直流的供电端口测试,还可以应用于 航空、军标等测试领域,适用范围广,综合技术达到国际领先水平;平台在硬件结合测功机实现电驱加载的高压电性能试验能力,模拟新能源电驱电控不同工况下的工作模式;本项目通过大量的电性能测试,研究各类新能源保压部件的脉冲机理,牵头制定团体标准《电动汽车 60~1000 V 部件电源端口瞬态现象测试方法及要求》,为国标及车企标准的制定,提供了专业的技术支撑。

本项目有效提高了高压部件检测领域的测试技术,保障新能源汽车电气化系统运行的安全可靠,助力新能源汽车对多驾驶场景适应性的提升。

2. 成果创新点及解决的难点问题

本项目通过采集部件在各工况下的波形,通过研究高压部件的内外部电气结构,分析瞬态现象产生的机理,建立模型,搭建试验系统(见图 8-1-63),形成相关的试验能力及成果输出。与国际标 ISO 21498—2:2021 同步研究瞬态现象,同时后续可以为标准修订提出相应的提案。

本项目通过采集部件在各工况下的波形,通过研究高压部件的内外部电气结构,分析瞬态现象产生的机理,建立模型,搭建试验系统,形成相关的试验能力及成果输出。与国际标 ISO 21498—2:2021 同步研究瞬态现象,同时后续可以为标准修订提出相应的提案。

创新点 1:自研设备能力,集成新系统

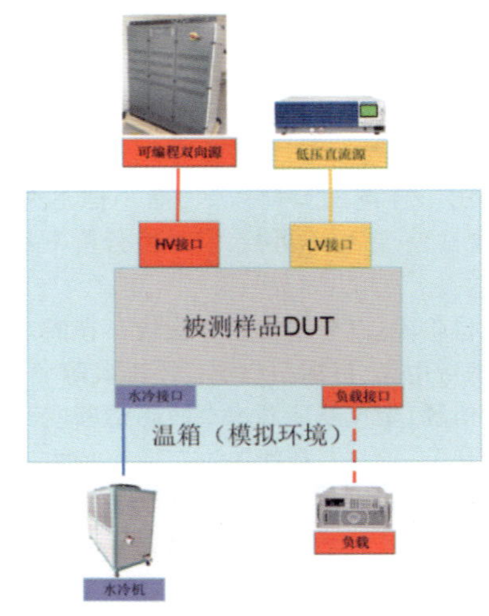

图 8-1-63　新能源汽车高压部件高压瞬态现象测试平台

创新点 2:实现 5 V/ns 快速电压斜率上升脉冲

创新点 3:实现复杂新能源电驱电控加载工况

解决的难点问题 1:如何满足快速电压变化斜率的电压变化波形测试要求。

达成目标:实现高压电性能及脉冲测试要求。

目标产品:电驱系统、DC/DC、空调压缩机、PTC、OBC 等高压部件。

实现指标:满足 ISO 21498—2 和 ISO/TS7637—4 标准,系统输出功率 72 kW;供电能力最大输出电压 1120 V,最大输出电流 225 A;可输出 500 kHz 叠加交流电压;耦合网络可承受 300 A 电流。

该测试平台的主要创新点具体如下:

创新点 1:自研设备能力,集成新系统

高压电气系统中的电压纹波主要来源于电机或者是含其他含功率部件的产品产生的,课题 组通过研究波形的幅值、频率等参数后,采用“函数发生器+音频功率放大器”实现波形模拟,通过耦合变压器将波形注入至供电回路的方法实现试验功能,如图 8-1-64 所示。此种方法的试验频率可以达到 500 kHz,相比于“高压电源+四象限功放方法的 200 kHz 的试验频率更高。

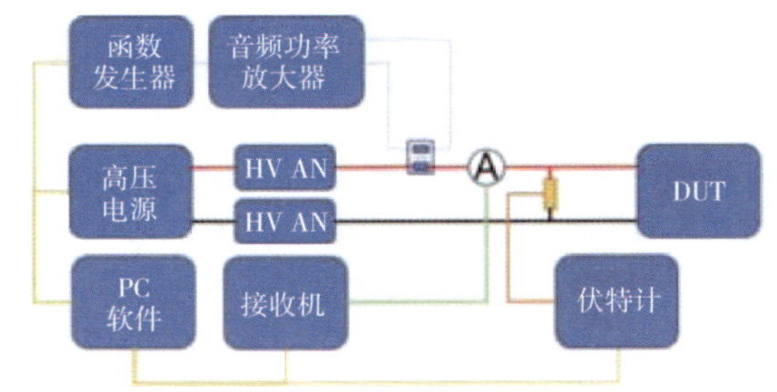

图 8-1-64　电压纹波波形模拟

创新点 2:实现 5 V/ns 快速电压斜率上升脉冲

项目难点问题:如何满足快速电压变化斜率的电压变化波形测试要求。

解决方案:

①ISO 21498—2 标准 Immunity to load dump voltage 测试电压变化斜率要求:250 V/ms。实现方法:使用交直流可编程电源,设置如图 8-1-65 所示,可直接输出波形如图 8-1-66 所示,满足 250 V/ms 上升沿要求。

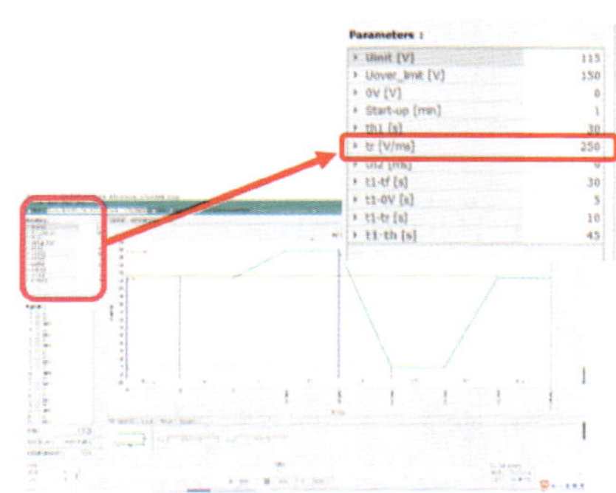

图 8-1-65 实现方法

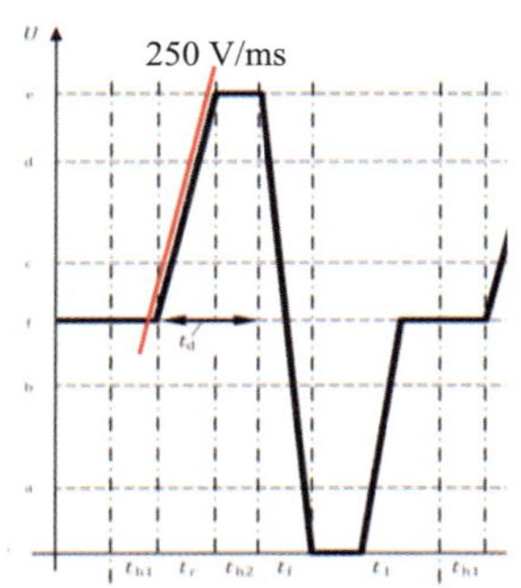

图 8-1-66 试验波形

②VW80300 标准 EHV-10 Load dump 测试电压变化斜率要求:3000 V/ms

实现方法:使用已有的脉冲发生器设备,如图 8-1-67 所示设备的搭建系统,结合耦合变压器实现 3000 V/ms 的快速上升斜率的脉冲,如图 8-1-68 所示的试验波形。

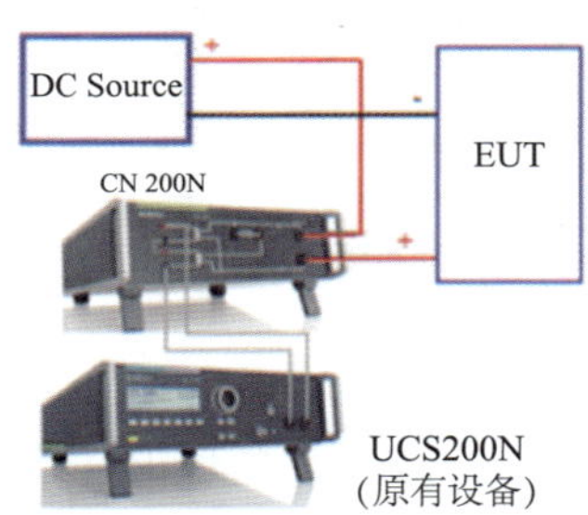

图 8-1-67 实现方法

③VW80300 标准 EHV-16 HV Pulse 测试电压变化斜率要求:5 V/ns。实现方法:使用特殊的脉冲发生器结合交直流可编程电源,构建如图 8-1-69 所示的设备系统,可以实现 5 V/ns 的快速上升斜率的脉冲,实现如图 8-1-70 所示的试验波形。

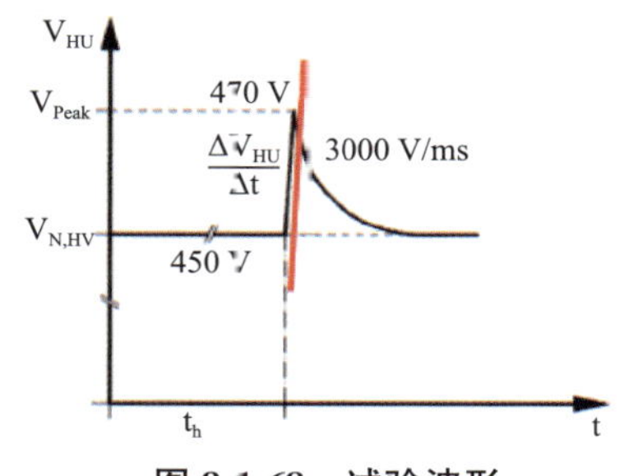

图 8-1-68 试验波形

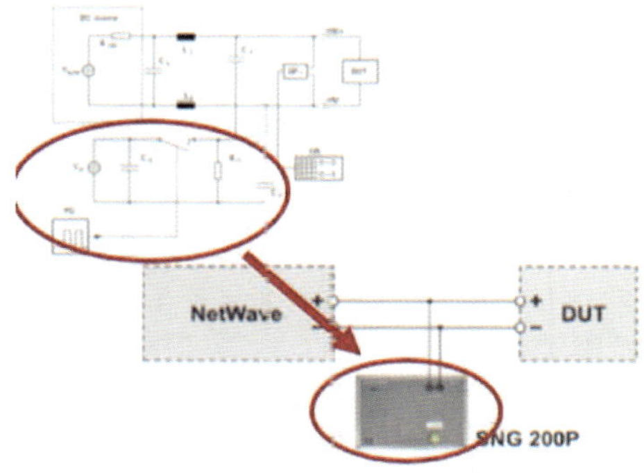

图 8-1-69 实现方法

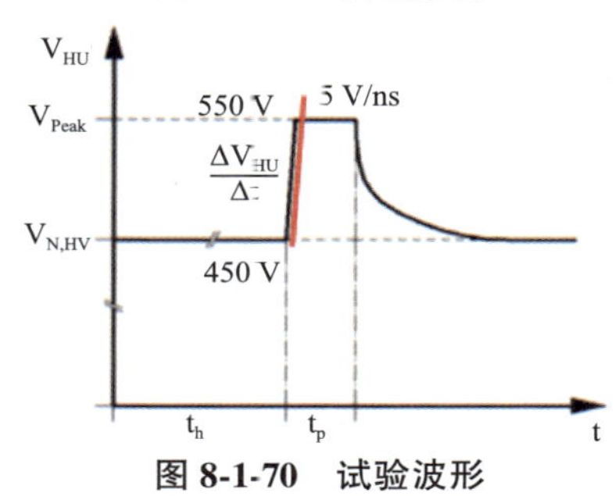

图 8-1-70 试验波形

创新点 3:实现复杂新能源电驱电控加载工况

新能源汽车在加载工况下不同的工况、不同的供电电压、不同的加载模式、是否模拟实车阻抗和感抗对于运行纹波和启动、停止瞬间产生的波形都会有影响。

该平台结合测功机实现电驱加载的高压电性能试验能力,在驱动电机系统输入端,在 HV+和 HV-之间使用示波器和差分探头采集不同工况下产生的纹波,搭建如图 8-1-71 所示新能源电驱电控加载电性能测试平台,经过分析后所得电驱系统纹波产生的原因是内部 IGBT 开关过程引起的,纹波的频率与开关频率有关。

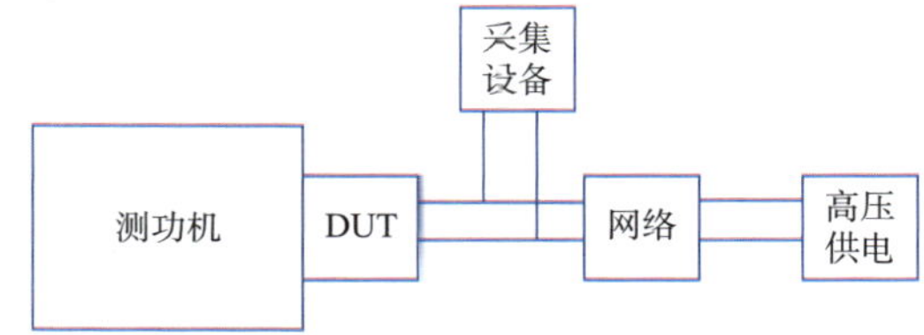

图 8-1-71 新能源电驱电控加载电性能测试平台

3. 国际水平对比分析

STIEE 新能源汽车高压部件高压瞬态测试平台最大输出功率 72 kW,直流输出电压范围-1120 V~+1120 V,最大输出电流 225 A 测试频率:DC~500 kHz;耦合网络 300 A,ISO/TS 7637—4:2020,ISO 21498—2:2020,VW80300、GS95002,应用领域汽车、军用、航空等。在该项检测领域,已经属于行业较为先进的技术能力。

4. 成果应用情况

自构建新能源汽车高压部件高压瞬态现象测试平台以来,带动了宝马、北汽、福田、一汽、小鹏等车企资质认可。为车企解决了如动力电池、无线充电、车载充电机等高压瞬态现场提供了验证分析等。依托平台成果深度参与汽标委电性能相关标准制修订,牵头制定团体标准两份。

5. 社会及经济效益分析

降低车企及零部件企业研发成本,缩短研发周期,降低测试费用;为新能源汽车相关企业提供专业的服务平台,解决测试需求,促进新能源汽车高压产品技术进步;完善了国内新能源汽车高压部件测试能力,填补试验测试资源空白;完善国内高压瞬态现象标准体系,填补国内标准空白。为企业快速实现产品迭代创新打下了坚实的基础,为产品质量的提升和改进提供了很好的助力,从而较好地支撑了新能源汽车行业的高质量发展。

基于新能源汽车智能诊断产品关键环节提升

供稿:深圳市星卡科技股份有限公司　谭　斌

1. 成果简介

为汽车后市场提供了一整套完整的新能源汽车诊断维修方案,通过主机设备进行诊断,将诊断数据回传到星卡 EV 诊断云平台,通过故障码和数据流等数据分析,给技师呈现一份专业的汽车诊断报告,并给出维修指引,引导技师进行维修诊断。同时,在设备上增加汽车维修资料,数万份的汽车诊断资料查询,方便快捷且真实的维修案例,降低汽车维修难度。

(1)成果的主要终端产品

①星卡 CE 智能诊断产品包括:CE EVD, CE EVD Pro,产品外观如图 8-1-72 所示

星卡 CE 智能诊断产品是深圳市星卡科技有限公司推出的智能化、模块化的诊断产品,开创了国内首个将新能源汽车诊断功能和其他的辅助修车设备合二为一的模块化设计,使新能源汽车维修从诊断、检测、维修更加简单,不再需要购买多个不同的设备,一款设备即可满足所有诊断需求。智能模块只需要插在 CE 设备上,即可直接使用,CE 设备上自己可以操作并有界面显示。智能模块支持:打印机、工作灯、内窥镜、热成像、胎压检测。

星卡 CE EVD 是深圳市星卡科技有限公司推出的同价位功能最强的一款智能诊断解码仪,包含了纯电动汽车,插电混动汽车等 170 多个不同的车型品牌诊断功能服务,同时支持了在线编程、31 项特殊功能的新能源汽车保养功能服务、车型升级模块、ADAS、胎压、星卡学院、诊断反馈等功能。后台已有 6000 多万这种对应数据,能够以最简单直接的方式进行诊断。胎压系统已经是新能源汽车的标配,针对新能源汽车的胎压系统进行检测,将胎压作为一个标准配置模块使用,基本涵盖了市场上存在的所有车型品牌的胎压激活、编程、学习等功能。在线编程模块是公司目前最高端的一个产品功能,用户可以通过在线编程功能,一键式刷写 BEV、PHEV 汽车的 ECU 的数据,使其能够正常地跟新能源汽车各个电控系统识别和工作。升级中心是最简单便捷的一个模块,终端用户可以通过升级中心,将自己的各个车型品牌的软件保持到最新,同时也能够保证自己的设备应用能够保持最新。CE 智能诊断设备包含了 4G 模块,设备在不连接 Wi-Fi 的情况下,也能够有网络自动更新和下载软件。并且可以实时跟星卡后台保持连接,提供最佳服务。

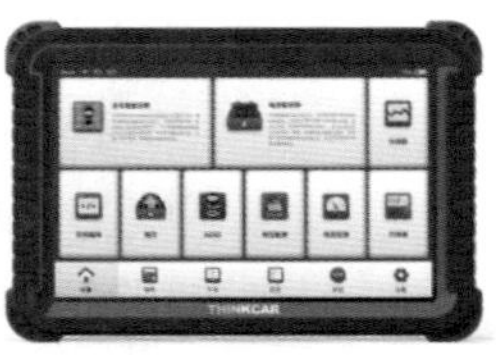

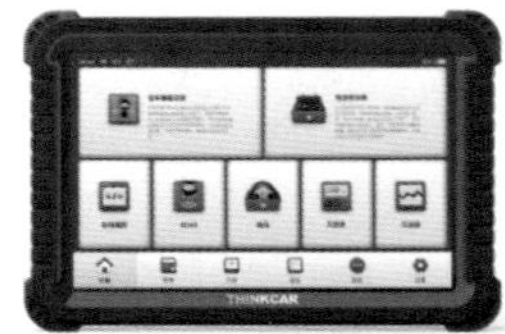

图 8-1-72　星卡 CE EVD Pro-新能源汽车诊断设备

星卡 CE EVD Pro 是深圳市星卡科技有限公司新推出的一款智能化的产品,硬件方面,该产品覆盖目前世界上支持的主流的新能源汽车协议,像 CANFD,CANBUS 等,不再需要购买转接头即可以支持;软件方面,该产品支持了国内目前最全的车型诊断,包含纯电动汽车,插电混动汽车等 170 多个品牌。

②电流钳

常用普通电流表测量电流时,需要将电路停电后必须将电流表串接入电路进行测量。星卡 EVC101 钳形电流钳就显得方便多了,钳形电流表可以在不切断电路的情况下来测量电流,只要把被测电流的导线夹在钳口内就可以了,借助于 EVD/EVD Pro 设备的连接,可以方便快捷地针对 BEV 和 PHEV 汽车进行电路故障测量诊断。

钳形电流表的种类和样式很多,普通的钳形电流钳仅可以用来测量直流电流,而 EVC101 钳形电流钳既可以测量交流电流,还可以测量交流电流。在进行测量时,应根据被测对象的不同,选择不模式。既可以测量电流又可以测量电压。

③绝缘测试仪

针对新能源汽车主要的三电系统进行维修时，对于维修人员的安全需要有一定的安全措施进行保障，可以有效的精准地电池包和电池模组的绝缘电阻测量，具备自由切换测量绝缘电阻与测量电压模式，适应不同场景下应用，方便灵活的设置定时时长，无人值守测量生成测量结果，有效利用时间，通过简单易用的绝缘电阻的数据比较功能，帮助用户分析物质的绝缘属性，有效检测耐压材料的绝缘特性，防止触电危险发生，支持高达 1000 V 的绝缘电阻测试。便捷的设备自校验功能，能够使设备的测量能够心中有数。

④新能源汽车电池包拆装举升机

采用电动液压调整工作平台，可左右、前后方向调整，适配不同电池品牌，采用等离子等数控设备切割，尺寸精确，切口平整，光洁度高，主要的油缸部件采用高转速全自动 CNC 数控车床加工而成，保证了优秀的同心度和光洁度，缸桶滚压镜面处理，强有力的电机，达 1 t 超强举升能力，配有简单易用的移动设计，可平稳地固定在地面或者轻松移动，抛丸表面处理，高温喷涂处理，保证了耐用性。配备自动机械保险锁，使用更安全更可靠。适用于广汽、宝骏、比亚迪、北汽、吉利、奇瑞、东风等多家新能源汽车车型使用。X 架设计能够将电池包举升高达 1.7 m 的高度，6 脚高压绝缘保护垫，防止电池倾斜及人员的触电危险。

⑤模组均衡仪

针对电池包续航里程短，电池模组寿命早衰的问题，模组均衡一采用极简操作，轻松一键均衡无需值守，自动记录均衡数据，曲线呈现，方便数据追溯，无需烦琐设置，即可实现自动识别电池串数和均衡电压，简单易用。对外输出电流可调，轻松实现电池包模组的大电流均衡，解决电池续航里程变短，电池组寿命“早衰”的问题，具备调节电池组的充电电压，对电池进行活化充电，避免电池不平衡趋势的恶化，通过采集单体电池参数，使用智能算法分析判断电池组的深层次问题，为客户维修提供参考依据，采用自动的电池均衡方式，对性能有所下降的电池进行补电，确保每串单体电池充满电量，把组内各单体电池间的电量差异维护到出厂水平。

⑥充放电设备

针对新能源汽车电池包的维修困难的痛点，产品具备电池包过压、过流、过热保护功能，具备针对电池包放电测试功能、电池包充电测试功能，具备电池包容量快测功能；智能评估电池包 SOC、SOH，提供权威电池包智能检测报告，全面了解电池包性能；测试精度高，测试响应快，只需短短几分钟便可测出电池组中每一节电池的实际容量、内阻、当前温度等信息。

(2)项目采取的技术方法及技术路线

星卡 CE EVD/EVD Pro 产品基于 EV 云诊断及全球首创的模块化技术，自主研发设计生产适用于基于 ISO 11898、ISO 13400、ISO 22900、CANFD 等国际标准协议的车辆诊断产品，全球首创的模块化技术、EV 云诊断技术，集软件、硬件及平台于一体的新能源车辆诊断服务平台，能够支持 BEV、PHEV 新能源汽车，全面兼容市场 95% 品牌的新能源车辆诊断设备。全新的新能源 EV 云诊断模式，充分运用互联网、大数据、云计算等技术手段，打破了不同品牌诊断设备的诊断通信数据壁垒，创新维修和服务模式，突破了空间、距离、设备及人才的限制，打破了传统的靠电话或者微信沟通方式，通过设备本身 4G 和 Wi-Fi 进行数据交互，极大提高了车辆服务行业的服务效率及服务质量，降低服务成本。同时有助于实现高端技师人才及高端设备的共享，有助于维修厂、品牌 4S 店、专修门店等新能源汽车维修机构实现基于技术、规模等因素构建维修和服务多层次体系建设。具体框架如图 8-1-73 所示。

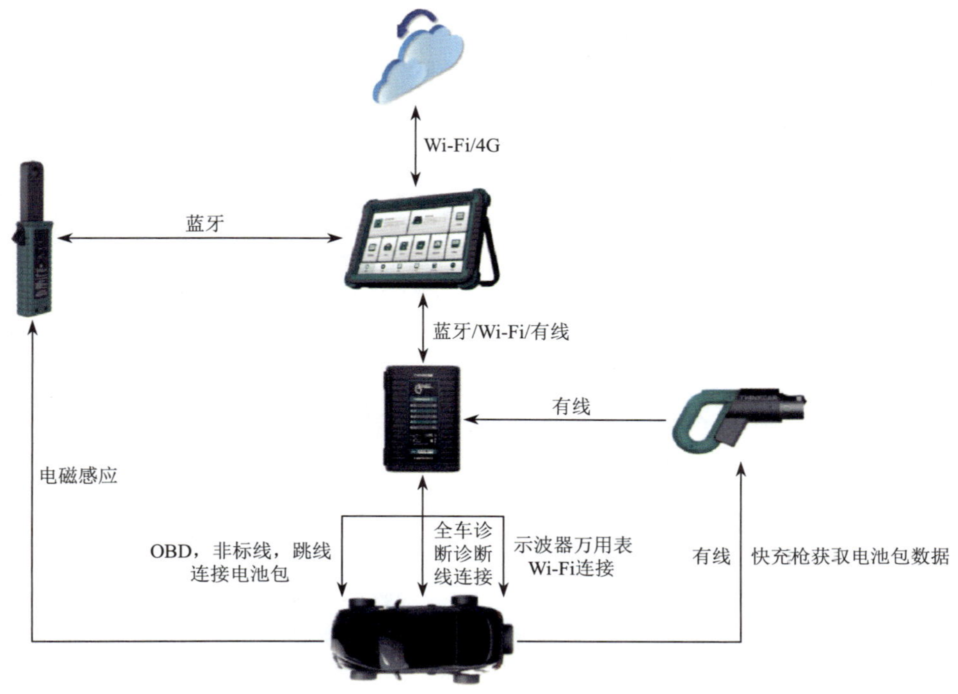

图 8-1-73　新能源汽车诊断示意图

①智能诊断技术：诊断硬件设备基于 4G 移动互联网通信，采用最新 Android 10 系统，标准 OBD-Ⅱ接口，支持 4G/无线/以太网多种网络方式的接入，采用动态配置技术，支持多路 CAN 同时工作，遵循 ISO 11898，ISO 13400，ISO 22900，SAE J2534 等车辆国际标准，满足高速、中速/低速 CAN、CAN FD、等车辆诊断技术，能够支持远程协助诊断。

②模块化的设计：创新的 10PIN 针设计模式，给设备供电电流电压 5 V，3 A，将 USB、COMM、电源等设计成独立的针脚，实现模块化组件即插即用功能。传统的行业，每个功能都需要购买对应的设备进行操作，如示波器、打印机、热成像。想测新能源汽车某些零件的波形来确认是否硬件故障，客户必须购买一整套的示波器设备进行排查，这样成本是翻倍增长的。而星卡 CE 智能诊断突破了这一壁垒，在使用设备的同时，只需要花很少的钱购买 1 个示波器模块，即可插在设备上进行使用。真正做到了 1 台设备，多个功能，而且即插即用，插上对应的模块，设备上都会有对应图标显示，操作便捷。模块设计如图 8-1-74 所示。

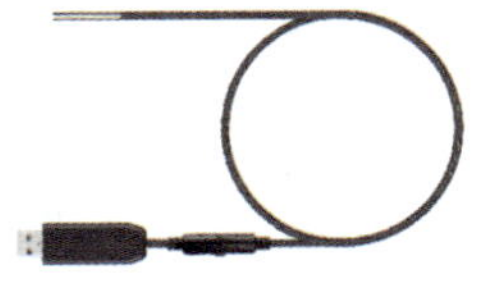

图 8-1-74 模块化设计连接示意图

③智能诊断：通过扫描新能源汽车车牌进行车型信息获取再进行诊断。星卡 CE 产品在使用过程中，可以通过设备后置摄像头进行拍车牌获取车牌信息，从服务器查询该车辆的信息（车型、品牌、年款和车架号等），然后直接进入该车辆的诊断功能菜单。后台已经有 7000 多万的数据，随着 CE 智能诊断产品不断地销售到终端用户，这个数据还会不断增加和更新，如图 8-1-75 所示。

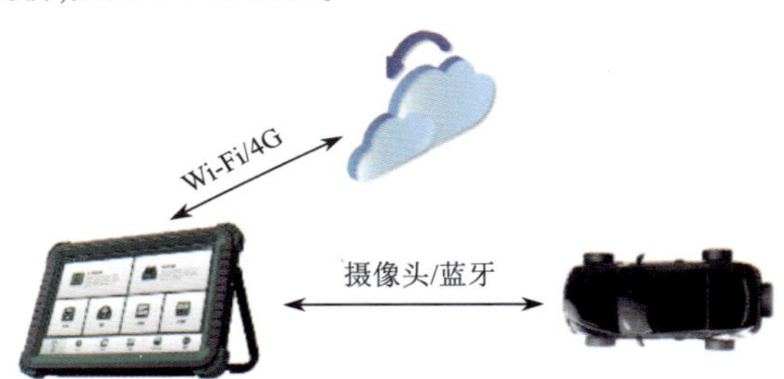

图 8-1-75 智能诊断示意图

通过现代化信息技术，互联网技术，将传统诊断和远程诊断结合，真正做到诊断无距离、无限制，随时随地进行诊断，让诊断变得更加简单高效。

从技术架构层面，可以细分为 Android 应用技术架构和大数据平台技术架构。

Android 应用技术架构，主要采用的是基于 Android 系统的架构，如图 8-1-76 所示：

A. 在系统架构层方面，主要分为 7 个层面：

应用层：包含了基础的应用程序，如应用 apk、守护 apk、示波器 apk 和电瓶夹 apk 等。

系统应用层：主要包含系统的一些应用程序，包含相机，蓝牙，Wi-Fi，电源控制等。

Linux 内核：Android 平台的基础是 Linux 内核。例如，Android Runtime（ART）依靠 Linux 内核来执行底层功能，线程和低层内存管理。使用 Linux 内核可让 Android 利用主要安全功能，并且允许设备制造商为著名的内核开发硬件驱动程序。

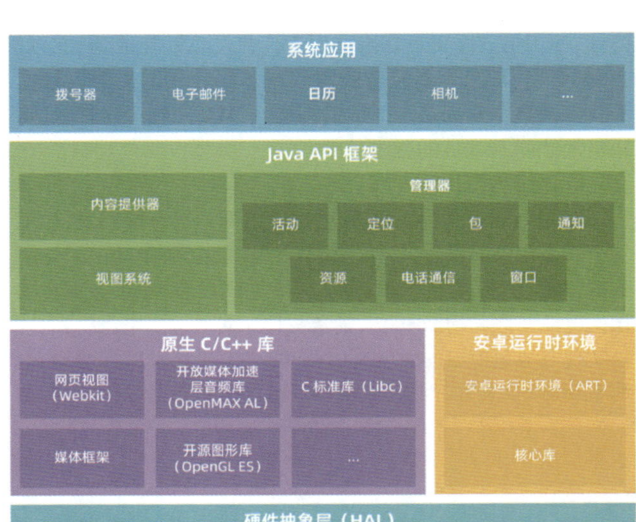

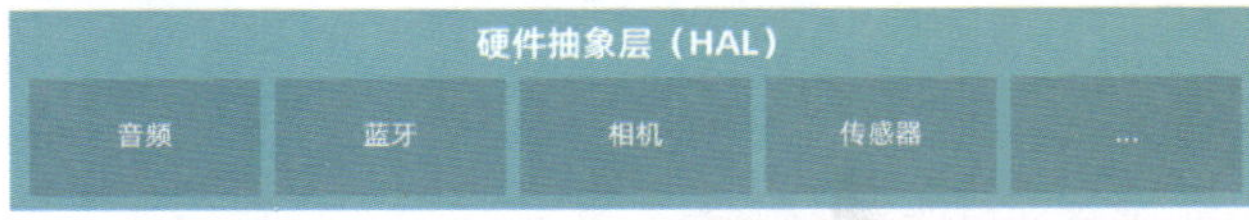

图 8-1-76 Android 系统层

硬件抽象层（HAL）：硬件抽象层（HAL）提供标准界面，向更高级别的 Java API 框架显示设备硬件功能。HAL 包含多个库模块，其中每个模块都为特定类型的硬件组件实现一个界面，如相机或蓝牙模块。当框架 API 要求访问设备硬件时，Android 系统将为该硬件组件加载库模块。

原生 C/C++库：许多核心 Android 系统组件和服务（例如 ART 和 HAL）构建自原生代码，需要以 C 和 C++编写的原生库。Android 平台提供 Java 框架 API 以向应用显示其中部分原生库的功能。如，可以通过 Android 框架的 Java OpenGL API 访问 OpenGL ES，以支持在应用中绘制和操作 2D 和 3D 图形。

Java API 框架：通过以 Java 语言编写的 API 使用 Android OS 的整个功能集。这些 API 形成创建 Android 应用所需的构建块，它们可简化核心模块化系统组件和服务的重复使用，包括以下组件和服务：

a. 丰富、可扩展的视图系统，可用以构建应用的 UI，包括列表、网格、文本框、按钮甚至可嵌入的网络浏览器。

b. 资源管理器，用于访问非代码资源，如本地化的字符串、图形和布局文件。

c. 通知管理器，可让所有应用在状态栏中显示自定义提醒。

d. Activity 管理器，用于管理应用的生命周期，提供常见的导航返回栈。

e. 内容提供程序，可让应用访问其他应用（例如“联系人”应用）中的数据或者共享自己的数据。

网络层：分为中心机房和备用机房，做网络容灾，保证网络的高可用性。

B. 在技术框架层面，主要基于 JAVA EE，全部采用开源的框架实现，主要情况如下：

为了满足大并发量的性能要求，整个架构采用 SNA 的架构，Session 集中管理，架构支持横向扩展，一旦出现性能瓶颈，增加服务器即可解决，无需对系统做任何修改。

Web 层采用的是 SpringMVC，灵活、快速、功能强大，和 Freemarker 无缝集成，强大的 Annotation 功能大大提升了研发的效率，是当前 Web 层最好的框架之一。

业务层采用的是 Spring，所有的业务逻辑处理事务处理在该层完成，Spring 本身提供了强大的 IoC、AOP 功能，以及大量的工具类，和其他框架的集成，使研发人员只需要关心业务逻辑的编写和系统级的功能，如日志处理、权限处理和事务处理等完全交由 Spring 来完成，大大提升了研发的效率和系统的稳定性。

数据访问层采用的是 MyBatis，非常轻量级的 SQL 封装框架，性能接近于原生 JDBC，同时支持动态 SQL，降 SQL 和代码完美的分离，便于后期维护，Spring 提供了强大的 MyBatis 模板，使两者的集成非常方便。

为了加快大数据量情况下的查询速度，在查询方面采用了 SolrCloudSolr，支持数据分片，负载均衡，可以轻松应对海量级数据的快速查询，同时避免了单点故障问题。采用了 Redis 作为数据缓存，Redis 支持非常灵活的数据结构，包括 String、List、Set、SortedSet 和 Hash 等，将常用的数据放入缓存中，大大加快了查询速度，同时减轻了数据库的压力。

星卡科技的报告数据是非常庞大的，报告是星卡科技非常重要的数据，所以为了报告数据的高可用和高性能存取，采用了 FastDFS 的解决方案，自动实现负载均衡，主从同步，同时具有非常好的扩展性。

C. 系统架构具备以下特性：

高可用、分层依赖 、低耦合、细粒度 、容错 、扩展性强 、高性能 、隔离、易部署、易追踪、安全。

D. 服务器部署架构图，如图 8-1-77 所示：

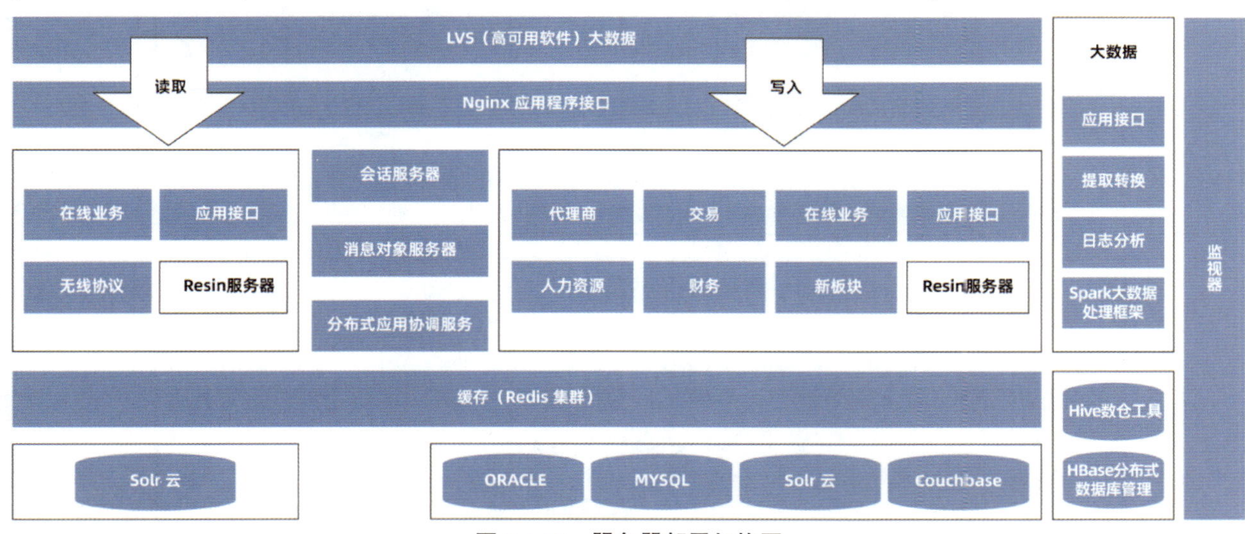

图 8-1-77　服务器部署架构图

大数据平台技术架构，如图 8-1-78 所示。在大数据应用层面主要基于 Hadoop 系 HBASE 作为数据仓库，基于 Spark 做离线计算和 Storm 在实时计算的架构。

E. 具备以下技术特性：

高性能，数据聚类算法的实时运算性能<1 s；

对结果数据实时查询性能<0.05 s；

高稳定性，系统采用集群模式架构，单点故障零时间切换，系统的可用性达到 99.99%；

海量数据处理，分布式的架构设计，支持数亿万级数据的存储与计算。

F. 已实现的学术指标

获得实用新型专利 14 项、发明专利 3 项和软件著作权 8 项。

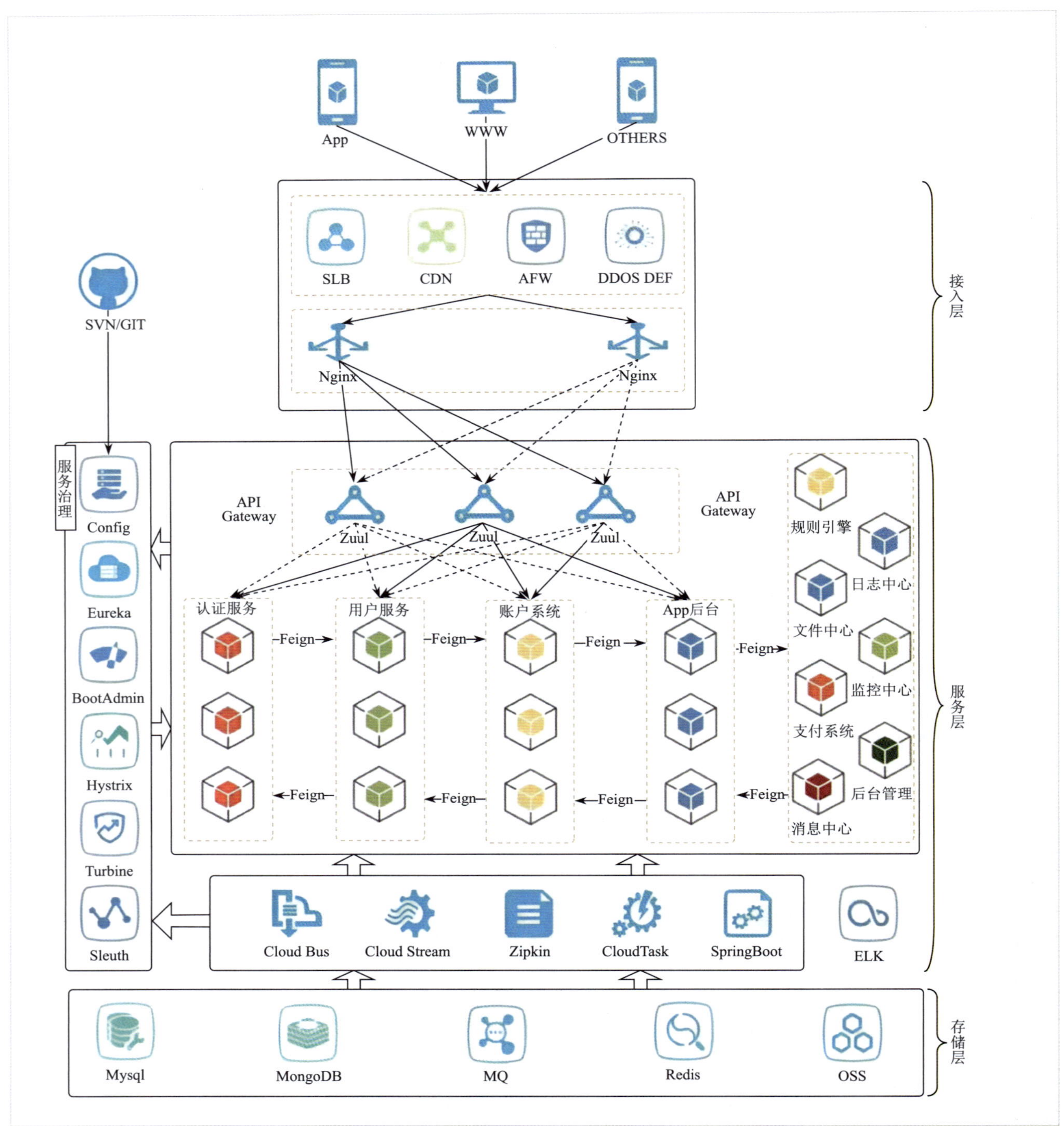

图 8-1-78 大数据平台技术架构图

G. 已实现的技术指标

高性能,数据聚类算法的实时运算性能<1 s。

对结果数据实时查询性能<0.05 s。

高稳定性,系统采用集群模式架构,单点故障零时间切换,系统的可用性达到 99.99%。

海量数据处理,分布式的架构设计,支持数亿万级数据的存储与计算。

2. 成果创新点及解决的难点问题

(1)解决高并发量情况下的横向扩展问题,采用的是无共享的 SNA 架构模式,所有的应用服务器都是无状态的、对等的,可以通过增加节点提升系统的负载能力。

(2)解决高并发量情况下的快速响应问题,采用了 CQRS 架构,对应用层面进行读写分离,大幅提升了服务器的吞吐指标。

(3)解决大型系统的易维护性问题,采用了基于微服务的设计,所有的业务模块都是一个单独的微服务,可以独立维护、独立部署,大幅提升了系统的可维护性。

(4)解决海量数据的存储与查询问题,系统大量采用了 NOSQL,如 Redis、HBASE、MongoDB、ES 和 SolrCloud 等分布式技术，使系统的存储与运算能力几乎可以无限扩展，并且海量数据的平均查询时间可以控制在 50MS 内。

（5）解决日志追踪与分析的问题，采用了基于 ELK 的日志系统，可以对日志进行实时的抽取、存储、检索，极大提升了日志追踪、问题分析、数据分析等能力。

（6）解决系统数据安全问题，采用了基于 VPN 的网络环境，所有的业务系统只有在内网环境下才可以访问，从而很大程度避免数据的泄露风险。

（7）解决网络容灾问题，采用了主备双机房的模式，一旦主机房出现任何网络故障，所有系统自动切换到备用网络，保证系统访问不受影响。

3. 成果应用情况

（1）经销商管理平台

经销商管理平台，是一个专门给经销商设计的管理平台，基于公司业务，方便经销商能够查看到销售情况和对其一些设备信息进行管理，及时了解客户信息并根据不同人员进行一些特定的回访和服务，这个是经销商管理平台设计的初衷。功能包含产品管理、设备管理、报表管理、售后工单管理、消息推送管理、区域管理和权限管理等，经销商可以登录平台，导入自己售卖的设备，对其进行一些区域限制设置，也可以查询设备状态，查看设备是否激活和激活的用户信息等。通过第二阶段优化，包含但不限于一些界面交互，也包含一些体验性的小功能，比如搜索、批量导入和批量删除等。

（2）电池包诊断服务

通过先进的数据采集和编译方法，结合精密算法和深度解析技术，成功开发并持续迭代功能全面的电池包诊断软件。该软件不仅能够实时监控电池状态，还能准确诊断潜在故障，预测电池性能，并评估其健康状态。注重用户体验，软件界面友好，易于操作，帮助用户优化电池使用，降低维护成本。此外，技术团队不断进行产品迭代，确保软件始终处于行业前沿。该电池包诊断技术已经获得了市场的高度认可，并在多个实际应用案例中证明了其有效性。

（3）星卡 CE EVD、EVD Pro 设备应用

为了能够给更多新能源汽车后市场修理工提供服务，星卡 CE EVD、EVD Pro 等设备很好解决了新能源汽车维修工具简单、诊断电池维修故障复杂、检测时间长和软件更新慢的问题。CE 系列新能源诊断产品基于现有的最新的 Android 10 系统进行开发迭代，将最新的安卓手势应用到设备，去除底部的系统按钮，将屏幕应用到最大化，而且随着现在大家对于智能机的熟悉，手势使用也会更加方便快捷。除去一些系统层的优化，也基于功能性的开发，包含新能源汽车智能诊断、电池包诊断、ADAS，胎压诊断、在线编程、模块化、星卡学院、维修资料库、诊断反馈、升级中心和设置等多个功能模块。通过第二阶段的研发投入，在已有的功能基础上，完成了多个系统和 App 的版本更新和迭代，完善客户体验。如增加远程协助功能，当客户有问题时，可以发送一串连接码，可以远程操作客户设备进行问题分析和查看，解决客户操作和使用问题。同时基于客户在使用过程中提出的一些使用建议，不断进行交互和产品体验优化，如图 8-1-79 至图 8-1-85。

图 8-1-79 星卡 CE EVD Pro-系统界面

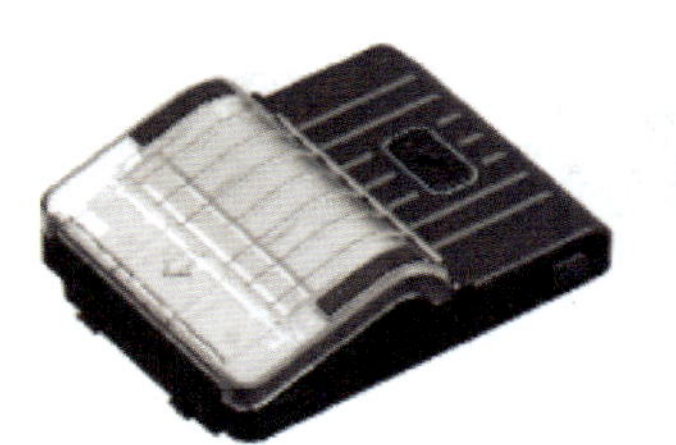

图 8-1-80 打印机模块

图 8-1-81 TPMS 模块

图 8-1-82 绝缘测试仪

图 8-1-83 电流钳

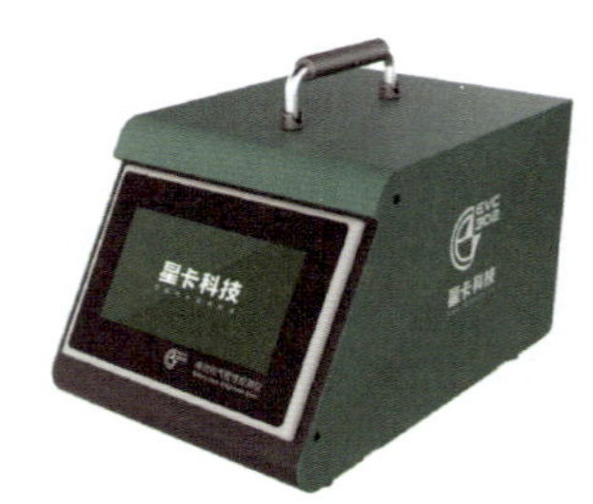

图 8-1-84　EVC302-气密性检测仪

图 8-1-85　EVC802-电池包均衡仪

(4)远程协助服务

远程协助服务是一个将维修变得更简单的服务,技师可以通过设备中提供的远程协助组件发起远程协助,通过互联网和中转服务器,实现无距离约束的远程协助服务。PC 端可以直接跟客户进行音频视频通信,实时了解新能源汽车状态,并且通过远程诊断,了解新能源汽车电控系统故障,进行维修和解决。通过第二阶段的技术迭代完成 2 个重点城市的中转服务器搭建,完成了 PC 端 web 应用,X10 和 X5 的 C 端应用,同时完成 2 个超级远程诊断服务器商家平台的搭建。

在第二阶段,已完成 6 个全国重点城市的服务器搭建,完成了 X5 和 X10 两个新版本的更新迭代,完成了 PC 端的交互效果优化和逻辑优化,让远程变得更简单高效。

同时,也完成了商家管理模块、BI 大数据平台架构体系搭建,规范所有业务渠道数据调用标准,统一通过接口调用方式读取数据,不允许基础数据多地存储,保障数据的一致性和时效性;BI 模块总计输出 23 个数据应用接口、总计完成统计需求 164 次,超级远程诊断平台正式进入数据精细化运营阶段。

4. 社会及经济效益分析

(1)提高交易效率,节省不必要的成本支出,节约社会资源。

(2)规范业务流程,降低市场决策成本,供需匹配优化,形成良性竞争。

(3)提高行业透明度,有利于行业监管和风险防范。

(4)形成新的就业机会,对新从业人员要求更高,对现有业务人员进行技能强化。

(5)提升行业形象,缓解甚至消除供需矛盾,营造良好交易环境和社会氛围。

(6)培养相关汽修专业人才,新增就业岗位。

NSK 面向智能底盘的锁止离合器及第七代低摩擦圆锥滚子轴承

供稿:恩斯克投资有限公司,恩斯克(中国)研究开发有限公司

全球汽车工业正经历百年一遇的历史变革,中国市场的电动化浪潮正引领全球市场的技术变革。NSK 作为全球领先的汽车零部件的供应商,通过了解客户的需求,不断坚持技术开发,为提供更优秀的产品而持续努力。为了满足汽车电动化对于智能底盘以及更高效电驱动系统的技术需求,NSK 结合自身的技术积累,开发了针对智能底盘的锁止离合器以及动力传动领域的全新的第七代低摩擦圆锥滚子轴承产品。

1. NSK 面向智能底盘领域的锁止离合器

(1)开发背景

随着汽车电动化和自动驾驶的普及,对高精度自动控制后轮运动的后轮转向执行器的需求也在不断增长。后轮转向执行器可提高车辆安全性和乘坐舒适性。此外,通过减少车辆的转弯半径,可以延长轴距,从而可以在这个空间内安装更多的电池,有助于延长电动汽车的续航里程。

①后轮转向执行器的功能

一般来说,传统的后轮转向执行器采用梯形丝杠,并利用梯形丝杠的性能来实现以下两个功能,如图 8-1-86 所示。

驱动功能:将电机的动力传递给轮胎。通过梯形丝杠将电机的旋转运动转换为直线运动,从而控制轮胎的运动。

位置保持功能:具有自锁功能,可防止外力传递到电机。通过梯形丝杠的自锁功能,可以防止路面无意中传递到轮胎的力再传递到电机。

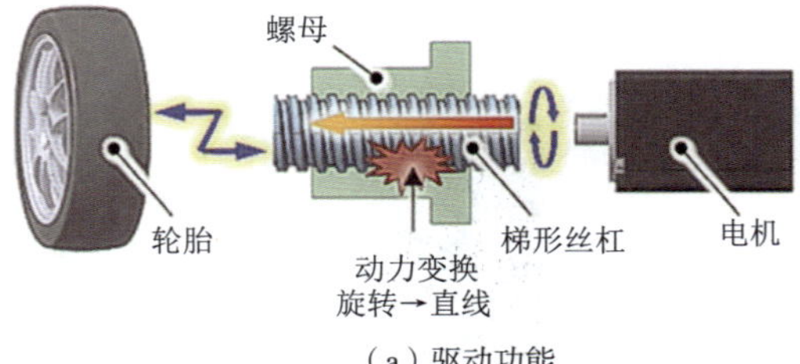

(a)驱动功能

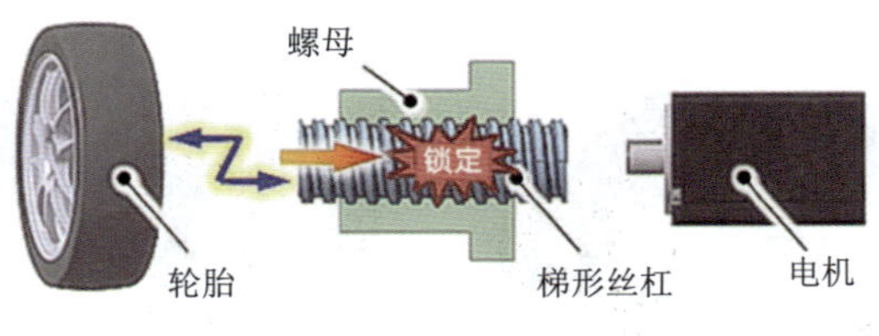

(b)位置保持功能

图 8-1-86　后轮转向执行器需要的功能

②后轮转向执行器的难题

采用梯形丝杠的后轮转向执行器将动力从电机传递到轮胎时存在动力传递效率低的问题。而使用传动效率高的滚珠丝杠代替梯形丝杠来解决这个问题时，因滚珠丝杠本身不具备自锁功能，会带来在位置保持时消耗电力的问题。

③后轮转向执行器难题的解决方案

通过开发可自锁的锁止离合器，并将其与传动效率高的滚珠丝杠相结合，既可以提高后轮转向执行器的传动效率，又可以实现位置保持功能，从而解决了上述难题，如图 8-1-87 所示。

(2)开发品的概要

锁止离合器是一款新型的动力流控制离合器，可传递输入轴的旋转并可锁定来自输出轴的旋转(见图 8-1-88)。

对执行器的需求		梯形丝杠	滚珠丝杠	滚珠丝杠+锁止离合器
驱动功能	功能①：高效传递电机动力（可缩小电机尺寸）	传动效率低	传动效率高	传动效率高
位置保持功能	功能②：电机不会受到外力作用（可降低功耗）	可自锁	不可自锁	可自锁

图 8-1-87　“滚珠丝杠+锁止离合器”的优点

开发品的优点

①高传动效率和位置保持功能

NSK 通过长期积累的摩擦控制技术实现了高传动效率和可靠的锁定功能，而且无需电力。

②为后轮转向执行器的小型化和低功耗作出贡献

此次新开发的产品和滚珠丝杠搭配使用，可提高后轮转向执行器的传动效率，与传统产品相比提高了约 70%，并在保持位置时提供自锁功能。这使后轮转向执行器的电机得以实现小型化，与传统电机相比约减小 40%，有助于降低功耗。

③为从汽车到产业机械的广泛行业作出贡献

该产品不仅可应用于汽车的后轮转向执行器(见图 8-1-89)，还可应用于许多其他领域。如汽车领域中的车身高度调整、电动门、电动座椅、动力切换离合器；产业机械领域的 AGV 和自动搬送机器人等的驻车机构、升降装置、机械臂、电动缸等液压和气动设备的电气化设备等。

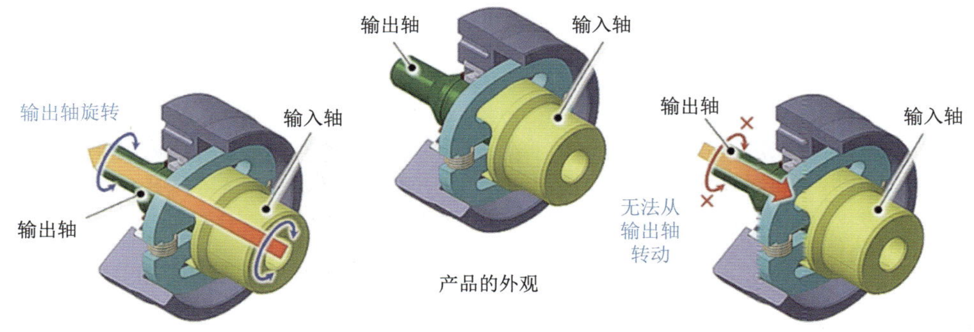

图 8-1-88　锁止离合器的功能

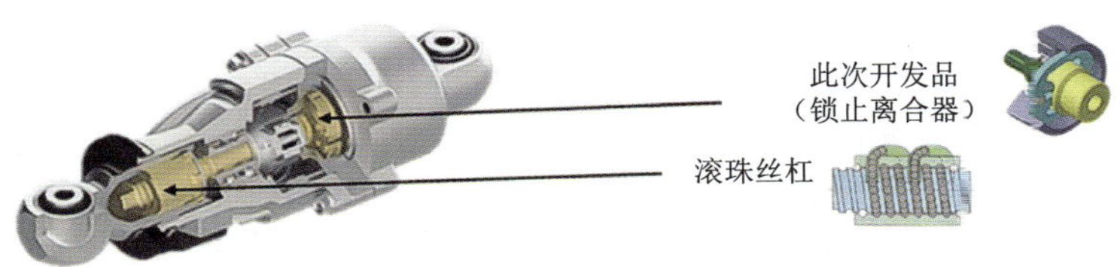

图 8-1-89　锁止离合器及滚珠丝杠在后轮转向系统中的安装位置

2. NSK面向动力传动领域的第七代低摩擦圆锥滚子轴承

随着电动汽车对高效率、高可靠性的不断提高，NSK也通过不断优化轴承的开发以提供更优的多样化轴承解决方案。

(1)汽车电动化对圆锥滚子轴承的需求

圆锥滚子轴承大多使用于车轮侧低速重载的环境中。因此，降低圆锥滚子轴承的摩擦力矩，能有效提高传动系统的效率(见图8-1-90)。

NSK从1980年左右开始就通过各种手段来实现圆锥滚子轴承的低摩擦。近年来，以低碳社会为目标的汽车电动化发展日益加快，对低摩擦的需求也越来越高。另外，2021年我国乘用车开始使用CLTC工况，对电耗和油耗的要求进一步提高。因此，对于圆锥滚子轴承全速域低摩擦性能的要求也越来越高。

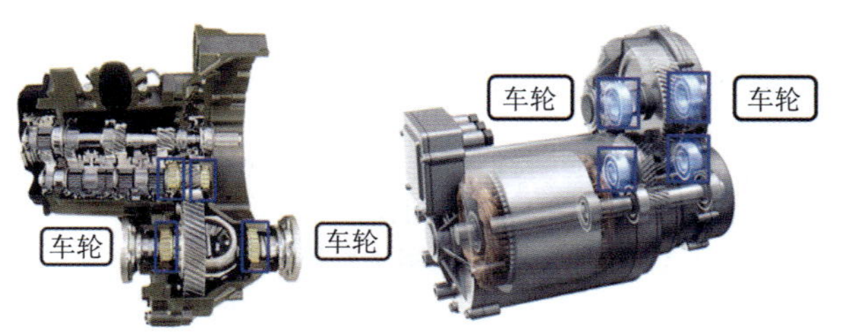

图8-1-90 圆锥滚子轴承在变速箱及eAxle中的使用部位

(2)第七代圆锥滚子轴承产品特征

①滚子数的最优化，减少滚动摩擦，与现有产品相比实现全速域摩擦力矩平均降低20%(见图8-1-91)。

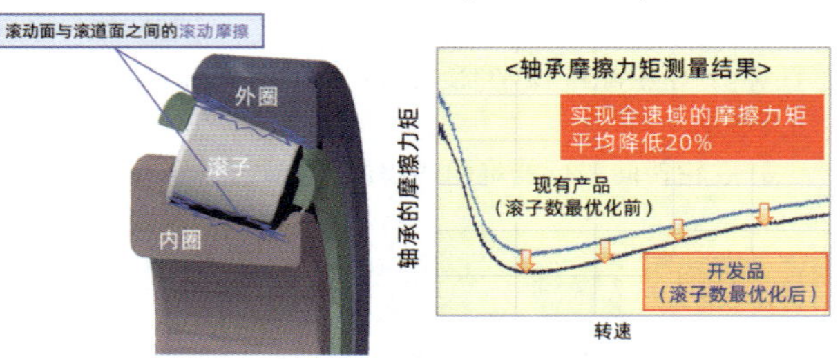

图8-1-91 既存品与开发品的轴承摩擦力矩

②使用现有设备即可生产该轴承，可以快速向客户提案，争取早日投入市场。

③本次实现的“滚子数最优化”也适用于现有的低摩擦圆锥滚子轴承的改善。

(3)第七代圆锥滚子轴承产品技术

①着眼于圆锥滚子轴承的寿命优势，优化滚子数

圆锥滚子轴承，在异物环境下耐久性高，有明显的寿命优势，在验证实验中，结果也表明圆锥滚子轴承实际寿命比计算寿命长。

②解决与滚子数最优化相关的课题

NSK利用长年沉淀的特殊凸度技术与面向稀薄润滑环境的保持架等技术，解决了由于滚子数最优化而产生的滚子头部过大面压及烧结等课题。

新能源汽车电机转子全自动平衡机的研发与应用

供稿：上海剑平动平衡机制造有限公司

1. 成果简介

近年来，新能源电动汽车进入高速发展的快车道，市场占有率呈倍数增长；国家从能源和产业方面，也大力提倡和支持新能源电动汽车的发展。而作为新能源电动汽车核心部件之一的电机，需求量也越来越大；从性能角度出发，更好的驾驶体验通常需要电机具有更高效率、更轻量化、更静音、更长寿命等要求。为了解决这些问题，电机技术也在不断革新。同时，在提高新能源电动汽车的性能、安全性、耐用性、舒适度等方面，需要对电机进行动平衡检测。转子动平衡是电机生产制造过程中极其重要的一个工序，直接关系到电机的噪声、振动指标性能是否达标的问题。由于电机电气设计上的缺陷也会引起噪声、振动超标，与机械上的不平衡问题交织在一起，导致电机噪声、振动问题极其复杂。

上海剑平公司从2017年开始研发新能源汽车电机转子全自动平衡机，于2018年6月将第一台1000 kg的型号为A1WZ1-1000磨辊全自动专用平衡机，交客户使用，开启了公司在新能源汽车领域里电机转子动平衡新篇章。经过几年的发展，公司已成为国内新能源汽车转子全自动平衡机的生产主力军。校验检测的从小到几克，大到135 t的转子。

上海剑平公司产品广泛应用于汽车零部件、电机、风机、水泵、制冷空调、3C电子、家电、机床、铁路、船舶、航天航空等诸多领域。

公司掌握了通用及全自动平衡机的核心技术，拥有多项知识产权，发明专利3件，软件著作权20件，实用新型专利46件，外观设计专利6件，处于实质审查阶段的发明专利申请10件。

2. 成果创新点及解决的难点问题

动平衡机主要用于测量、分析和消除旋转机械中转子的不平衡质量，早期的动平衡机采用的是机械测量方法来测量振动振幅，这种动平衡机机械结构复杂、平衡精度低且需要多次平衡，操作难度较大。新能源电动汽车的电机是核心部件之一，对电机转子进行动平衡检测是十分重要的。公司动平衡机在检测和修正方面，为解决技术问题采用以下创新技术：

(1)去重夹紧机构：

该机构两侧为左、右夹紧板，左右两侧在V型滑轨槽中相对运动。后方的气缸作为动力源，气缸推出，左、右夹板两侧同时动作。转子的左、右、前、后四个位置同步均匀夹紧。钻头穿过夹紧位置的左后和右后夹紧块中间去重，同时铁屑通过吸筒被吸走。

同行业中转子需要左右浮动，去重时要把转子推向一侧压紧。相比而言两侧夹紧机构运动稳定性高，确保加工精

度，工作效率高，换型方便。转子叠后改变时，调整左右夹紧板的初始位置即可（见图 8-1-92）。

夹紧去重时，机构对工件的端板理论变形情况如图 8-1-93 所示，并在客户工件中实际认证，工件转子的端面几乎没有夹伤。该机构应用于 A1WZ1-20 新能源机型，并得到用户的广泛好评。

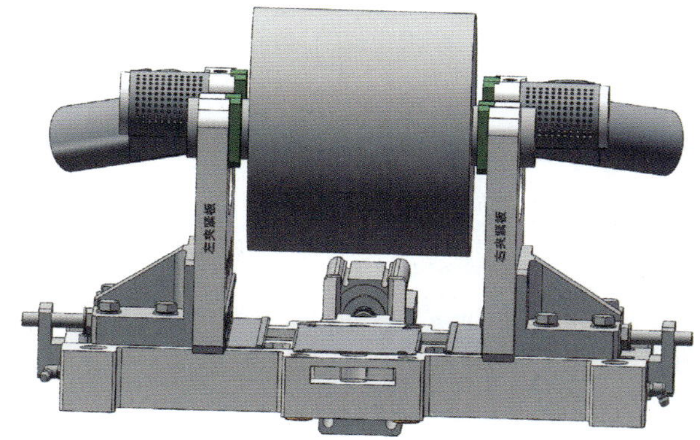

图 8-1-92　夹紧机构

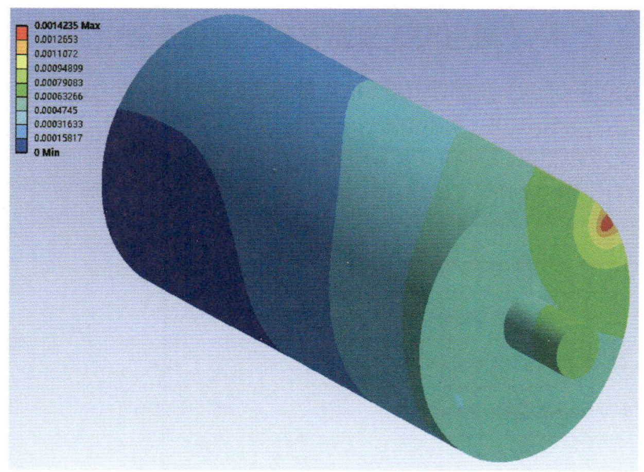

图 8-1-93　端面变形图

（2）自动对刀

上海剑平研发了自动对刀技术，也称之为电气零点。系统在钻孔前会自动去探测工件加工端面的位置，通过探测钻头与工件之间的导通电信号来判断钻孔是否接触到了工件，记录坐标作为基准进行去重（见图 8-1-94）。从而缩小了去重的深度误差，提高了去重合格率。

（3）自动定位

平衡机操作系统具备测量完成后自动将工件旋转到需要去重的角度的功能。系统自动记录工件的特殊标志点，作为角度的基准，测量完成后通过解算算法自动将不平衡量值按照预设的参数进行分解。将不平衡量分解成若干个不同深度的孔，并通过伺服电机带动工件转动，依次到达需要钻孔的角度，实现自动定位、自动去重。

图 8-1-94　电气零点应用图

（4）自动钻孔

平衡机操作系统可以按照解算出的孔的位置和深度，控制角度定位伺服电机和钻孔部套伺服电机配合，自动依次进行钻孔修正。全部钻孔完成后自动进行动平衡复测。

（5）钻孔自动避让

在系统将不平衡量分解到若干个钻孔的过程中，解算算法可以自动记忆每次加二时加工过的孔的角度，并在计算下一次钻孔位置时自动将上一次孔的位置进行避让，避免重孔。或者，当工件自身存在油道孔或者其他需要钻孔时避开的位置时，也可以将需要避让的位置在系统中预设，系统在解算时也会自动避让。

3. 新能源汽车电机转子全自动平衡机的操作系统展示

（1）启动界面

总电源开关后，触控屏系统自动进入 JP900 操作界面，如图 8-1-95 所示。

（2）测量界面

以极坐标矢量图显示转子的不平衡量，具体界面拥有的数据在图 8-1-96 中有明确标示。

（3）设置界面

进行平衡检测数据的设置，如图 8-1-97 所示。

（4）参数界面

显示平衡测量的参数，如图 8-1-98 所示。

图 8-1-95　JP900 启动界面

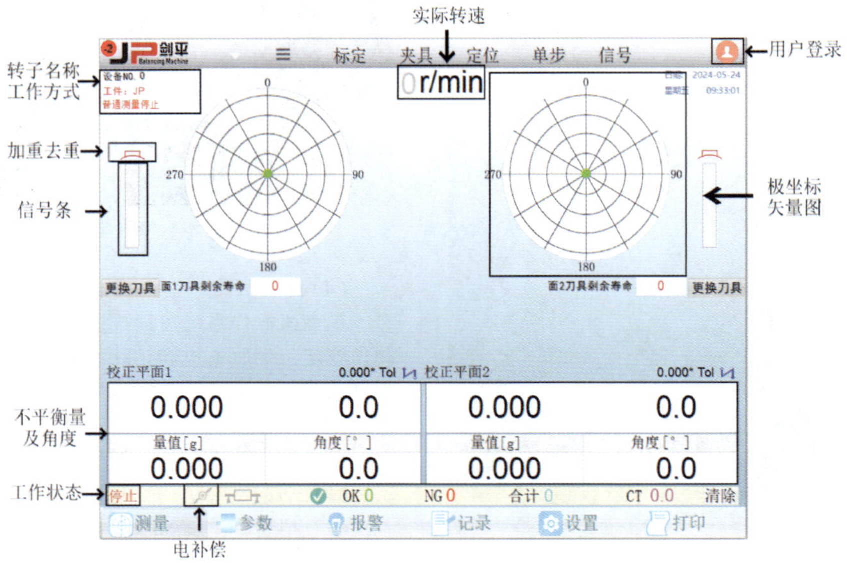

图 8-1-96　测量界面

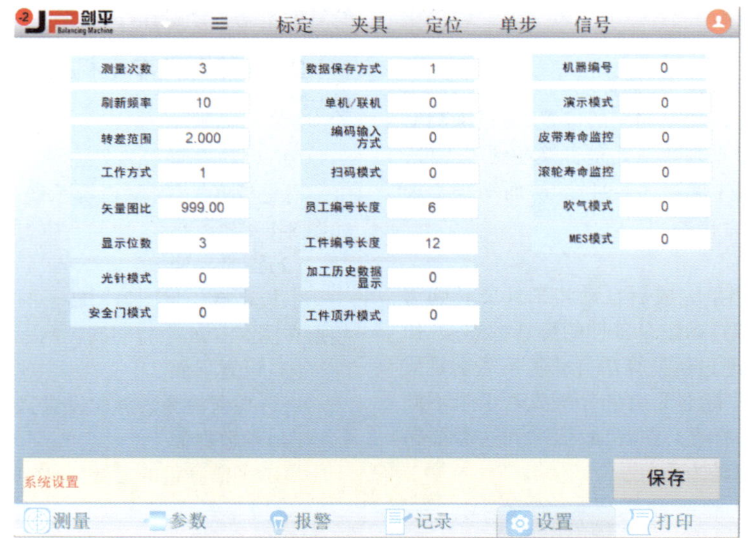

图 8-1-97　设置界面

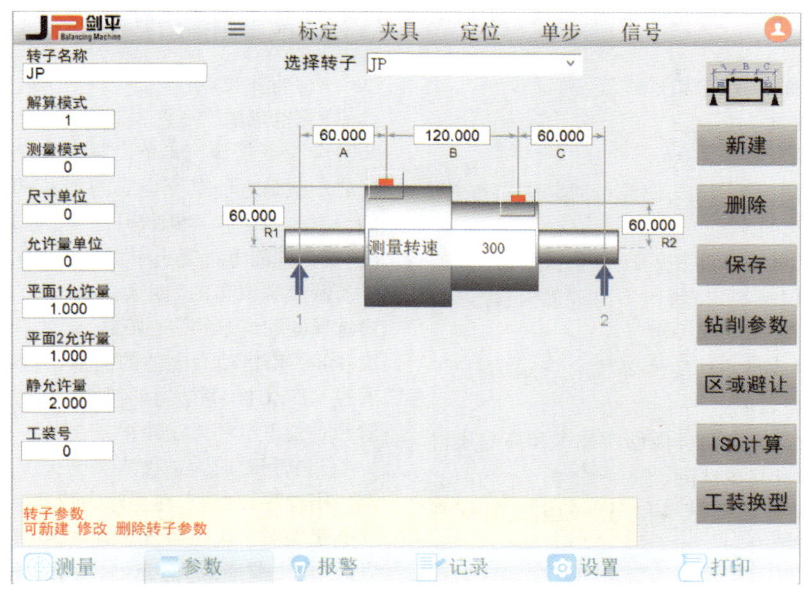

图 8-1-98　参数界面

4. 成果应用

上海剑平公司与各大汽车生产厂家和系统设备集成商都有合作，公司生产的新能源电机转子全自动平衡机，在上海汽车电驱动有限公司 A1WZ1-50；惠州比亚迪电子有限公司 A1WZ1-20；沈阳新松机器人自动化股份有限公司 A1WZ1-160 等客户广泛应用。

上海剑平公司，新能源汽车电机转子的动平衡机性能优越，具有智能化和自动化的特点。单机生产仅需 1 人操作，简单方便；亦可与客户设备联机流水线生产。此款动平衡机可以通过预设的程序和算法，根据转子的实际情况进行自动调节和控制，无需人工干预。同时，还具备自诊断和故障排除功能，可以自动检测并分析问题，提高设备的运行稳定性和可靠性。

5. 社会及经济效益分析

公司中长期的发展战略规划是"技术为本，专业创新，做中国最好的动平衡机"，实现公司持续、快速、健康发展。

公司近几年新能源电机转子全自动平衡机生产，呈突飞猛进的发展。2021 年公司生产新能源电机转子全自动平衡机 19 台，2022 年为 32 台，2023 年公司为 143 台，合作知名企业有安徽航大、比亚迪、上海上汽、力鼎智能等等。经过比亚迪的使用验证，性能优越、精度高，受到比亚迪的认可。

公司多款产品打破国外垄断，填补国内空白。公司产品出口到 100 多个国家和地区，客户有：法国伦茨、德国舍弗勒、匈牙利利纳马等。

公司执行全生命周期研发管理体系，跟踪世界动平衡机技术与标准的发展，研发世界创新自动化平衡机产品，在"品质、交期、按时率、效率"等核心指标达国际水平，成为领域技术和市场引领者。

欣旺达动力—闪充电池

供稿：欣旺达动力科技股份有限公司

1. 成果简介

(1)成果及应用领域：

欣旺达动力闪充电池应用于新能源汽车领域。

全球首款量产"闪充电池"具有超快充、欣安全、抗低温、特耐用、长续航等特点，支持电动汽车轻松续航 1000 km，10 min 充至 80% SOC，让充电像加油一样快，极大解决了新能源终端用户续航里程焦虑。一直以来，SEVB 始终从用户需求出发，解决核心痛点问题，深耕超快充技术领域，致力成为超快充产品领域的先行者、领导者。

①闪充电池 1.0：解决 B/C 级车型用户痛点

发布时间：2022 年 9 月

产品特点：采用 4C NCM 材料，实现了快速的充电体验。针对 B/C 级车型用户，解决了他们普遍关心的电池续航和充电不便的问题。

应用实例：成功搭载到小鹏 G9 超快充全智能纯电 SUV 车型上，为用户提供了更高效的充电体验和更长的续航里程。

②闪充电池 2.0：面向更广泛车型用户

发布时间：2023 年 4 月

产品升级：在闪充电池 1.0 的基础上，推出了长续航版，旨在满足 B/C/D 级车型用户对更长续航和更快充电速度的需求。

市场定位:进一步拓宽了产品适用范围,覆盖了更广泛的新能源汽车用户群体。

③闪充电池 3.0:全面升级,全场景覆盖

发布时间:2024 年 4 月

(2)产品亮点:

①超快充:支持 6C 的充电功率,使充电时间大幅缩短,接近甚至超越燃油车加油的速度。

②高安全:通过多维度安全防护和严格测试验证,确保电池在各种工况下都能保持稳定运行,不出现起火、爆炸等安全问题。

③抗低温:通过材料改性、3D 液冷等技术,有效提升了电池在低温环境下的性能表现。

④特耐用:通过超快充长寿命负极创新技术和高品质材料,实现了电池的长寿命和稳定性能。

⑤长续航:结合高能量密度材料和先进的电池管理系统,使电池续航里程显著提升。

(3)市场定位:

闪充电池 3.0 实现了全车型(BEV 车型 A~D 级别)和全场景的覆盖,满足了不同用户群体的多样化需求。同时,通过提升性价比和个性化动力性,让每一位顾客都能享受到科技带来的便利。

(4)关键技术

闪充电池的关键技术涵盖材料、结构、工艺制造、安全应用边界、超充设计等方面。SEVB 申请了 3000 多篇专利,其中约 1900 已授权,并且在国际 PCT 上也完成了相应的布局。

①先进超快充材料技术

通过采用先进的快充技术和高能量密度材料,实现在短时间内快速充电的同时,保证了电池在车端应用的长续航表现。其中超快充长寿命负极创新技术,采用区域活性调控、纳米缓冲网络设计,实现 6~8C 超高倍率充电及低锂耗长寿命。通过集成耐低温高能量 LFP 正极技术、低温超导电解液技术、高储液快浸润隔膜技术、高效热管理技术等,从而实现超低温条件下电池能量保持率达 90% 以上,解决了冬天续航"缩水"问题,处于行业领先水平。

②高精度工艺制造技术

欣旺达动力自主开发了高精度的涂布和叠片技术,通过多腔体模头,单条幅独立供料,横向重量极差可改善 20% 左右,自研面密度闭环逻辑,自动化水平高。而高精度叠片已实现 100% CT 检测,零不良流出,从而实现 PPB 级别的制造安全。

③全生命周期安全应用边界技术

为解决终端用户对超快充下电池安全及可靠性的迫切担忧,自研推出全生命周期自适应超充应用策略,基于全生命周期动力学衰减诊断模型,电池 SOH 与充电策略互联自适应,保障全生命周期充电安全。辅以全生命周期热—力—电耦合模型,超高精度 BMS 技术,闪充电池始终处于安全应用边界以内,使用户安全无忧。

④超快充热设计技术

针对超快充下温升高、温差大的问题,公司开发了极致低内阻技术、低热阻系统耦合热设计、全新 3D 液冷技术、独有热设计—散热结构件技术等,解决了超快充电池过热问题。

2. 成果创新点及解决的难点问题

(1)行业难点:

"充电焦虑"一直是电动汽车产业发展中的"槽点"。2023 年是新能源汽车革命与汽车行业深度转型的阵痛期,其中之一就是电动车充电难与能源产业链转型的阵痛。在新能源汽车渗透率不断跃升之下,对动力电池的续航、充电速度、安全性能等都提出了更高的要求。

新能源汽车的"四大焦虑",尤其是补能焦虑,是影响用户选择电动汽车的核心障碍,充电不方便、充电时间长亟待解决;同时,市售动力电池的能量密度提升至 140~200 Wh/kg;通过 CTP/CTB 等结构创新增加电量,解决了续航问题,长续航和百公里电耗无法兼得。

充电问题成为消费者痛点。充电速度始终是贯穿电动车使用过程,电动车在全球的快速渗透扩张则进一步放大了充电速度对于车主行车效率和用户体验的影响。对于消费者而言,主要痛点为:充电、续航和安全,其中充电问题在很大程度上将影响消费者购买欲望。

对此,欣旺达动力"闪充电池"着力打造长续航、快速补能、电池安全耐久、高保值的动力电池产品。采用自主设计闪充硅材料技术、自主设计高安全中镍正极和自主研发新型硅基体系电解液技术等关键技术,解决了新能源汽车续航里程短、充电速度慢、安全性能等难点问题。

(2)成果创新点

①引领超快充电池技术革新,首创欣旺达动力闪充电池

欣旺达闪充电池持续刷新充电效率,自 2023 年 Q1 量产 4C 闪充电池以来,当前 5C 闪充电池已经具备批量量产能力,6C 闪充电池产品即将量产,可实现 10 min 补能 500~700 km,能够做到一次充电,高速公路畅行 4 h,适配全场景、全系列 A~D 级新能源车,充分解决用户充电焦虑、续航焦虑,助力车端全面电动化。

②解决电池超快充充电过热问题,独特电池热设计原则

回归充电产热高本质:产热功率大、散热效率低,通过深度解析产热—散热两个过程,识别关键因子,针对性优化提升,从而解决充电过热问题;电芯层级,通过热阻分解,依托系列低热阻关键技术,如,高过流结构件,多层梯度动力学设计复合电极、高孔隙率低迂曲度复合涂层隔膜、高迁移数超导电解液等,显著降低电芯产热功率;系统层级,自主开发新一代 3D 液冷技术,散热效率显著提升,能满足 8C 充电热管理需求。

③破解"超级快充伤电池的技术难题",实现质保期间不限超级快充次数

通过"开源"技术,即高效率预锂化技术,提供额外活性锂源,给电池注入长寿基因;"节流"技术,即耐候低消耗活性锂技术,使电芯能抗住时间的侵蚀。破解"超级快充伤电池的技术难题",实现质保期间不限超级快充次数。

④"水火不侵、千锤百炼",闪充电池重塑安全内核,轻松通过 6 项行业首创极限安全可靠性测试

从本征安全、主动安全、被动安全多维度出发,全盘考虑全生命周期、整车恶劣工况,从零部件、电池系统、整车等多层级研究防护应用,从而实现欣旺达闪充电池超高安全性,如,高热稳定性电芯材料技术、电芯安全应用边界设计、全生命周期自适应超充策略、全生命周期热—力—电模型等关键

技术的开发落地。此外,新一代产品还经过了严格的质量检测和环境适应性测试,水火不侵,千锤百炼,闪充电池轻松通过电芯高温针刺、高温多点热扩散测试、96 h 盐水浸泡、长时高温火烧、12 m 高空坠落、七大极限工况热 & 力耦合串行测试等 6 项行业首创极限安全可靠性测试,确保电池在各种恶劣环境下不起火不爆炸、电池性能仍保持稳定运行。

3. 国际水平对比分析

欣旺达动力的闪充电池 1.0 在 2022 年量产发布之前,行业各家电池的设计充电时间在 20~40 min,峰值倍率 3C 以内,而闪充电池 1.0 充电时间缩短至 12 min,峰值倍率达到 4C。当前闪充电池 3.0 充电倍率已从 4C 提升至 6C,持续引领了行业超快充技术的发展趋势,从超快充产品规划、技术指标来看有以下几个方面:

①国内外超快充产品技术规划及落地

车企:国内外各头部车企在 2024—2027 年均有规划 800 V 高压快充车型,充电倍率达 4~6C。其中,国内车企对于超快充技术的规划落地更快,理想,极氪等车企 5C 充电产品已经面世,充电功率超过 500 kW,而国外车企当前还处于规划中。

充电桩:针对 800 V 超快充充电,桩端技术以车企自主开发、布局为主;桩端企业华为已发布 600 kW 超充充电桩、陆续在全国各地布桩;中电联 CHAOJI 标准落地,兼容全球充电桩接口,充电桩功率设计达 900 kW;整体来说,桩端的快速发展利于促进超快充产品落地。

电池企业:国外头部企业未公开发布超快充产品技术规划及落地,国内头部企业自闪充电池 1.0 发布量产之后,陆续发布 4~6C 的超快充产品技术规划。

②闪充电池技术指标水平

快充能力:国外电池企业产品快充水平主要在 2~3C,欣旺达闪充电池已实现 6C 快充,处于国内外电池行业中领先水平;

安全可靠性:行业上基本掌握防护技术,不管是气凝胶还是云母片,在排气等技术试验中,快充引发的电芯热失控问题不再凸显;闪充电池基于本征安全设计、主/被动安全设计,从子部件到电池系统的 5 层安全设计策略,保障全生命周期安全,高温多点触发无热扩散,实现超高安全水平。电池寿命:通过自主开发高效率预锂化技术、耐候锂消耗技术,破解“超级快充伤电池寿命的技术难题”,不限快充次数。

热管理:闪充电池在内阻设计上,复用欣旺达 HEV 高倍率体系技术并持续深耕,开发极致低内阻技术,DCR 较行业头部企业低 20%,显著降低快充产热;在电池包上,闪充电池应用全新 3D 液冷技术,适配不同倍率超快充散热需求,冷却效率高,处于行业领先水平。

4. 成果应用情况

全球首款量产峰值 480 kW 充电功率 4C 闪充电池 1.0,在 2023 年 Q1 量产装车小鹏 G9,当前市场表现良好:无安抛、无起火、0 km 和 FFF 无异常。5C 闪充电池已具备批量量产能力,将配合车企新车上市计划而落地量产,6C 闪充电池即将批量量产。

欣旺达动力“闪充电池”有方形和圆柱形两种解决方案:

其中,方形电池解决方案,10min 可从 10% 充电至 80% SOC,可搭配系统倒置/热电分离等 CTP/CTB 设计方案。

圆柱电池解决方案,10~15 min 可充电至 80% SOC,轻松实现 1000 多 km 续航。电池系统具备高兼容性和高适配性,适配不同包络兼容 CTB 方案。

值得关注的是,2024 年 4 月,在北京车展暨欣旺达动力闪充电池 3.0——6C LFP 欣星驰、6C NCM 欣星耀焕新系列发布会上,与东风岚图汽车签署了超充项目签约仪式,双方强强联合在超快充电池方面展开深入合作,并且欣旺达动力还与多家头部车企正在合作开发,未来将有更多搭载欣旺达闪充电池的新车上市。

5. 社会及经济效益分析

①轻松满足市场消费端长续航需求:

随着“闪充电池”等系列产品和解决方案落地,欣旺达动力将持续投入大量科研力量开发兼具高能量密度和快充性能的电芯及电池模组,研发规划能量密度覆盖 280~350 Wh/kg;实现 10/15/20/30 min 快充各种应用场景;并轻松满足新能源汽车续驶里程超过 1000 km 的市场需求。

②解决快充对应的充电基础设施不足的社会问题

补能焦虑,是影响用户选择电动汽车的核心障碍,充电不方便、充电时间长亟待解决;能量密度有一定的天花板,当能量密度达到一定高度后,很难出现更高的突破,新能源汽车要想长远发展除了增加充电基础设施的建设和完善,更需要像欣旺达动力“闪充电池”这样的快充技术和产品进行支持。快充电池的出现未来能够很好地解决设施不足和补能时长的效率问题。

③加快新能源汽车普及,助力社会减排降碳

随着欣旺达动力闪充电池的量产应用。超快充技术的大规模运用将提升用户体验,超充将成为未来主流的补能方式之一,改善充电焦虑,促进新能源汽车的进一步普及,从而推动全面电动化时代的到来,也赋能国家和全球的“双碳”目标实现。

电动车辆电池系统综合管理技术

供稿:西安交通大学机械工程学院

1. 成果简介

电动车辆电池系统综合管理技术借助各类传感器采集电池信息,对电池系统进行综合管控,西安交通大学机械工程学院开展的《电动车辆电池系统综合管理技术》项目成果主要包括:高密度锂电池系统机电热耦合模型,高比能量、高散热电池包结构设计,新型宽温域、高精度电池状态估计方法,高效、高可靠的均衡/重构拓扑结构与控制策略。

随着全球对环保和可持续发展的日益关注,在我国“双碳”政策的大背景下,以电动车辆为代表的新能源汽车已成为战略性新兴产业。动力电池作为电动汽车的直接供能装置,其性能直接影响了车辆的运行特性,锂离子电池因其具备高比能量、长循环寿命及低自放电率逐渐成为市场的主流。随着电池能量密度、充放电能力的提升,对电池的管控愈发重要。电池管理系统作为电池系统的核心组成部分,它对电池的使用性能、运行寿命、安全性能等进行管理,并与整车的性能相互作用。电池管理系统作为对电池性能管控的大脑是不可或缺的,同时如何兼顾各功能模块又是研究难点。

由于电池管理的处理速度及管控效果影响电池系统的使用性能,而国内外相关研究主要集中在电池管理系统单一功能的研究,还没有综合考虑各方面在电池系统的综合特性,因此为实现电动车辆电池管理系统的实时、精确、智能、高效管理,西安交通大学机械工程学院开展电动车辆电池系统综合管理技术研究,在电动车辆锂电池系统多物理场耦合模型、热管理结构设计、状态估计等方面实现技术突破,实现高密度锂电池系统高效率、低能耗运行,并保证运行过程中的安全性,提供实时、准确的状态估计,并将技术成果应用于电动汽车、储能电站的相关场景中。

2. 成果创新点及解决的难点问题

本项目研发的成果包含高密度锂电池系统机电热耦合模型,高比能量、高散热电池包结构,新型宽温域、高精度电池状态估计方法,高效、高可靠的均衡/重构拓扑结构与控制策略以及高密度锂电池系统样机等。

该成果的技术创新亮点具体如下:

(1)全面考虑系统机电热耦合的精确电池模型。针对电动汽车电池系统在实际使用工况下存在机械特性—电气特性—热特性(机—电—热)强耦合特征,系统研究了电池间压力产生机理及其影响,分别在机电热特性方面提出了等效力学模型、等效电路及分数阶阻抗模型、等效热阻网络模型,并通过特征参数表征机、电、热相互作用的耦合机制,为实现电池系统精确状态估计以及热管理系统结构设计提供了有效指导。

(2)突破锂电池状态在线估计领域高效、精确难点。为解决铁锂电池电压平台下荷电状态估计不准确的行业难题,提出基于电池机械模型与数据驱动的电池荷电状态估计方法,有效提高铁锂电池荷电状态估计的准确性和稳定性。为解决真实世界条件下快速、准确、稳健的在线容量估计难题,提出了基于单电压特征高斯过程回归的数据驱动方法,可在3 min内实现锂离子电池变温、非恒流充电快速容量估计。提出了充分利用现场无标签数据的电池容量估计方法,只需少量有标签数据即可获得高精度电池容量估计。为复杂工况下电池状态的精确、实时估计提供了有力支撑。

(3)集成均衡、旁路功能的重构电池管理系统架构。针对大规模电池系统及其性能需求,攻克了均衡功率较低、均衡速率难以得到保障、高效可靠重构方式等难题,提出一种高效高可靠的均衡/重构拓扑结构与控制策略,在保证均衡效率的同时降低使用成本,提高均衡速度;提出一种高效强鲁棒性的电池管理系统架构,采用实时操作系统多任务管理机制,实现任务优先级的科学划分和线程间的同步,并应用于新一代电池管理系统架构。

3. 国际水平对比分析

(1)电池管理系统主要是针对电池信息采集及可靠性的简单规范,缺乏对电池管理系统综合评价指标。虽然储能电池系统均配备了电池管理系统,但是相关测试设备与环境主要针对基础信息的采集和简单控制,无法满足实际需求中电池管理各方面性能,因此本项目提出的电动车辆电池系统综合管理技术能更好地进行管理。

(2)与国外同类技术相比,开发的电池管理系统功能更加全面各方面指标更为先进,同时也更符合中国电动车辆运行过程中复杂场景及锂电池管理系统大规模市场需求,在效率和成本方面具有优势。

(3)与国内同类技术相比,所研究的锂电池在线容量估计成功地应用于电池出厂容量快速分选、退役电池的梯次利用中及电池的故障检测中,对我国电池行业的发展具有一定的促进作用。

4. 成果应用情况

项目研究成果为新一代电池管理开发提供了技术支持,孵化成立了锂云科技有限公司,此外,应用于整车厂、电池厂、电网、光储充检等多个领域。

项目研究成果提升锂电池的应用效率,孵化相关公司为多个厂家提供电池储能系统快速分选设备的研究、应用于电动汽车、储能场站、基站备电等多场景下的电池早期分容、安全维护、二手交易、退役检测及梯次利用,为储能行业发展提供助力。

项目研究成果促电池管理芯片开发,可实现传统AFE芯片的信息检测、电池保护,还可实现SOC、SOH估计、均衡等功能,大幅度提高电池储能系统的可用容量与电池寿命。

5. 社会及经济效益分析

项目成果符合智能节能与新能源汽车发展趋势,并从机电热综合建模、状态估计与一致性控制等角度有力解决其中存在的电池管理难题,有效提升了电池系统在新能源汽车领域应用的安全性、可靠性和综合性能。

高可靠、智能化电池管理系统开发及应用

供稿:安徽理工大学新能源与智能网联汽车学院

1. 成果简介

随着绿色出行,环保节能概念的推广普及,新能源汽车行业获得快速实效的进步,新能源汽车已是新一代更具环保意识消费者的重点选择对象。不同于由发动机、底盘、变速箱、车身构成的内燃机汽车,新能源汽车的主要器件包括:供电电池组、驱动电机及其控制组、整车技术和电池管理系统(BMS)。电池管理系统作为电动汽车上的主要核心部分之

一，管理着电动汽车的动力来源，其安全性、稳定性、可靠性对于动力电池系统的可靠运行至关重要。近年来，随着电动汽车行业市场的崛起，BMS技术也得到了一定程度的发展和进步，但是也存在一些不足。传统BMS的研发，存在软件模块化功能弱、生命周期短和硬件处理器更换频繁需要软件重新设计等问题。为此，研究电池管理系统安全可靠的软件设计架构，精确的电池状态估计算法，有效的电池故障诊断策略和控制逻辑，以提高电池管理系统安全性能，监控电池的状态，提高电池的利用率，防止电池出现过充和过放，延长电池的使用寿命。

由于电池制作工艺和单体电池实际工作环境差异等因素的影响，电池组中的单体电池间存在不一致性问题，会直接影响电池组的能量使用效率，单体电池的容量差异还会对电池组的容量估计精度带来影响。因此，国内外众多学者纷纷展开有关电池的不一致性问题与复杂环境下电池状态估计与电池充放电策略的研究。

同时，随着汽车电子软硬件复杂性提高，来自系统失效和随机硬件失效的风险日益增加，伴随汽车电子行业标准ISO 26262的发布，使人们对功能安全有了深入的理解，为评估、避免这些风险提供了可靠的流程保证。

2. 成果创新点及解决的难点问题

本成果的主要目标是基于电池管理系统安全，开展高精度动力电池系统状态估计、优化电池充放电策略，建立系统的故障评估体系，提高系统的预警能力，并依据ISO 26262的功能安全评估体系，实现高安全、智能化电池管理系统研发并实现产业化应用。

（1）成果创新点

①从动力电池系统电化学反应机理、过程特征、属性特征等方面分析电池全生命周期内电池健康内阻、容量、充电时间、SOC-OCV等属性参数之间的关系模型，构建多层次、多尺度、多粒度的动力电池系统全生命周期内的行为描述方法，并建立电池模型的数学表达。

②建立科学全面的电池安全评估方法：研究电池在充放电过程中的热失效模型，分析电池在不同温度、充放电倍率下的电池热场模型，准确地预测电池的温度。同时，建立电池内阻在动态工况下的内阻测量方法，对电池的内短路进行预测和报警，采用基于ISO 26262体系下的电池安全评估体系，对电池的故障进行分级评估，确保动力电池系统的安全可靠运行。

③智能化的电池荷电状态和健康状态的估计方法：针对锂离子电池建立电池数学模型的表达方法，通过对电池全生命周期内的电池容量与电池充放电特性曲线变化，建立电池参数与电池状态的估计器，采用智能算法，对电池的SOC和SOH进行准确的估计。

④建立AUTOSAR软件架构中的电池管理系统软件开发方法。根据整车对电池组系统及BMS系统的技术要求完成算法设计、功能分析，在MATLAB/Simulink环境中搭建系统的功能模型，并进行仿真分析；并实现在AUTOSAR软件架构中的电池管理系统软件研发，提高系统的可靠性和可移植性。

⑤基于ISO 26262安全评估体系，建立电池管理系统硬件评估方法，对失效率高，极易出现问题硬件模块进行冗余化设计，实现在降低硬件开发成本的同时提高系统的安全。

（2）技术难点：

①动力电池系统全生命周期内的行为特征描述题

如何基于动力电池系统在电化学反应机理的复杂性、过程特征的复杂性、属性特征的复杂性，应用复杂系统论的分析方法及手段，建立动力电池全生命周期内的行为表达模型，全方位、多尺度地描述电池的行为特征，如图8-1-99所示。

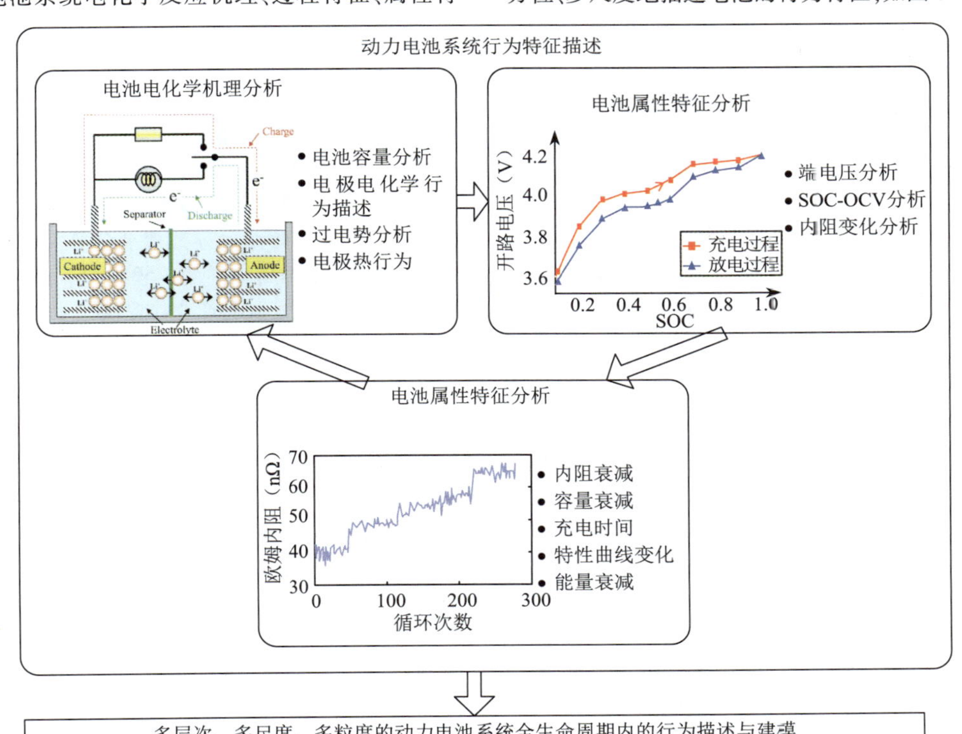

图8-1-99　电池行为特征描述与建模

②电池的热失效状态和内短路状态直接关系电池动力系统的使用安全,如何建立科学全面的电池安全评估体系对电池系统的安全使用至关重要,但当前对其进行分析和研究的手段不多,需要利用和探索新的传感技术和信息处理手段。

③基于 ISO 26262 功能安全下的电池管理系统本质安全设计问题

如何在 ISO 26262 安全评估体系,完成动力电池系统的安全需求分析,如何平衡在降低硬件成本的同时实现系统的核心元件冗余化设计,保证系统在失效模式下能够安全运行。同时,设计可靠的软件体系架构,在降低系统复杂度的同时提高系统可靠性,实现系统的本质安全设计理念。具体实施过程如图 8-1-100 所示。

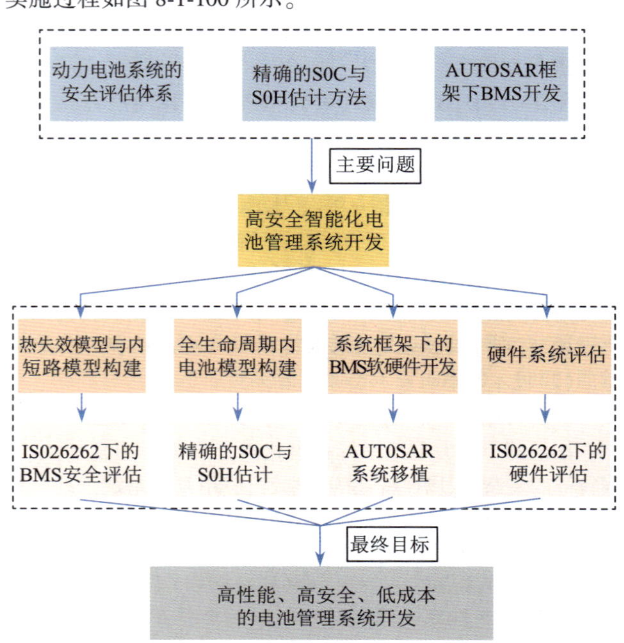

图 8-1-100 高性能智能化电池管理系统开发逻辑结构图

3. 国际水平对比

在电池安全分析上,国际上关于电池安全性的标准主要包括 ISO、IEC、SAE International 等组织制定的相关标准。这些标准对电池的安全性要求进行了详细规定,包括热失控、过充、过放、短路、机械冲击等多个方面。欧盟针对动力电池的强制性安全标准是 UN ECE R100,该标准对整车车辆电气安全及车载可充电储能系统的安全要求进行了详细规定。美国和中国也制定了相应的电池安全标准和法规,以确保新能源汽车的安全性和可靠性。

在 ISO 26262 应用上,欧洲作为 ISO 26262 架构的发源地,在 BMS 架构应用上具有较高的技术成熟度。许多知名的汽车制造商和供应商,如大众、宝马、博世等,都在其 BMS 系统中采用了该架构,以提高软件的可重用性、可移植性和开发效率。

虽然美国在电池管理技术方面处于领先地位,但在 BMS 的 ISO 26262 应用上可能相对滞后于欧洲。然而,随着全球汽车行业的标准化趋势加强,美国也在逐步采用该架构进行 BMS 的开发。

近年来,我国在新能源汽车领域取得了显著进展,BMS 技术也随之快速发展。本产品采用了基于电池安全的 ISO 26262 安全评估方法,极大提高了电池管理的安全性。

4. 成果应用情况

配套奇瑞新能源、春风动力、印度塔塔等厂家累计有超过 6 万台的应用,发表专利 10 余项,相关论文 5 篇。经过历年的开发,积累了大量的开发经验,同时和客户保持紧密合作,充分了解整车应用需求,并充分对比了各大单片机芯片技术,先后承担或参与国家、省市多项课题的攻关。

5. 成果的产能介绍情况

研发的电池管理系统成功应用于浙江春风动力电摩项目、合肥澎湃新能乘用车项目和印度塔塔三轮车项目。年产能已超过 5 万套。后续将依据市场需求稳定增长。

6. 社会以及经济效益分析

成果技术水平达到国内领先、国际先进水平。项目实施完成后,将取得以下社会、环境效益:

(1)通过基于智能网联技术的智能化管理系统开发,以及相关核心技术攻关,推动我国的新能源汽车技术和智能网联技术的创新发展。

(2)在智能网联、ISO 26262 安全架构、AUTOSAR 系统开发、电池建模、大数据远程处理平台等关键技术及产业化开发的过程中,培养高水平的工程技术人员和管理人才,为推进新能源汽车的发展和产业化提供人才支持。

(3)将产品研发与运用有机结合,构成紧密的产业链,形成有效合力,有利于提高我国电动汽车核心技术国际竞争力。

eVTOL 航空器超快充电池

供稿:广州巨湾技研有限公司

1. 成果简介

2024 年 3 月,《政府工作报告》提出积极打造低空经济新增长引擎。低空经济作为国家战略性新兴产业,是新质生产力的代表,是加快制造强国、交通强国数字中国建设的必然要求。

2024 年 4 月 27 日,巨湾技研与亿航智能达成战略合作,共同研发全球首款 eVTOL 航空器超快/极快充电池(见图 8-1-101)方案,引领动力电池助力电动垂直起降飞行器(简称 eVTOL)(见图 8-1-102)运营的创新发展,推动 eVTOL

进入极充时代,以促进城市空中交通体系的快速发展。

图 8-1-101 eVTOL 航空器超快/极快充电池

图 8-1-102 电动垂直起降飞行器

2. 关键技术

电池系统是航空器的核心部件之一,其性能直接决定了航空器的航程、平稳性、安全性和运营效率。巨湾 eVTOL 航空器超快充电池技术包含电池材料创新和电池系统创新。在电池材料体系方面,应用了高孔隙涂覆陶瓷隔膜和新型低黏度、高功率电解液,降低电解液中锂离子的迁移阻力,提高迁移速率;在负极采用特有的软碳/硬碳/石墨烯包覆改性技术,提高嵌入/脱嵌速率;自研新型导电剂,搭建高效的立体导电网络,提高电极电导率。在系统层面,离线冷却设计和轻量化材料应用,以及双支路封闭备份系统设计,达到航空器电池对轻量化和安全性的要求。

3. 成果创新点及解决的难点问题

(1)成果创新点

巨湾技研从材料、电化学、结构和控制等多维度推动技术研发,通过三大技术革新,巨湾技研 eVTOL 飞行器超快/极快充电池具备充电速度快、比能量高、循环寿命长的优势,相较于普通飞行器电池,其系统能量密度提升≥25%,循环次数≥2000 次,30% ~ 80% 充电仅需 5 ~ 10 min,同时达到 D0311A、D0160G 等航空级标准。

(2)难点问题

针对低空飞行器无人化、高效化的物流运输、低空旅游观光、低空农业经济等场景,需要满足单日使用多频次、短时间高效补能、大功率放电的充放电性能要求。公司充分布局超快充电池专利,具备单日 10 h 内运营 20 次低空观光旅行的能力,同时布局极速加热、技术冷却、高能量密度的专业电池专利,保障电池长时间、多工况、宽温度的运行要求。

eVTOL 航空器超快充电池从材料寻优、工艺设计优化、系统热管理及充电策略等方面进行全方位、体系化设计开发,以解决高能量密度电池难以持续高倍率充电、高倍率充电热管理难度大等关键难题。

(3)关键技术

①XFC 超快充动力电池技术

针对电芯材料体系开展深度综合寻优,平衡电化学、热力学、力学、几何尺度、工艺性、成本等诸多影响因素,在正/负极材料、电解液、隔膜等的研发、优选及匹配上攻关并取得突破,形成了高能密、长寿命、低成本的极快充电(XFC)电芯产品系列。现已量产的部分 XFC 电芯产品包括:

7.5 min(6C)电芯产品:80% SOC 充电 7.5 min,能量密度≥240 Wh/kg,极快充循环寿命≥4000 周,常规快充循环寿命则更长;

10 min(5C)电芯产品:80% SOC 充电 10 min,能量密度≥250 Wh/kg,极快充循环寿命≥3000 周,常规快充循环寿命则更长;

12 min(4C)电芯产品:80% SOC 充电 12 min,能量密度≥265 Wh/kg,极快充循环寿命≥3000 周,常规快充循环寿命则更长;等等。

此外,采用独有的超低迂曲度、超离子薄层包覆、立体化互联导电网络等电极先进设计与制造技术,密织构筑离子/电子高速传输网格通道,降低极化并避免析锂,可进一步提升充电速率(≥20%)、能量密度(≥10%)和循环寿命(≥10%)。

②航空级高安全系统设计。电池包双支路系统,增加与主系统隔离的封闭式备份系统,在主系统出故障的情况下仍有备份系统可支持继续运行,确保人员平安降落。主系统和备份系统之间采用航天级纳米隔热材料,实现有效防火隔热作用。结构上,通过添加钢板和防火毯形成耐高温隔离挡板,有效隔离热失控。与传统结构相比,减少防火毯用量同时提高安全效能和减轻重量。采用航天级纳米隔热材料,有效控制温度。

③轻量化技术,电芯方面在满足超快充充电性能的前提下选择高容量的正负极材料,提高极片中活性物质占比、减轻电芯辅材质量。采用集成大模组设计,单个模组集成超过 60 片电芯,采用平台化的结构设计,使用超薄的壳体集成模组。系统方面下壳体采用"铝挤出+冲压钎焊"一体式液冷板结构,节约 Z 向尺寸空间并降低重量,上壳体采用高强度和高隔热复合材料上盖,密度 1.2~1.5 g/cm^3,仅为钢的六分之一,轻量化效果明显。

4. 国际水平对比分析

超快充技术是解决电动汽车补能焦虑的关键突破口,已成为全球竞争焦点。美国在 2018 年把电动汽车 80% 电量充电时间≤10 min 的 XFC 极速充电技术识别为实现电动汽车被广泛采用须克服的关键挑战。我国2020年发布了《路线图2.0》,制定的能量与功率兼顾型(快充型)动力电池关键技术2025/2030/2035发展目标分别为:充电时间<15/12/10 min、能量密度>225/250/275 Wh/kg。

公司的超快充电池包早在2021年已量产装车,成为全球首家超快充电池供应商,提前4年达成、超越了上述我国"路线图"的2025年目标。公司6C倍率超快充电池80% SOC充电仅7.5 min,经中国汽车工程学会成果评价,技术水平为国际领先。公司超快充产品推入市场后引起较大反响,头部电池企业纷纷跟进,相继发布超快充电池相关产品。

此次,巨湾技研携手亿航智能,共同研发eVTOL航空器超快/极快充电池方案同样为全球首款,在国际上处于领先地位。

综上,全球范围内,巨湾技研是首家突破超快充动力电池量产应用和唯一量产6C倍率超快充电池的企业,既填补了全球动力电池市场空白,还锻造了我国在超快充动力电池领域的长板,巩固了我国动力电池行业的国际领先地位。

5. 成果应用情况与效益分析

eVTOL航空器超快充电池首款产品将在巨湾技研超快充动力电池专业工厂投产,应用于EH-216s无人驾驶载人电动航空器。

超快充产品的广泛应用和持续迭代,将有助于大幅提升eVTOL航空器的续航能力和充电速度,这将为城市低空交通的蓬勃发展注入更为广阔的成长潜力。

二、芯片与智能领域

智能驾驶汽车安全网关

供稿:北京理工大学机械与车辆学院

1. 成果简介

构建全面高效的智能汽车网络安全体系是我国《智能汽车创新发展战略》的重要内容,针对智能驾驶汽车内部异构网络安全防护缺失的现状,开发了智能驾驶汽车内部异构网络专用安全网关。

所开发的应用于智能驾驶汽车内部异构网络的车载网关,是能够满足智能驾驶车辆高性能、高可靠、高安全设计要求的车规级安全产品,其实物如图8-2-1所示。其主控芯片采用国产的芯驰E3640高性能多核CPU,包含3组600 MHz Cortex-R5F CPU,功能安全等级达到ASIL D,温度等级达到AEC-Q100 Grade 1,面向高性能高可靠应用场景。E3640最多可以提供5个独立运行的CPU并且都工作于600 MHz的时钟频率,CPU算力高达6000DMIPS。E3640具有大容量的片上存储并且内置硬件信息安全模块,不仅支持经典公钥、哈希、对称加密和随机数生成算法,同时还支持国密商密SM2/3/4/9算法。

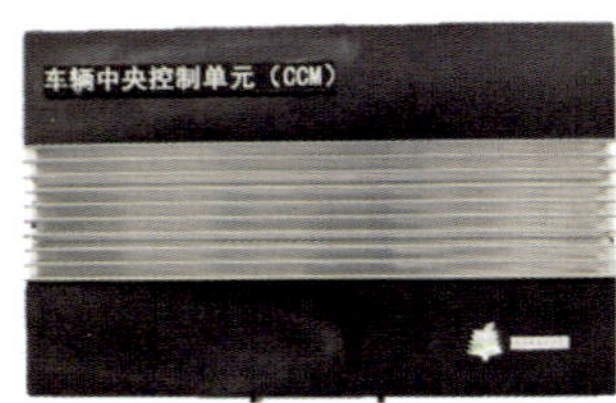

图8-2-1 网关实物

网关具有丰富的外部存储拓展接口、模拟接口以及通信接口。具有MicroSD卡插槽、32路模拟输入接口、16路CANFD接口、4路LIN接口、2路1000BASE-T1以太网接口及1路100BASE-TX以太网接口。能够满足智能汽车内部异构网络专用安全网关的硬件功能需求以及满足高可靠、大带宽、低时延的网络环境需求。

安全网关基于Autosar架构实现了各类网络安全机制。包括身份验证、安全通信、入侵检测、安全防护及完备的OTA升级机制,全面保障车载网络安全和设备安全。特有的安全引擎以及安全策略搭载平台设计,通过监控整个网络通信,发现并阻止异常的网络行为及非可信操作指令,为安全行驶保驾护航。

2. 成果创新点及解决的难点问题

(1)面向车内异构网络的身份认证和密钥协商机制

当汽车打火时,车内开始执行身份认证和会话密钥协商协议,如图8-2-2所示,身份认证协议运行分为2层:第一层为网关与域控制器身份认证和密钥协商,第二层为域控制器与域内ECU份认证和密钥协商。其中,同一功能域内会话密钥为相同组密钥,不同域间会话密钥不同。

在第一层认证中,网关与多个域控制器之间,以网关为中心与域控制器做双向身份认证,进行两次交互通信,两次通信消息验证通过,则说明成功完成双向身份认证。

第二层认证中,域控制器与其域内多个ECU之间,以域控制器为中心与域内ECU做双向身份认证,两次通信消息验证通过,则说明成功完成双向身份认证。

密钥协商在身份认证协议的基础上实现,通信双方在协商密钥时,需要保证对方身份的真实性,如图8-2-3所示,密钥协商的过程同样分为两层:第一层为网关与多个域控制器之间,以网关为中心与域控制器做会话密钥协商,进行三次交互通信,包含密钥确认过程。第二层为域控制器与其域内多个ECU之间,以域控制器为中心与域内ECU做组会话密钥分发,进行二次交互通信,包含密钥确认过程。

(2)面向车内异构网络的安全通信机制

针对不同的通信协议,设计了差异化的安全通信机制。

针对通信带宽受限的CAN和LIN网络,部署轻量级数据加密传输策略。具体地,在数据发送之前采用自研的轻量级密码算法对数据进行加密,在数据接收之后采用自研的轻量级密码算法对数据进行解密。

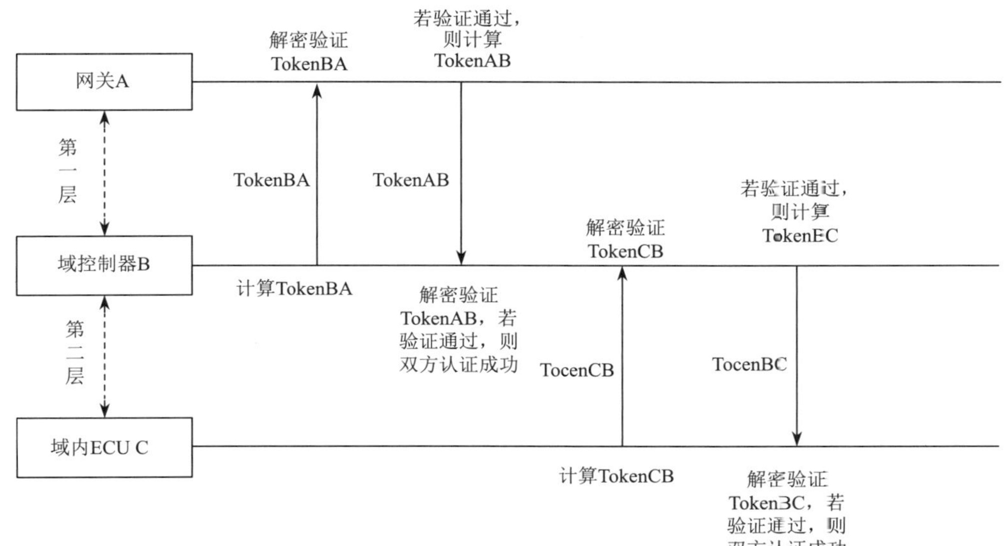

图 8-2-2 身份认证协议

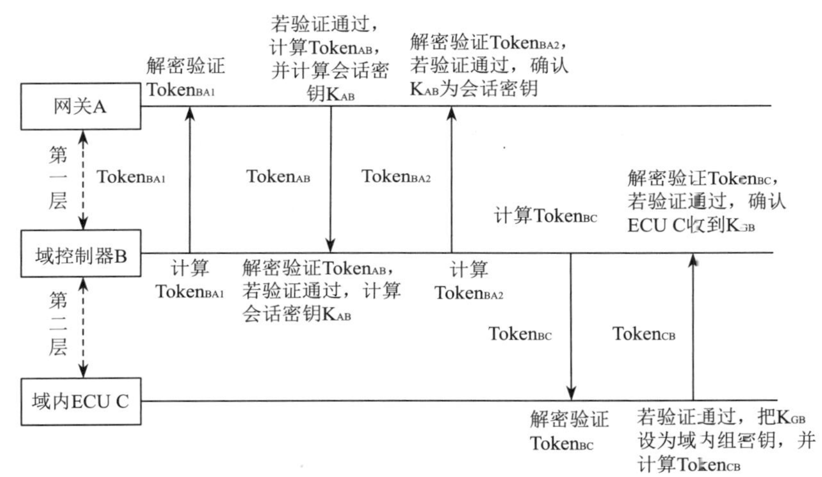

图 8-2-3 密钥协商机制

针对 CANFD 通信，部署了基于动态密钥更新的 MAC 认证安全通信策略。如图 8-2-4 所示，主要包含三个部分内容：基于成块链接方法的报文帧 MAC 认证过程、基于通信消息敏感性的加密算法优先级选择方法及基于密钥分发中心的会话密钥动态分发机制和汽车 ECU 主密钥更新机制。基于成块链接方法的报文帧 MAC 认证过程包含新鲜值同步和新鲜值重构、需认证信息的变量组建、基于密钥标志位的加密选择和基于成块链接方法的 MAC 值计算和校验等步骤。基于通信消息敏感性的加密算法优先级选择方法目的是根据不同数据帧所表达的物理含义选择不同密级程度的对称加密算法；分别设置加密算法等级表以及对应的算法执行库文件，以期快速实现加密算法选择和执行过程。基于密钥分发中心的会话密钥动态分发机制和汽车主密钥更新机制主要利用功能强大的汽车网关和会话双方的 ECU 完成。网关在汽车出厂时预置通信双方的 ECU 主密钥，而汽车 ECU 同样预置自身的主密钥，各 ECU 之间的预置主密钥不对外公开。

针对车载以太网通信，通过使用 MACsec、IPsec、TLS 协议保障以太网的通信安全，防止数据的泄露、篡改和非法访问。针对以太网的 3 种安全通信协议可由用户自主选择开启或关闭，同一时刻只能运行其中的一种通信协议。用 MACsec（Media Access Control Security）的以太网通信过程中，发送方使用密钥和各种加密方法对数据进行加密，接收方使用相同的密钥和解密方法进行解密，这样可以防止数据在传输过程中被窃听或篡改，保证在数据链路层传输上以太网帧以密文的方式传输。IPsec（Internet Protocol Security）是一种在网络层提供安全性服务的协议。它通过对以太网 IP 数据包进行加密、身份验证和完整性保护，保障了车载以太网上的通信数据的安全性。TLS（Transport Layer Security）是一种用于保护网络通信安全的协议。它位于传输层，为应用层提供了安全的通信机制。在车载以太网中，TLS 协议可以用于保护车辆与外部服务器之间的通信，确保数据的机密性和完整性，防止中间人攻击和数据泄露。

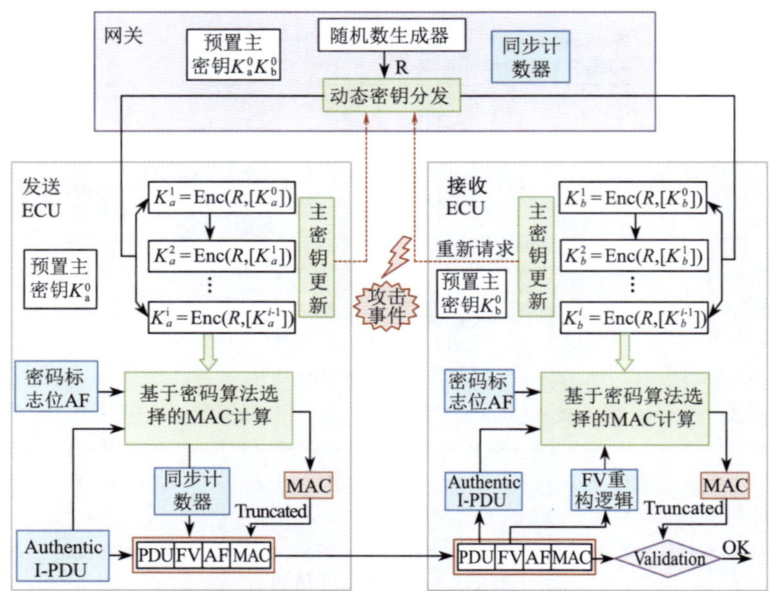

图 8-2-4　CANFD 安全通信协议

(3)车载网络入侵检测及专用防火墙系统

针对车载专用防火墙技术，搭建基础规则配置、统计特征监测以及深度学习模型等三层专用防火墙系统，其架构如图 8-2-5 所示。利用基础规则配置对 IP 地址和端口编号信息进行信息过滤，利用状态包检测技术，根据协议规则允许或阻止通信。统计特征检测利用信息熵表征通信状态，根据信息熵的波动情况判断网络是否遭受入侵。针对难以检测的篡改攻击，部署基于时空特征提取的车载网络入侵检测系统，通过 CNN-BiLSTM 深度学习网络捕捉信息流的深层时空特征，根据时空特征矩阵的细微变化判断是否正在遭受网络攻击。同时，网关具有异常信息上报功能，将流量、健康状态、异常日志等信息上送至云端，云端安全运行中心部署 AI 学习模型，通过多车端信息监测动态地学习异常威胁特征，并生成最新的防护规则通过 OTA 的形式下发至车端。

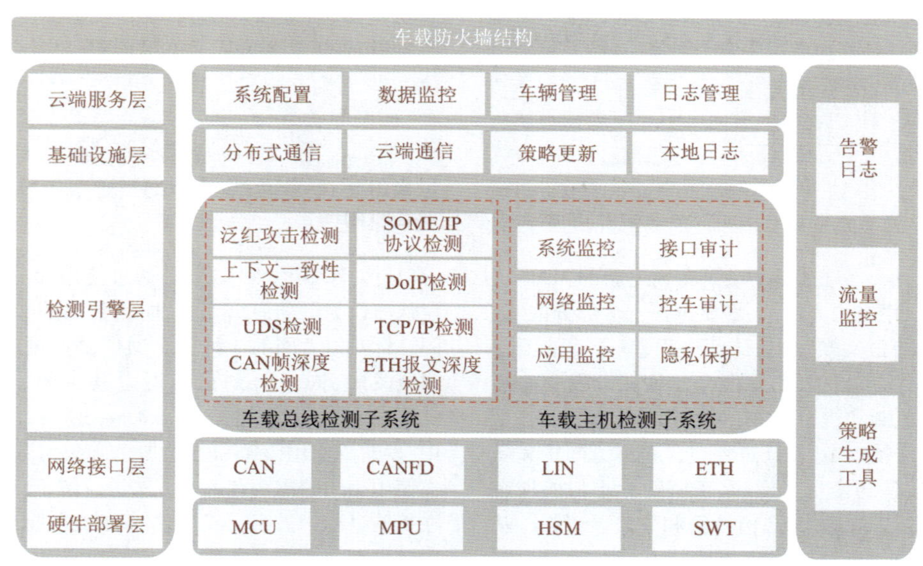

图 8-2-5　车载网络专用防火墙

3. 成果应用情况

目前，我国智能驾驶汽车网络安全人才缺口严重。以安全网关为核心开发了智能驾驶汽车内部异构网络安全防护演示平台，如图 8-2-6 所示，并为其适配了相应的安全防护演示界面。该系统可用于人才培养及创新创业比赛，可为汽车行业输送更多的高质量网络安全人才。

同时，所开发的安全网关已在奇瑞的 3 款车型及宇通汽车的一款车型上进行了搭载验证，相关的经验和积累将继续在智能驾驶汽车领域应用和推广。

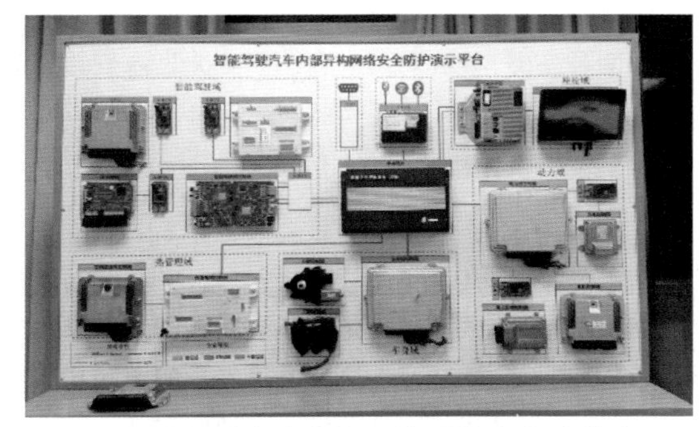

图 8-2-6 智能驾驶汽车内部异构网络安全防护演示平台

4. 社会及经济效益分析

我国智能驾驶汽车已经达到千万级保有量,突破智能驾驶汽车内部异构网络的安全防护技术具有重要意义。根据市场分析,通过提高数据安全性和体系安全性,每年可减少由于网络安全问题带来的财产损失上亿元,不仅为国家网络安全做出积极贡献,还将极大地促进智能驾驶汽车的普及和推广。

新健康高安全智能座舱技术成果

供稿:北京新能源汽车股份有限公司 考拉项目组 & 商品策划部

1. 成果简介

随着科技的飞速发展和消费者对汽车功能需求的多样化,针对母婴出行需求的智能亲子车细分市场逐步清晰。由于中国家庭对孕婴童健康及安全的高度重视,该细分市场具有一定的刚需特征,但市场上却没有任何一款为孕婴童出行提供解决方案的产品,可以说是一个盲区。因此,北汽新能源的新健康高安全智能座舱技术成果兼具社会意义和商业价值。

项目启动时,国内汽车行业安全及环保标准仍沿用《乘用车内空气质量评价指南》及《汽车内饰材料及其制品限制有害物质技术要求》(GB/T 27630—201X)等标准。这些标准均围绕成年人身高、坐姿、对挥发物质耐受能力来制订,距“母、婴”目标人群需求相差巨大。此外,行车时需要高度注意前方路况,后排孩童自理能力差产生高频照料需求,亟待提升座舱智能化水平,以满足成人控制行车和照料孩童的行车需求。

在这一背景下,公司决定开发面向“母、婴”群体的定制化新健康、高安全、智能化的汽车座舱系统,充分满足“母、婴”乘驾时对健康、安全、体验的需求,填补市场空白。

项目组历时3年,坚持自主创新,针对新健康座舱材质、高安全座舱技术、高智能座舱交互控制技术所面临的挑战定向突破,形成了三大创新点,打造亲子出行新标准、新体验、新生活。

2. 创新点及解决难点问题

(1)创新点:创建了基于婴儿标准的新健康座舱材质设计标准,行业首创定义和开发了“婴儿级零醛零苯”座舱。

①创新开发满足“婴儿级零醛零苯”新健康标准的全套环保内饰材料体系

众所周知,胎儿及婴幼儿对有害物质高度敏感,普通汽车产品显然不足以满足这些小生命的特殊要求。汽车内饰材料要兼顾乘坐舒适性和有机挥发物控制,然而国标仅要求管控8项挥发物。项目组通过与儿科专家沟通得知,需要控制11项物质才可以达到保障儿童健康的“零醛零苯”。

项目组围绕富含有机挥发物的黏黏剂、涂覆剂、鞣(róu)制剂等原材料材料体系研发、制备工艺探索、成套生产设备改制进行系统性创新,开发了具备“婴儿级零醛零苯”的座舱内饰材料。在国标测试中,11项挥发物中有6项未检出,甲苯、乙苯的检测值甚至仅是常温标准限值的1%和0.29% 甲醛含量0.0125——仅为国标限值的1%,仅为豪华车的33.3%、为一类住宅标准的7.14%,是当前行业中座舱环保健康最高标准。荣获了中国妇幼协会与方圆认证联合推出的首个“母婴友好型汽车认证”五星荣誉。

②开发了基于高温潮湿密闭环境下长效降解VOC的吸附技术

车内有机挥发物的产生与车内温度、湿度呈正相关。高温、潮湿用车环境不可避免,导致座舱内饰在整个用车周期内都会持续释放有机化合物,对人体健康构成长期潜在威胁。想要在整个用车生命周期内,都能实现高温潮湿环境温度下极低座舱VOC水平,需要实现更广、更严格、更长效的降解技术。

项目开发了可持续降解VOC的内饰材料的关键技术,创新应用除醛晶体和吸附降解材料,并在全车内饰件应用。经寿命老化测试,对于苯类吸附降解的有效期达到17年,对于醛类吸附降解的有效期更是达到26年。这意味着产品在使用17年后,仍然能够像新车一样实现“零苯”;在使用26年后,仍然能够像新车一样实现“零醛”。采用行业首创的正向设计模拟验证舱,分别模拟常温25 ℃、高温45 ℃、极限60 ℃“阳光暴晒”极端场景的多种温度,实现更准确的环保材料选择。使该车型成为在研车型中气味等级达到了行业顶级水平≤3级。

③创建了具备三重消杀的主动健康系统

三重消杀解决的是孕妇及婴幼儿对卫生条件的特殊要求。常见消杀用品弥散到空气中对人体(婴幼儿为主)呼吸系统有强刺激性,并且对座舱设备、内饰具有腐蚀性,在有效消杀座舱内空气及表面细菌病毒的同时,降低对座舱破坏及人体的潜在风险是攻克的技术难点。行业通常采用无机阴离子抗菌剂或无害有机抗菌剂,前者对母婴生殖系统有危害(欧美禁用);后者耐高温性差,不适用于汽车零部件。急需发明安全高效，并且耐高温有效周期长的抗菌技术。

公司开发了非银离子有机抗菌滤芯，过滤效果超 CN95 水平；对粒子径≥0.3 μm 的颗粒过滤效率≥98%。对大肠杆菌等常见细菌病毒抗菌性/抗病毒活性率>99.99%；大面积使用抗菌内饰材料、装备无汞紫外线杀菌灯，寻优算法锁定 UV-C，265 nm 最佳杀菌波长，对常见病毒细菌具有广谱消杀功能。通过上述创新，建立座舱内部空调除菌、抗菌内饰表面除菌及医用级紫外线杀菌灯，构建三重消杀系统，全方位杀菌消毒，车内抗菌率达到>99.99%，为行业抗菌率最高水平。

（2）创新点：针对婴童乘员的乘坐安全，创新设计了高安全座舱技术。通过全电控智能儿童安全座椅、高强度铠甲座舱，大幅提升了座舱安全等级，有效满足了孩童乘坐安全需求。

①首创开发了车规级电控安全儿童座椅及侧气帘

汽车碰撞安全一般基于成人身高、坐姿进行定向设计，无法覆盖孩童身形尺寸，而儿童安全座椅应用推广比例也极低。根据《中国儿童交通道路安全蓝皮书》显示，车内没有安装儿童安全座椅的情况下，儿童交通事故死亡率是安装了儿童座椅的 8 倍，受伤率是后者的 3 倍。

本项目针对车辆后排及车内儿童常见活动区域采用儿童人机工程开发，针对孩童身高特点，创新加长座椅头部位置，提升体积扩大 12% 达到 37 L，有效预防二次伤害；行业首次实现与车身一体化设计的专属儿童座椅。按照儿童座椅行业最高安全防护设计标准：80 km/h 工况高速防护，较欧美主流设计标准的 50 km/h 高出 60%。与车辆完成一体化碰撞测试，获得了欧盟 i-Size 标准的认证。

②创新发明了精准能量传导吸收的笼式车身结构

新能源汽车高能效要求车身轻量化，高等级碰撞安全能力要求车身强度高，轻量化和强度高彼此矛盾，难以兼顾。

创新设计了高强度铠甲座舱。北汽新能源秉承自身产品“安全”理念，创新“吸能笼式车身”设计，并在汽车的 AB 柱、门板和门槛等部位大量采用热成型钢，高强钢占比 62.1%，热成型共 21 件，占比 11.6%。全车气囊数量 6 个，较同级别的车型多 2 个侧气帘和主驾膝部气囊。通过设计碰撞力传递路径，设置缓冲空间足够大的后排结构，全方位包裹精准侧防，层层吸收减弱冲击力。根据宝宝的乘坐位置，将左后门宝宝安置的位置侧碰结构加强，门板加强区域较常规车型翻了一倍，来进一步提高车辆在碰撞时的抗冲击能力，减少车门的变形和损坏。在 C-NCAP 新车碰撞标准最严苛的测试中，整车车身变形量较小，乘员舱空间几乎未受影响，动力电池未受到挤压，保障了意外发生时的高压电安全和乘员碰撞安全。

③构建了覆盖充电、行车等全场景应用的电控安全预警架构

电池安全失效危害高、扩散快、难控制。车端预警算力低、存储少，难实现全场景长时效准确预警。依托北汽新能源 50 多万保有用户的电池数据迭代了电池安全预警技术，建立云端全时电池安全体检以及预警系统，对电池进行早期风险检测和及时处理，构建了全时电池安全服务体系。

（3）创新点：构建了智能感知交互座舱系统，围绕儿童乘坐核心需求打造全场景化体验。

①发明了高感知检测算法与多终端联动调节的智慧呵护系统

孩童自理能力差，乘车出行场景下高频产生各种生理需求，干扰驾驶人员行车，造成极大体验不便，存在安全驾车隐患。

发明了具备生命体征监测功能的智慧系统，开发了综合睡眠识别、表情识别、年龄识别等模型组成的检测算法，并依托近 70 万组实测数据建立的模型数据库和 Pytorch 机器学习框架开发的人工智能 AI 模型，实现算法高效高精度迭代。当检测到儿童排泄、睡眠、哭闹等状况，智慧系统会自动识别联动车内多套控制系统儿童座椅、空调、音响、灯光等硬件设备，根据程序设定调整为对应功能，缓解宝宝状况。

②开发了交互更拟人、理解更精准、响应更灵敏的座舱语音交互大模型

开发了考拉“极智”AI 语音大模型，不仅可以对车内功能进行语音控制，支持语音对车机屏幕显示内容模糊识别，还可以通过语音进行 AI 人设设定，解答百科知识、车内功能使用等问题。即使是只有初级认知及语言表达能力的宝宝（3 岁及以上）也能通过语音控制车机进行视频类节目选择。不仅解放了父母，安抚儿童，同时能有效避免驾驶时操作车机分神带来的安全风险。

3. 国际水平对比分析

整体技术水平行业先进。新健康内饰技术为行业首创，高安全系列技术行业先进。

4. 成果应用情况

高安全新健康智能座舱技术首搭极狐考拉车型，并于 2023 年 9 月发布；其核心技术成果搭载极狐阿尔法 T5，于 2023 年 12 月发布。技术成果同步规划搭载到极狐后续新产品，其搭载的最新产品阿尔法 S5 于 2024 年 6 月量产。

5. 产能建设情况

依托北汽集团株洲工厂生产考拉车型，工厂标准年产能为 50 万辆。

依托镇江蓝谷麦格纳生产工厂生产阿尔法 T5 车型，工厂规划年产能达 30 万辆。

6. 社会及经济效益分析

经济效益：高安全新健康智能座舱技术首搭极狐考拉车型，并于 2023 年 9 月发布，核心技术成果搭载极狐阿尔法 T5，于 2023 年 12 月发布。截至 2024 年 5 月，双车型累计销售超 12500 辆，创造销售收入 19.5 亿元（估算），创造税收 2.24 亿元。

社会效益有以下几个方面：

（1）树立汽车行业座舱健康新标准：在国标基础上进一步扩展定义“婴儿级零醛零苯”标准，扩展了需控制挥发物范围，增加了高温暴晒密闭空间下挥发物测试标准。技术创新成果引发众多用户关注汽车座舱环保安全标准，引领汽车行业全面推行更健康环保的座舱标准，为行业进步贡献积极力量。

（2）形成产学研协同合作及应用量产的良好实践。技术研发过程中，北汽新能源牵头组织中科院过程所等相关科研单位进行定向技术攻关，组织材料技术及制备工艺产业化应用，开展系统级到整车验证测试，完成技术从实验室到量产产品的转化。

（3）引领行业产品迭代：技术成果搭载极狐考拉车型量产后，多家车企紧跟着推出和宣传具备类似健康设计理念的整车产品。

（4）进一步促进自主汽车行业进步：技术广泛应用引导更多的企业和消费者开始关注并实践健康环保的同时，也关注中国自主汽车企业的发展和技术进步，助力了国内汽车产业发展。

功能安全系统基础芯片 AE6523

供稿：中科赛飞（广州）半导体有限公司 张桦

1. 成果简介：

AE6523（见图 8-2-7）是一款具有多路电源输出的集成型功能安全系统基础芯片（System Basis Chip，简称 SBC），带有 CAN FD 收发器，集成多个开关式电源稳压器及线性稳压器，能为 MCU 和传感器提供稳定可靠的高效率供电，内置故障监控及诊断功能，能实现 ASIL-D 的功能安全，设计符合 AEC-Q100 Grade 0 标准，在汽车和工业中有广泛的应用场景。AE6523 芯片如图 8-2-7 所示。

图 8-2-7 AE6523 芯片

（1）高效率、稳定的供电能力

AE6523 的主要电源轨如图 8-2-8 所示。预稳压器 VPRE 是一路开关型稳压器，支持升降压和降压两种模式，用户可根据应用需求来灵活选择配置。输出电压典型值 6.5V，其输出向后端的二级稳压器供电，包括 VCORE，VCCA，VAUX 和 VCAN。

VCORE 是一路开关式电源稳压器，其输出在 1 V 至 5 V 之间的范围可调，提供高达 2.2 A 的电流，带载能力强，能覆盖市面上绝大多数 MCU 的供电需求。

VCCA 是一路高精度输出的 LDO，电流能力 100 mA，输出精度可达 1%，外置 PNP 功率管可达 300 mA，支持 5 V 或 3.3 V 输出。

VAUX 是一路辅助输出的线性稳压器，支持 5 V 或 3.3 V 输出，电流能力达 400 mA，根据不同的寄存器配置，VAUX 可作为 tracker 或独立的 LDO 使用。

VCCA 和 VAUX 可通过外部电阻来灵活配置为 5 V 或 3.3 V，使用方便灵活，节省了系统客户的设计时间和 BOM 管理成本。

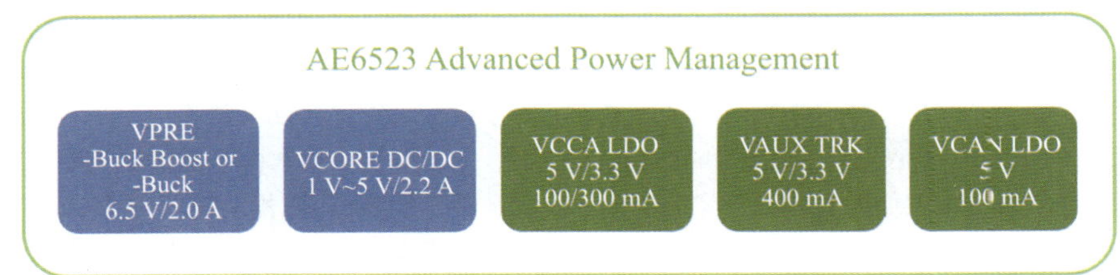

图 8-2-8 AE6523 电源模块概览

VCAN 是一路用于芯片内部 CAN_FD 供电的 LDO，提供 5 V/100 mA 的输出能力。若内部 CAN_FD 没有启用，VCAN 还可对外输出电流。

VKAM 可用于 MCU 的静态存储供电，或其他用电需求较小的外部供电。

主要的电源轨 VPRE、VCORE、VCCA 和 VAUX 都具备缓启动的功能，减小电源上电时的冲击电流和电压抖动。

二级电源皆可通过 SPI 开启或关闭（见表 8-2-1）。

表 8-2-1 AE6523 在不同工作模式下的电源输出

工作模式	电源输出					
	VPRE	VCORE	VCCA	VAUX	VCAN	VKAM
NORMAL	ON	ON/OFF by SPI	ON/OFF by SPI	ON/OFF by SPI	ON/OFF by SPI	ON/OFF by SPI
LPOFF	OFF	OFF	OFF	OFF	OFF	ON

（2）先进的功能安全特性

AE6523 不仅为客户提供了稳定高效率的电源管理解决方案，还提供了功能强大的故障安全机，包含了电压监控、外部看门狗、复位信号检测、MCU 故障信号监测、功能安全输出等安全特性。安全机的电路独立于芯片的其他部分，以确保实现可靠的功能安全行为(ASIL-D)。

AE6523 可有效监控电压输出，在发生过压时，自动关闭稳压器。发生过压或欠压时，是否产生中断信号以及是否进入故障安全的状态取决于用户在寄存器里的自定义配置。同时，在专用寄存器里会上报电压异常的诊断信息。VSENSE 引脚检测电池电压，能在电池发生异常早期发出警告，还可以将电压信息传递给 MUX-OUT 引脚，实现 MCU 对电池电压的监控。

发生短路时，输出电流会被限制在一定范围内。发生过流时，相应的稳压器会被关闭，实现对电路的保护。

在温度检测方面，VPRE、VCORE、VCCA 和 VCAN 都配有温度传感器，在过温的情况下，独立地关断温度过高的稳压器，并把故障信息向主状态机反馈。待温度降至正常范围时，该稳压器将自动恢复工作。

AE6523 可以对检测到的故障做出预设的反应，这些反应包括产生中断和产生复位。在初始化阶段，可以对产生中断的触发条件进行配置，如电池电压异常，各路电源轨的电压、电流和温度异常，IO 电平异常，唤醒，LDT 达到设定值或 SPI 通信异常等，也可以对产生复位的触发条件进行配置，如看门狗计数器，某一路电源的欠压或过压，以及 MCU 的故障信号等。

AE6523 内置了模拟和逻辑自检功能。通过 SPI 实现丰富的寄存器配置功能。此外，在问答式看门狗实现对 MCU 的监控之外，AE6523 还可以收集 MCU 的硬件故障信息，如果 MCU 进入故障且自身无法恢复，AE6523 会向外部发出相应信号，将系统置于安全状态。该信号有两路输出，可作为冗余或特定应用场景下的延迟输出。

AE6523 所集成的先进的功能安全特性，使其成为开发功能安全系统的首选，客户可利用 AE6523 提供的安全概念和功能来构建自己的安全应用。

(3)高集成度，丰富的系统功能

LDT 作为唤醒源之一，能实现多种定时功能，如，在正常工作模式下，达到设定计数值后产生中断信号，或在正常工作模式下按照设定值定时休眠。LDT 相关的功能和参数配置皆可通过 SPI 配置，具有超长的工作时长，在正常工作模式下能以 1 s 的精度计时长达 194 天。

此外，AE6523 集成了模拟多路复用引脚 AMUX 来检测系统里的关键模拟数据。

AE6523 还提供 2 Mbit/s 的 CAN FD 接口模块，满足 ISO 11898—2 和 ISO 11898—5 行业标准且具有良好的 EMC 和 ESD 表现。进入休眠 LPOFF 模式时，可灵活配置 CAN 未具备唤醒能力或不具备唤醒能力。

集成的丰富的系统功能简化了系统的 BOM 成本，对系统设计者十分友好。

(4)可扩展性

AE6523 作为 AE65XX 系列的最高配置，具有 2.2 A 的 VCORE 强带载能力，对于电流较小的应用需求，AE65XX 可提供不同 VCORE 电流的扩展性组合，适应不同种类的控制器或域控制器的应用场景，且 pin-to-pin 兼容，更好地支持客户的平台开发策略。

(5)适配性强

AE6523 与市面上的众多 MCU 品牌广泛兼容(见图 8-2-9)，包括 NXP S32K 系列、MPC56XX 系列、MPC57XX 系列、Infineon AURIX TC2X/3X 系列和 Renesas RH 850 系列，以及国产的旗芯微 FC7240F8M/FC7300F2M，苏州国芯 CCFC3007PT/CCFC3008PT 等。

图 8-2-9　AE6523 与 MCU 兼容示例

赛飞的高集成度的功能安全 SBC AE6523 不仅可以满足现有的市场应用需求，还可以适应当代社会发展的应用甚至未来的趋势需求，是一种完美的电源选择方案。

2. 成果创新点及解决的难点问题

现代社会的汽车正朝着更高程度的电气化，更智能的自动驾驶方向发展，要求汽车的电子系统能替代人类做出部分决策，甚至扮演人类驾驶员的部分角色。在安全关键的应用中，乘客的安全是至高级的目标，高级的汽车电子系统所做出的决策和行为都不能出错，以避免造成对乘客的伤害。

基于此，汽车电子系统的开发要遵循最严格的汽车功能安全完整性等级(ISO 26262 ASIL-D)，确保系统在违反功能安全目标时能进入安全状态。

一个有安全要求的系统需要有稳定可靠的供电源，即系统基础芯片 SBC，它和主控芯片 MCU 构成了嵌入式系统架构里最重要的两颗芯片。MCU 所需要的外部安全监控措施：如电压监控和故障信息的处理，被标准化并集成进了新一代的 SBC 芯片 AE6523，它的主要作用是向系统供电，并实行监控，包括对自身的监控和外部 MCU 的监控。MCU 和 SBC 在软件和硬件上相互配合，这种有机结合构成了汽车电子系统的安全核心部分，极大地降低了 ASIL-D 系统方案的设计难度。相对于分立型的复杂电路方案，AE6523 简化了电子控制单元的架构，提高了系统的鲁棒性。功能安全 SBC AE6523 在功能设计上表现出的稳健性和灵活的故障安全机制，为未来更高级的汽车电子系统及自动驾驶汽车铺垫了扎实的基础。

3. 国际水平对比分析

AE6523 能实现国际竞品的同等功能和参数水平(见表 8-2-2)。

表 8-2-2 AE6523 和其产品对比

序号	对比项目	AE6523	与国际竞品对标情况
1	供电能力	VCORE: 1 V-5 V/2.2 A VCCA: 3.3 V or 5 V/300 mA VAUX: 3.3 V or 5 V/400 mA VCAN: 5 V/100 mA	同等
2	功能安全	ASIL-D	同等
3	看门狗	问答式看门狗	同等
4	主控芯片故障监控	两路	同等
5	内置自检	模拟自检和逻辑自检	同等
6	安全输出	两路	同等
7	休眠模式电流	32 μA	同等
8	模拟多路复用引脚	有	同等
9	长时计时器	有	同等
10	通信模式	SPI	同等
11	通讯总线接口	CAN FD	同等
12	封装大小	LQFP48-EP	同等
13	温度范围	Tj=-40 ℃ to+150 ℃	同等

普华灵思智能驾驶基础软件平台

供稿:普华基础软件股份有限公司 周冬生 董自强 王 琳

1. 成果简介

基于十余年的车控操作系统研发积累,普华基础软件结合智能汽车技术发展趋势,打造了面向智能驾驶的底层技术支撑平台——普华灵思智能驾驶基础软件(见图 8-2-10)。平台满足车规级要求,支持异构计算,面向智能网联汽车提供基础系统支撑、中间件功能模块及工具链产品,帮助智能驾驶应用场景完成软件的快速构建。

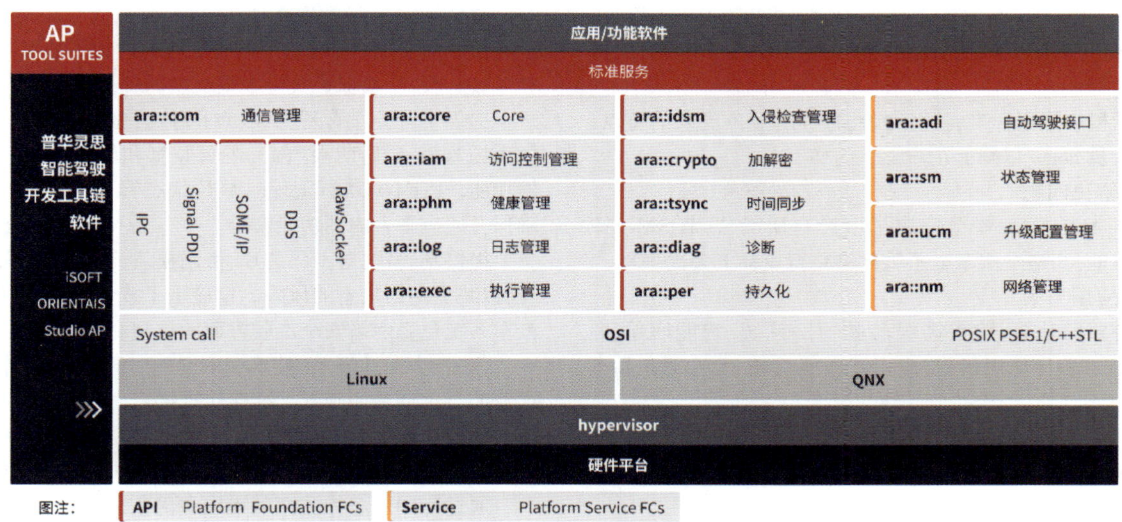

图 8-2-10 普华灵智能驾驶基础软件平台产品架构图

(1)功能特性:

通信管理 ara::com:主要提供了 SOA 及原始数据流两大类通信机制。SOA 实现了 SOME/IP、Signal、DDS、IPC 等多种协议绑定,并支持端对端(E2E)保护,包括 Profile 04,Profile 07 等;

状态管理 ara::sm:负责管理 AP 平台的运行状态,支持实现错误恢复及处理、动态分配通信通道、协调完成更新配置、支持 ECUReset,支持 Trigger In/Trigger Out 接口及标准定义的所有交互接口;

诊断 ara::diag:实现 DEM/DCM 及 DoIP 诊断功能、DoIP 网关;

网络管理 ara::nm:实现 AUTOSAR 网络管理功能;

执行管理 ara::exec:控制 AP 平台功能及应用进程的启停,并对资源使用进行管理;

持久存储 ara::per:提供 KV 库和 FILE 库两种非易失性存储方式,可支持明文或密文落盘;

时间同步 ara::tsync:为应用程序提供时间同步 API,检索与其他实体/ECU 同步的时间信息;

加解密 ara::crypto:实现标准访问接口的加解密,提供密钥槽和证书的安全存储,支持主流加密算法(含国密)及私有加密算法定制;

更新和配置管理 ara::ucm 及 ara::ucmm:通过动态配置和在线升级的机制,可支持应用、AP 平台及 OS 更新、支持整车(多 AP 或 CP)更新;

身份和访问控制 ara::iam:提供基于身份和访问控制的信息安全功能,可实现按域的权限隔离;

平台健康管理 ara::phm:可支持通过时间、频率及代码执行逻辑及时发现应用是否运行异常,并及时上报状态管理,可支持硬件看门狗。

(2)产品特性

遵循 AUTOSAR Adaptive R20-11 标准规范实施的全模块功能服务及标准接口设计,具备灵活自由的迁移性。

已适配地平线征程 5 系列,NXP 的 S32V234 及芯驰的 G9、X9 系列等。

结合使用“场景设计+技术顾问”支持服务,大大降低客户的额外学习成本。

全自主研发实现持久化的 KV 存储库,提供高性能的存储引擎。

全自主研发实现 SOME/IP 协议及 IPC,提供更卓越的性能。

支持 DDS Qos 策略配置使用,可协同支持 ROS2 算法。支持主备更新、A|B 区更新方式,提升更新的安全性、可靠性及冗余支持。

诊断模块紧跟标准,功能完善,且针对业务庞杂的特点,提供了大量 demo 以降低用户上手门槛。

(3)解决问题

基于 AUTOSAR 规范完成了国产自研的 AUTOSAR AP 中间件落地,为整个汽车电子软件链路行业补上关键一环。

(4)应用场景

支持异构计算,覆盖高级驾驶辅助系统、智能座舱、T-BOX、域控制器等使用场景,应用于智能驾驶、无人驾驶和车联网。

2. 成果创新点及解决的难点问题

(1)普华灵思智能驾驶基础软件平台创新点

① 灵活的面向服务的软件架构

采用灵活的软件架构设计,支持应用动态通信连接与动态部署。这种设计使系统能够适应不断变化的应用需求,提高了系统的适应性和灵活性。

支持异构计算,能够充分协调利用处理器、GPU、FPGA 及专用硬件加速器等新型处理器的性能,以提升计算能力。

支持 SOME/IP、DDS 等先进的通信协议,自主研发 Nsomeip 协议栈,使 SOME/IP 通信比传统 SOME/IP 协议栈 TCP 数据转发延时缩短 36%、UDP 数据转发延时缩短 25.2%。自主研发 NPC 进程间通信协议,比传统 IPC 协议数据包传输延时缩短 21.3%。同时支持通信 E2E 安全保护与数据序列化与反序列化。满足现代新能源汽车网络对高带宽、低延迟和高可靠性的需求,为智能汽车的数据交换和通信提供了强大的支持。

采用面向服务的架构(SOA),这种架构提高了软件组件的重用性,简化了服务之间的交互,为智能汽车的软件开发提供了更高的灵活性和可维护性。将复杂的汽车功能分解为独立的服务模块,每个模块负责特定的任务。

提供安全机制,确保服务通信的完整性和保密性,防止未授权访问和数据泄露。

遵循开放标准,确保不同供应商的服务能够无缝集成和互操作。这种互操作性促进了新能源汽车与智能网联车行业生态系统的健康发展,降低了开发成本。

提供服务的生命周期管理工具,支持服务的创建、部署、监控、维护和退役等各个阶段的管理。实现了服务的负载均衡和资源管理,确保系统资源的合理分配和高效利用。通过服务的故障隔离和容错机制,提高了系统的稳定性和可靠性。

支持服务的个性化配置和用户定制,允许用户根据自己的偏好和需求,定制汽车系统的功能和服务。

② 国产化和标准化的安全特性

注重功能安全和信息安全,符合汽车行业的安全标准,为用户提供了安全可靠的软件平台。

遵循 ISO 26262 标准,提供了一系列功能安全措施和机制,以支持在安全项目中集成 AP。这些措施包括安全概述、安全要求、系统定义、危险分析、安全目标、功能安全概念、技术安全要求等。

支持 E2E 保护配置文件,确保平台和软件实例之间的安全通信。通过 E2E 保护,可以验证传输过程中数据的完整性和未被篡改,从而保护关键数据交换的安全性。

提供平台健康管理功能(PHM),监督软件的执行,并提供现场监督、最后期限监督、逻辑监督和健康通道监督等监控功能。PHM 与执行管理(EM)、状态管理(SM)相互依存,确保自适应平台内的功能安全。

提供密码栈,对密码芯片、密码模块、密钥加解密进行防控,以减少网络攻击的风险。这显示了普华基础软件在保护汽车系统免受网络安全威胁方面的重视和能力。

③ 推动 AUTOSAR 技术在中国的广泛应用,为中国汽车产业的自主创新和国际标准接轨提供有力支持

积极适配国产车规级芯片平台,如芯驰 G9X、地平线 J5、J6、黑芝麻 A1000 等,推动了国产汽车芯片的发展和应用。

通过与国产芯片的深度集成和优化,提升了国产芯片在汽车电子领域的性能和可靠性。

(2)普华灵思智能驾驶基础软件平台解决的难点问题

针对操作系统层面临的高性能、高实时性、高可靠性和高安全性要求,普华基础软件提供了成熟的解决方案。普华灵思智能驾驶基础软件平台通过采用 POSIX OS 标准的系统,减少了重复开发的问题,提高了开发效率和系统的稳定性。针对中间件层的需求多样化、算法差异化、中间件兼容性等问题,提供灵活的中间件设计和强大的算法集成能力,可以

满足不同客户的需求。在工具链层,通过整合多种开发工具,实现了工具之间的无缝协作,提高了开发效率和软件质量。

3. 国际水平对比分析

普华灵思智能驾驶基础软件平台是适应智能网联汽车需求而新研制开发推出市场的产品,是普华基础软件在智能化新能源汽车领域的核心产品,在国内市场同类产品中具有较强的竞争力。该平台遵循 AUTOSAR R20-11 标准规范实施的全模块功能服务及标准接口设计,具备灵活自由的迁移性。从工具链、产品功能安全、OS 兼容性、服务及交付方式等多个方面对比国际同类产品,与国外头部厂商 Vector、Etas 等企业的产品在同一水平线。

(1)工具链

Vector 提供从架构设计、服务定义、软件架构设计到集成配置开发的全套工具链,支持 OEM 和供应商在 AUTOSAR AP 平台上进行高效的开发工作。以 Adaptive MICROSAR 为核心,支持高性能计算和灵活的软件配置。Vector 提供包括 Davinci Adaptive 在内的设计开发工具与 SOA 的设计工具,可以将第三方供应商开发的应用软件集成到 Adaptive MICROSAR 基础平台软件上。同样的,普华基础软件提供平台设计开发、SOA 的设计、标准的建模配置工具,以完成设计、部署等流程的建模工作及清单配置;除了基本的生成、编译外,提供自动补全、实例描述符生成以及相应的帮助文件以供使用;预置的平台组件服务模块。可以方便地将第三方供应商开发的应用软件集成到平台软件上。与主流的国外厂商产品无明显差异。

(2)产品功能安全

从产品功能安全规划角度来看,国际头部厂商依据 ISO 26262 汽车功能安全认证标准,规划相关的 AUTOSAR AP 产品功能安全。目前计划为最高安全等级 ASIL-D。普华灵思智能驾驶基础软件平台同样也是依据 ISO 26262 汽车功能安全认证标准,规划 AUTOSAR AP 产品功能安全。根据国内新能源汽车与智能网联车实际功能安全需求出发确定具体的安全等级,规划范围为 ASIL-B—ASIL-D, 与国际水平相当。

(3)OS 兼容性

Vector、Etas 等头部厂商 AUTOSAR AP 产品支持的 OS 主要是 QNX、Linux 等实时操作系统。普华灵思智能驾驶基础软件平台配套提供基于 PSE51 的 C 语言接口和标准 C++ 库的 Linux OS。系统精简,高性能,可根据业务应用需求完成 Linux 内核级裁剪,优化资源利用率。同时平台在兼容主流 QNX 等车用实时操作系统的基础上,围绕中国车用操作系统开源计划中首个微内核开源项目,对标 QNX 研制国产车用实时操作系统产品,为中国新能源汽车与智能网联汽车提供自主可控的车用实时操作系统,使中国车用实时操作系统、中国新能源汽车与智能网联汽车一起保持国际领先水平。

(4)服务及交付方式

普华灵思智能驾驶基础软件平台自主研发,具备 AUTOSAR 全核心技术。为国内 OEM、Tier1 厂商提供的 SDK 与源码交付方式,与 Vector、Etas 等头部厂商并无明显差异。普华基础软件提供相关本地化服务,优于国际头部厂商。

4. 成果应用情况

普华灵思智能驾驶基础软件平台已兼容适配 NXP S32V、S32G、高通 821、地平线 J3、J5、J6、芯驰 G9X、X9U、黑芝麻 A1000 等一系列国内外主流车载 Soc 芯片,可广泛应用于新能源汽车与智能网联汽车的智能驾驶域控制器、中央计算单元、智能座舱控制器、智能网关控制器等汽车电子核心应用控制器中。并已成功应用在苏州天准、华阳通用、四川观想、闻泰科技等多个 Tier1 的多种控制器中,并已深入应用到一汽、广汽、北汽等国内主要新能源汽车与智能网联汽车 OEM 厂商多种车型研制项目中。

5. 成果的产能建设情况

普华基础软件股份有限公司 2008 年成立,已建立了一支完整的专业汽车电子 AUTOSAR 基础软件研发、测试、工程与技术服务团队。普华基础软件的车用基础软件平台已累计量产超过 1700 万套,并成功应用至一汽、长安、吉利、华域、联电等国内外知名车企与零部件制造企业中。这表明普华基础软件的产品已经在汽车行业中得到了广泛的应用和认可。可确保普华灵思智能驾驶基础软件平台在国内新能源车与智能网联车行业广泛量产应用。普华基础软件还在积极推动车用操作系统的开源共建,通过开源项目如“龘”微内核(EasyAda)和“小满”安全车控操作系统项目,促进技术创新和产业生态建设。这些开源项目的推进,有助于普华基础软件进一步扩大其在汽车软件领域的应用范围和市场份额。综上所述,普华基础软件在量产车型方面的应用广泛,技术领先,并且正通过开源合作等方式,不断推动汽车软件行业的发展和创新。有足够的产品产能建设能力,长久支持中国新能源汽车与智能网联车的生产与发展。

6. 社会及经济效益分析

普华基础软件通过普华灵思智能驾驶基础软件平台,推动了汽车电子控制单元(ECU)的技术创新,加速了汽车产业从传统制造向智能制造的转型。这种技术革新带动了相关产业链的发展,包括软件开发、硬件制造、系统集成等,从而创造了新的产值。该平台的标准化和模块化特点,使软件开发成本大幅降低,开发周期缩短。通过提高开发效率,降低研发和制造成本,从而提高了企业的竞争力和盈利能力。

普华基础软件与上下游企业形成紧密的合作关系,促进了新能源汽车与智能网联汽车产业链的协同发展。通过标准化的接口和模块,不同企业可以更高效地进行协作,共同开发和生产汽车产品,提高了整个产业链的产值,提升了中国汽车电子软件在国际市场的竞争力。

普华基础软件通过提供高质量的软件产品,帮助国内汽车企业拓展国际市场,增加了出口创汇的能力。随着业务的扩展,对专业人才的需求也在不断增加。这不仅为社会提供了大量的就业机会,也促进了汽车软件领域的人才培养和技术积累。

普华 AUTOSAR 解决方案通过优化汽车的能源管理系统,提高了能源利用效率。如,在电动汽车(EV)和混合动力汽车(HEV)中,通过更智能的电池管理和电机控制,减少能源浪费。普华灵思智能驾驶基础软件平台支持车联网（V2X）技术的发展，有助于实现车辆与交通基础设施、其他车辆之间的智能通信，减少交通拥堵，优化行车路线，降低不必要的能源消耗；通过支持电动汽车和混合动力汽车的发展，推动了绿色出行方式的普及，这些车型相比传统燃油车，能够显著降低尾气排放，减少对环境的污染；通过优化支持动力系统的控制策略，可以提高发动机的工作效率，减少燃油消耗，在混合动力系统中，通过支持智能控制策略，实现了内燃机与电动机的最佳匹配，进一步提高了能源利用效率；通过支持汽车轻量化设计，减轻车辆重量，降低了行驶过程中的能源消耗，轻量化不仅有助于节能减排，还能提高车辆的操控性能和安全性；通过支持汽车的智能化和网联化，有助于实现汽车的共享和循环利用；通过优化车辆的使用效率，减少了对新资源的需求，促进了循环经济的发展。

SiC 产品在 OBC 上的应用

供稿：华润微电子有限公司功率器件事业群　FAE 李宜东　陈东文

1. 成果简介

随着科技的不断进步，电力电子设备向着更高效、更小型化以及更可靠的方向发展，传统的硅基功率器件已经逐渐暴露出其局限性。碳化硅（SiC）功率器件作为一种新兴的电力电子器件，以其独特的优势逐渐受到人们的关注。

碳化硅作为第三代半导体材料，拥有更宽的禁带宽度、更高的击穿场强、更高的热导率、更快的电子饱和漂移速率等特性，因此 SiC 器件具有耐高温高压、内阻低、功耗低等特点，能显著降低电子设备的功耗、降低散热要求、减小体积。

由于碳化硅功率器件具备耐高温高压及高频的特性，适合应用于新能源汽车、能源及工业等领域。以车载充电机（On Board Charger，OBC）为例，使用 SiC 方案较 Si 方案在整体成本、能源转换效率及功率密度上更具优势。理想情况下，新能源汽车可以不需要 OBC，仅通过固定充电桩实现充电功能，而且充电速度更快。然而，直流充电桩安装成本高同时对场地要求高，因此赶不上新能源汽车增长速度，导致出现充电难的问题。相对而言，住宅交流充电桩（与 OBC 搭配）价格低廉、方便使用，因此，交流桩需求也在不断在增加，与直流快充桩互为补充。

2. 成果创新点及解决的难点问题

相比于硅（Si），碳化硅（SiC）功率器件的优势有以下几个方面：

更高的击穿电场：一定的芯片面积能承受更高的电压，碳化硅功率器件具有低的导通损耗，能有效提高电力电子设备的效率，减少能源的浪费。

更快的电子漂移速度：是硅基半导体的两倍。降低了开关转换期间的功耗。提升的开关频率可使用更小的磁性元件和电容，实现小型化设计，从而减少设备体积和重量。

更好的导热性：SiC 的热导率大约是 Si 的 3 倍，半导体芯片产生的热量更容易传递到外部环境。SiC 器件的工作结温为 175 ℃，而 Si 的工作结温 150 ℃。SiC 器件能更好地在高温环境下保持稳定的性能，进而提升设备的可靠性和使用寿命。

与同等硅器件相比，碳化硅器件单价贵，但更小的无源元件和更少的热管理带来的整体系统成本可降低 20%。碳化硅的材料特性使其在要求高电压、大电流、高温和较轻总重量的高功率应用中有明显优势。

以车载充电机为例，大功率设计中的有源器件还有硅 MOSFET。使用传统硅基功率半导体功率器件的 OBC 在效率和功率密度上已经达到瓶颈，无法较大幅度提升 OBC 的效率和功率密度。相比之下，基于 SiC 的设计能实现比硅基设计更高的效率，使能量损耗及产生的热量都降低。这些优势有助于实现体积更小、重量更轻、充电速度更快，同时系统成本更低的客户需求。

碳化硅（SiC）功率器件推广难点

碳化硅材料本身硬度大、加工难、切磨抛工序非常细致，且耗时长。短期扩产提升良率的难度大，同时碳化硅在新能源车上的车规级验证周期长达 12—36 个月。

SiC 相较于 Si 产品的性价比较相对低。SiC 衬底成本比硅晶片衬底高出许多，再加上外延、封装、测试等成品率低的原因，导致价格相对高。产品性能方面，SiC 制造工艺技术还需加强，批量制造技术也需进一步提升。同时，国内 SiC 真正落地的时间也是在这两三年，从 SiC 产品设计到市场整车的全面应用验证这一链条尚未完全打通，可靠性等技术指标还未充分验证。国产 SiC 器件还处在市场加速的验证过程中，在车载领域的稳定性和寿命等指标还需要长时间的实践验证。

3. 国际水平对比分析

随着科技的不断发展，碳化硅（SiC）功率器件将会在未来发挥更加重要的作用。以下几个方面将是其未来的发展方向：

制造工艺的优化：进一步提高碳化硅功率器件制造工艺水平，降低成本，提高产量。

新材料的应用：探索新的材料和设计，以进一步提高碳化硅功率器件的性能。

系统集成：将碳化硅（SiC）功率器件与其它组件集成在一起，形成更加高效和可靠的系统。

智能控制：通过引入先进的控制算法和传感器技术，实现碳化硅（SiC）功率器件的智能控制，提高设备的效率和稳定性。

环保和可持续发展：考虑到环保和可持续发展的需求，未来的碳化硅（SiC）功率器件将更加注重节能减排，减少对环境的影响。

4. 成果应用情况

（1）碳化硅功率器件在 OBC 中的应用

①OBC 典型拓扑结构由 PFC 和 DC/DC 两部分组成（见图 8-2-11）。

二极管和开关管(IGBT、MOSFET 等)是 OBC 中主要的功率器件。

②碳化硅肖特基二极管在 OBC 中的应用

OBC 的前级整流、PFC 电路和后级 DC/DC 输出电路中都会使用到二极管,二极管会根据电路的工作状态在正向导通和反向截止状态切换。

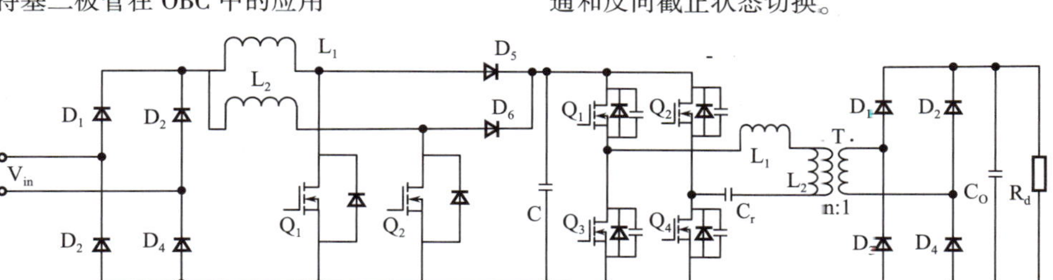

图 8-2-11　单相单向 OBC 拓扑简图

二极管工作在正向导通状态时,为了降低二极管自身的导通损耗,需要选择正向导通压降(VF)值尽可能低的二极管。

二极管工作在反向截止状态时,为了降低其截止状态下反向漏电流(IR)带来的损耗,需要选择反向漏电流小的二极管。

二极管在开关状态切换时,为了降低其开通关断过程的损耗,需要选择输入电容(QC)小、开通关断速度快的二极管。

在碳化硅功率器件批量应用前,硅基超快恢复二极管在 OBC 的 PFC 电路有广泛应用,而在输出电路中,半导体厂商可以提供低 VF 值的产品来应对客户的应用需求,但是上述单一性能优秀的产品也存在明显的弱点,只能适用于特定的领域。碳化硅材料的出现让二极管的 VF 、IR 、QC 等技术指标同时满足不同应用要求成为了可能。

碳化硅肖特基二极管相较于硅基肖特基二极管,反向恢复电流 IR 几乎可以忽略不计,反向恢复时电流对比如图 8-2-12 所示。

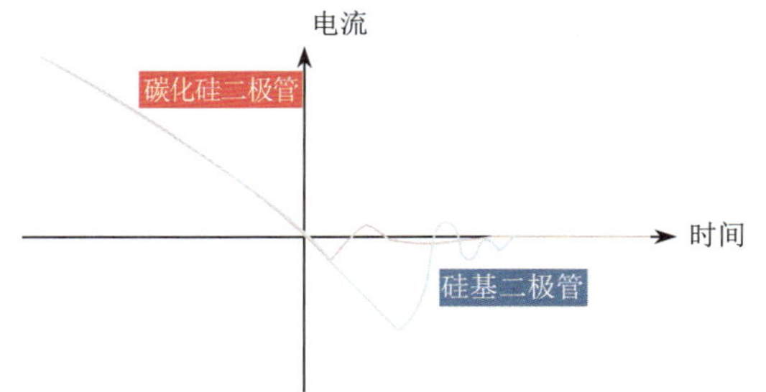

图 8-2-12　碳化硅二极管与硅二极管电流对比

对于 OBC 的 PFC 电路而言,硅基二极管的反向恢复损耗在其整体损耗中占据一定的比重,在 PFC 电路使用碳化硅二极管可有效提升 PFC 电路的效率。碳化硅二极管的 QC 和 VF 两个主要参数相比硅基二极管明显减小,在 OBC 的后级输出电路中使用碳化硅二极管也可以进一步提升输出整流的效率。

③碳化硅 MOSFET 在 OBC 中的应用

在单相交流输入的 OBC 应用中,DC/DC 的前段需要使用开关管将直流电压逆变成交流电压, PFC 电压一般 400 V,DC/DC 初级开关管选择 650 V 即可。

在 650V 的档位的开关管中,超结 MOS 由于产业链和应用技术成熟,650 V SiC MOS 与 650 V 超结 MOS 相比,虽然其导通电阻和输入电容都有优势,但价格要比同规格超结 MOS 高,实际应用中超结 MOS 在此市场中占据大部分份额。

(2)双向 OBC 趋势与应用

单相双向 OBC 包含无桥 PFC 和 DCDC 转换两部分(见图 8-2-13)。

PFC 部分:输入端,传统的 PFC 升压 boost 拓扑,不支持双向输出,而无桥 PFC 不仅支持双向输出,同时也可以提高系统效率。无桥 PFC 包含两个不同工作频率的半桥,两个桥臂进行升压和整流。

DC/DC 转换器模块:单向车载充电机 DC/DC 通常采用全桥 LLC,在反向工作模式下,LLC 的电压增益受到限制,从而降低了其性能。因此,图 8-2-13 中的双向 CLLC 更适合双向 OBC 的 DC/DC 级,它在充电和放电模式下都具备高效率和宽电压范围。

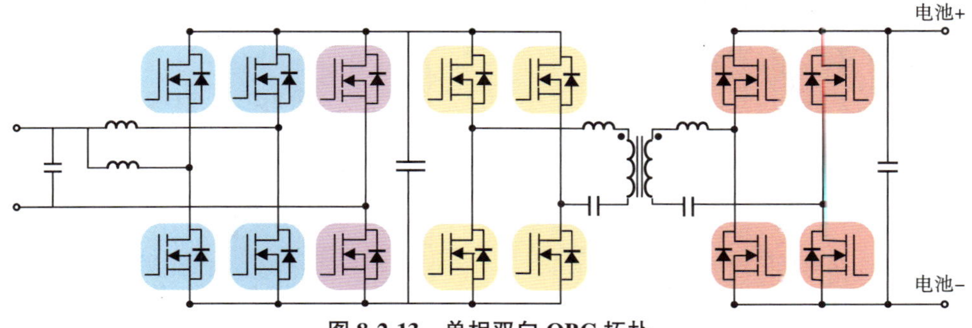

图 8-2-13　单相双向 OBC 拓扑

6.6 kW 双向 OBC 通常采用单相 100~240 Vac 输入,母线 400 Vdc,拓扑前级是无桥 PFC,后级是 CLLC DC/DC 转换器。对于 6.6 kW 双向 OBC,PFC 中可采用 650 V/60 mΩ 的 SiC MOSFET,DCDC 初次级可采用 80 mΩ 的 SiC MOSFET,根据输出的电压来选择 MOS 的耐压值。

缩短充电时间和提高动力电池电压是新能源汽车发展

的两个方向，对于车载充电机而言，单相 OBC 输入电流受国标限制，最大功率 6.6 kW，采用三相输入可以将 6.6 kW 的功率提升到 11 kW 和 22 kW，大幅提升充电速度。

输入电压由单相 220 Vac 变成三相 380 Vac，PFC 电压相应提高到 800 V，650 V 的超结 MOS 已不再合适，需要选用 1200 V SiC MOS，如图 8-2-14 拓扑所示。电池电压提升，导致 OBC 后级输出电压升高，匹配 OBC 从单向到双向的转换，DC/DC 次级的整流二极管需要更换成 1200 V SiC MOS。

1200 V 及以上规格超结 MOS 产品成本较高并且型号少，性能上也与 SiC MOS 差距较大，不具备性价比优势，因此 1200 V SiC MOSFET 在三相 11 kW /22 kW OBC 中有着更广阔的应用前景。

随着技术的不断进步，越来越多的汽车电源制造商正在努力研发三相 11 kW/22 kW 的 OBC，其中大多数都采用碳化硅 MOSFET 作为开关管，这将成为未来汽车电源领域的主流应用之一。

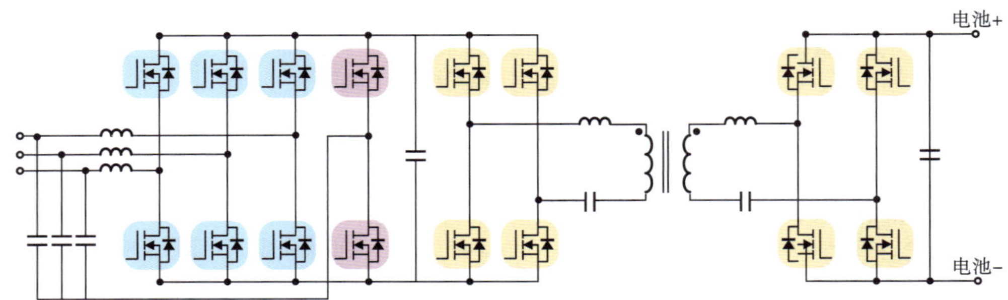

图 8-2-14　三相双向 OBC 拓扑

许多欧洲家庭，三相电源容易获得，亚洲、南美等家庭通常只有单相 230 V，大功率双向 OBC 需同时兼容单相和三相输入，研发人员利用单相输入使用交错技术，把第四条桥臂添加到传统的三相 PFC 中。每个高频桥臂通过 75 mΩ 1200 V SiC MOSFET 提供 6.6 kW 的功率，低频桥臂可以使用 Si MOS 或 IGBT 来降低成本，当三相可用时，该电路可以自动重新配置为三相工作，使第四条桥臂悬空不用。

SiC 技术的应用显著优于其他技术，无论是成本、尺寸、重量、功率密度还是效率。应用 SiC 功率器件系统效率可以达到 97%，并实现 3 kW/L 的功率密度，而应用 Si 功率器件应用可以达到 95% 的效率，2 kW/L 的功率密度。为进一步提升功率密度，增加车辆空间，应用设计上逐步趋向于车载充电多合一，如图 8-2-15 所示，内部包含车载充电机（OBC）、直流变换器（DC-DC）等模块。

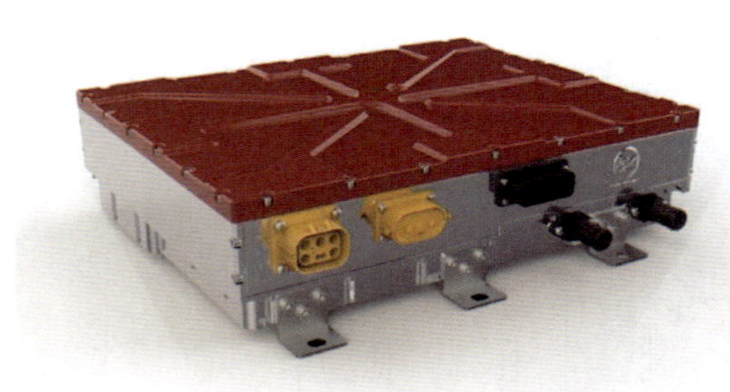

图 8-2-15　车载充电多合一

结合新能源汽车行业的发展趋势和碳化硅功率器件的特点，碳化硅二极管和 MOSFET 已经在 OBC 应用中占据一定市场份额，未来的市场占比会逐步扩大，具备较为广阔的市场。OBC 应用上，对二极管器件的抗浪涌能力要求较高，相较于硅基二极管，碳化硅二极管的抗浪涌电流能力相对有所降低。如何在保证 VF、IR、QC 等核心参数不变或提升的情况下，提升器件的抗浪涌电流能力是碳化硅二极管发展面临的问题之一。

碳化硅 MOSFET 开关速度快，需求驱动电压 15～18 V，负压快速关断，相较硅 MOS 的 10 V 驱动，零电压关断，由于 Qg、Ciss 等更小，碳化硅 MOSFET 在高频应用中驱动更容易发生振荡。如图 8-2-17 所示，华润微电子推出的 TO-247-4L 封装的 SiC MOSFET 产品，增加 1 个额外的引脚 S_2（开尔文引脚），将功率源极和驱动源极分开，有效降低碳化硅 MOSFET 关断时 L * di/dt 对碳化硅 MOSFET 栅极的影响，降低 MOSFET 应用上的风险。具体结构差异及降低干扰方式如图 8-2-16 至图 8-2-17 所示。

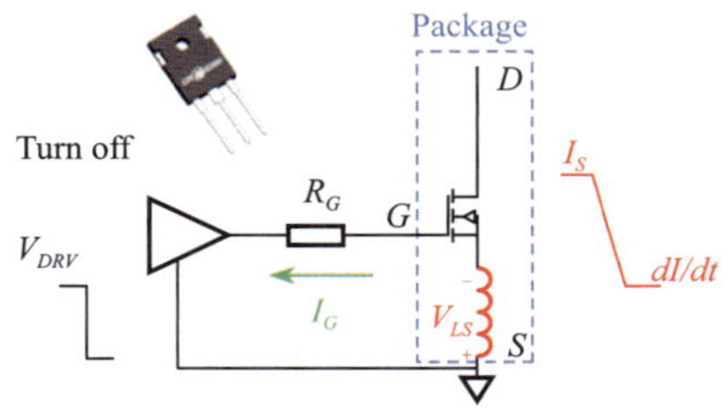

图 8-2-16　TO-247-3 关断过程

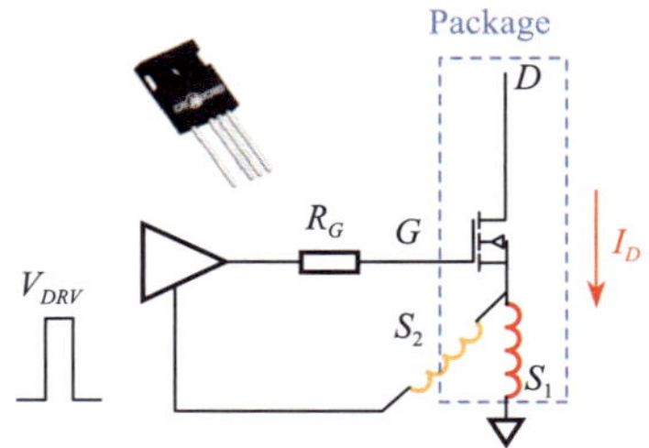

图 8-2-17　TO-247-4 关断过程

从产品可靠性的角度出发，各大车载电源制造商已开始逐步加大 OBC 系统中车规级器件的比例，碳化硅器件正是其中之一，华润微 SiC MOS G2 平台定位为车规平台，已陆续推出多款单管和模块产品。部分型号见表 8-2-3。

表 8-2-3 华润微电子针对 OBC 单管应用成功商业化的部分 SIC 产品

Part Number	Package	V_{DS}	I_D	$R_{DS(ON)}$ @ V_{GS} = 15 V		$V_{GS(TH)}$		Q_g	C_{iss}
				Typ	Max	Min	Max	Typ	Typ
		(V)	(A)	(mΩ)	(mΩ)	(V)	(V)	(nC)	(pF)
CRXQF40M120G2Q	TO-247-4L	1200	66	40	54	1.8	3.6	109	2729
CRXQ75M120G2Q	TO-247	1200	32	75	90	1.8	3.6	61	1406
CRXQF75M120G2Q	TO-247-4L	1200	32	75	90	1.8	3.6	61	1406
CRXSP75M120G2Q	TO-263-7L	1200	32	75	90	1.8	3.6	61	1046

在大功率、双向充电、集成化的趋势推动下，SiC 器件逐渐成为了 OBC 的首选功率器件，比亚迪、特斯拉、丰田、现代、吉利、上海大众等车企都已导入。拥有足够电池容量的电动汽车将可充当移动储能系统，可实现各种车到其他用电设备的供电场景，如车辆到家庭、车辆到电网（V2G 技术）和车辆到车辆充电等，因此 OBC 正在从单向向双向转变，电动汽车采用双向 OBC 是一种普遍趋势。从功率半导体市场占有率来看，由于硅基半导体发展和应用已有多年，技术和产业链成熟，在新能源汽车领域仍是主流，SiC 作为第三代半导体的新兴产业，国内发展时间还不够长，产业链和应用尚未全面普及。市场份额短期内很难达到硅基半导体的水平，硅基和 SiC 技术在汽车领域将同步持续发展。

5. 成果的产能建设情况

即便 2023 年是半导体行业下行周期，碳化硅（SiC）芯片市场尚处在发展前期，围绕该领域的相关公司都有明显产品放量和技术竞速的表现。

华润微电子，已量产 1200 V 和 650 V SiC 二极管和 1700 V、1200 V 和 650 V 的 SiC MOSFET。拥有国内首条量产自有 6 in SiC 生产线，以及自有封装测试线。SiC 产能达到 3000 片/月，用于车载充电机、充电桩、光伏等领域的 SiC 器件已在终端实现量产。

随着 SiC 头部厂商纷纷采取扩产，以及生产工艺、流程持续优化改善，当前 SiC 价格开始持续下探，在量增+价降的双重驱动下，SiC 上车速度明显加快。

基于已经相对成熟的 6 in 技术工艺，8 in 技术的竞争也在继续并有望在 2~3 年内步入量产，但这对设备、材料和工艺技术的整合要求极高，仍需大量时间来验证、形成生态。

6. 社会及经济效益分析

车规半导体中约 40% 是功率半导体，单车平均价值约在 2000 元，在环境条件、可靠性、耐久性等指标方面均明显高于工业级和消费级半导体，导致开发验证时间长、难度大，技术要求高，国外厂商凭借先发优势，已占据大部分市场份额，国内电动汽车高速发展，对车规芯片国产化预期变得更为强烈，随着销量的快速增长，促使 SiC 量价齐升。

随着技术的不断发展，特斯拉、比亚迪、蔚来、小鹏等新兴汽车制造商正不断采用更多的碳化硅分立器件和模块，以满足市场对于更加先进的性价比的要求。此外，由于 800 V 高压大功率快充技术的发展，碳化硅器件具有更加节省能量、尺寸更加紧凑的特点，未来它们也有望取代传统的汽油发动机，成为未来电动汽车的首选。科锐和安森美的碳化硅业务都迎来爆发式增长。

电动汽车被限制增长的主要原因之一是里程焦虑。通过将 IGBT 逆变器替换为 SiC 逆变器，利用碳化硅技术，不仅能显著提高电动汽车的行驶里程达 7%，还能够有效缩小电池的体积，最终大幅度降低整体的成本。这就是为什么 SiC 在电动汽车中的势头如此强劲，也是推动 SiC 制造商大规模投入的原因。

与电动汽车相关的是电动汽车充电站的建设。一个主要考虑因素是功率密度。这也是 SiC 的优势所在，系统设计人员能够在相同的体积内获得更高的功率，或者保持功率不变，而体积减小 300%。在相同的体积下获得更高的功率是将 SiC 用于电动汽车充电站的主要驱动力。目标是能够实现在加油站花费的相同时间内为一辆电动汽车充电。

一辆电动汽车所消耗的电能平均每年排放 2817 磅 CO_2 且行驶过程没有尾气排放，而燃油车每年排放 12594 磅 CO_2。这意味着电动汽车取代燃油车后单车排放 CO_2 减少了 77%。

C3 Lync 车载高速 SerDes 芯片

供稿：锐泰微（北京）电子科技有限公司 张 猛

1. 成果简介

（1）应用领域

车载 SerDes 芯片技术是汽车智能座舱系统与智能驾驶系统车内互联的必选技术，如图 8-2-18 所示，主要用于汽车座舱域控制器和汽车显示屏互联传输，也应用于智能驾驶 ADAS 与控制器、高清摄像头传感器的互联。

（2）关键技术介绍

①基于相位跟踪的高性能 CDR 时钟数据恢复技术

此技术可以在车载 SerDes 应用中实现准确、稳定的数据传输和接收。

在高速串行通信中，由于传输距离、信道噪声和传输介质等因素的影响，接收到的数据信号可能会出现时钟漂移、抖动、失真等问题，导致数据传输的不稳定和错误。

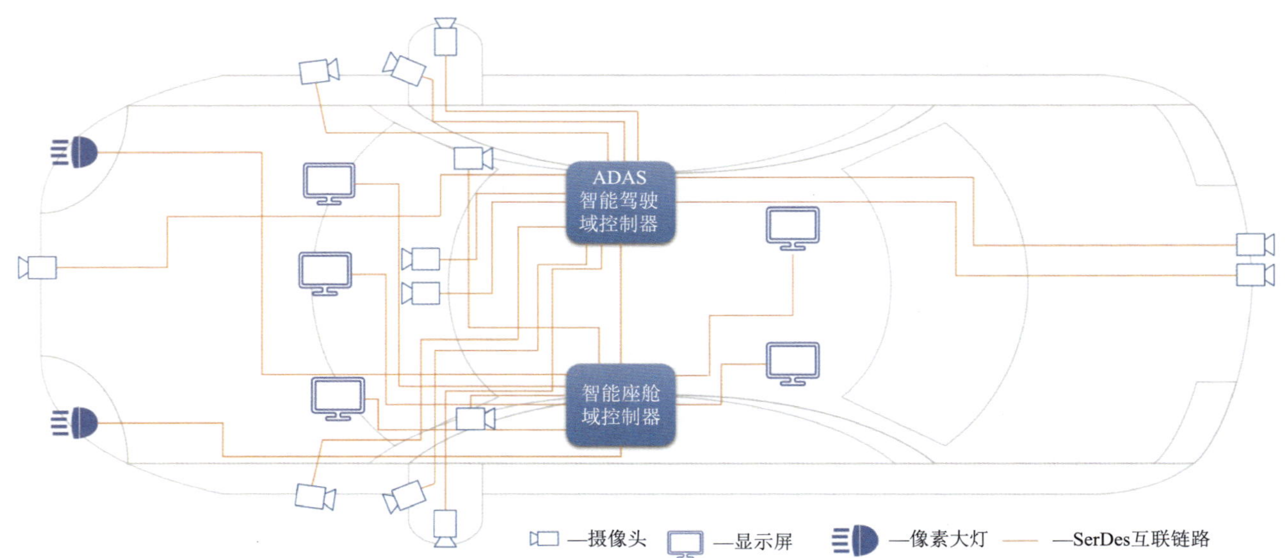

图 8-2-18　汽车 ADAS 系统与座舱系统 SerDes 芯片应用框图

基于相位跟踪的高性能 CDR 技术通过相位检测、相位调整、时钟恢复和数据再时序等关键步骤，可以实现以下技术目标：

A. 实现时钟恢复：在高速串行通信中，数据信号和本地时钟信号之间可能存在时钟偏移和抖动等问题，导致接收到的数据信号的时序不稳定。基于相位跟踪的高性能 CDR 技术可以通过相位检测和相位调整来调整本地时钟信号的相位，从而实现时钟恢复，确保本地时钟信号与数据信号保持同步。

B. 提高数据传输的准确性：在时钟恢复的基础上，基于相位跟踪的高性能 CDR 技术可以通过数据再时序等步骤进一步提高数据传输的准确性和稳定性，保证数据能够按照正确的时间顺序被解析和处理。

C. 提高系统的性能和可靠性：在高速串行通信系统中，数据传输的稳定性和可靠性对于系统的性能和可靠性至关重要。基于相位跟踪的高性能 CDR 技术可以实现准确、稳定的数据传输和接收，从而提高系统的性能和可靠性。

②自研传输协议 C^3 Lync 技术

自研协议技术可以提升功能扩展性、带宽占用率、功能灵活性、抗干扰性能、安全冗余度，同时也保障产品开发进度和后续迭代升级的速度。

车载系统的应用场景对 SerDes 通信有特定的需求，通用的通信协议无法完全满足某些特定应用的要求。因此，自研 SerDes 通信协议可以根据具体的需求进行定制，以实现更好的性能和适用性。自研 SerDes 通信协议可以针对具体的硬件平台或应用场景进行优化，以提高通信的速度、稳定性和可靠性，达到更好的性能表现。

当前自研协议 C^3 Lync 在正向通道转码效率、带宽利用率、反向带宽速率、实时性、FEC 纠错能力方面都具备技术优势。

③支持比市面竞品更强的 FEC 前向纠错技术

此技术可以有效提高数据传输的可靠性、稳定性和质量，保障数据在传输过程中的完整性，并降低系统中出现传输错误的风险。

C^3 Lync 使用市面最强 RS-FEC 技术，可纠错数百 bit 的突发性错误，为车载系统 SerDes 传输的带来极大的益处：

A. 提高传输可靠性：SerDes 通信中，数据传输过程中会受到各种干扰和噪声的影响，导致数据传输错误。通过 RS-FEC 技术，可以在数据中添加冗余的纠错码，以便在接收端检测和纠正传输中出现的错误，从而提高数据传输的可靠性。

B. 减少重发次数：有了 RS-FEC 技术，接收端可以利用添加的纠错码在一定程度上自动纠正传输中的错误，而不需要重发整个数据包。这有助于减少重发次数，提高数据传输的效率。

C. 降低误码率：RS-FEC 技术可以有效降低数据传输中的误码率，提高数据传输的质量和稳定性。通过纠错码的检测和修正，可以保证数据在传输过程中的完整性。

D. 增强容错能力：引入 RS-FEC 技术可以增强系统的容错能力，即使在传输过程中出现部分错误，也可以通过纠错码进行修正，确保数据传输的正确性。

④高速双向通信技术

前向通道 12 Gbps（第二代产品可扩展到 24 Gbps 速率），反向通道最高可达到 200 Mbps 速率。

车载 SerDes 主要用于车载摄像头等传感器和智能驾驶域控制器、显示屏和座舱域控的连接，主要用同轴线或者双绞线线材。在实际车载应用中，SerDes 不仅要通过单一信道传输高带宽的视频数据，同时智能驾驶和智能座舱域控制器也需要向传感器或显示屏等外围设备发送指令或控制信号，已达到实时响应、故障诊断、功能安全系统逻辑控制等目标。因此，车载 SerDes 需要支持实时双向通信，其工作原理如图 8-2-19 所示。

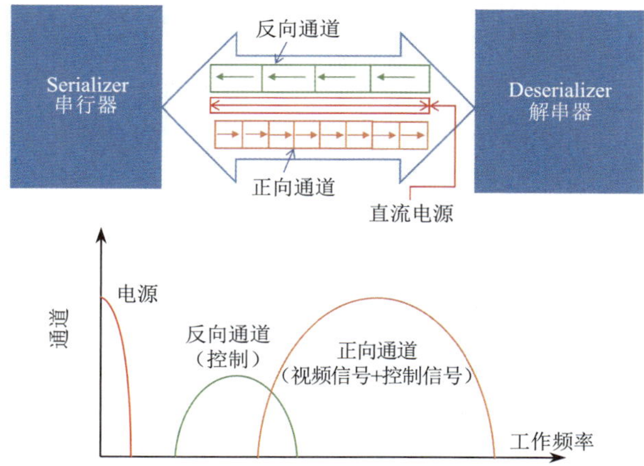

图 8-2-19 车载 SerDes 传输信道示意图

在一个信道上需要支持直流供电、前向通道高速信号传送、反向通道控制信号传输,需要解决系统时序、数据完整性、信号抗干扰、EMC、传输稳定性问题,技术难度很高,是研发视频信号加解串芯片产品必须突破的技术。

⑤高线性度实时自适应均衡技术

极大优化信道补偿,同轴线缆传输长度达到 15 m,保持信号传输稳定。

在实际车载应用环境中,系统受到各种信号干扰的影响,如时钟抖动、信道失真、串扰等;车载应用环境温度变化范围较大、长周期使用过程中传输线材老化等因素会线材信道损耗处于动态变化中,导致信号传输不稳定。

通过自适应均衡技术可以有效地对抗这些干扰,可以实时调整接收端的均衡器参数,补偿信号失真,改善信号完整性,确保数据的准确传输,提升信号的稳定性和可靠性。

⑥Serdes 高速链路展频技术

降低传输链路上的 EMI 电磁辐射。

汽车智能化系统使用 SerDes 的数量越来越多,工作速率越来越高,同时因其传输电缆遍布整车,其产生的 EMI 电磁辐射需要严格控制,避免对车辆行驶关键电子系统造成干扰。

SerDes 展频技术将原始信号的带宽进行扩展,可以使信号在频域上呈现更宽的频谱,从而降低信号在其中心工作频率点上的能量密度,减少了中心频点对其他设备的干扰。锐泰微 C^3 Lync 正向通道和反向通道都支持展频技术,实际改善 EMI 电磁辐超过 10 dB。

⑦功能安全兼容 ASIL-B,适应车载智能系统的功能安全要求

汽车功能安全是确保汽车在正常使用和事故情况下对驾驶员、乘客及其他道路参与者的人身安全和财产安全提供保护的技术和管理系统。汽车 SerDes 芯片是车载先进辅助驾驶性的重要组成部分,芯片设计需要考虑系统功能安全要求。数据完整性和可靠性;故障检测和容错能力;安全监控和报警功能。

(3)专利技术

锐泰微致力于通过技术创新保持技术的领先和产品的市场竞争力,公司创立以来已经取得多项技术知识产权成果,已经获取发明专利、集成电路布图、软件著作权在内的近 40 项知识产权。公司将继续努力,建好专利技术保护的护城河。

2. 成果创新点及解决的难点问题

(1)锐泰微基于 CDR 技术路线开发高性能 SerDes 技术,速率可高达 24 Gbps。

业界相关产品超过 20 Gbps 速率的技术均规划使用 DSP 技术,此技术有如下痛点:

①结构复杂度高;

②响应速度慢,导致传输延时相对较大;

③寄存器多,应用复杂度高;

④要求使用昂贵的 FinFET 工艺,导致成本比较高;

⑤芯片产品功耗较高。

锐泰微基于 CDR 技术路线的 C^3 Lync 车载 SerDes 产品传输速率高、功耗低、高可靠性、低成本。

(2)C^3 Lync SerDes 内设业界最强的 FEC(前向纠错)技术,可以纠正数百 bit 瞬态错误。

国际竞品的 FEC 纠错能力低于 50 bit 能力,在实际车载应用环境中,因为 EMC 电磁干扰或者车辆行驶震动导致连接器线束短暂松动均会引发 SerDes 芯片传输的数据出错,导致摄像头、显示屏黑屏问题,影响系统体验。

锐泰微 C^3 Lync 车载 SerDes 的 FEC(前向纠错)技术可以保障在复杂的车载应用环境中传输的稳定性。

(3)C^3 Lync SerDes 应用自研 Dynamic DFE 技术、超低抖动时钟技术,SerDes 信号动态范围大,传输距离远。

业界竞品 SerDes 传输距离普遍不超过 15 m。在一些应用场景满足不了应用需求,比如客车和卡车,需求的传输距离超过 20 m。

C^3 Lync SerDes 芯片实测传输距离:3 Gbps@ 25 m,6 Gbps@ 19 m,后续产品经过改进,传输距离可以进一步扩展,传输距离远超竞品 15 m 的规格。

3. 国际水平对比分析

基于对市场公开信息的对比分析,可得出见表 8-2-4 的数据。

表 8-2-4 Serdes 技术国际水平对比分析表

对比项	锐泰微	TI	MAXIM
SerDes 协议	自研 C^3 Lync	自研 FPD-Link	自研 GMSL
正向速率	3/6/12/24 Gbps	Display:13.5 Gbps Camera:7.55 Gbps	1.5/3/6/12/24 Gbps
反向速率	200 Mbps	168.75 M	187.5 Mbps
调制方式	NRZ/PAM4	NRZ	NRZ/PAM4
编码	高效率编码	128 b/132 b	9 b/10 b

续上表

对比项	锐泰微	TI	MAXIM
FEC	数百 bit 瞬时误码纠错能力	无	F(128,120,9) 36bit 瞬时误码纠错能力
串行链路展频	有 调整范围> 25000 ppm	无	有 调整范围 25000 ppm
成本	低 22 nm 设计，芯片晶圆面积远小于竞品，QFN 封装，pin 2 pin 对标竞品	低 自有晶圆厂，QFN 封装	高 长期供货协议捆绑历史高价格

4. 成果应用情况

已经推出的 C^3 Lync SerDes 芯片在多家车厂及其供应链进行测试评估，后续将在 25 年陆续上车量产。

5. 成果产能建设

锐泰微是一家专注于芯片设计的 Fabless 公司，通过与顶尖的代工厂合作，确保产品的高质量和高产能。Fabless 模式使公司能够聚焦于核心技术的研发，生产环节与经验丰富的制造商合作。

6. 社会及经济效益分析

(1)经济效益分析

通过产品的研发，可以使锐泰微具备完善的产品开发和验证体系，在北京培育首家车载视频加解串器芯片研发和产业化能力的企业，预计自该产品量产 2 年内，实现在整车企业中的广泛应用。同时，通过本产品的落地应用将带动国产高端车载芯片技术发展、国内自主研发汽车电子产品领域的壮大。除此以外，推动汽车芯片上下游企业形成更加完善的汽车产业链生态体系，公司 5 年内将为行业培育一支优异的汽车芯片研发工程师团队。

(2)社会效益分析

锐泰微(北京)电子科技有限公司拥有较强的汽车芯片研发和预期量产能力，所研发的产品将覆盖汽车电子电气架构核心之一的高速互联通信芯片类型。基于锐泰微(北京)电子科技有限公司的芯片设计能力，开发新一代 C^3 Lync 车载 SerDes 芯片，并完成集成测试，适用于新一代汽车智能化场景和电子电气架构。本技术研究成果具有较大的技术引领作用和较强的社会示范效应，产品的上车应用将增强国内自主研发芯片企业的信心，引领国内整车企业及一级汽车供应商增加对国内汽车芯片的重视，对促进国内芯片企业技术落地，解决汽车芯片领域“卡脖子”技术难题有着关键促进和引领作用。

车规级具有低静态电流双路同步降压控制器芯片

供稿：北京智芯微电子科技有限公司

1. 成果简介

针对新能源电动车智能化日趋发展，算力日益增强的核心芯片对电源管理芯片要求支持大电流的问题、核心部件电源管理芯片静态功耗过高的问题、开关电源工作频率导致的 EMI 问题、车用电池带来的宽输入电压范围问题等，北京智芯微电子科技有限公司通过开展双路 Buck 并联技术、相位电流均流与相位管理技术、低功耗基准电路设计、低功耗高压 LDO 设计、扩频时钟(SSC)等关键技术研究，完成具有低静态电流 3.5 ~ 65V 双路同步降压、可用于大电流单输出或双输出控制器芯片的研制，该芯片已经完成研发、流片及封测，将于 2024 年底量产和完成 AEC-Q100 车规级产品测试，除此之外，成果还包括论文和专利各 2 篇。芯片产品如图 8-2-20 所示。

图 8-2-20　车规级具有低静态电流双路降压控制器芯片

本芯片采用的关键技术如下：

(1)宽输入电压关键技术

①运用极小的导通时间和关断时间，提高占空比的范围，进而解决从汽车电池输入到低电压轨的直接降压转换的问题；

②应用高压 BCD 工艺、高压电荷泵技术，实现芯片支持宽输入电压范围，提高芯片的工作效率。

(2)降压转换控制芯片低静态电流关键技术

①低功耗基准电路的设计，提高电源抑制特性，实现高精度工作；

②低功耗高压 LDO 设计，节省功耗；

③待机模式下加入打嗝控制，实现低待机功耗。

(3)低 EMI 关键技术

①运用扩频时钟(SSC)技术，实现低 EMI 需求；

②通过驱动电路的优化控制，减小高频谐振辐射。

(4)多相控制技术

①运用双路 buck 并联为单路两相 buck 的方法，将双路 buck 的输出电流合并成一路，进而解决单输出大电流的问题；

②对两相大电流单输出电压模式，运用相位电流均流与相位管理技术，进而解决随负载电流变化增加或减少相位而不影响输出电压稳定的问题。

2. 成果创新点及解决的难点问题

北京智芯微电子科技有限公司自主研发这款车规级具

有低静态电流双路降压控制器芯片，攻克宽输入电压范围、低功耗、低 EMI、大电流等关键技术难点，灵活有效提升能量转换效率和带载能力，切实降低静态功耗和 EMI 影响等。

本芯片的技术创新点如下：

（1）运用双路 Buck 并联技术，将双路 buck 并联为单路两相 buck，可以将双路 buck 的输出电流合并成一路，进而解决单输出大电流的问题；

（2）对两相大电流单输出电压模式，运用相位电流均流与相位管理技术，进而解决随负载电流变化增加或减少相位而不影响输出电压稳定的问题；

（3）采用双相交错式同步降压控制方式，解决单输出电压输出纹波问题；

（4）运用分时使能技术，减小 LDO 的电流消耗，进而解决高压 LDO 低功耗的问题；

（5）采用自适应栅极驱动技术，其上下管开通关断之间的死区时间可以根据功率管的不同自适应地调节，进而解决上下功率管直通的问题，在不牺牲效率的同时提升系统可靠性；

（6）运用扩频时钟（SSC）技术，实现低 EMI 需求。

3. 国际水平对比分析

20 世纪 80 年代，意法半导体率先推出了单片开关式稳压器，之后又将脉宽调制器、功率输出级、保护电路等集成到单芯片。美国国家半导体公司（NS）于 2000 年推出 0.5A DC-DC 转换器，效率高达 96%，适应低温运行、长寿命、小体积电池电源的设计方案。德州仪器（TI）公司相继推出新型低频率、高频 DC-DC 降压转换器，可延长便携式电子系统的工作时间，其最高工作频率为 2.5 MHz，转换效率高达 94%，适用于由单节或双节锂离子电池组供电的手持电子设备。为实现 DC-DC 降压转换器在汽车电子方面的推广应用，TI 又推出了具有超低 IQ 的汽车类 42 V 同步降压直流/直流控制器 LM25148 系列产品，这款产品适合高电流单输出应用，可实现简单环路补偿、快速瞬态响应和出色的负载和线路调节性能，但通道数无法满足新能源汽车的应用需求。此外，ADI 推出了双通道同步单片式降压型稳压器 LT8652S，这款产品两个通道可同时提供高达 8.5 A 的连续电流且每个通道支持高达 12 A 的负载，可在高开关频率下实现高效率工作，但是输入电压范围仅为 3～18 V。

电源管理芯片市场主要被 NXP、TI 等国外知名厂商垄断。尽管国内厂商在国家政策的大力扶持下发展迅速，但已推出产品的性能指标如输入电压范围、功耗等与国外成熟产品相比仍相差甚远，不能完全满足汽车领域的实际应用需求。智芯公司研发这款具有宽输入范围、高可靠、低功耗、大电流、宽工作温度范围等特性的同步降压转换控制器芯片，可以满足不同应用环境的高性能需求，将拥有广阔的市场前景。

4. 成果应用情况

智能化是新能源汽车的一大重大技术路线。尤其对算力要求极高，这也对大算力 SOC 的供电提出了更高要求，需要供电电流和功率大大提升。智芯公司推出的同步降压控制器芯片可以支持多相输出，完全满足新能源汽车智能驾驶 SOC 供电的需求。可广泛应用于 ADAS、车身座舱、动力系统等核心部件。详细应用方向如图 8-2-21 所示。

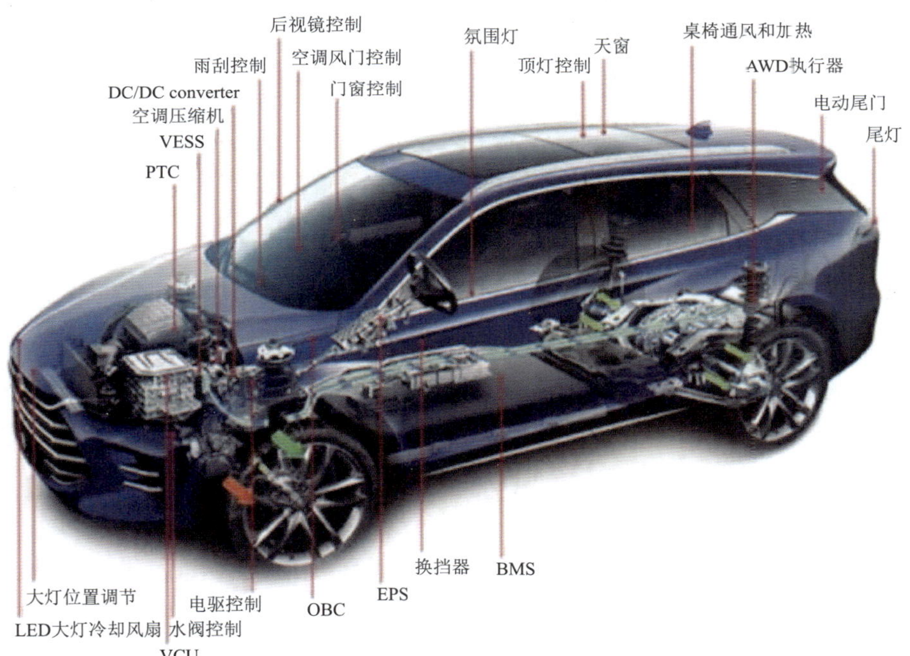

类别	应用	所用模拟IC
ADAS	车载摄像头、传感器融合、雷达	电源管理、接口、数模转换
车身座舱	汽车照明、辅助电源、远程控制和网关、电动座椅、车载娱乐系统	电源管理、放大器、接口、电机驱动、射频组件
动力系统	动力总成传感器、动力转向、引擎管理	放大器、电机驱动器、电池管理、数模转换

图 8-2-21 车规级具有低静态电流双路降压控制器芯片（DC/DC converter）应用

另外随着域控制器从分布式向集中式转变，同步降压控制器芯片已广泛用于智能座舱域控制器，自动驾驶域控制器等领域。针对智能座舱应用，智芯公司基于其核心车规级低静态电流双路同步降压控制器芯片，研发了完整的解决方案，详见图 8-2-22 所示。

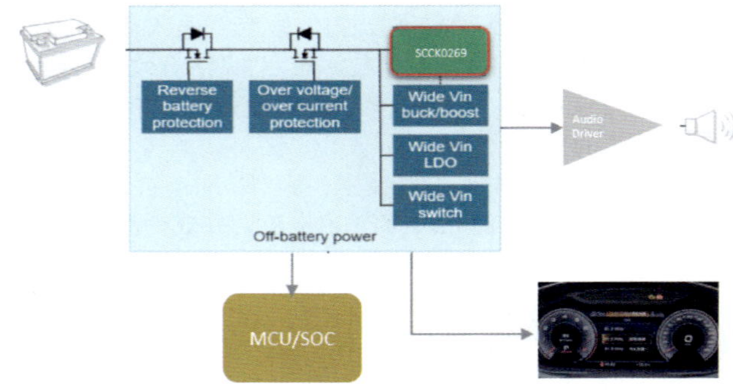

图 8-2-22　智能座舱应用方案图

基于封闭场地的智能驾驶汽车安全测评关键技术

供稿：中汽院（重庆）汽车检测有限公司　胡玮明　黄超智　刘延　苏梦月

1. 成果简介

近年来，随着智能驾驶技术的不断发展，我国各大车企在抢占国内市场份额的同时，已把“汽车加速出海”视为重要战略布局。安全作为汽车智能化的基本前提，也是智能驾驶的基本要求。随着驾驶自动化等级的提升，对于车辆安全性能的要求也越来越高，覆盖整车主动安全、功能安全等多个维度。

测试评价是智能驾驶汽车功能开发、技术应用和商业推广不可或缺的重要环节。如何针对上述功能的安全性测评需求，构建全面、准确、可靠的定性和定量测评解决方案，对于更为全面地验证车辆的安全性能意义重大。

在主动安全测评方面，智能驾驶汽车因车辆结构复杂、运行工况多变且受限于车载传感器，难以全面准确获取性能测评所需运动参数。此外，针对整车级的功能安全测评研究并不成熟，缺乏验证系统性失效、随机硬件失效等复杂情况下的车辆性能和安全水平的测评能力。

为了突破上述难题，中汽院（重庆）汽车检测有限公司依次攻克了基于封闭场地的智能驾驶汽车主动安全系统性能测评技术和面向智能驾驶汽车典型功能的功能安全主客观测评技术，破解了感知精细度、测试准确度和评价完整度等技术瓶颈，研究形成面向智能座舱内外监控、整车主动安全、功能安全测评的成套测评解决方案，并完成开展相关测评业务的能力建设。具体突破的关键技术包括：

（1）基于封闭场地的智能驾驶汽车主动安全系统性能测评技术

①卫星受限环境下智能驾驶汽车高可靠位姿估计技术

提出了基于并行深度卷积-递归神经网络和多特征深度融合的车辆状态准确感知技术，实现了车辆三维速度和三维角速度的精准感知，弥补了传统计算机视觉方法感知精度较低的不足；发明了基于改进扩展卡尔曼滤波的多传感融合实时感知算法，进而提出了基于迭代最近点的帧间位姿估计技术；典型遮挡工况下，东向、北向位置和航向角的均方根误差 RMSE 分别为 2.832 m，2.015 m 和 0.021 rad，实现了智能驾驶汽车主动安全、功能安全测评所需位置、姿态等状态参数的准确、可靠获取；发明了特征退化环境下的多模态同步定位和建图技术，进而提出了基于误差预测补偿的智能融合定位方案，在典型路段上达到了分米级定位精度，攻克了传统 GPS/MEMS-INS 组合定位在卫星受限环境下难以实现可靠、高精定位的难题。

上述成果已申请国家发明专利 7 项，如一种面向智能网联汽车性能测评的车辆位姿估计方法（202410463762.9）、一种基于跨维度多光谱边缘融合的图像语义分割方法（202410922534.3）、一种基于 ECE R131 标准的制动辅助系统测试评价方法（202210483311.2）、一种基于半监督学习的自动驾驶商用车编队行驶决策方法（202410112269.2）等。同时，发表国际高水平 SCI 论文多篇。

②基于封闭场地的智能驾驶汽车主动安全性能测评技术

发明了面向目标车静止、低速、横向重叠、自适应限速等工况的自适应巡航系统测评技术，通过多维度评分的方式，实现了更为准确、直观的自适应巡航系统性能评价；发明了一种基于危险制动和制动干预判别的制动辅助系统测试评价技术，克服了现有测试方法存在的效率低、适应性差、测试工况相对单一等不足；发明了基于无迹卡尔曼滤波和“当前”统计改进模型的半挂汽车列车运动学状态精准估计和 AEBS 性能测试技术，进而提出了涵盖强化距离碰撞时间、横摆稳定裕度、制动平顺性、折叠幅度等多维度性能评价指标，实现了半挂汽车列车 AEBS 的准确、可靠测评。

（2）面向智能驾驶汽车典型功能的功能安全主客观测评技术

①基于并行式和中断式等多类故障注入的智能驾驶汽车功能安全测试技术

基于实际道路功能安全测试场景，构建面向电控制动系统和电动助力转向系统的功能安全测试用例库，覆盖 8 种整车危害、20 余种失效模式和 40 余种测试工况；发明了面向电控制动系统功能安全实车测试的基于故障注入技术，进而研究了面向非预期侧向运动、非预期减速、非预期减速能力下降等场景下的电控制动系统功能安全定量测试方法，实现了传感器信号故障、CAN 信号故障、校验类错误、电源故障等 4 种故障类型的注入以及准确、可靠的功能安全测试。

②多维度的智能驾驶汽车功能安全性主客观一体化评价技术

提出了涵盖行驶性能、转向愉悦性、弯道性能和制动性能的操纵稳定性主客观评价指标，发明了基于深度学习的主观评价数据转化技术，实现了驾驶员主观评价操作的客观化，稳态回转、蛇行和转向盘角阶跃试验等工况，进而提出了操纵稳定性主客观一体化评价方法；构建了面向实际道路试验的电控制动系统和电动助力转向系统功能安全性评价模型，提出基于主观和客观综合评价的电控制动系统和电动助力转向系统功能安全性评价指标；发明了基于改进熵权法和层次分析法的评价指标权重分配技术，能够准确、可靠地验证系统性失效、随机硬件失效等情况下的制动性能和整车安全。

上述成果已申请发明专利5项，如面向非预期减速的制动电子控制系统功能安全测试方法(202410112271. X)、一种电动助力转向系统的功能安全主客观测评方法(202410922780. 9)、一种面向非预期纵向运动的线控制动系统功能安全测试方法(202410112266. 9)、一种商用车操纵稳定性主客观一体化评价方法(202311625363. X)等。

2. 成果创新点及解决的难点问题

(1)破解基于封闭场地的国外智能驾驶汽车主动安全系统性能测评技术

针对智能驾驶汽车因结构复杂、运行工况多变且受限于车载传感器难于全面准确获取性能测评所需运动参数的难题，提出了基于并行深度卷积—递归神经网络和多特征深度融合的车辆状态准确感知技术，发明了基于改进扩展卡尔曼滤波的多传感融合实时感知算法，提出了基于迭代最近点的帧间位姿估计技术，实现了智能驾驶汽车主动安全、功能安全测评所需位置、姿态等状态参数的准确、可靠获取。进而，发明了一种基于危险制动和制动干预判别的制动辅助系统测试评价技术，提出了基于无迹卡尔曼滤波和“当前”统计改进模型的半挂汽车列车运动学状态精准估计和AEBS性能测试技术，实现了典型主动安全系统的定量、准确测评。

(2)突破面向智能驾驶汽车典型功能的功能安全主客观测评技术

针对电子电气架构复杂的智能驾驶汽车缺乏准确、定量的功能安全测评难题，构建面向电控制动系统和电动助力转向系统的功能安全测试用例库，研究了面向非预期侧向运动、非预期减速、非预期减速能力下降等场景下的电控制动系统功能安全定量测试方法。进而，构建了面向实际道路试验的电控制动系统和电动助力转向系统功能安全性评价模型，发明了基于改进熵权法和层次分析法的评价指标权重分配技术，实现了系统性失效、随机硬件失效等复杂情况下的制动性能和安全水平全面、准确和定量测评。

3. 国际水平对比分析

本项目整体达到国际先进水平。所攻克的多项核心技术，与国内外同类研究/技术相比，具有显著的先进性(见表8-2-5)。具体分述如下：

(1)基于封闭场地的国外智能驾驶汽车主动安全系统性能测评技术

该技术发明了卫星受限环境下智能驾驶汽车高可靠位姿估计技术，进而提出了基于封闭场地的智能驾驶汽车主动安全性能测评技术，克服了现有测试方法存在的效率低、适应性差、测试工况相对单一等不足。

(2)面向智能驾驶汽车典型功能的功能安全主客观测评技术

该技术提出了多类故障注入的智能驾驶汽车功能安全测试方法，实现了4种故障类型的注入以及准确、可靠的功能安全测试。攻克了多维度的智能驾驶汽车功能安全性主客观一体化评价方法，能够准确、可靠地验证系统性失效、随机硬件失效等情况下的制动性能和整车安全。

表8-2-5 当前国内外技术对比表

主要创新成果	对比项	本项目	国内外同类技术	对比结果
创新点1:基于封闭场地的国外智能驾驶汽车主动安全系统性能测评技术	卫星受限环境下的车辆位姿估计	典型遮挡工况下，东向、北向位置和航向角的均方根误差RMSE分别为2.832 m，2.015 m和0.021 rad。	相同测试工况下，东向、北向位置和航向角的均方根误差RMSE分别为4.821 m,6.855 m和0.063 rad。	优于
	自适应巡航系统测评	支持目标车静止、低速、横向重叠、弯道、走停、自适应限速等工况的测评。	支持目标车静止、低速、横向重叠等工况的测评。	优于
	半挂汽车列车AEBS测评	围绕强化距离碰撞时间、横摆稳定裕度、制动平顺性、折叠幅度等多维度性能评价指标，可实现定量测评。	评价指标基本以预计碰撞时间为主。	优于
创新点2:面向智能驾驶汽车典型功能的功能安全主客观测评技术	转向、制动等典型功能的功能安全测试	支持8种整车危害、20余种失效模式和40余种测试工况的测试。	支持6种整车危害、10余种失效模式和30余种测试工况的测试。	优于
	功能安全性主客观一体化评价	提出了直线行驶性能、转向愉悦性、弯道性能等4类、34个评价指标。	不足15个评价指标。	突破

4. 成果应用情况

本项目所研发的基于封闭场地的国外智能驾驶汽车安全测评关键技术，经济效益和社会效益显著。具体推广应用情况如下：

(1)项目核心技术直接服务于中汽院(重庆)汽车检测

有限公司

相关技术在公司开展智能网联汽车性能测评和准入认证过程中进行了应用，有效提高了智能网联汽车测评过程中车辆位置、姿态等基础性关键信息的测量精度，实现了整车主动安全和功能安全的准确、可靠测评，显著提升测试效率。

（2）项目核心技术应用于东风柳汽、上汽红岩、庆铃汽车、鑫源汽车、重庆耐德山花等国内头部和知名车辆制造企业

通过应用项目多项创新技术，优化了多款乘用车、商用车产品的自动紧急制动、车道保持辅助等主动安全防控系统，实现了各主动安全系统在实际道路条件下性能表现的全面、准确评估，进一步提高了车辆在实际使用过程中的稳定性和可靠性。同时，完善了电控制动、电动助力转向等系统的功能安全测试流程和方案，助力各公司产品的功能安全性能达到预期要求，在出现故障等紧急时刻仍可以有效保障车辆的安全性。

5. 社会及经济效益分析

（1）社会效益

①有力促进技术进步，有效提高创新能力

项目所攻克了多项基于封闭场地的国外智能驾驶汽车安全测评关键技术，并形成了12项国家发明专利、5篇国际高水平论文等一系列创新性成果。项目所突破的主要技术成功应用于中汽院（重庆）汽车检测有限公司，并服务于东风柳汽、上汽红岩、庆铃汽车、鑫源汽车、重庆耐德山花等国内头部车辆制造企业以及苏州雷森电子、重庆渝微电子等国内知名零部件供应商，具备较强的竞争力。项目整体达国际先进水平，有力推动了我国智能驾驶汽车测评领域科学技术水平的积极进步与有序发展。

②有效促进人才培养，有力助推团队建设

该项目研究有力促进了智能座舱、智能驾驶主动安全、功能安全等领域的测评人员培养。此外，该项目在深入研究过程中，积累了丰富的研发经验，建立了一支涵盖关键测评技术研究和检验检测业务开展相结合的40余人的智能驾驶测评攻关团队，形成了完善合理的多学科交叉和高水平专业人才队伍。

③有力推进了智能驾驶测评方面的技术升级和创新发展

本项目着眼于智能驾驶汽车安全这一长远赛道，对于提高智能驾驶测评业务的市场占有率、加快构建智能驾驶汽车测评技术新发展有着重要的促进作用，将为高级别智能驾驶未来向准入体系迈进以及相关产业升级提供重要参考。

（2）经济效益

项目主要技术成果已应用于中汽院（重庆）汽车检测有限公司。近一年半，新增产值5732万元，新增利润2235万元。

三、氢燃料电池领域

氢燃料电池关键产品开发与应用

供稿：东风汽车集团有限公司研发总院

燃料电池是全球汽车动力系统转型升级的重要方向之一，发展氢燃料电池汽车，可有效促进节能减排，推动新能源汽车产业高质量可持续发展，加快建设汽车强国。日、韩、欧、美等国家在氢能关键技术研发、基础设施建设、标准规范建立等方面走在前列，构建了全价值链的氢能制—储—运—加—用体系，批量化生产了氢燃料电池汽车并实现规模化销售。我国尚处于起步快速发展阶段，国家通过北京示范城市群、上海示范城市群、广州示范城市群等五大燃料电池汽车示范城市群来加速提升氢燃料电池技术进步与产业化应用。

东风氢燃料电池发展与国家需求一脉相承，从验证燃料电池整车搭载可行性到开展氢燃料电池全价值链研发，再到氢燃料电池技术工程化应用，历经十余年的发展，逐步建立了东风全自主氢燃料电池研发体系，建立了先进的电化学实验室、先进的电堆与系统试制线，形成了整车—系统—电堆—核心部件开发流程与测试验证体系，布局了高价值专利群与核心专利，编制形成了氢燃料电池标准体系，建立了专业化高素质研发队伍。

东风公司作为中央企业，积极发挥使命担当，大力发展低碳节能技术，把氢燃料电池作为新能源跃迁重要战略，坚持氢能全价值链研发及生态建设。深耕从基础材料、关键部件与系统到整车示范运营，联合上下游企业，打造政—产—学—研—用的良好的氢能生态，拓展氢能应用场景，发布东风氢舟氢能主品牌，东风氢元、东风氢芯氢能子品牌，打造氢能产业链链长与技术策源地，助推我国氢能技术与产业化发展。

1. 全价值链研发，产品谱系构建

（1）东风氢芯：燃料电池电堆

东风氢芯是东风研发总院发布的东风氢舟品牌下的氢能子品牌，拥有完全自主知识产权的“东风氢芯”

H_2·Core电堆技术，通过车规级开发流程、设计规范、验证规范及高一致性批量化工艺打造的高质量电堆。东风氢芯电堆具备高性能、低成本、高效率、低衰减、宽温域、高海拔等优点，可满足整车全场景全工况需求。

2021年8月，东风研发总院研制的首款中功率燃料电池电堆模块H_2·Core70通过国家强制性检测。2021年10月，H_2·Core70首次突破燃料电池-32 ℃无辅热无损快速自启动技术，标志着东风燃料电池技术达到国际先进水平。2022年5月，H_2·Core70作为湖北省首款自主金属板电堆搭载东风股份8T氢燃料电池箱式运输车获得整车公告，如图8-3-1所示。

图 8-3-1　8 t 氢燃料电池厢式运输样车

H_2 · Core70 电堆是东风自主开发设计的车规级燃料电池电堆模块,采用双堆集成技术路线,聚焦金属双极板设计与仿真、金属双极板测试评价、金属双极板涂层测试评价、配气歧管设计与仿真、电堆低温冷启动等关键技术;采用 7 合一膜电极、膜电极一体化注塑密封、双极板引流+点阵分配区复合、镜面对称中央配气歧管等设计,进行气液传质强化,提高产品发电性能和集成度,提升可靠性和安全性。同时面向"商乘并用"应用场景,具有高性能、高可靠、高集成、高安全 4 大技术特征,额定功率 75 kW、体积功率密度 4.0 kW/L、冷启动温度-32 ℃、绝缘电阻 6 MΩ,适用于乘用车、叉车、摆渡车等,如图 8-3-2 所示。

图 8-3-2　H_2 · Core70 燃料电池电堆样品

2022 年 10 月,东风研发总院完全自主设计的高性能、高耐久、高质量、低成本的大功率电堆 H_2 · Core150 下线,在同等功率等级的电堆产品中,东风研发总院所开发的 H_2 · Core150 电堆在堆芯体积功率密度、质量、冷启动温度、设计寿命等指标上均具有竞争优势,主要亮点体现在以下四个方面:

①高性能。电堆的高性能体现在两个方面:一是高功率,代表其同等反应气量的条件下具备更强的发电能力;二是体积功率密度高,意味着同等功率的电堆所占据的空间更小。通过对电堆关键零部件结构的设计优化及性能匹配,实现电堆在功率等级和体积功率密度指标上的突破,H_2 · Core150 电堆额定功率可达 167 kW。

②极寒环境适应性。针对当前主流新能源汽车在东北冬天极寒环境中续航显著降低甚至无法启动的痛点,基于高效热管理技术和智能控制策略,东风燃料电池电堆突破了-43℃极寒环境的启动技术,不依赖辅助加热,并且可稳定输出额定功率,解决了用户关于冬天续航的里程焦虑。

③高可靠。在材料上采用涂覆超耐腐蚀涂层的金属双极板和高耐久膜电极。从设计上对电堆歧管和双极板流场精细化设计,并结合超薄质子交换膜保证电堆各节电池的流体分配和水热管理高一致性。进一步通过电化学阻抗诊断电堆运行时内部状态,对电堆运行操作条件控制进行优化,并引入活化恢复策略。基于上述手段 H_2 · Core150 电堆寿命大幅提高,满足客户需求。

④高一致性。电堆一致性好,其性能及稳定性较好;一致性差将导致局部电流过高,容易出现热点,甚至出现反极现象,导致电堆失效。在竞品电堆中,H_2 · Core150 电堆保持着较高的水平,这与对结构设计的一致性、生产工艺的一致性及装配工艺的一致性的严格控制有关。

H_2 · Core150 电堆是东风自主开发设计的首个自主开发大功率电堆模块产品。H_2 · Core150 电堆采用单堆集成技术路线,主要围绕金属双极板流场设计、铝塑一体化进气端板设计、电堆封装设计、电堆水热仿真,电堆装配技术等关键技术展开,采用平台化开发思路,提升零件通用化率,实现产品宽功率范围覆盖。

H_2 · Core150 电堆面向'商乘并用" 应用场景,具有全自主、高集成、高可靠、高性能的产品特点,体积功率密度达 5.4 kW/L,额定功率 167 kW,峰值功率 183 kW, 具备-43℃低温冷启动,使用寿命达 2 万 h,适用于中大型乘用车、轻中型商用车,如图 8-3-3 所示。

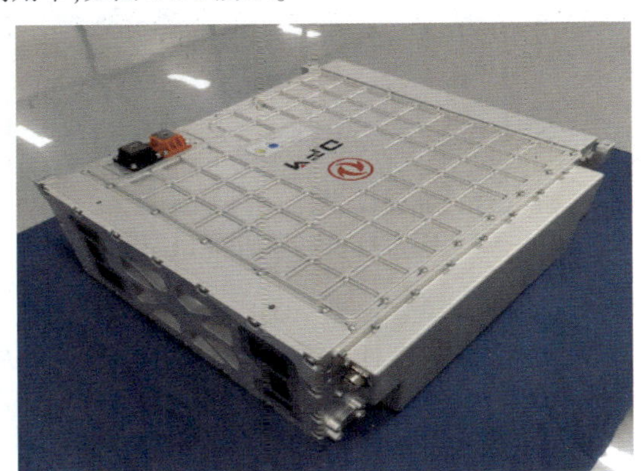

图 8-3-3　H_2 · Core150 燃料电池电堆样品

(2)东风氢元:燃料电池系统

东风氢元是东风氢舟下另一子品牌,包含电堆子系统、氢气子系统、空气子系统、热管理子系统、电气子系统和控制系统等。东风氢元燃电系统已形成低、中、高三大功率平台,覆盖 30~300 kW 全功率段、全场景需求,并具备全流程开发测试验证和搭载能力。自主系统已搭载多款乘用车、商用车和特种车辆,并在全国多座城市开展示范运营。

2022 年,东风氢元 H_2 · One 60 燃料电池系统成功完成公告,并于乘用车及商用车上搭载验证,完成整车公告,标志着东风燃料电池系统实现乘商共用,如图 8-3-4、图 8-3-5 所示。

H_2 · Core60 是东风自主打造的全功率乘商共用燃料电池系统,采用自主设计的金属双极板电堆、电压巡检器和燃料电池控制器,结构一体化设计,PCU 四合一高度集成,大幅降低开发成本和周期。H_2 · One 60 系统额定功率 60 kW，峰值功率 61 kW，系统最高效率达 60%，质量仅 144 kg，采用氢气循环泵与引射器串联回氢技术，氢气利用率大于 95%，且具备怠速零功率输出。

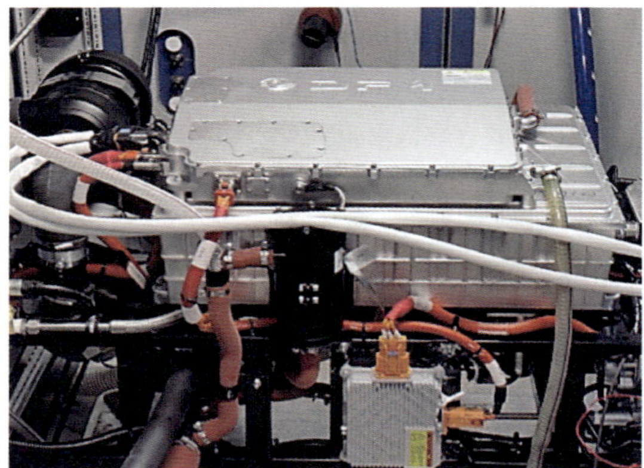

图 8-3-4 H_2 · One 60 商用车搭载版本

图 8-3-5 H_2 · One 60 乘用车搭载版本

2023 年 3 月，东风氢元 H_2 · One 130 燃料电池系统完成公告，该系统是全新一代商乘通用的燃料电池产品，布局大功率平台，面向全功率乘用车，12 t、18 t 商用车市场。2023 年 6 月，搭载东风氢元 H2 · One 130 燃料电池系统的 18 t 燃料电池载货汽车底盘获批公告，如图 8-3-6 所示。

图 8-3-6 18 t 氢燃料电池底盘样车

H_2 · Core130 是东风公司全新一代商乘通用的燃料电池产品，该系统采用一体化结构集成，核心部件自主化率和国产化率达到 100%，如图 8-3-7 所示。系统额定功率 130 kW，峰值功率 135 kW，最高效率可达 61.4%，氢气利用率大于 98.6%，远超同级。除此之外，该系统动态响应速率优越，可控性和灵活性高，常温怠速启动时间 5.9 s，额定功率加、减载速率可达 36.4 kW/s。系统具备-40℃快速冷启动能力，与整车具备热管理联动功能，满足三高、抗冲击震动、IP67 等国标要求，适用于大型乘用车、轻中型商用车。

图 8-3-7 H_2 · One 130 燃料电池系统

(3)东风氢舟：燃料电池整车

作为氢动力整车平台，东风氢舟包括东风氢元燃料电池系统和东风氢芯燃料电池电堆两个子品牌，依照超环保、超高效、超安全、超耐久的价值实现目标，致力于为客户提供低碳出行全栈式氢能解决方案。东风氢舟以应用场景驱动，布局 70 kW、150 kW 和 350 kW 三大氢动力平台产品，功率覆盖 20~350 kW，可以满足乘用车、商用车全系列车型的需求，实现全功率、全系车、全场景、全覆盖。

东风氢能布局走在行业前列。2004 年 11 月，由东风公司及武汉理工大学共同研制的“楚天一号”氢燃料电池汽车完成验收，现场专家评定“总体上达到了国内先进水平”；2018 年，东风公司牵头国家重点研发计划《全功率燃料电池乘用车动力系统平台及整车开发项目》。2020 年 12 月，“东风氢舟”获得国家公告，标志东风成功开发国内首款全功率燃料电池乘用车：AX7-FCV，如图 8-3-8 所示，并率先完成国内首次 70 MPa 带载碰撞试验，获颁首张中国全功率燃料电池乘用车牌照。

图 8-3-8 东风氢舟(AX7-FCV)样车

东风氢舟(AX7-FCV)为东风自主氢燃料电池汽车，该车型搭载东风自主 60 kW 燃料电池系统，整车采用两个 52 L 的 70 MPa 氢瓶，可装载 4.2 kg 氢气，氢气充注时间小于 3 min，NEDC 续航里程可达 500 km。全新设计进气格栅结构、满足全功率燃料电池汽车的散热需求；通过整车轻量化和低风阻设计降低整车能耗，同时兼具高效率和高集成度动力系统平台，对温度、压力、氢浓度等信号实时监测，出现氢泄漏能及时发现并执行相应策略，满足整车氢电系统安全性保障需求。

东风氢舟(AX7-FCV)已经连续开创中国汽车行业“5 项第一”：首个依托科技部全功率燃料电池重点研发专项的开发项目；开发完成国内首款全功率燃料电池乘用车；获颁中国品牌首张全功率燃料电池乘用车牌照；中国品牌首辆示范运营全功率燃料电池乘用车；荣获 2022 年度中国汽车工程学会科技进步一等奖。

2023 年 11 月 3 日，2023 年启辰品牌焕新暨秋季新品发布会开幕，“东风氢舟”启辰大 V 氢境正式上市，如图 8-3-9 所示。

图 8-3-9　启辰大 V 氢境样车

“东风氢舟”启辰大 V 氢境搭载 60 kW 高性能燃料电池系统，实现从关键部件双级板到电堆、系统全自主车规级开发，氢气利用率可达 97%；搭载 70 MPa 储氢系统，续驶里程可达 500 km 以上，纯氢续驶里程可达 400 km 以上，具有“终极环保”“超级节能”“极致安全”三大典型特征。

①终极环保

启辰大 V 氢境采用氢电双驱，真正实现零排放，做到了“终极环保”。

②超级节能

启辰大 V 氢境采用氢电混合智能控制系统，可以实现多工况顺畅切换，保持全路况低能耗，做到了“超级节能”。

③极致安全

启辰大 V 氢境款车拥有“车—系统—电堆”三级安全保护。车辆完成了整车及系统性能参数 4133 项，建立了面向部件—系统—整车的 8 个领域 3 个层级的氢电安全体系，可实现氢泄漏实时监测及氢/电预警，确保 70 MPa 高压储氢使用安全。从关键部件到整车通过严苛的低温、高热、整车正面碰撞、侧面碰撞、后部碰撞、涉水、耐久等 100 余项专项测试，做到了“极致安全”。

2. 示范运营，产品落地

(1)佛山示范运营

2021 年 7 月 19 日，东风与佛山市共同签订“东风氢舟”示范运营合作协议，“东风氢舟”氢燃料电池车型将于佛山市开展示范运营。2022 年 11 月 3 日，中国首款全功率燃料电池乘用车“东风氢舟”AX7-FCV 交付广东省佛山市，以园区摆渡车、公务用车等多种方式进行示范运营，如图 8-3-10 所示。

“东风氢舟”佛山示范运营有效拓展了燃料电池乘用车技术与应用场景探索，为后续规模化、商业化运行打好基础，助力佛山氢能示范效应，构建政企高校紧密合作、产学研一体化的粤港澳大湾区氢能生态。

图 8-3-10　“东风氢舟”AX7-FCV 交付现场

(2)武汉示范运营

2021 年 8 月，由东风公司自主开发的大功率燃料电池系统正式搭载整车，配套 12 t 氢燃料电池厢式运输车，并获得国家整车公告(《道路机动车辆生产企业及产品》〔第 346 批〕)，并于 2023 年 1 月正式于武汉市开展示范运营，如图 8-3-11 所示。

图 8-3-11　12 t 燃料电池厢式运输样车

此外搭载自主 70 kw 燃料电池电堆的小批量市政环卫车，也已在武汉经济技术开发区示范运营。

武汉氢车示范运营的顺利开展，有助于探索构建协同高效的氢能产业体系，研究出台氢能产业发展规划、政策支持、示范应用、车辆运营、加氢站建设及运营等针对性政策，形成专业的研发平台、良好的营商环境、完善的产业配套，构建氢能产业可持续发展模式。

(3)广州花都区示范运营

2024 年 1 月 19 日，“氢新低碳 纯境未来”启辰大 V 氢境氢能源车花都区运营启动仪式举办，东风燃料电池乘用车在广州正式落地运营，如图 8-3-12 所示。这是继“东风氢舟”启程后，东风公司在大湾区开启的又一次示范运营项目，标志着东风氢能源车技术创新成果正加速产业化应用进程。

图 8-3-12　启辰大 V 氢境交付现场

启辰大V氢境示范运营项目的顺利落地，将为氢能源乘用车的发展提供宝贵的经验，加速国家布局氢能燃料电池事业，推动我国汽车产业进一步转型升级，助力国家稳步迈向碳达峰碳中和目标。

重型商用车氢气发动机

供稿：一汽解放汽车有限公司商用车开发院

1. 成果简介

（1）应用领域：49 t 重型商用车牵引车

（2）关键技术：围绕重型商用车氢气发动机燃烧、重型商用车氢气发动机控制、重型商用车氢气发动机近零排放、重型商用车氢气发动机整车集成多项关键技术攻关，全方位形成重型商用车氢气发动机方面的独特创新技术。

①重型商用车氢气发动机燃烧技术：基于气道喷射系统或自主缸内低压直喷喷射系统，针对氢气混合不均匀、燃烧速度快易爆震等特点，采用超稀薄燃烧模式、高均匀性混合与流动，实现氢气的稳定与快速燃烧。

②重型商用车氢气发动机控制技术：针对两种氢气发动机电控系统专用需求，定制化开发电控系统。开展电控系统瞬态、稳态及连续高动态工况仿真和试验研究，建立精细化燃料供给—空气供给—扭矩响应—后处理相关的综合预测模型，实现燃料供给、气路、后处理等多维度高精度控制。

③重型商用车氢气发动机近零排放技术：基于氢气燃烧近零排放理论、机内外污染物系统控制方法、专用近零排放后处理系统对氢气燃烧产生的 NOx 排放开展机内外协同控制，实现氢气发动机近零排放。

④重型商用车氢气发动机整车集成技术：基于重型商用车氢气发动机车辆需求，研究系统动态响应和稳态过程中的物质、热力学及能量流动机理，研发不同参数的包含能效分析和动态响应功能的系统物理模型，形成创新型高效的系统集成设计方案。

（3）专利情况：近年来，一汽解放开展了多项零碳燃料内燃机相关技术开发，具备丰富的开发经验，初步突破了零碳燃料发动机燃烧、换气、后处理、燃料供给等多项核心技术，已申请相关发明专利10余项，授权发明专利6项。

2. 成果创新点及解决的难点问题

（1）成果创新点：

面向碳达峰、碳中和背景下重型车用高效、大功率、零碳排放的发展需求，开发高效率低排放的重型商用车氢气发动机，掌握相关设计开发方法，全方位形成氢气发动机方面的独特创新技术，实现在理论层面和产品层面国际领先，成果创新点在于以下五个方面：

①重型商用车缸内直喷氢气发动机燃烧；

②重型商用车氢气发动机控制；

③重型商用车氢气发动机近零排放；

④重型商用车氢气发动机整车集成。

（2）解决的难点问题，包括以下几点：

①回火、早燃及爆震等非正常燃烧控制难题；

②高升功率与高空燃比、低 NO_x 平衡难题；

③氢气缸内直喷系统长寿命难题；

④机油乳化与磨损难题；

⑤曲轴箱通风与氢含量安全难题；

⑥高瞬态特性与低 NO_x 平衡难题。

3. 国际水平对比分析

“双碳”背景下，氢气发动机已成为交通领域减碳技术的研究热点。国外氢气发动机产业发展较快，相关技术布局较早，MAN、康明斯、SCANIA 等行业头部 OEM 纷纷布局氢气发动机，开展相关基础研究及产业应用技术攻关，预计 2025 年产品化。曼恩公司氢内燃机采用低压直喷（LPDI）均质稀薄燃烧技术，最高热效率可达 43%；康明斯 X15H 氢内燃机已经投产，功率覆盖 400～530 Ps，最大输出扭矩达成 2600 Nm，同时其“燃料不限定”策略可共平台开发多种零碳燃料内燃机产品，2024 年 3 月康明斯 B6.7H 氢气发动机小批量下线。与国外相比，国内方面零碳内燃机技术发展相对较晚，近两年一汽解放、玉柴、潍柴发布零碳内燃机技术。2022 年 6 月 15 日中国重汽 · 潍柴动力联合发布全国首台商业化氢内燃机重卡；玉柴于 2022 年 6 月 30 日发布国内排量最大氢气内燃机；一汽解放 2022 年 6 月 8 日实现重型商用车缸内直喷氢气发动机行业首发点火，最高有效热效率相比竞品最高水平优 0.5%，升功率较竞品最高水平优 2%。

4. 成果应用情况

计划于 2024 年内开展氢气发动机整车示范运营工作。

5. 社会及经济效益分析

氢气发动机技术可沿用传统内燃机产业链与生态链，摒弃传统高碳商用车动力源，在优化产业结构和布局的同时，使传统内燃机行业在碳中和时代获得新生，实现从“油箱到车轮”“碳中和”，提升技术竞争力，间接经济效益明显。聚焦重型商用车氢气发动机技术，解决关键核心技术“卡脖子”问题，通过自主开发、创新成果批量产出与迭代升级确保技术可控、资源可用。填补能力空白，有效支持产业共性基础技术研发，形成以企业为主体、市场为导向，包含需求提出、创新组织、技术供给到市场应用的可再生、可持续的协同创新模式。

北奔氢燃料电池重型车辆的开发与应用

供稿：北奔重型汽车集团有限公司　李晓鹏

1. 成果简介

应用领域：

(1)应用于干线物流运输、区域短途运输、厂区短倒等场景。

(2)在大载重、长续驶、高强度的交通运输体系中具有先天优势。

(3)并在交通领域全面推广氢燃料电池在重型车辆的应用,拓展至客车、货车、叉车、渣土车、环卫车及大型乘用车市场。

(4)已初步打开钢厂、煤炭短途运输等市场,行业位列前三,钢铁行业占有率行业第一。

关键技术：

(1)基于北奔现有成熟平台底盘基础,进行氢燃料动力卡车整车匹配开发,进行平台化、系列化、模块化的总布置,完成氢燃料卡车平台搭建。

(2)整车在设计阶段进行了大量的仿真分析和匹配工作。重点是车架刚、强度、模态仿真分析和主要零部件框架、支架强度分析,通过研究使整车控制技术得到显著提升;开发整车能量控制技术及燃料电池系统控制策略优化技术,使整车的经济性达到行业先进水平,建立氢燃料电池重卡能量管理的设计规范,并掌握整车性能标定方法;实现整车纯氢续航里程达到 450 km 以上。

车辆状态诊断和监视技术,开发基于驾驶员意图识别且工况适应性强的动力系统模式管理和驱动转矩分配策略,提升整车驾驶性和经济性。

(3)匹配氢燃料电池发动机系统,开发放电功率高的能量型镍氢动力电池系统,搭载低温冷启动技术,实现环境温度-30 ℃下的冷启动,低温适应性强,整车满足环卫车使用需求。

(4)开发氢燃料电池整车控制策略、整车通讯协议,掌握氢燃料电池样车标定、测试方法。

(5)高效的 CAN 网络通信平台能够可靠地传递动力总成、底盘和车身电控系统之间的数据通信,同时实现整车及相关零部件的故障诊断、下线检测和在线刷新程序等功能。

基于 SAE J1939 标准协议规范开发 CAN 网络,提高 CAN 网络管理效率。合理设计优化 CAN 通信矩阵和 DBC,保证了整车 CAN 网络各 ECU 之间、动力 CAN 网络各 ECU 之间、车身 CAN 网络各 ECU 之间、整车 CAN 网络与动力网络之间,以及整车 CAN 网络与车身 CAN 网络之间数据通信的实时性、可靠性和灵活性。

(6)整车关键系统(燃料电池系统、动力电池及高压电系统)防水等级防护等级达 IP67,且具备高压触电保护、高压电系统 IP67 等级防尘防水保护、氢泄露检测系统、高压漏电绝缘保护/绝缘监测及主要系统具备 24 h 远程监控。

2. 成果创新点及解决的难点问题

成果创新点：

大功率燃料电池在重卡领域的匹配设计处于行业先列,突破了电动车的续航短的弱势,实现了纯绿色发展,该项目在以下方面具有创新性：

(1)大功率氢燃料电池整车的匹配设计开发及其应用

以成熟电动车底盘为基础,进行氢燃料电池及其供氢储氢系统的结构设计,开发出适用于各种场景的高环保大功率长续航氢能源燃料重卡。同时掌握整车能量管理策略,提高能量利用率。

(2)高效率燃料电池系统能量管理策略

采用能量优化算法,根据系统负载功率请求、电池容量、电堆工作状态等,通过优化计算算法调整集成电站的能量分配,防止动力电池过充、过放、过压、欠压、过流等,电堆的过压、欠压、过流等,电机的过压、故障保护等,使动力电池及燃料电池都工作在高效率状态,达到提高系统经济性,增加续驶里程的目的。

(3)燃料电池系统的精细控制技术

充分发挥系统和零部件各自的优势,同时围绕系统效率、可靠性、耐久性等进行多目标优化,实现不同工况下系统的精细控制。

(4)大功率燃料电池综合热管理系统

针对大功率燃料电池系统的散热量大、温差小,统发热部件多、温度范围广的特点,采用多组的散热器分散并联的散热系统方案充分利用车头迎风面积和储氢系统布置空间,满足散热需求的同时,做到流阻分配的最优化、机械集成最合理化、成本最优化等。

解决的难点问题：

(1)整车以“氢燃料电池+辅助动力电池”相结合的技术路线为纲,驱动电机中置、供氢系统后背上置、辅助动力电池车架侧置的整体框架进行设计。

(2)动力总成一体化设计,驱动电机采用成熟“三项交流永磁同步电机+4 档自动变速箱+北奔车桥”,确保了车辆的良好的动力性、经济性。“电机+燃料”电池均采用液冷方式进行冷却,保证了电机具备优良的散热性能。电机控制系统采用成熟矢量控制策略,包括完善的内核监控、扭矩监控等多层次安全策略,满足动力输出的同时,保证整车、系统的安全,在国内达到领先水平。

(3)燃料电池系统采用额定功率为大功率燃料电池的氢燃料电池,与供氢系统集成设计,合理、合规设计加氢口;与辅助动力电池联合供电。此套电池的各项指标均符合国家相关法规标准要求,经过对比,此套电池续航、寿命等均优于同类产品。

(4)整车控制系统为北奔自行开发的控制系统,具有完全自主知识产权。

（5）制动系统采用四回路四通道气压制动系统，带“双预警+ESC 系统”，安全更可靠。

（6）高效的 CAN 网络通信平台能够可靠地传递动力总成、底盘和车身电控系统之间的数据通信，同时实现整车及相关零部件的故障诊断、下线检测和在线刷新程序等功能，节省大量开发费用。基于 SAEJ1939 标准协议规范开发 CAN 网络，提高 CAN 网络管理效率。合理设计优化 CAN 通信矩阵和 DBC，保证了整车 CAN 网络各 ECU 之间、动力 CAN 网络各 ECU 之间、车身 CAN 网络各 ECU 之间、整车 CAN 网络与动力网络之间，以及整车 CAN 网络与车身 CAN 网络之间数据通信的实时性、可靠性和灵活性。

3. 国际水平对比分析

世界主流重卡厂商均开始布局氢燃料重卡市场，但大部分尚未实现量产。某汽车品牌于 2020 年推出世界首款商业化氢燃料电池重卡，该车型搭载两套氢燃料电池系统，单套系统峰值功率为 90 kW，总功率 180 kW，储氢罐容量约为 31 kg，驱动电机功率 350 kW，车货总重 34 t。而北奔重汽氢燃料重卡搭载单台 130 kW 氢燃料电池系统，储氢罐容量约为 42 kg，驱动电机功率 355 kW，在动力性基本相同的情况下氢燃料系统体积更小，储氢量和载重量更大。

4. 成果应用情况

已交付 15 台，并投入使用。

5. 社会及经济效益分析

社会效益：

（1）项目通过开发重卡用大功率燃料电池系统，开展燃料电池重卡整体正向设计，形成模块化及轻量化的整车结构等新技术，使汽车的结构得到优化，可进一步降低汽车行驶过程中的能源和材料消耗。相比于传统的燃油汽车在系统工作过程中出现汽油燃烧不充分而产生氮氧化物和二氧化硫等有毒气体，造成空气的污染等种种环境问题，燃料电池重卡所采用的动力源是基于氢气与氧气反应生成水，不会产生 CO_2，从而实现零排放。对比同类型燃油牵引车，每台氢燃料电池牵引车可减少碳排放 134.145 t/a，160 台车，每年可减少碳排放 21463.2 tCO_2。

（2）积极响应国家 2030 年实现碳达峰、2060 年实现碳中和的战略目标，推动交通运输行业绿色发展，实现大功率氢燃料重卡产业化，年产能达到 2000 台，到 2025 年收入能达到 6.5 亿元，利润 0.65 亿元。

经济效益：

（1）项目将形成氢燃料重卡生产的应用示范，同时带动氢能装备生产制造企业集聚，形成上下游企业紧密协作，带动就业百余人，培养氢能装备制造的专业技能人才和团队，助推内蒙古自治区构建清洁低碳的现代能源体系，推进氢能产业的高质量发展。

（2）围绕大功率氢燃料重卡已经形成了批量潜在需求，本项目研发完成后，预计到 2025 年实现销量 500 台，售价约为 130 万元/台，累计收入 65000 万元，利润 10%，累计利润 6500 万元；2025 年实现累计收入 195000 万元，利润 10%，累计利润 19500 万元；到 2027 年实现年销量 2000 台，售价约 120 万元/台，累计收入 435000 万元，利润 10%，累计利润 43500 万元。因此，2025 年收入能达到 6.5 亿元，利润 0.65 亿元；2027 年收入达到 24 亿元，利润 2.4 亿元。

自供电大功率氢燃料电池系统测试台研究与应用

供稿：武汉海亿新能源科技有限公司

1. 成果简介

基于自供电大功率氢燃料电池系统测试台的研究与应用，这一项科研成果聚焦于氢燃料电池系统测试台的设计与开发，旨在提供一个全面、精准的评估平台，用于验证和优化氢燃料电池系统的各项性能指标。测试台作为氢燃料电池研发和质量控制的核心工具，对于推动氢能技术的发展具有不可替代的作用。

（1）测试台集成与关键系统

氢气供应系统：采用先进材料和技术，确保氢气的无泄漏、稳定输送，同时配备精密压力调节器，实现精确的氢气流量控制，保障测试的准确性和安全性。

空气供应系统：集成高效过滤装置，为氢燃料电池提供清洁、新鲜的空气，确保空气中氧气供给充足，避免杂质对系统性能的影响。

水热管理系统：设计有精确的温度控制系统和高效的冷却循环，维持被测氢燃料电池在所需适宜的温度范围内。

电气控制系统：包括精密的功率电子设备和能量管理系统，能够模拟实际工况下的负载变化，实现氢燃料电池系统功率输出的动态调整和能量回收。

安全监控系统：配备多级安全防护机制，包括实时氢气泄漏检测、温度与压力监测，以及紧急切断系统，确保测试过程中人员和设备的安全。

（2）测试能力与范围

性能测试：涵盖额定功率、峰值功率、效率、动态响应特性等关键指标，评估氢燃料电池在不同工况下的性能表现。

耐久性测试：通过模拟长期运行条件，评估燃料电池的可靠性和寿命，识别潜在的衰减机制。

环境适应性测试：在模拟的温度、湿度和海拔条件下，验证氢燃料电池的环境适应性和鲁棒性。

安全标准验证：确保氢燃料电池系统满足国际和行业安全标准，包括泄露检测和紧急关断功能的测试。

（3）数据分析与智能管理

数据分析系统：集成高性能数据采集模块和智能分析软件，实现海量测试数据的实时记录、分析和可视化，帮助科研人员深入洞察系统性能，加速技术迭代。

智能控制与监测：采用物联网技术和人工智能算法，实现远程控制、实时监控及自动化测试流程，提升测试效率和精度。

(4)安全性与应急措施

除了氢气泄漏检测和通风系统，还配备了火灾报警、防爆和紧急疏散通道，形成全方位的安全保障体系。

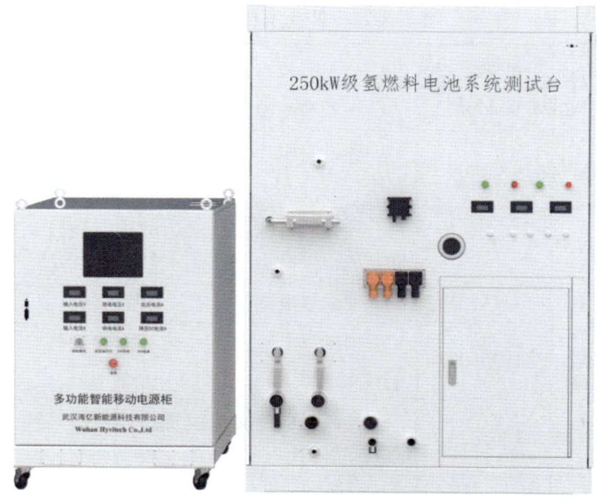

图 8-3-13 250 kW 系统测试台

图 8-3-13 为公司自主研发的 250 kW 氢燃料电池系统测试台，通过上述集成设计与创新技术的应用，本测试台不仅能够提供全面的氢燃料电池性能评估，还能确保测试过程中的安全与高效，为氢能源领域的科技进步贡献力量。表 8-3-1 为 250 kW 系统测试台参数表。

氢燃料电池系统是一种将氢气和氧气通过电化学反应产生电力的装置，其副产品主要是水和热。本成果的核心在于利用被测试氢燃料电池系统具备发电功能的特性，实现测试台自主供电。传统的测试台可能依赖外部电网供电，而此成果中，氢燃料电池系统在测试过程中产生的电能不仅被用于测试本身，还通过高效的能量管理系统存储下来，并转换为辅助电源，供给测试所需的辅助设备使用。这不仅提高了能源利用效率，也减少了对外部电源的依赖，增强了测试系统的灵活性和独立性。通过上位机界面，操作人员可以轻松切换产品下线测试功能和研发产品过程调试功能，实现一键式自动操作。这背后可能涉及先进的软件算法和人机交互设计，确保了测试流程的简化与自动化，大大提高了测试效率和准确性。市场上现有的测试台可能难以满足氢燃料电池系统多样化、复杂化的测试需求。本成果通过集成多种测试功能，能够支持不同类型的测试场景，包括但不限于性能测试、耐久性测试、环境适应性测试等，从而解决了单一测试台功能局限的问题。这对于加速氢燃料电池技术的研发和商业化进程具有重要意义。

表 8-3-1 250 kW 系统测试台参数

项目	参数	备注
额定功率	250 kW	—
氢气流量计范围	4500 SLPM	—
氢气流量计精度	±0.35%	—
氮气吹扫	具备	—
尾排模式	具备混排排放功能	具备冷却、水汽分离功能
冷却散热器系统	(1)一级冷却水：去离子水 (2)二级冷却水：普通水 (3)电导率在线监测：±3% (4)具备尾排冷却散热 (5)具备水路吹扫功能	具备被测系统辅助设备的冷却散热功能
保护系统	(1)氢气泄露报警：可设置氢气浓度报警值 (2)在线绝缘检测：可设置绝缘报警值 (3)具备声光报警功能 (4)具备紧急停机功能	紧急停机立即切断气、电保护设备与人员安全
回馈式电子负载	(1)电流响应时间：≤10 ms (2)电网适应性：具备完善的电网保护功能(如过压、欠压、过流等)，并网电流失真<3%。 (3)电子负载输入电压范围：50~1000VDC (4)电子负载输入电流：0~1200 A	—
辅助电源(高压、低压)	(1)高压电压：600 V、800 V、1000 V(可选) (2)高压电流：100 A、200 A、300 A(可选) (3)低压电压：12 V、24 V、48 V(可选)，功率≥10 kW	辅助电压具备自主供电功能，无需外接电网电能提供
整机系统	(1)控制部件：NI COMPACT DAQ 等 (2)人机界面：双显示器 (3)通信方式(测试台内部)：LAN、RS485、CAN 等 (4)远程操作接口：LAN、RS485、CAN 等	具备产品下线测试和研发调试测试功能

综上所述，这项成果通过巧妙利用氢燃料电池系统的特性，实现了测试过程中的能源自给自足，并借助先进的自动化控制技术，有效提升了测试的效率和灵活性，对推动氢燃料电池行业的发展起到了积极的促进作用。

技术点1：多能源平衡管理——智能能源调控网络

该技术核心在于构建了一个由自主供电单元模块、被测燃料电池系统以及能量回馈电子负载构成的动态能源网络。这个网络的关键在于它的智能控制算法，能够实时监测并智能调配各能源组件的状态，确保整个系统在最优能效状态下运行。

自主供电单元模块：该模块集成了高效的储能技术，如锂离子电池或超级电容器，能够在燃料电池系统不工作时存储能量，或在高需求时段释放能量，保证系统稳定运行。

被测燃料电池系统功率输出：通过精密的功率管理策略，燃料电池系统能够根据实际需求动态调整其输出功率，既能满足负载需求，又能避免能源浪费。

能量回馈电子负载：当系统产生过剩电能时，能量回馈电子负载会将这部分电能反馈回电网，实现能源的再利用，同时也减轻了对环境的影响。

整体而言，多能源平衡管理技术通过智能化的综合能量调度，实现了能源的高效利用和灵活配置，确保了系统运行的经济性和可靠性。

技术点2：上位机自动测试功能——测试流程自动化

本技术旨在通过高度集成的底层能量管理系统与直观的人机交互界面相结合，实现测试流程的全自动化。操作人员只需通过上位机界面输入预设的测试方案，即可启动全自动测试流程，无需人工干预。

底层能量管理：系统能够自动监测和控制能源分配，确保测试过程中能源供应的连续性和稳定性。

人机交互界面：友好的用户界面使测试方案的设定变得简单直接，即便是非专业技术人员也能快速掌握。

自动生成测试报告：测试完成后，系统会自动生成详细的测试报告，包括测试数据、图表分析以及诊断建议，极大地简化了数据处理和报告编制的工作量。

技术点3：测试多样性——满足复杂测试需求

为了应对氢燃料电池系统开发中多样化的测试需求，测试台的硬件和软件均进行了精心设计，以适应各种测试场景。

硬件结构调整：测试台的硬件架构经过优化，能够灵活调整以适应不同类型的测试，无论是静态还是动态测试，都能得到良好的支持。

手动调试功能模式：除了自动化测试外，还提供了手动调试模式，便于工程师在特定情况下进行精细控制，满足特殊测试要求。

软件功能程序：通过软件更新，可以轻易地添加新的测试功能或修改现有功能，使测试台能够迅速适应新技术和新标准的变化。

功能模式切换：系统支持快速切换产品下线测试和研发产品调试两种主要功能模式，确保在不同阶段都能提供最佳的测试解决方案。

综上所述，这些技术点共同构成了一个强大且灵活的测试平台，它不仅能够高效地执行常规测试任务，还能应对复杂多变的研发挑战，极大地促进了氢燃料电池技术的进步和商业化进程。

自供电大功率氢燃料电池系统测试台研究与应用项目历时1年，共计申请专利10项，其中包括8发明专利和2项实用新型专利，见表8-3-2。

表8-3-2　本技术相关专利表

专利号	专利名称
CN20241064535. X	一种燃料电池系统单片一致性的预测方法
CN202410331800. 5	一种燃料电池多路循环冷却装置及其控制方法
CN202410295303. 4	一种燃料电池系统运行数据存储及调取分析方法
CN202410115132. 2	一种燃料电池交流阻抗计算方法
CN202311835507. 4	一种燃料电池排氮气水分离装置及其控制方法
CN202311563023. 9	一种燃料电池交流阻抗在线检测系统及其测量方法
CN202323101879. 2	一种多燃料电池系统同步测试的供电调控电路
CN202322814877. 1	一种氢燃料电池系统防水淹系统及其气水分离装置
CN202310716743. 8	一种燃料电池氢气路集成控制装置及其控制方法
CN202310716738. 7	一种防止高电位腐蚀氢燃料电池堆保护装置及其控制方法

2. 成果创新点及解决的难点问题

（1）创新点：多能源协同调控系统

①关键技术与突破

多能源协同管理：本成果引入了一套先进的能源平衡管理体系，能够智能调控移动电源柜中的锂电池充放电、被测燃料电池系统的功率输出及电子负载的能量消耗，实现三者之间的动态平衡。

精细化能源管理算法：通过自主研发的综合能源管理算法，系统可以精确控制锂电池的电量状态，根据被测燃料电池系统的输出功率和电子负载的实际需求，自动调整充放电策略，确保整个测试过程中能源的高效利用和平衡分配。

②解决的难点问题

能源供需匹配难题：在传统测试环境中，能源供给与需求往往存在失衡，导致能源浪费或系统不稳定。本成果通过多能源协同调控，有效解决了这一难题，提高了能源利用效率和测试系统的稳定性。

（2）创新点：智能化上位机自动测试系统

①关键技术与突破

智能化测试流程：结合底层能量管理与高级人机交互技术，实现了测试方案的自动执行与数据采集分析，消除了人为因素带来的不确定性，显著提高了测试的准确性和一致性。

一键式操作：用户只需通过上位机界面设置测试参数，系统即可自动完成测试流程，无需烦琐的手动操作，极大简化了测试人员的工作，降低了操作难度，提升了测试效率。

②解决的难点问题

测试效率与准确性：传统测试方法依赖大量人工操作，容易出现错误且耗时较长。通过上位机自动测试系统，不仅减少了人力成本，还确保了测试结果的高精度，解决了测试效率低下和准确性不足的问题。

（3）创新点3：多功能测试平台

①关键技术与突破

测试功能多样化：该测试平台不仅支持出厂产品的下线测试，还具备研发产品过程调试功能，能够适应不同阶段的测试需求，提供从基础性能到复杂工况的全面评估。

灵活的功能切换：通过软件配置和硬件模块化设计，平台能够快速在不同测试模式间切换，满足产品从研发到量产全过程的测试需要。

②解决的难点问题

测试灵活性与适应性：市场上现有的测试台往往功能单一，难以应对氢燃料电池系统研发和生产中的多样化测试需求。本成果通过设计多功能测试平台，解决了测试台灵活性差、适应性不足的问题，为氢燃料电池技术的快速发展提供了有力支撑。

综上所述，本成果通过一系列技术创新，不仅优化了测试过程中的能源管理，提高了测试的智能化水平，还拓展了测试台的功能范围，为氢燃料电池系统的研究、开发和生产提供了更为高效、精准、灵活的测试解决方案。

3. 成果应用情况

本研究成果已成功应用于武汉海亿新能源科技有限公司的测试实验中心，成为其氢燃料电池发动机系统开发与验证的关键工具。海亿公司作为氢能源领域的领军企业，致力于推动氢燃料电池技术的商业化进程，本成果的应用为其产品线的拓展与优化提供了强有力的支持。

250 kW 氢燃料电池系统测试台兼容从 50 kW 到 250 kW 的氢燃料电池发动机系统，涵盖了从小型车用到大型热电联供产品应用的多个功率段，充分展示了 250 kW 氢燃料电池系统测试台在不同规模系统上的适用性和有效性。在氢燃料电池发动机系统设计与研发的早期阶段，该系统测试台提供的精确测试数据和分析结果，为海亿公司的工程师团队提供了宝贵的参考信息，有助于及时发现并解决潜在的技术问题，加速了产品研发周期。随着海亿公司氢燃料电池发动机系统进入批量化生产阶段，该系统测试台的应用确保了每一台下线的氢燃料电池发动机系统都经过了严格的质量控制与性能评估，有效提升了产品的一致性和可靠性，为海亿公司在市场竞争中赢得了优势。

该系统测试台的投入使用，海亿新能源科技有限公司不仅显著提高了其氢燃料电池发动机系统的研发效率和产品质量，还加强了其在氢能源市场的竞争力。此外，该成果的应用还促进了氢能源技术的整体进步，为推动绿色能源转型和可持续发展作出了贡献。未来，随着氢能源应用领域的不断扩展和市场需求的日益增长，本成果有望在更多企业和项目中得到推广，进一步推动氢燃料电池技术的成熟与普及，为全球能源转型注入新的活力。

4. 社会及经济效益分析

按照党中央、国务院提出的“2030 碳达峰、2060 碳中和”战略目标，氢能的使用将是实现碳中和目标重要的抓手。氢能作为清洁“电能替代”，广泛应用于交通、工业、能源传输和储能，至 2030 年，预计每年减排 7.3 亿 t CO_2，2050 年累计减排 800 亿 t，占减排总量的 20%。氢能成本随规模化应用显著下降，预计 2030 年成本减半，全球需求至 2050 年增长 10 倍，产值逾 2.5 万亿美元。中国 2050 年氢气需求 6000 万 t，占终端能源 10%，产值 1 万亿元。

截至 2024 年 6 月底，中国建有全球最多的 426 座加氢站。广东省加氢站数量居首，达到 68 座，显示出广东省在氢能产业的领先地位。紧随其后的山东、河北、江苏、湖北、浙江、山西、河南等省份的加氢站数量均在 20 座以上。预计 2060 年，氢能需求 1.3 亿 t，工业和交通分别占比 60% 和 31%。氢能产业形成“东西南北中”五大区域，燃料电池汽车市场步入商业化，2022 年底销量 2356 辆，保有量 12562 辆，预计 2030、2060 年销量将达 29 万辆、200 万辆。

氢能的广泛应用与成本降低，将推动碳中和目标实现，促进全球经济绿色转型，中国氢能产业的蓬勃发展将重塑能源结构，加速低碳未来。综合看来，氢燃料电池市场前景广阔，本成果应用的市场潜力巨大。

（1）社会效益

推动氢能产业发展：测试台通过多能源平衡管理和自动化测试功能，加速了氢燃料电池系统的技术迭代和性能优化，为氢能技术的成熟和商业化应用奠定了坚实的基础。多样性的测试功能确保了氢燃料电池系统的出厂质量和研发阶段的精准调试，促进了行业标准的建立和产品质量的提升。

环境保护：自供电特性减少了对外部电网的依赖，尤其是在使用清洁氢源的情况下，整个测试过程几乎不产生额外的碳排放，符合绿色低碳的发展方向。通过智能能源管理，实现了能源的高效转化和再利用，降低了能源浪费，促进了资源的可持续利用。

（2）经济效益

成本节约与效率提升：上位机自动测试功能显著减少了人工操作的需求，降低了人力成本，同时提高了测试的精度和重复性，确保了数据的可靠性和测试的高效性。多能源平衡管理有效地延长了设备的使用寿命，减少了因设备故障导致的维护和更换成本。

市场竞争力增强：测试台能够提供全面的性能评估，确保氢燃料电池系统在市场上的竞争力，有助于吸引投资和客户，拓宽市场渠道。测试台的应用促进了上下游企业的合作与创新，形成了氢能产业链的协同效应，共同推动了氢能经济的增长。

经济效益辐射：测试台的开发与应用创造了新的就业机会，尤其是高技能岗位，同时带动了相关产业链的发展，为地区经济注入了活力。

综上所述，自供电大功率氢燃料电池系统测试台不仅在技术层面推动了氢能产业的革新，还在经济和社会层面上产生了广泛的正面影响，为实现可持续发展和绿色经济转型提供了有力支持。

四、节能领域

北奔混合动力重卡技术开发与应用

供稿：北奔重型汽车集团有限公司　李晓鹏

1. 成果简介

应用领域：

自主开发的混合动力总成和控制策略，形成了具备自主核心技术的混合动力重卡产品，满足中短途运输场景，以及难以通过四阶段油耗限值法规的车型，主要针对钢铁、冶金、园区、港口、城市短倒等一系列场景。

关键技术：

（1）整车底盘一体化技术、动力传动一体化技术

混合动力汽车具有两种动力源，通过电机辅助驱动，调整发动机始终工作在油耗经济区，实现节能减排。一方面可以保证发动机工作在最佳工况，提高发动机的效率，特殊情况下可停止发动机的运行，汽车由电池直接供电进行驱动，利用现代大功率电源及电气传动技术研发的混合动力电驱动系统，在满足苛刻的需求以外，能够提高整车燃油经济性，降低排放，且具有纯电动行驶功能。

（2）中短途标载并联混动车（P2 构型）节能技术

自主开发混合动力总成（P2 构型）及相应控制策略，主要内容如下：

①通过使用场景边界确定，通过仿真计算进行混合动力总成匹配选型及多方案评价。

②结合工况需求的整车动力控制逻辑与整车模型，开发整车控制策略。

③根据整车控制策略，完成程序编制。

④对部件进行性能与功能测试验证，调试整车 CAN 通信，调试相关的控制逻辑，满足驾驶需求，最终完成整车动力控制系统实车调试。

通过以上技术，形成一体化的“混合动力能量管理技术”，实现混合动力总成的技术自主化，实现中短途标载混动车型通过四阶段油耗法规目标，在中短途运输的细分市场形成竞争力。

2. 成果创新点及解决的难点问题

成果创新点：

（1）显著改善了传统内燃机汽车的排放和燃油经济性，增加了电动汽车的续驶里程，具有整车动力性和燃油经济性高、能量效率高、排放低的特点。

（2）中短途标载并联混动车（P2 构型）节能技术

自主开发混合动力总成（P2 构型）及相应控制策略，主要内容如下：

①通过使用场景边界确定，通过仿真计算进行混合动力总成匹配选型及多方案评价。

②结合工况需求的整车动力控制逻辑与整车模型，开发整车控制策略。

③根据整车控制策略，完成程序编制。

④对部件进行性能与功能测试验证，调试整车 CAN 通信，调试相关的控制逻辑，满足驾驶需求，最终完成整车动力控制系统实车调试。

通过以上技术，形成一体化的“混合动力能量管理技术”，实现混合动力总成的技术自主化，实现中短途标载混动车型通过四阶段油耗法规目标，在中短途运输的细分市场形成竞争力。

解决的难点问题：

（1）重型卡车每台车每年减碳 27.1 t，混合动力重型卡车比传统燃油车碳排放下降 10%～30%，解决传统燃油车油耗、排放相对高的痛点；相对纯电动汽车，解决纯电重卡续驶里程短，解决纯电重卡充电时间长，解决纯电重卡换电标准不统一；相对燃料电池车，解决燃料电池重卡基础设施不健全，解决燃料电池重卡成本过高问题。

（2）完全自主的并联混动能量构架，实现多模式扭矩分配算法、动态协调算法，实现不同场景下的最优燃油经济性。

（3）突破混合动力系统能量管理在线更新技术，通过设计分层复合优化算法开展全局优化与规则提取，结合工况特征在线更新能量管理策略，提出基于实车历史数据在线优化能量管理策略，有效解决能量管理策略在最优性、实时性和鲁棒性之间的矛盾，提升复杂工况下的系统节油能力。

3. 国际水平对比分析

国际主流厂商正在开发混合动力重卡，搭载 330 kW 发动机和 130 kW 驱动电机，动力电池容量 85 kWh，纯电行驶里程 30～50 km，车货总重 40 t。而北奔重卡搭载的混合动力总成使用 276 kW 发动机和 150 kW 驱动电机，电池容量 107 kWh，纯电动续航里程超过 50 km，车货总重 49 t，在动力性基本相同的情况下，纯电续航里程更长，经济性更好。

4. 成果应用情况

针对中短途运输场景，以及难以通过四阶段油耗限值法规的车型，应用混合动力总成和控制策略，形成具备自主核心技术的混合动力重卡产品。

5. 社会及经济效益分析

社会效益：

（1）随着全球排放法规的日趋严格，汽车新能源化趋势明显，混合动力驱动技术研究的不断深入，其节能减排效果

更加明显,重型卡车每台车每年减碳 30 t,混合动力技术的应用将带动汽车工业绿色产业发展。

(2)随着汽车产业的深入发展,电动化、智能化、网联化、共享化将成为未来汽车产业发展的重要方向,以及国家"碳达峰、碳中和"发展目标和相关政策,作为碳排放"大户"的重型商用车新能源化已成行业发展趋势,为响应国家"双碳"政策及环保测评要求,特殊场景下钢厂、电厂、铝厂生产企业将使用新能源(混合动力)车辆作为节能减排重要手段。

经济效益:

(1)用户每台车可形成的年经济效益 7 万元,企业到 2025 年可实现经济效益近 1500 万元。

(2)针对北奔车型进行体系化节油技术研究,完全自主的并联混动能量构架,实现多模式扭矩分配算法、动态协调算法,实现不同场景下的最优燃油经济性。实现全平台、全系列产品技术应用,预计销量 3 万台,实现销售收入 120 亿元以上。

六自由度振动平台

供稿:重庆凯瑞测试装备有限公司 王 曦

1. 成果简介

六自由度振动平台基于高性能电液伺服系统开发,能够实现高动态(≥100 Hz)随机振动和空间位姿模拟,可用于动力电池包、车辆部件、土木结构等对象的振动测试与船舶海浪颠簸、运载工具驾驶状态、柔性安装等场景的空间位姿模拟,可广泛应用于新能源汽车、军工、土木、航空、船舶等领域。

该振动平台的成功研制,标志着在高性能电液伺服作动系统的设计与开发、多通道电液伺服系统的高精度协同控制,以及随机高动态载荷模拟等关键技术领域取得了重大突破。这些技术的融合,确保了平台在执行复杂任务时的精准性和可靠性。

在知识产权方面,六自由度振动平台的研发成果丰硕,已获得 6 项发明专利、12 项实用新型专利和 10 项软件著作权,充分体现了其技术创新和原创性。这一系列成果不仅证明了研发团队的技术实力,也为高端测试装备领域的技术进步和产业发展作出了重要贡献。

2. 成果创新点及解决的难点问题

六自由度振动平台的成功研制,取得如下创新性成果:

(1)创新点:高性能电液伺服作动系统开发技术

高性能电液伺服作动系统主要由作动器和控制器组成,是试验装备的核心部件。针对国外技术路线作动器加工精度要求极高、加工困难和易堵塞的问题,研发出基于模块化插装节流器的静压支撑作动器,集成插装节流阀组,可有效解决作动器易堵塞问题,大幅提升伺服作动器可靠性。提出了镍铬碳化铬表面复合涂层材料配方与热喷涂工艺和作动机构活塞杆表面微观纹路加工工艺,可有效降低作动器内部摩擦、提高作动器动态性和运行寿命。针对作动系统高动态、高精度加载控制需求,开发模块化高速实时嵌入式控制器,并提出基于阀权度调节、状态观测以及主动阻尼的作动器控制技术,实现电液伺服作动器高低速平稳切换,解决系统在各工况下的响应性能、稳定性及控制精度的匹配问题。电液伺服作动系统工作带宽达 100 Hz 以上,最大稳定工作速度>4 m/s,启动压力<0.03 MPa,达到国际先进水平。

(2)创新点:非线性电液伺服系统高精度动态协调控制技术

针对液压系统油液可压缩、伺服阀流量特性、运动摩擦等因素产生的高非线性且易受外界扰动和温度影响导致电液伺服系统多自由度、多通道加载控制难的问题。通过对液压伺服系统动力学特性、伺服作动器和伺服阀的流量特性进行测试和分析,构建了电液伺服系统的高精度数学模型,提出多滑模神经网络控制算法,实现了电液伺服系统的动态高精度控制,解决了多通道电液伺服系统多自由度加载耦合控制难题,可复现 100 Hz 带宽范围内道路谱和载荷谱信号,达到国际先进水平。

(3)创新点:高动态随机载荷谱高精度模拟复现技术

提出基于频域辨识的路谱带宽数字模型构建方法,利用高频路面逐次逼近迭代载荷分解技术和低频路面车身姿态载荷分解技术,解决路谱与载荷谱复现中的高非线性和噪声问题。构建基于神经网络的复杂工况模拟试验系统逆模型,设计基于深度学习的实时监测与修正算法,提高试验系统工况模拟精度,实现复杂实车道路谱与载荷谱在试验装备上的高精度复现,复现 RMS 精度>90%,达到国内领先国际先进水平。

3. 国际水平对比分析

国内外同类产品关键技术指标对比表,见表 8-4-1。

表 8-4-1 国内外同类产品关键技术指标对比表

序号	对比项	国外(美国 MTS、日本鹭宫所、英国 SERVOTEST 等)	国内	本项目	对比结果
1	随机载荷谱复现 RMS 精度	>90%	—	>90%	国际先进水平
2	载荷谱信号分析处理方式	缩短试验周期,保留 95% 以上等效损伤	—	缩短试验周期,保留 95% 以上等效损伤	国际先进水平

续上表

序号	对比项	国外(美国 MTS、日本鹭宫所、英国 SERVOTEST 等)	国内	本项目	对比结果
3	系统模型实时修正技术	具备	无	具备	国际先进水平
4	伺服作动器长期稳定工作速度	>4 m/s	最大工作速度<2 m/s	>4 m/s	国际先进水平
5	模拟带宽	100 Hz	无	100 Hz	国际先进水平
6	耦合加载带宽	100 Hz	无	100 Hz	国际先进水平
7	过程时间控制误差	20 μs	无	<10 μs	国际领先水平
8	启动压力	0.03 MPa	0.3 MPa	0.025 MPa	国际领先水平
9	侧向承载率	>30%	无	>30%	国际先进水平

4. 社会及经济效益分析

(1)六自由度振动平台(见图 8-4-1)作为一种高度灵活的装备,不仅可以独立部署,还能作为复杂系统的核心组件,在多个行业和领域展现出广泛的应用潜力。这一平台的多样化应用为企业带来了显著的经济收益,同时也为整个行业的发展注入了新的活力。

(2)在技术层面,该产品的性能指标已经达到国际先进水平,成功打破了外国企业在高端测试设备领域的市场垄断。这一突破不仅确保了高端测试设备开发技术的自主可控,还为国内企业提供了更多选择,降低了对国外技术的依赖。

(3)通过提供高效的测试方案,为客户节约了测试成本,提高了测试效率。同时,凯瑞装备还提供便捷的设备维护和保养服务,这有助于客户加快产品开发和更新升级的步伐,从而为他们带来可观的间接经济效益。这种全方位的服务模式不仅提升了客户的满意度,也进一步巩固了凯瑞装备在市场上的领先地位。

(4)此外,该产品的成功研发提升了中国在高端测试设备领域的自主创新能力。通过不断研发和创新,推动了国内测试设备行业的持续发展,为整个产业的升级和转型提供了有力支撑。这种创新精神不仅体现在产品技术上,还渗透到企业的运营和管理中,形成了一种积极向上、勇于探索的企业文化。

(5)在人才培养方面,凯瑞装备注重高素质行业技术人才的成长和发展。通过提供良好的培训和发展机会,吸引了一大批具有潜力的年轻人才加入技术团队。这些年轻人才在企业的培养下迅速成长,为中国测试装备领域技术发展储备了宝贵的人力资源。

图 8-4-1 六自由度振动平台

经济型高强韧性非调质钢系列品种研发及产业化

供稿:中天钢铁集团有限公司 邓向阳

1. 成果简介

非调质钢由于省略了调质工序,既节约了大量能源,又可免除因淬火变形而带来的校直工序,提高了生产效率并降低了生产成本,非调质钢主要用于新能源车的底盘件如传动轴、控制臂、转向节等;传统汽车的发动机件如连杆、曲轴等承受载荷较大的核心零部件,且时刻处于高速旋转的运动状态,因此必须有足够的疲劳强度和结构刚度,从而对钢材的质量指标提出了严格要求。

本项目重点进行低成本、高强高塑韧性非调质钢关键技术研发,采用“高炉铁水—转炉—精炼—真空脱气—大方坯连铸—控轧控冷”的连铸连轧工艺流程制造含硫非调质钢,形成了“高锰含硫非调质钢带状组织控制技术研究”“非调质钢的控轧控冷及在线组织调控”“V、Nb、Ti 复合微合金化及液析相控制技术研究”“硫化物形貌控制及切削性能改善控制技术研究”等关键技术。

项目糅合以上创新技术，达到了汽车及大型机械制造业对强塑韧性能、切削性能和成本的需求，成功开发了实物质量达到国际先进的材料，实现经济型高强韧性非调质钢系列品种的研发及产业化。

项目代表钢种 38MnVS、46MnVS6、F42MnVS、C45R+BY等广泛用于曲轴、连杆、凸轮轴、传动系统、活塞杆等汽车、工程机械核心零部件制造，近 2 年为客户提供优质原材料15.19 万 t，净利润 1.67 亿元，为产业链的高质高效、节能减排、绿色发展起到促进作用，为我国新能源汽车及汽车轻量化发展起到了关键引领带动作用。本技术可推广至其他对强韧性、组织均匀性要求高的特殊钢，经济和社会效益显著，应用前景广阔。

项目技术成果累计获得 16 件发明专利授权；发表科技论文 9 篇（其中 SCI 3 篇）。

2. 成果创新点及解决的难点问题

本项目打破传统工艺束缚，从理论、工艺、应用方面进行低成本、高强高塑韧性非调质钢关键技术研发，取得了一系列创新成果并解决了相关难点问题，具体如下：

（1）开发了“拉速、二冷比水、电磁搅拌、轻压下”多因子耦合的工艺技术，克制了各因子间的制约作用，攻克了非调质钢连铸工艺中心偏析的技术难题，钢坯碳、硫偏析指数≤1.05，轧材 1/2R 处带状组织级别≤1.0 级。

（2）通过控轧控冷、在线组织调控技术，细化了组织晶粒度、抑制了先共析铁素体的析出，得到了细片状珠光体，防止了非平衡组织的产生，使非调质钢材料微观组织均匀，晶粒度优于 9.0 级。

（3）针对非调质钢强韧性不足问题，通过模拟计算及试验经济性地优化了微合金成分，并针对微合金化元素 V、Nb、Ti 等形成的有害液析相开发了“镁处理控制富 Ti 相+硫化物弥散化控制富 Nb 相+热处理控制富 V 相”的集成技术，轧材中液析相的尺寸可稳定控制<10 μm，在确保材料强度的同时提高了材料的韧性，从而成功解决了这一行业难题。

（4）对材料的切削性能及评价体系进行研究，通过设计非调质钢专用渣系来控制夹杂物组成，通过碲处理等工艺技术手段来改善硫化物形貌，显著提高了切削性能，且通过具体指标进行衡量与评价。

3. 国际水平对比分析

（1）项目产品非调质钢圆钢材料的非金属夹杂物控制与国内外标杆产品对比，对切削性能有显著影响的 A 类夹杂物：≤1.5 级，其控制水平优于国内外同类水平；其他 B、C、D 类夹杂物控制水平与国际先进水平相当。

（2）项目代表性钢种：高强韧性胀断连杆用易切削非调质钢 46MnVS6 的热轧态力学性能：屈服强度≥950 MPa；抗拉强度≥1140 MPa；常温夏比冲击功≥45 J。强度、塑韧性指标均优于国内标杆水平，并达到国外标杆水平。

（3）项目产品的带状组织（≤1.0 级）、低倍组织控制及偏析指标（钢坯碳、硫偏析指数≤1.05）均优于国内同行水平，达到了国际先进水平。

（4）项目产品的晶粒度优于 9.0 级，其控制水平优于国内外同行水平。

4. 成果应用情况

本项目糅合多种创新技术，进行低成本、高强高韧性非调质钢关键技术研发，采用“高炉铁水—转炉—精炼—真空脱气—大方坯连铸—控轧控冷”的连铸连轧工艺流程制造含硫非调质钢，成功开发实物质量达到国内领先、国际先进的非调质钢材料，实现经济型高强韧性汽车、工程机械用非调质钢系列品种的研发及产业化，代表钢种 38MnVS、46MnVS6、F42MnVS 等。

项目产品广泛应用于新能源汽车传动轴、控制臂、转向节等底盘系统；汽车发动机曲轴、连杆、凸轮轴；液压油缸活塞杆等汽车及工程机械车辆制造领域。近 2 年为国内国际知名客户惠州日铁、上海航浩、浙江万向、昆山正大新成精密锻造等提供优质原材料 15.19 万 t，新增销售额 9.54 亿元，净利润 1.67 亿元，并获得了比亚迪、吉利、奇瑞、长安、长城、大众、通用、韩国现代、采埃孚等知名主机厂准入资格。

5. 社会及经济效益分析

经济效益：近 2 年为国内国际知名客户提供高强韧性易切削非调质钢优质原材料 15.19 万 t，新增销售额 9.54 亿元，净利润 1.67 亿元，具体为：2022 年产量 5.67 万 t，全年平均单价 6147 元/t，吨钢利润 1063 元；2023 年产量 9.52 万 t，全年平均单价 6356 元/t，吨钢利润 1119 元。

社会效益：高强韧性易切削非调质钢作为汽车用钢代表品种，也是公司特钢中质量要求最高、生产难度最大、工艺流程最长的钢种之一，项目重点开展低成本、高强韧性、高组织均匀性、易切削性的工艺研究与创新，成功攻克高等级非调质钢研发的关键控制技术，并实现产业化应用，能够体现公司高质量控制水平，是公司优特钢产品向“高精尖”转型的排头兵，有力提升了中天钢铁优特钢品牌形象。

项目产品取代传统的调质钢，省去了一道高能耗高污染的热处理工序，具有低碳环保的效果，为产业链的高质高效、节能减排、绿色发展起到促进作用，为新能源汽车及汽车轻量化发展起到了关键引领带动作用，部分材料如 46MnVS6、C45R+BY 替代进口材料，解决了“卡脖子”难题。本技术可推广应用至其他对强韧性、组织均匀性要求高的特殊钢产品，社会效益显著，应用前景广阔。

为更好地推广应用本项目技术成果并促进行业发展，项目参加了 YB/T 4946—2021《绿色设计产品评价技术规范汽车用非调质钢棒材》冶金行业标准编制，该标准于 2021 年 10 月开始实施，同时制定了企业标准 Q/320412 ZTG 117—2020《汽车用非调质结构钢》。

高性能低成本冷轧镀锌双相钢系列产品开发及应用

供稿：本钢集团有限公司

1. 成果简介

随着我国“双碳”目标的明确，全生命周期概念的提出，汽车选材也发生了显著的变化。中汽中心研究表明，汽车零件制造占其“车辆周期”碳排放68%。而热冲压钢因需要二次加热，能耗增加，因此，冷成型先进高强钢市场需求持续快速增加，伴随着后续“碳汇”的实施，采用耐蚀性优异，成型良好的镀锌双相钢及衍生产品成为更优选择，并将持续成为行业发展趋势。国际钢协研究结果表明，双相钢在白车身应用占比可达70%以上。冷冲压以450~980 MPa级为主，应用技术较成熟，但随着应用范围的拓展，在实际生产和使用过程中，也面临新问题。

(1)轻量化效果与成本控制问题。因热镀锌产品需在460 ℃入锌锅进行镀锌生产，为抑制铁素体和贝氏体相变，需添加更多合金元素。然而，退火炉对Fe是还原气氛，但对Mn、Si、Cr等元素均为氧化气氛，氧化析出将造成表面问题难以控制。因此，通常需添加Mo合金，成本较高。

(2)成型性与扩孔性之间匹配问题。“典型镀锌双相钢组织为铁素体+马氏体+少量贝氏体”具有较低的屈强比和适宜的成型性，可满足大部分冲压需求。然而，双相组织扩孔性能相对较低，对有扩孔翻边需求的零件，失效问题较为突出，限制双相钢应用范围问题日益突出。

(3)厚规格产品表面质量问题。热镀锌双相钢表面质量控制是其核心技术。国内外仅少数企业具备高级别镀锌双相钢2.5 mm以上规格供货能力，厚规格产品生产速度降低，在炉时间延长，难以实现稳定控制。

项目成果经中国金属学会鉴定，组织调控技术达到国际领先水平，并获得本钢集团科技进步一等奖、鞍钢集团科技进步一等奖、辽宁省科技进步一等奖及中国汽车轻量化设计大赛一等奖；该项目开发的热镀锌双相钢系列化产品累计供货量达33.57万t，创造产值达20.62亿元，已广泛应用于通用、标志雪铁龙、一汽、比亚迪、吉利、长城等主流车厂，市场反馈良好。项目共申请专利27项，其中授权发明专利9项、授权实用新型专利10项，制定标准5项，发表论文21篇，获得辽宁省企业技术创新重点计划及中信CBMM铌技术项目支持。

2. 成果创新点及解决的难点问题

本项目依托本钢“先进汽车用钢开发与应用技术国家地方联合工程实验室”平台，联合钢铁研究总院与中信金属，开展基础研究，依据研究成果，将预氧化腔等系列新技术设计到本钢全新镀锌产线。

本技术对镀锌双相钢进行重新开发设计，取消镀锌双相钢中昂贵的Mo合金。通过全流程的工艺技术配合，扩大生产工艺窗口，保障产品性能稳定性控制。组织设计引入马氏体(回火)，抑制贝氏体组织，获得良好成型性与扩孔性能。此外，开发预氧化工艺技术，实现厚规格产品表面质量稳定控制。基于上述工作，成功开发出450~1200 MPa低成本高性能镀锌双相钢系列产品，技术路线如图8-4-2所示。

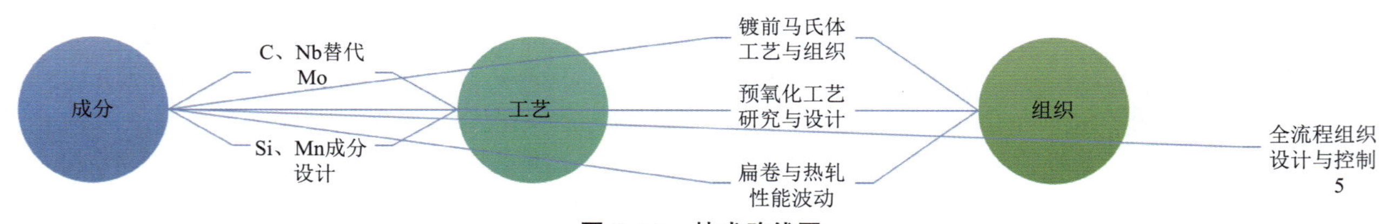

图8-4-2　技术路线图

成本控制方面：采用无Mo的成分设计，充分运用Nb溶解析出行为，成份见表8-4-2，利用“淬火+回火”工艺促进Nb弥散析出，实现450~1000 MPa不同强度级别低成本控制技术。

性能调控方面：创新开发工艺实现“铁素体+马氏体/马氏体(回火)”的新型双相钢组织调控技术，全面提升材料扩孔及翻边性能。并通过一系列控制手段和专有技术保障了全系列产品性能稳定控制，其显微组织如图8-4-3所示。

表8-4-2　本课题镀锌双相钢合金设计，质量分数(wt%)

	C	Si	Mn	Cr	Mo	Nb+Ti
DP590+Z	0.07~0.12	0.2~0.5	1.5~2.0	—	—	0.02~0.06
DP780+Z	0.09~0.15	0.3~0.7	1.8~2.5	0.1~0.3	—	0.02~0.06
DP980+Z	0.12~0.18	0.5~0.8	2.0~2.8	0.2~0.5	—	0.02~0.06

表面控制方面：首次开发运用“预氧化腔”技术装备，如图8-4-4所示，在加热炉加热二区增设密闭腔体，结合退火炉内露点匹配，实现Mn、Si元素内氧化控制，设计规格、预氧化露点配比矩阵，解决了合金元素氧化物在表面富集而形成的黑点、麻面等表面缺陷，开发厚规格产品高表面质量控制技术诀窍。

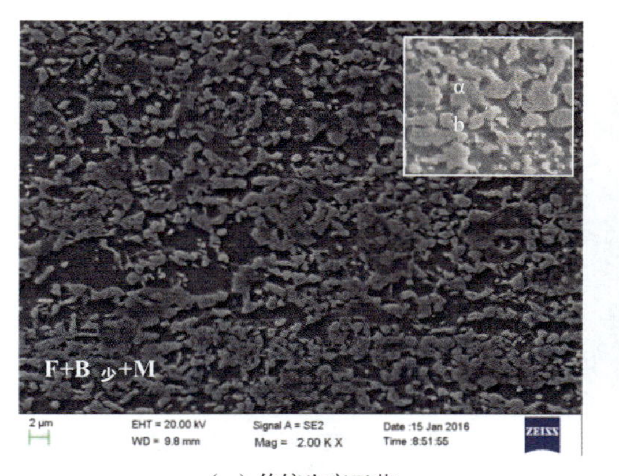

（a）传统生产工艺　　（b）本技术工艺

图 8-4-3　不同工艺下 DP980+Z 显微组织

图 8-4-4　热镀锌预氧化工艺中腔体设置

（1）原创无 Mo 成分设计及工艺控制技术。运用 Nb 时效析出强化作用，配合合理的工艺制度，设计无 Mo 添加的成分体系，实现产品的低成本制造。

Nb 的溶解析出行为是合理使用 Nb 微合金的核心技术之一。经过优化设计，Nb 在各工艺环节的溶解/析出规律如图 8-4-5 所示。

①连铸坯显微组织由铁素体和珠光体（占 47.5%）组成，铁素体平均尺寸 80 μm；析出相平均尺寸 54 nm，主要是小尺寸富 Nb 和大尺寸富 Ti 粒子；

②加热过程中保障 Nb 充分溶解，Nb 的加入有效抑制再结晶过程，为在未再结晶区轧制提供了便利。热轧控制冷却和卷取工艺，控制 Nb 的析出，析出粒子平均尺寸 36 nm。

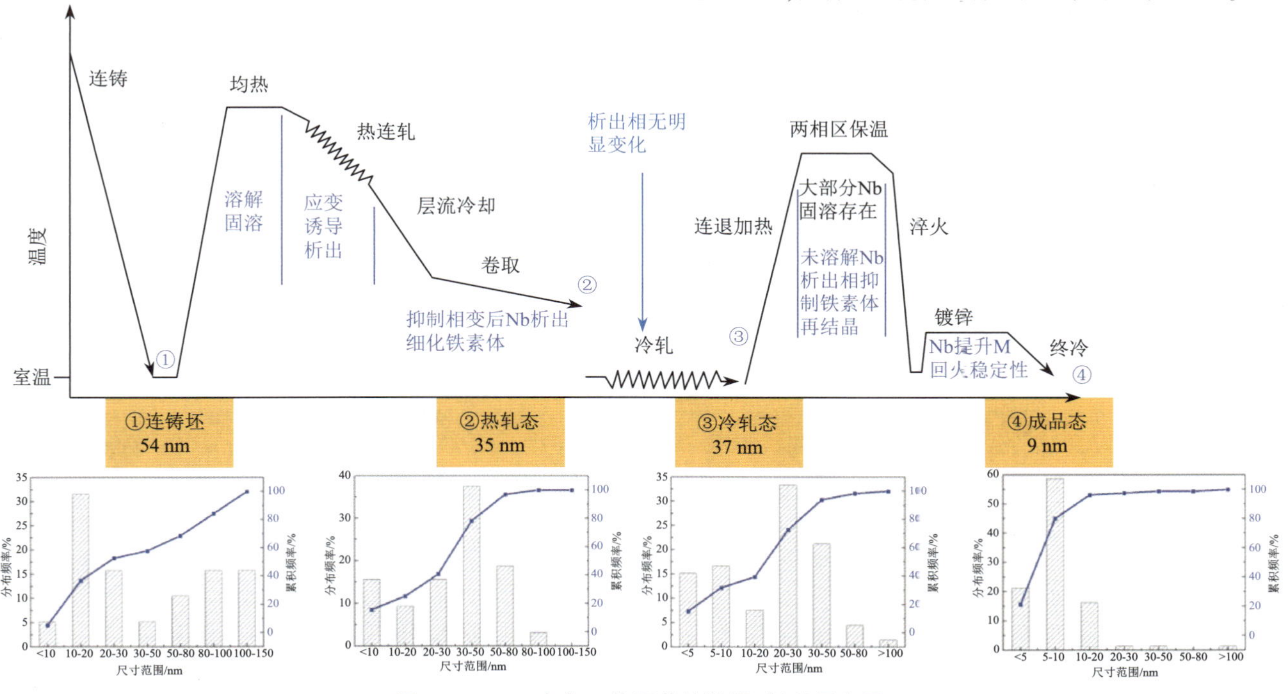

图 8-4-5　Nb 在各工艺环节的溶解/析出示意图

③酸洗轧制后析出相的形貌、尺寸和数量与热轧态无明显变化，析出粒子平均尺寸 36 nm。

④镀锌加热到两相区保温时，大部分 Nb 以固溶形式存在，未溶解的含 Nb 析出相可以抑制铁素体再结晶；随后快冷过程中来不及析出或以细小的颗粒重新析出（Nb，Ti）C 粒子。Nb 属于强碳化物形成元素使马氏体分解减慢，可协同调控马氏体回火稳定性，保障了钢的强度，而极小的析出相有利于提升强塑性，因此热镀锌双相钢综合力学性能优异。

最终产品测试析出粒子平均尺寸 9 nm，如图 8-4-6 所示。

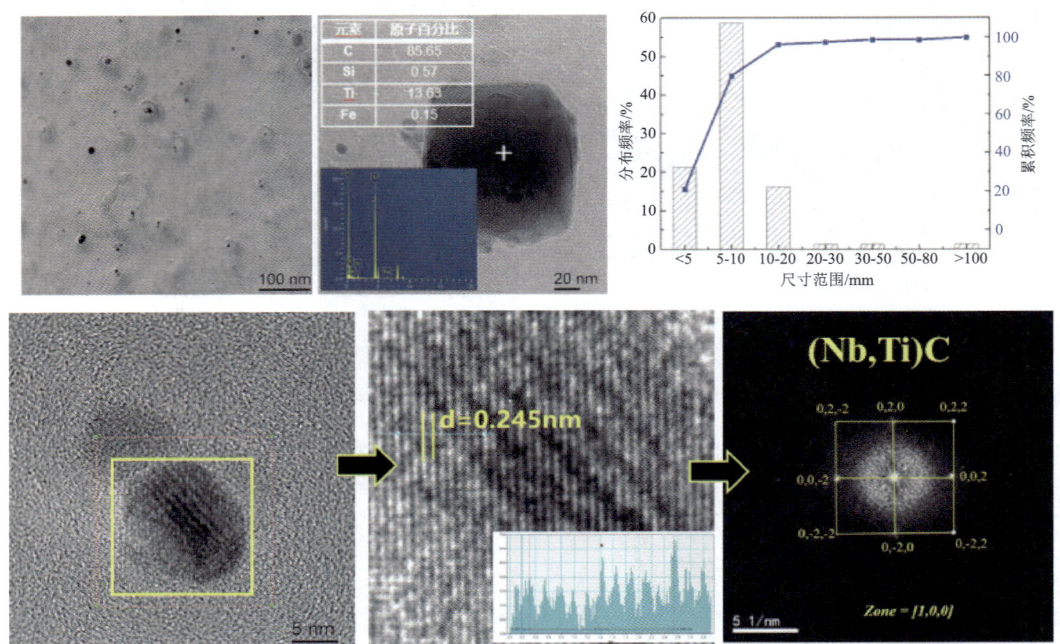

图 8-4-6　镀锌成品态 DP780 析出相(TEM)

图 8-4-6 为镀锌 DP780 析出相分析测试结果，DP780 钢中小于 10 nm 的析出相占 80%，析出粒子总体平均尺寸 9 nm。(Nb,Ti)C 粒子在[100]晶带轴上的晶格间距为 0.245 nm，与铁素体基体错配度为 20.1%，为半共格界面。Nb 属于强碳化物形成元素使马氏体分解减慢。热镀锌温度正是低碳马氏体高密度位错回复再结晶的温度区间，而固溶 Nb 具有强烈阻碍再结晶作用，有利于提高马氏体回火稳定性，保障了钢的强度，而极小的析出相有利于提升塑性，因此热镀锌双相钢综合力学性能优异。

(2)铁素体+马氏体/马氏体$_{(回火)}$的新型双相钢组织调控技术。采用“优化镀前冷却+感应加热”技术，获得铁素体+马氏体/马氏体$_{(回火)}$组织，实现产品的高性能化和稳定制造，大幅度提高产品稳定性、成型性和扩孔性等综合性能。

该项目采用的镀锌前快冷至马氏体温度工艺，通过高氢冷却系统，获得更大的冷速，并冷却至 Ms 温度以下，在镀前形成部分马氏体，通过电磁感应加热器对材料进行反向加热，实现材料镀锌处理。冷却到快冷温度时，发生部分马氏体转变，而剩余残余奥氏体稳定性足够高，即使升温至 460 ℃，也不会发生贝氏体转变。因此，通过快冷段高氢比例投放实现镀前冷却控制技术，去除或减少传统工艺设计中提高奥氏体稳定性的 Mo 等合金。淬火后再次升温到 460 ℃，部分马氏体发生回火转变，部分马氏体分解，碳化物析出。

该工艺技术有利于提高材料稳定性。采用该技术生产工艺窗口更宽，有利于组织和性能稳定控制，如图 8-4-7 所示。与传统工艺相比，该设计需要适当增加碳含量，平衡条件所需加热温度更低，加热工艺窗口增加 3 ℃(现场工艺控制目标为±5 ℃)，获得马氏体临界冷速由添加 Mo 合金的 30 ℃/s，降低至本技术 10 ℃/s，工艺窗口增加 20 ℃/s。实际生产工艺窗口显著扩大。

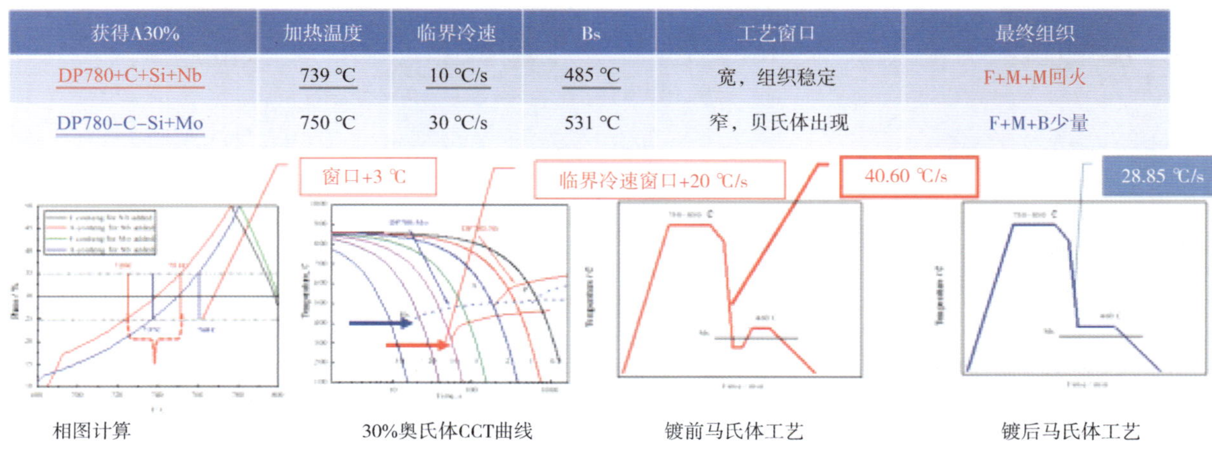

获得A30%	加热温度	临界冷速	Bs	工艺窗口	最终组织
DP780+C+Si+Nb	739 ℃	10 ℃/s	485 ℃	宽，组织稳定	F+M+M回火
DP780-C-Si+Mo	750 ℃	30 ℃/s	531 ℃	窄，贝氏体出现	F+M+B少量

图 8-4-7　不同成分工艺设计 DP780 镀锌产品工艺窗口示意图

传统工艺生产在 460 ℃镀锌时,膨胀曲线显示已经发生明显相变,如图 8-4-8 所示。对比两种工艺组织,如前文图 8-4-3 所示,也可以看出明显差异。传统工艺生产组织为“铁素体+马氏体+贝氏体”,而本技术为“铁素体+马氏体+马氏体$_{(回火)}$组织”。

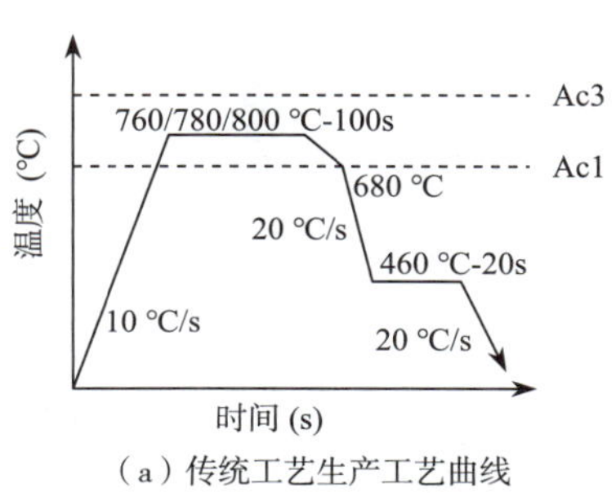

（a）传统工艺生产工艺曲线

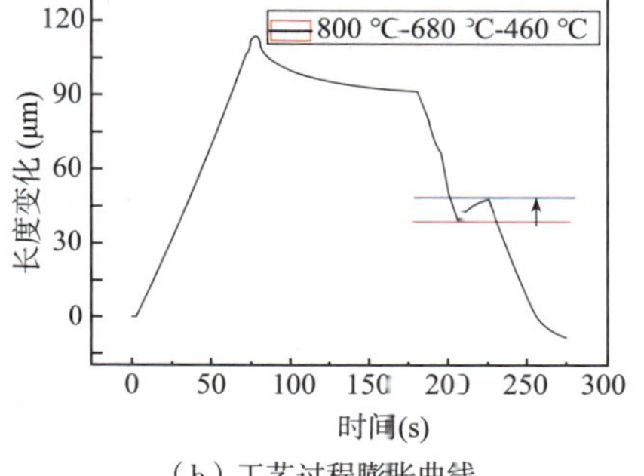

（b）工艺过程膨胀曲线

图 8-4-8 传统工艺 460℃镀锌时发生相变

该技术显著提高材料冲压过程的稳定性。镀前马氏体工艺制度下组织中回火马氏体与引入残余奥氏体的 DH 材料不同,残余奥氏体的引入可以高效提升材料延伸率,但本技术引入马氏体$_{(回火)}$组织,起到强度差过渡作用,对提高材料扩孔率有利,如图 8-4-9 所示。

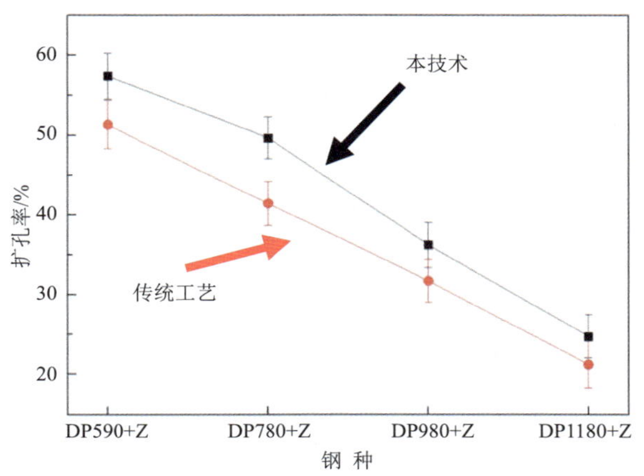

图 8-4-9 传统工艺与本技术不同级别镀锌双相钢扩孔率对比

与传统工艺生产双相钢相比,本项目组织有所差异。增加了回火马氏体组织,而这种组织强度介于铁素体和马氏体之间,因此,协调性更好,有利于获得更好的延伸率和成型性能,尤其在解决目前传统双相钢边缘翻边开裂问题上,回火马氏体过渡相满足了材料在扩孔、翻边方面的需求。

(3)高表面控制技术。采用独特预氧化技术,通过预氧化腔、退火炉内露点匹配,实现 Mn、Si 元素内氧化控制,开发预氧化腔露点、规格矩阵技术实现厚规格镀锌双相钢稳定生产工艺技术集成。

预氧化工艺技术主要在加热区增设密闭的腔体,与其他增设水雾管设备工艺比,密闭腔体气氛控制更加均匀,保证了材料合金元素在预氧化腔内实现内氧化,并通过退火炉内露点对表层 Fe 基还原,提高材料在镀锌处理前的表面清洁性,通过预氧化腔露点、退火炉内露点切换实现合金元素的内氧化,解决项目中无 Mo 添加采用 Mn 元素强化而引起的表面质量问题。根据不同规格带速计算其在预氧化腔停留时间,通过热镀锌模拟机对材料的选择性氧化行为进行探究,结合现场生产经验及总结,制定了该钢种的预氧化工艺露点、氧含量及产品规格配比矩阵参数,通过该技术的实施保证了材料表面质量,尤其解决了厚规格产品表面缺陷问题。

预氧化矩阵技术实施前、后产品表面对比,如图 8-4-10 和图 8-4-11 所示。采用该技术锌层抑制层均匀性良好,并提高抑制层的致密程度,从而获得更为良好的产品表面质量,根据不同规格配比矩阵,解决了由于厚规格产品在炉时间长而出现的表面质量问题,解决了热镀锌超高强度双相钢镀锌表面缺陷。

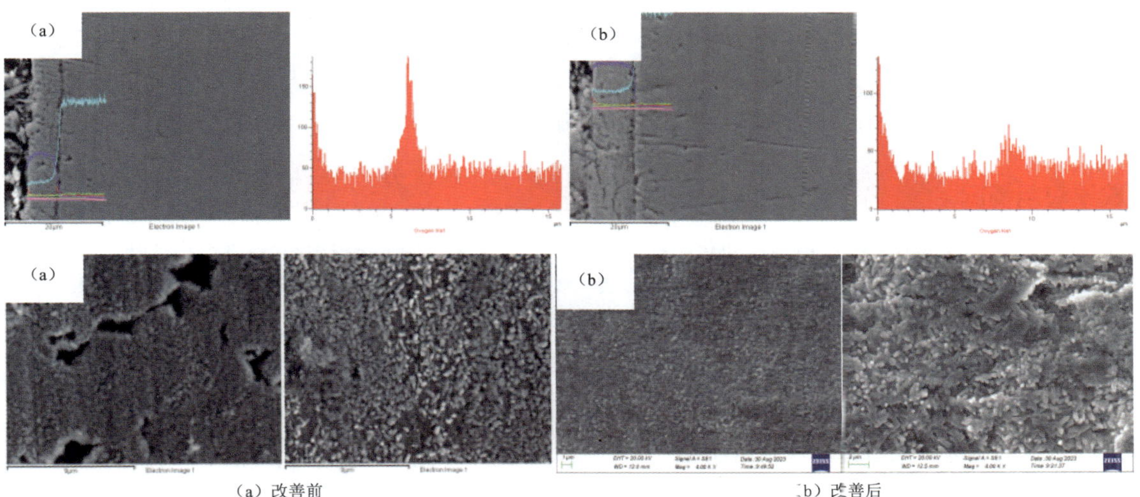

（a）改善前 （b）改善后

图 8-4-10 改善前后抑制层形貌(SEM)分析对比

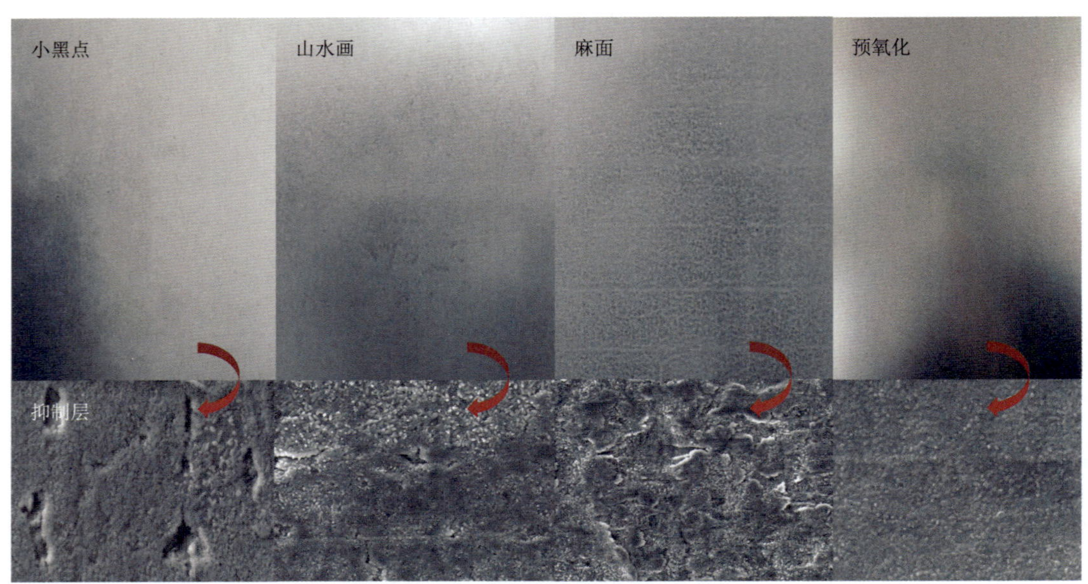

图 8-4-11 不同缺陷样品抑制层形貌(SEM)对比

3. 国际水平对比分析

项目设计开发的高性能低成本高强热镀锌双相钢在表面质量、成本控制上具有一定优势,项目开发产品采用了原创的低成本设计,去除了贵金属元素添加,节约了稀有的合金元素资源,并通过独特的预氧化技术保证了材料的表面质量,更有利于材料的推广使用。

(1)低成本制造对比分析

项目开发热镀锌双相钢成分与国内 A 钢对比,项目采用了原创的低成本设计,去除 Mo 元素,节约了稀有的合金元素资源,通过全流程的技术集成实现了材料强度 450~1000 MPa。

(2)系列化产品综合性能对比情况

对本钢内部本浦产线采用的 JFE 技术产品进行了对标工作,项目开发产品在强度指标上与该项目开发产品一致,但延伸率方面该项目产品具有明显优势,如图 8-4-12 所示。尤其在材料扩孔率方面,材料因其重新定义了显微组织构造,引入了回火马氏体组织,在软硬相中引入过渡性相。从而有效解决传统高级别双相钢在后续加工过程中的边缘开裂问题。

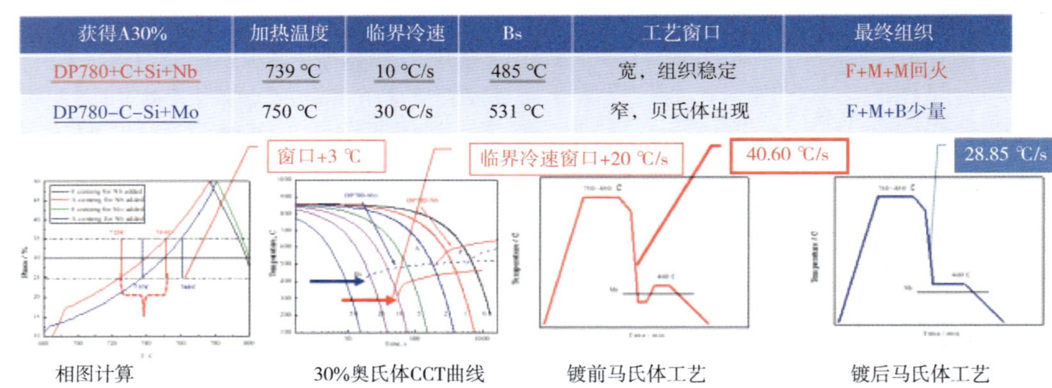

获得A30%	加热温度	临界冷速	Bs	工艺窗口	最终组织
DP780+C+Si+Nb	739 ℃	10 ℃/s	485 ℃	宽,组织稳定	F+M+M回火
DP780–C–Si+Mo	750 ℃	30 ℃/s	531 ℃	窄,贝氏体出现	F+M+B少量

图 8-4-12 典型产品 DP590+Z 综合性能对标情况

4. 成果应用情况

该项目研究开发高品质热镀锌双相钢系列化产品强度级别覆盖 450~1200 MPa,使用客户包括美国通用、上汽、吉利汽车、标志雪铁龙汽车、一汽汽车、比亚迪等主流车厂等,得到用户一致认可。项目开发 DP590+Z 年产达 9.4 万 t,DP780+Z 年产达 2.7 万 t,通过该项目开发的热镀锌双相钢系列化产品具有高品质、低成本的特性,打破了汽车用热镀锌双相钢的价格壁垒,使客户在各车型的使用量得以增加,材料已累计供货多年,材料成型性能得到了客户的一致好评。本钢研发生产热镀锌双相钢 CR590T/340Y-DP、CR780T/420Y-DP 经北美实验室检测合格,成功通过美国通用汽车认证。主要用于左/右 B 柱内加强板、左/右侧顶梁前内板、顶盖加强梁等零部件,客户使用良好,典型零部件照片如图 8-4-13 所示。

本钢研发的热镀锌双相钢系列化产品在新势力汽车企业中也得到广泛使用,对 DP580+Z、DP780+Z 进行材料性能验证,进行冲压试验时,零件无开裂及褶皱等缺陷,电泳板表面良好。本钢含 Nb 镀锌双相钢性能满足标准要求,客户使用状况良好,如图 8-4-14 所示。

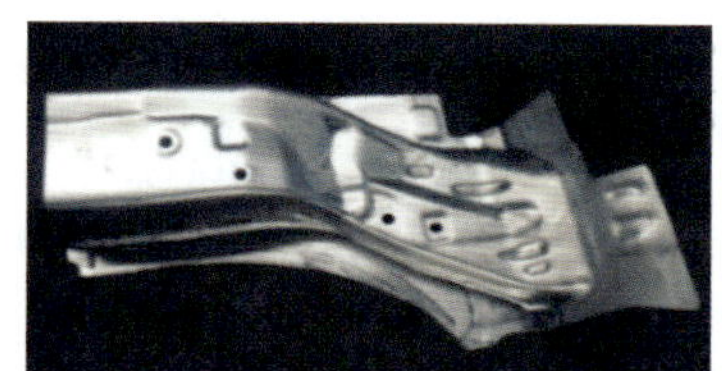

（a）DP590+Z

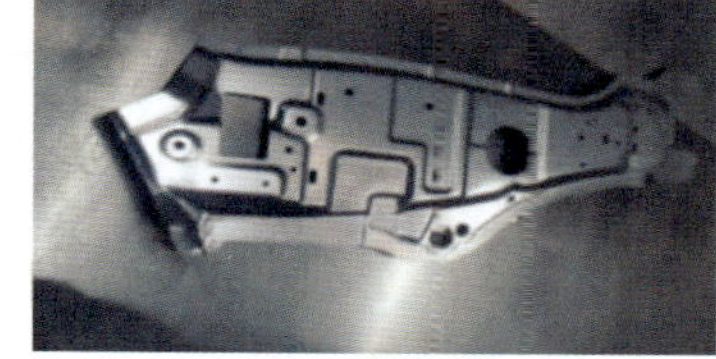

（b）DP780+Z

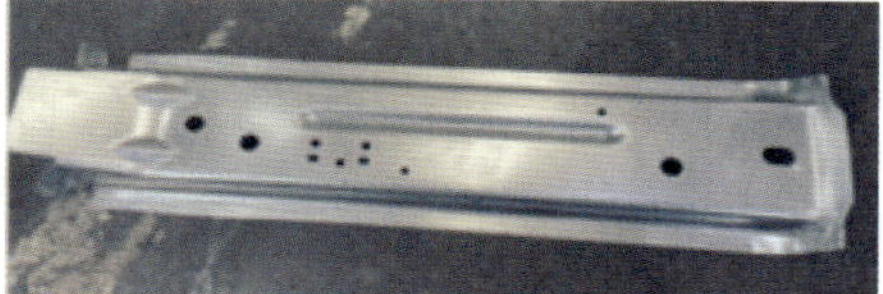

（c）DP980+Z

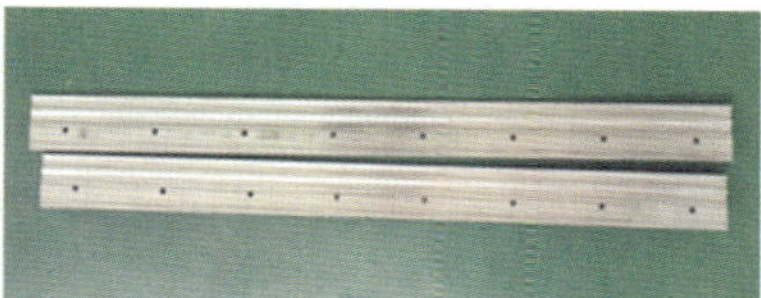

（d）DP1180+Z

图 8-4-13　典型应用情况

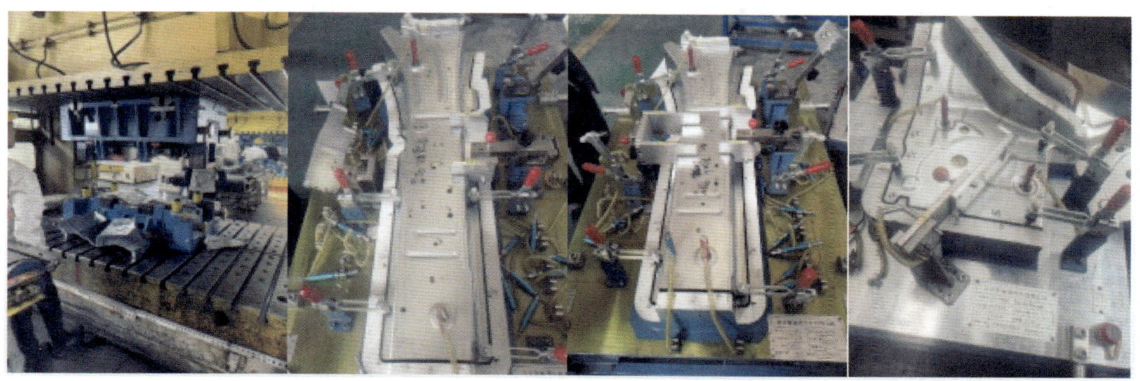

图 8-4-14　新能源汽车 DP590+Z、DP780+Z 冲压

基于各大主机厂的广泛应用和认可，该技术开发的镀锌双相钢系列化产品也获得汽车工程学会主办的“2023 年（第六届）汽车轻量化设计大赛一等奖”，如图 8-4-15 所示。

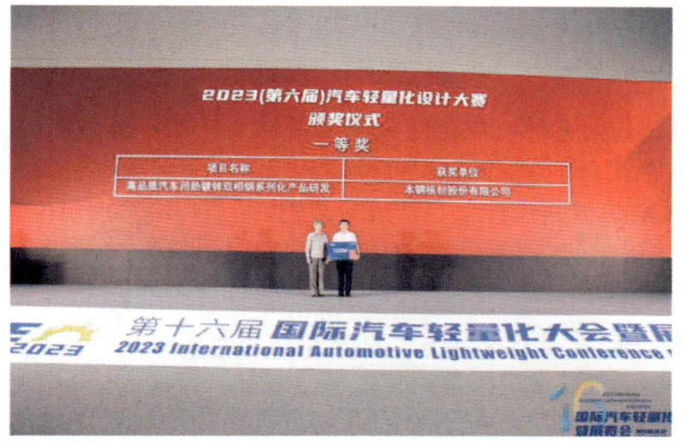

图 8-4-15　该技术产品获得汽车轻量化设计大赛一等奖

5. 社会及经济效益分析

汽车轻量化是实现节能降耗、完成“双碳”目标的重要技术路径。随着在乘用车和商用车方面向着电动化、轻量化、智能化的需求的发展，能源消耗与碳排放，成为影响人类生存与发展的焦点问题。高品质冷成型 Nb 微合金化镀锌双相钢技术实施，大幅度降低材料成本，并为我国节约昂贵的 Mo 合金。解决了轻量化效果与成本控制之间的问题，有利于我国装备制造业可持续发展。该项目的实施打破了热镀锌双相钢价格壁垒，可以更有效地推广热镀锌双相钢在车身材料中的使用。项目开发的产品累计供货量 33.6 万 t，创造产值 20.6 亿元，已广泛应用于通用、一汽、比亚迪、吉利、长城等汽车，市场反馈良好。

辊底式超高强钢热冲压生产线

北京机科国创轻量化科学研究院有限公司、中国机械总院集团北京机电研究所有限公司、合肥合锻智能制造股份有限公司、济南奥图自动化股份有限公司等

单忠德　孙福臻　姜超等

高性能超高强钢结构件具有减轻车身重量和提高碰撞安全性能的双重优势，成为汽车车身轻量化方案的首选，而我国超高强钢热成形技术与成套装备长期被国外垄断，亟须突破大尺寸复杂超高强钢结构件模内“淬火—成形”一体化

制造技术，实现技术与装备自主可控和进口替代。

项目团队历经10余年产学研用联合攻关，提出了超高强钢结构件模内"成形—淬火—修边"一体化成形方法，突破了热—力—组织复杂多场形性顺序协同调控关键技术，实现了1500 MPa、1800 MPa、2000 MPa等抗拉强度等级的结构件高性能制造；发明了超高强钢结构件局部热冲压和变厚度、变强度复合成形工艺，开发出长寿命定制强度热成形模具等，实现了超高强钢结构件的高精度制造；研制出动态压力分级高速伺服液压机、智能物流传输系统、中央管控系统等热成形成套装备，建立了复杂环境下的热成形工艺专家系统、信息智慧管控系统和数字化成形生产线，建立了超高强钢热冲压成形智能制造方案应用示范，并在行业内进行了推广应用，打破了关键技术受制于人和关键装备"卡脖子"的被动局面。

该成果系统解决了超高强钢结构件数字化热成形理论方法、工艺模具、成套装备、产业应用等关键技术，项目授权专利95件，其中发明专利50件、国际发明专利3件，登记软件著作权6件，制定国家标准3项、团体标准3项，其中牵头制定热成形领域唯一一项国家标准，在国内外100余家企业应用。项目成果已拓展应用到不锈钢、钛合金、高温合金等轻质、难变形材料结构件的高性能制造，赋能航空航天、国防军工、轨道交通、工程机械等高端产业，取得显著经济和社会效益，入选中国"十三五"重大成就展，荣获2023年第二十四届中国专利奖金奖。

鞍钢2 GPa铝硅镀层热成形材料一体式激光拼焊双门环技术(ANS⁺ESDR®)

供稿：鞍钢钢材加工配送(长春)有限公司　姜志公

1. 成果简介

(1)应用领域

近年来，随着全球"双碳"目标的深入推行与汽车市场对安全性能日益增长的需求，新能源汽车产业正加速向轻量化与高效能方向迈进。在这一背景下，汽车轻量化技术，尤其是汽车一体式多部件集成(MPI)技术，凭借其独特的优势脱颖而出，成为行业创新的焦点。其中，一体式激光拼焊门环技术，凭借其卓越的性能提升、显著的减重效果及低碳环保特性，在各大汽车制造企业的白车身设计中赢得了广泛应用与赞誉。

鞍钢集团，作为行业内的佼佼者，紧跟时代步伐，成功研发并批量生产出具有自主知识产权的2 GPa级热成形钢一体式激光拼焊双门环(ANS⁺ESDR®)。这一创新成果不仅是对传统汽车制造工艺的一次重大突破，更是新能源汽车领域在追求减重节能与提升安全性方面的一项杰出贡献。

在安全性方面，ANS⁺ESDR®一体式激光拼焊双门环通过显著提升乘员舱的刚度和强度，为乘客提供了更加坚实的保护屏障，有效增强了整车的侧碰与后碰性能，确保车辆能够满足未来更为严苛的安全法规要求。

在集成化设计上，该技术实现了高度集成，将原本分散的10个零部件整合为一体，极大地简化了物流流程与制造工序，不仅提高了生产效率，还显著减少了模具、焊接夹具及工位器具的使用数量，进而降低了物流、冲压及焊装等环节的成本支出。

在轻量化方面，ANS⁺ESDR²一体式激光拼焊双门环更是展现出了非凡的成效。相较于传统的点焊搭接结构，该双门环设计实现了高达19%的减重效果；即便与单一门环相比，也能实现5%的轻量化改进，为新能源汽车的节能减排目标贡献了重要力量。

(2)关键技术

鞍钢创新推出的2 GPa铝硅镀层热成形材料一体式激光拼焊双门环，巧妙采用了CHC结构设计(如图8-4-16所示)，该设计精髓在于：

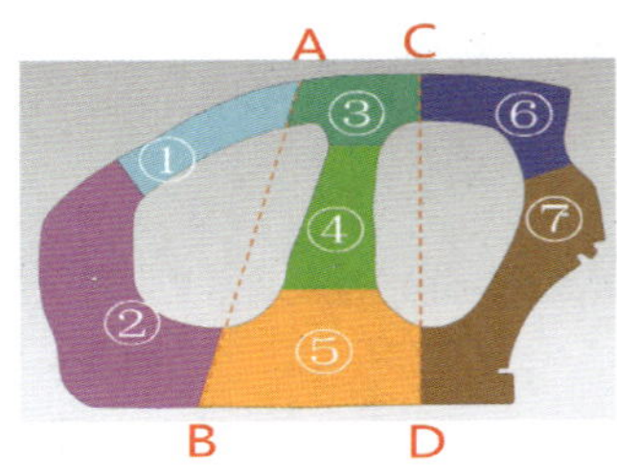

图8-4-16　ANS⁺ESDR² 2Gpa铝硅镀层热成形材料一体式激光拼焊双门环结构

灵活拼接，结构优化：通过板料①与②、③与④及⑤、⑥与⑦板料的精准直线拼焊，巧妙构建出两个C型结构与一个H型结构，这种模块化组合不仅增强了结构的稳固性，还极大地提升了材料利用率与设计的灵活性。

双焊缝共线技术：A与B、C与D两组焊缝精准定位于同一直线上，这一创新设计使加工过程得以采用高效的直线焊机进行，有效降低了模具开发的复杂性与成本投入，尤其在市场环境不确定时，为主机厂提供了更为灵活且经济的生产解决方案，从而进一步削减了零件的总体成本。

安全强化，材料领先：在至关重要的A柱区域，特别选用了2 GPa高强度材料，该材料在碰撞情况下能展现出卓越的抗变形能力，为乘员安全提供了坚不可摧的屏障，确保了车辆的安全性能达到行业顶尖水平。

精密焊接，品质卓越：焊接工艺上，严格控制两张板料间的错边偏差不超过0.5 mm，整体焊后偏差更是被严格限制在1.5 mm以内，这样的高精度要求确保了焊接接头的质量与结构的整体稳定性，彰显了鞍钢在制造工艺上的精湛技艺与严格标准。

技术突破，专利认证：2 GPa热成形钢大尺寸一体化拼焊结构的实现，是对传统加工方式的一次重大革新。该技术在确保结构碰撞安全、显著减重以及优化热冲压成形性等关键性能的基础上，通过直线焊接设备的运用，结合分步焊接再组合的创新工艺，成功实现了拼焊结构的优化升级。此项技术成果已荣获实用新型专利认证，标志着鞍钢在新能源汽车轻量化材料领域的又一次技术飞跃。

2. 成果创新点及解决的难点问题

(1)成果创新点：

2 GPa 热成形钢大尺寸一体化拼焊结构的革新设计：本项目聚焦于革新 2 GPa 热成形钢在大尺寸一体化拼焊结构中的应用，成功突破了传统加工模式的局限。我们充分利用现有设备资源，在确保结构碰撞安全性、显著减重效果及卓越热冲压成形性的前提下，独创性地设计出全直线拼焊结构方案。此方案通过分步焊接与精准组合的策略，不仅极大地提升了大尺寸产品的外形精度，还为后续的优化设计奠定了坚实基础。我们将深化大尺寸一体化热成形拼焊结构的优化工作，涵盖安全碰撞模拟、热成形仿真、成本效益分析及工艺设计验证等多个维度，旨在为项目成功实施提供全面而详尽的一体化拼焊设计方案。尤为值得一提的是，我们的一体式双门环设计，以单一零件替代了原有的 12 个零件组合，实现了惊人的 25% 减重效果，彰显了设计创新的卓越价值。

CHC 结构设计在铝硅镀层热成形材料激光拼焊双门环中的创新应用：针对鞍钢 2 GPa 铝硅镀层热成形材料，创新性地引入了 CHC 结构设计，通过精确布局的多组直线焊缝(如①与②、③与④及⑤、⑥与⑦)，精妙地构建出两个 C 型与一个 H 型结构，这一设计不仅极大地提升了材料的利用率与设计的灵活性，还赋予了产品前所未有的结构强度与美学表现。尤为关键的是，A 与 B、C 与 D 两组焊缝的精确定位在同一直线上，这一设计巧思使加工过程能够无缝对接高效直线焊机，显著降低了模具开发的复杂度和初期投资成本，为市场波动中的主机厂提供了灵活且经济的生产策略，进一步缩减了总体成本。

此外，CHC 直线型结构的引入，彻底颠覆了传统焊接夹具的依赖，不仅节省了昂贵的专用夹具开支，还极大地缩短了产品开发周期，提升了市场响应速度。更为重要的是，直线型设计突破了加工设备的限制，使生产更加高效便捷，为高精度双门环结构的规模化应用铺设了坚实的工艺与设备基础。这一创新成果不仅实现了成本的显著降低，更在提升生产效率与稳定性方面迈出了重要一步，为未来汽车轻量化、高效化生产树立了新的标杆(见图 8-4-17)。

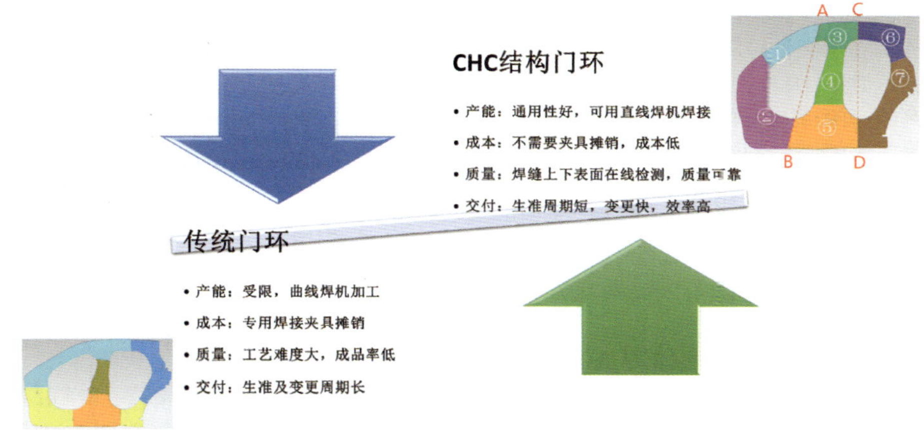

图 8-4-17　ANS⁺ESDR®一体式激光拼焊双门环特点

(2)解决的难点问题

ANS⁺ESDR®一体式激光拼焊双门环的加工精度保障与材料焊接技术创新：鉴于 ANS⁺ESDR®一体式激光拼焊双门环所采用的 CHC 直线型结构的创新性，我们深知加工过程的稳定性对于维持整体门环几何尺寸偏差在严苛的 2 mm 以内至关重要。为此，鞍钢与供应商紧密协作，通过工程师团队的深入讨论与研发，共同设计并开发了 LEO(Lead Edge Offset)(如图 8-4-18 所示)焊接定位装置。这一创新装置有效解决了分步焊接过程中可能产生的门环轮廓偏差问题，通过小批量试制与数据分析验证，其轮廓偏差被精确控制在 1.5 mm 以内，不仅满足了产品自身的精度要求，更为后续工序的顺利进行提供了坚实保障，显著提升了大尺寸产品的外形精度与整体质量。

2 GPa 铝硅镀层热成形材料的焊接特性与应用性能突破：在推进 2 GPa 铝硅镀层热成形材料应用的过程中，勇于挑战现有 1.5 GPa 热成形材料的焊接技术边界。通过深入研究 2 GPa 材料的化学成分、微观结构及其可焊性，揭示了焊接工艺参数对焊缝各区域微观组织演变的深刻影响，并特别关注了薄铝硅镀层钢焊缝处 Al 元素的含量与分布特性。为克服这些技术难题，与顶尖科研院所携手合作，成功研发出新型焊丝材料及配套焊接工艺。这些创新成果使等厚等强的 2GP 薄涂层材料在添加适配填充材料后，能够通过激光拼焊技术形成符合严格性能要求的马氏体组织。经过批量实验的严格验证，该焊接技术完全满足 2 GPa 热成形材料的焊接需求，达到了产品的使用标准，为材料在高端制造领域的广泛应用开辟了新路径。

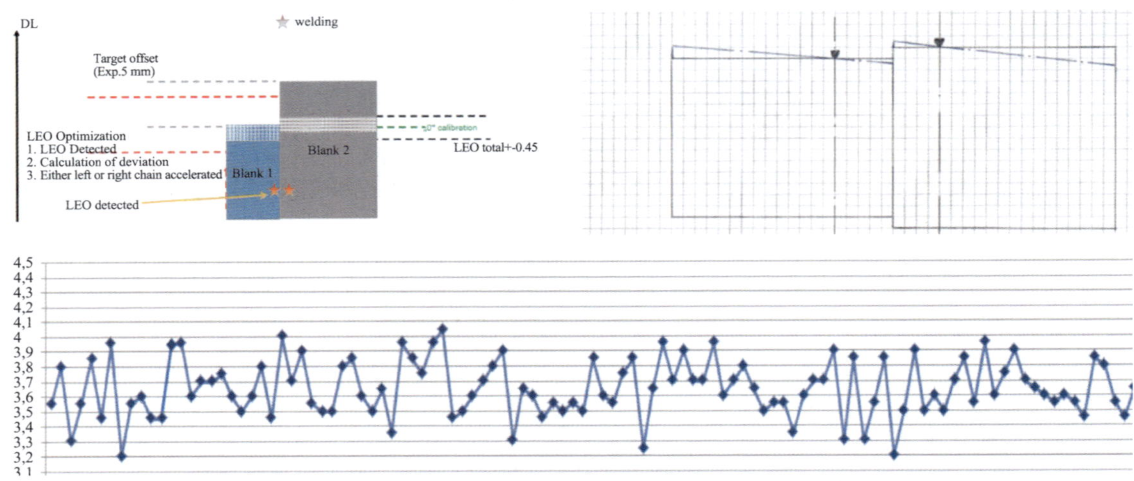

图 8-4-18　LEO（lead edge offset）焊接定位识别系统

3. 国际水平对比分析

一体式激光拼焊双门环，作为汽车制造业的前沿创新结构，正逐步成为国际汽车行业研究的焦点。这一技术前沿在特斯拉最新力作 Cybertruck 电动皮卡车型中得到了初步展示，尽管其当前设计仍沿袭了传统的曲线加工路径，不可避免地面临着制造成本高企与交付周期延长的双重挑战。这一现状不仅凸显了技术创新与成本控制之间的微妙平衡，也预示着行业对于更高效、更经济生产解决方案的迫切需求。

反观国内，我们欣喜地看到，在 2 GPa 热成形材料的应用领域，我们的发展和国际同行保持同步。率先将 2 GPa 热成形材料直线型双门环应用到生产，应用于新能源汽车领域。鞍钢所研发的 2 GPa ANS⁺ESDR®一体式激光拼焊双门环，正是这一空白领域的突破性尝试，它不仅代表了车身设计理念的革新，更是对国际先进技术趋势的积极响应与超越。

展望未来，随着新能源汽车市场的持续扩张与消费者对轻量化、高性能车辆需求的日益增长，鞍钢的这一创新成果必将迎来广阔的发展空间。其独特的直线型设计、高效的激光拼焊工艺及优异的材料性能，将共同构筑起竞争优势的坚固基石，引领国内乃至国际汽车行业向更加智能化、绿色化的方向迈进。

4. 成果应用情况

近期，一汽即将推出采用 ANS⁺ESDR®一体式激光拼焊双门环设计的全新结构，此举标志着中国汽车工业在车身设计领域的创新步伐与全球趋势保持高度同步。尤为值得一提的是，该项成果在 2023 年汽车轻量化应用技术创新成果大赛中荣获二等奖（见图 8-4-19），不仅彰显了其技术先进性与市场潜力，也进一步巩固了其在行业内的领先地位。

随着“双碳”目标的全球共识深化，汽车轻量化已不再局限于传统轻质合金的简单应用，而是转向在碳中和与轻量化之间寻求最佳平衡点的深度探索。据世界钢铁协会权威数据分析，相较于其他车用轻量化金属材料，车用钢铁在全生命周期内的碳排放表现出色，显示出其在可持续发展战略中的独特优势。尤为重要的是，高强钢以其低碳排放特性，成为了当前可选择的最低碳轻量化材料之一，而高强韧性的热冲压成形钢更是未来车身技术实现碳中和与轻量化双重目标的完美结合点。

证　书

兹有 吉林大学、鞍钢钢材加工配送（长春）有限公司 荣获

“2023 年汽车轻量化应用技术创新成果大赛”二等奖

参赛项目：汽车用薄铝硅镀层 2GPa 热成形材料一体式双门环激光拼焊技术开发

中国汽车工程学会

汽车轻量化技术创新战略联盟

二〇二三年九月

图 8-4-19　2023 年汽车轻量化应用技术创新成果大赛二等奖

在中国市场，2 GPa 热成形钢的前沿应用已蔚然成风，广泛应用于一体式门环、电动车钢制电池包、车门防撞横梁等关键零部件，展现了其卓越的性能与广泛的应用前景。在科研机构、钢厂、零部件供应商及车企的共同努力下，2 GPa 热成形钢的应用边界正不断拓展，预示着其将成为汽车轻量化领域的新宠儿。

5. 成果的产能建设情况

为确保 ANS⁺ESDR®一体式激光拼焊双门环的强劲交付能力，鞍钢钢材加工配送（长春）有限公司展现了前瞻性的战略视野与坚定的执行力，毅然投资对既有生产线进行了全面升级与改造。通过精心规划与高效实施，公司不仅成功改造了三条拼焊板生产线，使其技术性能与生产效率跃升至行业领先水平，还创新性地新建了一条高度自动化的拼焊板生产线，进一步扩充了产能规模。

这一系列举措的落地，标志着鞍钢钢材加工配送（长春）有限公司已构建起年产 120 万片 ANS⁺ESDR®一体式激光拼焊双门环的庞大生产能力，不仅在国内市场树立了产能标杆，更以卓越的生产效率与规模优势，稳固了其作为国内最具竞争力的双门环制造商的领先地位。未来，公司将继续秉承创新驱动的发展理念，不断优化生产流程，提升产品质量，为汽车轻量化与车身设计创新贡献更多力量。

6. 社会及经济效益分析

ANS⁺ESDR² 一体式激光拼焊双门环的引入，不仅在技术层面实现了对传统汽车制造模式的革新，更在经济效益与社会效益上展现了显著优势。具体而言，该创新设计相较于传统分件结构，单车成本直降约 100 元，这得益于其高度集成化的设计，使单车重量减轻了 5 kg，材料利用率跃升 15% 左右。同时，焊接总成的工时显著缩短，节省了约 140 s，这一效率提升相当于减少了 10 名操作工人的需求，年人工费用节省可达约 200 万元，为汽车制造商带来了直接且可观的成本削减。

更为重要的是，该双门环设计在降低生产成本的同时，也积极响应了全球节能减排的号召。单车材料消耗减少 11 kg，材料利用率再提升 5%，这一变化不仅减少了资源浪费，还实现了单车碳排放降低 22 kg 的环保目标。若以当前年乘用车销售量 3000 万辆为基数，假设有三分之一的车辆采用此双门环结构，全年将减少钢材使用高达 30 万 t，相当于实现 CO_2 减排超过 60 万 t，对环境保护的贡献不言而喻。

此外，ANS⁺ESDR®一体式激光拼焊双门环的设计哲学，深刻体现了“少即是多”的精髓。它以单一零件替代了传统设计中的繁复部件，不仅简化了结构，更在无形中增强了整体的刚性与安全性，为乘客提供了更加坚实的保护屏障。结合 2 GPa 热成形钢、激光拼焊及热成形技术的 2 GPa 薄铝硅镀层热成形一体式双门环，更是将轻量化、安全性与成本效益三者巧妙融合，为汽车工业轻量化进程注入了前所未有的活力与动力。

展望未来，随着技术的不断精进与市场的持续扩张，ANS⁺ESDR®一体式激光拼焊双门环的应用前景将愈发广阔。它不仅是新能源汽车行业绿色转型的重要推手，更是实现汽车产业可持续发展目标的关键一环。鞍钢集团以其前瞻性的战略布局与卓越的创新能力，正引领着这一场汽车行业的技术革命，向着更加绿色、安全、高效的未来稳步前行。

一体化压铸与工业机器人机加工技术

上海 ABB 工程有限公司 陈 阳 林 彬 刘家庚

一体化压铸技术，作为汽车制造领域的一项创新工艺，其基本原理是在压力的作用下把熔融金属液压射到模具中并冷却成型，开模后即得到固态汽车零部件，如图 8-4-20 所示。这种工艺不仅提高了产品的综合性能，还显著提升了生产效率，节约了材料，降低了成本，并减少了环境污染。

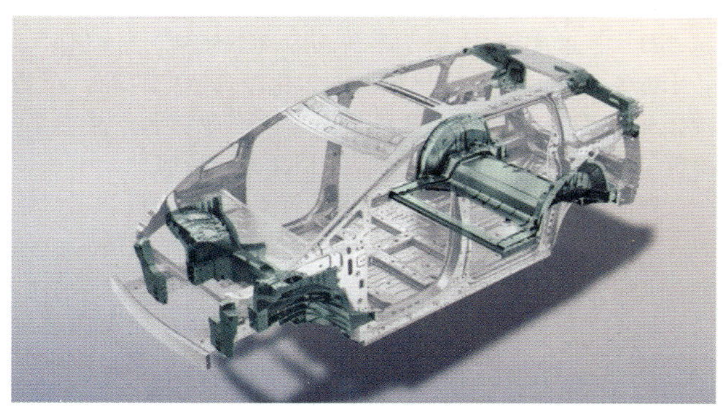

图 8-4-20 采用一体式压铸件的白车身总成

图 8-4-21 大吨位压铸机

1. 一体化压铸技术的优势与特点

一体化压铸工艺通过在模具设计和制造方面的优化，将原本由多个部件组成的大型压铸件进行简化，从而达到节约成本的目的。同时，由于采用了更多的铝合金材料，也使一体化压铸在提高轻量化性能方面有了更大的优势。而在提升安全性方面，由于一体化压铸工艺可以降低车身底部零件的数量，从而减少了车体对电池包、底盘等其他零部件的保护和支撑。

该工艺通过大吨位压铸机，如图 8-4-21 所示，实现了汽车零部件的一体化制造，相较于传统压铸工艺，一体化压铸工艺主要具有以下几个优势：

(1)提高产品的综合性能。通过将壳体与内腔设计成一体，降低了零部件之间的装配误差和零件表面毛刺等问题，减少了产品的维修费用；

(2)提高生产效率。在生产过程中，可以实现一次压铸成型多个零件，从而显著提高了生产效率；

(3)节约材料。采用一体化压铸工艺可以实现壳体材料的一体化设计，减少了原材料的浪费；

(4)降低成本。采用一体化压铸工艺可以将原本需要焊接的部分直接在压铸件上进行焊接，降低了产品的加工成本。同时，也可实现自动化生产和无人化操作，减少了人力成本；

(5)减少环境污染。由于壳体与内腔均是一体成型，大大减少了焊接过程中产生的焊料、飞溅等问题。

2. 机器人加工技术在一体化压铸中的应用

由于一体化压铸中产品结构复杂，对加工精度要求较高，因此要求机器人能够完成各种复杂的操作，并根据生产需求进行编程，从而实现多种复杂操作。

近年来，随着机器人技术的快速发展，机器人在铣削加工中得到了越来越多的应用，例如多种材料的机加工等，如图 8-4-22 所示。机加工机器人在一体化压铸中具有灵活的加工方式和高精度的加工能力，同时由于其具有较高的柔性和灵活性，使机加工机器人在一体化压铸中能够满足各种复杂工艺要求。

图 8-4-22 机器人铣削工艺在木制品雕刻中的应用

3. 机器人加工应用案例

ABB 机器人加工站介绍

ABB 机器人加工站是一个高度创新和先进的制造平台，如图 8-4-23 所示，它集成了最新的工业自动化技术和机器人技术。该实验站的核心是通过轻量化、灵活性和模块化设计，实现了高效、精确的一体式压铸件的机加工要求。

轻量化设计：显著减少了对工厂地面平整度和基础压力的要求，从而降低了基础设施的投资。这种设计简化了安装过程，使其快速、简便，便于提升。此外，轻量化设计还使在重新定位后更容易恢复，直接改善了客户的基础设施和维护投资。

灵活性优势：减少了客户的设备投资和人力资源需求。通过引入快速更换夹具的概念，实现了产品多样化生产，增加了生产周期和容量。

模块化设计：能够快速响应客户需求，缩短交货时间，并提高生产周期和容量。模块化设计简化了设备的引入，并使工程设计更贴近生产实践。正在探索包括多个刀库切换和机器人背负式收集铝屑的多项创新功能。

技术集成：实验站不仅采用了 ABB 工业机器人机加工功能包的先进技术，还整合了液压执行机构定位技术及刀具润滑与断刀检测技术，以提高加工精度和生产效率。

市场前景：随着汽车产业，尤其是新能源汽车市场的快速发展，机器人加工站迎合了市场对于高效、精密制造解决方案的需求。它预示着未来智能制造的新方向，并为一体式压铸后续的机械加工工艺提供了强有力的支持。

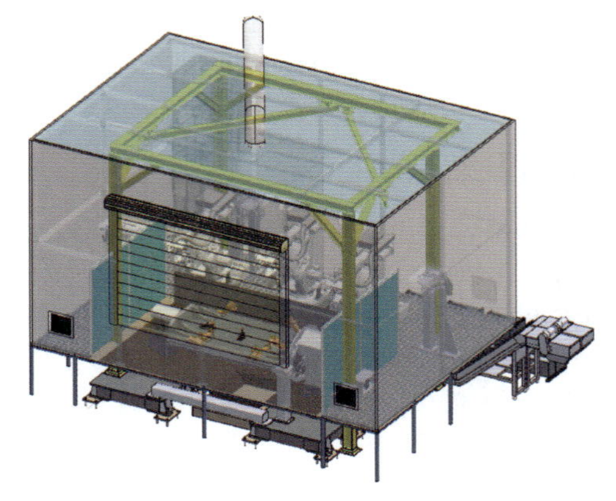

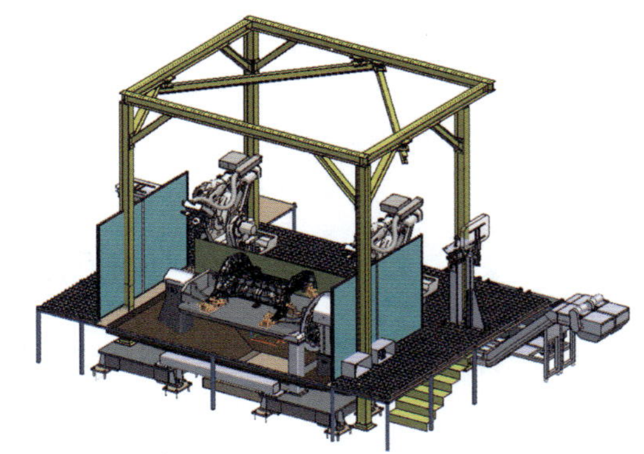

图 8-4-23 ABB 机器人加工站布局

4. 机加工行业未来发展趋势

随着国内汽车产业的快速发展，一体化压铸技术得到了越来越广泛的应用，特别是在新能源汽车领域，一体化压铸技术能够实现动力电池与车身一体化设计、自动排布、自动焊接和自动装配等功能，从而提高了生产效率和产品质量，降低了生产成本，因此该技术具有广阔的市场前景。

在新能源汽车市场快速发展的背景下，我国机加工行业也迎来了新一轮的发展机遇，同时也面临着一系列挑战。

一方面，国内机加工行业仍存在核心技术缺乏、高端产品产能不足等问题；另一方面，国内机加工企业还需加速转型升级，努力实现高质量发展。未来机加工行业将呈现出研发创新驱动、制造模式升级、绿色低碳发展等趋势。

5. 总结

一体化压铸技术的应用，能够提升产品性能，降低材料成本，减少工序数量，提升生产效率。随着我国汽车产业的不断发展，新能源汽车市场份额不断扩大，一体化压铸技术未来也将获得更多企业的关注。

机器人在机加工领域应用十分广泛，作为一种智能制造装备，它通过数字技术实现自动化、智能化加工过程和产品质量监控，是一种高效、优质的制造工具而随着新能源汽车市场的快速增长，以及相关产业政策的大力扶持，机器人在机加工领域也将迎来更多新的发展机遇，应用也将更为广泛。

高等级无取向硅钢高性能控制和高效制造技术开发与创新

供稿：太原钢铁集团有限公司 张玉刚

1. 成果简介

无取向硅钢是制造电机铁芯的关键功能材料，主要用于高铁、新能源汽车和超高效压缩机等领域，其电磁性能的优劣直接影响着电机的能耗与效率。国家低碳经济和高端制造的快速发展，电机趋于高效化、小型化，要求铁芯用无取向硅钢材料兼具低铁损和高磁感特性。

高牌号无取向硅钢铁损虽低，但磁感也低，低牌号无取向硅钢磁感高，但铁损也高，两者都不满足电机高效化、小型化发展要求。另外，高牌号无取向硅钢因冷轧困难，采用单机架轧制，酸连轧无法高效规模化生产。随着高端制造和新兴领域电机向高功率密度的快速发展，对兼具低铁损和高磁感的高等级无取向硅钢需求越来越迫切。

为开发高等级无取向硅钢制造技术，并实现高质量、高效率、低成本生产，必须突破以下技术难题：

(1)突破高牌号、超高牌号无取向硅钢高 Si 含量的传统成分设计模式。

(2)极低 Ti、S、N 钢质洁净度控制技术。

(3)组织结构调控技术。

(4)高牌号无取向硅钢材质脆硬、塑性差，难以实现酸连轧高效轧制。

(5)高牌号无取向硅钢板形控制难度大，且酸连轧轧制过程中易形成油斑缺陷。

项目申请专利 21 件，授权 14 件，其中发明 6 件，实用新型 8 件；形成专有技术 4 项。产品电磁性能与代表国际领先水平的日本 JFE 相当，在复兴号高铁牵引电机、新能源汽车驱动电机、超高效压缩机上广泛应用。

2. 成果创新点及解决的难点问题

(1)突破硅钢“提硅降铁损”的传统成分控制模式，提出了“提高有利织构降铁损”的控制新方法，设计了全新的“低硅高等级无取向硅钢”成分体系。

(2)开发了高等级无取向硅钢低铁损高磁感成套电磁性能控制技术。突破了铁损、磁感的技术瓶颈，在铁损降低的前提下，磁感平均提升 300 Gs，实现牌号等级和磁感的双提升。

(3)开发了多品种、多规格高等级无取向硅钢酸连轧高效生产新工艺，开发了酸连轧控温轧制技术，解决了酸连轧轧制高牌号、超高牌号极易断带的难题。

3. 国际水平对比分析

太钢高等级无取向硅钢产品电磁性能优异，同牌号实物质量国际先进。太钢产品电磁性能与代表国际领先水平的日本 JFE 性能相当。项目启动前，同时具备低铁损和高磁感的高牌号无取向硅钢全部从日本 JFE 进口。

4. 成果应用情况

产品替代进口，批量应用在复兴号高铁牵引电机，国内外知名新能源汽车驱动电机和超高效压缩机。其中 0.35 mm 低铁损高磁感高等级无取向硅钢产品在国内某知名新能源车企实现 100% 替代进口；0.30 mm 薄规格超高牌号酸连轧无取向硅钢产品批量应用于国内知名超高效变频空调压缩机，达到国家最严苛的新 I 级能效水平。

5. 社会及经济效益分析

该技术创新成果，为行业酸连轧机组生产高牌号无取向硅钢提供了显著的借鉴作用，推动了我国无取向硅钢生产技术的进步。开发的系列产品，促进了电机领域升级换代，为高铁、新能源汽车等国家重点行业提供了先进材料保障。

高等级无取向硅钢产品的高效制造和市场化，大幅降低了所应用领域的电机能耗，提升了电机效率，进而降低电力消耗，同时降低电机用无取向硅钢及配套材料用量。满足了市场对于高效、节能、降耗的需求，符合“环境友好型、资源节约型”社会发展要求，有力促进了我国节能降耗和环保事业的发展。

宝钢硅钢自粘结涂层开发与应用

供稿单位：宝山钢铁股份有限公司

1. 成果简介

2002 年宝钢开始研发自粘接涂层产品，初期使用进口涂料；2007 年开始批量供应风电行业；2019 年开始研发国产涂层，并逐步向新能源汽车等行业推广应用。经过不断改良，目前已有效解决了溢胶问题。截至 2024 年 1 季度，宝钢已累计销售自粘接产品超 7 万 t。

2. 成果创新点及解决的难点问题

①厚度减薄，提升叠装系数。

常规进口自粘结涂层单面膜厚约 4.5 μm，T 剥离强度 ≥2 N/mm；用于风力发电机铁芯、磁悬浮列车长定子铁芯时，能有效保证铁芯黏接强度。由于这类铁芯自身体积大，使用 0.5~0.65 mm 硅钢片，膜厚对叠片系数影响相对较小。

新能源汽车驱动电机铁芯体积相对较小，且采用 0.2～0.3 mm 薄规格硅钢片；在涂层膜厚超过 4.0 μm 时，会导致叠片系数较常规 C5 涂层显著下降 1% 以上，影响电机性能。宝钢在 0.2～0.3 mm 硅钢基材上成功实现了 1.0～3.5 μm 膜厚自粘结涂层生产及应用，可有效减轻叠片系数下降问题。

②快速固化工艺，有效解决了加工效率低难题。

常规进口自粘结涂层，约需要 2 h 完成固化，不满足新能源汽车铁心加工节拍要求；宝钢成功开发了自粘接涂层快速固化工艺，可在 1～10 min 内实现固化，极大提升了铁心加工效率。

③有效解决溢胶问题，提升了产品适用性。

溢胶问题导致铁心槽孔堵塞等问题，严重影响加工效率。宝钢自粘接涂层通过成分、工艺优化，已实现 1～6 MPa 固化压力范围内均无溢胶，极大拓展了下游用户工艺窗口。

3. 国际水平对比分析

与进口 EB548 和 EB549 涂层比，在耐热等级、快速固化工艺方面到达领先水平；在耐油性、表面绝缘、盐雾腐蚀、画格/弯曲附着性、抗划伤等常规性能方面，与进口 EB548 相当（见表 8-4-3）。

表 8-4-3　宝钢自粘结涂层与进口涂层对比

涂料型号	EA3902	EB548	EB549	EB549 Rapid
涂料来源	国产	进口		
应用钢厂	宝钢		奥钢联、蒂森等	
长期耐热温度	180 ℃	155 ℃	155 ℃	180 ℃
固化方式	兼容常规烘炉和快速固化		常规烘炉	快速固化
固化时间	0.2～30 min		8～10 h	0.2～30 min

4. 成果应用情况

宝钢的国产自粘结涂层在轨道交通行业已完成了 0.5 mm 厚度基材验证，并批量供货。同时，已在 0.20～0.35 mm 厚度基材上完成多批次、小批量应用，主要用于新能源汽车、低空飞行器等行业。经验证，搭载宝钢自粘接涂层的新能源汽车电驱动系统，综合工况效率可提升约 0.2%～0.3%。

5. 产能建设情况

宝钢在上海和武汉两个基地均可批量供应自粘接涂层硅钢产品。宝钢致力于满足国内外市场需求，2024 年高牌号产能 110 万 t，未来可根据下游市场需求对产能进行动态调整。

后插页

创芯动力 智行天下

企业介绍

特百佳动力科技股份有限公司是一家新能源领域的创新高科技企业，成立于2016年；先后获得工信部专精特新“小巨人”企业、上海市高新技术企业、上海市小巨人企业等荣誉称号；公司专注于新能源重卡和工程机械驱动系统的研发与创新，超过40%的员工从事创新研发工作，是新能源商用车动力传动系统领域的引领企业，连续多年在纯电动重卡细分市场占有率名列前茅。

主营业务

公司主营业务涵盖新能源商用车纯电动驱动总成、氢燃料驱动总成以及混合动力总成系统的研发、生产和销售。公司研发的新能源动力总成，可满足14 t～150 t 新能源卡车的运营需求，匹配车型涵盖牵引车、自卸车、搅拌车、环卫车、装载机、矿用车等。目前累计近30000台搭载特百佳动力系统的新能源卡车在港口、码头、钢厂、城市道路、矿山等场景广泛运行。

产品介绍

1.一体机驱动系统：
电机控制+电机+四挡变速箱集成方案
适用车型:49~70t重载版&山区版4x2、6x4、8x4

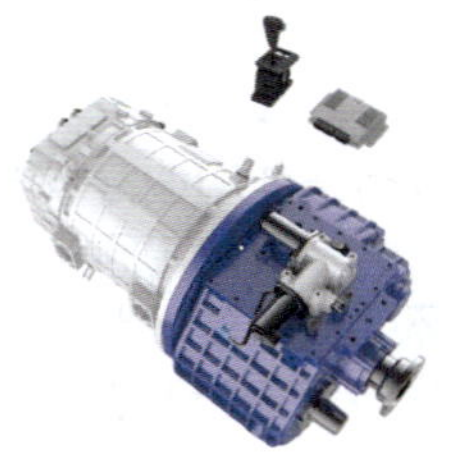

2.中混系统：
电机+七挡变速箱集成方案
适用车型:31~70t重卡4X2、6x4、8x4

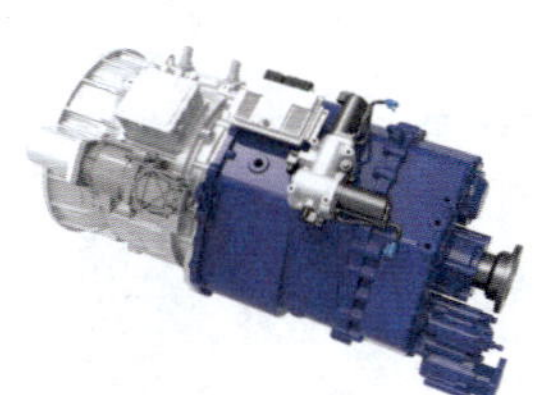

3.工程类系统:装载机电机系统
双电机+二挡变速箱集成方案
适用车型:30、50、70装载构

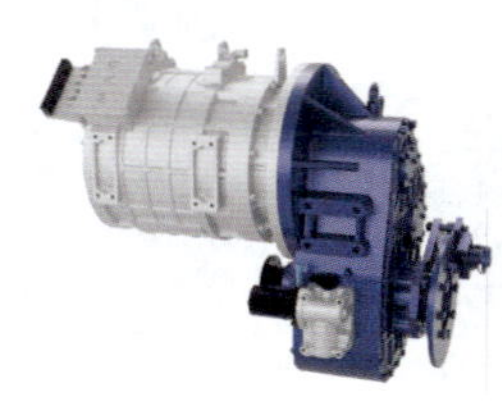

4.工程类系统:双电机系统
前后双电机+四挡变速箱集成方案
适用车型:90~150t矿用车

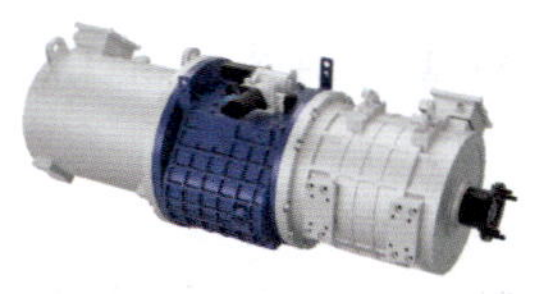

5.中央驱动系统：
双电机+高速四挡变速箱集成方案
适用车型:重卡 4x2、6x4、8x4

6.中央驱动系统：
双电机+高速五挡变速箱集成方案
适用车型:重卡 4x2、6x4、8x4

战略愿景：成为行业一流的专业新能源动力系统供应商
战略使命：助力双碳，为客户提供整套新能源动力系统解决方案
战略方针：从低碳到零碳，发力混合动力、补齐纯电驱动、发展氢能动力

玉柴芯蓝新能源动力科技有限公司（简称玉柴芯蓝）于2021年8月注册落地南宁市高新区，是广西玉柴机器股份有限公司（简称玉柴股份）的控股子公司，是玉柴股份“新能源赛道”战略目标实现的最重要载体；玉柴芯蓝将以“从低碳到零碳，发力混合动力，补齐纯电驱动，发展氢能动力”为战略方针，实现“十四五”销量10万台套的目标。

玉柴从2004年研发“第一代混合动力系统(ISG) ” 开始进入商用车新能源动力系统领域、2016年成立了新能源动力事业部、2021年成立玉柴芯蓝进行公司化运营，玉柴在新能源动力系统领域深耕18年，累计研发投入超6亿元人民币，拥有专利累计超300件。公司开展新能源商用动力系统的高集成、高效率、低碳零碳研究，构建超节能混合动力系统、纯电驱动系统、氢燃料电池系统和先进增程器系统等新能源商用动力系统的研究、创新服务和供给能力耦合模式，成为了商用车新能源动力系统行业技术路线掌握较全、产品型谱和应用场景较广的企业，并且在电机/控制器/变速箱/电堆等核心零部件方面全面掌握自主设计开发能力。

现已建成年产能达2万台套的现代化生产线，完成了与国内主流整车厂东风柳汽、东风华神、解放青岛、江淮汽车、吉利远程、欧辉客车、陕汽商用车、三一重工、临工集团、徐工集团、宇通重工、雷萨重机等重要厂家畅销车型的配套。

公司秉承“助力‘双碳’，成为行业一流的专业新能源动力系统供应商”的战略愿景，为中国的“双碳”战略做出卓越的贡献！

燃料电池系统

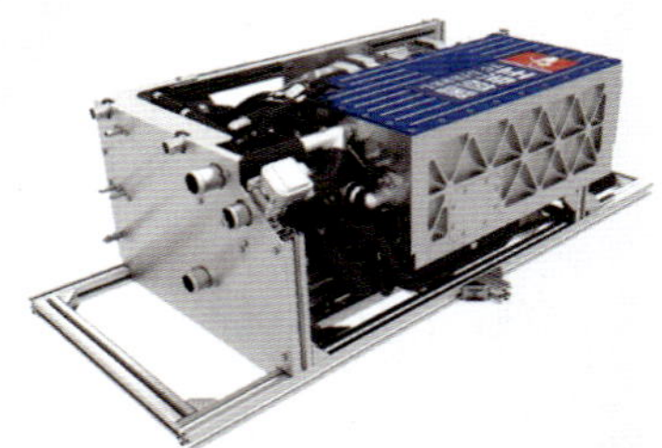

玉柴芯蓝40kW燃料电池系统，能实现峰值40kW功率输出，额定工况效率达40%，精准响应需求、自适应功率调节和安全高效等特性。适配8.5~10m客车及4.5~8t的卡车。

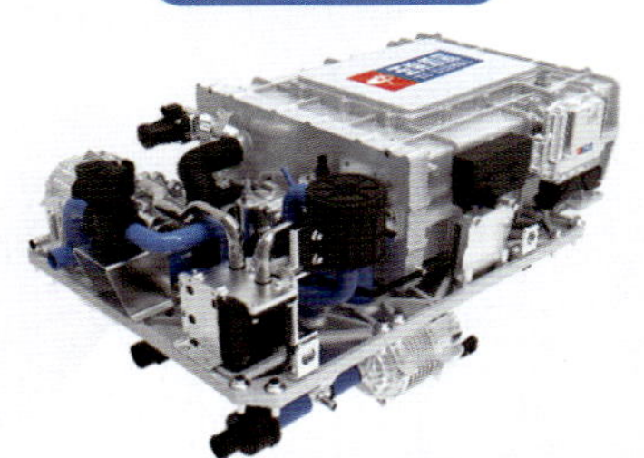

玉柴芯蓝90kW燃料电池系统，能实现峰值90kW功率输出，额定工况效率达43%，具备高功率密度、长寿命、低氢耗、快响应、强环境适应性等特性。适配10.5~12m的客车及8~18t的卡车。

玉柴芯蓝120kW燃料电池系统，能实现峰值120kW功率输出，额定工况效率达43%，具备高功率密度、长寿命、低氢耗、快响应、强环境适应性等特性。适配及18~31t的卡车。

集成电驱动桥系统

玉柴芯蓝集成电桥系统面向轻型商用车，对标国际同类产品，解决国内现有纯电动系统的低效高耗问题，将高速电机、变速箱、车桥高度集成，系统效率提高超过25%，产品性能目标达到国际先进水平。

增程器系统

玉柴芯蓝增程器系统瞄准纯电动汽车五大痛点，解决纯电动车续驶里程焦虑、价格高等问题，采用国内创造的飞轮集成电机，发动机和电机一体化开发，实现机电耦合优化，高度集成，系统效率高；燃油发电4.3kWh/L；燃气发电4.8kW·h/kg；相比独立发电机节油＞20%。

混合动力系统

全新一代混合动力系统面向无补贴的中、重型商用车，解决国内现有混动产品的固有缺陷，突破低能耗瓶颈和应用领域局限性，采用高功率密度高速车用电机，高度集成化，在拖拉机领域实现对动力换挡/HMCVT高端进口产品的替代；高效节油，比传统动力节油率达到20%~35%；助力双碳目标，发动机可以选用低碳（天然气、甲醇、乙醇等生物质燃料）或零碳（氢气、氨气等）燃料，较经济地实现低碳或近零碳排放。18T产品已实现配套，31T产品开发中、规划49T产品。

重庆青山工业有限责任公司

重庆青山工业有限责任公司（简称青山工业）成立于1965年1月，系中国兵器装备集团有限公司所属国有大型工业企业。专业从事汽车MT手动、DCT自动、DHT混动、EDS电驱动全谱系产品的研发、生产和销售，2023年销售收入超95亿元，品牌价值106.18亿元，为长安、一汽、奇瑞、长城、华为、江淮、本田等十几家客户所属乘用车、轻型商用车搭载提供多款优质产品。公司经过60年发展，已形成重庆、河南郑州、四川成都三个生产基地，具备年产汽车变速器、新能源电驱系统260万台制造能力，累计产销3000余万台。现公司科技研发人员900余人，每年研发投入强度5%以上，“十四五”期间规划科技投入27亿元以上。拥有核心技术135项，成功突破4项国外垄断的“卡脖子”技术，拥有有效专利472件，其中发明专利177件。荣获国家技术创新示范企业、创建专业引领示范企业、国家知识产权优势企业、国家认定企业技术中心、国家“智能制造示范工厂”接榜单位、国家“绿色工厂”、国家“科改企业”、国家高新技术企业等荣誉称号。青山工业将秉承“感恩、诚信、廉洁、自立、超越”的核心价值观，专注于汽车动力系统领域，致力成为汽车动力系统领航者。我们着力魅力质量和品牌塑造，为客户提供系统解决方案，打造节能环保、驾控愉悦的产品，愿与各界朋友携手并进、精诚合作，为中国民族汽车工业的振兴发展做出贡献。

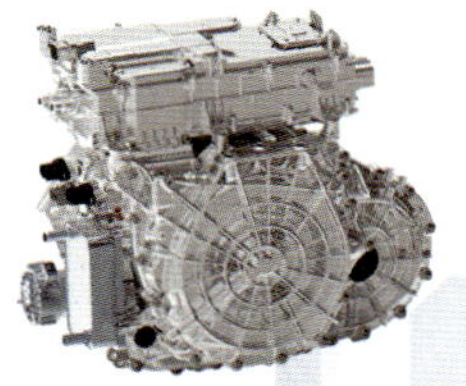
P13双电机数智电驱（HFE30C）

三合一异步电驱系统（PEF20A）

200kW多合一电驱系统(PEF20E)

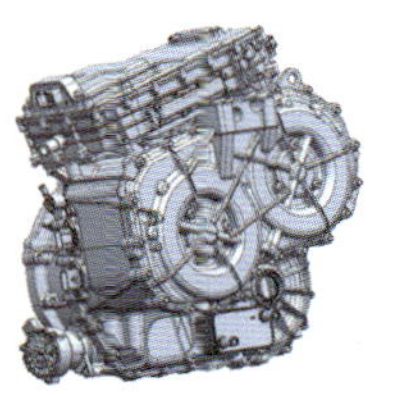
P13增程辅驱（HFE30D）

P1发电机系统

中央分布电驱系统（EDS4序列）

100kW多合一电驱系统（PEF12）

30kW二合一电驱系统（PEF03）

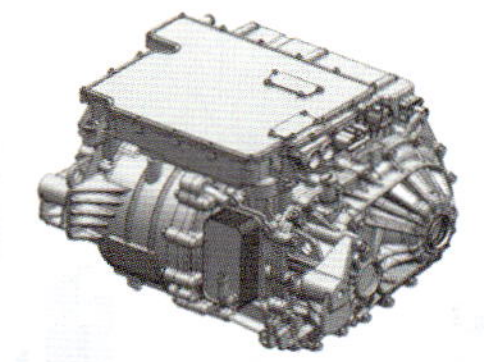
150kW多合一电驱系统（PEF20B）

坤泰车辆系统（常州）股份有限公司（简称坤泰或公司）成立于2017年12月，位于江苏省常州经济开发区，实缴注册资本38819.05万元，是一家专业从事汽车核心零部件设计研发、生产制造的企业，同时面向市场提供检验检测服务及解决方案，是具备高潜力、高成长性的江苏省专精特新中小企业、江苏省潜在独角兽企业、常州市重点扶持的上市（后备）企业。

自成立以来，公司立足节能与新能源赛道，始终坚持创新引领，以成就中国汽车产业核心零部件的民族品牌为己任，潜心混动变速箱的创新研发，拥有完整独立的混合动力及电驱动系统正向开发能力，在汽车产业最核心零部件系统-动力传动系统领域，公司走在了独立第三方的最前端，具备强劲的市场竞争优势，为公司高质、可持续发展提供坚实的基础。截止目前，公司荣获“江苏省工程研究中心”“江苏省智能制造示范工厂”“江苏省博士后创新实践基地”“江苏省研究生工作站”等荣誉。研发成果申请专利334件，其中发明专利125件，累计授权专利242件，其中授权发明专利46件，拥有商标54件，软件著作权6件，参与编制团体标准6项、制定企业标准21项。

公司整合江苏省内汽车动力总成行业的优势资源，于2019年6月牵头成立“江苏省节能与新能源汽车动力总成产业创新联盟”并当选首届理事长单位，同时还担任“江苏省智能网联汽车产业创新联盟”副理事长单位，中国汽车工业协会、中国汽车工程学会会员单位。为公司进行跨界合作、创新生产模式提供新支持，有利于提升企业的技术创新能力。

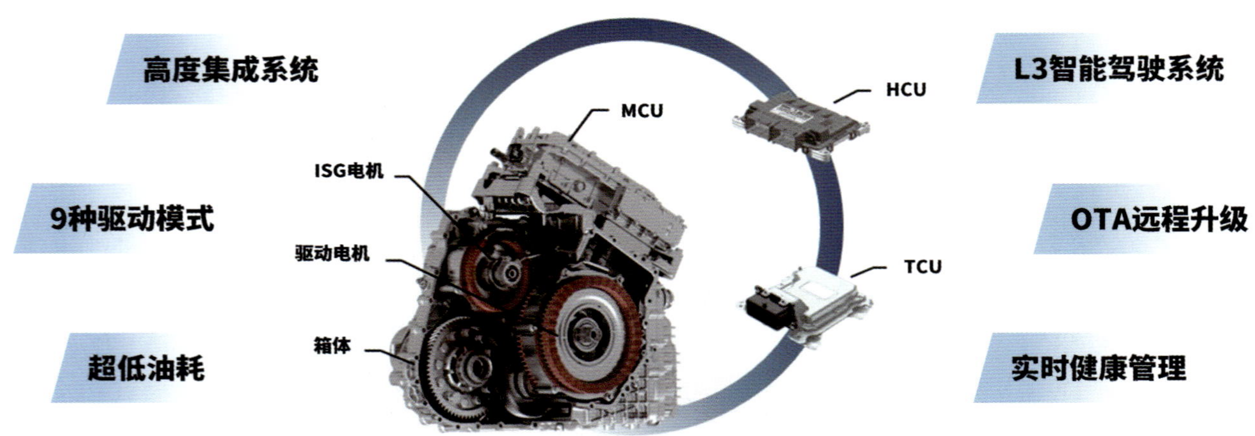

坤泰智混DHT系统坚持软件定义汽车，坚持场景定义功能

▶企业主营产品情况

公司核心产品混合动力专用变速箱（简称DHT），首创动力耦合机构集成及多档多模式运行控制策略设计，具有双电机集成，轴向尺寸短，结构紧凑等多项先进设计，可以满足PHEV、HEV和REEV车型平台及不同整车客户的匹配需求；同时拥有串联、并联多种工作模式，进而实现超低油耗、动力性强、驾驶体验感强等多项优势。产品补齐新能源汽车混动系统领域短板，达到国际先进水平，公司能根据客户需求开发高度集成化模块、多系统协同混合动力系统，实现全车型的搭载和车联网链路关联，提供全域全速的混合动力系统智能控制解决方案。

展望未来，以智能化、低碳化、数字化为特征的汽车产业新浪潮正加速涌动而来。为助力中国节能与新能源汽车产业发展，公司将坚定不移坚持走自主可控发展道路，以“坤泰智驱、成就好车”为使命，布局以混动变速箱、电机、电控为核心，面向大市场检验检测为辅的业务架构，坚持敬业诚信、客户至上、创新进取、开放共赢，加快实现中国乃至世界一流的汽车核心零部件企业愿景，并为中国新能源汽车产业建设不断贡献力量。

SONGZ | 松芝股份

储能液冷温控产品

“储”精蓄锐 无限可“能”

储能用5kW卧式液冷机组
- 型号：HKH005BDEA
- 外型尺寸：L700×W900×H245

储能用5.5kW液冷机组
- 型号：HKH006BDEF
- 外型尺寸：L1045×W266×H1035

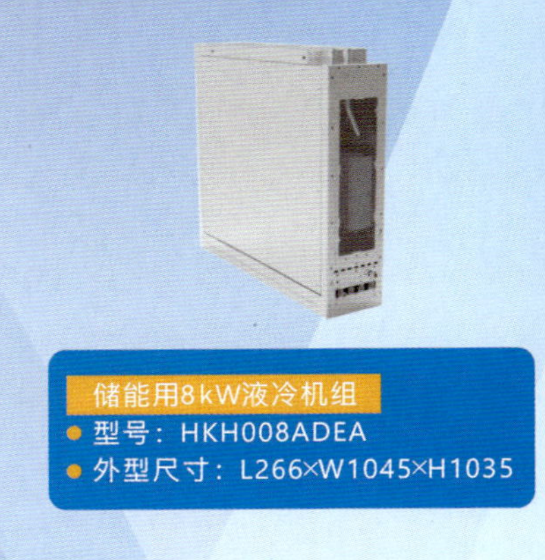

储能用8kW液冷机组
- 型号：HKH008ADEA
- 外型尺寸：L266×W1045×H1035

储能用8kW液冷机组
- 型号：HKQ008BDEB
- 外型尺寸：L700×W265×H1500

储能用40kW液冷机组
- 型号：HKQ040ASEA
- 外型尺寸：L978×W628×H2400

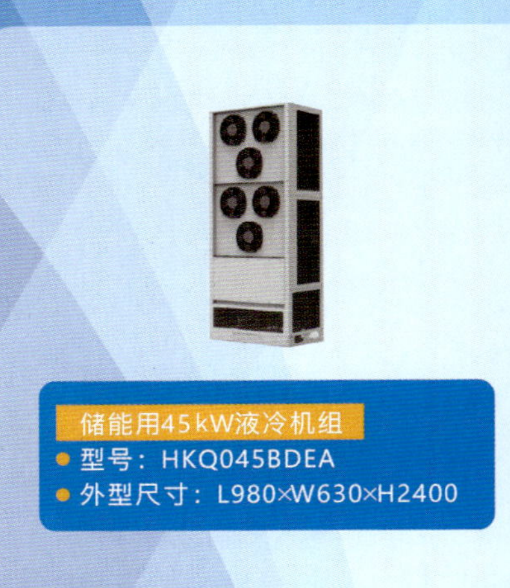

储能用45kW液冷机组
- 型号：HKQ045BDEA
- 外型尺寸：L980×W630×H2400

储能用60kW液冷机组
- 型号：HKQ060BDEA
- 外型尺寸：L1200×W440×H2400

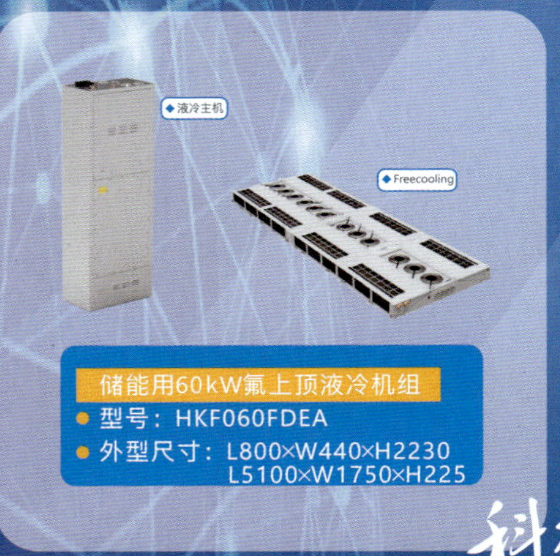

储能用60kW氟上顶液冷机组
- 型号：HKF060FDEA
- 外型尺寸：L800×W440×H2230
  L5100×W1750×H225

科技引领未来
创新成就卓越！

浙江银轮新能源热管理系统有限公（简称本公司）成立于2010年7月，是上市公司银轮股份（002126）的全资子公司。公司2023年销售额超过23亿元，带动就业超2000人，上缴利税2.4亿元。

主要客户为比亚迪、宁德时代、吉利、长安、一汽、广汽、东风、通用、福特、蔚来、小鹏、理想等，并出口亚洲、欧洲、美洲等多个国家和地区。

本公司主要致力于集成模块、前端模块、水空中冷器、电池冷却器（Chiller）、电池冷却板、芯片冷却板、空调换热器、油冷器（铝）、电子水阀等换热相关产品的研发及生产，广泛应用于乘用车(包括传统燃油车、新能源汽车)发动机、变速箱、空调系统、电池及自动驾驶控制部分。

公司通过了省级高新技术企业认证、IATF 16949、ISO 14001、ISO 45001等体系认证。

本公司建有乘用车新能源研究院，每年以销售收入3.6%以上投入到研发和技术创新。

近三年，本公司共有知识产权62项，其中国家发明专利8项，实用新型专利54项，累计完成科技成果转化32项，年科技转化经济效益达约10亿元以上。

产品介绍

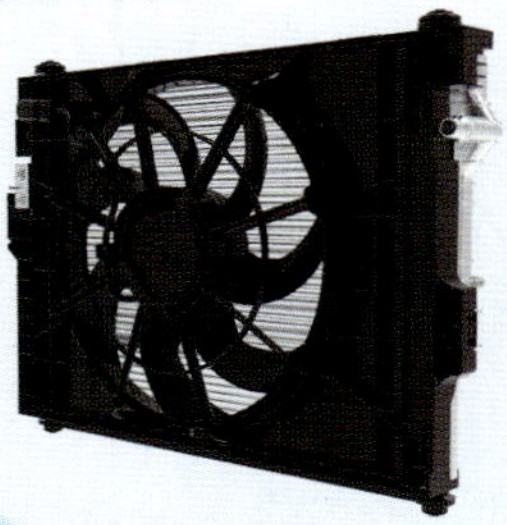

前端模块

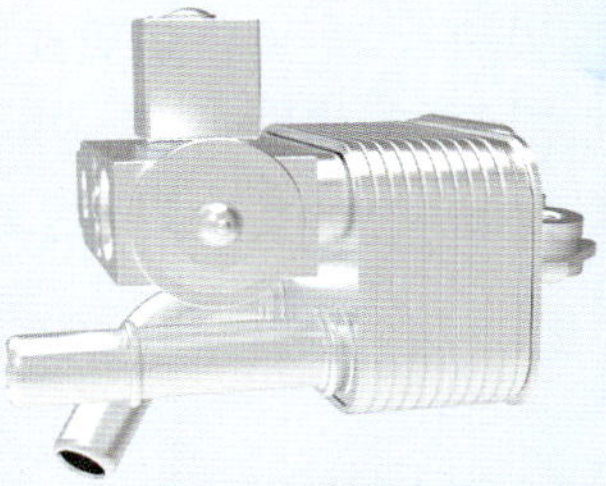

chiller

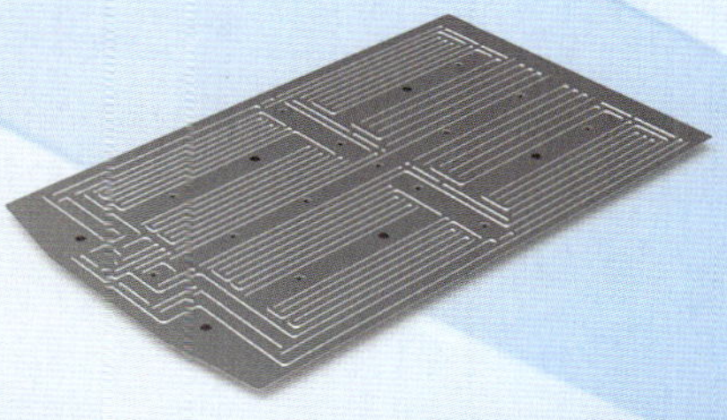

电池冷却板

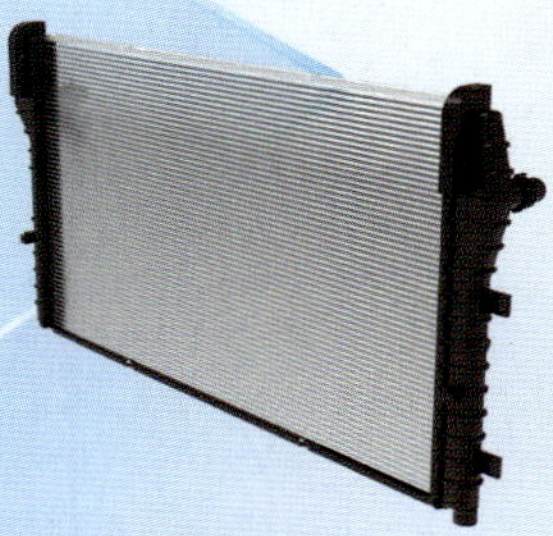

低温散热器

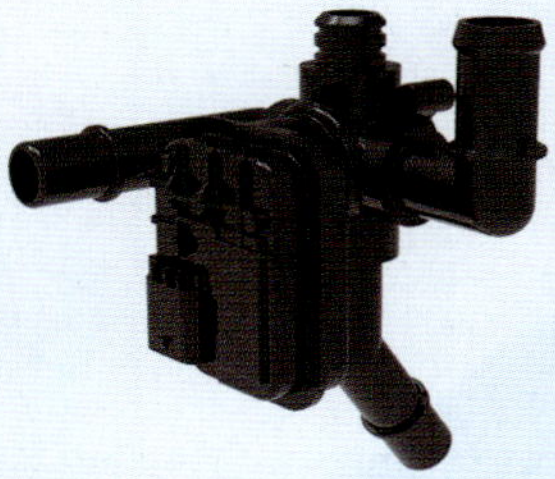

水阀

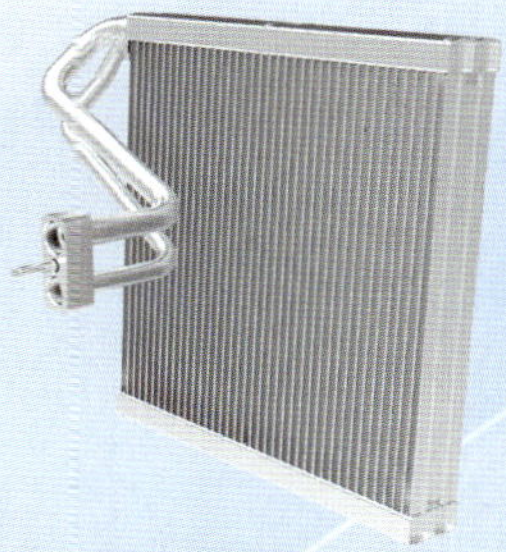

空调换热器

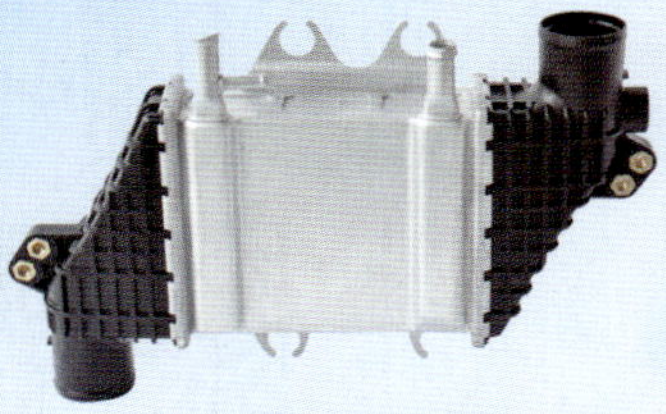

水空中冷器

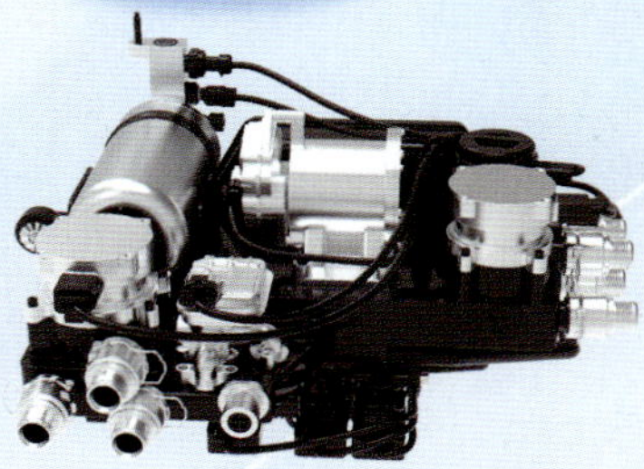

集成模块

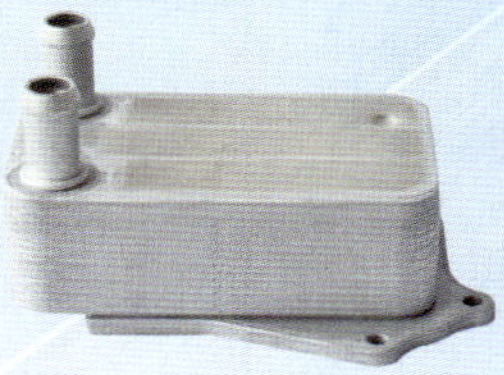

油冷器

HIGHLY 海立

上海海立新能源技术有限公司位于浦东自由贸易试验区，由上海海立（集团）股份有限公司（A股：600619，B股：900910）与马瑞利株式会社按照75%：25%的投资比例共同投资设立，从事新能源汽车空调用电驱动涡旋压缩机研发、生产及销售。

回顾历史，海立新能源由原海立电器车用空调事业部开始独立研发车用空调压缩机，旨在帮助进入新赛道，成为海立第二产业。2016年上海海立新能源技术有限公司正式成立，2022年年中海立新能源下线第100万台整机，2023年底，海立新能源市场保有量跨越170万台量级，实现了海立从白色家电领域发展到汽车零部件领域、从核心零部件发展到系统集成、从国内市场为主发展到国际化布局的三大转型战略。

2023年4月，海立新能源亮相上海车展，发布ETH45高压热泵压缩机，契合行业整体发展对800V高压快充的刚性需求。ETH45排量45cc，最高电压可达850V，覆盖800V使用需求，转速范围600~10000转，在限定负荷下最大转速可达12000转。同时，该产品可以在-30°C的恶劣环境温度下正常启动，完全满足传统低温热泵系统和三角循环热泵系统的超低温制热需要。同年研制超高压900V超低温热泵产品，可实现-30~55°C超宽温度范围下的安全高效运行，并已完成了漠河-40°C低温冬季路试，为整车突破寒温线提供了有力的技术支撑。

2023年海立新能源响应国家数字化转型号召，信息化建设进入全面赋能阶段。海立新能源配合海立集团战略规划，落实践行双碳减排工作。

作为专业的压缩机厂商，海立新能源始终以高质量产品答复客户信赖。伴随着量产件的平台化，全系产品的覆盖升级，海立新能源精益求精，为客户、行业提供更多的可能性。放眼未来，海立新能源将继续秉承“倡导绿色出行方式，创造舒适移动空间”的企业使命、积极践行“成为汽车热管理系统核心零部件的优质供应商”的企业愿景，不断强化自主研发能力，依托百万级年产能为客户提供更加优质高效的产品、创造更多更新的价值。

文化认同

管理赋能

推进SAP、财务信息、内控审计、法务一体化项目和ESG指标体系等项目建设，建立供应链集采平台

双碳减排

构建海立减碳路线图和碳管理数字化平台建设方案

海立ESG工作获得上海市国资委、中国上市公司协会、中国质量协会的肯定

< 打造集群效应

加快芜湖海立新能源工厂建设打造集群效应

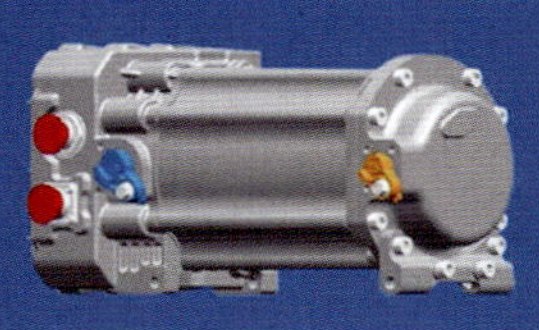

< 产品延伸

海立新能源客车ECS40压缩机获中国汽车新供应链百强荣誉

获得授权发明专利1个

实用新型专利8个

是业内比较大的集成式客车电动压缩机

联系方式

E:marketing@highly-hnet.com

T:021-58996688

海力达氢能产品助力全球碳中和发展

HILITE Hydrogen Products strive to contribute to Carbon Neutrality

碳减排 CO_2 Reduce → 愿景 Vision → 碳中和 CO_2 Neutral

HILITE INTERNATIONAL

海力达提供全产业链阀类解决方案

HILITE HYDROGEN VALVE SOLUTION COVERS WHOLE INDUSTRY CHAIN

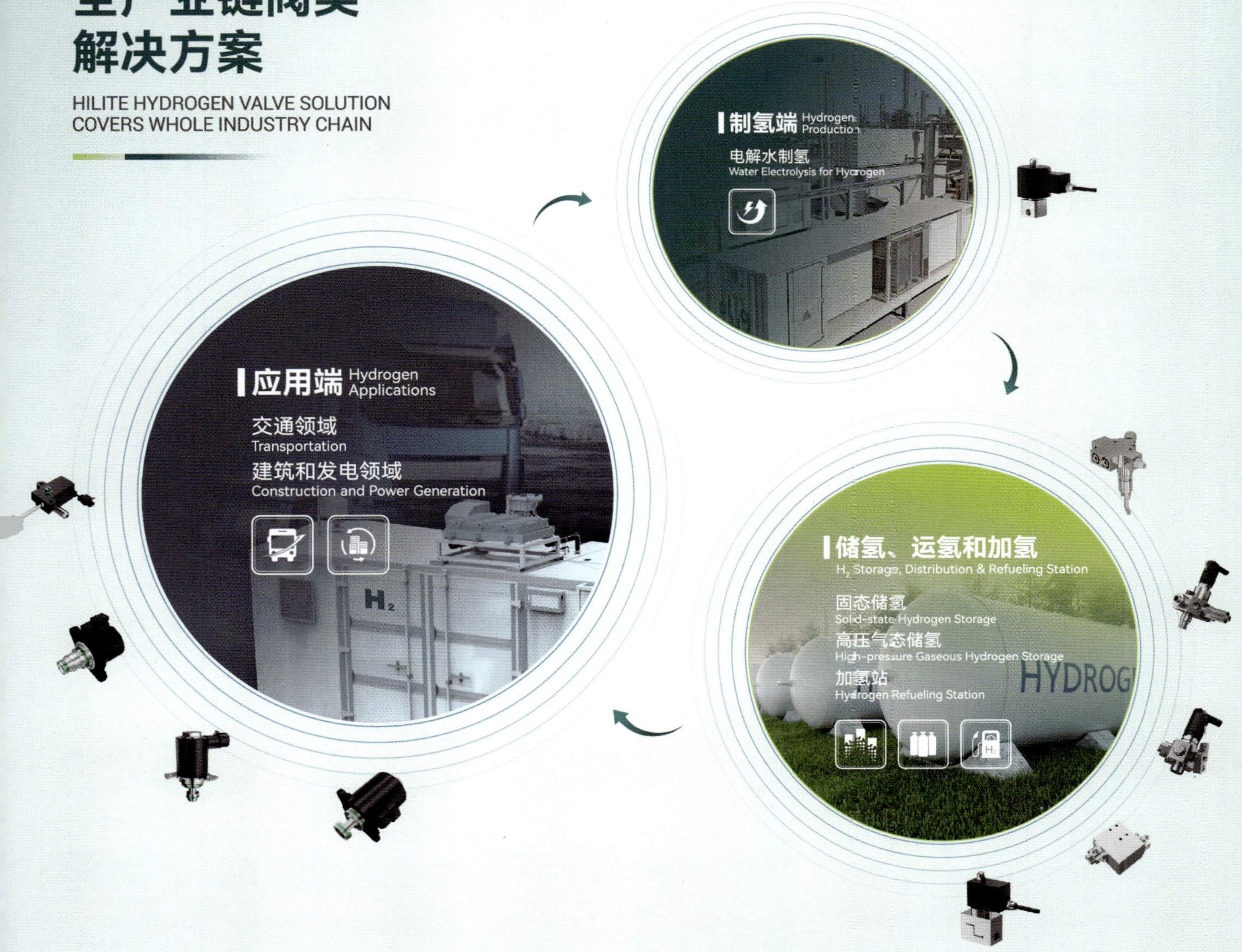

海力达1930年起源于德国，是一家国际化的汽车零部件企业，在欧洲、中国及美国拥有全自动化工厂和技术中心，全球共1600多名员工，年产值约50亿元人民币。业务范围涵盖纯内燃机汽车、混合动力汽车、电动汽车、氢燃料电池汽车及氢能的多元场景应用。**在氢能领域，海力达提供氢能的全产业链核心阀类产品和相关技术解决方案。**

In 1930, Hilite was founded in Germany and is now a globally operating automotive company. With automated factories and technical centers in EU, China, and the U.S, Hilite leverages the expertise of over 1,600 employees and has achieved annual revenue of approx. 5 billion RMB. Hilite's product portfolio covers the business fields of ICE, Hybrid, BEV, FCV & other hydrogen applications In the.H2 business Hilite provides key valve products and technology solutions for the entire hydrogen industry chain .

江苏嘉和热系统股份有限公司

江苏嘉和热系统股份有限公司成立于2002年9月，主营车用前端冷却模块总成、发动机智能热管理系统、新能源汽车三电冷却系统等。公司注册资本为7500.2万元，现有员工300余人公司总占地面积7.5万m^2，建筑面积5.6万m^2。

公司先后通过IATF 16949、ISO 14001体系认证，取得两化融合管理体系评定证书和安全生产标准化二级证书，是国内汽车热管理系统行业的引领企业，国家高新技术企业，国家专精特新“小巨人”企业，江苏省服务型制造示范培育企业，扬州市服务型制造示范企业，并先后获批国家博士后科研工作站、江苏省企业技术中心、江苏省工程技术研究中心、江苏省工程研究中心等省级以上研发平台资质。

从2005年起公司作为主要起草单位先后参与编写了《内燃机增压空气冷却器行业标准（JB/T1 0506—2005）》《汽车散热器行业标准（QTC 468—2010）》等8项国家及行业标准、拥有授权知识产权59件。

公司主要产品广泛应用于燃油、新能源商用车和乘用车，目前与国内20余家主流汽车企业配套合作，面对顾客要求的不断提高和环保节能技术的不断发展，嘉和公司一直秉承“勇于创新、与时俱进、追求卓越”的企业精神，通过公司员工的共同努力，以人才与技术为基础，把公司打造成引领先进的汽车热管理解决方案供应商，实现以热管理产品为主线的专业化发展的战略，为振兴中国汽车零部件工业和民族品牌贡献自己的一份力量。

整车热管理系统及产品

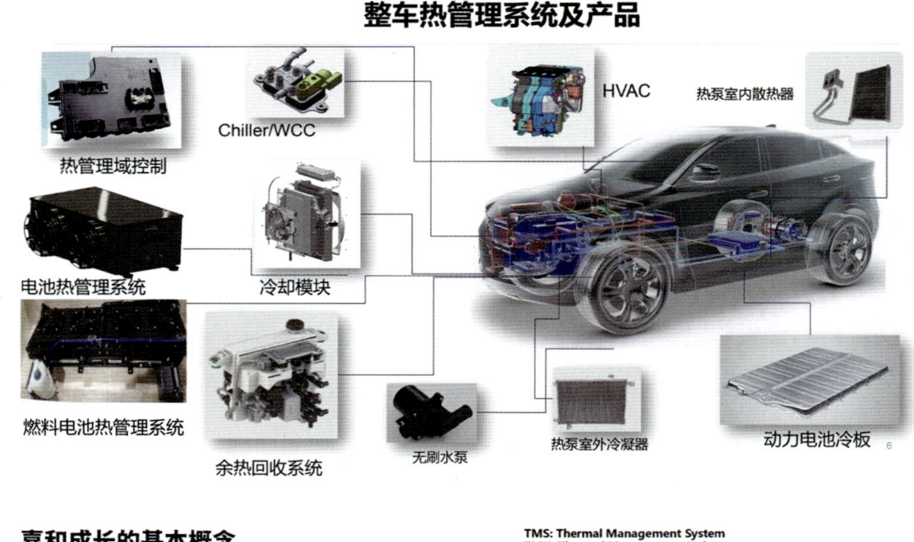

嘉和成长的基本概念

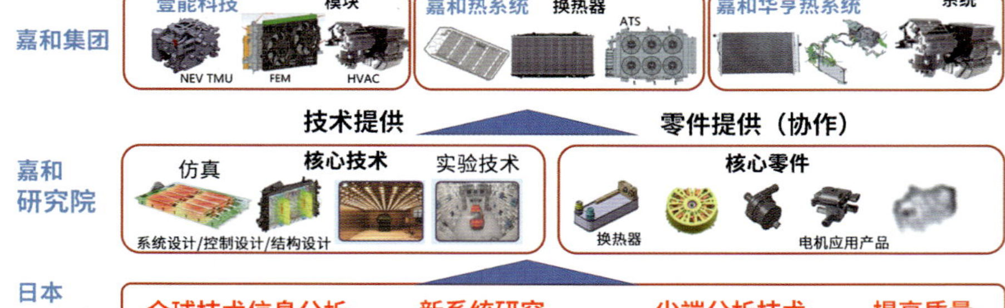

汽车与新能源领域提供热管理解决方案

上海奥威科技开发有限公司成立于1998年，注册资本7184.77万元，上海市高新技术企业、科技小巨人企业、专精特新企业。公司总部及研发基地位于中国（上海）自由贸易试验区郭守敬路188号（张江高科技园区），并在浦东老港拥有一个占地66600m²的产业化基地。2022年1月被工信部命名为国家绿色工厂。

作为中国超级电容器行业优选的“国家车用超级电容器系统工程技术研究中心”依托单位，奥威拥有“上海超级电容工程技术研究中心”“上海市超级电容技术创新中心”“上海市超级电容材料及检测专业技术服务平台”“上海市企业技术中心”等4个省级研究平台，已建成了国内具有规模的超级电容器研发基地，先后承担了包括国家863计划、国家科技支撑计划、科技部重大专项及上海市科委登山行动计划等在内的国家和地方重大科研项目攻关。

公司拥有超级电容器的自主知识产权，产品广泛应用于电子电器和机械制造等行业，其中UCK系列产品能量密度大于130W·h/kg，已达国际先进水平，产品已广泛应用于电动城市客车、纯电动重型牵引车、有轨电车、电动游览车、混合动力汽车、港口机械、AGV等诸多领域，并进军以色列、白俄罗斯、保加利亚、奥地利等海外市场。

奥威科技曾荣获“全国职工优秀技术创新成果一等奖”“上海市科学技术一等奖”“浦东新区科学技术一等奖”等荣誉，2019年获联合国工业发展组织全球科技创新大会“长三角区域绿色技术应用十佳”，2021年获中国土木工程学会第十八届“詹天佑奖”、中国钢铁工业协会和中国金属学会联合颁发的“冶金科学技术三等奖”。产品已通过ISO 9001、ISO 14001、IATF 16949、SA 8000，OHSAS 18001等体系认证和ROHS、CE、UL、ECER 10、ECER 100等产品认证，产品还通过了阿尔斯通模拟工况、法国国际轨道交通极端试验检测。

奥地利格拉茨超级电容公交车

以色列特拉维夫超级电容公交车

塞尔维亚贝尔格莱德超级电容公交车

保加利亚索菲亚街头超级电容公交车

丹麦奥尔堡超级电容公交车

意大利试运营的超级电容公交车

超级电容公交车备受关注与赞赏

中白工业园举办“电动汽车日”

地址：中国（上海）自由贸易试验区郭守敬路188号　邮编：201203　电话：021-50802888　传真：021-38953296　网址：www.aowei.com

公司介绍 Company Introduction

德燃动力总部位于浙江清华长三角研究院，在上海设有技术中心，在重庆、安徽设有全资子公司，拥有先进的氢燃料电池发动机核心部件生产基地、试验与试制中心。公司与同济大学、浙江清华长三角研究院、德国下萨克森州汽车研究中心等科研机构、高校建长期合作伙伴关系。

公司团队核心骨干是国内较早从事燃料电池发动机开发与示范运营的团队成员，具备丰富的产业化经验。公司实现了1+4+7+1整-系统-部件-服务的业务布局，完成了数十款产品定型与车型配套，突破行业"卡脖子"技术，获得国内外一线车企的合作与认可。产符合车规级标准要求，形成了完善的研发体系与企业技术标准。德燃动力一直致力于技术的持续创新与突破，以技术创新助推行业发为己任，整合国际领先的技术和资源，完善产品体系，夯实独门绝技。通过乘用车高标准要求的技术迭代与商用车高质量产品应用代，成为有"德"的"燃"料电池行业引领企业。

产品系列 Product Series

·燃料电池观光车

·系统产品

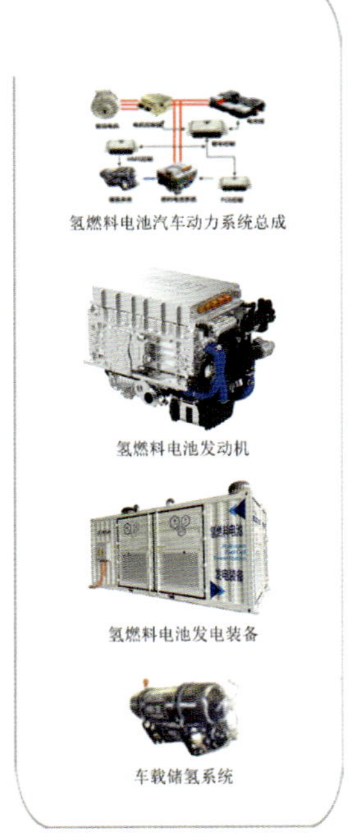

·核心部件

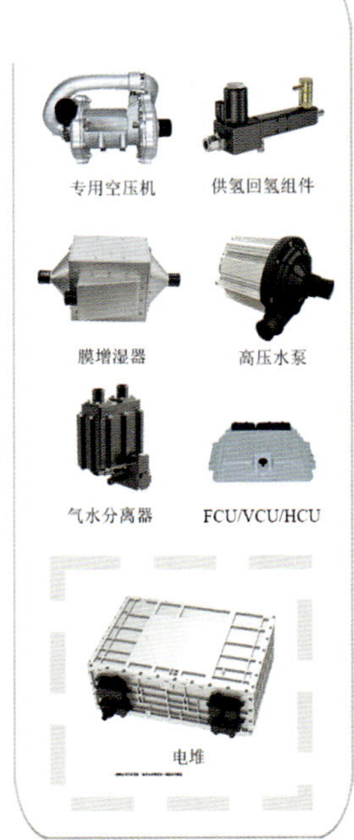

·工程服务

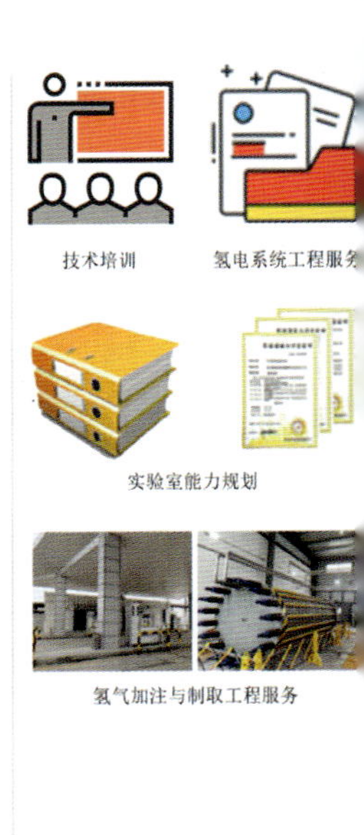

部分车型案例 Application Projects

氢燃料电池乘用车

10m氢燃料电池公交车

18t双飞翼物流车

49t重卡物流车

联系我们
contact us

地址：浙江省嘉兴市南湖区亚太路705号B座2401室
电话：0573-82586629-8006
邮箱：sales@d-r-power.com
网址：www.d-r-power.com

武汉海亿新能源科技有限公司2017年成立于武汉东湖新技术开发区，致力于氢燃料电池系统、电控等核心部件产品、相关测试和研究设备等的研发、生产、销售。公司由工信部和湖北省高层次人才计划专家和大学教授等联合创办，是高新技术企业、湖北省“专精特新”中小企业、湖北省“瞪羚企业”、武汉光谷“瞪羚企业”，入选武汉市“千企万人”支持计划、湖北省“双创战略团队”，荣获湖北省政府科学技术奖-科技型中小企业创新奖等荣誉。

公司拥有全套的氢燃料电池核心技术并自主开发完成了覆盖30~250kW功率等级的多款氢燃料电池单系统，500kW~1MW氢燃料电池发电系统，可实现-40°C低温储存和-30°C低温启动性能要求，并具有功率密度高、抗振性能好、动态反应快、可远程智能监控和诊断等特点。根据氢燃料电池系统输入输出要求以及系统设备特征，该系列燃料电池系统采用平台化设计方案，实现了系统结构创新设计，完成了系统高度集成和最佳优化匹配。

公司自主研发的国产燃料电池巡检器CVM及燃料电池控制器FCU、动力控制器VCU、能量管理器EMU已达到国内先进的水平，并具备年产5万台套的生产能力。其中燃料电池巡检器产品是国内自研自产具备自主可控逻辑单元的产品，彻底摆脱国外芯片依赖。本系列产品已服务于央企、国企、上市公司等各类客户数十家，累计配套装载氢燃料电池系统数千台套，在全国行业细分领域市场占有率高。

基于全自主技术研发，公司测试类产品面向行业从电堆、系统到整车混合动力测试三大主要环节，提供氢燃料电池电堆与研发测试平台、氢燃料电池系统测试与研发平台、“氢-电”混动系统综合测试与研发平台，持续交付至各地氢能研究院、高校、主机厂。

公司坚持扩展交通领域氢能应用的多样性，探索新车型、新场景与新商业模式，氢能作为可再生能源，其能源属性已被提升到未来国家能源体系的重要组成部分，公司将非车用氢能产品作为新的战略布局，集中在氢燃料电池通信基站备用电源、大功率园区热电联供、氢能智能发电、风光弃电-制氢-储氢-燃料电池一体发电供热系统等场景推广应用。

现公司总部位于武汉东湖高新区，并拥有5000m²的制造基地，具备年产3000台套燃料电池系统、10000~30000台套氢燃料电池核心控制部件的批量生产能力。

公司基于武汉理工大学氢燃料电池核心团队20余年研发和近年的产业化实践积累，截止目前已申请燃料电池核心知识产权百余项，授权超过100项，涵盖燃料电池系统及核心电控技术、氢-电混合动力系统技术、燃料电池测试、氢能发电等方面，其中有效授权发明专利30项，实用新型专利68项，软件著作权20项；另有实审专利30余项。形成了国内外先进的燃料电池技术力量。公司已通过IATF 16949及ISO 9001质量管理体系认证，为产品研发和生产制造的提供质量保障。

海亿公司正围绕燃料电池坚持技术创新，打造核心技术链。公司将联合产业链上下游各个关键节点，为我国新能源发展做出卓越贡献，推动我国向全面资源节约型、环境友好型社会健康前进。

燃料电池系统及产品

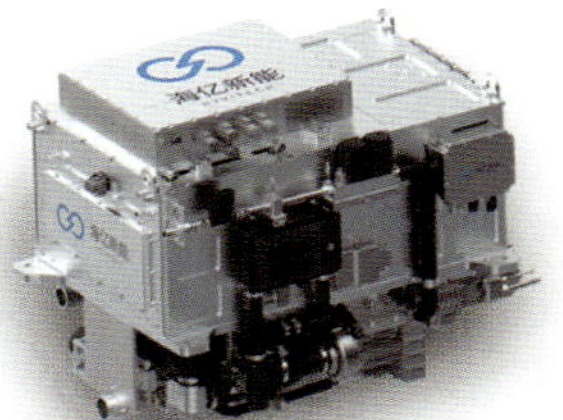
海亿HYX150
氢燃料电池单堆系统

海亿HYX200
氢燃料电池单堆系统

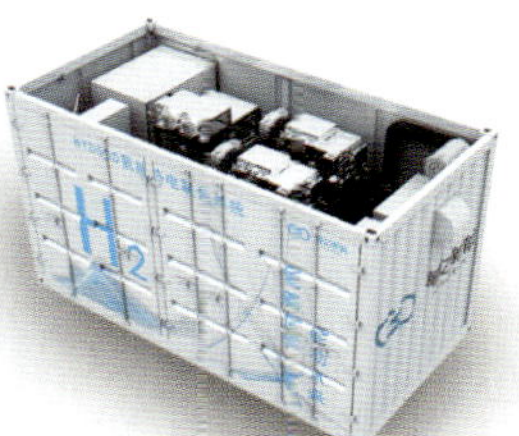
海亿氢能1MW
分布式热电联供/发电站

燃料电池通信基站电源

燃料电池核心零部件

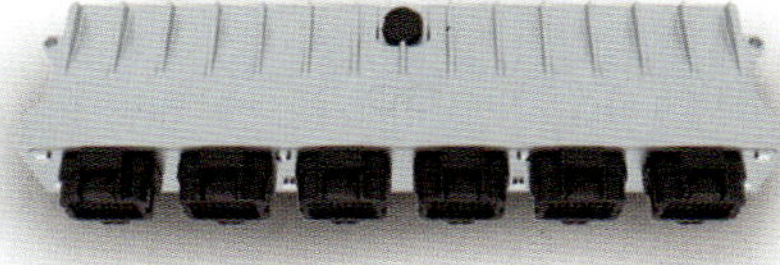
海亿HYC-C02单片巡检器

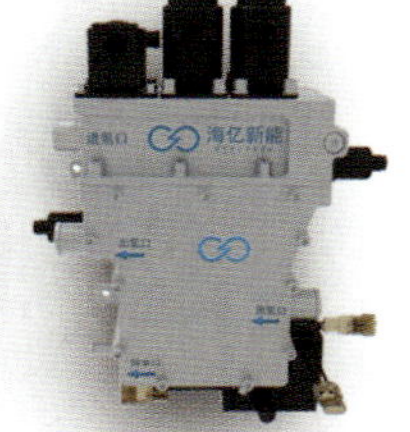
燃料电池氢气引射循环系统

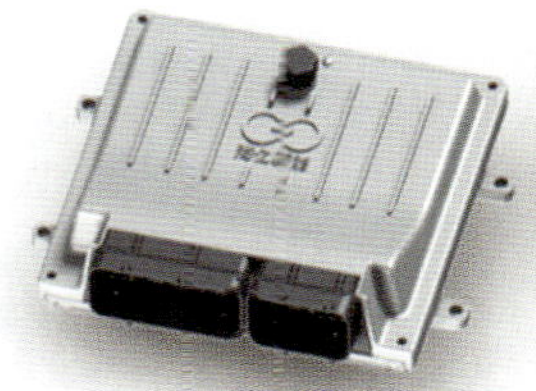
氢燃料电池系统控制器

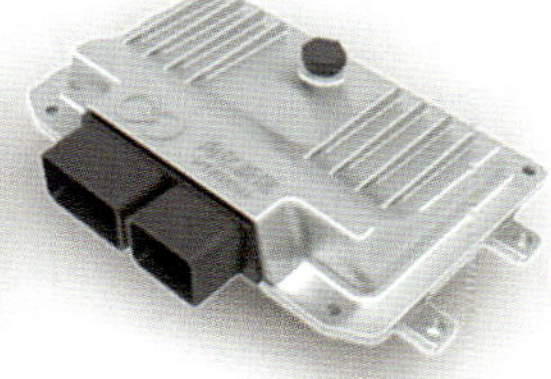
氢燃料电池整车控制器

氢新世界
能动未来

电话：027-59762535　网址：http://www.hyvitech.com/
地址：武汉东湖新技术开发区理工园四路1号理工大科技园研发基地G1栋1-3层1单元

中石油昆仑网联电能科技有限公司

中石油昆仑网联电能科技有限公司（简称昆仑网电）是中国石油全资子公司，是中国石油“油气氢电非”综合服务商的重要支撑力量。昆仑网电作为新能源汽车充电服务与能源管理解决方案提供商，致力于打造行业头部企业，充分发挥中国石油成品油销售网络、资源优势以及充换电专业化优势，快速提升充电技术、智能充电网络技术、跨网融合产业技术，做大做强全国充电设施网络和客户规模，对内推动油气氢电非协同发展，对外推进产融结合创新商业模式，着力构建一体化新能源“充换电+”产业链和“人•车•生活”生态圈，向客户提供咨询、设计、研发、检验、投资、建设、运营、产品销售等全品类综合生态服务，建设国内先进的集技术创新、应用研究和推广营运为一体的新能源综合运营服务商。

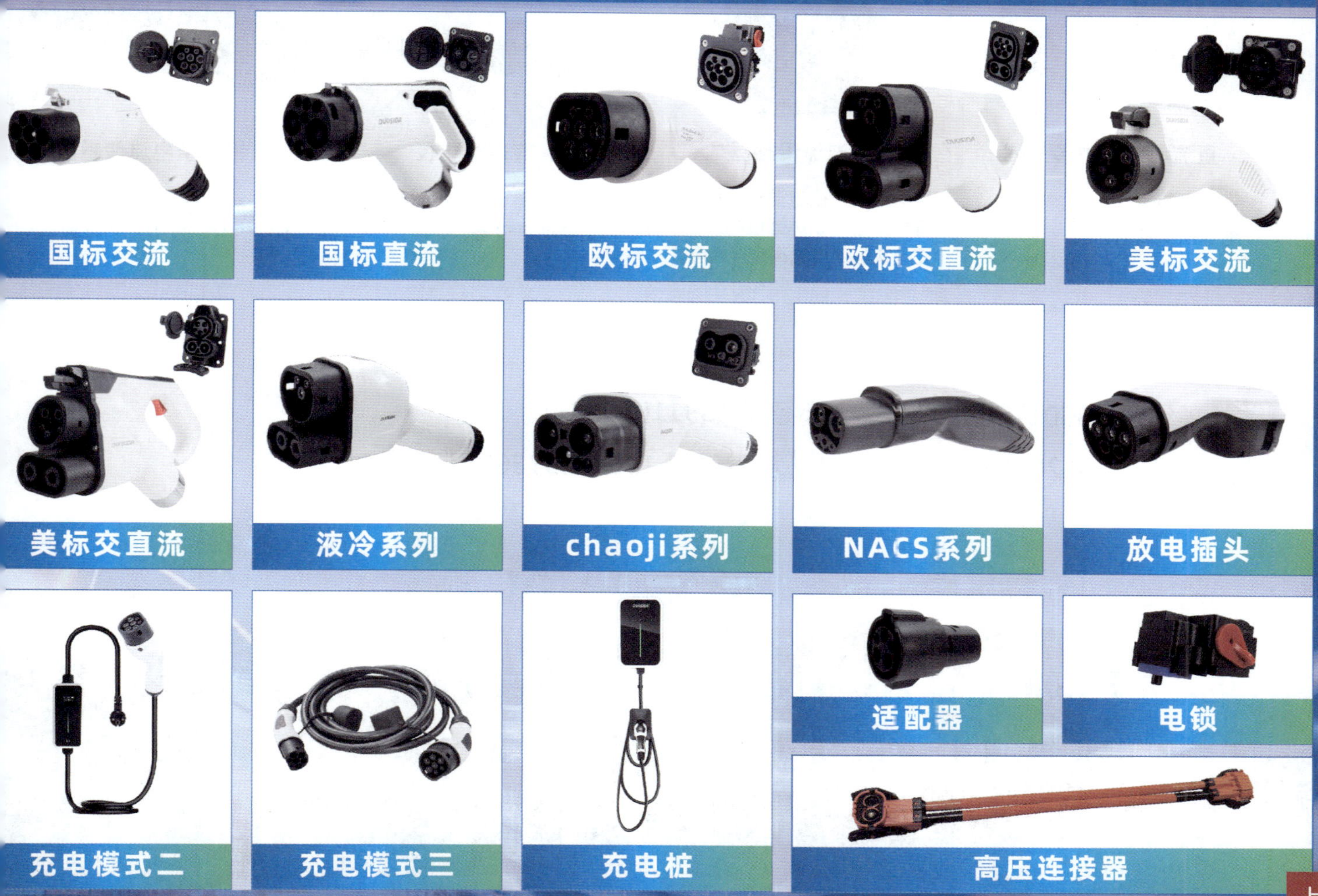

中国机械总院北自所

北京机械工业自动化研究所有限公司

北京机械工业自动化研究所有限公司（简称北自所），创建于1954年，是原机械工业部直属的综合性科研机构，1999年转制为中央直属大型科技企业，现隶属于国资委监管的中国机械科学研究总院集团有限公司。是国务院国资委认定的“双百企业”和“创建世界一流专精特新示范企业”，一直致力于制造业领域自动化、信息化、智能化、集成化技术的研发与应用，在汽车、电子、电气、能源、机械、纺织、食品、医药、冶金、航空航天等领域拥有丰富的专业技术和工程经验，提供各种集成化装备和智能化系统，可以为企业定制智能制造全面解决方案。

近年来牵头和参与77项国家“智能制造综合标准化和新模式应用项目”，完成了70多项智能制造标准（草案）的制定，助力中国船舶、航天科技、潍柴动力、三一重工、恒力集团、中材科技、江中制药、蒙牛乳业、格力集团等企业建成了几十个智能制造示范车间和工厂，打造了“一批样板工程”和“一组创新平台”，聚焦战略性新兴产业，推动战略性重组与专业化整合，培育专精特新“小巨人”企业和单项冠军产品，推动产业转型提级，成为工信部公布的第一批24家智能制造系统解决方案供应商之一。

北自所自2009年开始进入新能源锂电池行业，对硬壳、软包、圆柱动力电池及储能电池的装配及检测工艺均具有深度研发，针对不同结构形式的电芯、模组及PACK均拥有一整套丰富的项目经验与典型案例，拥有经验丰富和资历深厚的机械与电气设计团队，业务涵盖装配产线、仓储物流及MES系统等板块，可承接涵盖正极材料输送缓存系统、电芯段输送缓存系统、电芯段专机设备、电芯分档设备及缓存库、电芯预处理线、模组装配线、PACK装配检测线及MES系统等在内的智能制造车间级整体规划实施项目，为新能源行业客户提供最优的智能制造全面解决方案。

北自所将继续秉承“科技创新、人才为本、求真务实、追求卓越”的经营理念；创新、务实、责任、共赢的核心价值观；致力于成为国内一流、国际知名的行业智能制造全面解决方案提供者，努力引领我国装备制造业自动化、信息化、智能化、集成化技术的创新与发展。

▶ 新能源锂电池智能制造车间总体规划

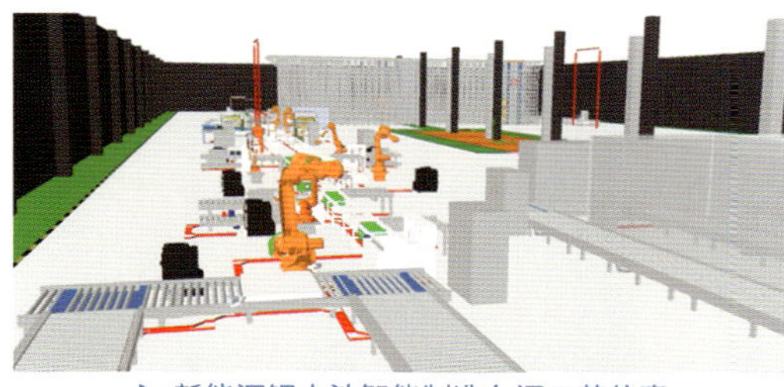

▶ 新能源锂电池智能制造车间工艺仿真

北京市科学技术奖
科学技术进步奖
证　书

为表彰北京市科学技术奖获得者，特颁发此证书。

项目名称：新能源汽车动力电池Pack智能制造工艺研发与成套设备应用

奖励等级：二等奖

获 奖 者：北京机械工业自动化研究所有限公司

2020年[illegible]月17日

No.2019-J05-2-02-D01

▶北自所深耕新能源动力电池行业装备集成，荣获众多奖项，其中“新能源汽车动力电池PACK智能制造工艺研发与成套设备应用”获2019年北京市科学技术进步奖二等奖

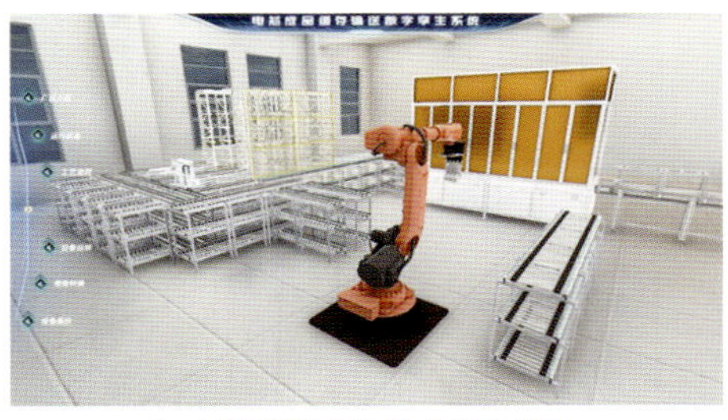

▶ 新能源锂电池数字孪生系统

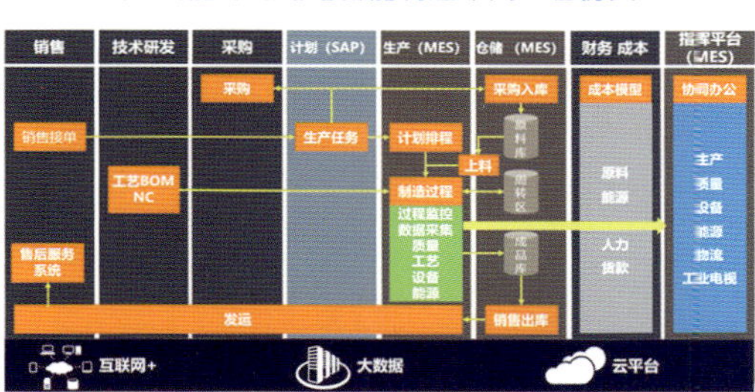

▶ 以MES系统为核心的多维度集成

▶ 新能源锂电池智能制造产线

北油电控燃油喷射系统（天津）有限公司
BYC ELECTRONIC CONTROL FUEL LNJECTION SYSTEM (TIANJIN) CO.,LTD.

企业介绍：

北油电控燃油喷射系统（天津）有限公司，简称“北油电控”是中国大型燃油喷射系统制造商之一，现为深圳通产集团控股企业。工厂占地面积122亩，产品包括机械喷油泵、机械喷油器、共轨系列产品，具备年产高压共轨30万套的生产能力。公司现有产品配套国内主流发动机厂商，拥有先进的加工检测设备，具备正向设计开发能力，具有自主知识产权。产品性能达到国际主流产品水平，在客户端既实现了插拔互换式国产替代，又能提供个性化开发服务。精密加工及热处理技术拓展到非燃油产品，实现共享制造服务。积极开展碳中和燃料甲醇、氢、氨的喷射系统研发，助力内燃机实现双碳目标。

主要产品介绍：

共轨系列产品

最大轨压:160~200MPa
目标机型: ≤140~300kW以上
适用范围:非道路TⅢ及以上道路国V及以上排放柴油机

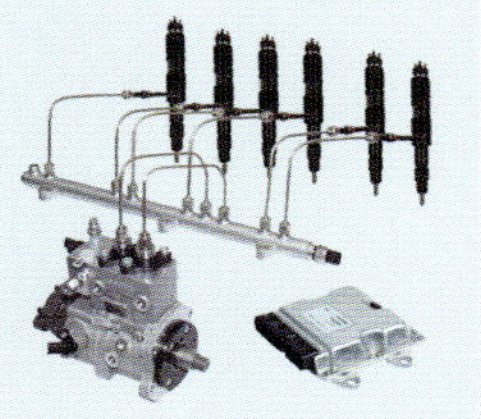

机械系列产品

适用范围:400kW以下大、中、小功率柴油机
产品应用:卡车、工程机械、农用机械、发电机组、船机、水泵等

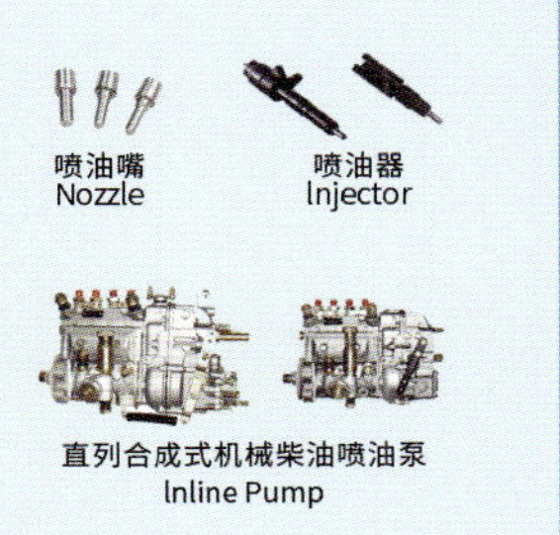

主要客户：

企业荣誉：

国家高新技术企业认证
天津人社局战略性新兴产业引领企业
国家专精特新“小巨人”企业
天津市科技引领企业
商用车后市场委员会“具影响力品牌”
天津市企业技术中心认证
天津市专精特新企业
天津市制造业单项冠军企业
中国内燃机工业协会“卓越企业”

地址:天津市武清区汽车产业园毓龙路2号
邮编:301701
电话:022-22987388、022-22987366
网址:www.byctj.com
邮箱:bycsales@byctj.com(国内Chinamarket)

天津大学 Tianjin University

天津大学先进动力与车辆智能化

▲ 天津大学先进动力与车辆智能化团队概况

先进动力与车辆智能化，是先进内燃动力全国重点实验室的主要研究方向之一。研究团队，以实现自学习、自适应、自超优为典型特征的高级智能体为目标，从动力智能、车辆智能和大数据智能等三方面入手，开展新理论、新方法和新技术研究。经过多年的创新积累，在内燃动力智能控制算法及其多核控制器、无人驾驶智能规控算法及域控平台、人车路云协同优化平台等方面取得了一系列的成果。在国内外重要刊物上发表论文160余篇，申请专利50项、软件著作权22个，出版专著4本，获得省部级科技奖励4项。所开发的控制算法及控制器应用到多家企业。依托天津大学多学科资源，建有天津大学无人驾驶汽车交叉研究中心，与国内外知名企业和机构建有先进控制国际合作中心和3个联合实验室，发起成立了智能网联数据应用创新联合体，支撑了中国内燃机学会内燃动力智能技术分会建设，形成了多学科交叉融合及产学研协同创新的科研资源体系。

▲ 研究方向与主要成果

1.动力智能： 针对汽油机、柴油机、气体燃料和醇类燃料、混合动力等动力装置的智能化，发展基于机理数据的混驱建模、基于扰动观测、学习算法和优化算法的智能控制框架、软件无标定方法、新一代控制器硬件平台以及仿真测试平台建设等相关研究工作，探索自学习、自适应、自趋优的动力系统智能解决方案。取得的主要成果有：

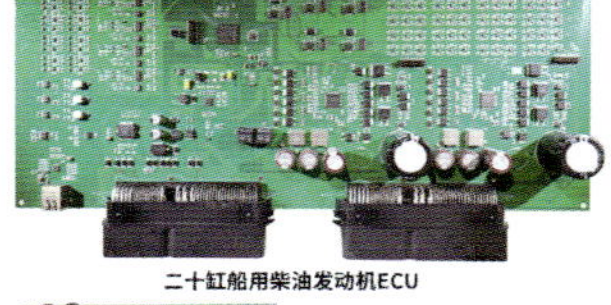

二十缸船用柴油发动机ECU

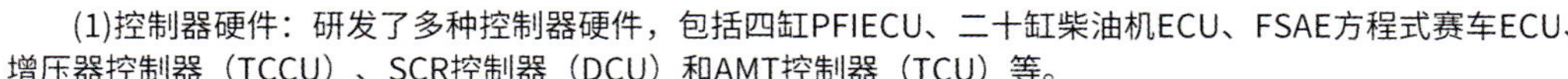

(1)控制器硬件：研发了多种控制器硬件，包括四缸PFIECU、二十缸柴油机ECU、FSAE方程式赛车ECU、增压器控制器（TCCU）、SCR控制器（DCU）和AMT控制器（TCU）等。

(2)控制算法：针对内燃动力及车辆多变量、强耦合、以及多不确定性问题，提出基于总扰动主动观测的即时抗扰控制算法，解决了传统控制算法高度依赖高精度模型的问题。

(3)智能标定：发展了面向内燃机性能优化的驾驶员行为模型和道路工况预测模型，形成了面向真实运行场景的内燃机智能优化标定系统。

碾压机无人驾驶系统控制器　二冲程发动机控制器V1.0

2.车辆智能： 重点研究多源信息智能感知、驾驶脑智能决策以及无人轨迹控制。围绕无人驾驶感知、决策、规划与控制四大方向，以无人系统动力学规控为核心和基础，致力于将研究工作向外辐射至智能感知与决策、多智能体协同。取得的主要成果有：

(1)开发了无人驾驶碾压机、叉车、采棉机、全地形车等多种工程机械，具有高精度位姿控制和高智能作业操作能力。无人驾驶碾压机集群成功投入某知名高原大坝建造工程应用，获中国大坝学会特等奖。

(2)开发了无人驾驶大巴、中巴和接驳车，投入推进教育园区开发测试道路运行，并获世界智能驾驶挑战赛金奖和银奖等奖励20次。

无人驾驶碾压机　无人驾驶叉车　无人驾驶全地形车　无人驾驶采棉机

无人驾驶大巴　无人驾驶接驳车　无人驾驶矿卡

3.大数据智能： 重点研究智慧云与深度学习、云车协同车辆优化以及大数据建模与优化。通过机理数据混驱建模、智能控制框架变革、云车协同优化，打造具有自学习、自适应、自趋优能力的车路云一体化超级智能体。

(1)研发了基于数字孪生的人车路协同优化大数据平台，可用于多车调度优化和运行优化、车队优化管理及编队控制。

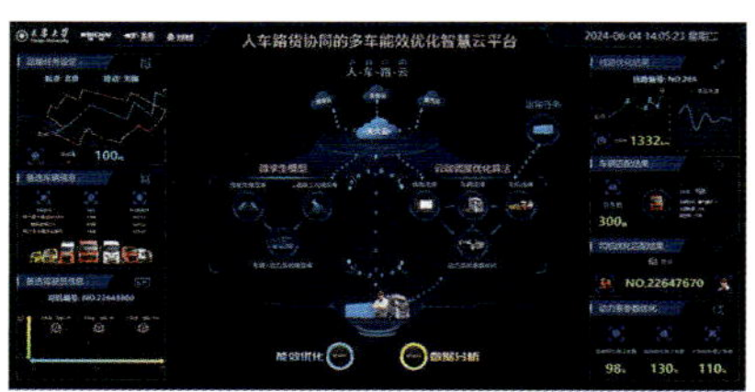

人车路协同优化大数据平台

(2)开发了基于人工智能算法的虚拟领航员算法、路口交通流预测模型，可显著提升智能网联公交进出站安全性和舒适性，以及复杂路口通行的高效性与安全性。

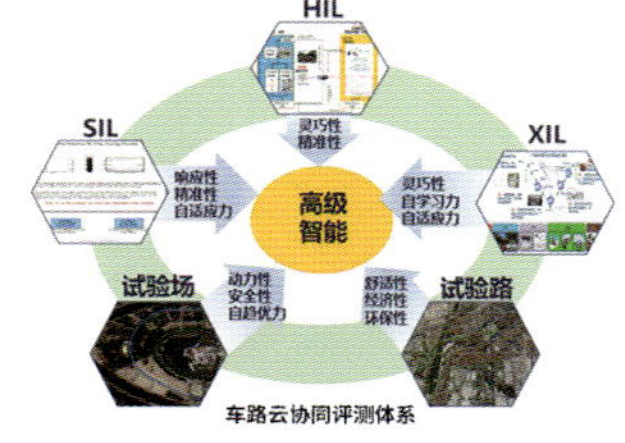

车路云协同评测体系

(3)研发智能动力与智能网联车辆运行的远程管控平台以及全生命周期数据管理工具链，大幅提高数据管理效率和数据安全。

智能网联测试道路

▲ 研究条件

1.智能动力实验平台： 搭建了车辆智慧云平台、5G智能网联研究中心、交流推演平台以及新能源汽车远程监控智能服务平台。

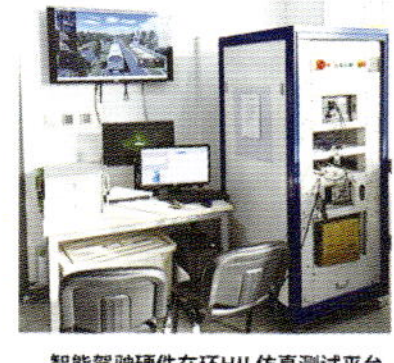

智能驾驶硬件在环HIL仿真测试平台

2.智能网联车辆平台： 拥有5辆智能公交、乘用车、碾压机、无人机、全地形车、接驳车、物流车、叉车等试验车辆，搭载GPS/IMU高精度车辆定位系统、双目摄像头视觉感知系统、4/16/32/64线激光雷达感知系统、前向/侧后方毫米波雷达感知系统、OBU/TBOX、Orin/MDC高性能域控平台。

智能网联汽车道路测试监管平台

3.虚拟仿真平台： 拥有驾驶模拟器、驾驶员在环仿真测试平台、自动驾驶控制器硬件在环仿真平台、车辆动力学软硬件在环交时仿真平台、交通流推演平台、智能网联云平台以及深度学习GPU计算集群。

智能公交测评仿真系统

4.无人驾驶校内试验场： 建有近2万平米试验场及其5G-V2X系统和评测系统，有多种路型、路面、和坡道，可用于轻型车辆的交通标识、车道线及交通灯识别测试；十字路口、人行横道测试环岛绕行测试；静止与运动障碍物避让测试等。

无人驾驶校内试验场

5.智能网联开放测试道路： 建海教园骨干道路上建有27km智能网联开放测试道路，包括了20个智慧路口、12个智慧站台，全路程5G覆盖和光纤通信。

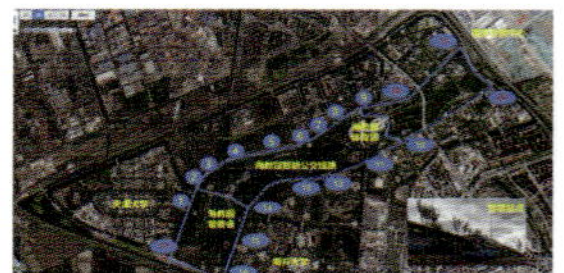

智能网联开放测试道路

地址:天津市津南区天津大学　邮箱:tjuae@tju.edu.cn

扫码关注公众号

安徽理工大学
新能源与智能网联汽车学院

安徽理工大学是安徽省重点建设的特色高水平大学，是安徽省和中华人民共和国应急管理部共建高校，是国家中西部高校基础能力建设工程支持建设的高校，是教育部“卓越工程师教育培养计划”实施高校。校本部占地约3800亩，合肥办学占地660亩。

学校创建于1945年，与合肥工业大学同根同源，是安徽省第一所工科高校。1955年学校由淮南煤矿工业专科学校升格为合肥矿业学院，1956年迁至合肥，1958年更名为合肥工业大学，1971年与煤有关的学科专业、部分基础课教师等整建制迁至淮南，成立淮南煤炭学院。之后，经历了淮南矿业学院、淮南工业学院等办学时期，期间，原华东煤炭医学专科学校和淮南化学工程学校相继并入。2002年学校更名为安徽理工大学。2022年安徽省汽车工业学校并入。

新能源与智能网联汽车学院坐落于安徽省合肥市，学院秉持培育英才的崇高使命，以我国由汽车大国迈向汽车强国的伟大转变为背景，以产业人才需求为牵引，积极响应“智车强省”的战略宏图，为国家汽车行业注入源源不断的智慧动力。

学院立足于安徽省汽车“首位产业”的定位，设立了节能与新能源汽车、汽车智能驾驶系统设计及控制、汽车安全理论及测试技术等三大研究方向，致力于推进产教融合、科教融汇的先进理念，让教育与产业紧密相连，让科技与创新相得益彰。

学院现拥有车辆工程、新能源汽车工程2个本科专业。车辆工程专业自2011年起面向全国招生，经过数年耕耘，已结出累累硕果。2019年，在安徽省专业评估中，车辆工程专业荣获优秀等级，2020年获批省级一流专业建设点。为不断创新人才培养模式，学院与蔚来汽车科技（安徽）有限公司、合肥国轩高科动力能源有限公司、合肥工业大学等业界翘楚开展深度合作，共建了“新能源智能网联汽车创新班”“新能源汽车卓越班”“智能网联汽车卓越班”。

学院汇聚了一批优秀的科教人才，现有教职工60余人（不含企业导师），其中正高级职称5人，副高级职称24人，企业导师30余人。学院依托机械工程一级学科博士授权点，全国高校黄大年式教学团队，教育部矿山智能技术与装备省部共建协同创新中心，矿山智能装备与技术安徽省重点实验室和成立的“特种车辆及无人系统研究所”“新能源汽车研究所”等，构建了“本-硕-博”贯通人才培养体系。学院设立汽车结构认知与拆装实验室、汽车液压与气压传动实验室、汽车单片机与嵌入式系统原理及应用实验室、汽车电器与电子技术实验室、汽车基本性能实验室、动力电池技术实验室、动力电池热管理技术实验室、汽车驱动电机原理与控制实验室、线控底盘实验室、环境感知与定位技术实验室、整车控制技术实验室、汽车制造工艺学实验室、新能源汽车安全技术实验室等13个专业实验室。

在追求卓越与创新的征途上，学院始终秉持前瞻性思维，积极创新“政产学研用”协同联动机制，组建“新能源汽车与智能网联汽车行业产教融合共同体”“新能源汽车后市场服务产教融合联盟”等多元化交流平台。学院特别注重培养学生的实践能力与创新精神，提倡与业界精英交流，为学子成长成才提供广阔空间和丰富资源，共同探索汽车产业的未来发展方向。

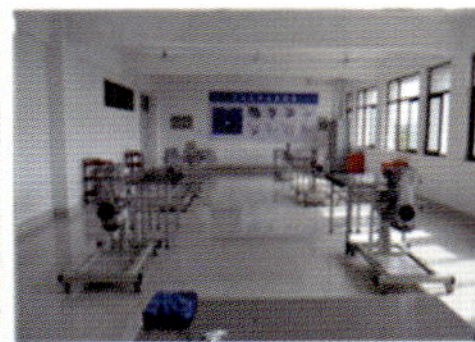

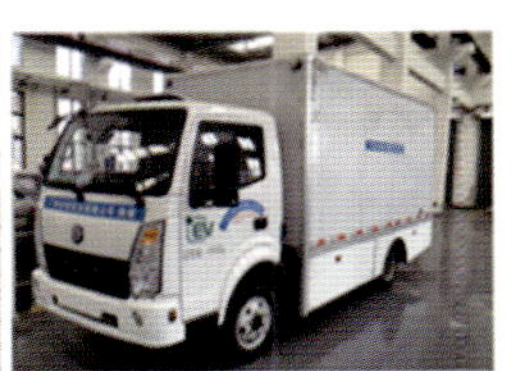

学校网址://www.aust.edu.cn/index.htm 学院网址://cichexy.aust.edu.cn

凯迈（洛阳）机电有限公司

CAMA(Luoyang) Electromechanic co.,Ltd.

CAMA®

凯迈（洛阳）机电有限公司（原洛阳南峰机电设备制造有限公司）隶属航空工业空空导弹研究院高科技产业集团。是国内较早引进电涡流测试技术的专业厂家。凭借60余年的军工技术实力、过硬的产品质量和良好的信誉，公司先后获得国家知识产权优势企业，国家火炬计划重点高新技术企业等荣誉60余项，承担国家高技术研究发展项目（863计划）等科研课题近百项:公司先后被认定为国家专精特新“小巨人”企业、河南省技术创新示范企业，成功组建河南省工程技术研究中心、河南省企业技术中心和河南省工程实验室。公司拥有各类专利337项、软件著作权10项，其中发明专利76项、国际发明专利2项。凯迈竭诚为中外客户提供全球主流的高端动力系统试验装备!

发动机性能试验台架

电驱总成下线测试台

电机测试台架

变速器测试台架

四驱总成/整车测试台架

电驱总成测试台架

航空动力测试台架

多自由度重载摇摆试验台

动力总成试验台架

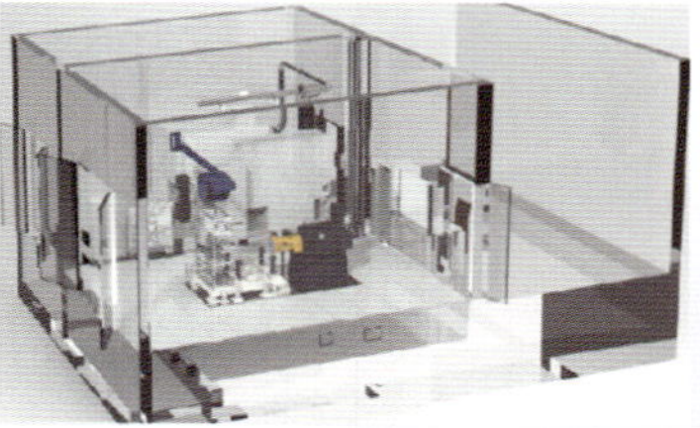

清洁能源动力测试台

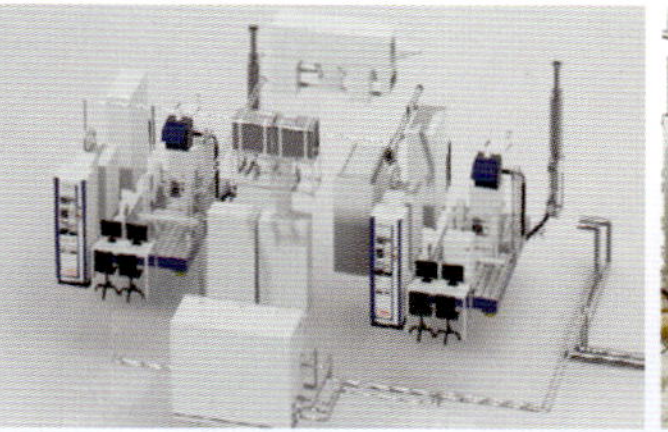

增程器测试台

柴油机排放试验台架

变速箱下线测试台

移动车载集装箱试验设备

襄阳达安汽车检测中心有限公司（简称达安中心）暨国家汽车质量检验检测中心（襄阳）、国家智能网联汽车质量检验检测中心（湖北）、国家燃料电池汽车质量检验检测中心，是经中国合格评定国家认可委员会认可和授权的、具有独立法律地位的第三方综合性汽车检测及技术服务机构，获得国家认监委、工信部、交通部、生态环境部等对于汽车检测机构的全部资质授权。

获得授权的机构名称包括

- 国家汽车质量检验检测中心（襄阳）
- 国家级汽车试验场
- 国家智能网联汽车质量检验检测中心（湖北）
- 国家级智能网联汽车自动驾驶封闭场地测试基地
- 国家燃料电池汽车质量检验检测中心
- 国家授权的《公告》车辆产品检测机构
- 国家指定的强制性产品认证检测机构
- 国家指定的道路运输车辆燃料消耗量检测机构
- 国家指定的新生产机动车噪声和排放污染检测机构
- 国家指定的缺陷汽车产品检测和实验机构
- 国家认可的汽车产品检查中心
- 汽车专用仪器和汽车检测线的校准实验室
- 汽车产品认证检测机构和科研成果技术鉴定试验机构

自1985年建设起，达安中心始终保持着较高的行业地位。

当前，达安中心已形成“五个中心”【试验开发验证中心、国家汽车质量检验检测中心（襄阳）、国家智能网联汽车质量检验检测中心（湖北）、国家燃料电池汽车质量检验检测中心、襄阳达安检查中心】的业务形态。立足襄阳、武汉，达安中心在国内构建了8个分（子）公司、工作部以及日本、韩国2个海外办事处，形成覆盖全国、辐射全球的服务格局。

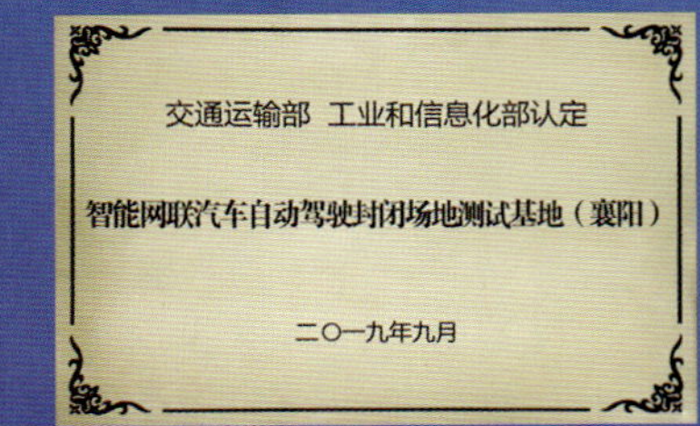

长春汽车检测中心有限责任公司

长春汽车检测中心有限责任公司（简称长春检测中心）位于中国汽车摇篮之城吉林省长春市，是经中国合格评定国家认可委员会认可的检测类实验室。自1986年成立以来，长春检测中心凭借深厚的底蕴和积淀，成为国内检测资质最齐全的汽车检测中心。公司先后被国家授权为国家汽车质量监督检验中心、汽车新产品申报《公告》国家检测机构、汽车产品强制性认证国家检测机构、机动车排气污染物国家检测单位等。

随着2020年的深化改革，长春检测中心通过整合资源，形成了全国“三基地”布局。其中海南、农安、东营三大综合试验场为特色试验场，分别承担CA-CAP项目、智能网联测试、寒区测试和干热测试等特色领域的测试与测评。海南试验场作为国内整车级防腐性能测试评价项目CA-CAP的重要合作单位，利用海南岛高温、高湿、高腐蚀的气候特点，打造了权威的中国汽车防腐蚀性能测评平台。东营试验场则专注于智能网联技术的测试与测评，漠河试验场则致力于寒区环境下的测试，吐鲁番试验场则专门进行干热环境下的测试。通过这些特色试验场的合作，长春检测中心在多个领域提供了专业的测试与测评服务。

长春检测中心不仅在技术领域具备六大技术领域的检测、试验能力，同时在业务范围上也广泛涉及汽车及零部件的技术开发、技术转让、技术咨询、技术服务和检验检测，检验检测设备的开发、制造与销售，国内外汽车认证制度、标准法规的技术咨询和技术服务，以及自营、代理的商品和技术的进出口等。公司秉持“开拓、务实、合作、共享”的理念，坚持“对产品进行公正、科学的检测，为用户提供优质、完善的服务”的宗旨，致力于打造国内领先、国际一流的检测、试验、认证一体化服务平台。

测试技术及规范研究与制定

长检中心在完成检测工作的同时，致力于认证制度和标准建设，积极参加相关部委和标委会活动，是全国汽车标准化技术委员会、电子与电磁兼容分技术委员会副秘书长、非金属制品分技术委员会、专用汽车分技术委员会、仪表分技术委员会、制动分技术委员会、发动机分技术委员会、整车分技术委员会、灯具及灯光分技术委员会、燃气汽车分技术委员会、汽车碰撞试验及碰撞防护分技术委员会、智能网联汽车分技术委员会、全国轮胎轮辋标准化技术委员会汽车工农业机械轮胎轮辋分技术委员会、全国无线电干扰标准化技术委员会委员单位，主导和参与了诸多标准的制修订工作。作为国家认监委汽车及部件技术专家组副组长单位，在国家认监委的领导下，与认证机构、检测机构、行业协会学会等一同进行了多版本的认证实施规则制修订工作。

长检中心是高寒地区新能源汽车产业联盟创始成员单位，已制定并发布多项团体标准，目前正在与各方一同制定新能源汽车、智能网联汽车高寒地区适应性测评规则。

检测能力建设

长检中心已具备和正在建设纯电动汽车、混合动力电动汽车、增程式电动汽车的电安全及车载终端、能量消耗量及续驶里程、驱动电机及控制器、动力电池及管理系统、传导及无线充电系统等检测能力，氢燃料电池电动汽车的氢安全及氢泄露、加氢口及氢系统、电堆及发动机等检测能力，智能网联汽车的功能及功能安全、车路协同、信息安全及软件测评、传感器及卫星定位系统、软件在环及硬件在环、场景构建及仿真等检测能力。

为更有效开展新能源汽车、智能网联汽车高寒地区适应性测评，正在建设高寒低附着测试场地、极低温续驶里程转鼓。

现场试验图-智能网联

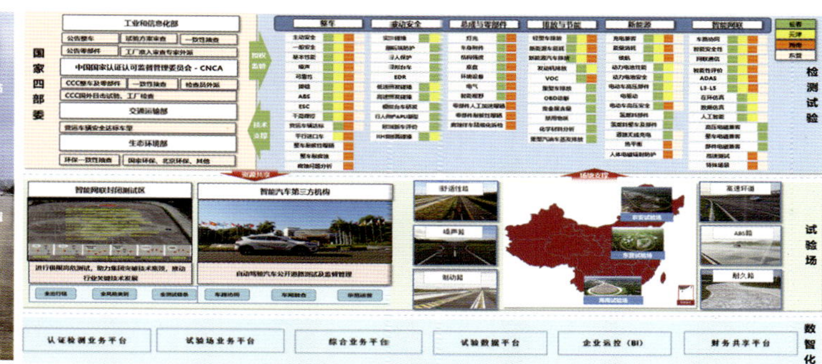

业务全景图

新能源汽车整车和部件检测

汽车排放与节能检测

现场试验台-整车碰撞

检验检测业务联系电话：0431-85788310/0431-85788381

国家化学与物理电源产品检验检测中心
信息产业化学物理电源产品质量监督检验中心
天津中电新能源研究院有限公司检测中心

本中心成立于1985年，是国内较早专门从事化学物理电源产品质量检测的第三方检验机构，也是涉及电源产品种类全面、专业性强的国家检验中心。本中心可对各类化学物理电源产品的电性能、环境可靠性、寿命、安全性和一致性进行测试评估和认证，满足电动汽车、铁路客车、载人飞船、卫星电源及控制单元、地面光伏、电动工具、电子通信等领域的测试要求。

2023年新建华南检测基地，专注于新能源汽车充（换）电设施和系统、光储充及新能源行业相关零部件检测业务，能够针对交流、直流，V2G等全系列充电桩国内及国际测试标准，提供环境、安规、电性能、协议以及EMC等方面检测服务。

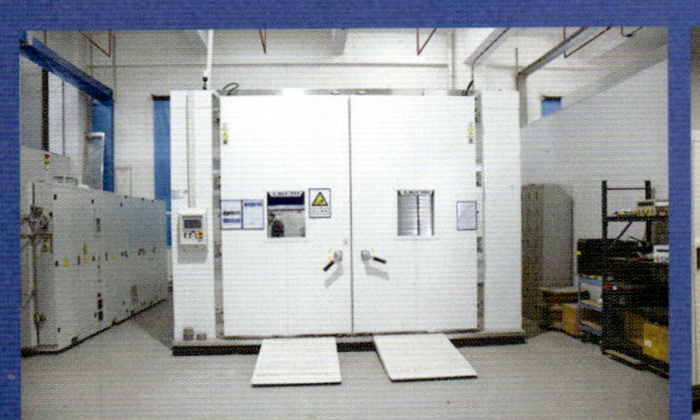

环境箱

国标直流桩测试系统

欧标测试系统

喷淋系统

3米法半波暗室

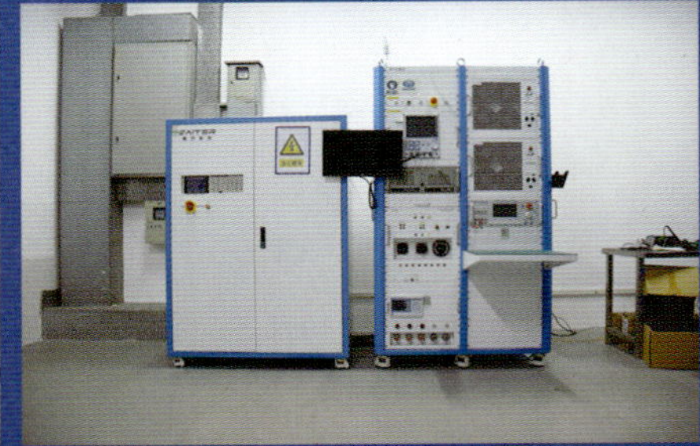

国标交流桩测试系统

地址：天津市西青区海泰大道华科七路6号（中国电子科技集团公司第十八研究所）

电话：022-23959006、022-23959259　　邮编：300384

华为超充
有路的地方就有高质量充电

用户
更好体验

- 充得上、充得快、充得好
- 有路的地方就有超充

运营
合理收益

- 高可用度、长生命周期
- 支持面向未来持续演进

车
更普及

- 超快充，无充电续航焦虑
- 电池容量减小，降成本

电网
友好

- 柔性电力扩容，支持VPP
- 应急需求响应

城市治理
更安全

- 保障人民群众生命财产安全

资源
高利用

- 高土地利用率
- 高电力利用率

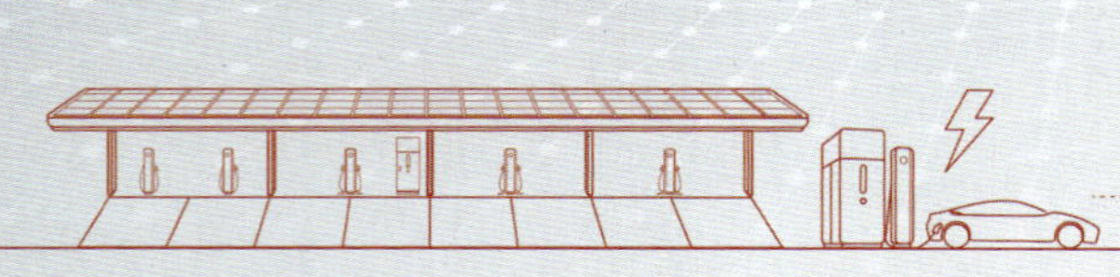

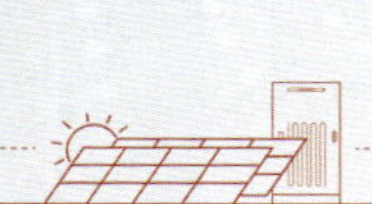

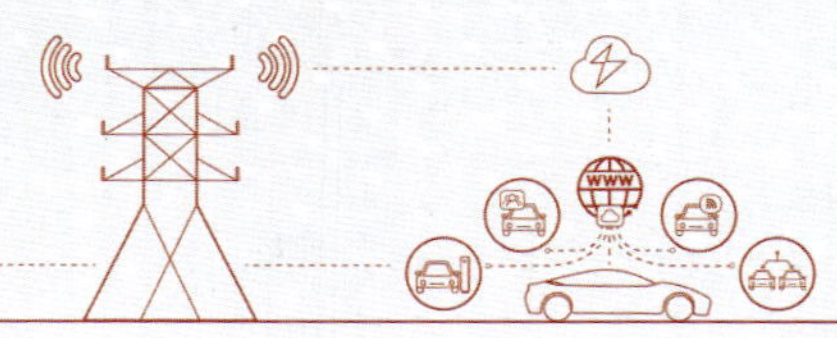

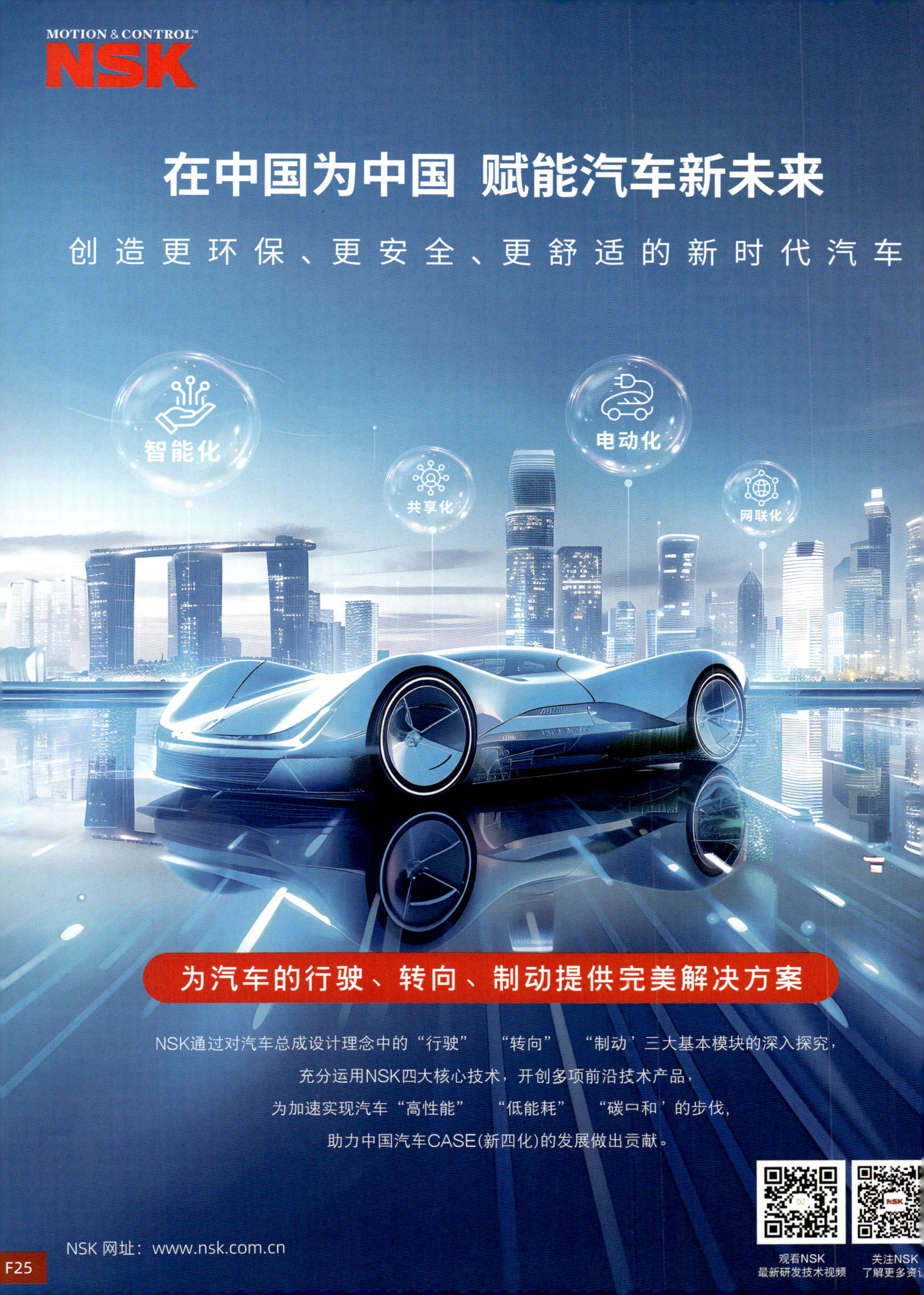
MOTION & CONTROL™
NSK
在中国为中国 赋能汽车新未来
创造更环保、更安全、更舒适的新时代汽车
智能化
共享化
电动化
网联化
为汽车的行驶、转向、制动提供完美解决方案
NSK通过对汽车总成设计理念中的“行驶” “转向” “制动’三大基本模块的深入探究，
充分运用NSK四大核心技术，开创多项前沿技术产品，
为加速实现汽车“高性能” “低能耗” “碳口和’的步伐，
助力中国汽车CASE(新四化)的发展做出贡献。
NSK 网址：www.nsk.com.cn
观看NSK
最新研发技术视频
关注NSK
了解更多资

打造享誉世界的中国商用车

重庆长安跨越车辆有限公司成立于1999年，主要从事开发、制造、销售长安牌轻型、重型载货汽车、微型客车、专用汽车和新能源汽车为主。现有员工3000余人，提供主机厂及周边配套企业就业岗位超6000个，年纳税额超亿元。公司现已形成高新区、万州两个生产基地，规划年产能达30万辆。公司始终坚持传承百年军工精神，融合现代科技，不断创新商用车设计理念，按照整车生产四大工艺设有冲压、焊装、涂装和总装。

公司建立了重庆市市级汽车研究院，引进行业一流的设计研发软件和数据管理系统，并建立高低温实验室、重心实验室等技术研发实验室，掌握专利技术400余件，并培养了一支技术精湛、经验丰富的技术研发团队。在质量方面，长安跨越在产品智能化、装备智能化、生产智能化、服务智能化、管理智能化等方面，紧跟时代步伐，依据自身需求制定了智能制造工艺升级规划，全方位保证产品安全可靠。

长安跨越依据城乡物流发展的需求变化，陆续开发推出微卡、小卡、小轻卡、皮卡、微客等系列产品，成为重庆市高新技术产品，销往国内300多个城市，并出口欧洲、东南亚等国家和地区。同时系列产品荣获中国国际物流行业用户满意质量星级评定“五星级产品”。

公司先后被评为“重庆工业五十强”“重庆制造企业100强”“重庆市优秀民营企业”，拥有“重庆市知识产权优势企业”“市级创新示范企业”“市级数字化车间”等称号。

未来，长安跨越将以打造享誉世界的中国商用车为企业愿景，将战略定位为“低碳智能城镇物流专家”，将由整车制造企业向“产品+服务”型企业转变，通过“强主业、调结构、建生态”三个方面，加快实现战略目标。同时，转变发展模式，持续推进工艺技术装备智能化、数字化改造，以微卡、小卡、小轻卡、微客等产品平台为基础，积极探索并储备智能网联汽车、新能源汽车及专用车前沿技术，为实现产品全面转型升级做好铺垫，努力打造并实现百亿级企业目标。

打造享誉世界的中国商用车

联系方式：15086890693

福特E全顺

东风柳州汽车有限公司

东风柳州汽车有限公司（简称东风柳汽）创立于1954年，是由东风汽车集团股份有限公司持股75%、广西柳州市产业投资发展集团有限公司持股25%的国有全资控股公司，公司占地面积约5180亩(345.4万平方米)，现有员工5700余人，是东风公司在南方的商用车生产基地、乘用车生产基地、自主品牌研发基地和东南亚出口基地。公司旗下拥有乘龙、东风风行商乘两大品牌；商用车涵盖牵引车、载货车、自卸车、专用车、纯电动物流车、纯电动环卫车等系列产品，乘用车涵盖MPV、SUV、轿车、纯电动MPV和纯电动轿车等系列产品。

东风柳汽具有完备的四大汽车生产制造工艺及配套设施，拥有柳东商用车、乘用车两大新生产基地，具备年产10万辆商用车、40万辆乘用车生产能力。已投建的B+发动机项目主要生产EW系列2.0T、1.8T排量发动机，当前已形成了10万台/年的生产能力，可满足东风集团内及其他主机厂的车型搭载需求。此外，东风柳汽建有整车环境模拟试验室、整车NVH试验室等多个大型综合试验室，具备完善的整车基本性能、安全环保、舒适性等整车试验能力以及新能源三电系统等关键部件/系统的部件级试验能力，是国内为数不多的，同时适用于商用车和乘用车研发试验及检测的综合性汽车试验基地，是广西及柳州市第一个同时满足3.5t以下乘用车及55t商用车的整车开发专业试验场，能够自主开展整车基本性能、制动、噪声、操纵稳定性等整车开发道路试验，具备同步强化模拟恶劣工况的驾驶条件，为东风柳汽产品的可靠品质提供有力验证。

东风柳汽在国内拥有近2500个营销服务网点，覆盖30多个省、自治区、直辖市，销售区域遍布大江南北；海外拥有近300个营销服务网点，产品远销美洲、欧洲、中东、东南亚等70余个国家和地区，连续多年保持销量领先。

东风柳汽努力把握产业发展趋势，加快创新转型，正在向为消费者提供全方位汽车产品和出行服务的综合供应商发展。目前，正积极推进新能源汽车、互联网汽车的发展，并开展智能驾驶等技术研究和产业化探索。

放眼未来，东风柳汽将继续坚持创新转型，深入探索新能源、互联网、人工智能等新兴技术与汽车产业的深度融合，加快形成核心技术，打造差异化竞争优势，不断推动自主品牌做大做强。

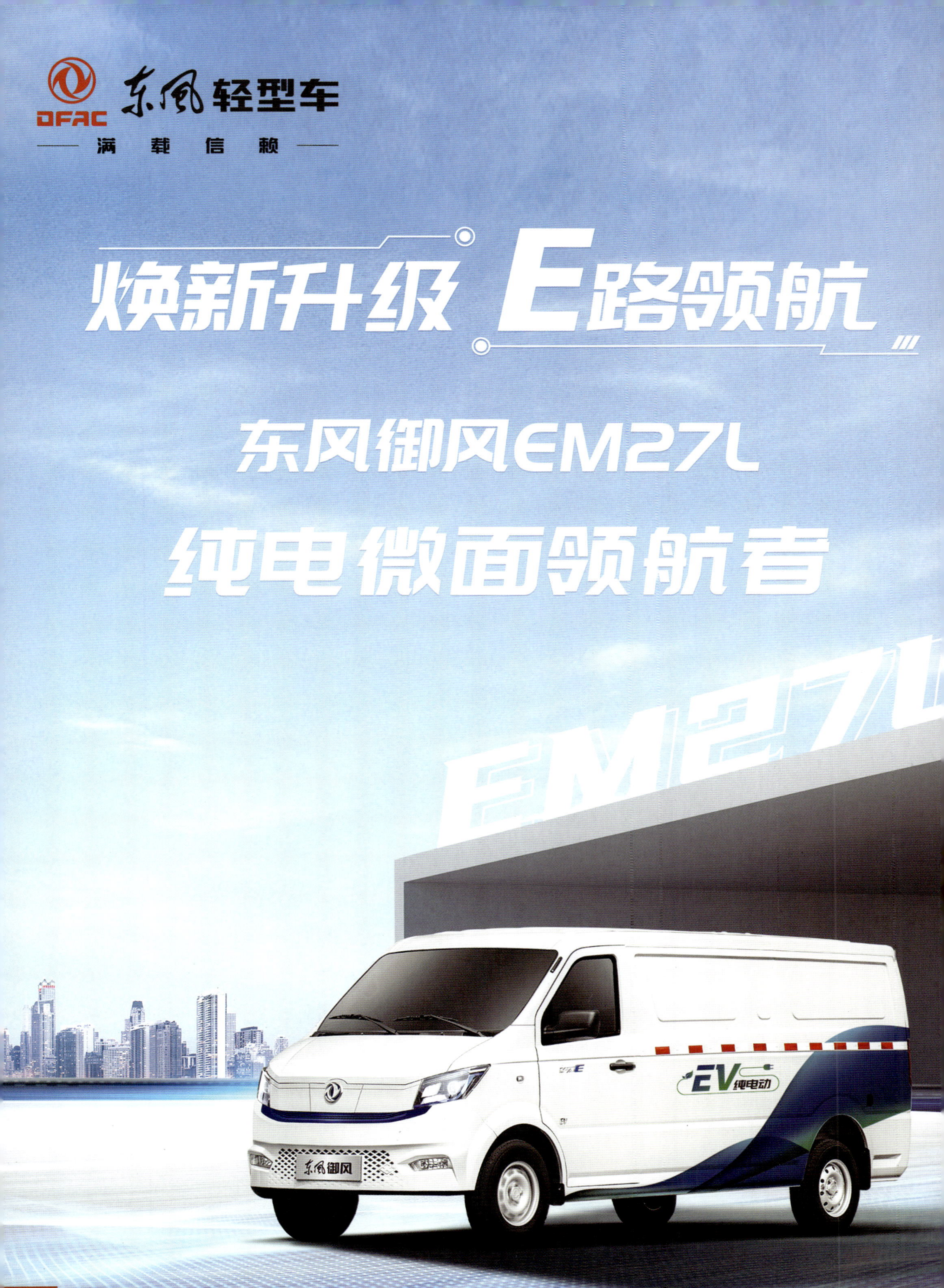
DFAC
东风轻型车
满 载 信 赖
焕新升级 E路领航
东风御风EM27L
纯电微面领航者
EM27L
EV纯电动
东风御风

产品卖点

环保

◎零排放，完全满足国标、技术参数满足奖励补贴要求，燃料电池汽车示范应用最佳选择。

高效

◎加氢快(时长5~10min)，使用习惯与传统车相同。

续航长

◎大容积氢系统，节能控制，综合工况续驶里程达00km。

舒适

◎D320驾驶室，噪声小； 全浮式前后悬气囊减震、顶部导流罩、侧扰流板昼间行车灯、电动空调与暖风，驾乘体验更舒适。

产品卖点

节能可靠 适用于多重应用场景

东风商用车纯电环卫车基于东风天锦二类汽车底盘改造，满足国六标准，具有环保、节能、安全、可靠、舒适等特点，适用于城市道路、高速公路、广场、机场、码头、遂道、桥梁、路缘和路缘石立面的机械化清洗、清扫、喷雾降尘等清洁作业。

人性化设计 显著降低疲劳感

依托东风天锦整车轻量化设计，整车能耗比同类车型更低，动力强劲，承载更强；
应用人体工程学原理研制的驾驶室，布局合理，环境舒适；
半浮式驾驶室悬置系统，配以减震座椅，使整车平顺性更优，极大降低连续环卫作业带来的疲劳感。

J7燃料电池牵引车

J6P复合充电式牵引车

J6L极致轻量化电驱桥牵引车

J6P复合充电式自卸车

J6L燃料电池环卫车

J6L纯电动搅拌车

10.5m纯电公交车（三代）

氢燃料公交车（升级版）

AION
AI ON the road | AI伴你行
全球新经典 埃安霸王龙
埃安首款全球战略车型 第二代 AION V
AION
第二代 AION V
新硬派智驾SUV

长城汽车
长城三大旗舰 共赴无限热爱
更省 更远